舞阳贾湖

（上卷）

河南省文物考古研究所 编著

国家社会科学基金资助项目
国家自然科学基金资助项目
国 家 文 物 科 研 项 目

科 学 出 版 社
1999

内 容 简 介

本书详细记述了在河南省舞阳县发掘出土的八千年前贾湖新石器时代聚落遗址资料。全书分上下两卷。上卷系统地阐述了该遗址的文化内容、分期、年代、性质及与周围文化的关系；下卷对其自然环境、人种及人类体质、经济结构、技术工艺、聚落形态、原始宗教、音乐文化等进行了探讨。本书对研究中原地区及淮河流域新石器时代文化、稻作农业起源、音乐起源、原始宗教和卜筮起源、原始契刻及汉字起源、全新世气候与环境演变及人与自然的关系等，均具有重要参考价值。

本书可供考古、历史等专业人员及从事古环境、人类学、宗教史、农业史、文字起源、音乐起源等研究人员阅读参考。

图书在版编目（CIP）数据

舞阳贾湖（上卷、下卷）/河南省文物考古研究所编著. 北京：科学出版社，1999.2

ISBN 978-7-03-006923-8

Ⅰ. 舞… Ⅱ. 河… Ⅲ. 文化遗址-新石器时代考古-发掘报告-河南-舞阳县 Ⅳ. K878.05

中国版本图书馆 CIP 数据核字（98）第 22589 号

科学出版社 出版

北京东黄城根北街16号
邮政编码：100717

中国科学院印刷厂 印刷

新华书店北京发行所发行　各地新华书店经售

*

1999年2月第 一 版　开本：787×1092 1/16
2023年9月第二次印刷　印张：51　插页 5
字数：1 308 000

定价：800.00元（全二卷）

（如有印装质量问题，我社负责调换）

WUYANG JIAHU

(I)

by

Henan Provincial Institute of Cultural Relics
and Archaeology

Science Press
1999

主编、执笔：张居中

特邀撰稿人：（以撰稿内容编排先后为序，多次出现以第一次为准）

陈铁梅　张振宇　计宏祥　侯连海
叶祥奎　黄万波　郭书元　孔昭宸
刘长江　李文漪　周昆叔　陈报章
祝一志　李容全　朱国荣　田　成
宋豫秦　张振标　陈德珍　范章宪
王又林　杜伯廉　郭漳生　任朝胜
王象坤　张文绪　李文杰　王昌燧
左　健　铃木稔　李京华　宋会群
郝本性　王忠恕　肖兴华

审　　稿：韩　榕

特邀编辑：方燕明　胡永庆

序

舞阳贾湖遗址的发掘，可称是80年代以来我国新石器考古中最重要的工作。现在，这批材料经张居中等同志用十年以上时间的整理，终于编纂成一部大型报告出版，自然是我国新石器考古事业中的一件大事。

贾湖遗存内涵丰富，价值很大，今后肯定会引起长时间的关注和多角度的研究。就此报告而言，即使仅作概略的观察，至少有以下三大方面是值得重视的。

第一，首次提供了能理解黄河中游至淮河上游和黄河下游至淮河中下游之间新石器文化（主要是早、中期）关系的一个联结点。

关于黄河中、下游的新石器文化，自80年代以来已经认识到存在着老官台-仰韶（半坡）、垣曲东关-仰韶（庙底沟）、裴李岗-仰韶（大河村）、磁山-仰韶（后岗）和后李-北辛-大汶口等系列。统观这些系列，大汶口和仰韶及其前身诸系列，是差别突出的东西两大片，但相互之间又存在着一定的共同点。所以存在这种共同点，无非出于三种原因：一是不同文化在发展水平相同时，可以出现类似的文化现象或文化面貌；二是可能有共同的族源，尽管当分化成不同的族群以后，不同族群的差异会慢慢扩大，但总会保留一些共同点；三是不同文化在其发展过程中，因相互影响而会形成一些共同点。抽象谈论这些原因，大家很容易取得共识，但在讨论某些考古学文化的具体现象时，如无实际材料作例证，任何推测都不会是能令人心服的解释。

就我国新石器文化的整体而言，其起源阶段至今还处于几乎是空白朦胧状态之中，因而不敢轻易对不同文化系列（特别是其早期阶段）产生异同之处的原因，作出具体推测。但贾湖遗存的发现，则在这方面向前走出了一大步。

贾湖遗存的年代大致在距今9000～7800年之间，同时包涵着黄河中、下游至淮河流域的东、西两大片文化系统的若干因素。例如其陶器（圆腹壶、罐形鼎、三足钵），同裴李岗文化的相当接近，而以占卜用龟和獐牙随葬之俗，又和时代要晚一些的大汶口乃至安徽薛家岗文化的风俗接近；至于其稻作农业，则更是和江淮流域的新石器文化一致而不见于黄河流域。这种现象提醒我们，不能处处以陶器特征作为判定某一考古学文化属性的主要因素。贾湖遗存如仅从陶器出发，很容易被认定是一种裴李岗式的亚文化；如从随葬占卜用龟和獐牙着眼，又会看到这和山东至苏北的大汶口文化同俗，并且安徽的薛家岗文化中也有随葬占卜所用玉龟之俗（安徽含山凌家滩M4），可是裴李岗、磁山、老官台等黄河中游的早期新石器文化，恰恰都没有这种葬俗；再如其水稻耕作，更是黄河流域及其以北的新石器文化中不存在的。只要综合以上现象，就可认为本报告把贾湖遗存命名为贾湖文化是非常正确的；报告中所作这个文化后来曾向淮河中下游和汉水流域等地区发生过迁徙的推测，至少就部分文化因素而言，也是有根据的。

如果对贾湖文化得到如上认识，就能感到即使在新石器时代早期，其文化的动态状况已是很强的。在建立考古学文化谱系时，为了确定各考古学文化的系列，着重考虑的自然是对各考古学文化的特征进行静态的分类。但一当进而探求各考古学文化的变迁过程，特别是追索其变化原因时，又一定会仔细分析各种文化因素的变动情况，并在广阔的空间范畴内和自然环境同人们生存能力的关系方面来寻找其原因。贾湖农业同江淮流域及其以南地区是一个系统的，贾湖陶器却和黄河中游是一个系统的。这可暗示出，有的地方，当农业发生后制陶术是从他处传入的，而有的地方则是从本地发展出来的。这种考虑，如从纯理论思维的角度来设想，似乎早就可以发生。但实践确实是理论的基础，甚至是其前提，所以至少在中国考古学研究的思考中，上面谈到的那些看法，就是因为知道了贾湖等遗存才出现的。我以为，这是贾湖遗存最重要的价值。

第二，本报告提供了一个我国黄河、长江之间新石器时代早期的、居于当时文化发展前列的相当完整的实例。

贾湖发掘对于我国新石器早期遗存来说，得到了一处迄今为止最丰富的材料。就其内涵而言，刻符甲骨，五至七声音阶的骨笛，占卜用的龟甲，陶窑的出现，居住区从早期的与墓区混杂到中晚期的居住区、墓葬区、作坊区的相对集中，农业同狩猎、捕捞、畜养并存的经济形态等等，表明其文化所达到的总体高度，远远超出了过去的想象。

贾湖遗存的最早年代，可达9000年前。这距离我国新石器时代的发生年代，或是农业起源的年代不会太远了。如果同旧石器时代晚期的遗存相比较，判若两种世界。这就清楚地表现出，农业的出现的确是一场大革命，迅速引起了整个社会的巨大进步。

二次大战后，西方学者因西亚等地的新发现，对距今万年左右的文化划出了一个无陶新石器时代的阶段，其标志就是农业或畜养业已经出现而制陶术还没有来到。从文化进步的逻辑过程来说，这应当是一个规律。但不同地区的具体情况究竟怎样，只有依靠发掘材料，才能知道。例如在欧洲的广阔地区内，其农业和制陶业要到距今7000年前才从西亚一带逐步传播过去而发生的。在我国，从地理环境来考虑，农业和制陶业应该是自身发展出来的。贾湖陶器中的泥片贴筑法，就是中国和南西伯利亚至日本一带特有的。贾湖陶器中的泥条圈筑法，在欧洲是最早的制陶术，见于线纹陶文化，但贾湖所见的应当是从自身更早的泥片贴筑法发展而来的。另如贾湖的水稻农业和黄河流域新石器时代的谷子种植，也是中国自身出现的。由此可见，在中国新石器文化的发生和发展有一个独立过程，在贾湖遗址一带，或是包括更为广阔的地区，是否存在一个无陶新石器时代；或者说，这个时代发生于何时，时间有多长，农业、畜养业、制陶术是怎样结合在一起的，都已经是当前需要着重探索的问题。

如果从这种看法出发，今后在寻找旧石器时代末期至新石器时代发端期的过渡文化时，贾湖遗存因其时间之早和文化的发达，自然是一个重要的认识基点。我以为，这是贾湖遗存的另一最重要的价值。

第三，本报告除了分类发表原始资料外，又从讨论贾湖文化的总体面貌出发，列出下卷，分章研究其自然环境、居民体质、生业方式、工艺技术、生活状态和精神信仰等内容。

60年代以来国际范围内发生的扩大考古学文化研究范畴的趋向，自80年代以来日益对我国发生影响，一批年青学者正在努力从各方面作新探索。本报告的主要作者，近十年来就一直为此而不停顿地思考。他在繁重的整理贾湖资料期间，还多次挤出时间，参加渑池县班村遗址的发掘，和一批志同道合者从田野到室内，长时间地反复讨论这方面的问题。本报告体例的确定和内容的叙述，就是他长期思考后的一种表达。

科学研究当然有其国际性，但即使是正确的理论，如果没有和实际结合而实现了本国化、本地化，又难以取得成功的效果。对于人文科学来说，尤其如此。因此，任何合理的探索，不必有固定的模式。这本报告，就是作者根据发掘材料的实际，拟定了自己的模式。这当然会受到现有认识的限制，论述也不一定都妥当，但在当今沿袭着近半个世纪以来的传统体例的多数发掘报告之中，毕竟又提出了一系列应该注意的新的观察角度，扩大了考古学文化的研究范畴，带来了不少新启示。我以为，这就是本报告的第三个重要价值。

有此三点，这当然是一本意义重大的考古发掘报告。

俞伟超

1998年9月22日凌晨

前　言

在经历了4年发掘，11年整理，前后15度春秋之后，这本书终于脱稿，将要付梓啦！但是，我虽有瞬间的如释重负之感，却无法真正的感到轻松！

有人说，电影是一种遗憾的艺术，那么，考古学就是一门遗憾的科学。面对着那么多待我们进行解读和阐释的无名氏先民的永远沉默而又绝对真实的遗迹、遗物和丰富的信息，我们的知识显得如此之贫乏，我们的思维显得如此之苍白，我们的方法是如此之单调，自知我们的结论距客观真实岂只差之千里！然而岁月如流，已不容许我无限地思考下去，只得把这些不成熟的思考结果和盘托出，敬请学术界师长和同仁品头论足，就像一个刚交了答卷，等待评判分数的小学生，心情怎不紧张呢？

一

贾湖遗址的发掘是在80年代中期，刚刚跨出校门不久的我，尚无田野考古经验可言，可以说，我的田野考古经验的积累，是在摸索中和无数的遗憾中进行的。如房址的发掘、陶窑的确认，都是在发掘的中后期才逐渐掌握其规律的，而聚落的布局、环濠的走向，则始终未能进行全面的了解。更不用说与周围聚落的关系的研究。如果让我从头开始，肯定会比当时做得好得多，因此不得不留下深深的遗憾！

在资料整理过程中，虽然也想尽可能全面地、准确地把握全部已占有的资料，同时，查阅了大量中外考古学家关于理论与方法的论著为借鉴，但由于种种主客观条件的局限，最终未能实现。如陶器最小个体数的统计和动物骨骼最小个体数的统计即是如此。在陶片统计中，虽试行了重量统计的计量方法，但其器形统计结果似乎与传统的数片法差距过大，虽然认为称量法统计结果可能优于数片法，但似乎缺乏衡量的尺度，因而也不能说不是又一个遗憾！

另外，因本书篇幅较大，写作时间较长，前后在行文风格与体例上难免有不一致的地方，又因时间较紧，未来得及认真斟酌修改，故而显得比较粗糙，乞望读者诸君多多原谅！

这里还需声明一点，就是凡过去发表的贾湖遗址的资料，若有与本书不一致的地方，均以本书为准。

二

当基础资料整理接近尾声时，如何介绍这批材料，曾使我颇费心思。纵观国内已有的考古发掘报告，都有可借鉴之处，但采用哪种体例，才能更适合介绍这批材料呢？为此事我曾先后请教过严文明先生、俞伟超先生、王象坤先生、孔昭宸先生等，他们都曾给我不少宝贵启示，陈星灿先生、曹兵武先生、李永迪先生还提供了不少参考材料，几经修改，才确定了现在这种格式。

本书上卷是传统考古报告的基本内容。需要说明的有三点：一是鉴于有些考古报告对现代自然环境部分过于简略，无法与遗址形成时期的自然环境因子进行对比研究，这里适当增加了现代自然环境因子的介绍篇幅。

二是由于贾湖文化遗存虽可分为三期，但并不为学术界所熟知，这种分期意见能否为学术界所接受，也是个未知数，如果按分期来介绍所有遗迹和遗物，不仅拉长了篇幅，割裂了资料的完整性，而且会有强加于人之嫌。因之，就采用了系统介绍材料，之后用专章讨论分期的形式。但由于陶器的变化远较其他遗物频率为快，这里的分期主要以陶器的变化为依据。并对各期的不同遗迹进行了归纳，而对变化不太明显的遗迹和石、骨器等遗物则归纳不够，这也是遗憾之一吧！

三是把^{14}C年代研究作为独立一章进行介绍，有两个原因：一是^{14}C年代学的研究方法和表述方式与其他章节确有不同，在全书中又具有重要的地位。二是这部分研究得到了国家文物局文物科研专题经费和香港谭耀宗先生的双重资助，理应放在一个突出的位置。这样就使上卷拉成了九章。

本书下卷的内容，传统考古报告是作为附录列入的。但实质上，这些内容都是考古学研究的不同侧面，是考古报告的有机组成部分，决不是游离于考古学研究之外的可有可无的点缀和附庸，况且，考古工作者与自然科学工作者一道从不同的侧面和视角对所获资料进行全方位的阐释，与考古工作者将所获涉及其他学科的标本送相关学科的专家进行鉴定，由考古工作者收入考古报告作附录的方式相比，是不能等而视之的。作者参与了下卷所有相关学科的研究，有些章节还是作者独立完成的。鉴于上述考虑，就未再称为“附录”，而以“下卷”统之。

这个决心下了之后，随之而来的问题是，用什么体例来进行编排呢？

大凡人们选择聚居地，首先考虑的是该地是否适合人类的生存，换言之，环境是人类选择聚居地的第一要素。那么，贾湖人为什么要选择此地为其聚居地，并在此生活千年之久呢？这一特定的自然环境在贾湖人的生存和发展中曾起到过什么样的作用呢？又是什么原因导致贾湖人离开这里而导致聚落的废弃呢？所以，人类的生存环境是应当首先研究的对象。鉴于此，古环境研究就被列为本书下卷的第一章。

有了适宜于人类生存的环境，那么，在这个环境中生存着一个什么样的人类群体呢？换言之，是什么样的人选择了这个优越的生存环境呢？他们的体质特征如何？人种特征又如何？于是，人种和体质人类学研究就被列为本书下卷的第二章。

一定的生存环境，决定了在这一环境中生存的人类群体的生业形式。那么，在这一环境中生存的人类群体，又是如何适应这种环境而采用何种生业形式谋生的呢？其主体生业形式又是什么呢？这就是本书下卷第三、四章要回答的问题。由于稻作农业在其经济结构中具有突出的位置，并且此项研究获国家自然科学基金资助，因而进行了专章研究。

生产力水平的高低，生产规模的大小，收获量的大小，在多大程度上满足人们生存的需要，都很大程度上取决于技术工艺水平的高低。技术工艺水平的不断提高，不仅是人类千百万年无数经验的积累，更是人类社会得以持续发展的原动力之一。那么，贾湖人的技术工艺水平如何呢？这是本书下卷第五章要回答的问题。

人是社会的人，社会是人的社会，从大量材料可知，贾湖人已处于氏族公社阶段。“用考古学的材料对社会关系的研究”(Bruce G. Trigger，1967)或“在社会关系的框架之内来做考古资料的研究”[①]是聚落考古学的基本定义。本书下卷第六章试图运用聚落考古学的方法对贾湖聚落的布局、社会组织、人口及人们的生活状态进行初步探讨。

---

① 张光直：《考古学专题六讲》，文物出版社，1986年。

本书下卷第七章就贾湖遗址有关原始宗教的材料进行了阐释。这些材料与其说是原始宗教的，不如说是巫术的，但有些问题，如巫术仪式、巫术道具、巫师等，据已有材料，还难以说得清楚，因而就笼而统之称为原始宗教。

第八、九两章虽与第七章有着密切的联系，但因内容丰富，且在贾湖遗址的研究中地位重要，因之分别用专章进行了探讨。这样下卷就也拉成了九章。

纵观下卷九章，可分为六个内容相对独立的板块，其中第一章可称为环境篇，第二章为人类篇。第三、四章为经济篇，第五章为技术篇，第六章为社会篇，第七、八、九章为思想篇。主意虽是如此，因限于种种条件，加之本人驾驭材料的能力有限，所做尝试仍很肤浅，很难达到预期的目的。所幸承担许多章节执笔的作者有不少是相关学科的知名专家，有他们的精辟研究成果，使这本书增色许多，并很大程度上弥补了因本人水平低下所造成的损失，在此谨向他们表示衷心的感谢！

三

下面着重谈一谈本书对考古类型学的理解和应用中的几个问题。

考古类型学作为考古学的主要方法论之一，自从 19 世纪中叶在生物进化论和生物分类学的启示下诞生以来，已有一百多年的历史。从安特生等西方学者将其介绍到我国也有 70 多年了。但是由中国学者掌握并运用于中国的考古学实践，则肇始于李济，完成于苏秉琦先生。纵观考古类型学的理论与实践，其成败得失的关键，莫过于正确的分类。事物本身有不同的外在形态，其间又有着一定的内在联系，这些联系又有着一定的规律性，这些都是客观存在。目前，分类的基本手段是分型定式，因之分类又要建立一定的标准，标准的建立又是主观的。客观存在的事物外部形态及其规律与主观的标准之间的一致性愈强，分类结果的正确性也就愈高；而主客观的一致性愈低，分类结果的客观性和正确性也就愈低。因之可以说，正确的分类首先揭示的应当而且只能是事物的演化规律亦即其演化的逻辑过程。

正确的分类并不是目的，其目的应是为了取得秩序从而进行正确的描述、分析和阐释。比如器物的分类，就应是为了正确的归纳描述其外部形态，揭示其逻辑过程和历史进程，分析其原料、制作工艺和功能，进而阐释其主人的生活内容、生活质量和人际关系①·②。某一类事物演化的逻辑过程，通常与其历史进程有一定的联系，有时甚至是重合的，但不能将其等同看待，因为逻辑过程是可以重复的，而历史进程是无法重复的。一般来讲，变化速度较快的事物，其逻辑过程与历史进程的重合率也就较高；而变化速度较慢的事物，其逻辑过程的重复就可能长时间内反复进行，其逻辑过程和历史进程的重合率也就较低。比如陶器的分类与阐释，因陶器与人们的日常生活息息相关，演化速率较快，且破碎率又高，所以，我们往往以陶器演化的逻辑过程作为某一考古遗存分期断代的标准。但石、骨器的演化速率较慢，且其逻辑过程最容易重复，因受原材料的限制，制作过程中的随意性也较强，所以其演化的历史进程往往较难以被把握和揭示。有时器体形态的变化是制作过程中不同阶段的反映，其逻辑过程便很难与历史进程相一致。比如贾湖石器坯料的不同式别，分别是石器制作过程中不同加工阶段的产物，这种制石工艺技术传统只要不改变，无论哪一期制作石器时都仍然会重复这一逻辑过程，因此我们见到的 Ⅰ 式石坯料的绝对制作时间就

---

① 俞伟超：《考古学是什么》，中国社会科学出版社，1996 年。

② 张光直：《考古学专题六讲》，文物出版社，1986 年。

不一定早于Ⅵ式，Ⅵ式的绝对制作时间也不一定晚于Ⅰ式。又如陶鼎足由长到短的被截过程，本书中之所以作为亚式来描述，乃是鉴于器体的外在形态的形成过程与器体本来的历史演化进程并不是一致的，这种器体外在形态的形成过程只是在使用中形成的逻辑过程，而这种逻辑过程无疑也是不断被重复的，只要这类器物仍然存在，其用途和使用方法不改变，这种逻辑过程的重复就不可避免。虽然就某个鼎足来讲，仅存根部的肯定要晚于它的完整形态，但就众多同形态的鼎足而言，其形成的历史进程绝不会是同步的，并非都是被截的晚于完整的。依上述原则，本书所记述的大量陶器和石、骨器的分析结果可能分别反映该器类的演变规律和历史进程，具有分期断代意义，而其他部分石、骨器如石坯料的分式和陶鼎足的分亚式结果，反映的只是其制作和使用过程，只具有文化意义，并无分期意义，不能用来作分期分段的标准。所以笔者认为，在考古类型学的实践中，既要防止为分类而分类的倾向，同时也要防止把分类和阐释看做只为分期分段而分类的简单化倾向。揭示古人的生活内容、技术工艺、人际关系和社会状况，与揭示事物发展的历史进程一样，都应是考古类型学的主要目的之一。当然，正确揭示事物演化的逻辑进程，则是这些研究的基础和出发点。

以上理解是浮浅的，也可能是错误的或片面的，按此理解而进行的分类实践也可能是错误的，因之敬希考古界师友和同仁不吝赐教。

四

细心读者会发现，在这本一百多万字的书中，有几个传统考古报告常常论及的问题这里没有涉及，一是社会发展阶段问题，二是族属问题，三是贾湖文化的来源问题。这里想就此问题谈一些粗浅的看法。

1. 关于社会发展阶段问题

这个问题在五六十年代的考古学界可以说是热门话题，其理论基础和立论依据主要是恩格斯的《家庭、私有制和国家的起源》和摩尔根《古代社会》中的有关论点和材料。几十年来大量新材料证明，关于人类史前时期分为母系氏族社会和父系氏族社会两大段的论点似乎把复杂多变的人类史前史过于条理化了。且不说婚姻制度与社会发展阶段本身并不一定是同步的，就是婚姻制度本身也是复杂的，在许多情况下，父系、母系和双系是并存的，原来作为划分父系、母系社会标志的一些考古学现象，如并非太大悬殊的随葬品多寡不一现象、少量的异性合葬现象和个别的儿童厚葬现象等，往往与各个人类群体的埋葬习俗有关，而与婚姻形态并无直接或必然的联系，更不能用来说明该考古学遗存属于何一社会发展阶段。若按以前的观点，贾湖遗址大量的同性和异性合葬及随葬品有一定悬殊的现象，是属于父系社会呢？还是属于母系社会？似乎都难以自圆其说。这些现象只可能与当时贾湖人的埋葬习俗有关，是当时的原始宗教信仰的一种表现形式，甚或就是一定的巫术仪式的反映，比方说，某一多人合葬墓，可能就是某一扩大家庭某个时间范围之内(譬如说是一年)去世的所有成员的一次集体慰灵仪式的结果。但由于作者精力和能力有限，对上述问题只是一些朦胧的认识，并无成熟的观点，目前很难对贾湖遗址复杂的埋葬习俗进行深入而有价值的剖析，所以只将原始材料进行详细记述，而对于上述问题，只有留待有兴趣于此的同仁进行深入探讨。至于是属父系社会还是属母系社会的简单划分，似无再费笔墨之必要。

2. 关于族属问题

贾湖文化是哪一个古代部族所创造的呢？换言之，谁是贾湖文化的主人？笔者自知文献功底太浅，本不愿附庸风雅，但考虑到重建中国史前史不仅是中国史前考古学的目的之一，也是史前考古工作者义不容辞的责任，也就不揣冒昧，想谈一些粗浅认识。但文成之后，总觉得问题说不清楚，不成样子，为避免产生不必要的误会，就把这一部分从正文中删除了。现在又觉得这个问题不提一下，总感到意犹未尽，就把我的不成熟想法在这里作一概述。

如本书上卷第九章所述，贾湖文化主要分布于淮河上游主要支流沙河、汝河、洪河流域，包括现代的河南省中、东、南部漯河、驻马店、周口和许昌、信阳一部分，影响所及可达皖中一带。据徐旭生先生考证，这一带是传说时代东夷部族的势力范围①，东夷集团在传说时代有三大部族，即太昊、少昊和蚩尤。从分布地域和古文献所示时间序列上来看，贾湖文化的主人以太昊氏部族的可能性最大，主要理由是：

(1) 贾湖文化的分布地域与传说中的太昊氏地望大体一致。据《左传·昭公十七年》载："陈太昊之墟也。"即在今日淮阳县一带，与贾湖直线距离仅100余公里，且都在33°40′N附近，属于同一纬度的同一地理单元。其同时期考古学文化的面貌也基本一致。如大量的夹蚌陶、宽扁形鼎足及石磨盘等。

(2) 贾湖文化早于被认为属少昊氏所创造的大汶口文化，并与之关系密切。在淮河流域，新石器时代中晚期普遍分布着大汶口文化和龙虬庄文化（或称"青莲岗文化"），特别是大汶口文化，它的大量埋葬习俗如随葬龟、狗和獐牙等作风具有鲜明特征。而这些因素并不见于大汶口文化的前身北辛文化，更不见于后李文化，却普遍存在于贾湖文化之中，表明大汶口文化与贾湖文化也有某种文化传承关系。现在学术界普遍认为大汶口文化是少昊氏部族所创造。经唐兰先生考证，"太昊和少昊可能有先后之分，太昊在前，当少昊强盛时期，它已经衰落了。"那么，贾湖文化早于北辛——大汶口文化二千多年，从贾湖和大汶口各自强盛时期的先后顺序、分布地域和文化面貌的相似性来看，早于大汶口文化的贾湖文化为太昊氏部族所创造，是完全可能的。

(3) 关于太阳神崇拜的传统。贾湖文化陶器刻符、龟甲刻符都有与太阳有关的内容；稍晚于贾湖文化，文化面貌相近的安徽侯家寨遗址也发现有与贾湖相似的太阳形陶器刻符。大汶口文化的带有与太阳有关的陶文更为学术界所熟知，这应与他们都存在太阳神崇拜有关。据古史传说，两昊集团都与太阳的神话有关，九夷之中就有一阳夷。从字形上看，"昊"字就是"天"上有一"日"字。两昊之所以都称昊，表明太阳神崇拜是两昊集团的共同崇拜形式。如果大汶口文化属少昊氏部族所创造可以确认的话，我们也就有理由认为贾湖文化为太昊氏部族所创造。

(4) 都有与鸟神崇拜有关的内容。据《左传·僖公二十一年》记载，太昊氏风姓。笔者认为至少太昊氏的一支系风姓。九夷之中就有风夷。风，凤也，即为以凤鸟为图腾的氏族，又据《左传·昭公十七年》载，少昊氏以鸟名官。从郯子所述少昊氏的一套以鸟命名的政治或历法体系来看，已相当成熟，似经历了相当长的历程，很可能来源于风姓的太昊氏。今查贾湖遗址中出土的鸟类骨骼中，只有丹顶鹤、天鹅和环颈雉三种，均为美丽的观赏鸟类。我们且不说天鹅和环颈雉骨骼的埋藏原因，至少用丹顶鹤肢骨所制的骨笛，已具备五声、六声和七声音阶，达到了相当高的艺术水平。对美妙动听的音乐与仪态优雅的仙鹤的联想，自然可使原始人达到崇拜的程度。当然它与两昊集团的崇鸟传统可能也有一定的联系。

---

① 徐旭生：《中国古史的传说时代》，科学出版社，1960年。

以上几点使我们有理由推测，贾湖文化很可能是传说中的太昊氏部族所创造。但这些想法肯定都是不成熟的，朦胧的，证据不足，甚至可能是错误的。所以只在这里把自己的思路谈一下，表明笔者愿与有兴趣于此的专家、师友共同探讨的愿望而已。

3. 关于贾湖文化的来源问题

在本书上卷第九章，笔者对贾湖文化的去向进行了剖析，但对其来源却未提及。并非笔者不想解决这个问题，实在是经认真思索，仍未理出个头绪来。

从距贾湖遗址仅数公里的舞阳大岗细石器地点的文化面貌观察，与北方更新世末的细石器遗存如灵井、下川、虎头梁等基本一致，所反映出的生业形式应是适应于荒漠草原的游猎经济，而再向南迄今未见类似遗存，因此推测大岗所在的 33°40′N 一线有可能是更新世末最后冰期盛期时荒漠草原的最南边缘。从大岗细石器遗存的文化面貌分析，很难将其与具有较为发达的稻作农业的贾湖文化联系起来。似乎贾湖文化不可能由当地的旧石器末期文化发展而来。这就自然引起了贾湖文化南来说的话题。但是，事情远非这么简单。

纵观北方地区的更新世末期，基本上都分布着以细小石器为代表的原始文化，这种文化模式是与当时特定的气候环境相适应的，即适应于荒漠草原的游猎性经济。但是，当更新世结束，全新世开始之后，气候发生了戏剧性变化，特别是一万年以来，气温迅速转暖。与此同时，各地的以原始农业为主要特征的新石器文化如雨后春笋般涌现出来。如果与当地的旧石器时代末期的细石器遗存相比较，似乎均会遇到与贾湖文化同样的难题。这些以栽培旱作植物为主要特征的原始农业文化的来源，很难都用南来说、西来说来解释，更不用说北来说。这样以来，产生原始农业的机制只能从当地的旧石器末期文化中寻找原动力。

一般来讲，人类受求生本能的驱使，适应环境的能力是相当强的。在原始人的一切社会活动中，唯一的中心和目的就是两个字——生存，直到今天，生存权仍是人权的核心和重点。因之，原始人类的一切日常活动都是围绕着生存而展开的。无论环境如何变化，人类都千方百计适应它，从而顽强地生存下去。因此我想，在最后冰期盛期的数千年艰难岁月里，人们的生业形式应是多元的，食谱应是广谱的，应该包括狩猎、捕捞、采集等多种可能，甚至不能排除初期的栽培植物和训养家畜的实践。我们现在看到的像大岗、灵井、下川、虎头梁那样的旷野型地点，均属于在游猎活动中的临时营地性质，而其较为固定的居住地可能因地貌变迁、埋藏、居住时间等种种原因而发现较为困难，而这些居址可能正代表了反映当时的人们生业形式的另一个侧面。这种材料上的原因可能正是造成上述错觉的关键所在。

试想在最后冰期期间，由于御寒的需要和生产力水平的局限，人们只能寻找那些天然的避寒地点，而天然的洞穴、岩厦等正是理想的聚居点，不仅北方的山顶洞、小南海、织机洞、小空山等如此，南方的仙人洞、甑皮岩等也如此。太行山、嵩山、伏牛山等众多的石灰岩洞穴为人类提供了理想的避难所。人类不仅在这里生息繁衍，而且积累经验，积蓄实力，特别是那些能够果腹且食性较好、又便于储藏的植物种籽可能早已被人类发现并长期反复栽培，这些在采集中产生的重大发现可能只是因为当时的恶劣气候和环境所限只能在个别地点像试验田一样地零星种植而无法普及。正是这些无数代的经验积累才能使全新世之初北方地区原始农业部族戏剧般地发展壮大起来。由是可以说，在靠近太行山、嵩山、伏牛山地区产生具有较为发达的磁山、裴李岗、贾湖等原始农业聚落绝非巧合。这些人类群体及其所创造的文化来源于当地的旧石器时代文化是完全可能的。如贾湖出土的打制石器与南召小空山上洞的旧石器在制作工艺上有不少相似之处，就反映出二者有一定的文化传承性，暗示我们如果到南阳盆地去寻找贾湖文化的源头，可能会取得突破性进展。

但是,上述认识只能是无据的推测而已,故不敢写入报告之中,只能在此略陈己见,以做引玉之砖。而这一推测尚需大量的考古学新材料来证实。目前,在华南地区已发现许多距今一万年左右的新石器时代早期文化遗存,而北方地区这个时期的遗存已被人们所认识的只有河北徐水南庄头一处。但这不能说明北方地区缺乏这个时期的遗存,而是它还未被人们所认识而已。相信随着人们对这一问题重视程度的提高和工作的深入,这个历史之谜的谜底被揭开已经为时不远了。

张居中

1998年8月28日

目　　录

CONTENTS

VOLUME I

插图目录

彩版目录

图版目录

上　　卷

第一章　自然环境与历史沿革

第一节　现代自然环境

一、地理位置

贾湖遗址所在的贾湖村，行政上隶属于河南省舞阳县北舞渡镇。这里南距舞阳县城 22 公里，东北距中州名镇北舞渡镇 3 公里，地理坐标为东经 113°40′，北纬 33°36′，海拔 67.5 米，位于河南省中部偏南，地处黄淮海大平原的西南部边缘，南眺舞钢市的伏牛山余脉，北接襄城县沃野，西邻叶县，通过叶县、方城走廊可达南阳盆地，东连郾城县和漯河市，为一望无际的黄淮海大平原，地处我国第二、三阶梯的过渡地带，南北、东西交流的要冲，河流纵横，交通便利，著名的南北交通大动脉京广铁路位于遗址东 30 公里处(图一)。

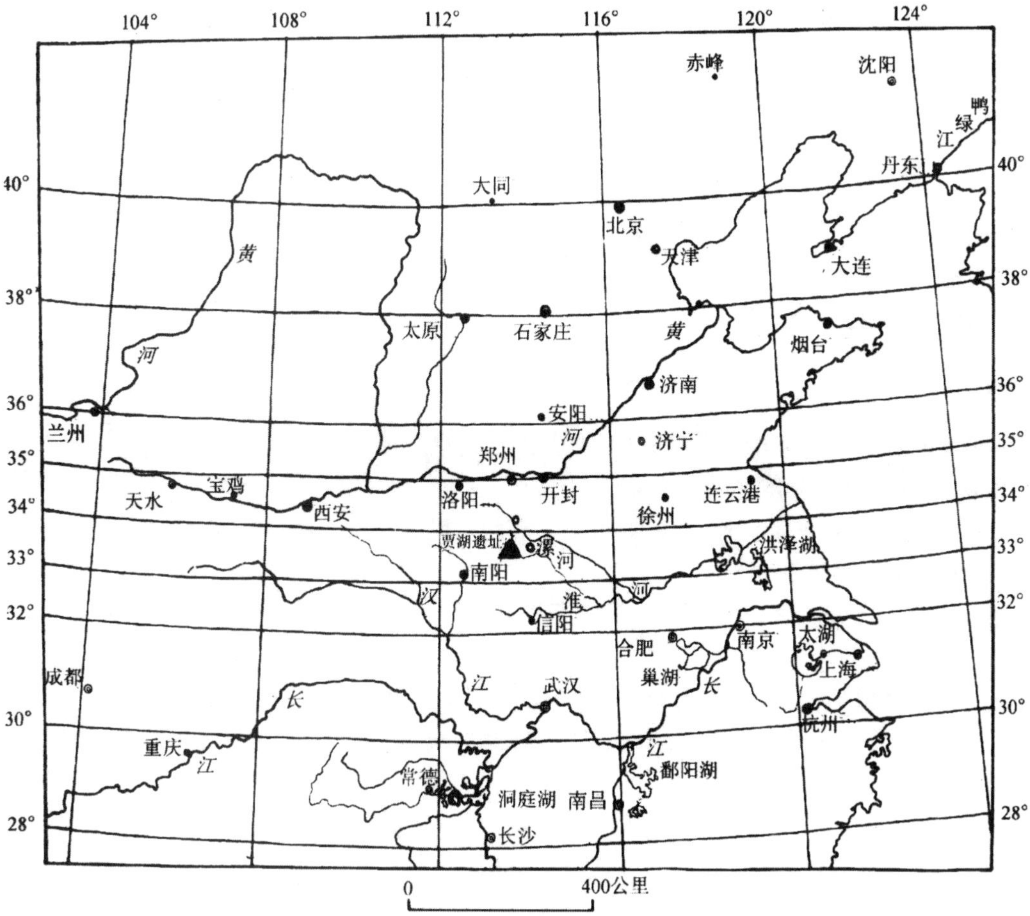

图一　贾湖遗址地理位置示意图

贾湖所在地区为现代自然区划的北亚热带向北暖温带的过渡地带，地貌形态为波状起伏的平原，海拔高40～100米，地势由西北稍向东南倾斜。区内气候过渡性明显，热量由北向南递增，降水量由南向北递减。地貌类型为淮河上游支流冲积-湖积平原，地势相对低洼，排水不畅，土壤淋溶作用和潜育化现象明显①。

二、山地、矿产与土壤

1. 山地

贾湖西北距伏牛山北支余脉平顶山东段山体首山的最近距离约24公里，其主峰海拔高269.8米。西距伏牛山北支的东段方城山山体最近距离约43公里，《左传·僖公四年》楚使屈完答齐桓公"楚国方城以为城"所指即此山，主峰大顶山海拔高760米。向西南为伏牛山余脉，距最近的铁山山体约36公里，主峰马鞍山海拔547米②。流经舞阳县的较大河流均发源于上述伏牛山东段及其余脉所在的叶县、方城、鲁山等地。

2. 矿产资源

遗址所在的舞阳凹陷区今已探明的矿产资源主要有石油、盐和石膏；北舞渡凸起区有铁矿。但石油矿深达1400多米，盐、石膏矿深达372米以上，铁矿深在304米以上，均不能被古人所利用。

遗址所在地区现无基岩出露，侯集两个钻孔分别深304米和357米，穿过第三、第四系，见到基岩，其岩性自上而下为：白云岩、石英岩、赤铁矿化绢云母片岩、沸石碳酸绿泥片岩、碳酸绿泥岩，因埋藏太深，也不可能被古人采用。

舞阳县城南的舞钢市区，分布着丰富的矿产资源，主要有安山岩、花岗细晶岩、闪长细晶岩、闪长岩、花岗岩、正长岩、白云岩、石灰岩、蛇纹岩、铁、钇、钛、铅、镁、金、硫、磷、石墨、粘土、硅石、长石、麦饭石、汉白玉、墨玉等。

3. 土壤

舞阳县境内的土壤主要是山前坡积、堆积和河流冲积物所形成的，计分4个土类，6个亚类，13个土属，30个土种，主要有：

(1) 砂礓黑土类，土质粘重，适耕期短，但肥力强，潜在养分高。主要分布在泥河、唐河流域。贾湖遗址所在地区主要分布此类土。

(2) 潮土类，土层深厚，质地疏松，适耕期长，但保水、保肥能力较差。主要分布于沙河、澧河沿岸。

(3) 褐土类，土层深厚，质地适中，含磷钾较高。主要分布于沙河以北地区。

(4) 黄棕壤土类，其中有明显粘化层和铁锰结核，质地粘重，养分含量中等。主要分布于舞阳县南部岗地和中、北部部分高地上。

---

① 舞阳县志编纂委员会：《舞阳县志》，中州古籍出版社，1993年12月第一版。

② 舞钢市地方志编纂委员会：《舞钢市志》，中州古籍出版社，1993年6月第一版。

三、水　　文

舞阳县境内 1957 年至 1985 年平均年降水量 860 毫米，共降水 6.37 亿立方米，地表径流深 208 毫米，总径流量 1.68 亿立方米。县内有沙河、澧河、三里河 3 条常年性过境河流，均系淮河上游支流，年均径流量，沙河 19 亿立方米，澧河 5.59 亿立方米，三里河 0.57 亿立方米，共计 25 亿多立方米。遗址所在地的泥河流域为低洼地，地下水为丰水区，浅层水在地下平均 2.5 米，每小时单井出水 50 吨以上为深层水，深在 30～50 米之间。遗址内发掘期间秋季 1.5～1.6 米深见水，春季 1.8～2.0 米深见水。流经舞阳的大小河流十多条，主要的或与遗址有关的河有：

1. 沙河

沙河古名滍水，源于鲁山县二郎庙，流经鲁山县、平顶山市、叶县，自遗址西北 12 公里的河湾村流入舞阳县境，至岔河村与北汝河交汇。交汇口之下古称汝水而今则称之为沙河。今沙河向东南流，至拐子王东流入郾城县境，河床宽 300 米左右，最大流量 2 850 $米^3$/秒，枯水期流量 6 $米^3$/秒。《水经注》："（滍水）东北过颍川定陵县西北，又东过堰县南，东入于汝。郦注：滍水东经西不羹亭南，亭北背汝水，于定陵城北，东入汝"。又《汝水注》："汝水又东南，经定陵县故城北，汉成帝元延三年，封侍中卫尉淳于长为诸侯国，王莽更之定城矣……水右，则滍水左入焉。"可见古之滍水与汝水交汇处比现在偏东一些，大抵在北渡镇之西，定陵古城东一带。而今汝河成为与襄城县之界河，非过境之河了。遗址距今沙河床约 3 公里。

2. 灰河

灰河古名昆水，源于鲁山县樱桃山，流经鲁山县、叶县，由遗址西约 4 公里处流入舞阳县境内，至北舞渡注入今沙河，河床宽 75 米，最大流量 572 $米^3$/秒，枯水期流量 0.5 $米^3$/秒。《水经注·汝水注》："汝水又东南，昆水注之，水出鲁山县唐山，东南流经昆阳故城西……。昆水又东经定陵城南，又东注汝水。"昆阳即今叶县，是中国历史上著名的以少胜多的战例昆阳之战的古战场。贾湖遗址西侧的小河向北注入灰河。遗址距灰河河床约 2 公里。

3. 泥河

泥河源于叶县坟台，在遗址西 8 公里处入境，贯穿全县，在出境处注入澧河，但现在经人工导引自纸坊退水闸注入今沙河，河床宽 27 米左右，最大流量 375 $米^3$/秒，枯水期断流。据《水经注·汝水注》："澧水又东与叶西陂水会。……陂水又东经舞阳县故城北，又东经定陵城南，东与芹沟合，其水导源叶县，……经流昆醴之间，缠络四县之中，疑即吕忱所谓溵水。今于定陵更无别水，唯是水可当之。"可见今泥河应为古之叶西陂水。遗址南之小河向东南注入泥河。遗址距泥河河床约 1 公里。

4. 澧河

澧河古称澧水，或称醴口水。源于方城县四里店，经方城、叶县，自遗址西南 22 公里处进入舞阳县境，横贯全县，河床宽 130～170 米，最大流量 1 900～2 400 $米^3$/秒。枯水期流量 12 $米^3$/秒。据《水经注·汝水注》："汝水又东，得醴口水，水出南阳雉山，亦云导源雉衡山……又东经舞阳故城北，又东经定陵城南……。醴水东经郾县故城南，左入汝。"遗址南距澧河河床约 10 公里。

5. 三里河

三里河，古称澕水，位于舞阳县城之南，原为过境河，舞钢市划出后其下段成为界河，河床宽110米，最大流量359米^3/秒，枯水期断流。《水经注·澕水注》："澕水出舞阳县西北扶予山……澕水又东北，历舞阳县故城南，汉高祖元年封樊哙为侯国也。"

四、气　　候

舞阳属北亚热带向暖温带过渡的大陆性季风气候，淮北平原温暖易涝区。温暖多雨，光照充足，四季分明。夏季多偏南风，冬季多偏北风。由于季风环流的转换，四季气温高低、降水多寡不同。常发生旱、涝灾害，旱灾多于涝灾。

1. 四季特征

（1）春季，为冬季季风向夏季季风转换的过渡季节，气温随太阳高度角的增大而逐渐回升，由于冷暖气流交接频繁，造成时寒时暖。降水量多于冬季，3～5月份降水量187.1毫米，占年降水量的21.8%，但时有春旱现象。

（2）夏季，由于南风带来大量高温高湿空气，造成炎夏酷暑，雨量大而集中，常年6～8月降水量为424.2毫米，占年降水量49.3%。但有时在副热带高压控制下，也会出现干旱少雨天气。

（3）秋季，为夏季季风向冬季季风转换的过渡季节，副热带高压逐渐减弱后退，寒带高压随之增强南侵，形成天高气爽，冷暖适中，降水量显著减少，9～11月份降水量为200.8毫米，占年降水量的23.4%。

（4）冬季，因常受冷高压控制，气候干燥寒冷，日均温在3℃以下，最低气温达－16℃（1969年2月2日）。大风日数多，占年大风日数的35%。降水量减少，12月至2月份降水量为47.7毫米，占全年降水量的5.5%。

2. 气候要素

均据舞阳县1957年至1985年28年间的资料统计。

（1）日照：全县年均日照时数为2 198小时。年日照最多的是1966年，计2 473小时，最少的是1984年，计1 895小时。月均日照时数，最低为2月份，计140小时，最高为6月，计233小时。

（2）太阳辐射：全县年平均辐射时为119.18千卡/厘米^2，月均太阳辐射量最低为1月份，计6.47千卡①/厘米^2，最高为6月份，计13.98千卡/厘米^2。

（3）气温：全县年均温14.6℃，高于35℃的天气，年均21天，最热的1966年为44天；低于－5℃的天气年均19天，最冷的1977年为39天；极热天气为1966年7月19日，为43℃；极冷天气为1969年2月2日，为－16℃。

（4）地温：地表年均温为17.08℃，距地表20厘米深处年均温16.23℃。其中地表均温最低是1月份，为1.2℃；最高是7月份，为31.6℃。距地表20厘米深处最低也是1月份，为3.4℃；最高是8月份，为28.4℃。

（5）积温：全县年均0℃以上的天气为317天，积温5 343℃，5℃以上天气263天，积温

① 1卡＝4.1868焦。（下同）

5 129℃；10℃以上天气 218 天，积温 4 706℃；15℃以上天气 169 天，积温 4 008℃；20℃以上天气 136 天，积温 3 028℃。

(6) 风向、风速：

1) 风向　因属季风气候，夏季受太平洋高温高湿气团控制，多偏南风；冬季受西伯利亚冷高压控制，多偏北风；春、秋季为季风转换的过渡季节，风向变化无常。

2) 风速　年均秒风速为 3.1 米，其中 1 月、3 月、12 月份月均速 3.5 米，8 月份月均速 2.3 米。8 级以上大风天气年均 18 天，其中 1 月份月均 2.6 天，7 月份月均 0.3 天。

(7) 霜期：年均无霜期 220 天，最长 273 天，最短 179 天。初霜日最早在 10 月 15 日，平均在 11 月 4 日，最晚为 11 月 21 日。终霜日平均在 3 月 27 日，最早为 2 月 10 日，最晚为 4 月 18 日。

(8) 降水：年均降水 836.6 毫米。最多的年份是 1975 年，为 1 873 毫米；最少的年份是 1966 年，为 423 毫米。1 日降水 0.1 毫米以上的天气年均 99 天，其中小于 10 毫米的小雨天气 75 天，10～25 毫米的中雨天气 14 天，26～100 毫米的大雨、暴雨天气 9 天，101 毫米以上的大暴雨天气不足 1 天。

日降雪 1 毫米以上的天气，年平均 12 天。当天积雪占视野面积一半以上的积雪日，年均 15 天。降积雪日数最多的年份是 1969 年，降雪 26 天，积雪 40 天；降雪数最少的是 1958 年，仅 4 天，积雪日数最少的是 1978 年，仅 3 天。

3. 灾害性天气

据现有记载，1886 年至 1985 年，共发生水灾 46 次，旱灾 31 次，雹灾 1 次。自东汉章和元年（公元 87 年）以来有记载的灾害有：水灾 98 次，旱灾 58 次，雪灾、雹灾各 19 次，风灾 17 次，雨淞 5 次，春寒、霜灾共 3 次。另有虫灾 20 次，传染病 12 次，地震 6 次。

五、生　　物

1. 植物

(1) 农作物。粮食作物有大麦、小麦、豌豆、绿豆、大豆、玉米、谷子、稻子、高粱、红薯等；经济作物有烟草、棉花、芝麻、油菜、苇子、青麻等；蔬菜主要有大葱、大蒜、萝卜、藕、荸荠、韭菜、芹菜、菠菜、苋菜、大白菜、茄子、菱角、黄瓜、丝瓜等。

(2) 林木。乔木主要有泡桐、毛白杨、小叶杨、青杨、榆、楸、家槐、刺槐、柳、楝、侧柏、桑、杉、枫杨等；果木主要有桃、李、杏、枣、核桃、梅、柿、沙梨、石榴、无花果等；灌木主要有柽柳、杞柳、荆条、石竹等。

(3) 草本植物。花卉类主要有仙人掌、凤尾、万年青、含羞草、牵牛、吊兰、一品红、九月菊、凤仙、鸡冠花、荷花、芍药等；杂草类主要有龙须草、蒲草、茅草、斑茅、莠草、稗子草、莎草、苜蓿、狗尾蒿、黄蒿、菟丝、蓼子、星星草、紫云英、慈姑、浮萍、旱莲等。

2. 动物

(1) 饲养动物。家畜有黄牛、驴、马、猪、山羊、绵羊、家兔、狗、猫等。家禽有鸡、鸭、鹅、鱼鹰、鸽等；鸣禽有画眉、八哥、百灵、鹦鹉等。

(2) 野生动物。哺乳类有狼、狐狸、黄鼠狼、野兔、獾、家鼠、田鼠等。常见候鸟类有紫燕、黄莺、杜鹃、鸿雁等；留鸟有鹌鹑、斑鸠、野鸭、鹰、乌鸦、喜鹊、麻雀等。

(3) 鱼类、爬行类和其它水生动物。有鲤鱼、鲫鱼、鲇鱼、鲢鱼、乌鳢、黄鳝、泥鳅、青虾、螃蟹、螺蛳、蛤蜊、青蛙、蟾蜍、壁虎、蝙蝠、蜥蜴、蛇、鳖、蚂蝗等。

(4) 昆虫。有赤眼蜂、瓢虫、蜘蛛、粘虫、蚜虫、稻包虫、金龟子、桑蚕、蜜蜂、蚂蚁、蟋蟀、蜻蜓、蝉、螳螂、蜗牛、蚯蚓等。

第二节 历史沿革与行政区划

舞阳县地处中原，土地肥沃，物产丰富，至少在1万多年以前就有古代人类在这里生息繁衍。据古文献记载：早在传说时代，这里曾为少昊氏的活动范围。据《路史·国名纪》载："东不羹，少昊后，嬴姓子国，后灭于楚。"《左传·昭公十一年》："十二月……楚子城陈，蔡，不羹"。杜注：定陵西北有不羹亭。《集解》引韦昭注：颍川定陵有东不羹。今按东不羹故城在贾湖遗址北4.5公里处。东不羹国东有胡国，姬姓子国，《史记·楚世家》："楚昭王二十年，楚灭顿，灭胡"。《括地志》：胡故城在郾城县界。今按胡国故城在今舞阳与郾城相邻的沙河韩寨村一带，西距贾湖遗址约10公里。舞阳县南上古为柏黄氏的活动范围，周初其后裔封柏国，子爵，春秋中期灭于楚，封地在今舞钢市尹集乡谢古洞村一带，北距贾湖遗址约36公里。战国时舞阳分属韩魏两国，澧河以南由魏设舞阳邑，以北由韩置定陵邑。秦合舞阳、定陵为一，置舞阳县，属颍川郡。

西汉高祖六年(公元前201年)封樊哙为舞阳国舞阳侯，食5 400户。澧河以北复置定陵县，属颍川郡。《汉书·地理志·颍川郡》："……县十二……定陵……"。班固自注："有东不羹，莽曰定城。"《水经注》卷二十一．汝水："汝水又东南，经定陵县城北，水右则滍水入焉。昆水又东经定陵城南，又东注汝水。"《寰宇记》："定陵城在舞阳县北六十里。"淮阳王更始元年三月，刘秀与诸将攻克昆阳、定陵、郾城等地；六月，刘秀发定陵、郾城兵至昆阳，击败王莽将领王寻、王邑，并杀王寻，即著名的昆阳之战，东汉仍置定陵、舞阳二县，属颍川郡。在今东不羹故城内还出土不少有带"定陵"陶文的陶器，证明汉代定陵城即周之东不羹城。三国魏合舞阳定陵为一，置舞阳郡，治北舞镇，封司马懿为舞阳侯。后复置舞阳县。东晋太元十五年(公元390年)，后燕将领慕容农讨贺耕于定陵，毁其城，合舞阳定陵为一，名舞阳县，后徙治北舞镇，改名北舞县。南北朝属北魏，北魏永安二年(公元529年)设定陵郡，辖北舞阳等三县，治所在北舞镇。齐永明五年(公元487年)入于齐。隋开皇元年(公元581年)，废定陵郡，合北舞阳、西舞阳为一，复制北舞县，治所在北舞镇，仍属颍川郡。唐开元四年(公元716年)，废北舞县，复置舞阳县，迁治所于今舞阳县城，属道州。宋改属颍昌府，金属许州，元至元四年(公元1267年)，并舞阳、昆阳二县于叶县，设北舞镇巡检司。元大德七年(公元1303)，罢北舞镇巡检司，复置舞阳县。元明属裕州，清属南阳府，1949年起舞阳县属许昌专署管辖，1986年至今，舞阳县归属漯河市。遗址所在的贾湖村，现隶属于舞阳县北舞渡镇。《读史方舆纪要》："北舞镇即古舞阳县也。"《中国地名大辞典》："北舞渡镇在舞阳县北五十里，当灰河入沙河之口，亦曰沙河渡，即隋北舞县也。地当要冲，为县中巨镇，元设巡检司于此。"

北舞渡镇虽在唐代以后不再作为一方的政治中心，但由于大沙河航运之便，其豫中地区重要商品集散地的重要地位一直延续到了京广铁路开通之后，时有"填不满的北舞镇之称"。北舞渡镇二郎庙元至正三年(公元1343年)《护国圣烈惠灵显仁裕仁王重修庙记》碑文称："……去县六十里，有镇曰北舞，跨滍水南北二镇，千有余家，皆有文庙书院，士夫宗文，行忠信之教……"清道光六年(公元1826年)创建北舞渡彩牌坊碑文称："……南阳、舞阳之北舞渡，恃水陆并进，商贾云集，无穷之重镇也。"可见这里自古即为连接长江、黄河和淮河的重要交通要道。

第三节　周围古代遗址分布

由于这一带古代人类活动频繁,各个历史时期均留下了丰富的文化遗存。鉴于历史上舞阳定陵二县大体上以澧河为分界线,二县并立时,澧河以南为舞阳县,以北为定陵县,贾湖遗址正处于原定陵县的范围之内,又由于原汝河和今沙河流域古代文化具有一定的特殊性,故这里仅将澧河以北、沙河两岸,叶县以东,沙河与澧河交汇处以西地区这 1 000 多平方公里范围内的先秦文化遗存的分布情况作一概述(图二)。

据目前掌握的材料可知,这一带至少在一万多年前的旧石器时代末期就有人类在活动,在舞阳大岗发现有细石器文化遗存。

在距今七八千年前的前仰韶时代,这一带除贾湖遗址外,还发现有漯河翟庄、舞阳大岗、湖南郭、张王庄、阿岗寺等 7 处遗址。

到了五六千年前的仰韶时代,这一带古文化相当发达,居民点较多,已发现有舞阳湖南郭、阿岗寺、东岗、留庄、马村、张王庄、叶县法云寺、孙家岗、漯河马夫张等 9 处。

距今约 4000 多年的龙山时代,这一带居民点相当稠密,古代文化十分发达,已发现有郾城郝家台龙山文化城址以及井李、白马岗、化身台、凌云台、裴城、漯河圪垱刘、澧河、南岗、舞阳孙庄、邢庄、庙张、闫刘、岭谢、湾刘、寺疙瘩、章化、黑郭、善德、黄莲寺、叶县蒋庄、太康、鲁寨、骆庄、平顶山蒲城店等 31 处遗址。

到了商周时期,这一带的古文化更是发达,目前发现的古城址、古遗址、古墓群共有 20 多处,其中主要有胡国故城,东不羹、西不羹故城、沂城故城、以及小寨杨、玉皇庙、显王商代遗址、霍庄西周墓等,特别是北舞渡商代遗址,曾发现重达 11 公斤、直径 33 厘米、通高 46 厘米的商代二里岗期大铜鬲,表明这里应为商代一重要遗址。

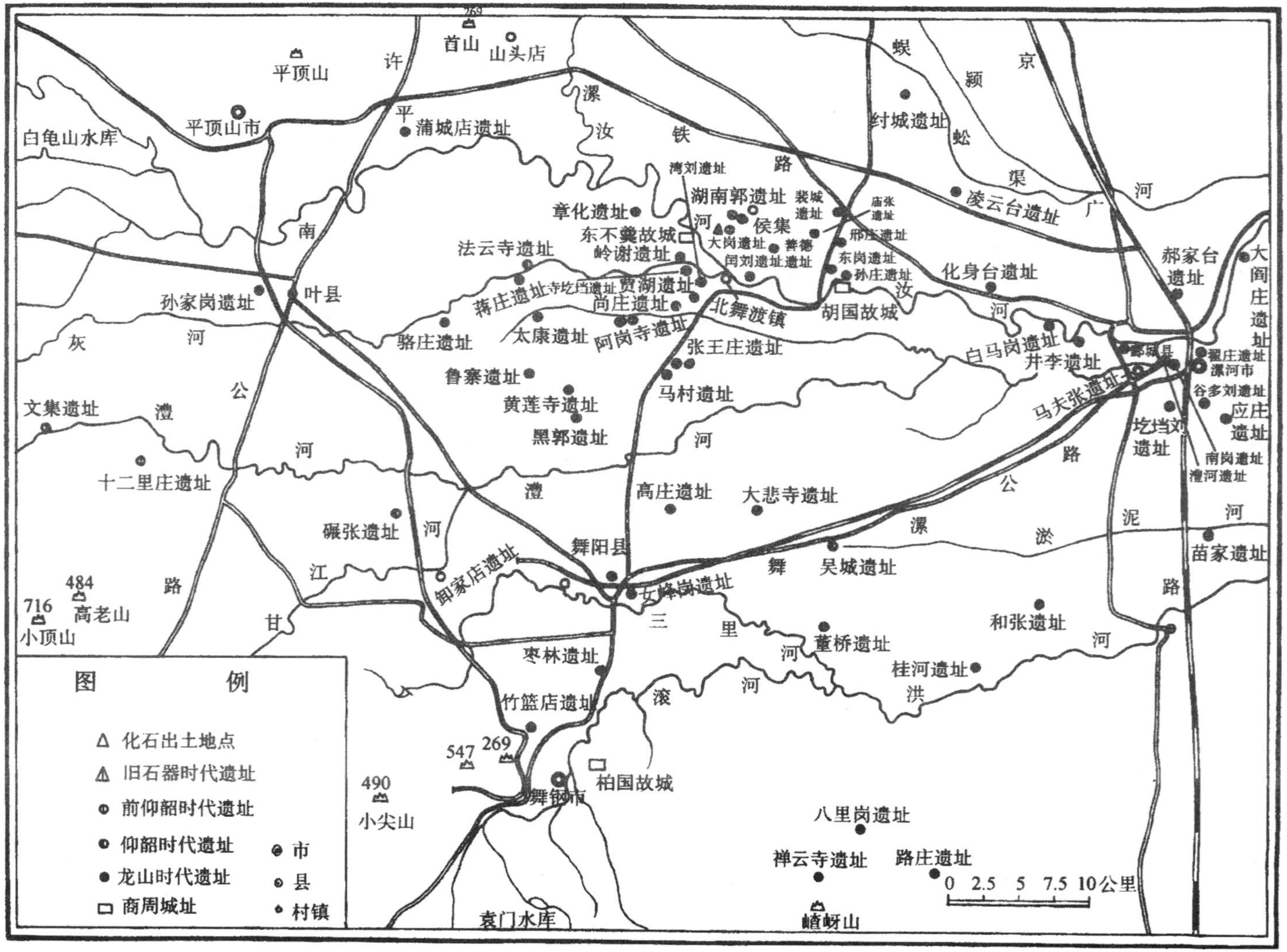

图二 贾湖遗址周围古文化遗址分布示意图

第二章　发现、发掘与资料整理

第一节　发现与发掘经过

贾湖遗址发现于20世纪60年代初。早在1961年，因下放于贾湖村劳动的县文化馆文物专干朱帜(后任县博物馆首任馆长)就曾在村东的沟坎、井壁上发现有陶片、人骨和红烧土等，遂确认为一处新石器时代遗址。1979年秋，该村修筑护村堤以防水患，破坏了该遗址中部的部分文化层，该村小学师生在取土坑内开荒种地时，发现一些石铲、陶壶等，旋即由该校教师贾建国等上交县文化馆。这批新发现的遗物再次引起刚刚恢复工作不久的朱帜先生的重视。此时正值裴李岗文化刚刚被发现，全国特别是河南各级文物考古部门十分重视新石器早期文化的探索。1980年春，当时的河南省博物馆文物工作队(河南省文物考古研究所前身)专门组织了新石器时代早期文化调查队，调查队成员、裴李岗文化的主要发现者之一赵世纲先生在许昌得知贾湖遗址的新发现后，随前往调查，并当即确认这是一处裴李岗时期文化遗址。1980年，舞阳县人民政府公布该遗址为县级重点文物保护单位。1986年11月，河南省人民政府公布该遗址为省级重点文物保护单位。1982年10月，当时任中国社会科学院考古研究所副所长的安志敏教授曾来此调查。

1983年春，贾湖村民要求在遗址区西部规划宅基地，为配合乡村规划，并进一步探讨裴李岗文化的分布与特征，河南省文物研究所(河南省文物考古研究所前身)派四位先生对贾湖遗址进行试掘。1983年5月下旬至6月中旬，在此试掘面积50平方米，发现窖穴11座、墓葬17座，陶、石、骨、龟等各种质料的遗物数十件。但试掘者认为其文化内涵未超出已经发掘的长葛石固遗址，加之该四位先生均改承担其它任务，发掘工作暂时中止。1984年，村民再次提出建房要求，省文物研究所又派人前来进行配合发掘。此次发掘是在村民计划建房的场地里，共发掘5米×5米探方4个，揭露面积100平方米，发现灰坑19个，墓葬14座，尤其是发现了一些无头葬、缺肢葬、二次葬、一次葬与二次葬的合葬等重要现象，促使我们继续进行发掘。

1985年春，因配合公路建设任务很重，贾湖遗址的发掘工作再次暂停。1985年9月至12月，在贾湖遗址进行了第三次发掘。第三次发掘与第二次发掘同在一处，发掘5米×5米探方11个，2米×10米探沟4条，揭露面积355平方米，发现了大批重要的遗迹和遗物。需要说明的是，因这里当时秋季水位太高，有时发掘至1.5米深处即已见水，许多灰坑、墓葬未能发掘到底，较深的文化层也无法做净；另外，这里发现的大量人骨标本，虽然比已经发掘的裴李岗、莪沟等遗址人骨保存得好，但若起取后鉴定势必丢失大量信息，为了便于现场鉴定，于是在绘图、照相后暂时封存。因此，1984年、1985年的第二、三次发掘均未能做到底。

1986年3月至6月对贾湖遗址进行了第四次发掘。由于这里春季水位下降，就决定不再布新的探方，只将前两次发掘未做到底的15个探方和4条探沟清理到底，同时进行了局部扩方，并请河南医科大学专家来工地对所出人骨标本进行现场鉴定。这个季度最重要的发现是确认了3支七孔骨笛。第二次至第四次发掘面积共计483.7平方米。

1986年9月至12月进行了第五次发掘，这次发掘10米×10米探方5个，4米×7米探沟2条，揭露面积556平方米。这个季度最重要的收获是确认了依次扩建的多间房。

1987年3月至6月进行了第六次发掘。因郑州大学师生的参加,此次发掘是规模最大的一次,计开挖10米×10米探方4个,5米×10米探方1个,3米×10米探方1个,2米×10米探沟2条,3米×7米探沟1条,3米×5米探方1个,5米×5米探方25个,连同扩方共计揭露面积1 269平方米。此次发掘最重要的收获是发现了龟甲契刻符号,并确认了陶窑。

以上6次发掘历时5年,共揭露面积2 358.7平方米。清理出房址45座、陶窑9座、灰坑370座、墓葬349座、瓮棺葬32座、埋狗坑10座,以及一些濠沟、小坑、柱洞等。

第二节 资料整理

贾湖遗址的发掘资料在发掘过程中均已进行了初步整理,其中第一次的试掘报告已在1988年《华夏考古》第2期发表。1987年春发掘结束后,经过初步整理,我们编写了第二至六次发掘简报,并载于《文物》1989年第1期。1987年简报脱稿之后,我们开始了对发掘资料的全面整理工作。但由于参加发掘的人中除张居中同志外均调出承担其他任务,加上其它发掘任务又十分繁重,因此整理工作时断时续,直到1993年下半年开始,才得以集中精力着手资料整理和报告编写工作。

1. 陶制品的整理

陶器及其残片的整理是用时最多的一项工作,经过几次反复,也走了不少弯路。

贾湖遗址的陶片十分丰富,不仅废弃的房基、窖穴、陶窑中,而且文化层中也有大量陶片,与其他同类遗址相比截然不同。由于陶片火候较低、质量较差、松软易碎,因而整理难度很大。如陶系和纹饰的统计工作,一开始是运用传统的数片法,但有的陶系陶片过于破碎,指甲大的陶片就算是大片,有的仅有豆粒大小,实在无法操作。为解决这一难题,尝试采用了称量法,因陶色多不够纯正,于是按陶质先行分类,再大体分开陶色,在此基础上将直径2厘米以上的陶片按片统计,然后将同类大小的陶片一并称出重量,纹饰统计也按此法进行。陶片器形的统计同样原因也不能完全按照传统办法,又无法细分出同陶系的不同器类,只得先分出器类,按口沿⅛或器足、耳、鋬、把数片法的基础上,再将各器类陶片分为特征较为接近的三大类,即鼎、罐类,壶和双耳罐类,盆、钵、碗类,然后将大小片一并称量统计。同时将各陶系、各器类的完整或基本完整的器物逐一称量,计算出平均重量,最后代入各单位,计算各陶系、各器类所占的比例。其结果比单纯的数片统计法在计算最小个体数方面要相对准确一些。同时,还选择少量典型标本请有关专家进行了制作工艺研究、烧成温度和成分分析。

2. 红烧土的整理

贾湖遗址各遗迹单位和文化层中均有大量红烧土,但大多呈颗粒状,在发掘中采集了一些块型较大、较为成型的红烧土之标本,以便作进一步研究之用。在整理中,我们先将红烧土块按单位集中起来,对较成型的进行了特征记述和三维测量,以便对其成因和功能进行判断。值得一提的是,受彭头山文化陶片中发现稻壳的启发,我们于1991年春在一些红烧土中发现了一些稻壳印痕,进而通过水洗法在所取灰坑填土标本中筛选出大量炭化稻米及其他一些植物种籽。这一发现对研究稻作农业起源具有重要意义。

3. 石质标本的整理

在发掘中采集到了大量石制品和石料、废料等。在整理中，首先将所有石质标本逐一注明出土位置，完整器物或可辨器形者按器类统计，看不出器形者按岩性称重统计，并请有关专家进行岩性鉴定，大量石料、废料、半成品和用残废弃品对研究当时的制石工艺、经济形态、自然资源利用是不可多得的珍贵资料。

4. 龟甲和其他动物骨骼的整理

贾湖遗址出土了大量完整龟甲，且大多成组随葬于墓葬之中，引起了我们高度重视。出土后，我们尝试整起，计划回到室内后认真整理，但在操作时，只有三组整起成功。发掘结束后，我们首先集中数人之力，对这批龟甲进行整理。第一步，我们先整理成功起取的三组，一小片一小片的起取、洗刷、粘对、缀合、观察、记述、绘图、照相；第二步将未能整起成功的龟甲碎片尽可能的粘对缀合，并统计出各单位的最小个体数。经近半年的努力，缀合起完整或基本完整的龟甲数十件，且大多为背、腹甲扣合者。文化层中和各类遗迹中也出有大量龟鳖甲碎片，只做个体数统计，个别虽比较完整的只有背甲或腹甲，腹、背甲扣合者极少，此类标本也采取了整起后室内缀合的方法。

在发掘中，还采集了大量其它动物骨骼标本，整理中，首先按单位将这类标本集中，同时几乎每块标本都标出出土位置，计划进行埋藏学和人类行为研究，可惜此项研究至今未能开展，其定性分析报告见本书下卷第一章第二节。

第三章　地层堆积

第一节　遗址保存状况与探方分布

一、遗址周围环境

在灰河之南2公里，泥河之北1公里处，有一个长约365米、宽约70米的小湖泊，即贾湖（彩版一，2）。贾湖的西侧向北有一条人工河通向灰河。据村民讲，此河系五六十年代所挖，这里原来就有一条小河，只是注入贾湖，而不通灰河，挖此河的目的是为了引灰河水灌溉。贾湖的东侧有一条小草河，名曰马河，向东偏南方向注入泥河。贾湖的南岸为尚庄村，北岸为贾湖村。舞阳至北舞渡的公路从贾湖村东1公里处通过，叶县至北舞渡公路从贾湖村北500米处通过。贾湖村西，贾湖的西北岸边有一通清初所立追记明初的移民碑，其中提到贾湖村名的由来，即当贾姓居民自山西来此地定居时，已有此小湖存在，故湖以人姓命名，村以湖命名，即称为“贾湖”村了。现在，村内居民中贾姓仍占绝大多数，均为明初移民的后代。

贾湖村周围地势西高东低。在村西高地上有一高程点，海拔68.6米。村东1公里舞北公路海拔66.9米，贾湖遗址海拔67～66.5米之间。遗址北约500米处有一汉代遗址，调查发现有汉代陶窑等遗迹、绳纹灰陶片、碎砖块、瓦片等遗物。

贾湖村北、西、南三面均为一望无际的平原，仅个别地方有隆起的小土岗，上面有风成黄土发育。村东为泥河洼滞洪区。该滞洪区范围103平方公里，东西23公里，南北平均6公里，中心区最低点海拔63.8米，边缘地带海拔68米。该滞洪区是1955年为保京广铁路所设，至1982年有36次放水分洪。在设滞洪区前这一带为一片沼泽地，60年代后逐渐干涸，并被开垦为农田。滞洪区中间地带无人居住，但其周围居民点稠密。贾湖村东全新世地层中有一层静水沉积形成的青黑色粘土层，自西向东由薄渐厚，边缘地带厚0.30～0.50米，在滞洪区中心地带厚达3米仍未见底，表明在全新世大暖期期间，这一带曾有较大面积的水体存在。

二、遗址概况

遗址位于贾湖村东，村东端的南北大道应为遗址的西部边缘。遗址平面呈不规则圆形，最长径东南-西北长约280米，最短径东北-西南宽约250米，总面积约55 000多平方米。

遗址西部边缘局部被村内民房所占压，遗址中部偏西处，1978年所修的护村堤横贯南北，堤基宽14米，高2～3米，堤顶海拔69米。堤西原多为菜地或打谷场，其间有不少土井破坏文化层。堤东有1978年修护村堤时挖的深1米左右、宽26～42米的取土坑，坑内上文化层局部被破坏。取土坑断崖以东为农田，保存完好。在遗址北部中间有去北舞渡的大道横贯东西。遗址南部边缘有一条东西向的生产路（彩版一，1）。

三、探方分布

贾湖遗址的六次发掘，因种种原因探方编号显得有些零乱。1983 年春，在遗址中部、西部各布 2 米×10 米探沟 1 条(T1、T2)，南部布 2 米×5 米探沟 1 条(T3)。1984 年秋，首先将位于护村堤外坡、去北舞渡大道南边的水泥质遗址保护标志牌确定为永久性坐标基点，并根据遗址保存状况将整个遗址分为 4 个发掘区，其中护村堤以西为第一发掘区，堤东的取土坑为第二发掘区，取土坑东未受破坏部分为第三发掘区，去北舞渡大道北为第四发掘区。因为此次发掘仍属配合宅基地规划性质，就在第一发掘区中部计划规划宅基地处布 5 米×5 米探方 16 个(T4～T16、T21～T23)。1985 年秋季除继续在这里发掘外又在Ⅰ区南部宅基地规划区布 2 米×10 米探沟 4 条(T17～T20)。

1986 年春季，除将 T4～T9、T11～T23 发掘到底外，又将 T5、T7 北扩、T11、T12 西扩，T14 南扩，以便将个别重要遗迹全部清理。

1986 年秋，在已基本上搞清了这里的地层关系的基础上，选择遗址西部、护村堤以西民房前的空地(也为宅基地规划区)，布 10 米×10 米探方 15 个(T101～T115)。1986 年秋发掘了其中的 T101、T103、T105、T109、T113 五个探方。同时，由于村民在遗址西部边缘取土时发现大片红烧土，又在此布 10 米×10 米探方 3 个(T116～T118)和 4 米×7 米探沟 2 条(T119～T120)。T119、T120 位于 T117 南部，因 T120 向西超出，为了记述方便，故将 T119、T120 两条探沟另行编号，并立即进行了发掘。

1987 年春，由于郑州大学师生的参加，我们把发掘人员分为两部分。一部分为原发掘人员，继续在原地发掘了 T102、T104、T108 和 T114，使发掘区联成一片。为了充分揭露 T101、T102 墓葬区，在 T101 西发掘了 T116 中间部分，向北进行了扩方。另一部分发掘人员为郑州大学师生，在堤东遗址东部原规划的第三发掘区内发掘 5 米×5 米探方 15 个(T61～T75)。在遗址中部的第二发掘区布 5 米×5 米探方 2 个(T38、T39)，2 米×10 米探沟 1 条(T37)，在遗址西南部布 5 米×5 米探方 10 个(T27～T36)，其中除 T29、T30 内因有一大石灰池不能发掘外，其余全部揭露。另外，为使 T4～T21、T101～T120 两大片连接，在其中间部位发掘了 T25(3 米×7 米)。为了解西南角的地层情况，发掘了 T26(2 米×10 米)。为了全部揭露部分重要遗迹，对 T25、T31、T33～T39、T62、T63、T67、T69、T70、T102 均进行了面积不等的扩方(图三)。

以上六次发掘，共在遗址西部的第一发掘区发掘 10 米×10 米探方 10 个(T116 未全挖)，5 米×5 米探方 24 个，2 米×10 米探沟 6 条，3 米×7 米探沟 1 条，2 米×7 米 2 条。(彩版二，1、2；图版一，1、2；图版二，2)在遗址中部的第二发掘区，发掘 5 米×5 米探方 2 个，2 米×10 米探沟 2 条。在遗址东部的第三发掘区发掘 5 米×5 米探方 15 个(图四；图版二，1)。

这里有两个问题需要说明。一是探方编号，原将 1984 年所布的 16 个探方编为“WBJ84IT1～T16”，其中“W”代表舞阳县，“B”代表北舞渡乡，“J”代表贾湖遗址，“84”代表发掘年度，“I”代表第一发掘区，“T1～T16”代表探方编号。之所以在探方编号前冠发掘区和发掘年度，主要是为了与试掘的 T1～T3 相区别。在配合宅基地规划的发掘中，未能制订长期发掘计划，各区未能统一布方，以后的几个发掘季度探方号混编，显得有些零乱。这也是当时发掘工地主持者经验不足造成的。1985 年以后的发掘中就未在探方和遗迹编号前加年份和发掘区编号了。但为了使 1984 年秋编的 T1～T3 不与 1983 年试掘的 T1～T3 相混，在 1986 年春发掘时，我们将 1984 年秋发掘的 T1～T3 改为 T21～T23。二是遗迹编号，因试掘的 T1～T3 已发现灰坑 11 座、墓葬 17 座，于

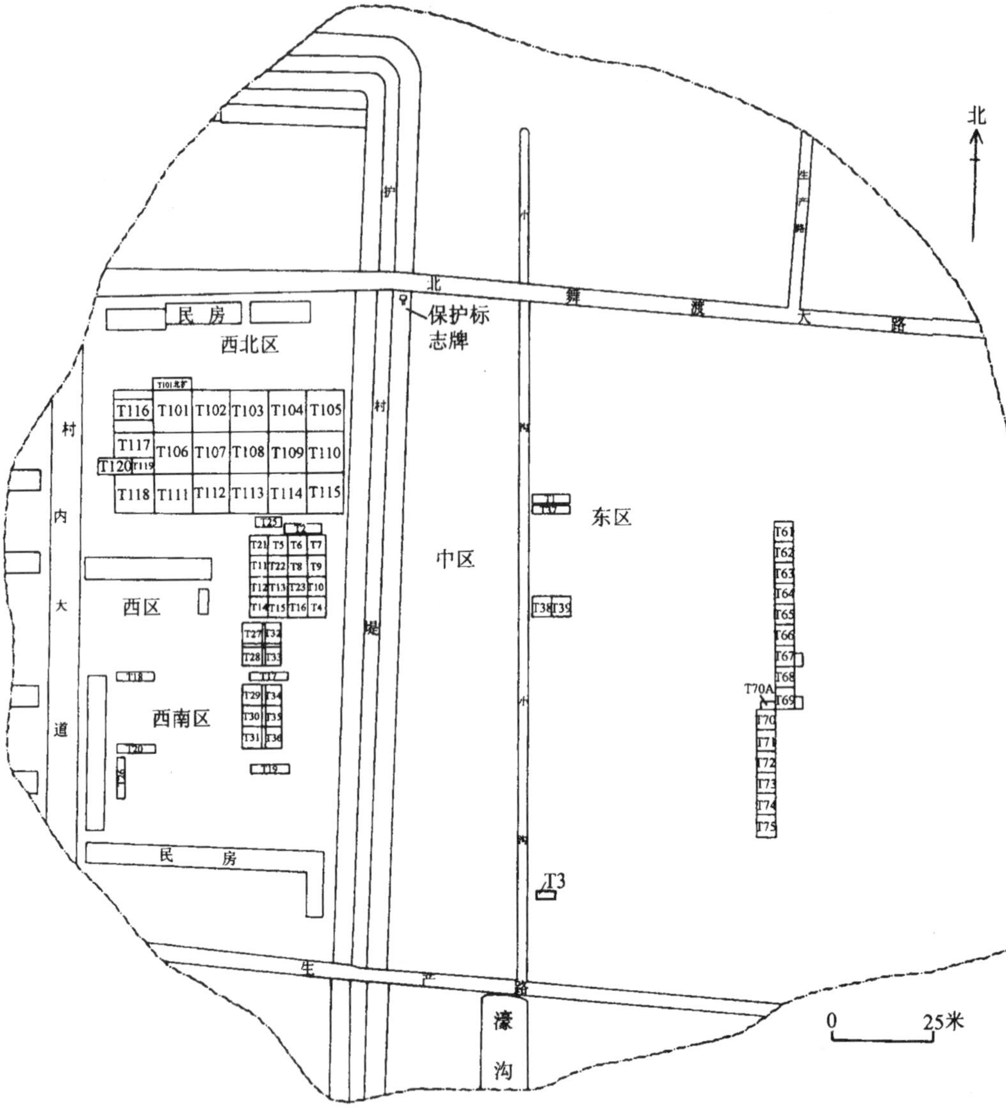

图三　贾湖遗址范围和发掘区分布图

是将1984～1985年发掘的灰坑H1～H10改为H91～H100，将H11改为H86，将M1～M17改为M101～M117。以后发现的遗迹即按发现顺序依次编号。另外，早期遗迹辨别难度确实很大，发现时缺乏经验，所有房址、陶窑在刚发现并开始清理时均按灰坑编号，只是在发掘过程中或清理后经综合判断，方才认定部分灰坑应为废弃房址、陶窑或窖穴，但对于一些过于残破的迹象的判断未必正确，目前的认定只是一种判断意见，为了保证资料的原始性，在资料整理和报告编写时，我们仍保留了灰坑编号，而未将其改为房址(F)或陶窑(Y)编号。这些单位所出遗物的编号也未改动。

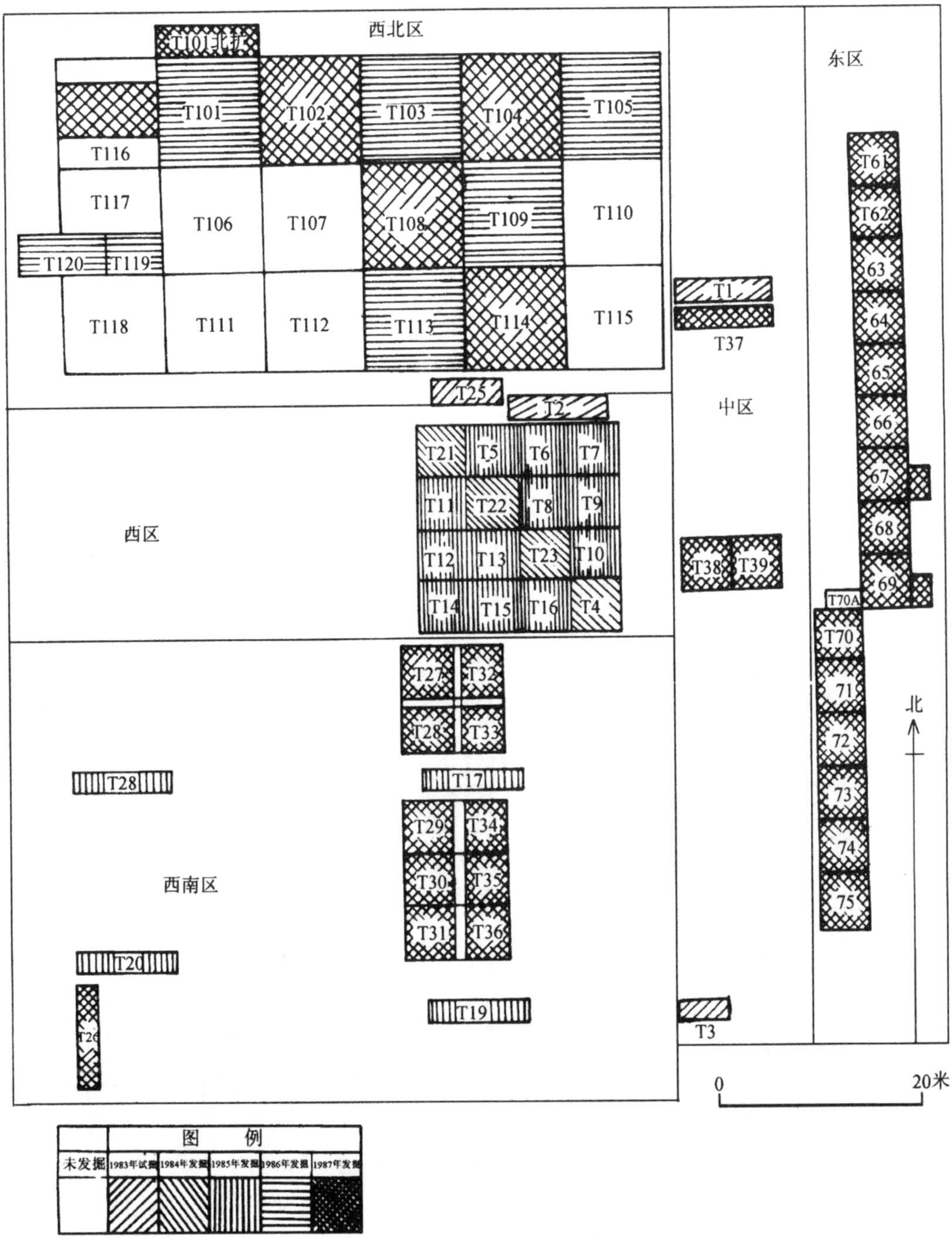

图四　贾湖遗址各区探方分布图

第二节　地层堆积与分布

贾湖遗址地表虽然比较平坦，但由于埋藏和保存情况不同，遗址西、中、东部文化层堆积情况也各有差异。现分别进行介绍：

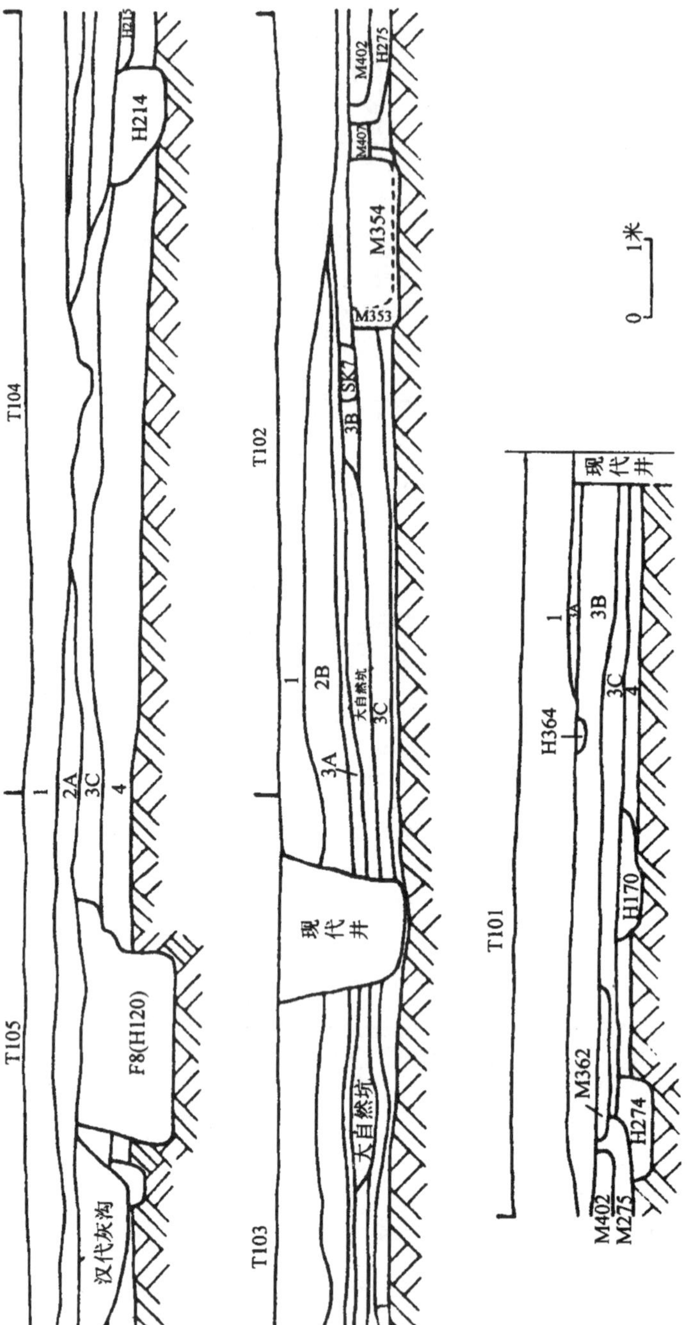

图五 T101～T105 南壁剖面图

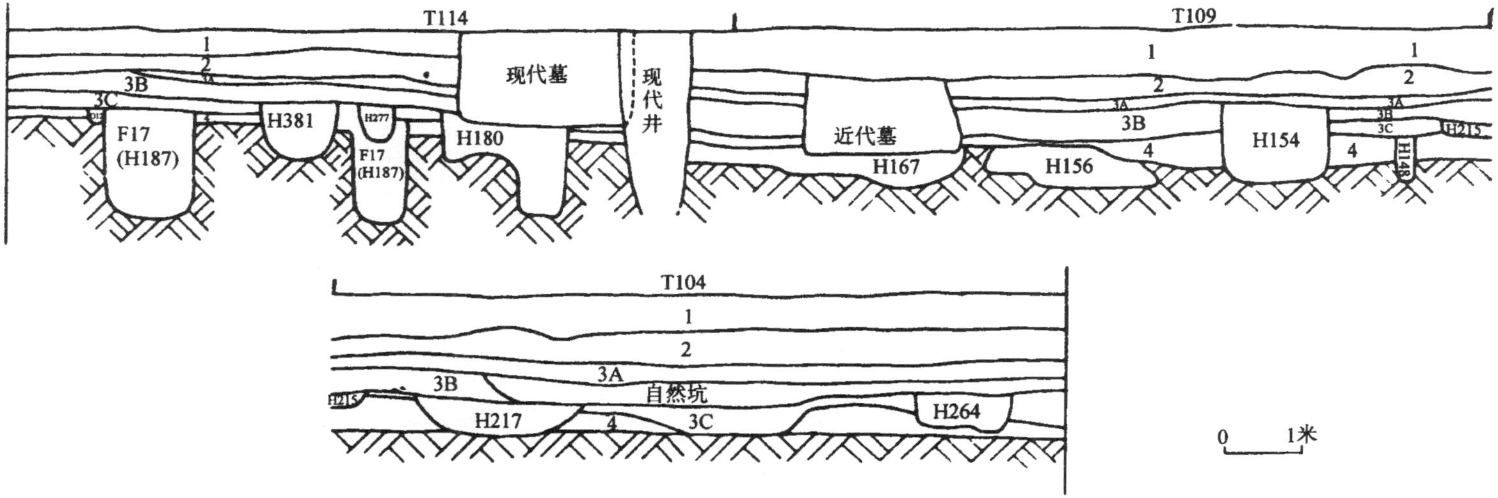

图六　T104、T109、T114 西壁剖面图

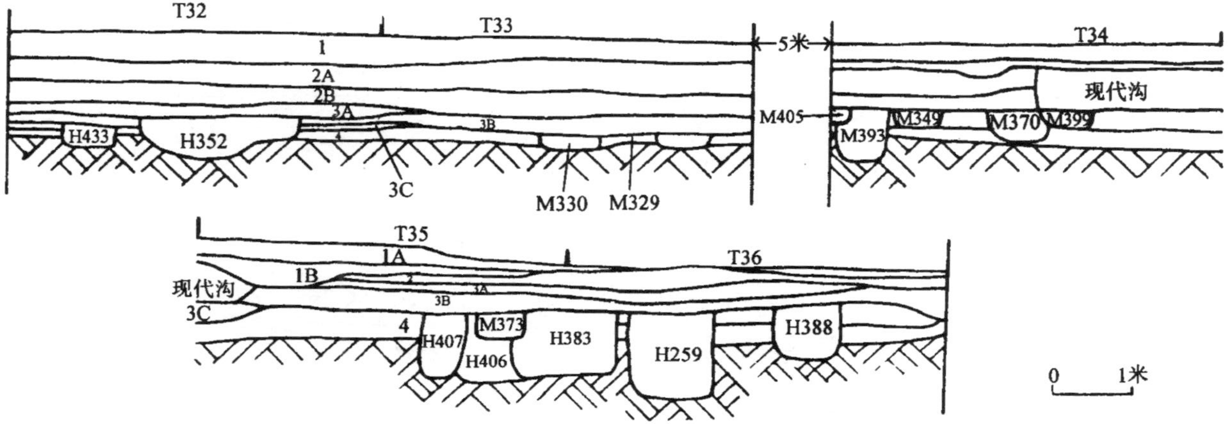

图七　T32～T36 东壁剖面图

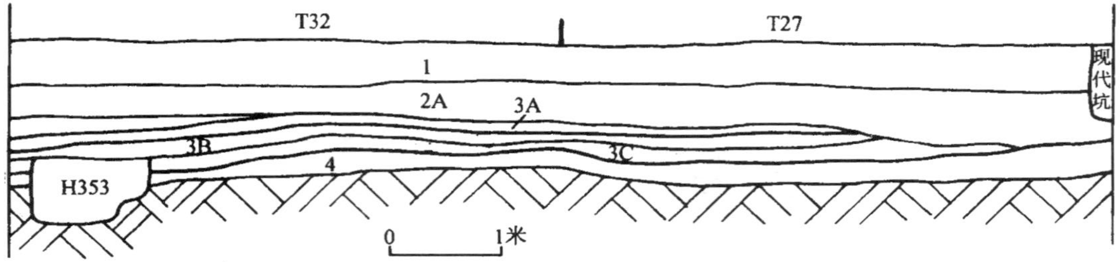

图八　T32、T27 南壁剖面图

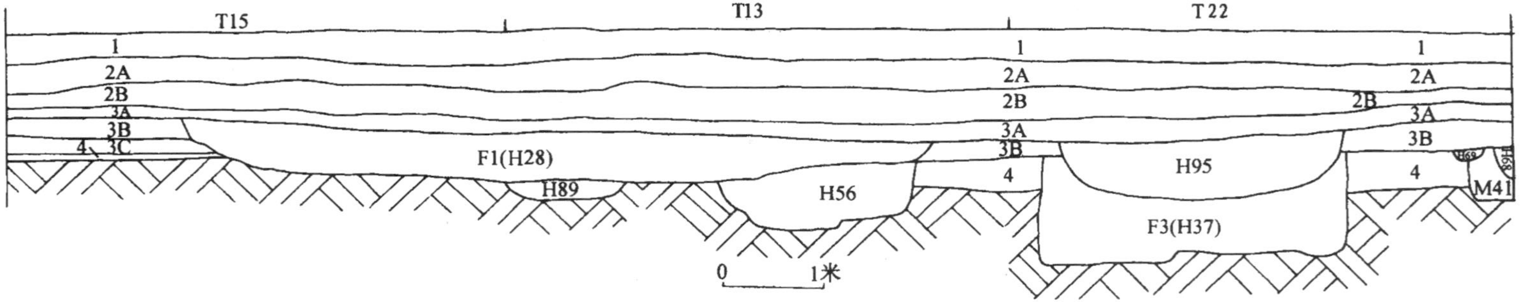

图九　T15、T13、T22 西壁剖面图

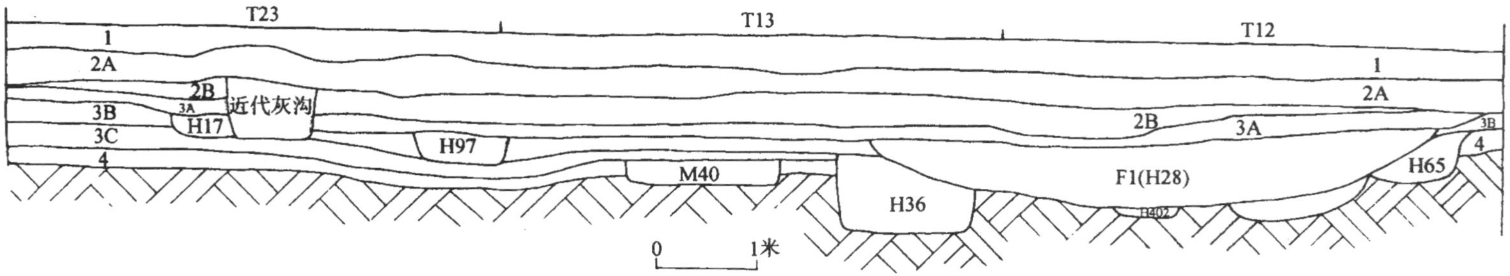

图一〇　T23、T13、T12 南壁剖面图

1. 遗址西部(西北区、西区、西南区)地层堆积

在遗址西部,除西部因取土而使文化层上覆黄土被破坏外,文化层堆积基本保存完好,大体呈水平状态,依次相叠,文化层深度在1.2～1.5米左右,根据土质和土色,并结合自然层堆积,大体可分为五个层:

第1层:黄褐色土,质松软,厚0.25～0.9米,一般在0.1～0.6米之间,覆盖整个西区。包含物除泥质和夹砂红陶片外,还有红烧土粒、汉代陶片、砖瓦碎块、宋以来瓷片、现代砖瓦碎块、陶片、铁钉等。此层在西部T101、102之间较厚,最深达0.9米。据村民反映,系因在50年代修老护村堤时在这里取土,并形成取土坑,后废弃而成菜园地。

第2层:黄色土,质稍硬,含大量粉砂,粒度较细。深0.10～0.7米、厚0.2～0.5米,覆盖整个西区。依据土色变化和包含物又可分为两小层:

第2A层:浅黄褐色土,厚0.12～0.35米,含有少量近现代砖瓦碎块、陶瓷碎片等,应为深翻土地所至。此层分布于整个西区。

第2B层:浅黄色砂质土,厚0.05～0.4米,未经人工翻动,质较硬,含较多的黑色砂粒。未见任何文化遗物。本层只在局部发现。

第3层:褐色土,粘性较大,粒度很细,深0.2～1.1米,依土色和包含物变化分三个小层。

第3A层:暗褐色土,厚0.05～0.25米,粘性很大,未见文化遗物。本层只在较低洼处局部发现。

第3B层:黑褐色土,厚0.1～0.5米,粘性很大,内含大量红烧土块、粒及大量红陶片,使此层呈黑褐红色,还含有大量动物骨骼、残石器、残骨器、石块等。此层在西部大部地方有分布。

第3C层:灰褐色土,厚0.08～0.52米,粘性较上两层稍小,含红烧土量较少,陶片亦相对较少,但片较大,动物骨骼、残石器及石块等仍较多。本层在西区大部地方均有分布。

第4层:黄褐色土,质稍硬,厚0.04～0.66米,粒度较细,偶见个别碎骨、炭屑、烧土粒,未见其它文化遗物,本层在西区普遍存在。

第5层,黄色土,质较硬,深0.8～2.2米,未见底,未见文化现象。

以上介绍的地层,选择T101～T105南壁剖面(图五)、T104、T109、T114西壁剖面(图六)、T32～T36东壁剖面(图七)、T32、T27南壁剖面(图八)、T15、T13、T22西壁剖面(图九)、T23、T13、T12南壁剖图(图一〇)来说明。

2. 遗址中部(中区)地层堆积

本区因取土使上文化层遭到破坏,发掘时又种满了树苗,只能在树苗的间隙进行发掘,其中T38、T39的地层可大致反映这里的地层堆积情况(图一一、一二)。

第1层:褐色土,应为文化层,与西区的3B层特征相同,但因开荒平整,已成为耕土层,厚约0.10～0.25米,整个中区均有分布。

第2层:黄褐土,特征与西区3C层同,深0.1～0.25米、厚0.15～0.3米,整个中区均有分布。

第3层:特征与西区4层同,无文化现象,未发掘。

另外,1983年试掘的T1东部的第2层,据介绍为黄色土,应与西区的2层相当,第3层为褐灰色粘土层,特征与3C层相当。T3应为一大灰坑的堆积,并非文化层堆积。

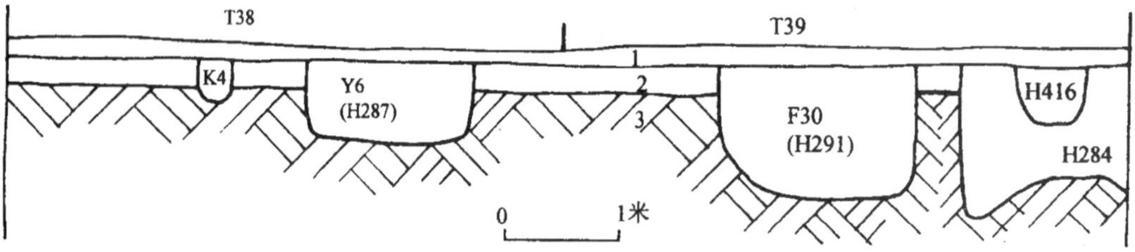

图一一　T38、T39北壁剖面图

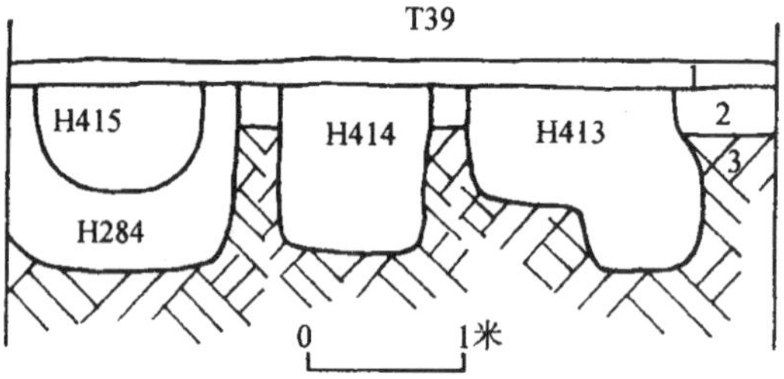

图一二　T39东壁剖面图

3. 遗址东部(东区)地层堆积

本区地层未遭破坏,保存较为完整,但与西、中区稍不同,其地层堆积情况如下:

第1层:黄色土,质疏松。与西区第1层大致相同,唯地层中含有不少汉代遗物。厚0.1～0.35米,此层遍布全区。

第2层:黄褐色土,质稍硬,深0.1～0.35、厚0.15～0.5米,含少量近现代陶、瓷片及新石器时代泥质和夹砂红陶片、汉代砖瓦片、灰陶片等,此层遍布全区。

第3层:灰色土,颗粒细密,质较硬,深0.3～0.65米、厚0.15～0.5米。包含物有汉代砖块、瓦片、灰陶片及新石器时期碎陶片等,此层遍布全区。但局部地区可据土色的细微变化,划出3B小夹层,如T62、T63的3B层厚0.05～0.25米,黄灰色土、较硬。包含物与3层同。

第4层:灰褐色,呈团粒结构,颗粒结构较紧密,坚硬,粘性较大,深0.55～1米,厚0.1～0.45米。包含物有大量红烧土粒,烧骨、兽骨碎块、泥质和夹砂红陶片、石器残片等。此层几乎遍布全区,仅T68局部无此层,这是因第3层太厚将第4层扰动破坏之故。

第5层:黑褐色土,呈团粒结构,颗粒结构较紧密,较坚硬,粘性较大,深0.75～1.6米、厚0.1～0.4米。包含物有大量红烧土块、红陶片、碎骨、炭屑等。此层除T74、T75东半部外均有分布。

第6层:黄褐色土,颗粒结构较紧密,土质较坚硬,深1.1～1.65、厚0.05～0.4米。包含物有少量红烧土粒和零星炭屑,基本上未见陶片,此层遍布全区。

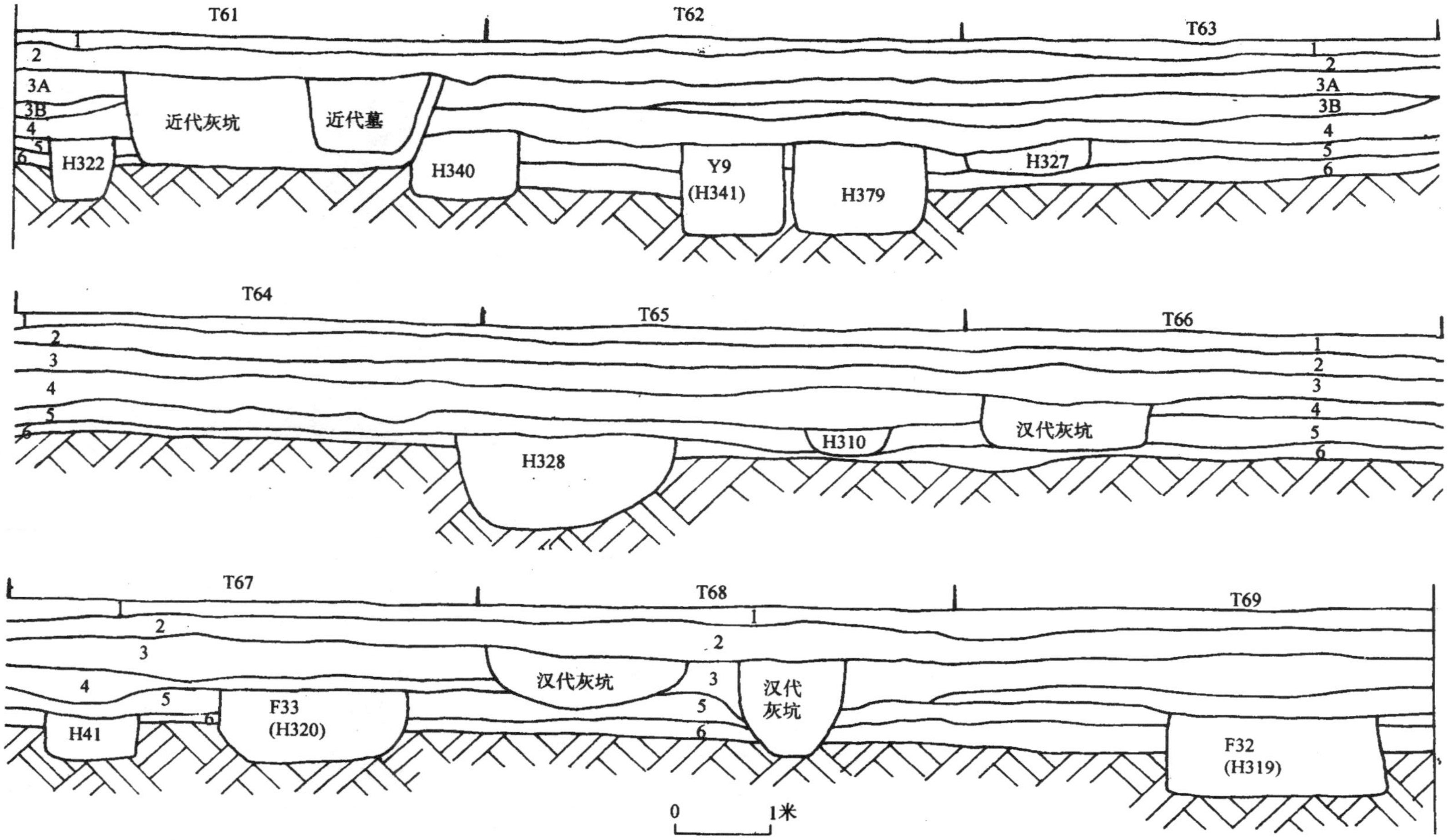

图一三　T61～T69 东壁剖面图

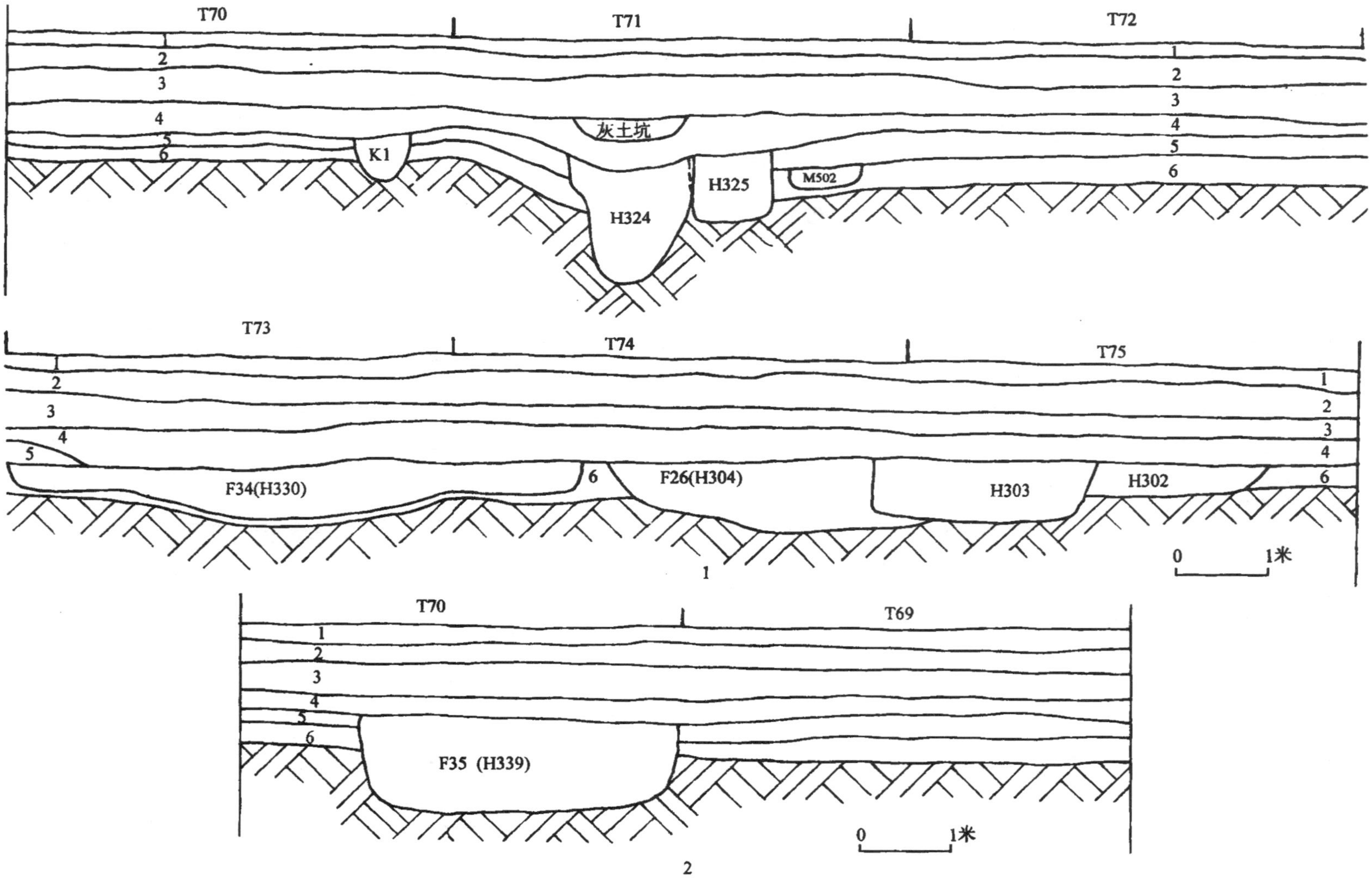

图一四　东区地层剖面图

1. T70～T75 东壁　　2. T69 南壁、T70 北壁

第 7 层：黄色土，含粉砂比例较大，深 1.25～2.1 米，未见底。未见任何文化现象。各探方均有分布。

上述地层以 T61～T69 东壁剖面（图十三），T70～T75 东壁剖面（图十四），T69 南壁剖面、T70 北壁剖面（图十四）来说明。

遗址北部未发掘，从取土坑断壁上观察与遗址东部（东区）堆积基本相同。

第三节　地层成因

贾湖遗址文化层下普遍覆盖着全新世初的黄土层，即生土层，无任何文化现象，虽含较多粉砂，但稍有粘性，与马兰期黄土不同，可能标志着气候已稍有好转。

覆盖于生土层之上的西部的第 4 层、中部的第 3 层、东部的第 6 层，即所谓的次生土层，应为贾湖人初来此地定居时的原始地面。这些地层中普遍只有少量的人类活动痕迹，此种特征的地层在其他新石器时代遗址中普遍存在，遗址边缘地带也有分布，其范围均大于遗址范围，因此推测聚落周围的此层堆积可能与农耕土有关。当然这种推测需通过科学检验手段来证实。

覆盖于次生土层之上的下文化层，遗址西部编为 3C 层，东部编为 5 层，中部则为第 1 层。此层情况亦稍有不同，东部的第 5 层土色稍黑，粘性较大，似与气温较高、内含腐殖质较多，而且东部地势更低、更接近东侧水体，更易受水的泛滥影响有关。中部第 1 层、西部 3C 层土色则稍浅，呈灰褐色。

覆盖于下文化层之上的上文化层，东部编为 4 层，西部编为 3B 层，中部此层大多被破坏，仅在个别地方残存。此层在西部呈黑褐色，粘性较大，而东部土色稍浅，可能因东部第 4 层含红烧土太多所致。上、下文化层 粘度较大、色泛黑的原因均应与全新世高温期时水热条件较高有关。值得指出的是，此层中所含的大量碎红烧土块的形成原因无外有三：一是可能与防潮烧烤有关，二是可能与室外炊爨方式有关，三是可能与陶器烧制方式有关，三者或居其一，或者兼而有之，当然也不排除其他可能性，但是，这么大量的红烧土堆积的形成，应与当时人们的经常性生产或生活活动密切相关。

在遗址西部的上文化层之上，还发现有暗褐色的文化间歇层，即 3A 层，从其特征看应为静水时的沉积。因此推测该遗址的废弃应与此层的形成有关。进而可推测贾湖人生活的晚期，由于降水量的增加，东侧水体扩大，整个聚落成为一片汪洋，人们不得不放弃生活了千余年的聚落，而迁居他乡。我们在贾湖北 7.5 公里的大岗遗址（海拔 70～75 米）的发掘中，发现了晚于贾湖晚期的水井，井底有许多汲水的小壶或碎或整沉积于井底。表明在贾湖人生活时期之后，人们不得不移居于较高的冈丘之上取井水生活。而 3A 层的形成和干涸，可能标志着全新世高温期的结束。

在西部 3A 层之上，还有 2B 层亦为文化间歇层，但大多被近现代地层所扰，只局部尚存。从此层含大量粉砂和黑色大砂粒的特征看，应为一洪积层，其形成年代无法确定，但肯定是在 3A 层干涸之后，汉代之前。

东区的第 3 层主要含汉代遗物，也发现有少量汉代遗迹，如灰坑、灰沟等，应为汉代文化层，堆积虽较厚，但遗物少且碎。联系到遗址北约 500 米处的汉代遗址，此层的形成可能与其有关，但也不排除为汉代农耕土的可能。在遗址西部未发现与此层对应的文化层，只在 2A 下发现有少量含汉代绳纹砖、瓦的灰沟，可能为同时期的遗迹。因此时期遗迹、遗物太少且不典型，书中不作具体介绍。

另外，在西部 2A 层下，还发现有 3 个宋代小灰坑，形状呈不规则圆形，出仿钧窑系的瓷片和民窑瓷片。表明宋代时也有人在此地活动。本书也不作具体介绍。

西区第2A层和东区的第2层，均为近代文化层，但地层的母质却不相同。西区的2A层是近现代人扰动2B层所形成。2B层是一个文化间歇层，不含任何文化现象，从其堆积情况和土质特征看，可能为一洪积层。而东区的第2层则含有汉代和新石器时代遗物，显然是破坏汉代文化层所形成。

西区、东区的第1层，为现代农耕土层，除遗址中部外，此层在整个遗址分布区普遍存在。在遗址西部边缘，因50年代修护村堤时所挖的取土坑后被填平，所以此处第1层特别厚，而第2层已全部被破坏，并破坏了3A层。在遗址中部，因70年代修护村堤时取土，农耕土至上文化层全部被破坏，仅残存少量下部文化层，也成为现代耕土层。所以遗址中部的第2层相当于东、西部的下文化层。

第四章　居址与窑址

贾湖聚落的居住址与墓葬区在早期是混在一起的，到了中、晚期，墓葬区从居住区分离出去，但由于聚落延用时间长，不同期别的居住区与墓葬区也有重叠现象。为了介绍材料方便，这里将居住址先行介绍。

居住址内遗迹较多，归纳起来主要有房基、灰坑、陶窑、濠沟及小坑、零星灶坑和柱子洞等，在发掘区范围内均有发现(图一五.1～5)。从埋藏现象观察，各类遗迹之内都有始建期、使用期、废弃期的不同堆积，但我们观察到的首先是废弃之后的堆积，而始建和使用时期留下来的遗迹相对较少，给各类遗迹的分类判断带来困难。特别是遗物，则大多属废弃之后的弃置物，但从分期上讲，应相去使用期不远，基本上仍可代表使用期的年代。大多数遗迹内均有废弃的人工制品，如陶器碎片、制石、骨器的废料等，以及食余抛弃的动物骨骼、植物遗骸等，但数量最大的是陶片。在统计时我们首先进行了传统的数片统计，但由于这里的陶片过于破碎。有的呈碎末状，直径大多在2厘米之下，操作起来十分困难，于是又试行了称重统计。从统计结果看，在陶片破碎程度大致相似的情况下，两种统计方法的结果相差不远，但在某陶系陶片过于破碎或某陶系陶片较大的情况下，差别就较大，总体来讲，称重法更接近于客观实际。鉴于此，在各类遗迹介绍中，列入的统计数字均以称重为主。又鉴于在统计过程中发现陶色的指标具有不确定性，同一器物具有多色的现象(盖因火候不均匀所致)，纹饰又过于简单，我们只列入了陶系和器类两种统计结果。在器类统计中，因陶片太碎，很难具体到器形，但鼎罐等炊器类、壶、双耳罐等汲水器、储器类和盆、钵、碗等盛食品类之间，特征比较明显，易于判断和把握，可将陶片全部进行分类统计。文中所列的器类统计数据，可作为器类分析的一个参数。

在各类遗迹中，有些出土陶片很少，为了使统计数量尽可能客观地反映陶系、器类比例，我们只对出土陶片重量在1000克以上、数量在100片以上的单位的统计结果进行记述，不足此数的没有列入。这里对房基、灰坑、陶窑、濠沟、小坑和灶坑、兽坑六类遗迹分别进行介绍。

第一节　房　　址

贾湖遗址共发现可以确认的房址共45座，因保存较差，有些房址可能归入灰坑类内介绍。其中在遗址西部发现较多，中部和东部也有发现(附表一)。

一、概　　况

这些房址因保存普遍较差，刚发现时大多按灰坑编号，但有的在发掘过程中已确认为房址，有的在发掘之后通过综合分析周围各种遗迹现象后才确认为房址，因而在介绍房址出土遗物时均按原编号介绍。

这些房址平面形状以椭圆形为主，有26座，占57.8%；圆形7座，占15.6%；不规则形6座，占13.3%；方形或近方形和马鞍形各3座，各占6.6%。结构以半地穴式为主，有36座，占80%；

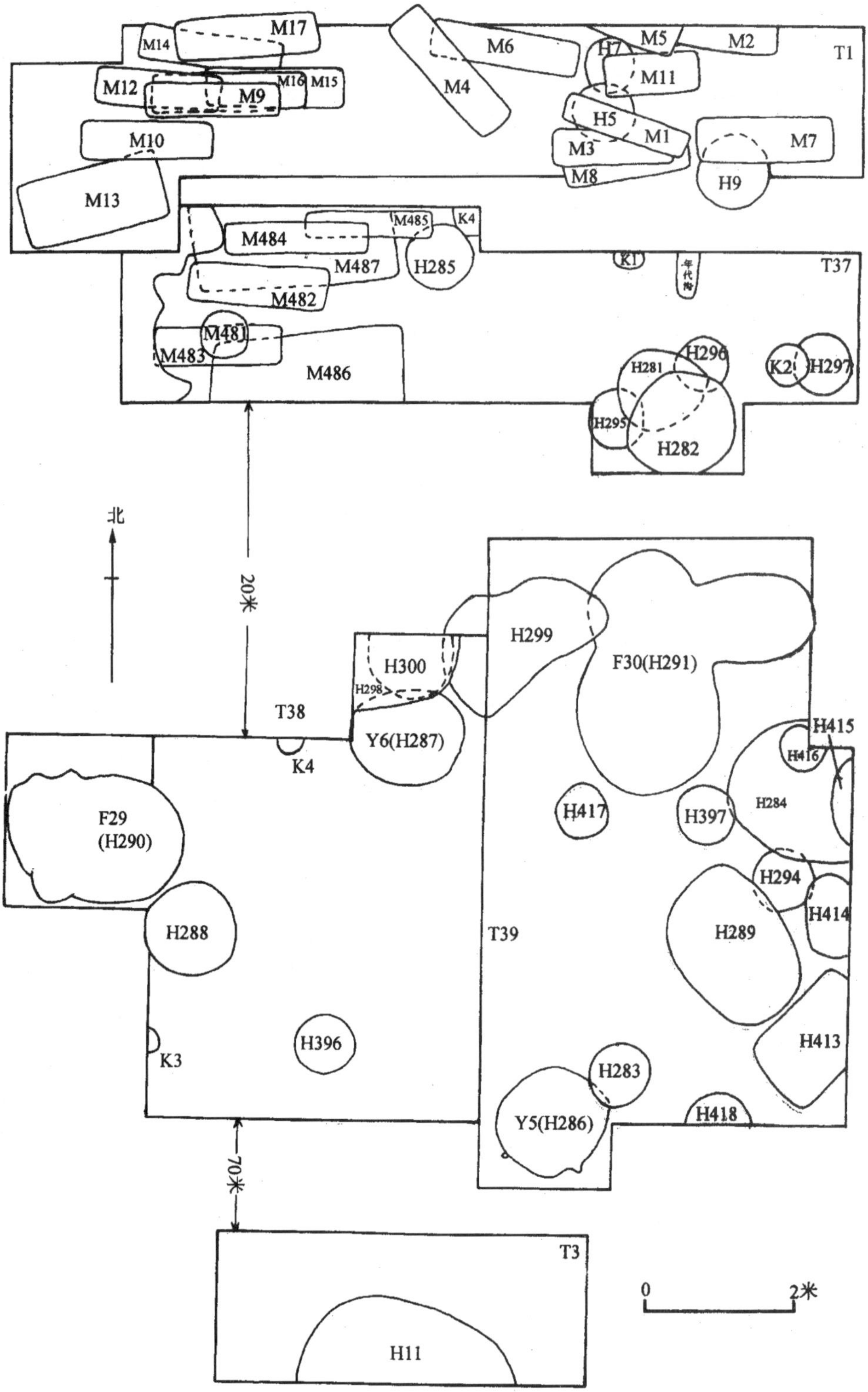

图一五．1　中区遗迹平面图

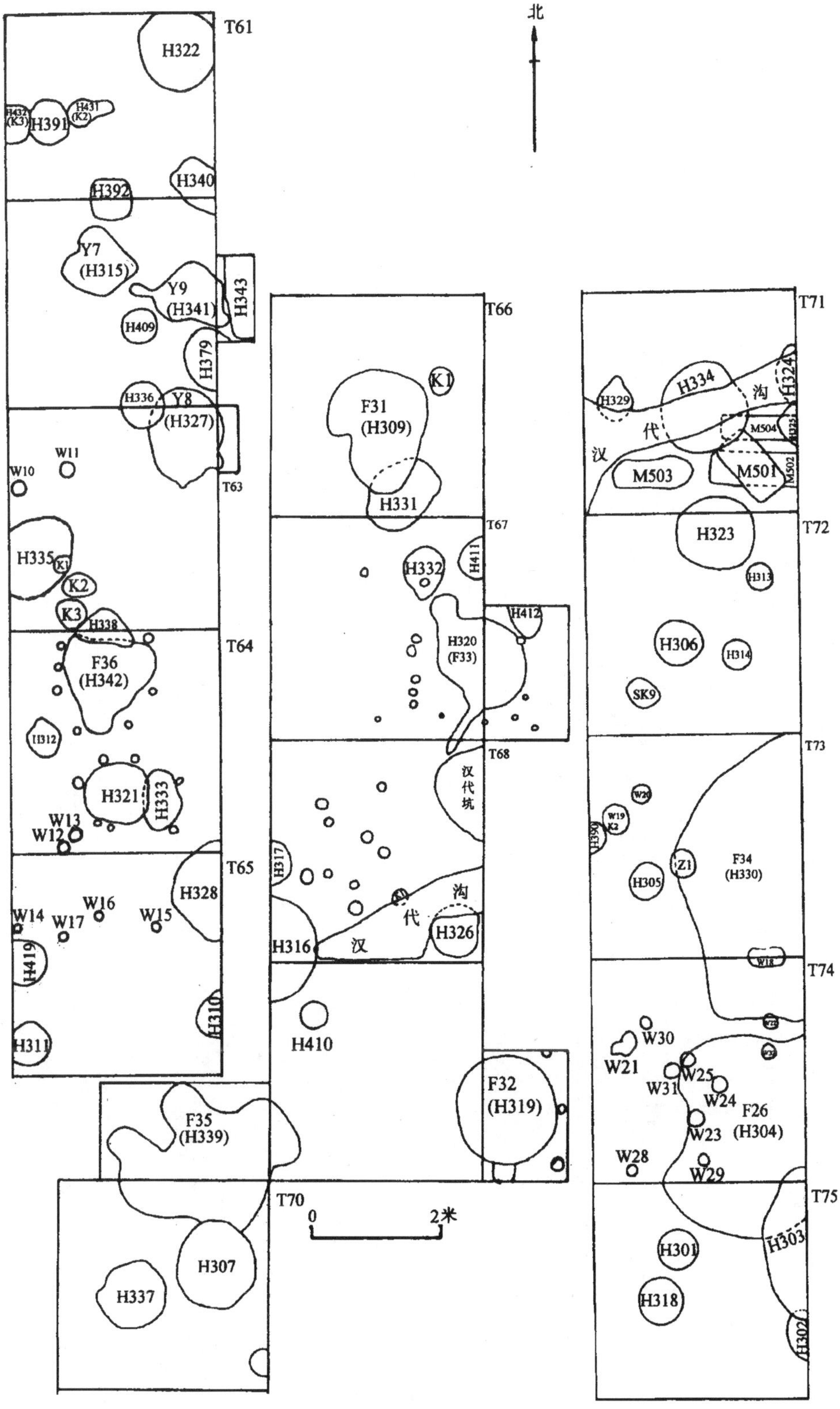

图一五.5 东区遗迹平面图

浅地穴 6 座，占 13.3%；干阑式和平地起建 3 座，占 6.7%。门道以台阶式为多，有 21 座，占 46.7%；斜坡式次之，有 16 座，占 35.5%；浅地穴式和平地起建的房子门道均不明显，无法确认（表一、二）。门向较为混乱，可能与聚落内布局有关。其中西向有 10 座，占 22.2%；南向有 9 座，占 20.0%；西南向 8 座，占 17.8%；东向 6 座，占 13.3%；西北向 5 座，占 11.1%；北向 4 座，占 8.9%；东南向 1 座，另有 2 座地面建筑应为南北或东南西北向，门道确切部位无法判断（表二）。

45 座房址中，最大的是 F1，约 40 平方米，最小的是 F7，面积仅约 2 平方米。若以 10 平方米以下为小型，10.1～20 平方米为中型，20.1 平方米以上为大型房址的话，那么小型有 31 座（占 68.9%），中型有 10 座（占 24.2%），大型有 4 座（占 8.9%）（表二）。

房子大多为单间式，共 39 座，占 86.7%；多间为 6 座，为 13.3%。其中多间房系多次扩建而成，但为同时废弃，计有 4 间 2 例，三间 1 例，双间 2 例（表一、二）。

表一　房址分类统计表

<table>
<tr><th colspan="2" rowspan="3">分类</th><th colspan="5">半地穴单间式</th><th colspan="5">半地穴多间式</th><th colspan="2" rowspan="2">干阑式</th><th rowspan="2">平地起建式</th><th rowspan="3">小计</th><th rowspan="3">合计</th></tr>
<tr><th rowspan="2">椭圆</th><th rowspan="2">圆</th><th rowspan="2">近方形</th><th rowspan="2">鞍形</th><th rowspan="2">不规则</th><th colspan="2">二间式</th><th>三间式</th><th colspan="2">四间式</th></tr>
<tr><th>不规则</th><th>椭圆</th><th>不规则</th><th>不规则</th><th>圆</th><th>椭圆</th><th>方</th><th>椭圆</th></tr>
<tr><td rowspan="3">三</td><td>9</td><td>F1</td><td></td><td></td><td></td><td></td><td></td><td></td><td></td><td></td><td></td><td></td><td></td><td>F39</td><td>2</td><td rowspan="3">17</td></tr>
<tr><td>8</td><td>F4、F41
F6、F42
F14、F43</td><td></td><td>F8</td><td>F24</td><td></td><td>F21</td><td></td><td></td><td></td><td></td><td></td><td>F40</td><td></td><td>10</td></tr>
<tr><td>7</td><td>F10
F31</td><td>F16
F27</td><td>F18</td><td></td><td></td><td></td><td></td><td></td><td></td><td></td><td></td><td></td><td></td><td>5</td></tr>
<tr><td rowspan="3">二</td><td>6</td><td>F12
F15
F29</td><td>F9
F32</td><td></td><td></td><td></td><td></td><td></td><td></td><td>F35</td><td></td><td></td><td></td><td></td><td>6</td><td rowspan="3">14</td></tr>
<tr><td>5</td><td>F13
F44</td><td></td><td></td><td>F25</td><td></td><td></td><td></td><td>F30</td><td></td><td></td><td></td><td></td><td></td><td>4</td></tr>
<tr><td>4</td><td>F36
F37
F22</td><td></td><td></td><td></td><td>F33</td><td></td><td></td><td></td><td></td><td></td><td></td><td></td><td></td><td>4</td></tr>
<tr><td rowspan="3">一</td><td>3</td><td>F7
F23</td><td></td><td></td><td>F26</td><td>F34</td><td></td><td>F5</td><td></td><td></td><td>F17</td><td>F38</td><td></td><td></td><td>7</td><td rowspan="3">14</td></tr>
<tr><td>2</td><td>F3、F28
F11
F19</td><td>F20</td><td></td><td></td><td>F45</td><td></td><td></td><td></td><td></td><td></td><td></td><td></td><td></td><td>6</td></tr>
<tr><td>1</td><td></td><td>F2</td><td></td><td></td><td></td><td></td><td></td><td></td><td></td><td></td><td></td><td></td><td></td><td>1</td></tr>
<tr><td colspan="2">合计</td><td>23</td><td>6</td><td>2</td><td>3</td><td>3</td><td>1</td><td>1</td><td>1</td><td>1</td><td>1</td><td>1</td><td>1</td><td>1</td><td></td><td>45</td></tr>
</table>

表二　房址形状、规模一览表

编号	原编号	期段	平面形状	长径×短径－深（单位：米）	门道		承重柱	护围柱	分类
					方向	形状			
1	H28	Ⅲ9	椭圆形	8.5×5.8－0.65	西南	台阶式	4		大
2	H82	Ⅰ1	圆	2.1×1.95－0.7	北	台阶			小
3	H37	Ⅰ2	椭圆	3.8×2.8－0.88	东	台阶	5		中
4	H102	Ⅲ8	椭圆	2.7×1.7－0.4	西南	平		5	小
5	H112	Ⅰ3	双间椭圆	4.82×3.8－1.16	东	斜坡	2	18	中
6	H113	Ⅲ8	椭圆	2.8×2.0－0.66	南	斜坡			小
7	H119	Ⅰ3	椭圆	2.05×1.4－0.86	东南	斜坡			小
8	H120	Ⅲ8	长方	3.2×1.7－0.95	西	斜坡		3	小
9	H122	Ⅱ6	圆	2×1.9－0.9	西南	台阶		3	小
10	H155	Ⅲ7	椭圆	3.2×2.6－0.5	东	台阶			小
11	H158	Ⅰ2	椭圆	3.3×2.3－0.6	西北	斜坡	2		小
12	H163	Ⅱ6	椭圆	3.3×2.4－0.35	南？	平			小
13	H164	Ⅱ5	椭圆	3.2×2.2－0.3	南？	平			小
14	H166	Ⅲ8	椭圆	2.05×1.85－0.75	西南	台阶	2	4	小
15	H133	Ⅱ6	椭圆	2.1×1.6－0.8	南	台阶	1		小
16	H174	Ⅲ7	圆	2.2×2.1－0.75	西南	斜坡			小
17	H187	Ⅰ3	四间近圆	5×4.0－1.4	西	斜坡	10	9	大
18	H190	Ⅲ7	近方	2.1×2.0－0.9	西	台阶	3		小
19	H216	Ⅰ2	椭圆	2.8×2.3－0.55	西南	台阶			小
20	H231	Ⅰ2	圆形	3×3－0.4	西南	台阶	2		小
21	H237	Ⅲ8	不规则（两间）	3.85×2.1－1.1	西北	台阶			小
22	H239	Ⅱ4	椭圆	3.7×2.2－0.85	北	斜坡		2	小
23	H241	Ⅰ3	椭圆	2.45×1.95－0.7	北	台阶		8	小
24	H121	Ⅲ8	鞍形	2×1.15－0.82	北	台阶			小
25	H253	Ⅱ5	鞍形	2.3×1.5－0.4	南	台阶		5	小
26	H304	Ⅰ3	鞍形	3.5（×2）×4.2－0.7	西南	台阶			大
27	H265	Ⅲ7	圆形	3×3.1－0.4	西北	斜坡		10	小
28	H278	Ⅰ2	椭圆形	4×3－1.2	西？	？			中
29	H290	Ⅱ6	椭圆	2.2×2.42－1.4	西	斜坡			小
30	H291	Ⅱ5	不规则（三间）	3.1×3－1.2	东	台阶	2		小
31	H309	Ⅲ7	椭圆	2.35×1.8－1.02	西	台阶		5	小
32	H319	Ⅱ6	圆	2.35×2.3－0.75	南	台阶	3		小
33	H320	Ⅱ4	不规则	2.95×1.8－0.4	西北	平？		14	小
34	H330	Ⅰ3	不规则	6×6－0.65	西	斜坡	2		大
35	H339	Ⅱ6	不规则（四间）	4.55×3.8－1.0	西北	台阶	3	9	中
36	H342	Ⅱ4	椭圆	2.3×2.2－1.0	南	台阶		7	小

续表二

编号	原编号	期段	平面形状	长径×短径－深（单位：米）	门道		承重柱	护围柱	分类
					方向	形状			
37	H179	Ⅱ4	椭圆	2.5×2.1－1.2	南	台阶			小
38		Ⅰ3	椭圆	2.15×1.1－？	南北			7	小
39		Ⅲ9	椭圆	4.3×3.1－？	东		3	3	中
40		Ⅲ8	长方、4间	6.8×1.5－？	西北东南		12	12	中
41	H19	Ⅲ8	椭圆	4.5×3.4－1.40	南	斜坡			中
42	H20	Ⅲ8	椭圆	3.35×2.8－0.36	西	斜坡			中
43	H50	Ⅲ8	椭圆	4.3×3.6－0.6	西	斜坡			中
44	H145	Ⅱ5	椭圆	2.4×1.6－0.8	东	斜坡			小
45	H146	Ⅰ2	不规则	5.6×3.2－1.15	西	斜坡	4	2	中

房内居住面和墙壁均经过处理。有的房内无灶，有的有灶。灶一般分布在房中间或门道一侧。柱洞分两种，一种是承重柱，一般位于房中间或四角，较粗大，整修均好；一种是护围柱，分布在房周围，可能起支撑墙作用。个别房内还有壁龛。

二、建筑技术

由于当地地下水位较高，发掘时，秋季一般1.5～1.6米深即出水，春季1.8～1.9米深已出水，许多深一些的遗迹大多带水作业，给遗迹现象的判断带来很大不便，对了解当时的建筑技术也增加了难度。但通过数年的观察，使我们对当时的房屋建筑技术有了一定的了解，并掌握了一定的规律。

这里的房屋建筑，主要分两大类，一是半地穴和浅地穴式，二是平地起建式。

（一）半地穴式房屋的建筑技术

半地穴式房屋是贾湖聚落的主体建筑形式，细分可分为半地穴式、浅地穴式和依次扩建的多间式三种，但其建筑技术是一致的，只是根据各种因素多少有些变化而已。其建筑的主要步骤和过程是：

1. 测量选址

从多个不同方位的房子门向朝着一个特定的诸如中心广场或中心建筑的方向来观察，建房的选址阶段应是必经的第一步。从房基分布来观察，其布局已有一定的规律性。根据有些房子平面相当规整可知，一种简单的测量如步测、目测或使用简单的测量工具是可能的，如带"十字"刻号的陶坠，很可能就是相当于现在垂球一类的测量工具，人们在建筑前必须根据聚落组织结构的要求进行选址测量，才能确定建房地点。

2. 挖坑

在选址测量定点后，从地面向下挖一坑，其大小、深浅据建房要求来决定。有些坑较深，达

1.5 米，如 F17 和 F29；有些坑很浅，仅 0.3 米，如 F13。挖坑时一次挖出或留出门道。斜坡式门道一般由室外斜入室内，台阶式或在室外伸出一长方形门道，或在室内留出台阶。台阶一般 2～4 级不等，根据坑穴深度而定。

3. 挖柱洞

柱洞的方位、数量、大小均据房子的用途和形状而定。柱洞一般分承重柱和护围柱两类。

(1) 承重柱：即立柱，一般位于房子中间或四角部位，用于支撑房子的上部结构。贾湖房子的承重柱以 2 个为主，另外还有 3 个、4 个、5 个或 1 个的。承重柱一般比护围柱大，圆形为主，个别为方形，底垫黄土并砸实，较为坚硬。个别还有底垫龟壳的。

(2) 护围柱：即墙柱，一般位于坑穴周围，有的在坑底周围，大多较直，有的也有一定倾斜度。这些柱子应与支撑墙体有关，洞内一般无填土砸实现象，内填土较松，可能系废弃后填入。

还有些护围柱分布在坑口一侧，可复原为一面坡式的房子，这些柱子即是承重柱，也是护围柱。

4. 筑墙体

半地穴坑口以上的墙体，发掘时未能发现，我们只能据残存的一些迹象进行推测。半地穴的周壁一般都涂一层 1～5 厘米厚的一层黄土和成的净泥，净泥内偶尔可见到碎陶片和灰烬、炭屑、烧土粒，显系无意识混入，进而可以证明穴壁经净泥涂抹，泥内未曾掺入草、麻类的羼合物作筋料。至于坑口以上的墙体，我们在 F12 填土内见到一层厚 0.2～0.3 米的较纯净的黄土，从东向西由高到低呈倾斜状，推测其为倒塌的东墙墙体。若此推测不误，可以证明坑口以上的墙体也是较纯净的黄泥垛成。墙体内的护围柱起支撑墙体的木骨作用。

5. 搭盖房顶

这一关键步骤，因受保存状况的制约，无法弄清，只能据地面遗迹作些推测。从所具有的承重柱和周围的护围柱来看，应是圆锥形顶的窝棚式房子，无中间承重柱的，应是一圆锥体的房子。因未见房顶的倒塌堆积，推测可能用易腐烂的草类纤维物质覆盖于梁架之上，形成遮风避雨的屋顶。对于草场广布于周围的贾湖聚落来讲，这种作覆盖物的草类应是取之不尽的资源。

6. 铺垫居住面和修筑房内设施

从保存迹象观察，居住面一般选择纯净的黄土铺垫而成，厚 5～10 厘米不等，一般均较坚硬，可能经过平整踩踏。

房内设施主要是灶址和黄土台两种，是与居住面一次筑成的。灶址主要有坑穴式、垒筑式和平地式三种，坑穴式多为在房中间居住面向下挖一深约 0.1～0.2 米的圆形、椭圆形或方形的浅坑，有的周围涂一层厚约 0.05～0.1 米的草拌泥圈，如 F16。垒筑式如 F3，用草拌泥垛成一周大体呈方形的高约 0.2 米左右的矮墙，形成一灶坑。但大部分为平地式，即在居住面上的固定地点如门道一侧烧火而已，作灶址处的居住面烧成砖红色，周围有草木灰堆积。

黄土台只在少数房子中发现，如 F17 和 37。F17 黄土台为铺筑而成，高出居住面约 0.5～0.6 米，可能为房子主人的卧榻类设施，筑成高台应与防潮有关。F37 为挖坑时留出的黄土台，但作用应与 F17 大体相同。

有些房内堆积有大量一面平的红烧土块，平的一面多烧成灰白色，有的烧土内还掺有稻壳、稻草等筋料，我们推测可能系涂抹在地面或墙壁上的草拌泥，经火烘烤以防潮，如F9。这种涂抹草拌泥并经烘烤的技术，应是一种较为进步的技术。

（二）平地起建房屋的建筑技术

平地起建房屋虽仅3座，但较为复杂，大体可分为两种类型，即柱洞式和烧烤居住面式。

1. 柱洞式

这种房屋发现2座，即F38、F40。前者为一小椭圆形，一周有7个小圆柱洞，无其它任何遗迹；后者为一排四间的长方形排房，但地面除柱洞外亦无其它遗迹现象，同时柱洞又很讲究，也很粗大，推测应是架起来的干阑式建筑。因居住面离开了地面，人们在干阑上活动，故地面上看不到其他居住遗迹。

这类房屋的建筑技术，与半地穴式不甚一致，大体应有以下步骤：

(1) 测量选址：这一步应与半地穴式大体相同，兹不赘述。但选择建筑材料则比前者要求更为严格一些，因为其承重作用更大。

(2) 挖洞栽柱：这类房屋柱洞一般较粗大，尤其是承重柱，如F40D2，直径25厘米，深30厘米，周围和底部有5～8厘米厚的黄胶泥夹碎陶片，砸得很坚硬，洞中间应是柱子的直径，约15厘米。

(3) 柱上设置：应与干阑式建筑同，推测至少应有搭筑居住面、搭盖房顶、搭掩墙体三道工序。但因未发现任何遗迹现象，不便臆猜。

这类房屋的出现主要原因应是防潮，但像F40那样的房屋可以住人，而F38面积太小，只能做高架仓储设施或哨棚类设施来使用。

2. 烧烤居住面式

仅发现1例，即F39，据其遗迹现象观察，此房的建筑应有以下步骤：

(1)选址测量。

(2)平整地面。

(3)和草拌泥按建房要求抹平。草拌泥厚5～10厘米。

(4)架火烧烤。居住面上火候较高，烧成红褐色，向下颜色渐浅，逐渐变成浅红色消失，深达0.3～0.4米，可见曾经长时间的烘烤。

(5)挖洞立柱。

(6)筑墙盖顶。其中(5)、(6)两个步骤应与半地穴式房屋基本相同。

这种烘烤居住面的建筑技术，开创了一个先例，为仰韶时代整塑整烧建筑技术开了先河。

三、分　　类

在可以大体确认的45座房址中，可大体分为半地穴式和平地起建两种类型，其中以半地穴式为主，有42座，占93.3%，地面建筑只有3座，占6.7%。半地穴式按开间又可分为单间式和多间式，单间式按平面形状又可分为圆形、椭圆形、鞍形、近方形和不规则形，多间式又可分为双间、三间或四间式，平地起建式又可分为干阑式、平地起建式。现分类介绍如下。

（一）半地穴式

这类房址的共同特征是都有一个坑穴，为其地下部分，有的坑穴较深，达 1 米以上，是真正的半地穴式，并且往往有明显的台阶式或斜坡式门道；有的坑穴较浅，仅 0.2 米左右，可称为浅地穴式，门道不太清晰。半地穴式可分为单间式和多间式两种。

1. 单间式

单间式数量最多，有 37 例，占总数的 82.2%，其中以椭圆形为主，计 23 例，占总数的 51.1%；有圆形 6 座，占 13.3%，鞋形和不规则形各 3 座，分别占 6.7%，近方形两座，占 4.4%(表一)。

(1) 椭圆形房址：属于椭圆形的房有 F1、F3、F4、F6、F7、F10、F11～F15、F19、F22、F23、F28、F29、F31、F36、F37、F41～F44，其中保存较好，较为典型的有 F1、F3、F4、F11、F14、F15、F23、F29、F31、F36、F37 共 11 例。

F1 位于遗址西部，T12、T13、T14、T15 之间，原将上、下层分别编号为 H28、H48，开口 3A 下，叠压或打破 H32、H33、H36、H38、H41、H56、H65、H66 和 3B 层，平面呈不规则圆形，略似葫芦形，呈东北西南向，门向西南、方向 226°，口部长径 8.5 米，短径 5.8 米，总面积约 40 平方米。周围墙已不存，斜壁凹底，门道呈台阶状，有台阶一层，高约 0.3 米，为在挖房基坑时特意留下的一个三角形土台，长约 1.3 米。房内有两个时期的居住面，均在中间设一个大柱，大柱南侧有一个附属性小柱。早期居住面 0.1～0.3 米，呈较松的灰褐色，含陶片较少。大柱位于房址正中心，编号 D4，原编号 H402，圆形，直径约 0.75 米，深 0.1 米。小柱也为圆形，编号 D2，位于大柱之南、房基边缘内侧 0.2 米处，直径 0.35 米、深 0.1 米。在靠门道处有一灰坑，编号 H45，呈台阶状，打破早期居住面，压在晚期居住面之下，包含物不多，但发现陶锉 1 件，刻有等分横线的牛肋骨板 1 件。此坑可能为 F1 的室内窖穴。

上层居住面直接叠压在下层居住面之上，厚 0.2～0.35 米，填土呈黑褐色，粘性较大，含大量陶片和可复原的陶器以及兽骨等。此层发现 2 个柱洞，均呈正方形，打破两层居住面。D3 位于 D4 东侧，原编号 H403 长 0.9 米，宽为 0.85 米、深 0.65 米。D1 位于 D2、D3 之间，北距 D3

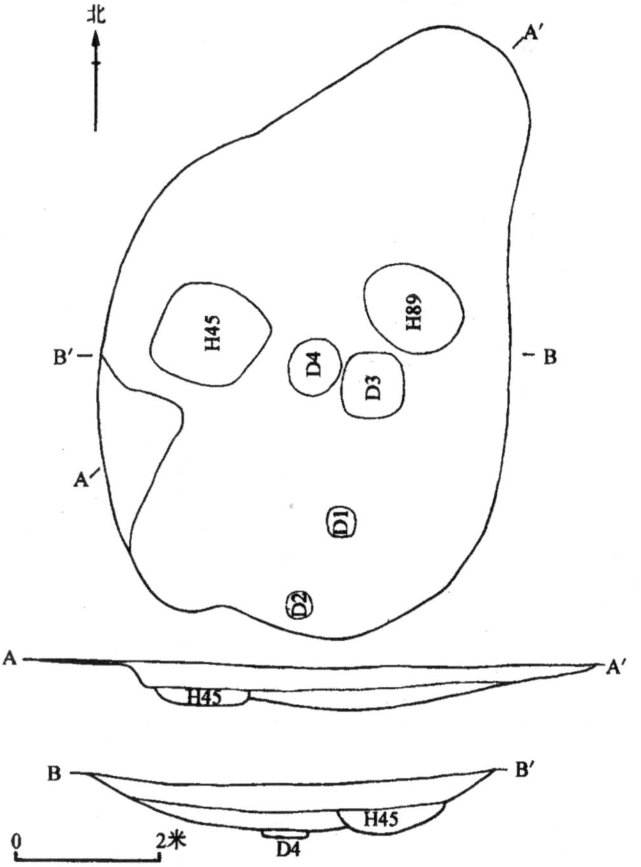

图一六　F1 平、剖面图

约1.2米，距房址南部边缘约1.3米，长宽均为0.4米，深0.5米。由此可见此房使用过一段时间曾废弃过，后又重新搭盖继续使用。在D3的东北侧发现一个红烧土坑(H89)穿透两层居住面，坑内和周围堆积大量草木灰和碎陶片，有些陶片还可复原，这个坑应为F1的灶址。

房内上下层居住面出土大量陶制品标本，共计陶片重49 540克(3810片)。(见附表八～一一)其中可复原或大部可复原的器物或主要陶片标本有罐形鼎、卷沿罐、小罐、双耳罐、敞口钵、三足钵、划纹盆、附加堆纹盆、碗、陶锉、陶塑品等。石制品有杵、磨盘腿、磨棒、砺石、斧、铲、刮削器、锤击石片、颜料等。骨制品有针、刀、矛、匕等(图一六)。

F3，原编号H37，位于遗址西部，跨T11东部和T22西部，开口于3C层下，上被H95叠压，西边被H29打破，向下打破4层和生土层。房址平面呈不规则椭圆形，西北-东南为长径，长3.8米，西南-东北为短径，长2.8米，面积约8平方米。直壁，南壁略向外斜，底近平，一般深0.85～0.90米。门向东，有一宽约1.35米的门道，门道有三层台阶，第一阶高0.2米、宽0.25米，第二阶高0.25米、宽0.20米，第三阶高0.2米、宽0.15米，台面斜坡状伸出门外。三层台阶均中间宽、两端窄，平面呈弧形。门口两侧各有一柱洞，门道北侧为D1，椭圆形，直径0.3米×0.2米、深0.22米；门道南侧为D2，半圆形，直径深度均为0.2米；南壁外有D3、4两个柱洞，均半圆形，D3直径0.15米、D4直径0.17米，深均为0.2米；西壁底下有D5，直径0.2米，约⅓斜向壁外。D5与D1、D2呈三角排列，是此房的承重柱，据此可复原为一个三角攒尖式的茅舍。房内南部有1个近圆形凹坑，直径约1.4米，比房底平面深0.3米，内填大量草木灰、碎兽骨等，应为室内窖穴。西部有一较小的圆形凹坑，直径约0.6米，比房底平面深0.2米，可能为不同用途的另外一个室内窖穴。在小窖穴北侧，房内西北部有1个残破的方形黄土隔墙框，残高0.1～0.2米，宽约0.08～0.12米，东墙残长1.16米、北墙长0.74米、西墙残长0.34米，内铺厚约0.12米的黄土，隔墙和内铺的黄土均经过火烧，呈浅红黄色，疑为残灶遗迹。在残灶西侧有4个小圆洞，编为D6～D9，直径约为0.1米、深约0.2米，用途不明。其中D8底部有1个完整鳖壳。

房内填土分三层：上层为黄褐色土，较硬，厚0.5～0.55米，含少量红烧土块、陶片、兽骨等；中层为较松的黑灰土，夹大量红烧土块，厚约0.2～0.4米；下层为铺垫的黄土层，含少量红烧土粒和碎陶片，较硬，厚0.06～0.12米，为铺垫的居住面。其中的上、中层为房子废弃后的堆积，下层是房子始建和使用时期的堆积。填土内出土陶片重10 540克(596片)(见附表八～一一)。大部复原或可辨器形的有角把罐、罐形壶、方口盆、深腹盆双耳罐等。石骨器有石斧、骨镞、牙削等(图一七)。

F4，原编号H102，位于遗址西北部，T105西部，开口于3A层下，东侧边缘被H101打破，向下打破3B层。平面呈鞍形，东侧壁呈内弧状，仅余一浅地穴，呈西北东南向。长径2.7米、短径1.7米、深0.4米，斜直壁、平底。浅地穴边缘外围有圆形柱洞5个，分布在南、西、北3个方向。南面距坑边0.56米处为D1，直径0.4米，深0.2米；西南距坑边0.32米处为D2，与D1相距约2.2米，直径0.4米、深0.2米；D2北0.5米，坑西偏北0.1米处为D3，直径0.3、深0.2米；坑北偏西0.2米处为D4，直径0.2、深0.12米；坑北0.35米处为D5，直径0.22米，深0.2米。东侧无柱洞分布。据此可将F4复原为一面坡式的茅舍，从柱洞分布规律和规模分析，D1、D2之间应为门道，门向西南。柱洞分布线以内应为室内面积，这样室内面积约6.5平方米。坑周围柱洞分布区内地面较平整坚硬，似经长期踩踏。

房内填土大体可分两层：上层为黑灰土层，厚约0.3米，夹大量红烧土块和陶片等；下层为草木灰层，厚0.04～0.1米。房址中部两层之间夹一层红烧土，厚0.03～0.05米。房屋内出土陶片重7425克(209片)(见附表八～一一)。房内北部可复原或大部复原的陶鼎1件，浅腹钵1件，双耳罐2件，双耳罐下压大量碎鱼骨和大型蚌壳，中部有浅腹钵1件，南部有卷沿罐1件。陶片中可

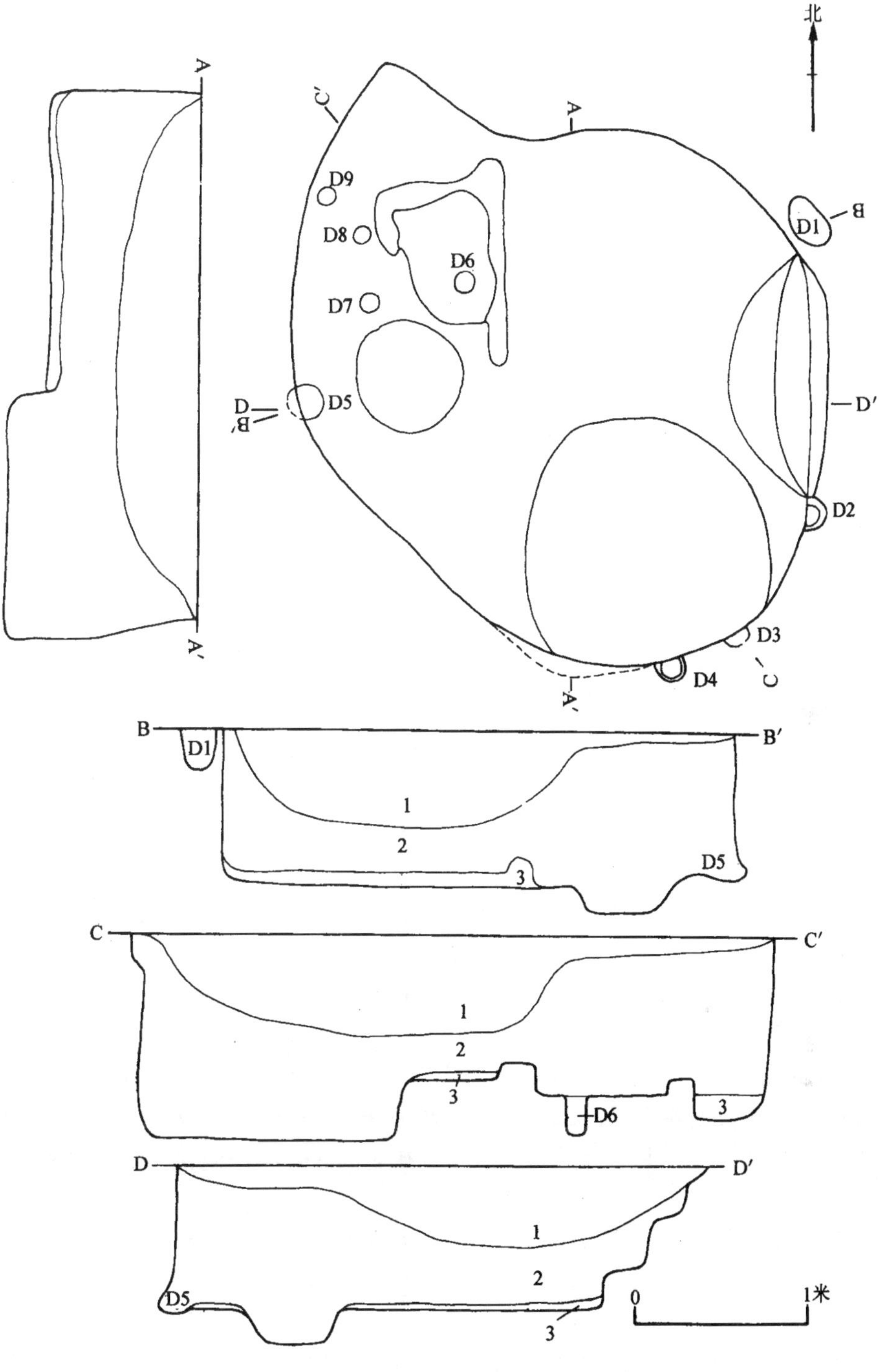

图一七　F3平、剖面图

辨器形的有敞口钵、碗等。石器有石杵1件、砺石和石铲残块各1件，还有骨镞、骨刀、牙削各1件（图一八；图版三，2）。

F11，原编号H158，位于遗址西北部，T109北部，开口于3C层下，被F10(H155)和H157打破，向下打破第4层和生土层。平面呈椭圆形，长径3.3米，短径2.3米，深0.6米。发掘时地面

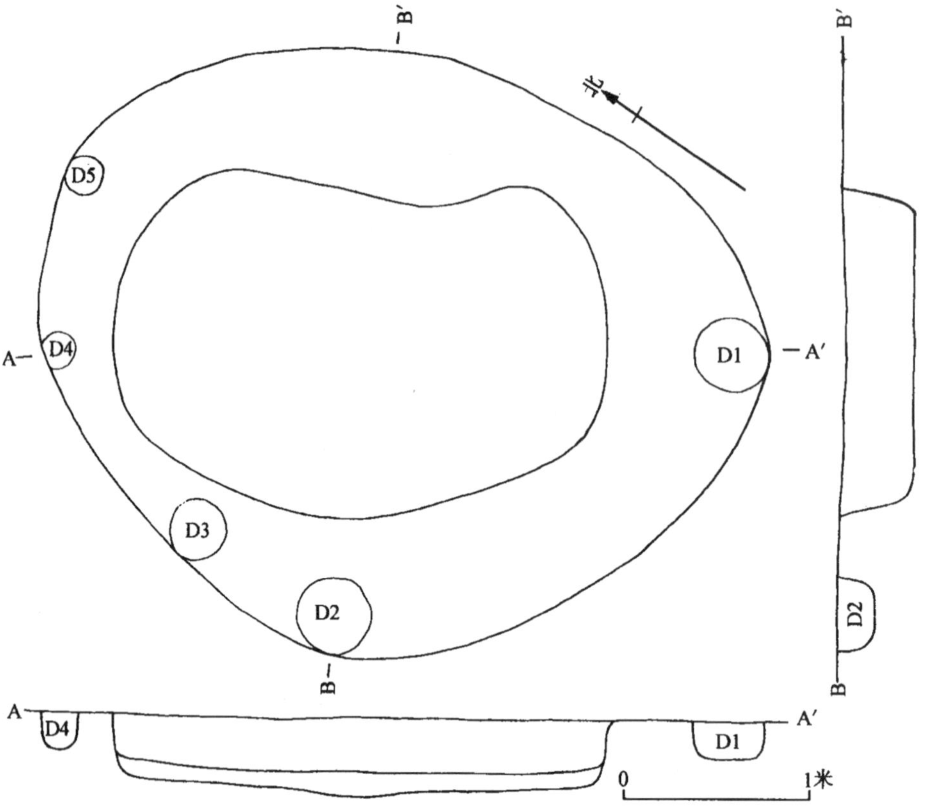

图一八　F4 平、剖面图

出水,遗迹现象不太清晰。门道向北,为斜坡状,门道中间有一圆形柱洞,直径 0.2 米、深 0.15 米。房内有三个凹坑,门道左侧为一号凹坑,面积较大,呈椭圆形,长径 1.8 米。短径 1.2 米,比房底平面深约 0.2 米,内填灰土;右侧偏南为二号凹坑,面积稍小,略呈圆形,直径 1.1～1.2 米,深于房底平面 0.25 米;右侧北部为三号凹坑,椭圆形,北侧略呈袋状,直径 0.7～0.9 米,深于房底平面 0.25 米。二、三号凹坑内均填松软黑灰土,含大量草木灰,并有炭粒、鱼骨等。在门道左侧,一、二号凹坑之间,有一长方形烧土面,长 0.65 米、宽 0.4 米,烧土厚 0.05 米左右,可能为灶台,上面四周有无象 F3 一样的灶框不明。在二号凹坑与南壁之间有一小圆洞,可能为又一室内柱洞,直径 0.1、深度 0.08 米。

房内填土分两层:上层为黄灰色土,较硬,可能为 3C 层下陷所致,下层为灰土,较松软,可能系此房废弃不久的堆积。填土内包含物不多,陶片很少,以夹砂红陶为主,泥质红陶很少,器形标本主要是角把罐和 A 型支脚,可辨器形还有方口盆、罐形壶等(图一九)。

F14,原编号 H166,位于遗址西部边缘,T119 中部,开口 3A 下,打破 3B 直至生土层。平面呈椭圆形,呈东北西南向,长径 2.05 米、短径 1.85 米、深 0.75 米。门道向东南,呈三层台阶状,自下而上第一层,高 0.35 米、宽 0.2 米;第二层,高 0.3 米、宽 0.2 米;第三层,高 0.08～0.1 米。门道两侧各有一长椭圆形柱洞,D1 长径 0.4 米、短径 0.2 米,深 0.15 米;D2 长径 0.4 米、短径 0.25 米,深 0.1 米。在坑底北侧有三个柱洞,南侧有一个柱洞,均呈圆形,D3 直径 0.18 米、深 0.15 米;D4 直径 0.2 米、深 0.15 米;D5 直径 0.2 米、深 0.15 米;D6 直径、深均为 0.1 米。D1、D2 可能具有承重柱或门棚柱的性质,D3～D6 应具有护围柱的性质。

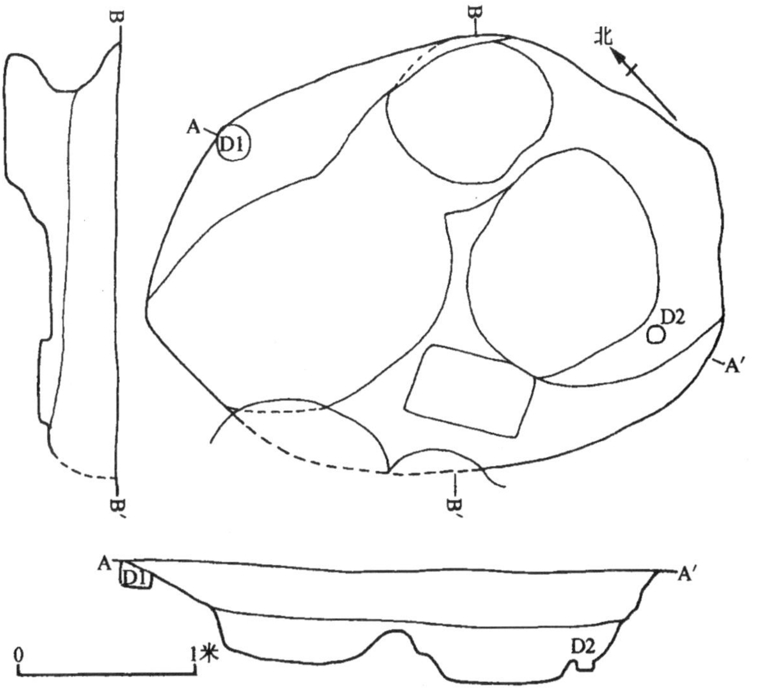

图一九　F11 平、剖面图

房内堆积分三层:第 1 层为浅黄灰土与黑灰土相间,质地松软,厚 0.2 米;第 2 层为较松软的黄灰色土,厚 0.1 米;第 3 层为松软的灰黑色草木灰层,厚 0.5 米。三层均为房子废弃后的堆积。填土中出土的陶片很少,标本以泥质红陶为主,夹砂红陶次之,夹炭红衣陶、夹蚌红褐陶较少,还有少量夹云母红褐陶。可辨器形的有折沿罐、三足钵、敞口钵、浅腹钵、釜。石器有磨盘腿、琢击石锤等(图二〇)。

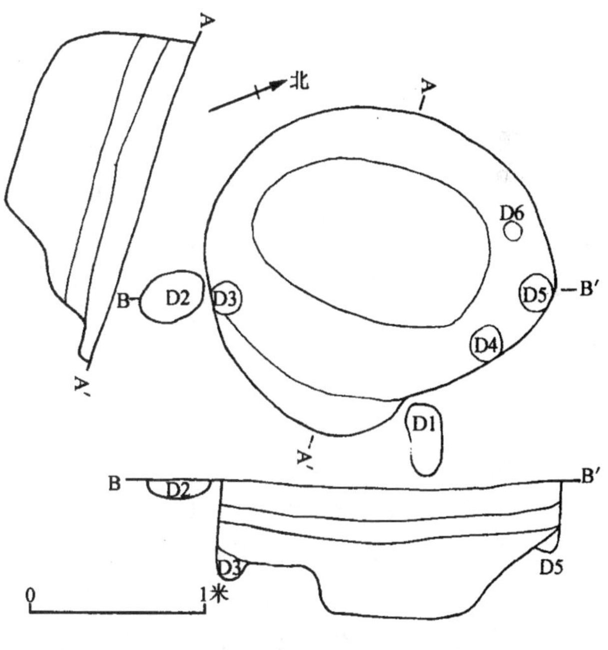

图二〇　F14 平、剖面图

F15,原编号 H133,位于遗址西北部,T103 东南部,开口于 3B 下,西边缘被 H124 打破,向下打破 3C、4 和生土层。平面呈不规则椭圆形。西北东南向,长径 2.1 米、短径 1.6 米、深 0.8 米,门道向南,呈台阶状,第一层高 0.15 米、宽 0.2 米;第二层呈斜坡状,高 0.5 米。在第一层台阶中部有一圆形柱洞,显然为一承重柱,直径 0.22 米、深 0.20 米,底垫一块石块,为柱础。房内底部西北略低,东南略高,居住面未见铺垫,周壁较直。

房内堆积分二层:第 1 层,为松软深灰土,含较多红烧块、粒,厚 0.6 米,为废弃后的堆积;第 2 层,为浅灰土,含少量红烧土粒,应为房子使用期的堆积。填土内陶片不

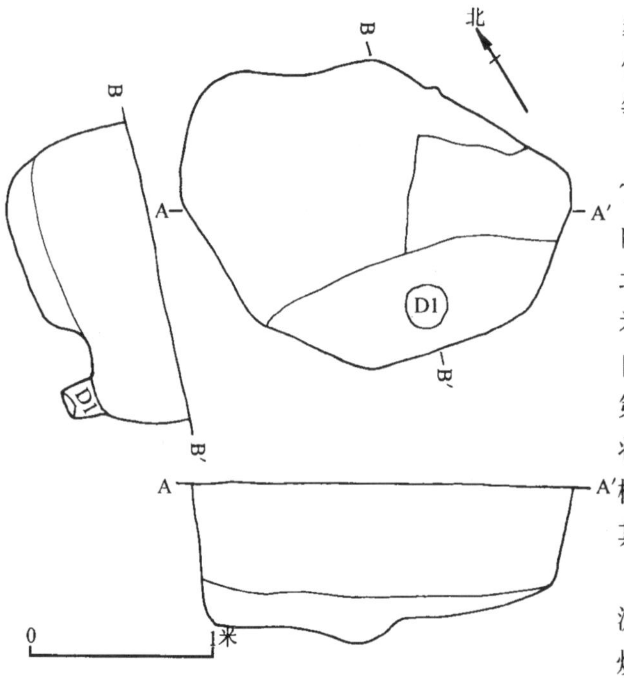

图二一　F15 平、剖面图

多，以夹砂和泥质红陶为主，复原侈口罐 1 件，可辨器形还有折沿罐、圆腹壶、敞口钵等。另有砺石 1 块和动物肢骨等(图二一)。

F23，原编号 H241，位于遗址西部，T32 中部，开口于 3C 层下，被 H351 打破，向下打破 4 层和生土层。平面呈椭圆形，南北向，长径 2.45 米、短径 1.95 米、深 0.7 米，直壁平底。门道向北偏东，有三层台阶，自上而上第一层，高 0.32 米，宽 0.36 米；第二层高 0.14 米、宽 0.62 米，稍呈斜坡状；第三层高 0.20 米。房基周围有圆形或椭圆形柱洞 8 个，自西向东编为 D1～D8，其尺寸见表三。

房内居住面经火烧烤，周壁涂黄泥，黄泥厚 0.10～0.15 米。居住面中部偏南有红烧土硬面，东西长 0.42 米、南北残宽 0.20 米，应为灶的位置。居住面西南边缘发现一块方块形红烧土，长 0.2、宽 0.15、厚 0.1 米，一面很平，烧成灰白色，可能为废弃的灶台残块(图二二；图版三，1)。

表三　F23 柱洞登记表　　(单位：米)

编号	直径	深度	距坑距离	距上个柱洞距离	备注
1	0.14～0.2	0.15	0.34		稍向内斜、填土灰黑
2	0.18	0.15	0.25	0.76	稍向内斜，填土灰黑
3	0.17	0.14	0.26	0.15	填土灰黑
4	0.16	0.14	0.3	0.66	填土灰黑
5	0.18	0.12	0.24	0.6	填土灰黑
6	0.22～0.24	0.20	0.3	0.58	填少量陶片
7	0.24	0.21	0.3	1.25	填少量陶片
8	0.16～0.22	0.15	0.16	0.86	填红烧土

房内填土分上下两层，上层中部为较纯净的黑色粘土，周围为黄色土，也较纯净。可能为 3B、3C 层下陷所致；外围为黑灰土，含大量红烧土和陶片，应为废弃后之堆积。下层为松软的黑灰土，含大量草木灰、鱼骨、兽骨、龟甲及食肉类动物粪便等。

填土中出土陶片 412 片，夹砂红、红褐陶占 85.4%，泥质红陶占 14.6%，可辨器形有双耳罐，角把罐、罐形壶、方口盆等。还发现有锤击石片。

F29，原编号 H290，位于遗址中部，T38 西部，开口 1 层下，西边被现代取土坑打破，向下打破 2、3 层和生土层。平面椭圆形，南北 2.2 米、东西复原长 2.42 米，东、南壁中部稍外弧，北壁直，门道向西稍偏北，呈斜坡状。东部居住面最深达1.4米。底部布局较为复杂，东部挖出两个凹坑，中间留有高约0.3米的隔墙，底垫纯净的灰褐色土为居住面，南侧凹坑略近方形，南北0.9米、东西1.0米，深于坑底平面0.3米，底垫灰褐土，厚0.2米；北侧凹坑略近椭圆形，东西长1.2、南北宽0.8米，深于坑底平面0.2米，垫灰褐土，厚0.1米。门道南侧有一个直径、深度均为0.6米的圆形窖穴，窖穴中部贴东南壁有一块原生红烧土和1件圆腹壶。门道北侧有红烧土面，中间还有一个凹槽，应为灶址所在，南北0.7米，东西0.9米，烧土厚0.1米。坑口周围未见柱洞等附属遗迹。

房内填土分三层：上层为红烧土，厚约0.5米，含大量红烧土块、粒，为废弃后堆积；中层为草木灰层，厚0.4米，也可能为废弃后堆积；下层为黑土层，厚0.2～0.3米。之下即为铺垫的灰褐色居住面，较为坚硬。在南侧凹坑内还有一层很薄的草木灰，应为使用时期的堆积（图二三；图版四，2）。

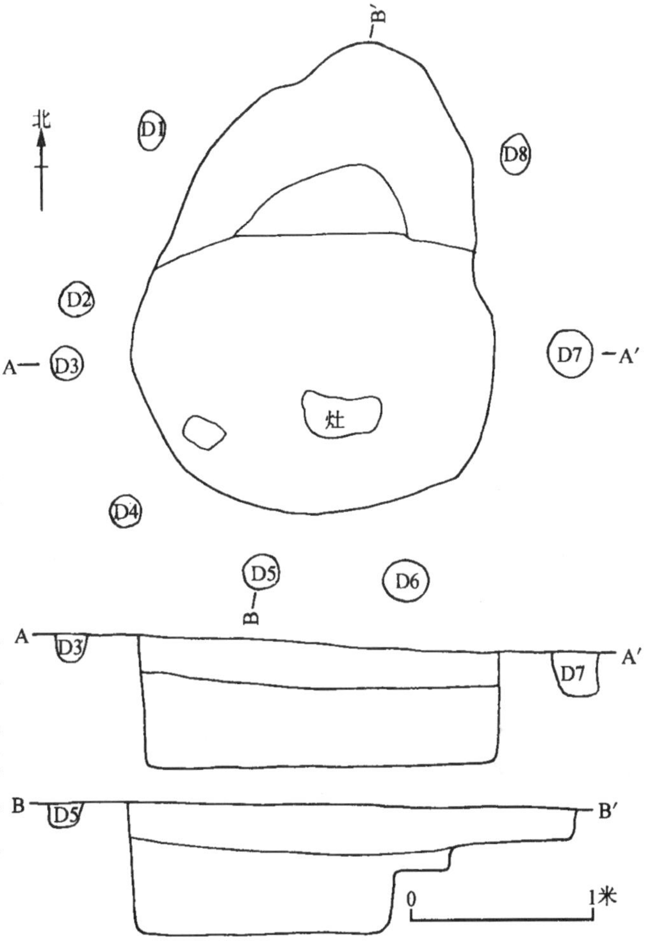

图二二　F23平、剖面图

填土内出土陶片615片，其中泥质红陶占66.0%，夹骨屑红陶和红褐陶占23.0%，夹炭红衣陶占9%，夹砂红陶占2.0%。素面磨光占96%，绳纹占2.0%，划纹占2.0%。鼎罐类占18.6%，壶类占15.3%，盆钵类占64.4%，支脚占1.7%。可辨器形有Ⅱ筒形篦纹罐、BⅤ盆形鼎、AⅡ圆腹壶、CⅠ划纹盆、AⅠ敛口盆及鼎足、钵足、支脚等。残石器有磨盘残块、砺石、锤击石核等。

F31，原编号H309，位于遗址东部，T66中部，开口第4层下，南边打破H331，向下打破5、6层和生土层，平面近椭圆形，南北2.35米、东西1.8米，西侧有1个宽0.4米的缺口。总深度为1.02米。深0.2米处向内收出1个台阶，宽0.16～0.48米。向下除西壁为斜坡状外，余三面均为近直壁，因而认为西侧为斜坡状门道。在坑东、西、北三面共有5个圆形柱洞，D1～D5直径分别为0.23、0.28、0.24、0.22、0.20米，深度分别为0.06、0.08、0.08、0.1、0.08米，均直壁平底，周壁涂一层厚0.05米的灰褐色泥，上部周壁有一圈红烧土。

坑内填土分三层：第一层，灰黑色，厚0.69米，含大量红烧土块、炭块、动物骨骼碎块、陶片等；第二层，厚0.40米，灰黑色，夹大量黄土块，包含物大减；第三层，厚0.03米，灰白色土，呈胶结状，很纯净，应为铺垫的居住面。

填土内出土的陶片重8 579克（660片），其中泥质红陶、红褐陶占42.7%（片数占48.8），夹砂红陶、红褐陶占25%（片数占15%），黑陶占0.4%（片数占0.5%），夹炭红、红褐衣陶占11.9%

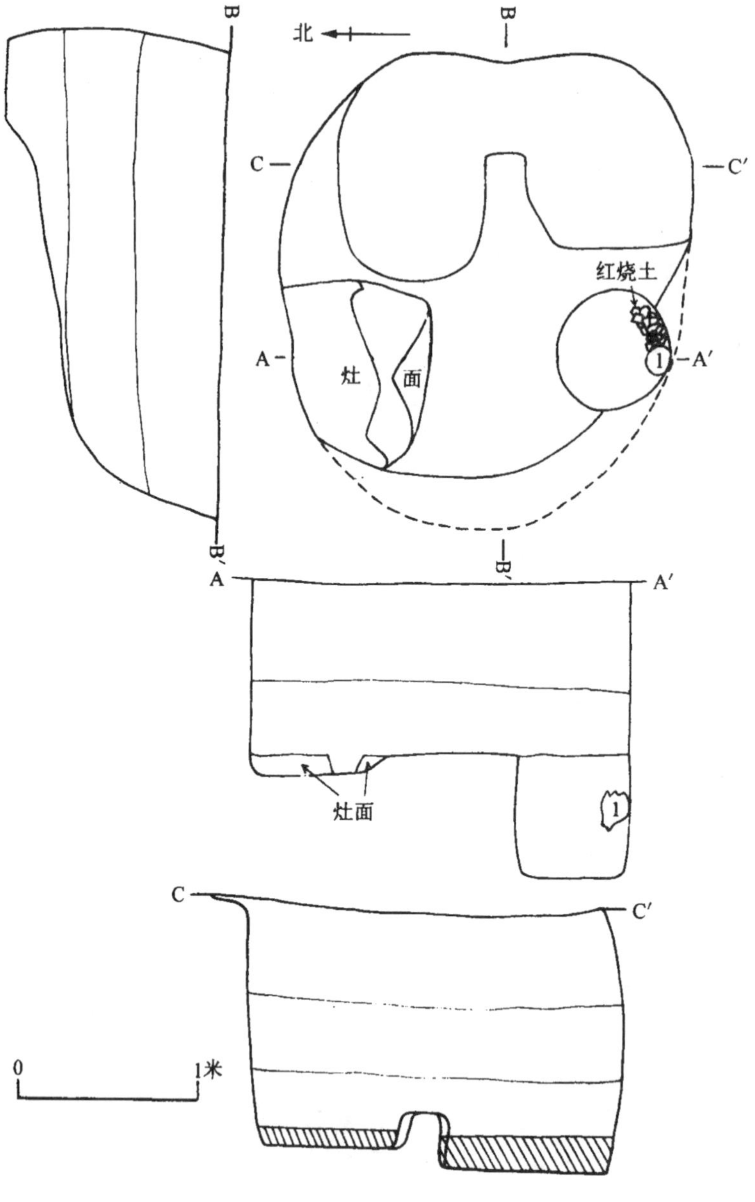

图二三　F29 平、剖面图

1. 陶壶

(片数占 13.8%),灰陶占 0.9%(片数占 0.9%),夹云母红、红褐陶占 12.9%(片数占 13%),夹蚌红、红褐占 6.2%(片数占 8.0%)。素面磨光陶占 92.5%(片数占 95%),绳纹占 3.2%(片数占 2.7%),划纹 4.3%(片数占 2.3%)。鼎罐类占 49.7%(片数占 36%),壶类占 8.5%(片数占 8.0%),盆钵类占 39%(片数占 50%),支脚占 2.8%(片数占 6.0%)。可辨器形有 AⅢ 卷沿罐、CⅡ 圆腹壶、BⅡ 和 CⅡ 划纹盆、DⅠ 敞口钵、DⅠ 浅腹钵、支脚等。石骨器有石斧、砺石、磨盘残块、锤击石片,砸击石核以及石坯料等(图二四;图版四,1)。

F36,原编号 H342,位于遗址东部,T64 北部,开口 5 层下,打破 6 层和生土层,北边被 H338 打破。平面近椭圆形,南北 2.3 米、东西 2.2 米,深 1.0 米,底径为 1.3～1.4 米。北、东部深 0.4 米

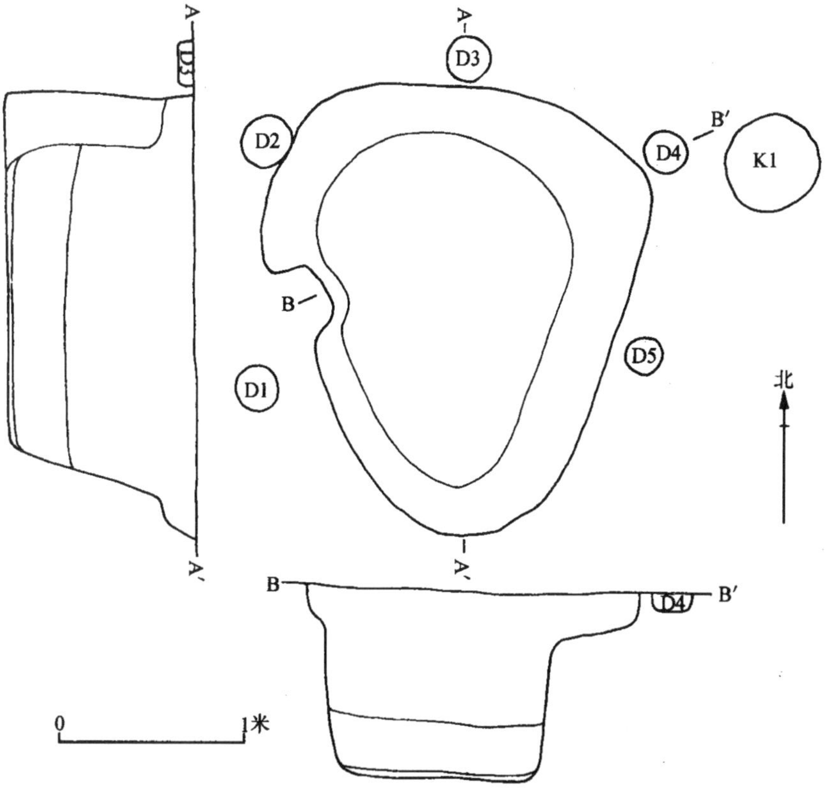

图二四　F31 平、剖面图

处向内收缩出一台阶，宽约 0.4 米，向下为直壁，周壁涂抹一层厚 0.1 米的黄褐色泥，内夹少量红烧土粒。居住面较平，经铺垫，可分为两层，自下而上第一层为黑花土，经火轻度烧烤，较坚硬，厚 0.1 米。第二层为纯黄土，厚 0.05 米，很坚硬，可能因长期踩踏所致。南部设一台阶式门道，有四层台阶，自下而上第一层高 0.2 米、宽 0.1 米；第二层高 0.4 米、宽 0.4 米，其上发现有路土；第三层高 0.26 米、宽 0.2 米；第四层，高 0.12 米。房址东西侧分布 7 个圆形柱洞，D1、D2、D6、D7 位于西侧，D3、D4、D5 位于东侧，各柱洞深度口径见表四。

表四　F36 柱洞登记表　　　　（单位：米）

编号	口径	深度	填土及包含物
1	0.2	0.07～0.1	灰褐土，含红烧土块
2	0.18	0.03～0.04	红烧土块
3	0.16	0.03～0.04	灰褐色土，含红烧土块
4	0.16	0.03	红烧土块
5	0.18	0.11	黑灰土，含红烧土块
6	0.2	0.06	含红烧土块
7	0.2	0.11	黑灰土，含红烧土块

各柱洞均为直壁,未见倾斜度。根据形状、结构和布局,可将F36复原为一座周围立柱、上面盖顶、前有门棚的小屋。

房内填土分三层:第一层,为黑色土,粘性较大,土质坚硬,厚0.3米左右,可能为坑口地层下陷所致;第二层,为黄土,只分布在坑口东部,厚0.05~0.15米左右;第三层为含有少量红烧土块、炭粒、动物骨骼的堆积,厚0.4米左右。应为废弃后的堆积(图二五;彩版三,2)。

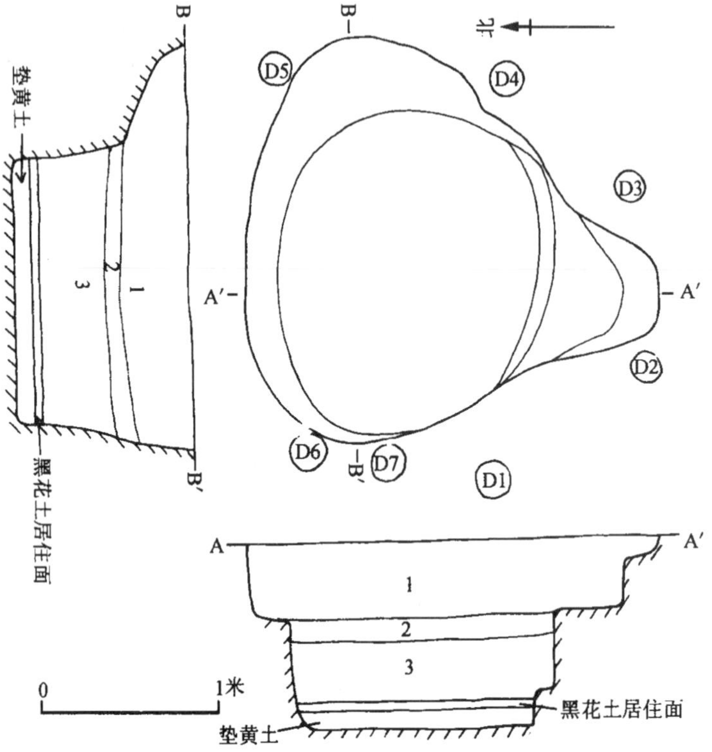

图二五　F36平、剖面图

填土内陶片较多,共重4 800克(277片),夹砂红陶、红褐陶占54.8%(片数占56.3%),泥质红陶、红褐占40.9%(片数占35.4%),夹蚌(骨屑)红、红褐陶占4.3%(片数占8.3%)。素面磨光占96.9%(片数占98.5%),绳纹占1.0%(片数占1.1%),篦划纹占2.1%(片数占0.4%)。鼎罐类31.5%(片数占22.2%),壶类24.4%(片数占33.3%),盆钵类42.2%(片数占38.9%),支脚占1.7%(5.6%)。可辨器形有AⅣ式双耳罐、AⅠ侈口罐、AⅠ罐形鼎、BaⅠ鼎足、BⅤ罐形壶、AⅠ式和BⅠ式敛口钵、AⅢ式和BⅢ式深腹盆、方口盆、支脚以及牙饰等。

F37,原编号H179,位于遗址西北部,T114北部,开口3C下,西侧被现代水井打破,北侧打破H271,向下打破第4层和生土层。平面呈椭圆形,复原直径2~2.5米,北壁近直,东、南壁向外倾斜呈袋状,西壁被现代井破坏,周壁涂抹一层纯净黄泥,厚0.05~0.1米。平底,底部经火烧成砖红色,因遇水未能做到底,不知红烧土的厚度。红烧土的中部有高出底0.1米的圆弧形红烧土圈,可能为中心灶膛。灶膛之南,房内南侧有一个高0.5米、宽0.5米的原生黄土台,为挖筑房址时特意预留的,距坑口深0.5米,应为出入的台阶。上口周围未见柱洞等附属遗迹。

房内堆积有五层:自东南向西北呈倾斜状堆积,第一层,为黑灰土,分布在房内西北部,呈圆窝状,厚0.4~0.5米;第二层,为红烧土粒夹草木灰堆积,也分布在房内西北部,厚0.2~0.3米。

第三层遍布整个坑穴内，灰土，较松软，厚 0.2～0.6 米；第四层，只分布在坑穴中间部位，为松软的草木灰层，厚 0.05～0.1 米；第五层为红烧土块堆积，厚 0.3～0.6 米，不规则的分布于坑穴底部和壁下(图二六)。

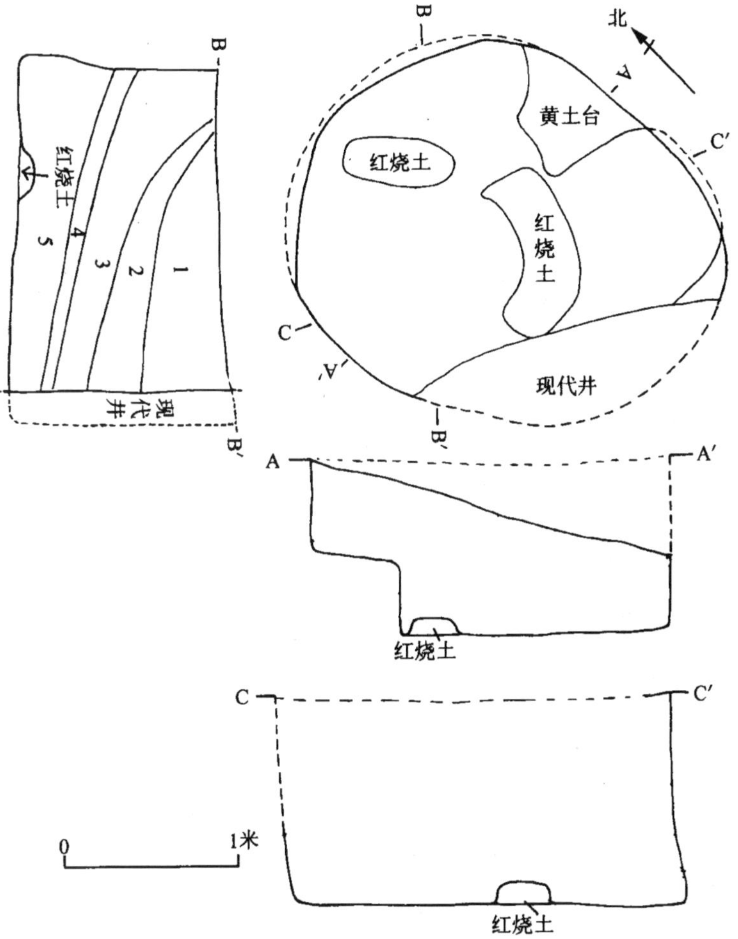

图二六　F37 平、剖面图

填土内出土陶片 8215 克(552 片)(见附表八～一一)。

其中复原 AⅣ罐形壶 1 件，其他可辨器形有、鼎足、AⅠ和 CⅠ罐形鼎、BⅣ角把罐、AⅡ及 BⅠ和 BⅡ敛口钵，Ab 碗底等。还有完整的 Aa 骨针 1 件，相当精美。填土中还有兽骨、鸟骨、鱼骨、龟甲、残石块等。

(2)圆形房址，有 F2、F9、F16、F20、F27、F32 共 6 座。

F2，原编号 H82，位于遗址中部，跨 T7 南部和 T9 北部，开口 3C 层下，被 M54、M57、M61、M71、M120、M121、M125 叠压，打破 4 层和生土层。平面近圆形，东西 2.1 米、南北 1.95 米，西部稍窄。坑口以外的遗迹均不存，坑深 0.7 米。在坑北部有一平面呈梯形的台阶，台阶高 0.3、宽 0.2 米，阶面距坑口 0.3 米。坑壁东西两侧近直，南壁呈斜坡状，北壁稍呈袋状，平底近圜。坑底东部有一近长方形凹坑，长约 0.7，宽 0.2～0.4 米，比坑底平面深约 0.15 米，似经长期烧烤，坑内及周围积大量草木灰、烧骨、鱼骨和果核等，显然应是灶的遗迹。房内填土呈黑灰色，含大量草木灰和烧土粒，出土陶片重4 400克(337 片)。复原深腹盆 1 件，可辨器形有角把罐、罐形壶、敞口钵、深腹盆、方口盆几种(图二七)。

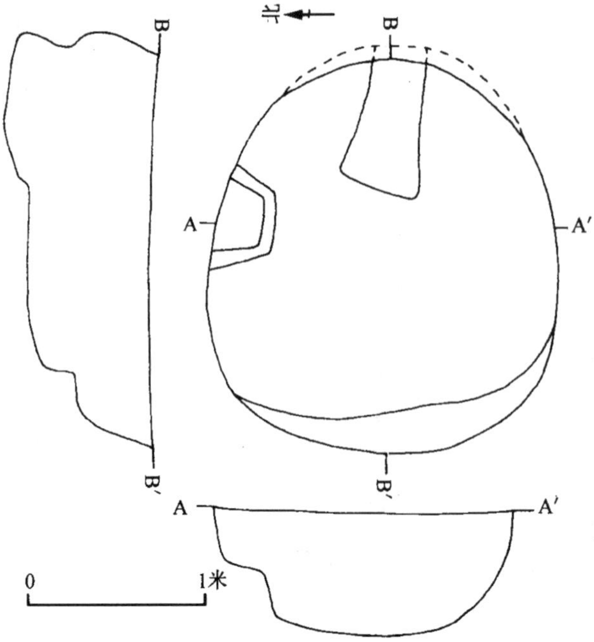

图二七　F2平、剖面图

F9,原编号H122,位于遗址西北部,T105中部,开口于3B层下,打破3C、4层和生土层,西边打破H127。平面略呈圆形,西、北、南为圆弧形,东边直,东西2、南北1.9米、深0.9米。东壁直,南、北、西三面壁略向外斜呈袋状,周壁有一层厚0.1～0.3米的红烧土墙,残高0.5～0.6米,而且还有深0.1～0.15米的基槽,内填红烧土。坑底平,铺垫黄土,黄土内掺红烧土块。在坑口西南侧有一个高0.5米的二层台,最宽处0.35米,应为出入的门道。门道东边、坑口东侧和北侧红烧土墙内各有圆形柱洞一个,其中D1直径0.1米、D2直径0.09米,D3直径0.08米,虽很细,但均从坑口直至坑底,深近1米。

坑内堆积分三层:第一层,填灰褐土,中间厚,周围薄,厚0.35米,应为废弃以后的堆积。第二层,红烧土层,其中上部为零碎的红烧土块堆积,下部为原生烧土层,呈锅底状,厚0.2～0.4米。推测可能利用下面废弃的房基凹坑做过陶窑,所以形成这种现象。第三层为松软的黑灰土,含大量草木灰和烧土粒,厚0.3～0.4米,为房址废弃后的堆积。填土内出土不少陶片、碎兽骨、猪牙等(图二八)。

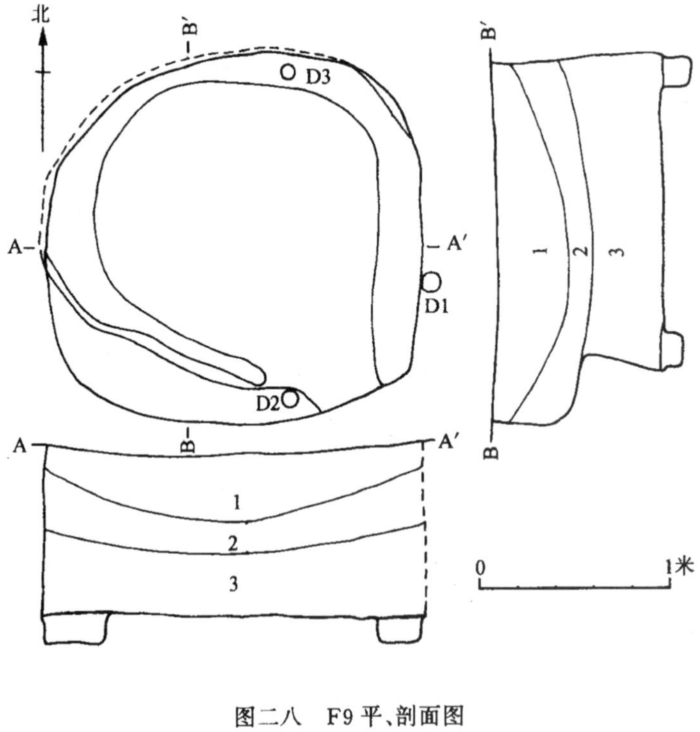

图二八　F9平、剖面图

填土内出土陶片258片，其中夹蚌（骨屑）红褐陶占41.1%，泥质红陶占31.8%，夹砂红陶和红褐陶占21.3%，夹炭红衣陶占6.6%；素面磨光陶占95.3%，绳纹占4.3%，篦划纹占0.4%；鼎罐类占48.3%，壶类占24.1%，盆钵类占27.6%。可辨器形有盆形鼎、卷沿罐、双耳罐、敞口钵、鼎足等。石骨制品有石磨盘腿、纺轮、半成品、砺石、石球、骨针等。

F16，原编号H174，位于遗址西北部，T104西北角，开口于3B层下，打破H220、H228、H264和3C层。平面近圆形，直径2.2米，深0.75米。直壁、南壁下部稍向外斜，北壁下部稍向内弧，周壁未见涂抹，坑口外未见柱洞。西南方向有斜坡式门道，至坑口0.2米处呈直壁出地面。房底铺有一层黄灰色土为居住面，中间偏南为灶膛。灶膛略呈圆角方形，长1.26～1.08米，内径约0.8米，灶门向西南，与门道方向一致，宽0.34米。灶深0.13～0.15米，直壁、平底。灶底向灶门方向略呈斜坡状，周壁烧成红褐色，烧土厚约0.07～0.1米。从烧土外未烧透的土色分析，灶膛周壁应是先涂抹一层黑色粘土调和成的泥，内圈烧成红褐色，外圈呈黑褐色，总厚度约0.2米左右。在灶台北侧有一破碎的平底陶罐，可能与灶有关（图二九，彩版三，1）。

灶内填较纯的草木灰，厚0.05～0.07米，经浮选发现大量炭化米粒。居住面上填土分三层：第一层，厚0.05～0.09米，为红烧土层，夹大量陶片和大块红烧土，质较硬；第二层，为陶片层，全为碎陶片铺成，厚0.02～0.08米；第三层，为黑灰色土层，质疏松，含有烧土粒、炭屑、石块、陶片等，厚0.4米左右。

房内出土陶片比较丰富，共重11 955克（988片）。（见附表八～一一）大部复原或可辨器形有AⅢ侈口罐、AⅢ折沿罐、AⅠ及BⅠ和BⅡ卷沿罐、AⅢ和BⅠ及DⅡ和DⅢ罐形鼎、鼎足、CⅡ划纹盆、BⅡ敛口盆、BⅤ敞口钵、AⅤ浅腹钵等，石器有残磨盘、残磨棒等。在填土中还淘洗出许多稻米粒。

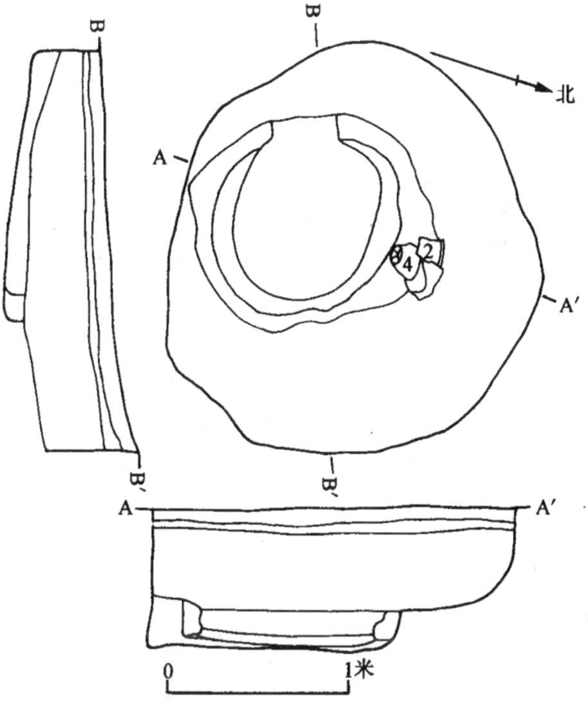

图二九　F16平、剖面图
2，4陶罐

F20，原编号H231，位于遗址西南部，T33东北部，开口于3C层下，上被M310、M333打破，向下打破第4层和生土层。平面呈近圆形，直径约3.0米，深0.4～0.5米。直壁，周壁涂抹一层厚0.1米的黄褐色泥，底也铺一层0.05～0.1米厚的黄褐土，较纯净，含大量细砂，质较硬，为居住面，可能与长期踩踏有关。

房内布局较为复杂，西南部有长0.85、宽0.35～0.4米的门道，门道呈台阶状，高于居住面约0.2米，向房内呈斜坡状。门道两侧有两个半圆形小坑，小坑与居住面之间有高约0.1米的红烧土小坎相隔。西侧小坑南北约0.7、东西约1.0米，壁、底均有红烧土，厚约0.1米，为长期烧烤形成，可能为灶膛。东侧小坑南北0.5、东西0.8米，周壁和底部均有火烧痕，是否为又一灶，或为防潮而烘烤，不得而知。房中部偏东与门道相连接有一土坎，高出居住面约0.1米、宽0.12～0.22米，将居住面分为东西两部分，西部大于东部。北壁下有1个壁龛，东西0.9、南北0.4米，底部比居住面深约 0.1 米，两侧有厚 0.1～0.12 米的黄土隔梁与居住面隔开。北壁有 3 个，东西壁各一个向房内凸出的黄泥垛，高约 0.1～0.2 米，可能为立柱的柱础（图三〇；图版五，1）。

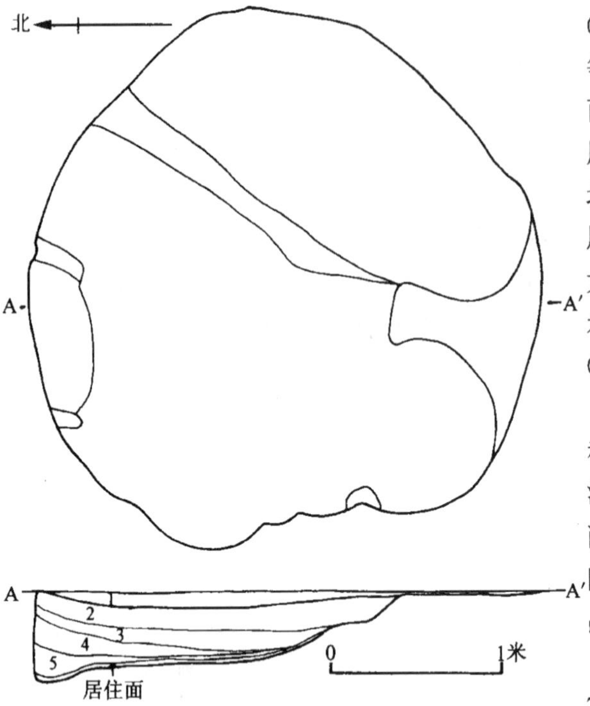

图三〇 F20 平、剖面图

房内填土分五层：第一层，青褐色，厚 0.05～0.2 米，含大量红烧土粒、陶片、碎兽骨等，质较硬、粘度较大；第二层，红烧土层，自西向东呈鞍形分布，厚 0.05～0.22 米；第三层为灰褐色，质较松，包含物较丰富，有烧土块、陶片、动物骨骼、草木灰等，呈倾斜分布，厚 0.35 米左右；第四层，为松软的黑灰土，含大量的红烧土粒、陶片、动物骨骼等，厚 0.15 米左右；第五层，为草木灰层，自西向东厚 0.03～0.12 米，含陶片、烧骨、龟甲、蚌壳等。

填土内出土标本较丰富，可辨器形有 A Ⅰ 和 A Ⅱ 及 B Ⅱ 角把罐、A Ⅱ 双耳罐、B Ⅰ 和 A Ⅱ 深腹盆、釜以及残石磨盘、砸击石片、骨镞、牙削等。陶片重10 045克，全为夹砂红陶和红褐陶，素面磨光占 78.6%，绳纹占 21.4%；罐类占 90.8%，壶类占 1.0%，盆钵类占 8.1%。

F27，原编号 H265，位于遗址西北部，T102 东部，T103 西边，开口于 3B 层下，北侧打破 M309、SK8，向下打破 3C 层、第 4 层和生土层。平面呈圆形，直径约 3.0、深 0.4 米。门道向西北，为斜坡状，其余周壁直，南侧有一段宽 0.30、残高 0.25 米的黄土墙，很纯且硬、近似生土。墙外沿边有 3 个柱洞，编为 D1～D3，墙内沿边和门道两侧沿线有 5 个柱洞，编号为 D4～D8，门道北段东侧有 2 个柱洞，编号为 D9、D10，各柱洞尺寸见表五。

表五 F27 柱洞登记表 （单位：米）

编号	口径	深度（距坑口平面）	填土
1	0.24	0.3	松软灰土
2	0.25	0.3	松软灰土
3	0.21～0.16	0.25	松软灰土
4	0.2	0.55	松软灰土
5	0.14	0.55	松软灰土
6	0.2	0.5	松软灰土
7	0.18	0.45	松软灰土
8	0.1～0.16	0.4	松软灰土
9	0.14～0.2	0.45	松软灰土
10	0.16	0.45	松软灰土

房内堆积不分层，上下较为一致，均为灰褐色土，较松软，含少量红烧土块、碎骨等。共出土陶片重 3 900 克，其中夹砂红陶、红褐陶占 51.3%，泥质红陶占 41.6%，夹云母黑陶占 7.7%；陶片全为素面、磨光；鼎罐类占 35.3%，壶类占 23.5%，盆、钵类占 41.2%。可辨器形有 C Ⅴ 敞口钵、高领罐、C Ⅱ 三足钵足等(图三一)。

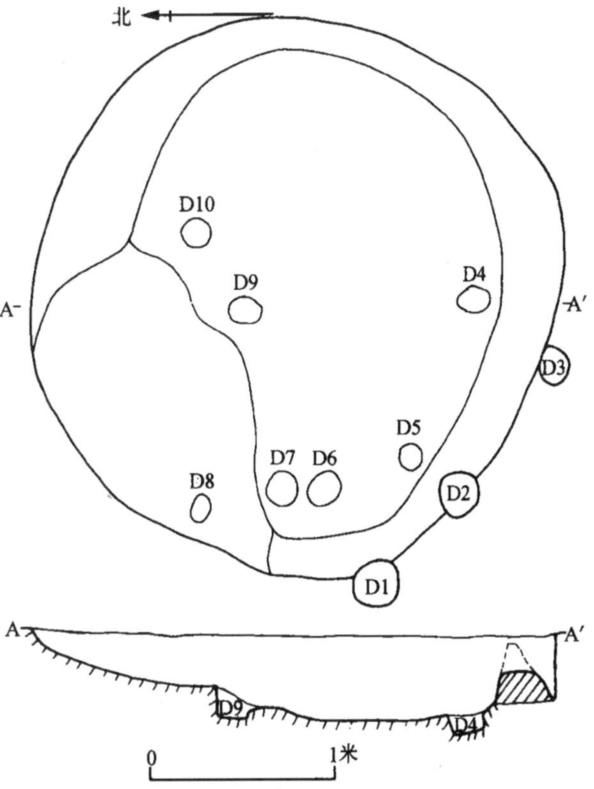

图三一 F27 平、剖面图

F32，原编号 H319，位于遗址东部，T69 东边，开口于第 4 层下，打破第 5、6 层和生土层。平面圆形，直径 2.35～2.3 米，深 0.75 米，直壁稍向外斜，东、北部向外斜较甚，最多达 0.25 米。周壁涂抹一层厚 0.1～0.25 米的黄泥。底部居住面铺垫后经火烧烤，铺垫层厚约 0.2 米，其中上部厚 0.15 米被烧成红烧土，下层约 0.05 米仍为灰土。红烧土之上有一层灰白色草木灰层，厚 0.01～0.05 米，再上为草木灰层，含较多的木炭块。这 4 层均应为房子始建和使用时的堆积。在这几层之上的南部边缘，又堆筑斜坡状台阶，宽约 0.6 米，高出居住面 0.35 米。坑口向南有长方形门道，长 0.6、宽 0.5 米，深 0.14 米。台阶上和门道上均发现有路土。坑口东侧有 3 个圆形柱洞，自南向北编为 D1～D3。D1 在门道之东，距门道 0.65 米、直径 0.3 米、深 0.25 米；D2 距房东边 0.02 米，直径 0.2、深 0.2 米；D3 距房子东北边 0.35 米、直径 0.18 米、深 0.24 米。柱洞内填灰土，含红烧土和少量陶片。坑口西边因一开始未注意，做了下去，不知有无柱洞，但从东侧三个柱洞的排列规律看，不排除有对称柱洞的可能(图三二；图版五，2)。

坑内填土分两层：第 1 层灰黑色，质稍硬厚 0.23～0.3 米，第 2 层为灰土，内含大量红烧土，层表有一层白色灰烬层，厚约 0.01～0.05 米。坑底为铺垫的黄土居住面。出土陶片共重 11 165 克(866 片)，其中泥质红陶、红褐陶占 53.2%(片数占 46.2%)，夹砂红陶、红褐陶占 21.8%(片数占 34.2%)，夹蚌(骨屑)红褐陶占 13.7%(片数占 12.4%)，夹炭红衣陶占 11.2%(片数占 7.3%)；素面磨光占 95.5%(片数占 96.4%)，绳纹占 2.3%(片数占 2.4%)，篦划纹占 2.2%(片数占 1.2%)；鼎罐类占 37.2%(片数占 38.5%)，壶类占 10%(片数占 7.3%)，盆钵类占 52.8%(片数占 54.2%)。大部复原或可辨器形有 B Ⅲ 和 B Ⅳ 盆形鼎、D Ⅱ 罐形鼎及鼎足、G 双耳罐、B Ⅳ 敞口钵、A Ⅵ 和 C Ⅰ 浅腹钵，三足钵足等。

(3) 鞍形：有 F24、F25、F26 共 3 座，以 F24、F25 为代表。

F25，原编号 H253，位于遗址西南部，T34 南部，开口于 3B 层下，上口被 M356 叠压，西侧打破 H254。平面呈鞍形，西侧边向内凹。长径 2.3、短径 1.5 米，深 0.4 米。东西壁直，北壁稍向内斜，南有长 0.8、宽 1.04 米的台阶，高 0.2 米，口斜坡状至坑口。台阶两侧和其上共有 5 个圆柱洞，呈弧形排列，直径 0.08～0.1 米、深 0.06～0.1 米，D1 和 D2 相隔 0.18 米，D2 与 D3 相隔 0.24 米、D3 与 D4 相隔 0.18、D4 与 D5 相隔 0.36 米。D2、D3、D4 均向房内倾斜，角度为 87°，D5

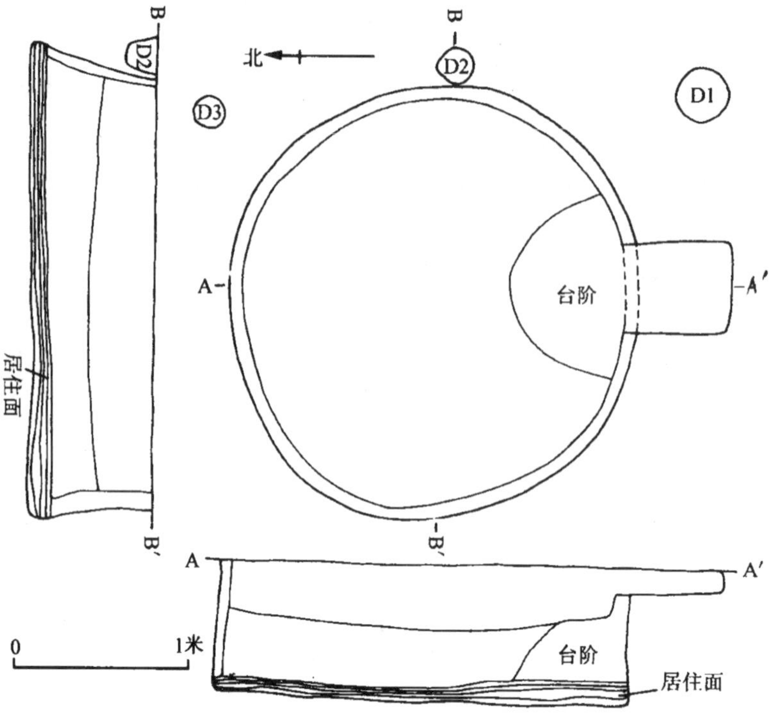

图三二　F32 平、剖面图

向内倾斜度为 85°,D1 向内倾斜度为 80°。所有柱洞的壁、底未见加工痕迹(图三三;图版六,1)。

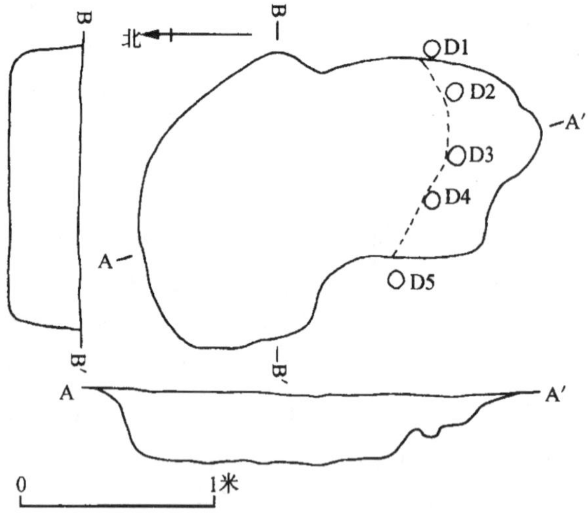

图三三　F25 平、剖面图

房内填土不分层次,为灰黑色粘土,含有碎兽骨、残石块、红烧土块、陶片等。红烧土块有直径 0.15、厚 0.10 米者。在北半部发现较完整的 A Ⅰ 侈口罐、A Ⅴ 浅腹钵各 1 件。出土陶片共重 4260 克,其中夹砂红陶、红褐陶占 51%,泥质红陶占 43.4%,夹蚌(骨屑)红褐陶占 4.7%;夹云母红陶占 0.9%,素面磨光占 93%,绳纹占 7.0%;鼎罐类占 38.9%,壶类占 11.1%,盆钵类占 50%;可辨器形有 B Ⅲ 盆形鼎、A Ⅱ 罐形鼎、A Ⅳ 和 A Ⅴ 浅腹钵、A Ⅲ 敛口钵、A Ⅰ 卷沿罐、敞口钵、鼎足等,还有锤击石片。

(4)近方形:发现 F8、F18 共 2 座,以 F18 为例说明:

F18,原编号 H190,位于遗址西北部,T104 北部,开口于 3B 层下,打破 3C、4 层和生土层。平面近方形,长 2.1、宽 2.0 米、深 0.9 米。北、东、南为直壁,东壁下部稍向外斜,平底。门道位于西部,有三层台阶,均系挖筑坑穴时预留而成。第一层台阶位于房底南部,宽 0.5～0.75 米,高于居住面 0.1～0.3 米,阶面呈斜坡状,黄土铺垫,上有踩踏路土;第二层台阶位于西南角,宽 0.8～0.65 米,高于第一层 0.2～0.35 米,阶面也呈斜坡状;第三层台阶高于第二层 0.14 米至坑口平面。在房屋居住面北部中间和南壁下有三个圆形黄土柱，应为房内的承重柱，用纯净黄土砸成，很坚硬。北部 D1 高于居住面 0.2 米，直径 0.15 米；南侧 D2 直径 0.2、高 0.16 米；D3 直径 0.2、高 0.2 米。坑穴周壁用黄泥涂抹，厚 0.05～0.1 米。居住面用黄土掺和红烧土砸成，厚 0.04～0.08 米，比较坚硬。坑口以外未见附属遗迹(图三四；图版六，2)。

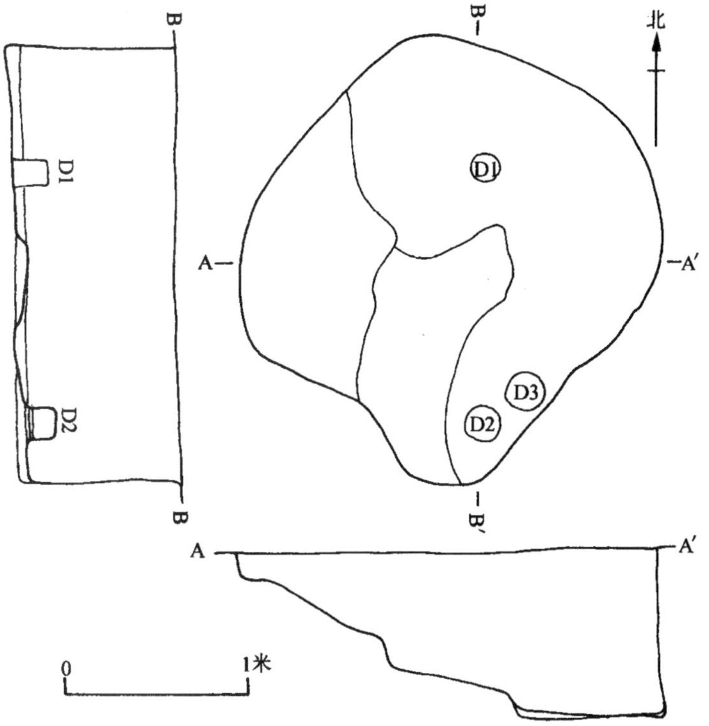

图三四　F18 平、剖面图

房内堆积未能分层，均黑灰色，质疏松，含大量草木灰、红烧土粒、碎兽骨、炭屑、陶片等。出土陶片不多，重 1130 克，其中泥质红陶和红褐陶占 42.5%，夹砂红陶占 36.3%，夹炭红衣陶占 15.9%，夹蚌(骨屑)陶和夹云母(滑石粉)陶分别占 2.7%和 2.6%。房内复原夹云母红陶 AⅢ卷沿罐 1 件，上刻太阳纹符号 1 个，其他可辨器形的还有 DaⅠ双耳罐、CⅦ敞口钵、CⅡ釜、CⅡ鼎足等，还有 Cb 骨镖 1 件。

(5)不规则形：有 F33、F34、F45 共 3 座，以 F33 为代表。

F33，原编号 320，位于遗址东部，T67 东部，开口第 5 层下，打破第 6 层和生土层。平面呈不规则状，西北东南向，长径 2.95，短径 1.8 米，深 0.4 米，呈浅地穴状，西、北壁较直，东南壁稍向内斜，底近平，北部稍高。坑口周围有 11 个柱洞，另在外围有 3 个柱洞，可能也与该房有关。柱洞以圆形和椭圆形为主，直径和深度大多在 0.1～0.2 米之间，内填灰土，含少量陶片，少数柱洞可明显看出有一定倾斜度，柱洞排列近方形，各柱洞具体情况见表六。

房内填土分三层：第一层，为黑灰色土，与探方第 5 层相同，夹大量红烧土粒和陶片。可能为第 5 层下陷入坑口所致；第二层为黄灰色土，夹大量红烧土，较硬；第三层，为灰褐色土，较疏松，含大量草木灰，兽骨、鱼骨等。出土陶片重 7 900 克(501 片)，其中夹砂红陶、红褐陶占 83.2%(片数占 76.8%)，泥质红陶、红褐陶占 10.6%(片数占 13.2%)，夹蚌(骨屑)红褐陶占 3.6%(片数占 6.4%)，夹炭红衣陶占 2.2%(片数占 2.8%)，夹滑石粉红褐陶占 0.5%(片数占 0.86%)；素面磨

表六 F33柱洞登记表 （单位：米）

编号	形状	直径	深度	倾斜	距坑口距离
1	圆形	0.15	0.1	向内倾	0.2
2	椭圆形	0.18～0.24	0.26	向内倾	0.35
3	鞍形	0.21～0.25	0.09		0.42
4	圆形	0.2	0.09		0.5
5	圆形	0.24	0.24	底南高北低	0.7
6	椭圆形	0.2～0.21	0.15		1.0
7	圆形	0.15	0.14		0.6
8	椭圆形	0.08～0.12	0.1		0.25
9	椭圆形	0.1～0.14	0.12	向内倾斜	0.3
10	圆形	0.1	0.1	向内倾斜	0.2
11	半圆形	0.14	0.14		连接坑口
12	椭圆形	0.15～0.2	0.11		1.5
13	椭圆形	0.16～0.21	0.09		1.7
14	椭圆形	0.08～0.2	0.1		0.8

光占73%（片数占82.8%），绳纹占16.9%（片数占15.9%），划纹占3.2%（片数占0.6%），戳刺纹占6.4%（片数占0.4），指甲纹占0.5%（片数占0.2%）；鼎罐类占36.1%（片数占39.4%），壶类占26.6%（片数占21.2%），盆钵类占27.7%（片数占30.3%），支脚占9.6%（片数占9.1%），重量与数量统计结果基本一致。可辨器形有A盆形鼎，AⅢ和BⅡ角把罐，AⅠ、AⅡ、BⅠ、BⅡ敛口钵，AⅢ双耳罐，A和Ca支脚等。另外还出土AC骨针1件（图三五；彩版四，1；图版七，1）。

2. 多间式房址

半地穴多间式房子共5座，可分为双间式、三间式、四间式3种。均系扩建而成。

(1)双间式：有F5、F21共2座。

F5，原编号H112，位于遗址西北部，T113中部，开口于3C层下，门道部分被H137和M243打破，西南角被H116打破，其余地方保存完好，向下打破第4层和生土层。平面呈椭圆形，南北长4.82米，东西宽3.8米，最深处1.16米。门道向东，为斜坡式，长1.0米、宽1.4米。房屋分为南、北两间，南间为2.5米×2.6米，北间为2.0米×2.4米。北壁下还有一壁龛，呈东西向椭圆形，短径0.5米×长径0.85米，向北呈袋状，圜底。南、北间之间有一道黄土坎相隔，宽0.2～0.4米，残高0.2米。周围墙已不存，周壁近直，西、北壁呈袋状，稍向外倾斜。坑口周围散布柱洞13个，均呈圆形，直径0.36～0.12米、深0.1～0.2米，坑底周围散布柱洞7个，大多为圆形，直径0.12～0.62米，深0.1～0.5米，这些柱洞的形成时间不尽相同，坑口周围和门道上的

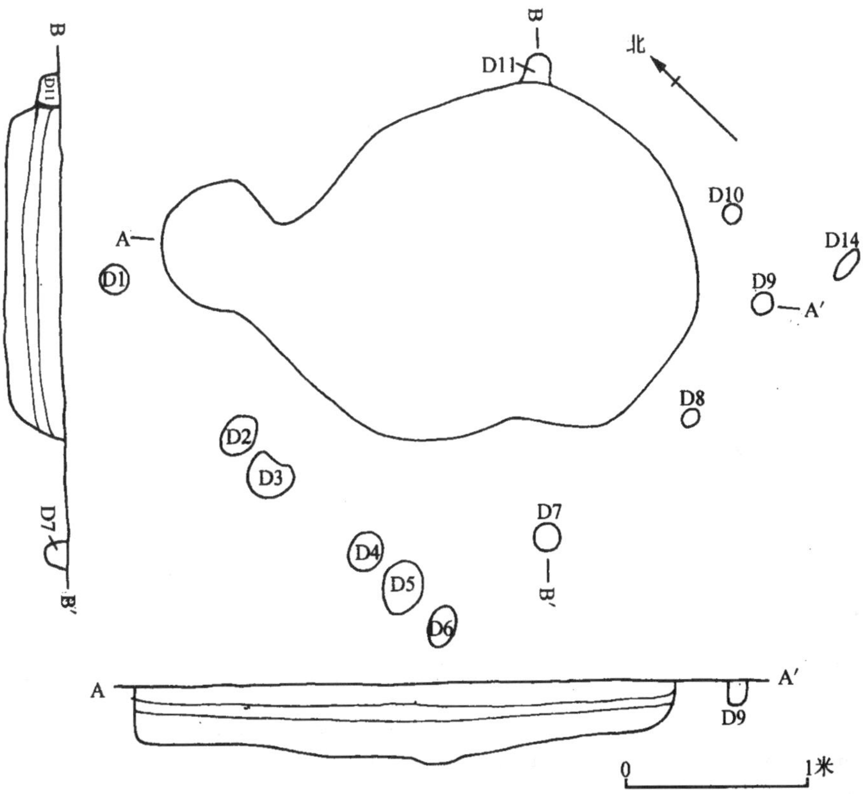

图三五　F33 平、剖面图

柱洞可能形成较晚，而坑底周围的柱洞可能形成较早。从柱洞和房内堆积看，此房应有两个时期的居住面。

第一层居住面压在第二层居住面之下，残存遗迹包括 D15、D16、D17、D18、D19、D20 六个柱洞、南间周边残存的居住硬面、南间东边、北间北和东边及门道南侧残存的原始红烧土等。其中硬面厚 0.04～0.15 米，残存原生红烧土 0.04～0.1 米。柱洞打破居住面，其中 D15 较大而深，位于两间之间的黄土坎西端，直径 0.44 米、深于居住面 0.25 米、深于黄土坎 0.65 米，应为房内承重柱的位置。其余柱洞均较小，其中南间西、南各两个，北间北 1 个，可能具有护围柱的性质。北间北侧的壁龛也属于早期居住面。另外，坑口门道西侧的 D1、D13 两个柱洞不排除早期居住面时即已存在的可能。

第二层居住面与第一层居住面之间有一层 0.12 米厚的残碎红烧土块、一层 0.08 米厚的白色灰烬和一层 0.12 米厚的草木灰，显然均为第一层居住面使用时期的堆积。

第二层居住面为厚约 0.1 米的红烧土硬面，在房内都有此层分布，坑壁周围还垛有一层泥，经火烧成红色。门道部位铺垫一层白膏土。在白膏土之上，用青膏泥垛成一圆形柱墩，即 D14，外径 0.64～0.66 米、内径 0.32～0.34 米、高 0.42～0.50 米，青膏泥圈厚 0.14～0.18 米，很坚硬。青膏泥圈内底部为硬黄灰土，上部深 0.27 米为柱洞，应为房内的承重柱，填松软灰土。坑口周围散布有 D1～D13 共 13 个圆形柱洞，应为护围柱，具体尺寸见表七。

坑底南间东侧有大块原生红烧土和堆积较厚的草木灰层，应为早期灶的残存遗迹。大片的红烧土堆积，应为晚期灶的位置。

表七　F5柱洞登记表　（单位：米）

编号	形状	直径	深度	层位	位置	填土	备注
1	圆	0.22～0.24	0.2	上	口东0.5米	灰土	
2	圆	0.3～0.34	0.18	上	口东边	灰土	
3	圆	0.15	0.17	上	口南0.17米	灰土	
4	圆	0.15	0.18	上	口西南0.28米	灰土	
5	圆	0.16	0.18	上	口西0.06米	灰土	
6	圆	0.2	0.34	上	口西0.08米	灰土	
7	圆	0.26	0.17	上	口西0.24米	灰土	
8	圆	0.16	0.21	上	口西0.24米	灰土	
9	圆	0.13	0.18	上	口西北0.12米	灰土	
10	圆	0.2	0.22	上	口北0.07米	灰土	
11	圆	0.2	0.2	上	口北0.05米	灰土	
12	椭圆	0.14～0.18	0.2	上	口东北0.06米	灰土	
13	圆	0.12	0.15	上	口东边	灰土	
14	圆	0.32～0.34	0.27	上	门道中间	灰土	人工垛青泥而成柱墩
15	圆	0.44	0.65	下	中间西壁下	灰土	
16	圆	0.17	0.15	下	底南壁下	灰土	
17	圆	0.16～0.18	0.10	下	底南壁下	灰土	
18	圆	0.10	0.15	下	底西壁下	灰土	
19	椭圆	0.15～0.2	0.14	下	底西壁下	灰土	
20	圆	0.12～0.14	0.18	下	底西壁下	灰土	向内倾斜

第二层居住面上堆积着废弃之后倒塌的红烧土块和倾倒进来的草木灰等，坑口有3C层下陷而来的灰土层（图三六；彩版四，2）。

各层堆积中出土了大量陶片、兽骨、鱼骨、石块等。陶片共重77 250克（3709片），全部为夹砂红陶或红褐陶。（见附表八～一一）复原或可辨器形有角把罐、双耳罐、罐形壶、方口盆、深腹盆、A型釜、敞口钵、支脚及圆陶片等；骨制品有镞、针、锥及器柄、管状骨器、牙削等；石制品有砺石、石杵、锤击石片、砸击石片、砸击石核、锤击石核、砸击石锤、琢击石锤、石砧、坯料等。制陶原料有云母片等。动物骨骼，经鉴定有貉、猫豹等。

F21，原编号H237，位于遗址西南部，T35中部，开口于3A层下，打破3B层、3C层、第4层和生土层，坑口东部打破M373、H384、H236、H406、H407。坑口平面呈葫芦形，坑壁稍内斜，北壁

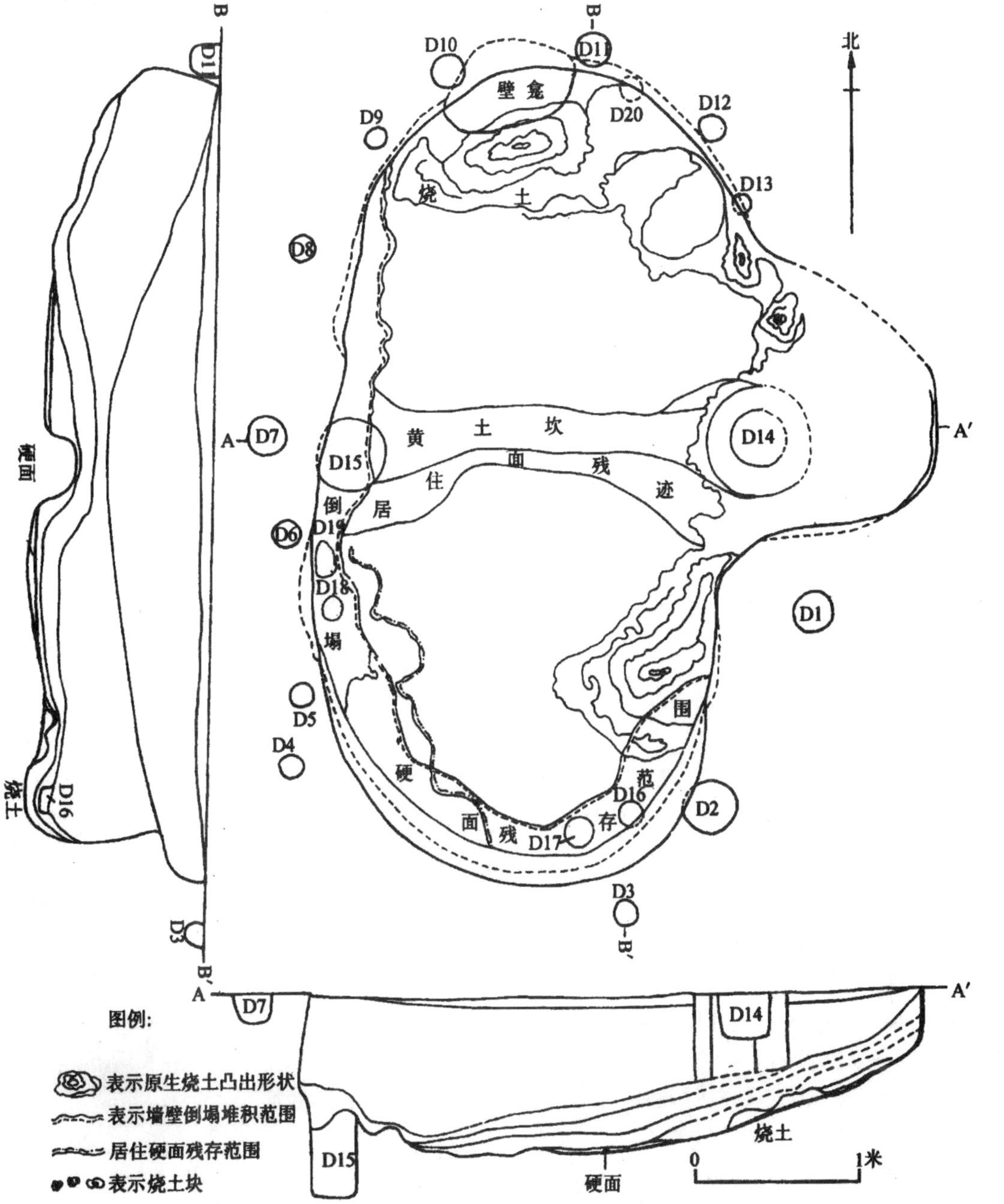

图三六　F5 平、剖面图

下部稍向外斜，呈袋状。该房址可分为三个部分，东半部为主室，呈南北向椭圆形，口径 1.7～2.1 米，深 1.1 米；中部亦呈椭圆形，南北长径 1.7 米、东西短径 1.1 米、深 0.8 米；西部为一长方形门道，长 0.8 米、宽 0.9 米，深仅 0.2 米。三部分均为平底，呈台阶状。在中、东部之间有一道挖坑时预留的生土隔墙，靠南壁长 0.4 米、靠北壁长 0.35 米，中间有宽 0.55 米的通道。房子周围未见柱洞一类附属遗迹(图三七)。

房内堆积分两层：西、中部和东部上层为第一层，厚 0.2～0.8 米左右，黑灰土，质松软，含大

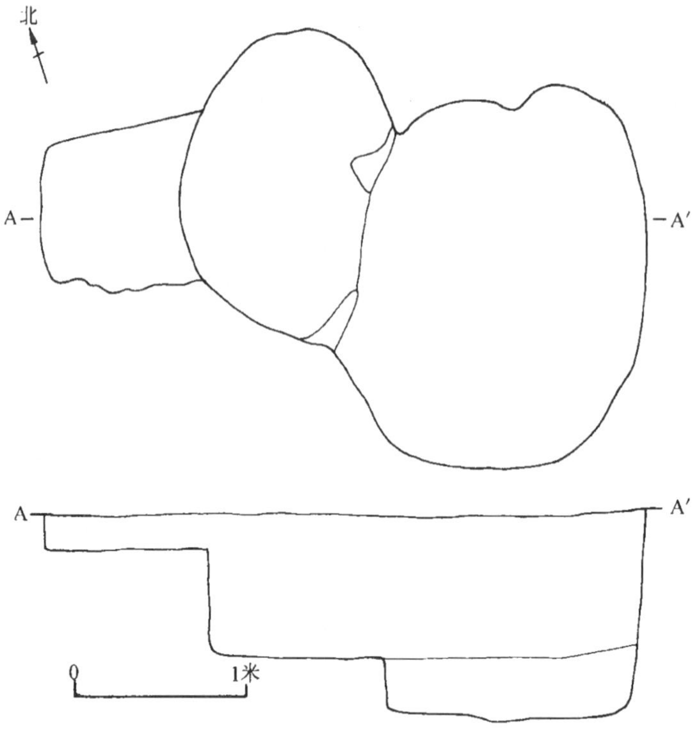

图三七　F21平、剖面图

量草木灰、红烧土颗粒、陶片等；第二层只分别在东部，西、南厚，东、北薄，呈倾斜堆积，厚0.15～0.5米，黑色土，含大量草木灰、少量红烧土粒，未含陶片。

房内填土中出土陶片重21 401克（1 353片），其中夹砂红陶、褐陶占51.3%（片数占39.3%），泥质红陶和红褐陶占41.2%（片数占52%），夹骨屑（夹蚌）陶占37%（片数占4.5%），夹炭红衣陶占2.7%（片数占2.7%），夹云母陶占1.1%（片数占1.5%）。器表以素面磨光为主，占89.5%（片数占92.3%），绳纹6.4%（片数占3.8%），篦划纹占3.6%（片数占3.6%），划纹占0.4%（片数占0.07%），附加堆纹占0.09%（片数占0.07%）。三大器类中，鼎罐类占51.0%（片数占27.5%），壶类占8.6%（片数占11.7%），盆钵类35.5%（片数占58.3%），支脚占4.9%（片数占2.5%）。按重量与数量计，各陶系、器类均有一定差距，应以重量统计结果为主。

(2)三间式房址：仅见F30一座。

F30，原编号H291、H292、H293，位于遗址中部，T39北部及北扩内，开口于第1层下，被H299打破，向下打破第2层和生土层。平面呈不规则形，由一个椭圆形坑和二个圆形坑组成，从而形成三个分间，其内填土层层相通，应为多次扩建使用最后一次废弃的房基。南北3.12米，东西3.0米，坑口距地表0.2～0.25米，坑底距坑口1.1～1.24米。因坑口地层可能已被破坏，故坑口周围未见附属遗迹。门道向东，为旋转台阶式，自下而上第一层台阶位于东间南壁下，高0.1米、宽0.8米；第二层台阶高于第一层0.1米，宽0.25米；第三层台阶位于东间东壁处，高0.5米、宽0.45米；第四层台阶高0.3米至坑口平面。东间北壁下坑底有1个椭圆形灰土洞，应为一柱洞，直径0.18～0.22米、深0.26米，尖圜底；三间坑底之间有1个较大的圆形灰土洞，直径0.44，深0.2米，应为中心大柱洞。东间呈椭圆形，连门道台阶，东西1.5米、南北1.3米、深1.1米。南壁直，东壁向外倾斜，北壁深0.4米处向外倾斜达0.26米，圜底近平。北间呈椭圆形，直径约 1.4 米、深 1.24 米，北壁直，西壁稍向外斜，底平。东、北间之间有一道高 0.2 米、宽 0.4 米的黄土台相隔。南间略呈圆形，直径 1.9～1.96 米，直壁稍向外斜，平底。

三间之内填土皆相通，第一层为较硬的黄色土，内含大量的红烧土粒，厚 0.2～0.4 米，平铺于各间之上；第二层东高西低呈倾斜状，只分布于北间和东间西部，为黑灰色土，含大量草木灰，厚 0.2～0.5 米；第三层位于东间和北间东部，亦为东高西低的倾斜状，褐色，含大量红烧土块，厚 0.12～0.60 米；第四层为灰土，含草木灰等，厚 0.4～0.7 米，只分布于东间，厚 0.4～0.75 米；第五层分布于整个南、北间底部和东、北间之间的黄土隔梁上，呈紫褐色，经火烧烤，很坚硬，厚 0.04～0.06 米，显然是经过烧烤处理的居住面，居住面上有一层鱼鳞，应为使用期的堆积（图三八）。

填土内出土陶片重 10 895 克(739 片)，其中泥质红陶、红褐陶占 44.9%(片数占 46%)，夹蚌(骨屑)红陶、褐陶、红褐陶占 28.1%(片数占 36.3%)，夹砂红、红褐陶占 26.9%(片数占 17.6%)，夹炭褐陶占 0.1%(片数占 0.1%)；器表素面磨光为主，占 87.5%(片数占 94.5%)，刻划纹占 10.3%(片数占 3.7%)，绳纹占 2.0%(片数占 1.6%)，乳钉纹占 0.14%(片数占 0.1%)，篦划纹占 0.1%(片数占 0.1%)。器类中，鼎罐类占 55.3%(片数占 45.3%)，壶类占 23.6%(片数占 8.4%)，盆钵类占 20.9%(片数占 45.3%)，支脚 0.2%(片数占 1.0%)。复原或可辨器形有盆形鼎、罐形鼎、鼎足、侈口罐、折肩壶、敛口钵、曲腹钵、三足钵、敛口盆、陶塑品、支脚、壶耳等；石制品有石铲、斧、锤击石核、砺石、磨盘、石坯料等；骨制品有锥、针等。兽骨有猪、狗、獐、貉等，还有许多鱼骨、鱼鳞。

(3)四间式房址：计 F17、F35 共 2 座。

F17，原编号 H181、H187、H219，位于遗址西北部，T114 西部，开口于 3C 层下，西部被 H277 打破、东部被 H188 打破，向下打破第 4 层和生土层。平面呈近圆形，南北 5.0 米、东西 4.0 米，分为 4 个圆形开间。东北间面积最大，略呈圆角方形，东西、南北均为 2.4 米，深 1.4 米，直壁平底，东壁涂 0.1～0.25 米、北壁涂 0.04～0.08 米厚的黄泥。底部东侧有残宽约 0.74 米的黄土台，高出底部活动面约 0.54 米，为较纯净的黄土垛成，处理得比较坚硬，内含少量红烧土粒和碎陶片。底部铺垫厚约 0.1 米的黄土为居住面，较坚硬。西北间近圆形，直径 1.3 米，深 1.5 米，直壁平底，周壁涂一层厚 0.04～0.08 米的黄泥，底垫一层厚约 0.2 米的黄土为活动面。东南间呈椭圆形，南北 2.05 米、东西 1.6 米、深 1.4 米，南壁稍外斜，略呈袋状，东壁直，南、东壁涂一层厚 0.2～0.25 米的黄泥，底垫一层 0.1～0.15 米厚的黄土，为活动面。东北间与东南角之间的门坎上垫有细砂层。西南间近圆形，直径 1.32～1.52 米、深 1.4～1.68 米，直壁，西、南壁涂一层 0.1～0.2 米厚的黄泥，底东高西低，下垫一层 0.1～0.15 米厚的黄土为活动面。西南间与东南间之间的南壁连接的内弧部分并非挖生土时留出，而是用黄泥垛出来的，似一门柱，下压一副完整龟壳。相连各间由门坎相隔，门坎均是用黄土垛起来的，将各间活动面区分开，门坎高 0.12～0.45 米。东北、东南两间之间的门坎向西为门道，呈斜坡状，门道高于门坎 0.35～0.45 米。门道面上有践踏路土。东南间靠近门道处有一片圆形原生红烧土，直径约 0.3 米，厚 0.1～0.2 米，应为灶台所在。

房址周围和门道上共有 19 个大小不等的柱洞，其尺寸和位置见表八。

这些柱洞可能不是同时启用的，其中 D1、D3、D9、D18 可能为较早的承重柱，D4、D8、D11、D13、D14、D15 可能为最后的承重柱。其他较小的可能具有护围柱性质。该房可能为依次扩建而成，其中东北间可能为最早的房子，东南间为第一次扩建而成，西北、西南两间为第二次扩建而成。

四开间内的填土基本相通，可分五层堆积，第一层为灰褐色层，特征与第 3C 层一致，应为坑

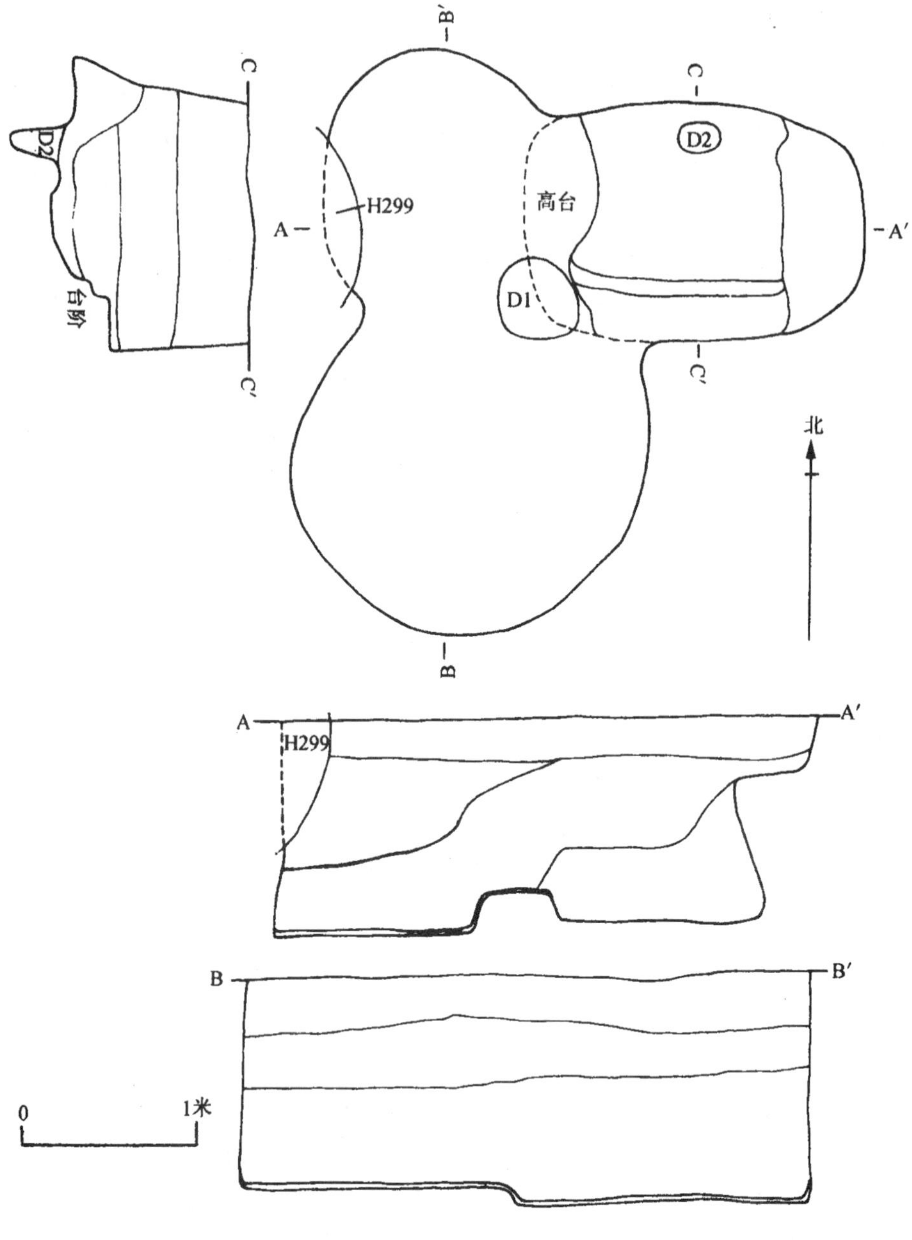

图三八 F30平、剖面图

口下陷的地层，较硬，含大量红烧土块，厚0.3～0.4米；第二层为灰土层，较松软，含大量草木灰、陶片、残石器、兽骨、龟甲、蚌壳、烧土块等，厚0.3～0.35米；第三层为草木灰层，含大量陶片、烧土块等，厚0.2～0.4米；第四层为白色灰烬层，只在局部有分布，厚0.02～0.1米；第五层为较纯的灰土层，厚0.2～0.6米。在坑口西南间南壁下出有一大堆破碎陶器碎片。

房内填土中出土陶片重38 900克（1884片）（见附表八～一一）。可复原或大部复原可辨器形有角把罐、双耳罐、罐形壶、方口盆、敞口钵、小钵、划纹盆、壶耳、角把等。石制品有石刀、琢击石锤、锤击石片、刮削器、砺石、钻帽、坯料等。骨牙制品有镞、针、牙削等。动物骨骼有龟甲、貉、獐牙、梅花鹿角等。植物遗骸除草木灰外主要有稻米粒（图三九、四〇；图版八，1）。

表八　F17柱洞登记表　（单位：米）

编号	位置	直径	深度	形状结构及填土
1	北侧、东北西北间之间	0.44	0.24	圆形，直壁，底近圜，灰土
2	东北间北侧	0.3	0.48	半圆形，壁向外斜、呈袋状，圜底，灰土
3	东北间东北侧	0.8	0.5	大半圆形，直壁平底，壁涂0.02～0.04米精泥，第一层，灰土；第二层，黑土；第三层，垫黄土
4	东北间东北侧	0.8～0.85	0.5	圆形，直壁，圜底，填灰土
5	东北间东侧	0.22～0.25	0.2	圆形，直壁，平底，填灰土
6	东北间东侧	0.24～0.26	0.17	圆形，直壁，平底近圜，填灰土
7	东北间东侧	0.2～0.22	0.15	圆形，直壁，平底近圜，填灰土
8	东北间与东南间之间东侧	0.6～0.64	0.2	圆形，直壁，平底，周壁一层厚0.04米黄土
9	东北间与东南间之间	0.38～0.42	0.14	圆形，直壁，平底，填灰土
10	东南间东南侧	0.22	0.15	圆形，直壁，平底，填灰土
11	东南间与西南间之间	0.4	0.2	一半在壁外，一半在垛的黄泥壁上，对应的泥柱底，下压一副完整龟壳
12	西南间西南角外	0.24～0.28	0.18	圆形，直壁，平底，填灰土
13	西南间西南外侧	0.42～0.38	0.2	圆形，斜壁，圜底近平，填灰土
14	门道西端	0.7	0.64	圆形直壁圜平底，壁有一层厚0.02米，底有一层厚0.05～0.1米的纯净细腻青膏泥，极硬，坑内垫极硬的纯黄土
15	西北间西北角	0.22	0.15	大半圆形，直壁平底，填灰土
16	西北间西北外侧	0.36	0.25	圆形，直壁，平底，填灰土
17	门道西侧	0.25	0.15	圆形，斜壁，圜底，填红烧土块
18	门道中部	0.3	0.12	圆形，斜壁，圜底，填红烧土块
19	门道南侧	0.25	0.12	圆形，斜壁，圜底，填红烧土块

F35，原编号H339、H308，位于遗址东部，T70及其北扩、T69西部之间，开口于第4层下，南部被H307打破，向下打破第5层、6层和生土层。平面呈不规则方形，最长处4.55米，最宽处3.8米、最深处1.0米，由门道和4个开间共五部分组成。

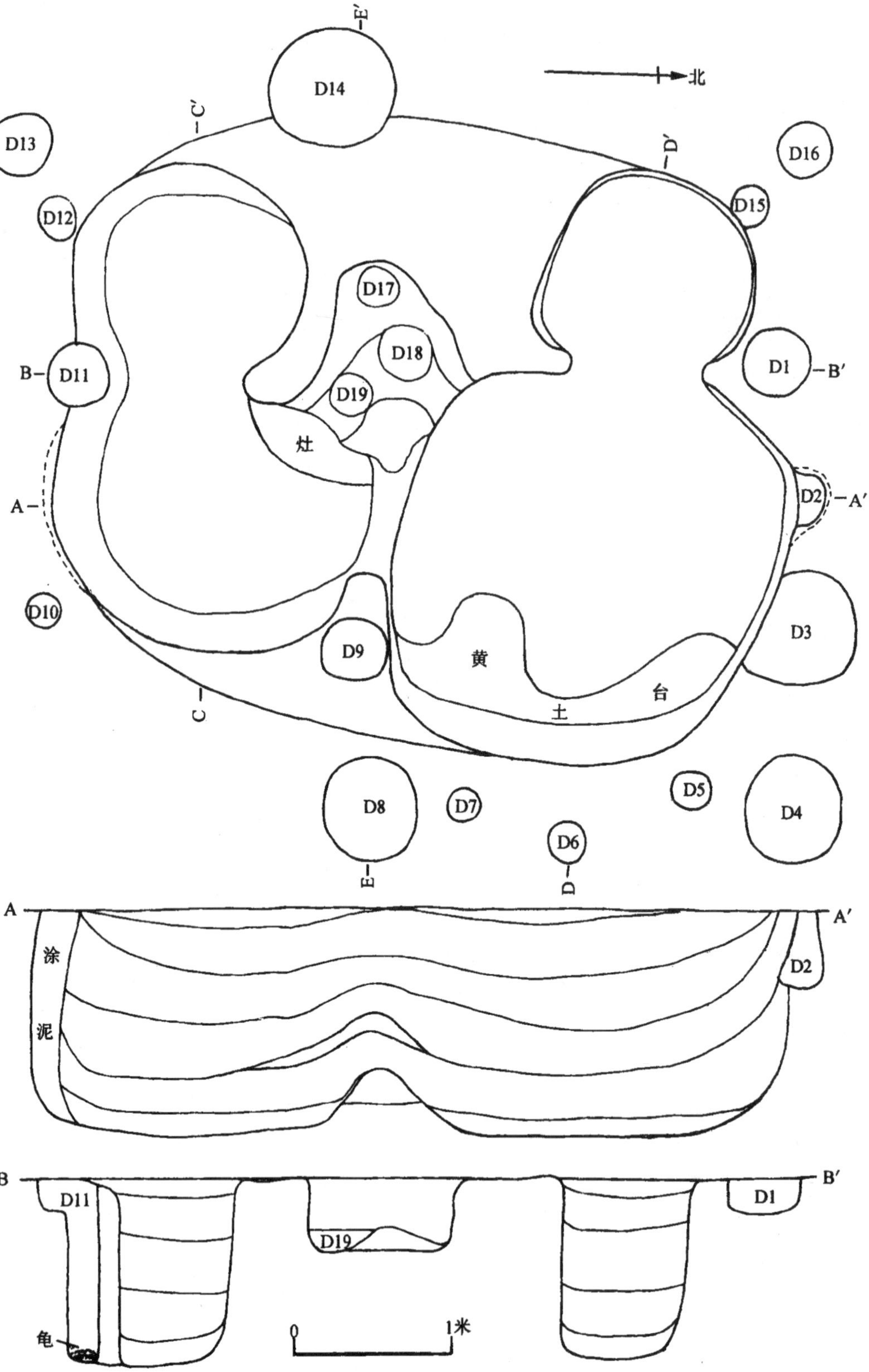

北
D1
D2
D3
D4
D5
D6
D7
D8
D9
D10
D11
D12
D13
D14
D15
D16
D17
D18
D19
灶
黄
土
台
A
A′
B
B′
C
C′
D
D′
E
E′
涂
泥
龟
0
1米

图三九　F17平、剖面图

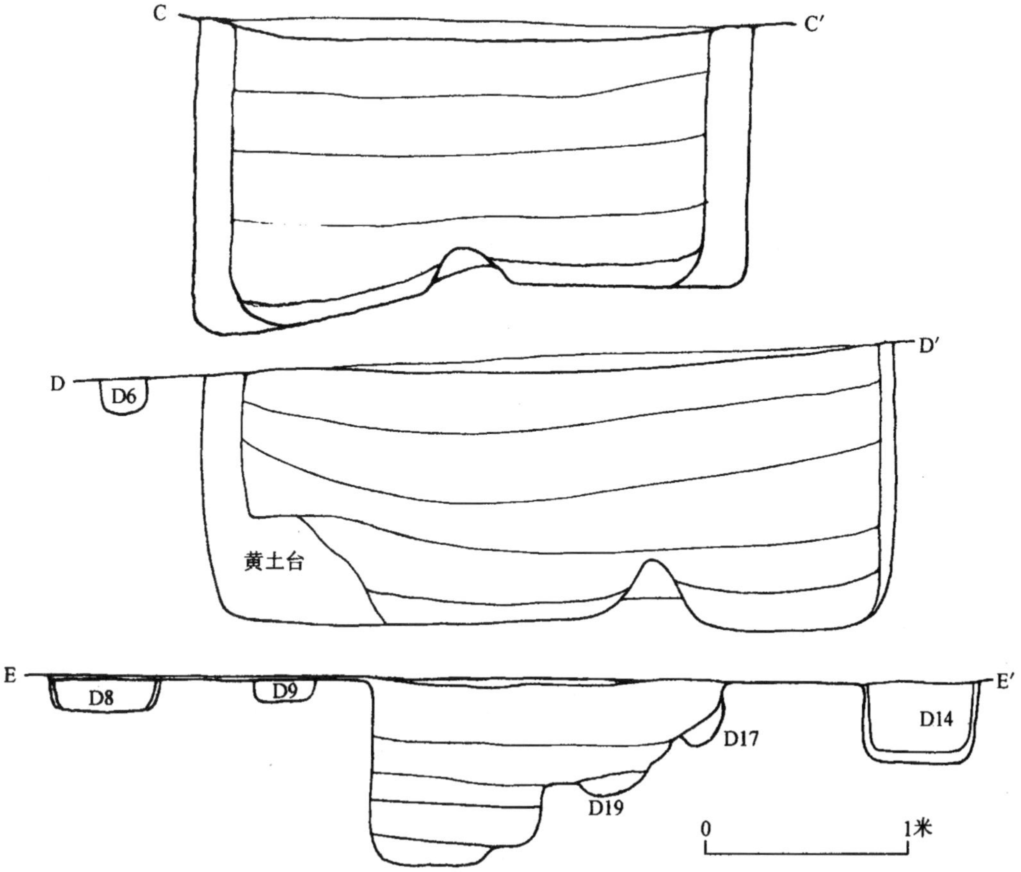

图四〇 F17剖面图

门道向西北，门向307°，平面呈长方形，长1.0米，宽0.6～0.8米，由4个台阶组成，自下而上第一层台阶高0.18米，宽0.24米；第二层台阶高0.12米，宽0.16米；第三层台阶高0.2米，宽0.2米；第四层台阶高0.2米至坑口平面，门道台阶上发现踩踏形成的路土。

从门道进屋之后，隔一宽0.5米左右的月牙形平台，为一椭圆形凹坑，直径1.5～1.7米，深于周围平台0.3米，凹坑东侧高出0.1米为又一平台，此两处平台堆积一致，均为黄土铺垫后经火烧成砖红色，厚0.05～0.1米。这一带应为室内的主要活动空间。

在中间活动面的北侧有2个红烧土小坑，均呈圆形锅底状，西部一个保存较好，直径0.45米，受火面厚0.01～0.02米，呈青褐色，极坚硬，其下为砖红色烧土，厚0.05米，再下为0.03～0.04米的红黄色土，再下为黄色生土，烧土坑内填草木灰和炭块、陶片等。从保存状况分析应为灶坑所在。东侧灶保存较差，且被西灶东壁打破，因此，西侧灶应为东灶废弃之后又在原地重新修筑而成。

灶坑之东有一间圆形居室，西有高0.1～0.2米的土坎将该居室与中间活动面分开，坎上有似路土的踩踏痕。该居室的东、南、北壁均向外斜，呈袋状，底近平，口径1.6～1.8米，深0.7米，近边缘处略低0.1～0.12米，应为使用过程中所扩建，其内发现三件较完整的折肩壶。

灶坑之北也有一间圆形居室，其底与灶周围平面平，直径1米、深0.6米。壁稍向外斜，呈袋状，平底。此间也应为后来扩建。

在西壁底部中间，门道南侧，有1个壁龛，其壁从坑口向外斜，呈袋状，底部为圆形，底径约0.4～0.35米，底不甚平，中间稍高，周围略低。

在南壁下中间活动面南侧，有一高出0.15～0.2米、东西1.8米、南北0.9米的平台，表面也经铺垫，且处理较为讲究，平整坚硬（图四一；图版八，2）。

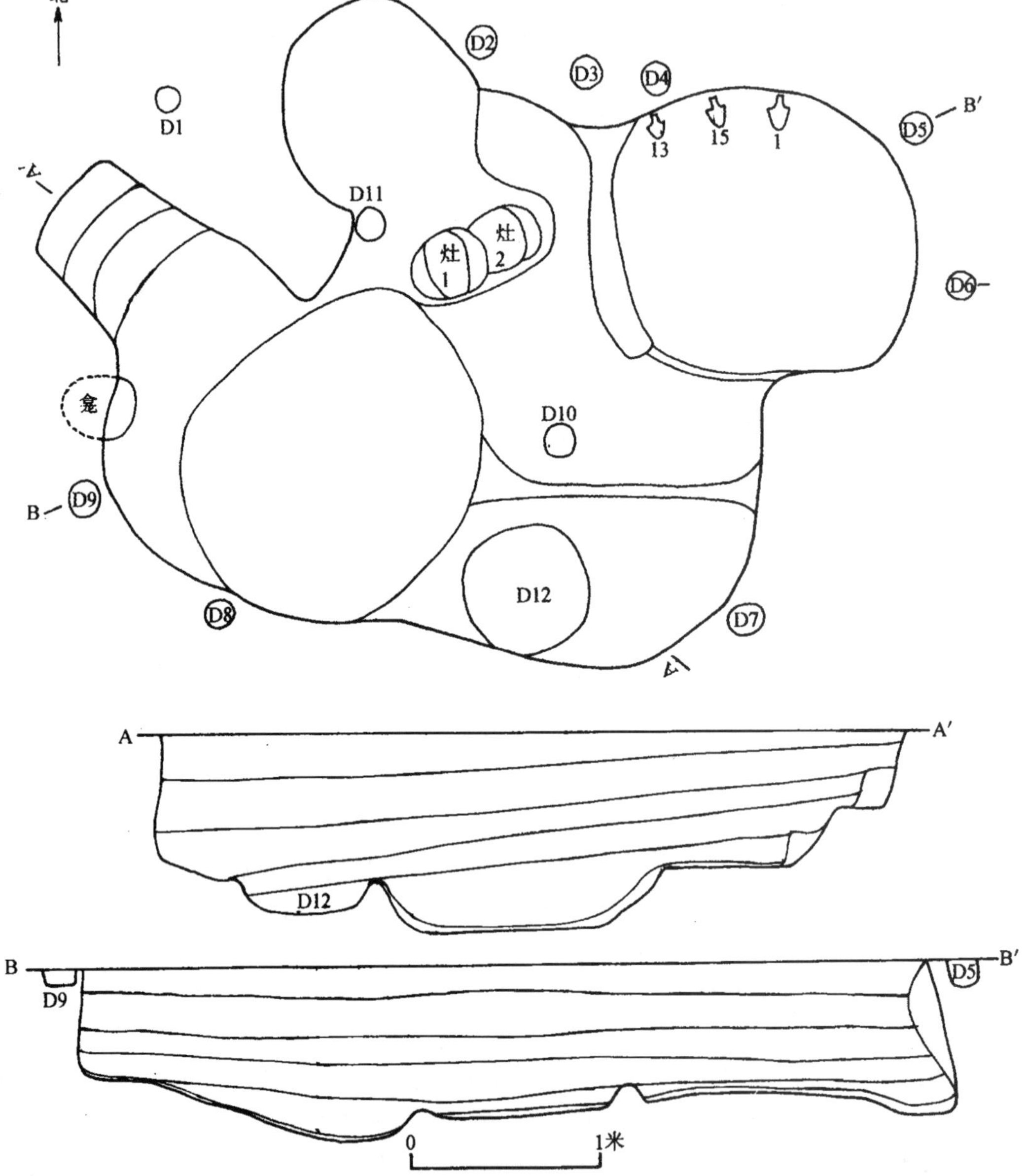

图四一　F35平、剖面图

1.13.15.陶壶

中间活动面和2个分间的底部均经铺垫黄土，其上的堆积也一致，下部的草木灰层无间断的分布于整个底部，表明为一次性废弃。

在南壁下平台西部，有一直径0.66米，深约0.2米的凹坑，编号D12，为房内的承重柱。在中间活动面和灶北分间口上，各有一小圆洞，为室内的两个小柱洞，编号 D10、D11。在房基口部周围有 9 个圆形柱洞，编号 D1～D9，具体尺寸及位置见表九。

表九 F35 柱洞登记表 （单位：米）

编号	位置	直径	深度	形状结构及填土
1	门道北侧	0.13	0.1	圆形 直壁 平底，填灰土
2	北分间东侧	0.16	0.2	圆形 直壁 平底，填灰土
3	北、东分间之间	0.17	0.15	圆形 直壁 平底，填灰土
4	东分间北侧	0.16～0.18	0.17	圆形 直壁 平底，填灰土
5	东分间东北侧	0.16	0.15	圆形，壁稍向外斜，圜底，填灰土
6	东分间东侧	0.16	0.12	圆形，直壁，平底，填灰土
7	坑口东南侧	0.16～0.2	0.1	椭圆形，直壁，平底，填灰土
8	坑口西南侧	0.14	0.1	圆形，直壁，平底，填灰土
9	坑口西侧	0.18	0.08	圆形，直壁，平底，填灰土
10	坑底活动面中间	0.16	0.1	圆形，直壁，平底，填黑土
11	坑底北分间南口	0.15	0.08	圆形，直壁，平底，填黑土
12	坑底南壁下平台西部	0.66	0.2	圆形，直壁，平底，填黑土

房内填土分五层，由北向南呈倾斜状堆积。第一层，浅黄褐色土，含较多红烧土粒，北薄南厚，厚 0.05～0.2 米；第二层，黑灰色土，含较多草木灰和红烧土粒，厚 0.2～0.5 米；第三层为红烧土层，只分布于北部，厚 0.05～0.2 米；第四层为草木灰层，遍布整个房址底部，厚 0.2～0.3 米；第五层，为灰白色灰烬层，遍布于整个房基底部，厚 0.05～0.1 米；第五层之下为黄色垫土层，有些地方烧成砖红色，厚 0.05～0.1 米，之下为黄色生土。推测第四、五层为使用时期的堆积，第一至三层为废弃之后的堆积。

填土中出土大量的陶片，共重 21 605 克（1351 片）（见附表八～一一）。陶制品中复原、大部复原和可辨器形有折肩壶、敛口钵、三足钵、盆形鼎、划纹盆、双耳罐、罐形鼎、侈口罐等。石制品有斧、锤、磨棒、坯料等。骨制品有镞、牙削等。还出土有兽骨和稻粒等。

（二）平地起建式

仅见 F39 一座，位于遗址西部边缘，T120 内，开口于 3A 层下，叠压在 3B 层之上，下压 H142、H143，平面呈椭圆形，东西向，东西长径 4.3、南北短径 3.1 米、距地表深 0.78 米。墙基不存，仅为一红烧土地面，平面已被破坏，局部尚留有红褐色烧面，较平整，为草拌泥铺成，表面烧成红褐色，厚 0.03～0.06 米，其下因氧化不充分呈黑褐色，厚约 0.2～0.3 米，再向下渐呈浅红黄色。局部呈条状分布，可能与草拌泥下的地层结构和烧面上架柴烧火方式有关。此烧土范围除中

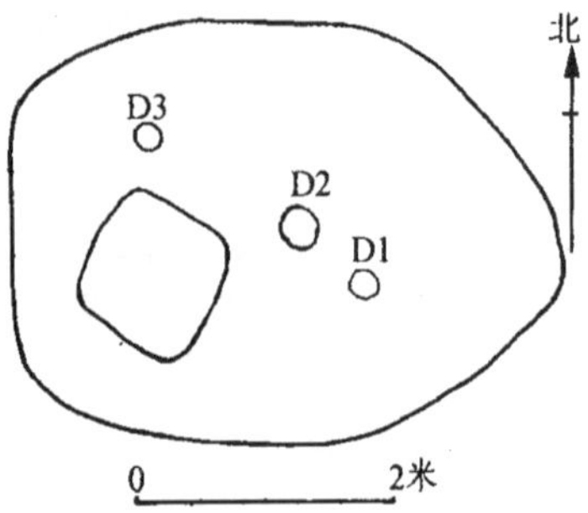

图四二　F39平面图

心较明显外，还向四周波及，但无草拌泥，为自然土被烧，且陶化程度渐差，红色渐浅直至消失，可能因烘烤居住面时烧火较大，烧时较长所致。

在烧土面中间挖有3个小圆洞，D1直径0.08米、深0.1米；D2直径0.12米，深0.1米；D3直径0.1米、深0.15米，均为斜壁圜底，可能是地面烧好后为支撑房顶而挖的柱洞。烧土面西侧偏南有一方形凹坑，长宽各约0.4米、深0.1米，斜壁平底，上部陶化程度很高，推测应为当时的灶坑(图四二)。

在烧土面上及烧土中清理少量陶片，以泥质红陶为主，夹砂红陶及夹炭红陶次之，夹蚌红陶和夹云母红陶较少，可辨器形有夹炭红衣陶敛口盆、泥质红陶敞口钵、双耳罐、夹砂红衣陶鼎及鼎足等。另外，还有碎兽骨、石英石碎块等。

(三) 干　阑　式

发现2座。均很简单，仅在地面上分布一些较有规律的柱洞，无居住面和地面遗迹。因而推测，应为用柱子支撑起来且离开地面的建筑遗迹，与长江流域及华南地区的干阑式房子相似。

F38，位于遗址西部T25内，H246西南侧0.5米处，开口于3C层下，打破第4层和生土层，7个圆形柱洞呈椭圆形分布，以柱洞内侧计，东西长径2.15米、南北短径1.1米。各柱洞具体情况见表一〇。

表一〇　F38柱洞登记表　　（单位：米）

编号	直径	深度	结构
1	0.2	0.21	直壁，平底
2	0.25	0.2	直壁，平底
3	外0.25	0.2	直壁内填烧土较多
	内0.15	0.1～0.22	
4	0.2	0.19	直壁，平底
5	0.18	0.22	直壁，平底
6	0.2	0.12～0.24	直壁
7	0.17	南0.15	直壁，平底

这些柱洞周围和底部均填塞红烧土和夹砂碎陶片，红烧土圈厚约0.05米，中心约0.1米填松软灰土，应为柱子被拔去后所填(图四三)。

F38与H246为同一层面的遗迹。H246周围发现有6个圆柱洞，应为带棚的窖穴。F38面积很小，严格来讲，应是一个离开地面的仓廪或哨棚一类的遗迹。

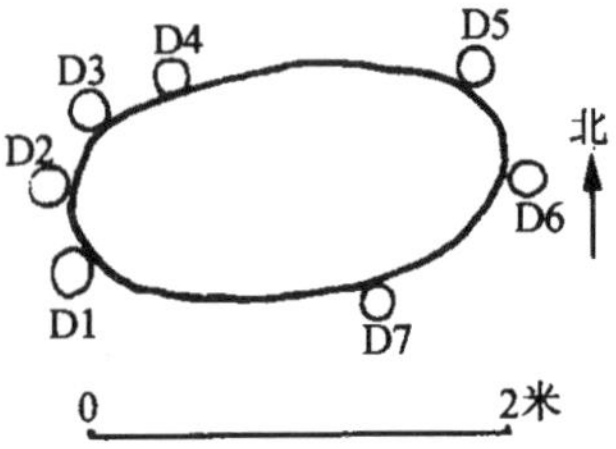

图四三　F38平面图

F40，位于遗址西南部，T19内，开口于第3A层下，打破第3B层，共发现24个圆形或椭圆形柱洞，分布较有规律，呈东北西南向，最长处6.8米、最宽处1.5米，东西已发现3排，南北已发现7行。这些柱洞有三种类型：第一种是在洞壁一周充填红烧土并砸实，相当坚硬；第二种是在洞内充填浅黄色纯净硬黄粘土，也经砸实，相当坚硬；第三种处理较简单，未见特殊处理，废弃后填一般灰土。从柱洞处理情况和分布规律分析，可能不是一组建筑，其间应有先后打破关系，至少其间应有一组为长方形分间式房址，从其柱洞排列看，有3至4间（图四四；图版七，2）。各柱洞的具体情况见表一一。

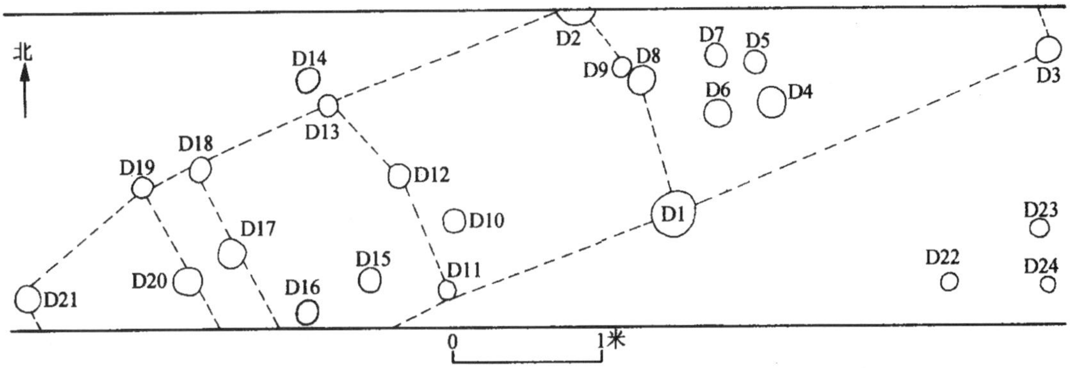

图四四　F40平面图

表一一　F40柱洞登记表　（单位：米）

编号	直径	深底	结构及填土
1	外：0.25，内0.19	0.2	直壁，平底，周围充填红烧土
2	外：0.28，内0.2	0.22	直壁，圜底，周围充填黄土掺红烧土
3	0.18	0.15	直壁，圜底，填红烧土
4	0.18	0.15	直壁，圜底，填灰土
5	0.15	0.12	直壁，圜底，填灰土
6	0.18	0.15	直壁，圜底，填灰土
7	0.14	0.1	直壁，圜底，填灰土
8	0.18	0.15	直壁，圜底，填灰土
9	0.12	0.08	直壁，圜底，填灰土
10	0.14	0.22	直壁平底，填黄色硬土
11	0.12	0.15	直壁，平底，填灰土
12	0.13	0.2	直壁，圜底，填灰土
13	0.14	0.15	直壁，圜底，填灰土
14	0.15	0.16	直壁，圜底，填灰土
15	0.15	0.19	直壁，圜底，填灰土
16	0.14	0.19	直壁，圜底，填灰土
17	内0.16外0.2	0.25	直壁圜底，填红烧土，周围有红烧土圈
18	0.13	0.17	直壁，圜底，填灰土
19	0.14	0.17	直壁，圜底，填灰土
20	0.2	0.2	直壁，圜底，填灰土
21	0.14	0.2	直壁，圜底，填红烧土
22	0.12	0.1	直壁，圜底，填红烧土
23	0.12	0.1	直壁，圜底，填红烧土
24	0.1	0.08	直壁，圜底，填红烧土

在柱洞分布的平面上未见居住面、路土等居住迹象，因而推测这种建筑遗迹为立柱后在其上建置离开地面的建筑，与长江流域及华南先民居住的干阑式房子特征基本一致。

第二节　灰　　坑

一、概　　况

这里的灰坑分布相当密集，各个探方均有不少灰坑发现，我们把直径在 0.8 米以上的统编为灰坑，0.8 米以下的未统编灰坑号，而作为小坑附属于周围的遗迹，或用"K"号来记述。由于房址、窖穴、陶窑等各类遗迹保存均较残破，发掘时较难以辨认，故均作为灰坑统一编号。实际上在灰坑一类遗迹中，不能排除有保存较差的房址、陶窑、祭祀坑等类遗迹归于其中。将可确认的房址、陶窑分出另编之后，尚有编号的灰坑 370 座(附表二)。

这些灰坑中，平均直径在 3 米以上的有 2 个，占 0.5%，如 H167，呈不规则形，直径达 3.48 米，但很浅，疑为一座保存较差的残房址。直径 2～3 米的有 21 座，占 5.7%。直径 1～2 米的有 205 座，占 55.4%，是灰坑中的主体。直径在 1 米以下的有 134 座，占 36.2%。因保存太残，直径不明的有 8 座，占 2.2%(表一二)。最深的灰坑为 H1、H6，其中 H1 深 2.68 米，为最深的一座。1～2 米深的有 51 座，占 13.8%。0.5～1 米深的有 153 座，占 41.4%。0.5 米深以下的 151 座，占 40.8%。因水位太高未能做到底或因太残，深度不明的有 13 座，占 3.5%(表一三)。从 H32、H307 等坑壁上保存的工具痕迹分析，这些坑穴是用铲类工具挖筑成型的。这些工具痕迹高约 10 厘米，宽约 2.1 厘米，最多一排可见 3 个。

无论这些灰坑原来属何种功能的遗迹，在我们发掘时仅是废弃后的状态。其最下层堆积的往往是使用时期的遗迹，中层往往有大量草木灰或红烧土块，应是废弃后的堆积。近口部的上层堆积，则较为复杂，大体上有三种情况，一是废弃后的自然堆积，系日积月累逐渐堆积起来的，二是为了某种目的而被人们有意填平的。这两种堆积中的包含物，虽然晚于该灰坑的始建年代和使用年代，但距废弃年代相去不会太远，这也许就是有些灰坑中的标本明显跨两个时间段甚至三个时间段的原因所在。第三种堆积在贾湖遗址较为普遍，就是坑口地层下陷。由于灰坑下层往往填大量草木灰，过于松软，很容易造成地层下陷现象，使晚于该坑的晚期地层陷入坑口以下，成为灰坑的上层堆积。刚开始发掘时，由于经验不足，对灰坑上、下层地层颜色、土质、包含物明显不同而迷惑不解。后来从坑口叠压的墓葬明显陷入坑内一部分这一现象中得到启示，从而使迷惑迎刃而解了。

灰坑的形状与结构相当复杂，按坑口形状大体可分为圆形、椭圆形、近方形、马鞍形、不规则形五种，按坑壁特征可大体分为直壁、内斜、外斜和弧壁四种，按坑底特征可大体分为平底、圜底、台阶状底、不规则形底四种，而且口、壁、底各种形状结构的搭配很复杂，有 40 种之多，其中还不包括有些一边是直壁、一边是内斜或外斜壁等特殊现象。但总的来讲，以圆形、直壁、平底的桶状坑为最多，有 62 个，占 16.8%，椭圆形直壁平底次之，有 36 个，占 9.7%，圆形或椭圆形内斜壁平底的盆状坑也较多，均有 30 个，各占 8.1%。从坑口形状来看，以圆形为多，有 173 个，占 46.8%，椭圆形次之，有 143 个，占 38.6%，不规则形和近方形较少，各有 20 个，分别占 5.4%，马鞍形坑最少，仅 14 个，占 3.8%。各类灰坑中，以直壁为主，有 174 个，占 47%，内斜壁次之，有 112 个，占 30.3%，外斜和弧壁均较少，分别有 41 个和 43 个，各占 11%和 11.6%。各类灰坑的坑底，以平底居多，有 227 个，占 61.4%，圜底次之，有 75 个，占 20.2%，台阶状底有 54 个，占 14.6%，不规则状底很少，仅 14 个，占 3.8%。各种不同的形状和结构，可能反映了这些灰坑原来具有不同的功能(表一四)。

表一二　灰坑平均口径一览表

1米以下			1.01～1.5米			1.51～2米		2.01～2.5米	2.51～3米	3米以上	不明	合计
2	204	371	1	135	254	16	180	13	11	167	140	
3	205	372	17	136	255	24	186	36	95	251	207	
4	210	373	27	141	256	25	188	56	196		246	
5	260	374	30	142	258	29	194	74	224		321	
6	270	376	33	143	259	39	197	93	275		333	
7	272	377	34	144	261	53	199	94			357	
8	277	382	38	147	266	54	217	153			387	
9	281	385	40	150	267	55	218	162			388	
10	283	390	41	159	269	60	221	172				
12	285	391	42	161	274	63	222	177				
14	294	392	43	165	276	75	223	198				
15	295	395	45	176	279	92	226	236				
18	296	396	47	178	280	101	229	262				
22	297	397	49	183	282	104	234	299				
23	301	398	51	185	288	105	243	335				
26	305	400	52	189	298	111	250	384				
31	310	401	57	191	300	115	252					
32	312	404	58	192	302	125	257					
35	313	405	62	193	306	126	263					
46	314	406	64	195	311	127	264					
59	317	407	66	202	326	128	268					
61	318	409	67	203	328	129	271					
65	324	410	70	206	332	139	273					
68	325	411	71	209	338	149	284					
69	329	412	72	211	340	151	289					
77	336	414	73	212	344	152	303					
78	343	415	76	213	345	154	307					
85	346	416	79	214	350	156	316					
86	347	417	80	215	351	157	322					
87	348	418	81	220	352	160	323					
88	349	419	83	225	358	168	331					
90	353	420	84	227	359	169	334					
96	354	421	91	228	363	170	337					
98	355	422	97	230	375	171	380					
100	356	423	99	233	378	173	383					
106	360	424	103	235	379	175	425					
114	361	426	107	238	381							
116	362	427	108	240	386							
117	364	428	109	242	389							
131	365	429	110	244	393							
134	366	430	118	245	394							
137	367	431	123	247	399							
182	368	432	124	248	408							
184	369	433	130	249	413							
200	370		132									
合计	134		133			72		16	5	2	8	370
%	36.2		35.9			19.5		4.3	1.4	0.5	2.2	100

注:椭圆形(长径+短径)÷2=平均径;方或近方形(长+宽)÷2=平均径。

表一三　灰坑深度统计表

分类	0.5米以下				0.5～1米				1～1.5米	1.5～2米	2米以上	不明	合计
坑号	12	105	277	378	5	125	229	332	2	29	1	16	
	14	107	281	380	7	126	230	334	3	36	6	53	
	15	110	282	382	13	127	233	335	4	42		140	
	17	114	283	385	26	128	234	340	8	129		175	
	18	124	285	386	30	130	236	343	9	136		207	
	22	131	296	389	32	134	238	348	10	195		246	
	23	132	297	391	34	139	240	349	11	211		321	
	24	135	301	393	35	143	242	351	33	422		333	
	25	137	302	394	38	147	243	352	39			344	
	27	142	305	395	40	150	244	353	60			357	
	31	144	310	396	55	152	245	360	63			373	
	41	149	311	397	56	153	248	363	66			387	
	43	151	312	398	57	156	250	366	74			388	
	45	157	313	400	58	160	254	371	84				
	46	159	314	404	61	161	257	374	91				
	47	165	316	409	62	162	260	375	123				
	49	176	325	411	64	167	261	379	141				
	51	180	329	412	69	168	262	381	154				
	52	182	331	416	70	170	263	383	169				
	54	184	336	417	71	171	264	384	172				
	59	191	337	418	72	173	266	390	196				
	65	192	338	420	75	177	268	392	198				
	67	197	345	421	76	178	270	399	202				
	68	200	346	423	80	183	271	401	204				
	73	210	347	424	81	185	275	405	206				
	77	215	354	425	83	186	276	406	213				
	78	217	355	426	85	188	288	407	220				
	79	221	358	427	92	189	289	408	222				
	86	223	359	429	93	193	294	410	252				
	87	225	361	430	95	194	295	415	256				
	88	228	362	431	98	199	298	419	259				
	90	235	364	433	104	203	299	428	272				
	94	247	365		106	205	300	432	273				
	96	249	367		108	209	303		279				
	97	251	368		109	212	307		280				
	99	255	369		111	214	318		284				
	100	258	370		115	218	322		306				
	101	267	372		116	224	323		317				
	103	269	376		117	226	326		324				
		274	377		118	227	328		350				
									356				
									413				
									414				
合计	151				153				43	8	2	13	370
%	40.8				41.4				11.6	2.2	0.5	3.5	100

表一四　灰坑结构分类统计表

结构		甲												乙													丙					丁						戊				合计	
		A		B			C				D			A				B			C				D		A	B		C		A		B		C		A	B	C			
分期		a	b	a	b	c	a	b	c	d	a	b	c	a	b	c	d	a	b	c	a	b	c	d	a	b	a	a	c	a	c	a	b	a	c	a	c	b	a	a	c		
三	9	23、67 313 416	98 100 397 417				283 301 418							22 46	101						154 364 415				110																45	19	108
	8	114 372	26 96	373			33 108 374		203 247	109	47			298 380 404 428	103	352			105		135 165 387		123		25	95 104 116	386			55			24 27					378 140				33	
	7	54、185 215、401	419				43、57 175、209 282、359 360、361	14 176 205	66	334	106	149 347 398	49	94、249 277、394	349 350		32 225	75 257 270		214	58、128 188、192 362、375 399		363		69 388	2 118 426					273	93	92	222		251 299			60	256		56	
二	6	267 305 311 314		284 195 337	312 321		38、200 210、227 259、367 368、410 432		171 91 207		162 306	345 346		17、153	87 340		5 41	182	202		63、226 414		36 170 236 248 266 351		65	70	18			199			97 99			332	268 125	343	413			53	187
	5	12、15 56、142 168、238 244、422 425	323		157	6	7、85、143 206、211 220、243 318、336 389、391 420	4 129 322 381 407	136 161 172 212		86 169 272 307	8	53 223	52、59 90、310 384、393 348、406	64 191 324 377	344	180 329	196		189 233	124、160 193、194 197、252 258、263 280、338 354、365 369、405 408、433	325 370	34 40		144 275	173	35	150	264	81 379			431		177		30		289	1 213 255 376 51	217	96	
	4	71	3 429				29、61 141、184 228、240 279、281 294、297 317、356 396	288 300 390		137		16		159 382 385	430	167				198 254	139	107	371	335					229			331					39		218	392	130	38	
一	3	316		9 62 178			117、246 274、285 366、411	328	127	409	42 235	224	250	358	271 302			204	333		134 326	412			303					353						261	126	260	183	269		32	75
	2	80 131 295 423	11 400			147	31、76、88 355、357 395		83 156	234 383	152			13、73 79、132 245、427		72 242		111 221		186	276		151	230	68	424	74			262				115								37	
	1	84		296			77、78				421	10																														6	
合计		30	12	8	3	2	62	12	13	6	12	9	4	30	13	5	6	8	3	6	36	4	12	2	9	9	4	1	2	6	1	2	6	2	1	4	5	4	5	8	3	370	
		42		13			93				25			54				17			54				18		4	3		7		8		3		9		4	5	11			
		173												143													14					20						20					

二、分　类

为了记述的方便，我们将圆形、椭圆形、鞍形、不规则形和近方形灰坑分为甲、乙、丙、丁、戊五类，每类中又将内斜壁、外斜壁、直壁、弧壁分为A、B、C、D四型，每型中又将平底、圜底、台阶状底、不规则状底作为a、b、c、d四个亚型(图四五；表一四)。下面按类分别记述。

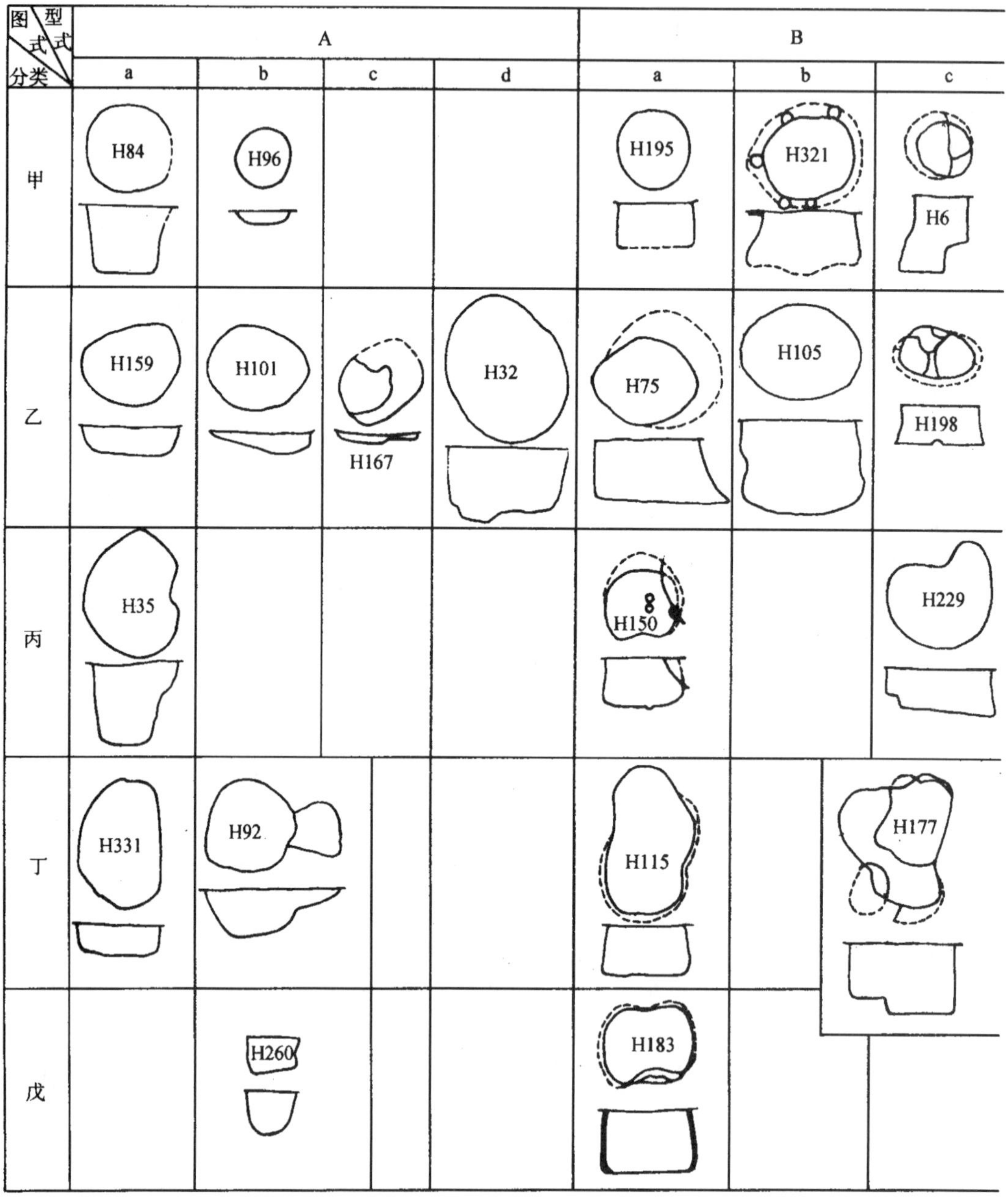

图四五　灰坑分

(一)甲类(圆形)灰坑

共有 173 个,其中以 C 型最多,有 93 个,占本类灰坑的 53.8%;A 型次之,有 42 个,占 24.2%;D 型和 B 型均较少,分别有 25 个和 13 个,各占 14.5%和 7.5%。其中早、中期以 C 型居多,晚期 A 型所占比例比较大。此类灰坑均应为当时的窖穴。

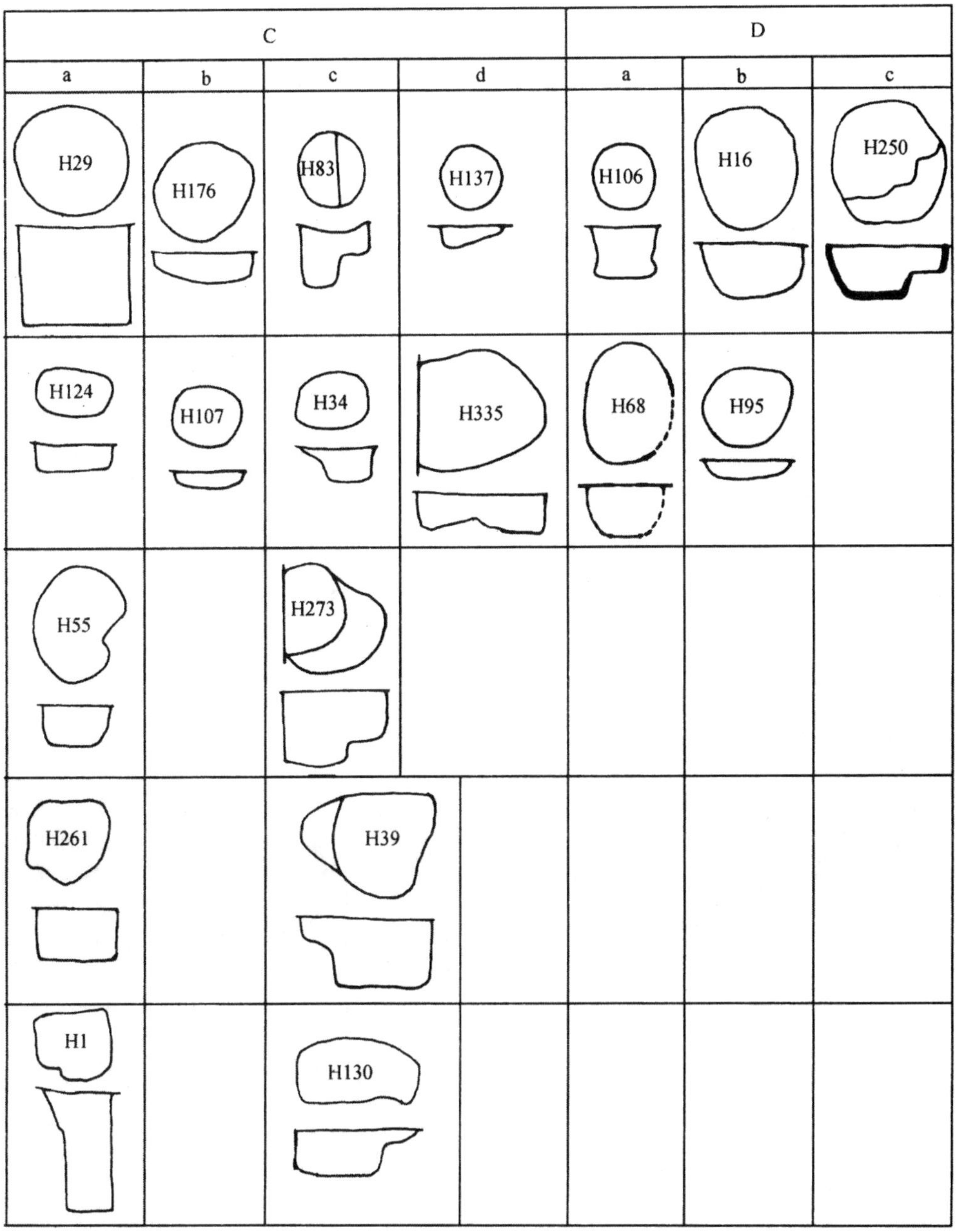

类图

1. A 型

有 44 个，较为规整，只有平底和圜底两个亚型，其中以平底为主，圜底次之。

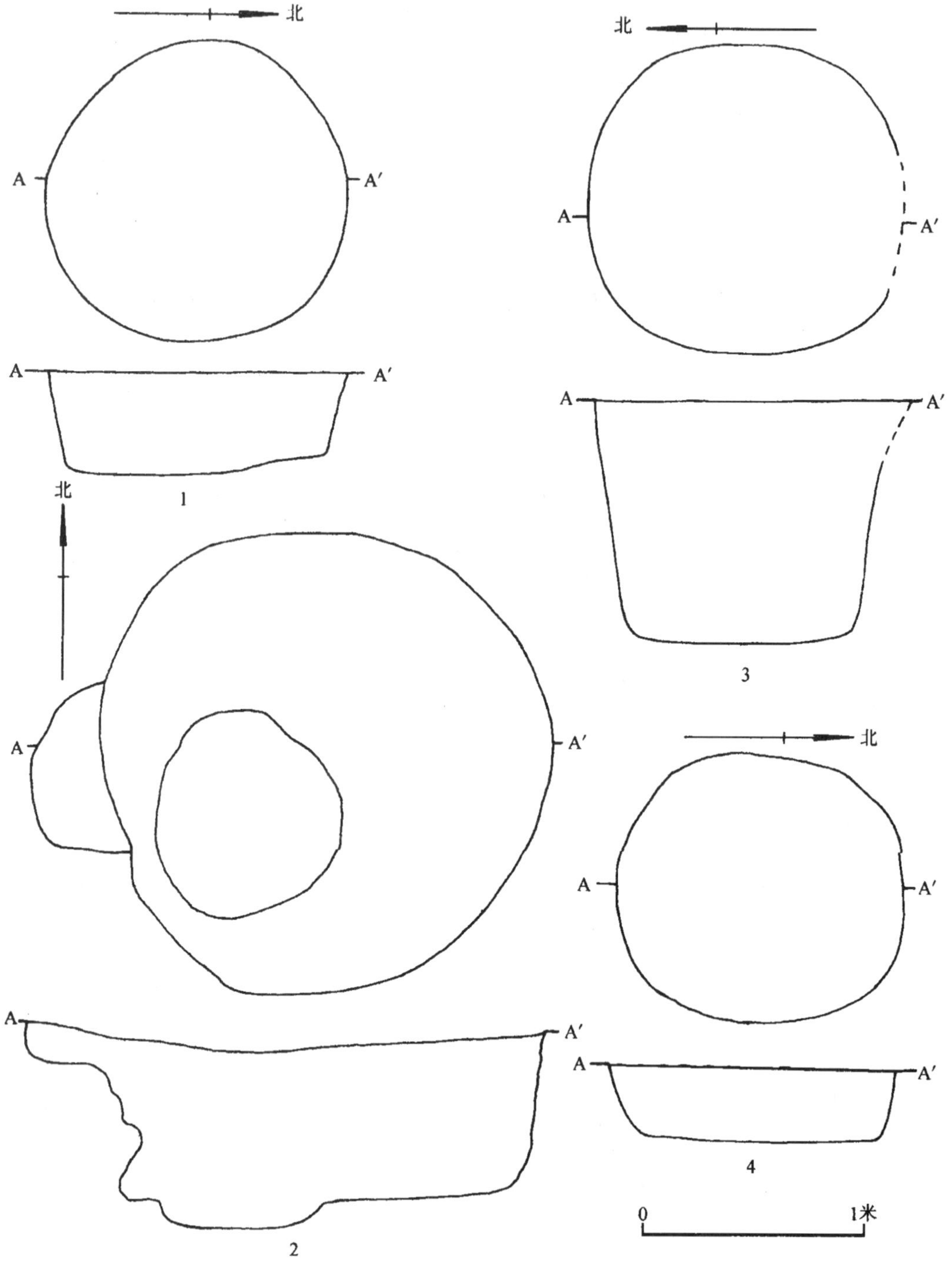

图四六　甲类 Aa 型灰坑平、剖面图

1. H142　2. H56　3. H84　4. H67

(1)Aa 型:有 30 个,其中以 H56、H67、H84、H142、H238、H267、H295 为代表。

H56 位于 T12、13 内,开口于 3B 层下,被 F1 打破,向下打破 3C 层、H395 和生土层,坑口距地表 1.4 米。坑口直径 2.06 米、底径 1.6～1.7 米,坑深 0.7 米。坑壁东、南、北三面保存较好,西壁塌陷呈不规则状,灰坑南壁斜坡较大。坑底平,西部有 1 个直径 0.85～0.95 米、深约 0.12 米的凹坑,内填草木灰。凹坑西侧有两个灰土洞,北侧 D1 近圆形,直径约 0.2 米、深约 0.3 米,稍向外倾斜。南侧 D2 呈椭圆形,长径 0.18 米、短径 0.06 米。坑内填土分两层:上层呈青灰色,较疏松,内含陶片、木炭屑、碎兽骨等。下层呈深褐色,较松软,内含红烧土块、草木灰、陶片等。出土陶片以泥质红陶为主,占 57.6%;夹砂褐陶次之,占 35%;夹骨屑和夹云母陶分别占 4.5%和 2.3%;夹炭褐陶仅见 1 片。可辨器形的标本有 BⅡ 折沿罐、BⅣ 敛口钵、Ⅰ 小罐及鼎足、壶耳、圈足碗底等。另外还有 A 石刀和 B 研磨器(图四六,2)。此坑疑为倒塌的房基,但保存不好,暂归于此。

H67,位于 T16 与 T23 内,开口于 3A 层下,打破 3B 层和生土层,坑口深 1.15 米。坑口直径 1.2～1.3 米,底径 1.0～0.9 米,坑深 0.34 米,坑壁较规整,坑底平。坑内填土不分层,呈黑灰色,含大量红烧土粒,还有动物肢骨、肋骨、肩胛骨、小鸟肢骨等。出土陶片不多,以泥质红陶为主,占 46.5%,夹砂红褐陶占 35.6%,夹炭红褐和夹云母红陶分别占 11.6%和 9.3%。可辨器形主要有 AⅢ 碗、CⅦ 敞口钵、高领罐等(图四六,4)。

H84,位于 T9 东部,开口于 3C 层下,打破第 4 层和生土层,坑口被 M126 打破并叠压,局部被汉代灰沟打破,坑口距地表深 1 米,坑口直径 1.36～1.42 米。坑壁、底均较规整。坑内填土分两层:第一层填土呈黑灰色,含草木灰、红烧土、砂粒、烧骨、大量陶片;第二层呈青灰色,含陶片较少但较大;第三层与第一层相似,但出土大量鱼骨和成层的鱼鳞,出土陶片为夹砂红陶或红褐陶,可复原或可辨器形有 AⅠ 罐形壶、AⅠ 深腹盆、BⅠ 角把罐。另有骨匕、鱼镖、牙削等(图四六,3)。其中出土的几件紫貂骨骼标本,很值得注意。

H142,位于 T120 西部,开口于 F39 下,打破 H143 和 3C 层。坑口距地表 1.37 米,坑口直径 1.40～1.26 米,底径 1.20～1.05 米,坑深 0.44 米。底北部稍高,平底稍圜。坑内填土分两层:第一层青黄色土,质稍松,厚 0.20 米,内含少量草木灰,间杂有红烧土块,发现有碎骨、石块、陶片等;二层青灰色土,质松,厚 0.24 米,间杂草木灰,内含碎骨、石英块、陶片等。出土陶片很少,以泥质红陶和夹砂红陶为主,还见有个别夹蚌和夹炭红陶片。可辨器形有 AⅡ 罐形鼎、BⅡ 敛口钵、DⅣ 罐形壶、BⅡ 双耳罐、BⅡ 和 BⅣ 敛口钵以及盆形鼎、折肩壶、圆腹壶、深腹钵等(图四六,1)。

H238,位于 T35 北隔梁下偏西,开口于 3B 层下,向下打破 3C 层。坑口距地表深 1.10 米,口径 1.40～1.32 米,底径 1.30 米,坑底深 0.85 米。坑口不太规整,西侧壁较直。坑内填土可分三层:第一层,东部较薄,呈深灰色,质稍松,内含大量的陶片、红烧土颗粒及少量的炭灰、鱼骨、蚌壳碎片等;第二层,土色灰黑,内含大量的炭灰、红烧土颗粒,其松软程度更甚于第一层,厚约 0.28～0.42 米;第三层,东部较厚,为自东向西倾斜堆积,呈浅灰色,内含极少的红烧土粒,红陶片,土很疏松,质纯净,厚 0.15～0.25 米。出土的陶片以泥质红陶为主,占 94.34%,夹砂红陶占 3.47%,夹蚌和夹云母红陶分别占 1.82%和 0.36%。可辨器形有 AⅡ 侈口罐、双耳罐、深腹壶、折肩壶,AⅢ、BⅤ 敛口钵。另外还有 Dd 砺石、A′aⅢ 骨镞、角锥等(图四七,3)。

H267,位于 T108 东隔梁中部,开口于 3B 层下,打破 3C 和 H156。坑口距地表深 1.1 米、口径 1.16～1.08 米、底径 1.0～0.90 米,底深 0.40 米,平底。坑内堆积不分层次,填土呈深灰色,质疏松,内含大量草木灰和红烧土。坑内仅出 1 件 BⅤ 盆形鼎,陶片中可辨器形有罐形鼎、钵形鼎等(图四七,1)。

H295,位于 T37 南部扩方中,开口于第 2 层下打破第 3 层,坑口被 H282 打破。坑口距地表

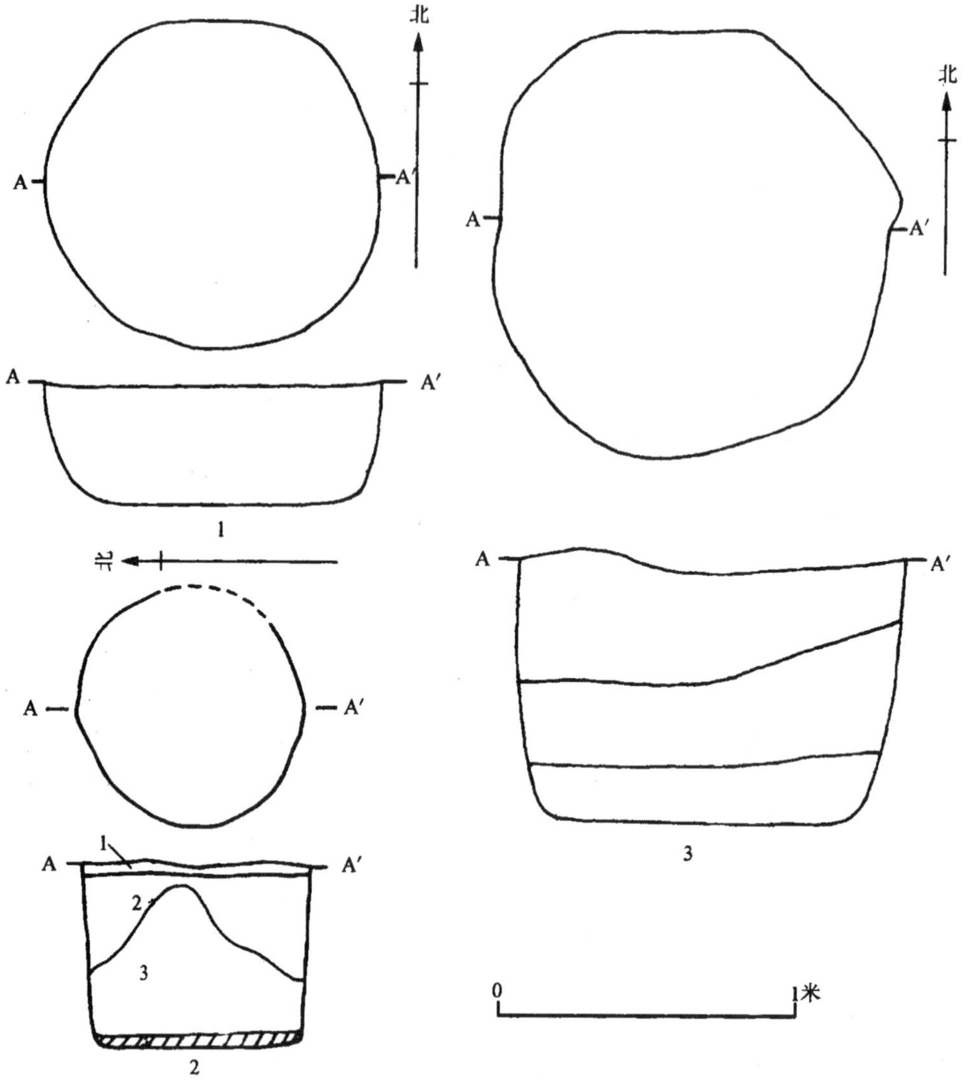

图四七　甲类 Aa 型灰坑平、剖面图

1. H267　2. H295　3. H238

深 0.44 米、坑口直径 0.8 米、底径 0.7 米，坑深 0.6 米。坑底平。坑内堆积可分四层：第一层，灰土，内含较多红烧土，厚约 0.05 米；第二层，次生土，堆积不平坦，周围较厚，中间较薄；第三层，黑灰土，中间厚，向上凸起，周围较薄，内出大量的陶片和骨头等，多夹砂陶；第四层，青泥，平铺在坑底上，厚约 0.05 米。坑内出土陶片不多，其中夹砂红褐陶占 93%，其余全为泥质红陶。可辨器形有 AⅠ、AⅡ和 BⅡ角把罐及罐形壶等（图四七，2）。

（2）Ab 型：12 个，可以 H96、H100 为代表。

H96，位于 T23，开口于 3A 层下，打破 3B 层和 H18。坑口距地表深 1.1 米，口径 0.92～0.96 米，坑深 0.2 米，形状较规整。填土不分层，呈黑灰色。含少量木炭和陶片。陶片中可辨器形有圆腹壶、敛口钵、夹云母卷沿罐、钵形鼎等（图四八）。

H100，位于 T4，开口于 3A 层下，打破 H93、3B 层和 M110，坑口距地表深 0.9，口径 0.82，底径 0.78 米，坑深 0.38 米。形状较规整。坑内填土不分层次，呈黑灰色，可辨器形有 CⅡ 浅腹钵等(图四九)。

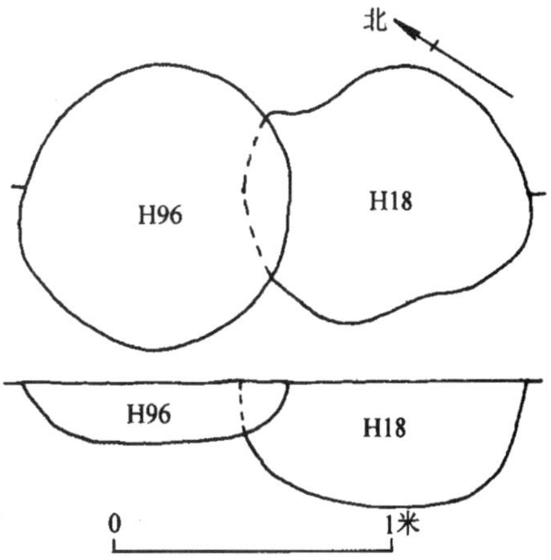

图四八　甲类 Ab 型灰坑(H96)平、剖面图

2. B 型

较为规整，数量较少，共 13 个，可分为 A、B、C 三个亚型。

(1)Ba 型：8 个，可以 H9、H178、H195、H296 为代表。

H9，位于 T1，开口于第 2 层下，打破生土，坑口下陷，约距地表 0.15 米，口径 0.95、底径 1.03 米。坑深 1.35 米。形状较为规整。坑内填土分两层：上层为含大量红烧土粒的浅灰土，下层为松软的灰土，内含大量草木灰。出土陶片可辨器形有 BⅡ 敞口钵、方口盆，A 型支脚。还有石器以及碎兽骨、动物粪便等(图五〇，3)。

H178，位于 T114 中部偏南，开口于 3C 层下，上被 H188 打破，向下打破 M296、M297 和第 4 层。坑口距地表 1 米、口径 1.2 米、底径 1.25 米。坑深 0.6 米。坑内填土可分两层：第一层，黄灰色，厚 0.1 米；第二层，深灰色，质稍松，厚约 0.5 米。坑壁的周围被泥涂抹，壁底均较规整。坑内出土陶片以泥质红陶为主，占 56.1%，其余全为夹砂红陶。可辨器形有 Ca 支脚、BⅢ 角把罐、细绳纹和指甲纹陶片以及残石器等(图五〇，1)。

H195，位于 T104 中部，开口于 3B 层下，打破 H208 和第 3C、4 层。坑口距地表 1.1 米，口径 1.23～1.2 米，坑深 0.7 米。坑内堆积可分四层：第一层，红烧土层，质稍硬；二层，黑灰土层，质稍松，内含草木灰及炭化果核、果籽；第三层，黑灰土，质松，内含炭化果核、果籽；第四层，为红烧土层，质稍硬。坑内出土陶片共重 3 890 克(226 片)，其中夹砂红陶或红褐陶占 48.1%(片数占 28.8%，下同)，泥质红陶和夹蚌红褐分别占 25.7%(48.2%)和 22.4%(18.6%)，夹炭红衣陶占 3.8%(4.4%)，素面磨光占 84.6%(93.3%)，绳纹、网绳纹占 11.5%(6.3%)，篦占划纹 3.9%(0.4%)。三大器类中，罐类占61.4%(33.3%)，盆钵类占 23.2%(54.6%)，壶、双耳罐类占 15.4%(12.1%)，陶片中除夹炭陶外各陶系均有外红内黑或外红内灰现象，共占 4.2%。大部复原或可辨器形有 AⅡ 圆腹壶、CⅡ 釜、AⅢ 三足钵、AⅣ 浅腹钵、BⅥ 敛口钵、Ad Ⅰ 鼎足、罐形鼎、侈口罐、折沿罐和 CⅠ、DⅠ 划纹盆。另有 Ab 石铲、AC 颜料、骨镞等(图五〇，2)。

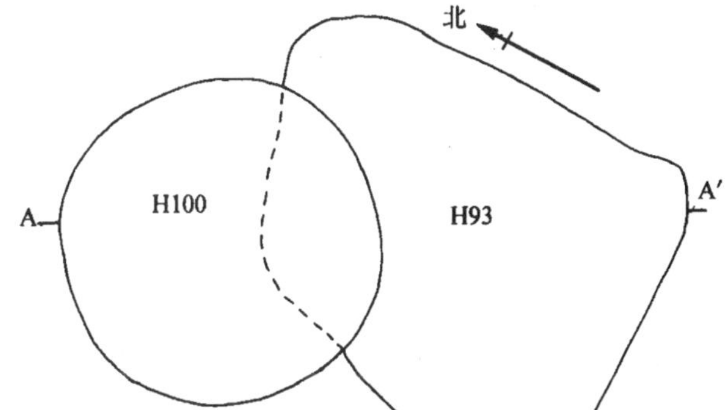

图四九　甲类 Ab 型灰坑(H100)平、剖面图

H296，位于 T37 中部偏南，开口于第 2 层下，被 H281、282 打破，向下打破第 3

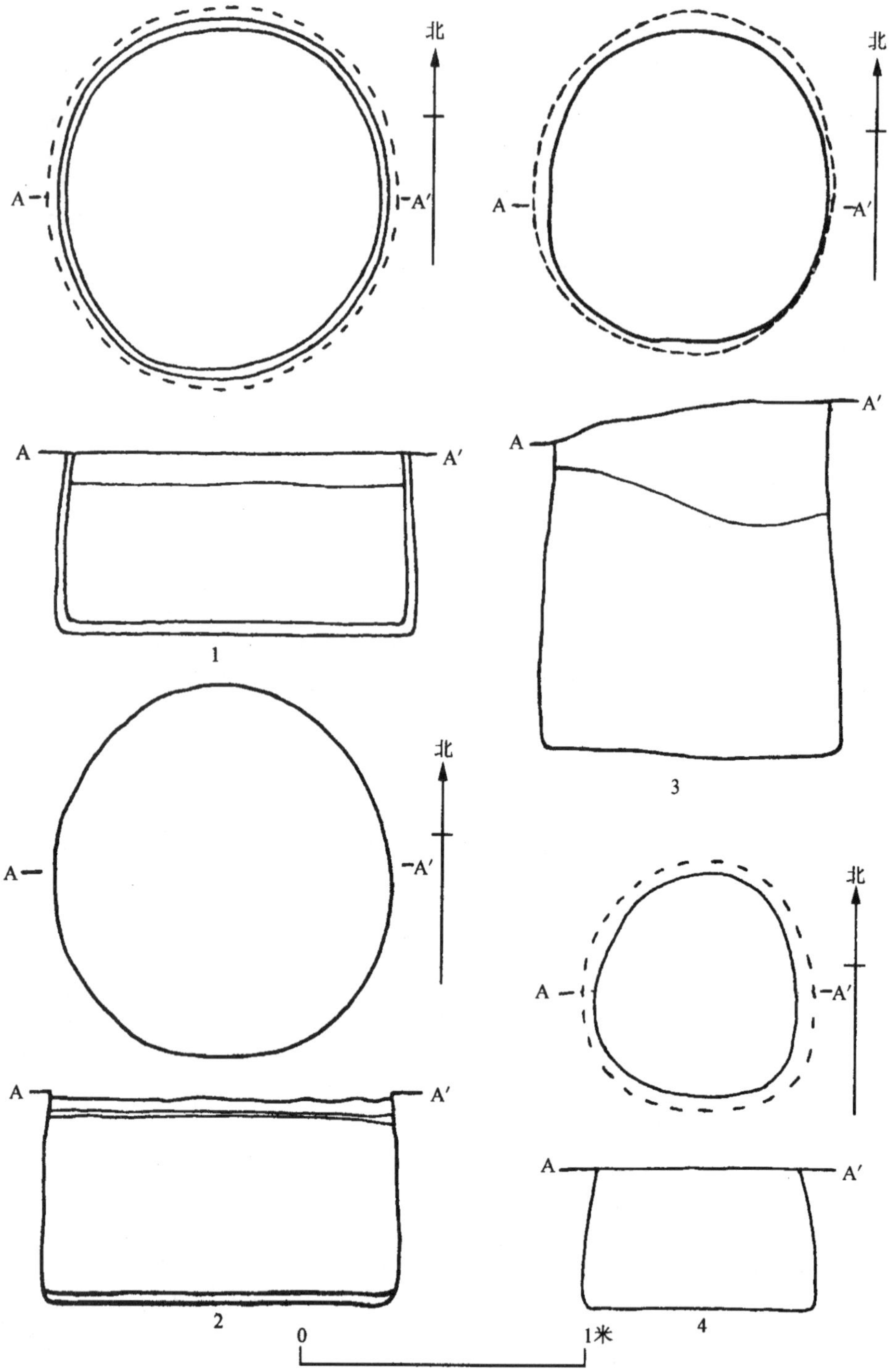

图五〇　甲类 Ba 型灰坑平、剖面图

1. H178　2. H195　3. H9　4. H296

层，口距地表深 0.3 米，口径 0.75～0.70 米、底径 0.84～0.80 米，坑深 0.48 米，坑壁、底较规整。坑内堆积不分层次，土色黄灰，质稍松。坑内出的陶片中可辨器形有 A Ⅰ 角把罐、泥质红陶罐形壶、夹砂红陶双耳罐。另有碎兽骨等(图五〇,4)。

(2)Bb 型:3 个。以 H157、H321 为代表。

H157，位于 T109 西北部，开口于 3B 层下，上被 H152 打破，向下打破 3C 层和 H158。坑口距地表深 1.45、距底 0.38 米，口径为 1.80 米，坑深 0.48 米。坑底有一道东西向、宽约 0.1 米的小隔梁。坑内填土共分两层：上层为黄灰土，质稍松；下层为黑灰土，质稍硬，内含少量红烧土粒。坑内出土陶片以泥质红陶、红褐陶为主，占 42.1%；夹砂红陶或红褐陶次之，占 29.8%；夹蚌(骨屑)和夹云母红褐陶分别占 13.2%和 12.3%；夹炭红衣陶占 2.6%。可辨器型有 Cb 支脚以及折沿罐、罐形鼎、AⅢ折肩壶、AⅡ划纹盆等。另外还有石块、烧土块、鸟骨、动物肢骨等(图五一,2)。

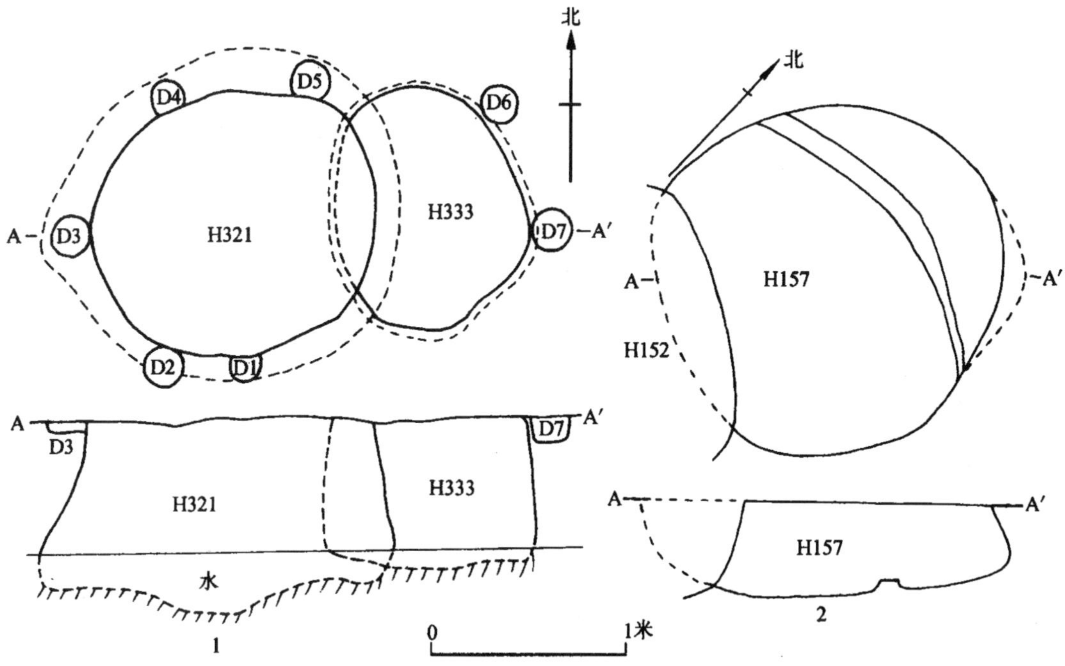

图五一　甲类 Bb 型灰坑平、剖面图

1. H321　2. H157

H321，位于 T64 中部稍偏南，开口于第 4 层下，向下打破 H333 和第 5 层。坑口距地表 1.15 米，口径 1.50～1.32 米，坑深 0.84～0.98 米。在坑的周围，南北各有柱洞 2 个分别编为 D1、D2、D4、D5，西边有柱洞 1 个，编为 D3。柱洞均为圆形，直壁、平底。直径分别为 0.15 米、0.2 米、0.2 米、0.17 米、0.2 米，深分别为 0.13 米、0.07 米、0.05 米、0.05 米、0.06 米，内均含红烧土块，质稍松。坑内堆积分三层：第一层，为含较多红烧土的填土，厚 0.4 米，上边厚 0.01 米左右很硬，其下松软，再往下土发粘，内含大量陶片和碎兽骨、龟甲、鱼刺；第二层，填土为灰白色的草木灰，质疏松，厚约 0.03 米；第三层，黑色土，质较松，内含大量的草木灰、鸟骨、鱼骨、龟甲碎片，其间夹杂一些红烧土。坑内出土陶片重3 470克(294 片)，其中泥质红陶、红褐陶占 46.2%(片数占 50.7%)，夹砂红陶、红褐陶 31.8%(片数占 29.3%)，夹骨屑红陶占 22.0%(片数占 20%)。素面磨光占 93.1%(片数占 93.2%)，绳纹占 5.2%(片数占 6.2%)，乳钉纹占 0.5%(片数

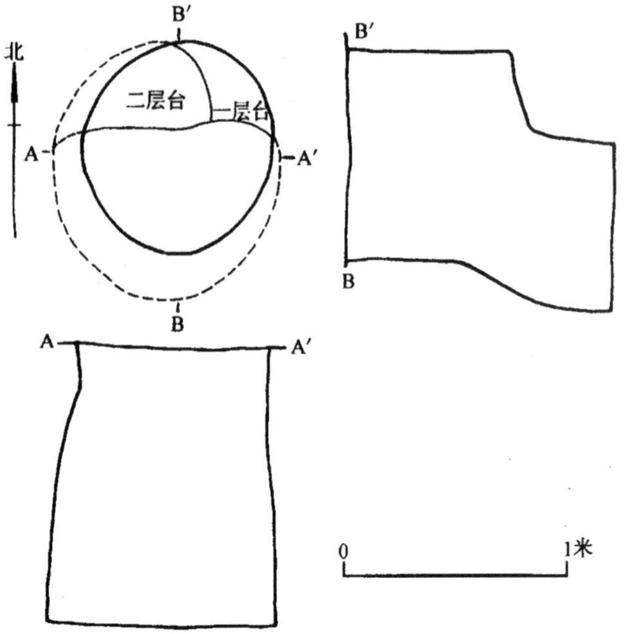

图五二　甲类 Bc 型灰坑(H6)平、剖面图

占 0.3%),刻划纹占 1.2%(片数占 0.3%)。鼎罐类占 43.8%(片数占 26.9%),壶类占 22.8%(片数占 26.9%),盆钵类占 33.4%(片数占 46.2%)。可复原与可辨器形有 AⅡ罐形鼎,CaⅢ角把、AⅡ侈口罐、AⅣ折肩壶,敛口钵。另有 A 叉形器、Ca 骨针、B 骨锥、BⅢ牙削、果籽、果核以及 Ba 镰、Ⅱ石坯料等(图五一,1)。

(3)Bc 型:2 个,以 H6 为代表。

H6 位于 T2 西北角,开口于第 3 层下,打破第 4 层。口距地表深 0.86 米,口径 0.9、底径 1.1～1.04 米,坑深 1.2 米。坑底北半部有台阶三层,第一层台阶位于坑底西北角,高 0.4、宽 0.35 米;第二层台阶高 0.4 米、宽 0.35 米;第三层台阶高 0.4 米到坑口。坑内堆积分两层:上层暗黑褐色粘土,内含红烧土块,质稍松;下层草木灰层,内含大量木炭块,质较松。坑内出有 BⅢ敛口钵、BⅡ盆形鼎,石杵及兽骨、猪头骨等(图五二)。

3. C 型

数量最多,发现 93 个,可分为 a、b、c、d 四个亚型。

(1)Ca 型:62 个,以 H29、H33、H38、H76、H108、H117、H143、H175、H206、H220、H228、H279、H282 为代表。

H29,位于 T11 中部,开口于 3C 层下,打破 H37、H39、H42 和生土层。坑口距地表深 1.2 米,口径 1.86～1.74 米,底径 1.75～1.65 米。坑深 1.55 米。坑内填土分三层:第一层,黑灰色,质稍松,内含大量烧土块;第二层,为黄灰色,内含大量红烧土及炭粒,质稍松;第三层,为灰土,内含大量木炭和鱼骨。坑内出土陶片计 1 137 片,其中夹骨屑红褐陶占 39.05%,夹砂红陶占 30.87%,泥质红陶、红褐陶占 27.35%,夹炭红衣陶占 2.73%。素面磨光占 91.12%,绳纹占 7.56%,划纹占 0.26%、抹划纹占 10.06%。鼎罐类占 67.3%,壶类占 7.3%,盆钵类占 24.5%,支脚占 0.90%。完整或可复原的器物有 AⅣ、AⅤ方口盆、鼎足、Ca 支脚、BⅢ角把罐以及深腹盆、C 型琢击石锤、A、D 型石砧,Bb 石镰、Ca 石斧、D 型石杵、有使用痕迹的石片、骨钩形器、鳖甲等(图五三,1)。

H33,位于 T12 北中部,开口于 3A 层下,打破 3B 层。坑口距地表深 1.25 米,口径 1.46～1.32 米、底径为 1.38～1.2 米,坑深 1.1 米。周壁涂有 2 层厚 0.05～0.1 米的黄泥,向下渐厚至 0.4 米,可能与坍塌有关。西部坑底有 1 个深 0.2 米的方形小洞,长宽约 0.28 米。坑内填土分三层:第一层,青灰土,质稍硬,内含烧土颗粒及炭粒;第二层,为深灰土,质稍松软,内含烧土块和炭粒;第三层,为黄灰土,质较松,内含大量的红烧土粒及炭粒。南半部在深 1 米处发现有大量红烧

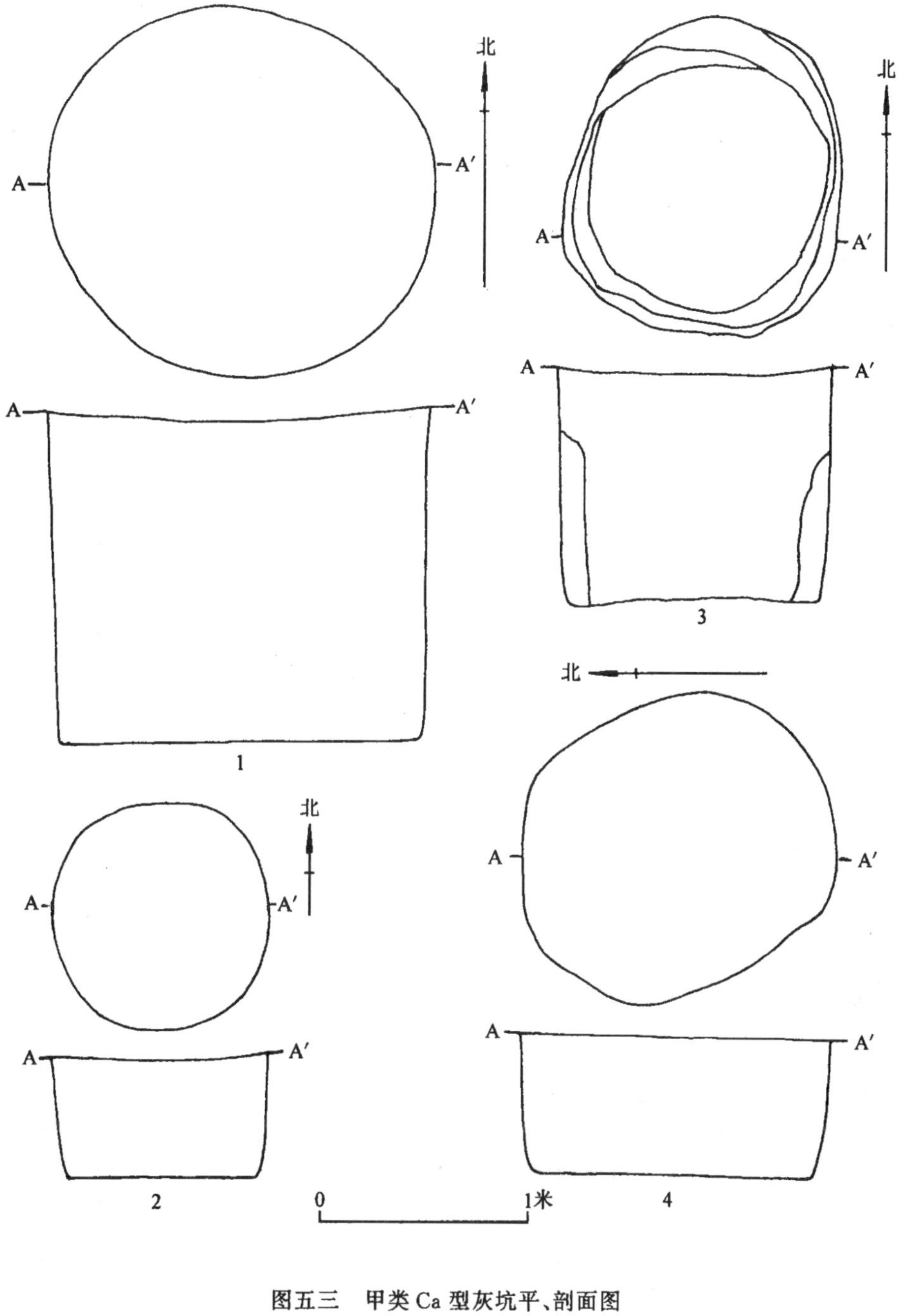

图五三　甲类 Ca 型灰坑平、剖面图

1. H29　2. H38　3. H33　4. H76

土块和草木灰。坑内出土陶片以泥质红陶为主，占 56.2%，夹砂红褐陶和夹碳红衣陶分别占 16.48%和 15.38%，夹骨屑红褐陶和夹云母红褐陶分别占 6.5%和 5.27%。复原或可辨器形有 A 型陶锉，BⅢ、CⅡ划纹盆，AⅥ、AⅦ、AⅧ浅腹钵以及 CⅢ、Ⅳ罐形鼎、CⅥ敞口钵、钵足、壶耳。另有 BⅡ石磨盘腿、云母片等(图五三，3)。

H38，位于 T12 西南部，开口于 3B 层下，被 F1(H28)打破，向下打破 H41、3C、第 4 和生土层。坑口距地表 1 米，口径 1.05 米、底径 0.9 米，坑深 0.58 米。壁较直，底较平。坑内堆积不分层次，质稍松，内含大量的红烧土块和炭粒。坑内出土陶片计124片，以夹骨屑红陶为主，占64.5%，泥质红陶占27.4%，夹砂红陶占5.7%，夹云母褐陶和夹炭红衣陶各占1.6%和0.8%。复原或可辨器形有BⅢ敞口钵、AⅢ折肩壶、CⅡ釜、Ac和Ag鼎足、AⅡ卷沿罐、AⅣ折肩壶。另有骨锥、木炭、鱼骨、兽骨等(图五三，2)。

H76，位于T7中部，开口于3C层下，汉代灰坑打破东半部坑口，西半部坑口被M22叠压，向下打破第4层。坑口距地表1.1米，口径1.57～1.32米、底径1.38米，坑深0.68米。坑内堆积不分层次，填土呈黑灰色，质稍松，内含较多的红烧土、木炭。壁、底均较规整。坑内出土陶片重3 300克(239片)。(见附表八～一一)复原或可辨器形有AⅡ角把罐、Ab和AcⅠ角把，以及AbⅠ、AcⅠ角把，AⅠ、AⅡ、BⅠ深腹盆。另外还出有木炭、兽牙床、鳖甲、龟甲、鹿角、蚌壳、残石器等(图五三，4)。

H108，位于T105西北部，南距F4(H102)2.1米。开口于第2层下，打破3C、第4和生土层，坑口距地表1.15米，口径1.42～1.40米、底径1.42～1.40米，坑深0.8米。壁、底均规整。坑口北、西、南三面有柱洞10个。依次编为D1～D10，直径0.1～0.25米，深0.1～0.2米不等，距坑边0.05～0.3米不等，其中D8～D10距坑边较远，达0.6米。该坑应为一带棚的窖穴。坑内填土呈黑褐色，含大量红烧土块、粒、烧骨、石块、木炭、陶片等。在深0.46米处有一层红烧土，之下为一层被烧过的白色鱼骨，呈粉末状，有1厘米厚，坑壁、底经火烧烤呈红色，坑底铺有一层木炭和草木灰。坑内陶片标本有BⅡ卷沿罐、BⅢ双耳罐、BⅢ罐形鼎、AⅥ浅腹钵、BⅠ小钵，A、B杯、B支架、玩具以及CⅤ、CⅦ敞口钵等(图五四，1图版九：1)。

H117，位于T113北部偏西，开口于3C层下，打破第4层，口距地表深0.7米，口径1.0米、底径0.95～0.85米，坑深0.85米。壁稍内斜，底较平，形状规整。坑内填土分两层：第一层，黄灰土，结构严密、纯净而无包含物，厚0.5米；第二层，灰土，质地较松，内含少量草木灰，厚0.35米。在两层之间出有AⅡ双耳罐、BⅣ罐形壶、BⅠ敛口钵以及BaⅡ角把、动物碎骨、食草类动物牙床等，据此推测下层为窖穴使用期堆积，上层为置入器物后一次性填入，填土中含陶片很少，仅有135克夹砂碎陶片(图五四，4)。

H143，位于T120中部，开口于F39下，打破3C和第4层。坑口距地表1.37米，口径1.42～1.32米、底径为1.28～1.30米，坑深0.9米。灰坑的一侧边沿有一灰窝，内填青灰土，间杂有少量草木灰，小灰窝壁、底向内斜。坑内堆积分三层：第一层，厚0.2米，青灰土，质稍松，内含陶片、碎骨和草木灰；第二层，厚0.1米，黄色土，质稍硬，发现极少陶片；第三层，厚0.6米，质疏松，灰黑土，内含大量草木灰、陶片、鳖甲和碎骨。在坑内出土的陶片中，泥质红陶占62.8%，夹砂红陶或红褐陶占27.2%，夹炭红衣陶和夹蚌红陶分别占6.3%和3.7%。可辨器形有AⅡ罐形鼎、CⅡ侈口罐、BⅡ敛口钵、BⅢDⅠ钵足、AbⅡ鼎足CbⅡ鼎足、以及盆形鼎、卷沿罐、折肩壶等(图五四，2)。

H175，位于T104西部中间，开口于3B层下，打破3C层，口距地表深1.05米，口径1.58～1.52米，坑深1.2米。直壁，因水位太高未做到底。坑内堆积分四层：第一层，黑灰土，质较松，厚0.8米；第二层，红烧土层，质较硬，厚0.03～0.05米；第三层，草木灰层，厚0.05～0.07米；第四层，灰土，在水位以下，厚约0.3米。在坑内出土的陶片中，泥质红陶占56%，夹骨屑陶和夹砂陶分别占17.9%和15.2%，夹云母红褐陶和夹炭红衣陶分别占8.2%和2.7%。可辨器形有BⅡ卷沿罐、ACⅠ鼎足、扁腹壶。另有A型石砧、Ⅲ坯料、AbⅣ牙削等(图五四，3)。

H206，位于T116北中部，开口于3B层下，打破H216。口距地表深0.85米，口径1.24～1.2米、底径1.1米，坑深1.3米。壁底均较规整。坑内堆积分两层：第一层：深灰色土，质疏松，厚1.1

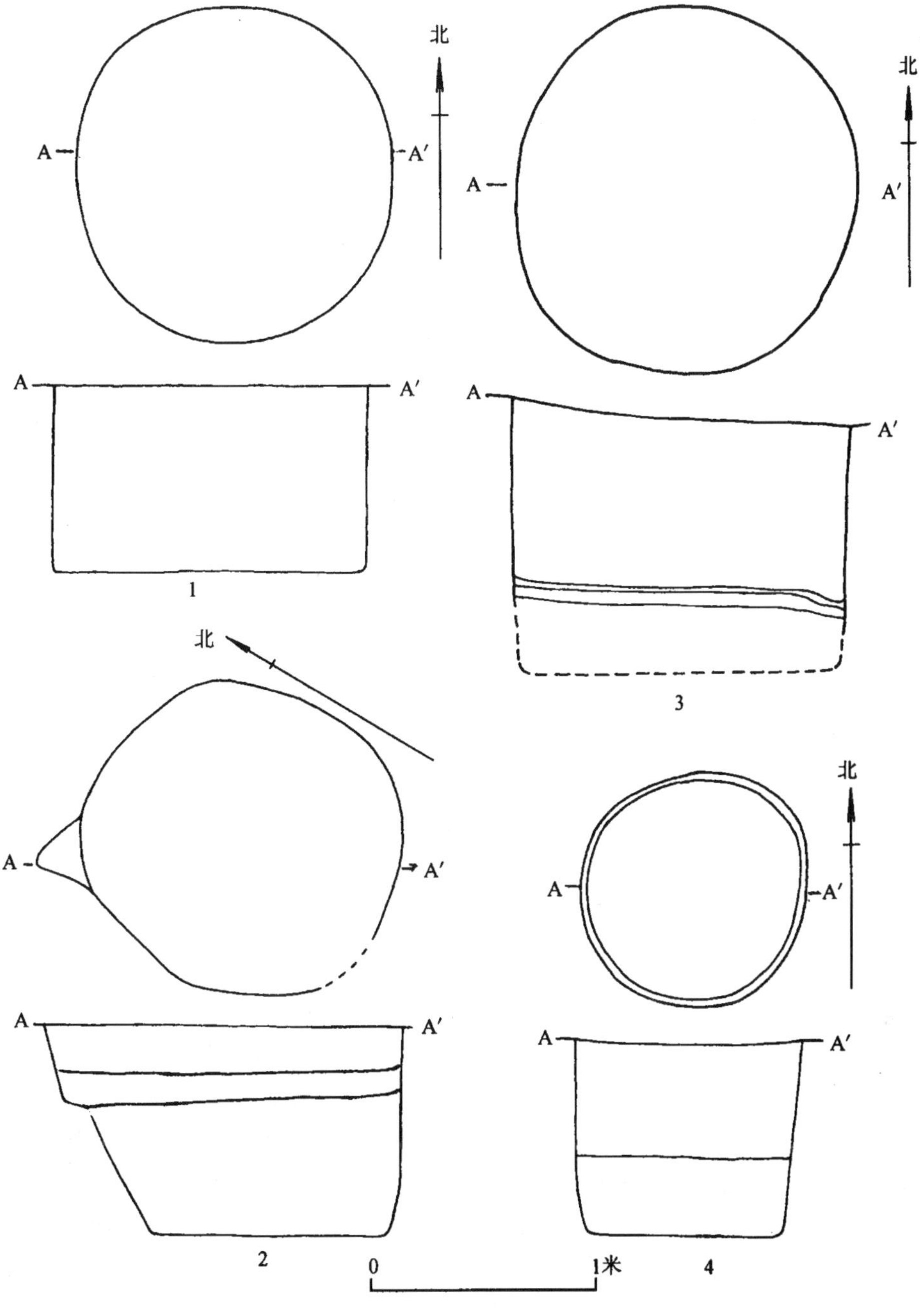

图五四　甲类 Ca 型灰坑平、剖面图

1. H108　2. H143　3. H175　4. H117

米，内含红烧土粒、碎骨、蚌片等。第二层：黑灰色土，质较松，厚约 0.2 米。坑内出土陶片以泥质红陶为主，占 58.14%，夹砂红褐陶占 32.56%，夹炭红衣陶占 8.72%，夹云母红陶占 0.58%，可辨器形有 AⅤ、BⅢ敛口钵、CⅡ侈口罐、BⅡ双耳罐、BⅠ盆形鼎、罐形鼎、敞口罐、直口罐、AⅣ和 BⅣ敛口钵。另有石璜形器、AbⅡ牙削等(图五五，1)。

H220，位于 T104 西北角，开口于 3B 层下，被 H174 打破，向下打破第 3C 和 4 层。口距地表深1.2米，口径1.52～1.32米、底径1.5～1.3米，坑深1.05米。壁、底均较规整。坑内堆积不分层次，填土呈黑灰色，质疏松。坑内出土的陶器标本有BaⅡ折肩壶、AⅣ敛口钵以及陶杯等(图五五，2)。

H228，位于T104西北部，开口于3C层下，被H174打破。向下打破第4层和生土层。坑口距地表1.4米，口径为1.1～1.05米、底径1.05～1.0米，坑深0.42米。壁、底均较规整。坑内堆积分四层：第一层，黑灰土，质疏松，为废弃后堆积，厚0.3米，内含红烧土粒、碎兽骨、鱼骨及陶片；第二层，为草木灰层，质疏松，较纯净，为使用期的堆积，厚0.02米；第三层，灰土层，质较松，为使用时期堆积，厚0.05米，内含烧土粒、碎兽骨、鱼骨、陶片；第四层，黄泥层，质坚硬，为坑底铺垫层，应是窖穴始建期的堆积，厚0.05米，较纯。坑内出土的陶器标本有AⅠ卷沿罐、AⅢ浅腹钵、AⅡ敛口钵、深腹钵、AaⅡ鼎足、Bb碗底。另外还有Aa骨针、HcⅡ骨镞等(图五五，4)。

H246，位于T25北部，开口于3C层下，打破第4层和生土层，西边缘打破H245。坑口距地表深1.18米，口径1.84～1.7米，坑深1.1米。直壁，平底，底部东侧稍低。坑口北、西、南各1个圆形柱洞，东、东南各有2个圆形柱洞，洞内填黄灰土，含少量红烧土粒。自西向东逆时针编号为D1～D7，具体情况见表一五。

表一五　H246柱洞登记表　　(单位：米)

编号	直径	深度
1	0.22	0.67
2	0.24～0.26	0.2
3	0.13～0.2	0.18
4	0.2	0.15
5	0.18	0.5
6	0.2	0.26
7	0.22～0.24	0.2

其中D2、D4稍向内倾斜。坑内堆积分五层：第一层黄灰土，很硬，厚0.4米，含大量碎陶片；第二层黑灰土，主要分布在北部，厚0.1～0.5米，较松软，含大量草木灰、烧土块、碎骨和陶片。第三层为鱼鳞层，厚0.03～0.05米，自南向北倾斜。第四层为纯净的灰黑色填土，主要分布在东、南、西部，厚0.3～0.4米。第五层为松软的草木灰层，含大量碎骨和陶片，厚0.1～0.2米。坑内出土陶片以夹砂红陶为主，泥质陶很少，偶见夹云母和夹骨屑陶系。器表以素面磨光为主，绳纹占一定比例。可辨器形有角把罐、罐形鼎等(图五五，3)。

H279位于T27中南部，开口于3C层下，打破第4层。坑口距地表深1.15米，口径1.22～1.00米，深0.05～0.07米处坑口收缩在北部，缩小为直径0.8米，底径0.75米，坑深1.4米。呈直壁筒状，平底。在坑口外东、西和南侧绕坑排列柱洞7个，D1～D7口径分别为0.13米、0.15米、0.11米、0.10米、0.12米、0.12米、0.12米，深分别为0.15米、0.1米、0.09米、0.12米、0.14米、0.11米、0.13米，直壁，平底，无倾斜度。D1～D4距坑壁0.05米，D5～D7分别为0.06米、0.08米、0.24米。坑内堆积分三层：第一层，黄灰土，质较松，内含少量细微红烧土，厚0.30米；第二层，黄灰土，质松软，内含少量黑灰和红烧粒，厚0.40米；第三层，黑色土，质松软，含水量极大，厚0.70米。D1～D7柱洞的填土质与色和灰坑上层一样。坑内出土的陶片标本有CaⅢ、DaⅡ、EaⅡ角把，AⅠ罐形鼎，折肩壶。另有动物牙齿、动物脊柱骨、鱼骨、蚌壳等(图五六，1；彩版五，1)。

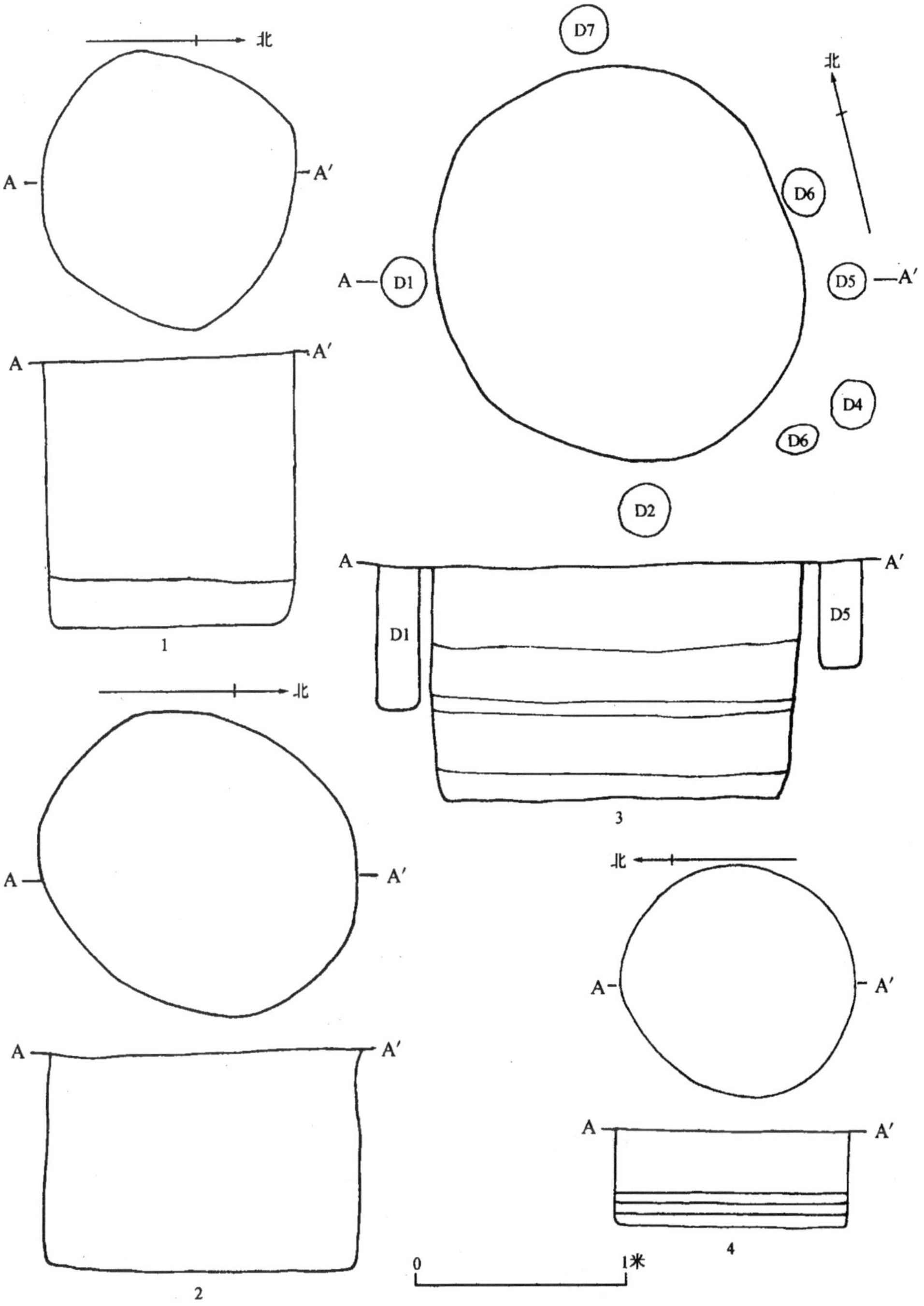

图五五　甲类Ca型灰坑平、剖面图

1. H206　2. H220　3. H246　4. H228

H282，位于T37东靠南侧，开口于第1层下，打破H281、H295、H296和第2层和生土层。坑口距地表深0.40米。口径1.38米。坑深1.2米。坑口为圆形，北部深0.2米处有一月牙形台阶，宽0.2～0.3米，周壁直、底平。坑内堆积分五层：第一层，灰土，质稍硬，厚0.2～0.3米，似为坑口地层下陷；第二层黄灰土，厚0.05～0.6米；第三层为黑灰土，厚0.15～0.30米，含大量的草木灰；以上两层北侧较薄，向南渐厚，北高南低呈倾斜状堆积；第四层为红烧土层，北高南低呈倾斜状堆积，东西断断续续呈南北条状分布，厚0.04米；第五层，呈青灰色，北厚南薄，含大量草木灰、鱼骨等，厚0.70米。近底部0.20米深已见水，底部是否铺垫不详。坑内出土陶片重4 850克(401片)。可辨器形有AdⅡ鼎足，AⅦ浅腹钵，AⅣ、CⅠ、BⅠ三足钵，CⅡ釜，BⅤ和CⅥ敞口钵等。另外还有A三角形石坠饰、Ba石斧、Aa颜料、石器料及C骨器柄(图五六，2)。

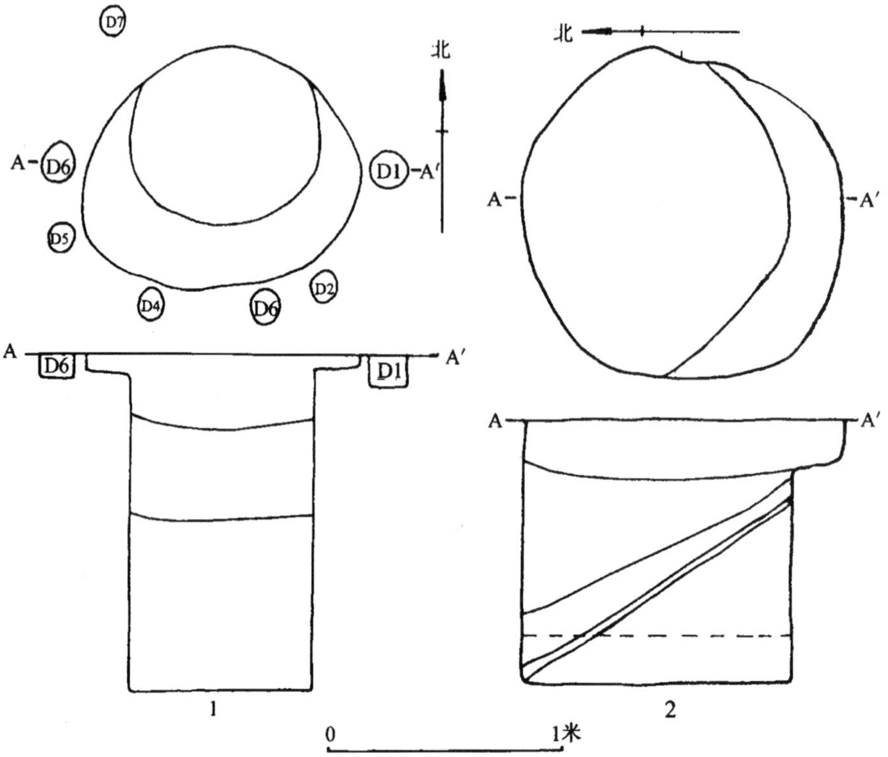

图五六　甲类Ca型灰坑平、剖面图

1. H279　2. H282

(2)Cb型：12个，以H129、H176、H288为代表。

H129，位于113东北角，开口于3B层下，上被近代墓打破，向下打破3C层和M243。坑口距地表深1.10米，口径1.60～1.5米，底径1.40～1.35米，坑深1.26米。壁、底较规整。坑内堆积共分五层：第一层，深灰色土，质疏松，内含较多的红烧土粒，厚0.60米；第二层，为烧土层，质稍松，厚0.20米；第三层，草木灰层，质疏松，厚0.14～0.16米；第四层，白灰层，质稍硬，厚0.16米；第五层，为草木灰层，质较松，厚0.17米。坑内出土陶片共重1 700克，其中泥质红陶占61.8%，夹砂红陶、红褐陶占32.9%，夹碳红衣陶占2.9%，夹蚌(骨屑)红陶、红褐陶占2.4%。器表素面、磨光占95.9%，绳纹占4.1%。可辨器形有BⅡ盆形鼎、角把罐和双耳罐、折肩壶、浅腹钵和深腹钵。另有Cd骨针、C骨匕等(图五七)。

H176，位于T104中部偏东，开口于3B层下，向下打破3C层和M308。坑口距地表深1.0米，口径1.60～1.40米，坑深0.45米，坑内填土不分层次，质稍硬，内含红烧土粒。坑内出土陶片以泥质红陶和灰陶为主，占53.3%，夹云母红陶占25.9%，夹砂红陶占10%，夹炭红衣陶和夹骨屑红褐陶各占 5.4%。可辨器形有 Da Ⅰ 双耳罐、C Ⅰ 三足钵足、Ba Ⅰ 钵足等(图五八,2)。

H288,位于 T38 西部中间,开口于第 2 层下,打破第 3 层。坑口距地表深 0.22 米,口径 1.25、底径 1.20 米,坑深 1.1 米。壁底较规整。坑内填土分四层:第一层,红烧土层,质稍硬,厚约 0.50 米;第二层,黑土层,质稍松,厚 0.30 米;第三层,草木灰层,质疏松,厚 0.08～0.14 米;第四层,青泥层,厚 0.1～0.20 米。坑内出土陶片以夹砂红陶和红褐陶为主,占 98.34%,泥质褐陶和夹蚌、夹砂红褐陶各见 1 片,均占 0.83%。可辨器形有 A Ⅱ 和 A Ⅲ 角把罐、深腹盆、Cb 支脚以及碎兽骨等(图五八,1;图版九,2)。

(3)Cc 型:13 个,以 H66、H83、H91、H127、H156、H171、H172、H207 为代表。

H66,位于 T14 东南部,开口于 3B 层下,上被 F1 打破,向下打破第 3C、第 4 和生土层。坑口距地表深 1.1 米,口径 1.4～1.36 米,底径 0.94～0.90 米,坑深 1.04 米。深至 0.38 米处,西、南侧向内收出 1 个二层台,二层台宽约 0.40 米。向下为近方形,直壁,周壁涂一层厚约 0.02～0.06 米的黄泥。坑内填土分两层:第

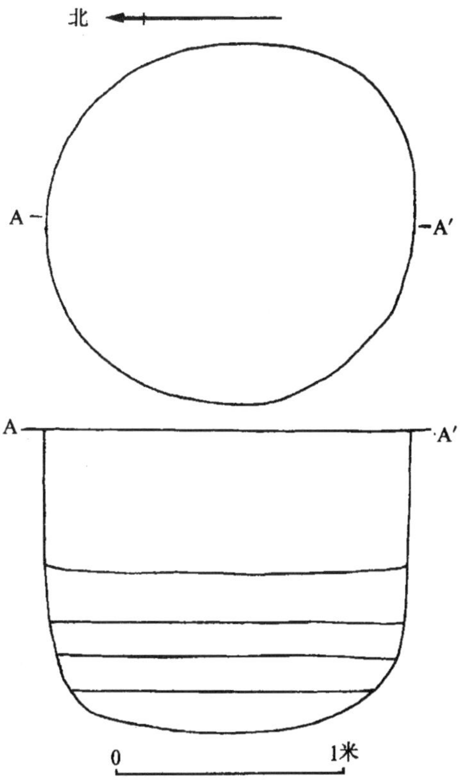

图五七　甲类 Cb 型灰坑(H129)平、剖面图

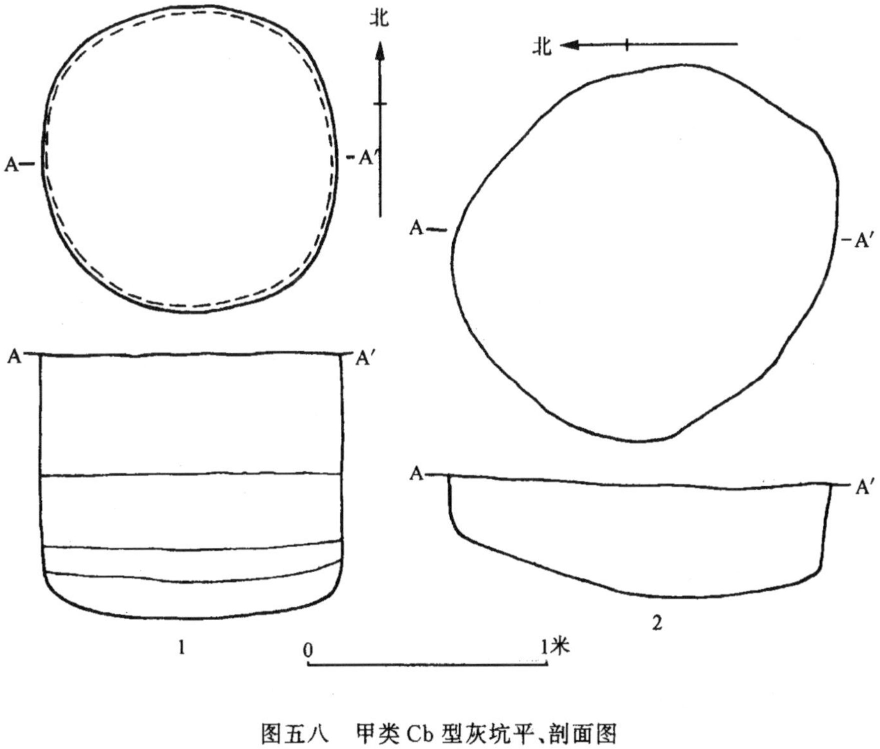

图五八　甲类 Cb 型灰坑平、剖面图

1.H288　2.H176

一层，黄灰土，质较松，内含红烧土和炭屑；第二层，黄色土，质较松，内含少量红烧土。出土的陶片标本有Ⅱ钵形鼎、CⅥ敞口钵、深腹钵、敛口钵、直口盆、碗等(图五九，1)。

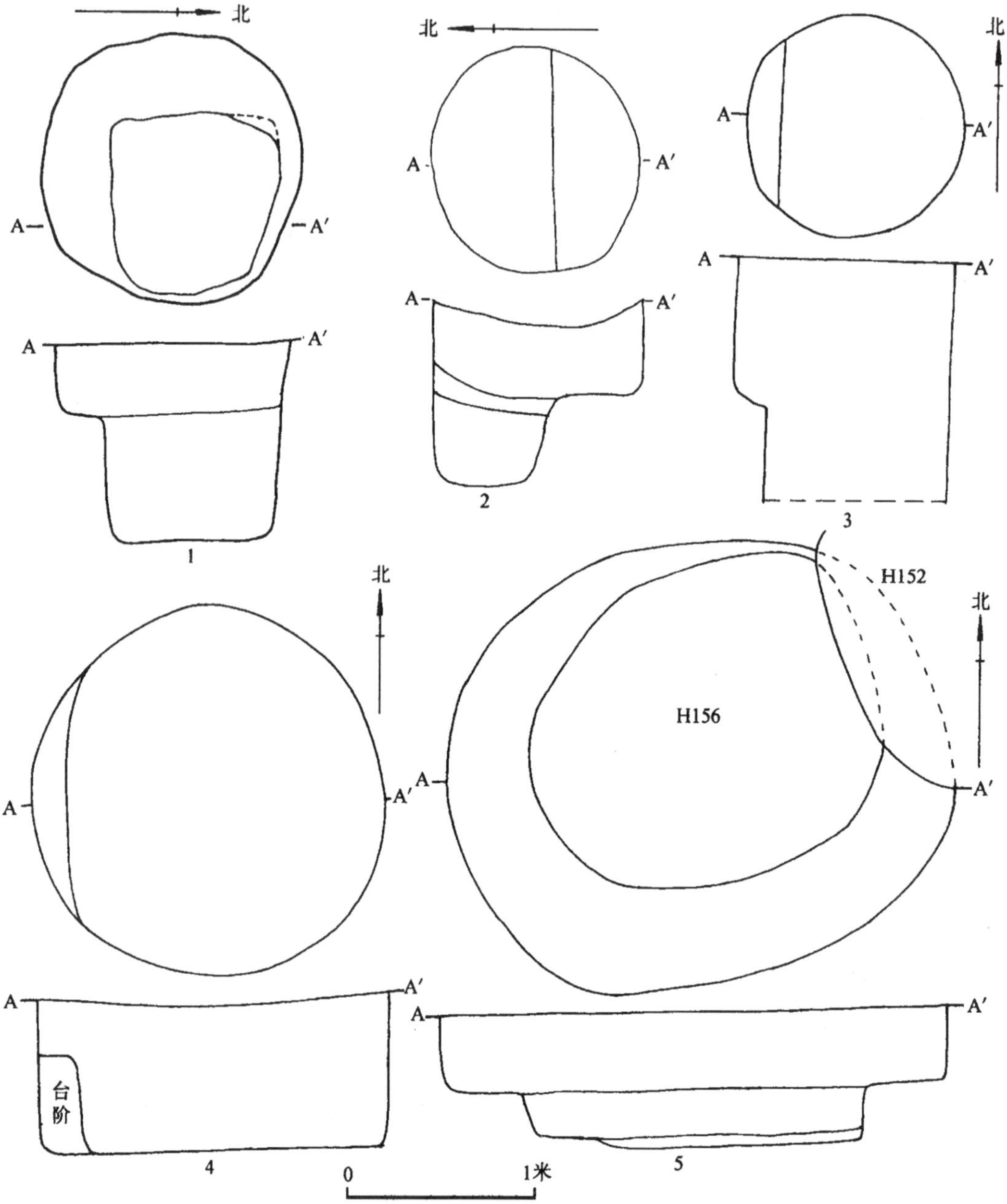

图五九 甲类Cc型灰坑平、剖面图
1. H66 2. H83 3. H91 4. H127 5. H156

H83，位于T23东南部，开口于3C层下，上被M65、M101、M102、M105、M115、H99叠压或打破，向下打破第4层。坑口距地表1.55米。口径1.17～1.1米，坑深0.97米。直壁，壁、底均较规整，壁东半部深0.5米处收为台阶状，宽0.45米，西半部继续向下，最深处0.97米。堆内堆积分三层：第一层，黄灰土，质疏松，无包含物，厚0.30米；第二层，黑灰土，质稍松，内含大量炭灰，厚0.15米；第三层，青灰土，质稍硬，厚0.45米。坑内出土陶片全部为夹砂红陶，可辨器型有AⅠ和AⅡ角把罐，Bb角把，AⅠ曲腹钵等(图五九，2)。

H91，位于T21西南部，开口于3B层下，打破3C层。坑口距地表深0.90米，口径1.15～1.14米，底径1.15～0.95米，坑深1.3米。壁较直，西部深至0.7米处留一宽0.20米、高0.50米的台阶。坑内堆积不分层次，内含大量红烧土粒，质稍硬，夹杂有草木灰炭粒、碎骨和石英块等。坑内出土陶片125片，泥质红陶占51.2%，余为夹砂红陶；素面磨光占91.2%，刻划纹占8.0%，绳纹占0.8%。可辨器形有AⅡ罐形鼎、BⅣ敛口钵、CⅤ敞口钵。石、骨器有Ac石斧、C石砧、有使用痕迹的石片、A石磨盘、Ca石铲、砸击石核、EaⅡ骨镞等(图五九，3)。

H127，位于T105北部中间，开口下3C层下，上被H107、H122打破，向下打破第4层。坑口距地表1.2米，口径1.92～1.90米、底径1.9、1.89米，坑深0.8米。直壁平底。壁、底均较规整。西边深0.28米处留有宽约0.2米的台阶一个。坑内堆积不分层次，黑色土、质松软，内含红烧土块及碎骨等。坑内出土的陶片以夹砂红褐陶为主，占88.2%，泥质红陶占11.8%。完整器或可辨器形有AⅠ、AⅡ和BⅠ、BⅡ角把罐，扁腹罐，CⅢ罐形壶，方口盆，A和D支脚。另有AⅢ三角形石饰、方型坠饰、梭形饰以及残骨锥等(图五九，4)。

H156，位于T109西部中间，并进入T108东隔梁下，被H152、H267打破，向下打破第4层。坑口距地表深1.70米，口径2.55～2.35米，东、南、西三面在深0.40米处留一宽约0.3～0.6米的台阶，坑径缩至1.90～1.60米，底径1.7～1.4米，坑深0.7米。坑内堆积共分三层：第一层，红烧土，质稍松；第二层，灰土，质较松；第三层，白灰和炭粒层，质稍硬。坑内出土陶片共578片，夹砂红陶、红褐陶占97.4%，泥质红陶占2.2%，夹炭陶、夹蚌陶各见1片，均占0.2%；素面磨光占59%，绳纹占40%，刻划纹占1.0%；鼎罐类占48.6%，壶类占11.4%，盆钵类占28.6%，支脚占11.4%。可辨器形有AⅠ、AⅡ和CⅠ角把罐，D型敛口罐，AⅠ和AⅡ双耳罐，罐形壶，AⅠ浅腹钵，AⅡ敞口钵，AⅠ方口盆，AⅡ深腹盆，A和Ca支脚等(图五九，5)。

H171，位于T101南部中间，上被M214、M266、M261、M220叠压或打破，向下打破3C层。坑口距地表深0.9米，口径1.60～1.50米、底径1.50～1.25米。坑深0.60米处在东北角留1个三角形台阶，东西0.80米、南北0.40米，底深0.90米。坑内堆积分两层：第一层，黄灰土，质较松，内含少量的红烧土粒和草木灰；第二层，深灰色，内含大量的草木灰。坑内出土陶片以泥质红陶为主，占71.9%，夹砂黄陶占22.9%，夹炭红衣陶占5.2%。可辨器形有罐形鼎、侈口罐、折肩壶、敛口钵、浅腹钵、划纹盆、敛口盆、陶杯。另外还有骨镞等(图六〇，1)。

H172，位于T101西南部，开口于3B层下，上被M211叠压，被M260、M275、H106打破，向下打破3C、第4层。坑口距地表0.90米，口径2.68～2.5米，底径2.05～1.2米。坑深1.15米，壁、底不甚规整，南、北壁近直，西壁呈袋状，东壁呈斜坡状，东部深0.8米处留一黄土台阶，宽约1.05米。坑内堆积共分二层：第一层，黄灰土，质较松；第二层，灰色土，质疏松，内含草木灰和少量的红烧土块。坑内出土陶片共重4680克，其中夹砂红褐陶占52.5%，泥质红陶占36.3%，夹炭红陶占6.4%，夹云母红陶和夹蚌褐陶各占2.7%和2.1%。素面、磨光占96.6%，绳纹占3.4%；罐类占31.4%，壶类占40%，盆钵类占25.7%，支脚占2.9%。可辨器形有AⅢ折肩壶、AⅤ和BⅠ敛口钵、A杯、B支脚。另有Ⅱ石器坯料等(图六〇，3)。

H207，位于T104东北部，开口3B层下，打破3C层和生土层，坑口距地表0.95米，直径1.26米，坑口为圆形，向西有一半月形台阶式门道，长0.35米、宽0.65米，距地表深0.37米。坑深0.76米。坑口外西南、东、北各有一圆形柱洞，西南柱洞位于门道南侧，为D1，口径0.16～0.2米、深0.14米；D2位于坑口东侧，口径0.22米、深0.2米；D3位于坑口北侧，口径0.16米、深

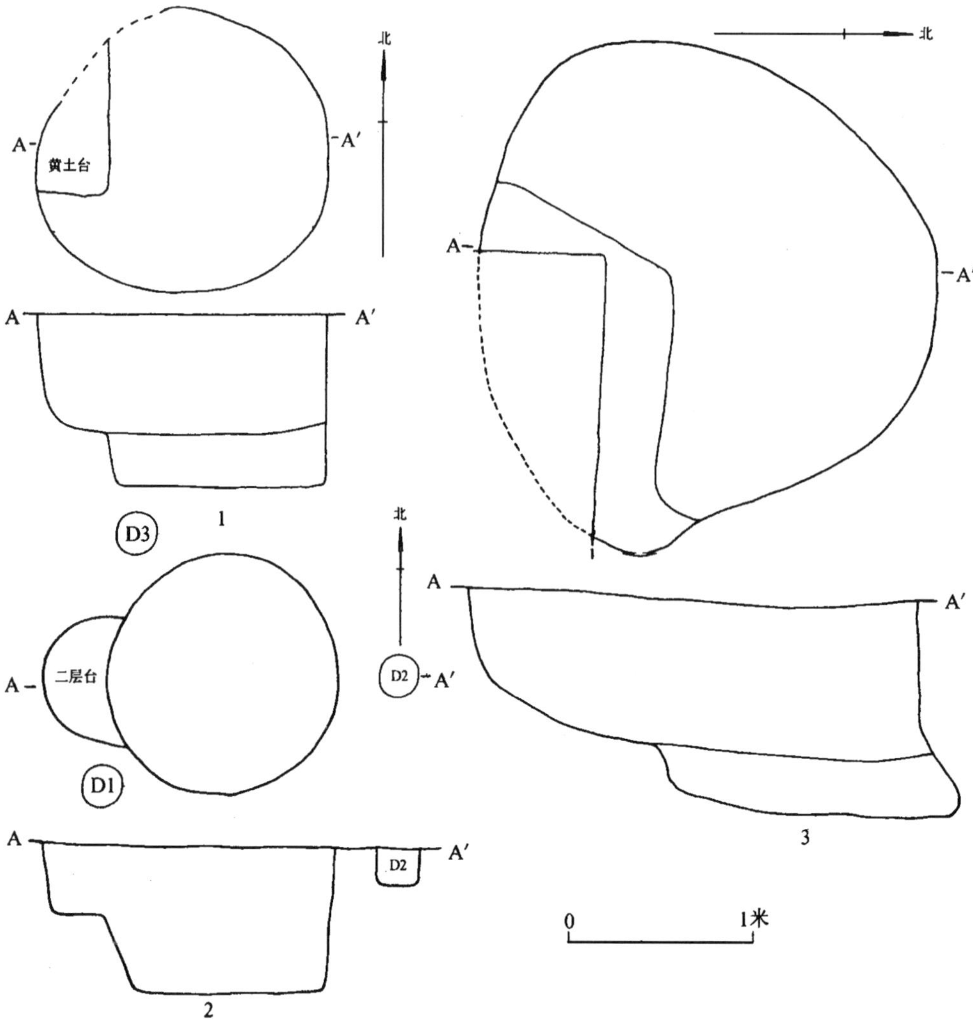

图六〇　甲类 Cc 型灰坑平、剖面图

1. H171　2. H207　3. H172

0.1 米,均直壁平底。坑壁直,西壁内斜,底平,壁、底均涂、垫一层厚 0.03～0.05 米的黄泥。坑内堆积不分层,为松软灰土,含少量陶片和烧土粒。坑内出土陶片共重 270 克,以泥质红陶和夹云母红褐陶为主,夹砂和夹蚌红褐陶次之,夹炭红衣陶很少,均素面磨光。可辨器形有 AⅡ 卷沿罐等(图六〇,2;彩版五,2)。

(4)Cd 型:6 个,以 H109、H137、H383 为代表。

H109,位于 T105 东北部,开口于第 2 层下,东半部坑口被汉代灰沟破坏,向下打破 3C 层和 H111。坑口距地表 1.05 米,口径 1.54～1.32 米,坑深 0.56 米,坑口形状和壁底均不甚规整,南壁直,北壁微外斜,底呈不规则状平底。坑内填黑灰土,质疏松,内含炭块和烧土块。坑内出土陶片以泥质红陶为主,占 67.6%,夹砂红褐和夹云母红陶分别占 14.5%和 11.2%,夹炭红衣陶和夹骨屑红褐陶分别占 3.9%和 2.8%。可辨器形有 BⅠ 圈足罐、DbⅠ 双耳罐、AⅡ 深腹钵、CⅥ 敞口钵。另有锤击石片等(图六一,1)。

H137,位于 T113 东北部,开口于 3C 层下,打破 F5 门道、M249 西端和第 4 层。坑口距地表

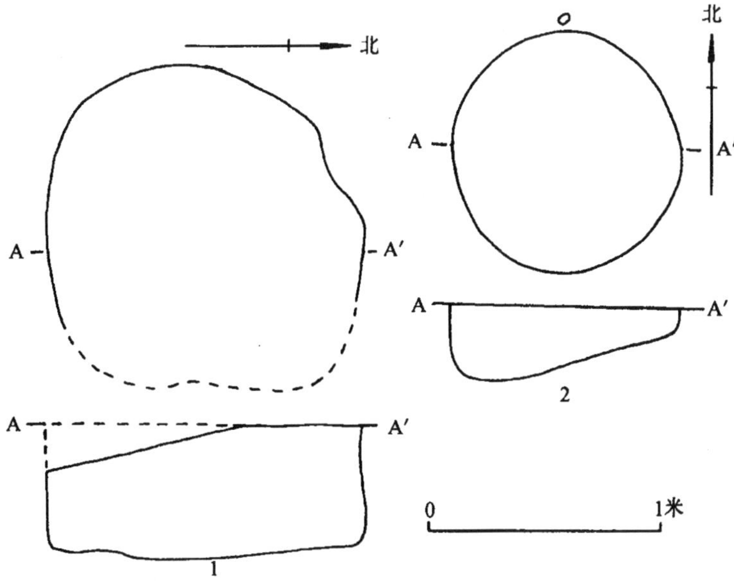

图六一　甲类 Cd 型灰坑平、剖面图

1. H109　2. H137

深 1.2 米，口径 1.0 米，坑深 0.3～0.1 米，坑口较圆，壁近直，底西低东高呈斜坡状。坑内堆积不分层次，深灰色土，结构较松，内含少量炭灰，底铺 0.02～0.03 米厚的青膏土。坑内仅有 BⅢ角把罐及少量夹砂红褐陶残片(图六一，2)。

H383，位于 T35 西南角和 T30 东南角，开口 3C 层下，被 H232 打破，向下打破 M372 第 4 层。坑口距地表深 1 米，口径 1.68～1.64 米，坑深 0.5～0.6 米。壁近直、坑底北低南高近台阶状。坑内填土可分两层：上层为黄褐色土，质松软；下层为灰褐色土，质疏松。坑内出土陶片标本有 AⅠ角把罐、AⅠ双耳罐、AⅠ、AⅢ、CⅠ罐形壶、BⅢ方口盆、A 支脚等残片(图六二)。

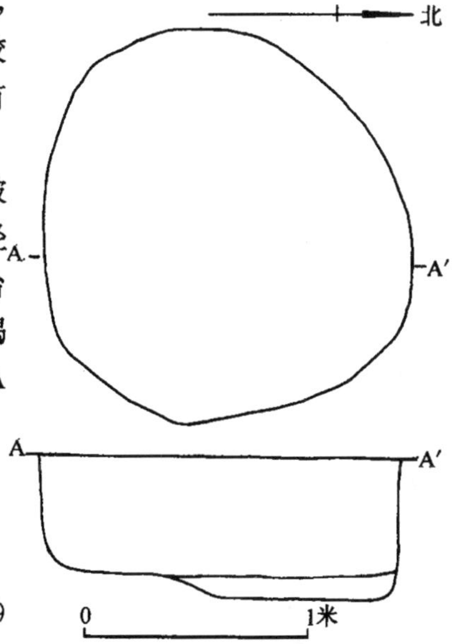

图六二　甲类 Cd 型灰坑(H383)平、剖面图

4. D 型

25 个，可分为 a、b、c 三个亚型。

(1)Da 型：12 例，以 H42、H47、H106、H152、H162、H169 为代表。

H42，位于 T11 中部，被 H26 叠压，被 H29 打破，向下打破第 4 层。坑口距地表深 1.15～1.20 米，口径 1.54～1.40 米、底径 1.70～1.60 米，坑深 1.54 米。上部深 0.8 米为近直壁，以下渐向外斜，至深 1.1 米处向外呈斜弧状，剖面似靴形。壁、底均较规整。填土分三层：第一层黑灰土，内含大量红烧土块；第二层，黄灰土，内含烧土块和木炭；第三层为灰土，含大量草木灰、木炭块等。出土陶片全部为夹砂红陶或红褐陶。主要标本有 AⅡ、AⅢ、BⅡ、BⅢ角把罐、AⅢ双耳罐、BⅣ、CⅢ、CⅣ罐形壶、AⅢ方口盆、Ca 支脚。另外还有带使用痕迹的石块等(图六三，1)。

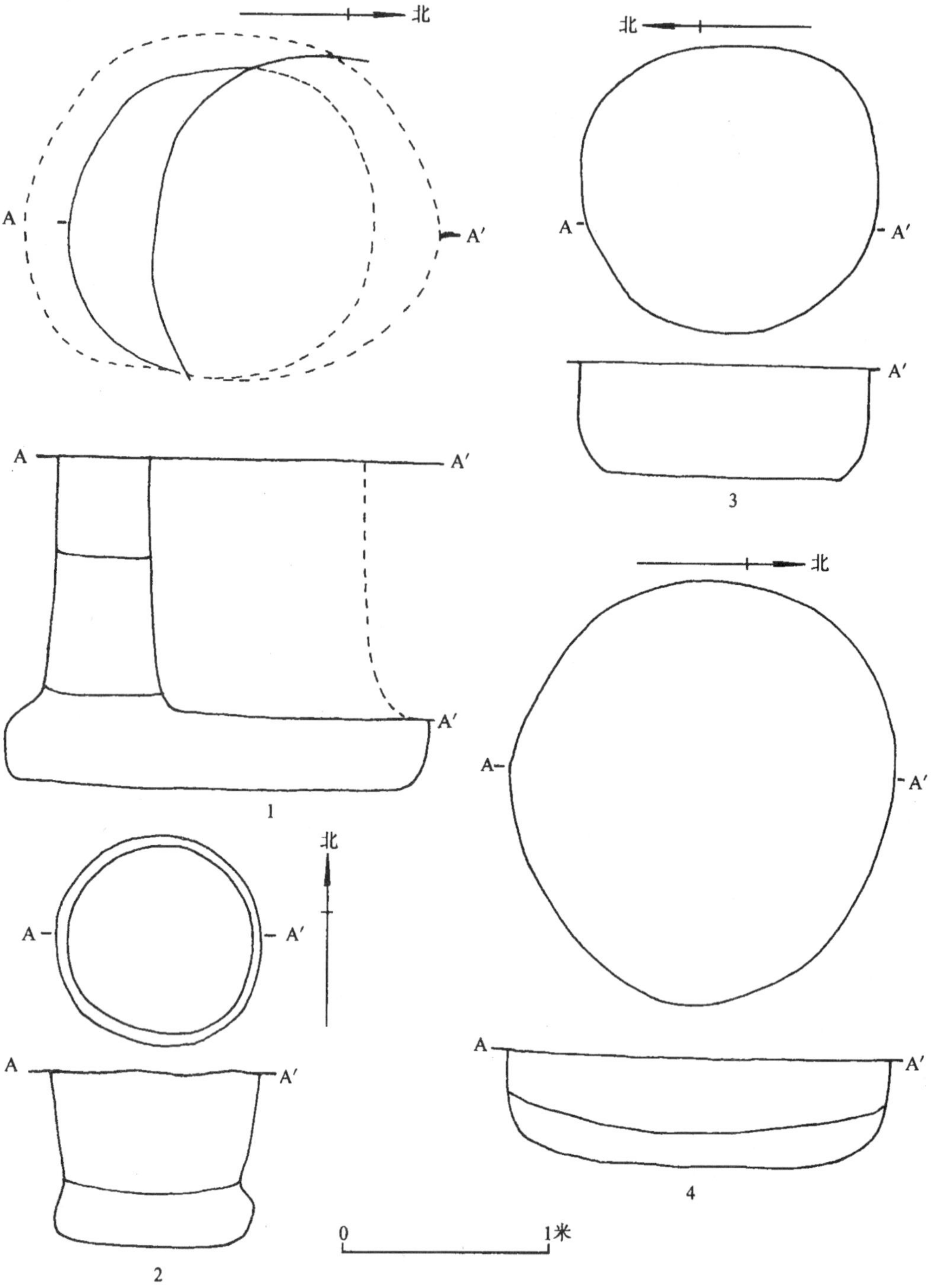

图六三　甲类 Da 型灰坑平、剖面图

1. H42　2. H106　3. H47　4. H152

H47，位于 T13 东南部，开口于 3A 层下，向下打破 H97 和 3B 层，坑口距地表 1.2 米，口径 1.48～1.34 米、底 1.12～1.04 米，坑深 0.5 米。弧壁近直，平底。坑内填黑灰土，质较疏松，内含木炭粒和烧土块。坑内出土陶片中，泥质红陶占 56.19%，夹砂红陶占 22.31%，夹炭红衣陶占

11.15%，夹骨屑红褐陶和夹云母褐陶分别占 7.85%和 2.47%，可辨器形有CⅡ、D三足钵、浅腹平底盆等。另有带使用痕迹的石片(图六三，3)。

H106，位于 T101 南部偏西，开口于 3B 层下，向下打破第 3C 层、M260、M275、H172。坑口距地表深 0.75 米，口径 1.00 米。坑深 0.8 米。壁近底处呈弧形，束腰状、角稍圆、底近平。坑内堆积分两层：第一层，黄灰色，质较松，内含大量的红烧土块及兽骨，厚约 0.5 米；第二层，灰褐色，质稍松，内含大量的鱼鳞，厚约 0.32 米。坑内出有CⅠ双耳罐壶、CⅥ敞口钵、AⅡ敛口盆及 Aa 石镰等(图六三，2)。

H152，位于 T109 西部。开口于 3C 层下，被 H157、H153 及 H155 打破，向下打破 H156 及第 4 层。坑口距地表 1.60 米，口径 2.0～1.86 米，坑深 0.54 米。壁微弧，平底近圜。坑内填土分两层：第一层，黄灰土；第二层为黑灰土，质均松。坑内出土陶片中夹砂陶占 68.2%，余为泥质红陶，可辨器形有双耳罐，A 型支脚，另有 B、C、D 石磨棒，B 琢击石锤，C 石砧，Ca 砺石等(图六三，4)。

H162，位于 T103 西南部，被自然坑打破，向下打破 3C 层。坑口距地表 1.5 米，口径 2.14～2.0 米、底径 1.6～1.3 米，坑深 0.44～0.52 米。底较规整。坑内堆积分两层：第一层，黄灰色土，质稍硬，较纯净；第二层，黑灰土，质松散，内含少量红烧土、炭粒。坑内出土陶片中夹砂红陶、红褐陶占 46.3%，泥质红陶占 39.1%，夹骨屑红褐陶占 6.6%，夹云母和夹炭红褐陶各占 4.7%和 3.3%。可辨器形有盆形鼎、肩壶、CⅡ划纹盆。还有石镰等(图六四，1)。

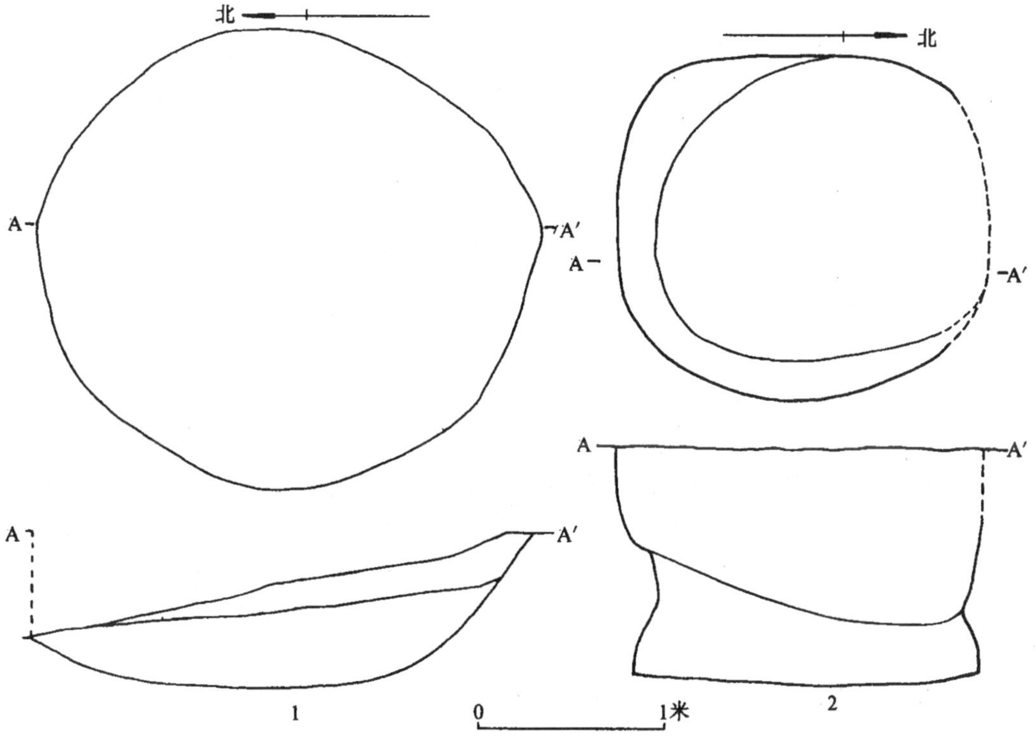

图六四 甲类 Da 型灰坑平、剖面图

1. H162 2. H169

H169，位于 T101 西北部，被 M225、M250、M267、M392 叠压或打破，向下打破 3C 层。坑口

距地表 1.2 5 米，口径 2.1～1.8 米、底径 1.86～1.70 米，坑深 1.4 米。坑口近圆，壁呈不规则弧形，中部向内束，底近平。坑内堆积分两层：第一层，黄土，内含红烧土粒和少量草木灰；第二层，深灰土，质较松，内含大量草木灰。坑内出土陶片重 3 320 克，其中泥质红陶占 54.2%，夹砂褐陶占 39.2%，夹蚌（骨屑）褐陶占 6%，夹云母红陶占 0.6%。素面磨光占 88%，绳纹占 12%；鼎罐类占 19.2%，壶类占 30.8%，盆钵类占 50%。可辨器形有 AⅡ 侈口罐、BⅡ 双耳罐、罐形鼎、CⅣ 敞口钵、AⅤ、BⅠ 浅腹钵、BⅢ 敛口钵、AⅠ 敛口盆等（图六四，2）。

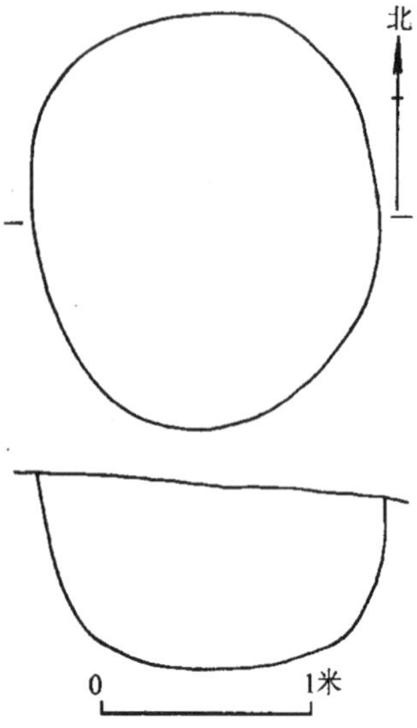

图六五　甲类 Db 型灰坑（H16）平、剖面图

（2）Db 型：9 个，以 H16、H224、H345、H347 为代表。

H16，位于 T22 北部中间和 T5 南部，开口于 3C 层下，打破 H71。坑口距地表 1.5 米，口径 1.85～1.64 米，坑深 0.8 米。坑口近圆形。壁呈弧形，底近圜，均较规整。坑内填土呈黑色，质较松。坑内出土陶片以夹砂红陶为主，占 50.74%，泥质红陶占 49.26%。可辨器形有 AⅠ 罐形鼎、双耳罐、DⅢ 罐形壶、BⅠ 敛口钵、三足壶。另外还有 B 骨凿、D 砸击石锤、石核等（图六五）。

H224，位于 T108 西北部，开口于 3C 层下，被自然坑打破，向下打破第 4 层。口距地表深 1.1～1.6 米，口径 2.7～2.4 米，坑深 0.56 米。坑口近圆形。壁近弧形、圜底。坑内堆积分两层：第一层，黄灰土，质稍硬，内含少量红烧土和炭粒，厚 0.4 米；第二层，黑灰土，质较松，内含大量红烧土和炭粒，厚 0.2 米。坑内出土陶片中可辨器形有 BaⅣa 鼎足等。另有 D 砸击石锤等（图六六，1）。

H345，位于 T113 东南部，开口于 3B 层下，打破 3C 层和 H115。坑口距地表 1.1 米，口径 1.2～1.08 米，坑深 0.44 米。弧壁，圜底，均较规整。坑内填土疏松，内含大量红烧土粒。坑内出土可辨器形有深腹钵、敞口钵。另有 A 锤击石锤等（图六六，2）。

H347，位于 T113 东壁下，开口于 3B 层下，打破 3C 层。坑口距地表深 1.05 米，口径 1.12～0.95 米，坑深 0.46 米。壁略呈弧形、底近圜。坑内填灰土，质松，内含少量红烧土粒。出有角把罐、AⅦ 敛口钵、敞口钵以及三足钵残片（图六六，3）。

（3）Dc 型：4 个，以 H49、H250 为代表。

H49，位于 T13 中部，开口于 3B 层下，被 H50 打破，向下打破 H85 和 3C 层。坑口距地表 1.15 米，口径 1.66～1.4 米，坑深 0.45 米。壁略弧，底东高西低呈台阶状。坑内填土为青灰色，质松，内含烧土块及烧骨等，有的烧土块一面平，烧结程度很高。坑内出土陶片以泥质红陶为主，占 57%，夹骨屑红陶占 23%，夹砂红陶占 15%，夹炭红衣陶占 5%。可辨器形有 AⅦ 浅腹钵、BI 三足钵、BⅡ 三足钵足等残片（图六七，1）。

H250，位于 T32 东部，开口于 3C 层下，打破第 4 层。坑口距地表 1.3～1.4 米，口径 1.96～1.78 米，坑深 0.74 米。壁略弧，底东南部有二层台阶，四壁涂有约 0.06 米厚的黄泥，底部灰土经烧烤。坑内堆积分三层：第一层，灰土，质稍松，内含大量红烧土和草木灰；第二层，土色较黑，草木灰含量增大；第三层，灰土，厚约 0.1 米，为窖穴底部铺垫层。坑内出土陶片全部为夹砂红陶，可辨器形的标本有 AⅡ、AⅢ、BⅠ、BⅡ、BⅢ 角把罐、BaⅡ 角把、罐形壶及耳、双耳罐、方口盆、深腹盆。另有 B 石钻、A 研磨器、B 琢击石锤等（图六七，2）。

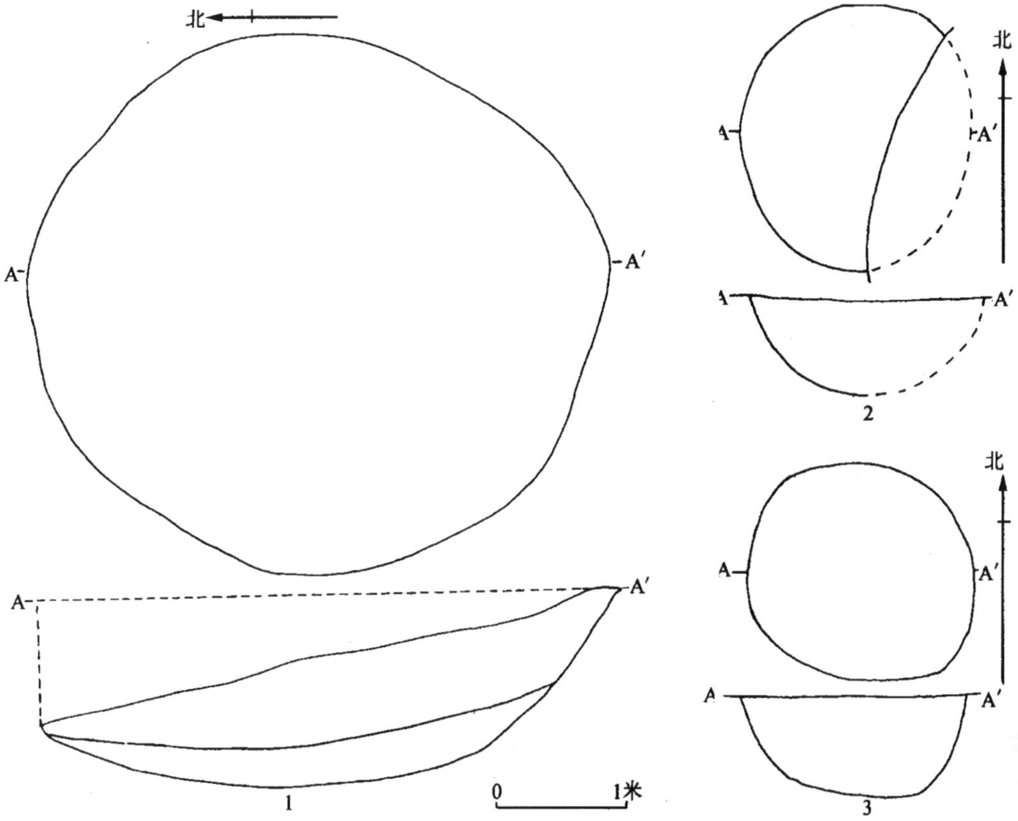

图六六　甲类 Db 型灰坑平、剖面图
1. H224　2. H345　3. H347

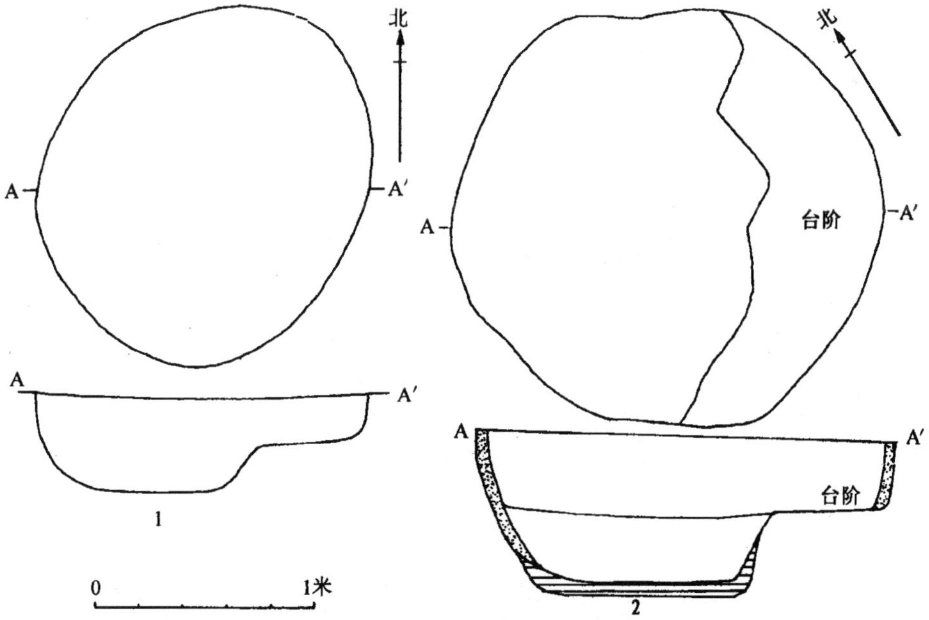

图六七　甲类 Dc 型灰坑平、剖面图
1. H49　2. H250

（二）乙类灰坑

共发现 143 个，其中 A、C 两型各有 54 个，分别占 37.8%；B、D 两型大致相当，各有 17 和 18 个，分别占 11.9%和 12.6%。均以中期居多，多为当时的窖穴。

1. A 型

54 个，分为 a、b、c、d 四个亚型，以 Aa 型居多。

(1)Aa 型：30 个，以 H17、H22、H132、H159、H249、H348、H393 为代表。

H17，位于 T23 南壁下中间，开口于 3B 层下，打破 3C 层。坑口距地表深 1.07 米，口径 1.16～0.76 米，底径 1.0～0.70 米，坑深 0.24 米。壁、平底较为规整。坑内填黑灰土，质稍松。出土有罐形鼎及 Cb 石斧等(图六八，4)。

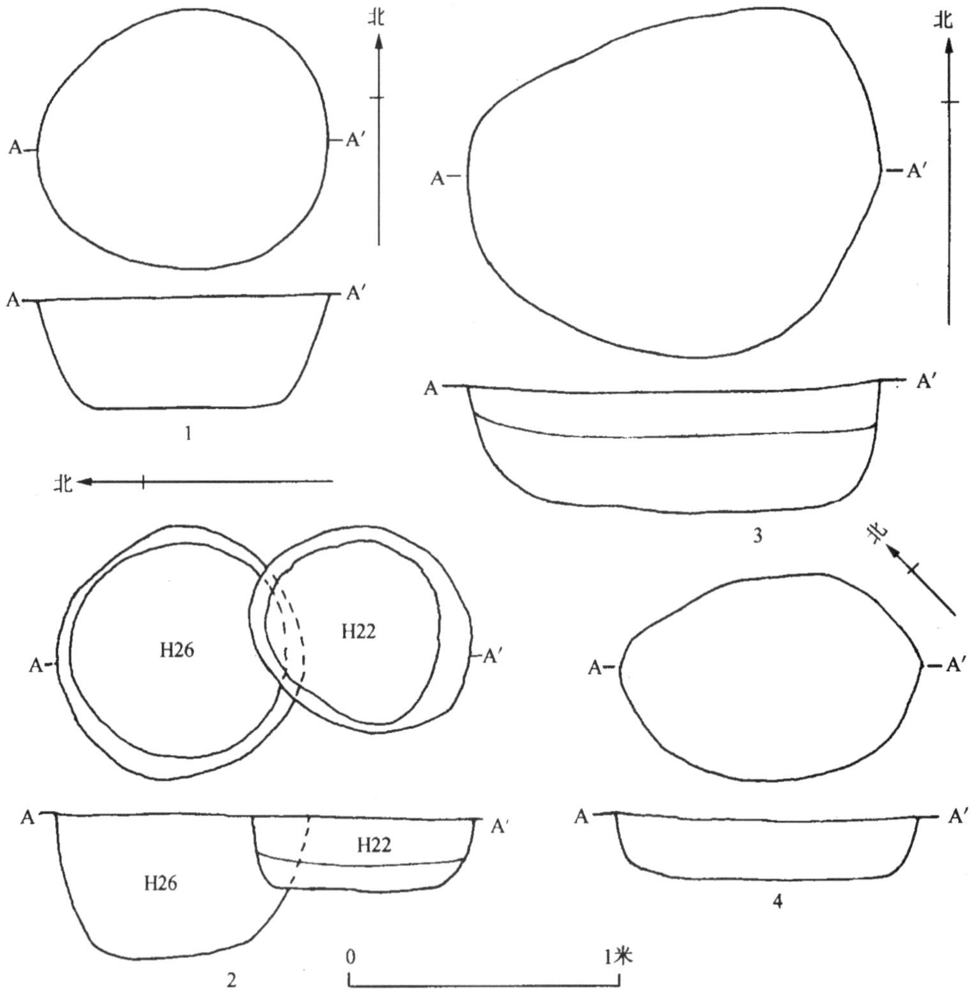

图六八　乙类 Aa 型灰坑平、剖面图

1. H132　2. H22　3. H159　4. H17

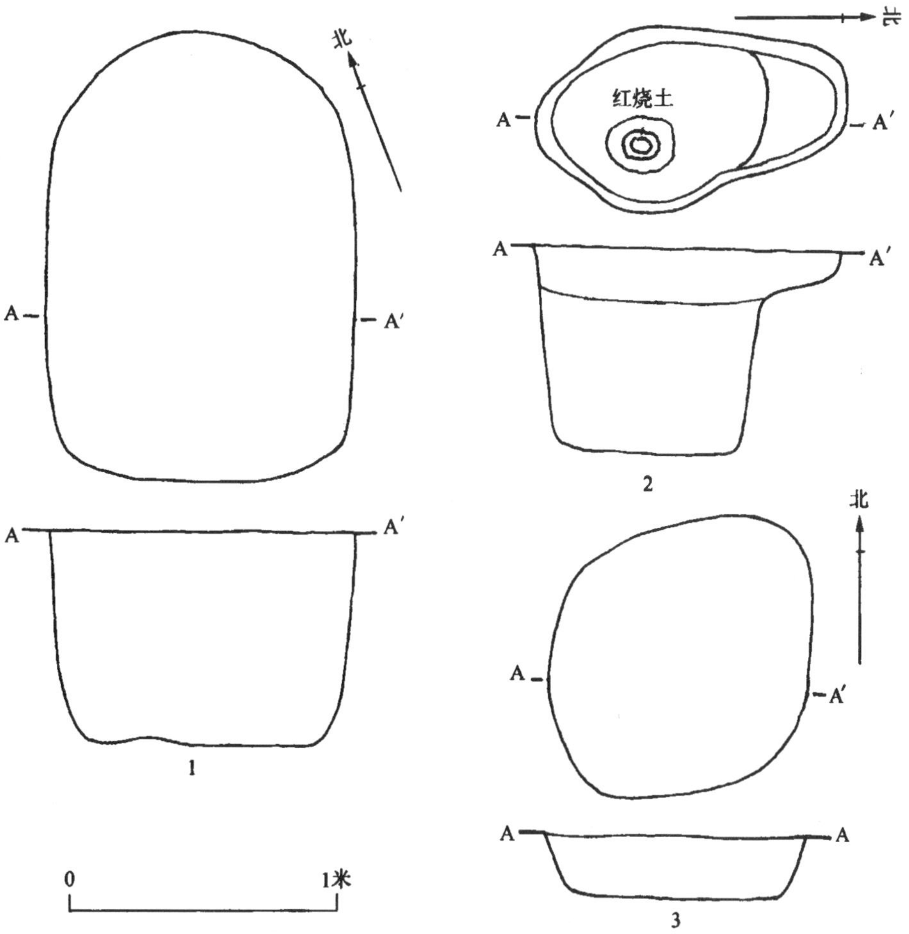

图六九　乙类 Aa 型灰坑平、剖面图

1. H249　2. H348　3. H393

H22，位于 T11 南部中间，开口于 3A 层下，打破 H26 和 3B 层。口距地表深 0.85 米，口径 0.9～0.74 米、底径 0.65 米，坑深 0.27 米。南壁内斜较甚，北壁轻微，底近平。坑内堆积分两层：第一层黄灰土，质稍松；第二层，灰土，质较松，内含大量的红烧土和炭屑。坑内出有盆形鼎、圈足罐、CⅧ敞口钵、敛口钵、深腹钵等残片（图六八，2）。

H132，位于 T113 南部偏西，开口于 3C 层下，打破第 4 层。坑口距地表深 1.1 米，口径 1.15～1 米、底径 0.8～0.75 米，坑深 0.4 米。壁、底均较规整。坑内填土不分层次，黄灰土，质稍硬。出土陶片全部为夹砂红陶，主要标本有角把罐、罐形壶等残片（图六八，1）。

H159，位于 T103 北部，开口于 3C 层下，向下打破 4 层、生土层。坑口距地表深 1.64 米，口径 1.60～1.30 米、底径 1.30～1.0 米，坑深 0.5 米。坑内堆积分两层：第一层，灰土，质稍硬，厚 0.15 米；第二层，灰土，质松软，内含大量草木灰、炭粒等。坑内出土陶片以夹砂红陶为主，占 61.1%，泥质红陶占 25.9%，夹炭红衣陶占 13.0%，夹砂陶中一部分同时还夹少量炭屑。可辨器形主要有 A 盆形鼎、BaⅠ鼎足、DⅢ罐形壶、AⅡ敛口钵、CⅡ方口盆、深腹盆、角把罐、卷沿罐。另外还有 E 砺石和 AbⅣ牙削等（图六八，3）。

H249，位于 T32 西北部，开口于 3B 层下，打破 3C 层。坑口距地表 1 米，口径 1.65～1.18 米、底径 1.25～0.84 米，坑深 0.44 米。壁稍内斜，底近平。坑内填土为黑灰色，质稍松，内含大量红烧土及草木灰。可辨器形主要有罐形鼎、钵形鼎、壶、敞口钵、及 A 锉、A、D 石磨盘等。（图六九，1）

H348，位于 T113 西部，开口于 3B 层下，打破第 3C 层。坑口距地表深 1.05 米，口径 1.20～0.64 米、底径 1.10～0.65 米，坑深 0.76 米。壁内斜，北壁在深 0.1 米处留有二层台，台宽约 0.28 米，平底。坑口有大块原生红烧土，上有 1 件折肩壶、2 件残平底罐及一些碎兽骨、石核等。坑内堆积分两层：第一层，黑灰土，质较紧密，内含较多红烧土粒，厚 0.20 米；第二层，灰土，质较松，内含少量红烧土粒和草木灰，厚 0.56 米。坑内出土陶片以夹砂红陶、红褐陶和泥质红陶为主，分别占 40.6%和 39.4%，夹云母红褐陶和夹炭红衣陶分别占 8.8%和 10%，夹骨屑红陶占 1.2%。可辨

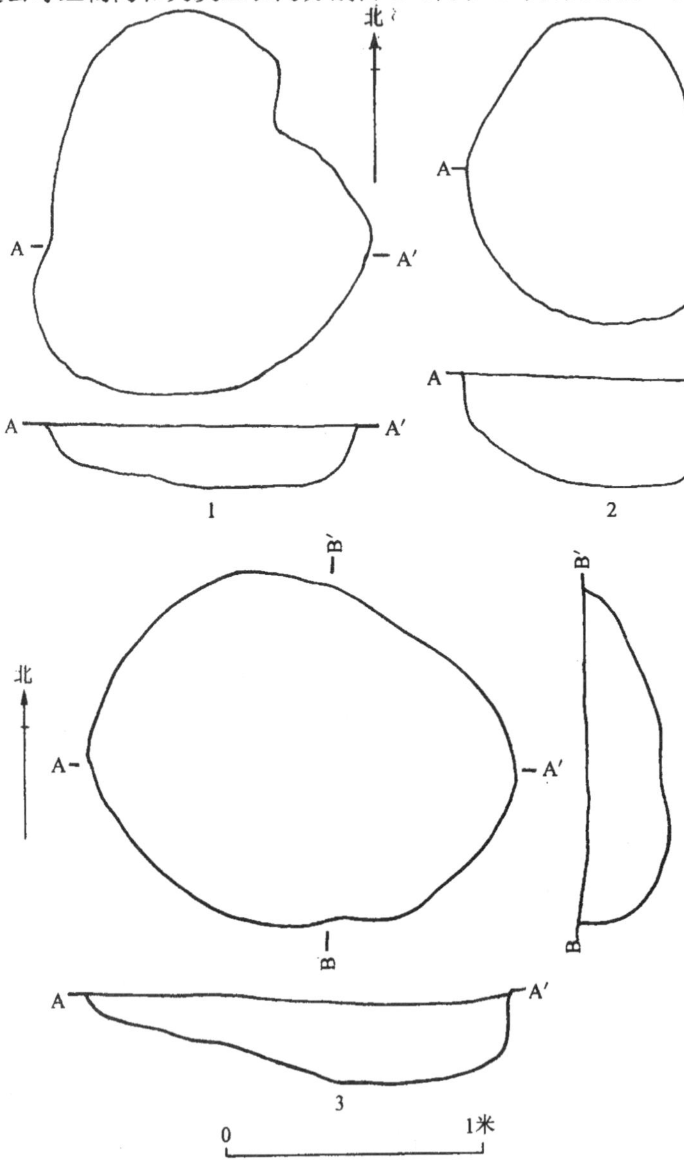

图七〇　乙类 Ab 型灰坑平、剖面图
1. H103　2. H191　3. H101

器形有AⅡ罐形鼎、AⅢ折肩壶、平底罐底、A支脚。另有B锤击石核等(图六九,2)。坑口部分疑为室外灶残迹。

H393,位于T103中部偏南,开口于3B层下,打破3C层。坑口距地表深1.7米,口径1.2~0.98米、底径0.9~0.8米,坑深0.22米。坑内填黄灰土,质稍硬,内含少量的红烧土块。可辨器形有BⅢ深腹盆、Aa网坠。另有石器坯料等(图六九,3)。

(2)Ab型:13个,以H101、H103、H191为代表。

H101,位于T105中部,开口于第2层下,打破H125、H102和3C层。坑口距地表深1.05米,口径1.74~1.36米,坑深0.36米。壁略内斜、底稍圜,不甚规整,西高东低。坑内填黑灰土,质稍松,内含红烧土。出土陶片以泥质红陶为主,占32.8%;次为夹云母红褐陶,占37.7%;夹炭红衣陶占19.7%;夹砂红褐陶占9.8%。主要器形有AⅢ卷沿罐、AⅣ罐形鼎。另有Aa石镰和Df骨镞等(图七〇,3)。

H103,位于T105东部中间,开口于第2层下,打破H358和3C层。坑口距地表1.03米,口径1.94~1.34米,坑深0.24米。壁、底不甚规整。坑内填黑灰土,质松。出土陶片以泥质红陶为主,占61.6%,夹骨屑橙黄陶和夹砂红褐陶分别占21.7%和13.8%,夹炭红衣陶占2.9%。可辨器形有折沿罐、敛口钵、敛口盆。石、骨制品有Ac石铲、C琢击石锤、Bb骨镖及石杵、带使用痕迹的石块等(图七〇,1)。

H191,位于T104西部中间,开口于3B层下,打破3C层。坑口距地表深1.07米,口径1.2~0.96米、底径0.86~0.64米,坑深0.42米。壁、底不甚规整。坑内填灰土,质松,内含烧土粒。出土陶片中泥质红陶占55.6%,夹砂红陶和夹骨屑褐陶分别占19.4%和13.9%,夹炭红衣陶和夹云母红陶分别占8.3%和2.8%。可辨器形有CI侈口罐、BⅡ敛口钵等(图七〇,2)。

(3)Ac型:5个,以H167为代表。

H167,位于西南部,T108东南角和T114西北角。开口于3C层下,被现代墓和M244打破,向下打破H151及第4层。坑口距地表深1.45米,口径3.98~3.08米,底径2.62米,坑深0.55米。壁稍内斜,在深0.24米处底部东、南部,收出一台阶,宽0.35~1.5米,西、北部较深,向下至底呈不规则圆形,直径2.45~2.6米。坑内填土分两层:上层红褐土,质稍硬;下层黑灰土,质较松,内含草木灰等。坑内出土陶片中泥质红陶占36%,夹砂红陶和夹骨屑红褐陶各占24%,夹云母红褐陶占12%,夹炭红衣陶占4%。可辨器形有AI折沿罐、BⅣ罐形壶、BI折腹钵、AⅢ浅腹钵等(图七一)。

(4)Ad型:6个,以H32、H180、H329为代表。

H32,位于T14中部,开口于3B层下,被F1(H28)打破,向下打破3C层。坑口距地表深1.0米,长径2.2、短径1.88米,坑深1.18米。内斜壁,北壁上有挖筑时残留的工具痕迹。底呈不规则状,西、南部近平,东、北部有一凹窝,深0.18米。坑内填土分三层:第一层,浅灰土,质疏松,内含红烧土、炭粒、果核、鳖甲,厚0.58米;第二层,深灰土,质较松,内含草木灰较多,还有红烧土块,厚0.20米;第三层,黑灰土,质松,内含木炭、兽骨、黄牛下颌骨、大量陶片和红烧土块,厚0.40米。坑内出土陶片中泥质红陶占34.4%,夹砂红褐陶和夹骨屑红褐陶分别占23.9%和21.2%,夹云母红陶和夹炭红衣陶分别占12.1%和8.4%。可辨器形有敛口钵、敞口钵、鼎足、弹丸。另有A和B琢击石锤、Ba石斧、Aa石铲及F骨镖、CI骨镞等(图七二,1)。

H180,位于T114西北部,开口于3B层下,上被近代墓打破,向下打破3C层。坑口距地表深1.35米,口径1.75~1.30米、底径0.60~0.50米,坑深0.55~1.2米。壁近直,底呈不规则状,南、北部各有一凹坑,中间以土隔墙相隔,土隔距坑口约0.3米。北部凹坑较深且大,南北0.9米、

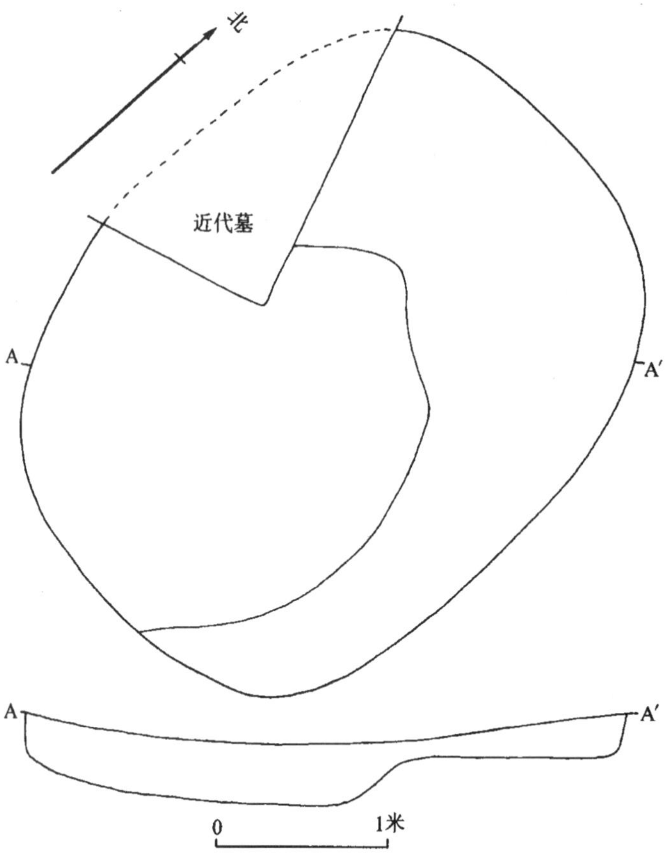

图七一　乙类 Ac 型灰坑(H167)平、剖面图

距口深 1.2 米;南半部凹坑较小且浅,南北 0.45 米、距口深 0.55 米。坑内堆积分两层;第一层,灰土,质稍硬,内含丰富的红烧土粒,厚 0.5 米;第二层,深灰土,质较松,内含大量草木灰,厚 0.05～0.7 米。坑内出土陶片中泥质红陶占 45.0%,夹砂红陶和红褐陶占 38.2%,夹云母红陶占 7.7%,夹骨屑红褐陶占 5.5%,夹炭红衣陶占 3.6%。可辨器形有盆形鼎、罐形鼎、钵形鼎、鼎足、双耳罐、折肩壶、圆腹壶、BⅡ敛口钵、浅腹钵、三足钵等(图七二,2)。

H329,位于 T71 西部,开口于第 4 层下,打破第 5 层,坑口距地表深 1.44 米,口径 1.0～0.70 米,坑深 0.56 米。口部北壁凸出,斜壁,底不甚规则,近圜,但中间凸起。坑内填黑灰土,质稍松,底部附有一层厚约 0.03 米的黄泥。出土陶片以泥质红陶和红褐陶为主,占 49.8%,夹砂红陶、褐陶和橙黄陶次之,占 30.3%;夹蚌(骨屑)红褐陶、褐陶次之,占 15.6%;夹炭红衣陶占 4.3%。可辨器形有 BI 盆形鼎、敛口钵等标本。另有 B 石磨棒、Ab 颜料等(图七二,3)。

2. B 型

发现 17 个,分为 a、b、c 三个亚型。

(1)Ba 型:8 个,以 H75、H111、H182、H196、H221 为代表。

H75,位于 T16 西南部,开口于 3B 层下,被 M30 打破,向下打破 H81、M58 及 3C 层。坑口距地表深 1.1 米,西、南部向外斜弧,东、北壁较直,剖面呈靴形,口径 1.7～1.34 米、底径 2.22～1.90 米,坑深 1 米。坑内堆积分两层:第一层为灰土,质疏松;第二层为黑灰土,质较松,夹杂有大

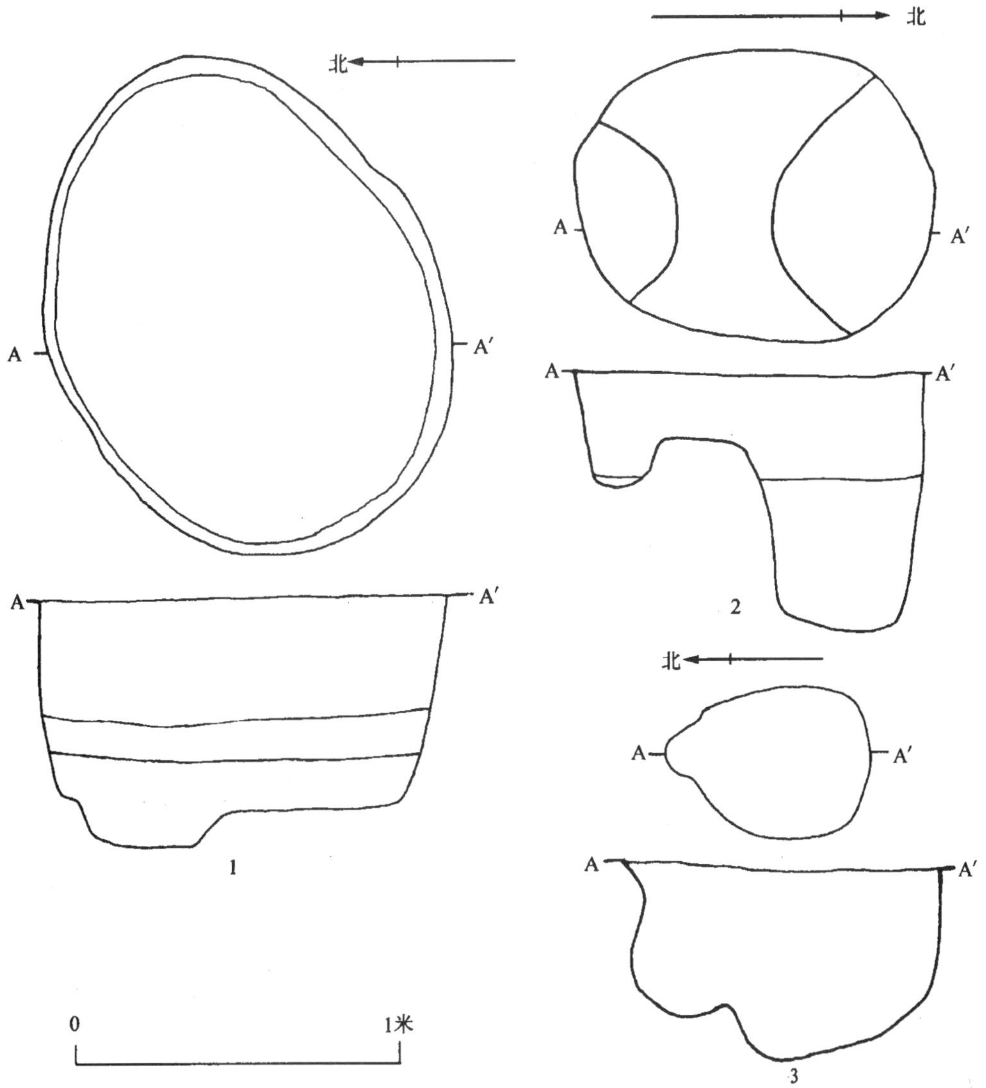

图七二　乙类 Ad 型灰坑平、剖面图

1. H32　2. H180　3. H329

量草木灰、红烧土粒及鱼骨等。坑内出土陶片以泥质红陶为主，占 50.9%，夹云母红陶、红褐陶占 19.8%，灰砂红陶、红褐陶占 12.3%，夹炭红衣陶和夹蚌红褐陶分别占 9.3%和 7.7%。可辨器形有Ⅱ钵形鼎、罐形鼎、BaⅣC 鼎足、AⅡ、AⅢ卷沿罐、CI 和 DaI 双耳罐、敛口钵、敞口钵、B 型深腹钵、AⅡ敛口盆、BⅡ碗。另外还有 D 琢击和砸击石锤以及 C 骨器柄等(图七三,1)。

H111，位于 T105 东北部，开口于 3C 层下，被汉代灰沟和 H109、H110 打破，向下打破第 4 层。坑口距地表深 1.15 米，口径 1.82～1.36 米、底径 2.05～1.60 米，坑深 0.89 米。坑壁向外斜弧，底近平。坑口外东、南分布有 3 个大小不等的圆形或椭圆形灰土洞，大多不规则，大的长径 0.4 米，短径 0.16 米，小的直径仅 0.12 米，深 0.1～0.2 米不等，从分布规律分析，可能为窖穴上搭棚的柱洞。坑内填黑灰土，质较软，底有一白灰层。坑内出土陶片全部为夹砂陶，以红为主，少量为褐色，主要器形有 AI、AⅡ、BI 角把罐、AdI 和 BaI 角把、BⅠ罐形壶、BI 深腹盆、Ca 支脚。另外还有石磨盘、石器坯料等(图七三,4)。

H196,位于T114东北部,开口于3B层下,被H173打破,向下打破M294、H271及3C层。坑口距地表深1米,口径2.40~1.40米,坑深1.1米。西壁深0.3米处留一台阶,台面呈斜坡状,至深0.4米处坑壁又向外斜。东壁外弧,圜底,近平,坑口中间上层有一小片地层下陷。坑内堆积分

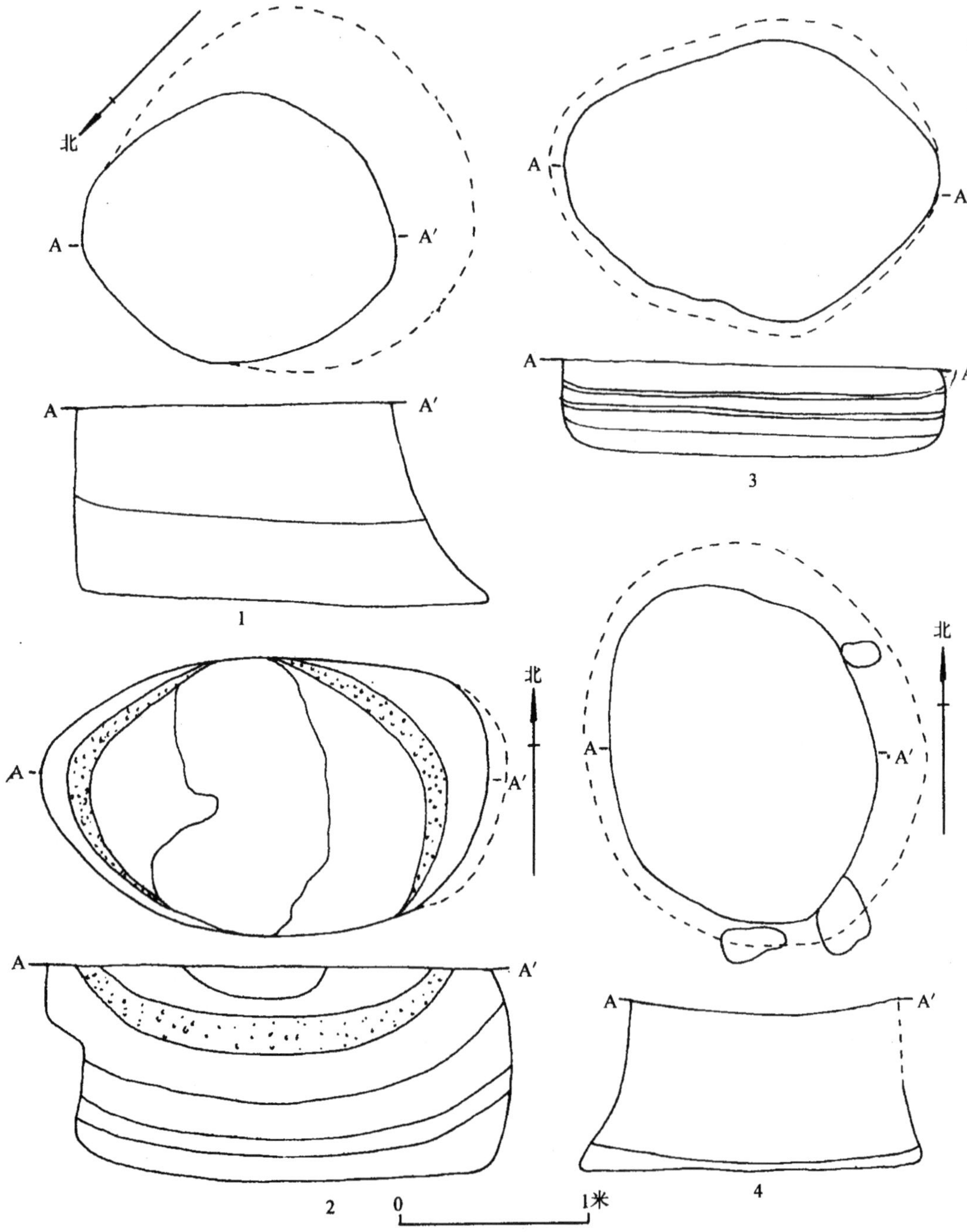

图七三　乙类Ba型灰坑平、剖面图

1.H75　2.H196　3.H221　4.H111

六层:第一层,深灰土,质稍硬,厚0.24米;第二层,含密集的红烧土粒,质较松,厚0.20米;第三层,青灰土层,厚0.24米;第四层,散落的红烧土层,厚0.18米;第五层,草木灰层,质疏松,厚0.08～0.10米;第六层,黄土层,质稍硬,厚0.10～0.16米。坑内出土陶片以泥质红陶为主,占40.7%,夹砂红褐陶占33.7%,夹炭红衣陶占18.4%,夹蚌褐陶和夹云母红陶各占5.6%和1.6%。鼎罐类占45.3%,壶类占22.7%,盆钵类占32%。主要器形有AI和BI敛口盆、D支脚、Cb石斧等(图七三,2)。

H221,位于T28东南部,开口于3C层下打破第4层。坑口距地表深1.34米,口径1.98～1.36米、底径1.60～1.30米,坑深0.45米。坑壁外斜,底近平,均较规整。坑内堆积分六层:第一层,灰褐色,质稍硬,内含炭粒,厚0.14米;第二层,灰黑土,质稍松,厚0.01～0.03米;第三层,为黄褐色土,厚0.08～0.16米;第四层,灰黑色土,质松,厚0.01～0.03米;第五层为红烧土块层,厚0.08～0.12米;第六层,灰黑土,质稍硬,内含红烧土块,厚0.05～0.13米不等。坑内出土陶片228片,其中夹砂红陶占96.1%,泥质红陶占3.9%;素面磨光占63.6%,绳纹占36%,刻划纹占0.4%;角把罐占38.5%,罐形壶、双耳罐占30.8%,深腹盆、方口盆占23%,支脚占7.7%;可辨器形有AI角把罐、AⅢ双耳罐,方口盆和深腹盆、A和Ca支脚、AⅡ器耳。另有B锤击石锤、砸击石核及Fc骨镞等(图七三,3)。

H182,位于T114东南部,开口于3B层下,被H202打破,向下打破3C层。坑口距地表深1.20米,口径0.90～0.70米、底径0.90米,坑深0.3米。壁近直,平底,壁、底较规整。坑内填灰土,质疏松,内含少量红烧土块。出土陶片中泥质红陶占80.3%,夹砂红陶或红褐陶占11.8%,夹骨屑红褐陶占5%,夹炭褐陶占2.6%,夹云母红陶占0.3%。主要器形有卷沿罐、圆腹壶、敛口钵等(图七四)。

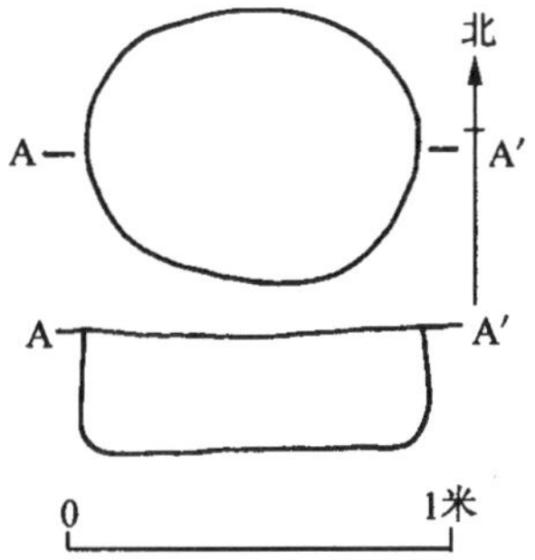

图七四　乙类Ba型灰坑(H182)平、剖面图

(2)Bb型:有H105、H202、H333共3个。

H105,位于T113西南部,开口于3A层下,打破3B及H131。坑口距地表0.9米,口径1.92～1.52米,坑深1.48米。壁涂一层0.02～0.1米厚的黄泥,周壁不甚规整,可能与涂壁的黄泥坍落有关。坑内堆积分五层:第一层,黑灰土,质稍硬,内含大量草木灰、烧土块,厚0.90米;第二层,草木灰和鱼骨层,厚0.20米;第三层,灰白色土层,有胶结现象,质较硬,厚0.10～0.20米;第四层,红烧土层,质较硬,厚0.08～0.15米;第五层,草木灰层,质稍松,厚0.12米。坑内出土陶片重6733克(见附表八～一一)。主要器形有BⅡ罐形鼎、盆形鼎、DaⅡ双耳罐、AⅡ、AⅢ卷沿罐、AⅣ折沿罐、Ⅱ式筒形篦纹罐、CⅦ敞口钵、BⅡ浅腹钵、AⅢ敛口盆、B釜、A支脚。石骨制品有Ca和D锤击石片及Ac骨针等(图七五,1)。

H202,位于T114东南角,开口于3B层下,向下打破H182、H354、H425和3C层。坑口距地表0.9米,口径1.45～1.20米,坑深1.48米。外斜壁,底近圜。坑内堆积分六层:第一层,灰土,质较硬,内含较多的红烧土,厚0.3米;第二层,青灰土,质稍松,内含少量红烧土粒,厚0.2～0.28米;第三层,黄土层,质稍硬,无包含物,厚0.20～0.30米;第四层,草木灰层,质较松,厚0.12～0.14米;第五层,灰黄土层,内含较多的陶片和红烧土,厚0.24米;第六层,灰土层,无包含物,厚0.4米。坑内出土陶片以泥质红陶为主,占64.3%,夹蚌(骨屑)褐陶占22.7%,夹砂红陶与红褐陶占13%。鼎罐类占35.7%,壶类占16.1%,盆钵类占48.2%。主要器形有BⅡ双耳罐、侈口罐、罐形鼎、AⅣ折肩壶、浅腹钵。另有AbI骨镞等(图七五,2)。

(3)Bc型:6个,以H186、H189、H214、H198为代表。

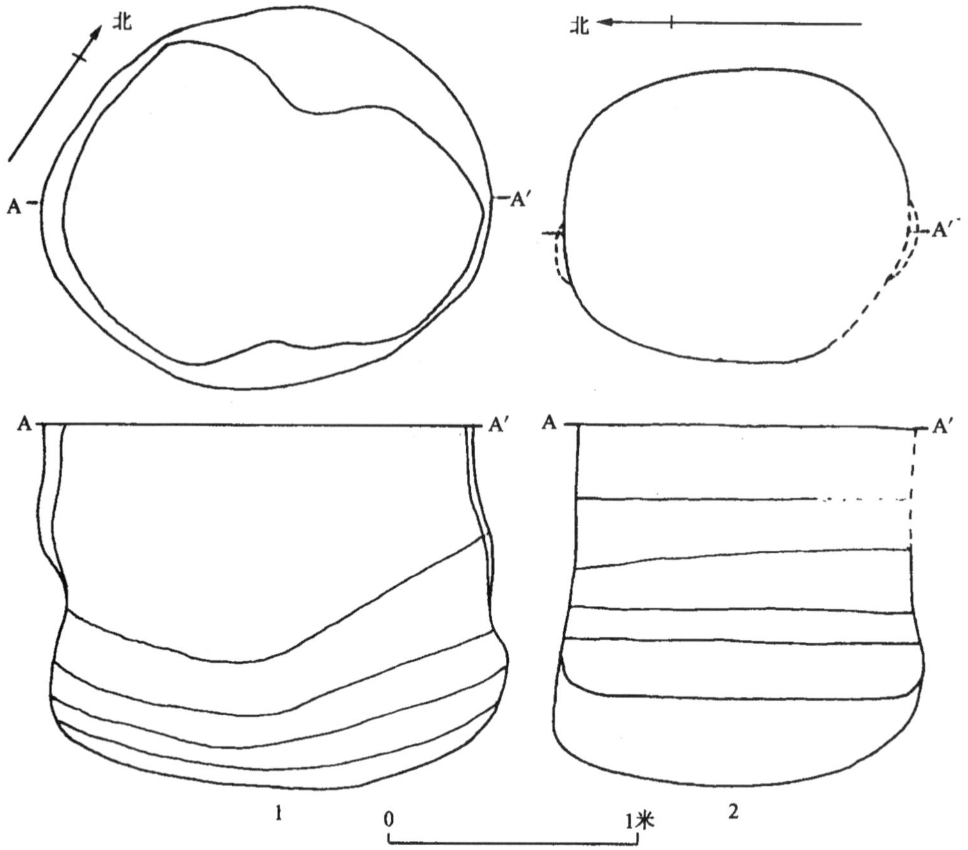

图七五　乙类 Bb 型灰坑平、剖面图

1. H105　2. H202

H186，位于 T114 中部偏东，上被 M295 打破，向下打破 H230。坑口距地表 1.0 米，口径 2.0～1.1 米、底径 2.20～0.80 米，坑深 0.5～0.8 米。东壁和西北角向外斜较甚，呈壁龛状，东部壁龛宽 0.3 米，深于坑底 0.3 米；西北部龛宽 0.2 米、深于坑底约 0.2 米。西北壁近直，底近平。南侧有一宽 0.36 米的台阶，呈斜坡状。坑内堆积分两层，第一层，灰土，质稍松，厚 0.44 米；第二层，草木灰层，厚 0.1～0.15 米。坑内出有 A 小钵、Ab Ⅲ 牙削等(图七六，1)。

H189，位于 T108 东北部，开口于 3B 层下，打破 3C 层。坑口距地表深 1.2 米，口径 1.30～1.1 米、底径 0.82～1.20 米，坑深 0.76 米。东壁外斜，西半部深 0.2 米处留有二层台，宽 0.6 米，台上有一层 0.1 米厚的黄土踩踏硬面。向下为直壁，平底。坑内填土分三层：第一层，深灰土，质硬，内含大量蚌片和鱼骨，厚 0.20 米；第二层，黄灰土，质疏松，内含大量木炭和红烧土，厚 0.40 米；第三层，灰土，质松散，内含大量草木灰和木炭，厚 0.15 米。坑内出土陶片重 1 790 克，其中泥质红陶占 51.1％，夹蚌(骨屑)红陶、红褐陶占 30.9％，夹砂红陶占 9.3％，夹云母红陶占 7％，夹炭红衣陶占 1.7％。素面磨光占 93％，篦点纹占 7％。可辨器形有盆形鼎、直口罐、Ⅰ式篦划纹罐、CⅣ 敞口钵、深腹钵、三足钵、B 支脚。石制品有 B 石磨盘、D 锤击石片、Cb Ⅱ 骨镞等(图七六，2；图版九，4)。

H198，位于 T108 东南部，开口于 3C 层下打破第 4 层。口距地表深 1.2 米，口径 2.56～1.6 米，底径 2.9～0.96 米，坑深 1.2 米。西壁、南壁下部均外斜约 0.2 米，东西壁有两层生土台阶，自

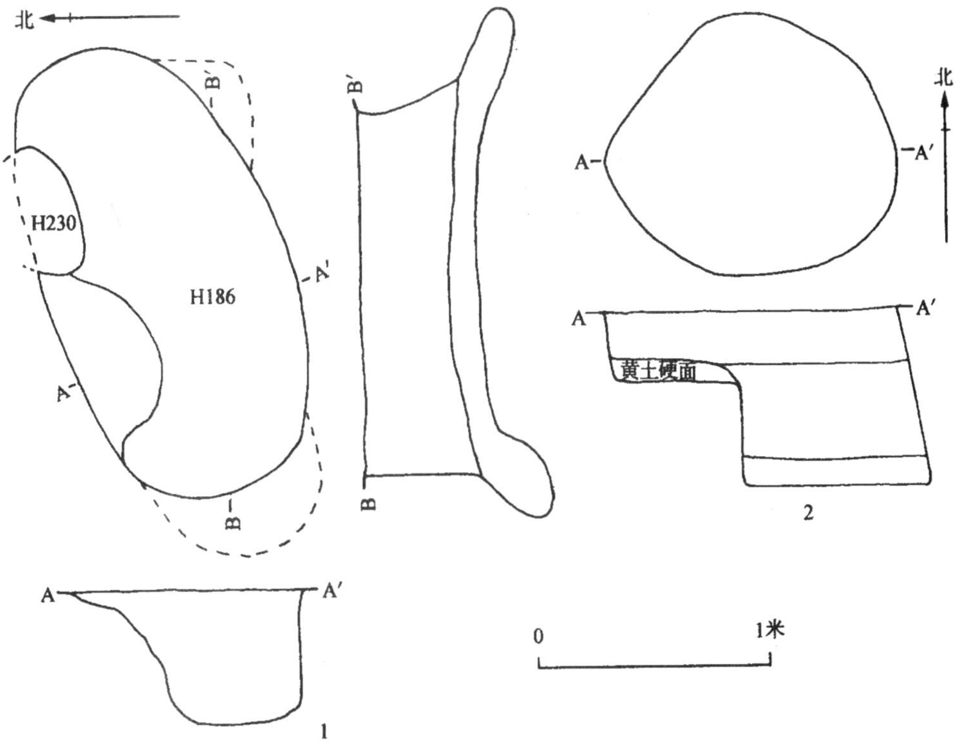

图七六　乙类 Bc 型灰坑平、剖面图

1. H186　2. H189

下而上第一层台阶高 0.48 米，呈斜坡状，上宽仅 0.14 米；第二层台阶高 0.3 米，上宽 0.3 米；第二层上 0.24 米至坑口。底部中间有 0.12 米高的隔墙。坑内堆积分三层：第一层，黄灰土，质稍硬，内含大量红烧土粒，厚 0.30 米；第二层，灰土，质松，内含少量红烧土粒和炭粒，厚 0.2 米；第三层，黑灰土，质松散，内含大量草木灰和少量红烧土粒，厚 0.70 米。坑内出土陶片重 15000 克(530 片)，其中夹砂红陶、红褐陶占 57.9%，泥质红陶占 37.8%，夹蚌红褐陶、夹云母红褐陶各占 3.4%和 1.3%。素面磨光占 92%，绳纹占 8%。鼎罐类占 56.5%，壶类占 11.8%，盆钵类占 27%，支脚占 4.7%。主要器物有 AI 罐形鼎、盆形鼎、角把罐、A Ⅰ 卷沿罐、A Ⅰ 侈口罐、A Ⅲ 双耳罐、D 型敛口罐、B Ⅳ 罐形壶、AI 敛口钵、A Ⅲ 深腹盆、C 敛口盆。另有 B 石磨棒及 Ab Ⅲ 牙削等(图七七；图版九，3)。

H214，位于 T104 西南部和 T109 西北部，西部被 H215 打破，向下打破 H148。坑口距地表深 1.20 米，口径 1.96～1.50 米，坑深 0.7 米。西半部东、南、北壁稍外斜，东半部宽 0.7 米，底呈斜坡状，上铺一层厚约 0.24 米的纯净黄土。在西南部有一方形黄土台，高约 0.3 米，长宽 0.4 米，用途不详。坑内堆积分两层：上层黑灰土，质稍松；下层黄泥层，较纯，质较硬。坑内出有陶圆腹壶、敞口钵以及 Cb 锤击石片等(图七八)。

3. C 型

54 个，可分为 a、b、c、d 四个亚型。

(1)Ca 型：36 个，以 H58、H124、H134、H135、H139、H188、H226、H252、H276 为代表。

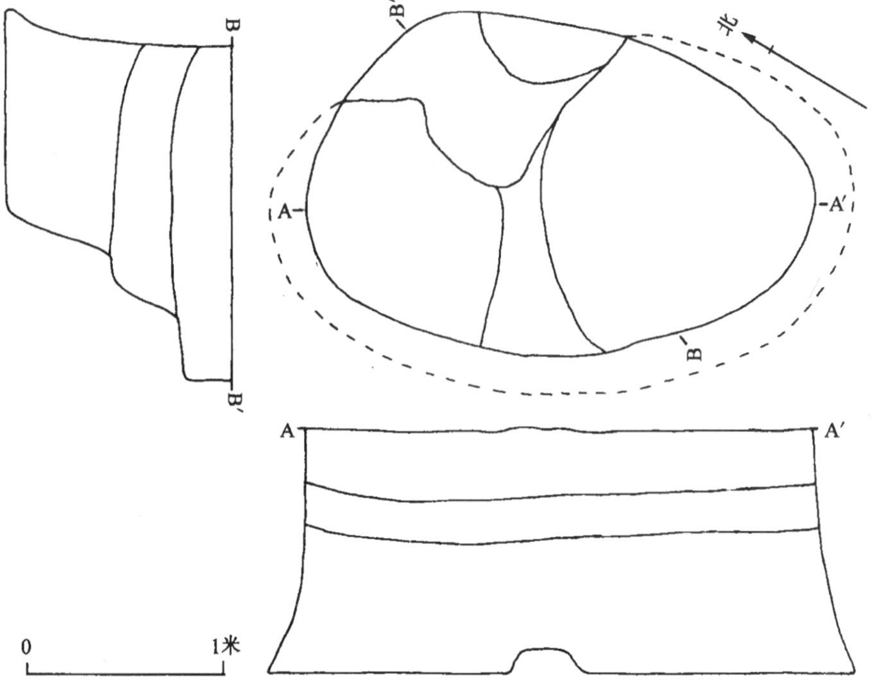

图七七　乙类 Bc 型灰坑(H198)平、剖面图

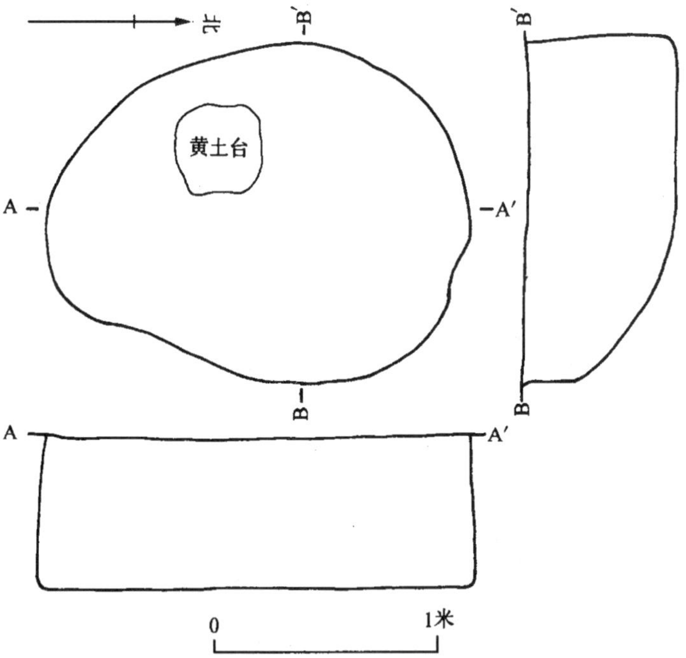

图七八　乙类 Bc 型灰坑(H214)平、剖面图

H58,位于 T20 西南部,开口于 3B 层下,打破 3C 层。坑口距地表深 1.1 米,口径 1.26～0.86 米、底径 1.24～0.84 米,坑深 0.87 米。直壁、平底均较规整。坑内堆积分两层:上层为黄灰土,质松,

厚 0.33 米；下层，灰白色土，质松，厚 0.54 米。可辨器形有高领罐、BI 罐形鼎、B 型深腹钵、AⅢ 敛口盆、CⅡ 和 D 碗及盂、碗底。另有 Ba 石斧等(图七九，1)。

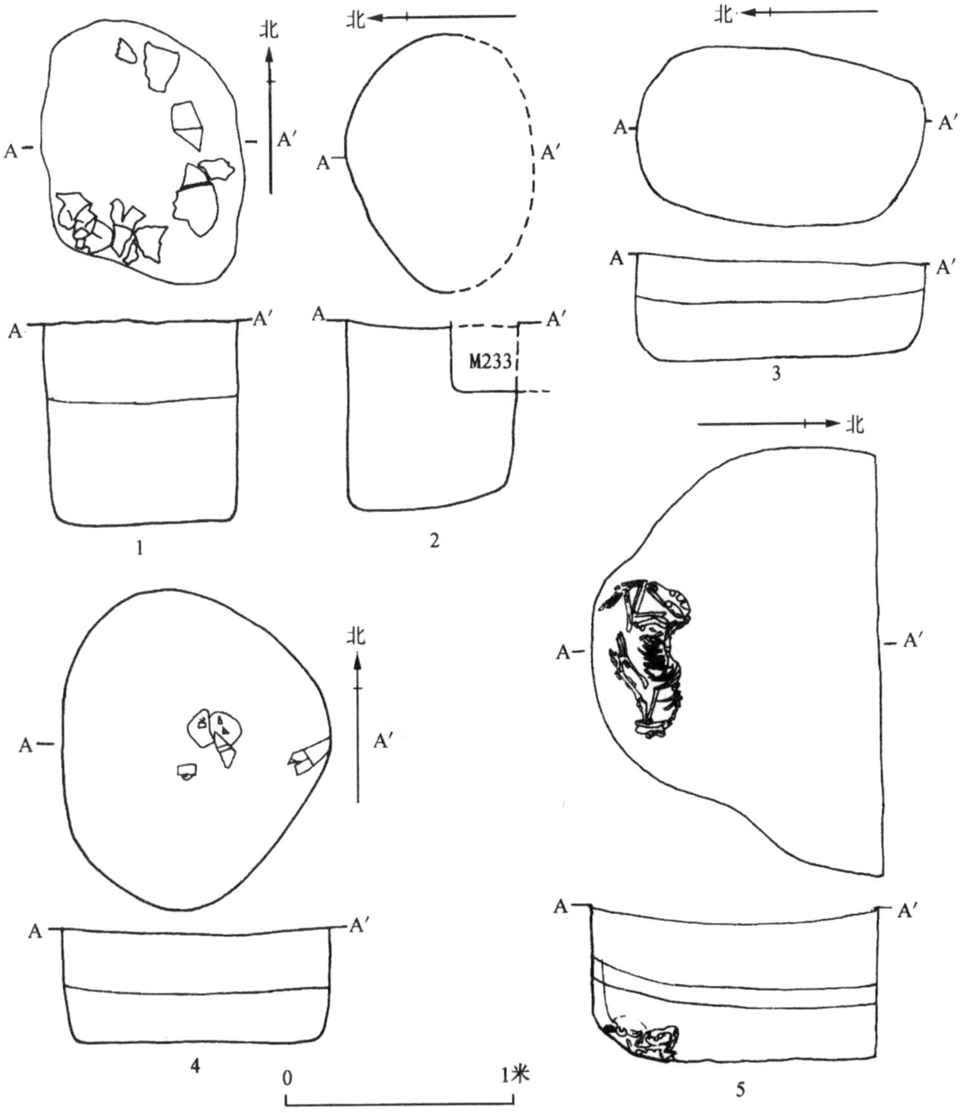

图七九　乙类 Ca 型灰坑平、剖面图

1. H58　2. H134　3. H124　4. H135　5. H139

H124，位于 T103 东南部，开口于 3B 层下，东、北边缘分别被 H133 和 H164 打破，向下打破 3C 层。坑口距地表深 1.40 米，口径 1.30～0.76 米、底径 1.20～0.60 米，坑深 0.40～0.46 米。底部稍倾斜，南部高于北部约 0.1 米。坑内堆积分两层：上层深灰土，质松软，内含较多红烧土，厚 0.2 米；下层浅灰土，质稍硬，内含少量烧土，厚 0.26 米。坑内出土陶片中夹砂红陶占 43.8%，泥质红陶占 37.8%，夹云母红褐陶和夹骨屑红褐陶分别占 9.6% 和 8.8%。鼎罐类占 57.0%，壶类占 15.0%，盆钵类占 28.0%。主要标本有 BI 盆形鼎、卷沿罐、D 型折沿罐、圆腹壶、BⅡ 敛口钵、D

型三足钵、AI敛口盆等。石、骨制品有C砸击石锤和Ac骨针、CaI和FaI骨镞等(图七九,3)。

H134,位于T101中部,开口于3C层下,上被M233和M242打破,向下打破第4层。口距地表0.75米,口径1.1~0.75米、底径1.0~0.72米,坑深0.8米。壁、底较规整。坑内填深灰土,质较松,内含少量的红烧土和草木灰。坑内出土陶片2 800克,其中夹砂红陶占71.4%,泥质红陶占28.6%。罐类占21.4%,壶类占28.6%,盆钵类占50%,均素面磨光,主要标本有BⅡ和BⅢ角把罐、AⅡ双耳罐、敛口钵等。另有Cb砺石、AaⅢ牙削等(图七九,2)。

H135,位于T119东部,开口于3B层下,向下打破3C层。坑口距地表1.05米,口径1.40~1.20米、底径1.35~1.10米,坑深0.5米。平底,壁、底均较规整。坑内堆积分两层:上层为黑黄土,质较硬,厚0.25米;下层为黑灰土、质疏松,厚0.25米。坑内出有盆形鼎、敞口钵、敛口钵、浅腹钵、三足钵以及Ac石斧、Ab骨针等(图七九,4)。

H139,位于T119北中部,开口于3c层下,打破4层。坑口距地表0.75米,北半部压在北隔梁外未掘,南半部宽1.3米,东西长1.8米,底径东西1.75米,坑深0.65米。壁、底均较规整。在南壁下发现一完整狗骨架,呈平卧状,前腿折屈,后腿前伸,头呈下勾状。坑内堆积分三层:第一层,褐色土,质地较硬,厚0.30米;第二层,灰黑土,质地疏松,厚0.10米;第三层,浅灰黑土,质地疏松,厚0.25米。坑内出有E罐形鼎、盆形鼎、折肩壶、罐形壶、AI敛口钵、深腹盆、方口盆及Dc砺石等(图七九,5;图版一〇,4)。

H188,位于T114中部偏南,开口于3B层下,打破H178、H187、M295及M297和3C层,口距地表1.6米,口径2.4~1.5米、底径2.3~1.30米,坑深0.56米。壁底均较规整。东南部壁向内斜呈斜坡状。坑内堆积分两层:上层为黑土,质较松,内含大量炭灰、鱼骨、鳖甲、烧骨等,厚0.3米;下层为灰土,质较硬,内含烧土粒和陶片。坑内出土主要标本有盆形鼎、AⅦ浅腹钵、深腹钵、壶等(图八〇,1)。

H226,位于T104西北部,开口于3B层下,打破H227和3C层。坑口距地表深1.6米,口径1.3~1.8米,坑深0.86米。壁底均很规整。坑内填黑灰土,质稍硬,下部较松,夹杂有木炭、烧土粒及鱼骨。主要标本有BⅢ盆形鼎、AⅢ划纹盆、BⅡ双耳罐以及Ac骨针等(图八〇,4)。

H252,位于T34位于东部,开口3B层下,被M351、M370、M393打破,向下打破3C层,坑口距地表深0.7米,口径2.04~1.66米,底径1.90~1.80米,坑深1.08米。坑壁不甚规整,南壁向外斜弧呈袋状,余三面直壁稍向内斜,周壁涂0.03~0.05米厚的黄泥,底铺0.05米厚黄泥,底较平。坑内填深灰色粘土,颗粒较细,质较松。坑内出土陶片重8 370克,其中泥质红陶占58.4%,夹砂红陶、红褐陶占22.5%,夹炭红衣陶占11.9%,夹蚌(骨屑)红褐陶占7.2%。素面磨光占94.4%,绳纹占3.7%,篦划纹占1.9%。鼎罐类占39.4%,壶类占18.3%,盆钵类占42.3%。可辨器形有BⅢ盆形鼎、侈口罐形鼎、BⅡ双耳罐、折沿罐、BⅡ圆腹壶、敞口钵、浅腹钵、划纹盆。石、骨制品有Aa和Ab砺石以及Ad骨针等(图八〇,3)。

H276,位于T25东北部,开口于3C层下,被H177打破,向下打破M397和第4层。坑口距地表1.17米,口径1.40~1.16米、底径1.28~1.16米,坑深0.96米。壁、底较规整,周壁涂抹黄泥。坑内填纯净的灰褐土,偶尔见几粒红烧土颗粒或灰星。出土标本有绳纹角把罐、深腹盆底等(图八〇,2)。

(2) Cb型:仅4个,以H107为代表。

H107,位于T105北部中间,开口于3C层下,向下打破H127和第4层。坑口距地表深1.05米,口径1.16~0.96米,坑深0.28米。直壁、圜底均较规整。坑内填土呈黑灰色,质松软。坑底置有完整BⅢ角把罐和龟壳各1件,鳖甲两个。所出陶片中泥质红陶占50%,夹骨屑红陶占

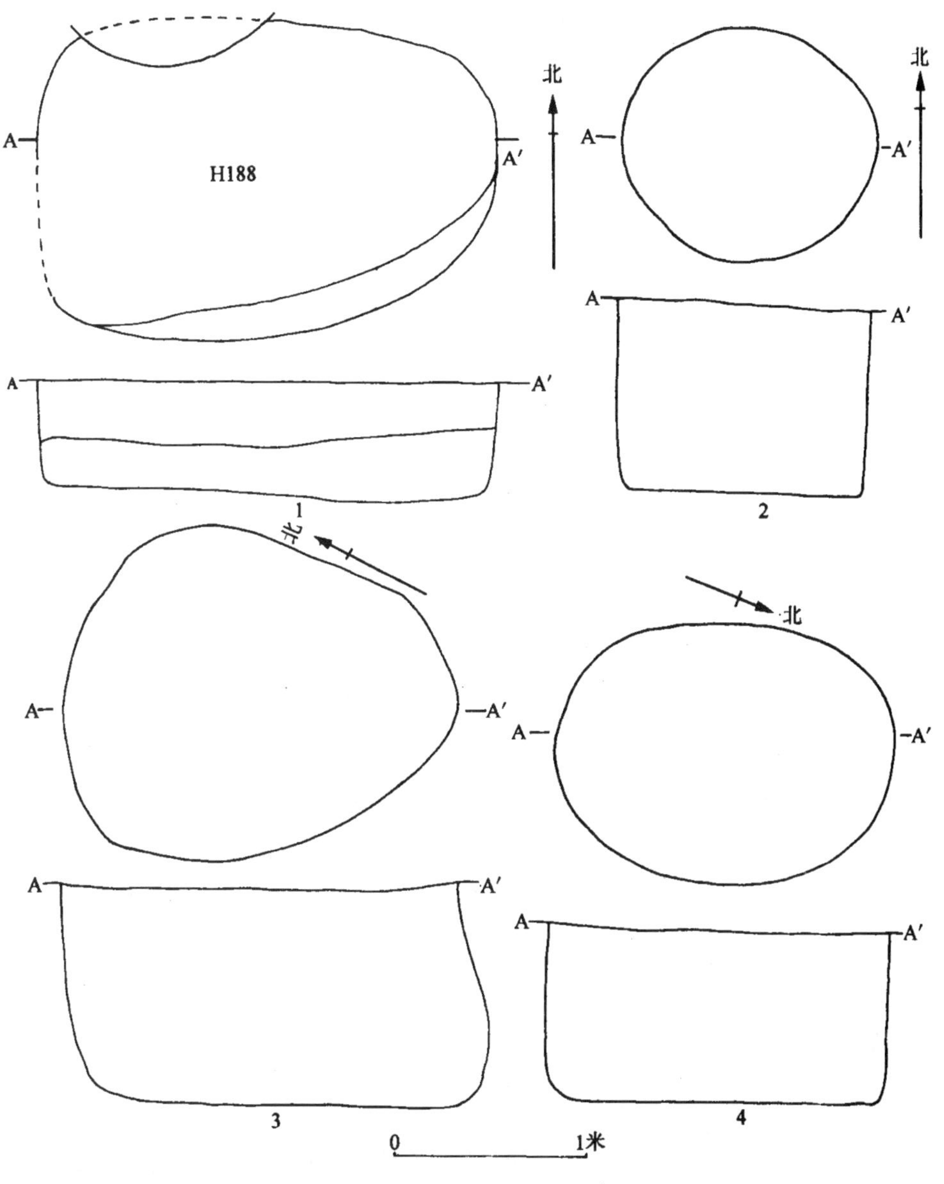

图八〇 乙类 Ca 型灰坑平、剖面图

1. H188 2. H276 3. H252 4. H226

32.4%，夹砂红褐陶占 15.7%，夹炭红衣陶占 1.9%。鼎罐类占 28.6%，壶类占 21.4%，盆钵类占 50%。主要标本有 BⅢ 角把罐、AI 折腹钵、CI 划纹盆等(图八一;图版一〇,2)。

(3)Cc 型:12 个，以 H34、H36、H40、H123、H151、H236 为代表。

H34，位于 T11 南部与 T12 北部之间，开口于 3B 层下，打破 3C 层。坑口距地表深 1.25 米，口径 1.25～0.90 米、底径 0.60～0.50 米，坑深 0.55 米。西壁近直，东半部呈斜坡状向内倾斜，至深 0.25 米处向下，西部收缩成一圆形小坑，南、北两壁近直稍向内斜，平底近圜。坑口有 AI、AⅠ折沿罐、CⅠ罐形鼎堆置在一起。坑内堆积分两层:上层为黄灰土，质稍硬。下层为灰土，质稍松，内含大量的红烧土块和炭粒，呈坡状堆积。坑内出土陶片中泥质红褐和夹炭红衣陶分别占 38.77%和 32.65%，夹砂红褐陶和夹骨屑红褐陶分别占 16.33%和 7.14%，夹云母褐陶占

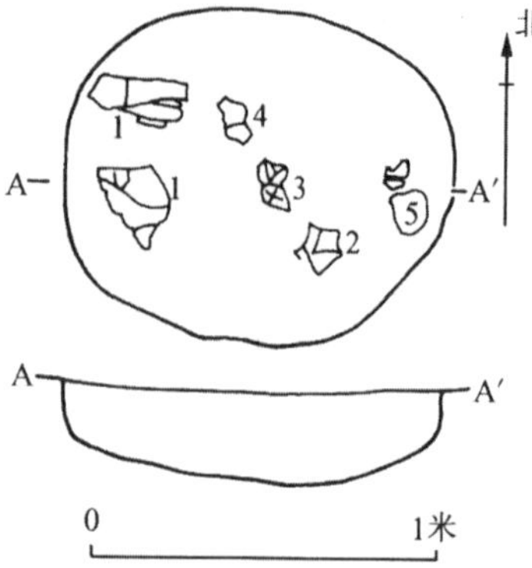

图八一　乙类Cb型灰坑(H107)平、剖面图
1. 陶罐 2. 陶盆 3. 龟甲 4. 鳖甲 5. 陶钵

5.1%。鼎罐类占46%,壶类占23%,盆钵类占31.0%。坑内出土主要陶片标本有AⅠ、AⅡ折沿罐、CⅡ罐形鼎、AⅠ、BI敛口盆等。另有Ab石铲、A锤击石核等(图八二,2)。

H36,位于T15西北部,上被H28和SK2打破,向下打破3C层和M40。坑口距地表深1.23米,口径2.22~1.84米、底1.40~0.70米,坑深1.78米。东、西两壁近直稍向内斜。南壁有三层台阶,自下而上第一层台阶高0.26米、宽0.28米;第二层高0.94米、宽0.46米,向南呈半圆形凸出;第三层高0.58米出地面,北壁上下部均直壁,中部深0.3~1.1米处向内斜。坑内堆积分三层:第一层,黑褐土,质稍松,内含少量的木炭及陶片,厚0.35米;第二层,黄灰土,质松软,内含大量红烧土及陶片,厚0.20米;第三层,灰褐土,质较松,含大量红烧土及木炭、兽骨、兽牙厚1.23米。厚0.68米,以下因遇水,填土质色不清,清理过程中发现有许多草木灰、鱼骨、鱼牙、动物类便、红烧土块等。坑内出土陶片中,泥质红陶占50.4%,夹砂红陶占17.6%,夹骨屑红陶、红褐陶占24.2%,夹云母红褐陶和夹炭红衣陶各占4.3%和3.5%。器表磨光占45.3%,素面占37.3%,篦划纹占9.9%,附加堆纹占1.1%,刻划纹占0.8%,乳钉纹、压印坑点纹各占0.5%,拍印纹占0.3%。盆体类占52%,鼎罐类占36%,壶类占10%,支脚占2.0%。主要标本有CⅡ罐形鼎、BⅢ盆形鼎、AⅢ侈口罐、BI卷沿罐、AⅣ折肩壶、AI敛口盆、绳纹片、甑底、蓆纹碗底、DI壶、AⅢ钵足、AcI鼎足。另有CaⅢ骨镞等(图八二,1)。

H40,位于T12西部,开口于3B层下,被H35打破,打破3C、第4层和生土层,坑口距地表深1.1米,口径1.1~1.3米,底深1米。直壁平底,东南部有一个月牙形二层台,宽0.2米、深0.4米。西壁中间有一个半圆形脚窝,深0.1米。坑内堆积呈黄灰色,质地松软,内含炭粒、草木灰等。坑内出土陶片不多,其中泥质红陶和红褐陶占36.5%,夹砂红陶、红褐陶占32.68%,夹炭褐陶和夹骨屑红褐陶分别占13.65%和11.21%,夹云母红褐陶占5.85%。素面磨光占84.87%,划纹、篦划纹占13.16%,绳纹占1.46%,压印纹占0.48%。主要标本有鼎足、划纹盆等(图八三,1)。

H123,位于T105西中部,开口于第2层下,打破3C层。坑口距地表深1.15米,口径1.64~1.30米、底径1.02~1.20米,坑深1.25米。东部有月牙形二层台,高宽均为0.45米,西壁直;底部中间有一圆形凹坑,直径约0.32~0.40米,深0.14米,壁内斜。坑内填黑土,质松软,内含烧土、木炭等。坑内出土陶片重2450克,其中泥质红陶占41.6%,夹砂红陶、红褐陶占18.8%,夹云母红陶占16.3%,夹骨屑红陶和红褐陶占13.5%,夹炭红衣陶占9.8%。素面磨光占97%,篦划纹占3%。鼎罐类占43.3%,壶类占33.3%、盆钵类占26.7%、支脚占6.7%。坑内出土复原或可辨器形的有BⅢ罐形鼎、BbⅢa鼎足、DaI双耳罐、CⅥ敞口钵、圆陶片、D型网坠。石、骨制品有Aa砺石、B和C琢击石锤、B石砧、Ⅲ石器坯料、D锤击石片和骨饰等(图八三,4)。

H151,位于T109西南部,开口于3C层下,被M244、H167打破,向下打破M247。坑口距地表深1.55米,口径2.3~1.35米、底径2.0~0.72米,坑深0.5米。周壁有环状二层台,高0.18米、宽0.46~0.16米。底、壁均较规整。坑内填土分两层:第一层,青灰土,质稍松;第二层,灰黄土,质较松。坑内出有AⅡ双耳罐、AⅢ罐形壶、A小钵及角把等(图八三,2)。

H236,位于T35南部和T36北部,开口于3B层下,北边被H237打破,向下打破H384、M372。坑口距地表深0.8米,口径2.50~1.55米。坑深0.74米。东半部有半月形二层台,高0.2~0.3米、宽1.0米。西壁及底较规整,为直壁平底,底部和周壁涂有一层黄泥,厚0.04~0.10

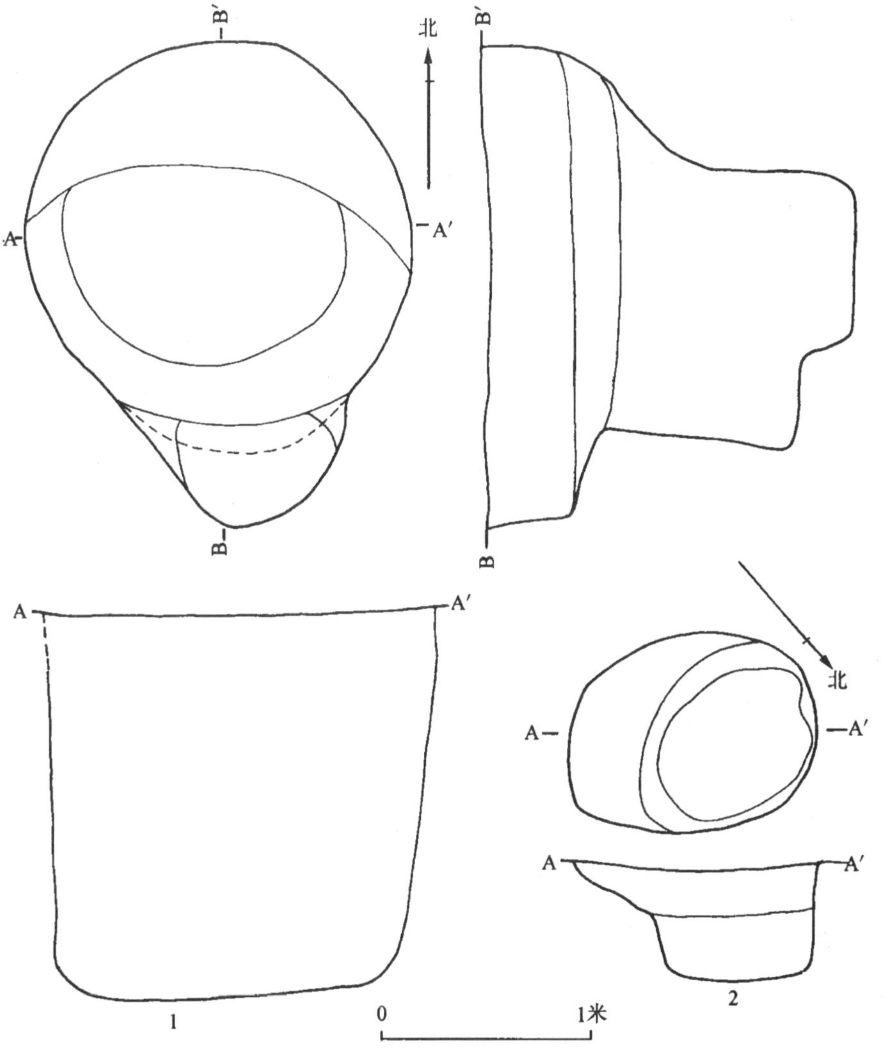

图八二　乙类Cc型灰坑平、剖面图

1. H36　2. H34

米，内夹少量红烧土颗粒。坑口有下陷现象，中部达0.16米。坑内堆积分三层：第一层，灰褐土，分布于东部二层台上和西部上层，质较松，颗粒较小，内含大量红烧土颗粒、草木灰及少量的碎骨等，厚0.14～0.15米；第二层，黑灰土，分布在西部中间，周围高、中间低、呈垂弧形。内含大量的草木灰，少量的红烧土颗粒，厚0.25米；第三层，只在灰坑的西半部出现，中间薄、周围厚，呈深灰色，质疏松，颗粒较小，内含大量草木灰和少量红烧土颗粒，无陶片，厚0.2～0.35米。坑内出土陶片重4 365克(227片)，夹砂红褐陶占63.9%(片数占57.7%)，泥质红陶、红褐陶占21.5%(片数占20.1%)，夹云母红褐陶占9.6%(片数占9.9%)。素面磨光占78.7(片数占87.2%)，绳纹占8.0%(片数占7.5%)，篦划纹占3.2%(片数占4.4%)，刻划纹占10.1%(片数占0.9%)。鼎罐类占55.4%(片数占44.8%)，盆钵类占42.7%(片数占51.7%)，壶类占1.9%(片数占3.5%)。可辨器形有CI罐形鼎、盆形鼎、AⅢ卷沿罐、D折沿罐、Aa和Bb碗底、A支脚等(图八三,3)。

(4)Cd型：2个，以H335为代表。

H335，位于T63西南部，开口于第5层下，打破第6层。坑口距地表1.20～1.22米，西部压

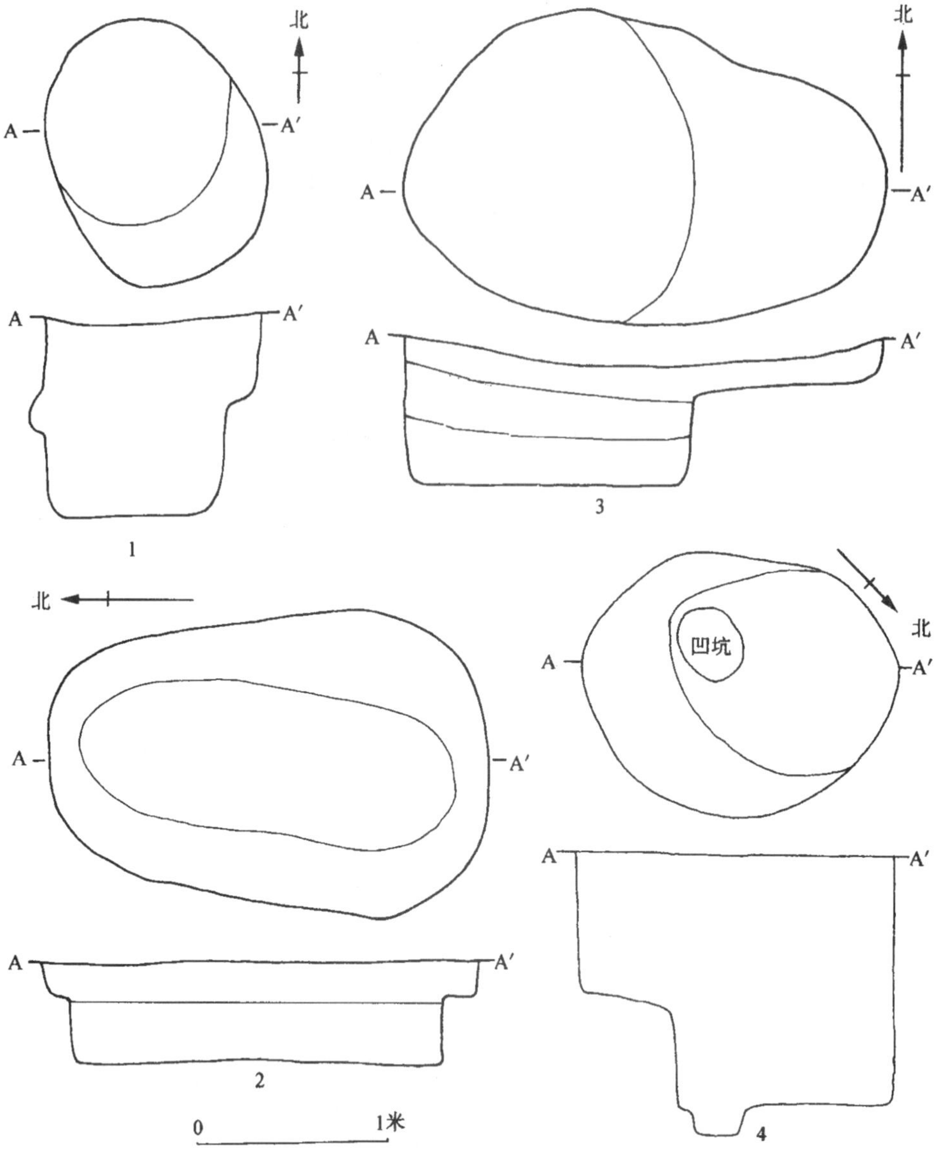

图八三 乙类Cc型灰坑平、剖面图

1. H40 2. H151 3. H236 4. H123

在西壁下，未能完全清出，口径已知部分南北1.82米、东西2.02米，坑深0.6米。壁较规整，坑底中间有黄土隆起，中间高，四周低。坑内堆积分三层：第一层，黄土，质稍硬，内含红烧土颗粒，厚约0.08米；第二层，南、北两处不同，南边土稍红，含较多的红烧土粒；北边为黑土，不含烧土，本层厚约0.2米；第三层，土色红黑，土质疏松，粘性较大，厚0.32米。坑内出土陶片中，夹砂红陶、红褐陶占47.35%，泥质红陶、红褐陶占24.15%，夹骨屑红陶、褐陶占28.5%。素面、磨光共占94.6%，绳纹占4%，刻划纹占1.4%。鼎罐类占49.1%，壶类占32.9%，盆钵类占18%。主要标本有BⅣ角把罐、BⅥ罐形壶、BⅠ敛口钵、BⅡ深腹盆。石、骨制品有石矛、CⅡ骨镞等。还有猪牙、兽骨等(图八四)。

4. D型

18个，分为a、b两个亚型。

(1)Da 型:9 个,以 H25、H68、H69 为代表。

H25,位于 T11 北中部,开口于 3A 层下,打破 3B 层,并叠压在 H29、H39 和 H37 之上。坑口距地表 0.94 米,口径 3.08~2.16 米,坑深 0.36 米。壁、底较规整。坑内堆积分两层,上层为黄灰土,质稍硬;下层为黑灰土,质较松,内含有很多红烧土和鱼骨。坑内出土陶片中,泥质红陶、红褐陶占 51.4%,夹砂红陶、红褐陶占 29.1%,夹云母红褐陶占 9.9%,夹炭红衣陶和夹骨屑红褐陶各占 6.7%和 2.9%;素面、磨光共占 91.6%,篦划纹占 7.5%,绳纹占 1.4%;鼎罐类占 56%,盆钵类占 37.0%、壶类占 7%;主要标本有 C 盆形鼎、BⅡ罐形鼎、CⅦ敞口钵、A 型锉、纺轮半成品。石制品有 Ab 和 Bb 石镰等(图八五)。

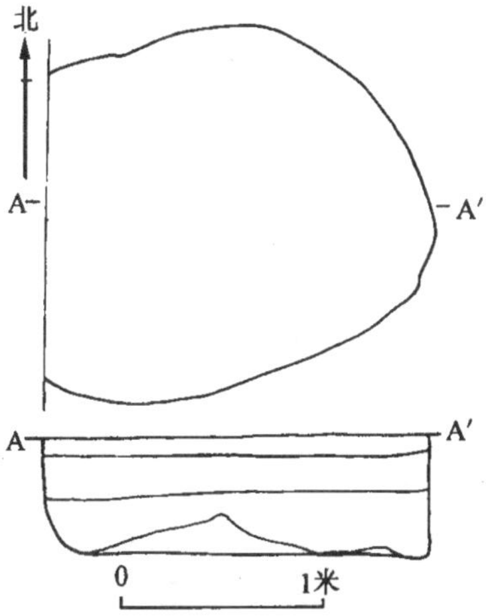

图八四　乙类 Cd 型灰坑(H335)平、剖面图

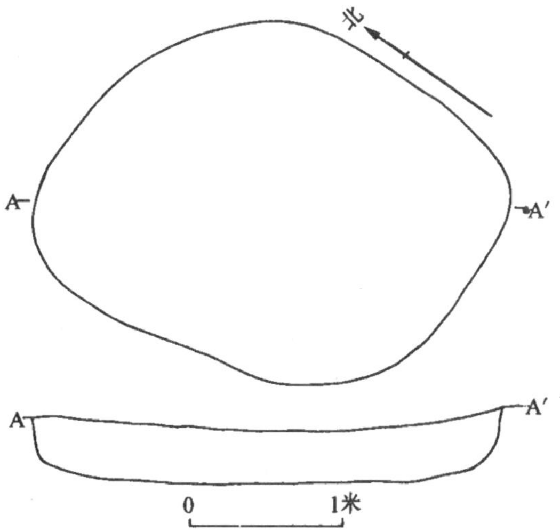

图八五　乙类 Da 型灰坑(H25)平、剖面图

H68,位于 T5 西南角和 T22 西北角,开口于 3C 层下,被 H69 打破,向下打破 M41 和第 4 层。坑口距地表 1.05 米,口径 0.95~0.70 米,坑深 0.4 米。壁呈弧形,底近平,较规整。坑内填积分两层:第一层,黑灰土,内含较多红烧土,质稍硬;第二层,黄灰土,质较松。坑内出有 AⅠ深腹盆等口沿标本(图八六,1)。

H69,位于 T22 西北部 3B 层下,打破 3C 层和 H71、H68 和 M41。坑口距地表深 1.1 米,口径 0.88~0.76 米、底径 0.48~0.4 米,坑深 0.6 米。壁、底均较规整。坑内堆积分两层:上层为黑灰土,质稍松,内含较多的木炭和红烧土;下层黄灰土,质疏松。坑内出土陶片中夹砂红褐陶占 37.6%,泥质红陶占 34.3%,夹云母红褐陶占 15.2%,夹炭红衣陶占 12.4%,夹蚌(骨屑)陶占 0.5%;主要标本有 AⅢ罐形鼎、B 小罐、BI 碗。石、骨制品有 B 石球、Ac 石斧、B 石磨盘、方形骨器柄、骨耜等(图八六,2)。

(2)Db 型:9 个,以 H95 为代表。

H95,位于 T22 西部与 T11 东部梁上,开口于 3A 层下,打破 3B 层。坑口距地表深 1.02~1.17 米,口径 2.9~2.44 米,坑深 0.6 米。弧壁,圜底,较规整。坑内堆积不分层次,填黑灰土,质较松,内含大量红烧土块、草木灰及鹿角、兽骨等。坑内出土陶片以夹砂红陶、红褐陶为主,占 70.8%,泥质红陶占 15.3%,夹云母红陶占 8.5%,夹炭红衣陶占 3.9%,夹骨屑红褐占 1.5%。鼎罐类占 47.4%,壶类占 10.5%,盆钵类占 42.1%。主要标本有 CⅣ罐形鼎、CⅥ敞口钵、D 划纹盆、B 釜、A 支脚等。石、骨制品有 A 石磨盘、石器坯料、Cb 石斧和 B 骨锥、EbI 骨镞等(图八七)。

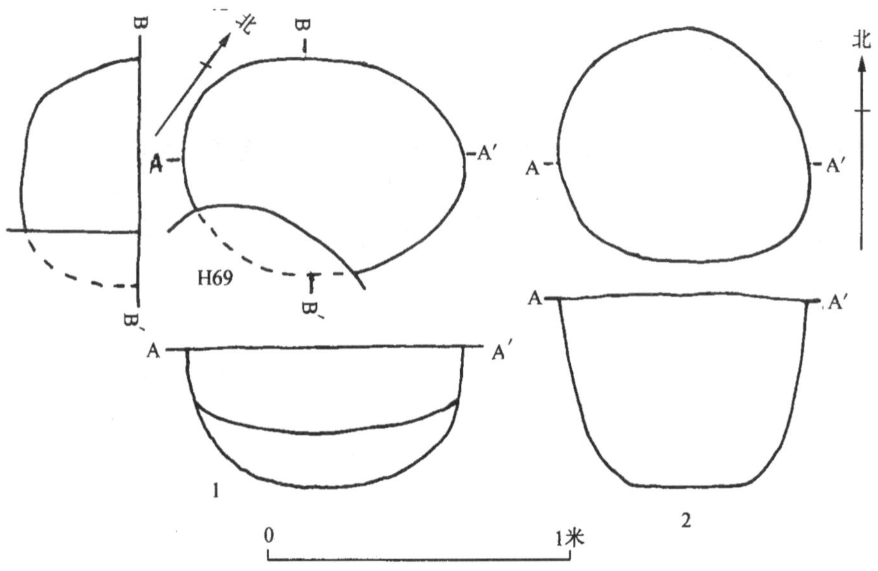

图八六　乙类 Da 型灰坑平、剖面图
1. H68　2. H69

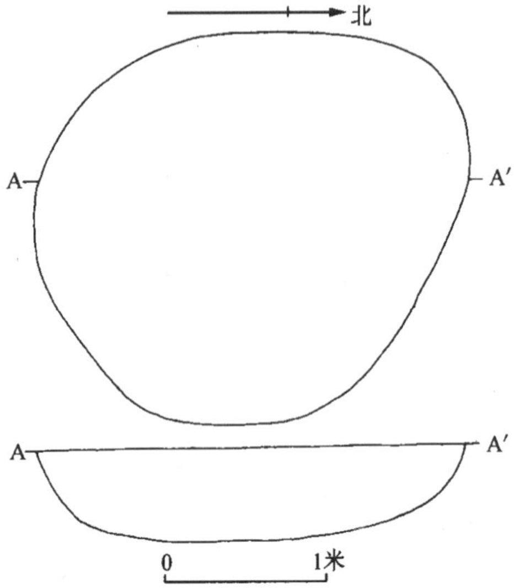

图八七　乙类 Db 型灰坑(H95)平、剖面图

(三)丙　　类

数量最少,仅发现 14 个。这类灰坑形状独特,一般为一边外弧形,一边中凹,形成马鞍状,也有两边内凹的,内凹处壁上为生土隔,底部也有很矮的生土坎,似分为两间,内填土均一致,层层相通,显系为某种目的而有意挖成的特殊形状的遗迹。经调查这种遗迹与现今在这一带流行的井状红薯窖很相似,只是上部缺少一个井状小口,下面的窖体则基本相同。因之认为这种遗迹应为当时的一种窖穴。这种遗迹内包含物均丰富。可分为三型。

1. A 型

仅见平底一种,有 4 个。以 H35、H74 为代表。

H35,位于 T12 西北部开口于 3B 层下,打破 H40 及 3C 层。坑口距地表深 1 米,口径 2～1.4 米、底径 1.8～0.9 米,坑深 1.3 米。西北边中凹,壁呈斜坡状,东南边呈圆弧形,周壁稍内斜。坑内堆积分三层:第一层,灰土,质稍硬,内含少量红烧土;第二层,深黄色土,含红烧土颗粒;第三层,草木灰层,土质疏松,内含鹿角、兽骨、鱼骨,木炭等。坑内出土陶片重5 706克(479 片)(见附表八～一一)。主要标本有 BI 和 BⅢ 盆形鼎、F 罐形鼎、AI 侈口罐、I 篦纹罐、B 小罐、Ba 小钵、BI 碗、CI 釜、A 支脚。另有 Cb 石斧、D 锤击石片、有使用痕迹的石块和 Cc 骨镖、B 骨凿、A 骨器柄等(图八八,1)。

H74,位于 T21 西北角,开口于 3C 层下,被 H19、H92 和 M111 打破,向下打破 H13 和第 4

层。坑口距地表深1米，口径2.66～2.3米、底径2.40～2.0米，坑深1.3米。南、北壁稍内斜，平底，东南角有一生土隔，向西逐渐消失，小隔将坑底分成南北两部分，南部较小，小隔两侧壁呈袋状，小隔处坑口稍向内弧。坑内堆积分两层：上层为黄灰土，质稍硬，内含红烧土；下层为灰土，质疏松，内含草木灰、鳖甲、兽骨、鱼骨、红烧土等，中间夹一层较纯的草木灰层。坑内出土陶片共192片，全部为夹砂红或红褐陶，主要器形有AⅡ角把罐、CⅢ罐形壶、AⅠ、BⅠ深腹盆及方口盆等(图八八,2)。

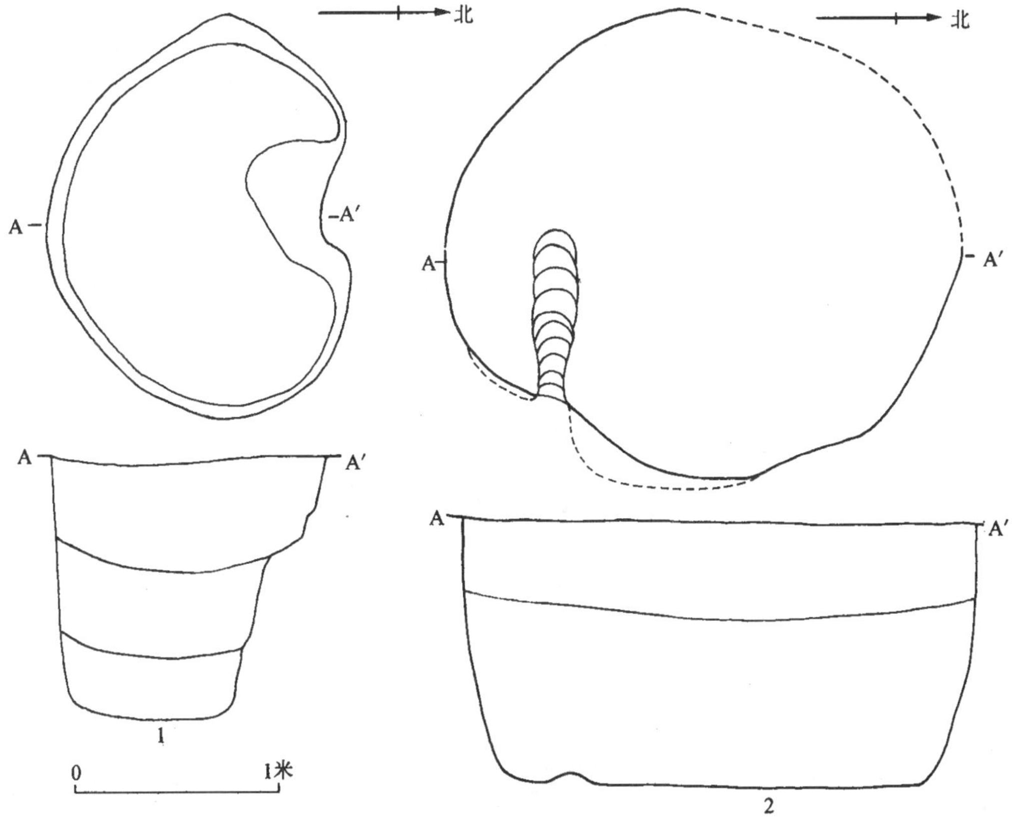

图八八　丙类A型灰坑平、剖面图

1. H35　2. H74

2. B型

3个。可分为a、c两个亚型。

(1)Ba型：1个(H150)。

H150，位于T109南中部，被H149和M245打破，向下打破3C层。坑口距地表深1.1米，口径1.18～0.98米，底径1.2～1.3米，坑深0.7～0.76米。坑口东边内凹，余三面均呈圆弧形，坑东壁内斜，余三面外斜呈袋状。坑底中间有小圆窝2个，直径0.14～0.12米，深0.06米。坑内堆积分两层：上层为黑灰土，质稍硬；下层为灰土，质较松。坑内陶片以夹蚌(骨屑)红陶和褐陶为主，占54.4%，泥质红陶占29.1%、夹砂红陶占16.5%。标本有AⅠ罐形鼎、深腹罐、BbⅡ折肩壶、AⅤ浅腹钵、敛口钵、敛口盆等残片(图八九)。

(2)Bc型：有H229、H264共2个。

H229，位于T104东南部，开口于3C层下，被H194打破，向下打破第4层。坑口距地表深1.05米，口径1.8～1.3米、底径1.6～1.0米，坑深0.76米。东边坑口内凹形成鞍状，东和北壁有二层台，高0.2～0.3米，宽0.2～0.3米，西和南壁外斜呈袋状。底北高南低，呈斜坡状，坑底靠南，西壁有高、宽各约0.2米的原生红烧土，底较硬。坑内堆积分三层：第一层，黑灰土，质稍硬；第二层：红烧土，质较松；第三层，草木灰，质松，含大量炭块、鱼骨、蚌壳、烧骨等。坑内出土陶片重5000克（170片），以夹砂红陶或红褐陶为主，占98%（片数占88.2%），泥质红陶仅占2%（片数占11.2%），夹砂陶中外红内黑或内灰的占5.2%。器表素面磨光者占77%（片数占91.2%），绳纹占23%（片数占8.8%）。复原或可辨器形有BⅣ角把罐、AⅢ双耳罐、A型盆形鼎、E型罐形鼎、AⅣ式罐形壶、AI深腹钵、AⅡ敛口钵、AⅣ方口盆、盂、B和D支脚等。另有B锤击石核、Ab骨针等（图九〇；图版一〇，1）。

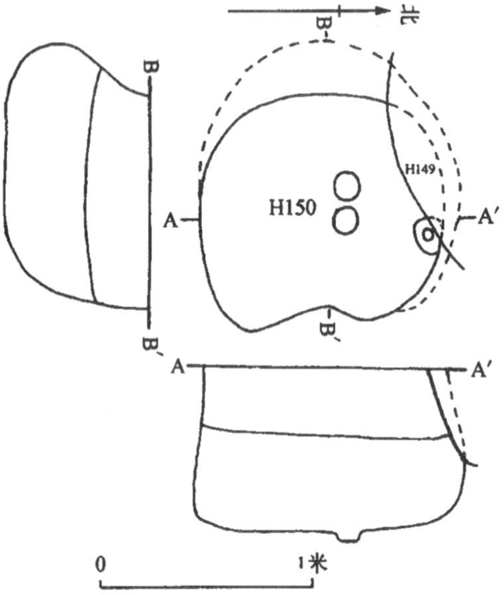

图八九　丙类Ba型灰坑（H150）平、剖面图

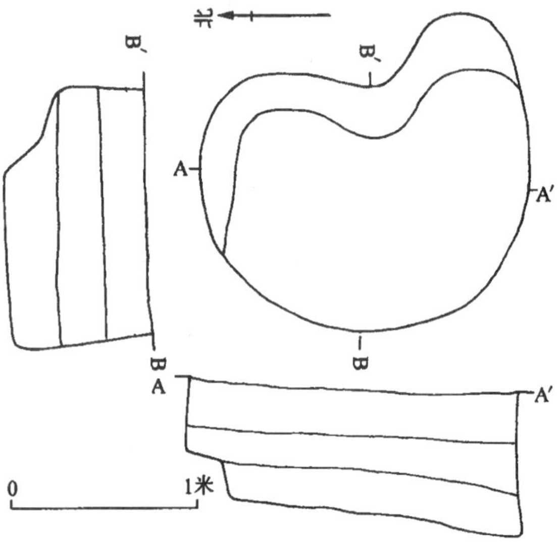

图九〇　丙类Bc型灰坑（H229）平、剖面图

H264，位于T104西北部，开口于3B层下，东侧被H174打破，向下打破3C层。坑口距地表深1.3米，口径1.85～1.10米，底径1.20～0.8米，坑深0.8米。南、北边缘均内凹，东、西两边近圆弧形，平面呈束腰状。南、北中部以下两壁外斜，东、西两壁近直，底呈台阶状，西半部高于东半部约0.3米。坑内堆积黑灰土，质疏松，内含红烧土粒。填土内陶片绝大部分为夹蚌红褐陶，占97.5%，还有少量夹炭红衣陶片。可辨器形有AⅠ、AⅡ和F罐形鼎、BⅢ盆形鼎以及AcⅡ鼎足和卷沿罐等（图九一）。

3. C型

7个，可分为a、c两个亚型。

（1）Ca型：6个。以H55、H81、H262为代表。

H55，位于T18中部稍偏东，开口于3A层下，打破3B层。坑口距地表深0.96米，口径1.80～1.1米，坑深0.65米。东、北壁内斜，西、南壁近直，北壁内凹处为黄土隔，向下延伸至底部，周壁涂抹一层青泥，厚约0.03～0.05米，底平，未见铺垫。坑口西北边缘外有一直径0.22米、深0.2米的灰土洞，可能与该坑有关。坑内堆积分两层：第一层，黑灰土，质较硬；第二层，灰土，内含

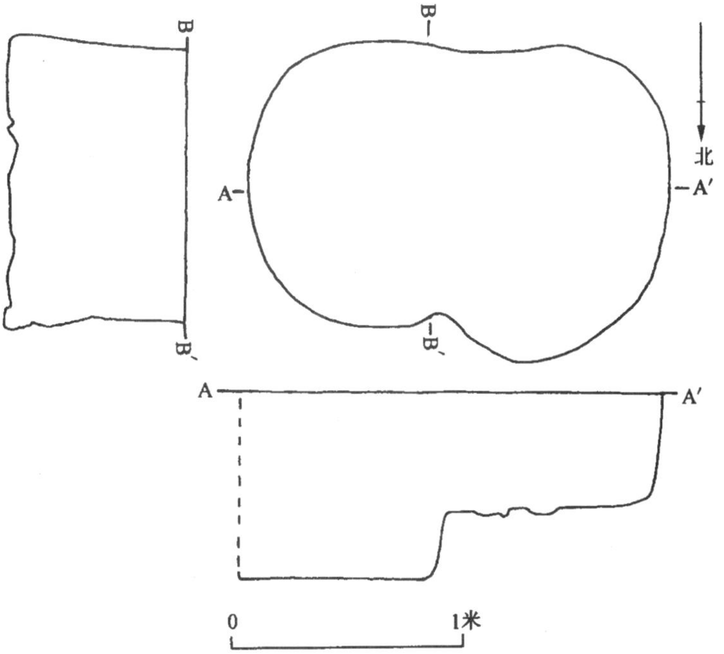

图九一　丙类Bc型灰坑(H264)平、剖面图

大量炭粒和红烧土块及石块、兽骨等,质较松软。坑内出土陶片重7 940克(附表八~一一)。复原或可辨器形有AⅧ浅腹钵2件,陶片中可辨器形有CⅦ敞口钵、Af鼎足等。另有石砧、砸击石片、牙削等(图九二;图版一〇,3)。

H81,位于T16南壁,向西至T15东隔梁下,开口于3B层下,被H75打破,向下打破3C层和M67。坑口距地表深1.1米,口径1.58~1.20米,坑深0.6米。西边内凹,平面呈鞍状,壁较直,内凹处有一黄土隔,延伸至底部,壁、底均较规整,底南部稍低于北部约0.1米。坑内堆积分两层:第一层,灰土,质稍硬;第二层,黄灰土,质松散。坑内出有BⅡ盆形鼎、CⅤ敞口钵、AⅡ罐形鼎、AI卷沿罐、AⅡ深腹盆。另有Ba石斧、C石砧等(图九三,2)。

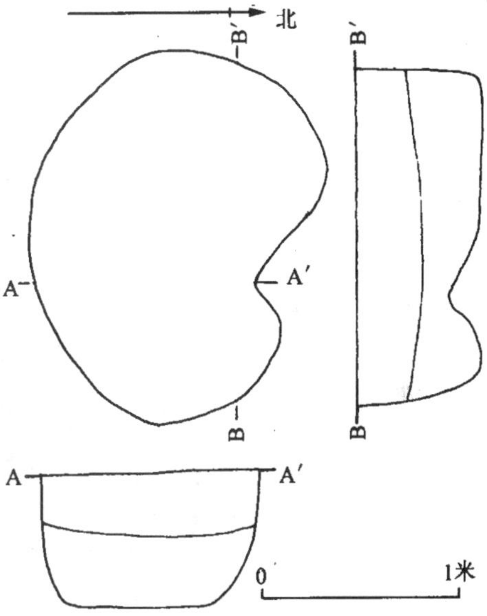

图九二　丙类Ca型灰坑(H55)平、剖面图

H262,位于T27中部,被M368、M369叠压,且被H261、M369打破,西部打破H278。坑口距地表1.2米,口径2.56~1.88米,坑深0.84米。北边内凹,直壁,人工涂抹黄泥后用火烧烤,呈黄褐色,平底,较规整。坑内堆积分五层:第一层,黄土,稍硬,内含少量红烧土;第二层,红烧土层;第三层,黑土层;第四层,烧土层,颗粒较密,边缘部分0.14米呈竖立状,其余呈坡状堆积铺延至坑底中心;第五层,黑土,内含大量陶片和碎骨。坑内出土陶片945片,其中夹砂红褐陶占99.8%,泥质红陶占0.2%。素面、磨光占者55.6%,绳纹占44.4%。角把罐占71.7%,罐形壶和双耳罐占6.2%,深腹盆、方口盆占21.2%,支足占0.9%。主要标本有AⅡ、BⅡ、CⅠ角把罐,AⅡ双耳罐,CⅠ罐形壶,CⅡ敞口钵,AⅡ和BⅡ深腹盆,AⅢ方口盆及Ca支脚等(图九三,1)。

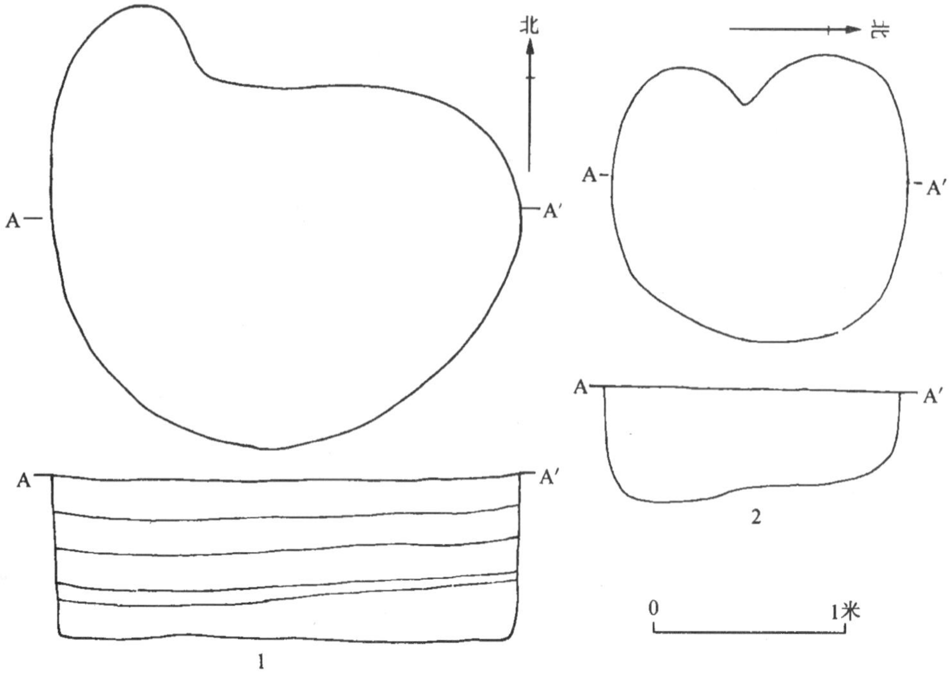

图九三　丙类 Ca 型灰坑平、剖面图
1. H262　2. H81

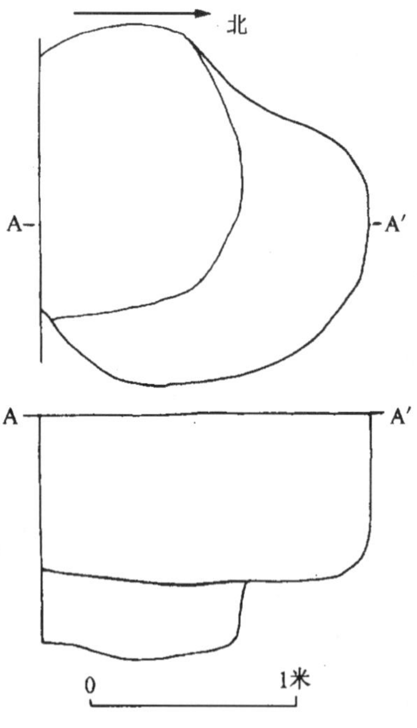

图九四　丙类 Cc 型灰坑 (H273)平、剖面图

(2)Cc 型:仅 H273 一例。

H273,位于 T31 西南部,开口于 3B 层下,打破 3C 层。坑口距地表 0.5 米,口径 1.90～1.48 米,坑深 1.16 米。坑口西北部呈反弧状内凹,直壁,底部分两级;北部呈半月形,宽 0.35～0.66 米,底高于南部 0.38 米,形成一生土二层台;南部底近圜,较规整。坑内堆积分两层:上层为黄土,质较松;下层为灰土,质疏。内含大量鱼骨、灰烬和兽骨。坑内出土陶片以泥质红陶为主,占 50.4%,夹砂红陶或褐陶占 29.3%,夹蚌(骨屑)红陶占 10.6%,夹云母红褐陶占 8.9%,夹炭褐陶仅 1 片,占 0.8%。可辨器形有Ⅱ筒形篦纹罐、AⅡ卷沿罐、CⅡ罐形鼎、圆腹壶、扁腹壶、AⅦ浅腹钵、三足钵、假圈足碗。另有 B 穿孔石饰、E 琢击石锤、A 锤击石核等(图九四)。

(四) 丁　类

这些灰坑比较复杂,有些可能属取土坑,系人类随意的活动留下的遗迹,有些可能是残破的遗迹,数量亦不多,可分为 A、B、C 三型。

1. A型

8个。可分为a、b两个亚型。

(1)Aa型:2个,以H331为代表。

H331,位于T66南部和T67北边,开口于第5层下,被H309打破,向下打破第6层。坑口距地表深1.22米,口径2.05～1.35米,坑深0.44米。平面呈不规则半圆形,壁稍内斜,平底。坑内填灰褐土夹黄土块,内含红烧土、草木灰、炭屑、碎兽骨等。坑内出土陶片重5 825克(128片),其中夹云母红褐陶占80.5%(片数占5.5%),泥质红陶占9.4%(片数占42.9%),夹砂红陶、红褐陶占7.1%(片数占30.5%),夹炭红衣陶占2.4%(片数占18.8%),夹蚌红陶、红褐陶占0.6%(片数占2.3%)。器表素面、磨光者占98.7%(片数占94.6%),绳纹占0.9%(片数占3.9%),划纹占0.4%(片数占1.5%)。按片与按重量统计结果中,夹云母陶系悬殊最大,其原因是夹云母陶复原1件罐形鼎,重量较重,但片较大,片数相对较少。其它标本还有AⅡ、AⅢ、BⅣ角把罐,BⅡ壶耳,BⅡ敞口钵,AⅡ和CⅡ方口盆,Ca支脚。另有Ca石铲等残器(图九五)。

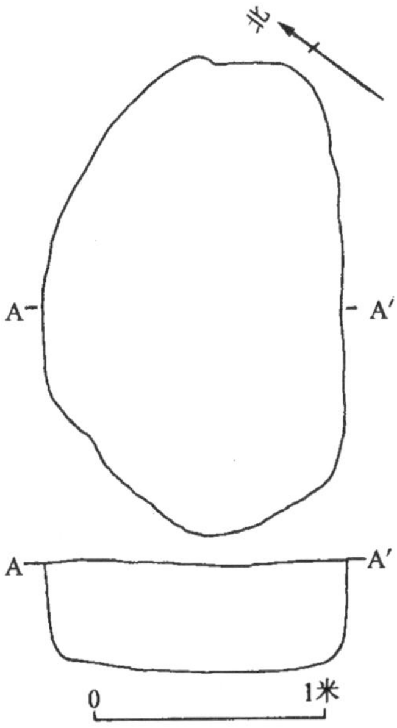

图九五　丁类Aa型灰坑(H331)平、剖面图

(2)Ab型:6个。以H27、H92、H99为代表。

H27,位于T15北部,开口于3A层下,打破3B、3C层、SK2,叠压M39和H31。坑口距地表深1.1米,口径1.40～1.30米,坑深0.26米。壁呈斜坡状,圜底,口呈不规则圆形。坑内填黑褐土,质松软,内含草木灰、烧骨、鱼骨及烧土颗粒等。坑口堆一堆破碎的陶器,其中复原或大部复原的有AⅡ卷沿罐、折沿罐、壶、钵、AⅢ罐形鼎、AⅠ和AⅢ碗等残片(图九六,2)。

H92,位于T21西部,开口于3B层下,被H19打破其门道部分,向下叠压或打破H86、H12、H74和M109。坑口距地表深0.55米,口径2.30～1.48米,坑深0.75米。口呈不规则瓢形,西北有凸出的门道,长0.74、宽0.84米、高于坑底0.45米,呈斜坡状延伸至坑口平面,斜壁圜底,呈锅底状。坑内填黑灰土,质疏松,内含大量红烧土块、木炭、龟、鳖甲、小动物骨骼等。出土陶片以夹砂和泥质红陶为主,还有少量夹蚌红陶和个别夹炭红陶。可辨器形有AⅡ罐形鼎、A折肩壶、BⅥ敛口钵。另有Bb和Cc骨镖、GaⅡ和GdⅡ骨镞等(图九六,3图版三三:4)。

H99,位于T10西部,开口于3B层下,东边被汉代灰沟打破,向下叠压M59、M65、M78、M93、M115、M123,打破3C层。坑口距地表深0.92米,口径2.28～0.9米,坑深0.43米。口呈不规则曲尺形,壁内斜,圜底。坑内填黑灰土,质稍松,含少量红烧土块、木炭、鱼骨、鳖甲、人及兽烧骨等。坑内出有AⅡ卷沿罐、BⅢ双耳罐、BI盆形鼎、圆腹壶、B敛口钵等残片。另有Bb骨镞等(图九六,1)。

2. B型

3个。可分为a、c两个亚型。

(1)Ba型:2个。

H115,位于T113东南部,开口于3C层下,被H345、H346打破,向下打破第4层和生土层。

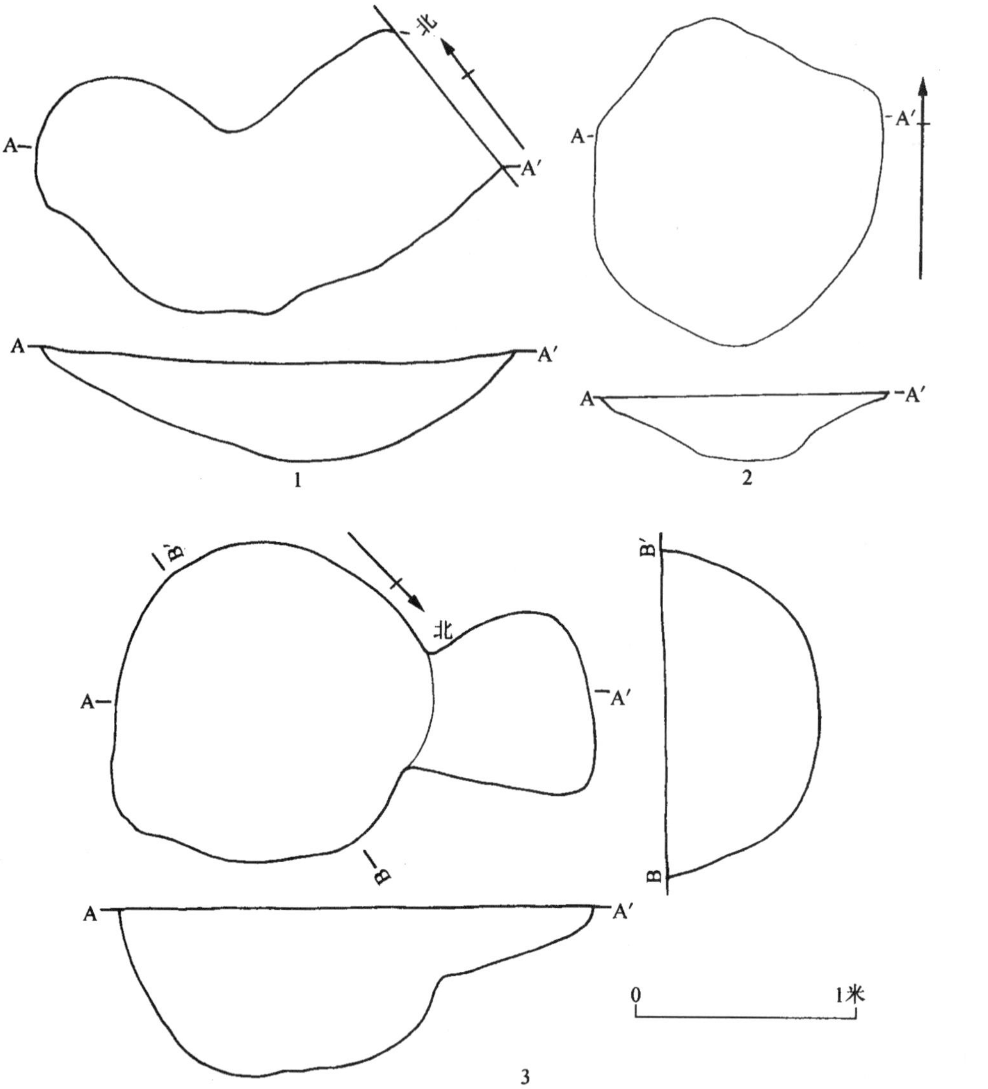

图九六　丁类 Ab 型灰坑平、剖面图

1. H99　2. H27　3. H92

坑口距地表深 1.25 米，口径 2.34～1.28 米，坑深 0.9 米。口呈不规则长椭圆形，北壁直，余皆外斜呈袋状，北端有距坑口深 0.9 米，长 0.25 米，宽约 0.9 米的台阶。坑内堆积分九层：第一层，黑灰土，厚 0.2 米；第二层，红烧土粒层，厚 0.15 米；第三层，草木灰层，厚 0.04 米；第四层，灰土层，厚 0.03 米；第五层，灰白色草木灰层，厚 0.05 米；第六层，草木灰层，厚 0.05 米；第七层，灰土层，厚 0.13 米；第八层，草木灰层，厚 0.1 米；第九层，灰土层，厚 0.16 米。坑内出土陶片重 12 880 克，全部为夹砂红陶或红褐陶，其中素面磨光者占 31.1%，绳纹占 45.7%，划纹占 0.5%，余为碎片，占 22.7%。可辨器形有 A Ⅰ和 A Ⅱ角把罐、AaⅠ和 Bb 角把、A Ⅱ和 B Ⅱ罐形壶、A Ⅱ和 CⅠ敞口钵、Ca 和 B 支脚。另有方形和三角形石坠饰、B 琢击石锤、Db 刮削器、Ab Ⅱ和 Fe 骨镞、A 和 E 骨锥、C 骨匕、Bb 骨镖、骨钩形器等（图九七，1）。

H222，位于 T108 中部，开口于 3B 层下，打破 3c 层。坑口距地表深 1.15～1.3 米，口径 2.3～1.6 米，坑深 1.04 米。坑口呈不规则状，两长边均向内凹，壁、底较规整，北壁直，南壁中间向外

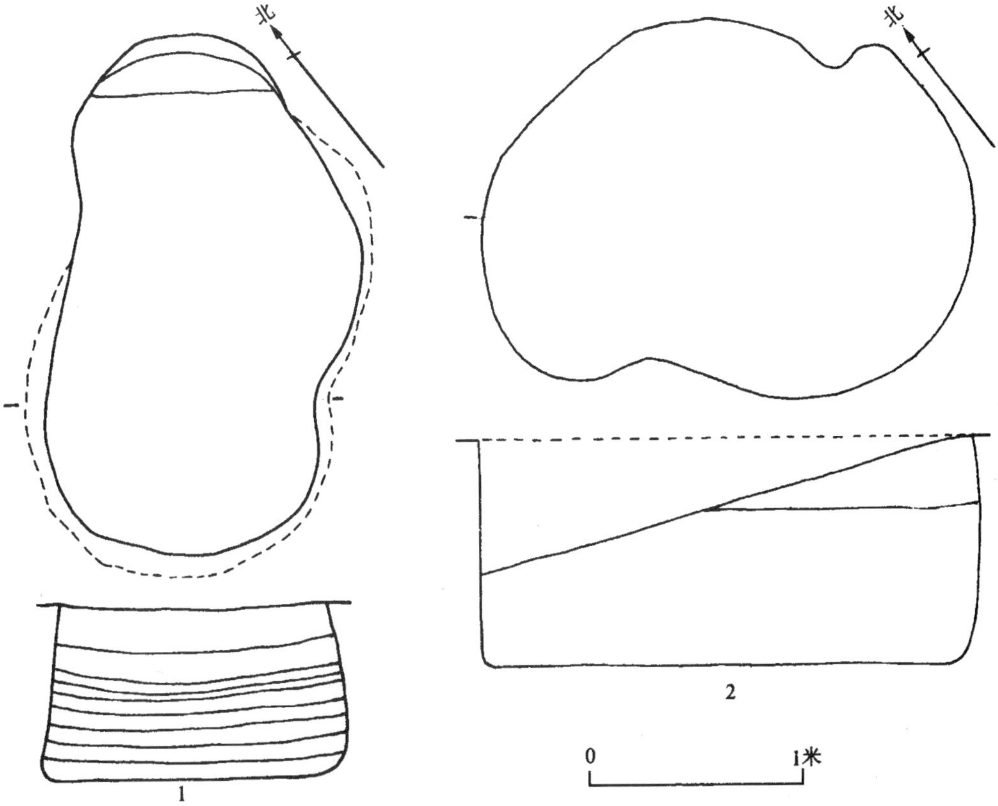

图九七　丁类Ba型灰坑平、剖面图
1.H115　2.H222

弧。坑内堆积分两层：上层为黄灰土，质稍硬，厚0.30米，内含少量红烧土粒、兽骨、兽牙等；下层为黑灰土，质松散，厚0.74米。坑内出土陶片以泥质红陶为主，占66.7%，夹砂和夹蚌（骨屑）陶分别占13.6%和10.5%，夹云母红褐陶和夹炭红衣陶分别占5.3%和3.9%。可辨器形有卷沿罐、折沿罐、BⅢ双耳罐、AⅡ和AⅢ罐形鼎、BaⅣa和BaⅣb鼎足、圆腹壶、折肩壶、AⅤ和AⅥ浅腹钵、竖划纹盆。另有C石磨棒和石坯料等（图九七，2）。

(2)Bc型：仅H177一例。

H177，位于T114西南角和T25东北角，开口于3B层下，打破H276、M341、3C、第4层和生土层。坑口距地表深1.2米，口径2.1～1.94米，坑深1.22米。口呈不规则三角形，坑壁西面外斜0.4米，呈袋状，其余均直壁，东壁中部稍内弧。底东部有近方形凹坑，南北1米、东西1.4米，深于西壁坑底。西、北部有半圆形台阶，宽约0.68米，北部高0.24米、西部高0.44米。西壁下有一壁龛，一半在壁外，呈椭圆形，南北0.56米、东西0.84米，深于西部坑底0.45米。坑内堆积分五层：第一层，青灰土，质稍硬，位于坑中间，呈锅底状分布，中间厚0.38米。第二层，黑灰土，质松软，东高西低呈倾斜状分布，厚0.32～0.88米；第三层，草木灰层，质松，西高东低呈倾斜分布，厚0.05米；第四层，黄灰土，质松，只分布于西、中部，由西向东逐渐消失，厚0.1～0.34米；第五层，浅灰土，质较硬，分布于底部凹坑和壁龛之内，厚0.34～0.46米。坑内出土陶片以泥质红陶为主，占65.5%，夹砂红陶次之，占23.9%，夹炭黑陶占8.9%，夹蚌红陶和夹云母褐陶各见1片。可辨器形有卷沿罐，BⅡ盆形鼎，AⅡ折肩壶，BⅢ敞口钵，AⅢ、AⅣ、BⅠ、BⅢ和BⅣ敛口钵、AI敛口盆。另有FaⅢ骨镞、B石磨盘、AbⅢ牙削等(图九八)。

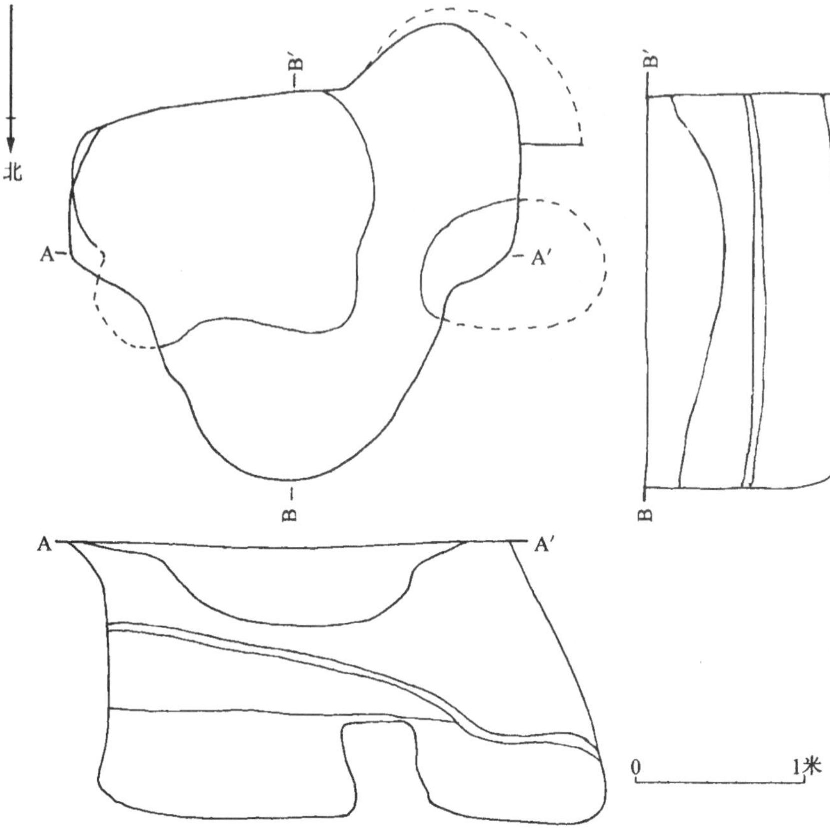

图九八　丁类Bc型灰坑(H177)平、剖面图

3. C型

9个。可分为a、c两个亚型。

(1)Ca型:4个,以H261、H332为代表。

H261,位于T27北中部3C层下,打破H262和H278,并打破第4层和生土层。坑口距地表深1.28米,口径1.52～1.3米,坑深0.8米。坑口呈不规则状,直壁,平底,较规整。坑内堆积灰黑土,质稍松,内含较多的红烧土。坑内出土陶片中,夹砂红或红褐陶占76.58%,其余为泥质红陶。可辨器形有AⅡ和BⅢ角把罐、罐形壶、AI和BI敛口钵、AⅢ敞口钵、方口盆。另有A砸击石片、C锤击石锤、C石砧、Ad及Ba和Ca骨针等。

H332,位于T67东北部,开口于第4层下,打破第5层。坑口距地表深0.95米,口径1.20～0.90米,坑深0.8米。口呈不规则状,在坑的南部深0.18米处有一宽0.35米的台阶,壁、底较规整。坑内堆积分三层:第一层,黑灰土,质稍硬,内含红烧土颗粒、陶片等;第二层,灰褐土,质较松,内含红烧土、草木灰、鱼骨、兽骨等;第三层,黄土,质较硬,夹带大块红烧土,内含陶片等。坑内陶片不多,其中夹砂红陶占35.0%,泥质红陶占50%,夹骨屑红陶占12%,夹炭红衣陶占3.0%。可辨器形有罐形鼎、AⅣ折肩壶、DⅡ敞口钵等(图九九)。

(2)Cc 型:5 个。以 H30、H39、H125、H126 为代表。

H30,位于 T11 西南部,开口于 3B 层下,打破 3C 层和生土层。坑口距地表深 1.15 米,口径 1.54～0.8 米,坑深 0.78～1 米。口呈不规则形,周壁近直或稍向内斜,底呈圜形,底径 0.7 米,南部和东南部有二层台阶。南部台阶为第一层,高于坑底约 0.2 米,向南至南壁,宽 0.75 米;第二层台阶位于东南部,高于第一层台阶 0.28 米,第二层台阶平面向上至坑口 0.55 米。坑内堆积分三层:第一层,灰土,质稍松;第二层,黄灰土,质较松,发现有大量陶片和一个较完整鹿角;第三层,黑灰土层,质松,发现有大量的鱼骨、草木灰和食肉类动物粪便等。坑内出土陶片以夹骨屑红陶为主,占 62%,泥质和夹砂红陶、红褐陶分别占 16%和 15%,夹炭红衣陶占 6.0%,夹云母褐陶仅占 1.0%。可辨器形有 B Ⅰ 盆形鼎、A Ⅱ 罐形鼎、B Ⅳ 壶耳、敞口钵。另有 B 石磨盘及 Bb 砺石、鹿角等(图一〇〇)。

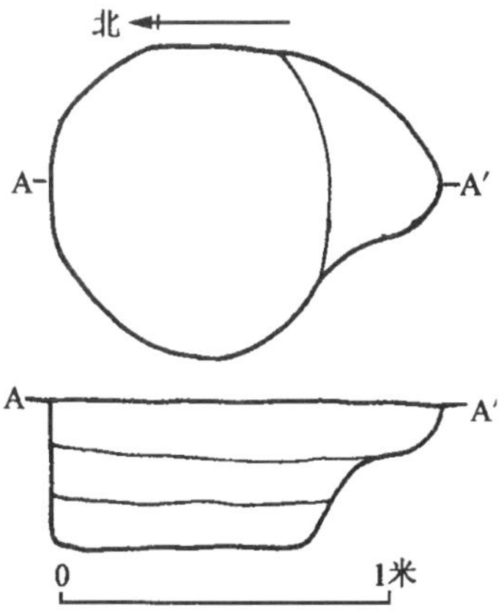

图九九　丁类 Ca 型灰坑(H332)平、剖面图

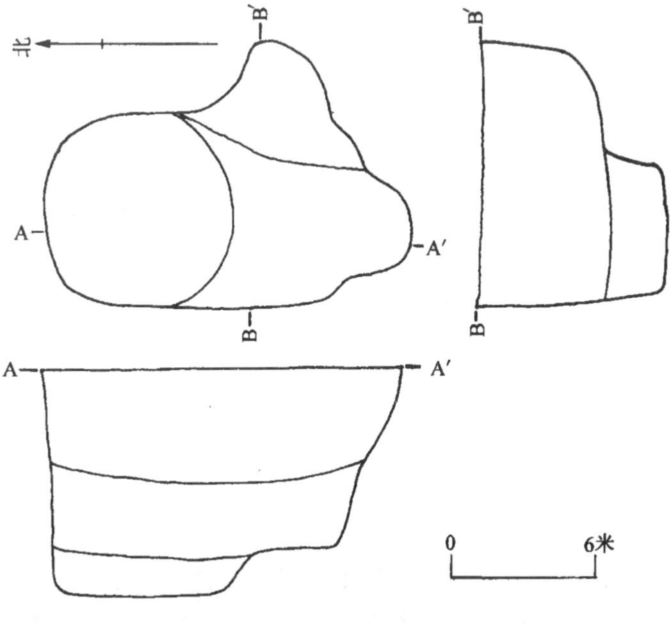

图一〇〇　丁类 Cc 型灰坑(H30)平、剖面图

H39,位于 T11 北壁下,开口于 3C 层下,被 H25 叠压,南边被 H29 打破,向下打破第 4 层和生土层。坑口距地表 1.0～1.25 米,口径 2.10～1.64 米,坑深 1.04～1.16 米。周壁近直,南壁稍向外斜,西侧有一月牙形台阶,宽 0.52 米,高于坑底 0.6～0.7 米,底近平。坑内堆积分五层:第一层,黄灰土,内含红烧土;第二层:灰土,内含大量红烧土块和炭粒;第三层,为草木灰和炭粒层;第四层,红烧土层,厚 0.03 米;第五层,草木灰层,厚 0.05～0.07 米,西高东低,呈坡状堆积。坑内出土陶片全部为夹砂陶,以红陶和红褐色为主,也有个别黑褐色,绳纹陶稍少于素面磨光者。可辨器形有 A Ⅲ 和 B Ⅳ 角把罐、Ea Ⅱ 角把、B Ⅳ 罐形壶、深腹钵、方口盆、支架、陶塑品,另有 Ab 型石铲和石磨棒等(图一〇一,1)。

H126,位于 T105 东部开口于 3C 层下,被 M224 叠压,向下打破 H358、第 4 层和生土层。坑口距地表深1.05米，口径2.05～1.85米，坑深0.9米。坑口形状不规则，北壁稍外斜，其余各壁稍内斜，底呈台阶状，东部凸出部分为一圆形凹坑，直径约0.8米，深于南部坑底0.1米，凹坑东部有一深于坑底0.15米的椭圆形小凹窝，径0.65～0.35米。坑内堆积黑灰土，质松软，内含木炭、红烧土、烧骨等。出有AⅢ双耳罐等标本(图一〇一,2)。

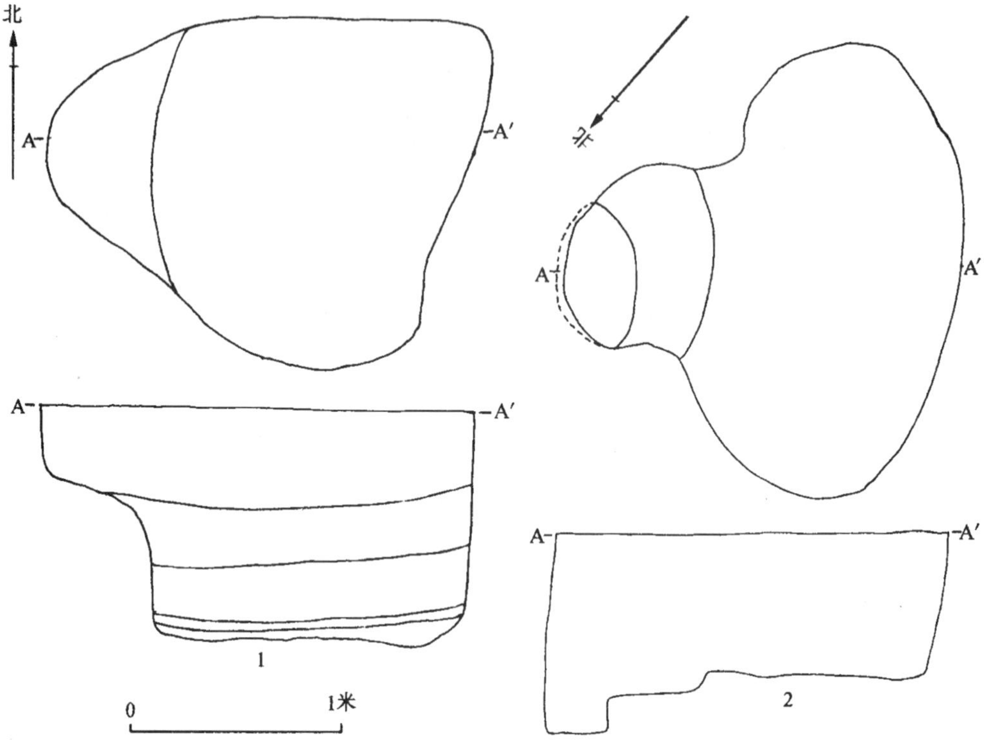

图一〇一　丁类Cc型灰坑平、剖面图

1.H39　2.H126

H125，位于T105中南部，开口于第2层下，西部被H101叠压，东部被汉代灰沟打破，东侧打破M224，向下打破3C层、第4层和生土层。坑口距地表深1.25米，口径1.8～1.9米，坑深0.7米。口呈不规则状，底部分两部分，西部呈半圆形，直壁平底，深0.6米，东部呈长椭圆形，北端有一直径约0.8米的圆坑，向南有高于圆坑0.3米的台阶直到南壁，东、西两部之间有一道高于两侧0.1米的生土隔墙，宽0.1～0.25米。隔墙南端有一椭圆形柱洞，南北0.25米，东西0.4米，深于隔墙0.4米，距坑口深0.9米，与东部北端圆坑等深。坑内填黑灰土，质松散。出土陶片以泥质红陶为主，占48.8%，夹砂红褐陶占27.4%，夹蚌(骨屑)红褐陶占15.2%，夹炭红衣陶和夹云母红陶分别占6.1%和2.4%。可辨器形有BⅡ双耳罐、BⅢ盆形鼎、罐形鼎、钵形鼎、圆腹壶、浅腹钵、敞口钵、深腹钵、AⅢ曲腹钵、支脚。另有Aa网坠、D石磨盘腿、B石钻头、A和B锤击石核等(图一〇二)。

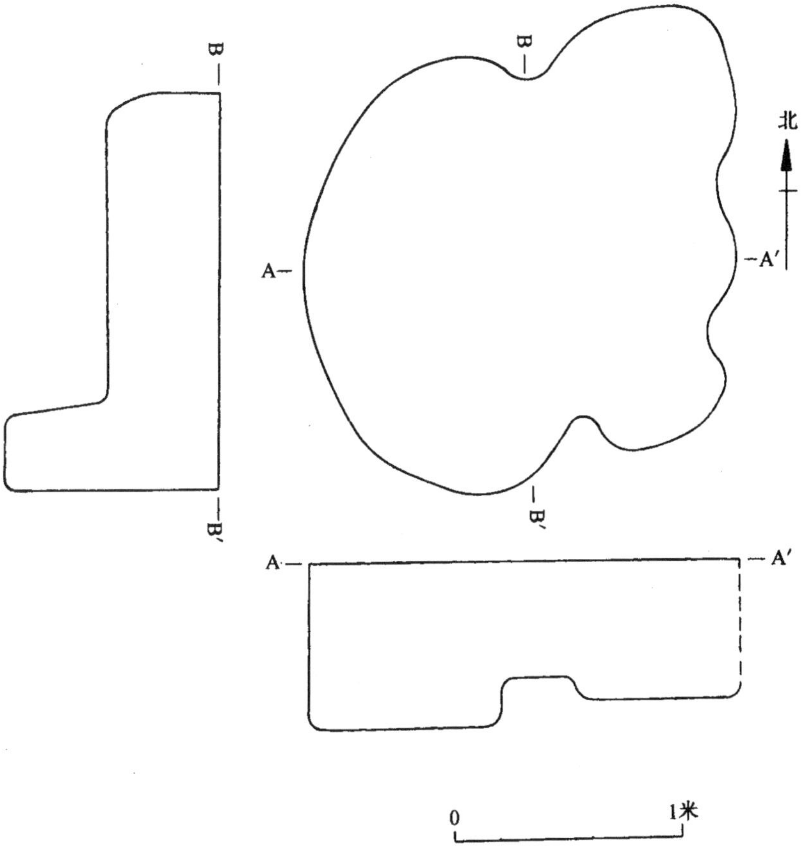

图一〇二　丁类 Cc 型灰坑(H125)平、剖面图

(五) 戊　　类

此类灰坑仅见 20 个,数量不多,但亦较复杂,有的近方形,或近长方形,或近圆角方形,可能亦是一种窖穴。依坑壁结构可分为 A、B、C 三型。

1. A 型

仅见圜底一种,有 4 个,以 H260 为代表。

H260,位于 T27 西部,探方内只露出一部分,开口于 3C 层下,打破 H278。坑口距地表深 0.95 米,露出部分口部长 0.85 米、宽 0.6 米、坑深 0.7 米。壁内斜,底圜。坑内填灰黑土,质稍松,内含较多红烧土粒及兽骨、兽牙、龟甲、鱼骨等。坑内出土陶片几乎全部为夹砂陶,偶有几片夹砂夹炭陶。可辨器形有角把罐、罐形壶、方口盆、深腹盆等。

2. B 型

仅见平底一种,有 5 个。以 H183、H218、H289 为代表。

H183,位于 T114 东南部,开口于 3C 下,被 H420 打破,向下打破 M295、第 4 层和生土层,坑口距地表深1.2米，口部长1.4米、宽1.1米，坑深1米。坑壁外斜，周壁涂一层厚0.04～0.08米的黄泥，平底，较规整。坑内堆积分三层：第一层，灰土，质稍松，厚0.50米；第二层，黄灰土，质较松，厚0.30米；第三层，草木灰层，质松软，厚0.20米。坑内出土陶片以夹砂红褐陶为主，占88%，余为泥质红陶。其中罐类占49.4%，壶类占46.1%，盆钵类占4.5%。可辨器形有AⅢ和BⅢ角把罐、AⅡ双耳罐、罐形壶等(图一〇三，1)。

H218，位于T31西北部3C层下，打破第4层。坑口距地表深0.53米，口部长1.70、宽1.30米，坑深0.8米。在灰坑偏南部有一道东西向的隔墙，宽0.14～0.24米，高于坑底约0.15米，把坑底为南北两部分，北部较大，约宽1.05米，南部较小，约宽0.45米。周壁均向外斜呈袋状，外斜0.1～0.22米。壁底均涂有一层黄泥，厚约0.03米。坑内堆积分两层：第一层，黄土，质松软，内含陶片、灰烬、炭块和兽骨；第二层，颜色变灰，土质较松，内含灰烬及少量炭块和石块。该坑出土陶片以夹砂红陶和红褐陶为主，约占64%，泥质红陶约占31%，夹骨屑红褐陶约占5%。可辨器形有CⅡ角把罐、CⅠ侈口罐、BⅠ折沿罐、AⅠ和BⅠ敛口钵、Ca支脚。另有BaⅡ骨镞等。(图一〇三，2)

H289，位于T39东南部，开口于第1层下，打破H294和第2层。坑口距地表深0.2米，口部长1.84米、宽1.40米，坑深1.04米。平面呈圆角方形，除东南壁稍内斜外，其余各壁均外斜，平底，较规整。坑内堆积分四层：第一层，黄土，夹大量红烧土，厚约0.2～0.25米；第二层，黑灰土，内含大量草木灰，极疏松，厚0.4～0.5米；第三层，灰土，含大量草木灰，极疏松，厚0.2～0.35米；第四层，褐色土，很坚硬，厚0.05米，铺在坑底，应为窖穴使用时期的踩踏面。坑底北部有一近方形的红烧土台，长0.30、宽0.22、高0.45米。坑内出土陶片重2325克(166片)。其中泥质红陶、红褐陶占41.3%(片数占37.3%)，夹砂红陶、红褐陶占33.5%(片数占22.3%)，夹蚌(骨屑)红陶、红褐陶占20%(片数占31.9%)，夹炭红衣陶占5.2%(片数占8.5%)。器表素面磨光者占96.5%(片数占97.6%)，绳纹占2.6%(片数占1.2%)，篦划纹占0.9%(片数占1.2%)。三大器类中，鼎罐类占59.2%(片数占24.0%)，壶类占12.9%(片数占8.0%)，盆钵类占34.2%(片数占68.0%)。可辨器形有BⅠ、BⅡ和BⅢ盆形鼎，AⅠ罐形鼎，AⅠ侈口罐，圆腹壶，AⅣ浅腹钵，AⅡ和AⅢ敛口钵，BⅢ碗。另有A和B型石刀、Aa石斧、石矛、Ab刮削器、Ac和Ad及Cb骨针、Ba骨镖、AbⅠ和AbⅡ及FaⅠ骨镞、E和D骨锥、C骨凿、牙锥等(图一〇三，3)。

3. C型

11个。可分为a、c两个亚型。

(1) Ca型：8个。以H1、H255为代表。

H1，位于T2，开口于第3层下。坑口距地表深0.74米，长1.2米、宽1.06米，坑深1.86米。北壁有一脚蹬，北半部有向内的小圆形凸起的深坑，直壁平底，东壁垂直，北、南、西三面口部以下各有台阶。北部台阶宽0.22、距坑口0.1～0.15米；南部台阶宽0.14米，距坑口深0.4米；西部台阶坍塌成斜坡状，高0.7米、宽0.2～0.3米。发掘时距坑底0.3米处已见地下水。坑内堆积分两层：上层为含大量红烧土块的浅灰土；下层为草木灰层，内含大量木炭块以及兽骨、龟甲、打制的石英石片等。坑内出有BⅠ盆形鼎、罐形鼎、AⅢ折肩壶、敛口钵、侈口罐等(图一〇四，1)。

H255，位于T35西部，开口于3B层下，打破3C层、第4层和生土层。坑口距地表深1.08米，长1.23米、宽0.95米，坑深0.44米。壁、底较规整。底部东南角有一半圆形小坑，深于坑底约0.05米，半径约0.25米。坑内填灰褐土，质松，颗粒较细，含大量草木灰、红烧土粒等。坑内出土

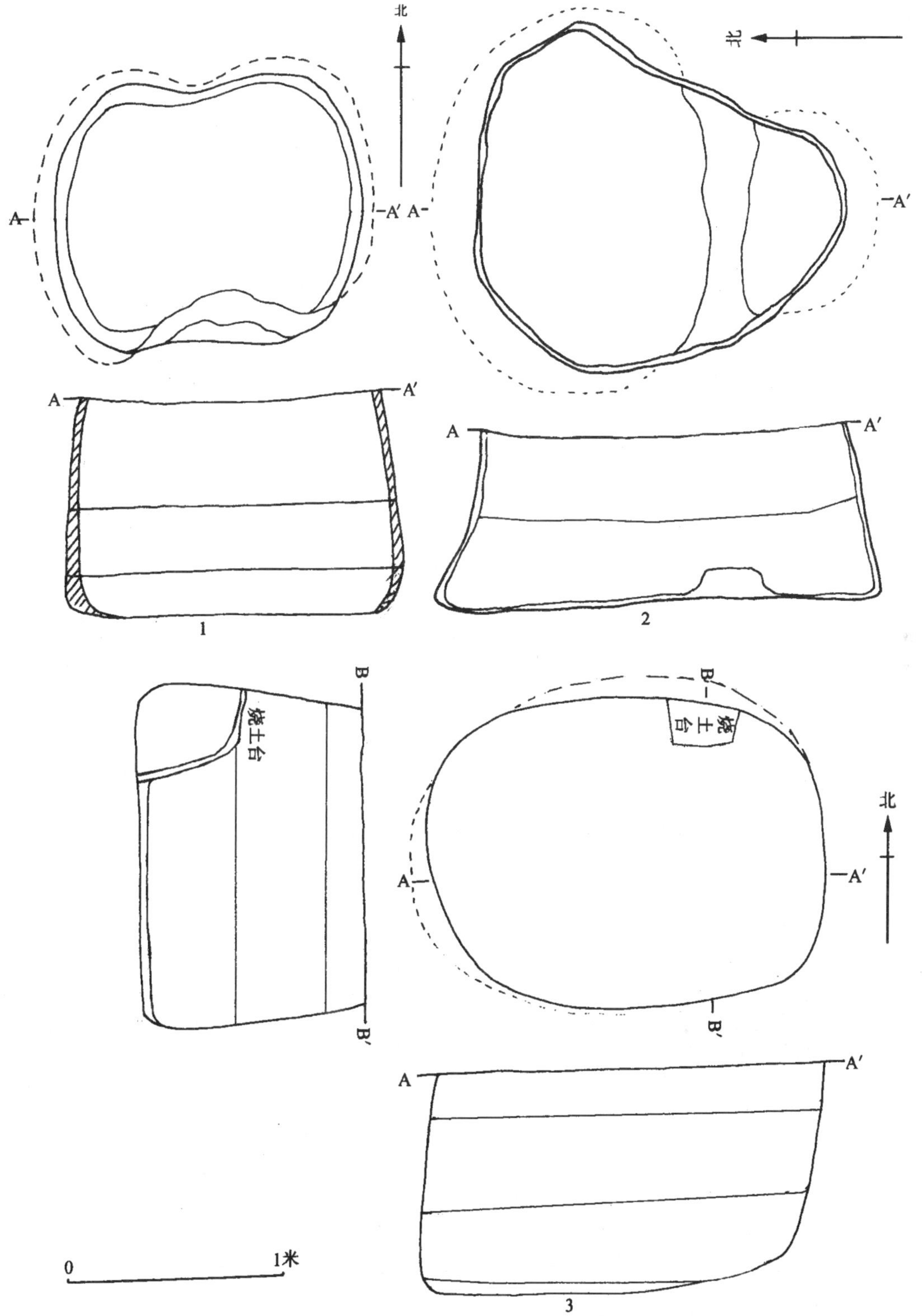

图一〇三　戊类B型灰坑平、剖面图

1. H183　2. H218　3. H289

骨镞、骨刀、骨凿各1件(图一〇四,2)。

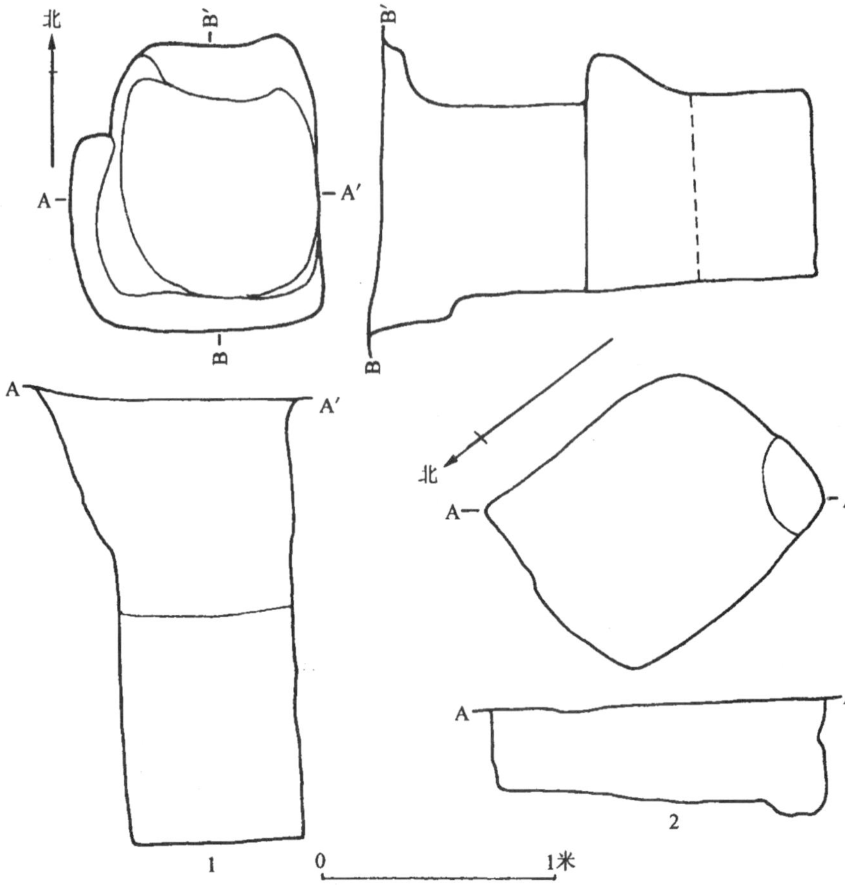

图一〇四　戊类Ca型灰坑平、剖面图
1. H1　2. H255

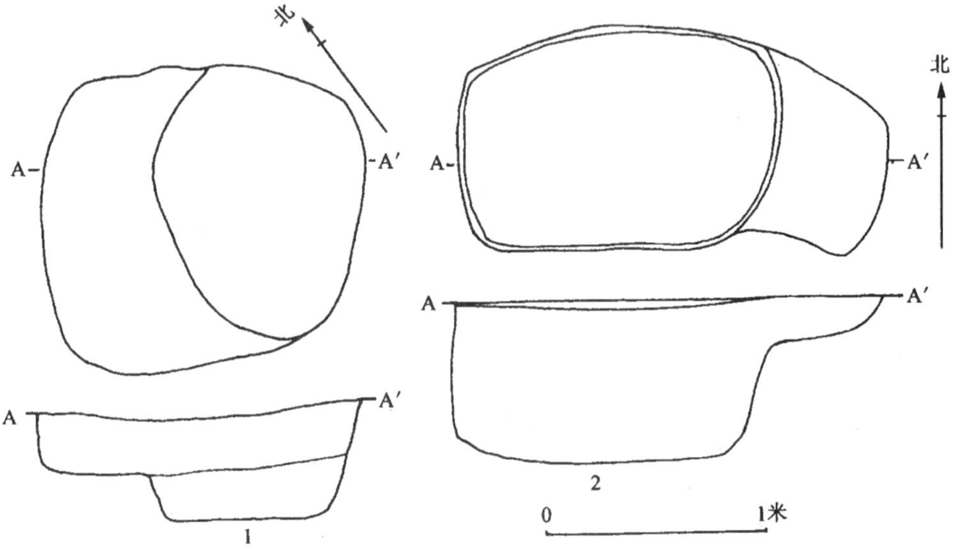

图一〇五　戊类Cc型灰坑平、剖面图
1. H45　2. H130

(2) Cc 型:3 个。有 H45、H130、H217。

H45,位于 T12 南壁下,F1(H28)之内,压在第一层居住面之下,因之应为室内窖穴。坑口距地表深 1.30 米。口径 1.46~1.36 米,坑深 0.45 米。口呈近圆角方形,壁近直,稍内斜,西半部有呈月牙形的二层台,高于东部坑底 0.20 米,宽 0.5~0.7 米。坑内堆积分两层:上层为黄灰色,质松软,内含碎兽骨等;下层为深灰色,质松,内含少量木炭。坑内出有罐形鼎、B 陶锉,还有契刻骨板等(图一〇五,1)。

H130,位于 T113 西部,开口于 3C 层下,打破第 4 层。坑口距地表深 0.85 米,口径 1.94~1 米,坑深 0.7 米。坑口平面呈近长方形,东壁有一台阶,长 0.5 米,宽 0.7 米,台阶面距坑口深 0.2 米,底、壁较规整。坑内堆积呈黑灰色,结构较细密,内含草木灰较多。坑内出土陶片重 1020 克,其中夹砂红陶、红褐陶占 94.6%,泥质红陶占 5.4%,素面磨光者占 69.6%,绳纹占 30.4%。可辨器形有角把罐、Da Ⅲ 角把、罐形壶等(图一〇五,2)。

H217,位于 T104 西壁下,开口于 3B 层下,打破 H263 及 3C 层。坑口距地表深 1.46 米,口径 2.26~1.60 米,坑深 0.34 米。口呈近长方形,直壁,平底。坑底东部一角有一圆形凹坑,直径 0.94~1.02 米,深于坑底 0.2 米,直壁平底。坑内填灰土,内含大量红烧粒,质稍硬。坑内出土陶片不多,以夹砂褐陶为主,占 57.7%,泥质红陶占 27.25%,夹云母红褐陶占 7.3%,夹炭红衣陶占 4.63%,夹蚌红陶占 2.72%。可辨器形有 B Ⅱ 双耳罐、C Ⅰ 角把罐、侈口罐、罐形鼎、Ab Ⅰ 和 Ac Ⅰ 及 Ac Ⅱ 鼎足、圆腹壶、敞口钵、深腹钵、B Ⅰ 敛口盆、B Ⅲ 深腹盆。另有 B 锤击石片、Eb 石磨棒等(图一〇六)。

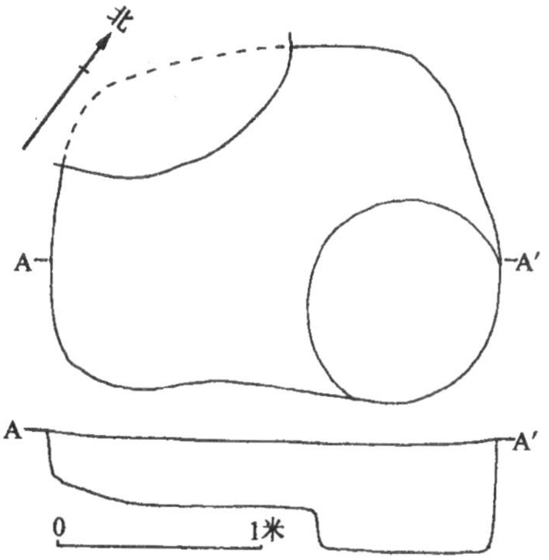

图一〇六　戊类 Cc 型灰坑(H217)平、剖面图

第三节　小坑与灶

小坑和灶,是两种不同性质的遗迹,因其内容不多,故放在一起记述。

一、小　坑

在发掘中我们在居址区经常见到直径在 0.8 米以下,深度在 0.2 米左右的小灰坑,当时被俗称为"洗脸盆坑"。这些小坑内多填灰土,陶片很少,仅三五块甚至没有陶片,其用途和性质不明。在渑池班村遗址早期地层中,笔者也曾见到不少此类遗迹。在早期聚落中,这种遗迹可能具有一定的普遍性。为了与较大的灰坑有所区别,这类遗迹开始时均未统一编灰坑号,而是以探方为单位编"K"号。后来有些小坑确认为某一房基的柱洞,编了"D"号,有些出有较丰富的遗物如完整的器物等,为记述方便,也统编了灰坑号,但大多因无重要遗物,与其它遗迹也无明显关系,所以仍有的保留了"K 号",各探方保留"K"号的尚有 36 个(附表三)。

从附表三可以得知,这些小坑以圆形为主,少数为椭圆形,个别为方形;大多直壁平底,也有少数呈锅底状。大多无陶片或很少几块陶片,也有少数包含物较为丰富。还有个别坑内经过特殊处理。如 T108K5，内填红烧土，底部中间有一块覆钵形硬黄土，很纯，最厚处 0.05 米，直径 0.2 米，红烧土和硬黄土之下为一层厚约 0.02 米的草木灰层，显系经过特殊处理。（图一〇七，3）T108K3（图一〇七，1）和 T108K4（图一〇七，2）内也经过特殊处理。

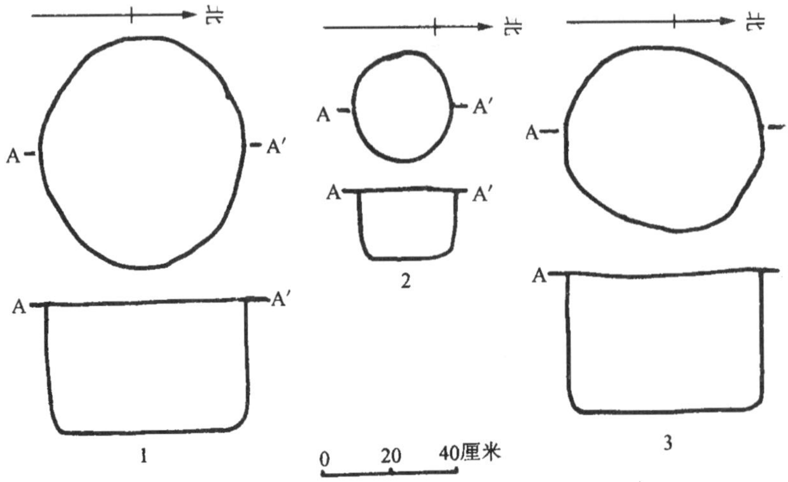

图一〇七　小坑平、剖面图
1. T108K3　2. T108K4　3. T108K5

二、灶　　坑

在居址中发现的零星原生红烧土遗迹不少，但均很难看出形状，个别形状保存较好且规模较大的已统编灰坑号，如 H348。灶的形状较为清楚的仅见 1 个（Z1）。Z1 位于遗址东部，T73 中部，开口于第 4 层下，打破 H330，为一圆形锅底状的红烧土坑，坑内全为原生红烧土，表面平，中间微凹，两侧边缘残留 2 个圆形的红烧土柱，可能为支撑炊器的支足，平面上残留一残陶鼎（图一〇八）。

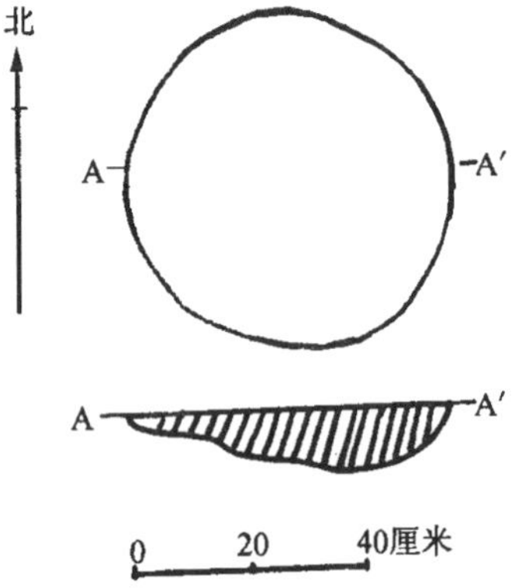

图一〇八　灶坑（Z1）
平、剖面图

第四节　濠　　沟

因发掘面积有限，仅见到三处濠沟的线索，其全貌有待于今后的工作。

1. G1

位于遗址西南角，西距遗址西部边缘约 22 米。在这里布了东西、南北两条 2 米×10 米探沟，其中 T26 为南北向，全部落在沟中心；T20 为东西向，西端 0.5 米处露出沟边，东边因被一现代灰沟打破，东西宽不详，现露出部分东西宽 4.5 米，南北长 23 米，深 1～1.2 米，方向为南北向，沟内堆积情况如下：

第1层:现代农耕土层,厚0.35～0.7米,黄灰色。

第2层:冲积层,深0.35～0.7米、厚0.1～0.4米,黄色,含黑色砂粒,无文化遗物。

第3A层:青灰色粘土层,深0.75～0.95米、厚0.1～0.15米,偶见红烧土粒。

第3B层:黑褐色粘土层,深0.95～1.2米,厚0.8～0.95米,含大量陶片、红烧土块、兽骨、鱼骨、鳖龟甲炭灰等。在此层下与3C层之间夹一层碎蚌壳层,厚约0.15米。

第3C层:青褐色粘土,深1.9～2.1米、厚0.1～0.4米,含少量红烧土、草木灰及鱼骨、鳖甲、蚌壳等。3C层下即为沟底的黄色生土层,但被水浸泡成青灰色(图一〇九)。

由以上地层关系看出,1、2、3A层与整个遗址堆积一致,3B层应是沟废弃后被作为倾倒垃圾的场所而逐渐堆积起来的,3C层较薄,可能是使用过程中逐渐堆积起来的。也就是说,这条沟可能主要使用于3C层形成期。

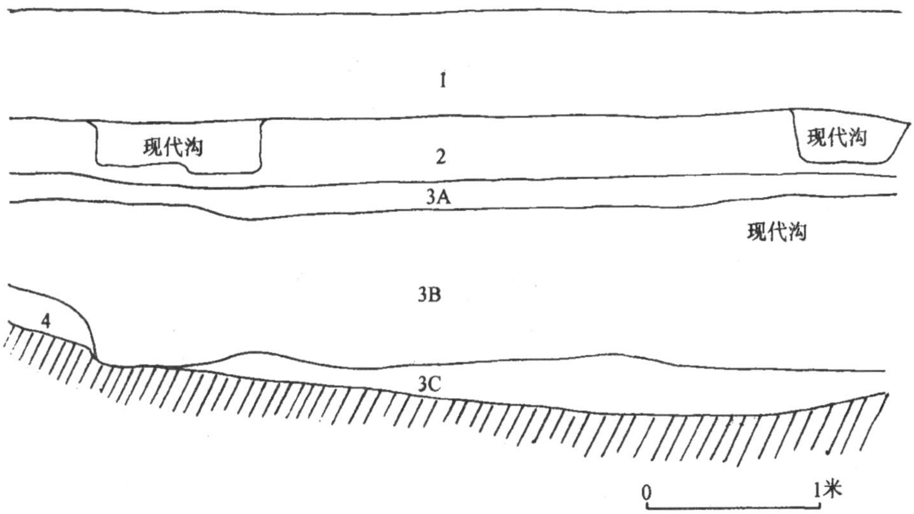

图一〇九　G1剖面图

2. G2

位于遗址南部,南距遗址南部边缘12米。因这里正好为一农用大车道,未能进行发掘,仅就其南北两边路沟断面知其为东西向,已知长30米、宽6米,路沟南侧堆积如下。

第1层:现代农耕土,黄灰色,厚0.5米。

第2层:冲积层,黄色,深0.5米、厚0.12米。此层显然被第一层扰去一部分,并非原始厚度。

第3A层:青色粘土,深0.62米、厚0.13米,与第二层一样无文化现象。

第3B层:黑色粘土,呈泛滥相,深0.75、厚0.33米,内含烧土粒、碎陶片、炭粒、鱼骨、蚌壳等。在剖面中部发现稻壳一个。

第3C层:青灰色粘土,深1.08、厚0.1米,含少量陶片、烧土粒。

第4层:浅青灰色粘土,深1.18、厚0.1米,偶见烧土粒。

从地层剖面层序来看,似乎与G1规律相同,只是该剖面位于沟南侧,并非最深处的层序。3B层也为沟内沉积层中最厚的一层,但与G1的3B层的特征大不相同。G1的3B层为废弃堆积,

G2 的 3B 层为泛滥堆积，也就是说，G1 为人工堆积，G2 为自然或半自然堆积，对于 G2 来说，3C 层为形成期，3B 层时期继续使用，延用时间与聚落的存在时间相一致，最后废弃于一次毁灭整个聚落的大洪水。

3. G3

位于遗址西部的 T4、T8、T9、T10、T13、T16、T23 内，开口第 4 层下，是第 4 层下唯一的遗迹。G3 弯弯曲曲呈不规则状，且分南北两条，长均在 10 米以上，最宽近 2 米，最窄处 0.3 米。沟内填土呈黄灰色，偶见烧土粒、炭屑、碎骨碴等，不见陶片，与第 4 层特征相同，最深处距层表达 0.95 米，最浅亦有 0.4 米。形成原因不同于 G1、G2，性质亦不明，暂记于此。

第五节　兽　坑

在贾湖遗址发现专门的葬兽坑 10 个，经鉴定所葬动物均为狗，其中 7 个坑内置一完整的狗骨架，另 3 个坑保存较差，骨骼朽甚，但也可能为整体置入。这些狗坑中，有 6 个位于墓地之中或边缘地带，4 个位于居址之中或房基旁边，可能均与祭祀活动有关。坑长一般在 0.5～1.1 米之间，宽一般在 0.3～0.72 米之间，深一般在 0.2～0.7 米之间，其规模仅能容身(附表四)。

一、墓地内、墓地旁的兽坑

共 6 个，其中 SK4、SK5 保存较差，其余 4 个保存较好。SK8，位于 T102 东部，压在 H265 之下，并被 M309 打破，向下打破 3C 和第 4 层。坑口平面呈长方形，东西向，长 0.68 米、宽 0.6 米、深 0.27 米。坑内置一具狗骨架，保存完好，狗头向西，勾头躬背，四肢蜷曲。该坑位于 T102 墓地之东侧，与 SK4、SK5、SK6、SK7、SK10 一样，应与 T101、T102 的墓葬区有关(图一一〇，3；图版一一，2)。

二、居址内、房址旁的兽坑

共 4 个，其中 SK2、SK3、SK9 保存均较好，仅 SK1 保存较差。

SK2，位于 T15 北部，开口于 3A 层下，东侧被 H27 打破，西侧打破 H36，叠压在 M39 之上。坑口平面呈椭圆形，口径 0.95～0.67 米、深 0.18 米。坑内置一具狗骨架，头向北，直背曲肢，骨骼朽甚，但形状尚清晰(图一一〇，1)。

SK3，位于 T109 西部，开口于 3B 层下，压在 H155 坑口西北部之上。坑口平面呈长方形，长 0.56、宽 0.34、深 0.25 米。坑内置狗骨架一具，尾向东北，头从背上向后勾，躬背，四肢蜷曲，骨骼保存较好(图一一〇，2；图版一一，1)。

SK9，位于 T72 西南部，开口于第 5 层下，打破第 6 层。坑口平面近长方形，西北东南向，长 0.7 米，宽 0.5 米，深 0.3 米。坑内置狗骨架一具，尾向西北，头从背上向后勾，躬背，四肢作蜷曲状，骨骼保存较好(图一一〇，4；图版一一，4)。

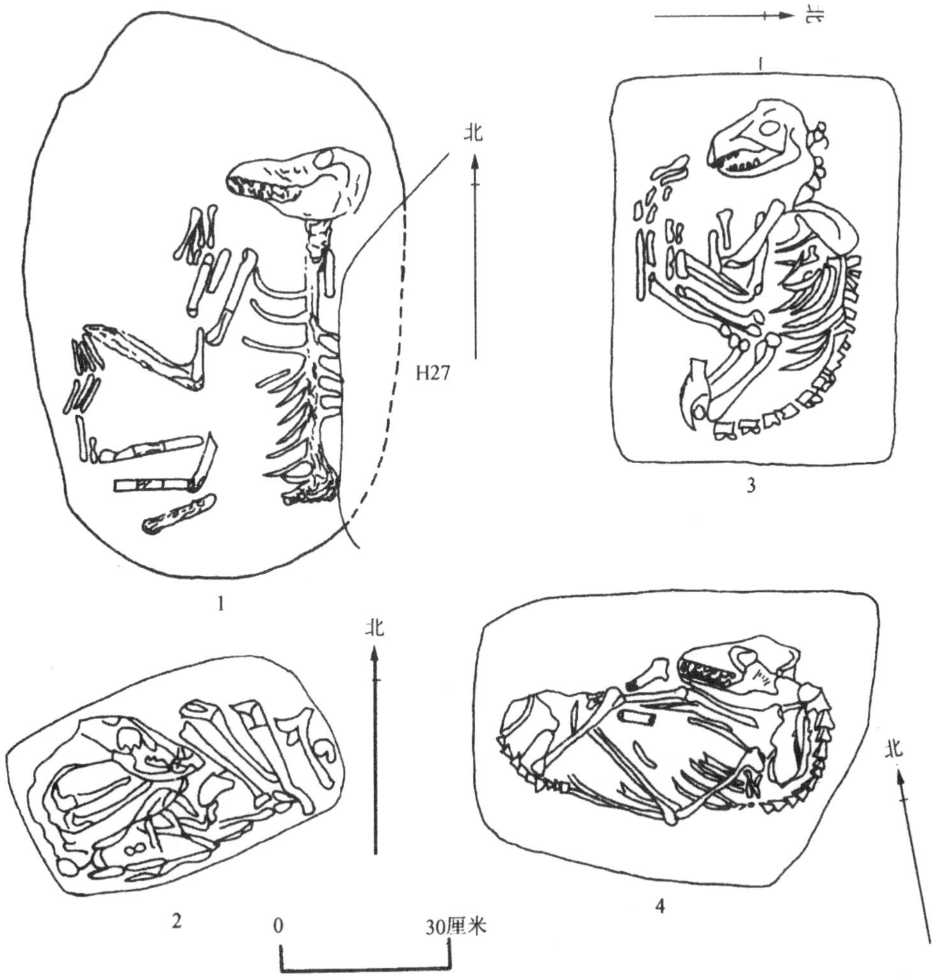

图一一〇　兽坑平面图
1. SK2　2. SK3　3. SK8　4. SK9

第六节　陶　　窑

在贾湖遗址,发现可大体确认的陶窑有 9 座(附表五)。这些陶窑刚发现时均作灰坑处理,只是在逐渐认识其特征后,才确认为陶窑,但为保留资料的真实性,在介绍遗物时仍保留了灰坑编号。因保存较差,可能有些残陶窑仍被归入了灰坑之中。

一、概　　况

这些陶窑平面多呈圆形或椭圆形,大体可分为两类(表一六):第一类是特意修建的横穴式陶窑,有窑室、火门、烟道和烟孔,有的还保存有窑壁和火道。第二类可分为两型,A 型也是特意修建的,但相当简陋,仅挖一圆形或椭圆形的圜底浅坑,应是平地露天封烧式陶窑的改进型,相当原始;B 型是 A 型的变体形式,即不是特意挖窑坑,而是利用废弃的灰坑平整铺垫后,形成一平底或圜底浅坑。从第二类窑底部的原生红烧土层和坑内大量破碎的红烧土块堆积层看，均应是就地封烧的原始陶窑，反复利用率不高，与云南西盟佤族的陶窑有相似之处。这些陶窑的分布大体相对集中，第一类分布在遗址东、中部，第二类东、中、西部均可见到。另外，我们在本书第三章中曾提到，文化层中和各类遗迹中有大量的红烧土块、粒存在，其原因之一就是有露天烧陶的可能。这种露天烧陶的场所很可能不太固定，烧出的陶器火候又不会太高，极易破碎，所以，烧陶器应是人们的经常性的活动。这些大量的平地露天烧陶的场所除了散落大量的红烧土块外，就很难留下遗迹了。像第二类这样的简陋陶窑，只保存下来很少一部分而已。

因于上述原因，陶窑的面积也很不一致，大的如 Y1，直径有 2.4 米之多，小的如 Y3，平均直径只有 1.1 米。

表一六　陶窑分类统计表

编号 分类 分型 期	段	横穴式	坑穴式		小计	合计
			A	B		
三	9					
	8			Y4	1	1
	7					
二	6					
	5	Y9	Y5		2	6
	4	Y8	Y3、Y7	Y6	4	
一	3			Y2	1	
	2		Y1		1	2
	1					
合计		2	4	3		9

二、分　　类

（一）第一类：横穴形

此类仅见有 2 座（Y8，Y9）例，其总体特征是：都有一圆形或近圆形的窑室，在一侧有火门，另一侧有一至二个出烟口，保存好的还有烟道、火道和窑壁。推测其建筑程序：首先根据需要挖一坑穴，修成平底作火台，并在窑室中间或周围挖一火道，一端通到窑室以外为火门，另一端修出一孔眼为烟道和出烟孔。然后将坑壁上涂一层厚约 0.1 米左右的泥为窑壁，使用时应是在火台上架陶坯，上面为封顶式。

Y8，原编号 H327，位于遗址东部，T63 与 T62 之间，开口于第 4 层下，火门处被 H336 打破，出烟口被现代井打破，向下打破第 6 层。坑口距地表深 1.05～1.1 米。主要部分保存较好，尚可看出形状与结构。整体为南北向，平面略呈椭圆形，南北长 2.10、东西宽 1.8 米。中间为长椭圆形火膛，形状不太规则，周围可能有坍塌，但仍较硬，呈红褐色，现存南北长 1.5 米、东西宽 0.5～0.8 米，两壁陡直，深 0.48 米，其内满填草木灰、木炭块、红烧土碎块和碎陶片等。火膛两侧为火台，应为架陶坯的地方，宽 0.4～0.5 米，保存较好的西火台南部被烧成砖红色，厚约 0.2 米渐变为浅红色。火台周围为窑壁，保存较好的西南侧红烧土窑壁高 0.05～0.2 米，厚 0.1～0.20 米。火膛的东南、西北两面各有一斜坡伸出窑室之外，西北斜坡宽 0.35、凸出壁外约 0.3 米；东南侧斜坡宽 0.35 米，向外凸出 0.2 米，出口地势高于西北斜坡出口 0.3～0.35 米，推测东南侧斜坡可能具有窑门性质。西北斜坡为火门，在西北角火门之外有一灰坑(H336)，从包含物看晚于 Y8，但从形状来分析，可能具有 Y8 工作间的性质，其内的陶片可能为废弃后填入，不一定代表该坑使用期的年代。在火膛南端，向上渐窄形成烟道，然后变成一圆洞向南穿过窑壁伸出地面，出口处直径为 0.12 米。烟道和出烟口的周壁因经长期烟火烧烤而呈黑褐或红褐色，相当坚硬，用手铲叩之有铮铮之声。烟道底部沉积有一层烟灰，约 0.05～0.15 米。从有固定火门、烟道、出烟口的情况来看，该窑在装上陶坯后封顶。该窑室内填土可分五层：第一层，厚约 0.10 米，为较硬的黄灰土，内

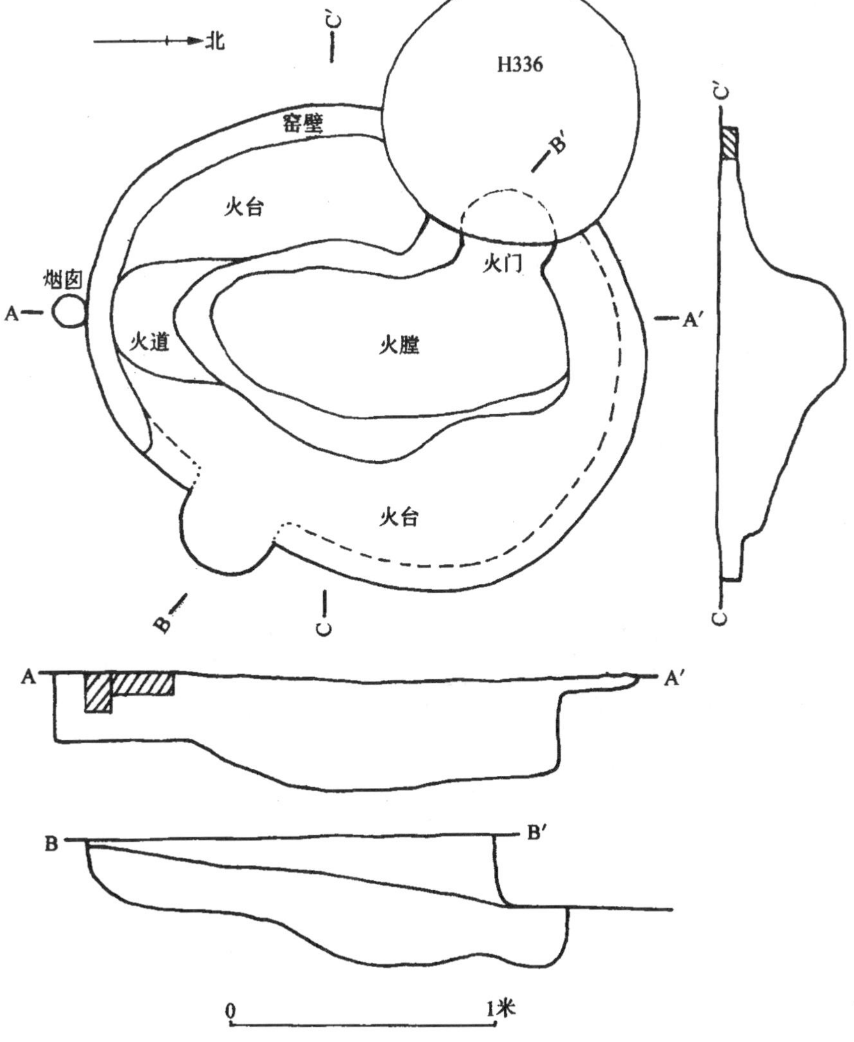

图一一一　横穴形窑(Y8)平、剖面图

含较多的红烧土颗粒，可能为坑口地层下陷的堆积；第二层，为黑色粘土，内含有木炭等，可能为坑口地层下陷的堆积；第三层，为陶窑废弃后坑壁坍塌的堆积，多大块较硬的黄土；第四层，红烧土层，红烧土块普遍较大，有长 6 厘米，宽 4 厘米者，一面平，呈灰白色，应为倒塌的窑壁；第五层，黑灰土层，含大量的草木灰、木炭块等，为陶窑使用期形成的堆积。填土中含有碎兽骨、鱼鳞等。出土陶片重 3 940 克(655 片)，其中泥质红陶占 54.5%(片数占 68.1%)，夹蚌(骨屑)红褐陶占 23.6%(片数占 9.9%)，夹砂红褐陶占 20.3%(片数占 19.4%)，夹炭红衣灰陶、黑陶占 1.3%(片数占 1.8%)，夹云母红陶占 0.3%(片数占 0.8%)。器表素面磨光者 96.2%(片数占 98.4%)，绳纹占 2%(片数占 0.8%)，刻划纹占 1.3%(片数占 0.4%)、乳钉纹占 0.5%(片数占 0.4%)。三大器类中，鼎罐类占 44.2%(片数占 16.6%)，壶类占 36.8%(片数占 18.8%)，盆、钵类占 19%(片数占 64.6%)。大部复原或可辨器形有：敛口钵、罐形壶、鼎足、侈口罐、角把、划纹盆等。还有骨凿和锤击石片(图一一一；彩版六，1)。

Y9，原编号 H341，位于 T62 东部中间，开口于第 4 层下，打破第 5、6 层和生土层。坑口距地表深 1.15 米。此窑保存极差，只是其形状与 Y8 相同，故推定为一残陶窑。整体为东西向，平面因坍塌呈不规则状，窑室东西、南北均 1.6 米左右，深约 0.65 米左右，直壁平底，东、西壁尚留有 0.15 米厚的原生红烧土墙，应为残存的窑壁。窑室底部中间偏西处有一高约 0.12 米的圆形黄土台，直径 0.7～0.9 米，南侧坍塌成不规则状，表面烧得很硬，且上面的草木灰层也已钙结化，应为

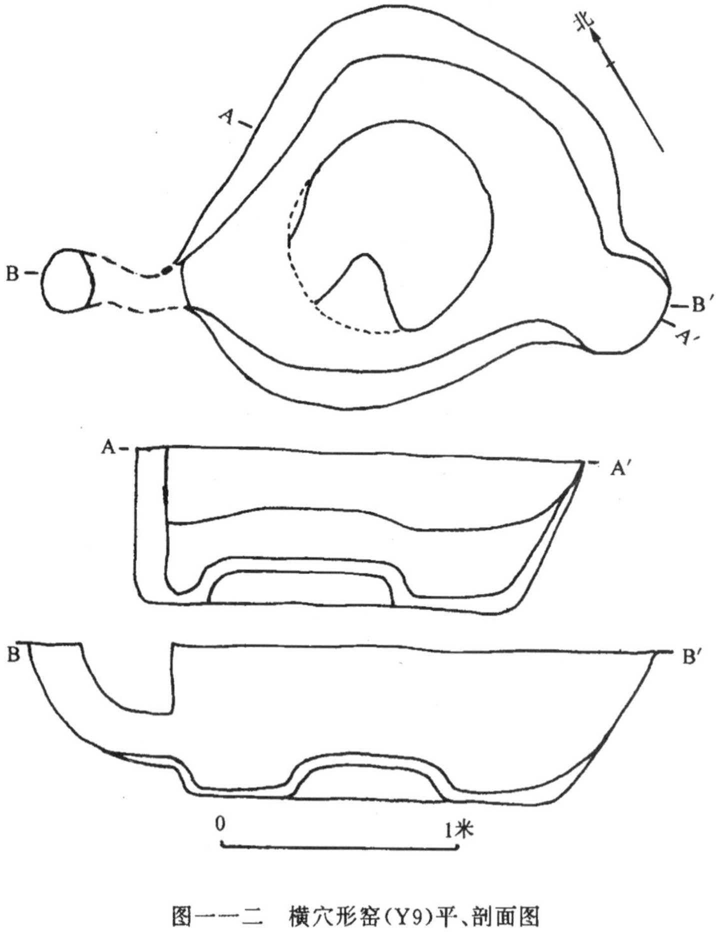

图一一二　横穴形窑(Y9)平、剖面图

置放陶坯的火台。窑室东南角向外凸出了一斜坡，约为0.5米×0.4米，应为火门的位置。火门与火台之间约0.5米为火膛。火台南北有火道，坍塌成不规则状，北侧宽0.14～0.30米、南侧宽约0.14～0.25米。在西侧有坍塌的烟道，长约0.4米，宽约0.15米，烟道与窑室联接处有火烧烤痕。在烟道末端为出烟口，直径约0.26米。这些数据均为坍塌后的形状。由此看来，此窑可复原为：窑室中心有圆形火台，一侧有火门，火门与火台之间有火膛、火台两侧有火道，火门对面一侧有烟道和出烟口的封顶式陶窑(图一一二)。窑内堆积分四层：第一层，灰黄色土堆积层，厚0.7～0.8米，为陶窑废弃后的堆积物，其上部可能为第4层下陷的堆积；第二层，红烧土堆积层，厚约0.1米，应为窑壁和窑顶坍塌后的堆积物；第三层，灰白色草木灰层，厚约0.02～0.04米，为陶窑使用期的堆积，火台上较薄，火膛内较厚；第四层，为钙结化的黑灰色草木灰层，也为陶窑使用期的堆积，该层在火膛内的堆积比火台上的厚0.02～0.04米。火台上、火膛与火道底部均较平坦。填土中出有猪牙、兽骨、梅花鹿角、陶片等。出土陶片重5 735克(405片)，其中泥质红陶占47.4%(片数占56.2%)，夹蚌(骨屑)红褐陶占17%(片数占28.2%)，夹砂红褐陶占10.8%(片数占13.9%)，偶见夹炭红陶占0.26%，另有碎片占24.4%(碎片中有夹云母红褐陶片，片数占0.2%)。器表以素面磨光为主，占62.2%(片数占96%)，网绳纹、绳纹占13.1%(片数占3.7%)，刻划纹占0.3%(片数占0.3%)，另有碎片占24.4%。三大器类中，鼎罐类占36.9%(片数占27.5%)，壶类占32.8%(片数占9.8%)，盆钵类占30.3%(片数占62.7%)，另有碎陶片占24.4%。陶片中大部复原或可辨器形有敛口钵、浅腹钵、曲腹钵、角把罐、罐形鼎、盆形鼎、侈口罐等。还有残石镰等。在火门外有一堆烧过的碎兽骨，可能为制陶的羼和料。

(二) 第二类：坑穴形

1. A型

4座(Y1、Y3、Y5、Y7)。其总体特征是：均为一圆形或椭圆形坑穴，圜底或平底，底部有一层厚0.1～0.2米的原生红烧土，有的较厚，有的较薄，可能因重复利用次数多少不同所致。烧烤程度从内向外由深渐浅，周边厚于底部，坑内填大量大小不等的红烧土碎块并夹大量草木灰。推测其修建和使用程序：先挖一圜底坑穴，铺一层柴草后，在上面架一层陶坯，然后柴草陶坯层层相隔，最后在上面铺一层柴草并用泥封抹，捅出若干出烟孔，在一侧点火。此类陶窑可能被重复利用，应是竖穴式陶窑的原始形态。

Y1，原编号H21，位于遗址西部，T5北部，开口于3C层下，打破第4层和生土层。坑口距地表深0.75米，坑深0.7米。平面呈圆形，斜壁圜底，呈锅底状，壁、底为一层厚约0.1～0.3米的原生红烧土，由上而下由红褐色渐变为浅红色，较坚硬。坑内填土分三层：第一层，灰黄色土，厚约0.3米，质松，内含红烧土块，兽骨、兽牙等。第二层，黄灰色土，厚0.3米，含红烧土块、兽骨、鳖甲、鱼骨、粗沙子等。第三层，厚0.1米，为黑灰色草木灰层，含木炭块等。第一、二层为窑废弃后的堆积，三层为陶窑使用期的堆积。填土中出土陶片698片，全为夹砂红陶或红褐陶，其中素面磨光者占78%，绳纹、细绳纹占21.7%，刻划纹占0.3%。角把罐占53.7%，壶类占26.3%，盆钵类占20%。可辨器形有角把罐、方口盆、深腹盆、罐形壶等。还有石器、牙刀各1件(图一一三)。

Y5，原编号H286，位于遗址中部，T39西南部，开口于第1层下，打破第2层和生土层。因上层已被破坏，坑口距地表深仅0.2米。此窑保存极差，整体为一圆形，直壁平底，直径约1.7、深0.65米。周壁的红烧土窑壁已坍塌不存，仅在东北部中间部位保留一条宽约0.10～0.25，厚0.06～0.08米的原生红烧土，其下约0.15米厚至底被烧成红褐色，极坚硬，对应高度在西壁也

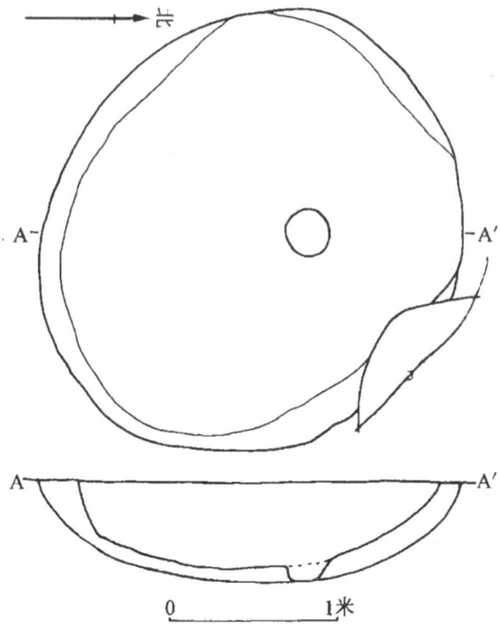

图一一三　坑穴形A型窑(Y1)平、剖面图

残留有宽约0.08、厚0.06米的红烧土带。西南壁外缘有一红烧土洞，直径0.12米，应为出烟口。红烧土面上东北扣置一件侈口罐。窑室内填土分三层：第一层，为含大量红烧土块的黄色土，厚0.20米，为窑壁塌时的堆积；第二层，为黑灰色草木灰层，含大量鱼骨及兽骨、陶片等，应为陶窑使用时期和刚刚废弃时的堆积；第三层，为窑底的红褐色原生烧土层，厚约0.05米，无包含物。坑内除上述一件夹炭、夹骨粉侈口罐外，出土陶片重2040克(144片)，其中泥质红陶占81.4%(片数占79.1%)，夹蚌(骨粉)红褐陶占10%(片数占14.6%)，夹砂红陶、红褐陶占5.9%(片数占3.5%)，夹炭红褐陶占2%(片数占2.1%)，夹云母红褐陶占0.7%。器表以素面磨光为主，占90%(片数占87.5%)，绳纹占8%(片数占11.1%)，刻划纹占1.2%(片数占0.7%)，篦划纹占0.8%(片数占0.7%)。三大器类中，鼎罐类占13%(片数占28.6%)，壶类占7.7%(片数占7.1%)，盆钵类占68.4%(片数占64.3%)。可辨器形还有折腹钵、敞口钵、敛口钵、三足钵、盆形鼎等。还出有骨镞和锤击石核各1件(图一一四，1)。

2. B型

3座(Y2、Y4、Y6)。

此型与A型形状、结构、使用方式相同，只是不是特意挖坑，而是利用废弃的窖穴，将其平整砸实，所以在烧面之下往往有原来灰坑内的厚薄不等的填土，烧面上大量破碎的草木灰和红烧土块应为烧窑后的堆积。

Y4，原编H232，位于遗址西南部，T31与T30之间，开口于3A层下，打破H383、3B层、3C层、第4层和生土层。坑口距地表深0.5米。平面呈椭圆形，东北西南向，长径2.1、短径1.45米。此窑原为一底呈台阶状的窖穴，其南侧有一直径约0.85、深约0.25米的小圆坑，窖穴总深约1.02米，中部为一平面，西南有一层台阶。窖穴废弃后对整个坑底进行了平整铺垫，成为一简陋的陶窑。清理出时，陶窑周壁除北侧外均保留有厚0.04～0.05米的红烧土窑壁，底有0.05～0.1米厚的原生红烧土窑底，之上有倒塌的大块红烧土块，堆积厚达0.1～0.15米，为窑内堆积的中层。窑深约0.6米。(图一一四，2)窑内堆积的上层为松软的草木灰层，含有陶片、鱼骨等。窑底下窖穴内填土为下层，松软的灰土，含大量灰烬、炭粒、陶片、兽骨等。出土陶片482片，其中夹砂红陶、红褐陶占86.1%，泥质红陶占10%，夹云母红褐陶占3.7%，夹炭红衣陶占0.2%。素面磨光者占75.5%，绳纹占24.1%，划纹占0.4%。鼎罐类占46%，壶类占20%，盆钵类占26.0%，支脚占8%。可辨器形有罐形鼎、钵形鼎、敞口钵、划纹盆、碗、印有席纹的器底。另有石研磨器、残磨棒、颜料、骨鱼镖等。

Y6，原编号H287，位于遗址中部，T38北侧，开口于第2层下，北侧被H298、H300打破，向下打破第3层和生土层。现存坑口距地表深0.1米。平面呈近圆形，直径南北1.35、东西1.56米。此窑原为一窖穴，底略大于口，呈袋状，底径1.45～1.65米，总深0.88米，废弃后在其坑内平

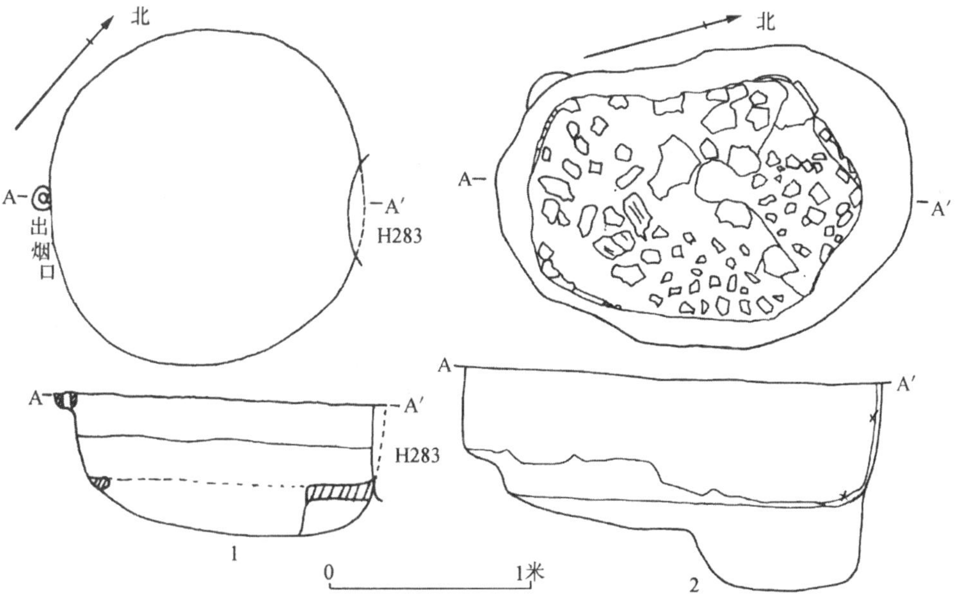

图一一四　坑穴形窑平、剖面图

1. A 型(Y5)　2. B 型(Y4)

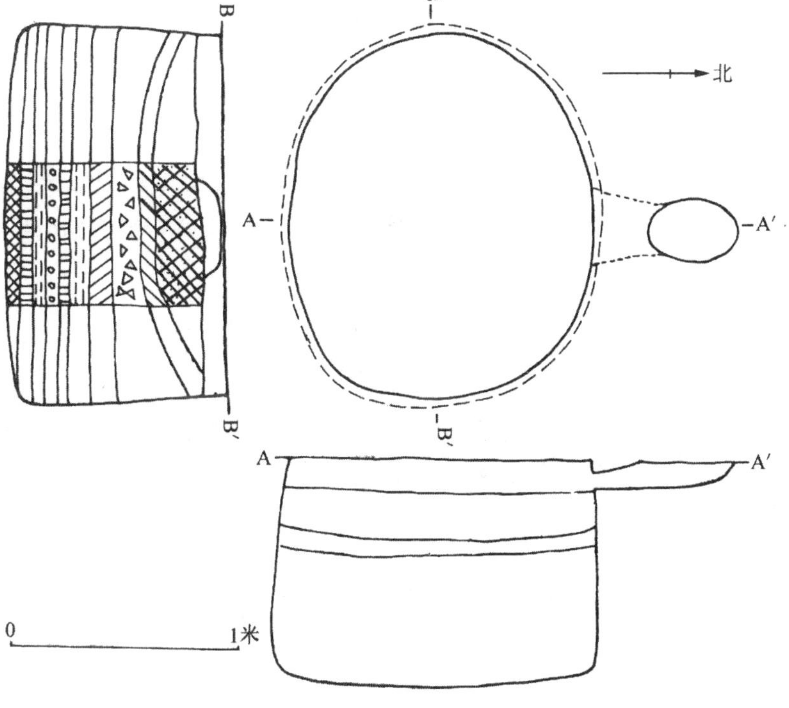

图一一五　坑穴形 B 型窑(Y6)平、剖面图

整后铺垫厚约 0.30 米的黄土,以作陶窑使用。因这里文化层已遭到破坏,原有窑壁多已破坏,仅北壁尚保留高、厚约 0.1 米的红烧土壁。窑底的红烧土硬面以中间部位最为明显,表层厚约 0.02

米，呈灰白色，陶化程度很高，相当坚硬，向下陶化程度渐浅，由砖红色渐变为黄红色，共厚约 0.2 米，再下为未陶化的铺垫黄土层，内夹少量红烧土粒。在北壁外 0.16 米处有一出烟口，呈南北向椭圆形，长径 0.4 米，短径 0.28 米，并有一烟道与窑室相连，烟道内沉积有黑色灰烬。烟道内口烧成红褐色，烟道内壁和出烟口均为砖红色。此窑可复原为一带出烟口的就地封顶窑。从窑底红烧土较厚以及边上有淘洗池和凉坯棚等现象看，此窑曾经反复使用过(图一一五)。

在铺垫的黄土层下，原来的窖穴堆积有八层，连同最上层陶窑废弃后的堆积和铺垫的陶窑底部堆积共十层，最下一层为黄沙土，含少量红烧土粒，厚 0.05 米，为窖穴底部的铺垫土，代表着窖穴的始建年代；黄沙土层之上有一层纯草木灰层，厚约 0.06 米，应为窖穴使用时期的堆积；再上也是草木灰层，呈黑色，只是夹大量木炭块，厚约 0.05 米；草木灰层之上是颗粒状的黄土层，厚 0.05 米，含少量红烧土和灰白色砂粒，也应是有意铺垫层，是窖穴使用时期的堆积；颗粒状黄土层之上又为一纯草木灰层，上面也是一层夹大量木炭块的黑色草木灰层，两层共厚 0.13 米；纯草木灰层上又为一较纯的黄土层，厚 0.1 米。纯净黄土层之上为一层含少量大块红烧土的黑灰土层。窑内和其下的窖穴内出土陶片无区别，共重 2 720 克(159 片)，其中夹砂红陶、红褐陶占 93.8%(片数占 97.5%)，泥质红陶占 3.7%(片数占 0.6%)，夹蚌褐陶占 2.5%(片数占 1.9%)。素面磨光者占 59.6%(片数占 74.9%)，绳纹占 40.4%(片数占 25.1%)。三大器类中，鼎罐类占 64.2%(片数占 35.4%)，壶类占 6.7%(片数占 23.5%)，盆钵类占 25%(片数占 23.5%)，另有支脚占 4.1%(片数占 17.6%)。可辨器形有角把罐、罐形壶以及 F 型支脚等。

三、与陶窑有关的其它遗迹

(一) 淘　洗　池

在 Y6 西南侧约 3 米处的 H288 底部，发现一层厚约 0.1～0.2 米的纯净、细腻的青泥层，显系经过淘洗，联系到大部分陶器表面均涂有一层厚厚的泥浆层，我们推测这个灰坑原来可能是一个泥浆淘洗池。

(二) 晾　坯　棚

在 Y6 之南，Y5 之西，见有大大小小近 20 个的烧土洞或黑土洞，呈圆形或椭圆形，大的直径约 0.6 米，小的只有 0.1 米，看不出有什么规律，且无别的遗迹存在，我们推测这一片数十平方米的空地应是晾晒陶坯的场所，这些烧土洞或黑土洞应是反复多次支撑简易晾坯棚的柱子洞。

第五章　墓　　葬

第一节　分　　布

在贾湖遗址共发现墓葬349座(附表六),遗址的西、中、东部都有分布。墓葬大多分布较为密集,在西部有三个墓葬群均存在4～6层墓葬层层叠压的现象。从墓葬分布规律观察,早期墓和中晚期墓分布不尽一致。

早期墓全部分布于遗址西部,叠压在3C层之下,大体分为A、B两群:北部A群较大,已发现26座,分布于T5、T9、T21、T22、T25、T104、T105、T109、T113、T114内;南部B群发现16座,分布于T4、T14～T17、T27、T28、T33、T35、T36内,北距A群仅约5米。早期墓与居址分布在一起,除M66打破M67外,墓葬间基本上未见叠压或打破现象。

中晚期墓葬在遗址西、中、东部均有分布,大体上可分为六个墓葬群。

A群,位于遗址西北部T101、T102、T116内,共发现墓葬146座,除南、北两侧可能还不完全到边外,东西两侧均已到边。这一群墓葬层层叠压或打破多达6层。

B群,位于遗址西部,T6～T10、T16、T23内,除东侧可能还未到边外,余三面均已清理到边,已清理92座墓葬,也是层层叠压或打破,多达6层。

C群,位于T17、T27、T28、T33～T35内,南、北两侧均已到边,西侧也基本到边,但主要分布区可能还在东侧,揭露部分可能不足一半,发现墓葬33座,其中心部位如T34也有层层叠压、打破现象。

D群,位于遗址西部T105、T109内,揭露的应是其西、北边缘,只发现有5座墓葬,主要分布区应在其东侧T110、T115内,惜未能发掘。

E群,位于遗址中部T1、T37两条探沟内,集中在T1和T37西部,已发现24座墓葬,也是多层叠压或打破。我们揭露的只是其东南侧,在T1、T37西侧的取土沟两壁上可见许多挖断的残骨架和破坏后随意弃置的人骨,在沟西菜地的许多土水井壁上也可见到人骨架,可见该墓地的主要范围在T1、T37的西北方,1978年修护村堤取土时遭到过较大破坏。

F群,位于遗址东部T71内,仅发现4座墓葬,而且其中3座为迁出墓,可见这里可能不一定是正式的墓地,但T71东西两侧未能发掘,真实情况只有留待以后再发掘时才能得到证实。

另外,在T18和T113西部还发现有3座零星墓葬,是又一墓葬区的边缘出露,还是混杂于居址中的埋葬现象,亦只有留待以后证实了。

以上早期两群和发现较多的中晚期A、B、C、E四群墓葬大体成排分布,较有规律,同层墓每排间隔一般1～2米,最远不超过3米。已知各墓群间距10～20米不等。

中晚期A、B、C、E四个墓群的层层叠压和打破现象表明,这几个墓葬群的使用延续了相当长的时间,但什么原因使他们之间有那么多的打破现象,则值得进一步的探讨。

第二节　墓葬形制

除个别墓葬为圆角长方形、长椭圆形外，绝大多数墓葬为长方形竖穴土坑墓，墓壁垂直或口稍大于底，只有 M376 为有生土二层台墓，壁、底较为规整。

墓葬规模一般悬殊不大，最大的如 M282，长 2.8 米、宽 1.8 米，面积约 5 平方米；最小的如 M1，长 1.74 米、宽 0.35 米、面积约 0.6 平方米，仅能容身。墓葬长度在 1 米以下的有 25 座，占 7.2%；1～1.5 米的有 31 座，占 8.9%；1.5～1.7 米的有 24 座，占 6.9%；1.7～1.9 米的有 49 座，占 14.0%；1.9～2.1 米的有 100 座，占 28.7%；2.1～2.3 米的有 32 座，占 9.2%；2.3～2.5 米的有 18 座，占 5.2%；2.5 米以上的有 7 座，占 2%；另有残的 63 座（表一七）。宽度在 0.5 米以下的有 40 座，占 11.5%；0.5～1.0 米的有 254 座，占 72.8%；1.0～1.5 米的有 29 座，占 8.3%；1.5 米以上的有 4 座，占 1.1%；另有宽残的 22 座（表一八）。一般来讲，长度在 1.5 米以下，宽度在 0.3 米以下的多为单人二次葬墓，长度在 2.3 米以上，宽度在 1 米以上的多为二人或多人合葬墓。

就墓圹保存情况而言，一般来说，3C 层下的墓葬保存较好，而 3B 层下打破 3C 层的墓葬保存较差，特别是墓葬密集区，地层几乎全部被墓葬打破，给墓葬口部形状判断带来困难。打破 3B 层的上层墓葬保存尤其差，因 3B 层土壤化程度非常高，粘性很大，骨架保存又极差，3B 层本身又很薄，对是否有墓圹的判断极为困难，刚刚发掘时往往碰到随葬品、人骨架或人骨腐灰才知有墓。所以，上述墓圹的尺寸肯定会有一定误差。但随着发掘经验的积累，第二个发掘季度以后发掘的墓葬的尺寸的误差就小了。

在 3C 层下的墓葬较深，保存亦较好，3B 层下打破 3C 层的墓保存稍差，3A 层下打破 3B 层的上层墓保存最差，墓圹也最浅，往往揭开 3A 层或 2B 层就可见到人骨朽灰和随葬品，几乎不见墓圹，人骨架上掩埋的填土有的只有 0.1 米厚。因此深不足 0.2 米的墓不排除平地掩埋的可能。深度不足 0.3 米的墓 116 座，占 33.2%；0.31～0.5 米的有 131 座，占 37.5%；0.51～0.7 米的有 67 座，占 19.2%；0.71 米以上的有 22 座，占 6.3%；最深的是 M487，墓圹深 1.0 米。M1～M3、M10、M43、M44、M69、M391 等深度不足 0.1 米，另有残深不明者 13 座（表一九）。

墓向以西为主，次为西南，少量为西北向，均在 230°～320°之间，未见有超过这一范围者。其中 266°～275°之间基本上正西向的墓有 184 座，占 52.7%；而正好 270°的有 M282、M275、M277 等 111 座，占 31.8%；墓向在 241°～265°之间的有 104 座，占 29.8%，且主要集中在 255°以上，度数越低，数量越小；240°以下的只有 5 座，仅占 1.4%，而且墓向 230°的 M111 还是一灰坑葬，长方形竖穴土坑墓只有 2 座，M376 为 234°，M218 为 235°。M41、M114 均为 240°；墓向在 276°～299°的有 34 座，占 9.7%，多在 280°以下，度数越高，数量越少；超过 300°的只有 3 座，仅占 0.9%，度数最高的 M501 为 320°，为一迁出墓，墓向 318°的 M27 也为一迁出墓，一次葬竖穴土坑墓只有 M4 一例，为 317°；另有二次迁葬墓方向不明的 19 座。可见贾湖人墓向以西和西南为主，少量为西北，不见东、南、北三个方向者（表二〇）。

所有墓葬中均未见有葬具的痕迹，只有 M376 为带生土二层台的墓，是否与葬具有关不得而知。

表一七　墓葬长度统计表

（单位：米）

分类	1.0以下	1.01～1.5	1.51～1.7	1.71～1.9		1.91～2.1			2.11～2.3	2.31～2.5	2.51以上	残	合计
墓号	25	11	3	1	235	4	222	320	29	32	275	墓号略	
	26	19	8	7	241	6	224	321	104	65	281		
	50	30	24	9	246	13	227	322	108	128	282		
	51	43	34	10	259	14	230	326	109	233	341		
	54	70	49	12	266	16	231	328	110	243	379		
	55	72	57	15	268	17	236	330	121	267	486		
	80	77	79	27	290	18	239	333	125	277	487		
	83	81	87	37	291	21	242	337	127	287			
	85	82	103	44	293	22	245	340	205	296			
	88	93	112	52	299	31	247	346	232	325			
	89	94	204	56	301	35	249	357	244	344			
	90	100	225	59	308	38	250	359	248	352			
	91	201	286	67	312	39	251	360	273	363			
	95	203	289	86	315	40	252	361	291	380			
	97	215	313	98	319	41	253	362	295	387			
	122	254	339	101	323	42	256	364	297	388			
	221	274	348	105	324	45	257	365	303	395			
	237	279	356	106	342	53	263	369	310	411			
	238	280	372	107	347	58	264	370	314				
	285	300	397	113	358	60	265	371	332				
	329	305	409	117	398	61	270	373	335				
	345	306	483	132	404	66	272	374	336				
	394	327	485	202	405	76	276	375	353				
	410	334	501	223	484	78	278	378	354				
	481	343		226		102	283	385	366				
		349				114	284	391	377				
		381				115	288	392	382				
		384				206	292	399	383				
		389				211	304	406	386				
		400				212	307	482	393				
		401				213	309	502	396				
						214	311	503	402				
						216	316						
						220	318						
合计	25	31	24	49		100			32	18	7	63	349
%	7.2	8.9	6.9	14		28.7			9.2	5.2	2	17.9	100

表一八　墓葬宽度统计表　　（单位：米）

分类	0.5以下	0.51～1.0							1.01～1.5	1.5以上	残	合计
	1	3	46	104	216	255	314	358	76	128		
	5	4	48	105	217	256	315	359	106	277		
	8	6	49	107	218	257	316	360	243	280		
	12	7	50	108	219	258	317	361	275	281		
	20	9	52	109	220	259	318	362	278			
	26	10	53	110	222	261	319	364	287			
	33	11	54	112	223	276	320	365	323			
	47	13	55	113	224	279	321	367	325			
	51	14	57	114	225	280	322	369	335			
	56	15	58	115	226	283	324	370	336			
	64	16	59	117	227	284	326	372	339			
	69	17	60	118	228	285	327	373	341			
	71	18	61	119	229	286	328	374	348			
墓	72	19	62	120	230	288	329	375	363			
	80	21	65	121	231	289	330	376	366			
	81	22	66	123	232	290	331	377	371			
	82	23	67	124	233	291	332	378	379			
	86	24	68	125	234	292	333	381	380			
	89	25	70	126	235	293	334	382	383			
	91	27	73	127	236	295	340	386	384		墓号略	
	92	28	74	131	238	296	342	387	385			
	93	29	75	132	239	297	343	388	389			
	95	30	77	201	240	298	344	391	395			
	96	31	78	202	241	299	345	392	396			
	97	32	79	203	242	301	346	393	397			
	99	34	83	204	244	303	347	398	404			
号	116	35	84	205	245	304	349	399	405			
	122	36	85	206	246	305	350	400	411			
	129	37	87	207	247	306	351	401	487			
	130	38	88	208	248	307	352	402				
	209	39	90	210	249	308	353	403				
	221	40	94	211	250	309	354	406				
	237	41	98	212	251	310	355	407				
	260	42	100	213	252	311	356	408				
	294	43	101	214	253	312	357	409				
	300	44	102	215	254	313		501				
	394	45	103					504				
	410											
	481											
	485											
合计	40	254							29	4	22	349
%	11.5	72.8							8.3	1.1	6.3	100

表一九　墓葬深度统计表　　（单位：米）

分类	0.3以下			0.31～0.5			0.51～0.7		0.71以上	不明	合计
墓号	1	71	204	5	208	291	31	299	108	墓号略	
	2	72	224	6	210	292	38	301	115		
	3	74	226	7	211	293	41	316	232		
	4	75	233	8	212	294	56	318	275		
	10	77	234	9	213	295	67	320	279		
	12	78	246	11	214	296	94	321	281		
	19	79	262	13	215	300	107	328	282		
	20	80	263	14	218	304	109	334	325		
	21	81	264	15	219	305	127	336	327		
	23	82	265	16	221	306	128	342	335		
	24	83	283	17	222	307	129	343	362		
	25	84	303	18	223	308	209	344	376		
	26	85	310	22	225	309	216	351	382		
	28	86	329	27	227	311	217	352	386		
	30	88	331	29	230	312	220	355	387		
	32	89	332	33	235	313	231	358	389		
	35	90	333	34	236	314	239	359	392		
	37	91	339	42	237	315	241	360	394		
	39	92	346	52	238	319	242	364	395		
	40	95	347	54	240	322	243	365	396		
	43	96	348	58	244	323	250	366	486		
	44	97	349	59	245	324	251	367	487		
	45	98	357	62	247	326	252	370			
	46	101	369	65	248	337	253	375			
	47	102	373	73	249	338	254	377			
	48	103	374	76	258	340	255	378			
	49	104	391	87	259	345	256	379			
	50	110	393	93	260	350	257	380			
	51	114	398	99	261	353	261	381			
	53	116	399	100	266	354	268	384			
	55	117	403	105	267	356	276	385			
	57	118	404	106	270	361	277	397			
	60	122	405	112	271	363	297	402			
	61	123	485	113	272	371	298				
	64	130	501	119	273	372					
	66	131	502	120	274	383					
	68	201	503	121	278	388					
	69	202	504	124	284	400					
	70	203		125	285	401					
				126	286	481					
				132	287	482					
				205	288	483					
				206	289	484					
				207	290						
合计	116			131			67		22	13	349
%	33.2			37.5			19.2		6.3	3.8	100

表二〇　墓葬方向一览表

分类	240°以下	241°～265°			266°～269°	270°			271°～275°	276°～299°	300°以上	不明	合计
墓号	41	8	205	310	3	9	124	307	14	1	4	2	
	111	11	208	312	6	10	125	309	39	5	27	19	
	114	13	210	315	7	15	132	311	43	12	501	24	
	218	17	215	316	16	18	207	319	48	29		25	
	376	20	220	318	23	21	209	320	53	44		69	
		22	221	321	31	26	211	322	61	45		79	
		30	224	323	34	28	212	325	62	55		104	
		32	225	324	37	33	217	326	64	59		262	
		38	226	328	47	35	222	330	72	65		302	
		40	235	331	54	50	223	333	73	68		327	
		42	236	332	56	51	227	334	94	99		329	
		46	241	335	74	70	233	336	127	116		345	
		49	243	337	86	71	234	338	128	120		348	
		52	245	344	87	75	237	339	213	126		368	
		57	247	346	97	76	238	342	219	203		412	
		58	249	347	117	78	239	343	242	204		413	
		60	250	351	129	81	240	352	244	214		414	
		66	251	353	202	83	246	355	267	216		415	
		67	252	358	206	84	259	357	268	230		481	
		77	254	359	248	85	260	362	270	231			
		80	256	361	253	88	261	366	290	232			
		82	257	364	263	89	264	367	308	258			
		96	276	365	284	90	265	372	313	266			
		98	281	369	314	91	275	385	341	272			
		101	283	375	340	92	277	388	349	273			
		103	286	377	354	93	278	392	356	274			
		109	291	381	360	95	279	395	363	285			
		110	292	382	380	100	280	397	371	287			
		113	293	387	383	102	282	400	378	350			
		115	296	391	386	105	288	401	379	370			
		122	297	393	396	106	289	402	389	373			
		123	299	394	398	107	294	403	399	374			
		130	301	404	406	108	295	405	409	384			
		131	303	411	483	112	298	407	482	485			
		201	304		486	118	300	408	484				
					487	119	305	410	502				
						121	306	504	503				
合计	5	104			36	111			37	34	3	19	349
%	1.4	29.8			10.3	31.8			10.6	9.7	0.9	5.5	100

第三节 随葬品及其组合

墓中有随葬品的现象比较普遍，只有 84 座墓，不见随葬品，占 24.1%；仅有 1 件随葬品的有 97 座，占 27.8%，2～3 件的有 69 座，占 19.8%；4～10 件的有 69 座，占 19.8%；11～20 件的有 25 座，占 7.1%；21 件以上的有 5 座，占 1.4%。其中以 M282、M277 的随葬品最多，前者有 60 件，后者 66 件(表二一)。

表二一 墓葬随葬品数量分类统计表

分类	无	1 件				2～3 件			4～10 件			11～20 件	21 件以上	合计
	略	3	92	239	338	10	117	308	13	122	333	17	277	
	(见表二二)	6	93	240	340	11	123	312	15	125	334	22	282	
		7	95	244	346	14	132	318	16	126	336	32	335	
		8	99	252	347	18	206	320	35	128	341	41	344	
		12	101	254	357	25	220	328	38	130	343	58	353	
		21	102	258	358	29	222	330	39	131	351	73		
		24	106	261	366	31	241	332	40	231	352	94		
		27	118	265	378	42	245	349	55	243	356	113		
墓		28	120	284	380	52	246	350	57	248	360	121		
		34	124	293	391	65	251	355	60	249	364	127		
		44	201	294	392	66	257	361	62	253	365	233		
		45	202	295	399	68	259	369	76	256	370	263		
		46	203	296	408	72	266	374	78	264	371	275		
		47	207	297	409	79	267	375	82	270	373	291		
		53	208	298	412	88	268	379	86	273	376	325		
		54	210	305	413	91	272	381	87	281	377	327		
号		59	218	307	414	96	274	383	90	287	382	342		
		61	219	309	415	100	276	384	98	292	385	363		
		64	221	311	481	103	278	389	109	304	394	386		
		67	223	313	482	104	279	401	110	314	396	387		
		69	224	315	483	107	280	404	111	323	400	388		
		71	227	319	501	108	299	405	115	326	486	393		
		74	235	321		112	303	410	119	331	487	395		
		77	236	329								402		
		84	237	337								411		
合计	84	97				69			69			25	5	349
%	24.1	27.8				19.8			19.8			7.1	1.4	100

随葬品大多为实用器，有的陶、石、骨器上还有使用痕迹，表明应为墓主人生前的日常用具。个别墓随葬的陶器为明器，也有的墓中随葬刚制成尚未使用的石器、初级产品和原料，可能具有象征意义。

随葬品组合中，仅见陶器的有85座，占24.4%；仅见石器的有11座，占3.1%；仅见骨、牙器和动物骨骼的有41座，占11.7%；陶、石器组合的有9座，占2.6%；陶、骨、牙器(含动物骨骼)的有68座，占19.5%，其中一陶壶、一骨针、一獐牙的组合比较常见；石、骨、牙器与动物骨骼为组合，不见陶器的有11座，占3.1%；陶、石、骨、牙三类齐全的有40座，占11.5%，其中以M282随葬品最为丰富，多达60件，陶、石、骨、牙器齐全(表二二)。

表二二　墓葬随葬品组合一览表

组合分类	陶				石	骨、牙		陶、石	陶、骨、牙			石、骨、牙	陶、石、骨、牙		无				合计
墓号	8	93	239	340	3	40	258	10	14	128	323	55	13	281	1	81	230	322	
	12	95	252	349	6	59	265	11	29	132	326	58	15	282	2	83	232	324	
	18	101	254	352	7	74	266	67	31	206	330	115	16	325	4	85	234	339	
	21	102	259	355	45	78	279	119	32	231	331	130	17	327	5	89	238	345	
	24	106	561	357	117	82	280	241	38	233	334	246	22	335	9	97	242	348	
	25	118	284	358	399	84	295	303	39	237	336	274	35	342	19	105	247	354	
	27	120	287	364	408	86	296	369	42	251	351	318	41	344	20	114	250	359	
	28	124	293	366	412	92	304	373	52	253	374	343	57	350	23	116	260	362	
	34	201	294	378	413	98	314	401	72	257	375	360	60	353	26	129	262	367	
	44	202	297	383	414	99	315		76	263	376	361	62	356	30	204	283	368	
	46	203	298	389	483	100	332		87	264	377	405	68	363	33	205	285	372	
	47	207	305	391		103	333		88	267	379		73	370	37	209	286	397	
	53	208	307	392		111	341		90	268	384		113	371	43	211	288	398	
	54	210	309	404		126	346		91	270	388		121	385	48	212	289	403	
	61	218	311	409		131	347		94	272	393		125	386	49	213	290	406	
	64	219	313	410		224	365		96	273	394		243	387	50	214	300	407	
	65	220	319	481		236	380		104	276	396		249	395	51	215	301	484	
	66	221	321	482		240	381		107	278	402		256	400	56	216	302	485	
	69	222	328	501		244	382		108	290	487		275	411	70	217	306	502	
	71	223	329			245	415		109	292			277	486	75	225	310	503	
	77	227	337			248			110	299					80	226	316	504	
	79	235	338						112	308									
									122	312									
									123	320									
									127										
合计	85				11	41		9	68			11	40		84				349
%	24.4				3.1	11.7		2.6	19.5			3.1	11.5		24.1				100

随葬品中陶器数量较少，大多仅一件陶壶，合葬墓中几乎每人一件陶壶，炊、盛、食和水器几类器物同时随葬的并不多见。计鼎、罐、壶组合的M282、M22共2座。罐、壶、钵组合的有M287、M233、M263、M325、M387共5座，其中的M387还多出一件三足钵和一鼎足。鼎、壶组合的只有M65、M396共2座，罐、壶组合的有M18、M94、M363、M382、M383、M385、M389、M401共8座，壶、钵组合的有M220、M277、M377、M410共4座，壶、钵、杯组合的只有M342 1座，钵、罐组合的有M72、M22共2座，壶、盆组合的只有M259，鼎、碗组合的只有M292，壶、杯组合的只有

M259，以上共计27座。还有24座随葬2件或2件以上陶壶，最多的如M334，随葬陶壶8件，其中M353除随葬2件陶壶外还有一陶纺轮。

随葬的石制品，总的来讲较少，但大多较精，最常见的有石斧和砺石，石锛、凿、铲、磨盘、磨棒均较少，随葬绿松石、莹石等装饰品的占一定比例。

石制品随葬较少，成组合关系的更少，共有17座。其中斧、铲组合的2座，M117另加磨棒，M400另加凿和砺石及有使用痕迹的石块；斧、锛组合的2座，即M17、M241；M55为斧、锛、凿组合；斧加砺石组合的有M282、M275、M13、M41共4座，其中M282还共出凿；M73为斧、凿、石料组合。以上墓葬多为男性墓。M371为磨盘、磨棒加石砧组合，M10、M62为磨盘加砺石组合，M119为斧、磨盘加石环组合，M342为纺轮、石锤加石料组合，M356为锛、镰、纺轮组合，M373为砧、砺石加弹丸组合，这些墓多为女性墓或少许儿童墓。

随葬品中骨器种类、数量均最多，其中以骨镞、鱼镖、獐牙削、骨针最为常见，匕、锥也较多，骨笛、骨叉形器、骨柄形器、牙饰较少，长条形骨板、骨矛、骨刀、骨饰、牙锥、牙刀等仅在个别墓中出现，随葬成组龟甲的现象引人注目，墓地中埋整狗的现象也很重要，详见第四章第四节。

骨、牙制品也有一定的组合规律。在349座墓中，骨、牙器具有组合关系的有95座墓，大体可分为三种类型。第一类，是具有成组龟甲、骨笛、叉形骨器随葬的墓，共25座，一般均较大，随葬品也较多。有的龟、笛、叉形器共出，如M344，有的龟、叉共出，如M327，有的笛、龟共出，如M282，有的叉、笛共出，如M253。这些墓还均有镞、镖、针、獐牙削、锥、凿等共出；第二类，是獐牙削与针、锥、匕等日常生活用具共出，共36座，如M336，或只出其中二三种，如M487出牙、针、匕，M128出牙、锥、匕等，其中8座为陶壶、獐牙削、骨针组合，如M38、M42、M107、M108等；7座内共出镞或镖，如M113牙、针、锥、匕、镞共出，如M365，牙、锥、匕，镖共出，M353牙、针、镞、镖共出，但这些多为合葬或迁葬墓。这一类墓大多为女性的合葬墓。第三类，为獐牙削、镞、镖等鱼、猎工具共出，共34座，如M246、M280等，獐牙与镞、镖组合。这一类大多为男性墓或有男性的合葬墓。其中有9座与獐牙削、镞、镖、针共出，如M98、M248等；M277则是獐牙削、镞、镖、针、锥共出；M35是獐牙、镞、镖与锥共出。这11座墓大多为合葬墓。

随葬品放置位置也有一定规律，一般陶壶均放置于墓主人头部两侧，个别置于两腿间，如M110，也有将陶壶置于无头死者的头骨部位的，如M87；陶鼎、罐、钵一般置于墓主人左侧，也有置于墓主人头顶一端的，如M282；骨针一般置于死者腰部或两侧；骨镞、镖一般置于死者腿部两侧，也有置于足部的；骨笛大多置于左股骨两侧，个别置于右股骨一侧，如M73，或右臂内侧，如M341；叉形骨器一般置于死者右手部位，或握于手中，如M39等；龟甲堆放位置则不稳定，有的置于死者头顶一端，如M344、M282等，有的置于两腿之间，如M17、M253等，有的置于死者左侧，如M94等，有的置于右侧，如M121等；獐牙一般置于死者足部；石磨盘一般置于死者上身两侧；石斧、石铲等生产工具一般置于死者身体两侧；绿松石装饰品一般置于死者头、颈部，也有个别置于腿、足部的，如M121。随葬石铲、石斧、骨镞、鱼镖的墓主一般为男性，随葬骨针、陶纺轮、石磨盘的墓主一般为女性，但女性墓同时也随葬石斧、骨镞、鱼镖等（表二三、二四、二五）。在墓葬中还有随葬鹿角、猪下颌骨、貉下颌骨和其它零碎兽骨现象的，其位置和埋藏状态详见第六章第六节。

表二三 墓葬中陶制品放置位置一览表

器形 墓号 位置	壶	鼎、罐	盆、钵、碗、杯	其它	合计
头顶	32、222、378、44、249、272、52、263 乙、273、76、282、65、335 甲、104、336 甲、108、352 甲、363 甲	13、263 乙	239	235(支脚)	22
头左	7、10、14、16、18、22、25、35、47、60、62、68、73、87、94、101、106、113、120、123、206、220、223、231、233、241、251、259、261、264、270、275、278、279、293、305、315、319、321、323、325、328、342、358、361、385、388、393、487	17、18、65、94、349、401、208、257	207、276		59
头右	12、13、17、21、31、38、39、41、61、102、107、109、121、127、132、202、231、233、243、249、252、253、254、256、267、268、277、282、291、297、303、323、330、344、376、386、401、411	125、233、282 甲、292、349、363 甲、371、373、385、400	233、277 乙、292		51
上身左	227、336 甲、486(肩下压)	325 甲	263 甲、342 甲		6
上身右	M13、76、482				3
上身上	119、384				2
下肢左	24、325 甲、336 甲	16	325 甲		5
下肢右	11、486	22、328	220	M8(圆形陶片)	6
下肢中	110、384	15、22、325 甲	259		6
足部	487			353 甲(纺轮)	2
二次葬	90、112、203、281、326、327、364、383、387、389、394	201、237、326、387	387		16
迁出墓	287、334、501	287	287		5
合计	135	32	13	3	183

表二四　墓葬中骨、牙制品放置位置一览表

器形 M号 位置	镞、镖、矛	针、锥、匕、 刀、骨板	牙器	骨、牙饰	骨笛	叉形器	其它	龟、鳖	合计
头顶	282	39	282					344	4
头左		94 123 353		344		94	277	94 125 233	9
头右	113	14　336 113　256				344 363	131 363	363	10
上身左	109 343 411	32　126 107　343 甲 115　411	32 330 343	342 甲		253 344	335 342	94 263 335	20
上身右	32	52　94 58　256 76　270	323	76 323	341 411	39 253		282	15
上身上	110 125 132	41、275、336 58、278、361 108、292、411 126、318	39 58 206 376	41	341	125	278		22
下肢左	87、263、282 121、264、344 127、275、386 253、277	35、231、335 40、236、341 62、277、380 68、282、487 73、325	58 121 263 282 266	342	55　270 78　282 99 121 253 263		103 282 335 386	15 17 325	46
下肢右	22、109、291 41、121、341 55、233、353 73、272、386 87、275、388 94、282、411	38　373 60 73 231 233 282	108 325 353		73 233 411		400	17 121	34
下肢中	22、277、353 32、280、371 35、335、388 55、344、393 87	40 78 127 257 258 277 486	73 78 110 243 267 303		78 282		113	17 55 253	32
足部	31、233、325 87、275、353 121、280、411	38、270、386 87、276、486 109、353	32、251、335 35、253 38、256、336 104 107、264、341 115、270、344 126、275、353 127、276、385 233、280、386 249、282、388 315、393、487	17 94 344			263 325 341	16 268	55
二次葬	90 327 387	90 281 334 415	237 330 384 394		90 387	90 327 387	112 327	326 327 334 387	22
合计	63	71	57	9	18	11	17	23	269

表二五　墓葬中石制品放置位置一览表

器形 / M号 / 位置	铲、镰	斧、锛、凿、刀	磨盘、磨棒	石砧、石料	装饰品	其它	合计
头左		22	371(各1)	371	58 243 249 318	68(石球)	8
头右		41	119	10 41 363 401	58、243 249、256	13(石子) 282(石子) 363甲(石核)	13
上身左		M6 M7		342甲 343甲	115 342甲	342甲 (纺轮)、 (石锤)	7
上身右		275	3	113 369	16		5
上身上					55 67 385		3
下肢左	117 274 400	13、57、241 17、73、282甲 22、117、386 121、400	117	62 73 282甲	335甲		19
下肢右		17 55 119	10 60 62 325甲	282甲 400	119 274 411(环)	35(石弹丸) 373(弹丸)	14
下肢中		17 241 400	125	275 370 486			7
足部			45	373乙 277、376 373、486	16 121		8
二次葬	327		281	327		330柄形饰	4
合计	4	22	11	23	20	8	88

第四节　葬式及葬俗

贾湖遗址发现的349座墓，葬式比较简单，大体可分为一次葬、二次葬、一次葬与二次葬的合葬和迁出墓四大类。一次葬又可分为单人一次葬和多人一次合葬两亚类，二次葬也可分为单人二次葬和多人二次合葬两亚类，一次葬与二次葬的合葬也可分为一个一次葬与一个二次葬的合葬和一个一次葬与多个二次葬的合葬两亚类，另有葬式不明者一类。

以上各类中，以单人一次葬为主，共236座，占67.6%；多人一次葬仅2座，约占0.6%；单人二次葬42座，占12.0%；多人二次葬13座，占3.7%；一次葬与二次葬的合葬31座，占8.9%；迁出墓共11座，占3.2%；葬式不明者14座，占4.0%。

这里的葬俗亦较复杂，单人一次葬有236座中以仰身直肢为主，有123座，占35.2%；两臂交叉于腹部的有24座，占6.9%；单臂内斜的有25座，占7.2%；无头或头骨葬入时易位的有14座，占4%；缺肢葬24座，占6.9%；上身经轻度扰动的16座，占4.6%；俯身直肢葬8座，占2.3%；单腿曲肢者2座，占0.6%。其中双臂交叉于腹部或单臂内斜可能不具有特殊意义，上身脊椎骨和肋骨经轻度扰动可能系葬入后被食腐肉的穴居类动物如啮齿类、獾类扰动所致，遗址中见有獾的骨骼。缺头、缺肢或葬入时部分易位，则是很复杂的问题，或许是一种特殊的葬俗或葬式，或许与特定的宗教仪式有关，或许是与诸如血亲复仇等部族、部落间冲突之类的社会因素有关。俯身直肢葬可能与死者的死因或宗教仪式有关，但从随葬品来看，墓主人与其他死者无明显差异，或许是一种偶然因素所致。单腿曲肢则可能表明死者生前腿有残疾，从236座仰身直肢一次葬墓中只见2座类似的情况看，其比例是较低的。至于唯一的一座三人同穴合葬现象，很可能是一种偶然因素，如一次同时死亡等。另外还有一个值得注意的现象，就是小孩也像成人一样，葬于氏族公共墓地之中，婴儿则实行瓮棺葬。

单人二次葬共42座，占12.0%。二次葬的葬俗也较复杂，至少有三种情况：一是摆放式，4座，占1.1%，即将死者骨架按不同部位大致摆放于墓中，这是一种比较认真、细致而隆重的迁葬方式，同时也表明当时人们已具备了一定的人体解剖知识；二是将头骨置于通常的头向一侧，将四肢和骨盆整齐的堆放在头骨一边，共15座，占4.3%，这也是一种较认真而虔诚的迁葬方式。三是乱堆式，共23座，占6.6%，即将迁来的骨架随意乱堆于墓中，无任何规律，这种现象令人颇为费解。多人二次葬均为乱堆式，共13座，占3.7%。一次葬与二次葬的合葬墓31座，占8.9%，可分为两小类，一类是双人合葬，有23座，占6.9%；一类是多人合葬，有多达四人者，共8座，占2.3%。与一次葬合葬的二次葬，也大体有两种情况：一是大体上将合葬人的头骨和四肢均取来，堆放于一次葬人的一侧或墓葬一角；二是只取来合葬人的二三段肢骨，只具象征意义，有些一次葬的缺肢现象，可能与此有关。

迁出墓有11座，占3.2%，大体分两种情况：一种只将头骨、四肢长骨和骨盆取走；一种则全取起，仅剩下少量碎骨。另有因保存太差，或为一颅骨，葬式不明，共14座，占4%。因墓葬规格无太大变化，且不同葬式的特征较为明显，因此，下面不按墓葬规格，而按葬式来分类举例介绍。

第五节　分　　类

贾湖遗址发现的墓葬可分为六类介绍，即单人一次葬、多人一次葬、单人二次葬、多人二次葬、一次葬与二次葬的多人合葬、迁出墓(表二六)。

表二六　墓葬分类统计表

期	段	单人一次葬 仰身直肢	单人一次葬 双臂交叉	单人一次葬 单臂内斜	单人一次葬 胸部扰动	单人一次葬 缺头	单人一次葬 缺肢	单人一次葬 俯身直肢	单人一次葬 单腿弯屈	多人一次葬	单人二次葬 摆放式	单人二次葬 堆放式	单人二次葬 乱堆式	多人二次葬	一、二次合葬 双人	一、二次合葬 多人	迁出墓	不明	合计（段）	合计（期）
三	9	1、103、221 3、116、283 4、117、398 5、202、482 18、204、484 20、208 28、213 99、215		9 206 226 235		347 483	21 26 223		225	23		50 201 212 237 348	19 24 43 51 203 238 339 481	25	205			209 298 302 412 413	52	140
	8	6、207、232、350 12、210、242、356 53、214、284、485 56、230、285 129、231、307	37	211 216 236 239 316		399	30 227 241		222				289 403		401		49 288	2 414	36	
	7	7、71、274、392 8、74、278、400 10、250、279 45、252、320 46、256、357 48、257、362 64、262、379	11 44 60 73 251 258 268	254 264	47	405 408	68 114 260					261 300	409		61 253 263 286 299 346 404	415	259	33 217	52	
二	6	16、72、291、349 17、96、292、371 22、118、301、402 34、218、304、406 55、234、305 57、245、324 59、280、331	119 219 233 360 393	75 220 265 338 366 388	62 120 370 486	70 81 85 290	94 101 113 293 306 319 373	266			313	54 82 90 95 359	69 389 410	80 83 112 326 327 345	100 321 336 337	13 277 352 363	287	84 322	78	167
	5	15、276、385 77、309 91、310 92、312 102、314 130、358 131、365 267、377	86 121 127 240 248 270 328 351	98 361 386 407 487	275 384	78 87 105 115 344	315 355 378	395		353	65 329	330 383 396	88 89 97 124 354 367 387	76 79 281 334 364 394	35、342 106、343 128 272 273 282 323 335	325	27 311	14	74	
	4	123 369 381		132 502	224		411						93 122			380	382 501 503 504	368	15	
一	3			308	39 111 249			40 243										294	7	42
	2	29、244、332 42、295、333 104、296、372 126、297、375	340		38 52 108 376		246 318 391	31 32 41 247			125					109			26	
	1	58、107 67、374	66 110		341		303										397		9	
合计		123	24	25	16	14	24	8	2	2	4	15	23	13	23	8	11	14	349	
		236								2	42			13	31		11	14		

一、单人一次葬

单人一次葬是发现数量最多的一类墓葬，共236座，占全部发现墓葬的67.6%。可分为仰身直肢葬、俯身直肢葬等八个小类，现分述如下。

（一）仰身直肢

此类墓葬共发现123座，大体可分为两种情况：一是保存完整或基本完整，可以确认其葬式即死者入葬时的情景者；二是因被其它遗迹或墓葬破坏，仅保存骨架的一部分，知其为单人一次葬，但其上肢或下肢因已不存，不能确认其原始葬式者，也暂归于此介绍。下面将这两种情况的墓葬分别举例说明如下。

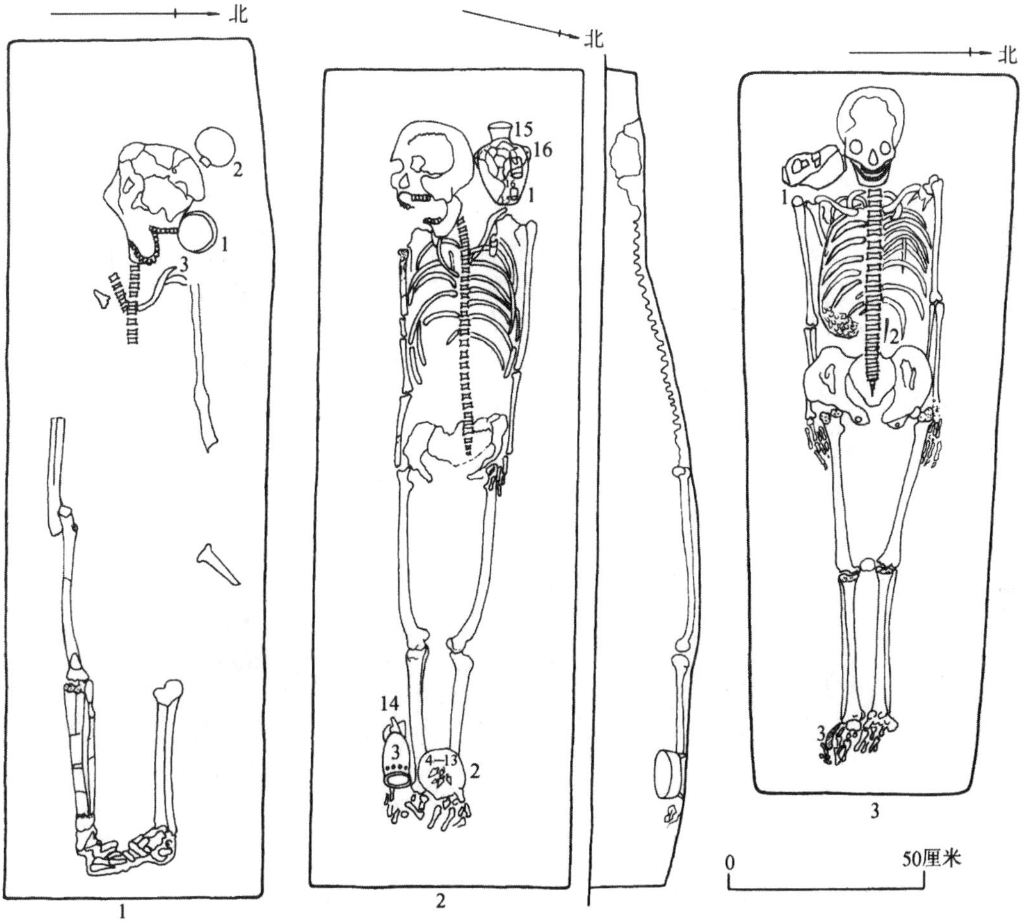

图一一六　M18、M22、M107平、剖面图

1. M18（1. 陶罐　2. 陶壶　3. 陶网坠）

2. M22（1. 陶壶　2. 陶盆形鼎　3. 陶罐　4～13. 骨镞　14. 骨板　15. 石斧　16. 石凿）

3. M107（1. 陶壶　2. 骨针　3. 牙削）

1. 保存完整或较为完整的单人仰身直肢一次葬

M18，位于T6内，开口于3A层下，打破3B层，墓口距地表深1.15米。墓主面向上，为中年男性，骨骼保存较差，脊椎骨和肋骨已朽，仅剩肢骨。随葬品3件，头部右侧置1件CⅡ扁腹壶，面骨右侧置1件AⅣ折沿罐，右锁骨处置1件Ba网坠（图一一六，1）。

M22，位于T7内，开口于3B层下，打破3C层，胸部以下坐在H76之上，墓口距地表深1.2米。因下压H76，胸部以下墓底自然下陷，陷深约0.15米，墓主仰身直肢，经鉴定为男性，年龄50岁左右。随葬品16件，斜肩壶置于头部的左侧，下压石斧、石凿各1件，两足上置1件BⅢ盆形鼎，口向上，内置骨镞10件，右足外侧平置小侈口罐下压骨板1件（图一一六，2；图版一二，1）。

M58，位于T16中部，开口于3C层下，打破第4层和生土层。墓口距地表深1.15米。墓坑内填灰土，内含少量红烧土粒。墓主人仰身直肢，一次葬，头骨被压成碎片状，双足折向左侧。经鉴定为女性，年龄在30～40岁之间。随葬品13件，其中8件绿松石饰和1件萤石穿孔饰置于颈、肩部，牙饰置于腹部，2件骨针分别置于左胸和右腕部，牙削置于右胫骨上（彩版六，3）。

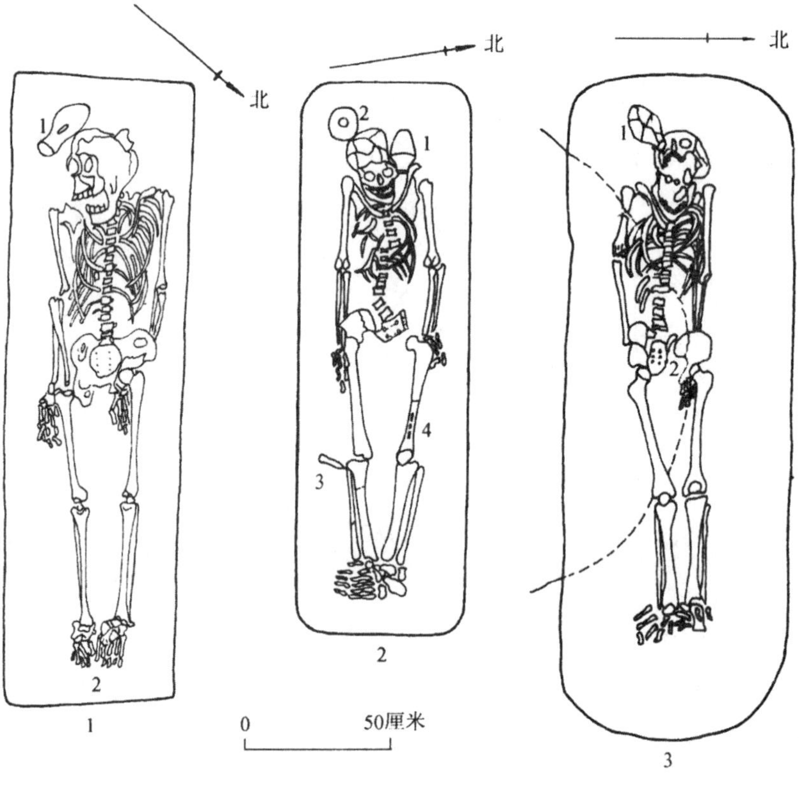

图一一七　M104、M231、M267平面图

1. M104（1. 陶壶　2. 牙削）　2. M231（1、2. 陶壶　3. 骨匕　4. 骨针）

3. M267（1. 陶壶　2. 牙饰）

M107，位于T21内，开口于第3层下，打破第4层，墓口距地表深0.88米。内填黄灰色土，质稍松。墓主人仰身直肢，面向上，经鉴定墓主为女性，50岁左右。随葬品3件，罐形壶置于死者面骨右侧，牙削置于足部，骨针紧贴腰椎左侧（图一一六，3）。

M104，位于T4内，开口于第3C层下，打破第4层，墓口距地表1.18米。墓主人仰身直肢，面向右，男性，50 岁左右，随葬品 2 件，罐形壶置于墓主人右侧，牙削置于足部(图一一七，1；图版一二，2)。

M231，位于 T101 中部，北侧被 M232 打破，向下打破 3B 层。墓内填黑灰土，质较硬。墓底有人骨架 1 具，仰身直肢，头向西，面向上，骨架保存较好，但胸椎和肋骨有轻度扰动现象，经鉴定为一女性，年龄 25～30 岁。随葬品 4 件，折肩壶和扁腹壶分置于头部的左右两侧，右胫骨近端左侧置骨匕，左股骨下段上置骨针(图一一七，2；图版一二，3)。

M267，位于 T101 西北角，北侧被山 M226 打破，上被 M250 打破，向下打破 3C 层并叠压 H169。墓内填土呈深灰色，质较松。因墓室南半部压在 H169 坑口之上，故骨架右侧有下陷现象，使墓底呈北高南低的倾斜状。骨架头西面上，保存较好。随葬品 2 件，BⅠ圆腹壶置于头骨右上方，牙饰置于左胫骨与腓骨之间(图一一七，3)。

M278，位于 T101 中部，被 M415 打破，北侧打破 M363。填土呈灰褐色，质较松。墓底有人骨架 1 具，仰身直肢，面向左，为老年男性。随葬品 4 件，圆腹壶置于头部左侧，骨针置于骨盆上，腰椎上横置猪下鄂骨，足部置骨板(图一一八，1；图版一二，4)。

M291，位于 102 内，开口于 3B 层下，打破 M292。墓内填灰褐土，质稍硬，内含红烧土颗粒。

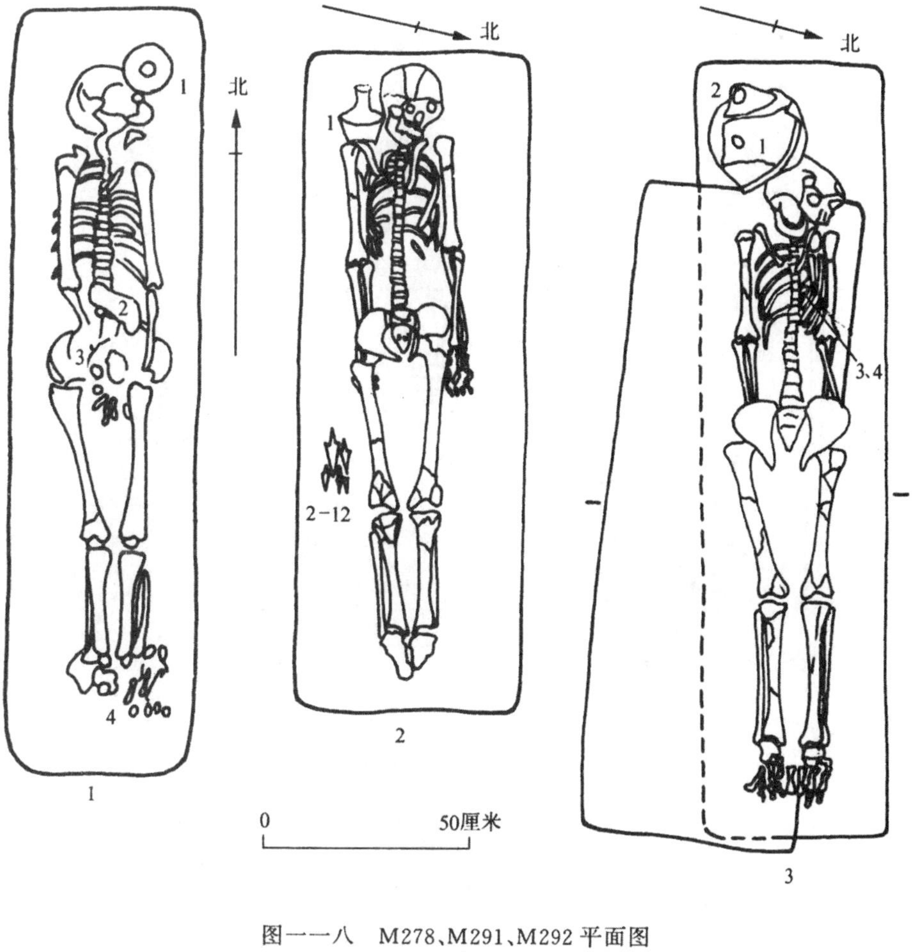

图一一八　M278、M291、M292 平面图

1. M278(1. 陶壶　2. 猪下颌骨　3. 骨针　4. 骨板)

2. M291(1. 陶壶　2～10、12. 骨镞　11. 骨镖)

3. M292(1. 陶鼎　2. 陶碗　3、4. 骨匕)

墓底有人骨架1具，仰身直肢，头西面上，经鉴定为17岁以下的女性。随葬品12件，CⅠ折肩壶置于右肩上且紧依偎于其头部，10件骨镞和1件骨镖整齐地堆放于右股骨外侧，铤均向头骨方向，尖向足部方向（图一一八，2；图版一三，2）。

M292，位于T102西南部，被M291打破，向下打破M358。墓内填灰褐色土，质稍松，内含红烧土颗粒。墓底有人骨架1具，仰身直肢，头西面左，经鉴定为女性，年龄在25～30岁之间。随葬品4件，CⅠ碗置于墓主头顶右侧，碗口向上，BⅢ盆形鼎扣合在碗口之上，骨匕置于墓主人脊骨和右肱骨之间的肋骨上（图一一八，3；图版一三，2）。

M297，位于T114东南部，被H178、H188打破，向下打破第4层。墓内填土呈黄灰色，质疏松。墓底有人骨架1具，仰身直肢，面向左，骨骼保存完好，经鉴定为男性，年龄在50～55岁之间。随葬品仅AⅢ罐形壶1件，置于头部右侧，扣在右肩上，底朝向头顶一端（图一一九，1；图版一三，3）。

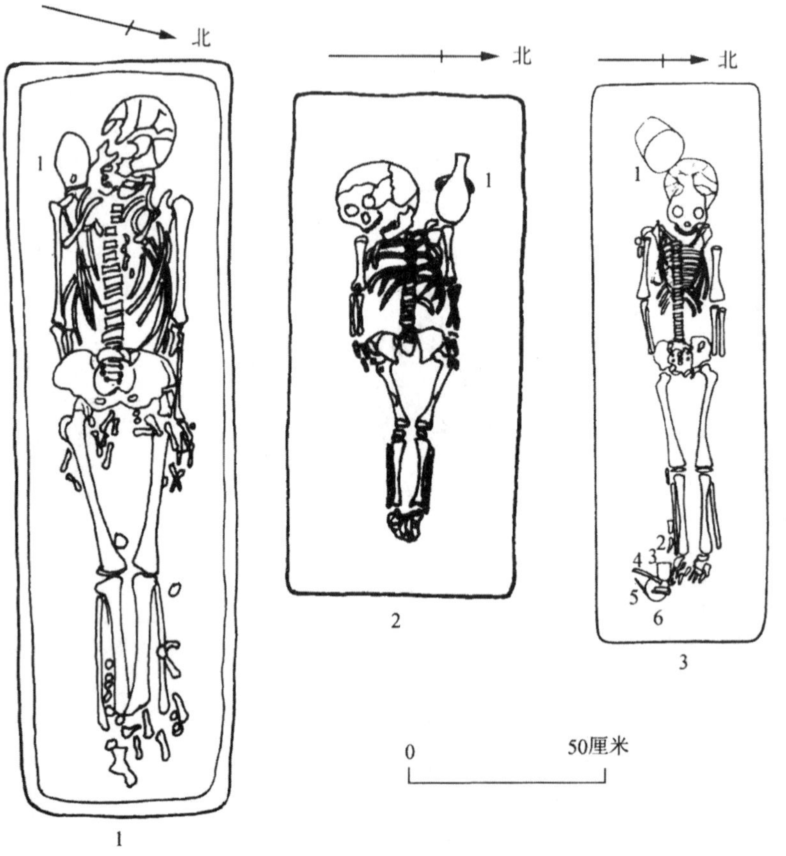

图一一九　M297、M305、M356平面图

1.M297(1.陶壶)　2.M305(1.陶壶)

3.M356(1.陶罐　2.牙削　3.石锛　4.石镰

5.骨针　6.石纺轮半成品)

M305，位于T102内，开口于3B层下，被M285、M286打破，向下打破M306和M344。墓内填灰褐色土，质稍硬，内含少量的红烧土块。墓底有人骨架1具，仰身直肢，面向右，骨骼保存完好，经鉴定为小孩，年龄9岁左右。在墓主人头部左侧置1件AⅡ圆腹壶（图一一九，2；图版一三，

1）。

M356，位于T34内，开口于3A层下，打破3B层，并叠压在H253之上，腰及骨盆部位的地层有下陷现象。墓内填土呈黑色，质稍松。此墓保存较好，墓底有人骨架1具，面向上，年龄在11～13岁之间，性别不明。随葬品6件，敛口罐置于头部的右上侧，牙削、骨针及石锛、石镰和石纺轮（半成品）置于足部的右下侧（图一一九，3；图版一三，4）。

M371，位于T35内，开口于3B下，打破第4层。墓内填灰黑色与浅灰色土，内含少量陶片和红烧土。墓底有骨架1具，仰身直肢，面向左上侧，经鉴定为30岁左右的青年女性。随葬品6件，AⅠ敛口罐平置于墓主头部右侧，石砧紧贴其面部置于左侧，头骨和左肱骨外侧纵向立置B石磨盘，磨盘足向身体一侧，盘面外侧平置D型石磨棒，在两胫骨之间近膑骨处置两件EbⅡ骨镞（图一二〇，1；彩版七，2；图版一四，1）。

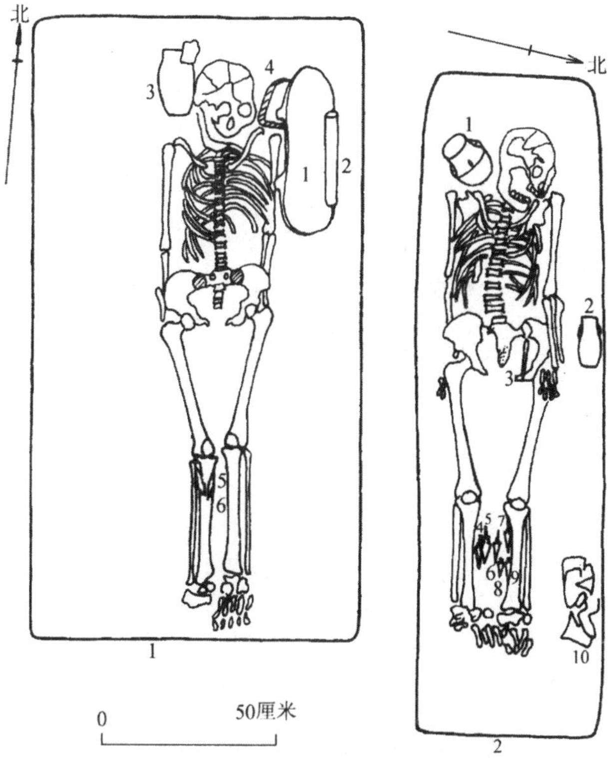

图一二〇　M371、M377平面图

1. M371（1. 石磨盘　2. 石磨棒　3. 陶罐　4. 石砧　5、6. 骨镞）

2. M377（1、2. 陶壶　3. 骨针　4、5. 骨镖　6～9. 骨镞　10. 陶钵）

M377，位于T34内，开口于3B层下，打破H251。墓内填灰花土，颗粒较细。墓底有人骨架1具，仰身直肢，头向西南，经鉴定为壮年男性。随葬品10件，AⅡ折肩壶置于墓主人头部右侧，口向右上，深腹壶置于墓主右桡骨左侧0.06米处，骨针置于右骨盆上，在墓主人两胫骨之间置2件骨镖和4件骨镞，左腓骨外靠墓边处置一件破碎的AⅣ敛口钵（图一二〇，2；图版一四，2）。

M385，位于T101东南部，北侧被M278、M363打破，南侧被M264打破，向下打破3C层。墓内填灰褐色土。在墓底有人骨架1具，仰身直肢，面向墓室西北角，似为身首分离所致，骨骼保存较好，经鉴定墓主人 为小孩，年龄在8岁左右，性别不明。随葬品6件，BaⅠ折肩壶置于墓主人右侧，紧偎面部，口向右下，BⅡ侈口罐置于头部右侧0.2米处，口向右下，牙削和骨镞放置于足部的右趾骨旁，另外2件穿孔绿松石饰置于左腹部(图一二一，1；图版一四，3)。

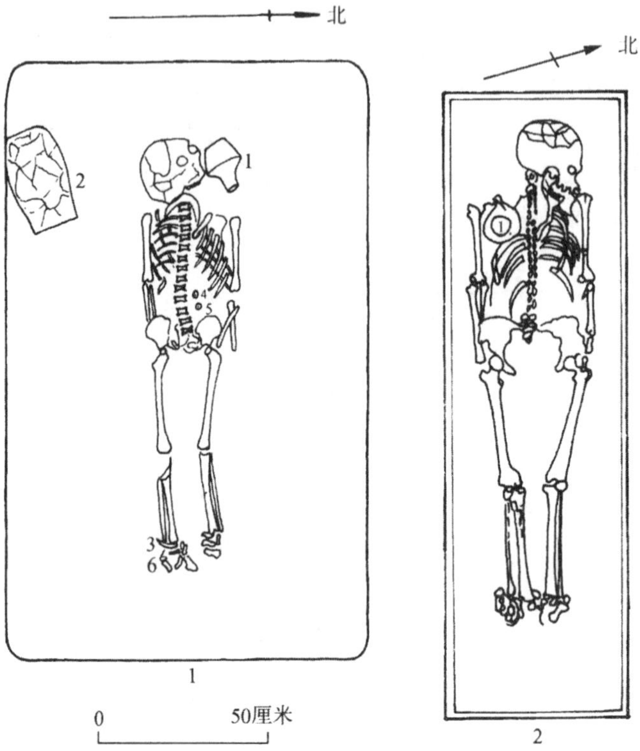

图一二一 M385、M482平面图

1.M385(1.陶壶 2.陶罐 3.牙削 4、5.绿松石 6.骨镞)

2.M482(1.陶壶)

M482，位于T37内，开口于第1层下，打破第2层，坐在M487坑口上。墓内填土呈黄灰色，夹杂少量红烧土粒。墓底有骨架1具，仰身直肢，头西面左，骨骼保存完好，经鉴定为一青年女性，年龄在20～25岁之间。随葬品只有1件，BⅡ扁腹壶，置于墓主人右肩上，口向上(图一二一，2)。

2.被其它遗迹、墓葬打破、骨架保存不完整的单人仰身直肢一次葬

M117，位于T6内，开口于3A层下，打破3B，西北角被现代井打破，墓口距地表深1.2米。墓内填土呈黑灰色，质稍松。墓底有人骨架1具，头部和左侧上身被扰去，仅存右臂和下肢，仰身直肢，经鉴定为成年男性。随葬品3件，Ca石斧紧贴于墓主人的左髌骨外侧，刃口向内，Aa石铲横置于墓主人左腓骨外侧，在石铲的左侧墓室边横置Ea型残断石磨棒(图一二二，1；图版一四，4)。

M123，位于T10中部，墓主人胸部以上被M78、M59打破，左股盆以下被M79和M331打破，向下打破第4层。墓内填青灰土，质稍硬，内含红烧土粒。墓底有人骨架1具，头向西南，面朝上，上身保存较好，下身仅剩右股骨上半部，经鉴定为女性，年龄30岁左右。随葬品2件，罐形壶

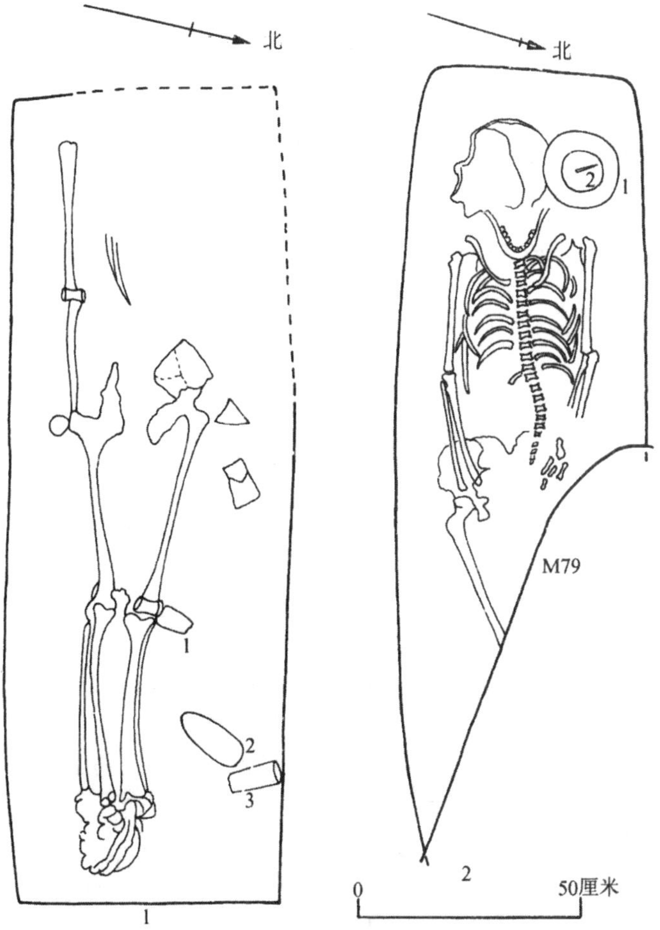

图一二二　M117、M123平面图
1. M117(1. 石斧　2. 石铲　3. 石磨棒)
2. M123(1. 陶壶　2. 骨针)

置于头部左侧，骨针置于罐形壶内(图一二二，2)。

M126，位于T9中部偏东3C层下，叠压在墓口上，头部被M128打破，小腿部分叠压在H84坑口上。墓内填黄灰色土，质稍松，内含少量红烧土。墓底有人骨架1具，仰身直肢，头部被M128打破已不存在，因该墓东部下压H84，使胫骨以下下陷约0.30米左右，左尺和桡骨稍内倾，右尺和桡骨断裂，两胫骨和腓骨由于下陷也已断开。随葬品7件，3件骨镖横置于头部的左侧，紧贴左尺骨的内侧和腰椎的右侧各竖置一件骨针，在足部正中横置牙削，骨凿置于腰椎右侧骨针的上方(图一二三；图版一五，2)。

M312，位于T102东北部，被M361和M366打破，向下打破M311。墓内填灰褐色土，质稍松，内含红烧土。墓底有人骨架1具，仰身直肢，头西面上，经鉴定为13～14岁的儿童，性别不详，上身仅存右肱骨及尺骨和残断的桡骨，盆骨左叶残缺，下肢骨完好。随葬品2件，AⅡ折肩壶置于右肱骨内侧，AaⅡ牙削竖置于右足部(图一二四，1)。

M349，位于T34内，开口于3B层下，东部被M400打破，西部被M339打破，向下打破3C层。墓内填灰黄色土。墓底有人骨架1具，仰身直肢，头西面上，经鉴定为中年女性，骨骼仅剩盆

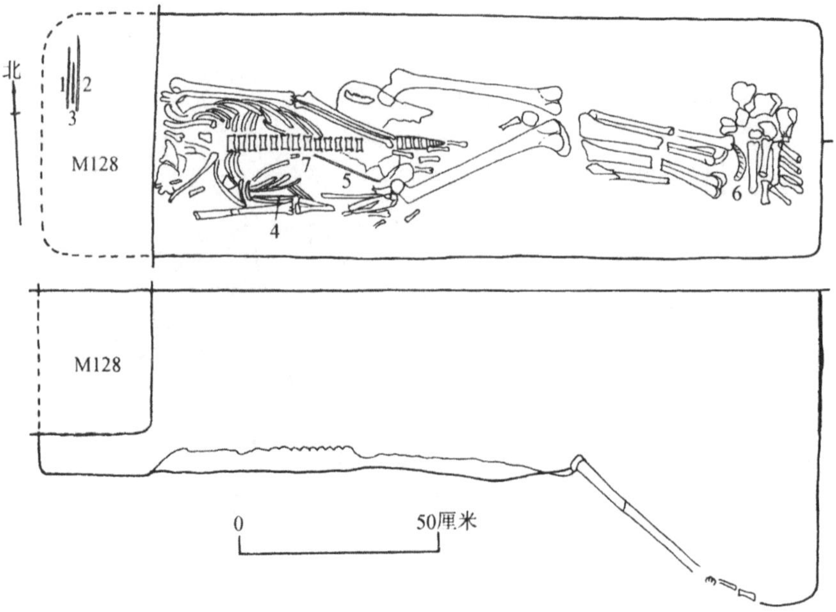

图一二三　M126平、剖面图

1～3. 骨镖　4、5. 骨针　6. 牙削　7. 骨凿

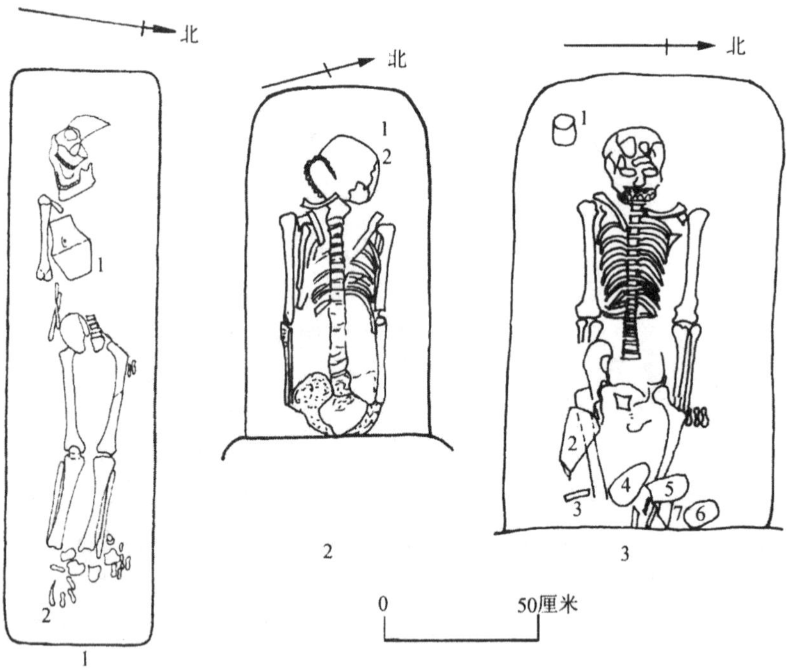

图一二四　M312、M349、M400平面图

1. M312(1. 陶壶　2. 牙削)　2. M349(1、2. 陶罐)

3. M400(1. 陶罐　2. 砺石　3. 骨凿　4、6. 石斧　5. 石铲　7. 石块)

骨以上部分，未见下颌骨，左锁骨斜插于胸椎处，未见左肩胛骨。随葬品2件，均为AⅠ敛口罐，分别置于头部的两侧(图一二四，2)。

M400，位于T34内，开口于3B层下，打破M349和H280，股骨中部以下部分被现代沟破坏。墓内填灰黄色土，质稍松。墓底有人骨架1具，仰身直肢，头西面上，经鉴定为一老年男性。随葬品7件，AⅠ敛口罐置于头部右侧，Da砺石和B骨凿分别置于右股骨上部和股骨中部的外侧，Ba石斧斜置于股骨的中间，刃口向右下，Ba石铲紧偎石斧横置于左股骨上，在Ba石铲的右下方亦斜置D型石斧，和Ba石斧近乎平行，另外一件有使用痕迹的B石块竖置于Bb石铲的下方（图一二四，3；图版一五，1）。

（二）两臂交叉于腹部

这一类墓葬共25座，其特征与仰身直肢葬在其它方面葬式均相同，仅有的区别是两小臂即左、右尺、桡骨向内斜置于腹部，腕部或双手交叉于盆骨处。举例说明如下。

M44，位于T9南部，北部被M43打破，向下打破M45。墓内填黑褐色土，质稍硬，内含少量

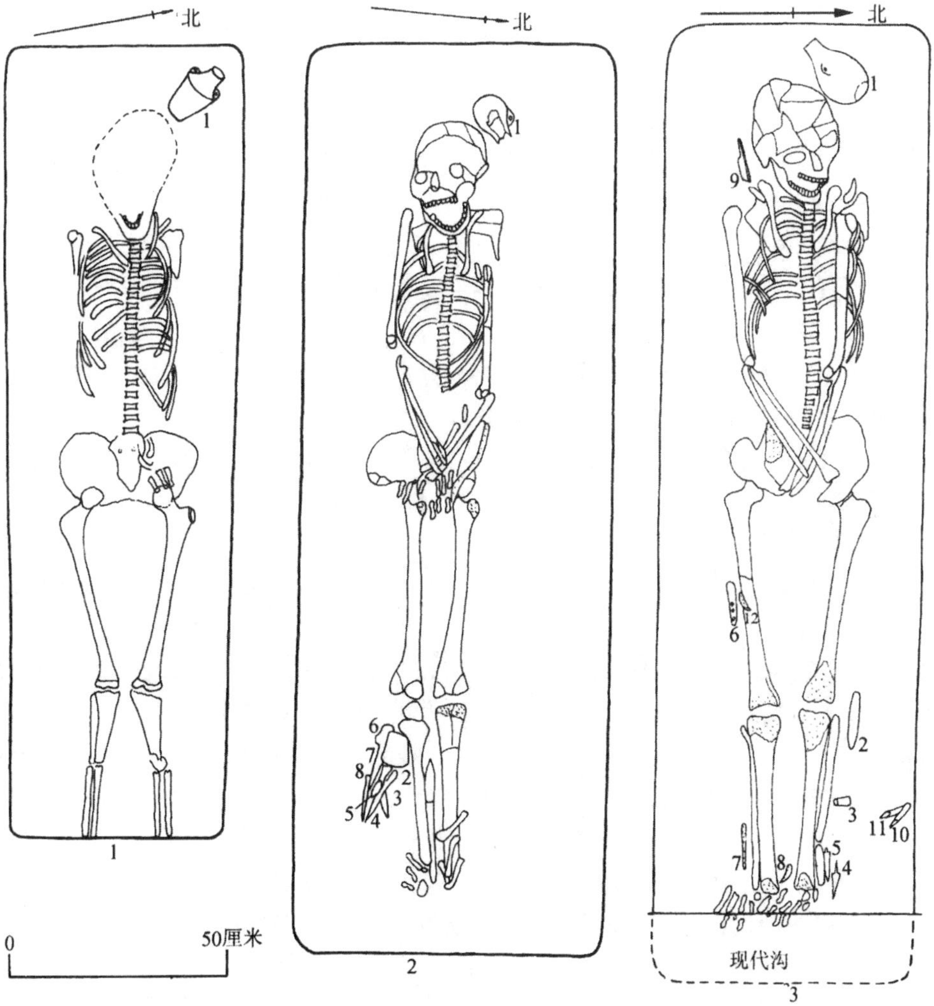

图一二五　M44、M60、M73平面图

1. M44（1. 陶壶）　2. M60（1. 陶壶　2. 砺石　3、4、5. 骨匕　6、7、8. 骨锥）　3. M73（1. 陶壶　2. 石斧　3. 石凿　4、5. 骨镞　6. 骨笛　7. 骨镖　8、12. 牙削　9. 石器料　10、11. 骨匕）

红烧土块。墓底有人骨架1具，仰身直肢，头西面上，头骨破碎，足部及左胫、腓骨下段被汉代灰沟扰去。经鉴定为男性，年龄在40～45岁之间。随葬品仅有AⅣ折肩壶，置于头骨西北侧(图一二五,1)。

M60，位于T9的西南部，其上被M43～M45、M48打破，向下打破M75。墓内填黄灰色土，质稍松，内含红烧土块。墓底有人骨架1具，身体很窄，胸部最宽处仅0.46米，入葬时似经绑缚，双臂交叉于腹部，头西面上，左肱骨下滑约0.11米，经鉴定为男性，年龄在40～45岁之间。随葬品8件，BⅢ圆腹壶置于头部的左上侧，砺石置于右胫骨上端外侧，砺石的右侧紧置Aa骨匕，Aa骨匕的右下侧及左侧，各竖置一件Ab骨匕，两匕之间和左侧又各置一件A骨锥(图一二五,2)。

M66，位于T16内，开口于3C层下，墓口被H24打破，向下打破M67。墓内填土呈黄灰色，质稍松，内含红烧土粒。墓底有人骨架1具，头西面上，两臂交叉于腹部，有两块胸椎骨错位，经鉴定为男性，年龄在35～40岁之间。随葬品2件BⅠ罐形壶斜置于两股。中间稍偏上的部位，罐口向右上，Ac骨针纵置于右肱骨内侧(图版一六,1)。

M73，位于T9东部中间，被M68打破，向下打破M76、M94。墓内填黄灰色土，内含红烧土块。墓底有人骨架1具，仰身，头西面上，左肱骨压在肋骨之上，双臂交叉于腹部，下肢直，经鉴定为男性，年龄在30～35之间。随葬品12件，AⅢ圆腹壶置于头部的左上侧，石斧纵置于左膑骨外侧，刃缘向后，石凿横置于左腓骨外侧，2枚骨镞纵置于左胫骨下部的外侧，铤端向头部方向，牙削位于右股骨之上，骨笛纵置于右股骨中段外侧、牙削的右侧，骨镖竖置于右股骨下端外侧，另一牙削斜置于两胫骨下端中间，石器料置于头骨右侧，2件Aa骨匕呈“∧”型交叉置于左股外侧，骨匕刃尖指向左后方(图一二五,3)。

M110，位于T4、T10、T23之间，开口于3C层下，墓口被H94、H100、H102打破，向下打破第4层。墓内填土呈黑灰色，质稍松。墓底有人骨架1具，头西面上，经鉴定为男性，年龄在60岁以上。随葬品4件，BⅠ罐形壶置于左胫骨上端内侧，牙削置于罐形壶的下边，在腰椎的两侧各置1件骨镞，两侧镞铤均向足部方向(图一二六,1；图版一六,2、4)。

M119，位于T9的西北部，被M61、M95打破，向下打破M125、M127，东部被汉代灰沟破坏。墓内填土呈黄灰色，质稍松，内含红烧土块和泥质红陶片。墓底有人骨架1具，双臂交叉于腹部，头西面上，胫骨中段以下被扰，经鉴定为8～10岁的少年，性别不明。随葬品6件，圆腹壶横置于腹部，石磨盘紧偎头部纵置于右肩之上，3件石斧置于右股骨上段的外侧，石环置于右胫骨残段外侧(图一二六,2)。

M121，位于T9西北部，被M61、M71、M95、M120叠压并打破，向下打破M125、M127，并叠压在H82之上。因墓底地层下陷，呈西高东低的自然倾斜状。墓内填土呈黄灰色，质较松，内含红烧土块。墓底有人骨架1具，头西面上，小臂交叉于腹部，似上折，两臂置于肋骨之上、脊椎骨两侧，左桡骨与右肱骨基本平行，经鉴定为男性，年龄在25～30岁之间。随葬品25件，D折肩壶位于头顶左侧，壶底朝向头骨方向；3件骨镖中，一件纵置于左胫骨外侧，另两件分别置于右胫骨外侧和足部；4件骨镞中，一件置于左胫骨上端，另外3件置于足部，11件石饰皆置于足部；2件石斧分别纵置于左胫骨的上部和下部的外侧；骨笛纵置于左股骨中部外侧；2件龟甲皆置于右股骨下段的外侧，牙削置于左腓骨下端外侧(图一二七,1；图版一六,3)。

M127，位于T9中部，被M61、M95、M119叠压，被M121和M128打破，向下打破M125和3C层。墓内填土呈黄灰色，质稍松，内含少量红烧土块。墓底有人骨架1具，头西面左下，双臂交叉于腹部，经鉴定为男性，年龄在40～45岁之间。随葬品12件，BaⅠ折肩壶置于头部右侧，在两胫骨下段各横压1件骨板，在右胫骨上段外侧纵放骨镞、鱼镖各1件，右腓骨外置骨镞2件，左腓、胫骨上各置骨镞一件，另外2件牙削和1件牙饰皆置于足部(图一二七，2；图版一五，2)。

M233，位于T101内，开口于3B层下，被M223、M232叠压，向下打破H134、H366和3C层、第4层。墓内填土呈灰褐色，质较松。墓底有人骨架1具，仰身头西面上，双臂交叉于腹部，经鉴定为成年男性。随葬品16件，BaⅡ折肩壶置于头顶的左侧，BⅡ侈口罐置于头部的右侧，AⅤ浅腹钵和BaⅡ折肩壶置于墓室西南角，钵内置BaⅡ折肩壶，2件骨笛置于右股骨的右侧，骨镖、骨锥、骨镞各1件皆置于右胫骨外侧，牙削置于足部，6件龟甲堆放于头左折肩壶的外侧(图一二八，1；图版一七，1、2)。

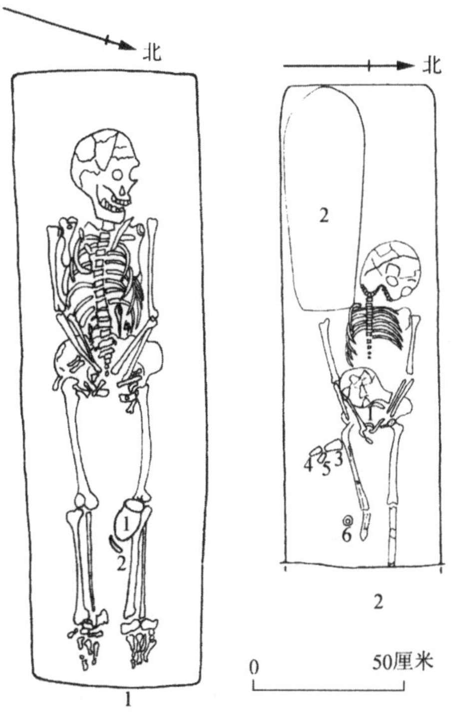

图一二六　M110、M119平面图

1. M110(1. 陶壶　2. 牙削　3、4. 骨镞)　2. M119(1. 陶壶　2. 石磨盘　3～5. 石斧　6. 石环)

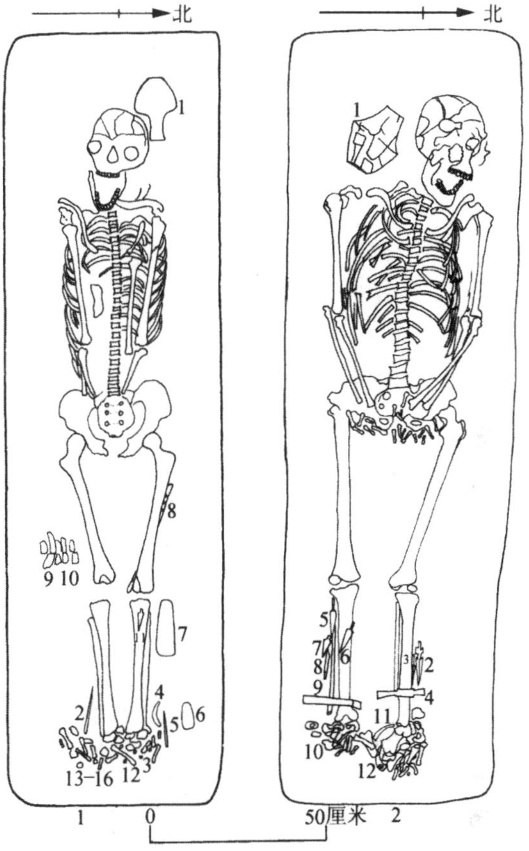

图一二七　M121、M127平面图

1. M121(1. 陶壶　2、5、16. 骨镖　3. 穿孔石饰　4. 牙削　6、7. 石斧　8. 骨笛　9、10. 龟甲　11、13～15. 骨镞　12. 梭形石饰)　2. M127(1. 陶壶　2、3、6～8. 骨镞　4、9. 骨板　5. 骨镖　10. 牙饰　11、12. 牙削)

M251，位于T101东北部，被M205叠压，向下打破3B层。墓内填灰褐色土，质较松。墓底有人骨架1具，骨骼保存完好，仰身，头向西，双臂交叉于腹部。随葬品3件，E型折肩壶和BⅡ式扁腹壶并列置于头部左侧，AaⅢ牙削置于足部(图一二八，2)。

M268，位于T101内，开口于3B层下，被M201、M223打破，向下打破M274。墓内填土呈灰褐色，质稍松。墓底有人骨架1具，经鉴定为10岁以下少年，仰身，头西面左上，两臂交叉于腹部。随葬品2件，BⅠ扁腹壶置于头顶的右侧，龟甲片压于右胫骨下端之上(图一二八，3；图版一七，3)。

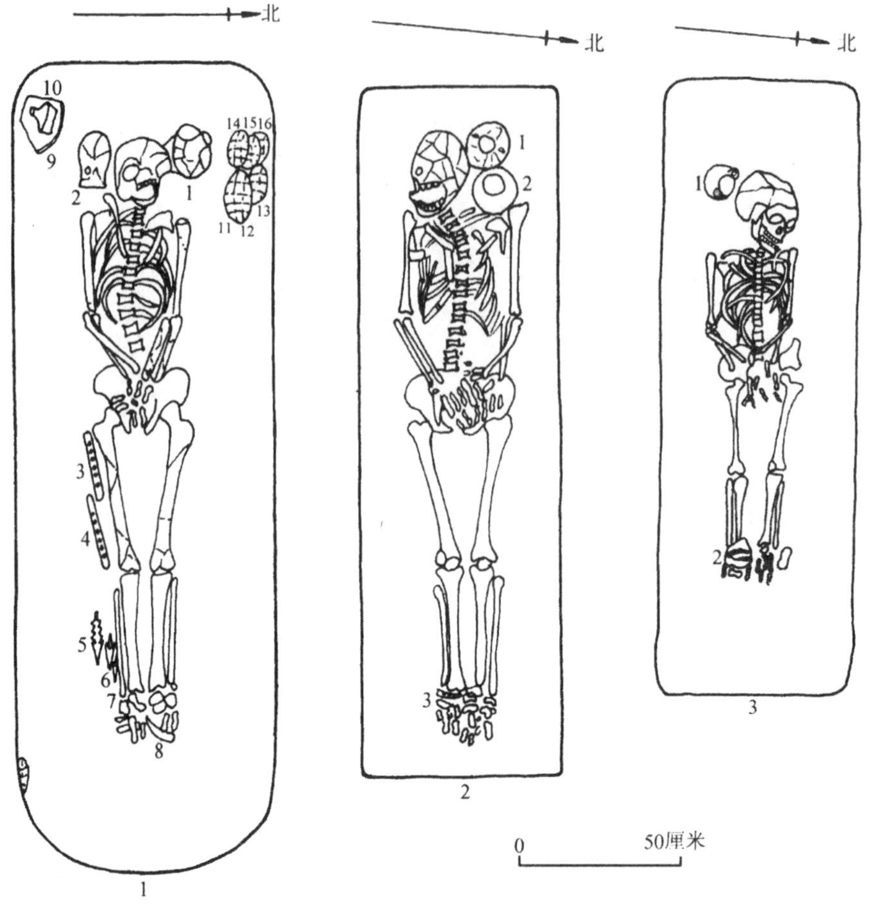

图一二八　M233、M251、M268 平面图

1. M233(1、10. 陶壶　2. 陶罐　3、4. 骨笛　5. 骨镖　6. 骨锥　7. 骨镞　8. 牙削　9. 陶钵　11～16. 龟甲)
2. M251(1、2. 陶壶　3. 牙削)　3. M268(1. 陶壶　2. 龟甲片)

M270，位于 T101 西北部，被 M257 打破，向下打破 3C 层。墓内填土呈黄灰色，质较松。墓底有人骨架 1 具，头西面右，仰身，两小臂交叉于腹部，骨架保存完好，经鉴定为男性，年龄在 55 岁以上。随葬品 6 件，AⅠ圆腹壶平置于头部的左侧，骨笛纵置于左股骨头的外侧和左骨盆上，另一件骨笛纵置于左股骨的中段，Ba 型骨板横置于左腓骨下端外侧，Ac 骨针竖放于右盆骨外侧，AbⅠ牙削置于右足部(图一二九，1；图版一七，4)。

M328，位于 T102 西部，被 M336 打破，向下打破 M335、M341、M351。墓内填土呈灰褐色，质较松，内含少量红烧土块。墓底有人骨架 1 具，头西面上，仰身，两尺骨和两桡骨交叉于腹部，经鉴定为男性，年龄在 35 岁左右。随葬品 2 件，AⅠ圆腹壶纵置于头部左侧，CⅠ折沿罐纵置于右胫骨外侧且压于腓骨之上(图一二九，2)。

M340，位于 T114 内，开口于 3C 层下，打破第 4 层，东部被现代井打破。墓内填黄灰色土，质稍松。墓底有人骨架 1 具，头西面上，仰身，头和颈骨分离，两小臂骨(除左桡骨外)交叉于腹部，左桡骨直伸，经鉴定为女性，年龄在 50 岁以上。随葬品仅有 1 件 AⅢ罐形壶，纵置于头部右侧，口朝足部方向。

M393，位于 T34 东北部，开口于 3B 层下，被 M339、M350、M404、M405 打破，向下打破

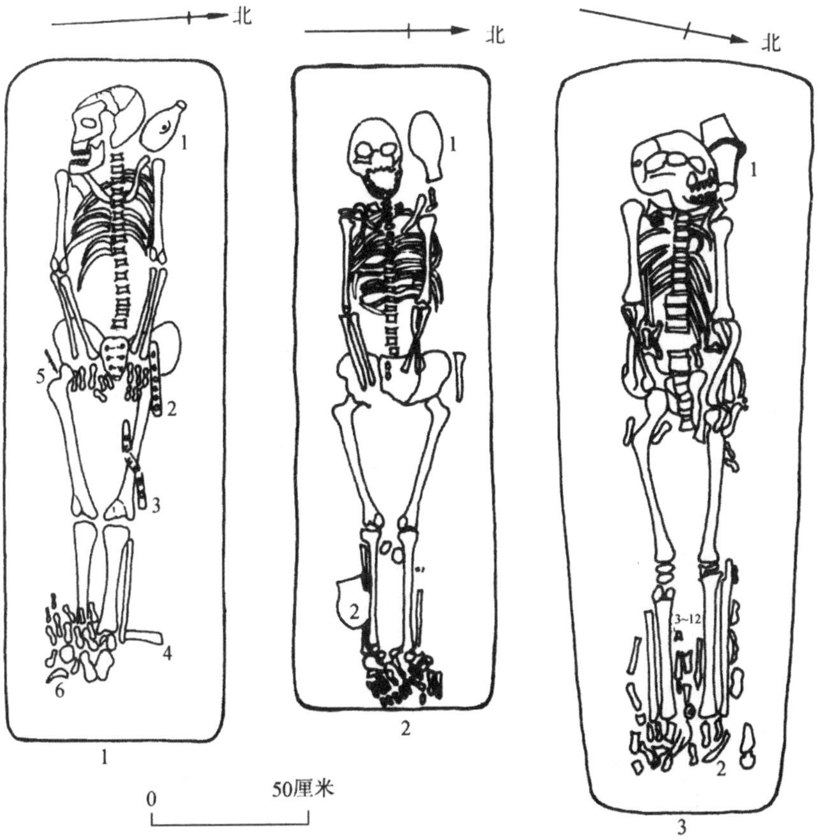

图一二九　M270、M328、M393 平面图

1. M270(1. 陶壶　2、3. 骨笛　4. 骨板　5. 骨针　6. 牙削)

2. M328(1. 陶壶　2. 陶罐)

3. M393(1. 陶壶　2. 牙削　3～9、11、12. 骨镞　10. 骨镖)

H252。墓内填土呈灰色,较粘。墓底有人骨架1具,头西稍偏南,两尺桡骨交叉于腹部,经鉴定为男性,年龄在50岁左右。随葬品12件,AⅢ折肩壶纵置于头部左侧,BbⅡ牙削置于左足部;Ae骨镖和9件骨镞均置于左、右胫骨之间(图一二九,3)。

(三)单臂内斜

此类墓葬共发现24座,其基本特征与前一部分的唯一区别,是仅有一侧小臂向内斜置于腹部,手置于盆骨上,可分为右臂内斜和左臂内斜两种情况。另外还有一特例,为右小臂向上折,也归入此类记述。

M220,位于T101西部,开口于3B层下,西北角被M214打破,向下打破M266,足部压在H171坑口上。墓内填土呈灰褐色,质较松。墓底有人骨架1具,头西面上,仰身,左臂内斜,经鉴定为男性,年龄在35～40岁。随葬品2件,BⅡ圆腹壶纵置于头部左侧,CⅠ浅腹钵置于右腓骨外侧(图一三〇,1;图版一八,2)。

M264,位于T101内,开口于3B层下,打破M385和3C层。墓内填黄灰土,含红烧土颗粒,质较松。内有人骨架1具,仰身,头西面右,右臂内斜。经鉴定为男性,年龄在40岁左右。随葬品

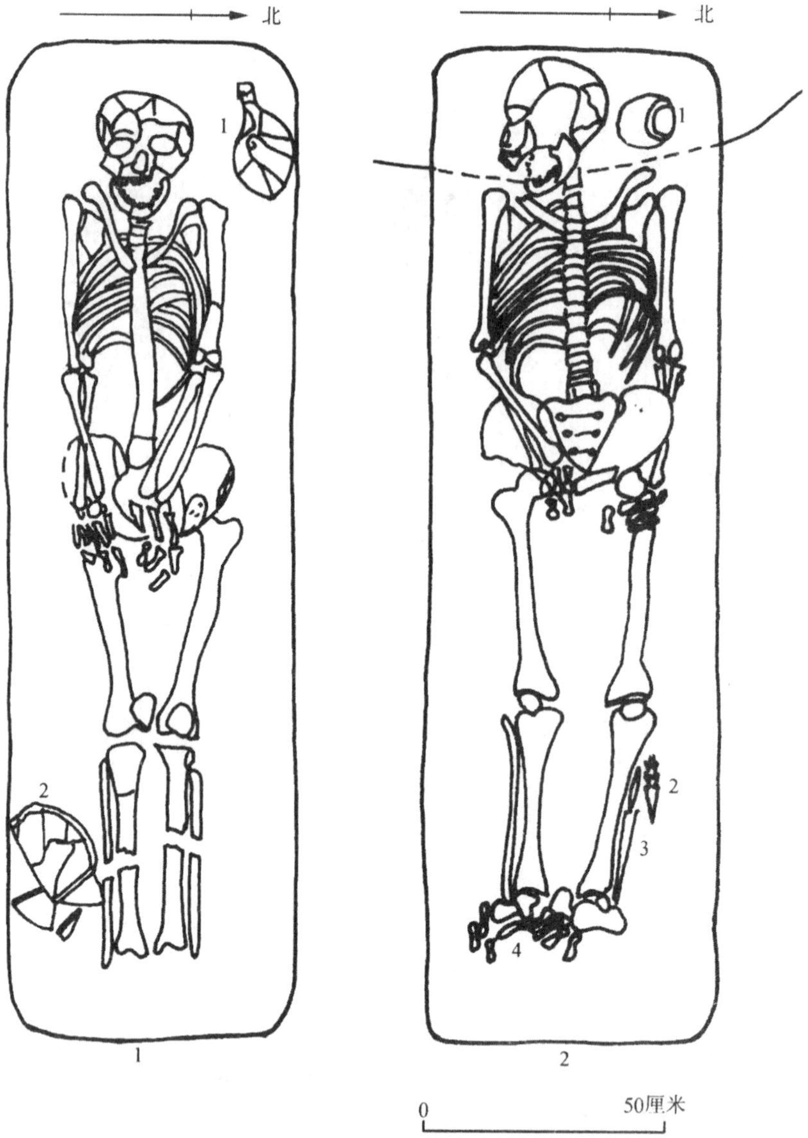

图一三〇　M220、M264 平面图

1. M220(1. 陶壶　2. 陶钵)

2. M264(1. 陶壶　2. 骨镖　3. 骨镞　4. 牙削)

4 件，AⅠ扁腹壶置于头部左侧，骨镖及骨镞皆纵置于左腓骨外侧，牙削横置于右足部(图一三〇，2)。

M132，位于 T23 内，开口于第 3 层下，打破第 4 层。墓内填黑灰土，质稍松。墓底有人骨架 1 具，头西面上，左臂内斜置于腹部，经鉴定为成年女性。随葬品 3 件，AⅠ折肩壶置于头骨右侧，AaⅠ骨镞放于折肩壶的左侧，Ac 骨针置于左侧盆骨上(图一三一，1；图版二六，1)。

M206，位于 T101 内，开口于 3A 层下，打破 M207。墓内填土呈灰褐色，质稍硬。墓底有人骨架 1 具，仰身，头西面向上，经鉴定为男性，年龄在 50～55 岁之间。随葬品 2 件，E 折肩壶平置于

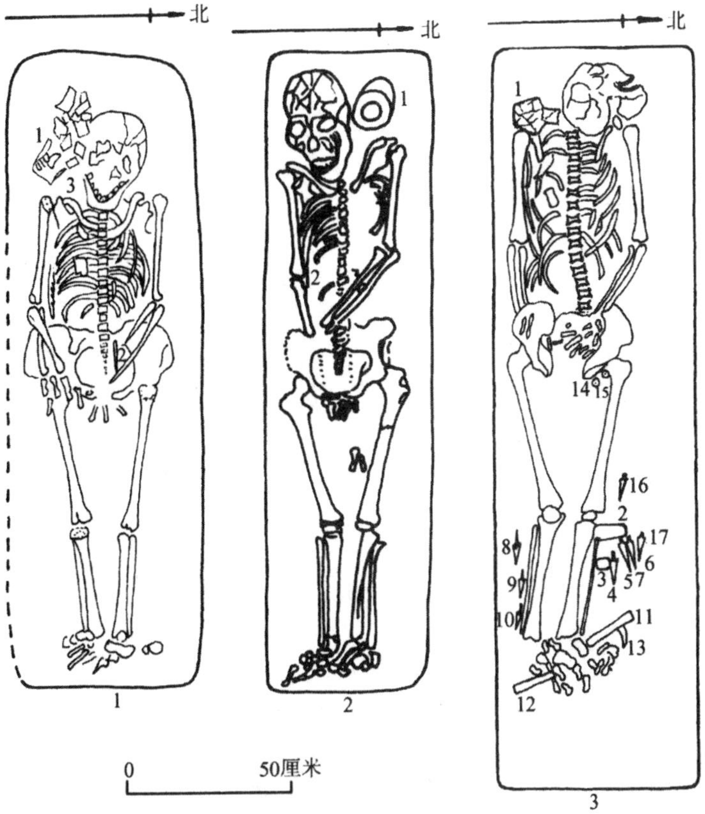

图一三一　M132、M206、M386 平面图

1. M132(1. 陶壶　2. 骨针　3. 骨镞)

2. M206(1. 陶壶　2. 牙削)　3. M386(1. 陶壶　2、3. 石斧

4～9、16、17. 骨镞　10. 骨镖　11. 骨柄　12. 骨板

13. 牙削　14、15. 穿孔石饰)

头部左侧，AaⅢ牙削置于腰椎的右侧(图一三一，2)。

M386，位于 T101 东部，左侧被 M282 打破，右侧打破 M387，仰身直肢，面向西，头顶向右，上、下颌紧紧交合，左尺、左桡骨斜放至骨盆处，经鉴定为男性壮年。随葬品 17 件，其中 BaI 折肩壶置于头部的右侧；石斧置于左股骨外侧近膑骨处，另 1 件石斧紧贴于左腓骨外侧；8 件骨镞中，6 件置于左下肢外石斧的外侧，另 2 件和骨镖平置于右腓骨外侧；骨柄、骨板和牙削置于左足部，2 件穿孔石饰置于左股骨上端内侧(图一三一，3；图版一九，1)。

M388，位于 T101 的东部中间，被 M236、M239 打破，向下打破 M281、M282。墓内填土呈灰褐色，质疏松。墓底有人骨架 1 具，仰身，头西面右上，经鉴定为男性，年龄在 30 岁左右。随葬品 13 件，D 折肩壶平置于头部左侧，4 件骨镖和 2 件骨镞置于右胫、腓骨上，另外 1 件骨镖和 4 件骨镞置于右腓骨外侧，AbⅢ牙削斜置于右足部(图一三二，2)。

M487，位于 T37 的西北部，墓室西南角被 M482 打破，北侧被 M485 打破，M484 压在墓口上，向下打破第 2 层。墓内填五花土，内含少量红烧土和陶片。墓底有人骨架 1 具，经鉴定为成年女性，首身分离，颅底向上，面向西北，头距左肩约 0.12 米，下颌骨与头骨分离，但位置较正，且紧连于颈骨的上方，左尺和桡骨斜放于左骨盆上，左胫和腓骨右斜。随葬品 6 件，圆腹壶斜置于头部与左肩之间，BⅤ罐形壶置于足部偏右侧，牙削置于足部，Aa骨匕平置于足部左侧，骨匕的左侧平置骨针2件(图一三二，1；图版一八，1)。

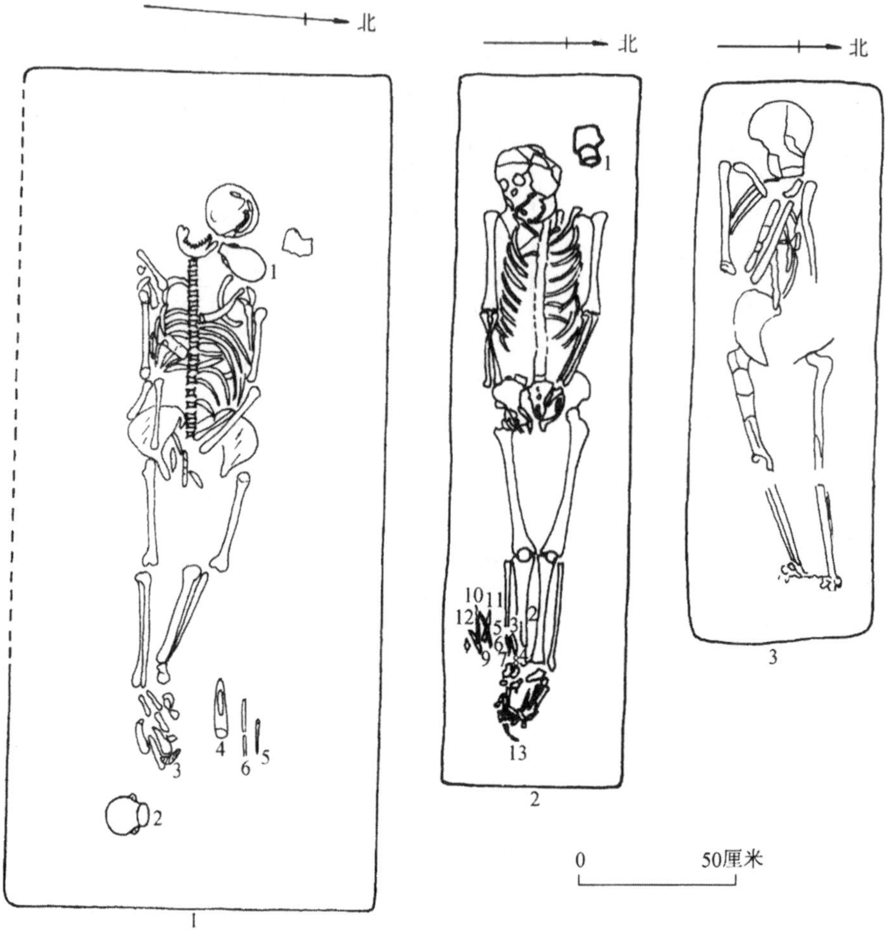

图一三二 M388、M487、M226平面图

1.M487(1、2.陶壶 3.牙削 4.骨匕 5、6.骨针)

2.M388(1.陶壶 2～5、11.骨镖 6～10、12.骨镞 13.牙削) 3.M226

M226，位于T101西北角，开口3A层下，打破M267。墓内填深褐色土，质稍硬。墓底有人骨架1具，头西面上，右尺桡骨向上折交叉于胸部，斜压在右胸部和胸椎上，经鉴定为男性，年龄50岁左右。无随葬品(图一三二，3)。

(四)胸部扰动

此类墓葬发现16座，从整体看墓主人入葬时为一次葬，但胸部肋骨、脊柱均被扰乱，显系埋藏过程之中形成。鉴于遗址中发现有獾等穴居小食肉类动物的骨骼，推测这种现象可能与这些动物有关。扰动程度分两种情况，现分别举例说明。

1. 严重扰动

M108，位于T21内，开口于第3层下，打破第4层。墓内填土呈黄灰色，质稍松。墓底有人骨架1具，头西面上，仰身直肢，胸部、脊柱和肋骨、足部骨骼严重扰乱，右侧胫、腓骨分离，经鉴定为女性，年龄在40～45岁之间。随葬品3件，AⅡ罐形壶位于头的西南部，骨针竖置于骨盆中部，牙削竖置于右腓骨外侧（图一三三，1；图版一九，4）。

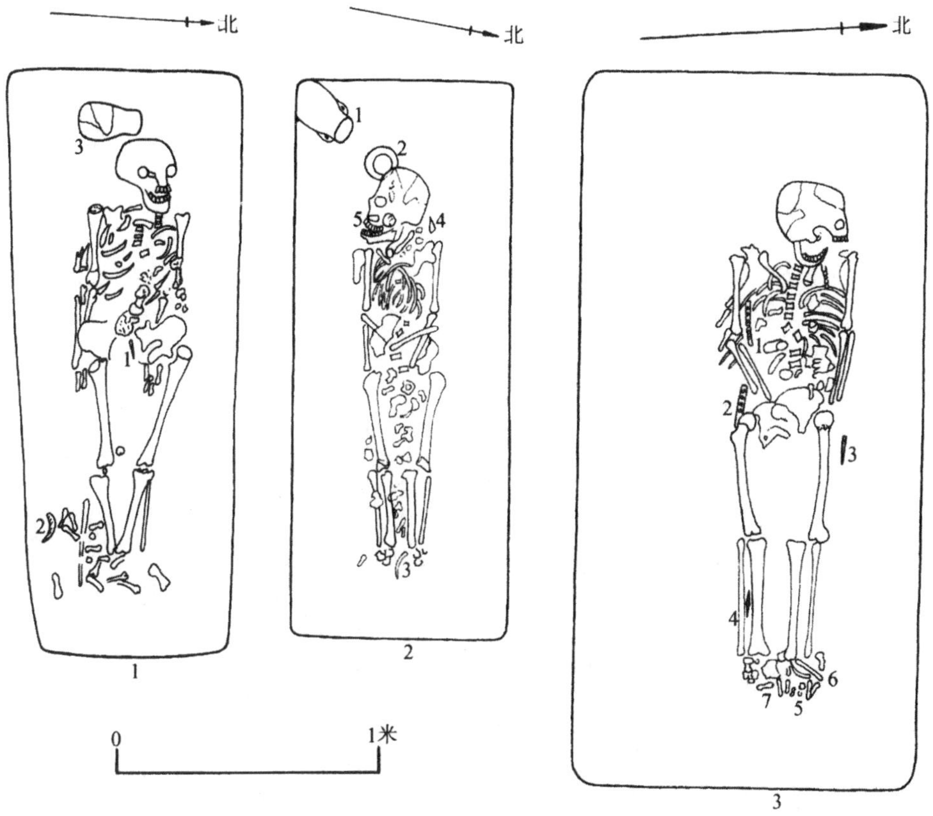

图一三三　M108、M249、M341平面图

1. M108（1. 骨针　2. 牙削　3. 陶壶）

2. M249（1、2. 陶壶　3. 牙削　4、5. 三角形石坠饰　6、7. 穿孔石饰）

3. M341（1、2. 骨笛　3. 骨针　4. 骨镞　5. 牙削　6. 狗骨　7. 龟甲）

M249，位于T113内，开口于第3C层下，打破第4层，其东北角被现代墓打破，西部被H136打破。墓内填土呈青灰色，质稍松。墓底有人骨架1具，仰身，头西面右，两桡骨交叉于腹部，胸部脊柱和肋骨被扰乱，经鉴定为女性，年龄在13～15岁之间。随葬品7件，BⅣ罐形壶斜置于头部的西南角，另一罐形壶置于额部，BbⅢ牙削竖置于足中部，2件穿孔石饰置于头骨下，2件三角形石坠饰分置于颅骨两侧耳唇处（图一三三，2；彩版六，2）。

M341，位于T114西南角，开口于3C层下，被H177打破，向下打破第4层。墓内填土呈灰色，质稍松。墓底有人骨架1具，仰身，头西面左，腰椎严重扰乱，右尺桡骨内斜置于骨盆上，左手压于骨盆下，其它部位保存完好，经鉴定为壮年男性，随葬品7件，2件骨笛竖置于右臂两侧，Bb骨针竖置于左股骨外侧，AbⅡ骨镞竖置于右胫和腓骨之间，AaⅡ牙削、龟甲片和狗骨分置足部

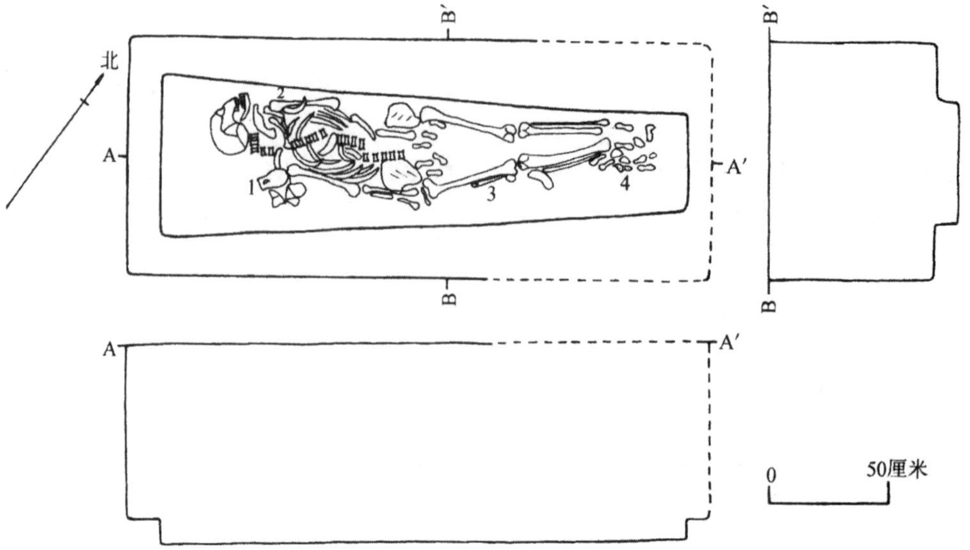

图一三四　M376 平、剖面图

1. 陶壶　2. 牙饰　3. 骨针　4. 牙削

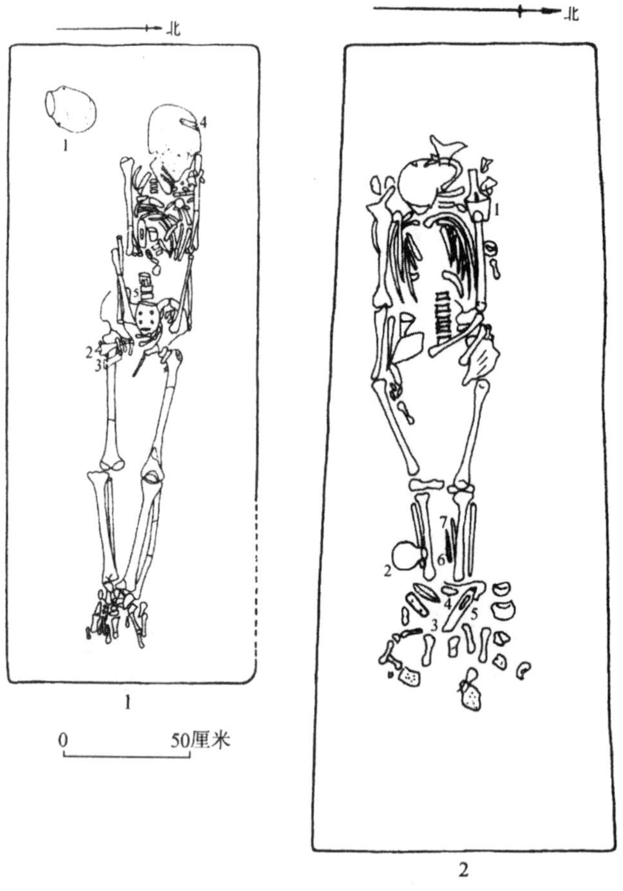

图一三五　M39、M486 平面图

1. M39(1. 陶壶　2、3. 骨叉形器　4. 骨柄　5. 牙削)

2. M486(1、2. 陶壶　3. 石块　4. 白鹅卵石　5. 骨匕　6、7. 骨针)

及其左侧(图一三三,3;图版二〇,1、2)。

M376,位于T36西部,开口于3C层下,被H257、H258打破,向下打破第4层,墓内填褐色土,质稍松。墓室内有二层台,台高均为0.1米,东、西、南、北侧台宽分别为0.1米、0.21米、0.12米、0.1米。墓底有人骨架1具,经鉴定为老年男性,仰身直肢,头向西南,上肢、脊椎和肋骨及盆骨皆较零乱,右肱骨下移。随葬品4件,BⅢ罐形壶平置于右肱骨外上侧,牙饰竖置于左肱骨上段内侧,Ab骨针竖置于右股骨下段外侧,AbⅢ牙削置于足部(图一三四;彩版七,4)。

M39,位于T15内,开口于3C层下,被H27叠压,向下打破H31和第4层。墓内填土呈黑褐色,内含少量红烧土块,质稍硬。墓底有人骨架1具,仰身直肢,头西面左,胸部骨骼被扰乱严重,右胫与腓和股骨错位。经鉴定为男性,年龄50～55岁。随葬品4件,BⅢ罐形壶置于头部的右侧,B型叉形器平置于右股骨上端近骨盆处,掌骨纵穿其中,骨柄置于左肱骨上段内侧,AbⅠ牙削平置于腰椎上,角器位于头骨上(图一三五,1;图版一九,2)。

M486,位于T37西南角,开口于第1层下,西北部被M483打破,向下打破第2层。墓内填五花土,内含烧土块,质稍松。墓内有人骨架1具,头西面下,头骨可能被扰动,胸部脊柱和肋骨扰乱,右尺骨内斜,足部骨骼散乱,经鉴定为一壮年女性。墓底中间人骨下有一不规则形凹坑,深约0.2米,填黑灰土,包含少量碎动物骨骼,别无遗物,可能属腰坑之类,也可能为墓下叠压的一个早期灰坑。随葬品7件,BbⅡ折肩壶纵置于头部左侧,DⅠ圆腹壶横平置于右胫骨下段,Ab骨匕和石块及鹅卵石均置于足部,2件骨针平置于左胫骨内侧(图一三五,2;图版二〇,3)。

2. 轻度扰动

M38,位于T17西部,开口于3C层下,打破第4层。墓内填土呈黄灰色,质稍松。墓底有人骨架1具,仰身直肢,头西面西北,首身分离,两小臂交叉于腹部,第6至12胸椎及相关肋骨易位,左锁骨竖置于颈椎骨上,经鉴定为男性,年龄在30～35岁。随葬品共4件,CⅡ罐形壶置于头部右侧,2件骨针竖置于右股骨头上段外侧,BbⅢ牙削置于右足部外侧(图一三六,3;图版一九,3)。

M275,位于T101西南部,被H106、H170打破,向下打破H172和3C层。墓内填土呈黄灰色,质较松。墓底有人骨架1具,仰身,头西面上,首身分离,两节胸椎和一节腰椎易位,左尺、桡骨稍内斜,右尺骨直置于原位,右桡骨内斜置于右尺骨之上,经鉴定为男性,年龄30～35岁。随葬品17件,BaⅠ折肩壶置于头部左侧,Bb石斧纵平置于右肱骨中上段外侧,Aa砺石斜置于左臀下,Ac骨针置于第一腰椎左侧,AbⅣ牙削、Ac骨镖和2件骨镞置于足部,3件Ac穿孔石饰和另1件BaⅢ骨镞均置于右胯、腓骨下段外侧,还有一件Ac骨镖和4件骨镞均置于左胯、腓骨的外侧(图一三六,1;图版二〇,4)。

M370,位于T34东部,开口于3B层下,打破M399,叠压在H252坑口上,墓底西半部下陷约0.2米。墓内填灰黑色土,质稍疏松。墓底有人骨架1具,头西面右,仰身直肢,胸椎稍有错位,右股骨断裂,经鉴定为女性,年龄在25岁左右。随葬品8件,DⅠ圆腹壶斜置于头顶右侧,石块平置于两胫骨上段之间,2枚石弹丸分别置于右胫骨中段内侧和左腓骨下端的外侧,Ab骨针置于两胫骨中段之间,A锉纵平置于右胫骨下段之上,2件Aa骨匕分别置于右胫骨下段之上和两胫骨中段(图一三六,2)。

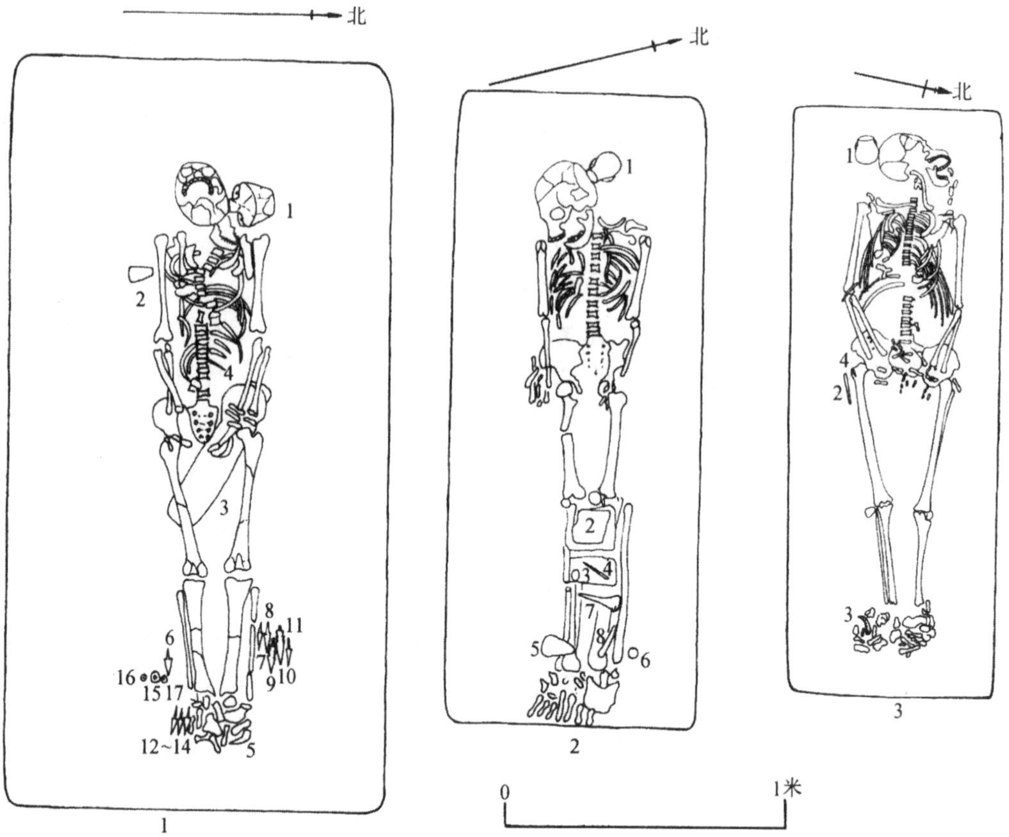

图一三六　M275、M370、M38 平面图

1. M275(1. 陶壶　2. 石斧　3. 砺石　4. 骨针　5. 牙削　6～8、10、11、12、14. 骨镞　9、13. 骨镖　15～17. 穿孔石饰)
2. M370(1. 陶壶　2. 石块　3、6. 石弹丸　4. 骨针　5. 陶锉　7、8. 骨匕)
3. M38(1. 陶壶　2、4. 骨针　3. 牙削)

(五) 缺头骨或头骨移位

此类墓葬共发现 14 座,共同的特征是,墓主人缺头骨或头骨易位,而且均无被打破和扰动现象。这种现象除了埋藏过程中形成的可能性外,只能是入葬时的原始状态,现分别举例说明。

1. 缺头

M78,位于 T23 东部,开口于 3B 层下,西北角被 M113 打破,东南角被 M59 打破,向下打破 M79 和 M123。墓内填青灰色土,内含红烧土粒,质稍硬。墓底有人骨架 1 具,头骨未见,仰身直肢,上肢骨易位,肋骨较零乱,右下肢骨被 M59 扰,经鉴定为成年男性。随葬品 4 件,2 件骨笛分别纵置于右股骨下段两侧,Bb 骨板横置于左胫骨下端内侧,AbⅢ 牙削置于足部(图一三七,2;图版二一,1)。

M87,位于 T10 西北部,被 M60、M80 打破,向下打破 3C 层。墓内填青灰色土,内含红烧土粒,质稍硬。墓底有人骨架 1 具,无头,上半身为仰身直肢,但缺尺、桡骨,下肢仅见左股骨,骨盆亦未见，倾向于男性。随葬品 7 件，AⅢ折肩壶横置于头骨部位，其余 6 件骨镞均置于足部位置(图一三七，3)。

M115，位于 T23 东南部，被 M105 叠压，向下打破 3C 层，墓的东半部坐落在 H83 之上，故下陷约 0.15 米。墓内填土呈黄灰色，质稍松。墓底有人骨架 1 具，仰身直肢，骨架除无头骨外，保存较好，经鉴定为青年女性。随葬品 10 件，方形坠饰和 8 件骨针均平置于左股骨及骨盆的左侧，AaⅡ牙削斜置于足部中间(图一三七，1)。

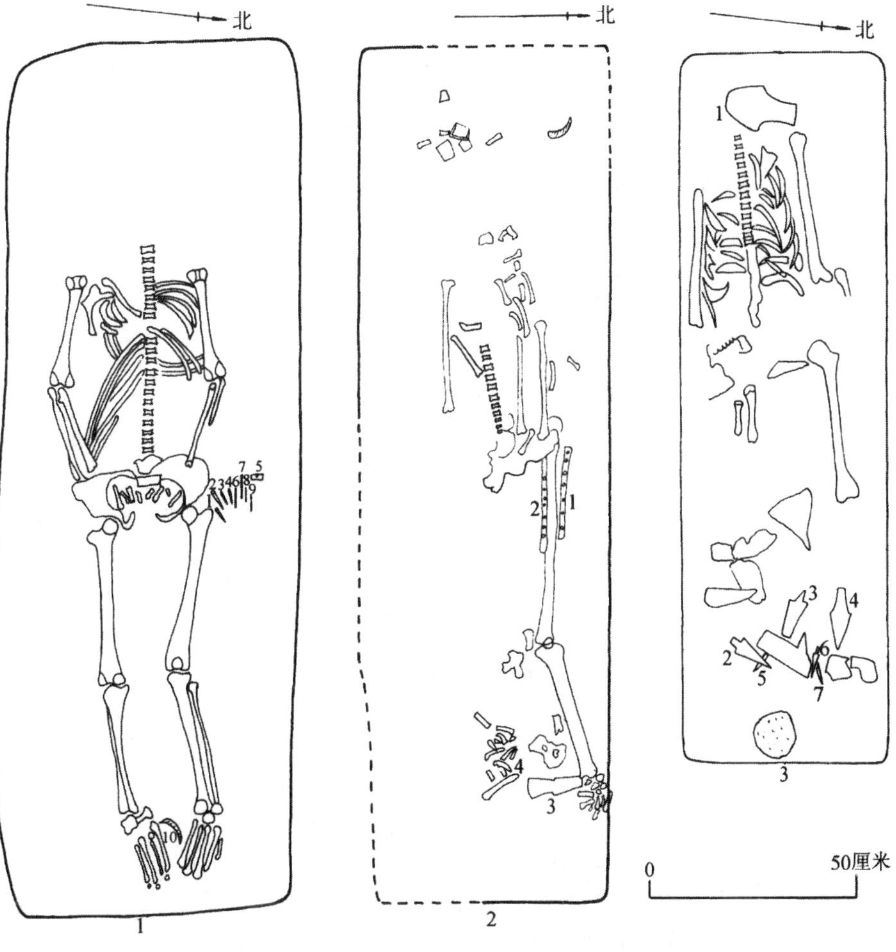

图一三七 M115、M78、M87 平面图

1. M115(1～4、6～9. 骨针 5. 方形石坠饰 10. 牙削)

2. M78(1、2. 骨笛 3. 骨板 4. 牙削) 3. M87(1. 陶壶 2～7. 骨镞)

M344，位于 T102 西部，被 M285、M305、M306、M325、M343 打破，向下打破 3C 层。墓内填灰褐色土，质稍松。墓底有人骨架 1 具，仰身直肢，左尺、桡骨内斜置于骨盆上，除无头骨外，骨架保存较好，头骨部位仅见左下颌骨和几节零乱的颈椎，经鉴定为壮年男性。随葬品 33 件，2 件AⅡ折肩壶置于右肱骨的西侧，A 叉形器、8 件龟和 Da 砺石均堆置于头顶部位，其中一件龟腹甲上刻"⊂⊃"形符号一个，叉形器上有"⺢"形符号一个，2 件骨笛和 1 件骨饰置于左肱骨外侧，6 件骨镖及 6 件骨镞分别纵置于两小腿骨外侧，2 件牙削、1 件牙饰、3 件牙刀均置于足部(图一三八，1；彩版七，3；图版二二，1、2)。

M399，位于 T34 东南部，被 398 打破，向下打破 M403。墓内填土呈灰黑色，质稍硬。墓底有

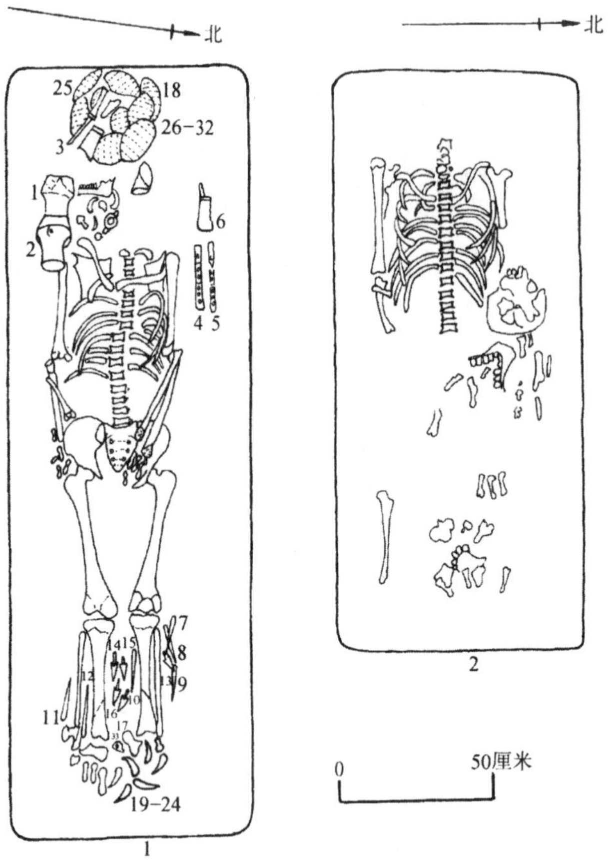

图一三八　M344、M105平面图

1. M344（1、2. 陶壶　3. 骨叉形器　4、5. 骨笛　6. 骨饰　7～12. 骨镖　13～17、33. 骨镞　18、26～32. 龟甲　19、20. 牙削　21～24. 牙饰　25. 砺石）　2. M105

人骨架1具，仰身直肢，左肋骨和左上肢骨不存，头骨缺失，经鉴定为成年男性。随葬Aa石铲1件，纵置于右股骨下段外侧（图版二一，3）。

2. 头骨移位

M105，位于T23东南部，被M102打破，向下打破M65和M115。墓内填土呈黑灰色，质稍硬。墓内有人骨架1具，仰身直肢，头骨置于腰椎的左侧，左肱骨残断，牙床及下肢骨乱堆于腰部，经鉴定为青年男性。没有随葬品（图一三八，2；图版二一，2）。

（六）缺肢或下肢残碎

此类墓共发现24座，亦即过去所讲的缺肢葬，但这里除缺少某段肢骨外，还发现有下肢残碎，但仍堆置于下肢部位的现象，而且均可排除后期埋藏过程中被破坏、扰动的可能性。现分三类分别举例说明如下。

1. 缺下肢

M113，位于T23中部偏东，开口于3B层下，打破M78、M112、H424。墓内填土呈黑灰色，质稍松。墓底有人骨架1具，仰身直肢，头西南面右上，两尺骨放于骨盆之上，手指骨散乱于两股骨之间，胫、腓骨和足骨均缺失，经鉴定为成年女性。随葬品15件，BaⅡ折肩壶斜置于头顶的左侧，胫骨的位置横置半个猪下颌骨，其余砺石、骨针、锥、板、镖、牙削、牙饰、蚌壳均整齐地堆放于墓室西南角（图一三九，1；图版二六，1）。

M223，位于T101中部，开口于3A层下，打破M232、M268、M274，并叠压在M281之上。墓内填土呈黑灰色，质较松，内含红烧土粒。墓底有人骨架1具，仰身直肢，头西面上，盆骨残缺不全，下肢骨仅见两股骨残段，经鉴定为女性，年龄在40～45岁之间。仅随葬1件BⅢ扁腹壶，置于头顶左侧（图一三九，2）。

M293，位于T102中部，开口于3B层下，被M288打破，向下打破M313、M314、M342、M365。墓内填土呈灰褐色，质稍松，内含红烧土粒。墓底有人骨架1具，仰身直肢，面向上，两臂紧贴上身，双手压于臀下，左盆骨错位，左股骨未见，墓主人可能为成年女性，入葬前似曾经绑缚。仅随葬1件BⅡ圆腹壶，倾斜置于头部左侧（图一三九，3；图版二一，4）。

M411，位于T34东扩东北角，被M408～M410、M405叠压，向下打破第4层，东端压在H357之上，胫骨以下下陷。墓内填土呈褐色，质稍松，内含红烧土粒。墓底有人骨架1具，仰身，

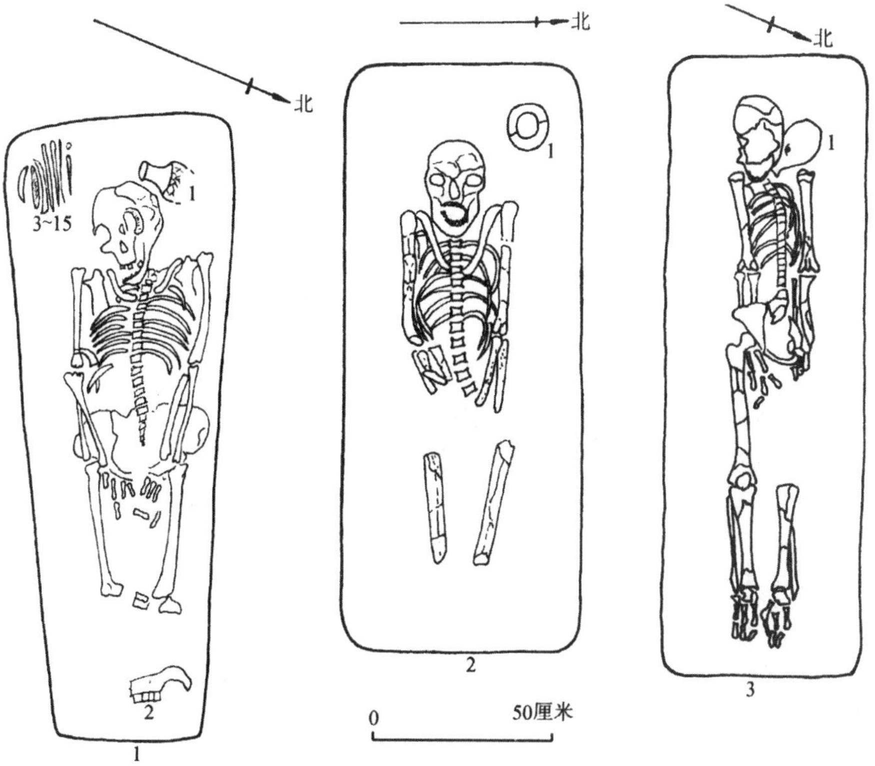

图一三九　M113、M223、M293 平面图

1. M113(1. 陶壶　2. 猪下颌骨　3. 砺石　4～6. 骨锥　7. 骨镖　8、11、14. 牙削　9. 蚌壳　10、13. 骨针　12. 牙饰　15. 骨板)　2. M223(1. 陶壶)　3. M293(1. 陶壶)

面左上，右桡骨斜置于骨盆上，右股骨下端内斜接近左股骨下段，趾骨、右胫及腓骨未见，经鉴定为中年女性。随葬品 17 件，DⅡ罐形壶平置于头顶右侧，Ⅳ罐形壶斜置于头骨的西南部，骨叉形器置于骨盆右侧，3 件骨镞、6 件骨镖和骨针置于骨盆的左侧，骨笛、石环和 2 件骨镞置于左胫骨内侧(图一四○，1；彩版七，1)。

M318，位于 T114 内，开口于 3C 层下，打破第 4 层。墓内填黄灰土，质稍松。墓底有人骨架 1 具，经鉴定为老年男性，仰身直肢，头部被现代井打破，头骨破碎，胸部左侧、腰椎、盆骨及脚部均被扰动，未见尺、挠骨及胫、腓骨。随葬品有穿孔石串饰 17 件和 Ac 骨针 1 件，穿孔石串饰位于墓主人头部左侧，Ac 骨针置于墓主人盆骨中间(图一四○，2)。

2. 缺上肢

M355，位于 T102 的西南部，胸部以下被 M327 打破，M276 打破墓室西南角，向下打破 3C 层。墓内填土呈灰褐色，质稍松。墓底有人骨架 1 具，仰身，头西面右，肩部以下被 M327 扰去，两肱骨缺失，仅剩头骨、锁骨残段和颈椎，经鉴定为成年男性。随葬品 2 件，AⅡ和 AⅢ折肩壶均依偎面部斜置于面骨右侧(图一四○，3；彩版八，1)。

3. 下肢残碎

M21，位于 T9 西南部，开口于 3A 层下，打破 M43、M56，东边被近代扰坑打破。墓内填土呈

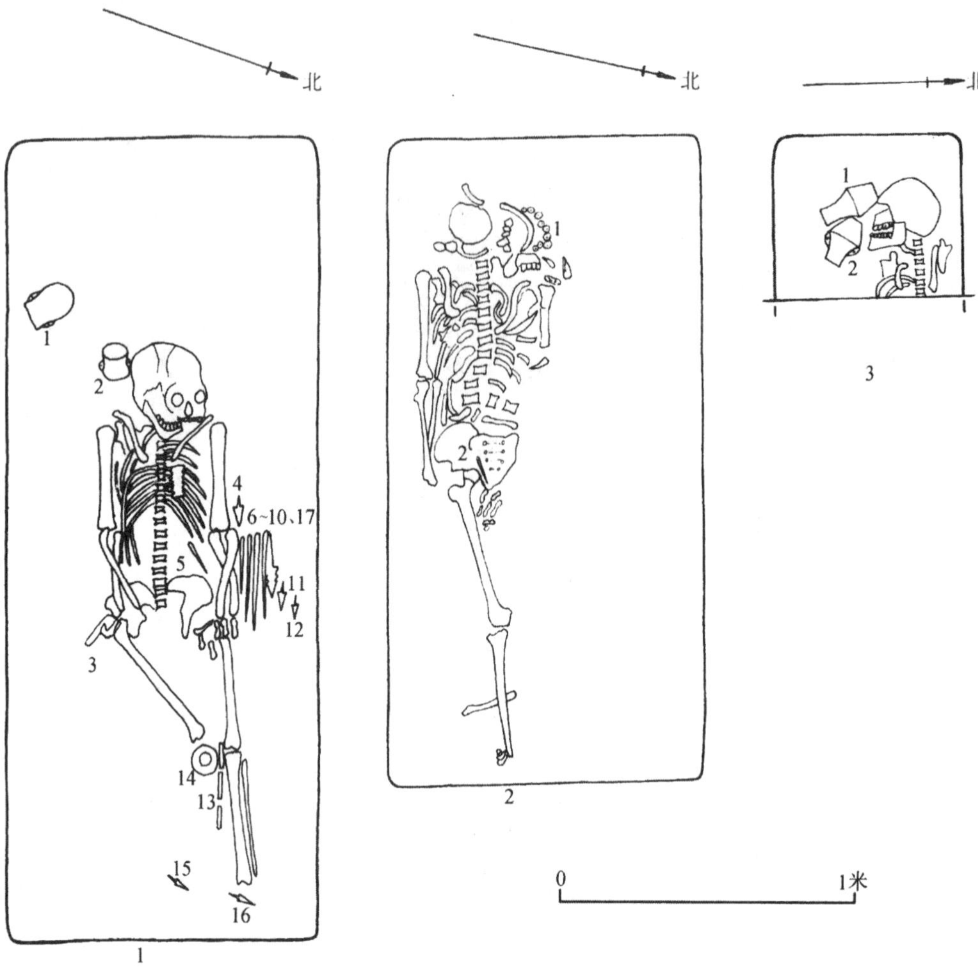

图一四〇　M411、M318、M355 平面图

1. M411(1、2. 陶壶　3. 骨叉形器　4、11、12、15、16. 骨镞　5. 骨针　6～10、17. 骨镖　13. 骨笛　14. 石环)　2. M318(1. 穿孔石串饰　2. 骨针)　3. M355(1、2. 陶壶)

深黑灰色，质稍松，内含红烧土。墓底有人骨架1具，仰身，头西面上，左桡骨断裂，右桡骨横于右肱骨下端，右尺、下肢及盆骨乱堆于骨盆位置，经鉴定为成年男性。随葬BⅢ扁腹壶1件，立置于右肱骨上端外侧(图一四一，1；图版二三，1)。

M94，位于T9西南部，被M73、M68打破，向下打破M76。墓内填土呈黄灰色，质稍松，内含少量的红烧土块。墓底有人骨架1具，上身仰身直肢，头西面左上，两锁骨均竖置，部分胸椎和肋骨移位，腰椎较零乱，两小臂内斜放于骨盆上，右尺骨残断，下肢骨均残，一起堆放在下肢部位，经鉴定为男性，年龄在45～50岁之间。随葬品21件，BaⅢ折肩壶紧偎面骨置于其左侧，Ab骨匕横置于骨盆的右侧，陶罐、A叉形器、Ac骨针和8个龟甲均置于头骨及左肱骨上段的左侧，CaⅡ骨镞和7个兽牙床分别置于残碎下肢骨堆的两侧(图一四一，2)。

M241，位于T101西北部，被M227打破，向下打破M250和3B层。墓内填土呈灰褐色，质较松。墓底有人骨架1具，仰身直肢，头西面右上，腰椎及盆骨腐朽较甚，右小臂呈内斜状，两股骨均残断，部分股骨残段、两胫、腓骨残段及碎块竖列于两胫骨位置的内侧，经鉴定为男性，年龄在30～35岁之间。随葬品3件，陶壶横置于头骨左侧，Cd石斧斜置于左小腿骨位置的外侧，A石锛

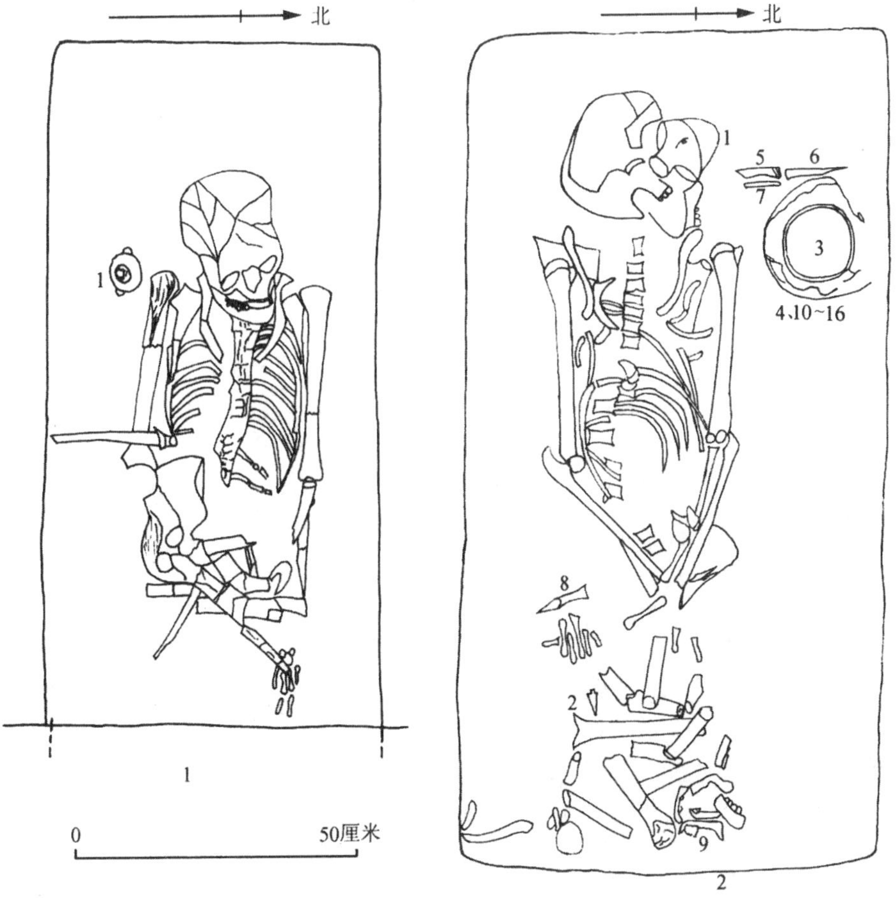

图一四一　M21、M94平面图

1. M21(1. 陶壶)　2. M94(1. 陶壶　2. 骨镞　3. 陶罐　4、10～16. 龟甲　5、6. 骨叉形器　7. 骨针　8. 骨匕　9. 兽牙)

置于石斧的右侧肢骨残段上(图一四二,1)。

M303,位于T114中部,开口于3C层下,打破第4层。墓内填土呈黄灰色,质稍松。墓底有人骨架1具,仰身直肢,头西面左,额骨及顶骨破碎,上、下颌分离,脊椎甚朽,两胫骨、腓骨及足部均被扰动,经鉴定为成年男性。随葬品3件,AⅠ罐形壶平置于头骨的右侧,AaⅢ牙削置于足部,填土中出石钻1件(图一四二,2)。

(七)俯身直肢葬

此类墓葬发现8座。

M31,位于T14西南部,开口于3C层下,打破第4层。墓内填土呈黄灰色,质稍松。墓底有人骨架1具,俯身直肢,头向西南,头骨向右稍偏,脊椎骨和肋骨皆散乱,经鉴定为女性,年龄在50岁左右。随葬品2件,CⅠ罐形壶倒置于左肩上,BbⅠ牙削横置于足部右侧(图一四三,1;图版二四,1)。

M32,位于T15东部中间,开口3C层下,打破第4层。墓内填土呈黑褐色,质稍硬。墓底有人骨架1具，俯身直肢，头西南面右上，锁骨、肋骨和脊椎骨散乱，左尺骨错位，左腓骨扭至左胫骨内侧，经鉴定为男性，年龄在40～45岁之间。随葬品19件，BⅡ罐形壶置于头骨的左上侧，2件骨镖、1件牙饰和9件骨针均置于盆骨及左股骨上段的外侧，另外2件Aa骨镖纵置于两胫骨之间，4件牙削置于足部（图一四三，2；图版二四，3）。

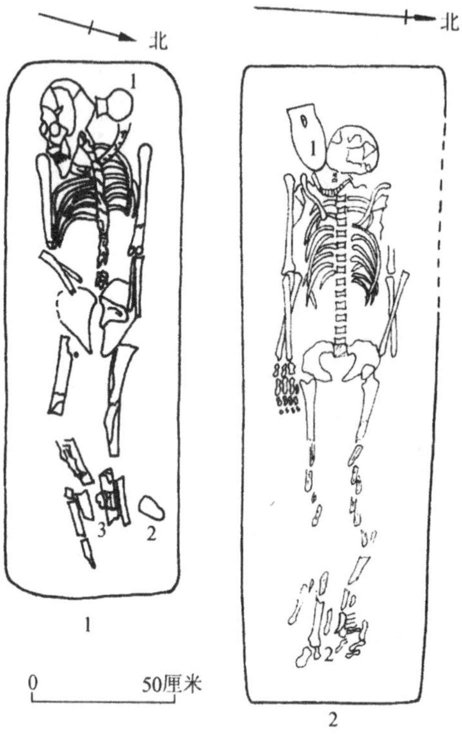

图一四二　M241、M303平面图

1. M241（1. 陶壶　2. 石斧　3. 石锛）

2. M303（1. 陶壶　2. 牙削）

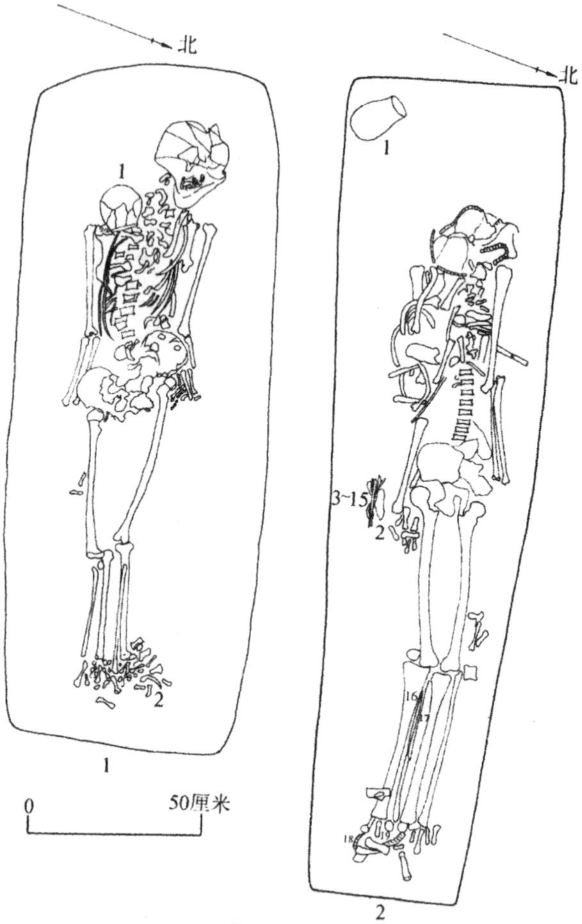

图一四三　M31、M32平面图

1. M31（1. 陶壶　2. 牙削）　2. M32

（1. 陶壶　2. 牙饰　3、4、16、17. 骨镖

5、6、18、19. 牙削　7～15. 骨针）

M40，位于T15与T13之间，开口于3C层下，打破第4层。墓内填土呈黑褐色，质稍硬，内含少量红烧土粒。墓底有人骨架1具，头西南面向下，头骨已破，脊椎和肋骨均散乱，两肱骨残断，裂断的右桡骨横压于右尺骨之上，桡骨下端压于右骨盆下，左尺、桡骨置于左盆骨边缘，经鉴定为男性，年龄在50～55岁之间。随葬品7件，5件骨镖均纵置于两股骨内侧，Bb骨镖和Ab骨针纵置于右股置外侧（图一四四，1；图版二五，2）。

M41，位于T5西南部，被H68、H69打破，向下打破第4层。墓底有人骨1具，俯身直肢，虽经扰动，大部骨骼位置变动不大，骨盆、右肱、尺、桡、左尺、右股、左右胫腓骨和指、趾骨位置未变化，但头骨与体骨脱位，面向右上，下颌骨扣于右肱骨上端，左桡骨斜置于左肩部，左肱不见，可能被H69扰，左股骨斜置，下端搭在右股中段之上，脊椎骨和肋骨散乱，经鉴定为青年女性。随葬品16

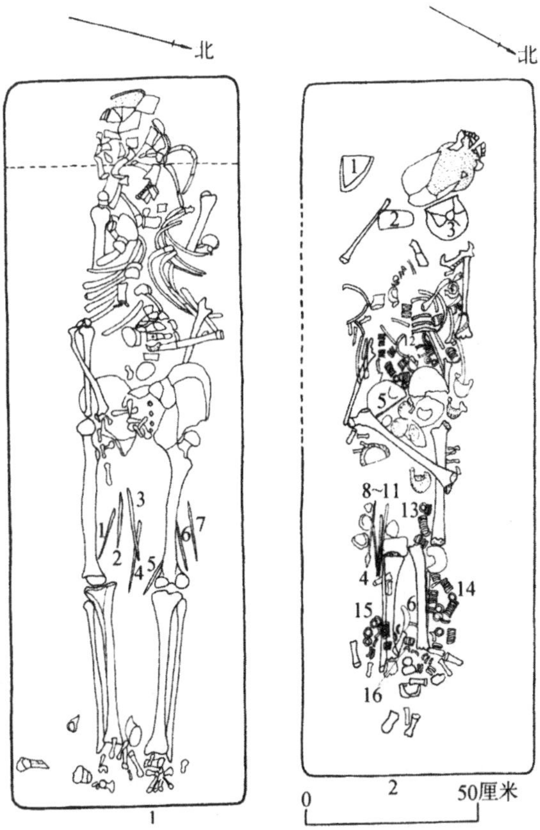

图一四四　M40、M41平面图

1. M40(1～5、7. 骨镖　6. 骨针)

2. M41(1. 砺石　2. 石斧　3. 陶壶　4、8～11. 骨镖　5. 骨针　6. 牙削　7、12～16. 骨环)

件，CⅢ罐形壶置于头骨部位的东侧，Ac 砺石倒置于头骨的右侧，Ab 石斧横置于头骨的东部，盆骨位置的右侧斜置 Ab 骨针，5 件骨镖均置于右膑骨的外侧；6 串骨环中，腰部 2 串，左股骨下端内侧 1 串，左、右胫骨外侧各 1 串，两胫骨间 1 串；AaⅢ牙削纵置于两胫骨之间(图一四四，2；图版二五，1)。

M243，位于 T113 东北部，开口于 3C 层下，西南角被 H112 打破，中间被 H129、H372 打破，东端被近代墓破坏，向下打破第 4 层。墓内填土呈深灰色，质较松。墓底有人骨架 1 具，头西面下，头骨破碎，脊椎和肋骨散乱，部分肋骨压于左肱骨之上，右尺桡骨压在骨盆下，左侧骨盆反压于骶骨之上，左股骨与骨盆脱节，右股骨被 H129 扰去，仅余远端残段，两胫骨交叉，足部趾骨零乱，手指骨压于骨盆下，经鉴定为女性，年龄在 30～35 岁左右。随葬品 4 件，CⅣ罐形壶置于头骨的左侧，2 件 A 三角形石坠饰分置于头骨的两侧耳孔处，AbⅡ牙削置于足部(图一四五，1)。

M395，位于 T102 的西南部，开口于 3B 层下，被 M276、M321、M327、M345、M352、M364 打破，向下打破 M396 和 3C 层。墓内填土呈灰褐色，质较松，内含少量红烧土粒。墓底有人骨架 1 具，头西面左上，头骨纵错位，两肩胛骨、右锁骨、脊椎骨和肋骨均较零乱，两胫骨上端靠拢偏向左侧，左腓骨下端偏至左胫骨的部位，经鉴定为壮年男性。随葬品 19 件，AⅢ折肩壶紧依左肱骨上端置于头骨的左侧，A 骨叉形器平置于折肩壶的左侧，Bc 石斧置于左腓骨的外侧，5 件骨镞、3 件骨镖置于两膑骨之间，另有1件骨镞置于右股骨外侧，6件骨镖和AbⅡ牙削置于足部（图一四五，2；图版二四，2、4）。

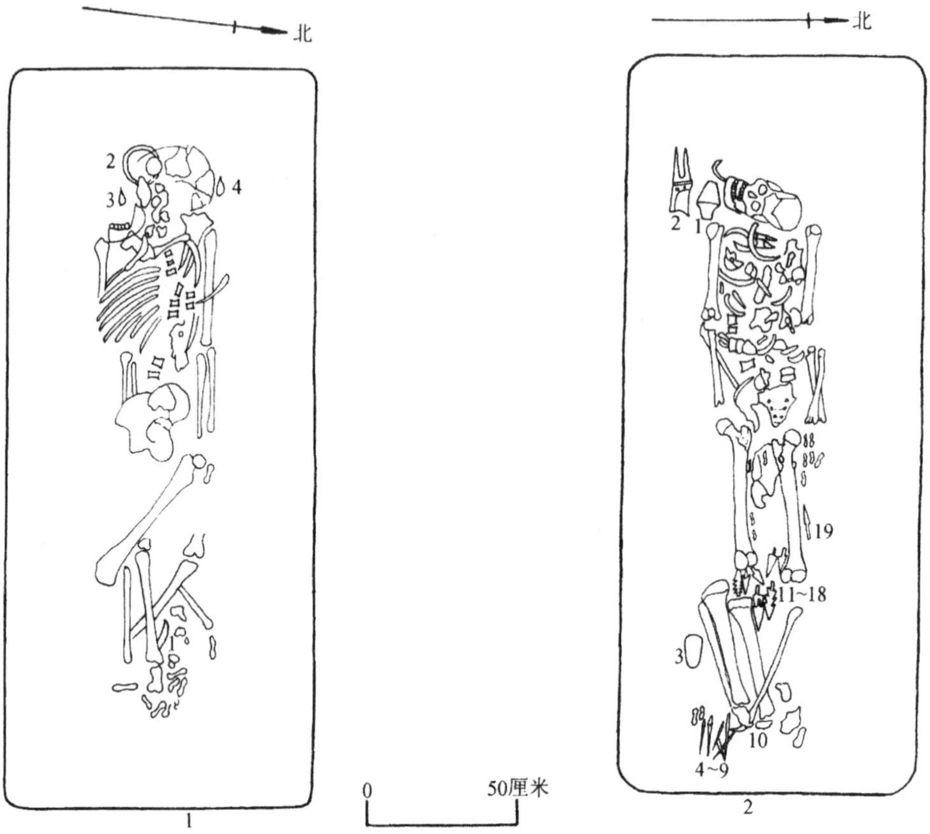

图一四五　M243、M395平面图

1. M243（1. 牙削　2. 陶壶　3、4. 石坠饰）　2. M395（1. 陶壶　2. 骨叉形器　3. 石斧　4～9、14、15、17. 骨镖　10. 牙削　11、12、13、16、18、19. 骨镞）

（八）下肢单屈

共发现2座。

M222，位于T101东部，开口于3A层下，打破M253、M389和3B层。墓内填土呈灰褐色，质较松。墓底有人骨架1具，仰身直肢，头西面上，两小臂内斜，双手放于盆骨之上，右股骨下端内斜，右胫腓骨上提，经鉴定为男性，年龄在45～50岁之间。随葬品的BⅡ扁腹壶平置于头骨西南部。另填土中出陶深腹钵1件（图一四六，1；图版二六，2）。

M225，位于T101西北部，开口3A层下，打破3B层，压在M379、M392和H169坑口上。墓内填土呈灰褐色，质稍硬，内含少量的红烧土粒。墓底有人骨架1具，骨骼腐朽较甚，只能看清大致轮廓，右侧身，右下肢内曲，头西面右上，性别、年龄不详。无随葬品（图一四六，2）。

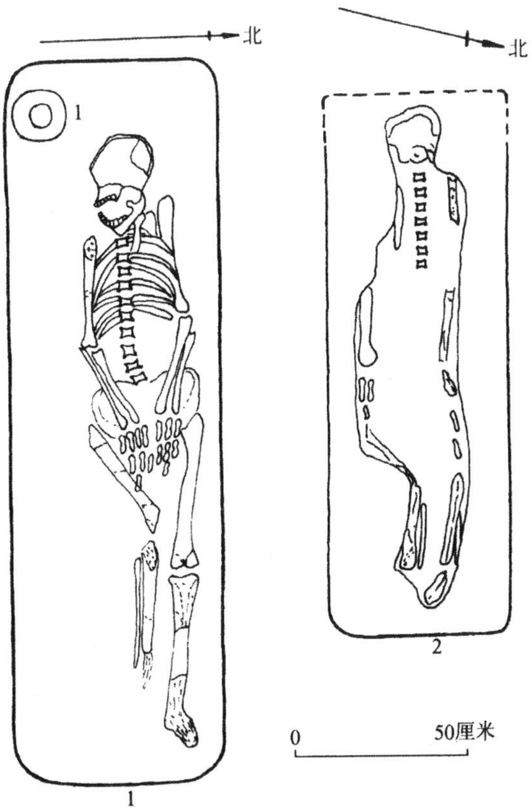

图一四六　M222、M225 平面图

1. M222(1. 陶壶)　2. M225

二、多人一次葬

有 M23、M353 共 2 座,以 M353 为代表。

M353,位于 T102 西南部,开口于 3B 层下,打破 M354 和 M407。墓内填土呈灰褐色,质稍松,内含少量红烧土粒。墓底有 3 具人骨,均为仰身直肢一次葬,骨架保存完好,头向西。甲位于墓室北部,面向上,右尺、桡骨内斜,右手放在骨盆上。乙位于墓室南部,体位稍向东错,仰身直肢,头骨破碎。丙位于甲之下,与甲体位基本重合,下肢稍向左偏,仰身直肢,头骨与下颌骨脱落,面向右。经鉴定,甲为 10～12 岁的少年,乙为成年男性,丙为 50 岁以上的老年女性。随葬品 39 件,其中甲头顶置深腹壶,甲头骨左侧、丙颈椎部位置 AⅢ 折肩壶,丙左足外侧置 21 件 C 骨针和 1 件牙削,两胫骨之间置 2 枚骨镞和 1 枚骨鱼镖,左胫骨外侧置骨锥、牙削各 1 件,乙头骨左侧置 8 件 C 骨针,左足外侧置石坯料,甲、丙足骨堆上置陶纺轮(图一四七;彩版八,3)。

三、单人二次葬

此类墓葬发现 42 座,大体可分为摆放式、堆放式、乱堆式三种。

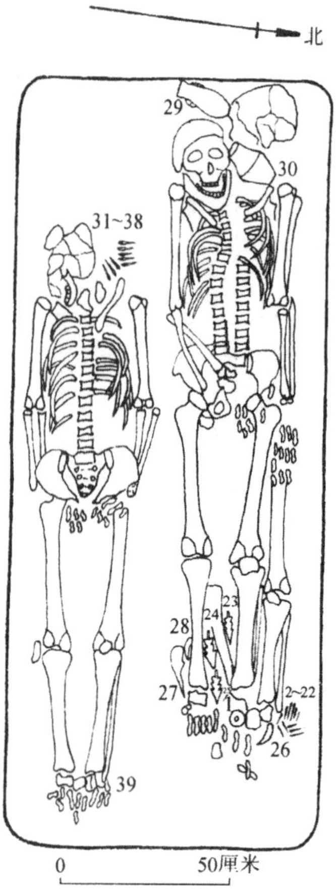

图一四七　M353 平面图

1. 陶纺轮　2～22、31～38. 骨针
23、24. 骨镞 25. 骨镖　26、28. 牙削
27. 骨锥　29、30. 陶壶　39. 石坯料

图一四八　M65、M125 平面图

1. M65(1. 陶鼎　2. 陶壶)　2. M125(1、2. 陶罐
3、7～13. 龟甲　4～6. 分别为压于人骨下的骨镞、
石磨盘、骨叉形器)

(一) 摆　放　式

共 4 座，其特征是将二次葬骨骼按其大体部位摆放在墓底。

M65，位于 T23 东南部，被 H99、M59、M105 打破，向下打破 M93、H83 和 3C 层。墓内填土呈黄灰色，质稍松，内含红烧土粒。墓底骨架不完整，头骨破碎，额骨较完整，肢骨仅有两股骨残段、胫骨、腓骨及尺、桡骨，经鉴定为男性，年龄在 50～55 岁之间。随葬品 2 件，Ba Ⅰ 折肩壶斜置于骨骼的西北部，B Ⅰ 盆形鼎置于骨骼的北部(图一四八，1)。

M125，位于 T9 北部，开口于 3C 层下，被 M61、M71、M95、M120 叠压，被 M121、M127 打破，向下打破 H82。墓内填土呈黄灰色，质稍松，内含红烧土块及少量的陶片。墓底有迁葬的人骨骼 1 具，由于骨骼在迁葬时未全部拣来，虽按各部位摆放，但仍显稀疏，头骨与肱骨、肩胛骨、尺骨和少量的肋骨一起置于墓室西部，中部纵放有桡骨、胫骨和腓骨，股骨和另一桡骨纵置于墓室东部，经鉴定为男性，年龄在 40～45 岁之间。随葬品 12 件，A Ⅱ 双耳罐破为两半倒置于头骨的左侧和左肱骨上端的内侧，8 件龟甲、1 件骨镞、1 件骨叉形器残段和石磨盘残块在头骨之下

(图一四八,2)。

(二) 堆 放 式

发现15座,其特征是将二次葬的人骨整齐地堆放在墓底,往往长骨堆成一堆,头骨置于其上或其西端。

M261,位于T101中部,开口于3B层下,被M231打破,向下打破3C层,西端打破H171。墓内填灰褐色土,质较松。墓内有头骨和右肱骨、一段尺骨及少量肋骨,经鉴定为壮年男性。随葬的CⅡ圆腹壶置于头骨的左侧(图一四九,1)。

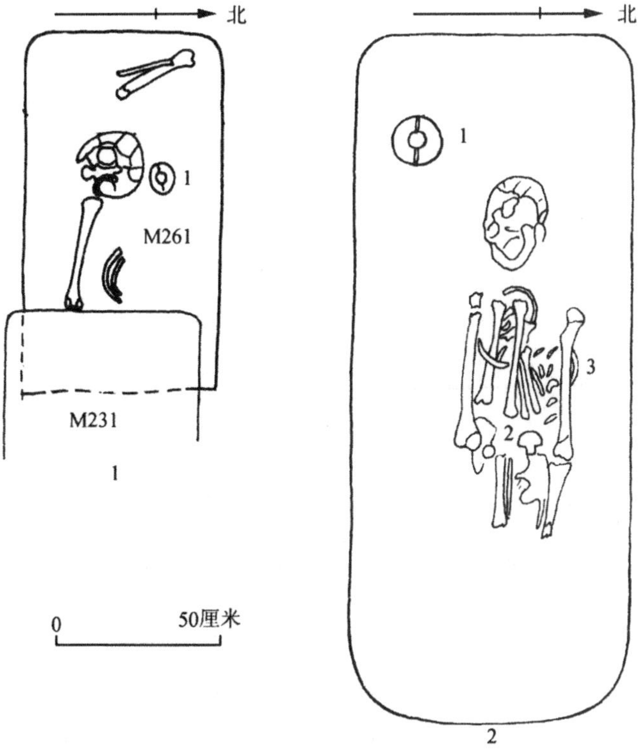

图一四九 M261、M330平面图

1. M261(1. 陶壶) 2. M330(1. 陶壶 2. 石柄形器 3. 牙削)

M330,位于T33东部,开口3B层下,打破第4层。墓内填灰褐色土,质稍松,内含少量红烧土粒。墓底有迁葬的人骨架1具,头西面上,四肢骨、锁骨及少量脊椎骨、肋骨、指骨等整齐地纵向堆放在墓室中间,经鉴定为中年女性。随葬品3件,BbⅠ折肩壶置于墓室的西南部,刻符柄形石器平置于肢骨堆上面中间,AbⅡ牙削置于肢骨堆左侧(图一四九,2;彩版八,2)。

M383,位于T102西南部,压在M283、M284、M286、M287之下,西被M323打破,向下打破3C层。墓内填灰褐色土,质较松,内含少量红烧土粒。墓底见有2段股骨、1段胫骨及少量肋骨堆放在一起,未见头骨,经鉴定为10岁以下的小孩。随葬品2件,CⅠ折沿罐和BⅡ圆腹壶置于肢骨堆以东和东北部(图一五〇,1;图版二七,2)。

M396,位于T102西南部,被M337、M338、M395、M345、M352打破,向下打破M380。墓内填灰褐色土,质较松软,内含少量红烧土粒。墓内见有头骨置于墓室西端,与下颌骨分离,墓室中

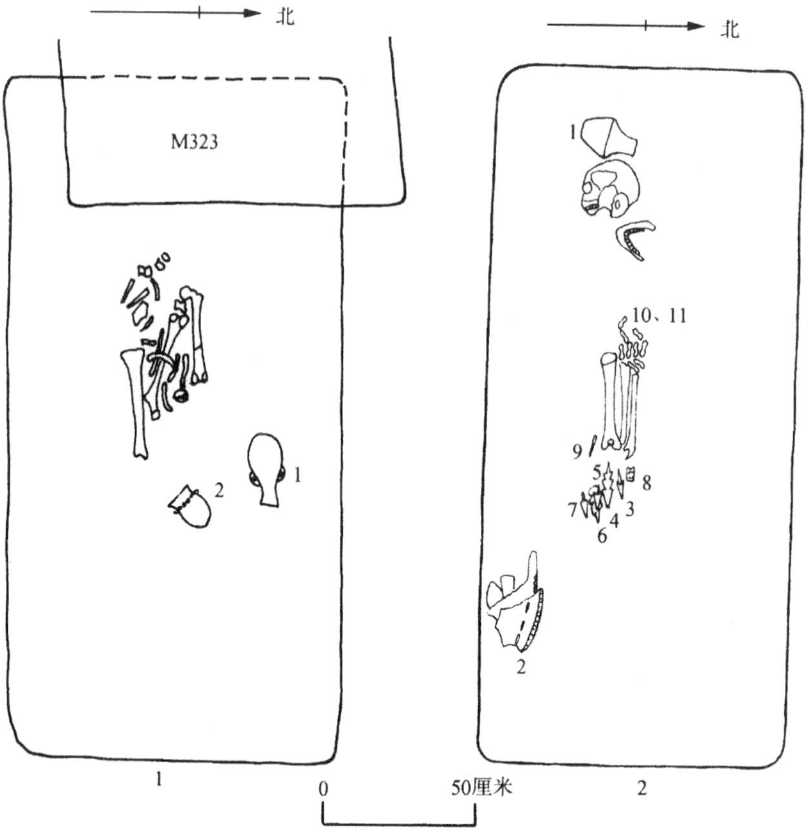

图一五〇　M383、M396 平面图

1. M383(1. 陶壶　2. 陶罐)　2. M396(1. 陶壶　2. 陶鼎　3、5、7. 骨镞　4、6. 骨镖　8. 骨饰　9. 骨针　10、11. 穿孔石饰)

部纵向堆放肱骨、尺骨和桡骨各 1 段,几节趾骨散放于尺骨和桡骨的西侧,经鉴定为男性,年龄在 30～35 岁之间。随葬品 11 件,AⅡ折肩壶横置于头顶部位,BⅠ盆形鼎置于墓室东南部,3 件骨镞、2 件骨镖及 1 件骨饰和 Ad 骨针置于肢骨的东侧,2 件绿松石饰置于人骨堆中(图一五〇,2)。

(三)乱　堆　式

发现 23 座,其特征是将二次葬人骨无规律的随意抛掷于墓底,因而骨架十分零乱。

M19,位于 T7 南壁下,开口于 3A 层下,打破 3B 层,并打破 M54、M55、M57。墓内填黑灰土,质稍硬。墓底呈斜坡状,东高西低。墓内仅见头骨、左右侧股骨干及左侧胫骨中段,另外还有零星上肢骨残段,无规律的乱堆于一起,经鉴定为男性,年龄在 45～50 岁之间。无随葬品(图一五一,2;图版二七,1)。

M24,位于 T9 北部,开口于 3A 层下,打破 3B 层。墓内填黑灰土,质较松。墓内有散乱人骨架一具,下颌骨和头骨分离,肢骨大多残断,经鉴定为成年男性。随葬的 AⅢ扁腹壶置于乱堆骨骼的西部(图一五一,1)。

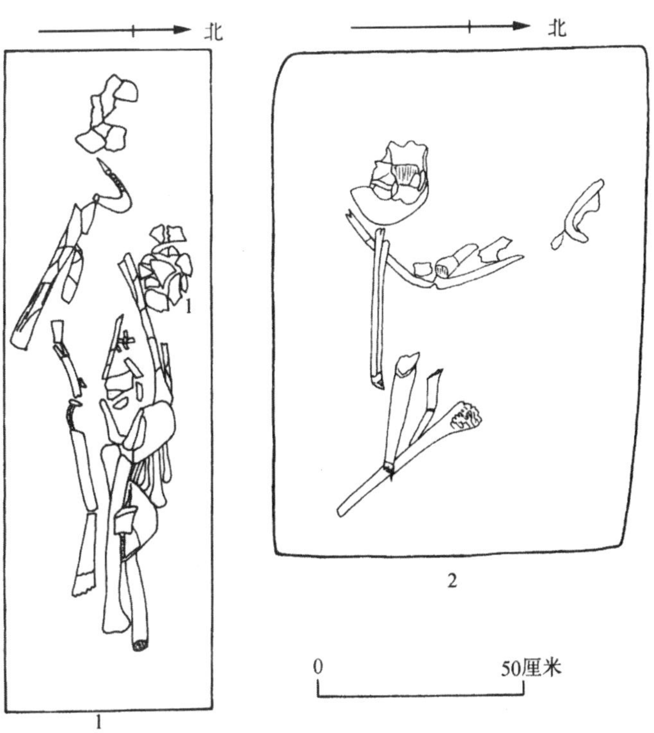

图一五一　M24、M19平面图

1. M24(1. 陶壶)　2. M19

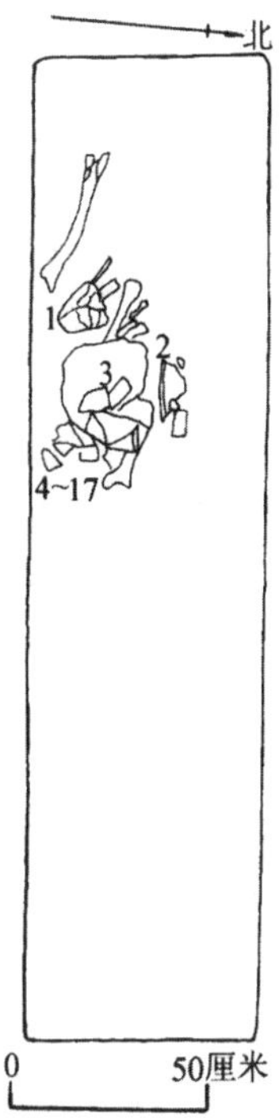

图一五二　M387平面图

1. 陶壶　2、3. 陶钵　4～10、14、16. 龟甲　11. 陶鼎足　12. 骨叉形器　13. 骨笛　15. 骨矛　17. 陶罐

M387，位于T101东偏南，被M262、M263叠压，北侧被M386打破，向下打破3C层。墓内填灰褐色土，质稍松。墓底仅见髋骨和一肱骨及尺骨等残段杂乱地堆放在一起，经鉴定为成年男性。随葬品17件，AⅣ折肩壶、BⅠ敛口罐、BⅣ敛口钵、AaⅡ三足钵及AcⅠ鼎足、8个龟甲个体、1件龟背甲片、残骨笛、骨矛、A叉形器，均置于髋骨的周围(图一五二；图版二七，3)。

M389，位于T101东北部，被M253打破，向下打破3C层。墓内填黑灰色土，质稍松，内含少量红烧土粒。墓底仅有一股骨残段、右胫骨上关节端及右腓骨的下半段，另外还有几节趾骨散乱地堆于腓骨的两侧，经鉴定为成年男性。随葬品2件，AⅢ折肩壶置于乱骨堆的西部，CⅡ折沿罐置于腓骨的北侧(图版二六，3)。

四、多人二次合葬

发现13座，多为混杂的乱堆式，即将两个或两个以上的二次葬人骨混乱的堆放于墓葬之中，也有个别分个体摆放的。

M25，位于T9西北部，开口于3A层下，打破3B层。其西南部被现代井打破。墓内填黑褐色土，质稍硬，内含大量红烧土块。墓内发现3个残头骨和几段残肢骨，保存状况甚差，经鉴定甲为女性，年龄35～40岁左右，乙、丙因过于朽烂，年龄、性别无法鉴定。随葬品2件，CⅢ折肩壶置于甲、乙之间，BⅢ扁腹壶置于丙的北侧(图一五三，2)。

M76，位于T9西南部，被M94打破，向下打破M88。墓内填黄灰土，质稍硬，内含大量红烧土块。在墓底发现的迁葬乱骨中，经鉴定有甲、乙、丙、丁、戊5个男性个体，甲的年龄在45～50岁

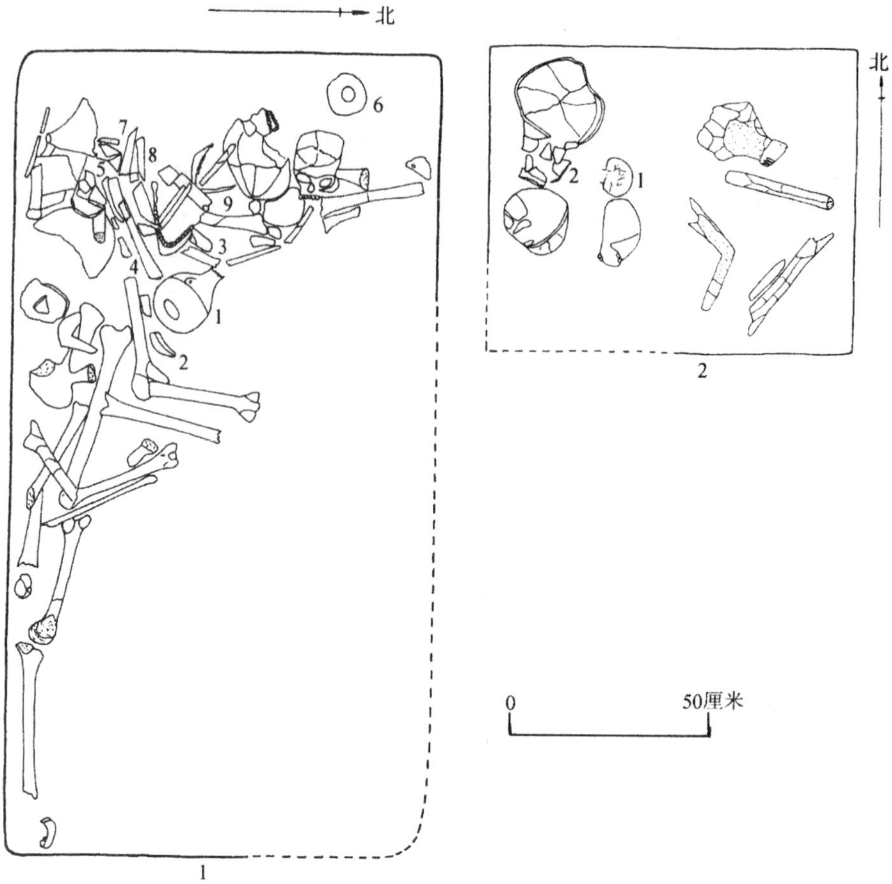

图一五三　M76、M25 平面图

1. M76(1、5、6. 陶壶　2. 牙饰　3. 石磨棒　4、7、8. 骨板　9. 骨料)　2. M25(1、2. 陶壶)

之间，乙在 30～35 岁之间，丙在 35～40 岁，丁在 30～35 岁，戊在 20～25 岁之间。随葬品 9 件，AⅡ 圆腹壶、AⅣ 及 BaⅠ 折肩壶、石磨棒、3 件骨板、牙饰和骨料均散置于骨骼之间(图一五三，1)。

M112，位于 T23 中部，开口于 3B 层下，被 M113 打破，向下打破 M132 和 3C 层。墓内填土呈黑灰色，含少量红烧土粒。墓内置乱骨一堆，内有头骨、下颌骨、盆骨、四肢骨、脊椎骨、肋骨等，经鉴定分属两男两女 4 个个体，均为成年。随葬品 3 件，AⅢ、AⅣ 折肩壶和牛骨，散乱的置于乱骨堆中(图一五四，2；图版二六，1)。

M281，位于 T101 东部中间，被 M231、M232、M236、M237、M239、M254、M274、M279 打破，向下打破 M282。墓内填黄灰色土，质较松。墓底见有 3 个个体的人骨，甲位于墓室中间偏左处，有头骨和四肢骨，均按人体大体部位摆放；乙位于甲的头骨之西，有头骨和肢骨等，乱堆在一起；丙位于甲的右侧，有头骨和肢骨散乱的放成一片。经鉴定甲、乙为男性，丙为女性，均为成年。随葬品 10 件，BⅠ 圆腹壶置于甲头骨左侧，在甲的两胫骨间置 E 石磨盘、牙削、骨针和 3 件骨匕，乙的人骨堆两侧置 AⅠ 圆腹壶，BaⅡ 折肩壶，丙肢骨旁置 AⅠ 圆腹壶(图一五四，1；图版二八，2)。

M326，位于 T102 西部，开口于 3B 层下，打破 M322、M351，叠压在 M382、M394 之上。墓内填灰褐色土，质较松，内含少量红烧土粒。墓底有破碎头骨 4 个，还有左右股骨、胫骨、肱骨、桡骨等残段，经鉴定有甲、乙、丙、丁4个个体，甲为老年男性，乙为中年男性，丙为40岁左右女性，丁为35～40岁女性。随葬品7件，AⅢ和BbⅡ折肩壶、罐底、3件龟甲、鳖甲，均散置于乱骨之间或周围(图版二八，1)。

M327，位于T102内，开口于3C层下，打破M355、M334和M395。墓内填灰褐土，质较松，填土呈西高东低状堆积。墓底有破碎头骨3个，另有左右肱骨、股骨和胫骨或其残段，还有盆骨、散乱的脊椎骨、趾骨等，杂乱地堆为一堆，经鉴定有甲、乙、丙、丁4个个体，甲、乙均为老年男性，丙为壮年女性，丁为壮年男性。随葬品19件，其中完整龟甲8件堆在乱骨堆东侧，龟甲内多置有小石子，龟甲上置2件叉形骨器和褐铁矿颜料一块，在乱骨堆上还散置有深腹壶、AⅣ折肩壶、A骨凿、骨料、Ca骨镖、Cc石铲，在乱骨堆北侧还有2片穿孔龟腹甲片(图一五四，3；彩版八，1；图版二九，1)。

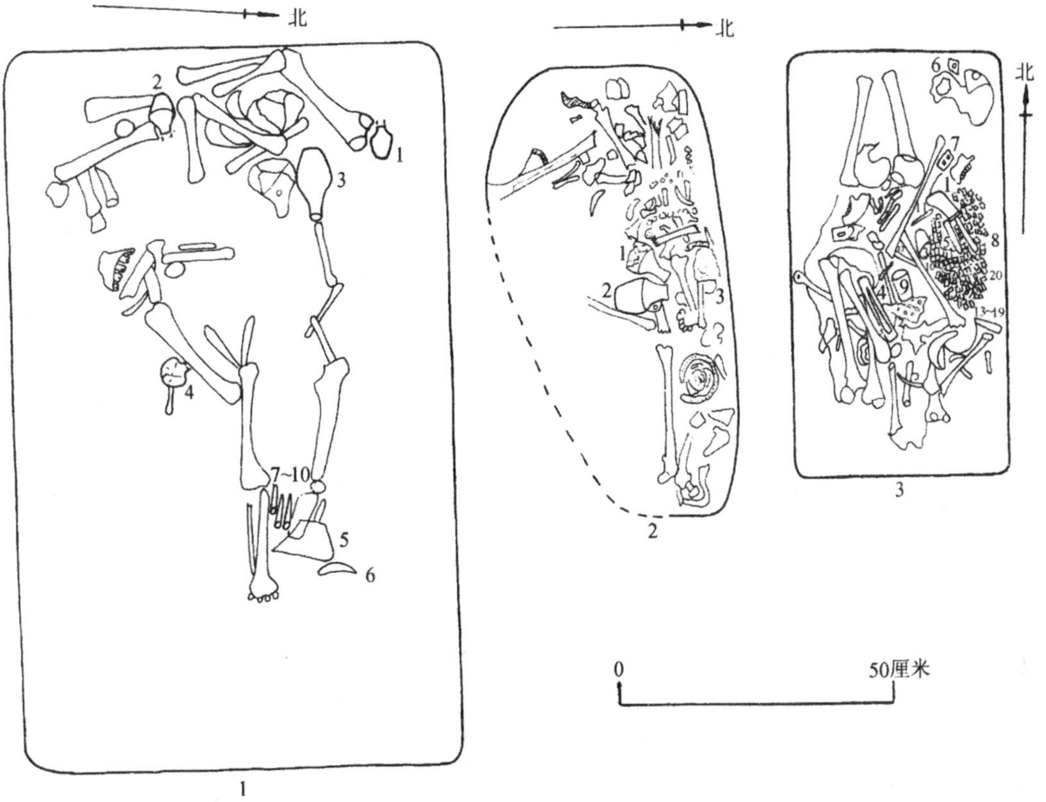

图一五四　M281、M112、M327平面图

1.M281(1～4.陶壶　5.石磨盘　6.牙削　7～9.骨匕　10.骨针)

2.M112(1、2.陶壶　3.牛骨)　3.M327(1、3、11.骨叉形器

2、20.陶壶　4.骨凿　5.骨料　6、7.穿孔龟甲片　8、13～19.龟

9.石铲　10.颜料　12.骨镖)

M334，位于T102西南部，被M277、M327打破，向下打破M335、M351。墓内填灰褐色土，质较松，内含少量红烧土粒。墓底有头骨2个，均破碎，另外还有肱骨、尺骨及锁骨残段和趾骨等，经鉴定为甲、乙2个个体，甲为中年男性，乙为老年男性。随葬品10件，B型骨锥1件，穿孔龟甲1片外，AⅢ折肩壶5件，AⅣ、BaⅡ、BbⅠ折肩壶各1件，均置于乱骨中间及其周围(图一五五，2)。

M364，位于T102西南部，被M321、M326和M345打破，向下打破M380、M395。墓内填灰褐色土，质较松，内含红烧土粒。墓底置乱骨一堆，呈纵向排列，有破碎头骨4个，下颌骨1个及盆骨、肱骨、股骨、胫骨、腓骨、锁骨、脊椎骨、肋骨、肩胛骨等，经鉴定为4个男性个体，甲、丙为成年个体，乙从上颌牙齿判断有35～40岁，丁从下颌牙齿判断有40～45岁。随葬品5件，其中AⅠ折肩壶2件、AⅡ折肩壶1件、AⅢ折肩壶1件、骨料1件，均散乱地置于乱骨堆之中(图一五五，1)。

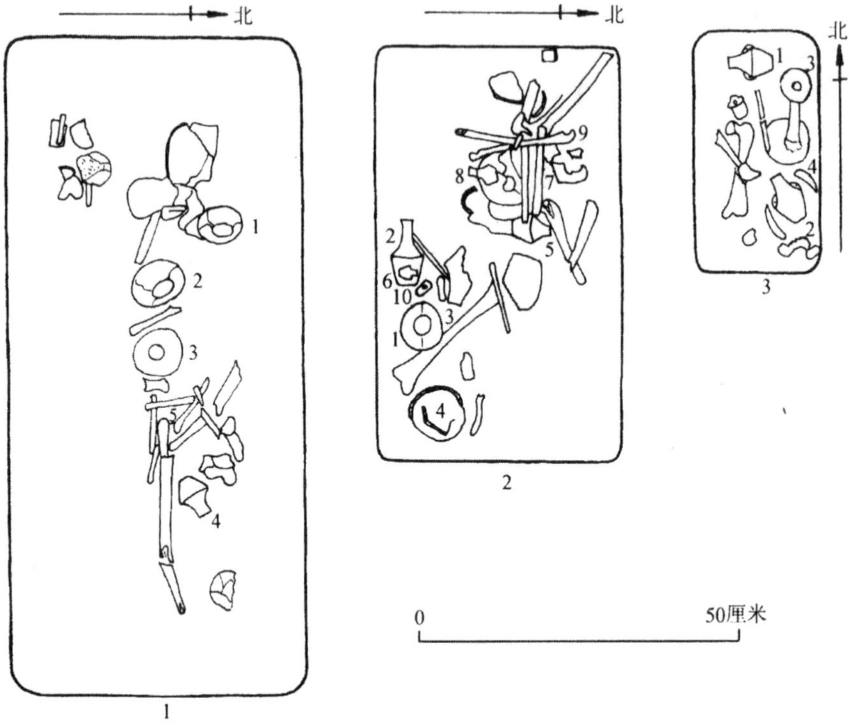

图一五五　M364、M334、M394平面图
1. M364(1～4. 陶壶　5. 骨料)　2. M334(1～8. 陶壶　9. 骨锥　10. 穿孔龟甲)
3. M394(1～3. 陶壶　4. 牙削)

M394，位于T102中部，被M325、M326、M343打破，向下打破M382和3C层。墓口很小，仅0.4米×0.65米，但深达0.91米。墓内满满填置横七竖八的人肢骨、头骨及一些肋骨、脊椎骨、肩胛骨、盆骨等，经鉴定分属6个个体，其中甲、丙为成年男性，乙为中年男性，丁、戊均为成年女性，已仅有左股骨一根，为10～12岁的小孩。随葬品4件，AⅡ、AⅢ、BbⅡ折肩壶和AbⅢ牙削均置于坑口处人骨堆之上(图一五五，3)。

五、一次葬与二次葬的合葬

共发现31座，其特征是墓底一个个体为仰身直肢一次葬，另有一个或多个个体的人骨堆放在一次葬人骨的旁边或上面。现分双人和多人合葬两种情况介绍。

(一) 双人合葬

发现23座，即墓底一具仰身直肢一次葬骨架，另有一个个体的二次葬人骨，有的大部分骨骼都迁来，有的只有二、三根长骨或一下颌骨，仅具象征意义。

M35，位于T17东部，开口于3B层下，打破3C层。墓内填黑灰土，质稍松，内含少量红烧土粒。在墓底一较完整骨架的左边有左右肱骨残段及桡骨和胫骨残段，骨架较完整的甲为一次葬，只有肱骨及其它部位肢骨残段的乙为二次葬，甲仰身直肢，头西面上，乙偎于甲的左侧，经鉴定甲、乙均为男性，甲年龄在30～35岁之间，乙为成年男性。随葬品7件，均属于甲，AⅠ圆腹壶斜置于甲头骨的左侧，D骨椎及Bd骨镖纵置于甲胫、腓骨中段外侧，AaⅢ牙削纵置于甲左尺、桡骨外侧靠近乙之肱骨处，石弹丸平置于甲右指骨外侧，Ca骨镖和GaⅡ骨镞纵置于甲右股骨中段内侧，另外，填土中还有1件Db刮削器（图一五六，1；图版二八，3）。

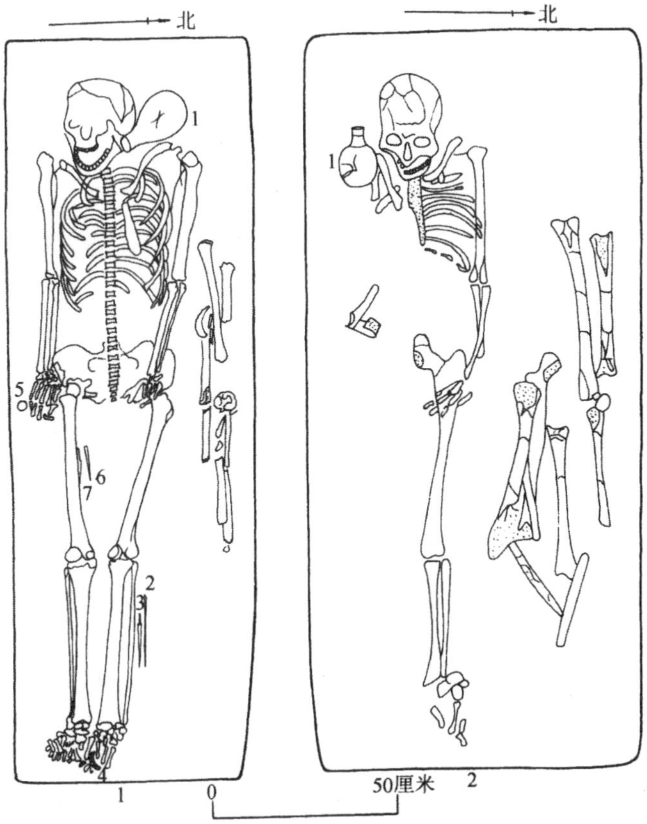

图一五六　M35、M61平面图

1. M35（1. 陶壶　2. 骨锥　3、6. 骨镖　4. 牙削　5. 石弹丸　7. 骨镞）　2. M61（1. 陶壶）

M61，位于T9西北部，开口于3B层下，被M24打破，叠压或打破M71、M86、M95、M119、M120、M121，墓内填黄灰土，质稍松，内含有大量红烧土块。墓底有不完整的人骨架一具，在其左侧另有股骨和胫骨各2根及桡骨等，经鉴定为合葬墓，甲为一次葬，其右侧肢骨及盆骨被M25扰去，乙为迁葬墓，仅有几根肢骨；甲、乙均为男性，甲年龄在25～30岁之间，乙亦为成年。随葬品仅1件CⅡ式圆腹壶，平置于甲头部的右侧（图一五六，2）。

M106，位于T23东北部，开口于3B层下，东端被汉代灰沟打破，向下打破M79。墓内填黑灰土，质稍松。内含少量红烧土块。在墓底左侧有一完整骨架，在其右侧一角置一堆乱骨。左侧甲为仰身直肢一次葬，头西面上，两小臂放于盆骨上；左侧乙为乱堆式二次葬。甲为男性，年龄在

40～45岁之间，乙为女性，年龄在35～40岁之间。随葬品2件，AⅡ圆腹壶平置于甲头骨的左侧，鼎足位于西南角乱骨中（图一五七，1；图版三〇，2）。

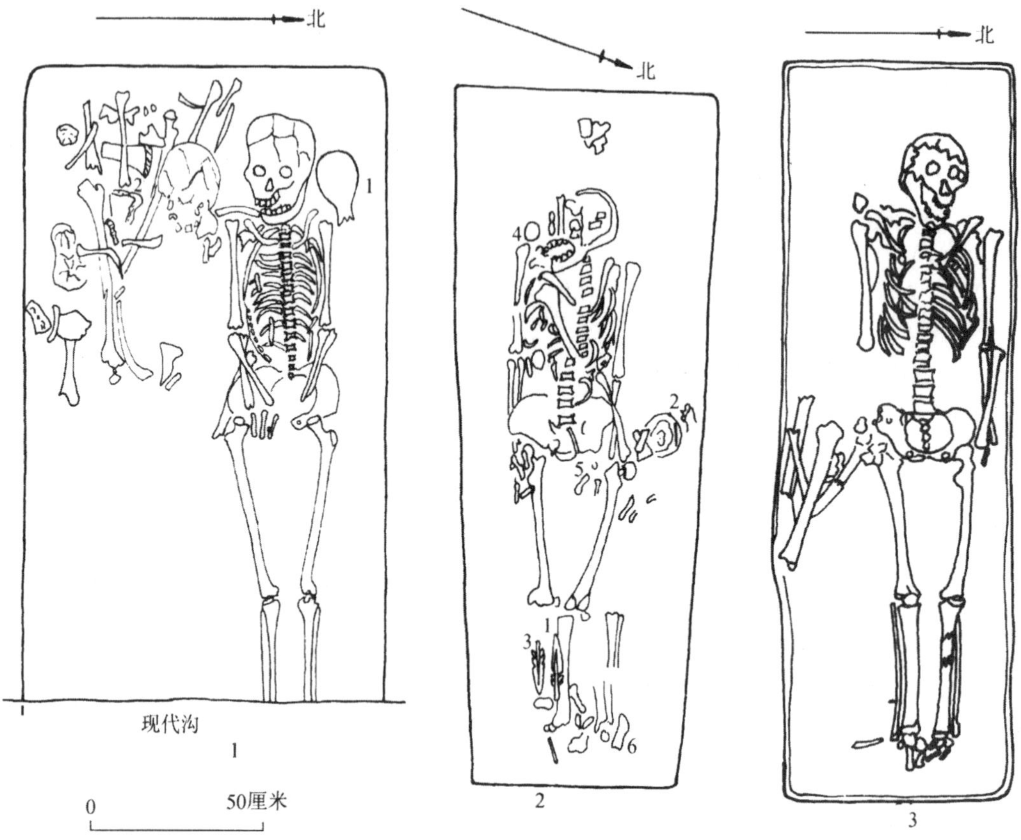

图一五七　M106、M109、M205平面图

1. M106（1. 陶壶　2. 陶鼎足）　2. M109（1、3. 骨镖　2. 骨镞　4. 陶壶　5. 骨针　6. 牛下颌骨）　3. M205

M109，位于T21西部中间，开口于3C层下，被H19、H92打破，向下打破第4层。墓内填灰土，质稍松。墓底有仰身直肢一次葬人骨1具，即人骨甲，头西南、面上，右侧尺、桡骨压在骨盆下，两股骨翻转向下，位置稍向右错，左胫、腓骨断开且错位。在甲的上身骨骼之上散乱的放置另一个体的肱骨、桡骨、锁骨、胫骨等，即人骨乙，在甲的骨盆左侧之外置乙的头骨，乙应为迁来的合葬者。经鉴定甲为老年男性，乙为成年女性。随葬品6件，在甲头骨右侧置明器化的BⅡ罐形壶，骨盆上有骨针，骨盆左置骨镞，右胫骨外侧纵置一鱼镖、镞，足左侧置一块牛下颌骨（图一五七，2；图版三〇，3）。

M205，位于T101东北部，开口于3A层下，打破3C层和M251。墓内填灰褐色土，质稍松，内含少量红烧土块。墓底见有2个个体的人骨架，甲为仰身直肢一次葬，头西面左上，未见右尺、桡骨；乙为二次葬，位于甲盆骨及右股骨的右侧，仅有部分肢骨残段。经鉴定，两者均为壮年男性（图一五七，3；图版三〇，1）。

M253，位于T101东北部，开口于3B层下，被M221、M222叠压，向下打破M389和3C层。墓内填灰褐色土，质较松。在墓底发现2个个体的人骨，分别编为甲、乙，甲为仰身直肢一次葬，保存较完好，上身稍向左侧，脊柱向右弯曲，头西面上，左肱骨与腰椎并列，左尺、桡骨位于肱骨部位，左肱、尺桡骨紧贴脊柱，下端斜放在盆骨上；乙头骨置于甲头骨的右侧，肢骨一堆杂乱的堆放在甲的左侧。经鉴定甲、乙均为成年男性，年龄在45～50岁之间。随葬品10件，CⅢ圆腹壶置于甲、乙头骨之间，骨叉形器纵置于甲右肘的外侧，八孔骨笛纵置于甲左膑骨外侧，七孔骨笛斜置于乙肢骨堆的东侧，2个龟甲平压在甲右股骨中段之上，3件骨镞置于甲左腓骨的外侧，牙削置于甲的足部（图一五八，1；彩版九，2）。

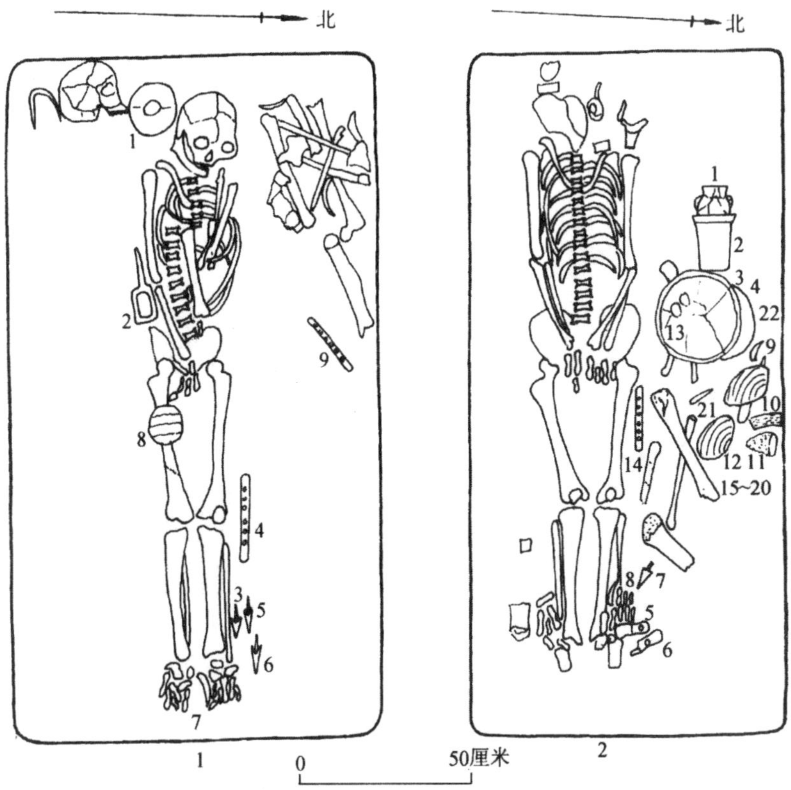

图一五八　M253、M263平面图

1.M253（1.陶壶　2.骨叉形器　3、5、6.骨镞　4、9.骨笛　7.牙削　8.龟甲）

2.M263（1.陶壶　2.陶罐　3、4、22.陶钵　5、6.骨柄　7、15～19.骨镞　8、9.牙削　10～12.蚌壳　13.龟甲　14.骨笛　20.骨镖　21.角料）

M263，位于101东南部，开口于3B层下，被M204、M235叠压，向下打破M262、M286、M387。墓内填土呈灰褐色，质较松。墓底有人骨个体2个，甲为仰身直肢一次葬，头西，头骨破碎，其余部分保存完好，两手交叉放于盆骨上；乙为二次葬，仅见几根肢骨残段，杂乱的分布于甲的左侧中部。经鉴定两者均为成年男性。随葬品22件，AⅠ扁腹壶摞至AⅡ侈口罐之上置于甲肱骨的左侧，3件AⅥ浅腹钵亦相摞平置于甲盆骨的左侧，下压乙肢骨残段。2件A型骨柄及CbⅡ骨镞置于甲胫腓骨下段外侧，AaⅡ、AbⅡ牙削和3件蚌壳置于乙乱骨当中，骨笛纵置于甲左股骨外侧，龟甲置于相摞的浅腹钵之上、甲左股骨外侧，还有5件骨镞、1件骨镖和1件角料置于乙乱肢骨当中或周围（图一五八，2；彩版一〇，1）。

M282，位于T101东部中间，被M231、M232、M236、M237、M238、M239、M254、M261、M274、M279、M280、M281打破，南边打破M386。墓内填青灰土，质稍松，内含大量红烧土粒。墓

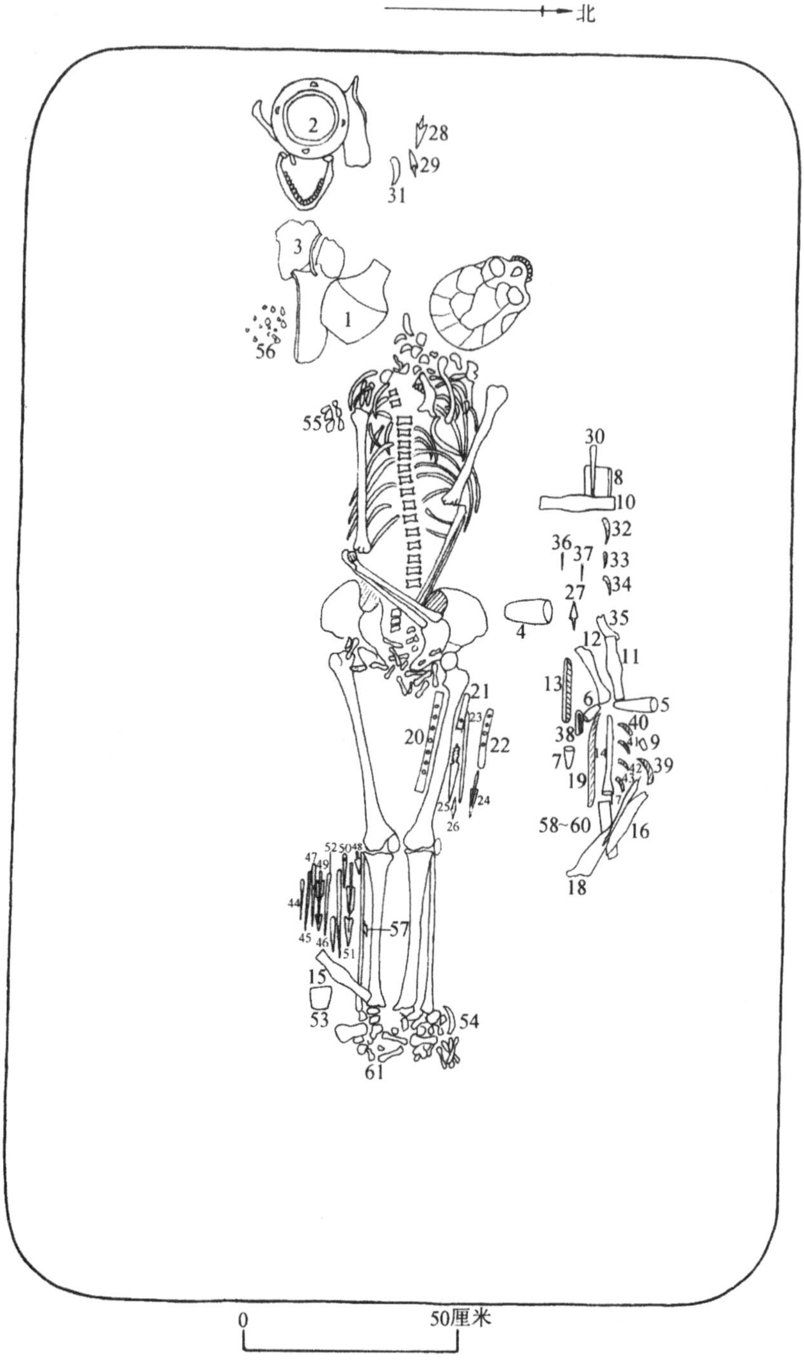

图一五九　M282平面图

1. 陶壶　2. 陶罐　3. 陶鼎　4、5. 石斧　6、7. 石凿　8、9、53. 砺石　10～12、15. 骨板　13、14、38、58. 骨凿　16～19. 骨刀　20、21. 骨笛　23、25、44～47、49、51、52. 骨镖　24、26～29、48、50、57. 骨镞　30. 骨锥　31、54. 牙削　32～34. 牙锥　35. 牙刀　36、37. 骨针　39～43. 牙饰　55. 龟甲　56. 石子　59、60. 骨柄　61. 角料

底有2个个体的人骨，甲位于墓底正中，身首异处，头骨与躯体脱离，面向西北方，下颌骨位于骨

架西 0.3 米处，颈椎散乱，左肱骨稍向下错位，右肱骨上端向外错位稍呈倾斜状，两小臂交叉置于骨盆上，以下保存完好，在甲的胸部置另一个体的右半边下颌骨，即乙。经鉴定甲为 35 岁左右的男性壮年，乙为 45 岁以上的男性。随葬品，达 60 件，其中 B Ⅰ 侈口罐置于墓西边，Ba Ⅰ 折肩壶置于头骨右侧，壶、罐之间有残罐形鼎，鼎、罐之间置下颌骨，下颌骨左侧置牙削和 2 个骨镞，鼎片右侧有一堆石子，右肩右侧置龟甲，左股骨内外各置一件七孔骨笛，外侧还置骨镞、骨镖各 2 件，右胫、腓骨之间置骨镞，右腓骨外并排纵置 7 件骨镖、2 件骨镞，右腓下端斜置骨板，右足上置角料，外侧置砺石，左足外侧置牙削；在甲骨架从肩至膑骨部位的左边纵向排列随葬品 32 件，有石斧 2 件、石凿 2 件、砺石 2 件、骨板 3 件、骨刀 4 件、骨柄 2 件、骨锥 1 件、骨镞 1 件、骨凿 4 件、骨针 2 件、牙锥 3 件、牙刀 1 件、牙饰 5 件(图一五九；彩版九，1；图版三一，1、2)。

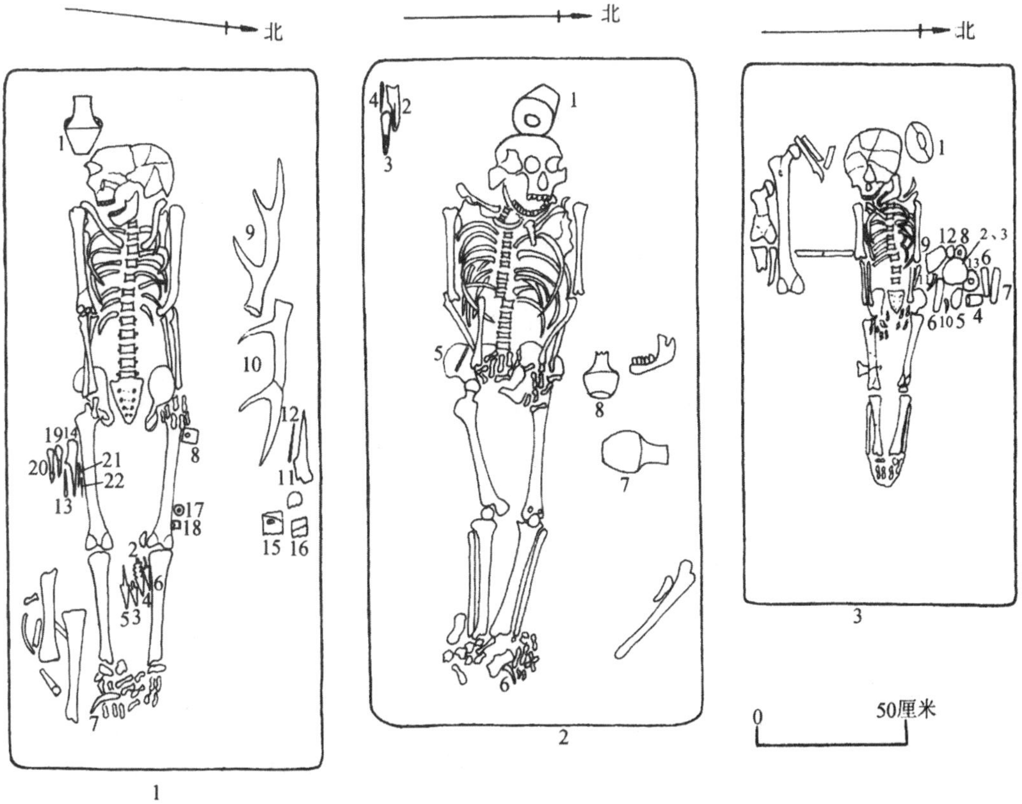

图一六〇　M335、M336、M342 平面图

1. M335(1. 陶壶　2、4. 骨镖　3、5、6. 骨镞　7. 牙削　8. 穿孔龟甲　9、10. 鹿角　11、14. 骨锥　12、13、21、22. 骨针　15、16. 龟甲片　17、18. 绿松石饰　19、20. 骨匕)

2. M336(1、7、8. 陶壶　2. 骨锥　3. 骨匕　4、5. 骨针　6. 牙削)

3. M342(1. 陶壶　2、3、5、11. 陶钵　4. 陶杯　6. 石料　7. 锤击石锤　8、12. 石纺轮　9. 骨饰　10. 牙削　13. 穿孔石饰)

M335，位于 102 西南部，开口于 3B 层下，被 M334 和 328、M336、M351 打破，向下打破 3C 层。墓内填灰褐色土，质稍松，内含少量红烧土块。墓底有甲、乙 2 个个体的人骨，甲为仰身直肢一次葬，头西面右，骨骼完好；乙为二次葬，位于甲右胫骨南侧，仅有两胫骨和少许肋骨与趾骨。经鉴定甲为 25 岁左右的青年男性，乙为成年男性。随葬品 22 件，A Ⅱ 折肩壶置于甲头项的右侧，3 件骨镞和 2 件骨镖，纵置于甲两胫骨之间，铤端向头骨方向，Aa Ⅱ 牙削横置于右足部，穿孔龟甲

置于右手上，2件绿松石饰置于甲左股骨下段外侧，2件鹿角、2件Ad骨针、A骨锥及2片龟甲置于甲的左侧近墓北缘，2件Ab骨针、1件A骨锥、2件Aa骨匕置于甲右股骨外侧（图一六〇，1；图版三二，2、3；图版二三，2）。

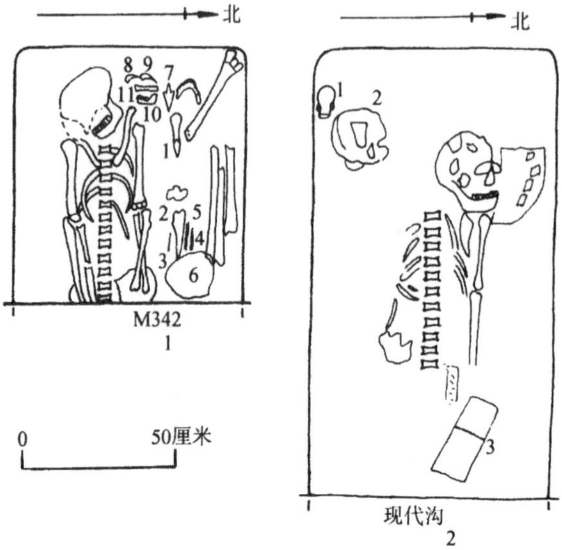

图一六一　M343、M401平面图
1. M343（1. 骨匕　2. 骨锥　3～5. 骨针　6. 石块　7. 骨镞　8、9. 牙削　10. 动物下颌骨　11. 条形骨器）
2. M401（1. 陶壶　2. 陶罐　3. 砺石）

M336，位于102西南部，开口于3B层下，被M299、M321打破，向下打破M328、M335。墓内填灰褐色土，质较松，内含有红烧土粒。墓底有甲、乙2个个体的人骨，甲较完好，为仰身直肢一次葬，头西面左，两手放于盆骨上，右桡骨错位和腰椎大致呈平行状；乙为二次葬，仅有部分下颌骨和股骨残段，下颌骨位于甲盆骨的左侧，股骨位于甲腓骨外侧。经鉴定甲为青年女性，乙也可能为女性。随葬品8件，BaⅢ折肩壶置于甲的头顶部位，A骨锥、Aa骨匕、Ab骨针置于墓底西南角，另一Ab骨针置于右侧盆骨上，AaⅢ牙削置于足部，AⅢ、BaⅡ折肩壶分别置于乙下颌骨的南侧和东侧（图一六〇，2；图版二三，2）。

M342，位于T102中部，开口于3B层下，被M293打破，向下打破M343、M344和M365。墓内填灰褐土，质稍松，内含少量红烧土块。墓底有甲、乙2个个体的人骨，甲保存较完好，为仰身直肢一次葬，头西面上；乙为二次葬，位于甲的右侧，仅见一完整股骨和另一股骨的两端及尺、桡骨的残段。经鉴定甲为小孩，年龄在5～6岁之间，乙为成年女性。随葬品17件，Bb折肩壶置于甲头骨的左侧，3件Bb小钵、C小钵、A杯、5件石料、A锤击石锤、2件石纺轮、Ac穿孔石饰、骨饰、AaⅣ牙削均置于甲盆骨的左侧（图一六〇，3；图版二九，2）。

M343，位于T102中部，开口于3B层下，被M306、M325叠压，被M342打破，向下打破M344。墓内填灰褐土，质稍松，内含红烧土粒。墓底有甲、乙2个个体人骨，甲为仰身直肢一次葬，头西面右，两手放于盆骨上，盆骨以下被M342破坏；乙为二次葬，位于甲的左侧，有下颌骨、肱骨、股骨、胫骨。经鉴定甲为中年女性，乙为成年男性。随葬品11件，Aa骨匕、A骨锥和Ab、Ba、Bb骨针及石块均置于甲、乙之间，2件AⅣ牙削、EaⅡ骨镞、条形骨器和动物下颌骨分别置于甲头骨和乙下颌骨之间（图一六一，1）。

M401，位于T34东扩部分，开口于3A层下，打破M408、M409、M410和3B层。墓内填黄灰色花土，质稍松，内含红烧土粒。墓底有2个个体人骨，保存极差，甲为仰身直肢一次葬，头西面左，仅保留上半身，盆骨以下被现代沟破坏；乙位于甲的右侧，仅一头骨。经鉴定甲为中年女性，乙为中年男性。随葬品3件，AⅡ扁腹壶置于墓底的西南角乙头骨旁，AⅡ敛口罐置于甲头骨左侧，Aa砺石置于甲左盆骨的位置（图一六一，2；图版一五，1）。

（二）多人合葬

发现8座，其特征是一个身仰直肢一次葬人骨之旁，堆置2个以上个体的迁葬人骨，有的迁来骨骼较多，有的只有一二段肢骨，仅具象征意义。

M277，位于T101与T102之间，开口于3B层下，被M236叠压，向下打破M334和3C层。墓内填黄灰土，质较松。墓底有四个个体的人骨架，甲为仰身直肢一次葬，头西面左，四肢骨基本完整；乙的头骨位于甲头骨的右侧，头西面上，四肢骨和部分肋骨纵向堆放在甲的胫骨之上；丙、丁为二次葬，只见破碎头骨、左右髋骨、四肢骨残段等，杂乱地堆放在墓室西南角。经鉴定甲为成年女性，乙、丙、丁均为成年男性。随葬品66件，2件AⅥ折肩壶、BⅢ敛口钵置于丙丁残断肢骨的东侧，乙头骨的南侧。5件骨镖、2件骨凿、3件骨板、21件骨镞、20件骨针、4件骨料及D石斧、AⅢ牙削、B骨器柄、F骨锥、云母片、龟甲片、残碎壶、石子等均成堆地置于甲的下肢部位、左股骨左侧和墓室西南角（图一六二，1；彩版一〇，3；图版二九，1）。

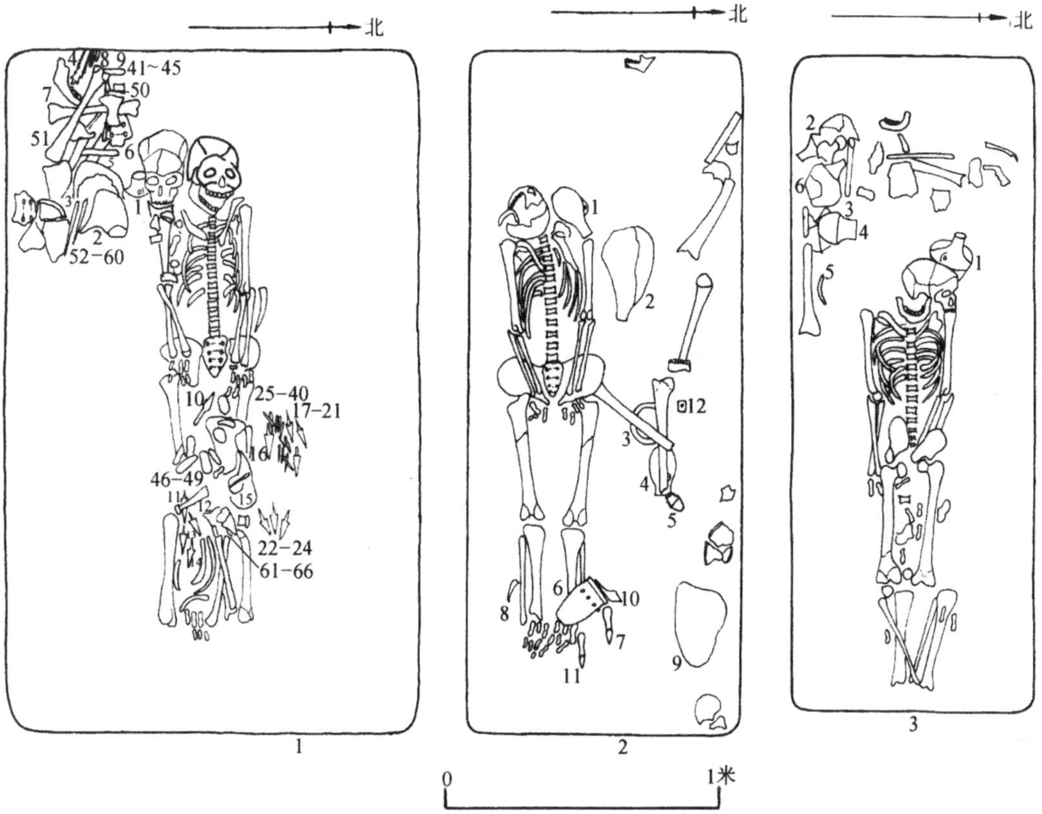

图一六二　M277、M325、M352平面图

1. M277（1、2、62. 陶壶　3. 陶钵　4、7、44、52、53. 骨镖　5、50. 骨凿　6、46、48. 骨板　8～24、57～60. 骨镞　25～30、32～43、63、64. 骨针　31. 石斧　45. 牙削　47. 骨柄　49、51、54、55. 骨料　56. 骨椎　61. 云母块　65. 龟甲片　66. 石子）　2. M325（1、4、5. 陶壶　2、6. 陶罐　3. 陶钵　7、11. 骨匕　8. 牙削　9. 石磨盘　10. 骨锥　12. 穿孔龟甲）　3. M352（1～6. 陶壶）

M325，位于T102西部中间，被M306和M322打破，向下打破M343、M344、M382和M394。墓内填灰褐土，质稍松，内含红烧土块。墓底有4个个体的人骨，甲为仰身直肢一次葬，骨骼保存较好，但头骨错位，面骨向西，两手放于骨盆上；乙、丙、丁均为二次葬，有破碎的头骨、完整或残断的肢骨等，散乱地分布于墓底的北侧。经鉴定甲为女性，乙、丙为成年男性，丁为成年女性。随葬品14件，BⅠ圆腹壶置于甲头骨的左侧，2件BⅡ侈口罐分别位于甲左肱骨的左侧和甲左胫

骨下端，甲右腓骨外侧置牙削，左足处置骨匕，右腓骨外侧置骨匕、骨锥，BⅢ敛口钵、AⅠ圆腹壶、AⅥ折肩壶、E石磨盘和穿孔龟甲，还有BaⅡ骨镞和B型骨器柄各1件，均散乱地置于乙、丙、丁的乱骨堆中，还有BaⅡ骨镞和B型骨器柄各1件（图一六二，2；图版二八，1）。

M352，位于T102西南部，被M345打破，向下打破M395和3C层。墓内填灰褐土，质较松，内含少量碎骨及红烧土粒。墓底有甲、乙、丙、丁4个个体的人骨，甲为仰身一次葬，头西面左，颅骨与下颌骨分离，上颌骨紧贴左肱骨头，盆骨上翻，左尺、桡骨压于盆骨下，两胫及两腓骨稍向左错位，右腓骨内斜压至右胫骨之上，左腓骨错位至胫骨内侧，趾骨零乱地散置于右胫骨上段及外侧和两股骨中间；乙、丙、丁均为二次葬，破碎头骨、部分肢骨残段等均散乱地堆放在墓底的西和西南部。经鉴定甲为50岁左右女性，乙为30岁左右男性，丙为25～30岁女性，丁为9～11岁的儿童。随葬品6件，折肩壶置于甲头骨偏左侧，其余5件折肩壶均置于乙、丙、丁的乱骨堆中（图一六二，3）。

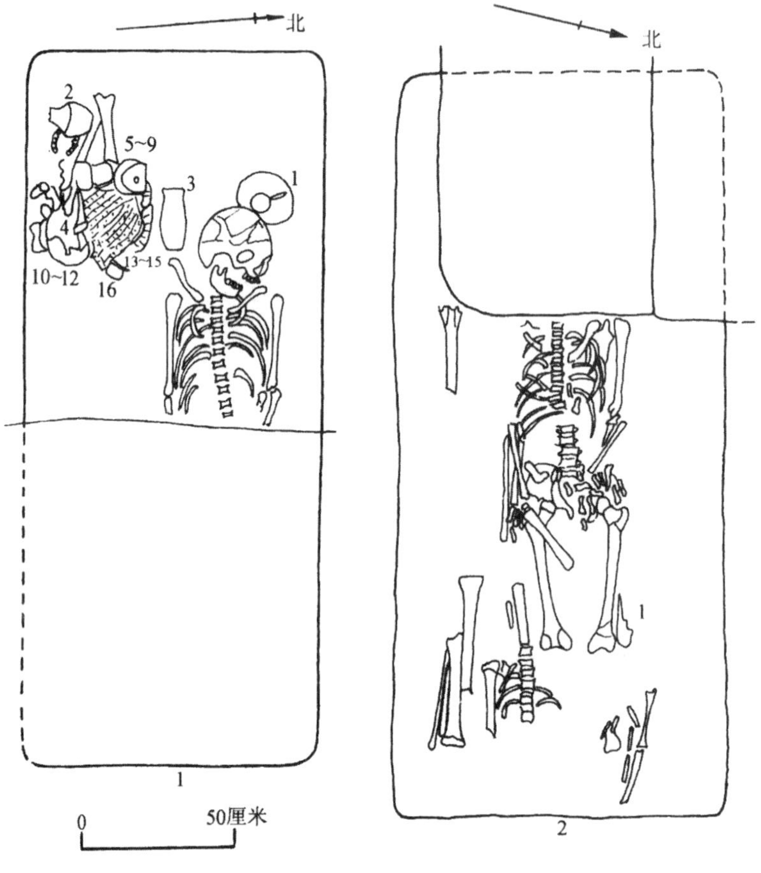

图一六三　M363、M380平面图

1. M363（1、2、16. 陶壶　3. 陶罐　4. 骨叉形器　5～9、13～15. 龟甲　10. 石核　11. 骨料　12. 石砧　11～16皆压在龟甲下）　2. M380（1. 骨锥）

M363，位于T101东南部，被M235、M259、M260叠压，被M263、M278、M415打破，向下打破M385和3C层。墓内填黑灰土，质较松。墓底有甲、乙、丙3个个体的人骨，甲为仰身直肢一次葬，头西面左，右锁骨错位，盆骨以下及尺，桡骨中段以下被M278、M415、M263破坏；乙、丙为二次葬，头骨、肢骨等杂乱地堆成一堆，置于墓室西南角。经鉴定，甲、乙均为55岁以上的老年男性，丙为45～50岁的老年女性。随葬品16件，BaⅡ折肩壶、BⅡ侈口罐分别置于甲头骨的左右两侧，2件AⅥ折肩壶、A叉形器、骨料、8件龟甲、B锤击石核、B石砧均置于乙乱骨堆上或其中(图一六三，1；彩版一〇，2；图版三二，1)。

M380，位于T102西南部，开口于3B层下，被M337、M345、M352和M396打破，向下打破3C层和M381。墓内填灰褐色土，质较松，内含少量碎骨。墓底有甲、乙、丙3个个体的人骨，甲为仰身直肢一次葬，头骨被M396扰去，右肱骨残段错向右0.2米处，左手放于盆骨上，胫、腓足骨未见；乙位于墓室东南部，仅见右侧股骨、胫骨、腓骨，纵向放置。丙位于甲东胫骨位置的南侧，仅见有部分脊椎骨、肋骨及右肱骨残段，似为仰身一次葬，一段右侧股骨和一段右侧尺骨，位于墓底的东北部。经鉴定甲、乙为男性，丙为女性，三者均为成年。随葬A骨锥纵置于甲左股骨下段外侧(图一六三，2)。

六、迁出墓

发现11座，其特征是在墓底只剩下部分肋骨、脊椎骨和指、趾骨，头骨，长骨、盆骨均被取走，有的较彻底，只剩几段碎骨，显系为迁出墓。

M259，位于T101南部，开口于3B层下，打破M260、M415、M363和3C层。墓内填灰褐土，质较松。墓底仅留几块脊椎骨、两锁骨、肩胛骨和几对肋骨以及左右髋骨残片，还有左、右膑骨和

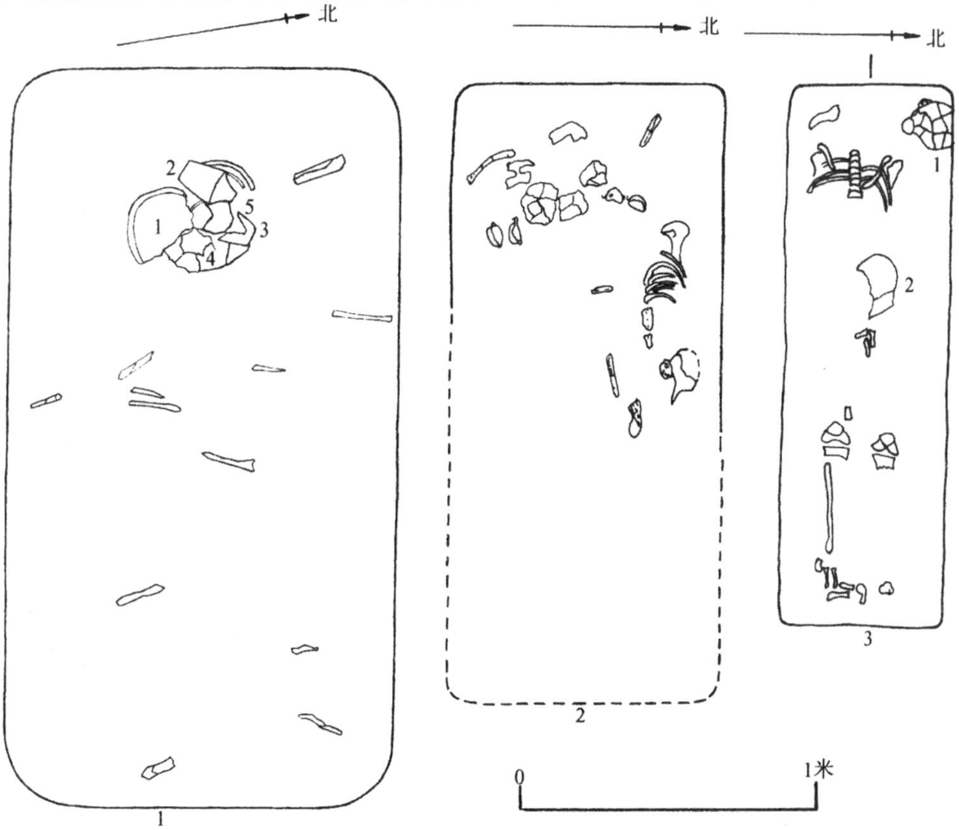

图一六四　M287、M288、M259平面图

1.M287(1.陶钵　2.陶壶　3、4.陶罐　5.骨匕)　2.M288

3.M259(1.陶壶　2.陶杯)

股、胫骨关节部位、右腓骨及指、趾骨，从肩部保存情况看原为仰身直肢一次葬，主要骨骼均被迁走，经鉴定为男性，年龄在18岁以下。随葬品2件，CⅡ圆腹壶置于墓底的西北角，C杯置于墓底中部(图一六四，3)。

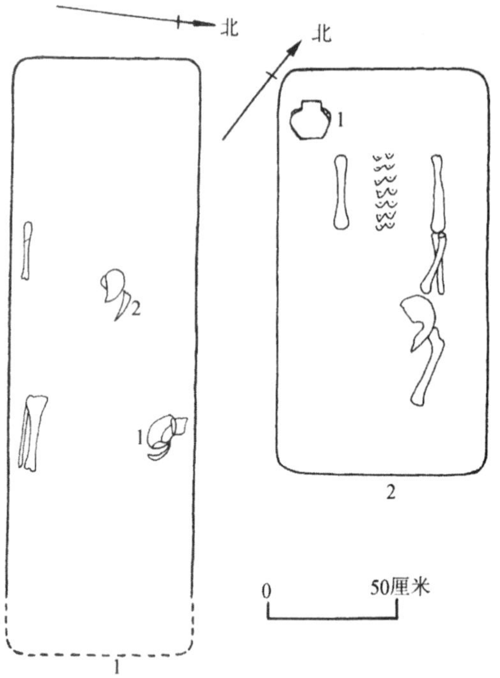

图一六五 M382、M501平面图
1.M382(1.陶壶 2.牙锥) 2.M501(1.陶壶)

M287，位于T102西北部，开口于3B层下，被M284打破，打破M301、M366、M383和3C层。墓内填灰褐土，质稍松，内含少量红烧土粒。墓底仅有肋骨和少量的残肢骨，分布零星且散乱，经观察分析为单人葬，性别、年龄不详。随葬品5件，AⅢ折肩壶、BⅠ卷沿罐、CⅠ双耳罐、钵、Aa骨匕均置于墓底的西部中间，且堆成一堆(图一六四，1)。

M288，位于T102中部，开口于3B层下，打破M393、M313、M314、M315和3C层。墓的东半部被破坏。墓内填灰褐土，质稍松，内含少量红烧土粒及碎骨。墓底仅留破碎的头骨、少量的肋骨、左肱骨和左股骨上端以及几块脊椎骨、盆骨，均分布于墓底的西半部，主要骨骼可能均被迁走，经鉴定为青年女性。无随葬品(图一六四，2；图版二九，3)。

M382，位于T102西部，开口于3C层下，被M322、M325、M326、M334、M351、M394打破，向下打破第4层。墓内填灰褐色土，质较松。墓底仅见有右侧桡骨、胫骨和腓骨，其它部位骨骼均被迁走，年龄性别不明。随葬品2件，AⅠ折肩壶置于墓室北边中间部位，牙锥位于墓室中间(图一六五，1)。

M397，位于T25东北部，开口于3C层下，被M276打破，向下打破第4层，填灰黄色土，质较松，内含少量红烧土颗粒。墓内仅余几块碎骨，能辨认出的仅有一下颌角。骨骼分布于墓底偏北侧。为一成年男性。未见随葬品。

M501，位于T71内，开口于第5层下，打破第6层。墓内填黄灰土，质稍松，内含少量红烧土粒。墓底有左、右肱骨、残余脊椎骨，另外还有左尺、桡骨残段及左盆骨和股骨残片，骨骼保存较差，年龄、性别无法判断。随葬DⅢ罐形壶1件(一六五，2)。

七、葬式不明

共有14座，因骨架保存太差，或主要压在探方外，未及扩方完全清出，葬式不明，无法归入某一类。如M2、M14、M209、M217、M298、M302、M322、M368被打破仅余头骨，M33仅余两段股骨，M294、M412、M413、M414未能完全清出，只能列在此类记述。

第六节 瓮 棺 葬

在发掘中发现的可以确认为是瓮棺葬的共32座，(附表七)大多散乱地分布于居址之中，也有几个相对集中在一起的小型瓮棺群，其中所置骨骼保存较差，大多呈白灰色的骨灰状，且分布零星，开始发掘时只作为地层中的零星器物处理，后在T65地层中发现的陶器内发现稍可成形的小儿肢骨，其中在W16AⅠ式侈口罐内土中发现了一个未萌出的小儿乳牙，方才肯定地认为这些地层中立置的陶器应为小儿瓮棺，其中葬的应为刚出生至几个月的婴儿。

作瓮棺的葬具有角把罐、侈口罐、卷沿罐、罐形鼎、甑、划纹盆等，上面一般扣置敞口钵、敛口钵、三足钵等。坑穴一般很浅小，大约仅够竖置器物亦可。从器物保存状况看，似为栽在地下一部分，地面上尚露出一部分，所以上部往往很难保存，可能当时栽下不久就遭自然损坏。

其分布情况为，W1～W9散乱分布于遗址西北部居址之中，W12～W17则相对集中于T64、T65之间3.5米×3米的范围内，W18～W25、W28～W32相对集中在T73、T74之间8米×5米的范围内。

W21，位于遗址东部，T74西北部，开口于第4层下，是发现坑穴最大的一处。坑口平面呈圆形，直径约0.55米，深0.2米。坑内重叠竖置2件夹骨屑陶侈口罐、上盖有泥质红陶钵残片，可能系上面的覆盖物，侈口罐极朽，无法复原，罐内可见极朽的骨骼（图版三三，2）。

W22，位于遗址东部，T74东北部，开口于第4层下，坐在第5层上。坑口圆形，直径约0.35米，深约0.2米。坑内置罐形鼎一件，上部已不存，鼎内填土中可见极朽的骨骼（图版三三，3）。

W30，位于T74西南角，开口于第5层下，打破第6层。坑口圆形，直径0.35米，深约0.3米。正中竖置一件角把罐，罐内可见有小儿骨骼及一枚未萌出之乳牙门齿（图版三三，1）。

第六章 遗 物

贾湖遗址出土遗物相当丰富，大体可分为人工制品和非人工制品两大类。凡经过传统田野考古发掘和整理手段发现的遗物均归本章介绍，而必须借助自然科学手段在实验室分析鉴定的遗物均归入下卷进行讨论。这里大体分为陶制品、石制品、骨角牙制品、骨笛、龟甲及其它动物遗骸、水稻及其它植物遗骸等六节来介绍。

第一节 陶 制 品

经六次发掘，共收集陶片数千公斤、选定标本 2 548 件，其中复原和大部分复原的约千余件。现记述如下。

一、概 况

陶制品的制作工艺，下篇第五章将专门讨论，这里按制作工艺的流程将各个步骤形成的特征概述如下：

（一）陶 系

陶制品的制作决定于人们对器物的功能的要求、审美的习惯、技术工艺传统和环境资源四个主要前提条件，而陶系的形成则主要反映人们的设计思想，是在陶制品制作的第一个阶段即材料的选择与制备阶段完成的。

贾湖陶制品主要有泥质、夹砂、夹炭、夹蚌或骨屑、夹云母片和滑石粉五大陶系。其中以夹砂和泥质数量较多，其它三项相对较少。

1. 夹砂陶

夹砂陶在贾湖出现最早，是早期的主要陶系，以石英砂粒为主要羼和料，大多粒度一般，直径约 0.5 毫米左右，个别粒度较粗 1～3 毫米不等，系在陶泥制备阶段即有意掺入的。夹细砂陶器一般不见。这些作羼和料的砂粒可能主要来自附近的河床。夹砂陶主要用于炊器的制作，如鼎、罐等，但在早期，盆、钵、壶几乎全为夹砂陶。

2. 泥质陶

泥质陶也是这里的主要陶系，早期中段已开始出现，但所占比例很小，至中期成为主体陶系。泥质陶是有意选择遗址周围地区的粘土制备成陶土成形的，大多为天然粘土，未经人工淘洗，陶胎可见少量的砂粒；但晚期个别陶胎较薄的细泥黑陶的陶土，有可能经过人工淘洗。泥质陶主要用于制作盆、钵、碗、壶等盛食器和汲水器。

3. 夹炭陶

夹炭陶是在中期开始出现的一种陶系，晚期继续延用，系用炭化的植物壳作羼和料的陶土成型的。据模拟实验，用稻壳烧成半炭化状态，再研碎才能成为理想的羼和料，贾湖夹炭陶符合这种特征，贾湖人食余的稻壳为理想的原材料。贾湖夹炭陶主要用来作炊器，也用来做盛食器和水器，见于鼎、罐、盆、钵、碗及个别壶类等器物。

4. 夹蚌或骨屑陶

这是一个较复杂的陶系。也是在中期出现的，晚期继续延用，陶片表面和陶胎内多被氧化、腐蚀形成麻面状或蜂窝状，证明其确为有机质。从表面特征观察，有些灰白色的片状物可能为蚌片，但有些为青灰或灰黄色的块状物，其中个别还呈中空状，应为砸碎的兽骨屑。经中国科技大学结构中心化验分析，有些夹蚌陶中含有一种叫纤磷钙铝石的矿物，但查遍河南省矿产志，未见此矿物，怀疑系蚌片或碎骨屑被烧后所形成。在Y9旁，我们见到一大堆经过火烧的碎兽骨，还未经研碎。可能即用作羼和料的原材料。据李文杰先生作模拟实验，蚌壳只有经火烧才能去除粘性而易被研碎。贾湖渔猎经济较为发达，食余的兽骨、蚌壳应是理想的原材料。夹碎骨、蚌壳陶系主要用来制造鼎、罐类炊具。

5. 夹云母片和滑石粉陶

夹云母片和滑石粉陶存在于中、晚期，主要特征是陶胎中有意掺入直径约1～2毫米的云母片与滑石粉或两者之一作为羼和料，有的直径达3～4毫米，主要用来制作鼎、罐类炊器，以增加陶器的张力，在灰坑中曾发现这种云母块，甚至还有个别墓葬用云母块作随葬品，可见这种原料也是来之不易的。虽然也有单用云母片或滑石粉末做羼和料，但大多两者并用，是否有两者的共生矿，或是有意将两种原料羼在一起，还是其它原因，尚需进一步探讨。

以上五大陶系只是按其主要成分来划分的，实际上有些并非十分严格和单纯，有些陶胎兼为二至三类。如上述泥质陶中含少量细砂粒，因系自然包含物，归入了泥质陶。有些夹砂陶内含少量炭屑和蚌片，有些系夹炭与夹蚌并用等，只有夹云母片和滑石粉陶系较纯净。

各陶系所占比例，其中，数片法的陶系统计见附表八，称重法陶系统计见附表九。

从表中可以看出，按传统的数片统计法与称重统计法的结果不尽一致。其主要原因是陶制品火候太低，陶片过于破碎，有些几乎成粉末状，无法数片统计，而称重法则将所有陶片进行称重统计，因之称重法的统计结果可能更接近于真实比例。

（二）器　　形

陶制品的形状决定于其功能以及文化传统、制作技术与工艺、生活习惯、审美习惯等各个方面的因素，这些因素通过设计和制作集中体现在器形上。这里的陶容器从器体上讲主要分深腹和浅腹两大类，深腹主要见于炊器、水器和储器，如鼎、罐、壶、缸等，浅腹的主要见于盛食器，如盆、钵、三足钵、碗和个别炊器如釜等。浅腹的均为大口器，深腹的有大口、小口之分，如鼎、罐、甑、缸等口较大，而壶、双耳罐等口较小，有的很小。器底以平底类居多，圆底类、三足类次之，圈足类较少，还有少量尖底类，但接地处往往蹴出一个小平面，并非为真正意义上的尖底。另外，还有支脚及弹丸、陶锉、陶纺轮等工具类。

陶容器的附件主要为鋬、把、耳、足四大类，均为在器体成型后另附加而成，这里将鋬、把、耳的概念首先界定如下：把和鋬是指附加于器肩或腹上部为便于移动器物而对称附加上的附件，把是指器体竖高者，鋬是指器体横宽者，有的压饰绳纹，有的素面；耳是指中穿圆孔者，大多用于壶、双耳罐等汲水器或盛储器，为便于系绳而附加。早期多压饰绳纹，中、晚期均素面。大多竖耳，也有少量横耳，耳孔多两面对钻，个别为一面钻。把多用于罐、鼎类，鋬多用于盆类。三足主要见于鼎和三足钵，圈足主要见于碗和圈足罐。

工具类的制作，则是将泥料直接捏团成型的，值得注意的是支脚，B、C型均为一次捏塑成型。而A型则较复杂，是经过多道工序后才形成兽头状的。

由于陶片过于破碎，用传统的数片统计法恐不能客观地反映陶制品各器类所占的比例，我们在数片统计法同时，又试行了称重统计法。

在设计称重方法时，考虑到操作的简便性，我们将各器类进行了必要的合并。鼎罐类器物其功能多为炊器，多为夹羼和料的陶系，外表有纹饰或素面，内壁一般均抹平，但鼎与罐不可细分，我们将此归入一类。双耳罐、壶类均小口器，从功能上讲为水器或盛储器，因口小，外表均磨光，而内壁均很粗糙，我们将此归入一类。盆、钵、碗类大口器，功能上为食器或盛器，往往内、外壁均打磨光滑，我们将这几种器物归为盆钵类。

各种器形在各典型单位中所占比例，其中数片法见附表一〇，称重法见附表一一。

从以上表中可以看出，按口沿1/8为一个个体的传统统计法与按器类陶片称重统计法的结果有较大出入。由于陶片过于破碎，且器形不规整，火候不纯正，给口沿统计法带来诸多不便，误差率可能要高于称重法。称重法是按各陶系完整器平均重量与陶片的陶系分类进行折算统计的(附表一二)。但用称重法统计的陶器个体数较少，也许设计路线仍有待改进，此仅为一尝试。

（三）陶衣和纹饰

1. 陶衣

陶制品普遍有施陶衣的现象，即在陶坯成型后，先在器内、外壁刷一层泥浆，这种泥浆粒度很细，明显细于陶坯的粒度，应是经过淘洗的。待泥浆干后，再在表面涂一层陶衣料，这种陶衣料粒度也很细，从遗址中发现有大量的有研磨痕的紫红色细泥质粉砂岩和赤铁矿等，经模拟实验，磨下的粉末相当细腻，颜色呈鲜红色。有的陶容器在口沿内外涂陶衣而肩腹部以下不涂，形成彩陶的效果，如BⅠ盆形鼎H35：21(彩版一一，3)。有的还将陶衣的边缘修剔整齐，可能是有意所为，如BⅣ敛口钵M387：3，应是彩陶的前身(彩版一一，4)。

2. 纹饰

器物成型之后，器表一般要进行修饰，开始的修整主要目的是使器表平整并加固器壁，如大量的刮削痕、篦划痕等，均不能称其为纹饰，如AⅡ圆腹壶T101③：5的内壁。而在平整、加固器壁的同时兼装饰作用的痕迹方可称为纹饰，贾湖的纹饰主要可分为滚压、捺压、拍打、戳刺、刻划、附加堆纹六类。

(1)滚压绳纹，其方法是把绳子缠绕在小棍上，一手拿棍，一手驱动绳棍在陶坯器壁上滚压，以使器壁平整牢固。同时留下绳状印痕。这是一种较为原始的修饰方式，不仅在磁山、老官台等北方地区同阶段文化中普遍存在，江南新石器时代早期文化的江西万年仙人洞、湖南道县玉蟾岩、贵州甑皮岩等洞穴遗址中发现的陶片也多有滚压绳纹。

贾湖的滚压绳纹多饰于早期的角把罐上，主要是横滚和斜滚，有交错形、之字形等。往往通体滚压，同时在角把上，深腹盆的横鋬上、双耳罐、罐形壶的双耳上也多有为加固而用绳棍滚压的现象。为了统计、观察方便，我们将横径 0.1 厘米左右的绳纹称为细绳纹或线纹，把 0.2～0.3 厘米左右的称为绳纹，把超过 0.3 厘米的称为粗绳纹。

1）角把罐绳纹

① 细绳纹：饰于角把罐及其把上。标本 H262：5，斜向交错滚压(图一六六，1)。标本 H262：

图一六六　陶角把罐滚压绳纹

1. 细绳纹(H262：5)　2. 细绳纹(H13：18)　3. 绳纹(H115：19)　4. 绳纹(H112：59)　5. 绳纹(H112：18)　6. 绳纹(H39：10)　7. 绳纹(H156：2)　8. 粗绳纹(H42：9)　9. 粗绳纹(H146：9)　10. 粗绳纹(H112：58)

6，纹痕宽不足0.1厘米。标本H13∶18，纹痕之字形滚压（图一六六，2）。

② 绳纹：饰于角把罐及其把上。标本H115∶19，之字形滚压，纹痕稍细（图一六六，3）。标本H156∶2，横向滚压（图一六六，7）。标本H288∶2，横向滚压。标本H21∶8，横向交错滚压。标本T11③∶19，为近底部，纹痕旋转式横向交错滚压。标本H112∶59，横向滚压较细绳纹后，又滚压较粗疏的绳纹（图一六六，4）。标本H39∶10，反复横向滚压（图一六六，6）。标本H112∶18，横斜交错滚压（图一六六，5）。标本H242∶1，角把脱落处可见附着角把的划痕。标本H295∶1，斜横交错滚压。标本H221∶11，绳纹较乱。标本H37∶8，口部横滚，腹部竖滚。

③ 粗绳纹：均见于角把罐。标本H112∶58，近口部横滚，腹部斜滚（图一六六，10）。标本H42∶9，斜横相间（图一六六，8）。标本H146∶9，纹痕较乱，以斜为主（图一六六，9）。

2）器鋬、把、耳的绳纹，与器壁上的滚压绳纹特征相同，均为用缠绳小棍滚压所致，但不同的是因施纹对象面积较小，滚压距离较短。也可分为细、中、粗三类。

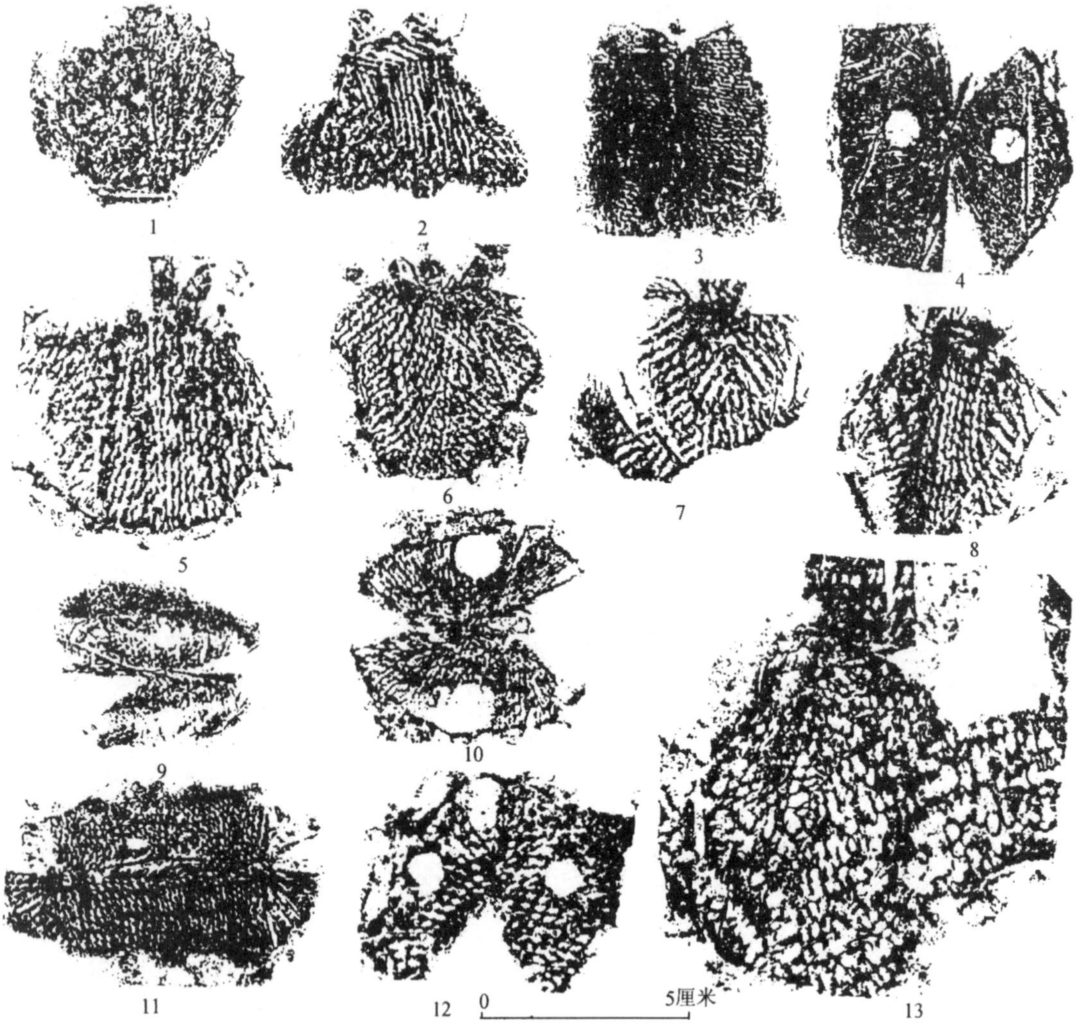

图一六七　陶器鋬、把、耳滚压绳纹

1. 细绳纹（H290∶11）　2. 细绳纹（H236∶4）　3. 细绳纹（H112∶25）　4. 细绳纹（H132∶1）　5. 绳纹（H37∶15）　6. 绳纹（H303∶4）　7. 绳纹（H187∶34）　8. 绳纹（H82∶7）　9. 绳纹（H115∶23）　10. 绳纹（H250∶5）　11. 绳纹（H278∶8）　12. 粗绳纹（T69⑤∶4）　13. 粗绳纹（H111∶2）

① 细绳纹：标本H290：11，饰于角把上，为纵向滚压（图一六七，1）。标本H236：4，饰于角把上，曲尺形滚压，绳股较紧（图一六七，2）。标本H304：6，饰于一圆形器鋬上，呈放射性滚压。标本H112：25，饰于一横鋬上，向两侧滚压（图一六七，3）。标本H132：1，饰于一器耳上，放射状滚压（图一六七，4）。标本H72：5，饰于器耳上。H250：6，饰于器耳上。标本H383：14，饰于器耳上。

② 绳纹：饰于角把上的有，标本H187：34，交错滚压（图一六七，7）。标本H303：4，扇形滚压（图一六七，6）。标本H320：4，扇形滚压，绳股较紧。标本H37：15，人字形交错滚压（图一六七，5）。标本H82：7，中间竖向，两侧斜向滚压（图一六七，8）。标本H21：3，纹痕弯曲呈扇形，绳

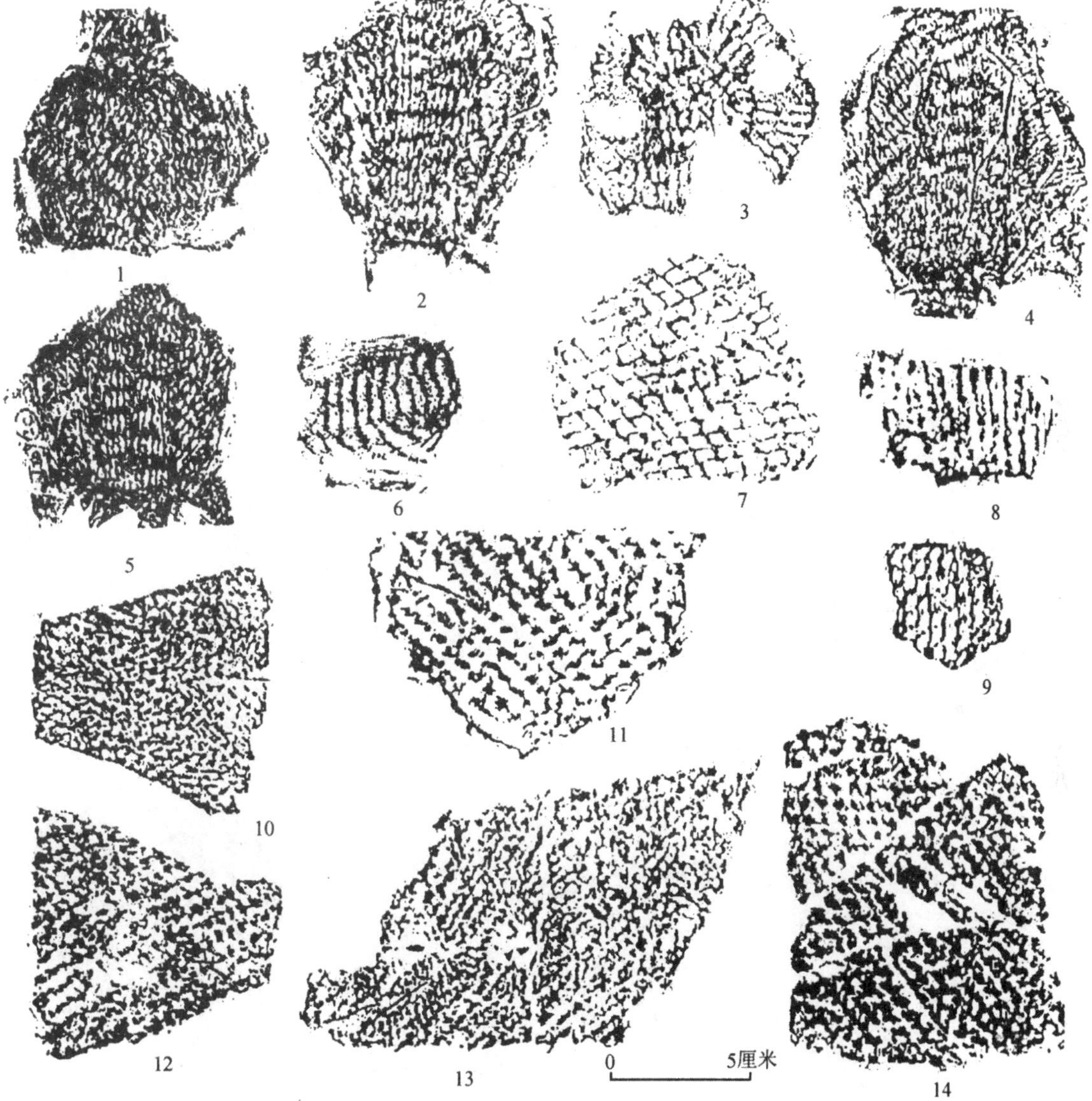

图一六八　陶器纹饰

1. 捺压绳纹（T109③C：72）　2. 捺压绳纹（H303：3）　3. 捺压绳纹（H241：2）　4. 捺压绳纹（H278：3）　5. 捺压绳纹（T109③C：73）　6. 捺压绳纹（H187：35）　7. 方格纹（H60：12）　8. 绳纹（T6③：15）　9. 拍印绳纹（T109③B：77）　10. 网绳纹（H36：8）　11. 网绳纹（H174：4）　12. 网绳纹（H298：1）　13. 网绳纹（H60：16）　14. 网绳纹（H34：5）

股较紧。标本 H111：5，人字形滚压。饰于器鋬上的，有标本 H278：8，从中间向上下两侧滚压（图一六七，11）。标本 H303：5，向上下两侧滚压。饰于器耳上的有，标本 H31：1，放射状滚压。H115：23，向两侧滚压（图一六七，9）。标本 H250：5，放射状滚压（图一六七，10）。标本 H374：4，向两侧滚压。标本 H221：12，放射状滚压。标本 H179：9，人字形滚压。

③粗绳纹：较少，饰于角把上的有标本 H111：2，纹痕较乱（图一六七，13）。饰于器耳上的有标本 T69⑤：4，放射状滚压（图一六七，12）。器鋬上未见粗绳纹。

（2）捺压绳纹，均见于器把、器耳上，这种纹饰的主要目的是增加与器体的附着力。其方法是把绳子缠绕在小棍上，捺压把、耳使之固定，同时兼具装饰作用。饰于角把上的有标本 H187：35，

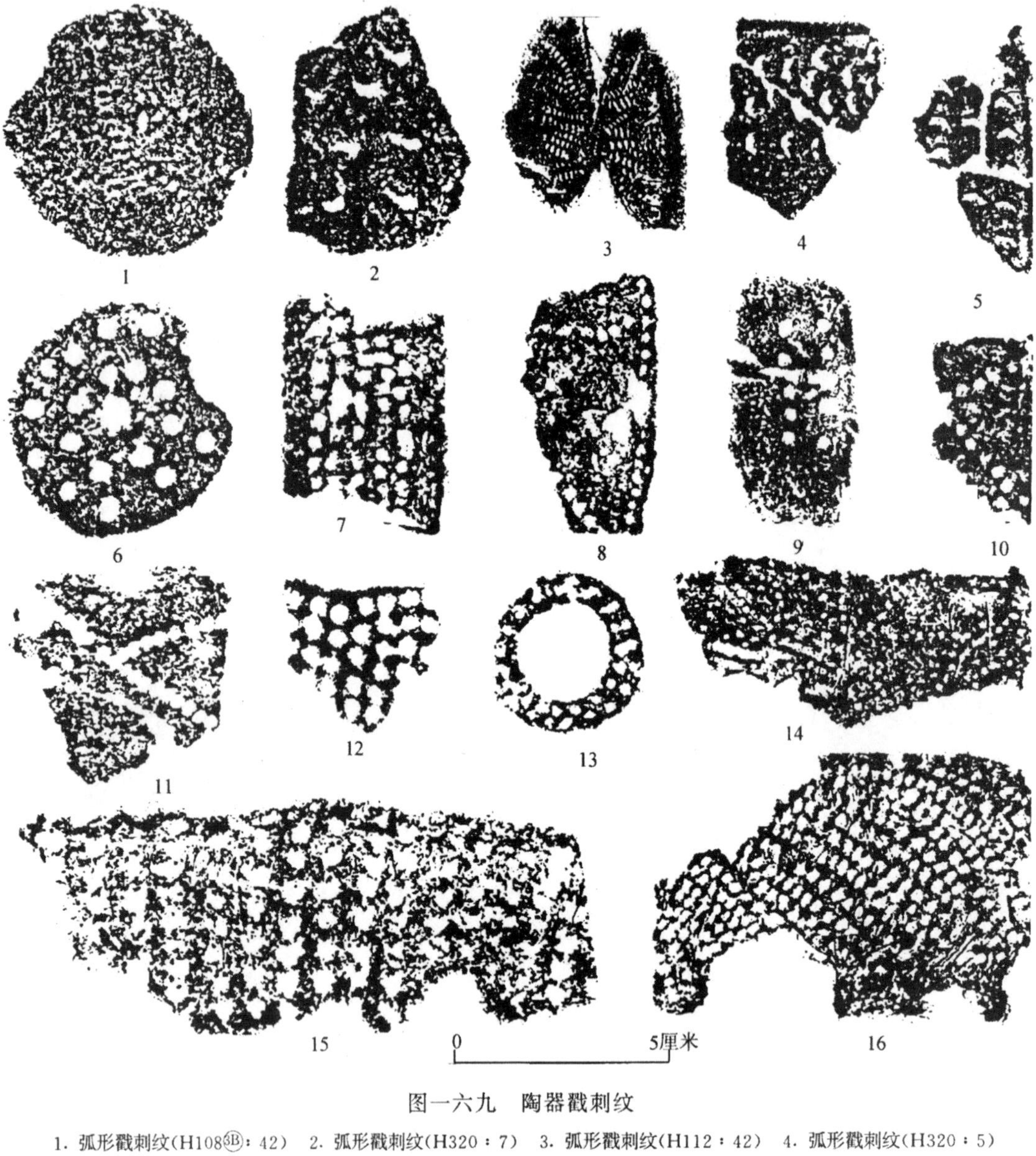

图一六九　陶器戳刺纹

1. 弧形戳刺纹（H108③B：42）　2. 弧形戳刺纹（H320：7）　3. 弧形戳刺纹（H112：42）　4. 弧形戳刺纹（H320：5）　5. 弧形戳刺纹（H320：6）　6. 圆点戳刺纹（M235：1）　7. 圆点戳刺纹（T102③B：10）　8. 圆点戳刺纹（H383：10）　9. 圆点戳刺纹（H198：6）　10. 圆点戳刺纹（H351：2）　11. 圆点戳刺纹（T31③C：4）　12. 圆点戳刺纹（H155：7）　13. 圆点戳刺纹（H113③B：20）　14. 圆点戳刺纹（T20③：6）　15. 圆点戳刺纹（T68④：9）　16. 圆点戳刺纹（T13③：2）

纹痕较细，横向捺压（图一六八，6）。标本T109㉟：73，压痕5个一组，呈点状捺压（图一六八，5）。标本T109㉟：72，人字形交错捺压（图一六八，1）。标本H303：3，中间横向，两侧斜向捺压（图一六八，2）。标本H278：3，中间横向，两侧斜向捺压（图一六八，4）。标本H263：3，捺压痕较乱。饰于器耳上的有标本H241：2，放射状捺压（图一六八，3）。

（3）拍印绳纹，系将绳子缠绕在陶拍上拍打坯体器壁形成，可提高工作效率和器壁强度，对滚压、捺压工艺来讲是一种较为进步的修饰方式，可分为拍印绳纹和网绳纹两种，均见于鼎、罐类的器壁上。

① 拍印绳纹，发现很少，标本T6③：15，绳股较紧，拍与拍间重叠处较乱（图一六八，8；图版三四，9）。标本T109③B：77，拍印痕呈麦粒状（图一六八，9）。

② 拍印网绳纹，经模拟试验，这种纹饰的形成方式，系用绳网罩于陶拍上，拍打器壁形成，特征是呈网格状，在绳纹连接点上有一绳结印痕。标本H174：4，网格较大（图一六八，11）。标本H34：5，网格连接点绳结印痕较清晰（图一六八，14）。标本H298：1，网格稍小（图一六八，12）。标本H75：11，印痕较深。标本H60：16，印痕较乱（图一六八，13）。标本H113：21，网格较大，印痕深且乱。标本H36：8，印痕细且乱（图一六八，10）。

（4）方格纹，很少，仅见一片，标本H60：12，系一夹骨屑褐陶罐的腹片，陶质很差，但拍印方格纹清晰规整（图一六八，7；图版三四，10）。在稍晚的大岗遗址，方格纹比例大增。

（5）篮纹，很少，仅见二片。标本H134：3，系一夹砂褐陶片，拍印痕较清晰（图版三四，7）。

（6）戳刺纹，分圆点戳刺纹、弧形戳刺纹两种。

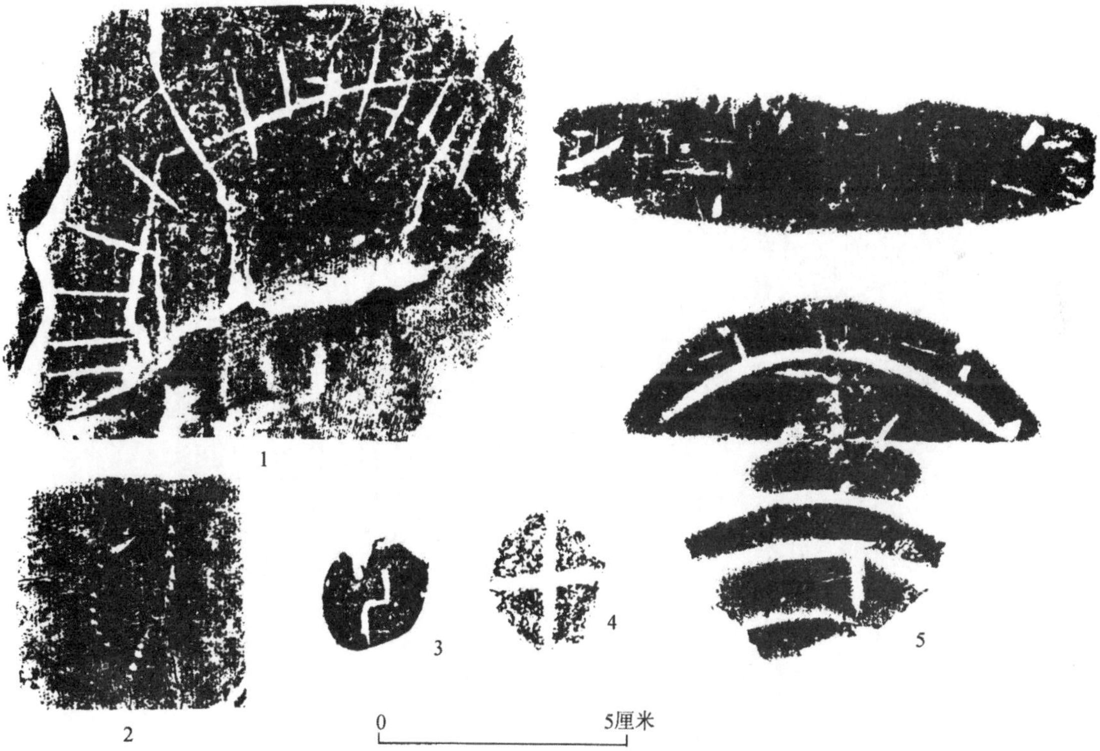

图一七〇　图案与符号

1. 陶刻划太阳图案（H190：2）　2. 陶锥刺图案（H198：7）　3. 石刻符（H141：1）　4. 陶刻符（T18③B：2）　5. 柄形石饰及刻符（M330：2）

① 圆点戳刺纹，多饰于支脚上。标本 T113③B：20，饰于 A 型支脚耳廓部位（图一六九，13）。标本 M235：1，饰于 C 型支脚上下两面（图一六九，6）。标本 H155：7、T68④：9、T102③B：10、T13③：2 饰于 C 型支脚周身（图一六九，12、15、7、16）。标本 H383：10、H351：2，刺成“∧”字形图案（图一六九，8、10）。标本 T31③C：4、T20③：6，刺成“×”形图案（图一六九，11、14）。标本 H198：6，刺于 D 型敛口罐鋬部，呈上下两排排列（图一六九，9）。

② 弧形戳刺纹，较少。标本 H320：5、6、7，较粗放，饰于一盆形鼎上腹部（图一六九，4、5、2；图版三四，1、3、2）。标本 T108③B：42，饰于一假圈足底上（图一六九，1）。标本 H112：42，较细密，饰于一深腹盆鋬手上（图一六九，3）。

（7）锥刺纹，仅见一例，标本 H198：7，位于深腹盆口沿下，刺成一“◇”形图案（图一七〇，2）。

（8）篦点纹，数量不多，饰于筒形罐或折沿罐上，标本 H35：6，饰于筒形篦纹罐上，呈“之”字形（图一七一，2）。标本 H290：2，饰于筒形篦纹罐上，口沿外一周，腹部 9 条一组呈竖向排列，显系 9 齿篦状工具点压形成（图一七一，3）。标本 H124：1，饰于折沿罐上，沿下斜刺一周，腹部呈

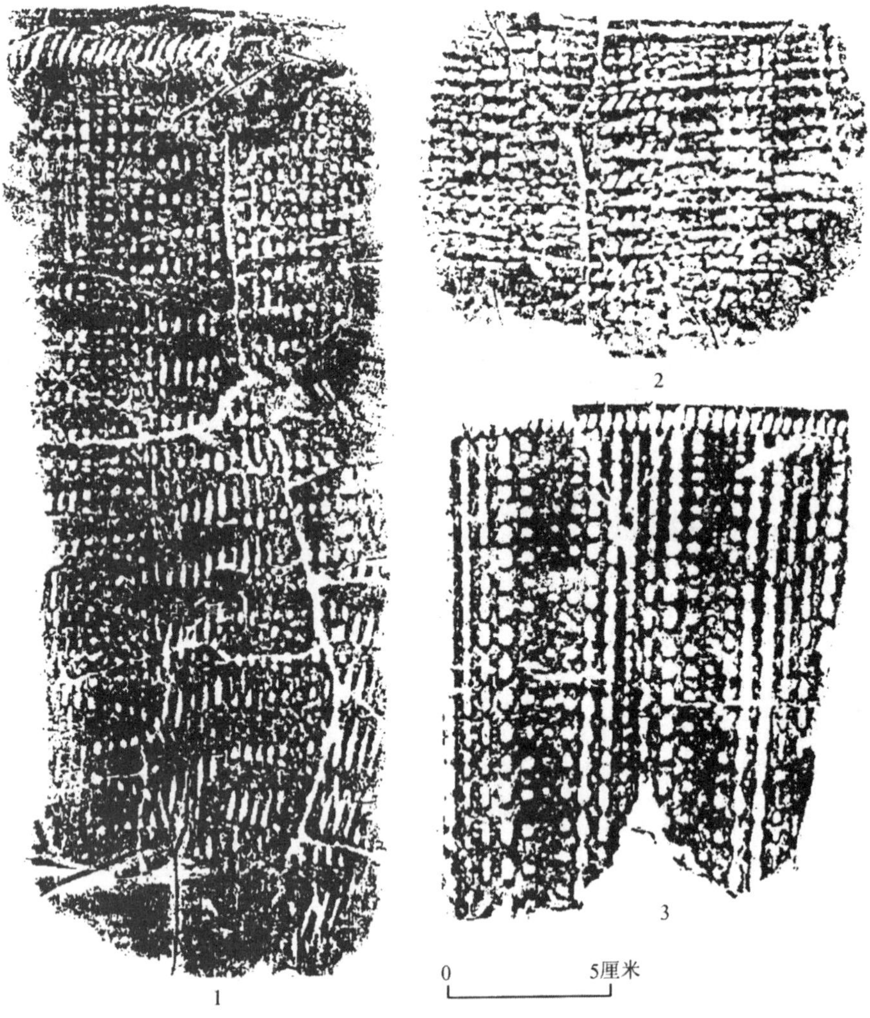

图一七一 陶器篦点纹

1. H124：1 2. H35：6 3. H290：2

"之"字形，但刺点较长（图一七一，1）。

（9）篦划纹，用篦状工具划出，用于加固器壁，主要饰于篦形罐、划纹盆、碗上，有竖划、横划、

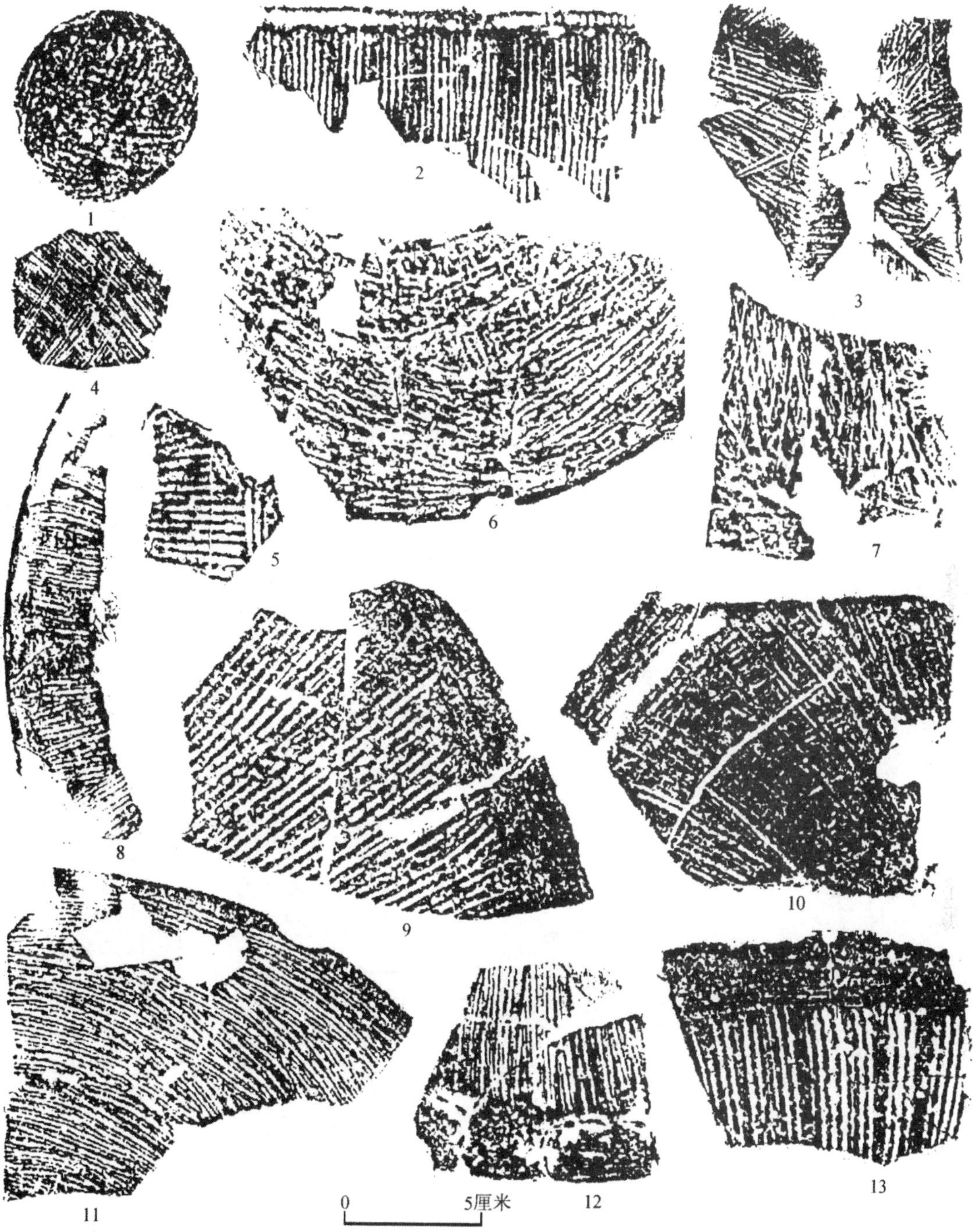

图一七二 陶器篦划纹

1. T11③：18 2. T114③：23 3. H28：10 4. H209：4
5. T18③：18 6. H75：3 7. H19：28 8. H19：42
9. H327：5 10. H69：6 11. H35：17 12. H174：7 13. T63④：12

斜划、交错等形状。标本 H327：5，T63④：12、H174：7、H19：42，竖划于划纹盆器表，较规整（图一七二，9、13、12、8）。标本 H35：17，横划于划纹盆器表，稍有交错，纹痕较细（图一七二，11）。

图一七三　陶器刻划纹

1. H156：7　2. H37：9　3. T67⑤：3　4. H112：21
5. H257：1　6. T105③：2　7. H88：3　8. H262：2
9. H35：5　10. H119：9　11. H320：2

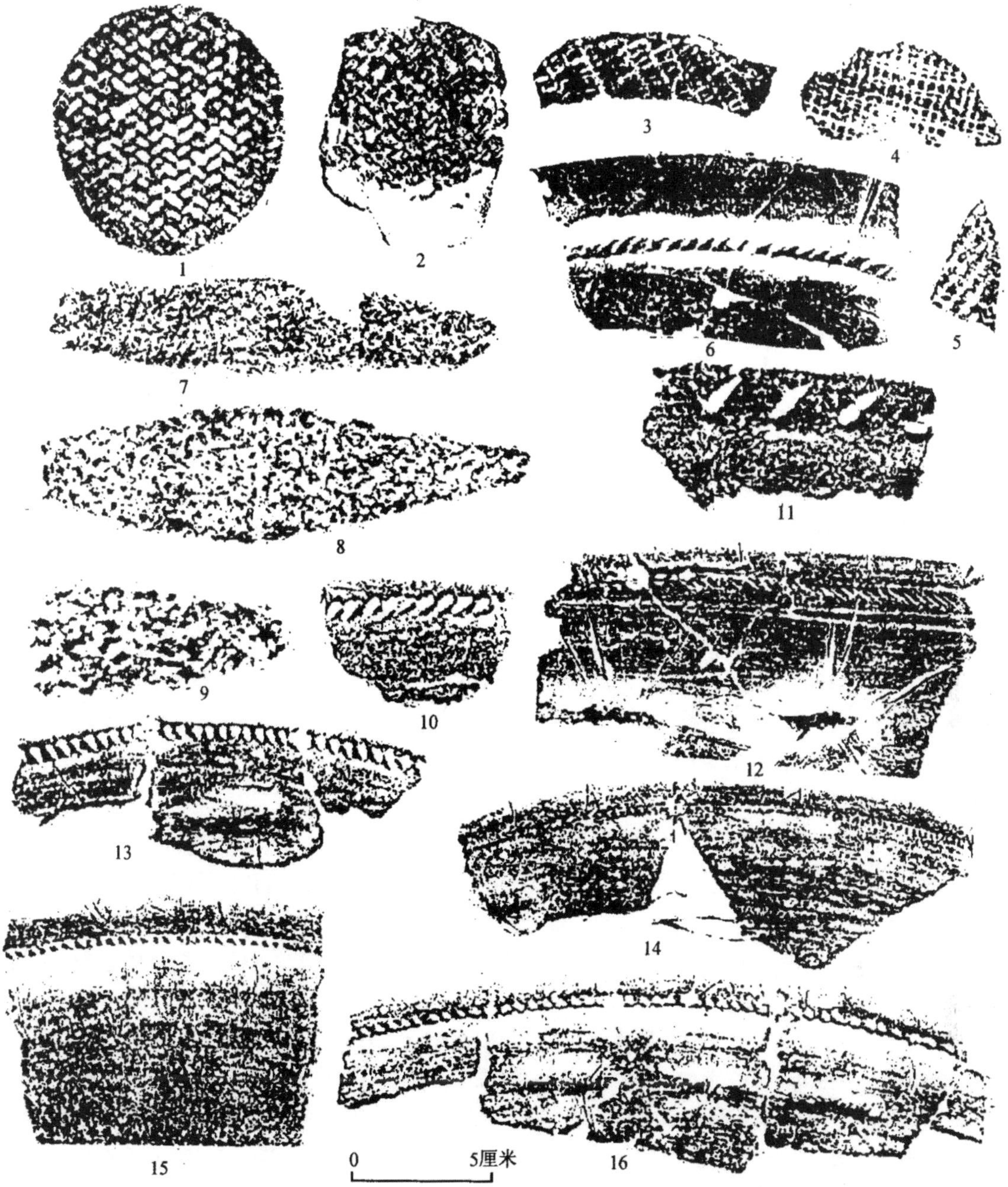

图一七四 陶器纹饰

1. 席纹(H36：4) 2. 席纹(H28：38) 3. 网纹(T105③：2) 4. 网纹(T22③B：4)
5. 网纹(H232：6) 6. 附加堆纹(T17③：12) 7. 锉印纹(T32③：1) 8. 锉印纹(H28：29)
9. 锉印纹(T103③B：21) 10. 花边纹(M88：3) 11. 花边纹(T13③：5) 12. 花边纹(H124：9)
13. 花边纹(H308：19) 14. 花边纹(H35：18) 15. 花边纹(H35：21) 16. 花边纹(H291：9)

标本 H351：1，竖划，纹痕稍有交错。标本 H69：6，先横划、再竖划(图一七二，10)。标本 T18③：18，先竖划再横划(图一七二，5)。标本 H209：4，划纹较细，横竖交错(图一七二，4)。标本 H19：28、H75：3，横、竖斜交错，纹路很乱(图一七二，7、6)。标本 H28：10，饰于双耳罐上，斜、横交错(图一七二,3)。标本T114③:23,饰于筒形罐上,口沿一周篦点纹,腹饰竖划纹(图一七二,2)。标本T11③:18,饰于一碗底上,横竖交错(图一七二,1)。标本H104:1、H57:3、H19:35,饰于鼎、罐类夹砂陶器壁上,竖向排列。标本H95:9,纹痕横向排列,稍有交错。标本H240:3,划纹较宽,呈瓦棱状。标本T108③:43、44,划纹呈"∧"字形交错。

(10) 刻划纹,系用薄片状工具刻出,主要具有装饰作用,也有一定的加固器壁作用,多饰于A型支脚上,个别饰于角把罐上,标本H112:21,饰于A型支脚面部,用直线构成完整图案六组,其中八条的三组,七条的一组、六条的二组,不完整图案两组(图一七三,4)。标本H156:7,位于A型支脚面部,斜向排列(图一七三,1)。标本T105③:2,横向排列(图一七三,6)。标本H119:9,H320:2,A型支脚两侧,斜向排列(图一七三,10、11)。标本H35:5、H88:3、T67⑤:3,位于A型支脚角部,呈叶脉状(图一七三,9、7、3)。标本H257:1,位于A型支脚角部,"∧"字形排列(图一七三,5)。标本H262:2为一角把,上有密集的刻划纹(图一七三,8)。标本H37:9,为加固角把而在其周身刻划(图一七三,2)。标本H190:2为一卷沿罐,在其上腹有一刻划形成的太阳图案(图一七〇,1;彩版一二,3;图版三六,3)。

(11) 席纹,为制陶坯时其下的衬托物无意印到陶器底部的,并非有意形成。标本H28:33、H36:4,均位于碗底上,"∧"字形编织法(图一七四,2、1;图版三四,4、5)。

(12) 网纹,也为制作时衬托物无意印到陶器底部所致,见3件标本,与拍印网绳纹特征大体相似,很规整。标本H232:6,为一残碗底(图一七四,5;图版三四,6)。标本T105③:2,位于A型支脚的下口唇面上,网较大(图一七四,3)。标本T22ⓢⒷ:4,为一碗底,方格状网纹(图一七四,4;图版三四,8)。

(13) 附加堆纹,主要见于附加堆纹盆,数量很少。标本T17③:12,附加泥条较细,斜压成纽索状(图一七四,6)。标本H28:13,附加泥条稍粗。

(14) 花边纹,主要施于盆形鼎唇沿上,用薄片工具将鼎方唇外缘切割成装饰性纽索状花边。标本M88:3,花边压痕向左斜(图一七四,10)。标本T13③:5,花边压痕向右斜,压痕较大,间距较宽(图一七四,11)。标本H291:9、H35:21、H308:19,花边压痕向右斜(图一七四,16、15、13)。标本H124:9,花边向右斜,窄细而稍长(图一七四,12)。标本H35:18,花边压痕窄细且短,只具象征意义(图一七四,14)。

(15) 锉印纹,仅见于陶锉上,是在制坯时用圆粒状物体压印形成,无规律。标本T32③:1、H28:29,印痕稍细小(图一七四,7、8)。标本T103ⓢⒷ:21,印痕较粗大(图一七四,9)。

此外,盛食器和水器的器表均磨光,从磨光痕迹观察,是用河卵石块或骨片一类工具来打磨的。炊器除有纹饰的以外均为素面。

从附表八、九中可以看出,在各期的典型单位中,各种纹饰所占比例有所变化,但有些罕见的纹饰几乎不占比例,如方格纹、篮纹等。

(四)陶　色

陶色是在烧制及其后处理过程中形成的,因此主要反映烧制技术的水平,反映陶窑的形制、窑温和气氛以及后处理工艺等,这里只介绍其表面形态。

贾湖陶制品陶色以红为主,但若仔细观察,则可发现大多不甚纯正,一器多色且无规律的现象十分普遍,大多陶制品表面,内里皆有大块黑、褐色斑,外红内黑(灰),下红上黑(灰)的黑里、黑顶现象也相当常见。红皮黑心、红皮灰心的现象亦很常见。

现将附表八、九内所列各种陶色说明如下：

1. 红色

红色是贾湖陶制品的主体陶色，但若认真观察，红色陶也并不尽一致。主要有以下几种情况：

（1）制作工艺的不同反映。器物坯体的陶土均未经陶洗，因此陶衣脱落后多呈土黄红色，坯体外涂的泥浆均经淘洗，质地细腻，色多呈浅黄红色；陶衣层为特殊材料所涂，多呈鲜红色。

（2）烧成温度的不同反映。火候较高时器表多呈深红色或红褐色，火候较低时器表多呈鲜红色或土红色。陶胎在火候高时多呈砖红色，但火候低氧化不充分时陶胎多呈褐色、黑色或灰色。

（3）烧成气氛的不同反映，由于陶窑的原始性，窑内器物摆放和火焰气氛的不同，使器物表面产生大量黑色、灰褐色斑点，有些为大块色斑。但其主体仍为红色。

2. 褐色

这是一种比较复杂的色调，往往把稍带红头，色又较深的标本归类于此。细分可分为红褐、黄褐、灰褐、黑褐等，红褐是指以红为主，红中带黑的颜色，其它各色划分原则均如此。但因陶色多不纯正，同一器物不同部位陶色各不相同，所以统计时无法细分，只能统统归入褐色之中，但仍不可避免地与红色相交叉。

3. 灰黑色

之所以把灰、黑色放在一起来说明，是因为贾湖少见纯正的灰陶或黑陶，过渡色较多，只能放在一起来统计。

这种陶色的形成，可能为在还原焰的气氛下形成，但可能由于这种工艺刚刚出现，技术不太稳定，所以形成色泽不稳定的现象。但联系到巩义瓦窑嘴①大量此类标本的发现，可以认为，在贾湖晚期，这种技术已经出现。

4. 外红内黑（灰）、下红上黑（灰）

这种现象也较常见，经李文杰先生模拟实验，是烧后的窑外渗炭工艺形成的，主要作用是增加器物的防渗水能力②。细分则有内红顶和外黑（灰）顶两种，前者是在器物刚出窑很热时抓一把谷糠类易燃料置入其中，然后迅速将一小于该器物口径的器物扣盖其上，达到内壁渗炭的效果，从而形成内红顶现象。后者是将刚出窑的器物扣置在谷糠类易燃物堆上，使器物内壁和外壁口沿部位均经渗炭形成黑（灰）色。一般器物出窑渗炭时温度越高，渗炭效果越好，色就越深，呈黑色；温度越低，渗炭效果越差，色越浅，呈灰色。

以上四种基本上代表了贾湖遗址所有陶色，有许多细微变化，皆从这四种陶色变化而来。详见本书下卷第五章。

二、分类描述

按器体特征可分为容器类和非容器类，容器类包括炊器、储器、盛器、水器、食器等，非容器类

① 巩义市文物管理所，《河南巩义市瓦窑嘴新石器时代遗址试掘简报》，《考古》1996年第7期。

② 李文杰，《中国古代制陶工艺研究》，科学出版社，1996年。

包括杂器类、工具类和其它类等。容器类的炊器中大体可包括角把罐、侈口罐、折沿罐、卷沿罐、筒形篦纹罐、敛口罐、圈足罐、扁腹罐、小罐、鼎、釜、甑等，储器包括双耳罐、高领罐、缸等，水器包括所有壶类，盛器包括所有盆类和勺等，食器包括所有钵类、三足钵、碗、盂、杯等。但这种划分并不严格，因为有些器物存在一器多用的可能，如深腹盆、方口盆、A型敞口钵等，可能既当盛食器，也可当炊器使用。因之，只能按形体特征来分类记述。非容器中的杂器类包括各类支脚，工具类包括网坠、弹丸、陶锉、纺轮等，其它类指的是陶塑品。各器类在记述中是尽可能将完整和基本完整的器物全部介绍，有的形式无完整或基本完整的就选择一些典型口沿或其它具典型特征的陶片标本进行介绍。各器类典型标本见附表一三。

需要指出的是，表中所列标本并非出土同类器的全部，而只是选择来进行类型学研究的典型标本，但基本上可代表整个遗址的陶制品总体特征。以下进行分类记述。

(一) 容器类

1. 罐类

罐类可分为角把罐、侈口罐、折沿罐、卷沿罐、敛口罐、筒状篦纹罐、扁腹罐、小罐、圈足罐、高领罐、双耳罐 11 个亚类，现分别进行分析。

从器型发展来看，双耳罐 B、C、D 均来自 A 型。侈口罐、折沿罐、卷沿罐和筒状篦纹罐均来自角把罐。这四类器物均为夹羼和料的陶系，有夹砂、夹云母、夹蚌片和骨屑、灰炭(草末)几种，其中夹蚌陶质地极差，虽比例不小，但未能复原一件。小罐未能复原一件，圈足罐仅见圈足，参考磁山文化圈足罐器形，小罐和圈足可能为同一器类的口、底两部分，但因未能复原一件，只得分做两类，也有夹砂、灰蚌、灰炭、灰云母四系。

罐类大多为炊器，个别为盛器类。有的底部有明显烟熏痕，个别出自墓葬的小型器物可能为明器。

器表大多为素面，个别器类有篦点纹、篦划纹、乳钉纹、网状绳纹等。器物造型以平底为主，少数为圜底，个别为圈足或假圈足。

从制作看，均为手制。器壁较薄，但不太均匀，制陶工艺的详细分析见下篇第五章第一节。以下分类介绍：

(1) 角把罐。数量很多，特别是早期，几乎占总器类的 1/3，但因火候较低，质地差、破碎率高且片较小，很难复原，基本复原只有 2 件。从器形看，此类器物均为大口深腹小平底，沿下一对对称器把，因侧视多呈角状，故统称角把罐。把的变化较大，把上大多按压绳纹。此类器物均为夹砂陶，陶色以红为主，也有红褐及少量灰、黑色，但多不纯正，红、红褐陶上的灰、黑色斑块很常见。器表大多饰绳纹，以横施为主，下腹和近底部有的斜饰呈交错状，也有少量为素面。器表多有一层红色陶衣。也有少量原胎裸露者，从绳纹特征观察，应为滚印法，其程序为器物成型后刷一层泥浆，待半干时用缠绳的工具对器表进行滚压，使器壁增加强度。未刷陶衣者内外壁均可明显见到刮抹的痕迹。器壁厚薄不均匀，其烧制方式可能是直接架柴烧烤，火候不均匀，因而出现色斑现象。器把是在器体成型半干后，在要装把部位用带尖刃的工具竖划出几道深深的沟槽，再将尚软的泥条捺压在器壁上，然后用带绳的拍子再把根周围捺压使其牢固粘附在器壁上，最后在把的周身滚压或捺压绳纹，少量为素面。此类器物整体来看器形较简单，变化不大，总体趋势是从直口直壁到口微敛、腹微鼓，到口微侈，最后发展为侈口鼓腹。从器体上来看，有大、中、小三种，可能有功能上的区别，三种的发展趋势是一致的，但以中号发展序列最为完整，而大、小两种发展序列不甚清晰。

今依大、中、小分为三个型。

A型：器体较大，残片很多，器表大多有红褐色陶衣，饰绳纹。无可复原者。依器形变化分三式：

Ⅰ式：直口直腹呈筒状。标本H296：1，红褐色，素面，无陶衣，内壁有明显刮痕（图一七五，1）。H231：5，口部横施较细绳纹，以下绳纹较乱，有红陶衣。

Ⅱ式：口微敛，腹微鼓。标本W27：1，绳纹较乱，胎较薄（图一七五，3；图版三五，1）。H112：40，绳纹较稀疏，印痕较深，呈麦粒状。H37：8，绳纹细而乱（图一七五，2）。H37：7、9两件把根周围有刻划痕。H111：4，把脱落，可明显见到为粘附把而用刀子竖划的痕迹，及用绳拍捺压把根周围的痕迹。H285：1横绳纹较乱，有交错现象，下部经烧烤，陶衣大部脱落，呈红褐色（图一七五，4）。

Ⅲ式：口微敛，唇微侈，鼓腹，素面比例增加。标本H42：6，宽方唇，素面有红褐色陶衣，器内、外壁有刮痕（图一七五，5）。H39：2，把断，横绳纹施到唇缘下，腹部麦粒状绳纹斜施。

B型：与A、C型器体及演变序列一致，唯器体大小中等，但较完整，代表了从产生到消失的全过程。由直口直腹到侈口鼓腹。器表也以红褐色为主，多施陶衣，绳纹较多，也有素面和原胎裸露者。依其发展规律分四式：

Ⅰ式：直口直腹，有的原地打磨，有的施陶衣，器表多红褐色，绳纹呈无规律局部分布。量较小。标本H84：5，绳纹较乱，印痕不显（图一七五，6）。H127：13，绳纹印痕较乱，把手脱落，把根部横划一较深沟槽，把应作嵌入式。H37：6，把周有指甲纹。H37：10，横绳纹较粗，印痕清晰，把根部竖划痕密而深，从根部周围所按泥痕观察，似先施绳纹，后装把手。H78，1（图一七五，7）。

Ⅱ式：口微敛，腹微鼓，小平底，大多数施陶衣，红褐色，绳纹多较乱。标本H278：1，绳纹斜施，呈块状分布，在下腹部呈交错状，底上满施绳纹且与下腹部相连，显系滚压形成，且可断定器物为倒扣成型，器底内圆外平，系在沿底一周加厚所致，把稍向下翻，底部有烧烤痕（图一七五，10；图版三五，2）。H146：9，及见下腹及底部，唯绳纹较粗，印痕深而清晰，显系泥坯较软时所施。底有烧痕（图一七五，12）。H274：1，红褐色，素面，无陶衣（图一七五，8）。H112：24，黑褐色陶衣并磨光（图一七五，11）。H262：1，红褐色陶衣，绳纹较粗，大体横施，呈块状分布（图一七五，9）。

Ⅲ式：口微敛，唇微侈，腹稍鼓。标本H107：1，方唇，红褐陶衣上饰浅且乱的细绳纹，近底部有烟熏痕，胎较厚（图一七五，13；图版三五，3）。

Ⅳ式：侈口，颈微束，腹较鼓，小平底，大多有红褐色陶衣，素面。标本H119：2，素面无陶衣，红褐色，器表有明显斜向刮痕（图一七五，14）。H341：3，红衣，素面，近底部有烧痕（图一七五，15）。

C型：与A、B器形演化趋势同，唯器体较小，且量较少。器表陶衣很薄，多红褐色或原地无陶衣，以褐色为主。依器型变化分两式：

Ⅰ式：口微敛，腹微鼓。与AⅡ、BⅡ略同。标本H242：1，细绳纹横施，印痕较浅，把脱落，可见很细竖划痕（图一七六，1）。H112：18，横绳纹印痕较深，清晰规整。H156：9，素面。H146：8，素面，直口直壁（图一七六，2）。

Ⅱ式：口微侈，腹微鼓，与AⅢ、BⅢ略同。标本H274：2，器表绳纹印痕浅且乱（图一七六，3）。H217：4，黄褐色陶衣，素面，把做鞍形（图一七六，4）。

(2) 侈口罐。此类罐明显来自角把罐，只是口比角把罐口更侈，且角把消失，以夹蚌（骨粉）为主，少量夹炭。个别夹砂或夹云母片。器表以红为主，大多原地裸露，夹炭者均施陶衣。依器体特征分三型：

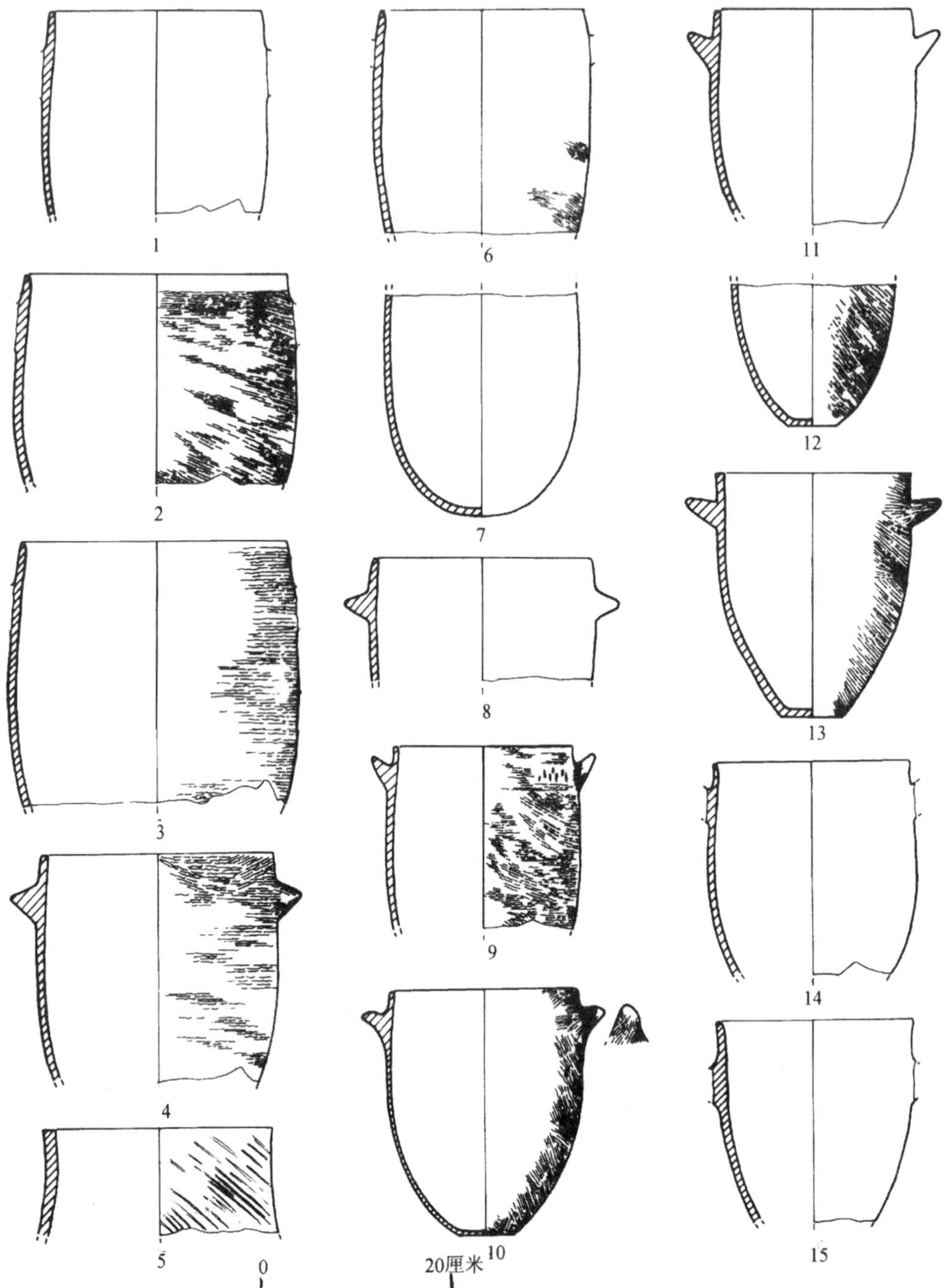

图一七五　陶角把罐

1.A型Ⅰ式(H296:1)　2.A型Ⅱ式(H37:8)　3.A型Ⅱ式(W27:1)　4.A型Ⅱ式(H285:1)
5.A型Ⅲ式(H42:6)　6.B型Ⅰ式(H84:5)　7.B型Ⅰ式(H78:1)　8.B型Ⅱ式(H274:1)
9.B型Ⅱ式(H262:1)　10.B型Ⅱ式(H278:1)　11.B型Ⅱ式(H112:24)　12.B型Ⅱ式(H146:9)
13.B型Ⅲ式(H107:1)　14.B型Ⅳ式(H119:2)　15.B型Ⅳ式(H341:3)

A型:侈口筒状深腹,平底。大多为夹蚌红褐陶,个别夹砂红陶或夹云母红陶,均素面,大多原地裸露，器表有明显刮削痕。这种划痕是在刮抹时陶胎内的羼合物被刮动形成的，不是有意的纹饰。底部可明显见到周边有加厚的痕迹。陶胎不太紧密，有许多小空洞。可能为所夹蚌片被腐蚀后所致。依器体变化分三式：

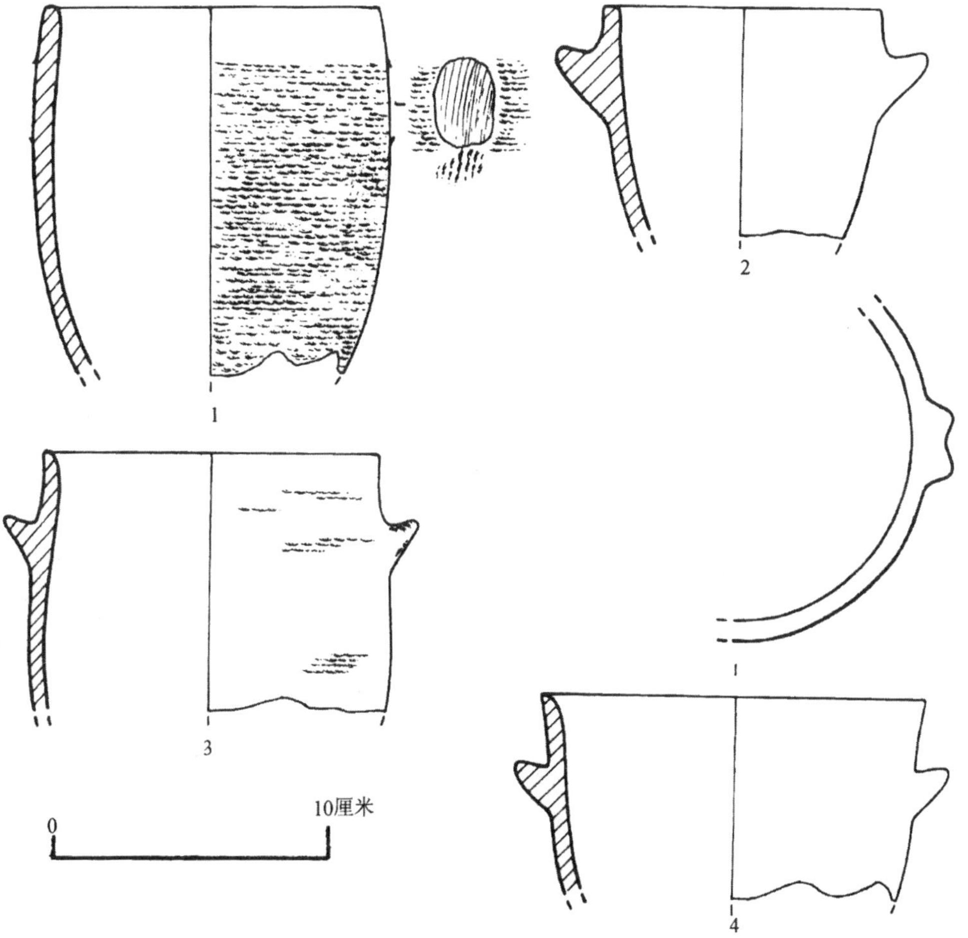

图一七六　陶角把罐

1.C型Ⅰ式(H242：1)　2.C型Ⅰ式(H146：8)　3.C型Ⅱ式(H274：2)　4.C型Ⅱ式(H217：4)

Ⅰ式：敞口稍外侈，壁微弧，腹较浅。多夹蚌褐陶，个别夹砂红陶，口沿接近BⅣ角把罐。数量较小。标本H253：1，夹砂红陶，底残，器表和器内壁口沿上饰红陶衣(图一七七，2)。H35：13，夹蚌红褐陶，器胎内空洞很多，器表有刮痕，内壁呈麻点状(图一七七，1)。

Ⅱ式：敞口外侈，筒状深直腹或微鼓，平底。多夹蚌红陶，个别夹砂红陶或夹云母黄陶。器壁上部较薄，下部较厚。数量渐多。标本H198：4，夹较大的滑石片，器表呈黄褐色。M263：2，夹蚌红陶，腹壁有褐斑，器壁因有机质腐蚀而呈麻点状(图一七七，4)。H291：12，夹粗砂红陶，器表未涂泥浆，未施陶衣，素胎素面，刮抹时因砂粒较粗而形成许多横向刮痕(图一七七，3)。H93：1，夹蚌红陶，火候较高，质较硬，器表内外均施一层很薄的红陶衣，但并未遮住口沿上的抹痕和内外壁上的刮抹划痕(图一七七，5)。

Ⅲ式：口沿外侈较甚，接近卷沿，深直腹，中部稍外鼓，皆夹蚌陶，多红或红褐色。标本H133：1，夹蚌褐陶，器表有明显抹划痕，施红陶衣，特别在内壁、口沿上的陶衣鲜红，有彩陶的效果(图一

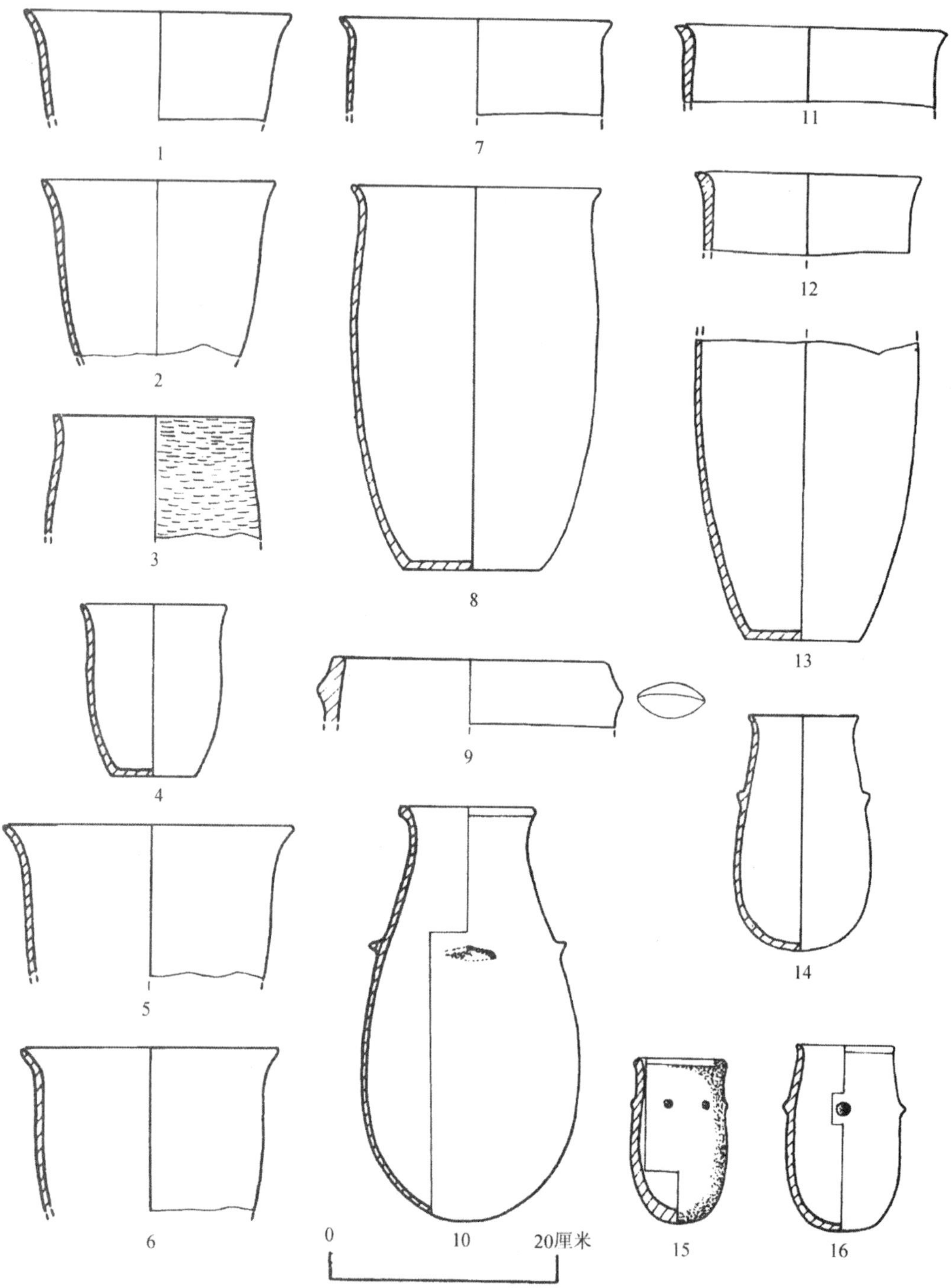

图一七七　陶侈口罐

1. A型Ⅰ式(H35：13)　2. A型Ⅰ式(H253：1)　3. A型Ⅱ式(H291：12)　4. A型Ⅱ式(M263：2)
5. A型Ⅱ式(H93：1)　6. A型Ⅲ式(H174：3)　7. A型Ⅲ式(H174：2)　8. A型Ⅲ式(H133：1)
9. B型Ⅰ式(H53：1)　10. B型Ⅰ式(M282：2)　11. C型Ⅰ式(T102③C：29)　12. C型Ⅱ式(T102③C：30)
13. C型Ⅱ式(T116③：4)　14. B型Ⅰ式(M124：1)　15. B型Ⅱ式(M22：3)　16. B型Ⅱ式(M325：6)

七七,8;图版三六,4)。H174：2,夹蚌红陶,有的地方有褐斑(图一七七,7)。H174：3,夹蚌黄褐陶，有黑褐色斑，口沿及颈部和腹壁有抹削、刮划痕，内壁也有划刮痕，气孔较小(图一七七，6)。

B型：此类器物与A型仅在侈口相似，但器体变化较大。侈口束颈，鼓腹，圜底，腹大径在器体中部以下。皆夹炭陶，个别夹砂或夹蚌，胎黑色，器表施红陶衣并打磨光滑，素面，束颈部一周四或八个乳钉纹。此类器物多出自墓葬，且大多为明器，仅个别口沿出自灰坑，可能属盛储器。依器体变化分两式：

Ⅰ式：夹砂、灰蚌、灰炭三种羼和料，红陶衣色较鲜，但器表气孔仍可见。圆唇侈口，束颈明显，鼓腹，颈较长，腹大径下垂，圜底。肩部对称四个乳钉，其根部上下贯一穿孔。标本M282：2，陶质以夹蚌为主，同时羼和细砂粒和草木灰，红陶衣鲜艳，器表有黑色斑，胎黑色，器体较厚重，应属实用器(图一七七，10；彩版一一，2；图版三七，1)。M124：1，夹炭陶，红衣黑心，器体较小，可能为明器(图一七七，14，图版三七，2)。H53：1，直口，沿内侧微侈，夹砂红衣陶，沿下有扁乳钉，胎壁厚重，可能是此类器的早期形态(图一七七，9)。

Ⅱ式：器体小，器形瘦，皆出自墓葬，应为明器。圆唇或方唇，颈微束，深腹微鼓，圜底，夹炭红衣陶为主，也有夹砂和夹蚌陶。标本M325：6，夹炭红衣陶，色较鲜，上腹对称四个圆乳钉(图一七七，16；图版三七，4)。M22：3，方唇，颈下一周八个圆乳钉，夹炭红衣陶(图一七七，15；彩版一一，7；图版三八，1)。M363：3，器体稍扁，夹砂红衣陶，沿下四个对称扁乳钉，但无穿孔(图版三七，3)。M233：2，夹砂红衣陶，胎心灰色，质地疏松，含气孔很多，内外壁均可见蜂窝状，内壁还有抹划痕，无法复原，扁乳钉有上下穿孔。

C型：标本很少，仅一些口沿残片，但特征明显，口沿稍加厚，唇部外侈，颈微束，腹微鼓。以夹砂或夹蚌红或红褐陶为主，均素面。依口沿变化分两式：

Ⅰ式：唇缘微侈。标本T102㊳：29，夹蚌红褐陶(图一七七，11)。

Ⅱ式：唇缘外侈。标本T102㊳：30，夹蚌红陶(图一七七，12)。T116③：4，上腹残，夹蚌红陶，器表有抹痕，因陶胎内有机质腐蚀，器壁内外均呈麻点状，胎内呈蜂窝状(图一七七，13)。

(3) 折沿罐。折沿罐数量不太多，但变化较大，形式多样，共同特征是均为夹羼和料的陶系，以夹蚌为主，夹砂、夹炭、夹云母也占一定比例。陶色以红为主，有的器壁带有较多的黑、褐斑。制作均为泥条盘筑。器表多素面，少数饰“之”字形篦点纹、绳纹、乳钉纹等。有的口沿部分饰很薄的红色陶衣。素面者器内外壁均有刮抹痕。器体总体特征是折沿、深腹、平底，据器体特征可分四个型：

A型：斜折沿、深直腹、平底，大多为夹蚌红陶，也有少量夹砂或夹云母，素面为主，少数饰绳纹。依口沿变化分四式：

Ⅰ式：折沿陡直，内折角141°以上，近似AⅠ侈口罐口沿，区别是沿内外均有较明显转折。壁斜直，腹稍浅。均夹蚌红陶，个别呈红褐色，均素面，器表有斜向抹划纹。数量较少，无可复原者。标本H127：15，夹蚌红褐陶，抹刮纹一直升至沿下，显系在沿斜折前所刮。沿下有两个对称缀合孔，为当时破后所穿，用以缀合，表明此器曾长期使用(图一七八，2)。W5：1，沿外转折不太明显，沿外有抹痕(图一七八，1)。

Ⅱ式：沿斜直，内折角131°～140°，腹稍深，壁微外弧，平底，数量较多，无可复原者。多夹蚌红陶，个别呈红褐色。有的器壁有黑色斑。拍印网状绳纹者较多，素面者亦占较大比例。这种网状绳纹为菱格状，网线交结点上有较粗的绳结，印痕较深，而网线上印痕较浅，其施纹方式，可能是用网格状绳纹拍子，也有可能是用网格状织物作印模衬垫，以便使陶坯与模子分离。此推测需模拟实验来验证。标本H368：1，夹蚌红陶，素面，口沿抹痕较显，内壁呈坑窝状(图一七八，3)。H34：1，夹蚌红陶，素面，内外壁抹划痕较显(图一七八，5)。H161：3，夹蚌红陶，有黑色斑，素

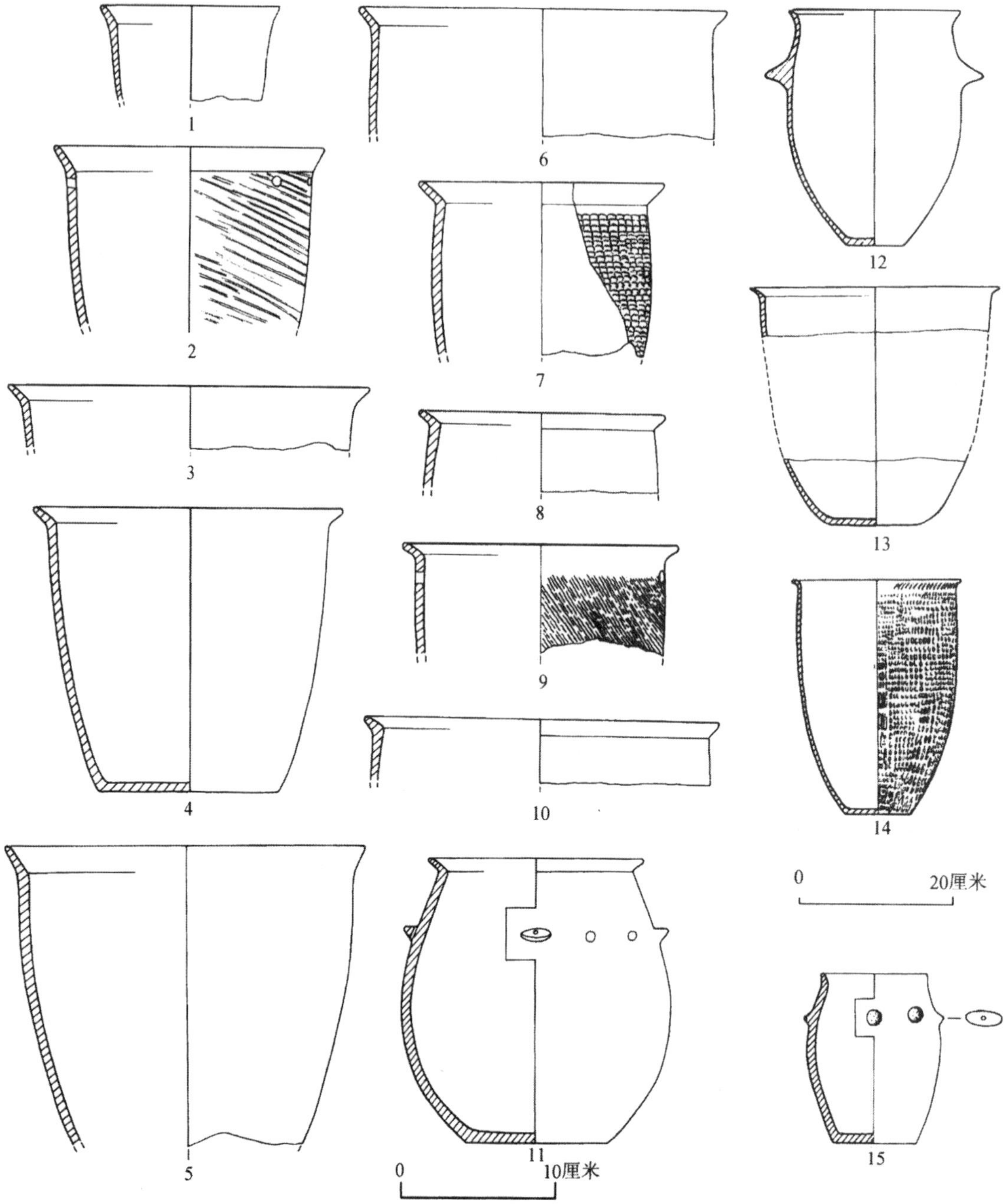

图一七八　陶折沿罐

1. A型Ⅰ式(W5：1)　2. A型Ⅰ式(H127：15)　3. A型Ⅱ式(H368：1)　4. A型Ⅱ式(H161：3)　5. A型Ⅱ式(H34：1)　6. A型Ⅲ式(H251：1)　7. A型Ⅲ式(H174：4)　8. A型Ⅳ式(H251：2)　9. A型Ⅳ式(H105：8)　10. A型Ⅳ式(H95：13)　11. C型Ⅱ式(M389：2)　12. B型Ⅰ式(H218：4)　13. B型Ⅱ式(H56：1)　14. D型(M124：1)　15. C型Ⅰ式(M383：2)

面，器表有抹划痕，沿面涂红陶衣，陶胎内气孔较多。平底，底周较厚，可见涂泥三层，而底中间仅一层。底内角圆弧而外角折棱明显，可知系先成筒后再加固底周(图一七八，4；图版三八，3)。

Ⅲ式：内折角121°～130°，量较少，无可复原者，深直腹，微外鼓，夹蚌红或红褐陶为主，个别夹砂红褐陶。器表饰绳纹和素面者各占约一半，绳纹为拍印网绳纹，陶胎内气孔较多。标本H251：1，夹蚌红陶，素面，口沿、器表有抹划痕，内壁呈坑窝状（图一七八，6）。H174：4，夹蚌红陶，火候不均匀，有黑色斑，器表满饰网状绳纹（图一七八，7）。

Ⅳ式：内折角小于120°，仅见少量碎片，无可复原者。多夹蚌红褐陶，少量夹云母褐陶和个别夹砂红陶。标本H105：8，绳纹直至沿下，后抹去，沿下有一缀合孔（图一七八，9）。H251：2，夹蚌红陶，素面，器表许多气孔（图一七八，8）。H95：13，夹砂陶，沿较窄（图一七八，10）。

B型：数量很少，复原1件。沿斜折，内折角115°～125°，沿面平，束颈，鼓腹，平底，夹砂红、褐或灰陶，火候较高，质地较硬，但陶色不匀，红陶的褐色斑很多，有的内壁为黑色，有的施陶衣，器表素面。有的经磨光。胎壁腹部薄，口沿和底部较厚。陶片圆块状破碎，似为泥片筑成法成型。此类器物底部有烧烤痕。明显为炊器。分两式：

Ⅰ式：标本H218：4，口椭圆形，上腹有对称把手，夹砂红褐陶，有陶衣，并经打磨，有大块褐色斑，器物下部有烧烤痕，底部内侧烧成黑色（图一七八，12；图版三八，4）。

Ⅱ式：标本H56：1，夹砂褐陶，内壁为黑色。似经打磨，外壁素面，底经长期烧烤，有灰白色烟炱，平底近圜，底内面烧成黑色（图一七八，13）。

C型：窄折沿，鼓腹，平底，沿面平，内折角明显。上腹一周圆乳钉。复原3件皆出自墓葬，发展趋势是腹由瘦到鼓，高宽比由宽占高的80%发展为90%以上（表二七）。以夹炭红衣陶为主，也有夹蚌和夹砂陶，但多红褐或褐色，皆素面。泥条盘筑，内壁近底部可见凹凸不平的手抹痕。器壁较薄，近底部较厚。底部不见烧烤痕，可见可能并非做炊器之用。且器形较小，可能用于储藏量小的物品。有的可能是明器。依器形发展分两式：

表二七

式别	号	高(厘米)	宽(厘米)	内折角	高宽比
Ⅱ	M389：2	18	16.4	105°	91%
Ⅰ	M328：2	13	10.6	125°	82%
Ⅰ	M383：2	10.8	8.6	>130°	80%

Ⅰ式：折沿较陡直，内折角大于125°，器体瘦高，器宽为器高的80%左右，鼓腹，小平底，复原2件，皆夹炭红衣陶。标本M383：2，腹微鼓，底较大，器体较小，上腹对称两个扁乳钉形横耳，之间对称两组共六个圆乳钉（图一七八，15；图版三九，2）。M328：2，上腹对称两个扁横耳，耳有上下穿孔，之间填对称两组共八个圆乳钉（图版三九，1）。

Ⅱ式：皆夹炭红衣陶，复原1件。标本M389：2，内折角近平，腹外鼓近圆，器高接近器宽。器内底部有凸凹不平的抹痕，上腹对称四个扁乳钉形横耳，之间填四组共八个圆乳钉，正好为器体的一半，可能有意只随葬一半器物（图一七八，11；图版三九，3）。

D型：此型仅复原1件，特征是窄沿平折，内折角90°～100°，深直腹呈筒状。平底，大多为夹云母褐陶，个别为夹蚌红陶。有的通体压印“之”字形篦点纹。标本H124：1，夹云母红褐陶，陶色不匀，有大块黑斑，沿下一周指甲纹，通体饰“之”字形篦点纹（图一七八，14；彩版一二，2；图版三九，4）。

(4) 卷沿罐。此类器物器形较大，数量也较多。大多为夹云母片和滑石粉陶系，陶色以深红和红褐为主，部分呈灰褐或黑褐色。器壁薄而均匀，器表均素面，较平整，内壁有的有抹划痕。底内角为圆角方形，外周加厚成折角状。卷沿外翻，深直腹，平底较大，沿下对称鸟喙状小钮，应为角把的残余形态，此类器物应从侈口罐演化而来。依底部有明显烧烤痕，应为炊器。依器体形态分两型：

A 型：数量较多。器体较大，沿较宽，均为夹云母深红或红褐色，少量灰褐、黑褐陶，依口沿外翻程度分三式：

Ⅰ式：沿面斜，沿稍外卷，深腹微鼓，量较少。标本 H228：3，夹云母深灰陶，沿较窄（图一七九，2）。W16：1，夹砂红褐陶，器表经打磨，底内呈黑色，外烧成红褐色，可见曾长期作炊器用（图一七九，1；图版三六，1）。

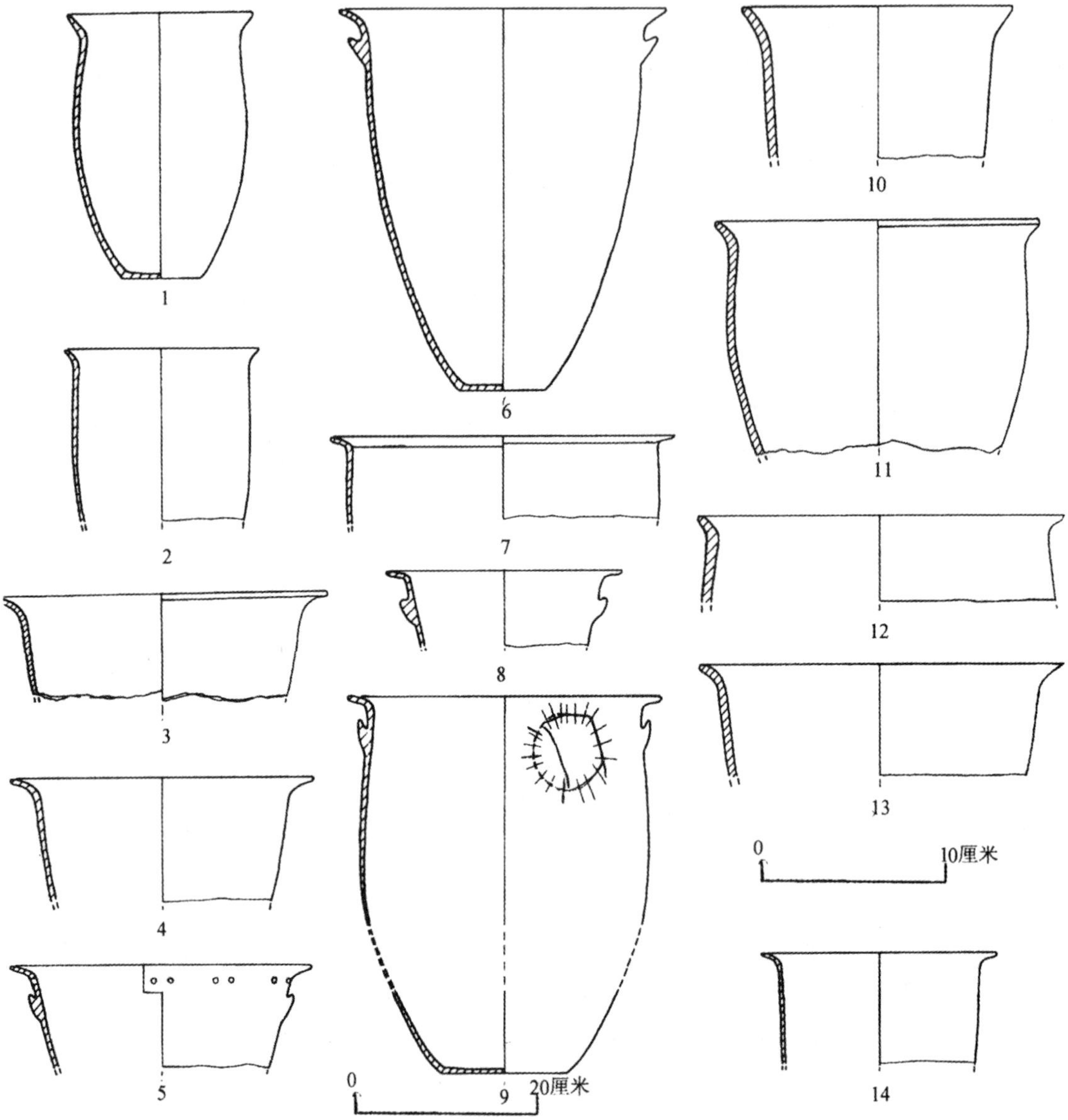

图一七九　陶卷沿罐

1. A 型Ⅰ式（W16：1）　2. A 型Ⅰ式（H228：3）　3. A 型Ⅱ式（H99：3）　4. A 型Ⅱ式（H105：1）　5. A 型Ⅱ式（H104：3）　6. A 型Ⅲ式（H104：5）　7. A 型Ⅲ式（H309：7）　8. A 型Ⅳ式（H75：6）　9. A 型Ⅲ式（H190：2）　10. B 型Ⅰ式（M287：3）　11. B 型Ⅰ式（H97：1）　12. B 型Ⅱ式（H182：1）　13. B 型Ⅱ式（H174：15）　14. A 型Ⅲ式（H102：8）

Ⅱ式：卷沿，沿面斜平，深直腹，平底，沿下有对称鸟喙状钮。以夹云母红、红褐陶为主，也有少量夹云母深灰陶和夹蚌红褐陶。均素面。标本H105：1，夹云母红褐陶，胎壁厚薄不均匀，底部内黑外红，可能为烧烤所致，沿下可见缀合孔（图一七九，4）。H104：3，夹云母红陶，沿下可见四组共8个缀合孔（图一七九，5）。H104：5，夹云母红褐陶，腹壁胎较薄，器表不甚平整，内壁下部呈麻点状（图一七九，6；图版三六，2）。H99：3，夹云母红褐陶（图一七九，3）。

Ⅲ式：卷沿，沿面平，深直腹，平底，沿下鸟喙状钮的作风仍保留，皆为夹云母陶，以红和红褐为主，也有少量灰或黑色。标本H190：2，夹云母红褐陶，口、底部胎稍厚，腹中部壁很薄，陶色不匀，有色斑，外烧成灰白色，可见曾长期烧烤，上腹用直线刻划组成一太阳纹图案（图一七九，9；彩版一二，3；图版三六，3）。H309：7，夹云母红褐陶，有钮（图一七九，7）。H102：8，夹云母陶，内灰外黑（图一七九，14）。H75：6（图一七九，8）。

B型：卷沿较窄，深腹，体较小，且数量很少，陶系以夹蚌红、红褐陶为主，也有少量夹云母灰、黑褐陶和夹砂红陶。依口沿变化分三式：

Ⅰ式：沿外卷，沿面斜折，近AⅢ侈口罐，深腹微鼓，均不能复原，以夹蚌红、红褐陶为主，个别夹砂红陶，陶胎内气孔较多，均素面。标本H97：1，夹蚌红褐陶（图一七九，11）。M287：3，夹蚌红褐陶，内壁呈层状脱落（图一七九，10）。

Ⅱ式：沿外卷，沿面近平，深鼓腹，无可复原者，以夹蚌红或红褐陶为主，夹云母褐或灰黑陶也占一定比例。均素面。标本H182：1，夹蚌红褐陶，胎心呈黑色，器表有抹划纹（图一七九，12）。H174：15，夹蚌红褐陶（图一七九，13）。

（5）筒形篦纹罐。此类器物量很少，形体特征是无沿直腹小平底，呈筒状，器身饰篦纹。陶系多为夹云母红褐陶或红陶。纹饰有竖行篦点纹、“之”字形篦点纹和篦划纹几种。口唇下均有一周压印或指甲纹。依器体变化可分为三式：

Ⅰ式：口微内敛，腹微鼓，最大腹径在中部。标本H35：6，夹云母红褐陶，饰“之”字形篦点纹（图一八〇，1；图版三五，4）。H189：6，夹砂红褐陶，含少量云母片，口部一周指甲纹，通身饰竖行篦点纹。

Ⅱ式：直口，筒状直腹，共3件。标本H290：2，夹云母红褐陶，竖行篦点纹，8行为一组（图一八〇，3）。H273：4，夹云母红褐陶，“之”字形篦点纹。

Ⅲ式：直口，上腹已向内缓收。最大径在口部。2件。标本T114③B：23，夹砂红褐陶，夹少量云母片，近唇缘一周压印纹，通身饰竖行篦划纹（图一八〇，2）。

（6）敛口罐。数量不多，共同特征是敛口，深腹微鼓，小平底，有对称双耳。依口部大小和唇沿特征分四型：

A型：口较小，无沿，器体瘦高，对称双耳作圆乳钉状，根部孔横穿，小平底。夹炭红衣陶，素面。底中间为一小泥饼，周围泥条盘筑至口部成型。依器体和口唇变化分二式：

Ⅰ式：敛口，唇缘稍直，深腹外鼓。标本M373：1，红衣，色较鲜艳（图一八一，3）。M400：1，器体较小（图一八一，1）。标本M349：1，耳以上残（图一八一，2）。

Ⅱ式：敛口，瘦深腹，微外鼓。标本M401：2，底稍加厚（图一八一，4）。

B型：器体与A型同，唯唇外缘外侈呈窄沿，唇沿面内斜直。标本M350：1，腹部有大块黑斑（图一八一，5）。

C型：口较大，最大腹径在上腹部。复原1件。标本T21③B：5，夹砂红褐陶，横耳，耳根部上下穿孔（图一八一，6）。H94：1，夹云母红褐陶（图一八一，7）。

D型：大口微敛，鼓腹，小平底。器形与深腹盆相似，但更深。数量不多。标本H156：4，夹砂

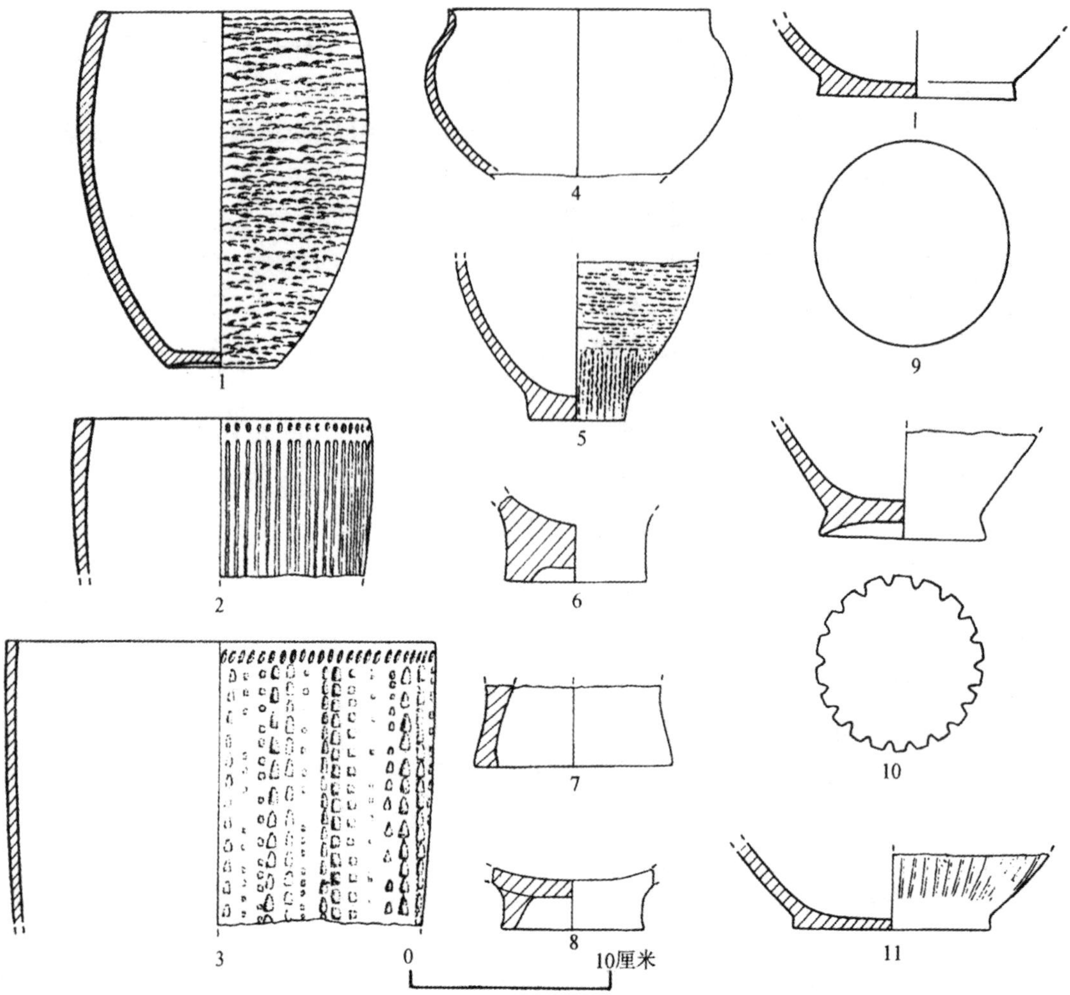

图一八〇　陶筒形篦纹罐、扁腹罐、圈足罐

1. Ⅰ式筒形篦纹罐(H35：6)　2. Ⅲ式筒形篦纹罐(T114③B：23)　3. Ⅱ式筒形篦纹罐(H290：2)
4. 扁腹罐(H127：18)　5. A型Ⅰ式圈足罐(T67⑤：5)　6. A型Ⅱ式圈足罐(T101③B：32)
7. A型Ⅲ式圈足罐(T101③B：33)　8. A型Ⅲ式圈足罐(H120：13)　9. B型Ⅰ式圈足罐(H19：20)
10. B型Ⅱ式圈足罐(H109：2)　11. B型Ⅰ式圈足罐(T103③B：6)

红衣陶，有褐斑，器表磨光，内外壁均见打磨痕(图一八一，8)。H198：6，泥质红陶，长条形鋬状横耳置于唇外缘下，其上对称穿5对10个小圆孔，但均未穿透(图一八一，9)。

(7) 圈足罐。此类器形很少，仅见十多件器足，不知器体如何，个别器形与磁山圈足罐近似。所发现的器足分圈足和假圈足、半圈足几种，从形体上又可分为大、小两型。皆器体成型后，再在底部加泥圈或泥饼而成。以夹砂红褐、褐或灰陶为主，少量为夹云母红或红褐陶，个别为夹炭红衣陶。现依形体分为两型：

A型：器体较小，推测整个器体应为瘦深腹。夹砂或夹云母陶，依底部变化分三式：

Ⅰ式：1件(T67⑤：5)。夹砂褐陶，器表滚饰绳纹，腹微鼓，上残，底内圜，外加泥饼呈平底假圈足(图一八〇，5)。

Ⅱ式：1件(T101③B：32)。夹砂红陶，与Ⅰ式工艺、形状相同，唯底中间上凹，呈半圈足状(图

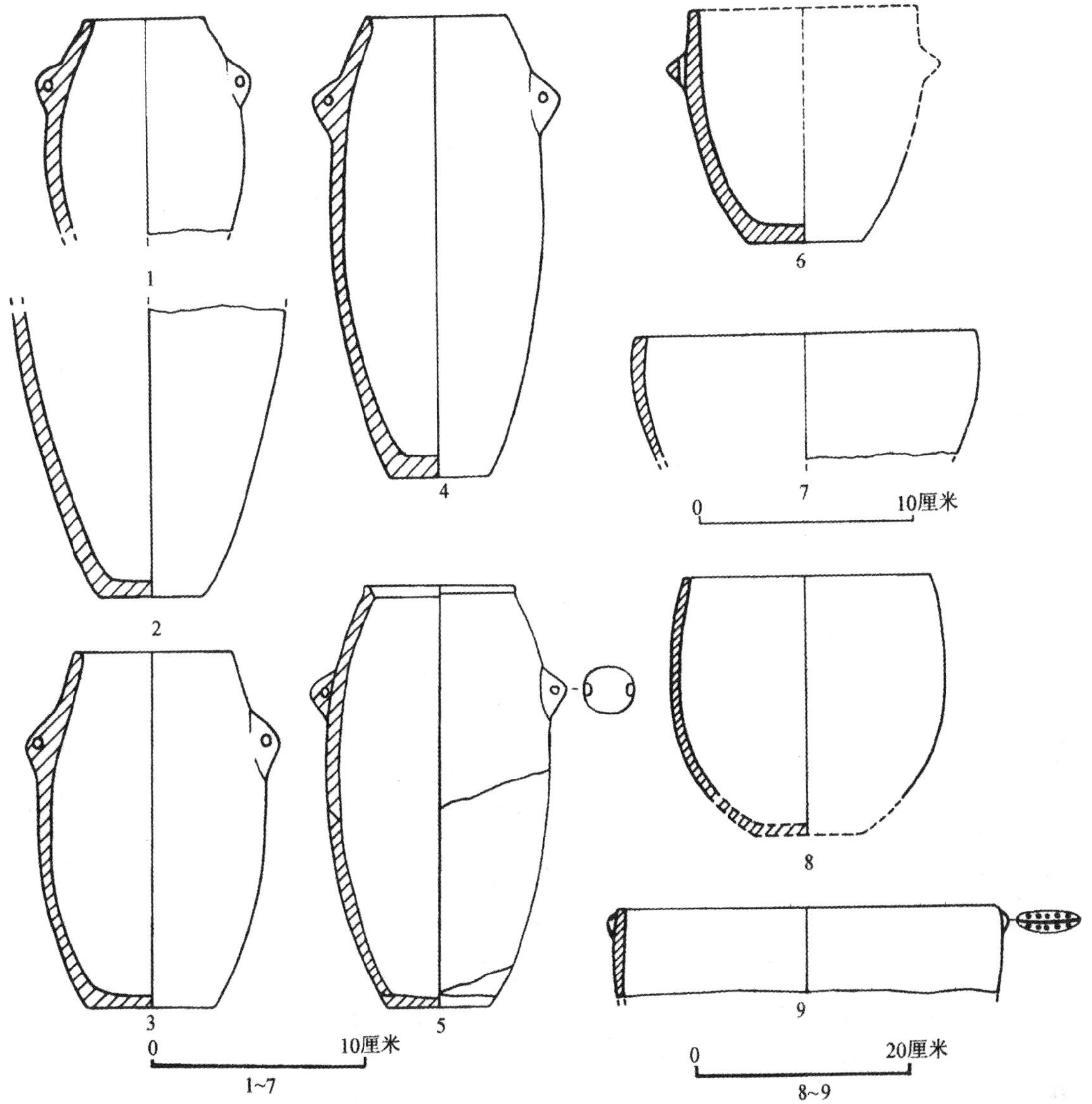

图一八一　陶敛口罐

1. A型Ⅰ式(M400:1)　2. A型Ⅰ式(M349:1)　3. A型Ⅰ式(M373:1)
4. A型Ⅱ式(M401:2)　5. B型(M350:1)　6. C型(T21③B:5)
7. C型(H94:1)　8. D型(H156:4)　9. D型(H198:6)

一八〇,6)。

Ⅲ式:2件。标本H120:13,夹云母红褐陶,器体成型后,在底部加一泥圈形成真圈足(图一八〇,8)。T101③B:33,脱落的残圈足,夹砂红陶,圈足较高(图一八〇,7)。

B型:器体较大,形似圈足碗底,但底部内外有明显烧烤痕,应为炊煮所致。多为夹砂陶,个别为夹云母或夹炭陶。依底部变化分两式:

Ⅰ式:假圈足。器体成型后,在圜底周边附加泥圈使成平底。标本H19:20,夹砂褐陶,内壁呈黑色,底下有明显烧烤痕(图一八〇,9)。T103③B:6,夹砂褐陶,器外壁饰竖行篦划纹,底有烧烤痕(图一八〇,11)。

Ⅱ式:底附加泥圈,底部中间上凹,形成半圈足状,与AⅡ相似。标本H109:2,夹炭红衣陶,底周呈齿牙状花边，底内烧成灰褐色（图一八〇，10）。

（8）扁腹罐。仅见1件（H127：18），夹砂陶，泥片筑成法成型，器表施陶衣并磨光。陶衣为红色，但器内外大部分地方呈黑色或褐色。直口，扁腹微外鼓，下腹斜壁，底残（图一八〇，4）。

（9）小罐。此类器物器体很小，共同特征是口沿介于卷与折之间，似折沿但无明显折角。鼓腹，底部无复原者，以夹砂、夹云母的红或红褐陶为主，也有少量灰色。均素面。依口沿的宽窄分两型：

A型：沿稍宽，依沿部转折变化分两式：

Ⅰ式：沿较陡，内折角115°左右，鼓腹。标本H257：4，内折角转折处稍加厚，夹云母褐陶（图一八二，1）。

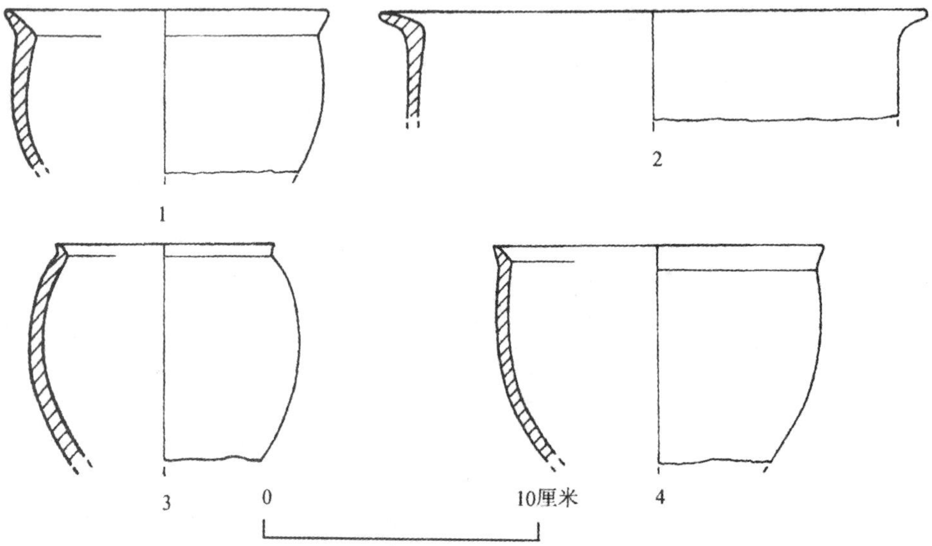

图一八二　陶小罐

1. A型Ⅰ式（H257：4）　2. A型Ⅱ式（H28：56）　3. B型（H35：12）　4. B型（T17③B：8）

Ⅱ式：沿面平。内折角100°左右。直腹。标本H28：56，夹云母深灰陶（图一八二，2）。T28③B：4，夹云母褐陶，胎较厚，腹中部内侧胎壁被减薄。

B型：沿很窄，鼓腹。标本H35：12，夹砂红褐陶（图一八二，3）。T17③B：8，夹砂灰陶（图一八二，4）。

（10）双耳罐。双耳罐是这里数量多，延续时间长，较富变化的一个器类，从最早期到最晚期均有发现，有泥质和夹砂两大陶系，共同特征是口较大，短颈微束较直或不显，深腹外鼓，小平底，颈肩之间竖置双耳，除夹砂陶部分器耳上压饰绳纹外，器表绝大多数涂泥浆后饰红陶衣并打磨光滑，仅个别器物通体饰绳纹。器体较大，多出自房基或灰坑之中，大多破碎，可复原者很少，个别出自墓葬的也多为实用器。依器体特征分为八型介绍（表二八）。

表二八　双耳罐测量记录表　（单位：厘米、克）

器号	型式	口径	腹径	腹高	最大径高	通高	底径	重量
H383：7	AⅠ	11.0	17.6	残17.6				
H383：8	AⅠ	17.4	23.4	15.0	29.2	5.6		2550
H278：5	AⅠ	16.0	21.4		残17.0			
H78：2	AⅠ		30			残15.0		

器号	型式	口径	腹径	腹高	最大径高	通高	底径	重量
H147:5	AⅡ	8.0						
H187:31	AⅡ	13.2	20.9					
M125:1	AⅡ	11.2	16.8	17.0	10.0	19.8	6.8	1350
H112:10	AⅢ	12.0	21.0					
H221:4	AⅢ	12.0	21.2					
H229:4	AⅢ	11.6	20.8	残18.0	残8.4	残22.6		
H342:2	AⅢ	11.3						
T27③:10	AⅣ	10.0	20.4					
H210:2	BⅠ	10.0	24.4					
T114③:15	BⅠ	11.0						
H97:2	BⅡ	11.2	23.4(残)			残15.2		
H252:4	BⅡ	9.6	残20.0			残12.8		
H322:2	BⅡ	10.7						
H379:1	BⅡ	8.8						
T12③C:17	BⅡ	11.6	残23.2			残14.6		
H222:2	BⅢ	8.9	17.8			残22.0		
T21③C:16	BⅢ		18.8					
H14:1	CⅠ	6.8	24.4	34.0	18.0	34.0		
T109③C:65	CⅠ	8.0	18.8			残22.4		
H102:11	CⅡ	8.0						
H102:12	CⅡ	8.0						
H113:11	CⅡ	8.4	21.4	25.2				
M201:1	CⅢ	9.6	17.2	18.6	10.0	25.0		
H75:12	DaⅠ	8.0	17.0					
H102:2	DaⅠ	8.0	21.2					
H257:3	DaⅠ	8.0						
T6③:14	DaⅠ	9.0						
T103③:27	DaⅠ	6.0	12.0					
H105:3	DaⅡ	8.0						
H102:2	DaⅡ	8.0	21.0					
M53:1	DbⅠ	7.3	12.8	12.0	5.5	13.5	5.0	685
M28:1	DbⅡ	6.0	10.0	12.5	7.5	13.5	0.5	530
H155:1	E	8.0	23.4	27.5	14.5	31.5		2050
T105③:6	E	10.0	20.0					
H28:15	F					残10.0	8.0	
H28:36	F	9	20.5					
H28:55	F					残13.0	11.0	
H319:6	G	8.4	20.4			残15.5		
T109③:87	G	10.0	13.0					
M208:1	H	8.4	10.9	12.0	6.0	12.6	4.2	370
H58:2	高领罐	10.0	19.2	19.5	12.0	22.6	9.6	1140

A 型：是最早的主体器型之一，共同特征是短颈微束或不显，鼓腹小平底，牛鼻形竖耳，个别为带状横耳。大多为夹砂红陶，也有一定数量的泥质红陶。器体由瘦高变矮胖，依其变化分四式。

Ⅰ式：口微侈，颈微束，鼓腹较瘦，口径为腹径的 3/4 左右。均夹砂红陶。器表以红衣磨光为主，个别饰绳纹。双耳竖置为主，个别横置。标本 M383：8，正筑，泥片盘筑成型，外底平，外壁通体滚饰绳纹，斜横交错，直至口沿下，下腹和底部经火烧烤，呈砖红色，陶衣脱落，口沿高矮不平。内底圜，内壁湿手抹平，双耳脱落，从痕迹看为竖置，耳孔不太圆，自左向右一面穿（图一八三，2；图版四〇，2）。M383：7，泥片筑成，腹较深，器表红衣磨光，可见横向打磨痕，下腹似经火烧，底残，矮平耳横置，上压饰绳纹，耳孔不太圆，自右至左一面穿，内壁抹平，呈褐色（图一八三，3；图版四〇，1）。H278：5，泥片筑成，器表和口沿内侧饰红衣并磨光，内壁抹平，无红衣，耳竖置，上压饰绳纹，但大部脱落，耳孔也自右向左一面穿，右侧较圆，左侧较扁（图一八三，1）。H78：2，仅存下腹及底部，夹砂红陶，器表红衣磨光，内壁抹平，内底呈黑色，似经火烧。

Ⅱ式：口较直，腹较鼓，口径为腹径的 60%～70%，均夹砂红陶，器表红衣磨光，个别饰绳纹，双耳均竖置。标本 M125：1，正筑泥片圈筑成型，内壁无陶衣，湿手抹平，有斜竖抹痕，器表有横向打磨痕，耳上压饰细绳纹，耳孔较扁，自右向左一面穿（图一八三，4；彩版一三，2；图版四一，1）。H187：31，泥片圈筑成型，外涂泥浆施陶衣后磨光，但在烧时因火候不匀形成黑斑，内壁涂泥浆后抹平，可见斜向抹痕，双耳纵、横剖均为三角形，耳孔较圆，两面对钻，耳上亦磨光（图一八三，6；图版四〇，4）。H147：5，泥片筑成，器表和口沿内侧红衣磨光，内壁涂泥浆后湿手抹平，耳上压施绳纹，耳孔较圆，两面对钻（图一八三，5）。H13：10，泥片圈筑，正筑成型，器表和口沿内侧涂泥浆施陶衣后磨光，可见斜向打磨痕，口沿内侧为横向打磨痕，陶衣呈鲜红色，但有烧制时形成的黑斑，内壁涂泥浆后湿手抹平，耳上压绳纹后施较厚一层陶衣，耳孔较圆，自左向右一面穿（彩版一三，1；图版四〇，3）。H37：9（图版四五，2）。

Ⅲ式：腹更鼓，口径占腹径的 50%～60%。除夹砂红陶外，泥质红陶占一定比例，器表均磨光，双耳竖置。标本 H221：4，夹砂红衣陶，泥片圈筑成型，内壁未施陶衣，有竖向刮痕，颈部为斜向刮痕，口沿内侧和器表磨光，耳上压不太清晰的绳纹，耳孔椭圆形，自右向左一面钻（图一八三，9）。H229：4，泥质红陶，正筑，泥条圈筑成型，器表修整较匀，内壁无陶衣，有竖向刮抹痕，双耳横剖呈三角形，耳孔近扁，自左向右一面穿（图一八三，8；图版四一，2）。H112：10，泥质红陶，内壁无陶衣，有斜向划痕，器壁修整较匀，耳横剖呈三角形，脊棱规整，呈 70°角，耳孔较圆，两面对穿（图一八三，7）。

Ⅳ式：均泥质红陶，器表红衣磨光，器腹更鼓，口径占腹径的 50%左右。标本 T27㉚：10，泥条圈筑成型，器内外壁红衣和泥浆层均大部脱落，可见胎壁内含不少自然砂粒，表明陶土未经陶洗（图一八三，11）。H342：2，口沿内侧磨光，可见横向打磨痕，内壁有横、斜向刮划痕，竖耳较短，耳孔较圆，两面对钻（图一八三，10）。T38②：3，内壁可见刮痕，耳孔两面对钻，耳残后在耳上方另钻一圆孔，径 0.45 厘米，应为代耳系绳之用（图版四一，4）。

B 型：属于此型的碎片很多，但因器形较大，很难复原，仅复原 2 件。此型器物的特征是颈较长，深鼓腹，圜底，半月形双耳竖置，均泥质红陶，器表施陶衣并磨光。从大部分器物于腹中部断残情况分析，此类器可能分为两段，泥条盘筑成型后对接而成。器体由瘦高变矮胖，直口直颈到喇叭口束颈，依其变化分三式：

Ⅰ式：直口直颈，器体瘦高，双耳位于颈肩之间。耳横剖面呈三角形。标本 H210：2，泥条盘筑成型，内壁修治平整，耳横剖呈 44°角，耳孔很圆，两面对钻（图一八四，1；图版四一，5）。

Ⅱ式：喇叭口束颈，腹径增大，双耳位于上腹部，耳很薄，横剖呈长条形，耳孔两面钻，均为泥

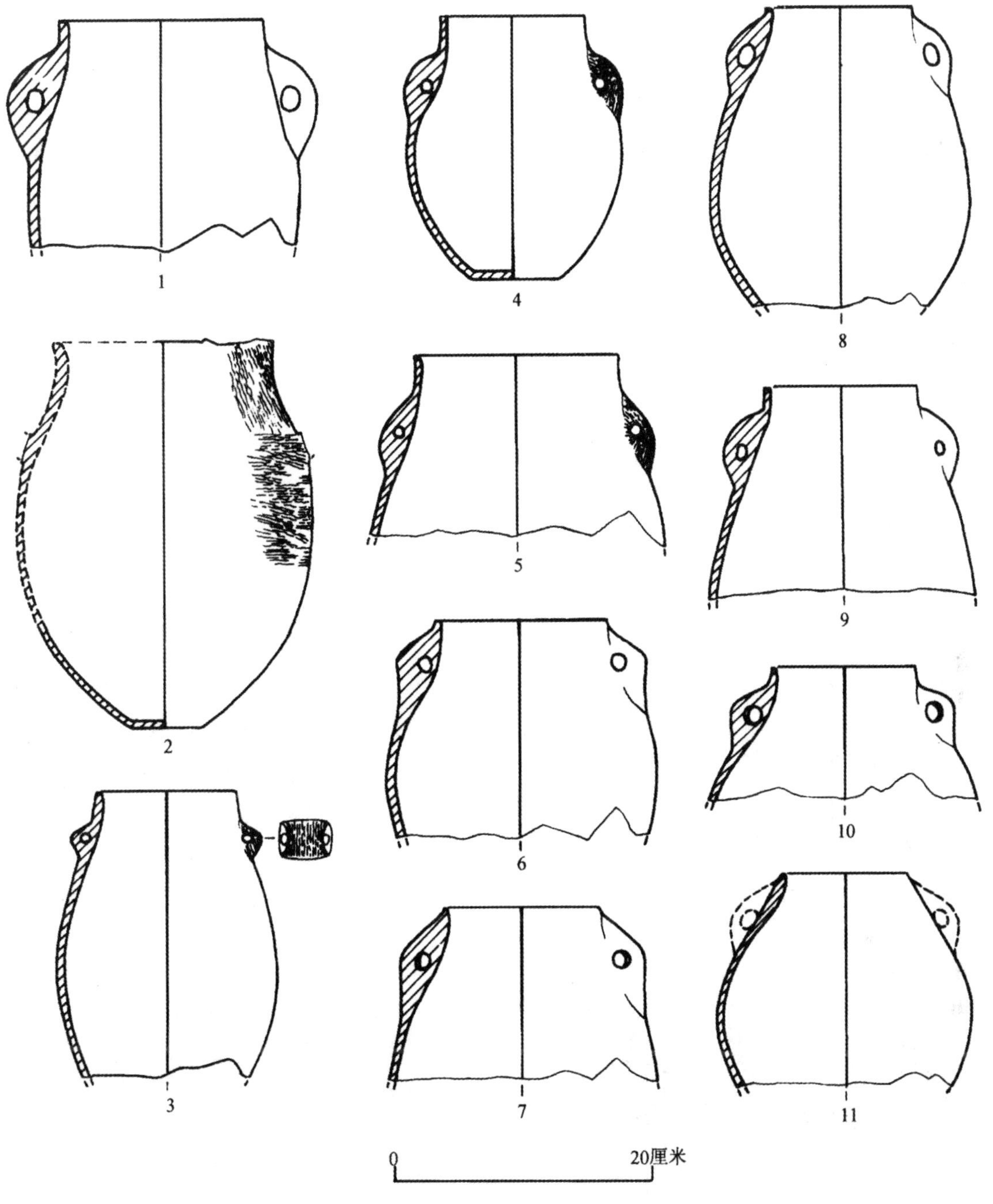

图一八三　陶双耳罐

1. A 型Ⅰ式(H278：5)　2. A 型Ⅰ式(H383：8)　3. A 型Ⅰ式(H383：7)　4. A 型Ⅱ式(M125：1)
5. A 型Ⅱ式(H147：5)　6. A 型Ⅱ式(H187：31)　7. A 型Ⅲ式(H112：10)　8. A 型Ⅲ式(H229：4)
9. A 型Ⅲ式(H221：4)　10. A 型Ⅳ式(H342：2)　11. A 型Ⅳ式(T27㉟：10)

条圈筑成型。标本 H97：2，器表可见打磨痕，颈部为横向，腹部为竖向，内壁有横向和斜向刮痕(图一八四，2；图版四二，1)。H252：4，内壁可见篦刮痕，耳部脱落处刻有便于安耳附着的沟槽，槽深 0.4 厘米(图一八四，3)。T12㉟：17，内壁有很细的竖向篦划痕(图一八四，4)。

Ⅲ式：数量较少，喇叭口束颈，口颈稍细，器体变矮，腹大径和双耳下垂。标本 H222：2，器表

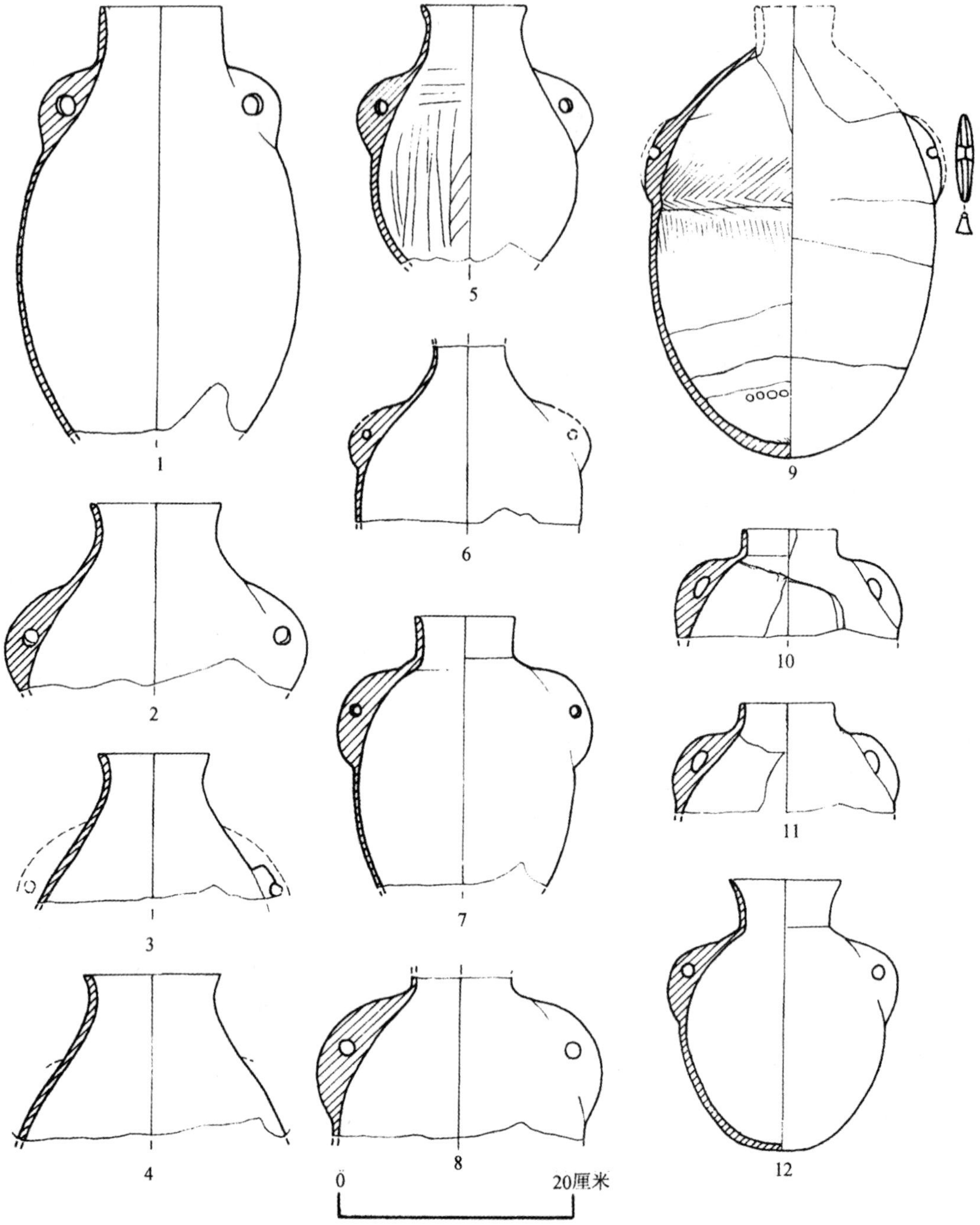

图一八四　陶双耳罐

1. B型Ⅰ式(H210：2)　2. B型Ⅱ式(H97：2)　3. B型Ⅱ式(H252：4)
4. B型Ⅱ式(T12③C：17)　5. B型Ⅲ式(H222：2)　6. B型Ⅲ式(T21③C：16)
7. C型Ⅰ式(T109③C：65)　8. C型Ⅱ式(H113：11)　9. C型Ⅰ式(H14：1)
10. C型Ⅱ式(H102：12)　11. C型Ⅱ式(H102：11)　12. C型Ⅲ式(M201：1)

可见竖向打磨痕，内壁颈部有横向刮痕，腹部有竖向刮痕和斜向篦划痕(图一八四，5；图版四二，2)。T21③C：16，器表陶衣大部脱落，器内壁可见泥条凸棱、指窝和手指抹痕，指窝较小，四个一组，宽约5厘米，单个指窝宽1～1.5厘米（图一八四，6）。

C型：小口直颈，颈肩之间有明显分界，深鼓腹或近圆，圜底。上腹竖置半月形双耳。上腹与下腹分两段泥条盘筑成型后在腹中部对接成型。颈部也为单做，插入上腹后粘接成型。均泥质红陶，器内外壁均涂泥浆后，器表再施一层陶衣并磨光，内壁刮削划抹使之大体平整。器型变化是口由直到敞，腹由瘦高到近圆。依其变化分三式：

Ⅰ式：直口直颈，鼓腹瘦，口径占腹径的一半以下，腹径占腹高的70%～80%。标本H14：1，器体分两段泥条盘筑成型，在腹中部套接，接缝处下包上，内壁满布手指抹痕，上腹向左斜，接缝处向左斜，下腹垂直向。下腹泥条接缝处多见手指窝，四个一组，宽4.5厘米，依两指窝间凸棱计，食指和中指窝宽1.2厘米，无名指窝宽1.1厘米，小指窝宽1.0厘米。内底有泥条首端盘旋痕和拍打形成的折皱，耳孔一面钻（图一八四，9）。T109㉚：65，颈部内壁亦较直，肩部突向外，明显为颈插入后肩包颈形成，肩部内壁有横向手指抹痕，腹部有竖向手指抹痕，此器表明为颈、上腹、下腹至底三段分做后套接成型，器表陶衣大部脱落，显现出胎壁内含不少自然砂粒，表明陶土未经淘洗，耳孔两面对钻（图一八四，7；图版四二，3）。

Ⅱ式：直口或外侈呈喇叭状，直颈，腹径占腹高的80%～90%。标本H113：11，器表有竖向打磨痕，内壁、颈、腹部为竖向刮痕和篦划痕，肩部有指窝和横向抹痕。耳孔一面钻，很圆（图一八四，8）。H102：11，颈较直，颈肩接缝在肩部，耳孔呈长椭圆形，自左至右一面穿（图一八四，11）。H102：12，器表有横向打磨痕，内有手抹痕，器腹径较大，颈肩转折处内外壁均有明显折肩，耳孔两面对穿（图一八四，10）。

Ⅲ式：仅见1件（M201：1），喇叭形口，直颈，腹近圆，腹径占腹高的92.5%，圜底，倒筑，泥条盘筑成型，器内外壁均较规整，但两耳不甚垂直，耳下向两侧稍偏，耳孔很圆，一面钻，器表红衣呈赭红色，有竖向打磨痕（图一八四，12；图版四二，4）。

D型：此型的器形特征是厚胎、短直颈，颈、肩有明显分界，瘦深腹，圜底或小平底，半月形双耳竖置，横剖面多作三角形。泥质红陶，器表涂泥浆后施陶衣并磨光。依形体大小分两亚型：

Da型：形体稍大，大小与A、B、C型略同。无可复原者，依颈、腹部变化分两式：

Ⅰ式：直口或微敛，深直腹较瘦，但内折肩不显。泥条盘筑成型，内壁多有刮、抹、划、削痕。标本H75：12，器表泥浆、陶衣层大部脱落，暴露出外壁在涂泥浆前也曾经过竖向篦刮，以使胎壁平整，涂泥后又经过竖向打磨。内壁有较深的横、斜向刮削痕，也是使器壁平整的一种措施，但仍是凸凹不平。耳横剖三角形呈22°角，耳孔一面钻（图一八五，2）。H257：3，内壁有抹痕，耳横剖呈53°角，耳孔在坯体未干时两面对穿（图一八五，1）。T6㉚：14，内壁肩部有竖向篦划痕，颈部有横向篦划痕，耳横剖角48°，耳孔用钝锥状工具两面斜向对钻（图版四一，3）。

Ⅱ式：颈部与肩部转折处用手指施转抹压成凹弧状。器腹稍宽。标本H102：2，内壁有竖向刮痕。耳孔两面对钻，耳横剖呈36°角（图一八五，4）。H105：3，泥条盘筑，内壁有泥条缝和竖向手抹痕，颈部有旋转抹痕，外壁肩部抹出一棱（图一八五，3）。

Db型：与Da型器形特征同，但器体较小，与壶大小略同。数量很少，依器体变化分两式：

Ⅰ式：仅见2件。标本M53：1，直口直颈微敛，器体歪扭不对称，一侧为深直腹，一侧为圆鼓腹，小平底，器表颈部有横刮痕，腹部有打磨痕，内壁腹部有横刮痕，颈部有施转篦划痕，内底微凹，此器为在小圆饼底周盘筑泥条成型，耳孔两面对称但未对准，耳横剖呈35°角（图一八五，7）。

Ⅱ式：仅见2件。标本M28：1，直口直颈，颈肩转折处有手指抹压痕，深腹，尖圜底，器表有打磨痕，内底中间有小凹坑，小泥片填塞，内壁有泥条缝和拍打形成的折皱，表明此器为倒筑泥条盘筑成型，双耳竖置，耳孔两面对钻，耳横剖呈20°角（图一八五，8；图版四三，1）。

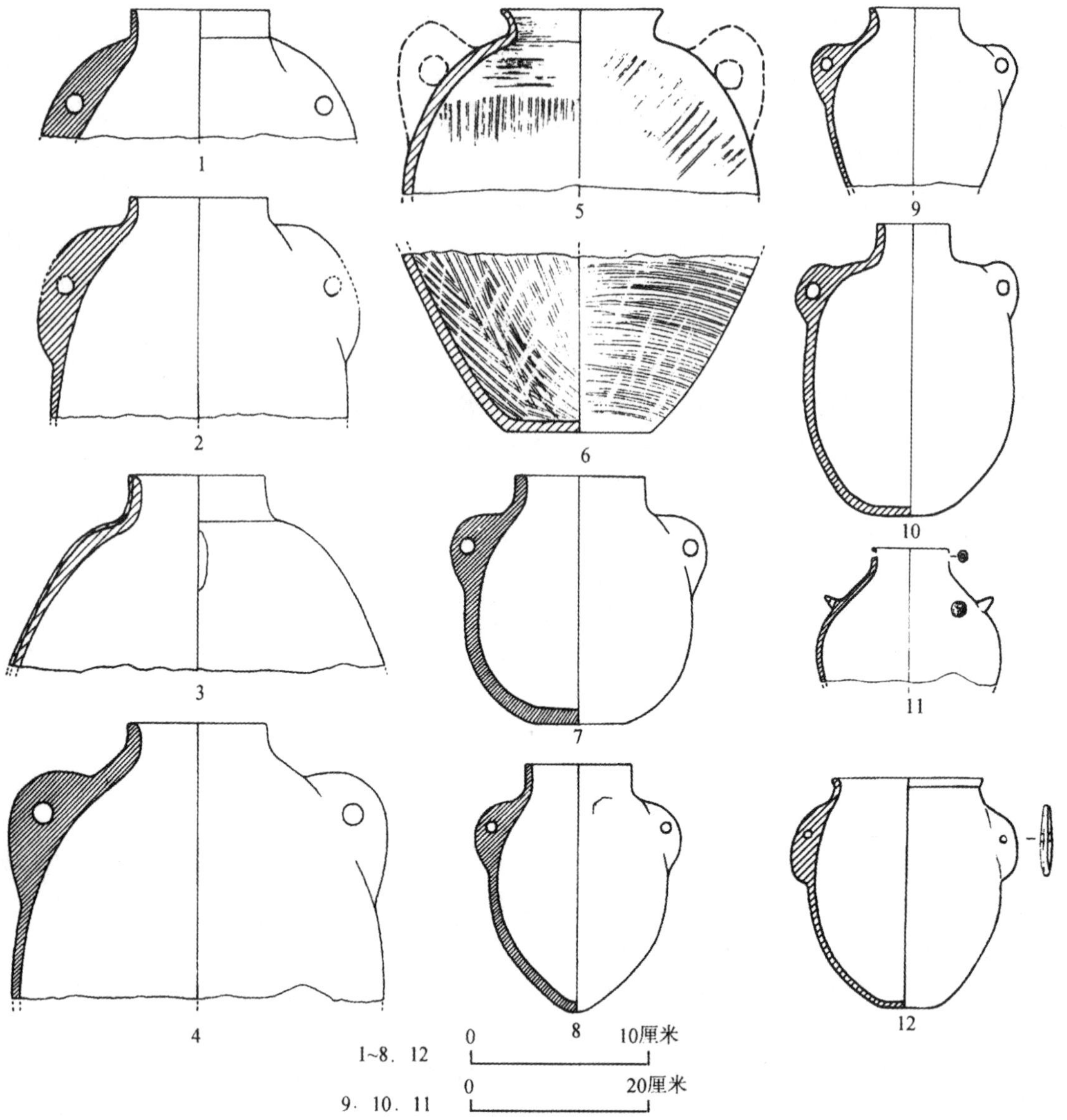

图一八五　陶双耳罐

1. Da 型Ⅰ式(H257：3)　2. Da 型Ⅰ式(H75：12)　3. Da 型Ⅱ式(H105：3)　4. Da 型Ⅱ式(H102：2)
5. F 型(H28：36)　6. F 型(H28：15)　7. Db 型Ⅰ式(M53：1)　8. Db 型Ⅱ式(M28：1)
9. E 型(T105③B：6)　10. E 型(H155：1)　11. G 型(H319：6)　12. H 型(M208：1)

E 型：小直口，矮直颈，深直腹较瘦，上腹部对称置双竖耳，耳廓上耸，圜底。均泥质红陶，器表涂泥浆后施陶衣并磨光，量较少。复原 1 件(H155：1)，器表陶衣大部脱落，内壁、底修整光滑，颈、肩转折处内外均有接缝，双耳廓上耸，双耳孔一面钻(图一八五，10；图版四三，2)。T105③B：6，器表有竖向打磨痕，内壁有斜向、肩部内壁有横向刮痕，颈肩转折处内外均有接缝，耳廓稍上耸，耳孔两面对钻(图一八五，9)。

F 型：喇叭口，矮颈，圆鼓腹，平底，双竖耳高耸，泥质红陶，正筑泥片盘筑成型，泥片外加，内外壁通体饰篦划纹。耳上亦有篦划纹，耳孔两面对钻。数量较少，无可复原者。标本 H28：36，篦划纹上至唇缘外侧，颈肩转折处折角明显，但系修出，正筑泥片盘筑成型，泥片缝隙明显，泥片外加，器表篦划纹斜竖相间，内壁肩部为旋转式，腹部先湿手抹过但未抹平，篦划纹不显，耳部脱落处可见先压出的凹坑和横划的刻槽(图一八五,5)。T17㊂B：9，腹部泥片呈鱼鳞状脱落。H28：15，下腹到底部，内、外壁及内底均通饰篦划纹，器表横饰、内壁底斜向交错(图一八五,6)。

G型:数量很少，仅见2件。标本H319：6，泥质红陶，泥片圈筑成型，器表红衣磨光，内壁密布篦划刮痕，横、斜、竖交错，小口矮颈，沿微外侈，颈微束，溜肩，圆腹近扁，腹中部以下残，肩部装对称錾状横耳，耳孔两面对钻，但对得不甚准，稍有错位，两耳之间平行处一面填二圆乳钉，等距离分布，一耳残断，在口沿对应处自外向内钻一圆孔，孔外径1.15厘米、内径0.6厘米，应为代替耳系绳之用(图一八五,11;图版四三,3)。

H型:仅见1件(M208：1)，泥质红陶，内底中间有泥条首端凸起，顺时针旋转盘筑，腹中部以上为泥条圈筑成型，内壁泥条缝隙明显，器表施红衣并磨光，可见竖向打磨痕，口较大，窄沿微侈，沿外一周凹槽，上腹竖置对称半月形双耳，耳孔自右至左一面钻，很圆，深腹外鼓，小平底不甚平(图一八五,12;图版四三,4)。

(11)高领罐。侈口呈喇叭状，直领、圆肩，领肩转折处有明显折角，下腹斜直或作反弧形内收，平底。夹炭红衣陶或泥质红衣陶，器表磨光。内壁有的有篦划纹。数量不多，复原1件(H58：2)，陶衣呈赭红色，器表可见打磨痕(肩部横向，下腹斜向)，从底部观察，为在圆饼底上盘筑泥片成型，内壁平整，颈在肩上口对接，夹炭红衣陶，口径10、底径9.6、高22.6厘米(图一八六,1;图版四四,1)。

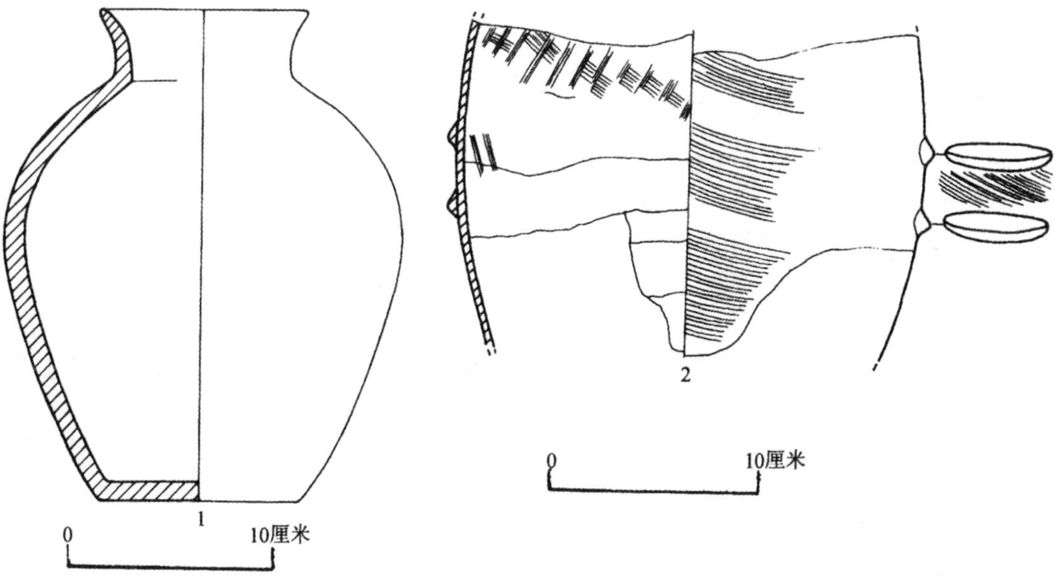

图一八六　陶高领罐、缸

1. 高领罐(H58：2)　2. 缸(H16：5)

(12)角把。角把罐器形虽较简单，但角把的变化则很繁缛，形式多样，有的不但有实用功能，还有较强的装饰性。其制作工艺，一般都是在器体成型后，待半干时，用利器在需装把部位划出较深沟槽以便使把牢固粘附在器壁上，把是先做成一泥条，待捺在器壁上后，在把根周围用绳拍或其它工具使劲捺压使其牢固的粘附在器壁上，大多在把上滚压或捺压绳纹，少量为素面。把的形式变化很大，可分为六型：

A型：凿形，数量最多，变化也最大，大体分为四个亚型：

Aa型：器体窄长。分为三式：

Ⅰ式：较规整，器体较长，大多表面压印绳纹。标本H112：36，把体平面呈长方形（图一八七，1）。H187：35，细绳纹横滚，成组排列（图版四五，1）。

Ⅱ式：把体与Ⅰ式同，唯器体较小，大多饰绳纹。标本H171：3，把端呈方形（图版四五，3）。

Ⅲ式：很少，制作较粗糙。标本T73⑤：2，捏制粗糙（图版四五，4）。

Ab型：器体较宽。分两式：

Ⅰ式：器体较规整，标本H147：7，把表面绳纹条状分布，把端为长方形（图一八七，2；图版四五，5）。

Ⅱ式：较粗糙，量很少。标本T75⑤：2，素面有陶衣，把端为长椭圆形。T73④：12（图版四五，6）。

Ac型：器体窄且短，侧视三角形。分两式：

Ⅰ式：制作规整，大多有绳纹。标本H76：5，把表绳纹粗且稀疏（图一八七，3）。H290：11，表面满压线纹（图版四五，7）。

Ⅱ式：制作较粗糙，无绳纹。标本H303：10，器体小，素面（图版四五，8）。

Ad型：把端呈圆弧形。分两式：

Ⅰ式：标本H303：4，把端较厚（图一八七，4）。H111：5，绳纹较粗，器表红褐色（图一八七，5；图版四五，10）。H278：3（图版四五，13）。

Ⅱ式：较粗糙，素面。H303：2，唯器体小（图版四五，11）。

B型：与A型器体相似，唯把端较宽。器表大多饰绳纹，依器体变化分三个亚型：

Ba型：器体窄长，呈鸭嘴形。分两式：

Ⅰ式：数量很大，制作规整，器表多有绳纹。标本H111：2，器体较大，为较形象的鸭嘴状（图一八七，6；图版四五，9）。H82：7，器体较小，侧视呈三角形。H147：8，把端稍厚。

Ⅱ式：器体较小，制作粗糙，素面。标本H250：2，把端稍下撇（图版四五，12）。

Bb型：器体宽短，锛状，侧视三角形，多饰绳纹。标本H269：1，把端稍下撇（图一八七，8）。H115：21，把很短，素面（图一八七，7；图版四五，14）。

Bc型：仅见1件（T27㉚：5），把端宽而薄，端刃圆弧形，弧刃呈铲状（图一八七，9；图版四五，15）。

C型：圆锥状，似一对兽角，器表绳纹或素面。又可分为两亚型：

Ca型：把端斜直。分为三式：

Ⅰ式：把较粗大而规整。标本H320：4（图一八八，1；图版四六，1）。

Ⅱ式：把体蜕化，近似一大乳钉。标本H383：2，足根部压饰细绳纹（图一八八，2；图版四六，2）。

Ⅲ式：乳钉状。标本H279：1，把上压饰绳纹（图一八八，3；图版四六，3）。

Cb型：把尖下撇或上翘，多素面。依变化分三式：

Ⅰ式：把尖下撇。标本H383：1，上饰指甲纹（图一八八，4）。

Ⅱ式：把尖近直微上翘。标本H307：2，把体稍瘦，端较尖（图一八八，5；图版四六，4）。

Ⅲ式：把体上翘。标本H199：1，夹砂夹炭陶（图一八八，6；图版四六，5）。

Ⅱ、Ⅲ式应是鼎类的把。Ⅰ式是角把罐的把。

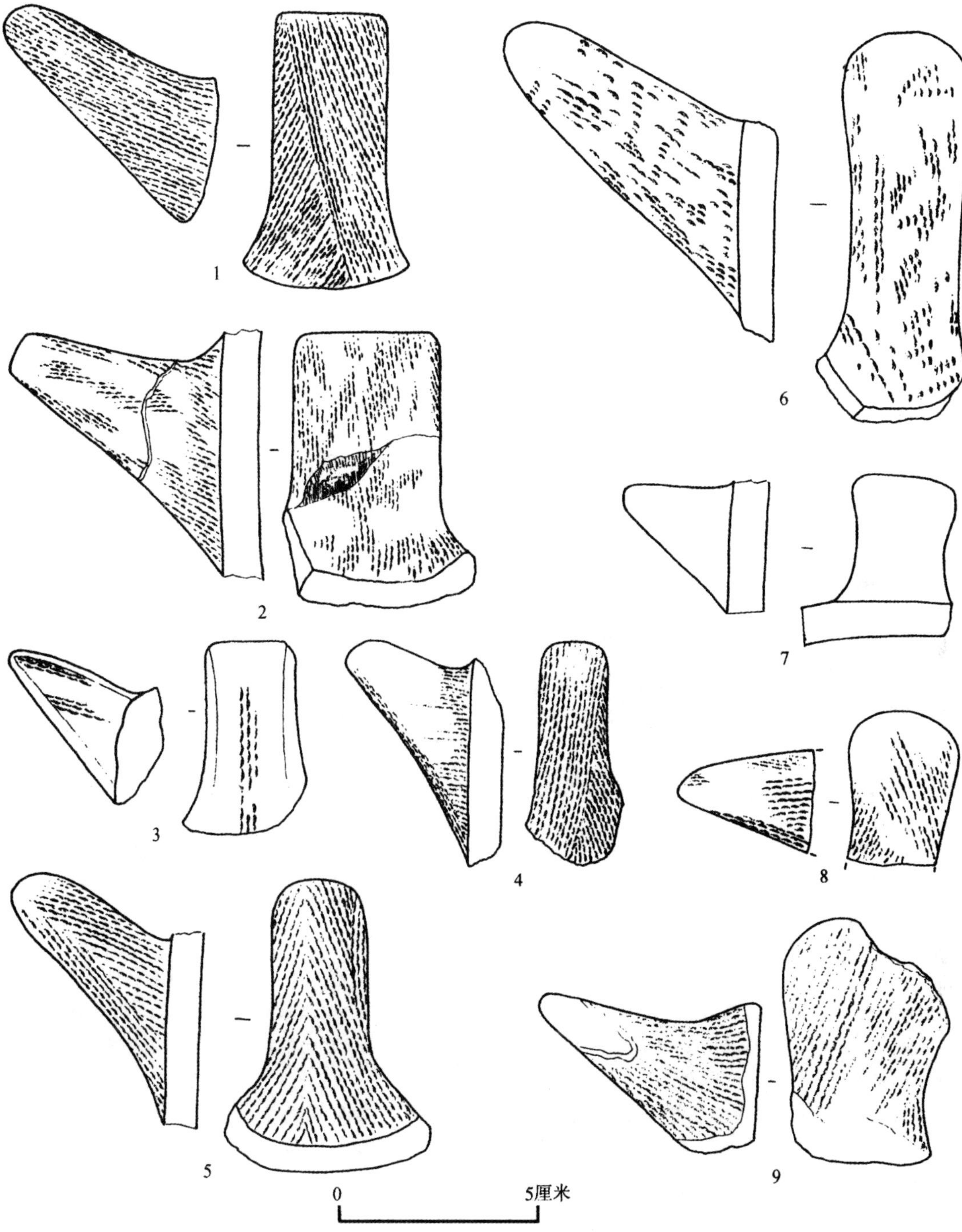

图一八七　陶角把罐把

1. Aa 型Ⅰ式(H112∶36)　2. Ab 型Ⅰ式(H147∶7)　3. Ac 型Ⅰ式(H76∶5)
4. Ad 型Ⅰ式(H303∶4)　5. Ad 型Ⅰ式(H111∶5)　6. Ba 型Ⅰ式(H111∶2)
7. Bb 型(H115∶21)　8. Bb 型(H269∶1)　9. Bc 型(T27③C∶5)

D 型：体扁。把端弧形呈舌状，依其特征分两亚型：

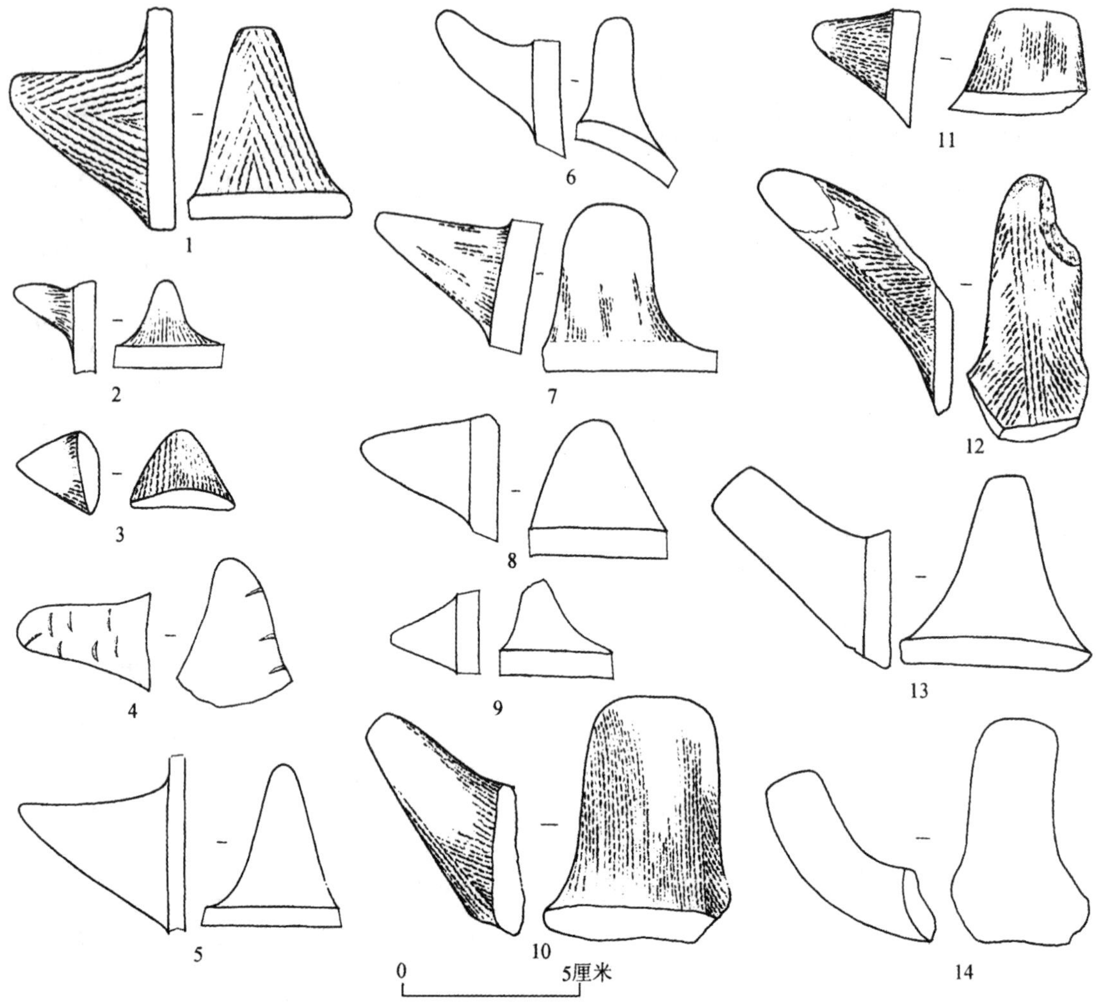

图一八八　陶角把罐把

1. Ca 型Ⅰ式(H320：4)　2. Ca 型Ⅱ式(H383：2)　3. Ca 型Ⅲ式(H279：1)　4. Cb 型Ⅰ式(H383：1)　5. Cb 型Ⅱ式(H307：2)　6. Cb 型Ⅱ式(H199：1)　7. Da 型Ⅰ式(H278：2)　8. Da 型Ⅱ式(H274：3)　9. Da 型Ⅲ式(H240：2)　10. Db 型(H242：2)　11. Db 型(H304：1)　12. Ea 型Ⅰ式(H245：1)　13. Ea 型Ⅱ式(T68⑤：10)　14. F 型(T19Ⓒ：2)

Da 型：平面呈三角形，把端呈圆弧形，发展趋势亦是由大而规整到小而草率。可分三式：

Ⅰ式：器体较长。标本 H383：3，把端稍下撇，绳纹。H278：2，绳纹较稀疏(图一八八，7；图版四六，7)。H262：2，器表用刃状工具横压(图版四六，6)。

Ⅱ式：器体稍短。标本 H303：8，素面，较光滑(图版四六，8)。H274：3，器体较粗糙(图一八八，8)。

Ⅲ式：器体很短，趋于蜕化，呈扁乳钉形，素面。标本 H240：2，把端稍尖(图一八八，9)。H315：9，灰陶(图版四六，9)。

Db 型：平面呈梯形，把端呈圆角方形，器体饰绳纹。标本 H242：2 器体较大(图一八八，10；图版四六，10)。H304：1，器体短小(图一八八，11；图版四六，11)。

E 型：柱状，可分为两亚型：

Ea 型：圆柱状。分两式：

Ⅰ式:把端圆弧形。标本H245:1,通身压饰粗绳纹(图一八八,12;图版四六,13)。H304:3,素面(图版四六,12)。

Ⅱ式:把端较平齐。标本T68⑤:10,把端稍细,器体平面呈梯形(图一八八,13)。H187:34,饰于C型角把罐上,器体较小但压饰绳纹较粗(图版四六,14)。

Eb型:方柱状。标本H13:9,器体稍扁,近扁柱状。T109㉟:74,绳纹竖施(图版四六,15)。

F型:1件(T19㉟:2),素面,器体呈弯曲的方柱状(图一八八,14;图版四六,16)。

(13) 器耳。根据器体大小,形态特征将器耳分为五个型:

A型:器体较大,均见于A、B、C型双耳罐。根据形态变化分八式,其中Ⅰ、Ⅱ式绝大多数为夹砂红或红褐陶,Ⅲ～Ⅷ式均泥质红陶。

Ⅰ式:圆拱型,耳孔横剖面呈半圆形。均夹砂红或红褐陶。大多压饰绳纹或细绳纹,少量红衣磨光。标本H241:2,夹砂红褐陶,压饰粗绳纹,器体宽短(图版四七,3)。H262:7,夹砂红陶,器体较长,压饰较粗绳纹(图版四七,4)。

Ⅱ式:圆拱形,耳孔横剖面呈近三角形,中间脊稍显。大多夹砂红或红褐陶,个别泥质红陶。大多压饰绳纹,少量红衣磨光。标本H37:19,器体较窄,压饰绳纹,夹砂红陶(图版四七,5)。H221:13,夹砂红衣陶,素面(图版四七,6)。T31㉟:15(图版四七,8)。

Ⅲ式:圆拱形,耳孔部横剖面呈三角形,中间脊较明显,角度在50°以上。均泥质磨光红陶。标本H198:11,耳稍宽(图版四七,7)。T74⑤:17,器体稍显窄高。

Ⅳ式:器体向窄高处发展,近半月形,但耳座仍比耳脊宽,横剖面呈锐角三角形,角度在10°～20°之间。标本H274:4,器体稍厚(图版四八,1)。

Ⅴ式:器体上半部接长,中部加高,下段近平折,耳孔偏上形成垂耳,器体扁薄,脊缘及基座部位厚度接近。标本H339:26,耳孔偏上(图版四八,2)。

Ⅵ式:器体上、下均加长,下段形成斜折,耳孔仍偏上,具垂耳作风。标本H270:4,器体长且高(图版四八,3)。

Ⅶ式:上、下均等斜收,形成真正的半月形。标本H339:25,耳孔稍偏上。H339:28,耳孔位于正中(图版四八,4)。

Ⅷ式:孔仍为圆弧形,但长而矮,呈新月形,标本T37②:7,器体较长,稍厚,孔稍偏上(图版四八,6)。

B型:特征及发展趋势与A型大致相当,但形体较小,均见于壶类器物。据器体特征变化分六式。

Ⅰ式:圆拱型,耳孔部横剖面呈半月形或近三角形,但因体形较小,特征不明显。均夹砂红陶,器表多饰陶衣并压施绳纹或细绳纹。标本置在AⅡ罐形壶H115:23上,压施绳纹(图版四八,5)。H82:9,压饰细绳纹。

Ⅱ式:横剖面圆拱形,但器体增高。均泥质红陶,施红衣并磨光。标本H13:17,穿孔规整(图版四八,8)。H331:3,两面对钻,孔不对称。H333:3,钻孔两面稍有错位。

Ⅲ式:横剖面呈三角形。标本H335:1,器体稍长稍矮。H16:10,器体较长。H327:9,器体稍短(图版四八,7)。

Ⅳ式:横剖面呈三角形,但较Ⅲ式窄。标本H304:10,器体高而短。T66⑤:11,器体较高(图版四八,14)。

Ⅴ式:器体窄薄,形成半月形。标本H339:27(图版四八,10)。

Ⅵ式:耳下部急收形成垂耳。标本H290:14,下部斜收(图版四八,9)。H290:15,下部平收。

C 型：脊缘薄呈刃状，基座部较宽，耳部横剖面呈三角形，角度在 20°～30°之间，均泥质红陶。依器体大小分二亚型。

Ca 型：器体较大。标本 T18㉝B：22，脊缘很薄（图版四八，12）。H50：10，耳不对称，脊缘较圆钝。

Cb 型：器体较小。标本 H273：6，器体稍矮。T114㉝B：21，器体较小（图版四八，13）。

D 型：耳向上耸，器表大多饰篦划纹。均泥质红陶。依上耸程度不同分三式：

Ⅰ式：耳上端内侧下勾。标本 H56：2，器体较短。器表素面。T34㉝B：15，脱落处可见榫口结构（图版四八，16）。

Ⅱ式：耳上端平折。标本 T33㉝B：15，上角近折。H28：31，脊压成平面状（图版四八，17）。

Ⅲ式：耳上端斜收。标本 H28：68，耳脊呈钝刃状（图版四八，11）。

E 型：标本不多，仅见于部分扁腹壶。标本 T15㉝B：9，泥质红褐陶，饰于扁腹壶上腹部，耳孔上、下穿，耳不太正，有些草率（图版四八，15）。

2. 缸

1 件（H16：5），器体较大，夹砂红陶，泥条圈筑成型，未见口和底，为腹中部残片，腹颈达 45 厘米，残高 30 厘米，深腹微鼓，腹中部饰对称上下双舌形横鋬，外壁饰横向篦划纹，内壁饰斜向交错篦划纹（图一八六，2）。

3. 鼎

鼎虽然出现于二、三期，但数量很大，依器体特征可分为罐形鼎、盆形鼎、钵形鼎、釜形鼎几类。

（1）罐形鼎。罐形鼎数量很多，且富变化，共同特征是侈口卷沿或折沿，下附三足。其成型工艺，是先泥条盘筑成型，再修整出口沿，附加上鋬手、乳钉和器足，最后涂泥浆作陶衣，打磨而成。陶质以夹砂为主，夹蚌片和骨屑、夹云母和滑石粉也占一定比例，也有个别夹炭陶。器表以素面为主，少量饰篦划纹。有卷沿、折沿、介于卷与折之间、侈口等几种。以器体形态不同分六型：

A 型：卷沿罐形鼎，器体瘦高，卷沿鼓腹，束颈处有对称把手，有的另有对称圆乳钉。足有凿状、锥状二种。以夹砂红陶为主，夹蚌、夹云母者均占一定比例，依口沿和器体变化分四式：

Ⅰ式：沿斜卷，腹微鼓，凿状足，多夹砂红陶，也有一定数量的夹蚌红陶。颈部把手均较大，接近角把。均素面。复原 1 件，残片很多。标本 H198：3，夹砂红褐陶，器表经打磨，底有烧烤痕，把横扁（图一八九，1；图版四九，1）。H385：1，夹砂红陶，口沿有大块褐色斑，把似一大圆乳钉（图一八九，2）。H297：1，夹砂红褐陶，有对称一对把手，还有一对对称圆乳钉（图一八九，3）。H16：3，夹蚌红陶，器表内外满布抹刮痕（图一八九，7）。

Ⅱ式：口沿较Ⅰ式翻卷更甚，器鋬均退化成大乳钉状。凿状足。标本 H142：1，夹砂红陶，下腹烧成红褐色，足残，足根部明显可见贴附痕（图一八九，5；图版四九，2）。M282：3，夹蚌红褐陶，器表斜向较粗的抹划痕（图一八九，4）。

Ⅲ式：卷沿近平，器把退化成仅具装饰作用的小泥钉，圆锥状足。标本 T109㉝B：63，夹砂红褐陶，底部烧成褐色。口沿内外和内壁因窑外渗炭形成黑灰色（图一八九，6；图版四九，3）。H69：7，夹云母红陶，口沿外呈黑色（图一八九，9）。H92：5，夹砂红褐陶。H291：13，夹砂红陶（图一八九，8）。

Ⅳ式：沿平，颈微束，器把退化成小泥钉，多夹云母红褐陶，个别为夹砂红陶。无可复原者。标本 H120：4，夹云母红褐陶（图一八九，11）。H101：3，颈部内束处有一周凹槽（图一八九，10）。

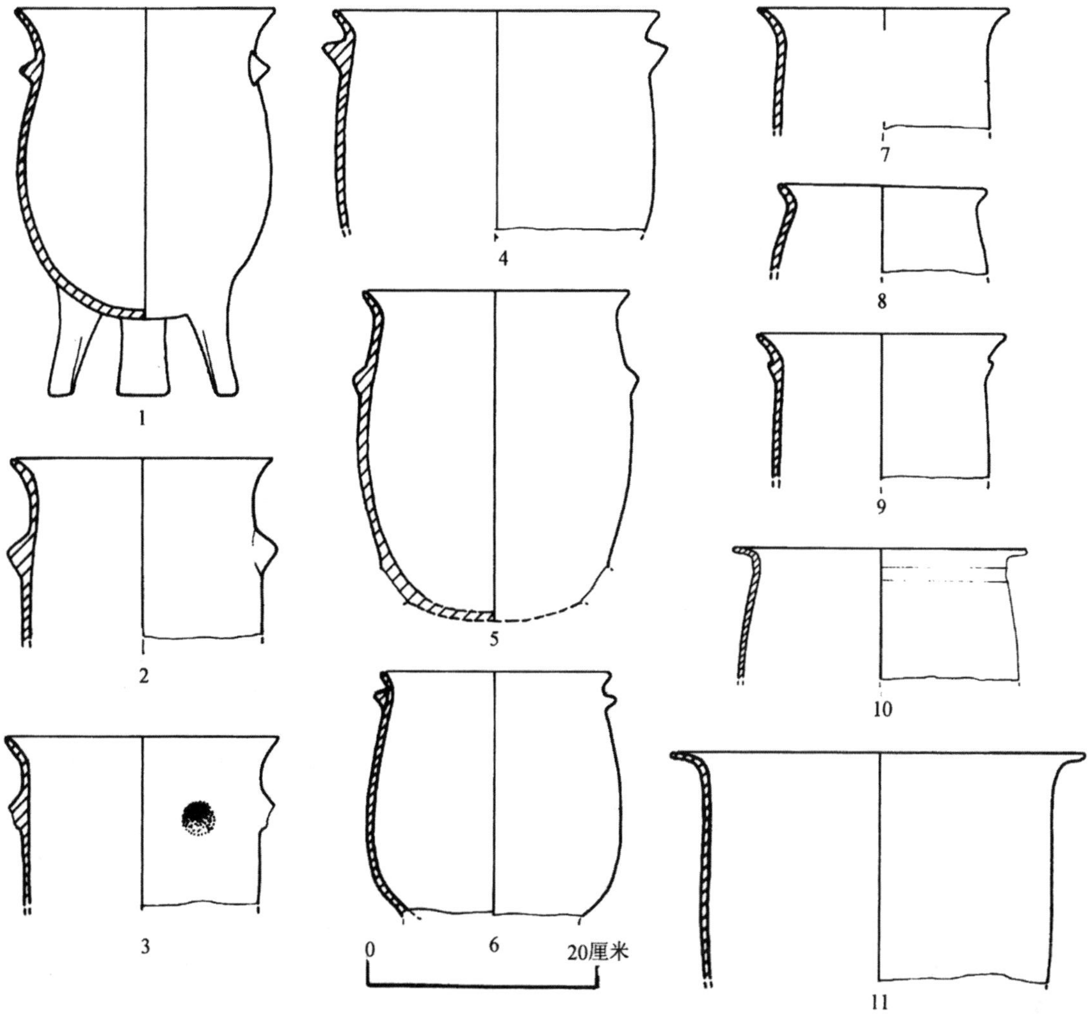

图一八九　陶罐形鼎

1. A型Ⅰ式（H198：3）　2. A型Ⅰ式（H385：1）　3. A型Ⅰ式（H297：1）　4. A型Ⅱ式（M282：3）
5. A型Ⅱ式（H142：1）　6. A型Ⅲ式（T109③B：63）　7. A型Ⅰ式（H16：3）　8. A型Ⅲ式（H291：13）
9. A型Ⅲ式（H69：7）　10. A型Ⅳ式（H101：3）　11. A型Ⅳ式（H120：4）

B型：卷沿罐形鼎，器体较低矮，鼓腹，圜底或近平底，足有凿状、椭圆柱状和圆柱状三种，沿下或上腹有乳钉或盲鼻。多素面，个别饰篦划纹。多夹砂红或红褐陶，也有少量夹蚌或夹云母红陶。依口沿和器体变化分三式：

Ⅰ式：卷沿束颈，沿斜直，沿面平，鼓腹，凿形足，夹砂红或红褐陶，也有夹蚌红或红褐陶，以及个别夹云母红褐陶。器表大多素面，个别饰篦划纹。标本 H70：3，夹细砂红陶，素面，颈下有圆乳钉，圜底近平（图一九〇，2；图版四九，4）。H58：7，夹砂褐陶，胎和内壁呈黑色，内壁磨光，器表素面，局部有清晰的篦划纹（图一九〇，1）。H174：13，夹蚌红陶，陶衣脱落，素面（图一九〇，3）。

Ⅱ式：卷沿近平，沿面上鼓，鼓腹圜底，柱状足，上附有盲鼻或乳钉，以夹砂红褐陶为主，还有夹砂灰陶、夹云母红褐陶、夹蚌红褐陶等。以素面为主，部分器表有篦划纹。标本 H102：3，夹云母红陶，腹近直，足根部圆形，足尖部近方形，底足经烧烤，足为贴附式（图一九〇，4；图版五〇，1）。H105：5，夹云母红褐陶，口沿和内壁呈黑色，从足根部脱落处分析为嵌入式，足脱落后在上方腹壁上穿三个缀合孔，其中有两个未穿透，器物可能已不能再用而废弃，此器出土于H105上层。H19：34：夹云母红褐陶，素面（图一九〇，5）。H19：35，夹砂红褐陶，器表饰篦划纹，沿面和内壁褐色，打磨光滑（图一九〇，6）。

Ⅲ式：卷平沿，腹近垂直或微鼓，圜平底，柱状足。陶质以夹云母为主。少量夹砂红褐陶。数量较小。标本H104：6，夹砂红褐陶，下腹底、足经长期烧烤，器身素面，有一对对称盲鼻和一对对称圆乳钉，足呈椭圆柱状，足上饰篦划纹（图一九〇，8；图版五〇，2）。H120：17，夹云母红褐陶（图一九〇，7）。

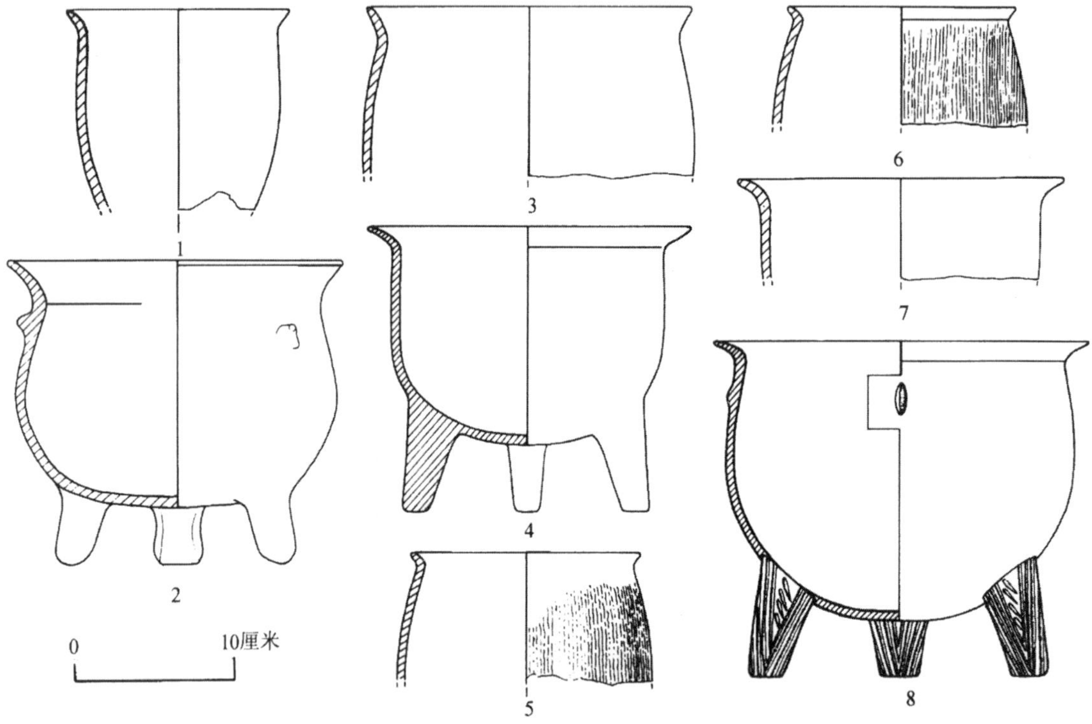

图一九〇　陶罐形鼎

1. B型Ⅰ式（H58：7）　2. B型Ⅰ式（H70：3）　3. B型Ⅰ式（H174：13）　4. B型Ⅱ式（H102：3）　5. B型Ⅱ式（H19：34）　6. B型Ⅱ式（H19：35）　7. B型Ⅲ式（H120：17）　8. B型Ⅲ式（H104：6）

C型：此型器物器体较大，数量较多，但未能复原1件。内壁沿与腹之间有不甚明显的折角，所以此型器物介于折沿与卷沿之间，沿面鼓，唇沿下翻，内折角圆钝，故近似卷沿，鼓腹，圜底。以夹砂红褐陶为主，也有少量夹砂红陶，个别夹云母或夹蚌红褐陶。口沿或内壁大多为黑或灰色。器表大多素面，部分器物饰篦划纹，还有少量绳纹或网绳纹，有的口沿和内壁打磨光滑。器物发展趋势是由高到矮，腹较瘦到圆鼓，口沿由较陡到向下翻卷。依器体变化分四式：

Ⅰ式：卷沿沿面上鼓，内角转折不太明显，转角在130°以上。深腹微鼓。多夹砂红褐陶，少量为夹砂红陶，个别夹云母红陶。素面为主，个别器表有篦划纹。标本H239：1，夹砂红褐陶，外饰陶衣，素面。内折角137°（图一九一，2）。H291：14，夹砂红褐陶，素面，口沿有黑色斑，夹较大白色砂粒，可能是石英砂，内折角133°（图一九一，1）。

Ⅱ式：沿面微鼓，内折角稍小于Ⅰ式，为121°～130°之间，腹鼓，但器体仍较瘦，以夹砂红褐陶为主，有少量夹砂红陶，器表以素面为主，但饰篦划纹比例增加。标本W4：1，夹砂红褐陶，口沿内外呈黑色并磨光，器内壁呈灰色，通体饰篦划纹至沿下，腹部经长期烧烤，沿下有趋于消失的盲鼻。H54：2，沿面微鼓，内折角122°，夹砂红褐陶，口沿呈灰色，器壁较薄，素面，口沿下有一缀合孔。H273：3，内折角129°，夹砂红陶，口沿上有褐斑，腹部竖饰篦划纹至沿下，内壁和沿面黑色并磨光(图一九一，4)。H34：5，夹蚌红褐陶，器表拍饰网状绳纹(图一九一，5)。H57：3(图一九一，3)。

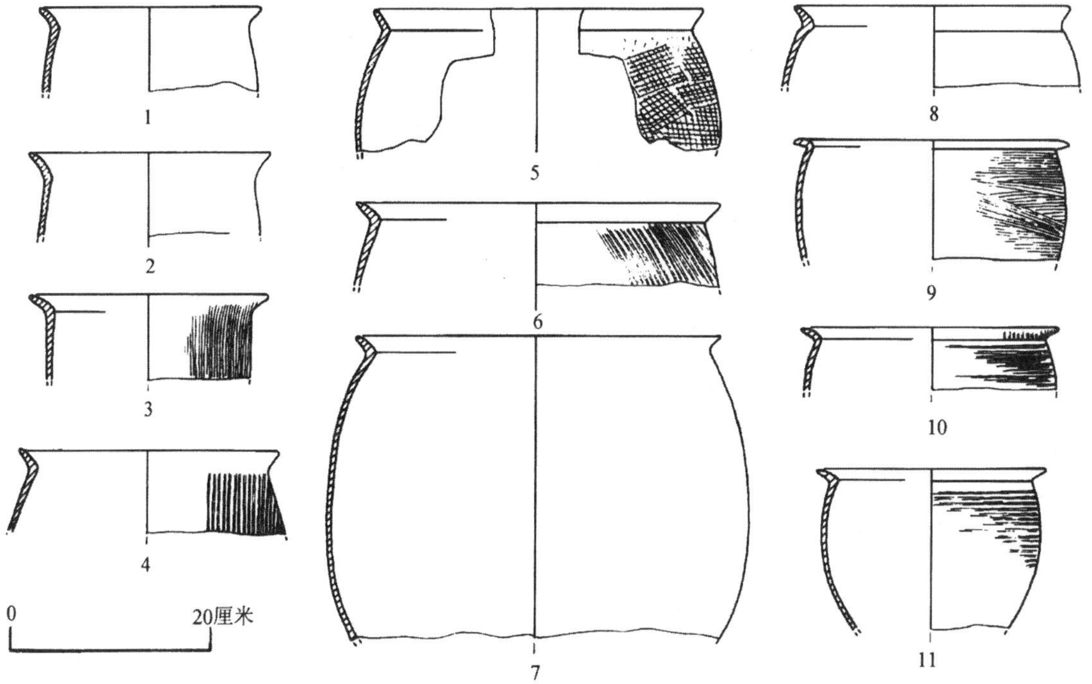

图一九一　陶罐形鼎

1.C型Ⅰ式(H291：14)　2.C型Ⅰ式(H239：1)　3.C型Ⅱ式(H57：3)　4.C型Ⅱ式(H273：3)　5.C型Ⅱ式(H34：5)　6.C型Ⅲ式(H19：33)　7.C型Ⅲ式(H54：1)　8.C型Ⅲ式(H209：2)　9.C型Ⅳ式(H95：9)　10.C型Ⅳ式(T109③：45)　11.C型Ⅳ式(H165：2)

Ⅲ式：内折角更小，为110°～120°，鼓腹。器体容量增大。以夹砂红褐陶为主，也有少量夹砂红陶和夹砂灰陶，还有个别夹蚌红陶。器表仍以素面为主，饰篦划纹者占一定比例。标本H54：1，内折角115°，夹砂红褐陶，素面，施一层很薄的陶衣但大部脱落，沿面磨光，口沿和内壁黑灰色(图一九一，7)。H19：33，内折角118°，夹砂红陶，器表有较细的篦划纹，但大多随陶衣脱落，口沿和器里黑色，但附着一层水垢，呈灰白色，可能系在埋藏过程中形成(图一九一，6)。H209：2，内折角114°，沿下内壁一周凹槽，显系套接口沿时所致，可见清晰的套接痕，夹砂红陶，素面，沿面和内壁黑色，并经打磨(图一九一，8)。

Ⅳ式：唇沿向下翻卷，沿面上鼓，内折角100°～110°，圆腹。以夹砂红褐陶为主，也有少量夹砂红陶、夹砂黄陶，个别夹蚌红褐陶和夹云母红褐陶。器表饰篦划纹者占大多数，其次是素面，还有个别饰绳纹。成型仍是口腹套接法。胎壁厚薄均匀。口沿有抹修痕。标本H165：2，内折角106°，夹砂褐陶，有红褐色斑，器表饰篦划纹至沿外(图一九一，11)。H95：9，夹砂红褐陶，内折角101°，器表横饰较乱的细篦划纹，内壁及沿面黑色并磨光（图一九一，9）。标本 T109③B：45，夹砂红褐陶，器表横划纹，口沿和内壁黑色，内折角 110°（图一九一，10）。

D 型：折沿，内折角明显，与 A 型折沿罐相似，唯鼓腹圜底，圆锥状足。器体较大，数量较多，复原 1 件。以夹蚌红和红褐陶为主，也有少量夹云母红褐陶和夹砂红褐陶。器表以素面为主，绳纹占一定比例，有网绳纹和拍印绳纹两种。器体成型方式，为泥条盘筑后再将口沿外撇，形成内折角。至口部后修整出口沿，纹饰系在成型后用带绳的拍子拍打器壁使之坚固而遗。器表未见施陶衣现象。依口沿和器体变化可分四式：

Ⅰ式：折沿较陡，内折角稍显，在 145°以上，口沿外不见明显转折。腹微鼓。数量很少，以夹蚌红陶为主，也有个别夹云母红褐和夹蚌红褐陶，器表均素面。标本 H331：1，夹云母红褐陶并羼有滑石粉，口沿局部外折，外折角在 145°～170°之间，显系在陶坯未干时用手向外撇出，为折沿工艺的早期形态，口沿不规整，局部不外折，口部略呈椭圆形，深腹微鼓，器物上半部与 A 型深腹盆近似，三锥状足为嵌入式，系在器底周三等分处穿三个孔，将鼎足嵌入后，在器内壁和外壁足根周围按压上陶泥，使鼎足固定，底、足皆有烧烤痕，应为炊器（图一九二，1；图版五〇，3）。H164：1，夹骨屑红陶，素面（图一九二，3）。T109③C：61，夹骨屑红褐陶，素面（图一九二，2）。

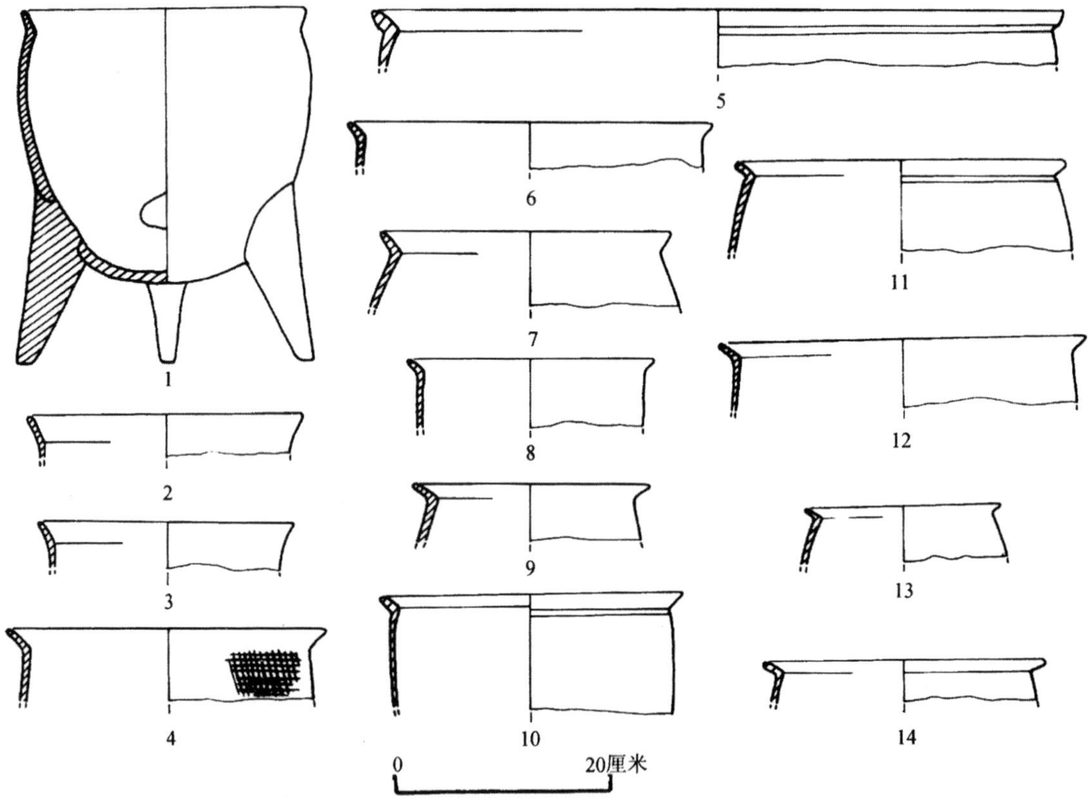

图一九二　陶罐形鼎

1. D 型Ⅰ式（H331：1）　2. D 型Ⅰ式（T109③C：61）　3. D 型Ⅰ式（H164：1）　4. D 型Ⅱ式（T119③C：16）　5. D 型Ⅱ式（H273：7）　6. D 型Ⅱ式（H305：1）　7. D 型Ⅲ式（H28：7）　8. D 型Ⅲ式（H174：11）　9. D 型Ⅲ式（H374：1）　10. D 型Ⅲ式（T11③B：15）　11. D 型Ⅲ式（H28：8）　12. D 型Ⅲ式（H57：2）　13. D 型Ⅳ式（H46：3）　14. D 型Ⅳ式（H19：31）

Ⅱ式：折沿仍较陡，内折角明显，在 121°～140°之间。以夹蚌红褐陶为主，还有少量夹蚌红陶，夹蚌灰陶和夹砂红陶。器表以网状绳纹占大多数，皆饰于夹蚌陶，其余为素面。标本H305：1，沿斜直，夹蚌红陶，有大块灰色斑，网绳纹（图一九二，6）。T119㉞：16，沿面稍弧，夹蚌红陶，有大块褐斑，网绳纹（图一九二，4）。

Ⅲ式：数量较多，内折角在110°～120°之间。有的口沿加厚。以夹蚌红褐陶为主，少量夹砂红褐陶和个别夹蚌红陶，器表网绳纹占大多数，皆饰于夹蚌红褐陶。夹砂红褐陶和部分夹蚌红褐陶为素面。标本H273：7，沿面平，沿外侧加厚成圆弧状，夹蚌红褐陶，素面，陶胎内气孔较多，器表呈坑窝状（图一九二，5）。H28：8，夹蚌红褐陶，内壁红褐色，素面。沿外侧有抹修痕（图一九二，11）。H174：11，夹蚌红褐陶，内壁红褐色，素面（图一九二，8）。H28：7，夹砂红陶，素面，沿外侧有抹修痕（图一九二，7）。H374：1，夹炭黄褐陶，网绳纹（图一九二，9）。H57：2，夹砂红陶，素面，沿斜直（图一九二，12）。T11㉝：15，夹砂褐陶，素面，内壁深灰色（图一九二，10）。

Ⅳ式：数量很少，沿近平或稍向下翻，内折角小于110°，以夹蚌红褐陶为主，夹砂褐陶次之，也有个别夹蚌红陶。器表以素面为主，少量饰网绳纹。标本H19：31，夹蚌红褐陶，素面，沿外侧有抹修痕（图一九二，14）。H46：3，夹蚌红褐陶，器表饰网绳纹，胎较薄，器体较小（图一九二，13）。

E型：数量很少，能确认者仅3件。口、腹部类似C型角把罐。直口，唇缘微侈，直腹，圜平底，等分附三矮足。皆夹砂红褐陶，素面，施陶衣，底部有长期烧烤痕，应为炊器无疑。此类器与关中地区老官台文化的三足罐相似，唯器体较小。标本H229：3，颈微束，腹微鼓，三足呈圆乳钉形，较矮（图一九三，5；图版五〇，4）。H341：6，足横剖面呈椭圆形，可能较高，但均残，内壁烧成黑色，

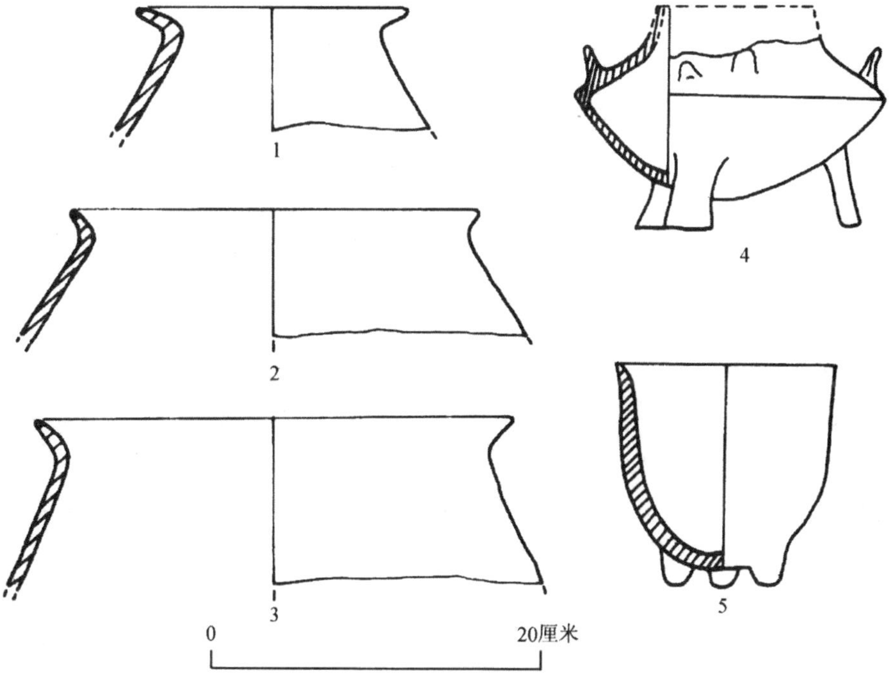

图一九三　陶鼎

1. F型罐形鼎（H264：2）　2. F型罐形鼎（H35：19）　3. F型罐形鼎（T18㉞：12）
4. 釜形鼎（H64：2）　5. E型罐形鼎（H229：3）

底部烧的程度更甚。

F型：此型鼎发现很少，且未见复原者，从其口、腹特征看应归入鼎类。敞口，卷沿，与AⅢ、AⅣ接近，但腹外鼓较甚，与A型特征不合，故另立一型，皆夹蚌红衣陶，陶衣色泽鲜艳，只施于口沿和外表，然后磨光，内壁为原底，有的可见抹划痕。标本T18③C：12，沿面有抹修痕，沿斜卷(图一九三，3)。H35：19，口沿和腹部有黑色斑，沿斜卷，沿内外有抹修痕(图一九三，2)。H264：2，沿面卷平，口部烧成黑色(图一九三，1)。

(2) 盆形鼎。此类标本数量较多，但因器形较大，复原很少。共同特征是方唇，深腹，圜底，三凿形足，器表普遍刷一层红色陶衣。除了花边和乳钉饰外，器表全为素面。器物造型规整，器壁厚薄均匀，火候较高，陶色为纯正的红色。大多为夹砂红衣陶，少数夹炭红衣陶，个别为夹蚌红衣陶，陶胎以红褐为主，也有相当数量的黑或灰胎。从器型上看，此类器物是从早期的深腹盆演变而来。根据器体特征可分两型，B型应是A型的发展，但因中间有缺环，变化较大，故按型来记述。

A型：深腹，壁微弧，类似A型深腹盆，足扁凿状，较矮，唇外沿有的稍凸起，有的不显，个别压饰花边和扁乳钉纹，只复原1件，其余标本少且太碎，不再分式记述。从复原这件的底部观察，未见烧烤痕，疑此类器刚出现时只作盛器而不作炊器用。标本H240：1，唇外沿稍外凸(图一九四，1；彩版一三，5；图版五一，4)。H320：5，器表口沿下饰三周指甲纹(图一九四，3)。H254：6，夹砂红褐陶。H159：6，腹较浅(图一九四，2)。

B型：深腹，壁斜直，凿形足较高，显系A型演化而来，但有明显缺环。从墓中出土的标本底部均未见烧烤痕，而从灰坑中复原的标本底部有明显烧烤痕，可见此类器物应为炊器，而墓中所出应是特意为死者所制器，发展趋势是器体由大到小，胎由厚变薄，由有乳钉、花边饰到无此类装饰，陶系由夹砂红衣陶为主到以夹炭红衣陶为主。依其形态变化分五式：

Ⅰ式：方唇沿面外斜，外缘外凸，周边大多压饰锯齿状花边，沿下大多附加饰扁乳钉一周，数量10～21不等。形体大而厚重，器表红衣鲜艳，大多夹砂陶，仅个别为夹炭或夹蚌陶，标本较多，但仅复原2件。标本M65：1，腹较深、底近平，足根部横穿圆孔，随葬于墓中仅有口沿约1/6并连接一足，可能是丧葬习俗的一种(图一九四，7；图版五一，1)。M396：2，此件较前件胎更厚重，但腹稍浅，圜底，沿面上对称穿4个小圆孔，均未透，此件出土时被打碎后整齐的堆放在墓葬一角，器片几乎不缺，显系有意所为(图一九四，4；彩版一三，3；图版五一，2)。H35：21，下腹外壁施红衣很薄，未能掩盖褐色陶胎，而上部呈鲜红色，有彩陶的效果(图一九四，5；彩版一一，3)。H124：9，夹炭红衣陶，腹较深，扁乳钉纹较高(图一九四，6)。

Ⅱ式：唇沿渐窄，胎壁稍薄。标本亦很多，但均未能复原。标本H35：18，唇外沿稍凸，齿状花边竖行压痕细而密，扁乳钉纹稍显，近于消失，间距较宽。口沿和内壁陶衣较厚，下腹、底和足上红衣很薄，原地尚裸露，仅稍红而已，灰胎，火候较高，足根部穿很浅一圆孔，底部有烧烤痕。W2：1，因太碎无法复原，器形与前件同，唯陶衣稍厚，原地被遮，在脱落的乳钉处见有横划痕5条，系在陶坯未干时利器所划，也为附着乳钉而为，足为贴附式，但附着很紧密，应是在陶坯很湿时一次贴附成型的。H291：9，陶衣很薄，稍显红色，粗糙的原地仍裸露，灰色陶胎与红衣结合而成红褐色，扁乳钉脱落处可见二道横划纹(图一九四，9)。H263：1，口沿部分及内壁红衣较厚，腹部外壁原地裸露(图一九四，8)。

Ⅲ式：此式器物在风格上有明显变化，似乎进入转折时期，一方面夹砂陶明显减少，夹炭和夹蚌者明显增加，另一方面，器体明显变小，陶胎变薄，唇沿变窄，唇外缘锐棱状凸出变为圆弧状。齿状边已少见。标本总量上也少于前两式。标本M22：2，夹炭红衣黑陶，唇缘外侧稍外凸，上有宽且深、间距较大的斜划花边纹，沿下一周圆乳钉15个，足较矮，器体小，完整的置于墓主人足部，显系明器(图一九四,12;彩版一一,6;图版五一,3)。M292：1,夹炭红褐陶,唇外缘圆钝,无花边和乳钉,足残,底部有烧烤痕(图一九四,10)。H266：1,圆唇,无花边和乳钉纹,夹蚌红褐陶,无陶衣,内外壁原地裸露(图一九四,13)。H322：10,器表有大块黑斑,唇外缘无花边,扁乳钉长而稀疏,且很矮,近于消失,仅具象征意义(图一九四,11)。H252：10,夹炭红衣陶,唇缘无花边,上腹无乳钉(图一九四,14)。

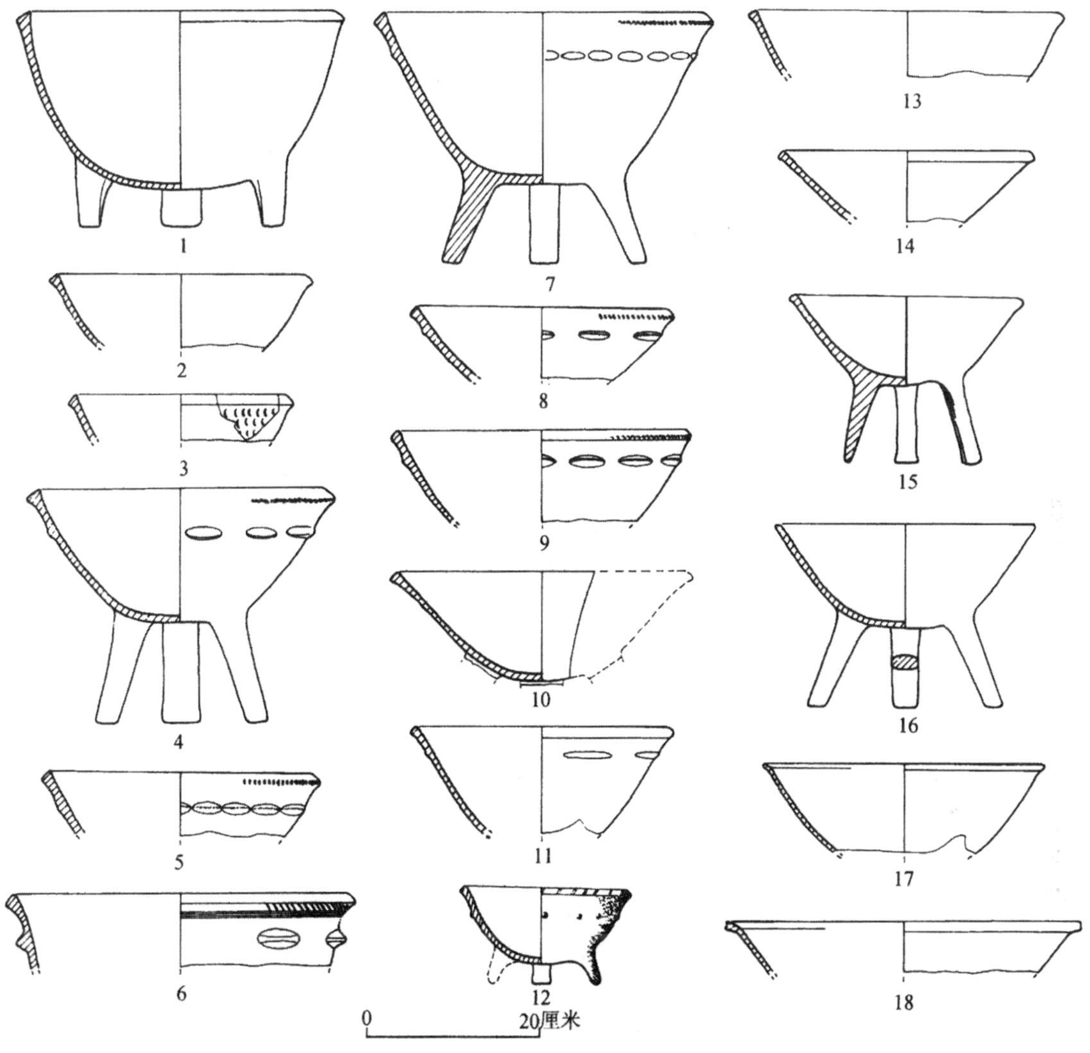

图一九四　陶盆形鼎

1. A型(H240：1)　2. A型(H159：6)　3. A型Ⅰ式(H320：5)　4. B型Ⅰ式(M396：2)　5. B型Ⅰ式(H35：21)　6. B型Ⅰ式(H124：9)　7. B型Ⅰ式(M65：1)　8. B型Ⅱ式(H263：1)　9. B型Ⅱ式(H291：9)　10. B型Ⅲ式(M292：1)　11. B型Ⅲ式(H322：10)　12. B型Ⅲ式(M22：2)　13. B型Ⅲ式(H266：1)　14. B型Ⅲ式(H252：10)　15. B型Ⅳ式(H122：2)　16. B型Ⅴ式(H267：1)　17. C型(H54：4)　18. C型(H54：3)

Ⅳ式:器体较小,唇外缘多圆钝,唇沿面微鼓。标本很少,多夹炭红衣陶。标本H122：2,夹炭红衣陶,足根部有圆穿孔,另腹壁有一圆孔,边上有一大块缺失,疑在使用时破后缀合过,底有明显烧烤痕(图一九四,15;彩版一三,4;图版五二,2)。

Ⅴ式:器体较小,近方唇,唇缘内外均近圆钝,标本多夹炭、夹蚌,少且碎,标志此类器近于消失。标本H267：1：夹炭红褐衣陶，底有明显烧烤痕，足残（图一九四，16；图版五二，1）。

C型：数量不多，窄唇近平，沿面稍向内斜，方唇，唇面一周凹槽，斜壁浅腹，剖面呈椭圆形的高足残，无可复原者。以夹蚌红或红褐陶为主，也有少量夹炭红衣陶，口沿有明显抹修痕。标本H54：3，夹炭红衣陶，唇缘加厚（图一九四，18）。H54：4：夹蚌红衣陶，口沿烧成黑色，内壁呈红褐色，可能是烧制时形成，胎较薄（图一九四，17）。

（3）钵形鼎。数量不多，敞口，浅腹圜底，凿形三足。以夹炭红衣陶为主，有少量夹砂红衣陶和夹蚌红衣陶，器表素面。底部有的有烧烤痕，但有的不显，推测其功用可能以盛物为主，同时也可用作炊器。依器体变化分二式：

Ⅰ式：壁斜直，以夹炭红衣陶为主，有个别夹炭红褐陶、黑陶和夹砂红褐陶。标本T109③C：31，底、足有轻微烧痕，夹炭红衣陶（图一九五，2；图版五二，3）。H322：8，夹砂红陶，器表上部有很薄一层红色陶衣，下腹及底原地裸露，底烧成红褐色，器表有大块褐斑（图一九五，1）。

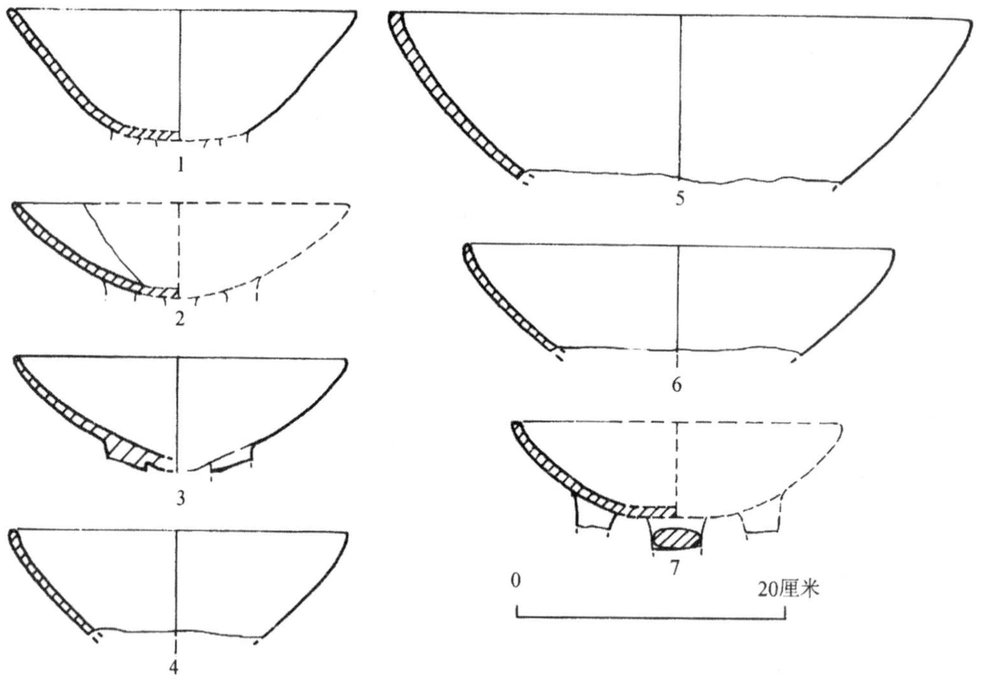

图一九五　陶钵形鼎

1. Ⅰ式（H322：8）　2. Ⅰ式（T109③C：31）　3. Ⅱ式（H113：10）　4. Ⅱ式（H54：5）
5. Ⅱ式（H75：7）　6. Ⅱ式（H66：2）　7. Ⅱ式（T109③B：82）

Ⅱ式：唇缘内敛，沿内侧微凹，壁微弧。夹炭红衣陶为主，少量夹蚌红衣陶和夹炭红褐陶。标本T109③B：82，夹炭红衣陶，底部未见烧痕（图一九五，7）。H113：10，夹炭红衣陶，足断后又磨平，底不见烧痕，但有磨擦痕，可能系长期使用所致（图一九五，3）。H66：2，夹炭红衣陶，色彩鲜艳（图一九五，6）。H75：7，夹蚌红衣陶，底内烧成黑色（图一九五，5）。H54：5，夹炭红衣陶（图一九五，4）。

（4）釜形鼎。数量很少，仅复原一件（H64：2），口残，斜肩，折腹，圜底，三凿形足，夹细砂红褐陶，腹、底和三足烧成黑褐色，通体磨光，肩部装对称2个半月形横耳和4个扁乳钉，此器系分段制作，再在肩部接口粘合，最后附上足、耳、乳钉，从底部烧痕来看，应为炊器（图一九三，4；图版五二，4）。

(5) 鼎足。鼎足标本很丰富，变化也较大。均为夹羼和料的陶系，以夹砂为主，夹蚌、夹云母次之，夹炭较少，陶色以红为主，红褐、褐色次之。总体变化趋势是由低变高，由笨拙变灵巧。装足方式，以贴附式为主，个别为嵌入式。足上多素面，少数饰划纹，或在足根部穿一小圆孔。以扁凿状和圆锥状为主，还有少量扁锥状，半圆锥状、舌状和矮方柱状几种。依形体特征不同分六型：

A 型：扁凿状。数量较多，共同特征是器体宽扁。以夹砂为主、夹蚌次之，夹云母和夹炭者很少，依形体不同又可分为七个亚型：

Aa 型：器体较宽矮，端呈刃状。多见于 A 型罐形鼎。绝大多数为夹砂陶，个别为夹蚌或夹炭陶。依器体变化分三式：

Ⅰ式：器体较矮，全为夹砂陶，以红色为主，少数呈红褐色。标本 T26㉚：18，夹砂红陶，器表有刮抹痕，有轻微烧痕（图一九六，2；图版五三，2）。H382：1，夹砂红褐陶，器表烧成灰白色（图一九六，1；图版五三，1）。

Ⅱ式：器体比Ⅰ式稍窄长。大多为夹砂红、红褐陶，见有个别夹蚌红或红褐陶及夹炭灰陶。标本 H228：5，夹砂红陶，足端烧成黑色，足根部有一未透的圆孔（图版五三，4）。H168：1，夹砂红陶，器表有刮痕，足端烧成黑色，足根部正面穿一圆孔，但未穿透（图一九六，3；图版五三，3）。

Ⅲ式：器体更高一些，以夹砂红陶和红褐陶为主，偶见夹蚌红陶和夹炭红衣陶。标本 M88：2，夹砂红陶，足端烧成褐色，足根部有一未透之圆孔（图一九六，4；图版五三，6）。H56：5，夹蚌红衣陶，足尖烧成灰白色（图一九六，6；图版五三，5）。

Ab 型：形体宽扁，足较矮，足端平齐，无端刃，整个器体呈扁柱状。以夹砂红和红褐陶为主，偶见夹蚌红陶。依器体变化分两式：

Ⅰ式：器体较矮厚，多见于 A 型盆形鼎，全为夹砂红陶。标本 H217：3，夹砂红陶，有陶衣，器表有刮痕，足端有烧痕（图一九六，5；图版五三，7）。H341：4，夹砂黄褐陶，素面，器表有刮痕（图版五三，8）。

Ⅱ式：器体稍高薄。大多夹砂红或红褐陶，有少量夹蚌红或红褐陶。足端大多烧成黑色或灰白色。标本 T113㉚：18，夹砂红陶，烧成红褐色，器体较直，器表有浅凹槽（图一九六，8；图版五三，10）。H35：11，夹蚌红褐陶，器体稍内曲，器表有刮痕（图一九六，7；图版五三，9）。

Ac 型：窄长扁薄，呈凿状，量较多，足根多椭圆或圆形，足中部有的呈长方形，足端呈直刃状。以夹砂和夹蚌红陶为主，也有少量夹炭红衣陶。依器体变化分二式：

Ⅰ式：器体稍矮，以夹砂红陶为主，有少量夹蚌陶和个别夹炭陶，此式见于 BⅠ盆形鼎。标本 H318：3，夹砂红陶，足端稍宽（图一九六，11）。H29：4，夹砂红褐陶，上下宽相等（图一九六，10；图版五三，11）。T108㉚：30，夹炭红衣陶，足根部有锯痕（图一九六，9）。

Ⅱ式：器体较高，以夹砂红陶为主，夹蚌红陶次之，还有少量夹炭红衣陶。此式见于 BⅡ、BⅢ式盆形鼎。标本 H339：23，夹砂红褐陶，足根部钻一圆孔（图一九六，13；图版五三，12）。H322：12，夹蚌红陶，器体较薄，一面平，一面弧形（图一九六，12）。

Ad 型：器体窄长，足端呈凿形，与 Ac 相似，唯足端均有手捏痕。夹蚌红陶和夹炭红陶所占比重相当。均见于 BⅢ、BⅣ盆形鼎。依形态变化分三式：

Ⅰ式：器体稍矮，足根部圆形或近圆形。足端手捏凹窝较显。以夹蚌红陶为主，夹炭红陶较少。标本 T15③：13，夹炭红衣陶（图一九六，14）。H47：5，夹炭褐陶，足端捏成十字形（图一九六，15）。H195：4，夹蚌红陶，足端较钝，器体稍弯（图版五四，2）。T62④：4（图版五四，1）。

Ⅱ式：器体较高，足根部圆形或椭圆形。夹蚌、夹炭陶各占约一半。标本 H174：17，夹蚌红陶，器表有刮痕（图一九六，16）。H319：8，夹炭红褐陶，足端面有磨擦痕。T119③：19（图版五四，3）。

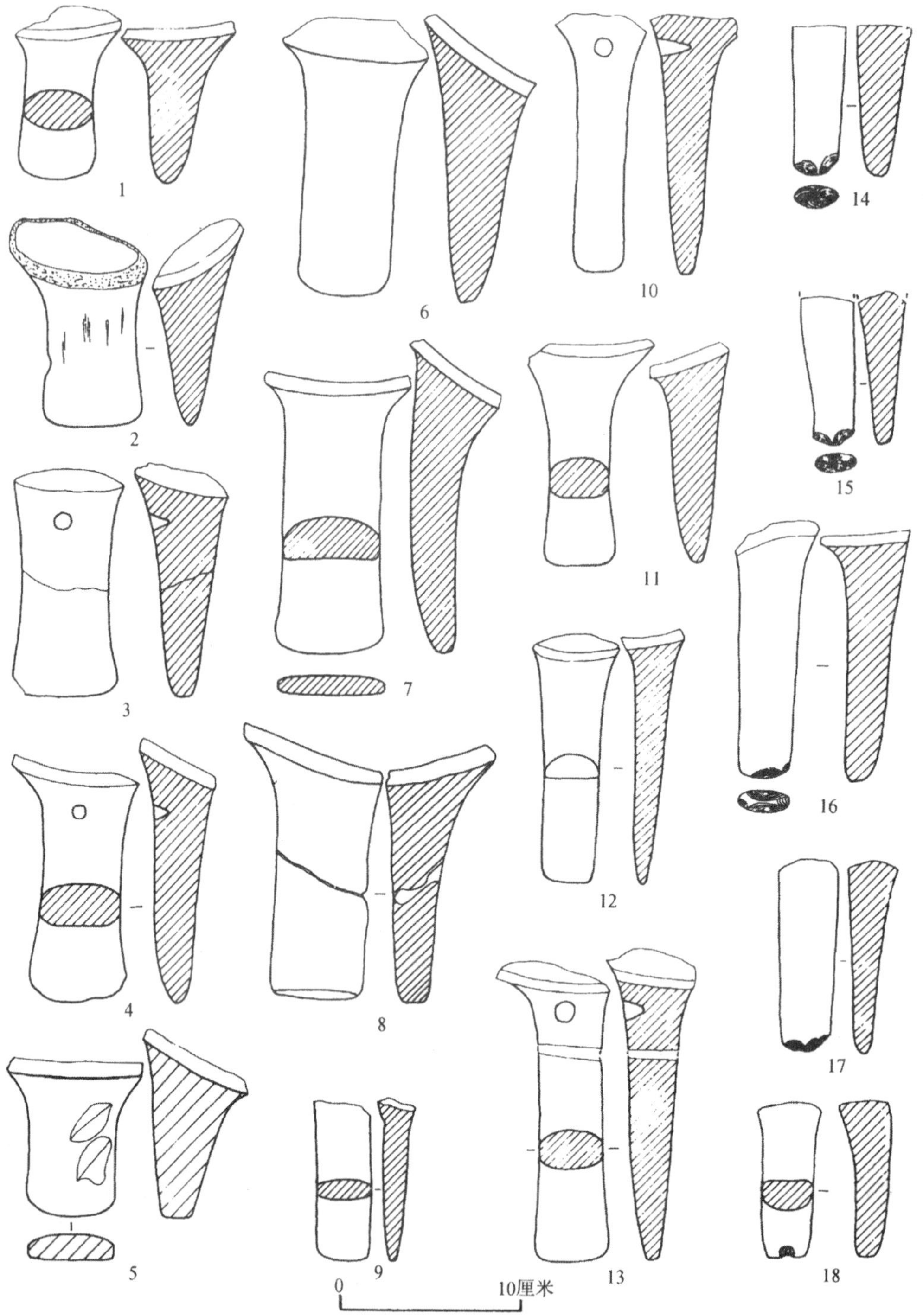

图一九六　陶鼎足

1. Aa型Ⅰ式(H382：1)　2. Aa型Ⅰ式(T26③C：18)　3. Aa型Ⅱ式(H168：1)　4. Aa型Ⅲ式(M88：2)　5. Ab型Ⅰ式(H217：3)6. Aa型Ⅲ式(M56：5)　7. Ab型Ⅱ式(H35：11)　8. Ab型Ⅱ式(T113③C：18)　9. Ac型Ⅰ式(T108③C：30　10. Ac型　Ⅰ式(H29：4)　11. Ac型Ⅰ式(H318：3)　12. Ac型Ⅱ式(H322：12)　13. Ac型Ⅱ式(H339：23)　14. Ad型Ⅰ式(T15③：13)　15. Ad型Ⅰ式(H47：5)　16. Ad型Ⅱ式(H174：17)　17. Ad型Ⅲ式(T27③B：9)　18. Ad型Ⅲ式(T104③B：18)

H282：6(图版五四,4)。

Ⅲ式:足根部椭圆形,器体扁薄。夹炭红陶为主,夹蚌红陶较少。标本T27③B：9,夹炭红陶,陶衣脱落,器体较直(图一九六,17)。H104③B：18,夹炭红陶,陶衣大部脱落,器体稍弯,足端两面对钻一圆孔(图一九六,18;图版五四,5)。

Ae型:数量很少,全为夹炭红褐陶,陶衣全脱落,特征是器体扁薄,横剖面呈菱形,足端有的亦呈菱形,有的有手捏痕。标本T109③B：46,足根至足端均呈菱形(图一九七,2;图版五四,6)。T109③B：16,足端捏成十字形(图一九七,1)。

Af型:数量很少,但夹炭、夹蚌、夹云母、夹砂陶均有,共同特征是足端较窄,呈楔形。标本T26③C：20,器体较扁,足中部呈长椭圆形,夹砂红陶,造型规整(图版五四,9)。H319：9,夹蚌红陶,器体近圆形,足端呈刃状(图一九七,3;图版五四,8)。

Ag型:短凿形,量很少,夹砂红陶为主,有个别夹炭和夹蚌陶。此型见于BⅠ罐形鼎。标本H368：2,夹砂红陶,造型较规整(图一九七,4;图版五四,7)。

B型:圆锥状。数量亦较多。此型鼎足有一个最大特点即发现大量截断后重复利用的现象。截取时多用锯或挖孔的方式。截断后重复利用的原因,可能因三足中的一足断折后,为使另两足平衡从而可继续使用,就只有将其截齐,足见当时陶器制作之不易。以夹砂及夹云母红陶和红褐陶为主,夹蚌和夹炭红陶也占一定比例。均见于罐形鼎的B、C、D型。依形态不同分四个亚型:

Ba型:较细,器体较直。依形态变化分四式:

Ⅰ式:足端呈圆弧形,器体较短。通体被火长期烧烤。大多为夹砂红褐陶,个别为夹云母红褐陶。标本H29：19,夹砂红褐陶,有陶衣,器表有刮痕(图一九七,5;图版五五,2)。H342：5,夹砂红褐陶,器表有刮痕,烧成灰白色,足端有长期支撑磨擦痕(图版五五,1)。

Ⅱ式:近足端急收为尖状。均夹砂红陶。标本T22③：21,器表有刮痕,足尖稍残后曾继续使用(图一九七,7;图版五五,4)。T5③C:4,器体烧成灰白色(图一九七,6)。T69⑤：5(图版五五,3)。

Ⅲ式:较为规整的圆锥状,曾见于DⅠ罐形鼎。以夹砂红褐陶为主,次为夹云母红褐陶,还有少量夹蚌红陶,截齐技术有锯割式、砍挖式和穿孔式三种。标本H291：15夹蚌红陶,器表有刮痕,素面(图一九七,9;图版五五,6)。T103③C：35,足尖已截去并磨成圆弧状,器身还有两道锯痕,夹云母红陶。T109③C：48,截弃的足尖部,夹云母红陶,断碴处可见锯痕(图版五五,5)。T105③C：3,截弃的足尖部,足尖上有一划槽,夹云母红陶(图一九七,8)。

Ⅳ式:数量很多,器身细高。以夹云母陶为主,夹蚌陶也占一定比例。夹砂陶较少,夹炭陶最少,其中夹云母陶重复利用率最高。依截取部位和先后关系可分为四个亚式。

Ⅳa式:保留尖部或尖部微残,完整者极少,大部为残断或截弃的尖部。尖部有长期支撑留下的痕迹,断面有的有清晰锯痕。标本T109③B：50,夹砂红陶,尖微残,已磨平。H224：2,夹砂红褐陶,根部稍残(图一九七,11;图版五五,7)。H154：1,夹云母红陶,尖部稍残,但已磨成圆弧状,此器一次截断较长,断碴处可见锯痕,锯深约0.2～0.3厘米,中心部分为折断。T32③B：3,夹云母红陶,尖部残后磨平,另一端断面可见二次截弃时的锯痕,锯深约0.5厘米,中心部分被折断。T103③C：28,夹云母红陶,足下端微外撇,足尖稍残(图一九七,10;图版五五,8)。

Ⅳb式:足尖端残断或被截断后继续使用的形态,及被截弃的中下段。此式易被误认为圆柱状,见于BⅢ式罐形鼎。标本H180：2,夹云母红褐陶,尖端残断后磨平齐继续使用(图一九七,12;图版五五,10)。T109③B：55,夹云母红陶,足中下部残断后磨平齐继续使用,但在足根部又有一周锯痕,可能因其它足残断后为平衡而为(图版五五,9)。H56：11,夹云母红陶,尖端残后继续使用过,但可能因其它足折断后为平衡而又锯断后丢弃,在近根端有明显锯痕(图一九七,13)。

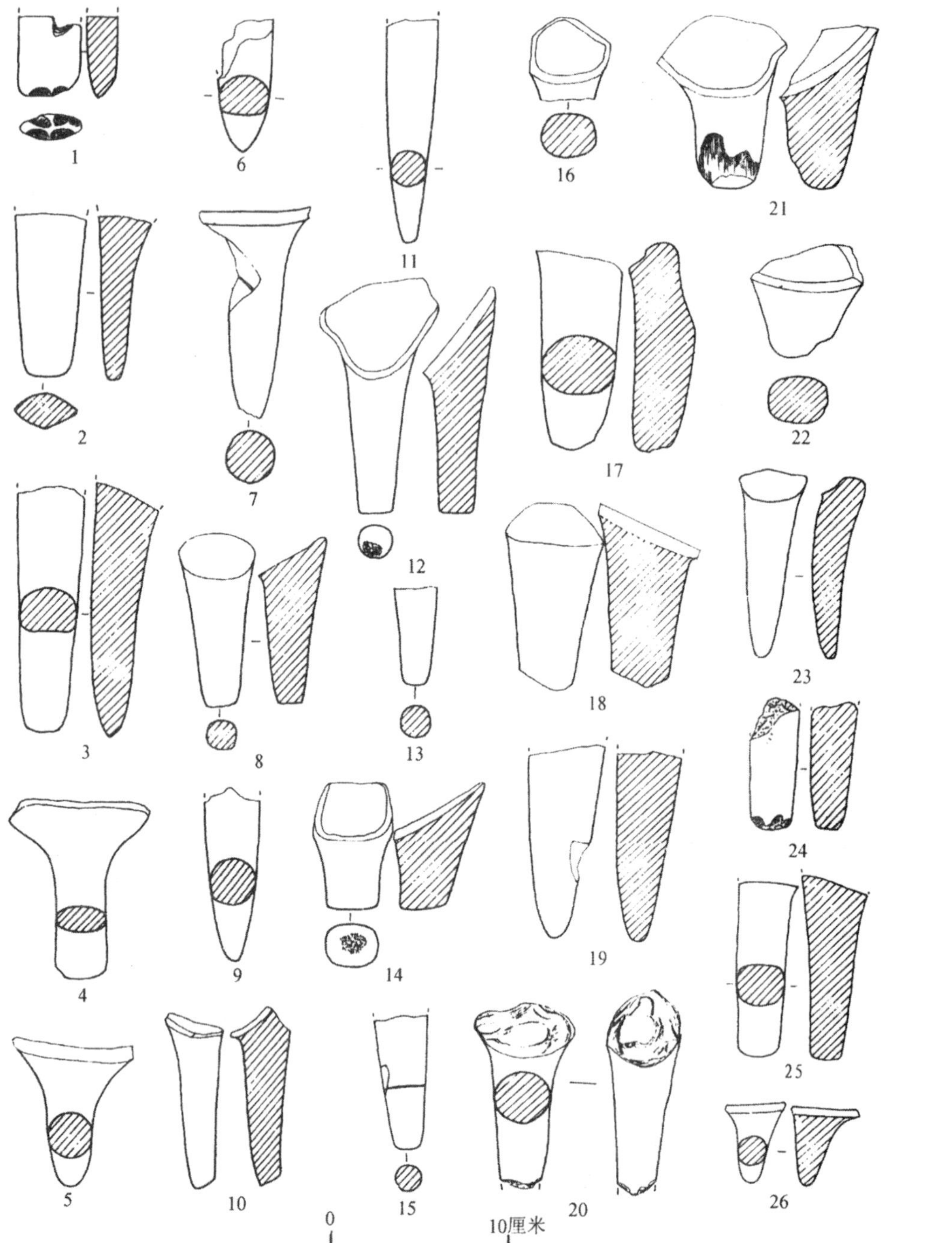

图一九七　陶鼎足

1. Ae 型(T109③B：16)　2. Ae 型(T109③B：46)　3. Af 型(H319：9)　4. Ag 型(H368：2)　5. Ba 型(H29：19)
6. Ba 型Ⅱ式(T5③C：4)　7. Ba 型Ⅱ式(T22③：21)　8. Ba 型Ⅲ式(T105③C：3)　9. Ba 型Ⅲ式(H291：15)
10. Ba 型Ⅳa 式(T103③C：28)　11. Ba 型Ⅳa 式(H224：2)　12. Ba 型Ⅳb 式(H180：2)　13. Ba 型Ⅳb 式(H56：11)
14. Ba 型Ⅳc 式(H75：9)　15. Ba 型Ⅳc 式(M18：4)　16. Ba 型Ⅳd 式(T73④：7)　17. Bb 型Ⅰ式(H327：6)
18. Bb 型Ⅱ式(T36③C：6)　19. Bb 型Ⅱ式(T113③C：19)　20. Bb 型Ⅲa 式(H252：6)　21. Bb 型Ⅲb 式(H388：1)
22. Bb 型Ⅲc 式(H120：20)　23. Bc 型(T13③：6)　24. Bd 型(T6③C：9)　25. Bd 型(T6③C：8)　26. Be 型(H105：9)

T21③：14，夹云母红陶，足尖残断后在其上两面对钻一大圆孔，可能为便于折断所钻，但因其上又自然残断而被丢弃。

Ⅳc式：残存足的中部以上，形似矮柱状，以及在足的中上部截弃的部分。数量最多。标本H75：9，夹云母红褐陶，断面锯痕明显，锯深1～0.5厘米，仅余直径约1厘米的器心被折断，之后又曾长期使用（图一九七，14）。M18：4（填土中出），夹砂红陶，足尖残断后又曾长期使用，后又在足中上部被锯断，见有0.4～0.5厘米深的锯痕（图一九七，15）。H180：3（图版五五，11）。T109③B：78（图版五五，12）。

Ⅳd式：仅残存足根部，截齐后继续使用。标本T103③B：36，夹云母红陶，本已只剩近根部一小节高，又在根部锯一周，并在一侧砍去1/3深，可能因全器残碎而废弃。T73④：7，夹炭红陶，断面靠近根部，磨修后又继续使用，但使用时间不长，断面上有轻度磨痕（图一九七，16；图版五六，3）。H236：9（图版五六，4）。

Bb型：特征与Ba型相同，唯器体较Ba型粗大。夹砂、夹云母、夹蚌均占一定比例，夹炭陶较少。同Ba型一样，也有一足折断后将另两足截齐继续使用的作风。依器体变化分三式：

Ⅰ式：近尖端急收成尖状。以夹砂红陶为主，夹蚌红陶次之。标本H327：6，夹砂红陶，尖残断（图一九七，17；图版五六，2）。T68⑤：11，夹砂红陶，足中部断后被丢弃（图版五六，1）。

Ⅱ式：根部较粗。以夹云母红陶为主，个别为夹蚌陶。残断后截齐继续使用。标本T21③C：3，夹云母红陶，尖部残（图版五六，6）。T113③C：19，夹云母红陶，近根处锯断后丢弃（图一九七，19；图版五六，5）。T36③C：6，夹云母红陶，中部自然残断后又经短期使用（图一九七，18）。

Ⅲ式：数量较多，足较高，但未见完整者。以夹蚌陶为主，夹云母和夹砂陶次之，夹炭陶较少。根据截齐继续使用的残存高分三亚式：

Ⅲa式：近尖端高1/3处残断被截去后继续使用，似柱状。标本H123：6，夹云母红陶，足上部又有近一半深的砍痕，显系二次计划截取时所留。T108③C：30，夹云母红褐陶，足边有四周螺旋形划痕，足根处挖有一槽。标本H252：6，夹骨屑红陶（图一九七，20；图版五六，9）。

Ⅲb式：仅存近根端1/3高，似短柱状。夹云母或夹蚌陶。标本H388：1，夹云母红陶，截齐后又曾长期使用（图一九七，21；图版五六，7）。T109③B：47，夹云母红陶，截齐后又曾长期使用，但在足根部又挖一大坑窝，显系计划再次截断（图版五六，10）。

Ⅲc式：仅存足根部，夹蚌陶为主，个别为夹砂陶。标本H120：20，夹蚌红陶，足根部残断后又曾长期使用，断面呈圆弧状（图一九七，22；图版五六，8）。

Bc型：圆锥状，尖部外撇，以夹云母陶为主，还有少量夹砂陶。标本T13③：6，夹云母红陶，器表有竖划纹（图一九七，23；图版五六，12）。H19：39，夹云母红陶，从足根部折断下来后被丢弃（图版五六，11）。

Bd型：圆柱状，足尖端被细小工具捺压成花瓣状，工艺与Ad型接近，但数量很少。标本T31③B：12，夹蚌红陶，尖端稍扁，有捺压痕（图版五七，1）。标本T6③C：8，夹炭红衣陶，近尖端有一周锯痕，显系为取齐而为（图一九七，25；图版五七，2）。T6③C：9，夹蚌（碎骨屑）红陶，尖端有明显三个压点（图一九七，24）。

Be型：矮圆锥状，器体较小，应是钵形鼎之足。皆夹云母红褐陶。标本H105：9，有火烧痕，残存器壁似有篦点纹（图一九七，26；图版五七，3）。T102③B：21（图版五七，4）。

C型：扁锥状，横剖面呈椭圆形。以夹砂和夹云母陶为主，夹蚌（骨屑）、夹炭陶很少。同B型一样，也存在一足残断后截齐其余二足继续使用现象。依形态变化分两式：

Ⅰ式：近足端急收成尖状。皆夹砂红陶。标本H327：7，夹砂红陶，陶衣脱落（图一九八，1；图版五七,6)。T109③C：57,夹砂红陶,尖部稍残(图版五七,8)。

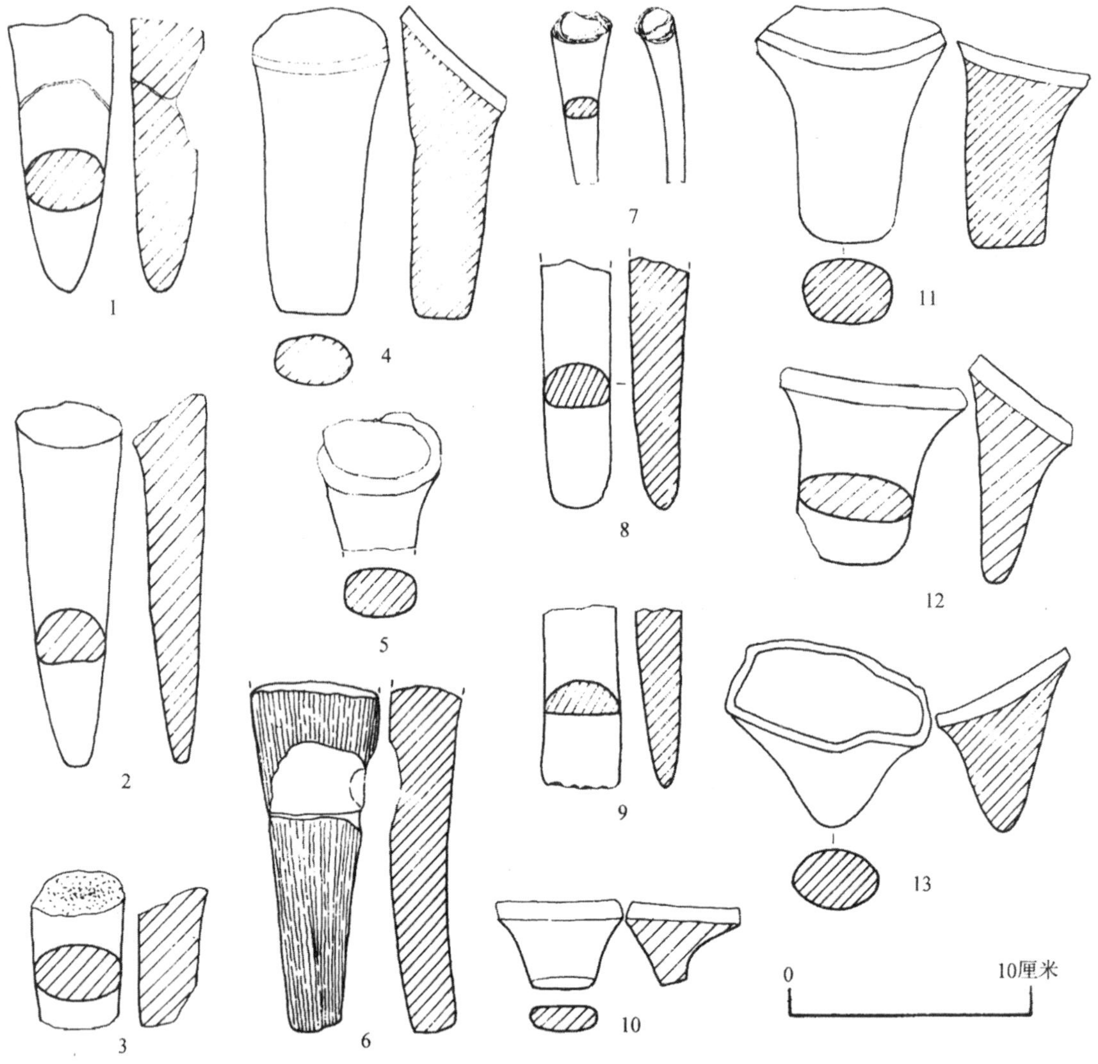

图一九八　陶鼎足

1. C型Ⅰ式(H327：7)　2. C型Ⅱa式(T103③B：33)　3. C型ⅡC式(H254：7)　4. C型Ⅱb式(H46：2)
5. C型Ⅱd式(H144：1)　6. Da型Ⅰ式(T103③B：32)　7. Da型Ⅱ式(T33③B：3)　8. Db型(T114③C：20)
9. Db型(T18③B：15)　10. Eb型(T10③C：24)　11. Ea型(H87：3)　12. F型(H139：1)　13. F型(H85：2)

Ⅱ式:足较高,为规整的锥状,依重复使用的形态分为四个亚式:

Ⅱa式:完整的扁锥状足,以夹云母为主,夹砂、夹蚌、夹炭各1例。标本T103③B：33,夹云母红陶,完整(图一九八,2;图版五七,7)。T21③B：15,夹蚌红褐陶,尖稍残后继续使用(图版五七,10)。

Ⅱb式:被截去1/3高后形成扁柱状,继续使用。以夹云母陶为主,夹砂和夹蚌次之。标本H46：2,夹云母红陶,足尖端锯掉1/3高后又曾长期使用(图一九八,4;图版五七,11)。H143：2,夹砂红陶,在截齐时采用敲击法,足端形成尖状(图版五七,12)。

Ⅱc式:仅存根部约1/3高,余2/3已被截去。以夹砂陶为主,也有个别夹蚌和夹炭陶。标本

H254：7，夹砂红陶，截齐时外侧劈裂掉一块（图一九八，3；图版五七，5）。

Ⅱd 式：仅存根部。断面因使用再次磨平。标本 H144：1，夹砂红褐陶，从断面上看取齐后又曾短期使用（图一九八，5；图版五七，9）。

D 型：横剖面半圆形。以夹砂陶为主，也有个别夹蚌、夹云母和夹炭陶。有一足折断后截齐与其它二足继续使用现象。依形态不同可分三个亚型：

Da 型：半圆柱状，足下端向内自然弯曲，平面呈三角形。大多夹砂陶，仅个别夹蚌陶。可分两式：

Ⅰ式：器体上端较宽。器表多有竖划纹，皆夹砂陶。见于 B 型罐形鼎。标本 T103㉝C：32，通身饰竖划纹，尖部折断后继续使用（图一九八，6；图版五八，2）。H50：5，素面，尖部折断后又继续使用（图版五八，1）。

Ⅱ式：器体上端较前式稍窄。标本 T33㉝B：3，夹砂红陶，素面，尖端稍残（图一九八，7；图版五八，4）。T6㉝B：10，夹蚌红陶，近尖端稍薄，近凿形（图版五八，3）。

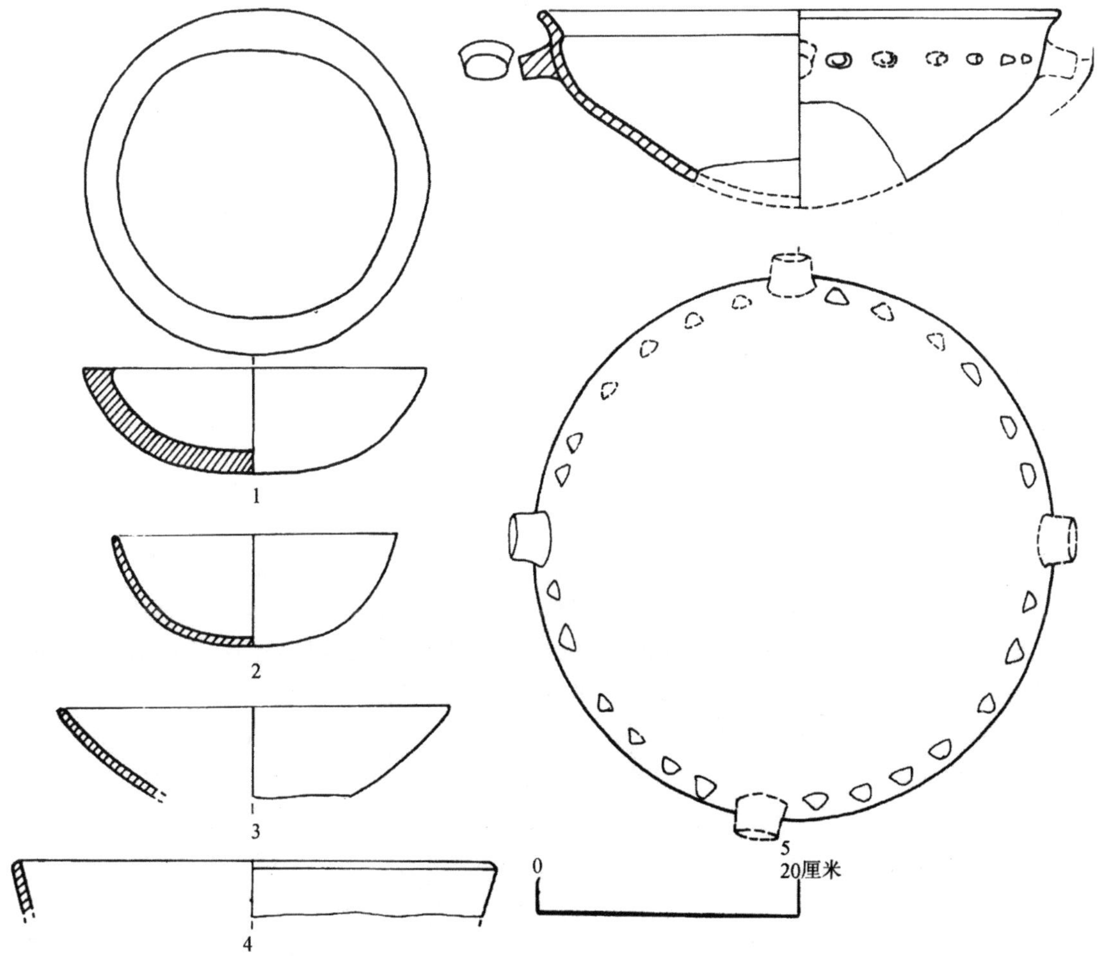

图一九九　陶釜

1. A 型（H112：30）　2. C 型Ⅱ式（H38：3）　3. C 型Ⅱ式（H195：3）　4. C 型Ⅰ式（H322：12）　5. B 型（H105：7）

Db 型：足中部以上横剖半圆形，下端宽扁呈凿状，数量很少。标本 T18㉝B：15，夹蚌红陶，足下端扁薄呈刃状(图一九八,9)。T114③C:20,夹蚌红陶,足下端呈弧刃状(图一九八,8;图版五八,5)。

E型:柱状。皆夹砂陶。可分三亚型:

Ea型:足横剖面椭圆形,相对稍高。标本H87:3,剖面近圆形,器体较大(图一九八,11;图版五八,6)。

Eb型:足横剖面长方形,很矮,与深腹盆横鋬相似。标本T101③C:24,底端平齐(图一九八,10;图版五八,7)。

Ec型:剖面作圆角方型,器体较高,仅见2件标本。标本T114③C:22,残存下段,横剖面圆角正方形,夹云母红陶(图版五八,10)。

F型:舌形足。似器鋬,数量很少。标本H85:2,夹蚌红陶,横剖面椭圆形,足稍矮(图一九八,13;图版五八,9)。标本H139:1,夹砂红陶,稍宽,下端呈圆弧形(图一九八,12;图版五八,8)。

4. 釜

A型:2件。皆夹砂红陶。标本H112:30,沿面平,沿内缘内敛,内壁凹凸不平,制作粗糙,底有烧烤痕(图一九九,1;图版四四,2)。

B型:5件。皆夹炭陶,陶衣红或红褐色。标本H105:7,夹炭红衣陶,斜折沿近平,沿面平,上腹近直,下腹斜壁,圜底,上腹饰一周28个扁乳钉,分四组(每组7个),每组之间各装一个共4个短方柱状横置器把,造型较为独特,胎壁较厚,底有轻微烧痕(图一九九,5;彩版一二,1)。H95:2,沿外侧加厚或圆弧形。

C型:数量不多,敞口,斜壁微弧,圜底,与敞口钵相似。以夹蚌红褐陶为主,也有个别夹炭红衣陶。底部有明显烧烤痕,呈黑色,显系炊器无疑。以器体变化分两式:

Ⅰ式:方唇,壁斜直,皆夹蚌红陶。标本H322:13,器壁内外均有明显刮削痕(图一九九,4)。

Ⅱ式:圆唇,弧壁。有夹蚌红陶、红褐陶和夹炭红衣陶,以夹蚌红褐为主。标本H38:3,器底烧成黑色,器壁有大块黑色斑(图一九九,2;图版四四,3)。H195:3,夹炭红褐陶(图一九九,3)。

5. 甑

甑量很少,仅见到4件及2个甑底。上口均残,斜壁,平底或圜底,呈盆状,底部有穿孔,夹炭或泥质红陶。标本W1:1,夹炭红衣陶,斜壁圜底,底部中间穿圆孔一个,残高18厘米,残径25厘米(图二〇〇,4)。T113③B:14,上部残,斜壁微弧,似罐形,平底,腹部一侧近底部上下排列穿二圆孔,底部中间穿一较大圆孔,夹蚌红陶,火候很低,残高15厘米、残径17厘米、底径10.5厘米、壁厚0.7厘米,第一孔距底高7厘米、第二孔距底高3厘米、孔径1.2厘米、底孔径3厘米。以上2件标本皆竖置于地层之中,可能均作瓮棺使用,那么,底、壁的圆孔亦可做灵魂出入的孔道,因之也具有一定的宗教意义。H19:14,为脱落的甑底,泥质红衣陶,平底饰篦划纹,中间穿一小圆孔,周围五个圆孔,孔不太规整,圆形或椭圆形,孔径0.5～0.8厘米,底径9.5厘米(图二〇〇,1)。H19:43,夹云母陶片,外红内黑,两面对钻四个圆孔,中间两孔稍小,孔径0.4～0.5厘米,两侧两个稍大,孔径0.5～0.7厘米,四孔几乎等距,排列略呈弧形,似甑的近底部分残片,也可能另有用途,暂记于此(图二〇〇,5)。T101③B:38(图二〇〇,2;图版四七,1)。H36:1(图二〇〇,3)。

6. 壶类

壶类应为贾湖先民的主要水器,其共同特征是都有双耳,口有大小之分,颈有粗细长短之别,

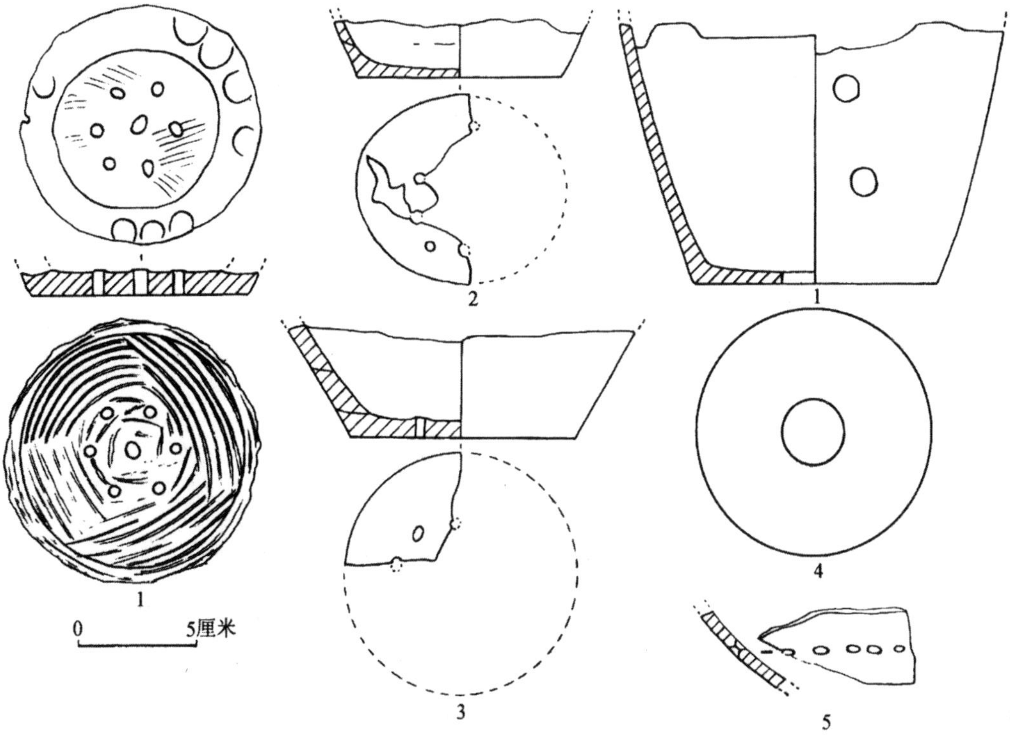

图二〇〇　陶甑

1. 平底甑(H19：14)　2. 平底甑(T101㉝B：38)　3. 平底甑(H36：1)　4. 平底甑(W1：1)　5. 圜底甑(H19：43)

腹有深腹、圆腹、扁腹，肩有圆肩、折肩、斜肩等，底有尖底、平底、圜底几类，成型工艺有泥片盘筑、泥片圈筑、泥条盘筑、泥条圈筑等，成型方式有正筑、倒筑和分段对接几种。以泥质红陶和夹砂红陶为主，也有个别夹炭红衣陶。器表陶坯成型后均涂一层泥浆，外施陶衣并打磨光滑。双耳有圆拱形和半月形两种，前者分见于夹砂陶和泥质陶，后者均见于泥质陶。夹砂陶圆拱形器耳上多按压有细绳纹。器耳是在陶坯成型后附加上的，从耳脱落后的附加处多见有为附着牢固而施的刻划痕，一般用尖利工具刻划。耳根部中间均有横贯的穿孔，从穿孔现象观察多为陶坯半干时两面对钻而成。也有陶坯较软时一面穿孔的。根据器形的不同特征分为罐形壶、折肩壶、圆腹壶、扁腹壶、斜肩壶、圆肩壶、深腹壶、三足壶、带流圈足壶等九个亚类。

(1) 罐形壶。此类器物虽与A型双耳罐器形相同，但其形体比双耳罐小得多，其功能应有根本的不同，这种壶应是汲水器，且是其它各亚类壶的祖型，因之称为双耳罐形壶，简称为罐形壶。罐形壶大多见于早期遗迹中，共同特征是口稍大，颈微束，无肩，圆拱形双耳，以夹砂红陶为主，也有一定数量的泥质红陶。依其形态特征不同分为四个型(表二九)：

A型：器体较高，颈稍长，鼓腹或近圆，小平底或圜底，双耳横剖面半圆或三角形，夹砂红陶为主，有少量泥质红陶。依器体变化分四式：

Ⅰ式：器体瘦高，鼓腹，小平底近尖。双耳横剖面呈半圆形，均夹砂红陶。标本M303：1，倒筑，内底中央有凹坑，泥片圈筑成型，红陶衣色较鲜，耳脊竖压、耳两侧横压细绳纹，耳孔自右向左一面钻(图二〇一，3；图版五九，1)。H84：1，陶衣呈深红色，火候较高，耳上无绳纹，器表有砂眼(图二〇一，2；图版五九，2)。M374：1，耳上压细绳纹较乱，内壁有刮抹痕(图二〇一，1)。

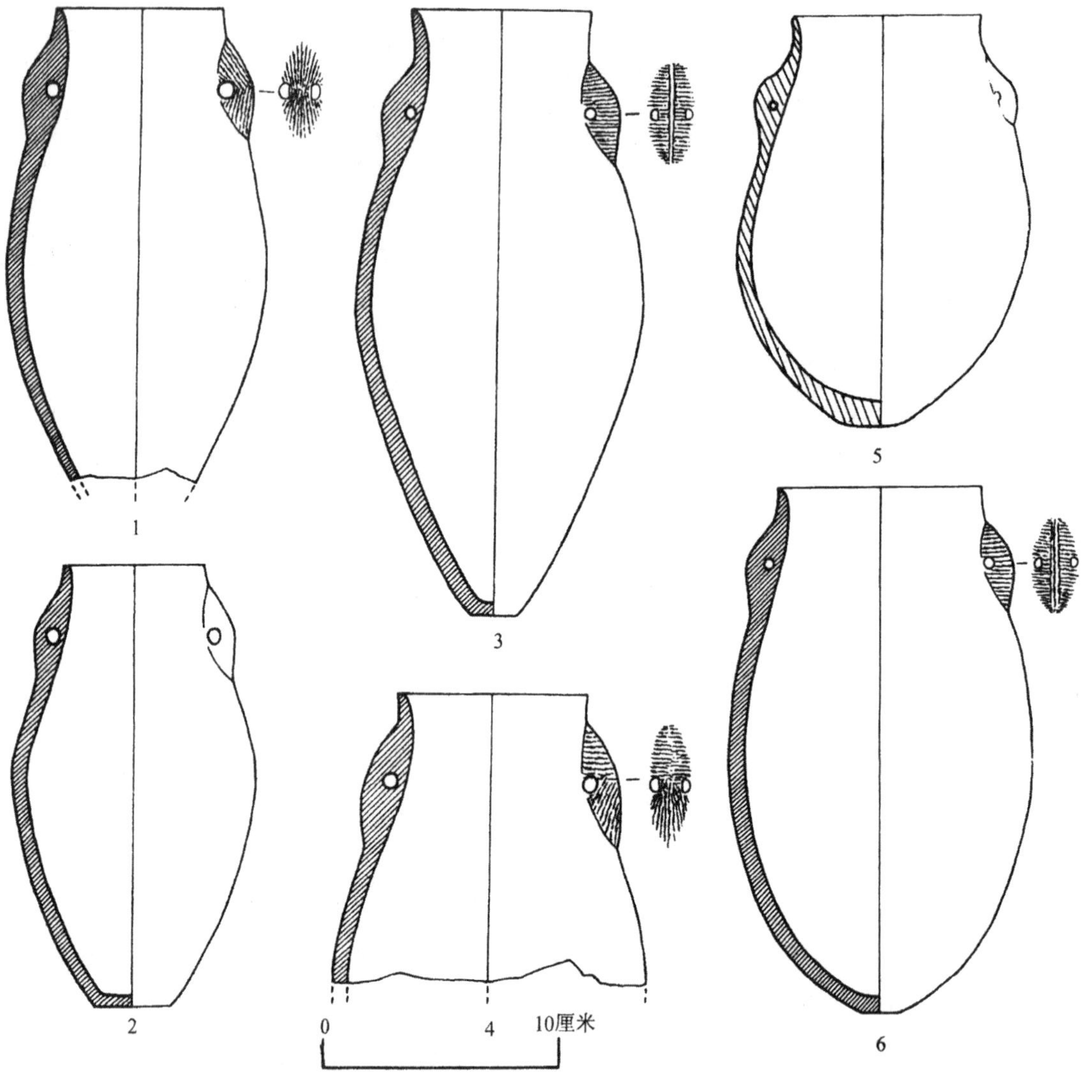

图二〇一　陶罐形壶

1. A 型Ⅰ式(M374∶1)　2. A 型Ⅰ式(H84∶1)　3. A 型Ⅰ式(M303∶1)　4. A 型Ⅱ式(H115∶23)
5. A 型Ⅱ式(M108∶3)　6. A 型Ⅱ式(M104∶1)

Ⅱ式:器体高宽比较Ⅰ式稍大,腹更鼓,较Ⅰ式显得稍胖一些,最大腹径下移至器高一半以下。仍为近尖小平底。双耳横剖面呈半圆形。均夹砂红陶。标本 M104∶1,器形不规整,一侧高一侧低,泥片圈筑倒筑成型,小平底为尖底蹾出,红衣较鲜,但大多脱落(图二〇一,6;图版五九,3)。M108∶3,倒筑泥片圈筑,底部为最后一片泥片,小平底为蹾出,器形不规整,耳上未见按压绳纹,红陶衣色较鲜(图二〇一,5;图版五九,4)。H115∶23,耳上压饰细绳纹,倒筑,泥片盘筑,底部近尖,有凹窝,胎厚约 1 厘米,内壁有手抹痕,陶衣呈深红色(图二〇一,4)。

Ⅲ式:腹近圆。最大腹径在器高一半以下。均夹砂红陶。双耳横剖面多为半圆形,个别三角形。标本 M297∶1,内底可见有后嵌入的小泥饼,表明系倒筑,泥片圈筑,小平底为最后蹾出,耳上按压较粗绳纹,双耳横剖面呈三角形(图二〇二,1;图版六〇,1)。H303∶1,正筑,泥片圈筑,底部为第一块完整泥片,红衣色较鲜,外表磨光,内壁湿手抹平,耳为两面钻,不太对称,上压绳纹

(图二〇二,3)。H76：2,倒筑,泥片圈筑,内壁泥片缝隙明显。耳上未压绳纹,耳为自右向左一面钻,胎壁厚薄不匀,为0.4～0.9厘米,火候较高,胎质较硬(图二〇二,2)。H147：2,正筑,泥片盘筑,红衣色较鲜(图二〇二,4)。

Ⅳ式:腹近圆,颈加长,小平底或圜底,均泥质红陶。标本M411：1,倒筑,泥片圈筑,内壁腹、底用篦状工具刮平,右手持工具。耳较高,横、侧视均为三角形,安耳后半干时两面对钻耳孔。两耳间还有对称两小盲鼻,横置,上下穿孔,但未透(图二〇二,5;图版六〇,3)。H179：3,倒筑,泥片圈筑,圜底,底部内有拍打折皱,双耳横剖呈三角形,位于近口部(图二〇二,6;图版六〇,2)。

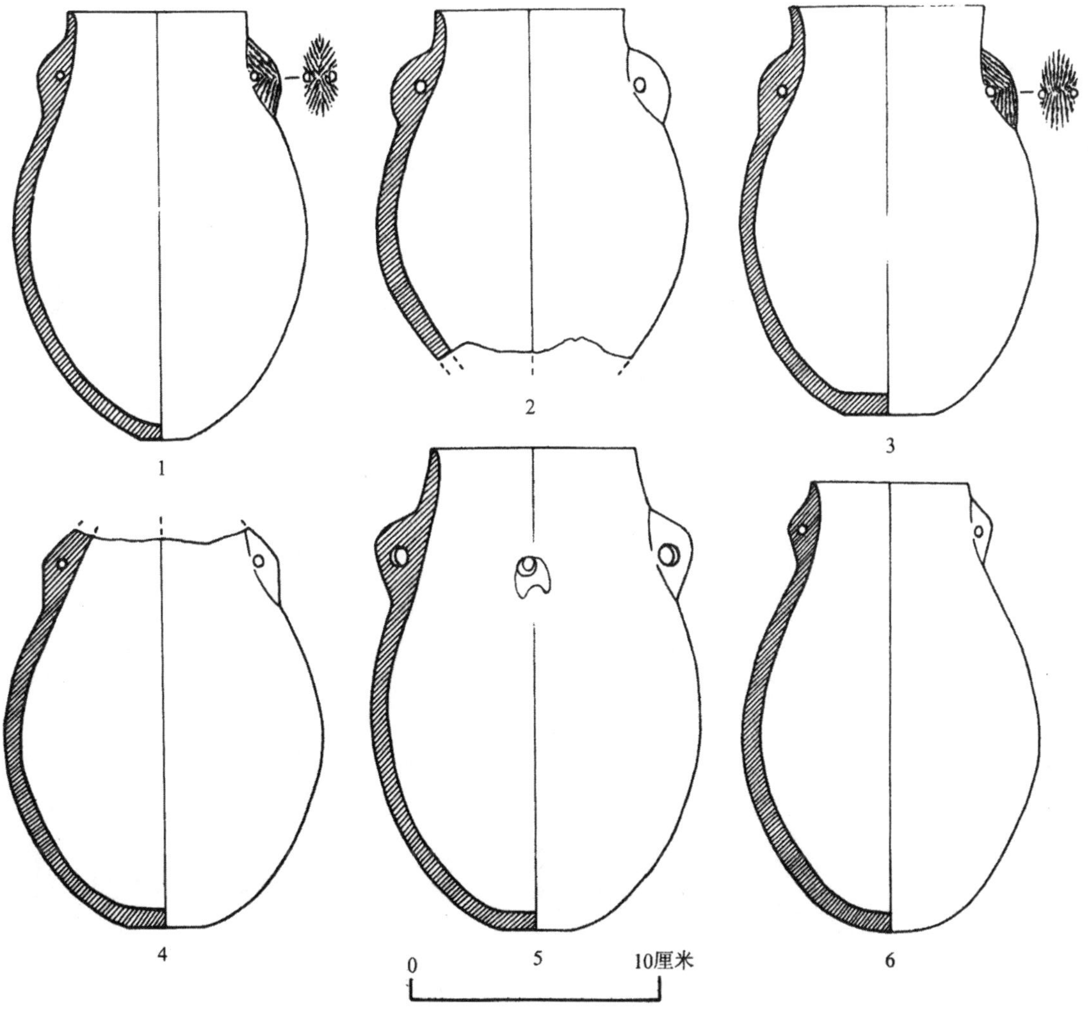

图二〇二　陶罐形壶

1. A型Ⅱ式(M297：1)　2. A型Ⅲ式(H76：2)　3. A型Ⅲ式(H303：1)
4. A型Ⅲ式(H147：2)　5. A型Ⅳ式(M411：1)　6. A型Ⅳ式(H179：3)

B型:口较大,颈较短或不显,鼓腹近圆或圆腹,小平底或圜底。夹砂红陶或泥质红陶,依器体变化分五式:

Ⅰ式:鼓腹,器体高而较瘦,小平底。均夹砂红陶。标本M66：1,倒筑,泥片筑成,小平底为蹴出,器表红衣鲜艳,火候较高,双耳横、侧均为半圆形,孔为一面钻(图二〇三,2;彩版一四,5;图版六一,1)。M110：1,倒筑,泥片盘筑,内壁湿手抹平,下腹内近底部有拍打折皱,红衣较鲜,火候较

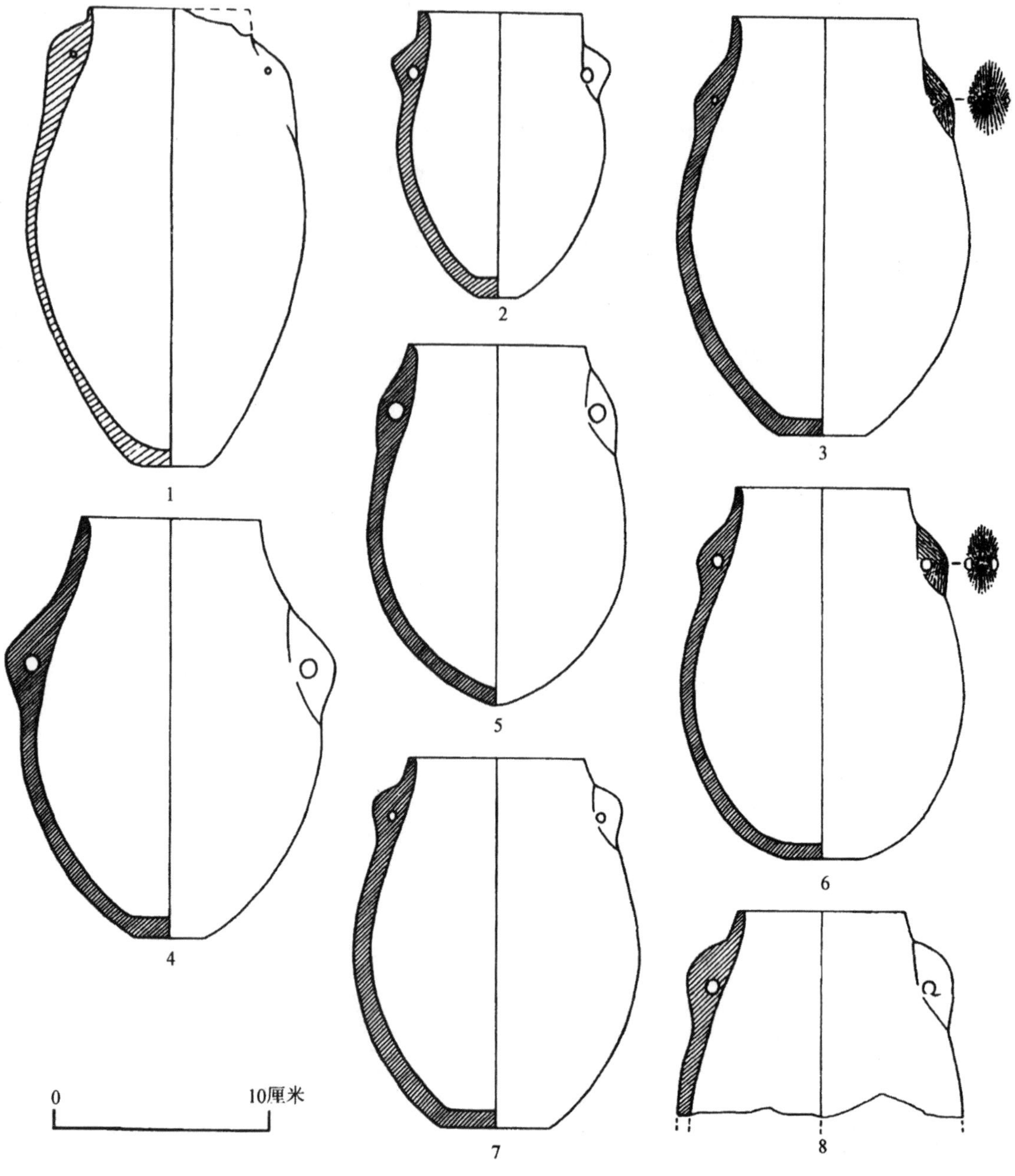

图二〇三　陶罐形壶

1.B型Ⅰ式(M110:1)　2.B型Ⅰ式(M66:1)　3.B型Ⅱ式(M52:1)　4.B型Ⅱ式(M32:1)　5.B型Ⅲ式(M39:1)　6.B型Ⅲ式(M376:1)　7.B型Ⅲ式(M375:1)　8.B型Ⅲ式(H187:32)

高，耳上有稀疏不明显的绳压痕(图二〇三,1;图版六一,2)。

Ⅱ式:腹外鼓，器体稍宽，小平底，均夹砂红陶。标本M52:1,倒筑，泥片圈筑，内底中间有泥片缝隙，内壁湿手抹平，外小平底为修出。器表为褐色，耳上压细绳纹(图二〇三,3;图版六一,4)。M32:1,倒筑，泥片盘筑，内底周围有泥片缝，内壁抹平，圆拱形耳较大，横剖半圆形，上未压绳纹，孔两面对钻(图二〇三,4;图版六一,3)。

Ⅲ式：鼓腹近圆，器体更宽。以夹砂红陶为主，也有少量泥质红陶。小平底或圜底，圆拱形耳为主，泥质陶双耳横剖为三角形。标本M375∶1，器形较规整，正筑，泥片盘筑，底外平内圜，内壁抹平，耳素面。器表向火一面火候较高，陶衣较好，背火面火候较低，陶衣全部脱落（图二〇三，7；图版六二，4）。M376∶1，正筑，泥片盘筑，底外平内圜，内壁抹平，外表磨光，红陶衣较鲜艳，火候较高，耳上压细绳纹，耳孔在陶坯未干时由左向右一面穿出（图二〇三，6；彩版一四，4；图版六二，3）。M39∶1，倒筑，泥片圈筑，圜底，泥质红陶，口、颈部陶衣脱落，耳横剖面三角形，孔为两面对钻（图二〇三，5；图版六二，2）。H187∶32，耳横剖近三角形，耳孔两面对钻，内壁有抹痕，夹砂红陶（图二〇三，8）。

Ⅳ式：圆腹，圜底或小平底。以泥质红陶为主，也有少量夹砂红陶。泥质陶器耳横剖面均三角形，素面，夹砂陶器耳为半圆形，上压饰细绳纹。标本H112∶31，正筑，泥片圈筑，内壁抹平，器表磨光，火候较高，红陶衣较鲜，但部分部位有大块红褐斑，夹砂红陶，耳上压细绳纹，耳孔一面钻（图二〇四，1）。M249∶1，泥质红陶，圜底，倒筑，泥片盘筑，内壁抹平，耳孔在陶坯未干时自左至右一面穿出，器表泥浆层较厚，达0.1厘米（图二〇四，5；图版六二，1）。M308∶1，泥质红陶，泥片筑成，耳孔为两面对钻（图二〇四，2）。H117∶2，泥质红陶，泥片圈筑，器内有篦状工具刮痕，耳孔为两面对钻（图二〇四，4）。H333∶2，泥质红陶，泥片圈筑，耳孔为两面对钻（图二〇四，7）。

Ⅴ式：圆腹近扁，小平底为蹴出，有的近圜，均泥质红陶。耳横剖面为钝三角形，较高，中脊棱线不显。孔为两面对钻。标本H335∶6，倒筑，泥片盘筑，内壁抹平，器表陶衣大部脱落（图二〇四，3；图版六三，1）。M487∶2，倒筑，泥片圈筑，泥片外加，内壁有自右向左用篦状工具刮痕，上腹至口沿陶衣大部脱落（图二〇四，6；彩版一四，3，图版六三，2）。H198∶10，泥片盘筑，内壁有横向和自左向右的篦状工具刮痕（图二〇四，9）。H148∶1，泥片圈筑，内壁有横向和自右向左的篦状工具刮痕（图二〇四，10）。T6③∶2，内壁满布斜向篦划痕，耳孔两面对钻（图二〇四，8）。

C型：口较小，器体较矮，圆腹或扁腹，尖平底或圜底，均夹砂红陶，红衣色较鲜。依器体变化分四式：

Ⅰ式：颈稍高，圆腹，尖底蹴出一小平面，双耳上压绳纹或细绳纹。标本M107∶1，倒筑，泥片盘筑，内底有凹窝，双耳横剖、侧视均呈钝三角形，耳压绳纹较粗（图二〇五，2；图版六三，4）。M31∶1，倒筑，泥片盘筑，内壁抹平，耳孔一面钻，但不甚平，耳上压绳纹较细，耳横侧均呈半圆形（图二〇五，4；图版六四，2）。H383∶9，制作规整，倒筑，泥片圈筑成型，内壁见有泥片缝隙，泥片外加，器表红陶衣大部脱落，从脱落规律观察，向火面火候高，陶衣保存很好，而背火面火候较低，陶衣全部脱落，耳一面穿孔，压饰细绳纹（图二〇五，3；彩版一四，6；图版六三，3）。H262∶4，颈较矮，倒筑，泥片圈筑（图二〇五，1）。

Ⅱ式：圆腹近扁，圜底或圜平底。标本M38∶1，倒筑，泥片圈筑成型，圜底，耳孔一面穿（图二〇五，7；图版六四，1）。H21∶5，倒筑，泥片圈筑，内壁抹平，圜平底（图二〇五，6）。M42∶1，倒筑，泥片圈筑成型，制作粗糙，器体歪扭不对称，圜底（图二〇五，5）。

Ⅲ式：口稍大，扁腹，平底或近圜。标本M41∶3，倒筑，泥片圈筑成型，耳上压细绳纹，耳孔一面穿，内壁上部抹平，下部未抹，底内圜，外蹴出一圜平底（图二〇五，11；图版六四，3）。H127∶1，倒筑，泥片盘筑成型，内壁经手抹但仍凸凹不平，火候较高，质地较硬，小平底近圜，耳压细绳纹，耳孔一面穿（图二〇五，10；图版六四，4）。H42∶4，口较大，倒筑，泥片外加，内壁经手抹，小平底，火候较高，质硬，器表呈深红色，耳中间高耸呈鼻状，上未压绳纹，耳孔在陶坯尚软时自右至左一面穿（图二〇五，9）。H74∶2，倒筑，泥片圈筑，内壁经手抹但仍不平，底残（图二〇五，8）。

Ⅳ式：腹更扁，平底，胎普遍较厚。标本M243∶2，倒筑，泥片外加，圈筑成型，耳较低矮，内壁

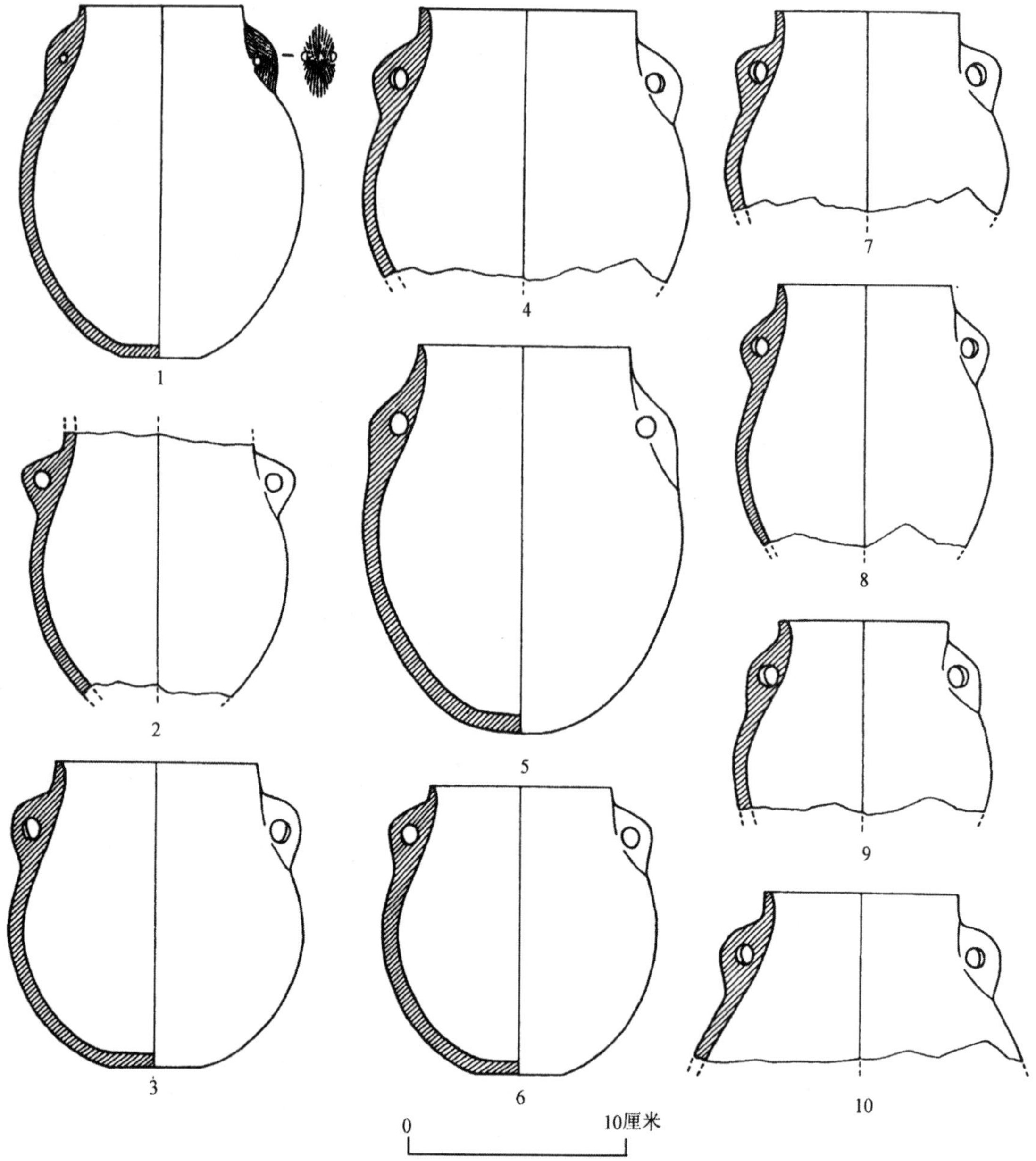

图二〇四　陶罐形壶

1. B型Ⅳ式(H112：31)　2. B型Ⅳ式(M308：1)　3. B型Ⅴ式(H335：6)　4. B型Ⅳ式(H117：2)　5. B型Ⅳ式(M249：1)　6. B型Ⅴ式(M487：2)　7. B型Ⅳ式(H333：2)　8. B型Ⅴ式(T6③：2)　9. B型Ⅴ式(H198：10)　10. B型Ⅴ式(H148：1)

未抹平，外壁亦较粗糙(图二〇五，12)。H42：2，正筑，泥片外加，内壁抹平，外壁磨光，火候较高，质地较硬，陶衣呈深红色，耳圆拱形，较宽大，上未压绳纹，圆孔一面穿(图二〇五，13)。

D型：口较大，颈较长，肩由溜到圆折，腹扁垂，大圜底为主，个别为小平底。颈肩结合部置对称半月形双耳。均泥质红陶。依器体变化分四式：

Ⅰ式：长颈溜肩，扁垂腹，大圜底。耳较宽厚。耳孔为陶坯将干时两面对钻而成。标本M294：1，倒筑，泥片盘筑成型，泥片外加。内壁自右向左有篦刮痕(图二〇六，1；图版六五，2)。

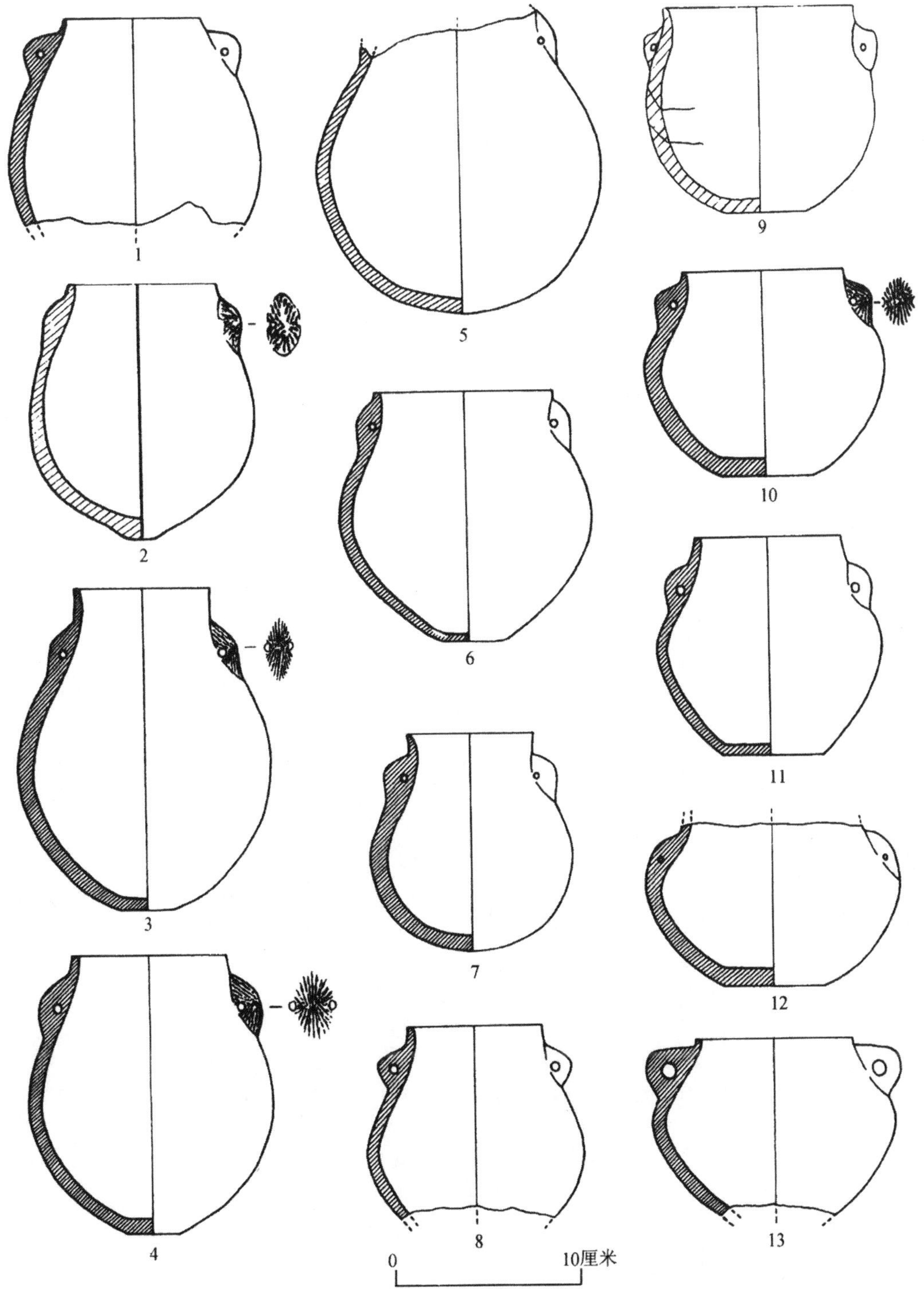

图二〇五　陶罐形壶

1.C型Ⅰ式(H262∶4)　2.C型Ⅰ式(M107∶1)　3.C型Ⅰ式(H383∶9)　4.C型Ⅰ式(M31∶1)
5.C型Ⅱ式(M42∶1)　6.C型Ⅱ式(H21∶5)　7.C型Ⅱ式(M38∶1)　8.C型Ⅲ式(H74∶2)
9.C型Ⅲ式(H42∶4)　10.C型Ⅲ式(H127∶1)　11.C型Ⅲ式(M41∶3)　12.C型Ⅳ式(M243∶2)　13.C型Ⅳ式(H42∶2)

Ⅱ式：圆肩，扁垂腹近圆折，大圜底。耳稍窄薄。肩以上正筑，肩以下至底为倒筑，肩圆转折处有明显接缝。标本M411∶2，内底可见泥片缝，泥片圈筑成型，内腹壁有横刮痕（图二〇六，4；彩

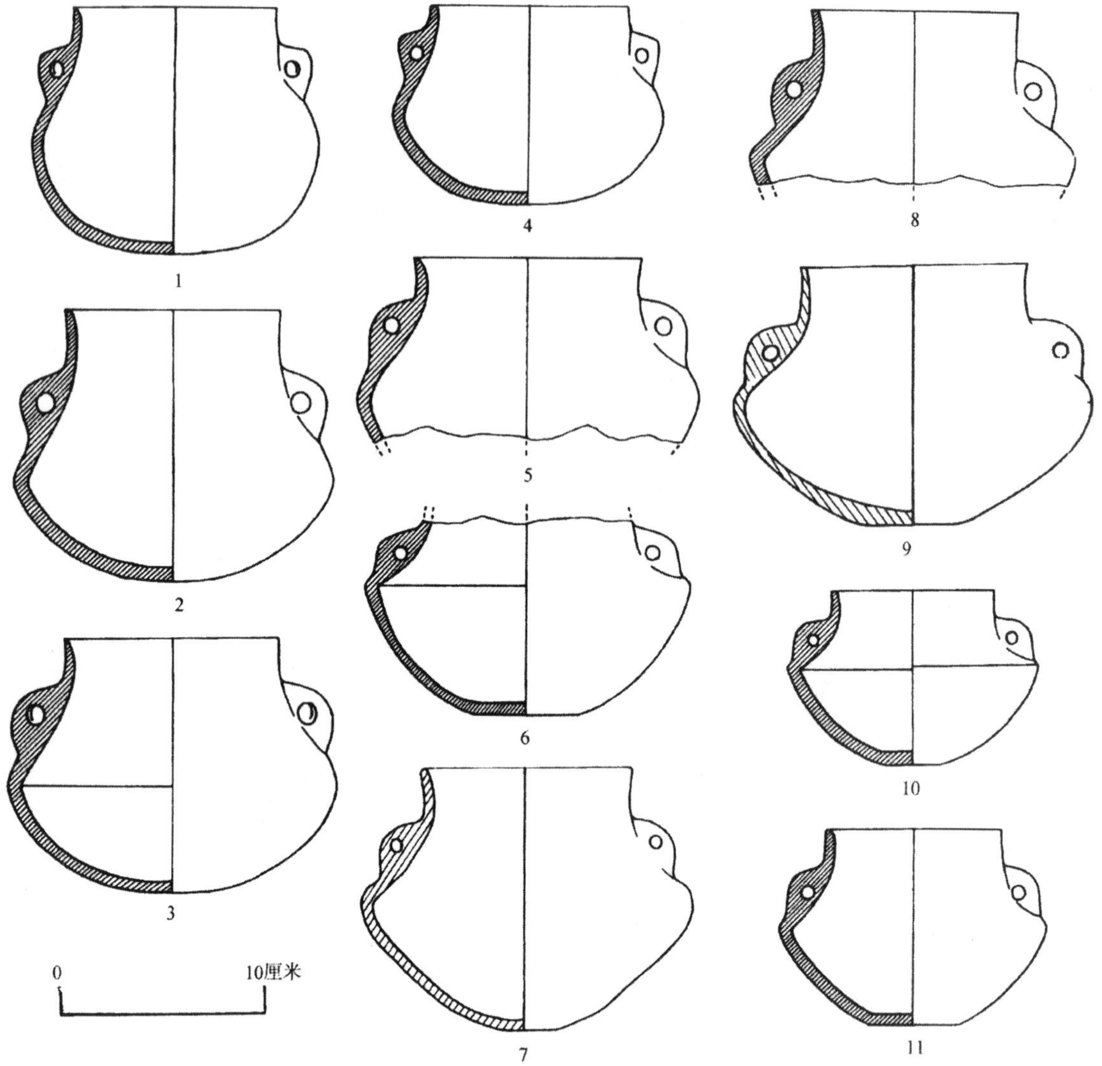

图二〇六　陶罐形壶

1. D型Ⅰ式(M294：1)　2. D型Ⅱ式(H112：12)　3. D型Ⅱ式(H112：11)
4. D型Ⅱ式(M411：2)　5. D型Ⅲ式(M501：1)　6. D型Ⅲ式(T26③C：22)
7. D型Ⅲ式(M123：1)　8. D型Ⅲ式(H294：2)　9. D型Ⅲ式(H16：1)
10. D型Ⅳ式(T120③C：3)　11. D型Ⅳ式(M91：1)

版一四:2;图版六五,1)。H112：11,泥片圈筑,扁腹内圆转折处可见明显泥片接缝(图二〇六,3;彩版一四,1;图版六六,1)。H112：12,斜肩,底中心可见明显圆泥饼,为最后盖的一块泥片,内壁接缝较显(图二〇六,2;图版六五,3)。

Ⅲ式:圆折腹变为圆折肩,肩部作反弧内收,腹壁斜弧,大圜底近平,肩部有明显接缝,为两段分筑后对接而成。标本H16：1,对接时下段包上段,内壁转角处有手捏时指尖压痕(图二〇六,9;图版六五,4)。M123：1,对接时上扣下,上下均泥片圈筑成型(图二〇六,7;图版六六,2)。H294：2,仅存上半部,从接缝处脱落,明显可看出为上扣下,转角处有指尖压痕(图二〇六,8)。T26③C：22,肩腹套接痕迹明显,为下包上(图二〇六,6)。M501：1,肩以上正筑,泥片外加,两段对接(图二〇六,5)。

Ⅳ式：折肩短颈，器体较矮小，似与Ⅲ式有缺环。肩部作反弧内收，下腹斜直或微外弧，小平底为蹾出。标本M91：1，火候较高，保存完整，肩部折棱圆钝，耳为两面对钻（图二〇六，11；图版六六，4）。T120㉛：3，肩部折棱明显，内壁仅局部简单刮抹，大部保留泥片原状，甚为粗糙，可以看出为倒筑，泥片圈筑成型（图二〇六，10）。

表二九　罐形壶测量　（单位：厘米、克）

器号	型式	口径	腹径	最大径高	通高	底径	重量
H84：1	AⅠ	5.7	10.3	9.0	17.7	3.0	320
M303：1	AⅠ	7.4	12.0	12.5	24.3	2.0	680
M374：1	AⅠ	7.0	11.0				
H383：13	AⅠ		11.6	12.0			
M104：1	AⅡ	8.4	12.4	10.0	21.1	1.8	700
M108：3	AⅡ	7.6	11.4	7.5	16.5	2.0	440
H115：23	AⅡ	8.0	13				
H31：1	AⅡ	8.0	13.6				
M297：1	AⅢ	7.4	12.0	7.8	16.5	2.0	550
H303：1	AⅢ	8.0	12.2	7.4	15.8	3.6	580
H383：9	AⅢ	7.0	13.0	7.0	15.7	2.5	510
H76：2	AⅢ	7.6	12.6				
M340：1	AⅢ		15.0	8.0		4	
H147：2	AⅢ		13	7.5		3	
H179：3	AⅣ	6.4	12.2	7.7	17.2	（圜底）	500
M411：1	AⅣ	8.1	13.2	8.0	18.0	2.6	550
H229：1	AⅣ	10.0	14.6				
M66：1	BⅠ	7.8	9.8	6.8	12.9	2	210
M110：1	BⅠ	8.3	13.6	11.6	20.6	3.8	750
H234：1	BⅠ	6.4	9.1	8.0	13.4	1.2	300
H115：20	BⅡ		10.8				
M109：1	BⅡ	5.5～6.0	6.3～7.1	4.0	7.5	（圜）	
M52：1	BⅡ	8.8	14.0	9.2	19.2	4.2	680
M32：1	BⅡ	8.5	14.1	9.5	19.1	3.7	750
M39：1	BⅢ	8.4	12.4	7.7	16.4	（圜）	610
M375：1	BⅢ	8.4	13.7	8.0	16.8	5.2	620
M376：1	BⅢ	8.2	13.6	8.0	17.0	3.3	550
H187：32	BⅢ	8.0					
H112：37	BⅢ	8.0	10.0	6.0	11.4	3.5	
M249：1	BⅣ	9.8	14.8	8.2	17.0	（圜）	600
H112：31	BⅣ	7.6	13.4	8.0	15.5	3.6	600
H117：2	BⅣ	10.0	15.2				
H333：2	BⅣ	8.6	13.2				

续表二九

器号	型式	口径	腹径	最大径高	通高	底径	重量
M308：1	BⅣ	8.0	12.2				
H167：1	BⅣ	10.0					
H335：6	BⅤ	9.6	12.0	6.5	13.5	4.4	480
M487：2	BⅤ	8.4	10.8	6.5	12.7	4.0	
H198：10	BⅤ	8.0	12.0				
T6③：2	BⅤ	8.0	12.0				
H148：1	BⅤ	9.0					
M107：1	CⅠ	7.2	11.4	6.0	12.8	1.6	600
M31：1	CⅠ	8.0	12.3	6.5	13.6	2.5	440
H262：4	CⅠ	7.0	12.8				
H383：9	CⅠ	7.0	13.2	6.0	15.0	3.6	550
H21：5	CⅡ	9.0	12.8	5.5	12.2	3.2	
M38：1	CⅡ	6.5	10.5	5.0	10.5	（圜）	360
M42：1	CⅡ		14.6	7.4		（圜）	770
H42：4	CⅢ	9.6	11.8	7.5	10.0	4.0	
M41：3	CⅢ	7.5	11.6	5.5	10.6	3.5	300
H127：1	CⅢ	8.2	12.4	5.0	10.0	4.4	400
H74：2	CⅢ	6.8	11.0				
H187：38	CⅢ	8.0					
H243：2	CⅣ		13.2	5.0		4.8	
H42：2	CⅣ	8.0	12.6				
M294：1	DⅠ	10.0	14.0	5.0	11.4	（圜）	350
H112：12	DⅡ	10.6	15.6	4.3	12.3	（圜）	560
H112：11	DⅡ	5.6	16.0	4.8	11.6	（圜）	560
M411：2	DⅡ	9.6	13.0	4.0	9.5	（圜）	300
H16：1	DⅢ	10.8	16.8	5.5	11.8	（圜）	460
M123：1	DⅢ	8.8	16.0	6.5	12.2	（圜）	450
H294：2	DⅢ	10.0	14.6				
H159：1	DⅢ	10.0	15.6				
M501：1	DⅢ	11.0	16.4				
T26㊴：22	DⅢ		15.6	5.8		4.8	
M91：1	DⅣ	8.4	13.0	4.4	9.0	4.2	240
T120㊴：3	DⅣ	8.0	12.0	4.6	8.0	2.5	260

(2) 折肩壶。折肩壶是壶类的主要成员，也是贾湖类型的典型器物之一，总体特征是喇叭口颈较长，肩部折棱明显，斜壁，小平底。颈肩之间置对称一对半月形双耳，耳体窄薄，耳孔多两面钻，也有一面钻的。均泥质红陶，器表涂泥浆后施红色陶衣，均打磨光滑，内壁多有刮抹痕，但均当粗糙。从工艺角度观察，折肩内角有明显接缝，可见为分段制作后再对接成型。以泥条圈筑主，也有不少为泥片圈筑和泥条盘筑成型。依形态特征不同分为五型(表三〇)。

表三〇　折肩壶测量记录　　（单位：厘米、克）

器号	型式	口径	肩宽	肩高	通高	底径	重量
M132：1	AⅠ	9.6	15.2	6.8	15.3	5.5	580
M364：2	AⅠ	9.0	14.6	7.4	15.6	4.5	490
M364：3	AⅠ		14.4	7.2		5.0	
M369：1	AⅠ	9.0	15.4	8.0	15.6	5.2	470
M382：1	AⅠ		13.2	7.0		4.5	
M311：1	AⅡ		13.6	9.0	残16.0	4.8	
M312：1	AⅡ	8.0	12.8	残3.4	残13.0		420
M344：1	AⅡ	8.1	13.8	8.0	16.6	4.0	450
M344：2	AⅡ	7.5	13.4	7.4	15.0	5.0	400
M355：2	AⅡ	8.4	14.3	9.6	18.8	5.0	490
M364：1	AⅡ		13.4	8.0	残14.2	4.0"	
M377：1	AⅡ	7.2	12.0	7.0	12.4	4.4	320
M394：2	AⅡ		12.7	7.3	残15.4	4.6	
M396：1	AⅡ	7.2	14.0	8.6	19.5	3.0	
T20㊿：1	AⅡ	8.0	13.8	9.0	19.2	3.1	470
M77：1	AⅢ	6.4	12.2	8.5	14.5	5.0	380
M87：1	AⅢ	7.4	13.0	8.4	16.8	4.4	380
M352：5	AⅢ	5.8	9.6	5.1	10.0	3.4	180
M309：1	AⅢ	8.2	13.0	9.6	19.6	5.0	480
M334：1	AⅢ	7.2	13.4	8.6	15.5	5.0	330
M334：4	AⅢ	6.6	13.0	9.8	17.5	3.4	330
M335：1	AⅢ	6.2	12.4	9.0	18.5	4.6	440
M336：7	AⅢ	7.6	12.4	8.0	17.5	4.4	480
M352：4	AⅢ	7.2	11.2	7.4	16.0	4.4	490
M353：30	AⅢ	8.2	13.4	8.8	19.5	3.8	495
M355：1	AⅢ	8.0	13.0	8.4	17.5	3.9	490
M361：1	AⅢ	7.2	12.6	8.0	16.6	4.8	420
M393：1	AⅢ	7.0	13.1	7.7	18.5	3.5	
M394：3	AⅢ		9.6	6.8	11.0	4.0	370
M402：1	AⅢ	8.0	12.8	8.9	17.0	4.4	350
T10㊿：3	AⅣ	2.6	12.8	10.6	22.0	4.3	470
M44：1	AⅣ		10.4	8.4	12.0	3.4	
M112：2	AⅣ	6.2	13.0	10.0	20.0	5.0	580
H339：15	AⅣ	7.4	12.6	10.6	20.7	5.0	460

器号	型式	口径	肩宽	肩高	通高	底径	重量
M277：1	AⅣ	5.2	8.4	5.7	11.8	3.0	310
M287：2	AⅣ	5.8	12.8	残 7.2	17.0		
M325：5	AⅣ		7.6	6.6	残 8.8	2.8	
M334：6	AⅣ	5.4	8.0	7.4		2.8	
M363：2	AⅣ		12.4	8.2	残 15.0	5.0	
M387：1	AⅣ		12.6	9.2	17.0	4.4	470
H321：4	AⅣ		9.2	8.8	10.6	3.6	200
H339：13	AⅣ		8.0	5.2	残 10.5	3.2	170
M65：2	BaⅠ		15.6	8.0	残 13.4	6.0	
M127：1	BaⅠ	14.8	9.0		6.2		
M275：1	BaⅠ	14.8	7.6	残 14.0	6.0	440	
M282：1	BaⅠ	5.2	15.8	8.0	16.5	7.4	600
M385：1	BaⅠ	5.5	14.7	7.8	15.4	6.0	440
M386：1	BaⅠ	5.0	14.5	7.4	15.4	6.0	430
H220：1	BaⅡ		13.8	6.2	残 12.4	4.6	370
M233：1	BaⅡ	3.5	12.8	6.0	13.1	5.1	270
M281：2	BaⅡ	4.8	13.3	6.0	13.5	4.8	380
M336：1	BaⅡ		13.5	6.5	残 12.7	5.0	370
M363：1	BaⅡ	4.0	13.2	6.5	13.4	5.0	
M90：3	BaⅢ		10.2	4.7	残 9.6	4.0	270
M94：1	BaⅢ	4.2	12.0	5.8	12.0	4.0	300
M101：1	BaⅢ	11.0					
M313：1	BaⅢ		11.4	4.8		4.0	
M336：8	BaⅢ		11.8	5.6	残 9.5	3.8	370
M330：1	BbⅠ	5.4	12.2	8.0	15.4	4.8	480
M334：2	BbⅠ	4.4	（肩以上残高）12.0				
M326：1	BbⅡ	4.2	13.0	8.4	17.0	3.7	440
M337：1	BbⅡ	4.0	12.0	7.0	16.0	4.4	320
M394：1	BbⅡ	4.0	12.0	7.0	15.8	4.6	370
M486：1	BbⅡ	4.4	12.4	8.0	16.5	4.8	340
M319：1	BbⅡ	4.4	14.0	5.6	10.4	6.4	340
M57：1	CⅠ		14.4	8.2	残 12.0	2.6	
M62：1	CⅠ		13.0	残 7.9		3.2	400
M96：1	CⅠ	3.8	7.2	5.8	10.2	2.0	230
M291：1	CⅠ	5.4	13.0	9.0	18.0	3.8	520
T101㉚：9	CⅠ		13.4	9.4		3.0	470
M47：1	CⅡ	8.0	11.8	6.0	12.5	3.2	450
M254：1	CⅡ	6.2	12.6	6.0	13.6	4.0	470
M25：1	CⅢ	7.0	12.8				
M231：1	CⅢ	7.8	11.4	7.0	14.5	4.2	480
M121：1	D	5.4	12.1	9.0	17.8	3.4	4530
M388：1	D	5.0	8.2	5.0	8.8	2.6	

续表三〇

器号	型式	口径	肩宽	肩高	通高	底径	重量
M46∶1	E	7.7	14.0	6.6	10.5	3.0	460
M206∶1	E	9.4	14.2	7.0	10.6	4.0	380
M251∶1	E	7.0	13.6	7.2	11.0	3.2	300

A型：器体瘦高，窄肩作反弧形内收，内壁可见对接时向下扣压时裂开的纹理或缝隙。下腹壁斜直。因肩较窄，双耳置于颈肩之间。依口径和肩径变化分五式：

Ⅰ式：口、肩颈均较大，口颈部较直。标本M369∶1，下半部为正筑，肩腹对接时下包上，上部陶衣大部脱落，灰色胎心裸露（图二〇七，3；图版六六，3）。M132∶1，下部正筑，泥条盘筑成型，肩腹对接为上扣下（图二〇七，2）。M364∶2，折肩棱明显（图二〇七，1）。M364∶3，下段正筑，泥条盘筑成型，内壁有刮痕，口残（图二〇七，4）。

Ⅱ式：器体稍窄，口、颈部稍细，下腹高比例增加，口稍外侈，颈部近直，有的略呈喇叭状。标本M344∶2，下部正筑，泥条圈筑成型，肩腹对接时下包上（图二〇八，1；图版六七，3）。M344∶1，肩腹对接时上扣下，器表有细密的横向人字形打磨痕（图二〇八，4；彩版一五，6；图版六七，1）。M355∶2，下部正筑，泥片盘筑成型，肩腹接时下包上，陶衣大部脱落（图二〇八，7；图版六七，2）。T20㊳∶1，外壁有打磨痕，内壁有手指抹痕，肩腹对接时上扣下（图二〇八，6；图版六八，1）。M396∶1，下段倒筑，泥片圈筑，肩腹对接时上扣下，内壁有上下两次反方向的篦划痕，近底部有手捏痕（图二〇八，3）。M311∶1，下部正筑，泥条盘筑成型，内底中间有凸出泥心，肩腹对接处为上扣下（图二〇八，2）。M364∶1，在小泥饼周围盘筑泥条正筑成型，内壁可见泥条缝隙，肩腹对接处下包上（图二〇八，9）。M312∶1，内腹壁有篦划痕，肩腹对接处为下包上（图二〇八，5）。M394∶2，在一小泥饼上正筑泥条成型，内壁有横向抹痕，肩腹对接处为上扣下（图二〇八，8）。

Ⅲ式：口径和颈径占器宽的比例进一步减少，比Ⅱ式更细，器体显得更窄瘦一些，大部分口沿外侈呈喇叭状，腹壁斜直。标本M352∶4，口、颈均较直、较粗，特征接近Ⅱ式，但器体较窄，与Ⅱ式明显不同，下腹正筑，内壁有横向抹痕，肩腹对接处内侧附加泥条，使肩部内侧较厚，对接时下包上（图二〇九，7；图版七一，2）。M352∶5，器形较小，下部泥条圈筑，肩腹对接处下包上（图版六九，2）。M336∶7，下部为倒筑，泥条盘筑成型，内壁有明显的泥条缝隙，肩腹对接处上扣下（图二〇九，8；图版七〇，4）。M402∶1，下段以小泥饼作底，在其上盘筑泥条成型，内底有凹坑，内壁有泥条缝和手捏的指窝，肩腹对接时下包上，器表有竖向打磨痕（图版六九，3）。M87∶1，正筑，在小泥饼周围盘筑泥条成型，肩腹对接时上扣下（图二〇九，2；图版七〇，1）。M355∶1，下部泥条盘筑成型（图二〇九，4；图版六八，2）。M361∶1，内底中心有凸起泥条首端，下部为正筑泥条圈筑成型，肩腹对接时下包上（图二〇九，5；图版七〇，2）。M335∶1，以小泥饼为底，在其周围向上盘筑泥条成型，器表有横向打磨痕（图二〇九，6；彩版一五，5；图版六八，4）。M309∶1，在小泥饼周围向上圈筑泥条成型，肩腹对接时下包上（图二〇九，3；图版六八，3）。M353∶30，内底中间有凸起的泥条首端，向上盘筑成型，肩腹对接处下包上，器表颈、肩上腹部为横向打磨，下腹近底处为竖向打磨（图二〇九，9；图版六九，1）。M334∶1，颈较短，肩以上占器高的45%，其它特征与同式器物同（图二〇九，1；图版六九，4）。M77∶1，颈更短，肩以上只占器高的41%。下部顺时针倒筑泥条盘筑成型，肩腹对接处上扣下（图版七一，1）。标本M394∶3，器体稍小，内底可见泥条首端突起，内壁有泥条缝和指窝，可知此器为正筑，泥条盘筑成型（图版七〇，3）。

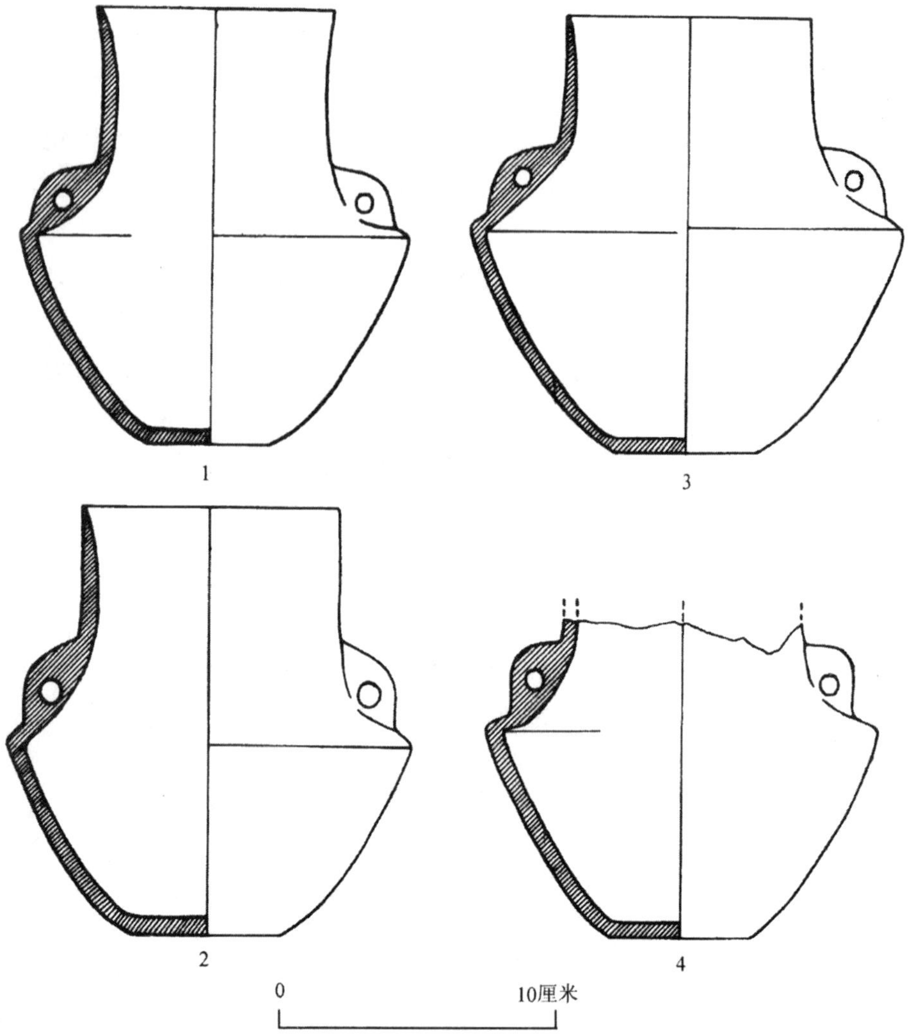

图二〇七　陶折肩壶

1. A型Ⅰ式(M364：2)　2. A型Ⅰ式(M132：1)　3. A型Ⅰ式(M369：1)　4. A型Ⅰ式(M364：3)

Ⅳ式：口、颈部更细，使器体显得更为修长，口沿外侈，使口、颈部呈喇叭状。小平底稍大，下腹较前稍直，肩腹折角稍大。标本T10㉝：3，下部为泥条圈筑成型，肩腹对接处上扣下，腹部器表可见横向打磨痕(图二一〇，1；图版七三，3)。H339：15，以小泥饼为底，在其上圈筑器壁，肩腹对接处下包上(图二一〇，6；图版七三，1)。M112：2，腹部倒筑，内底有凹坑，器表有横向打磨痕，肩腹对接处为上扣下(图二一〇，4；图版七一，3)。M277：1，器体较小，可能为明器，但制作亦很规整(图二一〇，11；图版七二，2)。M363：2，内壁泥条缝隙清晰可见，内底中间有凹坑，坑边有泥尾凸起，可知腹部为倒筑泥条圈筑成型，内壁未作修整，肩腹连接时上扣下(图二一〇，3；图版七三，2)。M387：1，内壁可见泥条缝隙(图版七一，4)。M287：2，下腹壁近直，内壁指窝痕明显(图二一〇，2)。M44：1，腹部倒筑，泥条圈筑，小泥饼封底，肩腹对接处上扣下(图二一〇，5；图版七二，4)。H321：4，内底中间有凹坑，一侧有突起的泥尾，内壁有泥条缝隙，可知此器腹部倒筑，泥条圈筑，小泥饼封底。肩腹对接处下包上，肩部正筑泥条外加，颈部内侧有施转刮抹痕(图二一〇，10；图版七二，3)。H321：2，腹内壁有泥片缝，应为泥片筑成法成型。M334：6，器体较小，似明器，内

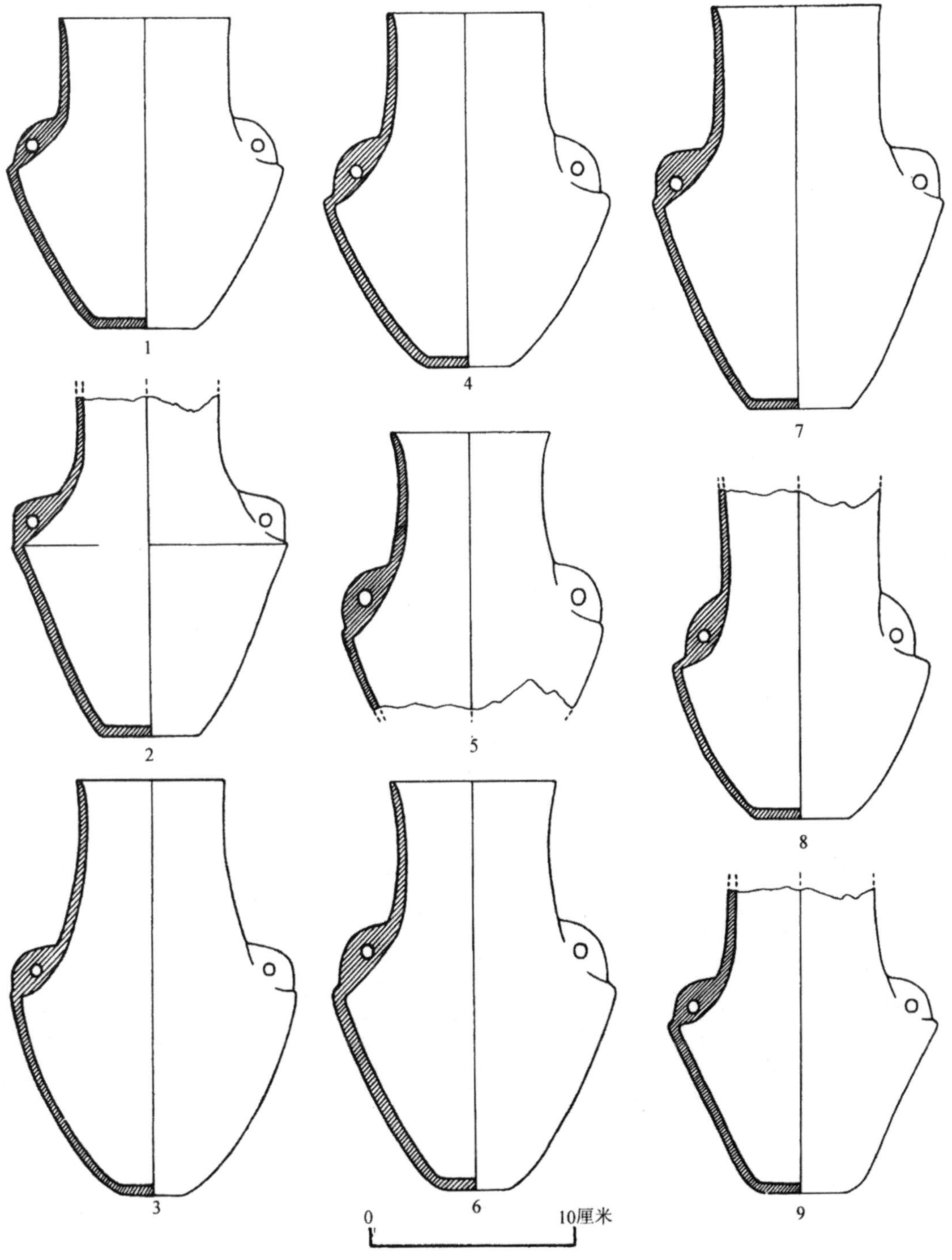

图二〇八　陶折肩壶

1. A型Ⅱ式(M344：2)　2. A型Ⅱ式(M311：1)　3. A型Ⅱ式(M396：1)　4. A型Ⅱ式(M344：1)　5. A型Ⅱ式(M312：1)　6. A型Ⅱ式(T20㉚：1)　7. A型Ⅱ式(M355：2)　8. A型Ⅱ式(M394：2)　9. A型Ⅱ式(M364：1)

壁可见泥条缝(图二一〇,9)。M325：5,器体较小,似明器,内底中间有泥条首端凸起,可见此器为正筑,泥条盘筑成型(图二一〇,7)。H339：13,内底中间有小凹坑,为倒筑,小泥饼封底(图二

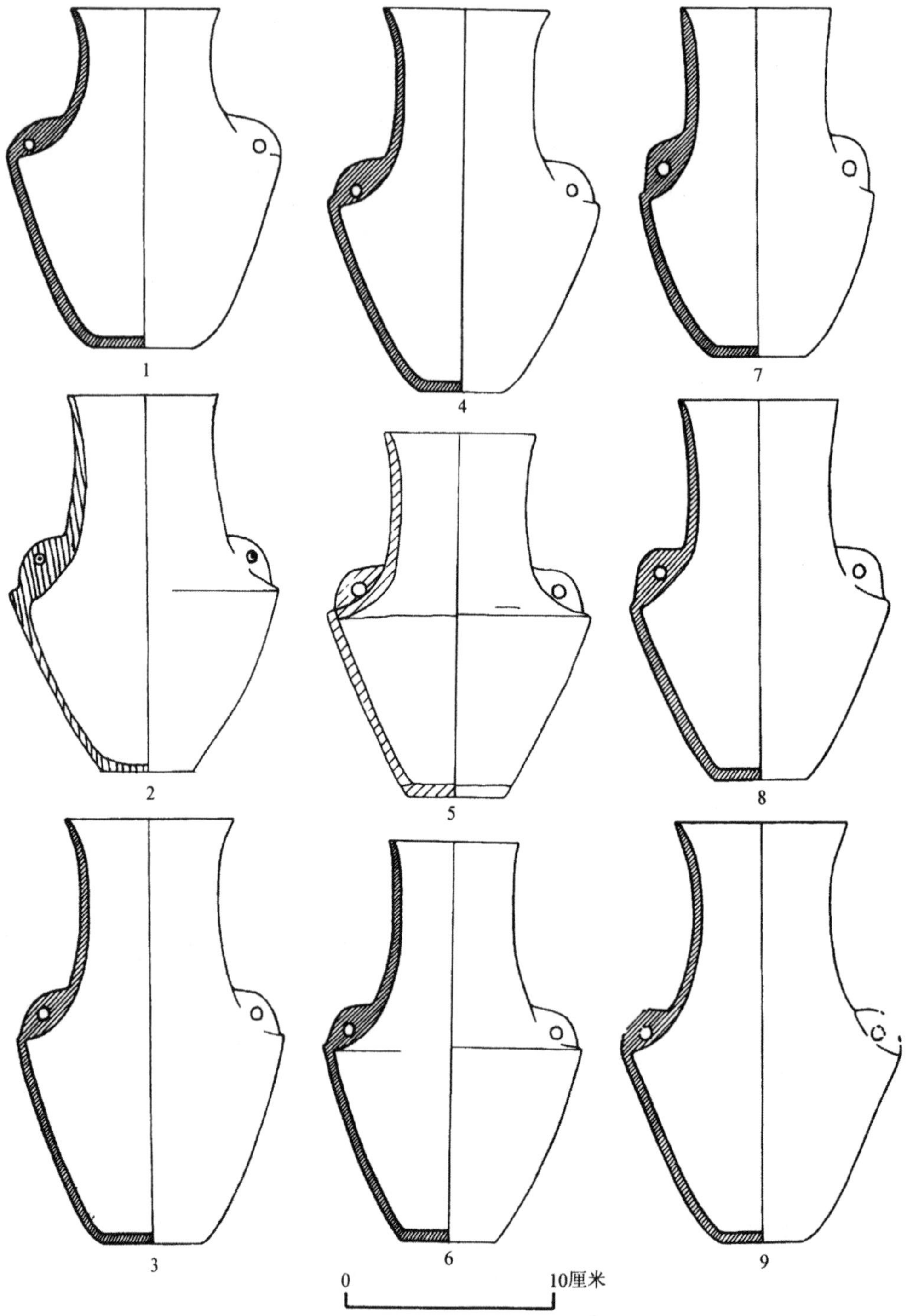

图二〇九　陶折肩壶

1. A型Ⅲ式(M334：1)　2. A型Ⅲ式(M87：1)　3. A型Ⅲ式(M309：1)　4. A型Ⅲ式(M355：1)　5. A型Ⅲ式(M361：1)　6. A型Ⅲ式(M335：1)　7. A型Ⅲ式(M352：4)　8. A型Ⅲ式(M336：7)　9. A型Ⅲ式(M353：30)

一〇,8;图版七二,1)。

B型：小口呈喇叭状,颈较细,宽肩斜折,下腹多作反弧形内收,小平底。双耳置于肩上。依器

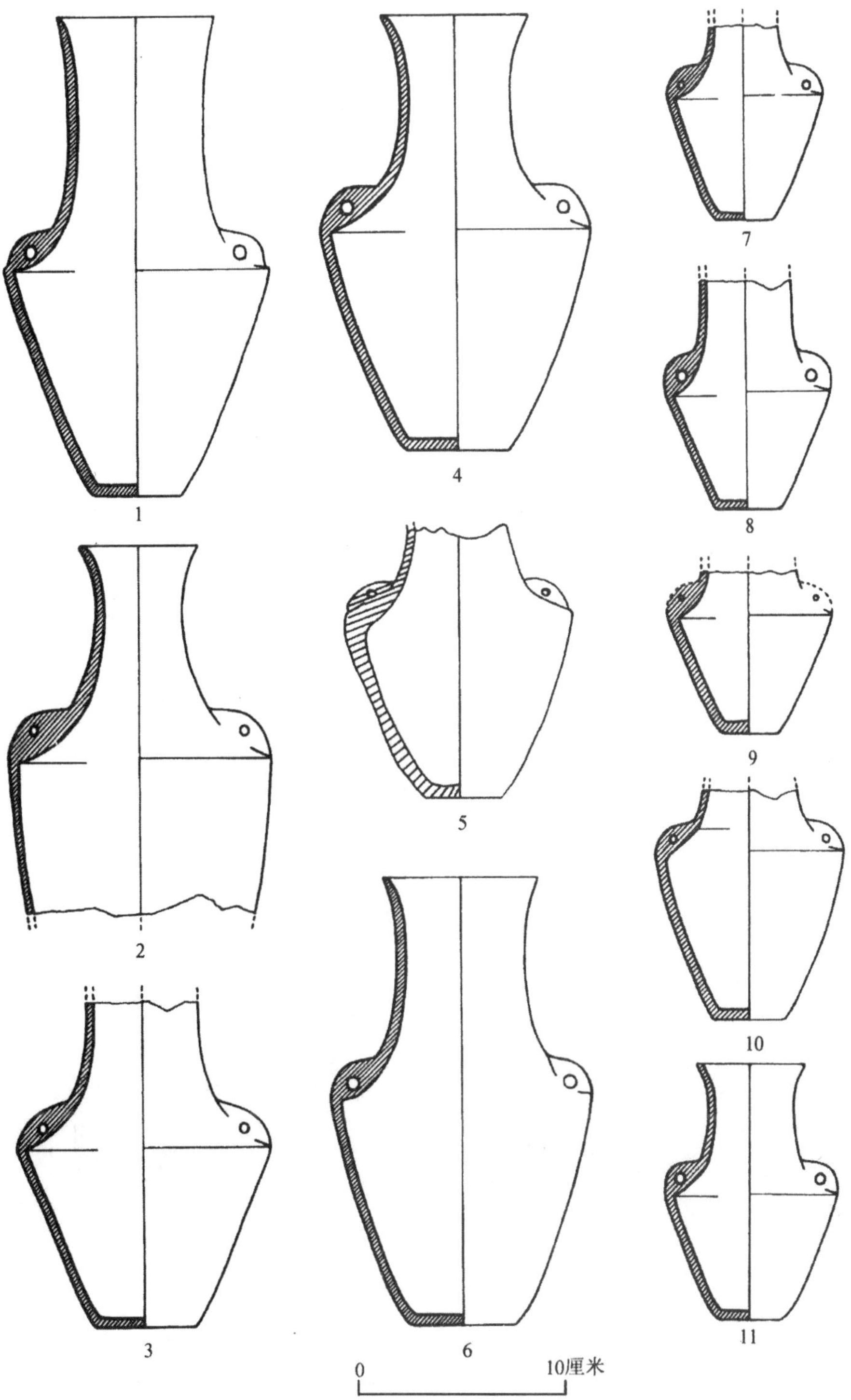

图二一〇　陶折肩壶

1. A型Ⅳ式(T10㉚：3)　2. A型Ⅳ式(M287：2)　3. A型Ⅳ式(M363：2)　4. A型Ⅳ式(M112：2)　5. A型Ⅳ式(M44：1)　6. A型Ⅳ式(H339：15)　7. A型Ⅳ式(M325：5)　8. A型Ⅳ式(H339：13)　9. A型Ⅳ式(M334：6)　10. A型Ⅳ式(H321：4)　11. A型Ⅳ式(M277：1)

体特征分两亚型：

Ba 型：细颈较矮，显得器体较宽。器宽为器高的 95％～110％之间。依器体高宽比变化分三式：

Ⅰ式：器体较大，器宽为器高的 95％～96％之间。标本 M282：1，腹部在小泥饼上正筑，泥条盘筑成型，颈、肩部也为泥条盘筑成型，两段对按时下包上（图二一一，1；彩版一一，1；图版七四，4）。M386：1，腹部在小泥饼周围正筑，盘筑泥条成型，肩腹对接处下包上（图二一一，5；图版七四，2）。M385：1，腹部在小泥饼周围盘筑泥条成型，内底中间有凹坑，器内壁抹平，胎壁厚度较均匀，颈肩部也为正筑泥条成型，肩腹对接时上扣下（图二一一，3；彩版一五，4；图版七三，4）。M65：2，腹部在小泥饼上正筑泥条成型，内壁抹平但仍可见泥条缝，肩腹对接处下包上（图二一一，6；图版七四，3）。M275：1，腹部在小泥饼周围正筑泥条成型，颈肩部泥条盘筑成型，肩腹对接处上扣下（图二一一，4；图版七四，1）。M127：1，腹部在小泥饼周围正筑，泥条圈筑成型，内壁虽抹平仍可见起伏不平的泥条和手捺的指窝，肩部内壁有成型时手指托痕，可见为顺时针盘筑泥条（图二一一，2）。

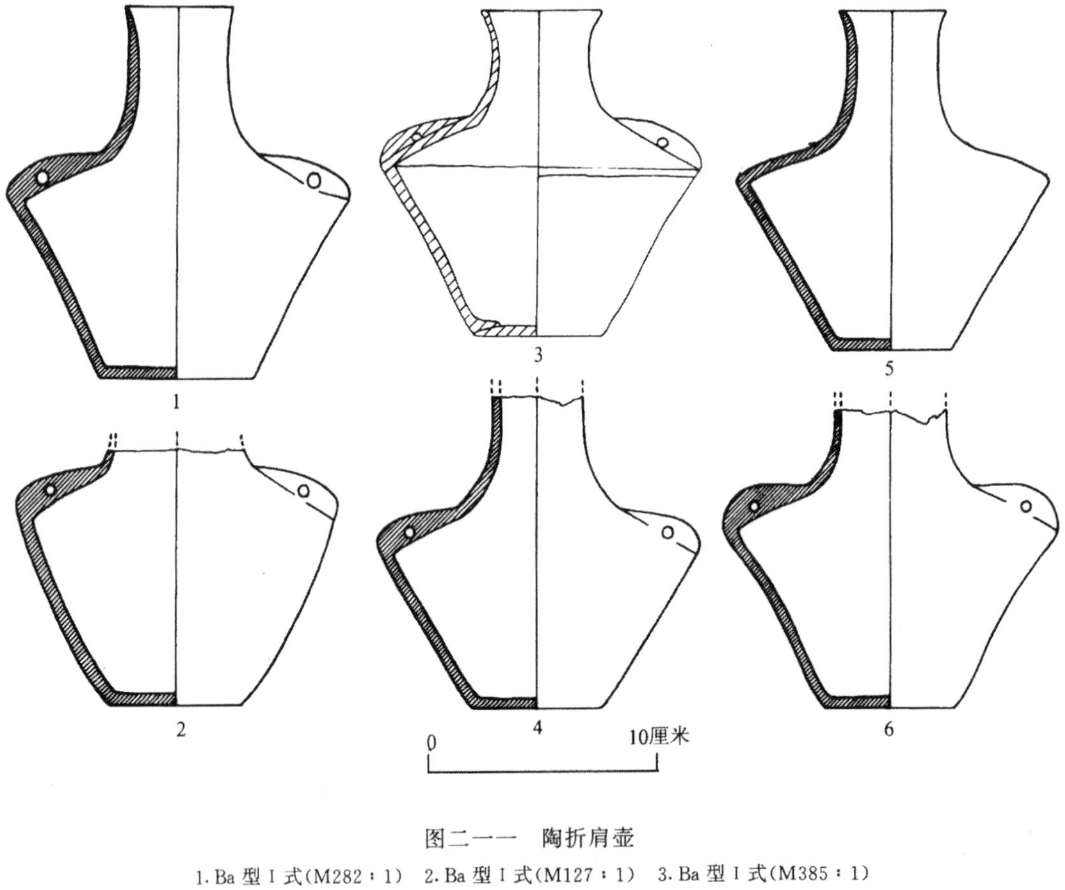

图二一一　陶折肩壶

1. Ba 型Ⅰ式（M282：1）　2. Ba 型Ⅰ式（M127：1）　3. Ba 型Ⅰ式（M385：1）
4. Ba 型Ⅰ式（M275：1）　5. Ba 型Ⅰ式（M386：1）　6. Ba 型Ⅰ式（M65：2）

Ⅱ式：器体较Ⅰ式稍小，器宽为器高的 98％～99％。标本 M281：2，内底中间有凹坑，内壁有泥条缝，应为倒筑，泥条圈筑，小泥饼封底。肩腹对接处下包上（图二一二，2；图版七五，1）。M233：1，腹部倒筑成型，小泥饼封底，内底中间有凹坑，肩腹对接处上扣下（图二一二，1；图版七五，3）。M363：1，肩腹对接处上扣下（图二一二，3；图版七五，4）。M336：1，以小泥饼为底，在其周围向上圈筑泥条成型，泥条外加，内壁泥条缝较显，颈内壁可见旋转刮痕，肩腹对接处下包上（图二一二，5；图版七五，2）。H220：1，内底可见小凹坑，坑周泥尾凸起，可见此器腹部为倒筑成型，小泥饼封底（图二一二，4）。

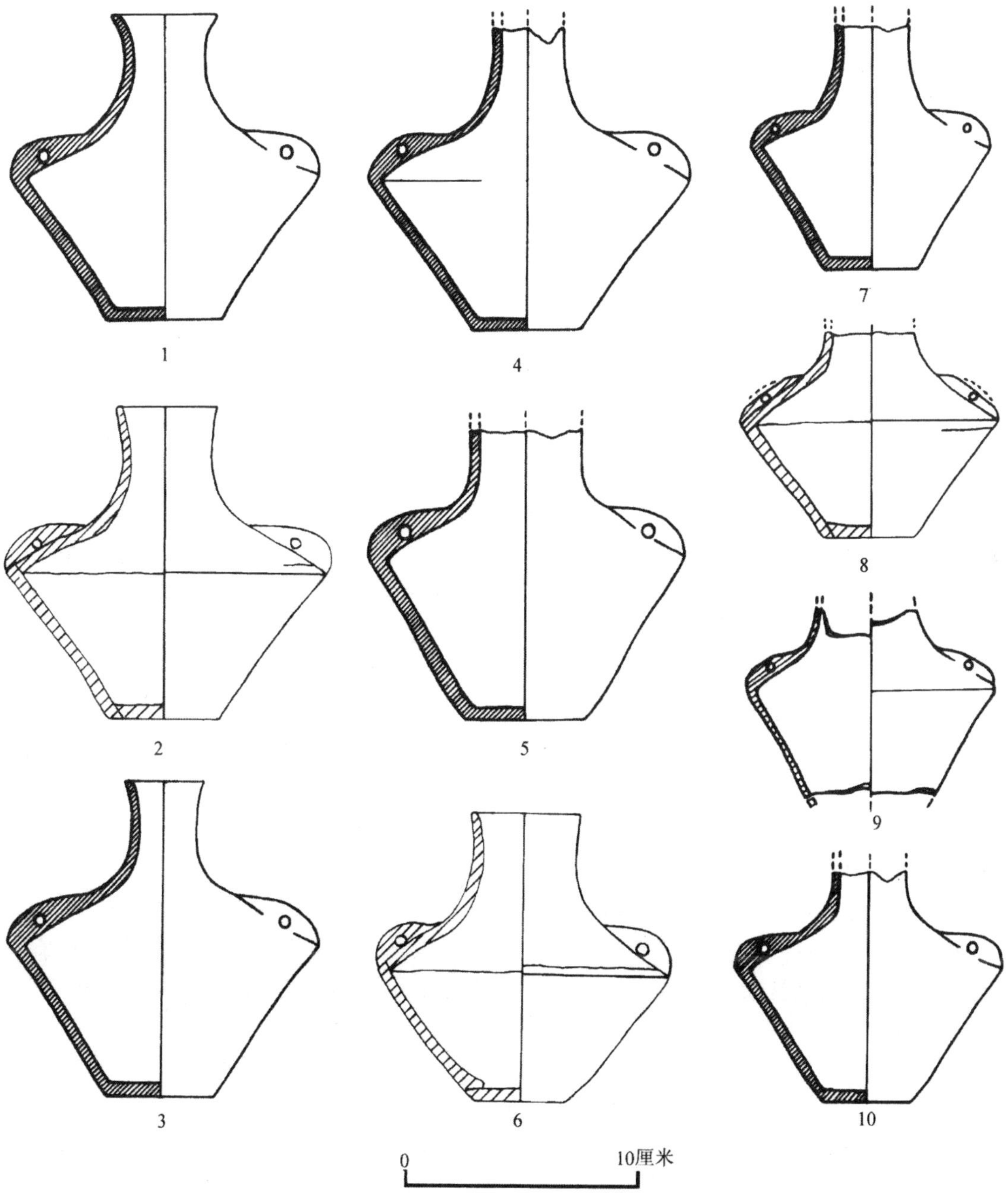

图二一二　陶折肩壶

1. Ba型Ⅰ式（M233：1）　2. Ba型Ⅰ式（M281：2）　3. Ba型Ⅰ式（M363：1）　4. Ba型Ⅱ式（H220：1）　5. Ba型Ⅱ式（M336：1）　6. Ba型Ⅱ式（M94：1）　7. Ba型Ⅲ式（M90：3）　8. Ba型Ⅲ式（M313：1）　9. Ba型Ⅲ式（M101：1）　10. Ba型Ⅲ式（M336：8）

Ⅲ式：器体更小，高宽相等或器宽超过器高，宽约为高的100%～110%，数量也较小，属此类器的最后形态。标本M94：1，在圆饼底上正筑腹壁，肩腹对接处下包上（图二一二，6；图版七六，1）。M313：1，腹部在圆饼底上周围筑泥条成型，腹内壁抹平但仍有泥条缝，肩内壁有篦划痕，肩腹对接时上扣下（图二一二，8）。M90：3，内底正中有泥条首端向上凸起，可见腹部应为从底部正筑泥条盘筑成型，腹部器表有细密的横向打磨痕，有四处交叉，可见在打磨时转了四次（图二一二，7；图版七六，2）。M101：1，腹部正筑，泥条盘筑成型，肩部内壁有指窝，肩腹对接处上扣下（图二一二，9；图版七六，3）。M336：8（图二一二，10）。

Bb型：细颈较高，显得器体较为修长，器宽为器高的75%～80%，下腹较高，并作反弧内收。依器体变化分两式：

Ⅰ式：较少，仅见2件。颈稍粗，肩稍宽。标本M330：1，腹部倒筑，泥条圈筑成型，平底微上凹，颈部内部泥条凸棱较显，颈稍矮，肩腹对接处下包上（图二一三，1；图版七六，4）。M334：2，仅见颈肩部，颈较高，肩部内壁有指窝和抹痕，凸凹不平，从颈部内壁泥条凸棱看，泥条很细，宽为0.8厘米左右，在较清晰的5.2厘米高范围内可见7个泥条，最宽为1厘米，最窄只有0.4厘米，肩腹对接处为上扣下。

Ⅱ式：器体瘦高，小喇叭口，长细颈，斜折肩，腹部斜直并作反弧形内收。标本M326：1，内底有凹坑，内壁有泥条缝，可知腹部为倒筑，泥条盘筑成型，小泥饼封底（图二一三，2；图版七七，3）。M486：1，腹部在圆饼底上正筑泥条成型，颈部正筑细泥条，肩腹对接时下包上（图二一三，4；图版七七，4）。M337：1，腹部在圆饼底周围正筑泥条成型，细颈内壁有旋转刮痕，肩腹对接处为上扣下（图二一三，6；图版七七，1）。M394：1，腹部倒筑，泥条盘筑，内底中间有泥尾，内壁有拍打成型时形成的折皱和捺压泥条的指窝，肩腹对接时上扣下（图二一三，3；图版七七，2）。M319：1，颈肩转折处内壁有抹痕和成型时的缩裂缝隙，肩部内壁有较乱刮痕，肩腹连接处上扣下（图二一三，5）。H60：18，腹部在圆饼底周正筑泥条形成器壁，内壁满布指窝，凸凹不平的泥条棱清晰可见，自底到肩共有7周泥条，肩腹对接时上扣下，肩部也为泥条成型，内壁还有修整时向内拍打形成的竖向裂缝，器物废弃后经二次烧烤，形成深红色和灰色。

C型：喇叭形小口，细颈，斜肩或鼓肩，腹壁斜直或微外弧，小平底，双耳位于肩外侧，肩腹转折处折棱明显，折角大于A、B两型。依肩腹变化分三式：

Ⅰ式：细颈稍高，鼓肩斜腹，器体较瘦。标本M291：1，造型规整，保存较好，仅口沿稍残（图二一四，3；图版七八，2）。M62：1，内底中间有泥尾，内壁有泥条缝，可见腹部为倒筑泥条盘筑成型，颈肩连接处转折较显（图二一四，2）。M57：1，腹部倒筑，泥条按逆时针方向盘筑成型，小平底为蹾出，内底中间有泥尾，内壁有泥条缝和指窝痕，肩腹对接处下包上（图二一四，4）。T101㉚：9，内壁泥条缝明显，为逆时针盘筑，泥片外加，内底中间有凸出的泥尾，肩腹连接处上扣下（图二一四，5）。M96：1（图二一四，1；图版七八，1）。

Ⅱ式：器体稍矮，颈稍粗短，鼓肩，腹微外弧，小平底。标本M254：1，器形规整，火候较高，保存完好，仅口沿稍残（图二一四，6；图版七八，4）。M47：1，口颈稍大，内底可见花蕊状突起，内壁有泥条缝（图二一四，7；图版七八，3）。

Ⅲ式：口、颈较粗，溜肩斜直，腹壁微外弧。标本M231：1，内底有凸出的泥尾，可知下腹为倒筑泥条成型，颈肩连接处分界明显，为颈、肩、腹三段对接成型（图二一四，9；图版七九，1）。M25：1，肩腹连接处内壁经手抹，较平整，颈部系插入肩部捺压连接，推测在接颈前手曾伸入折肩内侧抹压，腹壁内近肩部有一周捺压的指窝，系顺时针方向捺压（图二一四，8）。

D型：仅见2件，喇叭形口，细颈，肩作反弧形内收，腹部呈半圆球形，肩腹折肩明显，小平底

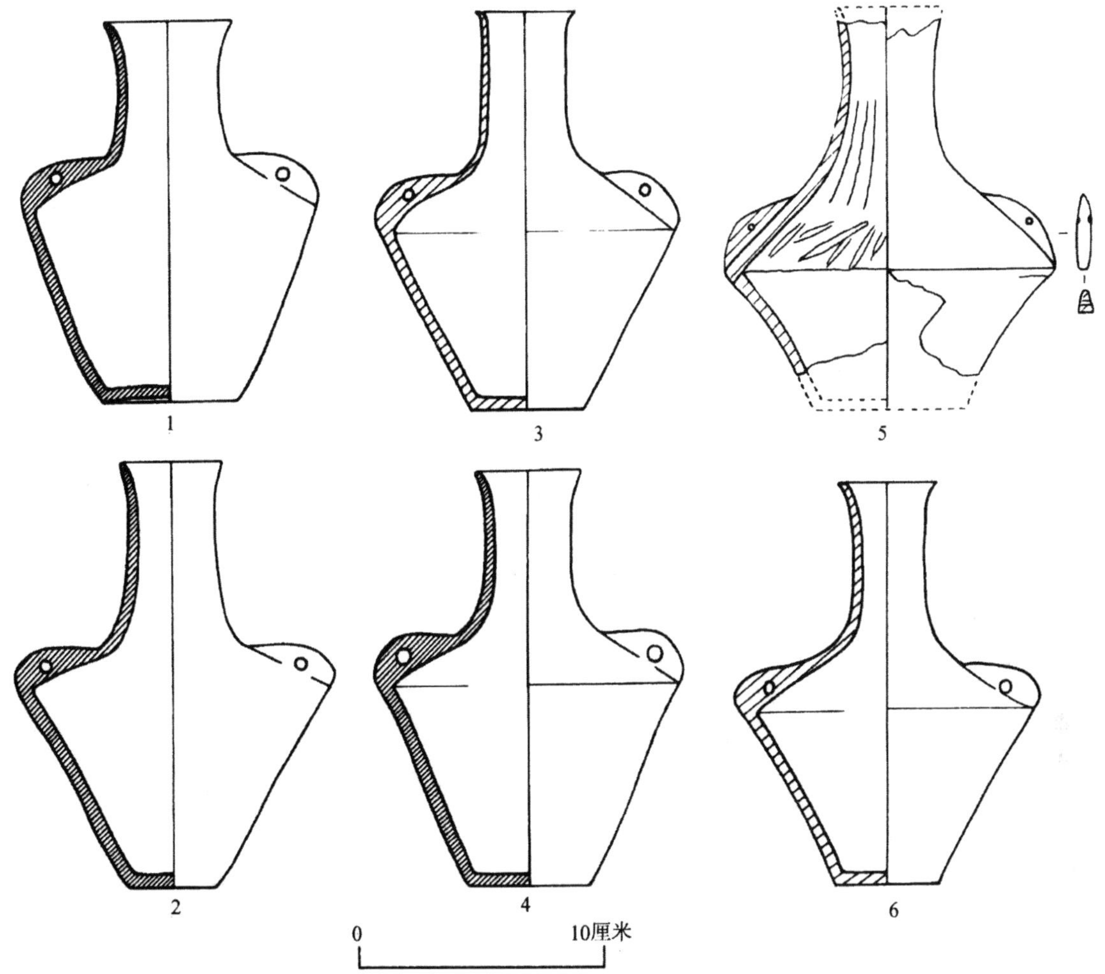

图二一三　陶折肩壶

1. Bb型Ⅰ式(M330：1)　2. Bb型Ⅱ式(M326：1)　3. Bb型Ⅱ式(M394：1)　4. Bb型Ⅱ式(M486：1)
5. Bb型Ⅱ式(M319：1)　6. Bb型Ⅱ式(M337：1)

为蹾出，双耳位于肩外侧。标本M121：1，颈细长，造型规整美观，内底有凹坑，周围有泥条缝，可知腹部为倒筑泥条，小泥饼封底(图二一五，4；图版七九，2)。M388：1，器体较小，似为明器，颈稍粗短，器体外表呈鳞片状脱落(图二一五，1；图版七九，3)。

E型：仅见3件。器体较矮，器高大于器宽，喇叭口短颈，斜折肩，斜腹小平底。标本M251：1，口较小，微外侈，颈较直，鼓肩，斜壁微外弧，小平底为蹾出，底周边棱不明显，内底有凹坑，内壁有泥条缝和指窝，可知腹部倒筑泥条，小泥饼封底，肩腹对接处上包下(图二一五，2；图版七九，4)。M46：1，短径稍粗，口呈喇叭状外侈，鼓肩，斜壁微外弧，小平底，内底中间有突起的泥尾，内壁有泥缝和指窝纹，腹倒筑泥条，蹾出小平底，肩腹连接处下包上，颈肩连接处为肩包颈(图二一五，5；图版八〇，4)。M206：1，口较大，颈很矮，斜直肩，腹微弧，小平底，内底可见盘筑的泥心，内壁可见泥条凸棱和指窝，腹部应为正筑成型(图二一五，3；图版八〇，1)。

(3) 圆腹壶。圆腹壶也是这里的主体器形之一，数量较多，富于变化，共同特征是小口细颈，圆形或近圆形腹，小平底或近圜，上腹饰对称半月形耳，且多呈下垂状，耳孔多一面钻，也有两面

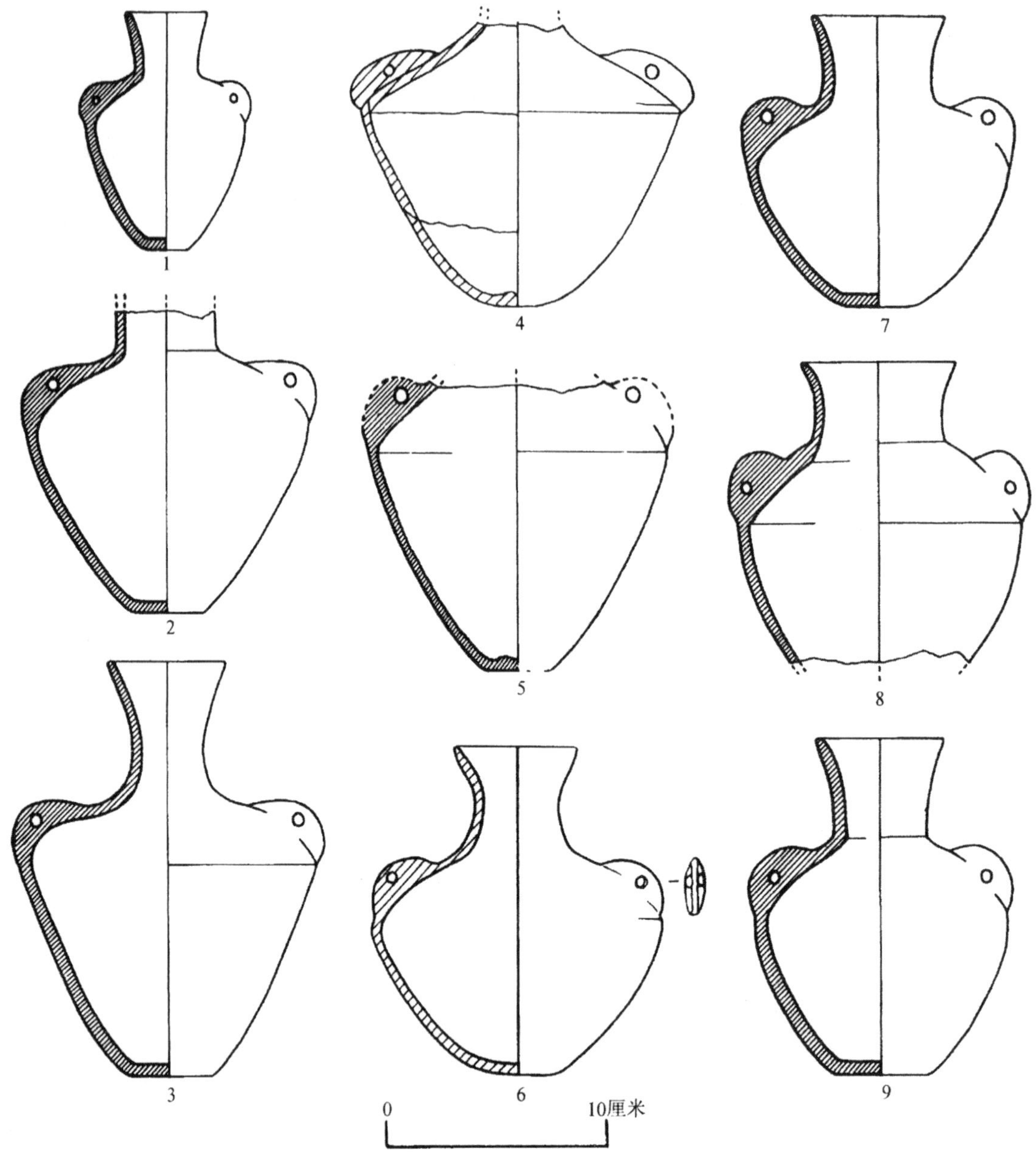

图二一四　陶折肩壶

1.C型Ⅰ式(M96：1)　2.C型Ⅰ式(M62：1)　3.C型Ⅰ式(M291：1)　4.C型Ⅰ式(M57：1)　5.C型Ⅰ式(T101③C：9)
6.C型Ⅱ式(M254：1)　7.C型Ⅲ式(M47：1)　8.C型Ⅲ式(M25：1)　9.C型Ⅲ式(M231：1)

对钻。耳体很薄,耳脊呈刀刃状,个别壶耳呈角状。均泥质红陶,器体多泥条圈筑或盘筑成型,陶坯外涂泥浆后施红色陶衣并磨光。依最大腹径的位置和颈部特征不同分四型(表三一)。

A型:侈口束颈呈喇叭状,最大腹径在腹中部。器体由瘦高变扁矮,分为四式:

Ⅰ式:器腹近圆,高稍大于宽。标本M270：1,小平底,内底有凹坑,内壁平滑,应为在小圆饼底上正筑泥条成型(图二一六,5;图版八一,4)。M273：1,小平底,内底周和外底周均无明显折角,应为从底部直接盘筑泥条成型,小平底为蹾出(图二一七,1;图版八一,1)。M273：4,正筑,泥条盘筑成型,小平底为蹾出,耳孔两面对钻(图二一六,3;图版八〇,2)。M281：1,正筑,泥条盘筑成型,器体向一侧歪,小平底为蹾出,耳孔两面钻(图二一七,6;图版八二,4)。M328：1,在小圆饼底周向上盘筑泥条成型，内底呈凹坑状，内壁密布指窝痕，耳孔两面钻（图二一七，3；图版八〇，3）。M325：4，在圆饼底周向上圈筑泥条成型，小圆饼脱落，耳孔一面钻（图二一六，1；图版八二，2）。M323：2，在圆饼底周向上圈筑泥条成型，内底呈凹坑状，下腹内壁满布指窝痕，上腹内壁有折皱（图二一六，6；图版八二，1）。M272：1，在圆饼底上盘筑泥条成型，内底有凹坑，耳孔一面钻（图二一七，2；图版八一，2）。M35：1，在圆饼底周圈筑泥条成型（图二一七，4；图版八一，3）。M487：1，在圆饼底周圈筑泥条成型，下腹一侧一穿透的小圆孔，径约 0.15 厘米（图二一六，4；图

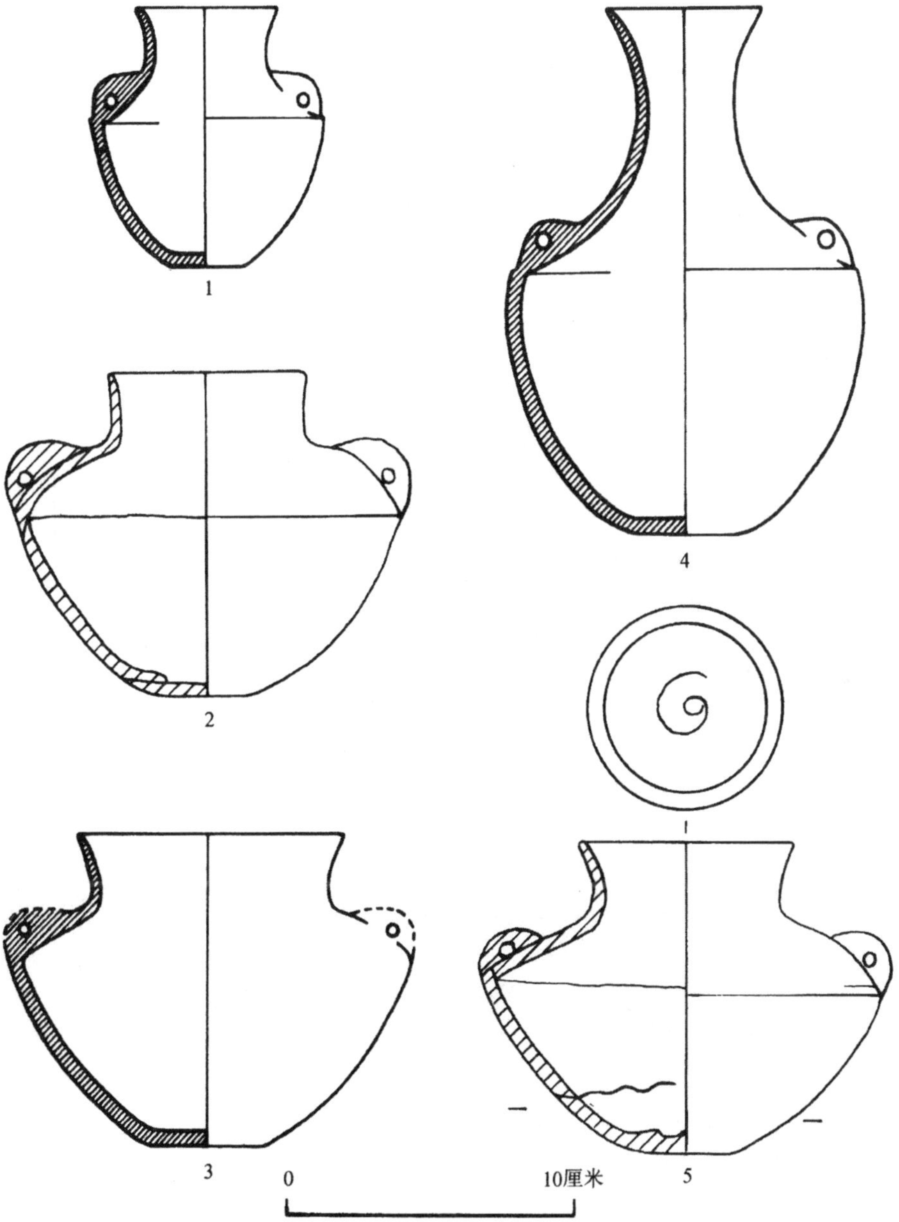

图二一五　陶折肩壶

1. D型（M388：1）　2. E型（M251：1）　3. E型（M206：1）
4. D型（M121：1）　5. E型（M46：1）

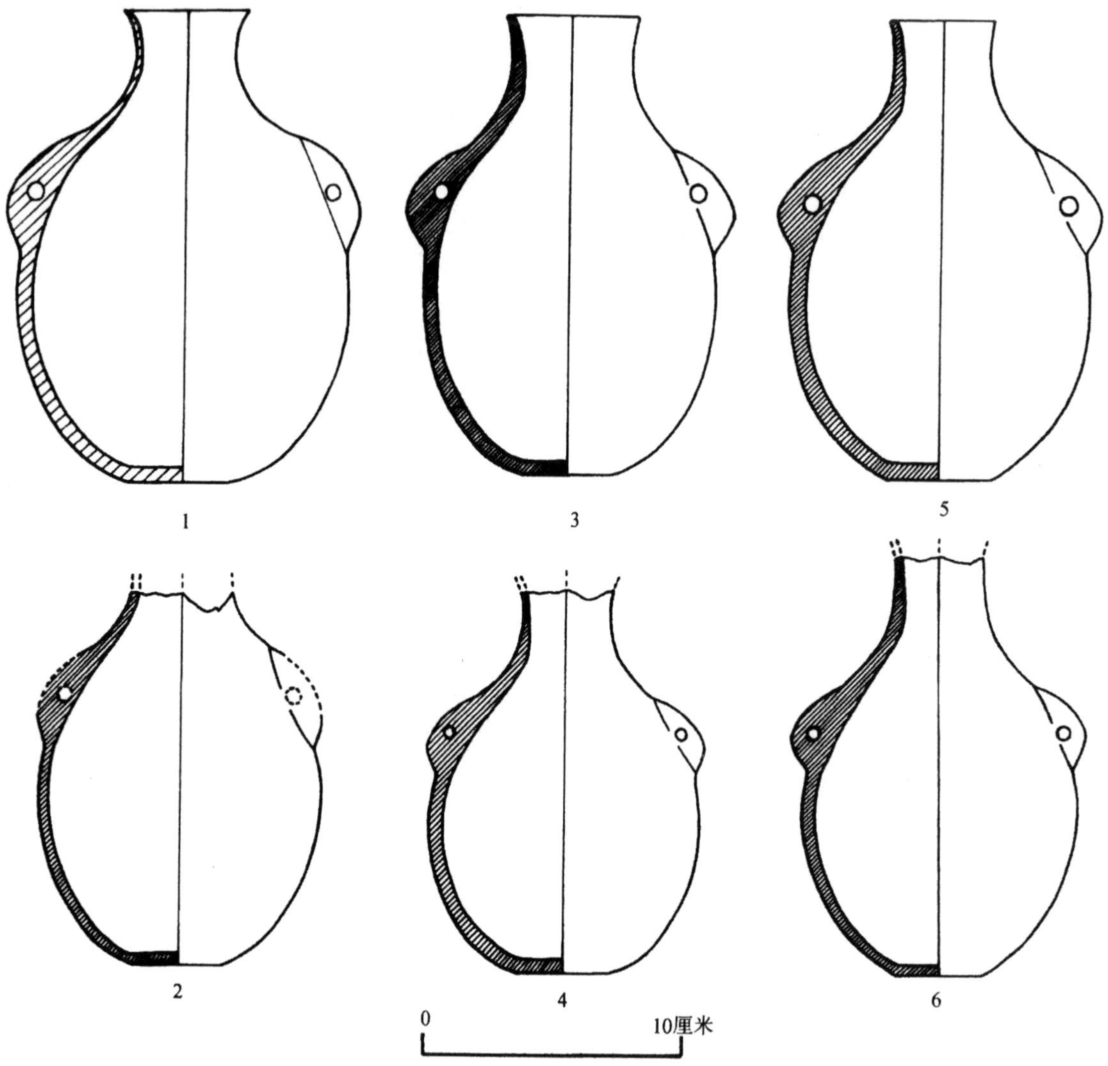

图二一六　陶圆腹壶

1. A 型 Ⅰ 式(M325：4)　2. A 型 Ⅰ 式(M120：1)　3. A 型 Ⅰ 式(M273：4)
4. A 型 Ⅰ 式(M487：1)　5. A 型 Ⅰ 式(M270：1)　6. A 型 Ⅰ 式(M323：2)

版八二,3)。M120：1,在小圆饼底周圈筑泥条成型,小平底微上凹(图二一六,2)。T101ⓈⒸ：39,泥条盘筑成型,器壁较薄,腹部仅 0.3 厘米,内壁有刮抹痕(图二一七,5)。

Ⅱ 式:圆腹呈球形,腹部高宽基本相等。标本 M106：1,细颈稍长,内底有凹坑,系在圆饼底上圈筑泥条成型,火候较高,除口沿稍残外,保存完好,耳孔一面钻(图二一八,4;图版八三,4)。M76：1,内底有凹坑,在圆饼底上圈筑泥条成型,火候较高,口残,耳孔一面钻(图二一八,6;图版八三,2)。M323：1,在圆饼底上盘筑泥条成型。内底有凹坑,内壁有泥条凸棱和横排指窝痕,并有竖行刮抹痕(图二一八,7;图版八四,3)。M329：1,内底可见泥条首端盘旋痕,为直接用泥条顺时针方向一次盘筑成型,内壁可见泥条凸棱和指窝痕,耳孔一面钻(图二一八,5)。M384：1,内底有凹坑,内壁有泥条凸棱,近底部内壁有戳刺痕,此器为在圆饼底上正筑盘筑泥条成型,耳孔二面对钻(图二一八,2)。M358：1,内底中心可见盘旋状的泥条首端稍呈凸起状,内壁泥条凸棱和指窝

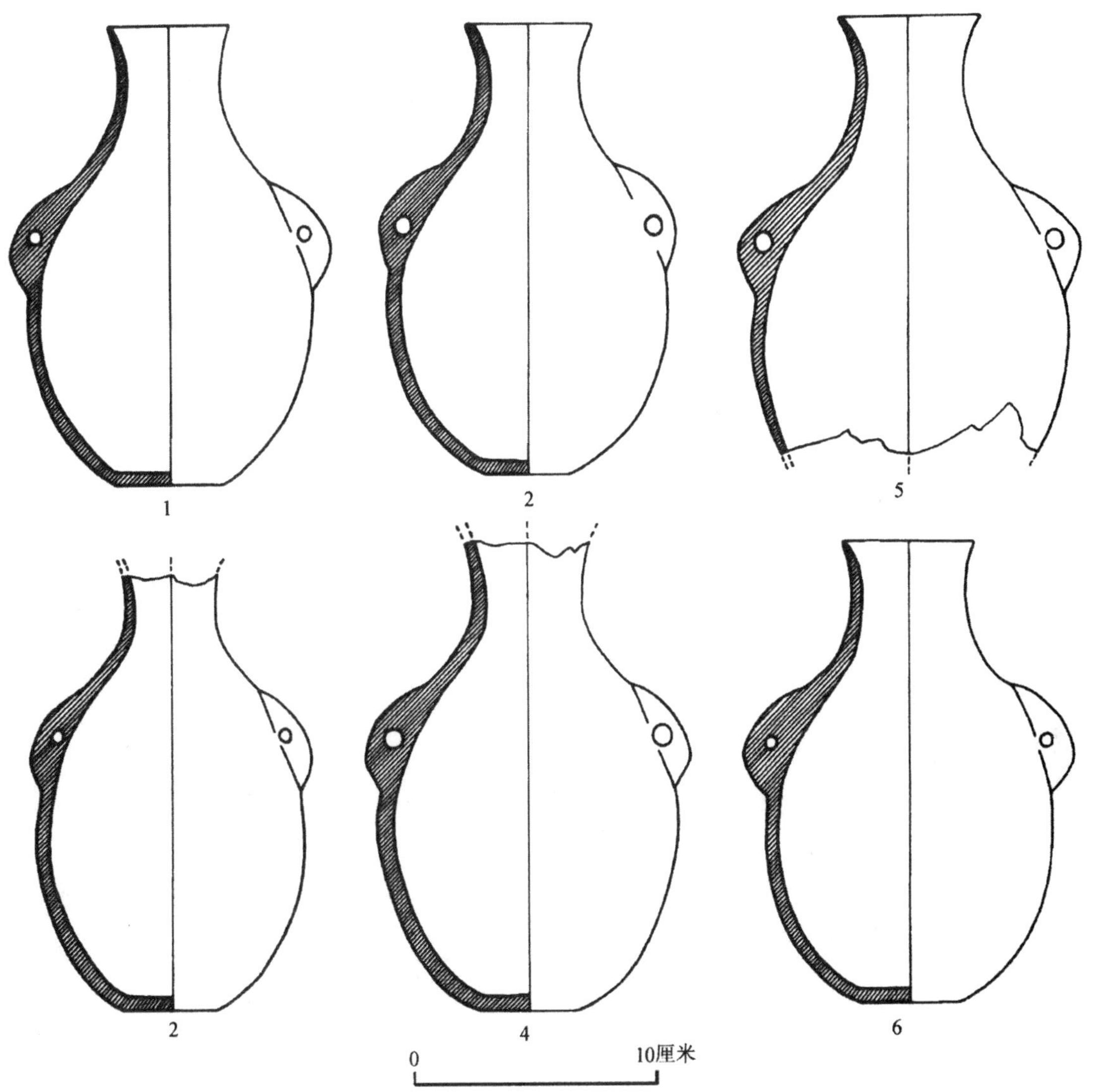

图二一七　陶圆腹壶

1.A型Ⅰ式(M273∶1)　2.A型Ⅰ式(M272∶1)　3.A型Ⅰ式(M328∶1)
4.A型Ⅰ式(M35∶1)　5.A型Ⅰ式(T101③C∶39)　6.A型Ⅰ式(M281∶1)

明显，泥条宽约1.2～1.6厘米，向上盘旋至口部，可见此器为从底部到口部一次盘筑成型，泥条顺时针旋转，耳孔在陶坯未干时一面穿成(图二一八，1；图版八四，2)。M366∶1，内底泥条首端中间凸起，周围呈花蕊状，内壁可见泥条棱和刮抹痕(图二一八，3；图版八四，4)。M410∶1，在圆饼底上盘筑泥条成型，耳孔两面钻(图二一八，9；图版八三，3)。M305∶1，内底可见泥条首端顺时针呈旋转状向上盘筑，泥条外加，内壁有刮抹痕，双耳孔系在陶坯未干时由一面向另一面穿出，不旋转器体，故显得一耳孔由右至左，一耳孔由左至右(图二一八，8；图版八四，1)。

Ⅲ式：圆腹呈球形，但腹宽稍大于腹高，器体显得略扁。口均残。标本M219∶1，在圆饼底上正筑泥条成型(图二一九，2；图版八五，2)。M73∶1，在圆饼底上正筑泥条成型，内底有小凹坑和凸起的泥条，内壁有旋转刮抹修痕(图二一九，5；图版八五，1)。M34∶1，小平底微上凹。内底可见

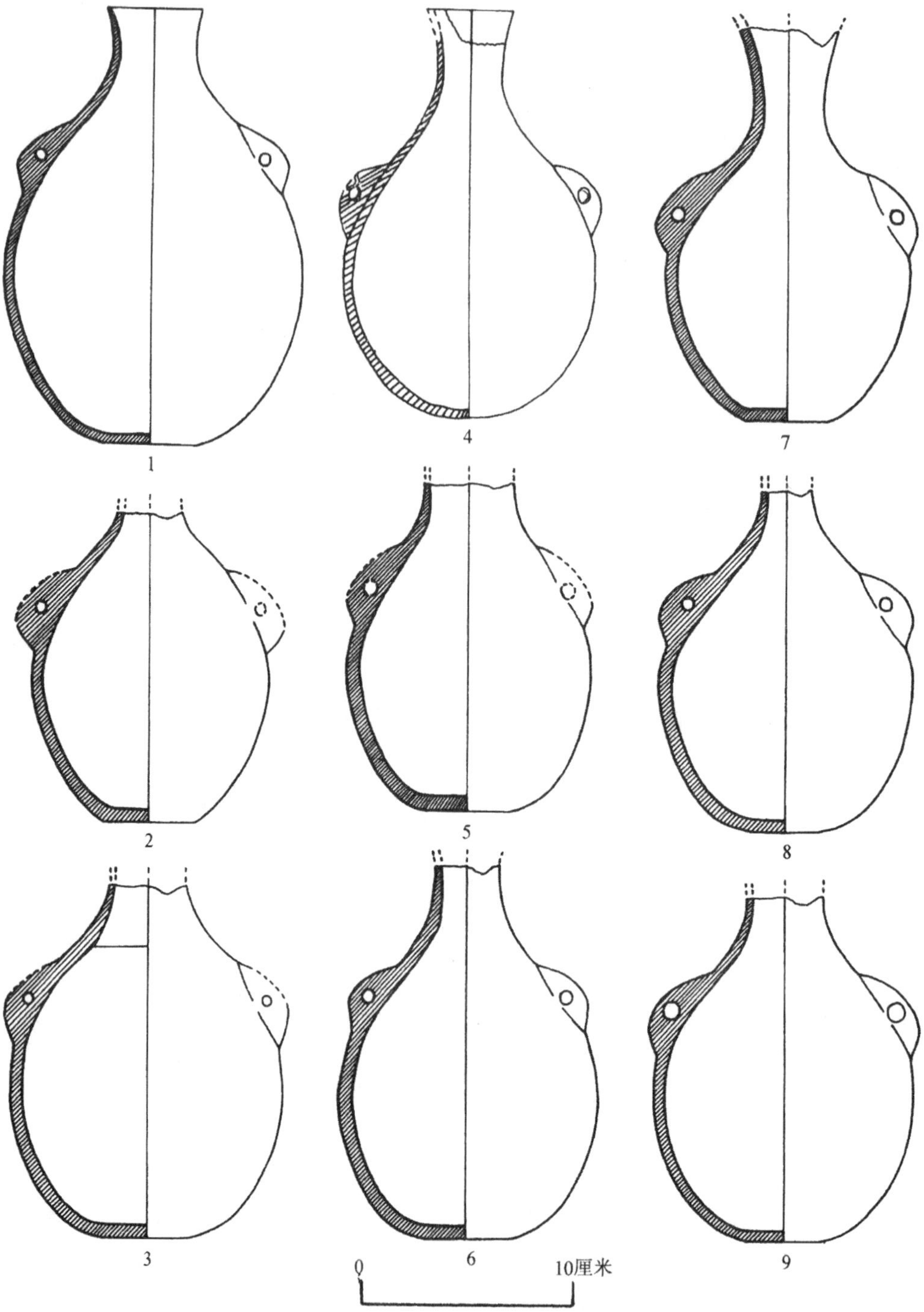

图二一八　陶圆腹壶

1. A 型Ⅱ式(M358：1)　2. A 型Ⅱ式(M384：1)　3. A 型Ⅱ式(M366：1)　4. A 型Ⅱ式(M106：1)
5. A 型Ⅱ式(M329：1)　6. A 型Ⅱ式(M76：1)　7. A 型Ⅱ式(M323：1)　8. A 型Ⅱ式(M305：1)
9. A 型Ⅱ式(M410：1)

凸起的泥条首端，顺时针正筑成型（图二一九，1；图版八五，3）。

Ⅳ式：腹宽大于高，呈扁腹。标本 M409：1，细颈较长，耳孔一面钻，底周无明显折棱，形成圜

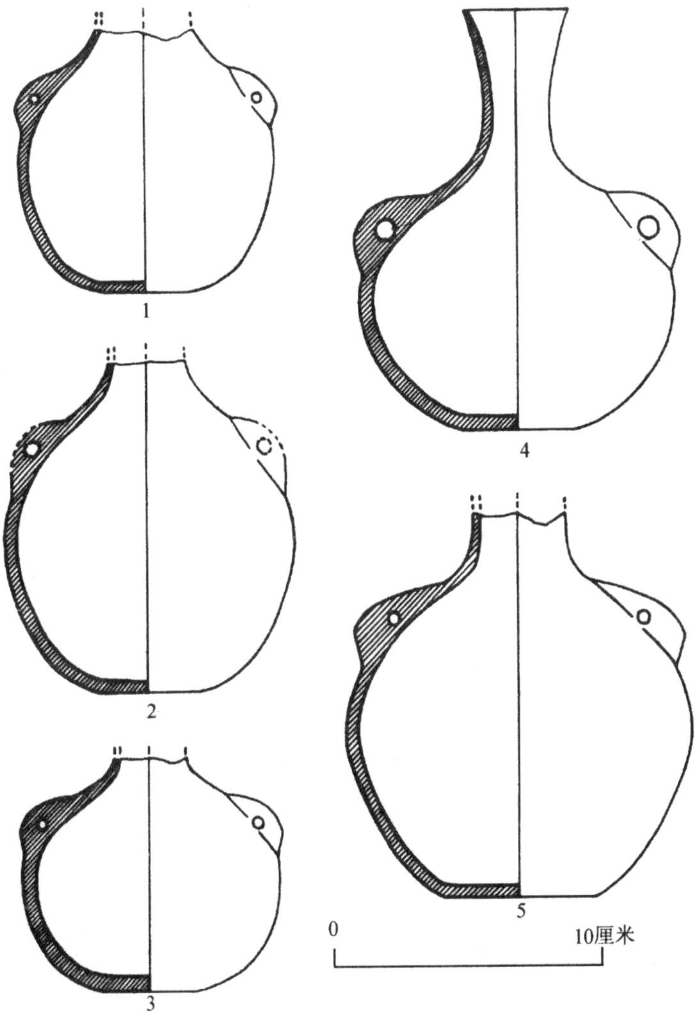

图二一九　陶圆腹壶

1. A 型Ⅲ式(M34∶1)　2. A 型Ⅲ式(M219∶1)　3. A 型Ⅳ式(M278∶1)
4. A 型Ⅳ式(M409∶1)　5. A 型Ⅲ式(M73∶1)

平底，耳孔一面钻，口沿稍残，保存基本完整(图二一九，4；图版八六，1)。M278∶1，圜平底，内底有凹坑，在圜饼底上圈筑泥条成型，内壁有斜向刮抹修痕，壶内填土中含有小石子、石英砂粒和几块碎鱼骨(图二一九，3；图版八六，2)。

B 型：侈口束颈呈喇叭状，最大腹径在腹中部稍偏下，形成垂腹。器体由瘦高变低矮。依其变化分三式：

Ⅰ式：器高稍大于宽。标本 T21③C∶1，泥条盘筑成型，耳孔两面对钻(图二二〇，1；图版八七，2)。M281∶3，在圆饼底周向上盘筑泥条成型，耳孔两面对钻(图二二〇，5；图版八七，1)。M27∶1，内底有凹坑，在圆饼底上圈筑泥条成型，器表满布竖向打磨痕，耳孔一面钻(图二二〇，2；图版八七，3)。M267∶1，在圆饼底周盘筑泥条成型。器表有竖向打磨痕，耳孔两面对钻(图二二〇，4；图版八六，3)。M383∶1，在圆饼底上盘筑泥条成型，内壁有指窝和湿手抹平痕(图二二〇，6)。M325∶1，在圆饼底上正筑泥条成型，内底有凹坑，外底近圜，耳孔一面钻(图二二〇，3；图版八六，4)。

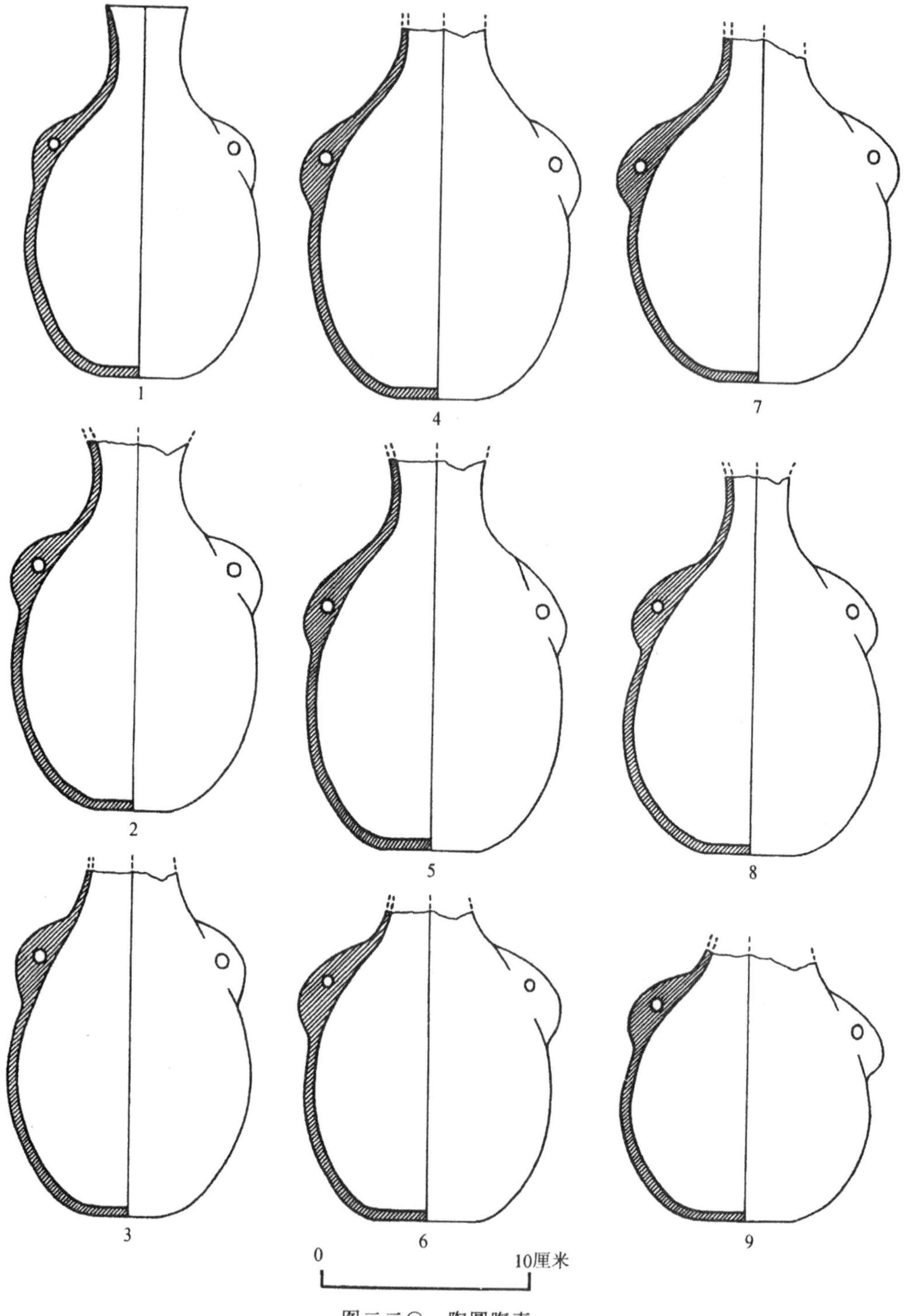

图二二〇 陶圆腹壶

1.B型Ⅰ式(T21③C:1) 2.B型Ⅰ式(M27:1) 3.B型Ⅰ式(M325:1) 4.B型Ⅰ式(M267:1)
5.B型Ⅰ式(M281:3) 6.B型Ⅰ式(M383:1) 7.B型Ⅱ式(M293:1) 8.B型Ⅱ式(M220:1)
9.B型Ⅲ式(M60:1)

Ⅱ式:腹宽与腹高接近或相等。标本M220:1,在圆饼底上正筑泥条成型,泥条逆时针盘筑,内底有凹底,内壁有泥条棱和指窝,器壁厚薄不太匀为,0.2～0.5厘米。耳孔两面钻(图二二〇,

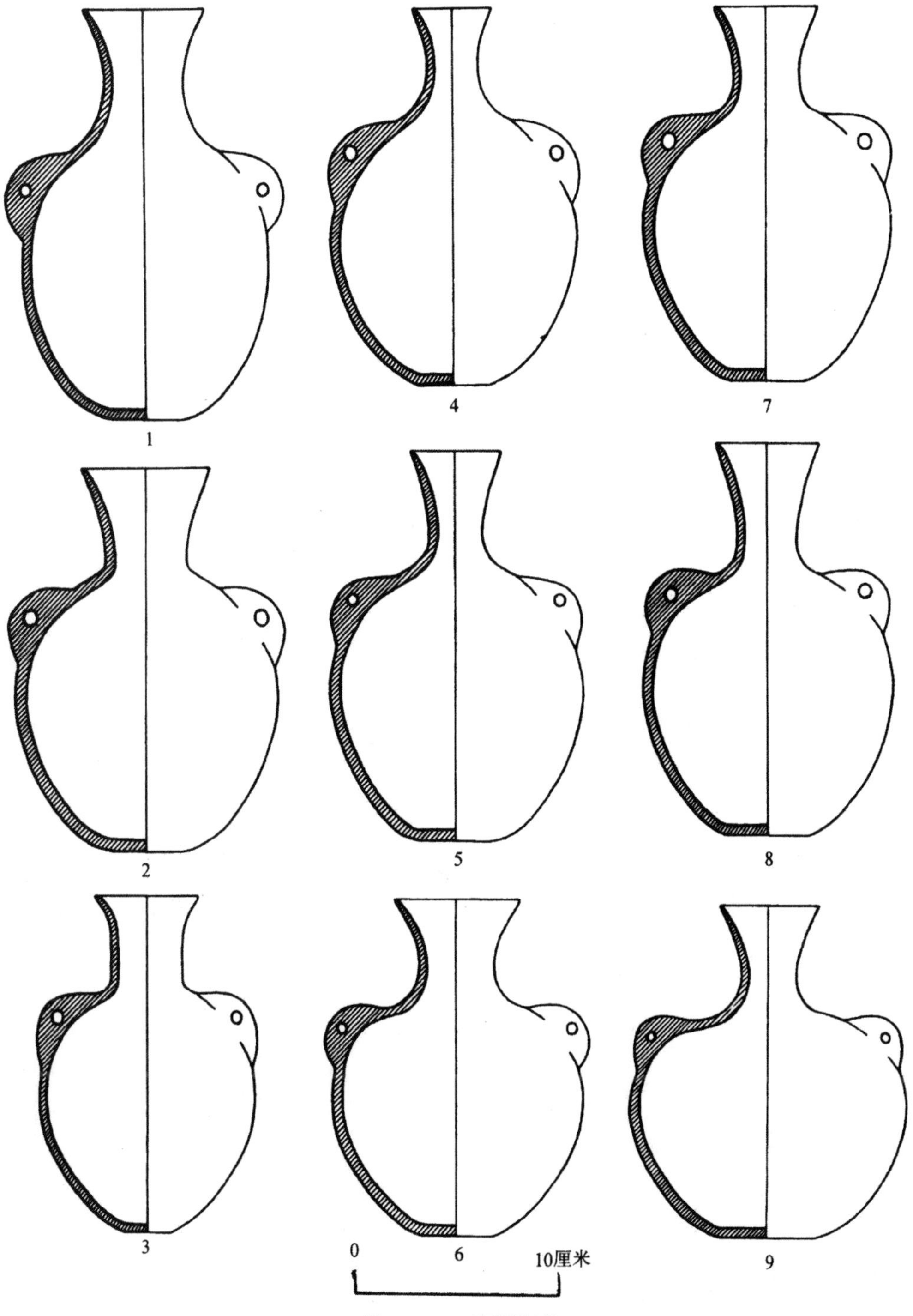

图二二一 陶圆腹壶

1.C型Ⅰ式(M119:1) 2.C型Ⅱ式(M256:1) 3.C型Ⅱ式(M261:1) 4.C型Ⅰ式(M95:1) 5.C型Ⅱ式(M259:1) 6.C型Ⅲ式(T101③B:5) 7.C型Ⅱ式(M252:1) 8.C型Ⅱ式(M61:1) 9.C型Ⅲ式(M253:1)

8;图版八七,4)。M293:1,内壁抹平,有横向抹痕,耳孔两面钻(图二二〇,7)。

Ⅲ式:器宽大于器高,器腹扁矮。标本M60:1,在圆饼底上正筑泥条成型,内底有凹坑,内壁有横向抹痕，湿手抹平，耳孔一面钻（图二二〇，9；图版八八，2）。M379：1，器体更扁，在圆饼底上正筑泥条成型，内壁满布指窝和抹痕，耳孔一面钻（图版八八，1）。M486：2，内底中间可见泥条之首端，泥条正筑圈筑成型，内壁可见泥条凸棱，但经湿手抹平，耳孔两面钻（图二二二，1；图版九〇，3）。

C型：喇叭形小口，细颈较长，颈肩之间过渡稍显，最大腹径在腹上部偏上。器腹由窄变宽，依其变化分三式。

Ⅰ式：器腹高稍大于宽，略显瘦高一些，颈、肩之间过渡不甚明显。标本M119：1，小平底微上凹，内底有小凹坑，小圆饼底周正筑泥条成型，耳孔两面对钻，耳脊呈方形（图二二一，1；图版八八，4）。M95：1，小平底微上凹，器形较歪，不对称，耳孔位于耳上部，一面钻，内底有小凹坑，在小圆饼上正筑泥条成型（图二二一，4；图版八八，3）。

Ⅱ式：器腹加宽，近球形，颈下部近直，颈肩转折有一较显的圆转折。颈腹应为分段制作后对接成型。标本M256：1，在小圆饼底周正筑泥条成型，颈肩连接处外表可见微凹的接缝，耳孔两面钻（图二二一，2；图版八九，3）。M261：1，颈较直，小平底近尖，泥条盘筑成型，颈肩转折较显，耳孔一面钻（图二二一，3；图版八九，2）。M259：1，腹较圆，底近圜，在小圆饼底周围圈筑泥条成型，耳孔两面对钻（图二二一，5；图版八九，4）。M61：1，小平底稍大，在圆饼底上圈筑泥条成型，底下似垫有碎草之类的铺垫物以防粘连，耳孔两面钻（图二二一，8；图版八九，1）。M252：1，内底有凹坑，在圆饼底上正筑泥条成型，内壁经湿手抹平，肩、颈结合部微凹，耳孔一面钻（图二二一，7；彩版一五，1；图版九〇，2）。

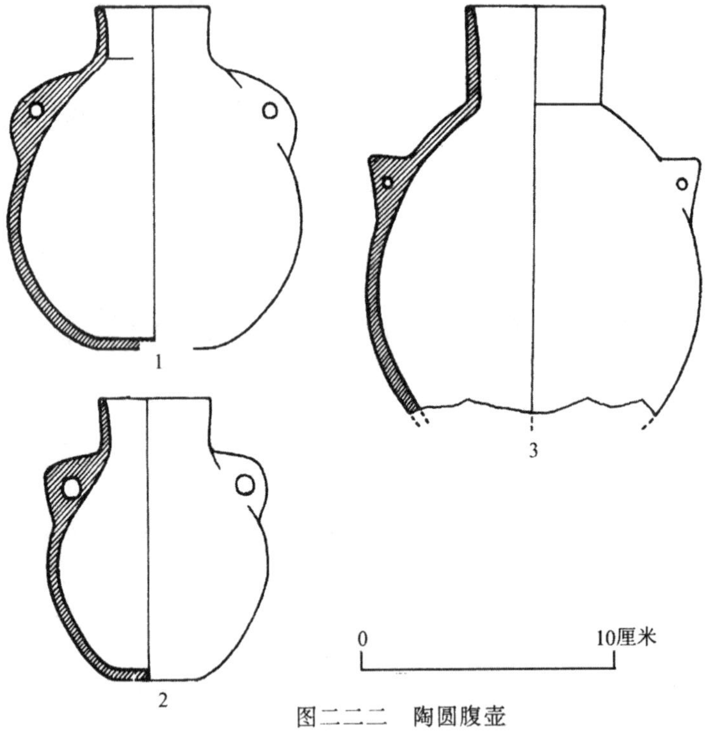

图二二二 陶圆腹壶

1. BⅢ型（M486：2） 2. D型（M370：1） 3. D型（H60：10）

Ⅲ式：腹宽大于高，器体较扁，标本T101③B：5，内底有凹坑，系在小圆饼底上圈筑泥条成型，颈肩连接处微凹，耳孔较小，均为自右向左一面钻（图二二一，6；图版八三，1）。M253：1，器体更宽，呈广肩扁腹状，内底可见泥条首端凸起，此器应为从底部中间起盘筑泥条成型，耳孔较小，一面钻，底部可见碎草类铺垫物的印痕（图二二一，9；彩版一五，3；图版九〇，1）。

D型：数量很少，仅3件，直口直颈，颈较矮，球形腹。标本M370：1，泥质红陶，器形较小，但陶胎较厚，耳孔较大，耳孔在陶坯未干时两面钻，最大腹径在腹中部，小平底近圜，保存完好，呈地雷状（图二二二，2；图版九〇，4）。H60：10，为唯一的夹炭红衣陶制成的陶壶，泥条筑成法成型，颈肩套接时为下包上，内壁经湿手抹平，未施泥浆和陶衣，器表陶胎外先涂泥浆后施陶衣并磨光，上腹有角形耳，耳根部横穿小圆孔（图二二二，3；图版九一，1）。

表三一　圆腹壶测量记录　　（单位：厘米、克）

器号	型式	口径	腹径	最大径高	通高	底径	重量
M27：1	AⅠ	4.1	11.6	6.5	17.1	4.0	550
M273：4	AⅠ	5.2	11.4	7.0	17.2	3.4	390
M23：1	AⅠ	5.2	12.0	7.0	18.6	4.5	400
M281：1	AⅠ	9.6	12.2	7.0	18.6	4.0	500
M325：4	AⅠ	12.8	13.2	7.0	17.7	4.0	400
M328：1	AⅠ	5.2	11.8	7.0	18.2	3.4	400
M323：2	AⅠ		10.8	6.0	15.8	3.4	380
M272：1	AⅠ		11.4	7.0	残17.6	3.8	350
M35：1	AⅠ		12.6	7.6	19.0	4.0	600
M487：1	AⅠ		10.4	5.4	残14.4	3.4	300
M120：1	AⅠ		11.2	6.2	14.0	3.4	270
T101③C：39	AⅠ	6.0	13.4		17.5		
M106：1	AⅡ	4.4	12.4	6.5	18.2	4.2	550
M76：1	AⅡ		12.4	6.5	17.0	4.0	450
M323：1	AⅡ		11.6	6.4	残17.6	4.0	380
M329：1	AⅡ		11.6	6.6	残14.8	4.0	420
M384：1	AⅡ		11.4	6.0	残14.0	4.4	
M410：1	AⅡ		12.2	6.5	残15.6	3.4	
M305：1	AⅡ		12.0	6.5	残15.4	3.0	
M358：1	AⅡ	4.6	14.4	7.4	19.6	4.6	610
H290：12	AⅡ		13.0				550
M366：1	AⅡ		13	7	残16	4	580
M73：1	AⅢ		13.9	6.0	残14.5	6.0	450
M34：1	AⅢ		10.1	5.0	残10.0	3.6	180
M219：1	AⅢ		11.4	5.5	12.6	3.8	310
M409：1	AⅣ	4.1	12.6	5.0	16.0	4.4	200
M278：1	AⅣ		10.2	4.3	残8.6	3.6	280
T21③C：1	BⅠ	4.0	12.0	6.0	17.0	3.8	400
M27：1	BⅠ		12.0	6.0	残17.0	3.6	410
M281：3	BⅠ		12.4	7.0	残18.0	4.8	400
M267：1	BⅠ		12.6	7.0	残17.0	4.0	400
M325：1	BⅠ		12.0	6.4	残16.0	3.2	370

续表三一

器号	型式	口径	腹径	最大径高	通高	底径	重量
M383：1	BⅠ		12.0	6.0	残 14.4	4.8	390
T109③：24	BⅠ		10.2	5.0	残 11.4	3.8	200
M220：1	BⅡ		12.4	6.0	残 17.4	4.4	400
M293：1	BⅡ		12.6	6.0	残 15.8	3.8	400
M60：1	BⅢ		12.0	5.0	残 12.6	4.6	340
M379：1	BⅢ	4.2	12.3	5.0	12.7		360
M486：2	BⅢ	4.6	12.0	5.0	13.2	4.6	330
M119：1	CⅠ	6.0	12.2	7.0	19.5	3.2	590
M95：1	CⅠ	3.8	12.2	6.5	17.8	3.4	480
M259：1	CⅡ	4.4	12.6	7.4	18.5	3.6	500
M61：1	CⅡ	5.2	12.6	7.0	18.5	4.2	550
M252：1	CⅡ	5.2	12.4	8.0	17.6	3.5	400
M256：1	CⅡ	6.4	13.2	8.0	18.2	3.5	420
M261：1	CⅡ	5.2	10.8	6.5	16.0	2.4	280
H309：2	CⅡ	2.5	11.3		残 9.4		
T101③B：5	CⅢ	6.2	12.4	6.5	16.0	3.6	520
M253：1	CⅢ	5.8	14.0	6.0	15.8	4.6	590
H60：10	D	5.5	13.4		残 15.8		
M370：1	D	4.6	9.0	4.6	11.0	3.4	180

（4）扁腹壶。扁腹壶是这里晚期的代表性器物之一，也较富于变化，共同特征是器宽大于高形成扁腹，双耳竖置或横置，横置者有的平面呈方形，竖置者仍为半月形。均泥质红衣磨光陶。依口、颈或领、肩部特征分三型（表三二）：

A型：侈口卷沿无领，口稍大，器腹由扁圆到扁腹。小平底近圜或微上凹。有的为大圜底，依器体变化分三式：

Ⅰ式：器体稍高，扁腹近圆，器腹高为宽的70%以上，小平底。标本M263：1，半月形双耳竖置，两耳不够对称，一耳歪向一侧。小平底微上凹，内底有凹坑，为在圆饼底上正筑泥条成型，肩部内壁有横刮痕和泥条缝（图二二三，1；图版九一，3）。M264：1，卷沿较陡，腹大径下垂，半月形双耳横置，耳孔一面钻，小平底上凹，底有篦划痕（图二二三，2；图版九一，4）。M68：2，小平底近圜，鋬状双耳横置，耳孔上下对钻但未透，只具象征意义，内壁底修整较平，但肩部内壁仍残留指窝和泥条缝（图二二三，4；图版九一，2）。M299：1，卷沿较陡略呈矮领状，半月形双耳竖置，内壁底修整较平，唯肩部内壁有横向篦划痕，此器保存完好（图二二三，3；图版九二，1）。

Ⅱ式：扁腹，器腹高为宽的60%～70%，小平底近圜。竖耳呈半月形，横耳呈鋬状。标本M307：1，胎壁较厚，半月形双耳竖置，耳孔一面穿，内底泥条首端呈花蕊状凸起，内壁较粗糙，肩有横向手抹痕，表明此器为从底部泥条盘筑成型，口残（图二二三，8）。M401：1，口较小，半椭圆形双耳横置，内底中央凸起，为从底部中间盘筑泥条成型，内壁修整平滑（图二二三，6；图版九二，2）。M284：1，内底中央有泥条首端凸起，为从底部中间直接盘筑泥条成型，内壁有手抹痕，鋬状横耳，耳孔自下向上一面穿(图二二三,7)。H104：2,半月形竖耳，耳孔两面对穿，内壁有横向篦划痕(图二二三,5)。

Ⅲ式：窄卷沿，腹很扁，腹高为宽的50%以下。标本M203：1,在圆饼底上盘筑泥条成型，内壁有指窝痕，双耳半月型，耳孔一面钻(图二二三,9;图版九二,3)。

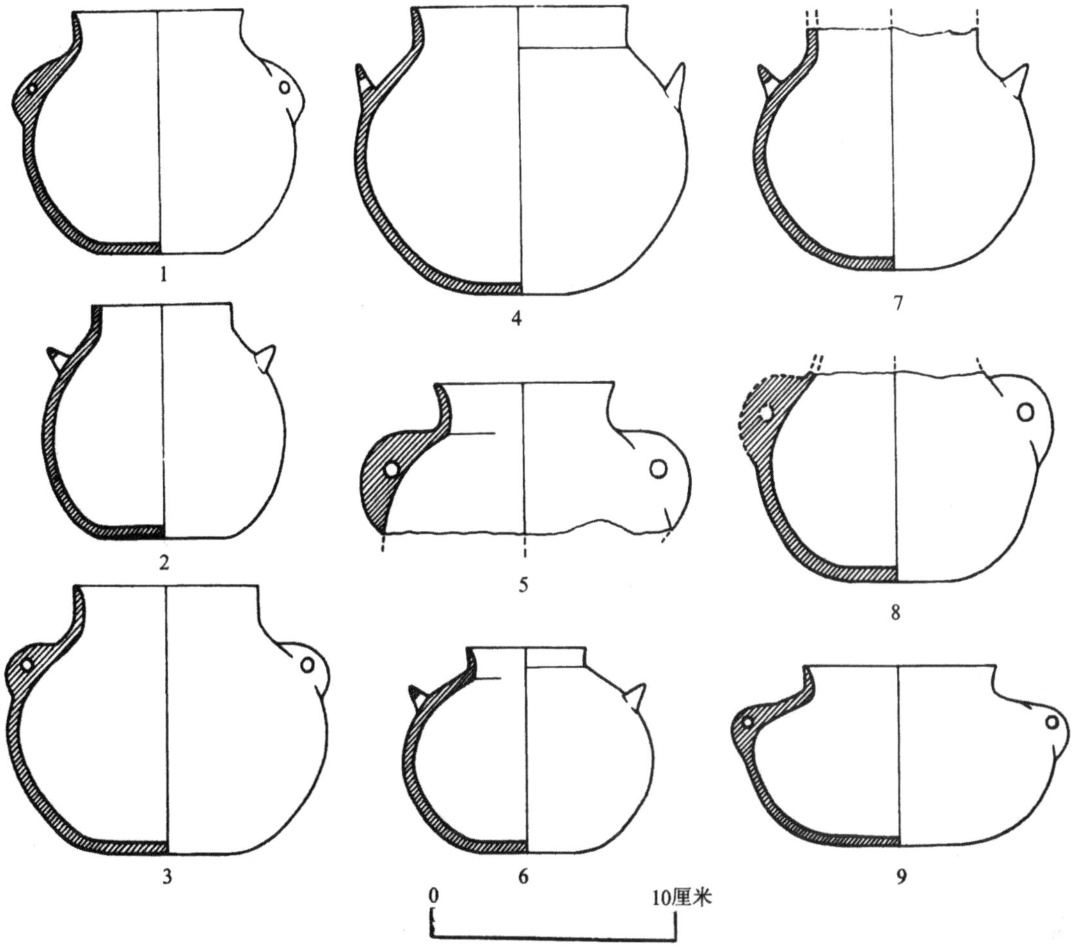

图二二三　陶扁腹壶

1. A型Ⅰ式(M263：1)　2. A型Ⅰ式(M264：1)　3. A型Ⅰ式(M299：1)　4. A型Ⅰ式(M68：2)　5. A型Ⅱ式(H104：2)　6. A型Ⅱ式(M401：1)　7. A型Ⅱ式(M284：1)　8. A型Ⅱ式(M307：1)　9. A型Ⅲ式(M203：1)

B型：口外侈，矮领，略呈喇叭状，扁腹，小平底或圜底，双耳竖置者多半月形，横置者呈半月形或錾状。腹由高渐矮，依其变化分三式：

Ⅰ式：腹高占腹宽的70%～80%。标本M320：2,腹高为宽的77.4%,内底中间可见泥条首端凸起，此器应为从底中央盘筑泥条成型，内壁有手抹痕，最大径偏于腹中部以上，小平底似蹴出，双耳竖置呈半月形，耳孔两面对穿(图二二四,1;图版九二,4)。M268：1,腹高为宽的71.4%,錾状双耳横置，耳孔自下而上一面穿，小平底蹴出(图二二四,5;图版九二,5)。

Ⅱ式：腹高占宽的60%～70%。标本M481：1,内底中央见有泥条首端凸起，表明此器为从底部中间直接盘筑泥条成型，内壁有指窝痕，半月形双耳横置，耳孔由下向上一面穿(图二二四,6;图版九三,1)。M482：1,内底中央泥条首端作花蕊状凸起，内壁满布指窝痕，表明此器亦为从底中间直接盘筑泥条成型，半月形双耳横置，耳孔很细，自下而上一面穿(图二二四,2;彩版一五,

2；图版九二，6）。M251：2，大圜底，半月形双耳竖置，耳孔从同一角度向同一方向一面穿（图二二四，9；图版九三，3）。M222：1，半月形双耳横置，耳孔自下向上一面穿，大圜底，保存完好（图二二四，10；图版九三，2）。

图二二四　陶壶

1. B型Ⅰ式扁腹壶（M320：2）　2. B型Ⅱ式扁腹壶（M482：1）　3. B型Ⅲ式扁腹壶（M223：1）　4. C型扁腹壶（M18：1）
5. B型Ⅰ式扁腹壶（M268：1）　6. B型Ⅱ式扁腹壶（M481：1）　7. B型Ⅲ式扁腹壶（M25：2）　8. C型扁腹壶（M231：2）
9. B型Ⅱ式扁腹壶（M251：2）　10. B型Ⅱ式扁腹壶（M222：1）　11. B型Ⅲ式扁腹壶（M21：1）　12. 圆肩壶（M298：1）

Ⅱ式:腹高为宽的55%～60%,显得更扁。标本M223∶1,颈很矮,上腹双耳竖置,呈半月形,大圜底,保存完好,一耳残,耳孔一面钻(图二二四,3;图版九三,5)。M25∶2,在圆饼底周盘筑泥条成型,内壁有指窝痕,半月形双耳横置(图二二四,7;图版九三,4)。M21∶1,内底中央可见泥条首端凸起,内壁有指窝印痕,表明为直接从底部盘筑泥条而成,双耳横置呈半椭圆形,耳孔很细,仅0.2厘米,自下而上一面穿,只具象征意义(图二二四,11;图版九三,6)。

表三二　扁腹壶测量记录　(单位:厘米、克)

器号	型式	口径	腹径	腹高	最大径高	通高	底径	重量
M68∶2	AⅠ	8.8	13.5	10.0	5.6	11.2	3.8	390
M263∶1	AⅠ	6.85	11.0	8.8	4.0	9.45	5.5	360
M264∶1	AⅠ	5.6	10.0	8.2	4.0	9.2	4.8	360
M299∶1	AⅠ	7.6	13.0	9.5	5.0	10.5	5.0	440
H104∶2	AⅡ	7.2	11.6					
M284∶1	AⅡ		11.6	8.0	4.5	残9.4	3.2	
M307∶1	AⅡ		12.1	8.4	4.4	残8.2	4.0	440
M401∶1	AⅡ	4.8	10.3	7.0	3.2	8.0	4.0	200
M203∶1	AⅡ	8.0	12.7	6.3	3.3	7.0	5.0	270
M64∶1	BⅠ		13.5	9.6	4.8			
M268∶1	BⅠ	7.2	11.2	8.0	4.2	9.5	4.0	390
M320∶2	BⅠ	6.4	12.4	9.6	5.5	12.2	4.0	450
M222∶1	BⅡ	8.4	14.0	8.8	5.0	12.2	3.6	530
M251∶2	BⅡ	7.8	14.3	9.0	5.0	10.8	4.4	450
M481∶1	BⅡ	8.5	13.5	9.0	5.0	12.0	4.0	350
M482∶1	BⅡ	6.6	12.4	8.2	4.6	11.0	2.8	450
M21∶1	BⅡ	5.8	10.4	5.8	3.6	7.5	3.0	260
M25∶2	BⅡ	7.4	12.0	7.0	4.0	8.8	4.2	300
M223∶1	BⅡ	6.6	12.8	7.6	4.4	9.2	3.0	300
M18∶1	C	5.0	13.0	8.8	6.0	11.2	3.0	450
M231∶2	C	5.0	12.0	7.8	6.0	12.5	3.4	330

C型:很少见,仅2件。喇叭形小口,细颈,半月形双耳竖置于肩部,最大径在肩部,圆肩斜弧腹,小平底。标本M231∶2,内底有凹坑,内壁湿手抹平。在圆饼底周正筑泥条成型,双耳孔在同一角度向一方向穿出,器体造型相当规整(图二二四,8;图版九四,1)。M18∶1,细颈较矮,内底可见中央有泥条首端作花蕊状凸起,表明此器为从底部中间直接盘筑泥条成型,外小平底为蹾出,耳孔两面对钻(图二二四,4;图版九四,2)。

(5)斜肩壶。数量很少,小口矮细颈,斜肩斜腹,肩腹之间有圆转折,小平底近尖,肩部竖置半月形双耳。均泥质红陶,器表涂泥浆后施红衣并磨光。依器高和下腹变化可分两式(表三三):

Ⅰ式:2件。器体稍矮,下腹微弧。标本M54∶1,颈肩连接处有明显转折,小平底近尖,耳孔两面对钻(图二二五,2;图版九五,3)。T8㉚∶4,内底中央有泥条首端凸起,内壁抹平,表明此器为从底中间直接盘筑泥条成型,泥条逆时针方向旋转,耳孔两面对钻(图二二五,1)。

Ⅱ式:2件。器体稍高,下腹斜直。标本M22∶1,颈肩结合处有一周凹槽,内壁粗糙,有手抹痕,胎壁厚薄不匀,火候较低,耳孔两面对钻(图二二五,5)。M69∶1,颈肩转折明显,内底中间有

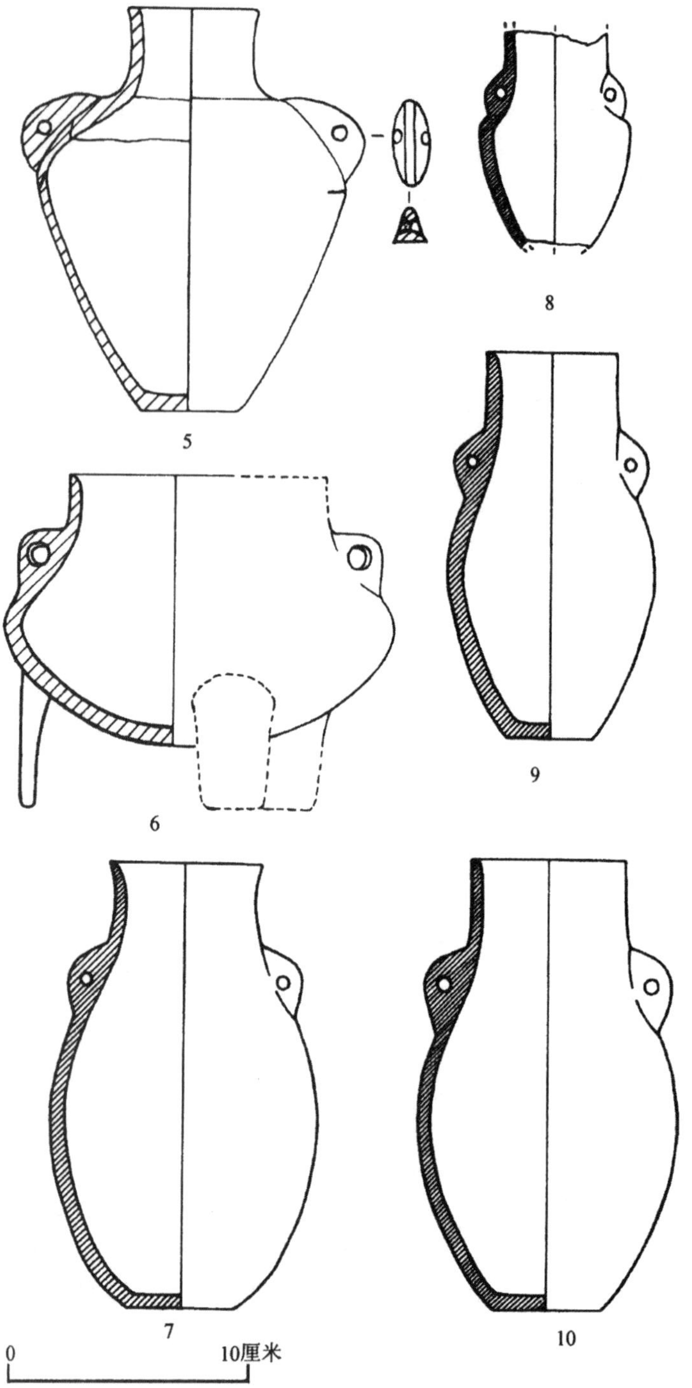

图二二五 陶壶

1. Ⅰ式斜肩壶(T8③C：4) 2. Ⅰ式斜肩壶(M54：1) 3. Ⅱ式斜肩壶(M69：1) 4. 带流圈足壶(T34③B：2) 5. Ⅱ式斜肩壶(M22：1) 6. 三足壶(H16：7) 7. 深腹壶(M353：29) 8. 深腹壶(M294：3) 9. 深腹壶(M327：2) 10. 深腹壶(M377：2)

泥条首端凸起，内壁有指窝和泥条缝，为从底部中间直接盘筑泥条成型，耳孔两面对钻(图二二五，3；图版九五，2)。

(6) 圆肩壶。很少，仅见 2 件。均泥质磨光红陶。标本 M298：1，小口矮领，圆肩微鼓，斜直腹，小平底，肩部与领连接处一周凹槽，应为接领时捺压所致，半月形双耳高耸，耳孔自右向左一面钻，内底有凹坑，为在小圆饼底上盘筑泥条成型，下腹内壁见有拍打时形成的竖向折皱，上腹内壁可见泥条缝，器物造型规整美观，泥质红衣磨光陶（图二二四，12；图版九五，4）（见表三三）。

表三三　斜肩壶、圆肩壶、深腹壶、三足壶、带流圈足壶测量记录表　（单位：厘米、克）

器号	类型式	口径	腹径	腹高	最大径高	通高	底径	重量
M54：1	斜肩壶Ⅰ	4.8	9.0	8.4	6.0	11.8	2.0	270
T8㉚：4	斜肩壶Ⅰ	4.0	8.4	7.4	4.6	10.2	2.0	250
M22：1	斜肩壶Ⅱ	5.4	12.8	13.0	9.2	16.0	4.0	490
M69：1	斜肩壶Ⅱ	5.2	10.0	9.6	9.0	12.8	2.4	300
M298：1	圆肩壶	6.8	12.8	11.6	9.4	13.2	3.0	330
M294：3	深腹壶		6.1			残8.4		120
M327：2	深腹壶	5.4	8.6	13.0	6.6	15.3	3.4	280
M377：2	深腹壶	6.4	10.8	15.0	7.0	18.0	4.4	380
M353：29	深腹壶	6.4	11.0	14.6	7.6	17.8	4.4	330
H16：7	三足壶	10.6	16.0	9.7	4.6	13.2	5.3	510
T34③B：2	带流圈足壶	4.6	9.2	8.6	6.0	10.6	3.8	250

(7) 深腹壶。数量很少，仅见4件，直口或侈口，口径较粗，长颈，深腹外鼓，平底，颈腹连接处竖置半圆形双耳。均泥质红衣磨光陶。标本H294：3，器体较小，肩部钝折，颈肩之间略作反弧形内收，下腹壁斜弧，内壁有较乱的斜向篦划痕，外表有竖向打磨痕，耳孔自右向左一面穿（图二二五，8）。M353：29，在圆饼底周盘筑泥条成型，内壁抹平，颈部内壁有旋转抹痕，外表有竖向打磨痕，口外侈呈喇叭状，耳孔自右向左一面穿（图二二五，7；图版九四，3）。M377：2，在内底中间可见泥条首端凸起，泥条逆时针旋转盘筑成型，内壁可见泥条缝。直口，双耳孔为自一个方向穿出，不旋转器体（图二二五，10；图版九四，4）。M327：2，器体稍小，内底中间有泥条首端凸起，自底中间直接盘筑泥条成型，内壁抹平，耳孔两面对钻（图二二五，9；图版九五，1）（见表三三）。

(8) 三足壶。数量很少，仅见2件。泥质红衣磨光陶。大口矮颈扁腹小平底，仅在下腹竖置三凿形足。标本H16：7，圆肩，泥条盘筑，内壁有湿手抹平痕，耳孔两面对钻，红衣色较鲜，器表可见打磨痕（图二二五，6；图版四七，2）（见表三三）。

(9) 带流圈足壶。仅见1件（T34③B：2），小口微侈，细直颈较矮，球形圆腹，底附圈足，肩部有对称半月形双耳，双耳之间一侧置一管状流，流残断，但仍可注水，由底可见一泥心凸起，内壁修整光滑，外表陶衣大部脱落，应为直接从底部泥条盘筑成型，之后附足加耳装流，耳孔自右至左一面穿，器体为泥质陶，腹中部以上呈灰褐色，似窑外渗炭所致，腹中部以下至底为红色，内壁上部为灰褐，下部为红褐色（图二二五，4；图版三八，2）（见表三三）。

7. 盆类

本书将口径大于器高，方唇或有沿，主要作盛储器或兼作炊器的器物归入盆类。它与钵类的区别主要是器体较大。主要可分为方口盆、深腹盆、划纹盆、敛口盆、附加堆纹盆、折沿盆、浅腹平底盆、直口盆、三足盆、五角口盆等十个亚类。

(1) 方口盆。此类器物数量较多，是早期的代表性器物，最大特征是在圆形器口的外侧对称加宽形成内圆外方的四角形。浅腹，大圜底。皆夹砂红衣陶，有的呈红褐色，器壁内外均磨光。从器片破碎规律看，此类器物为模制，泥片贴筑。依器体特征不同分三型：

A 型：直口方唇。四角为附加泥片形成。制作工艺是从口到底泥片筑成法成型，然后附加泥片塑出四角，角上竖穿一小圆孔，然后在器壁内外涂泥浆和陶衣，干后打磨内外壁。依器口变化分五式：

Ⅰ式：器形制作规整，四角较宽。四壁较厚。标本 H82：2，器底有烧烤痕，器表有大块黑斑（图二二六，1；图版九六，1）。H156：5，角部无穿孔，陶胎厚薄不太均匀，有较细刮抹痕，红陶衣较

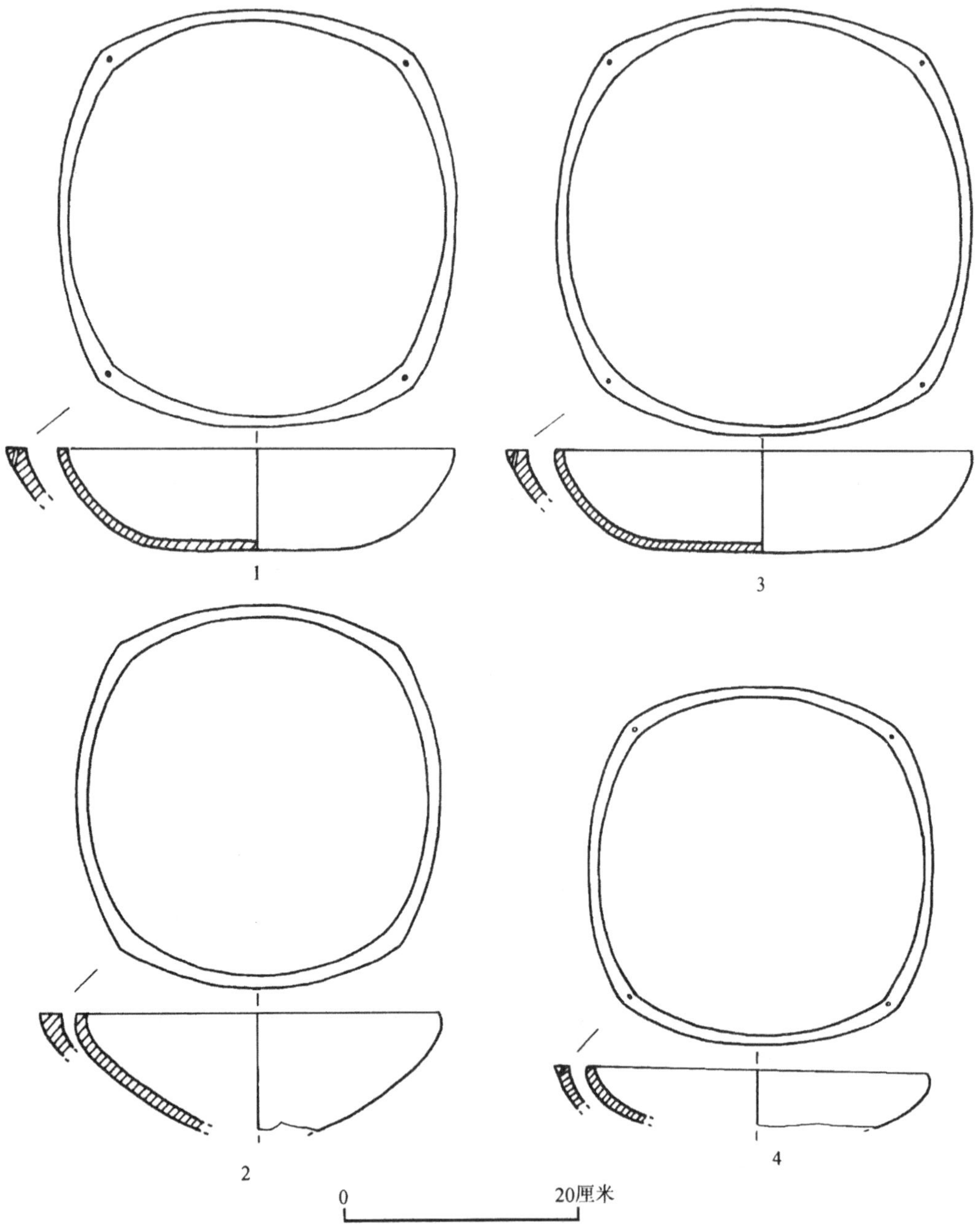

图二二六　陶方口盆

1. A 型Ⅰ式(H82：2)　2. A 型Ⅰ式(H156：5)　3. A 型Ⅱ式(H112：2)　4. A 型Ⅱ式(H37：13)

鲜艳(图二二六,2)。

Ⅱ式:四角明显外凸。标本H37∶13,胎稍薄,器表有抹痕(图二二六,4)。H112∶8,器表有黑色斑。H112∶2,器底有轻度烧烤痕(图二二六,3;图版九六,2)。

Ⅲ式:四角变窄,但仍较显。标本H37∶4,唇外沿减薄,器表有大块褐色斑,有斑处陶衣已脱落,器底有烧痕(图二二七,1;图版九六,6)。H147∶1,陶胎较厚,唇外沿减薄。H21∶6,四角无穿孔(图二二七,3)。H187∶33,四角穿孔处比其余部位仅宽0.2厘米,并非附加泥条而成,而是制作时留出(图二二七,4)。H330∶2,底有烧烤痕,有黑色斑,陶衣大片脱落(图二二七,2)。H147∶11,夹砂黑褐陶,器形较小(图二二七,5)。

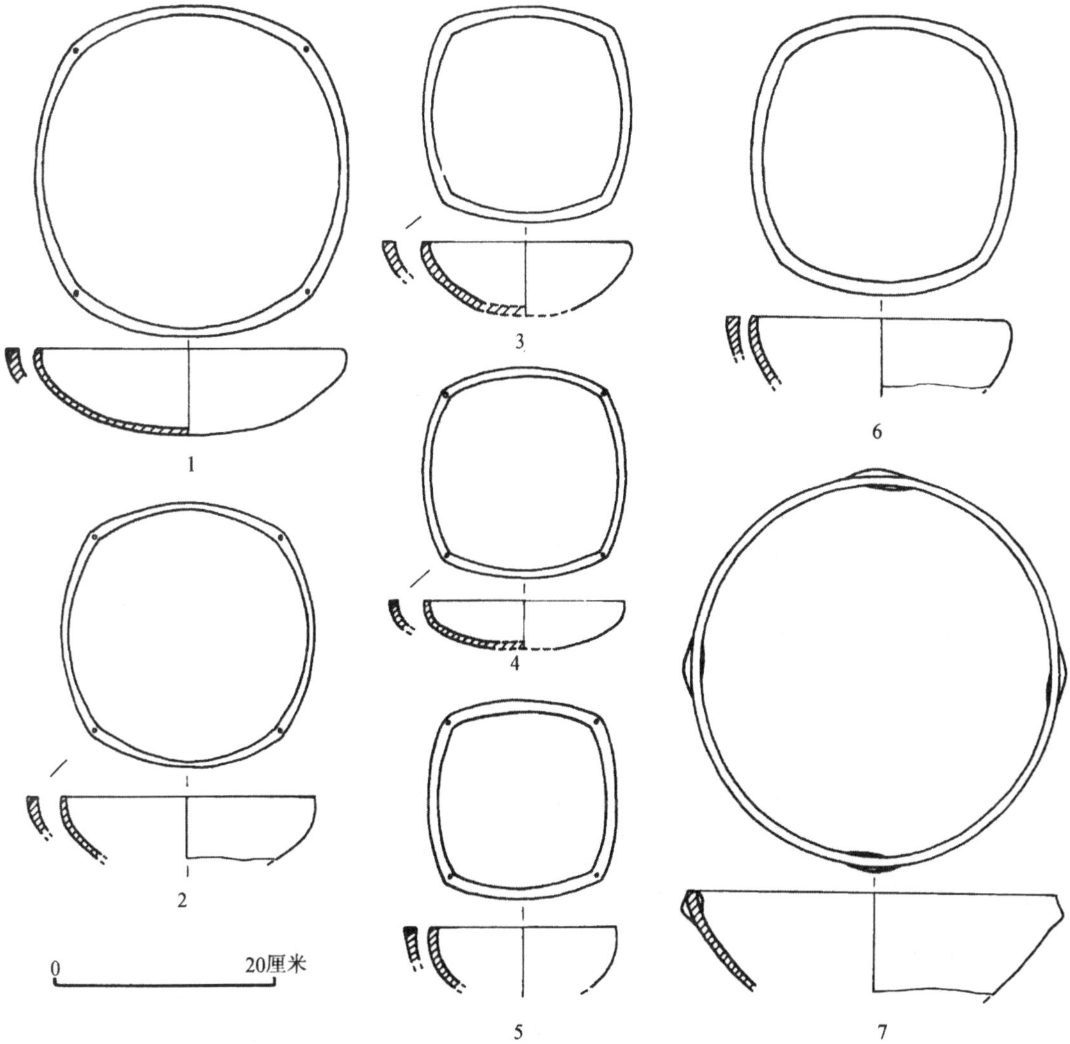

图二二七　陶方口盆

1. A型Ⅲ式(H37∶4)　2. A型Ⅲ式(H330∶2)　3. A型Ⅲ式(H21∶6)　4. A型Ⅲ式(H187∶33)
5. A型Ⅲ式(H147∶11)　6. A型Ⅳ式(H229∶14)　7. A型Ⅴ式(H29∶1)

Ⅳ式:四角仅象征性的宽出一点,近于消失。标本H229∶14,红褐色,有大块黑色斑,四角无穿孔(图二二七,6)。

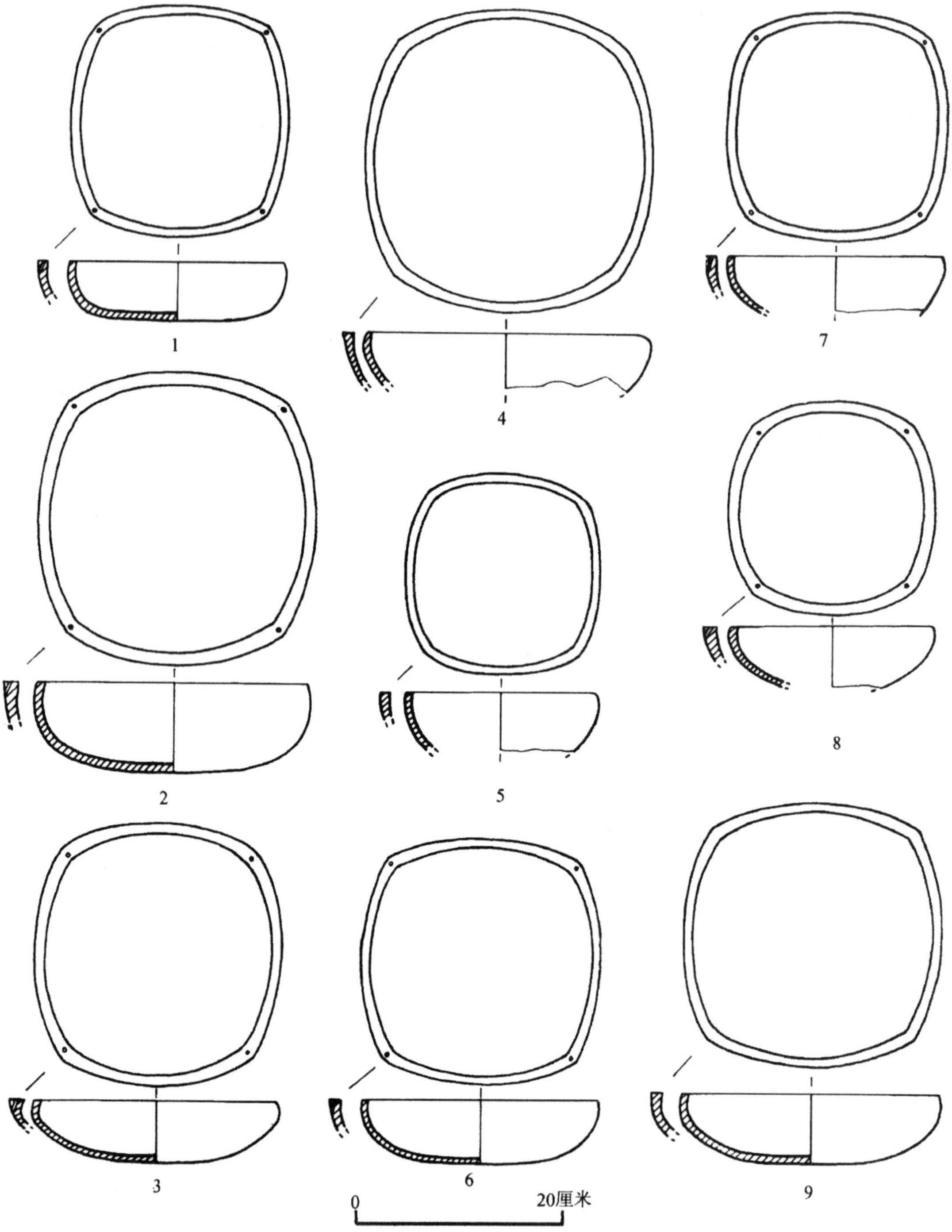

图二二八　陶方口盆

1.B型Ⅰ式(H383：5)　2.B型Ⅰ式(H77：1)　3.B型Ⅱ式(H187：3)　4.B型Ⅱ式(H187：12)
5.B型Ⅱ式(H147：10)　6.B型Ⅲ式(H330：3)　7.B型Ⅲ式(H330：21)　8.B型Ⅲ式(H112：22)
9.B型Ⅳ式(T101北扩③C：3)

Ⅴ式：很少。特征较明显的仅1件(H29：1)，四角处不在唇缘外附加泥条，而将泥条附加于低于唇面的内外两侧，形成内外两个扁乳钉，内外壁红衣色鲜艳(图二二七，7)。

B型：敛口方唇，四角形态、工艺与发展趋势同A型，红陶衣色泽鲜艳。依其变化分四式：

Ⅰ式：角部较宽，腹稍深，口内敛较甚。数量很少。标本H77：1，器口、底部红衣尚存，而腹部转折处陶衣大多脱落，并有大块黑斑、褐斑和灰斑，显系非炊器（图二二八，2；图版九六，3）。H383：5，器表磨光，大部呈黑色，局部呈红褐色（图二二八，1）。

Ⅱ式：角处较Ⅰ式稍窄，腹稍浅。数量较多。标本H187：3，底部有磨擦痕（图二二八，3；图版九六，4）。H37：12，陶衣深红色，陶胎较薄。H187：12，四角以外唇为尖圆形（图二二八，4）。H147：10，器表红衣磨光，内壁素面，四角未见穿孔（图二二八，5）。

Ⅲ式：角稍显，仅具象征意义。标本H330：3，陶衣大多脱落，腹、底有刮抹痕（图二二八，6；图版九六，5）。H330：21，陶衣全部脱落，器表呈黄褐色（图二二八，7）。H112：22，器表红衣磨光，内壁素面（图二二八，8）。

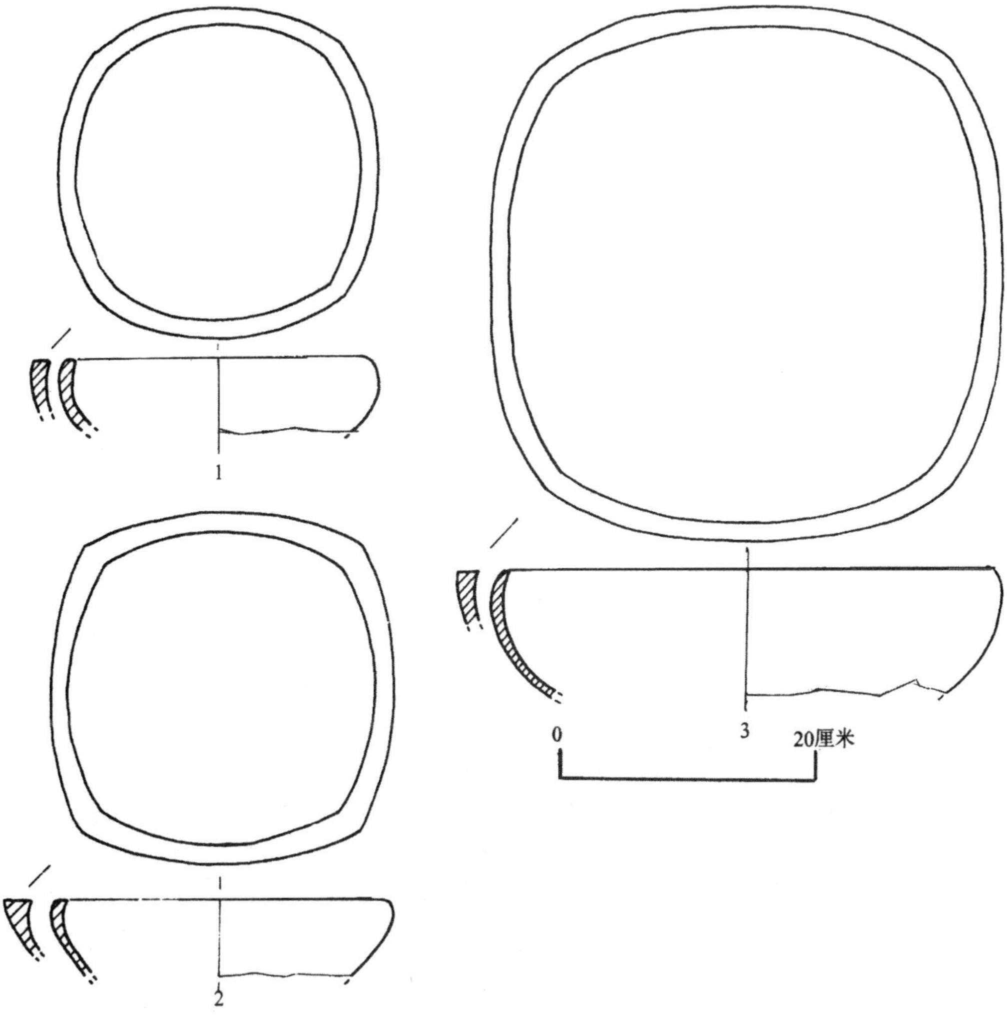

图二二九　陶方口盆

1.C型Ⅰ式（H187：22）　2.C型Ⅰ式（H147：6）　3.C型Ⅱ式（H159：3）

Ⅳ式：角部近于消失，有的已不再穿细孔。数量很少。标本T101北扩㉛C：3，角部外缘虽稍微附加小泥条，比其它部位宽0.3厘米，但不见上下穿的细孔（图二二八，9）。

C型：此型特征是尖唇内敛，角部宽处不是附加泥条而成，而是手捏制口沿时留出，且不穿上下细孔。均夹砂红衣陶。数量很少。分两式：

Ⅰ式：敛口，腹稍浅。标本H187∶22，角部稍窄（图二二九，1）。H147∶6，角部较宽（图二二九，2）。

Ⅱ式：口微敛，腹较深。H159∶3，器形较大，器表有褐斑（图二二九，3）。

（2）五角口盆。仅见2件。均残，五角形，共同特征是折角不是加厚而形成的内圆外方形，而是制作时即将器口制成五角形，折角处稍高，五边稍向下垂，略呈垂弧形。标本T113㉝∶11，夹砂红陶，陶衣大部脱落，直径19.2厘米（图二三〇，8）。T16㉝∶3，夹砂红褐陶（图二三〇，7）。

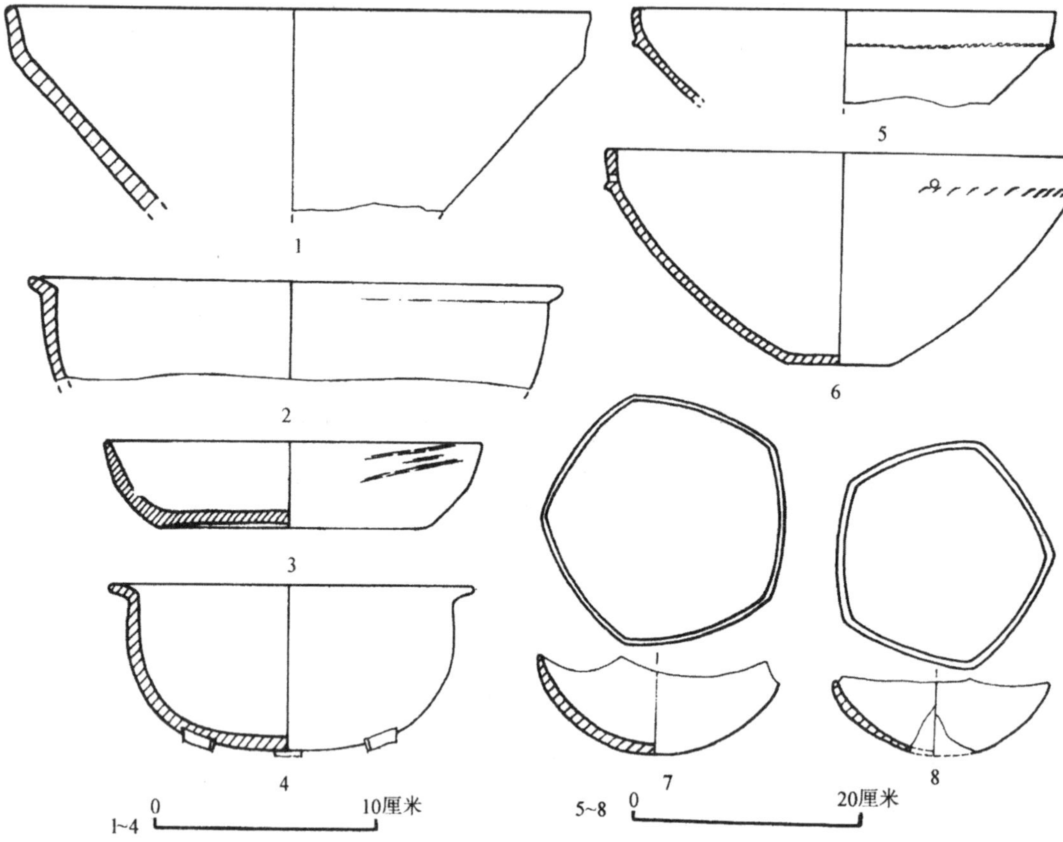

图二三〇 陶盆

1. 直口盆（H66∶1） 2. 折沿盆（T22㉛∶32） 3. 浅腹平底盆（H147∶6） 4. 三足盆（H322∶15） 5. Ⅰ式附加堆纹盆（T28③∶14） 6. Ⅱ式附加堆纹盆（H28∶13） 7. 五角口盆（T16㉝∶3 8. 五角口盆（T113㉝∶11）

（3）深腹盆。这类器形量较多，是贾湖早期的主体器形之一。共同特征是深腹，小平底。以砂质陶为主，个别泥质陶，普遍施陶衣。以红色为主，有大块黑色或褐色斑，有的陶衣大块脱落。器表施陶衣后经打磨，有的较光滑。器壁外侧均有一对横鋬，有马鞍形、长方形或舌形、方柱形几种。鋬上大多压饰细绳纹。其制作方法，应是模制的泥片贴塑法。成型工艺应是先在模内成型后，附加上器鋬，在贴附处要在陶坯上划出沟槽以便贴附牢固，在内外壁通身施陶衣，之后打磨光滑。依器体特征不同分两型：

A型：口微敛，弧壁，小平底。夹砂红衣陶为主，个别泥质红陶，沿下置对称横鋬，有的上压饰细绳纹。器体由高渐低，腹由深渐浅。依器形变化分三式：

Ⅰ式：腹较深，以夹砂红衣陶为主，个别为黑或红褐陶。横鋬有鞍形、长条形、方柱形三种，其上均压饰细绳纹。标本H84∶4，上腹器表有大块黑或褐色斑，下腹经火长期烧烤，陶衣大片脱落，器口和内壁红陶衣色鲜艳，饰对称马鞍形横鋬（图二三一，5；图版九七，2）。H13∶3，器体较小，马鞍形横鋬上压饰细绳纹，红衣色鲜艳，器表有条状黑色斑，似彩陶图案（图二三一，1；彩版一六，3；图版九七，1）。

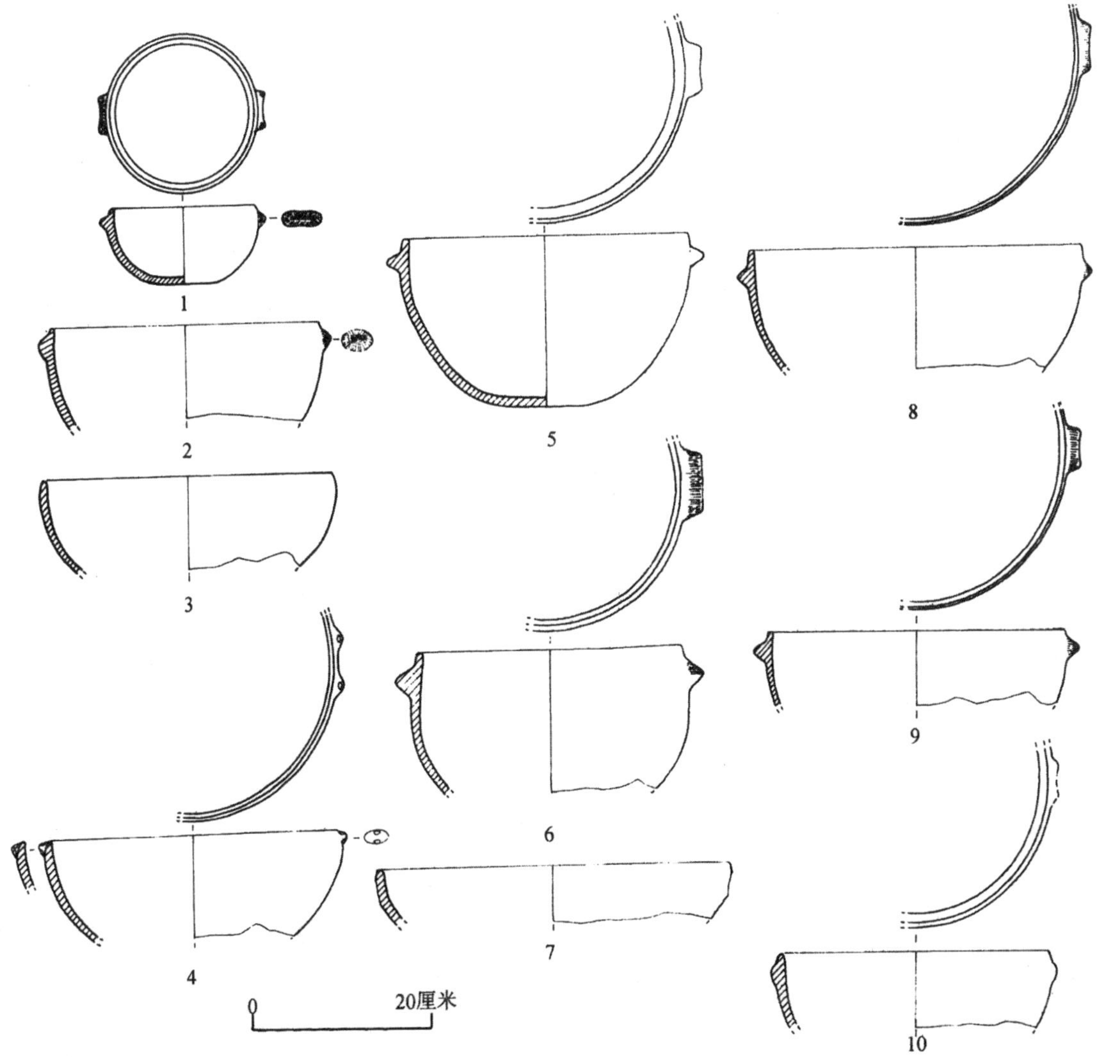

图二三一　陶深腹盆

1. A型Ⅰ式(H13∶3)　2. A型Ⅱ式(H304∶6)　3. A型Ⅱ式(H303∶12)　4. A型Ⅲ式(H198∶5)　5. A型Ⅰ式(H84∶4)　6. A型Ⅱ式(H112∶25)　7. A型Ⅲ式(H303∶6)　8. A型Ⅱ式(H146∶4)　9. A型Ⅱ式(H303∶5)　10. A型Ⅲ式(H342∶4)

Ⅱ式：腹比Ⅰ式稍浅。仍以夹砂红衣陶为主，并有少量红褐陶，出现个别夹少量细砂的泥质红陶。横鋬仍有压饰细绳纹的，但出现扁乳钉形、素面的马鞍形和长条形，有的退化成双乳钉形。标本H112∶25，红衣色鲜艳，有长条形横鋬（图二三一，6）。H303∶5，夹砂红衣陶，内壁不施陶衣。长条形横鋬上压饰细绳纹图（图二三一，9）。H304∶6，夹砂红衣陶，内外壁均施陶衣，扁乳钉形横鋬上压施细绳纹（图二三一，2）。H146∶4，红衣色较鲜，器表有黑色斑，长条形横鋬（图二三一，8）。H303∶12，器内外壁均施红色陶衣并磨光（图二三一，3）。

Ⅲ式：腹更浅。仍以夹砂红衣陶为主，但有少量泥质红衣陶，还出现个别夹砂素面红陶和夹蚌素面褐陶。横鋬马鞍形者退化成相连或相近的两个圆乳钉，有的上有穿孔，长条形者趋于消失，柱形者变为圆乳钉。标本H342：4，夹砂红衣陶，两个圆乳钉相连（图二三一，10）。H198：7，泥质红衣磨光陶，横鋬两端上下对穿圆孔，但未通，器表近口部点刺出竖长三角形图案（图版九七，3）。H198：5，横鋬变成两个相近的圆乳钉且移到唇缘外，上下对穿圆孔（图二三一，4）。H303：6，夹砂红陶，内壁口部以下素面，无陶衣，器表有大片红衣脱落（图二三一，7）。

B型：直口直腹或敞口斜腹，小平底。夹砂红衣陶。器表均见打磨痕。沿下有对称横鋬，有的上压饰细绳纹。成型、制作工艺同A型。器体由高变低，腹由深变浅。依器体变化分三式：

Ⅰ式：数量较多，深腹，壁稍斜。横鋬有马鞍形、长条形、舌形几种。皆夹砂红衣陶。标本H355：1，陶衣大片脱落，舌形鋬上压饰细绳纹（图二三二，2）。H111：3，横鋬长方形，上面压细绳纹（图二三二，4）。H74：1（图二三二，3）。

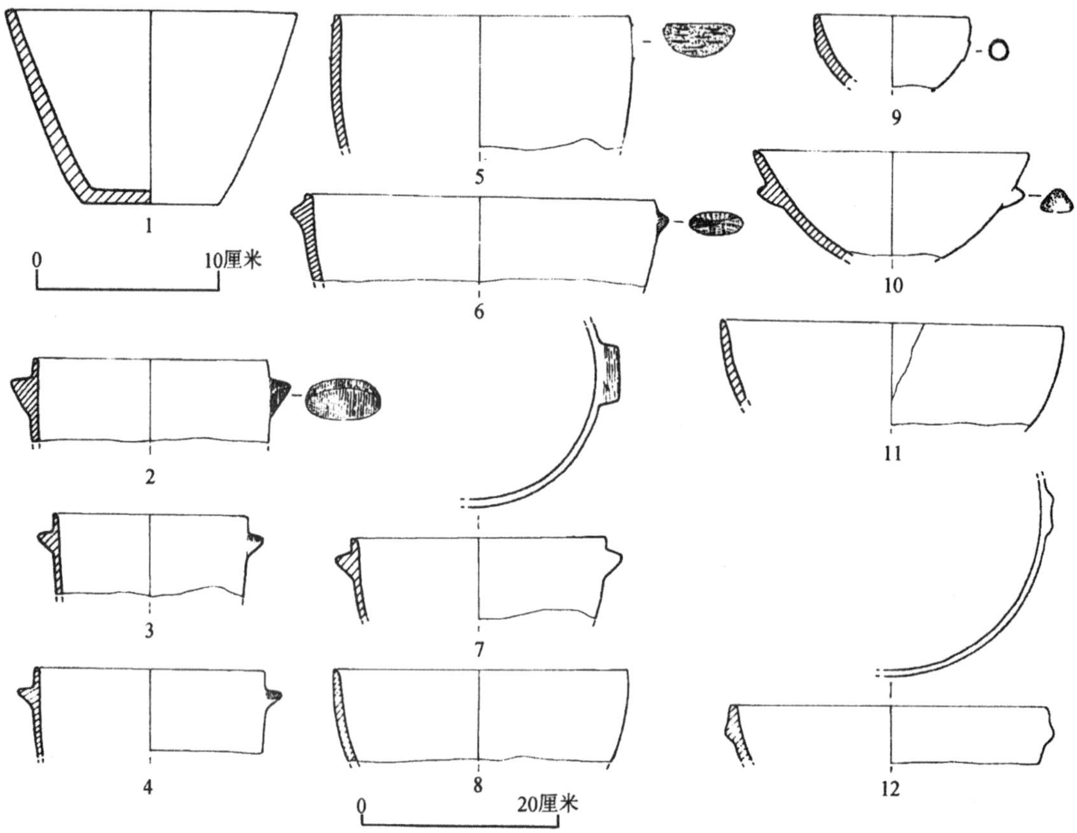

图二三二　陶深腹盆

1.C型（采：3）　2.B型Ⅰ式（H355：1）　3.B型Ⅰ式（H74：1）　4.B型Ⅰ式（H111：3）
5.B型Ⅱ式（H112：34）　6.B型Ⅱ式（H112：42）　7.B型Ⅱ式（H112：41）　8.B型Ⅱ式（H330：16）
9.B型Ⅲ式（T102③C：20）　10.B型Ⅲ式（H393：3）　11.B型Ⅲ式（H208：2）　12.B型Ⅲ式（H342：6）

Ⅱ式：数量较少。腹较Ⅰ式稍浅，直壁稍向内斜。横鋬有长条形和舌形两种。有的上压细绳纹。大多夹砂红衣陶，个别为泥质红陶。标本H112：34，横鋬脱落处可见横向平行划痕（图二三二，5）。H112：41，夹砂红衣陶，横鋬长条形，上压横绳纹（图二三二，7）。H112：42，夹砂红衣陶，横鋬舌形，上饰契点纹（图二三二，6）。H330：16，器表有大块褐色斑（图二三二，8）。

Ⅲ式：腹更浅，壁向内斜，以夹砂红衣陶和夹砂褐陶为主，后者无陶衣，原地裸露，素面。见有素面舌形鋬和蜕化的马鞍形鋬。标本H393：3,夹砂红褐陶,无陶衣,素面,器表有刮抹痕,舌形小鋬(图二三二,10)。H208：2,夹砂红衣陶,器表面有刮痕,陶衣有大片脱落(图二三二,11)。H342：6,夹砂红衣陶,蜕化的马鞍形鋬(图二三二,12)。T102㉚：20,器表施很薄的红陶衣,内壁素面无陶衣,上腹饰圆饼形乳钉,可能为鋬手蜕化而来(图二三二,9)。

C型深腹盆:仅见2件。敞口,壁斜直,深腹平底。标本H82：8,夹砂红衣陶,器表有大块黑色斑。采：3,夹细砂黑褐陶,底面有席纹印痕(图二三二,1;图版九七,5)。

(4) 划纹盆。此类器物的最明显特征,就是敞口,斜壁平底,器表竖饰篦划纹。陶质有夹砂、泥质、夹炭三种,以红陶为主,个别呈红褐色,大多饰陶衣。底内面平底近圜,外面一周贴附泥片使之形成方形转角。从底部观察,夹砂和夹炭陶底部多有烧烤痕,而泥质陶则无,表明此类器物可能同时兼有炊器和盛器双重功能。依其形态可分为四型,但B、C、D型可能均为A型发展变化而来,只是发展线索尚有缺环,同时功能上也有分化,因之分四型:

A型:夹砂或夹炭陶,方唇,唇面向外倾斜,标本不多,无可复原者,与A型盆形鼎器形相似。依口沿变化分三式:

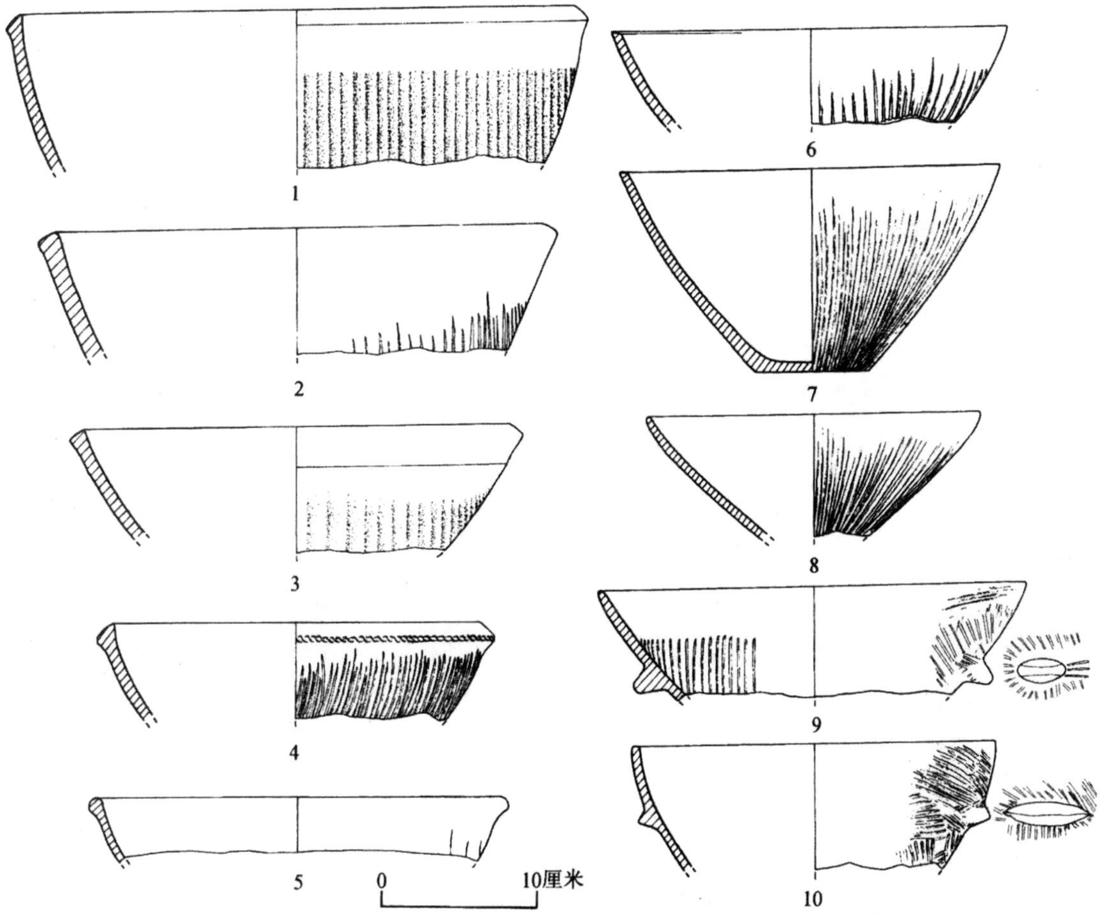

图二三三 陶划纹盆

1.A型Ⅰ式(H240：3) 2.A型Ⅰ式(H304：5) 3.A型Ⅰ式(H187：24) 4.A型Ⅱ式(T26㉚：9) 5.A型Ⅲ式(T6③：7) 6.B型Ⅰ式(H339：21) 7.B型Ⅰ式(H351：1) 8.B型Ⅱ式(H309：6) 9.B型Ⅲ式(H19：28) 10.B型Ⅲ式(H33：5)

Ⅰ式:方唇外缘稍凸,夹砂红陶。标本H304：5,划纹较乱(图二三三,2)。H187：24,瓦棱状划纹(图二三三,3)。H240:3,饰瓦棱状划纹(图二三三,1)。

Ⅱ式:方唇外缘凸出,夹砂红陶。标本T26㉚:9,较细划纹向上到沿下,方唇外缘呈纽索状花边(图二三三,4)。

Ⅲ式:唇外缘凸出并加厚,泥质红陶。标本T6③:7,唇外缘加厚呈圆形,划纹较稀疏(图二三三,5)。

B型:敞口或微敛,斜壁微外弧,小平底,划纹较细,一般三至五道为一组,应为有齿工具竖划而成,大多较有规律,个别较乱,泥质红陶或红褐陶大多饰陶衣,个别夹蚌红陶。依形态变化分三式:

Ⅰ式:方唇,敞口斜壁,腹较深,小平底。个别夹蚌红陶。标本H351:1,沿面稍内斜,底有经烧烤痕,划纹较细(图二三三,7)。H339:21,沿面微内斜(图二三三,6)。

Ⅱ式:圆唇,腹较浅。标本H309:6,腹下部以下残,划纹为五个一组,三深划之间填二浅划(图二三三,8)。

Ⅲ式:尖圆唇,唇缘微敛,划纹较乱,上腹有横鋬。仅见2件。标本H19:28,外壁饰交错划纹,内壁饰竖划纹(图二三三,9)。H33:5,器外表和鋬上饰较细斜划纹(图二三三,10)。

C型:敞口,沿稍外侈,呈喇叭状,斜壁平底,以夹炭红褐衣陶为主,也有少量泥质红陶。划纹一般三条为一组,夹炭陶者底部多有烧烤痕,可能兼做炊器使用。依器体变化分三式:

Ⅰ式:侈沿敞口,沿下做反弧内收,深腹平底,泥质陶占相当数量。大多为方唇,个别圆唇。标本T119㉚:1夹炭红皮黑心陶,划纹稍斜而草率(图二三四,1;图版九八,1)。H327:5,夹炭红皮灰心陶,划纹印痕清晰规整(图二三四,3)。H107:2,泥质红陶,划纹浅而密(图二三四,2)。

Ⅱ式:方唇,敞口,沿微侈,沿下微束。以夹炭红陶为主,泥质红陶较少。标本H33:7,夹炭红皮黑心陶,底及下腹似经长期烧烤(图版九八,2)。H60:11,沿下内侧有一周凹槽,沿下外侧局部有凹槽,可见制作不甚规整,红衣黑心陶,底部烧烤痕明显(图二三四,7;图版九八:3)。H113:18,夹炭红褐衣黑心陶,器表有黑色斑(图二三四,5)。H174:7,夹炭红衣陶划纹较细(图二三四,4)。H394:1,泥质褐陶,划纹细且乱(图二三四,6)。

Ⅲ式:方唇,腹壁斜直,呈漏斗状,小平底,大多夹炭红衣黑心陶,个别泥质红陶。标本H113:15,胎稍厚,竖划纹规整而清晰,底与下腹有长期烧烤痕,内壁及外壁上部有红衣(图二三四,8;图版九八,4)。

D型:尖圆唇,窄平沿外折,划纹细且较乱,多施至沿下,泥质红陶。无可复原者。标本不多见。标本H40:1,沿内折棱圆钝,胎内羼少量很细的炭和蚌片,外表划纹稀少且草率,内壁沿部分为红色,以下为黑色,上腹有一缀合孔(图二三四,9)。H19:42,沿内折棱明显,器表有细密的竖划纹,泥质红陶(图二三四,10)。H95:8,沿面平但外壁斜直,沿下有一缀合孔,泥质红褐陶,划纹直至器口(图二三四,11)。

(5) 敛口盆。此类器物的基本特征是,敛口,有肩,斜壁,平底,以夹炭红衣陶为主,也有少量泥质红陶、夹蚌和夹砂红衣陶,胎心皆黑色。胎壁均匀,器形较为规整。依器体特征可分三型:

A型:圆肩较宽。以夹炭红衣陶为主,个别夹砂或夹蚌红衣陶,皆素面。依器体变化分三式:

Ⅰ式:肩较明显,斜壁微弧,以夹炭红衣陶为主,少量夹蚌红陶。标本H52:1,夹蚌羼炭,红衣很薄,内外皆施,口、肩部色较鲜,腹底经烧烤(图二三五,5)。H354:1,腹壁有划痕(图二三五,1)。H196:3,口、肩有红彩宽带纹,但不明显(图二三五,2)。

Ⅱ式:口内敛度减小,肩渐不显。以夹炭红衣陶为主,有个别夹砂红衣陶。标本H75:8,夹炭红衣陶,口、肩部较鲜艳的红彩宽带纹,腹部色较浅,推测其工艺,应是先通身施陶衣后,再在肩、

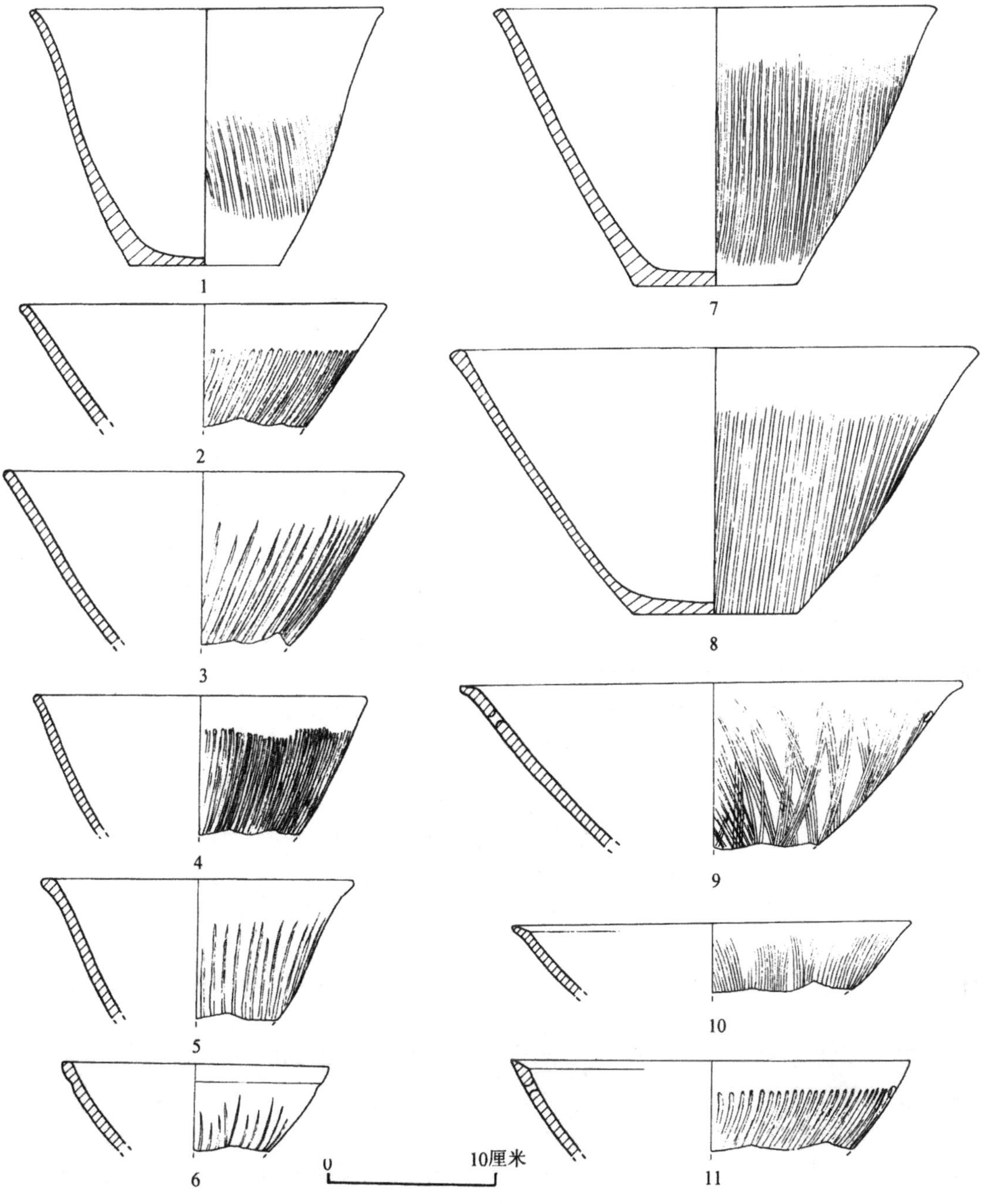

图二三四　陶划纹盆

1.C型Ⅰ式(T119㉚c：1)　2.C型Ⅰ式(H107：2)　3.C型Ⅰ式(H327：5)　4.C型Ⅱ式(H174：7)　5.C型Ⅱ式(H113：18)　6.C型Ⅱ式(H394：1)　7.C型Ⅱ式(H60：11)　8.C型Ⅲ式(H113：15)　9.D型(H40：1)　10.D型(H19：42)　11.D型(H95：8)

口部涂一层红陶衣(图二三五,4)。H106：2,夹炭红衣陶,肩部有一结合部,应为分段连接处。H75：2(图二三五,3)。

Ⅲ式:口微敛,肩趋于消失。夹炭红衣陶为主,个别为夹砂红衣陶。标本H58：3,夹炭红衣陶,火候较低,质地较差(图二三五,6;图版九七,4)。H32：8,夹炭红褐衣陶,壁斜直,腹较浅(图二三五,8;图版九七,6)。H19：37,夹炭红衣陶,近口处有缀合孔(图二三五,7)。

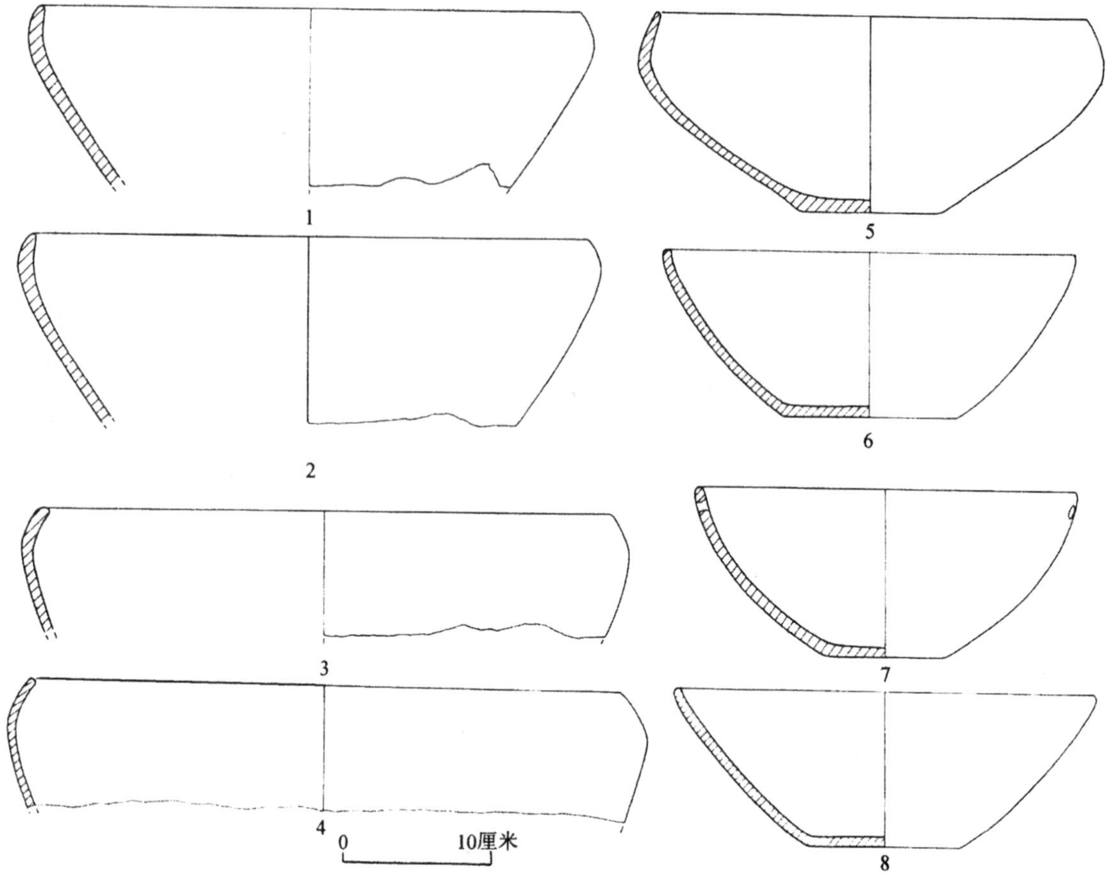

图二三五　陶敛口盆

1. A型Ⅰ式(H354：1)　2. A型Ⅰ式(H196：3)　3. A型Ⅱ式(H75：2)　4. A型Ⅱ式(H75：8)
5. A型Ⅰ式(H52：1)　6. A型Ⅲ式(H58：3)　7. A型Ⅲ式(H19：37)　8. A型Ⅲ式(H32：8)

B型：敛口，肩较窄，器体较大。以夹炭红衣陶为主，也有少量泥质红衣陶，皆素面，依器体变化分三式：

Ⅰ式：肩较显，斜壁平底。夹炭红衣陶。H34：6，夹蚌红衣陶，陶胎内可见蚌片和炭末两种羼和料(图二三六，1)。

Ⅱ式：斜窄肩稍显，腹较深，斜壁平底。夹炭红衣陶。有的呈红褐色。标本H309：8，夹炭红衣陶，色较鲜(图二三六，2)。H174：16，陶胎以泥质为主，夹少量细砂粒和炭，胎心呈灰色，器表饰红衣，呈红色，近似泥质红陶，器表红衣脱落，口、肩部残(图二三六，3)。

Ⅲ式：口微敛，肩近于消失。夹炭红衣陶。标本T109③B：30，红衣呈层状脱落，胎心黑(图二三六，6)。T108③B：24，口内敛较甚(图二三六，4)。T108③B：29(图二三六，5)。

C型：3件。敛口，圆窄肩，壁斜直，均夹砂红衣陶，底残。标本H198：9，器表有横向篦划纹，口沿内侧加厚，缘下一周凹槽，斜壁微弧(图二三六，8)。H29：15，壁斜直，胎较厚，器表呈红褐色，内壁素面无陶衣(图二三六，7)。

(6) 附加堆纹盆。数量不多，敞口或直口，斜壁小平底，最大特征是在肩部饰一周绹索状附加堆纹。以夹炭红衣陶为主，也有少量泥质红衣陶。器表除附加堆纹外均红衣磨光。依器体变化分两式：

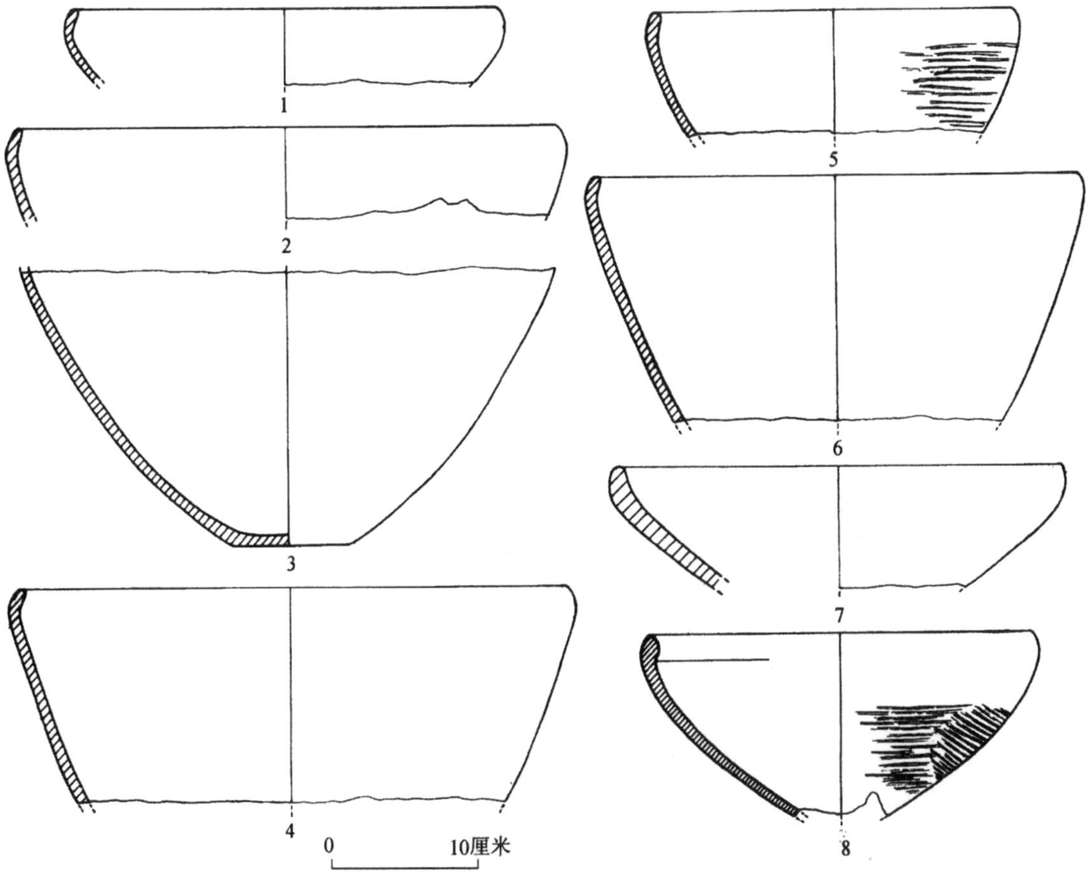

图二三六　陶敛口盆

1.B型Ⅰ式(H34：6)　2.B型Ⅱ式(H309：8)　3.B型Ⅱ式(H174：16)　4.B型Ⅲ式(T108③B：24)
5.B型Ⅲ式(T108③B：29)　6.B型Ⅲ式(T109③B：30)　7.C型(H29：15)　8.C型(H198：9)

Ⅰ式：敞口斜壁，附加堆纹较细。以泥质红衣陶为主，夹炭红衣陶较少，还有个别泥质褐陶。标本T28③：14，泥质红衣陶，方唇(图二三〇，5)。

Ⅱ式：直口方唇，斜壁，肩腹转折处一周附加堆纹。全部为夹炭红衣陶，红衣大部脱落。标本H28：13，唇缘微内敛(图二三〇，6；图版九八，6)。

(7) 折沿盆。数量很少，仅见二片口沿标本，圆唇折沿，沿面斜直，内折角明显，斜壁微弧，浅腹，底均残。泥质红陶，陶衣均脱落。T22③B：32，内折角120°(图二三〇，2)。

(8) 浅腹平底盆。仅见1件标本(H147：6)，夹炭夹蚌红褐陶，制作粗糙，器形很不规整，器表刮削痕迹明显，敞口斜壁，浅腹大平底(图二三〇，3)。

(9) 直口盆。仅见1件标本(H66：1)，与附加堆纹盆相似，直口斜腹，但肩腹转折处不饰附加堆纹。夹炭红衣陶。器表磨光。红衣色泽鲜艳(图二三〇，1)。

(10) 三足盆。仅见1件(H322：15)，泥质红陶，器内外壁均涂泥浆，施红色陶衣后磨光，尖唇，卷平沿，沿面微鼓，颈微束，腹微外鼓，圜底，E形三足残，口径19.3厘米，腹深6.6厘米，残高7.3厘米(图二三〇，4；图版九八，5)。

(11) 器鋬。数量不多，均横置于深腹盆上腹部。大多为夹砂红衣陶，其上压施绳纹或线纹。以特征不同可分为五型：

A 型：马鞍形。两端尖部突出，中间较低。标本 H278∶8，较宽大，鋬上、下满压细绳纹。

B 型：横长条形，上面较平，下面稍斜。标本 H112∶25，较宽大，上面满、下面局部压施细绳纹。H231∶10，较窄，上、下满压施绳纹。T69⑤∶3，横鋬蜕化，上下各戳刺三个圆形坑点纹。

C 型：扁乳钉形，或可称为舌形，满压绳纹。标本 H304∶6，顶端圆钝。H112∶42，鋬满刺契点纹。

D 型：矮柱状，仅见 1 件(H330∶22)，器身横剖呈横长方形，上面平、下面斜，周身压饰细绳纹。

E 型：长方块状，仅见 1 件(H69∶8)，器外壁附加横矮长方泥块，相当规整。夹砂红褐陶。

8. 钵

钵是本遗址最大的器类之一，变化繁复，形式多样。经研究，大体上分为敞口钵、敛口钵、浅腹钵、深腹钵、曲腹钵、折腹钵、小钵、三足钵等八类。均为盛食器，但少量早期夹砂陶钵底部有烟炱，可能兼具炊器功能。大多为泥质陶，以红为主，也有一定数量的夹砂陶，以红和红褐为主，成型方法均为手制，夹砂陶多为泥片筑成法，泥质陶多为泥条筑成法，一般在成型后先涂一层泥浆，再施一层陶衣，最后打磨光滑，除个别饰乳钉纹外，器表均磨光或素面，部分泥质陶钵有窑外渗炭现象。

(1) 敞口钵。敞口钵是钵类中之主体，变化也较多，共同特征是敞口，壁微弧，圜底或小平底。依器体特征不同分三型：

A 型：方唇，敞口近直，浅腹，较大圜平底，均夹砂陶，红或红褐色。依器形变化分三式：

Ⅰ式：腹很浅，器壁厚薄不均，器形粗糙，歪扭不对称，烧制火候不高，陶色不匀，杂色斑驳。器表素面未经打磨。标本 H82∶5，器壁较薄约 0.5～0.8 厘米，红褐色，壁底有大块黑斑(图二三七，1)。H278∶6，器壁较厚为 0.9～1.2 厘米。红褐色，壁有多道条状黑斑(图二三七，2)。

Ⅱ式：腹稍深，器壁较匀，器形较为规整，有的器表经打磨光滑。标本 H112∶33，胎较厚，口部达 1.2 厘米，素面，红色陶衣大部脱落，底有烟炱和烧烤痕(图二三七，4；图版九九，3)。H156∶3，器壁稍薄口部厚 0.75 厘米，红衣色较鲜，内外壁通体磨光，但打磨技术较差，器表有大量细密的横、竖划痕，显系施陶衣之 前打磨，但仍可清晰看到这些打磨划痕(图版九九，2)。H112∶9，器内外壁匀施红色陶衣并磨光，但器表仍凹凸不平，内壁有大块黑斑(图二三七，5)。

Ⅲ式：腹较前两式深，底近圜。标本 H303∶9，器外表施陶衣和泥浆层，但大片脱落，有褐斑，底见有轻度烧烤痕(图二三七，3)。H119∶1，内外壁施红衣并磨光，器内外壁陶衣均大片脱落(图二三七，6)。

B 型：圆唇或尖唇，敞口，斜壁微弧，腹较 A 型稍深，整体似半球形，大多圜底，个别为小平底，夹砂或泥质红陶为主，有的经窑外渗炭呈黑或灰色。器表施陶衣后大多素面，个别磨光。依器体变化分六式：

Ⅰ式：圆唇，腹稍浅，圜平底，夹砂陶。标本 H245∶4，器壁厚薄不均，器形不规整，火候不匀，夹砂红陶，壁底有大块褐斑。口径 17 厘米，高 6 厘米，壁厚 0.8～1.0 厘米。H187∶37，器形较规整，夹砂红陶，素面，口沿外侧一周 8 个乳钉纹，口径 22 厘米，高 8.2 厘米，胎厚 0.7 厘米，口沿边 0.5 厘米(图二三八，1)。

Ⅱ式，2 件，复原 1 件(T116㉚∶12)，圆唇圜底，夹砂红衣陶，素面，底部呈黑色，可能系烧制

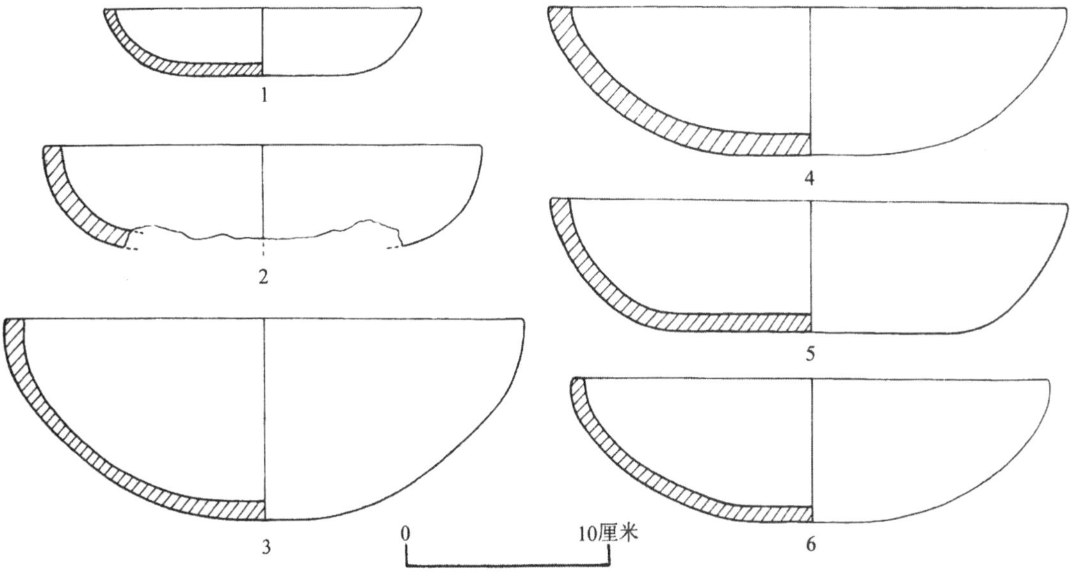

图二三七　陶敞口钵

1. A型Ⅰ式(H82∶5)　2. A型Ⅰ式(H278∶6)　3. A型Ⅲ式(H303∶9)　4. A型Ⅱ式(H112∶33)
5. A型Ⅱ式(H112∶9)　6. A型Ⅲ式(H119∶1)

时胎内有机质未充分燃烧而炭化所致，壁厚0.8～0.9厘米(图二三八，2；图版九九，4)。

Ⅲ式：尖圆唇，小平底，泥质红陶，磨光。复原3件。标本T4⑬C∶4，胎壁较厚达0.7厘米，但口沿内侧减薄，形成一小斜面，尖圆唇，器表施红衣，但大部脱落，上腹近口部饰等分三个扁乳钉(图二三八，7；图版一〇〇，1)。H161∶2，壁厚0.6厘米左右，但口沿减薄形成尖唇，器表涂泥浆后外表磨光，未施陶衣，呈土黄色(图二三八，3；图版一〇〇，3)。M410∶2，器体较小，器表饰红衣并磨光(图二三八，4；图版一〇〇，2)。

Ⅳ式：2件，仅复原1件(H319∶2)，薄胎，厚0.4厘米。近口部外侧减薄形成尖唇，并使外壁略呈弧形，小平底，器表饰红陶衣并打磨光滑，可见许多细密的横、斜向打磨痕(图二三八，5；图版一〇〇，4)。

Ⅴ式：4件，复原1件(T34⑬B∶19)，胎稍厚达0.5厘米，但口沿内侧减薄形成一小斜面，使唇沿形成尖唇，小平底，器表陶衣脱落，内壁和外壁中部以上因窑外渗炭呈黑灰色，外壁腹中部以下至底部为红色(图二三八，8；彩版一六，2；图版一〇〇，5)。

Ⅵ式：3件，复原2件。泥质磨光黑陶，胎较薄0.25～0.4厘米，口部减薄成尖唇，圜平底，陶土较细，可能经过淘洗，器体制作较精细，规整，火候较高。标本H19∶21，器内外表均有大块黄褐斑，可能系窑内渗炭时火候不匀所致(图二三八，6；彩版一六，1；图版一〇〇，6)。T12⑬B∶19，泥条筑成，黑色较匀，应为窑内渗炭工艺的产品，但器表黑衣大片脱落，胎壁呈黑灰色(图二三八，9)。

C型：数量较多，是钵类的主体之一，圆唇或尖唇，敞口，斜壁微弧，腹较深，圜底或平底。依器体变化分八式。Ⅰ～Ⅲ式为夹砂红或红褐陶，Ⅳ～Ⅷ式为泥质陶，以红为主，有个别黑陶，有窑外渗炭现象，可能为窑内渗炭所致。成型工艺Ⅰ～Ⅳ式以泥片圈筑为主，Ⅴ～Ⅷ式以泥条圈筑为主。

Ⅰ式：方唇直口，弧壁，圜平底，与A型相似，唯腹较深。标本H115∶18，器形较为规整，夹砂红褐陶，但底部被火烧成红色，可能因陶胎内有机质未充分燃烧形成褐色，但底部在使用时再次

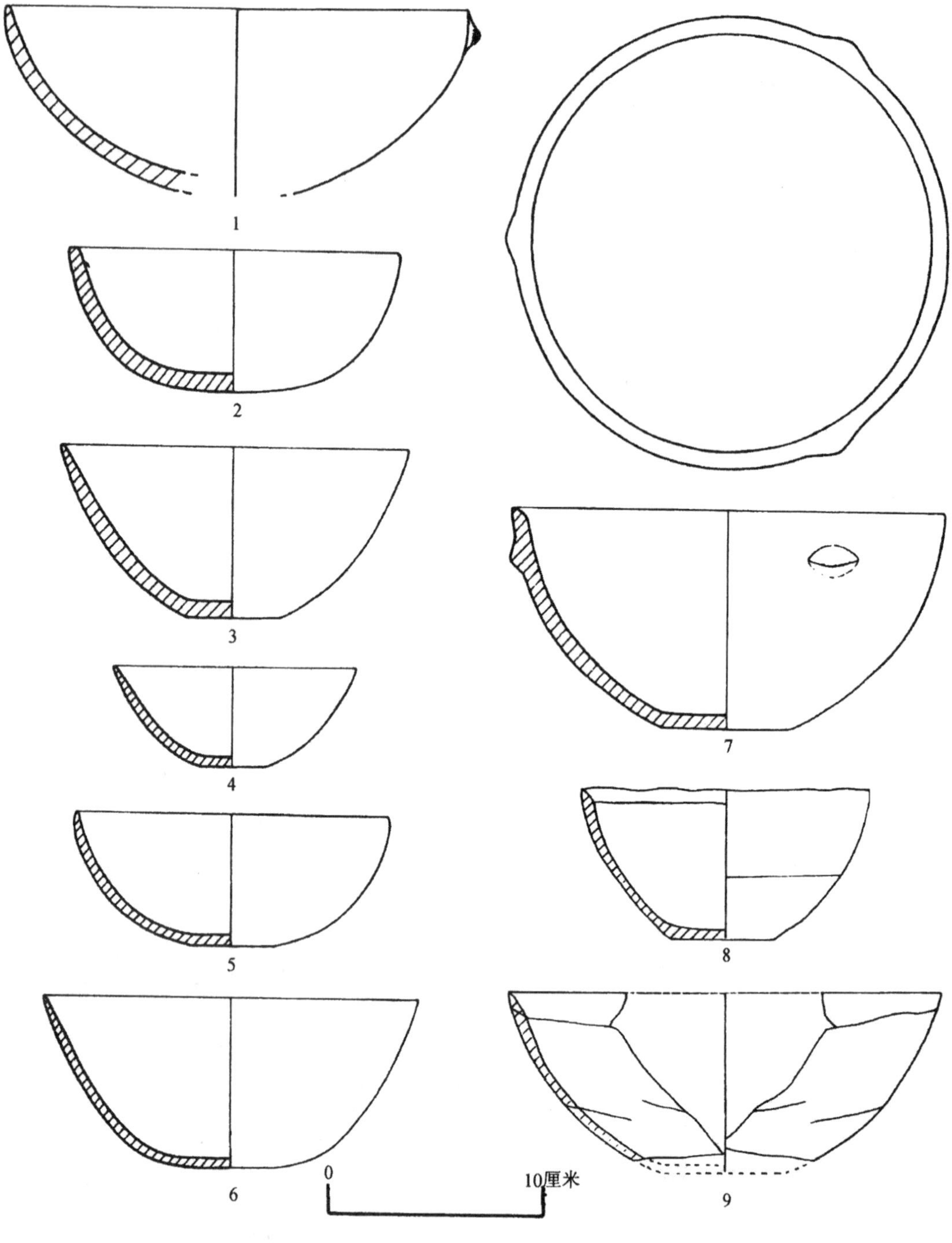

图二三八　陶敞口钵

1. B型Ⅰ式(H187：37)　2. B型Ⅱ式(T116③C：12)　3. B型Ⅲ式(H161：2)　4. B型Ⅲ式(M410：2)　5. B型Ⅳ式(H319：2)　6. B型Ⅵ式(H19：21)　7. B型Ⅲ式(T4③C：4)　8. B型Ⅴ式(T34③B：19)　9. B型Ⅵ式(T12③B：19)

火烧,使器壁内有机质充分氧化形成红色,器表施陶衣,内壁素面,外壁经打磨,泥片圈筑法,火候不高(图二三九,2;图版一〇一,1)。H147：9,夹砂红衣陶,外壁和内壁近口沿部位磨光,底有长条形黑色斑,制作粗糙,器形不规整(图二三九,1)。

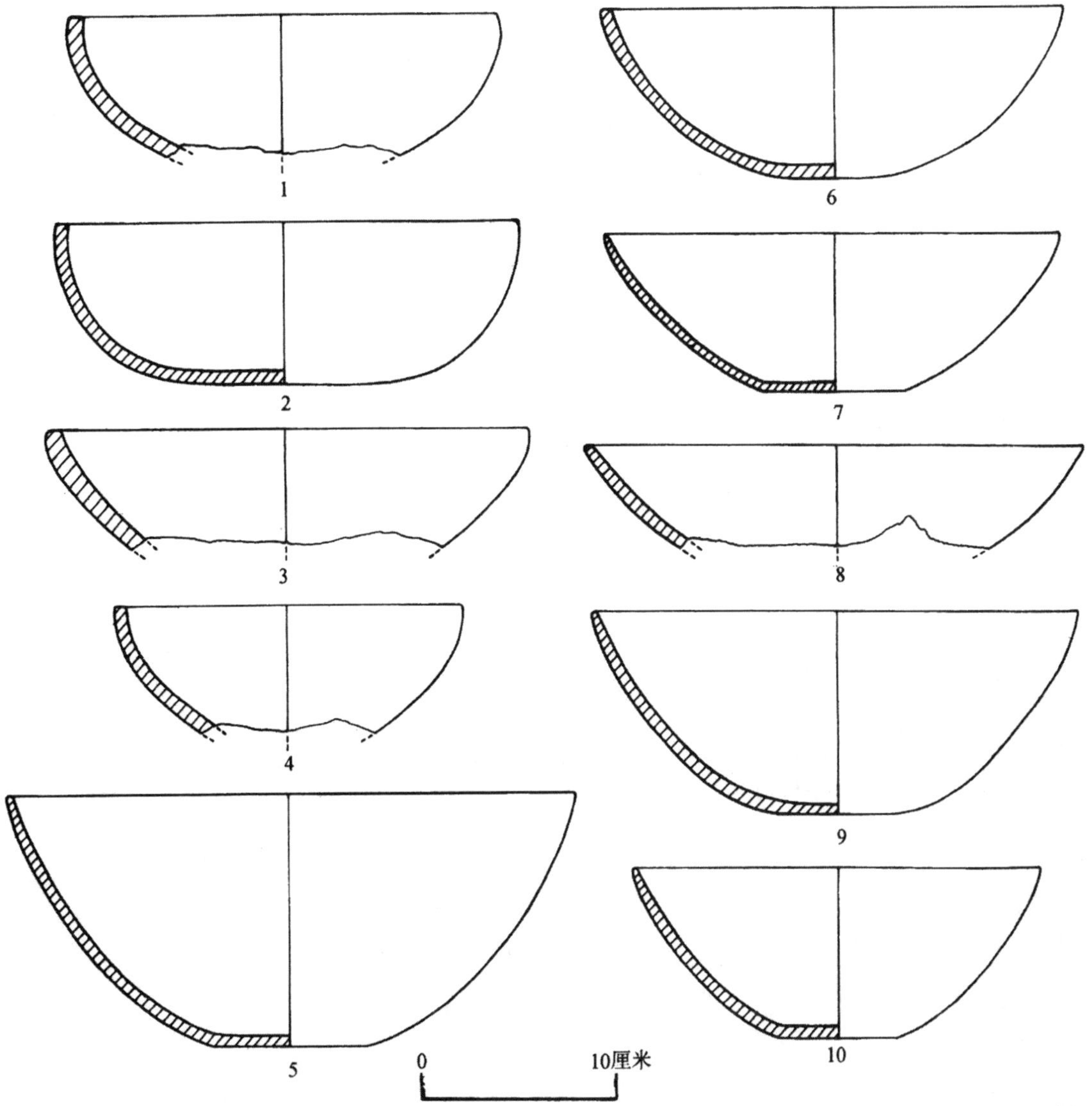

图二三九　陶敞口钵

1.C型Ⅰ式(H147∶9)　2.C型Ⅰ式(H115∶18)　3.C型Ⅱ式(H278∶7)　4.C型Ⅱ式(H278∶9)　5.C型Ⅳ式(H189∶1)　6.C型Ⅲ式(H184∶1)　7.C型Ⅴ式(H52∶2)　8.C型Ⅴ式(H195∶9)　9.C型Ⅵ式(H232∶5)　10.C型Ⅵ式(H95∶3)

Ⅱ式:圆唇,敞口,斜壁微弧。器型仍不规整,胎壁厚薄不匀。器表饰红色陶衣并经打磨,外壁和内壁近口沿部位磨光,底部为素面。底部烧成红褐色。标本H278∶9,泥片圈筑法成型,壁厚0.6～1.0厘米(图二三九,4)。H278∶7,泥片圈筑,顺时针,泥片外加,正筑(图二三九,3)。

Ⅲ式:圆唇,敞口斜弧壁,腹加深,器型较为规整,器表施红陶衣并磨光,但内底仍为素面。标本H184∶1,陶衣鲜红,器壁厚较匀,厚0.5～0.7厘米,圜底近平(图二三九,6)。

Ⅳ式:均泥质红陶,但胎壁仍较厚,多圆唇,敞口,口沿外侧因减薄胎壁而微敛,斜壁微弧,小平底。有窑外渗炭现象。标本H189∶1,器外表施红衣,并磨光,内壁仅涂泥浆,素面,器形较大,泥片盘筑成型(图二三九,5;图版一〇一,2)。

Ⅴ式:泥质红陶,胎壁减薄,腹稍浅,尖圆唇,小平底。标本H52∶2,器型较规整,壁底可见清晰的泥条圈筑痕，器表红陶衣大部脱落(图二三九，7；图版一〇一，3)。H195：9(图二三九，8)。

Ⅵ式：泥质红陶或黑陶，口更敞，壁近斜直，底边棱角不清晰。H232：5，器表饰红衣，抹光未打磨(图二三九，9)。H95：3，泥质磨光黑陶，应系窑内渗炭的结果，泥条圈筑成型(图二三九，10；图版一〇一，4)。H32：11，泥质红陶，器表磨光，口沿部位内外皆有一周宽约2～2.5厘米的红色宽带，以下为灰色，有"红顶钵"的效果，可能为叠烧所致(彩版一一，5)。

Ⅶ式：尖唇，壁斜直或微弧，腹更浅，小平底，周边折棱不显，腹壁较薄，造型较为规整，有的有窑外渗炭现象。标本H28：57，尖唇，器表陶衣大片脱落，呈砖红色，近口部一周宽2～2.5厘米与器内壁底均呈灰色，应为窑外渗炭所致(图二四〇，5)。T12③B：15，尖唇，器表饰红陶衣并磨光，近口部一周宽2～2.5厘米及内壁底均呈灰色，底面有篦划纹，看来此器应为倒置成型(图二四〇，1；图版一〇一，5)。H28：14，泥质红褐陶，泥条圈筑成型(图二四〇，2)。T102③B：4，外壁及内壁近口部宽1～1.5厘米为红衣磨光陶，内壁底为呈黑灰色，也为窑外渗炭所致(图二四〇，6)。

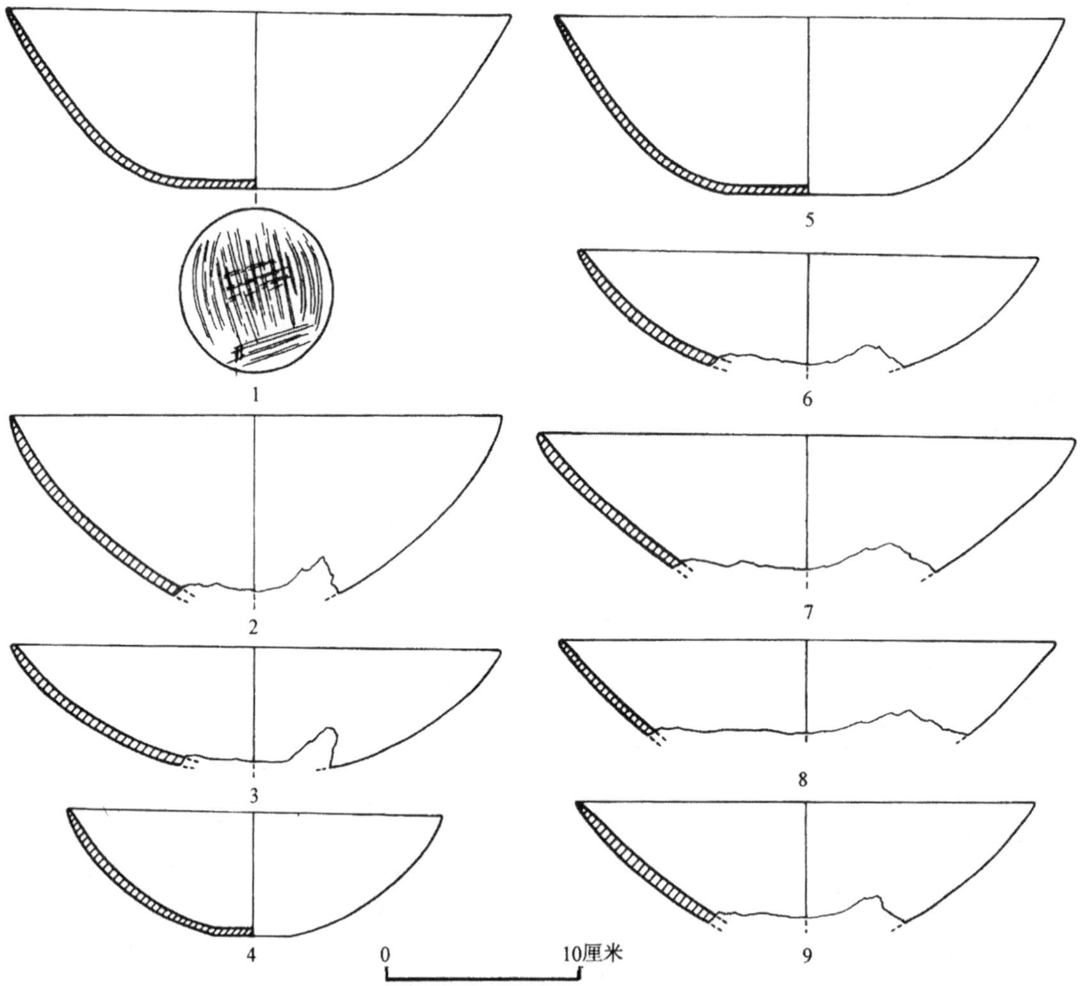

图二四〇　陶敞口钵

1.C型Ⅶ式(T12③B：15)　2.C型Ⅶ式(H28：14)　3.C型Ⅵ式(H114：2)　4.C型Ⅶ式(H113：9)
5.C型Ⅶ式(H28：57)　6.C型Ⅶ式(T102③B：4)　7.C型Ⅷ式(T5③B：9)　8.C型Ⅷ式(H166：5)
9.C型Ⅷ式(H113：24)

H113：9,陶衣脱落后呈砖红色(图二四〇,4)。H114：2,泥条盘筑成型(图二四〇,3)。

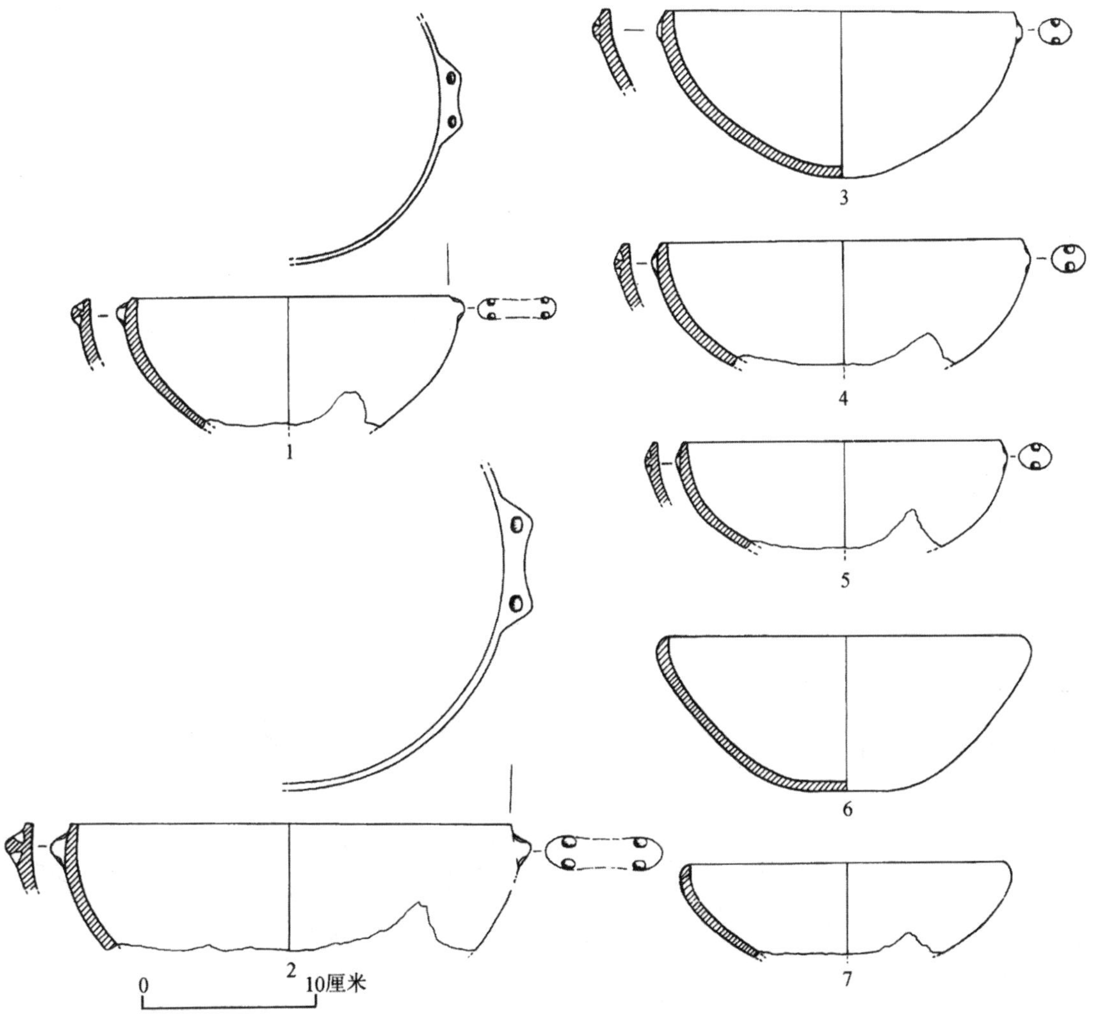

图二四一　陶敛口钵

1.A型Ⅰ式(H198：12)　2.A型Ⅰ式(H198：2)　3.A型Ⅰ式(H218：1)　4.A型Ⅰ式(T108㉝C：40)　5.A型Ⅰ式(T27㉝C：11)　6.A型Ⅱ式(H327：2)　7.A型Ⅱ式(H197：2)

Ⅷ式:尖唇或尖圆唇,敞口斜壁,腹很浅,底残无可复原者。标本H113：24,尖唇,外表施红色陶衣并磨光,内壁呈灰色,也为窑外渗炭工艺的反映(图二四〇,9)。H166：5,圆唇,胎较薄,器表红色磨光,陶衣大片脱落后呈土黄色(图二四〇,8)。T5③B：9,尖圆唇,胎较薄仅0.25～0.4厘米,泥质红陶,器表红衣脱落(图二四〇,7)。H28：16(图版一〇一,6)。

(2)敛口钵。敛口钵是钵类的主体器形之一,其主要特征是敛口,圆肩或圆折肩,斜壁微弧,圜底或小平底。大部为泥片筑成法成型,也有少量为泥条筑成法成型,均泥质红陶,胎壁涂泥浆后施陶衣并磨光。依肩部特征不同分两型:

A型:口沿内敛部分较窄形成一窄肩,转折处明显加厚。依口沿和肩部变化分七式(表三四)。

Ⅰ式:口微敛,肩部不显,稍厚,腹外弧,圜底。胎较厚,沿下有一对盲鼻或退化的马鞍形錾。标本 H218：1，窄方唇，沿下饰一对盲鼻，即一扁乳钉上下对称戳两个小圆洞，但未穿透，这种作风可能由方口盆的四角蜕化而来（图二四一，3；图版一〇二，1）。T108③C：40，沿面呈黑色（图二四一，4）。T27③C：11，圆唇（图二四一，5）。H198：2，窄方唇，沿下一对对称马鞍形横鋬，鋬两端有上下对称圆洞各一对，未钻透，系在陶坯干后用尖锥状工具旋转钻成，只具有装饰作用，可能系深腹盆上马鞍形横鋬的蜕化形态（图二四一，2）。H198：12，尖圆唇（图二四一，1）。

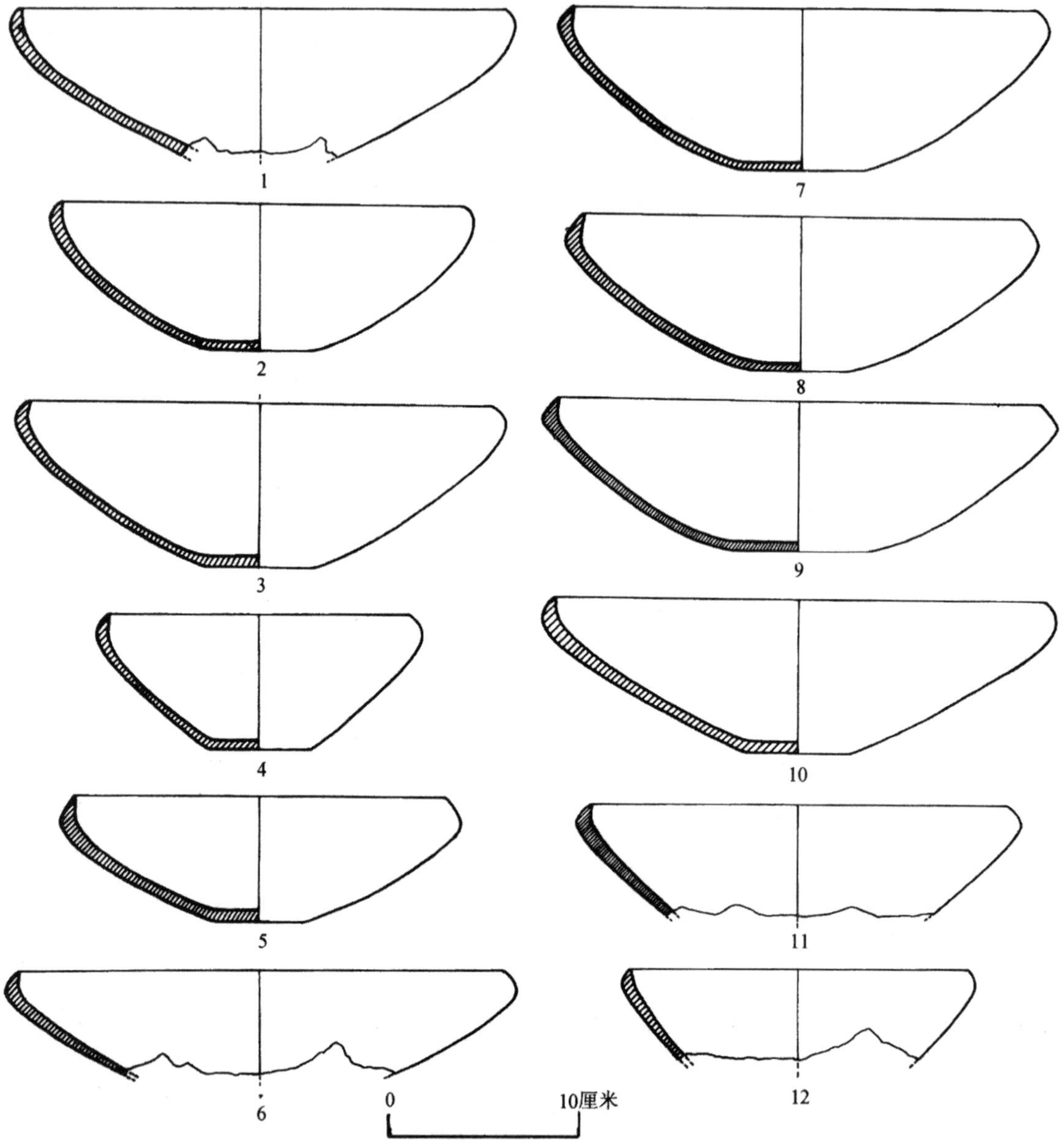

图二四二　陶敛口钵

1. A型Ⅲ式（T26③C：30）　2. A型Ⅲ式（T120③C：2）　3. A型Ⅳ式（M377：10）　4. A型Ⅳ式（H220：2）　5. A型Ⅴ式（H206：1）　6. A型Ⅴ式（H336：3）　7. A型Ⅴ式（H172：2）　8. A型Ⅴ式（H341：8）　9. A型Ⅵ式（H65：2）　10. A型Ⅵ式（T26③C：23）　11. A型Ⅵ式（H70：4）　12. A型Ⅶ式（H347：1）

Ⅱ式：唇沿内折角明显，外缘加厚，使肩部微显，斜壁微弧，小平底近圜。标本 H327：2，红衣色较鲜，内外皆磨光（图二四一，6）。H228：7，胎较厚，口径16.6厘米，高8.5厘米，胎厚1.1厘米（图版一〇二，2）。H197：2，红陶衣脱落（图二四一，7）。

Ⅲ式：尖唇微敛，圆肩稍显，斜壁小平底。标本T120㉚：2，斜壁略作反弧形内收，陶衣大部脱落（图二四二，2；图版一〇二，3）。T26㉚：30，红陶衣大部脱落，器表呈砖红色（图二四二，1）。

Ⅳ式：唇缘内敛较甚，圆肩明显外凸。斜壁小平底。标本H220：2，底周无明显转折，似在陶坯未干时蹴出的平底（图二四二，4；图版一〇二，4）。M377：10，器体不规整，可能被烧变形，口部呈椭圆形（图二四二，3；图版一〇二，5）。

Ⅴ式：口唇内敛较甚，圆角外凸，形成扁圆肩，壁斜直，腹变浅，小平底。底周折角较显。标本H172：2，红陶衣色较鲜（图二四二，7；图版一〇二，6）。H341：8，火候不太均匀，器表有的地方呈深灰色，有的地方呈砖红色（图二四二，8；图版一〇三，2）。H206：1，底周转折不显，似蹴出的平面（图二四二，5）。H336：3（图二四二，6）。

Ⅵ式：尖唇内敛，肩部变窄，肩、腹转折处呈钝折状，斜腹小平底，底周转折明显。标本H65：2，火候不匀，器表呈红褐色（图二四二，9；图版一〇三，4）。H70：4，从陶片剖面可清晰地看出为加厚肩部而附加的泥条接缝，口唇部位也是另加的一周泥条，但器壁成型为泥片筑成法（图二四二，11）。T26㉚：23，器表红衣较鲜，但大部脱落，内外均磨光（图二四二，10）。

Ⅶ式：尖唇，窄肩，肩腹连接处有明显转折，斜壁，底残，无可复原者，标本很少。标本H347：1，泥条筑成法成型（图二四二，12）。

表三四　A型敛口钵测量　（单位：厘米、克）

器号	式别	口径	底径	通高	重量
H218：1	Ⅰ	22		10.2	
H198：12	Ⅰ	20			
H198：2	Ⅰ	28			
T27㉚：11	Ⅰ	20			
T108㉚：40	Ⅰ	23			
H261：9	Ⅰ	18			
H327：2	Ⅱ	22.2	5.4	9.6	680
H197：2	Ⅱ	20			
H159：2	Ⅱ	19.6			
T120㉚：2	Ⅲ	21.6	5.6	7.6	530
T26㉚：30	Ⅲ	26			
H220：2	Ⅳ	16.2	5.6	7	280
M377：10	Ⅳ	24.8	5.8	8.5	650
H172：2	Ⅴ	24.4	6.6	8.3	600
H341：8	Ⅴ	23.2	5	8	630
H206：1	Ⅴ	20	5	6.5	750
H336：3	Ⅴ	26			
H65：2	Ⅵ	25.6	7	7.8	640
T26㉚：23	Ⅵ	26	5.4	8	
H70：4	Ⅵ	22			
T102㉚：16	Ⅵ	24			
T102㉚：39	Ⅵ	20			
H347：1	Ⅶ	18			
H334：6	Ⅶ	20			

表三五　B 型敛口钵测量　（单位：厘米、克）

器号	式别	口径	底径	通高	重量
H16：2	Ⅰ	22.2	6	7.5	670
H117：1	Ⅰ	19.6		7	490
H117：4	Ⅰ	20		7.4	490
H261：8	Ⅰ	18			
H254：2	Ⅰ	18			
H142：2	Ⅱ	18	4	8.5	
H180：1	Ⅱ	28.4	6.8	11.9	110
H291：1	Ⅱ	16			
H390：1	Ⅱ	19.8	5	8	650
H327：1	Ⅱ	14.2	4	6.4	500
H341：1	Ⅱ	24			
M276：1	Ⅱ	20			
H124：8	Ⅱ	20			
H339：7	Ⅱ	12			
H172：5	Ⅱ	20			
T120㉚：2	Ⅱ	16			
M277：3	Ⅲ	20.1	6	7.3	650
T104③：20	Ⅲ	18.2	5	7.1	400
H206：4	Ⅲ	24			
M325：3	Ⅲ	11.6	4	5	200
H291：22	Ⅲ	18			
H91：4	Ⅳ	24.8	4.6	6.8	580
M387：3	Ⅳ	28			
T64④：8	Ⅳ	30			
H238：4	Ⅴ	24.8	3.8	8.6	950
H339：12	Ⅴ	26	7.4	8	940
H379：1	Ⅴ	28	6	8.8	850
H291：3	Ⅴ	26	4	5.7	
H339：6	Ⅴ	26			
H318：1	Ⅵ	28	5	7.3	700
H339：7	Ⅵ	22			
H182：2	Ⅵ	24			
H290：16	Ⅵ	24			
T103③B：16	Ⅵ	30			
H334：2	Ⅶ	23.6			
T103③B：52	Ⅶ	24			

B 型：口沿内敛部分稍宽形成圆肩，肩部不加厚。依口沿和肩部变化分七式（表三五）。

Ⅰ式：唇沿形态不稳定，有窄方唇、圆唇等，口微敛，沿、腹转折呈圆弧状，肩不明显。弧壁，大圜底或近平。沿外有承自方口盆的乳钉状盲鼻，有上下穿孔，但均未通，只具象征意义。标本 H117：1，窄方唇，大圜底，沿下有对称四盲鼻（图二四三，2；图版一〇三，1）。H117：4，窄方唇，大圜底，沿下有等分三盲鼻（图二四三，3）。H261：8，圆唇，鼻孔上下穿透，但不可能有实用价值（图二四三，4）。H254：2，窄方唇（图二四三，5）。H16：2，窄方唇，大圜底，在陶坯未干时蹴出一平面

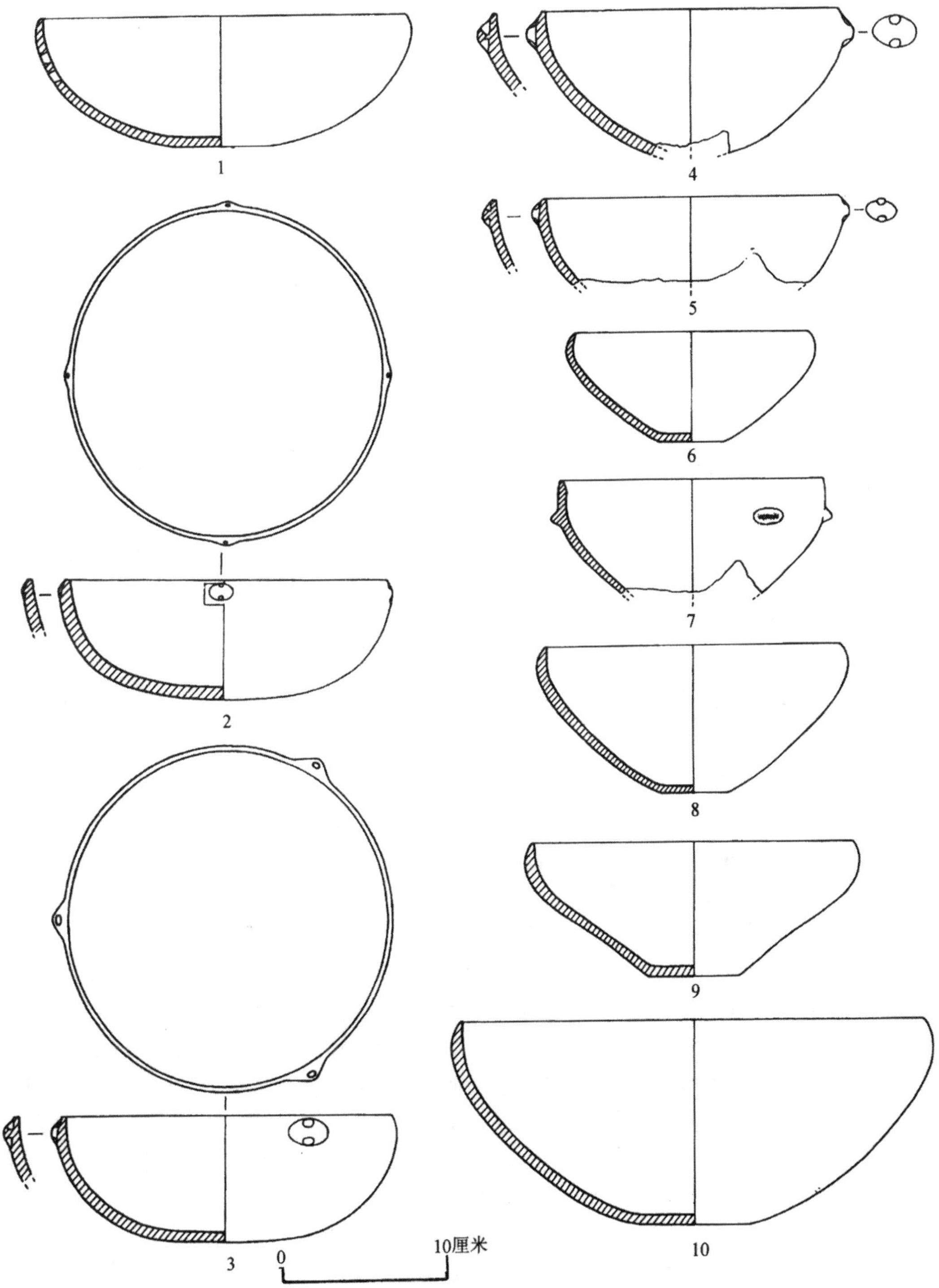

图二四三　陶敛口钵

1. B型Ⅰ式(H16：2)　2. B型Ⅰ式(H117：1)　3. B型Ⅰ式(H117：4)　4. B型Ⅰ式(H261：8)　5. B型Ⅰ式(H254：2)
6. B型Ⅱ式(H327：1)　7. B型Ⅱ式(H291：1)　8. B型Ⅱ式(H142：2)
9. B型Ⅱ式(H390：1)　10. B型Ⅱ式(H180：1)

来，沿下无盲鼻，在老破碴处有两组圆形缀合孔，一组三个，一组两个，表明此器在置入灰坑前曾经残破，经缀合后又继续使用过一段时间(图二四三，1；图版一〇三，3)。

Ⅱ式：尖圆唇或尖唇，圆肩稍显，腹壁斜直，个别作反弧形内收，小平底。标本H180：1，尖圆唇，底周折角不甚清晰，内外壁均匀可清晰见到细密的横向打磨痕(图二四三，10；图版一〇三，5)。H142：2，尖唇，底周折角不太清晰(图二四三，8)。H327：1，尖唇，底周折角明显(图二四三，6)。H390：1，斜壁作反弧形内收，底周折角明显(图二四三，9；图版一〇三，6)。H291：1，沿内为减薄修出一斜面，肩部置一对扁乳钉(图二四三，7)。

Ⅲ式：尖唇，唇缘内敛较甚，圆肩明显，斜壁，小平底。标本M277：3，器表内外红陶衣大部脱落(图二四四，4；图版一〇四，2)。T104㉝C：20，泥片筑成法成型(图二四四，3；图版一〇四，1)。M325：3，器体较小，底周折角不显，应为陶坯未干时蹾出的平面(图二四四，1；图版一〇四，3)。H206：4，肩较宽(图二四四，5)。H291：22(图二四四，2)。

Ⅳ式：尖唇，唇缘内敛更甚，圆肩更显，斜直壁，小平底为陶坯未干时蹾出，底周折角不明显。标本H91：4，泥片圈筑法成型，器表红褐色(图二四四，8；图版一〇四，4)。M387：3，口、肩、上腹及内壁均涂泥浆并施鲜红色陶衣且磨光，而腹中部以下则原地裸露，分界处还被修刮整齐，具有彩陶的效果，胎壁厚0.5厘米(图二四四，6；彩版一一，4)。

Ⅴ式：尖唇缘内敛，肩腹连接处出现一圆折，斜直壁，个别作反弧形内收，小平底。标本H238：4，底最小仅3.8厘米(图二四四，7；图版一〇四，6)。H379：1，器表红衣大片脱落，胎壁呈砖红色(图二四四，9；图版一〇四，5)。H339：12，泥片圈筑法成型(图二四四，11)。H291：3，腹浅，斜壁略作反弧形内收(图二四四，10)。

Ⅵ式：尖唇缘微敛，窄折肩，斜直壁，浅腹，小平底。标本H318：1，器内外壁红衣大部脱落(图二四四，12)。H339：7，器壁烧起泡形成一空洞(图二四四，14)。H182：2，器表陶衣全部脱落(图二四四，13)。

Ⅶ式：标本很少，无可复原者。近口部外侧修薄，肩部消失，内侧微弧，凹槽消失，壁斜直，为此类器的最后形态。标本H334：2，泥片成型，正筑，泥片外加(图二四四，16)。T103㉝B：52，外壁红色，内壁呈黑色，应为窑外渗炭所致(图二四四，15)。

(3) 浅腹钵。为钵类的主体器形之一，较富变化，共同特征是唇沿内侧加厚，使唇内沿下形成一周凹槽，浅腹，斜壁，平底或圜底，均手制，泥片筑成法成型为主，也有少量的泥条成型。大多为泥质红陶，个别为夹砂红陶，成型后普遍在胎壁上涂泥浆，外施红衣并磨光，但陶衣脱落现象也较普遍。此类器未见窑外渗炭现象，可能与功能有关。依唇缘和器体特征不同可分为三个型：

A型：方唇，唇沿折角明显，形成一宽平的唇面。斜直壁作反弧形内收，小平底。依器体变化分八式，Ⅰ、Ⅱ式为夹砂红陶，Ⅲ～Ⅷ式为泥质红陶。

Ⅰ式：唇平面向上。斜壁微外弧，标本很少，无可复原者。标本H156：12，陶衣深红色，器内外壁均磨光，火候较高，唇面宽1.2厘米，器壁厚0.6～0.8厘米(图二四五，1)。

Ⅱ式：唇平面外斜，壁斜直，与A型划纹盆相似。底残，无可复原者。标本H353：1，陶胎上直接施鲜红色陶衣，未涂泥浆，唇面宽1.1厘米，壁厚0.7厘米(图二四五，2)。

Ⅲ式：唇内缘斜上突，唇面外斜，斜直壁作反弧形内收，小平底。泥片盘筑，泥质红陶，器外表施红陶衣并磨光。标本H228：1，唇面宽1.5厘米，火候不高，残破处可见鱼鳞状泥片(图二四五，3；图版一〇五，1)。

Ⅳ式：唇面较前式稍窄，斜壁多作反弧形内收。标本H253：2，唇面宽1.1厘米，器表红衣磨光，陶衣大部脱落，泥片盘筑成型(图二四五，4；图版一〇五，3)。

Ⅴ式：唇面宽0.9～1.0厘米，壁斜直或稍内弧。泥片筑成法成型。标本H322：6，泥片圈筑

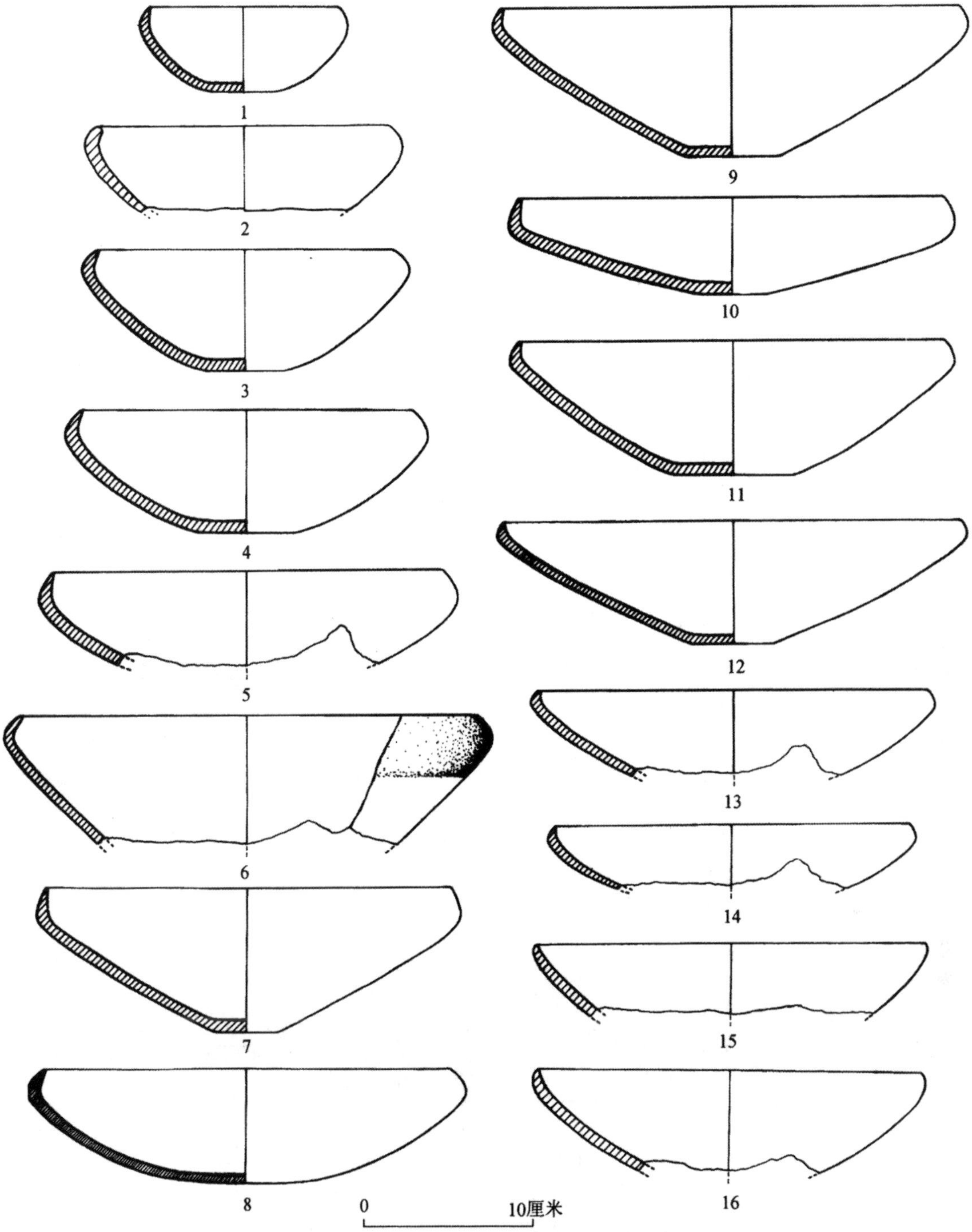

图二四四　陶敛口钵

1. B型Ⅲ式(M325：3)　2. B型Ⅲ式(H291：22)　3. B型Ⅲ式(T104③C：20)　4. B型Ⅲ式(M277：3)
5. B型Ⅲ式(H206：4)　6. B型Ⅳ式(M387：3)　7. B型Ⅴ式(H238：4)　8. B型Ⅳ式(H91：4)　9. B型Ⅴ式(H379：1)
10. B型Ⅴ式(H291：3)　11. B型Ⅴ式(H339：12)　12. B型Ⅵ式(H318：1)　13. B型Ⅴ式(H182：2)
14. B型Ⅵ式(H339：7)　15. B型Ⅶ式(T103③B：52)　16. B型Ⅶ式(H334：2)

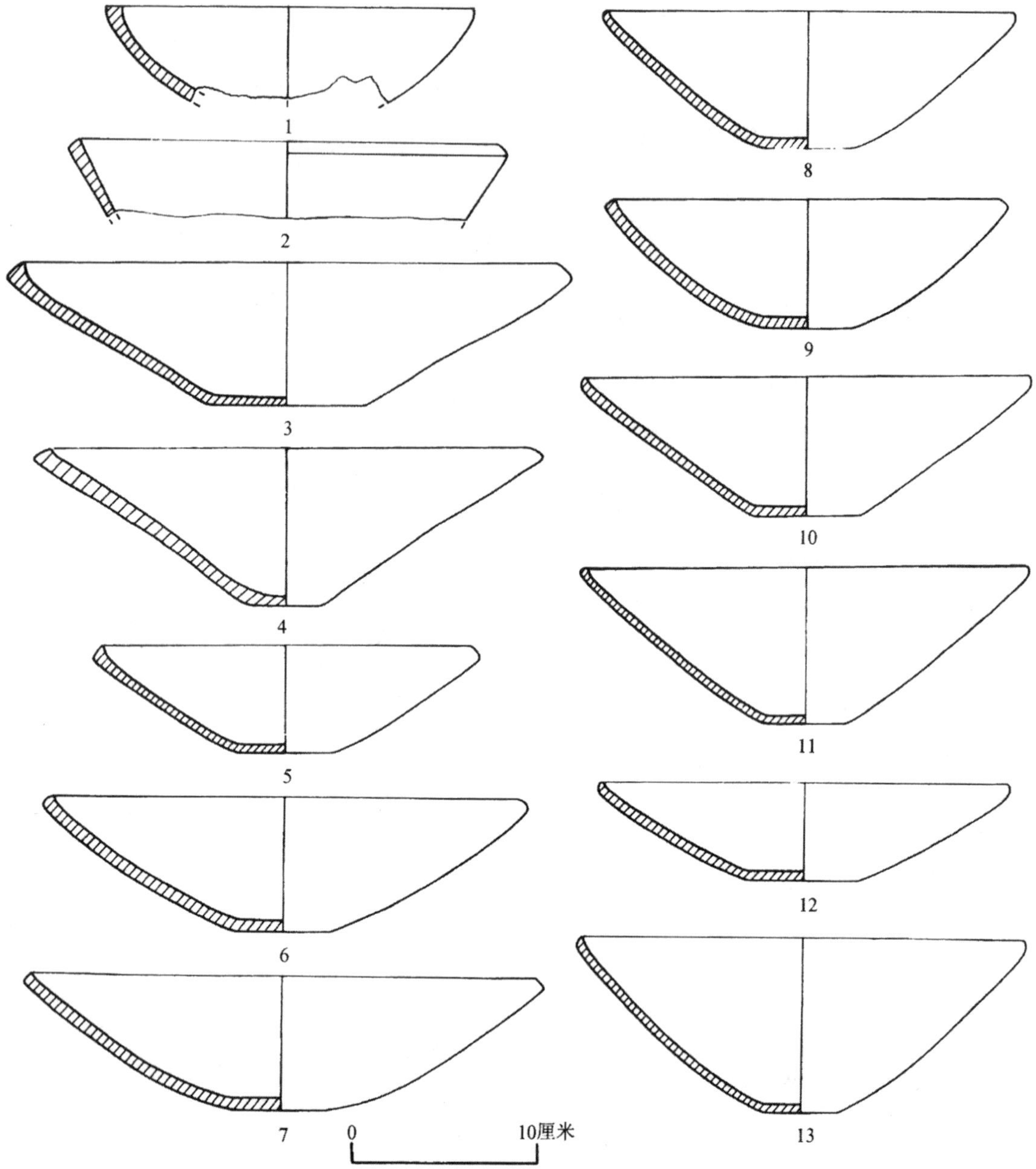

图二四五　陶浅腹钵

1. A型Ⅰ式(H156：12)　2. A型Ⅱ式(H353：1)　3. A型Ⅲ式(H228：1)　4. A型Ⅳ式(H253：2)　5. A型Ⅴ式(H322：6)　6. A型Ⅴ式(H222：1)　7. A型Ⅵ式(H108：8)　8. A型Ⅵ式(H63：1)　9. A型Ⅵ式(M263：4)　10. A型Ⅶ式(H33：8)　11. A型Ⅶ式(H33：12)　12. A型Ⅶ式(H33：11)　13. A型Ⅷ式(H55：6)

成型，唇面及上突部分明显可看出为后附加的，器内外表均施红衣并磨光，底有刮痕，陶衣大片脱落，可能系窑内温度不匀所致，唇面1.0厘米，壁厚0.3～0.5厘米，斜壁稍内弧(图二四五，5)。H222：1，斜直壁，唇面宽0.9厘米，器内外壁均红衣磨光(图二四五，6；图版一〇五，4)。

Ⅵ式：唇面宽0.7～0.8厘米，斜直壁或稍内弧，泥片筑成法成型，器表均红衣磨光。标本M263：4，唇面宽0.7厘米，壁斜直，器表泥浆层和陶衣层从陶胎上剥落，剥落层厚0.1～0.13厘米，沿下一破碴处有两个缀合孔，表明此器为实用器，死者生前曾缀合过（图二四五，9；图版一〇六，1）。M263：22，唇面宽0.8厘米，斜直壁微内弧，陶衣大片脱落。H63：1，沿面宽0.7厘米，壁斜直，陶衣大片脱落（图二四五，8；图版一〇五，6）。H108：8，唇面宽0.7厘米，斜壁稍作反弧形内收（图二四五，7；图版一〇五，5）。

Ⅶ式：唇面宽0.5～0.6厘米，壁斜直，未见反弧内收者。多为泥片筑成法成型，个别为泥条筑成法成型。器表均涂泥浆后施陶衣并磨光。标本H33：8，唇面宽0.6厘米，壁厚0.4厘米（图二四五，10）。H33：12，唇面宽0.6厘米，壁厚0.3～0.4厘米（图二四五，11）。H33：11，泥片筑成法成型，器表陶衣大片脱落（图二四五，12）。

Ⅷ式：唇面宽0.5厘米以下，壁斜直，小平底，泥条筑成和泥片筑成两种成型方法均有，器表泥浆层外饰红衣并磨光。标本H55：6，泥条筑成法成型（图二四五，13；图版一〇五，2）。

B型：唇缘内侧附加一周圆或扁泥条，形成内厚唇，唇内缘下一周凹槽，斜壁平底，均泥质红陶，器表涂泥浆后施红色陶衣，磨光或素面。陶衣大部脱落。依唇沿变化分两式：

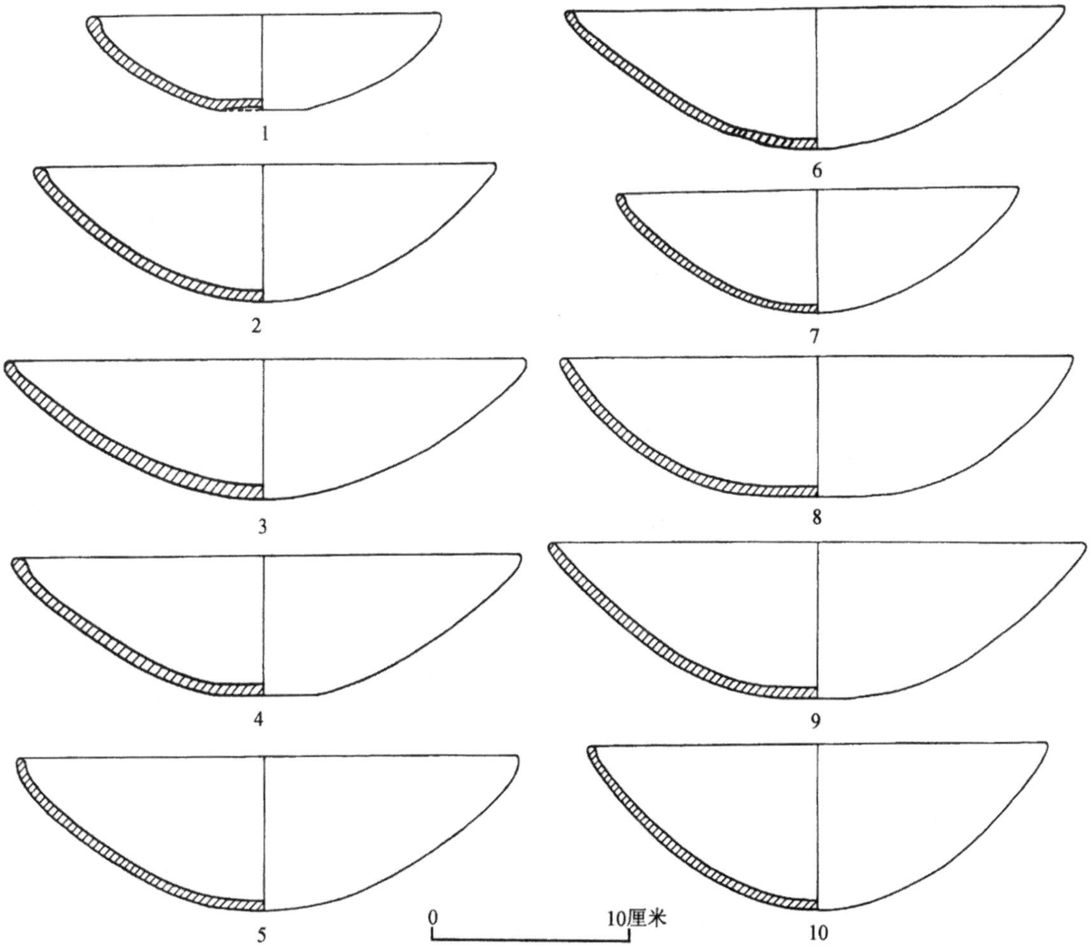

图二四六　陶浅腹钵

1. B型Ⅰ式（T114㉝B：3）　2. B型Ⅱ式（H373：1）　3. B型Ⅱ式（H113：1）　4. B型Ⅱ式（H374：2）　5. C型Ⅰ式（T65④：4）　6. C型Ⅰ式（M220：2）　7. C型Ⅰ式（T63④：5）　8. C型Ⅱ式（H102：1）　9. C型Ⅱ式（H102：9）　10. C型Ⅱ式（M71：1）

Ⅰ式：唇内沿加厚呈圆形。标本T114㉝B：3，陶衣脱落，胎壁呈红褐色，小平底，微内凹（图二四六，1；图版一〇六，6）。

Ⅱ式：唇内缘加厚时压成椭圆形。标本H374：2，陶衣脱落，小平底近圜（图二四六，4；图版一〇六，5）。H373：1，器表均施陶衣并磨光，器表呈土黄色（图二四六，2）。H113：1，胎壁较厚，器表内外均施陶衣并磨光（图二四六，3）。

C型：唇内缘不加厚，仅稍向内敛，使唇缘内侧形成一周凹槽。斜壁微外弧，圜底。以泥片筑成法成型为主。器表均涂泥浆后施陶衣并磨光。均泥质红陶，个别呈红褐色。依唇缘变化分两式：

Ⅰ式：唇缘呈圆角方型，唇内缘微上突，内沿下凹槽明显。标本M220：2，红陶衣大部脱落，圜底在陶坯未干时蹾出一小平面（图二四六，6；图版一〇六，2）。T65④：4，部分器表呈红褐色（图二四六，5）。T63④：5，器表红陶衣较鲜艳，但大部脱落（图二四六，7）。

Ⅱ式：圆唇微内敛，内沿下凹槽稍显。标本H102：1，器外表打磨光滑，内壁为素面（图二四六，8；图版一〇六，3）。H102：9，器表火候不匀，呈红褐色（图二四六，9；图版一〇六，4）。M71：1，陶衣大部脱落，陶胎内含有一些自然砂粒，可见陶土未经淘洗（图二四六，10）。

（4）深腹钵。此类器数量不多，敞口，斜直壁，深腹，小平底，系陶坯未干时蹾出，泥质红陶为

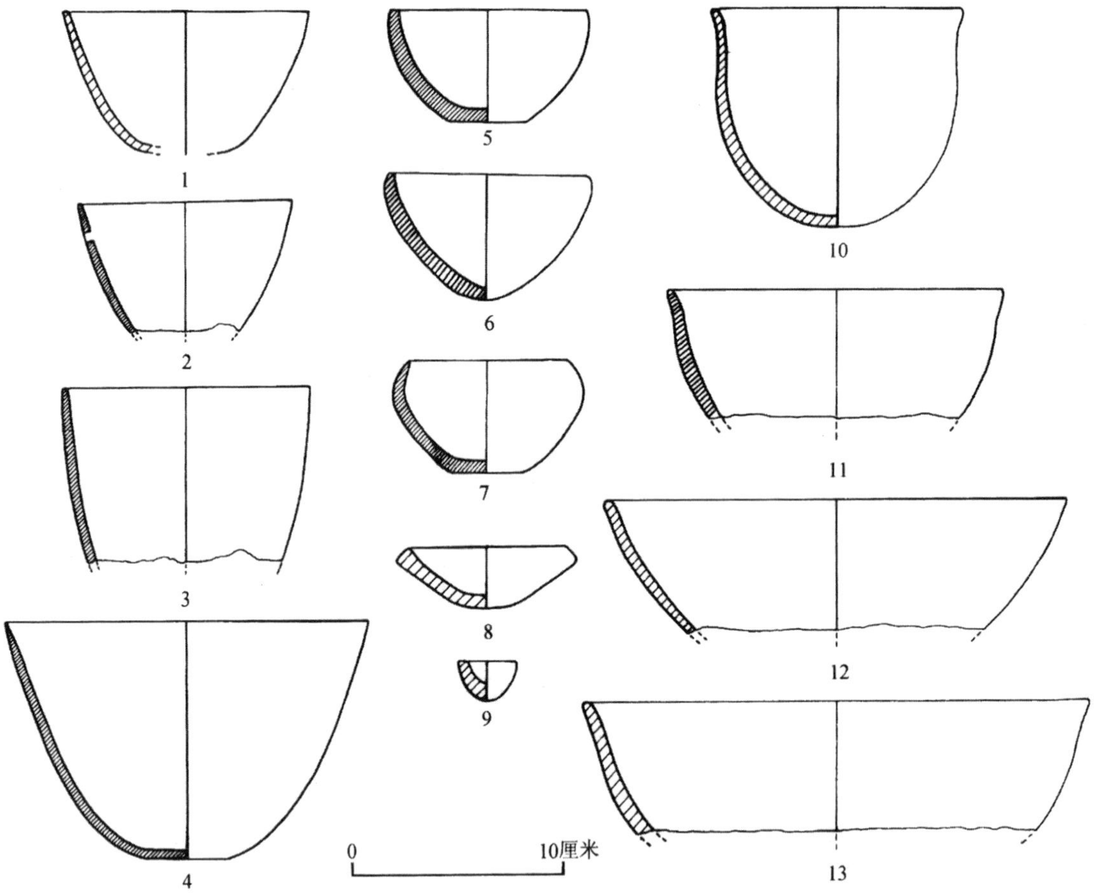

图二四七　陶钵

1.A型Ⅰ式深腹钵（H229：10）　2.A型Ⅰ式深腹钵（H229：11）　3.B型深腹钵（H75：10）　4.A型Ⅱ式深腹钵（H109：1）　5.A型小钵（H146：1）　6.Ba型小钵（H35：9）　7.Bb型小钵（M342：2）　8.C型小钵（M342：3）　9.D型小钵（H229：8）　10.A型Ⅰ式曲腹钵（H83：2）　11.A型Ⅱ式曲腹钵（H243：1）　12.B型曲腹钵（M273：5）　13.A型Ⅲ式曲腹钵（H125：5）

主，器表饰红色陶衣并磨光，个别泥质黑陶、夹砂红陶和夹炭红衣陶。依器体特征不同分两型(表三六)：

A型：尖唇，敞口，斜壁。大多泥质红陶，个别泥质黑陶。依器体变化分二式：

Ⅰ式：斜壁微弧。标本H229：11，器外表红衣磨光，内壁未施陶衣，经刮抹(图二四七，2)。H229：10(图二四七，1)。

Ⅱ式：斜直壁。标本H109：1，器表陶衣大片脱落(图二四七，4；图版九九，1)。

B型：圆唇，敞口，深直腹，腹中部壁微弧，上腹饰圆锥状、扁乳钉状或双峰状横鋬。无可复原者，大多泥质红陶，个别夹砂红陶和夹炭红衣陶。标本H75：10，泥质红陶(图二四七，3)。

表三六　深腹钵、曲腹钵、折腹钵、小钵测量　　(单位：厘米、克)

器号	型式	口径	底径	通高	重量
H229：11	深AⅠ	10.4			
H229：10	深AⅠ	11		6.6	
H109：1	深AⅡ	17.6	4	11	350
H110：4	深AⅡ	14		残高6	
H75：10	深B	12			
H58：6	深B	10		7	
H327：4	深B	12		残高4.6	
M222：2	深B	14		残高5	
H83：2	曲AⅠ	12		10	
H243：1	曲AⅡ	16			
T26③：31	曲AⅡ	20			
H341：9	曲AⅡ	30			
H64：3	曲AⅡ	20			
H125：5	曲AⅢ	24			
H291：25	曲B	30			
M273：5	曲B	22			
T109㉚：71	折AⅠ	28			
H107：5	折AⅠ	24			
H286：3	折AⅡ	24			
H167：2	折BⅠ	20			
H322：16	折BⅡ	16			
H146：1	小A	9.4	3.6	5.2	150
H186：2	小A	10		5.8	150
H187：7	小A	9		6.6	120
H151：2	小A	7		4.5	120
H35：9	小Ba	9.4		5	120
M342：2	小Bb	7.6	3.4	5.2	180
M342：5	小Bb	6.3		3.8	60
H161：5	小Bb	5.6	3.4	4.9	150
M342：3	小C	7.8	2.8	2.4	60
H229：8	小D	26.～2.9	圜	1.8	

(5) 曲腹钵。此类器很少，但特征明显，侈口、束颈，曲腹微外鼓，圜底。个别为夹砂红衣陶，绝大多数为泥质红衣磨光陶。依唇沿和腹部特征不同分两型(见表三六)：

A型：尖或圆唇，腹较深。依腹部变化分三式：

Ⅰ式：深腹微鼓，圜底，夹砂红衣磨光陶。标本H83：2，圆唇，外施陶衣并磨光，内壁无陶衣，素面(图二四七，10)。

Ⅱ式：斜弧壁，腹稍浅。泥质红衣磨光陶。标本H243：1，外壁磨光，内壁素面(图二四七，11)。

Ⅲ式：斜壁微弧，腹较浅。泥质红衣陶。标本H125：5，器内外壁均有0.6毫米厚的泥浆层，外饰红陶衣并磨光(图二四七，13)。

B型：方圆唇，沿外微凹，斜壁微弧，浅腹，底残，标本很少，均泥质红衣磨光陶。标本M273：5，腹较浅，陶衣全部脱落(图二四七，12)。

(6) 折腹钵。标本也很少，最大特征是腹壁中部或上部有一明显折棱，均泥质红衣磨光陶，泥片法成型，无可复原者，依折棱部位器体特征分两型(见表三六)：

A型：器体较大，圆唇，敞口折腹，折棱位于腹中部或肩部，外折明显。依器体变化分两式：

Ⅰ式：器壁内外均有明显转折。腹较浅。标本T109㉚：71，内壁陶衣全部脱落(图二四八，1)。H107：5(图二四八，2)。

Ⅱ式：外壁肩腹连接处有明显转折，内壁不显，腹较深。标本H286：3，肩腹连接处有外附加泥片留下的小空洞，肩部外表有刮削痕，表明此折棱为刮削成型的(图二四八，3)。

B型：器体较小，方唇，直口束颈，斜壁腹微鼓，折棱位于颈腹连接处。依器体变化分两式：

Ⅰ式：腹较浅，颈微束，肩部折棱不甚明显，斜壁腹微鼓。标本H167：2，内外壁泥浆层均稍厚(图二四八，4)。

Ⅱ式：腹较深，束颈，较显，肩部折棱明显，鼓腹。标本H322：14，器表泥浆层厚0.9毫米，器壁厚4～6毫米(图二四八，7)。

(7) 小钵。标本不多，出自墓葬的可能为明器，而出自灰坑中的可能为实用器，均泥片法成型。共同特征是器型很小，口径大者仅10厘米，小者仅5.6厘米，从器型上看，是敞口钵、敛口钵、浅腹钵的缩小形态。据此分为四个型(见表三六)：

A型：近似于敞口钵，方唇或圆唇，直口，唇沿外侧因减薄而有内敛效果，深腹微外鼓，平底，均夹砂陶，大多呈红褐色。泥片法成型，多素胎素面，个别红衣磨光。标本H146：1，器表素胎素面，仅抹平，红褐色，但底部为黑褐色，可能系烧制时陶胎内有机质氧化不充分所致(图二四七，5；图版一〇七，1)。

B型：近似敛口钵，圆肩斜腹，平底或圜底，均泥质红衣陶，大多红衣磨光。依肩部特征也可分为两亚型：

Ba型：仅见1件(H35：9)，口微敛，圆窄肩，肩部稍加厚，底残，胎较厚，器壁内外均红衣磨光，与AⅢ敛口钵特征相同(图二四七，6；图版一〇七，2)。

Bb型：圆肩稍宽，与B型敛口钵特征相同。标本M342：2，圆肩斜腹平底，胎壁较厚，制作粗糙(图二四七，7；图版一〇七，4)。M342：5，很小(图版一〇七，3)。M342：11(图版一〇七，8)。

C型：仅见1件(H342：3)，方唇，大敞口，斜壁，浅腹，小平底，与AⅣ浅腹钵特征同，泥质红陶，器表刮抹平整，但未施陶衣，也未磨光(图二四七，8)。

D型：2件。泥质红陶，器形很小，厚胎、圜底，为一次捏成，无实用价值，应属玩具。标本H229：8，口径2.6～2.9厘米，高1.8厘米，壁厚0.6～0.8厘米(图二四七，9；图版一〇七，6)。T108

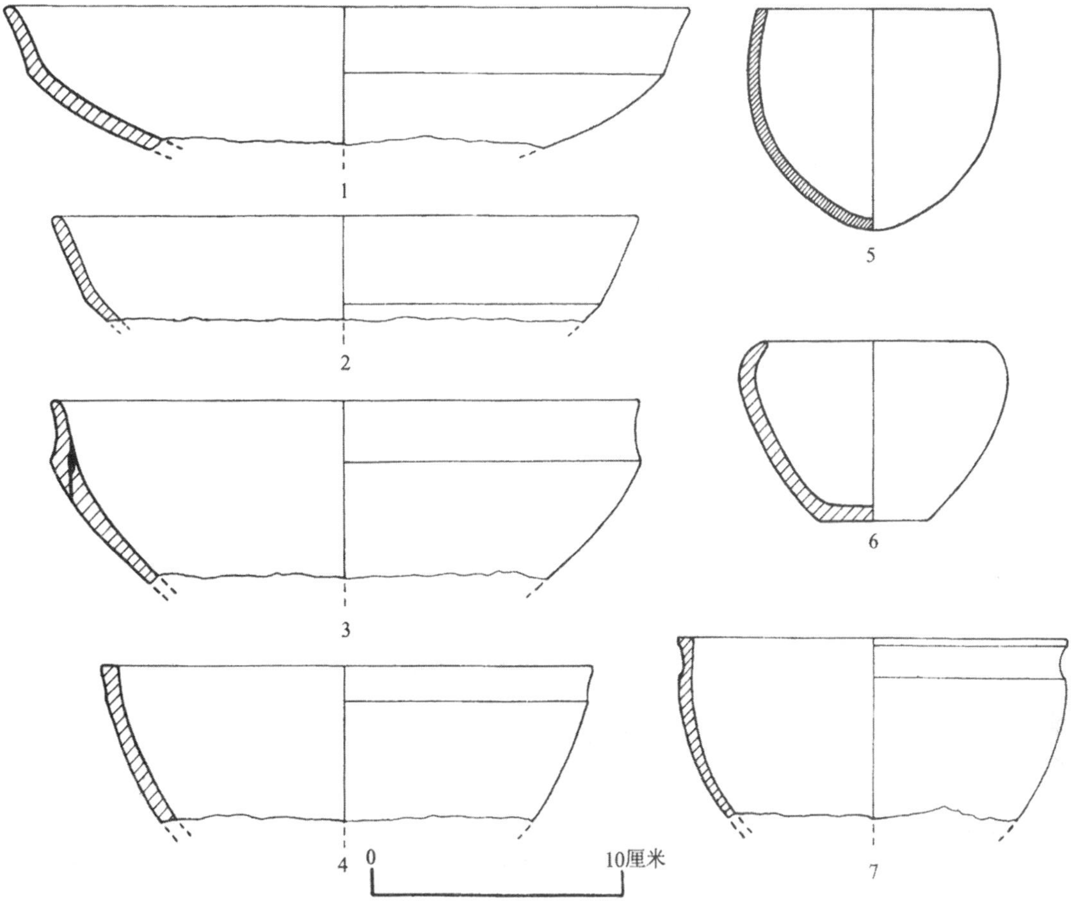

图二四八　陶钵、盂

1. A型Ⅰ式折腹钵(T109③C：71)　2. A型Ⅰ式折腹钵(H107：5)　3. A型Ⅱ式折腹钵(H286：3)
4. B型Ⅰ式折腹钵(H167：2)　5. 盂(T21③C：17)　6. 盂(H203：1)　7. B型Ⅱ式折腹钵(H322：14)

③B：22，口径3.2厘米，高2.1厘米，壁厚0.9厘米(图版一〇七，7)。

(8) 三足钵。数量挺多，但复原者较少，而且因器体形态与各型钵相同，只是在底部附三足，故不见足或其脱落痕，便不能确认为三足钵，其口沿和碎片可能均混入钵类之中统计描述，故现有数量很难代表并反映此类器物原貌，据现有材料可将此类器分为七型(表三七)：

表三七　三足钵测量记录　　(单位:厘米)

器号	型式	口径	腹深	通高
H322：7	Aa Ⅰ	21.5	5.6	残6.5
M387：2	Aa Ⅱ	21.2	5.2	6.0
H195：5	Aa Ⅲ	20.6	5.2	残5.4
H426：1	Aa Ⅳ	20.6	6.5	8.0
H113：23	Aa Ⅴ	26.0		
H113：3	Ab	25.0		
H64：1	B Ⅰ	26.0	8.0	残8.8
H166：3	B Ⅱ	24.0	6.4	残7.3

续表三七

器号	型式	口径	腹深	通高
M239：1	BⅡ	26.2	9.6	10.6
H113：8	BⅢ	220	5.6	8.0
H161：1	CⅠ	23.6	8.7	残 9.5
T35(3B)：17	CⅡ	24.0		
T109(3B)：17	CⅡ	21.2	8.8	10.0
H113：25	CⅡ	25.0		
H147：12	CⅡ	18.0		
H135：3	CⅢ	21.0	6.7	8.2
T103③：19	CⅢ	22.2	6.6	7.8
T109(3B)：66	CⅢ	26.0	7.1	
T109③：67	CⅢ	24.0	6.7	8.2
T103③：31	CⅢ	25.0	7.0	8.6
H113：7	D	28.0	5.8	8.0
H124：6	D	28.0		
H147：2	D	24.0		
H270：3	E	22.0	7.0	7.6
H291：6	F	13.0	3.0	
H339：14	F	20.0	2.5	
T34③：16	F	24.0	4.0	
H28：35	G	26.0	8.5	

A 型：器体与浅腹钵同，锛形足，依唇沿特征分两亚型：

Aa 型：器体与 A 型和 C 型浅腹钵同，方唇，唇内沿一周凹槽，大敞口，斜直壁，浅腹圜底，下附三个锛状足，依口沿变化分五式：

Ⅰ式：2 件。标本 H322：7，方唇，唇面较宽厚，唇面宽 1.1 厘米，与 AⅣ浅腹钵同，泥质红褐陶，器内外表均刷泥浆，施红陶衣，器表经打磨光滑，可见横竖交错的打抹痕，足残（图二四九，1；图版一〇八，1）。

Ⅱ式：复原 1 件（M387：2），唇面宽 0.72 厘米，形同 AⅥ浅腹钵，泥质红陶，器表陶衣洗后脱落，露出泥浆层，略呈灰白色，足残（图二四九，2；图版一〇八，2）。

Ⅲ式：复原 1 件（H195：5），唇面宽 0.5 厘米，与 AⅦ浅腹钵同，泥质红陶，器表经打磨光滑，鲜红色，陶衣脱落后呈土黄色，三足残（图二四九，3；图版一〇八，3）。

Ⅳ式：3 件。复原 1 件（H426：1），唇面宽 0.5 厘米，但唇面外斜较甚，唇内缘上凸，使唇内夹角增大，近似 AⅧ浅腹钵，泥质红陶，器表打磨光滑，鲜红色陶衣脱落后，内胎呈砖红色（图二四九，4）。

Ⅴ式：无可复原者。标本 H113：23，圆唇，同 CⅡ浅腹钵，器壁近口部内侧微凹，外侧稍弧，内外壁均施鲜红陶衣并打磨光滑，可见打磨痕，钵状足残（图二四九，5）。

Ab 型：仅见 1 件（H113：3），圆唇，唇内侧加厚，大敞口，斜壁微弧，浅腹圜底，特征同 B 型浅腹钵，足脱落，从足根部痕迹看为圆锥状足（图二四九，6）。

B 型：敞口，斜弧壁，圜底，特征同敞口钵，三足呈锛形，均泥质红陶，器表施红衣并磨光，依器体变化分三式：

Ⅰ式：2 件。复原 1 件（H64：1），大敞口，斜壁微弧，腹较浅，足残（图二四九，7）。

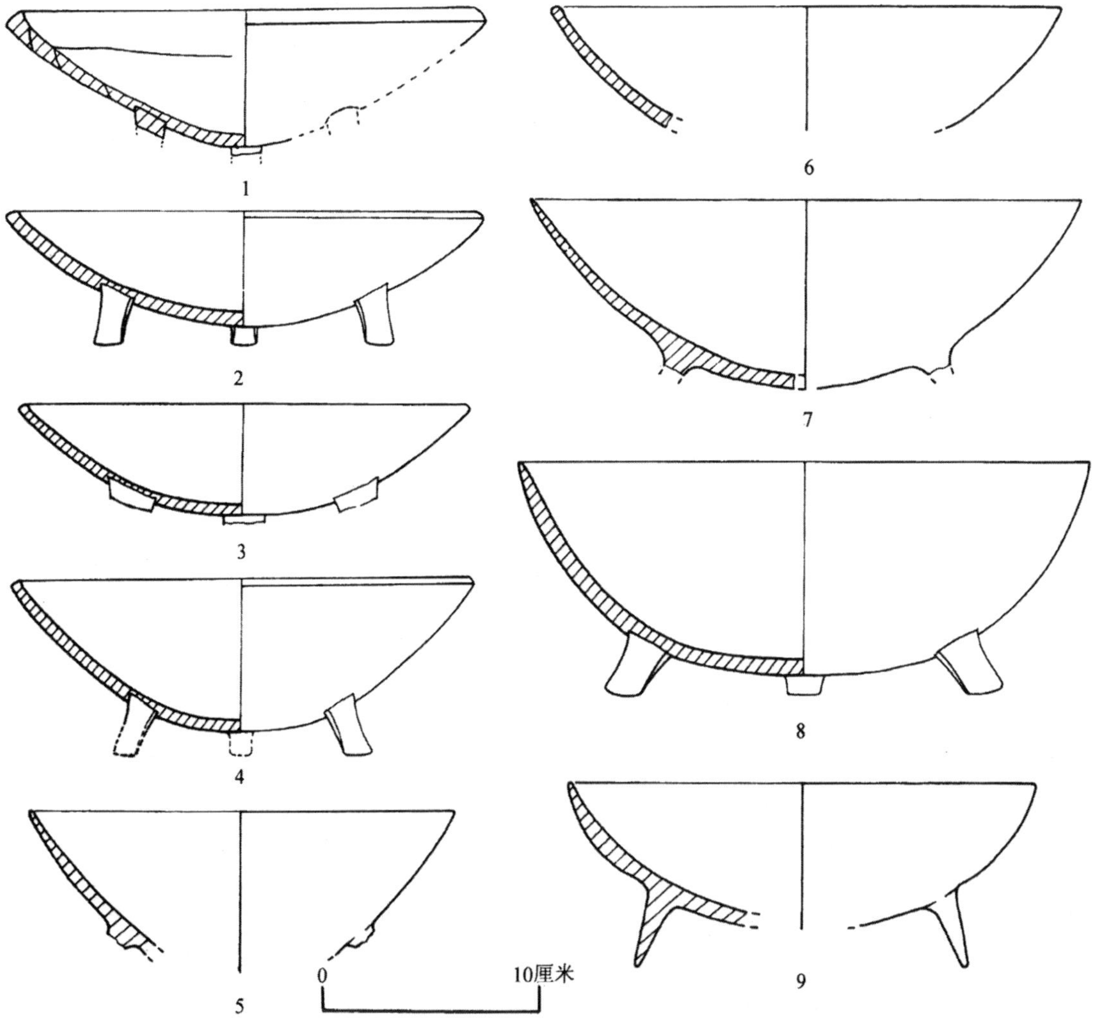

图二四九　陶三足钵

1. Aa 型Ⅰ式(H322：7)　2. Aa 型Ⅱ式(M387：2)　3. Aa 型Ⅲ式(H195：5)　4. Aa 型Ⅳ式(H426：1)
5. A 型Ⅴ式(H113：23)　6. Ab 型(H113：3)　7. B 型Ⅰ式(H64：1)　8. B 型Ⅱ式(M239：1)　9. B 型Ⅲ式(H113：8)

Ⅱ式：敞口弧壁，腹较深，仅见 1 件。标本 M239：1(图二四九，8；图版一〇八，4)。

Ⅲ式：见 3 件。标本 H113：8，口部近直，弧腹，较浅(图二四九，9)。

C 型：敞口斜壁，圜底或圜平底，特征同敞口钵，唯下附三圆锥状足。均泥质红陶，器表施红色陶衣并磨光，但大多内壁呈黑或灰色，应为窑外渗炭所致。依器体变化分三式，但Ⅰ、Ⅱ式之间变化较大，似有缺环。

Ⅰ式：仅见 1 件(H161：1)，方唇，圜底，胎壁较厚，达 0.8 厘米，近口部一周六个圆乳钉，下附三足，内外壁皆红，未见渗炭痕(图二五〇，1；图版一〇八，5)。

Ⅱ式：5 件。经窑外渗炭。尖圆唇，器壁明显变薄，均 0.5 厘米左右，圜底或圜平底。标本 T109③B：17，腹深 8.5 厘米，圜平底，足尖稍向外撇，内外壁均施陶衣并磨光，外壁和内壁近口部一周宽 1.7～2.5 厘米为较鲜的红色，内壁及内底为黑色(图二五〇，2；彩版一六，4、7；图版一〇八，6)。T103③B：1，腹深 6.5 厘米，器外壁及内壁近口一周为红色，内壁大多为黑色(彩版一六，6、9；

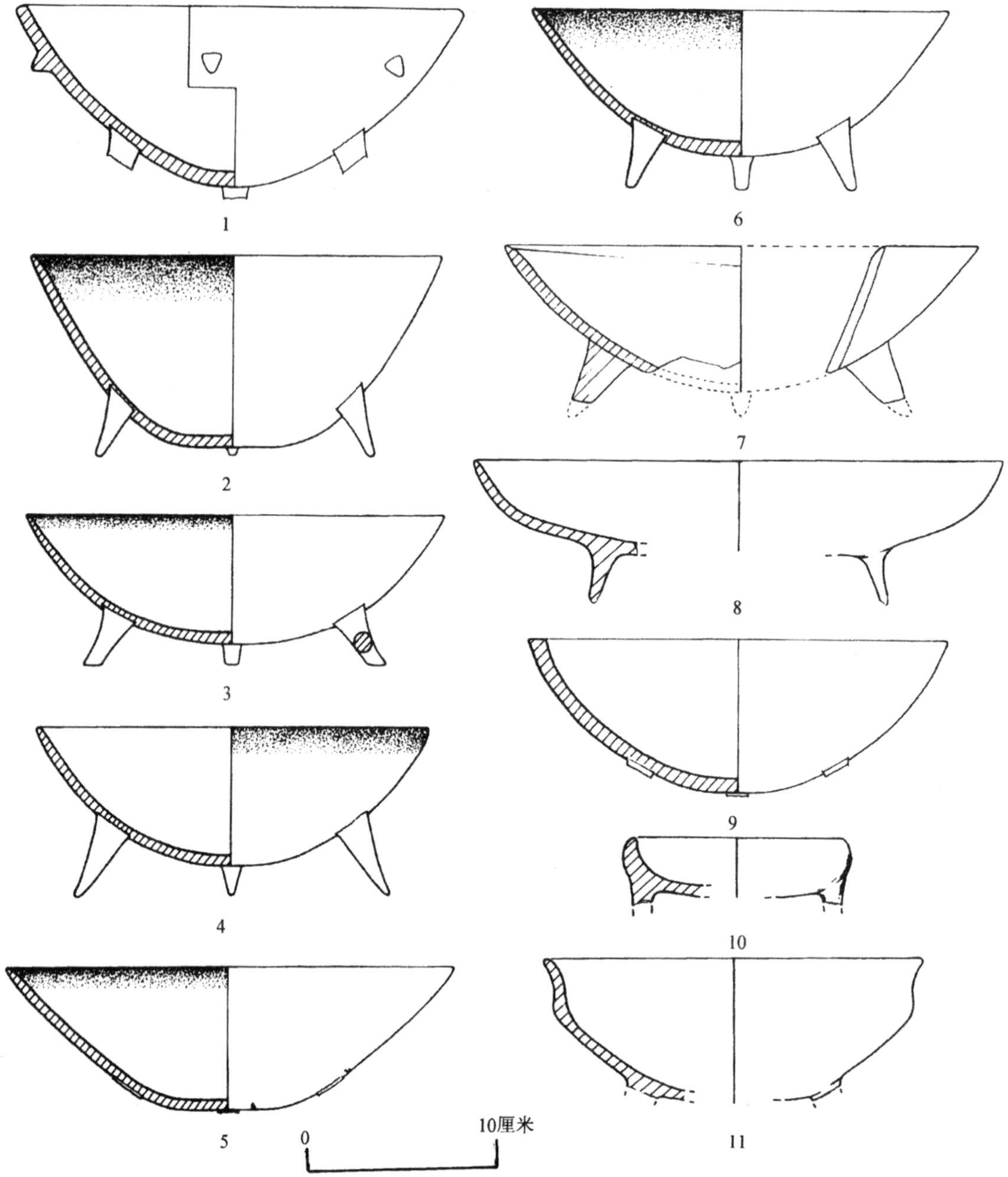

图二五〇　陶三足钵

1.C型Ⅰ式(H161：1)　2.C型Ⅰ式(T109③B：17)　3.C型Ⅲ式(T103③：19)　4.C型Ⅲ式(H135：3)
5.C型Ⅲ式(T109③：67)　6.C型Ⅲ式(T109③B：66)　7.C型Ⅲ式(T103③：31)　8.D型(H113：7)
9.E型(H270：3)　10.F型(H291：6)　11.G型(H28：35)

图版一〇九,2)。H113：25,腹深5厘米,足脱落处可见戳刺痕,泥质红陶,器表施红陶衣,稍经打磨,未见窑外渗炭现象,器内外壁皆红。

Ⅲ式:5件。均经过窑外渗炭处理,胎壁较薄在0.4～0.5厘米之间,尖唇或尖圆唇,圜底或圜平底。标本T103③：19,尖圆唇,足尖部磨出一小平面。器表施陶衣并磨光,外表和口沿内侧一周宽 0.5～0.8 厘米，为较鲜的红色，内壁及底为黑灰色(图二五〇，3)。H135：3，尖唇，胎最薄，不足 0.4 厘米，圜底，内壁及外壁大部地方均呈灰色，只外壁不足一半呈砖红色，看来窑外渗炭技术尚不十分熟练(图二五〇，4；彩版一六，5、8；图版一〇九，1)。T109③B：66，器表未见施陶衣，亦未磨光，外壁有不太清晰的绳压痕，外壁和口沿内侧宽 2.5～3 厘米为砖红色，内壁底为灰色，圜底(图二五〇，6)。T109③：67，尖圆唇，圜平底，器表及口沿内侧一周不规则形为深红色，施陶衣并磨光，内壁底素面，灰色，显系在窑外渗炭时器物温度较低所致(图二五〇，5)。T103③：31，足尖有一小平面，器表和内壁口唇部位红色，口沿以下内壁黑色(图二五〇，7)。

D 型：发现很少，仅见 3 件，有 1 件连足，另有 2 件为口沿。均泥质敞口，上腹近直，上、下腹之间有一较明显的转折形成折腹，下腹向内斜收成圜底，器形与 CⅡ 碗相似。标本 H113：7，上腹深 2 厘米(图二五〇，8)。

E 型：仅见 1 件(H270：3)，方唇、敞口，弧壁，深腹，圜底，泥质红陶，器表施红陶衣并经打磨，厚胎，口沿部约 0.8 厘米，底部 0.7 厘米，腹部 0.5 厘米(图二五〇，9)。

F 型：仅见 3 件。尖唇，敛口，窄肩圆折，斜壁浅腹圜底，与 A 型敛口钵Ⅴ～Ⅷ式特征同，下附三足。标本 H291：6，肩部特征同 AⅤ 敛口钵(图二五〇，10)。

G 型：仅见 1 件(H28：35)，侈口束颈，圆肩、斜腹圜底，形似 AⅡ 曲腹钵，只是肩更突出。圜锥状足残，泥质红衣陶，器表磨光，内壁素面(图二五〇，11)。

(9) 三足钵足。均泥质红陶，数量较多，观察标本 61 件，依其形态不同可分为六型：

A 型：观察标本 30 件。锛形，器体高宽大致接近或稍大于宽，器体较薄，尖端呈刃状，稍宽于足中部。依形态变化分三式(表三八)：

表三八　A 型三足钵足测量表　(单位：厘米)

标本号	式别	高	中宽	下宽	厚
H20：6	Ⅰ	3.6	2.5	3.6	1.4
T26③C：26	Ⅰ	4.2	3.3	4.5	1.2
T120③：14	Ⅰ	3.9	2.9	3.3	1.2
H33：14	Ⅱ	4	2	3	1
H50：11	Ⅱ	3.2	2.2	2.6	1.0
H251：3	Ⅱ	3.5	2.4	3.3	1.3
H286：4	Ⅱ	3.6	1.3	3.0	1.0
H286：5	Ⅱ	3.9	2.5	2.9	1.0
H286：6	Ⅱ	3.6	2.4	3.1	1.0
T8③C：5	Ⅱ	3.8	2.1	2.9	1.2
T33③：13	Ⅱ	3.8	2.4	3	1.2
T101③B：41	Ⅱ	3.9	1.9	3.1	1.0
T101③：42	Ⅱ	3.3	2.2	2.7	0.9
H113：17	Ⅱ	3.7	2.1	3.0	0.5
H36：10	Ⅲ	3.0	1.8	2	0.8
H113：22	Ⅲ	2.8	1.9	2.3	1
H237：11	Ⅲ	2.4	1.9	2.2	0.9
H275：2	Ⅲ	3.2	1.6	2.0	1.2
H319：10	Ⅲ	2.6	1.8	2.7	0.7
T7③：9	Ⅲ	2.9	1.70	1.9	0.8
T23③：5	Ⅲ	2.7	1.5	1.7	0.8
T23③：1	Ⅲ	2.4	1.6	2	0.9

续表三八

标本号	式别	高	中宽	下宽	厚
T36③B：5	Ⅱ	2.5	1.3	1.4	0.9
T34③B：18	Ⅱ	2.9	1.6	2	0.8
T64④：17	Ⅱ	3.5	1.4	1.7	0.8
T102③B：36	Ⅱ	3	1.7	2	1
T113③B：21	Ⅱ	3.1	1.7	2.1	0.8
T109③B：69	Ⅱ	3.2	1.6	2.3	0.6

Ⅰ式：观察标本3件，器体较大。高3.6～4.2厘米，下宽3.3～4.5厘米。标本T26③C：26，刃端部钝厚（图二五一，1；图版一〇九，3）。T120③C：14，刃端较钝，器体稍向内弯曲（图二五一，2）。

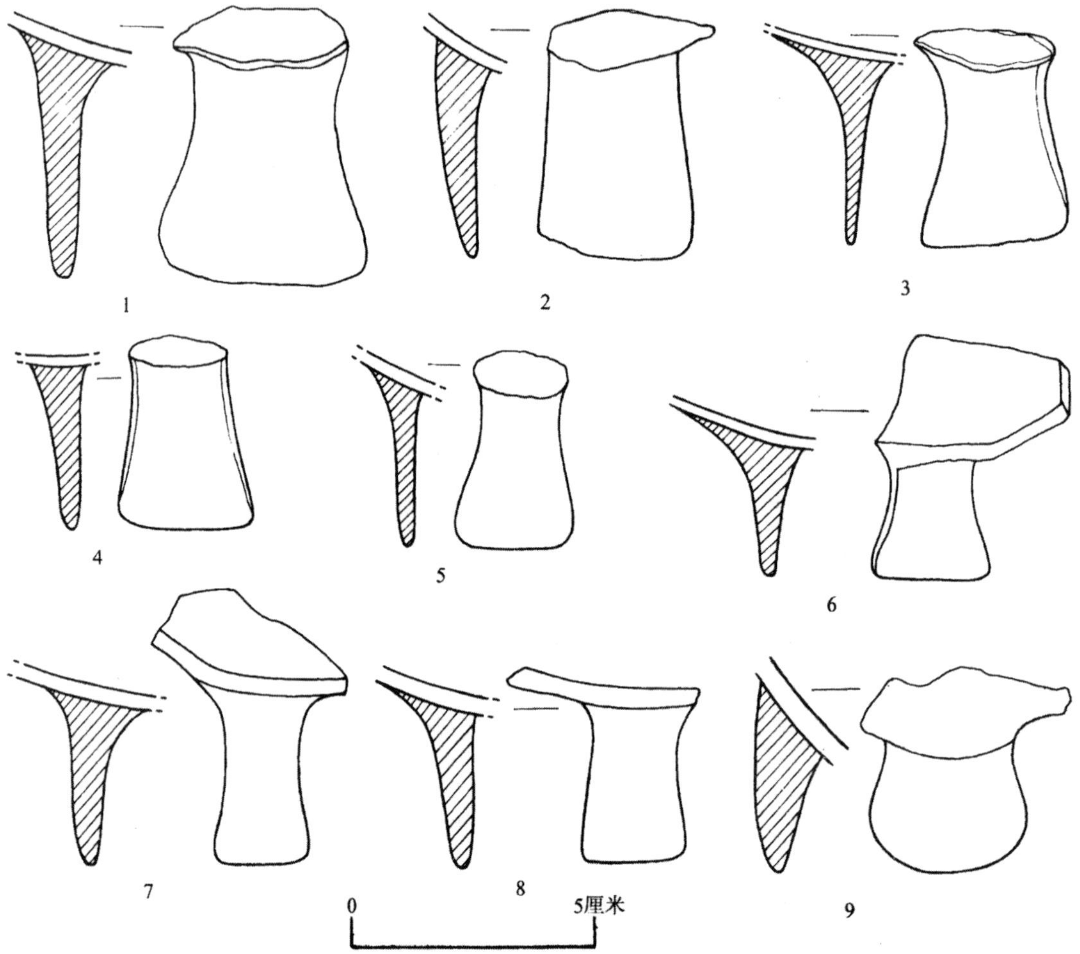

图二五一　陶三足钵足

1. A型Ⅰ式（T26③C：26）　2. A型Ⅰ式（T120③C：14）　3. A型Ⅱ式（H113：17）　4. A型Ⅱ式（H251：3）　5. A型Ⅲ式（T109③B：69）　6. A型Ⅲ式（H113：22）　7. A型Ⅲ式（H275：2）　8. A型Ⅲ式（T113③B：21）　9. F型（T102③B：37）

Ⅱ式：观察标本12件，器体稍小，高3.2～4.0厘米，下宽2.6～3.1厘米。标本H286：5，足端较钝（图版一〇九，4）。T101③B：41，足端较锐（图版一〇九，5）。H113：17（图二五一，3）。H251：3（图二五一，4）。

Ⅱ式:观察标本15件,器体较小,高2.4～3.3厘米,宽2～2.7厘米。标本H319:10,足端较宽,呈圆弧形(图版一〇九,6)。T109③B:69(图二五一,5)。H113:22(图二五一,6)。H275:2(图二五一,7)。T113③B:21(图二五一,8)。

B型:观察标本14件,器体稍大,呈凿形,横剖面呈椭圆形,足端呈刃状,依器体变化分四式(表三九):

表三九　B型三足钵足测量统计表　(单位:厘米)

标本号	式别	高	中宽	下宽	中厚
T31③C:14	Ⅰ	5	3.9	4.0	2.2
T114③C:19	Ⅰ	6.2	3.5	3.3	2.1
T108③:45	Ⅰ	5.6	3.2	3.4	残
H49:1	Ⅱ	4.6	3.5	3.8	1.9
H233:3	Ⅱ	5.6	3.0	3.6	2.1
T63④:3	Ⅱ	4.4	3.2	3.6	1.8
T120③B:15	Ⅱ	6	3.5	4.4	2.1
H28:65	Ⅲ	4.7	2.2	2.3	1.5
H143:3	Ⅲ	6.9	2.4	3.1	2.0
H145:4	Ⅲ	6.6	2.5	2.9	1.6
T18③:20	Ⅲ	5.8	2.4	2.7	1.8
T18③:21	Ⅲ	5.2	2.1	2.3	1.2
T101③:40	Ⅲ	3.8	1.9	2.2	1.3
T108③B:46	Ⅳ	5.3	2.4	2.6	1.0

Ⅰ式:3件。器体平面呈长方形。标本T31③C:14,器体稍宽短(图版一一〇,2)。T114③C:19,足端刃缘较锐(图二五二,1;图版一一〇,1)。

Ⅱ式:4件。器体下宽呈束腰状。标本T120③B:15,器体造型规整,下端刃缘较锐(图二五二,7;图版一一〇,3)。H233:3,下端刃缘较钝(图二五二,3)。

Ⅲ式:6件。器体较窄,平面长条形,足下端稍宽。标本H143:3,器表有刮痕(图二五二,5)。H145:4,器表有刮痕,刃缘较钝(图二五二,6)。T18③B:20(图版一一〇,4)。H28:65(图版一一〇,5)。

Ⅳ式:仅见1件(T108③B:46),器体较薄,足根部稍弯曲(图二五二,4;图版一一〇,6)。

C型:观察标本15件,圆锥状足。依形态变化分三式(表四〇):

Ⅰ式:4件。器体较粗大。标本H176:1,足尖圆钝(图二五二,8;图版一一〇,8)。T7③C:9(图版一一〇,7)。H33:16(图版一一〇,9)。

Ⅱ式:7件。器体较细,足端有一小斜平面。标本T103③B:46,器表有红衣,可见打磨痕(图二五二,9)。T9③B:6(图版一一一,1)。T4③B:14(图版一一一,2)。

Ⅲ式:4件。器体稍长,足下端稍向外撇。标本T103③B:47,足端较长(图二五二,10;图版一一一,3)。H54:9(图版一一一,4)。

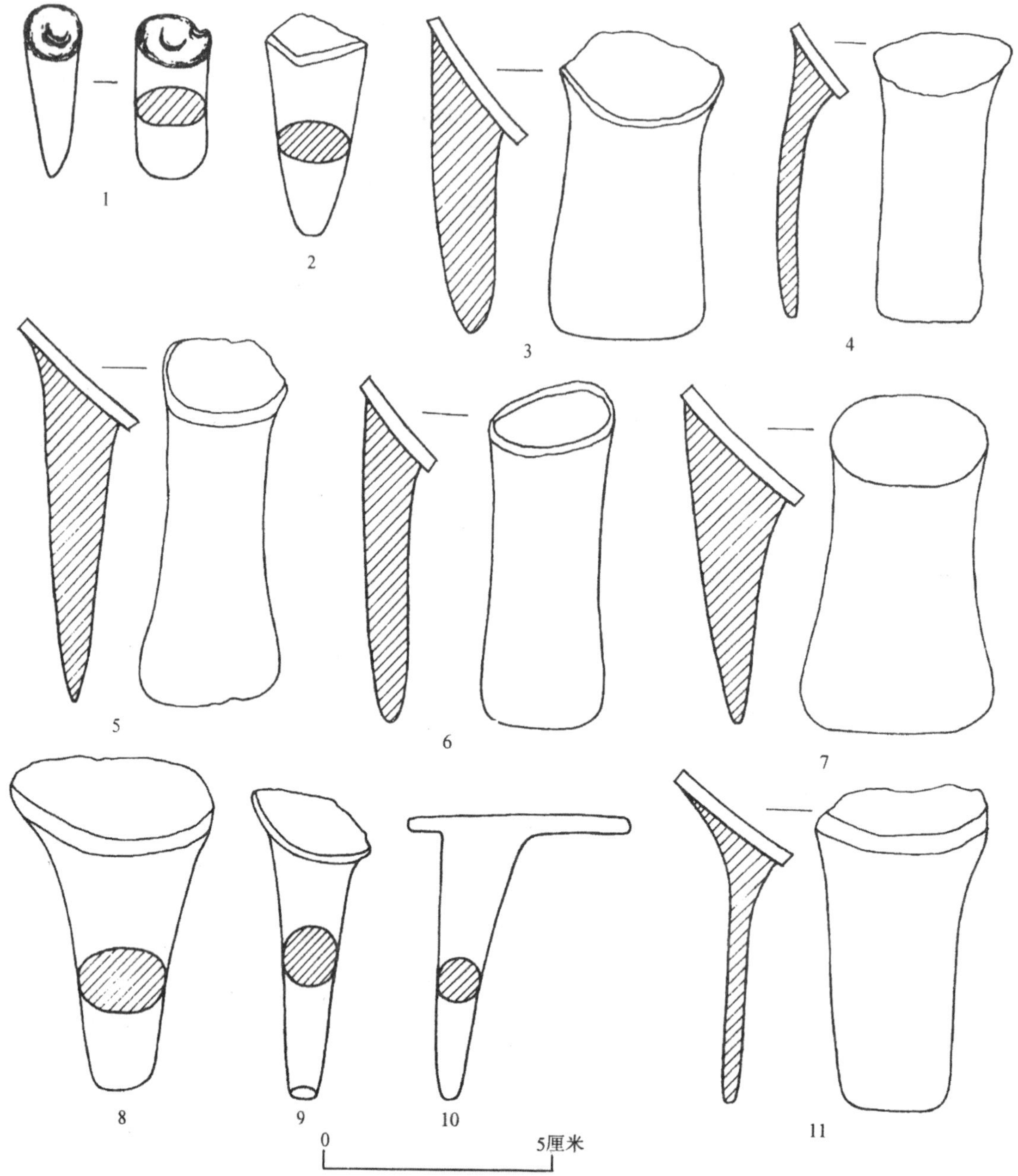

图二五二　陶三足钵足

1.B型Ⅰ式(T114③C:19)　2.E型(T108③B:39)　3.B型Ⅱ式(H233:3)　4.B型Ⅳ式(T108③B:46)
5.B型Ⅲ式(H143:3)　6.B型Ⅲ式(H145:4)　7.B型Ⅱ式(T120③B:15)　8.C型Ⅰ式(H176:1)
9.C型Ⅱ式(T103③B:46)　10.C型Ⅲ式(T103③B:47)11.D型(T101③:43)

表四〇　C、D、E、F型三足钵足测量统计表　(单位:厘米)

标本号	式别	高	中径
H33:16	CⅠ	5.6	1.8～2.3
H176:1	CⅠ	5.4	2.1～2.5

续表四〇

标本号	式别	高	中径
T7㊳C：9	CⅠ	5.7	1.5～1.8
T4③：14	CⅡ	5.7	1.2
T103③：46	CⅡ	4.4	1.3
H95：12	CⅡ	4.5	1.6
T7③：11	CⅡ	2.9	1.4
T36③：8	CⅡ	3.8	1.4
T9③：6	CⅡ	4.7	1.3～1.5
H28：66	CⅡ	5.6	1.4
H54：9	CⅢ	4.5	1.2
T16③：6	CⅢ	6.5	1.3～1.5
T103③：47	CⅢ	6	1.3～1.5
T103③：51	CⅢ	3.2	1
T101㊳B：43	D	5.4	3.5
T108㊳B：39	E	4.3	2.6
T108㊳B：51	E	4	2.3
T102③：37	F	2.5	2.8
T18③：10	F	2.6	3

D型：仅见1件(T101㊳B：43)，平面呈倒梯形，上宽下窄，器体扁薄。高5.4厘米，宽3.5～2.1厘米，厚0.8厘米(图二五二，11；图版一一一，8)。

E型：仅见2件。标本T108㊳B：39，平剖面均呈近三角形，横剖面呈椭圆形。高4.3厘米，宽2.6～0.8厘米，厚1.3厘米(图二五二，2；图版一一一，7)。T108㊳B：51，高4厘米，宽2.3～0.7厘米，厚1.1厘米(图版一一一，9)。

F型：仅见2件。标本T102㊳B：37，平面呈舌形，纵剖呈三角形。高2.5厘米，宽2.8～3.2厘米，厚1.3厘米(图二五一，9；图版一一一，5)。T18㊳B：10，高2.6厘米，宽3～3.9厘米，厚1.8厘米(图版一一一，6)。

9. 盂

此器数量很少，直口，腹壁微外弧，小平底或近圜。皆夹砂红陶。标本H229：9，小平底，红衣鲜艳。打磨光滑(图版一一二，5)。T21㊳C：17，夹砂红褐陶，素面，底近圜(图二四八，5；图版一一二，4)。H203：1，尖唇缘内敛，圆肩，斜壁，深腹，小平底，泥质红陶，器表施红衣并磨光(图二四八，6；图版一一二，6)。

10. 勺

勺发现很少，仅见2件，均残。标本T7㊳B：2，泥质红陶，把残，勺身残长9厘米，残宽5.5厘米，残高3厘米，壁厚0.4～0.7厘米，底厚1厘米(图二五三，6)。H19：19，夹砂红褐陶，仅残存一把，把长12.5厘米，宽3.5～7.2厘米(图二五三，5；图版一一三，8)。

11. 碗与碗底

(1) 碗。此类器物残片很多，但复原很少，仅8件，共同特征是敞口斜壁，圈足或假圈足，皆泥

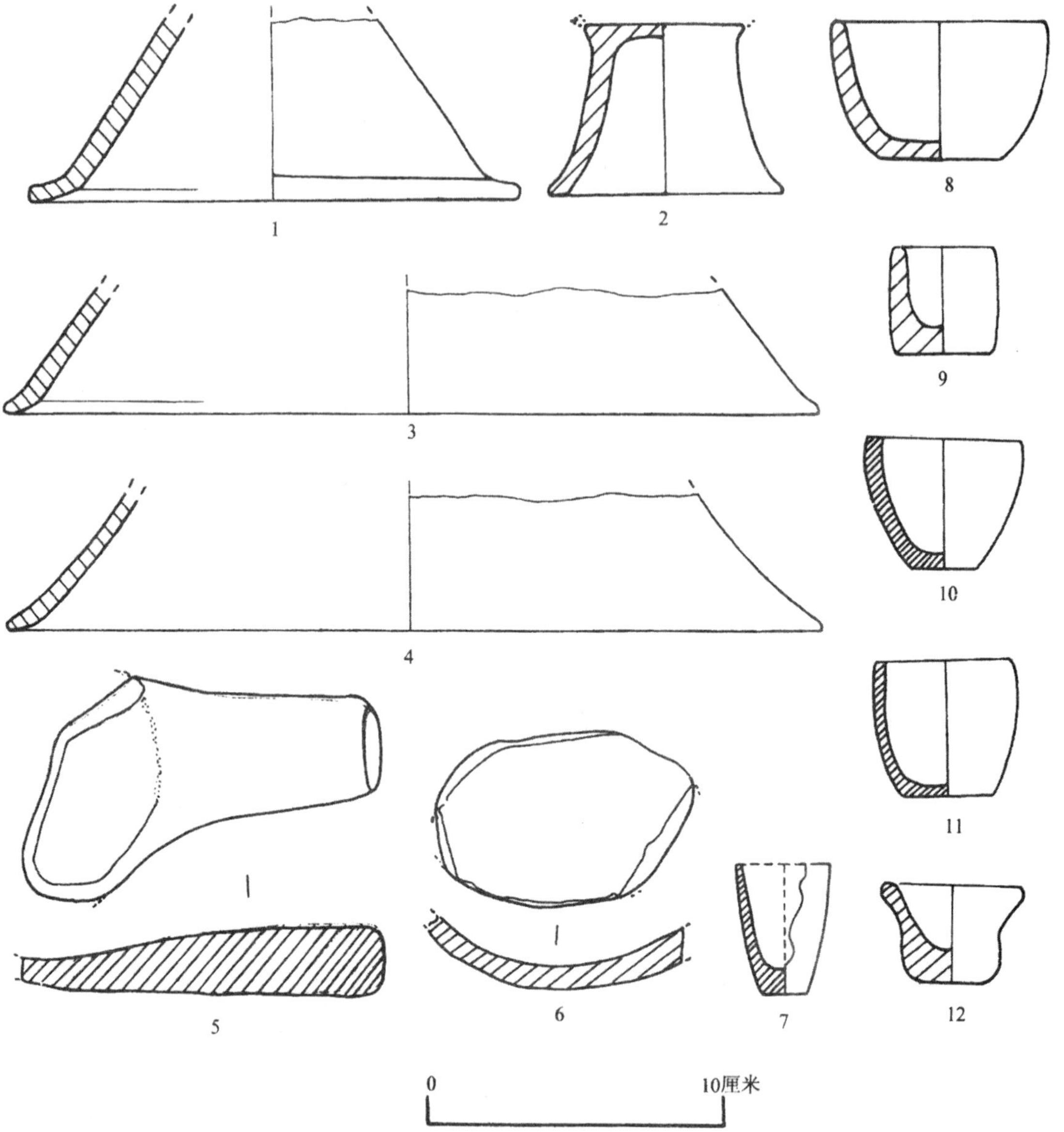

图二五三 陶器盖、勺、杯

1. Ⅰ式器盖(T101③C:23) 2. 圈足(H95:11) 3. Ⅰ式器盖(T108③B:28) 4. Ⅱ式器盖(H19:36) 5. 勺(H19:19) 6. 勺(T7③B:2) 7. C型杯(M259:2) 8. A型杯(H383:12) 9. A型杯(H108:9) 10. A型杯(T113③C:2) 11. A型杯(M342:4) 12. B型杯(H108:6)

质陶,陶色有红、灰、黑几种,其成型亦为扣置泥条盘筑,成型后贴附泥饼或泥圈成假圈足或圈足,然后再对器体进行施陶衣并对内外壁打磨光滑。有的器表饰竖划纹。此类器物发现于中晚期,其圈足和假圈足的作风在早期未见,可能与中期的圈足罐的出现有关,此类器物形态较为复杂,可大体分为四型:

A型:数量最多,敞口,斜壁,圜底,圈足或假圈足,依器体变化分三式:

Ⅰ式:器体瘦高,腹较深,圈足较高。标本T34③C:8,泥质红陶,红衣磨光(图二五四,1;图版一一四,1)。

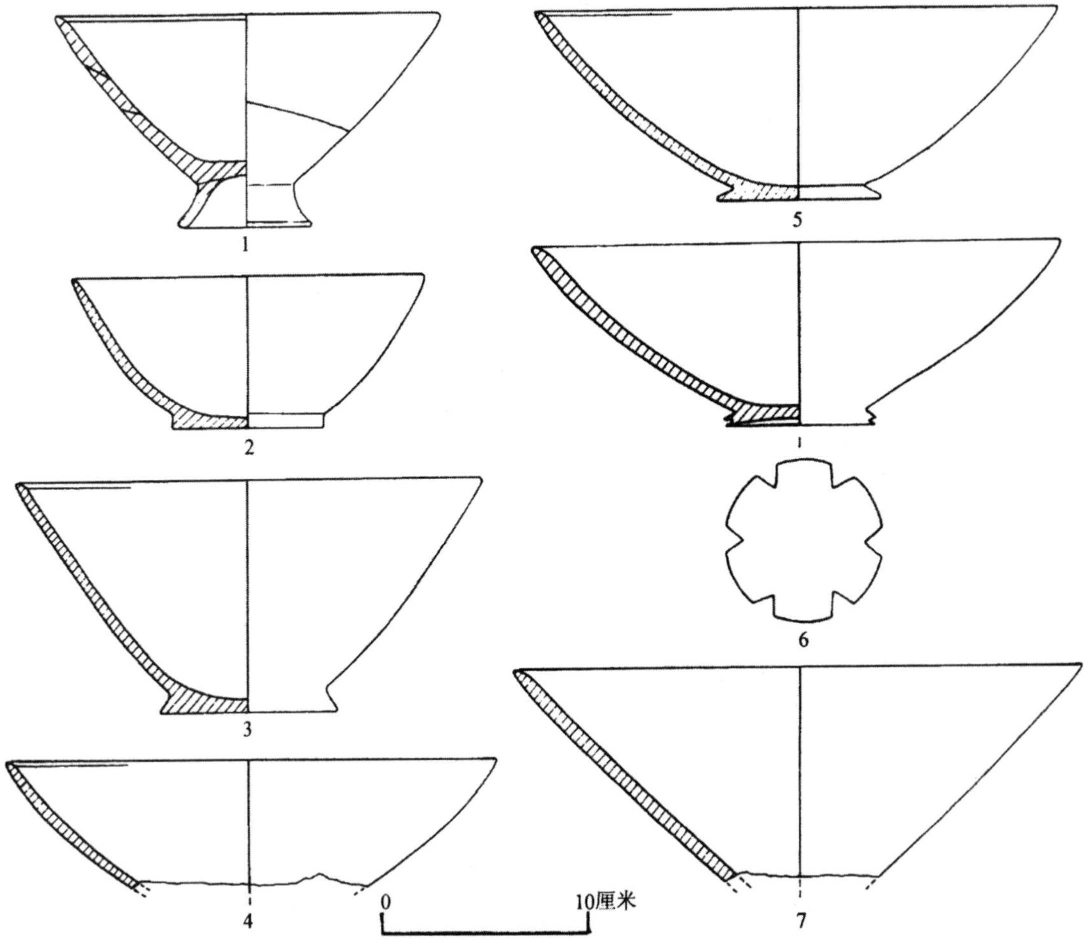

图二五四　陶碗

1. A型Ⅰ式(T34③C：8)　2. A型Ⅱ式(T109③B：7)　3. A型Ⅱ式(T34③B：5)　4. A型Ⅱ式(H27：4)
5. A型Ⅱ式(H27：1)　6. A型Ⅲ式(H102：16)　7. A型Ⅲ式(H67：4)

Ⅱ式：器体容积增加，假圈足。标本T34③B：5，泥质红陶，红衣，素面(图二五四，3；图版一一四，2)。T109③B：7，壁微弧，假圈足，泥质红陶，但仅器表红色，器里和陶胎灰色，口沿部位内外俱灰，形成"灰顶"碗(图二五四，2；图版一一四，5)。H27：1，泥质磨光黑陶，假圈足周边有对称四个缺口(图二五四，5；图版一一四，4)。H27：4，泥质黑陶，素面(图二五四，4)。

Ⅲ式：浅腹斜壁，假圈足周边呈齿牙状。多泥质磨光黑陶。标本H67：4，泥质黑陶，内外壁均磨光，在残破处边缘见有一未穿透器壁的缀合孔(图二五四，7)。H102：16，泥质磨光陶，内黑外灰，唇沿内侧稍加厚，假圈足周边有对称六个缺口(图二五四，6；图版一一四，3)。

B型：标本数量也较多，尖唇，敞口斜壁，圜底近平，假圈足，器表饰细划纹。依器体变化分二式：

Ⅰ式：唇沿外侈，斜壁反弧内收，泥质红陶。标本H35：17，器表横饰较细的划纹(图二五五，1)。H69：6，器表先饰横划纹，然后器壁再饰竖划纹，器表和内壁口沿部位红色，以下为灰色。

Ⅱ式：壁斜直，泥质红陶。标本T33③B：8，器表通体饰乱而细的横划纹，唯近底部饰竖划纹，

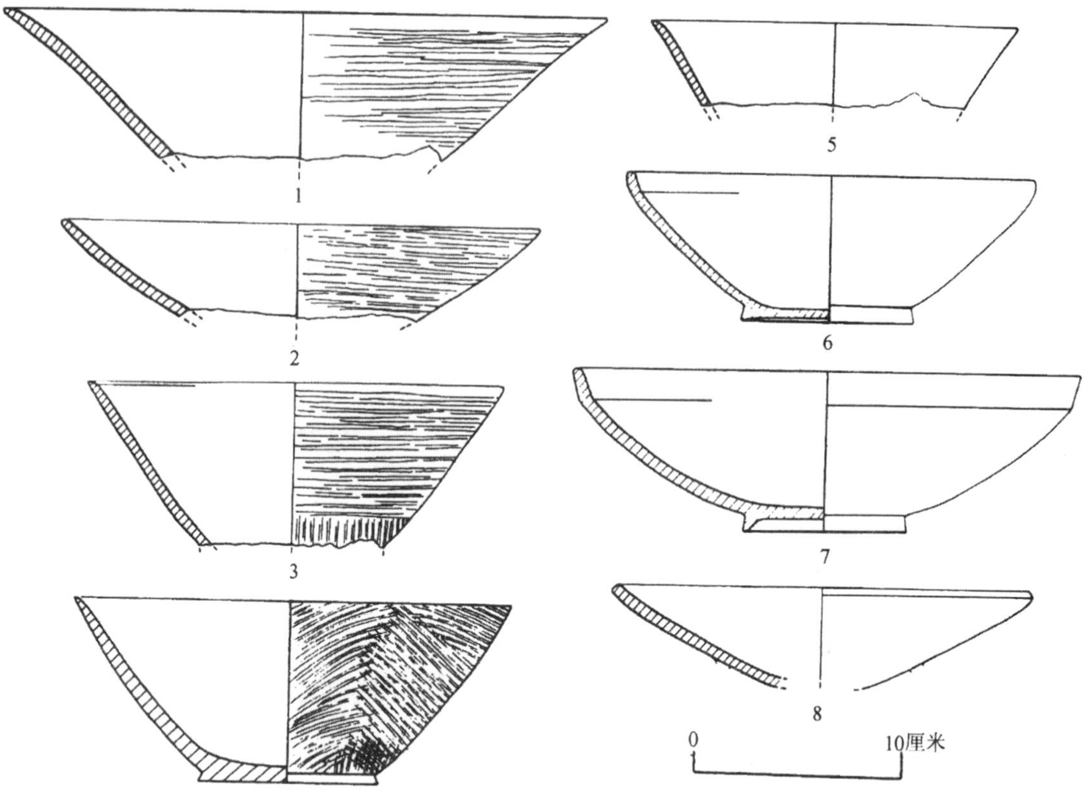

图二五五　陶碗

1. B型Ⅰ式(H35：17)　2. B型Ⅱ式(T34③B：17)　3. B型Ⅱ式(T33③B：8)　4. B型Ⅱ式(H75：3)
5. B型Ⅱ式(H209：4)　6. C型Ⅰ式(H209：1)　7. C型Ⅱ式(H58：1)　8. D型(H60：3)

圈足残，器表陶衣较厚呈层状脱落(图二五五，3；图版一一二，7)。标本 H75：3，腹饰较粗且交错的篦划纹，假圈足较矮，内底平(图二五五，4)。H209：4，器表先横饰密密的细划纹，再分组竖饰细划纹，每组五个篦齿(图二五五，5)。T34③B：17，器表密饰横向篦纹(图二五五，2)。

C 型：标本很少，直口折肩，斜壁，浅腹，平底近圜或圜底，矮圈足，泥质红衣灰心磨光陶。依器体变化分二式：

Ⅰ式：口腹转折圆钝，平底近圜。标本 H209：1，只在底周附加一圈泥条，捏出象征性的矮圈足(图二五五，6)。

Ⅱ式：口腹转折折棱明显。圜底。标本 H58：1，底周一圈泥条捏成矮圈足，器外壁有许多黑斑，内壁呈黑色(图二五五，7；图版一一四，6)。

D 型：仅见 2 件。标本 H60：3，方唇缘内敛，似 AⅢ式方口盆，壁斜直，腹很浅，圜底，圈足脱落，其部位可见附加圈足时的划痕(图二五五，8)。

(2) 碗底。数量较多，均泥质陶，以红色为主，少量呈红褐色，部分器物内壁呈黑色，可能内烧后渗透而形成。依其形态不同分三型：

A 型：假圈足，数量最多，依成型工艺不同分两亚型：

Aa 型：均在一圆形泥饼上起正筑泥片或泥条成型，因之器体普遍较薄，以素面为主，少量底面有席纹、划纹、网绳纹或指甲纹。标本 T109③B：68，内圜底，泥质红陶，内外皆红，陶衣脱落，素

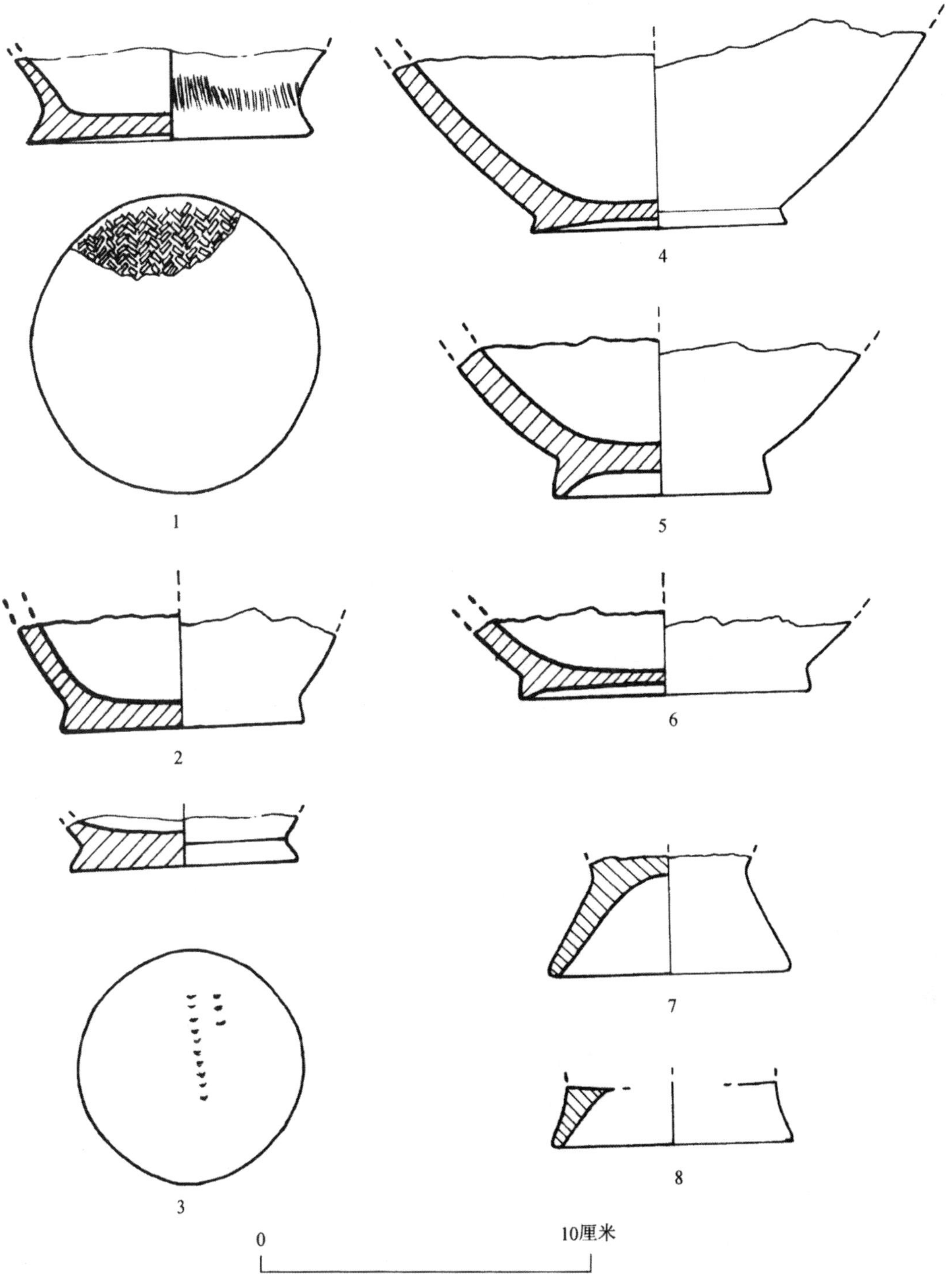

图二五六　陶碗底

1. Aa 型(H36：4)　2. Aa 型(T109③B：68)　3. Ab 型(T108③：42)　4. Ba 型(H54：7)
5. Bb 型(H228：6)　6. Bb 型(H236：7)　7. Cb 型(T113③B：4)　8. Cb 型(T109③：64)

面，底部有稻壳印痕(图二五六，2)。H36：4，泥质红陶，内平底，底外面满布人字形席纹印痕，器外壁饰细密竖划纹(图二五六，1)。

Ab 型：为器体倒筑成型后，在底上附加一圆形泥饼形成，因之器体普遍较厚。标本 T108③：42，应为泥条圈筑，内圜底，底附加一圆泥饼，底中间厚 1.5 厘米，底面有两排指甲形细密戳刺纹，内外皆红色（图二五六，3）。

B 型：矮圈足，足高不超过 1 厘米，系倒筑法使器体成型后，在圜底周围加一泥圈，形成一很低矮的圈足。均泥质红陶，依其形态不同分两亚型：

Ba 型：底周附加一周泥片，边缘较厚，向底中间渐薄，中间部位无附加泥片，因之底周不起棱，底面上凹，形成半矮圈足。标本 H54：7，内底呈深灰色，系窑外渗炭所致（图二五六，4）。H232：7（图版一一二，2）。

Bb 型：底周附加一周泥条，并在泥条内外加泥使之附着牢固，因之底周呈棱状，底面平。标本 H236：7，圈足内侧呈斜坡状，但底周明显为立置泥条，底面平，内底呈灰色，亦为窑外渗炭所致，底侧在烧前两面对钻一圆孔（图二五六，6）。H28：63，底周立置一圈泥条，高 0.8 厘米，厚 0.7 厘米。形成矮圈足，内外均红色（图版一一二，1）。H228：6，底周立置窄泥条呈喇叭状外斜，外表红色，内底为磨光黑陶，也应为窑外渗炭的结果（图二五六，5）。

C 型：高圈足，均系在碗坯倒筑成型后，在圜底一周立置一泥圈，形成较高圈足，足高在 1 厘米以上，最高达 3.4 厘米。依圈足的大小和形态不同也分二亚型：

Ca 型：圈足口径较大，圈足近直或向外斜。标本 H19：45，圈足向外斜，径 11 厘米，外底一半红色，一半红褐色，内底磨光黑陶，也应为窑外渗炭的结果（图版一一二，3）。

Cb 型：圈足口径较小，均呈喇叭状外斜。标本 T113㉝：4，为脱落的圈足，口径 6.8 厘米，高 2.0 厘米，外表红褐色、器内壁黑色磨光，从残存器壁看仅厚 0.08 厘米，可见器体应相当精致（图二五六，7）。T109③：64，口径 7.4 厘米，高 1.8 厘米（图二五六，8）。

圈足：1 件（H95：11），器上部残，仅余喇叭形高圈足，裙边外凸，应为豆或圈足杯一类的圈足，泥质红褐陶，火候较高，口径 8 厘米，壁厚 0.8 厘米，残高 5.8 厘米（图二五三，2）。

12. 杯

发现数量较少，仅 10 件，测量标本 8 件，大体可分为实用器和玩具、明器三类。均为手捏而成，大多制作粗糙。依形体特征分三型（表四一）：

表四一　陶杯登记表　（单位：厘米）

器号	型别	口径	腹径	底径	壁厚	通高
H383：12	A	5.2	6.2	4.2	0.6	5.1
T113㉞：2	A	5.3	5.2	2.4	0.7	4.2
M342：4	A	4.2	4.7	3.0	0.6	4.2
H108：9	A	3.6	3.6	3.0	0.8	3.5
H172：3	A	4		2.7	0.8	3.1
H108：2	A	6			0.7	3.8
H108：6	B	4.3～4.6	4.0	3.4	0.8	3.4
M259：2	C	4		1.7	0.5	4.2

A 型：6 件。直口或微敛，直壁或微弧，平底，胎较厚，有泥质红陶和夹砂褐陶两种，泥质陶多属玩具类。标本 H383：12，圆唇，壁微弧，夹砂褐陶（图二五三，8）。T113㉞：2，方唇，夹砂红陶（图二五三，10；图版九九，6）。M342：4，尖唇，口微敛，泥质红陶（图二五三，11；图版九九，5）。

H108：9(图二五三,9)。

B型:2件。敞口斜壁圜底,假圈足,泥质红陶。标本H108：6,捏制粗糙,不规整,似玩具(图二五三,12;图版一〇七,5)。

C型:2件。M259：2,敞口斜壁,深腹小平底,泥质红陶,似属明器,捏制粗糙不规整,外壁有竖刮痕(图二五三,7)。

13. 器盖

数量不多,斜壁平沿,无可复原者,夹砂、夹炭褐陶或红褐陶。依口沿变化分两式:

Ⅰ式:沿、壁间有明显转折,折平沿。标本T101㉝：23,夹炭褐陶,内壁红褐色(图二五三,1)。T109㉛：28,夹砂陶,器表红褐色,器里黑色,内外皆磨光,火候较高(图二五三,3)。

Ⅱ式:沿与壁间无明显转折,夹砂红褐陶或褐陶。标本H19：36,夹砂红褐陶,口沿黑色并磨光(图二五三,4)。

(二)非容器类

1. 支脚

残片数量很多,大多为夹砂陶,也有少量泥质陶。观察标本174件,大体可分为三类:一为兽头形、一为独角形、一为泥墩形。皆为支撑炊器之用,器身皆有烧烤痕,有的烧成灰白色。依器形不同分七型:

A型:兽头形,残片很多,观察标本85件,仅复原1件。皆为夹砂红或红褐陶,羼砂粒大多数较粗。有的饰陶衣。双角为实心,角端面斜平,向后倾斜,角正面饰叶脉状划纹。顶部中空,胎壁很厚,表面饰横、竖、斜划纹或戳刺圆坑点纹。划纹以四、五、六条一组者为多,也有七、八条一组者,个别为二或三条一组,未见其它例子。在角下方两侧有圆孔,似耳朵,孔周附加环状泥饼,其上多刺出密集的圆坑点纹。下部中空,胎壁很厚,下沿面平齐,个别压印绳纹。器表有横、斜、竖划纹,有的戳刺坑点纹和划纹并施。划纹的构成一般成组布局,先划竖线,在其两侧直线或斜线,多呈叶脉状。标本H9：2,夹粗砂红陶,饰黄色陶衣,双角表面为叶脉状划纹,背面为横划纹,此器正面剥蚀严重,通高17厘米,下口直径11.4～16.2厘米(图二五七,3;图版一一五：1)。H383：6,为一下部残块,上连一耳孔,夹粗砂红陶,有很薄陶衣,外饰横划纹,内有手抹痕(图二五七,10)。T105㉝：2,夹砂红陶,器表可见四组横划纹,下沿面压饰斜绳纹T103㉝：40,夹砂红陶,叶脉状划纹。H320：2,夹砂褐陶,为一角根和右耳部位,表面有斜划纹,耳孔周围和表面各戳刺出两周小圆孔(图版一一六,5)。H112：21,夹砂红褐陶,为一正面及左耳部位,器表划纹可见三行,右侧一行八条一组可见三组,中间一行完整者两组,一组六条,一组七条,左侧一行完整的一组为六条(图版一一六,7)。T31㉝：5:为一面部残块,有横"八"字形斜划纹两组,一组七条,一组四条(图二五七,8)。H330：6,夹砂红陶,耳面刺两周圆孔,周边缘处理成花边状(图二五七,4)。H156：6,耳周划成花边状(图二五七,6)。T67⑤：4,夹砂红陶残断的角中部,正面有叶脉状划纹(图二五七：1;图版一一六,2)。H221：3,夹砂红陶,残断的角顶端,端面呈圆角方形,正、侧面各有一竖划纹(图二五七,5;图版一一六,3)。H88：3,夹砂红褐陶,残断的角顶端,端面呈圆形,正、侧面均有叶脉状划纹(图二五七,2;图版一一六,4)。H19：10(图二五七,7)。T101㉝：30(图二五七,9)。H35：5(图版一一六,1)。H19：9(图版一一六,6)(表四二)。

图二五七　A 型陶支脚

1.T67⑤:4　2.H88:3　3.H9:2　4.H330:6　5.H221:3　6.H156:6
7.H19:10　8.T31③C:5　9.T101③C:30　10.H383:6

表四二　支脚划纹分组统计表(以组为单位)

二条一组	三条一组	四条一组	五条一组	六条一组	七条一组	八条一组	不完整	合计
1	2	22	17	10	8	6	65	131

B 型:独角形,实心,平底,角座两侧有穿孔或凹窝,有的有竖凹槽。量较少,观察标本 12 件,皆泥质红陶,个别红褐色,均经长期烧烤,质地疏松。标本 H189:3,基座残半,凹窝呈上下扁椭圆

形(图二五八,1;图版一一五,3)。H208:4,部分残基座,中横穿圆孔(图二五八,3)。H208:3,部分残基座,有横椭圆形凹窝(图二五八,5)。H172:1,部分残基座,呈鞋楦形,两侧穿大圆孔相通,底不平,角部残,从底部看,为两块泥挤合而成(图二五八,4;图版一一五,2)。H222:3,泥质红褐陶,尖部稍残,素面,器体很小(图二五八,2;图版一一七,1)。

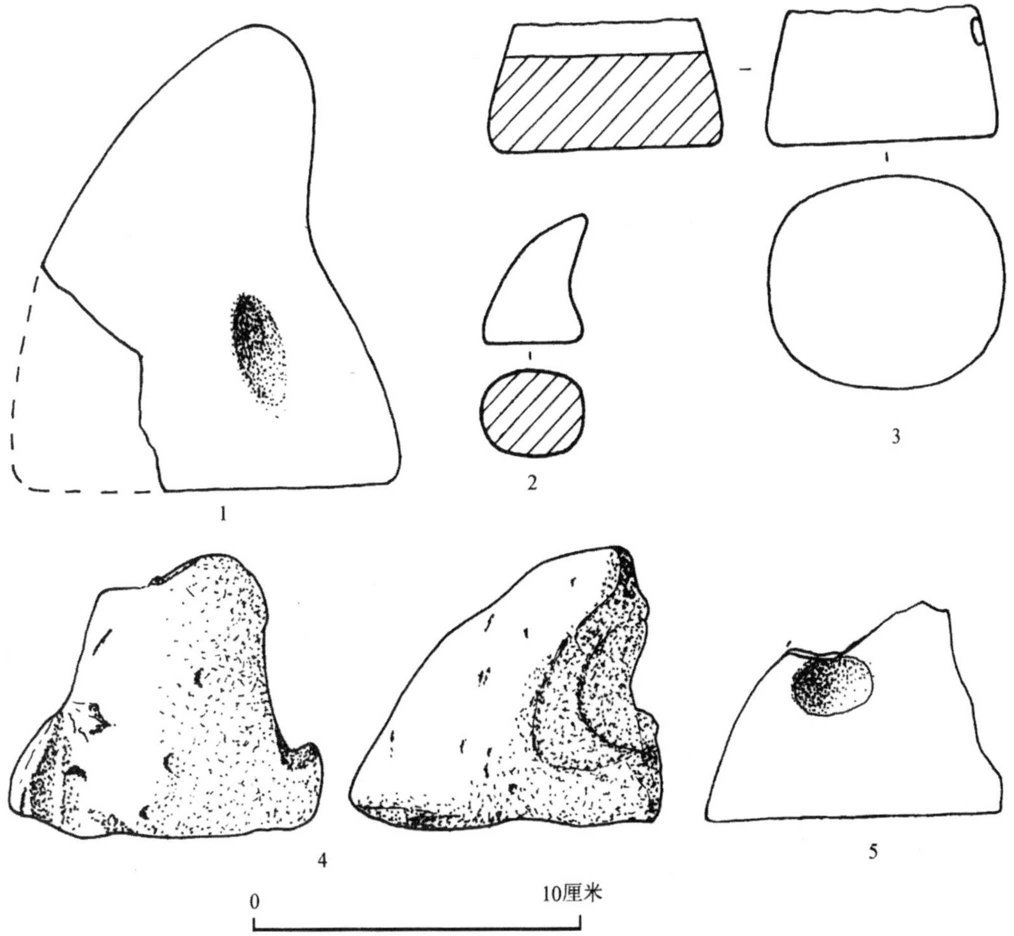

图二五八　B型陶支脚

1. H189:3　2. H222:3　3. H208:4　4. H172:1　5. H208:3

C型:数量很多,观察标本60件。网坠形,底面平,顶面稍倾斜,大多夹砂红陶,个别红褐色。多素面,少数饰戳刺圆形坑点纹。均有长期烧烤痕,器表多呈灰白色。依器体特征分三亚型:

Ca型:圆泥墩形,中间束腰,两端周边较突出,观察标本43件。标本H187:4,夹砂红褐陶,素面,顶、底皆平(图版一一七,3)。H112:19,素面,顶面稍斜(图版一一七,9)。H156:1,素面,火候较高,很坚硬(图版一一七,8)。T109③C:34,器表有较零乱的指甲掐痕(图二五九,5)。H115:6,器身压饰斜行条形纹(图二五九,1)。H110:2,顶面戳刺六周圆坑点纹(图二五九,2)。T68④:9,周身竖行斜刺出十四行坑点纹(图二五九,4;图版一一七,6)。标本H304:7,顶、底各戳刺一周圆坑点纹,器身有五组斜行交叉圆点纹(图二五九,3)。T101③B:6,周身捏出上、下两周鸟喙纹(图二五九,6;图版一一七,5)。H29:5,夹砂红陶,器表烧成灰白色(图版一一七,7)。T20③:6,器周和顶面刺出小圆坑窝组成的图案(图版一一七,4)。T108③B:5(图版一一七,2)。

图二五九　C 型陶支脚

1. Ca 型(H115：6)　2. Ca 型(H110：2)　3. Ca 型(H304：7)　4. Ca 型(T68④：9)　5. Ca 型(T109③C：34)
6. Ca 型(T101③B：6)　7. Cb 型(T102③B：10)　8. Cb 型(H146：6)　9. Cb 型(M235：1)
10. Cb 型(H157：1)　11. Cb 型(T108③B：53)　12. Cc 型(T67⑤：3)　13. Cc 型(H234：2)

Cb 型：与 Ca 形体同，唯中间均竖穿圆孔。13 件。标本 H146：6，素面(图二五九，8)。H157：1，顶、底面边缘各戳刺一周小圆点纹(图二五九，10)。T108③B：53，周身戳刺六周小圆点纹，顶面微凹(图二五九，11)。T13③B：2，周身满饰斜行戳刺坑点纹(图版一一三，4)。T102③B：10，周身戳刺五周小圆坑点纹(图二五九,7;图版一一三,5)。M235∶1,顶、底面和周身各两周戳刺圆点纹(图二五九,9;图版一一三,1)。

Cc 型:中间呈圆柱状,顶、底两周边凸出,呈菌状,实心无中孔。仅见 4 件。夹砂红陶,素面。H234∶2,顶面稍倾斜(图二五九,13;图版一一三,3)。T67⑤∶3,顶、底皆平(图二五九,12;图版一一三,2)。

D 型:圆柱状,发现 13 件。绝大多数为夹砂红或红褐陶,个别泥质红陶。大多素面,个别饰戳刺圆点纹或细绳纹。标本 T108ⓈB∶54,夹砂红陶,一面微凹,一面有压印坑点纹(图二六〇,5)。H229∶17,夹砂红褐陶,周身滚压细绳纹(图二六〇,2)。T69⑤∶2,夹砂红陶,周身用戳刺圆点纹组成图案(图二六〇,1)。

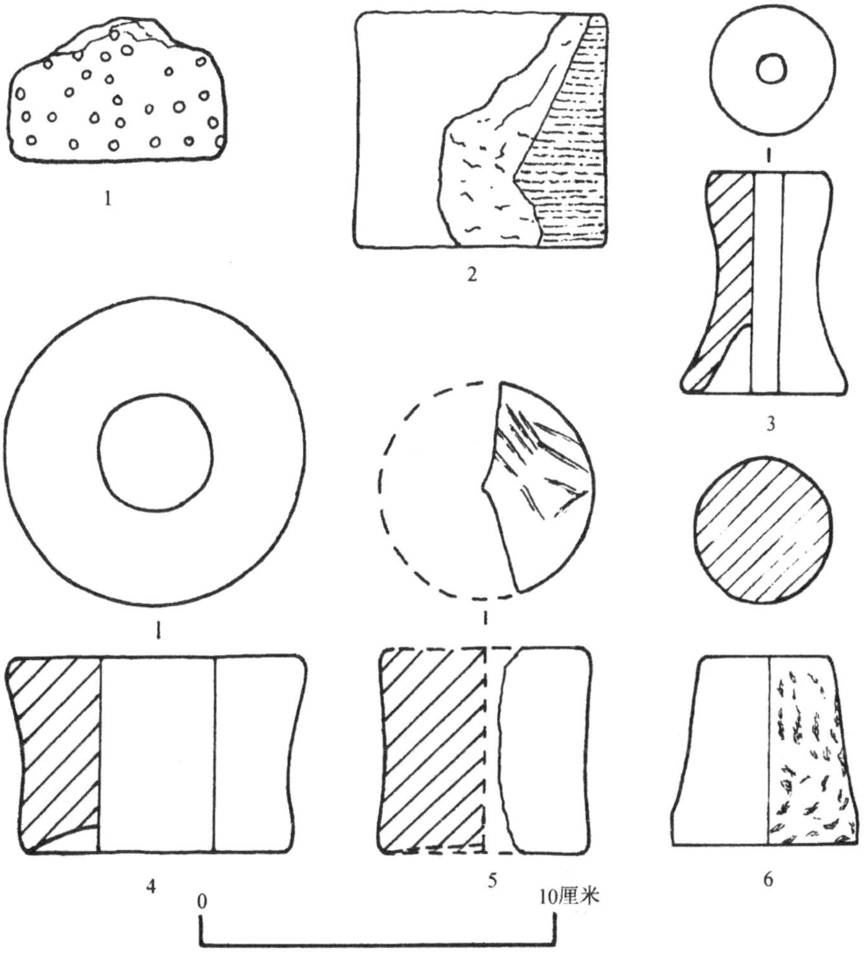

图二六〇 陶支脚

1. D 型(T69⑤∶2) 2. D 型(H229∶17) 3. F 型(H187∶26) 4. E 型(H112∶17) 5. D 型(T108ⓈB∶54) 6. G 型(H187∶5)

E 型:1 件(H112∶17),夹砂红褐陶。素面,中空,底面平,顶面下凹,周身有烧烤痕(图二六〇,4;图版一一三,7)。

F 型:2 件。标本 H187∶26,夹砂红褐陶,素面,较细,中间有圆穿孔,底面平,顶面似容器,残

(图二六〇,3)。

G 型:1 件(H187:5),上小下大呈圆柱梯形,夹砂、夹炭红陶,素面,两端面均被烧成紫褐色(图二六〇,6;图版一一三,6)。

2. 网坠

发现不多,皆为夹云母片和滑石粉的圆锥状残鼎足改制,有穿孔式和刻槽式两种,可分为四型(表四三):

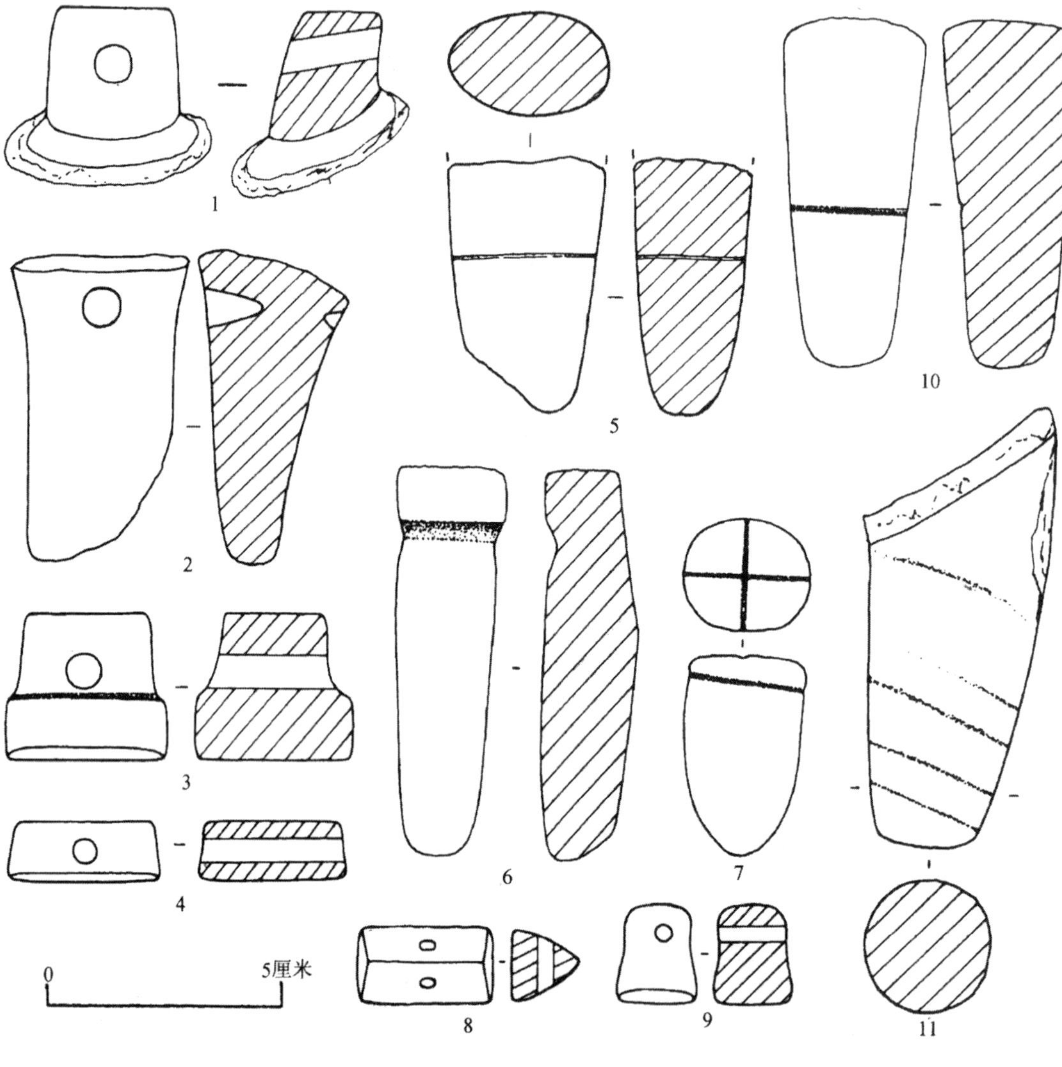

图二六一 陶网坠、垂球

1. Aa 型网坠(H393:1) 2. Ab 型网坠(H125:4) 3. Aa 型网坠(T103③B:10) 4. Aa 型网坠(H393:2) 5. Ba 型网坠(T104③B:19) 6. Ba 型网坠(T108③B:20) 7. E 型垂球(T108③B:2) 8. C 型网坠(T22③B:3) 9. Ab 型网坠(H28:70) 10. Ba 型网坠(M18:3) 11. Bb 型网坠(T108③C:34)

A 型:16 件。穿孔式,大多磨修规整,又可分两亚型:

Aa:11 件。皆为鼎足根部改制,经改制修磨成二层台形,横穿圆孔。标本 T103③B:10,最重达

38 克(图二六一,3)。T108③B：21,修磨规整,重 33 克(图版一一八,1)。H393：1,根部带鼎腹片最多,下面磨成陶拍状(图二六一,1;图版一一八,5)。H393：2,一夹云母陶鼎足根部,磨成扁薄梯形后横穿孔(图二六一,4;图版一一,八,4)。T103③B：11(图版一一八,3)。T108③B：50(图版一一八,6)。T108③B：13(图版一一八,7)。T103③B：8,(图版一一八,2)。

Ab 型:5 件。残鼎足中部修磨成圆柱梯形,上端横穿圆孔。标本 H28：70,器体很小,稍残,重约 6 克(图二六一,9)。T21③B：10,磨制不太规整,中穿孔(图版一一八,12)。H125：4,残鼎足两端尚未磨,鼎足根部孔尚未钻透,夹炭红衣陶(图二六一,2;图版一一八,11)。

B 型:10 件。刻槽式,大多两端均磨圆。也可分两亚型:

Ba 型:9 件。器体中间或偏向一侧刻一周凹槽。标本 T68④：12,器体中间一周凹槽,修磨规整,重 70 克(图版一一八,8)。T103③B：34,中间一周凹槽刻痕较深,近足尖端还有一周较浅刻线,重 75 克(图版一一八,14)。T108③B：20,近足根部一周凹槽经刻削,较宽,重 43 克(图二六一,6;图版一一九,4)。M18：3,一夹砂红褐陶,圆锥状鼎足,根部锯断后,在中间刻一周凹槽(图二六一,10;图版一一八,10)。T104③B：19,夹云母红褐陶,椭圆形锥状鼎足,残断后在中间刻一周凹槽(图二六一,5;图版一一八,9)。T109③C：49(图版一一八,13)。

Bb 型:仅 1 件(T108③C：34),器身刻二周螺旋形刻纹,从足尖一直盘旋至足根部,重 112 克(图二六一,11)。

C 型:仅 1 件(T22③B：3),三角体,中间偏上部横穿圆孔,磨制精致。重 6.5 克,长 2.76 厘米,底边宽 1.48 厘米,高 1.53 厘米,孔径 0.35 厘米(图二六一,8;图版一一九,6)。

D 型:1 件(H123：10),在残夹云母红陶鼎足近足尖端一侧,挖出一较深的沟槽,沟槽底部有绑缚痕,足根端磨圆,显然也曾作网坠使用过,重 180 克。

3. 垂球

仅见 1 件(T108③B：2),一夹云母红陶残鼎足被磨成圆锥体,一端磨成钝尖,一端磨成平面,上有十字形刻槽,近平面端刻一周凹槽,可做测量用的垂球,也可做网坠或戳记用,直径 2.44～2.65 厘米,高 3.82 厘米,重 27 克(图二六一,7;图一七〇,4;图版一一九,7)。

表四三　网坠重量统计表　（单位:克）

器号	型式	重量	备注
T103③B：10	Aa	38	
T108③B：21	Aa	33	
H393：1	Aa	36	
T108③B：13	Aa	22	
T103③B：11	Aa	25	
H393：2	Aa	16	
T108③B：50	Aa	25.5	
T104③B：16	Aa	18.5	
T103③B：8	Aa	16	
T103③B：18	Aa	12	
T103③B：26	Aa		残半
T103③B：7	Ab	28	

续表四三

器号	型式	重量	备注
H28：70	Ab	6	
T21③B：10	Ab	27	
T18③：9	Ab		残半
H125：4	Ab		半成品
T68④：12	Ba	70	
T108③B：20	Ba	43	
T103③B：36	Ba	44	
M18：3	Ba	58	
T114③C：9	Ba	30	
T101③B：26	Ba	73	
T109③C：49	Ba	>16	稍残
T104③B：19	Ba	37	
T103③B：34	Ba	75	
T108③C：34	Bb	112	
T22③：3	C	6.5	
H123：10	D	180	

4. 陶弹丸

仅发现5件。特意烧制而成，有的很圆，有的呈扁圆形。标本T18③B：3，泥质红陶，火候很高，很圆而规整，直径2.1～2.2厘米（图版一一九，10）。T4③C：7，夹细砂黑陶，火候很高，但圆度不太规整，直径2.1～2.3厘米（图版一一九，8）。H55：1，泥质红陶，火候不高，扁圆形，长径1.9～2厘米，短径1.4～1.5厘米（图版一一九，9）。

5. 陶锉

发现陶锉58件，均残，基本完整者仅3件。共同特征是中间宽，一头近尖，一头圆弧形，平面略呈梭形，器表满饰大小不等的坑点纹，大的坑点直径约0.2厘米，小的很细，呈不规则麻丝状。陶系有夹炭红皮陶和泥质红褐陶两种，依横剖面特征不同分两型：

A型：数量较大。达54件。大部复原3件，横剖面呈椭圆形。标本H28：29，泥质红陶，一端尖稍残，器表坑点密集，残长18.0厘米，中宽4.6厘米，厚2.8厘米（图版一二〇，6）。T32③B：1，夹炭红皮陶，一端尖稍残，器表坑点细而乱，呈麻丝状，残长17.0厘米，中宽3.3厘米，厚1.5厘米（图二六二，1；图版一二〇，5）。H28：6，夹炭红衣陶，一端残半，器表坑点纹稍细，残长14厘米，中宽3.3厘米，厚1.8厘米（图版一二〇，7）。H249：2，残存的一端呈圆弧状，残长7.5厘米，厚2厘米（图二六二，4；图版一二〇，2）。M370：5，夹炭红衣陶，器表坑点粗而稀疏，残长10厘米，中宽5厘米，厚1.8厘米（图二六二，2）。H28：21，残半（图版一二〇，4）。

B型：仅4件。残，横剖面呈圆角方型。标本T103③B：21，夹炭红衣陶，中残，器表坑点纹较粗疏，残长10厘米，宽3.7厘米，厚2厘米（图版一二〇，1）。H45：1，泥质红陶，火候较高，器表坑点密而乱，残长 5.6 厘米，中宽 3.3 厘米，厚 2.2 厘米（图二六二，3；图版一二〇，3）。

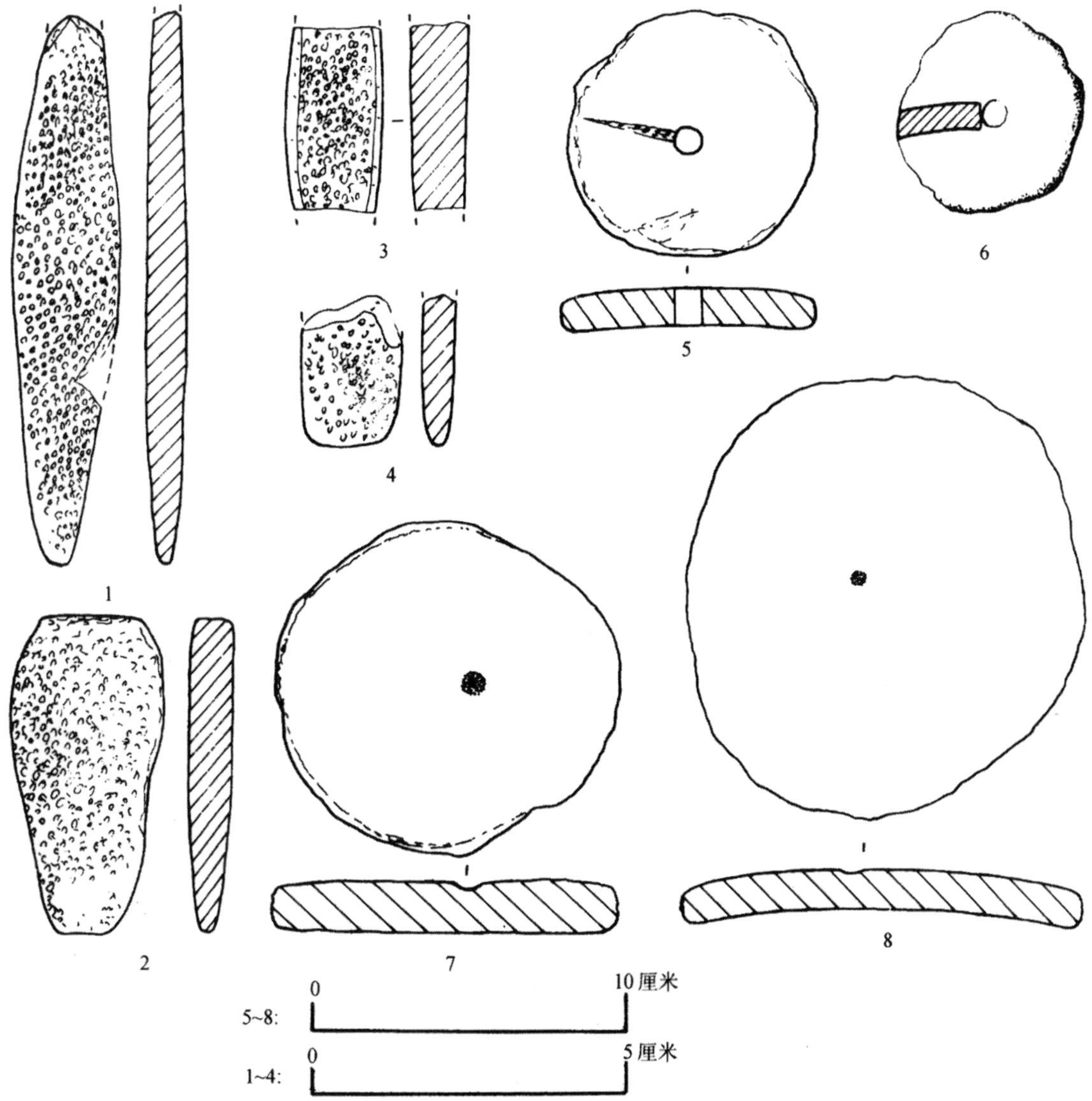

图二六二　陶锉、纺轮

1. A 型锉（T32③B：1）　2. A 型锉（M370：5）　3. B 型锉（H45：1）　4. A 型锉（H249：2）
5. 纺轮（M353：1）　6. 纺轮（T7③B：4）　7. 纺轮（T108③B：35）　8. 纺轮半成品（T108③B：36）

6. 纺轮

仅发现 4 件完整者及 4 件半成品。皆废陶片改制而成，圆形，但不甚规整。标本 T102③B：6，是最规整的 1 件，系夹云母红陶片改制，打成型后加磨，直径 3.35～3.6 厘米，厚 0.55 厘米，孔径 0.83 厘米（图版一一九，2）。M353：1，夹砂红褐陶片改成，打制成型后未再加磨，形状较粗糙，可能为明器。径 3.7～3.8 厘米，厚 0.7 厘米，孔径 0.45 厘米（图二六二，5；图版一一九，3）。T7③B：4，夹砂红褐陶片，打制更为粗糙，且未加磨，可能为半成品。直径 2.7～3.0 厘米，厚 0.4 厘米，孔径 0.4 厘米（图二六二，6；图版一一九，1）。标本 T108③B：35，夹云母红陶片打成圆形后在中间穿孔,孔未穿透而抛弃,直径 4.8～5.4 厘米,厚 1 厘米,孔径 0.4 厘米(图二六二,7;图版一一九,5)。T108㉟:36,夹砂红衣陶片,打成圆形后在凸面中间钻一圆点,未透而弃,直径 6.8～6.2 厘米,厚 1.1 厘米(图二六二,8)。

7. 陶塑品

此类器物共有 11 件,形状很不固定,随意性很强,火候都不高,以泥质红陶为主,也有个别夹砂红陶。其雕塑形象,有的可能象征动物,有的可能象征人,有的过于抽象,寓意不详。标本 H28:59,泥质红陶泥块,近长椭圆形,在其一端雕出眼睛、鼻子和嘴巴,不知表现的何种动物,另一端残,残长 7.7 厘米,宽 4.1 厘米,厚 3.6 厘米。H28:60,不规则方形,中间呈屋脊形的泥质红陶泥块,一端呈圆钝尖状,尖端宽 4.8 厘米,厚 2.8 厘米。标本 H108:7,一个呈卵形的夹砂红陶实心泥球,在其一端划很浅的四条划痕,并戳出两个小圆孔,可能系玩具一类,长径 4.3 厘米,短径 2.3～3.1 厘米。T73④:8,夹砂红陶泥块,顶端和前面平,两侧微弧,下端不规则,正面上端有两圆窝,中间较高呈脊状,下端经手捏,略似一人面,但右侧中间横压一沟槽破坏了画面,高 10 厘米,宽 4.7 厘米,厚 6.3 厘米。H120:8,长椭圆形,泥质红褐陶,一端钝尖,另一端残,横剖面呈不规则圆形,用途和寓意不详,残长 7.8 厘米,径 3.0～3.3 厘米。H229:12,泥质红皮陶,表面抹光,不规则扁平形,一端稍平齐,另一端呈钝尖状歪向一侧,长 8 厘米,宽 5.2 厘米,厚 3.2 厘米,可能为一玩具。H39:7,泥质红陶,两面近平,一面有指窝,两侧不齐,其中一侧有一深一浅两指窝,一端圆钝,两侧斜压二坑窝,另一端平齐,但面不平,上有一坑窝。寓意不明。标本 T3①:1,夹砂陶,施褐红色陶衣,腹底中空,以泥条作眼、鼻,鼻下两侧各有 1 小孔,高 6 厘米,宽约 8 厘米,残长 9 厘米。

第二节 石 制 品

发掘出土的石制品相当丰富,计 1 147 件。

在整理陶片时还发现许多石块,挑出后集中整理发现,占数量最大的是磨盘残块和砺石残块,其次是在石器制作过程中产生的废料,如残石块、碎屑等,也有一部分是河卵石或原料。有人工痕迹的石制品中,除琢、磨而成者之外,打制而成的典型的石核很少,石片亦不多,还有一定数量的石器初级产品,可能因未达到人们的制作目的而废弃。能称为具有旧石器工艺特征的刮削器和砍砸器很少,未见尖状器、雕刻器等传统旧石器种类。从相当数量的初级产品看,先将石片截去两端再打制成型的较多,大量磨制石器均经历了这两个阶段。因此可以认为,不少石制品为制作磨制石器过程中某个阶段的产品,而非真正的打制石器。另外,还见有不少石片和石块无修理痕迹,但使用痕迹明显,应是将这些石块、石片直接使用。

根据加工方法、工艺过程和用途,参照旧石器的分类方法,将石制品分为以下几类:

(1) 原料和初级产品类;

(2) 第一类工具,即加工石器的工具;

(3) 第二类工具,即日常生产、生活所用之工具等;

(4) 装饰品及其它。

下面分类介绍各种石制品(见附表一四)。

一、原料和初级产品

1. 石料

因遗址不靠山，故遗址内的石块原则上均为人工搬运而来，而非自然搬运。人们采集石料的主要来源是附近河道，因为遗址上大量发现的石料和石制品为河卵石，当然也有少量特殊石料为自远处采来或交换而来。这一点下卷将有专章讨论。

发掘出土的石料、废料和烧石共193.05千克（附表一五），经岩性鉴定的标本共550件（附表一六），石制品的岩性以砂岩为主，其它还有砾岩、页岩、碳酸盐岩、辉长辉绿岩、闪长岩和闪长玢岩、安山岩、花岗岩和花岗斑岩、石英岩、长英岩、片岩、片麻岩、板岩以及褐铁矿、石英、绿松石、莹石等矿物（附表一七）。关于这一点，下卷第一章第五节，将有详细论述。

在遗址中的地层和窖穴、房基废弃后的堆积中发现大量石料和废料并不奇怪。但墓葬中随葬的石料却值得重视。这里仅介绍墓葬内随葬的石料。墓葬中随葬石料的有5个墓，其中4个为河卵石。

M342随葬的河卵石共6件，其中5件为长条形，1件为近方形。其中5件无任何人工痕迹，1件的一端有敲击痕，放在石锤中记述。这些石料5件为砂岩、1件为紫红色含铁粉砂岩。

M369：2，为一块稍大的含砾砂岩河卵石，也无任何人工痕迹。

M486：3，绿色砂岩河卵石，无人工痕迹。

M370：2，较大的近方形紫红色含铁石英砂岩砾石块，其中一角被敲掉一块。

M277：61，云母块，为金云母片岩，因为石质太软，不可能做器物，也可能有其它用途（图版一二一，1）。H112：55，云母块，为金云母片岩（图版一二一，3）。H33：13亦为金云母片岩（图版一二一，2）。

2. 颜料

发现大小25块，均为自然石块，大多具有研磨痕，分紫红色粉砂岩和铁矿石两类，以此分为两型：

A型：21件。紫红色含铁粉砂岩，均为河卵石，以其形状和研磨部位不同分为三亚型：

Aa型：10件。器体较长，有的呈长条形，有的长方形，大多一端研磨，少数两端研磨，研磨面有平面、单斜面和多斜面几种。标本H282：2，长条形，一端研磨面平齐（图二六三，2；图版一二一，6）。H141：1，长条形，一端残断，另一端研磨面单斜，上刻一“╭┘”形符号（图二六三，1；图一七〇，3；彩版一七，1）。H113：6，长方体，一端圆形，另一端有两个研磨而成的斜面（图二六三，3；图版一二一，4）。H336：4，不规则形河卵石，一端磨平（图版一二一，5）。T35③B：5，一长椭圆河卵石，两侧微弧，两端均有平齐的研磨面（图二六三，4）。

Ab型：5件。均为圆形或近圆形河卵石，周边为研磨面，有的两面也研磨，形体仍为圆形或近圆形。标本H237：8，长椭圆形河卵石，周边有敲、磨痕（图版一二二，6）。T61⑤：3，长椭圆形，一侧齐直，一周和两面均有研磨痕（图二六三，5；图版一二二，7）。H329：2，长椭圆形，形似一石斧，一周边和两面均有研磨痕（图二六三，6；图版一二二，9）。H330：1，扁圆形河卵石，边缘稍有磨痕（图版一二二，8）。

Ac型：6件。不规则形，大多有多个研磨面。标本T11③：14，不规则半圆形，剩下一小块，周边和一面均有磨痕。H232：1，一端有一个斜磨面，器体有烧痕（图二六三，7）。T5③：1，一侧边磨平，两端有轻度磨痕(图版一二一，7)。

B型：4件。均为红褐色褐铁矿，依岩料和磨的部位不同分两亚型：

Ba型：3件。均磨成不规则三角多面体。标本T109③C：8，有4个研磨面(彩版一七，4)。T5③：8，有6个研磨面(彩版一七，3)。H28：37，有4个研磨面(彩版一七，5)。

Bb型：1件(M327：10)，不规则梯形，下端研磨成一斜平面(图二六三，8；彩版一七，2)。

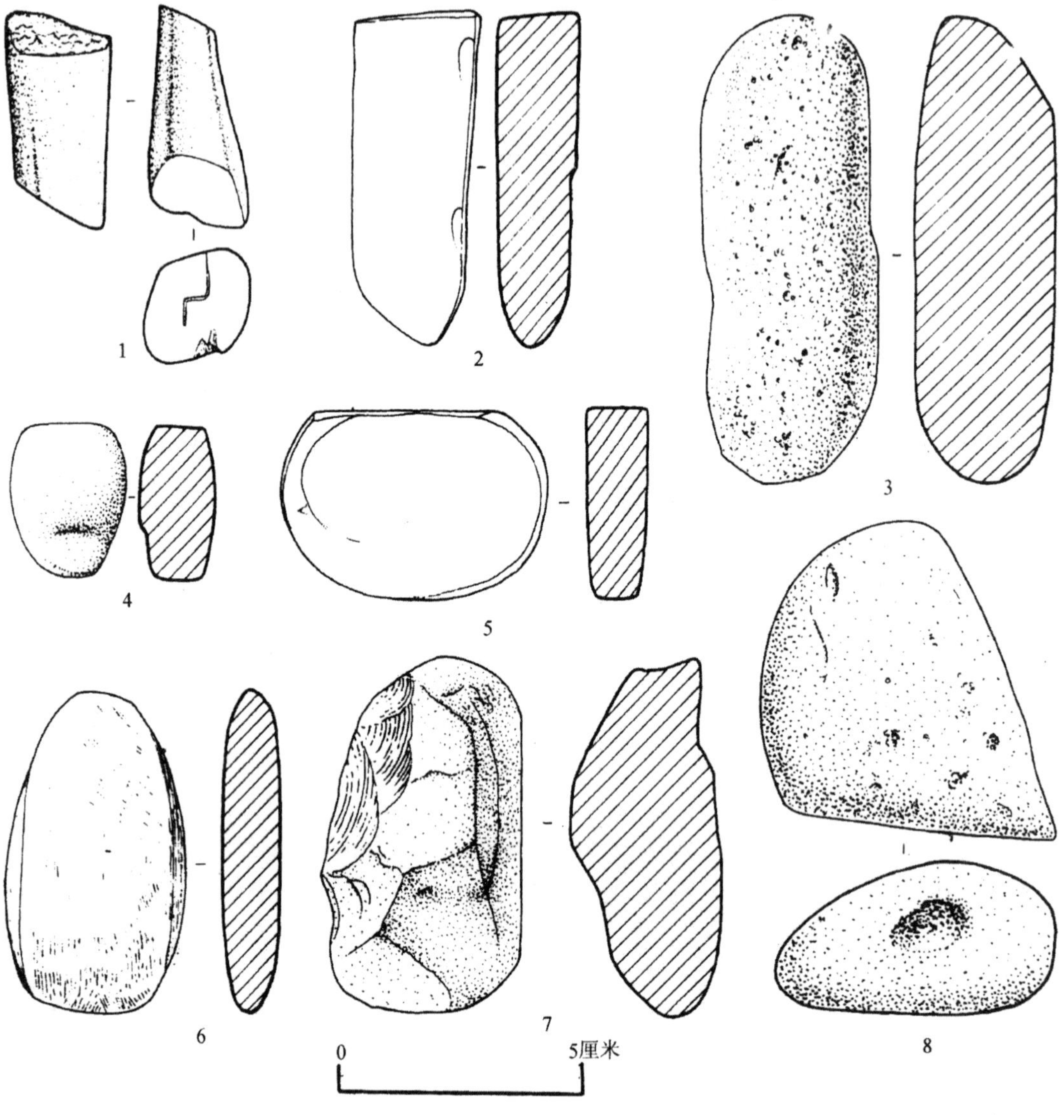

图二六三　石颜料

1. Aa型(H141：1)　2. Aa型(H282：2)　3. Aa型(H113：6)　4. Aa型(T35③B：5)
5. Ab型(T61⑤：3)　6. Ab型(H329：2)　7. Ac型(H232：1)　8. Bb型(M327：10)

3. 坯料

数量很多，观察标本65件。从形状上来观察，大多为斧、锛、凿等工具类的阶段性产品，可能因未达到目的而废弃。打坯成型和修理均为直接打击法。从加工情况看，大体可分为六个步骤，分属制坯和琢磨两个阶段，因之分作六个式别来记述。另外，可确认为属镰、刀类的坯料放在各器类中记述。

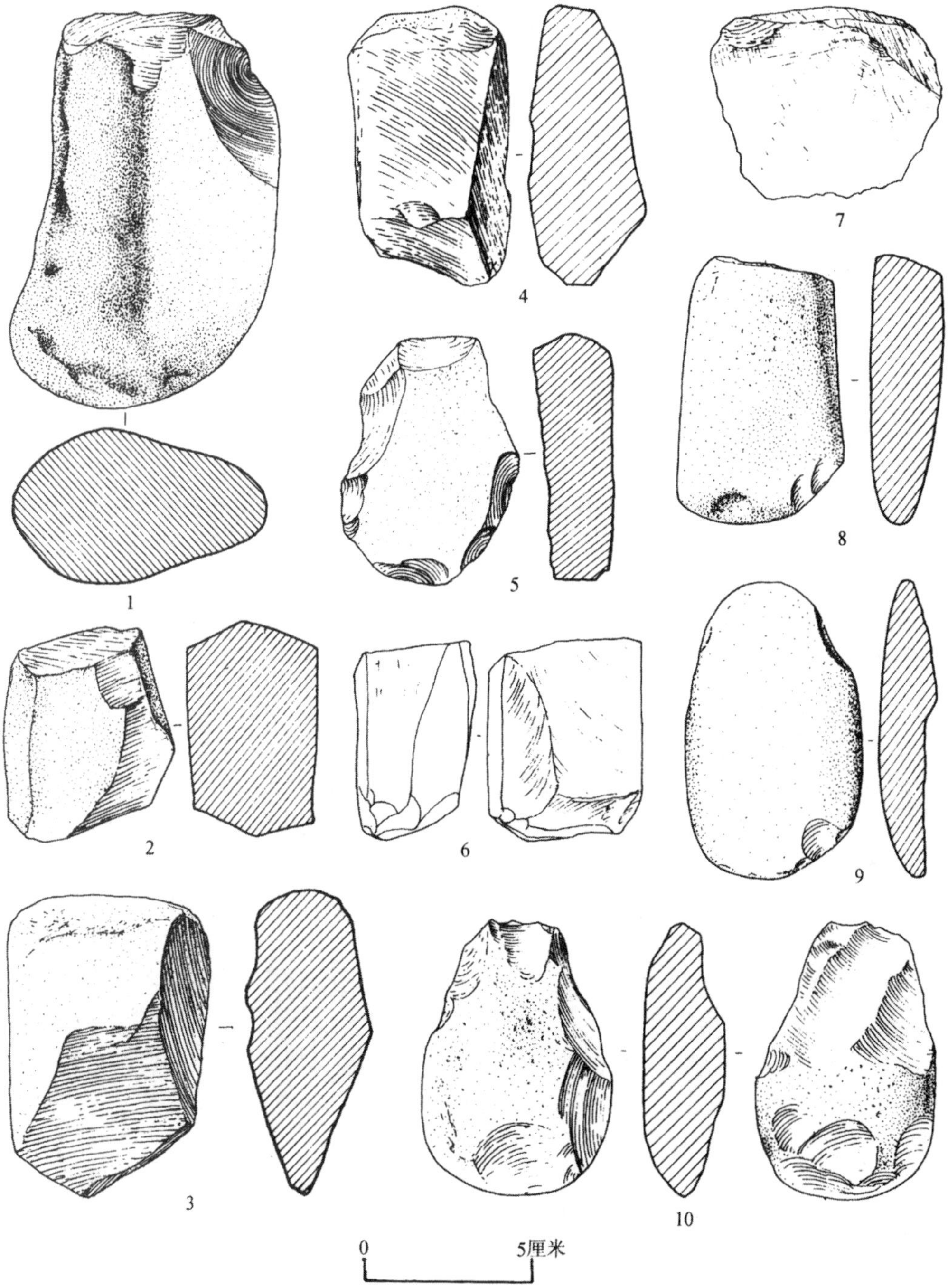

图二六四　石坯料

1. Ⅰ式(T120③C：6)　2. Ⅱ式(T68④：4)　3. Ⅲ式(H123：7)　4. Ⅲ式(H175：2)　5. Ⅲ式(T113③B：17)　6. Ⅲ式(H284：6)　7. Ⅲ式(T21③：7)　8. Ⅵ式(H19：3)　9. Ⅴ式(H187：20)　10. Ⅵ式(T37②：4)

Ⅰ式：8件。仅截去河卵石的一端，为第一步。此一步标本发现数量较少，可见废弃量不大，看来技术相当熟练。标本T120㉛C：6，绿色砂岩河卵石，在较小一端打出一平面，再以此为台面进行剥片减薄修理，但只剥下三片即停止加工（图二六四，1）。

Ⅱ式：27件。石料的两端均被用直接打击法截去，为毛坯的第二步。废弃量较大，看来这一步技术要求较高。标本T68④：4，安山岩，为一近梯形的河卵石，较小一端打成屋脊型，但在截取较大一端时整体破坏而抛弃（图二六四，2）。

Ⅲ式：12件。两端截好后进一步加工定型。废弃率亦不高。标本H123：7，浅红色石英砂岩，一锛的雏形，顶部打出一平面，劈裂面也较平，背面和两侧保留自然岩面，下部打出一斜面，但在修理刃口时失败而废弃（图二六四，3）。T113㉛B：17，绿色砂岩，为一小型石斧的雏形，顶部打出一平面，劈裂面也较平，背面保留自然岩面，下部周边用交互打击法修成圆弧形。但不知为何而废弃（图二六四，5）。H175：2（图二六四，4）。H284：6（图二六四，6）。T21③：7（图二六四，7）。

以上三式为制坯成型阶段，以下三式为琢磨阶段。

Ⅳ式：12件。废弃率也不高，为琢修阶段初期，先对刃口部位的棱角进行琢制修理。标本T102㉛B：27，紫红色石英砂岩，凿形坯料，刃部已进行琢修（图版一二四，3）。

Ⅴ式：3件。为进一步琢修阶段，看来此阶段成器率很高。标本H187：20，闪长岩，石斧坯料，顶、刃部已琢修完毕，两侧向劈裂面修理加工的痕迹尚未琢去，劈裂面的琢修已开始（图二六四，9）。

Ⅵ式：3件。磨修阶段，成器率也很高。标本T119㉛C：8，绿色砂岩，石斧坯料，两侧两面均已磨平，刃部已开始磨（图版一二一，9）。H19：3，绿色砂岩，石斧坯料，通体琢磨几近完成，但还未磨出刃口（图二六四，8；图版一二一，8）。T37②：4（图二六四，10）。

4. 石核

发现特征较为明显的石核共70件。可分为锤击石核和砸击石核两亚类：

（1）锤击石核。特征比较明显的锤击石核不多，表明石料利用率之高。观察标本30件。可分为单台面和多台面两型。

A型：14件。单台面石核，以劈裂面为台面者居多，也有用自然岩面先将石料从边缘部位敲击修理出台面，然后再剥片。H290：10与H286：2为一块石料一分为二所致，可拼合起来。H290：10利用劈裂面做台面。可见片疤一个。H286：2以自然岩面做台面。H34：7以劈裂面为台面，可见两个片疤（图版一二三，6）。

B型：16件。多台面石核。先用自然岩面为台面打片，后反转器体，以劈裂面为台面打片，打击点多较明显。标本H221：2，为一脉石英砾石，在原砾石面上可见两次剥片痕，在劈裂面上也可见到两个片疤，打击点清楚，但片疤均较浅（图版一二四，8）。

（2）砸击石核。几乎全为石英脉岩，40件。两极受力点均很清楚，剥片成片率很低，但作石球使用的砸击石核很多，可能大多为作石球所产生的半成品。标本H112：46，呈椭圆形，两端受力点呈鱼鳞状，表面一半保留砾石原面，一半为劈裂面，片疤细碎不规则（图二六五，3；图版一二三，7）。T32㉛C：5与前件相似，唯受力点稍偏，一侧保留砾石原面，一侧的两面剥片，使侧边呈刃状（图二六五，4；图版一二三，9）。H112：47（图二六五，1；图版一二三，2）。T119㉛B：5（图二六五，2）。H309：11（图版一二三，4）。H310：1（图版一二三，8）。

5. 石片

观察标本94件。可分为锤击石片和砸击石片两亚类：

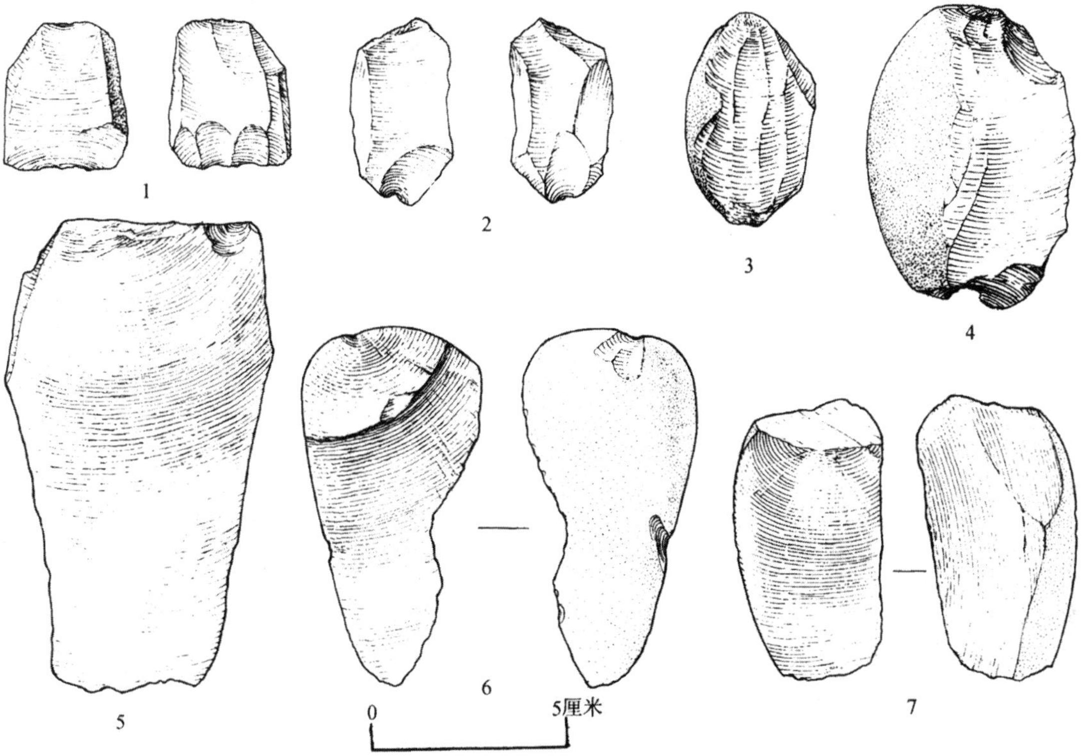

图二六五　石核、石片

1. 砸击石核(H112：47)　2. 砸击石核(T119③B：5)　3. 砸击石核(H112：46)　4. 砸击石核(T32③C：5)
5. D型锤击石片(T73④：9)　6. D型锤击石片(H112：45)　7. D型锤击石片(H189：5)

(1) 锤击石片。锤击石片数量很大，特征明显的共76件。大多较为规整，打击点清晰而集中，半锥体和放射线大多较明显。可分为四型：

A型：9件。石片呈圆形，长宽大致相当，较为规整。且Ba石刀多为此类石片所制。可见控片能力较强，石片成片率较高。因受力较猛，石片劈裂面半锥体和放射线明显，有的背面也有崩疤，放射线亦明显，台面不明显，打击点呈刃状锐角。标本H187：29，浅色砂岩，宽稍大于长(图二六六，6)。T120③B：10，绿色砂岩，打击点不显(图二六六，4；图版一二五，7)。H35：3，绿色岩，台面不显，打击点、半锥体、放射线明显，两侧和远端均被截(图二六六，7；图版一二五，4)。T114③：12(图版一二五，8)。T73④：11(图版一二五，3)。T109③：42(图版一二五，5)。

B型：23件。半边石片，其打击方式同A型，唯因用力太猛或石质硬脆，使石片从打击点处从中线分为两半，但见到的大多为右半边，左半边少见且不典型。标本T73④：4，脉石英，背面为自然砾石面，背后有崩疤(图版一二三，5)。T101③C：19，紫红色石英砂岩，从打击点右侧向下劈裂，仅存左边(图二六六，3；图版一二五，6)。H217：5(图版一二五，9)。

C型：19件。横宽，较厚，宽大于长，有的长不及宽的一半，台面均为自然砾石面，打击点较宽，半锥体不显，放射线清晰。可分两亚型：

Ca型，10件。半长椭圆形，长不足宽的一半。标本T34③B：11，安山岩，一侧呈尖状，远端微外

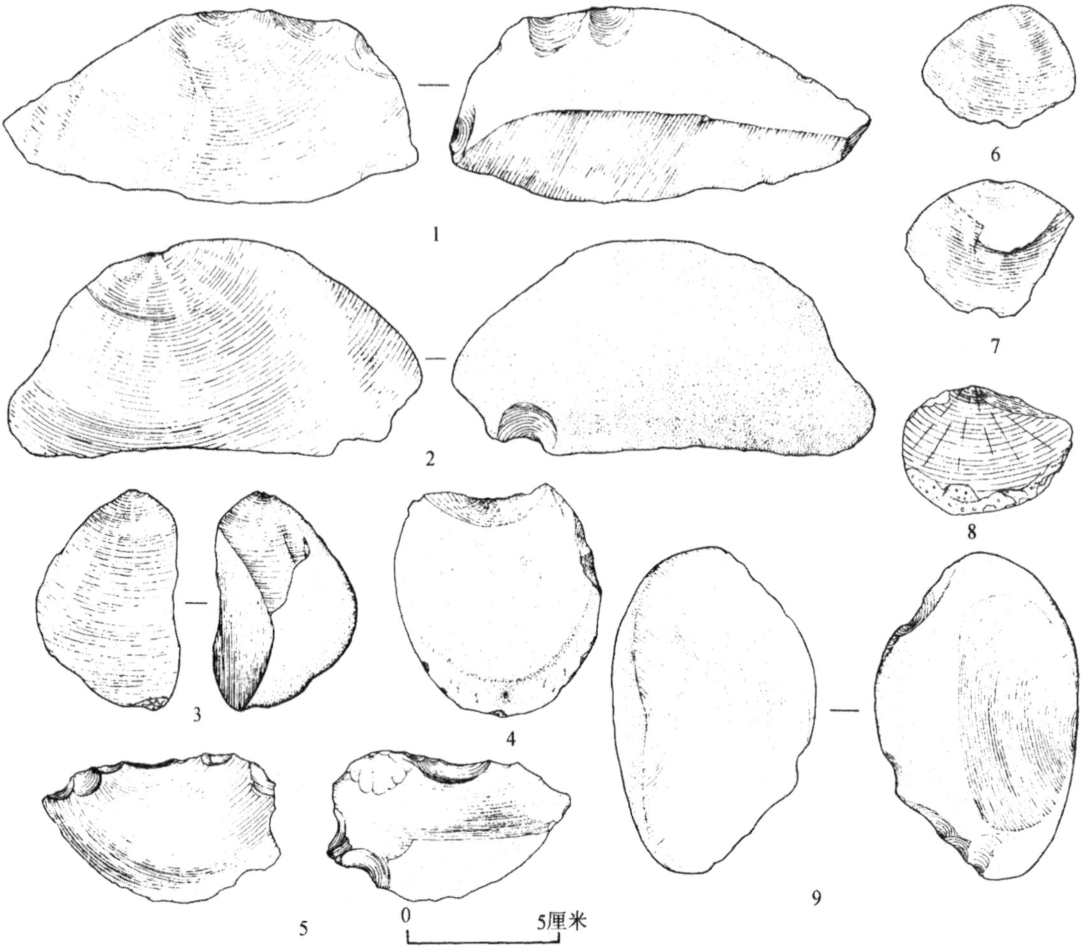

图二六六　锤击石片

1. Ca 型(T34ⓈB:11)　2. Ca 型(T34ⓈB:12)　3. B 型(T101ⓈC:19)　4. A 型(T120ⓈB:10)
5. Ca 型(T32K2:1)　6. A 型(H187:29)　7. A 型(H35:3)　8. Cb 型(T16③:4)　9. Cb 型(H214:1)

弧(图二六六,1;图版一二六,1)。T34ⓈB:12,绿色砂岩,打击点稍偏,但石片规整,远端稍向内弧(图二六六,2;图版一二六,2)。T32K2:1,绿色砂岩,台面已不存,打击点较显,远端较厚(图二六六,5;图版一二六,3)。

Cb 型:9 件。长椭圆形,长大于宽的一半。标本 H214:1,紫红色石英砂岩,石片稍长,远端外凸(图二六六,9;图版一二六,5)。T16③:4,紫红色泥质粉砂岩(图二六六,8)。T119③:18(图版一二六,6)。

D 型,25 件。窄长石片。打击点、半锥体、放射线明显,台面多利用劈裂面,少量用自然砾石面,大多窄长,远端呈尖状,有的尖被截,个别稍宽。标本 H112:45,以自然岩面为台面,打击点集中(图二六五,6;图版一二六,7)。H189:5,以劈裂面为台面,打击点不明显,半锥体放射线稍显(图二六五,7;图版一二五,2)。T73④:9,绿色砂岩,台面似经修理,尖部被截(图二六五,5;图版一二六,8)。H309:3,绿色砂岩,石片稍宽(图版一二五,1)。T15③:6(图版一二六,4)。

(2) 砸击石片。多石英片,痕迹清楚者较少。共 18 片。可分两型:

A 型:12 片。宽石片,圆形或近圆形。标本 H261:3,两端受力点均不清晰,在砸击时似从石核一侧剥落下来的(图版一二四,7)。

B型:6片。长石片,椭圆形,或长条形。标本T114㉝:13,一端受力点明显,另一端被截断。

二、第一类工具

1. 石锤

发现数量较多,观察标本109件。岩性以砂岩为主,包括砂岩、石英砂岩、含砾石英砂岩、粉砂岩等,也有少量石英岩和石英脉岩及个别安山岩和闪长岩。从材料来讲,大多为废旧石器改制,也有一部分砾石、石块、石片和石核。从功能上分析,有锤击、砸击、琢击三个亚类。下面分类介绍。

(1) 锤击石锤:观察标本21件。系用于直接打击法剥落石片或作二次加工时的工具。在着力点周围有被石核的反作用力形成的石片疤。依其原料和形态不同分三型:

A型:8件。大多为长方或长条形砾石,个别为残石器改制。标本T66⑤:8,灰绿色砂岩,单端石锤,破损面片疤小而密(图版一二七,5)。T74④:3,紫红色含铁泥质粉砂岩,为一残石斧,两端均有破损面(图版一二七,4)。M342:7,为一凿形砾石,安山岩,在相当于刃部一端有敲击痕,并有一片疤(图版一二七,3)。

B型:8件。皆利用不规则形石块的较小一端作着力点,其上有敲击痕和密集的石片疤。标本T108㉛:15,石英岩,近四棱形石块,一端圆钝状,一端呈刃状,均有敲击痕(图版一二七,6)。T102㉛:32,绿色砂岩,半边石片,呈三棱形,远端有敲击痕和石片疤,台面边缘和侧棱均把握光滑,显系曾长期使用(图版一二七,2)。

C型:5件。长圆形,大多废磨棒头改制,均砂岩,一端或两端有敲击痕,边缘有剥落的片疤,系石核的反作用力所致。标本H113:16,旧磨棒头改制,两端均有破损面和片疤(图版一二七,9)。H261:7,绿色砂岩,短圆柱状砺石,一端有琢击面,一端为锤击破损面,两侧均有片疤(图二六七,8;图版一二七,1)。

(2) 砸击石锤:观察标本31件。砂岩为主,少量石英脉岩和个别石英岩、闪长岩和燧石。材料大多废石器改制,或自然石块,个别为砾石。共同特征是作为作用面的一端都有砸击时形成的凹坑。依其作用特征不同分四型:

A型:9件。大多为砂岩,个别闪长岩,多废石器改制,往往小的一端有敲击痕,可能作锤击石锤用,大的一端有一平面,中间部位有一凹坑,应为砸击时形成。标本T65④:1,浅色砂岩,为一废石斧上半部改制,下端平面中间凹坑明显,顶端无锤击痕(图版一二八,7)。T66④:1,废磨棒头改制,顶端有锤击痕,底端平面上有散乱的小疤坑(图版一二八,8)。T120㉝:4,浅色砂岩,废石斧顶部改制,顶端有锤击痕和小片疤,下端砸击面上有微凹的疤坑,两侧有石核反作用力形成的片疤(图版一二八,4)。

B型:观察标本5件。大多废旧石斧改制,个别为砾石,两端均有琢击面,呈凸弧形,其中一端或两端面的中间部位有砸击时形成的凹疤坑。标本T103㉛:4,暗色闪长岩,废石器改制,较大一端面中间部位有凹疤坑(图二六七,1;图版一二八,6)。H155:6,绿色砂岩,废石器改制,顶端有较浅疤坑,原刃端有较深疤坑,一侧有剥落的石片疤,看来石核的反作用力较大(图二六七,2;图版一二八,5)。H28:38,长方柱形砾石,两端均有琢击面,其中一端中间部位有疤坑(图二六七,5;图版一二九,6)。

C型:观察标本6件。大多旧砺石改制,个别残石斧改制,多呈近圆形,一边、两边或三边有砸击时石核反作用力形成的片疤,中间形成锐棱,即锐棱砸击石锤。标本H124:5,紫红色含铁石英

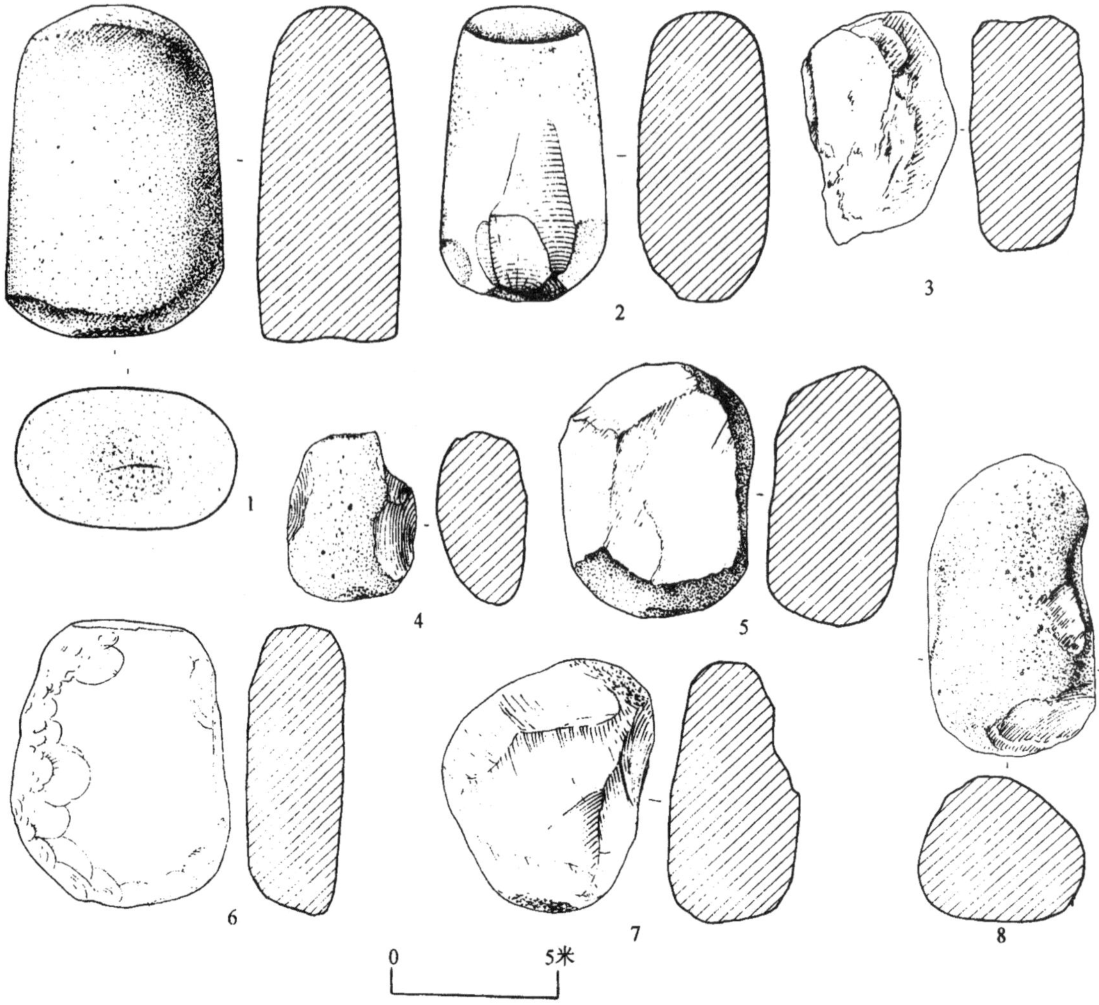

图二六七　石锤

1. B 型砸击石锤(T103③B：4)　2. B 型砸击石锤(H155：6)　3. C 型砸击石锤(T109③B：84)　4. D 型砸击石锤(H112：48)
5. B 型砸击石锤(H28：38)　6. C 型砸击石锤(H124：5)　7. D 型砸击石锤(H75：1)　8. C 型锤击石锤(H261：7)

砂岩，层理清楚，为一近圆角方形的旧砺石，两面、两侧均有砺磨面，上端有一砸击形成的凹坑，下端有砸击形成的锐棱，一侧边砸击形成马鞍形(图二六七，6；图版一二八，3)。T102③C：12，暗色闪长岩，废石斧改制，两端均有砸击形成的锐棱(图版一二八，2)。T109③B：84(图二六七，3)。H197：3(图版一二八，1)。

D 型：11 件。大多脉石英块，个别石英岩和燧石块，大多利用砸击石核，用边缘砸击形成锐棱。标本 H75：1，石英脉岩，半圆形，半圆弧边多次使用形成锐棱，顶部台面周边经琢击变圆钝，以便把握(图二六七，7；图版一二九，9)。H155：5，利用一砸击石核，其下端经砸击形成锐棱(图版一二九，5)。H112：48(图二六七，4)。H16：8(图版一二九，8)。

(3)琢击石锤：琢制石器棱角时用，数量很大，观察标本 57 件，不包括同时兼用作锤击石锤和砸击石锤者。以砂岩为主，少量石英岩，个别石英脉岩、闪长岩和片麻岩。大多利用废旧石器边缘、顶或刃部，利用不规则石块的尖端作琢击面者也占一定数量。依形状、材料分为五型：

A 型：观察标本 8 件。多旧石斧改制，器体较长，琢击面大多为刃端，较薄而长，也有刃、顶两端者。标本H32：9，旧石斧，片麻岩，刃端因琢击呈圆钝形，器体较厚重（图二六八，4；图版一二九，4）。T116③B：1，绿色砂岩，旧石斧，横剖面近圆形，顶、刃两端均有琢击面，刃端崩落有石片疤（图二六八，5；图版一二九，1）。T108③：1，暗色闪长岩，旧石斧，器体较小，刃端琢击成圆钝形（图二六八，2；图版一二九，3）。T36②：1（图二六八，1）。T19③C：3（图二六八，3；图版一二九，2）。

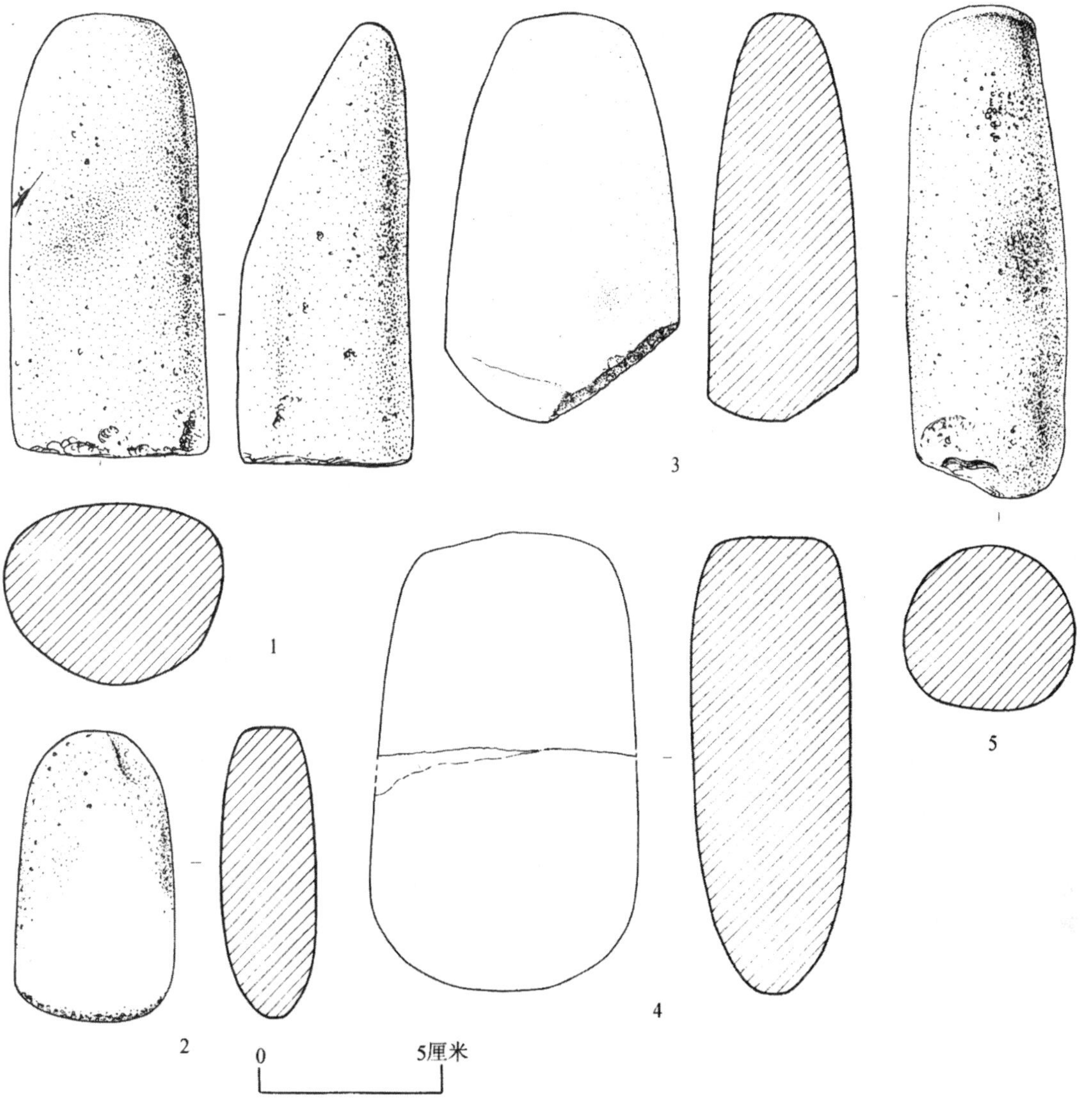

图二六八　A型琢击石锤

1. T36②：1　2. T108③：1　3. T19③C：3　4. H32：9　5. T116③B：1

B型：观察标本10件。其中9件为旧石斧改制，1件为磨棒头。器体较短，因长期琢击，两端均呈较厚的凸弧形，多闪长岩、少数为砂岩。标本H32：1，暗色闪长岩，两端几乎对称，均为凸弧形琢击面，唯一端中间有一砸击形成的小凹坑，可能偶而兼作砸击石锤（图二六九，4；图版一三〇，7）。H315：3，闪长岩，两端均有凸弧形琢击面（图二六九，7；图版一二九，7）。H120：27，绿色砂岩，两端、两侧边均有琢击面，一端琢击面亦作凸弧状，另一端略作马鞍形（图二六九，3；图版一三一，5）。H115：3，残石斧顶部改制，两端均琢成圆弧状（图二六九，1；图版一三〇，5）。H250：1（图二六九，2）。H123：9（图二六九，6）。T66⑤：12（图二六九，5）。

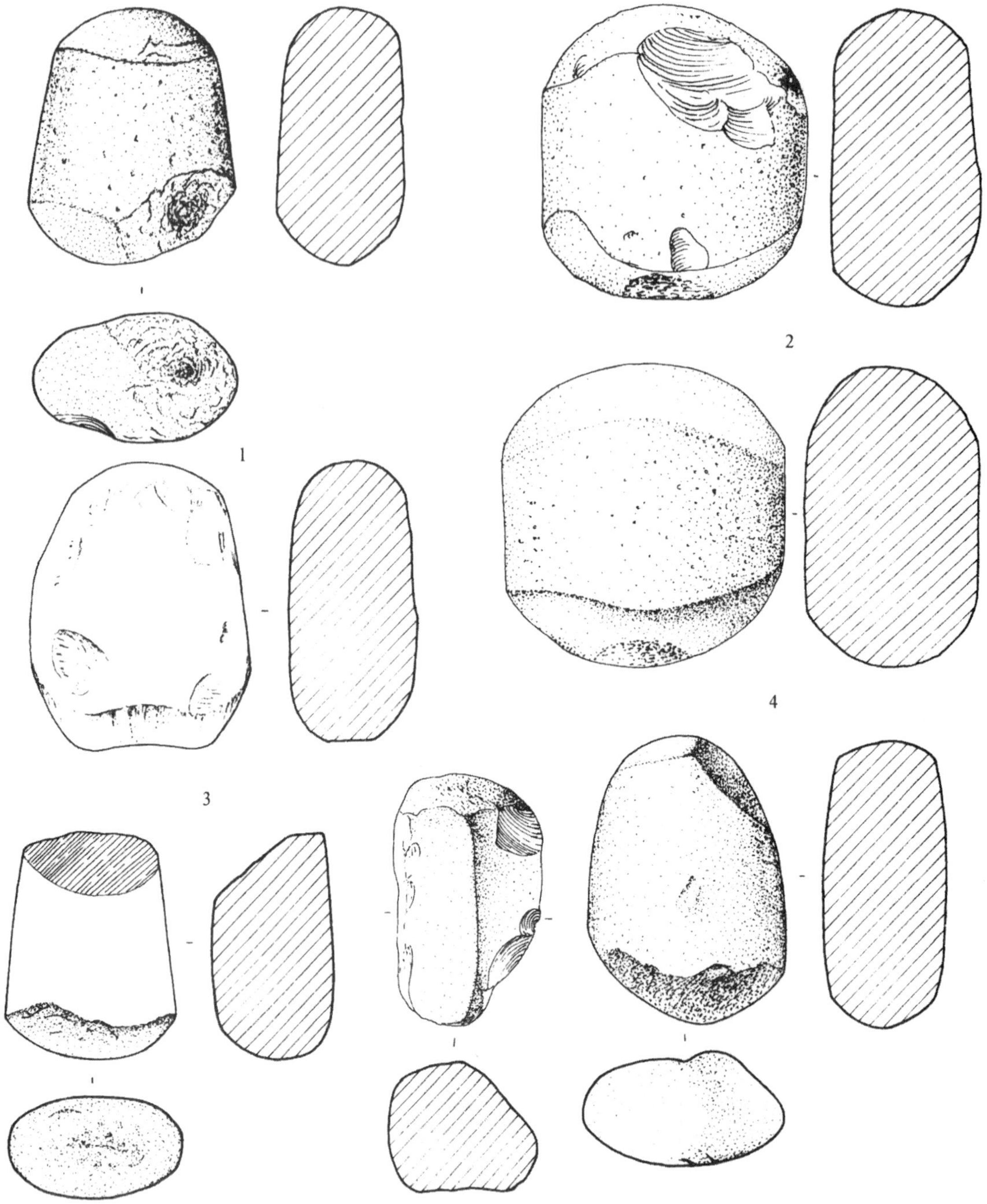

图二六九　B型琢击石锤

1. H115∶3　2. H250∶1　3. H120∶27　4. H32∶1　5. T66⑤∶12　6. H123∶9　7. H315∶3

C型：观察标本16件。大多为旧砺石改制，部分为自然石块，个别为废石斧改制，近方形、近圆形或不规则形，周边为琢击面，以砂岩为主，也有少量石英岩和板岩。标本H123∶4，浅色砂岩，旧砺石改制，两面为砺磨面，周边为琢击面（图二七〇，4；图版一三〇，2）。T113③B∶9，半圆形砾石块，石英岩，半圆周边均为琢击面（图二七〇，7；图版一三一，4）。T18③∶5，石英脉岩砺石块，

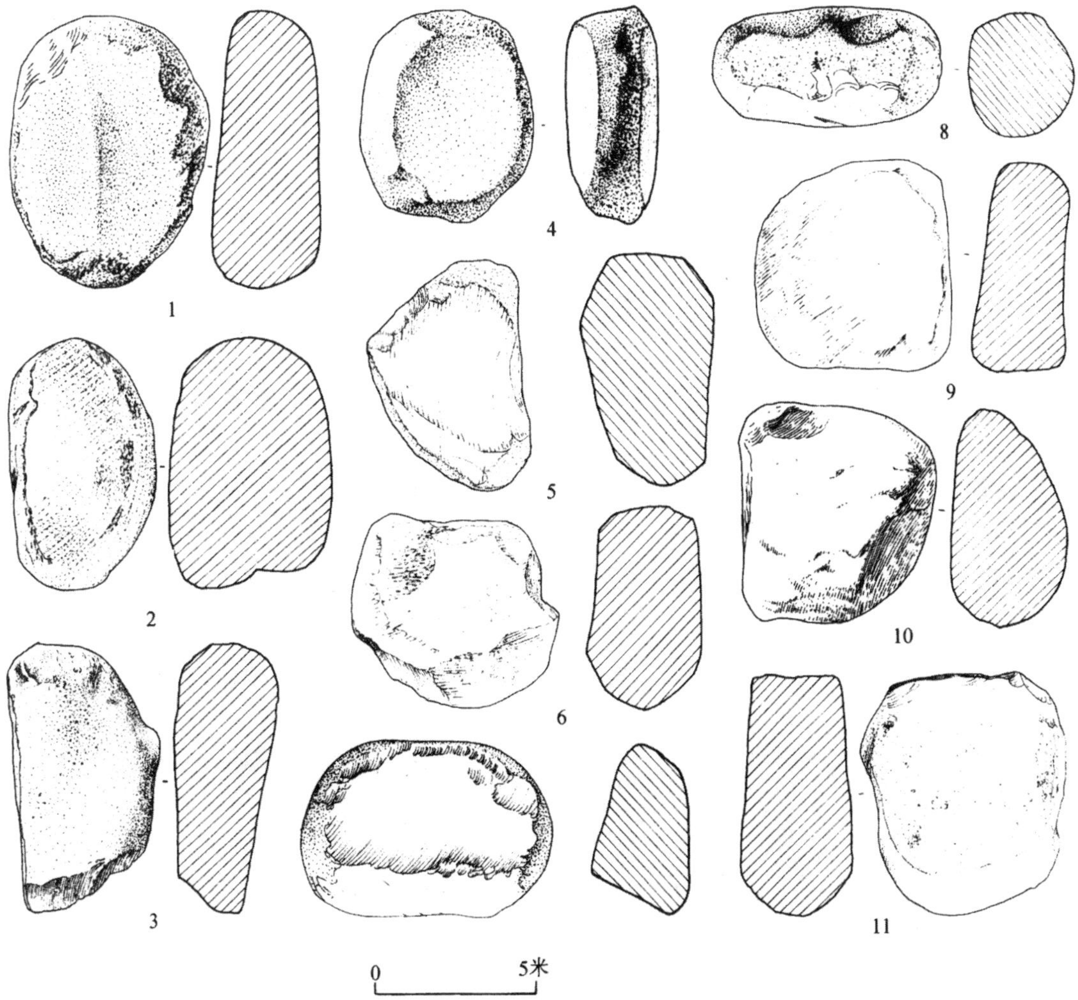

图二七〇　琢击石锤

1. C型(T120③B：12)　2. C型(H120：18)　3. C型(T26④：4)　4. C型(H123：4)
5. C型(T109③B：11)　6. C型(T18③：5)　7. C型(T113③B：9)　8. D型(T104③B：4)
9. C型(T109③C：85)　10. C型(H29：2)　11. C型(H103：3)

不规则圆形，周边大部有琢击面(图二七〇，6)。H29：2，紫红色含铁石英砂岩砾石块，半圆形，半圆周边均有琢击面(图二七〇，10；图版一三一，3)。T120③B：12(图二七〇，1；图版一三〇，4)。H120：18(图二七〇，2)。T26④：4(图二七〇，3)。T109③B：11(图二七〇，5；图版一三〇，6)。T109③C：85(图二七〇，9)。H103：3(图二七〇，11)。H20：7(图版一三一，1)。

D型：2件。皆残石器改制，绿色砂岩，中间稍粗厚，两端琢击面近平或凸弧。标本H75：5，暗色闪长岩，近方柱形，似一旧拱背石锛改制，两端琢击面均近平(图版一三一，6)。T104③B：4，近圆柱形，两端琢击面均呈凸弧形(图二七〇，8；图版一三一，7)。

E型：数量较多，观察标本21件。大多为自然砾石块或石器废料，不规则形，以石英岩和砂岩为主，有个别石英脉岩，多利用石块的三棱形的尖端为琢击点，形成一明显的小而微凸的琢击面，标本H273：2，长三棱形石片，两端均有琢击痕(图二七一，1；图版一三〇，3)。H322：11，不规则形石英脉岩块，三棱形尖端为琢击面(图二七一，4；图版一三〇，1)。H315：2，紫红色含铁石英砂岩砾石块，三棱形尖端为琢击面，一侧棱也有琢击痕（图二七一，2；图版一三一，2）。H119：4，紫红色含铁石英砂岩石块，三角体，周身棱角被把握光滑，四个棱尖均有琢击痕（图二七一，5）。H187：21（图二七一，3）。H166：2（图二七一，6）。

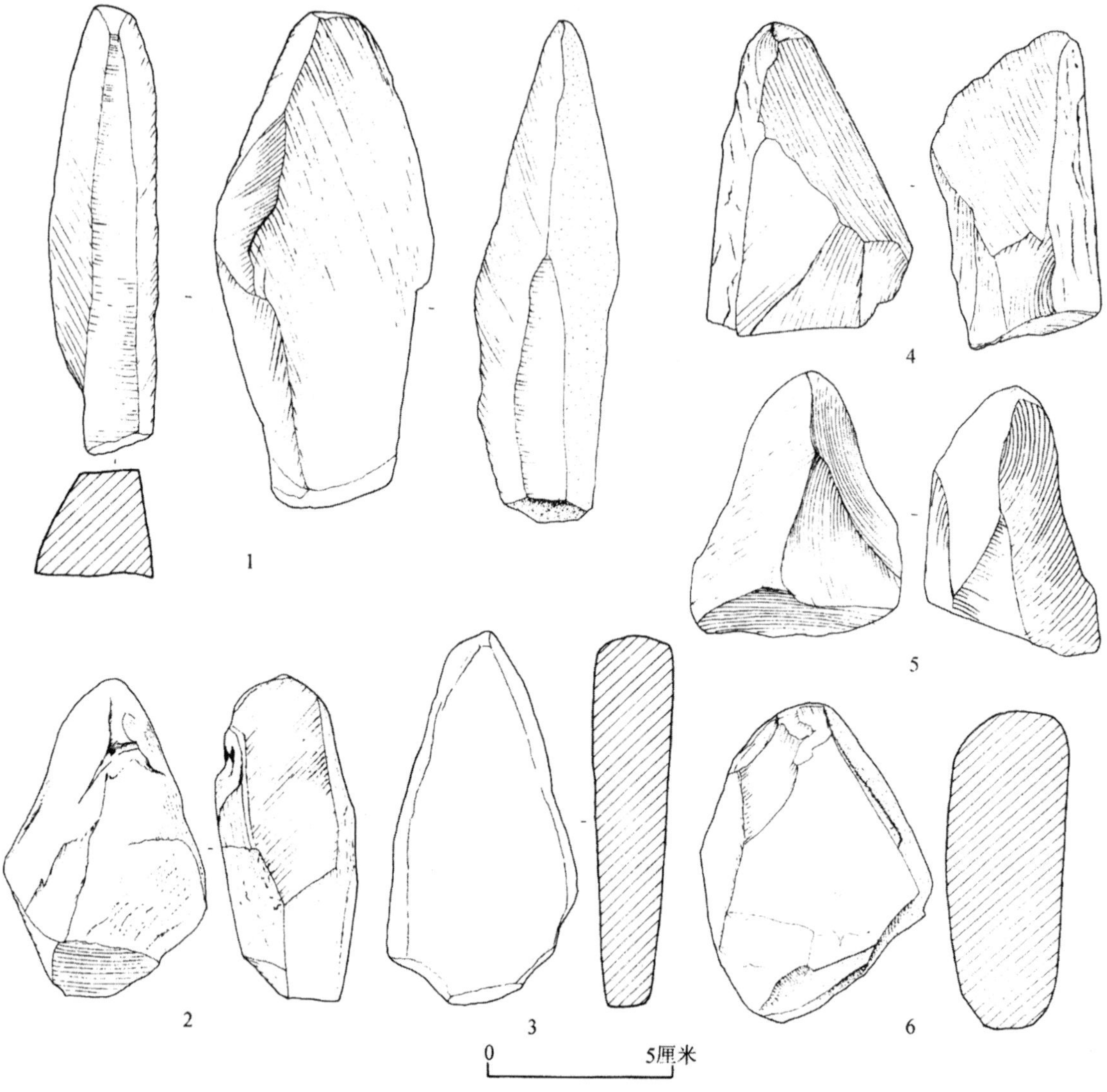

图二七一　E型琢击石锤

1. H273：2　2. H315：2　3. H187：21　4. H322：11　5. H119：4　6. H166：2

2. 石砧

此类工具不太易观察，大多具有不确定性。这里观察标本28件，少量为大块的自然砾石，大多为与石锤或砺石兼用。以砂岩为主，且大多为石英砂岩。依其兼有的用途不同分四型：

A型：6件。皆自然砾石块，以紫红色含铁石英砂岩为主，大多体积较大，个别为小河卵石，在石块的上平面中间散漫的分布着一些深浅不同的凹坑，最深不超过0.1厘米。标本T109③C：15，不规则形，个体最大，最大长27厘米，最大宽17.5厘米，最厚7.5厘米，重6500克，上平面有密集的疤坑。H55：4，浅色砂岩，扁圆体小河卵石，一面平，另一面微鼓，中部有浅细的疤痕，应为敲砸较小石核时做砧用。直径4.8～5.3厘米，厚2.1厘米，重80克（图版一二四，6）。

B型:9件。皆自然砾石块,以石英砂岩为主,紫红色含铁石英砂岩占绝大多数,仅个别为浅色石英砂岩。兼石锤和石砧两种功能,往往周边或两端有敲砸或琢击痕,一面或两面中间集中或散漫分布有疤坑。标本H250:4,两端均有敲砸痕,一面疤痕集中于中间,另一面较分散(图二七二,7;图版一三二,6)。H221:7,浅色砂岩,一半圆形砾石,其中一面散漫分布着一些浅小疤痕,边缘处有一较深凹坑,深约3毫米,器体正好在此断裂,显系长期敲砸所致,周边满布敲砸形成的小坑点(图版一三二,5)。T114㉚:14(图二七二,6)。

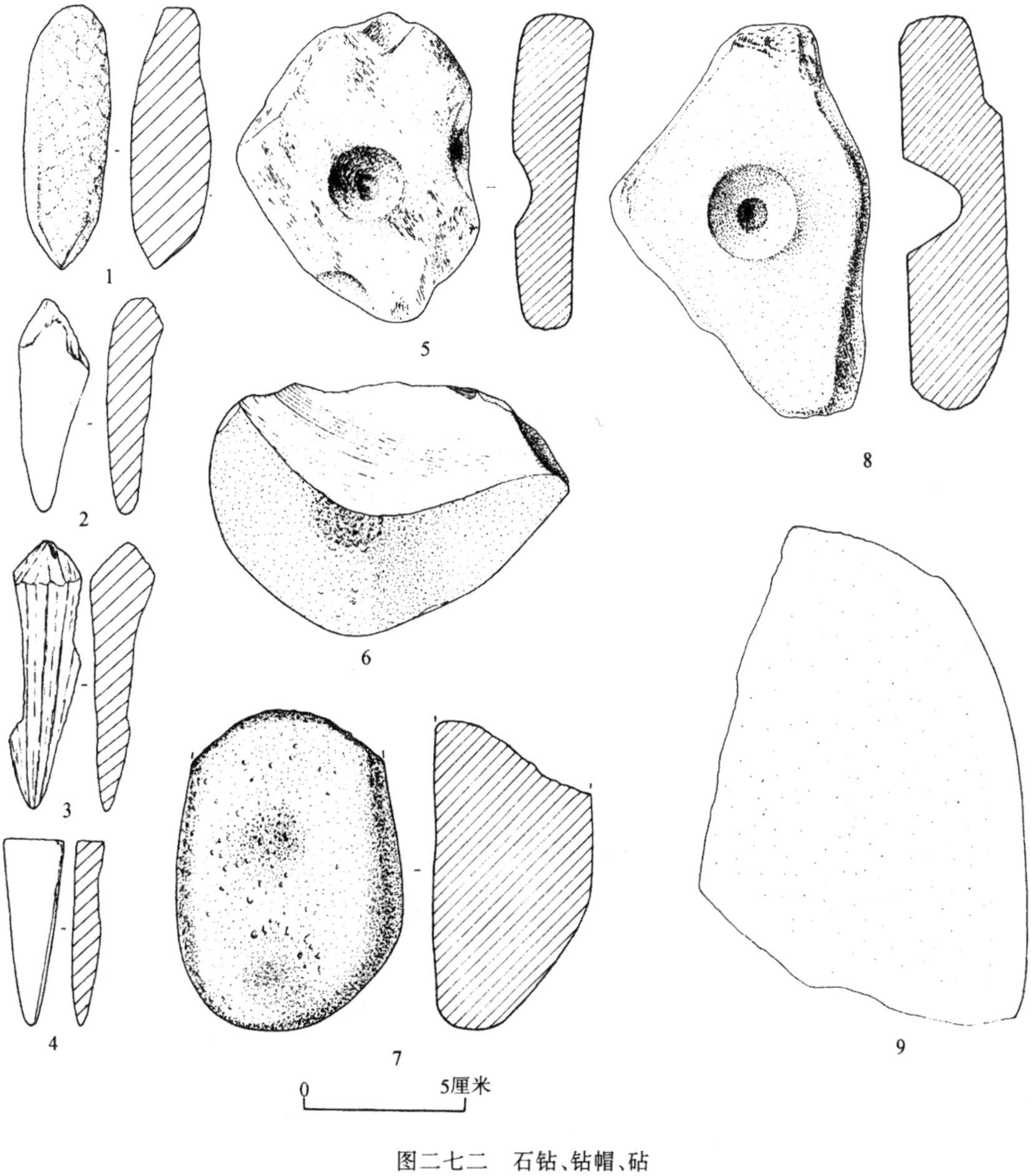

图二七二 石钻、钻帽、砧

1. A型钻(T101③:20) 2. A型钻(M303:3) 3. B型钻(H125:1) 4. B型钻(T74⑤:20) 5. 钻帽(H181:27) 6. B型砧(T114㉚:14) 7. B型砧(H250:4) 8. 钻帽(T22③:26) 9. C型砧(T74④:18)

C型:观察标本11件。均利用残砺石或残磨盘块,全为砂岩,绝大部分都有砸击形成的凹坑。标本H60:1,浅色砂岩,磨盘残块,一面砸成散漫的凹陷,另一面中间部位有一直径2厘米,深0.5厘米的凹窝(图版一二七,7)。H112:57,为一半圆形砺石,两面均磨有“井”字形直沟槽,其中一面有两个凹窝，一个完整，直径1.5～2厘米，深0.35厘米，另一个正位于断棱处，残半，直径1厘米，深0.3厘米，看来此器兼作石砧与磨刃用的砺石，在使用时断裂(图版一三二,7)。H81：3,绿色砂岩，一残砺石，两面均磨成凹状，其中一面中间部位散漫的分布着垫砸时形成的麻点，并在敲砸时断裂(图版一二七,8)。T74④：18(图二七二,9)。

D型:2件。均砂岩，器体同时有敲砸痕、磨砺痕和琢击痕，应同时兼作石砧、砺石和琢击石锤。标本H29：17,周边有琢击痕，两面均有砺磨痕和敲砸痕，一面还有磨刃形成的条状沟槽(图版一三六,7)。

3. 钻和钻帽

(1) 钻头:发现8件。依特征不同分两型：

A型:3件。圆形。标本M303：3,脉石英半圆锥体，近尖端因反复使用形成圆形，尾端不规则形，钻体横剖面呈三角形，可能为固定钻杆有意剥落下一块，长6.3厘米，钻头直径1.8厘米(图二七二,2;图版一三二,3)。T101③：20,石英脉岩(水晶)六方锥体，钻头和器身棱角被长期使用磨得圆钝，上半部被斜劈去一半，可能也为便于固定钻杆而为(图二七二,1;图版一三二,1)。

B型:5件。扁锥形。有绿色砂岩3件，石英六方锥(水晶)1件，脉石英1件。标本H125：1,石英方锥，尖端有使用痕，一侧劈去一部分，亦为固定钻杆(图二七二,3;图版一三二,2)。T74⑤：20,绿色砂岩，尖端周身磨光，上端残断(图二七二,4;图版一三二,4)。

(2) 钻帽:观察标本8件。其中5件为砂岩，兼作砺石，1件为云母片岩石块，1件为河卵石，1件为砂岩磨棒头改制。共同特征是在器物平面上有一或两个磨圆度很好的锥状凹坑。此类器物的圆窝与石砧凹坑的区别在于是否规整。标本T22③：26,平面三角形，暗色砂岩，正背两面和一侧面均有砺磨面。正面中间有一直径2.7厘米，深1.4厘米的圆窝，背面中间有作砧用砸击的凹坑，形状不规则，较散漫，深0.4厘米(图二七二,8;图版一三三,3)。H57：5,浅色石英砂岩，方形砺石，正面表皮脱落，中间有一磨圆度很好的凹窝，直径1.7厘米，深0.9厘米，背面为砺磨面，中间有作砧用砸击形成的散漫凹疤，深约0.3厘米(图版一三三,1)。T103③B：41,近方形砺石，暗色砂岩，经火烧成红褐色，下面因砺磨而中凹，中有二圆窝，一个直径1.7厘米，深1厘米，一个直径1.5厘米，深0.8厘米。背面为较平的砺磨面(图版一三三,4)。H187：27(图二七二,5;图版一三三,2)。T114③：10(图版一三三,5)。T109③：43(图版一三三,6)。T34③：13(图版一二二,5)。

4. 砺石

数量很多，形体富于变化，可见用途很广，大体有修整成型和利用自然岩块两种，均砂岩和石英砂岩，且占半数曾在使用和废弃后被火烧过。碎块很多，观察标本102件，但完整者很少，统计标本63件，依形体不同分为六型：

A型:21件。长方形或近长方形，形体稍厚大，依使用方法不同分三个亚型：

Aa型:7件。仅一面有磨用痕。又可分为两类:一类经长期使用，中间下凹，共4件。标本H309：10,中间呈槽形(图二七三,5)。H290：8,仅存中部，中间微凹(图版一三四,1)。另一类3件，似刚磨用不久，磨用的一面仍很平。T103③B：3,浅色石英砂岩，一端残，劈裂面尚未磨平(图二七三,9)。M401：3,紫红色含铁石英砂岩，层理清楚，刚成型的毛坯，一面保留自然岩面，一面为劈裂面，仅稍经琢修，尚未磨用(图二七三,12;图版一三四,8)。H252：9(图二七三,1;图版一三四,3)。

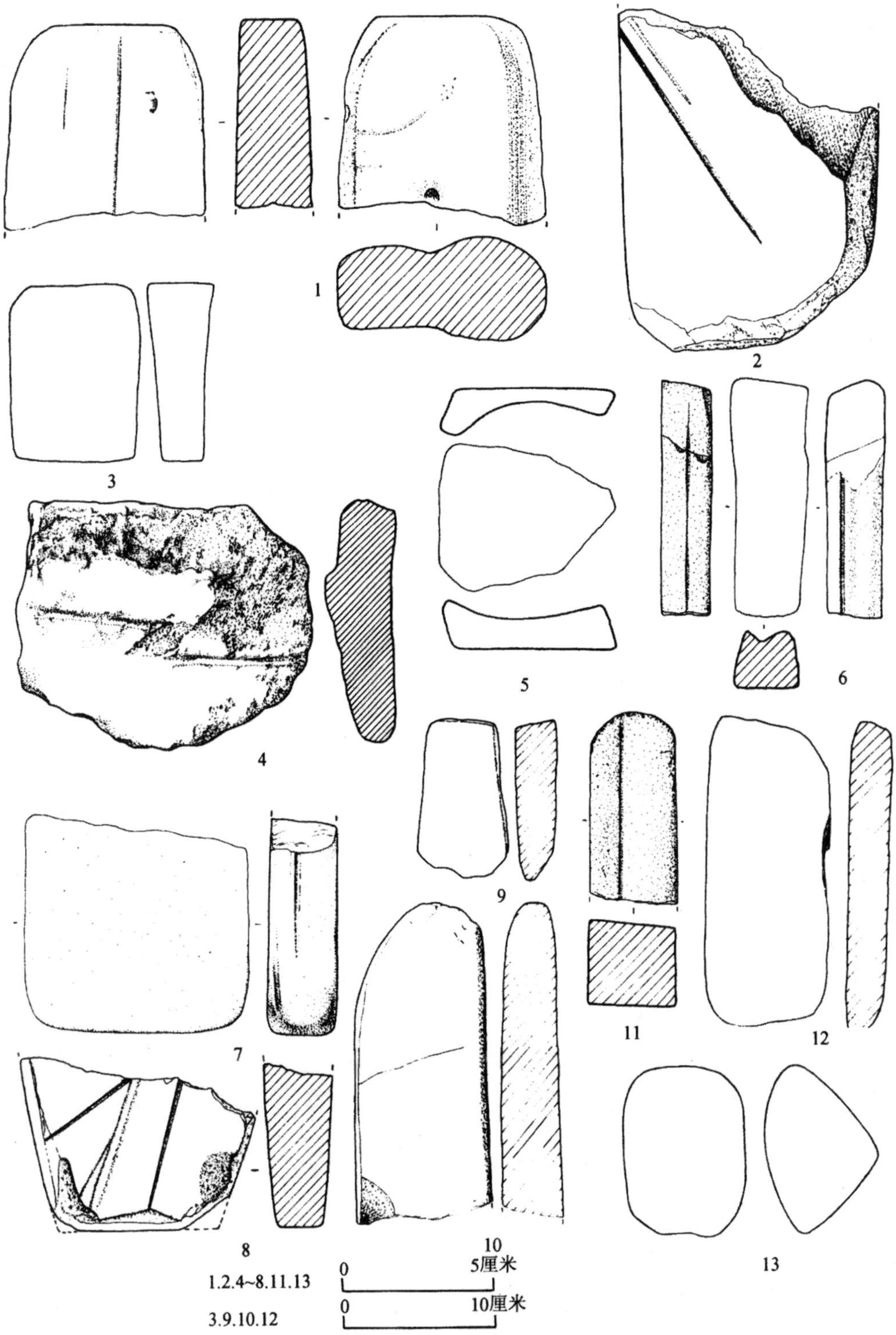

图二七三　砺石

1. Aa 型(H252：9)　2. Ac 型(H275：1)　3. Ac 型(T4③：11)　4. Ac 型(M113：3)　5. Aa 型(H309：10)
6. Cc 型(T28ⒸⒸ：3)　7. Ab 型(H282：8)　8. Ac 型(T120ⒸⒸ：8)　9. Aa 型(T103ⒷⒷ：3)
10. Ab 型(M282：9)　11. Cb 型(H134：2)　12. Aa 型(M401：3)　13. Db 型(H234：3)

Ab 型:7 件。两面有磨用痕。标本 M282：8,浅色砂岩,断,残存一半,两面微下凹,两侧有条形磨痕(图二七三,7;图版一三四,2)。M282：9,浅色砂岩,两面两侧均磨平(图二七三,10;图版一三四,7)。

Ac 型:6 件。磨痕成沟槽形。此类砺石应是磨制针、锥类有尖骨器所用。标本 T4③：11,完整长方形,六面均较规整,其中一平面有一较长沟槽,另一平面有两条较短沟槽,一侧面呈脊状(图二七三,3;图版一三四,5)。H275：1,浅色石英砂岩,一面平,一面有两道斜向沟槽(图二七三,2;图版一三五,4)。M41：1,浅色砂岩,圆弧顶,中部以下残,一面下凹,一面斜下凹,上有斜向沟槽 4 道(图版一三四,6)。M113：3,浅色砂岩,一面平磨下凹,一面较平,上有 1 道条形磨痕(图二七三,4;图版一三五,5)。H112：44,仅存一端,两面均有许多窄条形磨痕,且较乱(图版一三四,4)。T120③B：8,仅存一端,两面均磨平,一面三条、一面一条磨痕(图二七三,8;图版一三五,3)。

Ad 型:1 件(M275：3),浅色石英砂岩,两面、两侧均有磨痕,并均呈中间下凹状,其中一侧有作砧用时砸击的坑疤,另一侧有沟槽状凹陷,是砺石中最大的一件,长 54.5 厘米,宽端宽 14 厘米,窄端宽 10.8 厘米,厚 7.5 厘米(图版一二四,2)。

B 型:11 件。方形或菱形,均较厚。依形体不同分两亚型:

Ba 型:5 件。方形,体较厚。标本 H122：4,近方形,一面磨出凹坑,一面残(图版一三六,4)。

Bb 型:6 件。近方形或菱形。标本 H120：23,器体较薄,可能因长期使用所致,一面磨平,一面磨成下凹状(图版一三五,1)。M60：2(图版一三五,2)。

C 型:9 件。方柱体,有的长期使用变成长条形,依使用方式不同可分为三个亚型:

Ca 型:5 件。两面平磨。标本 H152：4,紫红色含铁粉砂岩,两面磨平,另两面轻度磨用,自然岩面尚留(图版一三七,7)。H291：5,紫红色含铁粉矿岩,两面经长期磨用,器体变薄,中间更薄(图版一三七,5)。T103③B：42,暗色粉砂岩,一面平,一面中间厚,向两端渐薄,两端残(图版一三七,6)。

Cb 型:3 件。经磨平的面上还有浅沟槽。用途与 Ac 同。标本 H134：2,仅一面经轻度磨平,上有一竖向浅槽(图二七三,11;图版一三七,2)。T64④：2,浅色砂岩,一面经长期使用而中凹,另三面均有竖向浅槽(图版一三七,1)。T113③B：16,一面经磨而中凹,一面有一竖向沟槽延至两端,一横向沟槽延至另一面(图版一三七,3)。

Cc 型:1 件(T28③C：3),器体较细,沟槽较深长,紫红色含铁石英砂岩,层理清楚,残存一半,一端和一面磨平,一面磨有竖向较深的沟槽,一侧竖向磨沟较浅,另一侧磨沟稍弯曲(图二七三,6;图版一三七,4)。

D 型:12 件。三角体。分四个亚型:

Da 型:2 件。平面略呈锐角三角形。标本 M400：2,浅色砂岩,三角体的三个面均经长期磨用,较平或微凹,一端面保留自然岩面(图版一三八,8)。

Db 型:5 件。平面做等腰三角形。标本 T102③B：23,正面和两侧面经长期磨用,正面较平而两侧面稍倾斜,端面仅轻度磨用(图版一三八,1)。H234：3,端面和三侧面均经长期磨用,长侧面微凹,此器经火烧,可能曾做支脚用(图二七三,13)。H28：45,正面磨平而下凹,且一侧磨薄,端面平而未经磨用,为自然岩面,两侧面磨平(图版一三八,3)。M282：53,浅色砂岩,为一刚成型之坯料,尚未经磨用(图版一三八,2)。

Dc 型:3 件。平面方或长方形,剖面做三角形,整体呈楔形。此类器物经火烧,似曾做支脚使用。标本 H139：2,底面和一侧面磨成微凹状,顶面和另一侧轻度磨用,端面未见磨痕(图版一三六,6)。

Dd型:2件。三棱锥形。标本H238:6,浅色砂岩,底面及两侧面均磨平,尖稍残(图版一三六,5)。

E型:7件。形似镰,但无刃口,且周身皆见长期砺磨痕,多为砂岩,故仍应是砺石而非镰刀类。标本H159:8,两面均磨成中凹状(图版一三八,7)。H119:3,灰色粉砂岩,两面均在一侧砺磨,成刃状(图版一三八,6)。T33③B:6,含粉砂片岩,正、背及两侧面均经砺磨(图版一三八,5)。T34③B:9,含粉砂片岩,背面平而有一沟槽(图版一三八,4)。

F型:3件。不规则形。均曾火烧,可能曾作支脚。标本T104③B:14,浅色砂岩,三棱体,三面均有磨痕(图版一三六,8)。

三、第二类工具

此类工具包括人类在日常生活和生产劳动中,除了用来制作工具的第一类工具之外的所有工具,其中有农具、木作、渔猎、粮食加工、纺织等用途的工具。

1. 石铲

石铲所用石料有:变质岩,含云母片岩、板岩、石灰岩、泥页岩、绿色砂岩、安山岩、闪长岩等,以层理结构的版岩、片岩、页岩为主。共87件,大多残,可供测量的28件,依形态不同可分为三型(表四四):

A型:48件。平面长方型。依刃部不同分三个亚型:

Aa型:17件。两端舌形刃。两端圆弧形,一端刃有明显使用痕迹,另一端刃使用痕迹不显。标本M117:2,黑绿色片岩,肩部稍残(图二七四,1;图版一三九,1)。M399:1,黑绿色片岩,刃部稍残(图二七四,3;图版一四〇,7)。T109③B:3,仅存顶部,经轻度打磨。T71④:2,暗色闪长岩,一面为自然岩面,一面为劈裂面,周边有打击修理痕,尚未加磨,似为刚成型之半成品,中部以上残(图二七四,2)。

Ab型:23件。一端舌形刃,顶部近方,较厚,两侧圆弧形。近顶部两侧有敲击修整痕。标本T31③B:6,暗色含砾片岩,刃部锋利有使用痕,顶部稍残(图二七四,6;图版一三九,2)。

Ac型:8件。长方形,两侧圆角方形,弧刃,器体较厚,形体较大。标本T102③B:28,浅色石英砂岩,较窄(图二七四,5)。T27③B:2、H103:2均残(图二七四,7、4)。

B型:22件。有肩石铲。平顶弧刃,依形体特征不同分两个亚型:

Ba型:14件。器体长方形或梯形,舌形刃稍宽于器体,中部两侧锤击修理出两肩。标本T31③B:8,黑绿色片岩,一面和刃部磨光,一面和顶部磨光,但仍有打痕,两侧打出肩后未磨,刃部有明显磨蚀沟(图二七五,1;彩版一八,1;图版一三九,4)。T31③B:1,含粉砂片岩,刃部稍残,有明显磨蚀沟,顶部稍残,除两侧打痕外,通体磨光(图二七五,2;图版一三九,3)。M413:1,黑绿色片岩,器体较小,刃部尖弧形,完整锋利,有明显磨蚀沟,顶部稍残,两侧有打痕(图二七五,3;图版一四〇,5)。T11③:11,残存上部,顶稍残,两面磨光,但仍有琢痕,两侧打出双肩(图二七五,4)。

Bb型:8件。器体呈长椭圆形,弧顶弧刃,两侧有打击痕但无明显双肩。标本M400:5,黑绿色片岩,刃部磨光,锋利,使用后经再磨,将使用痕磨去,未经使用,看来石铲在使用过程中需经反复磨砺刃部使之保持锋利状态,器两侧有打痕,两面磨光后仍留有原岩面,顶残,器体较小(图二七五,6;图版一四〇,6)。T14③B:6,片岩,残余上部,两侧、两面均经轻磨,但原岩面仍保留,弧

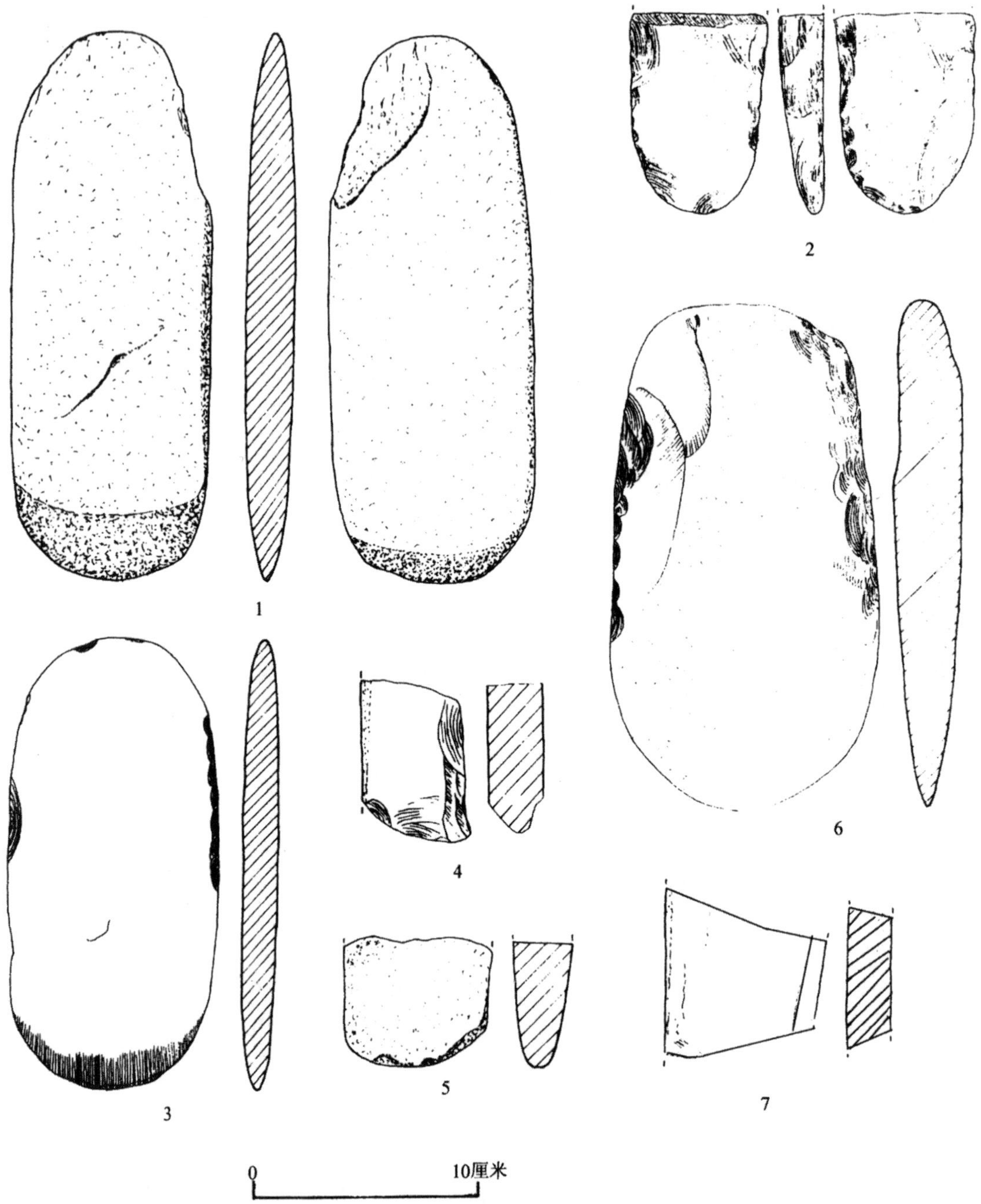

图二七四　石铲

1. Aa 型(M117∶2)　2. Aa 型(T71④∶2)　3. Aa 型(M399∶1)　4. Ac 型(H103∶2)　5. Ac 型(T102③B∶28)　6. Ab 型(T31③B∶6)　7. Ac 型(T27③B∶2)

顶,中部以下残(图二七五,5)。

C 型:17 件。器体较小,窄长梯形,平顶,背面中间稍加厚或稍弯曲,略作拱背状,两侧中间有明显绑缚痕。分三亚型:

Ca 型:8 件。舌形弧刃。标本 T70④∶1,绿色砂岩,周边均有打击修整痕,两面经磨光,似尚

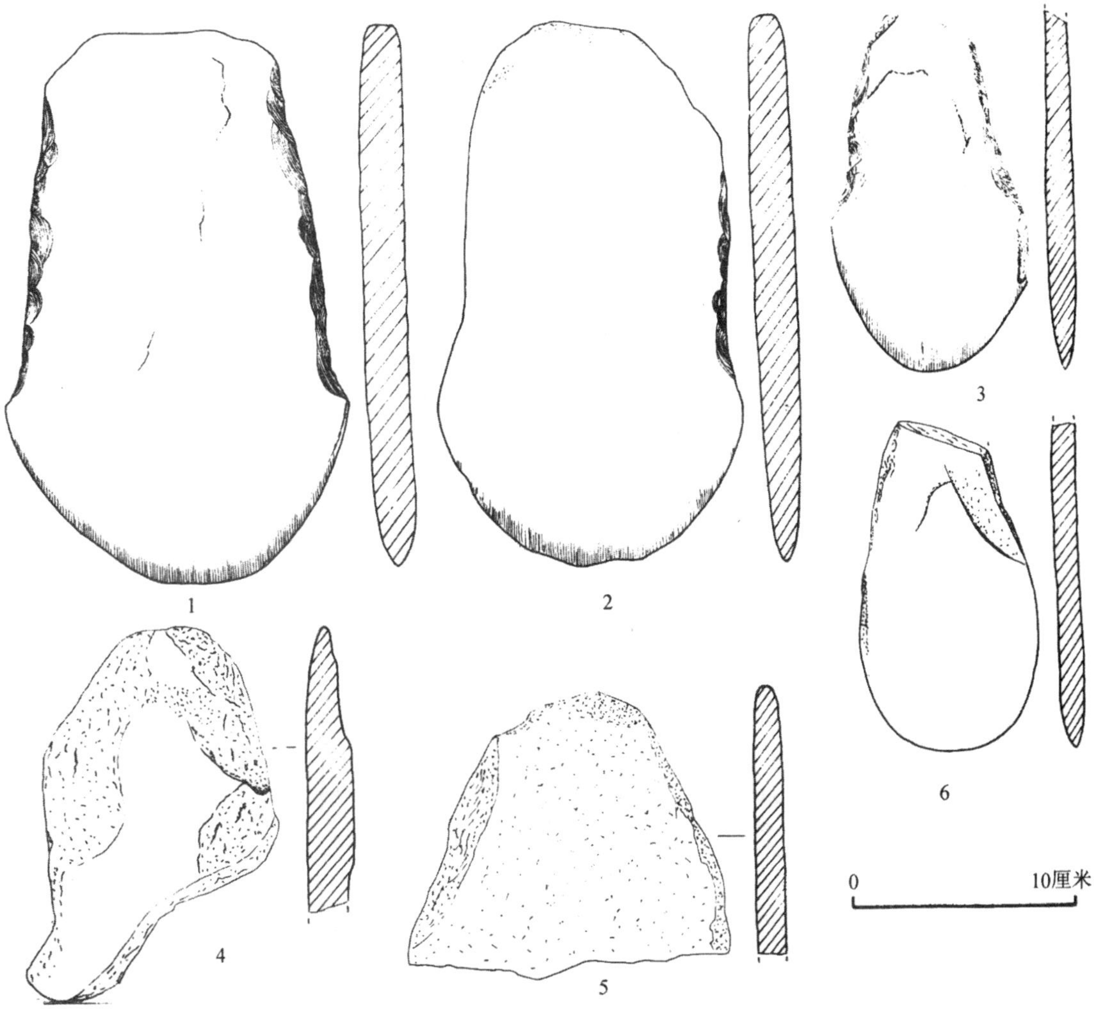

图二七五　石铲

1. Ba 型(T31③B：8)　2. Ba 型(T31③B：1)　3. Ba 型(M413：1)　4. Ba 型(T11③：11)
5. Bb 型(T14③B：6)　6. Bb 型(M400：5)

未完成之半成品(图二七六,1;图版一三九,5)。T109③B：44,器体稍大,仅存中部,顶、刃部均残,通体磨光,两侧可见长期使用之绑缚痕(图二七六,5)。T103③B：12,两侧肩稍显有绑缚痕,背面下部有使用痕但刃部周边又有打击修理痕,疑为二次成型修理(图版一四〇,2)。T11③：10(图二七六,2)。

Cb 型:6 件。直刃微弧,器体中部稍弯曲。标本 H291：4,灰绿色含砾砂岩,一面稍加磨修,一面为劈裂面,顶及两侧有打击修理痕,刃部有长期使用形成的明显磨蚀痕(图二七六,9;图版一三九,6)。T28③：8,中部以上残,两面磨制光滑,两侧遗有打击痕。刃部锋利(图二七六,3)。H60：2,浅色砂岩,器体稍大,仅存中部,通体磨光,但经火烧,刃部稍宽(图二七六,8)。

Cc 型:3 件。扁平梯形,平底直刃,器体轻小。标本 M327：9,灰绿色含砾砂岩,通体磨光,两边遗有打痕(图二七六,4;图版一四〇,3)。T22③：7,绿色粉砂岩,两面磨光,两侧及顶有打击修理痕,直刃较钝(图二七六,7;图版一四〇,1)。M274：2,含粉砂片岩,通体磨修遗有打击痕,刃部锋利(图二七六,6;图版一四〇,4)。

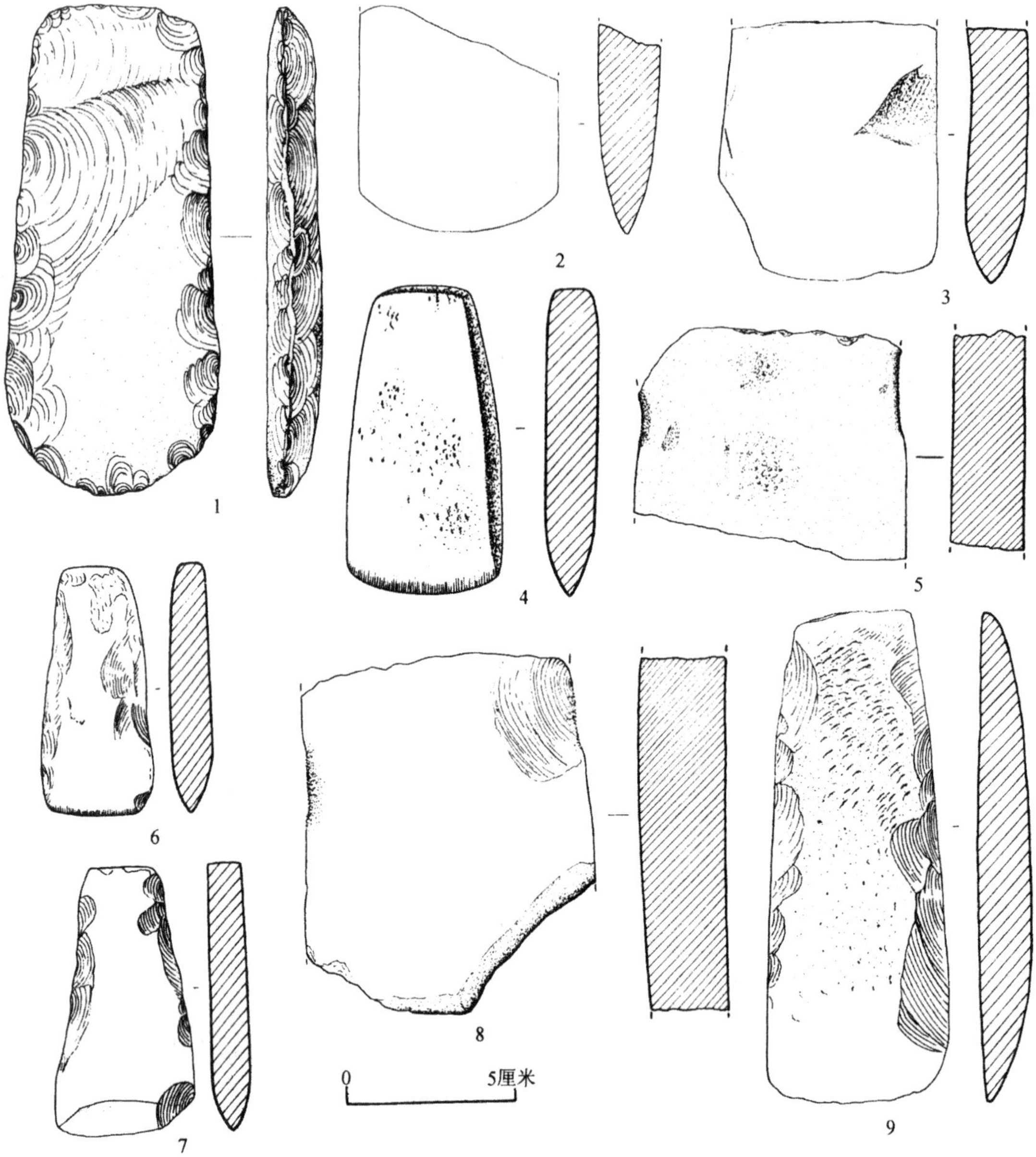

图二七六　石铲

1. Ca 型(T70④:1)　2. Ca 型(T11③:10)　3. Cb 型(T28③:8)　4. Cc 型(M327:9)　5. Ca 型(T109③B:44)
6. Cc 型(M274:2)　7. Cc 型(T22③:7)　8. Cb 型(H60:2)　9. Cb 型(H291:4)

表四四　石铲测量记录表　(单位:厘米)

器号	型式	长	宽	长宽比	厚	刃角	石料
M117:2	Aa	23.30	9.33	2.5	2.06	37°	黑绿色片岩
M399:1	Aa	18.70	9.39	2.0	1.55	43.3°	黑绿色片岩
T71④:2	Aa	残 8.79	6.33		1.98	39°	暗色闪长岩
T103③:30	Aa	残 4.63	残 7.45		1.24	49°	含粉砂片岩

续表四四

器号	型式	长	宽	长宽比	厚	刃角	石料
T31③B：6	Ab	21.30	11.9	1.8	3.11	35°	含砾片岩
T104③：12	Ab	残6.12	残6.64		1.50		
T27③B：8	Ac	残7.35	残7.21		1.93		浅色砂岩
T102③C：28	Ac	残5.53	残7.43		2.80		浅色石英砂岩
H103：2	Ac	残7.14	残4.63		2.33		
T31③B：8	Ba	23.4	15.24	1.5	2.01	43°	黑绿色片岩
T31③B：1	Ba	22.8	13.61	1.7	2.02	49°	含粉砂片岩
M413：1	Ba	15.12	8.78	1.7	1.30	42°	黑绿色片岩
T11③：11	Ba	17.50	11.02	1.6	2.15	41°	含粉砂片岩
M400：5	Bb	14.03	8.14	1.7	1.31	46°	黑绿色片岩
T14③B：6	Bb	残11.95	残14.25		1.35		黑绿色片岩
T103③：12	Ca	10.3	4.82	2.1	1.60	51°	闪长岩
T70④：1	Ca	14.02	6.63	2.1	1.65	43°	绿色砂岩
T109③B：44	Ca	残6.50	8.21		2.25		绿色砂岩
H212：1	Ca	残7.12	5.42		1.65	37°	
T11③：10	Ca	残6.03	5.99		1.84	39°	闪长岩
H291：4	Cb	13.92	5.65	2.5	1.70	37°	灰绿色含砾砂岩
H60：2	Cb	残10.42	8.96		2.48		浅色砂岩
T105③：7	Cb	残9.91	6.20		1.79		
T28③：8	Cb	残7.32	6.50		1.77	49°	
T12③：14	Cb	残7.04	7.02		2.21	51°	浅色砂岩
M327：9	Cc	8.71	4.76	1.8	1.54	50°	绿色含砾砂岩
M274：2	Cc	6.92	3.45	2.0	1.38	52°	含粉砂片岩
T22③：7	Cc	7.70	4.37	1.8	1.19	51°	绿色粉砂岩

2. 石镰

石镰数量不多，仅45件，完整者者更少。其石料选择以片岩、板岩为主，依形态可分为两个型（表四五）：

A型：17件。齿刃石镰，皆通体磨光。分三亚型：

Aa型：5件。拱背弧刃，根部下有缺口，以便缚柄。标本M356：4，灰色粉砂岩，因长期使用，反复加工磨刃；器体已呈长条状，缚柄缺口有长期使用绑缚痕，刃部似刚加工过，齿尖较为锋利（图二七七，3；彩版一八，3）。T23③：3，含砾片岩，中部至尖部残，缺口有绑缚痕，齿刃因长期使用，刃口较钝（图二七七，1；图版一四一，5）。T33③：1，仅存尖部，刃齿长期被磨，近于消失（图版一四一，1）。H106：1（图二七七，2）。

Ab型：8件。拱背直刃，无可复原者。标本H57：1，含粉砂片岩，器体较宽，可能使用时间不久，刃口较钝，尖、根部均残（图二七七，4；图版一四一，8）。H20：3，仅存中部至尖部，器体较宽

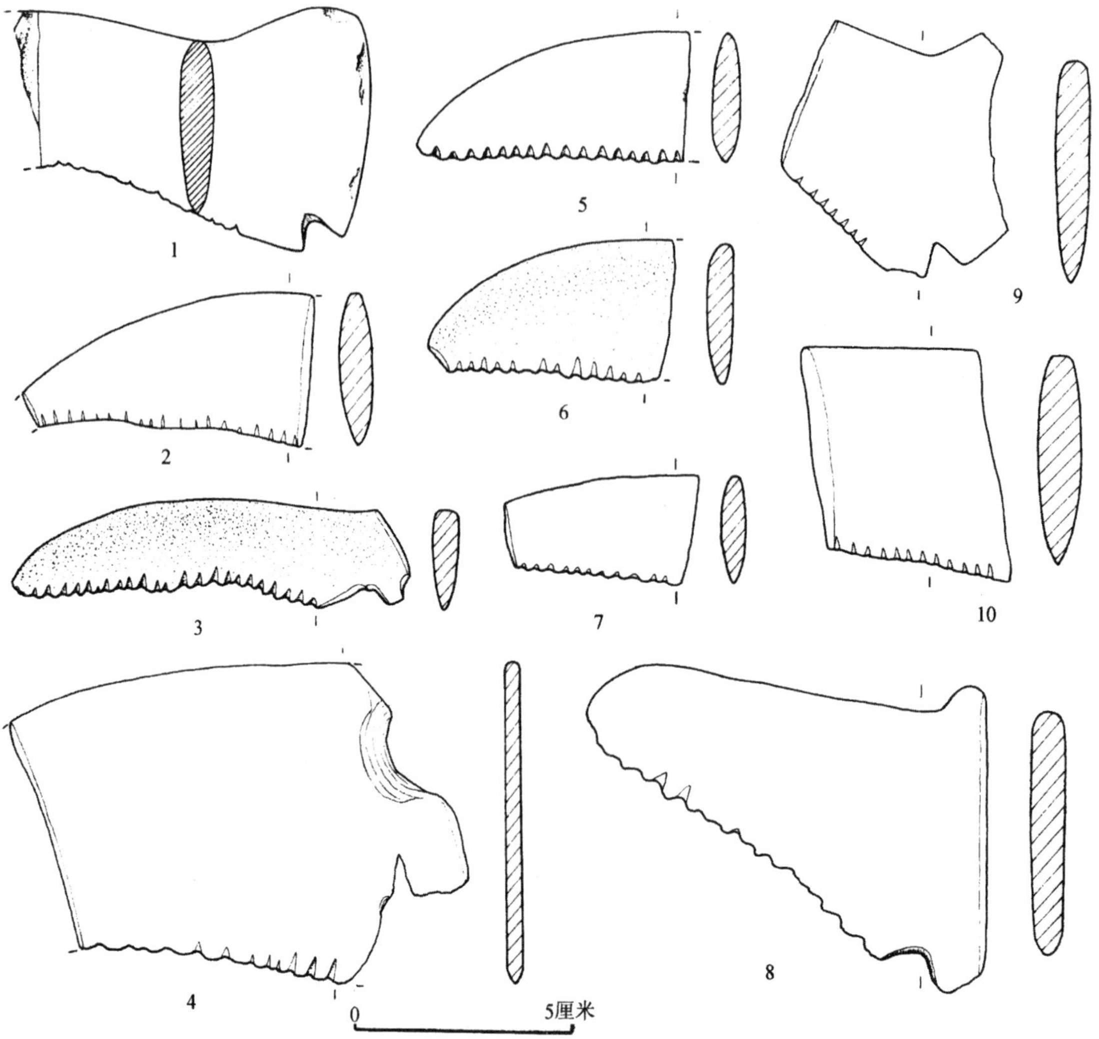

图二七七 石镰

1. Aa 型(T23③:3) 2. Aa 型(H106:1) 3. Aa 型(M356:4) 4. Ab 型(H57:1) 5. Ab 型(M414:1) 6. Ab 型(T120③C:7) 7. Ab 型(H25:5) 8. Ac 型(T12③:2) 9. Ac 型(T109③C:36) 10. Ac 型(H155:2)

(图版一四一,3)。M414:1,紫红色粉砂岩,器体较窄,仅存中部至尖部,刃口较钝(图二七七,5;图版一四一,4)。T33③:4,根部倾斜,刃齿重新打出,但未磨定型(图版一四一,2)。T120③C:7,残余尖部,含粉砂片岩(图二七七,6;图版一四一,7)。H25:5(图二七七,7)。

Ac 型:4 件。直背,刃斜直,根部上有凸起,下有缺口,以便绑缚,缺口处有长期绑缚痕。标本T12③:2,灰黑色板岩,根部上下均有明显长期绑缚痕(图二七七,8;彩版一八,2)。T109③C:36(图二七七,9)。H155:2(图二七七,10)。

B 型:28 件,双面刃无齿石镰,无完整者,可分为宽窄两亚型:

Ba 型:10 件。器体较宽,拱背刃微弧,大多通体磨光。标本 T35③B:1,灰绿色含粉砂片岩,刃部较钝,通体打磨但未抛光(图二七八,2;图版一四一,10)。T22③C:19,绿色砂岩,刃部圆钝,打磨光滑(图二七八,5;图版一四一,9)。T6③:13,直背双面斜刃,因仅此残器,暂归于此(图二七八,6;图版一四一,6)。T23③:2,仅截坯成型,尚未琢磨(图二七八,1)。T109㉞:60(图二七八,3)。

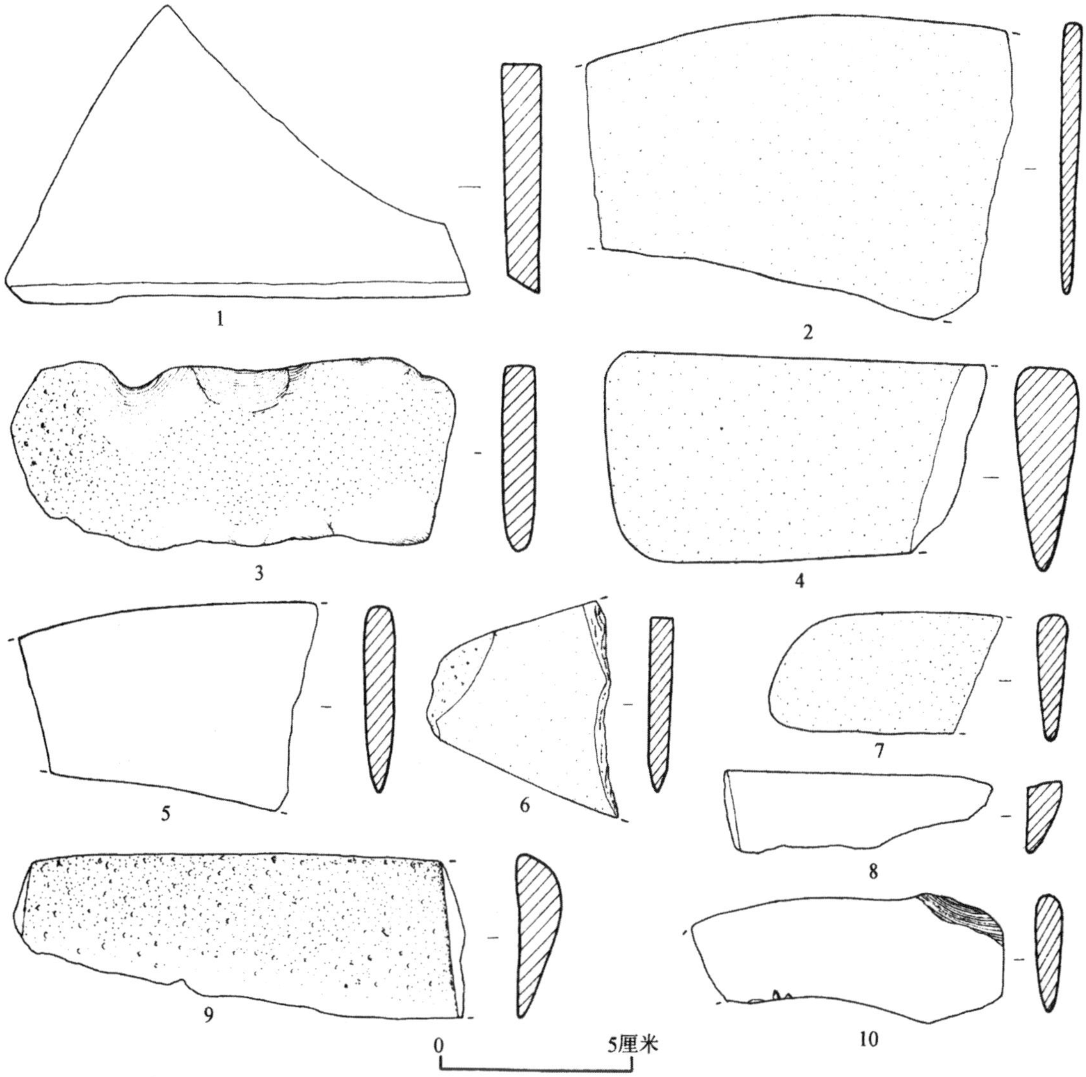

图二七八　石镰

1. Ba型(T23③:2)　2. Ba型(T35㉞:1)　3. Ba型(T109㉞:60)　4. Bb型(T12㉞:16)　5. Ba型(T22㉟:19)　6. Ba型(T6③:13)　7. Bb型(T35㉞:14)　8. Bb型(T109㉞:59)　9. Bb型(H14:2)　10. Bb型(T16③:5)

Bb型:18件。器体呈窄长形,直背斜刃或直刃,无可复原者。标本T35㉞:14,直背直刃,刃口圆钝,尖部由顶向刃部弧收(图二七八,7;图版一四二,4)。T12㉞:16,器体较厚,通体打磨(图二七八,4)。H14:2,打琢成坯后仅磨刃部(图二七八,9;图版一四二,2)。T109㉞:59(图二七八,8)。T16③:5(图二七八,10)。H341:7(图版一四二,1)。T10③:2(图版一四二,3)。

表四五　石镰测量记录表　(单位:厘米)

器号	型式	长	宽	长宽比	厚	刃角	石料
H106:1	Aa	残6.51	3.23		0.74	36°	含粉砂岩片
H101:1	Aa	残6.39	2.32	2.8	0.72	32°	

续表四五

器号	型式	长	宽	长宽比	厚	刃角	石料
M356：4	Aa	残 9.22	2.16	2.9	0.71	38°	灰色粉砂岩
T23③：3	Aa	残 8.30	5.40	1.5	0.85	33°	含砾片岩
T33③：1	Aa	残 7.33	4.51	1.6	0.70	31°	
H25：5	Ab	残 4.38	2.39		0.59	31°	
H57：1	Ab	残 9.33	7.0		0.46	33°	含粉砂片岩
T6③：1	Ab	残 4.33	3.35		0.66	32°	
T33③：4	Ab	残 9.05	6.92	1.3	0.82	26°	
M414：1	Ab	残 6.06	2.81	2.2	0.60	35°	紫红色粉砂岩
T120㊂C：7	Ab	残 5.46	3.09	1.8	0.65	34°	含粉砂片岩
H20：3	Ab	残 8.77	4.96	1.8	0.67	37°	
T12③：2	Ac	10.61	6.43	1.7	1.01	39°	灰黑色板岩
T109㊂C：36	Ac	残 5.5	4.2		0.8	33°	
H155：2	Ac	残 4.2	4.7		1.0	36°	
T22㊂C：19	Ba	残 7.95	5.19		0.96	14°	绿色砂岩
T35㊂B：1	Ba	残 11.14	7.25	1.5	0.73	21°	灰绿色含粉砂片岩
T23③：2	Ba	残 12.07	7.26	1.5	1.12	46°	
T6③：13	Ba	残 4.89	残 5.35		0.71	29°	
T109㊂B：60	Ba	残 11.55	4.69	2.5	1.05	26°	
T7③：1	Ba	残 4.14	5.78		0.88	37°	
T63④：7	Ba	残 5.48	6.33		1.31	45°	灰绿色泥质页岩
T103③：29	Ba	残 7.10	4.94		0.73	28°	黑绿色片岩
T12㊂B：16	Bb	残 9.83	5.42		2.10	42°	
T35㊂B：14	Bb	残 5.35	3.02		0.93	43°	
T16③：5	Bb	残 8.11	3.20	2.5	0.75	19°	
T67⑤：1	Bb	残 4.00	残 2.35		0.80	32°	浅色砂岩
H14：2	Bb	残 11.79	3.94	3.0	1.30	35°	
H341：7	Bb	残 9.19	3.81	2.4	0.98	37°	
T35㊂B：3	Bb	残 4.11	2.53		0.80	41°	浅色砂岩
T109㊂B：59	Bb	残 6.97	2.05		1.02	25°	
H25：6	Bb	残 5.65	4.10		1.17	51°	浅色砂岩

3. 石刀

石刀发现不多，计 29 件，完整器更少，双面直刃，制作方法与镰相似，但有的磨制精细，有的仅磨刃部。据其形态和工艺分四型(表四六)：

A 型：成品 5 件，坯料和半成品 4 件。长方形，均片岩或板岩为原料，形状规整。标本 T11③：6，含粉砂片岩，顶、刃部磨制较细，两面磨制较粗，一侧残，另一侧稍残(图二七九，2；图版一四二，7)。T27㊂C：6，紫红色含铁石英砂岩，通体磨制精细，残余不足一半(图二七九，5；图版一四一，12)T103㊂B：44，黑色片岩，两侧经敲截，下端边棱未经磨刃，但已使用光滑(图二七九，3)。T102㊂B：17，黑绿色板岩，两侧截齐，两面被轻度打磨，棱角被把握圆钝(图二七九，1)。T103㊂B：17，紫红色含铁粉砂岩，两面和两侧锯痕明显，但锯深不足 1/4，应是被破开或蹅断(图二七九，4)。H56：7，残成三角形(图二七九，9)。

B型：13件。锤击石片简单磨刃而成。标本T6③：12，左侧和远端磨出刃口（图二七九，8；图版一四二，5）。T73④：3，台面和右侧向劈裂面加工，左侧和远端向背面加工修出刃口，但尚未经磨砺（图二七九，10）。H237：2，灰色粉砂岩，一锤击石片背面又打下一石片使之减薄，两侧均截

图二七九 石刀

1.A型（T102③B：17） 2.A型（T11③：6） 3.A型（T103③B：44） 4.A型（T103③B：17） 5.A型（T27③C：6） 6.B型（H237：2） 7.B型（T4③：6） 8.B型（T6③：12） 9.A型（H56：7） 10.B型（T73④：3） 11.B型（T21③：12） 12.D型（T114③C：17） 13.C型（H187：25） 14.D型（T12③：5） 15.C型（T64④：9）

去一节，石片远端边棱未加磨但已使用圆钝（图二七九，6；图版一四二，9）。T21③：12，含粉砂片岩，一锤击石片截齐两侧，远端边棱磨出刃口（图二七九，11；图版一四二，8）。T4③：6（图二七

九,7)。

C型:4件。锐棱砸击石片截齐远端磨刃而成。标本T64④:9,绿色砂岩,一长椭圆形河卵石,用锐棱砸击法剥去一石片,使之形成三棱形,截去远端,在左侧棱边磨出刃口(图二七九,15;图版一四二,6)。H187:25,浅红色石英岩,锐棱砸击石片,截齐远端,在右侧边棱磨出刃口(图二七九,13)H187:36(图版一四一,11)。

D型:3件。远端为一直边,刃口较钝,用途不明,暂归于此记述。标本T12③:5,黑绿色片岩,一锤击石片修成三角形,三边均经磨砺圆钝,唯两锐角刃口较显(图二七九,14)。T114㉚:17,左侧和远端边棱经简单打磨,呈刃状且有用痕,但均较钝(图二七九,12)。

表四六　石刀测量记录表　　（单位:厘米）

器号	型别	长	宽	长宽比	厚	刃角	石料
T103(3B):44	A	10.20	6.64	1.5	0.94		黑色片岩
T102(3B):17	A	11.65	3.84	3	1.10	51°	黑绿色板岩
T103(3B):17	A	7.35	4.01	1.8	1.65		紫红色含铁粉砂岩
T11③:6	A	10.21	6.96	1.5	0.74		含粉砂片岩
T27(3C):6	A	残4.69	6.44		1.62	44°	紫红色含铁石英砂岩
H56:7	A	残7.5	残5.1				
H237:2	B	8.95	5.96	1.3	1.57	41°	灰色粉砂岩
T21③:12	B	残7.78	6.90		1.09	31°	含粉砂片岩
T6③:12	B	9.02	5.67	1.6	1.31	30°	
T7③:1	B	残5.80	残3.99		1.14	29°	
T73④:3	B	11	5.3		1.3	40°	
H60:19	B	9.06	7.00	1.3	1.59	29°	
T4③:6	B	7.4	4.7		1.1	35°	
H20:8	C	残5.48	5.11		2.38	45°	
H187:25	C	8.04	4.49		1.82	41°	浅红色石英岩
T64④:9	C	8.30	3.57		1.88	49°	绿色砂岩
T12③:5	D	6.42	3.54		0.93	34°	黑绿色片岩
T114(3C):17	D	5.42	3.40		0.81	33°	

4. 石斧

数量较多,观察标本92件,大部分完整,通体琢磨抛光,有的刃及顶部使用过程中有残损,有的中部残断,共同特征是两面弧形或近斜直,至刃端相交形成刃角,两面均无明显刃面,刃角在40°～70°之间,原料主要是闪长岩、绿色砂岩和浅色砂岩,也有少量石英脉岩和个别石英岩。依器物形体特征不同分为五型(表四七):

A型:观察标本22件。器体宽扁,长宽比1.5～1.8,平面梯形或近方形,横剖面呈长椭圆形,顶圆角方形,凸弧刃,依器体大小分四亚型,可能在功能上有所不同。

Aa型:7件。本型中器体最大,均凸弧刃,刃角55°～60°,无可复原者。标本T22(3B):9,暗色闪长岩,顶部残断,刃部有崩疤(图二八〇,1;图版一四三,1)。H289:8,中部残断,刃部崩残,两侧琢成微凹状(图二八〇,2)。

表四七 石斧测量记录表 (单位:厘米)

器号	型式	长	宽	长宽比	厚	刃角	特征记述	石料
T22③B:9	Aa	残长 12.5	8.6~8.7		4.7	58°	顶残,凸弧刃	暗色闪长岩
H289:8	Aa	残长 9.7	8.1~8.4		残厚 4	59°		暗色闪长岩
T65④:2	Aa	残长	8.7		残厚 3.8	59°	仅存刃部,圆弧刃	暗色闪长岩
H28:48	Ab	残长 12.4	5~7.5		3.2	64°	刃稍残,凸弧刃	
T116③B:2	Ab	残长 10.6	5~6.6		3.2	68°	刃稍残,凸弧刃	绿色砂岩
T114③B:2	Ab	残长 11.5	6.2~7.2		3.7	62°	顶残,凸弧刃,暗色闪长岩	
T26③B:1	Ab	残长 12	5.8~6.6		残厚 3.4	70°	顶残,一刃角残,微弧刃稍斜	
T17③:6	Ab	10.6	4~6.4	1.7	3.0	52°	顶刃皆崩残,圆弧刃	绿色砂岩
M41:2	Ab	11.7	3.8~6.4	1.8	3.1	58°	崩落一刃角,圆弧刃。	
T108③B:3	Ac	残长 6.6	5.4		3.2	60°	圆弧刃	暗色闪长岩
H69:2	Ac	残长 8.8	5.5		3.1	56°	圆弧刃稍斜,磨钝	绿色砂岩
H91:1	Ac	残长 7.8	4.0~5.4		3.0	65°	顶残,圆弧刃	浅色砂岩
H20:1	Ac	残长 10	5.4		3.6	69°—52°	原刃角较大,崩残后刃角变小。	暗色闪长岩
H135:1	Ac	8.3	5.6	1.5	3.2	61°	刃残	浅色砂岩
T68⑤:8	Ad	残长 9	4.2~5		1.9	61°	顶残刃微凸弧	闪长岩
H146:5	Ad	残长 7	4.5~5.1		2.0	68°		绿色泥质粉砂岩
M121:7	Ba	15	5.4	2.8	3	60°	凸弧刃	
M73:2	Ba	13.1	5.3	2.5	2.8	60°	凸弧刃	
M386:2	Ba	12.6	5.1	2.5	2.7	60°	凸弧刃近直	绿色砂岩
M400:4	Ba	12	5.7	2.1	2.5		刃崩残	灰色粉砂岩
M119:3	Bb	9.9	4.4	2.3	2.5	56°	圆顶,凸弧刃	
M282:4	Bb	9.7	4.3	2.6	2.0	50°	方顶,凸弧刃	浅色砂岩
M275:2	Bb	8.8	4.2	2.1	1.9	50°	方顶,刃平直	浅色砂岩
采:8	Bb	8.2	3.4	2.4	1.5	50°	方顶,刃平直	
T64③:3	Bb	8.3	4.2	2.0	2.2	52°	圆角方顶,凸弧刃残半	浅色砂岩
H119:4	Bb	7.5	3.7	2.0	2.0	60°	方顶,刃微凸弧,刃面稍显	
M121:6	Bb	7.7	3.7	2.1	1.9	55°		
T7③:3	Bc	7.0	4.2	1.7	1.8	50°	方顶,刃微凸弧,刃面稍显	绿色砂岩
H130:2	Bc	6.5	3.7	1.8	1.7	45°	方顶,刃微直刃	
H386:3	Bc	7.2	3.6	2.0	1.5	48°	方顶,刃微凸刃	绿色砂岩
M119:5	Bc	6.6	3.6	1.8	1.5	49°	方顶,刃微凸刃	
M395:3	Bc	6.8	3.6	1.9	1.7	46°	方顶,凸弧刃	绿色砂岩
T73③:1	Bc	5.9	3.5	1.7	1.5	67°	方顶,直刃,微外凸	含粉砂片岩
T109③B:4	Ca	残长 15.8	残宽 6.5		4	65°	圆顶,刃残	绿色砂岩
H29:8	Ca	残长 10.5	6.8		4		两端皆残	暗色闪长岩

续表四七

器号	型式	长	宽	长宽比	厚	刃角	特征记述	石料
H237∶1	Ca	残长 8.1	6.0		3.6		圆顶，下半部残	暗色闪长岩
T108㉝∶25	Ca	残长 9.1	残宽 6.6		5	72°	残存下半部，刃部残	暗色闪长岩
T35㉛∶2	Cb	残长 7	6		3.5	50°	刃凸弧，残钝	浅色砂岩
H35∶2	Cb	残长 7	5		3.2	58°	刃凸弧	暗色闪长岩
T18③∶4	Cb	残长 7.4	4.8		3.6	50°	残存上半部	浅色砂岩
T109㉛∶11	Cb	残长 6.4	5.8		4.0		残存上半部	
M55∶1	Cc	11	4	2.8	2.6	50°	凸弧刃	绿色砂岩
M282∶5	Cc	10.6	3.7	2.9	2.3	47°	凸弧刃稍斜	浅色砂岩
T13③∶3	Cc	8.1	3.5	2.3	2.9	41°	直刃	浅色砂岩
H309∶1	Cc	6.7	2.7	2.5	1.8	40°	刃残	绿色砂岩
M241∶2	Cd	9.5	4.6	2.1	2.8	60°	斜刃有崩疤	绿色砂岩
M22∶16	Cd	8.7	4.0	2.2	2.7	59°	斜刃	绿色砂岩
M117∶1	Cd	8.2	4.4	1.9	2.6	53°	凸弧刃	石英岩
M57∶2	Cd	8.2	4.7	1.7	2.7	52°	斜刃	绿色砂岩
T11③∶3	Cd	6.8	4.3	1.6	2.2	60°	凸弧刃	暗色闪长岩
采∶10	Cd	8.5	3.4	2.5	1.4	45°	近直刃	
T114㉛∶7	D	10.6	5.6	1.9	3.7	80°	顶两侧崩损，刃近直	暗色闪长岩
M277∶31	D	8.8	5.4	1.6	2.9	75°	圆弧刃	暗色闪长岩
M400∶6	D	6.4	4.3	1.5	2.3	65°	顶稍残，刃近直，微外弧	
T63④∶1	E	4.8	2.3	2.1	1.1	25°	刃近直	脉石英
T26㉝∶5	E	5.1	2.1	2.4	1.0	25°	圆弧刃	绿色石岩

Ab 型：8 件。器体稍小，大多凸弧刃，个别稍斜，刃角在 50°～70°之间，刃口皆锋利。标本 H28∶48，刃部中间崩脱一大片疤（图二八〇，3；图版一四三，4）。T26㉛∶1，一面一大片脱落，顶残，含粉砂片岩（图二八〇，4；图版一四三，3）。T17③∶6，绿色砂岩，刃两边及顶部有琢击痕，可能曾改作琢击石锤用（图版一四三，6）。M41∶2，顶有琢击痕，刃缘锋利（图版一四三，5）。T114㉛∶2（图二八〇，5）。T116㉛∶2（图二八〇，6；图版一四三，2）。

Ac 型：5 件。器型较小，梯形或近方形，圆拱顶，圆弧刃，刃角在 55°～65°之间。标本 H69∶2，绿色砂岩，平面近方形，刃用残后琢平，尚未加磨（图二八一，2；图版一四四，2）。H135∶1，刃崩残（图版一四四，4）。H20∶1，暗色闪长岩，刃部崩残后又继续使用（图二八一，1；图版一四四，1）。H91∶1，浅色砂岩，顶残（图二八一，3；图版一四四，3）。

Ad 型：2 件。此型中器型最小的，器体也较薄，与 Cc 型石铲相似，但稍厚，暂归于此记述。顶均残，直刃微外凸，刃两边角明显，刃口锋利。刃角在 60°～70°之间。标本 H146∶5，绿色泥质粉砂岩（图版一四四，5）。T68⑤∶8，闪长岩（图二八一，4；图版一四四，6）。

B 型：观察标本 28 件。器体窄扁，长宽比 1.7～2.8，平面梯形，横剖面呈扁椭圆形。最大长宽之比为 2∶1～3∶1，凸弧刃或直刃，圆形或圆角方形。依器体大小分三亚型：

Ba 型：14 件。本型中器体最大，长宽比 0.2～2.6，皆圆顶，凸弧刃，刃角 60°～65°。标本 M121∶7，刃口锋利（图二八二，2）。M73∶2，顶两面有崩疤（图二八二，3；图版一四五，1）。

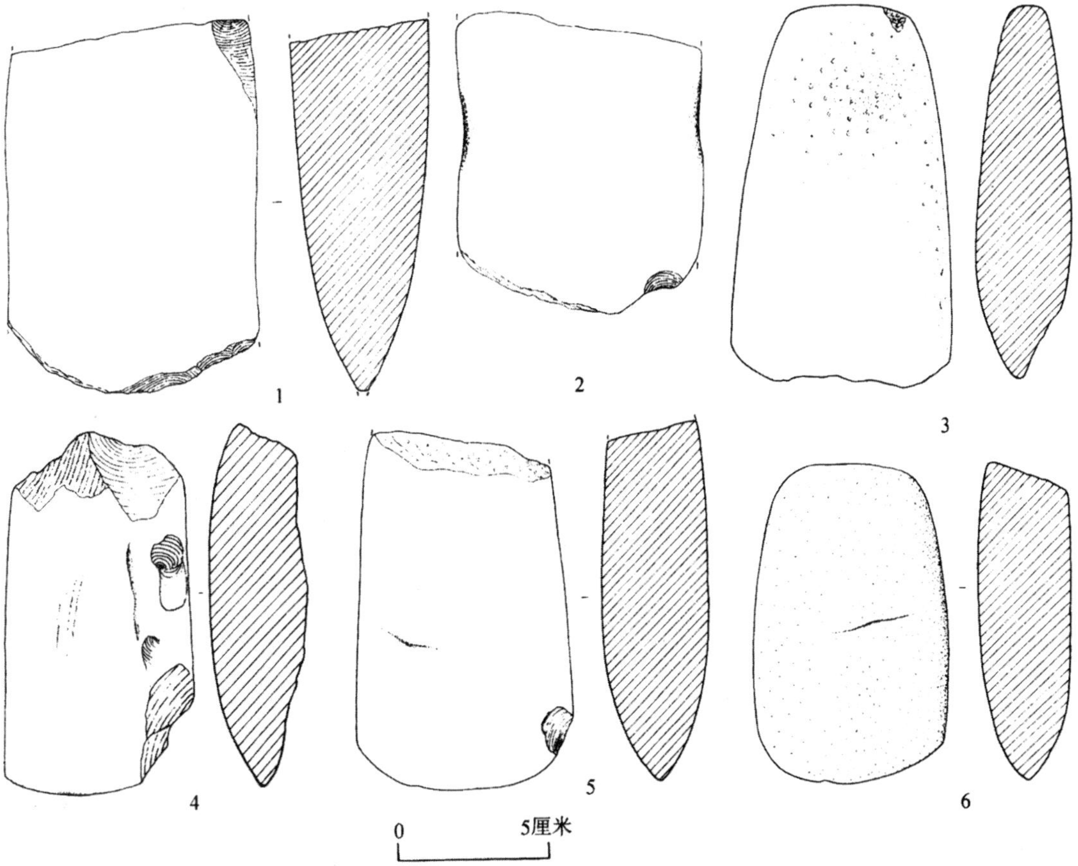

图二八〇　石斧

1. Aa 型(T22③B：9)　2. Aa 型(H289：8)　3. Ab 型(H28：48)　4. Ab 型(T26③B：1)

5. Ab 型(T114③B：2)　6. Ab 型(T116③B：2)

M386：2,绿色砂岩,顶近尖,刃近直(图二八二,1;图版一四五,3)。M400：4,刃崩残(图二八二,4;图版一四五,2)。H282：3(图二八二,10)。

Bb 型:8 件。器体稍小,长宽比 0.2～2.6,顶圆角方形,个别圆形,直刃或微凸弧。刃角 50°～60°。标本 M119：3,圆顶,凸弧刃(图二八三,6;图版一四五,4)。M282：4,浅色砂岩,方顶,凸弧刃(图二八三,1;图版一四五,6)。M275：2,绿色砂岩,方顶直刃(图二八三,2 图版一四五,5)。M121：6,一面刃稍显(图二八三,3;图版一四六,3)。T64④：3(图二八三,5)。M119：4(图二八三,10;图版一四六,2)。

Bc 型:6 件。本型中形体最小,长宽比 1.7～2,方顶,直刃或微外凸,刃角 45°～50°之间,个别达 67°。标本 T7③：3,绿色砂岩,顶一面有崩疤,刃端较宽(图二八三,8;图版一四六,1)。M130：2,直刃(图二八三,12;图版一四六,7)。M395：3,绿色砂岩,顶及上部一面有崩疤,凸弧刃稍斜(图二八三,7;图版一四六,8)。T73③：1,含粉砂片岩,直刃,刃角较大,应为长期使用磨损有关(图二八三,11;图版一四六,4)。M386：3(图二八三,4;图版一四六,6)。M119：5(图二八三,9;图版一四六,5)。

C 型:观察标本 37 件。器体较厚,长宽比 1.6～2.8,宽厚比 1.5～1.7,横剖面呈椭圆形,平面大多长条形,也有长方形或梯形,多圆顶,少量方顶。直刃、斜刃、凸弧刃均有。依其特征不同分四亚型:

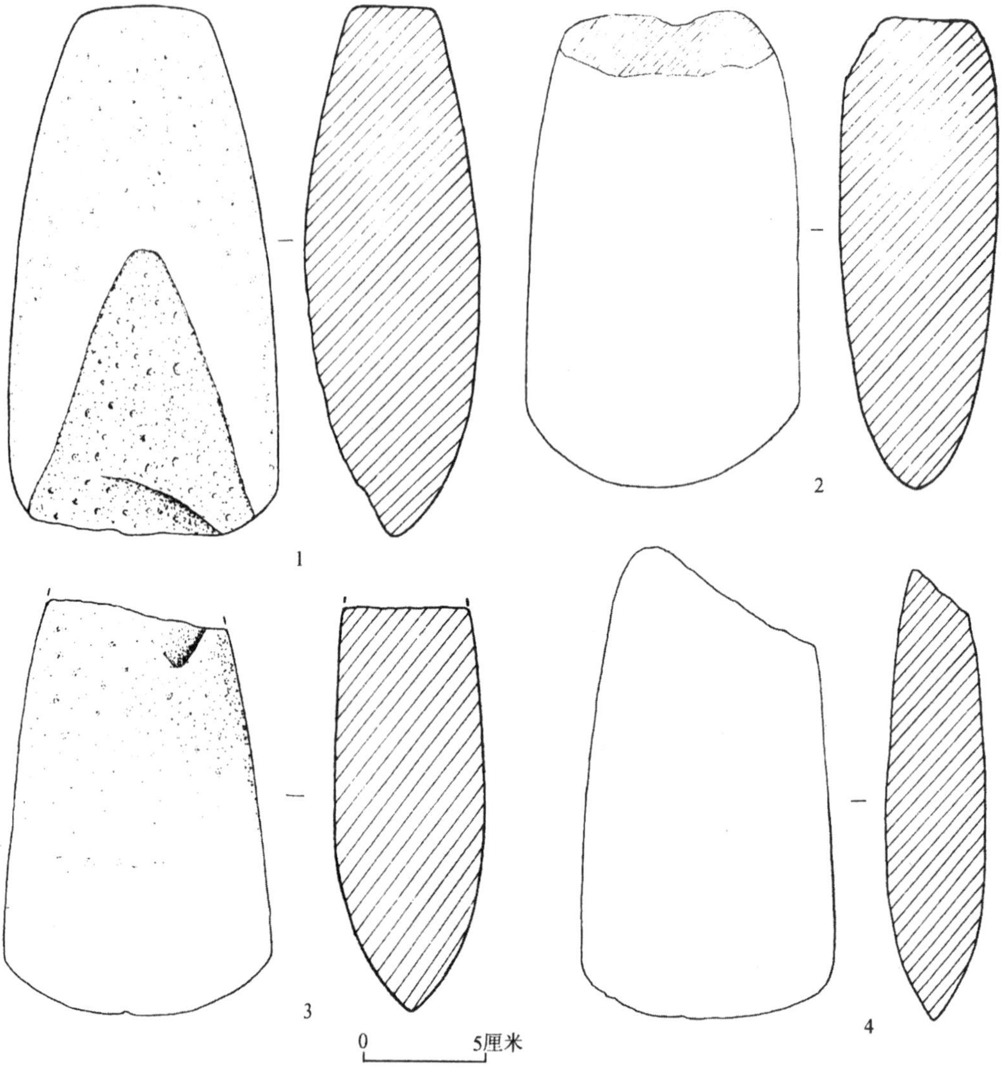

图二八一　石斧

1. Ac 型(H20：1)　2. Ac 型(H69：2)　3. Ac 型(H91：1)　4. Ad 型(T68⑤：8)

Ca 型：8 件。器体较大而厚重，均残。平面长方形或梯形。标本 T109③B：4，绿色砂岩，梯形圆顶，刃部和一侧面残(图二八四，1；图版一四七，1)。H29：8，长方形，两端均残，一面中间有敲砸而成的凹坑，可能废弃后作砧用过(图二八四，2)。H237：1，梯形，残存上半部，圆顶(图二八四，4)。

Cb 型：观察标本 17 件。均残，器体较厚，横剖面椭圆或近圆形。标本 T119③B：11，圆顶，横剖面近圆形(图版一四七，3)。H35：2，暗色闪长岩，仅存下部，凸弧刃，两侧直，横剖面椭圆形，刃缘两面磨擦纹长达 2 厘米(图版一四七，2)。T35③B：2，浅色砂岩，刃较钝，两侧有崩疤。刃角 40°～50°之间(图二八四，3)。

Cc 型：4 件。长条形，器体稍扁，凸弧顶。标本 M55：1，绿色砂岩，最大厚度在中间，凸弧刃(图二八五，1；图版一四七，4)。M282：5，浅色砂岩，最大厚度在中间，凸弧刃稍斜，短侧刃角有一崩疤(图二八五，6；图版一四七，5)。H309：1，绿色砂岩，器体较小，刃残(图二八五，2)。T13③：

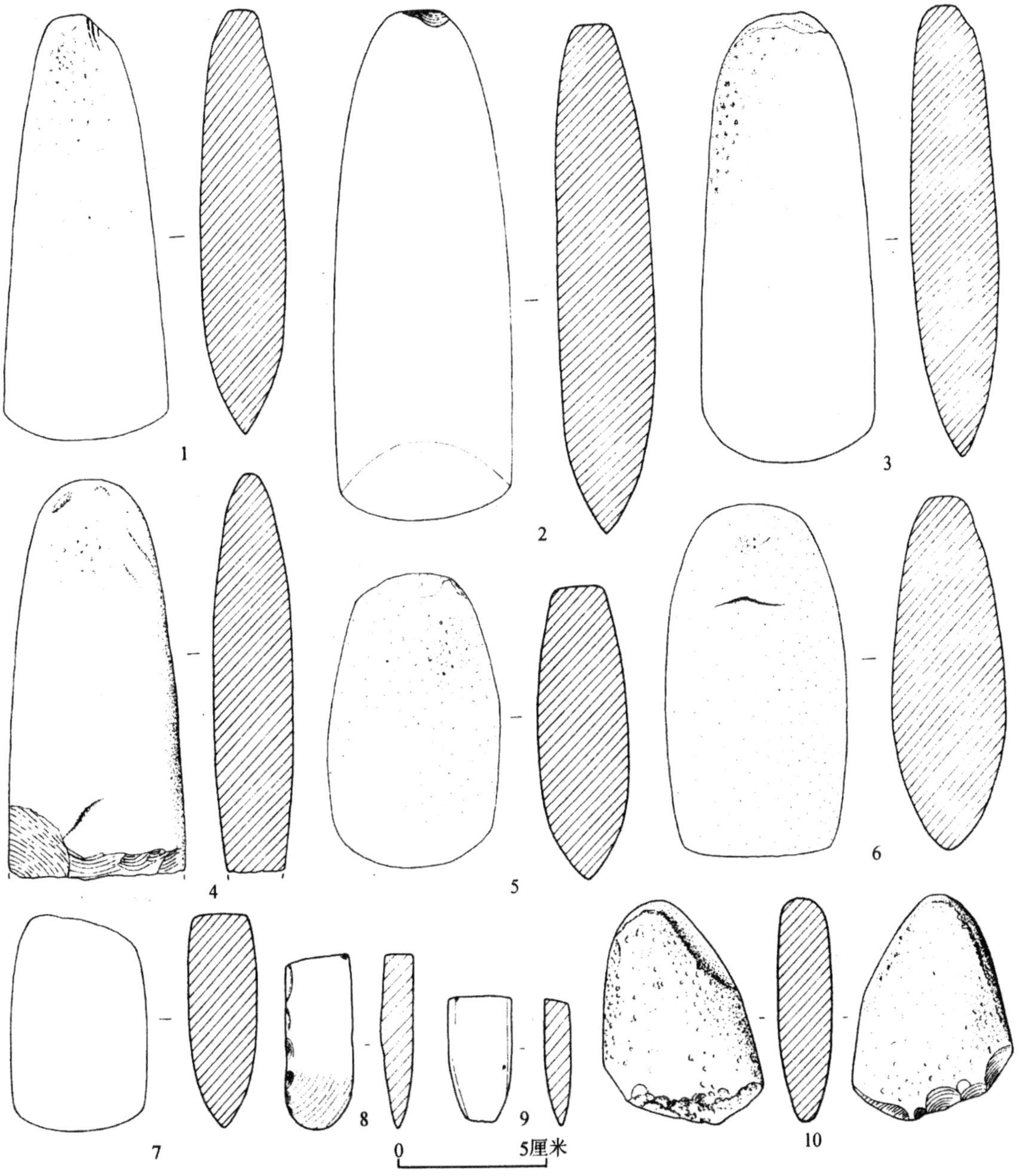

图二八二　石斧

1. Ba 型(M386：2)　2. Ba 型(M121：7)　3. Ba 型(M73：2)　4. Ba 型(M400：4)　5. D 型(M277：31)
6. D 型(T114③B：7)　7. D 型(M400：6)　8. E 型(T26③C：5)　9. E 型(T63④：1)　10. Ba 型(H282：3)

3，浅色砂岩，似经火烧，质量很轻，最大厚度在近顶部，直刃，形近似凿，但双面刃又无刃面，暂归于此介绍(图二八五，3)。

Cd：8 件，本型中器体最小，最大厚度在中间，方顶或凸弧顶，刃稍外凸弧，大多稍斜，刃角在 50°～60°之间。刃口两侧均有浅细的磨擦纹 1～6 毫米。标本 M241：2，绿色砂岩，圆弧顶，两面有崩疤，刃稍斜，短侧边刃部有破碴(图二八五，9；图版一四七，6)。M22：16，绿色砂岩，方顶微弧刃稍斜(图二八五，7；图版一四七，7)。M117：1，石英岩，方顶，刃稍凸弧，刃口有细小破碴(图二八

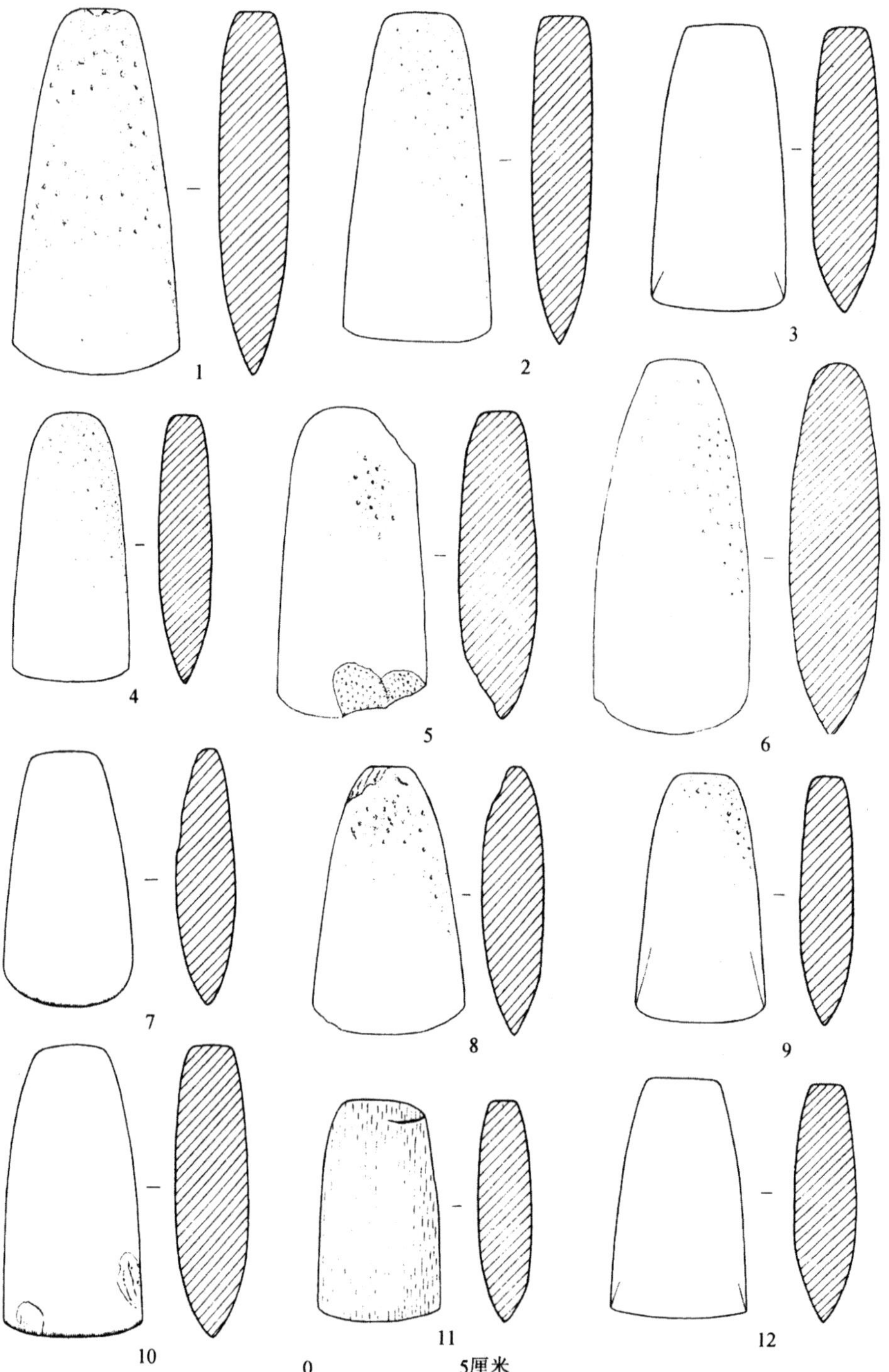

图二八三　石斧

1. Bb 型(M282：4)　2. Bb 型(M275：2)　3. Bb 型(M121：6)　4. Bc 型(M386：3)　5. Bb 型(T64④：3)　6. Bb 型(M119：3)　7. Bc 型(M395：3)　8. Bc 型(T7③：3)　9. Bc 型(M119：5)　10. Bb 型(M119：4)　11. Bc 型(T73③：1)　12. Bc 型(M130：2)

五，5)。M57：2，绿色砂岩，圆弧顶，斜刃(图二八五，11；图版一四八，1)。T11③：3，方顶圆弧刃，

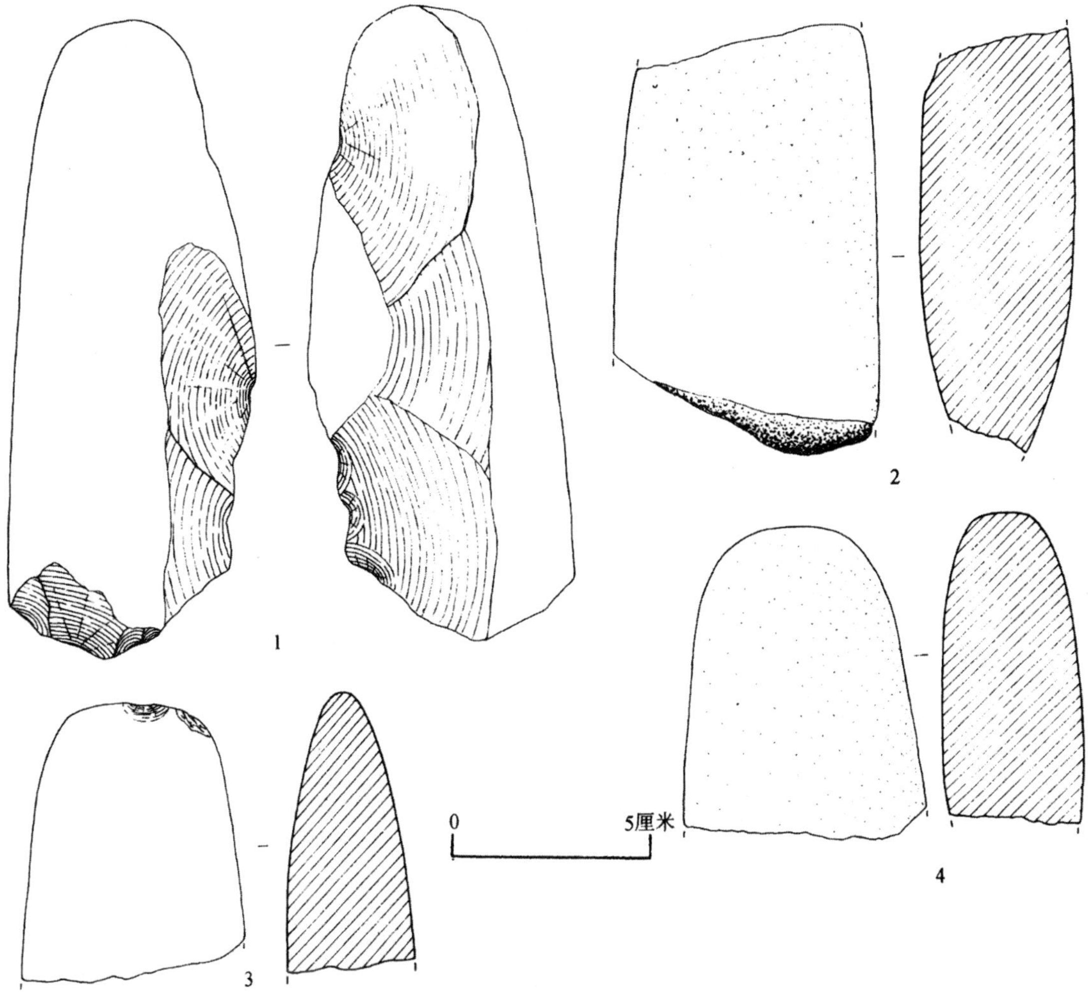

图二八四　石斧

1. Ca 型(T109③B：4)　2. Ca 型(H29：8)　3. Cb 型(T35③B：2)　4. Ca 型(H237：1)

暗色闪长岩(图二八五,4)。采:10(图二八五,10)。

D 型:3 件。最大宽和最大厚均在中部。两侧呈弧形外凸。标本 T114③B：7,暗色闪长岩,器体稍长,圆顶直刃(图二八二,6;图版一四八,4)。M277：31,暗色闪长岩,顶被砸崩损,刃圆弧形,器体一侧中部呈角状外凸(图二八二,5;图版一四八,2)。M400：6,顶被砸稍残呈倾斜状,刃近直,微外凸,器体稍宽,刃部使用磨擦纹稍向一侧倾斜(图二八二,7;图版一四八,3)。

E 型:2 件。器体很小,可称为"微型石斧",因其太小,不适于用来砍伐,功能可能有别于前四型,且制作均很粗糙。标本 T63④：1,脉石英,通体加磨,仍保留大部分片疤(图二八二,9;图版一五一,7)。T26③C：5,绿色砂岩,通体磨,仍留大部片疤,圆弧刃(图二八二,8)。

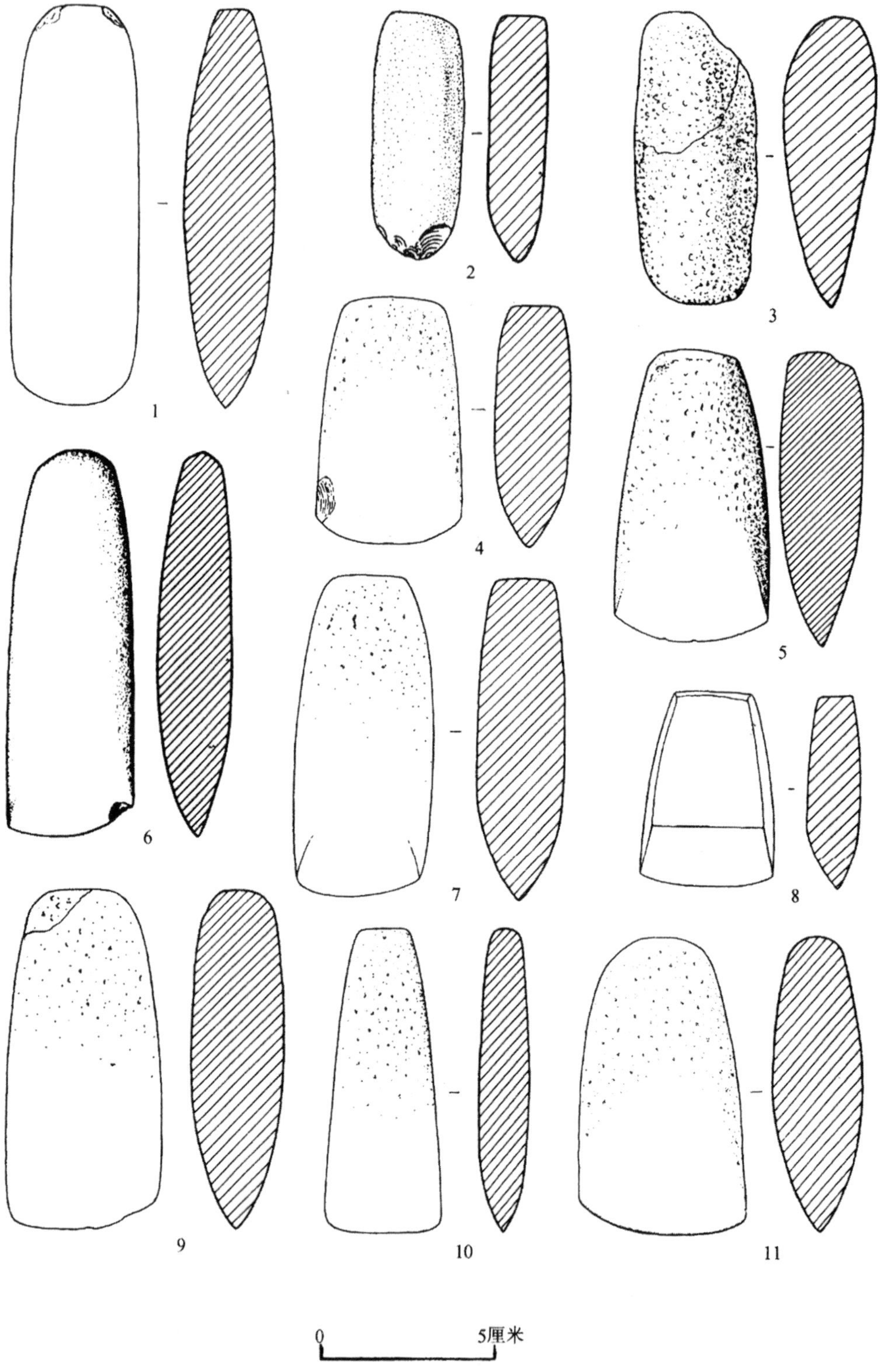

图二八五　石斧、锛

1.Cc型斧（M55：1）　2.Cc型斧（H309：1）　3.Cc型斧（T13③：3）　4.Cd型斧（T11③：3）
5.Cd型斧（M117：1）　6.Cc型斧（M282：5）　7.Cd型斧（M22：16）　8.A型锛（T18③：7）
9.Cd型斧（M241：2）　10.Cd型斧（采：10）　11.Cd型斧（M57：2）

5. 石锛

发现13件。平面长方形或梯形，单面刃，刃口直或微凸弧，刃角38°～62°，依平面形状和刃角分四型(表四八)：

表四八　石锛测量记录表　(单位:厘米)

器号	型别	长	宽	厚	刃角	刃部形状	石料
M356：3	A	6	3.5～4.4	1.4	53°	平直刃	含粉砂片岩
M241：3	A	6.6	3.5～4.5	1.4	53°	平直微凸弧	片麻岩
H110：1	A	4.9—5.2	2.3～3.9	1.5	60°	斜直	
T15③：5	A	4.5	2.7～3.3	1.5	62°	平直微凸弧	绿色砂岩
M55：2	A	4.4	2.2～3	1.2	52°	稍凸弧	绿色砂岩
T18③：7	A	5.4	2.3～3.8	1.6	55°	刃凸弧	绿色砂岩
T35③B：4	A	5.2	2.1～4.0	1.8	57°	刃凸弧	绿色砂岩
T61④：1	A	4.5	2.4～3.4	1.9	62°	平直微凸弧	绿色砂岩
M22：15	A	4.5	2.2～3.4	1.5	58°	平直微凸弧	绿色砂岩
M412：1	B	5	3.7～4.2	1.0	40°	平直刃	灰色砂岩
M360：3	B	4.9	3.8～4.0	1.2	38°	平直刃	片麻岩
T103③B：9	C	4.2	4.0～4.7	1.4	57°	平直刃	灰色粉砂岩
T11③：7	D	2.6	0.8～1.6	0.3	24°	平直刃	绢云母片岩

A型:9件。平面梯形，刃平直或微凸弧，个别稍斜，刃角在52°～62°之间。M241：3、M356：3、T35③B：4、T15③：5、T61④：1、M22：15、M55：2(图二八六,1、2、3、4、5、6、8;图版一四九,4、3、7、1,图版一五〇,8、6、5)。H110：1(图版一四九,2)。T18③：7,两面磨擦纹非常清晰,长达1.5厘米(图二八五,8;图版一五〇,7)。

B型:2件。近方形，刃直平。M360：3、M412：1(图二八六,9、10;图版一四九,5、8)。

C型:1件(T103③B：9),扁长方形,宽大于高,刃平直(图二八六,7;图版一四九,6)。

D型:1件(T11③：7),微形,绢云母片岩,形似锛而功能可能不同(图版一五一,4)。

6. 石凿

发现10件。长方或长条形，通体磨光，单面直刃，个别稍斜，刃角在35°～38°之间，大小悬殊，可能功能不同。依形体特征不同分三型(表四九)：

表四九　石凿测量记录表　(单位:厘米)

器号	型别	长	宽	厚	刃角	刃部形状	石料
T104③：5	A	12.2	3.2	2.6	68°	较窄,微弧锋利	片麻岩
H32：4	B	7.5	3.6	2.6	59°	刃斜直,被用钝	片麻岩
T8③：2	B	6.1	2.6	2.3	62°	半成品,直刃未磨	浅色砂岩
M55：6	C	4.1	1.6	0.85	44°	刃微凸弧	绿色砂岩
T35③B：13	C	4.2	1.4	0.8	40°	直刃,稍窄	暗色粉砂岩
T64④：14	C	3.8	2.0	0.8	20°	直刃稍窄	灰色砂岩
M282：7	C	5.3	1.9～2.2	1.1	42°	刃平直,稍残	灰色粉砂岩
H35：16	C	4.4	1.9	0.9	35°	直刃稍窄	片麻岩
M73：3	D	2.9	1～1.3	0.6	43°	刃凸弧	硅质灰岩
M282：6	D	5.6	1.2～2.1	1.1	45°	刃部较窄,凸弧,稍残	灰色粉砂岩

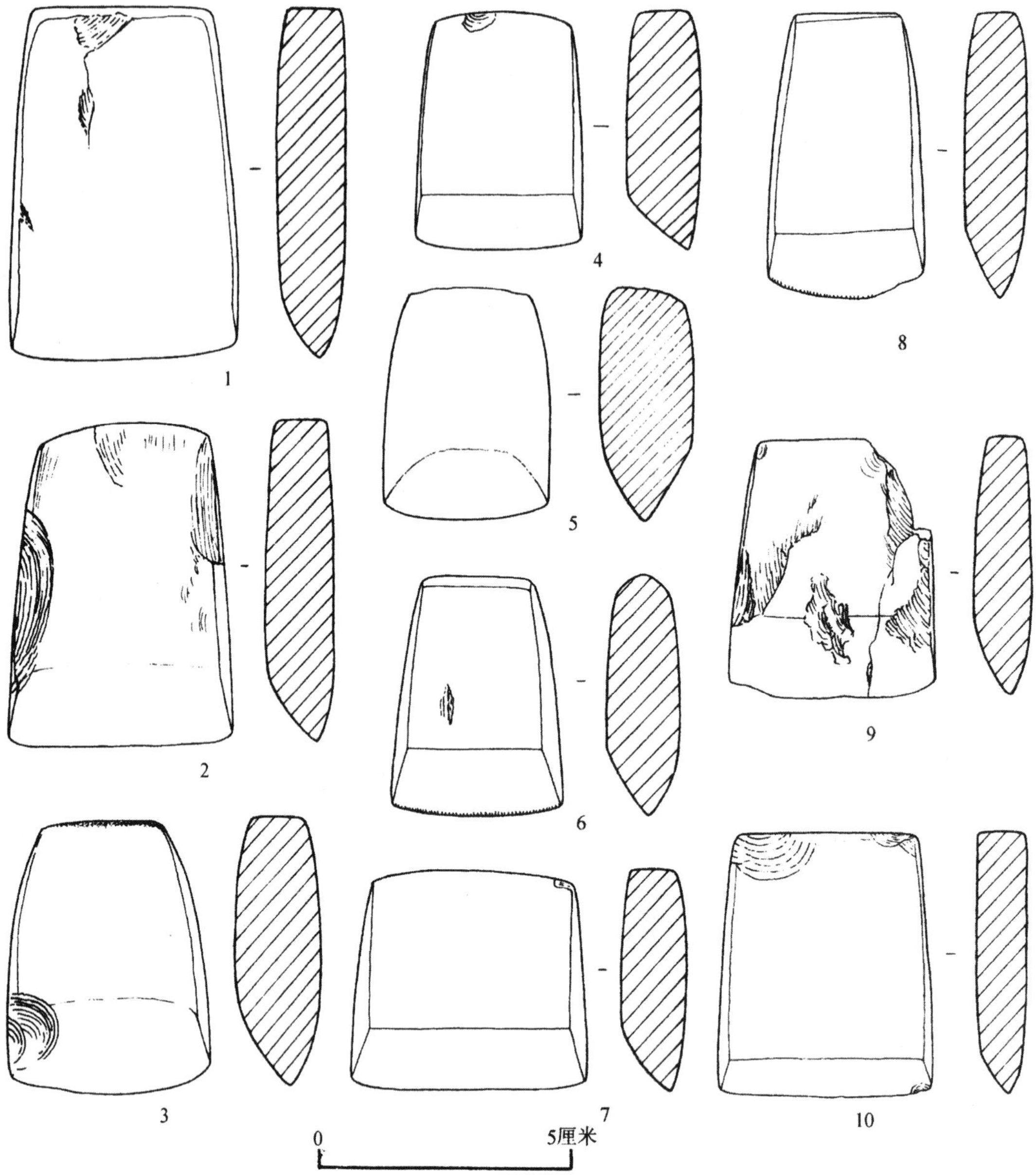

图二八六　石锛

1. A型(M241:3)　2. A型(M356:3)　3. A型(T35③B:4)　4. A型(T15③:5)　5. A型(T61④:1)
6. A型(M22:15)　7. C型(T103③B:9)　8. A型(M55:2)　9. B型(M360:3)　10. B型(M412:1)

A型:仅1件(T104③:5),片麻岩,扁柱体,最大宽在中部,两端稍窄(图二八七,1;图版一四八,6)。

B型:2件。标本H32:4,片麻岩,长方形柱体(图二八七,5;图版一四八,5)。T8③:2,浅色砂岩,半成品,已打成形,尚未琢磨(图二八七,2)。

C型:5件。器体很小,单面直刃,形状似凿,大多为砂岩。标本H35:16,长方体,中部稍厚,刃部稍窄(图版一五一,6)。M55:6,平面长方形,横剖面半圆形(图二八七,7;图版一五一,2)。T35③B:13,平面长方形,刃部较窄,横剖面呈半圆形(图二八七,8;图版一五一,1)。M282:7,形

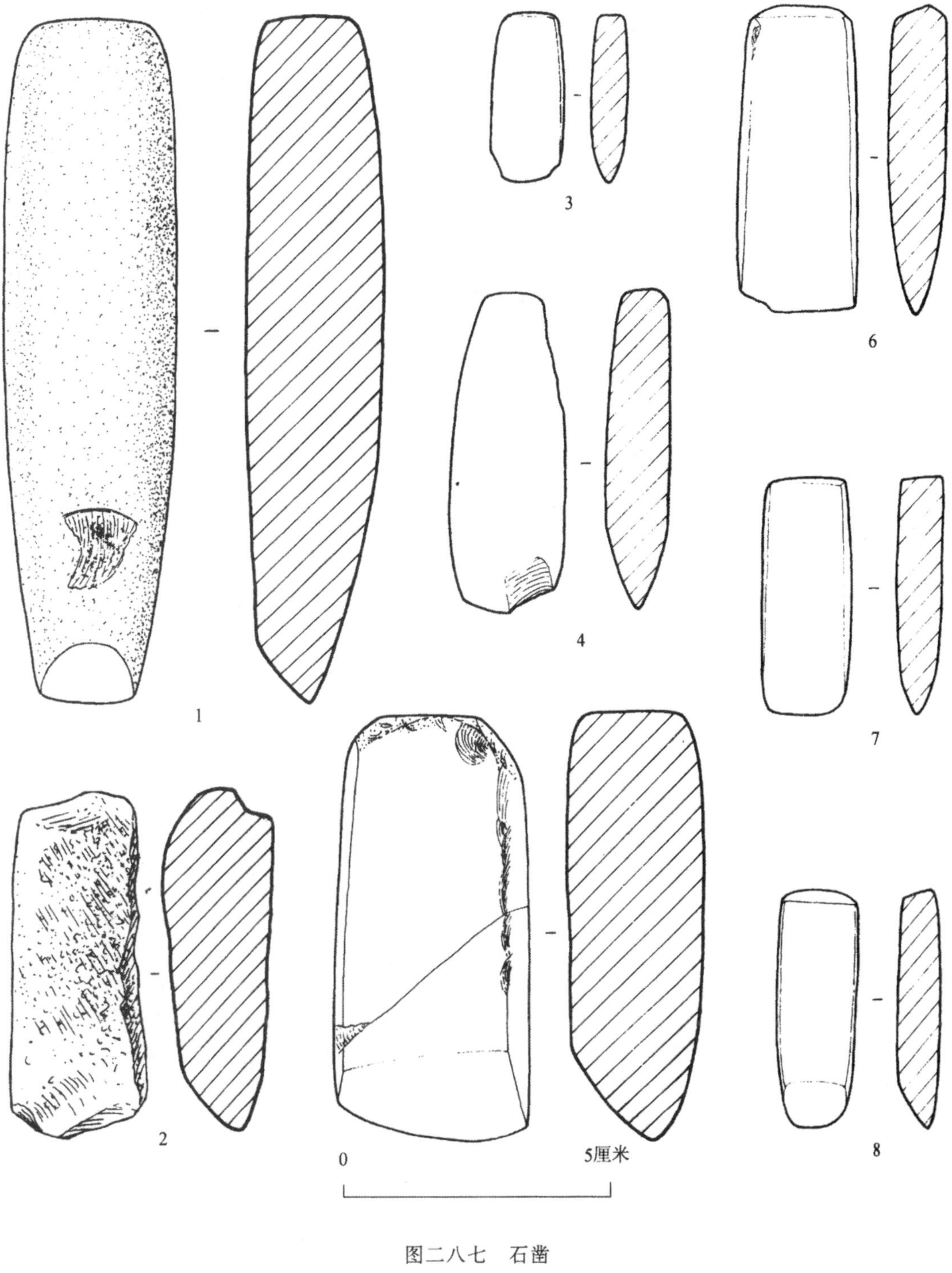

图二八七　石凿

1. A 型(T104③：5)　2. B 型(T8③：2)　3. D 型(M73：3)　4. D 型(M282：6)
5. B 型(H32：4)　6. C 型(M282：7)　7. C 型(M55：6)　8. C 型(T35③B：13)

体规整,一刃角崩残(图二八七,6;图版一五一,9)。T64④：14(图版一五一,5)。

D 型:2 件。方顶,凸弧刃,器体很小。标本 M282：6,平面近梯形,两侧中部稍外弧,顶和刃部各崩残一角(图二八七,4;图版一五一,8)。M73：3,平面近长方形,器体很小,堪称微形(图二八七,3;图版一五一,3)。

7. 石磨盘

发现数量很多,大多皆残块,观察标本50件。皆砂岩,主要以磨盘边缘的特征不同分五型,A、B、C、D型皆琢磨成型,E型为自然岩块。

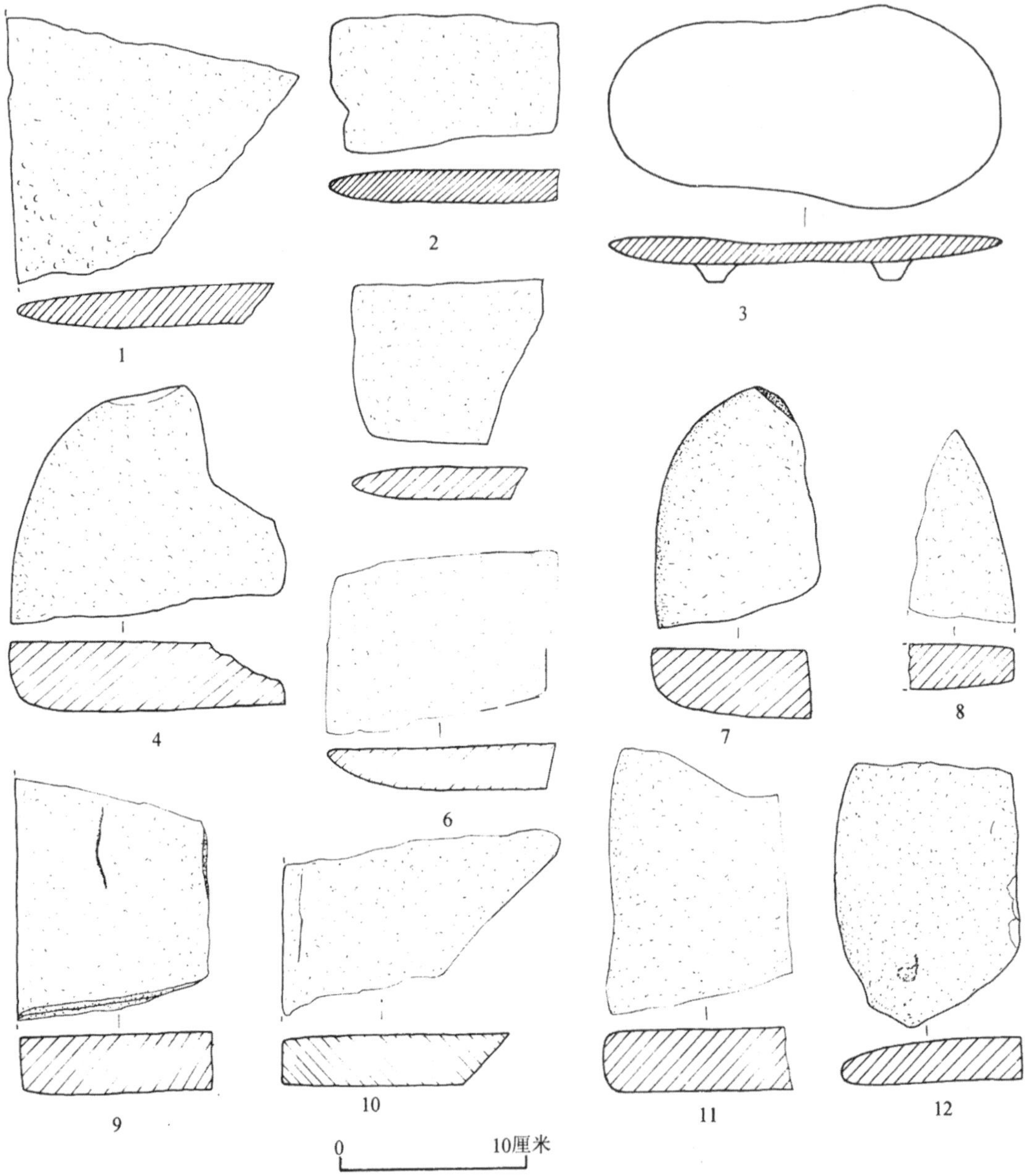

图二八八 石磨盘

1. A型(H249:1) 2. A型(H19:16) 3. B型(M371:1) 4. B型(T4③:12) 5. A型(T12③:4) 6. B型(T26③B:16) 7. B型(H69:4) 8. C型(H316:1) 9. C型(H290:9) 10. C型(H174:6) 11. D型(H36:11) 12. D型(T101③B:17)

A型:观察标本7件。上下两平面向边缘处逐渐倾斜减薄,边缘形成一夹角,无可复原者。标本H19:16,浅色砂岩,器体厚1.8厘米,边缘夹角25°(图二八八,2)。H249:1,粗粒状,浅色石英岩。器体厚 2.3 厘米，中间磨薄仅厚 2.1 厘米，边缘夹角 35°(图二八八，1)。T12③：4(图二八八，5)。

B 型：观察标本 17 件。上面平，下面向边缘处倾斜或呈圆弧形，减薄形成夹角。标本 M371：1，长石石英砂岩，完整，平面鞋底形，两端圆弧形，下琢出四圆柱状足，上面平，中间磨损呈微凹状，下面微弧，两端微翘，边缘形成夹角，足高 2～2.2 厘米，通高 5.5 厘米，最大长 52.5 厘米，最大宽 26.8 厘米，边缘夹角 35°，两端较圆钝，夹角不显，最大器厚 3.3 厘米，中间因磨损微凹，厚 3.1 厘米(图二八八，3；彩版一八，5)。T26③B：16，中间厚 2.5 厘米，边缘夹角 44°(图二八八，6)。H69：4，浅色砂岩，底面边缘呈圆弧形，上面边缘夹角 86°，器厚 3.7 厘米(图二八八，7)。T4③：12，底面边缘呈圆角方形，上面边缘夹角 90°，最大器厚 3.9 厘米，中间磨损后厚 2.8 厘米(图二八八，4)。

C 型：观察标本 12 件。上下面皆平，边缘呈方形。标本 M119：2，绿色粉砂岩，平面近似鞋底形，宽端呈圆弧形，窄端平齐，上面中间微凹，下面无足，最大长 75.4 厘米，最大宽 31.6 厘米，最大厚 4.0 厘米，中间厚 3.2～3.4 厘米，但中间最薄处上面有琢痕，而不是使用磨损减薄。表明此器制作时中间有意处理成中凹状(图版一二四，1)。H290：9，器厚边缘部位 3.2 厘米，中间磨损处厚 3.0 厘米(图二八八，9)。H174：6，边缘部位厚 3～3.2 厘米，中间磨损部位厚 2.7 厘米(图二八八，10)。H316：1(图二八八，8)。

D 型：观察标本 7 件。上下两平面向边缘渐收成圆形。(图二八八，11)H36：11，厚 3.4～3.5 厘米(图二八八，11)。T101③B：17，厚 2.9 厘米，中心部位磨损至 2.4 厘米(图二八八，12)。

E 型：观察标本 7 件。灰坑出土者有磨损痕，墓葬出土者未见明显使用形成的磨痕，应只具有象征意义。标本 H18：1，紫红色石英砂岩，不规则形石块，中间残断，残长 22.3 厘米，最大宽 23 厘米，两面具有沟槽状磨痕，边缘部位最厚处达 5.3 厘米，中间最薄处只有 2.9 厘米。M62：2，紫色粉砂岩，只残存一角，两面均有磨损，最大宽 19 厘米，最大长 16.5 厘米，最厚 4.2 厘米，中心部位最薄处 2.8 厘米。M350：4，近圆角方形自然石块，一角缺失，中间残断，上平面有火烧形成的龟裂纹，但未见明显磨痕，最大长 37 厘米，最大宽 31.5 厘米，最厚 7.4 厘米，最薄 6.2 厘米。

磨盘腿

发现不多，且多残碎。观察标本 16 件，依其形体特征分四型：

A 型：8 件。横剖面呈圆形，足根与磨盘边有一定距离。依其变化分三式。

Ⅰ式：2 件。足根与足端近垂直，端面平，器体略呈圆柱形。H166：1，足中部稍粗，可见竖条状琢痕，残高 6.3 厘米，根部径 5.2 厘米，中部径 5.5 厘米，足端径 4 厘米(图版一二四，4)。

Ⅱ式：4 件。足端面平或稍凸弧，足根部直径明显大于足端，侧面呈倒梯形。标本 T109③B：39，高 6.5 厘米，足根直径 6.2 厘米，足端径 3.6 厘米(图版一五二，3)。标本 T101③：1，浅色砂岩，足根端盘面中间有一砸击形成的圆窝，直径 2.4 厘米，深 0.4 厘米，显然废弃后曾做砸击石锤用过，足高 4.8 厘米，足根径 5.5 厘米，足端径 4 厘米(图版一五二，8)。T35③B：7，紫红色含铁石英砂岩，层理清楚，盘面亦有一直径 2.3 厘米，深 0.3 厘米的凹窝，为作砸击石锤时所遗，另足端面亦有圆窝，径 1.6 厘米，深 0.63 厘米，呈锥状，似作钻帽使用所造成，足高 4.3 厘米，足根径 5.8 厘米，足端径 3.4 厘米(图版一五二，6)。

Ⅲ式：2 件。足变矮，近于消失。标本 T103③B：38，紫红色含铁石英砂岩，足高 1 厘米，足根直径 4 厘米，足端直径 3 厘米(图二八九，7；图版一五二，5)。

B 型：4 件。横剖面半圆形，侧面梯形，足端面平。足根外面与盘边平齐，依高矮变化分三式：

图二八九　石磨棒、磨盘腿

1. D 型磨棒(M371：2)　2. C 型磨棒(T103③B：54)　3. D 型磨棒(H152：5)　4. D 型磨棒(T61④：2)　5. C 型磨棒(T64④：1)　6. D 型磨棒(T34③B：1)　7. A 型Ⅲ式磨盘腿(T103③B：38)　8. B 型Ⅰ式磨盘腿(H28：53)　9. Eb 型磨棒(T102③B：1)　10. C 型磨盘腿(T6③：11)

Ⅰ式：2 件。足较高。标本 H28：53，足外侧高(含磨盘厚度，下同)9.5 厘米，内侧高 6.8 厘米，根部宽 4.4 厘米，厚 5.4 厘米。足端宽 2.8 厘米，厚 3.6 厘米(图二八九，8；图版一五二，2)。T12

③：3，足外侧高 9.6 厘米，内侧高 6.1 厘米，宽 3.5 厘米，厚 5.4 厘米，足端宽 2.5 厘米，厚 3.5 厘米（图版一五二，4）。

Ⅱ式：1 件（H33：6），浅色砂岩，足外侧高 7.7 厘米，内侧 5 厘米，根部宽 6 厘米，厚 5.6 厘米，足端宽 3.6 厘米，厚 3.8 厘米（图版一五二，1）。

Ⅲ式：1 件（T32③B：6），浅色石英砂岩，足外侧高 4.5 厘米，内侧高 1.4 厘米，足根部 4.3 厘米，厚 5.9 厘米，足端宽 3.7 厘米，厚 4.8 厘米（图版一五二，7）。

C 型：2 件。横剖面方形，侧面梯形，足端面平，标本 T6③：11，灰色砂岩，足外侧高 5.1 厘米，内侧高 3.7 厘米，足根长 5.4 厘米，宽 4.5 厘米，足端长 3.6 厘米，宽 3.9 厘米（图二八九，10）。

D 型：2 件。圆乳钉形。标本 H125：2，灰色砂岩，高 4 厘米，根部径 4 厘米（图版一二四，5）。

8. 石磨棒

数量很多，观察标本 98 件。另外废弃后改作石锤、石杵、研磨器的则已归其各类介绍，这里介绍的是完整的和残断后废弃未再改作它用者。作磨棒的原料绝大多数为砂岩，个别为安山岩。因完整者仅 1 件，主要依据器体横剖面来分类记述。从磨损的现象来观察，不同的磨损现象，可能与使用方式有关。据横剖面特征分类，有圆、半圆、椭圆、方、三角形五类，据此分为五型。这五型，有些可能是原始形态，有些则可能是使用后形成的。

A 型：20 件。圆形，皆残断。标本 T4③：10，直径 6～6.2 厘米，近端处较细，器身琢击磨尚未磨平，似使用不久即残断，残长 16.5 厘米（图二九〇，1；图版一五三，6）。T13③：1，浅色砂岩，直径 3.9～4.0 厘米，近端部稍细，周身似经长期滚磨，残长 12 厘米（图二九〇，3；图版一五三，8）。T101③B：16，原器身为椭圆形，直径 4.7～5.7 厘米，但从残断处看，器体因长期滚磨变成圆形，直径 3.6～3.8 厘米，残长 8 厘米（图版一五〇，2）。H47：1（图二九〇，2；图版一五三，5）。T28③：7（图版一五四，8）。

B 型：23 件。半圆形，皆残断。标本 H174：1，紫红色含铁石英砂岩，圆弧部分经长期滚磨光滑，但平面部分尚未磨平，可能制作时即为半圆形，也可能使用过程中残半后又继续使用，残长 13 厘米，径 4.9～5.5 厘米（图二九〇，5；图版一五三，9）。H198：8，通体半圆形，滚磨光滑，残长 7.5 厘米，径 3.4～4.5 厘米（图二九〇，7）。H152：2，浅色砂岩，残长 11.5 厘米，原为圆形，直径 3.6～3.8 厘米，使用时滚磨一面形成半圆形，直径 3.6～2.9 厘米，仅端部保留原状（图二九〇，4；图版一五四，6）。T102③B：24，原为圆形，残长 7 厘米，直径 4.3 厘米，经长期滚磨一面，径为 2.1～3.9 厘米，端部保留原状（图二九〇，6；图版一五四，2）。T28③B：6（图版一五〇，3）。T103③B：48（图版一五〇，4）。T68④：5（图版一五三，12）。T67④：2（图版一五五，2）。

C 型：20 件。椭圆形，皆残断。标本 T103③B：54，浅色砂岩，因长期使用而形成通体椭圆形，残长 15 厘米，径 3.7～4.8 厘米（图二八九，2；图版一五三，10）。T64④：1，灰绿色含砾砂岩，形状略同上件，唯较细，残长 13.8 厘米，径 2.9～3.8 厘米（图二八九，5；图版一五三，7）。H152：1，浅色砂岩，近端部保留原来形状，为近圆形，径 4.7～4.8 厘米，残断处两面因长期使用形成椭圆形，径 3.8～5.3 厘米，残长 12.5 厘米，断碴处有轻度磨痕，形成一斜面，可能曾作研磨器使用过（图版一五四，5）。T104③：15，紫红色含铁石英砂岩，端部近圆形，径 3.7～4.1 厘米，断碴处长期使用形成扁椭圆形，径 2.6～3.5 厘米，残长 7.8 厘米（图版一五〇，1）。T103③B：45（图版一五三，3）。T102③：25（图版一五三，14）。

D 型：19 件。横剖面长方形。标本 M371：2，绿色粉砂岩，通体长方柱形，长 28.5 厘米，宽 4.6

厘米，厚 3.6 厘米（图二八九，1；图版一五五，5）。H152：5，横剖面近正方形，残长 8.2 厘米，宽 4.2 厘米，厚 3.9 厘米（图二八九，3；图版一五三，2）。T17③：1，锂云母片岩，从两端看长度完整，但可能大量脱落，形成长方形板状，也可能另有用途，暂归于此记述，长 13.4 厘米，宽 3.3 厘米，厚 1.3 厘米。T61④：2（图二八九，4；图版一五三，4）。T34⑬：1（图二八九，6；图版一五三，1）。T70③：2（图版一五四，7）。

E 型：16 件。原均为圆形，因长期使用横剖面呈三角形，根据角的程度不同分两亚型，可能因作用不同所致。

Ea 型：10 件。三角均呈圆弧形，角不显。标本 T13③：7，残长 16.5 厘米，横剖面的"T"轴（下同）宽 4.5 厘米，厚 3.9 厘米，近端处磨损稍深，为 3.6～4.3 厘米（图版一五五，1）。M117：3，浅

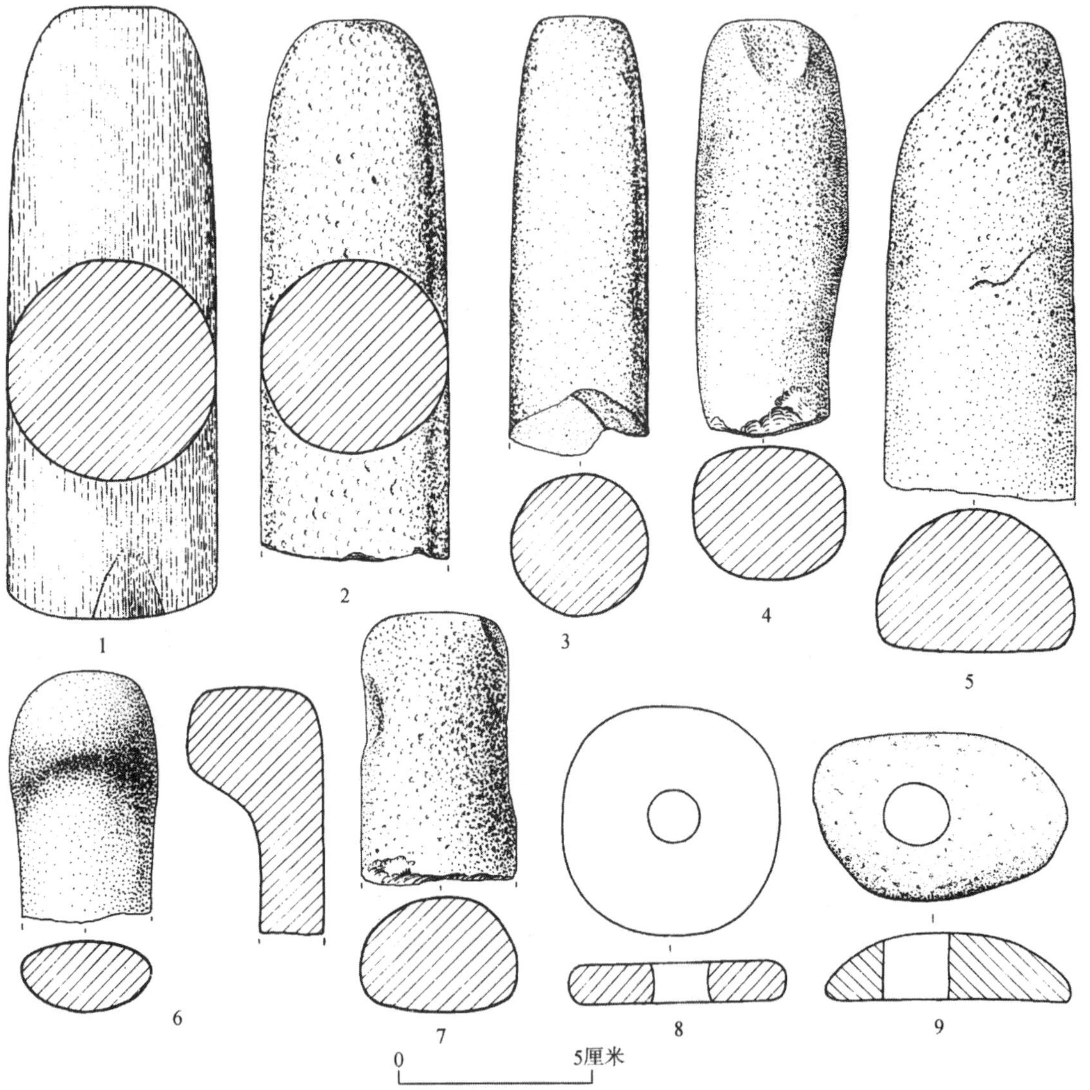

图二九〇　石磨棒、纺轮、穿孔石器

1. A 型磨棒（T4③：10）　2. A 型磨棒（H47：1）　3. A 型磨棒（T13③：1）　4. B 型磨棒（H152：2）　5. B 型磨棒（H174：1）　6. B 型磨棒（T102⑬：24）　7. B 型磨棒（H198：8）　8. 纺轮（M342：8）　9. 穿孔石器（T37②：1）

色砂岩，锐角稍显，但体更扁，通体一致，残长12.1厘米，“T”轴5.6～4.2厘米(图版一五五，3)。T16③：1，浅色砂岩，近端面剖面呈圆形，直径4.6厘米，断碴处因长期使用三面磨损形成近三角形，“T”轴4.6～3.7厘米，残长12厘米(图版一五三，11)。H28：42，浅色砂岩，残长7.7厘米，近端处圆形，直径5.2厘米，断碴处两面夹磨成近三角形，“T”轴4.2～5.1厘米(图版一五四，1)。T18③：2(图版一五三，13)。

Eb型：6件。三角均较显，横剖面因长期三面磨损形成正三角形。标本T102㊳：1，紫红色含铁泥质粉砂岩，残长20.2厘米，近端处保留原始的圆形，成一近圆球状，直径3.8～4.2厘米，“T”轴3～3.4厘米，通体有密集而不甚清晰的横向浅划痕(图二八九，9；图版一五五，4)。H19：29，两面磨损直到两端，故一条边呈弧形，残长7.6厘米，“T”轴2.6～3.3厘米(图版一五四，3)。T22㊸：29(图版一五四，4)。

9. 石杵

观察标本22件。绝大部分为废磨棒头改用，个别为砺石改用。共同特征是一端或两端有光滑的磨擦面，特征与研磨器近似，区别是杵的磨擦面微鼓，呈凸弧状，周边棱角较大且圆钝，而研磨器的磨擦面直而平，周边棱角较清晰，近90°。这种特征与其使用方法有关。参照石磨棒，以其形体特征不同分四型：

A型：8件。体横剖面呈圆形。标本H20：4，暗色闪长岩，废磨棒中部，一端为磨擦面，一端保留自然断面(图版一五六，1)。T108㊳：18，浅色砂岩，为一磨棒头，通体光滑(图二九一，2；图版一五六，4)。T104③：3(图二九一，1)。T18③：1(图二九一，3)。T108㊳：4(图二九一，4)。

B型：2件。器体横剖面呈半圆形。标本T68③：3，紫红色含铁石英砂岩，磨擦面微弧(图版一五六，6)。T35㊳：10(图版一五六，8)。

C型：6件。器体横剖面呈椭圆形。标本H50：4，紫红色含铁石英砂岩，磨擦面微弧(图二九一，5；图版一五六，5)。T62④：2，浅色砂岩，磨擦面凸弧(图二九一，6；图版一五六，3)。H304：8，磨擦面微弧，器体中部两面一侧有砸击形成的凹坑，可能曾做砧子用(图版一五六，2)。

D型：5件。器体横剖面呈方形。标本H28：41，紫红色含铁泥质粉砂岩，磨擦面微弧(图版一五六，9)。H29：11(图版一五六，7)。

E型：1件(H333：1)，绿色砂岩，器体横剖面近三角形，两端磨擦面凸弧(图二九一，7；图版一五六，10)。

10. 研磨器

观察标本8件。均为砂岩，废磨棒头改制，一端或两端有一磨平的面，边缘棱角分明。依研磨面不同分两型：

A型：5件。研磨面倾斜。标本T11③：8，紫红色含铁石英砂岩，一端为研磨面，另一端圆弧形，有敲击痕，可能同时作锤使用。H250：3，两端均有研磨面，但一端边棱清晰，另一端边棱圆钝(图二九一，8)。T108㊳：33，两端均有斜平的研磨面。

B型：3件。研磨面平直。标本T11③：5，浅色砂岩，一端为研磨面，但上有敲击留下的细小坑疤，另一端为自然断裂状，但边棱被把握光滑，显系曾长期使用。H56：6，研磨面周边有脱落的小片疤，可能在做研磨器前曾作锤使用。

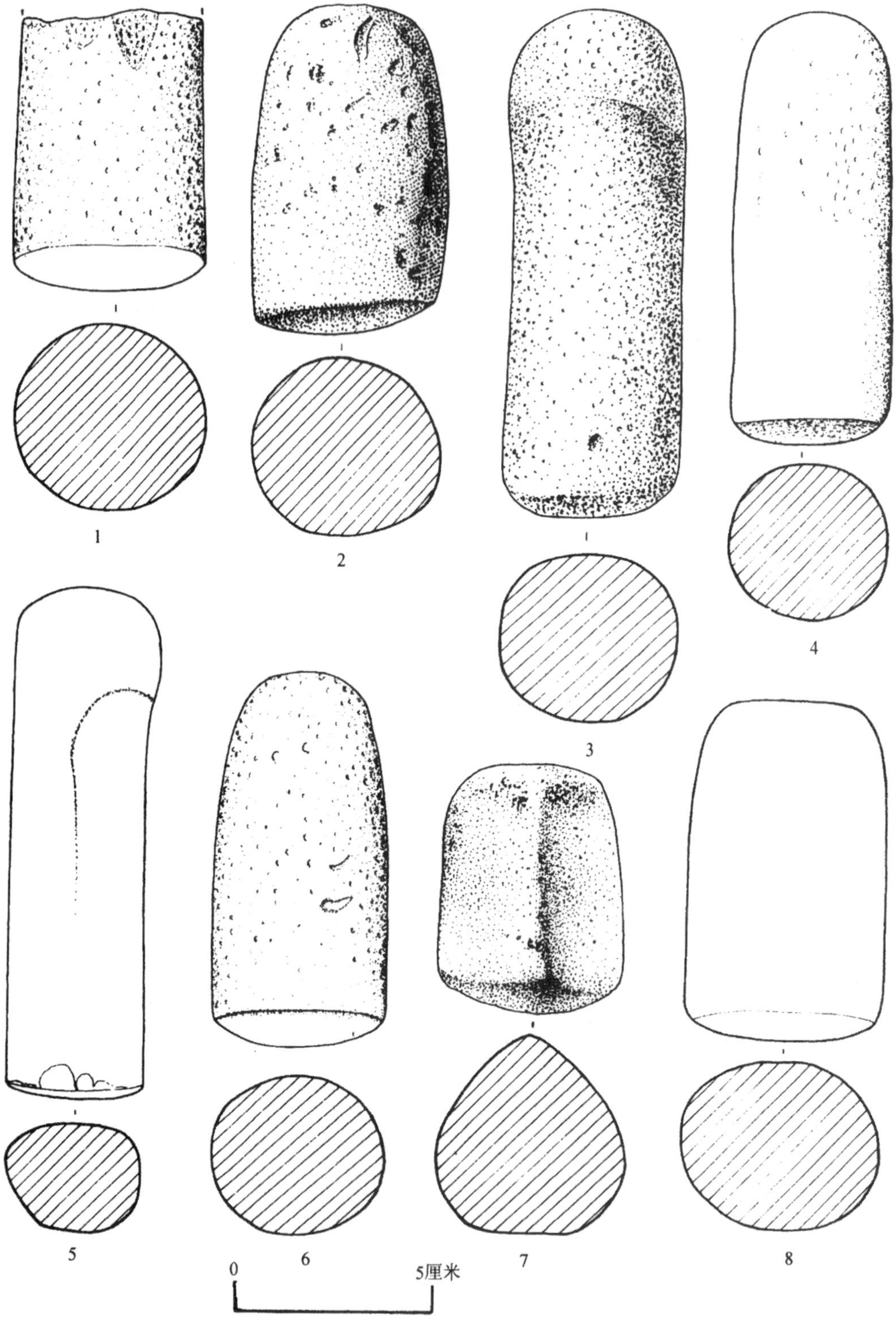

图二九一　石杵、研磨器

1. A 型石杵(T104③：3)　2. A 型石杵(T108③B：18)　3. A 型石杵(T18③：1)　4. A 型石杵(T108③B：4)
5. C 型石杵(H50：4)　6. C 型石杵(T62④：2)　7. E 型石杵(H333：1)　8. A 型研磨器(H250：3)

11. 石矛头

2件。标本H289：13，泥质灰岩，毛坯为一锐棱打击石片，两边经精细修理，系错向加工，一边向劈裂加工，一边向背面加工（图版一三六，2）。H335：3，系一动物化石打成尖状而成，两面经打磨，劈裂面磨平，另一面尚留有兽骨化石自然面，根部残，此器似经火烧（图版一三六，1）。

12. 石球

观察标本12件。原料有石英脉岩、石英岩、砂岩三种，有自然砾石和人工制作两类，以此分两型：

A型：9件。皆人工制品，均不太规整，为近圆球形。标本T113㉝B：10，石英脉岩，周身已经琢制，但可能在制作中残1/3，因之废弃（图版一五七，8）。H284：5，大半圆的石英岩块，周身经琢击，但有1/3自然缺失（图版一五七，6）。H122：6，近圆形石英岩块，周身棱角处均经琢击。M68：1，深灰色石英脉岩，不规则圆形，周身棱角大部分经琢制（图版一三六，10）。

B型：3件。皆自然石块，但在文化层中出现，显然曾被人类使用。标本T7③：5，紫红色含铁石英砂岩，层理清楚，近圆稍扁（图版一三六，3）。T103㉝C：23，石英脉岩，形体稍扁（图版一五七，7）。H69：3，浅色砂岩，近圆形，在一较凸出处被敲去一块，使之更接近圆形（图版一三六，9）。

13. 石弹丸

共发现13个。大多为自然砾石颗粒，多为圆形，个别半圆或椭圆形，最大者直径1.7厘米，最小者直径0.9厘米。石料以紫红色含铁泥质粉砂岩和石英砂岩为主，次为暗色砂岩和脉石英。标本T26㉝B：2、M35：5、T32㉝C：2、T28㉝B：1、M373：2、M370：6（图版一五七，1、2、3、4、5、9）（表五〇）：

表五〇　石弹丸测量记录表

器号	直径(厘米)	石料	形状
M370：6	1.7	脉石英	圆
T28㉝B：1	1.6	安山岩	圆
M35：5	1.34	紫红色含铁石英砂岩	圆
T26㉝B：2	1.36	紫红色含铁泥质粉砂岩	圆
M373：2	1.32	紫色含砾砂岩	圆
M370：3	1.35	暗色砂岩	圆
T13③：4	1.2	暗色砂岩	圆
T32㉝C：2	1.05	绿色粉砂岩	圆
T15③：1	0.9	紫红色含铁粉砂岩	圆
T22③：11	0.72～0.86	紫红色含铁粉砂岩	椭圆
M277：66	10.7～1.2	脉石英	半圆

14. 石纺轮

成品仅1件（M342：8），紫红色含铁泥质粉砂岩，一近圆形片状河卵石中间穿孔而成，不排除原为钻帽的可能（图二九〇，8；彩版一九，1）。

另有半成品 4 件，坯料 1 件，也可能为器盖，与仰韶文化的盘状器相似，M356：6，绢云母片岩，已打磨成两面平滑、周边规整的圆饼形，中间尚未穿孔（图版一二二，3）。T31㉝：7，浅色砂岩，周边规整，两面微鼓（图版一二二，2）。H122：3，紫红色泥质粉砂岩，打成近圆形，未见其它加工痕（图版一二二，4）。M342：12，浅色砂岩，无任何加工痕，但做为随葬品，似有一定用意，因形状与纺轮毛坯近似，暂归于此介绍（图版一二二，1）。

表五一　纺轮及半成品测量记录表　　（单位：厘米）

器号	直径	孔径	厚度	记述
M342：8	6.1～6.3	一面 1.6　一面 1.7	1.2	近圆角方形
T31㉝：7	7.7		1.8	圆形坯料、两面周边已磨
M356：6	5.9～6.2		1.5	圆形坯料、两面周边已磨
H122：3	4.1～4.3		1.5	圆形坯料、打成未磨
T34③：7	4～4.2	圆窝径 1、深 0.3	1.4	圆形，河卵石
M342：12	4.9～5.8		1.5	椭圆形河卵石

15. 刮削器

特征较明显，可观测标本共 34 件。以锤击石片为毛坯者居多，仅见个别用砸击石片为毛坯者。修理加工工艺以锤击为主，砸击修理仅一例。加工方法以交互打击为主，也有单向打击者。向背面和向劈裂面均有。以形态可分为直刃、弧刃、凹刃、复刃几种，分四型：

A 型：13 件。直刃刮削器，以刃的部位不同又可分三亚型：

Aa 型：3 件。端直刃，在锤击石片远端修出刃口。标本 T109㉞：41，绿色砂岩，在圆形石片两侧稍截，远端向背面修出刃口（图二九二，1；图版一五八，4）。H187：18，浅红色含铁石英砂岩，半边石片远端直边修出很细的刃口（图二九二，2）。

Ab 型：6 件。侧直刃，用半边石片或石块的侧边修出刃口。标本 T66④：10，绿色砂岩，半边石片右侧修出刃口，石片远端被截（图二九二，5）。H124：7，在脉石英块的一侧直边修出很小的刃口，经使用已变钝（图二九二，6）。H285：3（图版一二三，3）。H289：20（图版一五八，5）。

Ac 型：4 件。侧斜直刃，均用宽石片的一侧边修出一斜直的刃口。标本 H128：1，绿色砂岩，左侧向劈裂面修出刃口，背部和右侧打钝（图二九二，7；图版一五八，6）。

B 型：9 件。弧刃，可分两亚型：

Ba 型：3 件。端弧刃，在圆形锤击石片远端修出刃口，两侧截面或不做修理。标本 T34㉝：10，浅红色石英砂岩，石片远端交互打击形成刃口（图二九三，1）。T109㉞：52，绿色砂岩，锤击圆石片远端向背面修出较陡的刃口，刃角 70°（图二九三，3；图版一五八，8）。T37②：6（图版一五八，7）。

Bb 型：6 件。侧弧刃，其中 5 件为半边石片修出。标本 T73④：5，右半边石片，紫红色含铁石英砂岩，右边缘部分交互打击修出刃口（图二九三，4；图版一五九，3）。T75④：1，紫红色含铁石英砂岩，锤击长石片，在其左侧弧边向背面修出刃口，疤痕很细碎，显得加工精细（图二九三，2；图版一五九，1）。H28：47（图版一二三，1）。H28：71（图版一五九，2）。

C 型：仅 1 件（T101㉝：18），凹刃，绿色砂岩，锤击长石片，左侧向背面修出一凹弧刃，远端尖部截断（图二九三，5）。

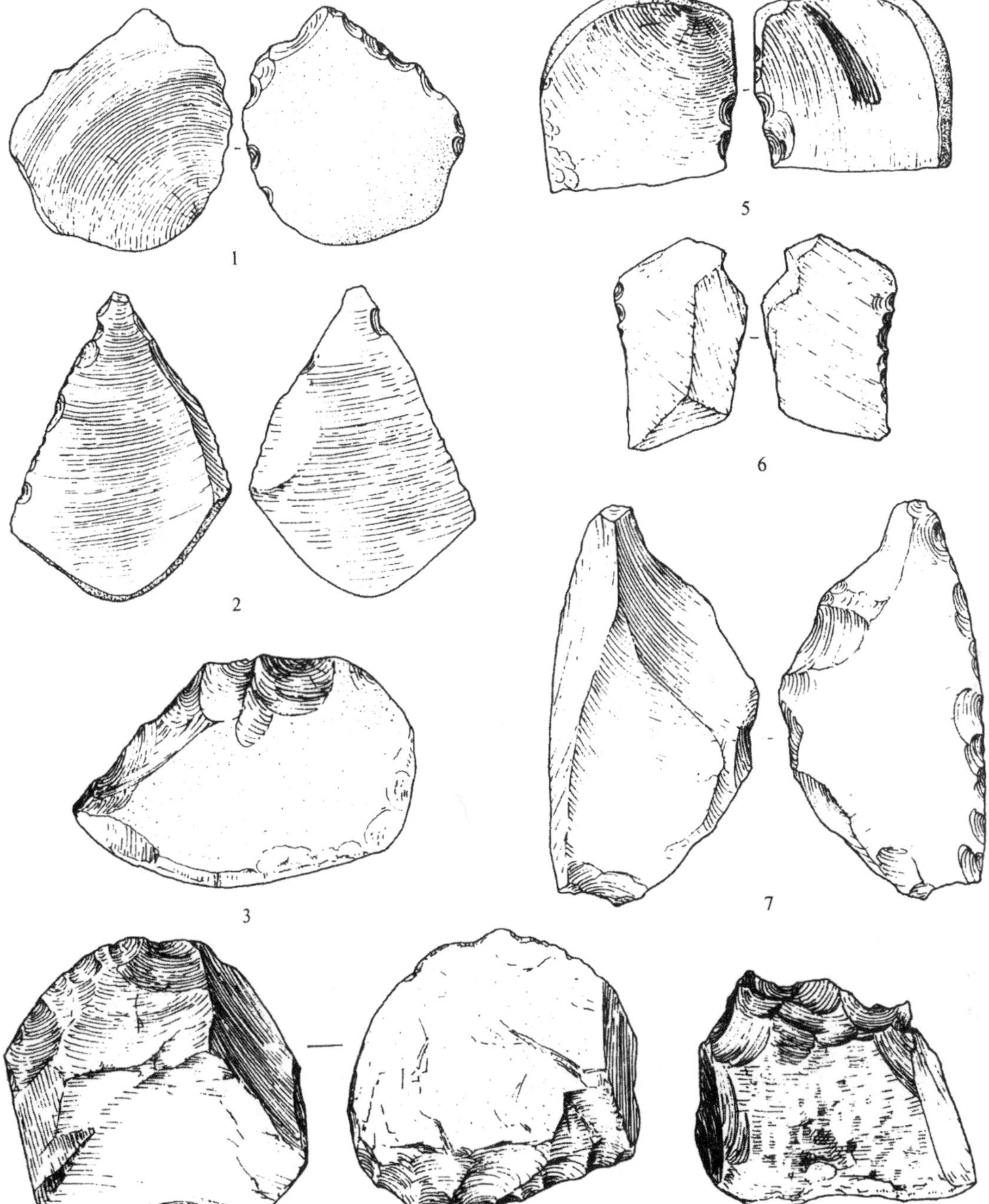

图二九二　石刮削器、砍砸器

1. Aa 型刮削器(T109③C：41)　2. Aa 型刮削器(H187：18)　3. 砍砸器(T119③B：15)　4. 砍砸器(T101③B：31)
5. Ab 型刮削器(T66④：10)　6. Ab 型刮削器(H124：7)　7. Ac 型刮削器(H128：1)　8. 砍砸器(T104③B：16)

D 型：11 件。复刃。可分三亚型：

Da 型：3 件。周刃。标本 T109③C：53，闪长岩，锤击宽石片，周边向劈裂面修出刃口，修理较

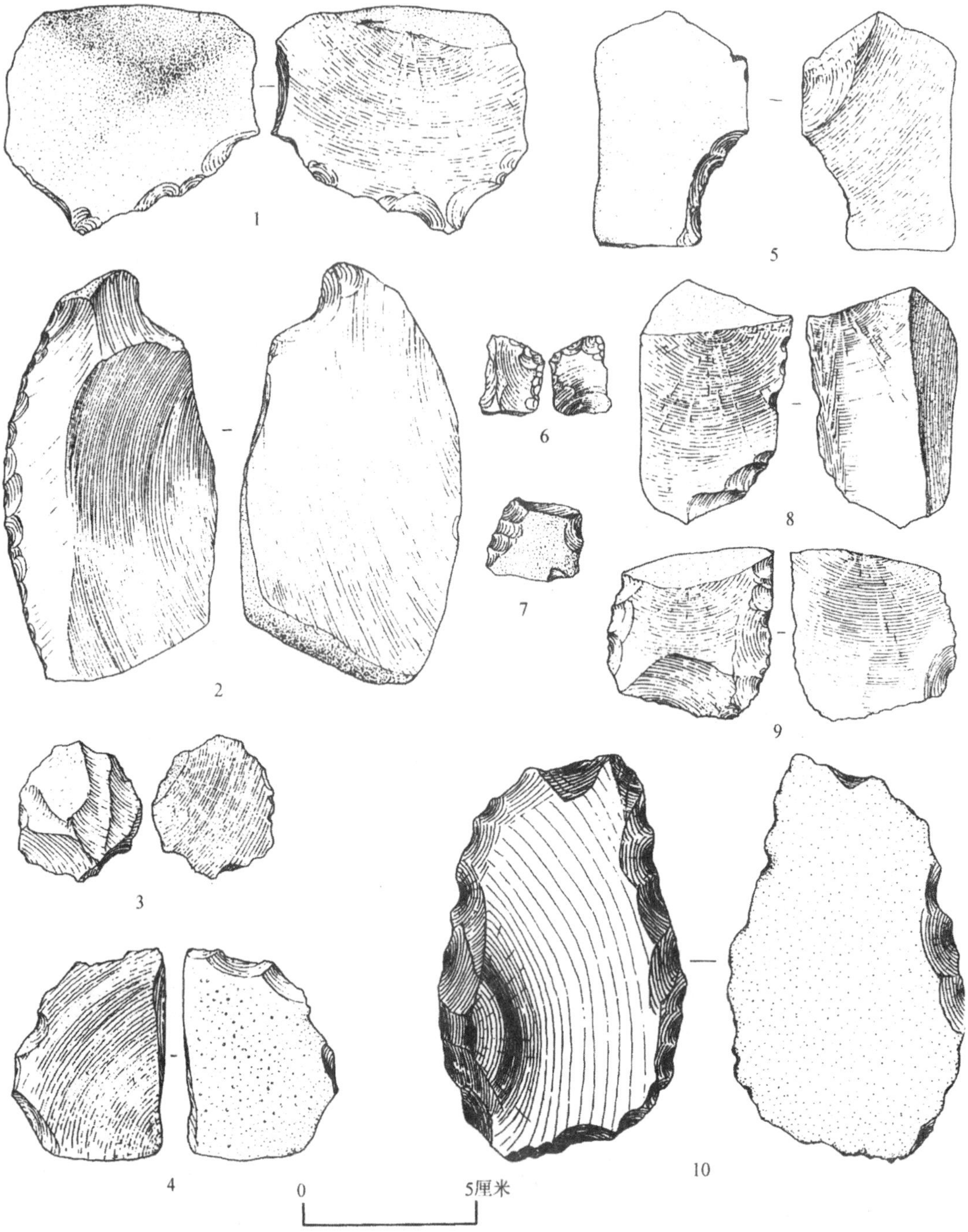

图二九三　石刮削器

1. Ba 型(T34㉝:10)　2. Bb 型(T75④:1)　3. Ba 型(T109㉝:52)　4. Bb 型(T73④:5)　5. C 型(T101㉝:18)　6. Dc 型(T72⑥:7)　7. Db 型(M35:8)　8. Dc 型(T35㉝:15)　9. Db 型(T33㉝:7)　10. Da 型(T109㉝:53)

精细(图二九三,10)。T15③:2,绿色砂岩,锤击圆石片,周边主要向背面修出刃口,器体略呈龟背状(图版一五九,4)。

Db 型:4 件。两侧刃。在石片两侧修理出刃口。标本 T33㉝:7,绿色砂岩,锤击石片两侧向劈裂面修理出刃口，远端亦向劈裂面修理，但似为截断而修，修痕很大(图二九三，9；图版一五九，7)。M35：8，系一石英脉岩片，用砸击法修理成两侧刃(图二九三，7；图版一五九，6)。H115：9(图版一五九，5)。

Dc 型：4 件。端侧刃。多在半边石片的一侧和远端修出刃口。标本 T72⑥：7，锤击法产生的燧石片，器体细小，一侧和一端用锤击法交互修理出刃口，背部仍保留原始岩面(图二九三，6)。T35③B：15(图二九三，8)。

16. 砍砸器

典型的砍砸器很少，刃口修理痕迹较明显的仅 8 件。多用较厚的锤击石片修出刃口而成，以单边弧刃为主，个别为双边直刃。均锤击修理，向背面、向破裂面，交互打击均有。标本 T119③B：15，闪长岩，在锤击石片的台面端和左侧向背面修出弧形刀口，远端修出厚边以便把握(图二九二，3)。T104③B：16，安山岩，在石片一侧向劈裂面修出直刃，其余部位均打截成厚边(图二九二，8；图版一五八，3)。T101③B：31，石英岩，在石片两端修理出刃口，一为弧刃，一为直刃，均向劈裂面修理，修痕细小(图二九二，4；图版一五八，2)。

17. 磨刃石片

见有 2 片。器体较小，使用方式应与刮削器同，也可嵌入器柄部作刃口。与大岗细石器地点的同类器相似。标本 T12③：25，一自然石块薄的一侧作刃部，两侧均经磨砺，其它部位不见修理。T22③：15，为一磨制石器的碎屑，远端呈圆弧形，紫红色含铁粉矿岩，台面及背面经磨砺，劈裂面刃部稍磨(图版一五八，1)。

18. 有使用痕迹的石片

此类石片数量不少，观察标本 18 件。共同特征是未见修理痕迹，只利用石片的自然锐利边缘作刃口，其刃口皆光滑圆钝，显系人工使用所致。有不少石片的边缘似已非刚劈裂时的状态，但痕迹特征不明显，今挑选痕迹明显的介绍于后。此类石片与锤击石片分类大致相当，可分为四型：

A 型：3 件。圆石片，锤击法形成，因用力较猛，石片背面亦有剥落，台面多不存，打击点、半锥体、放射线明显，背面多保留自然岩面，周边因使用而变圆钝。标本 T103③B：20，闪长岩，周边使用时产生细小破碴(图二九四，1)。T109③B：40，绿色砂岩，石片右侧截去一段以便把握，刃口已变钝(图二九四，2)。

B 型：5 件。半边石片，特征同 B 型锤击石片，唯边缘因使用而变圆钝。标本 104③C：10，闪长岩，边缘在使用时产生细小破碴(图二九四，7)。T108③B：31，紫红色石英砂岩，边缘因使用而变圆钝(图二九四，3)。

C 型：5 件。宽石片。标本 H29：18，浅色石英砂岩，右侧截去一节以便把握，周边刃口圆钝(图二九四，6)。H339：17，紫红色含铁石英砂岩，劈裂面为台面，打击点明显，半锥体凸出，放射线清晰，两侧均被截去，远端刃口使用得光滑圆钝(图二九四，5)。T120③B：9(图二九四，8)。T104③B：11(图二九四，10)。

D 型：5 件。窄长石片，锐棱打击形成，以两侧自然锐边为刃口，均因使用而圆钝。标本 T15③：11，绿色砂岩，以自然岩面为台面，打击点、半锥体、放射线明显，尖部和两边均有使用痕(图二九四，9)。T26③C：17，石片稍宽，打击点较宽，且两面均有崩落疤，两侧边均磨圆钝(图二九四，4)。T32③B：4，台面端经修整，打击点散漫不显，一侧边缘有使用痕(图二九四，11)。

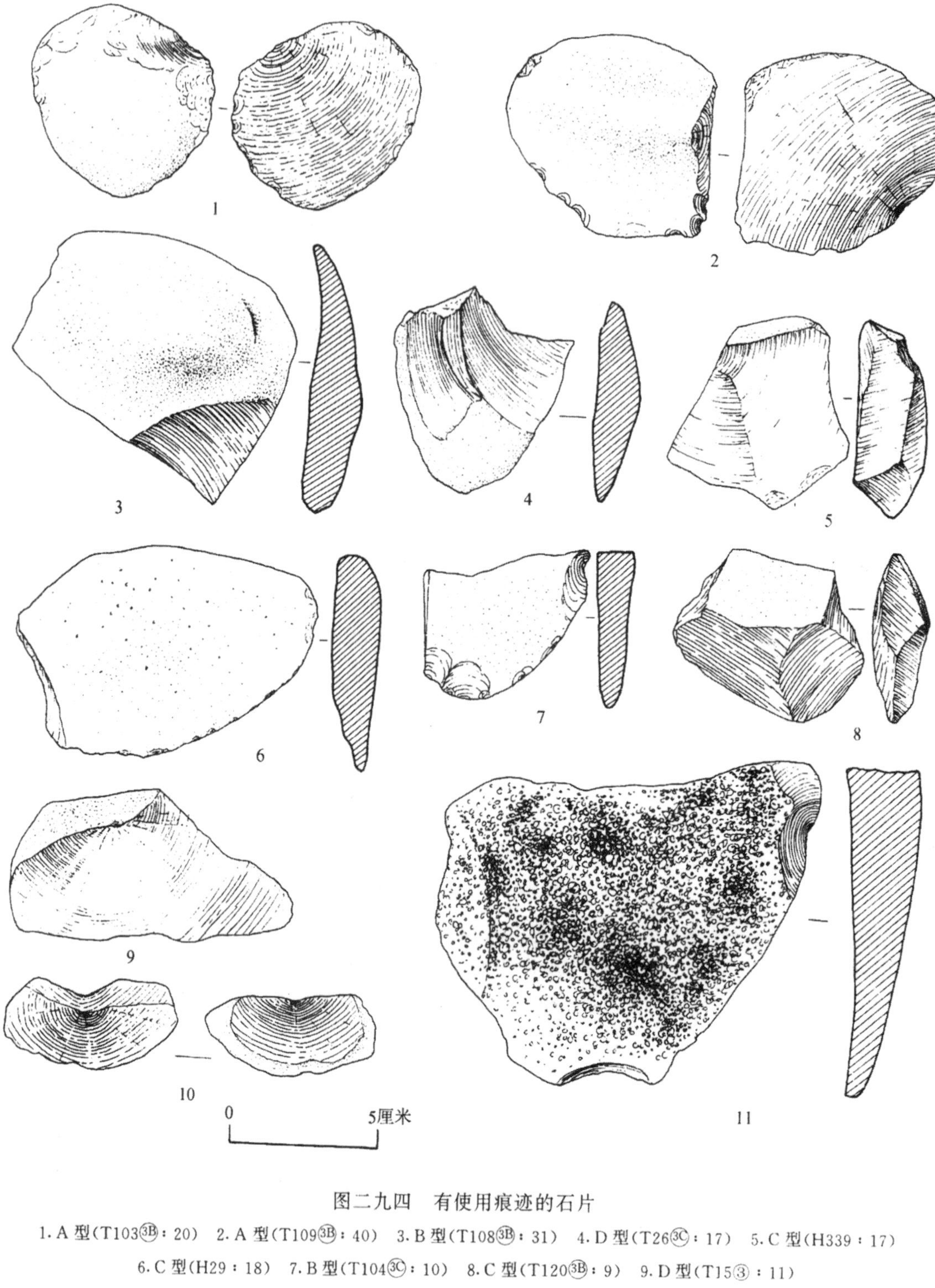

图二九四　有使用痕迹的石片

1. A 型(T103③B：20)　2. A 型(T109③B：40)　3. B 型(T108③B：31)　4. D 型(T26③C：17)　5. C 型(H339：17)　6. C 型(H29：18)　7. B 型(T104③C：10)　8. C 型(T120③B：9)　9. D 型(T15③：11)　10. C 型(T104③B：11)　11. D 型(T32③B：4)

19. 有使用痕迹的石块

此类皆为看不见打击痕的石块，在其边缘部位有明显使用痕，观察标本 18 件。依形状可分为两型：

A 型:7 件。刀型。标本 H42：5,石英岩,直刃有使用痕,背部经修理打钝,以便把握(图二九五,1)。M400：7,石英岩,仅刃部使用得光滑圆钝,其它部位保留石块自然形态。H284：8(图二九五,5)。T109③B：58(图二九五,6)。

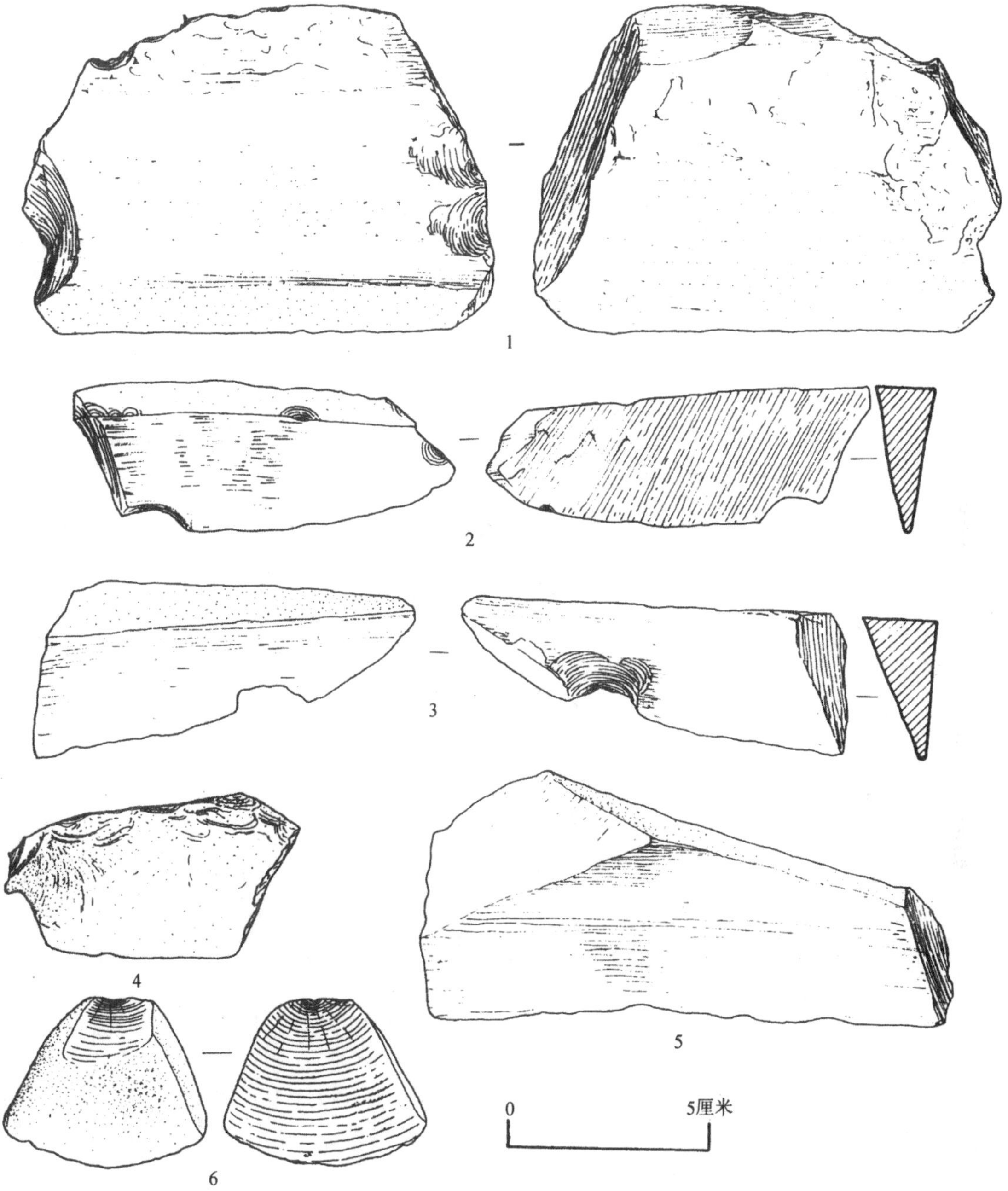

图二九五　有使用痕迹的石块

1. A 型(H42：5)　2. B 型(H47：4)　3. B 型(T9③C：5)　4. B 型(T113③B：3)　5. A 型(H284：8)　6. A 型(T109③B：58)

B 型:11 件。镰形。标本 H284：2,紫红色含铁石英砂岩,似镰根部,刃部有使用痕,背部也被把握光滑圆钝。T9③C：5，石英岩，似镰尖部，因长期使用，刃口圆钝(图二九五，3)。H47：4，形同上，石块表面亦有使用时磨擦痕(图二九五，2)。T113③B：3(图二九五，4)。

四、装饰品及其它

大多出自墓葬，有圆形、方形、三角形、管形、环形等，质料以绿松石和荧石为主，也有其它石料，现按形状分类介绍：

1. 环

3件。制作规整。标本T23③：4，黄褐粉砂岩，器体较薄，外径9.5厘米，内径5.3厘米，厚1.4厘米(图二九六，4；彩版一九，4)。M411：14，绢云母片岩，器体较厚，孔壁近直，中间微外凸。外径6.4厘米，内径4.1厘米，厚2.6厘米(图二九六，3；彩版一九，3)。M119：6，绢云母片岩，外径、内径1.27厘米，厚1厘米(图二九六，2；彩版一九，2)。

2. 扇形器

1件(T113③B：6)，泥页岩磨边而成，在一面中间刻一凹槽，长4.1厘米，最大宽6.2厘米，厚0.5厘米，刻槽长1.8厘米(图版一六〇，6)。

3. 璜形饰

3件。可能系残断的石环改制而成。标本H216：3，绢云母片岩，横剖面三角形，在一端近断面处两面斜对穿一圆孔，残长4.2厘米(彩版一七，6)。H19：4，泥质灰岩，横剖面椭圆形，残长2.9厘米(彩版一七，11)。H69：1，滑石磨制而成，外侧呈棱角形，长3.2厘米(彩版一七，10)。

4. 管形器

1件(H113：4)，似粗玉，表面经抛光，平面棒形，一端稍细，另一端稍残，横剖面椭圆形，中穿圆孔，制作规整，若作哨可吹出高而清脆的声响，因之也可能是一种哨子，残长4.6厘米，宽1.3～1.4厘米，厚0.8～0.9厘米，孔径一端0.5～0.55厘米，另一端0.46～0.48厘米(彩版二〇，15)。

5. 棒形饰

4件。皆绿松石质。标本T12③：1，石料色较浅，呈月白色，椭圆柱状，一端残断，残长4.7厘米，径0.9～1.1厘米，另一端正中钻一圆孔，孔径0.35厘米，与近端一侧的圆孔相交，侧孔径0.3厘米(彩版二〇，9)。T12③：6，石料呈鲜绿色，器体横剖面圆角方形，两面平，长1.84厘米，宽0.55厘米，厚0.33厘米(彩版二〇，13)。T15③：8(彩版二〇，11)。T11③：13(彩版二〇，12)。

6. 方形坠饰

7件。皆绿松石截磨而成，在一侧边对钻一小圆孔。标本M58：9，本类中器体最大，长2.46～3.04厘米，宽2.1厘米，厚1.28厘米，短侧边圆孔中心径0.1厘米，在一面的中间钻一圆孔但未透，口径0.14厘米(图二九七，12；彩版二一，6)。H127：7，石质一面为绿松石，一面为深色泥

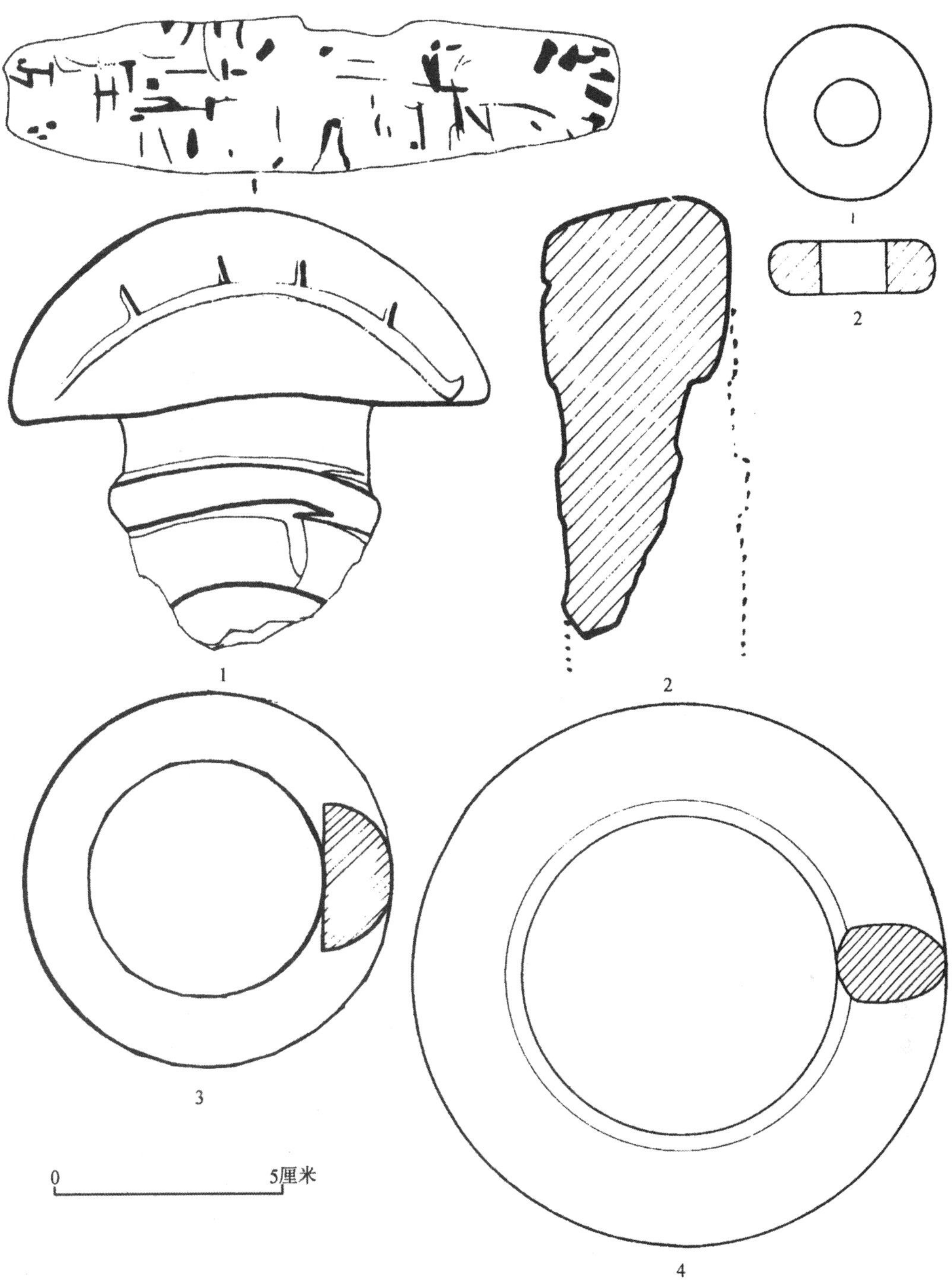

图二九六　石环、柄形饰

1. 柄形饰(M330：2)　2. 环(119：6)　3. 环(H411：14)　4. 环(T23③：4)

质灰岩，器体呈长条形，一端残，残长3.8厘米，宽0.6～1厘米，厚0.37厘米，一侧边圆孔一面钻，孔径0.12厘米(彩版二〇，10)。M115：5，形状规整，但孔未穿透，长2.31厘米，宽1.16～1.31厘米，厚0.41厘米，孔径0.28厘米(图二九七，11；彩版二一，5)。M335：18(彩版二〇，

14)。T22③：5(彩版二一,7)。M58：2(彩版二一,12)。T12③：6(彩版二一,4)。

7. 三角形坠饰

11件。皆绿松石截磨而成，在钝角处或长边中间穿孔，略似磬形。依形状可分为四型(表五二)：

A型：6件。器体呈窄长三角形，孔皆在钝角处，两面对钻，两侧边不太对称，一侧稍长，一侧稍短。标本M243：4，钝角不明显，两侧边连成圆弧形，一孔因太靠边而穿坏，又在旁边另穿一个

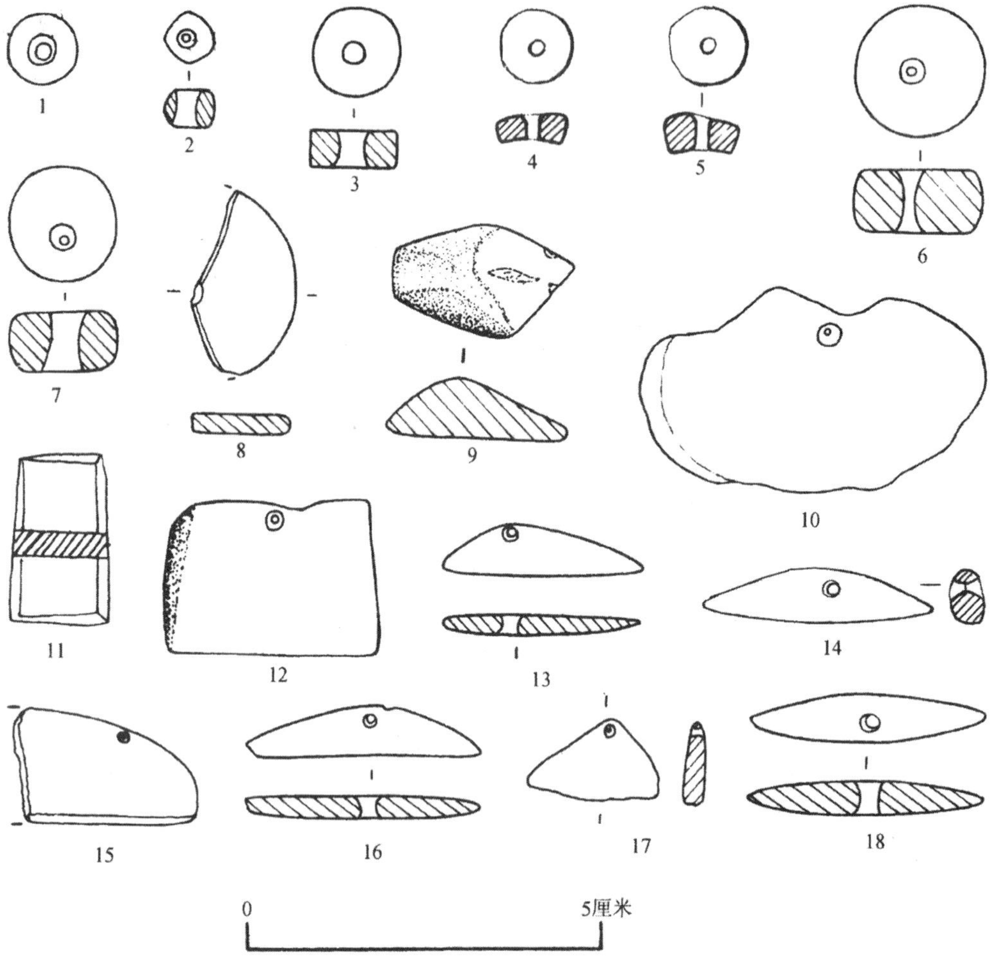

图二九七 绿松石饰

1. Aa型圆形穿孔饰(M58：6) 2. Ac型圆形穿孔饰(M342：13) 3. Ac型圆形穿孔饰(M275：15) 4. Ab型圆形穿孔饰(M385：5) 5. Ab型圆形穿孔饰(M385：4) 6. Ab型圆形穿孔饰(M274：1) 7. Ad型圆形穿孔饰(M58：4) 8. B型圆形穿孔饰(H273：1) 9. 不规则形饰(M58：10) 10. 不规则形饰(M67：1) 11. 方型坠饰(M115：5) 12. 方型坠饰(M58：9) 13. A型三角形坠饰(M243：3) 14. A型三角形坠饰(H282：1) 15. C型三角形坠饰(M58：5) 16. A型三角形坠饰(M243：4) 17. B型三角形坠饰(M58：12) 18. 梭形饰(M121：12)

(图二九七,16；彩版二〇,4)。H282：1(图二九七,14；彩版二〇,5)。M243：3(图二九七,13；彩版二〇,3)。M249：5(彩版二〇,1)。M249：4(彩版二〇,2)。H127：5(彩版二〇,8)。

B型：2件。略呈等腰三角形，直角处两面对穿一圆孔。标本M58：3，两侧角呈圆弧形(彩版

二一,11)。M58：12(图二九七,17;彩版二一,8)。

C型:2件。长边作圆弧形,穿孔在弧边中间。标本M58：5(图二九七,15;彩版二一,1)。H115：16(彩版二一,9)。

D型:1件(M58：1),一端角圆弧形,长边中间两面对钻一圆孔(彩版二一,10)。

表五二 三角形坠饰测量记录表 (单位:厘米)

器号	型别	长边	器宽	厚	孔径	记述
H282：1	A	3.14	0.78	0.5	0.26	整
M249：4	A	3.28	0.88	0.4	0.2	整
M249：5	A	3.44	0.86	0.37	0.2	整
M243：3	A	2.75	0.7	0.27	0.12	整
M243：4	A	3.25	0.65	0.3	0.14	一侧尖稍残
H127：5	A	2.27	0.57	0.16	(未穿孔)	整
M58：12	B	1.76	1.04	0.31	0.11	一侧尖稍残
M58：3	B	1.73	1.15	0.42	0.11	整
M58：5	C	2.85	1.56	0.61	0.12	整
H115：16	C	1.63	0.7	0.25	0.17	整
M58：1	D	1.83	1.0	0.38	0.14	整

8. 圆形穿孔饰

数量最多,共46件。其中绿松石制品26件,荧石制品20件。大多出自墓葬,共同特征是平面圆形,中间穿一小圆孔,有的磨制精致规整,有的较粗糙。大的直径2.1厘米,小的仅0.33厘米,依器形特征分为两型(表五三):

A型:45件。直径和器厚比为1/1～1/3,依加工程度不同又可分为四个亚型:

Aa型:20件。两面和周边均做圆弧形,横剖面呈椭圆形,大多制作规整,皆萤石制品,直径2.08～0.96厘米,器厚1.08～0.47厘米。大多制作精致规整。标本M58：6(图二九七,1;彩版一七,8)。M249：6(彩版一七,7)。M249：7(彩版一七,9)。M318：1-1～17(彩版二二,3)。

Ab型:5件。两面平,周边微弧,边棱不显,横剖面呈圆角方形,制作精致规整。标本M385：5、M385：4、M274：1(图二九七,4、5、6;彩版二三,8、7、2)。M335：17、M396：10(彩版二三,3、12)。

Ac型:17件。两面平,周边直,边棱较显,横剖面呈长方形,大多不甚规整。标本M342：13、M275：15(图二九七,2、3;彩版二三,10、4)。M396：11、H163：1(彩版二三,9、11)。M275：16、T4③：5、M275：17、M121：3-1～10(彩版二四,1、2、3、4、5、6、7、8、9、10、11、12、13)。

表五三 圆形穿孔饰测量表 (单位:厘米)

器号	型式	直径	器厚	孔径	记述	石料
M249：6	Aa	2.07	1.08	0.45～0.5	规整	萤石
M249：7	Aa	1.83～1.97	0.88	0.38～0.42	规整	萤石
M58：6	Aa	0.97	0.46	0.23	较规整	萤石
M318：1-1	Aa	1.34～1.4	0.37～0.8	0.32～0.25	不规整,一侧厚,一侧薄,且稍残	萤石
M318：1-2	Aa	1.33	0.63	0.47～0.22	一侧稍薄,孔两面对钻	萤石
M318：1-3	Aa	1.41	0.65	0.44～0.28	孔稍斜	萤石
M318：1-4	Aa	1.4	0.62	0.53～0.23	一侧边稍残	萤石

续表五三

器号	型式	直径	器厚	孔径	记述	石料
M318：1-5	Aa	1.32	0.86	0.72～0.23	规整	萤石
M318：1-6	Aa	1.3	0.81	0.62～0.23	规整	萤石
M318：1-7	Aa	1.36	0.83	0.5～0.22	制作规整	萤石
M318：1-8	Aa	1.29	0.76	0.62～0.24	制作规整	萤石
M318：1-9	Aa	1.3	0.82	0.52～0.64	孔不甚圆	萤石
M318：1-10	Aa	1.32～1.53	0.47～0.77	0.53～0.23	制作不规整	萤石
M318：1-11	Aa	1.4	0.66	0.46～0.22	较规整	萤石
M318：1-12	Aa	1.42	0.87	0.43～0.23	较规整，一侧稍残	萤石
M318：1-13	Aa	1.5	0.86	0.46～0.2	较规整，一侧稍残	萤石
M318：1-14	Aa	1.6	0.7	0.53～0.24	孔稍斜，较规整，一侧稍残	萤石
M318：1-15	Aa	1.57	0.82	0.65～0.27	孔稍斜，较规整，一侧稍残	萤石
M318：1-16	Aa	1.54	0.83	0.65～0.31	孔稍斜，较规整，一侧稍残	萤石
M318：1-17	Aa	1.76	1.12	0.62～0.22	制作规整，保存完整	萤石
M274：1	Ab	1.74	0.95	0.27～0.3	规整	绿松石
M335：17	Ab	1.6～1.7	0.5～0.6	0.27～0.29	不甚规整	绿松石
M396：10	Ab	1.25	0.4～0.3	0.22	较规整	绿松石
M385：5	Ab	1.06	0.53	0.32	孔两面对钻	绿松石
M385：4	Ab	1.02	0.44	0.32	孔两面对钻，不甚规整	绿松石
M275：15	Ac	1.25	0.57	0.22	规整	绿松石
M275：16	Ac	0.48	0.18	0.18	不规整	绿松石
M275：17	Ac	0.5	0.17	0.15	不规整	绿松石
H163：1	Ac	0.85～0.9	0.27～0.39	0.2～0.26	不规整	绿松石
M396：11	Ac	0.81～0.87	0.47～0.35	0.2	不规整	绿松石
M342：13	Ac	0.66～0.69	0.46～0.6	0.18～0.2	不规整	绿松石
T4③：5	Ac	0.66～0.69	0.2	0.2	较规整	绿松石
M121：3-1	Ac	0.82～0.88	0.2～0.3	0.18～0.2	较规整	绿松石
M121：3-2	Ac	0.87～0.88	0.2～0.3	0.18～0.2	较规整	绿松石
M121：3-3	Ac	0.69	0.15～0.27	0.16	较规整	绿松石
M121：3-4	Ac	0.56～0.57	0.2～0.23	0.18～0.21	较规整	绿松石
M121：3-5	Ac	0.56	0.19～0.16	0.17	较规整	绿松石
M121：3-6	Ac	0.47～0.5	0.16	0.13	较规整	绿松石
M121：3-7	Ac	0.38～0.48	0.14	0.13	较规整	绿松石
M121：3-8	Ac	0.44	0.17	0.15	较规整	绿松石
M121：3-9	Ac	0.38	0.12	0.14	较规整	绿松石
M121：3-10	Ac	0.32～0.33	0.15	0.12	较规整	绿松石
M58：4	Ad	上 1.3～1.5 下 1.5～1.62	0.38～0.81	0.36～0.4	较规整	绿松石
M386：14	Ad	上 1～1.06 下 1.2～1.26	0.45～0.66	0.27～0.36	较规整	绿松石
M386：15	Ad	1～1.23	0.71	0.3～0.37	较规整	绿松石
H273：1	B	2.76	0.27	残	残	绿松石

Ad 型：3 件。两面平，周边斜，边棱较显，横剖面呈梯形，大多不甚规整。标本 M58：4（图二九七，7；彩版二三，1）。M386：14、M386：15（彩版二三，6、5）。

B 型：1 件（H273：1），绿松石制品，两面平，周边直，横剖面呈长方形，直径与器厚比约 1/10，孔两面钻，残（图二九七，8；彩版二一，2）。

9. 梭形饰

2件。皆绿松石制品。标本M121：12,形制规整,中间两面对穿圆孔,孔斜,横剖面椭圆形,长3.22厘米,宽0.62厘米,厚0.41厘米,孔径0.25厘米(图二九七,18;彩版二〇,6)。H127：19,形制规整,器体扁薄,一侧边中间对穿一圆孔,孔直,横剖面长方形,长2.96厘米,宽0.78厘米,厚0.21厘米,孔径0.14厘米(彩版二〇,7)。

10. 不规则形饰

2件。皆绿松石制品。标本M58：10,五边形,一面平,一面中间凸起,磨制较精细,但无穿孔佩于颈部,似为镶嵌物,最大长2.47厘米,最大宽1.44厘米,厚0.87厘米(图二九七,9;彩版二一,3)。M67：1,料较粗糙,一面近平,一面有自然凹槽,下端近直,上端中间凸起,两侧圆弧形,上端中间和一侧边对钻一圆孔,孔斜通,佩于胸前,长4.7厘米,宽2.67厘米,厚1.3厘米,孔径0.3厘米(图二九七,10;图版一六〇,7)。

11. 柄形饰

1件(M330：2),绢云母片岩,似劈裂的残剑柄,首部呈半圆形,在圆拱形顶面上有契刻符号一行,正面柄部残存两周竹节状凸起,横剖面呈椭圆形,周身打握光滑,背面劈裂后又有轻度把握痕,残长7.6厘米,首部最大宽8.6厘米,柄部横径4.7厘米,重220克(图一七〇,5、图二九六,1;彩版二二,1、2)。

12. 穿孔石器

1件。T37②：1,不规则形绿色砂岩,河卵石,一面平,一面呈凸弧状,中穿一圆孔,孔壁光滑。直径7.1～4.8厘米,孔径1.8～1.9厘米,厚2.2厘米(图二九〇,9;图版一六〇,5)。

13. 烧石

由河卵石和砺石经火烧烤成龟裂状或蜂窝状。河卵石H238：7(图版一六〇,3),砺石H316：2、3(图版一六〇,2、4),M62：5呈蜂窝状(图版一六〇,1)。

第三节　骨、角、牙制品

骨、角、牙制品共发现并观测标本1009件。骨制品大多磨制精致,其骨料以鹿角、肢骨为主,其它也有牛、猪等的肢骨等。加工方式系先从骨料上根据用途锯下坯料,再削或锯或打制成型,最后打磨抛光。主要器类有:镞、镖、针、锥、长条形骨板、杈形器、骨柄、骨凿、骨耜等。从用途上看,有狩猎、捕捞用具,有织网、缝纫用具,有农具,还有装饰品等。形式多样,变化繁复。

牙制品大体可分为野猪獠牙和獐犬齿两大类,前者一般用作佩饰,但其尖、刃部亦可用作工具,后者均在凹弧一侧磨出刃口,显然均用做工具,可称为牙削。另外还有少量的猪门齿,其牙根部分磨出一尖,可做锥用,因之称为牙锥。各器类的标本见附表一八。

一、原　　料

1. 骨料

发现11件。皆大型鹿类之肢骨，纵向锯割下长条形坯料，主要用来制作凿、锥、镖等器体较长的器物。标本M327：5，一端保留骨关节，另一端骨关节残，两侧均有锯割痕，应属“骨核”，与石核性质同，中间余宽2.1厘米，背面正中又有一纵向锯痕，已锯深约1毫米，尚未透而随葬于墓中，长23厘米（图二九八，4；图版一六一，1）。M277：54，为一骨凿的半成品，两侧有锯割痕，亦应为一“骨核”，一端保留自然关节面，一端有打击修理痕，长17厘米、中宽1.5厘米（图版一六一，3）。标本M13：6，表面有三条纵向锯割痕，均呈“V”形深槽状，长9.8厘米，宽3.2～4.7，厚1.7～2.1厘米。H33：3（图版一六一，2）。

2. 角料

发现2件。标本H324：1，为鹿角根部砍截有用部分后的废料，在横截面上可见一周有密集的砍痕，中心部位为折断（图版一六一，7）。标本H280：1，为鹿角的眉枝，从鹿角脱落面用直接打击法取去一骨片（图版一六一，6）。

二、工具、用具类

包括农具、狩猎、捕捞、纺织、缝纫、生活用具等。

1. 骨镞

数量最多，计270件，极富变化，依形体特征不同，主要是横剖面的区别大致分为八型，每个型中还都可再分为几个亚型，有的亚型依形态变化又可分为若干式，但需说明的是，这些式别主要表示加工步骤或加工部位的变化，有的变化可能只与骨料形态有关。其制作程序：大体为四个步骤，即骨料上锯或打下毛坯、刮削成型、磨制定型、然后抛光处理（表五四）。

A型：58件。器体横剖面呈扁圆、半圆或不规则形，无铤或铤不明显，平面略呈梭形。依器体形态特征又分三亚型：

Aa型：10件。最大宽在器体中间，两端有尖，器体平面呈较规整的梭形。可分为三式：

Ⅰ式：4件。器体窄长而扁薄。标本M393：4，稍长（图版一六二，6）。H113：27，经抛光（图版一六二，12）。T109㉝：20，经抛光（图二九九，1；图版一六二，13）。

Ⅱ式：3件。器体宽短且较厚。标本M411：16，器体较规整，鹿角料（图二九九，2；图版一六二，14）。T109㉝：5，经抛光（图版一六二，15）。

Ⅲ式：3件。器体较Ⅰ式宽，较Ⅱ式长较薄。做尖的一端磨制精细，做铤部的一端稍显粗糙。标本M331：3、4，制作规整（图二九九，3；图版一六二，7、8）。

Ab型：18件。器体平面呈不甚规则的梭形。分三式：

Ⅰ式：4件。器体窄长呈锥状。标本H127：10，一端尖锋利，磨制精细，另一端稍显粗糙（图二九九，4；图版一六三，11）。H202：2，通体磨制较精，但尖不甚锋利（图版一六三，7）。

Ⅱ式：10件。器体多不规整，有的一端尖偏向一侧，可能做铤部用。标本T120㉞：5，较为规整，一端尖磨制较锋利，一端稍粗糙（图二九九，6；图版一六三，16）。M341：4，器体较小，两端尖

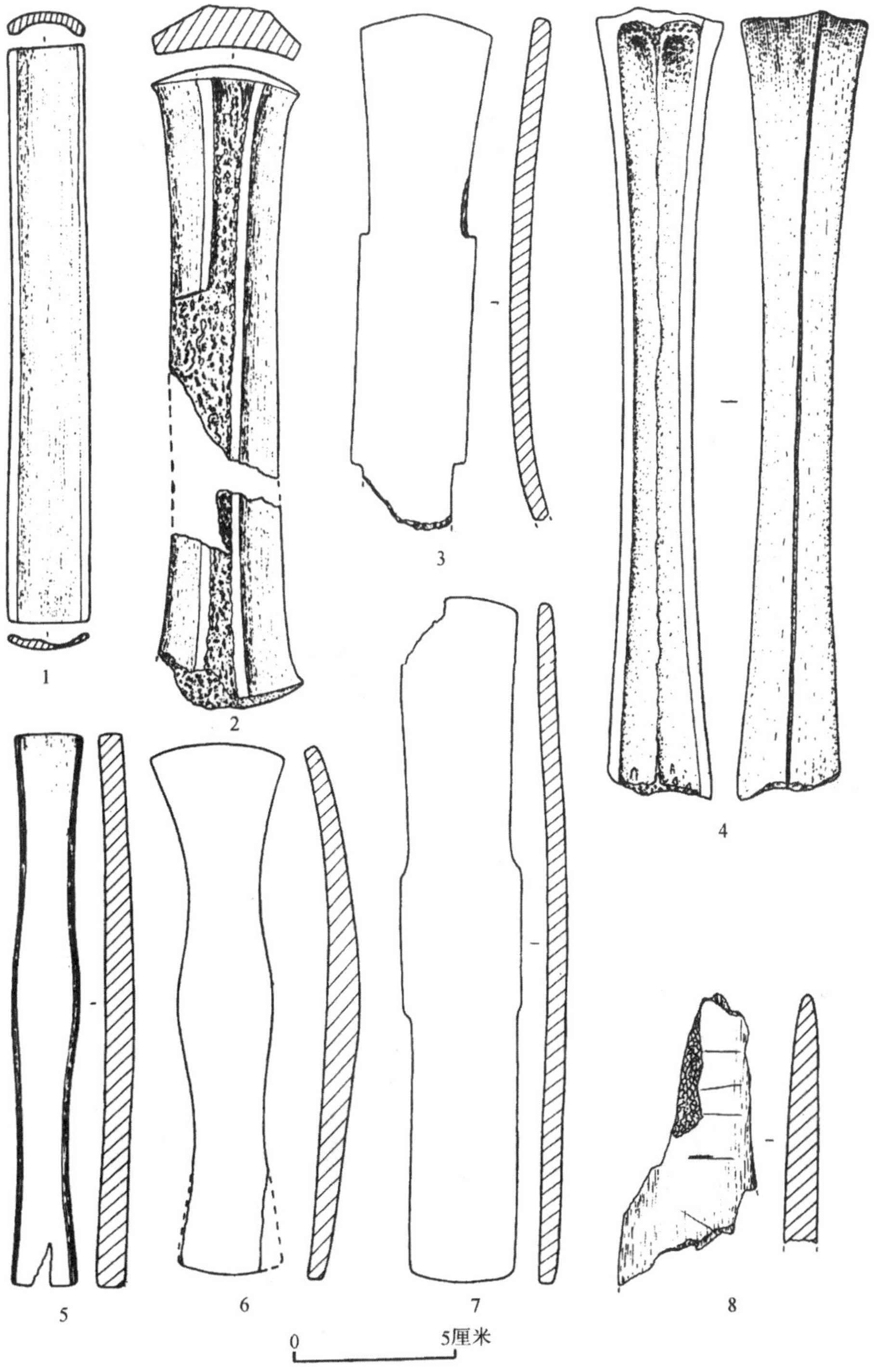

图二九八　骨板、骨料

1. Aa 型骨板(M127 : 4)　2. Ab 型骨板(M76 : 4)　3. Bb 型骨板(M78 : 3)　4. 骨料(M327 : 5)
5. Ba 型骨板(M282 : 11)　6. Ba 型骨板(M278 : 4)　7. Bb 型骨板(M82 : 3)　8. 契刻骨板(H45 : 2)

均较锋利(图版一六三,14)。H195 : 1,磨制粗糙,但两端尖部锋利(图版一六三,15)。M282 : 28,器体不规整,尖较直的一端呈多棱体,上翘的一端呈三棱体(图版一六三,9)。M122 : 2,偏向一侧

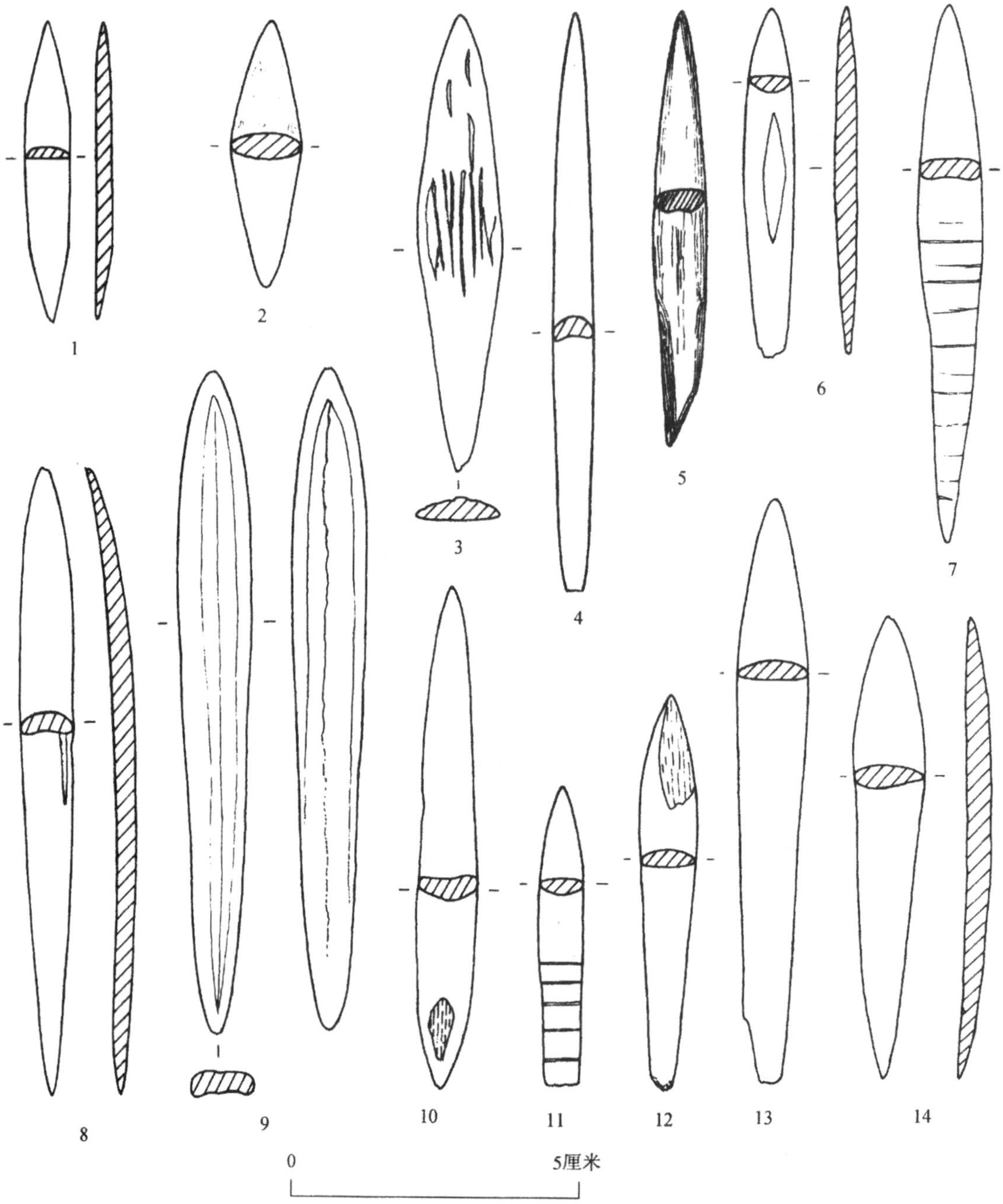

图二九九　骨镞

1. Aa型Ⅰ式(T109③B：20)　2. Aa型Ⅱ式(M411：16)　3. Aa型Ⅲ式(M311：3)　4. Ab型Ⅰ式(H127：10)　5. Ab型Ⅱ式(M122：2)　6. Ab型Ⅱ式(T120③C：5)　7. Ab型Ⅲ式(H238：3)　8. Ab型Ⅲ式(H231：1)　9. Ac型Ⅰ式(M388：7)　10. Ac型Ⅰ式(M388：9)　11. Ac型Ⅱ式(H286：1)　12. Ac型Ⅱ式(M233：7)　13. Ac型Ⅲ式(M277：18)　14. Ac型Ⅲ式(M402：5)

的一端尖似有意削减(图二九九,5;图版一六三,8)。

Ⅲ式:4件。器体长而薄,平面呈不规则梭形,但铤部与尖部较易区别。标本H238：3,器体最宽处向一端磨出一平面，上面刻划出12条横线，并磨得较窄，且微上翘，应为铤部，而另一端横剖面磨成扁椭圆形，应为锋部(图二九九，7；图版一六三，10)。M331：2，铤部一端有明显绑缚痕(图版一六三，13)。H231：1，铤部一端尖，上翘较甚(图二九九，8；图版一六三，12)。

Ac型：30件。器体略呈梭形，但器体最宽处偏向一端，距最宽处较短的一端为锋部，一般磨制精细且经抛光，另一端则多未经抛光，斜磨痕往往清晰。可分三式：

Ⅰ式：7件。器体较大，宽而长。标本M388：7，器体两面皆有凹槽(图二九九，9；图版一六四，7)。M388：9，一面半圆形。铤部尖且微上翘，亦抛光(图二九九，10；图版一六四，3)。M254：5，一鹿角料，刮削成型后，仅在锋部一端磨出边和尖刃，器中部到铤尾保留原角面和刮削痕。

Ⅱ式：13件。器体较小，窄而稍短。标本H335：5，角质，锋部磨制很精，经抛光处理，铤尖稍残(图版一六四，12)。H286：1，铤部平面横刻线存6条横刻划痕，器身经过火烧，呈灰白色(图二九九，11；图版一六四，13)。M275：10，尖部磨制较精，其它部位较粗糙，器体窄而薄(图版一六四，9)。M233：7，尖部经抛光(图二九九，12；图版一六四，10)。H194：1，一面凸，一面有凹槽(图版一六四，11)。

Ⅲ式：10件。器体稍宽薄。标本M388：8，铤部一面横刻十余道长短、宽窄不一的短横线(图版一六四，6)。M277：18，器体制作较规整，铤尖稍残(图二九九，13；图版一六四，5)。H113：13，铤部上翘较甚，通体抛光(图版一六四，4)。以上3件较长。M402：5，铤尖微上翘(图二九九，14；图版一六四，2)。M393：5，器身大部抛光，但铤尖一面尚留磨痕(图版一六四，8)。H21：8(图版一六四，1)。以上3件稍短。

B型：12件。器体横剖面圆或近圆形，有铤。依铤部特征分三亚型：

Ba型：10件。器身中部向铤部一端剖截去一部分，依加工方式变化又可分三式：

Ⅰ式：2件。尖较钝，在中部一面向铤尖一端削去一层做绑缚固定箭杆之用。标本H120：2，在器身中部刻出横线，再顺横线向后削出铤面(图三〇〇，1；图版一六三，5)。

Ⅱ式：5件。器身中部一面向铤尖一端剖截去一半以固定箭杆，铤部横剖呈半圆形。标本M277：13，铤部纵截面上有六条横划痕，另一面有绑缚痕，推测此器在随葬时是固定在箭杆之上的(图三〇〇，2；图版一六三，2)。M127：3，铤部纵截面上有七道横刻线(图三〇〇，5；图版一六三，6)。

Ⅲ式：3件。铤部一面纵截去一半，另一面也刮削去一层，以便插入箭杆并绑缚固定。标本M263：19，器身和铤均稍短(图版一六三，4)。M263：18，器身较长，铤残(图三〇〇，3)。M275：6，铤部一面纵截去一半，截面上有很浅的横划线，另一面根部刻出一浅沟槽，但还未削(图三〇〇，4；图版一六三，1)。

Bb型：1件(H99：4)，尖、铤均残，横剖椭圆形，铤部削去一圈以插入箭杆，铤部横剖面仍保留椭圆形(图三〇〇，7)。

Bc型：1件(H402：7)，似一子弹头，横剖面圆形，后部中空以便将箭杆插入(图三〇〇，6；图版一六三，3)。

C型：22件。器体横剖面呈扁椭圆形，器体中部一面向铤部一端削、磨或截出一平面以便缚束固定箭杆。依其铤部加工方式不同分四亚型：

Ca型：13件。器身中部一面向铤端削或截去一层。分三式：

Ⅰ式：4件。在器身中部一面向铤尾端削去一层以缚束固定箭杆。有的在削面上刻划横线。标本H328：1，器体较窄(图版一六二，1)。M393：8，锋部不甚规整(图三〇〇，8；图版一六二，9)。H124：3，铤部削面较浅，上有横向刻划线四条，铤残(图三〇〇，9)。

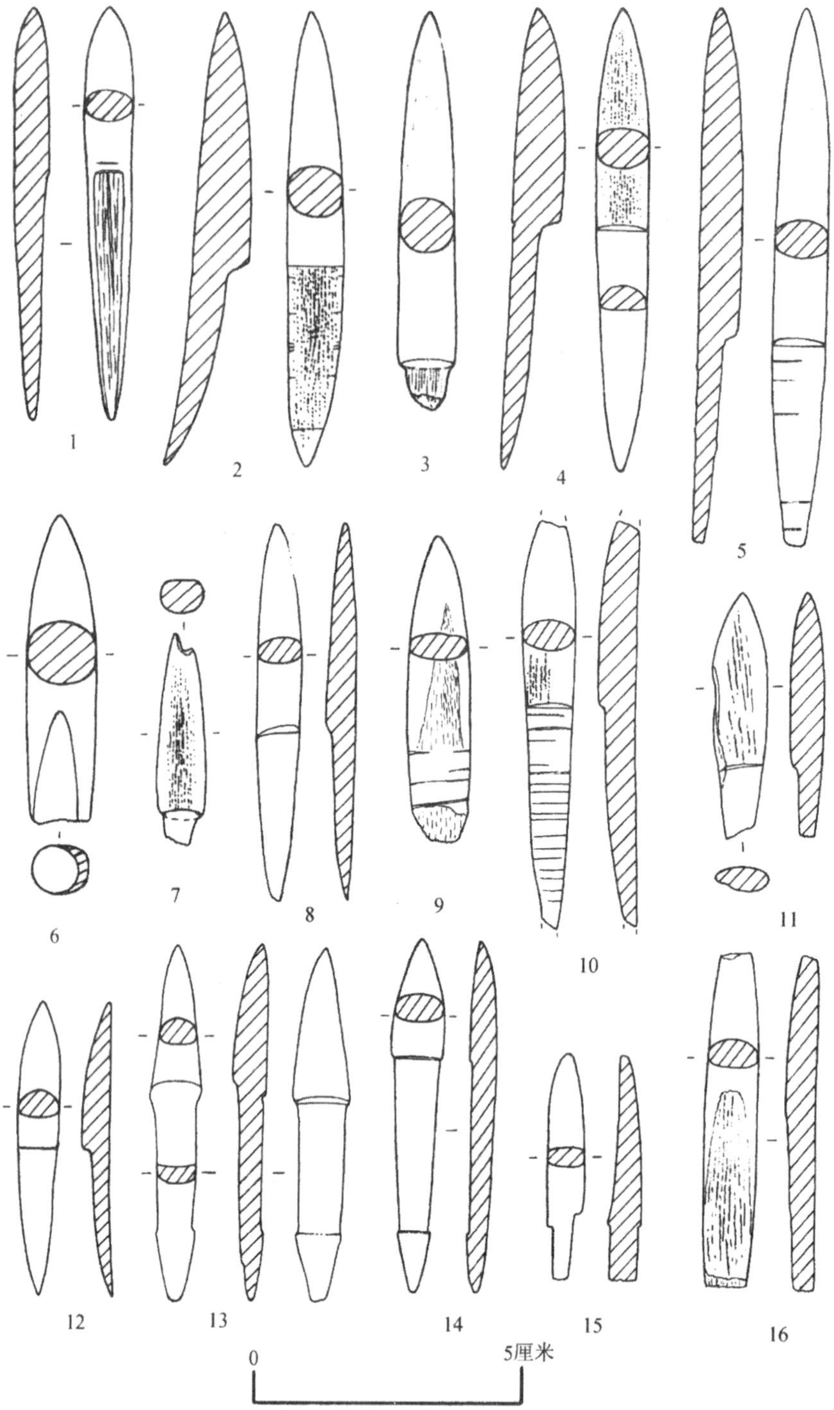

图三〇〇　骨镞

1. Ba型Ⅰ式(H120：2)　2. Ba型Ⅱ式(M277：13)　3. Ba型Ⅲ式(M263：18)　4. Ba型Ⅲ式(M275：6)　5. Ba型Ⅱ式(M127：3)　6. Bc型(M402：7)　7. Bb型(H99：4)　8. Ca型Ⅰ式(M393：8)　9. Ca型Ⅰ式(H124：3)　10. Ca型Ⅲ式(M121：14)　11. Ca型Ⅱ式(M94：2)　12. Ca型Ⅲ式(H36：12)　13. Cb型Ⅰ式(H102：14)　14. Cb型Ⅱ式(H189：2)　15. Cd型(T108③B：12)　16. Cc型(T21③C：6)

Ⅱ式:5件。器体较短,尖部夹角稍大,铤部削面较薄。标本M94:2,铤部横剖面亦呈椭圆形,铤尖残(图三〇〇,11;图版一六五,11)。H120:19,器身削痕明显,铤部削出一平面,另一面和两侧均经刮削(图版一六二,16)。

Ⅲ式:4件。器体中部一面向铤尾剖截一层磨成平面,器身较长。标本H36:3,器体窄长瘦小,制作精致,铤尖微上翘,尖部夹角较小(图版一六二,3)。H36:12,器体稍短(图三〇〇,12;图版一六二,11)。M121:14,尖稍残,铤部削面上横划15条刻线(图三〇〇,10)。

Cb型:7件。铤部一面削平,另一面也削去一层,使铤与锋分界明显。依平面特征变化分二式:

Ⅰ式:3件。铤部一面削平,另一面削去一层使铤与器身分界明显。标本H102:14,铤尾未再削薄,形成尾端凸起。通体被烧成灰白色,制作精致(图三〇〇,13;图版一六二,4)。H67:1,铤尾亦有意在削制时留出一点凸起(图版一六二,10)。

Ⅱ式:4件。器身和铤部一面通体被磨平,另一面削去一层,但尾部多留出一段形成凸起。标本H189:2,磨后又经抛光(图三〇〇,14;图版一六二,2)。T119③C:10,器身经抛光,但削平的一面尚留有磨痕(图版一六二,5)。

Cc型:1件(T21③C:6),铤部削出一平面,另一面保留原样,只在铤与身分界处锯出一周沟槽(图三〇〇,16)。

Cd型:1件(T108③B:12),尖部稍上翘,横剖面近尖部椭圆形,器身中部呈近方形,铤部呈半圆形,一面削去一半呈平面,另一面形成圆弧状,铤尖残(图三〇〇,15)。

D型:41件。器身两面圆弧形凸起,尖部和两侧刃锋利,有的有两翼,铤部一面平,一面做圆弧状凸起,据铤部和两翼特征不同分六个亚型:

Da型:6件。器身一面通体圆弧状凸起,另一面铤部截剖出一平面,平面上多有横划刻线,无翼,分两式:

Ⅰ式:5件。铤部两侧未做修整。标本M402:3,铤部平面上有很浅细的斜划纹十多条(图版一六五,10)。标本M275:8,铤部平面上有横刻纹九条(图三〇一,1;图版一六五,8)。M396:3,铤部平面有横刻划十多条(图三〇一,2;图版一六五,12)。M275:7,铤部平面呈沟槽状,沟槽一侧有五条横刻痕,另一侧有二条横刻痕(图版一六五,9)。

Ⅱ式:1件(M282:26),通体微弧,铤部一面削磨成平面,两侧削得比器身稍窄,略成两翼的雏形(图三〇一,3;图版一六五,13)。

Db型:7件。器形与Da略同,唯器体较短小。且铤部平面多无横刻线。依铤部位置变化分两式:

Ⅰ式:6件。铤部削出的平面距器身最大宽处留有一段距离。个别平面上有横划纹。标本M291:3,铤部平面削痕明显(图版一六六,3)。M291:4,铤尾尖上翘(图版一六六,2)。M291:6,铤尾尖微上翘(图三〇一,5;图版一六六,1)。M386:8,铤部削出的平面上有横划纹(图三〇一,4;图版一六六,7)。

Ⅱ式:1件(M98:2),铤部削面从器身最大宽处削起(图三〇一,6;图版一六六,4)。

Dc型:16件。器身较长,铤部两侧窄于器身,形成两翼。据两翼变化分两式:

Ⅰ式:10件。两翼平齐。标本M277:9,通体抛光(图三〇一,7;图版一六五,3)。M386:17,器体窄长,尖和铤尾残(图版一六五,2)。M411:12,尖稍残(图三〇一,8;图版一六五,1)。

Ⅱ式:6件。两翼向后伸呈倒刺状。标本M127:6,铤部弧面,有横刻纹和缠绕痕,推测入葬时可能绑缚在箭杆上,铤部稍残(图三〇一,9;图版一六五,6)。M344:13,铤尾平齐,铤部平面有十

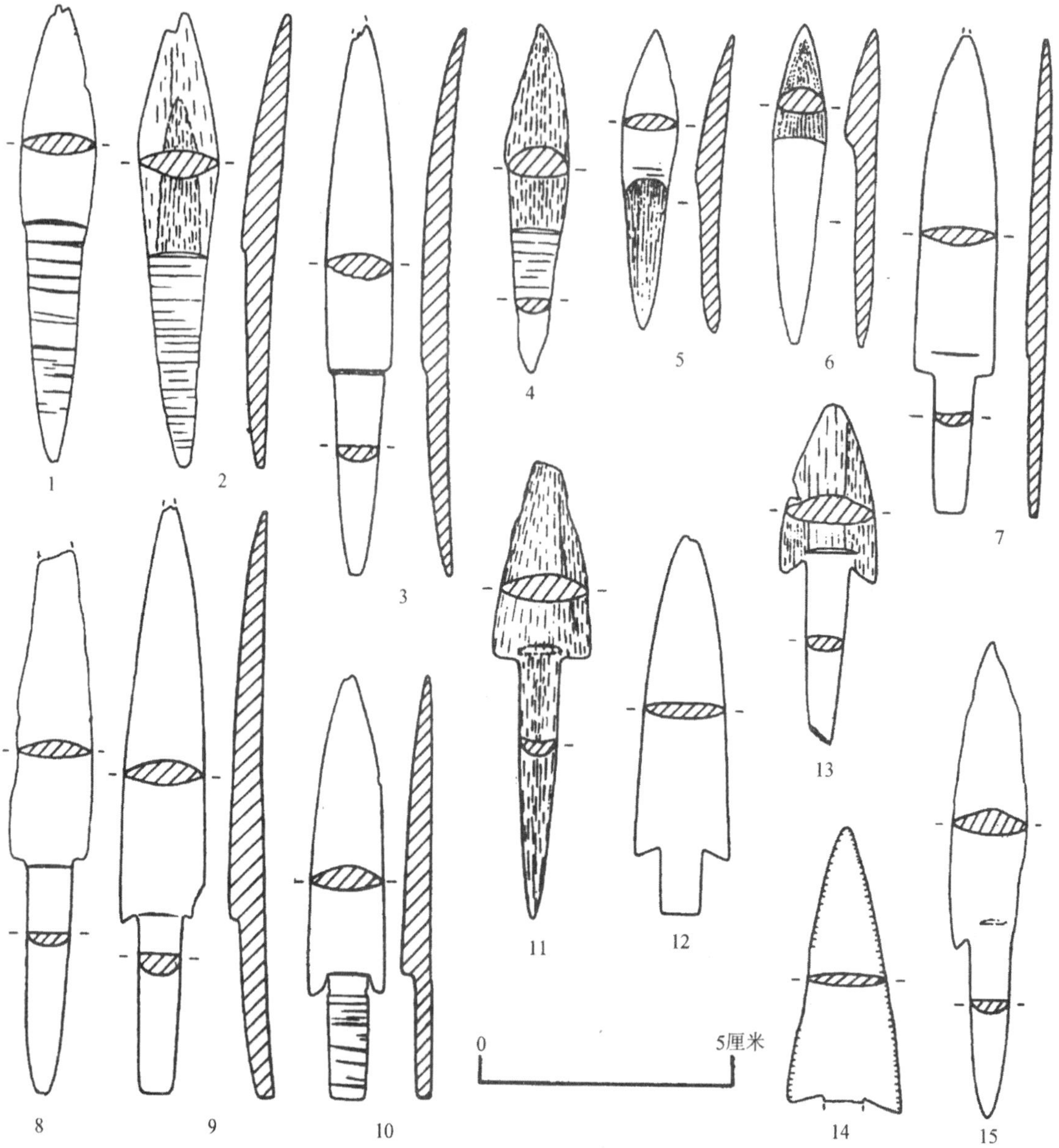

图三〇一　骨镞

1. Da 型Ⅰ式(M275：8)　2. Da 型Ⅰ式(M396：3)　3. Da 型Ⅱ式(M282：26)　4. Db 型Ⅰ式(M386：8)　5. Db 型Ⅰ式(M291：6)　6. Db 型Ⅱ式(M98：2)　7. Dc 型Ⅰ式(M277：9)　8. Dc 型Ⅰ式(M411：12)　9. Dc 型Ⅱ式(M127：6)　10. Dc 型Ⅱ式(M344：13)　11. Dd 型Ⅰ式(M253：6)　12. De 型(M333：1)　13. Dd 型Ⅱ式(M282：27)　14. De 型(M22：8)　15. Df 型(M344：33)

条横划痕，磨制精致(图三〇一，10；图版一六五，5)。M377：8，铤尾尖上翘(图版一六五，4)。M282：24，一面近平，一侧血槽稍显(图版一六五，7)。

Dd 型：4 件。器体较短，呈三角形，铤较长。依两翼变化分两式：

Ⅰ式：2 件。两翼平齐。标本 M253：6，长铤一面圆弧，一面微凹(图三〇一，11；图版一六六，10)。T108③B：11，一面脊稍显，铤残(图版一六六，5)。

Ⅱ式:2件。两翼作倒刺状。M277:19,铤尾尖稍残(图版一六六,8)。M282:27,器体最短,铤尾尖稍残(图三〇一,13;图版一六六,9)。

De型:5件。器体稍宽而薄,略呈锐角三角形,短铤。两翼向后均呈倒刺状。标本M333:1,制作精细,唯周身磨削痕仍很清晰,短铤平齐(图三〇一,12;图版一六五,16)。H204:1,通体抛光,制作精细,铤残(图版一六五,17)。M22:8,两侧刃呈细密的锯齿状(图三〇一,14;图版一六五,15)。

Df型:3件。器体窄长,与Dc型略同,唯均为单翼形,依翼部变化分两种:

单翼平齐。标本M335:5,铤部横剖面呈三角形(图版一六六,6)。

M344:33,单翼呈倒刺状,器体一面血槽稍显(图三〇一,15;图版一六五,14)。

E型:27件。器体两面均作圆弧状凸起,与D型相似,唯一面或两面的脊与两侧刃之间磨成沟槽状形成血槽,普遍制作精致。锋尖和两侧边刃锋利。依器体特征分三亚型:

Ea型:9件。器体较宽。依两翼变化分两式:

Ⅰ式:2件。器体一面平或近平,另一面中脊凸起,两侧有血槽,两翼平齐。标本M411:11,器体较大,一面近平,中间脊稍显,铤部横剖面半圆形,上横刻十道短刻线。另一面器体圆弧状凸起,两侧刃部较薄,之间下凹形成槽状,锋尖稍残,铤部磨成平面(图三〇二,1;图版一六七,8)。

Ⅱ式:7件。两翼均作倒刺状。M402:4,器体两面均作圆弧状凸起,两侧减薄,形成血槽,长铤一面磨平,上有交叉状划纹(图三〇二,3;彩版二五,3)。M344:14,一面中间磨出一明显沟槽,尖残,铤磨平的一面有横、斜刻划痕(图三〇二,4;图版一六七,2)。M277:11,两面均有血槽,铤尾上翘(图三〇二,2;图版一六七,5)。M396:5,器体稍长,一面微凸,一面血槽稍显,铤部磨平的一面有横、斜刻划痕(图版一六七,3)。M386:6(图版一六七,4)。

Eb型:16件。器体稍窄。铤部横剖面大多作半圆形,个别圆形。依两翼特征变化分两式:

Ⅰ式:3件。两翼平齐。一面平或脊稍显,另一面中脊凸起,两侧有血槽。标本H95:4,制作精致,两面脊均隆起,铤部横剖面圆形(图三〇二,7;彩版二五,9)。M402:10,一面脊稍显(图三〇二,5;彩版二五,8)。M395:13,一面平,铤两侧刻成齿牙状(图三〇二,6;彩版二五,6)。

Ⅱ式:13件。两翼向后钩呈倒刺状。标本M344:17,两面血槽均显,铤尾尖上翘(图三〇二,10;彩版二五,4)。M335:3,两翼残,但仍显出倒刺状(图三〇二,12;彩版二五,1)。M395:16,铤尾稍残(彩版二五,7)。M395:12,铤部削痕明显,铤尾稍残(图三〇二,9;彩版二五,5)。M344:16,铤上翘,尖稍残,平面上有六组浅细横划纹(图三〇二,11;彩版二五,2)。T26㉚:10,两面均有明显血槽,铤横剖面圆形(图三〇二,8;彩版二五,10)。

Ec型:2件。器体窄而长。标本M386:4,一面血槽稍显,一面明显,两翼呈倒刺状,铤部横剖面半圆形,锋尖和铤尾均残(图三〇二,13;图版一六七,1)。

F型:40件。器体一面平,一面呈圆弧状,横剖面呈半圆形。锋尖和两侧刃锋利,依器体特征不同分五亚型:

Fa型:11件。器体瘦长。依铤部加工工艺变化分三式:

Ⅰ式:2件。铤不明显。均残。标本H124:4,(图三〇三,1;图版一六六,11)。

Ⅱ式:5件。铤部挖一凹槽。标本H255:2,器体较小,周身有刮痕(图三〇三,5;图版一六六,14)。M277:8,凹槽两侧和铤尾有刻划槽线,铤尾歪向一侧(图三〇三,2;图版一六六,17)。M277:24,铤尾歪向另一侧,并微上翘(图三〇三,3;图版一六六,16)。

Ⅲ式:4件。铤部削出一平面。标本M314:1,器体较厚,铤部平面上有浅细横划痕,铤尾残(图三〇三,6;图版一六六,18)。M282:48,铤部凸面有横刻痕,铤尾和锋尖残(图三〇三,7;图版

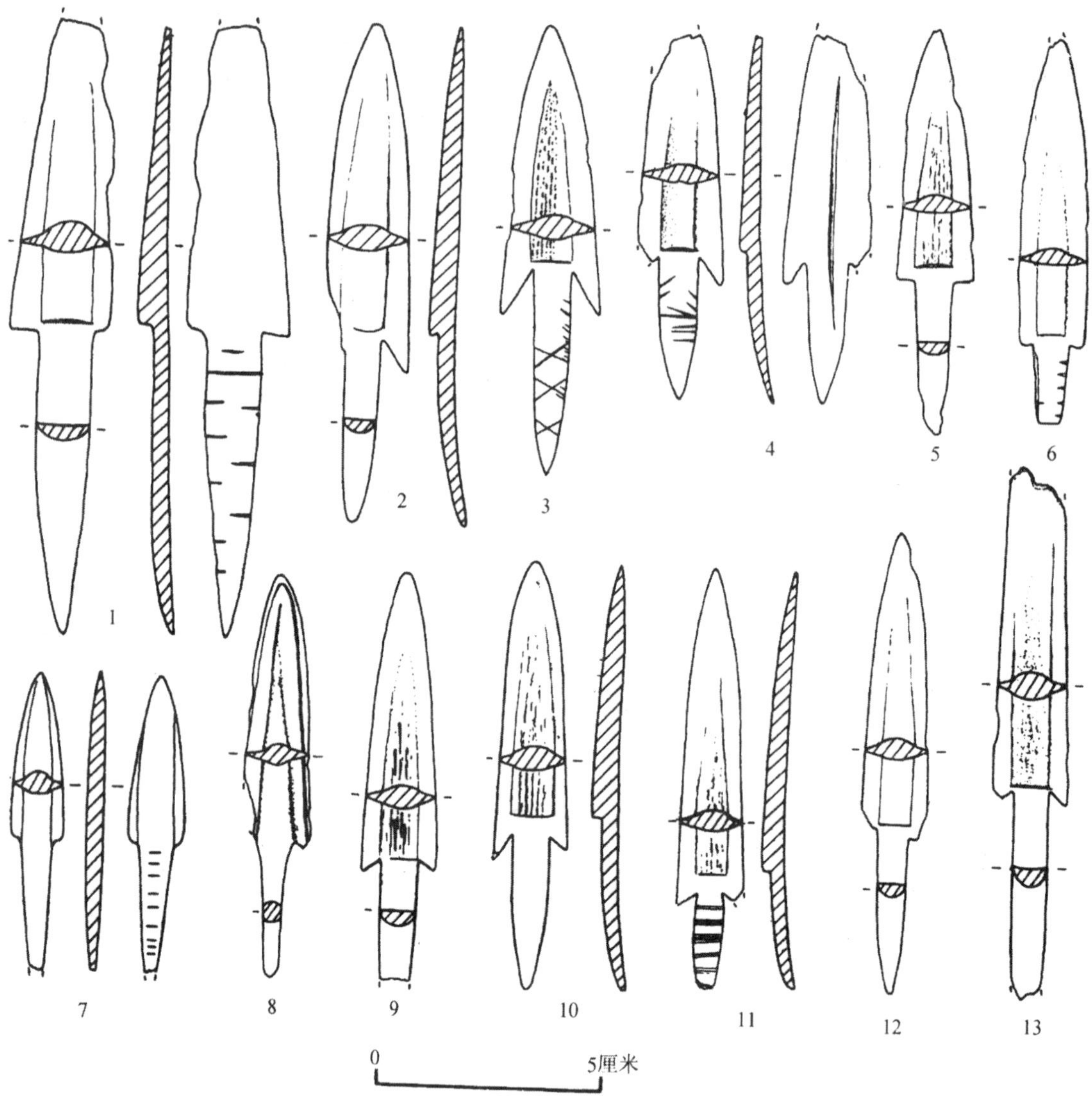

图三〇二　骨镞

1. Ea 型Ⅰ式(M411：11)　2. Ea 型Ⅱ式(M277：11)　3. Ea 型Ⅱ式(M402：4)　4. Ea 型Ⅱ式(M344：14)　5. Eb 型Ⅰ式(M402：10)　6. Eb 型Ⅰ式(M395：13)　7. Eb 型Ⅰ式(H95：4)　8. Eb 型Ⅱ式(T26㉟：10)　9. Eb 型Ⅱ式(M395：12)　10. Eb 型Ⅱ式(M344：17)　11. Eb 型Ⅱ式(M344：16)　12. Eb 型Ⅱ式(M335：3)　13. Ec 型(M386：4)

一六六,13)。H177：1,器体较小,铤部只削去一薄层(图版一六六,15)。M395：19,器体稍宽,呈琵琶形,铤部平面上有浅细斜划痕十余组,铤尾残(图三〇三,4;图版一六六,12)。

Fb 型:8 件。器体平面略呈棱形,有的在一端修出长而尖的铤部。依铤部变化分两式:

Ⅰ式:4 件。铤部两面不见修整痕。标本 M110：3,长铤(图三〇三,9;图版一六八,15)。H120：6,器体稍窄,锋尖锐利,铤稍短,铤根部横一浅槽(图三〇三,8;图版一六八,11)。T103ⓢⒷ：5(图三〇三,12;图版一六八,7)。

Ⅱ式:4 件。铤部被削薄一层。标本 M291：9,锋尖稍残(图三〇三,11;图版一六八,5)。M291：8,铤尾稍残(图版一六八,6)。M335：6,铤部平面只削很薄一层(图三〇三,10;图版一六八,9)。

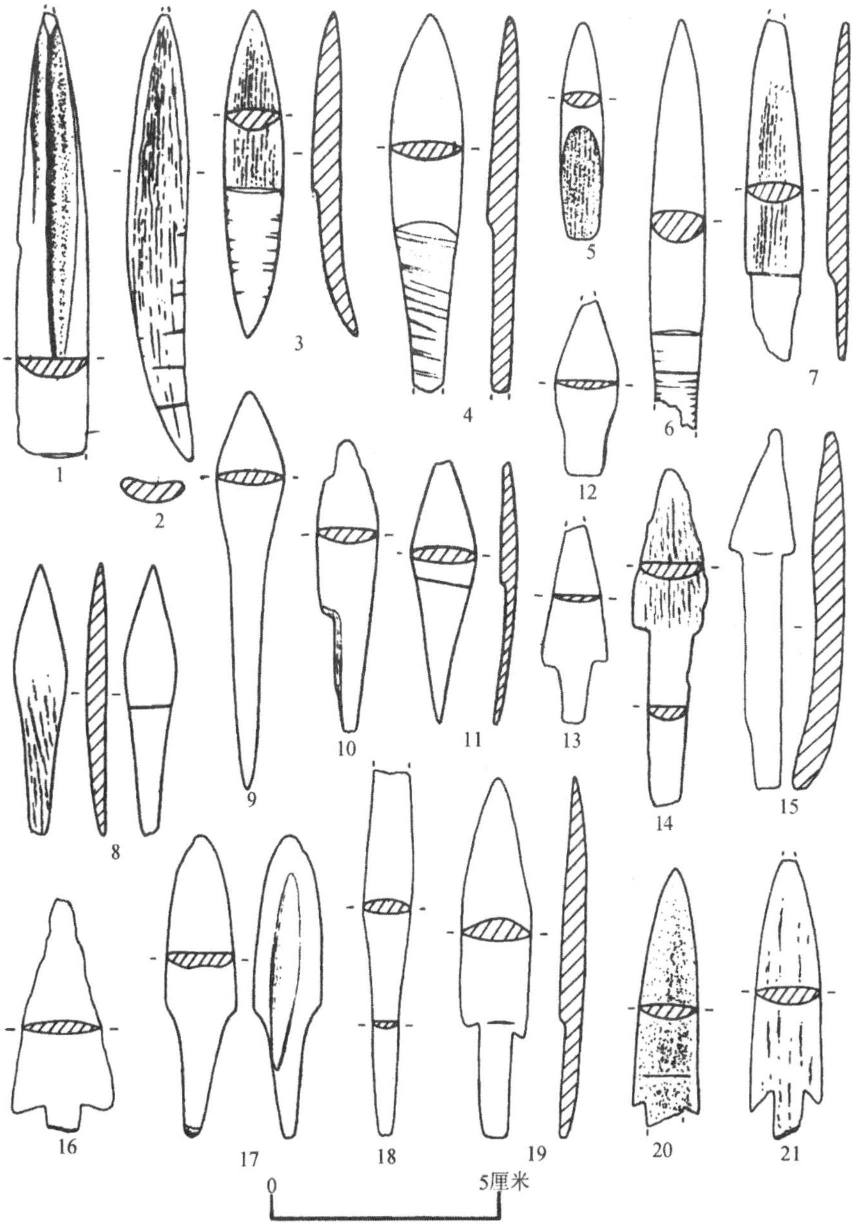

图三〇三　骨镞

1. Fa 型Ⅰ式(H124：4)　2. Fa 型Ⅱ式(M277：8)　3. Fa 型Ⅱ式(M277：24)　4. Fa 型Ⅱ式(M395：19)　5. Fa 型Ⅱ式(H255：2)　6. Fa 型Ⅲ式(M314：1)　7. Fa 型Ⅲ式(M282：48)　8. Fb 型Ⅰ式(H120：6)　9. Fb 型Ⅰ式(M110：3)　10. Fb 型Ⅱ式(M335：6)　11. Fb 型Ⅱ式(M291：9)　12. Fb 型Ⅰ式(T103③B：5)　13. Fc 型Ⅱ式(H171：1)　14. Fc 型Ⅰ式(M22：12)　15. Fc 型Ⅰ式(H120：9)　16. Fc 型Ⅱ式(M22：6)　17. Fd 型(M377：9)　18. Fd 型(M248：4)　19. Fe 型(M127：7)　20. Fe 型(M277：21)　21. Fe 型(M111：4)

Fc 型：6 件。器体平面三角形，两侧有翼，铤作柄状。依两翼变化分两式：

Ⅰ式：3 件。两翼平齐。标本 M22：12，铤稍长(图三〇三，14；图版一六八，13)。M22：11，铤稍短，两翼稍残(图版一六八，10)。H120：9，一鹿角料削制而成，铤较粗且弯曲，似为一半成品

(图三〇三,15)。

Ⅱ式:3件。两翼稍向后钩,略呈倒刺状。标本M22:6,铤残(图三〇三,16;图版一六八,3)。H171:1,铤较短,锋尖稍残(图三〇三,13;图版一六八,1)。H221:1,器体很小,似经火烤,制作精致,锋尖稍残(图版一六八,2)。

Fd型:4件。器体与铤连接处两侧斜削形成铤部。M377:9,器体稍宽短(图三〇三,17;图版一六八,12)。M248:4,器体窄长,锋尖残(图三〇三,18)。

Fe型:11件。器体窄而稍短,两翼呈倒刺状,铤部呈柄状。标本M127:7,两侧边稍直(图三〇三,19;图版一六八,14)。M111:4,铤稍残(图三〇三,21;图版一六八,8)。M277:21,铤残(图三〇三,20;图版一六八,4)。

G型:40件。器身横剖面呈菱形,锋尖和两侧边刃锋利,器体两面中脊明显。依器体特征不同分四亚型:

Ga型:9件。无翼。依铤部变化分两式:

Ⅰ式:3件。器体稍宽,铤根部两侧削成内束状,一面削去一薄层形成平面。标本M377:6,铤根部斜削(图三〇四,1;图版一六七,16)。M253:5,铤根部先刻一横线后,在此向后削出平面(图三〇四,2;图版一六七,15)。M277:14,铤部横剖面呈半圆形,一面脊明显,一面中脊不显,呈圆弧状(图版一六七,10)。

Ⅱ式:6件。器体较窄,铤部两侧仅将边刃磨钝,使之显得修长。在铤根部一面先横刻出一浅槽,然后削磨去一半厚,使之形成一平面。标本M277:15,器体瘦长,长铤横剖呈三角形(图三〇四,3;图版一六七,9)。M388:6,器体稍短,铤部平面横划出十五条刻线,铤尾稍残(图三〇四,4;图版一六七,13)。M35:7,器体窄厚,铤部平面有横磨痕,铤尾残(图版一六七,14)。M393:7(图版一六七,11)。

Gb型:10件。器体修长,铤部横剖面呈半圆形,有翼。依两翼变化分两式:

Ⅰ式:5件。两翼平齐。标本M275:12,制作规整,但器表腐蚀严重(图三〇四,5;图版一六九,9)。M395:11,器表腐蚀严重(图三〇四,6;图版一六九,7)。M395:18,铤中部有绑缚痕,残断(图版一六九,6)。

Ⅱ式:5件。两翼呈倒刺状。M386:5,器体稍薄,铤部平面有浅细横划十多组(图三〇四,7;彩版二六,3)。M393:12,铤部微上翘(彩版二六,2)。M386:7,铤残,铤部平面上也有浅细横划纹(彩版二六,7)。M353:23,铤有浅细横划纹十组(图三〇四,8)。

Gc型:6件。器体稍宽,铤部横剖面大多呈半圆形,有翼。依两翼变化分两式:

Ⅰ式:2件。均残。两翼平齐。标本M277:20,锋尖和铤均残(图版一六九,10)。

Ⅱ式:4件。两翼呈倒刺状。标本H37:3,两翼根部两面均有一"∧"形凸出的凸棱,似箭格,制作精致,铤残,横剖面呈方形(图三〇四,11;彩版二六,8)。M277:22,铤部自两翼处始上翘,尾尖残(图三〇四,9;彩版二六,1)。M277:60,器体平直,锋尖与铤残。M275:11(图三〇四,10;彩版二六,5)。

Gd型:15件。器体较短,有翼,铤部横剖面均作半圆形。依两翼变化分三式:

Ⅰ式:1件(M87:4),器体平面呈菱形,铤根部两侧锯出一对称豁口,但铤部未修窄,应为两翼制作的第一步,从铤根部一面向铤端斜削出一平面,铤较短(图三〇四,15;图版一六七,12)。

Ⅱ式:8件。两翼平齐。标本M344:15,制作精致,铤尾尖微上翘,铤横剖面呈三角形(图三〇四,13;图版一六九,4)。M73:4,锋尖稍残(图三〇四,16)。M277:16,铤尾尖稍残(图版一六九,1)。M127:2,铤弧面亦修薄,使铤根部出一小台,尾尖稍残(图三〇四,14;图版一六九,2)。

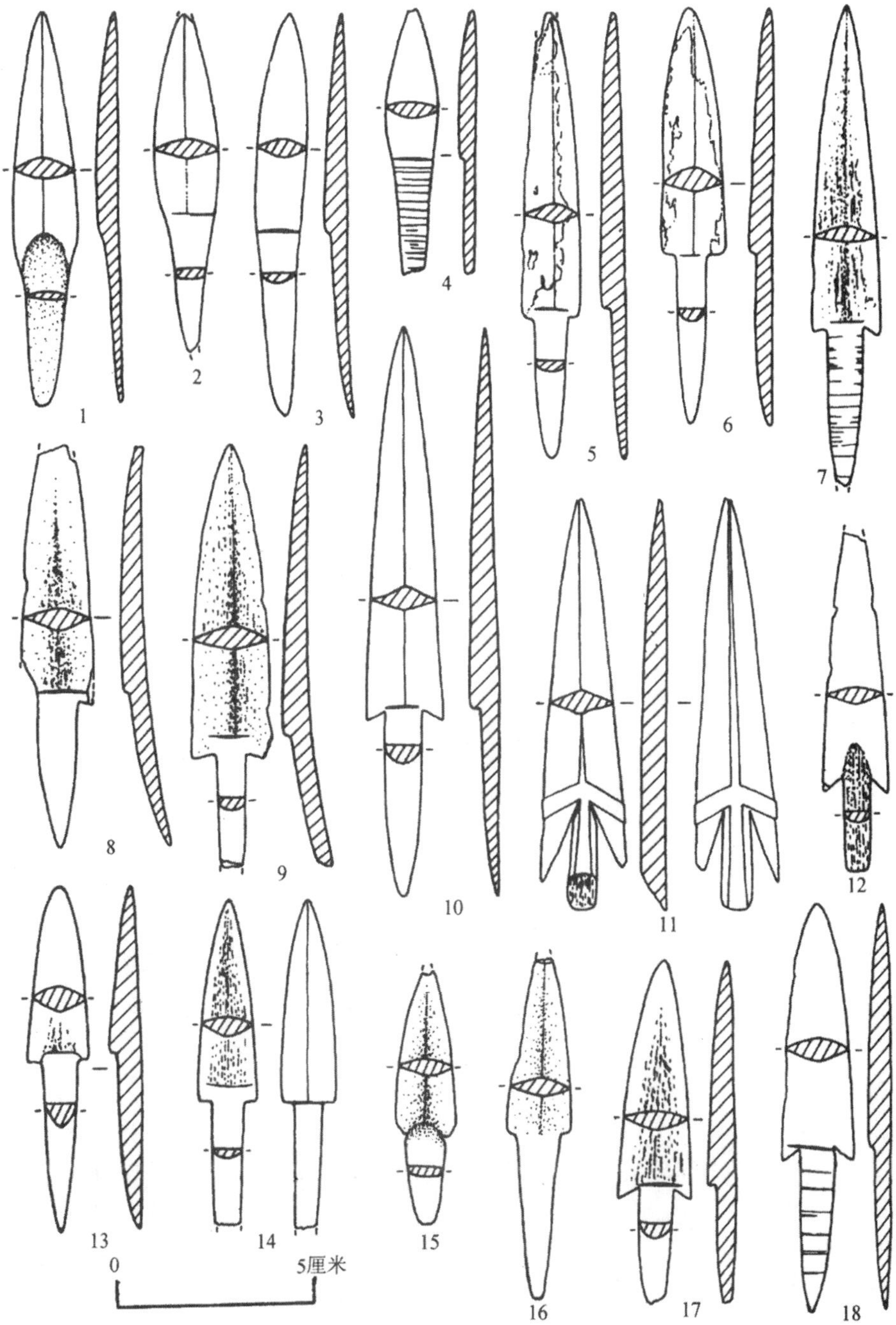

图三〇四　骨镞

1. Ga 型Ⅰ式(M377：6)　2. Ga 型Ⅰ式(M253：5)　3. Ga 型Ⅱ式(M277：15)　4. Ga 型Ⅱ式(M388：6)　5. Gb 型Ⅰ式(M275：12)　6. Gb 型Ⅰ式(M395：11)　7. Gb 型Ⅱ式(M386：5)　8. Gb 型Ⅱ式(M353：23)　9. Gc 型Ⅱ式(M277：22)　10. Gc 型Ⅱ式(M275：11)　11. Gc 型Ⅱ式(H37：3)　12. Gd 型Ⅲ式(M109：2)　13. Gd 型Ⅱ式(M344：15)　14. Gd 型Ⅱ式(M127：2)　15. Gd 型Ⅰ式(M87：4)　16. Gd 型Ⅱ式(M73：4)　17. Gd 型Ⅲ式(M275：14)　18. Gd 型Ⅲ式(M282：50)

M393：6，铤稍短，尾尖微上翘(图版一六九，5)。

Ⅲ式：6 件。两翼呈倒刺状。标本 M282：50，制作规整，铤部平面有八条横刻线，弧面有很密

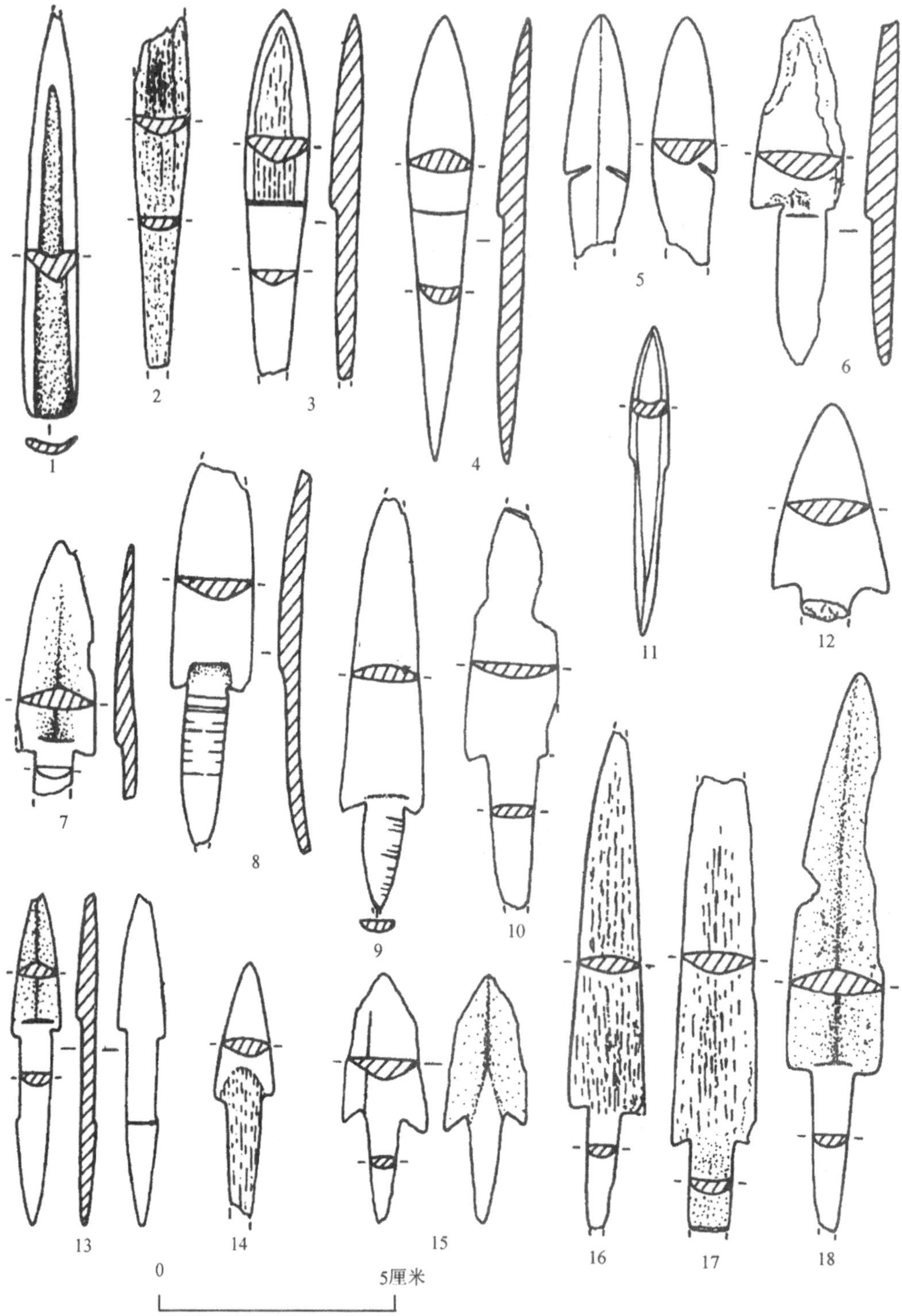

图三〇五　骨镞

1. Ha 型Ⅰ式(H187：14)　2. Ha 型Ⅱ式(M253：3)　3. Ha 型Ⅲ式(M264：3)　4. Ha 型Ⅲ式(M377：7)　5. Hb 型Ⅰ式(T119㉠：9)　6. Hb 型Ⅱ式(M22：9)　7. Hb 型Ⅱ式(M87：3)　8. Hb 型Ⅲ式(M291：5)　9. Hb 型Ⅲ式(M233：6)　10. Hb 型Ⅲ式(M333：3)　11. Hc 型Ⅰ式(H339：3)　12. He 型(T103㉠：22)　13. Hc 型Ⅱ式(H60：14)　14. Hc 型Ⅱ式(H228：4)　15. He 型(M110：4)　16. Hd 型Ⅰ式(H121：11)　17. Hd 型Ⅱ式(M277：10)　18. Hd 型Ⅰ式(M277：23)

的缠绑痕(图三〇四,18;彩版二六,6)。M275∶14,铤尾尖稍残(图三〇四,17;彩版二六,9)。M109∶2,锋尖稍残,铤尾平齐(图三〇四,12)。M111∶1,器体较小,制作精致,铤尾平齐(彩版二六,4)。

H型:30件。器体横剖面呈三角形。依形态特征不同分五亚型:

Ha型:6件。器体窄长,无翼,依铤部变化分三式。

Ⅰ式:2件。无铤。标本H187∶14,器尾至器中部一面有骨料的自然凹槽(图三〇五,1;图版一七〇,11)。

Ⅱ式:2件。铤不明显,但铤部两侧修成圆弧形,无边刃,且较窄长。标本M253∶3,器体较窄,铤细长,锋尖和铤尾均残(图三〇五,2)。

Ⅲ式:2件。铤部一面削出一平面,铤尾细长。标本M377∶7,铤部横剖面呈半圆形(图三〇五,4;图版一七〇,10)。M264∶3,铤部横剖面呈三角形,铤尾残(图三〇五,3;图版一七〇,9)。

Hb型:12件。器体稍宽短。依两翼变化分三式:

Ⅰ式:1件(T119㉟∶9),两翼部位仅刻划出沟槽,为两翼制作的第一道工序,铤部残断,横剖面三角形(图三〇五,5;图版一七〇,3)。

Ⅱ式:4件。两翼基本平齐,稍向后倾,铤部横剖面大多半圆形。标本H338∶1,铤残(图版一七〇,1)。M87∶3,铤残断(图三〇五,7;图版一六五,18)。M22∶9,锋尖残,铤部横剖面三角形(图三〇五,6)。

Ⅲ式:7件。两翼向后呈倒刺状,铤部横剖面均呈半圆形。标本M233∶6,短铤,上划浅细横线九条(图三〇五,9;图版一六九,3)。M386∶ 9,铤尾稍残(图版一六七,6)。M333∶3,锋尖,铤尾均稍残(图三〇五,10)。M291∶5,锋尖稍残,铤部上翘,铤平面上刺有八条横线(图三〇五,8)。H277∶59(图版一七〇,12)。

Hc型:5件。器体较小,有翼,铤部横剖面多扁圆形。据两翼变化分两式:

Ⅰ式:2件。两翼稍显。标本H339∶3,器体呈黑色,可能经轻度火烧,一面平、一面凹,仅尖部呈三棱形(图三〇五,11;图版一七〇,7)。

Ⅱ式:3件。两翼平齐。标本H228∶4,铤尾稍残(图三〇五,14;图版一七〇,2)。H60∶14,铤部横剖面半圆形,圆弧面铤尾部留出一台,便于固定箭杆(图三〇五,13;图版一七〇,8)。T102㉝∶7(图版一七〇,5)。

Hd型:5件。器体较长,有翼,铤部横剖面半圆形。依翼部变化分两式:

表五四　骨镞测量记录表　　(单位:厘米)

器号	型式	全长	锋长	铤长	最大宽	最大厚	备注
H113∶27	AaⅠ	4.85	2.35	2.5	0.59	0.26	
M132∶3	AaⅠ	2.52			0.38	0.19	
M393∶4	AaⅠ	6.96	3.51	3.45	0.81	0.35	
T109㉝∶20	AaⅠ	5.07	1.71	3.36	0.77	0.27	
M411∶16	AaⅡ	4.50	2.44	2.06	1.20	0.58	
T109㉝∶5	AaⅡ	4.05	2.13	1.92	0.94	0.33	
M331∶3	AaⅢ	7.83	4.57	3.26	1.47	0.40	
M331∶4	AaⅢ	8.23	4.26	3.97	1.06	0.38	
H127∶10	AbⅠ	9.91	6.68	3.23	0.71	0.40	
H202∶2	AbⅠ	7.10			0.68	0.33	
T109㉟∶29	AbⅠ	5.48			0.59	0.31	锋稍残

器号	型式	全长	锋长	铤长	最大宽	最大厚	备注
H289：7	AbⅠ	4.31			0.48	0.29	
H13：12	AbⅡ	4.00	2.38	1.31	0.62	0.23	铤稍残
H113：14	AaⅡ	4.72			0.48	0.30	
H195：1	AbⅡ	4.90			0.61	0.36	
M122：2	AbⅡ	7.51			0.96	0.47	
M282：28	AbⅡ	7.24			0.84	0.67	
M341：4	AbⅡ	4.76			0.47	0.29	
T120③C：5	AbⅡ	6.00	3.74	2.26	0.81	0.40	
H231：1	AbⅢ	10.68			0.93	0.40	
H238：3	AbⅢ	9.23	4.10	5.13	1.11	0.48	
M331：2	AbⅢ	8.91			0.98	0.28	
M254：5	AcⅠ	10.23			1.54	0.67	
M388：7	AcⅠ	11.39			1.31	0.50	
M388：9	AcⅠ	8.60			1.03	0.55	
H121：1	AcⅡ	4.71			0.96	0.53	
H194：1	AcⅡ	6.34			1.01	0.46	
H286：1	AcⅡ	5.11	3.01	2.10	0.75	0.40	稍残
M233：7	AcⅡ	6.79	2.00	4.79	1.01	0.33	
M275：10	AcⅡ	6.52	1.20	5.32	0.66	0.26	
H335：5	AcⅡ	6.05	2.00	4.05	0.86	0.38	
H393：9	AcⅡ	6.43			0.89	0.42	
T108③B：14	AcⅡ	4.68	0.86	3.82	0.83	0.30	
H21：8	AcⅢ	6.87			1.07	0.35	
H113：13	AcⅢ	9.09			1.07	0.39	
M277：18	AcⅢ	10.05			1.24	0.41	
M388：8	AcⅢ	9.82			1.23	0.52	
M393：5	AcⅢ	6.70			1.11	0.42	
M388：10	AcⅢ	7.26			1.21	0.55	
M402：5	AcⅢ	7.86			1.23	0.42	
H120：2	BaⅠ	7.52	3.00	4.52	0.81	0.61	
M127：3	BaⅡ	9.74	6.03	3.71	1.00	0.76	
M277：13	BaⅡ	8.17	4.66	3.51	1.03	0.93	
M325：13	BaⅡ	4.94	4.50	0.44	1.04	0.86	铤尖稍残
T8③：1	BaⅡ	6.39	5.40	0.99	1.10	0.77	
M263：18	BaⅢ	7.71	6.37	0.74	1.08	1.05	
M263：19	BaⅢ	6.86	4.91	1.95	1.06	1.03	
M275：6	BaⅢ	8.33	3.91	4.42	0.93	0.83	
H99：4	Bb	3.78	3.18	0.60	0.97	0.72	铤尖稍残
M402：7	Bc	5.58				1.17	
H124：3	CaⅠ	5.68	4.00	1.68	1.15	0.61	铤削稍残
H328：1	CaⅠ	6.28	3.10	3.72	0.87	0.51	

续表五四

器号	型式	全长	锋长	铤长	最大宽	最大厚	备注
M273：2	Ca Ⅰ	4.73	3.19	0.54	1.05	0.60	铤尖稍残
M393：8	Ca Ⅰ	6.78	3.79	2.99	0.84	0.57	
H120：19	Ca Ⅱ	3.55	2.05	1.50	1.08	0.53	稍残
M94：2	Ca Ⅱ	4.47	3.17	1.30	1.06	0.60	稍残
T109③C：26	Ca Ⅱ	1.82	1.82		0.99	0.52	稍残
H36：3	Ca Ⅲ	6.86	3.34	3.52	0.80	0.54	
H36：12	Ca Ⅲ	5.34	2.71	2.63	0.79	0.48	
M121：14	Ca Ⅲ	残 7.5			1.0	0.8	
H36：5	Ca Ⅲ	5.22	2.37	2.85	0.66	0.5	稍残
H67：1	Cb Ⅰ	6.09	2.20	3.89	1.19	0.60	
H102：14	Cb Ⅰ	6.44	2.51	3.93	1.02	0.61	
M386：16	Cb Ⅰ	6.40	4.00	2.40	1.25	0.72	铤尖稍残
H189：2	Cb Ⅱ	6.44	2.13	4.31	0.96	0.51	
M96：2	Cb Ⅱ	5.45	2.41	3.04	1.21	0.56	
M263：7	Cb Ⅱ	3.73	1.44	2.29	0.90	0.35	稍残
T119③C：10	Cb Ⅱ	6.40	2.68	3.72	1.10	0.54	残
T21③C：6	Cc	6.07			0.97	0.57	
T108③B：12	Cd	4.11	2.90	1.21	0.66	0.57	铤尖稍残
M275：7	Da Ⅰ	8.99	5.30	3.69	1.45	0.66	
M275：8	Da Ⅰ	8.76	4.22	4.54	1.45	0.53	
M277：12	Da Ⅰ	6.88	4.40	2.48	1.04	0.54	
M396：3	Da Ⅰ	8.78	4.67	4.11	1.53	0.68	
M402：3	Da Ⅰ	8.66	4.73	3.93	1.26	0.48	
M282：26	Da Ⅱ	10.55	6.68	3.87	1.33	0.46	
M291：3	Db Ⅰ	5.64	2.90	2.74	1.20	0.52	
M291：4	Db Ⅰ	6.69	3.58	3.11	1.06	0.50	
M291：6	Db Ⅰ	5.74	3.04	2.70	1.07	0.45	
M291：10	Db Ⅰ	4.68	1.84	2.84	1.10	0.48	锋尖稍残
T119③C：4	Db Ⅰ	6.34	4.26	2.08	1.17	0.54	铤尖稍残
M386：8	Db Ⅰ	6.68	3.98	2.70	1.26	0.64	
M98：2	Db Ⅱ	6.06	2.17	3.89	1.04	0.61	
M82：1	Dc Ⅰ	8.06	6.19	1.87	1.64	0.40	
M277：9	Dc Ⅰ	9.18	6.49	2.69	1.50	0.39	
M344：13	Dc Ⅱ	8.15	5.69	2.46	1.51	1.09	
M282：24	Dc Ⅱ	12.42	8.31	4.11	1.69	0.41	
M377：8	Dc Ⅱ	8.65	5.34	3.31	1.46	0.50	
M127：6	Dc Ⅱ	1.42	8.00	3.42	1.67	0.62	
M253：6	Dd Ⅰ	8.90	3.76	5.14	1.85	0.58	
T108③B：11	Dd Ⅰ	3.63	3.12	0.51	1.18	0.40	
M277：19	Dd Ⅱ	6.84	3.44	3.40	1.81	0.55	
M282：27	Dd Ⅱ	6.51	2.80	3.71	1.91	0.55	

器号	型式	全长	锋长	铤长	最大宽	最大厚	备注
M22：8	De	5.24	5.24		2.18	0.30	铤残断
H204：1	De	5.71	5.71		1.79	0.31	
M333：1	De	7.25	5.96	1.29	1.87	0.26	
M335：5	Df	7.27	4.52	2.75	1.10	0.56	
M344：33	Df	9.20	5.48	3.72	1.40	0.62	
M411：11	Ea Ⅰ	13.15	6.51	6.64	2.16	0.88	
M344：14	Ea Ⅱ	7.85	4.64	3.21	1.86	0.58	
M402：4	Ea Ⅱ	9.65	5.10	4.55	2.14	0.66	
M277：11	Ea Ⅱ	10.83	6.71	4.12	1.78	0.59	
M396：5	Ea Ⅱ	10.82	7.68	3.14	1.65	0.57	
H95：4	Eb Ⅰ	6.34	3.60	2.74	1.18	0.49	
M402：10	Eb Ⅰ	8.76	5.22	3.54	1.58	0.57	
M282：29	Eb Ⅱ	8.39	4.80	3.59	1.49	0.58	翼稍残
M344：16	Eb Ⅱ	9.27	5.55	3.72	1.68	0.56	
M344：17	Eb Ⅱ	9.08	6.60	2.48	1.47	0.52	
M395：16	Eb Ⅱ	7.85	5.63	2.22	1.46	0.52	
T26㉚：10	Eb Ⅱ	8.68	5.80	2.88	1.40	0.48	
M87：2	Ec	5.31	2.96	2.35	1.04	0.50	稍残
H124：4	Fa Ⅰ	9.38			1.47	0.42	
M255：2	Fa Ⅱ	4.52	2.08	2.44	0.96	0.40	
M277：24	Fa Ⅱ	6.89	3.74	3.15	1.20	0.55	
H177：1	Fa Ⅲ	6.50	3.73	2.77	0.92	0.32	
M314：1	Fa Ⅲ	8.52	6.62	1.90	1.24	0.68	稍残
M395：19	Fa Ⅲ	7.92	4.55	3.37	1.54	0.53	
M110：3	Fb Ⅰ	8.35			1.47	0.35	
H120：6	Fb Ⅰ	5.72	3.03	2.69	1.10	0.41	
T103③B：5	Fb Ⅰ	3.56			1.32	0.20	
M291：9	Fb Ⅱ	5.49	2.63	2.86	1.36	0.42	
M335：6	Fb Ⅱ	6.12	3.57	2.55	1.27	0.40	
M22：12	Fc Ⅰ	7.15	3.48	3.67	1.63	0.49	
H221：1	Fc Ⅱ	3.44	1.38	2.06	1.04	0.30	
M248：4	Fd	7.64	4.25	3.39	1.00	0.41	锋尖稍残
M393：11	Fe	7.58	4.60	2.98	1.55	0.40	
M253：5	Ga Ⅰ	7.94	4.72	3.22	1.54	0.48	
M377：6	Ga Ⅰ	9.32	5.47	3.85	1.52	0.59	
M277：15	Ga Ⅱ	9.47	5.11	4.36	1.14	0.46	
M388：6	Ga Ⅱ	6.29	3.50	2.79	1.23	0.45	
M393：7	Ga Ⅱ	6.17	4.20	1.97	1.15	0.55	
M275：12	Gb Ⅰ	10.61	7.08	3.53	1.43	0.57	
M346：1	Gb Ⅰ	7.62	6.00	1.62	1.30	0.60	
M395：11	Gb Ⅰ	9.85	5.89	3.96	1.62	0.67	

续表五四

器号	型式	全长	锋长	铤长	最大宽	最大厚	备注
M277：58	GbⅡ	10.10	8.93	1.17	1.66	0.66	
M353：23	GbⅡ	9.64	5.97	3.67	1.71	0.62	
M277：20	GcⅠ	11.30	7.02	4.28	1.98	0.61	
H37：3	GcⅡ	10.0	7.3	2.7	2.3	0.7	
M275：11	GcⅡ	13.8	9.2	4.6	2.0	0.7	
M87：4	GdⅠ	6.03	3.94	2.09	1.53	0.47	
M73：4	GdⅡ	8.16	4.30	3.86	1.59	0.50	
M127：2	GdⅡ	7.83	4.46	3.37	1.45	0.60	
M277：16	GdⅡ	8.06	4.06	4.00	1.50	0.55	
M344：15	GdⅡ	8.30	3.96	4.34	1.47	0.70	
M393：6	GdⅡ	6.88	4.17	2.71	1.37	0.50	
M109：2	GdⅢ	8.11	5.84	2.27	1.63	0.41	
H187：14	HaⅠ	8.2			1.2	0.6	无缝
H253：3	HaⅡ	残7.1			1.2	0.3	锋、铤均残
M377：7	HaⅢ	9.0	4.0	5.0	1.4	0.6	
M264：3	HaⅢ	7.4	3.9	残2.5	1.4	0.6	铤残
T119㉚：9	HbⅠ	残5.0	3.1	残1.8	1.4	0.5	铤残
M87：3	HbⅡ	残5.1	4.0	残1.1	1.7	0.5	铤残
M22：9	HbⅡ	残7.1	残4.0	3.1	1.9	0.7	锋尖残
M291：5	HbⅢ	残7.52	3.87	3.65	1.61	0.47	锋、铤尖均残
M333：3	HbⅢ	残8.0	5.0	3.0	2.0	0.3	锋、铤均残
M233：6	HbⅢ	残8.3	6.0	2.3	1.8	0.3	锋尖稍残
H339：3	HcⅠ	6.2	2.8	3.4	0.9	0.3	
H228：4	HcⅡ	残5.2	2.7	2.5	1.3	0.35	铤稍残
H60：14	HcⅡ	残6.7	2.6	4.1	1.1	0.3	锋尖稍残
M277：23	HdⅠ	残11.23	7.83	残3.4	1.87	0.59	铤稍残
M121：11	HdⅠ	残10.1	7.1	3.0	1.6	0.4	尖稍残
M277：10	HdⅡ	残9.2			1.8	0.5	锋、铤尖均残
M110：4	He	5.0	2.8	2.2	1.8	0.4	
T103㉚：22	He	残4.4	3.6	残	2.0	0.6	铤残

Ⅰ式：3件。两翼平齐。标本M277：23，器体一侧残，纵剖面稍呈圆弧形（图三〇五，18）。M121：11，铤部有绑缚痕（图三〇五，16；图版一六九，8）。

Ⅱ式：2件。两翼呈倒刺状。标本M277：10，锋尖和铤尾均残（图三〇五，17；图版一六七，7）。

He型：2件。器体宽短，呈三角形，两翼呈倒刺状，短铤。标本M110：4，一侧边刃稍向内弧（图三〇五，15；图版一七〇，4）。T103㉚：22，器体稍大，锋尖部略呈菱形，铤残（图三〇五，12；图版一七〇，6）。

2. 骨鱼镖

鱼镖是数量仅次于镞的大类器物，共计127件，但形体特征变化不大，形制比较固定。根据器体特征分为六型。各型之中有些变化，又分为若干个亚型(表五五)。

A型:36件。体扁，有翼。根据器体特征不同又可分为六个亚型。

Aa型:6件。器体较长，横剖面呈近圆角方形，两侧有翼均呈较密集的倒刺状，两翼根部有血槽，尾端有圆短铤。标本M248∶3，器体最长，锋尖残，残长29.5厘米。两侧对称，器体中厚，两侧各有倒刺十个(图三〇六，1;彩版二七，13)。M109∶3，器体中部两侧对称各有倒刺四个(图三〇六，2;彩版二七，12)。M224∶1，器体后部两侧对称各有倒刺六个，铤撇向一侧(彩版二七，11)。M111∶3，器体稍短，两翼较宽，两侧对称各有倒刺六个，锋尖稍残(图三〇六，4;彩版二八，5)。M32∶16，有倒刺四组(图三〇六，3;彩版二七，14)。M32∶17(彩版二七，15)。

Ab型:6件。器体横剖面中部近圆角方形，近锋尖部呈三角形。两侧有翼，铤部剖去一半，横剖面呈半圆形。标本M282∶46，器身中后部两侧对称各有倒刺三个，倒刺间距较大，铤中部有半周刻线，尾端残(图三〇六，6;彩版二八，3)。M109∶1，器体后部两侧对称各有倒刺五个，倒刺锯痕较浅，排列密集，铤部弧面横划密集的短而细的线段，铤尾平齐(图三〇六，7;彩版二八，6)。M282∶51，两侧各有倒刺三个，间距较大，中间一对不甚对称，从器体后部到铤尾半圆形系利用骨料的自然形态稍加削修而成，可见高超的制作技术(图三〇六，5;彩版二八，4)。

Ac型:8件。器体较短，横剖面呈菱形，铤部横剖面多为三角形，两侧有翼作倒刺状。M282∶25，锋尖稍残，两侧对称各有倒刺六个，铤部横剖三角形(图三〇六，9)。M275∶13(图三〇六，8)。

Ad型:3件。器体较短，横剖面呈菱形，与Ac相似，铤部与Aa相似唯较短，两侧有翼呈倒刺状。标本M111∶5，器体稍长，后部两侧倒刺大体对称，一侧十个、一侧十一个，排列密集，短铤圆锥状(图三〇六，11;彩版二八，1)。M395∶14，器体较短，两翼各有对称倒刺三个，短铤作方柱状(图三〇六，10;彩版二八，7)。

Ae型:9件。器体一面起中脊，一面圆弧状或近平，铤部一面削磨成平面呈凹槽状，另一面圆弧或起中脊，横剖面呈半圆或三角形，两翼有对称倒刺。标本M282∶52，倒刺位于铤部，铤尾端稍残(图三〇六，14;彩版二八，9)。M377∶4，铤部平面有十六条浅刻线(图三〇六，13;彩版二八，8)。M393∶10，铤较长，倒刺较密，中部以下残(图三〇六，17;彩版二八，12)。M335∶4，铤部似曾残断，一侧各余两个倒刺，削出平面重制铤部后又一次使用。尾端呈燕尾状(图三〇六，15)。M411∶10，铤部一面修成凹槽状，倒刺位于器体后部和铤前部，两侧对称各有五个(图三〇六，12;彩版二八，2)。M263∶20(图三〇六，16)。

Af型:4件。器体较薄，两面稍鼓或一面近平，无明显铤部，两侧有倒刺。标本M377∶5，尾端呈燕尾形(彩版二八，10)。M396∶6，倒刺做到近锋尖部(图三〇六，18)。H208∶1(彩版二八，11)。

B型:48件。无翼，器身横剖面呈圆形，尾端磨成圆锥状作铤部。依体形和铤部变化分四亚型:

Ba型:8件。铤与器体结合部直径稍大，有的明显出一台。标本M32∶4，铤根部出台明显，锋尖残(图三〇七，1)。M344∶9，铤根部一侧明显有一台，另一侧不显(图三〇七，3;彩版二七，8)。M411∶9，铤根部稍粗，有明显一周刻线，但无台(彩版二七，4)。M282∶49，铤根部稍粗，无台，亦无刻线(彩版二七，10)。M126∶2(图三〇七，4)。M344∶7(图版一七一，5)。

Bb型:24件。铤部急收成圆锥或圆柱状。标本M40∶7，器体较长，铤与器身结合部有一周刻

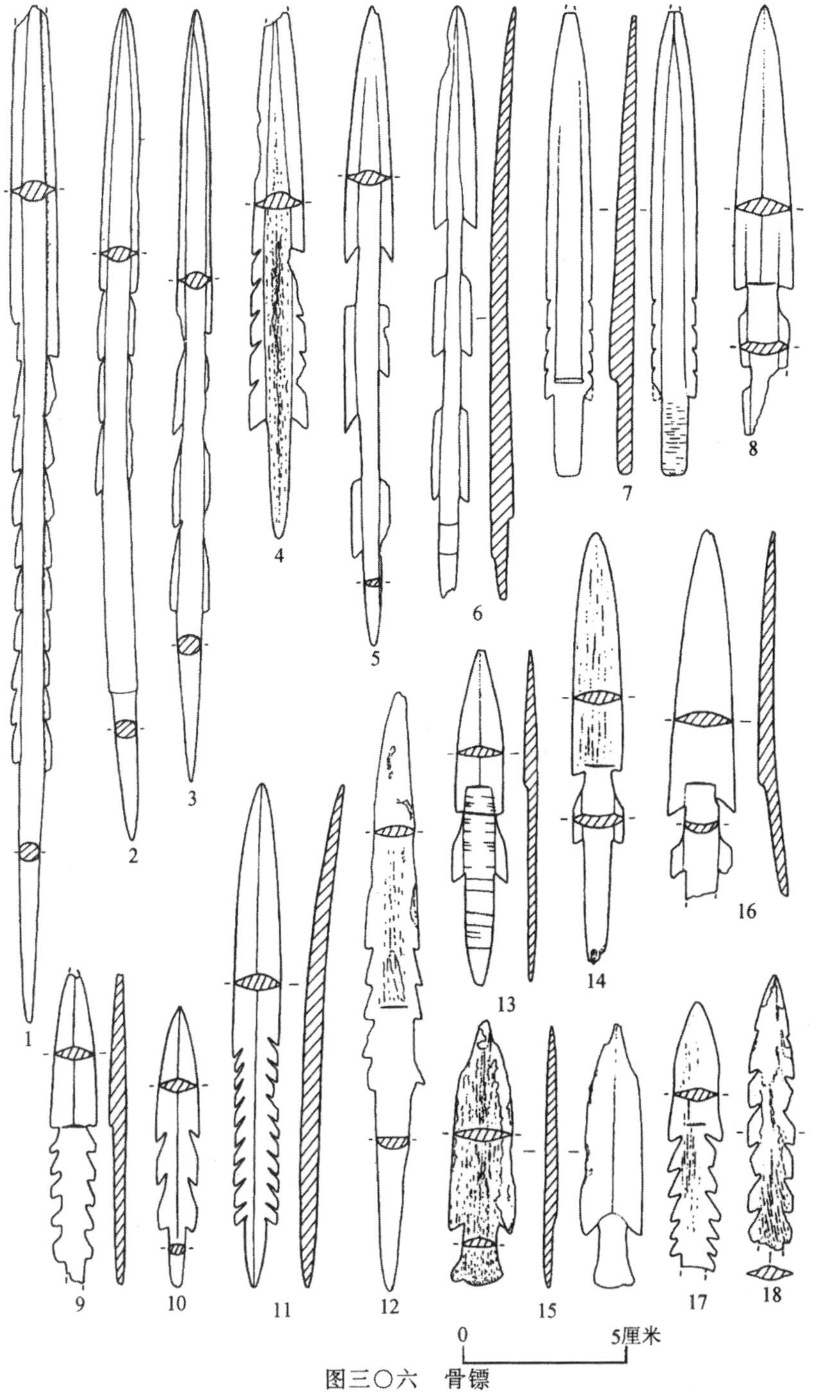

图三〇六　骨镖

1. Aa 型(M248∶3)　2. Aa 型(M109∶3)　3. Aa 型(M32∶16)　4. Aa(M111∶3)　5. Ab 型(M282∶51)　6. Ab 型(M282∶46)　7. Ab 型(M109∶1)　8. Ac 型(M275∶13)　9. Ac 型(M282∶25)　10. Ad 型(M395∶14)　11. Ad 型(M111∶5)　12. Ae 型(M411∶10)　13. Ae 型(M377∶4)　14. Ae 型(M282∶52)　15. Ae 型(M335∶4)　16. Ae 型(M263∶20)　17. Ae 型(M393∶10)　18. Af 型(M396∶6)

线,铤呈圆锥状,铤尾较锐(彩版二七,6)。M395∶8,锋尖稍残(图版一七一,14)。M277∶44,磨制

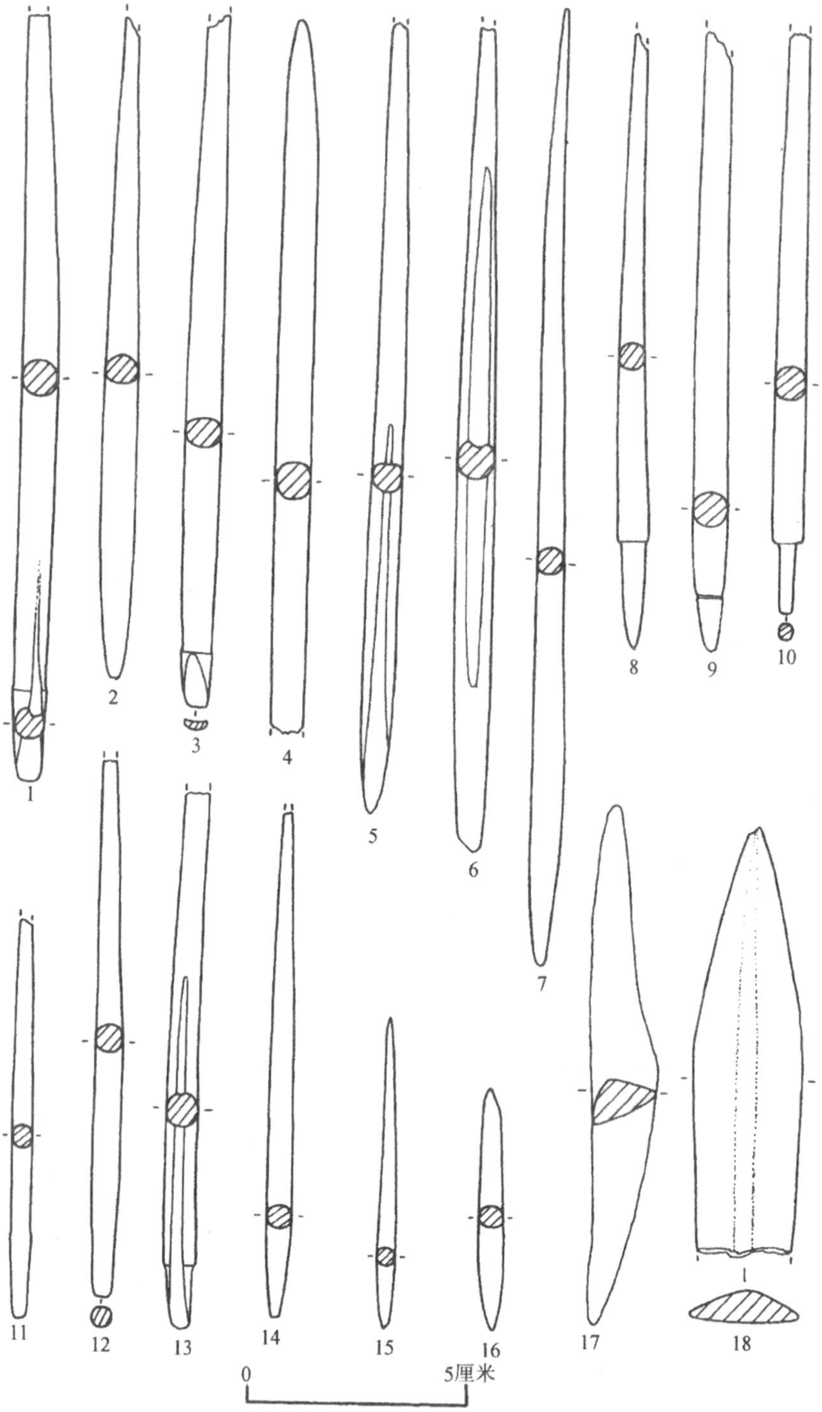

图三〇七　骨镖、骨矛

1. Ba 型镖(M32：4)　2. Bb 型镖(M41：10)　3. Ba 型镖(M344：9)　4. Ba 型镖(M126：2)　5. Bb 型镖(M32：3)　6. Bb 型镖(M282：23)　7. Bb 型镖(M40：4)　8. Bd 型镖(M388：2)　9. Bd 型镖(M411：6)　10. Bd 型镖(M35：3)　11. Bc 型镖(M388：11)　12. Bb 型镖(M277：53)　13. Bd 型镖(M282：44)　14. Bc 型镖(M395：6)　15. Bc 型镖(M388：4)　16. Bc 型镖(H60：4)　17. B 型矛(T108③B：19)　18. A 型矛(M387：15)

精致，器体较短(图版一七一，16)。M41：10，铤尾尖较钝，锋尖残(图三〇七，2；图版一七一，13)。M282：23，器体一侧有沟槽，可能为骨料所固有(图三〇七，6；彩版二七，1)。M32：3，锋尖稍残(图三〇七，5；图版一七一，4)。M344：10，铤尾端平齐(图版一七一，6)。M277：53，铤尾端平齐，器体较短小(图三〇七，12)。M40：4(图三〇七，7)。M41：11(图版一七一，12)。M41：9(图版一七一，15)。

Bc 型：8 件。器体特征同 Bb 型，唯器体较短小。标本 M395：6，尾端稍钝，锋尖微残，是本亚型最长的 1 件(图三〇七，14；图版一七二，5)。H60：4，两端尖均很锋利，是本亚型最短的 1 件(图三〇七，16；图版一七二，10)。M388：4 是本亚型最细的 1 件(图三〇七，15；图版一七二，8)。M388：11(图三〇七，11)。M395：4、5、M388：5(图版一七二，5、6)。

Bd 型：8 件。铤与器身结合部突然变细，与 Ba 相反，器身粗于铤根部，明显出一台。标本 M40：5，铤根部刻出一周凹槽，铤尾尖，铤呈短圆锥状(图版一七一，7)。M388：2，器身尾部出台明显，铤呈短圆锥状(图三〇七，8；图版一七一，10)。M35：3，器身尾部出台明显，铤呈短圆柱状，尾端平齐(图三〇七，10；图版一七一，11)。M277：52，器身尾部出台不明显，铤尾端平齐，呈短圆柱状(图版一七一，9)。M411：6(图三〇七，9)。M282：44(图三〇七，13)。M411：8(图版一七一，8；彩版二七，9)。

C 型：36 件。器身横剖面呈椭圆形，器体一侧大部有凹槽。依铤部和器体特征不同分三亚型：

Ca 型：17 件。锋部细长锐利，尾端修成短圆锥状或圆柱状做铤部。标本 M41：8，铤部作圆锥状(图三〇八，3)。M395：9，器体较小，铤部作圆锥状，较尖锐，上有旋转式划痕(图版一七二，3)。M277：7，锋部作扁锥状，铤作圆柱状，尾端平齐(图三〇八，1；彩版二七，3)。M344：8，铤尾作圆柱状，尾端平齐，铤根与器体分界部出一台，与 Ba 型工艺特征相同(图三〇八，2；彩版二七，7)。

Cb 型：9 件。器体横剖面椭圆或近圆，最大特征是铤部一侧斜磨或斜削成一平面，尾端平齐。标本 M282：47，铤部斜磨面较长，器身前部有旋转式刻痕(图三〇八，5；图版一七一，3)。M395：7，铤部斜磨面较短，其上有密集的横刻痕(图版一七一，17)。M73：7，器身较短，铤部斜磨面较长，其上有较深而密的横刻痕，这些横刻痕应为绑缚固定杆柄时增加拉力系数后致(图三〇八，7；图版一七二，4)。M411：17，铤部一侧用钝刀削出一不规则的粗糙的斜面，近尾端还有半周刻线(图三〇八，6；图版一七一，1)。M282：45，器体一侧面凹槽较深，铤部凹槽一侧先横锯出一沟槽，然后向尾端削出平面(图三〇八，4；图版一七一，2)。T26㉚：8(图三〇八，9)。

Cc 型：10 件。器体呈不规则形。标本 H19：15，器身横剖面呈“V”形，一侧面凹槽较深，铤部稍加磨制，尾端平齐，器身经抛光，锋尖残(图三〇八，8；图版一七一，18)。H13：25(图三〇八，14)。

表五五　骨镖测量记录表　　(单位：厘米)

器号	型式	全长	锋长	铤长	最大宽	最大厚(径)	备注
M32：16	Aa	22.18	17.22	4.96	1.20	0.74	
M32：17	Aa	20.74	17.43	3.31	1.29	0.70	
M109：3	Aa	24.04	19.68	4.36	1.12	0.80	
M224：1	Aa	23.40	19.98	3.42	1.20	0.80	
M248：3	Aa	29.47	21.95	7.52	1.40	0.77	锋尖稍残
M109：1	Ab	13.37	10.62	2.75	1.42	0.70	
M282：51	Ab	18.43	15.69	2.74	1.38	0.60	
M127：5	Ac	10.84	6.86	3.98	1.44	0.58	
M275：9	Ac	11.24	5.63	5.61	1.71	0.44	
M275：13	Ac	12.34	8.03	4.31	1.68	0.62	

续表五五

器号	型式	全长	锋长	铤长	最大宽	最大厚(径)	备注
M282：25	Ac	8.96	4.38	3.58	1.37	0.53	
M386：10	Ac	12.73	5.85	6.88	1.72	0.55	
M264：2	Ac	11.24	7.01	4.23	1.50	0.50	
M111：5	Ad	14.62	12.62	2.00	1.40	0.56	
M395：14	Ad	8.10	6.40	1.70	1.28	0.48	
M282：52	Ae	12.42	6.70	5.72	1.51	0.52	
M377：4	Ae	9.18	3.93	5.52	1.62	0.41	
M335：4	Ae	7.61	5.65	1.96	1.85	0.43	
M411：10	Ae	17.31	9.08	8.23	1.78	0.53	
M377：5	Af	11.16	9.80	1.36	1.36	0.32	
M344：7	Ba	18.23	15.85	2.38		0.80	
M344：9	Ba	18.93	17.70	1.23		0.80	
M411：9	Ba	20.32	17.97	2.35	0.80	0.78	
M32：3	Bb	17.03				0.71	
M40：3	Bb	22.95				0.73	
M41：9	Bb	13.70				0.77	锋尖稍残
M40：4	Bb	20.70				0.64	
M41：10	Bb	14.25				0.75	
M277：53	Bb	11.60				0.60	锋尖稍残
M41：11	Bb	12.98				0.76	
M40：8	Bb	16.50				0.70	锋尖稍残
M277：44	Bb	13.50	11.79	1.71		0.66	
M282：23	Bb	17.87				0.80	
M344：10	Bb	18.07				0.77	
M395：8	Bb	15.46				0.64	
M388：4	Bc	6.67				0.38	
M320：6	Bc	7.20				0.55	铤尖稍残
M388：5	Bc	9.40				0.54	
M411：17	Bc	16.20	15.32				铤尖稍残
M395：4	Bc	6.13				0.60	
M395：5	Bc	10.18				0.60	
M395：6	Bc	10.96				0.57	
H60：4	Bc	5.16				0.59	
M35：3	Bd	12.62	11.06	1.56		0.71	锋尖稍残
M388：2	Bd	13.21	10.93	2.28		0.67	
M411：8	Bd	19.65	17.72	1.97		0.74	
M277：52	Bd	15.57	14.80	0.95		0.70	
M40：5	Bd	17.60	16.00	1.75		0.70	锋尖稍残
M40：2	Ca	17.90				0.78	
M41：8	Ca	16.60	11.91	4.80		0.76	
M344：8	Ca	19.16	17.50	1.70		0.77	
M395：9	Ca	11.68				0.62	锋尖稍残
M277：7	Ca	19.47				0.80	
M282：45	Cb	16.76	13.47	3.46		0.79	
M282：47	Cb	16.10	12.60	3.64		0.76	
M395：7	Cb	13.12	11.52	1.66		0.62	
M73：7	Cb	10.95	8.10	2.90		0.63	
H19：15	Cc	13.20				0.85	锋尖稍残
M296：1	D	28.00	6.24	21.80	1.00		铤尖稍残
M41：4	D	17.35		12.90		1.06	锋尖稍残
M335：2	E	9.76	6.10	3.84	1.34	0.50	
M395：15	E	9.00		3.50	1.40	0.65	锋尖稍残

说明：备注栏中未注明“残缺度”的器物均为完整器。

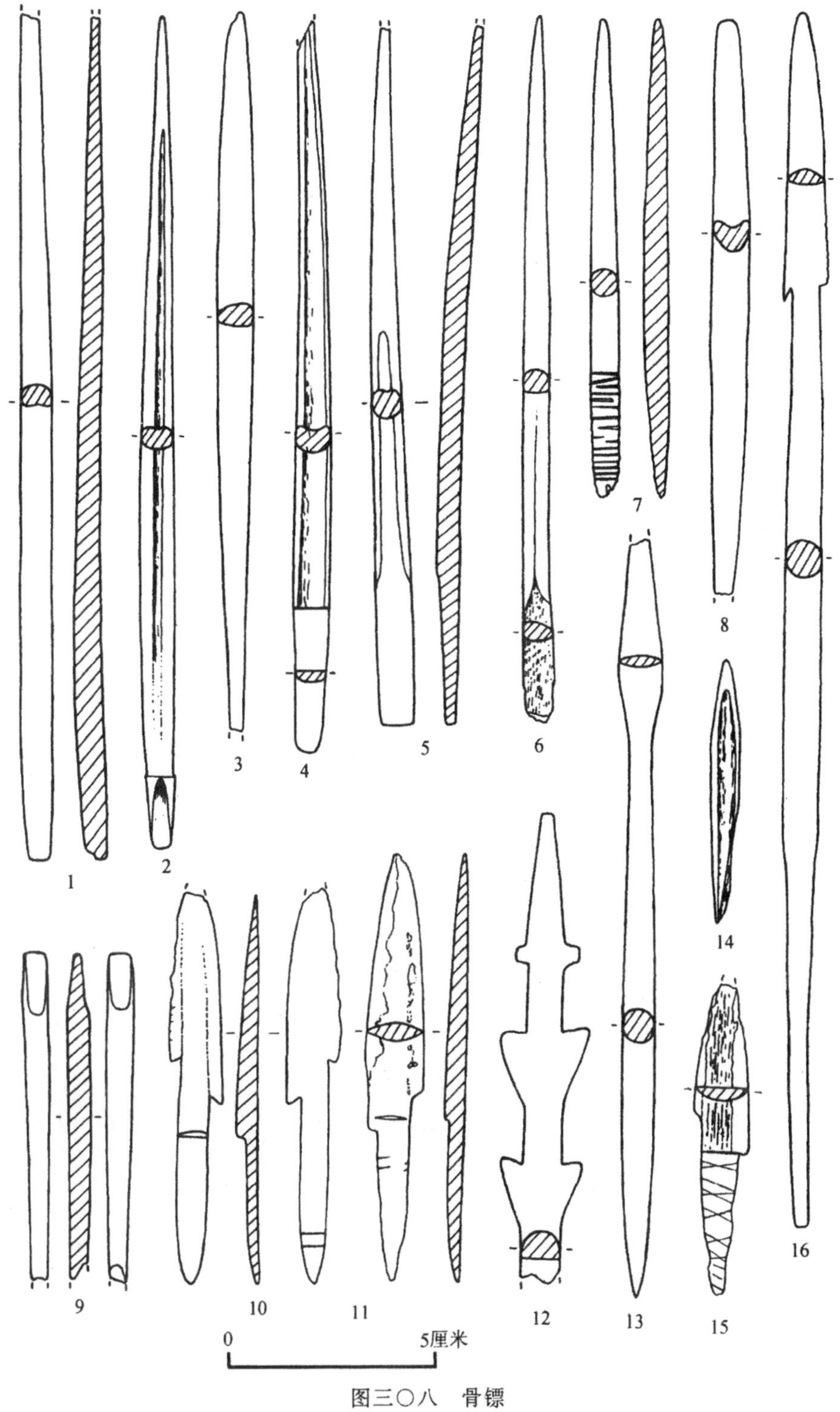

图三〇八　骨镖

1. Ca 型(M277：7)　2. Ca 型(M344：8)　3. Ca 型(M41：8)　4. Cb 型(M282：45)　5. Cb 型(M282：47)　6. Cb 型(M411：17)　7. Cb 型(M73：7)　8. Cc 型(H19：15)　9. Cb 型(T26㉚C：8)　10. E 型(M395：15)　11. E 型(M335：2)　12. F 型(M360：1)　13. D 型(M41：4)　14. Cc 型(H13：25)　15. E 型(M402：8)　16. D 型(M296：1)

D 型：2 件。有较长的器身，横剖面圆形，前锋呈箭镞形，铤部圆锥状。此类器应为连杆箭，是 B 型镖和镞的结合体。标本 M41：4，器身较短，圆锥状短铤，与 Bb 型镖同，前锋部同镞 Da Ⅰ，尖稍残（图三〇八，13；彩版二七，2）。M296：1，器身较长，与 Bb 型镖略似，唯铤部较长，尾尖稍残，前锋部横剖面呈半圆形，与 Fe 型镞略似，但器体很窄，根部有倒刺形两翼，但一侧不显（图三〇八，16；彩版二七，5）。

E 型：3 件。器体较短，与镞略同，但两翼不对称作交互状，特征与镖类似，故归于此。标本 M395：15，器体中部圆形，铤部截剖一半呈半圆形，近尾部收两层台（图三〇八，10；图版一七二，1）。M335：2，器身横剖面作四棱形，两翼平直，与 Cb Ⅰ 镞略同，铤部剖去一半，横剖面呈半圆形，尾端略上翘，铤部平面上三条横刻线（图三〇八，11；图版一七二，2）。M402：8，器身横剖面呈半圆形，与 Fe 型镞略同，铤部平面上有交叉状划纹五组和斜划纹五条，两翼较小呈倒刺状（图三〇八，15）。

F 型：2 件。整体似一骨雕动物形象。均仅存后半部，锋部残。标本 M360：1，器身横剖面呈"U"形或"V"形，有对称两组倒刺，均向一侧，铤与器身分界处凸出形成一格，短铤呈圆锥状，铤尾平齐（图三〇八，12；图版一七二，14）。H32：2（图版一七二，15）。

3. 矛

5 件。形状不太固定。大体可分为两型：

A 型：2 件。磨制精致，横剖面呈半圆形。标本 M387：15，制作较为规整，器中部以后残。残长 9.23、宽 2.47、厚 0.68 厘米（图三〇七，18；图版一七二，12）。

B 型：3 件。磨制粗糙，仅磨出尖部。标本 H28：54，一鹿角料削制而成，制作粗糙。残长 7.12、宽 1.7、厚 1.2 厘米（图版一七二，11）。T108③B：19，锋尖部削成三棱形，后部斜削出一平面，以便固定于柄上。长 11.2 厘米、宽 1.57 厘米、厚 0.9 厘米（图三〇七，17；图版一七二，13）。

4. 骨凿

21 件。皆动物肢骨锯割成长条形骨板后，将其一端磨成单面斜刃而成，大多周身经打磨，经长期使用，通体光滑，有的刃部崩残，有的顶部崩残。刃部多平直，也有呈圆弧形和斜直形的。器体有长短之分，使用方式可能有所不同。依次将其分为三型：

A 型：8 件。完整者长度在 21～18 厘米之间，顶部大多保留自然关节面。推测此类器可能系绑缚在长柄上使用。标本 M277：50，顶端保留自然关节面，刃平直，大部崩残，通体稍加打磨，通长 21 厘米，刃长 0.7 厘米，刃宽 1.2 厘米（图三〇九，1；彩版二九，10）。M277：5，顶部和器身均经打磨，较光滑，刃平直，保存完整，长 20 厘米、刃长 0.7 厘米、刃宽 1 厘米（彩版二九，6）。M282：14，近刃端一半打磨光滑，近顶端一半经简单打磨，顶端保留自然关节面，刃端平直，大部崩残，长 18.1 厘米、刃长 0.5 厘米、刃宽 1.34 厘米（彩版二九，9）。M327：4，器身大部打磨光滑，仅顶部保留自然关节面，刃端圆弧形，有细小崩疤，长 18.1 厘米、刃长 0.6 厘米、刃宽 1.5 厘米（图三〇九，2；彩版二九，7）。M282：13，通体磨光，顶部崩残，刃端稍弧，刃部可见明显磨擦用痕，残长 15 厘米，刃长 0.5 厘米、刃宽 1 厘米（图三〇九，3；彩版二九，8）。

B 型：5 件。完整者长度在 7.1～8.2 厘米之间。有的顶部崩残，有的刃部崩残，有的两端皆残。大多通体磨光，刃部有长期用痕。刃部圆弧或斜直。标本 H327：3，通体磨光，刃斜直，崩残后又继续使用，磨擦用痕明显，顶端大部崩残，长 7.1 厘米，刃长 0.8 厘米，刃宽 1.1 厘米（图三〇九，4；图版一七六，6）。M400：3，通体磨光，顶稍残，刃端圆弧形，长 7.2 厘米，刃长 0.7 厘米，宽

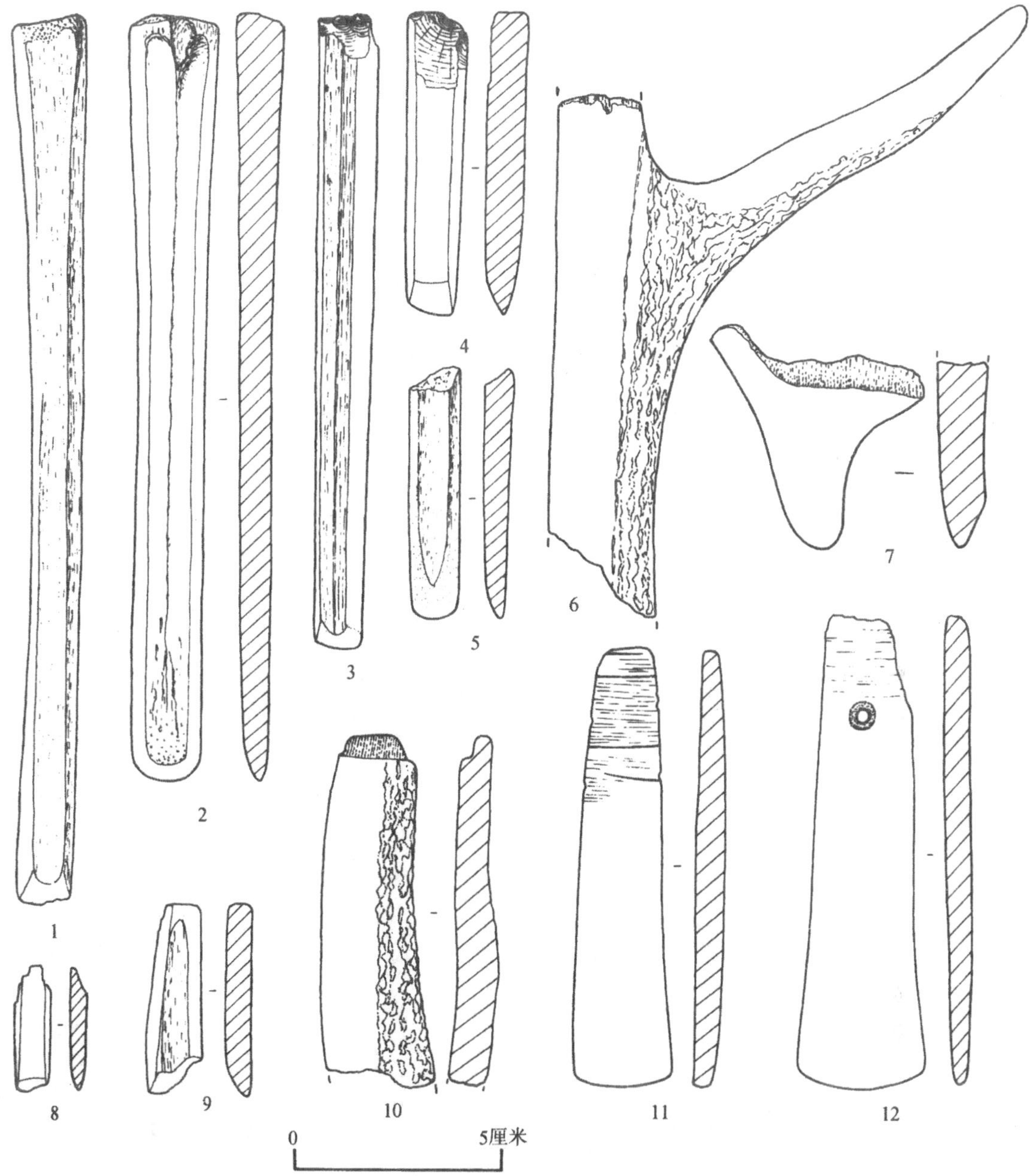

图三〇九　骨凿、角椎、钩形器、骨柄

1. A 型骨凿(M277：50)　2. A 型骨凿(M327：4)　3. A 型骨凿(M282：13)　4. B 型骨凿(H327：3)　5. B 型骨凿(H16：4)　6. 角椎(H120：7)　7. 钩形器(H306：1)　8. C 型骨凿(M126：7)　9. C 型骨凿(M282：58)　10. C 型骨柄(H282：4)　11. B 型骨柄(M325：14)　12. A 型骨柄(M263：6)

1.5 厘米(图版一七六,5)。H16：4,近刃端一半磨光,近顶端简单打磨,顶残,刃端圆弧形,有明显的长期磨擦用痕,残长 6 厘米,刃长 0.4 厘米,刃宽 1.1 厘米(图三〇九,5;图版一七六,4)。

C 型:8 件。完整者长 4.5 厘米左右。大多通体磨光,顶端或刃端崩残。标本 M282：58,顶、刃两端均部分崩残,刃部有长期使用的磨擦痕,长 4.5 厘米,刃长 1.1 厘米,直刃宽 1.3 厘米(图三〇九,9;图版一七六,1)。M126：7,器体较小,顶崩残、刃部稍残,刃平齐,有长期磨擦用痕,残

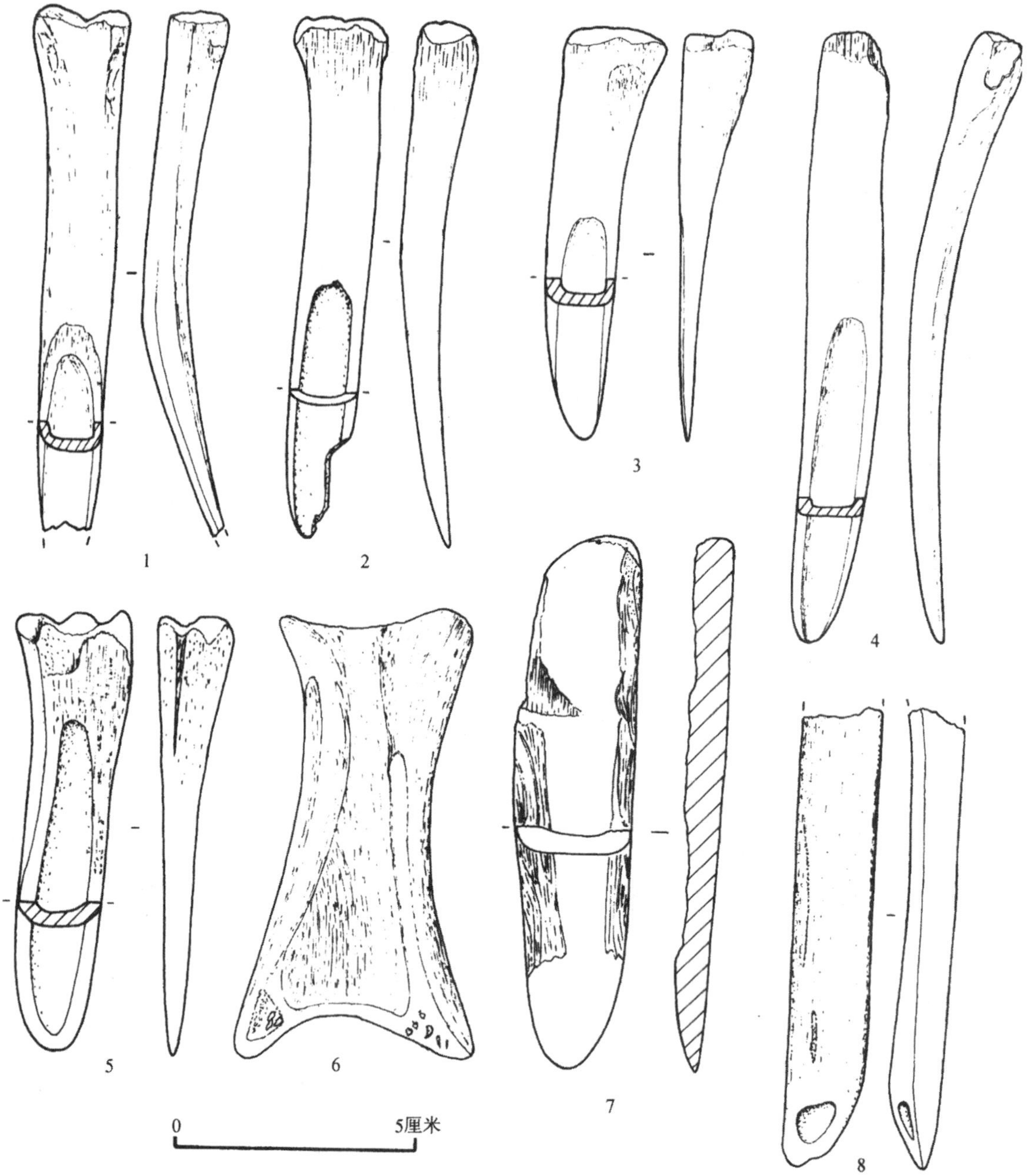

图三一〇　骨匕、耜

1. Aa 型匕(M128：4)　2. Aa 型匕(M73：11)　3. Aa 型匕(M487：4)　4. Ab 型匕(M60：5)
5. Ac 型匕(H28：1)　6. 骨耜(H69：5)　7. C 型匕(T109⑧B：22)　8. B 型匕(H110：3)

长 3 厘米，刃长 0.6 厘米，刃宽 0.75 厘米(图三〇九，8；图版一七六，2)。H146：2，顶崩残，刃端圆弧形，经长期使用形成双面刃，残长 4.3 厘米，刃宽 1.6 厘米。H289：11(图版一七六，3)。

5. 耜

1 件。H69：5，猪肩胛骨修整而成，刃部有明显使用痕，因长期使用仅剩很短一段，与河姆渡骨耜略同，但不见穿孔，在穿孔部位有明显刮削和绑缚痕。长9.5厘米，刃部宽5厘米，刃角32°（图三一〇，6；彩版一八，4）。

6. 钩形器

3件。皆在鹿角的尖部打击剥下一角片，其劈裂面形成一纵向的刃口，然后作用于较软的物体，有的劈裂面被长期磨蚀而近平。H306：1，长度仅余2.5厘米，劈裂面长期被磨近平，废弃后被火烧而断裂（图三〇九，7；图版一六一，4）。

7. 骨板

24件。皆长条形。大多通体磨光，制作精致，使用痕迹明显，显系长期使用，但非尖、刃类工具，用途不明，从其痕迹特征与位置观察，似与纺织、织网一类活动有关。依形体特征和使用部位不同分两型（表五六）。

A型：8件。两侧边内束或平齐，横剖面呈“V”型，使用痕迹在凹面，且两端的使用痕迹深于中间，显然受力大于中间。依形体特征分两亚型：

Aa型：3件。两侧边平齐，平面呈长方形。标本M127：4，磨痕甚深（图二九八，1；彩版二九，5）。M282：12，凹面未见使用痕，似刚磨制定型（彩版二九，2）。

Ab型：5件。两侧边中间内束，两端较中间宽。标本M386：12，中间稍厚，两端磨蚀痕较深（彩版二九，1）。M277：6，两端磨蚀沟近透，应为长期受力所致（彩版二九，4）。M76：4，骨料不同，器体较大，两侧边的两端修成尖角状凸起，似刚磨制定型，凹面未见使用痕迹（图二九八，2）。M277：46，器体很小，但凹面亦有长期用痕（彩版二九，3）。

B型：16件。两侧边中间外凸，中凸部分与两端之间内束，两端较宽，横剖面呈长方形，个别因骨料而呈“U”形，但使用痕迹均在器物中部，中间两侧边较显，个别在一平面上也可见到使用磨蚀痕，中间多数可见缠绕物的朽痕，推测此类器物可能为绕线板一类的工具。依中凸特征分两亚型：

Ba型：10件。两侧边中间呈圆弧形外凸，有的中间明显有包裹痕，使用痕迹在包裹痕两侧。标本M282：15，中间包裹痕明显（彩版三〇，7）。M282：11，两端可见使用痕（图二九八，5；彩版三〇，9）。M282：10，中间包裹处色较深，一面的两端有较显的磨蚀沟（彩版三〇，8）。M270：4，器体较厚，两端微弧，用痕不明显（彩版三〇，6）。M278：4，两端平面呈扇形（图二九八，6；彩版三〇，2）。M113：15，一端残，一端呈扇形（彩版三〇，3）。M130：1，中凸部缠包处色稍深（彩版三〇，10）。

Bb型：6件。两侧边中间呈长方形外凸，使用痕均在两端。标本M127：9，两端平齐稍宽（彩版三〇，1）。M78：3，一端呈扇形，一端残（图二九八，3；彩版三〇，4）。M82：3，为骨化石磨制而成，器表胶结钙化物（图二九八，7；彩版三〇，5）。H169：2，为一牛肋骨磨成，自然弯曲状（图版一七三，12）。

表五六　骨板测量记录表　（单位：厘米）

器号	型式	长	中宽	最窄	端宽	记述
M127：4	Aa	17.05	2.3		2.3～2.45	两端磨痕深
M282：12	Aa	14.05	1.77		1.5～2.00	用痕不显
M22：14	Aa		1.43			残

器号	型式	长	中宽	最窄	端宽	记述
M386：12	Ab	17.44	2.17		2.92～3.06	两端磨蚀痕深
M277：6	Ab	16.91	2.27		2.75～2.64	两端磨蚀痕深
M76：4	Ab	18.4	3.34		4.6	中残，用痕不显
M277：46	Ab	7.29	0.96		1.12～1.25	凹面用痕较显
H204：2	Ab	(残)3.11	0.69		0.89	用痕不显
M130：1	Ba	17.83	2.75		3.15	中有裹痕
M282：11	Ba	16.43	1.98		2.0～2.08	中有裹痕
M282：15	Ba	16.28	1.9		1.98	中有裹痕
M270：4	Ba	16.5	2.37		2.6～2.8	中有裹痕
M282：10	Ba	15.44	2.3		2.1	中有裹痕
M278：2	Ba	15.48	2.91	2.1	4.24	中有裹痕
M113：15	Ba	12.32(残)	2.33	1.93	2.96	中有裹痕
H169：2	Bb	26.3	3.42～4.24	2.86～3.34	3.8～4.14	未见用痕，自然弯曲
M82：3	Bb	22.78	3.6	3.0	3.5	兽骨化石，面有钙质胶结
M127：9	Bb	17.22	2.16	1.46～1.5	2.07～2.17	两端有包裹痕
M78：3	Bb	14.94(残)	3.4	2.85	4	残

8. 骨柄

17件。平面一端宽、一端窄，呈扇柄形、长梯形或鱼尾形等。或在一端穿孔，或在两侧边刻槽，有的制作精致，往往成对出土。中部大多有长期绑缚形成的磨痕。依加工部位和形态的不同分三型(表五七)。

A型：7件。皆在较窄一端近端处穿孔。孔为两面对穿。标本H35：7、8，平面鱼尾形，窄端两孔并列横排，宽端呈圆弧形，一面有较深的磨蚀沟，应为长期使用形成(彩版三一，12、13)。M331：5、6，平面近梯形，窄端两孔竖排，两侧边出一台，出台处至宽端有绑缚磨痕(彩版三一，9、8)。M263：5、6，窄端残断，窄端对钻有一圆孔，一面中部有纵向磨蚀痕(图三〇九，12；彩版三一，10、11)。

B型：6件。窄端两侧锯成齿牙状，应是便于绑缚固定所致。标本M282：59、60，平面呈梯形，宽端呈圆弧形，靠窄端一半两侧边锯对称缺口四对，两件部位对应，似属同一器的柄部，缺口为扣合绑缚固定所刻(彩版三一，1、2)。M325：14，窄端正面有密集的深浅不等的横刻线，两侧边有对称两对缺口(图三〇九，11；彩版三一，6)。M277：47，窄端一面磨平，一侧边两个，一侧边一个缺口，应为便于绑缚固定所致(彩版三一，4)。M386：11(彩版三一，3)。T102㉚：11(彩版三一，7)。

表五七　骨柄测量记录表　(单位：厘米)

器号	型式	长	上端宽	下端宽	厚	记述
M331：5	A	7.1	0.92	3	0.9	孔径上0.48，下0.53，孔壁较直
M331：6	A	8.12	1.2	3.1	0.85	孔径上0.5，下0.47，孔壁较直
H35：7	A	6.82	1.4	3.52	0.47	孔径左0.42，右0.4，孔错对，顶稍残
H35：8	A	7.18	0.92	3.75	0.48	孔径左0.37，右0.32，孔错对，顶稍残

续表五七

器号	型式	长	上端宽	下端宽	厚	记述
M263：5	A	(残)10.37	残	3.02	0.74	孔径0.48～0.54,孔上边缘有一圆测点,圆锥底,深0.1,孔位两面、两侧有刻线
M263：6	A	(残)11.1	残	3.01	0.75	孔径0.37～0.45,孔位两面、两侧均有横刻线
M282：59	B	9.68	1.54	3.11	0.68	正面微弧,背面平
M282：60	B	9.5	1.66	2.9	0.66	正面微弧,背面平
M386：11	B	13.44	1.54	2.67	1.1	一侧稍残
M277：47	B	13.07	1.7	2.86	1.72	左侧缺口下另有一刻痕,但未透
M325：14	B	10.22	1.16	2.3	0.72	正面有许多横刻线
T102㉚：11	B	(残)9.72	残	2.36	0.78	正面有许多横刻线
H75：4	C	9.7	1.0	1.5	0.6	
H282：4	C	残长8.4	1.9	2.1	1.0	

C型:4件。制作粗糙,仅在一端刻成楔状,一面削成平面,多以鹿角为原料。标本H75：4,器身自然弯曲,中部两侧有明显绑缚痕,尖端两侧有明显削痕(彩版三一,5)。H282：4,较窄的一端减薄削成平面,并在端面保留榫口(图三〇九,10)。

9. 骨锥

共47件。巧妙利用动物肢骨,磨出尖部而成,制作精致,形制较多。依其形态分六型。

A型:21件。数量最多。均系利用食草类动物尺骨磨尖而成,保留一端便于手握的骨关节,尖部大多残,因有的用未骨化的年青动物的肢骨,关节端有的脱落。锥体扁薄,锥尖较圆且相当锐利,器体大约在21.2～13.7厘米之间,个别较小,在10厘米以下。标本M62：3器体最长,为21.2厘米,保存完整(彩版三二,15)。M365：2,保存完整,器体较短,为15.15厘米(彩版三二,14)。M335：11,尖稍残,残长16.5厘米(图三一一,1;图版一七四,15)。M353：27,保存完整,但关节端未骨化而脱落,残长13.7厘米(彩版三二,13)。M325：10、M380：1、M336：2(彩版三二,10、11、12)。M381：1、M60：6、T108③B：32、M60：8(图版一七四,12、13、14、16)。

B型:6件。系用另一种动物的肢骨磨尖而成,大多为尺骨,共同特征是锥体中空呈管状。标本M334：9,尖稍残,关节端脱落,残长18厘米(图版一七四,11)。H229：1,尖残,关节端脱落,残长17厘米(图三一一,2;图版一七四,17)。H95：6,系制作骨匕的动物肢骨的残段磨出一尖而成,长4.4厘米(图三一一,6;图版一七四,6)。M86：3,系一动物腓骨通体磨制而成,长13.5厘米(图版一七四,8)。

C型:3件。出自M113,皆通体磨制,未保留自然骨面,器体横剖面椭圆形,扁尖,尾端稍薄,尖均稍残。标本M113：6,残长17.8厘米(图三一一,4;图版一七四,10)。M113：5,残长16.7厘米(图三一一,3;图版一七四,9)。

D型:7件。皆从鹿类肢骨上纵锯下长条形骨料磨尖而成。此类器物仅磨尖部,个别磨锥身,大部保留棱角和关节面,无法握用,而尖部均有长期使用痕,推测可能系镶嵌于器柄上使用。标本H291：16,仅尖部锐利,余除锯痕外均保留自然骨面,长16.7厘米(图版一七四,2)。H291：2,中

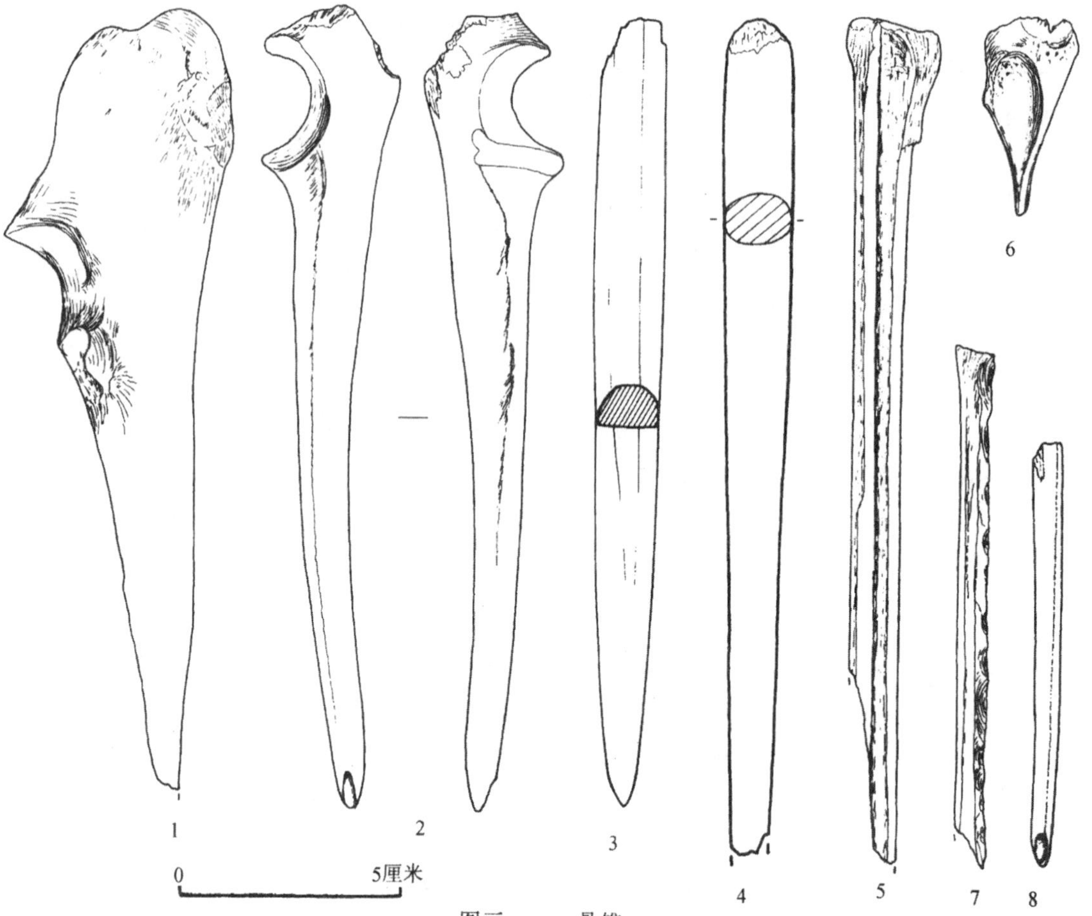

图三一一　骨锥

1. A 型(M335：11)　2. B 型(H229：1)　3. C 型(M113：5)　4. C 型(M113：6)　5. D 型(H291：2)
6. B 型(H95：6)　7. D 型(H289：12)　8. F 型(M266：1)

间有一很深的锯痕，尖部残后又继续使用，长 18.1 厘米(图三一一，5；图版一七四，1)。M35：2，锥身大部磨成圆形，仅尾端保留关节面，尖稍残，残长 15.5 厘米(图版一七四，3)。H289：12，一侧有锯痕，一侧有打击修理痕，尖部未磨，为一半成品，长 11 厘米(图三一一，7)。

E 型：8 件。均系利用动物肢骨残段磨出尖部而成，器体较短，制作粗糙。无法握用，可能也系镶嵌到器柄上使用。标本 H330：13，尖部锐利，通体黑色，器身横剖面方形，近尖部为圆形，较为规整，长 6.1 厘米(图版一七四，4)。H13：14，尖部经长期使用，余皆保留自然骨面，长 6 厘米(图版一七四，7)。

F 型：2 件。系利用中空的鸟类肢骨骨管在一端斜磨成尖，通体光滑，似经长期使用。标本 M266：1，残长 9 厘米(图三一一，8；图版一七四，5)。

10. 角锥

5 件。皆鹿角尖部，有明显用痕。标本 H120：7，为一连角干的角尖，尖部有明显用痕，干部有长期把握痕，从器形看，应是锥钻较硬的物体的手钻类工具(图三〇九，6；图版一六一，8)。

11. 牙锥

7 件。猪的门齿，牙根部削成尖状。标本 M74：1，在牙根一侧削出一平面，使尖部锋利(图版一六九,12)。M382 : 2,牙根部削一周使尖部锋利(图版一六九,13)。H289 : 16,牙根部磨尖并使用(图版一六九,11)。

12. 骨匕

50 件。大多系用动物肢骨磨制而成,一端磨成扁薄圆弧形刃口,另一端保留骨关节,有的仅打磨一下棱角。器身均磨制精致,并经打磨抛光,显系常用之物,但刃口均不锋利,推测其功能应与进食有关,也可能为一种纺织工具。器体大多自然弯曲。依骨料和器体特征不同可分为三个型(表五八)。

A 型:46 件。皆系动物肢骨磨制而成,从关节特征看有三种不同的动物肢骨。依此为据分为三个亚型:

Aa 型:36 件。经鉴定为鹿的肢骨,器身大多自然弯曲,最长的 12.6 厘米,最短的 7.1 厘米,短的可能系多次修磨所致。关节部分大多经打磨,标本 M128 : 4、M73 : 11(图三一〇,1、2)。M487 : 4(图三一〇,3;图版一七五,10)。M281 : 8、M128 : 8、M60 : 3、M335 : 20、M325 : 7、M365 : 3、M343 : 1(彩版三二,2、3、4、6、7、8、9)。H113 : 5、M68 : 3、M351 : 5、H84 : 2(图版一七五,7、8、9)。

表五八　骨匕测量记录表　（单位:厘米）

器号	型式	长	记述
M325 : 7	Aa	12.6	关节经打磨
M86 : 1	Aa	10.0	关节经打磨
M60 : 3	Aa	9.2	关节经打磨
M240 : 1	Aa	8.8	关节经打磨
M299 : 2	Aa	8.7	关节经打磨
M128 : 8	Aa	8.5	关节经打磨,最为精致
M281 : 8	Aa	8.4	关节经打磨,制作精致
M487 : 4	Aa	8.1	关节经打磨,制作精致
M86 : 2	Aa	7.9	关节经打磨,制作精致
M256 : 3	Aa	7.7	关节经打磨,制作精致
M287 : 5	Aa	7.6	关节经打磨,整
H84 : 2	Aa	7.1	关节经打磨,整
M335 : 20	Aa	11.6	关节未经打磨
M73 : 11	Aa	10.3	关节未经打磨
M365 : 3	Aa	10.3	关节未经打磨
M336 : 3	Aa	9.7	关节未经打磨
M68 : 3	Aa	8.9	关节未经打磨
M351 : 5	Aa	8.8	关节未经打磨
T10③C : 1	Aa	8.2	关节未经打磨
M60 : 5	Ab	12.1	关节打磨光滑
M281 : 9	Ab	10.7	关节打磨光滑
M486 : 5	Ab	8.9	关节打磨光滑
H19 : 25	Ab	8.2	关节打磨光滑,尖端锋利,制作精致
H284 : 1	Ac	9.8	关节稍经打磨,制作精致
M281 : 7	Ac	9.5	关节稍经打磨,制作精致
H28 : 1	Ac	9.2	关节稍经打磨,制作精致
H110 : 3	B	残长 9.3	上端残断
T103③B : 22	C	10.2	较直

Ab 型:7 件。另一种动物肢骨磨制而成,骨关节端磨制光滑,通体规整,自然弯曲,长在 8.2～

12.1 厘米之间。标本 M60：5(图三一〇,4;图版一七五,12)。H19：25(彩版三二,1)。M486：5(图版一七五,6)。

Ac 型:3 件。另一种动物肢骨磨制而成,骨关节稍加打磨,器体较直。标本 H28：1(图三一〇5;图版一七五,5)。H284：1(彩版三二,5)。M281：7(图版一七五,4)。

B 型:1 件(H110：3),系一较直的动物肢骨仅斜磨一端而成圆弧刃,刃部有崩疤,可能用途不同(图三一〇,8)。

C 型:3 件。系动物肢骨剥去一片后,打磨劈裂面而成,器体均较直。标本 T109③B：22,两侧有打痕,一端稍磨成圆钝状,另一端斜磨成圆弧形刃口(图三一〇,7)。H115：11,仅残存"V"形尖端,器壁很薄,经打磨抛光,并经长期使用。

13. 骨针

177 件。大多磨制精致,器体有圆、扁、不规则形等。器身长、短不等,有的有针眼、有的无针眼,但有连线的凹槽,据器体特征不同分五型:

A 型:89 件。数量最多。器体横剖面呈圆形或近圆形,但针眼端多呈椭圆形,依器体长短、粗细,均有针孔、大多为一面钻,孔直或稍斜,个别为两面钻,两面均呈喇叭状,器身有长短之分,可能功能有所不同。分五个亚型:

Aa 型:2 件。本型中数量最少,器身最长,直径也最大。标本 M308：2,残长 128.4 毫米,最大直径 5.1 毫米,针孔径 2.2 毫米(图三一二,1)。

Ab 型:29 件。中间圆,近针孔端多扁,器身较 Aa 稍细短,长 10~13 厘米,直径 3.4~4.3、孔径 0.14~0.23 厘米。标本 M276：3、M351：2、M115：8(图三一二,2、3、4;彩版三三,3、4、1)。H70：1(彩版三三,7)。见表五九。

表五九 Ab 型骨针测量记录表 (单位:厘米)

器号	长	径	孔径	记述
H70：1	10.39(整)	0.43	0.16	精致,孔为一面钻,喇叭状
M351：2	12.58(尖残)	0.41	0.23	精致,孔为一面钻,微斜
M276：3	12.8(尖残)	0.37	0.14	直孔一面钻、器体稍弯曲
M115：8	10.62(尖稍残)	0.34	0.15	直孔一面钻,微斜
M335：21	断	0.42	0.19	直孔一面钻,直,有测点
M376：3	断	0.42	0.15	孔两面钻,喇叭状
H135：2	断	0.42	0.2	孔一面钻,直,偏向一侧
M115：9	断	0.41	0.15	孔一面钻,直,偏向一侧
M128：3	断	0.4	0.14	孔一面钻,直,偏向一侧
M41：5	断	0.37	0.18	孔一面钻,微斜

Ac 型:29 件。本型中数量最多,器身较 Ab 短细,长 8~10 厘米,最大径 0.26~0.33 厘米,孔径 0.11~0.17 厘米,标本 M486：6,M278：3(图三一二,5、6)。M126：4、H309：5(彩版三三,9、10)。见表六〇。

表六〇　Ac 型骨针测量记录表　（单位:厘米）

器号	长	最大径	孔径	记述
M126：4	9.36(整)	0.26	0.13	直孔一面钻,孔端平齐、器体弯曲
H309：5	8.61(整)	0.31	0.17	孔一面钻,稍斜、体稍扁、孔端平齐,磨制精致
M107：3	残断	0.33	0.13	直孔一面钻
H105：6	中断、残长 7.75	0.33	0.16	孔稍斜、一面钻,器体稍扁
H226：1	8(残长)	0.3	0.14	直孔一面钻,器体略弯曲
M486：6	7.9(残长)	0.26	0.11	直孔一面钻,孔端较尖
M278：3	7.2(残长)	0.32	0.13	直孔一面钻,一面大一面小,器体稍扁
M58：13	7.2(残长)	0.3	0.16	直孔一面钻
M275：4	5.32(尖残)	0.33	0.13	直孔一面钻,器身稍短
H320：1	残	0.27	0.13	孔稍斜,一面钻

Ad 型:21 件。数量也较多,器身较 Ac 更短细,长 5～8 厘米,最大径 0.2～0.25 厘米,孔径 0.08～0.12 厘米。标本 M52：2、M335：12、M115：1(图三一二,8、9、11)。M91：2、M38：4、M335：22(彩版三三,11、12、14)。见表六一。

表六一　Ad 型骨针测量记录表　（单位:厘米）

器号	长	最大径	孔径	记述
M38：4	5.64(整)	0.25	0.11	孔一面钻,制作精致
M335：12	7.25(孔残)	0.25	0.12	孔直一面钻
M335：22	5.48(孔残)	0.25	0.1	孔直一面钻
M115：1	6.53(孔残)	0.24	0.12	孔直一面钻
M52：2	7.38(孔残)	0.2	0.12	孔两面钻
M91：2	6.0(尖残)	0.23	0.08	孔稍斜,一面钻,精致

Ae 型:8 件。数量较少,器体细而短,长小于 3.5 厘米,最大径 0.16～0.22 厘米,孔径 0.07～0.1 厘米,标本 M58：11(图三一二,7;彩版三四,8)。M113：13、H112：29(彩版三四,9、10)。见表六二。

表六二　Ae 型骨针测量记录表　（单位:厘米）

器号	长	最大径	孔径	记述
M112：29	2.9(整)	0.19	0.07	通体黑色,孔一面钻,稍斜
M42：2	3.3(残断)	0.2	0.07	直孔一面钻,磨制精致
M356：5	3.17(孔残)	0.22	0.10	直孔两面钻,器体不大规整
M113：13	2.77(孔残)	0.16	0.09	直孔一面钻
M58：11	2.2(孔残)	0.16	0.1	直孔一面钻

B 型:14 件。数量较少,器体扁或扁圆,均有针孔,大多一面钻,孔直。也有粗、细长短不同。可分为三个亚型:

Ba 型:6 件。器体长而粗,长 10.6～17.4 厘米,最大长径 0.5～0.59 厘米,短径 0.37～0.42

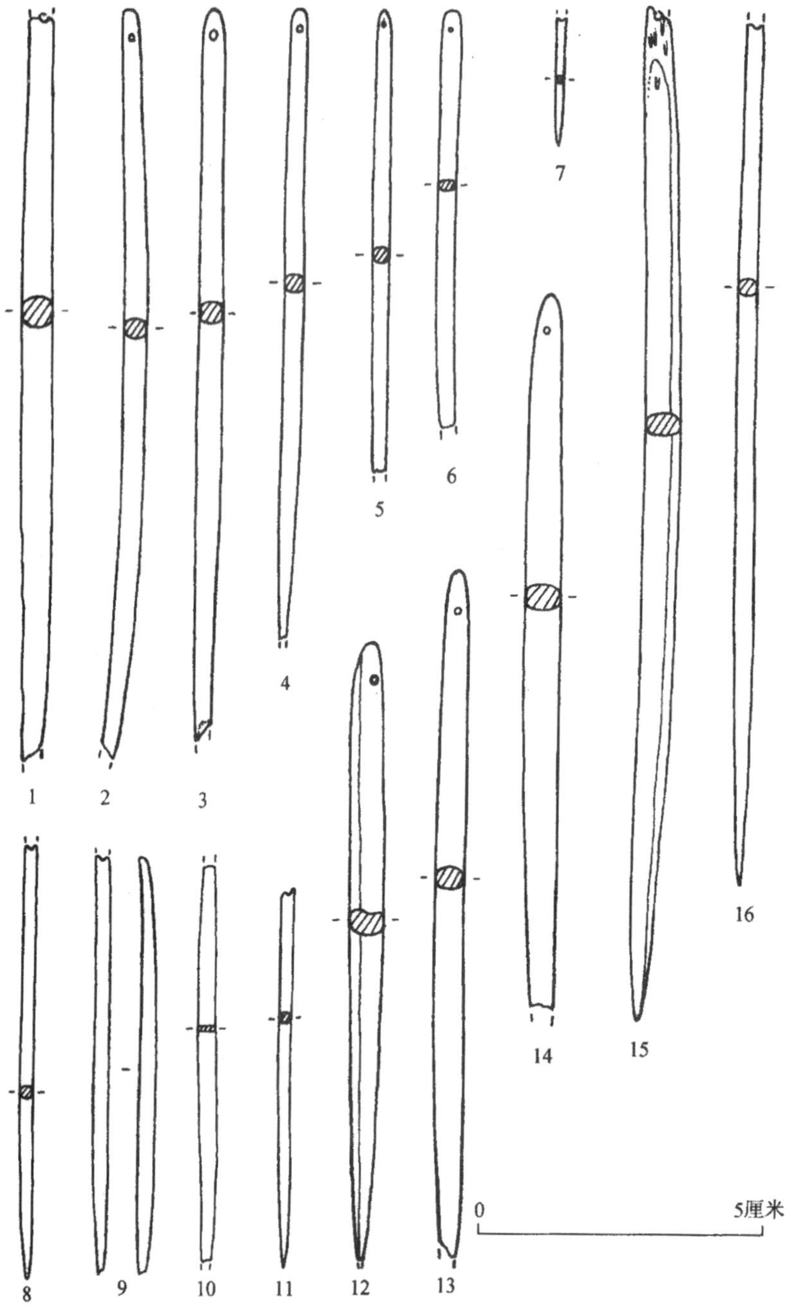

图三一二　骨针

1. Aa 型(M308：2)　2. Ab 型(M276：3)　3. Ab 型(M351：2)　4. Ab 型(M115：8)
5. Ac 型(M486：6)　6. Ac 型(M278：3)　7. Ae 型(M58：11)　8. Ad 型(M52：2)
9. Ad 型(M335：12)　10. Bc 型(H112：6)　11. Ad 型(M115：1)　12. Ba 型(M343：4)
13. Ba 型(M411：5)　14. Ba 型(M377：3)　15. Ba 型(M90：5)　16. Bb 型(M343：3)

厘米，孔径 0.15～0.2 厘米。标本 M411：5、M90：5(图三一二，13、15)。M343：4、M377：3(图三一二，12、14；彩版三三，2、5)。见表六三。

表六三　Ba 型骨针测量记录表　（单位：厘米）

器号	长	最大径	短径	孔径	记述
M90：5	17.4	0.59	0.37	0.2	横剖近方形，器体稍弯
M343：4	10.6	0.53	0.4	0.15	器体扁圆，孔一面钻，喇叭状
M377：3	12.2（残长）	0.57	0.42	0.19	器体扁圆，孔一面钻，喇叭状
M411：5	11.9（尖残）	0.5	0.37	0.15	器体扁圆，直孔

Bb 型：6 件。器体较细，长 6.5～15 厘米，最大长径 0.34～0.42 厘米，最大短径 0.23～0.37 厘米，孔径 0.17～0.19 厘米。标本 M343：3（图三一二，16；彩版三三，6）。见表六四。

表六四　Bb 型骨针测量记录表　（单位：厘米）

器号	长	最大长径	短径	孔径	记述
M343：3	14.9（孔残）	0.39	0.37	0.19	孔一面钻，较直，器体稍弯
M341：3	6.42（孔残）	0.42	0.34	0.17	制作粗糙
M38：2	残	0.34	0.23	0.17	直孔一面钻

Bc 型：2 件。均残，器体很薄，最大长径 0.15～0.3 厘米、最大短径 0.1 厘米，最大残存长 7 厘米。标本 H112：6，残长 7 厘米，最大长径 0.3 厘米，最大短径 0.1 厘米（图三一二，10）。

C 型：68 件。数量也较多，器身较短，横剖面近方或椭圆形，无针孔，仅在尾端一面刻一凹槽，一面削成一斜平面，以作连线之用，少数器物后部有缠绕痕。依器体长短分四亚型：

Ca 型：20 件。长 5.38～5.07 厘米，最大径 0.53×0.37～0.35×0.26 厘米，标本 M277：27、M115：2、M111：6（图三一三，1、2、3；彩版三四，6、7）。如表六五。

表六五　Ca 型骨针测量记录表　（单位：厘米）

器号	长	径	记述
M277：27	5.38	0.38×0.34	器身近圆形
M277：26	5.3	0.39×0.31	器身椭圆形
M277：29	5.37	0.35×0.26	器身近方形
M353：10	5.16	0.5×0.38	器身近三棱形，后部有缠绕痕
M111：6	5.07	0.53×0.37	器身不甚规则

Cb 型：24 件。长 4.9～4.08 厘米，径 0.56×0.3～0.26×0.24 厘米。标本 M353：3、M277：41（图三一三，4、5；彩版三四，4、2）。M277：37、M277：36、M353：8、M277：32（彩版三四，1、3、5、15）。见表六六。

表六六　Cb 型骨针测量记录表　（单位：厘米）

器号	长	径	记述
M353：4	4.9	0.45×0.23	器身横剖面呈长方形
M353：3	4.9	0.51×0.34	器身横剖面不规则形

器号	长	径	记述
M353：8	4.7	0.34×0.35	器身横剖面半圆形
M353：14	4.52	0.4×0.31	器身横剖面半圆形
M277：30	4.57	0.38×0.32	器身横剖面近圆形
M277：25	4.56	0.38×0.32	器身横剖面近方形
H321：1	4.56	0.31×0.24	器身横剖面椭圆形
M277：28	4.42	0.37×0.31	器身横剖面近圆形
M353：2	4.35	0.46×0.25	器身横剖面近方形
M277：36	4.55	0.36×0.31	器身横剖面近圆形
M277：33	4.35	0.36×0.29	器身横剖面不规则形
H289：1	4.4	0.4×0.23	器身横剖面扁椭圆形
M353：6	4.28	0.5×0.2	器身横剖面扁平，尾端有缠绕痕
H322：3	4.3	0.5×0.26	器身横剖面近方形
M32：14	4.21	0.38×0.27	器身横剖面椭圆形
M277：34	4.2	0.45×0.3	器身横剖面椭圆形
M277：32	4.17	0.42×0.22	器身横剖面长方形，尾端有缠绕痕
M291：19	4.12	0.26×0.24	器身横剖面近方形，后部有缠绕痕
M291：3	4.12	0.26×0.24	器身横剖面近方形，后部有缠绕痕
M277：37	4.11	0.4×0.29	器身横剖面近方形，后部有缠绕痕
M277：41	4.58	0.37×0.3	器身横剖面近方形，后部有缠绕痕
M98：1	4.48	0.56×0.3	器身横剖面近"U"形，后部有缠绕痕
M353：7	4.04	0.37×0.28	器身横剖面近"U"形，后部有缠绕痕
M277：63	4.08	0.39×0.28	器身横剖面近方形，后部有缠绕痕

Cc 型：14 件。长 3.99～3.65 厘米，径 0.5×0.31～0.31×0.22 厘米。标本 M277：39、M277：35、M353：11(图三一三，7、8、10；彩版三四，14、13)。见表六七。

表六七　Cc 型骨针测量记录表　（单位：厘米）

器号	长	径	记述
M351：11	3.98	0.5×0.31	器身横剖面半圆形，后部有缠绕痕
M277：38	3.87	0.32×0.25	器身横剖面近方形
M353：13	3.8	0.44×0.28	器身横剖面半圆形
M277：39	3.99	0.32×0.3	器身横剖面圆形
M353：12	3.65	0.46×0.25	器身横剖面扁椭圆形
M353：5	3.73	0.41×0.25	器身横剖面长方形，后部有缠绕痕
M277：35	3.68	0.31×0.22	器身横剖面椭圆形

Cd 型：10 件。长 2.5～2.15 厘米，径 0.37×0.27～0.27×0.14 厘米。标本 M353：36(图三

一三,6)。T22③:12、M353:35(彩版三四,11、12)。见表六八。

表六八 Cd型骨针测量记录表 (单位:厘米)

器号	长	径	记述
H129:1	2.5	0.37～0.27	器身横剖面不甚规则,略呈三棱形
M353:33	2.4	0.28～0.14	器体横剖面扁平形
M353:35	2.4	0.23～0.16	器体横剖面近方形
M353:37	2.38	0.3～0.2	器体横剖面近方形
M353:32	2.45	0.25～0.2	器体横剖面近方形
M353:36	2.47	0.26～0.17	器体横剖面近方形
M353:31	2.32	0.28～0.15	器体横剖面近方形
M353:34	2.4	0.27～0.14	器体横剖面近方形
M353:38	2.4	0.28～0.15	器体横剖面近方形
T22③:1	2.15	0.28～0.14	器体横剖面近扁平

D型:4件。器体同Ac,横剖面圆或近圆形,尾端磨出一斜面使器体减薄,但无针孔,可能系Ac型的半成品。标本H35:10、H112:32(图三一三,11、12;彩版三三,13、8)。见表六九。

表六九 D型骨针测量记录表 (单位:厘米)

器号	长	径	记述
H112:32	9.29	0.36～0.27	器体横剖面近圆形
M122:5	5.53(残)	0.4～0.28	器体横剖面近圆形,尾端平齐
H35:10	6.03	0.37～0.36	器体横剖面近圆形,经抛光
M295:1	5.63(尖残)	3	器体横剖面近圆形

E型:2件。器体近尖部同C型,唯后部撇向一侧。标本T20③:3,转角处有两对刻槽(图三一三,9)。

14. 骨刀

17件。依其刃部位置和使用方式不同分三型:

A型:8件。利用动物肢骨或肋骨一侧的薄边稍加砺磨作刃口,可称之谓"侧刃形",其它部位均保留自然骨面。标本M282:16,刃部稍残,长15厘米(图三一四,1;图版一七六,7)。

B型:6件。系将动物肢骨或锯或劈裂其一半,或斜磨去一半,将其一端磨成刃口,可称为"端刃形"。刃口大多坚硬锋利,形似骨凿,但刃口很薄,与骨凿不同,应属刻刀一类。标本T28㉝B:2,一鹿类肢骨,在一端斜磨去一半,形成刃口,通体磨光,另一端保留关节面,以便把握,直刃,两刃角稍残,长14.9厘米(图三一四,2;图版一七五,3)。H102:5,两侧有打修痕,一端直刃,另一端残,残长10.1厘米,刃宽2.6厘米(图三一四,4;图版一七五,2)。H28:18,一端刃斜直,另一端残,残长8厘米,刃宽1.9厘米(图三一四,3;图版一七五,1)。

C型:3件。在骨片的一端磨出斜边为刃口,可称为"斜刃形",似属削刀一类。标本H231:2,为一劈裂的鹿角,器体自然弯曲,尖端外侧磨成凸弧刃,器体大部保留自然骨面和劈裂面。长

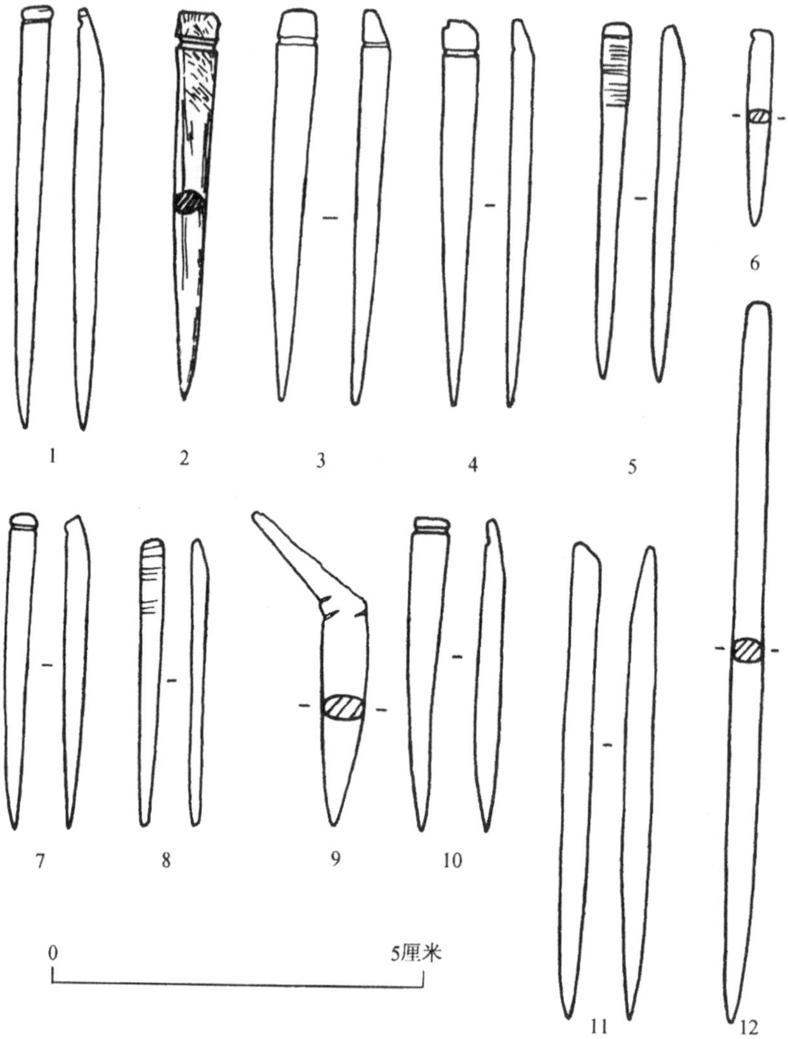

图三一三　骨针

1. Ca 型(M277：27)　2. Ca 型(M115：2)　3. Ca 型(M111：6)　4. Cb 型(M353：3)
5. Cb 型(M277：41)　6. Cd 型(M353：36)　7. Cc 型(M277：39)　8. Cc 型(M277：35)
9. E 型(T20③：3)　10. Cc 型(M353：11)　11. D 型(H35：10)　12. D 型(H112：32)

12.4 厘米，刃口长 2.2 厘米(图三一四，5；图版一七六，10)。H179：2，一侧直，另一侧近尖端修出斜直刃口，另一端残，残长 6.6 厘米，刃口长 3.3 厘米(图三一四，6；图版一七六，8)。H255：3(图版一七六，9)。

15. 牙刀

13 件。皆为野猪獠牙。依刃部位位置不同分两型：

A 型：5 件。端刃。在较厚一端磨出单面直刃，尖似刻刀一类工具。标本 M282：35，器体弯曲，刃口锋利，刃角 47°(图三一四，8；图版一七三，10)。H80：2，器体处理成近椭圆形，刃角 64°(图三一四，9；图版一七三，8)。H289：3，端刃外还有一斜侧刃，端刃角 51°，侧刃角 30°(图版一七三，6)。

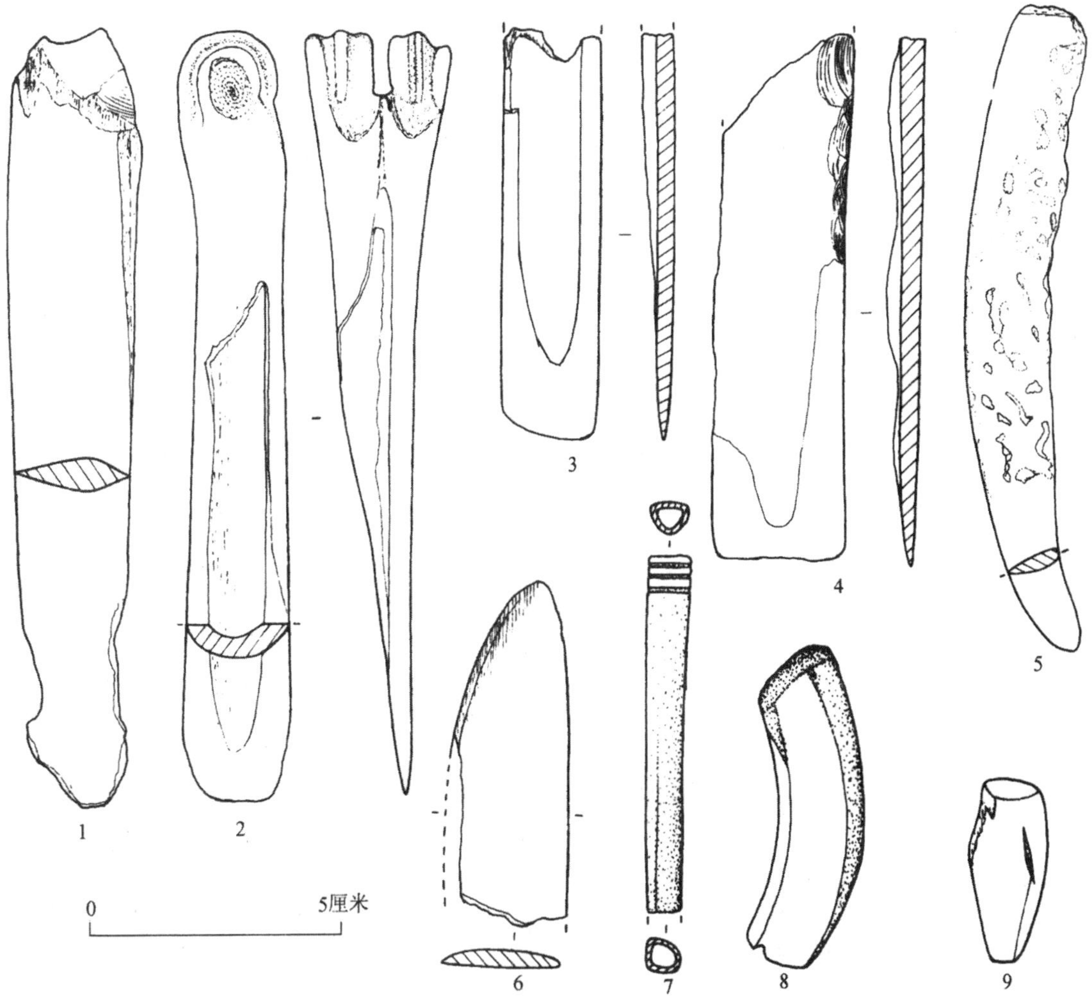

图三一四　骨刀、管形骨器、牙刀

1. A型骨刀(M282∶16)　2. B型骨刀(T28③B∶2)　3. B型骨刀(H28∶18)　4. B型骨刀(H102∶5)　5. C型骨刀(H231∶2)　6. C型骨刀(H179∶2)　7. 管形骨器(H112∶39)　8. A型牙刀(M282∶35)　9. A型牙刀(H80∶2)

B型:8件。尖侧刃。在较厚端一侧磨出单面刃口,似削刀一类。标本M282∶43,刃斜凸,刃角30°(图版一七三,4)。M344∶24,刃斜直,尖端锐利,刃角36°,刃尖夹角47°(图版一七三,5)。M344∶22、23(图版一七三,9、7)。

16. 牙削

159件。均为獐的獠牙,有的未经修磨,但在凹边见有使用形成的细小崩疤,有的有轻度打磨痕迹,有的经多次磨削露出了骨腔,有的经长期使用修磨长度减短。无论左牙或右牙,有磨痕的一侧均为牙的内侧。此种器物许多墓葬均有随葬,从其使用痕迹和出土规律看,应为当时人们常用的工具,可能做削刀来用。有的牙本身有活体时形成的凹槽。据此将此类器物分为两型:

A型:138件。依刃口的位置分为两个亚型:

Aa型:72件。以向前用力为依据,磨痕在牙的下面。依使用和修磨程度不同分四式:

Ⅰ式:11件。磨削痕迹不明显或未见,但刃口上明显见有使用痕。标本H187∶6,近刃部稍显磨痕，刃口有细小崩疤(彩版三五，11)。M282：54，未见磨痕(图三一五，1；彩版三五，10)。

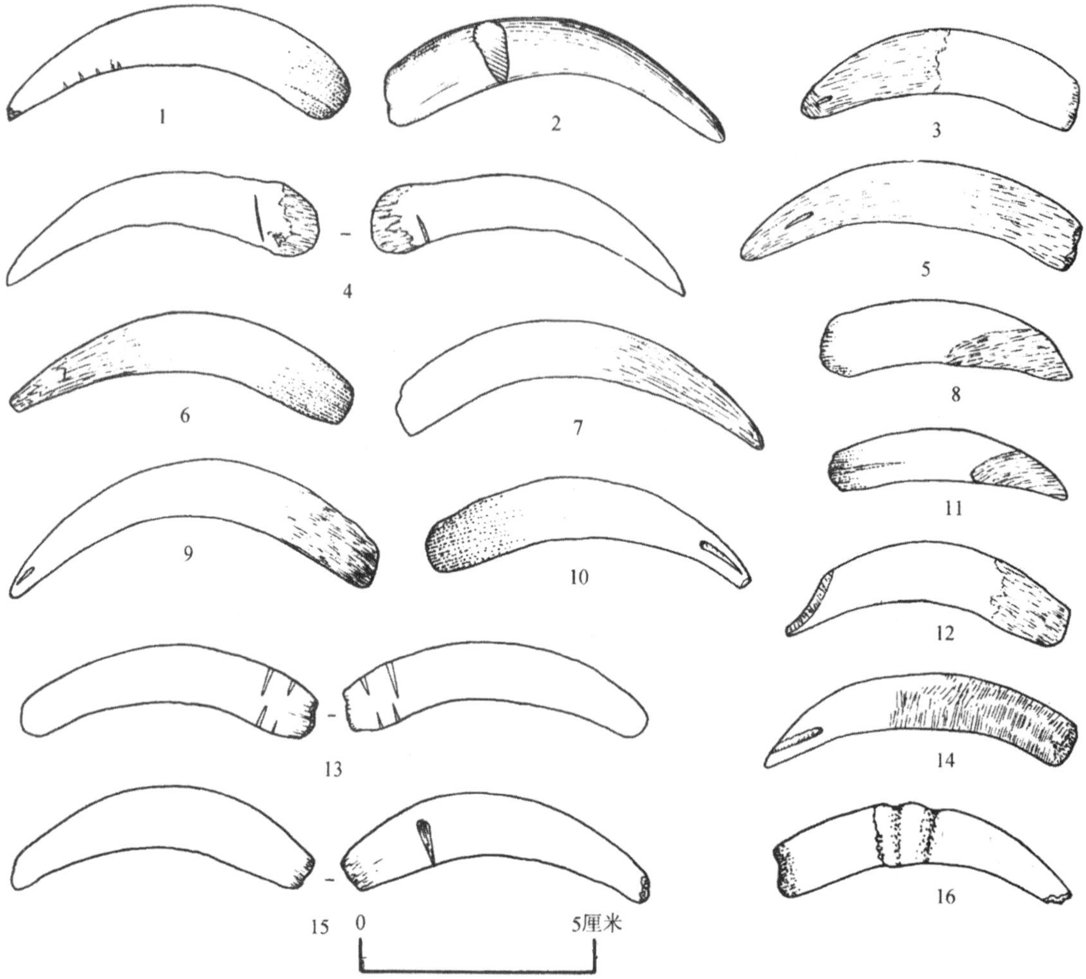

图三一五　牙削

1. Aa 型Ⅰ式(M282：54)　2. Aa 型Ⅱ式(M113：8)　3. Aa 型Ⅳ式(M342：10)　4. Aa 型Ⅱ式(M282：31)　5. Aa 型Ⅳ式(M343：8)　6. Aa 型Ⅱ式(M341：5)　7. Ab 型Ⅱ式(M127：10)　8. Ab 型Ⅳ式(H175：1)　9. Aa 型Ⅲ式(M253：7)　10. Ab 型Ⅲ式(M42：3)　11. Ab 型Ⅳ式(H113：12)　12. Ba 型Ⅳ式(H112：51)　13. Ab 型Ⅳ式(H159：4)　14. Aa 型Ⅳ式(M343：9)　15. Ba 型Ⅲ式(M314：4)　16. Bb 型Ⅲ式(H37：17)

Ⅱ式：26 件。牙内面有轻度磨痕，刃口使用痕迹明显，刃口有细小崩疤。标本 M341：5，刮磨痕明显(图三一五，6；彩版三五，4)。M282：31，近尖部磨痕明显(图三一五，4；彩版三五，7)。M113：8(图三一五，2)。M248：2、M385：3、M335：7(彩版三五，3、12、15)。

Ⅲ式：26 件。近尖部因长期使用磨削，均露出骨腔。标本 M277：45，近尖部因长期使用削磨而减薄(彩版三五，5)。M253：7，近尖部骨腔刚刚露出(图三一五，9；彩版三五，2)。M246：2、H330：8、M375：3(彩版三五，1、6、16)。

Ⅳ式：9 件。因长期使用磨削，器体减短 。标本 M343：8，牙体内面减薄，牙根部两面均有削痕，一面有两组各三条砍痕(图三一五，5；彩版三五，14)。M343：9，近尖部、背部亦经磨削(图三一五，14；彩版三五，17)。M342：10，尖部呈圆弧形刃口，较锋利(图三一五，3；彩版三五，18)。M344：20，器体经长期使用修磨已所余很短(彩版三五，19)。H28：12(彩版三五，9)。

Ab 型:66 件。修磨面与 Aa 型相反,若向前用力,具在器体上面。按同样标准亦可分为四式:

Ⅰ式:9 件。未见磨痕,但刃部有细小崩疤。标本 M39:5,尖部有用痕(图版一七七,15)。

Ⅱ式:18 件。器体可见明显磨痕和用痕。标本 M243:1,尖部有磨痕(图版一七七,16)。M127:10,一面经磨削,刃口锋利(图三一五,7)。M395:10,尖稍残(图版一七七,7)。M263:8,尖端被磨尖(图版一七七,6)。

Ⅲ式:25 件。因长期使用磨削,近尖部牙腔微露。标本 M42:3,尖稍残(图三一五,10;图版一七七,14)。H112:50,近尖部牙腔露出(图版一七七,8)。

Ⅳ式:14 件。因长期磨削使用,长度减短。标本 H159:4,牙根部有便于绑缚的刻槽两组四个。凹刃部锋利,尖端呈圆弧状(图三一五,13;图版一七七,12)。M344:19,牙内侧磨薄余一半厚,刃部锋利,尖残(图版一七七,4)。H113:12,器体磨剩下很短一段(图三一五,11;图版一七七,10)。H175:1,刃部磨制锋利,尖部也经磨修(图三一五,8)。M275:5(图版一七七,11)。

B 型:21 件。均有活体时的磨痕。依 A 型的标准分为两亚型:

Ba 型:8 件。刃口特征与 Aa 型相同。依其使用和加工程度不同分四式:

Ⅰ式:2 件。标本 M353:26,通体未见磨痕,但凹刃上在放大镜下可见很细的磨擦痕(彩版三五,13)。

Ⅱ式:2 件。标本 M107:2,刃、尖部可见明显竖向磨痕(图版一七七,1)。

Ⅲ式:2 件。标本 M314:4,刃、尖部可见较深的磨痕,近尖端牙腔已露出,另一面牙根部有一刻槽(图三一五,15;图版一七七,2)。

Ⅳ式:2 件。标本 H237:7,两面均有磨痕,器体已减短(图版一七七,3)。H112:51,刃部仅有轻度削痕,但近尖端背部被修磨成尖状,器体减短(图三一五,12;彩版三五,8)。

Bb 型:13 件。人工特征与 Ab 型同,依相同标准分四式:

Ⅰ式:2 件。标本 M31:2,凹刃部可见细小崩疤。

Ⅱ式:3 件。标本 M393:2,内侧面可见轻微擦痕(图版一七七,9)。

Ⅲ式:7 件。标本 H37:17,内侧近尖端磨薄露出骨腔。此牙在活体时可能断裂后又自然愈合,有接痕(图三一五,16)。M38:3(图版一七七,13)。M249:3(图版一七七,5)。

Ⅳ式:1 件(H19:8),近尖端修成三棱形,器体减短。

三、装饰品及其它

1. 骨饰

4 件。可分为四型:

A 型:1 件。均残,标本 M344:6,形似杈形骨饰的残片,但下端平齐微弧,一侧边曲,另一侧边斜直,中穿圆孔,上端有两道横凸棱,中间有一圆孔与下端圆孔对应,整个器体略呈弧形,应为某种器物上的饰件,残长 11.5 厘米,下端宽 4.56 厘米,孔径 0.27 厘米(图三一六,12;图版一六一,5)。

B 型:1 件(M396:8),一长方形骨板,一端伸出两尖,另一端平齐,正面起两纵脊,之间平面微凹,上刻稍斜的直线十二条,近尖端正面钻四个布局略呈正方形的小圆孔。小孔应为缚柄之用,直线应为增加柄部牢固程度所刻,背面对应部位也微凹,上刻较密横线,高 3.6 厘米,宽 2.1 厘米,厚 0.34 厘米,孔径 0.14 厘米(图三一六,6;彩版三六,12)。

C 型:1 件(M342:9),圆形,侧边钻一圆孔,显然为佩饰,直径 2.7 厘米,厚 0.2 厘米,孔径

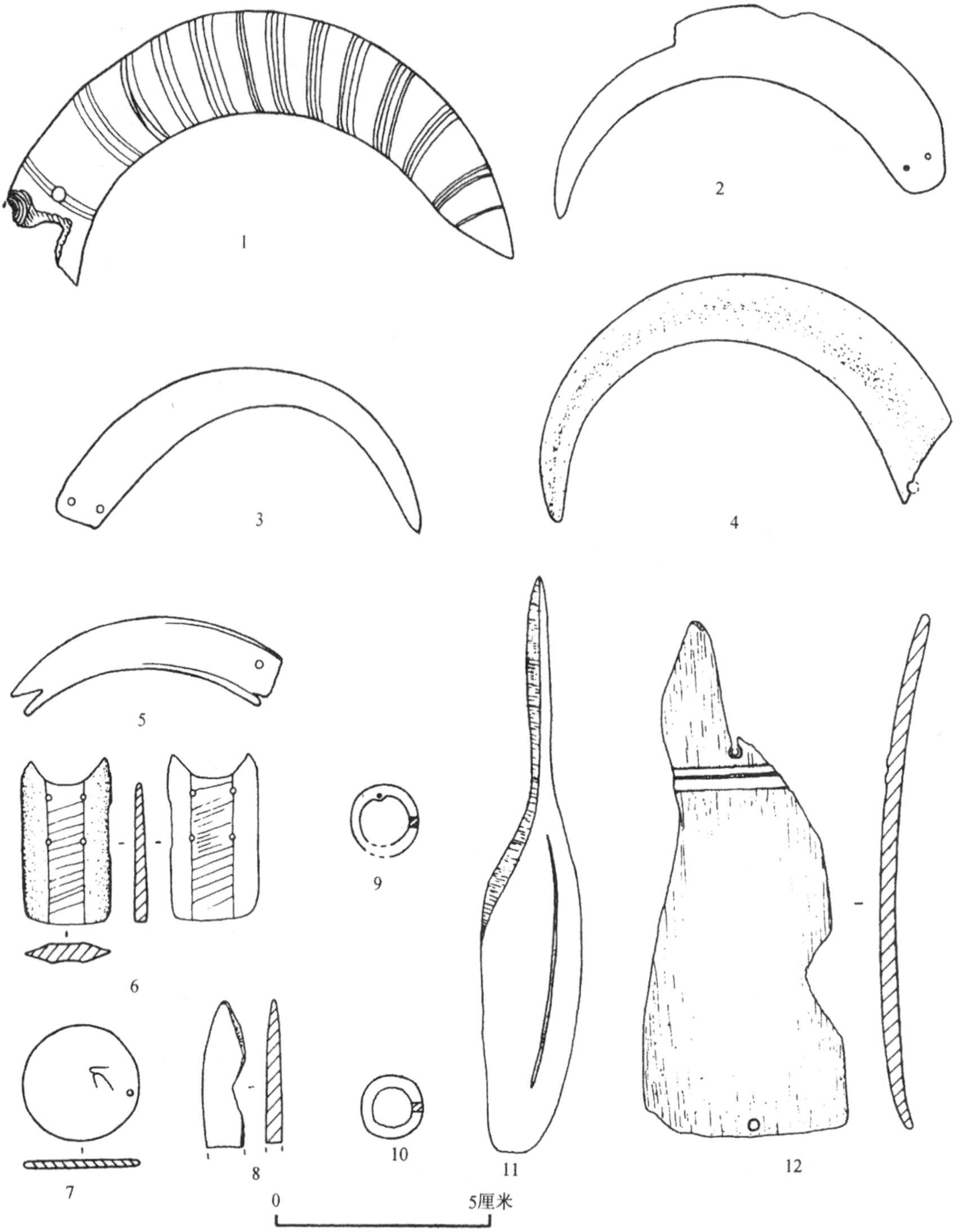

图三一六　骨器、牙器

1. 牙饰(M323:4)　2. 牙饰(M58:7)　3. 牙饰(H323:1)　4. 牙饰(M376:2)　5. 牙饰(M267:2)　6. B型骨饰(M396:8)　7. C型骨饰(M342:9)　8. D型骨饰(T16③:8)　9. 骨环(M41:14)　10. 骨环(M41:12)　11. 牙饰(M32:2)　12. A型骨饰(M344:6)

0.15厘米(图三一六,7;彩版三六,11)。

D型:1件(T16③:8),呈圭形(图三一六,8)。

2. 牙饰

16件。大多出自墓葬，其制作工艺是：先将野猪獠牙破开，在劈裂面施磨，使器身形成弯曲的长条形，一般牙尖端处理成尖状，牙根端平齐，有的在根端穿一孔或两孔。标本M282：41，器体较窄，尖部残，无孔（图版一七三，1）。M32：2，前端磨成细长条形，制作精致，尖端亦可作锥用（图三一六，11；彩版三六，6）。M323：5，保存完整，制作精致，尾穿一孔（彩版三六，5）。H323：1，尾穿两孔（图三一六，3；彩版三六，2）。M58：7，尾穿二小孔（图三一六，2；彩版三六，1）。M376：2，尾残存一孔，从穿孔部位看亦应为二孔（图三一六，4；彩版三六，3）。M267：2，尾穿一孔，尖部残（图三一六，5；图版一七三，3）。M323：4（图三一六，1；彩版三六，4）。M283：39、40（图版一七三，11、2）。

3. 骨环

发现数百件，观测标本5件，除1件出自灰坑外，均出自M41。皆用管状鸟肢骨锯磨而成，在墓主人身上呈串状放置，一串数十枚。此类器物应为装饰品。器体形状、大小随骨管而异，大的如M41：14，直径1.6厘米，内壁凸出处还钻一小圆孔，直径约0.11厘米（图三一六，9；彩版三六，10）。小的如M41：7，直径1.37厘米（彩版三六，7）。器厚一般0.2～0.25厘米，最厚达0.34厘米。M41：12（图三一六，10；彩版三六，8）。M41：13（彩版三六，9）。

4. 管形骨器

仅一段（H112：39），残长6.86厘米，一端锯割后又经打磨，近端处旋刻三周凹槽，管径呈三角形，0.69～0.91厘米，另一端残，口呈椭圆形，径0.73～0.84厘米，显然不似乐器，用途不明，是否可用来装骨针一类器物（图三一四，7；彩版三六，13）。

5. 契刻骨板

7件。以牛肋骨为原料，上有契刻痕。标本H45：2，残，在拱起一侧平面上残存五条横划线，其中因一条跑笔而倾斜，五条刻线间距为5.45厘米，自右至左第一条残存斜线部分，长0.8厘米，距第二条线2厘米（以落笔处计）；第二条线长1.25厘米；距第三条线1.2厘米，第三条线长0.65厘米，距第四条线0.95厘米；第四条线长1厘米；距第五条线1厘米，第五条线残长1.1厘米（图二九八，8）。H123：5，亦为一段牛肋骨，一端被锯而断，另一端从锯痕外断，一面残，一面有一“/≤”形刻符。M131：1～4，为一牛肋骨，被锯成5段，其中窄端一段的凹面有两条横刻线，相连的一段两面有对应的锯痕，另三段已锯断，但仍可知系从一段牛肋骨上锯下，因这种骨骼质地较疏松，不可能用作实用工具，用途不详，暂归于此记述。

6. 叉形器

18件。此器为本遗址的典型器物之一，大多出自墓葬。此类器物的共同特征是，可分为两段，上段为两股叉形，叉端有的平齐，有的呈弧状，有较圆钝的刃口；下段一面呈钩形，另一面呈斜刃刀形，钩端与刀下角相连接。两段之间呈管状，多锯出一周或两周凹槽，或做竹节状凸起。大多经长期使用、把握，圆润光滑。叉端看起来经常使用，有的叉断了一股仍继续使用，并在使用中被磨圆钝。两段之间的管筒上多有因破裂后为锻合而钻的圆孔，可见这两处也经常受力。这些器物多置于成堆的龟甲上，也有个别握在死者手中或置于身旁。其用途可能与龟有关。从其形态分析，大体可分为两型：

A型：14件。为大宗，其中10件为完整或基本完整者，基本特征是下段一面呈钩状，一面呈刃状，且钩、刀之端相连接，刀状一面有一斜边。标本M363：4，器身中部有一对锻合孔，钩、刀下端下残，见有两次锻合所钻之孔，钩状一面根部有很深的磨蚀沟槽（彩版三七，2；图版一八〇，2）。M395：2，器身中部为锻合一股叉而打有三对锻合孔，钩、刀状面下端有两次锻合之孔（图三一七，4；图版一八〇，1；彩版三七，1）。M327：1，叉端平齐，器身中部有两对锻合孔，刀、钩面下端连接，有一对锻合孔（彩版三八，2；图版一七九，4）。M327：11，器身中部有两对锻合孔，刀、钩状面下端连接处有一对缀合孔，一股叉残断后又曾短期使用，断裂面有轻度磨痕（彩版三八，1；图版一七九，3）。M344：3，一股叉多次残断又多次打孔缀合，钩、刀状面下端连接处残断，有残存缀合孔，器身中部有两对缀合孔，刀状面上有“[illegible]”形刻划符号（彩版三七，4；图版一七九，2）。M411：3，一股叉残断后，将根部磨平又继续使用，刀状的一面尖端残（彩版三八，4；图版一七八，2）。M39：2，出土时握于死者手中。叉较短，一股残断后继续使用，器身中部有两对缀合孔，刀端与钩端残断，有多次缀合痕（彩版三八，3；图版一七八，1）。M94：5（彩版三七，3；图版一七九，1）。

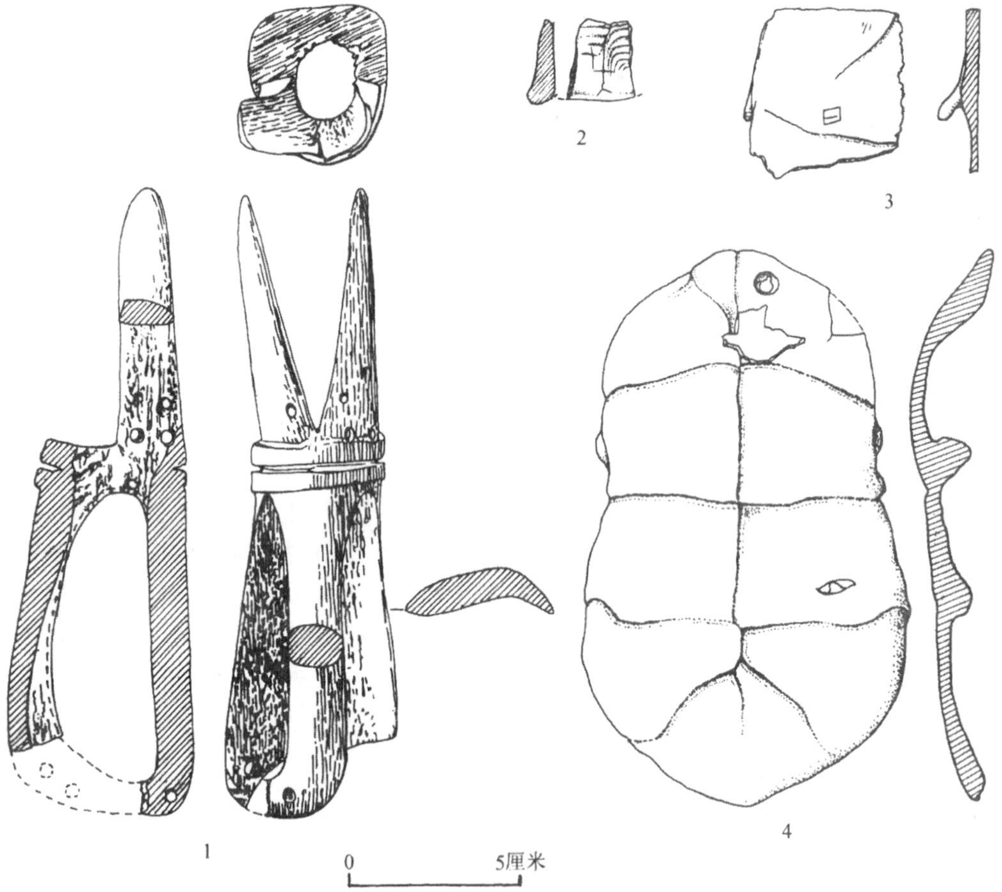

图三一七　骨器、龟甲

1. A型叉形器（M395：2）　2. 刻符龟甲（M387：4）　3. 刻符龟甲（M335：15）
4. 刻符龟甲（M344：18）

B型：4件。基本完整，共同特征是：下段一面呈梯形，一面呈长条形，下端平齐呈环形。标本

M253：2，侧视较直，未见使用痕迹，但少一叉（图版一七八，3、4）。

表七〇 叉形骨器测量记录表 （单位：厘米）

器号	型别	高×宽×厚	保存状况	缀合孔	备注
M327：1	A	22.4×5.9×4.9	整	中部两组 下端一组	中部竹节状
M327：11	A	19.6×5.6×4.8	一叉残	中部两组 下端一组	中部竹节状
M363：4	A	20.6×5.7×5.9	下端连接处残	中部一组 下端2组	钩部根部有凹槽
M395：2	A	18.5×5.25×5.4	下端连接处残	中部三组 下端2组	中部竹节状
M344：3	A	20.1×5.1×4.7	下端连接处残	中部两组 下端2组	中部竹节状，有刻符
M94：5	A	17.8×	中部和连接处均残	未见	中部竹节状
M411：3	A	16.3×5×5	一叉脱落，下端残	未见	中部竹节状
M17：11	A		残断	中部有一组	中部竹节状
M16：6	B	13.1×5×2.1	中部稍残	中部一组，下部二组	中部呈竹节状
M253：2	B	19.5×7.6×5.5	一叉脱落	未见	中部两周凹槽
M90：2	A		残断	未见	中部呈竹节状

第四节 骨 笛

骨笛出土25件，其中完整器17件，残器6件，半成品2件。17件完整器中，因埋藏状况不好，在起取时过于破碎而无法复原的有6件，完整或基本完整或可大部分复原的有11件。关于这批材料的音乐学研究，见本书下卷第九章，这里仅就其埋藏状况和基本情况进行记述。

一、概 况

1. 埋藏状况

这25支骨笛，其中22支系作为随葬品而置于墓葬之中，1支半成品出于窖穴中，另2支残器被弃置于地层之中。出土于墓葬中的22支，其中一墓2支者有7座，余均一墓1支，共涉及15座墓葬。这15座墓葬中，一次葬与二次葬的合葬墓有3座，单人一次葬有10座，二次葬有2座。单人一次葬墓中有3座墓被扰，余皆保存完好（附表六）。

骨笛在墓葬中的放置位置，计置于死者右股骨两侧的有6座，其中内外各一者2座，外侧者2座，外、上各一者1座，下压者1座。右胫骨外侧者2座，右胫骨内侧1座。左股骨外侧者2座，左臂内侧者1座，右肱骨外侧者1座，置于合葬墓内与二次葬者骨骼一起堆放1座，二次葬墓人骨堆中2座（表七一）。

2. 共出器物

一般随葬骨笛的墓葬均较大，最多者如M282有60件器物，除去被打破保存不完整的墓和二次葬墓外，其它10座墓随葬品均较丰富，最多达60件，最少的亦有6件之多，计少于10件的有6座，10至20件的有5座，21件、25件、32件和60件各1座。随葬品中均有骨、陶器、大部有石器，部分共出有成组龟甲或叉形骨器，其中笛与龟、叉形器共出有3例，与龟共出有6座，与叉形器共出有2例，余皆为普通生产和生活用具(表七一)。

3. 随葬骨笛者的年龄与性别

随葬骨笛的15座墓的墓主人中，有一座为30岁左右的成年女性墓，一座因骨骼太朽，且太少，无法鉴定其年龄和性别，余13座墓均为男性墓，其中25岁左右者有1座，30～40岁的壮年有5座，50～55岁的有2座，只可定为成年而无法鉴定到确切年龄者有6座(附表六)。

二、骨笛的规格及分类

出土的25支骨笛中，计有五孔、六孔、八孔各1支，七孔14支，半成品2支，出土时皆残断者6支，其中残存四孔者1支，残存二孔者3支，残存一孔者1支，仅残存一端未见音孔者1支。从管长来看，以完整器统计，最短者为17.3厘米，最长者24.6厘米，现按音孔数量分类介绍。

1. 五孔笛

1支(M341：1)，全长20.9厘米，完整，通体呈棕色，两端骨关节被完全锯掉，锯前似经设计，两端近切割面处均见有刻痕，通体把握光滑，显经长期使用，钻孔前经过设计，第四、五孔一侧见有刻痕，第一、二、三孔旁边有划痕，但不太规整，是否也系设计痕迹不能断定，音孔均很圆，孔壁稍有倾斜，上大下小，外径0.45厘米，内径0.32厘米，音孔排列基本上呈一直线，但第二、四孔稍向一侧偏半孔，可能为便于把握有意所为(图三一八，1；彩版三九，2)。

2. 六孔笛

1支(M341：2)，全长17.3厘米，是最短的一支，完整，通体呈浅棕色，两端骨关节全锯掉，近切割面有跑锯的痕迹，通体把握光滑，显经长期使用，第一孔一侧见有刻痕，第六孔背面有一刻痕，其它音孔未见刻划痕，但仍可证明钻孔前经过设计，此笛是音孔最细的一支，孔壁倾斜，孔径很圆，外径0.3厘米、内径0.2厘米，孔排列较直，基本上呈一线排列，仅三孔、五孔向一侧稍偏1/3孔(图三一八，2；彩版三九，1)。

3. 七孔笛

14支。保存完整或较完整者7支，长在21.3～24.6厘米之间，大多制作精致，通体光滑，显经长期使用，个别稍显粗糙。标本M411：14，全长22.4厘米，两端骨关节全锯掉，切割整齐，通体棕色，把握光滑，经长期使用，出土时断为三节，且有两节被压扁。器体中部有音孔的一段满布缠裹痕，表明因某种原因在使用时和入葬时器体上缠裹有某种物体，在埋藏过程中因腐烂而在器体上留下痕迹。音孔旁未见设计刻痕，可见制作技术相当娴熟。音孔较小，径0.3厘米，孔圆，壁直，以第一、七孔为中轴线，第三孔向一侧偏1/3孔，第五孔向另一侧偏1/3孔(图三一八，4；彩版四〇，4)。

M282：21，全长23.6厘米，通体棕色，把握光滑，两端均留有部分骨关节，似为照顾一定长度所为，出土时断为三节，且并列分置，曾编为21、22两号，后缀合在一起，三节的连接处有缀合孔，在第二孔断裂处有三组六个缀合孔，第四孔断裂处有四组八个缀合孔，缀合孔很小，直径0.1

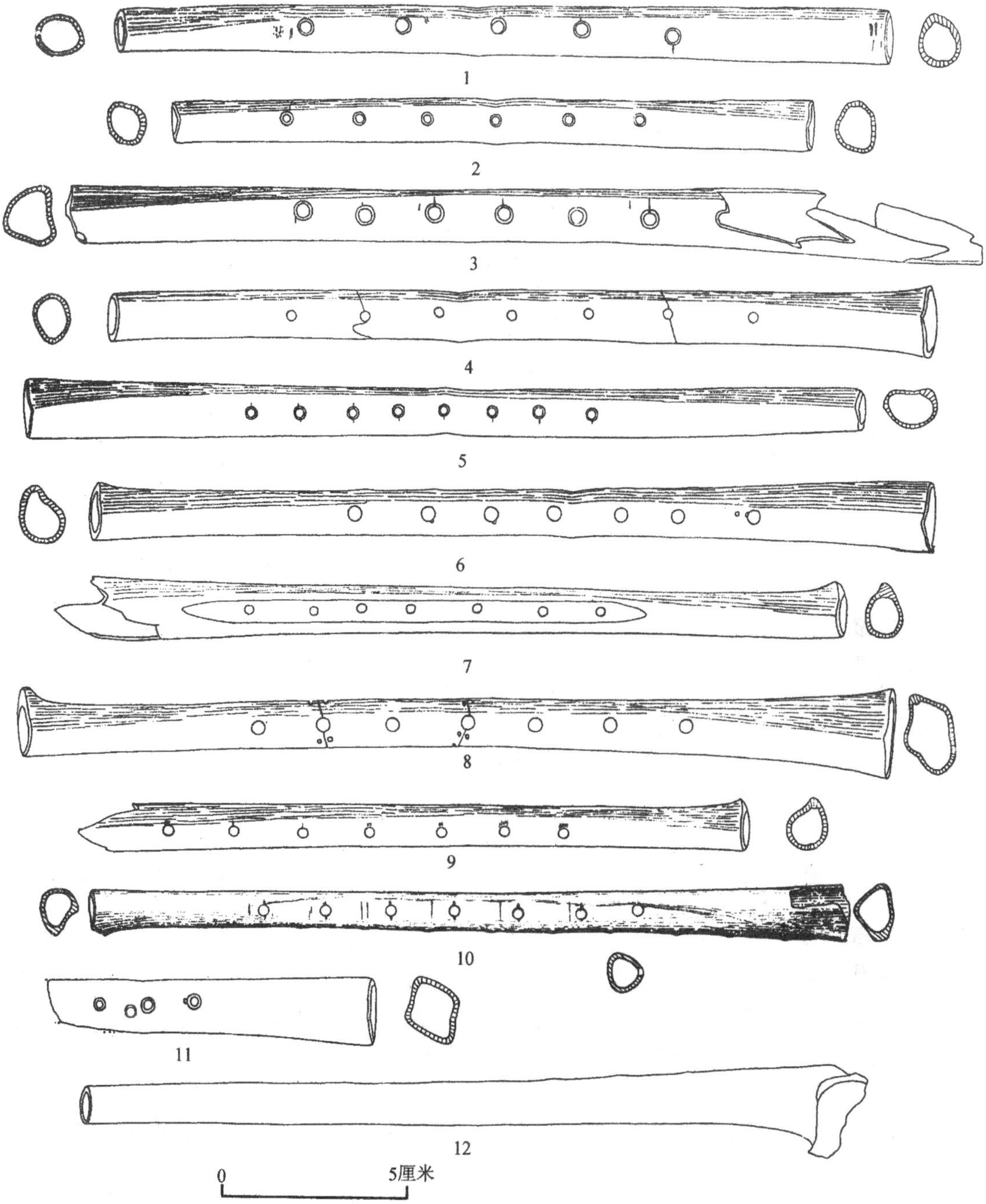

图三一八　骨笛

1. M341：1　2. M341：2　3. M253：9　4. M411：14　5. M253：4　6. M282：20　7. M233：3　8. M282：21　9. M78：2　10. M78：1　11. M73：6　12. M87：2

厘米，在器体中部有音孔一段满布缠裹痕，可能系断裂缀合后为保证音质而缠，音孔径圆，直径0.35厘米，孔壁上小下大，稍向内倾斜，音孔排列以第一、七孔为中轴，第四孔在正中，第三孔向一侧、第二、五、六孔向另一侧偏1/3孔，在第六、七音孔之间见有一刻痕，可能系为设计而刻（图三一八,8;彩版四〇,1)。

M282:20,全长22.7厘米,通体呈浅棕色,油亮光滑,制作精致,两端骨关节稍显,为最完整的一支,孔壁垂直,音孔很圆,孔径0.36厘米,在第二、三、七孔旁见有为设计而钻的小圆点,直径0.10厘米,均未钻透,呈锥状,深仅0.03厘米,在第七孔之上有一小孔,孔径0.15厘米,经测音得知,此小孔应为调整第七孔发音而钻的调音孔,孔列较直,第一、五、六、七孔和调音小孔大体在一条直线上,第二、三孔稍偏向一侧,第四孔偏约1/3(图三一八,6;彩版四〇,2)。

M78:1,全长20.45厘米,通体呈土黄色,两端保留部分骨关节。出土时断为三节,粘合在一起,尾端稍残,音孔圆,孔壁倾斜,上大下小,孔径0.3厘米,此支笛子的与众不同之处,是它的每个音孔旁均有设计刻痕,可以明显看出这三支骨笛的设计修改过程,第一孔两侧和上、下方均见有横刻痕,其中孔下方的刻痕较浅,不太明显;第二孔两侧及其上方均见刻痕,其中上方有两条横短刻痕,一刻痕平直,另一刻痕稍斜;第三孔两侧和其上方均有横刻痕,其上方的刻痕有并列两条;第四、五、六的上方和两侧各有一横刻痕,第七孔仅两侧有短横刻痕。音孔两侧的横短刻痕位置对应,显系钻孔前一次所刻,孔钻在中间,两侧便各残留一段所致,各音孔间距,依孔中心计,一二孔间为1.6厘米,二、三孔为1.8厘米,三、四孔为1.7厘米,四、五孔为1.68厘米,五、六孔为1.7厘米,六、七孔为1.6厘米。第一次设计孔位刻痕,每孔位刻痕至第二孔位刻痕间距为一至二孔1.6厘米,二至三孔为1.4厘米,三至四孔为1.9厘米,四至五孔为1.85厘米,五至六孔为1.8厘米,六至七孔为1.8厘米;第二次修改设计:一至二孔为1.1厘米,二至三孔为1.5厘米,三至四孔为1.7厘米,钻孔位置应为最后设计。孔列也不太直,以第一、七孔中央为中轴线,三、四、五孔基本在中轴线上,第二孔偏向一侧,第六孔稍偏(图三一八,10;彩版三九,5;图版一八二,2)。

M78:2,残长18厘米,吹口端保留部分骨关节,尾端残,通体呈土黄色,音孔细而圆,孔径0.27厘米。在第一、二、三、七孔的一侧只有约孔径宽的锉痕,可能也是设计时的残迹,第五、六孔同侧则见有刻痕。孔列基本垂直,第一、三、五、六、七孔在一条直线上,二、四孔稍向一侧偏1/3孔(图三一八,9;彩版四〇,5)。

M344:4,通体棕色,两端均保留部分骨关节,两端和中间均残,但中间仍可连接,全长20.36厘米,音孔圆,孔壁直,孔径0.32厘米,均以孔中心计,第一孔距吹口端5.1厘米、一至二孔1.63厘米、二至三孔1.53厘米,三至四孔1.77厘米,五孔残,四至六孔3.4厘米,六至七孔1.67厘米,七孔至尾端5.36厘米。第一至三孔的一侧有设计刻痕,其中第一孔侧为三条刻痕,音孔旁两条相距仅0.1厘米,。音孔下较深的一条刻痕距吹孔端5.6厘米,第六、七孔之侧未见刻痕,四、五孔均残。器体中部有音孔部位有缠裹痕,其中二、三孔之间,四、五孔间,六、七孔间缠裹的腐朽痕较深。因未能复原,孔列无法观察(图版一八一,8)。

M344:5,棕色,残断未能复原长度,从出土时在原地测量的长度为22.6厘米,可能相去不远,从残片看仍为七个音孔,其中第一、五、六、七孔保存较好,两端基本完好,音孔较圆,上大下小,上径0.4厘米,下径0.31厘米,以孔中心计,第一孔距吹口端6.3厘米,第七孔距尾端7.1厘米,第六孔距尾端8.9厘米,第五孔距尾端10.56厘米,一、五、六孔的一侧刻痕较细且浅,六、七孔侧刻痕较深且宽,孔列无从观察(图版一八一,7)。

M270:2,棕色,残断,未能复原,从出土位置图测量为22厘米,吹口端0.9～1.4厘米,中部第五孔处管径1.05～1.14厘米,尾端1.72×1.38厘米,壁厚0.15厘米,两端虽残,但仍可见保留有部分骨关节,从残片看为七个音孔,其中一、二、五、六、七孔保存较好,四、五音孔仅存音孔残片,音孔较圆,孔壁较斜,上大下小,上径0.39厘米,下径0.3厘米,以孔中心计,第一孔距吹口端4.9厘米,一至二孔为1.5厘米,五至六孔间2.17厘米,六至七孔间2.06厘米,七孔距尾端6.05

厘米，各孔一侧均有浅细刻痕。中部音孔段有缠裹痕。二、五、六孔孔列均向一侧稍偏，吹口端外径 1.54×1.13 厘米，内径 0.95×0.8 厘米，壁厚 0.18 厘米，中部第五孔处径 1×1.15 厘米。

M270：3，棕色，残碎，从碎片看有七个音孔，仅第一孔保存较好，吹口端保留部分骨关节，音孔较圆，上大，孔壁稍斜，上径 0.39 厘米，下径 0.34 厘米，此笛与众不同之处是设计点为钻出的圆形凹坑，比 M282：20 的设计钻头大，至少可见三个音孔之上有设计钻点。从保存情况看，第一孔中心距吹口端 4.5 厘米，第一孔距第二孔 1.86 厘米，第一孔上方的钻点距吹口端 3.67 厘米，设计钻点上径 0.31 厘米，吹口端外径 1.48×1.08 厘米，内径 0.86×0.81 厘米，壁厚 0.12 厘米，第二孔处径 1.1 厘米。

M121：8，浅棕色，残碎，从残片看有七个音孔，两端保存完整，吹口端外径 1.14×1.46 厘米，内径 0.84×1.15 厘米，壁厚 0.15 厘米，尾端外径 1.38×1.83 厘米，内径 1.13～1.24 厘米，壁厚 0.18 厘米；音孔圆，孔壁较直，孔径 0.32 厘米，第一孔距吹口端 4.24 厘米，一至二孔间 1.23 厘米，二至三孔间 1.22 厘米，因太碎，未见设计刻痕。

M233：3，浅棕色，尾端残，在出土位置上测量长为 22 厘米，现残长 21.3 厘米，吹口端保留部分骨关节，此笛与众不同的是，在钻音孔的中段正面刮磨出一平而微凹的面来，在其上穿音孔，音孔旁未见设计痕，音孔圆形，孔壁垂直，孔径 0.32 厘米，孔列很直，七音孔均在一条直线上（图三一八，7；彩版四〇，3）。

M233：4，残碎无法复原，从出土位置上测量为 22.4 厘米，两端均保留部分骨关节，发掘时知为七音孔，其中 1～3 孔保存较好，孔圆，壁直，孔径 0.33 厘米，第一孔距吹口端 4.02 厘米，一至二孔 1.68 厘米，二至三孔 2.18 厘米，一至三孔两侧均有设计刻痕，吹口端外径 1.06～1.48 厘米，内径 0.78～0.94 厘米，壁厚 0.14 厘米，第三孔处管外径 0.96～1.12 厘米，内径 0.69～0.85 厘米，壁厚 0.17 厘米。

M253：9，从第二孔处断为两节，尾端残，两端骨关节全锯掉，长 24.6 厘米，为最长的一支，钻音孔的一面稍经刮削，音孔圆而较大，孔壁倾斜，上径 0.55 厘米，下径 0.35 厘米，第一孔的上边、二至七孔一侧均见有设计刻痕，第三孔的上方还有一刻痕，同时笛子背面一至七孔的对应部位均有横刻痕，但显得有些潦草，只有第二孔背面的刻痕较深，但位置向上稍有错位。正面第三音孔上方的刻痕距吹口端 9.46 厘米，背面第一条刻痕距吹口端 6.17 厘米，第二条 7.4 厘米，第三条 10 厘米，第四条 11.92 厘米，第五条 13.74 厘米，第六条 15.8 厘米，第七条 17.85 厘米，孔列不直，二至六孔均偏向一侧，其中三、四孔偏出一个孔位还多（图三一八，3；彩版三九，3）

M263：14，残碎，从出土位置测量长度为 18.2 厘米，七个音孔，从残片看，孔圆壁直，孔径 0.37 厘米，管壁厚 0.11 厘米。

4. 八孔笛

1 件（M253：4），长 22.7 厘米，两端骨关节全锯掉，器身把握光滑，音孔圆而较小，孔壁稍斜，上大下小，上径 0.45 厘米，下径 0.3 厘米，第一、二、三、四、五孔一侧有刻痕，八孔另一侧有刻痕，六、七孔两侧均有对应刻痕，器体一侧吹口端与第一孔间有一“彐”形刻符，孔列较直，第四、六孔向一侧稍偏 1/3 孔（图三一八，5；彩版三九，4）。

5. 残笛

6 支。残存 4 孔者 1 支，残存 2 孔者 3 支，残存 1 孔者 1 支，残存一端未见音孔者 1 支，其中 2 支随葬于二次葬墓，2 支随葬于一次葬墓中，2 支弃置于地层之中。标本 M73：6，残存尾端，残长

8.93 厘米，器身把握光滑，残存音孔四个，但有三个应为主音孔，孔径圆，壁稍斜，相当于七孔笛的五、六、七三孔，相距约 1.3 厘米，孔内外径一致，应为一次钻成，五、六孔间靠近六孔处多出一孔，明显较小，且稍偏向一侧，应为调音孔而非主音孔，在第七孔的上侧边缘见有一设计钻点的凹坑，径 0.1 厘米，残存一半，孔列似稍偏向一侧(图三一八，11；图版一八一，3)。

M387：13，残存尾端，尾端口亦稍残，残长 7 厘米，器身把握光滑，残存音孔二个，相当七孔笛的六、七孔，音孔圆，壁稍斜，孔径上 0.44 厘米，下 0.34 厘米，两孔中心间距 2.1 厘米，最后一孔距尾端 4.6 厘米，第六孔处管外径 0.98～1.12 厘米，壁厚 0.12 厘米，孔侧未见设计痕(图版一八一，4)。T18③：16，残存尾端，残长 7.37 厘米，器身把握光滑，残存音孔二个，相当于七孔笛的六、七孔两孔，仅第七音孔保存完好，略呈椭圆形，孔壁斜，孔径上 0.55～0.44 厘米，下 0.34～0.4 厘米，两孔中心间距 1.94，末孔距尾端 4.87 厘米。尾端外径 1.39～1.95 厘米，壁厚 0.09～0.23 厘米，第六孔处外径 1.01～1.36 厘米，壁厚 0.13 厘米。孔侧未见设计痕(图版一八一，1)。T61④：6，残存吹口端一段，残长 8.05 厘米，器身把握光滑，残存音孔二个，相当于第一、二两孔，仅第一孔保存完好，略呈三角形，孔壁斜，孔径上 0.5 至 0.55 厘米，下 0.29～0.34 厘米，两孔间距 2.4 厘米，第一孔距吹口端长 5.35 厘米，孔侧未见设计痕(图版一八一，2)。M90：4，残存尾部一段，残长 6.2 厘米，未见音孔，靠音孔一端外径 1.08～1.27 厘米，壁厚 0.12 厘米。M99：1，残存一段又成碎片，残片最大长 3 厘米，残片上见有一残音孔，较圆，孔壁稍斜，余不详。

6. 半成品

2 支。1 支出自墓葬，1 支出自灰坑。标本 M55：7，两端骨关节均已截去，但未见钻音孔，也未见设计痕迹，可能有意为陪葬所制，出土时两段均略残，系因埋藏过程中条件不好，出土时已碎所致，残长 20.66 厘米，中部管径 0.94～1.04 厘米(图版一八一，5)。H87：2，仅一端锯去骨关节，应为吹口端，另一端骨关节尚存，全长 21.2 厘米，器身未见音孔，也无设计痕迹，出土时断为两节，可能系制作过程中无意折断而丢弃(图三一八，12；图版一八一，6)。

三、原材料及制作工艺

(一) 原 材 料

经鉴定，骨笛的原材料均系丹顶鹤的尺骨所制。在遗址中还见有丹顶鹤的肱骨、尺骨、腕掌骨、股骨、胫跗骨等。当然，人们从发现丹顶鹤尺骨的特征适于制笛，到制成具有贾湖骨笛这种音乐水平的乐器，其间肯定有一个漫长的认识发展过程。

(二) 制作工艺

从上述制成的笛子和半成品特征观察，笛子的制作经过了以下的程序：

1. 截去骨关节

鸟类尺骨的特点就是薄壁中空，截去两端骨关节后就是一个理想的发音管。但鹤的个体有大小之分，尺骨也有长有短，而骨笛的长短需根据人们对音律的需要而定，这就是之所以有的笛子两端骨关节截的较彻底，有的尚留有一点骨关节残余的原因所在。从残余的切割痕迹来观察，横切断面垂直整齐，纹痕直而细，表明切割工具相当便利，切割技术相当娴熟。从跑锯痕迹推测，切割工具的刃口相当薄且很锋利，为单面刃，刃口宽为0.5毫米，刃角35°。在当时不可能有金属切割工具的前提下，推测可能为燧石片一类的工具。

2. 设计孔位

笛子是用来吹奏的，当骨管截成之后，设计孔位成为关键性问题。从现有材料分析，当时人们设计孔位的依据可能有三：一是根据管长，二是根据人们的制笛和吹奏经验，三是根据人们的音律思想，因为在不少标本上都见到有钻音孔前的刻记痕迹，刻记之间的并不等分，而制成之笛均合乎音律，可见人们音律思想的成熟和制笛技术的熟练。刻记有长道和圆点两种，应是工具不同所致，功能应是一直的，即标上人们的设计孔位，较长的长道刻记在钻音孔时未能完全覆盖，音孔两端或一端尚留有痕迹，刻记短的或圆点形的则不可能留下痕迹，这就是有些标本上看不到设计痕迹的原因所在，而并非未经设计。当时人们设计孔位的计算方法和标准已不得而知，但音孔的设计应遵循某种理论或经验是可以肯定的。

3. 钻音孔

钻音孔是在设计孔位之后开始实施的，在钻音孔的同时，还根据实际情况随时调整孔位，修改设计。如标本M78∶1，就经历了设计—钻第七孔—修改设计—钻四、五、六孔—再修改设计—钻一、二、三孔这几个反复。从刻记痕迹看，第七孔只有一次刻记，第四、五、六孔则有两次刻记，且钻孔后的孔位都比未钻孔的设计孔位距离短，表明钻孔之位是经过修改的，第一、二、三孔均有两个未钻孔位，表明这三个孔的孔位曾经过两次修改，第二、三孔的钻孔孔位均比前两次设计孔位位置低，而第一孔的钻孔孔位则介于前两次设计孔位之间。从这件标本可清晰的看出当时制笛的设计和制作过程(图版一八二，2)。从音孔特征看，钻孔的工具是得心应手的。从痕迹分析，应是手钻或锥钻一类工具，钻头为尖锥状，材料亦应为水晶或燧石一类较坚硬的工具，锋利、尖锐且具有一定柔韧性。从设计的圆形圜底测点分析，钻孔的工具应是尖刃器。又从大多数音孔的孔壁近直或稍斜的角度看，钻头的尖刃夹角很小。有的音孔甚至上小下大，表明当时可能已有近似现在的弯刀一类制笛工具。从电子显微镜(SEM)对M344∶5号骨笛音孔壁碎片观察，孔径由外及内，其大小相近，孔壁陡直，孔壁上呈现的折纹非螺旋形，而是重叠的，即用一种直径大小一致的钻头来回磨擦所致(图版一八二，1)。

4. 调音成器

骨笛制成之后，往往可能因种种因素导致某一音孔的发音偏高或偏低而不成音列，这就需采取某种补救措施来调整发音。目前所见的调音孔有两例，其一就是标本M282∶20，在第七孔与第六孔之间靠近第七孔之处钻一小孔，经测音证明具有调整第七孔音准之功能。再一例便是M73∶6号笛，在五、六孔间近六孔处有一明显偏小且位置稍偏的音孔，从孔位上看决非一个独立的音孔，与其它孔也不是用同规格钻头一次钻出的，而是在制成后或吹奏过程中为调音而补钻的。当然，也不能排除这一小孔在吹奏时可用来转调的可能性。

另外，在骨笛使用过程中往往有断裂等情况出现，为了防止此种情况发生，人们就往往采用一些防范措施，最常见的就是在有音孔排列的中段缠裹某种物体来加固，因为这些缠裹物早已朽烂，无法断定是何种物质，但缠裹的痕迹是相当清晰的。一旦发生断裂现象，人们就采用打缀合孔的方式来缀合这一残器，再在笛身上缠裹某些物体来加固，使这支骨笛可继续用来吹奏。这也从另一方面证明，当时人们制成一件骨笛也是不太容易的，并非人人皆可制笛，所以用起来特别珍惜，即使残断也修修补补继续使用，值得注意的是，在M253：4号的八孔笛上还有一个“⺕”形符号，它的含义不得而知，但应赋有一定的寓意，则是可以肯定的。

表七一　贾湖遗址骨笛及共出龟甲、叉形骨器一览表

墓葬保存状况	单位编号	所在探方	期段	随葬品							出土位置		
				合计	分类						龟甲	骨笛	叉形器
					陶	石	骨、牙	龟甲	骨笛	叉形器			
	M341	T114	Ⅰ1	7			4	1	五孔1，六孔1	3	足骨上，另狗肢骨1	右肱内1、右尺外1	
	M411	T34	Ⅱ4	17	2	1	12		七孔1	1		左胫骨内侧	右手中握
残	M78	T23	Ⅱ5	4			2		七孔2			右股骨两侧	
	M121	T9	Ⅱ5	25	1	13	8	2	七孔1		右股骨外侧	左股骨下压	
	M270	T101	Ⅱ5	6	1		3		七孔2			左骨盆和左股骨上	
	M282	T101	Ⅱ5	61	3	8	46	2	七孔2		头部右侧(有石子)乱	左股骨内外	
	M344	T102	Ⅱ5	33	2	1	19	8	七孔2	1	头部顶侧	左肱外侧	龟甲上
	M90	T9	Ⅱ6	5	1		2		残1	1(残)		人骨堆中	人骨堆中
	M387	T101	Ⅱ5	16	5		1	8	残1	1(残)	与人骨堆在一起	人骨下压	人骨堆中
残	M55	T7	Ⅱ6	8		3	2	2	半成品1		整置于胫骨间	左腓骨外侧	
	M233	T101	Ⅱ6	16	4		4	6	七孔2		整置于头骨左外侧	右股骨外侧	
残	M99	T9	Ⅲ9	1					残1			左股骨下压	
	M73	T9	Ⅲ7	12	1	3	7		残1			右股骨外侧	
	M253	T101	Ⅲ7	10	1		4	2	七孔1，八孔1	1	整置于右股骨上	七孔笛置于迁葬乱骨东侧，甲左髌骨外侧	右尺骨外侧
	M263	T101	Ⅲ7	17	5		10	1	七孔1		碎片置于陶钵内(另蚌壳3，鱼1)	甲左股骨外侧	

续表七一

墓葬保存状况	单位编号	所在探方	期段	随葬品							出土位置		
				合计	分类						龟甲	骨笛	叉形器
					陶	石	骨、牙	龟甲	骨笛	叉形器			
	M327	T102	Ⅱ6	18	2	2	3	8		3	人骨上(迁葬墓)		龟甲上
	M363	T101	Ⅱ6	16	4	2	1	8		1	人骨上(迁葬墓)		龟甲上
	M395	T102	Ⅱ5	19	1	1	16			1			头骨右侧
	M125	T9	Ⅰ2	12	1	1	1	8		1(残)			
	M94	T9	Ⅱ6	22	2		10	8		2		残胫骨下压	头骨左侧
	M39	T15	Ⅰ3	5	1		2			2			右手中握
	M16	T1	Ⅱ6	5				4		1	整置于足上		
	M17	T1	Ⅱ6	8		1		6		1	整置于足上		
	H87	T19	Ⅱ6	3	1		1		半成品1			填土中	
	H321	T64	Ⅱ6	8	4		3			1(残)			
	T1③		Ⅱ5							1			
	T18③		Ⅲ8						残1				
	T26③C		Ⅱ5							1(残)			
	T61④		Ⅲ8						残1				
	T101③B		Ⅲ8							1(残)			

说明:随葬品名称后的阿拉伯数字为件数。

第五节　龟、鳖及其它动物骨骼

一、龟、鳖类

遗址文化层和各类遗迹的废弃堆积及填土中,均发现大量龟、鳖类甲壳碎片,应为食余的废弃物,由于种种原因,其最小个体数尚未统计,这里主要介绍作为随葬品置于墓葬中者和房基、灰坑中保存较好者(表七二)。

经鉴定,这里的龟甲主要是黄缘闭壳龟(*Cuora fiavomarginala*)和中国花龟(*Ocadia sinensis*)为主以及许多因破碎无法定种属者。鳖甲中,以中华鳖(*Trion sinensis*)为主,详见下卷第一章。这里仅对其埋藏状态、龟甲上的人工痕迹和龟内石子等现象进行记述。

表七二　龟鳖甲出土单位统计表

单位	龟	鳖	单位	龟	鳖
H145	✓		H156		✓
H177	✓		H113	✓	✓
H112	✓	✓(整)	H179		✓
H21	✓	(整)	H327		✓
H107	✓	✓(整)	H166		✓
H29		✓	H171		✓
H79		✓	H320		✓
H379		✓	H159		✓
H120		✓(整)	H229		✓
H330	✓	✓	H250		✓
H336		✓(整)	H321		✓
H304	✓	✓	H172	✓	✓
H145	✓	✓	H317	✓	✓
H335	✓	✓	H334	✓	✓
H187	✓	✓	H231	✓	✓
H234		✓	H410	✓	✓
H175		✓	H127	✓	✓
T33③B	✓		H219	✓	
T108③B	✓	✓	H324	✓	
T108③C	✓	✓	H339	✓	
T73⑤	✓	✓	H146	✓	
T102③C	✓		H134	✓	
T101③B		✓	H111	✓	
T67⑤	✓	✓	H241	✓	
T113③C		✓	H173	✓	
T103③B		✓	H195	✓	
T119③C	✓	✓	H147	✓	
H328		✓	H106	✓	
H380		✓	T109③B	✓	✓
H291		✓	T120③	✓	✓
H329		✓	T20③		✓(整)
H162	✓	✓	T21③		✓
H104		✓	T20③C		✓
H315		✓	T32③B	✓	

（一）埋藏状态

1. 墓葬中随葬的龟、鳖

随葬龟甲墓葬，共有23座，以闭壳龟为主，鳖甲1座。其埋藏状态大体可分为三种形式（表七三）：

（1）成组随葬，计有8龟一组者6座，6龟一组者2座，4龟一组者2座，3龟一鳖一组者1座，2龟一组者2座，共13座。出土时皆背、腹甲扣合整置成组堆放于墓中。放置位置主要是头骨的周围、腿骨两侧和二次葬人骨堆上三种情况。计置于头骨周围和肩部两侧的有3座（M94、M233、M344）（彩版四一，2、1），腿、足骨两侧的有6座（M15、M16、M17、M55、M121、M253），二次葬乱骨堆上的有5座（M125、M326、M327、M363、M387）（彩版四二，2、1），另外需要说明的是，在原试掘报告中，M16为3个个体，M17为7个个体，经查对原始资料，M16的三堆为4个个体，M17的5号、7号龟为一个个体被分成两处，属于一个个体，所以应为6个个体。

(2) 单个随葬，较完整者仅见1座(M341)。

(3) 随葬碎片，共见9座。其中明显可定为3个个体的1座(M335)，2个个体的1座(M282)，一个个体的7座(M263、M268、M277、M290、M325、M334、M382)。龟腹背甲共出者1座(M282)。仅出腹甲片者6座(M277、M290、M325、M334、M335)，仅出背甲片者1座(M263)，鳖甲片者1座(M382)，置于头部周围者1座(M282)，置于下肢左右的2座(M290、M335)，置于左足上1座，(M268)，置于二次葬乱骨中的3座(M277、M325、M334)，置于迁出葬墓底的1座(M382)，置于钵中1座(M263)。

表七三　随葬龟、鳖墓葬统计表

墓号	所在探方	期段	数量		位置与状态	石子
			龟	鳖		
M55	T7	Ⅱ6	2		整置于二胫骨间	8粒(深色2、白色6)
M94	T9	Ⅱ6	8		成组整置于左肩外侧	173粒(深色18、白色138、水晶17)
M121	T9	Ⅱ5	2		整置于右股骨外侧	深色30粒
M125	T9	Ⅰ2	8		整置于二次葬头骨下	84粒(深19、白65)
M233	T101	Ⅱ6	6		整置于头骨左外侧	48粒
M253	T101	Ⅲ7	2		整置于甲右股骨上压	47粒
M263	T101	Ⅲ7	1		2碎背甲片置于钵内	未见
M268	T101	Ⅲ7	1		1碎片置于右足上	
M277	T101	Ⅱ6	1		1碎片乙下压	3粒
M282	T101	Ⅱ5	2		残片，2个个体置于右肩外侧	17粒
M290	T102	Ⅱ6	1		1片，置于足下	未见
M325	T102	Ⅱ5	1		1片置于乙胫骨旁	未见
M326	T102	Ⅱ6	3	1	零乱压在乱骨下	未见
M327	T102	Ⅱ6	8		整置乱骨上堆放，另有穿孔腹甲2片	169粒
M334	T102	Ⅱ5	1		1片置于乱骨之中	未见
M335	T102	Ⅱ5	3		4片3个个体置于左股骨左侧	未见
M341	T114	Ⅰ1	1		整置于两足间	未见
M344	T102	Ⅱ5	8		整置于头骨上方	47粒
M363	T101	Ⅱ6	8		整置于乙乱骨上	97
M382	T102	Ⅱ4		1	碎片置于墓底	未见
M387	T101	Ⅱ5	8		整置于被扰乱骨上	存3个
M15	T1	Ⅱ5	4		整置于胫骨远端两侧	至少17粒
M16	T1	Ⅱ6	4		整置于足上	121粒
M17	T1	Ⅱ6	6		整置于胫骨上，排列整齐	98粒

在整理过程中发现，M327内除出土一组8个完整龟甲外，还出有三片零碎腹甲片，皆有穿

孔。M327：6、M325：12 和 M335：8 三片穿孔腹甲片可缀合为一个个体，M327：7 和 M334：10 穿孔腹甲片可缀合为一个个体，其原因可能是有意分置，也可能属二次埋藏，或其它原因所致。

2. 房基、灰坑中的龟鳖

虽然在房基、灰坑、地层中出土碎龟、鳖甲片甚多，但较完整的个体很少，因之应为食余的废弃物，而较完整的龟、鳖甲出土于各类遗迹之中，可能具有某种意义。这些龟甲，经鉴定以花龟为主。H187 南，垛泥形成的隔墙下面，压一较完整的龟壳，可能具有奠基意义，经鉴定为花龟。H37F3D8 柱洞底部发现有鳖 1 个，背腹甲及骨骼具全。H107 坑底出土较完整的一龟二鳖，可能具有某种宗教意义，此龟亦为花龟。H112、H45 中出土的龟亦为花龟。H120、H92(图版三三，4)。H336、H112 均出有较为完整的鳖甲。

（二）龟甲上的人工痕迹

龟甲上的人工痕迹，主要有三种情况：

1. 刻划

痕迹较深，初步成形，应为当时人们为达到某种目的而有意所为者，可称为契刻符号，痕迹较浅且较简单者，可能是在使用或穿孔、修治时无意或随意所致，称为划痕。

（1）契刻符号：数量不多。标本 M344：18，在腹甲后叶左侧刻一“”形符号(图三一七，4)。M335：15，为一腹甲后叶左侧残片，上刻一“曰”形符号(图三一七，3)。M387：4，左侧第九缘板，上刻一“”形符号，腹甲前叶右侧有一“八”形符号，并有一“～”形刻痕(图三一七，2)。M344：28，腹甲前叶首端左侧有“丨丨”形刻符。M233：15，内腹甲有“二”形刻符。

（2）划痕：这些痕迹均较浅细且为简单草率的“一”、“丨”、“丶”、“丿”形线条，可能多属无意所为。标本 M233：11，有三处直线，一处为刻痕、二为划痕。M233：13，有三组刻划痕，一为直线，一为斜线，一为三个长点。M233：14，也有一直线。M344：26，有两处直线划痕。M344：31，有一“丨”划痕。M94：4 有一“丨”形刻痕。另外 M387：8，腹甲后叶表面有二片脱落，其中一片呈“”形，不知是否系人工有意所为。M363：7、9 腹甲后叶中间各有一片核桃皮形纹路，可能为龟活体时形成。M282 腹甲片边缘，H112 腹甲片上均见有划痕。

2. 穿孔

龟甲穿孔现象比较常见，往往背甲和腹甲穿孔位置相对应，最多者为背甲的颈盾和腹甲前叶前端各一孔，腹、背甲两侧各穿一至二孔者次之，中间穿孔者较为少见。另外，腹甲前后叶中间对应穿孔也较常见，这应与闭壳龟前后叶分离有关。从穿孔位置分析，穿孔目的主要是为了缀合，但亦有不少未见穿孔，可能系用易腐烂不能保存的物体缠裹代替缀合，否则无法使龟的腹、背甲扣合在一起。穿孔均采用单向钻法，由外向内钻，钻孔很圆，多呈漏斗状，只有较薄的位置才呈直壁状，钻孔技术相当娴熟，孔径一般孔口 5～8 毫米，孔底 3～6 毫米。

3. 修治

背甲的修治，多表现在将首尾两端的缘板边缘的边棱磨平，磨的轻重程度不同，有的轻磨，有的较甚。个别还在缘板边缘刻一缺口。腹甲的修治较简单,一般仅在前后叶连接处的两侧磨平,可能为便于缀合而为。另外,墓葬出土的龟,大多背甲的边缘均因长期使用把握而变得圆钝光滑,仅有少数保留较锐的边棱。房基、灰坑出的龟甲碎片均保留自然形态,未见加工痕迹。从各墓情况来看,随葬闭壳龟的墓,龟甲大多经钻孔,磨边修沿,但 M327 则只有 2 龟有把握痕,大部保留自然状态。随葬小个体的其它种属多无修治痕,只个别有穿孔、磨边现象。

(三)龟内石子

成组置于墓葬之中的龟甲,其内大多装有数量不等的石子(表七四)。从这些石子的形状看,应是随意从河滩上拣来的,颜色有深有浅,其形状颜色均看不出有什么规律。数量的多少,可精确到个体的只有 M233、327、363 三座(彩版四三,1、2),其余各墓因发掘时将其混在一起,已无法从个体的数量来分析其规律性。从数量来看,最多的是 M94,8 个龟共出 173 枚石子,其次是 M327,8 个龟共出 169 枚;最少的是 M55,2 个龟只有 8 个石子。一般来讲,龟个体较大者,内装的石子也较大,反之亦然。M253 随葬的 2 个龟个体很小,内装的石子就是大砂粒,直径大约只有 5 毫米左右。个体较大的龟一般石子都在 1 厘米左右。但也有例外,M327∶18 龟个体虽较小,但内装石子不仅多达 30 个,石子的直径均达 1 厘米左右。

从龟甲保存较好的 3 座墓来看,M327 一组八龟中均装有石子。多者 30 枚,少者 8 枚。M233 有 1 龟无石子,余 5 龟多者 18 枚,少者仅三枚。M363 有 2 龟无石子,余 6 龟装石子多者 30 枚、少者 6 枚。M387 因墓被扰,仅存 3 枚石子,不应代表其原始状态。M344 八龟共出石子 47 枚,可惜已无法精确至每个个体。

随葬龟甲碎片的也有 2 墓伴出石子,一是 M282,但石子和龟甲片分置两处,虽相距不远,但表明不是扣合置入。M277 丙的一片腹甲与 3 枚石子亦不在一起。

另外,还有 M11、M13 虽未见龟甲随葬,但却也置入有石子。M11 有 3 枚,M13 有 13 枚。特别是 M13,石子散布于死者的头胸部,可能另有寓意,而不同于龟甲内的石子。

表七四　龟甲观察和石子共出情况表　　(单位:颗)

标本编号	石子			加工情况
	浅	深	合计	钻孔、刻符及修整
M233∶11	18		18	背甲后侧边缘磨修,腹甲上有三处刻划痕。一处为直线,两处刻划很细,是否有意刻划不详。
M233∶12		未见		腹甲有五处直划痕,背甲周边经打磨。
M233∶13	11		11	背甲前侧边和后侧边经打磨。腹甲有三组刻痕,一组为直线、二组为斜线、三组为三长点
M233∶14	8	2	10	背甲周边均经打磨,腹甲后叶左侧一划痕。
M233∶15	1	5	6	内腹甲有“二”形刻符
M233∶16	3		3	背甲周边经打磨
M387∶4				背甲左 9 缘板有一“[illegible]”形刻符。腹甲左侧前后叶连接处磨光滑,前叶右侧有“～”和“八”两处刻符,后叶右侧一“!”形刻符
M387∶5				背甲边缘把握光滑,腹甲无人工痕
M387∶6				背甲右 4、5 肋板近椎板处各穿一圆孔,边缘有磨痕,腹甲无加工刻划痕

续表七四

标本编号	石子			加工情况
	浅	深	合计	钻孔、刻符及修整
M387：7				背甲右5肋板近椎板处穿一圆孔，边缘把握光滑，有磨痕，腹甲无人工痕
M387：8				腹甲后叶左右两侧均有一片剥落，其中左侧呈“”形，右侧呈“”形
M387：9				无人工痕
M387：10				背甲颈盾钻一圆孔，腹甲未见人工痕
M387：14				背甲边缘把握光滑，腹甲后叶尾端中间穿一圆孔
M94：4				背甲边缘经打磨，腹甲后叶左侧有一刻道“丨”直形一条
M94：10				背甲边缘有磨痕
M94：11				背甲边缘有磨痕
M94：12				背甲有坑疤
M125：4			84	8龟石子混在一起。腹甲前后叶、两侧各一孔，孔内向外钻
M125：7				腹甲前后叶两侧各一孔，尾端一孔，皆内向外钻
M121：9			30	2龟石子混在一起共30枚
M334：10				仅残断的腹甲后叶中和两侧各一孔。外向内钻。（和M327：7缀合）
M335：8				腹甲前后叶穿3组6孔，腹甲右下又穿一孔。孔外向内钻（残腹甲一片和M327：6、M325：12三块缀合一起）
M335：15				残腹甲片，有一“曰”形刻符
M327：8	18	5	23	腹甲左侧前后叶相连处有磨痕
M327：13	20	3	23	背甲缘板边缘把握光滑
M327：14	18	7	25	未见
M327：15	12	12	24	未见
M327：16	3	4	7	未见
M327：17	9	13	22	未见
M327：18	12	18	30	未见
M327：19	7	1	8	腹甲前后叶连接处有轻微磨痕
M344：18			共47	背甲边缘轻磨，把握光滑，腹甲前叶首端一圆孔，外向内钻，颈板钻一圆孔，外向内，腹甲后叶右侧刻一“”形符号
M344：26				背甲边缘把握光滑，腹甲划一道，后叶有一组划痕
M344：27				背甲边缘把握光滑，右三肋板一圆坑窝
M344：28				背甲颈盾中间一钻孔，边缘把握光滑，腹甲前叶首端左侧有“‖”形刻痕
M344：29				背甲边缘把握光滑
M344：30				背甲边缘把握光滑，腹甲后叶尾端中间一圆孔
M344：31				背甲右缘板7、8间和8、9间，第4椎板与右第4肋板间，左3、4肋板间各钻一圆孔。边缘有轻度磨痕，把握光滑，腹甲前叶左侧有一“丨”划痕

续表七四

标本编号	石子			加工情况
	浅	深	合计	钻孔、刻符及修整
M344：32				背甲左5肋板近脊处一圆孔，边缘把握光滑
M363：5			无	背腹甲首端各穿一孔，腹甲前后叶中间各穿一孔，孔由外向内钻
M363：6	5	5	10	背腹甲尾端各一孔，孔由外向内钻，腹甲前后叶间有磨痕，缘板有坑斑3
M363：7	6		6	背甲尾端缘板有磨痕，背甲顶有6，腹甲后叶中间有一团核桃皮纹
M363：8	7	5	12	腹甲前后叶中间各穿一孔，背甲尾端边缘有磨痕。
M363：9			无	无孔，背甲尾端有磨痕，后叶中间有一大团核桃皮纹，不像人工形成。
M363：13		15	15	背甲、颈板、臀板、左、右第5缘板各一孔，腹甲前叶中间和左侧，后叶前端左、中、右，后叶尾端中间各一孔，外向内钻。
M363：14	3	27	30	背甲颈板、臀板，右4～5、5～6、左4、6缘板各一孔，第五椎板、左5肋板一圆坑，腹甲两侧各2、两端各1共6孔。孔皆外向内钻。背甲颈板边缘磨一缺口，颈板、左、右1、2缘板有磨痕
M363：15	8	6	14	前后缘板边缘有磨痕

二、其它动物骨骼

发掘出土的动物亚化石相当丰富，约有数百公斤，大多出于文化层和废弃的房基、窖穴、陶窑的填土中，经鉴定有20多种，计野生哺乳动物有貉、紫貂、狗獾、豹猫、野猪、梅花鹿、四不像（麋鹿）、小麂、獐、野兔等。家养或可能家养的哺乳动物有家猪、狗、羊、黄牛、水牛等。鸟类有天鹅、丹顶鹤、环颈雉等，鱼类有鲤鱼、青鱼等，爬行类有杨子鳄、龟、鳖等，瓣腮动物主要有蚌类、蚬类等，腹足动物主要有螺类等，均为先民食余的弃置物。详见下卷第一章第二节。这里仅对在遗址中具有特殊埋藏现象的动物作一介绍。

（一）狗

在遗址中发现完整的狗骨架几具，其中有10具是单独挖坑掩埋，2具置于灰坑中。10具单独挖坑的狗有6具是在墓地之中或其边缘地带（SK4、5、6、7、8、10），3具在居住区之中（SK1、2、3、9），灰坑中葬狗的现象仅1例（H139）。

这11具狗骨架中有8具均保存较好，可认定为整体置入，其中SK2、7、8和H139内狗均低头曲肢呈卧状，SK3、6、9的狗均头倒背，四肢弯曲呈卷曲状，SK10则背朝下，四肢和头在上，呈倒仰状，其余SK1、4、5三具因保存较差，仅从保存的部分骨骼中可知为狗骨，不清楚是整体置入还是部分置入，但也不排除整体置入的可能。这些狗整置于墓地内和房子周围，应与先民的祭祀活动有关。

墓葬中的零星狗骨，仅见M341一例，在墓主身上置狗肢骨一段。

（二）鹿　　角

鹿角出土比较多，其中大部分为用余后废弃的角料，有不少骨角器皆鹿角制品。但有两种现象值得注意，一是整置于墓葬之中的鹿角，二是整置于灰坑、房基中的鹿角，前者可能具有某种宗教意义，后者可能是作为骨器原料而收藏。

1. 墓葬中的鹿角

墓葬中随葬鹿角的现象见有 3 例，其中 M335 随葬两柄完整鹿角，每柄均带有角环并有二个分枝。M277 则仅一段鹿角置于 M277 丙的乱骨之中，M382 一段鹿角支置于墓底。

2. 房基、灰坑中的鹿角

灰坑和房基中出土较为完整鹿角的有 H95、H30、H120、H196、H41 等。H41、H95 均出土于坑口部位，H120、H196 均出土于填土之中，H30 则出土于坑底。

（三）其它动物骨骼

（1）墓葬中出土的动物骨骼中，大体可分为三类。

1）猪下颚骨，如 M113，在小腿部位横置一猪下颚骨。M278，在墓主人胸部横置一猪下颚骨。

2）置貉的牙床，仅 M94 一例，在下肢部位堆置 7 个貉的下颚骨。

3）零星的动物骨骼，如 M106、M109、M281 迁葬人骨中均见有较粗大的动物肢骨。

（2）房基、灰坑中所见较集中放置和有意放置的动物骨骼，前者有 H28 的成堆的牛骨，有肩胛骨、肋骨以及猪的肩胛骨等（图版一一，3），后者如 H32 内放置的完整的黄牛下颚骨。另外，在一些房基、灰坑中还发现有食肉类动物粪便（图版一八三，1）。

第六节　炭化稻及其它植物遗骸

一、炭 化 稻

在发掘过程中，由于限于当时的操作方法，除了发现一大批农业生产工具外，未见栽培作物的遗存。1991 年春，我们在室内整理发掘资料时，在一些红烧土上发现了几个稻壳印痕，随即引起我们的重视，之后又见到了几例，于 1992 年将这几件标本送交中国科学院植物研究所孔昭宸研究员进行鉴定。经初步研究，认为是栽培稻无疑。

1994 年 5、6 月，又从 3 个灰坑填土标本中筛选出多少不等的炭化稻籽实。同年 9 月，又对 6 个遗迹单位的标本进行水洗筛选，又发现大量炭化稻籽实。

所选作硅酸体测定的 9 个样品以及以后作水洗筛选的 17 个单位共 27 件标本，分别代表该遗址的三个文化期，见表七五、表七六。

处理第一批标本是在 1994 年 5 月，从 H82、H229、H174 三个单位的样品中筛选出了炭化米（图版一八四，1；图版一八五，2；图版一八六，2、3），其中从 H174 样品中筛选出较完整的稻米 47 粒。

表七五　第一批取样标本登记表

标本编号	所在单位	分期	标本类型	出炭化米标本
Hh_1	H84	Ⅰ	灰坑填土	
Jh_2	H82	Ⅰ	灰坑填土	✓
Jh_3	H229	Ⅱ	灰坑填土	✓
Jh_4	T104③C	Ⅱ	陶壶内出	
Jh_5	H228	Ⅱ	活动面土	
Jh_6	H174	Ⅲ	灰坑填土	✓
Jh_7	H174	Ⅲ	陶罐内土	
Jh_8	T34③B	Ⅲ	陶器内土	
Jh_9	H102	Ⅲ	红烧土	出稻壳印痕

表七六　第二、三批取样标本登记表

编号	出土单位	分期	标本类型	第二批标本 出炭化米单位	第三批标本 出炭化米单位
1	H84	Ⅰ	灰坑填土	✓	
2	H187	Ⅰ	灰坑填土	✓	△
3	H115	Ⅰ	灰坑填土	✓	
4	H112	Ⅰ	灰坑填土	✓	△
5	H229	Ⅱ	灰坑填土	✓	△
6	H168	Ⅱ	灰坑填土	✓	
7	H172	Ⅱ	灰坑填土		△
8	H339	Ⅱ	灰坑填土	✓	△
9	H174	Ⅲ	灰坑填土	✓	△
10	H105	Ⅲ	灰坑填土	✓	
11	H121	Ⅲ	灰坑填土	✓	
12	H102	Ⅲ	灰坑填土		

处理第二批标本是在 1994 年 6 月，每个标本取 500 克，除 H172、H102 外，在 H115、H187(图版一八四，2、4)、H112、H339(图版一八七，3)，H105、H168、H121(图版一八八，1、2、3)内皆筛选出大量炭化稻米。

第三批于 1994 年 9 月，又对 H112、H174、H187、H229、H339、H172 六个单位重点进行了筛选。这六个单位均多少不等的分选出了炭化稻籽实(图版一八七，1、2；图版一八六，1；图版一八四，3；图版一八五；1)，其中以 H174 量最多，第一次分选出完整米粒 47 粒和碎米 100 多粒，第二次选出完整粒 239 粒，碎米 152 粒，第三次选出完整米 250 粒，碎米约 200 粒，计仅三次标本处理中 H174 就出完整米粒 536 粒，碎米 400 多粒。

二、其它植物遗骸

在不少房基、灰坑、陶窑填土及文化层中均发现有炭化果核标本，但大多破碎，看不清形状。

形态比较清楚的有H36、H82、H105、H112、H115、H195、H262、H321、H342、H375等单位，主要有栎果、野胡桃皮等，还有尚未鉴定出属种的果核（图版一八九，1、2、3）。其中栎果数量最多，仅H195就出土100多粒。

另外，在漂洗H229填土标本时，还发现一些炭化的野菱（图版一八三，2）。还在几个灰坑中用水洗法分选出几粒野大豆种子。

第七章　分期研究

贾湖遗址新石器时代文化堆积有三个层次，东部为4、5、6三层，西部为3B、3C、4三层，除东部第6层和西部第4层之下未见叠压遗迹外，西部3A下打破3B层、3B下打破3C层、3C层下打破第4层，东部4层下打破5层，5层下打破6层均有大量的遗迹发现。它们之间构成大量叠压或打破关系，为我们进行分期研究提供了可靠的层位学序列。各文化层和遗迹中，出土有大量陶制品，不少单位有多种器物构成共存组合关系，这些又为分期研究打下了类型学基础。

第一节　陶容器主要器类演变趋势

与同时期各遗址的情况一样，这里具有明显分期意义的也是陶容器。为了分期的需要，这里将具有分期意义的各主要器类的演变趋势进行简单的归纳。

1. 罐类

罐类可分为炊器和盛器两大类，炊器类主要是角把罐、侈口罐、卷沿罐、折沿罐等，总的发展轨迹是由直口到侈口，由无沿到有沿，沿由微卷或折到沿面近平或下翻，器腹由较瘦到较鼓。从变化路线分析，后三类均从角把罐发展变化而来。这种发展和变化，一是增加了其实用性，使之更趋于合理。这是变化的动力所在，比如，口沿的出现，可防止烟火进入器内，还便于加盖和移动时把握；口沿的出现，还使角把逐渐趋于消失，这应是口沿与移动器物有关的又一旁证。器腹的变圆腹，可使器物增加容积，受火面也增大了。二是反映了制作工艺的进步。只有生活的需要才促使人们去改进工艺，而工艺的改进才能更进一步满足人们的生活需要。在主要用泥片筑成法来制作器物的时候，鼓腹的较大型器物很难成型，这或许就是角把罐均直筒状的原因所在，而泥条筑成法的产生与普及才使鼓腹器的出现成为可能。同时，口沿的出现应与旋转修整有关。虽然这时陶轮可能并未产生，但正是这种旋转修整的需要才为陶轮的出现奠定了基础。三是审美的变化，富于变化的线条和造型比简单的筒形在审美观念上也应是一种进步，同时亦反映了人们审美情趣的多样化。

盛器类主要是双耳罐、高领罐和缸类。这类器物的演化特点是由瘦高变矮胖。这种变化主要是为了更加适应人们使用，同时与制作工艺的变化也不无关系。总的来讲，B、C、D型双耳罐可能均由A型双耳罐变化而来，而C型双耳罐的产生可能还与裴李岗类型的因素有一定关系，这一点下面还要详细讨论。

2. 鼎类

鼎类变化轨迹较为清楚的主要是盆形鼎和罐形鼎。最早的盆形鼎和罐形鼎很像是深腹盆和Ⅳ式角把罐或侈口罐下附三个角把形足，这应是鼎的原始形态，同时表明盆形鼎是由深腹盆发展而来，罐形鼎是由角把罐发展而来。同罐类的演变一样，罐形鼎也经历了由瘦高变矮胖的历程，而且型式富于变化，应是人们的主要炊器之一。而盆形鼎则显得昙花一现。盆形鼎的B型明显是从

A 型演变而来，但中间似有较大缺环，只得按两个型来记述。

3. 壶类

壶类是该遗址最富变化、特征最明显的器类之一，在分期研究中具有重要地位，从形体上来观察，双耳罐形壶是双耳罐的缩小形式，但其功能应有所区别，且数量很大，从墓葬材料看几乎每人一壶，应是最为常用的器物之一，推测其应为汲水器。从其演变轨迹分析，折肩壶、圆腹壶均从罐形壶演变而来。其中圆腹壶应来自 A、B 型罐形壶，折肩壶来自 C、D 型罐形壶。而扁腹壶则主要从圆腹壶演变而来。总体发展趋势是口由小到大，腹由瘦高变圆鼓再到扁矮。陶质由夹砂陶发展为泥质陶，耳由横剖面呈半圆形的桥形耳发展为横剖面呈锐角三角形的半月形耳。而由竖耳到横耳的变化，则与耳的作用及系绳方式的变化有关。

4. 盆类

此类器物总体数量虽不是太多，但也是具有鲜明特征的具有代表性的一类器物，如方口盆为这里所仅见，划纹盆和附加堆纹盆也很有特色，但其功能则较为复杂，其质料多由有掺和料的陶系制成，以夹砂、夹炭为主，有的器底还有烟炱，可能具有炊器的作用，但因烟炱均较薄，似乎烧烤时间不会太长，因之，不可能是常用性炊器，主要还是发挥盛物的作用。各种盆的发展变化均不太明显，且使用延续时间均不太长，因之，盆类的变化主要是种类的变化，划纹盆、敛口盆均可能由深腹盆发展而来。

5. 钵类

这是数量最多、最富变化的一类器物，是人们主要的日常生活用具之一，不少器形也具有典型性，如方唇浅腹钵就为其它遗址所罕见，敛口钵的发生、发展与消失，也很有典型性。尤其值得一提的是三足钵，锛形足、凿形足与圆锥形足共存，为文化因素的分析提供了丰富的资料。各类钵的发展趋势是由粗笨到薄细灵巧，特别是窑外渗炭技术的普及，不仅防止渗漏，而且还更加美观，更提高了其实用性和观赏性。个别“红顶钵”的出现，开仰韶时代“红顶器”的先河。局部施陶衣的现象，具有彩陶的效果，可能就是彩陶技术的前身。各器种的变化均相当细微，但脉胳清楚，如敞口钵的腹由浅而深，敛口钵的口由微敛到甚敛到趋于消失，方唇浅腹钵的唇缘由厚渐薄到趋于消失，三足钵的足由高到低到逐渐退化等，都为分期研究提供了丰富的资料。

见贾湖遗址陶容器典型标本分期图(图三一九)。

第二节　典型地层关系与典型器物组合

由于贾湖遗址前后延续了千年之久，各类遗迹间的叠压或打破关系十分复杂，特别是墓地中，有多达六层墓葬者。这里我们仅选择 48 组具有明显器物组合关系和明显变化趋势的地层关系及其典型标本列述如下，作为分期研究的依据。

这 48 组地层关系共涉及墓葬等遗迹 394 个单位，但有一些单位未见具有分期意义的典型器物。出土有典型器物或器物组合有 298 个单位，见表七七。具体分析如下：

表七七　典型地层单位一览表

遗迹分类 / 典型单位 / 分段	房基 (F)	陶窑 (Y)	灰坑 (H)	墓葬 (M)	合计
9	39、1		101、100、22、46	203、201、223、18、28、21、24、25	14
8	4、6、8、14、41		154、105、104、123、165、135、24、25、26、33、95、404	12、53、222、227、239、284、251、231、481、482、401	28
7	10、16、18		14、75、94、32、66、69、92、114、128、222、270、277、251、256、257、282、394	44、46、47、60、61、64、68、71、73、268、253、259、261、263、278、299、320、379、392、404、409、254	42
6	9、31		182、125、162、195、170、171、275、266、267、202、268、226、70、91、351、334、368、36、38、65	16、17、219、220、233、277、287、291、292、305、321、326、336、337、338、352、363、366、389、402、486、22、57、62、72、94、95、96、101、113、118、119、370、393、410	57
5	44、25	9	142、143、81、30、34、35、40、12、157、189、177、196、129、124、217、220、264、211、244、168、169、172、206、252、336、322	281、282、272、311、312、323、325、328、334、335、342、344、351、353、355、358、361、364、378、383、384、385、386、387、394、395、396、487、65、76、77、79、87、88、102、106、120、121、124、127、128、377、	71
4	37、22	8、7、3	331、240、229、228、159、107、29、39、16、71、167、198、139、141、254、218	501、122、123、132、369、411	27
3	5、7、17、23	2	9、117、183、127、134、42、261、353	243、249、294、39、308	18
2	45、28、3、19	1	76、83、13、68、74、262、357、156、115、147、111、295、245	297、125、32、104、375、31、52、29、41、42、108、109、376	31
1	2		296、84、78、77	303、374、66、110、107	10
典型单位总计	25	6	120	147	298

一、东　　区

东区包括 T61～T75，其地层关系相对较简单一些，具有分期意义的主要有以下几组：

1）4→H334→5→M501→M502→6

2）4→H309→5→H331→6

3）4→〔H322、H336、H341〕→5→〔H327、H315〕→6

东区三组地层关系中压在 5 层下的 5 个单位，其中 M502 未见出土遗物。压在 4 层下，打破 5

层的有 5 个单位，其出土陶器标本见表七八：

表七八

器类 / 单位	鼎		罐					壶				盆				钵			
	盆形鼎	罐形鼎	角把罐	侈口罐	卷沿罐	折沿罐	双耳罐	罐形壶	折肩壶	圆腹壶	扁腹壶	方口盆	深腹盆	划纹盆	敛口盆	敞口钵	敛口钵	浅腹钵	三足钵
H309					AⅢ					CⅡ				BⅡ CⅡ	AⅢ BⅡ	CⅥ		BⅠ	
H334		AⅢ		AⅢ			BⅢ		AⅣ	CⅡ						AⅥ BⅦ	BⅥ		
H322	BⅢ			AⅡ CⅠ			BⅡ		BaⅡ AⅢ								AⅥ	AⅤ AⅣ	AⅠ AⅡ
H336	BⅠ	BⅠ							AⅢ					CⅠ			AⅢ AⅣ BⅢ BⅣ		
H341	BⅢ BⅠ	E	BⅣ	AⅠ AⅡ														AⅤ	
H331		DⅠ	AⅢ BⅣ									CⅡ					BⅠ		
H315	A	AⅠ	AⅢ	AⅠ				BⅣ BⅤ				AⅣ				CⅢ	AⅡ BⅡ	AⅣ	
M501								DⅢ											
H327				AⅠ				DⅠ BⅣ						CⅠ			AⅠ AⅡ BⅠ BⅡ		

由上表可见，这三组地层关系的 9 个单位中，可分为三个年代组。第一年代组以 H315、H327、M501、H331 为代表，出有 A 盆形鼎，AⅠ及 DⅠ罐形鼎，AⅢ及 BⅣ角把罐，AⅠ侈口罐，BⅣ及 BⅤ和 DⅡ及 DⅢ罐形壶，AⅣ及 CⅡ方口盆，CⅠ划纹盆，CⅢ敞口钵，AⅠ、AⅡ和 BⅠ、BⅡ敛口钵以及 AⅣ浅腹体。

第二年代组以 H322、H336、H341 为代表，出有 BⅠ、BⅢ盆形鼎，BⅠ、E 型罐形鼎，BⅣ角把罐，AⅠ、AⅡ、CⅠ侈口罐，BⅡ双耳罐，AⅢ、BaⅡ折肩壶，CⅠ划纹盆，AⅢ、AⅣ、AⅥ、BⅢ、BⅣ敛口钵，AⅣ、AⅤ浅腹钵，AⅠ、AⅡ三足钵。

第三年代组以 H309、H334 为代表，出有 AⅢ罐形鼎，AⅢ侈口罐，AⅢ卷沿罐，BⅢ双耳罐，AⅣ折肩壶，CⅡ圆腹壶，BⅡ、CⅡ划纹盆，AⅢ、BⅡ敛口盆，AⅥ、BⅦ、CⅥ敞口钵，BⅥ敛口钵，BⅠ浅腹钵等。

二、中　区

中区发掘面积较小，包括 T1，T37～T39，居址遗迹关系仍然较为简单，但墓葬稍显复杂，具有分期意义的有以下几组：

4）
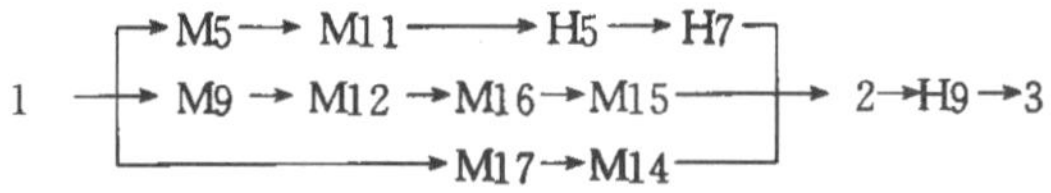

5）
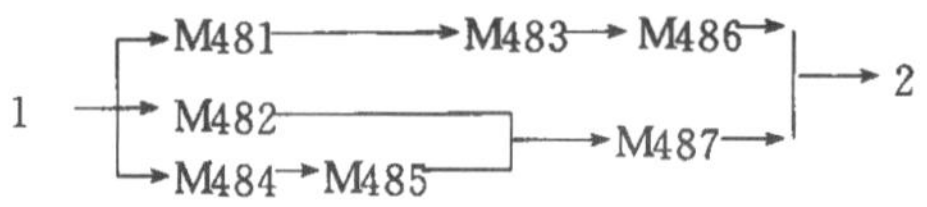

6）
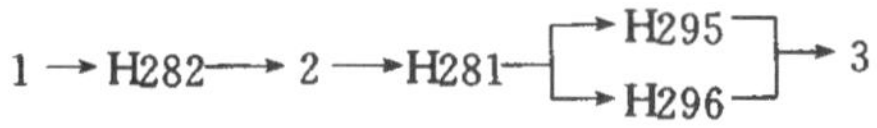

这三组关系共涉及22个单位，其中打破2层的有18个单位，2层下打破3层的有4个单位，出土陶器标本见表七九：

表七九

器类 单位	鼎		罐					壶				盆				钵			
	盆形鼎	罐形鼎	角把罐	侈口罐	卷沿罐	折沿罐	双耳罐	罐形壶	折肩壶	圆腹壶	扁腹壶	方口盆	深腹盆	划纹盆	敛口盆	敞口钵	敛口钵	浅腹钵	三足钵
M481											BⅡ								
M482											BⅡ								
M12											BⅢ								
H282																BⅤ CⅥ		AⅦ	BⅠ CⅠ AⅣ
M486									BbⅡ	D									
M16										CⅡ									
M17						CⅠ			AⅣ										
M487								BⅤ		AⅠ									
H9												BⅢ	AⅢ						
H295			AⅠ AⅡ BⅡ																
H296			AⅠ																

从表七九可以看出，这三组关系虽有22个单位，但出土可分期的陶器的只有11个，且均排不出序列，但可知压在2层下的3个灰坑出土标本均为夹砂陶，器形只有角把罐、深腹盆、方口盆三种。其中H296只出AⅠ角把罐，H295则出AⅠ、AⅡ和BⅡ角把罐，可知H296比H295稍早，可各代表第一、第二年代组。H9出BⅢ方口盆、AⅢ深腹盆，似乎代表第三年代组。打破2层的遗迹分早、晚两组，早组M487出BⅤ罐形壶和AⅠ圆腹壶，代表第四年代组。M16、M17、M486出CⅠ折沿罐，AⅣ、BbⅡ折肩壶，CⅡ、D型圆腹壶，为第五年代组。H282出BⅤ、CⅥ敞口钵，AⅦ浅腹钵，AⅣ、CⅠ、BⅠ三足钵，代表第六年代组。晚组中M12、M481、M482只出BⅡ、BⅢ扁腹壶，代表着中区的最晚一个年代组，即第七年代组。这样中区三组关系可分为七个年代组。

三、西 北 区

西北区包括T101～T120、T25，发掘面积最大，遗迹现象最为复杂，有的地方墓葬多达六层以上，大多地层关系具有分期意义，这里选25组为代表，这25组地层关系可分为五个大组：

（一）第一大组

分布于T25、T113、T114，包括7～10组地层关系：

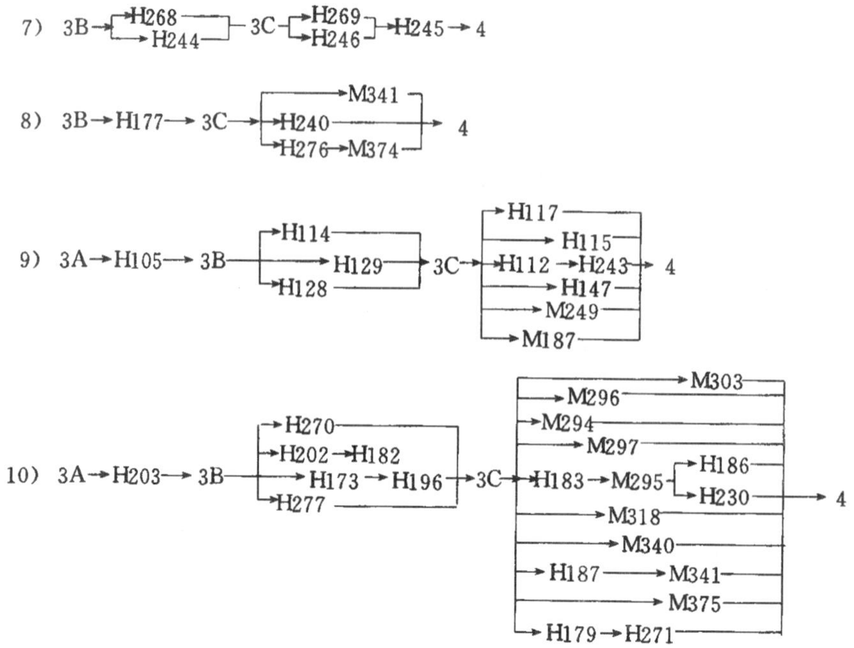

涉及 42 个遗迹单位，其中开口 3A 层下打破 3B 层的有 2 个单位，开口 3B 下打破 3C 层的有 12 个单位，开口 3C 层下打破 4 层的有 28 个单位，所出土可分期的陶器标本见表八〇。

表八〇

器类 / 单位	鼎		罐					壶				盆				钵			
	盆形鼎	罐形鼎	角把罐	侈口罐	卷沿罐	折沿罐	双耳罐	罐形壶	折肩壶	圆腹壶	扁腹壶	方口盆	深腹盆	划纹盆	敛口盆	敞口钵	敛口钵	浅腹钵	三足钵
H105		BⅡ			AⅡ AⅢ	AⅣ	DaⅠ								AⅢ	CⅦ		BⅡ	
H128		AⅢ														CⅦ		BⅠ	
H114																CⅦ	AⅦ		
H270																		AⅥ	AⅣ
H277		BⅠ																AⅥ	
H202		AⅡ					BⅡ		AⅣ									AⅤ	
H182					BⅠ BⅡ												BⅥ		
H268					AⅡ											BⅣ			
H129	BⅡ						BⅡ		BbⅡ									AⅤ	
H177	BⅡ								AⅡ						AⅠ	BⅢ	BⅢ BⅡ AⅢ AⅣ		

器类 单位	鼎		罐					壶				盆				钵			
	盆形鼎	罐形鼎	角把罐	侈口罐	卷沿罐	折沿罐	双耳罐	罐形壶	折肩壶	圆腹壶	扁腹壶	方口盆	深腹盆	划纹盆	敛口盆	敞口钵	敛口钵	浅腹钵	三足钵
H244																	AⅢ		
H196		AⅠ AⅡ													AⅠ BⅠ				
H179	A	AⅠ CⅠ	BⅣ		AⅠ			AⅣ											
H240	A		BⅢ					CⅣ						AⅠ					
H112			AⅡ BⅡ BⅢ CⅠ				AⅡ AⅢ	BⅢ BⅣ DⅡ				AⅡ BⅡ BⅢ	AⅡ BⅡ						
H117							AⅡ	BⅣ									BⅠ		
H183			AⅢ BⅢ				AⅡ												
H187			AⅡ AⅢ BⅠ				AⅡ AⅢ	BⅠ BⅡ AⅢ CⅡ CⅣ				AⅢ BⅡ CⅠ	AⅡ	AⅠ CⅠ		BⅠ			
M243								CⅣ											
M249								BⅣ											
M294								DⅠ											
H115			AⅠ AⅡ					AⅡ BⅡ								AⅡ CⅠ			
H147			AⅡ BⅡ				AⅡ	AⅢ				AⅢ CⅠ BⅡ				CⅠ		AⅠ	
H245			AⅡ BⅡ										AⅠ			BⅠ			
M297								AⅢ											
M375								BⅢ											
M303								AⅠ											
M374								AⅠ											

上述42个单位中，出有可用于分期的陶器标本的单位有28个，其中打破3B层的单位1个，3B层下打破3C层的单位11个，3C层下打破4层的有16个单位，第一大组可分为八个年代组：

3C层下打破4层的16个单位，大体可分为四个年代组。

M303，M374为第一年代组，出有AⅠ罐形壶。

H115、H147、H245、M297、M375为第二年代组，出有AⅠ、AⅡ、BⅡ角把罐，AⅡ双耳罐，AⅡ、AⅢ及BⅡ、BⅢ罐形壶，AⅢ和BⅡ、CⅠ方口盆，AⅠ深腹盆，AⅡ和BⅠ、CⅠ敞口钵，AⅠ浅腹钵。

H112、H117、H183、H187、M243、M249、M294等单位为第三年代组，出有AⅡ、AⅢ、BⅠ、BⅢ、CⅠ角把罐，AⅡ和AⅢ双耳罐，AⅢ、BⅠ、BⅢ、BⅣ、CⅢ、CⅣ和DⅠ、DⅡ罐形壶，AⅡ、AⅢ和BⅡ、BⅢ、CⅠ方口盆，AⅡ和BⅡ深腹盆，AⅠ、CⅠ划纹盆，BⅠ敞口钵，BⅠ敛口钵。

H179、H240为第四年代组，出土标本有A型盆形鼎，AⅠ和CⅠ罐形鼎，BⅢ、BⅣ角把罐，AⅠ卷沿罐，AⅣ及CⅣ罐形壶，AⅠ划纹盆等。

H129、H177、H196、H244为第五年代组，出有BⅡ盆形鼎，AⅠ和AⅡ罐形鼎，BⅡ双耳罐，AⅡ和BbⅡ折肩壶，AⅠ、BⅠ敛口盆，BⅢ敞口钵，AⅢ和AⅣ及BⅡ、BⅢ敛口钵，AⅤ浅腹钵等。3C层与此组出土标本特征基本一致，应属同一个年代组。

H202、H182、H268为第六年代组，共出有AⅡ罐形鼎、AⅡ、BⅠ、BⅡ卷沿罐，BⅡ双耳罐，AⅣ折肩壶，BⅣ敞口钵，BⅥ敛口钵，AⅤ浅腹钵等。

H114、H128、H270、H277为第七年代组，共出有AⅢ、BⅠ罐形鼎，CⅥ敞口钵，AⅦ敛口钵，AⅥ、BⅠ浅腹钵、AⅣ三足钵等。

H105打破3B层，从地层关系上讲是这一大组中最晚一个单位，出土标本有BⅡ罐形鼎，AⅡ和AⅢ卷沿罐，AⅣ折沿罐，DaⅡ双耳罐，AⅢ敛口盆，CⅦ敞口钵，BⅡ浅腹钵等。3B层所出标本与H105基本一致，应属同一年代组即第八年代组。

（二）第二大组

主要分布于T108、T109内，包括11、12组地层关系：

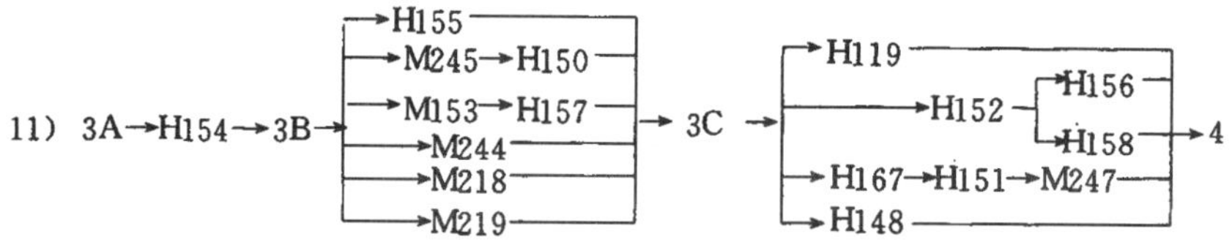

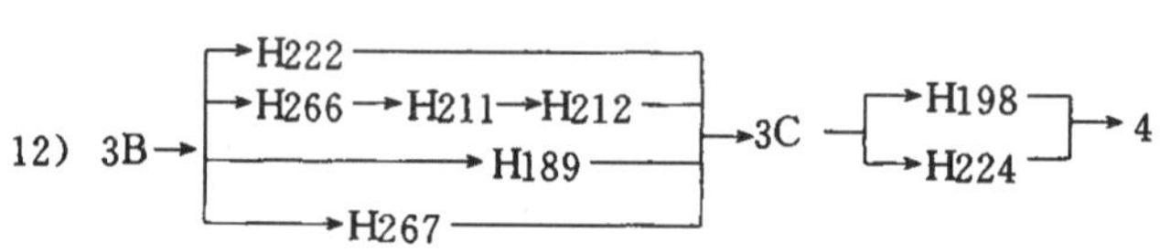

第二大组共涉及地层单位25个，出土标本见表八一：

表八一

器类 单位	鼎		罐					壶				盆				钵			
	盆形鼎	罐形鼎	角把罐	侈口罐	卷沿罐	折沿罐	双耳罐	罐形壶	折肩壶	圆腹壶	扁腹壶	方口盆	深腹盆	划纹盆	敛口盆	敞口钵	敛口钵	浅腹钵	三足钵
H154							DaⅠ									CⅦ			
H155							CⅠ									CⅤ			
H222		AⅡ AⅢ					BⅢ											AⅤ AⅥ	
H266	BⅢ			AⅢ											AⅠ	CⅤ	BⅥ	AⅤ	
H267	BⅤ																		
M219										AⅢ									
H157									AⅢ					AⅡ					
H189	BⅡ															CⅣ CⅤ BⅢ			
H211	BⅠ																AⅡ BⅡ		
H167						AⅠ		BⅣ										AⅢ	
H198		AⅠ		AⅠ	AⅠ		AⅢ	BⅤ					AⅢ				AⅠ AⅡ		
H119			BⅡ BⅢ AⅡ				AⅡ									AⅢ			
H148								BⅣ											
H156			BⅡ AⅠ AⅡ CⅠ				AⅠ AⅡ	BⅢ				AⅠ	AⅡ AⅠ			AⅡ		AⅠ	

从表八一可知,这一大组 25 个单位中,可分期的有 14 个,大体可划为七个年代组。

开口 3C 层下打破 4 层的可分为三组,其中 H156 为第一年代组,出有 AⅠ、AⅡ、BⅡ、CⅠ角把罐,AⅠ和 AⅡ双耳罐,BⅢ罐形壶,AⅠ方口盆,AⅠ和 AⅡ深腹盆,AⅡ敞口钵、AⅠ浅腹钵等。

H119、H148 为第二年代组,出有 AⅡ、BⅡ和 BⅢ角把罐,AⅡ双耳罐,BⅣ罐形壶,AⅢ敞口钵。

H167、H198 为第三年代组,出有 AⅠ罐形鼎,AⅠ侈口罐,AⅠ卷沿罐,AⅠ折沿罐,AⅢ双耳罐,BⅣ和 BⅤ罐形壶,AⅢ深腹盆,AⅠ和 AⅡ敛口钵,AⅢ浅腹钵等。

开口 3B 层下,打破 3C 层的也可分为三组,其中 H157、H189、H211 为第四年代组,出有 BⅠ、BⅡ盆形鼎,AⅢ折肩壶,AⅡ划纹盆,BⅢ、CⅤ和 CⅣ敞口钵,AⅡ、BⅡ敛口钵。

H266、H267、M219 为第五年代组,出有 BⅢ、BⅤ盆形鼎,AⅢ侈口罐,AⅡ折沿罐,AⅢ圆腹壶,AⅠ敛口盆,CⅤ敞口钵,BⅥ敛口钵,AⅤ浅腹钵。

H155、H222为第六年代组，出有AⅡ、Ⅲ罐形鼎，CⅠ和BⅢ双耳罐，CⅤ敞口钵，AⅤ和AⅥ浅腹钵。

H154为打破3B层的单位，与3B层大体同时，出土有DaⅠ双耳罐，CⅦ敞口钵，为本组最晚一个即第七年代组。

（三）第三大组

分布于T103～T105，包括13、14、15组地层关系：

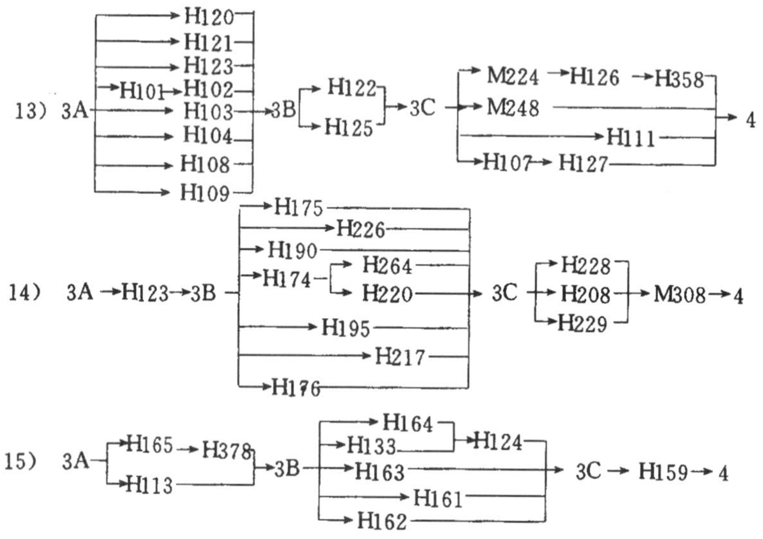

第三大组涉及42个单位，所出可用于分期的陶器标本见表八二：

表八二

器类 / 单位	鼎		罐					壶				盆				钵			
	盆形鼎	罐形鼎	角把罐	侈口罐	卷沿罐	折沿罐	双耳罐	罐形壶	折肩壶	圆腹壶	扁腹壶	方口盆	深腹盆	划纹盆	敛口盆	敞口钵	敛口钵	浅腹钵	三足钵
H101		AⅣ			AⅡ														
H102		BⅠ			AⅡ		CⅠ DaⅠ DaⅡ									CⅥ		CⅠ	
H104		BⅡ			AⅠ AⅡ		DaⅠ				AⅠ					CⅥ			
H120		BⅡ AⅣ					CⅠ									CⅦ			
H123		BⅡ					DaⅠ				AⅡ					CⅥ			

器类 / 单位	鼎		罐					壶				盆				钵			
	盆形鼎	罐形鼎	角把罐	侈口罐	卷沿罐	折沿罐	双耳罐	罐形壶	折肩壶	圆腹壶	扁腹壶	方口盆	深腹盆	划纹盆	敛口盆	散口钵	敛口钵	浅腹钵	三足钵
H113		AⅡ					CⅡ							CⅡ		CⅦ CⅧ		AⅦ AⅧ BⅡ BⅢ	CⅡ AⅤ BⅡ
H165		CⅣ			BⅡ											CⅦ		AⅥ	
H190					AⅢ		DaⅠ									CⅦ			
H174		BⅠ DⅡ DⅢ AⅢ		AⅡ	AⅡ BⅠ BⅡ	AⅡ								CⅡ	BⅡ	BⅤ CⅥ		AⅤ	
H122	BⅣ				BⅠ		BⅡ									BⅣ			
H125	BⅢ						BⅡ											CⅠ	
H162	BⅤ								BaⅡ					CⅡ					
H195		BⅠ DⅡ		AⅡ		AⅡ				AⅡ				AⅡ CⅠ			AⅤ BⅥ	AⅣ AⅤ	AⅡ
H226	BⅢ						BⅡ							AⅡ				AⅣ	
H124	BⅠ					D									AⅠ		BⅡ		D
H217			CⅡ				BⅡ						BⅢ		BⅠ				
H220									BaⅡ								AⅣ		
H264	BⅢ	AⅠ AⅡ																	
H107			BⅢ											CⅠ					
H159	A							DⅡ				CⅡ					AⅡ		
H228					AⅠ												AⅡ	AⅡ	
H229	A	AⅠ E	BⅣ				AⅡ	AⅣ CⅣ				AⅣ					AⅡ		

续表八二

器类 单位	鼎		罐					壶				盆				钵			
	盆形鼎	罐形鼎	角把罐	侈口罐	卷沿罐	折沿罐	双耳罐	罐形壶	折肩壶	圆腹壶	扁腹壶	方口盆	深腹盆	划纹盆	敛口盆	敞口钵	敛口钵	浅腹钵	三足钵
H208													BⅢ						
H127			AⅡ BⅡ			AⅠ		CⅢ				AⅢ							
M308								BⅣ											
H111			AⅠ、Ⅱ BⅠ					BⅠ					BⅠ						

这一大组具有分期意义的共26个单位，其中打破3B层的7个，3B层下打破3C层的11个，3C下打破4层的8个。共可分为8个年代组。

3C层下打破4层的7个单位可分为三个年代组。H111代表本大组最早的一段即第一年代组，出有AⅠ、AⅡ、BⅠ角把罐，BⅠ罐形壶，BⅠ深腹盆等。

H127、M308为第二年代组，出AⅡ、BⅡ角把罐，AⅠ折沿罐，CⅢ、BⅣ罐形壶，AⅢ方口盆等。

H107、H159、H228、H229、H208为第三年代组，出A型盆形鼎，AⅠ和E型罐形鼎，BⅢ和BⅣ角把罐，AⅠ卷沿罐，AⅢ双耳罐，AⅣ、CⅣ、DⅢ罐形壶，AⅣ、CⅡ方口盆，BⅢ深腹盆，CⅠ划纹盆，AⅡ敛口钵，AⅢ浅腹钵等。

3B层下打破3C层的11个单位也可分为三个年代组。其中H124、H217、H220、H264为第四年代组，出BⅠ、BⅢ盆形鼎，AⅠ和AⅡ罐形鼎，CⅡ角把罐，D折沿罐，BⅡ双耳罐，BaⅡ折肩壶，BⅢ深腹盆，AⅠ和BⅠ敛口盆，AⅣ、BⅡ敛口钵，D型三足钵等。

H122、H125、H162、H195、H226为第五年代组，出BⅢ、BⅣ、BⅤ盆形鼎，BⅠ、DⅡ罐形鼎，AⅡ侈口罐，BⅠ卷沿罐，AⅢ折沿罐，BⅡ双耳罐，BaⅡ折肩壶，AⅡ圆腹壶，AⅢ和CⅠ及CⅡ划纹盆，BⅣ敞口钵，AⅤ和BⅥ敛口钵，AⅣ和AⅤ及CⅠ浅腹体，AⅢ三足钵等。

H174、H190为第六年代组，出有AⅢ、BⅠ及DⅡ、DⅢ罐形鼎，AⅢ侈口罐，AⅡ和AⅢ及BⅠ和BⅡ卷沿罐，AⅢ折沿罐，DaⅠ双耳罐，CⅡ划纹盆，BⅡ敛口盆，BⅤ、CⅥ、CⅦ敞口钵，AⅤ浅腹钵等。

3A层下打破3B层的7个单位又可分为两个年代组。H102、H120、H104、H113、H123、H165为第七年代组，出AⅢ、AⅣ、BⅡ、BⅢ、CⅣ罐形鼎，AⅡ、AⅢ、BⅡ卷沿罐，CⅡ、DaⅠ、DaⅡ双耳罐，AⅡ、AⅢ扁腹壶，CⅢ划纹盆，CⅥ～CⅧ敞口钵，AⅥ～AⅧ、BⅡ、BⅢ、CⅡ浅腹钵，AⅤ、BⅢ、CⅡ三足钵等。H101打破H102，出AⅣ罐形鼎和AⅢ卷沿罐，为第八年代组。

（四）第四大组

分布于T101、T102、T116三个探方内，包括第16～30组地层关系，共涉及104个单位，见表八三：

16) 3A→M227→3B→M241→M250→M267→H196→3C

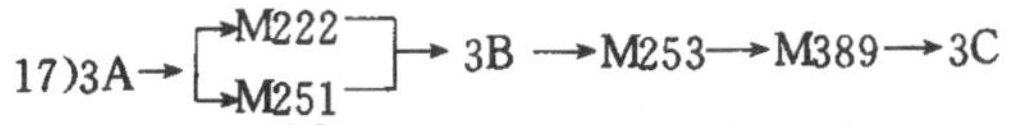

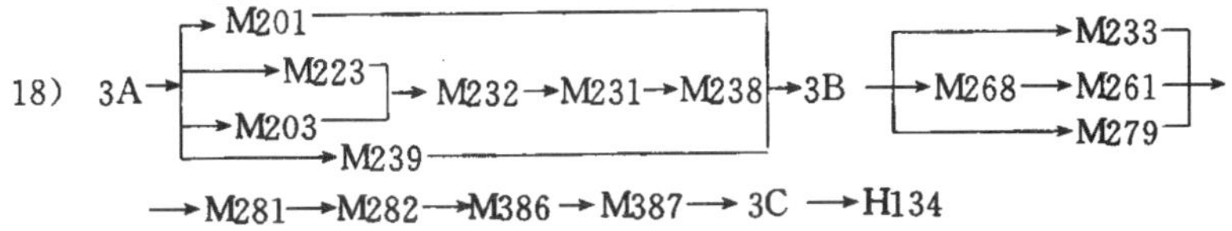

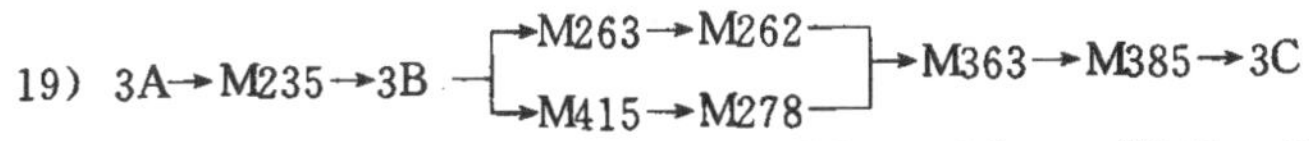

20) 3A→M212→M213→3B→M259→M260→M275→H172→3C

21) 3A→M214→3B→M220→M266→H171→3C

22) 3B→M320→M324→3C

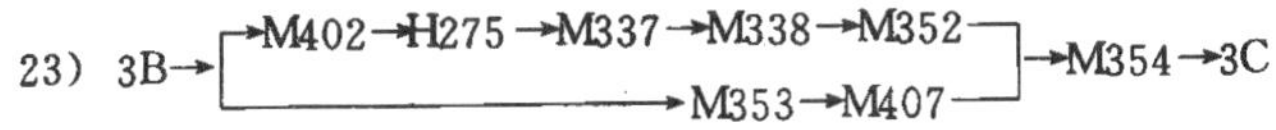

24) 3B→M345→M364→M395→M396→3C→M380→M381

25) 3B→M327→M355

26) 3A→M298→3B→M299→M321→M336→M328→M335

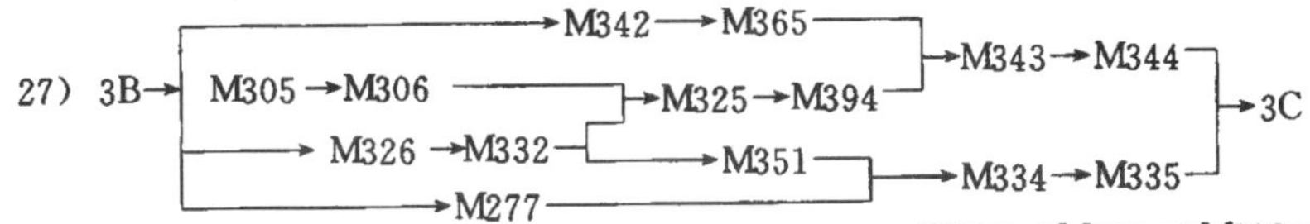

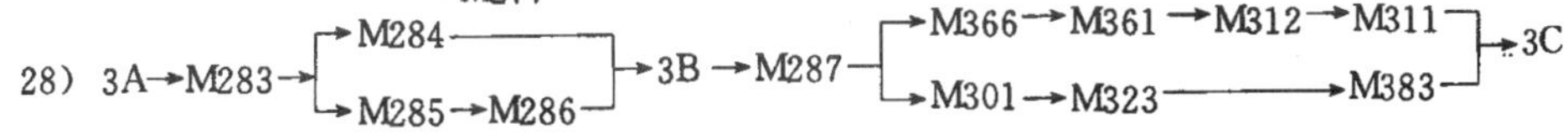

29) 3B→M291→M292→M358→3C

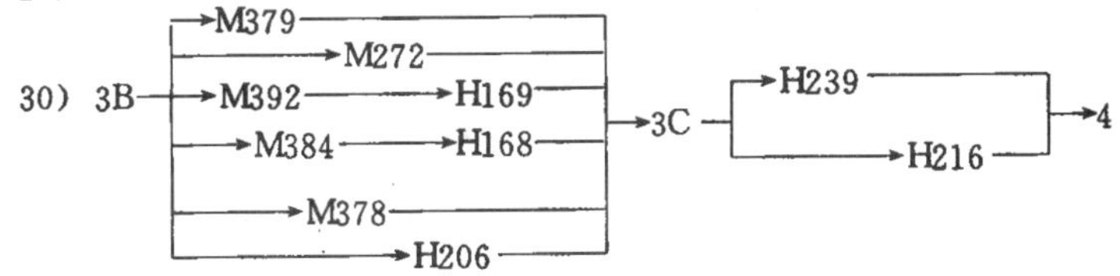

表八三

器类 / 单位	鼎		罐					壶				盆				钵			
	盆形鼎	罐形鼎	角把罐	侈口罐	卷沿罐	折沿罐	双耳罐	罐形壶	折肩壶	圆腹壶	扁腹壶	方口盆	深腹盆	划纹盆	敛口盆	敞口钵	敛口钵	浅腹钵	三足钵
M203											AⅡ								
M201							CⅡ												
M223											BⅡ								
M222											BⅠ								
M227						AⅣ					AⅠ								
M231									CⅡ		C								
M239																			BⅠ

器类/单位	鼎		罐					壶				盆				钵			
	盆形鼎	罐形鼎	角把罐	侈口罐	卷沿罐	折沿罐	双耳罐	罐形壶	折肩壶	圆腹壶	扁腹壶	方口盆	深腹盆	划纹盆	敛口盆	敞口钵	敛口钵	浅腹钵	三足钵
M284											AⅡ								
M251									E		BⅡ								
M253										CⅢ									
M254									CⅡ										
M259										CⅡ									
M261										CⅡ									
M263				AⅡ							AⅠ							AⅣ	
M268											BⅠ								
M278										AⅣ									
M299											AⅠ								
M320											BⅠ								
M379										BⅢ									
M392										BⅢ									
M220										BⅡ								CⅠ	
M233				BⅡ					BaⅡ									AⅤ	
M277									AⅣ								BⅤ		
M287					BⅠ		CⅠ		AⅣ										
M291									CⅠ										
M292	BⅢ																		
M305										AⅡ									
M321									BaⅡ										
M326									AⅢ BbⅡ										
M336									BaⅡ BaⅢ										

器类 单位	鼎		罐					壶				盆				钵			
	盆形鼎	罐形鼎	角把罐	侈口罐	卷沿罐	折沿罐	双耳罐	罐形壶	折肩壶	圆腹壶	扁腹壶	方口盆	深腹盆	划纹盆	敛口盆	敞口钵	敛口钵	浅腹钵	三足钵
M337									BbⅡ										
M338									AⅢ										
M352									AⅢ Ⅳ BaⅡ										
M363				BⅡ					AⅣ BaⅡ										
M366										AⅡ									
M389						CⅡ			AⅢ										
M402									AⅢ										
H170	BⅤ	AⅡ														CⅤ		CⅠ BⅠ	
H171														AⅢ	AⅠ		AⅣ	BⅠ	
H275	BⅢ	AⅡ		CⅡ			BⅡ		CⅠ					CⅠ		CⅤ			
M281									BaⅡ	AⅠ BⅠ									
M282		AⅡ		BⅠ					BaⅠ										
M272										AⅠ									
M311									AⅡ										
M312									AⅡ										
M323										AⅠ AⅡ									
M325				BⅡ					AⅣ	AⅠ BⅠ							BⅢ		
M328						CⅠ				AⅠ									
M334									AⅢ AⅣ BbⅠ BaⅠ										
M335									AⅢ										
M344									AⅡ										
M342									BbⅠ										

器类 单位	鼎		罐					壶				盆				钵			
	盆形鼎	罐形鼎	角把罐	侈口罐	卷沿罐	折沿罐	双耳罐	罐形壶	折肩壶	圆腹壶	扁腹壶	方口盆	深腹盆	划纹盆	敛口盆	敞口钵	敛口钵	浅腹钵	三足钵
M351									BaⅡ										
M353									AⅢ										
M355									AⅡ AⅢ										
M358										AⅡ									
M364									AⅠ AⅡ AⅢ										
M361									AⅡ										
M378									BbⅡ										
M383						CⅠ				BⅠ									
M384										AⅡ AⅠ									
M385				BⅡ					BaⅠ										
M386									BaⅠ										
M387									AⅣ								BⅣ		AⅡ
M394									AⅡ AⅢ BbⅡ										
M395									AⅢ										
M396	BⅠ								AⅡ										
H168	BⅠ														BⅠ	CⅤ	AⅣ		
H169		AⅠ		AⅡ			BⅠ								AⅠ	CⅣ	BⅢ	AⅤ BⅠ	
H172		AⅠ		AⅠ		AⅡ	BⅡ		AⅢ								AⅤ BⅡ BⅣ		
H206	BⅠ			CⅡ			BⅡ										AⅤ AⅣ BⅢ BⅣ		

续表八三

器类 / 单位	鼎		罐					壶				盆				钵			
	盆形鼎	罐形鼎	角把罐	侈口罐	卷沿罐	折沿罐	双耳罐	罐形壶	折肩壶	圆腹壶	扁腹壶	方口盆	深腹盆	划纹盆	敛口盆	敞口钵	敛口钵	浅腹钵	三足钵
H239		AⅠ CⅠ		CⅠ			BⅠ	DⅢ	AⅠ								AⅡ BⅠ BⅡ		
H134			BⅡ BⅢ				AⅡ										AⅠ		
H216			BⅡ																

从表八三可知，这一大组具有分期意义的单位有74个，其中打破3B层9个，3B层下打破3C层的62个，3C层下打破4层的3个。可分为八个年代组。

3C层下打破4层的3个单位分别代表三个年代组，其中H216只出BⅡ角把罐，为本大组中最早的单位，代表第一年代组。

3C层下打破4层的H134可代表本大组中第二年代组，出有BⅡ、BⅢ角把罐，AⅡ双耳罐，AⅠ敛口钵等。

3C层下打破4层的H239出有AⅠ、CⅠ罐形鼎，CⅠ侈口罐，BⅠ双耳罐，BⅢ罐形壶，AⅠ折肩壶，AⅡ、BⅠ、BⅡ敛口钵，代表本六大组第三年代组。

3B层下打破4层的单位有分期意义的62个单位中，可分为三个年代组。

M281、M282、M272、M311、M312、M323、M325、M328、M334、M335、M342、M344、M351、M353、M355、M358、M364、M361、M378、M383、M384、M385、M386、M387、M394、M395、M396、H168、H169、H172、H206共31个单位为本组中第四年代组，出有BⅠ盆形鼎，AⅠ和AⅡ罐形鼎，AⅠ、AⅡ、BⅠ、BⅡ、CⅡ侈口罐，CⅠ和AⅡ折沿罐，BⅡ双耳罐，AⅠ～AⅣ、BaⅠ～BaⅡ、BbⅠ～BbⅡ折肩壶，AⅠ和AⅡ、BⅠ圆腹壶，AⅠ和BⅠ敛口盆，CⅡ和CⅤ敞口钵，AⅣ、AⅤ、BⅡ～BⅣ敛口钵，AⅤ、BⅠ浅腹钵，AⅡ三足钵等。

M220、M233、M277、M287、M291、M292、M305、M321、M326、M336、M337、M338、M352、M363、M366、M389、M402、H170、H171、H275共20个单位为本组中的第五年代组，出有BⅢ、BⅤ盆形鼎，AⅡ罐形鼎，BⅡ和CⅡ侈口罐，BⅠ卷沿罐，CⅡ折沿罐，BⅡ、CⅠ双耳罐，AⅢ、AⅣ、BaⅡ、BaⅢ、BbⅡ、CⅠ折肩壶，AⅡ和BⅡ圆腹壶，CⅠ、AⅢ划纹盆、AⅠ敛口盆、CⅤ敞口钵、AⅣ、BⅤ敛口钵，AⅤ、BⅠ、CⅠ浅腹钵等。

M253、M254、M259、M261、M263、M268、M278、M299、M320、M379、M392共11个单位为第六年代组，出有AⅡ侈口罐，CⅡ折肩壶，AⅣ、BⅢ、CⅡ圆腹壶，BⅠ、AⅠ扁腹壶，AⅥ浅腹钵等。

3A层下打破3B层的可分为两个年代组。

M222、M227、M231、M239、M284、M251六个单位为第七年代组，出有AⅣ折沿罐，CⅡ、E型折肩壶，CⅡ、CⅢ圆腹壶，AⅡ和BⅡ扁腹壶，BⅡ三足钵等。

M203、M201、M233三个单位为本组最晚一个年代组，即第八年代组，出有CⅢ双耳罐，AⅢ、BⅢ扁腹壶等。

（五）第五大组

包括第 31、32 组地层关系，分布于 T119、T120 内，共涉及 9 个单位，如下表：

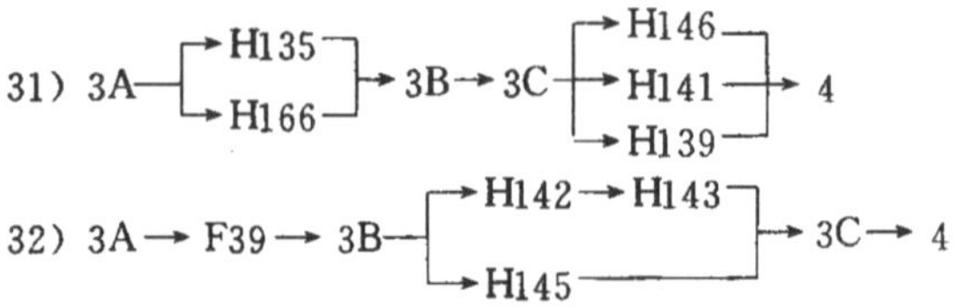

其中开口 3A 层下打破 3B 层的有 3 个单位，3B 层下打破 3C 层的 3 个单位，3C 层下打破 4 层的 3 个单位，出土可用于分期的陶器标本见表八四。

表八四

器类 / 单位	鼎		罐					壶				盆				钵			
	盆形鼎	罐形鼎	角把罐	侈口罐	卷沿罐	折沿罐	双耳罐	罐形壶	折肩壶	圆腹壶	扁腹壶	方口盆	深腹盆	划纹盆	敛口盆	敞口钵	敛口钵	浅腹钵	三足钵
F39		CⅣ					DaⅡ								BⅡ	CⅧ			
H166						AⅣ										CⅧ CⅥ BⅥ			BⅡ
H135																CⅥ		BⅡ	CⅢ
H142		AⅡ					BⅡ	DⅣ									BⅡ BⅣ		
H143		AⅡ		CⅡ													BⅡ		
H145	BⅡ	AⅠ AⅡ DⅡ			AⅠ		BⅠ		BaⅡ							CⅤ			
H139		E															AⅠ		
H141			CⅡ	AⅠ				DⅢ										AⅢ	
H146			CⅠ BⅡ AⅡ				AⅡ						AⅡ						

这 9 个单位可分为五个年代组，3A 层下打破 3B 层的 3 个单位可以分为两个年代组，3B 层下打破 3C 层的为一个年代组，3C 层下打破 4 层的可分为两个年代组。

H146 为本组最早的单位，为第一年代组，出土 AⅡ、BⅡ、CⅠ 角把罐，AⅡ 双耳罐，AⅡ 深腹盆等。

H139、H141 为第二年代组，出有 E 罐形鼎，CⅡ 角把罐，AⅠ 侈口罐，DⅢ 罐形壶，AⅠ 敛口钵，AⅢ 浅腹钵等。

H142、H143、H145与3C层为第三年代组，出BⅡ盆形鼎，AⅠ、AⅡ、DⅡ罐形鼎，CⅡ侈口罐，AⅠ卷沿罐，BⅠ、BⅡ双耳罐，DⅣ罐形壶，DaⅡ折肩壶，CⅤ敞口钵，BⅡ、BⅣ敛口钵等。

H166、H135为第四年代组，出有AⅣ折沿罐，BⅥ、CⅥ、CⅦ、CⅧ敞口钵，BⅡ浅腹钵，BⅡ和CⅢ三足钵等。

F39为第五年代组，出有CⅣ罐形鼎，DaⅡ双耳罐，BⅢ敛口盆，CⅧ敞口钵等。

四、西　　区

西区包括T4～T16、T21～T23，是最早发掘的地段，遗迹现象也较为复杂。墓葬、灰坑层层叠压或打破，也有达6层以上的。不少单位具有分期意义，现选以下12组为代表，这12组地层关系可分为四个大组。

（一）第一大组

分布于T6～T10、T23内包括第33～38组地层关系，涉及65个地层单位，见下表：

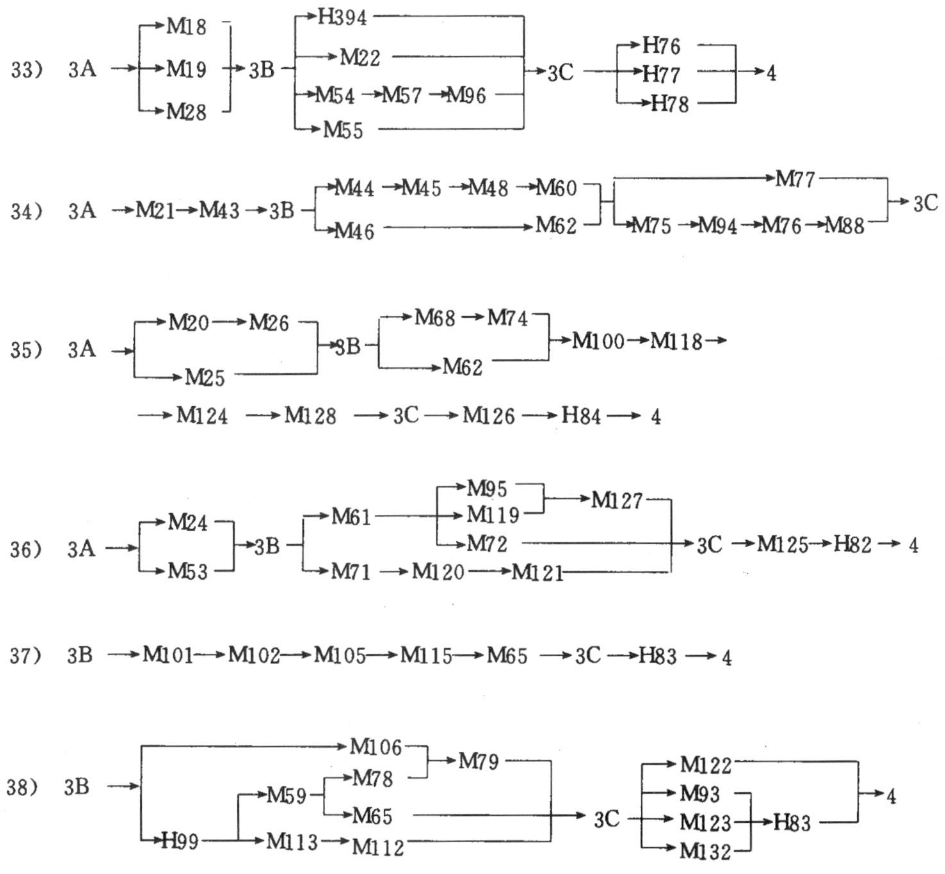

其中3A层下打破3B层10个，3B层下打破3C层43个，3C层下打破4层12个，共65个单位，所出可分期的陶器标本见表八五：

表八五

单位＼器类	鼎		罐					壶				盆				钵			
	盆形鼎	罐形鼎	角把罐	侈口罐	卷沿罐	折沿罐	双耳罐	罐形壶	折肩壶	圆腹壶	扁腹壶	方口盆	深腹盆	划纹盆	敛口盆	敞口钵	敛口钵	浅腹钵	三足钵
M18						AⅣ					C								
M28							DbⅡ												
M21											BⅢ								
M24											AⅢ								
M25									CⅢ		BⅢ								
M53							DbⅠ												
M44									AⅣ										
M46									E										
M47									CⅡ										
M60										BⅢ									
M61										CⅡ									
M64											BⅠ								
M68											AⅠ								
M71																		CⅡ	
M73										AⅢ									
H394														CⅡ					
M22	BⅢ			BⅡ															
M57									CⅠ										
M62									CⅠ										
M72				BⅡ												CⅤ			
M94									BaⅢ										
M95										CⅠ									
M96									CⅠ										

器类 单位	鼎		罐					壶				盆				钵			
	盆形鼎	罐形鼎	角把罐	侈口罐	卷沿罐	折沿罐	双耳罐	罐形壶	折肩壶	圆腹壶	扁腹壶	方口盆	深腹盆	划纹盆	敛口盆	敞口钵	敛口钵	浅腹钵	三足钵
M101									Ba Ⅲ										
M113									Ba Ⅱ										
M118										A Ⅱ									
M119										C Ⅰ									
M65	B Ⅰ								Ba Ⅰ										
M76									Ba Ⅰ A Ⅳ	A Ⅱ									
M77									A Ⅲ										
M79									A Ⅱ A Ⅲ Bb Ⅱ										
M87									A Ⅲ										
M88	B Ⅱ																		
M102									A Ⅲ										
M106										A Ⅱ									
M120										A Ⅰ									
M121									D										
M124				B Ⅰ															
M127									Ba Ⅰ										
M128									A Ⅱ										
M122	A																		
M123								D Ⅲ											
M132									A Ⅰ										
M125							A Ⅱ												
H76			A Ⅱ					A Ⅲ				A Í	A Ⅰ A Ⅱ B Ⅰ			C Ⅰ A Ⅰ			

续表八五

器类 单位	鼎		罐					壶				盆				钵			
	盆形鼎	罐形鼎	角把罐	侈口罐	卷沿罐	折沿罐	双耳罐	罐形壶	折肩壶	圆腹壶	扁腹壶	方口盆	深腹盆	划纹盆	敛口盆	敞口钵	敛口钵	浅腹钵	三足钵
H83			AⅠ AⅡ																
H84			BⅠ					AⅠ					AⅠ						
H82			AⅠ BⅠ					BⅠ AⅠ				AⅠ	AⅠ C BⅠ			AⅠ			
H77												BⅠ	BⅠ						
H78			BⅠ				AⅠ					AⅠ	AⅠ						

这一大组地层关系中，可分期的单位有50个，分为八个年代组：

H82、H84、H77、H78为这组关系中最早的单位，也是整个遗址中最早的单位，为第一年代组，出有AⅠ、BⅠ角把罐，AⅠ双耳罐，AⅠ、BⅠ罐形壶，AⅠ、BⅠ方口盆，AⅠ及BⅠ和C深腹盆，AⅠ敞口钵等。

H76、H83、M125为第二年代组，出有AⅠ、AⅡ角把罐、AⅡ双耳罐、AⅢ罐形壶、AⅡ方口盆、AⅠ、AⅡ、BⅠ深腹盆、AⅠ、CⅠ敞口钵等。

M122、M123、M132为第三年代组，出有A盆形鼎，DⅢ罐形壶，AⅠ折肩壶等。

M65、M76、M77、M79、M87、M88、M102、M106、M120、M121、M124、M127、M128为第四年代组，出有BⅠ、BⅡ盆形鼎，BⅠ侈口罐，AⅡ、AⅢ、AⅣ、BaⅠ、BbⅡ，D折肩壶，AⅠ、AⅡ圆腹壶等。

M22、M57、M62、M72、M94、M95、M96、M101、M113、M118、M119为第五年代组，出有BⅢ盆形鼎，BⅡ侈口罐，BaⅡ、Ⅲ、CⅠ折肩壶，AⅡ、CⅠ圆腹壶，CⅤ敞口钵等。

M44、M46、M47、M60、M61、M64、M68、M71、M73、H394为第六年代组，出有AⅣ、CⅡ、E折肩壶，AⅢ、BⅢ、CⅡ圆腹壶，AⅠ和BⅠ扁腹壶，CⅡ划纹盆，CⅡ浅腹钵等。

M53单独代表第七年代组，出有DbⅠ双耳罐。

M18、M21、M24、M25、M28为第八年代组，出有AⅣ折沿罐，DbⅡ双耳罐，CⅢ折肩壶，AⅢ、BⅢ、C扁腹壶等。

（二）第二大组

分布于T4、T13、T15、T16，包括第39、40组地层关系，涉及20个单位，见表八六。

其中3A层打破3B有4个，3B层下打破3C层有7个，3C层下打破4层有9个。所出可分期的陶器标本见表八六。

39）
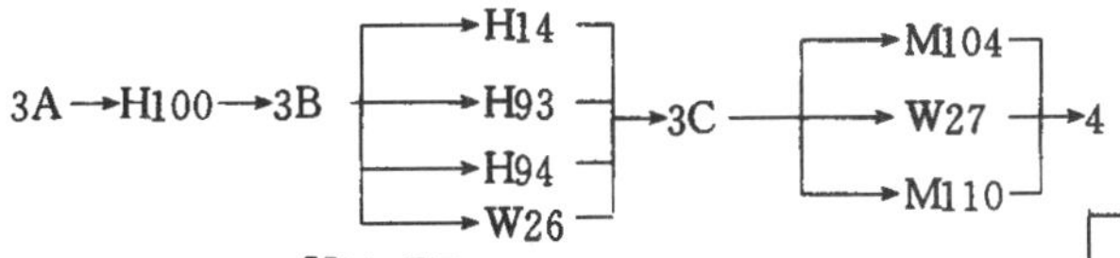

40）
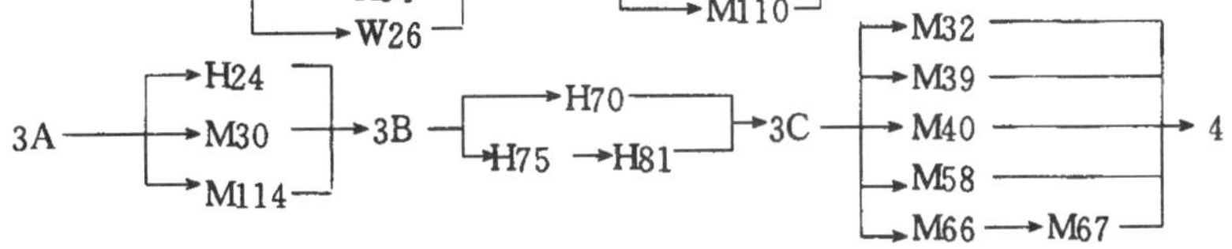

表八六

器类＼单位	鼎		罐					壶				盆				钵			
	盆形鼎	罐形鼎	角把罐	侈口罐	卷沿罐	折沿罐	双耳罐	罐形壶	折肩壶	圆腹壶	扁腹壶	方口盆	深腹盆	划纹盆	敛口盆	敞口钵	敛口钵	浅腹钵	三足钵
H100																		CⅡ	
H24					AⅢ											CⅦ			
H14							CⅠ												
H75		CⅡ CⅢ			AⅡ AⅢ		DaⅠ CⅠ								AⅡ BⅡ	CⅤ CⅥ			
H94																CⅥ		AⅥ	
H70		BⅠ					BⅡ								AⅡ		AⅥ		
H81	BⅡ	AⅡ			AⅠ								AⅢ			CⅤ			
M39								BⅢ											
M32								BⅡ											
M104								AⅡ											
M66								BⅠ											
M110								BⅠ											

此大组地层关系中可分期的单位12个，分为八个年代组。

M66、M110为第一年代组，出有BⅠ罐形壶。

M32、M104为第二年代组，出有AⅡ、BⅡ罐形壶。

M39为第三年代组，出有BⅢ罐形壶。

H81为第四年代组，出有BⅡ盆形鼎，AⅡ罐形鼎，AⅠ卷沿罐，AⅢ深腹盆，CⅤ敞口钵等。

H70为第五年代组，出有BⅠ罐形鼎，BⅡ双耳罐，AⅡ敛口盆，AⅥ敛口钵等。

H14、H75、H94为第六年代组，出有CⅡ、CⅢ罐形鼎，AⅡ和AⅢ卷沿罐，CⅠ和DaⅠ双耳罐，AⅡ和BⅡ敛口盆，CⅤ及CⅥ敞口钵，AⅥ浅腹钵等。

H24为第七年代组，出有AⅢ卷沿罐，CⅦ敞口钵等。

H100为第八年代组，出有CⅡ浅腹钵等。

（三）第三大组

分布于 T11～T15、T22 之内，包括第 41、42 组地层关系，涉及 23 个单位，见下表：

41）
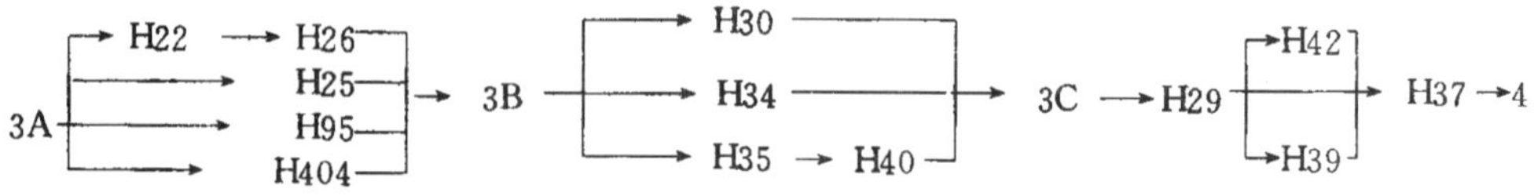

42）
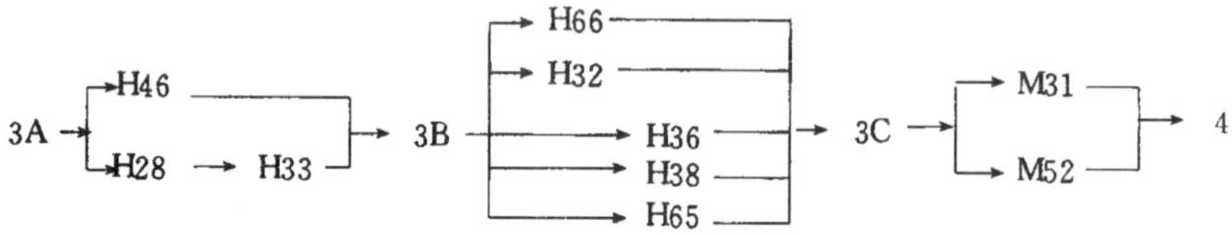

其中 3A 层下打破 3B 层的有 8 个，3B 层下打破 3C 层的有 9 个，3C 层下打破 4 层的有 6 个，所出可分期的陶器标本见表八七：

表八七

器类 / 单位	鼎		罐					壶				盆				钵			
	盆形鼎	罐形鼎	角把罐	侈口罐	卷沿罐	折沿罐	双耳罐	罐形壶	折肩壶	圆腹壶	扁腹壶	方口盆	深腹盆	划纹盆	敛口盆	敞口钵	敛口钵	浅腹钵	三足钵
H28		CⅣ DⅢ												CⅢ		CⅦ CⅧ			G
H46		DⅥ			AⅢ														
H22																CⅧ			
H25	C	AⅢ BⅡ														CⅥ CⅦ			
H26		AⅡ CⅡ														CⅦ			
H33		CⅡ CⅥ												BⅢ CⅡ		CⅥ		AⅥ AⅦ AⅧ	
H95	C	CⅢ CⅥ				AⅣ								D		CⅥ			
H404							DaⅡ												
H32		AⅡ BⅡ CⅡ			AⅡ										AⅡ AⅢ	CⅥ			
H66																CⅥ			
H36	BⅡ	CⅡ		AⅢ	BⅡ				AⅣ						AⅠ				

器类 / 单位	鼎		罐					壶				盆				钵			
	盆形鼎	罐形鼎	角把罐	侈口罐	卷沿罐	折沿罐	双耳罐	罐形壶	折肩壶	圆腹壶	扁腹壶	方口盆	深腹盆	划纹盆	敛口盆	敞口钵	敛口钵	浅腹钵	三足钵
H38					AⅡ				AⅢ AⅣ							BⅢ			
H65														CⅡ			AⅥ		
H30	BⅠ	AⅡ						BⅤ											
H34		BⅠ CⅡ				AⅠ AⅡ BⅡ									AⅠ BⅠ				
H35	BⅠ BⅢ	F		AⅠ															
H40														BⅠ D					
H29			BⅢ									AⅣ AⅤ	AⅢ		C				
H39			AⅢ					BⅣ											
H42			AⅡ AⅢ BⅢ BⅡ					BⅣ CⅣ CⅢ				AⅢ							
H37			AⅠ AⅡ BⅠ BⅡ				AⅠ	AⅡ				AⅡ AⅢ BⅡ	AⅠ			CⅠ			
M31								CⅠ											
M52								BⅡ											

此大组23个单位可分为八个年代组。

H37、M31、M52三个单位为第一年代组，出有AⅠ、AⅡ、BⅠ、BⅡ角把罐，AⅠ双耳罐及AⅡ、BⅡ、CⅠ罐形壶，AⅡ、AⅢ、BⅡ方口盆，AⅠ深腹盆，CⅠ敞口钵等。

H42为第二年代组，出有AⅡ、AⅢ、BⅡ、BⅢ角把罐，BⅣ及CⅢ和CⅣ罐形壶，AⅢ方口盆等。

H29、H39为第三年代组，出有AⅢ、BⅢ角把罐，BⅣ罐形壶，AⅣ和AⅤ方口盆，AⅢ深腹盆，C型敛口盆等。

H30、H34、H35、H40为第四年代组，出有BⅠ、BⅢ盆形鼎，AⅡ、BⅠ、CⅡ，F罐形鼎，AⅠ侈口罐，AⅠ、BⅡ、AⅡ折沿罐，BⅤ罐形壶，BⅠ、D划纹盆，AⅠ、BⅠ敛口盆等。

H36、H38、H65为第五年代组，出有BⅢ盆形鼎，CⅡ罐形鼎，AⅢ侈口罐，AⅡ、BⅡ卷沿罐，AⅢ、AⅣ折肩壶，CⅡ划纹盆，AⅠ敛口盆，BⅢ敞口钵，AⅥ敛口钵等。

H32、H66为第六年代组，出有AⅡ、BⅡ、CⅡ罐形鼎，AⅡ卷沿罐，AⅡ、AⅢ敛口盆，CⅥ敞口钵等。

H25、H26、H33、H95、H404 为第七年代组，出有 C 盆形鼎，AⅢ、BⅡ、CⅢ、CⅣ罐形鼎，AⅣ折沿罐，DaⅡ双耳罐，BⅢ、CⅡ，D 划纹盆，CⅥ、CⅦ敞口钵，AⅥ、AⅦ、AⅧ浅腹钵等。

H28、H22、H46 为第八年代组，出有 CⅣ、DⅢ、DⅣ罐形鼎，AⅢ卷沿罐，CⅢ划纹盆，CⅦ、CⅧ敞口钵，G 三足钵等。

（四）第四大组

涉及 19 个地层单位，包括第 43、44 组地层关系：

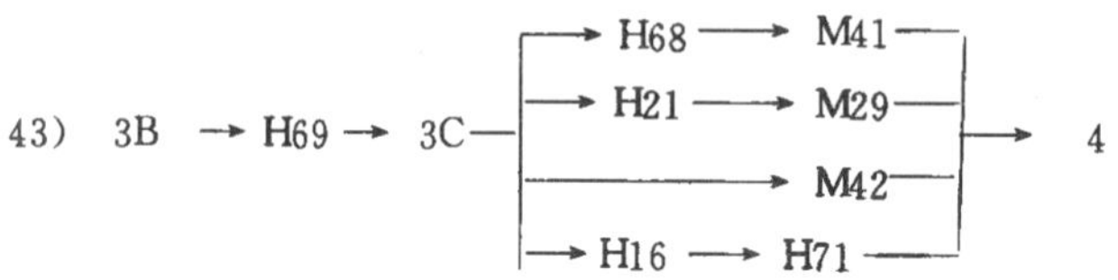

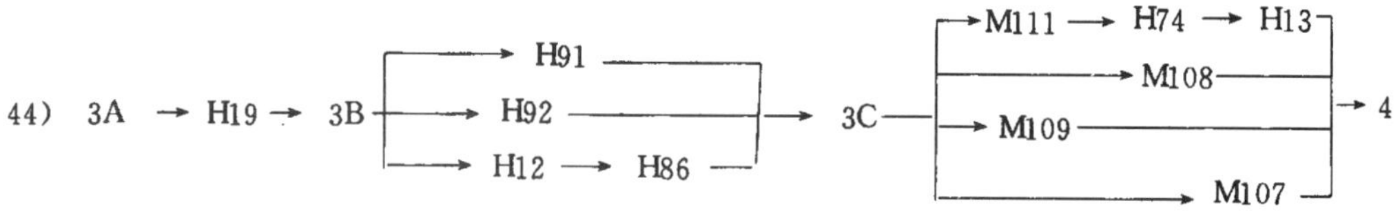

其中开口 3A 层下打破 3B 层的 1 个，3B 层下打破 3C 层的 5 个，3C 层下打破 4 层的 13 个，所出可分期的陶器标本见表八八：

表八八

器类 单位	鼎		罐					壶				盆				钵			
	盆形鼎	罐形鼎	角把罐	侈口罐	卷沿罐	折沿罐	双耳罐	罐形壶	折肩壶	圆腹壶	扁腹壶	方口盆	深腹盆	划纹盆	敛口盆	敞口钵	敛口钵	浅腹钵	三足钵
H19	C	BⅡ CⅢ DⅢ DⅣ												BⅡ D	AⅡ	CⅦ CⅧ BⅥ CⅥ			
H69		AⅢ																	
H92		AⅡ															BⅥ		
H91		AⅡ														CⅤ	BⅣ		
H12																	BⅡ		
H16		AⅠ			AⅠ		AⅣ	BⅣ DⅡ									BⅠ BⅡ		

单位 \ 器类	鼎		罐					壶				盆				钵			
	盆形鼎	罐形鼎	角把罐	侈口罐	卷沿罐	折沿罐	双耳罐	罐形壶	折肩壶	圆腹壶	扁腹壶	方口盆	深腹盆	划纹盆	敛口盆	敞口钵	敛口钵	浅腹钵	三足钵
H71			BⅣ														AⅠ BⅠ		
H21			AⅠ AⅡ BⅡ					CⅡ				AⅢ							
H13			AⅠ AⅡ BⅡ				AⅡ					AⅡ	AⅠ BⅠ						
H68													AⅠ						
H74			AⅡ BⅠ					CⅢ				AⅠ BⅡ	AⅠ						
M29								BⅢ											
M41								CⅢ											
M42								CⅡ											
M108								AⅡ											
M109								BⅡ											
M107								CⅠ											

表八八 17 个可分期的单位,依其陶器标本演化序列,共存关系和地层关系,可分为七个年代组。

第一组仅有 M107 为代表,出土有 CⅠ罐形壶。

第二年代组单位较多,有 H21、H13、H68、H74、M29、M41、M42、M108、M109,出土 AⅠ、AⅡ、BⅠ、BⅡ角把罐,AⅡ双耳罐、AⅡ、BⅡ、BⅢ、CⅡ、CⅢ罐形壶,AⅠ、AⅡ、AⅢ、BⅡ方口盆,AⅠ、BⅠ深腹盆等。

第三年代组以 H16、H71 为代表,出有 AⅠ罐形鼎,BⅣ角把罐,AⅠ卷沿罐,AⅣ双耳罐,BⅣ、DⅢ罐形壶,AⅠ、BⅠ、BⅡ敛口钵等。

第四年代组以 H12 为代表,出有 BⅡ敛口钵。

第五年代组只有 H91,出有 AⅡ罐形鼎,CⅤ敞口钵,BⅣ敛口钵等。

第六年代组有 H69 和 H92,出有 AⅢ罐形鼎,BⅥ敛口钵。

第七年代组只有 H19,出有 C 盆形鼎,BⅡ、CⅢ、DⅢ、DⅣ罐形鼎,BⅢ、D 划纹盆,AⅢ敛口盆,BⅥ、CⅥ、CⅦ、CⅧ敞口钵等。

五、西南区

西南区包括 T17～T20、T26～T36，这里部分探方的上文化层已被破坏，遗迹现象相对简单一些，但个别探方亦较复杂，并有一定分期意义，现选以下有分期意义的几组地层关系为代表，共涉及 33 个单位，见下表：

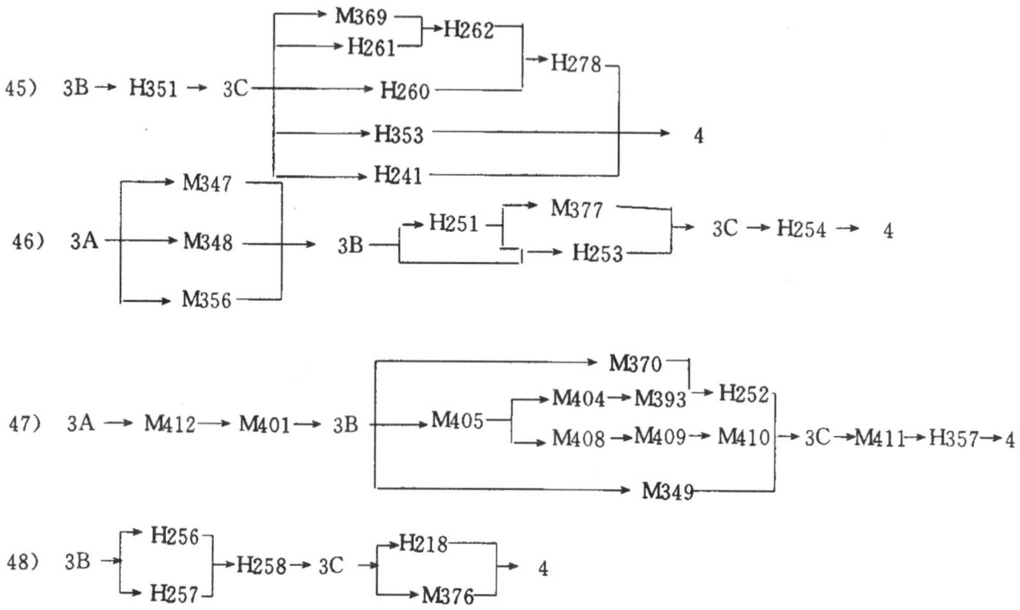

其中开口 3A 下打破 3B 的单位有 5 个，3B 下打破 3C 的有 16 个，3C 下打破 4 层的有 12 个，所出可分期的陶器标本见表八九：

表八九

器类 / 单位	鼎		罐					壶				盆				钵			
	盆形鼎	罐形鼎	角把罐	侈口罐	卷沿罐	折沿罐	双耳罐	罐形壶	折肩壶	圆腹壶	扁腹壶	方口盆	深腹盆	划纹盆	敛口盆	敞口钵	敛口钵	浅腹钵	三足钵
M401											AⅠ								
H251		CⅡ				AⅡ AⅣ										CⅦ		BⅠ CⅠ	
H256							BⅡ												
H257		BⅠ AⅡ CⅠ				AⅣ	DaⅠ									CⅥ	AⅦ		
M404							CⅠ												
M409										AⅣ									

续表八九

单位\器类	鼎		罐					壶				盆				钵			
	盆形鼎	罐形鼎	角把罐	侈口罐	卷沿罐	折沿罐	双耳罐	罐形壶	折肩壶	圆腹壶	扁腹壶	方口盆	深腹盆	划纹盆	敛口盆	敞口钵	敛口钵	浅腹钵	三足钵
H351				AⅢ			BⅡ							BⅠ			AⅣ		
M370										DⅠ									
M393									AⅢ										
M410										AⅡ						BⅢ		CⅠ	
H252	BⅠ BⅢ					AⅠ	BⅡ			BⅡ						BⅢ		AⅣ AⅤ	
H253	BⅢ	AⅡ		AⅠ	AⅠ												AⅡ AⅢ	AⅣ AⅤ	
M377									AⅡ								AⅣ		
H218			CⅡ	CⅠ		BⅠ											AⅠ BⅠ		
H254	A	AⅠ															AⅠ BⅠ BⅡ		
M369									AⅠ										
M411								AⅣ DⅡ											
H241			AⅡ AⅢ BⅡ BⅢ									AⅣ							
H261			AⅡ BⅢ													AⅡ AⅢ	BⅠ AⅠ		
H353																		AⅡ	
H262			CⅠ BⅠ Ⅱ AⅠ Ⅱ				AⅡ	CⅠ				AⅢ	AⅡ BⅡ			CⅡ			
H278			AⅡ BⅡ				AⅠ						AⅠ			AⅠ AⅡ CⅡ			
H357													AⅡ			AⅠ			
M376								BⅢ											

表九〇　典型遗迹陶器标本分期一览表

期别	段别	鼎 盆形 A、C	鼎 盆形 B	鼎 罐形 A	鼎 罐形 B	鼎 罐形 C	鼎 罐形 D	罐 角把罐 A	罐 角把罐 B	罐 角把罐 C	罐 侈口罐 A	罐 侈口罐 B	罐 侈口罐 C	罐 卷沿罐 A	罐 卷沿罐 B	罐 折沿罐 A	罐 折沿罐 B	罐 折沿罐 C	罐 双耳罐 A	罐 双耳罐 B	罐 双耳罐 C	罐 双耳罐 Da	罐 双耳罐 Db
三	9			Ⅳ		Ⅳ	Ⅳ Ⅲ							Ⅲ		Ⅳ					Ⅲ	Ⅱ	Ⅱ
	8	C		Ⅳ Ⅲ	Ⅲ Ⅱ	Ⅳ Ⅲ	Ⅳ Ⅲ							Ⅲ Ⅱ	Ⅱ	Ⅳ Ⅲ					Ⅱ	Ⅱ Ⅰ	Ⅰ
	7			Ⅲ Ⅱ	Ⅱ Ⅰ	Ⅲ Ⅱ	Ⅲ Ⅱ				Ⅲ Ⅱ			Ⅲ Ⅱ	Ⅱ Ⅰ	Ⅳ Ⅲ				Ⅲ	Ⅰ	Ⅰ	
二	6		Ⅴ Ⅳ Ⅲ	Ⅱ	Ⅱ Ⅰ	Ⅱ	Ⅱ				Ⅲ Ⅱ	Ⅱ	Ⅱ	Ⅱ	Ⅱ Ⅰ	Ⅲ Ⅱ		Ⅱ Ⅰ		Ⅱ	Ⅰ		
	5	A	Ⅲ Ⅱ Ⅰ	Ⅱ Ⅰ	Ⅰ	Ⅱ	Ⅱ			Ⅱ	Ⅱ Ⅰ	Ⅱ Ⅰ	Ⅱ Ⅰ	Ⅰ		Ⅱ Ⅰ	Ⅱ	Ⅰ		Ⅱ Ⅰ			
	4	A		Ⅰ		Ⅰ	Ⅰ	Ⅱ	Ⅳ Ⅲ	Ⅱ	Ⅰ		Ⅰ	Ⅰ		Ⅰ	Ⅰ		Ⅳ Ⅲ	Ⅰ			
一	3							Ⅲ Ⅱ	Ⅲ Ⅱ	Ⅰ						Ⅰ			Ⅲ Ⅱ				
	2							Ⅱ Ⅰ	Ⅱ Ⅰ	Ⅰ									Ⅲ Ⅱ Ⅰ				
	1							Ⅰ	Ⅰ										Ⅰ				

期别	段别	壶 罐形壶 A	壶 罐形壶 B	壶 罐形壶 C	壶 罐形壶 D	壶 折肩壶 A	壶 折肩壶 Ba	壶 折肩壶 Bb	壶 折肩壶 C	壶 折肩壶 D、E	壶 圆腹壶 A	壶 圆腹壶 B	壶 圆腹壶 C	壶 扁腹壶 A	壶 扁腹壶 B	盆 方口盆 A	盆 方口盆 B	盆 方口盆 C	盆 深腹盆 A	盆 深腹盆 B	盆 深腹盆 C	盆 划纹盆 A	盆 划纹盆 B	盆 划纹盆 C	盆 敛口钵 A	盆 敛口钵 B
三	9								Ⅲ					Ⅲ	Ⅲ									Ⅲ		Ⅲ
	8								Ⅱ	E				Ⅲ Ⅱ	Ⅲ Ⅱ								Ⅲ Ⅱ	Ⅲ Ⅱ	Ⅲ	Ⅲ
	7					Ⅳ			Ⅱ	E	Ⅳ Ⅲ	Ⅲ	Ⅲ Ⅱ	Ⅰ	Ⅰ								Ⅱ	Ⅱ	Ⅲ Ⅱ	Ⅱ
二	6					Ⅳ Ⅲ	Ⅲ Ⅱ	Ⅱ	Ⅰ		Ⅲ Ⅱ	Ⅲ Ⅱ	Ⅱ Ⅰ									Ⅲ	Ⅰ	Ⅱ Ⅰ	Ⅱ Ⅰ	Ⅰ
	5		Ⅴ		Ⅳ	Ⅳ Ⅲ Ⅱ	Ⅱ Ⅰ	Ⅱ Ⅰ		D	Ⅱ Ⅰ	Ⅱ Ⅰ							Ⅲ	Ⅲ		Ⅱ Ⅰ	Ⅰ	Ⅰ	Ⅰ	Ⅰ
	4	Ⅳ	Ⅴ Ⅳ	Ⅳ	Ⅲ Ⅱ	Ⅰ										Ⅴ Ⅳ	Ⅳ	Ⅱ	Ⅲ	Ⅲ		Ⅰ		Ⅰ		
一	3	Ⅲ	Ⅳ Ⅲ Ⅱ	Ⅳ Ⅲ	Ⅱ Ⅰ											Ⅳ Ⅲ Ⅱ	Ⅲ Ⅱ	Ⅰ	Ⅲ Ⅱ Ⅰ	Ⅱ Ⅰ		Ⅰ		Ⅰ		
	2	Ⅲ Ⅱ	Ⅲ Ⅱ Ⅰ	Ⅲ Ⅱ Ⅰ												Ⅲ Ⅱ Ⅰ	Ⅲ Ⅱ	Ⅰ	Ⅱ Ⅰ	Ⅱ Ⅰ						
	1	Ⅰ	Ⅰ	Ⅰ												Ⅰ	Ⅰ		Ⅰ	Ⅰ	C					

期别	段别	钵 敞口钵 A	钵 敞口钵 B	钵 敞口钵 C	钵 敛口钵 A	钵 敛口钵 B	钵 浅腹钵 A	钵 浅腹钵 B	钵 浅腹钵 C	钵 三足钵 A	钵 三足钵 B	钵 三足钵 C
三	9			Ⅷ Ⅶ			Ⅷ	Ⅱ	Ⅱ			
	8		Ⅵ	Ⅷ Ⅶ Ⅵ			Ⅷ Ⅶ Ⅵ	Ⅱ	Ⅱ	Ⅴ	Ⅲ Ⅱ	Ⅲ Ⅱ
	7		Ⅴ	Ⅶ Ⅵ Ⅴ	Ⅶ Ⅵ	Ⅶ Ⅵ	Ⅵ Ⅴ	Ⅱ Ⅰ	Ⅱ Ⅰ	Ⅳ	Ⅰ	Ⅰ
二	6		Ⅳ Ⅲ	Ⅴ	Ⅵ Ⅴ Ⅳ	Ⅵ Ⅴ Ⅳ	Ⅴ	Ⅰ	Ⅰ	Ⅲ		
	5		Ⅲ	Ⅴ Ⅳ	Ⅴ Ⅳ Ⅲ Ⅱ	Ⅳ Ⅲ Ⅱ	Ⅴ Ⅳ Ⅲ	Ⅰ	Ⅰ	Ⅱ Ⅰ		
	4		Ⅱ	Ⅳ Ⅲ	Ⅱ Ⅰ	Ⅱ Ⅰ	Ⅳ Ⅲ					
一	3	Ⅲ Ⅱ	Ⅰ	Ⅲ Ⅱ	Ⅰ	Ⅰ	Ⅱ					
	2	Ⅱ Ⅰ	Ⅰ	Ⅱ Ⅰ			Ⅰ					
	1	Ⅰ										

表八九24个可分期的单位，依其陶器标本变化序列、共存关系和地层关系，可分为七个年代组。

第一年代组以H278、H262、H357、M376为代表，出土有AⅠ、AⅡ、BⅠ、BⅡ、CⅠ角把罐，AⅠ、AⅡ双耳罐，CⅠ、BⅢ罐形壶，AⅢ方口盆，AⅠ、AⅡ、BⅡ深腹盆，AⅠ、AⅡ、CⅡ敞口钵等。

第二年代组以H241、H261、H353为代表，出有AⅡ、AⅢ、BⅡ、BⅢ角把罐，AⅣ方口盆，AⅡ、AⅢ敞口钵，AⅠ、BⅠ敛口钵，AⅡ浅腹钵等。

第三年代组以H218、H254、M369、M411为代表，出有A盆形鼎，AⅠ罐形鼎，CⅡ角把罐，CⅠ侈口罐，BⅠ折沿罐，AⅣ、DⅡ罐形壶，AⅠ折肩壶，AⅠ、BⅠ、BⅡ敛口钵等。

第四年代组以H252、H253、M377为代表，出有BⅠ、BⅢ盆形鼎，AⅡ罐形鼎，AⅠ侈口罐，AⅠ卷沿罐，AⅠ折沿罐，BⅡ双耳罐，AⅡ折肩壶，BⅡ圆腹壶，BⅢ敞口钵，AⅡ、AⅢ、AⅣ敛口钵，AⅣ、AⅤ浅腹钵等。

第五年代组以H351、M370、M393、M410为代表，出有AⅢ侈口罐，BⅡ双耳罐，AⅢ折肩壶，AⅡ、DⅠ圆腹壶，BⅠ划纹盆，BⅢ敞口钵，AⅣ敛口钵，CⅠ浅腹钵等。

第六年代组以H251、H256、H257、M404、M409为代表，出有AⅢ、BⅡ、CⅡ、CⅢ罐形鼎，AⅢ、AⅣ折沿罐，BⅢ、CⅠ、DaⅠ双耳罐，AⅣ圆腹壶，CⅥ、CⅦ敞口钵，AⅦ敛口钵，BⅡ、CⅡ浅腹钵等。

第七年代组以M401为代表，亦出AⅡ扁腹壶等。

以上分组讨论共涉及298个单位出土的具有分期意义的典型陶器标本，有些是复原或大部复原的器物，有的仅为陶片标本。这些陶片标本有的参加了全遗址的统一排队，有的未参加统排，只是与统排器物进行了对比研究（图三一九；表九〇）。

第三节　分段讨论

上一节我们以可进行分期研究的鼎、罐、壶、盆、钵五大类陶器为纲，对发掘中发现的48组直接地层叠压或打破关系进行了讨论，归纳出12个大的地层关系组和84个年代组。根据各年代组的陶器特征进行对比分析，各大组的各年代组之间的对应关系见表九一。

从表九一可以看出，中区第一年代组，西北区第一大组第一年代组，西区第一、二、四大组的第一年代组，包括H77、H78、H82、H84、H296、M66、M107、M110、M303、M374共10个单位，出土典型器物标本有AⅠ、BⅠ角把罐，AⅠ双耳罐，AⅠ、BⅠ和CⅠ罐形壶，AⅠ和BⅠ方口盆，AⅠ、BⅠ和C深腹盆，AⅠ敞口钵等，代表了该遗址最早的文化面貌，可作为全遗址第一段的代表。

中区第二年代组，西北区第一大组第二年代组，西北区第二、三、四、五组的第一年代组，西区第一、二、四大组的第二年代组，第三大组的第一年代组，西南区第一年代组，包括H37、H19、H28、H45、H21、H13、H68、H74、H76、H83、H111、H115、H147、H156、H245、H262、H295、H357、M29、M31、M32、M41、M42、M52、M104、M108、M109、M125、M297、M375、M376共31个单位，出土典型器物标本有AⅠ、AⅡ、BⅠ、BⅡ、CⅠ角把罐，AⅠ、AⅡ、AⅢ双耳罐，AⅠ、AⅡ、AⅢ、BⅠ、BⅡ、BⅢ、CⅠ、CⅡ、CⅢ罐形壶，AⅠ、AⅡ、AⅢ、BⅡ、BⅢ、CⅠ方口盆，AⅠ、AⅡ、BⅠ、BⅡ深腹盆，AⅠ、AⅡ、BⅠ、CⅠ、CⅡ敞口钵，AⅠ浅腹钵AⅠ曲腹钵、小钵等，上述器形与第一段连接紧密，除延用第一段器形并出现Ⅱ、Ⅲ式外，还新出现有CⅠ角把罐，CⅠ方口盆，BⅠ和CⅠ敞口钵，AⅠ浅腹钵等，应代表本遗址的第二段。

表九一　各发掘区典型地层关系对照表

发掘区／地层单位组／年代组／分段	东区		中区		西北区										西区								西南区		典型地层单位总计
					第一大组		第二大组		第三大组		第四大组		第五大组		第一大组		第二大组		第三大组		第四大组				
	年代组	地层单位	年代组	地层单位	年代组	地层单位	年代组	地层单位	年代组	地层单位	年代组	地层单位	年代组	地层单位	年代组	地层单位	年代组	地层单位	年代组	地层单位	年代组	地层单位	年代组	地层单位	
9									八	1	八	3	五	1	八	5	八	1	八	3					14
8			七	3	八	1	七	1	七	6	七	6	四	2	七	1	七	1	七	5	七	1	七	1	28
7			六	1	七	4	六	2	六	2	六	11			六	10	六	3	六	2	六	2	六	5	42
6	三	2	五	3	六	3	五	4	五	5	五	20			五	11	五	1	五	3	五	1	五	4	57
5	二	3	四	1	五	4	四	3	四	4	四	31	三	3	四	13	四	1	四	4	四	1	四	3	71
4	一	4			四	2	三	2	三	5	三	1	二	2	三	3			三	2	三	2	三	4	27
3			三	1	三	7	二	2	二	2	二	1					三	1	二	1			三	3	18
2			二	1	二	5	一	1	一	1	一	1	一	1	二	3	二	2	一	3	二	9	一	4	31
1			一	1	一	2									一	4	一	2			一	1			10
地层单位合计		9		11		28		15		26		74		9		50		12		23		17		24	298
年代组合计	3		7		8		7		8		8		5		8		8		8		7		7		84

中区第三年代组，西北区第一大组第三年代组，西北区第二、三、四大组第二年代组，西区第二大组第三年代组，西区第三大组第二年代组和西南区第二年代组包括H112、H119、H187、H241、H21、H9、H42、H117、H127、H134、H183、H261、H353、M39、M243、M249、M294、M308共18个单位，出土典型器物标本有AⅡ、AⅢ、BⅡ、BⅢ、CⅠ角把罐，AⅠ折沿罐，AⅡ、AⅢ双耳罐，AⅢ、BⅡ、BⅢ、BⅣ、CⅢ、CⅣ、DⅠ、DⅡ罐形壶，AⅡ、AⅢ、AⅣ、BⅡ、BⅢ、BⅣ、CⅠ、CⅡ方口盆，AⅠ、AⅡ、AⅢ、BⅠ、BⅡ深腹盆，AⅠ、CⅠ划纹盆，AⅡ、AⅢ、BⅠ、CⅡ、CⅢ敞口钵，AⅠ、BⅠ敛口钵，AⅡ浅腹钵，AⅠ曲腹钵等，与第二段紧密相接，值得注意的是AⅠ、BⅠ角把罐，AⅠ双耳罐，AⅡ罐形壶，BⅠ、CⅠ、CⅡ罐形壶，AⅠ方口盆，AⅠ和CⅠ敞口钵，AⅠ浅腹钵的消失和AⅠ折沿罐，DⅠ、DⅡ罐形壶，AⅠ和CⅠ划纹盆，AⅠ和BⅠ敛口钵等新因素的出现，这一器物组合代表了本遗址的第三段的特征。

东区第一年代组，西北区第一大组第四年代组，第二、三、四大组第三年代组，第五大组第二年代组，西区第一、三、四大组第三年代组和西南区第三年代组，包括H239、H179、H208、H315、H327、H16、H29、H39、H71、H107、H139、H141、H159、H167、H198、H218、H228、H229、H240、H254、H331、M122、M123、M132、M369、M411、M501共27个单位，出土典型器物标本有A盆形鼎，AⅠ、CⅠ、DⅠ、E罐形鼎，AⅢ、BⅢ、BⅣ、CⅡ角把罐，AⅠ、BⅠ、CⅠ侈口罐，AⅠ卷沿罐，AⅠ折沿罐，筒形篦纹罐，AⅢ、AⅣ、BⅠ双耳罐，AⅠ圆足罐，AⅣ、BⅣ、BⅤ、CⅣ、DⅡ、DⅢ罐形壶，AⅠ折肩壶，AⅣ、AⅤ、CⅡ方口盆，AⅢ、BⅡ、BⅢ、C深腹盆，AⅠ、AⅡ、CⅠ划纹盆，BⅡ、CⅢ、CⅣ敞口钵，AⅠ、AⅡ、BⅠ、BⅡ敛口钵，AⅢ、AⅣ浅腹钵AⅠ、BⅠ深腹钵，盂，AⅠ、BⅠ折腹钵，D小钵等。值得注意的是，前三段大量存在的主体器形，如角把罐、双耳罐、罐形壶，方口盆等，在这一年代组内不仅数量少，且形态上也发生了很大变化，A敞口钵已经消失。与此相对应的是大量新因素的出现，如鼎类的出现，侈口罐、卷沿罐和BⅠ折沿罐、BⅠ双耳罐的出现，AⅠ折肩壶的出现等，使整体面貌为之一新，有些数量虽少，但都发展为后来的主体器形。这一年代组的器物组合代表了本遗址第四段的特征。

东区第二年代组，中区第四年代组，西北区第一大组第五年代组，第二、三、四大组第四年代组，第五大组第三年代组，西区第一、二、三、四大组的第四年代组，西南区第四年代组，包括H145、H253、H341、H12、H30、H34、H35、H40、H81、H124、H129、H142、H143、H157、H168、H169、H172、H177、H189、H196、H206、H211、H217、H220、H244、H252、H264、H322、H336、M65、M76、M77、M79、M87、M88、M102、M106、M120、M121、M124、M127、M128、M272、M281、M282、M311、M312、M323、M325、M328、M334、M335、M342、M344、M351、M353、M355、M358、M361、M364、M377、M378、M383、M384、M385、M386、M387、M394、M395、M396、M487共71个单位，出土典型标本有A型、BⅠ、BⅡ、BⅢ盆形鼎，AⅠ、AⅡ、BⅠ、CⅡ、DⅡ罐形鼎，BⅣ、CⅡ角把罐，AⅠ、AⅡ、BⅠ、BⅡ、CⅠ、CⅡ侈口罐，AⅠ、BⅠ卷沿罐，AⅠ、AⅡ、BⅡ、CⅠ折沿罐，BⅠ、BⅡ、AⅣ双耳罐，BⅤ、DⅣ罐形壶，AⅡ、AⅢ、AⅣ、BaⅠ、BaⅡ、BbⅠ、BbⅡ、D型折肩壶，AⅠ、AⅡ、BⅠ、BⅡ圆腹壶，AⅢ、BⅢ深腹盆，AⅠ、AⅡ、BⅠ、CⅠ划纹盆，AⅠ、BⅠ敛口盆，BⅡ、BⅢ、CⅣ、CⅤ敞口钵，AⅡ～AⅤ、BⅡ～BⅣ敛口钵，AⅢ～AⅤ、BⅠ、CⅠ浅腹钵，AⅠ、AⅡ三足钵等。一至三段比较流行的主体器形如A角把罐、A双耳罐、A、C罐形壶、A、C方口盆等大量因素均已基本消失，而第四段新出现的鼎、罐类和A折肩壶、敛口钵等此时成为主体器形，新出现因素也很多，如B盆形鼎、BⅠ罐形鼎、B折肩壶、A、B圆腹壶、敛口盆、B浅腹钵、A三足钵等，特别是B盆形鼎、B折肩壶、A、B圆腹壶等，一出现就成为主体器型。总的来讲，诸多新因素的出现，使这一年代组面貌一新，成为本遗址的全盛时期，因之，这一器物组合代表了本遗址第五段的文化面貌。

东区第三年代组，中区第五年代组，西北区第一大组第六年代组，第二、三、四大组第五年代组，西区第一至四大组第五年代组，西南区第五年代组，包括H122、H309、H36、H38、H65、H70、H91、H125、H162、H170、H171、H182、H195、H202、H226、H226、H267、H268、H275、H334、H351、H368、M16、M17、M22、M57、M62、M72、M94、M95、M96、M101、M113、M118、M119、M219、M220、M233、M277、M287、M291、M292、M305、M321、M326、M336、M337、M338、M352、M363、M366、M370、M389、M393、M402、M410、M486共57个单位。出土典型标本有BⅢ～BⅤ盆形鼎，AⅡ、BⅠ、BⅡ、CⅡ、DⅡ罐形鼎，AⅡ、AⅢ、BⅡ、CⅡ侈口罐，AⅡ、BⅠ、BⅡ卷沿罐，AⅡ、AⅢ、CⅠ、CⅡ折沿罐，BⅡ、CⅠ双耳罐，AⅢ、AⅣ、BaⅡ、BⅢ、BbⅡ、CⅠ折肩壶，AⅡ、AⅢ、BⅡ、BⅢ、CⅠ圆腹壶，AⅢ、BⅠ、CⅠ、CⅡ划纹盆，AⅠ、AⅡ、BⅠ敛口盆，BⅢ、BⅣ、CⅤ敞口钵，AⅣ～AⅥ、BⅤ、BⅥ敛口钵，AⅤ、BⅠ、CⅠ浅腹钵，AⅢ三足钵等。此组与前段主体器型变化不大，但有几种前三段的遗型器如B、C角把罐，BⅤ、DⅣ罐形壶，AⅢ和BⅢ深腹盆等，这时均已消失，四、五段的流行器物如A盆形鼎、B折沿罐这时也已不见，新出现因素有B卷沿罐、C双耳罐、C折肩壶、C圆腹壶、C浅腹钵等，有的数量虽然较少，但到后来发展成为主体器形。上述器物组合代表了本遗址第六段的文化面貌。

中区第六年代组、西北区第一大组第七年代组、第二至四大组第六年代组、西区第一至四大组第六年代组、西南区第六年代组，包括H158、H174、H190、H14、H32、H66、H69、H75、H92、H94、H114、H128、H222、H251、H256、H257、H270、H277、H282、H394，M44、M46、M47、M60、M61、M64、M68、M71、M73、M253、M254、M259、M261、M263、M268、M278、M299、M320、M379、M392、M404、M409等共42个单位，出土典型标本有AⅡ、AⅢ、BⅠ、BⅡ、CⅡ、CⅢ、DⅡ、DⅢ罐形鼎，AⅡ、AⅢ侈口罐，AⅡ、AⅢ、BⅠ、BⅡ卷沿罐，AⅢ、AⅣ折沿罐，BⅢ、CⅠ、DaⅠ双耳罐，AⅣ、BbⅡ、CⅡ、E折肩壶，AⅢ、AⅣ、BⅢ、CⅡ、CⅢ圆腹壶，AⅠ、BⅠ扁腹壶，AⅢ、BⅡ、BⅢ、CⅡ划纹盆，AⅡ、AⅢ、BⅡ敛口盆，BⅤ、CⅤ～CⅦ敞口钵，AⅦ、BⅥ敛口钵，AⅤ、AⅥ、BⅠ、BⅡ、CⅠ、CⅡ浅腹钵，AⅣ、BⅠ、CⅠ、CⅡ三足钵等。这一年代组值得注意的是B盆形鼎、B、C侈口罐、C折沿罐、B折肩壶、A划纹盆的消失，特别是B盆形鼎和B折肩壶这些五、六两段的典型器物的走下历史舞台，尤其引人注目。与此同时，出现了D双耳罐、E折肩壶、A、B扁腹壶、B、C三足钵等新因素，第六段刚刚出现的B卷沿罐、C双耳罐、C折肩壶、C圆腹壶、C浅腹钵，这时构成为主要器形，像第四段一样给人以质变之感。这一器物组合，代表了本遗址第七段的特征。

中区第七年代组，西北区第一大组第八年代组，第二至四大组第七年代组，第五大组第四年代组，西区一至四大组第七年代组，西南区第七年代组，包括H102、H113、H120、H166、H19、H24、H25、H26、H33、H95、H104、H105、H123、H135、H154、H165、H404、M12、M53、M222、M227、M231、M239、M251、M284、M401、M481、M482共28个单位，出土典型标本有C型盆形鼎，AⅢ、AⅣ、BⅡ、BⅢ、CⅢ、CⅣ、DⅢ、DⅣ罐形鼎，AⅡ、AⅢ、BⅡ卷沿罐，AⅢ、AⅣ折沿罐，BⅢ、CⅠ、CⅡ、CⅢ、CⅡ、DaⅠ、DaⅡ、DbⅠ双耳罐，CⅢ、E折肩壶，AⅡ、AⅢ、BⅡ、BⅢ扁腹壶，BⅡ、BⅢ、CⅡ、CⅢ划纹盆，AⅢ、BⅢ敛口盆，BⅥ、CⅥ～CⅧ敞口钵，AⅥ～AⅧ、BⅡ、CⅡ浅腹钵，AⅤ、BⅡ、BⅢ、CⅡ、CⅢ三足钵等。其中引人注目的是A折肩壶、圆腹壶、和敛口钵这些五、六段主体器形的消失，扁腹壶，C、D双耳罐、B、C划纹盆、敛口盆、BⅦ敛口钵、B、C敞口钵及浅腹钵、三足钵、罐形鼎仍为主体器形，新出现因素不多，只有Db双耳罐。上述器物组合构成了本遗址第八段的主要文化特征。

西区和北区三、四大组第八年代组，第五大组第五年代组，西区一、二、三大组第八年代组包括 H28、H39、H22、H46、H100、H101、M18、M21、M24、M25、M28、M201、M203、M223 共 14 个单位，出土典型陶器标本有 AⅣ、BⅢ、CⅣ、DⅢ、DⅣ罐形鼎，AⅢ卷沿罐，AⅣ折沿罐，CⅢ、DaⅡ、DbⅡ双耳罐，CⅢ折肩壶，AⅢ、BⅢ扁腹壶，BⅢ、CⅢ划纹盆，BⅢ敛口盆，CⅦ、CⅧ敞口钵，CⅡ浅腹钵等。上述器物组合代表了本遗址最后一段即第九段的文化特征。总体来看，这一段遗迹较少，遗物也不丰富，许多器形处于退化状态，呈现出衰落的趋势。

以上陶制品标本分期分段情况见附表一九。

另外需要说明的是，东区第 4 层，西区、西北区、西南区的第 3B 层出土标本如 AⅢ、BⅠ卷沿罐，AⅣ折沿罐，CⅠ、CⅡ、D 双耳罐，C 盆形鼎，AⅢ、AⅣ、BⅡ、BⅢ、CⅢ、CⅣ、DⅢ、DⅣ罐形鼎，钵形鼎，AⅡ扁腹壶，BⅡ～CⅡ、CⅢ划纹盆，AⅢ、BⅡ、BⅢ敛口盆，BⅤ、BⅥ、CⅥ～CⅧ敞口钵，AⅥ、BⅡ、CⅠ浅腹钵，BⅢ、CⅡ、CⅢ三足钵等，特征与第八段基本相符，我们将其归入第八段；东区第 5 层、中区第 2 层，西、西北、西南区第 3C 层，出土器物如 AⅢ、BⅣ角把罐，AⅠ、AⅡ、BⅠ、CⅠ、CⅡ侈口罐，AⅠ、BⅠ卷沿罐，AⅠ折沿罐，AⅣ、BⅠ双耳罐，A、BⅠ～BⅢ盆形鼎，AⅠ、AⅡ、BⅠ、CⅠ、CⅡ、DⅠ、DⅡ罐形鼎，AⅣ、BⅤ、DⅢ罐形壶，AⅡ、AⅢ折肩壶，AⅠ、AⅡ、BⅠ圆腹壶，BⅣ方口盆，AⅢ、BⅢ深腹盆，AⅡ划纹盆，AⅠ、BⅠ敛口盆，BⅢ、CⅣ、CⅤ敞口钵，A、B 型敛口钵，AⅤ、BⅠ浅腹钵等，特征与第五段基本一致，我们将其归入第五段。由于在发掘中有些探方未能将 3B 层与 3C 层划分开，且有些探方 3B 层和 3C 层本身就很薄，遗物统编为 3 层，只能根据器物形态特征来确认其期段归属。至于东区第 6 层，中区第 3 层、西区、西南区、西北区第 4 层，由于未发现特征鲜明的文化遗物，无法确定其年代归属。但由于第一段打破该层，表明此层早于第一段。我们推测此层应是贾湖先民最早的活动面，即本遗址最早的地面。

第四节　分期讨论

上节对具有分期意义的 298 个典型单位进行了分段讨论，在分年代组的基础上，归纳出了九个发展阶段。这一节主要在分段的基础上进行分期的讨论。

从上节分析可以看出，贾湖这九个发展阶段之间的联系是相当紧密的，尽管像所有考古学文化的发展那样有着一定的早晚变化，呈现出一定的递进关系，正像一棵大树的树干一样，树根和上部树杈处的粗细是明显不一致的，但若在某处找一个明显的临界点往往也不容易，因为从树根到树杈是一个渐变过程。而这种渐变过程对任何事物的发展变化来讲，都有一个从量变到质变的过程。对于一支考古学文化而言，发展阶段对于年代组来讲是突变，因为一个发展阶段特征的形成往往也要经历一个漫长的岁月，对于年代较早的考古学文化尤其如此。对于发展阶段来讲，文化期又是一种突变，这种突变可能比发展阶段的变化更为明显。我们的分期研究就应通过对遗址文化面貌的深入分析，也就是通过对事物发展内因的观察，来找出其突变的临界点，作为分期的界标。

上节曾经提到，第四、七两段都有大量老的文化因素的消失和新的文化因素的出现，给人以耳目一新之感。这一节让我们以此为立足点，来寻找贾湖遗址文化发展过程中突变的临界点。

对第一段的典型代表单位 H82、H84，第二段的典型单位 H37、H76，第三段的典型单位 H112、H187 共 6 个单位出土的陶片进行数片和称重两种方法的统计，以较接近客观面貌的称重统计结果得知，从陶系看，第一段夹砂陶占 100%，第二段出现 0.6%的泥质陶，其余为夹砂陶，第三段夹砂陶占 97%，只有 2.4%的泥质陶和 0.6%的夹砂、夹骨屑（蚌片）陶。而到了第四段，不仅泥质陶占 42.9%，成为第一大陶系，夹砂陶系退居第二位，出现了真正的不夹砂的夹骨屑（蚌片）

陶，而且新出现了夹炭红衣陶和夹云母片与滑石粉陶系，这种陶系构成一直延续到遗址的废弃。这应是文化因素的突变点之一。

从制作工艺上来讲，一至三段以泥片成型为主，泥条成型法较少，仅限于少量罐形壶类，而第四段之后，泥片成型法逐渐减少，而泥条成型法日趋增多，最后成为制作工艺的主体。技术工艺的进步反映了人类社会的进步和社会的发展变化，这应是文化因素变化的突变点之二。

从器表特征来看，一至三段除素面磨光和施陶衣外，只有绳纹和刻划纹、戳刺纹三种，四段之后出现了篦点纹、篦划纹、网绳纹、乳钉纹、花边纹等，表明人们的审美观也发生了很大变化。这应是文化因素的突变点之三。

从陶制品器形上讲，一至三段罐类只有角把罐和 A 型双耳罐，壶类只有罐形壶，盆类有方口盆和深腹盆，钵类只有敞口钵和 A 型浅腹钵，到了第三段才出现个别折沿罐、侈口罐、划纹盆、敛口钵和曲腹钵，到了第四段，鼎类的出现是一大事件，因为三足类炊器的产生，标志着炊爨方式的革命。同时，新出现了卷沿罐、筒形篦纹罐、B 双耳罐、A 折肩壶、深腹钵、折腹钵、盂等新器形，第三段时刚刚出现的侈口罐、折沿罐、划纹盆、敛口钵这时成为主体器型。而作为一至三段的主体器型的角把罐、A 双耳罐、罐形壶、方口盆、深腹盆等器形，均已成为强弩之末，数量少且不典型，均退居从属地位，A 敞口钵则已消失。旧的文化因素的衰落和新的文化因素的出现，应是文化因素突变的突变点之四。

从文化遗迹来讲，一至三段相对较少，如灰坑只有 74 座，墓葬只有 42 座。墓葬中一至三段绝大多数为仰身直肢一次葬，单人二次葬和一、二次合葬仅为个别现象，而四段之后，这种现象大量出现，成为贾湖遗址的一大特色。这也可能与发掘位置及面积有关，但人口逐渐增加的趋势则是可以肯定的。这应是文化因素的突变点之五。

上述五个文化因素的突变点可以表明，第四段是贾湖遗址文化因素变化过程中的一个突变阶段，一至三段应为贾湖遗址的第一期文化，而从第四段开始了贾湖遗址发展过程中的第二个文化时期。

上面通过对第四段五个突变点的讨论明确了第一期与第二期的质变点，即分界线，下面我们讨论第二、三期的分界线。

上节在讨论第七段的特征时着重从器物群的组合变化上进行了分析，并曾指出了引人注目的一些新变化。下面我们仍通过对第二期的归纳来说明第七段的变化，进而找出第二、三期之间的突变点。

从第四段选 3 个，第五、六段各选 2 个、第七段选 1 个出土陶片最为丰富、最具代表性的单位，进行陶片称重和数片统计，在陶系上发现有三个很值得重视的问题。一是泥质陶大量出现，如第四段，仍保留有一期的浓厚因素，夹砂陶仍占第一位为 61.0%，泥质陶占第二位为 28.5%，至第五段泥质陶升至第一位占 49.0%，第六段时比例更高达 53.7%，第八段时高达 61.5%，泥质陶比例的增加标志着器物功能的专门化程度的提高和盛食器、汲水器比例的增加，同时，也反映了制陶工艺技术的进步，并可能暗示了人口的增加。因之，是一种社会进步的表现。这应是二、三期文化因素发生变化的突变点之一。

再是夹羼和料陶系的复杂化。上面我们已经论述过，一期时几乎全部是夹砂陶，只是在二、三段才相继出现很少量的泥质陶和夹砂并夹蚌（骨屑）的陶系，但从第四段开始，不仅泥质陶大量增加，夹蚌（骨屑）陶系不再夹砂，且出现一定比例的夹炭陶和夹云母片与滑石粉的陶系。这种制陶工艺的复杂化现象也标志着文化因素的多元化倾向。而且这种新出现的陶系呈逐渐增加的趋势。第四段时夹蚌（骨屑）陶系只占 9.3%，夹炭和夹云母陶系各占 0.3%，但第五段夹蚌（骨屑）陶系占 31.8%，成为第二大陶系，夹云母和夹炭陶各占 1.4%和 0.8%，到第七段时，夹蚌(骨屑)陶系所占比例进一步上升达 41.3%，成为第一大陶系，夹炭陶比例也进一步增加达 6.0%，到了第九段，虽然夹砂陶比例回升至第二位，但夹炭和夹云母陶比例又进一步增加，分别达 8.4%和 8.9%，这些数据充分表明，七至九段与第二期的文化因素是一脉相承的，陶系的复杂化表明文化因素是日渐丰富的。但变化也是相当明显的，这应是二、三期文化因素发生变化的突变点之二。

三是外红内灰、黑陶的出现并逐渐增加。前面我们已经指出，这种现象是窑外渗炭技术的反映，是为提高器物的防渗能力而实施的在当时来讲较为进步的制陶工艺，这里虽在第二段就已开始出现这种技术，但第四段以后逐渐增多，第七段达 7.1%，到第九段时达 10.2%，表明了这种与人们的日常生活息息相关技术在第三期的普及化。以上陶系分析表明，窑外渗炭技术运用程度是文化因素发生改变的突变点之三。

从工艺上来讲，一至三段主要是泥片筑成法，偶见泥条筑成的器物，四至六段呈现泥条筑成与泥片筑成并列的局面，在鼎、罐、壶、盆、钵五大器类中，两种成型工艺互见，但到了七至九段，泥片筑成法只局限于 C、D、E、F 型双耳罐和个别釜类，其它如鼎、罐、壶、盆、钵类均采用了泥条筑成法(详见本书下编第五章)，泥片筑成法似乎将要走下历史舞台。这是七至九段区别于四至六段的突变点之四。

从纹饰上讲，四至六段尚保留一定比例的早期特色的绳纹占 5.3%，另有很富特色的 1.5%的网绳纹，1.2%的篦点纹及一定数量的花边纹和乳钉纹，但到了七至九段，绳纹只占 1.9%，网绳纹和篦点纹各占 0.3%和 0.1%，呈现出衰落的趋势，花边纹和乳钉纹基本不见，而篦划纹却大量增加多达 8.3%，还新增加了一定数量的附加堆纹，修饰工艺和审美观念的变化，是七至九段文化因素的突变点之五。

从陶制品器形上来讲，四至六段以 A、B 盆形鼎，AⅠ、AⅡ、BⅠ、BⅡ、CⅠ、CⅡ、DⅠ、DⅡ式罐形鼎，Ⅰ式钵形鼎，AⅠ、AⅡ、BⅠ、BⅡ、CⅠ、CⅡ式侈口罐，AⅠ、AⅡ、BⅠ、BⅡ、CⅠ、CⅡ式折沿罐，AⅠ、BⅠ、BⅡ式卷沿罐，Ⅰ、Ⅱ式筒形篦纹罐，BⅠ、BⅡ、CⅠ双耳罐，A、B、D 折肩壶，A、B、C 圆腹壶，斜肩壶，深腹壶，AⅤ、BⅣ方口盆，五角口盆，A、BⅢ式深腹盆，A 和 BⅠ、CⅠ、CⅡ划纹盆，AⅠ、AⅡ、BⅠ、BⅡ敛口盆，三足盆，BⅡ～BⅣ、CⅢ～CⅤ敞口钵，敛口钵，AⅢ～AⅤ、BⅠ、CⅠ浅腹钵，AⅠ、BⅠ深腹钵，AⅠ、AⅡ曲腹钵，盂，AⅠ、BⅠ、CⅠ碗，AⅠ～AⅢ、BⅠ、CⅠ三足钵，折腹钵，B、C、D 小钵等为主构成其独特的器物群。七至九段则以 AⅢ、AⅣ、BⅢ、BⅣ、CⅢ、CⅣ、DⅢ、DⅣ式罐形鼎，C 盆形鼎，Ⅱ式钵形鼎，AⅢ侈口罐，AⅢ、AⅣ折沿罐，AⅢ、BⅡ卷沿罐，敛口罐，圈足罐，CⅡ、CⅢ、B 双耳罐，C、E 折肩壶，AⅣ、BⅢ、CⅢ、DⅡ圆腹壶，扁腹壶，圆肩壶，AⅢ、BⅢ、DⅡ、DⅢ划纹盆，AⅢ、BⅢ敛口盆，附加堆纹盆，AⅤ、AⅥ、CⅥ～CⅧ敞口钵，AⅦ、BⅦ敛口钵，AⅥ～AⅧ、BⅡ、CⅡ浅腹钵，AⅡ、BⅡ深腹钵，AⅢ曲腹钵，AⅡ、AⅢ、BⅡ、CⅡ碗，AⅣ、AⅤ、BⅢ、CⅡ、CⅢ三足钵等构成其特有的器物群。以上可以看出，第七段开始，一是二期器物群中富有特征的 B 盆形鼎、B 双耳罐、A、B 折肩壶和敛口钵等器种的衰落与消失，二是 C 盆形鼎、C、D 双耳罐、C 折肩壶、扁腹壶等大量新器型的产生并成为主要因素，三是大量的与二期一脉相承的器物，如罐形鼎、折沿罐、卷沿罐、划纹盆、敛口盆、B、C 敞口钵、浅腹钵、三足钵、碗等，其形体特征也发生了变化。各自都有不同特征的器物群，这应是二、三期文化因素发生变化的突变点之六。

从各类遗迹来讲，四～六段和七～九段也有明显变化，如房基在一至六段以较深的半地穴式为主，门道多台阶状。七～九段则是以浅地穴为主，门道不明显，还出现了平地起建的烘烤居住面的红烧土房子。就墓葬来讲，四～六段一、二次合葬和乱堆式多人二次葬比例明显高于七～九段，而七～九段单人二次葬比例则稍有增加，埋葬习俗的变化可能暗示着人们的原始信仰形式发生了某种改变。这些应是二、三期之间文化因素变化的突变点之七。

以上文化因素变化的突变点分析结果充分表明，与第四段一样，第七段具有承前启后的作用。据此，我们把贾湖遗址文化遗存分为一脉相承的三期。第一期包括第一至三段，代表性遗迹有 F2、F3、F5、F17，H9、H42、H76、H84、H115、H117、H127、H156、H262，Y1、Y2，M31、M39、M66、M104、M107、M108、M110、M243、M249、M303、M374、M376 等，共 148 个单位。主要分布于遗址西部，东部和中部也有少量分布，但大多属第三段（图三二〇、三二一、三二二、三二三、三二四），一期的典型器物有角把罐、A 双耳罐、罐形壶、方口盆、深腹盆、A 及 BⅠ、CⅠ、CⅡ敞口钵等。

第二期包括第四至六段，代表性遗迹有 F9、F22、F25、F30、F31、F37，Y3、Y7、Y8、Y9，H16、H29、H39、H71、H198、H229、H34、H35、H36、H70、H124、H129、H172、H189、H195、H275、H322，M369、M411、M281、M282、M335、M344、M364、M395、M487、M220、M233、M277、M363、M22 等，共 420 个遗迹单位，分布于整个遗址，是本聚落的全盛时期（图三二五、图三二六、图三二七、图三二八、图三二九），典型器物主要有罐形鼎、盆形鼎、侈口罐、卷沿罐、折沿罐、B 双耳罐、折肩壶、圆腹壶、A 和 BⅠ、CⅠ、CⅡ划纹盆，AⅠ、AⅡ、BⅠ、BⅡ敛口盆、BⅡ～BⅣ、CⅢ～CⅤ式敞口钵、敛口钵、AⅢ～AⅤ浅腹钵、A 三足钵，AⅠ、BⅠ、CⅠ碗等。

第三期包括第七至九段，代表性遗迹有 F1、F4、F16、F18、H101、H104、H105、H33、H32、H282，M18、M21、M25、M60、M253、M263、M278 等共 284 个遗迹单位，主要分布于遗址中、西部（图三三〇、图三三一、图三三二、图三三三、图三三四）。典型器物主要有：罐形鼎、C 盆形鼎、AⅡ～AⅢ卷沿罐、AⅢ和 AⅣ折沿罐、C 和 D 双耳罐、C 折肩壶、扁腹壶，B 和 CⅡ、CⅢ划纹盆、AⅡ、AⅢ和 BⅡ、BⅢ敛口盆，BⅤ、BⅥ、CⅤ～CⅧ敞口钵，AⅤ～AⅧ、BⅡ、CⅡ浅腹钵、B 和 C 三足钵、碗等。

从文化因素上来看，一、二期之间的变化要大于二、三期之间的变化，一、二期之间有不少器形变化似较突然，可能反映了两期之间有一定缺环。与此相比，二、三期之间的联系则较紧密一些（附表二〇）。

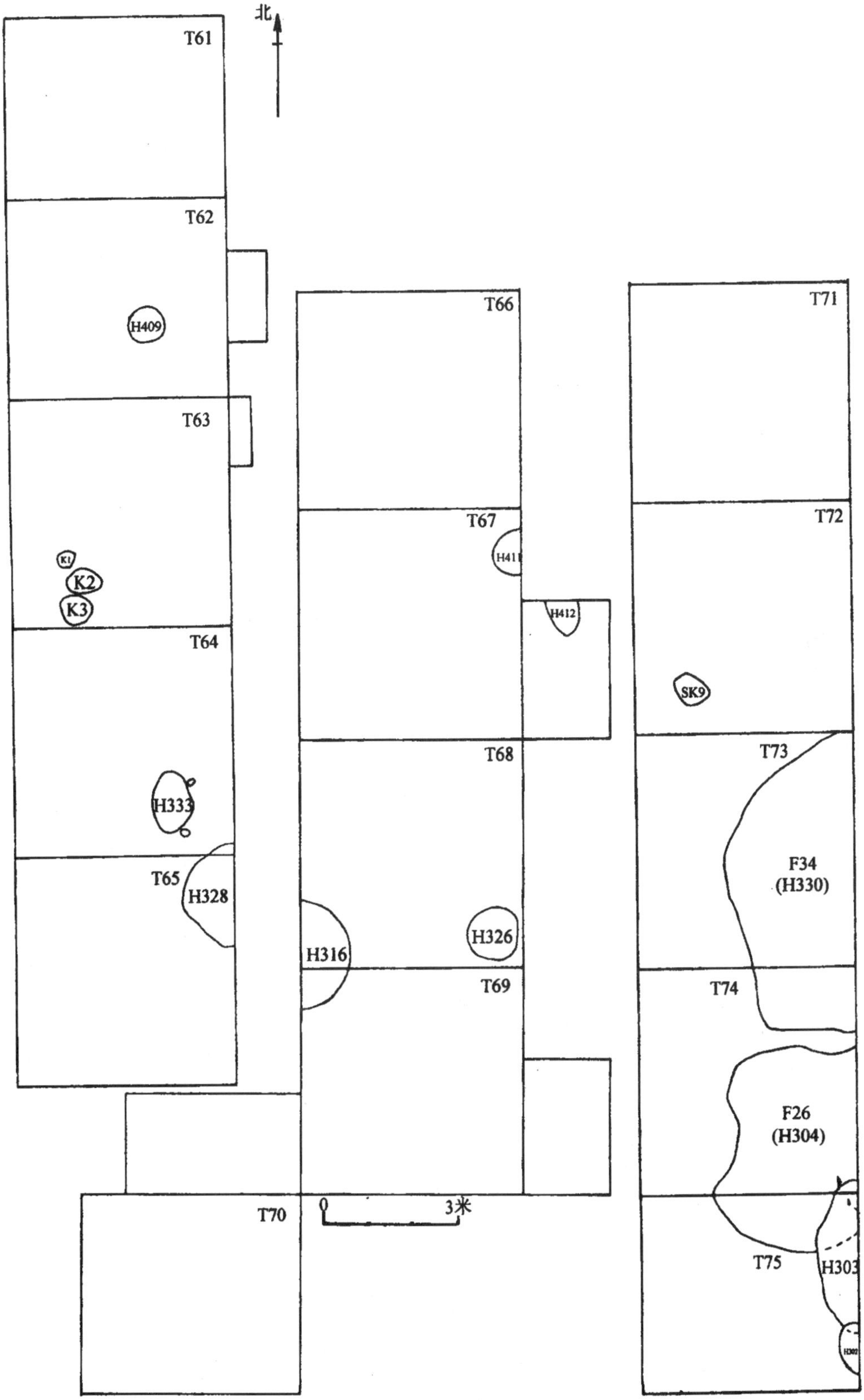

图三二〇　东区第一期遗迹平面图

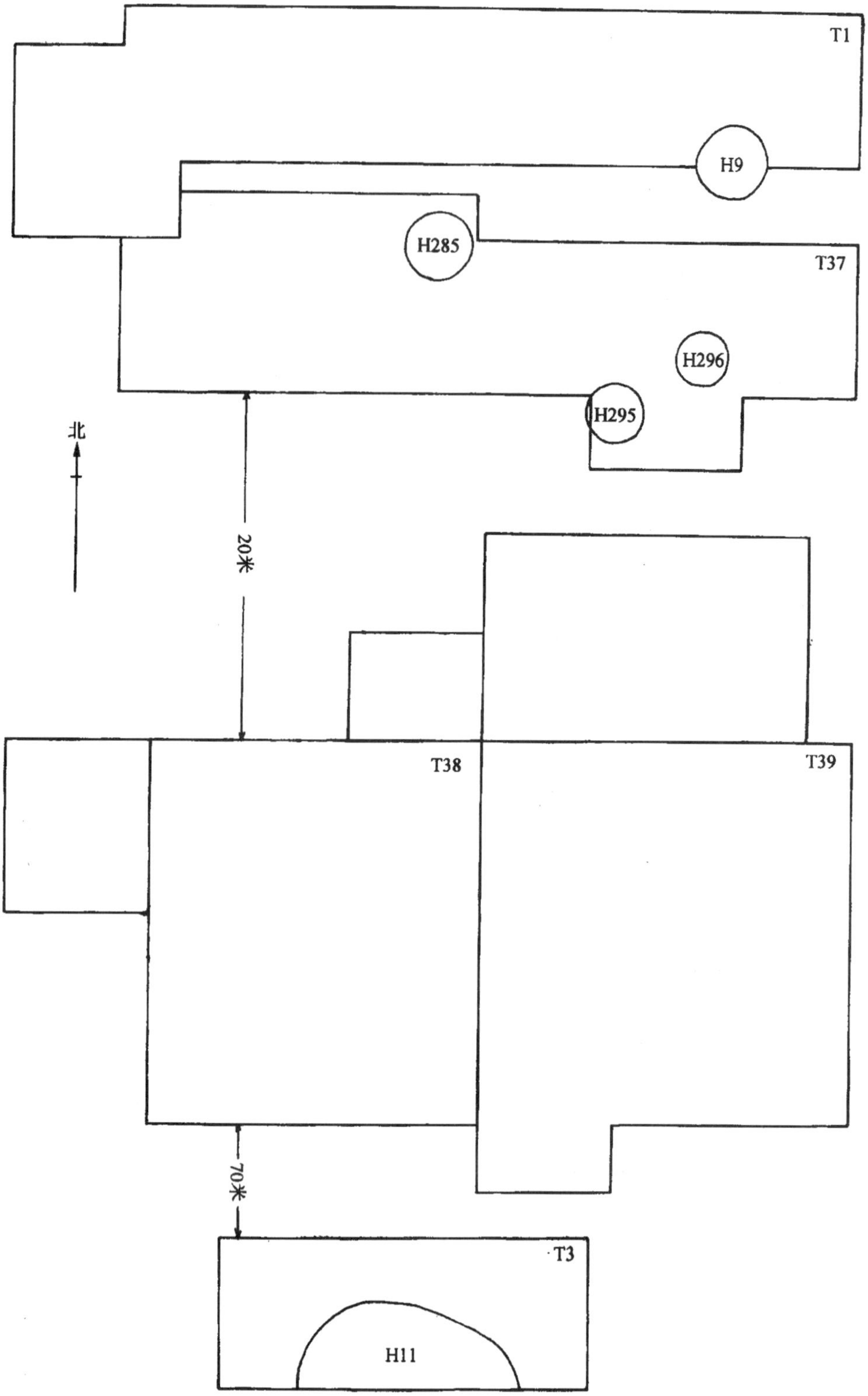

图三二一 中区第一期遗迹平面图

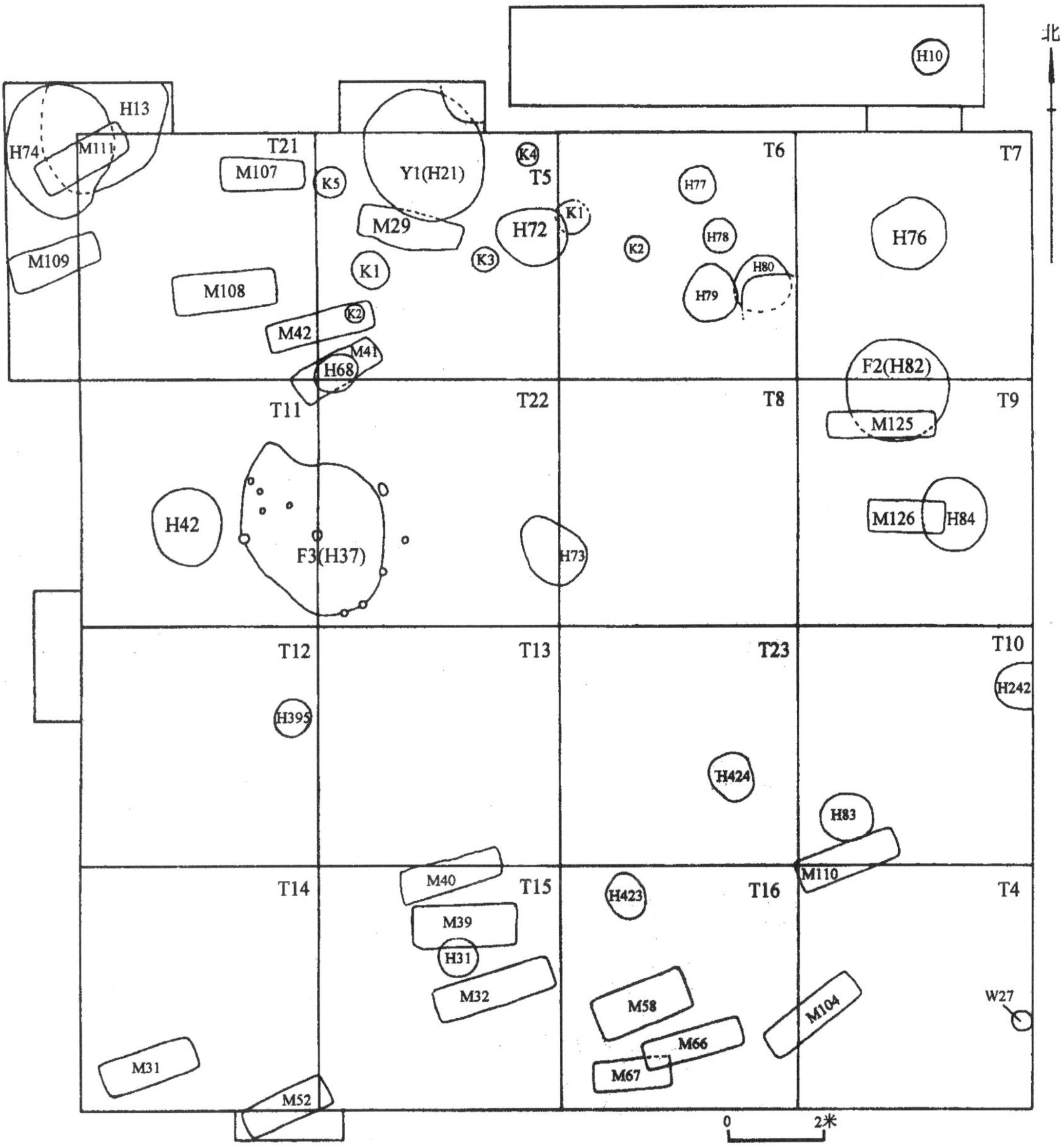

图三二三　西区第一期遗迹平面图

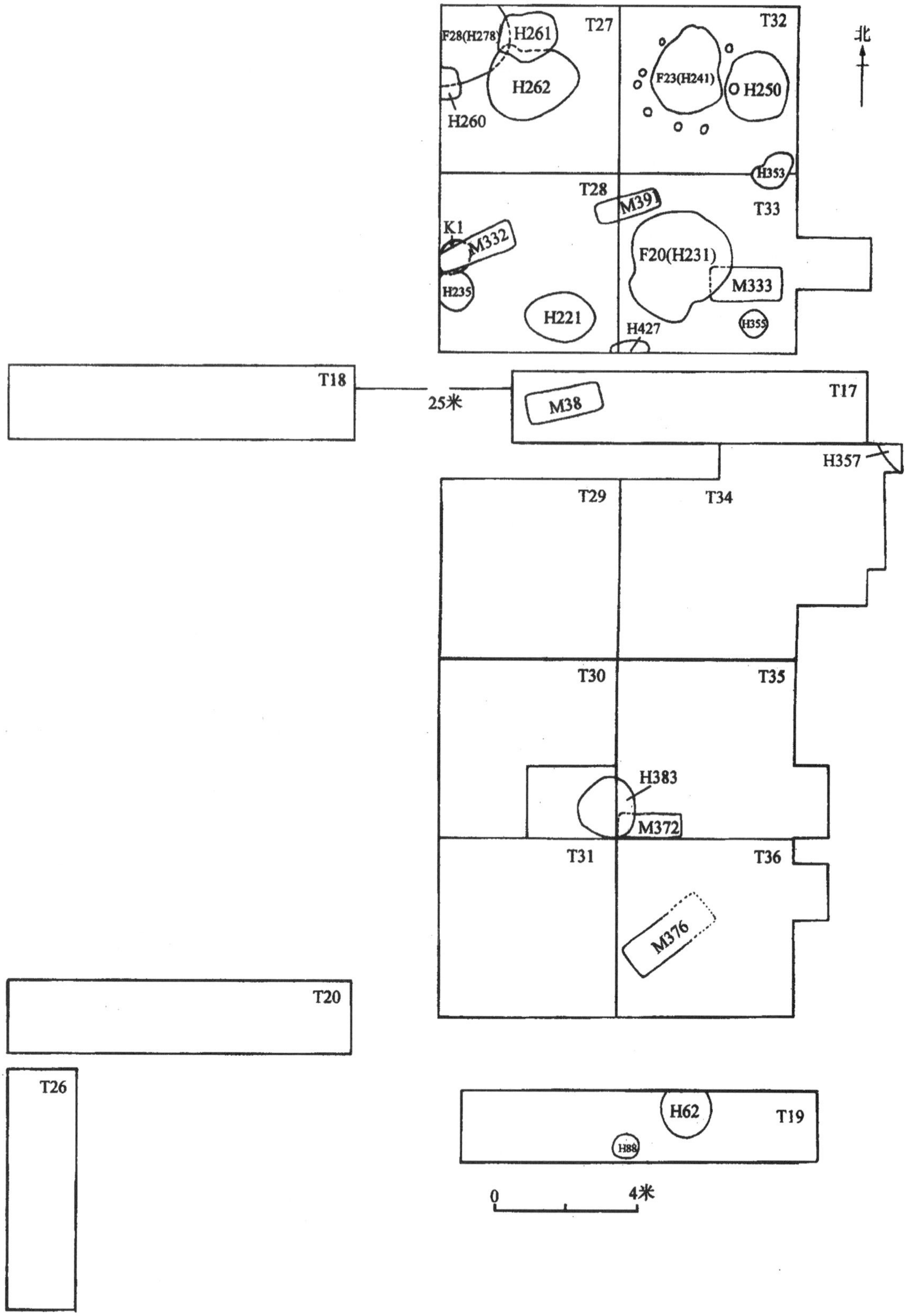

图三二四　西南区第一期遗迹平面图

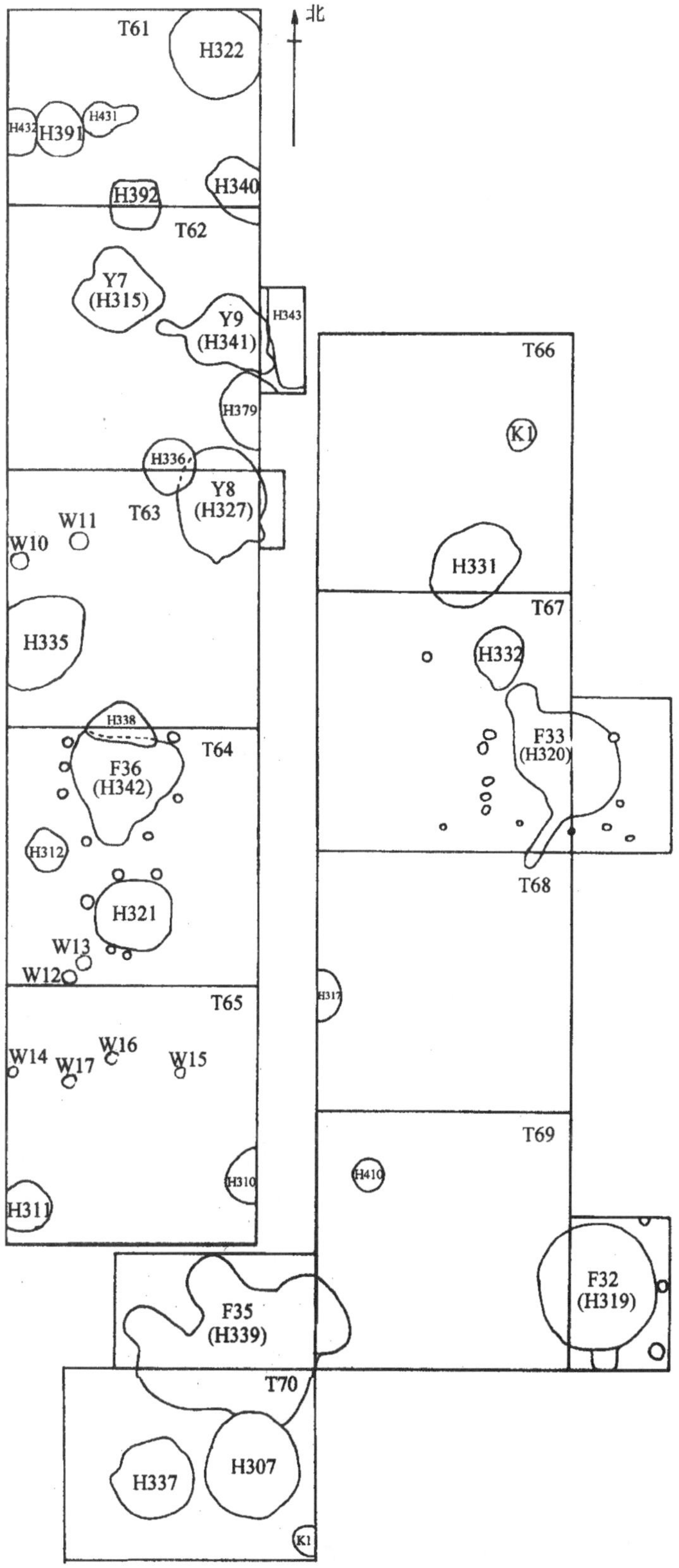

图三二五　东区第二期遗迹平面图

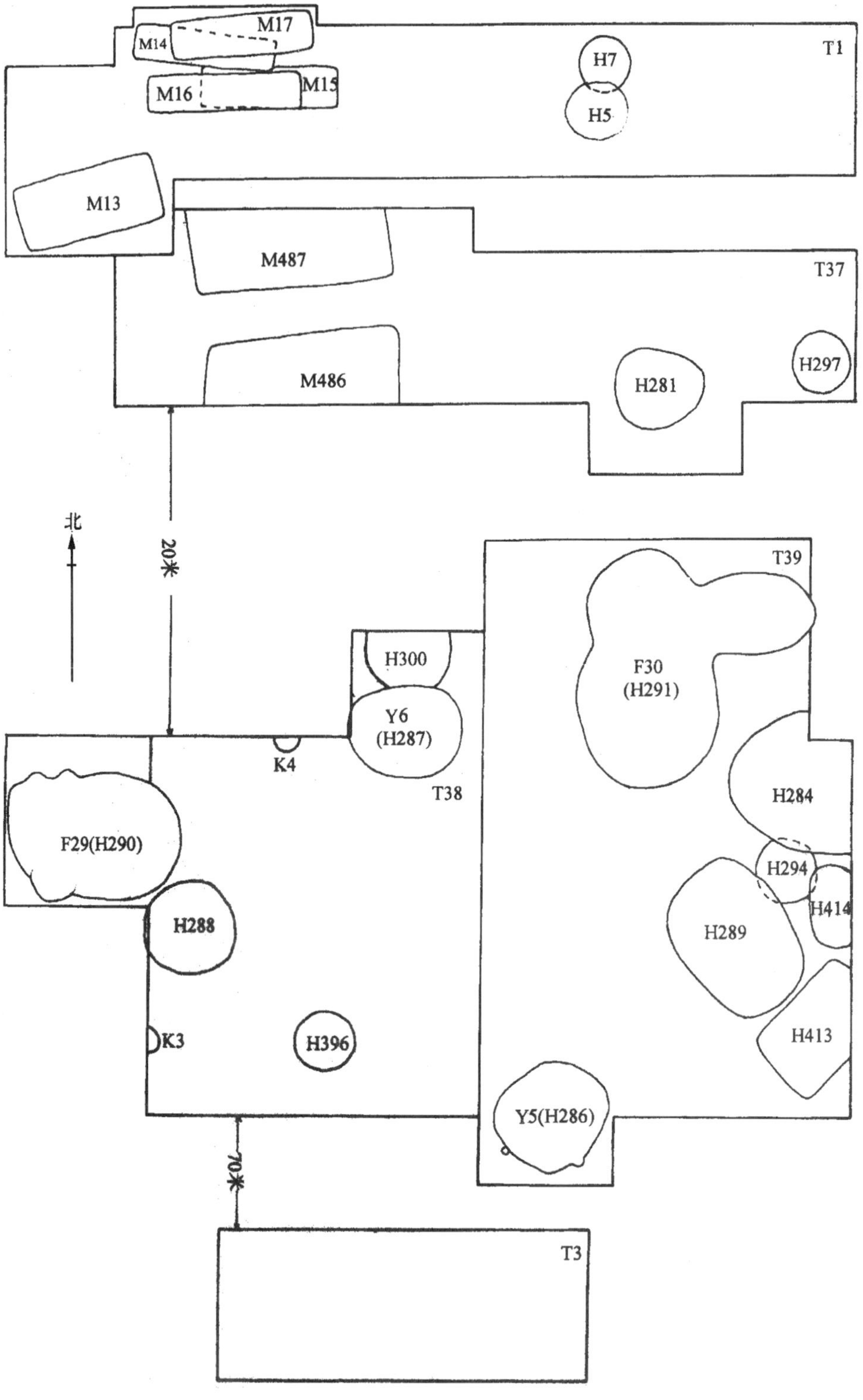

图三二六　中区第二期遗迹平面图

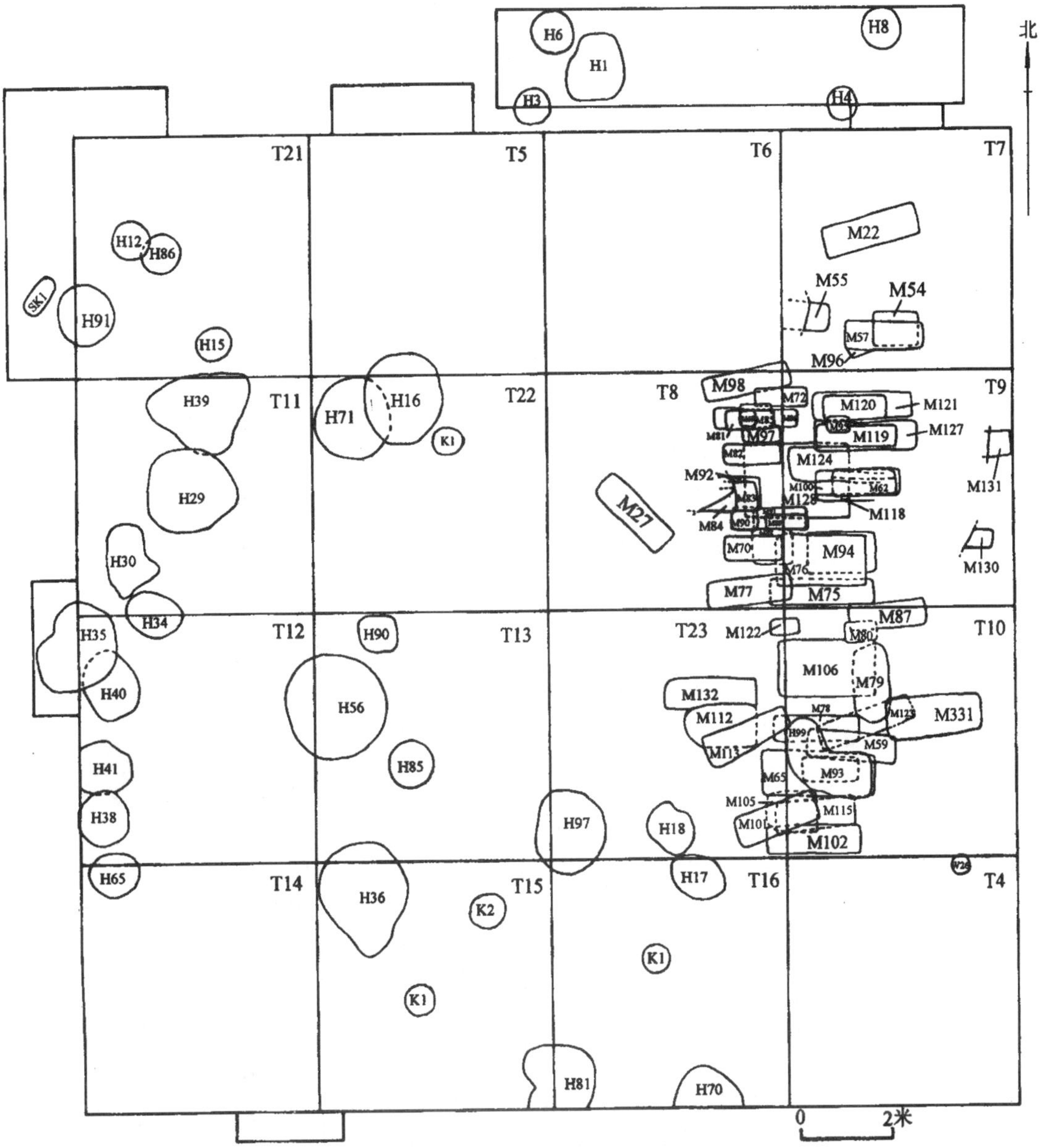

图三二八　西区第二期遗迹平面图

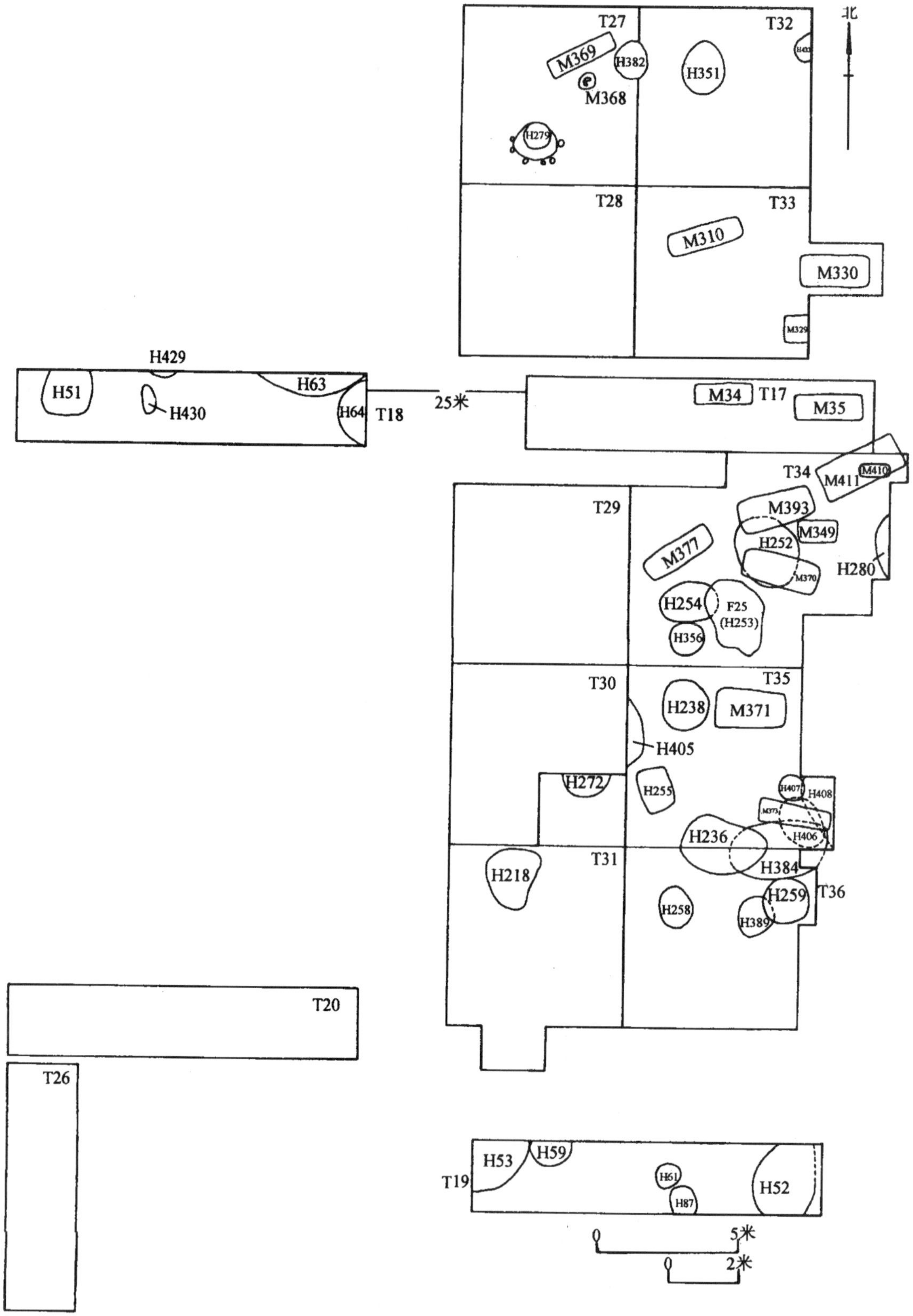

图三二九　西南区第二期遗迹平面图

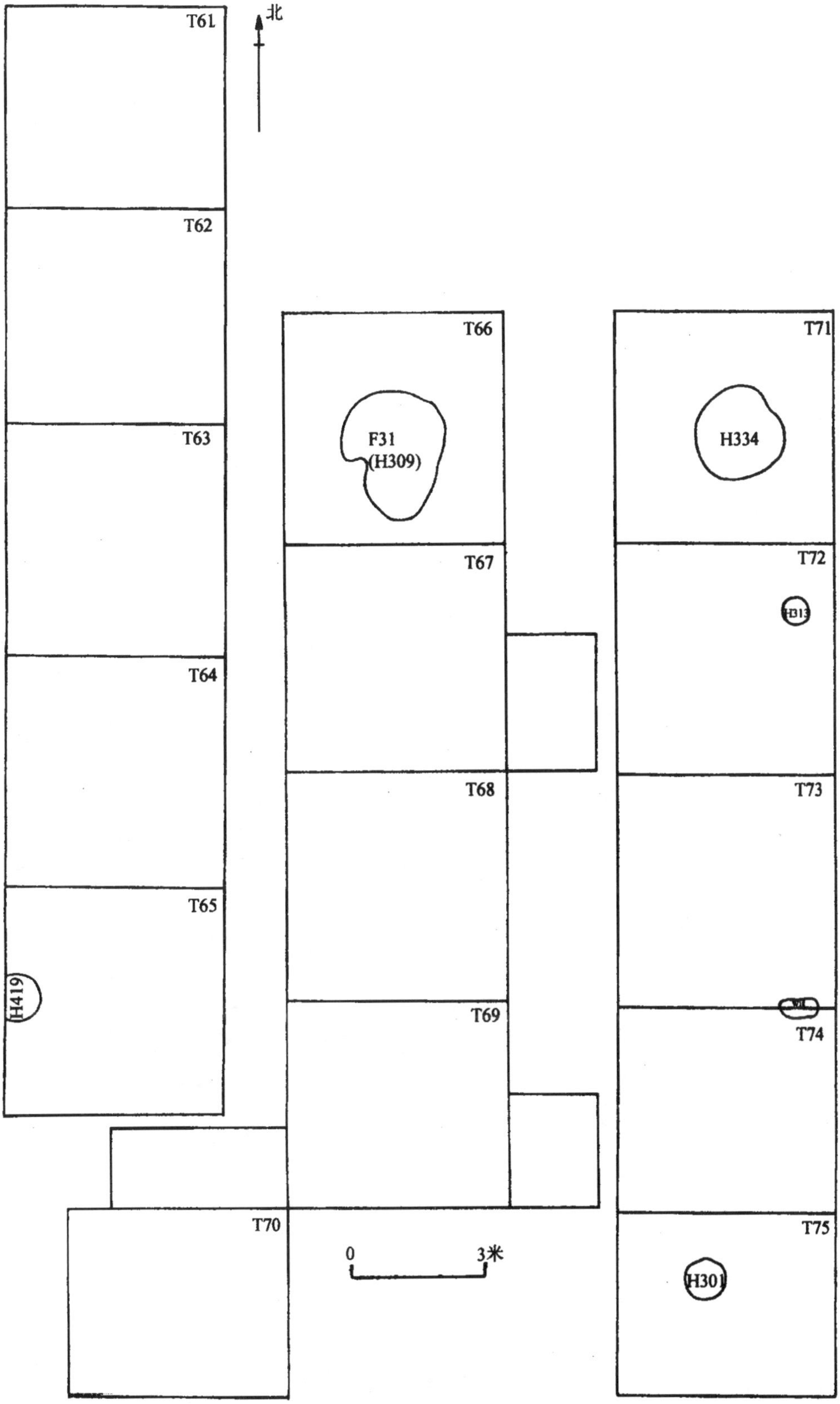

图三三〇　东区第三期遗迹平面图

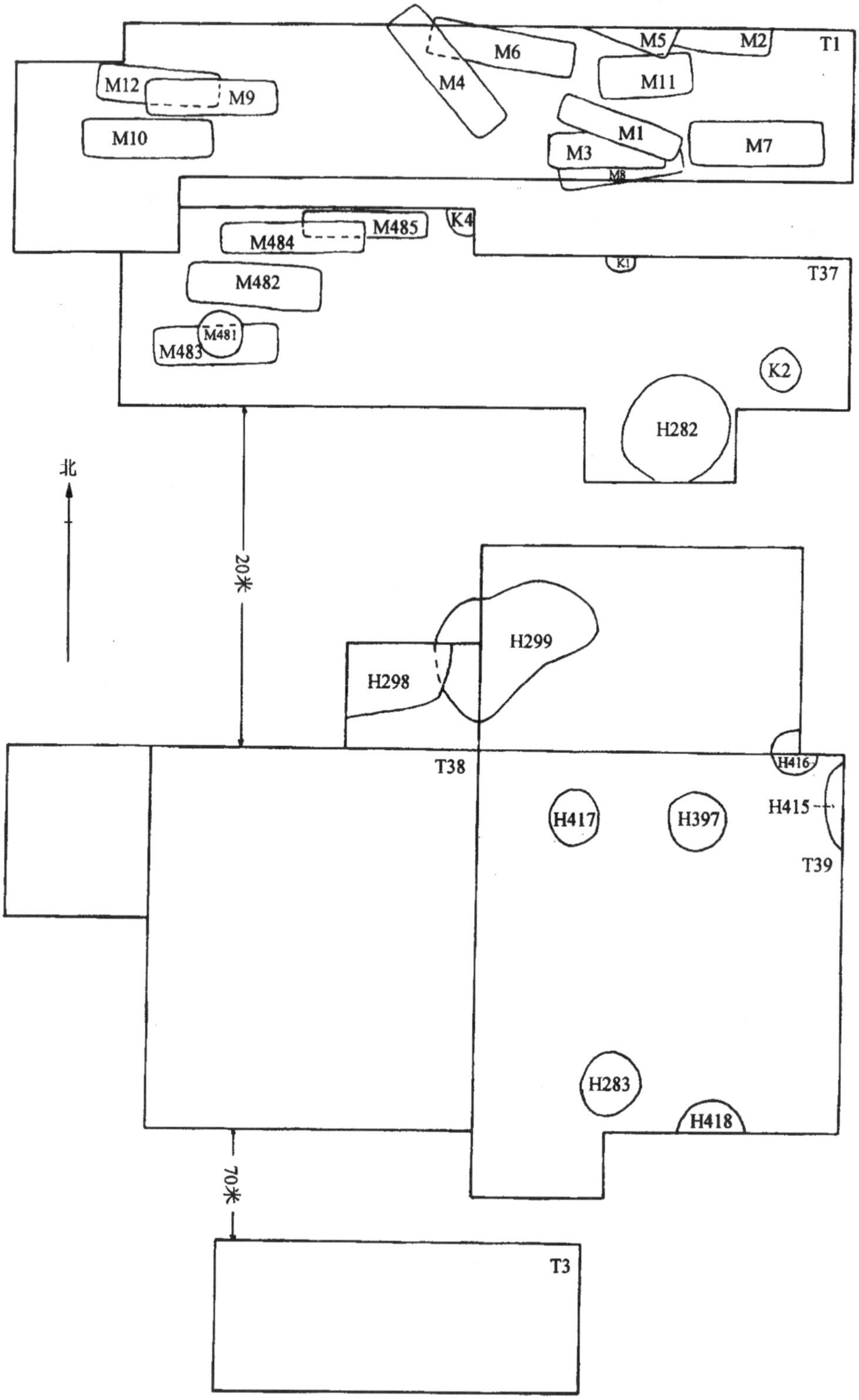

图三三一　中区第三期遗迹平面图

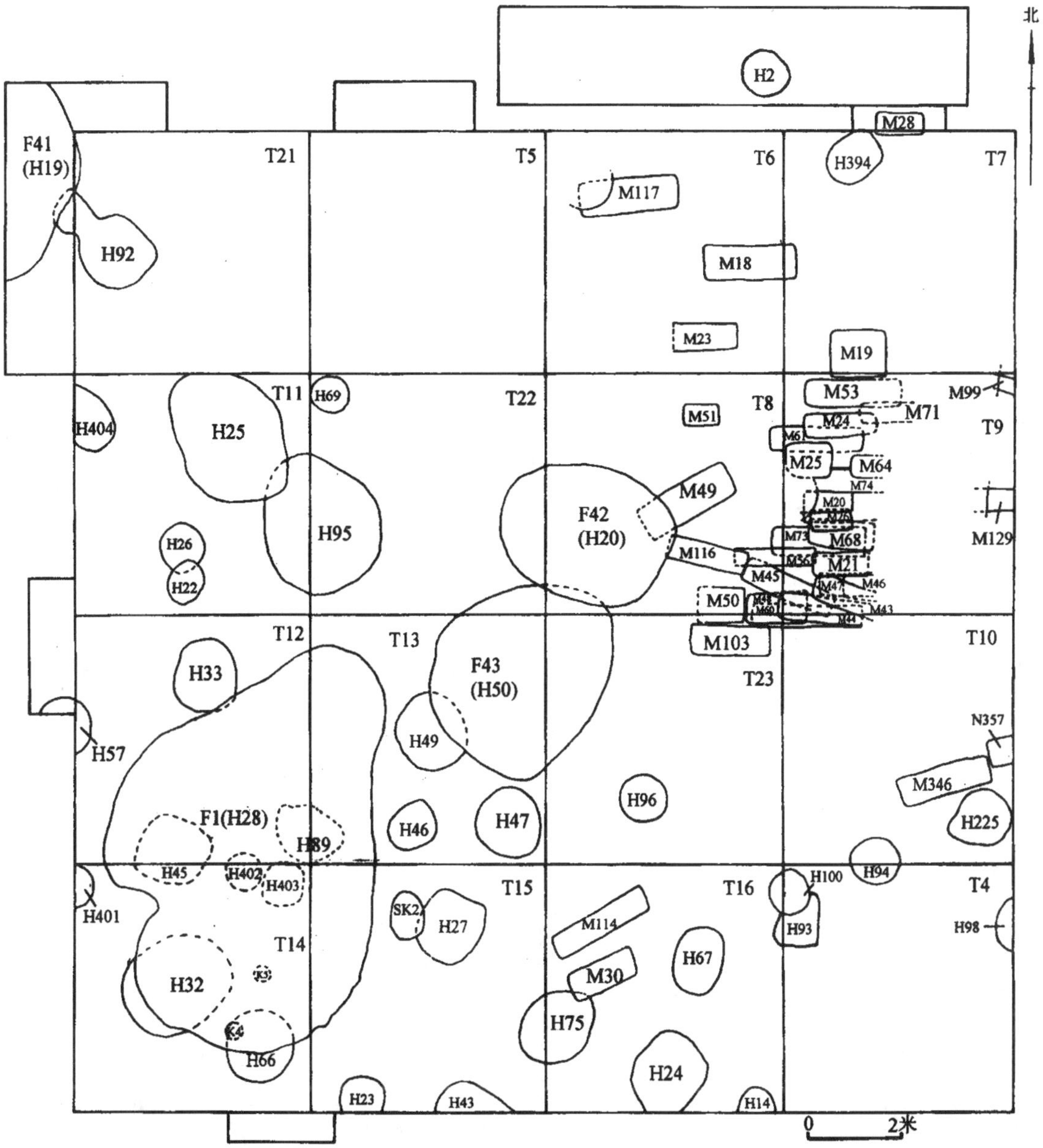

图三三三　西区第三期遗迹平面图

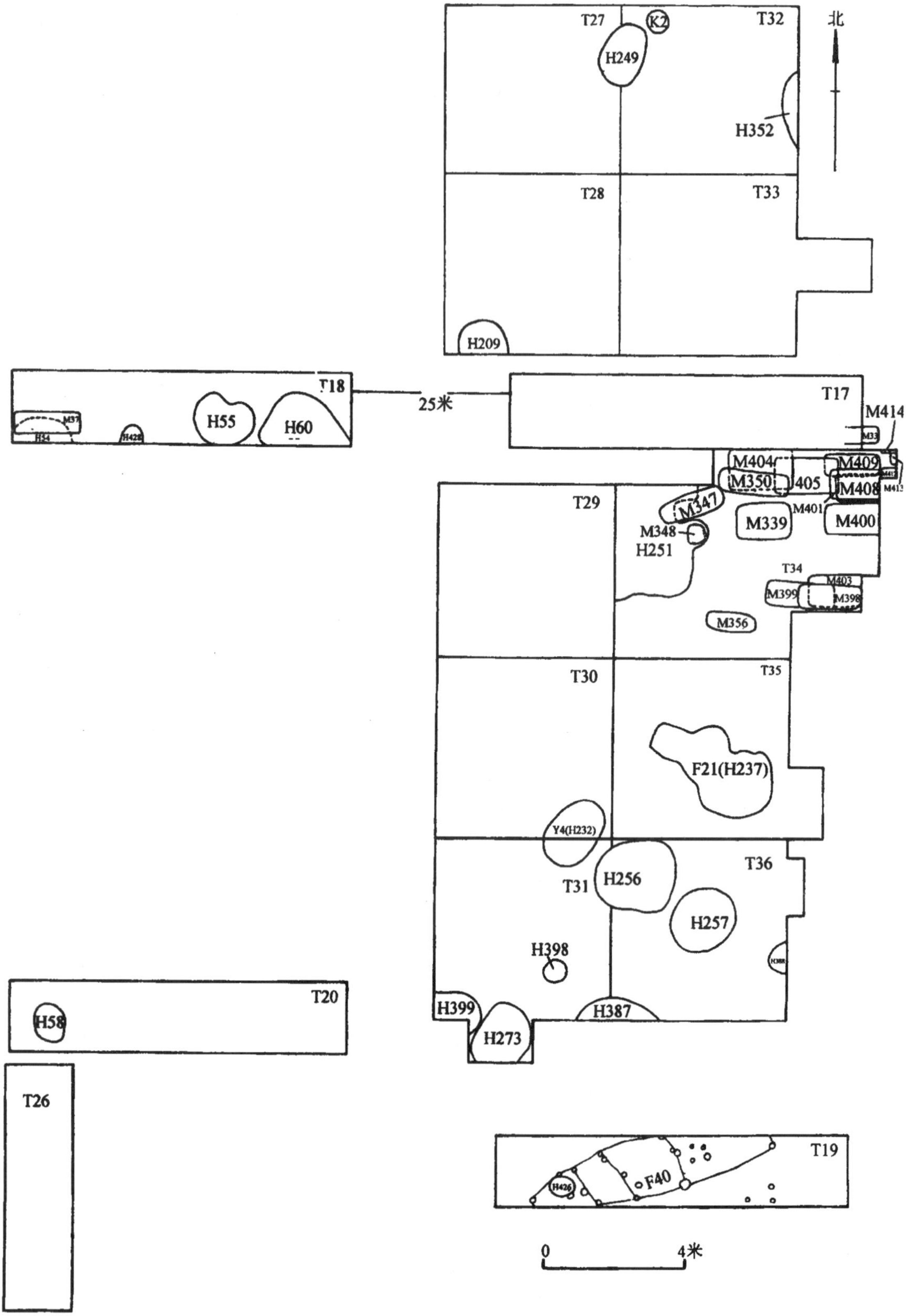

图三三四 西南区第三期遗迹平面图

第八章　^{14}C 年代学研究

前一章我们讨论了贾湖遗址的分期，即相对年代序列，本章将讨论该遗址的绝对年代。关于绝对年代，我们只进行了^{14}C 测年，并作了树木年轮校正，因此本章是根据经树轮校正的^{14}C 测年数据来讨论贾湖文化遗存的起讫年代和时间跨度，以确定贾湖文化在我国新石器时代文化时间序列中的坐标位置。

第一节　^{14}C 测年数据

本章报道贾湖遗址出土标本共 19 个^{14}C 测年数据，分别由北京大学考古学系，中国地震局地壳应力研究所和国家文物局文物研究所三个^{14}C 实验室测定。19 个样品中有木炭样品 9 份，草木灰样品 5 份，人骨样品 4 份和果核样品 1 份。测量数据和树轮校正结果总结于表九二与图三三五中。

表九二　贾湖遗址样品的^{14}C 年龄与树轮校正年龄

实验室编号	样品来源	期段	样品物质	实测^{14}C年龄（距今）	树轮校正年龄	
					最可几值（公元前）	年代范围（公元前）
WB83-60	H1	Ⅱ5	木炭	7920±150	6460	6620～6360
DY-K0185	H82	Ⅰ1	草木灰	7561±125	6170	6280～6020
DY-K0186	H29	Ⅱ4	草木灰	7105±120	5740	5840～5630
DY-K0188	H55	Ⅲ8	草木灰	7017±130	5650	5750～5520
DY-K0189	H39	Ⅱ4	草木灰	7137±130	5750	5930－5650
BK91007	H76	Ⅰ2	果核	7960±60	6490	6530～6430
BK94126	H187	Ⅰ3	木炭	8285±100	7040	7060～6990
BK94127	H174	Ⅲ7	木炭	7450±80	6050	6160～5980
BK94172	H84	Ⅰ1	草木灰	7415±80	5990	6120～5970
BK94173	H37	Ⅰ2	木炭	8190±75	7000	7040～6650
BK94174	H105	Ⅲ8	木炭	7825±80	6410	6460～6350
BK94175	H102	Ⅲ8	木炭	7510±90	6150 6060	6180～5990
BK94176	H339	Ⅱ6	木炭	7650±70	6200	6320～6180
BK94177	H229	Ⅱ4	木炭	8090±110	6620	7000～6500
BK94178	H112	Ⅰ3	木炭	8225±70	7010	7040～6800
BK95013	M341	Ⅰ1	人骨	7050±80	5700	5750～5620

续表九二

实验室编号	样品来源	期段	样品物质	实测^{14}C年龄(距今)	树轮校正年龄	
					最可几值(公元前)	年代范围(公元前)
BK95014	M375	I 2	人骨	7240±70	5840	5940～5760
BK95017	M282 甲	Ⅱ 5	人骨	7035±70	5680	5720～5620
BK95018	M344	Ⅱ 5	人骨	8000±100	6520	6630～6440

说明:实验室编号 WB 系国家文物局文物研究所^{14}C 实验室,DY 系中国地震局地壳应力研究所^{14}C 实验室,BK 系北京大学考古学系^{14}C 实验室。实测^{14}C 年龄距今以公元 1950 年为起点,半衰期取 5730 年。树轮校正年龄系根据 ① M. Stuiver and G. W. Pearson(1993). High-precision bidecadal calibration of the radiocarbon time scale, AD 1950-500 BC. and 2500-6000 BC. Radiocarbon, vol. 35, No. 1, pp. l-23 和② G. W. Pearson, B. Backer and F. Qua. (1993). High-precision ^{14}C measurement of German and Irish oaks to show the natural ^{14}C variations from 7890 to 5000 BC. Radiocarbon, vol. 35, No. 1, pp. 193－104。

第二节　各类样品^{14}C 年龄的分析

本章用以^{14}C 测年的样品主要为木炭、人骨与草木灰三类。分析表九二与图三三五所示的测年数据,令人注意的是:相同层位人骨和草木灰样品的^{14}C 年龄基本相近,但明显低于同层位木炭样品的测年数据,个别情况下其差别可达 1000 年之多。怎样解释这种显著的系统误差?怎样判断各类样品^{14}C 年龄的代表意义呢?这是本节要讨论的问题。

我们认为木炭样品的^{14}C 年龄应该能基本代表相应考古单位的年代。我们在采样时注意采集"树龄"较小的小块木炭,因此木炭的母体——树木的生成年龄不会显著地早于出土木炭的遗迹单位的堆积年龄,两者的年代差别不应超出几十年。

关于人骨样品年龄偏晚的现象以前也有报道。例如仰韶文化的史家、姜寨遗址,大汶口文化的三里河、陵阳河和前寨等遗址,它们的人骨^{14}C 年龄均偏晚 300～800 年,而且同位素分馏校正不可能全部消除这个偏差。主要可能是骨质样品受后期污染所致。贾湖的人骨样品表面生成一层后期的胶结物,十分坚硬。某些蜂窝状的骨体中侵入了土壤等杂物。它们都难以彻底清除。另一方面全新世初、中期贾湖地区温暖湿润,这批人骨样品原来所含的有机成分已严重降价丢失。我们曾试图用加速器质谱^{14}C 法测定几个纯净人骨样品的年代,均因提取不出足够量的有机骨胶源而失败。因此这四个人骨样品的^{14}C 年龄实属人骨本身与后期胶结物中有机物质的混合年龄,必然偏晚。它们只能看成是人骨及其相应墓葬真实年龄的下限,仅具有参考意义。应该指出,我们并不笼统地贬低骨质样品,只是认为对待骨质样品的^{14}C 年龄要慎重。我国北方地区保存良好的骨质样品是适用于^{14}C 测年的,它们的^{14}C 年龄经同位素分馏校正后是有良好代表性的。

5 个我们称之为草木灰的样品,实际上是采自废弃的房基、窖穴的填土堆积中,由草木灰、木炭屑、残存有机物、土壤等多种成分组成的混杂物,其^{14}C 年龄是某种混合年龄。贾湖的草木灰样品总含碳量不高,可能是腐殖酸未能彻底清除,导致草木灰测年结果偏低。腐殖酸,特别是其中的富里酸形成后,可以在地层中迁移污染老的样品,像草木灰这种分散状炭样品极易受到污染。因此本文的 5 个草木灰样品^{14}C 年龄,与骨质样品相似,只能看作相应灰坑堆积年龄的下限。

果核样品 1 个,出自 I 期 2 段的 H76,其树轮校正^{14}C 年龄为 B. C. 6490,低于同期木炭样品的测年结果。目前我们尚不能对此作出解释。

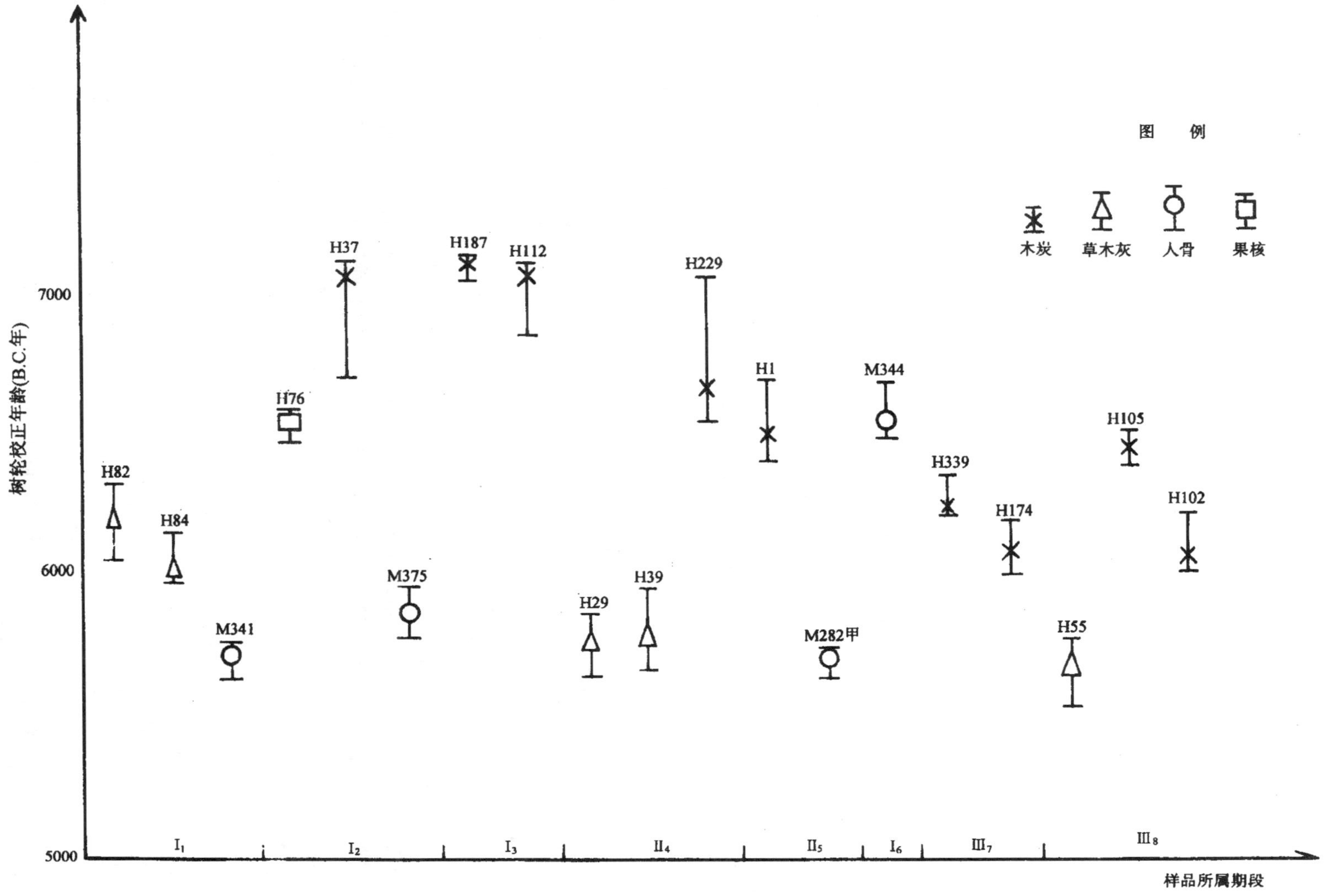

图三三五 贾湖遗址各期段样品的树轮校正^{14}C年龄示意图

（每个样品的线段长度表示68%的置信年龄区间）

第三节 贾湖遗址各期段的绝对年代

根据地层关系和文化面貌特征，贾湖文化分成三期九段。考虑到目前我们只有 9 个木炭样品的^{14}C年龄，而且每个样品的测年结果都有测量误差，这里我们只给出各期的年代范围，而不能细分到段。下面的讨论均以树轮校正年龄为准。

第一期有 H37，H187 和 H112 的 3 个木炭样和 H76 果核，实测年龄为 B. P. 8285～8190 年。根据这 4 个样品的树轮校正测年数据，并参考第二期的年代上限，我们认为第一期的年代范围在 B. C. 7000～6600 年之间。该期还有 H82，H84 二个草木灰样和 M341 和 M375 两个人骨样品，由于前节讨论的后期污染，它们的测年结果在 B. C. 5700～6200 年之间，明显偏低。其中 H84 出土有A Ⅰ 罐形壶、A Ⅰ 深腹盆、B Ⅰ 角把罐等，且从地层叠压关系上讲也是本遗址最早的单位之一，因此其草木灰^{14}C年龄显然偏低。值得提出的是，在该坑出土了两对紫貂的牙床，这是本遗址出土的唯一的喜冷动物遗骸，与遗址整体的喜暖动物群不同。据施雅风等研究①，全新世初期升温过程中，在距今 8900～8700 年（即 B. C. 6950～6750 年）间曾有过一段气温的强烈回落。紫貂的出现可能相应于这一低温事件。我们参照二期文化的年代上限，把一期文化的年代下限定为 B. C. 6600 年，这样就可把贾湖 Ⅰ 期的年代范围定在 B. C. 7000～6600 年之间，与包含了这一低温事件相适应，在 B. C. 6700～6500 年间，温度又急升 4.5℃之巨，并进入全新世大暖期，这与一期后段文化层中出现的大量喜暖湿动植物的现象也是一致的。

第二期有 H229、H1 和 H339 三个木炭样，分别属于二期的早、中、晚三段，实测年龄为 B. P. 8090～7560 年，经树轮校正为 B. C. 6620～6200 年。其中 H339 属第二期的最末段，其树轮校正年龄为 B. C. 6200 年，比 H229 和 H1 出土的木炭年龄（B. C. 6620 年与 B. C. 6460 年）晚约 420～260 年，虽稍嫌晚，但基本合理。这样我们把第二期的年代范围定在 B. C. 6600～6200 年。本期两个人骨样中的 M344 的测年结果（B. C. 6520 年）落在所定的年代范围内。另 1 个人骨样 M282 甲和 2 个草木灰样 H29、H39 的实测年龄为 B. P. 7137～7035 年，树轮校正年龄在 B. C. 5680～5750 年间，偏晚 500～1000 年，系前节讨论的后期污染所致。

第三期有 H174、H105 和 H102 木炭样 3 个。它们的测年结果相差不大（见表九二）。但由于 H105 的测年结果（B. C. 6410 年）已进入二期的年代范围，可将与二期的交叉年龄 B. C. 6200 年作为其上限。但这 3 个数据仅代表本期早、中段的年龄，而晚段即本遗址最后一段的测年数据暂缺。如此，本期早、中段历史跨度已有 200 年左右，则晚段也至少有 100 年以上，如果考虑到一、二期的年代范围均有 400 年左右，本期年龄也应大致相当，其下限可推测为 B. C. 5800 年左右。因此可将本期的年代范围推定为 B. C. 6200～5800 年。本期的 H55 一个草木灰样也同样偏晚（B. C. 5650 年）。

综上所述，贾湖遗址三期的年代范围为：

第一期　　实测为 B. P. 8285～8090 年，树轮校正年代为 B. C. 7000～6600 年；

第二期　　实测为 B. P. 8090～7650 年，树轮校正年代为 B. C. 6600～6200 年；

第三期　　实测为 B. P. 7825～7450 年，根据树轮校正数据，并参照前两期年代范围，推定为 B. C. 6200～5800 年。

贾湖文化总的年代跨度大致在 B. C. 7000～5800 年或距今约 7800～9000 年，即公元前第七

---

① 施雅风、孔昭宸等：《中国全新世大暖期气候与环境》，海洋出版社，1992 年。

个“一千年”(Millennium)至第六个“一千年”之初。

上述我们所定的各期年代范围间，一期文化的下限和二期文化的上限之间有一百多年的空白，二期文化的下限与三期文化的上限之间又有一百多年的交叉重叠。究其原因，一、二期之间文化面貌确实没有二、三期之间衔接得紧密，或许一、二期之间确有一段文化空白。二、三期之间的交叉重叠现象，则反映了各考古单元之间分期上可能存在的不确定性，更大可能是测年上的误差，特别是目前只使用了 9 个木炭样品的^{14}C 数据为依据，数据量明显不足。但总的来讲，结合其文化面貌和与周围文化的^{14}C 测年数据对比可以认为，上述年代范围是可信的。

第九章　文化性质及与周围文化的关系

前几章我们介绍了贾湖遗址的文化内容，并讨论了其分期与年代。这里我们着重讨论一下它的文化性质和在同时期考古学文化中的地位。

第一节　文化因素与文化性质

一支考古学文化的确立，首先是要有独特的文化面貌。而构成其独特的文化面貌的主体，应是具有鲜明特征的，有别于同时期其它考古学文化的丰富的文化内含。同时，无论任何考古学文化，都不可避免的要打上时代的烙印，并与周围同时代文化接触而相互影响。因此，确立一个遗址的文化性质和在时代的时空框架内所处的地位，应是考古学研究的重要一环，而文化因素分析则是这一研究的基础。

一、文化因素分析

文化因素分析，首先仍需从反映文化变迁最为敏感的大量的日常生活用具和生产工具入手。如果我们把贾湖遗址器物群进行分析的话，就会发现至少可分为带有时代特征与周围同期考古学文化共存的甲群，只见于贾湖文化不见于其它文化的乙群，主要见于贾湖文化，偶见于周围同时期考古学文化的丙群和偶见于贾湖遗址而主要见于周围同时期考古学文化的丁群，下面我们逐一分析这四个器物群。

（一）甲　　群

甲群器物主要包括A型侈口罐、A、B、C型折沿罐、A型卷沿罐、B和C型双耳罐、A和B型扁腹壶、B和C型敞口钵、C型三足钵、A型碗、勺等。这些器物在河南新郑裴李岗[①]、密县莪沟[②]、河北武安磁山[③]、陕西临潼白家[④]等地可见到相同或相似的器形，如裴李岗M38：7Ⅲ式深腹罐和新郑沙窝李[⑤] M16：4Ⅰ式罐与贾湖W16：1AⅠ卷沿罐、裴李岗M88：5Ⅴ式深腹罐与贾湖M263：2AⅡ侈口罐基本相同。莪沟H16：2Ⅰ式罐与贾湖H174：4AⅢ折沿罐、M12：4Ⅰ式罐与贾湖H161：3AⅡ折沿罐，贾湖H210：1BⅠ双耳罐与郏县水泉[⑥] Ⅰ式双耳壶基本相同、贾湖M101：1CⅢ双耳罐与汝州中山寨[⑦] H17：13双耳罐基本相同。莪沟H17：5圜底壶与贾湖

① 中国社会科学院考古研究所河南一队：《1979年裴李岗遗址发掘报告》，《考古学报》1984年第1期。
② 河南省博物馆等：《河南密县莪沟北岗新石器时代遗址》，《考古学集刊》第1集，文物出版社，1981年。
③ 河北省文物管理处等：《武安磁山遗址》，《考古学报》1981年第3期。
④ 中国社会科学院考古研究所：《临潼白家村》，巴蜀书社，1994年。
⑤ 中国社会科学院考古研究所河南一队：《河南新郑沙窝李新石器时代遗址》，《考古》1983年第12期。
⑥ 中国社会科学院考古研究所河南一队：《河南郏县水泉裴李岗文化遗址》，《考古学报》1995年第1期。
⑦ 中国社会科学院考古研究所河南一队：《河南汝州中山寨遗址》，《考古学报》1991年第1期。

H222：2BⅢ双耳罐特征基本一致。贾湖M203：1AⅢ扁腹壶与裴李岗M56：1Ⅳ式壶，水泉M71：4Ⅷ式壶基本相同，贾湖M21：1扁腹壶与裴李岗M78：4Ⅱ式壶基本相同。贾湖AⅢ卷沿罐H190：2与郏县水泉H1：1角把罐、汝州中山寨H17：7角把罐有相似之处。贾湖H97：2BⅡ双耳罐与湖南彭头山①H9：1A型双耳高领罐大体相似，贾湖M53：1DbⅠ双耳罐与彭头山M27：3B型双耳高领罐基本相似。贾湖侈口罐、卷沿罐在河北武安磁山遗址也可找到相似器形，贾湖B、C型敞口钵和C型三足钵在裴李岗、莪沟、石固、水泉、中山寨、磁山、彭头山、临潼白家村、山东后李、小荆山、北辛、均可见到相同或相似的器形。

另外，生产工具中的带足石磨盘、两端舌形刃石铲、齿刃石镰等在裴李岗、莪沟、石固、水泉、中山寨、沙窝李、山东北辛等都可见到。

以上带有共同的时代特征的文化因素说明这些考古学文化遗存大体上处于同一历史发展阶段，这些因素一部分可能是相互影响所致，一部分也可能是独立的重复创造。因为同一历史发展阶段的人类，其生产能力、生业类型、自然环境和认识水平都有某些相似之处，因此，这些共同文化因素的出现应是正常的，并非全为外来因素。

（二）乙　　群

乙群器物主要包括角把罐、A和E以及H型双耳罐、A和B型盆形鼎、A、B、C型罐形鼎、钵形鼎、釜形鼎、罐形甑、A和B形釜、带流圈足壶、高领罐、罐形壶、折肩壶、A、B型圆腹壶、深腹壶、方口盆、深腹盆、划纹盆、三足盆、A和B型敛口盆，B型碗、盂、A和B型三足钵等。这些器形有的仅见于贾湖，如B型罐形鼎、釜形鼎、钵形鼎、罐形甑、A和B型釜，A型双耳罐、A和B以及C型罐形壶、方口盆、深腹盆、划纹盆、三足盆、A和B型敛口盆、B型碗、盂、A和B型三足钵、B和C型碗、A和C型支足等。有些虽在周围遗址中有同类器发现，但器形差别较大且数量也远不及贾湖，如A型罐形鼎，虽在裴李岗、莪沟等地均有发现，如裴李岗M14：1Ⅰ式鼎，莪沟H34：1鼎与贾湖A型罐形鼎有相似之处，但贾湖的为凿形或锛形足，而裴李岗、莪沟均为圆锥状足。又如裴李岗的M5：4盆形鼎②虽也是扁乳钉、锛形足，但乳钉为三周，敞口，沿外侈，与贾湖A、B型盆形鼎均明显不同。裴李岗M56：2盆形鼎为敞口沿外侈，三周圆乳钉，也明显不同于贾湖盆形鼎。渑池班村曾见过大量角把罐，但角把均位于器腹中部，呈圆柱状，与贾湖的锛状、舌状等形式的角把相去甚远③。有些为贾湖周围遗址所常见而稍远一些的遗址则未见，如B型盆形鼎，在石固遗址也可见到，如石固T21②：1Ⅱ式盆形鼎与贾湖BⅡ式盆形鼎，H17：2Ⅰ式盆形鼎与贾湖BⅣ式盆形鼎却基本相同④，但在其它遗址均未见到同类器形。敛口罐也曾见于水泉遗址，折肩壶、A型圆腹壶在石固、水泉遗址也有发现，长颈深腹壶只在石固见到1件。贾湖颇富特色的敛口钵、敛口盆等，也曾见于石固遗址和水泉遗址，贾湖B型三足钵也曾见于水泉遗址，但这些器物均不见于裴李岗、莪沟等遗址，更不见于磁山、白家、彭头山、后李等遗址。带流圈足壶也曾见于水泉遗址，其它遗址未见。D型折肩壶虽在贾湖见到不多，但其它地方亦未见过。以上乙群器物构成了贾湖文化因素的主体。

另外，贾湖大量制作精美的骨器，如两侧倒刺鱼镖，绑杆式和插杆式骨镞、矛、长条形骨板，骨

---

① 湖南省文物考古研究所等：《湖南澧县彭头山新石器时代早期遗址发掘简报》《文物》1990年第8期。
② 开封地区文管会等：《河南新郑裴李岗新石器时代遗址》，《考古》1978年第2期。
③ 张居中：《试论河南前仰韶时代文化》，《河南文物考古论集》第1集，中州古籍出版社，1996年。
④ 河南省文物研究所：《长葛石固遗址发掘报告》，《华夏考古》1987年第1期。

笛及随葬成组龟甲、獐牙、猪下腭骨等因素也为同时期其它文化所不见。

（三）丙　群

主要包括A型敞口钵、浅腹钵、深腹钵、C型圆腹壶、圆肩壶、斜肩壶、B型折肩壶等。A型敞口钵曾见于裴李岗和彭头山遗址，如裴李岗M111：6Ⅲ式钵和彭头山T7②：2D型钵、T7②：1A型盆均与贾湖A型敞口钵有相似之处。贾湖A型浅腹钵与裴李岗M42：4基本相同，B型浅腹钵与安徽宿县小山口遗址①H3基本相同，深腹钵与裴李岗M48：2和莪沟M15：3基本相同，附加堆纹盆在后李文化的山东章丘龙山三村窑场遗址②和小荆山遗址③均见过类似器形。C型圆腹壶与裴李岗Ⅷ式双耳壶大体相似。

斜肩壶贾湖虽发现不多，但同类器在其它遗址也很少发现，如水泉遗址H39：5，H7：3大体属于同类器，裴李岗遗址双耳罐也大体与贾湖斜肩壶同类，但均为横耳。石固遗址T38②：1、M42：5与贾湖斜肩壶大体相似。B型折沿罐与磁山遗址Ⅰ式深腹罐T96②：26和城背溪遗址同类器④大体相同。另外，贾湖的BⅦ敛口钵与山东滕县北辛遗址⑤H710：6Ⅱ式碗基本相似，贾湖B型支脚与北辛H610：22支钉、H616：35支座相似，贾湖C型支脚与北辛Ⅰ式支钉相似。这些因素也是贾湖遗址的主要文化特征的一部分。

（四）丁　群

此群依与周围同时期其他考古学文化共出情况可分为六个亚群

1. 丁a群

包括筒形篦纹罐、D型折沿罐、D型双耳罐、D型圆腹壶、三足壶等器形。这些器形在贾湖遗址少且不典型，而在莪沟、石固、水泉等遗址则占很大比例，如筒形篦纹罐，贾湖此类器物只复原1件，且个体很小，残片也很少，而在莪沟遗址则为主体器形之一，且分为大口罐、缸两个器类，石固遗址也很多，如H147：3、T53③：1、H238：3、H259：7等，水泉遗址M26：6、H16：13等。D型折沿罐贾湖仅见1件，水泉遗址仅见2件，石固遗址H122：2也是此类器，裴李岗遗址M101见有一件饰篦划纹。贾湖D型双耳罐的主要特征是厚胎短颈，但数量很少，这些器类在裴李岗、莪沟等遗址则为常见器形，如裴李岗M63：1、M82：1、莪沟M15：6、M29：31、H35：2、H62：3，石固T64②：2。D型小口直颈圆腹壶是裴李岗、莪沟遗址的常见器形，兹不赘述。但此类器在贾湖仅复原2件，见到口沿一个。另1件H60：10为双角形耳、夹炭红衣陶，与裴李岗、莪沟同类器明显不同。贾湖三足壶仅见到2件，均为D罐形壶下附三凿形足，与裴李岗、莪沟大量的小口直颈圆腹双耳壶下附三圆锥状足明显不同。

2. 丁b群

贾湖明显的仅有A型圈足罐，可惜未见复原者，仅见圈足，有些小罐口沿可能与此有关。这

① 中国社会科学院考古研究所安装队：《安徽宿县小山口和古台寺遗址试掘简报》，《考古》1993年第12期。
② 山东省文物考古研究所：《山东章丘龙山三村窑场遗址调查简报》，《华夏考古》1993年第1期。
③ 山东省文物考古研究所等：《山东章丘市小荆山遗址调查、发掘报告》，《华夏考古》1996年第2期。
④ 裴安平：《彭头山文化初论》，《长江中游史前文化暨第二届亚洲文明学术讨论会论文集》，岳麓书社，1996年。
⑤ 中国社会科学院考古研究所山东队：《山东滕县北辛遗址发掘报告》，《考古学报》1984年第2期。

类器物在磁山遗址为常见器类，如磁山 T104②：4 和 22、T101②：2 等。

3. 丁 c 群

包括五角口盆、折沿盆、折腹钵和 D 型敛口罐。贾湖五角口盆复原 2 件，类似器形可见于山东章丘小荆山遗址，(简报称 B 型花沿盆，)见有 9 件之多，但也无复原者，口沿为装饰性尖突棱，与贾湖的五角口盆区别较大。彭头山文化曾发现一件荷叶边形的大敞口浅腹盆[①]，口沿凸角有八角之多，与贾湖的更为接近一些。贾湖折沿盆仅见到口沿 2 个，同类器在山东临淄后李遗址曾经见到[②]，而且形式颇富变化。与贾湖折腹钵相似的器形曾见于山东章丘小荆山后李文化，有 19 件之多。贾湖 D 型敛口罐则与后李文化的深腹带鋬釜有相似之处，但此类器物在后李文化变化繁复，为其主体器形，而贾湖则发现很少。

4. 丁 d 群

包括 D 型罐形鼎、C 型敛口盆、C 型碗等。这些器物曾见于安徽、鲁南大体稍晚于贾湖的遗址。D 型罐形鼎与山东滕县北辛 H706：23 Ⅱ 式鼎大体相似，只是北辛鼎有划纹，而贾湖 H331：1 为素面。贾湖 C 型敛口盆与滕县北辛 H505：24 Ⅴ 式钵基本相似。

5. 丁 e 群

主要有曲腹钵一种，与湖南彭头山遗址 T9⑤：1C 型盆、T5⑤B：5 盆形釜和 T1⑤A：3C 型钵相似。这类器物在彭头山均为夹炭陶，数量较多且富于变化，为彭头山文化器物群的主要成员，是其典型器物之一，而贾湖均为泥质红陶，数量较少。另外，贾湖遗址从二期后各单位均有一定数量的夹炭陶，有的不足 1%，大多在 10%以下，第九段达 15.9%，但这一陶系在长江流域十分常见，如彭头山文化除支座外各器类均为羼入大量稻壳的夹炭陶。

6. 丁 f 群

贾湖仅见 E 型罐形鼎一种。这种筒形深腹罐下附三矮足的器物，在河南几个同时期遗址中多有发现，但数量很少，器形也小，如石固 H253：4 罐形鼎为同类器、水泉 H49：1、H35：1 三足罐也为同类器。这种器物在关中盆地的老官台文化和汉中盆地的李家村文化为主体器形三足罐，数量很多且变化繁复，如临潼白家、渭南白庙、宝鸡北首岭下、华县老宫台、西乡李家村等遗址均有大量发现，尤与龙岗寺遗址 T38③：3 三足罐和白家遗址 M5：4 Ⅵ A 式三足罐相似，其它兹不一一[③]。

二、文化性质讨论

以上我们分析了贾湖遗址主要文化因素，并与周围同时期遗址进行了对比，下面我们重点讨论贾湖遗址的文化性质。

---

① 湖南省考古研究所发掘资料。

② 王永波、王守功、李振光：《海岱地区史前考古的新课题——试论后李文化》，《考古》1994 年第 3 期。

③ 陕西省考古所等：《龙岗寺》，文物出版社，1990 年。

（一）文 化 特 征

一般来讲，对一个遗址文化因素的认定与归属的依据标准应主要取决于这个遗址本身的文化内涵。而文化内涵的确定往往有一定的难度。特别是像贾湖所处的黄淮平原，因地处中原，从古至今均为周围文化荟萃，中原逐鹿之地，文化因素尤为复杂。如果我们不从文化的核心和本质上来把握，仅从现象入手来研究其性质，就会感到茫然。那么，贾湖遗址文化遗存的核心与本质是什么呢？

如果我们对整个遗址的文化因素进行综合分析归纳，就会发现它有以下几个特征：

(1) 它有一组独特的器物群。这个问题上节已经进行了详细的分析，包括上节的乙群和丙群器物，这两群器物有的只见于贾湖遗址，如方口盆等，有的仅见于贾湖及与之相邻的几个遗址，如折肩壶、盆形鼎等，有的在贾湖为主体器形，而周围同期考古学文化只有少量发现，如丙群中的A型敞口钵、浅腹钵、C型圆腹壶、B型折沿罐等。乙、丙两群器物与带有时代共同特征的甲群器物构成了贾湖文化因素的主要组成部分之一。

(2) 草原、湖沼交错的自然环境，当时温暖湿润的气候，决定了贾湖聚落的稻作农业与渔猎家畜饲养并重的有鲜明特色的农业类型。这里是这个时期栽培稻分布的最北地区，也是亚洲最早的稻作农业区之一。其繁多的生产工具，显示出这里的农作因素要大于采集因素，渔猎成份也占有重要地位。

(3) 墓葬中大量的二次葬和一、二次合葬现象，大量随葬骨器而陶、石器相对较少，随葬獐牙削的现象很普遍，随葬成组龟甲和犬牲现象也为同时期其它遗址所未见的葬俗。

(4) 聚落已有一定布局，环濠聚落的雏形已经出现；墓葬区、作坊区已逐渐从居住区中分离出来；出现数组居住遗迹共存于同一聚落的现象。烘烤居住面和墙壁的建筑技术的出现，也为其它同时期遗址所罕见。依次扩建的多间房现象也不见于其它遗址，干阑式建筑遗迹的发现，也是同类遗迹的最北分布。

(5) 从制陶工艺来讲，泥片筑成和泥条筑成两种方法同时并存，且后者逐渐代替前者，陶系中不仅有北方地区传统的泥质和夹砂陶，还有淮河流域很有特色的夹骨屑、夹蚌陶和长江流域很有特色的夹炭陶，还有北方各地均有发现的夹云母、滑石粉陶，这种多因素并存的现象也是这里的特征之一。

(6) 大量骨笛、叉形骨器、成组龟甲以及柄形石器的随葬表明，这里的精神文化产品也是相当丰富的，特别是七声音阶骨笛和甲、骨、陶、石契刻符号的出现，表明的这里的精神文化达到了相当的高度。这些因素也是其它地方同期遗存中不见或罕见的。

以上六条特征，大多只存在于贾湖及其同类遗址，如水泉、石固等，应是这些遗存的共同特征之一。这些特征构成了贾湖遗址文化因素的主体，是进行文化性质讨论的主要依据。

（二）文 化 性 质

进行文化性质分析，就是要对它的考古学文化或类型的归属进行讨论和认定。按照传统考古学的定义，考古学文化的建立要有两个基本标准，一是要有一组反复出现的独特器物群，二是这些文化因素要有一定的分布地域。现在看来，还有一个文化层次问题。这就需要把这一文化遗存放在更大的范围内进行分析和对比。

正像上节论及文化的发展即时间分布一样，文化的空间分布也往往是渐变的，特别是无阻隔的平原、浅山地区。往往A地与B地相差不多，B地与C地差别也不大，C地与D地的差别也不甚明显，但A地与D地则相去甚远，文化面貌区别明显，这就需要我们对各地的文化因素在器物组合、文化传统、生业类型、技术工艺、审美观念、精神文化等等诸多方面进行深入分析，不仅进行定性分析，还要进行定量分析，才有可能得出比较符合客观历史事实的结论来。

上节我们谈到，贾湖遗址的甲组器物具有一定的时代特征，在黄河中下游、淮河中上游和长江中游地区同一时期考古学文化中都或多或少的同时存在，这些考古学文化就应属于同一个层次，主要有河南的前仰韶时代遗存、河北的磁山文化、陕西的老官台文化和李家村文化、山东的后李文化、湖北的城背溪文化和湖南的彭头山文化。河南的前仰韶时代遗存做工作较多，发现较早，目前称为裴李岗文化。但是现在看来，以裴李岗、莪沟为代表的一类文化遗存并不能代表河南境内的所有前仰韶时代文化遗存，现在需对这一问题进行以下分析。

从目前材料可知，河南的前仰韶时代遗存至少可分为两个层次。

1. 第一个层次

第一个层次有三类文化遗存，第一是以裴李岗、莪沟、沙窝李为代表的一类文化遗存，第二是以贾湖为代表的一类文化遗存，第三是以渑池班村为代表的一类文化遗存。这三类遗存之间虽然也有一些共同特征，但均为共同的时代特征，它们各有其不同的文化内涵和分布范围，各有其发展序列，虽然它们之间也相互影响与交流，但其间的差异还是十分明显的。

(1) 贾湖一类遗存。从目前材料可知，这类遗存主要分布于淮河上游主要支流沙河、洪河、汝河流域，除贾湖遗址外，这类遗存还见于舞阳郭庄、大岗、张王庄，漯河翟庄，上蔡高岳集、航寨，项城后高老家，驻马店郭楼、刘楼，正阳凉马台、老母洼、李楼等十多处，均分布于北纬34°以南地区，强盛时其分布范围向北可达北汝河和颍河上游地区的郏县水泉、长葛石固、临汝中山寨等遗址。

这类遗存的总体特征上面我们已经归纳。与中原地区其它几支前仰韶时代文化遗存相比，具有不少共同因素。如都有一定布局的聚落。有较为发达的原始农业和家畜饲养业，同时，渔猎采集经济仍占重要地位。居住建筑多为半地穴式，窖穴以圆形和椭圆形为主。有较为规整的公共墓地，墓坑为较为规整的竖穴土坑式，有磨制精致的石磨盘、磨棒、齿刃石镰、两端舌形刃石铲等生产工具，陶器火候不高，以红陶为主，以盆形和罐形鼎、侈口筒形罐、小口双耳壶、平底或圜底钵、三足钵、圈足碗等为主要器物组合等。

若将贾湖一类遗存与裴李岗、莪沟为代表的一类遗存相比，可发现有不少差异。主要有以下几个方面。

1) 聚落规模，贾湖遗址有55 000多平方米，而裴李岗一类遗存中至少未见超过20 000平方米的遗址。

2) 居住建筑中前者还发现有多次扩建的半地穴式房子。

3) 埋葬习俗，后者以单人仰身直肢一次葬为主，除此以外仅见个别二人合葬。而前者除单人仰身直肢一次葬外，还有多人二次葬、单人二次葬、多人一次葬与二次葬的合葬以及个别多人一次合葬等。墓向前者以西为主，后者以南和西南为主。随葬品组合中，后者以大量的成组陶、石器随葬，而前者则以骨器为主，且见不少用成组龟甲随葬的现象。石、陶器相对较少。

4) 经济形态，后者农业经济所占比重很大，以粟、黍为主要栽培作物，而前者农业、渔猎业均占重要地位，以水稻为主要栽培作物。

5）生产工具组合，后者以石器为主，骨器少见，主要是石铲、石斧、石镰、石磨盘和石磨棒。前者除上述石器外，骨器发达，大量发现骨镞、镖、针、锥等，还发现有骨耜、凿等。值得注意的是，虽然在居住区内发现有大量石磨盘、磨棒残块，但在墓葬中却很少发现。

6）陶器组合中，后者以夹砂和泥质红陶为主，器表以素面为主，仅见少量篦点纹等。典型器物有侈口深腹罐、盆形鼎、小口双耳壶、三足壶、圈足壶、敞口圜底钵、三足钵、假圈足碗等。贾湖少见圈足壶、三足壶等，而大量的方口盆、深腹盆、划纹盆、附加堆纹盆、盆形鼎、罐形鼎、角把罐、折沿罐、卷沿罐、折肩壶、双耳罐形壶、敛口钵、支座等都不见或少见于裴李岗一类遗存，就是相同器类如三足钵、小口双耳圆腹壶等，具体特征亦不同，如三足钵，后者多为圆锥状足，前者除圆锥状足外，还有不少凿状足或锛状足。小口壶后者以直口直颈为主，只有少量喇叭口束颈，而前者则相反。陶系中，前者除泥质和夹砂红陶外，还有少量夹砂红褐陶和个别泥质磨光黑陶，除此之外，还有大量以蚌片或碎骨碴为羼和料的夹蚌陶和以夹云母片与滑石粉为羼和料的夹云母陶以及夹大量草末的夹炭陶。成型工艺中除泥条筑成法成型外，还有泥片筑成法成型的，纹饰中篦点纹较少，有大量绳纹和篦划纹，饰陶衣现象比较普遍。

7）以骨笛、龟甲、叉形骨器和契刻符号为代表的精神文化方面的成就更是裴李岗一类遗存所不见。

8）从绝对年代来讲，贾湖大量^{14}C数据表明，其上限已达B.C.7000年以上，据上章分析，贾湖一期的起讫年代，可达B.C.7000～6600年前。它的第一期的文化内涵是裴李岗文化所无法容纳的。

上述分析表明，贾湖一类遗存与裴李岗一类遗存之间器物组合、文化传统、分布范围、生业类型、技术工艺、宗教与审美观念均有很大差异。因之，裴李岗文化的内涵是无法将其涵盖的，他们之间的差异并不比磁山与裴李岗、老官台与裴李岗小多少，他们的关系应是独立存在、并行发展、相互影响与交流的关系。

（2）裴李岗一类遗存。这类遗存因最早发现，工作做的最多，文化面貌揭示最为充分，目前被称为裴李岗文化。它主要分布于嵩山周围及其以东的颍河上游和其支流双洎河沿岸地区。以裴李岗、莪沟、沙窝李为代表，此外还有新郑唐户、西土桥，密县马良沟、东关、城东北角、青石河、登封王城岗东岗岭，巩县铁生沟，中牟业王等数十处。均分布在北纬34°以北地区。

据目前研究，裴李岗文化除上述我省前仰韶文化的共同特征外，它还有以下独有的特征。

这类遗存一般分布于山前冲积洪积扇或浅山区的河旁阶地上，遗址位置与河床相比较高。如裴李岗遗址高于今双洎河床约25米，莪沟遗址位于双洎河的上游洧水和溱水交汇处，高出现河床约70米。

聚落面积普遍较小。一般1万平方米左右，很少有超过2万平方米者。文化层堆积一般很薄，呈红褐色，包含物很少，故很难发现。遗物一般在灰坑、房基、墓葬等遗迹内。墓葬多头向南或偏西，单人仰身直肢一次葬为主，仅发现个别二人合葬，不见二次葬，随葬品以石质生产工具和陶质生活用具为主，石斧、石铲、石镰或石磨盘、石磨棒往往配套出现，陶器组合常见的有罐、壶、钵、三足钵等，最多一墓随葬陶器达20多件。

石器中石铲的长方形两端舌形刃者为主，也有少量有肩石铲。石磨盘以四足鞋底状为主，石磨棒横剖面多圆形。陶器以泥质红陶和夹砂红陶为主，偶见灰陶。器表多素面或磨光，有少量篦点纹、划纹、指甲纹、乳钉纹等。器类主要有鼎、罐、壶、钵、三足钵、碗、勺等几大类，其中鼎、三足钵足均圆锥状为主，鼎主要有侈口盆形鼎和折沿罐形鼎两种，罐有筒状篦纹罐和侈口深腹罐两种。壶有平底壶、圜底壶、圈足壶、三足壶等，壶口、颈较直或稍侈，颈部与肩腹部多有明显分界，结合部在内壁可见粘接痕，显系颈、腹分段成型之后对接所致。钵多敞口，圜底或平底，三足钵均敞口圜底，三圆锥状足。骨器极少，骨质生产工具基本不见。

关于裴李岗文化的分期，裴李岗报告执笔者分为上、下两层；莪沟报告执笔者分为遗迹和墓葬两个年代组，并认为墓葬稍早于遗迹部分；沙窝李也分为上、下两层，其下层与裴李岗上层相当，上层则晚于裴李岗上层。有学者根据裴李岗遗址的墓葬材料将其分为三期①。现主要根据裴李岗遗址的材料、参照莪沟、沙窝李等遗址的材料，将其大体分为三期。

第一期以裴李岗遗址下层墓葬和部分遗迹，莪沟下层墓葬和部分遗迹为代表，主要器物组合为侈口深腹罐、筒状篦点纹罐、深腹三矮足钵、敞口浅腹钵、长细颈球腹壶、三足壶等。石磨盘两端均呈圆形，石铲以两端圆弧形为主，齿刃石镰以拱背长条形为主。

第二期以裴李岗上层墓葬和部分遗迹、莪沟大部遗迹和个别墓葬、沙窝李下层部分墓葬为代表，陶器组合中出现了饰乳钉纹盆形鼎、侈口深腹罐、扁腹横耳壶、束颈球腹壶、假圈足壶、高足三足钵、深腹钵、圈足碗等。石器出现了圆角方形和平顶石铲、有肩石铲、前端尖圆后端方形的石磨盘、钻孔石镰、石矛等新器形。

第三期以沙窝李遗迹和大部墓葬为代表，除保留前期因素外，新出现器形有大平底扁腹壶、黑陶壶、黑陶杯等。石器中长椭圆形矮足和无足石磨盘也为新器形。同时，细石器数量和比例的增加，也是一个值得重视的迹象。

目前，裴李岗文化诸遗存共有 13 个^{14}C 年代数据发表，见表九三。

表九三

实验室编号	标本来源	标本性质	距今年代	高精度表树轮校正年代	高精度表平均值
ZK0434	裴李岗 T1H1、T2H2	木炭	7885±480	未校	
ZK0571	裴李岗 H11、①、H	木炭	7145±300	BC. 6090～5540	7765
ZK0572	裴李岗 T31①、T34①②	木炭	9300±1000	未校	
ZK0751	裴李岗 H18	木炭	6435±200	BC. 5380～4940	7110
ZK0753	裴李岗 H17	木炭	7185±200	BC. 6077～5640	7808
ZK0754	裴李岗 T111②	木炭	7445±200	BC. 6230～5889	8010
ZK1130	沙窝李 T9②H17	木炭	7170±105	BC. 5970～5720	7795
ZK0748	巩县铁生沟 T2	木炭	7265±200	BC. 6100～5720	7860
WB78－17	密县莪沟 T79H27	木炭	7290±120	BC. 6080～5800	7890
WB78－38	密县莪沟 T1H1	木炭	6975±100	BC. 5740～5560	7600
WB78－39	密县莪沟 T24	木炭	7265±160	BC. 6090～5740	7865
ZK0580	密县莪沟 T79H27	木炭	7240±80	BC. 5985～5797	7841
ZK0747	密县马良沟 T1H1	木炭	6855±110	BC. 5640～5480	7510

以上所列 13 个^{14}C 测年数据，均分布于 9300～6435 年之间，但 ZK0572 和 ZK0751 普遍认为偏早或偏晚，一般不予采用，除去这两个数据外，大部分年代数据分布在距今 6855～7445 年间，个别可高至 7885 年左右。从其年代数据看，ZK0434 与贾湖二期年代大致相当，马良沟 ZK0747 晚于贾湖，也晚于其它同类遗址，其文化面貌也确属裴李岗文化最晚期，与舞阳大岗、石门皂市的

① 河南省文物考古研究所：《河南考古四十年》，河南人民出版社，1995 年。

年代相近。其它数据大致均相当于贾湖三期或稍晚。从相对年代来讲,裴李岗文化的早、中期与贾湖文化二、三期大致相当,三期则晚于贾湖三期。

由于大多发表^{14}C数据的遗迹单位未发表可资比较的标本,因而无法进行文化因素的对比分析,只有莪沟 H27 发表有 3 件筒形篦纹罐的拓片,具有裴李岗文化中晚期的一般特点,其中有 1 件为篦划纹,与贾湖三期同类器大致相当①。除裴李岗 ZK0434 和 ZK0754 数据外,其它均晚于莪沟 H27 的年代。至于 ZK0754,由于出土于 T111②层,此层被上层墓葬打破,又叠压在下层墓葬之上,从理论上讲应界于二者之间,因此不应早于下层墓的年代。由此可以认为,裴李岗文化现有大部分数据属于其晚期,落在 B.C. 6230～5560 的年代范围内,与贾湖三期的年代大致相当或稍晚。而 ZK0434 这一裴李岗文化较为可信的最早一个数据则与贾湖中期的年代大致相当。这与二者之间文化面貌的比较结果也是一致的。

(3) 班村一类遗存。是最近几年才发现的这个阶段的文化遗存,主要分布于郩函古道和豫西黄河两岸谷地,经过发掘的只有渑池班村遗址,其它还有鹿寺、任村、陵上等遗址。另外,熊耳山与伏牛山之间的嵩县乌稍岭遗址、栾川窑场遗址、卢氏薛家岭遗址也有发现这个阶段遗存的报道,但因未见详细资料发表,是否可归于此尚不得而知②。

班村遗址位于黄河南岸的二级阶地上,黄河与涧河的交汇处,面积约 1 万多平方米,目前发现的前仰韶时期房基数座,灰坑数十座。房基的形状多呈近圆形、椭圆形或圆角方形,半地穴或浅地穴式,周围有柱洞,一侧有斜坡式门道,居住面经简单修整,面积一般不大,仅数平方米,至多十余平方米。房基内或周围有圆筒形窖穴,周围还有许多填大量石块的小坑,填土中有草木灰、火烧过的动物骨骼等,有的石块似经火烧。因此推测这些小坑的功能可能为室外灶,这与当时人们的炊爨习惯和生活方式有关。

班村的石器除打制的燧石箭头比较精致、还有少量磨制石斧外,其它器物甚为罕见。陶器以夹砂红褐为主,次为泥质红陶,还有个别的夹蚌和夹云母陶系。夹砂陶多滚压竖绳纹、或交错绳纹,绳纹密而稍粗,与老官台文化截然不同,也不同于贾湖一期的滚绳纹。泥质红陶多素面,但也偶见与贾湖相同的纽索状附加堆纹。器物组合中,具有典型特征的是作为炊器的大量角把罐和钵形釜。角把罐的把呈兽角形,对称置于罐腹中部,与贾湖者不同。器表饰绳纹的钵形釜也为这里所仅见。其它器形如小口直颈双耳壶与裴李岗特征一致,扁锥状足三足钵及附加堆纹盆则与贾湖同类器相同。总的来讲,班村一类遗存虽也与裴李岗和贾湖都有一定共同因素,但自身的因素占主导地位,班村与贾湖的共同因素似乎多于裴李岗。从其文化面貌上来讲,似与贾湖一期有较多相似之处。从班村遗址的材料分析可知,这里的前仰韶遗存也有一定的发展历程,随着工作的深入,也有进一步分期的可能。关于班村文化的绝对年代,目前只有一个^{14}C数据,是该遗址 H2013 出土的果核壳用 AMS 法所测,编号 BA94087,年代为距今 6930±140 年,与裴李岗文化末期大致相当,比贾湖三期还要晚一些。此坑属于班村最晚的遗迹单位之一,相对年代与绝对年代结果一致,但也反映了其文化的相对滞后性。

2. 第二个层次

这个层次似乎没有或很少有自身的独特因素,其主要文化面貌似乎均可包含于相邻的第一个层次的文化遗存的范围之内。现在河南境内已经见到的这一层次的有三类遗存。

---

① 河南省博物馆:《河南密县莪沟北岗新石器时代遗址》图一二,《考古学集刊》第 1 集,文物出版社 1981 年。

② 张居中:《试论河南省前仰韶时代文化》,《河南文物考古论集》,河南人民出版社,1996 年。

(1) 豫北以淇县花窝为代表的一类遗存。豫北地区的前仰韶时代遗址，目前发现有淇县花窝①、辉县孟庄②、濮阳戚城③等近十处，主要分布于太行山南麓、东麓和山前地带，上述三处均经过发掘，但除花窝外，其余两处材料尚未公布，太行山南麓与东麓的文化面貌是否一致还不清楚，从已知材料分析，似也有一定的差异。

花窝遗址位于淇河西岸，遗址所在的阶地保存有1万多平方米。文化层内的文化现象比较贫乏，沿遗址中的断崖很难发现文化层，在试掘的灰坑中发现一些石、骨、陶器标本，其中打制石器占相当比例，磨制石器具有前仰韶时代文化的共同特征，如长条形弧形刃石铲、石磨棒，较厚重的石斧等。较精致的骨器特征与磁山文化近似。特别是陶器，更接近于磁山文化，如大量的夹砂红褐陶、大量的压印纹、篦点纹和锥刺纹、陶器组合中大量的陶盂和侈口深腹罐等；接近于裴李岗文化的只有小口双耳壶。虽暂未发现陶支架，但陶盂为一种复合炊器，无支架是无法使用的，应因发掘面积太小所致。

另据我们发掘资料可知，戚城的磁山文化因素更重一些，而孟庄则接近于裴李岗文化，同时，也有一些自身特点，太行山南麓是否为另一地方类型尚不得而知，但至少太行山东麓应大致属于磁山文化的范畴，同时与磁山文化又有一定差异，是否可作为磁山文化的一个地方类型，尚需进一步的工作。

花窝遗址目前公布有一个^{14}C年代数据，为距今7130±120年，与磁山文化晚期和裴李岗文化晚期的年代大致相当。

(2) 石固、水泉、中山寨一类遗存。分布于北汝河流域、颍河中游的郏县水泉④、汝州中山寨⑤、长葛石固遗址⑥等，具有较浓的贾湖文化作风，如都有夹蚌、夹云母片和滑石粉陶系，陶器组合中的浅腹盆形鼎、折肩壶、喇叭口束颈壶、锛状足三足钵、方唇浅腹钵、敛口钵、带鋬卷沿罐、喇叭口深腹划纹盆及随葬骨器作风，并且都有多孔骨笛等，但也有许多裴李岗文化的因素，如高锥足罐形鼎和三足钵、大量篦纹筒形罐、小口直颈壶、三足壶和圈足壶、以及用成组的生产工具和大量陶器随葬的习俗等，且未见夹炭陶的报道。同时，北汝河流域似乎也有自身的特点，如钵和三足钵上的之字形篦点纹、肩部一周八个半月形耳的三足壶、足根部带凹窝的鼎足等。有人将其称为"中山寨类型"⑦，但从其特征看，单独称为一个类型似嫌不足。若从其自身发展线索看，似乎其前期接近贾湖的因素多一些，后期接近裴李岗的因素多一些，呈现出一定的过渡性，但总的来讲，似乎与贾湖类型的因素更近一些。

这里需要说明的是，石固报告对裴李岗期遗存所划分的四期文化，所用地层关系多为间接关系，然后进行间接比照，其分期结果与裴李岗、贾湖的分期结果不甚一致。如据石固发掘报告称⑧，石固一期Ⅰ式壶M37：1与裴李岗M82：1号壶相同，Ⅱ期Ⅰ式壶M26：1与裴李岗Ⅶ式双耳壶M63：1基本相同，裴李岗这两个墓均属于其上层⑨，此二壶分别相当于贾湖第八段的CⅡ双耳罐H102：11和第七段的CⅡ圆腹壶M256：1。石固三期Ⅱ式壶M14：1与裴李岗

---

① 安阳地区文管会等：《河南淇县花窝遗址试掘》，《考古》1981年第3期。
② ③河南省文物考古研究所发掘资料。
④ 中国社会科学院考古研究所河南一队：《河南郏县水泉遗址》
⑤ 同上：《河南汝州中山寨遗址》，《考古学报》1991年第1期。
⑥ 河南省文物研究所：《长葛石固遗址发掘报告》，《华夏考古》1987年第1期。
⑦ 郑乃武：《略论裴李岗文化类型与仰韶文化的关系》，《中国文物研究》，文物出版社，1986年。
⑧ 河南省文物研究所：《长葛石固遗址发掘报告》，《华夏考古》1987年第1期。下石固引文均出于此，不再加注。
⑨ 中国社会科学院考古研究所河南一队：《1979年裴李岗遗址发掘报告》，《考古学报》1984年第1期，以下裴李岗引文均出自此，不再加注。

M113：1 陶壶略同，此壶所在的 M113 属于裴李岗下层墓，贾湖遗址无类似器形。石固三期Ⅲ式假圈足壶 M12：1 与裴李岗陶壶 M61：1 类似。据有的学者分析，M61 属于裴李岗上层早期墓，即裴李岗二期①。石固四期Ⅱ式三足壶 T47②：1 与裴李岗 M100：10 相同，此壶所在的 M100 属于裴李岗下层墓。石固四期Ⅷ式壶 F1：1 与裴李岗 M94：2 近似，此壶所在的 M94 属裴李岗下层墓。此壶类似贾湖 AⅢ折肩壶 M77：1，M77 属于贾湖Ⅱ期第五段。石固一期 H173：1 与裴李岗 M92：1 三足钵，二期 M54：1 与裴李岗 M54：4 三足钵完全相同，此二墓均属裴李岗上层，石固四期Ⅰ式盆形鼎 H17：2 与贾湖 BⅣ盆形鼎相似，Ⅱ式盆形鼎 T21②：1 与贾湖 BⅡ式盆形鼎相同。B 型盆型鼎是贾湖二期的典型器物。石固Ⅱ期Ⅲ式钵 H133：3，Ⅳ式钵 H152：4 与裴李岗Ⅲ式碗 M54：5 相似，此墓属于裴李岗上层。Ⅲ期Ⅰ式深腹罐 M12：3 与裴李岗Ⅴ式罐 M73：2、M88：5类同，此二墓均属裴李岗上层，石固三期Ⅰ式碗 M11：2 与裴李岗Ⅱ式碗 M115：5 类同，此墓属于裴李岗下层。上节我们已经讨论过，石固Ⅲ、Ⅳ期所出的折肩壶为贾湖二期的典型器物，而石固一期、二期的小喇叭口圆腹或扁腹壶多属于贾湖Ⅱ期后段或三期。

通过以上分析比较可以认为，石固三、四期的大部分文化因素与裴李岗下层、贾湖二期相当，而石固一、二期大部分遗存与裴李岗上层、贾湖三期相当。同时也证明了裴李岗、石固与贾湖二、三期大体处于同一发展阶段。从水泉遗址出土器物观察也大体处于这一阶段。

关于这类遗存的绝对年代，目前发表有 7 个^{14}C 数据，分属于长葛石固、汝州中山寨和郏县水泉遗址，见表九四。

表九四

实验室编号	标本来源	分期	标本性质	距今年代	高精度表树轮校正年代	高精度表平均值
WB76-90	长葛石固 A 区 T41H159	Ⅱ期	木炭	7450±90	BC. 6170～5988	BP. 8029
WB80-15	长葛石固 A 区 T56H238	Ⅲ期	木炭	7295±85	BC. 6077～5837	BP. 7907
WB80-17	长葛石固 A 区 T5H197	Ⅳ期	木炭	7010±85	BC. 5743～5624	BP. 7633
ZK1367	汝州中山寨 T101④H16	Ⅰ期	木炭	7390±100	BC. 6110～5970	BP. 7990
ZK1368	汝州中山寨 T103④H20	Ⅰ期	木炭	6955±90	BC. 5730～5550	BP. 7590
ZK2344	郏县水泉 T108H43	Ⅱ期	木炭	7100±100	BC. 5953～5640	BP. 7746
ZK2345	郏县水泉 T205AH80	Ⅱ期	木炭	7270±120	BC. 6077～5760	BP. 7868

上表所列 7 个数据中，属于石固Ⅱ期的 WB76-90 数据与贾湖 BK94127 木炭标本数据相同，但标本所出的 H174 属贾湖三期。石固Ⅲ期的 H238 发表了一件篦划纹筒形罐，此罐特征与贾湖三期同类器相同，因此，H238 也大体相当于贾湖三期的年代，^{14}C 数据为 7295±85 年，与贾湖三期年代相当或稍晚，与文化相对年代大体相符。至于属石固Ⅳ期的 H197，因未发表一件可资进行分期对比的标本，所以无法确定其文化相对年代，其^{14}C 数据比贾湖三期的年代还要晚二百多年。

中山寨 H16 的^{14}C 数据大致与贾湖三期相当，但 H20 年代较晚，与舞阳大岗 H4 所测数据大致相当，查 H20 所发几件器物标本来看，其篦点纹多作“之”字形，与大岗遗址同类器特征相似。

① 朱延平《裴李岗文化墓地初探》，《华夏考古》1987 年第 2 期。

而从器物组合和主要陶器特征分析，大岗遗址可能是继贾湖遗址发展而来的①，因之，中山寨H20代表的一类遗存应晚于贾湖三期，这与^{14}C年代数据是一致的。

水泉遗址发表的2个数据均与贾湖三期的年代范围相当或稍晚。据发掘报告此2数据均属于该遗址晚期，从文化相对年代来讲，水泉遗址的文化因素与贾湖二、三期大致相当。其绝对年代也大致在同一大的时间范围内。

(3) 瓦窑嘴一类遗存。此类遗存最近几年发现于嵩山西麓及以西地区的巩义及洛阳湾平原，已发现遗址有巩义水地河、坞罗西坡、北营、赵城、东山原②、瓦窑嘴等③，特点是陶器以泥质红陶系居多，夹砂褐陶系次之，另有泥质黑陶和泥质灰陶，外红内黑或上黑下红现象较普遍，证明窑外渗炭工艺较发达，器表以素面为主，纹饰有篦点纹、戳刺纹、乳钉纹、放射状竖划纹等，有些器表施陶衣，敞口圜底钵、三足钵、卷沿或折沿深腹罐、小口壶、勺等具有鲜明的时代特征的器物表明，这类遗存属于前仰韶时代，与裴李岗一类遗存大体相当或稍晚，有些因素如折腹圈足碗与贾湖同类器也有一定联系，但其文化因素中泥质黑陶所占比例较大，陶胎均匀且火候较高，制作精细，器形规整，特别是卷沿、弧壁、圈足或假圈足陶碗，器身饰放射状竖划纹，内壁 磨光或施黑陶衣，有的胎薄仅2毫米，这些为其它同类遗存所罕见，应是裴李岗一类遗存较晚阶段的代表。

以上两个层次的六类遗存中，第一层次的三类遗存之间虽然较与周围的磁山、老官台、城背溪、彭头山、后李等文化相比，共同因素稍多一些，但总的来讲是属于同一层次的文化遗存，且其共同因素多属时代特征和相互影响所致，可作为同时存在、并行发展的三支考古学亲缘文化。若将河南境内的前仰韶时代文化视为一支考古学文化，将上述三类文化遗存视为他的三个地方类型的话，就有可能会重蹈“河南龙山文化”的复辙，因为这三者都已符合独立命名考古学文化的标准。为了叙述方便，我们暂将这三类遗存称为“裴李岗文化”、“贾湖文化”和“班村文化”。

至于第二个层次的三类遗存则比较复杂。石固一类遗存的前期可能属于贾湖文化的范畴，同时受到裴李岗文化的很大影响；后期可能属于裴李岗文化的范畴，同时受到贾湖文化的很大影响，自身因素并不浓厚，很难成为一个单独的类型。

花窝一类遗存的主体因素属于磁山文化，同时也有不少裴李岗的因素共存，因工作不多，面貌还不甚清楚，是否属于磁山文化南来的一个地方类型，目前材料不足以说明这一问题。为了叙述方便，也可暂称为“花窝类型”。

瓦窑嘴一类遗存因材料不足，面貌还不甚清楚，它的大量新因素是属于地域性的还是时间性的也还难以确认，如果是嵩山西麓和洛阳湾地区的地方性因素，则可视为裴李岗文化西部的一个地方类型，若只是裴李岗文化的晚期发展阶段，则还是不另立类型为好。

通过以上分析可以认为，贾湖文化是与裴李岗、班村、磁山、老官台、李家村、彭头山、城背溪、后李、小山口等考古学文化同时并存的一支独立的考古学文化。

第二节　贾湖与周围文化的关系

上一节我们分析了贾湖遗址的文化因素并讨论了它的文化性质，并暂命名为“贾湖文化”，这一节我们主要讨论贾湖文化与周围同时期文化的关系。由于讨论文化性质的需要，上一节我们已

---

① 河南省文物考古研究所发掘资料。参见张居中、李占扬：《河南舞阳大岗细石器地点发掘报告》，《人类学学报》1996年5月第15卷第2期。

② 巩义市文物管理所：《巩义市坞罗河流域裴李岗文化遗存调查》，《中原文物》1992年第4期。

③ 巩义市文物管理所：《河南巩义市瓦窑嘴新石器时代遗址试掘简报》，《考古》1996年第7期。

经讨论了贾湖与裴李岗、班村文化的关系，这里我们将进一步讨论与周围其它同时期考古学文化的关系。

一、与城背溪文化和彭头山文化的关系

由于目前湖北城背溪一类遗存材料有限，文化面貌不甚清楚，所发表材料多相当于彭头山文化晚期，这里暂将城背溪文化、彭头山文化一并讨论。

（一）城背溪、彭头山文化的基本特征

彭头山、城背溪文化也是近十年来发现并确认的与贾湖大体同时的考古学文化，主要分布于湖北、湖南省的长江中游一带。代表性遗址有湖南澧县彭头山①、八十档②、湖北枝城城背溪③等。主要特征是：

（1）聚落有一定布局，发现的十多处遗址中，大多数千平方米，也有个别达上万平方米者。其居住建筑有大型地面式和小型半地穴式两种，大的周围有柱洞，面积可达30多平方米，小的不足2平方米，窖穴以圆、椭圆和不规则形为主。墓葬分布于居址周围，墓坑小而浅，形状不固定，有方形、长条形、圆形、不规则形等，为它处所罕见。葬式多属二次葬，少量为一次葬，可能为曲肢葬，多随葬有1～4件陶器或石质装饰品。

（2）彭头山、城背溪文化的生产工具，以打制石器为主，可分为大石器和细小石器两大类。大石器有砍砸器、刮削器、石锤、带有使用痕迹的石片等，细小石器有刮削器、锥形器、雕刻器等，而磨制石器为数较少，且大多为装饰品，工具类只有个别小形斧、锛等。

（3）彭头山、城背溪文化的陶器也比较简单，陶土未经淘洗，人为掺入大量稻壳、草叶等有机物，烧后形成夹炭陶。成型工艺以泥片贴塑为主，器表普遍饰红陶衣，大多数器表拍印或滚印绳纹，此外，痂瘢纹也很有特色，器表造型比较简单，以大口深腹或浅腹圜底器为主，小口双耳圜底器次之，典型器物有深腹罐、高领罐、筒形釜、盆形釜、小口双耳高领罐（壶）、圜底钵、盘、支座等。

（二）贾湖与彭头山、城背溪的共性与差异

从以上分析可以看出，贾湖与彭头山、城背溪文化之间存在一些共同因素，但各自的独有特征则是占主导地位的。二者的共同因素，归纳起来有以下几点：

（1）遗址的位置都处于河旁冲积平原上，人们都过着定居的生活，聚落布局已有一定规律，居住建筑都有半地穴式，窖穴分布于居住区周围，以圆形和椭圆形灰坑为主。

（2）墓葬中二次葬都占较大比例，大多有陶器随葬，有意思的是，贾湖以小口双耳壶为主，而彭头山墓葬的主要随葬品双耳高领罐应为同类器物。另外，都有随葬较精致的石质装饰品现象。

（3）两者都有一定数量的打制石器，以砍砸器、刮削器为主要器类。石质装饰品制作相当精细，穿孔技术发达。

---

① 湖南省文物考古研究所等：《湖南澧县彭头山新石器时代早期遗址发掘简报》，《文物》1990年第8期。

② 湖南省文物考古研究所：《湖南澧县梦溪八十档新石器时代早期遗址发掘简报》，《文物》1996年第12期。

③ 陈振裕、杨权喜：《宜都城背溪遗址》，《中国考古年鉴》，文物出版社，1984年。

(4) 陶器成型工艺中，泥片筑成法均占相当比例，都程度不同的有夹炭陶存在，器表都用拍印或滚压绳纹的方式以加固陶胎，都盛行施红陶衣现象。器物组合中，彭头山的小口束颈鼓腹罐、大口深腹罐、小口双耳高领罐与贾湖的A和C双耳罐、侈口罐的造型具有程度不同的相似之处。贾湖丙群器物中的B型折沿带鋬罐曾见于城背溪遗址，Jc群的五角口盆的同类器也曾见于彭头山文化，贾湖的Je群器物可能系受彭头山文化影响所致。

(5) 两者还有一项重要的相似之点，就是经济形态的接近。二者都发现有丰富的栽培稻遗存。同时还发现有一些可能与稻作农业生产有关的工具。但是，二者的渔猎采集经济均占较大比重。

上述共同因素中，有些是因为二者大体处于同一历史发展阶段所反映出的时代特征，如：1、3条，有些是自然环境相同或相似所致，如第5条，而第2、4条，则反映出二者可能具有相同或相似的生活方式和宗教习俗，也不排除其间有一定联系即交往或相互影响的可能。但从以下分析可以看出，二者应是各自独立发展的。

(1) 埋葬习俗，贾湖已有固定的氏族公共墓地，墓穴多为较规整的长方形竖穴土坑墓，而彭头山的墓葬则散布于居址周围，墓穴形状也不固定，小而浅，有方形、圆形、长条形、不规则形等。葬式方面，彭头山多属二次葬，一次葬较少，且为屈肢葬，贾湖则以仰身直肢一次葬为主，还有一次葬与二次葬的多人合葬、多人或单人二次葬，多人一次葬等。彭头山墓葬随葬品组合中，仅见陶质生活用具和石质装饰品，而贾湖除此以外，还有大量骨器、成组龟甲和一些石质生产工具随葬。

(2) 彭头山可能因其酸性土壤的关系，未发现骨器，稍晚的八十档遗址发现少量的骨、木器、有锥、钻、杵等，及个别木耒和骨耒，种类单调，造型简单，多属掌上型工具，且加工制作原始粗糙。而贾湖骨器则相当发达，从功能看，有生产工具、生活用具、装饰品、原始宗教用品等，从器类看，有镖、镞、耜、凿、锥、针、长条形器、叉形器、骨笛等，且大多制作精致。

(3) 彭头山石器以打制为主，磨制者很少，且种类很简单，除装饰品外，可用作工具的仅石斧和石锛两种，且数量很少。贾湖虽也有一些打制石器，且种类与彭头山大致相当，但罕见细小的燧石器，磨制石器较为发达，铲、镰、刀、斧、锛、凿、磨盘、磨棒等有相当数量，制造工具的第一类工具如石锤、石砧、砺石等均大量发现。

(4) 两者的陶器制作工艺虽有一些共同因素，但差异仍是明显的。从整体上来看，彭头山陶器显得更为原始一些，制作较粗糙，种类也较少，贾湖的种类比较丰富，还按不同的功能加入适当的羼和料，且发现有施彩的迹象，显示出较为进步的文化面貌。

(5) 还有一点，就是贾湖出土的大量精神文化产品为彭头山所不见或少见。如墓葬中成组的龟甲及与叉形骨器共出的现象，随葬骨笛和石柄形器的现象，以及龟甲、骨器、石器上的契刻符号等。

值得注意的是，贾湖与彭头山、城背溪相比，文化进步程度明显要高一些，而绝对年代却大致相同，这是否可以认为，距今约8000年左右的淮河上游和长江中游相比，社会发展要稍快一些。

(三) 彭头山、城背溪文化与贾湖文化^{14}C年代的对比分析

彭头山、城背溪文化的年代，目前已测出33个数据，见表九五。

从表九五可以看出，凡木炭、竹炭、炭化稻壳稻草以及腐殖酸(胡敏酸)等的样品有12个，测年数据均集中于距今8200～6990年间。陶片中的基质炭、夹炭陶片、带泥的炭等共有19个数据年代在9785～6970年间，这些标本因含基质炭的比例不同，有些数据也在8200～6990年范围内，但

表九五

标本号	文化与分期	标本来源	标本性质	测法	距今年代
BK87022	彭头山早期	彭头山采集	陶片中有机炭	^{14}C	9100±120
BK87050	彭头山早期	彭采④层	木炭	^{14}C	8200±200
BK89016	彭头山早期	彭 T14②	木炭	^{14}C	7815±100
BK89017	彭头山早期	彭 T13③	带泥炭	^{14}C	7745±90
BK89018	彭头山早期	彭 T14⑥	竹炭(少量木炭)	^{14}C	7945±170
BK89019	彭头山早期	彭 T3D6	带泥炭	^{14}C	7770±110
BK89020	彭头山早期	彭 T1H1	带泥炭	^{14}C	7945±100
BK89021	彭头山早期	彭 T10D22	带泥炭	^{14}C	8385±115
BK89022	彭头山早期	彭 T3 扩 F2	带泥炭	^{14}C	8135±90
BK94112	彭头山早期	八十档 T4⑪H5	木炭	^{14}C	7540±80
BK94111	彭头山文化中期	八十档 T5⑨	木炭	^{14}C	6990±70
BK94110	彭头山文化中期	八十档 T8G3	木炭	^{14}C	7185±70
OXA1274	彭头山文化早期	彭头山陶片	脂肪酸	AMS	7055±100
OXA1275	彭头山文化早期	彭头山陶片	腐殖酸(胡敏酸)	AMS	7930±80
OXA1277	彭头山文化早期	彭头山陶片	腐殖酸(富里酸)	AMS	6252±110
OXA1280	彭头山文化早期	彭头山陶片	基质炭(粗)	AMS	9785±180
OXA1281	彭头山文化早期	彭头山陶片	基质炭(中)	AMS	7890±90
OXA1282	彭头山文化早期	彭头山陶片	基质炭(细)	AMS	8455±90
OXA1273	彭头山文化早期	彭头山陶片	基质炭(极细)	AMS	9065±300
OXA2210	彭头山文化早期	彭 T1H2 陶片	炭化稻壳稻草	AMS	7775±90
OXA2211	彭头山文化早期	彭 T1H2 陶片	腐殖酸(混合)	AMS	7520±90
OXA2212	彭头山文化早期	彭 T1H2 陶片	基质炭	AMS	8550±80
OXA2213	彭头山文化早期	彭 T1H2 陶片	基质炭	AMS	9220±80
OXA2214	彭头山文化早期	彭 T14③陶片	炭化稻壳稻草	AMS	7250±140
OXA2215	彭头山文化早期	彭 T14③陶片	腐殖酸(混合)	AMS	7610±80
OXA2216	彭头山文化早期	彭 T14③陶片	基质炭	AMS	8290±80
OXA2217	彭头山文化早期	彭 T14③陶片	基质炭	AMS	8490±80
郑州大学	彭头山文化早期	彭头山采	红陶片	穆	7920±200
郑州大学	彭头山文化早期	彭头山采	灰黑陶片	穆	8700±200
BK84028	城背溪文化	城背溪 T6③	兽骨	^{14}C	6800±80
ZK2643	城背溪文化	城背溪 87ZCH1	夹炭陶片	^{14}C	8220±250
ZK2644	城背溪文化	城背溪 K1	夹炭陶片	^{14}C	8274±234
ZK2645	城背溪文化	路家河	夹炭陶片	^{14}C	6970±127

说明:半衰期取 5730 年,以 1950 年为起点,穆:穆斯保尔谱。

超过8200年的有11个数据，均为陶片中基质炭、含基质炭的陶片、带泥炭标本所测得，因之，这些数据似不应反映遗址的真实文化年代。兽骨所测的一个数据为6800±80年，稍晚于用炭化植物标本所测数据，也大致可信，而用陶片中所含的富里酸所测数据仅6252±110年，则明显偏晚，不宜采用。据陈铁梅先生研究①，可能因为富里酸活动性大，陶片易受晚期富里酸污染所致。综合这几类标本所测数据，排除用含基质炭而偏老的11个数据，和富里酸所测的一个偏晚的数据，其余21个均分布在距今8200～6800年范围内。但是，考虑到晚于彭头山文化的皂市下层文化木炭和炭化稻壳稻草测年数据在6395～7210年间，彭头山文化上述数据有5个与皂市下层文化年代有交叉，因之可将OXA2214所测数据距今7250±140年作为彭头山、城背溪文化的下限。至于其上限，如果排除基质炭和含基质炭的陶片、带泥炭所测早于8200年的11个数据，并参照皂市下层文化的上限，彭头山、城背溪文化的绝对年代范围即可判断为8200年～7200年之间，与前章所述贾湖文化大致8285～7450年（树轮校正年代为B.C.7000～5800年）的年代范围大致相当。

二、与淮河中下游同时期或稍晚的考古学文化的关系

贾湖文化位于淮河上游支流，与淮河中下游地区的同时期或稍晚的文化自然联系密切。目前所知淮河中游地区年代较早的新石器时代遗址，主要有淮北宿县的小山口、古台寺、濉溪石山子、定远侯家寨、蚌埠双墩等遗址，目前被称为“小山口一期文化”、“二期文化”②，淮河下游地区主要是稍晚的龙虬庄一期、大墩子下层、万北一期、二涧下层等为代表的文化遗存，这些遗存中，小山口一期文化比贾湖三期稍晚或大体相当，其余均晚约1000余年。贾湖与这些文化的共同因素有：

1. 遗迹方面

淮河中游发现较少，但同贾湖一样都有圆形或椭圆形窖穴，下游的龙虬庄发现有长方形房基，并有狗坑等。

2. 遗物方面

石器都有磨制精致的斧、锛、凿等。骨角器发现较多，特别是龙虬庄遗址③，器形多样且磨制精良，数量以镞最多。侯家寨发现的陶锉④ 与贾湖基本一致。

陶器都有一定比例的夹蚌、夹骨屑、夹炭陶，烧制时都采用了窑外渗炭工艺，因而都存在外红内黑现象，淮河下游只是更为普遍。从器形上讲，石山子的C型鼎⑤ 与贾湖B型罐形鼎有相似之处，D型盆与贾湖折沿盆也较接近，只是沿面更平，B型钵与贾湖BⅦ敛口钵也基本一致。器耳与舞阳大岗遗址器耳完全一致。小山口遗址⑥H3：8钵与贾湖B型浅腹钵相似，T1⑥：8侈口罐与贾湖AⅢ卷沿罐相似。古台寺三足器⑦与贾湖E罐形鼎相似。石山子的圆锥状鼎足与贾湖B鼎足相似。侯家寨T2③：70Ⅰ式钵与贾湖C碗基本相似，T3③：42Ⅲ式盂形器与贾湖B釜有相似之

① 陈铁梅等：《彭头山等遗址陶片和我国最早水稻遗存的加速器质谱^{14}C测年》，《文物》1994年第3期。
② 吴加安《安徽北部的新石器文化遗存》，《考古》1996年第9期。
③ 张敏等：《高邮龙虬庄遗址发掘获重大成果》，《中国文物报》1993年9月5日第一版。
④ 阚绪杭：《定远县侯家寨新石器时代遗址发掘简报》，《文物研究》第五辑，黄山书社，1989年。
⑤ 安徽省文物考古研究所：《安徽濉溪石山子新石器时代遗址》，《考古》1992年第3期。
⑥、⑦ 中国社会科学院考古研究所安徽工作队：《安徽宿县小山口和古台寺遗址试掘简报》，《考古》1993年第12期。

处。但是，淮河中、下游的带附加堆纹的釜颇具特色，与贾湖明显不同。

3. 精神文化方面

贾湖和侯家寨、双墩都有相当成型的契刻符号，贾湖在龟甲、骨器、陶器和石器上，侯家寨在陶器底部，特别是贾湖和侯家寨都在陶器上刻有太阳纹，表明它们可能具有共同的原始宗教意识。

4. 自然环境方面

淮河流域地域相连，纬度相同，在贾湖、石山子、龙虬庄都发现了大量的斑鹿、麋、獐、麂、家猪、獾、牛、狗、龟、鳖、鸟类、鲤等大量鱼骨、丽蚌、矛蚌、珠蚌、中华圆田螺等草原、湖沼和水生动物骨骼，表明其有着同样的自然环境和气候条件。

5. 经济形态方面

贾湖和龙虬庄都有大量稻作遗存发现，表明都有较为发达的稻作文化。共同存在的夹炭陶，也表明都有栽培稻作农业的存在。

以上五个方面表明，淮河流域的考古学文化具有相当多的共同因素，与山东后李文化的少量共同因素可能即通过这一地区直接或间接交流的结果。但总的来讲，小山口文化与贾湖早、中期文化面貌有某些相似性，而古台寺、石山子、侯家寨、龙虬庄遗存则与贾湖三期有较多的相似之处。这是否意味着贾湖三期对其后的淮河中、下游诸遗存具有较大的影响？

目前，淮河中下游诸考古学文化中，早于距今6000年的^{14}C测年数据，主要有安徽小山口、石山子、双墩、侯家寨等共10个(表九六)。

表九六

标本号	文化与分期	标本来源	标本性质	距今年代(B.P.)	校正年代(B.C.)
ZK2621	小山口文化	小山口 T101H103	木炭	7125±110	5958～5650
ZK2622	小山口文化	小山口 T101⑤	木炭	7225±160	6077～5720
ZK2614	石山子一期文化	双墩 T602⑪	木炭	6200±105	5194～4790
ZK2616	石山子一期文化	双墩 T0819⑭	木炭	6080±110	4936～4685
ZK2617	石山子一期文化	双墩 T0819⑲	木炭	6320±140	5240～4910
ZK2618	石山子一期文化	双墩 T0819⑲	木炭	6415±145	5330～4949
ZK2851	石山子一期文化	石山子 T1729⑩	兽骨	6322±185	5266～4836
ZK2853	石山子一期文化	石山子 T1729⑪	炭土	6181±132	5059～4772
ZK2184	石山子一期文化	侯家寨③	骨头	6350±110	5240～4945
ZK2185	石山子一期文化	侯家寨④	骨头	6260±90	5206～4901

以上数据大体分布于距今7225～6080年间，比贾湖文化晚约1000年，但其早期的小山口一期文化与贾湖晚期大致相当或稍晚。从文化面貌上来讲，小山口文化与山东的后李文化似乎更为接近一些，而石山子一期文化(或称侯家寨文化)则与贾湖文化有较多的共同因素。这是否意味

着，在淮河中游地区较早阶段的遗存中，早期阶段受山东的影响较大，而中晚期则主要接受淮河上游的影响呢？

三、与后李文化的关系

后李文化是山东北部地区近几年来新发现的一支与贾湖同时期的考古学文化①，二者虽然相距遥远，但也有一些共同因素。

（1）二者都有浅地穴或半地穴式的房子，椭圆形和圆形筒状窖穴等。

（2）墓葬都以单人仰身直肢一次葬为主，墓框均为土坑竖穴式，成排分布，排列有序。

（3）陶制品中，后李和贾湖一期均以夹砂陶为主，器表均有涂陶衣现象，陶色以不纯正的红陶和红褐陶为主，中、晚期都有夹云母和蚌片现象。

（4）器物组合中，贾湖的 Jc 群器物与后李文化同类器有一定关系，但这些器物多出自后李二期文化，这些因素是后李影响贾湖还是相反，或为独立产生，目前还无法确定。敞口钵，假圈足碗、折腹钵、敛口盆、牛角状实心陶支脚等共同存在的因素表明二者处于同一发展阶段，但后李这些器物远未有贾湖发达。

（5）石器都有斧、铲、砺石、磨盘、磨棒、锤、研磨器等，石斧多剖面椭圆形的厚重型，利用刃部破损石斧作石锤的现象为二者共见。

（6）骨、角器都有锥、镖、镞匕、凿等。

以上共同特征，大多为共同的时代特征，有些是受共同资源和技术水平的支配，如 3、5、6 几项，但第 4 项则表明双方存在着某种联系和影响。后李文化目前有 9 个 ^{14}C 测年数据，为距今 7300～7900 年（未经树轮校正），与贾湖文化中、晚期大致相当。

四、与磁山文化的关系

贾湖文化与磁山文化② 之间虽有裴李岗文化相隔，但也发现有一些共同因素。

首先，二者都有大量圆形、椭圆形窖穴，有的带有台阶或斜坡式门道。

其次，二者都有大量石制品，以磨制为主，特别是都有两端舌形刃石铲、长条形石铲和带肩石铲、剖面椭圆形石斧、无齿石镰、四足或无足石磨盘等。二者都有发达的原始农业，但磁山以粟作为主，贾湖以稻作为主。

其三，二者都有大量磨制精美的骨器，特别是都有大量梭形和剖面菱形骨镞、侧倒刺骨镖、骨凿等。表明渔猎经济均占有重要地位。

其四，贾湖早期和磁山早期都以夹砂绳纹陶为主，以后泥质陶逐渐增加，纹饰都有编织纹、篦点纹、篦划纹、刻划纹、附加堆纹及个别方格纹和篮纹等。

其五，从器形上看，都有筒形罐、卷沿罐、侈口罐、小口双耳罐（壶）、三足钵等，磁山的 T96②：26 折沿带錾罐可能系受贾湖影响所致，而贾湖的 A 型圈足罐可能系来自磁山的因素。

以上共同因素大多系共同的时代特征，少量则可能反映了二者的相互影响与交流。

磁山文化现在公布有 3 个 ^{14}C 数据，其中 ZK0439 木炭标本出自 H145，为距今 7355±100

① 王永波等：《海岱地区史前考古的新课题——试论后李文化》，《考古》，1994 年第 3 期。

② 河北省文物管理处等：《河北武安磁山遗址》，《考古学报》1981 年第 3 期。

年，树轮校正为B.C.6100～5960年，ZK0440木炭标本出自H48，距今年代为7235±105年，校正年代为B.C.6032～5750年，BK78029木炭标本出自H453，距今年代为7060±100年，校正年代为B.C.5820～5630年。以上3个年代与贾湖遗址第三期年代大致相当或稍晚，但文化面貌所反映的相对年代与贾湖二、三期大致相当。

五、与老官台文化、李家村文化的关系

贾湖与老官台文化中间因有裴李岗、班村两支文化相隔，除了都有深腹三足罐、三足钵、圈足碗、敞口钵，以及都以夹砂陶为主，并都饰绳纹等时代性的共同因素以外，其他共同因素不多。但与汉水流域的李家村文化[①] 共同因素则相对稍多，如陶器表面滚压竖斜绳纹的作风以及敞口平底或圜底钵、圈足碗等。贾湖的B型碗器表横饰篦划纹，而龙岗寺为斜向细绳纹，与老官台的交错绳纹不同。龙岗寺的石扁铲与贾湖C型石铲相似，陶锉也有相似之处。贾湖的E鼎也与李家村文化同类器相似。

老官台文化、李家村文化目前公布有21个^{14}C数据，除李家村ZK0169和白家村ZK1304明显偏晚不宜采用外，其余19个数据分布在距今6105～7150年大约1000年的范围内，其上限比贾湖文化下限大约晚300年左右。若再进一步细分，这19个数据可大体分三组，一组集中在距今7150～6710年之间，其中大地湾5个、白家村和白庙各1个，共7个数据，可能代表了老官台文化、李家村文化早期的年代。一组集中在距今6645～6325年间，其中北首岭下层2个，李家村H1下层1个，白家村6个，北刘1个，共10个数据，可能代表了老官台文化、李家村文化中期的年代。另一组仅2个数据，1个为白家村的ZK1309，为距今6105±90年，1个为李家村H1上层的ZK1267，为距今6245±90年，可能代表了老官台文化、李家村文化晚期的年代。但纵观老官台文化、李家村文化的面貌与特征，约与贾湖文化的中晚期大致相当。

第三节　贾湖文化的去向

8000年前的贾湖文化以其发达的稻作农业、高度的原始宗教和音乐文化盛极一时，但8000年之后，这一分布地区内的考古学文化似乎进入低谷。那么，这支文化的创造者是还在原地活动，还是向外迁徙了呢？也就是说，哪一种考古学文化会是贾湖文化的后代所创造呢？

一、与当地仰韶时代遗存的关系

贾湖文化消失之后，到了仰韶时代，在贾湖文化分布区内代之而起的是大河村文化，代表性遗址经发掘的主要有汝州中山寨二至五期[②]、长葛石固五至八期[③] 等，舞阳郭庄、阿岗寺遗址[④] 也发现有贾湖文化层被迭压在大河村文化层之下的地层关系。用中山寨二期和石固五期、郭庄和阿岗寺仰韶时代遗存与贾湖文化相比，就会发现两者虽然有一些共同因素，但其差异性却是占主导地位的。

---

① 陕西省考古研究所：《龙岗寺》，文物出版社，1990年。

② 中国社会科学院考古研究所河南一队：《河南汝州中山寨遗址发掘报告》，《考古学报》，1991年第1期。

③ 河南省文物研究所：《长葛石固遗址发掘报告》，《华夏考古》，1987年第1期。

④ 河南省文物考古研究所调查资料。

（一）共同因素

（1）在遗迹方面，都有草拌泥铺居住面并经火烧烤的房屋建筑技术，贾湖的虽然很简陋且数量很少，但应是仰韶时代整塑整烧技术的滥觞。窖穴方面都以圆形和椭圆形为主。

（2）经济形态方面，都以稻作农业或稻粟混作农业为主，如在阿岗寺仰韶时代文化层中就发现有丰富的稻作遗存。石质生产工具均以铲、斧、镰、锛、凿等为主要组合，都有较发达的骨镞和石、陶弹丸等工具，表明狩猎经济的存在。

（3）在陶制品制作工艺方面，这里的仰韶时代基本上以泥条筑成法为主，与贾湖文化一脉相承。陶质中都有夹云母片、滑石粉和蚌片的现象，而且泥质陶和夹砂陶均以红色为主。

（4）在陶制品器物组合上，都有敞口钵、假圈足碗、扁凿形足罐形鼎、带鋬罐等。

但是，以上共同因素中，大多为共同的地理环境所决定，如共同的自然和气候条件，决定其经济形态仍只适宜稻作或稻粟混作以及狩猎等，共同的防潮湿等其它因素决定其房屋和窖穴建筑技术形成的趋同性。共同的原料资源决定其陶器质料构成的一致性等。至于陶器组合中的共有器形，则是中原地区前仰韶时代和仰韶时代共有的特征。

（二）主要差异

（1）房屋形式贾湖以半地穴、浅地穴、圆形、椭圆形为主，大河村文化以方形平地起建为主，且整塑整烧的排房大量流行。

（2）墓葬中贾湖墓向以西、西南为主，大河村以东、东南为主，贾湖大多墓均有陶、骨或石制品随葬，大河村文化则大多空无一物。

（3）石制品组合中不见了贾湖文化很富特色的石磨盘、舌形刃石铲等。

（4）陶制品制作工艺中，泥片筑成工艺基本不见，很富特色的夹炭陶也基本消失，彩陶和弦纹大量流行，慢轮修整技术逐渐普及，器物组合中，贾湖三期文化中各种口沿形式的瘦深腹罐、双耳罐、划纹盆、扁腹壶等基本消失，代之而来的是铁轨口鼓腹弦纹夹砂罐、双耳圆腹罐（瓮）、蒜头壶、翻沿盆、红顶钵等。

以上差异有的反映了时代的进步，如制陶工艺和建筑形式的变化等，但埋葬习俗、陶、石制品组合的变化则反映出二者有着不同的文化传统、宗教意识、审美观念和生活习惯。因之，很难说二者是共同的一支人类共同体所创造，那么，究竟哪一支考古学文化是贾湖文化的后代所创造呢？

二、与淮河流域大汶口文化的关系

淮河流域地处豫、皖、苏、鲁，是连接长江流域和黄河流域两大文化巨龙的桥梁和枢纽，在我国历史上曾起到过举足轻重的重要作用。苏秉琦先生曾经指出“不能把黄河流域、长江流域的范围扩大到淮河流域来，很可能在这个地区存在着一个或多个重要的原始文化”[①]，在淮河流域新石器时代较早阶段的考古学文化中，如上节所述，一是淮河上游的贾湖文化，二是淮河中游地区的小山口、古台寺、石山子、侯家寨等所代的文化遗存，三是淮河下游地区以龙虬庄一期、大墩子

① 苏秉琦：《略谈我国东南沿海地区新石器时代考古》，《文物集刊》第1集，文物出版社，1980年。

下层、万北一期、二涧下层为代表的文化遗存。继之而来的淮河中下游的仰韶时代早期文化遗存发表资料甚少，面貌还不甚清楚。淮河下游这个时期的文化遗存以前曾称之为“青莲岗文化”，但由于“青莲岗文化”的外延过于庞杂，给这一地区的研究造成一定混乱，目前已很少再用这一命名。而多将这一地区这个阶段的文化遗存称为大汶口文化的“大墩子类型”[①②]，由于高邮龙虬庄遗址的发掘，这个地区这一阶段的文化遗存再次引起学术界的广泛关注，被称为“龙虬庄文化”，但因龙虬庄系统材料尚未发表，总体面貌也不甚清楚。目前只能依据已经发表的淮河中下游大汶口文化早期的材料进行一番比较。

(1) 在居址方面，淮河流域古文化有较强的趋同性。如大墩子遗址和贾湖遗址都发现有铺垫居住面并经火烧烤的居住遗迹，其上或周围有柱洞分布。窖穴都以椭圆形和圆形为主。

(2) 在墓葬的葬式和葬俗上，也表现出较强的趋同性。

首先，随葬大量制作精致的石器、骨器的现象是比较一致的。这一现象曾作为大汶口文化的特征之一，但高广仁先生曾指出：“在大汶口类型王因遗址，属于前期阶段早期墓中，没有发现用石器随葬的，到了前期阶段的晚期，才有用石制的穿孔斧(钺)、锛等随葬。由此可见，用石质生产工具随葬，大墩子类型的刘林遗址要比大汶口类型的王因遗址为早”。这表明大汶口文化这种习俗是由南向北传播的。

其次，墓内或墓地中随葬狗、猪牙、獐牙、鹿角等动物或动物骨骼的现象。在大墩子类型的前期阶段的早期就有用整头狗随葬现象，直到后期阶段还在继续延用，大墩子、刘林等墓地还发现有随葬猪头骨或牙床现象。用獐牙或獐牙勾形器随葬更是普遍现象。另外还有以鹿角随葬者，这些都可在贾湖的墓葬中找到共同因素。这表明这两种遗存的埋葬习俗有着共同之处。

其三，大汶口文化用龟甲随葬现象历来受到学术界的重视，但多为一墓一龟或二龟，个别为三龟[③]，而贾湖则以八龟为主，少数为六、四、二或一龟，和大汶口文化一样，龟内大多装有石子，这些惊人的相似之处，没有一定的文化传承性是不可能的。

其四，葬式上的一次葬与二次葬的合葬现象，摆放式二次葬现象、多人一次合葬现象等，也呈现出一定的相似性。

(3) 大汶口文化石制品磨制技术普遍较为发达，有些器形如刘林遗址的穿孔石刀、小型石锛等器形与贾湖同类器非常相似[④]，这是否也意识着工艺上也具有某种传承性？

(4) 大汶口文化与贾湖文化在制骨工艺上有惊人的相似之处。其骨锥、骨针、骨镞、骨凿等从原料到制作工艺、到形状几乎完全一致，骨鱼镖也有相似之处，特别是穿孔牙饰[⑤]和叉形骨器下部[⑥]与贾湖所出几无二致。更不用说普遍用獐牙或獐牙削随葬的现象了，贾湖虽未见獐牙钩形器，但有的墓内也有獐牙削成对伴出现象，是否曾嵌于某种不易保存已朽烂的柄上，已不得而知，但不排除这种可能。因此可以说，从制骨工艺和骨制品形态上来讲，二者更具有较为明显的传承性。

(5) 陶制品制作工艺和器物组合上的相似性。如均以夹砂和泥质红陶为主，都有一定数量的夹蚌片、夹云母片陶系，常见纹饰有附加堆纹、戳刺纹等。器形都以鼎为主要炊器，壶为主要汲水器，主要器类都有鼎、钵、壶等。其中圆锥足鼎、小平底钵、敛口钵、带嘴壶、小口双耳罐(壶)、羊角

---

① 高广仁：《试谈大汶口文化的分期》，《考古学报》1978 年第 4 期。
② 吴汝祚：《论大汶口文化的类型与分期》，《考古学报》1982 年第 3 期。
③ 高广仁、邵望平：《中国史前时代的犬牲与龟灵》，《中国考古学研究》文物出版社，1986 年。
④ 、⑤、⑥南京博物院：《江苏邳县刘林新石器时代遗址第二次发掘》，《考古学报》1965 年第 2 期。

状把(钮)陶罐等,都可在贾湖遗址找到祖型,特别是刘林M83:2Ⅲ式罐[1]与贾湖CⅢ双耳罐,刘林M209:4Ⅰ式碗[2]与贾湖B型敞口钵、M165:3Ⅱ式钵与贾湖A型敛口钵、大墩子M82:10Ⅲ式钵与贾湖B型敛口钵[3]均很相似。当然,这些器形均非大汶口文化的主体器形,但它的存在很可能表明二者在陶器组合上具有某种传承性。

(6)两者的纬度大致相当,均处在北纬32°~35°之间,出土兽骨都有大量猪、鹿、狗、牛、羊的骨骼及龟甲等,表明大体具有相同的自然环境,特别是大墩子和二涧等遗址均发现有稻作遗存,表明大汶口文化南部的大墩子类型与贾湖文化一样具有稻作农业经济的存在。

以上六个方面至少在墓葬的葬式和葬俗上与贾湖文化有着较为密切的联系,而在公认为大汶口文化前身的后李→北辛文化传统中则未曾见到这类因素。葬式、葬俗等可能反映出二者具有相同的宗教意识,而这一点恰恰又是维系一个人类共同体的文化内核。但是我们也要看到,贾湖与大汶口的差异也是十分明显的,如贾湖的墓葬以向西或西南为主,大汶口墓向以东为主,贾湖的典型器物盆形鼎、折肩壶等均不见于大汶口,大汶口的典型器物大口釜形鼎、觚形杯、背壶、鬶等不见于贾湖。不过上述大量共同因素决非偶然的巧合,其中可能有深刻的历史背景。因此,是否可以认为,在贾湖文化晚期,因某种原因,其中一支沿淮河东下,进行同纬度迁徙,后与当地土著居民或后李—北辛文化传统融合后,又创造了大汶口文化的大墩子类型,或称为"青莲岗文化"。龙虬庄遗址的发掘者张敏先生认真比较了江淮东部地区的原始文化与周围地区的原始文化的异同后认为,"江淮东部的原始文化应来源于淮河上游的裴李岗文化贾湖类型。将龙虬庄遗址第一阶段为代表的江淮东部原始文化与新郑裴李岗、密县莪沟北岗和舞阳贾湖等遗址的文化遗物进行了比较与分析,结果发现两者之间有许多共性:如陶器的器类基本相同,皆有三足钵、深腹钵、浅腹钵、小口双耳罐、支座等,并有着明显的嬗承关系,只是龙虬庄遗址陶器的器类较之裴李岗文化更为丰富;江淮东部发达的骨角器更是与贾湖类型相似,并且两者都发现有一种特殊的叉形骨角器。贾湖类型的年代距今为8000至7000年,而江淮东部的原始文化出现在距今7000年左右,在时间上相衔接。对于贾湖遗址动物群和植被的研究表明,淮河上游为疏林-草原-湖沼景观,与距今7000年后江淮东部的自然景观和地理环境完全相同。更重要的是贾湖遗址也发现了稻作遗存,出土的炭化稻米经鉴定为偏粳-粳形稻,这与龙虬庄遗址所发现的稻作遗存是一致的。因此有理由认为,江淮东部的原始文化来源于淮河上游的贾湖类型文化,至少贾湖类型的一支沿淮河迁徙到了江淮东部。同样,其稻作农业的来源亦应为贾湖类型文化"[4]。上述分析结果与我们对贾湖遗址材料的分析结果是一致的。另外,贾湖有些具有鲜明特征的文化因素,如随葬龟甲、獐牙及犬牲等作风,则传播到整个大汶口文化分布区和江淮地区,成为大汶口文化和龙虬庄文化的典型特征之一。

目前,在大墩子类型分布区内,公布有3个较早的^{14}C测年数据,一为大墩子遗址的ZK0090木炭标本,为距今5785±105年,一是沭阳万北的两个数据,分别为5770±100年和5775±85年,与贾湖文化晚期的年代相差1000多年,但是两者之间存在如此之多的共同因素,决非偶然,大墩子类型、龙虬庄文化等淮河下游遗存很可能是贾湖人的后代所创造,换言之,他们可能是贾湖文化的主要后继文化之一。

---

①、②南京博物院:《江苏邳县刘林新石器时代遗址第二次发掘》,《考古学报》1965年第2期。

③ 南京博物院:《江苏邳县大墩子遗址第二次发掘》,《考古学集刊》第1集,文物出版社,1981年。

④ 张敏等:《江淮东部的原始稻作农业及相关问题的讨论》,《农业考古》1996年第3期。

三、与汉水流域仰韶时代遗存的关系

上面讨论了贾湖文化与淮河中、下游考古学文化的关系，并认为贾湖文化的一支在七千年之后可能由于某种自然的或社会的原因，沿淮河及诸支流向东、东南方向迁徙和发展，或与当地土著居民融合创造了新的考古学文化。那么，贾湖文化与其西侧南阳盆地和汉水流域仰韶时代文化的关系如何呢？

自旧石器时代以来，南阳盆地一直是连接黄河中游地区与长江中游地区的交通要道，黄河、长江两大文化传统的势力在这一带此消彼长，在前仰韶时代到仰韶时代同样可观察到文化交流的足迹。

据目前材料可知，贾湖文化分布区以西，李家村文化分布区以东的南阳盆地，至今未发现相当于贾湖、裴李岗阶段的前仰韶时代文化遗存，但仰韶时代文化却相当发达。那么，这支考古学文化的前身何在？这就需要对南阳盆地仰韶时代早期遗存的文化因素进行分析对比。

（一）与方城大张庄遗址的关系

贾湖遗址向西约40公里，就进入了连接华北大平原与南阳盆地的咽喉要道——叶县—方城走廊，这里是春秋时期楚国屈完向齐桓公所讲“方城以为城，江汉以为池”的楚方城所在地。在叶方走廊的中段，距贾湖遗址约50公里处，发现了一处介于贾湖文化与南阳盆地仰韶时代文化之间的遗址——大张庄遗址①。这个遗址的文化因素有以下特点：

（1）灰坑均为圆形或不规则圆形，剖面有筒状、袋状和不规则形等，以圆形筒状和袋状为主。这些特征与贾湖和裴李岗均有相似之处，但似乎显得更为规整一些。

（2）石质生产工具中，齿刃石镰、弧刃石铲均为裴李岗、贾湖的常见之物，石锛和贾湖同类器几无二致，铲形器与贾湖C石铲更为接近，表现出二者的相似性。

（3）陶制品以夹滑石粉棕红陶为主，占64%，泥质黑陶占20%，泥质红陶占11%，泥质灰陶占5%。在已经报道的河南省前仰韶文化材料中，这种夹滑石粉陶系在贾湖很有特色，而不见于其它文化，但贾湖的夹滑石粉陶系往往与云母片混用，只有少量单用滑石粉作羼和料者。泥质黑陶在贾湖三期开始出现，最后一段约占4.2%，将泥质同夹砂、夹云母片与滑石粉全部黑、灰陶相加共占14.2%。裴李岗文化的沙窝李有泥质黑陶的报道，在嵩山西麓的瓦窑嘴，泥质黑陶占15%。沙窝李和瓦窑嘴均属裴李岗文化晚期。由此可见，泥质黑陶所占比例是与时间的推移同步增加的。大张庄泥质黑陶所占比例如此之高，应更晚于裴李岗文化和贾湖文化晚期。

（4）陶器组合中，圆锥足罐形鼎在裴李岗、莪沟、贾湖均可见到同类器，但形式变化较大，而与下王岗仰韶文化一期同类器基本相同②。侈口鼓腹平底罐不见于裴李岗和贾湖。假圈足碗的圈足近于消失，也与下王岗同类器相似，小口双耳壶与贾湖C、D双耳罐有近似之处，与舞阳大岗遗址同类器基本一致。其敞口红顶碗在贾湖已经出现，但量很小，而同类器是仰韶时代文化的典型器物之一，在大河村文化及后岗类型、下王岗类型均很常见。折平沿盆与贾湖同类器相似，而在下王岗同类器沿向下翻卷。宽折沿斜腹盆不见于贾湖与裴李岗，而在下王岗仰韶文化一期则为常见

① 南阳地区文物队：《河南方城县大张庄新石器时代遗址》，《考古》1983年第5期。

② 河南省文物研究所等：《淅川下王岗》，文物出版社，1989年。

器形，只是沿更宽。

通过以上分析可以认为，大张庄遗址同时存在仰韶时代早期和前仰韶时代晚期的文化因素，前述与前仰韶时代文化相同的因素中，与裴李岗文化相关的均为具有时代特征的因素，或裴李岗、贾湖共有的特征，而大量因素则可看出直接承自贾湖文化的轨迹。因此可以说，大张庄遗址是介于贾湖与下王岗仰韶文化之间的过渡性文化遗存。也可以认为是贾湖文化向西发展的中间站之一。

（二）与淅川下王岗仰韶文化的关系

从上面分析中我们可以看出，下王岗仰韶文化一期[①] 与大张庄遗存有着较多的联系，同时，与贾湖也有一些相似因素。

(1) 下王岗一期房基以圆形浅地穴式为主，而这种浅地穴式房基与贾湖晚期同类遗迹基本一致。

(2) 下王岗一期灰坑坑口形状有圆形、椭圆形、圆角方形和不规则形四种，剖面结构有直筒状、锅底状、袋状三种，分类情况与贾湖三期几乎完全一致，只是未见贾湖的鞍形坑。

(3) 下王岗一期墓葬绝大多数为长方形竖穴土坑墓，小孩也象成人一样葬于公共墓地之中。墓葬排列有序，墓向以西北为主，少数向西南。墓葬中多数有随葬品，其中仅1件随葬品者占一半以上。随葬品以陶器为主，主要组合有鼎加罐、瓶加罐、罐加壶等。值得注意的是有4座墓随葬狗、5座墓随葬龟，其中1座墓同时随葬狗和龟。这些现象与贾湖文化相同或相似，特别是随葬龟和狗的现象，更值得引起重视。另外，还有随葬兽牙的。

(4) 石器中的T13⑦：298两端舌形刃石铲[②] 和贾湖、裴李岗同类器相似，只是器体稍厚一些。T5⑤：351Ⅲ式斧与贾湖C铲相似，T4⑤：385Ⅰ式耜与贾湖B石铲相似。齿刃石镰与裴李岗、贾湖同类器相似，只是刃较直。当然下王岗有许多裴李岗、贾湖所没有的新器形，如穿孔石铲、石扁铲、石镞等，这是社会的发展和进步所必然。

(5) 骨器中用动物长骨制成的骨凿、骨针、骨镞及用动物尺骨磨成的骨锥等与贾湖的同类器几乎完全一致。特别是下王岗仰韶二期的骨饰与贾湖叉形骨器的一部分十分相似。

(6) 陶器以泥质红陶为主，占将近一半，泥质黑陶占22.99%，这一点与方城大张庄基本一致，且比例更大。陶器组合中，M285：1侈口深腹平底罐、敞口钵、杯等与贾湖同类器十分接近。Ⅴ式壶、细颈瓶与贾湖扁腹壶腹部特征接近。器盖也与贾湖同类器相似。

当然，下王岗仰韶一期有许多贾湖文化所没有的新因素，但这么多相同或相似的因素绝非偶然，这应与文化传统的传承性有很大关系，需要提及的还有，下王岗遗址也有发现水稻遗存的报道，表明了与贾湖还具有相同的经济形式。从以上分析可知，下王岗仰韶一期文化与贾湖和大张庄在文化传统、技术工艺、宗教习俗、审美标准等方面都存在较多的文化相似性。目前，下王岗仰韶时代遗存只公布1个^{14}C数据，GC0083木炭标本为距今5875±175年，校正年代为BC4780～4360年，与淮河下游大汶口文化大墩子类型的年代大致相当，但此数据代表的是下王岗仰韶二期的年代。另外，H116木炭所测GC0086标本的年代虽为距今6195±175年，但此单位却属于屈家岭文化，不宜采用。迄今为止，南阳盆地尚未发现相当于贾湖、裴李岗阶段的遗存，而仰韶时代

---

① 河南省文物研究所等：《淅川下王岗》，文物出版社，1989年。

② 河南省文物研究所等：《淅川下王岗》，文物出版社，1989年。39页图三八，7，报告称为Ⅰ式斧。

文化好象突然发达起来，这应与贾湖文化的西渐有关。与下王岗一期文化相同的还发现有南阳英庄遗址等[①]。因之可以认为，下王岗仰韶时代遗存应是贾湖文化西去的一支发展而来的，是贾湖文化的继承者之一。这也是下王岗仰韶时代遗存与大汶口文化具有随葬狗、龟、兽牙等诸多共同因素的原因所在。

另外，贾湖文化的因素还通过下王岗仰韶时代遗存影响到了汉中地区的仰韶文化半坡类型遗存，如龙岗寺遗址骨器中的凿、镞的形状与制法，陶器中的四耳罐、细颈壶(瓶)、敞口钵、杯、锉等，均与贾湖的同类器相似，墓向以西北为主，葬俗中都有缺肢葬、迁出墓等，其中还有3座墓随葬龟甲，这些因素或许与贾湖文化均有程度不同的关系，不排除同为贾湖人后代所创造的可能性。而且汉中地区的这些因素可能继续向关中地区传播，并对关中地区半坡类型仰韶文化产生一定影响。如宝鸡北首岭下层的双耳壶、鼎等[②]，可能即是这一传播的反映。

① 河南省文物考古研究所调查资料。

② 中国科学院考古研究所:《宝鸡北首岭》，文物出版社，1983年。

附表一　房址登记表

编号	位置	地层关系		形状与结构					填土层次与特征	出土遗物			备注
		上	下	总体特征	居住面	灶	墙	柱洞及其它		陶制品	石、骨、牙制品	动植物	
F1	T12 T13 T14 T15	3A	3B	椭圆形半地穴式	底部经过简单的平整和黄土铺垫，未作特殊处理。但经长期踩踏，较硬	位于房中心偏东处，只见一红烧土浅坑，和草木灰堆积，周围有残碎日用陶器	不存	上、下层承重柱各2个，有一室内窖穴，编号H45	堆积分二层：上层为黑褐色土，质较松软，内含大量陶片、草木灰、少量的烧骨、鱼骨及烧土颗粒等；下层为灰褐色土，质较松，含少量草木灰，动物骨骼、陶片等	3.BⅡ碗，4、5、6.A 锉，7、8. 罐形鼎，9、CⅣ罐形鼎 10、15、31、36、55，F 双耳罐，11.CⅡ划纹盆，13.Ⅱ附加堆纹盆，14.CⅥ敞口钵，16.CⅦ敞口钵，19～30.A 锉，32.CⅡ碗，33.席纹器底，34.AⅡ卷沿罐，35.G 三足钵，56.AⅡ小罐，57.CⅥ敞口钵，59、60. 陶塑品，61、62.Ⅰ附加堆纹盆，63.Bb 碗底，65.BⅡ三足钵足，66.CⅡ三足钵足，67、68.DⅡ壶耳，69.DⅡ壶耳，70.Ab 网坠	1.Ac 骨匕，2.Aa 骨匕，12.AbⅣ牙削，17、18.B 骨刀，37.Ba 颜料，38.B 砸击石锤，39.Ⅳ坯料，40.A 石杵，41、43.D 石杵，42.Ea 石磨棒，44.Dc 砺石，45.Db 砺石，46.Ab 石斧，47.Bb 刮削器，48、52.Ab 石斧，49.A 石磨棒，50.Bb 石铲，51.Aa 石斧，53.BⅠ石磨盘腿，54.B 骨矛，58.Ac 骨针，64.B 锤击石片，71.Bb 刮削器	鳖甲 獐牙 梅花鹿角	
F2	T7	3C	4	圆形、半地穴式	底部经简单平整，铺垫黄土，未作特殊处理	位于偏东处为一长方形凹坑	半地穴周围涂抹黄泥		屋内堆积不分层次，土色黑灰，土质稍软，内含木炭、草木灰、鱼骨、烧骨、果核、石英石块、烧土粒等	1.BⅠ罐形壶，2.AⅠ方口盆，3、4.AⅠ角把罐，5.AⅠ敞口钵，6.AaⅠ角把，7.BaⅠ角把，8.C 深腹盆，9.BⅠ壶耳		鱼骨、果核、獐牙	

续附表一

编号	位置	地层关系		形状与结构					填土层次与特征	出土遗物			备注
		上	下	总体特征	居住面	灶	墙	柱洞及其它		陶制品	石、骨、牙制品	动植物	
F3	T11 T22	3C	4	椭圆形半地穴式	底部铺垫黄土，平整过，较硬	位于房内西北部，近长方形，用黄土筑墙，形成一方形灶池	周壁涂黄泥，地上部分不明	柱洞5个，室内还有4个小圆洞，其中一个内有一鳖	堆积共分三层：一层，黄褐土，质稍硬；二层，黑灰土，质较硬，内含大量的烧土块。三层为铺垫的黄土。内含烧土和碎陶片	4. A Ⅱ方口盆，5. A Ⅱ罐形壶，6、10. B Ⅰ角把罐，7、8、9. A Ⅱ角把罐，11. A Ⅰ双耳罐，12. B Ⅱ方口盆，13. A Ⅱ方口盆，14. A Ⅰ深腹盆，15. Ad Ⅰ角把，16. Ba Ⅰ角把，18. A Ⅰ角把罐，19. A Ⅱ壶耳	1. 龟甲，2. Ac 石斧，3. Gc Ⅱ骨镞，17. Bb Ⅱ牙削	20. 鲤鱼牙，21. 青鱼牙，22. 丹顶鹤，23、24. 环颈雉。另有龟、鳖、鱼、獐牙等	
F4	T105	3A	3B	椭圆形浅地穴式	底径平整，未见铺垫，但较硬	未见	未见	5个柱洞	堆积分两层：上层黑灰色土，质松软，内含大量陶片、烧土粒及草木灰。下层为草木灰层，上下两层之间夹一层红烧土，厚0.03～0.05米	1. C Ⅱ浅腹钵，2. Da Ⅱ双耳罐，3. B Ⅱ罐形鼎，4. C Ⅰ双耳罐，7. Da Ⅱ双耳罐，8. A Ⅱ卷沿罐，9. C Ⅱ浅腹钵，11. C Ⅱ双耳罐，12. C Ⅰ双耳罐，15. Da Ⅰ双耳罐，16. A Ⅱ碗。另有双耳罐、钵、碗等标本	5. B 骨刀，6. Ab Ⅱ牙削，13. C 石杵，14. Cb Ⅰ骨镞。另有砺石、石铲	鱼骨、蚌壳	

编号	位置	地层关系		形状与结构					填土层次与特征	出土遗物			备注
		上	下	总体特征	居住面	灶	墙	柱洞及其它		陶制品	石、骨、牙制品	动植物	
F5	T113	3C	4	椭圆形，双间、半地穴式	有两个时期的居住面，下层居住面为黄土铺垫，北间和南间东侧烧成砖红色，厚0.04～0.15米；上层居住面为铺垫黄土后经火烧成砖红色。厚0.1米。分别相当于房内堆积的第二、五层	坑底南间东侧的大块原生红烧土应为灶的残存遗迹，周围堆积草木灰也较集中	壁涂黄泥。西壁下有倒坍堆积	壁龛一个位于北壁下	堆积共分五层：一层，黑灰色，质稍软，含大量草木灰和红烧土，厚0.6～0.8米；二层，红烧土层，质硬，上压大量红烧土块；三层草木灰层，质稍疏松，厚0.04～0.12米；四层，白灰层，质稍松。下压大量烧土块；五层，烧土硬面，质硬，厚0.04～0.15米	2.AⅠ方口盆，4、10.AⅢ双耳罐，7.BⅠ方口盆，8.AⅡ方口盆，9.AⅠ敞口钵，11.12.DⅡ罐形壶，14、19.Ca支脚，16.AⅠ深腹盆，17.E支脚，18.CⅠ角把罐，21、35.A支脚，22.BⅢ方口盆，24、26.BⅠ角把罐，25.AⅡ深腹盆，27.AⅠ双耳罐，30.A釜，31.BⅣ罐形壶，33.AⅡ敞口钵，34、38.BⅡ深腹盆，36.AaⅠ角把，37.BⅢ罐形壶，40.AⅡ角把罐，41、42.BⅡ深腹盆，49.AⅠ双耳罐，55.云母片，56.圆陶片，58.粗绳纹片，59.CⅠ角把罐，60.CⅡ敞口钵	1.AcⅠ骨镞，3.C骨器柄，5.Aa石斧，6.Bc骨针，13.A骨锥，15.角锥，20.E骨锥，23.AcⅢ骨镞，28.Bb骨针，29.Ae骨针，32.D骨针，39.管形骨器，43.D石杵，44.Ac砺石，45.D锤击石片，46、47.砸击石核，48.D砸击石锤，50.AbⅡ牙削，51.BaⅣ牙削，52.AaⅠ牙削，53.AbⅠ牙削，54.AaⅡ牙削，57.C石砧	貉、果核61.鱼腮盖骨62.豹猫牙床	
F6	T103	3A	3B	椭圆形浅地穴式	经平整，未见处理	未见	未见		填土分二层：一层，深灰土，质松散，含大量红烧土粒，厚0.3米；二层，黄灰土，质松，含少量红烧土粒，厚0.36米	1.BⅠ浅腹钵，2.BⅢ浅腹钵，3.Ab三足钵，7.D三足钵，8.BⅡ三足钵，9.CⅥ敞口钵，10.AⅢ罐钵形鼎，11.CⅠ双耳罐，15.CⅢ划纹盆，17.AⅠ三足钵足，18.CⅠ划纹盆，19.A支脚，20.D支脚，21.网绳纹陶片，22.AⅡ三足钵足，23.AaⅤ三足钵，24.CⅤⅡ敞口钵，25.CⅠ三足钵。另有鼎、罐、钵、碗高领罐等标本	4.石管形器，5.Aa骨匕，6.Aa石颜料，12.AbⅣ牙削，13.AcⅢ骨镞，14.AbⅠ骨镞，16.C锤击石锤，26.C石磨盘，27.AaⅠ骨镞	猪牙、鳖甲、鸟骨	

续附表一

编号	位置	地层关系		形状与结构					填土层次与特征	出土遗物			备注
		上	下	总体特征	居住面	灶	墙	柱洞及其它		陶制品	石、骨、牙制品	动植物	
F7	T109	3C	4	椭圆形半地穴式	未见特殊处理	未见	未见		堆积共分三层：一层，黑灰土，质稍硬；二层，黄灰土，质稍软；三层，黑灰土，质较松软	1. AⅡ敞口钵，2. BⅣ角把罐。另有AⅠ，BⅢ角把罐，AⅠ双耳罐	3. E砺石，4. E琢击石锤，5. A石球。另有A砸击石锤，D锤击石片	鱼骨、蚌片、猪牙床	
F8	T105	2	3C	长方形半地穴式	经平整，铺垫黄土	未见	未见	中间隔墙高0.1～0.2米。柱洞3个	堆积仅一层，黑灰色土，质疏松	4. AⅣ罐形鼎，5. CⅡ双耳罐，8. 陶塑品，13. AⅢ圈足罐，17、22. BⅢ罐形鼎，20、21. BbⅢ鼎足。另有CⅧ敞口钵	1. Ab骨针，2. BaⅠ骨镞，3. C骨锥，6. FbⅠ骨镞，7. 角锥，9. FcⅠ骨镞，11. AaⅢ骨镞，12. 骨饰，14. BaⅠ牙削，15、26. Aa骨匕，18. C琢击石锤，19. CaⅡ骨镞，23. Bb砺石，24. C石磨棒，25. 石砧，26. Aa骨匕，27. B琢击石锤	10. 鹿角，16. 鹿头骨。另有鱼骨、狗骨、獐牙	
F9	T105	3B	3C	椭圆形半地穴式	经平整，铺垫黄土掺红烧土	未见	下半截保留0.5米高红烧土墙和0.1～0.15米深的红烧土墙基	柱洞3个	堆积可分三层：第一层，灰褐土；第二层，填土全是红烧土粒及大块烧土块，内含少量陶片及炭屑；第三层，黑灰土，质疏松，内含大量的草木灰及烧土块	2. BⅣ盆形鼎，7. BⅣ敞口钵。另有BⅡ卷沿罐，BⅠ双耳罐，AbⅠ鼎足	1. D石磨盘腿，3. 石纺轮半成品，4. Ba砺石，5. D骨针，6. A石球。另有A石球	碎兽骨、猪牙	

续附表一

编号	位置	地层关系		形状与结构					填土层次与特征	出土遗物			备注
		上	下	总体特征	居住面	灶	墙	柱洞及其它		陶制品	石、骨、牙制品	动植物	
F10	T109	3B	3C	椭圆形半地穴式	平整，南部有一凹坑为室内窖穴，内置一陶双耳罐	未见	未见		堆积分三层：一层，黄灰土，质稍软；二层，烧土层，质较硬；三层，黑灰土	1. E 双耳罐，7. D 锥刺纹支脚。另有 C 双耳罐，CⅤ敞口钵，A、D 支脚	2. AC 石镰，3. B 锤击石锤，4. Ba 砺石，5. D 砸击石锤，6. B 砸击石锤。另有 D 锤击石片	鳖甲、动物牙床、脊椎骨、猪牙、獐牙等	
F11	T109	3C	4	椭圆形半地穴式	内有 3 个凹坑，两个椭圆形，一个圆形，居住面未见处理	位于门道左侧，为一长方形烧土遗迹，上面可能有灶框，已残	未见	承重柱、护围柱各 1 个	填土分二层：上层，黄灰土，质稍硬；下层，灰土，有炭粒、鱼骨等	1. 支脚，2. AⅠ角把罐。另有 BⅠ角把罐口沿		鱼骨、炭粒等	
F12	T103	3B	3C	椭圆形，浅地穴式	分三层，第一层，黄土，为使用过程中的堆积；第二层，黄土，为铺垫层；第三层，灰土，也是铺垫层	未见	未见		堆积共分三层：一层，黄灰土，质稍硬，较纯净，厚约 0.10 米；二层，黄土，较纯净，厚约 0.08 米；三层，灰土，质较松，内含少量红烧土和炭粒，厚 0.16 米	2. AⅠ折沿罐	1. AC 圆形穿孔石饰		
F13	T103	3B	3C	椭圆形浅地穴式	铺垫一层黄土，厚 0.12 米，底平	未见	未见		堆积浅灰土，质松软，内含红烧土	1. DⅠ罐形鼎，2. CⅣ敞口钵		梅花鹿	

编号	位置	地层关系		形状与结构					填土层次与特征	出土遗物			备注
		上	下	总体特征	居住面	灶	墙	柱洞及其它		陶制品	石、骨、牙制品	动植物	
F14	T119	3A	3B	椭圆形半地穴式	未见处理	未见	未见	承重柱2根，护围柱4根	堆积分三层：一层，浅黄灰土与黑灰土相间，质地较软；二层，黄灰色土，质软；三层，灰黑色土，质软含大量草木灰	3.BⅡ三足钵，4.BⅥ敞口钵，5.CⅡ敞口钵。另有AⅣ折沿罐，敞口钵，BⅡ三足钵，CⅠ釜	1.AⅠ石磨盘腿，2.E琢击石锤	碎兽骨	
F15	T103	3B	3C	椭圆形半地穴式	未见处理	未见	未见	承重柱1根。底垫一石块	填土分二层：一层，深灰土，质松软，内含大量红烧土块；二层，浅灰土，质松，内含少量红烧土	1.AⅡ侈口罐	Dd砺石	动物肢骨	
F16	T104	3B	H228 H264 3C	圆形半地穴式	底铺一层黄灰土，厚0.1米，较硬	位于房正中偏南处，周围有红烧土灶壁，灶门向西南与门道方向一致，呈圆角方形，内径约0.8米	未见		堆积分三层：一层烧土粒，质稍硬，内含大量陶片和烧土块；二层，为陶片层，厚0.02～0.08米；三层，黑灰色，土质疏松，内含烧土粒，炭屑、石块、陶片等	2、3、9、10.AⅡ侈口罐，4.AⅡ折沿罐，5.BⅡ卷沿罐，7.CⅠ划纹盆，8.CⅡ划纹盆，11.DⅡ罐形鼎，12.DⅠ罐形鼎，13、14.BⅠ罐形鼎，15.BⅡ卷沿罐，16.BⅡ敛口盆，17.AdⅡ鼎足，18.AcⅡ鼎足，19.罐底，20.网绳纹片，21.CⅥ敞口钵。另有AⅡ侈口罐，AⅠ、BⅠ卷沿罐，BⅤ敞口钵，AⅠ敛口盆及盆形鼎等	1.B石磨棒，6.C石磨盘。另有A石磨棒	大量炭化稻米等	

编号	位置	地层关系		形状与结构					填土层次与特征	出土遗物			备注
		上	下	总体特征	居住面	灶	墙	柱洞及其它		陶制品	石、骨、牙制品	动植物	
F17	T114	3C	4	近圆形半地穴式，分4间	黄土铺垫，厚0.1～0.15米，较硬	位于东南间靠近门道处，圆形，原生烧土，厚0.1～0.2米	下部用黄泥垛成，高0.05～0.3米，上部墙未见	东北间东部有宽0.24米的黄土台，高于居住面0.54米柱洞19个	堆积分五层：第一层灰褐土，较硬，含大量红烧土块，厚0.3～0.4米；第二层灰土，含大量草木灰、陶片、残石器、兽骨、龟甲、蚌壳、烧土块等，厚0.3～0.35米；第三层草木灰层，较松软，含大量陶片、烧土块，厚0.2～0.4米；第四层为白色灰烬层，只在局部有分布，厚0.02～0.1米；第五层为较纯的灰土层，厚0.2～0.6米	3.BⅡ方口盆，4.Ca支脚，5.G支脚，7.A小钵，9.BⅡ角把罐，10.AⅡ双耳罐，11.AⅡ罐形壶，12.BⅡ方口盆，13.AⅡ角把罐，15.CⅣ罐形壶，17、19.CaⅠ角把，22.CⅠ方口盆，23.B支脚，24.AⅠ划纹盆，26.F支脚，28.A支脚，31.AⅡ双耳罐，32.BⅡ罐形壶，33.AⅡ方口盆，34、35.器把，37.BⅠ敞口钵，38.CⅡ罐形壶	1.AaⅡ牙削，2.AbⅡ牙削，6.AaⅠ牙削，8.Ac骨针，14.HaⅠ骨镞，18.Aa刮削器，20.Ⅴ坯料，21.E砸击石锤，25、36.C石刀，27.钻帽，29.A锤击石片，30.E砺石。另有钻帽D锤击石片，Dc刮削器，Ca石铲，C石刀	16.龟甲，39、40.鳄鱼牙床，41.鱼牙，42、43.鳄鱼鳞板。另有貉、獐牙、梅花鹿、稻米粒	
F18	T104	3B	3C 4	近方形半地穴式	用黄土掺红烧土铺垫砸成，厚0.04～0.08米，较坚硬	未见	壁涂0.05～0.1米厚的黄泥	柱洞3个	堆积仅一层，黑灰土，质疏松，内含大量的烧土粒、草木灰、碎骨、陶片、炭屑等	2.AⅡ卷沿罐，3.CⅡd鼎足。另有DaⅠ双耳罐，CⅡ釜，CⅦ敞口钵	1.Cb骨镖		

编号	位置	地层关系		形状与结构					填土层次与特征	出土遗物			备注
		上	下	总体特征	居住面	灶	墙	柱洞及其它		陶制品	石、骨、牙制品	动植物	
F19	T116	3C	4	椭圆形半地穴式	未处理	未见	未见		填土不分层次,青灰色,结构稍松软,内含极少量碎骨、红烧土粒、草木灰等	1.BⅠ角把罐,4.Ag鼎足	2.BbⅡ牙削,3.璜形石器		
F20	T33	3C	4	圆形浅地穴式	底铺一层黄褐土,较纯净,含大量细砂。厚0.05～0.1米	位于门道两侧,半圆形,周壁、底均有长期火烧形成的红烧土	周壁涂0.1米厚的黄泥	北壁有一壁龛。柱洞5个	堆积共分五层:一层,青褐色土,质稍硬,内含大量的红烧土粒、陶片;二层,红烧土层自西向东呈马鞍形分布,部分经轻度烧烤,呈紫褐色;三层,灰褐色土,质稍松,内含红烧土块、陶片、草木灰等,包含物较丰富;四层,黑灰土较松,湿度较大,内含大量的红烧土粒、陶片;五层,为草木灰层,内含有烧骨、陶片等,由于地层的倾斜,自西向东在0.03～0.12米之间	3.罐(制作标本),4.CaⅣ角把,5.AⅠ角把罐,6.BⅠ角把罐,7.釜,8.AⅠ双耳罐,9.Eb角把,10.深腹盆鋬。另有AⅠ、BⅠ角把罐,AcⅠ、Eb角把,BⅠ深腹盆,AⅠ深腹盆,AaⅡ角把	1.AbⅡ骨镞,2.C骨刀,11.AbⅣ牙削。另有砸击石片、B石磨盘	兽骨、龟甲、蚌壳等	

编号	位置	地层关系		形状与结构					填土层次与特征	出土遗物			备注
		上	下	总体特征	居住面	灶	墙	柱洞及其它		陶制品	石、骨、牙制品	动植物	
F21	T35	3A	3B	不规则形半地穴式2间	未见处理	未见	未见		屋内堆积分二层：一层，黑灰土，质松软，内有大量的陶片和灰烬、红烧土颗粒等；二层，仅在灰坑的东部存在，黑色土，内含大量的炭灰及较少量的红烧土颗粒，内无陶片	5. 壶颈(制作工艺标本)，6. Ab 碗底，10. A 铿，11. AⅡ钵足，12. AⅣ壶耳，13. AⅣ壶耳。另有盆形鼎，AⅡ罐形鼎，CⅡ罐形鼎，AⅣ折沿罐，CⅦ敞口钵，AcⅦ浅腹钵，AⅠ、AⅡ钵足，D 划纹盆，AⅣ碗	1. Ca 石斧，2. B 石刀，3. B 锤击石锤，7. Ba Ⅳ 牙削，8. Ab 颜料，9. Ab 砺石	4. 鹿角	
F22	T116	3C	4	椭圆形，半地穴式	未见处理	未见	周壁涂抹一层黄泥厚0.1米	东侧柱洞2个	堆积分三层：一层，黄褐色，内含很多的红烧土块；二层，灰色土，有很多的木炭、鱼骨、蚌片等；三层，黑灰色土，质稍硬	1. CⅠ罐形鼎。另有AⅠ罐形鼎，CⅠ侈口罐，DⅡ罐形壶，BⅠ双耳罐，AⅡ、BⅠ、BⅡ敛口钵，AⅠ折肩壶，AaⅠ鼎足		鱼骨、蚌片、木炭、鳖甲	探方内仅露出一少部分，全貌不清
F23	T32	3C	4	椭圆形半地穴式	平整，经火烧烤	在中间偏西南处	壁涂0.1～0.15米厚的黄泥	柱洞8个	堆积分两层：上层中部为黑色粘土，周围为黄色土，外围为黑灰土，土色都较纯；下层，黑灰土，质软，内含大量草木灰	1. 双耳罐(制作标本)，2、3. 罐形壶耳。另有AⅠ、AⅡ、BⅠ、BⅡ角把罐，AⅣ方口盆	4. B 锤击石片	鱼骨、兽骨、龟甲、动物粪便	

编号	位置	地层关系		形状与结构					填土层次与特征	出土遗物			备注
		上	下	总体特征	居住面	灶	墙	柱洞及其它		陶制品	石、骨、牙制品	动植物	
F24	T105	2	3C	鞍形半地穴式	中部有2个椭圆形凹坑	未见	未见		堆积仅一层，黑灰色土，质松软，内含大量草木灰、烧土粒	2. E双耳罐	1. AcⅡ骨镞	木炭、獐牙、梅花鹿、草木灰、猪下颌骨、稻米	部分在探方外，未做全
F25	T34	3B	3C	鞍形浅地穴式	未加工	未见	未见	柱洞5个	堆积不分层次，填土均灰黑色，质稍硬，粘性大。含残石块、红烧土块、陶片等	1. AⅠ侈口罐，2. AⅣ浅腹钵。另有BⅡ盆形鼎，AⅠ罐形鼎，敞口钵AⅣ、AⅤ浅腹钵，AⅡ敛口钵、AⅠ曲腹钵	Ca锤击石片	碎兽骨	
F26	T74	5	6	鞍形半地穴式	未见铺垫	未见	未见		堆积分二层：一层，灰黄土，内含大量大块红烧土；二层，黑灰土，质软，内含草木灰、碎骨等	1. Db角把，2. AcⅠ角把，3. EaⅠ角把，5. AⅠ划纹盆，6、9. AⅡ深腹盆，7. Ca支脚，10. BⅠ壶耳。另有AⅡ、AⅢ、BⅠ、BⅡ角把罐，AⅠ划纹盆，AⅡ、AⅢ、BⅡ、CⅠ方口盆，AⅠ、AⅡ、AⅢ深腹盆，A支脚	8. C石杵。另有Aa颜料、砸击石片	4. 野兔下颌、狗、猪下颌骨、野兔	探方内、露出一半，东壁外一半未做
F27	T102	3B	3C	圆形浅地穴式	未见处理	无	宽0.3米，残高0.25米	柱洞10个	堆积不分层次，灰褐色土，质较松软，含有少量的红烧土块及碎骨	1. 高领罐。另有CⅤ敞口钵，CⅠ三足钵足			

编号	位置	地层关系		形状与结构					填土层次与特征	出土遗物			备注
		上	下	总体特征	居住面	灶	墙	柱洞及其它		陶制品	石、骨、牙制品	动植物	
F28	T27	3C H263	4	椭圆形半地穴式	底垫纯净黄土，厚0.1～0.14米，表面经火烧烤。中间曾废弃后又重新铺垫一面黄土，为第二层居住面	在第二层居住面上，南北呈葫芦状，红烧土面，厚0.04～0.05米，为第二层居住面时的灶址	壁涂黄泥并烧烤	东侧立置完整陶角把罐一个	堆积分七层：第一层，灰黑土，内含较多的红烧土块，厚0.31米；第二层，黄土，内含较少红烧土，厚0.34米；第三层，红烧土层，厚0.10米；第四层，浅黄灰土，较净，厚0.10米；第五层，红烧土层，内含较大块红烧土，厚0.10米；第六层，灰黑色土层，含少量红烧土；第七层，灰黄土层，很净，厚0.05～0.22米不等	1.BⅡ角把罐，2.DaⅠ角把，3.AdⅠ角把，4.AⅡ敞口钵，5.AⅡ双耳罐，6.AⅠ敞口钵，7.AⅠ敞口钵，8.深腹盆鋬，9.CⅡ敞口钵。另有AⅠ深腹盆、双耳罐			探方内只露出东南部，其余压在探方外，未做
F29	T38	1	2	椭圆形，半地穴式	底垫一层厚0.1～0.2米的纯净灰褐土，较硬	位于门道北侧，0.7×0.9米，为一红烧土面，厚0.1米，中间一条小凹槽	壁涂一层0.08米厚的黄泥		堆积分三层：第一层红烧土，厚0.5米；第二层草木灰层，厚0.4米；第三层为黑土层，厚0.6米。其下为褐色居住面。南侧凹坑底上还有一层草木灰	1.BⅠ浅腹钵，2.Ⅱ筒形篦纹罐，3.敛口钵，4、5.BbⅡ鼎足，11.AcⅠ角把，12.AⅡ圆腹壶，13.器底，14、15.BⅥ壶耳。另有CⅣ敞口钵，AⅣ浅腹钵，BⅣ敛口钵，AⅠ敛口盆，CⅠ划纹盆，AⅡ圆腹壶，A支脚，BbⅡb鼎足	6.Ab砺石，7.D石磨盘，8.Aa砺石，9.C石磨盘，10.A锤击石核		

续附表一

编号	位置	地层关系		形状与结构					填土层次与特征	出土遗物			备注
		上	下	总体特征	居住面	灶	墙	柱洞及其它		陶制品	石、骨、牙制品	动植物	
F30	T39	H299	2	不规则形半地穴式3间	铺垫后经火烧，呈褐色，厚0.04～0.06米	未见	未见处理	柱洞2个	堆积分五层：第一层为黄土，质稍硬，内含大量红烧土；第二层为黑灰色土，内含大量草木灰；第三层为东高西低的倾斜状，褐色，含大量红烧土块；第四层为灰土，含草木灰等，厚0.4～0.7米；第五层呈紫褐色，经火烧烤，很坚硬。上有一层鱼鳞	1.BⅡ敛口钵，3.BⅤ敛口钵，6.F三足钵，7.BⅡ盆形鼎，8.BⅠ盆形鼎，9、10、11.BⅡ盆形鼎，12.AⅡ侈口罐，13.AⅡ罐形鼎，14.CⅠ罐形鼎，15.BaⅡ鼎足，20.陶塑品，21.壶（制作工艺标本），22.钵口（标本），23.AⅤ壶耳，24.AⅥ壶耳，25.B曲腹钵。另有BⅠ盆形鼎，AⅠ、BⅠ罐形鼎，AⅠ侈口罐，BⅣ敛口钵，F钵足等	2、16.D骨锥，4.Cb石铲，5、17.Ca砺石，18.A锤击石核，19.Cb骨针	26.丹顶鹤肢骨，27.狗颌骨，28～31.四不像角叉，另有貉、狗、猪、獐牙、鱼骨、鱼鳞	
F31	T66	4	5	椭圆形半地穴式	纯净的灰白色土铺垫，厚0.03米	未见	周壁涂抹一层厚约0.05米的灰褐色泥	柱洞5个	堆积分三层：一层，灰黑色土，内含大量红烧土块、炭块、动物碎骨、陶片，厚0.69米；二层，灰黑色土，质稍硬，包含物较少；三层，灰白色胶结状土，纯净，层厚约0.03米	2.CⅡ圆腹壶，6.BⅡ划纹盆，7.AⅡ卷沿罐，8.BⅡ敛口盆，9.CⅠ划纹盆。另有CⅥ敞口钵，AⅡ敛口盆，A支脚	1.Cc石斧，3.D锤击石片，5.Ac骨针，10.Aa砺石，11.砸击石核。另有Ⅰ石坯料，砸击石核，A石磨盘	4.牛角	

续附表一

编号	位置	地层关系		形状与结构					填土层次与特征	出土遗物			备注
		上	下	总体特征	居住面	灶	墙	柱洞及其它		陶制品	石、骨、牙制品	动植物	
F32	T69	4	5	圆形半地穴式	底铺垫0.2米厚黄土，上部0.15米烧成砖红色	未见	壁涂0.1～0.25米厚的黄泥	柱洞3个	堆积分两层：第一层为黑灰色土，质稍硬，含有木炭块等，厚约0.29～0.3米；第二层为灰土，含大量红烧土，层表有一层白色灰烬层，厚约0.01～0.05米。坑底为铺垫的黄土居住面	1.BⅢ盆形鼎，2.BⅣ敞口钵，3.CⅤ敞口钵，5.CⅠ浅腹钵，6.G双耳罐，7.BⅣ盆形鼎，8.AdⅠ鼎足，9.Af鼎足，10.AⅢ钵足。另有BⅢ、Ⅳ盆形鼎，AdⅠ、Ba·Ⅳb鼎足，AⅥ浅腹钵		4.鱼脊骨，另有猪下颌骨、蚌壳	
F33	T67	5	6	不规则形浅地穴式	未见处理	未见	未见	柱洞14个	堆积分三层：一层，黑灰土，质较硬，夹带红烧土颗粒和陶片；二层，黄灰土，夹大量红烧土；三层，灰褐色土，内含大量鱼骨、兽骨、草木灰等	2.A支脚，3.Ca支脚，4.CaⅠ角把，5、6.A盆形鼎，7.盆形鼎（形式不明）。另有AⅡ、BⅠ角把罐，AcⅠ角把，AⅠ、AⅠ、BⅠ、BⅠ敛口钵	1.Ac骨针	鱼骨、兽骨	

编号	位置	地层关系		形状与结构					填土层次与特征	出土遗物			备注
		上	下	总体特征	居住面	灶	墙	柱洞及其它		陶制品	石、骨、牙制品	动植物	
F34	T73	5	6	不规则形半地穴式				柱洞2个	堆积不分层次，黑色土，质稍硬，内含大量的夹砂陶片	2. AⅢ方口盆，3、21. BⅢ方口盆，4、6、7. A支脚，5. AⅢ深腹盆，14. AaⅠ角把，15. AⅠ深腹盆，16. BⅡ深腹盆，17. AdⅠ角把，19、20. 角把罐口（制作工艺标本），22. 深腹盆鋬，23. AⅠ壶耳，24. AⅡ壶耳。另有AⅠ、AⅡ、AⅢ、BⅠ、BⅡ角把罐，AⅡ方口盆，AⅠ、AⅡ、AⅢ、BⅠ深腹盆，Ca支脚	1. Ab颜料，8. AaⅢ牙削，9. EbⅡ骨镞，10. AcⅠ骨镞，11. 钩形器，12. AaⅡ牙削，13. E骨锥，18. B砸击石片。另有Ⅳ坯料，B锤击石核，砸击石核	25. 狗獾右下颌骨，另有狗骨、獐牙等	一半压在东壁下，未做
F35	T70	4	5	不规则形半地穴式，四间	铺垫黄土，经火烧成砖红色，厚0.05～0.1米	位于活动面北侧，有两个圆形凹底红烧土灶坑相打破，灶甲直径约0.4米，灶乙保存不太好	壁涂黄泥	柱洞12个	分五层，自北向南呈倾斜状分布。第一层，浅黄褐色土，含较多红烧土粒；第二层，黑灰色土，含较多草木灰和红烧土粒；第三层，红烧土层，只分布于北部，；第四层，为草木灰层；第五层，为灰白色灰烬层	1、13. AⅣ折肩壶，6. BⅤ敛口钵，7. BⅥ敛口钵，10、11. 壶底（制陶工艺标本），12. BⅤ敛口钵，14. F三足钵，15. AⅣ折肩壶，16. 陶弹丸，19. BⅡ盆形鼎，20. BⅤ盆形鼎，21. BⅠ划纹盆，22. BbⅡb鼎足，23. AcⅡ鼎足，24. AⅤ壶耳，25. AⅦ壶耳，26. AⅤ壶耳，27. BⅤ壶耳，28. BⅠ双耳罐。另有BⅡ盆形鼎，AⅠ罐形鼎，AⅡ侈口罐，AⅢ侈口罐，AⅡ折肩壶，BⅠ浅腹钵，AcⅠ、Ag鼎足等	2. EaⅠ骨镞，3. HcⅠ骨镞，4. BaⅠ牙器，5. GdⅢ骨镞，8. Eb石磨棒，9. Ⅰ石坯料，17. C有使用痕迹的石片，18. E琢击石锤。另有Ba石斧	大量草木灰、兽骨、分选出有稻粒	

续附表一

编号	位置	地层关系		形状与结构					填土层次与特征	出土遗物			备注
		上	下	总体特征	居住面	灶	墙	柱洞及其它		陶制品	石、骨、牙制品	动植物	
F36	T64	5 H338	6	椭圆形,半地穴式	很平整、铺垫两层,先铺一层黑花土,经轻度烧烤,厚0.1米;第二层为纯黄土,很硬,厚0.05米	未见	周壁涂一层厚0.1米的黄褐色泥,内夹少量红烧土粒	东侧收出二层台柱洞7个	堆积分三层:一层,黑色粘土,土质坚硬,内含少量的红烧土块、炭屑、碎骨;二层,黄土,只铺在坑东部,土质较硬;三层,内含少量红烧土块、炭粒、陶片和动物骨骼,质较硬	2.AⅣ双耳罐,3.AⅠ侈口罐,4.AⅡ深腹盆,5.BaⅠ鼎足,6.深腹盆BⅡ。另有AⅠ罐形鼎,AⅠ、AⅡ、BⅠ敛口钵,BⅤ罐形壶	1.牙饰		
F37	T114	3C	4	椭圆形半地穴式	经火烧成砖红色,很坚硬	红烧土的中部,有圆弧形火圈	周围涂抹0.1米厚的黄泥	南侧有一生土台阶,高宽各约0.5米	堆积分五层:第一层,黑灰土;第二层,红烧土粒夹草木灰堆积;第三层,灰土,较松软;第四层,草木灰层,质松软;第五层,烧土块堆积	3.AⅣ罐形壶,4.BⅣ角把罐,5.A盆形鼎,6.AcⅠ鼎足,7.BbⅠ鼎足,8.AⅠ罐形鼎,9.罐形壶耳。另有AⅠ、CⅠ罐形鼎,BⅣ角把罐AⅠ卷沿罐,Ⅰ筒形篦纹罐,AⅠ、BⅠ、BⅠ敛口钵,AaⅠ碗底	1.Ad骨针,2.C骨刀。另有残石块	10.丹顶鹤肢骨,11.天鹅肢骨另有鱼骨、兽骨、龟甲、獐牙	
F38	T25	3C	4	椭圆形干阑式	无			柱洞7个					

续附表一

编号	位置	地层关系		形状与结构					填土层次与特征	出土遗物			备注
		上	下	总体特征	居住面	灶	墙	柱洞及其它		陶制品	石、骨、牙制品	动植物	
F39	T120	3A	H142 H143	椭圆形平地起建式	铺垫约0.4米厚草拌泥,后经火烧成红褐色	位于中间偏西南处,正方形,边长0.4米,深0.1米	未见	柱洞3个		CⅣ罐形鼎,DaⅠ双耳罐,敞口钵,敛口盆,鼎足	石英碎块	碎兽骨	
F40	T19	3A	3B	长方形干阑式	无	无	未见	柱洞24个					
F41	T21	3A	3B	椭圆形、半地穴式	未见铺垫	未见	未见		堆积分五层:第一层位于中间呈凹窝形,黑灰土,厚0.76米;第二层呈坡状堆积,灰白色土,厚0.05～0.1米;第三层呈坡状堆积,厚0.06～0.82米,黑灰土,全为大量草木灰;第四层呈坡状堆积,灰白色,呈胶结状,厚0.05～0.1米;第五层,位于坑底部位,青灰色,厚0.2～0.6米	9、10.A支脚,14.甑底,18.双耳罐(式别不明),19.陶勺,20.BⅠ圈足罐,21.BⅥ敞口钵,22.双耳罐(标本),23.AⅡ支脚,28.BⅢ划纹盆,30.DⅡ罐形鼎,31.DⅣ罐形鼎,32、33.CⅡ罐形鼎,34、35.BⅡ罐形鼎,36.Ⅰ器盖,37.AⅡ敛口盆,38.BbⅡa鼎足,39.Bc鼎足,41.Ⅰ器盖,42.D划纹盆,43.四孔陶片,44.划纹片,45.Ca碗底,46.三足钵足。另有C盆形鼎,DⅢ罐形鼎,BⅠ圈足罐,AⅡ敛口盆,D划纹盆,Ⅰ附加堆纹盆,CⅥ、CⅦ、CⅧ敞口钵	1.C石磨棒,2.Ba石铲,3.Ⅵ坯料,4.璜形器,5、6、7.A骨刀,8.BbⅣ牙削,11.AaⅠ牙削,12.Cc骨镖,13.B骨刀,15.Cc骨镖,16.A石磨盘,17.AbⅢ牙削,25.Ab骨匕,26.Cc骨镖,27.AaⅣ牙削,29.Eb石磨棒,40.Bc骨针。另有Db刮削器	鹿角、兽骨、獐牙	位于T21西扩,一半压在探方西壁外
F42	T8 T22 T23	3A	H50	椭圆形浅地穴式	未见处理	未见	未见		堆积深绿色土,质稍硬,内含很多红烧土及陶片	2.锉A,5.扁腹壶AⅠ,6.三足钵足AⅠ。另有AⅢ侈口罐、AaⅡ鼎足	1.Ac石斧,3.石镰Ab,4.A石杵,7.C琢击石锤,8.C石刀。另有C石刀,D石磨棒		

编号	位置	地层关系		形状与结构					填土层次与特征	出土遗物			备注
		上	下	总体特征	居住面	灶	墙	柱洞及其它		陶制品	石、骨、牙制品	动植物	
F43	T13 T12 T23 T22	3A	3B	椭圆形半地穴式	未见处理	未见	未见		堆积青灰色土，质较松，内含烧骨、烧土等	1.B杯，2、3.A铧，5.DaⅠ鼎足，6.BaⅣb鼎足，7.BaⅣC鼎足，8.A支脚，10.Ca壶耳，11.AⅡ三足钵足。另有AⅡ侈口罐，CⅥ、CⅧ敞口钵，AⅥ、BⅡ、CⅠ、CⅡ浅腹钵，CⅡb鼎足	4.石杵，9.有使用痕迹的B石片	烧骨、木炭	
F44	T120	3B	3C	椭圆形半地穴式	底部铺垫黄土	位于门道北侧，仅一片红烧土面	壁涂抹一层黄泥		堆积分三层：一层，灰黑土，质松软，内含草木灰、碎骨、陶片等，厚0.30米；二层，黄色土，质稍紧密，内含少量陶片，厚0.10米；三层，黑灰色，质疏，间杂大量草木灰，内含大量碎骨，鹿角、陶片等，层厚0.40米	1.BⅡ盆形鼎，2.DⅡ罐形鼎，4.BⅡ三足钵足。另有BⅡ盆形鼎，AⅠ、AⅡ罐形鼎，BaⅡ折肩壶，CⅤ敞口钵，DⅠ三足钵足，A支脚	3.Ca锤击石片。另有D骨锥	兽骨、鹿角、鳖甲、鱼鳞等	一半压在南壁下，未做
F45	T119	3C	4	不规则形半地穴式	未见铺垫	未见	未见	柱洞6个	堆积分三层：一层，黑灰土，质较软，内含少量陶片，厚0.45米；二层，灰色，质较软，内含大量草木灰，厚0.47米；三层，灰褐土，质较硬，厚0.23米	1.A小钵，3.Ca支架，4.AⅡ深腹盆，6.Cb支脚，8.CⅠ角把罐，9.BⅡ角把罐。另有AⅡ、BⅡ、CⅠ角把罐，Bb角把，AⅡ双耳罐	2.C骨凿，5.Ad石斧，7.B砸击石锤	10.牛腿骨	大部压在南壁下，未做

附表二　灰坑登记表

（单位：米）

编号	位置	期段	层位		形状结构				填土层次及特征	出土遗物			备注
			上	下	分类	长(长径) 宽(短径) 深	壁底加工	坑内及附属遗迹		陶制品	石、骨制品	动、植物	
H1	T2	Ⅰ5	3	4	戊 Ca	1.2 1.06 1.86		距坑底0.6～0.95米处有一宽约0.2米的脚窝。北、南、西三面口部以下有台阶，北部台阶宽0.22米，距坑口0.1～0.15米，南部台阶宽0.14米，距坑口0.4米	上层为含大量草拌泥红烧土块的浅灰土；下层草木灰层，内含大量木炭块及打制石英石片等	BⅠ盆形鼎，罐形鼎，AⅡ折肩壶	打制石器	鱼骨、龟甲片、动物肢骨	坑口塌陷严重
H2	T2	Ⅱ4	3	4	乙 Db	1 0.98 1.34			填土不分层次，浅灰色	陶片	骨锥	碎兽骨	
H3	T2	Ⅰ4	4	生土	甲 Ab	0.80 0.70 1.23			填土不分层次，浅黑褐色	BⅡ敞口钵，BⅠ敛口钵	骨锥		
H4	T2	Ⅰ5	3	4	甲 Cb	0.70 0.70 1.45			填土不分层次，浅黑褐色	敛口钵、壶口沿			
H5	T1	Ⅰ6	1	2	乙 Ad	0.70 0.70 0.77			填土不分层次，黑色粘土	夹砂盆片	打制石器、兽牙	鱼、鳖、蚌	

续附表二

编号	位置	期段	层位		形状结构				填土层次及特征	出土遗物			备注
			上	下	分类	长(长径) 宽(短径) 深	壁底加工	坑内及附属遗迹		陶制品	石、骨制品	动、植物	
H6	T2	Ⅱ5	3	4	甲Bc	0.90 0.90 1.2		北部有台阶三层:一层位于底西北角,高0.4米,宽0.35米;二层高0.4米,宽0.35米;三层高0.4米到坑口	填土分两层:上层暗黑褐色粘土,内含烧土块;下层草木灰层,内含大量木炭块	BⅡ敛口钵,BⅠ盆形鼎	石杵	兽骨、猪头骨	
H7	T1	Ⅱ5	1	2	甲Ca	0.76 0.76 0.73			填土不分层,灰色	陶片	骨料	鱼骨、兽骨、蚌片	
H8	T1	Ⅱ5	1	2	甲Db	0.88 0.80 1.4			填土不分层,浅黑褐色	BⅡ盆形鼎,卷沿罐口沿,敛口钵			
H9	T1	Ⅰ3	2	生土	甲Ba	0.95 0.95 1.35			填土分两层:上层为含大量红烧土粒的浅灰土;下层为松软的灰土,内含大量草木灰	A支脚,BⅡ敞口钵,方口盆	残石器	碎兽骨动物粪便	坑口地层有下陷现象
H10	T2	Ⅰ1	4	生土	甲Db	0.86 0.86 1.41			填土一层,浅黑褐色	AⅠ角把罐,AⅠ敞口钵			
H11	T3	Ⅰ2	1	生土	甲Ab	2.86 2.86 1.09			填土一层,褐灰色	AⅠ角把罐,AⅠ双耳罐,BⅠ罐形壶,AⅠ深腹盆,A支脚	打制石英片	鹿牙、鱼骨,动物粪便	

编号	位置	期段	层位		形状结构				填土层次及特征	出土遗物			备注
			上	下	分类	长(长径) 宽(短径) 深	壁底加工	坑内及附属遗迹		陶制品	石、骨制品	动、植物	
H12	T21	Ⅱ5	H86	3C	甲 Aa	0.80 0.74 0.20			填土不分层次,质松软色较灰,内含红烧土块、炭粒	BⅡ敛口钵			
H13	T21	Ⅰ2	H74	4	乙 Aa	2.50 2.16 0.92			填土分三层:一层质稍硬,黄灰色;二层含大量草木灰和红烧土块;三层质松软,色灰白	1.AⅡ角把罐,3.AⅠ深腹盆,4.A支脚,7.B支脚,8.AⅡ双耳罐,9.EbⅠ角把,10.AⅡ双耳罐,11.AⅡ角把,15.Ca支脚,16.Cb支脚,17.BⅡ壶耳,18.细绳纹陶片	2.骨环,12.AbⅡ骨镞,13.Fe骨镞,14.E骨锥,25.Cc骨镖	5.羊角,6.鳖甲,19～22.貉颌骨,23、24.貉头骨。另有兽骨、猪牙、獐牙	
H14	T16	Ⅱ7	3B	3C	甲 Cb	0.80 0.80 0.42			填土呈松软灰色	1.CⅠ双耳罐	2.Bb石镰		
H15	T21	Ⅱ5	3B	3C	甲 Aa	0.74 0.70 0.46			填土仅一层,呈黑灰色,质松软	AⅠ小罐		猪牙	
H16	T22 T5	Ⅱ4	3C	H71	甲 Db	1.85 1.64 0.80			填土呈黑色,质较松	1.DⅡ罐形壶,2.BⅠ敛口钵,3.AⅠ罐形鼎,5.缸,7.三足壶,9.AⅠ壶耳,10.BⅡ壶耳	4.B骨凿,6.石核,8.D砸击石锤	11.黄牛头骨	
H17	T23	Ⅱ6	3B	3C	乙 Aa	1.16 0.76 0.24			填土呈黑灰色,质较松	罐形鼎	Cb石斧		

续附表二

编号	位置	期段	层位		形状结构				填土层次及特征	出土遗物			备注
			上	下	分类	长(长径) 宽(短径) 深	壁底加工	坑内及附属遗迹		陶制品	石、骨制品	动、植物	
H18	T23	Ⅰ6	3B	3C	丙 Aa	1.04 0.8 0.43			填土呈黑色，内含大量草木灰		1.E石磨盘	鱼骨	
H22	T11	Ⅱ9	3A	H26 3B	乙 Aa	0.90 0.74 0.27			堆积分二层：一层为黄灰土；二层为灰土，内含大量的红烧土和炭屑	CⅧ敞口钵			
H23	T15	Ⅱ9	3A	3B	甲 Aa	0.90 0.72 0.30			填土为深灰色，质较硬，内含少量的红烧土粒	BⅣ浅腹钵		猪牙	部分压在探方外，未清理
H24	T16	Ⅱ8	3A	H70	丁 Ab	1.60 1.56 0.26			堆积不分层次，深灰色，土质坚硬，内含大量红烧土	2.B双耳罐，3.罐底。另有AⅡ卷沿罐，CⅦ敞口钵	1.Fe骨镞	四不像	
H25	T11	Ⅱ8	3A	3B	乙 Da	3.08 2.16 0.36			填土分两层：上层为灰黄色；下层为黑灰色，内含有很多红烧土和鱼骨	1.A锉，2.纺轮半成品，7、8.A锉。另有C盆形鼎，AⅡ、BⅠ罐形鼎，CⅦ敞口钵	5.Ab石镰 6.Bb石镰	鱼骨、猪骨	
H26	T11	Ⅱ8	3A	3B	甲 Ab	0.98 0.95 0.55			填土分两层：一层为黄灰土；二层为黑灰土，内含大量的红烧土块和炭粒	AⅡ、CⅡ罐形鼎，CⅥ敞口钵	1.B石砧	梅花鹿	
H27	T15	Ⅱ8	3A	3B	丁 Ab	1.40 1.30 0.26			填土为黑褐色，质松软，内含草木灰、烧骨、鱼骨及烧土颗粒等	1.AⅡ碗，2.AⅡ罐形鼎，3.AⅡ卷沿罐，4.AⅠ碗		烧骨、鱼骨、兽骨、龟甲残片、獐牙	

续附表二

编号	位置	期段	层位 上	层位 下	形状结构 分类	长(长径) 宽(短径) 深	壁底加工	坑内及附属遗迹	填土层次及特征	出土遗物 陶制品	出土遗物 石、骨制品	出土遗物 动、植物	备注
H29	T11	Ⅱ4	3C	H42	甲Ca	1.86 1.74 1.55			堆积分三层：一层为黑灰色，内含大量的烧土块；二层为黄灰色，内含大量红烧土及炭粒；三层为灰土，内含大量木炭和鱼骨	1.AⅤ方口盆，4.AcⅠ鼎足，5.Ca支脚，12.AⅣ方口盆，14.BⅡ角把罐，15.C敛口盆，19.BaⅠ鼎足，20.壶耳(制作工艺标本)，21.制作工艺标本，22.BaⅠ鼎足	2.C琢击石锤，3.A石砧，7.Bb石镰，8.Ca石斧，9.钩形器，10.鳖甲，11.D石杵，13.Bb砺石，16.Ca石斧，17.D石砧，18.C有使用痕迹的石片	鳖甲	
H30	T11	Ⅱ5	3B	3C	丁Cc	1.54 0.8 1.0		南部和东南部有二层台阶	堆积分三层：一层为灰土，质稍松；二层为黄灰土，质较松，内含大量陶片和一支完整鹿角；三层为黑灰土，质松，内含大量鱼骨、草木灰和食肉类动物粪便等	2.BⅠ盆形鼎，3.BⅣ壶耳。另有AⅡ罐形鼎	B石磨盘，Bb砺石	1.鹿角另鱼骨、食肉类动物粪便	
H31	T15	Ⅰ2	M39	4	甲Cc	0.80 0.75 0.50			堆积共一层，土呈黑褐色，质松软，内含少量草木灰、红烧土颗粒等	1.AⅡ罐形壶。另有AⅠ角把罐，AcⅠ、AdⅠ角把，AⅡ双耳罐			

编号	位置	期段	层位		形状结构				填土层次及特征	出土遗物			备注
			上	下	分类	长(长径) 宽(短径) 深	壁底加工	坑内及附属遗迹		陶制品	石、骨制品	动、植物	
H32	T14	Ⅲ7	3B	3C	乙Ad	2.2 1.88 1.18			堆积分三层：一层浅灰色，质松软，内含红烧土、炭粒、果核、鳖甲；二层深灰色，质较软，内含草木灰较多；三层黑灰土，内含炭和兽骨，质松	6.弹丸，8.AⅡ敛口盆，10.鼎足(有制作工艺痕迹)，11.CⅥ敞口钵	1.B琢击石锤，2.F骨镖，3.Aa石铲，4.B石凿，5.Ba石斧，7.CⅠ骨镞，9.A琢击石锤	鳖甲、炭粒、兽骨、黄牛下颌骨、果核	坑口地层下陷
H33	T12	Ⅲ8	3A	3B	甲Ca	1.46 1.32 1.1	壁涂有二层厚0.05～0.1米的黄泥，向下渐厚至0.4米	西部底下有一深0.2米的方形小洞。长、宽约0.28米	堆积分三层：一层为青灰土，内含烧土颗粒及炭粒；二深灰土，含较多草木灰、烧土粒和炭粒；三黄灰土，内含大量红烧土、炭粒、兽骨和陶片	1.A锉，4.折沿罐，5.BⅢ划纹盆，7.CⅡ划纹盆，8.AⅦ浅腹钵，9.CⅡ划纹盆，10.AⅥ浅腹钵，11、12.AⅦ浅腹钵，14.AⅡ钵足，15.AⅦ壶耳，16.CⅠ三足钵足。还有CⅢ，CⅣ罐鼎，CⅥ敞口钵等	3.骨料，6.BⅡ磨盘腿，13.云母块	猪牙、獐犬齿	涂壁坍塌
H34	T11 T12	Ⅱ5	3B	3C	乙Cc	1.25 0.90 0.55	底呈斜坡状	西部收缩成一圆形小坑，底径0.5～0.6米	堆积分两层：一层为黄灰土；二层为灰土，内含大量的红烧土块及炭粒。填土呈坡状堆积	1.AⅡ折沿罐，2、4.AⅠ折沿罐，5.CⅡ罐形鼎，6.BⅠ敛口盆。另有AⅠ敛口盆	3.Ab石铲，7.A锤击石核	8.貉牙床，9、10.鹿角(梅花鹿)另有獐牙	

编号	位置	期段	层位 上	层位 下	形状结构 分类	长(长径) 宽(短径) 深	壁底加工	坑内及附属遗迹	填土层次及特征	出土遗物 陶制品	石、骨制品	动、植物	备注
H35	T11 T12	Ⅱ5	3B	H40	丙Aa	2.00 1.4 1.3			堆积分三层:一层为灰色,内含少量红烧土;二层为深黄土,内含大量炭粒及红烧土;三层为草木灰层,土质疏松,含鱼骨、兽骨、木炭等。层次呈坡状堆积	5.A支脚,6.Ⅰ篦点纹罐,9.Ba小钵,11.AbⅡ鼎足,12.B小罐,13.AⅠ侈口罐,14.盆形鼎片,17.BⅠ碗,18.BⅡ盆形鼎,19.F罐形鼎,20.CⅠ釜,21.BⅠ盆形鼎,22.AⅦ壶耳	1.Cc骨镖,2.Cb石斧,3.A锤击石片,4.B骨凿,7、8.A器柄,10.D骨针,16.C石凿	15.鹿头骨。另有兽骨、鱼骨	
H36	T15	Ⅱ6	H28	3C M40	乙Cc	2.22 1.84 1.78		南壁有三层台阶:自下而上第一层台阶高0.26米,宽0.28米;第二层高0.94米,宽0.46米,向南呈半圆形凸出;第三层高0.58米出地面	堆积分三层:一层为黑褐土,质稍松,内含少量木炭及泥质红陶片,厚0.35米;二层为黄灰土,质松软,含大量红烧土及陶片,厚0.20米;三层为灰褐土,质较松,内含大量红烧土及木炭、兽骨、兽牙,厚0.68米。以下0.55米遇水;含许多草木灰、鱼骨、鱼牙、动物粪便、红烧土块等	1.甑底(制作工艺标本),2.罐底,4.Aa席纹碗底,6.CⅠ罐形鼎,7.AcⅠ鼎足,8.绳纹片,9.DⅡ壶耳,10.AⅡ钵足。另有BⅢ盆形鼎,CⅡ罐形鼎,AⅡ侈口罐,BⅠ卷沿缸,AⅠ敛口盆,AⅣ折肩壶	3.CaⅡ骨镞,5.CaⅡ骨镞,11.D石磨盘,12.CaⅡ骨镞。另有Aa石铲、Ⅰ坯料	炭化果核	
H38	T12	Ⅱ6	3B	H41 3C	甲Ca	1.05 1.09 0.58			堆积不分层次,为红色的烧土块堆积,内含木炭块	2.BⅡ敞口钵,3.CⅡ釜,4.AⅢ折肩壶,5.AcⅠ鼎足,6.Ag鼎足AⅠ卷沿罐,AⅣ折肩壶	1.骨凿	鱼骨、兽骨	

编号	位置	期段	层位		形状结构				填土层次及特征	出土遗物			备注
			上	下	分类	长(长径) 宽(短径) 深	壁底加工	坑内及附属遗迹		陶制品	石、骨制品	动、植物	
H39	T11	Ⅱ4	3C	4	丁 Cc	2.10 1.64 1.16		西壁有一月牙形台阶，宽0.52米，高于坑底0.6～0.7米	堆积分五层：一层为黄灰色，内含红烧土；二层灰土层，内含红烧土和炭粒；三层为草木灰和炭粒层；四层为红烧土层，厚3厘米；五层为草木灰，厚5～7厘米，呈坡状堆积	1. BⅣ罐形壶，2. AⅡ角把罐，3. BⅣ角把罐，4. EaⅠ角把，5、6、7. 陶塑品，10. 角把(绳纹片)	8. Ab石铲，9. C石磨棒		
H40	T12	Ⅱ5	H35	3C	乙 Cc	1.30 1.10 1.00		东南部有一个月牙形二层台，宽0.2、深0.4米	堆积一层，黄灰色土，质较松软，内含木炭、草木灰等	1. D划纹盆，2. AbⅡ鼎足，3. BⅠ划纹盆			
H41	T12	Ⅱ6	H38	3C	乙 Ad	1.15 1.05 0.50			堆积仅一层，黄灰色填土，质松	AⅤ、AⅥ敛口钵			
H42	T11	Ⅰ3	H29	4	甲 Da	1.54 1.40 1.54			堆积分三层：一层为黑灰土，内含大量红烧土块；二层为黄灰土，内含烧土块和木炭；三层为灰土层，内含大量草木灰和炭块等	1. Ca支脚，2. CⅣ罐形壶，3. 罐形壶底，4. CⅡ罐形壶，6. AⅡ角把罐，7. AⅠ角把罐，8. AdⅠ角把，9. 粗绳纹片	5. A有使用痕迹的石块，	猪牙 獐犬齿	
H43	T15	Ⅲ7	3B	3C	甲 Ca	1.06 1.00 0.40			堆积分两层：一层为黄灰色土，质较松；二层为黑灰色土，质疏松，内含草木灰和烧土块等	BⅡ盆形鼎，AⅥ敛口钵			

编号	位置	期段	层位		形状结构				填土层次及特征	出土遗物			备注
			上	下	分类	长(长径) 宽(短径) 深	壁底加工	坑内及附属遗迹		陶制品	石、骨制品	动、植物	
H45	T12	Ⅱ9	H28	3C	戊 Cc	1.46 1.36 0.45		西半部呈月牙形二层台,高于东部坑底 0.2 米,宽 0.5～0.7 米	堆积分两层:上层为黄灰色,质较松软,内含碎兽骨等;下层为深灰色土,质较松软,内含少量木炭	1.B 锉	2. 契刻骨板	兽骨、猪牙	为 F1 房内窖穴
H46	T13	Ⅱ9	H28	3B	乙 Aa	1.00 0.80 0.50			填土色黑灰、质松软,内含兽骨、炭粒、烧土等	1.AⅡ卷沿罐,2.CⅠb 鼎足,3.DⅣ罐形鼎			
H47	T13	Ⅱ8	3A	3B	甲 Da	1.42 1.34 0.50			填土色黑灰,质较疏松,内含木炭粒、烧土块	2.D 三足钵,3.CⅡ三足钵,5.AdⅠ鼎足,6. 浅腹平底盆	1.A 石磨棒,4.B 有使用痕迹的石块	7. 鱼脊椎骨	
H49	T13	Ⅱ7	3B	3C H85	甲 Dc	1.66 1.4 0.45		底有一台阶	填土为青灰色土,质松软,内含烧土块、烧骨、木炭屑等	1.BⅡ三足钵足。另有 BⅠ三足钵,AⅥ浅腹钵		2. 猪头骨,烧骨	
H51	T18	Ⅰ5	3B	M37	戊 Ca	1.25 1.15 0.45			填土分两层:一层为灰色;二层为灰黑色,内含大量红烧土及炭粒,质稍松	1.AⅠ卷沿罐,2.BⅠ盆形鼎。另有 AⅠ侈口罐,AⅠ折肩壶,AⅣ、AⅤ敛口钵	D 锤击石片		
H52	T19	Ⅰ5	1	2	乙 Aa	2.00 1.75 0.45			堆积不分层次,为黑灰色,内含大量草木灰,质疏松	1.AⅠ敛口盆,2.CⅤ敞口钵,3.A 锉。另有 AⅠ敛口盆	4.AbⅡ牙削		因晚期地层被破坏,一层即为文化层,相当于 3B 层,二层相当于 3C 层

续附表二

编号	位置	期段	层位 上	层位 下	形状结构 分类	长(长径) 宽(短径) 深	壁底加工	坑内及附属遗迹	填土层次及特征	出土遗物 陶制品	石、骨制品	动、植物	备注
H53	T19	Ⅰ5	1	2	甲 Dc	1.70 1.40 0.40			堆积分两层:上层为灰色土,质稍松;下层为黑色土	1.BⅠ侈口罐。另有BⅠ盆形鼎,AⅠ罐形鼎	砸击石片		探方内暴露部分为扇面形,推测为圆形
H54	T18	Ⅱ7	3B	3C	甲 Aa	1.75 1.70 0.35			填土分两层:一层为灰黄土;二层为黑灰色,内含大量红烧土,质稍硬	1.CⅡ罐形鼎,2.CⅠ罐形鼎,3.C盆形鼎,4.C盆形鼎,5.Ⅰ钵形鼎,6.CⅥ敞口钵,7.Ba碗底,8.鼎足,9.CⅡ钵足。另有AⅠ和BⅠ罐形鼎,BⅠ钵形鼎,CⅠ罐形鼎,CⅥ敞口钵,AdⅠ,BaⅣa鼎足和CⅡ钵足			
H55	T18	Ⅱ8	3A	3B	丙 Ca	1.80 1.10 0.65	周壁抹涂一层青泥,厚约0.03～0.05米	北壁内凹处有黄土隔,向下延伸至底部。坑口西北边缘外有一直径0.22米、深0.2米的灰土洞	填土分两层:上层为黑灰色,质稍硬;下层为灰色,内含大量炭粒和红烧土块及石块、兽骨等,质较松软	1.弹丸,3.AⅧ浅腹钵,5.Af鼎足,6.AⅧ浅腹钵。另有AⅡ侈口罐,CⅥ敞口钵	2.AbⅣ牙削,4.A石砧。另有砸击石片	兽骨	

续附表二

编号	位置	期段	层位		形状结构				填土层次及特征	出土遗物			备注
			上	下	分类	长(长径) 宽(短径) 深	壁底加工	坑内及附属遗迹		陶制品	石、骨制品	动、植物	
H56	T13 T12	Ⅰ5	3B	3C	甲 Aa	2.06 2.05 0.70		西部有一直径0.85～0.95米、深约0.12米的凹坑，内填草木灰。凹坑西侧有两个灰土洞，北侧D1近圆形，直径约0.2米，深约0.3米，稍向外倾斜，南侧，D2呈椭圆形，长径0.18米、短径0.06米	堆积分两层：一层为青灰土，质较松软，内含草木灰和碎骨；二为深褐色土，内含红烧土块和草木灰，质较疏松	1.BⅡ折沿罐，2.DⅠ壶耳，5.AaⅢ鼎足，8.Ⅰ小罐，9.AbⅠ角把，10.AbⅠ角把，11.BaⅣb鼎足。另有BⅠ盆形鼎，AbⅠ角把，BⅣ敛口钵	6.B研磨器 7.A石刀	兽骨	
H57	T12	Ⅱ7	3B	H41	甲 Ca	1.20 1.20 0.85			堆积分两层：一层内含少量的红烧土块；二层含大量的红烧土和草木灰	2.DⅡ罐形鼎，3.CⅠ罐形鼎，4.A铿，6.AⅥ敛口钵。另有CⅠ罐形鼎，ACⅠ鼎足，AⅣ折肩壶，CⅡ圆腹壶	1.Ab石镰， 5. 钻帽		
H58	T20	Ⅱ7	3B	3C	乙 Ca	1.26 0.86 0.87			堆积分两层：一层为黄灰色土，疏松，厚0.33米；二层为灰白色土，质松软，厚0.54米	1.CⅠ碗，2. 高领罐，3.AⅡ敛口盆，5.D碗，6.B深腹钵，7.BⅠ罐形鼎	4.Ba石斧		

续附表二

编号	位置	期段	层位		形状结构				填土层次及特征	出土遗物			备注
			上	下	分类	长(长径) 宽(短径) 深	壁底加工	坑内及附属遗迹		陶制品	石、骨制品	动、植物	
H59	T19	Ⅱ5	1	2	乙 Aa	1.20 0.70 0.50			堆积不分层次,填土呈黑灰色,质稍硬	1.B Ⅰ 侈口罐。另有 B Ⅱ 盆形鼎			地层情况同 H52、H53
H60	T18	Ⅱ7	3B	3C	戊 Ba	2.50 1.47 1.10			堆积分五层:一层浅灰色土;二层为灰色土;三层为黑灰色土,内含大量的红烧土及鱼骨、鱼刺;四层为黄灰色土;五层为黑色土,内含炭粒,鱼骨、刺。填土均为坡状堆积	3.D 碗,5.A Ⅵ 浅腹钵,10.D Ⅱ 圆腹壶,11.C Ⅱ 划纹盆,12.方格纹片,13.缸,15.A Ⅱ 罐形鼎,16.绳纹片,17.A Ⅵ 壶耳,18.Bb Ⅱ 折肩壶。另有 B Ⅰ 碗、C Ⅵ 敞口钵	1.C 石砧,2.Cb 石铲,4.Bc 骨镖,6.Bb 骨镖,7.Ac Ⅱ 骨镞,8.Ab Ⅱ 牙削,9.Ca 骨针,14.Hc Ⅱ 骨镞,19.B 石刀。另有 Ⅱ 坯料		
H61	T19	Ⅱ4	2	H62	甲 Ca	0.65 0.65 0.65			堆积不分层次,土呈黑灰色	1.C Ⅰ 划纹盆,2.Ca Ⅱ 角把,3.Ca Ⅰ 角把			
H62	T19	Ⅰ3	H61	3	甲 Ba	1.40 1.44 0.60			堆积分两层:上部为黄土,质稍硬;下部为黑土,质硬	1.Ba Ⅰ 角把。另有 A Ⅰ、A Ⅰ、A Ⅱ 角把罐,Eb 角把,A Ⅳ 方口盆,B Ⅱ 罐形壶			第 3 层相当 T102 第 4 层

编号	位置	期段	层位		形状结构				填土层次及特征	出土遗物			备注
			上	下	分类	长(长径) 宽(短径) 深	壁底加工	坑内及附属遗迹		陶制品	石、骨制品	动、植物	
H63	T18	Ⅰ6	3B	3C	乙 Ca	3.15 0.70 1.05			堆积分六层：一层为灰色；二层为黑土，内含大量红烧土及炭粒；三层为红烧土层；四层为蚌壳层；五层为红烧土，炭粒层；六层为灰土层。填土均为坡状堆积	1. AⅥ浅腹钵，2. AⅤ浅腹钵，3. AⅠ侈口罐，4. AⅠ折沿罐。另有AⅠ罐形鼎，BⅤ敛口钵			
H64	T18	Ⅰ5	3B	3C	乙 Ab	1.66 0.85 0.60			堆积分两层：第一层填土为灰色，质稍松；第二层为黑灰色，内含大量的红烧土及炭粒	1. BⅠ三足钵，2. 釜形鼎，3. AⅠ曲腹钵。另有AⅠ敛口钵，AⅠ折肩壶，DⅣ罐形壶			
H65	T14	Ⅰ6	3B	3C	乙 Da	1.04 0.88 0.30			堆积分两层：一层为黄灰土；二层为深灰色，土质较松软，内含少量红烧土块及烧土颗粒	1. CⅠ划纹盆，2. AⅥ敛口钵。另有AⅥ敛口体			
H66	T14	Ⅱ7	3B	3C	甲 Cc	1.40 1.36 1.04	周壁涂有一层厚约0.02～0.06米的黄泥	底部有二层台，宽约0.4米，向下为近方形	堆积分两层：一层为黄灰色土，质松软，内含红烧土块和炭屑；二层为黄色土，质较软，内含少量红烧土	1. 直口盆，2. Ⅰ钵形鼎。另有CⅥ敞口钵			

续附表二

编号	位置	期段	层位 上	层位 下	形状结构 分类	长(长径) 宽(短径) 深	壁底加工	坑内及附属遗迹	填土层次及特征	出土遗物 陶制品	出土遗物 石、骨制品	出土遗物 动、植物	备注
H67	T16 T23	Ⅱ9	3A	3B	甲 Aa	1.30 1.20 0.34			堆积不分层次，填土为黑灰色，内夹烧土粒	2. 高领罐，3. 罐(形式不明)，4. AⅡ碗。另有CⅦ敞口钵	1. CbⅠ骨镞	动物肢骨、肋骨、肩胛骨、小鸟肢骨、貉、狗	
H68	T5 T22	Ⅰ2	3C	4	乙 Da	0.95 0.70 0.4			堆积分两层：一层为黑灰土，质稍硬，内含较多木炭和红烧土；二层为黄灰土，质较松	AⅠ深腹盆			
H69	T22	Ⅱ7	3B	3C	乙 Da	0.88 0.76 0.60			堆积分两层：一层为黑灰土，质稍松，内含较多的木炭和红烧土；二层黄灰土，质疏松	6. BⅠ碗，7. AⅡ罐形鼎，8. 方形器鋬，9. BⅤ壶耳，10. AⅥ壶耳。另有深腹盆鋬，B小罐	1. 璜形器，2. Ac石斧，3. B石球，4. B磨盘，5. 骨耜	猪牙，11. 梅花鹿角	
H70	T16	Ⅰ6	H24	3C	乙 Db	1.50 0.80 0.90			堆积分三层：第一层为灰色，质松散；第二层为红烧土层，质稍硬；第三层为黄灰土，质松	2. BbⅡa鼎足，3. BⅠ罐形鼎，4. AⅥ敛口钵。另有AⅠ敛口盆	1. Ab骨针		
H71	T22	Ⅰ4	H16	4	甲 Aa	1.42 1.32 0.58			堆积分二层：第一层黑灰土，质稍松，内含大量红烧土粒；第二层为黄灰土，质稍松	AⅠ、BⅠ敛口钵			

续附表二

编号	位置	期段	层位		形状结构				填土层次及特征	出土遗物			备注
			上	下	分类	长(长径) 宽(短径) 深	壁底加工	坑内及附属遗迹		陶制品	石、骨制品	动、植物	
H72	T5	Ⅰ2	3C	4	乙 Ac	1.40 1.10 0.64			堆积分两层:第一层为黑灰土,质稍硬;第二层为黄灰土,质稍松。				
H73	T8	Ⅰ2	3C	4	乙 Aa	1.20 1.10 0.35			坑内堆积不分层次,为黄灰土,内含有少量红烧土,质较松软				
H74	T21	Ⅰ2	3C	H13	丙 Aa	2.66 2.30 1.30		东南角有一生土隔,向西逐渐消失,小隔将坑底分为南北两部分,南部较小	堆积分两层:上层为黄灰色土,质稍硬,内含红烧土;下层是灰土,质疏松,内含草木灰、红烧土,中间夹一层草木灰	1. BⅠ深腹盆,2.CⅡ罐形壶,3.AⅠ深腹盆,4.AⅡ角把罐,5.壶耳。另有AⅠ角把罐,BⅠ角把罐,AⅠ、BⅡ方口盆		鳖甲、兽骨、鱼骨、獐牙	
H75	T16	Ⅱ7	3B	H81	乙 Ba	1.70 1.34 1.00			堆积分两层:上层为灰土,质疏松;下层为黑灰土,夹杂有大量草木灰、红烧土粒及鱼骨等	2.AⅡ敛口盆,3.BⅡ碗,6.AⅡ卷沿罐,7.Ⅱ钵形鼎,8.AⅡ敛口盆,9.BaⅣc鼎足,10.B深腹钵,11.网纹陶片,12.DaⅠ双耳罐,13.CⅠ双耳罐。另有CⅡ、CⅡ罐形鼎,AⅡ卷沿罐,CⅤ、CⅥ敞口钵,AⅡ敛口盆	1.D砸击石锤,4.C器柄,5.D琢击石锤。另有Aa颜料,砍砸器	鱼骨	

编号	位置	期段	层位		形状结构				填土层次及特征	出土遗物			备注
			上	下	分类	长(长径) 宽(短径) 深	壁底加工	坑内及附属遗迹		陶制品	石、骨制品	动、植物	
H76	T7	Ⅰ2	3C	4	甲 Ca	1.57 1.32 0.68			填土呈黑灰色，内含较多的红烧土、木炭	1.CⅠ敞口钵，2.AⅡ罐形壶，4.AⅡ角把罐，5.AcⅠ角把，6.AbⅠ角把。另有AbⅠ、AcⅠ角把，AⅠ、AⅡ、BⅠ深腹盆，AⅡ方口盆，AⅠ敞口钵		鳖甲、兽牙、龟甲、蚌壳、梅花鹿角1个	
H77	T6	Ⅰ1	3C	4	甲 Ca	0.75 0.70 0.35			填土为黄灰土，质较疏松，内含大量鱼骨及草木灰	1.BⅠ方口盆，2.BⅠ深腹盆，3.Ca 支脚			
H78	T6	Ⅰ1	3C	4	甲 Ca	0.66 0.64 0.25			堆积分两层：上层为深灰色，含有少量红烧土颗粒；下层为灰土层，厚约0.03米	1.BⅠ角把罐，2.AⅠ双耳罐。另有BⅠ角把罐，AⅠ方口盆，AⅠ深腹盆			
H79	T6	Ⅰ2	3C	H80	乙 Aa	1.15 1 0.40			堆积不分层次，深灰和黄灰土相间，质疏松，内含大量的草木灰				
H80	T6	Ⅰ2	H79	4	甲 Aa	1.20 1.20 0.97			堆积不分层次，黄灰土，质疏松，内含大量的草木灰	1. 罐底	2.A 牙刀		

续附表二

编号	位置	期段	层位		形状结构				填土层次及特征	出土遗物			备注
			上	下	分类	长(长径) 宽(短径) 深	壁底加工	坑内及附属遗迹		陶制品	石、骨制品	动、植物	
H81	T16 T15	Ⅰ5	H75	3C	丙 Ca	1.58 1.2 0.60		西边内凹处有一黄土隔延伸至底部	堆积分两层：上层为灰土、质稍松；下层为黄灰土，质松软	1.BⅡ盆形鼎，4.CⅤ敞口钵。另有BⅡ盆形鼎，AⅡ罐形鼎，AⅠ卷沿罐，CⅤ敞口钵，AⅡ深腹盆	2.Ba 石斧，3.C 石砧		
H83	T23 T10	Ⅰ2	3C	4	甲 Cc	1.17 1.10 0.97		壁东半部深 0.5 米处收为台阶状，宽 0.45 米，西半部继续向下，最深处 0.97 米	堆积分三层：第一层为黄灰土，质疏松无包含物，厚 0.30 米；第二层为黑灰土，内含大量草木灰，厚 0.15 米；第三层为青灰土，厚 0.45～0.52 米	1.Bb 角把，2.AⅠ曲腹钵。另有AⅠ、AⅡ角把罐，Bb 角把		兽骨	
H84	T9	Ⅰ1	M126 3C	4	甲 Aa	1.42 1.36 1.06			堆积分三层：第一层，黑灰土内含草木灰、红烧土、砂子、烧骨、大量陶片；第二层呈青灰色，内含陶片；第三层与第一层相似，出大量鱼骨和成层的鱼磷	1.AⅠ罐形壶，4.AⅠ深腹盆，5.BⅠ角把罐	2.Aa 骨匕，3.Ad 骨镖，6.AaⅠ牙削	7.环颈雉，8、9.紫貂牙床，10.貉牙床。另有烧骨、鱼骨、獐牙	

编号	位置	期段	层位		形状结构				填土层次及特征	出土遗物			备注
			上	下	分类	长(长径) 宽(短径) 深	壁底加工	坑内及附属遗迹		陶制品	石、骨制品	动、植物	
H85	T13	Ⅱ5	3B	3C	甲Ca	0.90 0.90 0.80			堆积分两层:一层为深灰土,质较松软;二层为青灰土,质疏,内含炭粒、烧土块等	2.F鼎足,3.壶(标本)。另有AⅠ罐形鼎,AⅡ折肩壶,BⅣ敛口钵	1.AbⅡ骨镞。另有锤击石片D,砍砸器		
H86	T21	Ⅱ5	H92	H12	甲Da	0.85 0.75 0.2			堆积东南部为黑灰色,质较松软,北部呈黑色			鳖甲、龟甲、蚌壳、小动物牙床	
H87	T19	Ⅱ6	1	2	丁Aa	0.80 0.75 0.20			坑内堆积不分层次,填土为深灰色,质稍松	3.Ea鼎足。另有BⅠ盆形鼎,AⅦ浅腹钵	1.EbⅡ骨镞,2.骨笛半成品		层位关系同H52
H88	T19	Ⅰ2	2	3	甲Ca	0.60 0.50 0.30			堆积不分层次,土色灰黑	1.AⅠ深腹盆,3、4.A支脚			二、三层分别相当于T102③B、③C层
H90	T13	Ⅱ5	3B	3C	乙Aa	0.94 0.80 0.35			堆积仅一层,深灰色,内含碎兽骨、木炭粒、烧土块等	CⅤ敞口钵,AaⅡ鼎足			

编号	位置	期段	层位		形状结构				填土层次及特征	出土遗物			备注
			上	下	分类	长(长径) 宽(短径) 深	壁底加工	坑内及附属遗迹		陶制品	石、骨制品	动、植物	
H91	T21	Ⅱ6	3B	3C	甲Cc	1.15 1.14 1.30		西部深至0.7米处留有一宽0.20米、高0.50米的台阶	堆积不分层,呈红色,内含大量红烧土块、粒,夹杂有草木灰和碎骨及石英块等	4.BⅣ敛口钵。另有AⅡ罐形鼎,CⅤ敞口钵	1.Ac石斧,2.EaⅠ骨镞,3.C石砧,5.D有使用痕迹的石片,6.A磨盘。另有砸击石核,Ca石铲	7.梅花鹿角。另有兽骨	见水,未做到底
H92	T21	Ⅲ7	3B	H86	丁Ab	2.30 1.48 0.75		西北有凸出的门道,呈斜坡状延伸至坑口平面,长0.74米,宽0.84米,高于坑底0.45米	填土,呈黑灰色,内含大量红烧土块、动物骨骼、木炭块等,质疏松	5.AⅢ罐形鼎。另有BⅥ敛口钵,A折肩壶	1.GdⅠ骨镞,2.GaⅠ骨镞,3.Cc镖,4.Bb镖	6.鳖甲。另有龟等动物骨骼	
H93	T4	Ⅲ7	3B	3C	丁Aa	1.08 0.93 0.63			堆积不分层次,呈黑灰色,内含少量木炭	1.AⅡ侈口罐,2.BbⅢc鼎足	D砸击石锤		
H94	T4	Ⅲ7	3B	3C	乙Aa	1.08 0.94 0.30			坑内填黄灰土,较硬	1.C敛口罐。另有AⅥ浅腹钵,CⅥ敞口钵			

编号	位置	期段	层位		形状结构				填土层次及特征	出土遗物			备注
			上	下	分类	长(长径) 宽(短径) 深	壁底加工	坑内及附属遗迹		陶制品	石、骨制品	动、植物	
H95	T22 T11	Ⅱ8	3A	3B	乙Db	2.90 2.44 0.60			填黑灰色土,质较松,内含大量红烧土块、泥炭、草木灰、兽骨	2.B釜,3.CⅥ敞口钵,7.Ⅰ钵形鼎,8.D划纹盆,9.CⅣ罐形鼎,10.BaⅣd鼎足,11.圈足,12.CⅠ钵足,13.AⅣ折沿罐。另有CⅡ罐形鼎,A支脚,C盆形鼎	1.Ⅳ坯料,4.EbⅠ骨镞,5.A磨盘,6.B锥。另有Cb斧	兽骨、貉、猪上下颌、獐牙、梅花鹿头骨、角	
H96	T23	Ⅱ8	3A	3B H18	甲Ab	0.96 0.92 0.20			填黑灰土,内含少量木炭	AⅡ卷沿罐,BⅠ扁腹壶			
H97	T23	Ⅰ6	3B	3C	丁Ab	1.20 1.10 0.35			填黑灰色土,质疏松	1.BⅠ卷沿罐,2.BⅠ双耳罐,3.AⅠ折沿罐,4.AaⅠ鼎足。另有AaⅠ、AdⅠ鼎足			
H98	T4	Ⅱ9	3A	3B	甲Ab	1.06 0.36 0.64 (暴露出的长和短径)			堆积填土呈黑灰色,内含木炭及红烧土块				大部分在探方外,未做全
H99	T23 T10	Ⅰ6	3B	M59 3C	丁Ab	2.28 0.90 0.43			填黑灰土,质稍松,含少量红烧土块、木炭、动物骨骼等	1.BⅡ双耳罐,2.BⅠ盆形鼎,3.AⅠ卷沿罐,5.AⅥ器耳。另有B敛口钵	4.Bb骨镞	鱼骨、鳖甲、烧骨	

续附表二

编号	位置	期段	层位		形状结构				填土层次及特征	出土遗物			备注
			上	下	分类	长(长径) 宽(短径) 深	壁底加工	坑内及附属遗迹		陶制品	石、骨制品	动、植物	
H100	T4	Ⅱ 9	3A	3B	甲 Ab	0.82 0.82 0.38			填土呈黑灰色	CⅠ浅腹钵			
H101	T105	Ⅱ 9	2	H102 3C	乙 Ab	1.74 1.36 0.36			填土呈黑灰色，土质稍松，内含红烧土及陶片	3. AⅣ罐形鼎，4. AⅡ卷沿罐	1. Aa 石镰，2. Df 骨镞		
H103	T105	Ⅱ 8	2	3C	乙 Ab	1.44 1.34 0.24			填土色黑灰，土质疏松，内含红烧土	AⅣ折沿罐	1. Bb 骨镖，2. Ac 石铲，3. C 琢击石锤。另有 D 石杵，Ac 石铲，B 有使用痕迹的石块		
H104	T105	Ⅱ 8	2	3C	乙 Db	0.74 1.60 0.60			堆积黑灰土，质松软，内含大量草木灰	1. AⅡ卷沿罐，2. AⅠ扁腹壶，3. AⅠ卷沿罐，4. Bb 小钵，5. AⅠ卷沿罐，6. BⅡ罐形鼎，7. DaⅠ双耳罐，9. CⅥ敞口钵。另有 DⅡ敞口钵	8. AcⅠ骨镞。另有 Ab 石铲	鱼骨、鳖甲、鹿角	

续附表二

编号	位置	期段	层位		形状结构				填土层次及特征	出土遗物			备注
			上	下	分类	长(长径) 宽(短径) 深	壁底加工	坑内及附属遗迹		陶制品	石、骨制品	动、植物	
H105	T113	Ⅲ8	3A	3B	乙 Bb	1.92 1.52 1.48	壁涂一层厚0.02～0.1米的黄泥		填土分五层：第一层厚0.90米，土色黑灰，内含大量草木灰、烧土块及陶片；第二层厚0.20米，内含大量草木灰和鱼骨；第三层为灰白色土层，厚0.10～0.20米；第四层为烧土层，厚0.08～0.15米；第五层为草木灰层，厚0.12米	1.AⅡ卷沿罐，2.AⅢ卷沿罐，3.DaⅠ双耳罐，4.DaⅡ双耳罐，5.BⅡ罐形鼎，7.B釜，8.AⅣ折沿罐，9.Be鼎足，10.A支架，11.AⅡ敛口盆。另有BⅡ罐形鼎，罐形鼎足，Ⅱ式筒形篦纹罐，CⅥ敞口钵，BⅡ浅腹钵，CⅠ三足钵足	6.Ac骨针。另有Ca和D锤击石片	鱼骨	
H106	T101	Ⅱ7	3B	M260 3C H172	甲 Da	1.00 1.00 0.80			堆积分二层：第一层为黄灰色土，质较疏松，内含大量的红烧土块及兽骨，厚0.5米；第二层为灰褐色，土质较松，内含大量的鱼鳞(厚0.32米)	2.AⅡ敛口盆。另有AdⅡ鼎足，CⅠ双耳罐，AⅡ敛口盆，CⅥ敞口钵	1.Aa石镰	兽骨、鱼骨、大量鱼鳞	
H107	T105	Ⅰ4	3C	H127 4	乙 Cb	1.16 0.96 0.28			堆积黑灰土，质松软	1.BⅡ角把罐，2.CⅠ划纹盆，5.AⅠ折腹钵		3.龟甲 4.鳖甲(2个)	

编号	位置	期段	层位		形状结构				填土层次及特征	出土遗物			备注
			上	下	分类	长(长径) 宽(短径) 深	壁底加工	坑内及附属遗迹		陶制品	石、骨制品	动、植物	
H108	T105	Ⅲ8	2	3C	甲Ca	1.42 1.40 0.80	坑壁、底经火烧烤呈红色，底铺一层木炭和草木灰	坑口北、西、南有柱洞10个，依次编为D1～D10，直径0.1～0.25米，深0.1～0.2米不等，其中D8～D10距坑边较远，达0.6米。该坑应为一带棚的窖穴	填黑褐土，质松软，含大量红烧土块、烧骨、石块、木炭、陶片等，内夹一层白色粉末状鱼骨	1.BⅠ卷沿罐，2.Bb小钵，3.BⅢ双耳罐，4.B支架，5.BⅢ罐形鼎，6.B杯，7.玩具，8.AⅥ浅腹钵，9.A杯，10.A杯。另有CⅤ和CⅦ敞口钵			
H109	T105	Ⅲ8	2	3C	甲Cd	1.54 1.32 0.56			填黑灰土，质松软，内含炭块、烧土块	1.AⅢ深腹钵，2.BⅠ圈足罐。另有DbⅠ双耳罐，CⅥ敞口钵	D型锤击石片	鱼骨、兽骨	
H110	T105	Ⅲ9	2	3C	乙Da	1.20 0.90 0.36			填黑灰土，质松软	2.Ca支脚，4.AⅢ深腹钵。另有CⅣ罐形鼎，BⅢ圈足罐，BⅢ浅腹钵	1.A石锛，3.B骨匕		
H111	T105	Ⅰ2	3C	4	乙Ba	1.82 1.36 0.89		坑口外东南分布有五个灰土洞，大的长径0.4米，短径0.16米，小的直径仅0.12米，深0.1～0.2米不等。可能为窖穴上搭棚的柱洞	填黑灰色土，土质较软，底有一白灰层	1.AⅠ角把罐，2.BaⅠ角把，3.BⅠ深腹盆，4.AⅢ角把罐，5.AdⅠ角把。另有AⅢ、BⅠ角把罐，BaⅠ角把，Ca支脚，BⅠ罐形壶	6.Ⅳ石坯料，7.D石磨盘	貉	

编号	位置	期段	层位 上	层位 下	形状结构 分类	长(长径) 宽(短径) 深	壁底加工	坑内及附属遗迹	填土层次及特征	出土遗物 陶制品	出土遗物 石、骨制品	出土遗物 动、植物	备注
H114	T113	Ⅱ8	3A	3B	甲Aa	0.84 0.82 0.20			填青灰色土,结构稍紧密	2.CⅦ敞口钵。另有AⅥ敛口钵,AcⅡ鼎足	1.绿松石块 3.B骨凿		
H115	T113	Ⅰ2	3C	4	丁Ba	2.34 1.28 0.91		北端有距坑口深0.3米,长0.25米,宽约0.9米的台阶	坑内堆积共分九层:一层为黑灰土,厚0.2米;二层为红烧土粒层,厚0.15米;三层为草木灰层,厚0.04米;四层为灰土层,厚0.03米;五层为灰白色草木灰层,厚0.05米;六层为草木灰层,厚0.05米;七层为灰土层,厚0.13米;八层为草木灰层,厚0.1米;九层为灰土层,厚0.16米	1.AⅡ角把罐,2.Bb角把,6.Ca支脚,17.B支脚,18.CⅠ敞口钵,19.AⅡ角把罐,20.AⅡ罐形壶,21.Bb角把,22.AaⅠ角把,23.AⅡ罐形壶,24.AⅡ罐形壶,25.绳纹片。另有AⅠ、AⅡ角把罐,AaⅠ、Bb角把,AⅡ、BⅡ罐形壶,AⅡ敞口钵	3.B琢击石锤,4.AbⅡ骨镞,5.方形石坠饰,7.钩形器(骨),8.Bb骨镖,9.Db刮削器,11.C骨匕,12.E骨锥,13.Fe骨镞,15.A骨锥,16.C三角形石坠饰,26.残石器	10.鸟骨,14.果核。另有蚌壳、獐牙、兽骨	
H116	T113	Ⅱ8	3A	3B	乙Db	1.10 0.8 0.9			填土呈黑灰色,质稍松	A支脚。另有CⅡ双耳罐,AⅠ三足钵足,BⅥ、CⅦ敞口钵			

续附表二

编号	位置	期段	层位		形状结构				填土层次及特征	出土遗物			备注
			上	下	分类	长(长径) 宽(短径) 深	壁底加工	坑内及附属遗迹		陶制品	石、骨制品	动、植物	
H117	T113	Ⅰ3	3C	4	甲 Ca	1.0 1.0 0.85			堆积分两层：第一层为黄灰土，结构严密，纯净而无包含物，厚 0.5 米；第二层为灰土，质地较松，内含少量草木灰，厚 0.35 米	1.BⅠ敛口钵，2.BⅣ罐形壶，3.AⅡ双耳罐，4.BⅠ敛口钵。另有 BaⅡ角把		动物碎骨、动物牙床	
H118	T101	Ⅱ7	3B	M217	乙 Db	1.25 1.0 0.60			填黑褐色土，质较疏松	AⅡ折沿罐，AⅠ卷沿罐，DbⅠ双耳罐，CⅤ、CⅥ敞口钵，AⅥ浅腹钵，AⅠ敛口盆			
H123	T105	Ⅱ8	2	3C	乙 Cc	1.64 1.3 1.25		东部有月牙形二层台，高宽均为 0.45 米。底部中间有一圆形凹坑，直径为 0.32～0.4 米，深 0.14 米	填黑色土，质松软，内含烧土、木炭等	1.BⅡ罐形鼎，2.圆陶片，6.BbⅡa 鼎足，10.D 网坠。另有 DaⅠ双耳罐，CⅥ敞口钵	3.B 石砧，4.C 琢击石锤，5.骨饰，7.Ⅱ坯料（石），8.Aa 砺石，9.B 琢击石锤。另有 B 琢击石锤，D 锤击石片		

续附表二

编号	位置	期段	层位		形状结构				填土层次及特征	出土遗物			备注
			上	下	分类	长(长径) 宽(短径) 深	壁底加工	坑内及附属遗迹		陶制品	石、骨制品	动、植物	
H124	T103	Ⅱ5	3B	3C	乙Ca	1.30 0.76 0.46			堆积分两层:一层深灰土,质松软,内含较多红烧土,厚0.2米;二层浅灰土,质稍硬,内含少量烧土,厚0.26米	1.D折沿罐,6.D三足钵,8.BⅡ敛口钵,9.BⅠ盆形鼎。另有AⅠ敛口盆	2.Ac骨针,3.CaⅠ骨镞,4.FaⅠ骨镞,5.C砸击石锤,7.Ab刮削器	10.四不像角料	
H125	T105	Ⅱ6	2	3C	丁Cc	1.8 1.9 0.7		北端有一径约0.8米的圆坑,向南有高于圆坑0.3米的台阶,东西两壁之间有0.1米的生土隔,宽约0.1～0.25米墙。南端有椭圆形柱洞,南北0.25米,东西0.4米,深于墙0.4米	填黑土,质松	4.Aa网坠,5.AⅡ曲腹钵。另有BⅡ盆形鼎,BⅡ双耳罐,CⅠ浅腹体	1.B石钻头,2.D磨盘腿,3.B锤击石核。另有A锤击石核		
H126	T105	Ⅰ3	3C	H3584	丁Cc	2.05 1.85 0.90		底部呈台阶状,东部有圆形凹坑,径0.8米。坑东有椭圆形小凹窝	填土呈黑灰色,质松软,内含烧土、木炭等	AⅡ双耳罐		烧骨	

编号	位置	期段	层位 上	层位 下	形状结构 分类	长(长径)宽(短径)深	壁底加工	坑内及附属遗迹	填土层次及特征	出土遗物 陶制品	石、骨制品	动、植物	备注
H127	T105	Ⅰ3	3C	4	甲 Cc	1.92 1.90 0.80		西边深 0.28 米处留有宽约 0.20 米的台阶一个	填土呈黑色,质松软,内含烧土块、碎骨等	1.CⅢ罐形壶,2.方口盆,3.D 支脚,6.A 支脚,9.D 支脚,11.AⅡ角把罐,12、13.BⅠ角把罐,14.AⅠ角把罐,15.AⅠ折沿罐,16.BⅡ角把罐,18.扁腹罐。另有AⅠ,AⅡ角把罐,AⅢ方口盆,CⅢ罐形壶,D 支脚	4.AbⅢ牙削,5.A 三角形石饰,7.方型石饰,8.BbⅠ牙削,10.AbⅠ骨镞,17.AcⅠ骨镞,19.梭形石饰	20.獐牙床。另有兽骨、貉、猫豹	
H128	T113	Ⅲ7	H350	3C	乙 Ca	2.6 1.19 0.55			堆积分二层:一层厚 0.3 米,灰色,内含较多红烧土块;二层厚 0.25 米,深灰色,质松软	AⅢ罐形鼎,CⅥ敞口钵,BⅠ浅腹钵	1.Ac 刮削器		
H129	T113	Ⅱ5	3B	3C M243	甲 Cb	1.6 1.5 1.26			堆积分五层:一层为深灰色土,厚 0.60 米,质松软,内含较多红烧土粒;二层为烧土层,厚 0.20 米;三层为草木灰层,厚 0.14~0.16 米;四层为白灰层,厚 0.16 米;五层为草木灰层,厚 0.15 米	2.BⅡ盆形鼎。另有BbⅡ折肩壶,BⅡ双耳罐,AⅤ浅腹钵,AdⅡ鼎足	1.Cd 骨针,3.C 骨匕		

续附表二

编号	位置	期段	层位		形状结构				填土层次及特征	出土遗物			备注
			上	下	分类	长(长径) 宽(短径) 深	壁底加工	坑内及附属遗迹		陶制品	石、骨制品	动、植物	
H130	T113	Ⅱ4	3C	4	戊Cc	1.94 1.0 0.70		东部有一台阶,长0.5米,宽0.7米,台阶面距坑口0.2米	填土呈黑灰色,结构较细密,含草木灰较多	DaⅡ角把			
H131	T113	Ⅰ2	3C	4	甲Aa	1.0 1.0 0.40			填土为深灰色,结构紧密,内含少量夹砂陶片	AⅡ双耳罐			
H132	T113	Ⅰ2	3C	4	乙Aa	1.15 1.0 0.4			填土呈黄灰色,质稍硬	1.AⅠ罐形壶。另有AⅠ、AⅡ角把罐			
H134	T101	Ⅰ3	M233	4	乙Ca	1.1 0.75 0.80			填土为深灰色,内含少量的红烧土和草木灰	3.拍印篮纹陶片。另有BⅡ角把罐,AⅡ双耳罐,BⅠ角把罐,AⅠ敛口钵	1.AaⅡ牙削,2.Cb砺石		
H135	T119	Ⅲ8	3A	3B	乙Ca	1.4 1.2 0.5			堆积分二层:第一层呈黑黄色,土质较硬,厚0.25米;第二层呈黑灰色,土质较松软,厚0.25米	3.CⅢ三足钵。另有CⅥ敞口钵,BⅠ浅腹钵,ACⅡ鼎足	1.Ac石斧,2.Ab骨针		

编号	位置	期段	层位 上	层位 下	形状结构 分类	长(长径) 宽(短径) 深	壁底加工	坑内及附属遗迹	填土层次及特征	出土遗物 陶制品	出土遗物 石、骨制品	出土遗物 动、植物	备注
H136	T120	Ⅰ5	3B	3C	甲 Cc	1.86 1.7 1.35			堆积分三层：一层厚 0.3 米，色灰黑，质松软，内含草木灰、烧土块、石块、碎骨等；二层厚 0.2 米，色黄，质稍密，内含极少量陶片；三层厚 0.46 米，色灰黄，质松软，间杂有草木灰，内含碎骨、陶片等		1. Ca 骨镖		
H137	T113	Ⅱ4	3C	4 H112 M249	甲 Cd	1.0 1.0 0.3			填土呈深灰色，结构较松，内含少量草木灰，坑底铺 0.02～0.03 米厚的青膏土	1. BⅡ角把罐			
H139	T119	Ⅱ4	3C	4	甲 Ca	1.8 1.3 0.65		南壁下有一完整狗骨架，呈平卧状，前腿折屈，后腿前伸。头下勾状	堆积分三层：一层为褐色土，质地较硬，厚 0.3 米；二层为灰黑色土，质松软，厚 0.1 米；三层为浅灰黑色，质较松软，厚 0.25 米	1. F 鼎足，3. E 罐形鼎。另有 AⅠ敛口钵	2. 砺石 Dc	4. 狗骨一具，狗下颌骨	探方外部分未清理，从探方内暴露部分分析为圆形
H140	T105	Ⅲ8	2	3C	戊 Ab	2.0 0.6 0.75			填土色灰褐，质较松	2. DaⅡ双耳罐。另有 CⅥ敞口钵	1. 角锥		从探方内暴露部分判断似近方形

续附表二

编号	位置	期段	层位		形状结构				填土层次及特征	出土遗物			备注
			上	下	分类	长(长径) 宽(短径) 深	壁底加工	坑内及附属遗迹		陶制品	石、骨制品	动、植物	
H141	T119	Ⅰ4	3C	4	甲 Ca	1.34 0.96 1.08 (暴露部分)			堆积可分三层:一层为浅黄灰色土,质软,厚 0.33 米;二层为灰黄色土,质软,厚 0.2 米;三层为黑灰色土,质软,厚 0.55 米	2. A 支脚,3. Ab Ⅰ 鼎足。另有 C Ⅰ 角把罐,A Ⅰ 侈口罐,D Ⅱ 罐形壶,A Ⅱ 浅腹钵,B Ⅰ 三足钵足,Ab Ⅰ 鼎足,AC Ⅰ 鼎足	1. Aa 颜料。另有砸击石核,B 锤击石片,C 磨棒		部分在探方外未全做
H142	T120	Ⅰ5	3B F39	H143 3C	甲 Aa	1.4 1.26 0.44			堆积分两层:一层厚 0.2 米,质稍软,色青黄,内含红烧土块、少量草木灰及陶片、碎骨、石块等;二层厚 0.24 米,质较软,色青灰,含草木灰、石块、碎骨等	1. A Ⅰ 罐形鼎,2. B Ⅰ 敛口钵,3. Aa Ⅰ 鼎足。另有 B Ⅰ 双耳罐,D Ⅳ 罐形壶,B Ⅰ,B Ⅵ 敛口钵		碎兽骨	
H143	T120	Ⅰ5	H142 F39	3C	甲 Ca	1.42 1.32 0.9			堆积分三层:第一层厚 0.2 米,青灰色,质稍软,内含陶片、碎骨及草木灰;第二层厚 0.1 米,色黄,土质稍硬,发现极少陶片;第三层质较软,色灰黑,厚 0.6 米,内含大量草木灰、陶片,鳖甲、碎骨	1. A Ⅰ 罐形鼎,2. Cb Ⅰ 鼎足,3. B Ⅱ 三足钵足。另有 C Ⅰ 侈口罐,B Ⅰ 敛口钵,D Ⅰ 钵足,Ab Ⅰ 鼎足		鳖甲、碎骨	

编号	位置	期段	层位		形状结构				填土层次及特征	出土遗物			备注
			上	下	分类	长(长径) 宽(短径) 深	壁底加工	坑内及附属遗迹		陶制品	石、骨制品	动、植物	
H144	T120	Ⅱ5	3B	3C	乙Da	1.26 1.2 0.34			坑内堆积共分三层：第一层为青灰色，质稍松，间杂少量草木灰，内含碎骨、陶片等，厚0.14米；第二层为青黄色土，质疏松，内含陶片，碎骨及草木灰，厚0.20米	1.CⅡd鼎足。另有AⅡ折肩壶			
H147	T113	Ⅰ2	3C	4	甲Bc	1.3 1.22 0.85			堆积分四层：第一层厚0.20～0.30米，青灰色，局部含大量红烧土；第二层厚约0.50米，红烧土粒层；第三层厚0.15米，为草木灰层；第四层厚0.2～0.3米，烧土粒层	1.AⅡ方口盆，2.AⅡ罐形壶，3.A(式别不明)罐形壶，4、5.AⅠ双耳罐，6.CⅠ方口盆，7.AbⅠ角把，8.BaⅠ角把，9.CⅠ敞口钵，10.BⅠ方口盆，11.AⅡ方口盆。另有AⅠ、BⅠ角把罐，AbⅠ、BaⅠ角把，AⅠ浅腹钵			
H149	T109	Ⅱ7	3B	H150	甲Db	1.58 1.5 0.45			坑内堆积分二层：一层为黄灰土；二层为黑灰土，质稍硬				
H150	T109	Ⅱ5	H149	3C	丙Ba	1.18 0.98 0.76		坑底中间有小圆窝两个，直径0.14～0.12米，深0.06米	堆积两层：一层为黑灰色土；二层为灰色土	1.敛口盆(碎)。另有AⅠ罐形鼎，BbⅡ折肩壶，AⅤ浅腹钵，BbⅡa鼎足			

编号	位置	期段	层位		形状结构				填土层次及特征	出土遗物			备注
			上	下	分类	长(长径) 宽(短径) 深	壁底加工	坑内及附属遗迹		陶制品	石、骨制品	动、植物	
H151	T109	Ⅰ2	3C H167	M247	乙Cc	2.3 1.35 0.5		周壁有环状二层台，高0.18米，宽0.46～0.16米	堆积分两层：一层为青灰色；二层为灰黄色	1. BaⅣb鼎足，2. A小钵，3. 罐形壶，4. Ca磁底。另有AⅠ双耳罐，AⅡ罐形壶	A锤击石片		
H152	T109	Ⅰ2	3C	H156 4	甲Da	2.0 1.86 0.54			坑内堆积分二层：一层为黄灰土；二层为黑灰土。质均松	AaⅠ角把，AⅠ双耳罐，Cb支脚	1.C石磨棒，2.B石磨棒，3.B琢击石锤，4.Ca砺石，5.D石磨棒，6.C石砧(2件)		
H153	T109	Ⅰ6	H154	H157	乙Aa	2.4 1.62 0.6			坑内堆积分两层：一层为黄灰土；二层为草木灰				
H154	T109	Ⅱ8	3A	H153	乙Ca	2.1 1.4 0.7			填灰褐土，含大量烧土块	1. BaⅣa鼎足。另有DaⅠ双耳罐，CⅦ敞口钵			

编号	位置	期段	层位		形状结构				填土层次及特征	出土遗物			备注
			上	下	分类	长(长径) 宽(短径) 深	壁底加工	坑内及附属遗迹		陶制品	石、骨制品	动、植物	
H156	T109 T108	Ⅰ2	H152 H267	4	甲 Cc	2.55 2.35 0.7		东、南、西三面在深0.40米处留一宽约0.3～0.6米的台阶，坑径缩至1.9～1.6米，底径1.70～1.4米	坑内堆积共分三层：第一层为红烧土层；第二层为灰土层；第三层为白灰和炭粒层	1.Ca 支脚，2.AI 角把罐，3.AⅡ敞口钵，4.D 敛口罐，5.AⅠ方口盆，6、7、8.A 支脚，9.CI 角把罐，11.AⅡ角把罐，12.AⅠ浅腹钵，13.AⅡ深腹盆。另有AⅡ、BⅡ角把罐，AcⅠ角把，BⅡ罐形壶，AI、AⅡ双耳罐，AⅠ深腹盆	10.Ea 石磨棒	獐牙、梅花鹿	
H157	T109	Ⅱ5	3B	3C	甲 Bb	1.8 1.8 0.48		底有一东西向、宽约0.10米的小隔梁	堆积分两层：上层为黄灰土，下层黑灰土	1.Cb 支脚。另有AⅡ折肩壶，AⅡ划纹盆		鸟骨、动物肢骨、獐牙	
H159	T103	Ⅱ4	3C	4	乙 Aa	1.6 1.3 0.5			堆积分两层：第一层为灰色土，稍硬纯净，厚0.15米；第二层为灰色土，质松软，内含大量草木灰、炭粒等	1.DⅡ罐形壶，2.AⅡ敛口钵，3.CⅡ方口盆，5.DⅡ罐形壶，6.A 盆形鼎，7.BaⅠ鼎足。另有DⅡ罐形壶	4.AbⅣ牙削 8.E 砺石	兽骨、鳖甲、獐牙	
H160	T103	Ⅱ5	H163	3C	乙 Ca	1.65 1.5 0.7			填黄灰色土，质稍松				

续附表二

编号	位置	期段	层位		形状结构				填土层次及特征	出土遗物			备注
			上	下	分类	长(长径) 宽(短径) 深	壁底加工	坑内及附属遗迹		陶制品	石、骨制品	动、植物	
H161	T103	Ⅰ5	3B	3C	甲 Cc	1.32 1.2 0.85			填土呈灰色,质稍松,内含少量红烧土和炭粒	1.CⅠ三足钵,2.BⅡ敞口钵,3.AⅠ折沿罐,4.ACⅠ鼎足,5.Bb小钵			
H162	T103	Ⅰ6	3B	3C	甲 Da	2.14 2.0 0.52			坑内堆积分二层:一层为黄灰色,质稍硬,纯净;二层为黑灰土,质松软,内含少量红烧土、炭粒	1.CⅡ划纹盆。另有BⅤ盆形鼎,BaⅡ折肩壶	Ab石铲、Bb石镰		
H165	T103	Ⅱ8	3A	H378	乙 Ca	1.6 1.4 0.5			堆积分二层:一层为黑灰土,质松软,内含少量红烧土、炭粒;二层为黄灰土,质疏松,含少量红烧土	1.BⅡ卷沿罐,2.CⅣ罐形鼎。另有CⅦ敞口钵,AⅥ浅腹钵			
H167	T108 T114	Ⅰ4	3C	H151 4	乙 Ac	3.98 3.08 0.55		在深0.24米处底部收出一台阶	堆积分两层:第一层为红褐土;第二层为黑灰土,内含草木灰等	1.BⅣ罐形壶,2.BⅠ折腹钵。另有AⅡ浅腹钵,AⅠ折沿罐			
H168	T101	Ⅰ5	M265 M384	3C	甲 Aa	2.06 1.94 0.8			坑内堆积共分三层:第一层为黄灰土;第二层为深灰土,内含大量的草木炭;第三层为黄灰土,内含红烧土块	1.AaⅡ鼎足。另有BⅠ盆形鼎,CⅤ敞口钵,AⅣ敛口钵,BⅠ敛口盆,ACⅡ鼎足,BbⅡb鼎足			

续附表二

编号	位置	期段	层位		形状结构				填土层次及特征	出土遗物			备注
			上	下	分类	长(长径) 宽(短径) 深	壁底加工	坑内及附属遗迹		陶制品	石、骨制品	动、植物	
H169	T101	Ⅱ5	M267	3C	甲 Da	2.1 1.8 1.4			坑内堆积共分二层：一层为黄土，内含红烧土粒和少量草木灰；二层为深灰土，内含大量草木灰	AⅠ罐形鼎，AⅡ侈口罐，BⅡ双耳罐，CⅣ敞口钵，BⅠ浅腹钵，BⅡ敛口钵，AⅠ敛口盆，BbⅡC 鼎足	1.BaⅠ骨镞，2.Bb 骨板，3.AbⅡ牙削	4.梅花鹿角	
H170	T101	Ⅱ6	3B	M275	乙 Cc	1.75 1.3 0.7			填深灰土，内含大量草木灰	BⅤ盆形鼎，AⅡ罐形鼎，CⅤ敞口钵，CⅠ浅腹钵，BⅠ浅腹钵		貉	
H171	T101	Ⅱ6	M266	3C	甲 Cc	1.6 1.5 0.9		坑深 0.60 米处在东北角留一三角形台阶，东西 0.80、南北 0.4 米	坑内堆积分二层：第一层为黄灰色土，内含少量的红烧土粒和草木灰，土质较松；第二层为深灰色土，内含大量的草木灰	2 杯（形式不明），3.AaⅡ角把，4.CⅡ划纹盆。另有 AⅠ敛口盆，AⅣ敛口钵，BⅠ浅腹钵，AⅠ敛口盆	1.FcⅡ骨镞		
H172	T101	Ⅱ5	3B M275	3C	甲 Cc	2.58 2.5 1.15		深 0.80 米处东部留一黄土台阶，宽约 1.05 米	坑内堆积共分二层：一层为黄灰色土，质较松；二层为灰色土，质较松，内含草木灰和少量的红烧土块	1.B 支脚，2.AⅤ敛口钵，3.A 杯，4.AⅡ折肩壶，5.BⅡ敛口钵		6.四不像角	
H173	T109	Ⅱ5	3B	M245 H196	乙 Db	2.4 1.8 0.58			填土呈灰色，含大量红烧土碎粒和泥质红陶片				

编号	位置	期段	层位		形状结构				填土层次及特征	出土遗物			备注
			上	下	分类	长(长径) 宽(短径) 深	壁底加工	坑内及附属遗迹		陶制品	石、骨制品	动、植物	
H175	T104	Ⅱ7	3B	3C	甲 Ca	1.58 1.52 1.2			堆积分四层:第一层为黑灰土,质松,厚 0.8 米;第二层为红烧土,质较硬,厚 0.03～0.05 米;第三层为草木灰层,厚 0.05～0.07 米;第四层为灰土,已知厚 0.3 米	3.Ac Ⅰ 鼎足,5.B Ⅰ 卷沿罐	1.Ab Ⅳ 牙削,2. Ⅱ 坯料,4.A 石砧	鱼骨	因遇水,已知深 1.2 米,以下不详
H176	T104	Ⅱ7	3B	3C	甲 Cb	1.6 1.4 0.45			填土呈灰褐色,质硬,内含红烧土粒	1.C Ⅰ 三足钵足。另有 Da Ⅰ 双耳罐,Ba Ⅰ 钵足			
H177	T114 T25	Ⅰ5	3B	3C	丁 Bc	2.1 1.94 1.22		西北部有半圆形台阶,宽约 0.68 米,北部高 0.24 米,西部高 0.44 米。西壁下有一壁龛,一半压在壁外,呈椭圆形,南北 0.56 米,东西 0.84 米,深于西部坑底 0.45 米。底东部有近方形凹坑,南北 1.0 米,东西 1.4 米,深于西部坑底 0.44 米	堆积分五层:第一层为青灰色土,质稍硬,填于坑的中间,厚 0.38 米;第二层为黑灰色土,质较松,厚 0.32～0.88 米;第三层为草木层,质松,厚 0.05 米;第四层为黄灰色土,质松,厚 0.1～0.34 米;第五层为浅灰色土,质较硬,厚 0.34～0.46 米	B Ⅰ 盆形鼎,B Ⅱ 敞口钵,A Ⅱ、A Ⅳ、B Ⅰ 敛口钵,B Ⅱ、B Ⅳ 敛口钵,A Ⅰ 敛口盆,A Ⅰ 折肩壶	1.Fa Ⅱ 骨镞,2.B 石磨盘,3.Ab Ⅱ 牙削		

编号	位置	期段	层位 上	层位 下	形状结构 分类	长(长径) 宽(短径) 深	壁底加工	坑内及附属遗迹	填土层次及特征	出土遗物 陶制品	石、骨制品	动、植物	备注
H178	T114	Ⅰ3	H188 3C	M296 M297 4	甲 Ba	1.2 1.2 0.6	坑壁周围用泥涂抹，底部比较平整		堆积分两层：第一层为黄灰土，厚0.1米；第二层为深灰土，厚0.5米	1.Ca支脚。另有BⅡ角把罐	2.AbⅡ牙削，3.AaⅡ牙削		
H180	T114	Ⅰ5	3B	3C	乙 Ad	1.75 1.3 1.20		南北半部各有一凹坑，中间以土墙相隔，土隔距坑口约0.30米。北部凹坑较深且大，南北0.90米，距口深1.2米，南半部凹坑较小且浅，南北0.45米	堆积共二层：第一层为灰色土，内含丰富的红烧土粒，厚0.5米；第二层为深灰色土，内含大量草木灰，厚0.5～0.7米	1.BⅠ敛口钵，2.BaⅣb鼎足，3.BaⅣc鼎足，4.BbⅠ鼎足。另有BⅠ盆形鼎，AⅠ罐形鼎，Ⅰ钵形鼎，AⅠ折肩壶，BⅠ双耳罐，AⅤ浅腹钵，BⅠ敛口钵，AcⅠ鼎足，AcⅡ鼎足			
H182	T114	Ⅰ6	3B H202	3C	乙 Ba	0.9 0.7 0.3			填土呈灰色，含大量草木灰和少量红烧土块	1.BⅠ卷沿罐，2、3.Ⅲ敛口钵。另有BⅠ、BⅡ卷沿罐			
H183	T114	Ⅰ3	H420 3C	M295	戊 Ba	1.4 1.1 1.0	周壁涂一层厚0.04～0.08米的黄泥		坑内堆积分三层：第一层为灰土，厚0.5米；第二层为黄灰土，质较松，厚0.3米；第三层为草木灰层，质松软，厚0.2米	1.AⅠ双耳罐。另有AⅡ、BⅡ角把			

编号	位置	期段	层位		形状结构				填土层次及特征	出土遗物			备注
			上	下	分类	长(长径) 宽(短径) 深	壁底加工	坑内及附属遗迹		陶制品	石、骨制品	动、植物	
H184	T114	Ⅱ4	3C	4	甲 Ca	0.9 0.9 0.25			填土呈灰色,内含大量红烧土粒	1.CⅡ敞口钵。另有AⅡ三足钵足			
H185	T114	Ⅱ7	3B	3C	甲 Aa	1.2 1.2 0.6			坑内堆积不分层次,填土呈灰色,内含少量的红烧土粒,厚约0.6米				
H186	T114	Ⅰ2	M295	H230	乙 Bc	2.0 1.1 0.8		东壁和西北角外斜较甚,呈壁龛状,南侧有一台阶呈斜坡状	堆积分二层:一层,灰土,厚0.44米;二层,草木灰层,厚0.46～0.34米	2.A小钵	1.AbⅡ牙削		
H188	T114	Ⅱ7	3B	3C	乙 Ca	2.4 1.5 0.56			坑内堆积分二层:一层为黑土,内含大量草木灰、鱼骨、鳖甲、烧骨等,厚0.3米;二层为灰土,内含大量的烧土粒和陶片	AⅥ浅腹钵		鱼骨、鳖甲、烧骨	
H189	T108	Ⅰ5	3B	3C	乙 Bc	1.35 1.1 0.76			坑内堆积分三层:一层为深灰土,质硬,内含大量蚌片和鱼骨,厚0.2米;二层为黄灰土,质较松,内含大量木炭和红烧土,厚0.4米;三层为灰土,质松软,内含大量草木灰和木炭,厚0.16米	1.CⅣ敞口钵,3.B支脚,6.Ⅰ篦纹罐。另有BⅡ盆形鼎,Ⅰ筒形罐,CⅤ敞口钵,BⅡ敞口钵	2.CbⅡ骨镞,4.B磨盘,5.D锤击石片。另有C磨盘	7.环颈椎,8.天鹅骨。另有蚌壳、鱼骨、鳖甲、烧骨	

编号	位置	期段	层位		形状结构				填土层次及特征	出土遗物			备注
			上	下	分类	长(长径) 宽(短径) 深	壁底加工	坑内及附属遗迹		陶制品	石、骨制品	动、植物	
H191	T104	Ⅱ5	3B	3C	乙Ab	1.2 0.96 0.42			填土呈灰色,质松,内含烧土粒	CⅠ侈口罐,BⅡ敛口钵			
H192	T104	Ⅲ7	3B	3C	乙Ca	1.15 1.0 0.38			填土呈黑灰色,质松,内含少量红烧土粒			碎骨、蚌壳	
H193	T104	Ⅱ5	3B	3C	乙Ca	1.56 1.32 0.74			填灰色土,较松,内含红烧土粒	1.AⅠ罐形鼎,2.AⅣ折肩壶			
H194	T104	Ⅱ5	3B	3C	乙Ca	1.8 1.35 0.7			填土呈黑色,质稍硬,内含烧土粒、炭屑	2.AⅠ卷沿罐,3.Db鼎足	1.AcⅡ骨镞		
H195	T104	Ⅱ6	3B	H208 3C	甲Ba	1.23 1.2 0.7			堆积分四层:第一层为红烧土;第二层为黑灰土,内含草木灰及炭化果核、果籽;第三层为黑灰土,内含炭化果核、果籽;第四层为红烧土层,质稍硬	2.AⅡ圆腹壶,3.CⅡ釜,4.AdⅠ鼎足,5.AaⅡ三足钵,9.AⅣ浅腹钵,10.BⅥ浅腹钵。另有BⅠ、DⅡ罐形鼎,AⅠ侈口罐,AⅡ折沿罐,AⅤ浅腹钵,AⅤ敛口钵,CⅠ划纹盆,D型划纹盆,AⅡ划纹盆,AaⅡ鼎足,BaⅣb鼎足,BbⅡb鼎足,BbⅡc鼎足,CⅡc鼎足	1.AbⅡ骨镞,6.AcⅡ骨镞,7.Ac颜料,8.Ab石铲	11.环颈雉。另有炭化栎果、猪牙	

编号	位置	期段	层位		形状结构				填土层次及特征	出土遗物			备注
			上	下	分类	长(长径) 宽(短径) 深	壁底加工	坑内及附属遗迹		陶制品	石、骨制品	动、植物	
H196	T114	Ⅱ5	3B H173	3C	乙Ba	2.4 1.40 1.1		西壁深0.3米处留一台阶，台面呈斜坡状，至深0.4米处坑壁又向外斜	堆积共分六层：第一层为深灰土，厚0.24米；第二层为含密集的红烧土粒，厚0.2米；第三层为青灰土层，厚0.24米；第四层是散落的红烧土层，厚0.18米；第五层为草木灰，厚0.08～0.10米；第六层为黄土，质稍硬，厚0.10～0.16米	1.AⅡ罐形鼎，3.AⅠ敛口盆，4.D支脚。另有AⅠ罐形鼎，BⅠ敛口盆，AⅠ敛口盆	2.Cb石斧	5.梅花鹿角	
H197	T116	Ⅱ5	3B	3C	乙Ca	2.30 1.3 0.38			填土呈青灰色，间杂浅黑色，质稍松，厚0.38米，内含红烧土颗粒、碎骨、石块等	1.BⅠ划纹盆，2.AⅡ敛口钵。另有BⅡ盆形鼎，CⅤ敞口钵，AⅣ敛口钵，BⅠ划纹盆，CⅠ折沿罐	3.C砸击石锤		
H198	T108	Ⅱ4	3C	4	乙Bc	2.56 1.60 1.2		有两层生土台阶：第一层高0.48米，呈斜坡状，上宽仅0.14米；第二层高0.3米，上宽0.3米，之上高0.24米至坑口。底部中间有0.12米高的隔墙	堆积分三层：一层为黄灰土，质稍硬，内含大量红烧土粒，厚0.3米；二层为灰土，质松，内含少量红烧土粒和炭粒，厚0.2米；三层为黑灰土，质松软，内含大量草木灰和少量红烧土粒，厚0.7米	2.AⅠ敛口钵，3.AⅠ罐形鼎，4.AⅠ侈口罐，5.AⅡ深腹盆，6.D敛口罐，7.AⅡ深腹盆，9.C敛口盆，10.BⅤ罐形壶，11.AⅡ双耳罐，12.AⅠ敛口钵。另有AⅠ卷沿罐，AⅡ敛口钵，C敛口盆，AaⅠ鼎足	1.AbⅡ牙削，8.B石磨棒	獐牙	

编号	位置	期段	层位		形状结构				填土层次及特征	出土遗物			备注
			上	下	分类	长(长径) 宽(短径) 深	壁底加工	坑内及附属遗迹		陶制品	石、骨制品	动、植物	
H199	T108	Ⅰ6	3B	3C	丙 Ca	2.02 1.24 0.56			填土为黄灰色，质稍硬，内含大量红烧土和少量炭粒	1. CbⅡ角把			
H200	T114	Ⅰ6	3B	3C	甲 Ca	0.9 0.9 0.4	壁和底涂有一圈黄泥		坑内堆积分两层：第一层呈坡状，灰色土，内含丰富的红烧土，厚 0.05～0.1 米；第二层为青灰色土，内含少量草木灰和兽骨、蚌壳等，厚 0.26～0.39 米				
H202	T114	Ⅰ6	3B	3C H182	乙 Bb	1.45 1.2 1.48			坑内堆积分六层：第一层为灰土，内含较多的红烧土，质地较硬，厚 0.3 米；第二层为青灰土，内含少量红烧土粒，厚 0.2～0.28 米；第三层为黄土层，无包含物，厚 0.2～0.3 米；第四层为草木灰层，厚 0.12～0.14 米；第五层为黄灰土层，内含较多陶片和红烧土；第六层，灰土层，无包含物，厚 0.4 米	1. AⅣ折肩壶，3. BⅡ双耳罐。另有 AⅠ罐形鼎，AⅤ浅腹钵	2. AbⅠ骨镞		

编号	位置	期段	层位		形状结构				填土层次及特征	出土遗物			备注
			上	下	分类	长(长径) 宽(短径) 深	壁底加工	坑内及附属遗迹		陶制品	石、骨制品	动、植物	
H203	T114	Ⅱ8	3A	3B	甲Cc	1.04 1.02 0.92			堆积分三层：第一层为黄灰土，质地硬，厚0.2米；第二层为深灰土，内含丰富的红烧土块，厚0.3米；第三层为青灰土，厚0.3～0.4米	1. 盂			
H204	T114	Ⅰ3	3C	4	乙Ba	0.8 0.5 1.2			填土分三层：一层为青灰色土，内含少量红烧土粒，质较硬，厚0.4米；二层为灰色土，内含较少的红烧土和草木灰，质松软，厚0.25米；三层为浅灰土，内含少量的红烧土粒	BⅡ角把罐	1.DⅠ骨镞，2.Ab骨锥		
H205	T114	Ⅱ7	3B	3C	甲Cb	0.96 1.0 0.58			堆积分两层：第一层为灰土，厚0.4米；第二层为黄土，厚0.1～0.16米				
H206	T116	Ⅰ5	3B	H216	甲Ca	1.24 1.20 1.3			填土分两层：第一层呈深灰色，质疏松，厚1.1米，内含红烧土粒。第二层为黑灰色土，厚约0.2米	1.AⅤ敛口钵，4.BⅡ敛口钵。另有BⅠ盆形鼎，CⅠ侈口罐，BⅠ双耳罐，AⅣ、BⅣ敛口钵	2.AbⅠ牙削，3.石璜形器。另有Ea磨棒	兽骨、蚌片	

编号	位置	期段	层位		形状结构				填土层次及特征	出土遗物			备注
			上	下	分类	长(长径) 宽(短径) 深	壁底加工	坑内及附属遗迹		陶制品	石、骨制品	动、植物	
H207	T104	Ⅱ6	3B	3C	甲Cc	1.26 1.26 0.76	壁底各涂垫一层厚0.03～0.05米的黄泥	西有月牙形台阶式门道,北、东、西南门各有一柱洞	填土呈灰色,质松软,内含烧土粒等	AⅡ卷沿罐		貉	
H209	T28	Ⅱ7	3B	3C	甲Ca	1.55 1.4 0.62			填土呈灰褐色,含红烧土块、炭块、陶片、动物碎骨等	1.CⅠ碗,2.CⅡ罐形鼎,3.DⅡ罐形鼎,4.BⅡ碗。另有CⅡ、CⅡ罐形鼎,CⅠ浅腹钵,CⅡa鼎足		貉	
H210	T116	Ⅱ6	3B	3C	甲Ca	0.82 0.8 0.4			坑内堆积分三层:一层为浅灰土,结构紧密,厚0.1米,无包含物;二层为灰黑土,结构松软,厚0.15米,内含草木灰,碎骨等;三层为青黄土,质稍硬,厚0.15米,无包含物	1.BⅡ敞口钵,2.BⅠ双耳罐。另有BⅡ双耳罐			

编号	位置	期段	层位 上	层位 下	形状结构 分类	长(长径) 宽(短径) 深	壁底加工	坑内及附属遗迹	填土层次及特征	出土遗物 陶制品	出土遗物 石、骨制品	出土遗物 动、植物	备注
H211	T108	Ⅰ5	H154 H266	H212	甲Ca	1.5 1.46 1.8			坑内堆积分二层：一层为黄灰土，质稍松，内含大量红烧土粒，厚0.3米；二层为黑灰土，质松软，内含大量草木灰和少量红烧土及炭粒、白灰等，厚1.5米	BⅠ盆形鼎，AⅠ、BⅠ敛口钵，AcⅠ鼎足		兽骨、鱼骨	
H212	T108	Ⅰ5	H211	3C	甲Cc	1.10 1.0 0.54			填土呈黑灰色，质松软，内含大量草木灰	CⅤ敞口钵	1. Ca石铲		
H213	T104	Ⅰ5	3B	3C	戊Ca	1.05 0.9 1.2			填黑灰土，质松软	1. AⅠ罐形鼎		鱼骨	
H214	T104 T109	Ⅱ7	H215	H148 3C	乙Bc	1.96 1.5 0.7	底铺一层0.24米厚的纯净黄土	西南部有一方形黄土柱，高约0.3米，长、宽0.4米	堆积分二层：一层为黑灰土，松软；二层为黄泥，较纯		1. Cb锤击石片		
H215	T104	Ⅱ7	3B	H214	甲Aa	1.28 1.20 0.2			填土黑灰色，质疏松			鱼骨、蚌壳	
H217	T104	Ⅰ5	3B	3C H263	戊Cc	2.26 1.6 0.34	未见	坑底东部一角有一圆形凹坑，直径0.94～1.02米，深于坑底0.2米	坑内填灰土，内含大量烧土粒，质较硬	1. BⅠ双耳罐，2. BⅡ深腹盆，3. AbⅠ鼎足，4. CⅠ角把罐。另有BⅠ敛口盆，AcⅠ、AcⅡ鼎足	5. B锤击石片。另有Eb石磨棒		

编号	位置	期段	层位		形状结构				填土层次及特征	出土遗物			备注
			上	下	分类	长(长径) 宽(短径) 深	壁底加工	坑内及附属遗迹		陶制品	石、骨制品	动、植物	
H218	T31	Ⅱ4	3C	4	戊 Ba	1.70 1.30 0.8	壁底均涂有一层黄泥约0.03米厚	在偏南部有一东西向的隔墙，宽0.14～0.24米，高于坑底约0.15米	堆积分二层：第一层呈黄色，土质松软，内含陶片、灰烬、炭块及兽骨；第二层颜色变灰，土质较软，内含灰烬及少量炭块和石块	1.AⅠ敛口钵，3.Ca支脚，4.BⅠ折沿罐。另有CⅠ角把罐，CⅠ侈口罐，AⅠ敛口钵，BⅠ敛口钵	2.BaⅠ骨镞	兽骨	
H220	T104	Ⅱ5	H174 3B	3C	甲 Ca	1.52 1.32 1.05			坑填土呈黑灰色，质疏松	1.BaⅡ折肩壶，2.AⅣ敛口钵		獐牙	
H221	T28	Ⅰ2	3C	4	乙 Ba	1.98 1.36 0.45			堆积分六层：第一层为灰褐色土，周围有一圈灰黑土，内含炭粒，厚0.14米；第二层为灰黑土，含红烧土块，厚0.01～0.03米；第三层为黄褐色土，厚0.08～0.16米；第四层灰黑色土，厚0.01～0.03米不等，内含红烧土块；第五层为红烧土块层，厚0.08～0.12米；第六层为灰黑土，质稍硬，内含红烧土块，厚0.05～0.13米不等	3.A支脚，4.AⅡ双耳罐，6.AbⅠ角把，8.A支脚，9.Ca支脚，10.AaⅠ角把，11.AⅠ角把罐，12.AⅠ器耳，13.AⅠ器耳。另有AⅠ、AⅠ角把罐，AⅠ双耳罐，AⅠ方口盆，AⅠ深腹盆	1.FcⅠ骨镞，2.B锤击石核，5.砸击石核，7.B石砧	炭粒	

编号	位置	期段	层位		形状结构				填土层次及特征	出土遗物			备注
			上	下	分类	长(长径) 宽(短径) 深	壁底加工	坑内及附属遗迹		陶制品	石、骨制品	动、植物	
H222	T108	Ⅱ7	3B	3C	丁 Ba	2.3 1.6 1.04			堆积分二层:一层为黄灰色土,质稍硬,厚 0.3 米,内含少量红烧土、兽骨、兽牙等;二层为黑灰色土,质松软,厚 0.74 米,内含大量红烧土、草木灰和碎骨	1.AⅤ浅腹钵,2.BⅡ双耳罐,3.B支脚。另有AⅠ罐形鼎,AⅡ罐形鼎,Ab碗底,CⅠ釜,AⅥ浅腹钵,BaⅣa鼎足,BaⅣb鼎足	Ⅰ石坯料,C石磨棒	4.梅花鹿角。另有鳖甲、动物牙齿及动物骨骼	
H223	T108	Ⅰ5	3B	3C	甲 Dc	1.6 1.6 0.5			填青灰土,松软,内含少量红烧土颗粒	AⅣ敛口钵	砸击石核		
H224	T108	Ⅰ3	3C	4	甲 Db	2.7 2.4 0.56			堆积分两层:一层为黄灰色土,质稍硬,内含少量红烧土和炭粒,厚 0.4 米;二层为黑灰色土,质较松,内含大量红烧土和炭粒,厚 0.16 米	2.BaⅣa鼎足	1.D砸击石锤	3.野兔下颌	
H225	T10	Ⅱ7	3B	3C	乙 Ad	1.16 1.1 0.24			填土呈黑色,夹带有红烧土颗粒及陶片等	BⅠ三足钵		鱼骨、兽骨	
H226	T104	Ⅰ6	3B	H227	乙 Ca	1.8 1.3 0.86			填黑灰土,上部稍硬,下部稍松	BⅡ盆形鼎,AⅡ划纹盆,BⅠ双耳罐	1.Ac骨针	鱼骨、獐牙、梅花鹿骨	

编号	位置	期段	层位		形状结构				填土层次及特征	出土遗物			备注
			上	下	分类	长(长径) 宽(短径) 深	壁底加工	坑内及附属遗迹		陶制品	石、骨制品	动、植物	
H227	T104	Ⅱ6	H226	3C	甲 Ca	1.06 1.04 0.58			填土呈黑灰色，质松软，内含炭屑等				
H228	T104	Ⅱ4	3C	4	甲 Ca	1.1 1.05 0.42	坑底铺垫0.05米厚的黄泥		堆积分四层：一层，黑灰土，质松，含红烧粒，厚0.3米；二层，草木灰层，较纯，厚0.02米；三层，灰土，质较松，，厚0.05米；四层，黄泥层，较纯质硬，厚0.05米	1.AⅡ浅腹钵，3.AⅠ卷沿罐，5.AaⅡ鼎足，6.Bb碗底，7.AⅡ敛口钵	2.Aa骨针，4.HcⅡ骨镞	碎兽骨、鱼骨	
H229	T104	Ⅱ4	3C	4	丙 Bc	1.80 1.38 0.76		东和北壁有二层台，高0.2～0.3，宽0.2～0.3米	堆积分三层：一层，黑灰土，质稍硬；二层，红烧土，质较松；三层，草木灰，质松，含大量木炭块、鱼骨、蚌壳、烧骨等	3.E罐形鼎，4.AⅡ双耳罐，5、6.B支脚，7.BⅣ角把罐，8.D小钵，9.盂，10、11.AⅠ深腹钵，12.陶玩具，14.AⅣ方口盆，15.AbⅠ鼎足，16.BaⅡ鼎足，17.D支脚，18.AⅣ罐形壶。另有A盆形鼎，AⅠ罐形鼎，AⅡ敛口钵，CⅣ罐形壶，A，D支脚，AcⅡ鼎足	1.B骨锥，2.Ab骨针，13.B锤击石核	獐牙	

续附表二

编号	位置	期段	层位		形状结构				填土层次及特征	出土遗物			备注
			上	下	分类	长(长径) 宽(短径) 深	壁底加工	坑内及附属遗迹		陶制品	石、骨制品	动、植物	
H230	T114	Ⅰ2	H186	4	乙Ca	1.4 0.92 0.80			堆积分两层:一层呈浅黄色土,质较硬,含红烧土较多,厚0.4米;二层为黑灰土,内含大量草木灰和红烧土块等	AⅠ角把罐		鱼骨、兽骨、蚌壳	
H233	T116	Ⅱ5	3B	3C	乙Bc	1.34 1.12 0.74			堆积分三层:第一层为黄褐土;第二层为黄土,有大量红烧土块;第三层为青灰土	1.AaⅠ鼎足,3.BⅠ钵足。另有AⅡ折肩壶,BⅡ双耳罐,BⅡ敛口钵			
H234	T116	Ⅰ2	3C	4	甲Cd	1.8 1.75 0.56			填土分两层:一层为黄褐色土,内含红烧土颗粒;二层为青灰色土,中间有一片厚0.1米的红烧土面,0.33×0.44米	1.BⅠ罐形壶,2.Cc支脚。另有BⅠ深腹盆	3.Db砺石。另有Cb斧,Aa颜料		
H235	T28	Ⅰ3	3C	M332	甲Da	1.12 1.02 0.50			填黄褐色土,内含陶片等				

续附表二

编号	位置	期段	层位		形状结构				填土层次及特征	出土遗物			备注
			上	下	分类	长(长径) 宽(短径) 深	壁底加工	坑内及附属遗迹		陶制品	石、骨制品	动、植物	
H236	T35 T36	Ⅱ6	3B	H384 M372	乙Cc	2.5 1.55 0.74	周壁和底部涂一层黄泥，厚0.04～0.1米，内夹少量红烧土颗粒	东半部有半月形二层台，高0.20～0.3米，宽1.0米	堆积分三层：一层，土色灰褐，质较软，颗粒较小，内含大量红烧土颗粒、草木灰及少量的碎骨等；二层，土色黑灰，内含大量的草木灰、少量的红烧土颗粒，厚达0.25米；三层，只在灰坑的西半部出现，中间薄，周厚，呈深灰色，质疏松，颗粒较小，内含大量草木灰和少量红烧土颗粒，无陶片	2.CⅠ罐形鼎，3.A支脚，4.Aa碗底，5.CaⅡ角把，7.Bb碗底，8.罐口（制作工艺标本），9.BaⅣd鼎足。另有D折沿罐，AⅠ、AⅡ卷沿罐，CⅠ双耳罐，AaⅡ碗底，BbⅠ碗底，BaⅡ、BaⅣd鼎足			
H238	T35	Ⅰ5	3B	3C	甲Aa	1.4 1.32 0.85			堆积分三层：一层，深灰土，质较软，厚约0.2～0.4米，内含大量陶片、红烧土颗粒及少量草木灰、鱼骨、蚌片等；二层，土色灰黑，内含大量的草木灰、红烧土颗粒，其松软程度更甚于一层，厚0.28～0.42米，无陶片；三层，呈浅灰色，内有少量的红绕土颗粒，质松，纯净，厚0.15～0.25米，内含有红陶片	1.AⅠ侈口罐，2.AⅡ敛口钵，4.BⅤ敛口钵。另有Ⅰ瘦腹壶	3.AbⅡ骨镞，5.角椎，6.Dd砺石，7.烧石	鱼骨、蚌壳	

编号	位置	期段	层位		形状结构				填土层次及特征	出土遗物			备注
			上	下	分类	长(长径) 宽(短径) 深	壁底加工	坑内及附属遗迹		陶制品	石、骨制品	动、植物	
H240	T25	Ⅱ4	3C	4	甲 Ca	1.25 1.25 0.52	壁底均涂有一层0.02～0.03米厚的青泥	南部一堆碎陶片,可复原	堆积分三层:一层为黑、白、灰土;二层内含大量红烧土,质硬,土色发黄,厚0.2米左右;三层为青灰色粘土,向北边倾斜下铺	1.A盆形鼎,2.DaⅡ角把,3.AⅠ划纹盆。另有BⅡ角把罐,ACⅠ、DaⅠ角把,CⅣ罐形壶			
H242	T10	Ⅰ2	3C	4	乙 Ac	1.07 1.05 0.85		北侧有一台阶,台面距坑口0.15米,宽0.3米	填土分两层:上层为灰褐土,夹红烧土、草木灰、碎骨等,厚0.15米;下层为黑灰土,较疏松,几乎未见包含物,厚0.7米	1.CⅠ角把罐,2.Db角把。另有AⅠ、CⅠ角把罐,Db角把,AⅠ方口盆		兽骨	
H243	T104	Ⅱ5	3B	3C	甲 Ca	1.75 1.75 0.60			填土呈黑灰色,质松,内含大量烧土粒、炭屑	1.AⅠ曲腹钵。另有BaⅠ折肩壶,BⅠ、AⅡ双耳罐,BbⅠ折肩壶	2.BbⅡ牙削。另有Cb锤击石片,砸击石片	狗	

编号	位置	期段	层位		形状结构				填土层次及特征	出土遗物			备注
			上	下	分类	长(长径) 宽(短径) 深	壁底加工	坑内及附属遗迹		陶制品	石、骨制品	动、植物	
H244	T25 T114	Ⅰ5	3B	3C	甲 Aa	1.26 1.24 0.80	第二～五层应为坑底的铺垫层,各厚0.03～0.05米		堆积分五层:一层,内含大量红烧土块,质较硬,厚0.55米;二层,土呈黄色,质硬;三层,含少量红烧土块;四层,土色泛黄,质硬;五层,黄土,含少量红烧土	AⅡ敛口钵			
H245	T25	Ⅰ2	H269 H246	4	乙 Aa	1.62 1.2 0.92			堆积分两层:一层,黑灰和红烧土混合而成,质较硬,北厚南薄,厚0.4～0.92米;二层,灰褐色土,很纯净,只铺于坑东和南部,厚0.30～0.5米	1.EaⅠ角把,2.AⅠ深腹盆,3.A釜,4.BⅠ敞口钵。另有AⅠ、BⅠ角把罐,EaⅠ角把,BⅠ敞口钵,A釜		5.獐犬齿	

续附表二

编号	位置	期段	层位		形状结构				填土层次及特征	出土遗物			备注
			上	下	分类	长(长径) 宽(短径) 深	壁底加工	坑内及附属遗迹		陶制品	石、骨制品	动、植物	
H246	T25	Ⅰ3	3C	4 H245	甲 Ca	1.84 1.7 1.1	未见	坑口周围有7个圆柱洞，直径0.13～0.26米，深0.15～0.67米，内填黄灰土，含少量烧土粒	填积分五层：一层，黄灰土，质坚硬，内含有很多红烧土及大量碎陶片；二层，黑灰土，质软，发粘，内含大量碎骨和陶片，厚0.1～0.5米(铺坑北部)；三层，鱼鳞层，由南向北倾斜下铺，厚0.03～0.05米；四层，土色灰黑，纯净，铺于坑东部、南部和西部，厚0.3～0.4米；五层，草木灰土层，很松软，内含大量草木灰，碎骨和陶片	DaⅡ角把		碎骨、鱼鳞	
H247	T102	Ⅱ8	3A	3B	甲 Cc	1.16 0.98 0.36			填土呈灰褐色，质较松，内含红烧土块及木炭	AⅧ、CⅠ浅腹钵			
H248	T102	Ⅰ6	3B	M367	乙 Cc	1.36 1.12 0.52			西侧有一台阶，宽0.15米，台面距坑口高0.2米	坑内堆积不分层次，填土呈灰褐色，质较疏松，内含少量的红烧土块	1. 高领罐。另有AⅡ、CⅠ折沿罐		
H249	T32	Ⅱ7	3B	3C	乙 Aa	1.65 1.18 0.44			堆积黑灰土，质稍松，内含大量红烧土及草木灰	2. A锉。另有CⅠ、BⅠ罐形鼎，Ⅰ钵形鼎，CⅥ敞口钵	1. A石磨盘。另有D石磨盘		

编号	位置	期段	层位		形状结构				填土层次及特征	出土遗物			备注
			上	下	分类	长(长径) 宽(短径) 深	壁底加工	坑内及附属遗迹		陶制品	石、骨制品	动、植物	
H250	T32	Ⅰ3	3C	4	甲 Dc	1.96 1.78 0.74	经过火烧，四壁有黄泥	南有一黄土台阶	堆积分三层：一层土深灰，含有大量红烧土和草木灰；二层土色较黑，草木灰含量增大，三层，灰土，厚约0.1米	2.BaⅡ角把，5、6.罐形壶耳。另有AⅠ、AⅡ、BⅠ、BⅡ、BⅡ角把罐，AⅡ双耳罐，BⅡ方口盆，AⅠ、AⅡ深腹盆及BⅡ深腹盆	1.B琢击石锤，3.A研磨器，4.B石砧。另有D石磨棒		
H251	T34	Ⅱ7	3B	M377	丁 Ca	3.95 2.56 0.35			填土呈灰黑色	1.AⅡ折沿罐，2.AⅣ折沿罐，3.AⅡ钵足。另有CⅡ罐形鼎，CⅥ敞口钵		四不像	
H252	T34	Ⅰ5	M393 M370	3C	乙 Ca	2.04 1.66 1.08	周壁涂0.03～0.05米厚的黄泥，底铺0.05米厚的黄泥		填深灰色粘土，颗粒较细，质较松	2.Ec鼎足，3.AcⅡ鼎足，4.BⅠ双耳罐，6.BbⅡa鼎足，7.CⅠb鼎足，8.BbⅡb鼎足，10.BⅡ盆形鼎，11.AⅡ钵足。另有BⅠ、BⅡ盆形鼎，ACⅠ、AdⅠ、BaⅣb、Db鼎足，AⅠ折沿罐，BⅡ敞口钵，AⅣ、AⅤ浅腹钵，AⅠ三足钵足，BⅠ圆腹壶	1.Ad骨针，5.Ab砺石，9.Aa砺石		

编号	位置	期段	层位		形状结构				填土层次及特征	出土遗物			备注
			上	下	分类	长(长径) 宽(短径) 深	壁底加工	坑内及附属遗迹		陶制品	石、骨制品	动、植物	
H254	T34	Ⅱ4	3C	4	乙Bc	1.62 1.05 0.90			堆积分两层:第一层为草木灰层;第二层为松软的灰黑土	2.BⅠ敛口钵,6.A盆形鼎,7.CⅡc鼎足。另有AⅠ罐形鼎,CⅠ鼎足,AⅠ、BⅠ、BⅠ敛口钵	1.AaⅠ牙削,4.B石磨棒,5.CⅠ骨镞。另有Ab刮削器		
H255	T35	Ⅰ5	3B	3C	戊Ca	1.23 0.95 0.44		底部东南角有一半圆形小坑,深于坑底约0.05米。半径约0.25米	坑内堆积灰褐土质疏松,且较软,颗粒较细,内含大量草木灰、红烧土颗粒等		2.FaⅠ骨镞,3.C骨刀,4.C骨凿		
H256	T36	Ⅲ7	3B	H258	戊Ca	1.9 1.06 1.06			填土分两层:第一层土色发黄,质较硬,内含丰富的红烧土颗粒,厚0.3米;第二层为黑色土,质疏,含木炭、兽骨等,厚约0.1～0.2米	1.AⅦ壶耳。另有Ⅰ钵形鼎、BⅣ双耳罐	Aa颜料		
H257	T36	Ⅲ7	3B	H258 H389	乙Ba	2.0 1.6 0.84			堆积分两层:一层,色黑质较硬,内含少量红烧土颗粒,深0.08米;二层,深灰色,质松,较粘,内含木炭,碎骨、陶片等	1.A支脚,3.DaⅠ双耳罐,4.AⅠ小罐。另有AⅡ、BⅡ、CⅡ罐形鼎,AⅠ小罐,BaⅣc鼎足,AⅣ折沿罐,CⅣ敞口钵,AⅦ敛口钵	2.FbⅠ骨镞,5.F砺石,6.D骨锥		

编号	位置	期段	层位		形状结构				填土层次及特征	出土遗物			备注
			上	下	分类	长(长径) 宽(短径) 深	壁底加工	坑内及附属遗迹		陶制品	石、骨制品	动、植物	
H258	T36	Ⅰ5	H256 H257	3C	乙 Ca	1.16 0.92 0.50			堆积分三层:一层色黑,质较硬,厚0.05米;二层,填土稍粘,厚0.3米,内含陶片、兽骨等;三层,呈黄色,含有陶片等	A 折肩壶			
H259	T36	Ⅰ6	H389	3C	甲 Ca	1.3 1.24 1.2			堆积分二层:一层,色黑,质硬,内含少量红烧土颗粒,厚0.1米;二层,较粘,内含木炭、兽骨	BⅠ、BⅠ罐形鼎,BaⅣc鼎足,BⅡ、BⅣ敛口钵	Ca 锤击石片	1. 小麂角,2. 四不像角料。另有猪牙	
H260	T27	Ⅰ3	3C	H278	戊 Ab	0.85 0.6 0.70			填土呈灰黑色,质稍松,内含较多的红烧土粒	角把罐、罐形壶、方口盆、深腹盆		兽骨、兽牙、龟甲、鱼骨	探方内只露出一部分
H261	T27	Ⅰ3	3C	H262 4	丁 Ca	1.52 1.3 0.8			填土呈灰黑色,质稍松软;内含较多的红烧土	1. BⅡ角把罐,8. BⅠ敛口钵,9. AⅠ敛口钵,10. AⅡ敞口钵。另有AⅠ角把罐	2. C 石砧,3. 砸击石片,4. Ad 骨针,5. Ca 骨针,6. Ba 骨针,7. C 锤击石锤。另有砸击石片		

编号	位置	期段	层位		形状结构				填土层次及特征	出土遗物			备注
			上	下	分类	长(长径) 宽(短径) 深	壁底加工	坑内及附属遗迹		陶制品	石、骨制品	动、植物	
H262	T27	Ⅰ2	H261	H278	丙 Ca	2.56 1.88 0.84	壁上涂抹黄泥后用火烧烤		堆积分五层：第一层为黄土，略含红烧土；第二层为红烧土层；第三层为黑土层；第四层为红烧土层，不成大块，颗粒较细，边缘部分宽约0.14米，竖立状，其余呈坡状堆积铺延至坑底中心；第五层为黑色土，内含大量陶片及碎骨	1.BⅠ角把罐，2.DaⅠ角把，3.BaⅠ角把，4.CⅠ罐形壶，5.细绳纹片，6.绳纹片，7.AⅠ壶耳，8.AⅠ双耳罐。另有BⅠ、BⅡ、CⅠ、AⅡ、Ⅰ角把罐，CⅠ罐形壶，AⅠ双耳罐，CⅠ敞口钵，AⅡ方口盆，AⅠ深腹盆，BⅠ深腹盆，CⅠ角把罐，Ca支架		9.鱼腮盖骨。另有兽骨、獐牙、梅花鹿	
H263	T103	Ⅰ5	3B H217	3C	乙 Ca	1.76 1.52 0.85			坑内填土为红黄色，内含大量红烧土	1.BⅠ盆形鼎。另有AcⅠ鼎足			
H264	T104	Ⅰ5	3B	3C	丙 Bc	1.85 1.10 0.8		底有一层台阶，西半部高于东半部约0.3米	坑内填土呈黑灰色，质松，含烧土粒	1.AⅠ罐形鼎，2.F罐形鼎，3.AⅠ罐形鼎。另有BⅠ盆形鼎，AcⅠ鼎足			

续附表二

编号	位置	期段	层位		形状结构				填土层次及特征	出土遗物			备注
			上	下	分类	长(长径) 宽(短径) 深	壁底加工	坑内及附属遗迹		陶制品	石、骨制品	动、植物	
H266	T108	Ⅱ6	3B	H211	乙 Cc	1.5 1.1 0.7			填土分二层：一层，灰黄色，质稍硬，内含大量红烧土和少量炭粒及草木灰，厚 0.3 米；二层，黄灰色，质松软，内含少量红烧土和炭粒，厚 0.4 米	1.BⅡ盆形鼎，2.AⅠ钵足。另有BⅡ盆形鼎、AⅡ侈口罐，CⅤ敞口钵，AⅤ浅腹钵，BⅥ敛口钵，AⅠ三足钵足，AⅠ敛口盆		3. 梅花鹿头角	
H267	T108	Ⅱ6	3B	3C H156	甲 Aa	1.16 1.08 0.4			填深灰土，质松软，内含大量草木灰和烧土	1.BⅤ盆形鼎		獐牙	
H268	T25	Ⅱ6	3B	3C	丁 Cc	2.0 1.2 0.95			坑内堆积分五层：一层，灰色土，质硬，很纯净，厚 0.20 米；二层，灰黑土，质稍硬，内含红烧土块，厚约 0.2 米；三层，灰白色土，较松，内含大量鱼鳞，厚 0.1～0.2 米；四层，白色蚌壳层，稍软，中间厚四周薄，层厚 0.1～0.5 米；五层，黑灰土，只铺坑的东边，厚 0.1 米左右	D折沿罐，AⅡ卷沿罐，BⅣ敞口钵		大量蚌壳、鱼鳞、草木灰	

续附表二

编号	位置	期段	层位		形状结构				填土层次及特征	出土遗物			备注
			上	下	分类	长(长径) 宽(短径) 深	壁底加工	坑内及附属遗迹		陶制品	石、骨制品	动、植物	
H269	T25	Ⅰ3	3C	H245	戊 Ca	1.2 0.98 0.4			坑内堆积分三层：一层，含红烧土块和炭灰，质较硬，厚0.23～0.3米；二层，青色，稍粘，内含少量红烧土，厚0.03～0.05米；三层，纯黄土，稍硬，厚0.03～0.05米	1. Bb 角把。另有AⅡ深腹盆，Bb 角把	2. Ba 骨镖		
H270	T114	Ⅱ7	3B	3C	乙 Ba	1.1 0.62 0.6 （暴露部分）			堆积分三层：一层，灰土，质稍硬，内含红烧土粒较多，厚0.4米；二层，红烧土层，厚0.1～0.2米；三层，草木灰层，厚0.1～0.2米	1. BaⅣa 鼎足，3. E三足钵，4. AⅦ壶耳。另有BⅣ双耳罐，AⅥ浅腹钵，AaⅣ三足钵，B支脚	2. 砺石 Ba		部分在探方外，未挖
H271	T114	Ⅰ3	H179	4	乙 Ab	2.5 1.4 0.85			堆积分二层：一层，深灰色，质稍硬，厚0.44米；二层，黑灰色土，厚0.45米				
H272	T31	Ⅱ5	3B	3C	甲 Da	1.35 0.65 1.3			堆积分二层：一层，黄土，质松软，内含大量红烧土块；二层，黄灰色，土质松软，内含少量草木灰和红烧土粒	AⅠ侈口罐，AⅡ、BⅣ敛口钵，ACⅠ、BaⅣc 鼎足			

编号	位置	期段	层位 上	层位 下	形状结构 分类	形状结构 长(长径) 宽(短径) 深	形状结构 壁底加工	形状结构 坑内及附属遗迹	填土层次及特征	出土遗物 陶制品	出土遗物 石、骨制品	出土遗物 动、植物	备注
H273	T31	Ⅱ7	3B	3C	丙Cc	1.90 1.48 1.16		底部有二层台阶。北部呈半圆形，宽0.35～0.66米，底高于南部0.38米，形成生土二层台	堆积分二层：一层，黄色土，质较松；二层，呈灰色，质松软，内含大量鱼骨、灰烬和兽骨	3.CⅡ罐形鼎，4.Ⅰ筒形篦纹罐，5.钵底，6.Cb壶耳，7.DⅡ罐形鼎。另有AⅠ卷沿罐，BⅠ扁腹壶，AⅦ浅腹钵，AaⅠ鼎足	1.B穿孔石饰，2.E琢击石锤。另有A锤击石核	鱼骨、兽骨	
H274	T101	Ⅰ3	H275	4	甲Ca	1.35 0.8 0.5			填土为深灰色，质松，内含草木灰等	1.BⅠ角把罐，2.CⅠ角把罐，3.DaⅡ角把，4.AⅣ壶耳。另有AⅠ、AⅡ、CⅠ角把罐，AⅣ双耳罐，Ca支脚	D石磨棒		
H275	T102	Ⅰ6	M402	M337	乙Da	3.30 2.6 0.55			填土为深灰色，质较松	2.AⅡ三足钵足，3.CⅤ敞口钵。另有BⅡ盆形鼎，CⅠ侈口罐，CⅠ折肩壶，BⅠ双耳罐，CⅤ敞口钵，AⅡ三足钵足、CⅠ划纹盆	1.Ac砺石。另有Bb石铲		
H276	T25	Ⅰ2	3C	M397	乙Ca	1.40 1.16 0.96			堆积纯净的灰褐色土，偶见几颗红烧土或灰星	角把罐、深腹盆底部。			

编号	位置	期段	层位		形状结构				填土层次及特征	出土遗物			备注
			上	下	分类	长(长径) 宽(短径) 深	壁底加工	坑内及附属遗迹		陶制品	石、骨制品	动、植物	
H277	T114	Ⅱ7	3B	3C	乙Aa	1.06 0.85 0.5			填灰褐土，质松软	BⅠ罐形鼎，AⅥ浅腹钵	1.Cb锤击石片，2.B锤击石片		
H279	T27	Ⅰ4	3C	4	甲Ca	1.22 1.0 1.4		在坑口外东、西和南侧绕坑排列柱洞7个，D1至D7口径分别为0.13米、0.15米、0.11米、0.10米、0.12米、0.12米、0.12米，深分别为0.15米、0.10米、0.09米、0.12米、0.14米、0.11米、0.13米，直壁、平底，无倾斜度	堆积分三层：一层，黄灰土，质较软，含少量细微红烧土粒，厚0.3米；二层，黄灰土，质松，内含少量黑灰和红烧土粒，厚0.4米；三层，黑色土，质软，含水量极大，层厚0.70米	1.CaⅡ角把。另有AⅠ罐形鼎，DaⅠ、EaⅠ角把		2.天鹅肢骨另有动物牙齿，动物脊椎骨、鱼骨、蚌壳	
H280	T34	Ⅰ5	3B	3C	乙Ca	1.8 0.7 1.25		西部发现用舌形石铲挖的痕迹，长0.25、宽0.15米	堆土呈黑色，含较多红烧土颗粒	2.Ea鼎足。另有BⅡ盆形鼎，AⅠ罐形鼎，AⅠ卷沿罐，BⅣ敞口钵，BⅡ敛口钵，AdⅠ鼎足	1.角料		口径据方内暴露部分推测

编号	位置	期段	层位		形状结构				填土层次及特征	出土遗物			备注
			上	下	分类	长(长径) 宽(短径) 深	壁底加工	坑内及附属遗迹		陶制品	石、骨制品	动、植物	
H281	T37	Ⅱ4	2	3	甲 Ca	1.0 1.0 0.15	壁底涂铺一层青泥		填土呈灰色,质松,内含红烧土、陶片				
H282	T37	Ⅱ7	1	2	甲 Ca	1.38 1.38 0.9		北部深 0.2 米处有一月牙形台阶,宽 0.20～0.30 米	填土分五层:第一层,灰土,质稍硬,厚 0.2～0.3 米,第二层,黄灰土,厚 0.05～0.6 米;第三层,黑灰土,厚 0.15～0.3 米,含大量草木灰;第四层为红烧土层,厚 0.04 米;断断续续呈南北条状分布;第五层,青灰色,含大量草木灰,鱼骨	5.AⅥ浅腹钵,6.AdⅡ鼎足。另有BⅤ敞口钵,CⅥ敞口钵,CⅠ、BⅠ三足钵,CⅡ釜,AcⅡ鼎足	1.A三角形石坠饰,2.Aa石颜料,3.Ba石斧,4.C骨器柄。另有Ⅱ石坯料	四不像、鱼骨	
H283	T39	Ⅱ9	1	H286	甲 Ca	0.4 0.4 0.5			堆积分三层:一层,烧土层,其中夹有大量果核和木炭,厚约 0.2 米;二层,黑土层,质松软,内含大量草木灰、碎骨,厚约 0.3 米;三层,为纯净青色的泥土	CⅦ敞口钵,ACⅡ鼎足			

编号	位置	期段	层位		形状结构				填土层次及特征	出土遗物			备注
			上	下	分类	长(长径) 宽(短径) 深	壁底加工	坑内及附属遗迹		陶制品	石、骨制品	动、植物	
H284	T39	Ⅱ6	K6	2	甲 Ba	1.7 1.5 1.3			坑内堆积分三层:一层,黑土,质稍硬,内含红烧土,厚约0.2米;二层,黄土,质稍硬,厚约1.1米,内含陶片,兽骨、草木灰等	1.Ac 骨匕,3.Ac Ⅰ鼎足,10.壶耳。另有Ⅰ钵形鼎,AⅡ侈口,AⅥ、BⅥ敛口钵,AaⅠ鼎足	4.B 石磨盘,5.A 石球,6.Ⅱ石坯,7.A 凿,8.A 有使用痕迹的石块,9.A 琢击石锤	11.梅花鹿角。另有獐牙	
H285	T37	Ⅰ3	2	3	甲 Ca	1.0 1.0 0.45	周壁和底部涂、铺0.03米厚的青泥		填土黑灰色,质稍硬,含少量红烧土	1.AⅠ角把罐。另有AⅠ、AⅡ角把罐,DaⅠ、DbⅠ角把,BaⅠ鼎足,BⅠ深腹盆	2.B 锤击石片,3.Ab 刮削器		
H288	T38	Ⅱ4	2	3	甲 Cb	1.25 1.25 1.1	底铺一层0.1～0.2米厚的青泥		堆积分四层:一层,红烧土层,质稍硬,厚约0.5米;二层,黑土,质稍软,厚约0.3米;三层,草木灰层,厚约0.1米;四层,青泥层,厚约0.2米	1.Cb 支脚,2.AⅡ角把罐。另有AⅠ、AⅡ角把罐,AaⅠ角把,AⅡ深腹盆		碎兽骨	

编号	位置	期段	层位		形状结构				填土层次及特征	出土遗物			备注
			上	下	分类	长(长径) 宽(短径) 深	壁底加工	坑内及附属遗迹		陶制品	石、骨制品	动、植物	
H289	T39	Ⅱ5	1	2	戊Ba	1.84 1.40 1.04		坑底北部有一近方形的红烧土台,长0.3米、宽0.22米、高0.45米	堆积分四层:一层,黄土,内含有大块红烧土,厚约0.2～0.25米;第二层黑灰土,内含大量草木灰,极疏松,厚0.4～0.5米;第三层灰土,含大量草木灰,极疏松,厚0.2～0.35米;第四层褐土,很坚硬,厚0.05米	4.BⅡ碗,9.BⅠ盆形鼎,17.BⅠ盆形鼎,19.AⅡ钵足。另有BⅠ、BⅡ盆形鼎、AⅠ罐形鼎、AaⅡ鼎足、AbⅠ鼎足、AcⅠ鼎足	1.Cb骨针,2.Ba骨镖,3.A牙刀,5.Ac骨针,6.FaⅠ骨镞,7.AbⅠ骨镞,8.Aa石斧,10.E骨锥,11.C骨凿,12.D骨锥,13.石矛,14.B牙刀,15.AbⅡ骨镞,16.牙锥,18.Ad骨针,20.Ab刮削器	猪牙(上、下颌)	
H294	T39	Ⅱ4	2	3	甲Ca	0.9 0.9 0.9			堆积分三层:一层,黄土,质稍硬,内含红烧土粒,厚0.4～0.44米;二层,黑土,质稍松,内含草木灰,厚约0.1米	1.壶,2.DⅡ罐形壶,3.深腹壶。另有DⅡ罐形壶			

编号	位置	期段	层位		形状结构				填土层次及特征	出土遗物			备注
			上	下	分类	长(长径) 宽(短径) 深	壁底加工	坑内及附属遗迹		陶制品	石、骨制品	动、植物	
H295	T37	Ⅰ2	2	3	甲 Aa	0.8 0.8 0.6			堆积分四层：一层，灰土层，厚约 0.05 米，内夹较多红烧土；二层，次生填土层，四周厚，中间薄；三层，黑灰土层，质稍松，出有大量的陶片和骨头等；四层，一层青泥，平铺于底面上，厚 0.05 米左右	1.BⅠ角把罐。另有AⅠ、AⅡ、BⅡ角把罐		兽骨	
H296	T37	Ⅰ1	2	3	甲 Ba	0.75 0.70 0.48			内填黄灰土，质稍松	1.AⅠ角把罐			
H297	T37	Ⅱ4	2	3	甲 Ca	0.8 0.8 0.4			填土呈黄灰色，质稍硬	1.AⅠ罐形鼎			
H298	T38	Ⅲ8	1	H299	乙 Aa	1.4 1.0 0.85			填灰色土，质稍软	1、2. 夹蚌绳纹陶片。另有CⅤ敞口钵，CⅦ敞口钵，AⅦ浅腹钵	C石砧		
H299	T39	Ⅲ7	H298	2	丁 Ca	2.10 2.10 0.65			堆积黄灰色土，质稍松	AⅡ折沿罐，CⅥ，CⅦ敞口钵，AⅦ浅腹钵			
H300	T38	Ⅱ4	2	3	甲 Cb	1.1 1.0 0.7			堆积紫红色土，质稍硬	C罐形壶			

编号	位置	期段	层位		形状结构				填土层次及特征	出土遗物			备注
			上	下	分类	长(长径) 宽(短径) 深	壁底加工	坑内及附属遗迹		陶制品	石、骨制品	动、植物	
H301	T75	Ⅱ9	3	4	甲 Ca	0.9 0.9 0.25			堆积分二层：一层，黄灰土，质较硬，内含烧土颗粒；二层，黑灰土，质较疏松，内含草木灰、炭屑等				
H302	T75	Ⅰ3	5	6	乙 Ab	2.6 0.44			黑灰色土，质稍硬，内含草木灰、烧土等	1. 壶耳BⅣ另有AⅠ角把罐，BⅤ、DⅠ罐形壶，BⅠ敛口钵，AaⅠ鼎足	碎兽骨、鱼骨、鳖甲		一半压在东壁外，短径不详
H303	T75	Ⅰ3	5	6	乙 Da	3.35 1.0 0.8 （发掘部分）			堆积黑色土，质松软内含极少的陶片、碎骨及草木灰	1.AⅡ罐形壶，2.AdⅠ角把，3.AaⅠ角把，4.AdⅠ角把，5.AⅠ深腹盆，6.AⅡ深腹盆，8.DaⅡ角把，9.AⅡ敞口钵，10.AcⅠ角把，11.壶（标本），12.AⅠ深腹盆。另有AⅠ、BⅡ角把罐，AaⅠ、BaⅠ、CaⅠ、CaⅠ、DaⅠ、BbⅠ角把，AⅠ、AⅡ罐形壶，BⅠ方口盆，AⅠ、BⅠ深腹盆，AⅣ罐形壶、A支脚	7.A骨椎另有砸击石核，D有使用痕迹的石片，B石刀	獐牙	大部在东壁外，未发掘

编号	位置	期段	层位		形状结构				填土层次及特征	出土遗物			备注
			上	下	分类	长(长径) 宽(短径) 深	壁底加工	坑内及附属遗迹		陶制品	石、骨制品	动、植物	
H305	T73	Ⅰ6	4	5	甲Aa	0.9 0.88 0.3			堆积分三层：一层，黄灰土，稍硬，内含很多红烧土；二层，灰黑土，质疏，草木灰层，灰层泛黑；三层，黄色土、质稍硬	1.DⅠ罐形鼎			
H306	T72	Ⅰ6	4	5	甲Da	1.15 1.05 1.1			堆积分二层：一层，黄色，质松软，内含大量红烧土和兽骨；二层，灰色，质松，内含很多灰烬、兽骨和少量石块	2.AⅠ罐形鼎，4.BⅠ双耳罐。另有AⅡ侈口罐，AcⅠ鼎足，CⅣ敞口钵	1. 钩形角器，3.HaⅠ骨镞		
H307	T70	Ⅰ5	4	5	甲Da	2.05 1.85 0.65			堆积分二层：一层，黄灰土，质稍松；二层，黑土，内含陶片等	1.AⅣ壶耳，2.CbⅠ角把。另有BⅠ、BⅡ盆形鼎，DⅠ罐形鼎，AⅣ敛口钵		蚌壳、碎骨	
H310	T65	Ⅰ5	4	5	乙Aa	1.04 0.6 0.26			堆积分三层：一层，土色灰黑，质松软，内含丰富的草木灰和炭屑，厚0.08米；二层，黄土，质稍硬，内含陶片等；三层，灰土，内含较多的红烧土，厚约0.09米	AⅠ三足钵，AⅠ敛口钵	1. 砸击石核。另有D砸击石锤	碎骨、蚌壳	

编号	位置	期段	层位		形状结构				填土层次及特征	出土遗物			备注
			上	下	分类	长(长径) 宽(短径) 深	壁底加工	坑内及附属遗迹		陶制品	石、骨制品	动、植物	
H311	T65	Ⅱ6	4	5	甲 Aa	1.16 1.10 0.40			堆积分四层：一层，黑灰土；二层，灰土，含有丰富的草木灰，炭屑，厚约0.21米；三层，黄灰土斑驳相间，包含物不多，厚约0.16～0.20米；四层，土色黄灰，质稍硬，包含物极少	1. AⅡ侈口罐			
H312	T64	Ⅰ6	4	5	甲 Bb	0.86 0.76 0.44			堆积分两层：一层，为分布均匀且密集的红烧土层，质较硬，厚约0.30米；二层，含木炭和草木灰的松软灰土，厚0.13～0.18米				
H313	T72	Ⅱ9	3	4	甲 Aa	0.6 0.6 0.1			填灰色土，内含少量红烧土和石块				
H314	T72	Ⅱ6	4	5	甲 Aa	0.65 0.65 0.2			堆积黄灰色土，质较松软			1. 野兔下颌	
H316	T68	Ⅰ3	5	6	甲 Aa	2.4 1.1 0.2 （暴露宽）			堆积黑褐色土，质较松软，内含草木灰，烧土等	AⅡ罐形壶，AⅠ敛口钵	1. C 石磨盘，2、3. 石砧。另有Ⅳ坯料		探方以外部分未清理

续附表二

编号	位置	期段	层位		形状结构				填土层次及特征	出土遗物			备注
			上	下	分类	长(长径) 宽(短径) 深	壁底加工	坑内及附属遗迹		陶制品	石、骨制品	动、植物	
H317	T68	Ⅰ4	5	6	甲 Ca	0.95 0.95 1.05			填黑色土,较松软,内含大量草木灰,红烧土颗粒等	CⅣ罐形壶,BⅠ敛口钵	B锤击石片		
H318	T75	Ⅰ5	4	5	甲 Ca	0.5 0.5 0.55			堆积分二层:一层,黄灰土,质松软,内含红烧土块;二层,黑灰土,内含大量草木灰、炭屑、碎兽骨等	1.BⅥ敛口钵,2.A支脚,3.AcⅠ鼎足,4.Bc鼎足。另有BⅠ盆形鼎,AⅠ罐形鼎,Bc鼎足			
H321	T64	Ⅰ6	4	5 H333	甲 Bb	1.50 1.32 0.98		坑的周围南北各有柱洞2个,分别编为D1、D2、D4、D5,西边有柱洞1个,编为D3,均为圆形,直径分别为0.15米、0.20米、0.2米、0.17米、0.20米;深分别为0.13米、0.07米、0.05米、0.05米、0.06米。内均含红烧土块	堆积分三层:一层,含红烧土很多的填土,上边0.01米左右,很硬,其下松软,再往下土发粘,内含大量陶片和碎兽骨、龟甲、鱼刺,层厚约0.4米;二层,白灰色的草木灰,质松软,厚约0.03米;三层,黑色土,质较松,内含大量的草木灰、木炭、鸟骨、鱼骨、龟甲碎片,其间夹杂一些红烧土	2.AⅣ折肩壶,4.AⅣ折肩壶,8.CaⅢ角把,9.AⅡ罐形鼎。另有AⅡ侈口罐,BⅠ三足钵,AⅤ敛口钵	1.Cb骨针,3.BaⅢ牙削,5.B骨锥,6.A骨叉形器。另有B锤击石片,Ⅰ石坯料,Ba石镰,Ca骨镖	7.果核。另有龟甲、鱼骨、兽骨、野胡桃皮	

编号	位置	期段	层位		形状结构				填土层次及特征	出土遗物			备注
			上	下	分类	长(长径) 宽(短径) 深	壁底加工	坑内及附属遗迹		陶制品	石、骨制品	动、植物	
H322	T61	Ⅰ5	4	5	甲Cb	1.9 1.7 0.7			堆积分三层:一层,土色略红,厚约0.1米;二层,褐色土,厚0.1米;三层,灰土层,内含炭屑,厚达0.5米	1.BaⅣa鼎足,2.BⅡ双耳罐,4.BaⅡ折肩壶,5.AaⅠ三足钵,6.AⅤ浅腹钵,7.AaⅠ三足钵,8.Ⅰ钵形鼎,9.AⅡ三足钵足,10.BⅡ盆形鼎,12.AcⅡ鼎足,13.CⅠ釜,14.BⅡ折腹钵,15.三足盆。另有BⅡ盆形鼎,AⅠ、CⅠ侈口罐,CⅠ釜,AⅡ折肩壶,AⅠ钵足,AaⅡ鼎足,BbⅡa、CⅠb鼎足	3.Cb骨针 11.E琢击石锤	16.梅花鹿角。另有貉	
H323	T71	Ⅰ5	4	5	甲Ab	1.85 1.65 0.66			填土呈黄灰色,质疏松,内含草木灰和炭粒		1.牙饰		
H324	T71	Ⅰ5	4	H325	乙Ab	1.5 0.8 1.16			堆积分两层:上层为灰粘土,厚约0.4米;下层为黄灰土,厚0.76米	2.BⅣ壶耳。另有AⅡ折肩壶,BⅡ敛口钵	1.角料		口径据探方内露出部分复原

续附表二

编号	位置	期段	层位		形状结构				填土层次及特征	出土遗物			备注
			上	下	分类	长(长径) 宽(短径) 深	壁底加工	坑内及附属遗迹		陶制品	石、骨制品	动、植物	
H325	T71	Ⅱ5	H324	5	乙Cb	0.9 0.5 0.5			堆积黄灰土，质稍硬，内含红烧土及泥质、夹砂陶片	BⅡ双耳罐，AⅣ浅腹钵，BⅠ、BⅡ敛口钵。			
H326	T68	Ⅰ3	5	6	乙Ca	1.40 1.0 0.52			填土黑灰色，质较松软，内含少量的烧土颗粒及大量的草木灰，炭屑和碎兽骨等	AⅠ、BⅠ敛口钵，BⅣ、DⅡ罐形壶		獐牙	
H328	T65	Ⅰ3	5	6	甲Cb	1.15 0.95 1.0			堆积分五层：一层，灰土，质较松；二层，土色灰褐，质稍硬，内含丰富的炭屑、草木灰，出有陶片，鱼骨、蚌壳等动物残骨；三层，土色微红，质稍硬；四层，为一丰富的草木灰层，色浅灰，质疏松，内含物丰富；五层，为褐色土层，质稍硬	另有AⅡ、AⅢ角把罐，AⅡ双耳罐，BⅣ罐形壶，AⅠ、BⅠ敛口钵	1.CaⅠ骨镞，2.Ab骨针	鱼骨、蚌壳	探方内仅露出一角，口径为方内暴露部分
H329	T71	Ⅱ5	4	5	乙Ad	1.0 0.7 0.56	底部有0.03米的黄泥层		黑灰色填土，质稍松	BⅠ盆形鼎	1.B石磨棒，2.Ab颜料		

续附表二

编号	位置	期段	层位		形状结构				填土层次及特征	出土遗物			备注
			上	下	分类	长(长径) 宽(短径) 深	壁底加工	坑内及附属遗迹		陶制品	石、骨制品	动、植物	
H331	T66 T67	Ⅱ4	5	6	丁 Aa	2.05 1.35 0.44			填土为灰褐色，质稍软，内含黄土块、红烧土、草木灰、炭屑、碎兽骨	1. D Ⅰ 罐形鼎，2. B Ⅱ 敞口钵，3. B Ⅱ 壶耳。另有 A Ⅰ、A Ⅲ、B Ⅳ 角把罐，A Ⅱ 方口盆，C Ⅱ 方口盆，Ca 支脚	Ca 石铲	兽骨、猪牙	
H332	T67	Ⅱ6	4	5	丁 Ca	1.20 0.9 0.8			堆积分三层：一层，黑灰土，稍硬，内含红烧土颗粒；二层，灰褐土，质较松，内含红烧土、草木灰、鱼骨、兽骨等；三层，黄土，质硬，内含陶片，土中夹带大块红烧土块	D Ⅱ 敞口钵、A Ⅳ 折肩壶	1. 残石器	兽骨、鱼骨、貉	
H333	T64	Ⅰ3	H321 5	6	乙 Bb	1.22 0.96 0.70		在坑的东和东北侧各有一圆形洞，均直壁，D1 直径为 0.18 米、D2 为 0.20 米，D1、D2 深分别为 0.08 米、0.13 米，均含红烧土块，D1 内夹杂有黑灰	堆积分四层：一层，黑土，质较硬，内含很多红烧土块，厚 0.3～0.4 米；二层，黄土，较硬，只铺在灰坑内南部，厚 0.05 米；三层，为灰白色的草木灰，质稍软，只铺在坑内西部，厚 0.05 米；四层，含红烧土块较大，质较软，内夹杂炭灰和少量的烧骨，厚 0.2 米左右	2. B Ⅳ 罐形壶，3. B Ⅱ 壶耳。另有 B Ⅲ 角把罐，Ca Ⅱ 和 Ca Ⅲ 角把，A Ⅰ 敛口钵	1. E 石杵	烧骨	

编号	位置	期段	层位		形状结构				填土层次及特征	出土遗物			备注
			上	下	分类	长(长径) 宽(短径) 深	壁底加工	坑内及附属遗迹		陶制品	石、骨制品	动、植物	
H334	T71	Ⅱ7	4	5	甲Cd	2.0 2.0 0.64			堆积分二层:一层,红烧土层,质稍硬,厚约0.04米;二层,深灰色粘土,质稍软,内含大量蚌壳,以及兽骨碎片等	1.AcⅠ鼎足,2.BⅥ敛口钵。另有AⅡ罐形鼎,AⅡ侈口罐,CⅡ圆腹壶,BⅣ双耳罐,BⅥ敛口钵及CⅠb鼎足	Cb锤击石片,D锤击石片,D石磨棒	猪牙、獐牙、蚌壳	
H335	T63	Ⅰ4	5	6	乙Cd	2.02 1.82 0.6			堆积分三层:一层,黄土,质稍硬,内含红烧土颗粒,厚约0.08米;二层,南、北两边不同,南边土稍红,含较多的红烧土粒,北边为黑土,不含烧土,本层厚约0.2米;三层,土色红黑,质较粘,厚0.32米	1.BⅡ壶耳,4.BⅣ角把罐,6.BⅥ罐形壶。另有A盆形鼎、BⅠ敛口钵、BⅠ深腹盆	3. 石矛,5.AcⅡ骨镞	兽骨、猪牙	西部压在西壁下,未全清出
H336	T62	Ⅰ5	4	H327	甲Ca	1.0 1.0 0.3			堆积分二层:一层,黄灰土,质稍疏松;二层,灰黑土,较疏松	2.BⅤ壶耳,3.AⅤ敛口钵。另有BⅠ盆形鼎,BⅠ罐形鼎,AⅣ、BⅡ、BⅣ敛口钵,CⅠ划纹盆,AⅡ、AⅣ敛口钵,AⅡ折肩壶	1.Cc骨镖 4.Aa颜料	鹿角	
H337	T70	Ⅰ6	4	5	甲Ba	1.7 1.5 0.5			填土呈黄灰色,质稍硬,内含陶片和少量碎骨。				

编号	位置	期段	层位		形状结构				填土层次及特征	出土遗物			备注
			上	下	分类	长(长径) 宽(短径) 深	壁底加工	坑内及附属遗迹		陶制品	石、骨制品	动、植物	
H338	T63	Ⅰ5	4	5	乙Ca	1.52 1.16 0.5			堆积分三层：一层，土色发黄，质稍硬，厚约0.2米；二层，木炭层，质稍软，呈坡状堆积，厚约0.08米；三层，黄土层，稍硬，内含兽骨和少量陶片，厚0.22米	BⅠ盆形鼎，AⅠ折沿罐，AⅡ、AⅣ敛口钵，AⅡ折肩壶	1.HbⅠ骨镞，2.EbⅠ骨镞	3.鱼骨	
H340	T61	Ⅰ6	4	5	乙Ab	1.2 0.92 0.56			堆积分三层：一层，烧土块层，质稍硬，厚0.2米；二层，炭屑层，夹杂有极少红烧土块，质稍硬，厚约0.15米；三层，土呈灰色，质稍松，厚0.2米	BⅡ盆形鼎，AⅥ敛口钵			
H343	T62	Ⅰ6	4	5	戊Ab	1.85 0.62 0.65			填土呈黑灰色，内含红烧土粒及陶片	1.AⅥ壶耳。另有AⅠ罐形鼎，BⅡ双耳罐，CⅤ敞口钵，AⅥ、AⅦ、CⅠ浅腹钵，AⅣ、AⅤ、BⅣ敛口钵	Ⅰ石坯料	2.梅花鹿角。另有獐牙	宽度为探方内露出部分
H344	T113	Ⅰ5	3B	3C	乙Ac	1.75 0.6 1.3		北侧有一台阶，台面距坑口0.18米，宽0.6米	填土呈黑色，结构较松，底部0.3米，深因遇水未掘到底	1.AaⅠ角把			宽度为探方内露出部分

续附表二

编号	位置	期段	层位		形状结构				填土层次及特征	出土遗物			备注
			上	下	分类	长(长径) 宽(短径) 深	壁底加工	坑内及附属遗迹		陶制品	石、骨制品	动、植物	
H345	T113	Ⅰ6	3B	3C	甲Db	1.2 1.08 0.44			填土质松软,内含大量红烧土粒	深腹钵、敞口钵	1.A锤击石锤		
H346	T113	Ⅰ6	3B	3C	甲Db	0.7 0.65 0.2			填土结构软松,内含大量红烧土粒		1.砸击石片		
H347	T113	Ⅱ7	3B	3C	甲Db	1.12 0.95 0.46			填土为灰色,质稍软,内含少量红烧土粒	1.AⅦ敛口钵			
H348	T113	Ⅰ5	3B	3C	乙Aa	1.2 0.64 0.76		在深0.1米处留有二层台,台宽约0.28米	堆积分二层:一层,黑灰色,质较紧密,内含红烧土粒较多,厚0.2米;二层,灰色,质地松软,内含少量红烧土粒和草木灰,厚0.56米	1.AⅡ折肩壶,2、6.罐底,3.AⅠ罐形鼎,5.A支脚	4.B锤击石核		
H349	T113	Ⅱ7	3B	3C	乙Ab	1.1 0.6 0.75			填土呈黑灰色	CⅠV敞口钵			
H350	T113	Ⅱ7	3B	H128	乙Ab	1.5 0.7 1.1			填土质疏色黄灰,内含红烧土及炭粒		1.E石磨盘		

编号	位置	期段	层位		形状结构				填土层次及特征	出土遗物			备注
			上	下	分类	长(长径) 宽(短径) 深	壁底加工	坑内及附属遗迹		陶制品	石、骨制品	动、植物	
H351	T32	Ⅱ6	3B	3C	乙Cc	1.5 1.22 0.62			堆积分两层:上层为青灰色,质硬,包含物少;下层土色变黑,质软,间杂大量蚌壳、鱼刺、兽牙、兽骨、出土少量陶片	1.BⅠ划纹盆,2.Ca支脚。另有AⅡ侈口罐,AⅣ敛口钵,BⅠ双耳罐		3.鱼骨。另有蚌壳、兽骨	
H352	T32	Ⅲ8	3A	3B	乙Ac	1.6 0.5 0.55			填土为黑色,内含草木灰,陶片等	BⅡ浅腹钵			
H353	T32	Ⅰ3	3C	4	丙Ca	1.1 0.6 0.6				1.AⅡ浅腹钵			
H354	T114	Ⅱ5	3B	3C	乙Ca	1.1 0.6 0.5			填灰土,质疏松	1.AⅠ敛口盆。另有AⅠ、BⅠ敛口盆			
H355	T33	Ⅰ2	3C	4	甲Ca	0.7 0.7 0.16			堆积青灰色土,质松软,内含大量红烧土块	1.BⅠ深腹盆。另有AⅡ角把罐,BⅡ深腹盆			
H356	T34	Ⅱ4	3C	4	甲Ca	0.94 0.9 1.05			堆积分二层:一层,下陷部分为灰黄色土;二层,为纯净的黄泥,厚0.58米。				
H357	T34	Ⅰ2	3C	4	甲Ca	0.8 0.65 0.2			填灰黑土	AⅡ深腹盆,AⅠ敞口钵			口径为探方内露出部分,仅为一角

编号	位置	期段	层位		形状结构				填土层次及特征	出土遗物			备注
			上	下	分类	长(长径) 宽(短径) 深	壁底加工	坑内及附属遗迹		陶制品	石、骨制品	动、植物	
H358	T105	Ⅰ3	3C	4	乙 Aa	1.75 0.7 0.4			填黑灰色土				
H359	T108	Ⅱ7	3B	3C	甲 Ca	1.1 1.06 0.2			堆积灰褐色土,质疏松				
H360	T101(北扩)	Ⅱ7	3B	3C	甲 Ca	0.8 0.7 0.6			堆积分二层:一层,呈深灰色,质较松,含草木灰和红烧土粒,厚 0.25 米;二层,青黄土,质较松,厚约 0.35 米				
H361	T101(北扩)	Ⅱ7	3B	3C	甲 Ca	0.65 0.62 0.25			堆积黄色土,内含少量红烧土粒				
H362	T101(北扩)	Ⅱ7	M320	3C	乙 Ca	0.95 0.7 0.3			堆积深黄色土,质较松软,内含红烧土和草木灰				
H363	T101(北扩)	Ⅱ7	3B	3C	乙 Cc	1.25 1.0 0.9	坑底西南角高出周围 0.15 米		填土为青灰色,质稍松,内含红烧土粒和草木灰				
H364	T101	Ⅱ9	3A	3B	乙 Ca	1.05 0.64 0.2			黑色填土,质稍硬,内含少量烧骨				

续附表二

编号	位置	期段	层位		形状结构				填土层次及特征	出土遗物			备注
			上	下	分类	长(长径) 宽(短径) 深	壁底加工	坑内及附属遗迹		陶制品	石、骨制品	动、植物	
H365	T101	Ⅱ5	M258 M378	3C	乙 Ca	1.1 0.82 0.4			填土呈黄灰色,质疏松,内含大量蚌片和乱骨	1. AⅡ折肩壶		蚌片	
H366	T101	Ⅰ3	M233	M281	甲 Ca	1.0 0.85 0.54			堆积灰褐色土,质松,内含草木灰、烧土粒、鱼骨等			鱼骨	
H367	T104	Ⅱ6	3B	3C	甲 Ca	1.02 0.98 0.21			红黄色填土,质稍硬,内含红烧土				
H368	T109	Ⅱ6	3B	H369 H370	甲 Ca	0.78 0.74 0.25			填灰色土,含红烧土粒、陶片、石器、碎骨等	1. AⅠ折沿罐,2. Ag 鼎足	3. A 琢击石锤,4. Dc 刮削器。另有 Ba 石铲	貉	
H369	T109	Ⅱ5	H368	3C	乙 Ca	1.02 0.8 0.3			填灰色土,无包含物				
H370	T109	Ⅱ5	H368	3C	乙 Cb	0.98 0.61 0.4			填灰色土,无包含物				
H371	T109	Ⅱ4	3C	4	乙 Cc	1.4 0.55 0.6			堆积分二层:一层,灰黄土,稍硬;二层,灰土,质较松				
H372	T113	Ⅲ8	3A	3B	甲 Aa	0.7 0.65 0.3			堆积灰褐色土	Ca 支脚			

续附表二

编号	位置	期段	层位		形状结构				填土层次及特征	出土遗物			备注
			上	下	分类	长(长径) 宽(短径) 深	壁底加工	坑内及附属遗迹		陶制品	石、骨制品	动、植物	
H373	T116	Ⅱ8	3A	3B	甲 Ba	1.0 0.15 (所见部分)			堆积不分层次,填土呈黑色,内含红烧土颗粒	1.BⅡ浅腹钵			大部在探方外,未挖
H374	T116	Ⅱ8	3A	3B	甲 Ca	1.05 0.34 0.8 (暴露部分)			堆积分二层:一层,黄灰土,质稍硬。二层,黑灰土,稍软	1.DⅡ罐形鼎,2.BⅡ浅腹钵,3.DⅠ圆腹壶,4.罐形壶耳。另有DⅡ罐形鼎,DⅠ圆腹壶,AⅥ浅腹钵,CⅡ划纹盆,AcⅠ鼎足			大部在探方外,未挖
H375	T116	Ⅲ7	3B	3C	乙 Ca	2.3 0.6 0.85 (暴露部分)			堆积分二层:一层,黑灰土,质稍硬;二层,灰土层,质疏松	AⅠ卷沿罐,BⅠ浅腹钵,CⅠb鼎足		果核	大部分在探方外,未挖
H376	T116	Ⅰ5	3B	3C	戊 Ca	0.85 0.7 0.2			填土呈黑灰色,质稍硬				
H377	T116	Ⅰ5	3B	3C	乙 Ab	0.84 0.68 0.26			填土呈黑灰色	AⅣ敛口钵			

续附表二

编号	位置	期段	层位		形状结构				填土层次及特征	出土遗物			备注
			上	下	分类	长(长径) 宽(短径) 深	壁底加工	坑内及附属遗迹		陶制品	石、骨制品	动、植物	
H378	T103	Ⅱ8	H165	生土	戊 Ab	1.6 1.35 0.21			填土呈灰褐色,质稍松,内含草木灰等				
H379	T62	Ⅰ5	4	5	丙 Ca	1.4 0.75 0.95			坑内堆积不分层次,呈黄灰色	1.BⅤ敛口钵,2.BⅠ双耳罐。另有AⅡ敛口钵,AⅣ敛口钵,BⅡ、BⅣ敛口钵,BbⅡa鼎足	B锤击石片、B有使用痕迹的石块		
H380	T120	Ⅱ8	3A	3B	乙 Aa	2.55 1.1 0.5			坑内堆积分二层:一层,黄灰土,质稍松,夹杂红烧土块和草木灰,内含碎骨、陶片等,厚0.3米;二层,色青黄,质稍紧,间杂红烧土块和极少量草木灰,内含有少量陶片,此层厚约0.2米	BⅠ浅腹钵	B锤击石片Ac石铲、Ba石镰		
H381	T114	Ⅰ5	3B	3C	甲 Cb	1.2 1.05 0.8			填土中含大量红烧土块				
H382	T32	Ⅰ4	3C	4	乙 Aa	1.1 0.9 0.35			褐色填土,内含红烧土粒	1.AaⅠ鼎足。另有CaⅣ角把,AⅠ、BⅠ敛口钵,A型支脚,BaⅡ鼎足			

续附表二

编号	位置	期段	层位		形状结构				填土层次及特征	出土遗物			备注
			上	下	分类	长(长径) 宽(短径) 深	壁底加工	坑内及附属遗迹		陶制品	石、骨制品	动、植物	
H383	T30 T35	Ⅰ2	3C H232	4 M372	甲Cd	1.68 1.64 0.60			坑内堆积分两层：一层，黄褐色，质松软；二层，灰褐色，质疏松	1.CbⅠ角把，2.CaⅡ角把，3.DaⅠ角把，4.AdⅠ角把，5.BⅠ方口盆，6.A支脚，7.AⅠ双耳罐，8.AⅠ双耳罐，9.CⅠ罐形壶，10.Cb支脚，11.Ca支脚，12.A杯，13.AⅠ罐形壶，14.罐形壶耳。另有AⅠ、BⅠ角把罐，AcⅠ、AdⅠ、Bb、CaⅡ、CbⅠ、DaⅠ角把，AⅠ、AⅡ罐形壶，AⅡ双耳罐，BⅡ方口盆			
H384	T35	Ⅱ5	M373	K3	乙Aa	2.8 1.55 0.65			堆积灰黑色土，松软，内含草木灰、红烧土颗粒等	BⅡ敛口钵，AⅤ浅腹钵，AⅡ折肩壶			
H385	T103	Ⅱ4	3C	4	乙Aa	1.2 0.74 0.20			填土呈灰色，较松软，含少量陶片	1.AⅠ罐形鼎			
H386	T103	Ⅱ8	3A	3B	丙Aa	1.50 0.92 0.36			填土呈灰褐色，较松软，包含物很少				

编号	位置	期段	层位		形状结构				填土层次及特征	出土遗物			备注
			上	下	分类	长(长径) 宽(短径) 深	壁底加工	坑内及附属遗迹		陶制品	石、骨制品	动、植物	
H387	T36	Ⅱ8	3A	3B	乙Ca	1.55 0.65 0.5			填土呈黑灰色,含陶片等	1. 双耳罐肩(制作工艺标本)。另有CⅢ罐形鼎		兽骨	探方内仅露出一角,口径为方内部分数据
H388	T36	Ⅱ7	3B	3C	乙Da	0.48 0.9 0.9			填土仅一层,青灰色土,质稍松,内含少量陶片	1.BbⅡb鼎足。另有BⅠ浅腹钵			探方内仅露出一边,数据为探方内部分
H389	T36	Ⅰ5	H257 H259	3C	甲Ca	1.10 1.00 0.50			堆积黑灰色土,质稍松,在坑底部有一层青泥				
H390	T73	Ⅰ4	5	6	甲Cb	0.65 0.40 0.55			堆积黄灰色土,质稍硬,内含草木灰及少量陶片	1.BⅠ敛口钵			口径为探方内露出部分
H391	T61	Ⅰ5	4	5	甲Ca	1.00 1.00 0.27			坑口有一红烧土面,坑内多为红烧土,质较硬,内含极少陶片	BⅠ敛口钵			
H392	T61	Ⅰ4	5	6	戊Ca	1.00 0.90 0.60			填红烧土,较硬	BⅠ敛口钵			
H393	T103	Ⅰ5	3B	3C	乙Aa	1.20 0.98 0.22			黄灰色填土,质稍硬,内含少量红烧土块	1、2.Aa网坠,3.BⅡ深腹盆	Ⅱ坯料	獐牙	

编号	位置	期段	层位		形状结构				填土层次及特征	出土遗物			备注
			上	下	分类	长(长径) 宽(短径) 深	壁底加工	坑内及附属遗迹		陶制品	石、骨制品	动、植物	
H394	T7	Ⅱ7	3B	3C	乙 Aa	1.2 0.90 0.30			填土呈黑灰色,较松软	1.CⅡ划纹盆			
H395	T12	Ⅰ2	3C	4	甲 Ca	0.8 0.6 0.2			黄灰色填土,质较硬,内含少量草木灰和炭粒	AⅠ角把罐,AⅠ方口盆			
H396	T38	Ⅰ4	2	3	甲 Ca	0.80 0.8 0.15			填黑色粘土,质较硬,包含物不多		1.B骨矛		
H397	T39	Ⅱ9	1	H284	甲 Ab	0.80 0.7 0.30			坑内堆积分两层:一层,为较纯的黄土,质稍硬;二层,青泥土,质较软,包含物很少				
H398	T31	Ⅱ7	3B	3C	甲 Db	0.65 0.6 0.3			填灰褐色土,质松软,内含灰烬、兽骨等				
H399	T31	Ⅱ7	3B	3C	乙 Ca	1.35 1.25 0.53			填灰土,内含灰烬、红烧土块,兽骨等				口径数据为方内露出部分
H400	T113	Ⅰ2	3C	4	甲 Ab	0.74 0.72 0.16			填土呈灰色,含少量红烧土粒				

续附表二

编号	位置	期段	层位		形状结构				填土层次及特征	出土遗物			备注
			上	下	分类	长(长径) 宽(短径) 深	壁底加工	坑内及附属遗迹		陶制品	石、骨制品	动、植物	
H401	T14	Ⅱ7	3B	3C	甲 Aa	0.87 0.4 0.70			填土青灰色,质较软,较纯,包含物不多				探方内仅露出一边,口径数据为方内部分
H404	T11	Ⅱ8	3A	3B	乙 Aa	0.85 0.53 0.35			堆积分二层:一层,黄灰土,内含少量烧土块,质稍硬;二层,黑灰土,质较硬,内含大量的烧土块	DaⅠ双耳罐			
H405	T35	Ⅰ5	3B	4	乙 Ca	1.90 0.5 0.52			堆积灰褐色土,质松软,内含红烧土粒,草木灰等				探方内仅露出一边,口径数据为方内部分
H406	T35	Ⅰ5	H384	H408	乙 Aa	1.55 1.15 0.75			堆积灰黑色土,质疏松,内含大量灰烬、红烧土粒				
H407	T35	Ⅰ5	3B	3C	甲 Cb	0.75 0.7 0.83			堆深灰色土,质较硬,内含少量红烧土粒及灰烬				

续附表二

编号	位置	期段	层位		形状结构				填土层次及特征	出土遗物			备注
			上	下	分类	长(长径) 宽(短径) 深	壁底加工	坑内及附属遗迹		陶制品	石、骨制品	动、植物	
H408	T35	Ⅱ5	H406	3C	乙Ca	1.5 1.0 0.85			堆积分两层：一层，灰黑色，质松，内含大量草木灰，红烧土粒，且愈深含灰量愈大；二层，灰烬层，质较疏松				探方内仅露出一角，口径数据为方内部分
H409	T62	Ⅰ3	5	6	甲Cd	0.8 0.8 0.33			填黄灰色土，质稍松，内含少量草木灰	1. 双耳罐(陶器制作工艺标本)。另有AⅠ敛口钵，AⅡ敞口钵，AⅡ浅腹钵，BⅣ、BⅤ罐形壶，BⅡ深腹盆			
H410	T69	Ⅱ6	4	5	甲Ca	0.6 0.6 0.65			堆积分二层：一层，红烧土层，质稍硬；二层，黑灰土，质稍松，内含烧土颗粒、木炭屑、碎骨等				
H411	T67	Ⅰ3	5	6	甲Ca	0.65 0.4 0.39			堆积分三层：一层，夹红烧土块的灰土，质稍硬，内含草木灰等；二层，夹大量红烧土块的黄土；三层，内含大量草木灰的黑土，质较松				探方内仅露出一角，数据为方内部分。数据为推测复原

续附表二

编号	位置	期段	层位		形状结构				填土层次及特征	出土遗物			备注
			上	下	分类	长(长径) 宽(短径) 深	壁底加工	坑内及附属遗迹		陶制品	石、骨制品	动、植物	
H412	T67	Ⅰ 3	5	6	乙 Cb	1.25 0.7 0.25			堆积灰褐色土,质稍松,内含草木灰等。				
H413	T39	Ⅱ 6	1	2	戊 Ba	1.8 1.16 1.15	坑底部有厚约0.05米的褐色铺垫物		堆积分四层:一层,黄土,内含大量红烧土块,质稍硬,厚约0.45米;二层,黄土,质较硬,厚约0.2米;三层,黑土,较纯净,质稍松,只分布在北半部,厚0.05米;四层,草木灰层,质疏松,厚约0.55米				
H414	T39	Ⅱ 6	1	H294	乙 Ca	1.00 0.70 1.05			堆积分四层:一层,黄土,内含大量红烧土块,厚约0.3米;二层,黄土,质硬而纯净,厚0.25米;三层,黑灰土,内含大量草木灰,厚0.02～0.1米;四层,灰土层,质松软,内含大量草木灰,厚0.35～0.4米				
H415	T39	Ⅲ 9	1	H284	乙 Ca	1.1 0.2 0.65			填积分两层:一层,黄土,内含红烧土块,质稍硬,厚0.3米;二层,黑色草木灰,内含红烧土块,厚约0.35米				探方内仅露出一边,口径数据为方内部分

编号	位置	期段	层位		形状结构				填土层次及特征	出土遗物			备注
			上	下	分类	长(长径) 宽(短径) 深	壁底加工	坑内及附属遗迹		陶制品	石、骨制品	动、植物	
H416	T39	Ⅱ9	1	H284	甲 Aa	0.65 0.55 0.50			填黑色土,内含大量草木灰和红烧土块,质稍松				
H417	T39	Ⅱ9	1	2	甲 Ab	0.72 0.65 0.30			堆积分两层:一层,黄土,内含红烧土块,质稍硬,厚约 0.2 米;二层,草木灰,质松软,内含大量碎鱼骨			鱼骨	
H418	T39	Ⅱ9	1	2	甲 Ca	0.9 0.8 0.25			堆积灰色土,内含红烧土,质稍松,底涂青泥				探方内露出一半,口径为推测复原
H419	T65	Ⅱ7	4	5	甲 Ab	1.15 1.05 0.7			填黄灰色土,内含大量红烧土				探方内露出大半,数据为推测复原
H420	T114	Ⅰ5	3B	3C	甲 Ca	0.80 0.76 0.40			填灰色土,质松散,内含烧土碎粒和少许红色泥质片	BⅠ罐形鼎,BⅠ双耳罐			
H421	T114	Ⅰ1	3C	4	甲 Da	0.72 0.70 0.24			填灰色土,内含少量陶片				

编号	位置	期段	层位		形状结构				填土层次及特征	出土遗物			备注
			上	下	分类	长(长径) 宽(短径) 深	壁底加工	坑内及附属遗迹		陶制品	石、骨制品	动、植物	
H422	T120	Ⅰ5	3B	3C	甲 Aa	1.32 0.64 0.7			堆积分二层：一层，黄灰土，质稍松，间杂少量草木灰，内含少量碎骨、陶片等，厚0.20米；二层，青灰色，质松，间杂草木灰，内含陶片等，厚0.26米				
H423	T23	Ⅰ2	3C	4	甲 Aa	0.9 0.8 0.50			填黄灰土，质稍硬，内含草木灰等				
H424	T23	Ⅰ2	3C	4	乙 Db	0.98 0.84 0.23			填黑灰土，质稍松，内含少量陶片				
H425	T114	Ⅰ5	H202	3C	甲 Aa	1.6 1.5 0.5			填深灰色土，质稍松，内含残石块，烧土块等				
H426	T19	Ⅱ7	1	2	乙 Db	0.74 0.52 0.2			深灰色土，质较松，内含草木灰、陶片等	1. AaⅣ三足钵			
H427	T28 T33	Ⅰ2	3B	4	乙 Aa	1.00 0.40 0.35			填浅灰褐色土，内出少量陶片				口径数据为探方内露出部分

续附表二

编号	位置	期段	层位		形状结构				填土层次及特征	出土遗物			备注
			上	下	分类	长(长径) 宽(短径) 深	壁底加工	坑内及附属遗迹		陶制品	石、骨制品	动、植物	
H428	T18	Ⅱ8	3A	3B	乙 Aa	1.00 0.70 0.68			堆积分二层：一层，黑色土，质稍硬；二层，黑灰色土，质较松，内出少量陶片				
H429	T18	Ⅰ4	3C	4	甲 Ab	0.8 0.2 0.2			堆积黑灰色土，质稍松，内含少量陶片				口径数据为探方内露出部分
H430	T18	Ⅰ4	3C	4	乙 Ab	0.85 0.5 0.3			堆积黄灰色土，质稍硬，包含物不多				
H431	T61	Ⅰ5	4	5	丁 Ab	1.1 0.6 0.1			填灰褐色土，质稍松，内含烧土块、陶片、兽骨片等				
H432	T61	Ⅰ6	4	5	甲 Ca	0.9 0.8 0.65			堆积灰土，质较松，内含烧土块、陶片等				
H433	T32	Ⅰ5	3B	3C	乙 Ca	0.85 0.65 0.45			灰黑色填土，质稍硬，无包含物				

附表三　小坑登记表

（单位：米）

所在探方	编号	层位	形状	临近遗迹	直径	深度	填土及包含物
T103	1	3A 下→3B	圆		0.8	0.4	黑土
T105	4	3C 下→4	圆		0.65	0.3	黑土
T105	6	2 下→3B	圆	H104	0.7	0.3	黑土
T108	2	3B 下→3C	圆		0.6	0.2	黑土
T108	3	3B 下→3C	圆		0.65	0.38	红烧土
T108	4	3B 下→3C	圆		0.28	0.2	红烧土
T108	5	3B 下→3C	圆		0.6	0.4	红烧土
T113	18	3B 下→3C	圆	H348	0.5	0.2	黄土、草木灰
T119	1	3A 下→3B	圆	F14	0.65	0.2	黄土、草木灰
T120	1	3A 下→3B	圆	F39	0.45	0.15	黑土、草木灰
T120	2	3A 下→3B	圆	H142	0.3	0.25	黄土，含红烧土
T120	3	3B 下→3C	圆	H422	0.65	0.7	黄土，含极少陶片
T25	3	3C→4	圆		0.8	0.85	灰土，少量陶片
T5	1	3C→4	圆	Y1	0.7	0.54	黄灰土，极少陶片
T5	2	3C→4	圆	H16	0.38	0.3	黄灰土，极少陶片
T5	3	3C→4	圆	H72. Y1	0.48	0.3	黄灰土，陶片 4 片
T5	4	3C→4	圆	Y1	0.45	0.26	黄灰土，陶片 4 片
T5	5	3C→4	圆	Y1	0.65	0.48	黄灰土，无陶片
T6	1	3C→4	圆	H72	0.65	0.1	青灰土，红烧土夹少量草木灰
T6	2	3C→4	圆	H79	0.46	0.26	深灰土，红烧土块、兽骨、少量陶片
T15	1	3B→3C	圆	H36	0.55	0.2	深灰土，兽骨、鱼骨、木炭、无陶片
T15	2	3B→3C	圆	H36	0.74	0.28	深灰土，烧土粒、木炭、少量陶片
T16	1	3B→3C	圆	H75	0.56	0.5	黑灰土，大量鱼骨、草木灰
T22	1	3C→4	圆	H16	0.7	0.2	灰土，草木灰、兽骨、少陶片
T28	1	M332→4	圆	H235	0.85	0.55	灰褐土，无包含物
T32	2	3A→3B	圆	H249	0.6	0.3	黑土，少量陶片
T37	1	1→2	方		0.4	0.35	黄灰土，少量陶片
T37	2	1→2	方	H281	0.55	0.3	黄灰土，少量夹砂陶片

所在探方	编号	层位	形状	临近遗迹	直径	深度	填土及包含物
T37	4	1→2	方	H285	0.6	0.3	黄灰土，少量陶片
T38	3	1→2	方	H288	0.5	0.25	黑土
T38	4	1→2	圆	H287	0.3	0.45	红烧土
T63	1	5→6	圆	H335	0.43	0.45	黑土，几片陶片、兽牙、兽骨
T63	2	5→6	椭圆	H335	0.55～0.8	0.3	红烧土，夹砂红陶片
T63	3	5→6	圆	H335	0.6	0.3	黄灰土，少量碎陶片
T66	1	5→6	圆	H331	0.52	0.43	黄灰土，少量碎陶片
T70	1	4→5	圆	H307	0.6	0.65	灰褐土，少量陶片

附表四　兽坑(SK)登记表

（单位：米）

编号	所在探方	层位		分期	(长×宽－深)	与周邻遗迹的关系	形状	兽骨埋葬状态
		上	下					
SK1	T21西扩	3B	3C	Ⅰ5	0.80×0.48－0.30	打破M109东南部	长方形	骨骼堆状
SK2	T15	3A	3B	Ⅱ9	0.95×0.67－0.18	打破西北部的H36，南部的M40，东部的M39，被东部的H27打破	椭圆形	卧状
SK3	T109	3B	3C	Ⅱ7	0.56×0.34－0.25	位于H155坑口部位的西北部	长方形	蜷曲状
SK4	T101	3A	3B	Ⅱ9	1.04×0.64－0.30	位于墓区西南角的边缘	长方形	骨骼零乱
SK5	T101	3A	3B	Ⅱ8	1.10×0.40－0.40	位于墓区西北角的边缘，打破M250	长方形	骨骼保存较差
SK6	T101	3A	3B	Ⅱ9	1.10×0.6－0.6	位于墓区的西部叠压在M230之下	长方形	蜷曲状
SK7	T102	3A	3B	Ⅱ8	0.90×0.7－0.3	位于墓区东南角边缘	长方形	卧状
SK8	T102	3B	3C	Ⅰ5	0.68×0.60－0.27	位于墓区的东边缘，被M309打破	长方形	卧状
SK9	T72	5	6	Ⅰ3	0.70×0.50－0.30	距H330西北2.5米处，可能与H330有关	近长方形	蜷曲状
SK10	T101	H106	3C	Ⅰ5	0.80×0.54－0.70	位于T101南部，被H106打破，打破H172	椭圆形	仰卧状

附表五　陶窑登记表

编号	原编号	位置	期段	层位		形状与结构(单位:米)							堆积层次与特征	出土遗物		
				上	下	形状	长(长径) 宽(短径) 深	火门	火膛	窑室	窑壁	烟孔		陶制品	石、骨制品	动植物
Y1	H21	T5	I2	3C	4	椭圆形竖穴式	2.6 2.3 0.70	无	无	底被烧成砖红色,厚0.1～0.3米,渐变为浅红色	周壁呈砖红色厚0.1～0.3米,渐变为浅红色	无	堆积分三层:一层,灰黄色,质松,内含红烧土、兽骨、兽牙等,厚0.3米左右;二层,黄灰色,质较松,含红烧土块,兽骨、鳖甲、鱼骨、粗砂子等,厚0.3米;三层,黑灰色草木灰层,含木炭块等,厚0.1米	2. BⅠ角把罐,3. AdI角把,5. CⅠ罐形壶,6. AⅡ方口盆,7. D敛口罐,9. 罐底。另有AI、BⅠ角把罐,AdI、BaI角把	1. 石英石片,4. A牙刀 8. AcⅡ骨镞	兽骨兽牙鳖甲龟甲鱼骨
Y2	H148	T109	I3	H214	M246	圆形竖穴式	1.15 1.15 0.70	无	无	中部有一层原生红烧土及倒塌的大块红烧土	已倒塌	无	堆积分三层:一层,黄灰土,质稍硬;二层,红烧土,质较硬;三层,黑灰土	1. BV罐形壶另有AI折沿罐,A支脚		
Y3	H208	T104	I4	H195	M308	圆形竖穴式	1.28 0.90 0.60	无	无	中部一层原生红烧土,厚0.06～0.1米,为窑底,之下为原窖穴内堆积	壁抹一层厚约0.05米的黄泥,经火烧成砖红色	无	堆积分二层:一层,在坑的南半部有一半圆形烧土块堆积,厚0.04～0.06米,烧土块均有平面,可能是窑壁的倒塌堆积而成;二层,黑灰色,质疏松,内含少量的陶片及烧土粒	2. BⅡ深腹盆,3、4. B支脚	1. Af骨镖	

编号	原编号	位置	期段	层位		形状与结构(单位:米)							堆积层次与特征	出土遗物		
				上	下	形状	长(长径) 宽(短径) 深	火门	火膛	窑室	室壁	烟孔		陶制品	石、骨制品	动植物
Y4	H232	T31 T30	Ⅱ8	3A	3B	椭圆形竖穴式	2.10 1.45 1.02	无	无	中部有一层0.05～0.1米厚的原生红烧土,为窑底,上有一层倒塌的大块红烧土	壁厚0.04～0.05米,烧成砖红色,此壁多已坍塌	无	堆积分三层:上层,草木灰层,质疏松,内含很多灰烬和鱼骨;中层,红烧土层,中间厚,两端薄;下层,质较软,呈灰色,内含大量灰烬、炭粒和少量碎骨	3. CⅡd鼎足,5. CⅥ敞口钵,6.网纹器底,7. Ba碗底,另有BⅠ、BⅡ、CⅡ罐形鼎,AⅠ碗,CⅦ敞口钵,Ⅰ钵形鼎,D划纹盆	1. Ac颜料,2. Bb骨镖,4. A研磨器。另有D石磨棒	龟骨、兽骨、鱼骨
Y5	H286	T39	Ⅱ5	H283 1	2	圆形竖穴式	1.70 1.64 0.65	无	无	中间有一层厚约0.06米的原生红烧土层,为窑底,中心部分已坍塌不存	已坍塌不存	在坑口西南外侧有一圆红烧土洞,直径0.12米,与窑室相连为出烟口	堆积分三层:一层黄土,内含大烧土块,质稍硬,厚约0.20米;二层,黑灰土,内含大量草木灰、碎骨,质疏松,厚约0.4米;三层,褐土,厚约0.05米,极硬	3. AⅠ折腹钵,4、5、6. AⅠ钵足。另有BⅠ盆形鼎,AⅠ侈口罐,AⅠ三足钵,BⅣ敛口钵,CⅣ敞口钵	1. AcⅠ骨镞,2. A锤击石核	兽骨、鱼骨
Y6	H287	T38	Ⅱ4	H300 H298 2	3	圆形竖穴式	1.56 1.35 0.88	无	无	中间铺垫0.3米厚的黄土为窑底,经反复烧烤呈砖红色13～0.28米,壁烧成砖红色,与窑室相连,内有黑色灰烬堆	仅北壁尚保留0.1米多厚的红烧土壁	在北壁外0.16米处保留有一椭圆形出烟口,直径0.4～0.28米四层,浅黄土,厚约0.08米;五层,黑色草木灰层,内夹木炭粒,	堆积分十层,分层很明显,且略呈平行堆积:一层,红烧土层,厚约0.30米,依土质,色又可分三层,最上层为红烧土硬面,下面又有两层红烧土堆积,分层很明显;二层,黄土,内含少量红烧土,厚约0.10米;三层,黑灰土,内含少量大块红烧土,厚约0.10米;	1. F支脚2. AⅡ角把罐3. A盆形鼎。另有AⅡ角把罐		

续附表五

编号	原编号	位置	期段	层位		形状与结构(单位:米)							堆积层次与特征	出土遗物		
				上	下	形状	长(长径)宽(短径)深	火门	火膛	窑室	窑壁	烟孔		陶制品	石、骨制品	动植物
												积。另外,北壁下部有条形红烧土堆积,靠在壁上。应为烟道	厚约0.05米;六层,草木灰,厚约0.05米;七层,粒状黄土,内含少量红烧土和细白砂状颗粒,厚约0.05米;八层,为黑色草木灰层,厚约0.05米;九层,为纯草木灰,厚约0.05米;十层,黄砂土,厚约0.05米			
Y7	H315	T62	Ⅱ4	5	6	近圆形竖穴式	1.7 1.52 0.40	无	无	底部仅在东南部保留有厚约0.1米的红烧土窑底	已坍塌	无	堆积分五层:一层,褐色土;二层,为碎骨屑及鱼鳞、蚌壳;三层,为黑色土,内含大量陶片;四层,红烧土层;五层,黑土	4. CⅡ敞口钵,5. AdⅡ角把,9. DaⅡ角把,10. AI侈口罐,11. AI罐形鼎。另有A盆形鼎,AⅡ角把罐,AⅣ方口盆,AbI鼎足等	2. E琢击石锤,3. B琢击石锤,6. A骨凿,7. 兽骨,8. 木炭	1. 植物果核另有梅花鹿、鱼鳞、蚌壳

续附表五

编号	原编号	位置	期段	层位		形状与结构(单位:米)							堆积层次与特征	出土遗物		
				上	下	形状	长(长径)宽(短径)深	火门	火膛	窑室	窑壁	烟孔		陶制品	石、骨制品	动植物
Y8	H327	T63 T62	Ⅰ4	H336 4	6	椭圆形横穴式	2.10 1.80 0.50	位于西北侧，宽0.3～0.35米，有斜坡与火膛相通，火门外的H336部位可能为原来的操作间	位于窑室中间，呈南北长椭圆形，长径1.5米，短径0.5～0.8米，深0.48米，内填草木灰堆积，两侧被烧成红褐色	火膛两侧的火台为摆置陶器坯体的地方，平面，上被烧成砖红色，宽0.4～0.5米	周围红烧土窑壁大部已坍塌，唯南、西南保存尚好，高宽约为0.1～0.2米。烧红程度由内向外渐减	位于窑室南面，有烟道通向壁外，出口外直径0.12米，内壁烧成红褐色，内有黑色灰烬沉积	堆积分五层：第一层，为较硬的黄灰土，内含较多红烧土；第二层为黑色粘土，内含木炭块等。此二层为坑口地层下陷堆积。第三层为大块黄土，为陶窑废弃后的倒塌堆积。第四层为红烧土层，红烧土块较大，可能为塌落的窑壁。第五层黑灰土层，含大量草木灰、木炭块等，为陶窑使用时期的堆积	1.BⅠ敛口钵，2.AⅠ敛口钵，4.B深腹钵，5.CI划纹盆，6.BbI鼎足，7.CI鼎足，8.BⅤ罐形壶，9.BⅡ壶耳。另有AI侈口罐，BⅣ罐形壶，B深腹钵，AI、AⅠ、BI、BⅠ敛口钵，DⅠ罐形壶，AⅠ曲腹钵	3.B骨凿另有B锤击石片(2件)	兽骨鱼鳞
Y9	H341	T62	Ⅰ5	4	5	不规则圆形横穴式	1.6 1.6 0.65	位于窑室东南角，凸出窑外约0.4米，宽约0.5米，呈斜坡状，与火膛相通	火门与中间火台之间有0.5米宽的火膛。火膛围绕火台向南北两个方向延伸为火道，火道宽约0.1～0.3米，有些地方坍塌得较宽	中间偏西处有一火台，高出火膛底约0.12米，略呈圆形，直径0.7～0.9米，为摆架陶坯之处	厚0.15米左右的红烧土，色自内向外渐浅，只有东壁保存，其余多已坍塌	位于窑室西侧，出口处直径约0.26米，有长约0.4米的烟道与窑室相连，烟道宽约0.15米	填土，分四层：一层，灰黄色土；二层，为红烧土层；三层，灰白草木灰层；四层，为黑灰色草木灰层	1.BⅠ敛口钵，2.AⅡ浅腹钵，3.BⅣ角把罐，4.AbI鼎足，5.AcI鼎足，6.E罐形鼎，8.AⅤ敛口钵，9.AⅠ曲腹钵另有。BⅡ盆形鼎，BI罐形鼎，AI侈口罐，AⅠ侈口罐，BⅠ敛口钵	7.Bb石镰	猪牙、梅花鹿、兽骨

附表六　墓葬登记表

编号	位置	期段	层位		方向	长×宽－深（米）	人骨架				随葬品			备注
			上	下			数量	性别	年龄	葬式	陶制品	石、骨制品	动物骨骼及其它	
M1	T1	Ⅲ9	1	2	289°	1.74×0.35－残0.10	1	不明	30岁左右	仰身直肢一次葬				
M2	T1	Ⅲ8	1	2	?	?×?×残0.10	1			仅存牙齿数枚				
M3	T1	Ⅲ9	1	2	268°	1.60×0.50－残0.20	1	女?	年龄较大	仰身直肢一次葬		1.残石磨盘		
M4	T1	Ⅲ9	1	2	317°	1.92×0.57－0.25	1	女?	40～45岁	仰身直肢一次葬				
M5	T1	Ⅲ9	1	2	292°	残1.45×0.41－0.30	1	女?		仰身直肢一次葬				
M6	T1	Ⅲ8	1	2	268°	2.08×0.50－0.30	1	女	30～35岁	仰身直肢一次葬		1.石斧		
M7	T1	Ⅲ7	1	2	269°	1.83×0.64－0.30	1	女?	35岁左右	仰身直肢一次葬	1.壶	2.砺石		
M8	T1	Ⅲ7	1	2	260°	1.66×0.49－0.30	1	男?	40～45岁	仰身直肢一次葬	1.圆形陶片			
M9	T1	Ⅲ9	1	2	270°	1.80×0.53－0.32	1	女?	50～60岁	仰身直肢一次葬单臂内斜				
M10	T1	Ⅲ7	1	2	270°	1.82×0.53－0.25	1		30岁	仰身直肢一次葬	1.陶壶	2.砺石、3.残石磨盘块		
M11	T1	Ⅲ7	1	2	265°	1.25×0.56－0.37	1		3～5岁	仰身直肢一次葬双臂交叉	1.陶壶		2.石子	
M12	T1	Ⅲ8	1	2	277°	1.78×0.49－0.20	1	女	35岁左右	仰身直肢一次葬	1.陶壶			
M13	T1	Ⅱ6	1	2	260°	2.00×0.93－0.30	3	二男另一不明	40～45岁 35岁左右	北:仰身直肢 南:乱堆	北:1.壶 南:2、3壶 7.罐片	北:4.石斧 南:6.骨器 8.砺石	5.石子	

续附表六

编号	位置	期段	层位		方向	长×宽—深（米）	人骨架				随葬品			备注
			上	下			数量	性别	年龄	葬式	陶制品	石、骨制品	动物骨骼及其它	
M14	T1	Ⅰ5	1	2	275°	1.96×0.53—0.30	1	男	45岁左右	不明	1.陶壶	2.鹿角锥		
M15	T1	Ⅰ5	1	2	270°	1.88×0.56—0.36	1			仰身直肢一次葬	1.罐	4.石斧	2.石子，3.龟甲	
M16	T1	Ⅰ6	1	2	268°	2.10×0.50—0.38	1	男?	50岁左右	仰身直肢一次葬	1.罐，2.壶	3.10.绿松石珠，6.8.叉形器	4.白石子，5.龟甲，7.9.兽牙	6.8.为一件
M17	T1	Ⅰ6	1	2	265°	1.97×0.53—0.40	1	男	45岁左右	仰身直肢一次葬	2、4.壶，3.罐	1、5.石斧，7、10、11、14、15.叉形器，6.石锛 13.打制石器	8.兽牙，9.龟甲，12.石子	
M18	T6	Ⅲ9	3A	3B	270°	2.10×0.65—0.25	1	男	40～45岁	仰身直肢一次葬	1.C扁腹壶，2.AⅣ折沿罐，3.Ba网坠，4.BaⅣc鼎足			3.4.为填土中出
M19	T7	Ⅲ9	3A	3B		1.10×0.90—0.22	1	男	45～50岁	乱堆式二次葬				
M20	T9	Ⅲ9	3A	3B	265°	残0.80×0.37—0.15	1	男	成年	仰身直肢一次葬				
M21	T9	Ⅲ9	3A	M56 M43	270°	残1.17×0.60—0.15	1	男	成年	缺下肢一次葬	1.BⅢ扁腹壶			

续附表六

编号	位置	期段	层位		方向	长×宽—深（米）	人骨架				随葬品			备注
			上	下			数量	性别	年龄	葬式	陶制品	石、骨制品	动物骨骼及其它	
M22	T7	Ⅱ6	3B	3C	256°	2.00×0.65—0.30	1	男	50～55岁	仰身直肢一次葬	1. Ⅱ斜肩壶，2. BⅡ盆形鼎，3. BⅡ侈口罐	4. HbⅡ骨镞，5. De骨镞，6. FcⅡ骨镞，7. Fe骨镞，8. De骨镞，9. HbⅡ骨镞，10. DcⅠ骨镞，11. FcⅠ骨镞，12. FcⅠ骨镞，13. HbⅡ骨镞，14. Aa骨板，15. A石锛，16. Cd石斧		
M23	T6	Ⅲ9	3A	3B	267°	残1.30×0.55—0.16	2	甲：男 乙：女	成年	双人仰身直肢一次葬				
M24	T9	Ⅲ9	3A	3B		1.54×0.50—0.15	1	男	成年	乱堆式二次葬	1. AⅡ扁腹壶			
M25	T9	Ⅲ9	3A	3B		0.96×0.74—0.15	3	女	35～40岁	多人乱堆式二次葬	1. CⅡ折肩壶， 2. BⅡ扁腹壶			
M26	T9	Ⅲ9	3A	3B	270°	0.90×0.44—0.15	1	男	成年	缺肢一次葬				
M27	T8	Ⅱ5	3B	3C	318°	1.85×0.60—0.30	1	男	成年	迁出墓	1. BⅠ圆腹壶			
M28	T7	Ⅲ9	3A	3B	270°	残1.00×0.46—0.15	1	男	40～45岁	仰身直肢一次葬	1. DbⅡ双耳罐			
M29	T5	Ⅰ2	3	4	285°	2.12×0.65—0.40	1	女	50～55岁	仰身直肢一次葬	1. BⅡ罐形壶	2. Ad骨针，3. AaⅠ牙削		

续附表六

编号	位置	期段	层位		方向	长×宽—深（米）	人骨架				随葬品			备注
			上	下			数量	性别	年龄	葬式	陶制品	石、骨制品	动物骨骼及其它	
M30	T16	Ⅱ8	3A	3B	245°	1.45×0.60—0.20	1	女	50～55岁	缺肢一次葬				
M31	T14	Ⅰ2	3C	4	268°	1.95×0.75—0.60	1	女	50岁左右	俯身直肢一次葬	1. C Ⅰ 罐形壶	2. Bb Ⅰ 牙削		
M32	T15	Ⅰ2	3C	4	255°	2.34×0.64—0.20	1	男	40～45岁	俯身直肢一次葬	1. B Ⅱ罐形壶	2. 牙饰，3. Bb 骨镖，4. Ba 骨镖，5. Ab Ⅱ牙削，6. Aa Ⅳ牙削，7. Ab 骨针，8、9、10、15，Ac 骨针，11. Ca 骨针，12. Ad 骨针，13. Ac 骨针，14. Cb 骨针，16. Aa 骨镖，17. Aa 骨镖，18. 19Ab Ⅰ 牙削		
M33	T17	Ⅱ7	3B	3C	270°	？×0.46—0.40	1	男	成年	不明				
M34	T17	Ⅱ6	3B	3C	268°	1.65×0.60—0.37	1	男	55岁以上	仰身直肢一次葬	1. A Ⅱ圆腹壶			
M35	T17	Ⅱ5	3B	3C	270°	2.00×0.68—0.27	2	男	甲：30～35岁 乙：成年	甲：仰身直肢一次葬 乙：二次葬	1. A Ⅰ圆腹壶	2. D 骨锥，3. Bd 骨镖，4. Aa Ⅱ牙削，5. 石弹丸，6. Ca 骨镖，7. Ga Ⅰ骨镞，8. Db 刮削器		
M37	T18	Ⅱ8	3A	3B	267°	1.90×0.60—0.20	1	男	30～35岁	双臂交叉一次葬				

续附表六

编号	位置	期段	层位		方向	长×宽－深（米）	人骨架				随葬品			备注
			上	下			数量	性别	年龄	葬式	陶制品	石、骨制品	动物骨骼及其它	
M38	T17	Ⅰ2	3C	4	260°	2.05×0.76－0.55	1	男	30～35岁	仰身直肢一次葬(轻度扰动)	1. CⅡ罐形壶	2. Bb骨针，3. BbⅡ牙削，4. Ad骨针		
M39	T15	Ⅰ3	3C	4 H31	272°	2.10×0.85－0.14	1	男	50～55岁	仰身直肢一次葬(严重扰动)	1. BⅡ罐形壶	2. 3B杈形器，4. C骨，5. AbⅠ牙削		
M40	T15 T13	Ⅰ3	3C	4	253°	2.05×0.68－0.15	1	男	50～55岁	俯身直肢一次葬		1、2. Ca骨镖，3、4. Bb骨镖，5. Bd骨镖，6. Ab骨针，7. Bb骨镖		
M41	T5	Ⅰ2	H68	4	240°	1.95×0.68－0.54	1	女	12～15岁	俯身直肢一次葬	3. CⅡ罐形壶	1. Ac砺石，2. Ab石斧，4. D骨镖，5. Ab骨针，6. AaⅡ牙削，7. 骨环，8. Ca骨镖，9、10. Bb骨镖，11. Bb骨镖，12、13、14、15、16. 骨环		
M42	T5	Ⅰ2	3C	4	263°	2.06×0.58－0.38	1	男	50～55岁	仰身直肢一次葬	1. CⅡ罐形壶	2. Ae骨针，3. AbⅡ牙削		
M43	T9	Ⅱ9	M21	M44 M46	272°	1.12×0.58－0.10	1	女?	40岁左右	乱堆式二次葬				
M44	T9	Ⅱ7	M43	M45	286°	1.74×0.54－0.10	1	男	40～45岁	双臂交叉一次葬	1. AⅣ折肩壶			

续附表六

编号	位置	期段	层位		方向	长×宽—深（米）	人骨架				随葬品			备注
			上	下			数量	性别	年龄	葬式	陶制品	石、骨制品	动物骨骼及其它	
M45	T9	Ⅱ7	M44	M48	285°	2.00×0.50—0.12	1	女	30～35岁	仰身直肢一次葬		1.E石磨盘		
M46	T9	Ⅱ7	M43	M47	265°	残0.50×0.52—0.15	1	女	30～35	仰身直肢一次葬	1.E折肩壶			
M47	T9	Ⅱ7	M46	3C	268°	残1.02×0.40—0.15	1	?	13岁左右	仰身直肢一次葬(轻度扰动)	1.CⅡ折肩壶			
M48	T9	Ⅱ7	M44 M45	3C	274°	残1.36×0.60—0.17	1	男	成年	仰身直肢一次葬				
M49	T8	Ⅱ8	H20	3B	244°	1.50×0.60—0.25	1	男	成年	迁出墓				
M50	T8	Ⅱ9	3A	M48	270°	0.90×0.68—0.15	1	男	成年	堆放式二次葬				
M51	T8	Ⅲ9	3A	3B	270°	0.75×0.42—0.18	1	男	?	乱堆式二次葬				
M52	T14	Ⅰ2	3C	4	246°	1.86×0.68—0.46	1	?	10岁左右	仰身直肢一次葬(轻度扰动)	1.BⅡ罐形壶	2.Ad骨针		
M53	T9	Ⅲ8	3A	3B	272°	2.04×0.58—0.15	1	女	45～50岁	仰身直肢一次葬	1.DbⅠ双耳罐			
M54	T7	Ⅱ6	3B	M57 3C	268°	0.89×0.69—0.40	1	女	20～25岁	堆放式二次葬	1.Ⅰ斜肩壶			

续附表六

编号	位置	期段	层位		方向	长×宽—深（米）	人骨架				随葬品			备注
			上	下			数量	性别	年龄	葬式	陶制品	石、骨制品	动物骨骼及其它	
M55	T7	Ⅱ6	3B	3C	285°	0.45×0.55—0.14	1	女	成年	仰身直肢一次葬		1. Cc石斧，2. A石锛，3. Aa Ⅱ骨镞，4. Aa Ⅱ牙削，6. C石凿，7. 骨笛半成品	5. 龟甲	上身被扰残断
M56	T9	Ⅲ8	M21	3B	267°	1.72×0.40—0.50	1	男	成年	仰身直肢一次葬				
M57	T7	Ⅱ6	M54	M96	265°	1.60×0.56—0.20	1	女	45～50岁	仰身直肢一次葬	1. C Ⅰ折肩壶	2. Cd石斧，3、4. Ab Ⅱ牙削		
M58	T16	Ⅰ1	3C	4	250°	2.00×0.90—0.40	1	女	30～40岁	仰身直肢一次葬		1. D三角形石坠饰，2、9. 方形坠饰，3. B三角形石饰，4. Ad圆形穿孔石饰，5. C三角形坠饰，6. Aa穿孔石饰，7. 牙饰，8. Ab Ⅰ牙削，10. 不规则石饰，11. Ae骨针，12. B三角形石饰，13. Ac骨针		
M59	T23 T10	Ⅱ6	H99	M65	283°	1.75×0.50—0.30	1	女	30～35岁	仰身直肢一次葬		1. Cb骨镖		
M60	T9	Ⅲ7	M48	M75	265°	2.00×0.70—0.25	1	男	40～45岁	仰身直肢一次葬(双臂交叉)	1. B Ⅱ圆腹壶	2. Bb砺石，3. Aa骨匕，4、5. Ab骨匕，6、7、8. A骨锥		

编号	位置	期段	层位		方向	长×宽－深(米)	人骨架				随葬品			备注
			上	下			数量	性别	年龄	葬式	陶制品	石、骨制品	动物骨骼及其它	
M61	T9	Ⅲ7	3B	M72	273°	1.94×0.92－0.20	2	男	甲：25～30岁 乙：成年	甲：仰身直肢一次葬 乙：二次葬	1. CⅡ圆腹壶			
M62	T9	Ⅱ6	M64	M100	275°	1.76×0.70－0.30	1	女	20～35岁	仰身直肢一次葬(轻度扰动)	1. CⅠ折肩壶	2. E石磨盘，3. A骨锥，4. Ca砺石，5. 烧石(标本)		
M64	T9	Ⅲ7	3B	M62	272°	残0.59×0.45－0.17	1	女	30～35岁	仰身直肢一次葬	1. BⅠ扁腹壶			
M65	T23 T10	Ⅱ5	M105 M59	3C	277°	2.40×0.90－0.3	1	男	50～55岁	摆放式二次葬	1. BⅠ盆形鼎，2. BaⅠ折肩壶			
M66	T16	Ⅰ1	3C	M67	255°	2.10×0.55－0.28	1	男	35～40岁	双臂交叉一次葬	1. BⅠ罐形壶	2. Ac骨针		
M67	T16	Ⅰ1	H81 M66	4	265°	1.80×0.60－0.50	1	男	14～16岁	仰身直肢一次葬		1. 不规则形石饰		
M68	T9	Ⅲ7	3B	M73 M74	280°	残1.20×0.60－0.15	1	女	50～55岁	缺肢一次葬	2. AⅠ扁腹壶	1. A石球，3. Aa骨匕		
M69	T8	Ⅱ6	3B	M85		残0.35×残0.32－0.10	1	女	50岁以上	乱堆式二次葬	1. Ⅱ斜肩壶			
M70	T8	Ⅱ6	3B	M76	270°	1.18×0.50－0.12	1	?	?	缺头一次葬				保存太差，未鉴定

续附表六

编号	位置	期段	层位		方向	长×宽－深（米）	人骨架				随葬品			备注
			上	下			数量	性别	年龄	葬式	陶制品	石、骨制品	动物骨骼及其它	
M71	T9	Ⅱ7	3B	M120	270°	残0.40×残0.40－0.25	1	女	20岁左右	仰身直肢一次葬	1. CⅡ浅腹钵			
M72	T8	Ⅰ6	M61	M85 M98	272°	1.16×0.38－0.15	1	女	成年	仰身直肢一次葬	1. BⅠ侈口罐，3. CⅤ敞口钵	2. 牙饰		
M73	T9	Ⅱ7	M68	M94	275°	2.10×0.60－0.40	1	男	30～35岁	双臂交叉一次葬	1. AⅡ圆腹壶	2. Ba石斧，3. D石凿，4. GdⅡ骨镞，5. DcⅠ骨镞，6. 骨笛，7. Cb骨镖，8. AbⅠ牙削，9. 石器料，10、11. Aa骨匕，12. AbⅡ牙削		
M74	T9	Ⅱ7	M68	M100	267°	残1.62×0.60－0.20	1	男	45～55岁	仰身直肢一次葬		1. 牙锥		
M75	T9	Ⅰ6	M60	M94	270°	1.95×0.50－0.25	1	女	20～25岁	单臂内斜一次葬				
M76	T9	Ⅰ5	M94	M88	270°	1.96×1.08－0.41	5	男	甲：45～50岁 乙：30～35岁 丙：35～40岁 丁：30～35岁 戊：20～25	乱堆式二次葬	1. AⅠ圆腹壶，5. AⅣ折肩壶，6. BaⅠ折肩壶	2. 牙饰，3. 石磨棒，4. Ab骨板，7、8. Bb骨板，9. 骨料		
M77	T8	Ⅰ5	M60	3C	261°	1.40×0.55－0.20	1	男	50岁以上	仰身直肢一次葬	1. AⅡ折肩壶			

续附表六

编号	位置	期段	层位		方向	长×宽—深（米）	人骨架				随葬品			备注
			上	下			数量	性别	年龄	葬式	陶制品	石、骨制品	动物骨骼及其它	
M78	T23 T10	Ⅱ5	3B M113	M79	270°	2.00×0.60—0.25	1	男	成年	缺头一次葬		1、2骨笛，3. Bb骨板，4. Ab Ⅱ牙削		
M79	T23 T10	Ⅱ5	M78 M106	3C		1.60×0.84—0.15	3	甲:男 乙、丙:女	甲、乙:成年 丙：35～45岁	乱堆式二次葬	1. AⅡ折肩壶，2. BbⅠ折肩壶，3. AⅡ折肩壶			
M80	T23 T10	Ⅱ6	3B	M87 M106	259°	0.65×0.40—0.20	4	甲、乙、丙:男 丁:女	25～30岁 50～55岁 成年 成年	乱堆式多人二次葬				
M81	T8	Ⅱ6	M85	M86	270°	1.00×0.42—0.16	1	小孩	14～16岁	缺头一次葬				
M82	T8	Ⅱ6	3B	M128	260°	1.20×0.42—0.15	1	男	成年	堆放式二次葬		1、2. Dc Ⅰ骨镞，3. Ba骨板，4. Bb Ⅱ牙削		
M83	T8	Ⅱ6	M84	M90	270°	0.60×0.51—0.10	2	甲:男 乙:女	30岁左右 成年	乱堆式多人二次葬				
M84	T8	Ⅱ6	3B	M83	270°	残0.70×0.48—0.12	1	?	?	不明		1. Ab Ⅱ牙削		保存太差未鉴定

续附表六

编号	位置	期段	层位		方向	长×宽—深（米）	人骨架				随葬品			备注
			上	下			数量	性别	年龄	葬式	陶制品	石、骨制品	动物骨骼及其它	
M85	T8	Ⅱ6	M72	M81	270°	0.66×0.50—0.10	1	男	成年	缺头一次葬				
M86	T8	Ⅱ5	M81	3C	267°	1.70×0.45—0.25	1	男	成年	双臂交叉一次葬		1、2. Aa 骨匕，3. B 骨锥，4. Ab Ⅱ牙削		
M87	T23 T10	Ⅱ5	M60	3C	266°	1.65×0.50—0.30	1	男	成年	缺头一次葬	1. AⅢ折肩壶	2. Ec 骨镞，3. HbⅡ骨镞，4. GdⅠ骨镞，5. HbⅡ骨镞，6. DbⅠ骨镞，7. FbⅠ骨镞		
M88	T9	Ⅱ5	M76	3C	270°	0.90×0.70—0.25	1	女	20 岁左右	乱堆式二次葬	2. AaⅡ鼎足，3. BⅠ盆形鼎	1. AbⅣ牙削		
M89	T9	Ⅱ5	3B	M91	270°	0.75×0.33—0.27	1	女	40～45 岁	乱堆式二次葬				
M90	T8	Ⅱ6	M83	M91	270°	0.52×0.50—0.28	1	男	40～45 岁	堆放式二次葬	3. BaⅡ折肩壶	1. Bb 骨镖，2. A 杈形器，4. 骨笛，5. Ba 骨针		
M91	T8	Ⅱ5	M89 M90	M92	270°	0.52×0.43—0.25	1	男	41～45 岁	仰身直肢一次葬	1. DⅣ罐形壶	2. Ad 骨针		
M92	T8	Ⅱ5	M91	M128	270°	残 0.53×0.40—0.10	1	?	7～10 岁	仰身直肢一次葬		1. AaⅡ牙削		
M93	T23 T10	Ⅱ4	3C	4	270°	1.25×0.45—0.30	1	男	45～50 岁	乱堆式二次葬	1. 罐形壶（型式不明）			

续附表六

编号	位置	期段	层位		方向	长×宽—深（米）	人骨架				随葬品			备注
			上	下			数量	性别	年龄	葬式	陶制品	石、骨制品	动物骨骼及其它	
M94	T9	Ⅰ6	M73 M68	M76	275°	1.44×0.74—0.50	1	男	45～50岁	缺肢一次葬	1. Ba Ⅱ折肩壶，3.陶罐	2. Ca Ⅰ骨镞，5、6. A叉形器，7. AC骨针，8. Ab骨匕	4.龟甲（4个）9.兽牙床（7个）10～13.龟甲	5、6为同一件器物
M95	T9	Ⅰ6	M61	M119 M120	270°	0.45×0.30—0.21	1	?	?	堆放式二次葬	1. C Ⅰ圆腹壶			保存太差未鉴定
M96	T7	Ⅰ6	M57	3C	249°	残 0.40×0.20—0.20	1	?	?	仰身直肢一次葬	1. C Ⅰ折肩壶	2. Cb Ⅰ骨镞		保存太差未鉴定
M97	T8	Ⅰ5	M61	3C	266°	0.84×0.30—0.15	1	男	成年	乱堆式二次葬				
M98	T8	Ⅰ5	M72	3C	260°	1.80×0.50—0.22	1	男	成年	单臂内斜一次葬		1. Cb骨针，2. Db Ⅰ骨镞，4. Bb镖，5. Aa Ⅰ牙削		
M99	T9	Ⅱ9	3A	3B	285°	残 0.40×0.40—0.30	1	?	13～15岁	仰身直肢一次葬		1.骨笛		
M100	T9	Ⅰ6	M74 M62	M118	270°	1.48×0.55—0.30	2	甲:男 乙:?	成 不明	双人二次合葬		1.牙饰，2. Ba骨板		乙保存太差，未做签定
M101	T23	Ⅰ6	3B	M102	245°	1.75×0.52—0.15	1	女	成年	缺肢一次葬	1. Ba Ⅱ折肩壶			
M102	T23	Ⅰ5	M101	M105	270°	2.00×0.62—0.17	1	男	成年	仰身直肢一次葬	1. A Ⅱ折肩壶			
M103	T23	Ⅱ9	3A	3B	260°	1.66×0.60—0.15	1	女	成年	仰身直肢一次葬		1. A骨器柄，2. A骨刀		

续附表六

编号	位置	期段	层位		方向	长×宽—深（米）	人骨架				随葬品			备注
			上	下			数量	性别	年龄	葬式	陶制品	石、骨制品	动物骨骼及其它	
M104	T4	Ⅰ2	3C	4	240°	2.18×0.65—0.12	1	男	50岁左右	仰身直肢一次葬	1. AⅡ罐形壶	2. AaⅠ牙削		
M105	T23 T10	Ⅱ5	M102	M65 M115	270°	1.80×0.80—0.30	1	女	青年	头骨易位一次葬				
M106	T23 T10	Ⅱ5	3B M80	M79	270°	1.80×1.10—0.40	2	甲:女 乙:男	35～40岁 40～45岁	仰身直肢一次葬 二次葬	1. AⅡ圆腹壶			
M107	T21	Ⅰ1	3	4	270°	1.75×0.66—0.54	1	女	50岁左右	仰身直肢一次葬	1. CⅠ罐形壶	3. BaⅡ牙削，2. Ac骨针		
M108	T21	Ⅰ2	3	4	270°	2.18×0.85—0.75	1	女	40～45岁	仰身直肢一次葬(严重扰动)	3. AⅡ罐形壶	1. AC骨针，2. AaⅡ牙削		
M109	T21	Ⅰ2	H19	4	255°	2.18×0.78—0.60	2	甲:男 乙:女	老年 成年	甲:仰身直肢一次葬 乙:二次葬	4. BⅡ罐形壶	1. Ab骨镖，2. GdⅡ骨镞，3. Aa骨镖，5. Ad骨针	6. 黄牛下颌骨	
M110	T4	Ⅰ1	3C	4	250°	2.10×0.66—0.12	1	男	60岁以上	双臂交叉一次葬	1. BⅠ罐形壶	2. AbⅠ牙削，3. FbⅠ骨镞，4. He骨镞		
M111	T21	Ⅰ3	H13	H74	230°	在灰坑内、墓圹不清(深0.92)	1	男	成年	一次葬(轻度扰动)		1. GdⅡ骨镞，2. FaⅠ骨镞，3. Aa骨镖，4. Fe骨镞5. Ad骨镖，6. Ca骨针		

续附表六

编号	位置	期段	层位		方向	长×宽—深（米）	人骨架				随葬品			备注
			上	下			数量	性别	年龄	葬式	陶制品	石、骨制品	动物骨骼及其它	
M112	T23	Ⅰ6	M113	3C	270°	1.60×0.90—0.32	4	甲、乙：男 丙、丁：女	成年	多人乱堆式二次葬	1. A Ⅱ 折肩壶，2. A Ⅳ折肩壶		3. 牛骨	
M113	T23	Ⅰ6	3B	M78 M112	245°	1.84×0.60—0.32	1	女	成年	缺肢一次葬	1. Ba Ⅰ 折肩壶	3. Ac 砺石，4、5、6. C 骨锥，7. Bb 骨镖，8. Aa Ⅰ 牙削，9. 蚌壳，10. Ab 骨针，11. Aa Ⅰ 牙削，12. 牙饰，13. Ae 骨针，14. Aa Ⅰ 牙削，15. Ba 骨板	2. 猪下颚骨	
M114	T23 T16	Ⅱ8	3A	3B	240°	2.10×0.50—0.24	1	男	成年	缺肢一次葬				
M115	T23 T10	Ⅰ5	M105	3C	262°	2.05×0.73—0.78	1	男	青年	缺头一次葬		1. Ad 骨针，2. Ca 骨针，3. Ca 骨针，4、6. Ab 骨针，5. 方形石坠饰，7. Cc 骨针，8、9. Ab 骨针，10. Aa Ⅰ 牙削		
M116	T8	Ⅱ9	3A	3B	282°	残 0.65×0.46—0.30	1	男	成年	仰身直肢一次葬				

续附表六

编号	位置	期段	层位		方向	长×宽－深（米）	人骨架				随葬品			备注
			上	下			数量	性别	年龄	葬式	陶制品	石、骨制品	动物骨骼及其它	
M117	T6	Ⅱ9	3A	3B	266°	1.80×0.64－0.15	1	男	成年	仰身直肢一次葬		1. Cd 石斧，2. Aa 石铲，3. Ea 石磨棒		
M118	T9	Ⅰ6	M100	M124	270°	残 0.85×0.50－0.30	1	?	14～16 岁	仰身直肢一次葬	1. AⅠ圆腹壶			
M119	T9	Ⅰ6	M95	M127	270°	残 1.65×0.55－0.35	1	?	8～10 岁	双臂交叉一次葬	1. CⅠ圆腹壶	2. C 石磨盘，3、4. Bb 石斧，5. Bc 石斧，6. 石环	猪下颌骨	
M120	T9	Ⅰ5	M95	M121	280°	残 1.37×0.55－0.30	1	?	成年	仰身直肢一次葬(轻度扰动)	1. AⅠ圆腹壶			
M121	T9	Ⅰ5	M120	M127	270°	2.10×0.60－0.45	1	男	25～30 岁	双臂交叉一次葬	1. D 折肩壶	2. Bb 骨镖，3. Ac 石饰，4. AaⅠ牙削，5. Ca 骨镖，6. Bb 石斧，7. Ba 石斧，8. 骨笛，11. HdⅠ骨镞，12. 梭形石饰，13. GcⅠ骨镞，14. CaⅡ骨镞，15. FaⅠ骨镞，16. Bd 骨镖	9、10. 龟甲	
M122	T23	Ⅰ4	3C	4	264°	0.60×0.30－0.25	1	?	成年	乱堆式二次葬	A 盆形鼎	1. E 骨锥，2. AbⅠ骨镞，3. AaⅡ牙削		
M123	T23 T10	Ⅰ4	3C	4	245°	1.50×0.60－0.20	1	女	30 岁左右	仰身直肢一次葬	1. DⅡ罐形壶	2. Ab 骨针		

续附表六

编号	位置	期段	层位		方向	长×宽—深（米）	人骨架				随葬品			备注
			上	下			数量	性别	年龄	葬式	陶制品	石、骨制品	动物骨骼及其它	
M124	T9	Ⅱ5	M118	3C	270°	残 1.10×0.60—0.4	1	女	20 岁左右	乱堆式二次葬	1. B Ⅰ 侈口罐			
M125	T9	Ⅰ2	3C	H82	270°	2.20×0.50—0.45	1	男	40～45 岁	摆放式二次葬	1. A Ⅱ双耳罐	4. Hd Ⅱ骨镞，5. B 石磨盘，6. B 叉形器	3、7～13. 龟甲	1、2 号为一件器物
M126	T9	Ⅰ2	3C	H84	280°	残 1.70×0.60—0.45	1	男	成年	仰身直肢一次葬		1、3. Bb 骨镖，2. Ba 骨镖，4. Ac 骨针，5. Aa 骨针，6. 牙削，7. C 骨凿		
M127	T9	Ⅱ5	M121 M128	3C	273°	2.10×0.65—0.55	1	男	40～45 岁	双臂交叉一次葬	1. Ba Ⅰ 折肩壶	2. Gd Ⅱ骨镞，3. Ba Ⅱ骨镞，4. Aa 骨板，5. Ac 骨镖，6. Dc Ⅱ骨镞，7. Fe 骨镞，8. De 骨镞，9. Bb 骨板，10. Ab Ⅱ牙削，11.12. Ab Ⅲ牙削		
M128	T9	Ⅱ5	M82 M124	M127	270°	2.30×1.60—0.55	2	甲:男 乙:女	25～30 岁 成年?	仰身直肢一次葬 二次葬	1. A Ⅱ 折肩壶	2. Ab Ⅱ牙削，3. Ab 骨针，4、8. Aa 骨匕，5、6. A 骨锥，7. Ae 骨针		
M129	T9	Ⅲ8	3A	3B	267°	残 0.80×0.45—0.50	1	男	成年	仰身直肢一次葬				

续附表六

编号	位置	期段	层位		方向	长×宽—深（米）	人骨架				随葬品			备注
			上	下			数量	性别	年龄	葬式	陶制品	石、骨制品	动物骨骼及其它	
M130	T9	Ⅰ5	3B	3C	263°	残 0.40×0.45×0.20	1	男	成年	仰身直肢一次葬		1. Ba 骨板，2. Bc 石斧，3. Aa Ⅰ牙削，4. Aa Ⅱ牙削		
M131	T9	Ⅰ5	3B	3C	265°	残 0.78×0.50—0.25	1	男	成年	仰身直肢一次葬		1～4. 契刻骨板，5. Aa Ⅰ牙削，6. 骨饰		
M132	T23	Ⅰ4	3C	4	270°	1.85×0.60—0.32	1	女	成年	单臂内斜一次葬	1. A Ⅰ折肩壶	2. Ac 骨针，3. Aa Ⅰ骨镞		
M201	T101	Ⅱ9	3A	M268	261°	1.20×0.80×—0.22	2	?	?	堆放式二次葬	1. C Ⅱ双耳罐			保存太差未鉴定
M202	T101	Ⅱ9	3A	M239	268°	1.75×0.65—0.25	1	?	?	仰身直肢一次葬	壶（碎型式不明）			保存太差未鉴定
M203	T101	Ⅱ9	3A	M231	280°	1.20×0.60—0.20	2	?	?	乱堆式二次葬	1. A Ⅱ扁腹壶			保存太差未鉴定
M204	T101	Ⅱ9	3A	M263	278°	1.66×0.65—0.12	1	?	?	仰身直肢一次葬				保存太差未鉴定
M205	T101	Ⅱ9	3A	M251	265°	2.10×0.65—0.30	2	甲：男 乙：男	壮年	仰身直肢一次葬 二次葬				乙因保存太差未做鉴定
M206	T101	Ⅱ9	3A	M207	267°	1.90×0.52—0.44	1	男	50～55 岁	单臂内斜一次葬	1. E 折肩壶	2. Aa Ⅱ牙削		
M207	T101	Ⅱ8	M206	3B	270°	残 0.64×0.70—0.30	1	男	老年	仰身直肢一次葬	A Ⅰ 敛口盆			
M208	T101	Ⅱ9	3A	3B	245°	残 1.20×0.60—0.40	1	男	45～50 岁	仰身直肢一次葬	1. H 双耳罐			
M209	T101	Ⅱ9	3A	3B	270°	残 0.60×0.45—0.55	1	女	40～50 岁	不明				

续附表六

编号	位置	期段	层位		方向	长×宽－深（米）	人骨架				随葬品			备注
			上	下			数量	性别	年龄	葬式	陶制品	石、骨制品	动物骨骼及其它	
M210	T101	Ⅱ8	3A	3B	265°	残 1.50×0.50－0.36	1	男?	成年	仰身直肢一次葬	BⅡ敞口钵			
M211	T101	Ⅱ8	3A	3B	270°	2.00×0.60－0.38	1	女	老年	单臂内斜一次葬				
M212	T101	Ⅱ9	3A	M259	270°	1.30×0.55－0.32	1	?	?	堆放式二次葬				保存太差未鉴定
M213	T101	Ⅱ9	M212	3B	275°	1.95×0.65－0.38	1	男?	20岁左右	仰身直肢一次葬				
M214	T101	Ⅱ8	3A	M220	280°	2.00×0.60－0.33	1	男	45～50岁	仰身直肢一次葬				
M215	T101	Ⅱ9	3A	M257	260°	1.35×0.50－0.30	1	男?	成年	仰身直肢一次葬				
M216	T101	Ⅱ8	3A	3B	285°	2.00×0.60－0.55	1	男	成年	单臂内斜一次葬				
M217	T101	Ⅱ7	H118	3C	270°	残 0.36×0.50－0.58	1	女	成年	不明				
M218	T109	Ⅰ6	2	3C	235°	1.00×0.75－0.35	1	女	25～30岁	仰身直肢一次葬	1. 罐（碎型式不明）			探方内露出部分
M219	T109	Ⅰ6	2	3C	275°	1.15×0.70－0.40	1	女	成年	双臂交叉一次葬	1. AⅡ圆腹壶			探方内露出部分

续附表六

编号	位置	期段	层位		方向	长×宽—深（米）	人骨架				随葬品			备注
			上	下			数量	性别	年龄	葬式	陶制品	石、骨制品	动物骨骼及其它	
M220	T101	Ⅰ6	3B	M266	262°	2.00×0.60—0.50	1	男	35～40岁	单臂内斜一次葬	1. BⅡ圆腹壶，2. CⅠ浅腹钵			
M221	T101	Ⅱ9	3A	3B	265°	0.80×0.38—0.30	1	?	少年	仰身直肢一次葬	1. BaⅣb鼎足			
M222	T101	Ⅱ8	3A	3B	270°	2.00×0.60—0.44	1	男	45～50岁	单腿弯屈一次葬	1. BⅠ扁腹壶，2. B深腹钵			
M223	T101	Ⅱ9	3A	M232	270°	1.70×0.70—0.45	1	女	40～45岁	缺肢一次葬	1. BⅢ圆腹壶			
M224	T105	Ⅰ4	3C	H126	257°	2.00×0.60—0.14	1	男	老年	仰身直肢一次葬(轻度扰动)		1. Aa骨镖		
M225	T101	Ⅱ9	3A	3B	256°	1.50×0.50—0.35	1	?	?	单腿弯屈一次葬				保存太差未鉴定
M226	T101	Ⅱ9	3A	M267	260°	1.80×0.60—0.28	1	男	50岁左右	单臂内斜一次葬				
M227	T101	Ⅱ8	3A	M241	270°	2.05×0.64—0.32	1	男	成年	缺肢一次葬	1. AⅠ扁腹壶			
M230	T101	Ⅱ8	3A	3B	280°	2.00×0.60—0.40	1	男	老年	仰身直肢一次葬				

续附表六

编号	位置	期段	层位		方向	长×宽—深（米）	人骨架				随葬品			备注
			上	下			数量	性别	年龄	葬式	陶制品	石、骨制品	动物骨骼及其它	
M231	T101	Ⅱ8	M232	3B	280°	1.90×0.60—0.60	1	女	25～30岁	仰身直肢一次葬	1. CⅡ折肩壶，2. C扁腹壶	3. Ab骨匕，4. Ad骨针		
M232	T101	Ⅱ8	M223 M203	M231 M254	290°	2.20×0.60—0.70	1	男	20～25岁	仰身直肢一次葬				
M233	T101	Ⅰ6	3B	H134 H366 3C	270°	2.38×0.80—0.22	1	男	成年	双臂交叉一次葬	1. BaⅠ折肩壶，2. BⅠ侈口罐，9. AⅤ浅腹钵，10. BaⅠ折肩壶	3、4. 骨笛，5. Af骨镖，6. HbⅡ骨锥，7. ACⅠ骨镞，8. AaⅠ牙削	11～16. 龟甲	
M234	T113	Ⅰ6	3B	3C	270°	1.22×0.6—0.24	1	?	?	仰身直肢一次葬				探方内露出部分，保存太差未鉴定
M235	T101	Ⅱ9	3A	3B	262°	1.85×0.70—0.45	1	女	成年	单臂内斜一次葬	1. Cb支脚			
M236	T101	Ⅱ8	3A	M239	265°	2.0×0.60—0.40	1	男	成年	单臂内斜一次葬		1. A骨锥		
M237	T101	Ⅱ9	3A	M254 M238	270°	0.80×0.40—0.40	1	男	成年	堆放式二次葬		1. AaⅡ牙削		
M238	T101	Ⅱ9	M237	M254	270°	0.60×0.55—0.40	1	男	成年	乱堆式二次葬				
M239	T101	Ⅱ8	M202 M236	3B	270°	2.00×0.60—0.50	1	男	35～40岁	单臂内斜一次葬	1. BⅠ三足钵			

续附表六

编号	位置	期段	层位		方向	长×宽—深（米）	人骨架				随葬品			备注
			上	下			数量	性别	年龄	葬式	陶制品	石、骨制品	动物骨骼及其它	
M240	T113	Ⅱ5	M234	H147	270°	1.40×0.60—0.32	1	女	成年	双臂交叉一次葬		1.Aa骨匕		
M241	T101	Ⅲ8	M227	3B	260°	1.75×0.60—0.50	1	男	30～35岁	缺肢一次葬	1.壶（碎型式不明）	2.Cd石斧,3.A石锛		
M242	T101	Ⅲ8	3A	3B	275°	1.90×0.60—0.50	1	男	中年	仰身直肢一次葬		1.AbⅠ牙削		
M243	T113	Ⅰ3	3C	4	265°	2.40×1.04—0.50	1	女	30～35岁	俯身直肢一次葬	2.CⅣ罐形壶	1.AbⅡ牙削,3、4.A三角形石坠饰		
M244	T109	Ⅰ2	3C	H151	275°	2.15×0.60—0.35	1	男	成年	仰身直肢一次葬		1.AaⅢ牙削		
M245	T109	Ⅱ6	H150 H196	3C	255°	2.00×0.70—0.30	1	男	中年	仰身直肢一次葬		1、3.Ca骨镖,2.AaⅡ牙削		
M246	T109	Ⅰ2	H148	4	270°	1.82×0.70—0.25	1	女	壮年	缺肢一次葬		1.Ad骨针,2.AaⅢ牙削		
M247	T109	Ⅰ2	M151	4	245°	1.90×0.60—0.45	1	女	青年	俯身直肢一次葬				
M248	T105	Ⅱ5	H120	3C	267°	2.10×0.62—0.30	1	男	中年	双臂交叉一次葬		1.Ad骨针,2.AaⅡ牙削,3.Aa骨镖,4.Fd骨镞		
M249	T113	Ⅰ3	3C	4	260°	2.00×0.80—0.35	1	女?	13～15岁	仰身直肢一次葬(轻度扰动)	1.BⅣ罐形壶，2.罐形壶(残)	3.BbⅢ牙削,4、5.A三角形石坠饰,6、7.Aa穿孔石饰		
M250	T101	Ⅲ7	3B	M267	243°	2.00×0.60—0.50	1	女	老年	仰身直肢一次葬				
M251	T101	Ⅲ7	3B	M377	265°	2.00×0.60—0.50	1	男	30～35岁	双臂交叉一次葬	1.E折肩壶,2.BⅡ扁腹壶	3.AaⅢ牙削		

续附表六

编号	位置	期段	层位		方向	长×宽—深（米）	人骨架				随葬品			备注
			上	下			数量	性别	年龄	葬式	陶制品	石、骨制品	动物骨骼及其它	
M252	T101	Ⅱ6	3B	M389	262°	2.00×0.60—0.55	1	男	成年	仰身直肢一次葬	1. CⅠ圆腹壶			
M253	T101	Ⅲ7	3B	3C	267°	2.00×0.85—0.62	2	甲:男 乙:男	45～50岁 45～50岁	仰身直肢一次葬 二次葬	1. CⅡ圆腹壶	2. B叉形器(骨)，3. 骨镞HaⅠ，4. 骨笛，5. GaⅠ骨镞，6. DdⅠ骨镞，7. AaⅡ牙削，9. 骨笛	8. 龟甲（2件）	
M254	T101	Ⅲ7	3B	M279	265°	1.30×0.55—0.60	1	男	50～55岁	单臂内斜一次葬	1. CⅠ折肩壶			
M256	T101	Ⅲ7	3B	3C	262°	1.95×0.60—0.60	1	男	40～45岁	仰身直肢一次葬	1. CⅠ圆腹壶	2. 骨锥，3. Aa骨匕，4. 石块，5. AbⅠ牙削		
M257	T101	Ⅲ7	3B	M379	250°	2.00×0.60—0.52	1	女	中年	仰身直肢一次葬	1. 鼎	2. Ac骨针，3. A骨锥		
M258	T101	Ⅲ7	M257	3C	285°	残1.70×0.50—0.47	1	男	成年	双臂交叉一次葬		1. 骨锥		
M259	T101	Ⅲ7	3B	M415 M260	270°	1.75×0.56—0.50	1	男	18岁以下	迁出墓	1. CⅠ圆腹壶，2. C杯			

编号	位置	期段	层位		方向	长×宽－深（米）	人骨架				随葬品			备注
			上	下			数量	性别	年龄	葬式	陶制品	石、骨制品	动物骨骼及其它	
M260	T101	Ⅱ7	M259	3C	270°	残1.20×0.45－0.5	1	?	?	仰身直肢一次葬（缺肢）				保存太差，未鉴定
M261	T101	Ⅱ7	3B	3C	270°	残0.82×0.60－0.50	1	男	壮年	堆放式二次葬	1. CⅡ圆腹壶			
M262	T101	Ⅱ7	M263	M363	不明	残－0.25	1	男	?	仰身直肢一次葬				残存一肩部
M263	T101	Ⅱ7	3B	M262	268°	2.00×0.95－0.30	2	甲:男 乙:男	成年 成年	仰身直肢一次葬 二次葬	1. AⅠ扁腹壶，2. AⅡ侈口罐，3、4. AⅥ浅腹钵，22. AⅥ浅腹钵	5、6A骨器柄，7. CbⅡ骨镞，8. AbⅡ牙削，9. AaⅡ牙削，14. 骨笛，15. 骨镞，16. FaⅡ骨镞，17. DcⅠ骨镞，18、19 BaⅡ骨镞，20. Ae骨镖	10～12. 蚌壳，13. 龟甲，21. 角料	
M264	T101	Ⅱ7	3B	3C	270°	2.00×0.60－0.30	1	男	中年40岁左右	单臂内斜一次葬	1. AⅠ扁腹壶	2. 骨镖，3. HaⅡ骨镞，4. AbⅡ牙削		
M265	T101	Ⅰ6	3B	3C	270°	1.90×0.50－0.20	1	女	45～50岁	单臂内斜一次葬		1. 牙锥		
M266	T101	Ⅰ6	M220	H171 3C	290°	1.80×0.60－0.35	1	男	成年	俯身直肢一次葬		1. F骨锥，2. AbⅣ牙削		

续附表六

编号	位置	期段	层位		方向	长×宽—深（米）	人骨架				随葬品			备注
			上	下			数量	性别	年龄	葬式	陶制品	石、骨制品	动物骨骼及其它	
M267	T101	Ⅰ5	M250	3C H169	274°	2.30×0.80—0.40	1	男	成年	仰身直肢一次葬	1.BⅠ圆腹壶	2.牙饰		
M268	T101	Ⅱ7	3B	M274	268°	1.80×0.60—0.52	1	?	10岁以下	双臂交叉一次葬	1.BⅠ扁腹壶		2.龟腹甲片	
M270	T101	Ⅰ5	M257	3C	275°	2.00×0.70—0.40	1	男	55岁以上	双臂交叉一次葬	1.AⅠ圆腹壶	2、3.骨笛，4.Ba骨板，5.Ac骨针，6.AbⅠ牙削		
M272	T101	Ⅰ5	M379	3C	280°	2.00×0.80—0.30	2	甲：少年 乙：男	16岁以下 成年	双臂交叉一次葬	1.AⅠ圆腹壶	2.CaⅡ骨镞		
M273	T101	Ⅰ5	3B	M378	280°	2.15×1.10—0.42	2	甲：女 乙：女	50～55岁 成年	仰身直肢一次葬 二次葬	1、4.AⅠ圆腹壶，5.B曲腹钵	2.CaⅠ骨镞，3.Bb骨镖		
M274	T101	Ⅱ7	M268	3C	276°	1.20×0.40—0.44	1	?	少年	仰身直肢一次葬		1.Ab穿孔石饰，2.Cc石铲，3.AaⅡ牙削		
M275	T101	Ⅰ5	H170	H172	270°	2.6×1.30—0.74	1	男	30～35岁	仰身直肢一次葬(轻度扰动)	1.BaⅠ折肩壶	2.Bb石斧，3.Ad砺石，4.Ac骨针，5.AbⅣ牙削，6.BaⅡ骨镞，7、8.DaⅠ骨镞，9、13.Ac镖，10.AcⅡ骨镞，11.GcⅡ骨镞，12.GbⅠ骨镞，14.GdⅡ骨镞，15、16、17.Ac穿孔石饰		
M276	T101	Ⅰ5	3B	3C	260°	2.00×0.80—0.56	1	男	40岁左右	仰身直肢一次葬	1.BⅡ敛口钵	2.AaⅡ牙削，3.Ab骨针		

续附表六

编号	位置	期段	层位		方向	长×宽—深(米)	人骨架				随葬品			备注
			上	下			数量	性别	年龄	葬式	陶制品	石、骨制品	动物骨骼及其它	
M277	T101	Ⅰ6	3B	M334	270°	2.40×1.50—0.60	4	甲:女 乙:男 丙:男 丁:男	成年 成年 成年 成年	仰身直肢一次葬 二次葬 二次葬 二次葬	1. AⅣ折肩壶，2. AⅣ折肩壶，3. BⅡ敛口钵，62. 壶（碎型式不明）	4. Ae骨镖，5. A骨凿，6. Aa骨板，7. Ca骨镖，8. FaⅡ骨镞，9. DcⅠ骨镞，10. HdⅡ骨镞，11. EaⅡ骨镞，12. DaⅠ骨镞，13. BaⅡ骨镞，14. GaⅠ骨镞，15、17. GaⅡ骨镞，16. GaⅡ骨镞，18. AcⅡ骨镞，19. DdⅡ骨镞，20. GcⅠ骨镞，21. Fe骨镞，22. GcⅡ骨镞，23. HdⅠ骨镞，24. FaⅡ骨镞，25、28、30、32、33、34、36、37、41、63. Cb骨针，26、27、29、40、42、43. Ca骨针，31. D，35、38、39. Cc骨针，44. Bb骨镖，45. AaⅡ牙削，46. Ab骨板，47. B器柄，48. Ba骨板，49、51、54、55. 骨料，50. A骨凿，52. Bd骨镖，53. Bb骨镖，56. F骨锥，57. GdⅡ骨镞，58. GbⅡ骨镞，59. HbⅡ骨镞，60. GcⅡ骨镞，64. Cc骨针	61. 云母片，65. 龟甲片，66. 石子	
M278	T101	Ⅱ7	M415	M363	270°	2.00×0.50—0.40	1	男	老年	仰身直肢一次葬	1. AⅣ圆腹壶	3. Ac骨针，4. Ba骨板	2. 猪下颌骨	
M279	T101	Ⅱ7	M254 M268	M281	270°	1.40×0.80—0.90	1	小孩	5～6岁	仰身直肢一次葬		1. Cb骨针，2. Ac骨针，3. 骨锥		
M280	T101	Ⅰ6	3B	M282	270°	1.30×0.60—0.30	1	小孩	7～8岁	仰身直肢一次葬		1. Ca骨镖，2. BbⅡ牙削，3. Fe骨镞		

续附表六

编号	位置	期段	层位		方向	长×宽—深（米）	人骨架				随葬品			备注
			上	下			数量	性别	年龄	葬式	陶制品	石、骨制品	动物骨骼及其它	
M281	T101	Ⅰ5	M279	M282	265°	2.50×1.60—0.90	3	甲:男 乙:男 丙:女	50岁左右 40岁左右 成年	二次葬 二次葬 二次葬	1. 4AⅠ圆腹壶，2. BaⅡ折肩壶，3. BⅠ圆腹壶	5. E石磨盘，6. AaⅣ牙削，7. Ac骨匕，8. Aa骨匕，9. Ab骨匕，10. Bb骨针		
M282	T101	Ⅰ5	M281	M386	270°	2.80×1.80—0.70	2	甲:男 乙:男	35岁左右 45岁以上	仰身直肢一次葬 二次葬	1. BaⅠ折肩壶，2. BⅠ侈口罐，3. AⅡ罐形鼎	4. Bb石斧，5. Cc石斧，6. D石凿，7. C石凿，8、9. Ab砺石，10、11、15. Ba骨板，12. Aa骨板，13、14. A骨凿，16、17、18、19. A骨刀，20、21. 骨笛，23. Bb骨镖，24. DcⅠ骨镞，25. Ac骨镖，26. DaⅠ骨镞，27. DdⅠ骨镞，28. AbⅠ骨镞，29. EbⅠ骨镞，30. D骨锥，31. AaⅠ牙削，32～34. 牙锥，35. A牙刀，36、37. Ad骨针，38、58. C骨凿，39～41牙饰，42. A牙刀，43. B牙刀，44. Bd骨镖，45、47. Cb骨镖，46、51. Ab骨镖，48. FaⅡ骨镞，49. Ba骨镖，50. GdⅡ骨镞，52. Ae骨镖，53. Db砺石，54. AaⅠ牙削，57. AbⅡ骨镞，59、60. B骨器柄	55. 龟甲片（2个个体），56. 石子，61. 角料（四不像）	21、22号为同一件器物

续附表六

编号	位置	期段	层位		方向	长×宽—深（米）	人骨架				随葬品			备注
			上	下			数量	性别	年龄	葬式	陶制品	石、骨制品	动物骨骼及其它	
M283	T102	Ⅱ9	3A	M284 M285	260°	2.00×0.60—0.25	1	?	?	仰身直肢一次葬				保存太差未鉴定
M284	T102	Ⅱ8	M283	3B	266°	2.00×0.60—0.35	1	男	成年	仰身直肢一次葬	1. AⅡ扁腹壶			
M285	T102	Ⅱ8	M283	3B	280°	0.95×0.60—0.35	1	女	40岁左右	仰身直肢一次葬				
M286	T102	Ⅱ7	3B	M323	260°	1.50×0.60—0.45	2	甲:? 乙:男	小孩 成年	仰直一次葬双臂交叉缺小腿仅一左股骨				
M287	T102	Ⅰ6	3B	M301	280°	2.40×1.30—0.30	1	?	?	迁出墓	1. 钵（型式不明），2. AⅣ折肩壶，3. BⅠ卷沿罐，4. CⅠ双耳罐	5. Aa骨匕		
M288	T102	Ⅱ8	3A	3B	270°	2.00×0.90—0.35	1	女	青年	迁出墓				
M289	T102	Ⅱ8	3A	3B	270°	1.50×0.70—0.30	1	女	中年	乱堆式二次葬				
M290	T102	Ⅰ6	3B	3C	275°	1.80×0.50—0.35	1	女	成年	缺头一次葬			龟甲一片，动物下颌骨，脊椎骨	

续附表六

编号	位置	期段	层位		方向	长×宽－深（米）	人骨架				随葬品			备注
			上	下			数量	性别	年龄	葬式	陶制品	石、骨制品	动物骨骼及其它	
M291	T102	Ⅱ 6	3B	M292	255°	1.70×0.60—0.40	1	女	17岁以下	仰身直肢一次葬	1. C Ⅰ 折肩壶	2. Ha Ⅱ 骨镞，3、4、6. Db Ⅰ骨镞，5. Hb Ⅱ骨镞，7. Ac Ⅱ骨镞，8、9 Fb Ⅱ骨镞，10. Db Ⅰ骨镞，11. Ac 骨镖，12. Dc Ⅰ骨镞		
M292	T102	Ⅱ 6	M291	M358	250°	2.00×0.50—0.45	1	女	25～30岁	仰身直肢一次葬	1. B Ⅱ盆形鼎，2. C Ⅰ碗	3、4. Aa 骨匕		
M293	T102	Ⅱ 6	3B	M313	255°	1.80×0.60—0.42	1	女	成年	缺肢一次葬	1. B Ⅰ圆腹壶			
M294	T114	Ⅰ 3	3C	4	270°	露 0.50×0.30—0.40	1	?	?	不明	1. D Ⅰ 罐形壶			未清理
M295	T114	Ⅰ 2	H188	H186	270°	2.10×0.72—0.30	1	男	壮年	仰身直肢一次葬		1. D 骨针		
M296	T114	Ⅰ 2	3C	4	262°	2.30×0.70—0.40	1	男	50～55岁	仰身直肢一次葬		1. D 骨镖		
M297	T114	Ⅰ 2	3C	4	262°	2.10×0.65—0.55	1	男	50～55岁	仰身直肢一次葬	1. A Ⅱ 罐形壶			
M298	T101北扩	Ⅱ 9	3A	3B	270°	? ×0.60—0.50	1	男?	成年	不明	1. 圆肩壶			
M299	T102	Ⅱ 7	3B	M321	264°	1.80×0.70—0.50	2	甲：男 乙：女	甲：成年 乙：成年	甲：仰身直肢一次葬 乙：二次迁葬	1. A Ⅰ 扁腹壶	2、3. Aa 骨匕		

续附表六

编号	位置	期段	层位		方向	长×宽—深（米）	人骨架				随葬品			备注
			上	下			数量	性别	年龄	葬式	陶制品	石、骨制品	动物骨骼及其它	
M300	T102	Ⅱ7	3B	M381	270°	1.20×0.40—0.40	1	女	成年	堆放式二次葬				
M301	T102	Ⅰ6	M287	M360	254°	1.80×0.60—0.50	1	女	青年	仰身直肢一次葬				
M302	T116	Ⅱ9	3A	3B	—	—0.30	1	小孩	3～4岁	不明				仅见头骨
M303	T114	I1	3C	4	265°	2.10×0.70—0.25	1	男	成年	缺肢一次葬	1. AI罐形壶	2. AaⅡ牙削，3. A石钻		
M304	T101北扩	Ⅰ6	3B	3C	260°	2.00×0.80—0.30	1	男	成年	仰身直肢一次葬		1. Bb骨镖，2. Ca骨镖，3. Bb骨针，4、6. Ab骨针，5. Ae骨针，7. Ac骨针		
M305	T102	Ⅰ6	3B	M306	270°	1.30×0.60—0.53	1	?	9岁左右	仰身直肢一次葬	1. AⅠ圆腹壶			
M306	T102	Ⅰ6	M305	M325	270°	1.70×0.50×0.50	1	女	40～45岁	缺肢一次葬				
M307	T101北扩	Ⅱ8	3A	3B	270°	2.00×0.65—0.45	1	女	老年	仰身直肢一次葬	1. AⅠ扁腹壶			
M308	T104	I3	3C	4	275°	1.85×0.80—0.30	1	女	中年	单臂内斜一次葬	1. BⅣ罐形壶	2. Aa骨针，3. AaⅠ牙削		
M309	T102	Ⅰ5	3B	3C	270°	2.00×0.60—0.30	1	男	壮年	仰身直肢一次葬	1. AⅡ折肩壶			
M310	T33	Ⅰ5	3B	H231	255°	2.10×0.70—0.22	1	男	壮年	仰身直肢一次葬				

续附表六

编号	位置	期段	层位		方向	长×宽—深（米）	人骨架				随葬品			备注
			上	下			数量	性别	年龄	葬式	陶制品	石、骨制品	动物骨骼及其它	
M311	T102	Ⅱ 5	M361	3C	270°	2.00×0.60—0.40	1	男	中年	迁出墓	1. AⅡ折肩壶			
M312	T102	Ⅱ 5	M366	M361	265°	1.80×0.50—0.35	1	儿童	13～14岁	仰身直肢一次葬	1. AⅡ折肩壶	2. AaⅡ牙削		
M313	T102	Ⅱ 6	M293	M314	272°	1.50×0.70—0.35	1	男	成年	摆放式二次葬	1. BaⅡ折肩壶			
M314	T102	Ⅱ 5	M313	3C	267°	2.10×0.60—0.30	1	男	成年	仰身直肢一次葬		1. FaⅡ骨镞，2. GbⅠ骨镞，3. AbⅡ牙削，4. BaⅡ牙削，5. AaⅡ牙削		
M315	T102	Ⅱ 5	3B	3C	262°	1.85×0.50—0.30	1	女	老年	缺肢一次葬		1. 牙削AaⅡ		
M316	T116	Ⅲ 8	3A	3B	253°	1.90×0.60—0.50	1	男	壮年	单臂内斜一次葬				
M318	T114	Ⅰ 2	3C	4	258°	2.00×0.90—0.55	1	男	老年	缺肢一次葬（轻度扰动）		1. Aa穿孔石饰，2. Ac骨针		
M319	T102	Ⅱ 6	3B	3C	270°	1.70×0.60—0.30	1	女	中年	缺肢一次葬	1. BbⅡ折肩壶			

续附表六

编号	位置	期段	层位		方向	长×宽－深（米）	人骨架				随葬品			备注
			上	下			数量	性别	年龄	葬式	陶制品	石、骨制品	动物骨骼及其它	
M320	T101北扩	Ⅱ7	3B	M324	270°	2.00×0.60－0.55	1	男	中年	仰身直肢一次葬	2. BⅠ扁腹壶	1. Bc骨镖		
M321	T102	Ⅱ6	M299	M336 M364	264°	2.00×0.60－0.50	2	甲:女 乙:男	成年55岁以上; 35岁左右	缺肢一次葬仅一下领骨一侧	1. BbⅡ折肩壶			甲缺右肢和右胫腓上段
M322	T102	Ⅱ6	M326	M325 M351	270°	1.90×0.50－0.40	1	男	中年	不明				
M323	T102	Ⅱ5	M287 M286	M383	260°	1.80×1.10－0.46	2	?	甲:5～7岁 乙:13～15岁	仰身直肢一次葬 二次葬	1. AⅡ圆腹壶，2. AⅠ圆腹壶	3. AaⅡ牙削，4.5牙饰		
M324	T101	Ⅱ6	M320	3C	250°	1.80×0.60－0.45	1	男	成年	仰身直肢一次葬				
M325	T102	Ⅱ5	M322 M306	M394	270°	2.40×1.00－0.90	4	甲:女 乙:男 丙:男 丁:女	45～50岁 50岁 35～40岁 成年	仰身直肢一次葬 二次葬 二次葬 二次葬	1. BⅠ圆腹壶，2. BⅡ侈口罐，3. BⅡ敛口钵，4. AⅠ圆腹壶，5. AⅣ折肩壶，6. BⅡ侈口罐	7、11. Aa骨匕，8. AaⅠ牙削，9. E石磨盘，10. A骨锥，13. BaⅠ骨镞，14. B器柄	12. 穿孔龟甲	

续附表六

编号	位置	期段	层位		方向	长×宽—深（米）	人骨架				随葬品			备注
			上	下			数量	性别	年龄	葬式	陶制品	石、骨制品	动物骨骼及其它	
M326	T102	Ⅱ6	3B	M322	270°	2.00×0.60—0.45	4	甲:男 乙:男 丙:女 丁:女	老年 中年 40岁左右 35～40岁	二次葬 二次葬 二次葬 二次葬	1. BbⅡ折肩壶,2. AⅡ折肩壶，3. 罐底		4～6龟，7.鳖	
M327	T102	Ⅱ6	3B	M355	—	1.45×0.80—0.70	5	甲:男 乙:男 丙:女 丁:男	甲:老年 乙:老年 丙:壮年 丁:壮年	乱堆式多人二次葬	2. 深腹壶，20. AⅣ折肩壶	1、3、11.（骨）叉形器，4. A骨凿，5. 骨料，9. Cc石铲，10. Bb颜料，12. Ca骨镖	6、7龟甲片，8. 龟甲，13～19龟甲	1、3为同一件器物
M328	T102	Ⅱ5	M336	M335	264°	1.90×0.60—0.60	1	男	35岁左右	双臂交叉一次葬	1. AⅠ圆腹壶，2. CⅠ折沿罐			
M329	T33	Ⅱ5	3B	4		0.73×0.70—0.16	1	?	?	摆放式二次葬	1. AⅡ圆腹壶			保存较差未做鉴定
M330	T33	Ⅱ5	3B	4	270°	2.00×0.83—0.12	1	女	中年	堆放式二次葬	1. BbⅠ折肩壶	2. 柄形石器，3. AbⅡ牙削		
M331	T10	Ⅱ6	2	M59 M79	265°	2.02×0.70—0.16	1	男	成年	仰身直肢一次葬	1. AⅣ折肩壶	2. AbⅡ骨镞，3、4. AaⅡ骨镞，5、6. A骨器柄		
M332	T28	Ⅰ2	3C	4	250°	2.15×0.65—0.20	1	女	青年	仰身直肢一次葬		1. Ab骨针，2. AbⅣ牙削		
M333	T33	Ⅰ2	3C	H231	270°	2.05×0.90—0.17	1	男	壮年	仰身直肢一次葬		1. De骨镞，2. HdⅠ骨镞，3. HbⅡ骨镞，4. BbⅡ牙削		

续附表六

编号	位置	期段	层位 上	层位 下	方向	长×宽—深（米）	人骨架 数量	人骨架 性别	人骨架 年龄	人骨架 葬式	随葬品 陶制品	随葬品 石、骨制品	随葬品 动物骨骼及其它	备注
M334	T102	Ⅱ5	M351 M277 M327	M335	270°	1.20×0.75—0.55	2	男	甲:中年 乙:老年	乱堆式二次葬	1、3、4、5、8 AⅡ折肩壶，2. BbⅠ折肩壶，6. AⅣ折肩壶，7. BaⅡ折肩壶	9.B骨锥	10.穿孔龟甲片	
M335	T102	Ⅱ5	M334 M328 M351	3C	265°	2.20×1.10—0.70	2	甲、乙:男	25岁左右 成年	甲:仰身直肢一次葬 乙:二次葬	1. AⅡ折肩壶	2. E骨镖，3. EbⅡ骨镞，4. Ae骨镖，5. Df骨镞，6. FbⅡ骨镞，7. AaⅡ牙削，11、14. A骨锥，12、22. Ad骨针，13、21. Ab骨针，17. Ab穿孔石饰，18. 方形绿松石饰，19、20. Aa骨匕	8. 龟甲片，9、10. 鹿角，15、16. 龟甲片	
M336	T102	Ⅱ6	M321	M328	270°	2.10×1.10—0.60	2	女	23岁左右	甲:仰身直肢一次葬 乙:二次葬	1. BaⅡ折肩壶，7. AⅡ折肩壶，8. BaⅡ折肩壶	2. A骨锥，3. Aa骨匕，4、5. Ab骨针，6. AaⅡ牙削		
M337	T102	Ⅱ6	H275	M338 M354	265°	2.00×0.60—0.40	2	女	成年	甲:仰身直肢一次葬 乙:二次葬	1. BbⅡ折肩壶			

续附表六

编号	位置	期段	层位		方向	长×宽—深（米）	人骨架				随葬品			备注
			上	下			数量	性别	年龄	葬式	陶制品	石、骨制品	动物骨骼及其它	
M338	T102	Ⅱ 6	M337	M396	270°	残 1.32×0.32—0.38	1	男	壮年	单臂内斜一次葬	1. AⅡ折肩壶			
M339	T34	Ⅲ 9	3A	3B	270°	1.50×1.00—0.20	1	?	?	乱堆式二次葬				保存太差未做鉴定
M340	T114	Ⅰ 2	3C	4	267°	2.00×0.70—0.40	1	女	50岁以上	双臂交叉一次葬	1. AⅡ罐形壶			
M341	T114	Ⅰ 1	3C	4	274°	2.55×1.30—0.80	1	男	壮年	仰身直肢一次葬(严重扰动)		1、2骨笛，3. Bb骨针，4. AbⅡ骨镞，5. AaⅠ牙削	6. 狗骨，7. 龟甲	
M342	T102	Ⅱ 5	3B	M365 M343	270°	1.70×0.95—0.60	2	甲：小孩 乙：女	5～6岁 成年	甲：仰身直肢一次葬 乙：二次迁葬	1. BbⅠ折肩壶，2. Bb小钵，3. C小钵，4. A杯，5. Bb小钵，11. Bb小钵	7. A锤击石锤，8. 石纺轮，9. C骨饰，10. AaⅣ牙削 12. 石纺轮半成品，13. Ac圆形穿孔石饰	6. 石料	

编号	位置	期段	层位		方向	长×宽—深（米）	人骨架				随葬品			备注
			上	下			数量	性别	年龄	葬式	陶制品	石、骨制品	动物骨骼及其它	
M343	T102	Ⅰ5	3B M342	M344	270°	残 0.80×0.75—0.50	2	甲：女 乙：男	甲：中年 乙：成年	甲：仰身直肢一次葬 乙：二次葬		1. Aa 骨匕，2. A 骨锥，3. Bb 骨针，4. Ba 骨针，5. Ab 骨针，7. Ea Ⅰ骨镞，8、9. AⅣ牙削，11. 条形骨器	6. 石块，10. 动物下颌骨	
M344	T102	Ⅰ5	M343	3C	260°	2.40×0.80—0.60	1	男	壮年	缺头仰身直肢一次葬	1. 2AⅠ折肩壶	3. A 叉形器，4、5. 骨笛，6. 骨饰，7、9、11. Ba 骨镖，8、12. Ca 骨镖，10. Bb 骨镖，13. Dc Ⅰ骨镞，14. Ea Ⅰ骨镞，15. Gd Ⅰ骨镞，16. Eb Ⅰ骨镞，17. Eb Ⅰ骨镞，19. AbⅣ牙削，20. AaⅣ牙削，21. 牙饰，22～24. 牙刀 B，25. Da 砺石，33. Df 骨镞	18. 龟，26～32. 龟	
M345	T102	Ⅰ6	3B	M364 M352	—	0.80×0.60—0.48	3	甲：男 乙：女 丙：男	成年 25 岁 成年	多人二次葬 乱堆式				
M346	T10	Ⅱ7	2	3C	259°	2.00×0.60—0.14	2	甲：女 乙：男	成年	甲：仰身直肢一次葬(被扰) 乙：二次葬		1. Gb Ⅰ骨镞		
M347	T34	Ⅱ9	3A	3B	250°	1.87×0.65—0.25	1	?	?	缺头一次葬		1. Ac 骨镖		保存太差未做鉴定
M348	T34	Ⅱ9	3A	3B	—	1.58×1.45—0.25	1	?	?	堆放式二次葬				保存太差未做鉴定

续附表六

编号	位置	期段	层位		方向	长×宽—深（米）	人骨架				随葬品			备注
			上	下			数量	性别	年龄	葬式	陶制品	石、骨制品	动物骨骼及其它	
M349	T34	Ⅰ6	3B	3C	275°	1.20×0.60—0.25	1	女	中年	仰身直肢一次葬	1、2. AⅠ敛口罐			
M350	T34	Ⅱ8	3A	M404	277°	2.00×0.55—0.30	1	女	壮年30岁左右	仰身直肢一次葬	1. B敛口罐	2. Aa骨匕，3. Ab骨针另有砺石		
M351	T102	Ⅰ5	M322	M334	265°	1.40×0.60—0.60	1	男	成年	双臂交叉一次葬	1. BaⅠ折肩壶	2. 骨针，5. Aa骨匕	3、4. 动物下颌	
M352	T102	Ⅰ6	M345	M395 3C	270°	2.30×0.90—0.58	4	甲：女 乙：男 丙：女 丁：儿	50岁左右 30岁左右 25～30岁 9～11岁	甲：仰身直肢一次葬 乙：} 丙：} 二次葬 丁：}	1. BaⅠ折肩壶，2. 6 AⅣ折肩壶，3. 4 AⅡ折肩壶，5. AⅡ折肩壶			
M353	T102	Ⅰ5	3B	M354	265°	2.10×0.90—0.40	3	甲：? 乙：男 丙：女	10～12岁 成年 50左右	多人仰身直肢一次葬	1. 陶纺轮， 29. 深腹壶， 30. AⅡ折肩壶	2～4、6、8、9、14. Cb骨针，5、7、11～13、20、21、22. Cc骨针，10、15～19. Ca骨针，23. GbⅠ骨镞；24. DcⅠ骨镞，25. Ab骨镖，26. BaⅠ牙削，27. A骨锥，28. AbⅣ牙削，31～38. Cd骨针，39. Ⅰ石坯		

续附表六

编号	位置	期段	层位		方向	长×宽—深（米）	人骨架				随葬品			备注
			上	下			数量	性别	年龄	葬式	陶制品	石、骨制品	动物骨骼及其它	
M354	T102	Ⅰ5	M337 M353	M380 M407	268°	2.10×0.90—0.34	1	女	成年	乱堆式二次葬				
M355	T102	Ⅰ5	M327	3C	270°	残 0.50×0.60—0.56	1	男	成年	缺肢一次葬	1. AⅡ折肩壶，2. AⅠ折肩壶			
M356	T34	Ⅱ8	3A	3B	272°	1.55×0.51—0.40	1	?	11～13岁	仰身直肢一次葬	1. 敛口罐（碎型式不明）	2. AaⅡ牙削，3. A石锛，4. Aa石镰，5. Ae骨针，6. 石纺轮半成品		
M357	T10	Ⅱ7	2	3C	270°	残 0.60×0.56—0.12	1	男	壮年	仰身直肢一次葬	1. BⅣ圈腹壶			
M358	T102	Ⅰ5	M292	3C	260°	1.70×0.55—0.50	1	?	12～14岁	仰身直肢一次葬	1. AⅠ圈腹壶			
M359	T102	Ⅰ6	M252	3C	257°	2.00×0.60—0.50	1	男	老年	堆放式二次葬				
M360	T102	Ⅰ6	M301 M252	3C	266°	2.00×0.55—0.50	1	男	老年	双臂交叉一次葬		1. F骨镖，2. B骨刀，3. B石锛，4. AaⅠ牙削		
M361	T102	Ⅰ5	M312	M311	265°	2.00×0.60—0.30	1	女	20岁左右	单臂内斜一次葬	1. AⅡ折肩壶	2. Ba骨针		
M362	T101	Ⅱ7	3B	3C	270°	2.00×0.80—0.70	1	女	成年	仰身直肢一次葬				

续附表六

编号	位置	期段	层位		方向	长×宽—深（米）	人骨架				随葬品			备注
			上	下			数量	性别	年龄	葬式	陶制品	石、骨制品	动物骨骼及其它	
M363	T101	Ⅰ6	M263 M278 M415	M385 3C	273°	2.30×1.05—0.35	3	甲:男 乙:男 丙:女	55岁以上 55岁以上 45~50岁	仰身直肢一次葬 二次葬 二次葬	1.BaⅠ折肩壶，2、16.AⅣ折肩壶，3.BⅠ侈口罐	4.A骨叉形器，10.B锤击石核，11.骨料，12.B石砧	5~9.龟甲，13~15.龟甲	
M364	T102	Ⅰ5	M321 M345	M395	263°	1.90×0.90—0.60	4	甲:男 乙:男 丙:男 丁:男	成 35~40岁 成 40~45岁	乱堆式二次葬	1.AⅠ折肩壶，2、3.AⅠ折肩壶，4.AⅡ折肩壶			
M365	T102	Ⅰ5	M342	M343	264°	1.90×0.80—0.50	1	女	成年	仰身直肢一次葬		1.Cc骨镖，2.A骨锥，3、4.Aa骨匕，5.AbⅡ牙削		
M366	T102	Ⅰ6	3B	M312	270°	2.20×1.40—0.50	1	女	青年	单臂内斜一次葬	1.AⅡ圈腹壶			
M367	T102	Ⅰ5	H248	3C	270°	残0.50×0.60—0.50	1	男	成年	乱堆式二次葬				
M368	T27	Ⅰ6	3B	3C	—	—0.10	1	男	成年	不明				
M369	T27	Ⅰ4	3C	H262	250°	2.00×0.55—0.18	1	女	壮年	仰身直肢一次葬	1.AⅠ折肩壶		2.石料	
M370	T34	Ⅰ6	3B	H252	285°	2.00×0.90—0.56	1	女	25岁左右	仰身直肢一次葬（轻度扰动）	1.DⅠ圈腹壶，5.A锉	3、6.石弹丸，4.Ac骨针，7、8.Aa骨匕	2.石块	

续附表六

编号	位置	期段	层位		方向	长×宽—深（米）	人骨架				随葬品			备注
			上	下			数量	性别	年龄	葬式	陶制品	石、骨制品	动物骨骼及其它	
M371	T35	Ⅱ6	3B	4	272°	2.00×1.10—0.30	1	女	30岁左右	仰身直肢一次葬	3. AⅠ敛口罐	1. B磨盘，2. D石磨棒，4. A石砧，5. EbⅡ骨镞，6. 骨镞		
M372	T35	Ⅰ2	H383 H236	4	270°	1.60×0.65—0.30	1	男	中年	仰身直肢一次葬				
M373	T35	Ⅱ6	3B	H384	279°	2.04×0.65—0.23	1	女	成年	缺肢一次葬	1. AⅠ敛口罐	2. 石弹丸，3. D石砧，4. Ba砺石		
M374	T25	Ⅰ1	3C	4	280°	1.90×0.70—0.16	1	男	中年	仰身直肢一次葬	1. AⅠ罐形壶	2. AbⅠ牙削		
M375	T114	Ⅰ2	3C	4	252°	2.00×0.60—0.60	1	男	壮年	仰身直肢一次葬	1. BⅡ罐形壶	2、3. AaⅡ牙削		
M376	T36	Ⅰ2	3C	4	234°	残1.54×0.96—0.80	1	男	老年	仰身直肢一次葬(严重扰动)	1. BⅡ罐形壶	2. 牙饰，3. Ab骨针，4. AbⅡ牙削		
M377	T34	Ⅱ5	3B	H251	250°	2.10×0.68—0.40	1	男	壮年	仰身直肢一次葬	1. AⅡ折肩壶，2. 深腹壶，10. AⅣ敛口钵	3. Ba骨针，4. Ae骨镖，5. Af骨镖，6. GaⅠ骨镞，7. HaⅡ骨镞，8. DcⅡ骨镞，9. Fd骨镞		
M378	T116	Ⅱ5	M273		270°	2.0×0.60×0.30	1	?	?	缺肢一次葬	1. BbⅡ折肩壶			
M379	T116	Ⅲ7	M257	M272	275°	2.60×1.00—0.46	1	?	?	仰身直肢一次葬	1. BⅡ圆腹壶	2. AaⅡ牙削，3. AbⅠ牙削		

续附表六

编号	位置	期段	层位		方向	长×宽—深（米）	人骨架				随葬品			备注
			上	下			数量	性别	年龄	葬式	陶制品	石、骨制品	动物骨骼及其它	
M380	T102	Ⅱ4	3C	M381	266°	2.40×1.10—0.55	3	甲:男 乙:男 丙:女	成 成 成	仰身直肢一次缺肢葬 二次葬 一次葬、仅胸部及残肢骨		1. A骨锥		
M381	T102	Ⅱ4	3C	4	260°	1.15×0.85—0.53	1	男	成年	仰身直肢一次葬		1. A骨锥，2. AbⅠ牙削		
M382	T102	Ⅱ4	3C	4	264°	2.20×0.70—0.91	1	不明		迁出墓		1. AⅠ折肩壶	2. 牙锥	
M383	T102	Ⅱ5	M323	3C	268°	2.15×1.10—0.46	1	小孩	10岁以下	堆放式二次葬	1. BⅠ圆腹壶，2. CⅠ折沿罐			
M384	T116	Ⅱ5	3B	3C	280°	1.30×1.00—0.50	1	女	中年	仰身直肢一次葬(轻度扰动)	1. AⅡ圆腹壶，2. AⅠ圆腹壶	3. AbⅡ牙削		
M385	T101	Ⅱ5	M363	3C	270°	1.90×1.20—0.64	1	小孩	8岁左右	仰身直肢一次葬	1. BaⅠ折肩壶，2. BⅡ侈口罐	3. AaⅡ牙削，4、5. Ab圆形穿孔石饰，6. Fe骨镞		
M386	T101	Ⅱ5	M282	M387	269°	2.20×0.65—0.70	1	男	25岁左右	单臂内斜一次葬	1. BaⅠ折肩壶	2. Ba石斧，3. Bc石斧，4. Ec骨镞，5、7. GbⅡ骨镞，6. EaⅡ骨镞，8. DbⅠ骨镞，9. HbⅡ骨镞，10. Ac骨镖，11. B器柄，12. Ab骨板，13. AaⅡ牙削，14、15. Ad圆形穿孔石饰，16. CbⅠ骨镞，17. DcⅠ骨镞		

续附表六

编号	位置	期段	层位		方向	长×宽—深（米）	人骨架				随葬品			备注
			上	下			数量	性别	年龄	葬式	陶制品	石、骨制品	动物骨骼及其它	
M387	T101	Ⅱ5	M386	3C	265°	2.40×0.60—0.70	1	男	成年	乱堆式二次葬	1. AⅣ折肩壶，2. AaⅠ三足钵，3. BⅣ敛口钵，11. AcⅠ鼎足	12. A骨叉形器，13. 骨笛，15. 骨矛	4～10. 龟，14. 龟，16. 龟	
M388	T101	Ⅱ6	M239	M281	270°	2.30×0.60—0.45	1	男	30岁左右	单臂内斜一次葬	1. D折肩壶	2. Bd骨镖，3. Ca骨镖，4、5、11. Bc骨镖，6. GaⅠ骨镞，7、9. AcⅠ骨镞，8、10. AcⅡ骨镞，12. EbⅠ骨镞，13. AbⅡ牙削		
M389	T101	Ⅱ6	M253	3C	275°	1.20×1.00—0.70	1	男	成年	乱堆式二次葬	1. AⅡ折肩壶，2. CⅠ折沿罐			
M391	T28	Ⅰ2	3C	4	257°	2.00×0.60—0.10	1	男	中年	缺肢一次葬	1. AⅡ罐形壶			
M392	T116	Ⅱ7	3B	3C	270°	2.00×0.65—0.70	1	女	老年	仰身直肢一次葬	1. BⅡ圆腹壶			

续附表六

编号	位置	期段	层位		方向	长×宽—深（米）	人骨架			葬式	随葬品			备注
			上	下			数量	性别	年龄		陶制品	石、骨制品	动物骨骼及其它	
M393	T34	Ⅱ6	3B	H252	258°	2.24×0.80—0.28	1	男	50岁	双臂交叉一次葬	1. AⅡ折肩壶	2. BbⅡ牙削，3. GdⅢ骨镞，4. AaⅠ骨镞，5. AcⅢ骨镞，6. GdⅡ骨镞，7. GaⅡ骨镞，8. CaⅠ骨镞，9. AcⅡ骨镞，10. Ae骨镖，11. Fe骨镞，12. GbⅡ骨镞		
M394	T102	Ⅱ5	M325 M343	3C M382	264°	0.70×0.38—0.91	6	甲：男 乙：男 丙：男 丁：女 戊：女 己：少年	成年 中年 成年 成年 成年 10～12岁	二次葬 乱堆式	1. BbⅡ折肩壶，2. AⅡ折肩壶，3. AⅡ折肩壶	4. AbⅢ牙削	羊角、鳖甲片	
M395	T102	Ⅱ5	M364	3C M396	270°	2.40×1.00—0.75	1	男	壮年	俯身直肢一次葬	1. AⅡ折肩壶	2. A骨叉形器，3. Bc石斧，4、5、6. Bc骨镖，7. Cb骨镖，8. Bb骨镖，9. Ca骨镖，10. AbⅡ牙削，11、18. GbⅠ骨镞，12、16. EbⅡ骨镞，13. EbⅠ骨镞，14. Ad骨镖，15. E骨镖，17. Ab骨镖，19. FaⅢ骨镞		

续附表六

编号	位置	期段	层位		方向	长×宽—深（米）	人骨架				随葬品			备注
			上	下			数量	性别	年龄	葬式	陶制品	石、骨制品	动物骨骼及其它	
M396	T102	Ⅱ5	M338 M395	M380	266°	2.20×1.00—0.70	1	男	30～35岁	堆放式二次葬	1. AⅡ折肩壶，2. BⅠ盆形鼎	3. DaⅠ骨镞，4. Ab骨镖，5. EaⅡ骨镞，6. Af骨镖，7. EbⅡ骨镞，8. 骨饰，9. Ad骨针，10. Ab穿孔石饰，11. Ac穿孔石饰		
M397	T25	Ⅰ1	M276	4	270°	1.56×1.28—0.52	1	男?	成年	迁出墓				
M398	T34	Ⅱ9	2	M399 M403	267°	1.80×0.70—0.10	1	?	成	仰身直肢一次葬				
M399	T34	Ⅱ8	M398	M403	273°	2.00×0.68—0.16	1	男	成年	缺头一次葬		1. Aa石铲		
M400	T34	Ⅱ7	3B	3C M349 H280	270°	1.40×0.86—0.38	1	男	老年	仰身直肢一次葬	1. AⅠ敛口罐	2. Da砺石，3. B骨凿，4. Ba石斧，5. Bb石铲，6. D石斧，7. A有使用痕迹的石块		
M401	T34	Ⅱ8	3A	3B	270°	1.40×0.80—0.31	2	甲:女 乙:男	中年	甲:缺肢一次葬 乙:二次葬	1. AⅡ扁腹壶，2. AⅡ敛口罐	3. Aa砺石		
M402	T102	Ⅱ6	3B	3C	270°	2.10×0.7—0.52	1	男	老年	仰身直肢一次葬	1. AⅡ折肩壶	2. Ae骨镖，3. DaⅠ骨镞，4. EaⅡ骨镞，5. AcⅡ骨镞，6. AaⅠ牙削，7. Bc骨镞，8. E骨镖，9. GdⅡ骨镞，10. EbⅠ骨镞，11. DcⅠ骨镞		

续附表六

编号	位置	期段	层位		方向	长×宽—深（米）	人骨架				随葬品			备注
			上	下			数量	性别	年龄	葬式	陶制品	石、骨制品	动物骨骼及其它	
M403	T34	Ⅱ8	M399	3B	270°	残长 1.50×0.90—0.17	1	男	中年	乱堆式二次葬				
M404	T34	Ⅱ7	3B	M405	265°	1.80×1.16—0.18	2	甲:女 乙:男	25 岁左右 成年	仰身直肢一次葬 二次葬				
M405	T34	Ⅱ7	M401 M404	3C	270°	1.80×1.00—0.22	1	女	青年	缺头一次葬		1. E 石磨盘，2. Aa 骨匕		
M406	T102	Ⅰ6	3B	3C	266°	2.00×0.70—0.50	1	女	中年	仰身直肢一次葬				
M407	T102	Ⅰ5	M354	3C	270°	残长 1.40×0.55—0.25	1	男	中年	单臂内斜一次葬				
M408	T34	Ⅱ7	3B	M409	270°	残长 1.40×0.74—0.22	1	男	成年	缺头一次葬		1. B 有使用痕迹的石块		
M409	T34	Ⅱ7	M408	M410	273°	1.60×0.60—0.24	1	?	?	乱堆式二次葬	1. AⅣ 圆腹壶			保存太差未做鉴定
M410	T34	Ⅰ6	M409	3C	270°	0.88×0.40—0.10	1	?	?	乱堆式二次葬	1. AⅠ 圆腹壶，2. BⅡ 敞口钵，3. CⅠ 浅腹钵			保存太差未做鉴定

续附表六

编号	位置	期段	层位		方向	长×宽—深（米）	人骨架				随葬品			备注
			上	下			数量	性别	年龄	葬式	陶制品	石、骨制品	动物骨骼及其它	
M411	T34	Ⅰ4	3C	4	250°	2.45×1.00—0.20	1	女	中年	缺肢一次葬	1. AⅣ罐形壶，2. DⅠ罐形壶	3. 骨叉形器，4. Fe骨镞，5. Ba骨针，6、8. Bd骨镖，7. Cb骨镖，9. Ba骨镖，10. Ae骨镖，11. EaⅠ骨镞，12. DcⅠ骨镞，13. 骨笛，14. 石环，15. Fd骨镞，16. AaⅠ骨镞，17. Cb骨镖		
M412	T34	Ⅱ9	3A	3B		—0.10	?	?	?	不明		1. B石锛		未清理
M413	T34	Ⅱ9	3A	3B		—0.10	?	?	?	不明		1. Ba石铲		未清理
M414	T34	Ⅱ8	3A	3B		—0.10	?	?	?	不明		1. Ab石镰		未清理
M415	T101	Ⅱ7	M259	M278	—	—0.40	3	甲:女 乙:男 丙:男	甲:青年 乙:成年 丙:成年	多人二次合葬				
M481	T37	Ⅱ8	现代坑	M483	—	0.56×0.48—0.35	1	男	成年	乱堆式二次葬	1. BⅡ扁腹壶			
M482	T37	Ⅱ8	1	2	274°	2.00×0.60—0.34	1	女	20～25岁	仰身直肢一次葬	1. BⅡ扁腹壶			

编号	位置	期段	层位		方向	长×宽—深（米）	人骨架				随葬品			备注
			上	下			数量	性别	年龄	葬式	陶制品	石、骨制品	动物骨骼及其它	
M483	T37	Ⅱ8	1	2	267°	1.66×0.60—0.30	1	?	?	缺头一次葬		1.E石磨盘		
M484	T37	Ⅱ8	1	2	273°	1.80×0.50—0.30	1	?	?	仰身直肢一次葬				
M485	T37	Ⅱ8	1	2	276°	1.60×0.45—0.25	1	?	?	仰身直肢一次葬				
M486	T37	Ⅰ6	1	2	267°	2.65×1.20—0.90	1	女	壮年	仰身直肢一次葬(严重扰动)	1.BbⅠ折肩壶，2.DⅠ圆腹壶	3.石块，4.鹅卵石，5.Ab骨匕，6.Ac骨针，7.Ab骨针		
M487	T37	Ⅰ5	M482	2	267°	2.70×1.23—1.00	1	女	成年	单臂内斜一次葬	1.AⅠ圆腹壶，2.BⅤ罐形壶	3.BbⅡ牙削，4.Aa骨匕，5.Ab骨针，6.E骨针		
M501	T71	Ⅰ4	5	6	320°	1.50×0.80—0.15	1	?	?	迁出墓	1.DⅡ罐形壶			
M502	T71	Ⅰ4	5	6	275°	2.05×0.68—0.15	1	男	45～50岁	单臂内斜一次葬				
M503	T71	Ⅰ4	5	6	273°	1.90×0.75—0.19	1	?	?	迁出墓				
M504	T71	Ⅰ4	5	6	270°	残长1.15×0.50—0.20	1	?	?	迁出墓				

附表七　瓮棺葬登记表

编号	所在探方	层位	临近遗迹	棺具
1	T104	3B～3C	H193、194	甑
2	T104	3B～3C	H193、194	BⅡ盆形鼎
3	T105	3B～3C	H123	AⅡ式卷沿罐
4	T109	3B～3C	H155	CⅡ式罐形鼎
5	T116	3B～3C	H206	AⅠ、AⅡ式折沿罐
6	T116	3B～3C	H206	CⅡ式侈口罐
7	T116	3C～4	H239	角把罐
8	T119	3B～3C	H135	AⅢ式卷沿罐
9	T119	3B～3C	H141	AⅠ式卷沿罐
10	T63	4～5	暂未见	AⅠ式卷沿罐
11	T63	4～5	暂未见	划纹盆、三足钵
12	T64	4～5	H321	BⅣ敛口钵、罐
13	T64	4～5	H321	CⅣ敞口钵、鼎
14	T65	4～5	H419	罐
15	T65	4～5	H419	罐
16	T65	5～6	H328	AⅠ式侈口罐
17	T65	5～6	H328	BⅣ式角把罐
18	T73	4～5	暂未见	BⅠ式罐形鼎
19	T73	4～5	暂未见	鼎
20	T73	5～6	H390	角把罐
21	T74	4～5	暂未见	侈口罐、钵
22	T74	4～5	暂未见	罐形鼎
23	T74	4～5	暂未见	鼎、罐
24	T74	4～5	暂未见	罐
25	T74	4～5	暂未见	罐、钵
26	T4	3B～3C	暂未见	鼎
27	T4	3C～4	暂未见	AⅡ角把罐
28	T74	4～5	暂未见	鼎
29	T74	4～5	暂未见	甑
30	T74	5～6	暂未见	BⅣ式角把罐
31	T74	5～6	暂未见	BⅣ式角把罐
32	T74	5～6	暂未见	BⅣ式角把罐

附表八　陶系统计表

（单位：片）

H82 陶系统计

陶质 陶色 纹饰	夹砂				合计	%
	红	红褐	深红			
素面	4	3			7	2.1
磨光			219		219	65.0
绳纹		111			111	32.9
小计	4	114	219			
%	1.2	33.8	65.0			
合计	337				337	
%	100					100

H84 陶系统计

陶质 陶色 纹饰	夹砂				合计	%
	红	红褐	深红			
素面	8				8	9.4
磨光			31		31	36.5
绳纹		46			46	54.1
小计	8	46	31			
%	9.4	54.1	36.5			
合计	85				85	
%	100					100

H37 陶系统计

陶质 陶色 纹饰	泥质		夹砂				合计	%
	红		红褐	外红内黑				
素面			71				71	11.9
磨光	1		315				316	53.0
绳纹			197	12			209	35.1
小计	1		583	12				
%	0.2		97.8	2.0				
合计	1		595				596	
%	0.2		99.8					100

H76陶系统计

陶质 陶色 纹饰	泥质		夹砂				合计	%
	红		红褐	深红	黑灰			
素面			22		2		24	10.0
磨光	6			110			116	48.5
绳纹			77		19		96	40.2
划纹			3				3	1.3
小计	6		102	110	21			
%	2.5		42.7	46.0	8.8			
合计	6		233				239	
%	2.5		97.5					100

H112陶系统计

陶质 陶色 纹饰	夹砂						合计	%
	红	红褐	深红	外红内黑	灰黑			
素面	750	245		20			1015	27.4
磨光		145	395	13	15		568	15.3
绳纹	1055	615		75	375		2120	57.1
划纹		6					6	0.2
小计	1805	1011	395	108	390			
%	48.7	27.3	10.6	2.9	10.5			
合计	3709						3709	
%	100							100

T114H187陶系统计

陶质 陶色 纹饰	泥质		夹砂				夹蚌		合计	%
	红		红	红褐	外红内黑	灰黑	红褐			
素面			205	410	82	60	60		817	43.4
磨光	225		330		25				610	32.4
绳纹			165	210	45		2		422	22.4
刻划纹				35					35	1.8
小计	255		700	655	152	60	62			
%	13.5		37.1	34.8	8.1	3.2	3.3			
合计	255		1567				62		1884	
%	13.5		83.2				3.3			100

H179 陶系统计

纹饰 \ 陶色 \ 陶质	泥质		夹砂				夹蚌		夹云母			合计	%
	红	外红内黑	红	红褐	深红	外红内黑	红褐		红				
素面			2	105	125	3	50		10			295	53.4
磨光	145	10										155	28.1
绳纹				90			5					95	17.2
篦纹			3			4						7	1.3
小计	145	10	5	195	125	7	55		10				
%	26.3	1.8	0.9	35.3	22.6	1.3	10.0		1.8				
合计	155		332				55		10			552	
%	28.1		60.1				10.0		1.8				100

T63H327 陶系统计

纹饰 \ 陶色 \ 陶质	泥质		夹砂		夹炭		夹蚌			夹云母		合计	%
	红		红	红褐	外红内灰黑		红	红褐	外红内黑	红			
素面					12		4	59	2	5		82	12.5
磨光	445			125								570	87.05
绳纹				1								1	0.15
刻划纹	1											1	0.15
乳钉纹			1									1	0.15
小计	446		1	126	12		4	59	2	5			
%	68.1		0.15	19.2	1.8		0.6	9.0	0.3	0.8			
合计	446		127		12		65			5		655	
%	68.1		19.4		1.8		9.9			0.8			100

H35 陶系统计

纹饰 \ 陶色 \ 陶质	泥质		夹砂			夹炭		夹蚌			夹云母			合计	%
	红	外红内黑	红褐	外红内黑	黑灰	深红		红褐	外红内黑	黑灰	红	外红内灰	黑灰		
素面			59	8	10	30		118	6	42	1	4	6	284	59.3
磨光	133	6												139	29.0
绳纹			8					14						22	4.6
篦纹	25				9									34	7.1
小计	158	6	67	8	19	30		132	6	42	1	4	6		
%	33.0	1.3	14.0	1.7	3.9	6.3		27.5	1.3	8.7	0.20	0.8	1.3		
合计	164		94			30		180			11			479	
%	34.3		19.6			6.3		37.5			2.3				100

H341陶系统计

陶质/陶色 纹饰	泥质		夹砂		夹炭		夹蚌				合计	%
	红	外红内黑	红褐	外红内黑	深红		红褐	外红内黑	灰黑			
素面			50	6			103				159	39.3
磨光	196	35									231	57.1
绳纹			1								1	0.2
网绳纹								3	10		13	3.2
刻划纹					1						1	0.2
小计	196	35	51	6	1		103	3	10			
%	48.4	8.7	12.6	1.5	0.2		25.4	0.7	2.5			
合计	231		57		1		116				405	
%	57.1		14.1		0.2		28.6					100

H195陶系统计

陶质/陶色 纹饰	泥质		夹砂			夹炭		夹蚌				合计	%
	红	外红内黑	深红	红褐	灰黑	深红		红褐	外红内黑	灰黑			
素面			2	50	3			32	1	5		93	41.2
磨光	90	19										109	48.2
绳纹				10								10	4.4
网绳纹										4		4	1.8
篦划纹						10						10	4.4
小计	90	19	2	60	3	10		32	1	9			
%	39.8	8.4	0.9	26.6	1.3	4.4		14.2	0.4	4.0			
合计	109		65			10		42				226	
%	48.2		28.8			4.4		18.6					100

H339陶系统计

陶质/陶色 纹饰	泥质		夹砂				夹炭		夹蚌			夹云母		合计	%
	红	外红内黑	深红	红褐	外红内黑	灰或黑	深红		红褐	外红内黑	灰或黑	红	灰或黑		
素面				175	2	1	19		101	4	50	1	1	354	26.2
磨光	810	65	55											930	68.8
绳纹				51										51	3.8
划纹			15				1							16	1.2
小计	810	65	70	226	2	1	20		101	4	50	1	1		
%	60.0	4.8	5.1	16.7	0.2	0.1	1.5		7.4	0.3	3.7	0.1	0.1		
合计	875		299				20		155			2		1351	
%	64.8		22.1				1.5		11.4			0.2			100

H174 陶系统计

纹饰＼陶色＼陶质	泥质		夹砂					夹炭		夹蚌				夹云母	合计	%
	红	外红内黑	红	红褐	灰黑	外红内黑	深红	深红		红	红褐	灰黑	外红内灰	红褐		
素面			5	10	30	2	6	37		260	40	20	110	7	527	53.3
磨光	300	83													383	38.8
绳纹				10											10	1.0
网绳纹											45				45	4.6
篦划纹	2							11							13	1.3
篦点纹														10	10	1.0
小计	302	83	5	20	30	2	6	48		260	85	20	110	17		
%	30.5	8.4	0.5	2.0	3.1	0.2	0.6	4.9		26.3	8.6	2.0	11.2	1.7		
合计	385		63					48		475				17	988	
%	38.9		6.4					4.9		48.1				1.7		100

H282 陶系统计

纹饰＼陶色＼陶质	泥质				夹砂			夹炭			夹蚌			夹云母		合计	%
	红	红褐	褐	灰黑	红	红褐	褐	红	红褐	灰黑	红	红褐	褐	红	褐		
素面	14			9	8	3	1	10	20	6	22	20	23			136	33.9
磨光	76	96	24	20	8	10	1	15	9							259	64.6
绳纹					2	1										3	0.75
划纹								1								1	0.25
篦点纹														1	1	2	0.5
小计	90	96	24	29	18	14	2	26	29	6	22	20	23	1	1		
%	22.5	23.9	6.0	7.2	4.5	3.5	0.5	6.5	7.2	1.5	5.5	5.0	5.7	0.25	0.25		
合计	239				34			61			65			2		401	
%	59.6				8.5			15.2			16.2			0.5			100

H55 陶系统计

纹饰＼陶色＼陶质	泥质		夹砂		夹炭		夹蚌		夹云母		合计	%
	红	外红内黑	红褐	深红	深红		红褐	外红内黑	红			
素面					41		17	3	2		63	7.9
磨光	673	9	21	20							723	91.8
绳纹			2								2	0.3
小计	673	9	23	20	41		17	3	2			
%	85.4	1.1	3.0	2.5	5.2		2.1	0.4	0.3			
合计	682		43		41		20		2		788	
%	86.5		5.5		5.2		2.5		0.3			100

H102 陶系统计

陶质 / 陶色 / 纹饰	泥质			夹砂		夹炭		夹蚌		夹云母		合　计	%
	红	灰黑	外红内黑	红褐	深红	深红	灰黑	红褐		红	灰或黑		
素面				23		8	2	8		40	5	86	41.2
磨光	90	5	10		7							112	53.6
绳纹				3								3	1.4
网绳纹								5				5	2.4
篦划纹	3											3	1.4
小计	93	5	10	26	7	8	2	13		40	5		
%	44.5	2.4	4.8	12.4	3.3	3.8	1.0	6.2		19.1	2.4		
合计	108			33		10		13		45		209	
%	51.7			15.8		4.8		6.2		21.5			100

H105 陶系统计

陶质 / 陶色 / 纹饰	泥质			夹砂			夹炭			夹蚌		夹云母			合计	%
	红	外红内黑	黑灰	红	红褐	外红内黑	红	红褐	黑灰	红褐	黑灰	红	红褐	外红内黑		
素面				34	2	5		10	5	18		3	30	5	112	60.9
磨光	40	10	3	7											60	32.6
绳纹					8						1				9	4.9
篦划纹						2	1								3	1.6
小计	40	10	3	41	10	7	1	10	5	18	1	3	30	5		
%	21.7	5.5	1.6	22.3	5.5	3.8	0.5	5.5	2.7	9.8	0.5	1.6	16.3	2.7		
合计	53			58			16			19		38			184	
%	28.8			31.6			8.7			10.3		20.6				100

H28 陶系统计

陶质 / 陶色 / 纹饰	泥质			夹砂					夹炭		夹蚌			夹云母			合计	%
	红	外红内黑	黑灰	红	深红	红褐	外红内黑	黑灰	深红	外红内黑	红	红褐	外红内黑	红	外红内黑	黑灰		
素面				331		432	50	146	247	31	96	169	31				1533	40.2
磨光	685	347	394		39									159	189	90	1903	49.9
绳纹						59											59	1.6
篦划纹	220	39				26			3								288	7.6
附加堆纹	17								10								27	0.7
小计	922	386	394	331	39	517	50	146	260	31	96	169	31	159	189	90		
%	24.2	10.1	10.4	8.7	1.0	13.6	1.3	3.8	6.8	0.8	2.5	4.5	0.8	4.2	4.9	2.4		
合计	1702			1083					291		296			438			3810	
%	44.7			28.4					7.6		7.8			11.5				100

附表九　陶系统计表

(单位:克)

H82 陶系统计

陶质/陶色/纹饰	夹砂				合　计	%	备注
	红	红褐	深红				
素面	1600	300			1900	43.2	
磨光			1100		1100	25	
绳纹		1400			1400	31.8	
小计	1600	1700	1100				
%	36.4	38.6	25				
合计	4400				4400		
%	100					100	

H84 陶系统计

陶质/陶色/纹饰	夹砂				合　计	%	备注
	红	红褐	深红				
素面	200				200	42.6	
磨光			90		90	19.1	
绳纹		180			180	38.3	
小计	200	180	90				
%	42.6	38.3	19.1				
合计	470				470		
%	100					100	

H37 陶系统计

陶质/陶色/纹饰	泥质	夹砂			合　计	%	备注
	红	红褐	外红内黑				
素面		3550			3550	33.7	
磨光	40	3600			3640	34.5	
绳纹		3100	250		3350	31.8	
小计	40	10250	250				
%	0.4	97.2	2.4				
合计	40	10500			10540		
%	0.4	99.6				100	

H76 陶系统计

陶质 / 陶色 / 纹饰	泥质	夹砂				合计	%	备注
	红	红褐	深红	黑灰				
素面		800		160		960	29.1	
磨光	40		1050			1090	33.0	
绳纹		650		600		1250	37.9	
小计	40	1450	1050	760				
%	1.2	43.9	31.8	23.1				
合计	40	3260				3300		
%	1.2	98.8					100	

H112 陶系统计

陶质 / 陶色 / 纹饰		夹砂						合计	%	备注
		红	红褐	深红	外红内黑（灰）	灰黑				
素面		13000	8150		300			21450	36.0	
磨光			1485	12100	110	205		13900	23.3	
绳纹		12700	8600		710	2100		24110	40.4	
划纹			190					190	0.3	
小计		25700	18425	12100	1120	2305				另有碎片17600全为夹砂陶
%		43.1	30.9	20.3	1.8	3.9				
合计		59650						59650		
%		100							100	

H187 陶系统计

陶质 / 陶色 / 纹饰	泥质	夹砂				夹蚌		合计	%	备注
	红	红	红褐	外红内黑	黑灰	红褐				
素面		4100	8700	1500	550	650		15500	48.0	
磨光	2800	4640		110				7550	23.4	
绳纹		3250	4900	450		50		8650	26.8	
刻划纹			600					600	1.8	
小计	2800	11990	14200	2060	550	700				另有碎片6600
%	8.7	37.1	43.9	6.4	1.7	2.2				
合计	2800	28800				700		32300		
%	8.7	89.1				2.2			100	

H179 陶系统计

陶质 / 陶色 / 纹饰	泥质		夹砂					夹蚌	夹云母	合计	%	备注
	红	外红内黑	红	红褐	深红	外红内黑		红褐	红			
素面			20	1450	2435	15		550	35	4505	62.4	
磨光	2270	80								2350	32.6	
绳纹				300				20		320	4.4	
篦纹			25			15				40	0.6	
小计	2270	80	45	1750	2435	30		570	35			另有碎片1000
%	31.5	1.1	0.6	24.3	33.7	0.4		7.9	0.5			
合计	2350		4260					570	35	7215		
%	32.6		59					7.9	0.5		100	

H229 陶系统计

陶质 / 陶色 / 纹饰	泥质	夹砂					合计	%	备注
	红	红	红褐	外红内黑	灰黑				
素面			2260		60		2320	46.4	
磨光	100	1170		260			1530	30.6	
绳纹			1150				1150	23.0	
小计	100	1170	3410	260	60				
%	2.0	23.4	68.2	5.2	1.2				
合计	100	4900					5000		
%	2.0	98.0						100	

H327 陶系统计

陶质 / 陶色 / 纹饰	泥质	夹砂		夹炭	夹蚌			夹云母	合计	%	备注
	红	红	红褐	外红内灰黑	红	红褐	外红内黑	红			
素面				50	65	850	15	10	990	25.1	
磨光	2100		700						2800	71.1	
绳纹			80						80	2.0	
刻划纹	50								50	1.3	
乳钉纹		20							20	0.5	
小计	2150	20	780	50	65	850	15	10			
%	54.5	0.5	19.8	1.3	1.6	21.6	0.4	0.3			
合计	2150	800		50	930			10	3940		
%	54.5	20.3		1.3	23.6			0.3		100	

H35 陶系统计

纹饰＼陶色＼陶质	泥质		夹砂			夹炭	夹蚌			夹云母			合计	%	备注
	红	外红内黑	红褐	外红内黑	黑灰	深红	红褐	外红内黑	黑灰	红	外红内灰	黑灰			
素面			585	65	250	65	920	30	1200	5	60	76	3256	57.1	
磨光	1910	40											1950	34.2	
绳纹			130				60						190	3.3	
篦纹	250				60								310	5.4	
小计	2160	40	715	65	310	65	980	30	1200	5	60	76			
%	37.9	0.7	12.6	1.1	5.4	1.1	17.2	0.5	21.0	0.1	1.1	1.3			
合计	2200		1090			65	2210			141			5706		
%	38.6		19.1			1.1	38.7			2.5				100	

H341 陶系统计

纹饰＼陶色＼陶质	泥质		夹砂		夹炭	夹蚌				合计	%	备注
	红	外红内黑	红褐	外红内黑	深红	红褐	外红内黑	灰黑				
素面			460	10		380				850	19.6	
磨光	2650	70								2720	62.7	
绳纹			150							150	3.5	
网绳纹							35	565		600	13.8	
刻划纹					15					15	0.4	
小计	2650	70	610	10	15	380	35	565				另有碎片1400
%	61.1	1.6	14.1	0.2	0.3	8.8	0.8	13.1				
合计	2720		620		15	980				4335		
%	62.7		14.3		0.3	22.7					100	

H195 陶系统计

纹饰＼陶色＼陶质	泥质		夹砂			夹炭	夹蚌				合计	%	备注
	红	外红内黑	深红	红褐	灰黑	深红	红褐	外红内黑	灰黑				
素面			350	1100	170		520	30	120		2290	58.9	
磨光	980	20									1000	25.7	
绳纹				250							250	6.4	
网绳纹									200		200	5.1	
划纹						150					150	3.9	
小计	980	20	350	1350	170	150	520	30	320				
%	25.2	0.5	9.0	34.7	4.4	3.8	13.4	0.8	8.2				
合计	1000		1870			150	870				3890		
%	25.7		48.1			3.8	22.4					100	

H339 陶系统计

陶质 / 陶色 / 纹饰	泥质		夹砂					夹炭	夹蚌			夹云母		合计	%	备注
	红	外红内黑	红	深红	红褐	外红内黑	灰或黑	深红	红褐	外红内黑	灰或黑	红	灰或黑			
素面					5040	160	150	15	1470	130	400	8	12	7385	34.2	
磨光	12650	50		750										13450	62.3	
绳纹					700									700	3.2	
划纹				50				20						70	0.3	
小计	12650	50		800	5740	160	150	35	1470	130	400	8	12			
%	58.5	0.2		3.7	26.6	0.7	0.7	0.2	6.8	0.6	1.9	0.04	0.06			
合计	12700		6850					35	2000			20		21605		
%	58.7		31.7					0.2	9.3			0.1			100	

H174 陶系统计

陶质 / 陶色 / 纹饰	泥质		夹砂					夹炭		夹蚌				夹云母		合计	%	备注
	红	外红内黑	红	红褐	灰或黑	外红内黑	深红	红	深红	红	红褐	灰或黑	外红内灰	红	红褐			
素面			170	700	400	150	160		110	1050	3730	300	1250		50	8070	67.5	
磨光	3200	350														3550	29.7	
绳纹				95												95	0.8	
网绳纹											80					80	0.7	
篦划纹	70								50							120	1	
篦点纹															40	40	0.3	
小计	3270	350	170	795	400	150	160		160	1050	3810	300	1250		90			
%	27.4	2.9	1.4	6.6	3.3	1.3	1.3		1.3	8.8	31.9	2.5	10.5		0.8			
合计	3620		1675					160		6410				90		11955		
%	30.3		14.0					1.3		53.6				0.8			100	

H282 陶系统计

陶质 / 陶色 / 纹饰	泥质				夹砂			夹炭			夹蚌			夹云母		合计	%	备注
	红	红褐	褐	灰黑	红	红褐	褐	红	红褐	灰黑	红	红褐	褐	红	褐			
素面	50			100	50	80	140	120	340	80	460	250	200			1870	38.6	
磨光	750	1350	155	195	150	100		150	60							2910	60.0	
绳纹					30	10										40	0.8	
划纹								20								20	0.4	
篦点纹														5	5	10	0.2	
小计	800	1350	155	295	230	190	140	290	400	80	460	250	200	5	5			
%	16.5	27.8	3.2	6.1	4.7	3.9	2.9	6.0	8.2	1.7	9.5	5.2	4.1	0.1	0.1			
合计	2600				560			770			910			10		4850		
%	53.6				11.5			15.9			18.8			0.2			100	

H55 陶系统计

纹饰 \ 陶质 / 陶色	泥质		夹砂		夹炭	夹蚌		夹云母		合 计	%	备注
	红	外红内黑	红褐	深红	深红	红褐	外红内黑	红				
素面			150	150	110	255	15	30		710	9	
磨光	7125	55								7180	90.4	
绳纹			50							50	0.6	
小计	7125	55	200	150	110	255	15	30				
%	89.7	0.7	2.5	1.9	1.4	3.2	0.2	0.4				
合计	7180		350		110	270		30		7940		
%	90.4		4.4		1.4	3.4		0.4			100	

H102 陶系统计

纹饰 \ 陶质 / 陶色	泥质			夹砂		夹炭		夹蚌	夹云母		合 计	%	备注
	红	灰黑	外红内黑	红褐	深红	深红	灰黑	红褐	红	灰或黑			
素面				830		150	50	980	800	195	3005	42.2	
磨光	3550	170	30		120						3870	54.3	
绳纹				90							90	1.3	
网绳纹								110			110	1.5	
篦划纹	50										50	0.7	
小计	3600	170	30	920	120	150	50	1090	800	195			另有碎片 300
%	50.5	2.4	0.4	12.9	1.7	2.1	0.7	15.3	11.2	2.8			
合计	3800			1040		200		1090	995		7125		
%	53.3			14.6		2.8		15.3	14.0			100	

H105 陶系统计

纹饰 \ 陶质 / 陶色	泥质			夹砂			夹炭			夹蚌		夹云母			合计	%	备注
	红	外红内黑	黑灰	红	红褐	外红内黑	红	红褐	黑灰	红褐	黑灰	红	红褐	外红内黑			
素面				980	40	30		155	110	770		350	370	110	2915	57.3	
磨光	1180	70	150	360											1760	34.6	
绳纹					270						90				360	7.1	
篦划纹						40	8								48	1.0	
小计	1180	70	150	1340	310	70	8	155	110	770	90	350	370	110			另有碎片 1650
%	23.2	1.4	2.9	26.3	6.1	1.4	0.2	3	2.2	15.1	1.8	6.9	7.3	2.2			
合计	1400			1720			273			860		830			5083		
%	27.5			33.8			5.4			16.9		16.4				100	

H28 陶系统计

陶质 / 陶色 / 纹饰	泥质			夹砂					夹炭			夹蚌			夹云母			合计	%	备注
	红	外红内黑或灰	黑灰	红	深红	红褐	外红内黑或灰	黑灰	红	深红	外红内黑或灰	红	红褐	外红内黑或灰	红	外红内黑或灰	黑灰			
素面				860		6550	1700	3100		2220	750	300	1570	80				17130	42.4	
磨光	9400	690	1700		850										1750	900	950	16240	40.1	
绳纹						830												830	2.1	
篦划纹	5000	250				450				180								5880	14.5	
附加堆纹	100									260								360	0.9	
小计	14500	940	1700	860	850	7830	1700	3100		2660	750	300	1570	80	1750	900	950			另有碎片9100
%	35.9	2.3	4.2	2.1	2.1	19.4	4.2	7.7		6.6	1.8	0.7	3.9	0.2	4.3	2.2	2.4			
合计	17140			14340					3410			1950			3600			40440		
%	42.4			35.5					8.4			4.8			8.9				100	

附表一〇 陶片器形统计表

（单位：件）

H82 陶片器形统计

陶质 / 陶色 / 器形	夹砂				合计	%
	红	红褐	深红			
角把罐	8	8			16	53.4
罐形壶			3		3	10.0
方口盆			7		7	23.3
敞口钵			4		4	13.3
小计	8	8	14			
%	26.7	26.7	46.6			
合计	30				30	
%	100					100

H84 陶片器形统计

陶质 / 陶色 / 器形	夹砂				合计	%
		红褐	深红			
角把罐		3			3	42.9
方口盆			1		1	14.2
划纹支脚			3		3	42.9
小计		3	4			
%		42.9	57.1			
合计	7				7	
%	100					100

H37 陶片器形统计

陶质 / 陶色 / 器形	夹砂			合计	%
	红褐	外红内黑			
角把罐	41	1		42	62.6
双耳罐	1			1	1.5
罐形壶	5			5	7.5
方口盆	14			14	20.9
深腹盆	4			4	6.0
支脚	1			1	1.5
小计	66	1			
%	98.5	1.5			
合计	67			67	
%	100				100

H76 陶片器形统计

陶质 / 陶色 / 器形	夹砂				合计	%
	红褐	深红	黑灰			
角把罐	7		2		9	64.3
罐形壶		1			1	7.1
深腹盆		4			4	28.6
小计	7	5	2			
%	50	35.7	14.3			
合计	14				14	
%	100					100

H112 陶片器形统计

陶质 / 陶色 / 器形	夹砂						合计	%
	红	红褐	深红	外红内黑	灰黑			
角把罐	43	90		10	34		177	52.5
罐形壶			44				44	13.1
方口盆		20	25	5	15		65	19.3
深腹钵			15	20			35	10.4
支脚		16					16	4.7
小计	43	126	84	35	49		337	
%	12.7	37.4	24.9	10.4	14.6		100	
合计	337						337	
%	100							100

H187 陶片器形统计

陶质 / 陶色 / 器形	泥质	夹砂				夹蚌		合计	%
	红	红	红褐	外红内黑	黑灰	红褐			
罐类		2	11	10	1	2		26	41.3
壶类	5	9						14	22.2
盆钵类	1			18	1			20	31.7
支　脚			3					3	4.8
小计	6	11	14	28	2	2			
%	9.5	17.5	22.2	44.4	3.2	3.2			
合计	6	55				2		63	
%	9.5	87.3				3.2			100

H179 陶片器形统计

陶质 / 陶色 / 器形	泥质		夹砂				夹蚌		合计	%
	红	外红内黑	红	红褐	深红	外红内黑	红褐			
罐形鼎							4		4	14.3
角把罐			1	9		1			11	39.3
双耳罐			1						1	3.6
罐形壶	2				3				5	17.8
方口盆					3				3	10.7
敛口钵	2		2						4	14.3
小计	4		4	9	6	1	4			
%	14.3		14.3	32.1	21.4	3.6	14.3			
合计	4		20				4		28	
%	14.3		71.4				14.3			100

H229 陶片器形统计

陶质 / 陶色 / 器形	泥质		夹砂					合计	%
	红		红	红褐	外红内黑	灰黑			
盆形鼎						1		1	6.7
罐形鼎				1				1	6.7
角把罐				5				5	33.2
罐形壶	2		1					3	20.0
方口盆			1					1	6.7
深腹钵					1			1	6.7
杯	1		2					3	20.0
小计	3		4	6	1	1			
%	20.0		26.6	40	6.7	6.7			
合计	3		12					15	
%	20.0		80.0						100

H372 陶片器形统计

陶质 / 陶色 / 器形	泥质		夹砂		夹炭		夹蚌			夹云母		合计	%
	红		红褐		灰黑		红		黑灰	红			
盆形鼎			1									1	2.0
罐形鼎			1						2	1		4	8.3
钵形鼎			1									1	2.0
角把罐			1									1	2.0
侈口罐					1		1					2	4.1
双耳罐	2		1									3	6.1
罐形壶	1											1	2.0
圆腹壶	4											4	8.3
折肩壶	1											1	2.0
方口盆			5		3							8	16.3
深腹盆					1							1	2.0
篦划纹盆	1											1	2.0
深腹钵	1		1									2	4.1
敛口钵	16				1		1					18	36.8
浅腹钵	1											1	2.0
小计	27		11		6		2		2	1			
%	55.1		22.4		12.3		4.1		4.1	2.0			
合计	27		11		6		4			1		49	
%	55.1		22.4		12.3		8.2			2.0			100

H35 陶片器形统计

陶质 / 陶色 / 器形	泥质		夹砂			夹炭		夹蚌			夹云母		合计	%
	红	外红内黑	红褐	外红内黑	黑灰	深红		红褐	外红内黑	黑灰	红	黑灰		
盆形鼎			4										4	8.5
罐形鼎			1	1				3			1	1	7	14.9
折沿罐										2			2	4.3
卷沿罐								3	1	2			6	12.8
侈口罐					1			5		1			7	14.9
篦纹罐					1								1	2.1
折肩壶	4												4	8.5
深腹钵	2	2				1							5	10.6
敛口钵	9												9	19.2
浅腹钵		1											1	2.1
三足钵	1												1	2.1
小计	16	3	5	1	2	1		11	1	5	1	1		
%	34.1	6.4	10.6	2.1	4.3	2.1		23.5	2.1	10.6	2.1	2.1		
合计	19		8			1		17			2		47	
%	40.5		17.0			2.1		36.2			4.2			100

H341 陶片器形统计

器形 \ 陶质 / 陶色	泥质		夹砂		夹炭		夹蚌			合计	%
	红	外红内黑	红褐	外红内黑	深红		红褐	外红内黑	灰黑		
盆形鼎			4				1			5	10.0
罐形鼎				1			2			3	6.0
折沿罐			1					1		2	4.0
卷沿罐									3	3	6.0
折肩壶	3									3	6.0
圆腹壶	2									2	4.0
深腹钵		2								2	4.0
敛口钵	25				1					26	52.0
敞口钵	3									3	6.0
三足钵		1								1	2.0
小计	33	3	5	1	1		3	1	3		
%	66.0	6.0	10.0	2.0	2.0		6.0	2.0	6.0		
合计	36		6		1		7			50	
%	72.0		12.0		2.0		14.0				100

H195 陶片器形统计

器形 \ 陶质 / 陶色	泥质		夹砂			夹炭		夹蚌			合计	%
	红	外红内黑	红褐	深红	灰黑	深红		红褐	外红内黑	灰黑		
盆形鼎			1								1	2.4
罐形鼎								3	1		4	9.5
侈口罐										2	2	4.8
折沿罐					1						1	2.4
圆腹壶	13										13	30.9
敞口钵	1					1					2	4.8
三足钵	13	2									15	35.7
支脚	3			1							4	9.5
小计	30	2	1	1	1	1		3	1	2		
%	71.3	4.8	2.4	2.4	2.4	2.4		7.1	2.4	4.8		
合计	32		3			1		6			42	
%	76.1		7.2			2.4		14.3				100

H339陶片器形统计

陶质/陶色/器形	泥质		夹砂				夹炭		夹蚌			夹云母		合计	%
	红	外红内黑	深红	红褐	外红内黑	灰或黑	深红		红褐	外红内黑	灰或黑	红	灰或黑		
盆形鼎			2	18	2	2								24	11.0
罐形鼎									11					11	5.1
侈口罐									10	2	4	1	1	18	8.3
折肩壶	27													27	12.4
圆腹壶	34													34	15.7
敛口钵	75						1							76	35.0
浅腹钵	18	7												25	11.5
杯	1													1	0.5
支脚				1										1	0.5
小计	155	7	2	19	2	2	1		21	2	4	1	1		
%	71.4	3.2	0.9	8.8	0.9	0.9	0.5		9.7	0.9	1.8	0.5	0.5		
合计	162		25				1		27			2		217	
%	74.7		11.5				0.5		12.4			0.9			100

H174陶片器形统计

陶质/陶色/器形	泥质		夹砂					夹炭		夹蚌				夹云母		合计	%
	红	外红内黑	红	深红	红褐	外红内黑	灰黑	深红		红	红褐	外红内黑	灰黑	红褐			
罐形鼎										8				1		9	10
侈口罐						2	4				16	1	1			24	26.6
折沿罐					1							6				7	7.8
卷沿罐					3											3	3.3
扁腹壶	6															6	6.7
圆腹壶	2															2	2.2
划纹盆	1							1								2	2.2
敞口钵	11		2	3												16	17.8
浅腹钵	10	4	1					1								16	17.8
敛口钵	1							4								5	5.6
三足钵																	
小计	31	4	3	3	4	2	4	6		8	16	7	1	1			
%	34.5	4.4	3.3	3.3	4.4	2.2	4.4	6.7		8.9	17.8	7.8	1.1	1.1			
合计	35		16					6		32				1		90	
%	38.9		17.7					6.7		35.6				1.1			100

H282陶片器形统计

陶质 / 陶色 / 器形	泥质				夹砂			夹炭			夹蚌			夹云母		合 计	%
	红	红褐	褐	灰黑	红	红褐	褐	红	红褐	灰黑	红	红褐	褐	红	褐		
盆形鼎								5	2		1	1				9	17.4
罐形鼎										1	1		1			3	5.9
钵形鼎													1			1	1.9
侈口罐					1							1				2	3.8
篦纹罐														1	1	2	3.8
双耳罐	2															2	3.8
圆腹壶	2															2	3.8
折肩壶		1														1	1.9
划纹盆								1								1	1.9
敛口钵	1		1													2	3.8
深腹钵		1														1	1.9
敞口钵	2		1	1												4	7.7
浅腹钵	10	5	2	4												21	40.5
三足钵	1															1	1.9
小计	18	7	4	5	1			6	2	1	2	2	2	1	1		
%	34.6	13.5	7.7	9.6	1.9			11.6	3.8	1.9	3.8	3.8	3.8	1.9	1.9		
合计	34				1			9			6			2		52	
%	65.4				1.9			17.3			11.5			3.8			100

H55陶片器形统计

陶质 / 陶色 / 器形	泥质		夹砂			夹炭		夹蚌		夹云母		合计	%
	红	外红内黑	红褐	深红		深红		红褐	外红内黑	红			
盆形鼎			2									2	2.8
罐形鼎								4	2			6	8.5
折沿罐								1		1		2	2.8
折肩壶	6											6	8.5
圆腹壶	7											7	9.9
扁腹壶	1											1	1.4
敞口钵	38			2								40	56.3
敛口钵		2										2	2.8
三足钵	2											2	2.8
浅腹钵	1					2						3	4.2
小计	55	2	2	2		2		5	2	1			
%	77.5	2.8	2.8	2.8		2.8		7.1	2.8	1.4			
合计	57		4			2		7		1		71	
%	80.3		5.6			2.8		9.9		1.4			100

H102陶片器形统计

器形＼陶质／陶色	泥质			夹砂		夹炭		夹蚌		夹云母		合计	%
	红	灰黑	外红内黑	红褐	深红	深红	灰黑	红褐		红	灰或黑		
罐形鼎								1		1		2	9.5
侈口罐				1								1	4.8
卷沿罐								1			2	3	14.3
扁腹壶	3											3	14.3
敞口钵	6	1			2	1	1					11	52.4
深腹钵	1											1	4.8
小计	10	1		1	2	1	1	2		1	2		
%	47.6	4.8		4.8	9.5	4.8	4.8	9.5		4.8	9.5		
合计	11			3		2		2		3		21	
%	52.4			14.3		9.5		9.5		14.3			100

H105陶片器形统计

器形＼陶质／陶色	泥质			夹砂			夹炭			夹蚌		夹云母			合计	%
	红	外红内黑	黑灰	红	红褐	外红内黑	红	红褐	黑灰	红褐	黑灰	红	红褐	外红内黑		
折沿罐				1	1	1	1	1		1	1	2			9	36
双耳罐	2														2	8
侈口罐								1							1	4
卷沿罐				1									1	1	3	12
敞口钵	7	1	1												9	36
深腹钵				1											1	4
小计	9	1	1	3	1	1	1	2		1	1	2	1	1		
%	36	4	4	12	4	4	4	8		4	4	8	4	4		
合计	11			5			3			2		4			25	
%	44			20			12			8		16				100

H28 陶片器形统计

陶质／陶色／器形	泥质			夹砂					夹炭		夹蚌			夹云母			合计	%
	红	外红内黑或灰	黑灰	红	深红	红褐	外红内黑或灰	黑灰	深红	外红内黑	红	红褐	外红内黑	红	外红内黑或灰	黑灰		
罐形鼎				5		19	3	2			4	9		10	9	8	69	15.7
卷沿罐				5		1	11	8				2				1	28	6.4
折沿罐				15		41	13	9	4		5	12	3	2	1	1	106	24
双耳罐	2					2			6								10	2.3
折肩壶	4																4	0.9
扁腹壶	5		5														10	2.3
划纹盆	6				3	4			6								19	4.3
附加堆纹盆									11								11	2.5
敞口钵	28	12															40	9
深腹钵	17	15							4	1							37	8.4
浅腹钵	16	1	2						6	2							27	6.1
三足钵	19	3	3														25	5.7
圈足碗	16	29	9														54	12.2
陶锉										1							1	0.2
小计	113	60	19	25	3	67	27	19	37	4	9	23	3	12	10	10		
%	25.6	13.6	4.3	5.7	0.7	15.2	6.1	4.3	8.4	0.9	2	5.2	0.7	2.7	2.3	2.3		
合计	192			141					41		35			32			441	
%	43.5			32					9.3		7.9			7.3				100

附表一一　陶片器形统计表

（单位：克）

H82 陶片器形统计

陶质／陶色／器形	夹砂					合计	%	件数合计	%
	红	红褐	深红	[件]*					
罐类	1600	1700		[2]		3300	75.0	2	40
壶类			750	[2]		750	17.0	2	40
盆钵类			350	[1]		350	8.0	1	20
小计	1600	1700	1100						
%	36.4	38.6	25.0						
合计	4400			[5]		4400		[5]	
%	100						100		100

H84 陶片器形统计

陶质	夹砂					合计	%	件数合计	%
陶色 / 器形	红	红褐	深红	[件]					
罐类	200	180		[1]		380	80.9	1	50
壶类									
盆钵类			90	[1]		90	19.1	1	50
小计	200	180	90						
%	42.6	38.3	19.1						
合计	470			[2]		470		[2]	
%	100						100		

H37 陶片器形统计

陶质	泥质		夹砂				合计	%	件数合计	%
陶色 / 器形	红	[件]	红褐	外红内黑	[件]					
罐类			6650	250	[4]		6900	65.5	4	36.4
壶类	40	[1]	2400		[4]		2440	23.1	5	45.4
盆钵类			1200		[2]		1200	11.4	2	18.2
小计	40		10250	250						
%	0.4		97.2	2.4						
合计	40	[1]	10500		[10]		10540		[11]	
%	0.4		99.6					100		

H76 陶片器形统计

陶质	泥质		夹砂					合计	%	件数合计	%
陶色 / 器形	红	[件]	红褐	深红	黑灰	[件]					
罐类			1450		760	[2]		2210	67.0	2	28.6
壶类	10	[1]		650		[2]		660	20.0	3	42.8
盆钵类	30	[1]		400		[1]		430	13.0	2	28.6
小计	40		1450	1050	760						
%	1.2		43.9	31.8	23.1						
合计	40	[2]	3260			[5]		3300		[7]	
%	1.2		98.8						100		

H187 陶片器形统计

陶质 / 陶色 / 器形	泥质		夹砂					夹蚌			合计	%	件数合计	%
	红	[件]	红	红褐	外红内黑	黑灰	[件]	红褐	[件]					
罐类			7350	14200	1950	550	[13]	700	[1]		24750	76.6	14	50
壶类	2050	[5]	2100				[4]				4150	12.9	9	32.1
盆钵类	750	[2]	2540		110		[3]				3400	10.5	5	17.9
小计	2800		11990	14200	2060	550		700						
%	8.7		37.1	43.9	6.4	1.7		2.2						
合计	2800	[7]	28800				[20]	700	[1]		32300		[28]	
%	8.7		89.1					2.2				100		

H112 陶片器形统计

陶质 / 陶色 / 器形		夹砂								合计	%	件数合计	%
		红	红褐	深红	外红内黑（灰）	灰黑	[件]						
罐类		25590	15000		1010	2100	[23]			43700	73.3	23	59.0
壶类				1800			[3]			1800	3.0	3	7.7
盆钵类			1595	10300	110	205	[13]			12210	20.5	13	33.3
支脚			1940							1940	3.2		
小计		25590	18535	12100	1120	2305							
%		42.9	31.1	20.3	1.8	3.9							
合计		59650					[39]			59650		[39]	
%		100									100		

H179 陶片器形统计

陶质 / 陶色 / 器形	泥质			夹砂					夹炭	夹蚌		夹云母		合计	%	件数合计	%
	红	外红内黑	[件]	红	红褐	深红	外红内黑	[件]		红褐	[件]	红	[件]				
鼎罐类				20	1750		15	[1]		570	[1]	35	[1]	2390	33.1	3	23.0
壶类	1200		[3]			1250		[2]						2450	34.0	5	38.5
盆钵类	1070	80	[3]	25		1185	15	[2]						2375	32.9	5	38.5
小计	2270	80		45	1750	2435	30			570		35					
%	31.5	1.1		0.6	24.3	33.7	0.4			7.9		0.5					
合计	2350		[6]	4260				[5]		570	[1]	35	[1]	7215		[13]	
%	32.6			59						7.9		0.5			100		

H229 陶片器形统计

陶质 陶色 器形	泥质		夹砂						合计	%	件数合计	%
	红	[件]	红	红褐	外红内黑	灰黑	[件]					
鼎罐类				3410		60	[2]		3470	69.4	2	28.6
壶类	70	[1]	180				[1]		250	5.0	2	28.6
盆钵类	30	[1]	990		260		[2]		1280	25.6	3	42.8
小计	100		1170	3410	260	60						
%	2.0		23.4	68.2	5.2	1.2						
合计	100	[2]	4900				[5]		5000		[7]	
%	2.0		98.0							100		

H327 陶片器形统计

陶质 陶色 器形	泥质		夹砂		夹炭		夹蚌				夹云母		合计	%	件数合计	%
	红	[件]	红褐	[件]	灰黑	[件]	红	外红内黑	黑灰	[件]	红	[件]				
鼎罐类			800	[1]			65	15	850	[1]	10	[1]	1740	44.2	3	30.0
壶类	1450	[4]											1450	36.8	4	40.0
盆钵类	700	[2]			50	[1]							750	19.0	3	30.0
小计	2150		800		50		65	15	850		10					
%	54.5		20.3		1.3		1.6	0.4	21.6		0.3					
合计	2150	[6]	800	[1]	50	[1]	930			[1]	10	[1]	3940		[10]	
%	54.5			20.3	1.3		23.6				0.3			100		

H341 陶片器形统计

陶质 陶色 器形	泥质			夹砂			夹炭		夹蚌				合计	%	件数合计	%
	红	外红内黑	[件]	红褐	外红内黑	[件]	深红	[件]	红褐	外红内黑	灰黑	[件]				
鼎罐类				610	10	[1]			380	35	565	[1]	1600	36.9	2	20.0
壶类	1420		[4]										1420	32.8	4	40.0
盆钵类	1230	70	[3]				15	[1]					1315	30.3	4	40.0
小计	2650	70		610	10		15		380	35	565					
%	61.1	1.6		14.1	0.2		0.3		8.8	0.8	13.1					
合计	2720		[7]	620		[1]	15	[1]	980			[1]	4335		[10]	
%	62.7			14.3			0.3		22.7					100		

H35 陶片器形统计

器形＼陶质、陶色	泥质			夹砂				夹炭		夹蚌				夹云母				合计	%	件数合计	%
	红	外红内黑	[件]	红褐	外红内黑	黑灰	[件]	深红	[件]	红褐	外红内黑	黑灰	[件]	红	外红内灰	黑灰	[件]				
鼎罐类				715	65	310	[1]			980	30	1200	[2]	5	60	76	[1]	3441	60.3	4	36.4
壶类	600		[2]															600	10.5	2	18.2
盆钵类	1560	40	[4]					65	[1]									1665	29.2	5	45.4
小计	2160	40		715	65	310		65		980	30	1200		5	60	76					
%	37.9	0.7		12.6	1.1	5.4		1.1		17.2	0.5	21.0		0.1	1.1	1.3					
合计	2200		[6]	1090			[1]	65	[1]	2210			[2]	141			[1]	5706		[11]	
%	38.6			19.1				1.1		38.7				2.5					100		

H195 陶片器形统计

器形＼陶质、陶色	泥质			夹砂				夹炭		夹蚌				合计	%	件数合计	%
	红	外红内黑	[件]	红褐	深红	灰黑	[件]	深红	[件]	红褐	外红内黑	灰黑	[件]				
鼎罐类				1350		170	[1]			520	30	320	[1]	2390	61.4	2	28.6
壶类	600		[2]											600	15.4	2	28.6
盆钵类	380	20	[1]		350		[1]	150	[1]					900	23.2	3	42.8
小计	980	20		1350	350	170		150		520	30	320					
%	25.2	0.5		34.7	9.0	4.4		3.8		13.4	0.8	8.2					
合计	1000		[3]	1870			[2]	150	[1]	870			[1]	3890		[7]	
%	25.7			48.1				3.8		22.4					100		

H339 陶片器形统计

器形＼陶质、陶色	泥质			夹砂					夹炭		夹蚌				夹云母			合计	%	件数合计	%
	红	外红内黑	[件]	深红	红褐	外红内灰	灰或黑	[件]	深红	[件]	红褐	外红内黑	灰或黑	[件]	红	灰黑	[件]				
鼎罐类				50	5740	160	150	[4]			1470	130	400	[2]	8	12	[1]	8120	37.6	7	18.4
壶类	6100		[14]	300				[1]										6400	29.6	15	39.5
盆钵类	6550	50	[14]	450				[1]	35	[1]								7085	32.8	16	42.1
小计	12650	50		800	5740	160	150		35		1470	130	400		8	12					
%	58.5	0.2		3.7	26.6	0.7	0.7		0.2		6.8	0.6	1.9		0.04	0.06					
合计	12700		[28]	6850				[6]	35	[1]	2000			[2]	20		[1]	21605		[38]	
%	58.7			31.7					0.2		9.3				0.1				100		

H174 陶片器形统计

器形 \ 陶质 陶色	泥质			夹砂						夹炭		夹蚌					夹云母		合计	%	件数合计	%
	红	外红内黑	[件]	红	深红	红褐	外红内黑	灰或黑	[件]	深红	[件]	红	红褐	外红内黑	灰或黑	[件]	红褐	[件]				
鼎罐类						795	150	400	[1]			1050	3810	1250	300	[5]	90	[1]	7845	65.6	7	38.9
壶类	1900		[5]																1900	15.9	5	27.8
盆钵类	1370	350	[4]	170	160				[1]	160	[1]								2210	18.5	6	33.3
小计	3270	350		170	160	795	150	400		160		1050	3810	1250	300		90					
%	27.4	2.9		1.4	1.3	6.6	1.3	3.3		1.3		8.8	31.9	10.5	2.5		0.8					
合计	3620		[9]	1675					[2]	160	[1]	6410				[5]	90	[1]	11955		[18]	
%	30.3			14.0						1.3		53.6						0.8		100		

H282 陶片器形统计

器形 \ 陶质 陶色	泥质					夹砂				夹炭				夹蚌				夹云母			合计	%	件数合计	%
	红	红褐	褐	灰黑	[件]	红	红褐	褐	[件]	红	红褐	褐	[件]	红	红褐	褐	[件]	红	褐	[件]				
鼎罐类						230	190	140	[1]	270	400	80	[1]	450	250	200	[1]	5	5	[1]	2220	45.8	4	33.3
壶类	300	400	65	35	[2]																800	16.5	2	16.7
盆钵类	500	950	90	260	[4]					20			[1]	10			[1]				1830	37.7	6	50.0
小计	800	1350	155	295		230	190	140		290	400	80		460	250	200		5	5					
%	16.5	27.8	3.2	6.1		4.7	3.9	2.9		6.0	8.2	1.7		9.5	5.2	4.1		0.1	0.1					
合计	2600				[6]	560			[1]	770			[2]	910			[2]	10		[1]	4850		[12]	
%	53.6					11.5				15.9				18.8				0.2				100		

H55 陶片器形统计

器形 \ 陶质 陶色	泥质			夹砂			夹炭		夹蚌			夹云母		合计	%	件数合计	%
	红	外红内黑	[件]	红褐	深红	[件]	深红	[件]	红褐	外红内黑	[件]	红	[件]				
鼎罐类				200		[1]			255	15	[1]	30	[1]	500	6.3	3	14.2
壶类	3990		[9]											3990	50.3	9	42.9
盆钵类	3135	55	[7]		150	[1]	110	[1]						3450	43.4	9	42.9
小计	7125	55		200	150		110		255	15		30					
%	89.7	0.7		2.5	1.9		1.4		3.2	0.2		0.4					
合计	7180		[16]	350		[2]	110	[1]	270		[1]	30	[1]	7940		[21]	
%	90.4			4.4			1.4		3.4			0.4			100		

H102陶片器形统计

陶质/陶色/器形	泥质				夹砂			夹炭			夹蚌		夹云母			合计	%	件数合计	%
	红	灰黑	外红内黑	[件]	红褐	深红	[件]	深红	灰黑	[件]	红褐	[件]	红	灰或黑	[件]				
鼎罐类					860		[1]				1090	[1]	800	195	[1]	2945	41.3	3	20.0
壶类	1700			[4]	60		[1]									1760	24.7	5	33.3
盆钵类	1900	170	30	[5]		120	[1]	150	50	[1]						2420	34.0	7	46.7
小计	3600	170	30		920	120		150	50		1090		800	195					
%	50.5	2.4	0.4		12.9	1.7		2.1	0.7		15.3		11.2	2.8					
合计	3800			[9]	1040		[3]	200		[1]	1090	[1]	995		[1]	7125		[15]	
%	53.3				14.6			2.8			15.3		14.0				100		

H105陶片器形统计

陶质/陶色/器形	泥质				夹砂				夹炭				夹蚌				夹云母				合计	%	件数合计	%
	红	外红内黑	黑灰	[件]	红	红褐	外红内黑	[件]	红	红褐	黑或灰	[件]	红	红褐	黑或灰	[件]	红	红褐	外红内黑	[件]				
鼎罐类					980	310	70	[1]						770	90	[1]	350	370	110	[1]	3050	60.0	3	33.3
壶类	450			[1]	70			[1]													520	10.2	2	22.2
盆钵类	730	70	150	[2]	290			[1]	8	155	110	[1]									1513	29.8	4	44.5
小计	1180	70	150		1340	310	70		8	155	110			770	90		350	370	110					
%	23.2	1.4	2.9		26.3	6.1	1.4		0.2	3.0	2.2			15.1	1.8		6.9	7.3	2.2					
合计	1400			[3]	1720			[3]	273			[1]	860			[1]	830			[1]	5083		[9]	
%	27.5				33.8				5.4				16.9				16.4					100		

H28陶片器形统计

陶质/陶色/器形	泥质				夹砂						夹炭				夹蚌				夹云母				合计	%	件数合计	%
	红	外红内黑或灰	黑灰	[件]	红	深红	红褐	外红内黑或灰	黑灰	[件]	红	深红	外红内黑	[件]	红	红褐	外红内黑	[件]	红	外红内黑或灰	黑或灰	[件]				
鼎罐类					860		7830	1700	3100	[7]		1320		[2]	300	1570	80	[2]	1750	900	950	[3]	20360	50.4	14	25.5
壶类	4100		1500	[13]		200				[1]													5800	14.3	14	25.5
盆钵类	10400	940	200	[24]		650				[1]		1340	750	[2]									14280	35.3	27	49.0
小计	14500	940	1700		860	850	7830	1700	3100			2660	750		300	1570	80		1750	900	950					
%	35.9	2.3	4.2		2.1	2.1	19.4	4.2	7.7			6.6	1.8		0.7	3.9	0.2		4.3	2.2	2.4					
合计	17140			[37]	14340					[9]	3410			[4]	1950			[2]	3600			[3]	40440		[55]	
%	42.4				35.5						8.4				4.8				8.9					100		

※ 方括号内为按各器类单件平均重量折算的件数。不足一件重量者按一件计。下表内均同。各陶片器形件重平均数见附表一二。

附表一二　完整陶容器称重统计表

（单位:克）

器类	陶系	器号	件重	器号	件重	器号	件重	器号	件重	总重	平均重
鼎、罐（炊器）类	夹砂	M396：2	2900	H104：8	1700	H198：3	1950	H107：1	1910	23820	1985
		M65：1	2800	H70：3	1100	M363：3	430	H278：1	1400		
		H240：1	3450	H229：3	530	T21③：5	350	W27：1	5300		
	夹炭	M22：2	470	M389：2	1050	M325：6	400	M282：2	1900	7790	779
		H122：2	1030	M328：2	320	M124：1	760				
		M267：1	1250	M383：2	260	M22：3	350				
	夹蚌	H97：5	900	H253：1	1500					4100	1366.7
		T116③C：4	1700								
	夹云母	H102：3	680	H124：1	1660					6540	1635
		H35：6	650	H104：5	3550						
壶、双耳罐（汲水器）类	泥质	M369：1	470	M330：1	480	M325：4	400	M256：1	420	67075	456
		M364：2	490	M337：1	320	M272：1	350	M261：1	280		
		M132：3	510	M394：1	370	M273：1	400	M61：1	550		
		M344：2	400	M486：1	340	M270：1	550	T101③B：7	520		
		T20③：1	470	M291：1	520	M271：1	390	M253：1	590		
		M355：2	490	M62：1	400	M35：1	600	M263：1	360		
		M353：30	495	M96：1	230	M329：1	420	M264：1	360		
		M344：1	450	M231：1	480	M410：1	350	M307：1	440		
		M352：5	180	M254：1	470	M323：1	380	M68：2	390		
		M336：7	480	M47：1	450	M305：1	500	M299：1	440		
		M402：1	350	M46：1	460	M106：1	600	M251：2	450		
		M309：1	480	M251：1	300	M76：1	450	M268：1	390		
		T10③C：2	470	M206：1	380	M384：1	350	M401：1	200		
		M334：4	330	M121：1	530	H290：5	550	M223：2	270		
		M312：1	420	M388：1	230	M120：1	270	M223：1	300		
		M77：1	380	H179：3	500	M259：1	610	M25：2	300		
		M87：1	380	M411：1	550	M366：1	580	M21：1	260		
		M335：1	440	M249：1	600	M34：1	180	M320：2	480		
		M352：4	490	M487：2	500	M219：1	310	M222：1	530		
		M387：1	470	M39：1	610	M73：1	450	M482：12	450		
		M363：1	430	H335：6	480	M409：1	360	M481：1	350		
		H339：13	170	M294：1	350	M278：1	280	M231：2	330		
		M277：1	310	T26③C：7	430	M325：1	370	M18：1	450		
		M112：2	580	H112：12	560	T109③C：24	200	M201：1	950		
		H321：4	200	H112：28	450	M267：1	400	M28：1	440		
		M65：2	530	M441：2	300	M281：3	400	M208：1	370		
		M386：1	430	H16：1	460	T21③：1	400	H229：4	3000		

器类	陶系	器号	件重	器号	件重	器号	件重	器号	件重	总重	平均重
壶、双耳罐（汲水器）类	泥质	M385：1	440	M123：1	450	M27：1	410	H155：1	2050		
		M275：1	440	M91：1	240	M220：1	400	T105③B：6	2100		
		M282：2	600	T120③C：3	260	M293：1	400	H28：10	1750		
		M281：2	380	M54：1	270	M383：1	390	M327：2	280		
		M233：1	270	M69：1	300	M60：1	340	M377：2	380		
		M363：2	340	T8③C：4	250	M486：2	330	M353：29	330		
		M336：8	370	M298：1	330	M379：1	450	H294：2	120		
		H220：1	370	M281：1	500	M95：1	470	M370：1	180		
		M90：3	270	M328：1	400	M119：1	590	T34③：2	250		
		M94：1	300	M487：1	360	M252：7	400				
	夹砂	H84：1	320	H232：10	550	H94：2	290	M41：3	300		
		M303：1	680	M376：1	570	M107：1	600	M383：8	2550		
		M104：1	700	M66：1	210	M31：1	440	M125：1	1350		
		M297：1	550	H234：1	300	M38：1	360	H113：1	1500		
		M108：1	440	M110：1	750	M42：1	770	M53：1	685	18725	645.7
		H303：3	580	M52：1	680	M42：4	520				
		H147：2	580	M375：1	620	H127：1	400				
		H383：7	550	M32：1	750	M109：1	130				
	夹炭	H60：10	510							1650	825
		H58：2	1140								
盆、钵、碗（盛食器）类	泥质	T4③：4	520	H172：2	600	M263：22	580	M342：5	60		
		M410：1	140	H65：2	640	H222：1	600	M342：3	100		
		H161：2	340	H117：4	490	H108：8	470	H229：13	430		
		H319：2	190	H16：2	670	H63：1	420	H195：5	300		
		H19：21	220	H327：1	250	H33：11	600	H36：1	380		
		H189：1	980	H117：1	550	H55：3	450	M239：1	550		
		H95：3	400	H390：1	650	H33：12	500	H161：1	750		
		H52：2	440	H180：1	1100	M220：2	450	T109③B：15	400	29890	498
		H28：7	470	T104③：20	400	H102：12	640	H135：3	360		
		T12③B：15	470	M277：3	640	H102：19	600	T103③B：13	420		
		H327：4	680	H91：4	580	T114③B：3	250	T34③C：5	920		
		T120③C：2	530	H228：1	750	H374：2	550	H27：1	570		
		H220：2	280	M263：4	440	H109：1	350	H58：1	650		
		M377：10	650	H33：8	600	M342：2	180	H102：6	1050		
		H409：2	630	M263：3	600	H35：9	110	H322：1	300		
	夹砂	H112：9	900	H112：32	1050	H82：2	1650	H330：3	800		
		H156：3	930	T21③：17	200	H37：4	1150	H112：30	1600		
		H115：18	1050	H146：1	150	H112：2	1850			16985	999
		T114③C：3	165	H88：1	500	H77：1	1300				
		T116③C：8	400	H84：4	2550	H187：3	740				
	夹炭	H58：2	920	H113：15	1140	T119③C：1	780	H28：13	2650	8980	1282.9
		H32：8	1020	H60：11	1300	H33：7	1170				

附表一三　陶制品标本统计表

类	型	式	标本号或标本出土单位	数量(件)		
角把罐	A	Ⅰ	H13(3件)、H21、H31、H37：18(3件)、H62、H83、H112(2件)、H115(2件)、H127(2件)、H156：2(2件)、H158：2、H187、H231：5、H221：11、H241、H262、H295(3件)、H296：1、H383、H395、H82：3、4(3件)、H127：14、H111：1	36	190	333
		Ⅱ	H13：11(5件)、H21(4件)、H37：7、8、9、H42：7、H62、H83、H112：40(5件)、H115：1、19(3件)、H127：11(3件)、H156：11(2件)、H221、H230、H231、H262(12件)、H295、H132、H111：4(2件)、H119、H146、H147、H245、H250(4件)、H261、H274(2件)、H285：1(2件)、H288(3件)、H302(2件)、H303(6件)、H304(12件)、H328(2件)、H330(7件)、H331(2件)、H355(3件)、W27：1、H76：4、H74：4(2件)、H242：1、H187：13、H278：2	106		
		Ⅲ	H13：1、H29(4件)、H37(3件)、H42：6(2件)、H62、H187、H241(2件)、H262(2件)、T69⑤(2件)、T73⑤、H29(4件)、H250(4件)、H274、H285、H288、H303、H304(7件)、H320、H328、H330、H331、H39：2、H287：2、H315、H183、T75⑤、T68⑤	48		
	B	Ⅰ	H37：6.10、H78：1、H82、H112、H127：12.13、H262、H383、H111、H250、H74、H84：5、M268(2件)	15	130	
		Ⅱ	H13(3件)、H21：2、H37(2件)、H42、H78、H146、H112：24.26、H127：16、H156、H158、H187：9(2件)、H231：6(3件)、H241、H13(3件)、H21：2、H37(2件)、H42、H78、H146：9、H112：24.26、H127：16、H156、H158、H187：9(2件)、H231：6(3件)、H241、H262(2件)、H295：1(3件)、H383(6件)、H29(2件)、H147、H245、H250(4件)、H274：1(2件)、H303(2件)、H304(2件)、H320、H330(5件)、H39(2件)、H146：9(2件)、H278：1、H134、H216：1、M273、H262：1	81		
		Ⅲ	H37、H42、H112、H231、H204、H29：14(2件)、H250、H303(2件)、H304、H330、H134、H333、H240、H183、H107：1、H261：1、H137：1、H178、H241	21		
		Ⅳ	H241、H331、H39：3(2件)、H119:2、T103㉚、H341：3、H179：4、H229：7、W7：1、H335：4、W30：1、H432	13		
	C	Ⅰ	H112：18(2件)、H156：9、H146：8、H242：1	5	12	
		Ⅱ	H262(3件)、H141、H274：2、H218、H217：4	7		

类型式			标本号或标本出土单位	数量(件)		
A型角把	a	Ⅰ	H82：6、H112：36、H115：22、H262、H288、H303：3(2件)、H330：14、H152、H221：10、H187：35	11	16	67
		Ⅱ	H171：3、H344：1	2		
		Ⅲ	H231、T69⑤、T73⑤：2	3		
	b	Ⅰ	H147：7、H330、H76：6(2件)、H56：9.10、H221：6	7	9	
		Ⅱ	T75⑤：2、T73④：12	2		
	c	Ⅰ	H31、H82、H112、H156、H231、H383(3件)、H303(2件)、H304：2、H330、H76：5、H240(2件)、H290：11	16	19	
		Ⅱ	H303：10、H320、H304	3		
	d	Ⅰ	H13、H21：3、H31、H37：15(2件)、H112、H187、H262、H278：3、H383：4(2件)、H111：5、H303：4、H304、H330：17	15	23	
		Ⅱ	H262、T74⑤、H303：2、H304、H330、H315：5(2件)、H42：8	8		
B型角把	a	Ⅰ	H21、H37：16(2件)、H82：7(2件)、H241、H111：2、H147：8、H303(2件)、H304、H187：34、H62：1、H262：3	13	17	29
		Ⅱ	H117、H250：2(2件)	3		
	b		H83：1、H115：21、H383、H303、H330(3件)、H146、H269：1(2件)	10 12		
	c		H146、T27㉚：5	2		
C型角把	a	Ⅰ	H304、H320：4、H61：3、H187：17.19、H303	6	28	33
		Ⅱ	H254、H383：2(2件)、H236：5、H333、H61：2、H303、H327	8		
		Ⅲ	H236、H237、H333、T65⑤(2件)、H327、H382、H113、H321：8、T71⑤、H279：1、H33、H34	13		
		Ⅳ	H231：4	1		
	b	Ⅰ	H383：1(2件)	2	5	
		Ⅱ	H307：2	1		
		Ⅲ	H199：1、T116㉚：7	2		
D型角把	a	Ⅰ	H187、H383：3(2件)、H273、H285、H303、H304、H279、H278：2、H262：2、T101㉚：7	11	22	25
		Ⅱ	H274：3、H303：8、H240、H279	4		
		Ⅲ	H274、H315：9、T71⑤、H130、T70⑤、H246、H240：2	7		
	b		H242：2、H285、H304：1		3	
E型角把	a	Ⅰ	H245：1(2件)、H295、H304：3	4	8	15
		Ⅱ	H39：4、H279、H304、T68⑤：10	4		
	b		H13：9、H62、H231：9(2件)、T74⑤、T75⑤、T109㉚：74		7	
F型角把			T19㉚：2			1

续附表一三

类	型	式	标本号或标本出土单位	数量(件)		
侈口罐	A	Ⅰ	H35：13、H141(2件)、H253：1、H286、H289、H291、H315：10、H341、H342：3、H327、H172、T7③C、H198：4	13	53	80
		Ⅱ	H341、H63：3、H169、H195、H238：1、H272、H291：12(3件)、H321、H322、T13③C、T15③C、H51、H93：1、M263：2	16		
		Ⅲ	H174：2、3、9、10、H311：1、H20、H50、H55、H133：1、H284、H266、H306、H334(3件)、H339(3件)、H351(2件)、H36(3件)	23		
	B	Ⅰ	M124：1、M282：2、H59：1、M387：17、H53：1、T109③C	6	13	
		Ⅱ	M22：3、M233：2、M325：2、6、M363：3、M385：2、M72：1、	7		
	C	Ⅰ	H322、H191、H218、H239、T34③C、T102：29(2件)、T109③C(2件)	9	14	
		Ⅱ	W6：1、T102③C：30、H143、H206、H275	5		
卷沿罐	A	Ⅰ	H198、T109③C(2件)、H51、H81、H179(3件)、H194：2、H228：3、T73⑤：2、T114③C、H16、H145、H280、W16：1	16	55	74
		Ⅱ	H174、T13③B、H118、H105：1、H236、H32、H75、H99：3、H104：3、5，H207、H375、H38、H28、H118、H273、T105③C：4、T102③B、H268	18		
		Ⅲ	H24、H46：1、T109③B、T116③B、H105：2、T23③、H236、T33③B、W8：1、H27：3、H75：6、H96、H102：8、H190：2、H309：7、T21③、T22③B、T74③B、H104：1、H101：4、H28：34	21		
	B	Ⅰ	H97：1、M287：3、T105③C(2件)、H182、T63⑤：2、H122、H36	8	19	
		Ⅱ	H174：5(3件)、15、T103③B、T108③B、H182：1(2件)、H253、H108：1、H165：1	11		
折沿罐	A	Ⅰ	H127：15、H252、W5：1、H148、H34：2、4、H167	7	45	57
		Ⅱ	H172、H163：2、H63：4(2件)、H368：1、H338、H34：1、H63：4(2件)、H161：3、H97：3	11		
		Ⅲ	H174：4、H195、H118、H237、H248、H251：1、H274、H299、T26③B、T28③B	10		
		Ⅳ	T108③B、T109③B(2件)、T116③B、H237、H251：2、H103、H105：8、H166、T103③B、T101③B(4件)、H257、H95：13、M18：2	17		
	B	Ⅰ	H218：4、T14③C	2	3	
		Ⅱ	H56：1	1		
	C	Ⅰ	M328：2、H197、M383：2、T23③C	4	6	
		Ⅱ	H248、M389：2	2		
	D		H124：1、H236、H268		3	
筒形篦纹罐		Ⅰ	H35：6、H189：6、T66⑤	3		8
		Ⅱ	H105、H273：4、H290：2	3		
		Ⅲ	H273、T114③B：23	2		

类	型	亚型	式	标本号或标本出土单位	数量(件)			
敛口罐	A		Ⅰ	M371：3、M349：1.2、M373：1、M400：1	5		6	13
敛口罐	A		Ⅱ	M401：2	1			
敛口罐	B			M350：1、T34③B：6			2	
敛口罐	C			H94：1、T21③B：5			2	
敛口罐	D			H21：7、H156：4、H198：6			3	
圆足罐	A		Ⅰ	T67⑤：5	1		4	12
圆足罐	A		Ⅱ	T101③B：32	1			
圆足罐	A		Ⅲ	H120：13、T101③B：33	2			
圆足罐	B		Ⅰ	H19：20(2件)、T103③B：6、T102③B：31	4		8	
圆足罐	B		Ⅱ	H110、H109：2、T11③、T108③B：10	4			
扁腹罐				H127：18				1
小罐	A		Ⅰ	H15、H257：4(2件)	3		7	17
小罐	A		Ⅱ	H28：56、T28③C：4(2件)、T33③B	4			
小罐	B			H15、H25、H35：12、H69、T17③B：8、T33③B(2件)、T34③B(2件)、T109③B			10	
双耳罐	A		Ⅰ	H383：7、8、H37：11、H278：5、H78：2	5		40	107
双耳罐	A		Ⅱ	H13：8、10、H112：27、49(3件)、H117：3、H147：5、H183：1、H187：31(2件)、H231：8、H250、H262：8(2件)、M125：1	16			
双耳罐	A		Ⅲ	H112：10(2件)、H187：10(4件)、H198：11、H221：4、H229：4、H243、H274、H320、H330、H328、T69⑤	15			
双耳罐	A		Ⅳ	H342：2、T27③C：10、T38②：3、T74⑤：17	4			
双耳罐	B		Ⅰ	H210：2、H239、H420、T116③C：15、T120③C	5		22	
双耳罐	B		Ⅱ	H70、H97：2、H122、H169、H202:3、H217：1、H226、H252：4、H306：4、H322：2、H379：2、T12③C：17、H351、H339：28	14			
双耳罐	B		Ⅲ	T21③C：16、H222：2、H108：3	3			
双耳罐	C		Ⅰ	M287：4、T109③C：65、T108③C、H75：13、H14：1	5		10	
双耳罐	C		Ⅱ	H113：11、H120：5、H102：12、11	4			
双耳罐	C		Ⅲ	M201：1	1			
双耳罐	D	a	Ⅰ	H154、T109③B、T103③B：50、H75：12、T6③C：14、H257：3、T103③B：27、T109③B：86	8	15	19	
双耳罐	D	a	Ⅱ	H140：2、H102：2、7、H105：3、4、T16③B：7、H404	7			
双耳罐	D	b	Ⅰ	H109、M53：1	2	4		
双耳罐	D	b	Ⅱ	T104③B、M28：1	2			
双耳罐	E			H155:1、T21③B:19、T105③B:6、H121:2、T109③B			5	
双耳罐	F			H28:10、15、31、36、55、T17③B:9、T12③:23、T14③B			8	
双耳罐	G			T109③B：87、H319：6			2	
双耳罐	H			M208：1			1	

类型	式	标本号或标本出土单位	数量(件)		
高领罐		H58：2、H67：2、H248：1、T17③B：5、H113、H265：1、T4③B			7
缸		H16：5、H60：13			2
A型器耳	Ⅰ	H13、H37、H74、H218、H221：12(2件)、H231、H236、H241：2、H250：5、H262：7、8、H286、H304(2件)、H330：23(2件)、H409：1(2件)	19	71	141
	Ⅱ	H16：9、H37：19(2件)、H74(2件)、H179：9、H221：13、H236、H269、H330：24、T69⑤：4	11		
	Ⅲ	H198：11、T31③：15、T74⑤：17(3件)、T73⑤、T75⑤	7		
	Ⅳ	H274：4、H307：1、H325(2件)、H237：12、T116③C：15	6		
	Ⅴ	H29：20、H282、H327、H339：26、H343：1	5		
	Ⅵ	H99：5、H33：15、H57、H237：13(2件)、H270：4、T22③C、T74④	8		
	Ⅶ	H60：17、H69：10、H284：10、H291：23、24、H339：25、28、T11③、T27③C、T67④、H35：22、H256：1	12		
	Ⅷ	T6③C、T36③C：7、T37②：7	3		
B型器耳	Ⅰ	H74：5、H82：9、H132：1、H236、H241、H250：6、H288、H304、H316、H328(2件)、H383：14	12	49	
	Ⅱ	H13：17、H64、H273、H319、H331：3(2件)、H333：3、H335、H395(2件)、H379	11		
	Ⅲ	H16：10、H327：9、H335：1、H342、H409(2件)	6		
	Ⅳ	H30：3、H302：1(2件)、H304：10、H307、H328(2件)、H335、H342、T66⑤：11、T75⑤	11		
	Ⅴ	H69：9、H284、H336：2、H338、H339：27、T73④、T75④	7		
	Ⅵ	H290：14、15	2		
C型器耳 a		H50：10、T16③B、T18③B：22		3	6
C型器耳 b		H273：6、T109③B：79、T114③B：21		3	
D	Ⅰ	H56：2、T21③B：19、T34③B：15、T33③B	4	14	
	Ⅱ	H28：31、H36：9、T33③B：15、T109③B	4		
	Ⅲ	H28：67、68、69、T11③B、T14③B、T35③B	6		
E		T15③B：9		1	

<table>
<tr><th colspan="3">类 型 式</th><th>标本号或标本出土单位</th><th colspan="3">数量(件)</th></tr>
<tr><td rowspan="8">盆形鼎</td><td>A</td><td></td><td>H159：6、H179：5、H229、H240：1、H254：6、H287：3、H315、H320：5、6，T15③C、T17③C、T35③C、T38②：2、T66⑤、T101③C：22、T109③C、T114③C、T119③C</td><td></td><td>18</td><td rowspan="8">145</td></tr>
<tr><td rowspan="6">B</td><td rowspan="2">I</td><td>H30：2、H35：21、H51：2、H53、H56、H99：2、H168、H211、H206</td><td rowspan="2">34</td><td rowspan="6">112</td></tr>
<tr><td>H124：9、H254、H252、H289：17、H291：8，H307、H329、H336、M65：1、M88、M396：2、T15③C、T17③C、T26③C、T13③C：5、T22③C：1、T34③C：3、T31③C、T73⑤、T9③C、T102③C(3件)、T109③C、T116③C</td></tr>
<tr><td>II</td><td>H35：18、H43(2件)、M88：3、H59、H81：1、H111、H129：2、H145：1(2件)、H177、H180、H189、H197、H263：1、H275、H280、H286、H289：9、H291：9、10、11(5件)、H318、H338、W2：1、T12③C：9、T26③C：15(2件)、T18③C、T67⑤、T11③C：1、T32③C、T67⑤、T104③C(3件)</td><td>39</td></tr>
<tr><td>III</td><td>H36、H125、H174(2件)、H252：10、H307、H322：10(3件)、H339：19、H340、H341、M22：2、M292：1、T17③C、H264、T120③C、T113③C：15、H291：7、H266：1、H226、H253、H275、H289、H319</td><td>26</td></tr>
<tr><td>IV</td><td>H122：2、H319：7、H282(3件)、T7③C：6</td><td>7</td></tr>
<tr><td>V</td><td>H162、H170、H267：1、H290、H339：20、T114③：8</td><td>6</td></tr>
<tr><td>C</td><td></td><td>H19、H25、H54：3、4，H95、H237、T11③B：2、T17③B、T28③B、T33③B、T34③B(2件)、T35③B(3件)</td><td></td><td>15</td></tr>
<tr><td rowspan="4">罐形鼎</td><td rowspan="4">A</td><td>I</td><td>H16：3(2件)、H193：1、H85、H145、H150、H172、H179：8、H196、H198：3、H202、H239、H254、H264：3、H279、H280、H289、H291、H297：1、H308、H318、H229、H342、H315：11、H385：1、T12③C、T63④、T69⑤、T114③C</td><td>29</td><td rowspan="4">95</td><td rowspan="4"></td></tr>
<tr><td>II</td><td>H16、H30(2件)、H53、H54、H32、H63、H91、H113、H142：1、H143：1、H145、H170、H180(2件)、H196：1、H202、H213：1、H229、H253、H264、H306：2、H321：9、H339、H343、H348：3、T12③C、T26③C(2件)、T63⑤、T67⑤、T73⑤、T109③C、T114③C、T120③C(2件)、H275、H288、M282：3</td><td>39</td></tr>
<tr><td>III</td><td>H25(2件)、H26、H27：2、H60：15、H69：7、H92：5、H291：13、H128、H174、H222、H257、H237、H275、H288、T4③C、T22③B、T102③B、T113③B、T114③B、T120③B、T109③B：63</td><td>22</td></tr>
<tr><td>IV</td><td>H28、H101：3、H120：4、H237、T18③B：17</td><td>5</td></tr>
</table>

类	型	式	标本号或标本出土单位	数量(件)(式)	数量(件)(型)	数量(件)(类)
罐形鼎	B	Ⅰ	H34、H54、H70：3、H58：7、H174：13：14、H195、H249、H259、H277、H291、H336、H341(2件)、H420、T103③C、T109③C(2件)	18	52	271
		Ⅱ	H19：34、35，H25、H28、H32、H105：5(2件)、T109：18、H232、H257、H259、T4③B、T14③B、T17③B、T22③B、H102：3、T103③B、T104③B、T108③B：7、T109③B	20		
		Ⅲ	H108：5、H120：17、22、H123：1、H232、H104：6、T14③B、T16③B、T21③B、T28③B、T33③B、T34③B、T104③B、T109③B	14		
	C	Ⅰ	H179、H239：1、H249、H291：14、T4③C、T11③C：4、T12③C、T14③C：3、T15③C、T19②、T36②、T39②	12	82	
		Ⅱ	H32、H34：5、H33、H36：6(3件)、H54：2、H57：3(2件)、H75、H237、H257、H273：3、T14③C、T15③C、T17③C、W4：1	17		
		Ⅲ	H26、H28(3件)、H54：1、H19：33(5件)、H75、H95、H209：2(2件)、H232(2件)、H237、H251、H387、T14③B(3件)、T16③B、T18③B、T19③B(2件)、T21③B(2件)、T22③B、T28③B(2件)、T31③B、T33③B、T34③B、T35③B、T36②、H209：2(2件)	38		
		Ⅳ	H28：9、H33、H47、H95：9、H110、H165：2、T14③B(3件)、T102③B、T104③B、T108③B、T109③B：45、T116③B、T120③B	15		
	D	Ⅰ	H164：1、M221、T101③C：15、T109③C：61、H331：1	5	36	
		Ⅱ	H145：2、H174：12、H195、H305：1、H307、T34③C、T113③C、T114③C、T119③C：16、T120③C	10		
		Ⅲ	H19、H28：7、8、H57：2、H174：11、H209：3、H294、H374：1(2件)、T14③B、T18③B：16、T19②、T33③B、T114③B、T119③B、T11③B：15、H273：7	17		
		Ⅳ	H19：31、H46：3、T28③B、T116③B	4		
	E		H139：3、H229：3、H341：6		3	
	F		H35：19、H264：2、T18③C：12		3	
钵形鼎		Ⅰ	H180、T36③C、T101③C：8、T103③C(2件)、T120③C、T109③C、：31(3件)、H322：8、H284	11		28
		Ⅱ	H19、H25、H249、H32、H54：5(2件)、H66：2、H75：7(2件)、H95：7、H232、H256、H113：10、T6③B、T19③B、T109③B：82(2件)	17		
釜形鼎			H64：2			1
釜	A		H112：30、H245：3(2件)		3	17
	B		H95：2、H105：7、T108③B(2件)、T114③B		5	
	C	Ⅰ	H35：20、H172、H322：13、	3	9	
		Ⅱ	H38：3、H166、H190、H195：3、H222、H282	6		
甑			W1：1、T113③B：14、H19：14、43、T101③B：38(底)、H36：1			6

类	型	式		标本号或标本出土单位	数量(件)		
A型鼎足	a	Ⅰ		H97：4、H29、H198、H239、H273、H302、H382：1、T26③C：18、19、27，T73⑤、T120③C	12	45	179
		Ⅱ		H90、H142：3、H168：1、H228：5、H233：1、H284、H291(2件)、T18③、T26③C(2件)、T68⑤、T114③C	13		
		Ⅲ		H20、H53、H195、H289(2件)、H56：5、M88：2、T7③C、T9③：4、H322、T26③B：28(3件)、T28③C、T37②、T73④、T103③B(2件)、T116③B(2件)	20		
	b	Ⅰ		H217：3、H229：15、H289、H315、H341：4、T61⑤、T69⑤、T103③C	8	20	
		Ⅱ		H35：11、H40：2、H122、H141：3、H143、T26③C、T18③C(2件)、T104③C、T113③C：18、T116③C、T119③：19	12		
	c	Ⅰ		H29：4、H38：5、H57、H161：4、H175：3、H180、H181、H217、H289、H339(2件)、H318：3、H341：5(2件)、M387：11、T23③C：6、T26③C、T108③C：30、T120③C、H36：7、H179：6	21	63	
		Ⅱ		H25、H114、H135、H141、H168、H174：18、H180(2件)、H211、H217、H237、H229、H252：3、H263、H264、H273、H283、H284：3、H291(2件)、H315(2件)、H339：23(2件)、H306(2件)、H322：12(2件)、H334：1、H374、T11③B：16、T35③B(2件)、T38②、T62④、T104③B、T114③B(2件)、T101③B、H253(2件)、H272	42		
	d	Ⅰ		H47：5(2件)、H97、H54、H195：4、H280、H292、T62③C：4、T15③：13、T37②	10	31	
		Ⅱ		H54、H219、H174：17、H252、H282：6(2件)、H319：8、H319、H315(2件)、T15③B、T34③B、T38②(3件)、T119③B	16		
		Ⅲ		H106、T26③B、T27③B：9、T37②、T104③B：18	5		
	e			T31③B、T102③B、T109③B：16、46(3件)		6	
	f			H55：5、H257、H319：9、T6③、T17③C、T26③C：20、T64④：11、T104③C、T119③B		9	
	g			H38：6、H119、H216：4、H339、H368：2		5	
B型鼎足	a	Ⅰ		H29：19、22(3件)、H159：7、H285、H342：5、M208、T36②		9	87
		Ⅱ		T5③C：4、T22③：21、T69⑤：5、T74⑤		4	
		Ⅲ		H229：16、H236、H291：15、H382、T21③C：8、T22③C：31、T101③C、T102③C：38、T103③C：35、T104③C(2件)、T105③C：3、T108③B、T109③B：48、T116③C：9		15	
		Ⅳ	a	H54、H154：1、H222、H224：2、H251、H270：1、H291、H322：1、T32③B：3、T64④：7、T103③C：28、T104③B(3件)、T114③B、T109③B：50(3件)、T101③B、T15③B	20	59	
			b	H50：6、H56：11、H180：2(2件)、H195、H222、H252、H319、M221：1、T6③B：16、T34③B(2件)、T108③B：47、T109③B：55、56、T21③：14	16		
			c	H50：7、H75：9(2件)、H180：3、H257、H272、H259、T18③B、T26③B：21(3件)、T32③B、T104③B、T109③B：78(2件)、M18：4	6		
			d	H95：10、H236：9、T34③B：7、T73④：7、T103③：37、T116③B：10、T119③B	7		

类	型	式		标本号或标本出土单位	数量(件)				
B	b	Ⅰ		H179：7、H327：6、T18③：13、T68⑤：11		4	38	138	187
		Ⅱ		H290：5、T11③C：17、T21③C：3、T36③C：6、T113③C：19、H180：4		6			
		Ⅲ	a	H19：38、H70：2、H123：6、H150、H181、H252：6、H291、H322、H379、T7③B：7、T32③B、T114③B、T116③B	13	28			
			b	H168、H195、H252：8、H290、H339：22、H388：1、T18③B、T33③B：14、T109③B：47	9				
			c	H93：2、H120：20、21、H169、H195、T104③B	6				
	c			H19：39、H318：4(2件)、T22⑤、T108③C(2件)、T109③C、T13③：6			8		
	d			T6③C：8、9、T31③B：12			3		
	e			H105：9、T102③B：21			2		
C		Ⅰ		H254、H327：7、T18③C：14、T109③C：57、T75④		5		23	
		Ⅱ	a	H209、T21③B：15、T101③B：34、T103③B：33	4	18			
			b	H46：2、H143：2、H252：7、H50、H322、H334、H375、T116③C：6	8				
			c	H195、H254：7、T101③B	3				
			d	H144：1、H190：3、H232：3	3				
D	a			H50：5、T101③C、T103③C：32、T109③B、T114③B		5	7	11	
		Ⅰ		T6③B：10、T33③B：3		2			
	b	Ⅱ		H194：3、T101③C：10、T114③C：20、T18③B：15			4		
E	a			H87：3、H280：2、T101③C：27			3	10	
	b			T26④：3、T101③C：24、44(3件)			5		
	c			H252：2、T114③C：22			2		
F				H85：2、H139：1、T101③B：25、T102③B、T104③B				5	
罐形壶	A	Ⅰ		H84：1、H383：13、M303：1、M374：1		4	22	78	
		Ⅱ		H115：20、M104：1、M108：3、H115：23		4			
		Ⅲ		H31：1、H37：5、H76：2、H147：2、H303：1(2件)、M297：1、M340：1、M391：1、T101北扩③：46		10			
		Ⅳ		H179：3、H229：18、M411：1、T103③C：45		4			
	B	Ⅰ		H111、H234：1、M66：1、M110：1、H82：1		5	28		
		Ⅱ		M52：1、M109：4、M32：1		3			
		Ⅲ		H112：37、H187：32、H62、M39：1、M376：1、M375：1		6			
		Ⅳ		H167：1、H117：2、H333：2、M308：1、H112：31、M249：1		6			
		Ⅴ		H327：8、H198：10、H148：1、M487：2、H335：6、T6③：2、T65⑤、T66⑤：11		8			
	C	Ⅰ		H383：9、H262：4(2件)、M31：1、M107：1		5	16		
		Ⅱ		M42：1、H21：5、M38：1		3			
		Ⅲ		H187：38、H74：2、H42：4、H127：1、M41：3		5			
		Ⅳ		H42：2、H187：15、M243：2		3			
	D	Ⅰ		M294：1		1	12		
		Ⅱ		H112：11、12、M411：2		3			
		Ⅲ		H16：1、M123：1、H294：2、M501：1、H159：5、T26③C：22		6			
		Ⅳ		M91：1、T120③C：3		2			

类	型	亚型	式	标本号或标本出土单位	数量(件)			
折肩壶	A		Ⅰ	M132∶1、M364∶2、3、M369∶1、M382∶1	5		68	121
			Ⅱ	M79∶1、M128∶1、M311∶1、M344∶1、2、M355∶2、 M312∶1、M364∶1、M377∶1、M394∶2、M396∶1、T20③C∶1	12			
			Ⅲ	H38∶4、H172∶4、M77∶1、M79∶3、M87∶1、M102∶1、M112∶1、M309∶1、M326∶2、M334∶1、3、4、5、8、M335∶1M336∶7、M353∶30、M355∶1、M338∶1、M352∶3、4、5、M361∶1、M364∶4、M393∶1、M395∶1、M394∶3、M402∶1、T4③C∶1	29			
			Ⅳ	H38、H193∶2、H202∶1、H321∶2、4、H339∶1、13、15、M44∶1、M76∶5、M112∶2、M277∶1、2、M287∶2、M325∶5、M334∶6、M352∶2、6、M363∶2、16、M387∶1、T10③C∶3	22			
	B	a	Ⅰ	M65∶2、M76∶6、M127∶1、M275∶1、M282∶1、M385∶1、M386∶1	7	26	39	
			Ⅱ	H162、H195、H220∶1、H243、M113∶1、M281∶2、M233∶1、10、H322∶4、M334∶7、M336∶1、M351∶1、M352∶1、M363∶1	14			
			Ⅲ	M90∶3、M94∶1、M101∶1、M313∶1、M336∶8	5			
		b	Ⅰ	M330∶1、M334∶2	2	13		
			Ⅱ	H60∶18、H129、H150、M321∶1、M79∶2、M319∶1、M378∶1、M337∶1、M394∶1、M326∶1、M486∶1	11			
	C		Ⅰ	M291∶1、M96∶1、M62∶1、M57∶1、T101③C∶9	5		9	
			Ⅱ	M47∶1、M254∶1	2			
			Ⅲ	M25∶1、M231∶1	2			
	D			M388∶1、M121∶1			2	
	E			M206∶1、M46∶1、M251∶1			3	
圆腹壶	A		Ⅰ	M270∶1、M35∶1、M120∶1、M281∶1、4、M273∶1、4、M272∶1、M323∶2、M325∶4、M328∶1、M487∶1、T101③C∶39、M384∶2	14		32	59
			Ⅱ	M76∶1、M106∶1、M118∶1、M305∶1、M323∶1、M329∶1、M358∶1、M384∶1、M366∶1、M410∶1、H195∶2、H290∶12、T5③C∶10、T101③C∶5	13			
			Ⅲ	M34∶1、M73∶1、M219∶1	3			
			Ⅳ	M278∶1、M409∶1	2			
	B		Ⅰ	M27∶1、M267∶1、M281∶3、M325∶1、M383∶1、T21③C∶1、T109③C∶24	7		14	
			Ⅱ	M220∶1、M293∶1、T113③C∶5	3			
			Ⅲ	M60∶1、M379∶1、M392∶1、M486∶2	4			
	C		Ⅰ	M95∶1、M119∶1	2		10	
			Ⅱ	M61∶1、M252∶1、M256∶1、M259∶1、M261∶1、H309∶2	6			
			Ⅲ	M253∶1、T101③B∶5	2			
	D			M370∶1、H60∶10、H374∶3			3	
扁腹壶	A		Ⅰ	M227∶1、M263∶1、M264∶1、M68∶2、M299∶1	5		13	25
			Ⅱ	H20∶5、M307∶1、M284∶1、M401∶1、H104∶2、T109③B	6			
			Ⅲ	M24∶1、M203∶1	2			
	B		Ⅰ	M64∶1、M268∶1、M320∶2	3		10	
			Ⅱ	M481∶1、M251∶2、M482∶1、M222∶1	4			
			Ⅲ	M25∶2、M21∶1、M223∶1	3			
	C			M231∶2、M18∶1			2	

类型		式	标本号或标本出土单位	数量(件)		
圆肩壶			T6③B:17、M298:1			2
斜肩壶		Ⅰ	M54:1、T8③C:4	2		4
		Ⅱ	M69:1、M22:1	2		
深腹壶			H294:3、M327:2、M377:2、M353:29			4
三足壶			H16:7、T113③:1			2
带流圈足壶			T34③B:2			1
方口盆	A	Ⅰ	H74、H78、H82:2(3件)、H156:5、H221、H395	8	36	62
		Ⅱ	H13、H74、H37:13、H112:8、H112:2、H242、H304、H331(2件)	9		
		Ⅲ	H330:2、H37:4、H21:6、H304(2件)、H42、H127、H187:33、H147:1:11、H262、H330:2(2件)	13		
		Ⅳ	H62、H229:14、H241、H315、H29:12	5		
		Ⅴ	H29:1	1		
	B	Ⅰ	H77:1、H245、H383:5(2件)	4	21	
		Ⅱ	H74、H112:7(2件)、H187:3.12、H303、H147:10、H37:12、H250	9		
		Ⅲ	H304、H330:3、21(3件)、H112:22	6		
		Ⅳ	T9③C、T101北扩③C:3	2		
	C	Ⅰ	H147:6、H187:22	2	5	
		Ⅱ	H159:3、H304、H331	3		
五角口盆			T16③C:3、T113③C:11			2
深腹盆	A	Ⅰ	H74:3、H82(2件)、H37:14、H304(2件)、H303、H330:15、H245:2(3件)、H68、H76、H84:4、H13:3、H278	16	52	88
		Ⅱ	H76、H78、H221(2件)、H112:25、H13、H112:16、H187、H156:13、H304:6(3件)、H250、H303:5、12、H330(3件)、H357、H146:4、H29、H231	22		
		Ⅲ	H81、H304、H262、H303:6、H330:5、H342:4、H198:5、7、H269、H288、H291、H250、T26③C:25、T27③C	14		
	B	Ⅰ	H74:1、H76、H82、H13、H234、H303、H77:2、H111:3、H231、H355:1、H409	11	33	
		Ⅱ	H112:41、42(3件)、H112:34、H262(3件)、H330:16(2件)、H250、H355、H285、H335、H409、H112:38	16		
		Ⅲ	H208:2、H217:2、H393:3、H342:6、T102③C:20、T64⑤	6		
	C		H82:8(2件)、采:3		3	
器鋬	A		H278:8		1	9
	B		H231:10、H112:25、T69⑤:3		3	
	C		T73⑤:10、H304:6、H112:42		3	
	D		H330:22		1	
	E		H69:8		1	

类	型	式	标本号或标本出土单位	数量(件)		
划纹盆	A	Ⅰ	H187：24、H240：3、H304：5(2件)	4	10	80
		Ⅱ	H157(2件)、T26③C：9	3		
		Ⅲ	H195、H226、T6③：7	3		
	B	Ⅰ	T22③C、H40：3、H197：1、H339：21、H351：1	5	13	
		Ⅱ	H339、H47、T101③B、T108③B、T114③B、H309：6	6		
		Ⅲ	H19：28、H33：5	2		
	C	Ⅰ	H187、H195(2件)、H339、T109③C、H61、H107：2、H275、H290(2件)、H327：5、T63⑤：12(2件)、T119③C：1、H336、T73⑤、H351	17	47	
		Ⅱ	T102③B(2件)、T101③B(3件)、T108③B、H174：7、8(3件)、T119③B、H60：11、H113：18、H162：1、H394：1、T4③B(2件)、T23③B、H33：7、9、H65、H309：9	22		
		Ⅲ	T102③B、H374、H28：11、H113：15、T113③B、T102③B：5、H171：4、T22③B：30	8		
	D		H195、T22⑤、H40：1、H19：42(2件)、H232、H237、T21③、T16③B、H95：8		10	
敛口盆	A	Ⅰ	H34(2件)、H36、H52：1、H124、H171、H174(2件)、H177、H196：3、H266、H290、H291、T26③C、T116③C、T119③C、H169、H354：1、H196：3	19	36	50
		Ⅱ	H32、H70、H75：8(2件)、H106：2(2件)、H118、H174、T116③B、H75：2	10		
		Ⅲ	H19：37(2件)、H32：8、H58：3、H309、T116③B、H105：11	7		
	B	Ⅰ	H168、H217(2件)、H34：6、T108③C：24	5	11	
		Ⅱ	H174：16、T108③B、T119③B、H309：8	4		
		Ⅲ	T108③B：29、T109③B：30	2		
	C		H198：9(2件)、H29：15		3	
附加堆纹盆		Ⅰ	T22③B(2件)、H28：61、62、T14③B、T28③：14、T33③B	7		15
		Ⅱ	T22③B、T34③B：4、H19、T28③B(3件)、H28：13、T12③B：21	8		
折沿盆			T12③B：22、T22③B：32			2
直口盆			H66：1			1
三足盆			H322：15			1
浅腹平底盆			H47：6			1

类	型	式	标本号或标本出土单位	数量(件)		
敞口钵	A	Ⅰ	H82：5、H278：4、6	3	10	86
		Ⅱ	H112：9、33、H156：3、H115	4		
		Ⅲ	H119：1、H261：10、H303：9	3		
	B	Ⅰ	H187：37、H245：4	2	19	
		Ⅱ	T116③C：12、H302、H331：2	3		
		Ⅲ	H161：2、M410：2、T4③C：4、T103③C：25、H189	5		
		Ⅳ	H319：2、H268	2		
		Ⅴ	T34③B：19、T109③B、H174、H282	4		
		Ⅵ	H19：21、T12③B：19、H166：4	3		
	C	Ⅰ	H76：1、H115：18、H147：9	3	57	
		Ⅱ	H262、H278：7、9、H112：60	4		
		Ⅲ	H184：1、H315：4	2		
		Ⅳ	H164：2、H170、H189：1、H237、H169、H286、H290、H306、H349、T12③C：20、T26③C：29、T103③C：13、16	13		
		Ⅴ	H52：2、H170、H275：3(2件)、H135、H212、H319：3、M72：3、T63⑤：8、H81：4、H91、H195：9	12		
		Ⅵ	H54：6、H95：3、H104：9、H174：21(2件)、H232：5、T74④、T109③B、H32：11	9		
		Ⅶ	H28：14、57、H113：9(2件)、H114：2、T12③B：15、T102③B：4、T103③B、T109③B、H19	10		
		Ⅷ	H113：24、H166：5、T5③B：9、H28：16	4		
敛口钵	A	Ⅰ	H198：2、12、H218：1、T27③C：11、T101③C、T108③C：40	6	28	68
		Ⅱ	H159：2、H197：2、H228：7、H327：2	4		
		Ⅲ	T26③C：30、T120③C：2	2		
		Ⅳ	H220：2、M377：10	2		
		Ⅴ	H172：2、H206：1、H336：3、H341：8	4		
		Ⅵ	H57：6、H65：2、H70：4、T26③C：23、T102③C：16、39(3件)	8		
		Ⅶ	W21：1、H347：1	2		
	B	Ⅰ	H16：2、H117：1、4、H254：2、H261：8、H384	6	40	
		Ⅱ	H124：8、H142：2、H172、H291：1、H327：1、H341、H180：1、H390：1、M276：1、T120③C	10		
		Ⅲ	H206：4、M277：3、M325：3、T104③C：20、H291：22	5		
		Ⅳ	H91：4、H336、H339、M387：3、T64⑤：8	5		
		Ⅴ	H238：4、H291：3、H339：6、12、H379：1	5		
		Ⅵ	H182：2、H195：10、H318：1、H339：7、T101③C、H92、H290：16	7		
		Ⅶ	H334：2、T103③B：52	2		

类型式			标本号或标本出土单位	数量(件)		
浅腹钵	A	Ⅰ	H147、H156：12、H341	3	32	55
		Ⅱ	H341、H353：1	2		
		Ⅲ	H228：1、H341：2、H379	3		
		Ⅳ	H253：2	1		
		Ⅴ	H63：2、H222：1、H322：6、T21③C：11	4		
		Ⅵ	H33：10、H60：5、H63：1、H108：8、H165、H174、H270、M263：3、4、22、T16③B：2、H277	12		
		Ⅶ	H33：8、11、12，H188、H282：5	5		
		Ⅷ	H55：3、6	2		
	B	Ⅰ	H128、H169、H170、H171、H290：1、H309、T114③B：3	7	14	
		Ⅱ	H113：1(2件)、H373：1、H374：2、M208、T102③B：35、T108③B	7		
	C	Ⅰ	H319：5、M220：2、T63④：5、T65④：4、H125、M410：3	6	9	
		Ⅱ	H102：1、9，T9M71：1	3		
深腹钵	A	Ⅰ	H229：10、11，T108③C	3	5	11
		Ⅱ	H109：1、H110：4	2		
	B		H58：6、H75：10、H327：4、M222：2、T11③：20、T109③：81		6	
曲腹钵	A	Ⅰ	H83：2	1	10	13
		Ⅱ	H64：3、H243：1、H341：9(2件)、T26③C：31、T109③C	6		
		Ⅲ	H125：5、T101③B、T109③B	3		
	B		H291：25、M273：5、T101③C		3	
折腹钵	A	Ⅰ	T109③C：71(2件)、H107：5	3	4	6
		Ⅱ	H286：3	1		
	B	Ⅰ	H167：2	1	2	
		Ⅱ	H322：14	1		
小钵	A		H146：1、H151：2、H186：2、H187：7		4	14
	B	a	H35：9	1	7	
		b	H161：5、M342：2、5、11、H108：2、H104：4	6		
	C		M342：3		1	
	D		T108③B：22、H229：8		2	
盂			H58、T21③C：17、H229：9、T103③C、H203：1			5
碗	A	Ⅰ	T33③C：9、T34③C：8	2	9	24
		Ⅱ	H27：4、T34③B：5、T109③B：7、H232、H27：1	5		
		Ⅲ	H67：4、H102：16	2		
	B	Ⅰ	H35：17、H60、H69：6、H289：4	4	9	
		Ⅱ	H28：3、H75：3、T33③B：8、T34③B：17、H209：4	5		
	C	Ⅰ	H209：1、M292：2	2	4	
		Ⅱ	H28：32、H58：1	2		
	D		H58：5、H60：3		2	
碗底	A	a	H36：4、H236：4、H237、H251、T11③B：18、T12③B、T22③：4、T32③B、T34③、T108③B(2件)、T109③B：68(2件)、T119③B	14	28	54
		b	H179、H237：6、H222、T34③B、T108③：42(3件)、T102③B、T103③B、T104③B、T108③B(2件)、T109③B(2件)	14		
	B	a	H54：7、H232：7、H249	3	10	
		b	H28：63、H228：6、H236：7、T108③B、T109③B：83、T113③B、T114③B	7		
	C	a	H19：45、T109③B	2	6	
		b	H113、T104③B、T109③：64、T113③B：4	4		

类型式				标本号或标本出土单位	数量(件)		
杯	A			H108：9、10、H172：3、H383：12、M342：4、T113③C：2		6	10
	B			H50：1、H108：6		2	
	C			M259：2、H171：2		2	
三足钵	A	a	Ⅰ	H322：5、7	2	8	34
			Ⅱ	M387：2	1		
			Ⅲ	H195：5	1		
			Ⅳ	H426：1、H270、H282	3		
			Ⅴ	H113：23	1		
		b		H113：3		1	
	B		Ⅰ	H64：1、H282	2	6	
			Ⅱ	H166：3、M239：1	2		
			Ⅲ	H113：8、T108③：52	2		
	C		Ⅰ	H161：1	1	11	
			Ⅱ	T35③B：17、T109③B：17、T103③B：1、H113：25、H47：3	5		
			Ⅲ	T103③：19、31、H135：3、T109③B：66、67	5		
	D			H113：7、H47：2、H124：6		3	
	E			H270：3		1	
	F			H291：6、H339：14、T34③：16		3	
	G			H28：35		1	
三足钵足	A		Ⅰ	H20：6、T26③C：26、T120③C：14	3	30	64
			Ⅱ	H33：14、H50：11、H251：3、H286：4、5、6、T8③B：5、T33③B：13、T101③B：41、42、T34③：14、H113：17	12		
			Ⅲ	H36：10、H113：22、H237：11、H275：2、H319：10、T7③：9、T23③B：1、5、T34③B：18、T36③B：5、T37②：5、T64④：17、T102③B：36、T113③B：21、T109③B：69	15		
	B		Ⅰ	T31③C：14、T108③C：45、T114③C：19	3	14	
			Ⅱ	H49：1、H233：3、T63④：3、T120③B：15	4		
			Ⅲ	H143：3、T18③B：20、21、T101③B：40、H145：4、T103③：49	6		
			Ⅳ	T108③B：46	1		
	C		Ⅰ	H33：16、H176：1、T7③C：9、10	4	15	
			Ⅱ	H95：12、T7③B：11、T4③B：14、T36③B：8、T9③B：6、T103③B：46、H28：66	7		
			Ⅲ	H54：9、T16③B：6、T103③B：47、51	4		
	D			T101③B：43		1	
	E			T108③B：39、51		2	
	F			T18③B：10、T102③B：37		2	

类	型	式	标本号或标本出土单位	数量(件)		
支脚	A		H9：2、H13：4(5件)、H19：9、10、H34、H35：5、H50：8(2件)、H88：3、4、H112：21、35，H105：10、H116、H141：2、H113：19(2件)、H127：6、H145、H155、H156：6、7、8(5件)、H148、H158：1、H221：3、8，H229、H236：3、H257：1、H290、H303(4件)、H330：4、6、7，H187：28(4件)、H309、H318：2、H320：2(2件)、H348：5、H382、T6③C、H383：6、T22③C、T23③C：7、T26③C、T27③C、T31③C：5、T37②、T63⑤、T67⑤：4，T68③C：13、T74⑤、T73⑤、T103③C：40、T103③C：39、T105③C：2、T108③C、T101北③C：4、T101③C：30、T109③C：51、T113③C：20、T109③C(2件)、T114③C：1、T119③C：4、H19：23(2件)、T20③C：5、H95、H330：4		86	174
	B		H47、H108：4、H172：1、H189：3、H208：3、4，H222：3、H229：5、6，H270、H187：23		11	
	C	a	H110：2、H111、H146：3、H178：1、H372、H262、H274、H331、H351：2、T68④：9、T108③B：5、T119③C、H110：2、H115：6、H112：14、19，H156：1、H221：9、H187：4、H304：7、H330、H320：3、T73④：6、T101③B：6、T31③B：4、T109③C：34、T119③C、T20③：6(4件)、T20③：2、T4④、H29：5、T19③B：1、H42：1、H77：3、T26③C：12、H383：11、H218：3、H372、H13：15	43	60	
		b	H152、H157：1、M235：1、H288：1、T102③B：10、H146：6、T73④、T6③B：8、T5③B：5、T13③B：2、T108③B：53、H383：10、T31③B：13	13		
		c	H234：2、T101③B：2、28、T67⑤：3	4		
	D		H127：9、H196：4、H229：17、H113：20、T102③B：22、T69⑤：2		13	
			T101③B：29、T108③B：54、H155、T26③C、T108③B、H127：3、T68③B：7			
	E		H112：17		1	
	F		H187：26、H287：1		2	
	G		H187：5		1	
器盖		Ⅰ	T101③C：23、T108③B：28		2	3
		Ⅱ	H19：36		1	
勺			H19：19、T7③B：2			2
网坠	A	a	H393：1、2，T103③B：8、10、11、18、26，T104③：21、T108③B：21、13、50	11	16	28
		b	H28：70、T18③B：9、T21③B：10、T103③B：7、H125：4	5		
	B	a	T103③B：34、36，T108③B：20、M18：3、T68④：12、T114③C：9、T109③C：49、T104③B：19、T101③B：26	9	10	
		b	T108③B：34	1		
	C		T22③B：3		1	
	D		H123：10		1	
垂球			T108③B：2			1
弹丸			H32：6、H55：1、H339：16、T4③C：7T18③B：3			5
镞	A		H25：1、7、8，H28：4、5、6、19～30，H50：2、3，H20：2、H33：1、H57：4、H52：3、H237：10、H249：2、M370：5、T12③B：7、8、11、27、13，T15③B：3、7，T32③B：1，T22③B：2、6、8、22～25，T35③B：12、T114③B：5、15，T33③B：12、T4③B：8、T33③B：10、T23③B：8、T14③B：5、7，T5③B：6、T17③B：10、T27③B：1		54	58
	B		H45：1、T103③：21、采(2件)		4	
纺轮			M353：1、T7③B：4、T102③B：6、T108③：35		4	8
	半成品(圆陶片)		H25：2、H123：2、H112：56、T108③：36		4	
陶塑品			H28：59、60、H39：5、6、7、H108：7、H229：12、H120：8、H291：20、T73④：8、T3①：1			11

附表一四　石制品标本统计表

器名	型	式	器号及出土单位	数量(件)			
颜料	A	a	H75、H113：6、H141：1、H234、H256、H282：2、H304、H336、T35③B：5、失号 1 件	10	21	25	
		b	H237：8、H329：2、H330：1、T61⑤：3、采：6	5			
		c	H195：7、H232：1、T5③：1、T11③：14、T15③、T114③B	6			
	B	a	H28：37、T5③：8、T109③C：8	3	4		
		b	M327：10	1			
云母片			M277：61、H112：55、H33：13			3	
石料			M73：9、M342：6(5 件)、M369：2、T27③B：3、T108③B：8、T71④：1、M370：2、M486：4			12	
坯料		Ⅰ	H82、H222、H339：9、M353：39、T35③B：8、T104③：2、T109③C、T120③C：6	8		65	
		Ⅱ	H20、H60、H112、H172、H282、H291(2 件)、H309、H321、H343、T103K2、T14③：1、T22③、T26④(2 件)、T31③：11 T64④、T68④：4、T103③(3 件)、T104④和②、T109③B、T114③B和③C、T119③B	27			
		Ⅲ	H123：7、H175：2、H284：6、H393、T21③B：7、T34③B、T61⑤：4、T102③B、T108③B、T109③B(2 件)、T113③B：17	12			
		Ⅳ	H28：39、H29、H95：1、H111、H316、H330、T6③：5、T66③、T101③B、T102③B：27、T109③B(2 件)	12			
		Ⅴ	H187：20、WBJ 采：2、T101③B：21	3			
		Ⅵ	H19：3、T37②：4、T119③C：8	3			
石核 锤击	A		H34：7、H112、H125、H273、H286：2、H290：10、H291：18(2 件)、M249、T16③B、T66④、T101③C、T109③B、T119③C：14	14		70	
	B		H125：3、H221：2、H229、H330、M363：10、T4③、T15③：4、T16③B(2 件)、T17③C、T67④、T101③B、T103③B T104③B、T109③C、H348：4	16			
石核 砸击			H91、H112：46、47、H141、H221：5(2 件)、H223、H303、H309、H310：1、H330、T12③B、T17③C、T27③C T73⑤、T32③C：5(2 件)、T74④(2 件)、T101③B：36(6 件)、T102(6 件)、T102③B、T103③B(2 件)、T105③B、T113③B：22、T119③B：5(共 4 件)	40			
石片 锤击	A		H35：3、H151、H187：29、T62④、T73④：11、T109③B：42、T114③B：12、T120③B：10、T119③C	9		76	94
	B		H112(2 件)、H141、H217：5、H277：2、H317、H321、H327(2 件)、H379、T13③、T16③、T14③B、 T73④：4、101③C：19(2 件)、T104③B、T113③B、T114③C：13、H380、H285：2、H28：64、H241：4	23			
	C	a	H105、H145：3、H253、H259、T17③C、T31③B、T34③B：11、12、T102③B、T32K2：1	10	19		
		b	H243、H277：1、T6③、H334、H214：1、T74⑤、T119③B：18、T16③：4(2 件)	9			
	D		H35、H51、H105、H112：45(3 件)、H123(2 件)、H109、H119、H155、H187、H189：5、H309：3、H85 H334、T15③：6、T14③B、T26④、T27③C：7、T73④：9、T101③A、T102③B、T114③B	25			
石片 砸击	A		H53、H55、H231、H243、H261：3(2 件)、H304、H330：18、H346：1、T12③C：24、T16③、T73④	12	18		
	B		T74④：16、T101③B、T102③B、T102③C、T103③、T114③C：13	6			

续附表一四

器名	型	式	器号及出土单位	数量(件)		
石锤	锤击	A	M342：7、H345：1、T5④：7、T66⑤：8、T74④：3、4、19、WBJ采：1	8	21	109
		B	H237：3、T34③B、T102③B：32、T113③B：13(2件)、T108③B：15、T109③C：9、T103③B	8		
		C	H113：16、H261：7、T6③：6、T74④：1、T103③B：2	5		
	砸击	A	H119、T27③B：4、T64④：6、T66④：1、T65④：1、T73④、T101③B：13、T103③B：15、T120③C：4	9	31	
		B	H28：38、H146：7、H155：6、T26③C、T103③B：4	5		
		C	H124：5、H197：3、T17③C：13、T102③C：12、T109③C、T109③B：84	6		
		D	H16：8、H75：1、H93、H112：48、H155：5、H224：1(2件)、H310、T17③C：7、T64④：15、T33③B：2	11		
	琢击	A	H32：9、H284：9、T19③C：3、T36③：1、2、T108③：1、T116③B：1、H368：3	8	57	
		B	H32：1、H115：3、H123：9、H250：1、H120：27、H152：3、H315：3、T101③B：12、H155：3、T66⑤：12	10		
		C	H20：7、H29：2、H103：3、H120：18、H123：4、T6③B、T18③：5、T26④：4、T36②：4、T109③B：11、85(2件)、T113③B：9(2件)、T114③C、T120③B：12	16		
		D	H75：5、T104③B：4	2		
		E	H20、H112、H166：2、H187：21、H119：4、H273：2、H315：2、H322：11、H339：18(2件)、T21西扩③、T26③、T101③B、T103③B、T109③B(2件)、T113③C(2件)、T114③C(2件)、T116③B	21		
石砧		A	H29：3、H55：4、H175：4、M371：4、T27③C、T109③C：15	6	28	
		B	H26：1、H120：25、H123：3、H221：7、H250：4、H266、M363：12、T114③C：14、T109③B	9		
		C	H60：1、H81：3、H91：3、H112：57、H152：6(2件)、H261：2、H298、T74④：18、T35③B、T102③B：26	11		
		D	H29：17、M373：3　　另：H316：2、3(型式不明)	2		
钻		A	M303：3、T101③B：20、T120③C：11	3	8	
		B	H125：1、T15③：12、T22③：18、T66⑤：5、T74⑤：20	5		
钻帽			H57：5、H187：27、T22③：26、T34③B：13、T64④：13、T103③B：41、T109③B：43、T114③：10		8	
研磨器		A	H232：4、H250：3、T11③：8、T108③B：6、33	5	8	
		B	H56：6、T11③：5、T28③B：10	3		

续附表一四

器名	型	亚型	式	器号及出土单位	数量(件)		
砺石	A		a	H123：8、H252：9、H309：10、M401：3、T103(3B)：3、T119(3B)：12、H290：8	7	21	63
			b	H28：46、H102、H237：9、H252：5、H290：6、M282：8、9	7		
			c	H112：44、H275：1、M41：1、M113：3、T4③：11、T120(3B)：8	6		
			d	M275：3	1		
	B		a	H122：4、H155：4、H270：2、M373：4、T103(3C)：24	5	11	
			b	H29：13、H30、H120：23、M60：2、T26④：13、T37②：8	6		
	C		a	H152：4、T103(3B)：42、M62：4、H291：5(2件)	5	9	
			b	T64④：2、T113(3B)：16、H134：2	3		
			c	T28(3C)：3	1		
	D		a	M344：25、M400：2	2	12	
			b	H28：45、H234：3、M282：53、T102(3B)：23、T104③：22	5		
			c	H28：44、H139：2、T101(3B)：14	3		
			d	H238：6、H133	2		
	E			H119：3、H159：8、H187：30、T33(3B)：6、T34(3B)：9、T101(3B)：45、T104(3B)：13		7	
	F			H257：5、T104(3B)：14、T109(3C)：38		3	
打制石器	砍砸器			H75、H85、T26(3C)、T101(3B)：31、T103(3B)、T104(3B)：16、T108(3C)、T119(3B)：15			8
	刮削器	A	a	H187：18、T109(3C)：41、T116(3B)	3	13	34
			b	H124：7、H254、H289：20、T66④：10、T102(3B)、H285：3	6		
			c	H35、H128：1、H187、T108③：48	4		
		B	a	T34(3B)：10、T37③：6、T109(3C)：52	3	9	
			b	H28：47、T66⑤：6、T73④：5、T75④：1、T101(3B)、H28：71	6		
		C		T101(3B)：18		1	
		D	a	T15③：2、T109(3C)：53、T101③：35	3	11	
			b	H115：9、M35：8、H19、T33③：7	4		
			c	H187、H368、T35(3B)：15、T72⑥：7	4		
	有使用过痕迹的石片	A		T103(3B)：20、T109(3B)：40(2件)		3	18
		B		H50：9、T101(3B)、T104(3C)：10、T108(3B)：31(2件)		5	
		C		H29：18、H47、H339：17、T104(3B)：11、T120(3B)：9		5	
		D		H91：5、H303、T15③：11、T26(3C)：17、T32(3B)：4		5	
	有使用过痕迹的石块	A		H28、H42：5、H35、H284：8、M400：7、T102(3B)、T109(3B)：58		7	18
		B		H47：4(2件)、H379、M408：1、T9(3C)：5、T5③：2、T14③：2、T17③：2、T21③：13、T101(3B)、T113(3B)：3		11	
磨刃石片				T22③：15、T12③：25			2

续附表一四

器名		型式		器号及出土单位	数量(件)		
农具类	石铲	A	a	H28、H32：3、H36、M117：2、M399：1、T21西扩②、T32③、T35③B：11、T71④：2、T102③B、T103③C：30、T109③B：3(6件)	17	48	87
			b	H34：3、H39：8、H102、H104、H162、H195：8(2件)、T17③C、T21②、T27③：8、T31③B：6 T101③B：11、T103③B、T104③C：12、T108③B：27、T109③B(2件)、T119③B(3件)、③C(1件)、T120③C(2件)	23		
			c	H103：2、H380、T17③B、T27③B：2、T101③B、T102③B：28、T103③B、T109③B	8		
		B	a	H19：2、M413：1、T11③：11、T22③C：16、T7③：8、T31③B：1.8、T104③C、T109③C、H368(2件)、T109③B：62、T114③B：18、T32③	14	22	
			b	H28：50、H275、M400：5、T6③：4、T14③B：6、T66④：3、T102③B：33、T28③B：9	8		
		C	a	H91、H187、H212：1、H331、T11③：10、T103③B：12、T109③B：44、T70④：1	8	17	
			b	H60：2、H291：4、T12③：14、T28②：8、T105③：7、T104③	6		
			c	M274：2、M327：9、T22③：7	3		
	石镰	A	a	H101：1、H106：1、M356：4、T23③：3、T33③：1	5	17	45
			b	H20：3、H25：5、H57：1、M414：1、T6③：1、T33③：4、T109③B：33、T120③C：7	8		
			c	H155：2、T12③：2、T105③：5、T109③C：36	4		
		B	a	H28、H321、H380、T6③：13、T22③C：19、T23③：2、T35③B：1、T63④：7、T103③C：29、T109③B：60	10	28	
			b	H28(2件)、H14：2(2件)、H25：6、H29：7、H162、H341：7、T35③B：3.14、 T16③：5、T12③B：16、T67⑤：1、T10③：2、T103③C、T109③B：23、25、59	18		
	石刀	A		H56：7、T27③C：6、T11③：6、T101③B(2件)、T102③B：17、T103③C：17、44、T119③B		9	29
		B		H60：19、H28、H237：2、H303、T4③：6、T7③：1、T21③：12、T21西扩③、T73④：3、T101③A、T109③B、T6③：12、采：7		13	
		C		H20：8、H187：25、H187：36、T64④：9		4	
		D		T12③：5、T114③C：17(2件)		3	

续附表一四

器名	型式			器号及出土单位	数量(件)		
工具类	石斧	A	a	H28：51、H112：5、H289：8、T22(3B)：9、T66⑤：2、T108(3C)、T109(3B)：32	7	22	92
			b	H28：48、52、M41：2、T17③：6、T26(3C)：1、T105③、T114(3B)：2、T116(3B)：2	8		
			c	H20：1、H69：2、H91：1、H135：1、T108(3B)：3	5		
			d	H146：5、T68⑤：8	2		
		B	a	H32：5、H58：4、H81：2、H282：3、H339、M73：2、M121：7、M386：2、M400：4 T22(3B)：20、T33(3B)：5、T65④：7、T102(3B)、T103(3B)：14	14	28	
			b	M119：3、4、M121：6、M275：2、M282：4、T64④：3、T109③、采：8	8		
			c	M119：5、M130：2、M386：3、M395：3、T7③：3、、T73③：1	6		
		C	a	H29：8、16、H237：1、H291、T66⑤、T102(3B)：34、T108(3C)：25、T109(3B)：4	8	37	
			b	H17、H35：2、H95、H196：2、H234、T17③、T22(3B)：28(2 件)、T31(3B)：2 T35(3B)：2、T18③：4、T119(3B)：11、13(3 件)、T116(3B)、采：9	17		
			c	H309：1、T7M55：1、M282：5、T13③：3	4		
			d	M22：16、M57：2、M117：1、T11③：3、T66⑤：7、T109(3B)　采：10、M241：2	8		
		D		M277：31、M400：6、T114(3B)：7		3	
		E		T26(3C)：5、T63④：1		2	
	石锛	A		H110：1、M22：15、M55：2、M241：3、M356：3、T15③：5、T18③：7、T35(3B)：4、T61④：1		9	13
		B		M360：3、M412：1		2	
		C		T103(3B)：9		1	
		D		T11③：7		1	
	石凿	A		T104③：5		1	10
		B		H32：4、T8③：2		2	
		C		H35：16、M55：6、M282：7、T35(3B)：13、T64④：14		5	
		D		M73：3、M282：6		2	
	石纺轮			M342：8		1	5
				(半成品)：H122：3、M356：6、T31(3B)：7、M342：12		4	

续附表一四

器名	型	式	亚式	器号及出土单位	数量(件)		
粮食加工具类	石杵	A		H20：4、H28：40、T4③：9、T18③：1、T104③：3、T108③B：4.18、T109③B：37		8	22
		B		T35③B：10、T68③：3		2	
		C		H50：4、H304：8、T35③B：9、T62④：2、H102：13、T114③B：16		6	
		D		H28：41、43、H29：11、H103、H112：43		5	
		E		H333：1		1	
	石磨棒	A		H28：49、H47：1、H174、T4③：10、T13③：1、T17③C、T21西扩④、T28③：7(2件)、T31③B：9、T32K2、T36②、T37②：2、T64④：4、T101③B：16、T101③C、T102③B、T109③B(2件)、T109③C		20	98
		B		H152：2、H174：1、H198：8、T11③：9、T11③B、T22③C、T28③B：6、T31③B：10、T67④：2、T68④：5、T102③B：24(2件)③C(1件)、T103③B：48、T104③C：1(2件)、T108③C、T109③B、T108③B：23、T113③B、T114③C、H254：4、H329：1		23	
		C		H19：1、H39：9、H141、H152：1、H120：24、H222、T8④、T9③C：1.3、T22③：27(2件) T64④：1、T102③B：2.25、T102②、T103④：54、T104③：15、T109③、T114③B：11，采：11		20	
		D		H20、H152：5、H232、H250、H274、H334、M371：2、T17③：1、T22③：17、T34③B：1、T36②：3、T61④：2、T66⑤：9、T70③：2、T109③B：27(2件)、T116③B(2件)、T119③B		19	
		E	a	H206、H156：10、H28：42、M117：3、T13③：7、T16③：1、T18③：2、T36②、T103③C、T109③C：28	10	16	
			b	H19：29、H217、H339：8、T22③C：29、T14③B、T102③B：1	6		
	石磨盘	A		H19：16、H91：6、H95：5、H249：1、H309、T12③：4、T17③C：11		7	50
		B		H28、H30、H69：4、H177：2、H189：4、H231、H284：4、H291、M125：5、M371：1、T4③：12、T26③B：16、T4②：13、T65④：3、T18③：8、T119③B、T74④		17	
		C		H113：26、H174：6、H189、H290：9、M119：2、T37②：3、T67⑤、T70④、T101③B、T109③B、T113③B、H316：1		12	
		D		H36：11、H111：7、H249、T8③：3、T101③B：17(2件)、H290：7		7	
		E		H18：1、H350：1、M62：2、M405：1、M483：1、M281：5、M325：9		7	
	石磨盘腿	A	Ⅰ	H166：1、T14③：4	2	8	16
			Ⅱ	T31③：3、T35③B：7、T101③：1、T109③：39	4		
			Ⅲ	T17③：3、T103③B：38	2		
		B	Ⅰ	H28：53、T12③：3	2	4	
			Ⅱ	H33：6	1		
			Ⅲ	T32③B：6	1		
		C		H28、T6③：11		2	
		D		H122：1、H125：2		2	
狩猎工具	石球	A		H122：6、H119：5、H284：5、M68：1、T21③、T103③B：43、T113③B：10、24、T116③C：14		9	12
		B		H69：3、T7③：5、T103③C：23		3	
	石矛头			H289：13、H335：3			2
	石弹丸			M35：5、M277：66(3件)、M370：3、6、M373：2、T13③：4、T22③：11、T15③：1、T26③B：2、T32③C：2、T28③B：1			13

续附表一四

型式			器号出土单位	数量(件)		
石环			M119：6、M411：14、T23③：4	3		
扇形器			T113㉟：6	1		
璜形器			H216：3、H19：4、H69：1	3		
管形器			H113：4	1		
棒形器			T12③：1、12、T15③：8、T11③：13	4		
方形坠饰			H127：7、M58：2、9、M115：5、M335：18、T22③：5、T12③：6	7		
三角形坠饰	A		H127：5、H282：1、M243：3、4、M249：4、5	6	11	
	B		M58：3：12	2		
	C		M58：5、H115：16	2		
	D		M58：1	1		
圆形穿孔饰	A	a	M58：6、M249：6、7、M318：1—〔(—1)—(—17)〕	20	45	46
		b	M335：17、M274：1、M385：4、5、M396：10	5		
		c	H163：1、M121：3—〔(—1)—(—10)〕、M275：15、16、17、M342：13、T4③：5、M396：11	17		
		d	M58：4、M386：14：15	3		
	B		H273：1		1	
梭形饰			M121：12、H127：19	2		
不规则形饰			M58：10、M67：1	2		
绿松石块			H114：1	1		
柄形石器			M330：2	1		

附表一五　石料、废料岩性分类重量统计表

（单位:公斤）

重量 \ 分类 \ 类别	岩石 · 沉积岩 · 砂岩 · 中砂岩 · 暗色	中砂岩 · 浅色	粉砂岩 · 紫铁*	粉砂岩	石英砂岩 · 紫铁*	石英砂岩 · 浅色	碳酸盐岩 · 石灰岩	碳酸盐岩 · 白云岩	碳酸盐岩 · 泥灰岩	碳酸盐岩 · 燧石	岩浆岩 · 闪长岩	岩浆岩 · 安山岩	变质岩 · 石英岩	变质岩 · 片岩 · 含粉砂	片岩 · 黑绿色	片岩 · 金云母	变质岩 · 板岩	矿物 · 石英	合计	%
石料	30.7	22.4	4.5		13.4	57.5	0.3	0.45	0.6	0.4	0.35	2.15	17.3	1.2	1.7	1.6	0.8		155.35	80.5
废料	6.5	5.2																3.8	15.5	8.0
烧石		2.2			7.5	12.5													22.2	11.5
合计	37.2	29.8	4.5		20.9	70.0														
%	55.5	44.5	100		23.0	77.0														
合计	67.0		4.5		90.9		0.3	0.45	0.6	0.4				1.2	1.7	1.6				
%	41.3		2.8		55.9		17.1	25.7	34.3	22.9				26.7	37.8	35.6				
合计	162.4						1.75				0.35	2.15	17.3	4.5			0.8			
%	98.9						1.1				14.0	86.0	76.5	19.9			3.5			
合计	164.15										2.5		22.6					3.8		
%	86.7										1.3		11.9					100		
合计	189.25																	3.8	193.05	
%	98.0																	2.0		100

* 紫铁:紫红色含铁粉砂岩、紫红色含铁石英砂岩。附表一六、一七同。

附表一六　石制品岩性分类统计表

<table>
<tr><th rowspan="5">分类
数量
统计</th><th colspan="32">岩石</th><th colspan="7">矿物</th><th rowspan="5">化石</th><th rowspan="5">合计</th></tr>
<tr><th colspan="18">沉积岩</th><th colspan="4">岩浆岩</th><th colspan="10">变质岩</th><th rowspan="4">褐铁矿</th><th rowspan="4">石英和水晶</th><th rowspan="4">绿松石</th><th rowspan="4">莹石</th><th rowspan="4">粗玉</th><th rowspan="4">云母</th><th rowspan="4">滑石</th></tr>
<tr><th colspan="2">砾岩</th><th colspan="10">砂岩</th><th rowspan="3">页岩</th><th colspan="5">碳酸盐岩</th><th rowspan="3">辉长辉绿岩</th><th rowspan="3">闪长岩和闪长玢岩</th><th rowspan="3">安山石</th><th rowspan="3">花岗岩和花岗斑岩</th><th rowspan="3">石英岩</th><th rowspan="3">长英岩</th><th colspan="6">片岩</th><th rowspan="3">片麻岩</th><th rowspan="3">板岩</th></tr>
<tr><th colspan="2"></th><th colspan="4">中砂岩</th><th colspan="4">粉砂岩</th><th colspan="2">石英砂岩</th><th rowspan="2">石灰岩</th><th rowspan="2">白云岩</th><th rowspan="2">泥灰岩</th><th rowspan="2">硅质灰质</th><th rowspan="2">燧石</th><th rowspan="2">含白粉砂</th><th rowspan="2">含砾</th><th rowspan="2">黑绿色</th><th rowspan="2">锂云母</th><th rowspan="2">绢云母</th><th rowspan="2">角闪</th></tr>
<tr><th>紫</th><th>绿</th><th>绿</th><th>暗</th><th>灰</th><th>浅</th><th>紫铁</th><th>暗</th><th>灰</th><th>黄</th><th>紫铁</th><th>浅</th></tr>
<tr><td>合计</td><td colspan="2"></td><td colspan="4">165</td><td colspan="4">39</td><td colspan="2">66</td><td></td><td>1</td><td>1</td><td>1</td><td>1</td><td>1</td><td></td><td></td><td></td><td></td><td></td><td></td><td>19</td><td>1</td><td>12</td><td>3</td><td>5</td><td>1</td><td></td><td></td><td></td><td></td><td></td><td></td><td></td><td></td><td></td><td></td><td></td></tr>
<tr><td>%</td><td colspan="2"></td><td colspan="4">61.1</td><td colspan="4">14.4</td><td colspan="2">24.5</td><td></td><td>20</td><td>20</td><td>20</td><td>20</td><td>20</td><td></td><td></td><td></td><td></td><td></td><td></td><td>46.4</td><td>2.4</td><td>29.3</td><td>7.3</td><td>12.2</td><td>2.4</td><td></td><td></td><td></td><td></td><td></td><td></td><td></td><td></td><td></td><td></td><td></td></tr>
<tr><td>合计</td><td colspan="2">5</td><td colspan="10">270</td><td>2</td><td colspan="5">5</td><td>1</td><td>31</td><td>6</td><td>1</td><td>16</td><td>3</td><td colspan="6">41</td><td>6</td><td>4</td><td></td><td></td><td></td><td></td><td></td><td></td><td></td><td></td><td></td></tr>
<tr><td>%</td><td colspan="2">1.8</td><td colspan="10">95.7</td><td>0.7</td><td colspan="5">1.8</td><td>2.55</td><td>79.5</td><td>15.4</td><td>2.55</td><td>22.8</td><td>4.3</td><td colspan="6">58.6</td><td>8.6</td><td>5.7</td><td></td><td></td><td></td><td></td><td></td><td></td><td></td><td></td><td></td></tr>
<tr><td>合计</td><td colspan="18">282</td><td colspan="4">39</td><td colspan="10">70</td><td>4</td><td>31</td><td>99</td><td>20</td><td>1</td><td>2</td><td>1</td><td></td><td></td></tr>
<tr><td>%</td><td colspan="18">72.1</td><td colspan="4">10.0</td><td colspan="10">17.9</td><td>2.5</td><td>19.6</td><td>62.7</td><td>12.7</td><td>0.6</td><td>1.3</td><td>0.6</td><td></td><td></td></tr>
<tr><td>合计</td><td colspan="32">391</td><td colspan="7">158</td><td>1</td><td></td></tr>
<tr><td>%</td><td colspan="32">71.1</td><td colspan="7">28.7</td><td>0.2</td><td></td></tr>
<tr><td>总计</td><td colspan="41">550</td></tr>
<tr><td>%</td><td colspan="41">100</td></tr>
</table>

附表一七 石制品岩性器形对照表

类别	器名	打法	型	式	岩石·沉积岩·砾岩·紫	岩石·沉积岩·砾岩·绿	砂岩·中砂岩·绿	砂岩·中砂岩·暗	砂岩·中砂岩·灰	砂岩·中砂岩·浅	砂岩·粉砂岩·紫铁	砂岩·粉砂岩·暗	砂岩·粉砂岩·灰	砂岩·粉砂岩·黄	砂岩·石英砂岩·紫铁	砂岩·石英砂岩·浅	页岩	碳酸盐岩·石灰岩	碳酸盐岩·白云岩	碳酸盐岩·泥灰岩	碳酸盐岩·硅质灰质	燧石	岩浆岩·辉长辉绿岩	岩浆岩·闪长闪长玢岩和	岩浆岩·安山石	岩浆岩·花岗岩和花岗斑岩	变质岩·石英岩	变质岩·长英岩	片岩·含粉砂	片岩·含砾	片岩·黑绿色	片岩·锂云母	片岩·绢云母	片岩·角闪	片麻岩	板岩	矿物·褐铁矿	矿物·石英和水晶	矿物·绿松石	矿物·莹石	矿物·粗玉	矿物·云母	矿物·滑石	化石	合计
原料	石料					1	1			1					2																	1							2			2			25
	颜料		A	a							4																																				
				b							3																																				
				c							4																																				
			B	a																																	3								
				b																																	1								
	坯料			I			1									1																													13
				II											1										1														1						
				III			1								1																														
				IV											2																														
				V																				1																					
				VI			2																	1																					
初级产品	石核	锤击	A								2																1											2							12
			B												1																							2							
		砸击																																				4							
	石片	锤击	A				2			1																																			19
			B												2																							2							
			C	a			2								2										1																				
				b							1				1																														
			D				2			1																																			
		砸击	A																																				1							
			B																																				1							

续附表一七

数量 / 分类 / 类别	器名	型式	岩石																																矿物							化石	合计
			沉积岩																		岩浆岩				变质岩																		
			砾岩		砂岩										页岩	碳酸盐岩											片岩																
					中砂岩				粉砂岩				石英砂岩																														
			紫	绿	绿	暗	灰	浅	紫铁	暗	灰	黄	紫铁	浅	页岩	石灰岩	白云岩	泥灰岩	硅质灰质	燧石	辉长辉绿岩	闪长岩和闪长玢岩	安山石	花岗岩和花岗斑岩	石英岩	长英岩	含粉砂	含砾	黑绿色	锂云母	绢云母	角闪	片麻岩	板岩	褐铁矿	石英和水晶	绿松石	萤石	粗玉	云母	滑石	化石	合计
第一类工具	石锤 锤击	A					1		2														1																				42
		B			1			1														1			1																		
		C			1			2																																			
	石锤 砸击	A						4																					1														
		B			1																	1																					
		C											1									1																					
		D																																		3							
	石锤 琢击	A			1								1									1							1				1										
		B			1			1														3																					
		C						1					1									1			1											1							
		D																				1																					
		E											2																							1							
	石砧	A						1					1																														11
		B						1					2												1																		
		C			1			1					1																														

续附表一七

数量 类别	分类 器型名	式		岩石																																矿物							化石	合计
				沉积岩																		岩浆岩				变质岩																		
				砾岩		砂岩										页岩	碳酸盐岩					辉长辉绿岩	闪长岩闪长玢岩	安山石	花岗岩花岗斑岩	石英岩	长英岩	片岩						片麻岩	板岩	褐铁矿	石英和水晶	绿松石	莹石	粗玉	云母	滑石		
						中砂岩				粉砂岩				石英砂岩																														
				紫	绿	绿	暗	灰	浅	紫铁	暗	灰	黄	紫铁	浅		石灰岩	白云岩	泥灰岩	硅质灰质	燧石							含粉砂	含砾	黑绿色	锂云母	绢云母	角闪											
第一类工具	石砧	D							1					1																														
	钻	A																	2																		2							7
		B				1																															2							
	钻帽						1								1																													2
	砺石	A	a						1					1	2																													35
			b						2						1																													
			c						2						1																													
			d												1																													
		B	a						1																																			
			b							1																																		
		C	a							2	1			1	1																													
			b						1																																			
		D	a						2																																			
			b						1																																			
			c					1	1																																			
			d				1		1																		1																	
		E				1		1				1																2																
		F				1		1				1																																

续附表一七

数量 分类				岩石																																矿物							化石	合计
				沉积岩																		岩浆岩				变质岩										褐铁矿	石英和水晶	绿松石	莹石	粗玉	云母	滑石		
				砾岩		砂岩										页岩	碳酸盐岩					辉长辉绿岩	闪长岩和闪长玢岩	安山石	花岗岩和花岗斑岩	石英岩	长英岩	片岩						片麻岩	板岩									
类别	器名	型式				中砂岩				粉砂岩				石英砂岩			石灰岩	白云岩	泥灰岩	硅质灰质	燧石							含粉砂	含砾	黑绿色	锂云母	绢云母	角闪											
				紫	绿	绿	暗	灰	浅	紫铁	暗	灰	黄	紫铁	浅																													
第二类工具	石铲	A	a																				1					1		2														27
			b						1					1														1																
			c												1																													
		B	a																									2		4														
			b																									1		2														
		C	a			1			1														1																					
			b		1				2																																			
			c		1	2																						1																
	石镰	A	a									1																1	1															19
			b							1																		3																
			c																									1							2									
		B	a			1										1												1		1														
			b						4																				1															
	刀	A								1				1														1							2									13
		B				2																						2																
		C				1		1																		1																		
		D																												1														

续附表一七

类别	器名	型	式	岩石																																矿物							化石	合计
				沉积岩																		岩浆岩				变质岩																		
				砾岩		砂岩										页岩	碳酸盐岩					辉长辉绿岩	闪长岩和闪长玢岩	安山石	花岗岩和花岗斑岩	石英岩	长英岩	片岩						片麻岩	板岩	褐铁矿	石英和水晶	绿松石	莹石	粗玉	云母	滑石		
						中砂岩				粉砂岩				石英砂岩																														
				紫	绿	绿	暗	灰	浅	紫铁	暗	灰	黄	紫铁	浅		石灰岩	白云岩	泥灰岩	硅质灰质	燧石							含粉砂	含砾	黑绿色	锂云母	绢云母	角闪											
第二类工具	石斧	A	a						1														3																					42
			b			2																																						
			c			1			1														2																					
			d			1																	1																					
		B	a			4			1														1																					
			b			1			1																																			
			c			2																																						
		C	a			1			1														1																					
			b						3														1																					
			c			2			1																																			
			d			3																	2			1																		
		D																					2																					
		E				1																															1							
	石锛	A				6																						1						1										13
		B				2																												1										
		C				1																																						
		D																														1												
	石凿	A																																1										9
		B							1																									1										
		C				2		1			1																																	
		D				1														1																								

续附表一七

类别	器名	型式		岩石																																矿物							化石	合计
				沉积岩																		岩浆岩				变质岩																		
				砾岩		砂岩										页岩	碳酸盐岩					辉长辉绿岩	闪长岩和闪长玢岩	安山石	花岗岩和花岗斑岩	石英岩	长英岩	片岩						片麻岩	板岩	褐铁矿	石英和水晶	绿松石	莹石	粗玉	云母	滑石		
						中砂岩				粉砂岩				石英砂岩			石灰岩	白云岩	泥灰岩	硅质灰质	燧石							含粉砂	含砾	黑绿色	锂云母	绢云母	角闪											
				紫	绿	绿	暗	灰	浅	紫铁	暗	灰	黄	紫铁	浅																													
第二类工具	石磨盘	A							4						1																													17
		B							3						1												1																	
		C				1	1																																					
		D							1																																			
		E												2	2																													
	磨盘腿	A	I						1																																			10
			II						1					1																														
			III			1								1																														
		B	I						1																																			
			II						1																																			
			III												1																													
		C							1																																			
		D						1																																				
	石磨棒	A							6					2																														37
		B							6					3																														
		C			1			1	2					2																														
		D				1			2					2																	1			1										
		E	a						4																		1																	
			b						1	1																																		
	石杵	A				2			1														2																					13
		B												2																														
		C							1					1												1																		
		D								1					1																													
		E				1																																						
	研磨器	A							1					1																														4
		B							2																																			

续附表一七

类别	器名	型	式	岩石·沉积岩·砾岩·紫	岩石·沉积岩·砾岩·绿	岩石·沉积岩·砂岩·中砂岩·绿	岩石·沉积岩·砂岩·中砂岩·暗	岩石·沉积岩·砂岩·中砂岩·灰	岩石·沉积岩·砂岩·中砂岩·浅	岩石·沉积岩·砂岩·粉砂岩·紫铁	岩石·沉积岩·砂岩·粉砂岩·暗	岩石·沉积岩·砂岩·粉砂岩·灰	岩石·沉积岩·砂岩·粉砂岩·黄	岩石·沉积岩·砂岩·石英砂岩·紫铁	岩石·沉积岩·砂岩·石英砂岩·浅	岩石·沉积岩·页岩	岩石·沉积岩·碳酸盐岩·石灰岩	岩石·沉积岩·碳酸盐岩·白云岩	岩石·沉积岩·碳酸盐岩·泥灰岩	岩石·沉积岩·碳酸盐岩·硅质灰质	岩石·沉积岩·燧石	岩石·岩浆岩·辉长辉绿岩	岩石·岩浆岩·闪长岩和闪长玢岩	岩石·岩浆岩·安山石	岩石·岩浆岩·花岗岩和花岗斑岩	岩石·变质岩·石英岩	岩石·变质岩·长英岩	岩石·变质岩·片岩·含粉砂	岩石·变质岩·片岩·含砾	岩石·变质岩·片岩·黑绿色	岩石·变质岩·片岩·锂云母	岩石·变质岩·片岩·绢云母	岩石·变质岩·片岩·角闪	岩石·变质岩·片麻岩	岩石·变质岩·板岩	矿物·褐铁矿	矿物·石英和水晶	矿物·绿松石	矿物·莹石	矿物·粗玉	矿物·云母	矿物·滑石	化石	合计
第二类工具	石矛头										1																																1	2
	石球	A																								1											2							6
		B							1					1																							1							
	弹丸			1			2			3				1										1													2	1						11
	纺轮								2	2																						1												5
	刮削器	A	a			1									1																													20
			b		1																																1							
			c			1																																						
		B	a			1									1																													
			b			1			1						2																						1							
		C				1																																						
		D	a			1													1				1																					
			b			1																															1							
			c				1														1																							
	砍砸器																						1	1		1																		3
	磨刃石片													1																														1
	有使用痕迹的石片	A				1																	1																					9
		B												1									1																					
		C							1					1	1																													
		D				1			1																																			
	有使用痕迹的石块	A																								2																		8
		B												2												4																		

类别	器名	型式	岩石·沉积岩·砾岩·紫	岩石·沉积岩·砾岩·绿	岩石·沉积岩·砂岩·中砂岩·绿	岩石·沉积岩·砂岩·中砂岩·暗	岩石·沉积岩·砂岩·中砂岩·灰	岩石·沉积岩·砂岩·中砂岩·浅	岩石·沉积岩·砂岩·粉砂岩·紫铁	岩石·沉积岩·砂岩·粉砂岩·暗	岩石·沉积岩·砂岩·粉砂岩·灰	岩石·沉积岩·砂岩·粉砂岩·黄	岩石·沉积岩·砂岩·石英砂岩·紫铁	岩石·沉积岩·砂岩·石英砂岩·浅	岩石·沉积岩·页岩	岩石·沉积岩·碳酸盐岩·石灰岩	岩石·沉积岩·碳酸盐岩·白云岩	岩石·沉积岩·碳酸盐岩·泥灰岩	岩石·沉积岩·碳酸盐岩·硅质灰质	岩石·沉积岩·碳酸盐岩·燧石	岩石·岩浆岩·辉长辉绿岩	岩石·岩浆岩·闪长岩闪长玢岩和	岩石·岩浆岩·安山石	岩石·岩浆岩·花岗岩花岗斑岩和	岩石·变质岩·石英岩	岩石·变质岩·长英岩	岩石·变质岩·片岩·含粉砂	岩石·变质岩·片岩·含砾	岩石·变质岩·片岩·黑绿色	岩石·变质岩·片岩·锂云母	岩石·变质岩·片岩·绢云母	岩石·变质岩·片岩·角闪	岩石·变质岩·片麻岩	岩石·变质岩·板岩	矿物·褐铁矿	矿物·石英和水晶	矿物·绿松石	矿物·莹石	矿物·粗玉	矿物·云母	矿物·滑石	化石	合计
装饰品及其它	石环											1																			2												3
	扇形器														1																												1
	璜形饰																	1													1										1		3
	管形器																																						1				1
	棒形饰																																				3						3
	方形坠饰																																				6						6
	三角形坠饰	A																																			6						11
		B																																			2						
		C																																			2						
		D																																			1						
	圆形穿孔饰	A a																																				20					46
		A b																																			5						
		A c																																			17						
		A d																																			3						
		B																																			1						
	梭形饰																																				2						2
	不规则形饰																																				2						2
	绿松石块																																				1						1
	柄形石饰																														1												1
残石器																1	1				1			1								1											5

* 本表据经岩性鉴定的统计，未经岩性鉴定标本未列入。

附表一八 骨、牙制品标本统计表

类	形式			器号	数量(件)			合计
骨镞	A	a	Ⅰ	H113：27、M132：3、M393：4、T109③B：20	4	10	58	270
			Ⅱ	M55：3、M411：16、T109③B：5	3			
			Ⅲ	H120：11、M331：3、4	3			
		b	Ⅰ	H127：10、H202：2、T109③C：29、H289：7	4	18		
			Ⅱ	H13：12、H85：1、H113：14、H115：4、H195：1、H289：15、M122：2、M282：28、M341：4、T120③C：5	10			
			Ⅲ	H231：1、H238：3、M331：2、M282：57	4			
		c	Ⅰ	H32：7、H127：17、H254：5、H330：10、M388：7、9、T28③C：13	7	30		
			Ⅱ	H60：7、H104：8、H112：1、H121：1、H194：1、H195：6、H286：1、M233：7、M275：10、H335：5、M393：9、T108③B：14、T109③B：6	13			
			Ⅲ	H112：23、H113：13、M277：18、M291：7、M388：8、10、M393：5、M402：5、T109③B：19、H21：8	10			
	B	a	Ⅰ	H120：2、H169：1	2	10	12	
			Ⅱ	H218：2、M127：3、M277：13、M325：13、T8③：1	5			
			Ⅲ	M263：18、19、M275：6	3			
		b		H99：4		1		
		c		M402：7		1		
	C	a	Ⅰ	H124：3、H328：1、M273：2、M393：8	4	13	22	
			Ⅱ	H120：19、M94：2、M272：2、T109③C：26、T120③C：1	5			
			Ⅲ	H36：3、5、12、M121：14	4			
		b	Ⅰ	H67：1、H102：14、M386：16	3	7		
			Ⅱ	H189：2、M96：2、M263：7、T119③C：10	4			
		c		T21③C：6		1		
		d		T108③B：12		1		
	D	a	Ⅰ	M275：7、8、M277：12、M396：3、M402：3	5	6	41	
			Ⅱ	M282：26	1			
		b	Ⅰ	M87：6、M291：3、4、6、10、M386：8	6	7		
			Ⅱ	M98：2	1			
		c	Ⅰ	M82：1、2、M73：5、M263：17、M22：10、M277：9、M291：12、M411：12、M402：11、M386：17	10	16		
			Ⅱ	M344：13、M282：24、M353：24、M377：8、M127：6、M263：15	6			
		d	Ⅰ	M253：6、T108③B：11	2	4		
			Ⅱ	M277：19、M282：27	2			
		e		M22：5、M127：8、H204：1、M22：8、M333：1		5		
		f		H101：2、M335：5、M344：33		3		

类	形式			器号	数量(件)			合计
骨镞	E	a	Ⅰ	H339：2、M411：11	2	9	27	
			Ⅱ	M344：14、M402：4、M277：11、M396：5、M343：7、M386：6、H91：2	7			
		b	Ⅰ	H95：4、M395：13、M402：10	3	16		
			Ⅱ	H87：1、H330：9、H338：2、M282：29、M335：3、M344：16、17，M371：5、M388：12、M395：12、16，M396：7、T26③C：10	13			
		c		M87：2、M386：4		2		
	F	a	Ⅰ	H124：4、H289：6	2	11	40	
			Ⅱ	H255：2，M121：15、M263：16、M277：8、24	5			
			Ⅲ	H177：1、M282：48、M314：1、M395：19	4			
		b	Ⅰ	M87：7、M110：3、H120：6、T103③B：5	4	8		
			Ⅱ	H257：2、M291：8、9、M335：6	4			
		c	Ⅰ	M22：11、12，H120：9	3	6		
			Ⅱ	H171：1、H221：1、M22：6	3			
		d		M248：4、M377：9、M411：15、T11③：12		4		
		e		H13：13、H24：1、M22：7、M111：4、M127：7、M277：21、M280：3、M385：6 M393：11、M411：4、T22③：13		11		
	G	a	Ⅰ	M253：5、M277：14、M377：6	3	9	40	
			Ⅱ	H92：2、M35：7、M277：15、17，M388：6、M393：7	6			
		b	Ⅰ	M275：12、M314：2、M346：1、M395：11、18	5	10		
			Ⅱ	M277：58、M353：23、M386：5、7，M393：12	5			
		c	Ⅰ	M121：13、M277：20	2	6		
			Ⅱ	H37：3、M275：11、M277：22、60	4			
		d	Ⅰ	M87：4	1	15		
			Ⅱ	H92：1、M73：4、M127：2、M277：16、57，M344：15、M393：6、M402：9	8			
			Ⅲ	M109：2、M111：1、M275：14、M282：50、H339：5、M393：3	6			
	H	a	Ⅰ	H306：3、H187：14	2	6	30	
			Ⅱ	M253：3、M291：2	2			
			Ⅲ	M264：3、M377：7	2			
		b	Ⅰ	T119③C：9	1	12		
			Ⅱ	H338：1、M22：4、9、M87：3	4			
			Ⅲ	M22：13、M87：5、M233：6、M277：59、M291：5、M333：3、M386：9	7			
		c	Ⅰ	H339：3、T114③C：6	2	5		
			Ⅱ	H60：14、H228：4、T102③B：7	3			
		d	Ⅰ	M121：11、M277：23、M333：2	3	5		
			Ⅱ	M125：4、M277：10	2			
		e		M110：4、T103③C：22		2		

类	形式		器号	数量(件)		合计
骨镖	A	a	M32：16、17,M109：3,M111：3,M224：1,M248：3	6	36	127
		b	M109：1,M282：46、51,M353：25,M395：17,M396：4	6		
		c	M127：5,M264：2,M275：9、13,M291：11,M347：1,M386：10,M282：25	8		
		d	H84：3,M111：5,M395：14	3		
		e	M263：20,M277：4,M282：52,M335：4,M377：4,M393：10,M395：16,M402：2,M411：10	9		
		f	H208：1,M233：5,M377：5,M396：6	4		
	B	a	H269：2,M32：4,M126：2,M282：49,M344：7、9、11,M411：9	8	48	
		b	H60：6,H103：1,H115：8,H92：4,H232：2,M32：3,M40：3、4、7,M41：9、10、11,M90：1,M98：4,M113：7,M126：1、3,M273：3,M277：44、53,M282：23,M304：1,M344：10,M395：8	24		
		c	H60：4,M320：1,M388：4、5、11,M395：4、5、6	8		
		d	M35：3,M277：52,M388：2,M411：8,M40：5,M411：6,M282：44,M121;16	8		
	C	a	M344：8,M40：1、2,M245：1、3,M41：8,M277：7,M388：3,M395：9,M121：5,H136：1,M327：12,M344：12,M304：2,M280：1,T109③B：14,M35：6	17	36	
		b	M411：17,M73：7,M282：47,H190：1,M282：45,M395：7,M411：7,M59：1,T26③C：8	9		
		c	H13：14,H19：12、15,H35：1,H92：3,H336：1,M365：1,T105③：1,T108③B：16,T109③B：21	10		
	D		M41：4,M296：1		2	
	E		M335：2,M395：15,M402：8		3	
	F		M360：1,H32：2		2	
骨针	A	a	M126：5,M308：2	2	89	177
		b	H70：1,H120：1,H135：2,H229：2,H328：2,M32：7,M40：6,M41：5,M113：10,M115：4、6、8、9,M123：2,M128：3,M276：3,M304：4、6,M332：1,M335：13、21,M336：4、5,M343：5,M350：3,M351：2,M376：3,M486：7,M487：5	29		
		c	H28：58,H105：6,H124：2,H187：8,H226：1,H289：5,H309：5,H320：1,M32：8、9、10、15,M58：13,M66：2,M94：7,M107：3,M108：1,M126：4,M132：2,M257：2,M270：5,M275：4,M278：3,M279：2,M304：7,M318：2,M486：6,T17③：4,T109③B：12	29		
		d	H179：1,H228：2,H252：1,H261：4,H289：18,M29：2,M32：12,M38：4,M52：2,M91：2,M109：5,M115：1,M231：4,M246：1,M248：1,M282：36、37,M335：12、22,M396：9,T114③C：4	21		
		e	H112：29,M32：13,M42：2,M113：13,M304：5,M356：5,M128：7,M58：11	8		
	B	a	H261：6,M90：5,M343：4,M361：2,M377：3,M411：5	6	14	
		b	H112：28,M38：2,M281：10,M304：3,M341：3,M343：3	6		
		c	H112：6,H19：40	2		
	C	a	H60：9,H261：5,M32：11,M111：6,M115：2、3,M277：26、27、29、40、42、43,M353：10、15—19,T108③B：9,T109③B：10	20	68	
		b	H289：1,H291：19,H321：1,H322：3,M32：14,M98：1,M277：25、28、30、32、33、34、36、37、41、63,M279：1,M353：2、3、4、6、8、9、14	24		
		c	M115：7,M277：35、38、39、64,M353：5、7、11、12、13、20、21、22,T109③B：13	14		
		d	H129：1,M353：31—38,T22③：12	10		
	D		H35：10,H112：32,H122：5,M295：1		4	
	E		M487：6,T20③：3		2	

类型			器号	数量(件)		
骨匕	A	a	H28：2、H113：5、H120：15、26、M60：3、M68：3、M73：10、11、M86：1、2、M128：4、8、M240：1、M256：3、M281：8、M287：5、M292：3、4、M299：2、3、M325：7、M325：11、M335：19、20、M336：3、M343：1、M350：2、M351：5、M365：3、4、M370：7、M405：2、M487：4、T10③C：1、T109③B：2、H84：2	36	46	50
		b	H19：25、M60：4、5、M94：8、M231：3、M281：9、M486：5	7		
		c	H28：1、H284：1、M281：7	3		
	B		H110：3		1	
	C		H115：11、H129：3、T109③B：22		3	
骨锥	A		H112：13、H115：15、H303：7、M60：6、7、8、M62：3、M128：5、6、M236：1、M257：3、M325：10、M336：2、M335：11、14、M343：2、M353：27、M365：2、M380：1、M381：1、T108③B：32		21	47
	B		H95：6、H229：1、H321：5、M86：3、M334：9、T102③C：13		6	
	C		M113：4、5、6		3	
	D		H145、H257：6、H289：12、H291：2、16、M35：2、M282：30		7	
	E		H112：20、H115：12、H289：10、H330：13、M122：1、T21③：2、T108Ⓑ：17、H13：14		8	
	F		M266：1、M277：56		2	
骨刀	A		H19：5、6、7、M103：2、M282：16—19	8	17	
	B		H19：13、H28：17、18、H102：5、M360：2、T28③B：2	6		
	C		H179：2、H231：2、H255：3	3		
骨凿	A		H38：1、H284：7、H315：6、M277：5、50、M282：13、14、M327：4	8	21	
	B		H16：4、H35：4、H114：3、H327：3、M400：3	5		
	C		H146：2、H255：4、H289：11、M126：7、M282：38、58、T62⑤：3、T64④：5	8		
骨耜			H69：5		1	
器柄	A		H35：7、8、M103：1、M263：5、6、M331：5、6	7	17	
	B		M277：47、M282：59、60、M386：11、M325：14、T102③C：11	6		
	C		H75：4、H112：3、H282：4、M39：4	4		
叉形器	A		M17：1、M94：5、6、M327：1、11、M344：3、M363：4、M395：2、M411：3、M90：2、H321：6、M387：12、T26③C：6、M39：2	14	18	
	B		M16：6、M125：6、M253：2、T101③B：37	4		
骨饰	A		M344：6	1	4	
	B		M396：8	1		
	C		M342：9	1		
	D		T16③：8	1		
骨环			M41：7、12、13、14、H13：2		5	

类型				器号	数量(件)			
牙饰				H323:1、H342:1、M58:7、M72:2、M76:2、M100:1、M267:2、M282:39—41、M323:4、5、M113:12、M376:2、M32:2、M344:21				16
牙刀	A			H21:4、H80:2、H289:3、M282:35、42			5	13
	B			H289:14、M282:43、M32:2、M344:22~24、采:12、13			8	
牙锥				H289:16、M74:1、M265:1、M282:32~34、M382:2				7
牙削	A	a	I	H19:11、H112:52、H187:6、H84:6、M29:3、M104:2、M121:4、M233:8、M282:54、M402:6、T102③C:19	11	72	138	159
			Ⅱ	H112:54、H254:1、H330:12、M35:4、M55:4、M98:5、M113:8、M115:10、M130:3、M131:5、M245:2、M248:2、M263:9、M276:2、M282:31、M308:3、M312:2、M325:8、M335:7、M341:5、M356:2、M360:4、M379:2、M385:3、M386:13、T108③B	26			
			Ⅲ	H134:1、H187:1、H330:8、M41:6、M92:1、M108:2、M122:3、M130:4、M206:2、M237:1、M244:1、M251:3、M253:7、M274:3、M277:45、M303:2、M314:5、M315:1、M246:2、M323:3、M336:6、H178:2、M375:2、3、T102③C:18、M35:4	26			
			Ⅳ	H19:27、H28:12、M32:6、M281:6、M342:10、M343:8、9、M344:20、T28③B:15	9			
		b	I	H112:53、M39:5、M110:2、M242:1、M256:5、M270:6、M374:2、M379:3、M381:2	9	66		
			Ⅱ	H45:3、H102:6、H169:3、H187:2(2件)、H206:2、M32:18、19、M57:3、4、M58:8、M73:8、M84:1、M127:10、M243:1、M263:8、M330:3、M395:10	18			
			Ⅲ	H19:17、H52:4、H60:8、H112:50、H127:4、H178:2、H186:1、H198:1、M32:5、M42:3、M73:12、M78:4、M86:4、M127:11、12、M128:2、M264:4、M314:3、M365:5、M384:3、M388:13、M394:4、H177:3、M376:4、T102③C:4	25			
			Ⅳ	H28:12、H55:2、H113:12、H159:4、H175:1、M88:1、H231:11、M266:2、M275:5、M32:6、M332:2、M344:19、M353:28、H113:12	14			
	B	a	I	H339:4、M353:26	2	8	21	
			Ⅱ	H120:14、M107:2	2			
			Ⅲ	H321:3、M314:4	2			
			Ⅳ	H112:51、H237:7	2			
		b	I	H127:8、M31:2	2	13		
			Ⅱ	H216:2、M280:2、M393:2	3			
			Ⅲ	H37:17、H243:2、M38:3、M82:4、M249:3、M333:4、M487:3	7			
			Ⅳ	H19:8	1			

续附表一八

<table>
<tr><th colspan="3">类型</th><th>器 号</th><th colspan="3">数量(件)</th></tr>
<tr><td rowspan="4">骨板</td><td rowspan="2">A</td><td>a</td><td>M22：14、M127：4、M282：12</td><td>3</td><td rowspan="2">8</td><td rowspan="4">24</td></tr>
<tr><td>b</td><td>H204：2、M76：4、M277：6.46，M386：12</td><td>5</td></tr>
<tr><td rowspan="2">B</td><td>a</td><td>M100：2、M113：15、M130：1、M270：4、M277：48、M282：10、11、15，M278：4、T63④：4</td><td>10</td><td rowspan="2">16</td></tr>
<tr><td>b</td><td>M76：7、8，M78：3，M82：3、M127：9，H169：2</td><td>6</td></tr>
<tr><td colspan="3">契刻骨板</td><td>H45：2、H120：12、H123：5、M131：1－4</td><td colspan="2"></td><td>7</td></tr>
<tr><td rowspan="2">骨矛</td><td colspan="2">A</td><td>M387：15、T26③C：7</td><td colspan="2">2</td><td rowspan="2">5</td></tr>
<tr><td colspan="2">B</td><td>H28：54、H396：1、T108③B：19</td><td colspan="2">3</td></tr>
<tr><td>钩形角器</td><td colspan="2"></td><td>H115：7、H306：1、H330：11</td><td colspan="3">3</td></tr>
<tr><td>角椎</td><td colspan="2"></td><td>H29：9、H112：15、H120：7(2件)、H140：1</td><td colspan="3">5</td></tr>
<tr><td>骨料</td><td colspan="2"></td><td>H238：5、M76：9、M277：49、51、54、55，M327：5、M363：11、T66④：4、M13：6、H33：3</td><td colspan="3">11</td></tr>
<tr><td>角料</td><td colspan="2"></td><td>H280：1、H324：1</td><td colspan="3">2</td></tr>
<tr><td>管形骨器</td><td colspan="2"></td><td>H112：39</td><td colspan="3">1</td></tr>
</table>

附表一九 陶制品标本分期一览表

类＼型＼式＼期段	罐形鼎						盆形鼎			钵形鼎	釜形鼎	釜		
	A	B	C	D	E	F	A	B	C			A	B	C
Ⅰ1														
Ⅰ2												✓		
Ⅰ3												✓		
Ⅱ4	Ⅰ		Ⅰ	Ⅰ	✓		✓							
Ⅱ5	Ⅰ、Ⅱ	Ⅰ	Ⅰ、Ⅱ	Ⅰ、Ⅱ	✓	✓	✓	Ⅰ Ⅱ Ⅲ		Ⅰ				Ⅰ
Ⅱ6	Ⅱ	Ⅰ Ⅱ	Ⅱ	Ⅱ				Ⅲ Ⅳ Ⅴ		Ⅰ	✓			Ⅰ Ⅱ
Ⅲ7	Ⅱ Ⅲ	Ⅰ Ⅱ	Ⅱ Ⅲ	Ⅱ Ⅲ					✓	Ⅱ			✓	Ⅱ
Ⅲ8	Ⅲ Ⅳ	Ⅱ Ⅲ	Ⅲ Ⅳ	Ⅲ Ⅳ					✓	Ⅱ			✓	Ⅱ
Ⅲ9	Ⅳ	Ⅲ	Ⅳ	Ⅲ Ⅳ						Ⅱ			✓	

类＼型＼式＼期段	角把罐			侈口罐			折沿罐				卷沿罐		筒形篦纹罐	敛口罐			圈足罐		小罐		双耳罐									高领罐
	A	B	C	A	B	C	A	B	C	D	A	B		A	B	C	A	B	A	B	A	B	C	D a	D b	E	F	G	H	
Ⅰ1	Ⅰ	Ⅰ																			Ⅰ									
Ⅰ2	Ⅰ Ⅱ	Ⅰ Ⅱ	Ⅰ																		Ⅰ Ⅱ Ⅲ									
Ⅰ3	Ⅱ Ⅲ	Ⅱ Ⅲ	Ⅰ Ⅱ	Ⅰ			Ⅰ														Ⅱ Ⅲ									
Ⅱ4	Ⅲ	Ⅲ Ⅳ	Ⅱ	Ⅰ	Ⅰ	Ⅰ	Ⅰ	Ⅰ			Ⅰ		Ⅰ				Ⅰ				Ⅲ Ⅳ	Ⅰ								
Ⅱ5		Ⅳ	Ⅱ	Ⅰ Ⅱ	Ⅰ Ⅱ	Ⅰ Ⅱ	Ⅰ Ⅱ	Ⅱ	Ⅰ	✓	Ⅰ	Ⅰ	Ⅰ						Ⅰ	✓	Ⅳ	Ⅰ Ⅱ	Ⅰ							✓
Ⅱ6				Ⅱ Ⅲ	Ⅱ	Ⅱ	Ⅱ Ⅲ		Ⅰ Ⅱ	✓	Ⅰ Ⅱ	Ⅰ Ⅱ	Ⅱ	Ⅰ					Ⅰ	✓		Ⅱ	Ⅰ						✓	✓
Ⅲ7				Ⅱ Ⅲ			Ⅲ Ⅳ				Ⅱ Ⅲ	Ⅰ Ⅱ	Ⅱ Ⅲ	Ⅰ	✓				Ⅰ	✓		Ⅲ	Ⅰ	Ⅰ		✓				✓
Ⅲ8				Ⅲ			Ⅲ Ⅳ				Ⅱ Ⅲ	Ⅱ	Ⅲ	Ⅱ	✓	✓	Ⅱ Ⅲ	Ⅰ	Ⅱ	✓		Ⅲ	Ⅰ Ⅱ Ⅲ	Ⅰ Ⅱ	Ⅰ	✓	✓			✓
Ⅲ9							Ⅳ				Ⅲ							Ⅰ Ⅱ	Ⅱ				Ⅲ	Ⅱ	Ⅱ		✓	✓		✓

类型 式 期段	罐形壶				折肩壶						圆腹壶				扁腹壶			斜肩壶	圆肩壶	深腹壶	带流圆足壶
	A	B	C	D	A	B		C	D	E	A	B	C	D	A	B	C				
						a	b														
Ⅰ1	Ⅰ	Ⅰ	Ⅰ																		
Ⅰ2	Ⅰ Ⅱ Ⅲ	Ⅰ Ⅱ Ⅲ	Ⅰ Ⅱ Ⅲ																		
Ⅰ3	Ⅲ	Ⅱ Ⅲ Ⅳ	Ⅲ Ⅳ	Ⅰ Ⅱ																	
Ⅱ4	Ⅳ	Ⅳ Ⅴ	Ⅳ	Ⅱ Ⅲ	Ⅰ															✓	
Ⅱ5		Ⅴ		Ⅲ Ⅳ	Ⅱ Ⅲ Ⅳ	Ⅰ Ⅱ	Ⅰ Ⅱ		✓		Ⅰ Ⅱ	Ⅰ Ⅱ						Ⅰ		✓	
Ⅱ6					Ⅲ Ⅳ	Ⅱ Ⅲ	Ⅱ	Ⅰ	✓		Ⅱ Ⅲ	Ⅱ Ⅲ	Ⅰ Ⅱ	Ⅰ				Ⅰ、Ⅱ		✓	
Ⅲ7					Ⅳ		Ⅱ	Ⅱ		✓	Ⅲ Ⅳ	Ⅲ	Ⅱ Ⅲ	Ⅱ	Ⅰ	Ⅰ Ⅱ					
Ⅲ8								Ⅲ		✓				Ⅱ	Ⅱ Ⅲ	Ⅱ Ⅲ	✓		✓		✓
Ⅲ9								Ⅲ		✓					Ⅲ	Ⅲ	✓		✓		

类型 式 期段	方口盆			五角口盆	深腹盆			划纹盆				敛口盆			附加堆纹盆	直口盆	折沿盆	三足盆
	A	B	C		A	B	C	A	B	C	D	A	B	C				
Ⅰ$_{1}$	Ⅰ	Ⅰ			Ⅰ	Ⅰ	✓											
Ⅰ$_{2}$	Ⅰ Ⅱ Ⅲ	Ⅱ Ⅲ	Ⅰ		Ⅰ Ⅱ	Ⅰ Ⅱ												
Ⅰ$_{3}$	Ⅱ Ⅲ Ⅳ	Ⅱ Ⅲ Ⅳ	Ⅰ Ⅱ		Ⅰ Ⅱ Ⅲ	Ⅰ Ⅱ		Ⅰ		Ⅰ								
Ⅱ$_{4}$	Ⅳ Ⅴ	Ⅳ	Ⅱ		Ⅲ	Ⅱ Ⅲ	✓	Ⅰ Ⅱ		Ⅰ				✓				
Ⅱ$_{5}$		Ⅳ		✓	Ⅲ	Ⅲ		Ⅰ Ⅱ	Ⅰ	Ⅰ	✓	Ⅰ	Ⅰ					✓
Ⅱ$_{6}$								Ⅱ Ⅲ	Ⅰ	Ⅰ Ⅱ	✓	Ⅰ Ⅱ	Ⅱ Ⅰ					
Ⅲ$_{7}$								Ⅲ	Ⅱ Ⅲ	Ⅱ	✓	Ⅱ Ⅲ	Ⅱ Ⅲ			✓		
Ⅲ$_{8}$								Ⅲ	Ⅱ Ⅲ	Ⅱ Ⅲ	✓	Ⅲ	Ⅱ Ⅲ		Ⅰ		✓	
Ⅲ$_{9}$									Ⅲ	Ⅲ			Ⅲ		Ⅱ			

续附表一九

类 / 型 / 式 / 期段	敞口钵			敛口钵		浅腹钵			深腹钵		曲腹钵		盂	碗			三足钵			折腹钵		小钵				
	A	B	C	A	B	A	B	C	A	B	A	B		A	B	C	A	B	C	A	B	A	Ba	Bb	C	D
Ⅰ1	Ⅰ																									
Ⅰ2	Ⅰ Ⅱ	Ⅰ	Ⅰ Ⅱ			Ⅰ					Ⅰ											✓				
Ⅰ3	Ⅱ Ⅲ	Ⅰ	Ⅱ Ⅲ	Ⅰ	Ⅰ	Ⅱ					Ⅰ															
Ⅱ4		Ⅱ	Ⅲ Ⅳ	Ⅰ Ⅱ	Ⅰ Ⅱ	Ⅲ Ⅳ			Ⅰ	Ⅰ	Ⅱ		✓							Ⅰ	Ⅰ					✓
Ⅱ5		Ⅱ Ⅲ	Ⅳ Ⅴ	Ⅱ Ⅲ Ⅴ Ⅳ	Ⅱ Ⅲ Ⅳ Ⅴ	Ⅲ Ⅳ Ⅴ	Ⅰ	Ⅰ	Ⅰ	Ⅰ	Ⅱ	✓	✓	Ⅰ	Ⅰ		Ⅰ Ⅱ		Ⅰ	Ⅰ Ⅱ	Ⅱ		✓	✓	✓	✓
Ⅱ6		Ⅲ Ⅳ	Ⅳ Ⅴ	Ⅳ Ⅴ Ⅵ	Ⅲ Ⅳ Ⅴ Ⅵ	Ⅳ Ⅴ	Ⅰ Ⅱ	Ⅰ	Ⅰ	Ⅱ	Ⅲ		✓	Ⅰ	Ⅰ	Ⅰ	Ⅲ	Ⅰ	Ⅰ							
Ⅲ7		Ⅴ	Ⅴ Ⅵ Ⅶ	Ⅵ Ⅶ	Ⅵ Ⅶ	Ⅵ Ⅴ	Ⅰ Ⅱ	Ⅰ Ⅱ	Ⅱ	Ⅱ	Ⅲ			Ⅰ	Ⅰ Ⅱ	Ⅰ Ⅱ	Ⅳ	Ⅰ	Ⅰ Ⅱ							
Ⅲ8		Ⅴ Ⅵ	Ⅵ Ⅶ Ⅷ		Ⅶ	Ⅵ Ⅶ Ⅷ	Ⅱ	Ⅱ	Ⅱ		Ⅲ			Ⅱ	Ⅱ	Ⅱ	Ⅴ	Ⅱ Ⅲ	Ⅱ Ⅲ					✓		
Ⅲ9		Ⅵ	Ⅶ Ⅷ			Ⅷ	Ⅱ	Ⅱ	Ⅱ					Ⅱ Ⅲ	Ⅱ	Ⅱ		Ⅲ	Ⅲ							

附表二〇 各探方遗迹分期分段一览表

期/段 遗迹编号 所在探方	Ⅰ期			Ⅱ期			Ⅲ期		
	1	2	3	4	5	6	7	8	9
T1			H9		H7 M14、M15	H5 M13、M16、M17	M7、M8、M10、M11	M2、M6	M1、M3、M4、M5、M9、M12
T2	H10			H3	H1、H4、H6、H8		H2		
T3		H11							
T4	M110	M104、W27			W26		H93、H94		H98、H100
T5		H21、H68、H72 M29、M41、M42	K1～K5						
T6	H77、H78	H79、H80、K1、K2							M18、M23、M117
T7	H82	H76				M22、M54、M55、M57 M96	H394		M19、M28
T8		H73			M27、M77、M86、M91、M92、M97、M98	M69、M70、72、M81、M82、M83、M84、M85、M90		H20、M49	M50、M51、M116
T9	H84	M125、M126			M76、M88、M89、M120、M121、M124、M127、M128、M130、M131	M62、M75、M94、M95、M100、M118、M119	M44、M45、M46、M47、M48、M60、M61、M64、M68、M71、M73、M74	M53、M56、M129	M20、M21、M24、M25、M26、M43、M99
T10		H83、H242		M93、M123	M87、M79	M59、M80、M331、H99	H225、M346、M357		
T11		H37	H42	H29、H39	H30、H34			H25、H26、H404	H22
T12		H395			H35、H40	H38、H41、H65	H57	H33	H45
T13					H56、H85、H90		H49	H47、H50	H46、H89
T14		M31、M52					H32、H66、H401		H28
T15		H31、M32	M39、M40		K1、K2	H36	H43	H27	H23、SK2
T16	M58、M66、M67	H423			H81、K1	H70	H14、H75	H24、M30、M114	H67

续附表二〇

期段 / 遗迹编号 / 所在探方	Ⅰ期			Ⅱ期			Ⅲ期		
	1	2	3	4	5	6	7	8	9
T17		M38			M35	M34	M33		
T18				H429、H430	H51、H64	H63	H54、H60	H55、H428、M37	
T19		H88	H62	H61	H59、H52、H53	H87	H426	F40	
T20							H58		
T21	M107	H13、H74、M108、M109	M111		H12、H15、H86、SK1	H91	H92	H19	
T22				H16、H71、K1			H69	H95	
T23		H424		M122、M132	M65、M78、M102、M105、M106、M115	M101、M112、M113 H17、H18、H97		H96	M103
T25	M374、M397	H245、H276、K3	F38、H269、H246	H240	H244	H268			
T26					3C			3B	
T27		H278、H262	H260、H261	H279、M369		M368			
T28	K1	H221、M332、M391	H235				H209		
T31				H218	H272		H273、H398、H399	H232	
T32			H241、H250、H353	H382	H433	H351	H249	H352、K2	
T33		H231、H355、H427、M333			M310、M329、M330				
T34		H357		H254、H356、M411	H252、H253、H280、M377	M370、M349、M393、M410	H251、M400、M404、M405、M408、M409	M350、M356、M399、M401、M403、M414	M339、M348、M347、M398、M412、M413
T35		M372、H383			H238、H255、H384、H405、H406、H407、H408	H236、M371、M373		H237	
T36		M376			H258、H389	H259	H256、H257、H388	H387	

期段 / 遗迹编号 / 所在探方	Ⅰ期			Ⅱ期			Ⅲ期		
	1	2	3	4	5	6	7	8	9
T37	H296	H295	H285	H281、H297	M487	M486	H282、K1、K2、K4	M481、M482、M483、M484、M485	
T38				H287、H288、H300、H396	K3、K4	H290		H298	
T39				H294	H291、H289、H286	H284、H413、H414	H299		H283、H415、H416、H417、H418、H397
T61				H392	H322、H391、H431	H340、H432			
T62			H409	H315	H336、H379、H341	H343			
T63			K1、 K2、K3	H327、H335	H338	W10、W11			
T64			H333	H342		H312、H321 W12、W13			
T65			H328	W16、W17	H310	H311 W14、W15	H419		
T66				H331、K1			H309		
T67			H411、H412	H320		H332			
T68			H316、H326	H317					
T69						H319、H410			
T70				K1	H307	H337、H339			
T71				M501、M502、M503、M504	H323、H324、H325、H329		H334		
T72			SK9			H306、H314			H313

期段 遗迹编号 所在探方	Ⅰ期			Ⅱ期			Ⅲ期		
	1	2	3	4	5	6	7	8	9
T73			H330	H390 W20		H305 W19 Z1	W18		
T74			H304	W30～W32		W21～W25 W28、W29			
T75			H302、 H303		H318				H301
T101			H134、 H274、 H366		H168、H169、 H172、H365、 M267、M270、 M272、M273、 M275、M276、 M281、M282、 M385、M386、 M387、SK10	H170、H171、 M220、M233、 M265、M266、 M277、M280、 M304、M324、 M363、M388、 M389	H106、H118、 H360、H361、 H362、H363、 M217、M250、 M252、M253、 M254、M256、 M257、M258、 M259、M260、 M261、M262、 M263、M264、 M268、M274、 M278、M279、 M320、M362、 M415	M207、M210、 M214、M211、 M222、M216、 M227、M230、 M231、M232、 M236、M239、 M241、M242、 M251、M307、 SK5	H364、M201、 M202、M203、 M204、M205、 M206、M208、 M209、M212、 M213、M215、 M221、M223、 M225、M226、 M235、M237、 M238、M298、 SK4、SK6
T102				M381、 M382	M309、M311、 M312、M314、 M315、M323、 M325、M328、 M334、M335、 M342、M343、 M344、M351、 M353、M354、 M355、M358、 M361、M364、 M365、M367、 M380、M383、 M394、M395、 M396、M407、 SK8	H248、H275、 M287、M290、 M291、M292、 M293、M301、 M305、M306、 M313、M319、 M321、M322、 M326、M327、 M336、M337、 M338、M345、 M352、M359、 M360、M366、 M402、M406	H265、M286、 M299、M300	H247、M284、 M285、M288、 M289、SK7	M283
T103				H159、 H385	H124、H160、 H161、H164、 H263、H393	H133、H162、 H163		H113、H165、 H378、H386、 K1	
T104			M308	H208、 H228、 H229	H191、H193、 H194、H213、 H217、H220、 H243、H264、 W1、W2	H195、H207、 H226、H227、 H367	H174、H175、 H176、H190、 H192、H214、 H215		
T105		H111、K4	H126、 H127、 H358	H107、 M224	M248、W3	H122、H125		H102、H104、 H120、H103、 H108、H109、 H121、H123、 H140、K6	H101、H110

期段 遗迹编号 所在探方	Ⅰ期			Ⅱ期			Ⅲ期		
	1	2	3	4	5	6	7	8	9
T108			H224	H198	H189、H211、H212、H223、K2～K5	H199、H266、H267	H222、H359		
T109		H158、H151、H152、H156、M244、M246、M247	H119、H148	H167、H371	H150、H157、H173、H369、H370、W4	H153、H368、M218、M219、M245	H155、H149、SK3	H154	
T113		H115、H132、H131、H147、H400	H112、H117、M243、M249	H130、H137	H129、H344、H348、M240、K18	H345、H346、M234	H128、H347、H350、H349、H277	H116、H105、H114、H372	
T114	H421、M303、M341	H186、H230、M295、M296、M297、M318、M340、M375	H178、H183、H187、H204、H271、M294	H179、H184	H177、H180、H196、H354、H381、H420、H425	H182、H200、H202	H185、H188、H205、H270	H203	
T116		H216、H234		H239、W7	H197、H206、H233、H376、H377、M384、M378、W5、W6	H210	H375、M379、M392	H373、H374、M316	M302
T119		H146		H139、H141	W9		W8	H166 H135、K1	
T120					H136、H142、H143、H144、H145、H422、K3			H380	F39、K1、K2

舞阳贾湖

（下卷）

河南省文物考古研究所 编著

国家社会科学基金资助项目
国家自然科学基金资助项目
国 家 文 物 科 研 项 目

科 学 出 版 社
1999

内 容 简 介

本书详细记述了在河南省舞阳县发掘出土的八千年前贾湖新石器时代聚落遗址资料。全书分上下两卷。上卷系统地阐述了该遗址的文化内容、分期、年代、性质及与周围文化的关系；下卷对其自然环境、人种及人类体质、经济结构、技术工艺、聚落形态、原始宗教、音乐文化等进行了探讨。本书对研究中原地区及淮河流域新石器时代文化、稻作农业起源、音乐起源、原始宗教和卜筮起源、原始契刻及汉字起源、全新世气候与环境演变及人与自然的关系等，均具有重要参考价值。

本书可供考古、历史等专业人员及从事古环境、人类学、宗教史、农业史、文字起源、音乐起源等研究人员阅读参考。

图书在版编目(CIP)数据

舞阳贾湖(上卷、下卷)/河南省文物考古研究所编著.-北京：科学出版社，1999.2

ISBN 978-7-03-006923-8

Ⅰ.舞… Ⅱ.河… Ⅲ.文化遗址-新石器时代考古-发掘报告-河南-舞阳县 Ⅳ.K878.05

中国版本图书馆CIP数据核字（98）第22589号

科学出版社 出版
北京东黄城根北街16号
邮政编码：100717

中国科学院印刷厂 印刷

新华书店北京发行所发行 各地新华书店经售

*

1999年2月第 一 版 开本：787×1092 1/16
2023年9月第二次印刷 印张：17 1/2 插页136
字数：440 000

定价：800.00元（全二卷）

WUYANG JIAHU

(II)

by

Henan Provincial Institute of Cultural Relics
and Archaeology

Science Press

1 9 9 9

主编、执笔：张居中

特邀撰稿人：（以撰稿内容编排先后为序，多次出现以第一次为准）

陈铁梅　张振宇　计宏祥　侯连海
叶祥奎　黄万波　郭书元　孔昭宸
刘长江　李文漪　周昆叔　陈报章
祝一志　李容全　朱国荣　田　成
宋豫秦　张振标　陈德珍　范章宪
王又林　杜伯廉　郭漳生　任朝胜
王象坤　张文绪　李文杰　王昌燧
左　健　铃木稔　李京华　宋会群
郝本性　王忠恕　肖兴华

审　　稿：韩　榕

特邀编辑：方燕明　胡永庆

目　　录

下　　卷

CONTENTS

VOLUME Ⅱ

彩版目录

图版目录

下　　卷

第一章　古环境研究

第一节　地　貌

一、区域地貌类型特征与演化

贾湖遗址所在地区属于中朝准地台次级大地构造单元华北坳陷，据物探、钻探及有关研究成果，燕山旋回早期以前，本区及整个华北坳陷与相邻构造单元为一整体，自燕山旋回晚期开始，西部隆起，东部沉降，形成坳陷，从此卷入我国东部大陆边缘活动带，进入了新的构造发展阶段。燕山旋回晚期—喜马拉雅旋回早期，由于基底构造和断裂构造活动，本区作不均衡下沉，形成近东西向展布的次级凹陷和凸起。喜马拉雅旋回晚期，本区继续大幅度下沉，形成巨厚的新生界河湖相沉积。第四纪期间，构造运动主要表现为垂直升降运动和断裂运动。其构造运动大致分为三期：第一期发生在早更新世初，西部山地继续抬升，本区大幅度下沉；第二期发生在中更新世中，平原产生分异，山前洪冲积平原被抬升，东部继续沉降；第三期发生在晚更新世末，伴随山林抬升的范围大幅度向东扩展，舞阳岗、正阳岗及上蔡岗等岗地形成，沉降范围缩小①。

本区位于沙颍河以南，伏牛山地和外方山地以东，桐柏山地以北，主要是淮河泛滥冲积和湖积而形成的低缓平原。地势低下而平坦，大体向东南微倾斜，与河水流向一致，地面坡降很小，平均为 1/5000～1/6000；海拔多在 60～70 米间，属于低平原类型。

平原西部边缘地带，地势较高，海拔为 70～100 米，为山前洪积平原，是低山丘陵到冲湖积平原之间的过渡地区，主要是澧河、沙河及其它河的山前古洪积扇和近代的河流冲积平原汇合而成的缓倾斜平原。地势向东或东南缓倾斜，海拔大部分在 90～150 米，相对高度为 10～30 米。平原地表沉积物有上更新统马兰黄土，有的地区可见到中更新统的洪冲积红色黄土或坡洪积棕红色黄土状亚粘土，下有砂砾石埋藏，厚度 10～30 米。沿河流两岸有全新世冲积层，呈条带状，主要为棕褐、红褐色亚沙土、亚粘土，下部有砂砾石层，厚 10～20 米。其中沙河的古洪积扇，受新构造运动影响而有抬升现象，现在的洪积扇面已遭到切割与夷平，变成略有起伏的平岗和坡岗形态，原来的洪积扇形态已经变得不明显。

本区河流众多，曲流发育，流水不畅，历史上常有河道决口、泛滥成灾现象，特别是浅平洼地和湖洼地经常受到洪涝之害。平原地面平坦，土层深厚，土质肥沃，水源丰富，发展农业生产的基本地貌条件良好。

平原区的新构造运动具有振荡性和升降差异性等特征，在地貌类型上有明显的反映。在沙河及其支流沿岸，分布有 2～3 级堆积阶地。北岸及支流有三级：第一级阶地高 3～5 米，形成于全新世；第二级阶地高约 10 米，形成于晚更新世；第三级阶地高约 20～30 米，形成于中更新世。根据阶地的高度可以看出，新构造活动的差异性和振荡性相当明显。

部分平原地势较高，受流水的侵蚀和切割，形成一些岗地，使地表略有起伏。例如，舞阳县城

---

① 张光业等：《河南省地貌区域》，河南科学技术出版社，1985 年。

的岗地，海拔为 80～100 米，南北宽 2 公里，长约 25 公里，高出附近地面 20～30 米，岗地南坡陡，北坡缓，缓缓与北部平原相接。

湖积冲积平原分布面积较广，地势比岗地要低平些，并有一些浅平洼地或湖洼地。

该区的重要特点之一是，有面积相当大的浅平洼地和湖洼地，多分布在河间平原和沿河两岸的平地上。浅平洼地有槽状的和碟状的，常向一个方向倾斜，群众常称为坡洼，或叫陂，多雨时洼地可能有短暂的积水。湖洼多是封闭的，积水期长，呈湖泊或沼泽状，其长轴方向和湖洼的排列方向，常与地面倾斜一致，沿河分布的湖洼多呈串珠状排列。其中泥河洼就是本区最大的湖洼，面积 103 平方公里，雨季常积水成为暂时性湖泊，积水退后成为低湿洼地。该洼地不封闭，向一个方向倾斜，地表径流到此停滞。这种负地形一般低于平地 1～3 米，它的形成与古湖泊、牛轭湖和古河道变迁密切相关。

该区冲积湖积平原在燕山运动以来就以沉降为主，第四纪仍处于下降阶段。所以在广阔的平原上，沉积了深厚的河流相和湖相的疏松堆积物。第四纪地层的厚度为 150～500 米。这种地壳下降和大量物质的堆积作用，是本区现代平原地貌类型的形成基础。

平原沉积物比较复杂，有中更新世洪积的红褐色亚粘土、亚沙土；有晚更新世湖积层，多为黑灰色亚粘土和粘土，以及冲积的亚沙土等。全新世冲积物只分布在河谷地带。以成因来看，本区平原有洪积平原、湖冲积平原和冲积平原等多种地表沉积物，主要是上更新世的湖相黑灰色亚粘土层，其下部常有“沙姜”；全新世的湖沼相黑色淤泥质沉积物也比较常见。在河流的沿岸地带，多是河相冲积物，而在河间的平原区，湖相沉积层分布较广。在贾湖附近区域，湖相沉积层上面覆盖有厚度不大的河相沉积物。

平原上河流发育，大小支流众多，是河南省河流密度最大的地区之一。河道曲流发育得很典型，常形成牛轭湖和遗弃河道，零星分布于平原的残丘和岗岭上，改变了平原的单一形态。沙河在本区北部自西向东南流，沿河为平坦而低下的冲积湖积平原，南有澧河、三里河、草河、洪河等河流。沙河蜿蜒曲折，曲流发育很典型，曲流带较宽，有“九里十八弯”之称。沙河两岸有较高的人工堤，河谷呈“V”字形，河流两岸都有牛轭湖遗迹，沿河两岸有较宽的平地，形如宽带。两岸河堤宽而高，使河道成为分水岭，由于自然的截弯取直，形成牛轭湖。沙河中游一带，阶地少，曲流蜿蜒，多牛轭湖，最典型的牛轭湖分布在贾湖遗址东 20 公里阴阳赵乡政府所在地以北的沙河河段，显示出这里近期有缓慢的沉降现象。

综上所述，本区的主要地貌类型有：

1. 冲积湖积平原；

2. 冲积平原；

3. 山前缓倾斜平原；

4. 岗地；

5. 浅平洼地和湖洼地；

6. 河流地貌，又包括河床、河漫滩、2～3 级阶地、自然堤及人工堤、牛轭湖等。

贾湖先民生产生活活动的主要地貌部位就是在浅平洼地的边缘、河流的自然堤附近，这两种地貌类型都是由冲积和湖积共同形成的。

二、区域地貌演化对古人类活动的影响

（一）贾湖先民对聚居地的选择

贾湖遗址坐落在贾湖的东北侧，位于原来灰河的北岸(现在的贾湖为灰河的故道)，东临泥河洼湖沼，即遗址所处的地形为原灰河北岸的堤岸，相对高亢，比东、北两面高出近1米，趋河近水而居，又较少受洪泛影响。这主要是因为近水处是水陆两个生态系统的交汇地带，动植物种类丰富，个体数量多，是人类获取食物的理想场所；同时洪水又是威胁人类的首要自然灾害，所以居址往往又多选在洪水不能达到的地方。

（二）地貌演变对贾湖人的影响

由于该区地势低洼，水网密布，河流曲流发育，迁徙改道甚为频繁，对古人生活环境带来较大影响。目前沙河、澧河、灰河等河流曲流多而发育，在湾道处由于河流截弯取直而形成了牛轭湖。

据我们研究，目前贾湖湖体应为灰河的一级故道，原来的灰河是经贾湖和泥河洼进入沙河的，后来灰河大概在湾李—坡杨间改道就近进入沙河，贾湖才变成了一段封闭水体。其证据如下：

1. 贾湖本身呈西北—东南向条形展布，与大的地势倾斜方向及灰河流向一致；从形态上与故道一致。

2. 贾湖湖底有大量沙层及少许砾石层，均为河流冲积物，如为封闭洼地形态不应该有河流冲积物，说明为河流故道。

3. 在贾湖东南方向约4公里处也有呈西北—东南向串珠状湖洼分布，相连起来便形成一条原始灰河故道。

另外灰河本身就是善徙多淤的；再者，从贾湖先民的居址选择似乎也可以反证，至少在8000年前后，贾湖还是灰河河道的一部分，因为古人选择居住环境的首要条件之一就是择水(河流)而居。

由于灰河的迁徙改道，可能是贾湖先民生活环境变化中的一个重大转折。因为改道虽然不能给水源带来多大问题，但由于河流变成了静态水体，物质能量交换率大为降低，生物产出量大幅度下降，对贾湖先民的土地利用、捕捞以及石制品制作等都带来很大的消极影响。因此灰河改道的地貌演变过程可能是贾湖遗址的先民走向没落、衰败的开始，这尚需要有其它证据进一步证实。当然，沙河干流距贾湖遗址也仅4公里左右，但对当时安步当车的贾湖先民来讲，已经是一个大大的不方便了。由于灰河的河流改道，似还不足以造成贾湖先民下定决心弃家离舍、易地而居，对其影响最大的当属突发的灾害性地貌过程。

（三）灾害性地貌过程对贾湖先民可能的影响

对古人影响最大的灾害地貌过程当属洪水了，而在本区，洪水、暴雨发生频率和强度都是河南省最大的地区之一[①]，这是因为：

---

① 温彦等：《淮北平原第四纪环境变化与洪涝灾害治理》，中国第四纪研究会学术讨论会论文，1993年。

1. 本区位于半湿润的南暖温带季风气候区与湿润的北亚热带季风气候区的过渡地带，是导致涝灾发生的敏感地带。本区多年平均降水量为857.3毫米。受季风影响，降水量的时空变化很大，这是导致本区涝灾发生的基本原因。降水量的年际、年内分布极为不均。可选择平均降水变率Cv(平均)来说明降水量的年际变化程度，变率越大，涝灾出现的频率就越高。本区的平均降水变率一般为18%～25%，是全国平均降水变率最大的区域之一，其中以沙河一带最大，在25%以上。在季节分配上，夏季降水量占年降水量的50%左右，春季和秋季分别占21%和25%。

2. 地貌对水气运行的影响，造成降水在空间上的不均。在山地平原交接带，暖湿气流受到抬升，在朝向暖湿气流的迎风地一侧形成暴雨中心，本区南部山区是暴雨发生最多的地区，一旦暴雨成灾，即倾斜泻入平原地区，平均地势地洼加上内部复杂的地貌组合是形成内涝的重要原因。地势低洼，易于集水，本区地势低而平坦，坡洼地和浅平洼地分布较为广泛，是主要低洼易涝地区之一。

3. 本区浅层地下水位埋深较浅，丰水期时，本区平原地区地下水位埋藏为2～4米，加上开采强度小，地下水位下降较少。本区地下水资源模数为14.75万米^3/(年·公里^2)，以山前河谷平原地下水资源模数最大，多年平均为20～30万米^3/(年·公里^2)。

4. 本区森林覆率约为12%，贾湖先民期要高些，主要分布于西部伏牛山区和南部山区。森林覆盖率低，水土流失严重，本地域山区，每年水的损失约达11亿立方米，土壤侵蚀量7057万吨，导致泥沙淤积河道，减少河道行洪能力，进而导致河流两岸洪涝灾害频繁发生。

涝灾是由气象条件与下垫面因素相互作用而形成的，当下垫面水分分布状况超出了正常的需要时，就会对人类的生存、生活、生产造成直接或间接的不良影响。这里所指的下垫面是与大气发生相互相用，并对大气降水进行再分配的地表各种形体的组合面，主要包括地质、地貌、土壤、植被、河道水系、浅层地下水等。

因此该区暴雨、洪水多发有其深刻的自然地理背景，1975年震惊中外的“75·8”大洪水给现在的贾湖村带来了巨大打击，全村房屋全部冲毁，以后刚好就在村东贾湖遗址上建了护村堤。可以想见当时的贾湖先民可以躲过“十年一遇”、“百年一遇”洪水的袭击，但难逃“千年一遇”的淮北地区大暴雨、大洪水的毁灭性打击。因此，贾湖遗址文化层中断，贾湖先民彻底地抛弃他们的家园，可能是一次不亚于“75·8”洪水这样大的灾害性地貌过程造成的。其证据一是在紧靠文化层上部有一层洪积物；其二，从其地貌位置来看，贾湖遗址也较易受洪水的袭击，即最靠近泥河洼，地势高差优势不突出。

就连现在的舞阳地区居民点分布也与地貌分布特点吻合得十分好，居民群往往沿岗地与河流两岸的堤岸高亢地呈条带状分布，而在其间洼地几乎没有居民点分布。其中一、二级居民点往往处于地势最高处，如舞阳县城就处于海拔90米左右的岗地上，几乎是该区平原部分的最大高程点，而在泥河洼中心地带二十几平方公里则没有一个居民点。在布置居民点中，他们考虑的最重要的，有时也是唯一的因素就是地貌因素，即地势高亢，对洪水的防范度较好。科技发展到今天的现代人对洪水躲之犹恐不及，更何况8000年前的贾湖先民，他们对逐水而居以及自然资源的易接近性的较高要求，可能是导致他们最终离开这个地方的重要原因。

（四）贾湖先民的土地利用问题

迫使贾湖人从事稻作农业的主要原因，是贾湖人在寒冷的冬春，生活来源匮乏，并对其生存造成威胁。造成生活来源匮乏的原因，其一是人口增加，其二是环境的变化。我们认为，环境的变化，主要反映在两个方面，其一是灰河的改道与经常性的泛滥，给贾湖先民长期赖以生存的捕捞业带来打击，给整个生活环境带来重大影响；其二是贾湖人生活时期的气候变得温暖湿润，降水充沛，洪水灾害地貌过程成了他们的主要威胁。但由此形成的大片低湿洼地和丰富的野生稻资源，为他们发展稻作农业提供了优越的自然条件。

第二节　动物群落

贾湖遗址在多次发掘中，获得大量动物骨骼，经鉴定主要有哺乳类、鸟类、爬行类、鱼类和瓣腮类等，现进行分别记述，并就我国新石器时代各地点动物群的性质及所反映气候变迁，作一概述。

一、哺 乳 类

貉 *Nyctereutes procyonoides* Gray（图三三六，1；图版一九〇，1、2）。

材料：完整与不完整的左、右下颌30余个，绝大部分带齿列；完整的上颌骨或带上齿列的颌骨不多，其中有二个不带齿列的破损头骨。这些材料为：

1. H34：8，右P^1—M^2齿列及颌骨。
2. H13：19，右P^2—M^2齿列及部分颌骨。
3. H13：20，左P^3—M^2齿列及部分颌骨。
4. H84：10，右P^4—M^1齿列。
5. H13：21，左P^4及部分颌骨。
6. H13：22，右P^4及部分颌骨。
7. H13：23、24，2个破损的头骨，其中一个保存有上颌后半部。

二个上前臼齿（P^2与P^3），均为单尖，P^3有后附尖，但微弱。上裂齿P^4原尖发育，前尖粗壮，后尖与后附尖相连成刃状，整个上裂齿外形呈狭长三角形，其长度小于M^1+M^2之长。M^1与M^2二臼齿呈梯形，M^1大于M^2，M^1臼齿上的三个尖（原尖、前尖与后附尖）发育，跟座凹陷。M^2仅为M^1的1/2大小。

下颌骨下缘直，后部角突发育，P_1小而退化，P_2与P_3为单尖，P_4主尖之后，发育一小尖。M_1粗壮，狭长，三角座三个尖高于跟座，下前尖与下原尖连接成双刃状，跟座凹陷（表九七）。

表九七　貉下颌骨牙齿测量与对比（单位：毫米）

标本 / 测量项目	河南舞阳	河南安阳殷墟①（德日进、杨钟健，1936）	陕西西安半坡②	江西万年仙人洞③	浙江余姚河姆渡④
P_1—M_3之长	43～46	——	——	45	35.4—46.3
P_3—M_2之长	30～33.5	——	33.3	33.2	29—33.5
M_1—M_3之长	21～23	21	——	21.8	23
M_1处下颌高	12～14.5	——	——	14.3	11.7—14.5

①Teilhard de Chardin P. and C. C. Young，1936：On the mammalian remains from the archaeological site of Anyang. Pal. Sin. C.，Vol. XII.

②李有恒、韩德芬：《陕西半坡新石器时代遗址中之兽类骨骼》，《古脊椎动物与古人类》1959年，第1卷第1期。

③黄万波、计宏祥：《江西万年仙人洞全新世洞穴堆积》，《古脊椎动物与古人类》1963年，第7卷第3期。

④魏丰等：《浙江余姚河姆渡新石器时代遗址中动物群》，海洋出版社，1990年。

从上述测量大小及标本形态的观察，舞阳标本同浙江河姆渡、江西仙人洞及河南安阳、西安半坡出土的标本几乎一致，和现代生活的貉也基本相似。

狗 *Canis familiaris* Linne（图三三六，8；图版一九〇，7、9）

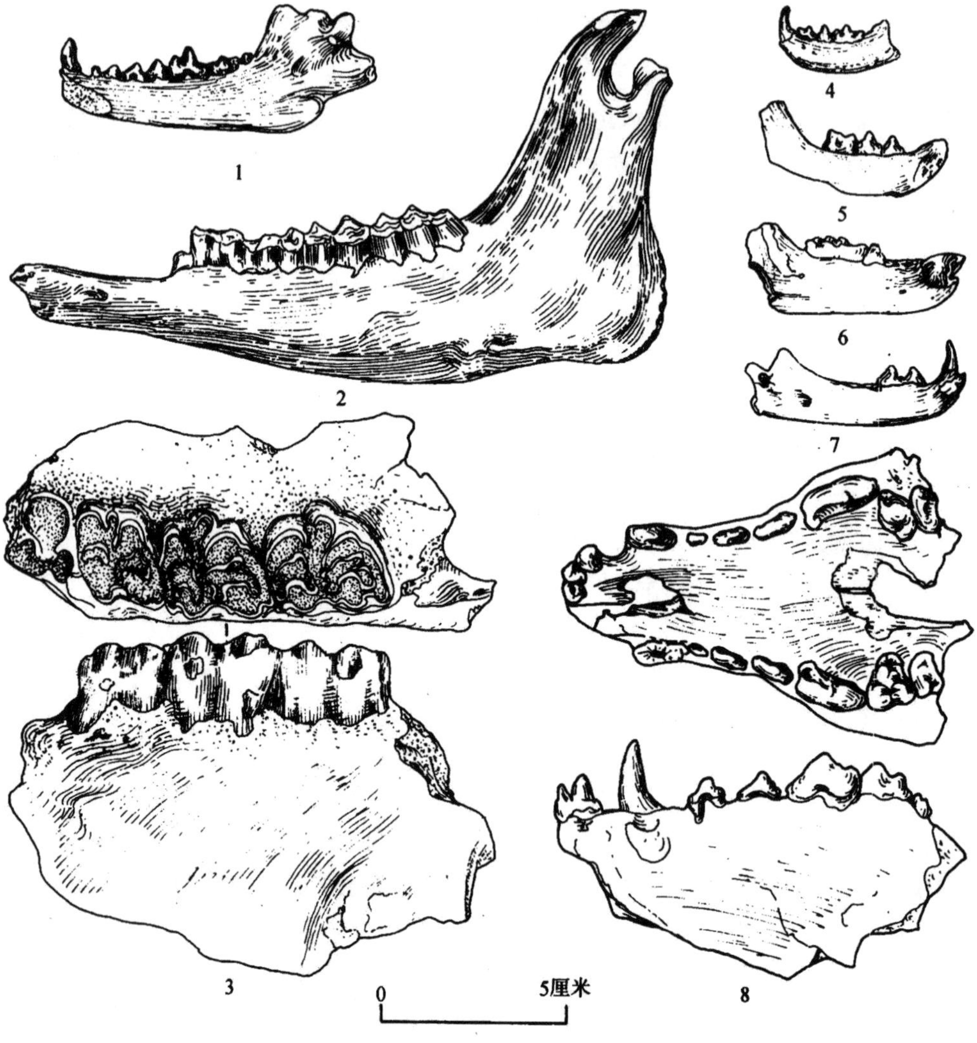

图三三六　哺乳类动物骨骼

1. 貉牙床（H34：8）　2. 羊牙床（T9③：7）　3. 黄牛牙床（M109：6）　4. 紫貂牙床（H84：8）　5. 豹猫牙床（H112：62）　6. 狗獾右下颌骨（H330：25）　7. 豹猫牙床（T109㊳：89）　8. 狗下颌骨（H139：4）

材料：在贾湖遗址中，是属于保存材料较多的一种。

1. 保存上颌骨的前半部，带 C—M^2，缺右 P^1。门齿保存左侧第三门齿，右侧全部缺失。一对左、右下颌，左下颌具 C—M_1，缺 M_2 及 M_3；右下颌具 C—M_1，缺 P_1、M_2 及 M_3。

2. SK10：1，保存上颌骨的前半部，门齿完整，二个犬齿断缺；左齿列保存 P^1—P^3，P^4 缺损，M^1—M^2 保存；右齿列保存 P^3—M^2，缺失 P^1—P^2。

3. H139：4，一个不完整的左下颌，保存 P_2 及 P_3，M_1 与 M_2，其中 M_1 仅保存后部。一个不完整的右下颌，保存 P_2—M_1。一个具右 M^1 及部分颌骨；一个右上 P^3—M^3 齿列；一个带门齿及部分颌骨（图三三六，8）。

4. SK3：1，一个右下颌，具 C—M_3，下颌后支缺损。一个左下颌，具 C—M_3，P_3 缺失。一个右上 P^3—P^4；一个 M^1 及 M^2。一个上颌的后半部（保存顶骨、颞骨及枕骨）。

5. H291：27，一个左下颌，带门齿，C—M_3，冠状突缺损。一个右下颌，带门齿，C—M_3，P_1 缺失，下颌髁突缺损。一个右上 P^3—M^1；一个右上 M^1—M^2，其中 M^1 保留半个。

6. T26③B：32，一个不完整的左下颌，具 P_1—M_1，下颌后半支缺损。一个右下颌，具 P_4—M_1，下颌前、后半部缺失。一个右下颌，具 P_3、P_4 及 M_2，前、后支缺损。

7. SK2：1，一个左下颌，具 P_3—M_1，下颌前、后支缺损。一个右 P_2—P_4，一个右 M_1—M_2，一个左上 P^4—M^2。

裂齿小，上 P^4 的长度小于 M^1+M^2 之长，下颌水平支下缘呈弧形。

测量：单位：毫米

I—M^2 之长	94.2，99
P^1—M^2 之长	66.3，77
P^4 之长	18.8，18.5，20
M^1+M^2 之长	19.3，19.2，21.5
C—M^3 之长	87，100
P_1—M^3 之长	72，68

从测量值来看，贾湖遗址的狗是比一般常见的狗大一些，是否可以这样认为：贾湖遗址的先民们驯养了一种较大型的狗；或则是 9000—8000 年前，驯养的狗是刚从其祖先进化成的较早阶段的代表。前面提及狗的材料发现较多，毫无疑义是同人类驯养活动有关。

豹猫 *Felis bengaensis* Kerr（图三三六，5、7；图版一九〇，6、8）

材料：4 个不完整的左、右下颌。其中 H112：62，保存左 P_3－M_1 齿列，（图三三六，5）T109③B：89，保存左 C—P_4 齿列，（图三三六，7）H127：21，保存右 P_3—M_1 齿列，T28③C：11，保存左 P_4—M_1 齿列。

下颌体粗壮，下颌水平支下缘稍呈弧形，下犬齿发达，且长而锐利；犬齿与前臼齿之间的齿缺失，P_3 小于 P_4，下裂齿 M_1 呈双叶型，前、后叶几乎相等，后叶稍大于前叶。（表九八）

表九八　豹猫牙齿测量与比较　（单位：毫米）

测量项目 \ 标本	河南舞阳	浙江余姚河姆渡（魏丰、韩德芬等，1990）
下齿列 C—M 长	31～33	33～34.9
M_1 长	7.5	8.5

从个体大小来看是接近野猫，但从测量比较来看，又很接近豹猫，特别像浙江余姚河姆渡的豹猫，所以把贾湖遗址的标本，归入豹猫也许更为可靠一些。

狗獾 *Meles meles* Linne（图三三六，6；图版一九〇，5）

材料：H330：25，不完整的左下颌一个，保存了 P_4—M_1，下颌骨前、后部分缺损。

P_4 单尖，后齿缘发育；下裂齿（M_1）盆形，跟座长，中央凹陷，周围由四个齿尖组成；M_2 缺失，但留有齿槽，圆形、且很小（表九九）。

表九九　狗獾下颌骨的测量与比较　（单位：毫米）

测量项目＼标本	河南舞阳	陕西西安半坡（李有恒、韩德芬，1959）	江苏溧水①
M_1 之长	16.0	14.0	13.7—16.0
M_1 之宽	7.0	7.6	6.5—7.9

① 李炎贤、雷次玉：《江苏溧水神仙洞发现的动物化石》，《古脊椎动物与古人类》1980 年，第 16 卷第 4 期。

从上述测量与比较看，表明贾湖遗址有狗獾的存在。

紫貂 *Martes zibelline* Linne（图三三六，4；图版一九〇，3、4）

材料：H84：8、9，不完整的左、右下颌骨各一，右下颌骨的门齿缺失，左下颌骨后部角突缺损。

下颌骨短，P_2 很小，单尖，P_3 与 P_4 类似，二者皆有前齿缘，所不同的是 P_4 的后齿缘也很发育。M_1 有下后尖，跟座呈切割式，从外表看，似乎呈三叶状；M_2 非常小，具圆球状小尖。

测量：

P_2—M_2 之长	18.5 毫米
M_2 处下颌高度	8.5 毫米

贾湖遗址的紫貂，与现生种类相同。现今的紫貂分布于我国东北及新疆北部，是一典型北方类型的种属，在黄淮地带发现，实属罕见。这是一种喜栖于寒冷地带的针叶林或针阔叶混交林深处。贾湖遗址中发现喜栖寒冷的北方种类，是值得注意的问题。有关紫貂在此地的出现，下面将详细探讨。

家猪和野猪 *Sus domestica* Brisson and *Sus scrofa* Linne（图版一九〇，10；图版一九一，4）

材料：不完整、破损带颌骨的上、下齿列 100 余件。

这 100 余件的标本中，从臼齿磨损观察，似乎是少年和成年占多数，老年个体极少。作者采用传统的确定某些动物是家养或野生的常用方法，即该动物各生长阶段所占的百分比，如果青年或成年阶段的比率较高的话，则表明贾湖先民已经驯养了家猪。

根据过去的一些研究（张明华，1981），对于猪所代表的生长发育过程，大致可划分出三个不同阶段：

1. 青少年阶段，包括幼年个体，年龄在 2 岁以内。第四前臼齿（DP_4）已长出，并经一定程度的磨损。幼年、少年个体的 M_3 还看不见或正在齿槽内萌出。青年阶段的 M_3 前面二列齿突已经磨损，而齿突还在齿槽内或仅露出一部分齿尖。

2. 成年个体（2—3 岁），M_3 前两叶已经磨损，后齿列齿突长出齿槽或刚开始磨损。

3. 壮年或老年个体（3 岁以上），M_3 齿尖磨损很深，且呈一平面凹陷。

以上述分类为依据，全部以下第三臼齿（M_3）为观察标准，并包括未长出的 M_3，有乳前臼齿的幼年个体在内。

猪的左下颌骨 18 件（表一〇〇），右下颌骨 23 件（表一〇一）。

表一〇〇 猪左下颌骨统计表

年龄阶段 统计	青少年个体	成年个体	老年个体
标本件数	10	4	3
百分比	50.6%	22.3%	17.1%

表一〇一 猪右下颌骨统计表

年龄阶段 统计	青少年个体	成年个体	老年个体
标本件数	15	6	2
百分比	62.22%	26.1%	8.78%

从上述的以下第三臼齿(M_3)为标准,包括未生出 M_3 的乳齿,青少年与成年个体,右下颌骨的百分比为 91.22%,左下颌骨的百分比为 72.9%,老年个体的比例很低。猪骨骼的标本在贾湖遗址中属数量较多的一种,而统计数又显示老年个体占比例极少——8.78%与 17.1%的低比例,也就是说贾湖先民们已经驯养家猪。当然少量的老年个体的存在,也显示了有野猪的存在。

獐 *Hydropotes inermis* Swinnoe(图三三七,6、7;图版一九一,6、7)。

材料:100 多个不完整的上犬齿,大多有使用磨砺痕。H245∶5,保存较好,无磨砺痕。有 160 余个下颌骨,大部分保存不完整,其中 32 个下颌骨稍完整(其中有 9 个属幼年个体)。如 T61⑤∶11,齿列完整,下颌枝残。残破的带有上臼齿的部分颌骨 10 件,其齿列保存均不完整。此外,还有一些零星的肢骨。

上犬齿长而大,稍向下弯曲,齿尖锐利,侧扁,齿壁薄而中空。由于保存太差,无法测量比较。下颌骨的冠状突是非常显著地向上方延伸,角突发育。牙齿较小,齿柱发育。P_4 前部齿尖形成新月形,后部呈封闭形(表一〇二)。

表一〇二 獐下颌骨牙齿的测量比较 (单位:毫米)

标本地点 测量项目	河南舞阳贾湖	浙江余姚河姆渡 (魏丰、韩德芬等 1989)	陕西西安半坡 (李有恒、韩德芬 1959)	河南安阳殷墟 (德日进、杨钟健 1936)
P_2—M_3 之长	53.1～57.2	51.5～53	52～60.5	58
M_2 后下颌高	16.8～21.5	16.6～18	17.8～20.0	—
M_2 后下颌厚	9～10.5	8.4～9.8	8.1～10.1	—

从上述的测量比较中,可看出其大小接近一般獐。贾湖遗址中,这一类骨骼是保存个体数量最多的一种。由于这是一种小型鹿类,易于被人类捕猎,在这批材料中的幼年个体不少,也多少反

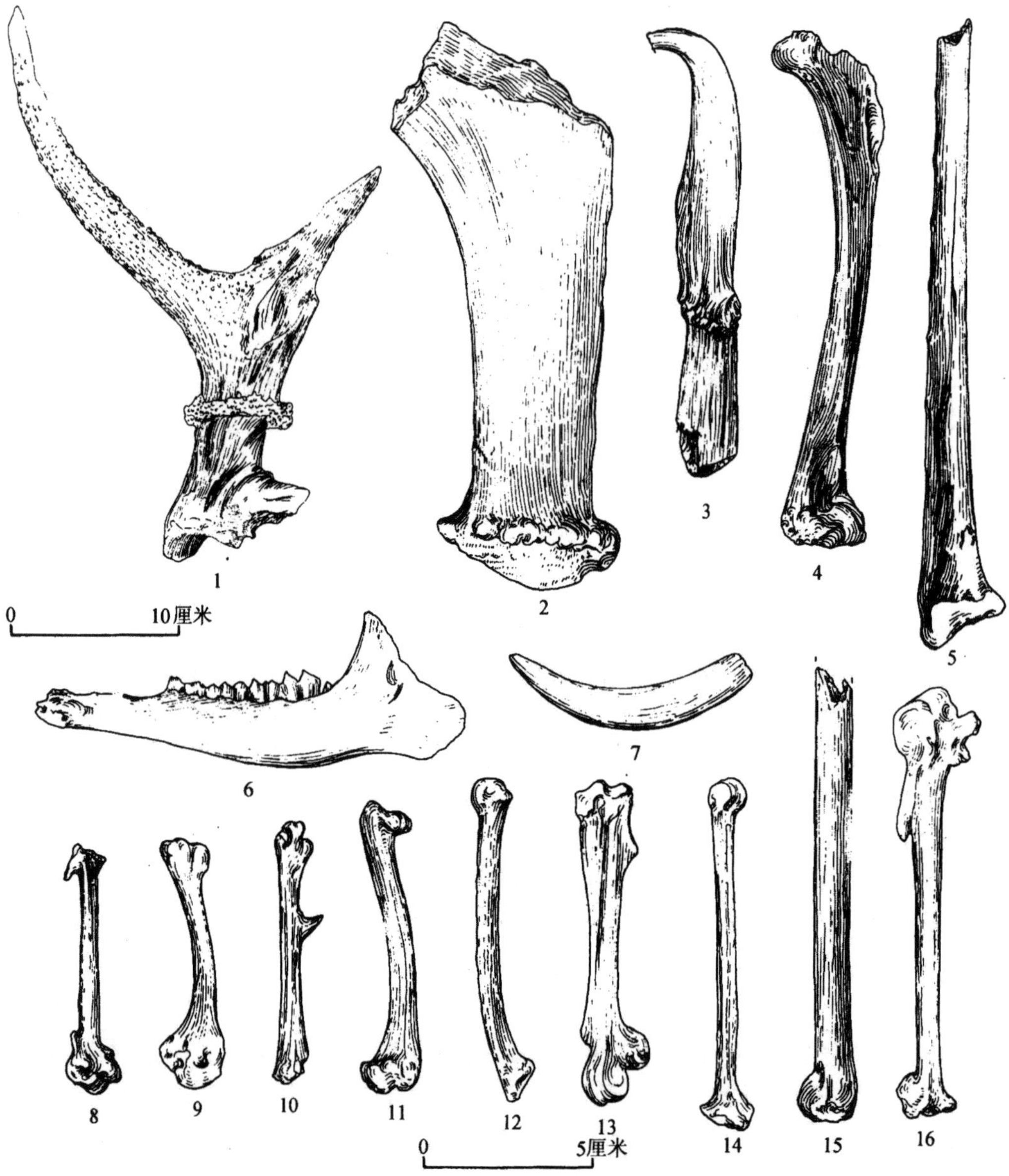

图三三七　哺乳类、鸟类骨骼

1. 梅花鹿角(H196∶5)　2. 四不像鹿角(H172∶6)　3. 小麂角(H259∶1)
4. 丹顶鹤股骨(H37∶22)　5. 丹顶鹤尺骨(H291∶26)　6. 獐牙床(T61⑤∶11)
7. 獐犬齿(H245∶5)　8. 天鹅肱骨(H279∶2)　9. 环颈雉右肱骨(H37∶24)
10. 环颈雉跗蹠骨(H84∶7)　11. 环颈雉右股骨(H189∶7)　12. 环颈雉尺骨(H37∶23)
13. 天鹅肱骨(H189∶8)　14. 环颈雉右胫跗骨(H195∶11)　15. 丹顶鹤尺骨(H179∶10)
16. 天鹅肱骨(H179∶2)

映了幼年獐的存在同人类活动有关。

小麂相似种 *Muntiacus* cf. *reevesi* Ogilly(图三三七,3;图版一九一,2)

材料:H259∶1,为一件较完整的左侧鹿角,但角顶端缺损,其角柄下段也断失。

个体较小,主枝弯曲,角表面粗糙,有不规则的沟和棱,由于主枝部分的前、后、内侧三面具嵴棱，形成一个三角体。眉枝很小，只是一个突出的尖，眉枝与主枝分叉的位置靠近角环处。角环呈椭圆形，角柄特长。

角长度为85毫米，其大小在一般小麂大小范围之内。

四不像鹿 *Elaphurus davidianus* Milne-Edwards（图三三七，2；图版一九一，3）

材料：较为破损，保存不太好的鹿角；

1. H172：6，一件破损的鹿角（左），仅保存角环及主枝的一部分，到分叉处断缺。

2. M282：61，一段仅保存1/2角环，上有人工切割痕迹。

3. H24：10，角叉顶端的一段鹿角，其下断损处，有人工切割痕迹。

4. H259：2，一段分两叉的鹿角，其上、下皆有人工切割痕迹。

5. H291：28—31，四块残缺的小叉。

H172：6，属少年个体，其主枝不像成年个体那样粗壮，角上的纵沟，也不像成年鹿角那样显著，主枝离角环较高处的前、后枝已断失。

在其它的几件零星鹿角上端部的分叉处，均存在人工切割痕迹。

有关四不像鹿属的地史、地理分布及变迁，计宏祥曾提及四不像鹿属是东亚地区特有的种①，早更新世时分布于华北、台湾及日本，其中华北地区最为集中，台湾有一个种，日本有两个种，可以认为是华北为中心，向东侧海洋方向辐射分布；中更新世时，台湾及日本没有发现，主要发现于江淮地区，安徽和县猿人动物群中的四不像鹿，是已知发生的最早层位；晚更新世时，除了继续在江淮地区存在，又在江苏武进发现，此时，这种鹿类最北可达辽宁康平，同猛犸象在一起发现，最南可在台湾澎湖列岛海底、东海海底及日本濑户内海海底等处发现。到全新世时，除了淮河流域之外（舞阳贾湖遗址的四不像鹿属此流域），更多的出现在长江下游一带，尤其是长江三角洲是其主要分布地区，其中以上海与江苏居多，其分布范围，最南可达浙江余姚，最北可达河北三河。

梅花鹿 *Cervus nippon* Temminck（图三三七，1；图版一九一，5）

材料：不完整、破损鹿角15件（带有角环者），其中属自然脱落者8件，保存完整者①一件，有大量属于鹿角上端主枝部分，或则是第二、第三分枝残留者，众多的下颌骨及零星牙齿、1件仅保留两角基座的头骨。这些材料是：

1. H196：5，是这些鹿角中保存最完整的一件，主枝断损，眉枝完整，角柄之下带有部分额骨（左角），主枝断损处，有人工切割的痕迹。

2. T28③B：12，右角，主枝与眉枝仅保存一部分，角柄之下带有部分额骨。

3. 8件自然脱落的鹿角，它们是H169：4，H156：14，H284：11，H34：9，H95：14，T63③C：13，H322：16，H343：2，H222：4。这些鹿角保存很差，主枝与眉枝皆断损，有的角环及上面小段主枝仅保存一半H222：4。H34：9有火烧及人工切割的痕迹。

4. 5件鹿角（H34：10、T12③B：26、H91：7、H69：11、T102③B：41的角环下的角柄保存，但主枝断损。

5. 许多零星、破损的属于鹿角上端主枝或第二、第三分枝的残留部分，其保存数量众多，超过保存角环的鹿角。

6. H266：3，残破，仅保存两角基座的头骨，上齿列部分保存，两角残留处，有人工切割痕迹。

7. 大量下颌骨和零星牙齿。

---

① 计宏祥：《四不像鹿属地理分布的变迁》，《古脊椎动物学报》，1985年，第23卷第3期。

角柄较短，眉枝与主枝交角在90°左右，角表面纵沟明显，班状瘤突更为显著，角环近似圆形。根据角的形态及大小，同一般常见的梅花鹿相当（表一〇三）。

表一〇三　梅花鹿角测量（单位：毫米）

测量项目＼标本	T114③C	T28③B：12	H34：9
角环前后径	60	50	45
眉枝到角环距离	68	61	61

黄牛？*Bos* sp.（图三三六，3）

材料：

1. M109：6，一个残破不完整的下颌骨，牙齿齿冠破损，仅保存齿根。

2. M109：6，一个不完整的右 M^1—M^3 齿列，带有部分额骨。

3. M109：6，一个右 P_3。

4. H16：11，一个破损带两角基座及部分额骨的幼年个体。从二角基座处可看出有人工切割痕迹。

牙齿较大，齿面珐瑯质褶曲较少，齿柱发育而突出呈圆柱状，各尖锥外形呈圆形。M109：6，M^1—M^3 之长为85毫米。这些性质可能属于黄牛。

水牛？*Bubalus* sp.

材料：T109③C：90 保存左 M^2 一个，T109③B：91 保存右 P^2 一个，T109③B：92 保存左 M^3 一个，T114③B：24 保存右 M_1、M_2 二个，T68⑤：14 保存右 M_1 一个和左 M_2 或 M_1 一个。

根据臼齿内侧有一发达的底柱，齿面珐瑯层褶皱，白垩质丰富及各尖锥外形较圆等性质来看，可能属水牛类。

羊 *Ovis* sp.（图三三六，2；图版一九二，1、2）

材料：T9③：7，二个不完整的左、右下颌骨，并保存 P_2—M_3 齿列，其中右下颌后枝冠状突断缺。T9③：8，一个残破的颌骨上保存左上 M^1—M^3 齿列。

齿尖发育，M^3 后附尖向后突出，下颌稍厚，较高（表一〇四）。

表一〇四　羊牙齿测量与比较　　（单位：毫米）

测量项目＼标本	河南舞阳	河南安阳殷墟（德日进、杨钟健，1936）
P_2—M_3 之长	80	81
M_1—M_3 之长	50	52

从上述测量大小来看，其大小接近安阳殷墟的殷羊 *Qvis changi*，齿的特点也很类似，很可能就是殷羊的近似种。考虑到鉴定到种的证据还不太充分，故暂定为羊。

野兔 *Lepus* sp.（图版一九一，1）

材料：4 个不完整的下颌骨，其中右下颌 3 个，左下颌 1 个。

1. H304：4，右下颌的门齿缺失，齿列完整，下颌后端缺失。

2. H224：3，左下颌，门齿缺损，齿列完整，下颌后端大部分断缺。

3. H314：1，右下颌，门齿保存，齿列仅保存 P_2—M_1，M_1 之后下颌骨全部断损。

4. T63④：14，右下颌，仅保存 P_3—M_3 齿列及部分颌骨。

从下颌保存较全者来看，下齿列长度接近或等于下齿隙长度的特点，同华南常见的野兔—华南兔（*L. sinensis*）有所相似。

二、鸟　　类

贾湖遗址有几十件鸟类骨骼，而且全都是大中型鸟类，这在我国新石器遗址中是绝无仅有的。骨骼石化的程度可以与北京周口店山顶洞人时期的鸟类化石相比。在这些鸟类骨骼中，以涉禽等水鸟为主，其次是鸡形目的材料，由于成分特殊，是一代表性动物群，对它的成因及大型涉水鸟的迁徙等问题都有一定意义。现将研究结果报告如下：

天鹅 *Cygnus* sp.（图三三七，8、13、16）

材料：H179：2、H189：8、H279：2 左肱骨，左股骨的近端，左右跗蹠骨缺近端。

鉴定：肱骨近端顶沟宽，比较浅，气窝小，三角突小，肱二头肌面窄而长，骨体较细长，肱骨远端鹰咀窝大而圆，外髁比较小，横长，外髁长，外上髁突缺失，肱骨全长 120 毫米。左股骨仅存近端部分，但转子嵴缺失，顶部滑车面小，股骨颈小，骨体不粗壮。跗蹠骨两个，但不属于同一个体，一个较粗壮，另一较细弱。一个跗蹠骨保存基本完整，第 6 蹠骨滑车缺失，近端膨大，外侧杯状凹较深，胫肌前结节两个，骨体较细，远端蹠骨滑车第 3 蹠骨滑车最大，第 2 蹠骨滑车最短，其前缘位第 3 滑车的基部，蹠上滑车窝很浅，跗蹠骨全长 92 毫米。

天鹅的化石，更新世在我国尚未见报道，国外法国晚更新世曾有零星骨骼出现。

环颈雉：*Phasianus colchicus* Linnaeusm（图三三七，9～12、14）

材料：H37：23、H37：24、H189：7、H84：7、H195：11。肱骨、尺骨、股骨、胫跗骨和跗蹠骨节共计 19 件。

鉴定：肱骨头大而圆，骨体近端中央的气窝较深，骨体较细而弯曲，屈筋突特别发育，肱骨全长 75 毫米。尺骨保存不全，而且被火烧过，骨体比较粗壮而弯曲，为典型的雉鸡尺骨形态，前臂肌压痕很发育，后肢骨骼也有部分被火烧过，而变成黑色。有的保存完整，股骨较跗胫骨短，比较粗壮，最突出的特征是腓侧沟深而宽，十分发育，股骨全长 84 毫米。胫跗骨长，两端扩展，骨质腱桥宽，近端胫嵴向外突出，胫跗骨全长 100 毫米。跗蹠骨较股骨和胫跗骨都短，全长 75 毫米，雄者有一尖锐的距，内跗后跟嵴比较发育。

环颈雉为我国常见猎用禽，其化石在我国更新世广泛出现。在贾湖遗址中出现许多骨骼，是狩猎食用呢？还是驯养？尚待考证。

丹顶鹤 *Grus japoninsis* Miillen（图三三七，4、5、15；图版一九二，5、6）

材料：H37：22、H291：26、H179：10，肱骨、尺骨、腕掌骨、股骨和胫跗骨等计 12 块。

鉴定：贾湖遗址的这批大型涉禽类骨骼，其性质与周口店山顶洞的丹顶鹤化石十分相似。如尺骨鹰咀突短而粗壮，外杯状凹内缘直，臂部肱肌印痕斜长，次级飞羽乳突很明显，远端腱凹大而深等。肱骨近端保存不全，远端前臂肌凹大而长，呈三角形，外髁和内上髁特别突出，外上髁突特别发育。有一腕掌骨保存较好，掌骨滑车较平，但滑车凹大而深，豆骨突比较发育，第二掌骨结节较小，腕掌骨全长125毫米。后肢股骨仅见一右股骨近端，股骨头小，颈较短，转子嵴比较低，股骨较粗壮。胫跗骨亦仅得一右侧近端，胫内嵴较长，胫外嵴短而突出。

丹顶鹤的化石，曾在周口店山顶洞遗址发现过。它在我国历史上被誉为“仙鹤”，寿命长，易驯服，体态潇洒，历史上也曾被推崇为“神仙”、“逸士”的伴侣，是深受人们喜爱的野生鸟类。这种鸟类是典型候鸟，在古北界为夏候鸟，在东洋界为冬候鸟。舞阳县当属东洋界的中印亚界的华中区，它在这一带应该为冬候鸟。

三、爬行类和鱼类

爬行动物标本很多，但种类较少，仅龟、鳖和扬子鳄三种。

龟鳖类材料甚多，就出土和保存状况看，大致可分两类。一类是从墓葬里发现的，除个别外，大多为完整的背腹甲，或部分完整的背腹甲，或完整腹甲。前两者的背、腹甲虽已相互分离而不逢连一起，但仍一一上下匹配，表示原为一个个体。这样的标本共有20多件。后者主要以完整或基本完整的腹甲为代表，背甲缺如或甚破损。这样的标本共有30多件。另一类是从废弃的灰坑或房基中出土的，材料也很多，特别是鳖类，但全是碎片，似为先民啖食后的废弃品。其中有一件从房基里发现的龟甲标本，似为“奠基龟”。

上述贾湖遗址中的这些龟鳖类甲壳，经研究，代表龟科的两个不同属和龟科的一个未定属，以及鳖科的一属，今分述如下。

（一）龟科(Emydidae)

1. 闭壳龟属(*Cuora*)

黄缘闭壳龟(*Cuora flavomarginata*)(图三三八，5；图版一九三，1—5)

可归入该种龟类的标本有50多件，即上述20多件基本完整的背腹甲和30多件基本完整的腹甲。由于这些标本保存较好，所具特征明显，给我们提供了鉴定上的方便，它们有以下几方面的同一特征(表一〇五)。

(1)个体大小中等，最大的背甲长158毫米，最大宽124毫米；

(2)背甲隆起；

(3)无骨桥(bony bridge)，背、腹甲分离；

(4)腹甲前、后叶之间不以骨缝相连，死后各自断开；

(5)椎板(neural plate)7块，大多呈六角形，短侧边朝后，第八块退化，致使第八对肋板在中线处左右相遇；

(6)腹甲后端钝圆；

(7)内腹甲(entoplastron)后缘钝平或钝圆；

(8)喉肱沟(gulo—humeral sulcus)割入内腹甲前部；

(9)肱胸沟(humero—pectoral sulcus)贯穿内腹甲中部；

(10)股肛沟(femoro—anal sulcus)“人”字形，向前突起，中部挨近下剑缝(hypo—xiphiplastral suture)；

(11)椎板上有不同程度的嵴突(keel)；

(12)背甲盾片(scute)上有回纹，尤以肋盾(costal scute)上的为明显。

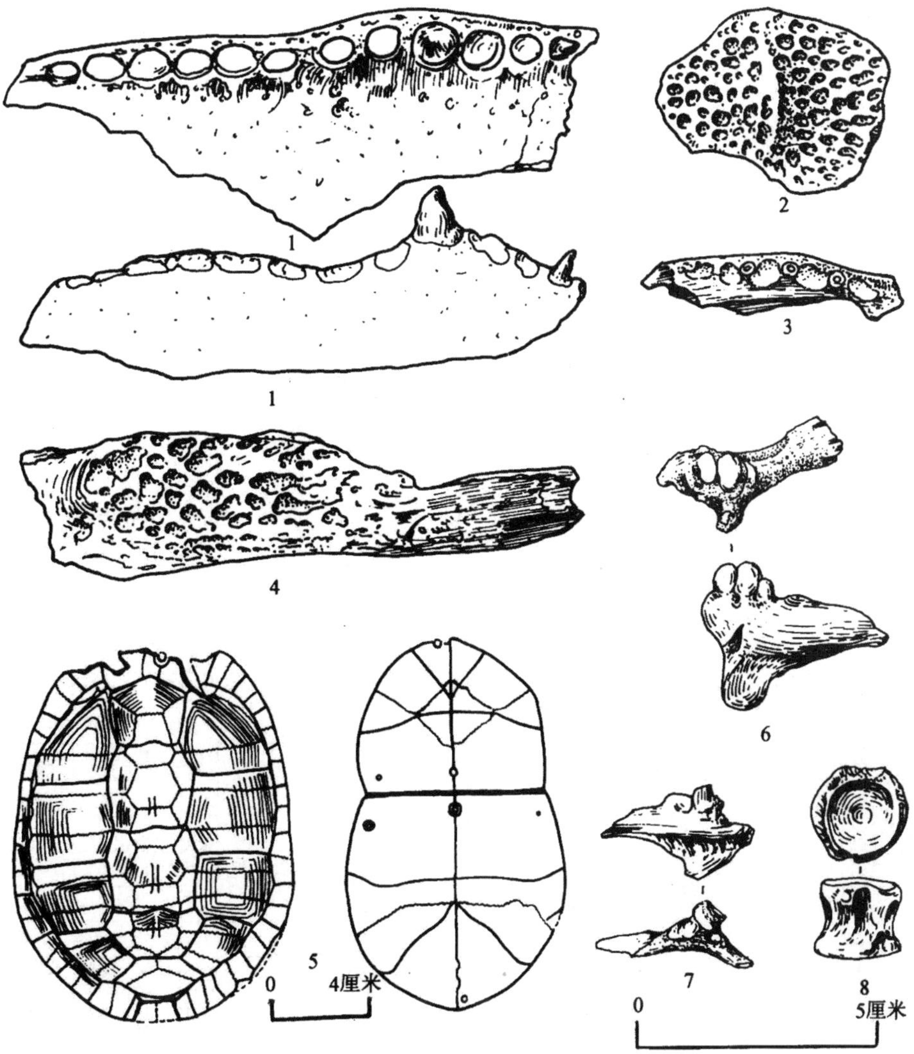

图三三八　爬行类甲壳和骨骼、鱼类骨骼

1. 扬子鳄牙床(H187：39)　2. 扬子鳄背甲(H187：43)　3. 扬子鳄牙床(H187：40)
4. 扬子鳄牙床(H187：42)　5. 龟甲(H363：13)　6. 青鱼咽齿(H187：41)
7. 鲤鱼咽齿(H37：20)　8. 鱼脊椎骨(H319：4)(5为1/3，余为2/3)

表一〇五　龟甲测量统计表　(单位：毫米)

标本编号	背甲					腹甲			
	长	宽	高	第二椎盾特征记述	5椎盾前沟通过7椎板	长	前宽	后宽	内腹甲
M233：11	154	122	55	不突出	不通过	153	79	94	稍前突
M233：12	161	104		近平		152	78	87	残
M233：13	155	114	60	不突出	不通过	151	77	95	稍突
M233：14		残			不通过	147	67	84	圆钝
M233：15		残	6	不突出		残	75	84	不突
M233：16	145	110	63	不前突	通过7th	143	77	93	钝突
M327：8	131	残	4.6	平　低宽型	不通过7th	128	67	78	稍前突

标本编号	背甲					腹甲			
	长	宽	高	第二椎盾特征记述	5椎盾前沟通过7椎板	长	前宽	后宽	内腹甲
M327∶13	136	101	69	稍突	通过7th	135	69	80	稍前突
M327∶14		残				127	67	79	
M327∶15	117	83	51	稍突 小个体	残	110	55	65	前尖突
M327∶16	左右残			稍突 小个体	不详	后残	58	69	近菱形
M327∶17	118	92	49	不前突 小个体	不通过	117	62	73	不显突
M327∶18	117	83	47	不前突 小个体	不通过	115	62	69	前尖突
M327∶19	126	残	53	残 小个体	残	117	残	73	前稍突
M344∶18	163	120	74	稍突 个体较大	通过	162	84	99.5	前尖突
M344∶26	155	122	56	残	未见	148	80	90	缺，圆钝
M344∶27	145	残	66	前突	残	144	79	90	稍前突
M344∶28	残	124	60	不前突	残	147	84	91	前尖突
M344∶29	158	120	70	最突	不详	157	78	96	平
M344∶30	157	残		稍突	残	148	80	93	稍尖
M344∶31	138	97	60	残	残	131	67.5	74	前尖突
M344∶32	153	残	60	平	残	残 8	87		前圆钝
M363∶5	138	94	68	不前突	不通过7th	141	74	89	尖桃形
M363∶6	130	88	56	稍突	贯穿	123	66	79	稍前尖
M363∶7	144	84	68	不详 狭长高型	不详	132	70	80	稍前尖
M363∶8	148	105	62	稍前突	通过7th	144.5	78	87	前突
M363∶9	157	101	72	平	不通过	148	73	80	前尖
M363∶13	150	117	56	不突出	不通过	148	77	91	前突菱形
M363∶14	156	85	59	不前突，狭长方形	不通过	140	74	88	不前尖突
M363∶15	156	82	84	不前突，高凸狭长	通过7th	151	74	93	
M387∶4	背	甲	残			79(残)	87.5		残
M387∶5		残		前突	残	135	71	81	尖突
M387∶6		残			残	后残	80	88	稍前突
M387∶7		残			残	137	73	82	近圆形
M387∶8		残			残	126	71	79	前尖突
M387∶9		残			残	139	71	87	稍突
M387∶10		残						89	
M387∶14		残					残		
M94∶4	133	残	50	稍突	不通过	残		79	残
M94∶10		残		稍突	残	残	65	残	残
M94∶11		残		稍突	残	残	68	75	稍前突
M94∶12		残		最突					
M125∶4				近平	不通过			69	
M125∶7				稍突	不通过			75	
M121∶9								47	
M334∶10								77.5	
M335∶8								91	
M341∶7	颈盾小，臀板小，椎板短侧边朝前，仅存边缘部分								
H187∶16	第1—6肋板在中线相遇，第1—6椎板宽六角形，短侧边朝前								
H107∶3	椎板扁六角形，短侧边朝前，两边肋板不相遇								

表一〇六　黄缘闭壳龟(M363：8)测量　(单位:毫米)

测量部位	最大长	前侧边长	后侧边长	最大宽	前宽	后宽	记述
颈板	27			28			横宽
椎板 1	20	15	5.5	18		13	长六角形
椎板 2	16	12	5.5	18		13	
椎板 3	16.5	12	4.5	21		14	
椎板 4	15	12	4.5	22.5		17	
椎板 5	13	11	4.5	21		16	
椎板 6	10.5	9	2	18		14	
椎板 7	12	6	7	13		呈尖状后突	
上臀板	20			26			尖端平底五角形
臀板	7.5			16			矩形
颈盾	9				7.5	9.5	长>宽
椎盾 1	30			27	25	22	气帽形,前圆后平
椎盾 2	32.5			32.5	22	26	窄长六角形,前缘正中稍前突
椎盾 3	30	左 14.5 右 12.5	17 18	39	26	31	
椎盾 4	26	左 17 右 16	左 19 右 20	46	31	19	
椎盾 5	31	左 19.5 右 20	左 9 右 10	35	19	23	
尾臀	15				23	31	两块分离,边缘经修磨
腹甲	144.5				7.8	8.7	前后叶各穿一缀合孔

今以保存完整的 M363：8 标本为例,详细记述见表一〇六。

M363：13,背甲基本完整,仅左、右第一缘盾前端和颈盾侧前端因钻孔破损,臀板(pygal plate)完全脱落。背甲长 150 毫米,宽 117 毫米,高 56 毫米。左、右第五缘盾下缘各有一个人工钻孔(孔径 3 毫米,4.5 毫米),恰与腹甲两侧相应位置上的两个钻孔(2 毫米,4 毫米)相对,似为穿“线”连接背、腹甲之用。此外,在腹甲前、后端中轴线附近,也各有一孔;在腹甲前、后叶断面附近的中轴线上,又各有一孔。这些钻孔,估计是分别用作连接背、腹甲和连接腹甲前、后叶穿“线”打结之用。

颈盾右前端因钻孔失败而部分破损,盾瓮形,长 12 毫米,后端宽 8 毫米。第一椎盾呈五角形,后侧边长 24 毫米,前两侧角处宽 30 毫米。第二椎盾呈六角形,前、后侧边几等,前沟中部稍前突,中部长 35 毫米,两侧角处宽 35 毫米。第三椎盾呈六角形,前侧边短(12 毫米),后侧边长(23 毫米),前沟中部也稍突,盾的中部长 33 毫米,两侧角处宽 39 毫米,宽大于长,其宽度比第二椎盾的为大。第四椎盾呈六角形,但更宽扁,前侧边短(左,10 毫米,右,6 毫米),后侧边长(19 毫米),前沟正中也稍突，中部盾长 24 毫米，两侧角处宽 42 毫米，是椎盾中最宽者。第五椎盾呈前狭后宽的梯形，前缘平直，不突出，前侧宽 18 毫米，后侧宽 38 毫米。肋盾左右各四。第一肋盾前锐后宽，最大宽 40 毫米。第二、第三肋盾皆呈矩形，前者长 31 毫米，最大宽 47 毫米；后者长 30 毫米，最大宽 41 毫米。第四肋盾呈小矩形，宽 27 毫米，外缘长 28 毫米，内缘长 17 毫米。缘盾、缘板均近矩形。前、后部的与背甲稍倾斜相连，两侧的几与背甲垂直相连。

颈板宽大，菱形，前端略损。第一椎板呈六角形，短侧边朝后，边长 6 毫米，前侧边长 10 毫米，骨板中部长 21 毫米，前宽 11 毫米，两侧角处最大宽 21 毫米。第二、三、四块椎板均为短侧边朝后的六角形，中部长分别为 16 毫米，16 毫米，14 毫米，两侧角处宽分别为 21 毫米，22 毫米，24 毫米。第五椎板基本近矩形，中部长 12 毫米，横宽 19 毫米。第六椎板反而成短侧边朝前的六角形，前侧边甚短（不到 2 毫米），中部长 10 毫米，两侧角处宽 20 毫米。第七椎板，即最后椎板，呈七角形，前侧边也甚短（不到 3 毫米），中侧边长 7 毫米，后侧边长 8 毫米。第五椎盾的前沟平直地从第七椎板之后通过，左右第八块肋板在第七椎板之后的中线处相接。上臀板一，宽大，最大宽 28 毫米。臀板缺失，留下矩形空隙。嵴突（keel）以第五椎板上的为最显，第八椎板上的次之，第二、三椎板交界处的最不显。回纹以肋盾下缘和缘盾上部为明显。肋板八对，构造一般。

腹甲完整，中部长 148 毫米，前叶宽（肱胸沟处）77 毫米，后叶最宽（下剑缝处）91 毫米。内腹甲为近斜置的正方形，前端角较锐，后端角较钝。喉肱沟割入内腹甲的前端，肱胸沟横贯内腹甲中部。股肛沟呈“人”字形，前中部与下剑缝紧接，并稍超出。这是所有同类标本中最为前伸的一件，其他的至多只与下剑缝接触，甚至有的还稍许离开。因无骨桥相连，腹甲已与背甲分开，但可能由于先民钻孔穿“线”相连，“线”烂后，两者仍还扣在一起。有意思的是，在相扣的背腹甲中，还装有 15 颗白色石子，石子不大，长径约 5—10 毫米，形状不一，未经加工。

根据上述的描述，特别是根据无骨桥、腹甲前、后叶可以活动，以及椎板呈六角形，短侧边朝后等特征，我们甚有理由可把上述的标本归入闭壳龟属。闭壳龟属是 1855 年Gray创建的，是龟科一现生属，地理分布只限于东亚和东南亚，可谓“亚洲特产”。它在甲壳构造上的最大特点是无骨桥，生活时，背甲直接扣在腹甲上，以韧带相连，甚像一只平底凸盖的盒子，故有“盒龟”——亚洲盒龟（Asian box tortoises）之称。死亡后，韧带腐烂，背、腹甲自然分离。闭壳龟的另一个特征是腹甲前、后叶不以骨缝相连，而连以铰键。生活时，腹甲前、后叶可分别活动。死亡后，铰键失效，则腹甲前、后叶断开。所以我国有些地方的群众叫它们为“断板龟”。闭壳龟的上述两大甲壳构造上的特点，与北美地平龟属（*Terrapene*，龟科）完全一致。地平龟属不论现生种或化石种均只限于北美，故有“美洲盒龟”（American box tortoises）之称。它和亚洲盒龟——闭壳龟的最大区别，表现在短侧边朝前的椎板上。此外，龟科中的另一现生属——摄龟属（*Cyclemys*）的甲壳构造也和闭壳龟属有近似之处，它的椎板也呈短侧边朝后的六角形，且也生活于亚洲。但摄龟仍还有骨桥，只是不甚发达而已。再是它的腹甲前、后叶间的铰键也不显著，特别是幼年时期，即使成年后，也只有腹甲前叶能活动，后叶不能。还有，它的后部缘盾的游离缘成凹凸不平的锯齿状，也与闭壳龟属的成平齐状者不同。

按目前资料，闭壳龟属共有 13 种，其中 2 个化石种、11 个现生种。在 11 个现生种中，我国知 10 种，主要分布于我国东南各省。其中以黄缘闭壳龟最为常见，分布也最广，除我国外，东南亚、日本也产。它是河南省内唯一现生的一种闭壳龟，分布在淮河干流以南的信阳地区[①]。据此，更重要的是据甲壳构造上的一致性，我们似有理由可把贾湖遗址中的闭壳龟归入黄缘种。

---

① 王文楷等：《河南地理志》，河南人民出版社，1990 年。

2. 花龟属(*Ocadia*)

中国花龟(*Ocadia sinensis*)

可能归入中国花龟的标本有2件,均破碎。一是被称为"奠基龟"者,是在T114F17房基中出土的,发现时为一完整龟的个体,但只有其中第1—6块椎板,以及左侧第1—6块肋板,还有两块腹甲片保存较好,余起取后皆太残碎,无法缀合复原。另一出自灰坑H107,包括左侧肋板第1—8块,外端与缘板相连,内端连第3—7块椎板。这两件标本的椎板都宽扁,六角形,短侧边朝前,与现生花龟属的一致。该属仅一现生种——中国花龟,分布于我国东南各省和东南亚,化石代表曾在山西发现,河南安阳殷墟曾出土过该种龟类的甲壳。在此,我们把上述贾湖的不完整标本暂且也归入该种。

3. 龟科属、种未定(*Emydidae indet*)

在贾湖遗址中,属于龟类的标本,除上述完整和部分完整的外,还有许多破碎的甲片,大多出自灰坑或残房基中。这些甲片,就其一般构造看,可归龟科,但究竟为闭壳龟属、花龟属或乌龟属(*Chinemys*),则不易确定。

(二) 鳖科 Trionychidae

鳖属 *Trionyx* spp.

在贾湖遗址中,除龟类外,还有大量鳖类甲片。这些甲片基本上都出自灰坑或残房基中,且全部破碎,估计系先民食肉后的废弃物。根据甲片表面无盾沟,且具蠕虫状的纹饰等主要特征,我们可以把这些标本归入鳖科、鳖属。再从纹饰的不同构造看,很可能不止一种鳖类,但具体鉴别有困难。不过,我国目前最为常见、具全国性分布的中华鳖(*Trionyx sinensis*)应为其中的主要成员。

(三) 扬子鳄 *Alligator sinensis*

(图三三八,1～4;图版一九二,3、4;图版一九四,1)

材料:H187∶39、H187∶40、H187∶42、H187∶43,颈板、背板、骨板及残破上颌、下颌等10余种。

标本保存不佳,部分骨片有人工砍砸痕迹。贾湖遗址的鳄类材料,其下颌联合部短;齿槽缘(Margo alveolaris)的外侧面与背面均较平坦,不具上齿沟;第5～11齿槽宽度及总长度等均接近于现生种。

扬子鳄系一种稀有的动物。地质时期的扬子鳄化石,自第三纪出现于新、旧大陆,在我国的最早记录出自中新世(周明镇,1964)。近年来在长江中、下游及中原地区相继发现了扬子鳄化石或亚化石,说明扬子鳄的地理分布是相当广泛的。

(四) 鱼　　类

发掘中发现在残房基、灰坑中有大量废弃的鱼骨,但很残碎,采集标本中可供鉴定的只有青鱼和鲤鱼。

1. 青鱼 ***Mylopharyngodon piceus***（图三三八，6；图版一九五，17、18）

材料：标本 H187∶4、H319∶4，下咽骨 4 件（带牙齿），脊椎骨 3 件。

下咽骨牙齿全保存，共有 5 个，全是臼齿形，牙齿圆滑，中央常磨蚀成坑。咽骨前臂枝短而钝，第一喉齿圆形，其余者长圆形，最后一个最小。H105∶12，第一喉齿长 1.24、宽 0.9 厘米，第二喉齿长 1.38、宽 1 厘米，T113㊱∶23，第三喉齿长 1.94、宽 1.44 厘米，活体应相当大。

2. 鲤鱼 ***Cyprinus* sp.**（图三三八，7；图版一九五，8、13）

材料：标本 H37∶20，下咽骨 2 件（带牙齿）。

下咽骨牙齿全保存，共 4 个，全为臼齿形，牙齿表面珐瑯质圆滑。第一喉齿近圆形，稍磨蚀。第二喉齿半圆形，咬合面磨蚀成折皱状，有三条弧形沟纹。第三喉齿很小，呈圆形，磨蚀成凹状，有一圆形沟纹。第四喉齿很小，中间亦呈凹坑状。

另外，还发现有许多鱼脊椎骨（图版一九五，14～16）。其中有大型鱼脊椎骨两节，标本 H319∶4，最大高 1.5、最大宽 2.82、最大厚 2.23 厘米（图三三八，8）。其他鱼骨还有腮板等（图版一九五，1～7、9～12）。

四、软体动物

在贾湖遗址的发掘中发现有大量软体动物甲壳碎片，主要是瓣腮动物和腹足动物。如 H268 中，大部分堆积皆为朽烂成灰白色的软体动物甲壳。但因过于破碎，收集来可供研究的标本太少，腹足纲中的螺类未能起取到可鉴定的标本。这里只能对收集到的瓣腮纲动物的甲壳进行初步研究。

这些标本有 30 多个个体，大多出土于 H115 之中，另外在 H187、H29 内也有少量出土。有 2 科，6 属，共 14 种（图版一九五，19～34）。

1. 珠蚌

（1）珠蚌科 Vnionidae Fleming

珠蚌亚科　Vnioninae Fleming

珠蚌属　*Vnio　retius*

杜氏珠蚌　*Vnio douglasiae* Griffith et Prdgon

有 2 个个体出土于 H115，属贾湖一期。

（2）珠蚌属　*Vnio　retzius*

未定种　V. sp. indet

有 6 件标本，出土于 H187 有 3 件，H115 有 3 件，均属贾湖一期。

2. 楔蚌

（1）楔蚌属　*Cuneopsis　simpson*

江西楔蚌　*Cuneopsis kiangsiensis* Zhang et Lee

仅见 1 件标本，出自 H115。

（2）巨首楔蚌　*Cuneopsis capitata* (Heude)

见标本 1 件,出自 H115。
(3)圆头楔蚌 *Cuneopsis heudei* (Heude)
见标本 2 件,出自 H115。
(4)楔蚌未定种:*Cuneopsis* sp. indet
见标本 2 件,出自 H187。

3. 丽蚌

(1)丽蚌属 *Lamprotula simpson*
丽蚌(楔丽蚌)亚属 *Lamprotula*(*Cunedamprotule*) Gu et Huang
楔丽蚌 *Lamprotula bazini* (Heude)
见标本 1 件,出自 H115。
(2)拟丽蚌 *Lamprotula spuria* (Heude)
标本 1 件,出自 H115。
(3)失衡丽蚌 *Lamprotula torluosa* (lea)
标本 1 件,出自 H115。
(4)丽蚌未定种 *L.* sp.
标本 2 件,出自 H115。

4. 矛蚌

(1)矛蚌属 *Lanceolaria conrad*
剑状矛蚌 *Lanceolaria gladiola* (Heude)
见标本 6 件,出自 H187 和 H115。
(2)短褶矛蚌 *Lancedaria grayoina* (lea)
见标本 2 件,出自 H115。

5. 冠蚌

冠蚌属 *Cristaria schumacher*
冠蚌种不能定 *Crislaria* sp. indet
标本 10 多片,均出自 H29,属贾湖二期早。

6. 蚬科

篮蚬科 Corbiculidae Cray
篮蚬属 *Corbiculidee mergele* Von Muhlfield
河篮蚬 *Corbicula fluminea* Miiller
仅收集标本 1 件,出自 H187。

五、讨　　论

（一）贾湖遗址动物群组合

貉　*Nyctereutes procyonoides* Gray
紫貂　*Martes zibellina* Linne
狗獾　*Meles meles* Linne
豹猫　*Felis bengalensis* Kerr
狗　*Canis familiaris* L.
野猪　*Sus scrofa* L.
家猪　*Sus domestica* Brisson
梅花鹿 *Cervus nippon* Temminck
四不像鹿 *Elaphurus davidianus* Milne-Edwards
小麂　*Muntiacus* cf. *reevesi* Ogilby
獐　*Hydropotes inermis* Swinhoe
羊　*Ovis* sp.
牛类　Bovinae，gen. sp. indet
野兔　*Lepus* sp.
天鹅　*Cygnus* sp.
环颈雉 *Phasianus colchicus* Linnaeusm
丹顶鹤 *Grus japoninsis* Miillen
扬子鳄 *Alligator sinensis*
青鱼　*Mylopharyngodon* Piceus
鲤鱼　*Cyprinus* sp.
黄缘闭壳龟　*Cuora flavomorginata*
中国花龟 *Ocadia sinensis*
龟科属种未定　*Emydidae indet*
中华鳖　*Trionyx sinensis*
杜氏珠蚌　*Vnio douglasiae* Griffith et Pidgeon
珠蚌未定种 *Vnio* sp.
江西楔蚌　*Cuneopsis kiangsiensis* Zhang et Lee
巨首楔蚌　*Cuneopsis capitata* (Heude)
圆头楔蚌　*Cuneopsis heudei* (Heude)
楔蚌未定种 *Cuneopsis* sp.
楔丽蚌　*Lamprotula bazini* (Heude)
拟丽蚌　*Lamprotula spuria* (Heude)
失衡丽蚌　*Lamprotula torluosa* (Lea)
丽蚌未定种 *Lamprotula* sp.
剑状矛蚌　*Lanceolaria gladiola* (Heude)

短褶矛蚌　*Lanceolaria grayoina* (Lea)
冠蚌未定种 *Grislaria* sp.
河篮蚬　*Corbicula fluminea* Miiller

上述38种动物中，家猪与狗的材料众多，说明同人类活动有关。此外，材料较多的还有梅花鹿、獐与貉，再加上众多的鱼牙、瓣腮类、爬行类与鸟类，说明贾湖人的渔猎对象相当广泛。牛类材料较少，所以涉及是否属驯养这一论题时，很难确切回答。

（二）贾湖动物群落分析

1. 哺乳类

14种哺乳动物中，除驯养动物家猪与狗外，其余的12种动物属野生兽类。肉食动物中，紫貂现分布于黑龙江、吉林及新疆北部，喜栖于寒冷地带的针叶林或针阔叶混交林深处；貉、豹猫及狗獾等广泛分布于全国各地。偶蹄类中的梅花鹿也是全国各地广泛分布的种类，而四不像、獐与小麂的分布，又各有自己的特色。獐分布于长江流域各省，栖于多芦苇的河岸或湖边；小麂分布于长江流域及珠江流域，多栖于小丘陵、山的低谷或森林边缘的草丛中；四不像鹿在野外绝灭之前，主要分布于东南沿海及长江下游，尤其是长江三角洲一带居多。14种哺乳类中，除了紫貂是属北方寒冷种之外，其它的基本上显示了比今日贾湖地区更为暖和与多水的景观。舞阳县属淮河流域，是中国东部季风区边缘，这一地区是两大动物区系互相渗透地带，紫貂这一北方种在此出现，应属北方种向南渗透的缘故。此外，也许从寒冷向暖和转变之时，某些北方种残留下来的可能性也不小，至少意味着冷—暖转换的早期状态。

2. 鸟类

在距今约8千年前的贾湖遗址出现众多的大型涉禽和游禽，以及雉类骨骼，是很值得重视的埋藏。很显然它不属自然堆积，否则为什么没有一只猛禽和小型鸟类的骨骼？另外，它也不可能是动物活动捕食的结果，因为食肉类哺乳动物和猛禽等多捕食树栖和地栖中小型鸟类和它们的蛋，不可能到河湖、沼泽地带费力的去捕食大型鸟类。贾湖遗址的鸟类骨骼很可能是当时人类冬季活动的结果。这样就有一个很有兴趣的问题需要我们探讨：当时的人类是为冬天食用而捕捉这些鸟类呢？还是为了其他的用途？亦还是已开始驯养保护这些性情温柔的鸟类而为家养呢？首先，根据当时的生态环境和动物区系，那里的人们主要捕食的对象应是常见的食草哺乳动物和地栖鸟类；其次，8千年前的舞阳地区，是树林丰茂，动物繁多，资源多样的适于人们居住的好环境，他们不会舍弃美味的牛羊鹿等而去追逐水中的“仙鹤”。因此，当时的人们捕捉这类大型鸟类可能有其他用途，如用鸟羽做装饰品，用鸟骨做用具，甚至原始乐器——骨笛，因为骨骼是中空的，骨壁很薄。为了能长期获得这类鸟的羽毛和骨骼也可能已开始驯养。雉尾羽是很美丽的饰物，天鹅的羽毛有洁白如玉者，亦有墨黑似炭的，做饰物也很美观。

3. 爬行类

从上述分析可以看出，贾湖遗址出土的龟甲和鳖甲数量都较大。在一个遗址中，出土如此众多的龟鳖类甲壳实属罕见，特别是出土50多件完整或部分完整的闭壳龟甲壳，更是首次记录。虽然河南境内现在仍还生活着闭壳龟和中华鳖，但主要分布在淮河干流以南的信阳地区，且就数量来说，远不及贾湖时期那样繁盛。龟鳖类是变温动物，嗜温、潮环境。也许贾湖一带当时的气候比现在更温暖,很适宜龟鳖类生息、繁衍。这与其它动物鉴定研究结果是一致的。

贾湖的闭壳龟标本数量虽然较多,但在甲壳的主要特征上表现出很大的同一性,这是我们把它归于同种的根本依据。但标本一多,就难免在某些细节构造上出现差异。如个体大小,背甲最长的可达158毫米(M344:29),最短的仅117毫米(M327:15,M327:18);腹甲最长的为162毫米(M344:18),最短的110毫米(M327:15,M233:13)。背甲高度差异也较大,最高的84毫米(M363:15),最低的49毫米(M327:17)。不过,几件背甲成狭长高凸型者(M363:7,M363:15),部分原因系挤压或人工粘补时失实所致;其次是内腹甲的形状也不一致,其前角有的尖而突出(M363:9),有的仅稍尖(M363:6),有的甚至钝平(M344:29);再者,第二椎盾的前沟中部,有的向前作较大的突起(M344:29),有的稍突(M363:6),有的平直(M363:9);更有甚者,第五椎盾的前沟,有的贯穿第七椎板(如M363:6),有的则从第七椎板之后通过(如M363:13)。所有这些差异,我们均把它理解为个体变异、性别变异或阶段发育不同来处理,而没视为不同种的特征。原因是它们在主要特征上是一致的,细节上的差异,在种内是允许的,也是常见的。看来,在进行生物的属、种鉴定时,以拥有多件标本为宜,可互相补正。否则,如只有一件标本,则易把上述的差异,视为种间的不同特征。

长期以来,闭壳龟属仅只以现生种为代表①,直至1981年叶祥奎发现了云南禄丰石灰坝中新世晚期的古猿闭壳龟(*Cuora pitheca*)后,首开了该属龟类的化石记录,并把闭壳龟属的历史上溯到800万年前②。无独有偶,同年冬,日本学者长谷川善和(Y. Hasegawa)发表了更新世中期的宫田闭壳龟(*Cuora miyatai*)③。1983年,叶祥奎又记述了浙江建德更新世晚期和余姚河姆渡文化期的黄缘闭壳龟④,写下了黄缘种的首次化石和亚化石的记录。本文记述的贾湖文化期的黄缘闭壳龟,填充了该龟类的历史记录。至此,我们可以把闭壳龟的历史系统为:中新世晚期—更新世中期—更新世晚期—贾湖期—河姆渡期—大汶口期⑤ —现生种。

扬子鳄主要分布于长江中、下游及太湖周围,一年中有三个月均温在5℃以下的冬天,冬眠期长达半年,主要栖息于河流、湖泊、丘陵山涧的河漫滩芦苇及竹林丛中。上述的哺乳动物及爬行类的存在,表明当时的贾湖一带比今日多水,且更为暖和。今日贾湖遗址的纬度为北纬33°37′左右,而现今的扬子鳄生活在北纬31°左右,可以这样认为,大约自七千年以来,至少向南推移了2.5度左右。

4. 软体类

虽然贾湖遗址中软体类动物的甲壳很多,但由于埋藏条件的限制,可采集供鉴定的标本不多,所收集的数十件标本中,仅有2科6属14种,均属于淡水瓣腮类。除4个未定种外,其余10个种中,杜氏珠蚌(*Vnio douglasiae*)、剑状矛蚌(*Lanceolaria gladiola*)、短褶矛蚌(*Lanceolaria grayoina*)、河篮蚬(*Corbicula fluminea* Miiller)四种为东亚广布种,圆头楔蚌(*Cuneopsis heudei*)为我国特有种,分布于我国东部;其余五种有江西楔蚌(*Cuneopsis kiangsiensis*)、巨首楔蚌(*Cuneopsis capitata*)、楔丽蚌(*Lamprotula bazini*)、拟丽蚌(*Lamprotula spuria*)、失衡丽蚌(*Lamprotula torluosa*),目前均分布于我国长江中下游一带。

---

① 赵尔宓:《我国龟鳖目校正名录及其地理分布》,《两栖爬行动物学校》1986年,第5卷第2期。
② 叶祥奎:《化石闭壳龟的新发现》,《古脊椎动物与古人类》1981年,第19卷第3期。
③ 叶祥奎:《中日闭壳龟化石的发现和研究》,《两栖爬行动物学报》1985年,第4卷第2期。
④ 叶祥奎:《浙江的闭壳龟化石》,《古脊椎动物与古人类》1983年,第21卷第1期。
⑤ 叶祥奎:《古猿闭壳龟的新材料及该属的地史分布》,《人类学学报》1985年,第4卷第2期。

这一软体动物群落反映出的也是暖湿的自然景观，表明当时的贾湖地区与现今长江中下游地区的自然环境基本一致，这一结果与其它动物群落和植物群落反映出的自然景观是一致的。

（三）贾湖动物群在中国全新世动物群变迁中的地位

贾湖新石器时代遗址的碳十四年代测定数据在8000—9000年范围内。欧洲学者把冰期后的全新世分为北方期（10000—8000年）、大西洋期（8000—5500年）、亚北方期（5500—3500年）和亚大西洋期（3500年至现代）。北方期较为寒冷，大西洋期逐渐变得暖和，亚北方期气温又逐渐下降，亚大西洋期气温又有回升。据我国学者研究，中国大陆自距今8500年左右已进入全新世大暖期，贾湖遗址正好处于全新世大暖期的前段，相当于大西洋期之初，气温已从寒冷转为暖和的早期，大量的哺乳类、爬行类动物明显反映了这一情况。

就整个动物群而言，贾湖遗址正好处于仙人洞动物群与河姆渡动物群之间，与磁山动物群大体相当，与山东兖州王因大汶口文化遗址[①]基本一致，如同样发现有大量淡水蚌类、鱼类、扬子鳄等。王因遗址的纬度虽然比贾湖遗址高2度，但比贾湖要晚2000多年，属于全新世大暖期的最盛期。因之可以认为，现今分布于长江中下游地区的生物群落，在8000年左右时曾分布于北纬33°37′的淮河上游地区，而到了6000年左右时更向北分布到了北纬35°38′一带。

第三节　植物群落

由于考古遗址中取得的孢粉组合特征，往往代表区域范围较广的植被类型，而在考古遗址中的房址、灰坑、墓葬中常与陶器、石器、骨器伴存的木材、果实种籽、植物组织碎片乃至植物硅酸体则代表着较小地理范围的地方性植被特征。只有将二者杠结合，才能较客观地恢复当时先民的生存环境。因此在对贾湖植物群落恢复时，进行了植物遗存的鉴定、孢子花粉分析和植物硅酸体分析，现分别进行记述。

一、植物遗存的鉴定

受沉积环境和发掘方法所限，贾湖遗址出土的植物遗存种类不多，主要有稻（*Oryza sativa*）壳的印痕及米粒、栎（*Quercus*）和菱角（*Trapa*）的果实、野大豆（*Gliycine soja*）等。

1. 栎（*Quercus*）

发掘时出土有100多粒栎的果实，均为先民从遗址周围采摘而来作食物用的采集品，大多保存完整。尽管果核均炭化，外果皮（壳斗）脱落，但从炭化的子叶块形态上可以鉴定为栎属（*Quercus*），无法鉴定到种，是常绿的栎还是落叶的栎已无从得知。与贾湖遗址大体同时，属于同一文化传统的郏县水泉遗址出土有7个栎属的果核[②]，经河南省林业科学研究所鉴定，认为同现代栓皮栎（*Quercus variabilis*）种仁相似。大体同时期的文化面貌相似的密县莪沟北岗遗址也出

---

① 高广仁、胡秉华：《王因遗址形成时期的生态环境》，《庆祝苏秉琦考古五十五年论文集》，文物出版社，1989年。
② 董云岚：《河南郏县水泉遗址出土植物标本鉴定》，《考古学报》，1995年第1期。

土有栎果[①]，经鉴定很可能是麻栎（*Quercus acutissima*）。这两种栎均为落叶阔叶乔木，且这两处遗址与贾湖遗址纬度接近，因之推测贾湖的栎也可能属于落叶栎的一种。但考虑到贾湖遗址纬度毕竟比上述两遗址略偏南，伴生的植物尚有稻、水蕨、枫香、山毛榉等，因之，也不排除贾湖遗址周围有常绿栎林存在的可能。

2. 菱角（*Trapa*）

在H229填土中浮选出十多个菱（*Trapa* sp.）的炭化果实，其个体较小，大多仅存一角，个别保存两角，未见完整者，也应是先民从遗址周围采集而来作食物用的。菱角的存在，证明遗址周围应有富营养的较宽阔的水体（湖沼湿地）。值得提及的是，具有较为发达的稻作农业遗存如浙江河姆渡、江苏龙虬庄、湖南八十档等都发现有菱角（*Trapa* sp.）。这可能是由于稻作农业聚落具有相似的自然环境所致。

3. 稻（*Oryza sativa*）

在贾湖遗址发掘采集的红烧土块中发现了十多例稻壳印痕，在采集的房基、灰坑填土标本中，经浮选法拣选出大量脱壳的稻米，经鉴定大多为偏粳型，也有一定比例的偏籼型，及少量偏野型。另外还分析出大量水稻扇形、哑铃形和双峰乳突硅酸体。详见本书下篇第三章。这里兹不赘述。

4. 野大豆

在灰坑填土中浮选出几粒野大豆（*Glycine soja*）的种子。由于炭化，作为鉴定特征的种脐大多未保存。野大豆的种子也见于渑池县班村遗址裴李岗时期文化层[②]。野大豆匍伏状生长在聚落周围的湿地中。

另外，还在灰坑填土中浮选出几粒似狗尾草属（*Setalia* sp.）种子的炭化物，属栽属野不能断定。

二、孢粉分析

贾湖遗址的孢粉分析工作是分三次进行的，其分析结果虽因受诸多因素影响致使孢粉含量太少而不甚理想，但仍从一个侧面反映当时植被、环境与气候的有价值的线索。现将前两次分析的两个剖面的情况报告于后。

（一）A剖面（表一〇七）

1. 样品采集与处理方法

第一次分析所用标本，采自T75北隔梁西端的柱状剖面上，编为A剖面，共采12个样品。采样时为5月底，采样地点周围为将要收割的小麦和正在收割的油菜，当天下着零星小雨，空气中湿度很大，无风。孢粉实验室处理时，每个样品处理80克，为作浓度计算，并外加一定数量染过

---

① 河南省博物馆等：《河南密县莪沟北岗新石器时代遗址》，《考古学集刊》第1集。

② 孔昭宸等：《渑池班村遗址植物遗存的发现及其在环境考古学上的意义》，《第四纪研究》1998年第3期。

表一〇七 A剖面孢粉统计表

样品号 / 粒数及百分比 / 植物名称	1		2		3		4		5		6		7		8		9		10		11		12	
	粒	%	粒	%	粒	%	粒	%	粒	%	粒	%	粒	%	粒	%	粒	%	粒	%	粒	%	粒	%
木本植物																								
松属 *Pinus* sp.	7	3.6	8	4	1																27	9.6	90	25.6
铁杉 *Tsuga* sp.			1	0.5																			1	0.3
栎属 *Quercus* sp.	1	0.5	3	1.5							2										6	2.1	7	2
柳属 *Salix* sp.	2	1	10	5																	5	1.7	11	3
榆属 *Ulmus* sp.			9	4.5													1						4	1.1
赤杨属 *Alnus* sp.	2	1																						
栗属 *Castanea* sp.			1	0.5													2						3	0.9
胡桃属 *Juglans* sp.			2	1																			1	0.3
枫香属 *Liquidambar* sp.			1	0.5																				
桦木属 *Betula* sp.																							1	0.3
山毛榉属 *Fagus* sp.			1	0.5																				
桑属 *Morus*									1						1									
木本植物花粉数	12	6.1	36	18.3	1				1		2				1		3				38	13.6	118	33.6
草本与灌木植物																								
蒿属 *Artemisia* sp.	122	64	65	33	5		1		1		6		1		3		2		2		9	3.2	20	5.6
菊科 Compositae	5	2.6			1		1														12	4.3	8	2.2
藜科 Chenopodiaceae	4	2	3	1.5	1				1		1						2				15	5.4	52	14.8
麻黄属 *Ephedra* sp.	2	1																			4	1.4	1	0.3
唇形科 Labiatae			2	1	3								1						1		2	0.7	4	1.1
蓼属 *Polygonum* sp.																					1	0.3		
石竹科 Caryophyllaceae																					3	1	3	0.9
旋花科 Convolvulaceae																							1	0.3
大戟科 Euphorbiaceae	1	0.5																			1	0.3		
龙胆科 Gentimnaceae	1	0.5																			1	0.3	1	0.3
豆科 Leguminosae	1	0.5	2	1	1																9	3.2	11	3.1
柳叶菜科 Benotheraceae			1	0.5																				
蔷薇科 Rosaceae	1	0.5	1	0.5																				
茄科 Solanaceae	1	0.5	1	0.5																			2	0.5
柽柳属 *Tamarix* sp.	6	3			2		1												1				1	0.3
鼠李科 Rhamnaceae																					1	0.3		
败酱科 Valerianaceae	1	0.5			1																1	0.3	1	0.3
苍耳属 *Xanthium* sp.																					1	0.3		
伞形科 Umbelliferae			1	0.5																				

续表一〇七

植物名称 \ 样品号 / 粒数及百分比	1		2		3		4		5		6		7		8		9		10		11		12	
	粒	%	粒	%	粒	%	粒	%	粒	%	粒	%	粒	%	粒	%	粒	%	粒	%	粒	%	粒	%
苋科 Amaranthaceae																					6	2.1	2	0.5
禾本科 Gramineae			3	1.5																	14	5	9	2.5
莎草科 Cyperaceae			3	1.5																	8	2.8	19	5.4
莲属 *Nelumbo*			3	1.5																	1	0.3	1	0.3
茜草科 Rubiaceae	1	0.5	1	0.5																			3	0.9
香蒲 *Typha*																							3	0.9
草本植物花粉数	146	76.0	86	43.7	14		3		2		7		2		3		4		4		89	31.8	142	40.5
中华卷柏 *Selaginella sinensis*			12	6											1						91	32.5	51	14.5
卷柏属 *Selaginella* sp.	6	3																			24	8.6	26	7.4
水龙骨科 Polypodiaceae	3	1.6	2	1	1																12	4.3	6	1.7
铁线蕨科 Adiantaceae	6	3	5	2.5	1																21	6.5	5	1.4
里白 *Hicriopteris* sp.																					1	0.3		
铁角蕨属 *Asplenium* sp.																					1	0.3		
紫萁 *Osmunda* sp.																					1	0.3		
凤尾蕨 *Pteris* sp.																					1	0.3		
石松属 *Lycopodium* sp.	1	0.5	2	1																	1	0.3		
水蕨属 *Ceratopteris* sp.			1	0.5																				
环形藻类	18	9.4	53	26.5	17		28		30		2								1				3	0.9
蕨类孢子藻类孢子数	34	17.7	75	38.1	19		28		30		2				1				1		153	54.6	91	25.9
孢粉总数	192		197		34		31		33		11		2		5		7		5		280		351	
水鳖			1																					

色的石松孢子。处理方法采用常规方法，先用酸碱处理，然后用重液浮选，最后加入甘油胶，制片、鉴定。

2. 孢粉含量和组合

所分析的 12 个样品中，共鉴定化石孢子花粉 1148 粒，但只有 1、2、11、12 号样品分析出的孢粉较多，分别有 192 粒、197 粒、280 粒、351 粒，其余 8 个样品共分析出孢粉 128 粒。各样品很难客观反映各自所代表的特定历史时期的植被情况，但考虑到贾湖遗址文化层形成的历史跨度仅约千年左右，从大的气候阶段划分上均属于全新世大暖期的初期，因此将采用新石器时代文化层的第 3～7 号样品所出孢粉综合统计，与第 1 号、2 号样品所出孢粉一起进行分析，仍有一定的参考价值。鉴于此，则可将新石器时代文化层及其以前的地层分为三个孢粉带。（图三三九）

带 I（1 号样品，采自下伏黄土层，距地表 1.6 米）：木本植物花粉占 6.3%，其中松属（*Pinus* sp.）占 3.6%，其它还有柳属（*Salix* sp.）、赤杨属（*Alnus* sp.）、栎属（*Quercus* sp.）等。草本和灌木植物花粉占 76%，其中蒿属（*Artemisia* sp.）占 64%，居绝对优势，其它还有柽柳属（*Tamarix*

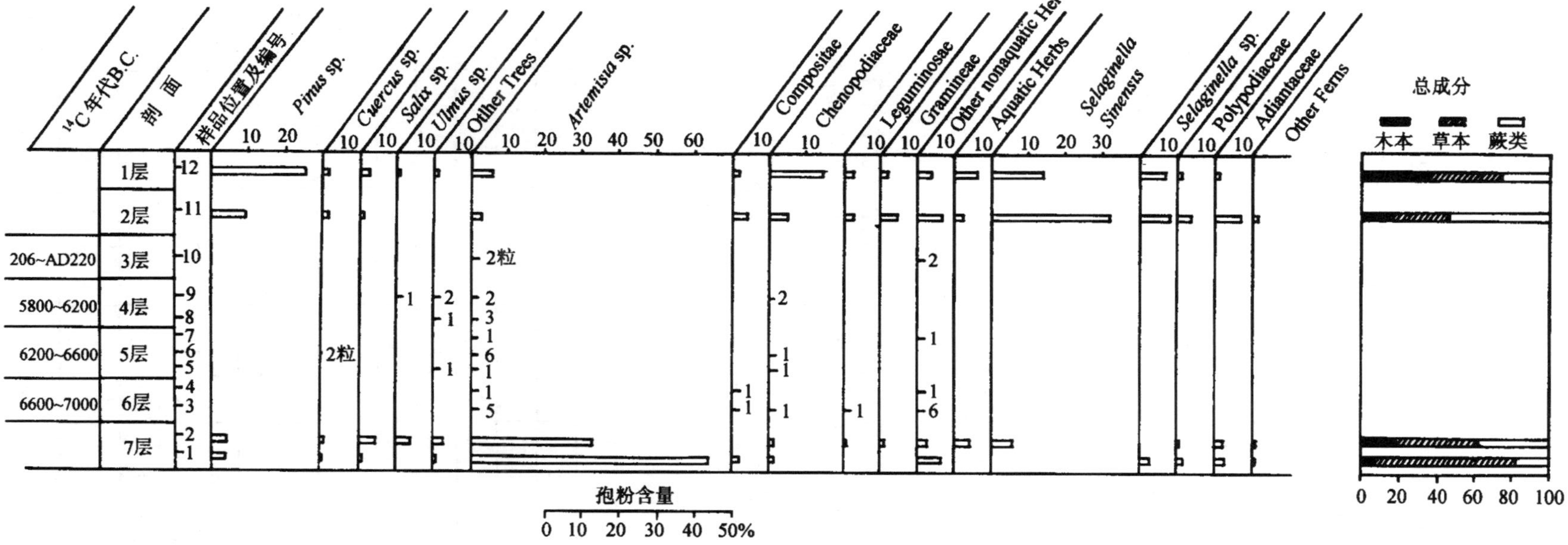

图三三九　贾湖遗址 A 剖面孢粉式

sp.)、菊科(Compositae)、藜科(Chenopodiaceae)、麻黄属(*Ephedra* sp.)、大戟科(Euphorbiaceae)、茜草科(Rabiaceae)等。蕨类孢子占 8.3%,其中卷柏属(*Selaginella* sp.)和铁线蕨科(Adiantaceae)各占 3%,还有水龙骨科(Polypodiaceae)、石松属(*Lycopodium* sp.)。环纹藻类孢子占 9.4%。

带Ⅱ(2 号样品,采自下伏黄土层表,为最早期活动面,距地表 1.5 米):木本植物花粉比例升至 18.3%,其中柳属占 5%,榆属(*Ulmus* sp.)占 4.5%,松属 4%,还有栎属、胡桃属(*Juglans* sp.)、栗属(*Castanea* sp.)、铁杉属(*Tsuga* sp.)、枫香属(*Liquidambar* sp.)、山毛榉属(*Fagus* sp.)。草本和灌木植物花粉比例下降,占 43.7%,其中蒿属占 33%,还有藜科、禾本科(Gramineae)、莎草科(Cyperaceae)、莲属(*Nelumbo* sp.)、茜草科、水鳖(*Hydrocharis asiatica*)等。蕨类孢子占 11.6%,其中中华卷柏(*Selaginella sinensis*)占 6%,还有铁线蕨科、石松属、水龙骨科、水蕨属(*Ceratopteris* sp.)。环纹藻类孢子占 26.5%。

带Ⅲ(3~7 号样品,采自文化层,距地表深 0.8~1.4 米):木本植物花粉占 6.3%,其中有栎属、栗属、榆属、松属等。草本和灌木植物花粉占 28.5%,其中蒿属占 15.5%,还有藜科、唇形科(Labiatae)、柽柳属、菊科等。蕨类孢子占 2.4%。环纹藻类占 62.6%。

(二)B 剖面(表一〇八)

1. 样品采集与处理方法

第二次分析的 B 剖面仅 3 个样品,系 1992 年 5 月上旬在遗址中部深约 1.3 米的废弃的水井壁上采集,采集时铲出了新鲜剖面,当时晴天无风。周围为刚栽种不久的小落叶阔叶乔木林。3 个

表一〇八 B 剖面孢粉分析结果表

分类及名称 \ 粒数及百分比 \ 样品号(深)			1(0.4 米)		2(0.6 米)		3(0.8 米)	
			粒	%	粒	%	粒	%
孢子花粉总数			72		11		9	
木本花粉总数			20	27.7				
草本花粉总数			32	44.4				
蕨类孢子总数			20	27.7				
孢粉	木本	松属(*Pinus*)	6	8.3			6	
		栎属(*Quercus*)	8	11.1				
		盐肤木属(漆树属)(*Rhus*)	6	8.3				
		柳属(*Salix*)					3	
	草本	莎草科(Cyperaceae)	7	9.7				
		香蒲属(*Typha*)	25	34.7	8			
	孢子	石松属(*Lycopodium*)	8	11.1	5			
		卷柏属(*Selaginella*)	12	16.6				
藻		环纹藻属(*Concentricystes*)			13		18	

样品自下而上分别采自遗址第 4、3C、3B 三个文化层，样品采集仍用常规方法。

2. 孢粉数量及组合

3 个样品含孢粉不很丰富，除 1 号样品统计到 72 粒孢粉外，其他两个样品都只找到零星孢粉，但却发现一些环纹藻（*Concentricystes*）。发现的木本花粉有松属（*Pinus*）、栎属（*Quercus*）、盐肤木属（漆树属）（*Rhus*）和柳属（*Salix*），草本花粉有莎草科（Cyperaceae）、香蒲属（*Typha*），蕨类孢子有石松属（*Lycopodium*）和卷柏属（*Selaginella*）。（图三四〇）

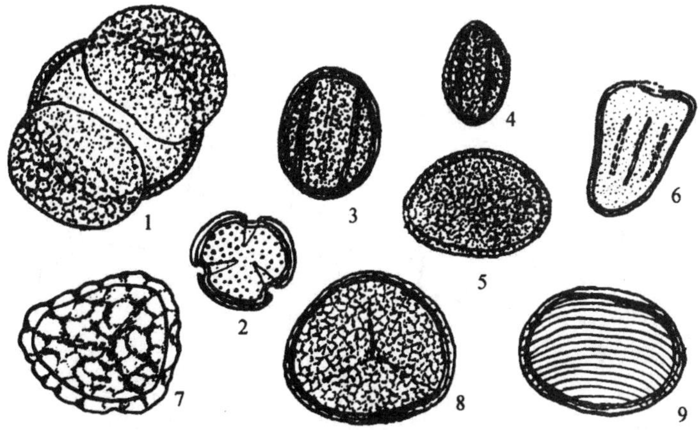

图三四〇　贾湖遗址孢子花粉图

1. 松属（*Pinus*）　2. 漆树属（*Rhus*）　3. 栎属（*Quercus*）　4. 柳属（*Salix*）　5. 香蒲属（*Typha*）　6. 莎草科(Cyperaceae)　7. 卷柏属（*Selaginella*）　8. 石松属（*Lycopodium*）　9. 环纹藻属（*Concentricystes*）（均×600 倍）

（三）讨　　论

以上我们列举了两次孢粉分析的结果。应该指出的是，由于文化层的埋藏环境不利于孢粉的保存，效果不甚理想，况且发现的化石孢粉含量太少，不足以客观反映当时当地的植被面貌。但在其孢粉组合中，确有一些耐人寻味的现象，值得我们重视。

首先是水生、湿生植物与耐干旱的植物共存。如在带 Ⅰ 中，耐旱的蒿属、菊科和藜科占绝对优势，但也有少量的赤杨、茜草及一定比例的环纹藻类共生。在带 Ⅱ 中，耐旱的蒿属等虽减少 50% 以上，但仍有相当大的优势，同时不仅出现了水生的水鳖、水蕨属、莎草科、莲属等，而且湿生的环纹藻类增加到四分之一以上，占 26.5%。

其次是喜暖湿的、现主要分布于亚热带地区的植物的存在，如水蕨（*Ceratopteris*）、山毛榉（*Fagus*）、枫香（*Liquidambar*）和铁杉（*Tsuga*）等。

据孔昭宸等研究(孔昭宸，1992)，现代水蕨均分布在江淮、江南和华南地区，而 6000 年前曾分布在河北的白洋淀地区，5000 年前曾分布在山东的郯城地区。(图三四一)尽管我们只发现一粒水蕨孢子，但水蕨曾于 8000 年前在淮河上游的贾湖存在应是可以相信的。根据水蕨生长所需的水热条件可知，当时的贾湖地区气温和降水量均高于现在，而相当于现今的江淮或江南地区。

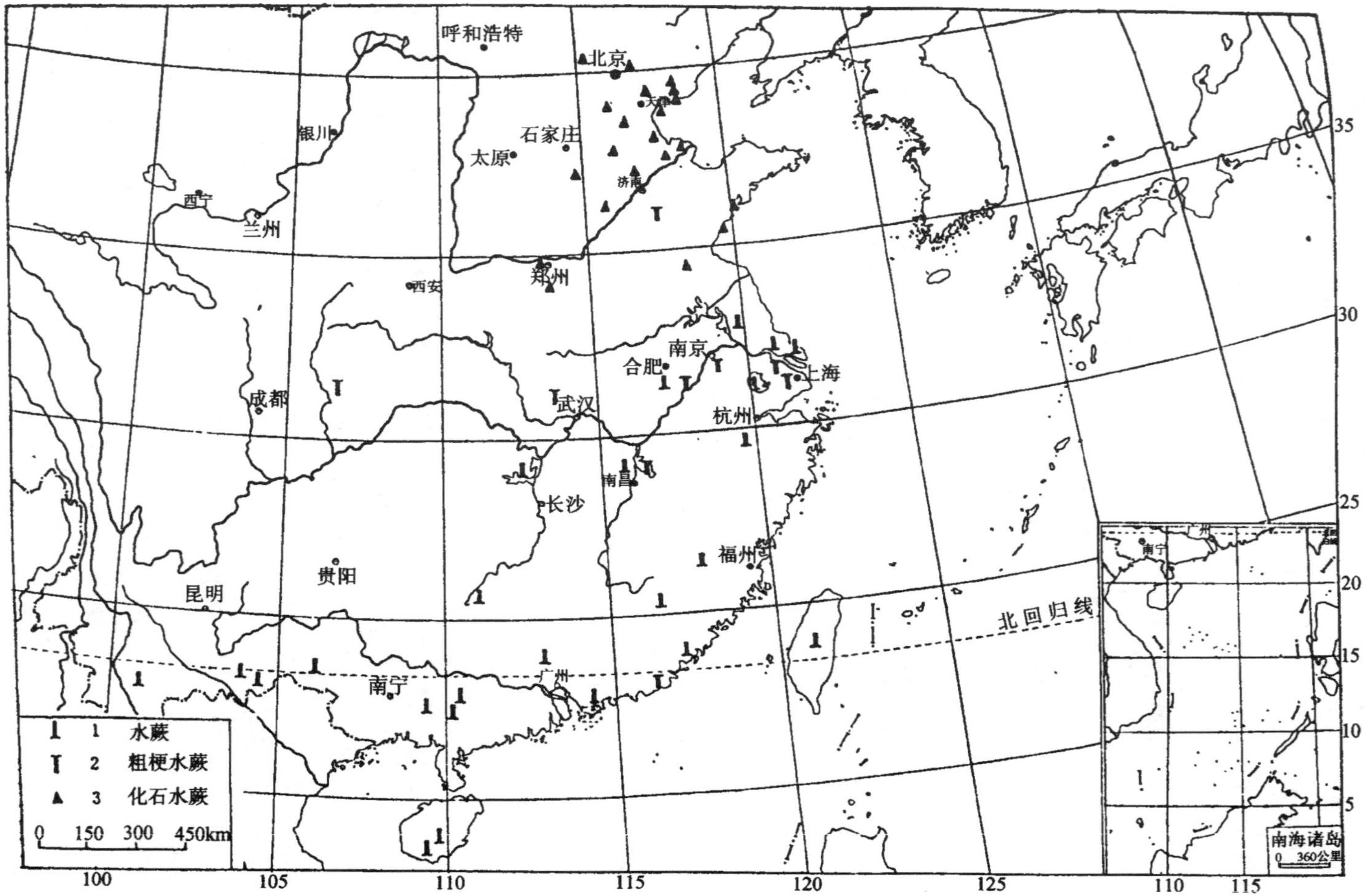

图三四一　水蕨在现代和华北全新世高温期期间分布点略图(据孔昭宸等)

同时，山毛榉和枫香的存在也可说明上述问题。这两种植物均为现在我国亚热带落叶阔叶和常绿阔叶混交林的主要落叶阔叶乔木树种。特别是山毛榉生长的最热月(7月)气温是24℃—28.3℃，最冷月(1月)气温为2℃—6.2℃，年均温为8.2℃—17.2℃，年均降水量960—1720mm，均高于现在当地的指数。现代枫香的分布北界是江淮地区，也明显高于贾湖所在的黄淮地区现代的水热条件。

因B剖面的3个样品均采自文化层，虽然发现孢粉量仍不足以说明问题，如草木植物中未见耐旱的蒿属菊科、藜科等，且采自第4层的1号样品未见环纹藻等，从而与A剖面不符，可能均系偶然因素，但有些现象如香蒲、莎草和漆树属的存在仍值得重视。且采自3B层的1号样品统计出72粒孢粉，可弥补A剖面3B层之不足。喜温暖的漆树是目前热带和亚热带的建群树种，香蒲生长于浅水环境中。在A剖面中，虽然带Ⅱ存在有水生的莲属、水蕨、水鳖等，但含量均较少，而B剖面的1号样品中，香蒲含量竟达34.7%，再次表明在贾湖一期时聚落周围的水面积在扩大，同时证明此时降水量有增加的趋势。另外，A、B两面剖面的3B层样品中均未统计出环纹藻类孢子，也是一个值得注意的现象。

三、植物硅酸体

(一)概　　述

植物硅酸体分析，是研究高等植物细胞发育中的硅质颗粒的一门新兴边缘学科。植物硅酸是指充填于高等植物细胞组织中的非晶质二氧化硅($SiO_2 \cdot nH_2O$)，而不包括海棉类、硅藻类、放射虫类及类似物种中的硅。不同的植物可以产生不同的硅酸体形态独特的个体。植物硅酸体研究涉及内容较为广泛，土壤学家、植物学家、地质学家、考古学家等从不同角度和需要对植物硅酸体进行了研究。近年来研究显示，植物硅酸体在考古学和地质学中的应用潜力很大，在西方已广泛应用于古生态的环境恢复和农业起源考古等方面。它与花粉分析可以互相补充，因为它们各有其优势和局限性。

植物硅酸体首先由德国植物学家Struve(1835)在植物解剖研究中发现，并被称作硅化细胞。此后，微体古生物学先驱Ehrenberg(1847、1854)从泥炭、雨水、空气尘土、硅藻土中分析出35种植物硅酸体，并认为有些是某些植物起因的。历经一个半世纪，植物硅酸体分析才取得了古生态学的独立分支的地位。

植物硅酸体所具有的以下三个特征决定了它将在考古研究中发挥重要的作用。

(1)植物硅酸体个体小(一般2～2000μm)，产量大，抗风化。这一点类似孢粉，因而为环境考古研究提供了方便。

(2)硅酸体在<700℃时，物理、化学性质不会有大的改变。这种耐高温的特性，使它在考古学中大有作为。红烧土、陶片、铸范等都可进行硅酸体分析，而这些经过高温处理过的考古样品往往不含有其它任何种类化石。

(3)硅酸体在许多野生植物中大量产出，并且具有独特的形态特征和分类学意义，又表现出保存的长期性和稳定性，从而使得遗址内和遗址间植物硅酸体组合的精确对比成为可能。

（二）样品的采集与分析

1. 分析样品采集

分别从贾湖遗址三期文化层中选择9个样品(表一〇九)，分析样品均取自遗址西部。样品系1986～1987年采集，1993～1994年分析。

表一〇九　植物硅酸体取样单位与类型

样品编号	Jh1	Jh2	Jh3	Jh4	Jh5	Jh6	Jh7	Jh8	Jh9
分期	一	一	二	二	二	三	三	三	三
位置	H84	H82	H229	T104㉝C	H228	H174	H174	T34㉝B	H102
样品类型	灰坑土	灰坑土	灰坑土	地层中壶内土	活动面土	灰坑土	陶器内填土	陶器内土	房内红烧土

2. 分析方法

(1)称取15g样品置入碾钵中碾碎(对于硬块样品)；

(2)置入500ml烧杯中加入适量6%H_2O_2→加热板上煮到没有土味为止，如果仍有，可用吸滴管加入适量30%H_2O_2，搅拌10min，然后静置1h；

(3)加适量30%稀盐酸(根据起泡情况控制加入量)，搅拌5min，静置1.5h，然后加水稀释，静置8h；

(4)洗酸：加入500ml蒸馏水→静置3h以上→倾去水液，重复5次；

(5)若含泥炭等有机物时，用过氯酸：硝酸＝1：1混合液分解2h～4h，重复4洗酸；

(6)把样品倾入离心管(用蒸馏水)→离心(1500转/分，30min)→倒去上清液；

(7)配制重液：CdI：KI＝1：1，加适量水，配制成比重为2.35的重液；

(8)重液浮选：把2.35重液倾入含样品的离心管中，重液体积为样品的4倍～5倍，搅匀→离心(1500～2000转/分，40min)；

(9)把上浮液倾入1000ml大烧杯中→加水约30倍，静置24h→集中上液回收，同时把含硅酸体的底液倾入试管中→加水离心洗涤(并加少许稀盐酸)→倾去上液，重复洗涤8次～10次；

(10)用吸管吸取试管底部集中的硅酸体制片，用加拿大树胶固定；

(11)普通生物显微镜(双目镜)下观察、鉴定、统计。

（三）植物硅酸体分类

植物硅酸体的分类是基于对禾本科、木本科植物及其他木本植物的部分研究成果提出来的。其中，禾本科植物硅酸体含量丰富，其分类特征明显，也较为系统。其中Rrat[①]、Twiss[②]、佐藤[③]、近藤[④] 等都对植物硅酸体进行过卓有成效的分类工作。

① Prat, H., La systematique des Graminees. Ann. Sci. Nat. Bot. Biol. ver, 1936, 18.

② Twiss, P. C., Suess, E., Smith, R. M., Soil Science of America Proceedings, 1969, 33.

③ 佐瀬隆，近藤练三，北海道の埋没火山灰腐殖层中の植物硅酸体。带畜大研报，1974，(8)。

④ 近藤练三，佐瀬隆、相马靖，イネ科草本类起源クイ酸体の细分类にへにし。土肥要旨集，1983，(29)。

此外，Klein 等(1978)、Rover(1971)、Geis(1973)和近藤等(1976，1981)对禾本科以外的针、阔叶木本植物、草本植物的硅酸体形态划分了许多类型。

以上各种分类方案都首先以植物硅酸体形态为依据，然后与起因细胞和自然植物分类关联起来考虑的，故缺乏分类标准的一致性，而且不能马上得知植物硅酸体的给源细胞。但从植被、古气候、农业考古等植物硅酸体应用角度来看，恢复植物硅酸体的给源植物最为重要。因此，最理想的植物硅酸体分类方案是将其形态与植物自然分类直接联系起来的分类。

以上介绍的近藤、Twiss 等的分类都是基于现代植物标本的研究而提出的，应用于地质、考古样品的分类鉴定时不尽适用。参照近藤(1983)、Twiss(1992)的分类，我们将贾湖遗址标本中分析出的植物硅酸体分为以下几类：

(1) 哑铃形(图版一九六，5～7)，主要起源于黍亚科。

(2) 扇形，分扇型(含水稻扇型)和盾形(相当于芦苇扇形)。前者多见于除早熟禾亚科以外的其它 5 个亚科，常见于薏苡、结缕草、稻、稗、芭、Pleioblastus Variegalus、芒、牛筋草、沼原草等；(图版一九六，1～4；图版一九七，1、2；图版一九八，4)后者为特大扇形硅酸体，发育于泡状机动细胞，多见于芦苇。(图版一九六，8、9；图版一九七，3、4)

(3)方形、长方形，(图版一九六，10～18；图版一九八，2)发育于机动细胞的大型硅酸体，很少见于早熟禾亚科。

(4)鞍形(图版一九九，12、13)，主要起源于画眉草亚科。

(5)帽形、椭圆形、长齿形、短齿形(图版一九九，6—10，14)，只见于早熟禾亚科，其中长齿形在针茅亚族、雀麦亚族、梯牧草亚族中含量较多。

(6)棒形，分光滑棒型(图版二〇〇，5～8. 11)和刺边棒形、(图版二〇〇，9、10；图版二〇一，4)、突起棒形(图版二〇〇，11～13)。

(7)尖形(图版一九九，1～5)，分长尖型和短尖型。

(8)皱纹形、多边形、网纹形(图版一九九，15)、球形(图版一九八，3；图版二〇〇，1～4)、块形(图版一九九，16；图版二〇一，1～3)、不定形图版二〇〇，14、15)等非禾本科植物的硅酸体，给源植物多为各种乔木。

(9)小孔棒形(图版一九八，1)、难以鉴定的小碎片形等其他类型，多起源于蕨类植物。

(10)海锦骨针形和真菌(图版一九九，11、17)，不属于植物硅酸体类型，但在土壤及考古样品中常见，故作为一类统计。

(四) 植物硅酸体统计解释

在分析了取自该遗址各期的 9 个样品之后，按上述形态类型分类统计，统计每块薄片上所有硅酸体，结果如表一一〇所示。

JH1、JH2、JH6 为灰烬层的样品，薄片中可见大量炭屑，并见较多乔木、灌木硅酸体，多见片型、网纹型、团粒型、块型、小孔棒型，说明当时先民们较多地使用木本植物的枝条烧火，亦或反映了当时先民生活区域有较多灌木、乔木生长。全部 9 个样品中，多起因于早熟禾亚科的圆型—椭圆型(除了 Jh1 外)、齿型、帽型比例很小，而早熟禾亚科主要分布在温寒地区及夏季凉爽的高海拔地区。另外，相对干冷地区含量较多的尖型、棒型的比例较小；主要分布于寒冷地区的长齿型、短齿型含量甚微；主要分布于暖热地区的扇型、方型—矩型在 9 个样品中所占比例皆较高。这一硅酸体组合特征，说明当时气候较温暖。主要起因于芦苇的盾型硅酸体占较大比重，推测当时降水较多，气候较湿润。由于全部 9 个样品皆非取自自然土层，因此其古环境意义并不明确，依据植物硅酸体解释当时环境只能是一种推测，因为这些取自考古文化层中的样品，肯定不同程度地受到了当时人类活动的影响，而其对硅酸体统计结果的影响程度又难以估算。

通过取自全国各气候带表土样的硅酸体分析结果与相应气象台站的气温、降水等参数进行逐步判别分析，可以求出植物硅酸体组成与气候参数间的转换函数（吕厚远等，1989）①。以受人类活动影响较小的 Jh4（地层中壶内土）、Jh5（活动面土）的硅酸体统计结果进行判别分析估算，当时年平均气温至少较今高 2℃～3℃，年平均降水较今高出 100～200 毫米，应属亚热带气候。

表一一〇　植物硅酸体统计表

样品号 / 粒数及百分比 / 类型	Jh1		Jh2		Jh3		Jh4		Jh5		Jh6		Jh7		Jh8		Jh9	
	粒	%	粒	%	粒	%	粒	%	粒	%	粒	%	粒	%	粒	%	粒	%
哑铃型			18	4.07	21	5.45	12	1.58	7	0.48	9	2.05	23	2.05	23	3.29	15	2.28
盾型	14	3.71	9	2.04	11	2.86	72	9.46	67	8.03	12	2.74	63	9.03	48	6.57	8	1.21
扇型	57	15.12	73	16.52	69	17.9	154	20.24	191	22.90	68	15.53	142	20.34	198	27.09	179	27.16
方～矩型	68	18.04	89	20.14	97	25.19	2.06	27.07	225	26.98	71	16.21	197	28.22	235	32.15	204	30.96
鞍型	12	3.18	14	3.17	19	4.29	42	5.52	54	6.47	17	3.88	38	5.44	39	5.34	74	11.23
帽型	21	5.57	5	1.13	6	1.56	8	1.05	37	4.44	31	7.08	3	0.43	9	1.23	11	1.67
圆～椭圆型	38	10.08	23	5.20	2	0.52	3	0.39	1	0.12	16	3.65	4	0.57	3	0.41	2	0.3
齿型	1	0.27	2	0.45							4	0.91			3	0.41	7	1.06
平滑棒型	18	4.77	31	7.01	26	6.75	72	9.46	83	9.95	23	5.25	26	3.72	31	4.24	41	6.22
刺棒型	7	1.86	14	3.17	9	2.34	24	3.15	36	4.32	9	2.05	38	5.44	42	5.75	45	6.83
尖型	21	5.57	18	4.07	26	6.75	98	12.88	81	9.71	23	5.25	103	14.76	74	10.12	38	5.77
硅化表皮	2	0.53	22	4.98	19	4.29	4	0.53	1	0.12	3	0.68	14	2.01	5	0.68	17	2.58
管胞	4	1.06	7	1.58	4	1.04	2	0.26			8	1.83	1	0.14	1	0.14	4	0.61
多片网纹型	30	7.96	35	7.92	41	10.65	21	2.76	12	1.44	41	9.36	23	3.29	11	1.50	3	0.46
皱一团粒型	30	7.96	35	7.92	41	10.65	21	2.76	12	1.44	41	9.36	23	3.29	11	1.50	3	0.46
块型一不定型	49	12.99	27	6.11	11	2.86	7	0.92	5	0.59	52	11.87	4	0.57	1	0.14		
小孔棒型	6	1.59	14	3.17	9	2.34	11	1.45	9	1.08	11	2.51	9	1.29	5	0.68	1	0.15
其它	1	0.27	5	1.13	3	0.78	4	0.53	5	0.59								
海绵骨针					4	1.04	16	2.10	12	1.44	1	0.23	3	0.43	7	0.96		
硅酸体总数	377	100	442	100	385	100	761	100	384	100	438	100	698	100	731	100	657	100

从贾湖遗址邻近区域的生物地层学、古土壤、古地貌学等研究资料估算，8.8～7kaBP 时段为被称为全新世大暖期（Megathermal）的波动升温期（施雅风等，1993）②，年平均气温较今高 2～3℃，降水量至少高出 100 毫米（孔昭宸等，1992）③。本书通过植物硅酸体与孢粉分析所推算的古

① 吕厚远、王永吉：《植物硅酸体研究及在青岛三千多年来古环境解释中的应用》，《科学通报》1989 年第 34 卷第 19 期。
② 施雅风等：《中国全新世大暖期鼎盛阶段的气候与环境》，《中国科学》（B 辑）1993 年，第 23 卷第 8 期。
③ 孔昭宸等：《中国北方全新世大暖期植物群的古气候波动》，《中国全新世大暖期气候与环境》，海洋出版社，1992 年。

气候参数与这一区域古环境研究结果相近。

大量的研究资料表明，全新世气候发生过冷暖、干湿波动。这种波动早被生物学证据所证实，并据孢粉分析资料，把冰后期气候划分为3个阶段，即Anathermal、Altithermal、Katathermal以及相应的植物系列。其中Altithermal阶段，就是全新世的气候适宜期(Climatic optimum)，又称Hypsithermal。国际上比较流行把Altithermal起迄时间划在9～5kaBP(施雅风等，1993)①，当然这个间冰期中最暖阶段中尚包括了一些冷暖波动和水分、热量搭配上的气候不良波动。由于自然

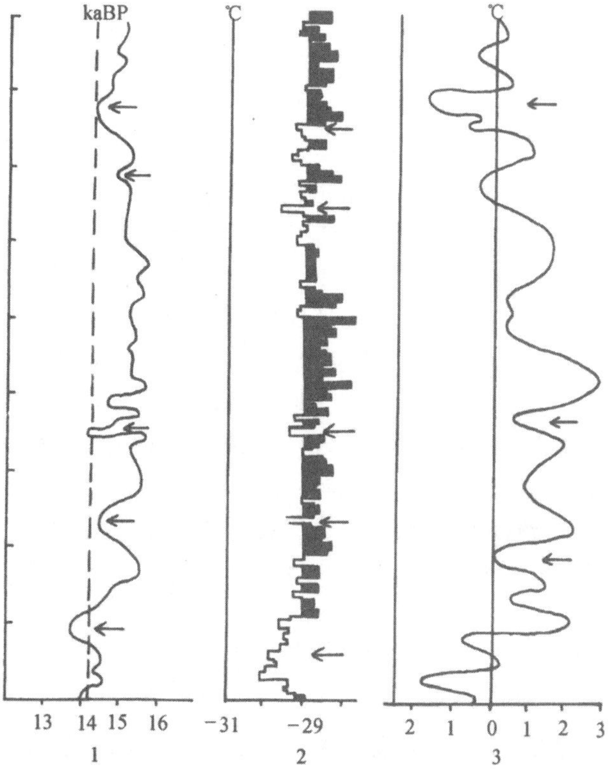

图三四二　万年来亚欧气温变化曲线对比图

1. 江苏建湖庆丰剖面10kaBP以来年均温曲线(唐领余等，1992)

2. 格陵兰冰心10kaBP以来$\delta^{18}O$变化曲线(Dansguard et al.，1971)

3. 欧亚西北部10kaBP以来七月份平均温度曲线(Zubakov et al.，1990)

因素的区域性、地带性分异导致了气候期在不同地区所出现的时间并非完全一致。淮河流域10kaBP以来气温曲线(建湖庆丰剖面，唐领余等，1992，图三四二，1)②与格陵兰冰心$\delta^{18}O$变化曲线(Dansgaard et al.，1971，图三四二，2)和欧亚西北部近1万年以来7月平均温度曲线(Zubakov et al.，1990，图三四二，3)对应较好。贾湖文化出现于全新世早期气温明显回升后的2000—3000年，而止于一次降温事件(淮河流域为7.6—7.8kaBP)。环境变化与文化演替间显示出明显的一致性。

① 施雅风等：《中国全新世大暖期气候与环境的基本特征》。同上。

② 唐领余、沈才明：《江苏北部全新世高温期植被与气候》、《中国全新世大暖期气候与环境》，海洋出版社，1992年。

第四节 土　　壤

一、季风变迁与黄土—古土壤序列

中国大陆是受季风强烈影响的区域。东亚大陆的夏季风主要受来自低纬度海洋的偏南风影响，表现为暖湿空气自南向北扩展，炎热潮湿、降水增加；冬季风主要受来自中、高纬大陆的偏北风影响，表现为寒流或冷空气自西北向东南的活动，寒冷干燥。随着冬、夏季风的盛衰，造成黄土—古土壤交替沉积，被视为古季风变迁的良好记录。

250万年以来形成的黄土—古土壤序列，记录了地质、土壤、生物和气候变迁的历史。在黄土层中，有耐干旱、寒冷气候的华蜗牛化石及草本花料组合（刘东生，1985）[①]，反映出干冷气候和草原—荒漠草原景观。黄土中的粒度自西北向东南逐渐变细的特征，指示了地质历史时期搬运粉尘的西北风向（朱海之，1963）[②]，表明当冬季风占优势气候期时，粉尘堆积速率加快，形成黄土。黄土中的古土壤是温暖湿润气候条件下的产物。在古土壤层中，含有喜欢栖息在潮湿、温暖气候的间齿螺化石及草本和木本花粉组合，反映出暖湿气候和草原—森林草原景观，从而表明当夏季风占优势气候期时，粉尘堆积速率减缓，成壤作用加强，形成古土壤。

距今1万年以来形成的全新世古土壤，是地质时期或历史时期自然环境的产物，记录了成土母质、气候条件、生物群落、水分状况以及时间等因素产生的综合影响，可作为反映外界环境条件的一面镜子，同时也是人类赖以生存的物质基础，与人类生活关系极为密切。因此，对古土壤及其埋藏的古文化遗址进行多学科综合研究，有助于重建人类生息的古环境及其古文化发展渊源。

二、土壤微形态研究简介

土壤形态是土壤形成过程的外部表现。如土壤垂直剖面构造、层次、颜色、结构、紧实度以及孔隙状况等，反映了土壤的外部特征。这些特征可通过观察者的视觉和触觉来认识，而土壤微形态研究，则是借助于偏光显微镜等各种放大仪器，对在野外用肉眼所不能看见的土壤内部微结构、微形态特征进行研究，从而可以揭示古成土过程，复原古土壤发育特征，并从土壤的多元发生微形态特征了解古成土环境与现代成土条件的变化（曹升赓，1989）[③]，因此，它是对野外土壤剖面形态（即大形态）研究的延续和深入。

自20世纪30年代起，德国土壤学家W. L. Kubiena开始利用显微镜对土壤原状土进行了一系列研究，经过交流总结，于1938年出版了《微土壤学》专著，标志着土壤微形态学的建立。自1958年在德国召开了第一届国际土壤微形态会议直至1992年在澳大利亚召开的第九届国际土壤微形态会议，表明土壤微形态这一分支学科已在世界许多国家迅速开展，并走向成熟。1985年，来自英、法、德、前苏联等国家的土壤微形态学家编写了《土壤薄片描述手册》(P. Bullock，1985)[④]，使土壤微形态术语定型化，有利于国际间的交流。

---

① 刘东生等：《黄土与环境》，科学出版社，1985年。

② 朱海之：《黄河中游马兰黄土颗粒及结构的若特征—油浸光片法观察的结果》，《地质科学》1963年第2期。

③ 曹升赓：《土壤微形态学的历史、进展和将来》，《土壤专报》1989年第43号。

④ P. Bullock等：Handbook of Thin Section Description，WAINE Research。

三、贾湖遗址全新世埋藏土

贾湖遗址位于现代的暖温带南缘，粮食以小麦、玉米为主，贾湖遗址埋藏于全新世古土壤中。采样点位于贾湖村东边遗址的中心部位一废弃的土井壁内，铲出新鲜剖面后取样，取样剖面（自上而下）描述如下：

1. 耕土层，厚 0～20 厘米。

2. 耕黄土，厚 20～65 厘米，(10YR5/4)，黄褐色，混杂碎砖、瓦砾等，受人类活动影响较大。

3. 古土壤层上部，65～80 厘米，(7.5YR3/3)，暗褐色，棱柱状结构，干时较硬，含较多孔洞（彩版四四，3）。

古土壤层中部，80～105 厘米，(10YR2/2)，黑褐色，具团粒结构，湿时能搓成条，夹有较多陶片、红烧土粒等（彩版四四，1）。

古土壤层下部，105～120 厘米，(7.5YR4/4)，褐色，土色较混杂，含铁锰结核，与下部过渡明显（彩版四四，2）。

4. 黄土，未见底。

四、古土壤微形态观察与特征

贾湖遗址古土壤具有垂直分异的层次，自上而下可分为 A 层（淋溶层）、Bt 层（粘化层）、Bc 层（淀积层）和 C 层（母质层）。

A 层碎屑矿物主要有石英、长石和云母组成，不稳定矿物风化明显，可见一些粘粒胶膜沿孔隙壁淀积，表明它是较为暖湿的间冰期气候产物（安芷生，1980）。淀积粘粒含量小于 1%，可见较多铁质浸染斑，在斜反射光下呈黄棕色，表明土壤是在较湿润的环境下铁质活动性增强，就地沉淀浓聚的产物。

Bt 层的粘粒胶膜明显增多，其含量大于 2%，粘粒胶膜沿孔洞和裂隙壁淀积。在单偏光镜下，淀积粘粒胶膜呈棕红色，可见典型的微叠层状粘粒胶膜，在正交偏光镜下呈垂直于层理的带状消光型式，在形态发生学上一般被认为是森林植被下特有的产物。其棕红色则是在较热气候下土壤的特征。还可见铁锰锈斑及少量植物残体。

Bc 层的粘粒胶膜含量较上层略有减少，为 1%～2%。在单偏光镜下，可见浅黄色粘粒胶膜及铁质浸染斑，颜色较杂。可见极少量微晶粒状次生碳酸盐胶膜在孔隙中淀积。

C 层为黄土母质层。

综上所述，该古土壤中不稳定矿物风化显著，碳酸盐淋失强烈，具光性定向粘粒胶膜，呈叠层状等形态淀积在孔道或孔隙壁中，表明古土壤是在良好温度条件和足够的水分状况下进行土内风化，加之生物活动的影响，使土壤中原生矿物分解和次生矿物生成，并转化成粘粒，使其在剖面中移动富集，显示了强烈的风化成壤过程。可见较多的铁锰浸染斑和结核，表明是在水热条件较好的条件下形成的土壤。由微形态观察可以推测，贾湖遗址古土壤类似现今南京地区下蜀黄土上发育的黄棕壤，是北亚热带地区的地带性土壤（熊毅，1987）①，反映了当时古土壤形成时的气候条件可与现今北亚热带长江流域的南京地区（年平均温度为 16.4℃，年降水量 1000 毫米左右）

---

① 熊毅、李庆逵：《中国土壤》，科学出版社，1987 年。

的气候条件相对比，指示了全新世最佳气候期。

此外，贾湖遗址古土壤含较多的铁锰胶膜和铁质浸染斑，这在氧化还原过程不断相互更替的土壤中，都普遍分布，尤其与在水稻土壤中更为普遍（顾新运，1989）[①] 的铁锰浸染斑的微形态特征相类似。根据当时贾湖地区处于亚热带北缘，水热条件较好，推测当时的贾湖先民有种植水稻的可能性。

第五节　岩矿资源

贾湖遗址发掘出土大量石器、石料、石块和废料，为我们研究贾湖人对岩矿资源的利用提供了丰富资料。其中岩石标本较多，而矿物标本相对较少。

一、岩　　石

岩石标本可分为三大类。

（一）沉　积　岩

各类别石制品中几乎都有发现，因成分和胶着结构的不同，又有不同的颜色和不同的亚类名称，一般肉眼较易鉴定，可分为以下几个亚类。

1. 砾岩：主要见有灰绿色—杂色、紫色、含砾砂岩。石制品有锤、斧、铲等。

2. 砂岩：包括粗、中、细砂岩和粉砂岩等，是数量最多、最为庞大的一类，细分又分为砂岩、粉砂岩、石英砂岩。

（1）砂岩：基本上为中砂岩，又可分为绿色砂岩、暗色砂岩、灰色砂岩、浅色砂岩几种。石制品有砺石、锤、磨盘、磨棒、斧、锛、凿、铲、镰、刀、刮削器等。

（2）粉砂岩：粒径较细，又可分为紫红色含铁粉砂岩、暗色粉砂岩、灰色粉砂岩、黄色粉砂岩几种。石制品有锤、杵、砺石、刀、镰、磨棒、凿、弹丸、装饰品及颜料等。

（3）石英砂岩：一般粒径较粗，又可分为紫红色含铁石英砂岩、浅色石英砂岩和长石石英砂岩几种。石制品有砧、锤、砺石、磨盘、磨棒、杵、球、研磨器、刮削器等。

3. 页岩：较为少见，仅见灰绿色泥质页岩制成的Ba型石镰1件。另外，T61④层有残石器1件（T61④：7），肉眼鉴定为粉砂岩，实际应为粉砂质页岩，镜下鉴定为高岭石粘土岩（图版二〇二，2），为页岩的一个亚类。岩石的主要结构组分为粘土矿物，含量主要为高岭石，少量为伊利石，具隐晶、显微鳞片结构，定向性分布。石英约含5%左右，大小为0.01～0.05毫米；电气石含量占2%左右，大小一般为0.03～0.25×0.01～0.07毫米，因受应力的影响常有碎裂现象，尚不邻近拼接；另外尚含不透明的铁质等矿物约5%，分布不均。

4. 碳酸盐岩：包括石灰岩、白云岩、泥灰岩和硅质灰岩，数量均很少。

（1）石灰岩：仅见1件刮削器和几块石料。

（2）白云质灰岩：仅见一残石器。

（3）灰绿色泥质灰岩：仅见1件刮削器和5块石料。

---

① 顾新运：《土壤超微形态在土壤研究中的应用》，《土壤专报》，1989年第43号。

(4)硅质灰岩:仅见1件石凿。

(5)燧石:仅见1件刮削器和2块石料。

(二)岩 浆 岩

种类繁多,很复杂,在贾湖石制品中有基性岩类、中性岩类和酸性岩类,它们又都存在深成岩、浅成岩、喷出岩之分。有的为隐晶质,看不到矿物晶体,不易鉴别;有的成分相同,但产出不同,因而有不同的名称,如大量石斧肉眼鉴定为闪长岩,但镜下鉴定为灰绿色的安山岩,因成分相同而误,因此应以镜下鉴定为准。贾湖的石制品主要有以下几种岩浆岩。

1. 辉长辉绿岩

辉绿岩属浅成基性浸入岩,河南分布较广,舞阳周围山区亦有分布,但遗址内发现很少。对T113③层出土的一件石料(H115:26)进行了镜下切片鉴定,鉴定结果为辉长辉绿岩(图版二〇二,1)。

岩石具有辉长辉绿结构,结构组分中基性斜长石约占50%,棱柱状,半自形至自形,大小为0.3~1.7毫米,有绢云母化、绿帘石化现象;单斜辉石约占44%,他形至半自形,短柱状,大小一般<2.5毫米,有绿泥石化、绿帘石化现象,他形辉石颗粒时常充填于斜长石构成的空隙中,有的较大辉石含有斜长石;另外含有3%左右的他形石英,3%左右的磷铁矿,见有磷灰石。

2. 闪长岩—闪长玢岩

闪长岩属深成岩,闪长玢岩属浅成岩,贾湖遗址出土的一件残石器(H332:1)肉眼鉴定为闪长岩,经切片镜下鉴定为石英闪长玢岩(图版一九四,2、3),仍属闪长岩类,大类一致,但成分和结构有差异。闪长岩属中性浸入岩,在河南分布较广。贾湖闪长岩类石器较多,以石斧为主,其它还有锤、铲、杵等计36件。

石英闪长玢岩具有斑状结构,斑晶含量5%左右,主要为斜长石,板状,大小为1~4毫米,隐约可见环带结构,有绢云母化现象,基质为微细粒结构。其中斜长石约占45%左右,板状,晶粒大小为0.05~0.4毫米,可见绢云母化;普通角闪石约占30%,柱状,大小为0.05~0.7毫米,单斜辉石约占5%,短柱状,角闪石、辉石有绿泥石化及绿帘石化;石英约占12%左右,他形粒状;另外含3%左右的磷铁矿,偶见磷灰石。

3. 安山岩

安山岩属喷出岩,成分与闪长岩相同,都是中性溶岩,在舞阳周围的熊耳山、伏牛山、外方山区均有分布。贾湖发现安山岩不多,仅见磨棒、石锤、石弹丸和石坯料各1件。另有残石器1件,因严重风化,肉眼鉴定只见有长石斑晶而误认为安山岩,切片后镜下鉴定为花岗斑岩。

4. 花岗岩和花岗斑岩

花岗岩和花岗斑岩属酸性岩,成分相同,前者为深成岩,后者为浅成岩,可能还有喷出岩,一般称为流纹岩。花岗斑岩属浅成相酸性侵入岩,主要是燕山期侵入,河南分布较广。贾湖花岗岩类发现不多,T22③层出土的一件残石器(T22③:33)肉眼鉴定误认为安山岩,切片后镜下鉴定为花岗斑岩(图版二〇二,3),因之不排除经肉眼鉴定误归它类的可能。

花岗斑岩石具有斑状结构，斑晶约占30%。其中石英约占10%，粒状，大小为0.3～1.5毫米，形态不规则；钾长石约占10%，主要为正长石，粒状，大小为1～2毫米，表面往往不干净；斜长石占10%左右，主要为酸性斜长石，粒状，大小为1～2.8毫米，具有聚片斑晶，有绢云母化现象。基质约占70%，为微粒结构，晶粒一般<0.2毫米。其中石英占15%左右，他形粒状；长石40%，绝大部分为正长石，少量为斜长石，有的钾长石具显微文象结构；另外尚有3%左右的黑云母，2%左右的绿帘石化暗色矿物，磁铁矿约占10%，偶见磷灰石。

（三）变　质　岩

贾湖石器中的变质岩主要有石英岩、片岩、板岩、片麻岩几种。

1. 石英岩：由石英砂岩变质而成。贾湖石英岩发现也不少，据其粒度可细分为粗粒状、细粒状两种，前者见于磨盘和石杵，后者多见于石斧和有使用痕迹的石块。废料较多，可能因其石质脆硬，成器率不高，但可直接使用石片、石块的锋利边角作刃口。

2. 片岩：片岩种类较多，多数由页岩变质而成。贾湖石器中的片岩有含粉砂片岩、含砾片岩、黑绿色片岩、锂云母片岩、金云母片岩、绢云母片岩、片麻岩、角闪片岩等，但各类数量均不多。

(1)含粉砂片岩：数量相对较多，主要见于砺石、钻帽、斧、锛、石铲、石镰、石刀等。

(2)含砾片岩：数量很少，仅见石镰和石铲各1件。

(3)黑绿色—黑色片岩：主要见于石锤、铲、镰、刀及纺轮半成品等。

(4)锂云母片岩：仅见1件石磨棒。

(5)绢云母片岩：见有石锛、纺轮、石环、石璜、柄形石器等共6件。

(6)角闪片岩：发现不多。T103③层出土的一件残石器(T103③B：55)，经肉眼鉴定为黑云母片岩，因云母、角闪石都呈黑色，切片后镜下鉴定为角闪片岩（图版二〇二，4）。因此不排除在黑绿色黑色片岩中混入有角闪片岩的可能。

岩石具有粒柱状变晶结构，主要结构组分是普通角闪石，含量约65%，柱状，大小为0.1～2×0.05～0.5毫米，多呈定向性分布，其次为石英，占25%左右，他形粒状，大小为0.05～0.1毫米；斜长石、黑云母占3%左右；绿帘石及搁石等占7%，粒状大小约0.02～0.1毫米。

3. 片麻岩：贾湖出土的片麻岩由花岗岩变质而成，数量较少，见于锛、凿等器类共5件。

4. 板岩：贾湖出土的板岩由页岩变质而成，数量较少，均为灰黑色，见于镰、刀、铲等器类。

二、矿　　物

贾湖出土矿物标本相对较少，主要有褐铁矿、石英、水晶、云母、滑石、绿松石、莹石、粗玉等。

1. 褐铁矿

仅见4件标本，均为颜料块，应为陶衣的主要原料。舞阳南部有铁山，是褐铁矿的产地[①]，贾湖标本应出于此。

① 舞钢市史志编委会：《舞钢市志》，中州古籍出版社，1993年版。

2. 石英和水晶

石英又称脉石英、石英脉岩。贾湖发掘出土标本较多,呈白色或乳白色,主要见于石锤、石球、石砧、刮削器、石子和石核、石片等,其中砸击石锤、砸击石核、砸击石片数量较多。在贾湖北7公里的大岗细石器地点,其细石器原料中脉石英占很大比例,表明这一带使用石英作原料已有相当长时间的历史。有些标本表面可见砾石自然面,表明这些标本可能主要来自河床,因而推测遗址附近的沙河、汝河、灰河、澧河等上游可能就有石英矿脉出露。

水晶又可称为石英六方锥晶体。贾湖遗址中仅见2件,一件为钻头,另一件为装饰品。在遗址南数十公里的泌阳县有较大的水晶矿,且开采历史悠久,贾湖水晶很可能来自这一带。

3. 绿松石

贾湖出土绿松石标本数量不少,但均为很小的装饰品,制作多较精致,经鉴定有些属于绿色粉砂岩。这种矿常与褐铁矿、玉髓和高岭土等共生,经常由于地表水的作用,形成于干燥地区的富铝火成岩或沉积岩中。现代矿物学中的绿松石族,包括绿松石和磷铜铁矿两种矿物,都是次生矿物,绿松石产于浅成矿床中,是富铝岩石的蚀变产物。而磷铜铁矿则主要产于浅成矿床的铁帽中,较为少见。据有关学者考证,绿松石矿距贾湖最近的为鄂西北地区[①]。但由于绿松石是铝矿和磷铜铁矿的次生矿,而贾湖周围的舞阳南部山区和平顶山、宝丰、鲁山、郏县、禹州市、汝州市等地均有铝、铁矿藏分布,因之,贾湖的绿松石标本的原料完全有可能来自周围山区。

4. 莹石

贾湖出土莹石标本不多,均为石串珠。在贾湖周围的方城县、泌阳县、确山县均有矿藏发现,且储量较大,因之,这些材料完全有可能来自这些矿点。

5. 粗玉

仅见1件管形器,中空,很可能为一哨子,碧绿色,结晶体虽稍显粗一些,但硬度高于7度,应属玉无疑。据矿业普查资料,绿色玉的产地在河南有南阳独山玉、密县玉、淅川黑缘玉等[②]该标本究竟属于哪一种,尚需进行科学鉴定。

6. 云母

贾湖出土标本中见有2块金云母,纯度均很高。另外,遗址中出土的陶片标本中,有一夹云母陶系,主要用作炊器,占相当的比例,明显是作为一种羼和料有意掺入,以加强陶制品的强度,如此则需相当多的原料。根据河南地矿调查资料,河南已知金云母矿只有镇平县二老乡。但镇平距贾湖约有140公里,作为一种羼和料的话,原料产地是否太远了些。按金云母矿系花岗伟晶岩与大理岩接触交错形成,而舞阳南部山区有丰富的花岗石和大理石资源,完全有可能共生云母矿,因之,贾湖用作羼和料的云母片出自周围地区是较为合理的。

---

① 贾湘蓉等:《中国古代矿业开发史》,地质出版社,1980年。

② 河南省史志编委会:《河南省志》第五卷《地质矿产志》,河南人民出版社,1993年。

7. 滑石

贾湖陶制品中，有一夹滑石粉的陶系，占有一定比例，少量单独夹滑石粉，大多则与云母片共掺和，粒度粗细不一。像云母片一样，既然作为一个陶系存在，用量也应不小。据地矿普查资料，河南最大的滑石矿位于贾湖以西 50 多公里的方城县拐河乡一带的花岗岩体两侧和白云质大理岩中，贾湖人所用的滑石完全可能采自这一带。

8. 化石

贾湖制作石器用动物化石 2 块，石化程度较高，虽经火烧和打磨，但一面的骨骼表皮和另一面即劈裂面的骨腔松质仍清晰可辨，虽已无法鉴定属于何种动物，但应属于一种较大动物的长骨无疑。查舞阳南部山区和贾湖以西的襄城、叶县等地均有大量化石点出露，这些化石原料出自贾湖周围地区应无疑问。

三、贾湖人对岩矿资源的利用

关于贾湖人对岩矿资源的开发和利用，下面还要详细述及，这里仅对这些岩矿资源的分布情况进行概述。

总的来讲，贾湖人石制品的原料，大多来自邻近的河床。因为遗址临近的灰河、汝河、沙河、澧河的上游伏牛山、外方山及其余山脉有大量的贾湖石制品所需的岩矿资源，如主要的沉积岩、岩浆岩和变质岩类，且河床较短，仅数十至百余公里，而且落差较大，从大量石制品尚留砾石天然磨光面来看，贾湖人用来制作石制品的原料大多为在附近河床就地取材。但有一些石料石质较疏松，经远距离冲刷滚动后很难再用来作石制品原料，故很可能直接去岩矿产地开采，如页岩、片岩、板岩以及用作制陶羼合料的云母片、滑石粉等，因此可以认为，贾湖人对石制品原料的直接开采范围可达 100 公里以上。与此同时，一些属于特定石类的绿松石、莹石、玉等，其产地可能更远一些，当然也不排除直接采自周围山区的可能，但至少至今在贾湖周围 100 公里之内尚未有同类矿藏的报道。如果说这些原料来自更远距离的话，其获取方式无非有三种可能，即直接开采、交换或掠夺。

如果这些宝石的埋藏地在贾湖人经常开采石材范围内的话，直接开采的可能性是存在的，但正如上面所述，贾湖周围山区至今未见有关于贾湖宝石类原料发现的报道，而人类对于宝石的认识并非一蹴而就，贾湖直接到远离自己聚落的地方去开采宝石的可能性是极小的。

由于对宝石的认识、开采和利用，是人类社会发展到一定历史阶段的产物，决非所有人类群体都有此等水平，所以不管是交换亦或掠夺而来，其首要前提是这些宝石产地应有与贾湖人发展水平大体相当的人类群体，令人遗憾的是，这些地方至今尚未有类似的考古学文化发现，因此，这个问题的解决只能有待于今后进一步的考古调查、发掘与研究。但至少可以认为，贾湖人对岩矿类资源的利用范围很可能已达到了 100 公里以外的方城、桐柏、淅川等地。

第六节　气候和环境复原及与人类活动的关系

以上几节我们讨论了贾湖聚落存在时期的几项构成当时自然环境的基本要素，现在我们可以综合上述材料对贾湖聚落存在时期的气候状况和自然环境进行讨论，并探讨一下贾湖先民选择该处作为自己的定居点的原因，贾湖人对周围环境的适应和利用及自然环境对贾湖人活动的制约。

一、反映气候与环境诸要素的分析

从前几节分析我们可以看到，在贾湖人生活时期的气候因素中，存在着喜暖与喜冷、耐旱与水生、湿生动、植物共存的现象。我们可把诸多反映气候的因素分为三组。

A 组：为在我国南北均有分布的广布种，或目前在贾湖所在的黄淮地区仍有分布的物种。其中动物有猪、狗、黄牛、貉、狗獾、豹猫、梅花鹿、羊、野兔、环颈雉、青鱼、鲤鱼、中华鳖、杜氏蛛蚌、剑状矛蚌、短褐矛蚌、圆头楔蚌、河篮蚬等，木本植物有栎、柳、松、榆、胡桃、栗等，耐旱陆生草本、灌木植物有蒿属、菊科、藜科、柽柳属、禾本科、大戟科、中华卷柏等，水生、湿生植物有莎草科、莲属、水龙骨以及环纹澡类等，所占比例最高。

B 组：为现今只分布于江淮、江南甚至华南地区的喜暖湿的物种，现在的黄淮地区已经绝迹或基本不见。动物有小麂、獐、四不像、水牛、扬子鳄、黄缘闭壳龟、中国花龟、江西楔蚌、巨首楔蚌、楔丽蚌、拟丽蚌、失衡丽蚌等，木本植物有山毛榉、枫香、铁杉等，水生草本植物有野生稻、水蕨、菱等。

C 组：为现今只分布于北方地区，现代黄淮地区基本不见的物种。这一组物种很少，动物只有紫貂，至于植物，因发现遗骸太少，孢粉分析又无法鉴定到种一级，除麻黄、茜草等耐旱植物外，无法确定存在何种喜冷的植物。但从植物硅酸体分析中发现的所占少量的属于温寒和夏季凉爽的高海拔地区的早熟禾亚科的圆形—椭圆形、帽形硅酸体，分布于相对干冷地区的尖型、棒形硅酸体，主要分布于寒冷地区的齿形硅酸体的现象表明，耐干冷的植物是存在的。

如何解释上述 B、C 组物种共存的现象呢？如果认真分析这两种生物群落的分布规律，是否可以认为有以下两种可能性。

第一，气温和降水量的变化与冷暖波动。从孢粉组合和动物群的变化来看，贾湖聚落形成之前和贾湖三期文化发展过程中，气温和降水量是呈增加趋势的。

从 A 剖面带 I 的孢粉组合来看，虽有少量的喜暖、湿的因素存在，但未见榆、少见栎，耐旱的蒿属、菊科、藜科以及中华卷柏等占绝对优势，表明末次冰期之后的气温虽已回升，但仍不高，可能低于当地现今的气温和降水量，反映当时为温凉半干旱气候，疏林—半荒漠草原景观。

到了贾湖人来此活动时期，即 A 剖面带 II 所代表的时期，木本植物中出现了榆属和主要分布于亚热带地区的枫香属、山毛榉属等，柳属和栎属比例也有所增加，在水生植物中，尤其是出现了水蕨以及莲属、莎草科等，湿生的环纹藻类比例大为增加，同时耐旱的蒿属等植物比例递减50%以上，表明气温急剧上升，降水大量增加，从而导致水面积大量扩大，二者均已高于现在，而与现今江淮地区大致相当，为温暖湿润气候，相应的环境则为疏林—草原—湖沼景观。

贾湖聚落存在时，喜暖的木本植物新增加了盐扶木（漆树属）属，水生植物发现大量香蒲属，另外还发现了不少野生稻。从动物群上看，喜暖湿的物种有獐、扬子鳄、闭壳龟、丽蚌、楔蚌等。这些表明贾湖一期的气候和环境已与现今的长江流域相当。

但是，需要说明的是，在生物群落中尚有喜冷的因素存在，如在属于贾湖一期的灰坑 H84 中不仅分析出了喜冷、耐旱的圆形—椭圆形、齿形、帽形、尖形、棒形植物硅酸体，而且还发掘出土了两副现今生活在长白山区喜冷的紫貂牙床。这些因素或可说明，这一现象可能与一次降温事件有关。

贾湖二期和三期的文化层中，虽然分析出的孢粉含量很少，但是，含量高达62.6%的环纹藻类也反映出水面积进一步扩大的趋势，而蒿属等耐旱的植物进一步减少，反映出聚落周围湖沼面积的增加和草原面积的缩小。从这两期文化层样品中分析出的植物硅酸体来看，耐寒耐旱的齿形、帽形、尖形、棒形、圆形—椭圆形硅酸体比例均较一期为小，有的几乎绝迹，而喜暖湿的扇形、方形—矩形硅酸体比例明显高于一期的样品，这一结果可弥补孢粉分析之不足。与此同时，从文化层中出土的大量喜暖湿的动物如水牛、小麂、獐、四不像、扬子鳄、闭壳龟等，以及稻作农业规模的扩大，均可反映出贾湖二、三期人生活时期，是全新世大暖期中最为暖湿的阶段之一。

同时，我们也注意到，贾湖二期和三期出土的反映气候的因素也有些许变化。如在第三期墓葬中随葬的龟甲，不仅数量少(数量的变化也许与人们用龟和方法改变有关)，而且龟的个体明显变小，这也可能与周围水体中已无个体较大的龟生存有关。另外，硅酸体分析的结果所反映的环境变化，也许更为敏感一些。如喜寒耐旱的齿形、圆形—椭圆形硅酸体的含量，在二期标本中比例很小，几乎绝迹，但在三期标本中则又有回升的趋势，尽管如此，仍低于一期。

第二，季节分明的气候特征。从前述生物群落中也可清楚看到，喜暖湿和耐寒耐旱物种大量共存的事实。一是直到现在，仍有不少广布的和耐旱耐寒的物种仍在这一植被区存在，如木本植物的榆、柳、胡桃、麻栎等，草本植物的蒿属、菊科、藜科、酸枣等。同时期的石固遗址还发现有榛子的遗骸。二是有大量喜暖湿的物种同时存在，如山毛榉、枫香、漆树、铁杉、水蕨等。三是大量水生、湿生和沼生动植物共存，如植物中的莎草、莲、菱、眼子菜、水蕨、水鳖及环纹藻类，动物中的鱼、蚌、龟、鳖、鳄、麂、鹤、天鹅等。

上述共存现象或可说明，贾湖人生活时期也是存在冷暖季节交替的气候特征的，只是从3个孢粉带和9个硅酸体样品分析结果来看，时间愈晚，冷旱季节可能愈短而暖湿季节可能愈长。当然其间也有波动现象。贾湖二期应是这里最暖湿的时期，也是贾湖文化的鼎盛时期。

二、气候与环境的讨论

进入全新世以来，地球上的气温呈现一个升温—高温—降温的变化过程。过去，西方学者曾把全新世气候分为前北方期、北方期、大西洋期、亚北方期、亚大西洋期五个气候期，即所谓"布列特—色尔南德尔(Blytt—sernandar)方案"。我国学者在对东北、华北、西北、黄淮、江淮、江南、华南许多地方的反映气候的诸要素进行研究后认为，我国气候演变规律与欧美相似，并把我国古气候划分为升温—高温—降温三个大期。升温期相当于西方的前北方期和北方期，高温期相当于西方的大西洋期和亚北方期，降温期相当于西方的亚大西洋期，但在起讫时间上有不同的认识。如我国升温期的开始即全新世的起始年代，就有15kaBP、12kaBP、11kaBP、10kaBP等不同的观点，全新世高温期即大暖期的起止年代更有9～3.5kaBP(李文漪，1985)、8.9～4.3kaBP(徐馨，1984)、8.5～4.0kaBP(刘金陵，1989)、8.5～3.7kaBP(唐领余等，1989)、8.5～3.0kaBP(孔昭宸等，1989)、8.0～5.0kaBP(夏玉梅，1988)8.0～3.0kaBP(许清海等，1989)、7.5～2.5kaBP(周昆叔，1978)、7.0～5.6kaBP(孙湘君，1981)等起始时间在9～7kaBP，终止时间在5.6～2.5kaBP之间的多种认识。近年由国家自然科学基金委员会和中国科学院联合资助的"七五"重大科研项目研究时，在综合孢粉(图三四三)、古动物(图三四四)、古植被(图三四五)、古土壤磁化率(图三四六)、海平面(图三四七)和湖泊平面变化(图三四八)以及祁连山敦德冰心1万年来$\delta^{18}O$值的变动(图三四九)等多种资料进行综合分析后认为，全新世大暖期的起讫年代为8.5～3.0kaBP，并把大暖期划分为8.5～7.2kaBP的由冷变暖的不稳定温度波动阶段、7.2～6.0kaBP的稳定的暖湿阶段、6.0～5.0kaBP 气候剧烈波动阶段和 5.0～3.0kaBP 气候波动和缓的亚稳定暖湿阶段这四个大的阶段[①②]。

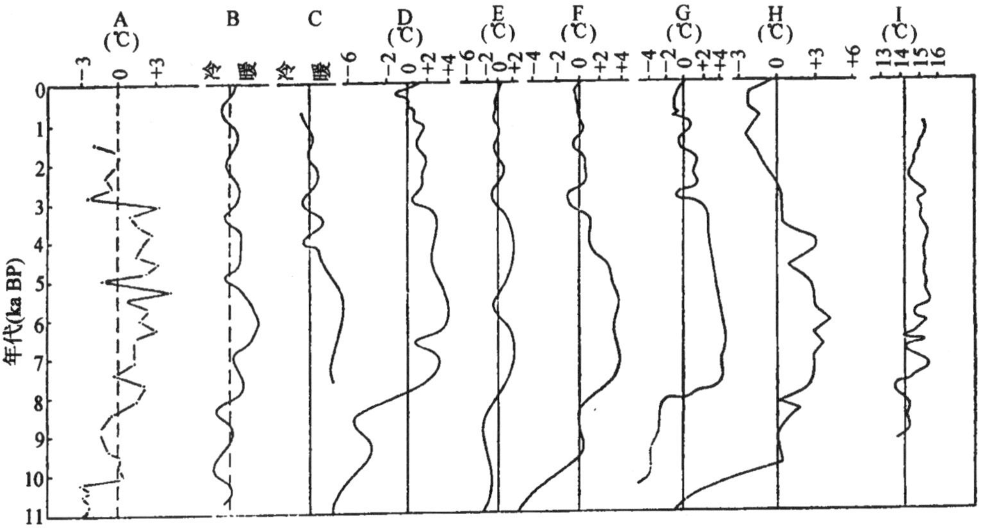

图三四三　中国若干地区依据孢粉谱建立的温度变化曲线(孔昭宸等编)

A. 四川螺髻山(27°35′N,102°15′E)(Wang,1990)
B. 青海湖(30°54′N,100°11′E)(孔昭宸等,1990)
C. 内蒙古(41°20′N,113°E)(崔海亮等,1992)　　D. 黄土高原(孙建中等,1991)
E. 北京(40°N,110°E)(张子斌等,1981)　　F. 河北东部(童国榜等,1991)
G. 辽南(39°30′N,122°E)(中国科学院贵阳地化所,1977)
H. 长白山西部(42°30′N,126°20′E)(Wang,1990)　　I. 江苏建湖县庆丰(唐领余等,1992)

那么贾湖聚落的存在时期相当于哪个气候阶段呢？我们知道,据上篇第八章公布的材料,贾湖聚落存在的碳十四年代在9～7.8kaBP 之间,正好处于升温期的后段和大暖期的第一阶段。那么,贾湖聚落所反映的气候要素是否与这个阶段的气候特征相符合呢？从贾湖 A 剖面的第Ⅰ、第Ⅱ孢粉带来看,贾湖人到来之前,带Ⅰ反映的气候环境则比现今要干旱、荒凉许多。但在带Ⅱ时期已相当于今日江淮地区的气候特征,气候比现今要高出 1℃左右。虽然其变化不像其它材料如祁连山敦德冰心反映的那么剧烈,但变化还是明显的,带Ⅰ可能记录了万年以前升温期之初的气候环境状况,带Ⅱ则可能是 9kaBP 温度已稍高于现在的反映。贾湖文化最早一段的 H84 发现的紫貂和喜寒冷的植物硅酸体的存在则可能反映了 8.9～8.7kaBP 那次强低温事件。之后又持续升温,降水量继续增加,所以才有大量热带亚热带动植物的出现。高温高湿的气候环境到了贾湖二期时达到了高潮,大量喜暖湿因子发现于此期。与此同时,北方暖温带落叶阔叶林带向北推移了三个纬度,根据青海湖(孔昭宸等,1990)、黄土高原(孙建中等,1991)、内蒙古白素海(孔昭宸等,1991)、河北北部(童国榜等,1991)、辽南地区(中国科学院贵阳地化所,1977)、螺髻山(Wang Jian,1990)等地孢粉资料换算的当时温度比现在高 2～4℃。贾湖地区大致相当于今日长江流域的气候,气温高于现在 2～3℃,降水量高于现在 400～600 毫米。贾湖三期时耐旱、耐寒生物的少量回升可能与 7.8kaBP 的降温事件有关。此次事件在敦德冰心中亦有反映,与此对应的在北京

① 施雅风、孔昭宸等:《中国全新世大暖期气候与环境》,海洋出版社,1992 年。
② 张丕远、孔昭宸等:《中国历史气候变化》,山东科学技术出版社,1996 年。

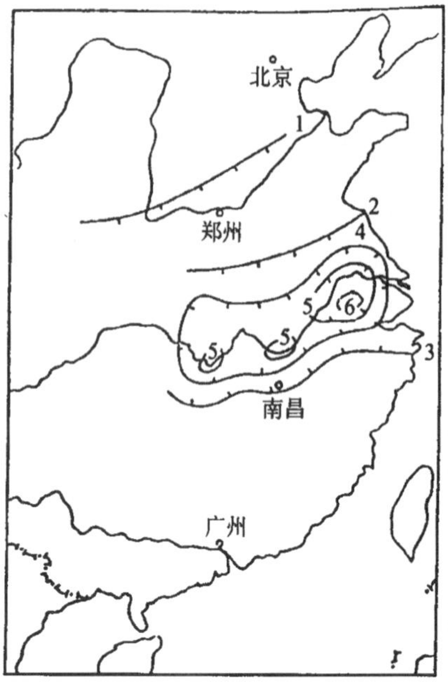

图三四四　历史时期扬子鳄分布界限推移图(据张丕远)
1. 公元前12世纪
2. 公元前5世纪—公元前13世纪
3. 公元前12世纪—公元10世纪
4. 公元17世纪
5. 公元18世纪中期　6. 现代

地区发现7.7kaBP时的暗针叶林向平原扩展,亦表明温度下降(孔昭宸等,1982)①。在阿拉斯加、北欧斯堪的那维亚、新西兰及喜马拉雅—喀喇昆仑冰川中有相应的前进反映(Rothlisberter,1986)②,表明此次全世界性的降温事件在贾湖遗址中亦有反映。

根据贾湖遗址碳十四测年和地层材料,我们上面曾推测该聚落废弃于7.8kaBP左右的一次大洪水。江苏建湖庆丰剖面孢粉资料显示8.5～8.0kaBP平均气温较今高1.4～1.7℃,以后气候下降,至7.6kaBP降至比今低0.1℃(唐领余等,1992)③。祁连山敦德冰心显示7.3kaBp左右有一次降温事件,北半球和南半球山地均显示有7.3kaBp左右的冰川前进。可见自7.8～7.3kaBP年间为全球性的气候波动下降期,极易形成灾害性气候。而洪水的出现往往与气候的冷暖急剧波动有关,这无疑会给人类的生存构成威胁。

至此,我们已对贾湖聚落的自然环境有了一个大致了解,并可对其自然景观作出如下推测:在附近的岗丘和山坡上有稀疏的栎、栗、胡桃、榛等组成的落叶、阔叶林,林下或沟坎、断崖边生长着酸枣、柽柳等灌木丛,林中常有野猪、麂等动物出没。聚落的周围应有广阔的以蒿属、菊科、藜科植物为主组成的草原,时有貉、梅花鹿、野兔等在其上奔驰而过;聚落附近的湖沼水面上,莲、菱、莎草、水蕨等水生植物绽开朵朵鲜花点缀其上,水中和水边有大量的鱼、蚌、螺、龟、鳖、鳄等动物浮游其间,水边常有獐、麇等动物饮水嘻戏,有丹顶鹤、天鹅等翩翩起舞,不时传来声声啼鸣;聚落内外,偶见几株榆、柳、桑、梅等迎风摇曳;聚落周围,可见先民种植的片片稻田,人们就在这种自然环境中栖息、生存、繁衍。

三、贾湖人与周围自然环境的关系

(一)自然环境与生业形式

条件优越的自然环境为聚落的建立与发展提供了有利条件,同时也制约着聚落的生业形式和人类群体的形成与发展。“在一定的环境中,人类为生存,必定要发展起一套相应的技术,这套技术决定了群体的结构和活动方式,而群体结构与活动方式又决定了他们对事物的看法。”“环境影响人类,人类又同时改造环境”(俞伟超等,1992)④。那么,贾湖人是怎样适应、利用和改造着周围的环境呢?贾湖聚落周围的环境对贾湖人产生了什么样的影响呢?

应该首先指出,自然环境与人类社会都是随着时间推移而不断变化的因素,在变化之中又不

① 孔昭宸等:《北京地区10000年以来的植物群发展和气候变化》,《植物学报》1982年,第24卷第2期。
② Rothlisberter,F.,1986,10000 Jahre Glets chergeschichte der Erde Arau,Verlag Sauerlander.
③ 唐领余等:《长江中下游地区7.5～5kaBP气候变化序列初步研究》,《中国气候与海面变化研究进展》(一),海洋出版社,1990年。
④ 俞伟超等:《考古学新理解论纲》,《中国社会科学》1992年第6期。

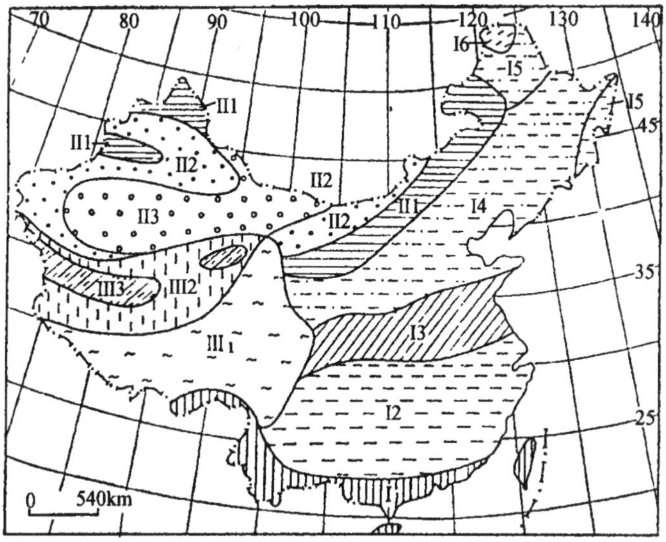

图三四五　全新世大暖期盛期植被分区图(据施雅风等)

Ⅰ1. 热带季雨林　Ⅰ2. 常绿阔叶林　Ⅰ3. 常绿落叶阔叶林

Ⅰ4. 落叶阔叶林　Ⅰ5. 针阔混交林　Ⅰ6. 北方针叶林

Ⅱ1. 森林—草原　Ⅱ2. 草原　Ⅱ3. 荒漠

Ⅲ1. 高原森林和草原　Ⅲ2. 高原草原　Ⅲ3. 高原荒漠

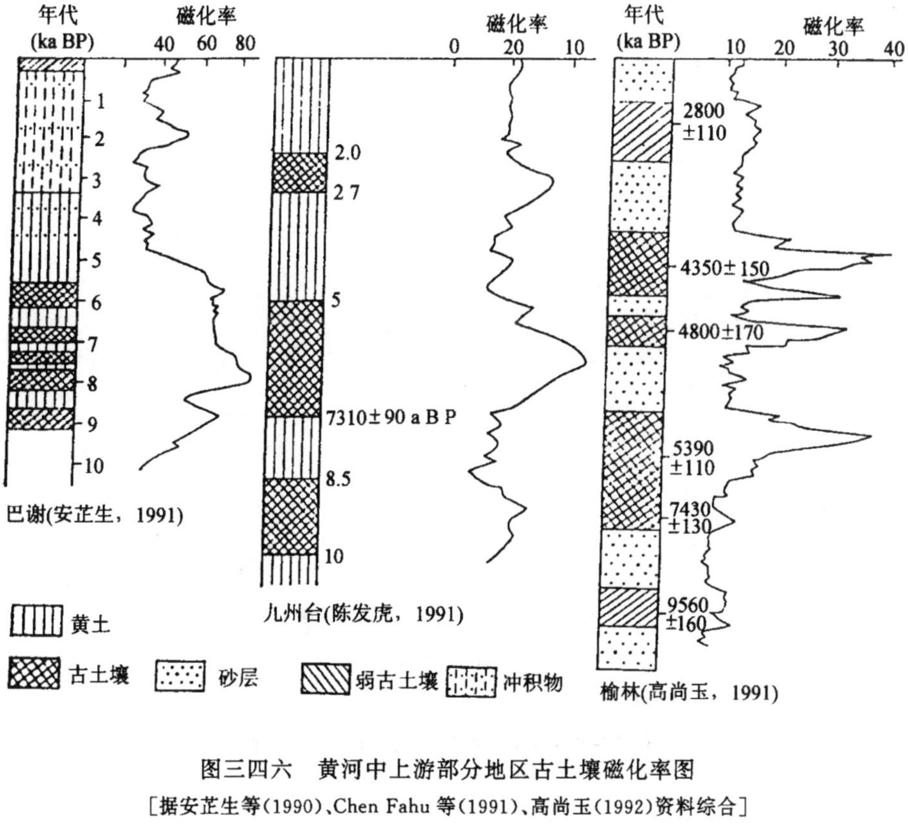

图三四六　黄河中上游部分地区古土壤磁化率图

［据安芷生等(1990)、Chen Fahu 等(1991)、高尚玉(1992)资料综合］

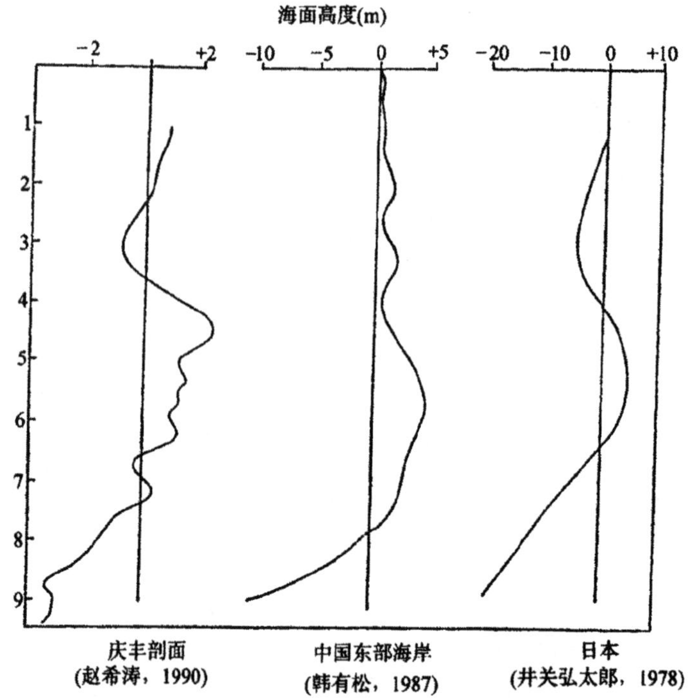

图三四七　中国和日本沿海全新世海面波动图

［据赵希涛等(1990)、Han Yousong 等(1987)、井关弘太郎(1978)］

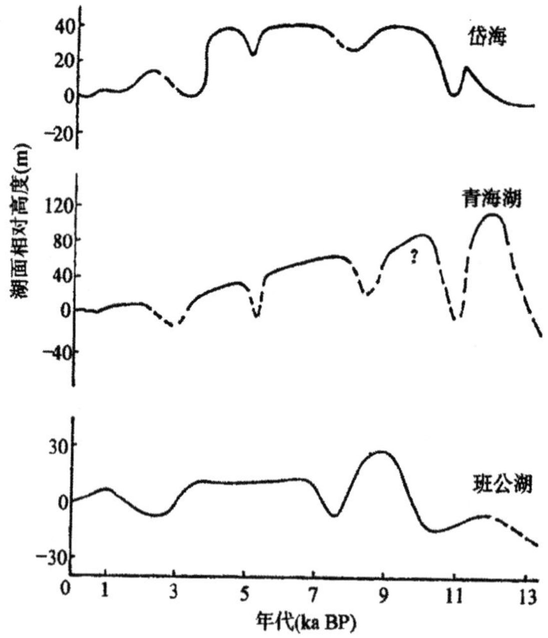

图三四八　中国若干湖泊全新世水位变化示意图(据王苏民)

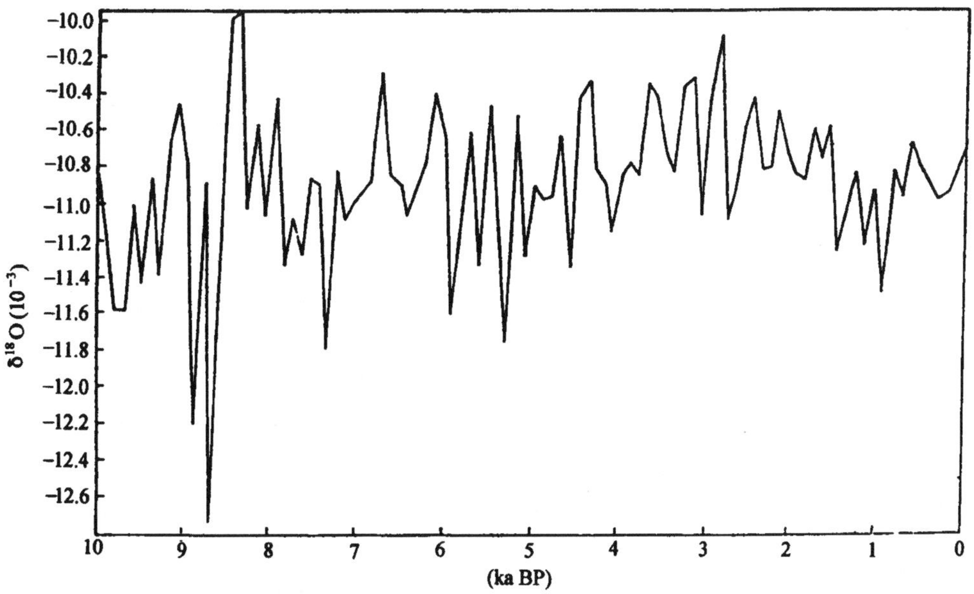

图三四九　敦德冰心全新世 $\delta^{18}O$ 值的波动变化图(据姚檀栋)

断的相互影响,但时间越早,自然环境对人类社会的制约作用就越强烈。因为时间愈早,人类的劳动技能就愈低下,抗拒自然灾害的能力愈差,其生业模式就愈取决于自然环境的变化。但是,事情也有其两面性。当人类在自然环境条件良好,在悠闲之中即能满足最低生存的需要,无需终日为生计而奔波时,人类社会的发展往往会处于停滞状态;当自然环境条件极其恶劣,超越人类生存的极限,人类社会受到毁灭性打击时,人类社会的发展也会因之陷于低谷,甚至出现倒退现象。只有当自然环境基本可适合人类生存,又会因种种原因而促使人们不停的努力方可适应自然而持续发展时,人类社会才能保持发展的势头。

当然,人类社会的发展还有赖于千百万年来人类本身在适应和改造自然之中产生的无数经验和智慧的积淀。所以,当农业革命到来之前,人类社会虽然已有几百万年的历史,虽然也经历了许多气候适宜期和无数次的磨难,虽然也在缓慢的发展与进步之中,但终究没有农业革命之后的变化那么巨大,发展那么迅猛。正因为有几百万年传统历史文化的积淀,正因为有末次冰期对人类社会发展欲望的压抑和浓缩,才使得人类社会在末次冰期刚刚结束之时,就走出洞穴,进行了空前的农业革命。正像西亚两河流域小麦、大麦的栽培和山羊的驯养一样,在东亚的两河流域,稻和粟的栽培和猪的驯养也迅速发展起来,这正像巨人的双足和金翅大鹏的两翼,带动着人类社会迅速向前发展。

那么,为什么最早的农业革命在这些地区发生呢?农业问题,从根本上讲,就是人与自然的关系问题,人只有了解自然规律,顺应自然发展,才能利用进而改造自然。因此,人类发明农业的基本前提条件,无非有两点:一是人类生存的压力,二是适宜的自然环境,包括可满足人类生存需要的栽培作物和作物生长的气候环境条件,二者缺一不可。而在自然资源较为丰富,人类无需从事种植和养殖业就可满足人类最低生存需要的地方,很难成为农业的起源地。比如我国的华南地区,自然环境优越,自然资源丰富,即使在最后冰期期间影响也不甚大,因此,虽然这里有数以百万年的人类历史文化，有至少在万年以上采食野生稻等植物果实的经历①，但其原始农业直到4000年前的石峡文化时期才得以发展起来，就是最好例证。

相反，在长江、淮河和黄河流域，由于全新世气候环境的改善，使人类在走出洞穴之后，得以迅速发展，又由于全新世之初气候环境的冷热剧烈波动，人们为渡过自然资源相对匮乏的寒冷冬春，不得不将注意力放在管理简单、容易增产、便于贮藏、食性又好、又适宜当地自然环境条件的栽培作物上，而且这些作物又必因人们有许多代的采食经验而被人们所熟知。于是，一场农业革命便不可避免的发生了。正因为人们拥有千百万年传统文化与智慧的积淀，又适逢进入全新世之后的有利于人类发展的良好的自然条件，在农业革命洗礼之中，人类在短短两三千年间，就在世界上迅速发展起来，其发展速度远远超过了旧石器时代。

这里应该指出，贾湖人的稻作农业与彭头山文化的稻作农业、裴李岗文化和磁山文化的粟作农业应是同时出现、同步发展的，而且从某种意义上讲，贾湖人的稻作农业比彭头山文化的稻作农业发展还要快一些。因为进入全新世之后，长江流域的自然环境和资源明显要优于淮河流域，贾湖人所在的稻作农业的临界地区，人们只有经过精心的管理（相对的），才能得到满意的收成，所以淮河流域的先民在5.5kaBP已完成了稻种的优化选育，使栽培粳稻的生物形态定型化。与此同时，长江中游的稻种栽培仍滞留在参差不齐，含有大量小粒稻的自然形态阶段，尽管其野生稻的采食历史可能要较淮河流域长久，但人类的干预程度是由人类对作物的需要程度决定的，正像华南地区未能首先发生农业革命一样。同样道理，粟、黍类旱作栽培作物之所以首先发生于裴李岗文化和磁山文化分布区，也是因为这一带地区是适于此类作物生长的临界地区。在当时的自然条件下，再向南就不利于旱作农业而只适于稻作农业的发展，再向北则在进入全新世大暖期之后才适合于旱作农业的发展。因之，具有古老的传统文化积淀，拥有丰厚的土壤资源和夏季风带来的充沛的降水，使黄土高原的东南部边缘地带首先成为粟作农业栽培区成为可能。所以，可以认为28°～38°N之间是东亚地区最早发生农业革命的地区。

我们从以上几节的资料可知，贾湖人生活时期，当地有大面积的湖沼，有充沛的降水和充足的光照条件，又有野生稻资源，四季分明的气候又决定有寒冷的冬春，于是，稻作农业便应运而生了。可以说，贾湖稻作农业的产生，正是贾湖人充分利用和改造自然的结果。

另外，广阔的草原可从事狩猎和畜牧业，大片的湖沼可从事捕捞业，陆生和水生可食植物可从事采集业，都为贾湖人带来丰富的食物来源，同时也给贾湖人的思想文化带来深刻影响。

（二）环境与文化

和其他任何考古学文化一样，贾湖人聚落形成、技术工艺和思想文化等各个方面都与环境有着密切关系。

1. 聚落

人类自从走出洞穴的那天起，就开始了选择其居住地的过程，尤其是进入定居生活之后，居住址的选择在人们的生活中就显得尤其重要。“按一定规则组织在一起的人群居住在一定区域，构成聚落。聚落必有其形态。聚落形态是对环境的一种适应，应被看成是文化的内涵之一。聚落形态的研究，是寻找某一特定环境范围内的聚落形态的特点及其成因，也即聚落形态的文化适应

① 袁家荣：《玉蟾岩获水稻起源重要新物证》，《中国文物报》1996年3月3日第一版。

特质。”[①]，那么，贾湖聚落的形态的形成是如何适应贾湖周围特定环境的呢？

首先，贾湖聚落位置的选定本身就是贾湖人观察自然、利用自然的结果。其次，贾湖聚落的变迁与废弃也与周围地貌环境的变迁和灾害性天气密切有关。关于这一点，本篇第一节已有详细论述，兹不再赘。需要补充的是，在贾湖遗址的东部第一期二、三段和第二期四、六段及三期第七段遗存较为丰富，而二期五段和三期八、九段则相对贫乏；遗址南部有较丰富的第一期文化层；遗址中部以二、三期遗存为主；遗址西部则一至三期文化均很丰富。聚落内分布的变化正好与聚落所在地西高东低的地貌形态相一致，第五段文化遗存在东部的收缩可能与此时聚落东侧水面积的扩大有关，至于八、九段遗存在东部的减少可能与此时聚落规模的收缩不无关系。

关于贾湖聚落周围的自然环境对贾湖人生业形式的决定性作用，本书三、四章将有详细论述。

2. 技术与经济

什么样的环境就会产生与这种环境相适应的技术。农业、加工工业、狩猎、捕捞，工具各不相同，而这种生业形式的产生与存在，都取决于周围的自然环境，为利用和改造这种环境，制作各种类型的工具的技术便自然会产生。贾湖人也是如此，比如制陶术，狩猎和捕捞得来的大量食余的动物骨骼才能有夹骨屑、夹蚌片陶系的产生，而这些骨骼只有在焚烧、粉碎后才能成为羼和料。另据研究，只有碳化的稻壳才能成为理想的夹炭陶系的羼和料，这只有在从事稻作农业的部族中才有可能，夹云母片和滑石粉料的陶系也只有在周围有这种矿藏的聚落才能产生。而这些原料的制备工艺以及陶坯的成型工艺均不会完全相同，需要长期摸索才能掌握，这种长期的探索和总结只有在相应的环境中才能产生并发生作用，离开了这种环境，这种技术就会变得毫无意义。

陶器表面的修饰工艺也是如此，贾湖周围有可作颜料的红色岩石，才能做出带红陶衣的陶制品。长江中游地区较早出现的白陶，只有在存在这种相应原料的环境中才能产生。仰韶时代诸文化红彩、白彩、黑彩之分，也得以这种颜料的存在为前提。

制石工艺的产生也与周围石料的类型密切相关。火成岩、沉积岩和变质岩结构不同，砂岩、闪长岩、花岗岩、片岩、板岩硬度和质量不一，其加工方法必然也有所区别。贾湖周围地区缺少玉料，制玉工艺便不甚发达，而绿松石等相对易得，所以有些绿松石制品相当精致。

正因为贾湖周围动物资源丰富，所以才有骨镖、镞的制作，而制作骨镖、镞的原料，则大多为鹿骨、鹿角等。这是人类与环境相互作用的最好例证。

在生业形式方面，起源于贾湖的粳型稻作农业和与之相应的稻作农业文化，在以后的几千年中，对东亚地区乃至全世界，都产生了重大的影响。

3. 思想文化

人们长期在一定的环境中生存，在产生出一套与之相适应的经济技术的技能的同时，也必然会产生一套与之相应的群体结构形式、信仰形式、对自然界与人类社会的认知形式和文化艺术形式。这些人类的思想文化形式潜移默化，代代相传，是文化传承的主要内容，也是古代民族迁徙新址时，仍要选择与原居住地大致相当或相似的自然环境的原因所在。如贾湖人的后继文化分布于淮河中下游和汉水流域，这些地方的自然环境与气候条件就与贾湖所在的淮河上游近似。这大概也正是人类迁徙活动中逐水而居和同纬度迁徙的原因所在。

---

① 俞伟超等：《考古学新理解论纲》，《中国社会科学》1992年第6期。

就贾湖遗址而言，贾湖人的社会群体结构形式现在还不能妄言，但其信仰形式，则是与其自然环境和农业形式息息相关的。从目前材料可知，贾湖人的信仰尚处于泛灵论的精灵崇拜阶段。大量的有规律的龟甲随葬，表明龟灵崇拜的存在。这只有在龟与人们的生活关系密切，因之经历了长期的观察之后，才成为可能。同时，也只有在长期食龟、用龟、崇龟的部族中，才有可能产生具中国特色、并对中国历史产生重大影响的龟甲契刻文字，而这一文字体系正是滥觞于贾湖聚落。在有丰富而有规律性的随葬品的墓葬和排列有序的墓地之内，还有殉狗现象，这可能表明祖先崇拜的存在。大量随葬狩猎、捕捞工具如骨镞、骨镖等，直接反映了与环境相适应的生业形式。人们从事农业和其他生业形式均需长期对天文气象现象的观察、顺应和利用，太阳纹和“日”形刻符应是这一活动的真实记录，也可能是由此诞生的太阳崇拜的遗迹。经对长期在此越冬的鹤的观察，人们用鹤的肢骨制成了管乐器骨笛。这一辉煌的艺术成就不仅反映了特定的自然环境和人类的聪明智慧，同时也可能记录了另一种崇拜形式——鸟神崇拜。在我国古代，鸟神崇拜和太阳崇拜经常是联系在一起的，这一联系很可能也滥觞于此。贾湖最有特色的龟甲文化和鸟笛文化，对影响中国数千年并成为中华民族思维方式的象数思维的形成具有奠基性作用。这些都与贾湖周围特定的自然环境有关，都是贾湖人在顺应并利用自然环境的过程中创造的具有贾湖特色的思想文化。

另需指出，尽管“人类文明的开始，就是对自然生态平衡的破坏”[①]，尽管农业是在破坏自然生态平衡的基础上诞生的。但在贾湖人生活时期，这种破坏可能是微不足道的，人类主要是受自然环境的支配和制约。

① 苏秉琦：给《环境考古研究》，第一辑的题词。科学出版社，1991年。

第二章 人类学研究

发掘清理的 349 座墓葬中，部分上层墓骨架保存极差，有的呈粉末状，有的虽成形，但也无法起取和鉴定，有的墓葬被破坏严重，仅存少量肢骨或趾、指骨，也无法进行鉴定研究，个别则因大部伸出探方之外，未及进行清理，因此，骨骼保存较好或部分较好且可进行起取和鉴定的仅 273 座墓的人骨标本。因部分墓葬为多人合葬，可供鉴定的人骨个体有 326 个。这 326 个个体的标本中，有的仅有部分肢骨或颅骨碎片可供鉴定，完整的颅骨只有 2 个。现将鉴定与研究结果报告如下(表一一一)。

第一节 人骨鉴定记录

表一一一 墓葬人骨性别与年龄估计

墓葬号	人骨保存情况及主要特征	性别	年龄
M18	颅骨残片(包括额骨左侧前部，部分顶骨残片和部分枕骨)及下颌残片。颅骨骨壁较厚，颅缝均未闭合，牙齿较大。	男	40～45 岁
M19	颅骨破碎残片，即左右侧额骨的眶上部，1 颗左侧下犬齿(C)，左右侧股骨干(缺股骨头颈部和上髁关节部)，左侧胫骨的中段，另外，还有上肢骨零星残段。从碎骨处观察，眉间肥厚，眉脊达眶上缘的 1/2 处，犬齿磨耗较显著达Ⅳ级。	男	45～50 岁
M20	仅存 3 枚上牙齿，即上颌外侧门齿(I^2)和上颌犬齿(C)。牙齿较小，门齿切缘与犬齿尖略有磨损，但很轻度。	女	青年
M21	颅骨破碎残片，可见有左右颞骨的乳突部，额骨的眉间部及眶部。左侧胫骨的中段，左右两侧肱骨的下 2/3 段，滑车关节面完好。从这些残片骨块看，乳突较粗壮，眉间较肥厚突出，眶上缘较圆钝，肱骨下端粗壮，髋骨(左侧)残存的坐骨大切迹较深而窄。	男	成年
M22	颅骨残片包括左右颞骨的乳突部、额骨的左右眶上缘、顶骨的矢状缝部分，左右髋骨残段(多为坐骨部)，左股骨完整，右侧股骨仅保存骨干中段，两端已破碎，另有下颌残段。从外观看，乳突粗壮，眉脊很显著(达眶上缘中部)，眶上缘圆钝，其内侧为眶上孔，坐骨大切迹窄而深，矢状缝完全闭合消失。	男	50～55 岁
M23	没有颅骨残片，但有 2 根股骨残段(左右)和 3 根胫骨残段，股骨中段很粗壮，股骨嵴呈柱状，一根右侧胫骨也很粗壮，另二根胫骨(左右)均较纤细，骨间嵴不显，还有左右跟骨(跟骨也很粗壮)。根据这种情况，可以认为此墓葬为 2 个个体： 甲：粗壮的左右股骨，右侧粗壮的胫骨和左右跟骨为一个体。 乙：2 根较纤细的胫骨骨干的中段应为一个体。	 男 女	 成年 成年
M24	均为股骨破碎残段和胫骨残段。从一节节很短的骨干残段判断，均为股骨和胫骨，但可见其股骨干和胫骨干均较粗壮，骨脊也较粗壮，可以认为属一男性个体。但因无牙齿等可供估计年龄，故只好认定他为成年。	男	成年

续表———

墓葬号	人骨保存情况及主要特征	性别	年龄
M25	颅骨破碎片，包括额骨的鼻突、眶上缘、顶骨碎片，上颌前部小块残段（附有牙齿）。从颅骨残片看，骨壁较薄，眉脊平滑不显，上颌牙齿较小，磨耗程度呈Ⅱ级，鼻额颌缝呈弧形上突。	女	35～40岁
M26	仅有左侧髋骨一块（完整，很粗壮）。	男	成年
M27	颅骨碎片，主要碎块有额骨的眶上缘、枕骨、左右髋骨残段和一下颌前部残段（不附牙齿）。从外观看，枕外隆凸显著，眶上缘圆钝，坐骨大切迹窄而深，下颌隆凸发达。	男	成年
M28	颅骨碎片，包括左右颞骨的乳突部、枕骨残片，左右股骨和胫骨的残段，腓骨残片以及1个左侧跟骨，从骨骼残片外观看，骨脊不发达，肢骨纤细，乳突中等，枕外隆凸不显。	女	40～45岁
M29	颅骨碎片，包括顶骨残片、额骨的眶上缘、髋骨、左右颞骨的乳突部，还有左右股骨中段骨干和胫骨的中段，肱骨远端关节，尺骨和挠骨碎段。从外观看，眉脊不显，枕突较小，坐骨大切迹较宽较浅，四肢骨均较纤细。	女	50～55岁
M30	颅骨破碎（额骨眶部残片，顶骨碎片等），右髋骨残块，右下颌骨缺下颌枝，附有下P_3-M_1，另有左右股骨和胫骨的残段。颅骨骨壁中等厚，眶上缘略钝，但肢骨很纤细，髋骨也纤细，外表光滑，牙齿磨耗程度为Ⅳ级。	女	50～55岁
M31	部分颅骨碎片，下颌骨，个别牙齿、肱骨、挠骨和尺骨残段、髋骨残块。坐骨大切迹浅而宽。	女	50岁左右
M32	颅骨碎片（多数为顶骨碎片，左侧颞骨的乳突部、左侧额骨眶上缘、枕骨残片）、下颌骨残片，左侧股骨基本完整（缺下端），右侧股骨仅为中段骨干，一根完整右侧肱骨，左右髋骨残段，从残骨的外观看，乳突大，枕外隆凸极为发达，眶上缘圆钝，下颌角区外翻，坐骨大切迹深而窄，股骨脊呈壁状，矢状缝已愈合。	男	40～45岁
M34	颅骨碎片（即枕骨残片、额骨眶上缘残片、髋骨）、肱骨残段。从外观看，眉脊发达，眶上缘圆钝，髋骨粗壮髋结节显著，枕外隆凸显著，下颌角区外翻。从颅骨残段及肢骨残段看，骨质较疏松，骨骼轻。同时肱骨明显弯曲，可能是曾患软骨症。	男	55岁以上
M35	颅骨碎片（枕骨残片、左右颞骨乳突部及顶骨碎片）、下颌骨残片，股骨基本完整（缺下端），髋骨残段，左右跟骨完整，距骨完整，左右髌骨完整，左右肱骨完整。从外观看，乳突大外表粗糙，枕外隆凸显著，坐骨大切迹窄而深，股骨骨干粗壮，股骨嵴呈壁状，胫骨、肱骨的骨干均较粗壮。	男	30～35岁
M37	颅骨碎片（可见有枕骨碎片，左右颞骨的乳突部及一些顶骨碎片），下颌骨残片，髋骨残块，左侧股骨完整，右侧缺股骨头，左右胫骨完整，左侧肱骨、挠骨和尺骨均完整，枢椎和环椎完整。从外观看，枕外隆凸大呈喙状，乳突长而厚，坐骨大切迹窄而深，下颌角区外翻，股骨、胫骨、肱骨等，骨干粗壮，肌脊发达，尺骨鹰嘴粗壮。	男	30～35岁

续表一一一

墓葬号	人骨保存情况及主要特征	性别	年龄
M38	颅骨碎片，可见有额骨鼻突和眶部、左右颞骨乳突部、颧骨残块、下颌骨残片，左右股骨的两端残缺，左胫骨仅保留其骨干中段，右侧胫骨完整，骶骨完整（长而窄），髋骨完好，耻骨联合面完好。从外观看，鼻额颌缝呈上凸形，眉间肥厚，眉脊发达（至眶上缘中部），眉脊后缘有一凹形浅沟，颧骨粗壮（有2个颧面孔），颞嵴显著，坐骨大切迹窄而深，耻骨联合面横纹清晰，边缘唇明显，下颌角区外翻。	男	30～35岁
M39	颅骨碎片，可见有枕骨及顶骨碎片、额骨左侧眶上缘，髋骨残块，骶骨基本完整，左股骨完整，右股骨下端破损，另有右侧肱骨下端一段。从外观看，眶上缘较圆纯，枕外隆凸显著，骶骨窄而较直（6节），坐骨大切迹深而窄，下颌角区外翻，右肱骨鹰嘴窝穿孔。	男	40～50岁
M40	颅骨碎片，可见有颞骨的乳突部（颞鳞已破损）、额骨眶部残片，髋骨残块，肱骨的右侧完整，左侧为下端，桡、尺骨零星残段，下颌骨残片。从形态上看，乳突粗壮，眉脊显著，眉间肥厚，下颌角外翻，坐骨大切迹窄而深，肱骨三角肌粗隆极显著。	男	50～55岁
M42	颅骨碎片，可见有额骨眶部残段、额骨鼻突部、左右颞骨乳突部的残片、颧骨残块、下颌角残片，右侧股骨完整，左侧股骨缺远端关节面，左右胫骨的骨干中段，右侧肱骨完整，左侧仅保存骨干中段。从外观看，乳突粗壮，眶上缘圆钝，颧骨结节显著，下颌角外翻，眉脊发达（至眶上缘中部）。另外，可以看到鼻额颌缝呈“凸”形，左右颧面孔为单孔。	男	50～55岁
M43	破残的下颌和牙齿，牙齿小。	女	40岁左右
M44	少量颅骨碎片（枕骨残片和顶骨碎片），下颌骨残段，右侧股骨近端残段，左右髋骨残块。从外观看，枕外隆凸显著，下颌角外翻，坐骨大切迹深而窄，股骨粗壮，脊显著。	男	40～45岁
M45	无颅骨碎片，仅有下颌残片（下颌骨前部）和破碎的2段股骨中段。从外观看，颏隆凸明显，但股骨干纤细。	女	30～35岁
M46	保存的骨骼仅为颞骨的乳突部（颞鳞破损）、右眶上缘以及零碎的股骨、胫骨和肱骨、尺骨等残段。从外观看，四肢骨残段骨干纤细，乳突很小，眶上缘锐利。	女	30～35岁
M47	几块破下颌片，牙齿几乎无磨损，M_1、M_2已萌出，P_3也萌出，P_4正萌出。	?	13岁左右
M48	破碎颅骨片，可见颞骨乳突部和枕骨，另有一些顶骨碎片，无四肢骨保存。从外观看，乳突中等，枕外隆凸显著，颅骨骨壁较厚。	男	成年
M49	无颅骨残留，只见左右股骨残段（中段）及尺骨挠骨碎段。股骨中段骨干粗壮，肌脊呈壁状，股骨中段明显前凸而弯曲。	男	成年
M50	无颅骨碎片保存，唯见一堆股骨碎段。从左股骨上段外表看，臀肌粗隆很发达，中段骨干很粗壮。	男	成年
M52	小孩个体遗骸。保存有分离的髂骨、坐骨和耻骨，以及股骨、胫骨、肱骨及尺骨，还有附着乳齿m^1、m^2的上颌骨和下颌骨残段。很明显，髂骨、坐骨和耻骨全未骨化成髋骨而分离，全部四肢骨两端的骨骺全未愈合而脱落。从牙齿萌发顺序看，下颌两侧第一恒臼齿（M_1）已萌出之外，其余均为乳齿（如m^1、m^2，或m_1、m_2等）。	?	10岁左右

续表一一一

墓葬号	人骨保存情况及主要特征	性别	年龄
M53	破碎肢骨若干段(股骨和胫骨中段),髋骨残段,下颌骨残段(下颌体部附有牙齿)。坐骨大切迹宽且浅,下颌牙齿较小。	女	45~50岁
M54	颅骨碎片,可见一块枕骨残片,其余为顶骨、额骨小碎片,还可见股骨、胫骨残段,左侧肱骨上端。从外观看,下颌角区较直,枕外隆凸不显著,肱骨头小,四肢骨干较明显纤细,颅骨壁较薄。	女	20~25岁
M55	保存左右胫骨残段。从形态看,骨干纤细,髌骨粗隆不显著,骨间脊发育较弱。	女	成年
M56	破碎不堪的四肢骨和一块右侧髌骨。从股骨中段残片看,股骨嵴显著,骨干粗壮,髌骨较大而厚。	男	成年
M57	颅骨碎片有额骨前部、左右颞骨的乳突部、枕骨残片及顶骨碎片,髋骨残段,左右股骨的上段,左右肱骨残段,下颌骨残段,还有其它肢骨的碎段。从外观看,坐骨大切迹宽且浅,枕外隆凸不显著,眶上缘较锐利,眉脊稍显,股骨、肱骨的骨干均较纤细,左右肱骨的鹰嘴窝均穿孔,下颌角区稍外翻,下颌体低。	女	45~50岁
M58	枕骨碎片,左右颞骨的乳突部,额骨的眶部,右股骨残段、左侧胫骨和髌骨,髋骨残段。从外观看,枕外隆凸不显,眶上缘较锐利,乳突中等,坐骨大切迹浅而宽,肢骨纤细,有鹰嘴孔。	女	35~40岁
M59	破碎颅骨片,包括颞骨乳突部、枕骨项平面、下颌骨残片,左右股骨残段,左右髋骨残段,以及极为破碎的碎骨渣。从外观看,乳突小而薄,坐骨大切迹宽而浅,下颌角区不外翻,牙齿小,肢骨纤细,外表光滑。	女	30~35岁
M60	颅骨碎片,包括左右颞骨乳突部及顶骨等碎片、下颌骨残片,右侧股骨残段以及尺骨、挠骨残段。从外观看,乳突大而粗壮,颅骨骨壁厚,下颌体较高,股骨干粗壮,股骨脊呈壁状。	男	40~45岁
M61	颅骨碎片,包括额骨的眶部、颞骨的乳突部、枕骨的残片、下颌骨残片,左右股骨残段。从外观看,眉间肥厚,眶上缘锐利,枕外隆凸右侧明显可见上项线与最上项线异常发达,乳突粗壮,下颌较宽,股骨干粗壮,骨脊发达。	男	25~30岁
M62	枕骨残片及若干顶骨碎片,髋骨残片,左右股骨和胫骨残段。从外观看,枕骨光滑,枕外隆凸不显,坐骨大切迹浅且宽,股骨头小,股骨脊显著弱。	女	20~25岁
M64	颅骨十分破碎,可见颞骨乳突部、枕骨残片,左侧肱骨上段以及下颌骨残段。从外观看,枕外隆凸处平滑、不显,乳突甚小而薄,下颌体较低矮。	女	30~35岁
M65	颅骨碎片若干,额骨较完整,从两侧额结节联线中间有一条稍隆起的矢状嵴,延伸至前囟点前沿消失,枕骨残片一段,髋骨残段,左右股骨碎段。从外观看,乳突粗壮,枕外隆凸极为发达,呈喙突状,眶上缘圆钝,下颌角外翻,股骨干粗壮,股骨嵴发达呈壁柱状,坐骨大切迹窄而深。	男	50~55岁

续表———

墓葬号	人骨保存情况及主要特征	性别	年龄
M66	颅骨碎片若干，包括枕骨残片、左右颞骨乳突部残段、额骨前部残段，右侧锁骨完整，左右股骨、胫骨残段（骨干中段），右侧肱骨完整，左侧为肱骨干。从外观看，枕外隆凸发达，乳突粗壮，眉脊中等显著，股骨残段缺远端，骨干粗壮，股骨嵴呈壁状，两额结节联线中央有一矢状嵴，肱骨多一根右侧段、明显属于混进的多余骨骼，可能不是合葬墓，下颌角区外翻。	男	35～40岁
M67	均为破碎四肢骨残段，即股骨骨干和胫骨骨干，下颌骨残段等。可以看到，股骨头及大转子骨骺和胫骨上端关节面骨骺均因未愈合而脱落，但下颌恒犬齿及臼齿（M_1，M_2）均已萌出，肢骨骨干粗壮。	男	14～16岁
M68	颅骨碎片，包括1块枕骨残片、左右颞骨乳突部残块、额骨眶部残片、下颌骨残片。从外观看，枕外隆凸平滑不显粗糙，乳突发达中等，眉脊不显。	女	50～55岁
M69	只有腐蚀很深的下颌碎片，下颌联合部粗壮，下颌体厚度中等。	女	50岁以上
M71	枕骨枕外隆凸不显，眶上缘尖锐，乳突小，下颌角外翻。	女	20岁左右
M72	颅骨十分破碎，可见颞骨乳突部残段，枕骨中部残块，以及一段右侧肱骨下端滑车关节部。从形态看，乳突很小，枕外隆凸不显，项平面光滑，头骨骨壁较薄。	女	成年
M73	颅骨破碎片，包括枕骨残片、额骨眶部残片，髋骨残片，左右股骨不全，缺下端，左右胫骨仅存中段骨干，肱骨残段。从外观看，枕外隆凸中等显著，眶上缘锐利，坐骨大切迹深而窄，肱骨三角肌粗隆发达。	男	30～35岁
M74	枕骨1个，右顶骨后半部，左右股骨的上半段，左右胫骨的中段，左右髋骨残块，骶骨底残块1个，左右肱骨的下半段，其左侧的鹰嘴窝穿孔。从外观看，枕外隆凸极显著，坐骨大切迹深而窄，髋臼很大，股骨、胫骨骨干粗壮，下颌体厚。	男	45～50岁
M75	枕骨残块1个，左右股骨中段骨干，左侧肱骨的下段，以及一些颅骨碎渣。从外观看，枕外隆凸不显，下颌角区直而不外翻，股骨骨干纤细，股骨嵴发育弱，肱骨的鹰嘴窝穿孔。	女	20～25岁
M76	这是一座迁葬墓。所有骨骼被混杂一起，个体之间分不清楚。但是，我们根据残存的颅骨碎片的主要部位（如额骨眶部、颞骨的乳突部、枕骨或者上颌骨和下颌骨）以及四肢骨残段来判断，这一墓葬至少有如下5个个体。 甲：以一块由额骨鼻突、鼻骨和上颌骨鼻突愈合一起的骨段为代表，附有左右颞骨，枕骨的枕外隆凸显著，眉间中等肥厚，眶上缘圆钝，并附一块上颌残片。 乙：以一块额骨鼻突附有两侧眶上缘的骨块为代表，另外，存一块乳突发达的颞骨乳突部。眶上缘很圆钝，乳突大。 丙：主要以左侧眉间至眶上缘外侧的残段骨块为代表。眉间较肥厚，眶上缘钝圆。 丁：以一块眉间破损但两侧眶上缘完好的额骨前部残片为代表，可见到其眶上缘很圆钝（厚）。 戊：主要以单独一块颞骨及其所附颧突为代表。乳突特大，颧突粗壮。 除以这些主要部位区分个体之外，由于其它肢骨的发育均比较粗壮，例如所有颞骨的乳突部很显著（大），髋骨残断的坐骨大切迹都为窄而深，主要的四肢骨（股骨、胫骨、肱骨）的骨干均很粗壮、肌脊显著，可以认为均为男性，年龄的估计主要根据颅缝及所附牙齿。	男 男 男 男 男	45～50岁 30～35岁 35～40岁 30～35岁 20～25岁

续表一一一

墓葬号	人骨保存情况及主要特征	性别	年龄
M78	颅骨碎片，包括枕骨碎片、颞骨的乳突部，左右髋骨的残段，左侧股骨中段，完整的左侧胫骨，另有一块破碎骶骨。从外观看，枕外隆凸显著，坐骨大切迹窄而深，乳突较大，股骨、胫骨骨干粗壮。	男	成年
M79	保存3个额骨的前部，1块上颌骨残段，1枚上M²(磨耗程度Ⅲ级)以及颅骨碎片，1段股骨。股骨大转子下方曾经骨折现已愈合。根据判断可能包括3个个体。 甲：以一块附有鼻骨残片的额骨为代表。其眉间肥厚，两侧眉脊显著，眶上缘圆钝，骨折的股骨较粗壮。 乙：以左右颞骨的乳突部和一个额骨为代表。左右乳突甚小，外表光滑，眉间平，眶上缘锐利。 丙：以枕骨、额骨为代表，参照附有上第二臼齿(M²)的上颌残片。眶上缘锐利，眉间平，枕外隆凸小，M² 牙冠磨耗呈Ⅲ级。	 男 女 女	 成年 成年 35～40岁
M80	颅骨破碎，其中上颌残段2个，枕骨残段4个，1个右侧髋骨残段，1个右侧颞骨的乳突部，2个下颌残段，还有一些四肢骨(股骨、胫骨)残段。依枕骨来判断应该有4个个体。 甲：枕外隆凸显著，右侧乳突大。 乙：枕骨枕外粗隆显著，下颌残片附有牙齿，磨耗程度为Ⅳ级。 丙：枕骨枕外隆凸显著，髋骨的坐骨大切迹深而窄。 丁：枕骨和股骨、胫骨残段。枕外隆凸不显，平滑，股骨和胫骨骨干纤细。	 男 男 男 女	 25～30岁 50～55岁 成年 成年
M81	上肢骨残段8节，无论是肱骨或者尺骨、挠骨，其两端骨骺均未愈而脱落。	小孩	14～16岁
M82	存有左右股骨残段及胫骨残段。从残存骨干看均粗壮，肌脊显著。	男	成年
M83	颅骨碎片，其中有2个枕骨残片(均为枕外隆凸部)和颞骨的乳突部，还有髋骨和胫骨残段。可以肯定有2个个体。 甲：枕骨枕外隆凸显著，乳突大，眶上缘厚，坐骨大切迹窄而深，下颌体较高。 乙：枕骨枕外隆凸处光滑，无隆凸。	 男 女	 30岁左右 成年
M85	仅见髋骨残段、左右股骨骨干(缺两端)、左右肱骨中段。坐骨大切迹窄而深，股骨干粗壮，股骨脊发达呈壁柱状。	男	成年
M86	保存有左右肱骨干残段，左右股骨残段和一些上肢骨残段。骨干粗壮，肌脊显著。	男	成年
M88	额骨1块(缺左眶上三角)，左右髋骨残块，左右股骨及左右肱骨残段。从外观看，眉间平，眶上缘锐利，下颌高度中等，坐骨大切迹浅而宽，股骨和肱骨较纤细。	女	20岁左右
M89	颅骨破碎，枕骨残片1块，颞骨乳突部残块，上颌齿槽骨残段，左右肱骨下端。枕外隆凸平，乳突小，肱骨骨干纤细。	女	40～45岁
M90	颅骨碎片，包括额骨顶骨残片、枕骨碎片、颞骨乳突部、下颌残段，左右股骨残段，左右胫骨残段。乳突大，枕外隆凸显著，下颌角区外翻，冠状缝和矢状愈均已愈合。	男	40～45岁
M93	颅骨碎片，额骨前部残片，上颌骨残段，下颌骨残片，左右胫骨(左完整)股骨残段。眉脊明显，眶上缘圆钝，下颌角区外翻，上颌中央门齿(I^1)磨耗程度呈Ⅳ级。	男	45～50岁
M94	颅骨碎片，可见有左右颞骨乳突部枕骨残片、顶骨残片和下颌骨残段，枕外隆凸极显著(呈丘状)，眉脊发达至眶上缘中部，眶上缘圆钝下颌角外翻。髋骨残片(左侧)，坐骨大切迹深而窄，左右肱骨完整，骨干粗壮，三角粗隆显著。	男	45～50岁
M97	左尺骨头一段，左股骨残段。骨干粗壮，股骨脊发达。	男	成年

续表一一一

墓葬号	人骨保存情况及主要特征	性别	年龄
M98	左右股骨、胫骨的破碎段，腓骨下段，左右跟骨，髋臼1个，还有一些碎肢骨片。髋臼很大，股、胫骨骨干粗壮，肌脊发达。	男	成年
M99	小孩个体，一段股骨残段，左右胫骨上段关节面，骨骺未愈合而脱落。	?	13～15岁
M100	颅骨破碎，可见1个枕骨，其余都是顶骨、额骨的碎片，左侧股骨完整。枕外隆凸显著，股骨头大，股骨嵴粗壮呈壁柱形。	男	成年
M101	右侧股骨残段及若干段四肢骨的渣片。但股骨干纤细光滑，股骨嵴不发达，可能为女性。	女	成年
M102	颅骨极为破碎，几乎成渣，没有典型部位的骨片。左右股骨残段较粗壮，股骨嵴很显著。	男	成年
M104	颅骨残片，包括左右颞骨乳突部、枕骨、顶骨残片，上齿槽骨前部附有右上 I^1-P^3，还有股骨和胫骨残片。两侧乳突粗厚，枕外隆凸中等显著，股骨臀肌粗隆异常发达，股骨嵴异常发达，分为两嵴，骨干粗壮，上 I^1-P^3 的牙冠已磨去一半，髓腔暴露，矢状缝已闭合消失。	男	60岁以上
M105	颅骨碎片，包括左右颞骨乳突部及顶骨额残片，左右上肢。乳突很粗壮，颅骨较厚，肱骨下端骨干粗壮，滑车关节很发达。	男	青年
M106	颅骨碎片一堆，从断片的厚薄判断有2个个体。同时股骨、胫骨和肱骨的残段均为四根，也可判断有2个个体。 甲：从一残段额骨上看，眶上缘锐利。其髋骨的坐骨大切迹宽而浅，上颌残段内有齿根，四肢骨干较纤细，有滑车小孔。 乙：有一块坐骨大切迹明显深而窄，还有另一套股骨、胫骨的骨干较粗壮。	女 男	35～40岁 40～45岁
M107	颅骨碎片若干块，枕骨残片，顶骨片，上颌齿槽前部，梨状孔下半保存，附有牙齿，髋骨残片，左右股骨残段，胫骨和肱骨残段。颅骨骨壁薄，枕外隆凸平滑，梨状孔心型，下缘鼻前窝形，坐骨大切迹宽而浅，骨干较纤细，臼齿磨耗为Ⅳ级轻。	女	40～45岁
M108	颅骨碎片，包括左右颞骨残块、额骨鼻尖和眶部，左右髋骨残块，左股骨完整，其他肢骨为残段。乳突小，额部较直立，眉间不凸，眉脊不显，但眶下孔大，眶下窝大，梨状孔为心型，下缘为鼻前窝型，坐骨大切迹宽而浅，耳前沟显著，右侧 $P^3—P^4$ 因龋齿而脱落，齿槽稍有萎缩。	女	40～45岁
M109甲	颅骨破碎，有颞骨乳突(左右)、枕骨残块、顶额骨碎片，左右髋骨残片，左右股骨残段，左侧肱骨下端。可见到枕外隆凸显著，左右乳突长而粗厚，坐骨大切迹窄而浅，股骨嵴发达，肱骨下端出现滑车小孔，颅骨矢状缝，冠状缝和人字缝已愈合。	男	老年
M109乙	颅骨破碎，保存有枕骨残片、左右乳突部和额骨眶部，锁骨1根，胫骨残段。眶上缘税利，乳突小，枕外隆凸平滑，锁骨细，胫骨干纤细，骨间嵴弱。	女	成年
M110	颅骨碎片，包括部分额骨和顶骨，左右髋骨残段，左右完整股骨，左右胫骨残段，右肱骨完整，左侧肱骨残段。坐骨大切迹窄而深，股骨臀肌粗隆发达，股骨嵴发达，矢状缝和冠状缝均已闭合消失。	男	60岁以上
M111	左右股骨完整，左右胫骨基本完整，坐骨大切迹残部，骶骨完整，无颅骨碎片。坐骨大切迹中等的宽窄，但骶骨窄而长并且较直，四肢骨粗壮。	男	成年

续表一一一

墓葬号	人骨保存情况及主要特征	性别	年龄
M112	4个个体混合一起，根据颅骨碎片的主要部位如枕骨的枕外隆凸，颞骨乳突部、顶骨、额骨的碎片厚薄不同程度以及股骨、胫骨残段骨干的粗壮程度判断，可分为2男2女4个个体。	2男 2女	成年 成年
M113	颅骨碎片，包括左右颞骨乳突部、枕骨残段以及上颌前部附上门齿和梨状孔下缘，股骨和胫骨残段。乳突小而薄，枕外隆凸不显，四肢骨干纤细，上门齿已磨尽牙冠，髓腔暴露，梨状下缘为前窝型。	女	老年 （60岁以上）
M114	可见颅骨碎片有额骨眶上缘、枕外隆突、顶骨碎片等，还有左右股骨残段。眶上缘圆钝，枕外隆凸显著，股骨干粗壮，肌嵴显著。	男	成年
M115	1根右侧肱骨下端，左右股骨、胫骨。可以看到股骨嵴发育弱，骨干较纤细	女	青年
M118	小孩骨架，颅骨碎片，其中有颞骨乳突部、眶上缘，左侧股骨残段，左右肱骨残段。股骨和肱骨远端的骨骺未愈合，全部脱落。	小孩	14岁～16岁
M119	小孩骨架，颅骨碎片，其中有1块较完整颧骨，很小，1块髋骨未愈分离的髂骨，坐骨。颅骨很薄。	小孩	8～10岁
M120	左右颞骨残块，额骨鼻突和眶部，颧骨，左右肱骨下端和股骨干残段。眶上缘锐利，其内侧为切迹型，乳突较小，颧骨稍大，但股骨干较纤细，左右肱骨有滑车小孔。	女	成年
M121	额骨鼻突及眶部，枕骨残块，下颌骨残片和上颌骨碎块（均附牙齿），髋骨残块，左右股骨较完整，左右胫骨，肱骨残段。眉脊发育中等，枕外隆凸显著，坐骨大切迹窄而深，股骨干粗壮，鼻额颌缝呈弧形。	男	25～30岁
M122	右侧颧骨及少量破碎肢骨，无关键部的骨骼，故性别难定。	?	成年
M123	额骨鼻突及眶部，枕骨残段，左右顶骨，颞骨的乳突部，左右髋骨残片。枕外隆凸光滑，眉脊不显，顶结节很显著，眶上缘锐利，乳突小，坐骨大切迹宽且浅，顶孔左右单孔，左右肱骨，股骨残段，其骨干均纤细，下颌角外翻。	女	30岁左右
M124	右侧颞骨乳突部及部分其它颅碎片，乳突小，颧骨突细。右侧胫骨干一段及桡骨下段，骨干均较细。1枚上前臼齿，基本无磨耗。	女	20岁左右
M125	颅骨破片，包括左右颞骨残块、枕骨残段、下颌角残块，左右股骨、胫骨和肱骨残段。外观可见乳突略大，枕外隆凸显著，下颌角区外翻，四肢骨骨干粗，肌脊显著，颅碎片骨壁厚。	男	40～45岁
M126	左右股骨残段，股骨嵴发达，胫骨粗壮，桡骨尺骨残段。4块破碎腰椎，下颌残片，颏隆凸发达。	男	成年
M127	破碎颅骨包括枕骨残段、左右颞骨碎块、额骨眶部碎块，髌骨2个，右锁骨，左右股骨完整，胫骨和肱骨残段。枕外隆凸明显，乳突粗厚，眉脊发达至眶上缘中部，下颌骨粗壮。	男	40～45岁
M128	头骨碎片，保留有右侧颞骨碎片、上颌残段、外侧上门齿一枚，左股骨上半段。从外观看，乳突显著，股骨脊明显，外侧上门齿粗壮。	男	25～30岁
M129	左右股骨的下半段，右胫骨上端关节段和下端关节段。从股骨下半段看，骨干粗壮，股骨嵴显著，内上髁和外上髁关节大。胫骨上端关节大，髌骨粗隆极发达。	男	成年

墓葬号	人骨保存情况及主要特征	性别	年龄
M130	右侧股骨远端关节段,右左腓骨远端关节,粗壮。	男	成年
M131	左右股骨残段,左侧胫骨外侧面上端与腓骨头骨化,下端与腓骨骨化,但腓骨干已全部折损。胫骨干很粗壮,骨间嵴极为显著。	男	成年
M132	左右股骨上段,髋骨残段,左右肱骨。坐骨大切迹宽而稍浅,左右肱骨下端均有滑车小孔,股骨干纤细。	女	成年
M205	顶骨碎片和额骨碎片,左右股骨残段(均断为2节)。颅骨壁厚,骨干粗壮。1根锁骨残段,很粗壮,喙突粗隆特别发达。	男	壮年
M206	颅骨碎片,可见乳突残段、枕骨残片,髋骨残段和左右股骨、胫骨残段。从外观看乳突粗壮,枕外隆凸显著,坐骨大切迹窄而深,左右股骨、胫骨干均较粗壮。	男	50~55岁
M207	头骨碎片,其中一块较大的为枕骨,左侧肱骨滑车关节段,左侧锁骨肩峰端。从外观看,头骨片厚,枕外隆凸极显著,锁骨肩峰端粗壮。	男	老年
M208	颅骨碎片,包括颞骨残片、额骨的眶部残段,左右肱骨残段,尺骨残段,下颌骨残片。乳突发育中等,眉间肥厚突出,眉脊发育中等,眶上缘厚,下颌角外翻。	男	45~50岁
M209	颅骨碎片有颞骨乳突部、枕骨残片、额骨眶上缘及顶、额骨一些零星碎片。从外观看,乳突小而薄,枕外隆凸不显,枕骨外表光滑,眶上缘略薄,眉脊不显。	女	40~50
M210	破碎不堪四肢骨残段,可认的有股骨的头颈段,胫骨干中段及髌骨1块。	男	成年
M211	颅骨碎片一堆,可见有乳突部、额骨眶上缘、一块上颌齿槽突的前部、附一枚外侧门齿,下颌骨残片。乳突小,眶上缘锐利,眉脊稍显,下颌区较直不外翻,头骨片明显较薄,骨骼轻,门齿磨耗重。	女	老年
M213	颅骨极为破碎,很难找到关键部位。据几块破碎下颌骨和几枚臼齿,定为20岁左右青年,性别可能是女性。	女	20岁左右
M214	颅骨片很破碎,可见有左右乳突部残块,左右股骨和胫骨残段,右侧肱骨远端,枕骨残段。乳突大而厚,枕外隆凸显著,并有向两侧延伸趋势,下颌骨残段粗壮,股骨嵴发达。	男	45~50岁
M215	颅骨极为破碎,仅见骨壁较厚,别无他骨参照。	?	成年
M216	颅骨碎片,可见左侧额骨眶上缘厚,眉脊发达,眶上缘内侧为切迹型,但乳突不大。股骨嵴极发达,呈壁柱状。	男	成年
M218	颅骨碎片,其中可见乳突甚小而弱,枕外隆凸不显,右侧锁骨纤细,颅骨壁薄,颅缝清晰。下颌角区内翻。	女	25~30岁
M219	颅骨碎片呈粉沫状,看不出主要借鉴部位。从股骨残段看骨干纤细,肱骨干也较纤细,下端关节不粗壮,一髋骨的坐骨大切迹残段较浅且较宽。	女	成年
M220	颅骨碎片,可见有左右乳突部,乳突粗壮;左右额骨眶部眉脊显著,眶上缘厚;枕骨的枕外隆凸发育中等。股骨残段粗壮,肌脊极发达,左右胫骨远端胫腓关节面处有显著的骨质增生。颅缝愈合但未闭合。	男	35~40岁
M222	颅骨碎片,其中可见左右颞骨乳突部,乳突粗;枕骨的枕外隆凸发达,额骨眶上缘较锐利;顶骨较厚,顶孔单孔;颧骨残片粗壮,颧面孔为双孔。下颌颏隆凸发达,体厚。	男	45~50岁

续表一一一

墓葬号	人骨保存情况及主要特征	性别	年龄
M223	颅骨碎片,可见其额骨眶上缘锐利,眉脊较弱;枕骨残块的枕外隆凸不显;乳突弱小。下颌角区直。颅骨片较薄。	女	40～45 岁
M224	右侧颞骨乳突部,乳突粗大;额骨眶部可见眉脊显著,眶上缘厚钝;髋骨的坐骨大切迹窄而深。左右股骨上段,其股骨头很大骨干粗壮。下颌角区外翻。	男	老年
M226	破碎颅骨片,可见有左颞骨乳突部,乳突大;左侧额骨的眶部,眉脊显著,眶上缘圆钝,两侧为眶上孔。矢状缝、冠状缝已闭合消失。	男	老年
M227	颅骨十分破碎,但可见其骨壁硕厚,还有些四肢骨残段,骨干粗壮。	男	成年
M230	颅骨破碎残片,其中有一块可辨认的枕骨,其枕外隆凸发育显著,一小段右下颌骨前部,牙冠已磨去,髓腔暴露。	男	老年
M231	颅骨碎片一堆,可辨认出有颞骨乳突部,乳突甚小;枕骨 1 段,枕外隆凸不显;右侧股骨完整,头不大,臂肌粗隆不显著,肌脊发达,干纤细;髋骨残段,坐骨大切迹不宽而浅,耳前沟明显。右侧肱骨鹰嘴呈滑车小孔。	女	25～30 岁
M232	枕骨 1 块,枕外隆凸极显著,呈屋缘状;颞骨乳突部、乳突粗壮。左髋骨残段,其坐骨大切迹深而窄;颧骨粗壮,颧结节发达,颧面孔为多颧面孔;左右股骨、肱骨、胫骨均完整。颅骨壁厚,四肢干粗。一枚上第 2 臼齿(M^2),咬合面牙尖磨平,但质点未露。	男	20～25 岁
M233	左右髋骨残块及股骨残段,从髋骨看,坐骨大切迹深而窄,股骨嵴发达,骨干粗壮。	男	成年
M235	颅骨碎片,可见枕骨残块,枕外隆凸很小;额骨眶部的眶上缘锐利。残断四肢骨的骨干较纤细,骺端均闭合。顶骨的碎骨片较薄。	女	成年
M236	颅骨碎片,但不见有性别意义的部位或骨块,只见其骨壁较硕厚。下颌骨前部保存,牙冠均折损,只剩牙根,下颌颏部粗壮,厚而高。股骨中段一节,骨干较粗,肌脊发达。	男	成年
M237	左右肱骨的下半段(除肱骨头、大转子断去外)和左右尺骨的大部分(除鹰嘴冠突之外)均保存。从肱骨看,三角肌粗隆极发达,骨干粗(干中部横经 28.0mm,矢径 25.0mm)。尺骨骨间嵴发达。	男	成年
M239	破碎颅骨片,可见枕骨残块,枕外隆凸中等显著;颞骨乳突部残块,乳突发达中等;从顶骨、额骨和枕骨的碎片看,骨壁均较厚,顶孔左右颅缝可见已愈合,但未全部消失。	男	35～40 岁
M240	保留的全是四肢骨残段,左右肢骨和胫骨残段,骨干均较细,股骨嵴极不发达。左坐骨大切迹残片,切迹宽而浅。	女	成年
M241	颅骨碎片若干,主要有枕骨残片,枕外隆凸显著,其它颅骨残片均骨壁厚硕。上颌齿槽突残段较高,牙齿全部断去,可见齿槽桅。另有股骨和胫骨残段,骨干均粗壮。下颌体较高。	男	30～35 岁
M242	可见颅骨碎片有左右颞骨乳突部残块;乳突较大;额骨的眶部,眉脊稍显,但眶上缘钝厚。左右股骨干粗壮,股骨嵴很显著,呈柱状;肱骨下端滑车关节宽而粗壮;上颌残段附有牙根,齿槽已萎缩。	男	中年

续表——

墓葬号	人骨保存情况及主要特征	性别	年龄
M243	颅骨碎片，其中额骨较完好，额结节发达，眉脊不显，眶上缘锐利；左右颞骨乳突部，乳突极小。左侧锁骨完整，骨干纤细。右侧肱骨完整，纤细。左下颌枝残段；左右髋骨残段，坐骨大切迹宽而浅；股骨残段，干纤细，股骨嵴不显。另有胸椎、腰椎若干个。	女	30～35 岁
M244	1 根完整右锁骨。干粗壮；右胫骨（缺上端关节面）和左腓骨下段，骨干均粗壮。	男	成年
M245	可见的颅骨碎片有左侧颞骨乳突部，乳突粗壮；上颌前部齿槽，附有上门齿，磨耗程度重（Ⅲ级）。髋骨残块，坐骨大切迹窄且深；左右股骨不全（缺两端关节），干粗壮，臀肌粗隆粗壮呈结节状，股骨嵴呈壁柱状，右侧髌骨异常大（可能是一种骨肥厚病），左侧正常大小，髌骨下端生长显著的骨刺，可能是肌腱骨化所致。下颌咬肌粗隆发达。	男	中年
M246	颅骨碎片有额骨的眶上缘部，可见其眉脊不显，眶上缘锐利；左右颞骨残段一，乳突小，外表光滑。髋骨的坐骨大切迹中等宽较浅，耳前沟极显。左右锁骨完整，纤细。股骨和胫骨残段，骨干细，肌脊弱。颅骨壁较薄，颅缝均未愈合。	女	壮年
M247	为四肢骨残段。左右股骨和胫骨残段，股骨头小，干纤细。髋骨残段，坐骨大切迹宽而浅，耳状沟显著。右侧胫骨上关节面严重融蚀，表面生长新骨片，曾患毁坏性膝关节病。所见颅碎片骨缝清晰未愈合。	女	青年
M248	颅骨碎片可见有额骨的眶上部，眶上缘圆钝，眉间部隆起明显，眶上缘内侧均为眶上孔型；颞骨乳突部粗壮，乳突大。左右髋骨残片中，可见其坐骨大切迹窄而深，右左股骨、胫骨残段及肱骨、尺骨残段，骨干均较粗壮。一块右侧髌骨，大小中等。左右颧骨粗壮，骨壁厚。	男	中年
M249	小孩骨架，枕骨完好，隆凸不显；颞骨乳突部的乳突特小；额骨残片薄，眶上缘锐利。所有四肢的两端骨骺均未骨化致使各关节面与骨干脱落，盆骨的三块骨（髂骨、坐骨和耻骨）未骨化成一体，而是分离散开。	女	13～15 岁
M250	破碎颅骨片，可见有枕骨，枕外隆凸不显，光滑；颞骨乳突不大。左锁骨 1 根，干较细；下颌体残段一节，牙冠已全部破坏，所剩牙根附于齿槽内。颅骨碎片的骨壁均较薄而轻。	女	老年
M251	颅骨碎片可见有枕骨，枕外隆凸显著；颞骨乳突部残段，乳突粗壮。左右髋骨残段，坐骨大切迹窄而深。左右股骨残段，右肱骨断成三节，鹰嘴窝出现滑车小孔。右上颌骨残段，附有 M^2，磨耗级别为Ⅱ级。	男	30～35 岁
M252	右股骨残段 3 节，骨干粗壮；左侧胫骨中段，左右肱骨的远端，髋骨残段，坐骨大切迹窄而深。	男	成年
M253	这座墓葬保存有 2 根左侧股骨，1 根右侧股骨和 2 个枕骨，明显属 2 个个体。但是，其它颅骨残块或四肢骨均为一个个体。从外观上看 3 根股骨和 2 个枕骨，粗壮程度相似，枕外隆凸发育相似均较显著。 甲：颞部的乳突大而粗糙，额骨眶上缘圆钝，髋骨的坐骨大切迹窄而深，其余四肢骨均较粗壮。一块上颌骨残段，牙齿全部脱落，保留的一枚上犬齿，磨耗为Ⅳ级。 乙：一根左侧股骨和另一个枕骨代表的个体，性别年龄基本上与甲相似。	男 男	45～50 岁 45～50 岁

续表———

墓葬号	人骨保存情况及主要特征	性别	年龄
M254	保存的颅骨碎片有左右颞骨乳突部，乳突大；额部眶部残块，眉间较凸，后部上方凹陷，眉脊显著。左右髋骨残段，坐骨大切迹窄而深。上颌骨完好，牙齿几乎全部折断，从仅存右 P^3 看，磨耗为Ⅳ级；在右上 M^1 处齿槽融蚀凹陷，明显由齿槽脓肿所致。	男	50～55 岁
M256	颅骨碎片，其中有颞骨乳突部残块，乳突大；枕骨残块，枕外隆凸稍显。股骨残段中，股骨头粗大，臀肌粗隆极为显著；肱骨远端关节面（滑车关节）粗壮。一枚犬齿，牙冠磨耗为Ⅱ级。	男	40～45 岁
M257	颅骨碎片，可见有左右颞骨乳突部残片，乳突小且外表光滑；额骨的鼻突和眶上部分，可见其眉间弱，眉脊平。左右髋骨的坐骨大切迹浅而宽。四肢骨残段，骨干纤细，股骨头和肱骨头均较小。左一块上颌残段，牙齿断折。	女	中年
M258	仅保存左右胫骨残段和右侧髋骨残片。可见坐骨大切迹窄而深，胫骨较粗壮，肌脊发达。	男	成年
M259	四肢骨残段。其中有左右髋骨残片，坐骨大切迹窄且深；腰椎低（可能病态），骨骺未愈合。	男	18 岁以下
M261	颅骨碎片，其中有枕骨，枕外隆凸长而厚硕；额骨眶缘，眉脊很显著；颞骨乳突粗壮；眶上缘肥厚；上颌骨牙冠断裂，梨状孔下缘为鼻前窝型。	男	壮年
M263	颅骨碎片，其中有额骨，前部完好，左右眉脊显著，眶上缘肥厚，两侧内侧均为眶上切迹型；额骨鼻突的鼻额颌缝呈弧形；颞骨残块的乳突大。髋骨的坐骨大切迹窄而深。左右股骨、胫骨、肱骨的骨干，均较粗壮。	2 男	成年
M264	颅骨碎片中有枕骨残块 1 个，枕外隆凸显著；左右颞骨残块，乳突大。髋骨完好，坐骨大切迹窄而深。左右股骨上段完好，股骨头大，干粗；左右胫骨完整，骨间嵴发达。眉弓中等，眶上缘中等圆钝，下颌角外翻。	男	中年
M265	髋骨残段，坐骨大切迹宽而浅，耳状沟显著。左右胫骨完整，骨间嵴弱；股骨残段，干纤细。另有较完整颅骨片（包括面骨）、不完整的下颌骨。	女	45～50 岁
M266	颅骨碎片，其中有左右颞骨乳突部，乳突粗壮；一段右下颌枝上段，关节突粗壮。左右股骨、胫骨残段，左侧肱骨完整，所有四肢骨干粗壮。	男	成年
M267	颅骨碎片中可见有左右颞骨乳突部，乳突大；右侧髋骨完整，左侧只有髂翼，坐骨大切迹窄而深。左右股骨、胫骨均完整，股骨头大，肌脊粗壮。枕外隆凸显著，眶上缘不太圆钝，有额中缝，判断为 30 岁左右男性。	男	成年
M268	四肢骨残段，骨盆碎块一堆。可看到构成骨盆髋骨的三块骨骼（髂骨、耻骨、坐骨）未骨化成一体，而是彼此分离。四肢残段的两端关节骨骺均未愈合而脱落。	小孩	10 岁以下
M270	颅骨碎片中可见有完整的额骨眶部和鼻突，左右眉脊极为显著，眉肥厚前突，眶上缘圆钝，内侧为眶上切迹型；枕骨残块，枕外隆凸显著。左右髋骨残段，坐骨大切迹窄而深。左股骨完整，头大；胫骨残段，左右尺骨上半段显著弯曲。	男	成年
M272	甲：颅骨碎片有额骨的前部，眉间区平坦，眉脊平，眶上缘锐；左右颞骨乳突部乳突小而薄。左右股骨远端上髁关节面，因骨骺未骨化而脱落。髋骨已骨化，坐骨大切迹窄而深。 乙：颅骨破碎，额眶上缘圆钝，乳突大（左右）。股骨头大，骨干粗壮。	少年 男	16 岁以下 成年

续表一一一

墓葬号	人骨保存情况及主要特征	性别	年龄
M273	颅骨破碎，左右颞骨残段乳突小；髋骨碎片，坐骨大切迹宽而浅。四肢骨残段，骨干纤细。颅缝全未愈合。下颌角区不外翻。	女	成年
M275	颅骨碎片中发现有左右颞骨乳突残部，乳突大而厚；额骨眶上部，眉脊发达，眶上缘厚，鼻额颌缝呈弧形；左右颧骨粗壮。髋骨残片，坐骨大切迹窄而深。左右股骨、胫骨和肱骨的残段，骨干均较粗壮。下颌骨粗壮。	男	30～35岁
M276	颅骨碎片中发现有左额骨眶部，眉脊发达，眶上切迹明显，眶上缘厚；枕骨，枕外隆凸显著，颞骨乳突部乳突大。左右髋骨残段的坐骨大切迹窄而深。左右股骨基本完整，左右胫骨残段，右侧肱骨完整。下颌角区外翻。	男	40岁左右
M277	一共可鉴定出4个个体。 甲：颅骨碎片中，颞骨乳突部乳突大小中等，枕骨的枕外隆凸不显，额骨的眶上部眉脊平，不显，眶上缘锐利，所有头骨碎片均明显较薄。四肢骨基本完整，骨干纤细，左侧肱骨鹰嘴窝有滑车小孔。	女	成年
	乙：没有颅骨，仅存左右髋骨残片，其坐骨大切迹窄而深；左右股骨骨干极为粗壮，股骨头特大；胫骨肱骨残段，骨干也很粗壮，肌脊发达。	男	成年
	丙：颅骨碎片中，枕骨的枕外隆凸异常发达；眶部眶上缘厚而圆钝。髋骨残段的坐骨大切迹窄而深。股骨、胫骨残段骨干粗壮。	男	成年
	丁：左右髋骨的坐骨大切迹窄而深。颞骨乳突部残块，乳突大；枕骨残片一块，枕外隆凸显著。左右肱骨残段异常粗壮。	男	成年
M278	颅骨碎片有额骨的鼻突和眶突，眉间肥厚，眉脊发达至眶上缘中部，两侧为眶上切迹。左右髋骨残片，坐骨大切迹窄而深。右侧股骨残段骨干粗壮，左右胫骨残段骨干粗壮。	男	老年
M279	颅骨碎片甚少，髋骨的三块（髂骨、耻骨、坐骨）均未骨化愈合一体，而是彼此分离未愈合。	小孩	5～6岁
M280	小孩个体，髂骨、坐骨、耻骨彼此分离未愈合为一整体。	小孩	7～8岁
M281	根据枕骨和坐骨大切迹可以分为3个个体。 甲：头骨碎片，左右颞骨的乳突大；额骨的眶上缘肥厚；枕骨枕外隆凸显著。右侧坐骨大切迹窄而深。	男	成年
	乙：头骨碎片，左颞骨乳突大，枕外隆凸显著，坐骨大切迹窄而深（右侧），股骨干粗壮，肌脊发达。	男	成年
	丙：头骨碎片，枕骨枕外隆凸光平，左右股骨两端断裂，骨干纤细，颅骨骨壁较薄。	女	成年
M282	破碎颅骨，其中左侧颞骨乳突部，乳突大；左右额骨眶上部外侧段，眶上缘肥厚；左右颧骨完好，粗壮。左右髋骨残段，坐骨大切迹窄而深。左右股骨、胫骨残段和左右肱骨的下段，以及若干椎骨碎块。	男	成年
M284	颅骨十分破碎，简直成渣，无法判断。根据骨壁相当厚定为男性成年。	男	成年
M286	颅骨极碎，骨壁十分薄弱，左乳突很小，左下颌关节突的跟部很弱小，一块右侧眶上缘极为薄锐，可以肯定属小孩颅骨。	?	小孩

续表———

墓葬号	人骨保存情况及主要特征	性别	年龄
M288	颅骨十分破碎，一块枕骨中央。可见枕外隆凸极不显著，颧骨小且弱，外表光滑。坐骨大切迹宽而浅。下颌角外翻。	女	青年
M289	颅骨极为破碎，骨壁甚薄而轻，右颞残片，乳突稍显，应为女性。据枕外隆凸不显、骨壁薄。	女	30岁
M290	可见左右髋骨残段，坐骨大切迹宽而浅，耳前沟显著。左右股骨残段，骨干纤细；左右肱骨下端滑车关节粗壮程度弱，均有滑车小孔。	女	成年
M291	颅骨碎片，可见颞骨乳突小；枕骨残段，枕外隆凸不显，项面光滑；其余颅骨碎片均很薄。左右股骨和胫骨残段，骨干纤细，股骨大转子骨骺未愈合而脱落。	女	17岁以下
M292	颅骨破碎几乎呈渣，唯一小块枕骨残块，可见其乳突不显，光滑；颅骨壁厚度中等。左右股骨残段的骨干较纤细。下颌纤细，眶上缘不圆钝，乳突小。	女	25～30岁
M295	颅骨碎片，其中枕骨1块，枕外隆凸显著；额骨眶缘眉脊显著，眶上缘圆钝；有1块上颌残段，所附牙齿牙冠全已损坏，牙根均在齿窝内。左右股骨残段，骨干粗壮。据坐骨大切迹窄而深、下颌角外翻。	男	30～35岁
M296	颅骨碎片中有额骨鼻突和眶部，眉间肥厚，眉脊显著，眶上缘圆钝；颞骨的颧突跟部粗壮，乳突大；枕骨残块，枕外隆凸显著。左右股骨中段，骨干粗壮。牙齿有上门齿2枚，下颌前臼齿2枚(P_3和P_4)，牙冠磨耗为Ⅳ级。	男	50～55岁
M297	颅骨碎片中有额骨眶上部，眶上缘肥厚，眉脊显著；左侧颞骨残段，乳突粗壮；右颧骨粗壮，颧颌缝愈合。右髋骨残块，坐骨大切迹窄而深。左右髌骨完整；左右股骨残段、肱骨残段和胫骨残段。另有下颌骨。	男	50～55岁
M298	颅骨极为破碎，难于鉴定其性别。	?	成年
M299	根据颞骨乳突判断，可能属2个个体。 甲：左颞骨乳突大。左右股骨上半段，臀肌粗隆显著，股骨嵴发达，头大。坐骨大切迹窄而深。 乙：颅骨碎片中可见颞骨残片，其乳突弱小，颧突纤细。右侧髋骨的坐骨大切迹宽而浅。髌骨小。	 男 女	 成年 成年
M300	左右股骨，骨干纤细，骨外表光滑，股骨嵴不显。	女	成年
M301	颅骨碎片中左右颞骨乳突部，乳突薄且小；额骨眉间部残块，眉脊不显；枕骨碎块，枕外隆凸稍显。左右髋骨的坐骨大切迹宽且浅。左右股骨胫骨残段和肱骨下段，骨干均不粗壮，肱骨、胫骨下端骨骺愈合，但骺缝未完全消失。	女	青年
M302	极为破碎而且带土的一团颅骨碎渣片，骨片小又薄。仅可辨2枚乳牙。	小孩	3～4岁
M303	颅骨碎片中有左右颅骨乳突部，乳突大；枕骨残块，枕外隆凸显著；右侧额骨鼻突，眉脊显著；颧骨粗壮，有颧结节。股骨残段，骨干粗壮。	男	成年
M304	颅骨碎片极为破碎，其中枕骨残段的枕外隆凸显著。股骨、胫骨、肱骨和尺骨残段，骨干较粗壮，肱骨头较粗壮。	男	成年
M305	儿童的破碎颅骨片，主要为额骨、顶骨残片，骨壁极薄；上下颌残段，上颌左右犬齿正在萌出，右下颌犬齿(恒齿)也正在萌出。四肢骨残段细小，两端骨骺均未愈合而脱落，髂骨、坐骨和耻骨尚未愈合成一体。	?	8～10岁

续表一一一

墓葬号	人骨保存情况及主要特征	性别	年龄
M306	肢骨破碎段，骨干均较细，外表光滑，坐骨大切迹宽而浅。保存1枚上颌前臼齿(P^3)，磨耗为Ⅳ级。	女	40～45岁
M307	颅骨极为破碎，从残片看，颅骨壁偏薄，枕骨残块的枕外隆凸稍显。四肢骨残段，骨干较纤细。下颌前部的牙冠已磨尽，仅存牙根。	女	老年
M308	颅骨破碎块包括左右颞骨残块、额骨眶上部，髋骨残块及左右股骨残段。可见乳突发育中等，坐骨大切迹宽而浅，枕外隆凸稍小，眶上缘锐利，头骨骨壁较薄，股骨残段骨干较纤细	女	中年
M309	颅骨破碎块包括枕骨碎块、左右颞骨乳突部、左右额骨，左右髋骨残段，骶骨右股骨上半段，右肱骨完整。从外观看，枕外隆凸极发达，左右乳突大而粗壮，颧骨粗壮，表面粗糙，坐骨大切迹深而窄，骶岬显著，肱骨头大，骨干粗壮，滑车关节粗壮。下颌角外翻。	男	壮年
M310	颅骨碎片4块，左右髋骨残块，肱骨残段和下颌骨残块。坐骨大切迹深而窄，股骨残段粗壮。	男	壮年
M311	颅骨碎片中含有额骨眶部、枕骨残块、颞骨残块，锁骨残段，左右股骨、胫骨、肱骨残段。眉脊显著，枕骨隆凸显著，乳突大，眶上缘圆钝，坐骨大切迹深而窄，股骨、胫骨的骨干粗壮，肌脊发达，下颌角区外翻。	男	中年
M312	仅保存四肢骨残段。长骨两端骨骺均未愈合而脱落，髂骨、坐骨和耻骨彼此分离，未愈合一体。	儿童	13～14岁
M313	颅骨碎片，髋骨残段，左右股骨、肱骨残段，左右跟骨完整。从外观看，坐骨大切迹窄而深，跟骨粗壮，股、胫骨的骨干粗壮，股骨头大。	男	成年
M314	左右股骨、胫骨残块，左右肱骨的远端关节段，左髋骨残段，左右髌骨，骶骨残块。坐骨大切迹深而窄，骶骨直，股骨和胫骨的骨干粗壮。病理：腰骶融合(强直性脊椎炎)。	男	成年
M315	颅骨碎块中含有额骨眶部、枕骨残块、左右颞骨残块，四肢骨残段，左上颌齿槽残块。眶上缘锐利，眉脊不显，枕外隆凸处平滑，左右乳突小而弱，四肢骨干纤细，上M^2磨耗为Ⅴ级。	女	老年
M316	颅骨碎片中含有枕骨残块、颞骨残段、额骨眶上部，髋骨残块，左右股骨残段。眶上缘圆钝，颞骨乳突中等大小，枕外隆凸明显，呈嵴状，坐骨大切迹稍宽但很深，股骨头不很大，但骨干粗壮。	男	壮年
M318	颅骨碎片中含有额骨眶部、枕骨、左右颧骨、颞骨残块、顶骨残块，完整右锁骨，骶骨，下颌残段。眉脊发达，眶上缘圆钝，乳突异常发达，枕外隆凸也极为发达，颧骨粗壮，坐骨大切迹深而窄，骶骨6节，形直，下颌角区外翻。	男	老年
M319	颅骨碎片中含有额骨残块、枕骨残块、颞骨残块，髋骨残块以及左右股骨残段和锁骨，另有1枚下I_1磨耗为Ⅳ级。眶上缘锐利，枕外隆凸不显，眉脊平滑，乳突很小，坐骨大切迹宽而浅。股骨干及锁骨均较纤细。	女	中年
M320	颅骨碎片中含有顶骨碎片、额骨眶部、颞骨残段、上齿槽骨残段，髋骨残块。眶上缘圆钝，两侧乳突较大，颅骨骨壁硕厚，坐骨大切迹深而窄。	男	中年

续表一一一

墓葬号	人骨保存情况及主要特征	性别	年龄
M321	颅骨破碎,含顶骨碎片、颞骨残片,股骨、胫骨和肱骨残段。乳突小而弱,头骨薄,四肢骨骨干纤细。	女	成年
M322	颅骨碎片,含左右颞骨残片、枕骨残块、颧骨、顶骨碎片,左右股骨残段,右肱骨下半段,有滑车上孔。乳突粗壮,枕外隆凸显著且分叉,颧骨粗壮,股骨嵴呈壁状。	男	中年
M323	儿童头骨碎片,左右腰骨、尺骨,髂骨、坐骨、耻骨。颅骨碎片极薄,胫骨、尺骨两端骨骺未愈合而脱落,髂骨、坐骨、耻骨均未愈合成一整体(髋骨),彼此分离。	小孩	5～6岁
M324	股骨、胫骨的少量残段。从外观看,骨干粗壮,股骨嵴极为发达。	男	成年
M325	估计有4个个体。 甲:保存破碎的颅骨,含有颞骨残块、枕骨残块,胫骨残段。从外观看,乳突小而薄,枕外隆凸不显,骨干细,骨质轻。 乙:颅骨破碎,含有额骨鼻突部、乳突部,股骨和肱骨残段。从外观看,乳突大,眉脊显著,眶上缘圆钝,股骨头大,肌嵴显著,肱骨三角肌粗隆发达。 丙:颅骨破碎,左右颞骨和枕骨。两侧乳突大,枕外隆凸极显著。 丁:保存右侧颞骨和附颧弓,外观,颧弓纤细,乳突细小而薄。	 女 男 男 女	 老年 成年 成年 成年
M326	估计有4个个体。 甲:颅骨碎片中含有额骨鼻突和眶部,髋骨残段,股骨残段。从外观看,眉间肥厚,眉脊显著,眶上缘圆钝,颞部乳突大,坐骨大切迹窄而深,股骨头大,骨干粗壮,股骨嵴发达。 乙:颅骨破碎,含枕外隆凸、颞骨乳突部,左股骨、胫骨段。从外观看,枕外隆凸显著,乳突大,股骨干粗壮。 丙:颅骨碎片中含枕骨隆凸部、额骨眶上部、顶骨残片,左右股骨残段。眉脊弱,乳突小,枕外隆凸不显,颅骨骨壁薄,股骨头小,骨干细,上M^3退化呈钉形,骨缝均未愈合。 丁:颅骨破碎,颞骨乳突小,枕骨的枕外隆凸不显,股骨头小,骨干细,肱骨纤细。	 男 男 女 女	 老年 中年 中年 成年
M327	内含4个个体。 甲:破碎颅骨见有额骨眶部、顶骨碎片、枕骨残块,髋骨碎块,左右股骨残段,胫骨残段,左右肱骨。眉脊显著,眶上缘厚,枕外隆凸中等显著,坐骨大切迹窄而深,股骨干粗壮,颅缝已闭合消失。 乙:颅骨破碎,见有顶骨和枕骨,左右股骨和胫骨完整,骶骨(6节),髋骨。骶骨粗壮,较直,坐骨大切迹窄而深,颅骨壁厚,股骨嵴显著,骨干粗壮,人字缝,矢状缝已闭合。 丙:颅骨碎片中见有额骨眶部、顶骨碎片,髋骨残段,股骨、胫骨和左肱骨。眉间平,眉脊不显,坐骨大切迹宽而浅,骨干纤细。 丁:无颅骨,一块左下颌残块,左侧股骨残段,左右胫骨残段。下颌角区外翻,角区外侧面为结节型,下颌M_1,M_2的磨耗度为Ⅲ级(轻),坐骨大切迹窄而深。	 男 男 女 男	 老年 老年 壮年 壮年
M328	破碎颅骨块中见有左右颞骨残段,左右髋骨残段,左右股骨、胫骨及肱骨均较完整,左右锁骨完整。乳突粗壮,左右坐骨大切迹窄而深,四肢骨骨干粗壮,骨脊发育显著。	男	壮年
M330	破碎颅骨,可见有额骨突和眶部,下颌骨前部残段。眉间平,眉脊稍显,乳突小而薄。	女	中年
M331	破碎颅骨片中见有额骨眶上部、顶骨片,左侧股骨和胫骨完整。眉脊显著,眉脊后上方有一横凹槽,顶骨厚,股、胫骨骨干粗壮。	男	成年

续表一一一

墓葬号	人骨保存情况及主要特征	性别	年龄
M332	破碎颅骨片中见有枕骨残段、颞骨残块、额骨眶上缘，耻骨联合部，左右股骨、胫骨残段。枕外隆凸不显，乳突发育中等，眶上缘锐利，眉间平；耻骨联合面薄，上缘外翻，联合面横脊清晰。	女	青年
M333	破碎颅骨片中见有额骨眶部、颞骨乳突部、枕骨残块、髋骨残段，左右股骨尚完整，左右胫骨残段，肱骨残段。眉脊显著，乳突粗大，枕外隆凸显著，坐骨大切迹窄而深。	男	壮年
M334	估计有2个个体。 甲：破碎颅骨，可见有额骨眶部、颞骨残块、枕骨残段及顶骨片。眉间较肥厚，眉脊显著，眶上缘厚钝，枕外隆凸显著，冠状缝和矢状缝已愈合。 乙：破碎颅骨片中见有额骨眶部、颞骨乳突部及额、顶、枕骨的碎片。眉脊显著，眶上缘厚，乳突发育中等，矢状缝冠状缝和人字缝已完全闭合，有人字点骨。	 男 男	 中年 老年
M335	破碎颅骨片中见有额骨眉间部和眶部，骶骨、左右髋骨残段，耻骨联合部，零碎顶额骨片，四肢骨残段。眉脊显著，其后上方有凹槽，眶上缘圆钝，坐骨大切迹窄而深，耻骨联合面厚，骶骨为6节，股骨头粗壮，骨干肌脊发达。	男	青年
M336	破碎颅骨片中见有额骨眶部、左右颞骨残块，左右髋骨，左右股骨、胫骨基本完好，骶骨完整，右左肱骨完好，均有滑车上孔。眉脊不显，眶上缘锐利，乳突小，坐骨大切迹，浅而宽，耻骨联合面薄，上缘外翻，联合面下端界限不清，联合面的横脊清晰；骶骨短宽(5节)。	女	青年
M337	四肢骨残段。各段骨干均较纤细。	女	成年
M338	破碎颅骨片中见有额骨前半部、颞骨残块、枕骨，左右髋骨残块，左右股骨残段，无胫骨，左右肱骨(左侧有滑车上孔)，顶、枕骨碎片。眉脊发达(达眶上缘1/2处)，眶上缘圆钝，乳突粗壮，枕外隆凸显著，坐骨大切迹窄而深，骨缝均未愈合。	男	壮年
M340	破碎颅骨片中见有枕骨碎块、颞骨乳突部及顶、额骨的碎断片，左右股骨残段。枕外隆凸不显，乳突小，颅骨骨壁薄，股骨干纤细，肌脊弱，下颌骨关节突小，颅缝已愈合，部分已闭合。	女	中年
M341	破碎颅骨片中见有颞骨乳突部、额骨和顶骨碎片，左右髋骨残段和股骨、尺骨的残段。从外观看，乳突约中等大小，颅骨骨壁较厚，坐骨大切迹窄而深，股骨干粗壮。	男	壮年
M342	根据肢骨判断有2个个体。 甲：破碎颅骨片，股骨、胫骨和肱骨、髋骨残块，1枚上颌乳门齿。颅骨壁极薄，四肢骨两端骨骺未愈合而脱落，髂骨、耻骨和坐骨彼此分离未愈合成一髋骨。 乙：仅存2根股骨。左侧股骨完整，股肌嵴发育中等，但股骨头不大，骨干不粗壮；右侧为远端关节，内上髁和外上髁关节不很粗壮。	 小孩 女	 5～6岁 成年
M343	根据股骨数量判断，有2个个体。 甲：破碎颅骨片中见有枕骨隆凸部和颞骨乳突部，髋骨，左右股骨和肱骨及一些顶、额、枕骨的碎片。枕外隆凸不明显，较光滑，乳突中等，坐骨大切迹宽而浅，四肢骨骨干纤细，颅缝(矢状缝、人字缝)已闭合。 乙：股骨、胫骨、肱骨各1根。股骨、胫骨骨干较粗壮，股骨头较大。	 女 男	 中年 成年

续表一一一

墓葬号	人骨保存情况及主要特征	性别	年龄
M344	破碎颅骨片中见有左颞骨乳突部、左顶骨片，左右髋骨、股骨、胫骨等。乳突大，坐骨大切迹窄而深，耻骨联合面厚，横脊清晰，股骨头大，骨干粗壮。	男	壮年
M345	根据枕骨和颞骨判断，至少有2个个体。 甲：枕骨枕外隆凸显著，颞骨乳突大，股骨、胫骨较粗壮。 乙：枕骨枕外隆凸不显，表面较光平，颞骨乳突较小，肱骨干较细，颅骨片较薄。	 男 女	 成年 成年
M346	根据股骨的数量和形态判断有2个个体。 甲：左右股骨，股骨头小，骨干纤细，坐骨大切迹浅而宽。 乙：左右股骨，股骨头大，股骨嵴异常发达，内上髁和外上髁粗壮。	 女 男	 成年 成年
M349	破碎颅骨片中见有颞骨乳突部、一小块额骨眉间部及一堆颅骨片。乳突小，眉脊稍显，骨壁极薄。	女	中年
M350	破碎颅骨片中见有顶骨片、颞骨乳突部，髋骨残段，左右股骨残段。枕骨枕外隆凸小，乳突较小，坐骨大切迹宽而浅，股骨干纤细。	女	壮年
M352	根据颅骨和肢骨的形态和数量，估计有4个个体。 甲：破碎颅骨片中见有颞骨乳突部、顶骨片，髋骨残段，股骨残段，肱骨残段。乳突大小中等，顶结节明显，坐骨大切迹浅而宽，左右胫骨完整，骨干纤细，下颌P_3磨耗为Ⅳ级，左肱骨有滑车上孔。 乙：破碎颅骨片中见有额骨眶部，髋骨残块、股骨和胫骨残段。眶上缘锐利，坐骨大切迹窄而深，股骨头大，骨干粗壮，颅缝愈合但未全闭合。 丙：破碎颅骨片中见有枕骨、颞骨乳突部，髋骨和股骨。枕外隆凸光平不显，乳突小，坐骨大切迹浅而宽，股骨干纤细。 丁：股骨，肱骨和尺骨，髌骨(右)。股骨、肱骨和尺骨的两端骨骺均未愈合而脱落。	 女 男 女 儿童	 中年 中年 青年 9～11岁
M353	根据颅骨数量和形态判断，有3个个体。 甲：破碎颅骨片中见有额骨眶部，盆骨和四肢骨。眶上缘锐，坐骨、髂骨和耻骨彼此分离，未愈合成一体，四肢骨的两端骨骺均未愈合而脱落。 乙：破碎颅骨片中见含有额骨眶上部。颞骨乳突部、枕骨残块，髋骨残段。眶上缘不很圆钝，枕外隆凸显著，乳突中等，坐骨大切迹明显窄而深，颅骨骨壁较厚。 丙：破碎颅骨片中，左右乳突较小，眉间平，眉脊不显，眶上缘锐利。坐骨大切迹浅而宽。左右股骨、胫骨的骨干纤细，肌脊不发达。	 小孩 男 女	 10～12岁 成年 成年
M354	破碎颅骨片中见有颞骨残块、枕骨，髋骨、左右股骨残段。枕外隆凸稍显，凹凸不平，乳突小，坐骨大切迹宽而浅，股骨干纤细，肌脊不发达。	女	成年
M355	破碎颅骨片中见颞骨乳突部、枕骨、额骨眶部。眶上缘圆钝，乳突粗而长，枕外隆凸显著。	男	成年
M356	破碎颅骨片，盆骨及四肢骨残段。颅骨碎片骨壁很薄，长骨两端骨骺均未愈合而脱落，髂骨、坐骨和耻骨彼此分离，不愈合成一骨体(髋骨)。	?	11～13岁
M357	破碎颅骨片中见有额骨眶部、颞骨残块和枕骨。枕外隆凸显著，乳突粗壮，眉间肥厚，眉脊发达，矢状缝已愈合。	男	壮年
M358	破碎颅骨片，髋骨残段，四肢骨。坐骨大切迹窄而深，髂嵴骨骺未愈合，四肢骨两端骨骺均未愈合而脱落，左肱骨有滑车上孔。	儿童	12～14岁

续表一一一

墓葬号	人骨保存情况及主要特征	性别	年龄
M359	破碎颅骨片中见有额骨眉间部、眶上部、枕骨残块，髋骨残块，股骨、胫骨和肱骨残段。眉间稍平，眉脊中等显著，枕外隆凸不显，坐骨大切迹明显窄而深，股骨干粗壮，股骨嵴很发达，左侧肱骨下端关节粗壮，下门齿(I_2)牙冠磨耗 1/2。	男	老年
M360	破碎颅骨片中见有枕骨残块、颞骨残片、额骨眶部、颧骨、上颌骨残块，髋骨残块，股骨残段。枕外隆凸显著，颞骨乳突大，两侧眉脊显著(达眶上缘 1/2 处)，颧骨高而粗壮，坐骨大切迹窄而深，股骨臀肌粗隆显著发达，上颌牙齿已全部脱落。	男	老年
M365	仅有髋骨残块和下肢骨残段。坐骨大切迹宽而浅，股骨和胫骨骨干纤细，肌脊不显。	女	成年
M366	仅保存髋骨残块和四肢骨残段。四肢骨残段均较纤细，坐骨大切迹很宽而浅，左右肱骨均可见滑车上孔。	女	青年
M367	仅存额骨 1 块，别无他骨。额骨眉间部较隆起，眶上缘稍圆钝，眉脊明显。	男	成年
M368	颅骨极为破碎，可认出一块枕骨，其枕外隆凸极显著。	男	成年
M369	颅骨极为破碎，含有枕骨残块、额骨眶上部、颧骨残块。颅骨骨壁较薄，枕外隆凸稍显，眶上缘锐利，颧骨弱小，矢状缝已闭合。	女	壮年
M370	破碎颅骨片中见有额骨眶部、颞骨乳突部残块，髋骨残块，股骨、胫骨和肱骨残段。眉间较平，眉脊稍显，眶上缘锐利，坐骨大切迹宽而浅，耳前沟显著，乳突发育中等，四肢骨骨干纤细，左右肱骨均有滑车上孔。	女	壮年
M371	破碎颅片中见有额骨眉间和眶上部、枕骨残块、颞骨乳突部、髋骨残块，左右股骨、胫骨残段，肱骨。眉间不隆起，眉脊不明显，眶上缘锐利，乳突中等，枕外隆凸不显，坐骨大切迹宽而浅，左右肱骨均有滑车上孔。	女	青年
M372	左右髋骨残块，左右股骨完整，胫骨残段。坐骨大切迹窄而深，股骨头大，股骨嵴发达，骨干粗壮。椎骨患有强直性脊椎炎而愈合。	男	中年
M373	颅骨极为破碎，内含枕骨隆凸部，枕外隆凸不显。髋骨残块，坐骨大切迹宽而浅，耳前沟明显。	女	成年
M374	颅骨极为破碎，内含枕骨枕外隆凸部，枕外隆凸显著；额骨的眶部，眉脊显著(达眶上缘 1/2 处)，眶上缘圆钝；下颌角区外翻。	男	中年
M375	颅骨破碎，内含顶骨、左右颞骨乳突部及额骨碎片，左右髋骨残块，骶骨完整，左右股骨保存完整，右胫骨全，右锁骨 1 根。颞骨乳突大，左右坐骨大切迹窄而深，骶骨 6 节，耻骨联合面大，无横纹，下缘界限不清楚，头骨骨壁很厚，矢状缝和冠状缝已经愈合。	男	壮年
M376	颅骨碎片中见有枕骨碎块、额骨眶上部，髋骨碎块，左股骨，左右胫骨完整，左右肱骨完整。眉脊显著，眶上缘圆钝，枕外隆凸显著，坐骨大切迹窄而深，矢状缝、冠状缝已闭合消失。	男	老年
M377	颅骨碎片中见有颞骨乳突部、枕骨残块、额骨眶部，右股骨完整，髋骨。乳突粗壮，枕外隆凸显著，坐骨大切迹窄而深，肱骨三角肌粗隆很显著，眶上缘圆钝，眉间突出，下颌角外翻，牙齿大，骨缝有部分愈合，但均未闭合。	男	壮年

墓葬号	人骨保存情况及主要特征	性别	年龄
M380	根据四肢骨的长短和粗细及左右侧判断，可能分为3个个体。		
	甲：右髋骨残块，左右股骨残断，左右尺骨、肱骨。坐骨大切迹窄而深，股骨干、肱骨干均较粗壮，肌脊发育强。	男	成年
	乙：右侧股骨和胫骨残段，右肱骨下半段(附滑车关节)。股骨、胫骨骨干粗壮，股骨嵴发育极显，肱骨滑车关节粗壮。	男	成年
	丙：只有右侧胫骨和一段右侧尺骨。骨干外表光滑，骨干纤细。	女	成年
M381	完整的左右股骨、胫骨和肱骨，还有部分趾骨。股骨头和肱骨头均较大，股骨嵴极为发育，臀肌粗隆显著，肱骨的三角肌粗隆发达，而且骨干均很粗壮。	男	成年
M383	股骨、胫骨两端骨骺均未愈合而脱落，髋骨的髂骨、坐骨和耻骨均未愈合而分离。	小孩	10岁以下
M384	颅骨碎块，有额骨眶部、乳突部、枕骨残块。眉间平，眉脊不显，左右乳突较小，眶上缘锐，左右股骨残段的骨干纤细。下颌角内翻。	女	中年
M385	颅骨破碎，骨壁极薄，四肢骨两端均因骨骺未愈合而脱落。上下左右的 M^1 已萌出，M^2 正在萌发，埋在齿槽内，M^1 和 M^2 都在位，未被 P^3 和 P^4 代替，可见恒齿 P^3 和 P^4 未萌。	小孩	8岁左右
M386	颅骨碎片中见有额骨眶部残块、左右颞骨乳突部、枕骨残块、顶额骨残片，左右髋骨完整无损，左右股骨、胫骨和肱骨均完整无损。眉脊显著，眶上缘圆钝，左右乳突均较粗壮，坐骨大切迹窄而深，髂嵴粗厚，髂翼较直，闭孔椭圆，股骨头大，臀肌粗隆显著，股骨脊呈壁状，矢状缝已基本愈合。	男	壮年
M387	髋骨，坐骨大切迹窄而深，髂嵴骺线已消失。肱骨一段，滑车关节宽而粗壮。	男	成年
M388	肢骨和体骨若干，包括左右股骨、胫骨和肱骨、尺骨、挠骨，还有左右髋骨残块和完整骶骨。坐骨大切迹窄而深，骶骨窄而长(6节组成)，四肢骨的骨干均明显粗壮，股骨嵴很发育，各肢骨可见的两端骨骺已愈合，骺线消失。	男	壮年
M389	右侧胫骨上关节端和右侧腓骨的下半段。胫骨上关节面粗壮，腓骨骨干也较粗壮，骺线已消失。	男	成年
M391	破碎颅骨块中见有额骨眶部、颞骨残块、枕骨残块，左右股骨、肱骨的残段和髋骨。颅骨骨片很厚，坐骨大切迹窄而深，左右乳突长而粗壮，枕外隆凸发育中等，股骨嵴发达，骨干粗壮，肱骨三角肌粗隆极为显著。	男	中年
M392	颅骨碎块，含顶骨碎片、枕骨碎块。骨壁较薄，枕外隆凸不显，表面光滑，矢状缝已闭合消失，冠状缝和人字缝也基本闭合消失。	女	老年
M393	颅骨碎片中见有左右颞骨、颧骨、枕骨和部分顶骨碎片，髋骨，左右股骨、胫骨和肱骨残断。左右乳突粗大，颧弓粗壮，枕外隆凸极显著，颧骨粗壮，颧结节发达，坐骨大切迹窄而深，股骨头粗壮，四肢骨骨干均较粗壮，肌嵴发达，各段颅缝已愈合，但未闭合。	男	中年

续表——

墓葬号	人骨保存情况及主要特征	性别	年龄
M394	从内含人骨特征看，至少包括6个个体。		
	甲：颅骨碎片，左右髋骨完整无损，骶骨完整，左右股骨、胫骨和肱骨保存完好。颅骨壁较厚，坐骨大切迹窄而深，骶骨窄而长，股骨头大，骨干粗壮，肌嵴显著发达，胫骨粗壮，肱骨三角肌粗隆很发达，滑车小孔。	男	成年
	乙：颅骨完整以及左右股骨和左右胫骨。眉间前突，眉脊显著，眶上缘肥厚，左右乳突粗壮，乳突上嵴发达，枕外隆凸发达，项平面粗糙，枕颞大颧骨粗壮，股骨和胫骨的骨干粗壮，肌脊显著，上齿槽萎缩。	男	40～45岁
	丙：只有左右胫骨，别无他骨。从外观看，骨干粗壮，髌骨粗隆发达。	男	成年
	丁：颅骨碎片中见有枕骨残块、颧骨、顶额骨碎片，左右胫骨残段。头骨壁很薄，枕外隆凸不显，乳突略大，颧骨纤细，胫骨骨干纤细。	女	成年
	戊：左侧股骨和胫骨残段。从外观看，骨干纤细，光滑，肌脊弱。	女	成年
	己：左侧股骨1根，别无他骨。股骨头与股骨颈骨骺未愈合，股骨头与股骨颈分离而脱落。	小孩	10～12岁
M395	保存1个完整头骨，以及左右股骨、胫骨、肱骨和骶骨。眉间厚，眉脊显著，左右乳突粗壮，枕外隆凸显著，左右坐骨大切迹窄而深，上M^3脱落，上M^1、M^2咬合面磨耗为Ⅱ级。	男	30～35岁
M396	颅骨碎片中见有左右颞骨、枕骨，右侧肱骨和尺骨，上犬齿、门齿各1枚。乳突大，枕外隆凸显著，肱骨三角肌粗隆显著，骨干粗壮，犬齿和门齿磨耗程度为Ⅱ级。	男	壮年
M399	颅骨碎片2块（顶骨和左侧枕骨），其余均为四肢骨。坐骨大切迹窄而深，右下颌枝较直，下颌角区外翻，外表为结节型，股骨和胫骨骨干粗壮，肌脊显著发达。	男	壮年
M400	颅骨碎片中见有额骨眶部、左右颞骨、枕骨残块，髋骨残块，还有门齿和前臼齿各1枚。眉间厚，眉脊显著，乳突粗壮，枕外隆凸显著，眶上缘圆钝，坐骨大切迹窄而深，牙齿磨耗程度为Ⅱ级。	男	老年
M401	依颞骨、枕骨的个数和特征看，可分为2个个体。		
	甲：颅骨碎片薄，枕骨的枕外隆凸部平滑，乳突小而弱，颅缝已愈合，上M^3退化呈钉形。	女	中年
	乙：颅骨碎片中，枕骨的枕外隆凸显著发达；左右乳突粗壮；眉脊发达，眉间厚，鼻额缝呈弧形上凸，可见的颅缝已愈合。	男	中年
M402	颅骨碎片中见有额骨鼻突和眶上部、颞骨、枕骨碎块和顶骨残片，髋骨残块，左右股骨和胫骨残段。眉间隆起，鼻额缝呈弧形，眉脊显著，眶上缘圆钝；左侧为眶上孔，右侧为眶上切迹，枕外隆凸显著，左右乳突大，矢状缝和冠状缝完全闭合，坐骨大切迹窄而深，股骨和胫骨骨干粗壮，肌脊发达，肱骨三角肌粗隆发达。	男	老年
M404	颅骨碎片中见有额骨眶部、颧骨、枕骨残块，股骨和胫骨残块。眉间较平，眉脊不显，眶上缘锐利，枕外隆凸不显，坐骨大切迹宽而浅，颧骨纤细，股骨、胫骨骨干纤细。	女	青年
M405	仅保存有四肢骨，即左右股骨和胫骨残段及髋骨残段。坐骨大切迹很宽且浅，股骨和胫骨的骨干纤细，肌脊不显。	女	青年

续表———

墓葬号	人骨保存情况及主要特征	性别	年龄
M406	颅骨碎块，内含额骨眶部、颞骨残块、枕骨残块，1 枚左上 M^1 磨耗程度为Ⅱ级。	女	中年
M407	颅骨碎块中见有颞骨、枕骨残块、顶骨残片，左右髋骨残块，左右股骨，左右肱骨残段，一枚下 P^3，其磨耗级别为Ⅳ级。乳突大，枕外隆凸显著，坐骨大切迹窄而深。	男	中年
M408	仅保存左右髋骨残块，坐骨大切迹窄而深，髂翼较直，髂脊厚。	男	成年
M411	颅骨碎块中见有额骨眶部、颞骨和枕骨残块，左右股骨和右侧肱骨残段，1 枚下门牙和下前臼齿，磨耗级别为Ⅳ级。颅骨骨壁薄，乳突小，枕外隆凸平，不显，股骨头小，骨干纤细，肱骨三角肌粗隆不显。	女	中年
M415	根据四肢的数量和特征看，至少有 3 个个体。 甲：颅骨碎片，其中额骨眶上缘锐利，眉脊不显，乳突小。肱骨骨干纤细，有滑车上孔。 乙：仅有左右股骨残段，骨干粗壮。 丙：左右股骨残段，左右胫骨残段，骨干粗壮，股骨头大。	 女 男 男	 青年 成年 成年
M481	颅骨碎片，内含颞骨碎块及一堆小块顶骨和额骨碎片。乳突较大，颅骨壁较厚。	男	成年
M482	颅骨碎片，可见 1 块枕骨残片，保存 1 枚臼齿(M^2)。颅骨骨壁较薄，枕外隆凸部平，隆凸缺如，牙齿较小，磨耗为Ⅰ级。	女	青年
M486	左右股骨残段，其中右侧股骨缺下端关节部，左侧为中段，股骨头不大，骨干较粗壮，股骨嵴呈壁状；左右髋骨残块，坐骨大切迹宽而浅，左右肩胛骨较纤细。	女	壮年
M487	四肢骨残段，包括髋骨残块、股骨残段和左右肱骨的下半段。坐骨大切迹明显宽而浅，股骨干纤细，肌脊不发达，左右肱骨均有滑车上孔。	女	成年
M502	颅骨碎片中见有额骨眶部、左右颞骨残块、枕骨残块，左右股骨完整，胫骨完整，肱骨基本完整，左右髋骨残块。眉脊显著达眶上缘的 1/2 处，眶上缘圆钝，左右乳突大，枕外隆凸显著，股骨头粗壮，臀肌粗隆发达，股骨嵴呈壁状，肱骨头也粗壮，三角肌粗隆显著，股、胫、肱等骨的骨干均很粗壮，坐骨大切迹窄而深。另外，还保存有上门齿 2 枚(I^1、I^2)，牙冠磨去 1/2；一枚下前臼齿(P_3)，牙本质已大片暴露(Ⅱ级强)。左侧肱骨出现滑车上孔。	男	中年

第二节　墓葬人群结构概况

一、死亡人群中的两性比例分析

根据在实验室所观察的 326 例骨骼遗骸，加上原试掘报告公布的 16 例，共计 342 例，依骨骼(主要盆骨和四肢骨)性差的判断，其中男性共 190 例，占总数的 55.6%，女性 120 例，占总数的 35.1%，16 岁以下的青少年 26 例，占总数的 7.6%，因骨骼破碎无法鉴定性别的个体 6 例，占总数的 1.7%。很明显，该人群中男性的比例大于女性。这种现象基本上与我国大多数新石器时代遗址中两性死亡比例相似，均为男性多女性少。所不同的是本人群死亡人数中男性的比例与女性的比例差距较大，如果说人口死亡率的两性差异反映了人群中两性人口的比例，那么本组的人口结构与人口学家的观点差距较大，不相吻合。人口学家认为，人口中男女两性比例基本接近，主要是受到生物自身繁殖力的控制。

这种与生物自身繁殖力规律不吻合的现象，笔者认为是合理的。因为从少年儿童的比例来看是比较少，与现代社会成员中少儿的比例相比，也可反映当时女性确实较少。同时死亡人数中，由于骨骼的腐烂受到埋葬环境的影响，两性保存的比例虽然不同，但基本保留原有人口的状况。再者，由于人口不断地迁移、流动，从死亡人数的比例准确反映人口中两性比例也是不太可能。所以，笔者认为本组人群中，男性的比例应当明显多于女性，而不太可能是两性比例相近。

二、死亡人群中的年龄结构分析

根据近代华北人下颌臼齿咬合面磨损程度与年龄变化关系的标准，估计本人群死亡的年龄结构的结果统计如下表一一二。

表一一二　死亡人群中两性的年龄分布(%)

<table>
<tr><th rowspan="2">年龄组</th><th colspan="3">男性</th><th colspan="3">女性</th></tr>
<tr><th>数量</th><th colspan="2">%</th><th>数量</th><th colspan="2">%</th></tr>
<tr><td>青年期(性成熟至 23 岁)</td><td>5</td><td>2.6</td><td rowspan="4">60.5(115 例)</td><td>22</td><td>18.3</td><td rowspan="4">68.3(82 例)</td></tr>
<tr><td>壮年期(24～35 岁)</td><td>34</td><td>17.9</td><td>18</td><td>15</td></tr>
<tr><td>中年期(36～55 岁)</td><td>57</td><td>30.6</td><td>35</td><td>29.2</td></tr>
<tr><td>老年期(56 岁以上)</td><td>19</td><td>10.5</td><td>7</td><td>5.8</td></tr>
<tr><td>成年人(无法估计年龄)</td><td>75</td><td colspan="2">39.5</td><td>38</td><td colspan="2">31.7</td></tr>
</table>

从上表的统计来看，除了 16 岁以下个体(26 例)和 6 例不知性别的个体之外，可判断为成年的个体共 310 例。在可估计年龄的个体中男性共 190 例，其中可确认年龄段的个体 115 例，占 60.5%，只能估计为成年的个体 75 例，占 39.5%，女性中，可估计为成年的个体共 120 例，其中 82 例可确定其年龄段(占 68.3%)，38 例只能确定为成年而不能确定年龄段(占 31.7%)。

从表中两性死亡年龄期的分布来看，男性死亡高峰期在中年期(36～55 岁)，其次为壮年期，青年期死亡比例较少。女性中，死亡高峰期也是在中年期(29.2%)，其次为青年期(18.3%)，老人期死亡率较少(5.8%)。两性死亡率的比较可以看出，青年期时期，女性的死亡率明显比男性的高，而壮年期以后，男性的死亡率明显比女性高。这种死亡率的变化，基本上与我国新石器时代各组的死亡情况相似，也就是说女性死于青年期较多。男性死于壮年以后的较多。一般认为男性多死于壮年以后是与其繁重的体力劳动负担有关，女性多死于青年期是与缺乏医疗卫生条件，使许多孕妇在孕产期得不到适当医护而丧生有关。这种情况必然影响到该人群人口的年龄结构。由于多数女性死于生育的年龄，其结果影响到婴儿的存活率，所以本人群中儿童的比例较少(7.6%)，而且人口两性的比例也显著失调，老年女性的比例明显比老年男性少。但是，在我国其它新石器时代各组中，老年女性基本上都比老年男性多。这种独特的人口结构可能与该人群所处的环境、生产方式和社会风俗有密切关系。

第三节　人类骨骼种族特征

本遗址墓葬总共 349 个。由于骨骼严重腐烂或破损，绝大多数墓坑内仅肢骨保存较好，颅骨保存极差。可供观测和测量的完整颅骨仅有 2 个。可供部分测量的股骨，男性 43 个个体，其中左侧 43 根，右侧 32 根；女性 11 个个体，其中左侧 11 根，右侧 10 根。现将主要特征概述如下。

一、颅骨非测量性特征

（一）M394 乙颅骨（男性，年龄 40～45 岁）

颅骨（图版二〇三）形态特征观察如下：

顶面观，颅骨轮廓呈卵圆形。颅骨后部两侧不对称，左侧部略为后突。左右额结节之间的后部至前囟点前方有一宽状矢状嵴，前囟点处明显隆起，左右顶孔为单孔，矢状缝的前囟段呈锯齿状，冠状缝前囟段也呈锯齿状，颅骨矢状缝从颅顶点（V）至人字点（L）已完全闭合，人字缝中段也闭合，冠状缝的颞线段也已闭合。

额面观，眉间肥厚，两侧眉嵴显著，其长度超过眶上缘的 1/2 处，左右眉嵴呈“V”字形排列。眉嵴后方与额骨额结节之间有一条明显的凹沟，左侧额骨颧突有一黄豆大小的骨质隆起，可能是损伤所致。左右两侧眶形不对称，右侧眶的眶上缘和眶下缘走向趋平行，内侧缘和外侧缘呈弧形，眶形近方形；左侧眶上缘的外段较下斜行，眶形略呈斜方形。左右眶上缘均很厚（左侧 6.2～8.1 毫米，右侧 7.2～8.2 毫米），左右眶上缘内侧均出现明显眶上切迹和滑车切迹，眶上缘中部均可见眶上神经孔。右侧眶下部的眶下孔（Infraorbital foramen）为单孔，左侧为双孔，但均无眶下缝（Infraorbital suture）。鼻骨左右已愈合，鼻骨和上颌鼻突与额骨的连接缝呈弧形，梨状孔（骨性鼻孔）呈梨形，下缘为鼻前窝形（Fossae praenasales），鼻前棘（Spina nasalis anterior）发育中等。右侧犬齿窝明显，左侧不显。左右颧骨粗壮，其骨表上各有 5～6 个颧面孔（Zygo-facial foramen）。

颞面观，颞鳞弧形上凸。左右乳突长而厚，乳突上嵴发达。左右翼区连结呈“H”型（顶-蝶型）。外耳孔呈椭圆形，左右外耳孔下后壁均可见骨肿（Auditory exostoses）。左右顶骨的后下角（顶乳角）肥厚，显著隆起。

枕面观，左右人字缝未完全愈合，结构复杂，缝间骨丛生（左侧 2 块，大小分别为 26.5 毫米×165 毫米，16.5 毫米×15 毫米；右侧一块为 16.5 毫米×16.5 毫米）。从枕后面看，颅顶部呈两面坡，颅骨两侧壁略呈弧形外凸，枕外隆凸显著，上项线呈横嵴状，项平面粗糙。

底面观，枕骨大孔略呈椭圆形，枕髁粗壮，右侧枕髁关节面分为两节。右侧髁后管（Posterior condylar canal）闭合，左侧髁后管未闭合。左右两侧枕髁旁边均可见髁旁突（Paracondylar process），尤其左侧极为显著。上腭面均无腭圆枕，左侧翼突略呈翼突孔形，颧弓转角处欠圆钝。

牙齿特征：上颌中央门齿（I^1）的舌面呈铲形（Shovel-shape），上第一、二臼齿的牙尖连接方式呈“4 型”，即 4 个牙尖（上原尖、上次尖、上前尖和上后尖）大小发育均等，上第三臼齿（M^3）为“3^+型”，即次尖退化。

（二）M395 颅骨（男性，年龄 30～35 岁）

颅骨（图版二〇四）形态特征观察如下：

顶面观，颅骨轮廓呈卵圆形。颅骨顶较平缓，不见矢状嵴。左顶孔消失，右顶孔明显为单孔。额结节不显，整个额骨较向后倾斜。人字缝上半段全部闭合，下半段已愈合但未闭合消失。矢状缝全部闭合消失，冠状缝愈合但未完全消失，顶面观未见两侧颧弓。

额面观，眉间肥厚且明显前突。两侧眉嵴极显著，长度超过眶上缘 1/2 处，呈"V"形排列。两侧眶上缘肥厚（左侧厚 8.2 毫米，右侧厚 7.5 毫米），略呈弧形，眶外侧缘较圆钝，故整个眶呈近圆形。两侧眶上缘内侧可见眶上切迹（Supraorbital notch）、属单切迹（single notch），眶上缘上方可见额孔（Frontal foremen）。鼻骨额突和上颌骨额突与额骨连接缝呈上凸形。鼻骨形状呈上下宽中间窄的类型，梨状孔（骨性鼻孔）呈梨形，其下缘对称，呈鼻前窝型。两侧犬齿窝发育中等。眶下孔左右侧均呈单孔形，未见眶下缝。两侧颧骨均较粗壮，外表粗糙，其下缘有结节增生，颌骨颧突下缘明显呈弧形。

颞面观，额角较向后倾斜，颅顶部较平，颞鳞呈弧形。左右乳突粗壮，厚而长，乳突上嵴显著。翼区结构呈"H"型（即顶骨与蝶骨大翼连接，额骨与颞骨分离）。外耳孔呈椭圆形，方向略朝前倾，无骨肿现象。

枕面观，颅顶轮廓呈低弧形，颅骨两侧壁略呈弧形外凸，枕外隆凸显著，上项线显著。人字缝上段（接近人字点处）已完全闭合消失，两侧人字缝简单，无缝间骨。项平面粗糙，肌嵴显著。

底面观，颅底面较粗糙不平整。枕骨大孔较 M394 号颅骨的大而圆。左右两侧的枕髁关节面不对称，左侧关节面呈圆弧形，右侧关节面呈平面形，未见髁旁突，左右髁后孔均已闭合。颅骨基部底结节显著。左右卵圆孔不对称，左侧的大，右侧的小。颧弓转角处欠圆钝。

牙齿特征：牙齿保存有上颌左右外侧门齿（I^2）、左右犬齿（C）、左右第一前臼齿（P^3）和第二前臼齿（P^4）、左侧第一臼齿（M^1）、左右第二臼齿（M^2）、右侧第三臼齿（M^3）。从形态看，左右外侧门齿（I^2）的舌面呈铲形（Shovel-shape）。上颌第一、二臼齿的咬合面牙尖排列为"4 型"，即由颊侧的前尖（Pa）和后尖（me）及舌侧的原尖（pr）和次尖（hy）组成，而且四个尖发育均等。右第 3 臼齿为单根。

二、颅骨测量性特征

按照常规人体测量方法①②，颅骨的各项测量平均值列于表一一三。根据表一一三数值分析如下。

（一）脑颅部分

从脑颅部分的三条主要尺寸来看，颅长（g-op）平均 182 毫米，依金关丈夫的分类标准，属于中等型的颅长；颅最大宽（eu-eu）平均 150.5 毫米，属于很宽的宽型颅宽；颅高平均 144 毫米，属

① 邵象清：《人体测量手册》，上海辞书出版社，1984 年，上海。

② 吴汝康、吴新智、张振标：《人体测量方法》，科学出版社，1984 年，北京。

于很高的高型颅高。可见这一人群的颅骨特征基本是以中等长的颅长配合着很宽且很高的颅形为特征。依颅长宽指数(82.7)划分颅型,属于圆颅型(Brachycraný);依颅长高指数划分颅型(79.1),属于高颅型(Hypsicrany);依颅宽高指数划分颅型(95.7),属于中颅型(Metriocrany),也就是颅宽与颅高之比,相对地不宽也不窄(表一一四)。

从颅骨的额骨弧、顶骨弧和枕骨弧等三条弧长大小顺序排列来看,M394 号颅骨的额骨弧为136.0 毫米,顶骨弧为 123.0 毫米,枕骨弧为 130.0 毫米,属于额-枕-顶型,与印度尼西亚的晚期智人(瓦贾克人)三条弧长的大小顺序相似。M395 号颅骨的三条弧长的大小顺序为额-顶-枕型,与我国晚期智人柳江人、山顶洞人(101 号)的大小顺序也完全相似。现代中国人颅骨三条弧长的顺序大多数(71.5%)为顶-额-枕型。这一点表明,贾湖新石器组人类颅骨,在形态上还带有一定的原始性。

表一一三　M394、M395 颅骨各项测量平均值和标准差(男)

项目	男 X	男 sd	项目	男 X	男 sd
颅长(g—op)	182.0	0.0	眶宽(mf—ek)L.	42.5	2.1
颅底长(n—ba)	107.0	7.1	mf—ek. R.	42.8	1.8
颅宽(eu—eu)	150.5	3.4	上齿槽弓长(pr—alv)	57.4	1.3
颅高(b—ba)	144.0	5.7	上齿槽弓宽(ekm—ekm)	68.7	1.7
额最小宽(ft—ft)	93.5	4.9	腭长(0l—sta)	49.0	1.4
额最大宽(co—co)	123.0	2.8	腭宽(enm—enm)	42.0	1.1
枕大孔长(ba—o)	33.0	1.5	腭深	11.5	3.5
枕大孔宽	30.9	3.6	眶间宽(mf—mf)	20.1	1.1
额骨弦(n—b)	116.5	4.3	鼻梁至 mf—mf 矢	6.2	0.2
顶骨弦(b—l)	109.4	2.9	眶间宽(d—d)	23.1	1.5
枕骨弦(l—o)	110.7	9.3	鼻梁至 d—d 矢	8.3	0.5
额骨弧($n\frown b$)	132.0	5.7	上面宽(fmt—fmt)	108.0	1.6
顶骨弧($b\frown l$)	120.5	3.5	两眶内宽(fmo—fmo)	98.5	0.1
枕骨弧($l\frown o$)	119.0	5.5	n 点至 fmo—fmo 矢	15.4	1.6
颅矢状弧($n\frown o$)	371.5	24.7	中部面宽(zm—zm)	101.4	2.3
颅冠状弧($po\frown po$)	333.0	25.5	ss 点至 zm—zm 矢	20.8	2.3
颅周长	534.5	2.1	面底长($ba—p^r$)	103.6	4.9
上面高(n—sd)	76.7	3.3	鼻骨最小高(ss)	3.2	0.0
(n—pr)	73.7	4.6	鼻骨最小宽(sc)	8.2	1.6
颧宽(zy—zy)	137.5	3.5	总面角(n—prLFH)	85.0°	1.4
鼻高(n—ns)	56.9	1.0	鼻面角(n—nsLFH)	89.0°	2.8
鼻宽	27.4	0.1	齿槽面角(ns—prLFH)	70.5°	3.5
眶高 L.	33.9	2.6	鼻颧角(fmo—n—fmo)	146.8°	3.2
R.	32.8	3.9	颧上颌角(zm—ss—zm)	136.0°	4.2

注表中单位除角度外均为毫米。

表一一四　M394、M395 颅骨各项指数平均值(男性)

项目	平均值	项目	平均值
颅长宽指数	82.7	腭指数	85.8
颅长高指数	79.1	眶间扁平指数	30.7
颅宽高指数	95.7	上面部扁平指数	15.6
上面指数(n－sd)	55.7	中面部扁平指数	20.4
面部突度指数	96.8	垂直颅面指数	53.3
鼻指数	48.1	上齿槽弓指数	119.8
鼻根指数 ss：sc	40.1	颅骨粗壮指数	158.9
眶指数 I(L＋R)	78.2	面突指数	96.8
枕大孔指数	93.5		

（二）面颅部分

面形：依面宽和上面高的尺寸分析，面宽平均 137.5 毫米，属于宽型的面宽(137.0 毫米以上)。上面高(n－pr)平均 73.7 毫米，属于接近高型(74.0 毫米以上)的中等面高。依上面指数(n－sd)55.7 划分面形为狭上面型(Lepteny)。

面部前突程度：依总面角(n－prLFH)划分面部突颌程度，M394 号颅骨(84°)为中颌型(Mesognathous)趋平颌型(Orthognathous)，M395 号颅骨总面角(86°)，属平颌型。从总面角平均值看(85°)，属于平颌型(85°～92.9°)略趋中颌型(80°～84.9°)，表明整个面部较平直向下而不明显前突。上颌齿槽骨前突程度，依上齿槽面角看，M394 号(73°)和 M395 号(68°)，两者均属突颌型(prognathous)，而 M395 号比 M394 号更前突，为特突颌型(hyperprognathous)。这个角度表明贾湖组颅骨的上齿槽骨明显前突。另外，从面底长(pr－ba)与颅底长(n－ba)的比例(面突指数)来看，M394 号(98.1)属中颌型(mesognath)，M395 号为 95.5，属正颌型(Orthognath)，两者平均角度为 96.8，属于正颌型。这一指数大小和总面角度数都表明贾湖组居民整个上面部(不带下颌骨)较平直、不前突。

面部扁平程度：从上面部扁平指数[鼻梁至两眶内宽的矢高×100/两眶内宽(fmo-fmo)]来看，该指数平均值为 15.6，仅落在黄种人该指数的变异范围内(13.7～16.2)。另一方面，从鼻颧角[由左右两眶内缘点(fmo)和鼻根点(n)组成的角度(∠n)]来看，角度平均 146.8°，也仅落在黄种人该角度的变异范围内(143°～151°)。这两项分析表明，贾湖组颅骨的面部较扁平，显示了黄种人的明显特征——面部扁平。

（三）眶部特征

从眶宽(mf-ek)来看，M394 号颅骨的眶宽为 41.5 毫米(左右合并)，M395 号为 43.8 毫米，均落在我国新石器时代颅骨组眶宽均值的变异范围之内(39.0 毫米～45.0 毫米)，平均值为 42.5 毫米，属中等眶宽。眶高，M394 号为 31.0(左右平均)毫米，M395 号为 35.7 毫米，两者均落在我国新石器时代颅骨组的平均值变异范围内(31.0 毫米～36.0 毫米)。从眶宽与眶高之比(眶指数)来衡量其眶形,M394号(74.5)和M395号(81.5)均属中眶型(Mesoconchy)。以眶间扁平指数[鼻梁至眶间宽(mf—mf)的矢高×100/眶间宽]来衡量眶间部的扁平程度,M394号为28.7,M395号为32.8,与四大人种的该项指数变异范围相比,前者落在黑种人平均值变异范围内(20～28.9),后者落在黄种人平均值变异范围内(31.0～36.0)。这个指数表明贾湖组居民的两眼眶之间较低平,与黄种人最相似。

(四)鼻部特征

鼻高(n—ns)平均56.9毫米,落在我国新石器时代组的平均值变异范围内(50.0～57.5毫米),属于偏高的鼻高。鼻宽平均27.4毫米,落在我国新石器时代组平均值变异范围内(25.5～29.5毫米),属于中等宽的鼻宽。依鼻指数划分鼻形,属于中鼻型(Mesorrhiny)。鼻骨最小宽平均8.2毫米,基本上置于黄种人平均值变异范围的上限(5.7～8.0毫米),鼻骨最窄处的矢高平均3.2毫米,落在大洋洲人种(棕色人种)的变异范围内(3.1～3.8毫米),其鼻根指数(ss:sc)平均为40.1,超过我国新石器组平均值变异范围(26.0～34.0)。明显低于白种人(48.0～54.0),高于黄种人(30.0～35.0),落在棕色人种的范围内(38.0～40.0),置于中等的高度,而不如我国新石器时代居民低平。

(五)上齿槽弓特征

上齿槽弓长(pr—alv),M394号为56.4毫米,M395号为38.3毫米,两者略有差异,后者略比前者长。上颌齿槽弓宽(ekm—ekm),M394号为67.5毫米,M395号为69.9毫米,后者略比前者宽。上颌齿槽弓指数(maxillo—slveolar index),M394号(119.7)与M395号(119.9)相近,平均119.8,依上颌齿槽弓指数划分类型,属短颌型(Brachu—ranisch)。这一指数表明,贾湖组的上颌齿弓外形较短而宽。

硬腭的形态,两个颅骨的硬腭面均无腭圆枕。腭长(ol—sta),M394号为50.0毫米,M395号为48.0毫米。腭宽(enm—enm),M394号为41.2毫米,M395号为42.8毫米。相比之下,前者略比后者长而窄。依腭指数(Palatal index)划分腭形,前者(82.4)为中腭型(Mesostaphyliny),后者(89.2)为阔腭型(Brachystaphyliny)。

如果从腭深指数(Gaumenhohen index)来衡量其硬腭的深浅程度,M394号腭深指数为21.8,属于低腭型(Chamaestaphyliny),M395号(32.7)属于正腭型(Orthostaphyliny),前者略比后者低。腭深指数平均为27.3,属于低腭型趋正腭型。这个指数表明贾湖组居民硬腭略偏宽偏低(浅)。

(六)牙齿大小

根据颅骨上保存的牙齿测量结果如表一一五。

这个统计仅根据2个颅骨的上颌牙齿,牙齿数量少。从每个牙齿的平均面积来看,贾湖组上颌牙齿总面积(637.2平方毫米),比下王岗新石器组相同牙齿的总面积(590.1平方毫米)和江苏新石器组(605.6平方毫米)的大。这可能也反映了贾湖组的年代较早。

表一一五　人骨牙齿测量表　（单位：毫米）

齿序	近中远中径(MD)	颊舌径(BL)	面积(MD×BL)
I^2	7.3	7.2	52.2
C	8.5	8.8	74.8
P^3	7.8	10.3	79.4
P^4	7.3	9.8	71.1
M^1	10.6	11.8	125.1
M^2	10.3	12.1	124.4
M^3	9.5	11.6	110.2

（七）第三磨牙萌出情况

作者观察上、下颌骨牙齿完整，统计第三磨牙萌出情况，结果见表一一六、一一七。

表一一六　人骨上颌第三磨牙萌出情况　百分比(例数)

性别	年龄	左侧			右侧		
		萌出	未萌出	合计	萌出	未萌出	合计
男	青年	0	5.30(7)	5.30(7)	1.52(2)	3.79(5)	5.31(7)
	壮年	15.91(21)	53.03(70)	68.94(91)	14.39(19)	54.54(72)	68.93(91)
	中年	4.55(6)	21.21(28)	25.76(34)	3.79(5)	21.97(29)	25.76(34)
	合计	20.46(27)	79.54(105)	100(132)	19.70(26)	80.30(106)	100(132)
女	青年	0	33.33(10)	33.33(10)	0	33.33(10)	33.33(10)
	壮年	6.67(2)	43.33(13)	50.00(15)	3.33(1)	46.67(14)	50.00(15)
	中年	0	16.67(5)	16.67(5)	0	16.67(5)	16.67(5)
	合计	6.67(2)	93.33(28)	100(30)	3.33(1)	96.67(29)	100(30)
合计		17.90(29)	82.10(133)	100(162)	16.67(27)	83.33(135)	100(162)

表一一七　人骨下颌第三磨牙萌出情况　百分比(例数)

性别	年龄	左侧			右侧		
		萌出	未萌出	合计	萌出	未萌出	合计
男	儿童	0	0	0	0	0	0
	青年	15.1(2)	3.79(5)	5.30(7)	15.1(2)	3.79(5)	5.30(7)
	壮年	21.21(28)	47.73(63)	68.94(91)	21.21(28)	47.73(63)	68.94(91)
	中年	4.54(6)	21.21(28)	25.76(34)	4.54(6)	21.21(28)	25.76(34)
	合计	27.27(36)	72.73(96)	100(132)	27.27(36)	72.73(96)	100(132)
女	儿童	0	0	0	0	0	0
	青年	3.33(1)	30.00(9)	33.33(10)	0	33.33(10)	33.33(10)
	壮年	13.33(4)	36.76(11)	50.60(15)	16.67(5)	33.33(10)	50.00(15)
	中年	0	16.67(5)	16.67(5)	0	16.67(5)	16.67(5)
	合计	16.67(5)	83.33(25)	100(30)	16.67(5)	83.33(25)	100(30)
合计		25.31(41)	74.69(121)	100(162)	25.31(41)	74.69(121)	100(162)

从杜百廉等对河南30岁以上活体调查中①,发现第三磨牙未萌出者男性占17.5%、女性占30.7%。从下王岗73例人骨中②发现上颌第三磨牙未萌出者占14.1%,下颌第三磨牙未萌出者占10.9%。在青台遗址中③,发现男、女性上颌左、右第三磨牙未萌出者分别占55.56%和54.55%,而男、女性下颌左、右第三磨牙未萌出者分别占52.18%和54.35%,在本文研究中,男、女上颌左、右第三磨牙未萌出者分别占82.10%和83.33%,而男、女下颌左、右第三磨牙未萌出者分别占74.69%和74.69%。本文未萌出率偏高。就上、下颌第三磨牙萌出率,在男性壮年和中年之间进行统计学处理,无显著性差别。

(八)下颌角的测量

用南昌市青云谱计量仪器厂生产的下颌角测量仪,测量136例,其结果见表一一八。

表一一八　人骨下颌角的角度平均值　(单位:度)

组别		青年	壮年	中年	老年	合计
本组	男	117.93(8)	116.9(79)	119.3(29)	116(1)	117.55(117)
	女	121.5(2)	124.32(14)	124(3)	0	123.97(19)
	合计	118.65(10)	118.02(93)	119.75(32)	116(1)	118.45(136)
下王岗		122.0(12)	118.3(17)	113.7(8)	115.0(20)	117.25(57)
青台		123.4(5)	124.2(17)	121.4(35)	115.0(1)	121.0(58)

注:括弧内的数值为例数

由表一一八可知,贾湖组下颌角的角度与下王岗、青台遗址近似,下颌角的角度由青年至老年有变小的趋势。就男女下颌角的均值进行统计学处理 $P<0.001$,有高度显著性。

三、肢骨特征

由于墓葬中许多肢骨保存较差,在本节中主要对部分股骨、胫骨和肱骨进行一些观测。有关肢骨的各项测量平均值列于表一一九～表一二一中。

(一)股　骨

可供测量的股骨共53个个体(包括完整和不完整残段),其中男性43个,女性10个。股骨各项测量平均列于表一一九。

从股骨的外观看,男性股骨的骨干较粗壮,股骨嵴较发达,多数两侧呈壁柱状,臀肌粗隆区多数呈长粗隆状,少数为嵴状,但未呈第三转子形(Third trochanter),转子下窝(Hynotro chanteric fossa)不明显。

股骨干上部的发育程度,依股骨扁平指数(Platymeric index)来划分,男性左侧平均76.1,右

① 杜百廉等:《中国人牙齿调查研究》,《河南医学院学报》,1965年第24期。
② 杜百廉等:《下王岗原始社会遗址人骨的研究》,《河南医学院学报》,1979年第1期。
③ 杜百廉等:《河南青台原始社会人骨研究》,《河南医学院学报》,1986年。

侧平均 77.3，左右两侧均属扁型(Platymeric)。其中，左侧属于扁型的个体(包括超扁型)占 90.2%，属于正型(Eurymeric)的占 9.8%；右侧扁型个体占 81.8%，正型的占 18.2%。由此可见，本组绝大多数个体的股骨上部较平扁。

表一一九 人类股骨各项测量均值及指数 (单位:毫米)

股骨		男			女		
		N	X	sd	N	X	sd
最大长 Maximum length	L	28	465.7	16.0	2	449.3	3.9
	R	18	468.5	17.3	4	442.3	11.7
两髁长 Bicondylar length	L	28	461.9	15.9	2	443.5	2.2
	R	19	464.9	16.5	4	438.0	11.6
体上部矢径 Antero－Posterior diameter of subtrochanteric flattening	L	43	25.2	1.9	8	22.7	1.4
	R	32	25.4	1.5	9	22.4	1.8
体上部横径 Maximum transvers diameter of subtrochanteric flattering	L	43	33.0	2.2	8	30.4	1.7
	R	32	32.8	2.1	9	30.7	1.3
体中部矢径 Antero－Posterior diameter at middle	L	43	30.8	2.1	8	28.2	1.7
	R	32	30.9	2.0	10	27.5	2.6
体中部横径 Transverse diameter at middle	L	43	27.1	1.6	8	25.2	1.7
	R	32	27.2	1.6	10	25.1	1.6
体下部矢径 Kleister unterer Sagittalar Diaphysendurchmesser	L	37	31.3	1.8	4	28.5	1.3
	R	29	31.0	2.0	7	28.0	1.5
体下部横径 Unterer transversaler Diaphysendurchmesser	L	38	37.6	3.0	4	35.9	3.3
	R	28	36.3	3.2	8	36.5	3.1
体中部周长 Circumference of the saft at middle	L	42	92.6	4.9	8	87.2	4.2
	R	31	92.9	4.4	9	86.8	4.4
颈高 Vertikaler durchmesser des collum	L	37	34.1	2.3	4	29.7	1.9
	R	25	34.4	2.3	8	29.3	1.9
颈矢径 Sugittaler durchmesser des collum	L	37	26.9	2.2	4	24.3	1.3
	R	25	27.8	1.9	8	24.3	2.5
头最大径 Maximum diameter of the head	L	32	48.0	2.4	3	43.7	1.7
	R	24	48.4	2.0	8	43.7	1.5
头周长 Curcumference of the head	L	29	155.2	7.2	2	142.0	5.7
	R	21	156.1	5.0	8	141.4	5.0
粗壮指数 Robusticity index	L	29	12.5	0.6	2	12.4	0.7
	R	19	12.6	0.5	4	12.7	1.7
扁平指数 Platymetric index	L	43	76.1	6.80	8	74.8	3.5
	R	32	77.3	5.7	9	73.3	7.0
嵴指数 Pilastric index	L	43	113.5	7.8	8	111.1	9.5
	R	32	113.2	7.9	10	107.7	9.2

注：表中 N 为例数，X 为平均值，Sd 为标准差。X 项中除指数外，单位为毫米。

股骨嵴发育程度，依嵴指数(Pilastric index)来看，男性左侧平均113.5毫米，右侧平均113.2毫米，左右基本相似，均比我国新石器时代各组的的嵴指数均值变异范围的上限(91毫米～112毫米)还大。女性左侧平均111.1毫米，右侧平均107.7毫米，也都超过我国新石器时代各组女性的嵴指数均值变异范围(89.0毫米～108.0毫米)。这种情况表明，贾湖组股骨中部股骨嵴比其它新石器组的股骨嵴发达。这个指数比晚期智人(日本港川人为102.0毫米)大得多，但是比吕宋岛的尼格利陀人(Negrito平均118.0毫米)小。

(二)胫　　骨

胫骨保存数量比股骨少，残段较多。男性共21个，骨干中段的个体数左右各21个，但完整的只有右侧14个，左侧13个。女性胫骨中段7个，完整的，左侧4个，右侧6个。各项测量平均值及指数列于表一二〇。

表一二〇　人类胫骨各项测量均值和指数　(单位：毫米)

测量项目		男			女		
		N	X	sd	N	X	sd
两髁长 Biocondylar length	L	14	383.1	15.6	6	374.0	18.1
	R	13	377.7	14.5	4	360.8	16.0
功能长 Physiological length	L	17	363.2	15.0	4	339.5	8.9
	R	17	353.9	16.4	7	354.7	19.7
中部横径 Transverse nutrient foramen diameter	L	21	22.8	2.3	6	20.7	1.3
	R	21	23.2	2.3	7	22.0	2.1
中部最大径 Anter－posterior nutrient foramen diameter	L	21	37.7	2.3	7	32.5	2.1
	R	21	35.6	5.7	7	34.4	3.3
下段矢径 Sagittalar Durchemesser der unteren Epiphyse	L	16	40.0	2.0	5	37.0	1.5
	R	14	40.0	1.9	6	38.4	3.4
下段宽 Grosste distale Epiphysen Breite	L	15	50.4	2.9	5	45.8	3.1
	R	14	50.5	2.5	4	50.6	3.9
体最小周长 Least Circumference of the sharft	L	21	81.8	5.9	6	72.9	3.4
	R	21	80.4	5.9	7	75.3	5.9
胫骨指数 Cnemic index	L	21	60.6	4.5	5	63.1	4.8
	R	21	63.5	4.3	7	63.1	5.0
胫股指数 Tibio－femoral index	L	12	77.5	3.4	2	80.4	2.1
	R	8	77.2	3.2	2	79.5	1.9

注：X项中，除指数外，单位为毫米。

从表一二〇平均值来看，男性左侧胫骨最大长(两髁长)平均383.1毫米，右侧377.7毫米，两侧差异明显，平均380.4毫米，置于我国新石器时代胫骨最大长平均值的变异范围之内(347.0毫米～400.0毫米)，与各组新石器时代的胫骨长相比，属于中等长。

胫骨骨干形态，依胫骨指数(Cnemic index)来分析，男性左侧平均60.6毫米，属于扁胫型

(Platy cnemic)，其中扁胫型占左侧个体数的 71.4%，超扁胫型(Hyperplatycnemic)占 4.8%，宽胫型(Eurycnemic)占 4.8%，中胫型(Mesocnemic)占 19.0%；右侧平均 63.5 毫米，属于中胫型，其中扁胫型占 55.0%，中胫型占 40.0%，宽胫型占 5.0%。左右侧平均 62.1 毫米，属扁胫型趋中胫型。女性中，左侧平均 63.1 毫米，属中胫型趋扁胫型，右侧平均 63.1 毫米，也属中胫型趋扁胫型。由此可见，该人群胫骨骨干腹背胫(前后径)明显大于横径(左右径)，骨干偏扁，而且女性胫骨中段比男性的略扁平。

如果依胫股指数(Tibio－femora index)来衡量胫骨与股骨长度的比例关系，男性胫股指数左侧平均 77.5 毫米，右侧平均 77.2 毫米，两者均属短胫型(Brachycnemic)。该指数的个体变异范围(左右侧)在 74.8 毫米～80.3 毫米之间，均属(100%)短胫型。由此可见，本组居民胫骨骨干大小为中等偏扁，长度偏短。

(三)肱　骨

可供观察的肱骨残段共 293 个个体，其中男性 181 个，女性 112 个。可供部分测量的肱骨残段共 34 个，其中男性 26 个，女性 8 个。

从肱骨外观看，骨干发育中等，三角肌粗隆发育正常。肱骨远端未见髁上孔或髁上突。

滑车上孔(Supratrochlear foramen)——即鹰嘴窝(Olecranon fossa)和冠突窝(Coronoid fossa)相通。这个特征观察结果统计如下：男性 8 个，占男性总数的 4.4%；女性 16 个，占女性总数的 14.3%。男性中仅左侧出现的占 62.5%(5：8)，右侧出现率占 37.5%(3：8)；女性中，左右侧同时出现滑车上孔 10 个，占女性 16 个中的 62.5%，左侧出现率占 31.3%(5：16)，右侧出现率占 6.2%，(1：16)。另有一少年个体(15 岁～17 岁)的左侧肱骨也存在滑车上孔，右侧未见。这个统计数表明女性滑车上孔的出现率比男性的高，而且不管男性或女性，左侧肱骨滑车上孔的出现率均比右侧的高。

从肱骨测量来看(表一二一)，肱骨最大长，男性的平均为 328 毫米，处于我国新石器时代各组平均值的变异范围内(284～377.1 毫米)，其中左侧平均 325.9 毫米，右侧平均 329.9 毫米；女性的平均为 327.5 毫米(均为左侧)，超过我国新石器时代各组平均值的变异范围(284.0～316.4 毫米)。

肱骨粗壮程度，依肱骨粗壮指数(Caliber index of the humerus)来看，男性的平均 20.1 毫米，其中左侧平均 19.6 毫米，右侧平均 20.5 毫米，右侧略比左侧粗壮；女性左侧平均 18.5 毫米，略比男性的左侧细弱。

表一二一　人类肱骨各项测量平均值和指数　(单位：毫米)

项　目		男			女		
		N	X	sd	N	X	sd
最大长 Maximum length	L	18	325.9	11.0	4	327.5	11.4
	R	18	329.9	11.4	—	—	—
体中部最大径 Diameter major at middle	L	19	23.7	1.8	8	21.9	2.0
	R	25	25.0	1.8	5	22.1	1.3
体中部最小径 Diameter minor at middle	L	20	19.7	2.1	7	17.1	1.5
	R	26	20.4	1.8	6	17.5	1.0

项目		男			女		
		N	X	sd	N	X	sd
中部横径 Transverse diameter	L	18	19.1	1.6	6	18.0	3.0
of shaft humerus at middle	R	24	20.3	2.2	6	18.6	1.8
中部矢径 Sagittal diameter of shaft	L	18	21.8	1.2	6	20.3	1.8
of humerus at middle	R	23	23.0	1.4	6	21.5	1.5
下端宽 Braddth of the distal epiphysis	L	18	62.0	2.9	5	57.0	3.0
	R	24	62.6	3.0	6	57.3	1.7
头纵径 Suittaler diameter of the head	L	15	47.5	2.6	5	43.5	2.8
	R	19	48.7	2.9	3	43.2	1.2
头横径 Transverse diameter of the head	L	15	42.7	2.2	5	39.7	1.6
	R	20	44.3	2.2	5	38.0	1.0
体最小周长 least Circumeference	L	18	64.6	4.6	6	60.6	2.7
of diaphysis of humerus	R	23	67.7	4.5	6	62.1	2.2
头周长 Circumeference of head	L	15	144.4	7.5	5	132.6	4.5
of the humerus	R	19	146.1	7.3	2	130.0	3.4
粗壮指数 Caliber index of the humerus	L	18	19.6	—	4	18.5	—
	R	18	20.5	—	—	—	—

（四）身高估计

身高推算公式选用我国汉族男性身高的回归公式(邵象清,1984)[①]。考虑到本组个体年龄多数为中年,因此选用的推算公式为中年人回归公式,同时,主要采用股骨最大长、胫骨最大长和肱骨最大长进行计算,其公式分别如下:

股骨推算身高:617.48+2.36×股骨最大长±31.16

胫骨推算身高:742.77+2.52×胫骨最大长±36.51

肱骨推算身高:684.86+3.16×肱骨最大长±45.42

计算结果列于下表一二二。

表一二二　人类身高平均值及标准差　　（男性,单位:厘米）

公式		例数	变异范围	平均 X	平均 sd	左右平均
股骨公式	L	28	164.4～179.0	171.5	3.60	171.9
	R	18	163.5～179.0	172.2	3.90	
胫骨公式	L	14	164.7～177.8	170.8	3.90	170.3
	R	13	163.7～175.3	169.8	3.80	
肱骨公式	L	18	165.8～175.8	170.6	4.60	171.5
	R	18	165.8～177.5	172.3	4.30	

① 邵象清:《人体测量手册》,上海辞书出版社,1984年。

从表一二二身高估算的结果可以看出，利用股骨、胫骨和肱骨最大长所估算的身高在170.3厘米～171.9厘米之间，三者平均为171.2厘米，均超过已知的我国新石器时代各组男性身高的平均值。依马丁身高分类标准看，属于高型(170厘米～179.9厘米)的身材。

女性身高，由于缺少女性肢骨推算其身高的公式，本文无法进行估算。但根据女性长骨的尺寸，估计女性身高也可能较高。

第四节　人类骨骼疾病例证

根据出土的342个肢骨残段或椎骨残块观察来看，发现有如下多种骨骼疾病。诊断标准主要依据 Steinbock (1976)①，Zimmerman 和 Kelley (1982)② Ortner 和 Putschar (1989)③和 Brothwell (1972)④的标准。

一、骨　　折

病例1(M79号)，一男性左侧股骨上段，大转子下方约3～4厘米处，明显遗下骨折遗痕。骨折断面已愈合，但不整齐，显然是自愈而不是治愈。

病例2(M70号)，右侧肱骨上半段弯曲，骨干略偏扁且偏内侧弯扭。可能由于幼年时营养不良引起软骨病，又因受到外力的冲击下发生轻微骨折，但也可能是骨软化(Osteomalacia)。

病例3(M376)，第3和第4腰椎，男性老人。二节椎体上关节面均出现腐烂穿孔，其椎体上下边缘生长骨刺(bony spurs)，并形成很明显的边缘唇(Marginal lipping)，但上下椎体未粘连。二个椎体出现变形，椎体前侧(腹侧)变得低矮，椎体也缩短。可视为因患有退行性关节炎而导致的压缩性骨折(Compressive fracture)。

另外，还发现有M306肱骨下端骨干处骨折后愈合的痕迹(图版二〇五，9)。

二、风湿性关节炎

病例4(M247号)，女性壮年个体(35岁～40岁)。患病部位在膝关节的胫骨上关节面。在其内侧髁和外侧髁的上面都有上关节面与股骨两髁相对应。这两个关节面都呈现严重的融蚀，软骨腐烂，软骨下骨骨质疏松。两髁之间的隆起(髁间隆起)已融蚀成为凹坑，髁间前区和髁间后区也呈现深的融蚀凹坑，其软骨完全腐烂，在髁间前区还悬存一小块软骨下骨片。两髁周围边缘骺线处，也因炎症而融蚀。整个胫骨上关节面均严重融蚀，残存许多不规则的小凹坑或半管状的融蚀凹痕，但没有任何新骨增生。这显然是因患有风湿性关节炎所致。

---

① Steinbock, K. T. 1976. Paleopathological Diagnosis and Interpretation, Charles C Thomas Publisher, Sprinfield. Illinois, U. S. A. 17—55.

② Zimmerman, M. R. and M. A. kerlly, 1982. Atlas of Human Paleopathology. Praeger Publisher CBS Education and Profession Publishing a Division of CBS Inc. New York. 42—54.

③ Ortner. D. J and W. G. Putschar, 1989. Idendification of Pathological Conditions in Human Skeletal Remains. Smithsonian Institution Press, City of Washington, 55—81.

④ Brothwell, D. R. 1972. Digging up Bone. Trustees of British Museum(Natural History). London, 132—145.

三、骨　　瘤

病例 5(M220),一男性成年。患病部位在胫骨下端外侧的踝关节面上方。骨瘤两个,两者外观均呈倒状的椭圆形骨赘,其长轴方向与骨干一致,上者比下者大。骨瘤两侧边缘的胫骨表面均有明显呈细条状的骨质增生,附于骨表,但踝关节面无异常病变,也无迹象表明与腓骨骨化愈合。根据其症状,估计是因扭伤致伤肌腱导致肌腱骨化而形成的骨瘤。

病例 6(M365),一女性青年(20 岁～25 岁)。其右侧股骨大转子(Greater trochanter)的后下外侧、臀肌粗隆(Gluteal tuberosity)的外侧唇上部出现一个椭圆形的骨质密集的骨瘤,这种骨瘤有时被认为是第三转子(Third trochanter)。其实这种骨瘤早在爪哇直立人(Pithecanthropus)的左侧股骨就发现过,确诊为肌炎骨化(Myositis ossificans)所致。本例的骨瘤位于臀肌粗隆的外缘,是其肌腱的附着处,而且骨瘤形状较小,骨瘤长轴方向与臀肌粗隆方向一致,因此,可能是由于肌腱炎骨化而形成的骨样骨瘤(Ostloid Osteoma)。

另外,还发现 M327 下颌髁突的顶面变平,不呈圆弧形,其外侧有骨瘤(图版二〇六,7)。

四、骨 关 节 炎

骨关节炎是关节炎中最为普遍的一种骨病,更为准确的定义称为退行性关节病(Degenerative Joint Disease,即 DJD 病)。它的显著特征是关节软骨融蚀或损伤,而且关节面上有新骨形成。病变部位主要在可动关节(Diarthrodial Joint),发病年龄一般在中年以后,男性发病率略比女性高。在本遗址中,本病发病的个体较多,初步估计 36 例(个体),占总数(342 例)的 10.5%。从其分布来看,颈椎 1 例(M395)、胸椎 3 例(M376、M395)、腰椎 7 例(M66、M258、M295、M353、M371、M395)、肩部 4 例(M40、M267、M318、M332)、肘部 6 例(M104、M73、M121、M275、M352、M402)、膝部 10 例(M108、M31、M39、M98、M102、M264、M277、M282、M345、M352)、股部 2 例(M264、M220)、膝外侧部 2 例(M277、M282)、腕部 1 例(M326)、踝部 1 例(M253)。

由于病例较多,症状类同,故不一一介绍,以下仅列举几个典型病例并进行描述。

病例 7(M332),一女性青年(25 岁～30 岁)。左侧肱骨的肱骨头的关节面上的软骨组织出现形状和大小不一的融蚀凹陷,关节面周围出现骨质增生,并形成一个圆圈形的边缘唇(Marginal lipping),相当骨骺部位的骨外表也有程度不等的融蚀斑痕。

病例 8(M353),一男性中年(40 岁～45 岁)。患病部位在第Ⅲ、Ⅳ节腰椎,椎体上下关节面的软骨组织均融蚀。软骨下骨组织也融蚀,第Ⅲ腰椎上关节面出现两个大而深的融蚀凹陷,关节面略变形,上下关节面周缘均生长骨刺,这些骨刺愈合连成一个环状帽缘似的骨赘突出于椎体。第Ⅳ腰椎的症状也大同小异,但上下关节面上仅留下一个很大的(占椎体的 90%)融蚀凹坑,而不呈多孔状,椎体上下关节面的周围也为一骨刺增生所形成的环状骨赘所环绕。但两椎体之间的所有关节面或骨突均未愈合。

病例 9(M376),一男性老年(55 岁以上)。一胸椎下关节面软骨组织已融蚀,软骨下骨出现许多融蚀小孔,关节面周缘生长骨刺成边缘唇。胸椎上关节面未受融蚀,但其周缘生长异常显著的骨刺环绕着,椎体侧面未见骨赘增生。

病例 10(M318),一男性老年(55 岁～60 岁)。其肱骨头周缘有显著的骨刺生长。呈环状,肱骨头关节面未呈明显融蚀,但肱骨头内侧边缘下方有融蚀小洞孔。左右尺骨鹰嘴周缘均出现明显的唇状骨质增生。

病例 11(M40),一男性老年(50～55 岁)。患病部位在右侧肱骨的肱骨头,肱骨头关节面已呈不规则的融蚀凹陷,软骨下骨也部分融蚀,可见部分新骨生长,肱骨头周缘有唇状的骨质增生。大转子与肱骨头周缘之间也出现许多融蚀小孔,并可见新骨增生的小突起。

病例 12(M98),一男性成年。股骨下端关节的内侧髁和外侧髁关节面以及与其相对的胫骨上关节面的内侧髁和外侧髁关节面,均出现轻度的融蚀,而且各关节面的周缘均出现一些发育不等的唇状骨质增生,明显是退行性关节炎所致。

病例 13(有 3 个个体,3 块大小不一的髌骨),其共同的症状是:右侧髌骨 1 块,左侧髌骨 2 块,其髌骨后面的关节面(外侧和内侧)均出现较严重的融蚀小凹陷,其纵向钝嵴也因感染融蚀而凹陷。3 块髌骨下端和上缘的边缘均生长粗条状的骨刺,髌骨前面骨表面出现许多纵条状的骨嵴。这些骨刺的形成可能是肌腱韧带骨化所致,明显属于退行性关节炎。

病例 14(M50),一男性青年。左侧跟骨的后端下方生长骨刺,而且骨质增厚,同时内侧后下方也有骨刺生长,可能是跟腱损伤骨化所致。

另外,M395 的锁骨胸骨端异常扩大,也许是由于疾病引起骨质增生(图版二〇六,6)。

五、强直性脊椎炎

强直性脊椎炎的形态学特征表现为:若干个椎体被边缘韧带骨化的骨赘粘连,或者骨突连接关节(Zygoapophyscal joint)融合粘连,致使局部脊柱强直(Ortner and Putschar,1975)。在本遗址中,仅发现 1 例。

病例 15(M395),一男性壮年(30 岁～35 岁)。从外形看,第Ⅲ至第Ⅳ胸椎融合。从腹面观,两椎体的上关节面与下关节面分开,未愈合,均无骨唇增生;从侧面看,胸椎棘突未愈合,但其上、下关节突的关节面已融合粘连,棘突根部也愈合粘连,致使第Ⅲ与第Ⅳ胸椎粘连强直。

六、骨 髓 炎

病例 16(M389),一男性成年个体。患病部位在左侧胫骨下半段。从外观看,患病部位骨干增粗,骨表有一明显圆形管口(Cloaca)穿入骨皮质进入髓腔成瘘管。瘘管口附近由于漫性感染而引起骨膜炎导致破坏并出现骨质增生,因此瘘管口周围的骨表呈凹凸不平的小块骨质隆起,隆起的骨质表面有很多小的融蚀小孔。根据症状判断,可能临近软组织感染直接侵入扩散所致。(图版二〇五,5、10)。

除上述从骨骼遗骸可确诊的骨骼疾病之外,还有许多消化系统、呼吸系统、心血管病等等病症,由于软组织腐烂而无法判断。不过经对这些骨骼疾病的诊断来看,发现各种骨骼病状的骨骼共 52 件,属 40 个个体,其中男性 33 个,女性 7 个。因此,仅从骨骼所反映的该人群骨病的发病率来看相当高。男女两性发病率占人群总观察个体数(342 例)的 11.7%,其中男性骨病发病率占男性总数的 17.4%(33∶190),女性骨病发病率占女性总数的 5.8%。(7∶120)。

从骨病病症诊断,患有退行性骨关节病、骨折、骨瘤、风湿性关节炎、强直性关节炎和骨髓炎等疾病。其中退行性骨关节炎的比例最多,占 40 个个体的 80%,其次为骨折,占总数的 7.5%,其余的病例都为 1 例～2 例。毫无疑问,这些疾病必然对该人群的健康和死亡构成严重威胁。

七、牙　　病

在本遗址中，由于牙齿保存的个体甚少，无法进行有效统计。但是，同其它新石器时代居民一样，本组居民的口腔疾病主要观察有三种：牙周病（Periodontal disease）、齿槽脓肿（Odontogenic Cysts）和龋齿（Deutal Caries）。（图版二〇六，1—5、8—11）这类牙病的病例较多，例如 M113、M31、M127、M299、M313、M322，、M328、M359 等等。这些牙病的病状已经有过大量详细的描述，在此笔者不进一步描述。现将河南医科大学人体解剖教研室的范章宪、杜百廉等对本遗址观察龋齿的发病率结果引用如下（表一二三）。

表一二三　人类龋齿出现率（%）

性别	青年（17 例）	壮年（106 例）	中年（39 例）	老年（1）	合计（163 例）
男	0	0	0.61（1 例）	0	0.61
女	0	1.84（3 例）	0	0	1.84
合计	0	1.84（3 例）	0.61（1 例）	0	2.45（4 例）

八、头骨外伤

M21 有块砍伤的头骨片：一片的伤面长约 2 厘米，宽为 1 厘米，未被击穿；另一片的伤面长宽各为 1 厘米左右，已被击穿。M61 上利器所致的凹坑长约 1.8 厘米，宽为 1 厘米，但未被击穿。M327 的 4 号头骨的左顶骨面有致命击伤凹坑，呈椭圆形，长径达 4 厘米，短径达 1 厘米，骨面塌陷，部分已被击穿（图版二〇五，1～4）。

九、人骨中其它特殊情况

1. 额中缝，具有额中缝的有 M267。据吴定良先生（1941 年）作的统计，额中缝的出现率在蒙古人中为 5.1%，中国人（云南）为 13.7%，昙石山新石器组为 33.3%，而贾湖新石器时代人的额中缝比例就所保存的额骨总数来说还是很少的（图版二〇五，11）。

2. 肱骨下端鹰嘴窝穿孔，肱骨下端鹰嘴窝穿孔的有 M9 甲、M12 乙、M54、M240、M322、M366、M394、M487（图版二〇五，8、9）。

3. 卡氏尖及异常齿尖，M61 的右 M^2，在前尖的颊侧面上多出一鳞片状小尖；另外在原尖的近中舌侧近齿颈处又多出一齿尖，该尖比前一个尖要大些，此尖通常被称作卡氏尖。M353 甲的右 M^2，在前尖和后尖之间的颊侧面上多出一鳞片状小尖（图版二〇五，6、7）。

第五节　人类环椎、枢椎形态学观测

贾湖遗址考古发掘出的人类遗骨，对研究 8000 年前人类头颈部的活动特点、丰富人类学研究的内容也有着非常重要的意义，再与现代人环椎、枢椎作形态比较，以便于了解人类在这 8000 年间头颈部的进化情况。为此对贾湖人的环椎、枢椎进行了形态学观察。

一、对　　象

贾湖遗址发掘出土的保存完好的人的环椎24个、枢椎25个。其中有的墓中环椎保存较好而枢椎保存不好，有的枢椎保存较好而环椎保存不好。共计环、枢椎分属41座墓，男性墓22座、女性墓座8、儿童墓5座、性别不明6座。河南医科大学人体解剖教研室提供的现代成人环椎20个、枢椎20个。

二、方　　法

观测方法是根据人体测量手册① 所介绍的方法逐项进行测量、登记，对于椎孔、横突孔的面积，根据其近似圆形采用 $S=xr^2$ 计算。比较贾湖文化期与现代人齿关节面面积，采用t值检验。

三、结　　果

（一）环　　椎

1. 贾湖人环椎重量为14.9±0.63克，矢状径为44.9±0.6毫米，横径为68.5±1.6毫米，高度为22.1±0.5毫米。环椎前弓高为12.1±0.5毫米，前弓厚为8.2±0.7毫米，后弓高为11.6±0.4毫米，后弓厚为8.1±0.4毫米。

2. 横突孔形态分为圆形与椭圆形，其中圆形占15±0.08%，椭圆形占85±0.08%，左横突孔长为7.1±0.2毫米，宽为5.2±0.3毫米，面积为30.4±1.9毫米^2；右横突孔长为6.9±0.2毫米，宽为4.7±0.2毫米，面积为28.5±2.1毫米^2。

3. 齿突凹分为菱形、圆形、椭圆形、不规则形，其中菱形占4.3±0.04%，圆形占73.9±0.09%，椭圆形占13.1±0.07%，不规则形占8.7±0.06%。

表一二四　人类环椎测量平均值

组　别		长(mm)	宽(mm)	深(mm)	面积(mm^2)
左上关节面	贾湖人	24.3±0.5	15.0±0.4	3.8±0.2	355.6±12.6
	现代人	21.9±0.5	10.7±0.2	3.7±0.3	233.8±6.5
右上关节面	贾湖人	24.5±0.1	14.6±0.4	3.9±0.2	359.4±11.6
	现代人	22.1±0.7	10.3±0.3	3.7±0.2	223.2±9.7
左下关节面	贾湖人	19.4±0.3	17.1±0.3	0.7±0.1	261.7±6.9
	现代人	17.3±0.3	15.7±0.3	0.7±0.09	214.3±3.7
右下关节面	贾湖人	19.3±0.3	17.0±0.3	1.0±0.3	260.1±7.7
	现代人	17.5±0.5	15.8±0.3	0.7±0.09	218.1±6.6

① 邵象清：《人体测量手册》，上海辞书出版社，1984年。

4. 横突后沟呈沟状和管状，69.6±0.10%的环椎无横突后沟，30.4±0.10%的环椎有横突后沟，其中呈沟状的占 13.0±0.07%，呈管状的占 17.4±0.08%。

关节面面积的测算结果见表一二四。

根据表一二四的数据，贾湖人与现代人①②的环椎左、右上关节面、下关节面的深均无显著性差异(P>0.05)；左右上关节面、下关节面的面积均有显著性差异(P<0.01)，贾湖人的环椎上、下关节面面积均比现代人大。

(二) 枢　　椎

1. 枢椎重量 16.2±0.79 克，矢径为 44.9±1.1 毫米，横径为 51.3±1.2 毫米，椎体高 22.2±0.6 毫米。

2. 椎孔形态分为三角形、圆形、椭圆形、不规则形，其中三角形占 28.0±0.09%，圆形占 8.0±0.05%，椭圆形占 48.0±0.10%，不规则形占 16.0±0.07%，椎孔矢径为 15.8±0.4 毫米，横径为 22.5±0.3 毫米，面积为 28.7±9.9 毫米^2。

3. 横突孔的形态分为圆形、椭圆形。右侧横突孔圆形占 78.9±0.09%，椭圆形占 21.1±0.09%；左侧横突孔圆形占 83.3±0.08%，椭圆形占 16.7±0.08%。右侧横突孔矢径 5.5±0.2 毫米，横径 5.4±0.2 毫米，面积 23.6±1.4 毫米^2；左侧横突孔矢径 5.5±0.1 毫米，横径 5.5±0.2 毫米，面积 21.5±2.0 毫米^2。横突孔开口向后外上方古代人占 46%，现代人占 52%。

4. 关节面的形态及长、宽值(表一二五)。

表一二五　贾湖人枢椎关节面形态及长、宽值　(单位：毫米)

	圆形	三角形	椭圆形	不规则形	长	宽
右上关节面	19.4±0.08%	16.1±0.07%	6.5±0.05%	38.7±0.1%	19.6±0.4	17.5±0.5
左上关节面	24.0±0.09%	/	20.0±0.08%	56.0±0.10%	19.4±0.3	17.4±0.4
右下关节面	9.5±0.06%	/	81.0±0.08%	9.5±0.06%	13.7±0.6	10.1±0.3
左下关节面	14.3±0.08%	/	76.2±0.09%	9.5±0.06%	13.5±0.4	10.5±0.4

5. 枢椎齿突高 15.0±0.4 毫米，齿突颈高 5.7±0.2 毫米，横径 10.4±0.2 毫米。齿突形态分为尖、钝、分叉三种，其中尖的占 43.5±0.01%，钝的占 47.8±0.10%，分叉的占 8.7±0.06%。齿突有直立、前倾、后倾三种情况，其中前倾占 18.5±0.04%，直立占 22±0.04%，后倾占 59.5±0.14%。齿突关节面呈菱形、圆形、椭圆形，其中菱形占 12.5±0.07%，圆形占 70.8±0.09，椭圆形占 16.7±0.08%。贾湖人枢椎齿突关节面面积为 48.5±3.0 平方毫米，现代人的为 51.7±3.3 平方毫米③④，两者间无显著性差异(P>0.05)。

通过观测参考有关文献⑤⑥，贾湖人与现代人有比较明显的差异(表一二六)

---

① 卢守祥:《国人环椎形态的观察和测量》,《解剖学通报》1981 年,第 4 卷第 2~3 期。
② 杨月如:《国人环椎的观察与测量》,《解剖学通报》1982 年,第 5 卷增刊。
③ 孙博:《对枢椎齿突的观测及其临床意义》,《解剖学杂志》1986 年,第 9 卷增刊。
④ 马兆龙:《国人枢椎的形态观察和度量》,《解剖学通报》1981 年,第 4 卷第 4 期。
⑤ 王国臣:《国人环椎的形态学观察》,《解剖学杂志》1988 年,第 11 卷增刊。
⑥ 陈昌富:《200 例我国成人第二颈椎(枢椎)临床解剖和 X 线片测量》,《解剖学通报》1981 年,第 4 卷第 4 期。

表一二六　贾湖人与现代人环、枢椎测量均值对照表　（单位：毫米）

项目		贾湖人	现代人
枢椎右上关节面	长	19.6mm	17.9mm
	宽	17.5mm	14.5mm
关节周缘		较粗糙	较光滑
环椎椎孔高梯形		65%	54%
枢椎横突孔向后外上方		46%	52%
枢椎右侧上关节突遮蔽横突孔情况	部分遮蔽	67.8%	17.8%
	完全　遮蔽	17.8%	8%
齿突位置	前倾位	18.5%	
	中间位	22%	30%
	后倾位	59.5%	70%

四、讨　　论

根据贾湖人环、枢椎关节面积大，关节面周缘粗糙，可推断贾湖人的环枢关节较现代人稳固。贾湖人的枢椎上关节面部分或完全遮蔽横突孔的比现代人多，可见贾湖人的椎动脉的曲度较现代人大，贾湖人的齿突位置，呈后倾位的比现代少，因此，贾湖人因齿突后倾压迫脊髓的机率较现人少。以上各点说明人类头部运动的范围逐渐加大，是由于人类直立后逐渐进化的结果，其它各项统计数字贾湖人与现代人无显著差异，没有统计学意义。

第六节　贾湖组居民的种族类型

从颅骨特征概述可以看到，贾湖组居民颅骨上呈现的特征，例如颅形卵圆、颅骨上出现矢状嵴、两侧颅壁圆弧形、鼻孔（骨性鼻孔）较高而宽、颧骨较高而前突、鼻额缝弧形的多、颧骨下缘位置较水平、颧弓前部与颧骨体下缘转弯处欠圆钝、面部扁平、外耳孔有骨质隆起（骨隆肿）、上中央门齿的舌面呈铲形等等特征，均被魏敦瑞（1943 年）及其以后的人类学家视为蒙古人种的颅骨特征。可见贾湖组颅骨的外观特征，无疑是属于蒙古人种。

但是，蒙古人种依据其地理位置的不同，在长期演化中分化出不同的地区类型（如北亚类型、东北亚类型、东亚类型和南亚类型），那么贾湖组究竟属哪个类型？这是首先要讨论的问题之一。

一、贾湖组居民在蒙古人种中的位置

为了探索这个问题，笔者选用蒙古人种中的北亚组、东北亚组、东亚组和南亚组等四个地区类型进行对比。具体情况如表一二七。

从表一二七可以看出，贾湖组 16 项颅骨测量性特征中，颅长、颅宽、额最小宽、上面高、鼻高、鼻宽、鼻指数和额倾角等 8 项落在北亚蒙古人种类型同项的均值变异范围内；颅长、上面高、鼻高、总面角、垂直颅面指数、上面指数和鼻根指数等 7 项落在东北亚类型同项均值的变异范围内；额最小宽、总面角、垂直颅面指数、鼻指数和上面指数等 5 项落在东亚类型同项均值变异范围之内;额最小宽和眶指数等 2 项落在南亚类型同项均值的变异范围之内。除此之外,贾湖组的颅高比各比较组均大,但相对地与东北亚组的上限较接近,其颧宽也相对地与东北亚组的下限较接近,然而,其鼻颧角与东亚组的上限较接近。

表一二七　贾湖组与四个蒙古人种类型之比较　(单位:毫米)

项　目	贾湖组	北亚组	东北亚组	东亚组	南亚组
颅长(g—op)	182.0	174.9～192.7	180.7～192.4	175.0～182.2	169.9～192.7
颅宽(eu—eu)	150.5	144.4～151.5	134.3～142.6	137.6～143.0	137.9～143.9
颅高(b—ba)	144.0	127.1～132.4	132.9～141.1	135.3～140.2	134.4～137.8
额最小宽(ft—ft)	93.5	90.6～95.8	94.2～96.6	89.0～93.7	87.7～95.4
颧宽(zy—zy)	137.5	138.2～144.0	137.9～144.8	131.3～136.0	131.5～136.3
上面高(n—sd)	76.7	72.1～77.6	74.0～79.4	70.2～76.6	66.1～71.5
鼻高(n—ns)	56.9	55.0～57.0	55.0～65.0	55.0	50.0～53.0
鼻宽	27.4	27.0～28.0	23.0～25.0	25.0	26.0
总面角(n－pr－∠FH)	85.0°	85.3°～88.1°	80.5°～86.3°	80.6°～86.5°	81.1°～84.2°
鼻颧角(fmo－nfmo)	146.8°	147.0°～151.4°	149.0°～152.0°	145.0°～146.6°	142.1°～146.0°
垂直颅面指数	53.3	55.8～59.2	53.0～58.4	52.0～54.9	48.0～52.2
鼻指数	48.1	45.0～50.7	42.6～47.6	45.2～50.2	50.3～55.5
上面指数	55.7	51.4～55.0	51.3～56.6	51.7～56.8	49.9～53.3
眶指数	78.2	79.3～85.7	81.4～86.9	80.7～85.0	78.2～81.0
鼻根指数(SS∶SC)	40.1	26.9～38.5	34.7～42.5	31.1～35.0	26.1～36.1
额倾角(n－m－∠FH)	81.5°	77.3°～81.5°	77.0°～79.0°	83.3°～86.9°	84.2°～87.6°

从这 16 项均值的比较中可以看出,贾湖组颅骨特征,总体上看与北亚类型和东北亚类型较相似,换句话说,贾湖组基本上属于亚洲北部居民的体质特征类型,有别于南亚蒙古人种类型。

二、贾湖组与各新石器时代组之间的关系

贾湖新石器时代居民的种族类型无疑属于北部蒙古人种类型。但是,从同一时代的居民相比,究竟与同时代的哪些地区的居民体征更为相似,或者说属同一类型呢?为探索和讨论这个问题,本文选择 16 个同时代的颅骨组和 13 个测量项目,并采用聚类分析和主成分分析方法进行分析和讨论。

用于分析的项目共 13 项(1. 颅长、2. 颅宽、3. 颅高、4. 颅底长、5. 上面高、6. 颧宽、7. 面底长、8. 眶宽、9. 眶高、10. 鼻宽、11. 鼻高、12. 额最小宽、13. 总面角)。用于分析的新石器时代组共 17 组,即 1. 贾湖组(本文)、2. 庙底沟组(韩康信等,1979)[①]、3. 下王岗组(张振标等,1984)[②]、

① 韩康信、潘其风:《陕县庙底沟二期文化墓葬人骨的研究》,《考古学报》1979 年第 2 期。
② 张振标、陈德珍:《下王岗新石器时代居民的种族类型》,《史前研究》1984 年第 1 期。

4. 大汶口组(颜訚,1972)①、5. 西夏侯组(颜訚,1977)②、6. 野店组(张振标,1985)③、7. 甑皮岩组(张银运等,1977)④、8. 河姆渡组(韩康信等,1983)⑤、9. 昙石山组(韩康信等,1976)⑥、10. 河宕组(韩康信等,1982)⑦、11. 大龙潭组(周国兴等,1994)⑧、12. 半坡组(颜訚等,1960)⑨、13. 华县组(颜訚等,1962)⑩、14. 宝鸡组(颜訚等,1960)⑪、15. 庙子沟组(朱泓,1994)⑫、16. 永登组(Black,1928)⑬、17. 外贝加尔湖组(деъеч. ,1951)⑭。各组各项测量的均值列于表一二八。

聚类分析结果:根据17个组的13项测量项目的均值,用Euclidean氏的公式计算了各组之间的距离系数(Cofficient),并采用由小到大的顺序进行聚类,结果得到树状聚类图(图三五〇)。

与两组之间的距离系数计算结果列于下表一二九。

表一二八　贾湖组与各比较组(新石器时代)人骨各项平均值

	组别 项目	1	2	3	4	5	6	7	8	9	10	11	12	13	14	15	16	17
1	颅长	182.0	179.4	175.8	181.1	180.3	181.4	193.3	190.8	189.7	181.4	193.0	180.8	173.8	180.2	177.6	181.7	189.7
2	颅宽	150.5	143.8	146.4	145.7	140.9	146.0	143.2	136.5	139.2	132.5	133.0	138.9	140.7	143.3	137.0	137.0	144.5
3	颅高	144.0	143.2	147.1	142.9	148.3	141.7	140.9	142.5	141.3	142.5	141.5	138.8	144.3	141.6	140.9	136.8	132.4
4	颅底长	107.0	108.0	105.3	105.0	106.0	105.7	105.5	107.5	101.1	104.5	102.4	93.9	105.7	102.6	106.0	102.1	105.8
5	上面高	73.7	71.5	71.1	74.8	72.0	73.3	68.0	72.5	68.0	65.7	68.0	76.0	75.2	72.7	70.8	74.8	72.4
6	面宽	137.5	140.8	137.9	140.6	139.4	137.3	138.0	134.5	135.6	130.5	132.5	130.5	133.8	137.1	136.6	130.7	141.3
7	面底长	103.5	104.5	107.3	98.3	101.7	100.3	105.2	103.0	103.5	103.2	104.0	102.2	103.4	102.0	101.5	97.3	101.9
8	眶宽	42.5	41.8	41.4	43.0	44.0	42.4	43.6	42.3	43.3	42.5	45.0	42.4	42.9	43.5	43.5	45.0	42.2
9	眶高	33.9	32.4	32.9	35.2	34.2	33.9	34.3	34.5	33.4	31.9	32.5	33.7	33.5	34.0	33.4	33.8	33.9
10	鼻宽	27.4	27.3	27.2	27.5	27.7	26.1	28.3	28.0	29.5	26.7	27.0	27.0	28.5	27.3	26.2	25.5	25.0
11	鼻高	56.9	54.0	53.7	54.7	57.1	55.2	53.1	51.5	51.9	51.9	51.5	55.5	53.5	52.1	52.6	55.0	55.0
12	额最小宽	93.5	93.7	94.8	91.4	93.9	94.3	93.5	94.5	91.0	91.5	91.8	93.1	94.3	93.3	90.4	92.3	94.4
13	总面角	85.0°	85.8°	84.9°	83.6°	84.4°	81.0°	84.0°	82.05°	81.0°	82.3°	83.0°	81.0°	83.6°	82.4°	82.3°	85.0°	86.3°

注:除总面角之外,其余各项单位均为毫米。

---

① 颜訚:《大汶口新石器时代人骨的研究报告》,《考古学报》1972年第1期。

② 颜訚:《西夏侯新石器时代人骨的研究报告》,《考古学报》1973年第2期。

③ 张振标:《山东野店新石器时代人骨的研究报告》,《邹县野店》,山东博物馆、山东省文物考古研究所主编,文物出版社,1985年。

④ 张银运、王令红、董兴仁:《广西桂林甑皮岩新石器时代遗址的人类头骨》,《古脊椎动物与古人类》1977年第15卷第1期。

⑤ 韩康信、潘其风:《浙江余姚河姆渡新石器时代人类人骨》,《人类学学报》1983年5月,第2卷第2期。

⑥ 韩康信、张振标、曾凡:《福建闽侯昙石山遗址的人骨》,《考古学报》1976年第1期。

⑦ 韩康信、潘其风:《广东佛山河宕新石器时代晚期墓葬人骨》,《人类学学报》1982年第1期。

⑧ 周国兴、张振标:《大龙潭人骨的研究——兼谈港川人与华南地区更新世晚期——全新世早期古人类的关系》,《古人类国际学术研讨会论文集》,中国国际广播出版社,1994年。

⑨ 颜訚、吴新智、刘昌芝、顾玉珉:《西安半坡人骨的研究》,《考古》1960年第9期。

⑩ 颜訚:《华县新石器时代人骨的研究报告》,《考古学报》1962年第2期。

⑪ 颜訚、刘昌芝、顾玉珉:《宝鸡新石器时代人骨的研究报告》,《古脊椎动物与古人类》1960年第2期。

⑫ 朱泓:《内蒙古察右前旗庙子沟新石器时代颅骨的人类学研究》,《人类学学报》1994年第13卷第2期。

⑬ Black,D. 1928. A study of Gansu and Honan Aeneolithic skulls from Later Prehistoric sites in comparison with North China and other recent Crania. Pal. Sin. ser. D,6:1—38.

表一二九　贾湖组与各比较组间人骨特征距离系数

层　　次	聚类连接	(组别)	距离系数
1	6	14	6.072067
2	4	6	6.914593
3	2	3	7.820486
4	9	11	8.698851
5	1	4	9.153639
6	2	5	9.357464
7	8	9	9.510548
8	13	15	9.693296
9	1	2	10.159630
10	7	8	10.832446
11	12	16	11.259218
12	1	13	11.737219
13	7	10	14.582495
14	1	12	16.673794
15	7	17	17.309305
16	1	7	17.602936

* 组别中数字与文中17个颅骨组的序号相同,树状图中的数字也与此相同。

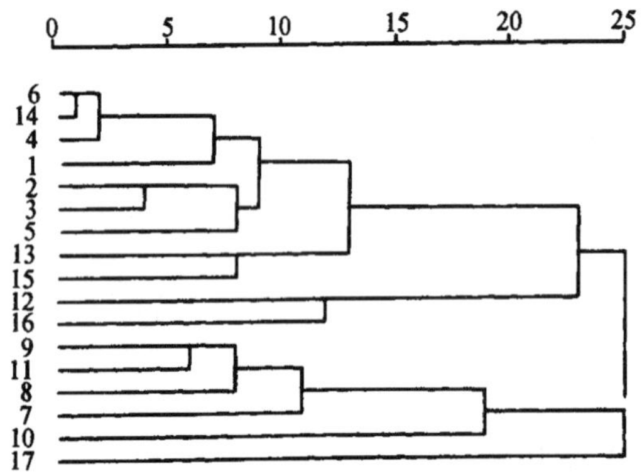

图三五〇　聚类分析树状图

从聚类图可以看出,贾湖组与河南境内的庙底沟组、下王岗组和黄河下游的大汶口组、西夏侯组、野店组等组形成一个聚类群,并且与华县组、庙子沟组、半坡组和永登组等组组成一个大的类型群。由于这11个组的地理位置均处于长江以北的广阔地区,可称为北部类型。此外,还可看到河姆渡组、昙石山组、大龙潭组、甑皮岩组和河宕组等形成另一大的聚类群,由于这5个组的地理位置处于长江以南,可称为南部类型。另外一个孤立的外贝加尔湖组与前两大类型的距离均较大,自成一类型。

从这个聚类图分析表明,贾湖组的颅骨特征,总体上看与河南地区的庙底沟组、下王岗组最相似,同时与黄河下游山东省境内的西夏侯、大汶口和野店等3组新石器居民的颅骨特征也很相似,与黄河上游陕西境内的新石器时代居民的颅骨特征也有相似之处。相反,与长江以南的各新石器时代组的颅骨特征具有明显差异,两者属两个不同的地区类型。

那么,这些组别之间的异同,究竟表现在哪些主要的颅骨特征上的差异呢?这就需要进一步采用主成分分析才能表现出来,因为聚类分析只能表现各组间距离的近远,而无法阐述他们之间异同之所在。

主成分分析结果:主成分分析的项目(13 项)和组数(17 组)与聚类分析相同。首先计算各项目的特征根(Cha. Root)、贡献率(C. R)和累积贡献率(Cumulative C. R.),然后计算每项的因子负荷量(Factor Loading),最后根据主成分分析得分绘制散点图(Scattergram)。各项因子负荷量计算结果列于表一三〇。

表一三〇 人骨因子负荷量

Var. No.	PC1	PC2	PC3	PC4	PC5	PC6	PC7	PC8	PC9	PC10	PC11	PC12	PC13
1	−0.3372	0.0953	−0.6516	0.5624	0.2468	0.0697	−0.0979	0.1216	0.1481	0.0167	0.0626	0.1115	−0.0674
2	0.8872	0.0346	0.0640	0.1159	0.1128	−0.1492	−0.2548	0.0127	−0.1486	0.2520	0.0649	−0.0305	−0.0527
3	0.2068	0.5597	0.6034	0.0783	−0.4122	0.1886	0.0206	0.1849	−0.0044	−0.0916	0.1212	0.0246	−0.0984
4	0.5018	0.4314	−0.3434	−0.0145	−0.4963	−0.1233	0.3689	0.0947	0.0978	0.1420	−0.0105	0.0501	0.0726
5	0.5364	−0.6396	0.3730	−0.0088	0.1579	0.0743	0.2094	−0.2218	0.0162	−0.0023	0.0555	0.1931	0.0024
6	0.7522	0.2029	−0.2877	0.2071	−0.2170	−0.3158	−0.2135	−0.0396	−0.1373	−0.1937	−0.0993	0.0828	−0.0017
7	0.0218	0.8942	0.0076	−0.0863	0.3173	0.1582	−0.1274	−0.0727	−0.0853	−0.0293	0.1208	0.0411	0.1442
8	−0.4895	−0.3924	−0.1707	0.2954	−0.4538	0.4562	−0.0779	−0.0144	−0.2493	0.0623	−0.0217	0.0397	0.0390
9	0.4480	−0.4706	0.0468	0.7078	−0.0029	−0.0808	0.1550	0.0015	0.0075	−0.0886	0.1138	−0.1367	0.0710
10	−0.1027	0.5360	0.4582	0.6062	−0.0364	0.0989	−0.0832	−0.2423	0.1516	0.0683	−0.1432	−0.0065	0.0054
11	0.6853	−0.4357	0.1448	−0.1185	−0.0161	0.2808	−0.3313	0.2645	0.1930	−0.0004	−0.0563	0.0164	0.0784
12	0.6233	0.2681	−0.1071	0.1026	0.4736	0.3676	0.3192	0.1481	−0.1276	−0.0246	−0.1207	−0.0267	−0.0405
13	0.6004	0.0760	−0.5044	−0.2735	−0.1994	0.3684	−0.0554	−0.3152	0.1123	−0.0497	0.0505	−0.0782	−0.0531

最后根据 17 个组 13 个项目的主成分得分绘制出散点图(图三五一)。

根据散点图找到各被研究组在不同主成分轴上的位置,进一步分析各组体征之间的差异及其差异之所在。

从图三五一可以看到,贾湖组与庙底沟组、下王岗组、大汶口组、西夏侯组和野店组等 5 组形成一个组群。同时,从地理区域来看,这 6 个组群均处于黄河中、下游,他们之间在体质特征上显示出的相似性是客观的。除此之外,华县组、宝鸡组与其他组相比也比较接近黄河中下游类型的组群。至于其他各比较组,特别是长江以南的大龙潭组(广西)、河宕组(广东)、昙石山组(福建)、河姆渡组(浙江)等组群的颅骨特征与黄河中下游各组,尤其与贾湖组的距离较远,属另一不同类型。这一分析结果,基本上与聚类分析的结果相似。两种方法的分析结果均表明,贾湖组颅骨的种族特征与同一省内(河南省)的庙底沟组和下王岗组最相似,并同黄河下游的山东和上游的陕西、甘肃等地区的新石器时代组均属一个地区类型——北部地区类型。

那么,贾湖组究竟在哪些主要特征上呈现与各比较组的异同呢?在此,笔者将从主成分中各因子负荷量的差异进行分析。从第Ⅰ主成分中(P1)的 13 个因子负荷量比较来看,负荷量最大的因子是颅宽、颧宽、额最小宽、鼻高和总面角,基本上为宽度因子。在第Ⅲ主成分中(P3)因子负荷量最大的因子是颅长和颅高,属长高因子。这就表明贾湖组、庙底沟组和下王岗组(河南境内)与西夏侯、大汶口和野店等 3 组(山东境内)的颅骨特征最相似,主要表现在具有尺寸相近的颅宽、面宽、额最小宽、颅长、颅高和鼻高,而且面部均较直而不前突。这一点从表一二八的具体项目尺寸的比较也可看出来。例如,这 6 个组的各组颅宽平均值都在 143.8 毫米以上;面宽平均值都在

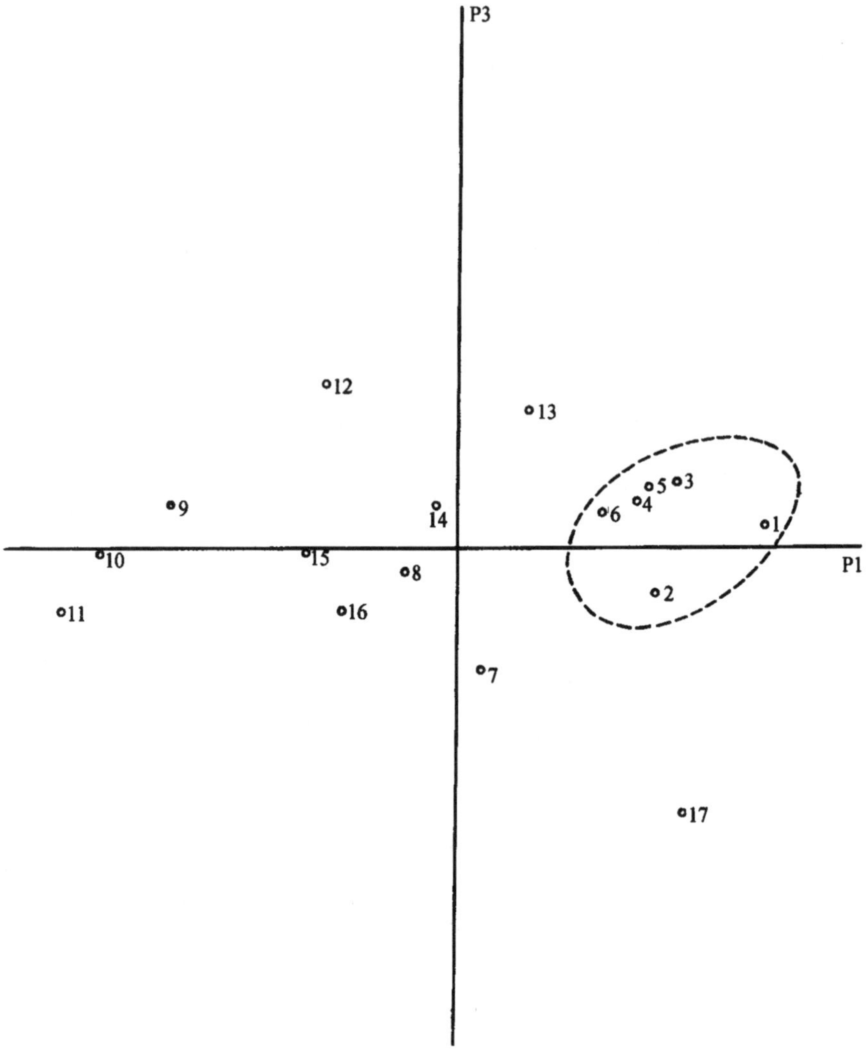

图三五一　主成分分析散点图

137.3毫米以上；额最小宽基本上也都在93.3毫米以上；颅长平均值都在182.0毫米以下；颅高，除野店组(141.7毫米)之外，也都在142.9毫米－146.3毫米之间。总的来说，这6个组的颅面部特征基本上属同一类型。至于长江以北的其它新石器时代组，例如，宝鸡、半坡、华县、永登及庙子沟等新石器组，其颅骨主要尺寸与长江以南的各组(如河姆渡组、昙石山组、河宕组、甑皮岩组和大龙潭组)相比，更接近于河南境内和山东境内的6个组。由此可以看出，贾湖组与长江以北的各新石器时代组的关系，正像图三五〇所标出的那样，基本上组成一个类型——北部地区类型，与长江以南各组——南部类型具有显著的区别。在长江以南的各新石器组中，颅宽明显较窄，平均值都在143.2毫米以下；颅长几乎都在190.8毫米以上(河宕组因例数少除外)；面宽也较窄，都在135.0毫米以下；鼻高都在53.0毫米以下；总面角平均值都在84.0°以下。总的比较显示的结果表明，南部地区类型与北部地区类型的差异在于，前者具有比后者较窄的颅宽、较窄的面宽、较低的鼻高、较低的颅高和低的上面高、较长的颅长和较小的总面角(面部较前突)。

三、贾湖组与近代颅骨组之间的关系

为进一步确认贾湖组种族特征的地区类型，在此，将与近代三大地区颅骨组作一对比，从另一个侧面来确定距今8000年左右的贾湖组与现代人的关系的大致趋势（表一三一）。

表一三一　贾湖组与近代颅骨组的比较

项　　目	贾湖组（本文）	华北组①	华中组②	华南组③
颅长（g—op）	182.0	180.1	180.7	179.3
颅宽（eu—eu）	150.5	140.5	140.7	139.4
颅高（b—ba）	144.0	138.1	136.5	137.1
额最小宽（ft—ft）	93.5	91.9	90.9	93.6
面宽（zy—zy）	137.5	135.7	136.7	133.6
上面高（n—sd）	76.7	75.2	73.6	68.7
鼻宽	27.4	25.6	26.5	25.6
鼻高（n—ns）	56.9	53.5	53.2	52.1
眶宽（mf—ek）	42.7	44.0	42.0	38.0
眶高	33.9	35.5	34.5	34.1
颅底长（ba—n）	107.0	100.4	99.3	99.5
枕大孔长（ba—o）	33.0	36.3		36.1
枕大孔宽	30.9	30.3		30.1
总面角（n—pr—∠FH）	85.0°	84.6°		83.8°
R（m）值		1.64	1.82	2.07

①（Von Dr-Koganeî，1902. Messungen an Mānnlichen Chinesen Schädeln Intern. Contralblatt für. Anthropologie. 129～133.）

② 金关丈夫、蔡滋浬：《国立南京博物院所藏华中中国人头骨之人类学研究》，《国立台湾大学解剖学研究论文集》，1949年第四册，23～54。

③ 曾瑞鹄、王耀文：《华南汉人头骨的计测》，《国立台湾大学解剖学研究论文集》，1950年第九册，139～160页（日文）。

从15个项目平均值的比较，计算贾湖组与华北、华中和华南三个近代颅骨组的关系系数——偏差系数（R（m）值）。依贾湖组与各比较组之间的R（m）值大小判断，贾湖组总体上与华北近代组最接近，与华南组的距离较远。从表一三一中各项均值的比较也可以看出，贾湖组在颅高、上面高、鼻高、颅底长、总面角等项目上与华中组、华南组相比最接近于华北组，这一点表明贾湖组与华北组的面部形态（面高和面部前突程度）较为相似。当然，从R（m）值还可看出，华中组比起华南组更接近于华北组，与其地理位置基本相符合。从人群交往的角度来看，华中地区颅骨特征既兼有华北类型的特征又有华南类型的特征，但较多地呈现华北人的特点，是华北类型居民与华南类型混杂的结果，这种混杂早在8000多年前已经明显存在，至贾湖人时期已明显从体质特征上显示出来。

总之，新石器时代时期的贾湖人已经明显出现现今华北人所具有的明显的北部类型居民颅面部特征——较高的颅高、较高的上面高、较高的鼻高和较平直不前突的面部。

第七节　结　　论

尽管贾湖遗址完整颅骨保存极少，但根据从 2 个完整颅骨的形态和尺寸大小的测量和分析结果，仍可对贾湖遗址居民的种族特征提出如下看法。

首先，从聚类分析和主成分分析的结果，可以认为贾湖人的种族特征明显属于亚洲北部的蒙古人种类型(包括北亚和东北亚类型)特征，主要表现在具有较宽的颅宽、较宽的面宽、较高的面高、较高的鼻高和较窄的鼻宽以及较垂直而且扁平的面部。

其次，从主成分分析和偏差系数的比较还可看出，贾湖组居民在同一时代内(新石器时代)与同一地区内(现今河南省境内)的居民(如庙底沟、下王岗)最为相似，这三组基本上代表了新石器时代当地居民的体质特征，与黄河下游的居民(现今山东省)有密切关系，同属一个类型，并且与长江以北的新石器时代居民组成一个较大的、有别于长江以南地区的新石器时代居民的体征类型的北部地区类型。

从这些方面来看，可以认为贾湖组在年代上比汝州洪山庙组、陕县庙底沟组、淅川下王岗组的年代略早，他们之间在颅骨特征上呈现的相似性，表明河南省境内新石器时代居民与新石器时代早期的贾湖组居民有着密切的血统关系，其后裔可能遍及河南省境内。随着社会生产力的发展和人口的流动(迁移)，部分居民沿黄河下游扩展，与当地居民混杂(基因交流)。因此，使黄河下游新石器居民体征的遗传表现型呈现出与贾湖组或者洪山组、庙底组和下王岗组最为相似，可视为同一类型的体征。并且逐渐波及到整个黄河流域，在这广阔地区生息、繁衍至今。当今华北人颅骨特征所显示的性状与以贾湖组为代表的中原地区新石器时代早期居民的遗传有密切关系(彩版四五)。

此外，从股骨的发育程度(扁平型)和骨骼上反映出的疾病来看，当时贾湖人生活水平相当低，出现了营养不良，加上当时缺医少药，各种疾病的传播(包括一些诸如心血管病、肺病、肿瘤、寄生虫病等等软组织疾病)，必然影响居民的健康，进而对人群的存亡构成严重威胁。

第三章　稻作农业

在发掘过程中，因受野外操作方法的限制，当时除发现大批农用生产工具外，未见栽培作物的遗存。直至1991年春，我们在对发掘资料进行室内整理时，方在一些红烧土块上发现了几枚稻壳印痕，随即引起了我们的重视，之后又见到了几例，并于1992年春将这几件标本送至中国科学院植物研究所孔昭宸研究员进行鉴定，认为无疑是栽培稻。由于这些稻壳印痕首先发现在淮河上游相当于裴李岗文化时期的贾湖遗址中，对其深入研究无疑会在稻作起源和环境考古学上具有重要的意义，于1993年10月、11月将稻壳印痕发现的消息先后在《中国文物报》① 和《光明日报》② 进行报道，随即引起有关专家的重视，《农业考古》主编陈文华先生特意寄函约稿望介绍这一重要发现③。尽管在稻壳印痕发现的同时，曾对红烧土进行植物硅酸体分析；并见到典型的水稻扇形硅酸体，但因印痕发现不多，对其稻壳的来源、种类以及水稻栽培规模的研究仍显不足，故在1993年6月，经中国科学院地质研究所周昆叔研究员的引荐，将贾湖遗址三个文化期的9个填土标本委托给徐州师范学院青年教师陈报章进行植物硅酸体分析；可喜的是不仅在所送样品中，均分析出大量典型的水稻硅酸体，而且又在1994年6月从其中3个标本中浮选出一些炭化稻米（籽实）。这些成果更引起学术界的广泛关注，因此在1994年6月和7月先后在北京大学和中国农业大学两次进行这一发现的成果鉴定会和学术讨论会④，与会的一些著名的考古、农史和古生物学家对这一发现给以充分肯定和高度重视。同年9月，张居中又和中国农业大学的王象坤教授、孔照宸研究员等对6个遗迹单位的标本进行水浮选，又发现了大量的炭化稻米及菱角(Tyapa sp)炭化果实。这些重要的收获，不仅丰富了对贾湖遗址乃至整个前仰韶文化的认识，而且作为中国同期文化纬度最北的一处稻作遗存，将会对中国乃至亚洲稻作农业的起源、演化、传播及环境变迁等重要基础理论问题增加有力的实物证据，以“河南贾湖遗址在稻作起源与古环境研究中的地位”为题联合申请到国家自然科学基金委员会的资助(项目号:39570440)。

第一节　稻　　壳

对在红烧土块中发现的保存甚好，具有鉴定特征的10枚稻壳印痕进行了深入的研究，现将成果报告如下：

一、材料和方法

由于掺和在红烧土中的稻壳排列无序，极少呈水平层理，既使从烧土碎块的裂隙或空洞中可窥见到稻壳印痕，但却难以通过光学显微镜(LSM)观察到稻壳印痕表面上的细微形态结构。因

---

① 张居中：《河南舞阳贾湖遗址发现水稻，距今约8000年》，《中国文物报》1993年10月31日第1版。

② 谷文雨等：《河南舞阳发现八千年前稻作遗存》，《光明日报》1993年11月7日的第2版。

③ 张居中、孔昭宸等：《贾湖史前稻作遗存与黄淮地区史前农业》，《农业考古》1994年第1期。

④ 向坤：《河南贾湖稻作遗存发现学术讨论会纪要》，《农业考古》1994年第3期。

此，借助于扫描电子显微镜(SEM)进行观察，并和现代栽培稻进行形态学上的比较，可以获得一组清晰度高、立体感强的扫描电镜照片，这将更有助于对红烧土印痕进行准确鉴定。因此首先将保存稻壳的红烧土先行切割成小块，然后磨片、去尘、制备成符合用于扫描电子显微镜(机型为HITACHI－450，选用电压15KV)的样品，用双面透明胶纸将样品固定在工作台上，置入离子溅射仪(EIKO型)，抽成真空(10^{-1})，再喷涂上一层厚400～500A的铂钯薄膜，最后移入扫描电镜进行观察照像。鉴于样品体积大，整体仅放大12倍，而将其外稃(Lemma)背腹面的纹饰放大30倍和60倍，从而取得了一组与现代稻壳形态可资比较的稻壳印痕照片。

二、稻壳印痕的形态描述和对比①②③④

(一) 现代稻(*Oryza sativa*)谷粒的形态结构

稻俗称谷或稻谷，在植物学上特指外包稃片的颖果(Caryopsis)、带稃的颖果，呈长圆形，两侧常压偏，(图版二〇七，1)长6毫米～8毫米，宽2.5毫米～4毫米，厚1.5毫米～2.5毫米。稃片的外稃均呈船底形，硬纸质，外表面上多硅质。外稃(Lemma)大(图三五二；图版二〇七，3、4)，顶端具长达7厘米的芒，基部粗310～390微米，梢部粗107～191微米，或无芒。内稃(Palea)小。从侧面观看，稃在边缘处相互钩合。谷粒的每一侧面均有两条隆起的纵脉棱。稃的表面被有稃毛，长520～1300微米，粗26～39微米。在光学显微镜下可见到在内、外稃的表面上由方形小突起紧密排列的若干纵列。而在扫描电镜下观察，小突起的基部呈方形，约65微米，上部为乳头状，且顶端稍塌，带稃的颖果紧贴着两片退化外稃(或称不孕外稃)，俗称护颖，呈披针形或锥刺状，约为外稃长的1/4～1/5，表面突起与外稃相同。剥除内外稃片后，见到里面的颖果(俗称糙米、米粒，植物学上的术语则称籽实)。颖果一般为扁椭圆形，外包一薄层籽实皮(果皮与种皮的合称)，表面平滑，并有光泽，每个侧面都有两条纵棱及其旁的2～3条浅沟，颖果下部朝向外稃的一侧有凹入的胚区，倾斜，约占颖果长的1/5。颖果基端有椭圆形疤痕(图版二〇七，2)。

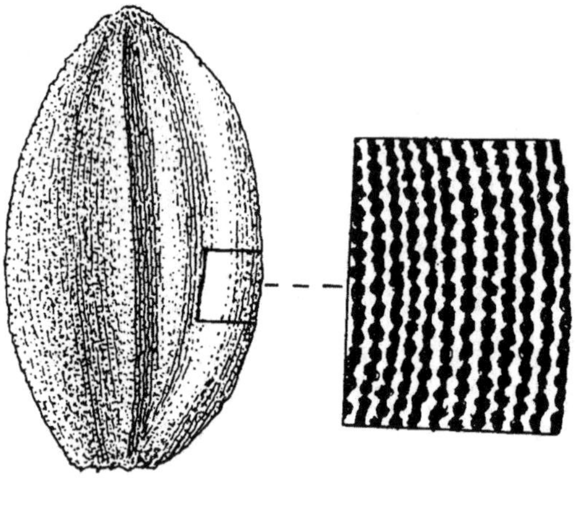

图三五二　现代水稻壳形态及局部放大示意图

(二) 贾湖遗址稻壳印痕和残片及与现代稻谷粒的形态比较

在贾湖遗址的红烧土中找到的10个稻壳印痕和少数稃的残片标本，在光学显微镜下可观察到2个较完整的稃片和印痕4个。其中具宽侧面印痕3个，谷粒边缘插入红烧土深部的印痕2

① 孔昭宸等：《河南舞阳县贾湖遗址八千年前水稻遗存的发现及其在环境考古学上的意义》，《考古》1996年第12期。
② 李扬汉：《禾本科作物的形态与解剖》，上海科学技术出版社，1979年。
③ 南京大学生物系、中国科学院植物研究所：《中国主要植物图说——禾本科》，科学出版社，1959年。
④ 丁颖主编：《中国水稻栽培学》，农业出版社，1961年。

个。通过对以上标本进行了光学显微镜(LSM)和扫描电镜(SEM)的观察、比较,其结果如下(表一三二)。

表一三二　稻壳印痕和现代稻壳的形态比较　(单位:毫米)

图版号	标本号	观察部位	形状	长	宽	厚	长/宽比值(倍)
二〇七	现代稻带稃的颖果(粳稻)	稃片宽侧面	长圆形	7.00	3.7	2.30	1.89
二〇八	红烧土—1(H82出)	稃宽侧面残片	长圆形	6.38	2.44		2.60
二〇九	红烧土—4(H102出)	稃宽侧面压痕	长圆形	6.30	2.80		2.25
二一〇	红烧土—3(H121出)	稃宽侧面压痕	长圆形	6.91	2.28		3.04
二一一	红烧土—2(H229出)	边缘插入红烧土深部印痕	长圆形	6.66		1.84	
二一二	红烧土—6(H174出)	边缘插入烧土深部印痕及大量细碎稃片	长圆形	4.81		1.30	

1. 从表一三二中可以看出,贾湖遗址稻壳印痕和稃残片形状与现代栽培稻(Oryza sativa)的谷粒,均为长圆形,长度接近。

2. 印痕上可见到2条明显的纵沟或1条纵沟,另一条不明显,这些纵沟是由稻谷粒稃片上2条隆起的纵脉棱在红烧土上保留下的压痕。纵沟宽140—350微米,与现代稻谷粒稃上纵脉棱宽(140—280微米)大致吻合。

3. 印痕表面有程度不同的圆形或乳头状突起,或由不明显突起所连成的纵棱。印痕上的突起是由稃外表面突起间隙在红烧土表面形成的负相,又由于稃外表面与未烧前的土面相互挤压程度的不同,使得贾湖遗址稻壳印痕上的突起程度明显也不尽相同,甚至连成棱状。

4. 红烧土中稻外稃残片,其外表面和内表面形态特征与现代稻壳相似。稃残片外表面的乳头状突起,但突起顶端的塌陷不明显,残片的厚度(约为60微米)也较现代稻片(厚约91微米)为薄。稃片遗存的内表面,呈横向细条纹状,也与现代稻相似。

因此,上述四点形态学的特征表明,红烧土中的印痕及残片无疑属栽培稻(*Oryza sativa*)的稃片印痕及残片,另外从野生稻的形态学特征也可排除这些印痕及残片属野生稻。目前,我国已发现野生稻3种[①②],即普通野生稻(*Oryza rufipogon Griff.*)、药用野生稻(*O. officinalis Wall*)及疣粒野生稻(*O. meyeriana Baill.*)贾湖稻壳印痕及残片均无芒或芒的断痕。而普通野生稻及药用野生稻则有芒,基部粗,390微米左右,远大于稃面突起,假如稃尖上有芒则肯定会留下芒印痕。另外稃印痕及残片长在6.3毫米~6.91毫米之间,不如普通野生稻大(长7毫米~9毫米),但却长于药用野生稻(4毫米~5毫米)。至于疣粒野生稻,其稃表面常有不规则的疣状突起,明显不同于普通野生稻,且稃片上有规则排列的乳头状突起。

---

① 广东农林学院农学系:《我国野生稻的种类及其地理分布》,《遗传学报》1975年,第2卷第1期。
② 全国野生稻资源考察协作组:《我国野生稻资源的普查与考察》,《中国农业科学》1984年第6期。

值得提及的是，红烧土上保存的稻壳印痕及残片的长宽之比(L/W)均在2.25以上，为细长型。尽管仅从印痕的长宽之比来判定印痕属籼稻、粳稻，甚至是野生稻还有许多实际困难，但从烧土块中不仅分析出了具有典型特征的不规则扇型硅酸体或称之植物蛋白石(Plant opal)，而且在大块的红烧土上还见到疑为稻的茎杆印痕。更令人欣慰的是，1993年底在贾湖遗址用作硅酸体分析的9个标本中，发现了大量的水稻扇型和哑铃型硅酸体，进而又从标本中浮选出许多炭化的稻米。

第二节 炭化稻米

贾湖炭化稻米样品共处理3次，第一次是在进行硅酸体分析的同时进行的，第二、三次是专门用水浮选法进行的，共处理分属于三期16个单位的27件标本。三批标本分选出完整和破碎的炭化稻米1000多粒。

一、材料与方法

第一批每个标本称取100克加入100毫升烧杯中，加满蒸馏水过程中同时加入适量$NaHCO_3$(控制浑浊液PHCB)搅拌，扩散36h—48h，用30目孔径筛过筛。从H82、H229、H174三个样品中均浮选出炭化米，其中H174样品中就有较完整的稻米47粒① (图版二一三)。

第二批每个标本取500克，采用同样的处理分析方法，除H172、H102外，皆筛选出大量炭化米。

第三批于1994年9月，用水洗法对H112、H174、H187，H229、H339等六个单位重点进行了筛选，即先取灰坑填土标本500克，在水中浸泡3—4个小时，待标本全部溶解后，轻度搅拌，使较轻的物质充分漂浮到水面，之后用50目筛将漂浮物分选出来。然后用200目筛分选出水与粘土之间的漂浮物，炭化稻籽实一般在这一层，用水冲洗去附着的粘土浆，晾干记录后装瓶保存。最后将所余泥浆冲洗干净，只余下碎陶片、红烧土粒、碎骨等，晾干后分类包装。这六个单位均多少不等的分选出了炭化稻籽实。其中以H174中分选出的炭化稻籽实数量最多，第一次分选出完整米粒47粒和碎米100多粒；第二次分选出完整米粒239粒，碎米约200粒；第三次分选出完整米粒536粒，碎米400多粒。

二、讨　　论

贾湖分析出的1000多粒炭化稻米标本，除个别外，均为经人工脱粒后的未带内外稃即稻壳的标本，炭化米均呈黑色，有的有裂痕，有的有明显烧痕(图版二一四)。

现根据属于一期的H187，属于二期的H229、H168、H339，属于三期的H174、H121共六个单位保存最为完整、特征明确的197粒炭化米的粒长、粒宽、长宽比进行测量统计② (表一三三)。

---

① 陈报章等：《舞阳贾湖新石器时代遗址炭化稻米的发现、形态学研究及意义》，《中国水稻科学》1995年第3期。

② 王象坤等：《中国稻作起源研究上的新发现》，"中日稻种起源与进化学术研讨会"宣读论文，日本三岛，1995。

表一三三　炭化稻米的长、宽与长宽比　（单位：毫米）

标本出土单位	期段	粒长		粒宽		长宽比	
		X	R	X	R	X	R
H121	Ⅲ8	4.1	3～5	1.8	1.6～2	2.3	1.8～3.3
H174	Ⅲ7	4.3	3.8～4.6	1.8	1.5～2.1	2.3	2～4.4
H339	Ⅱ6	4.1	3～5	1.3	0.7～2	3.2	2.3～5
H168	Ⅱ5	4.4	4.1～5	1.7	1.1～1.9	2.8	2.4～3.6
H229	Ⅱ4	3.8	3～4.5	1.5	0.8～1.9	2.6	2.2～3.7
H187	Ⅰ3	4.1	2.5～5	1.5	1.5～2	2.7	2～3.3

由表一三三可见，从贾湖遗址的一期到三期的1000年左右的时期内稻米的长度、没有明显的规律性变化，而每个样品群体内个体间则有较大的差异；三期的粒宽明显增加，长/宽比似有逐渐变小的趋势，即有从长粒型向短宽型变化的趋势（表一三四）。

表一三四　各期稻米粒形分布表

分期	单位	炭化稻米长/宽*												共计	
		<2.3			2.31－2.5			2.51－3.5			>3.5宽				
		粒数	%		粒数	%		粒数	%		粒数	%			
Ⅲ	H121	5	41.7	36.0	5	41.7	31.5	2	16.6	18.9			13.5	12	111
	H174	35	35.4		30	30.3		19	19.2		15	15.1		99	
Ⅱ	H339	2	4.4	7.1	4	8.9	15.7	32	37.1	62.9	7	15.6	14.3	45	70
	H168	1	8.3		5	41.7		5	41.7		1	8.3		12	
	H229	2	15.4		2	15.4		7	53.8		2	15.4		13	
Ⅰ	H187	1	6.2	6.2	3	18.8	18.8	8	50	50	4	25	25	16	16
总计	6	46			49			73			29			197	
%		23.4			24.9			37.0			14.7			100	

* <2.3为粳型　2.31～2.5为籼粳中间型　2.51～3.5为籼型（>3.0～3.5中含部分不典型的野生稻型）
>3.51典型普通野生稻型。

由表一三四可见，在偏粳型、中间型、偏籼型与偏普通野生稻型的分布中，偏籼型所占百分比最大（37.0%），其次是籼粳中间型（24.9%）和偏粳型（23.4%）（图版二一五，1～8）。

从不同时期（不同层次）来看，<2.3的偏粳型稻米有逐渐增多的趋势（Ⅰ期只占6.2%，Ⅱ期占7.1%，Ⅲ期则占到36.0%）。

在197粒中，有28粒（占14.7%）>3.5粒形的炭化稻米可能为普通野生稻，（图版二一五，9）因粒形长/宽>3.5基本上排除了是栽培稻的可能性，并且和以往的报道只出现1粒或4粒（其长/宽为2.88－3.10）不同，在197粒炭化稻米中获得28粒（占14.7%）>3.5普通野生稻炭化稻米，排除了量太少的偶然性。

古气候研究[①] 表明，在距今 8000 年前的全新世大暖期，淮河流域年平均气温比现今要高 2℃，冬季高 3℃～4℃。古孢粉学研究表明，贾湖遗址出现目前生长在亚热带的枫香(Liguidamber)、水青冈(Fagus)乔木花粉和热带的水蕨(Ceratopteris)孢粉以及较多的水生、沼生植物的硅酸体等进行推测，当时贾湖周围沼泽湖塘遍布，属湿热多雨的亚热带气候，完全能满足野生稻生长发育所需要的水热与日照条件。换言之，距今 8000 年前后，淮河流域应存在普通野生稻。炭化米中占 14.7％的野生稻米同时表明，采集野生稻米在当时人类的食品中仍占有一定的比例。

将贾湖遗址 H174 灰坑中浮选出的水稻炭化米粒送至华中农业大学生命科学院蓝盛银教授进行了深入研究，取得很有意义的研究结果。通过对其米粒的横断面和纵断面进行扫描电镜观察(图版二一六)，并和现代籼稻加工成的糙米(图版二一七)和精米(图版二一八)进行对照后认为“从表面看，古米被磨过、糊粉层已完全不可见，从淀粉晶体形态看，古米之年代久远、晶状已不复存在。”由此我们不难得知，这些炭化米粒是经人工加工过的精米。从遗址中出土的石磨盘和石磨棒也予以充分地证实这一点。

第三节　水稻硅酸体

一、现代水稻硅酸体分析

对水稻硅酸体的研究一直受到学术界的重视。可鉴定为稻属(*Oryza*)的硅酸体有三种类型，即特征扇型(藤原宏志等，1978)、平行排列的哑铃型(Metcafe，1960)和颖壳双峰乳突。也有学者认为，古栽培稻的双峰乳突随时间的久远程度和埋藏条件不同而出现不同程度的损毁，表明该结构不是一种像硅酸体一样难以化解的内质成分所构成。因此，双峰乳突结构不应被视为“颖壳硅石”[②]。

水稻的双峰乳突具有峰(peak)、垭(col)、拗(depression)、谷(valley)和副突(attached papilla)等特征。其可测定的数量性状有双峰距(BPD)、垭深(CD)、距/深比(BPD/CD)、峰角度(PA)、垭角度(CA)以及乳突纵距(VD)和基部横宽(HW)等(图三五三)。

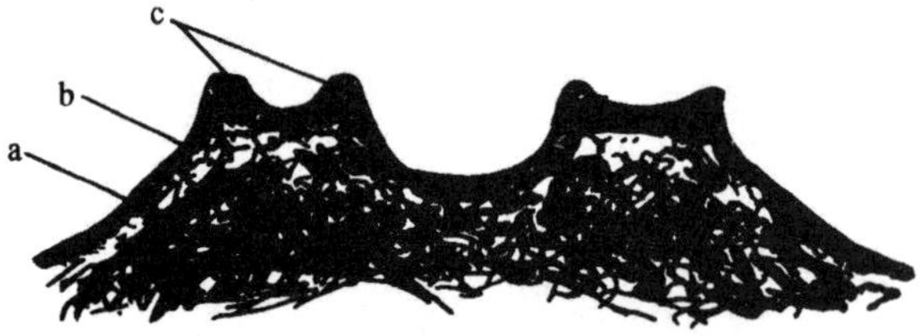

图三五三　水稻壳硅石形态素描

a. 泡一网纹状丘形隆起　b. 光滑波状的外壁边缘　c. 双乳头状突起

为了探讨籼粳亚种的双峰乳突差异，分别对 14 个籼稻品种共 113 粒稻谷的稃表双峰乳突的

---

① 施雅风、孔昭宸等：《中国全新世大暖期气候与环境》，海洋出版社，1992 年。

② 张文绪等：《澧阳平原几处遗址出土陶片中稻谷稃面印痕和稃壳残片的研究》，《中国栽培稻起源与演化研究专集》，中国农业大学出版社，1996 年。

扫描电镜图象进行分析。通过判别函数公式：G(X)＝44.4788－0.4308(BPD)－0.4263(PA)＋0.075(BPD/CD)进行判别。发现G(X)得正值者为A型(Acute type)双峰乳突，多数籼稻品种属之(图版二一九，12)；得负值者为O型(Obtuse type)双峰乳突，多数粳稻品种属之(图版二一九，14)。判别准确率达95.58%。同时以判别函数的后验概率(Posterior probability)作双峰乳突演化程度指标，可将两种双峰乳突类型分为"混沌态"(Ⅰ型)、"分化态"(Ⅱ型)和"稳定态"(Ⅲ型)等三种演化状态。从而科学地确立了"水稻双峰乳突鉴定法"。①

用这种方法首先对54份中国的普通野生稻的双峰乳突进行判别，发现其中有30份属A型，占55.5%；24份属O型，占44.5%。从两类双峰乳突的演化程度综合分析，有25.42%为"混沌态"(Ⅰ型)，47.45%为"分化态"(Ⅱ型)，而属于"稳定态"(Ⅲ型)的只有27.12%。其"稳定态"双峰乳突的比例远远低于籼稻的17.41%和粳稻的63.79%。表明中国的普通野生稻是一群较原始的仍在向籼粳分化的混合群体②。

因此，这一方法亦可应用于古栽培稻的鉴定之中。

除此之外，扇形硅酸体和哑铃型硅酸体也可对稻属种及其亚种进行鉴定。

二、遗址样品中水稻硅酸体的发现与特征

该遗址全部9个样品皆发现了大量起因于水稻叶片表皮机动细胞的特征扇型硅酸体(图版二一九，1—8)和呈特殊排列状的哑铃型短细胞硅酸体(图版二一九，15)。还发现有较多水稻颖壳双峰乳突碎片(图版二一九，9、10、11)，且近于粳稻的特征。

除水稻外，能够产生扇型硅酸体的植物数以千种，但绝大多数植物种的扇型硅酸体与水稻扇型硅酸体的形态差异较大，易于区分。

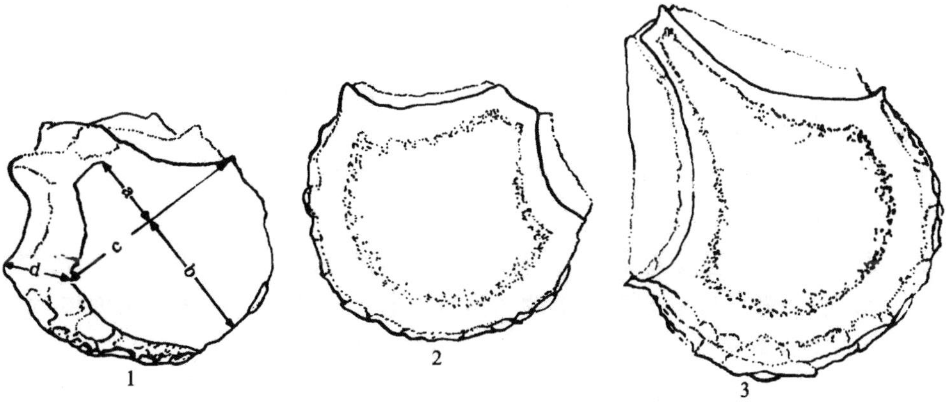

图三五四　水稻扇形硅酸体度量和类型

1. 测量参数　2. α型　3. β型

加藤茂苞等③把现在栽培稻分为印度型(*O. s. indica*)和日本型(*O. s. japonica*)，约分别相

① 张文绪：《水稻颖花外稃表面双峰乳突扫描电镜观察》，《北京农业大学学报》1995年，第21卷第2期。

② 张文绪、汤圣祥：《稻属20个种外稃乳突的扫描电镜观察》，《作物学报》1997年，第23卷第3期。

③ 加藤茂苞，小板博，原史六，亲种植物の结实度まつ见た为稻品种の类缘に就て，九州帝国大学农学部作物学教室，1928，6，32～41。

当于中国的籼稻（*O. s. L. subsp hsien Ting*）和粳稻（*O. s. L. subsp keng Ting*）。藤原宏志等（1978）[①]研究了大量各种类型水稻扇型硅酸体后发现，印度型水稻扇型硅酸体多为“薄而圆的小型”（α型，图三五四，2），日本型水稻扇型硅酸体为“厚而尖的大型”（β型，图三五四，3）。佐藤等（1990）[②]研究了96个水稻品种，测量了大量水稻扇型硅酸体a、b、c、d形态参数（图三五四，1），采用判别式 $Z=0.049(a+b)-0.019c+0.197d-4.792(b/a)-2.614$ 判别发现，$Z<-0.5$，a型，多属印度型，误差<8%；$Z>0.5$，β型，多属日本型，误差<6%；$Z=-0.5\sim0.5$，α－β过渡型，无法判别亚种，占25%左右。

我们分析了偏粳型的东乡普通野生稻的叶与茎，除见很多亚铃型硅酸体（其长轴与叶片垂直的平行排列状）外，尚见较多特征的扇型，扇型多为β型（图版二一九，13），亦见一定量a型。从这个样品的统计结果来分析，佐藤判别式有一定的正确性。但是把佐藤判别式应用于考古样品中，仍需进一步的修正。

为了判别贾湖遗址水稻亚种类型，对Jh2、Jh3、Jh6、Jh9号样品第二次取30克分析，不做固定薄片，直接在载玻片上观察，以便于测量a、b、c、d形态参数。每块样品统计出30粒以上特征的水稻扇型硅酸体，利用佐藤判别式判别发现，籼稻（α型）占22%，粳稻（β型）占49%，过渡型占29%。

从水稻扇形硅酸体的形态学研究表明，贾湖先民种植的稻种是一种尚处于籼、粳分化过程中的，以粳型特征为主的，具有原始形态的栽培稻。

第四节　贾湖古稻的分类地位

对出土的1000多粒及其中197粒较完整的炭化稻米的形态学分析表明，80%以上的炭化米已与野生稻发生了显著变化，而与现代栽培稻近似，因此可以肯定贾湖古稻已被驯化为栽培稻。然而，从每个层次几乎都存在偏粳、偏籼、籼粳中间型及野生稻型炭化米来看，贾湖古稻群体中的变异很大，是一个粒形上包括籼、粳、中间型及普野的混合群体（与现代已分化很彻底的籼、粳稻品种不同）。并且在距今8000年～9000年的1000年中粒形的长与宽逐渐增加，而长/宽比却有逐渐变小，容积逐渐加大而接近现代栽培稻的趋势。是否可以作这样的解释，首先普通野生稻曾发生了粒形偏粳或偏籼的突变；其次这些突变类型与以异花授粉为主的普野发生了天然杂交，从而出现了从偏粳、偏籼、中间型到普野粒形的分离（我们在普野与粳或籼稻的杂交试验的后代中经常可以看到上述的分离情况）；其三，人类的选择压力虽然很弱，但已朝着稻米容积加大（粒形短、宽、厚）的增产方向逐渐累积，最终形成与其野生祖先普野显著不同的栽培稻。

贾湖遗址出土的新石器时代的生产工具，既有翻地播种、中耕及收获的，也有把稻谷加工成米的磨盘、磨棒可以作为栽培稻的重要佐证。

贾湖古稻的粒形中，早中期偏籼型最多，偏粳与中间型也有相当比例，晚期以偏粳和粳籼中间型为主，偏籼者较少。而硅酸体分析的结果类似，但类型相反，即以偏粳型为主（占49%），偏籼型只占22%。这种粒长偏粳、粒宽偏野、长宽比编籼，而硅酸体以偏粳型为主的现象，与河姆渡古稻粒形偏籼而稻谷稃面双峰乳突偏粳和湖南澧县八十档彭头山文化古稻同一稻谷的粒形似籼而

---

① 藤原宏志，佐佐木章，づうこトーオバーⅣ分析法の基础研究（2）—イネ（*Oryza*）属植物にすけ为机动细胞硅酸体の形态。考古学て自然科学，1978，11：9～19。

② 转引自安太庠：《植硅石及其应用》，1993年。

双峰乳突似粳或粒形似粳而双峰乳突似籼的不一致现象颇为相似[①]。因此可以认为贾湖古稻虽然已驯化为栽培稻,但还与现代已分化很彻底的栽培稻不同。由于当时的人工选择还不够强,是一种籼粳分化尚不明显并且还含有野生稻一些特征的原始栽培稻。根据龙虬庄炭化稻的分析[②],7000 年～5500 年这 1500 年间,谷粒长、宽、厚的变化没有明显规律,5500 年以来,谷粒明显变长、变宽、变厚,总体上谷粒变大,籼粳分化更加明显和彻底。这说明人工选择压力明显加大,成为在分类学上与现代栽培粳稻相同的栽培稻。而 8000 年前的带有一定野生稻特征且籼粳分化不彻底的贾湖原始栽培稻,我们建议定名为"贾湖古稻",并可作为今后古稻谷研究中的一种栽培稻品种的参照系。

上述事实还可证明,粳、籼确实是同源的,即都源于普通野生稻,只是在被人类栽培驯化过程中,受到水、热等气候环境因素的制约和人为的优化选育才逐渐向籼、粳两个方向发展,最终形成了两个亚种。

第五节　贾湖古稻发现的意义

一、贾湖古稻在中国稻作农业起源研究中的地位

栽培稻起源问题,是农业起源研究的中心议题之一。由于中国是目前世界上发现早期稻作遗存最多的国家,又是丰富的野生稻资源的传统分布区,又有着独立发展且具有古老传统的举世瞩目的稻作文化,因而中国栽培稻起源的研究,一直受到国内外学术界的广泛关注。

关于栽培稻起源地,目前主要有以下几种不同的认识。一是"阿萨姆·云南说"。但若细分起来,这种观点内部在认识上也有区别。如日本学者渡部忠世认为,稻作起源地为从印度阿萨姆到中国云南省,包括缅甸克钦州等地在内的一个椭圆形丘陵地带[③]。张德慈认为稻作可能起源于尼泊尔——阿萨姆——云南地区,经由云南引入黄河流域,并由越南经海路引入长江盆地[④]。部分中国学者则认为主要起源于云贵高原[⑤⑥⑦],主要依据是云南地势与气候复杂,垂直分布从海拔 40 米直至 2695 米都有栽培稻种分布,不仅数量多,而且种类复杂。同功酶谱还显示,云南部分普通野生稻与栽培稻酶谱类型相似,表明二者具有较近的亲缘关系[⑧]。但此论点至今缺乏考古学材料的支持。渡部氏所依据的主要是距今 1500 年以来的材料,云南发现的为数不多的几处稻作遗存,年代最早的也只有 3800aBP[⑨]。而且据最新公布的野生稻资源调查结果,与栽培稻起源有关的普通野生稻只在景洪、元江两县有零星分布,大量的只是疣粒野生稻和药用野生稻,这就使云南说处于更不利的地位[⑩]。

二是华南说。这一观点是丁颖先生提出来的[⑪],认为这一带至今仍为公认的栽培稻祖先种多

① 张文绪等:《湖南澧县梦溪八十档出土稻谷的研究》,《文物》1997 年第 1 期。
② 张敏等:《五千年前选育优化的稻种》,《中国文物报》1995 年 7 月 30 日第 3 版。
③ 渡部忠世:《稻米之路》,云南人民出版社,1982 年。
④ 张德慈:《早期稻作栽培史》,《中华农学会报》1976 年,3～15 页。
⑤ 柳子明:《中国栽培稻种的起源及其发展》,《遗传学报》1975 年 2 期,21～29 页。
⑥ 游修龄:《从河姆渡出土稻谷试论栽培稻的起源分化与传播》,《作物学报》1979 年 5 期,1～10 页。
⑦ 李昆声:《云南在亚洲栽培稻起源研究中的地位》,《云南社会科学》1981 年 1 期。
⑧ 朱英国:《我国野生稻酯酶同工酶的初步研究》,《遗传》1982 年 5 期。
⑨ 陈文华:《论农业考古》52～85 页,江西教育出版社,1989 年。
⑩ 全国野生稻资源考查协作组:《我国野生稻资源的普查与考察》,《中国农业科学》1984 年 6 期。
⑪ 丁颖:《中国栽培稻种的起源及其演变》,《农业学报》1957 年 8 期。

年生普通野生稻的主要分布区，即南起海南崖县羊栏乡(18°15′N)，北至江西东乡(28°14′N)，东起台湾桃园(121°15′E)，西达云南景洪(100°47′E)，这一带温暖湿润，河塘湖沼广布，适合稻类作物生长，且发现有万年以前的新石器时代早期文化遗存。但这一论点至今也未能得到丰富的早期稻作遗存材料的足够支持。

三是长江中下游——华南说，以严文明先生为代表①。因有彭头山、河姆渡等考古材料的支持，又有野生稻资源的分布(或靠近现今野生稻分布区)，因而目前得到多数学者的支持。

四是黄河流域说，以李江浙先生为代表。认为水稻为秦人之祖先大费在冀鲁豫苏交界地区首先培育而成的②。因这一论点过于依靠文字训诂，对考古学和年代学资料引用不当，故而未能引起人们的重视。

五是王象坤先生和张居中等在国家自然科学基金重点项目"中国栽培稻起源与演化"研究中，根据贾湖、彭头山、八十档等8000年前的栽培古稻新材料和中国栽培稻遗传多样性中心的同功酶研究结果提出的，认为淮河上游和长江中游是中国栽培稻起源中心③④。栽培稻的最初起源地，应有四个必不可少的前提条件。一是该地必须发现有我国最早的栽培古稻遗存；二是该地当时还必须发现有栽培稻的野生祖先种普通野生稻；三是该地当时要具备适于栽培稻及其野生祖先种生长发育的气候与环境条件；四是当时该地或其附近要有以栽培稻为主要食品，并具有将野生稻驯化为栽培稻的发展水平和能力的古人类群体，以及相应的稻作农业生产工具。上述四条缺一不可，因为一、二两条是成为中国稻作发祥地的直接证据；第三条是成为发祥地必须具备的客观环境条件；第四条也是至关重要的，因为当时生活在该地的先民只有当迫于人口增长、采集和狩猎资源减少、季节性食物供应不足等等生存压力时，才可能最终发现并走上驯化野生稻的道路，亦即稻作起源的社会背景。

野生稻被人类驯化成栽培稻经历了一个漫长的过程。最初人类在众多的采集植物中发现野生稻是一种食味好、种籽数量多且易于贮藏的食用植物，进而作为重点采集对象进行了强化采集。这是人类对野生稻的第一阶段选择，即把野生稻作为重点采集植物从诸多采集植物中选择出来。当人类对野生稻的依赖性增加，并经过长时期采集经验的积累，就必然会提高对野生稻的选择技术，人类从而进入了对野生稻的第二阶段的选择，即在野生稻中着重选择那些对人类有利的野生稻变异(如穗子变大且变紧凑)。由此，种籽数量增加，加之落粒性减弱，因而种籽损失减少等并加以栽培种植且逐代加强，从而改变了野生稻，即通过对野生稻的变异、遗传与选择进化三要素的无数次循环，人类最终将野生稻驯化为栽培稻。

那么，贾湖所在地区是否具备上述稻作农业起源的条件呢？

首先，就目前的材料分析，我们认为淮河上游和长江中游地区，是最早具备上述四种条件的地区。根据最新研究⑤，进入全新世以后，气温急剧升高，10kaBP的气温已达到现代水平，9kaBP左右温度已稍高于现代，8.7kaBP－8.5kaBP间，温度急升至4.5℃之巨，与此同时，降水量也相应增加，非常适于稻作生产。枫香、山毛榉、水蕨等部分喜暖植物和大量龟、鳖、鱼、鳄类动物的存在表明，贾湖所在的黄淮地区在8500年前的气候环境条件要稍优于现在，可能已与现今的江淮

① 严文明：《再论中国稻作农业的起源》，《农业考古》1989年2期。《中国史前稻作遗存的新发现》，《江汉考古》1990年3期。

② 李江浙：《大费育稻考》，《农业考古》1986年2期。

③ 王象坤：《中国稻作起源研究中几个主要问题的研究新进展》，《中国栽培稻起源与演化研究专集》，中国农业大学出版社，1996年。

④ 张居中等：《也论中国栽培稻的起源与东传》，《农业考古》1996年第1期。

⑤ 施雅风、孔昭宸等：《中国全新世大暖期气候与环境》，海洋出版社，1992年。

地区相当。根据古气候与环境研究，在距今7000年～4000年的全新世中期，黄河流域的年均温比现在普遍高2℃，黄河流域的降雨量和自然景观与现今长江流域近似，而淮河流域则与江南的现今环境类同。在贾湖文化中后期（距今8600年～7800年）、仰韶时代中晚期（距今6000年～4800年）和龙山时代中晚期（距今4400年～4000年）均为温暖温润降水量较大时期①。进入历史时期以后，特别在2500年以来，气温和降水量在逐渐下降。既然今日江淮和江南地区为水稻的传统栽培区，那么历史上与今日之江淮和江南地区气候环境相同的黄淮地区的先民同样经营稻作农业就不难理解了。总之气候环境也是动态的、不断变化的，我们不能拿现在的气候条件来衡量过去的环境。

其次，黄淮地区自古至今都有野生稻分布。据报道，直到现在，在苏北连云港地区仍有野生稻存在。江苏省农科院在连云港地区发现29处穞稻，为一种一年生野稻，长芒、黑壳、红米，成熟时粒易脱落②。据《文献通考·物异考》载，北宋“太平兴国四年（公元979年）八月，宿州符离县渒湖穞稻生，民采食之，味如面，谓之圣米。”据气象学研究，公元964年—992年为湿润多雨期③，在这个期间淮北的符离野生稻滋生应是正常现象。另据记载，开元十九年（公元731年），扬州穞稻生。（《新唐书·玄宗本记》，大中六年（公元852年），海陵、高邮二县百姓在“官禾”中漉得“异米”煮食，呼之“圣米”。大中祥符六年（公元1013年），泰州管内四县生圣米（《文献通考》卷二九九）。说明唐宋时期的淮河流域仍是野生稻分布区。直到现在，淮南的巢湖地区仍有野生的“浮稻”存在。这种浮稻有芒，颖灰褐色、米微红色，粒形短圆，籽实成熟时易脱落④。巢湖地区位于北纬31°以北，只比淮河干流低1个纬度，比贾湖和符离低2个纬度。另据报道，河南汝州李楼龙山时代遗址中除浮选出栽培稻粒外也有野生稻粒⑤。这表明从裴李岗、龙山、唐宋直到现代，淮河流域一直是野生稻的传统分布区，只不过是不像西南和华南那样普遍，只在环境条件适宜的低湿地带呈片状分布罢了。野生稻资源的逐渐消失，除了环境因素以外，与人类对土地的大面积开发也有很大关系。

其三，8000年前淮河流域先民的文化发展水平，已经达到了相当高的程度，其发达的原始音乐文化和原始宗教文化，至少在当时是居于领先地位的。这当然应有其雄厚的物质基础。以贾湖为例，从这里出土的制作科学而精致、已具有七声音阶的骨笛和具有原始文字性质的契刻符号可以充分说明，当时先民的精神文化水平已达到了相当的高度。农业生产工具中，有肩石铲、骨耜、两端舌形刃石铲、椭圆形石斧、齿刃石镰、四足或无足鞋底状石磨盘、各种类型的石磨棒在这里均可见到。可以说，其文化发达水平和生产工具的组合，与同时期或稍晚的裴李岗、莪沟、磁山等遗址相比，是毫不逊色的，比同时的湖南彭头山文化可能还要高一个发展阶段。既然磁山文化的粟作农业已达到了相当高的水平，既然彭头山文化的稻作农业已出现，那么以贾湖先民为代表的淮河流域先民发明并经营稻作农业也是不难理解的。

其四，当时的先民为什么要从事稻作农业呢？也就是说，把野生稻训化为栽培稻的契机是什么呢？比起狩猎和捕捞来讲，经营原始农业所需的劳动及其复杂程度要高得多，不仅要掌握栽培对象的生长习性和规律，还要掌握气象知识、播种、管理（可能原始农业阶段的管理要简单得多）、收割、加工等技术，因此说，原始农业是一个复杂的工程。如果人们周围的食物唾手可得，就不会

① 王邨等：《中原地区历史旱涝气候研究与预测》，气象出版社，1992年。
② 李洪甫：《连云港地区农业考古概述》，《农业考古》1985年2期。
③ 王邨等：《中源地区历史旱涝气候研究与预测》，气象出版社1992年。
④ 李璠：《栽培植物的起源和演变》，《生物史》第五分册1979年。
⑤ 吴耀利：《河南龙山文化炭化稻米》，《光明日报》1993年11月7日。

有栽培农业的产生。在一些自然资源较丰富的偏远地区生活的现代原始部落，至今仍以狩猎、采集或捕捞经济为主。华南地区虽在1万年前就有以种植块茎块根类植物为主的园圃式农业出现[①] 和对野生稻的采食，但所占比重恐怕是微不足道的，其原始农业发展始终处于较低的水平，直到距今4000多年的石峡文化时期，稻作农业才逐渐有所发展[②]，而直到南北朝甚至隋唐以后，栽培农业才逐步发展起来，其原因主要在这里。迫使人们从事栽培农业的根本原因，只能是人们生活来源的匮乏，对人们的生存造成威胁。而造成人们生活来源匮乏的原因无非有两个，一是环境的恶化，一是人口的增加，或者二者兼而有之。我国北方地区汉代以来精耕细作传统的形成，与2500年来气候的恶化和人口的急剧增加是有直接关系的。我们可以设想，当一个聚落的人们在采集圈和狩猎圈以内靠传统的经营方式无法满足日益增加的人口的生活最低需要时，其解决办法一是扩大作业范围，二是改变或增加经营方式，在这种情况下，栽培农业和原始畜牧业就会应运而生。试想在寒冷的最后冰期期间，人类被严寒逼到洞穴之中，其谋生的道路是相当艰难的。而自1万年前升温期开始之后，人们方才走出洞穴，来到山前地带，但气候仍不稳定，经常出现反复，例如8.7kaBP～8.9kaBP之间的强低温事件，以及7.8kaBP～7.3kaBP年间两次温度下降等冷暖交替的不稳定波动等。河北徐水南庄头新石器时代早期地点的孢粉分析结果也证实了这一点。[③] 从而，给这一带刚刚从最后冰期熬过来的人类群体的生存重新带来麻烦。在天然食物来源缺乏的漫长的冬春，单靠渔猎和采集是难以果腹的，这就迫使人们不得不转向易于增产又便于储藏的谷物栽培经济。很可能在这种情况下，长江、淮河和黄河流域各地的先民已开始了适合各地环境条件的早期栽培农业的尝试，并逐渐得以发展。同时是否还可以这样认为，处于具备水稻驯化条件的边缘地区的人类群体，迫于生存的压力，有可能最先着手摸索并掌握水稻栽培技术，这也正是淮河下游地区在6.3kaBP～5.5kaBP的龙虬庄文化时期已开始并完成了对稻种的优化选育[④]，而长江中游地区与此同时的大溪文化时期，所栽培的稻种仍有许多处于自然状态的小粒稻[⑤] 的原因所在。

纵观我国目前所发现的几支早于7.0kaBP的以稻作为主的新石器时代文化，如彭头山文化及稍后的城背溪文化、皂市文化和李家村文化，均分布于长江中游地区，而贾湖文化则分布于淮河上游地区。这两个地区地域相连而又自成单元，气候相近又有区别，文化相似又各有特征，又都发现有早于8000年的丰富稻作文化遗存，应是栽培稻起源研究的中心和重点。

二、贾湖古稻的发现对黄淮地区史前农业研究的启示

黄淮地区作为我国南北气候的过渡地带，其农耕活动历来被气候的变化所制约。自进入历史时期以来，气候的整体趋势是向干凉方向发展，以粟作为代表的旱作农业成为这一地区的主体经济。但如果以此为由说明史前时期的淮河流域也是以粟作农业为主，则是值得讨论的。

在黄淮地区史前考古发掘中，稻和粟都有发现。从前面介绍可知，在8000年以前的贾湖文化时期，稻作农业已在淮河流域出现。到了仰韶时代和龙山时代，稻作遗存的发现散见于整个黄淮

---

① 李富强：《试论华南地区原始农业的起源》，《农业考古》1990年2期。

② 杨式挺：《谈谈石峡发现的栽培稻遗迹》，《文物》1978年7期。

③ 原思训等：《南庄头遗址^{14}C年代测定与文化层孢粉分析》，《环境考古研究》第一辑，科学出版社，1991年。

④ 张敏、汤陵华：《五千年前选育优化的稻种》，《中国文物报》1995年7月30日3版。

⑤ 顾海滨：《城头山古城址水稻及其类型》，长江中游史前文化暨第二届亚洲文明学术讨论会论文，1995年8月。

地区[①]。之后的商代，郑州[②]、安阳[③]一带的稻作农业已初具规模，殷墟甲骨文中已有稻字[④]，更是人所共知的。如果对黄淮地区稻作遗存和粟、黍类遗存的发现进行系统分析，就可以清楚的看到：

1. 在中原地区，稻与粟、黍类作物分别见于8000年前的贾湖文化和裴李岗文化，其稻作农业的发生期与长江中游地区大体同步。

2. 从新石器时代到史初时期，整个黄淮地区，或为稻粟混作区，或为稻的栽培区，似乎始终未曾作为单纯的粟黍类栽培区而存在。稻作遗存的发现并不少于粟、黍类的遗存，而且粟黍类遗存在龙山时代早期以前集中分布于黄河两岸及附近地区，龙山时代中期之后，在黄河以南地区未见有粟黍类遗存的报导。这里面虽与考古工作的开展及发掘方法有关，但从概率上讲，反映出的这种现象还是能够说明一些问题的。

3. 在数千年的发展中，由于受全球性气候变化和人类活动的影响，稻作农业和粟作农业的分布区域此消彼长，均有所变化。从目前材料看，在距今8000千年前的裴李岗、贾湖文化时期，稻作与粟作的分界线在北纬34°线左右。在距今7000年至6000年的仰韶时代早期，从汉水上游的南阳盆地到东海之滨的连云港地区，稻作农业区逐步向北推进；到了距今6000年到5000年的仰韶时代中晚期，渭河和黄河沿岸的北纬35°线一带已成为稻粟混作区，如郑州大河村、华县泉护村、扶风案板等遗址都是稻粟共存，其它遗址虽未见共存，但也呈交错状分布。到了距今4800年至4400年的龙山时代早期，稻粟混作区向南退缩至北纬33°线一带，如淅川黄楝树屈家岭文化遗址和安徽蒙城尉迟寺大汶口文化遗址即为稻粟共存；到了距今4400年至4000年的龙山时代中晚期，整个黄淮地区见于报道的均为稻的遗存，直到北纬37°以北的山东栖霞杨家圈遗址。当然，杨家圈遗址地处山东半岛，属海洋性气候，但在中原地区，稻粟混作区或其分界线至少在北纬35°以北的黄河以北地区，如在辉县孟庄龙山文化城址就发现有栽培稻的硅酸体。中原地区现在的稻作与旱作农业自然分界线在北纬32°—33°之间，似乎比龙山时代早期还要偏南一些。

4. 黄淮地区并不是到距今5000年以后才开始接受长江流域的传播而成为水稻栽培区的，至少从距今8500年前到商代，黄淮地区和长江流域一样，均为传统的稻作农业区。况且在仰韶时代和龙山时代，淮河流域以栽培粳稻为主，与长江流域以籼稻为主明显不同。因之可以认为，淮河流域的栽培粳稻很可能是当地起源的。只是到了商周之后，由于气候的变化，粟作农业才逐渐取代稻作农业而成为主体经济的。

5. $\delta^{13}C$、$\delta^{18}O$研究

为了进行人类食谱研究，在贾湖遗址出土的大量人骨标本中，选择一期2个、二期4个、三期3个共9个墓的人骨标本，在进行^{14}C年代学研究的同时进行了$\delta^{13}C$、$\delta^{18}O$研究，结果见表一三五。

从表一三五所列的$\delta^{13}C$分析结果看，其成分基本上以C3型植物为主，而未见以粟、黍类植物为主要来源的C4型植物。因此可以认为，贾湖人主要以稻米和采摘来的果实等为植物性食品的主要来源，全新世大暖期结束之后至今，作为这一带人们主要食物来源的粟、黍类植物，至少在贾湖人生活时期尚未被先民所食用。这也为贾湖遗址发现丰富的稻作遗存，而未见粟类作物遗存这一事实所互证。

---

① 张居中、孔昭宸等：《贾湖史前稻作遗存与黄淮地区史前农业》，《农业考古》1994年1期。

② 许顺湛：《灿烂的郑州商代文化》，河南人民出版社，1957年。

③ 李济：《安阳最近发掘报告及六年工作之总结》，《安阳发掘报告》第4期，1993年。

④ 游修龄：《稻黍新解》，《农业考古》1993年1期。

表一三五　贾湖人骨 $\delta^{13}C$、$\delta^{18}O$ 测定数据表

标本出土单位	期　段	δ^{13}CVSPDB=	δ^{18}OVSPDB=
M341	Ⅰ$_1$	−19.75‰	−18.90‰
M375	Ⅰ$_2$	−21.15‰	−17.19‰
M411	Ⅱ$_4$	−20.71‰	−22.03‰
M282	Ⅱ$_5$	−21.49‰	−16.60‰
M344	Ⅱ$_5$	−20.86‰	−11.43‰
M231	Ⅲ$_8$	−20.09‰	−22.55‰
M18	Ⅲ$_9$	−21.31‰	−20.98‰

说明：M233、M253 两个人骨标本因气不纯，数据有误差，上表未列入。

就目前考古学文化的面貌而言，长江中游与淮河中、下游有许多共同之处。

龙虬庄遗址的发掘者张敏先生在认真研究了龙虬庄文化遗存与周围诸考古学文化的异同后指出，江淮东部的原始文化来源于淮河上游和贾湖类型，同样，其稻作农业的来源亦应为贾湖类型文化①。这一认识与上述分析结果可谓不谋而和，也就是说，淮河流域有着与长江流域同样古老的稻作文化传统。但是淮河流域是以栽培偏粳——粳形稻为主，与长江流域栽培偏籼——籼形稻为主明显不同。由此可以认为，淮河流域自 8000 多年以来，由于自然环境即水热因子的左右和稻种无数代的遗传变异，逐渐形成了一个同纬度粳稻栽培带，同时也形成了一个以栽培和食用粳稻为特征的传统文化区。

通过上述分析是否可说明，在人类将普通野生稻逐渐驯化为栽培稻的过程中，长江流域和淮河流域是大体同时发生并且同步发展的，只是由于自然环境的因素，使稻种向粳、籼两个不同的方向进化，最终形成了两个亚种。由于淮河流域的自然条件可能较长江流域更为恶劣一些，所以淮河流域的先民在 5000 年前已先于长江流域完成了稻种的选育优化，使粳稻的生物形态定型化。由此，可以说，淮河流域的稻作农业起源于这个地区，并非长江流域传来。淮河流域与长江流域同样是中国栽培稻起源地的重要组成部分，在稻作农业起源研究中具有同等重要的地位。淮河流域文化传统在与黄河、长江两大流域的文化传统交往的同时，对周围文化曾经产生过重要的影响，其中粳稻栽培技术的北传与东传就是一个重要的方面。

如上所述，是否可以这样认为，在 1 万年左右的全新世之初，由于气候与环境的逐渐好转，淮河上游、长江中游可能同步进入稻种的原始驯化阶段。9kaBP 之后，由于气候的波动，迫使淮河上游和长江中游的先民首先逐步掌握了稻作栽培技术。至 7kaBP 后，这一技术首先普及于淮河流域和长江中下游地区。5kaBP 之后，可能迫于人口的压力或曰谋生的需要，稻作栽培技术向南北两个方向传播，其中籼稻栽培技术向南广布于华南地区，进而传至印度支那和东南亚；粳稻栽培技术向北从淮河下游沿山东沿海地区经山东半岛、朝鲜半岛中部直至日本列岛。3kaBP 年以后，由于气候逐渐趋于干冷，全新世大暖期结束，北亚热带的北界南移至淮河干流以南，黄淮地区先民的稻作农业逐渐被粟作农业所取代，这一带才成为旱作农业的传统地区。

① 张敏等：《江淮东部的原始稻作农业及相关问题的讨论》，《农业考古》1996 年第 3 期。

第四章　渔猎采集与家畜饲养

远在旧石器时代，人类赖以生存的生业类型主要是攫取型，主要形式无外乎采集、狩猎和捕捞。在这一漫长的历史时期内，自然环境、自然条件与资源制约着人类社会的发展。经过几百万年生活和生产经验的积累，以及自然条件的反复多变和自然资源的日渐匮乏，生存的压力迫使人类逐渐从利用自然的攫取型向改造自然的创造型过渡，在采集经济的基础上诞生了原始种植业，在狩猎、捕捞经济的基础上诞生了原始养殖业，于是一场空前的革命出现了。这是一个划时代的事件，它是人类自火的发明以来的又一重大革命。这一革命的发生，标志着人类社会进入了一个崭新的发展阶段——新石器时代。关于原始种植业，上一章我们已进行专题讨论，这一章重点讨论一下采集、狩猎、捕捞和家畜饲养。

第一节　经济结构分析

贾湖遗址发掘出土有大量的生产工具，对这些工具的分析有助于我们了解其经济结构的组成情况（表一三六）。

表一三六　生产工具分类统计表

类别 / 质料	第一类工具	第二类工具					合计	百分比
		农业工具	狩猎工具	捕捞工具	生活用具和加工工具	其它工具		
陶			5	28	64	1	98	5.3
石	217	161	27		300	82	787	42.3
骨、角、牙		1	283	132	541	17	974	52.4
合计	217	162	315	160	905	100	1859	
百分比	11.7	8.7	16.9	8.6	48.7	5.4		100

首先需对表一三六进行以下说明。

1. 第一类工具主要是指制造工具的工具，包括锤、砧、钻和钻帽、研磨器和砺石等。因这些工具并不直接用来生产生活资料，故单独列出。但实质上，工具制造业本身也是一种行业，是手工业的一个组成部分，因此，严格来讲，第一类工具也应属于加工工具这一大类。

2. 第二类工具主要是指直接用来生产生活资料的工具和日常生活用具，主要分为农具、狩猎工具、捕捞工具、加工工具和日常生活用具几类。因为打制石器无法区分其具体功能，也可能是一些临时性功能尚未确定的工具，这里放在其它栏分列。另外，骨质器柄和陶垂球的具体功能也无法确认，故也归入其它栏。

3. 农具类只包括铲、镰、刀、耜四种器形。在以往人们的普遍认识中，石斧也作为农具来看待，但从功能上来讲，石斧只能是一种砍伐工具，应属于木作工具一类。尽管石斧可能在开辟农田之初用于砍伐，但还是归入加工工具较为合理一些。由于石楔类工具的形态未能确认，故归入石斧类工具中。石铲中有些可能属于石扁铲一类，具有刨子的功能，也是木作工具的一种。但限于条件，无法对石铲类工具进行系统的微痕观察，故统统放在农具类中统计。

4. 从表一三六看，加工工具数量最多，但器类也最为庞杂。除石磨盘、石磨棒明显属于粮食加工工具，石斧、石锛和石、骨凿明显属于工作工具，纺轮、针、锥属于纺织、缝纫工具外，骨板类工具也可能属于纺织或织网类工具，其它如匕、削等很难讲是什么工具，但这些又都明显是人们日常生活中常用之器，这里统统放在加工工具和生活用具类中统计。

另外，需要说明的是，表一三六中所列工具均是特征比较明显、可以进行分类统计的，大量过于残破、无法分类的石器不在统计之列。

从表一三六看，直接用于生活资料生产的工具主要有农具、狩猎、捕捞三大类，它们所占比例可能反映了当时人们生业结构的构成。为了说明此一问题，下面将这几类工具单独列于表一三七。

表一三七　用于生活资料生产的工具分类统计表

分类 质料	农具	狩猎工具	捕捞工具	合　计	%
陶		5	28	33	5.2
石	161	27		188	29.5
骨	1	283	132	416	65.3
合计	162	315	160	637	
%	25.4	49.5	25.1		100%

从表一三七可以看出，在工具质料上，骨制品数量最多，陶制品最少。当然，陶制品主要用作生活用具，而石制品则主要用于农具和加工工具。用于狩猎、捕捞的镞、镖主要由骨料制成，因之显得骨制品比例偏高。

从功能分类来看，狩猎工具比例最高，农具比例次之，但这似乎并不能完全反映其生业形式的构成。这是因为作为狩猎、捕捞工具主要组成部分的是骨镞和鱼镖，且，(1)主要出自墓葬，这可能与埋葬习俗有关。狩猎、捕捞业远较农业的历史悠久，人们的埋葬习俗和观念具有滞后性，因而这种习俗和观念反映出的经济结构也可能具有滞后性。(2)长江流域、东南沿海地区彭头山、大溪、屈家岭、河姆渡、马家浜、良渚等考古学文化的大量发掘资料显示，人们在生产活动中大量使用竹木制品，这些质料的工具因贾湖所在地区的埋藏条件所限而无法保存下来。如果贾湖加上这些不易保存下来的竹木制品的因素的话，农具的比例可能会再高一些。

总的来讲，原始农业在贾湖人的生活中已占有至少四分之一以上的比重，同时，狩猎和捕捞业仍然占有相当重要的地位。

另外还有一个需讨论的问题，就是如何看待生业形式的结构。论者在谈及这个问题时，往往将农业与渔猎甚至家畜饲养对立起来，仿佛农业经济发达，渔猎、畜牧业就必然不发达，而只能是农业的补充，反之，只要渔猎经济发达，农业经济就必然不甚发达。从某种程度上讲，这似乎是一个认识上的误区。

事实上，在漫长的人类进化过程中，动物类食品和植物类食品始终占有同等重要的地位。当然在攫取性经济为主的旧石器时代，人类以果腹为生存的第一需要，食物的来源主要受自然条件的制约。自人类发明用火烤制熟食以来，人们始终将对动物类食品的需求与对植物类食品的需求置于同等重要的地位。因此，看待农业经济的发达程度，只能与同为植物类食品来源的采集业相比较，而分析渔猎经济的所占比重，只能与同为动物类食品来源的畜牧经济相对比。袁靖对渑池班村遗址从前仰韶、仰韶、庙二和战国四个时期动物骨骼的研究发现，野生的鹿类和家养的猪的骨骼数量成反比①。这充分说明了狩猎经济的不断缩小和养殖经济的不断扩大，同时也说明，由于野生动物资源的不断萎缩，人口的增加，又迫使人们对动物类食品的需要不断增加，因而不得不逐渐扩大家畜饲养业的比重。

通过上述分析或可证明，那种把动物类食品的生产与植物类食品的生产对立起来的论点是与人类社会进化史不相符的。当然，这样讲也并不是要将二者隔裂开来，事实上，二者是浑为一体、相辅相成的。在研究经济结构时，只有将作为动物类食品来源和植物类食品来源的渔猎、采集类利用型生业形式和农业、畜牧类改造型生业形式各自所占比重进行对比研究，才能得出接近于历史事实的结论来。

第二节　采 集 业

作为人类最古老的谋生手段之一，采集业在人类社会的发展进程中曾起到过重要作用，并为原始种植业的诞生提供了前提，奠定了基础。凯·马丁和巴巴拉·沃里斯（Kay Martin and Barbara voorhies，1975）研究了 390 个狩猎和采集群体，发现 75％的群体依赖的是采集而不是狩猎，只有 25％的群体是狩猎占支配地位。在原始稻作农业相当发达的贾湖聚落，作为人们植物性食品的重要补充手段，采集业仍然继续存在。

贾湖遗址发掘资料中，反映采集经济存在的主要是野生稻、栎果、野菱和野大豆。栎（Quercus）果的淀粉含量丰富，是人类传统的采集对象，不仅贾湖遗址大量发现，在同时期的石固、水泉、莪沟等遗址也曾见到。野大豆应是一种油料作物，野菱在中原地区同时期遗存中仅见于贾湖遗址，这是与贾湖的稻作农业所反映的自然环境相一致的。贾湖出土的野生稻粒有些可能与栽培稻混杂在一起，被同时收割，有些也可能为被专门收获而来。据目前材料统计贾湖野生稻所占比例高达 14.2％，这或可说明，野生稻米的采集在当时人们的食物来源中仍占有一定的比重。

另外，在与贾湖同时期的周围遗址中，还见到有另外几种采集而来的植物遗骸，如裴李岗遗址发现有梅核、酸枣核、核桃壳等②，莪沟遗址发现有麻栎、枣核、核桃等③，石固遗址发现有榛子、野胡桃、白榆、酸枣等④，水泉遗址发现有核桃楸果壳、栓皮栎果核、酸枣核等⑤。

以上发现表明，在贾湖人生活时期，采集经济作为植物类食品的重要补充形式，仍然是普遍存在的。即使现在，一些地方的农耕者，若遇上欠收年景，仍需采集大量的野生植物类食物以供人类最低的生存需要。对刚刚跨入农耕者行列的贾湖人来讲，不仅仍然需要这一古老的生业形式，而且可以想象，这一获取食物的途径仍占有相当的地位。

---

① 袁靖：《动物考古学的目标、理论与方法》，《中国历史博物馆馆刊》1995 年 1 期，第 63－64 页。
② 中国社会科学院考古研究所河南一队：《1979 年裴李岗遗址发掘报告》，《考古学报》1984 年第 1 期。
③ 河南省博物馆等：《河南密县莪沟北岗新石器时代遗址》，《考古学集刊》第 1 集，文物出版社，1981 年。
④ 河南省文物研究所：《长葛石固遗址发掘报告》，《华夏考古》1987 年第 1 期。
⑤ 中国社会科学院考古研究所河南一队：《河南郏县水泉新石器时代遗址发掘报告》，《考古学报》1995 年第 1 期。

前面已经论及，贾湖聚落周围为疏林草原景观，而且周围同一文化的聚落中，北边的郭庄、大岗遗址明显晚于贾湖，南边的阿岗寺、张王庄遗址发现遗物太少，其文化性质还无法确认，因之，贾湖人能力所及之处，均可作为其采集范围。但是，从贾湖遗址发现的采集品来看，贾湖人的采集并不甚丰富，这一方面可能是由于受埋藏条件所限而不易保存下来，另一方面可能因发掘手段所限而未能发现大量的不易保存的采集对象，是否还有另一种可能，即贾湖人的水稻种植已可大致满足人们对植物类食品的需求？

第三节 狩猎业

从以上分析可知，贾湖遗址周围有广阔的疏林草原，上面生活着众多的野生动物，为贾湖先民从事狩猎活动提供了理想的场所。所以，狩猎业在贾湖先民的生活中仍然占据重要的地位。

一、狩猎工具

从表一三七可知，狩猎工具不仅数量最多，占各项生活资料生产工具总和的49.5%，而且质料最全，陶、石、骨器皆有。从种类上看，主要包括射、投掷和戳刺三大类。

射类工具主要是骨镞，共计发现278件，占狩猎工具的88.3%。在墓葬、窖穴、房址、残陶窑及地层内均可见到大量骨镞。在349座墓葬内，随葬骨镞的有49座，占全部墓葬的14%，随葬骨镞最多的是M277，有23件。可以说，贾湖部族是一个善射的部族。这些骨镞从铤部特征分析，有绑附式、嵌杆式、插杆式几种。绑附式最多，铤部多一面平，有的还刻有便于绑牢固的刻线；嵌杆式为圆短铤，可嵌入箭杆的一端，数量也很多；插杆式是铤部中空，可将箭杆插入，数量很少。可见贾湖人的箭镞制法尚未定型化，呈现出一定的原始性。弓箭的发明是旧石器时代晚期的重大事件之一，这时已成为主要的狩猎工具。

投掷类主要是石球和石、陶弹丸两种，数量均不多，共30件，占狩猎工具的9.5%。根据民族志材料，石球主要用于抛石索，是旧石器时代就已普遍采用的狩猎工具。弹丸主要用于弹弓，也是旧石器时代晚期的发明，这时已退居次要位置。

戳刺类工具只有矛，数量很少，石矛和骨矛共有7件，仅占狩猎工具的2.2%。虽然数量少，却是一种新型武器，因它可在近距离博斗时尽可能发挥其威力，具有很大的发展潜力。在金属发明之后，这种武器便迅速发展起来，成为冷兵器时代的主要武器。但贾湖矛的主要功能还是狩猎。

二、狩猎对象

在贾湖遗址出土了大量动物骨骼，在14种哺乳动物中，除可以确认为家养的猪、狗以及可能为经人工驯养的黄牛、水牛、羊外，其它如梅花鹿、四不像鹿、獐、小麂、貉、狗獾、豹猫、野猪、野兔、紫貂等均为野生动物，均应是人们的猎获物，即人们的狩猎对象。

对上述野生动物骨骼分析后发现，这些动物大多活动于疏林、草原和湖沼之中，而贾湖遗址周围有着广阔的疏林草原。目前材料显示，贾湖先民的狩猎圈至少在周围数十平方公里范围之内，因为这一带尚未发现同时期的其它聚落存在。

根据发现的野生动物骨骼的数量来看，梅花鹿、四不像、獐和小麂是贾湖先民的主要猎获对象，其次是貉和野猪，其它如野兔、豹猫较少见，紫貂和狗獾只是个别发现。贾湖遗址丰富而精美的骨器大多为鹿科、牛科动物的长骨制作而成，为贾湖先民发达的狩猎经济提供了旁证。

另有三种鸟类的骨骼也值得重视，其中环颈雉有14个个体，丹顶鹤有6个个体，天鹅有4个个体。需要提及的是，20多支骨笛均为丹顶鹤尺骨所制。这三种鸟类都具有观赏价值，目前还均为观赏鸟类。这些鸟类多活动于疏林草原和湖沼地带，其骨骼在遗址中出现表明，这些鸟类也是人们的猎获物。

第四节 捕 捞 业

捕捞业也是人类最早的生业形式之一，贾湖聚落周围大面积的湖沼和丰富的水产资源，为人们继续从事捕捞活动提供了良好的条件。

一、捕捞工具

从表一三七可知，捕捞工具数量占生产工具总和的25.1%，与农具比例接近。其质料以骨质为主，主是是骨镖，陶质较少，主要是网坠，未见石质捕捞工具。

骨镖是一种投射工具，共有152件之多，占捕捞工具的82.5%，是贾湖先民的主要捕鱼工具。在349座墓中，随葬骨镖的有42座，占全部墓葬的12%，可见捕渔在当时也是一种相当普及的日常性生业形式。

这些骨镖从杆的固定方式上可分为三种：一种是嵌杆式，即将镖的铤部插入杆的一端，包括Aa、Ad、B、Ca几型，数量较多；一种是绑杆式，即将镖头的铤部绑缚固定在杆的一端，包括Ab、Ac、Ae、Cb、Cc、E、F等几型，数量最多；一种是连杆式，即制作时将镖头与镖杆一次制成，事实上镖杆只是铤部的加长，仅见D型一种。嵌杆式和连杆式均有双侧倒刺，大多制作精致，反映了人们对这种工具的重视。

网坠数量较少，只占捕捞工具的17.5%。所见网坠绝大部分为废鼎足改制，大多网坠较轻。据可统计的标本中，重20克以下的占28%，21－50克的占48%，51－100克的占16%，100克以上的只占8%。因之推测网不会太大，且只能捕捉中、小型鱼类。从这个角度讲，贾湖人捕鱼是以投射为主，且这种方式只能以大、中型鱼类为对象。由此看来，贾湖人的捕捞工具也是有所分工的。

根据现存的捕捞工具数量来研究捕捞业在当时经济生活中所占的比重可能具有很大的局限性，因为我们所见到的捕捞工具只是经过几千年保存下来的一部分，而大量由竹、木、纤维编织而成的工具可能限于埋藏条件而未能保存下来。事实上，在水生资源丰富的贾湖人生活时期，大量捕捞活动可能都是用这种工具进行的，如捕捞蚌、螺类动物等，而捕捉龟鳖等爬行类动物，至今人们还主要靠观察了解动物的生活习性后徒手进行。因之，上述分析还要加上这种因素后才能较为全面一些。

二、捕捞对象

由于贾湖聚落周围有较大的水面积，加上当时温暖多雨的气候，使水生资源非常丰富。进而为研究当时的捕捞对象提供了可能。

在贾湖遗址的绝大多数灰坑中均可见到大量的鱼肋骨、脊椎骨和喉齿，可鉴定的鱼主要是青鱼和鲤鱼两种，这可能是特征比较明显的两种主要的鱼类。青鱼喉齿有大至长径1.95厘米、短径1.45厘米者，有的鱼脊椎骨单节长1.9、直径1.8厘米，推测其活体重量均相当大。因此可以认为，鱼类是当时人们的主要捕捞对象。

爬行动物主要是龟鳖，发现数量相当大，只要有生活垃圾的地方，都有龟、鳖的甲片存在，许多灰坑、文化层中都可见到。不仅如此，食余的龟壳还被改造后作为原始宗教活动的道具。在墓葬中成组的随葬，龟壳内装石子，个别龟上还刻有符号，形成了特征鲜明的龟文化，而这种文化现象产生的底蕴应是在长期的捕龟、食龟、崇龟活动中逐渐产生的，可见捕捞业在贾湖人心目中应有相当神圣的地位。

另一大类捕捞对象是蚌、蚬、螺类，发现数量也很多。可惜因埋藏条件所限，保存较差，在许多灰坑、文化层中只可见到蚌螺类甲壳腐朽而成的白色粉末。但大量夹蚌陶中可见许多作为羼和料的被粉碎的蚌片，证明捕捞在贾湖人的生活中具有相当重要的地位。

另一重要的捕捞对象是扬子鳄。在灰坑、残房基中发现的扬子鳄各部位骨骼大约分属10多个个体，有幼年的也有成年的，部分骨片上还有人工砍砸的痕迹，表明这种动物应是在当地捕杀而决非从外地运来。

第五节　家畜饲养业

尽管贾湖聚落周围有广阔的草原和湖沼，其中又有着丰富的野生动物资源，但这种资源是不够稳定的，受着自然环境条件的强烈制约。人们为有稳定的肉食来源，动物的驯养就成了必然的事情了。大量的考古发掘资料证明，最早的家畜是从圈养群居动物开始的，如西亚最早的家畜是绵羊和山羊，中国最早的家畜则是猪和狗。所以，从某种意义上讲，最早圈养的群居动物是被人们保护起来加以照料，以便渡过艰难时节的肉类食物，而家畜的饲养正是由此开始的。

和我国其它考古学文化一样，贾湖遗址发现最多且可以认定的家畜也是猪和狗。几乎在所有居址遗迹中均可见到残碎的猪的骨骼。据研究，大多数为家猪，证明猪的饲养已成为当时人们日常生活的一部分和主要的肉食来源之一。在同时期的裴李岗、水泉、莪沟以及磁山等遗址，都见有大量猪的骨骼，裴李岗遗址还发现有猪的雕塑艺术品，表明此时猪的饲养已普遍存在，并且人们对猪的观察已相当细微。

关于猪的饲养方式，学界曾有一种误解，认为也像现在一样要用粮食作为饲料，并认为猪的饲养是粮食已有剩余的象征。事实上，人们饲养家畜主要是为了解决人类自身的食物问题，在粮食生产尚处于初级阶段的时候，是不可能用来作猪饲料的，养猪主要是靠放养。据观察，经过简单训练，猪的群居性是比较易于养成的，对猪的放养不仅是可能的，而且是必要的。贾湖周围的广阔草原，不仅是狩猎场，也应是良好的牧场。

狗的饲养却较为复杂。通过对狗的骨骼的研究，表明系驯养无疑。在H30、H37、H179、H291、H318等单位内曾发现成堆的狗的粪便，但完整的狗骨架多出自墓葬区和居址区，零碎的狗骨发现却不是太多。这是否意味着，人们养狗不是主要用于食肉，而是诸如宗教仪式、助猎等其它的用途？这个问题，下面将进行专题讨论。

贾湖也发现有少量的羊，而且其特征接近安阳殷墟的羊。尽管数量少，但家养的可能性是很大的。同时期的裴李岗遗址发现有羊的雕塑艺术品，也从侧面证明当时已有家养羊的存在。

贾湖遗址也发现有黄牛和水牛的骨骼。从骨骼特征看与现代的家养种基本相似，但当时是否已有牛的饲养尚有疑问。同时期的裴李岗、磁山也有发现牛的报道，但未说明是家养还是野生。贾湖遗址的后继文化之一下王岗仰韶时代遗存已发现家养的黄牛，或可作为贾湖黄牛已属家养的旁证；水牛是否系家养，也不太清楚[1]，但也不排除家养的可能性。即使是家养，也只能是用于食肉，并非像历史时期那样用于役使。

① 河南省文物研究所等:《淅川下王岗》,文物出版社,1989年。

第五章　技术、工艺研究

第一节　陶制品制造工艺

一、概　　论

陶器是人类利用物理变化和化学反应制造出的第一种自然界不存在的新物质，它的发明拓宽了人类的食物品种，改进了烹饪方法，在很大程度上改变了人类的生活方式，因而被誉为人类发展史上的里程碑。陶器与古代先民的生活方式休戚相关，它蕴含着古代社会的丰富信息，在文字发明前的新石器时代考古学研究中，陶器自然成为主要的研究对象。

陶制品的制作过程应包括原料制备、成型与修整、装饰和烧成四个阶段，每个阶段都有其不同的工艺做法和工艺流程，而不同的历史时期、不同的考古学文化，都有其不同的工艺特征。通过对制陶工艺的研究，归纳其工艺特征和规律，从而揭示出物化于陶制品之上的人类的思想和行为，应成为研究陶制品制作工艺的主要目的之一。

就器物的形态而言，在陶制品制作的四个阶段中，成型、修整和装饰阶段是关键阶段。大凡人们在制作某一件器物时，决定器物的外部形态的往往有以下几种因素：

1．功能。这是制作某种器物的决定性因素。因为人们制作器物首先是为了使用，即满足人们生活或生产或祭祀或娱乐或其它某种用途，因此，人们在制作一件器物之前已胸有成竹。当某种原因使人类的某种活动发生变化或消失时，其所相应的器物也自然而然地随之发生变化或消失。这是在相同的自然环境和经济形态条件下往往有相同或相似的器物群出现的原因所在。换言之，与人们的生活、生产息息相关的器物形态，也是反映人类生存环境、经济形态和生活方式及其演变的指示器。

2．材料。材料与器物形态形往往是相辅相成的，只有具备制作某种器物的材料时，这一制作才能得以实现，比如彩陶，只有具备所需颜料，才能绘出彩陶图案来。反之，只有为满足制作某种器物的需要，人们才会去尝试各种可能被利用的材料，然而这些材料往往受自然环境和资源的局限。例如，人们为了提高炊器的耐热防裂强度即耐温度剧变性能而尝试某种羼和料，从事稻作农业的人类群体就利用大量的稻壳或炭化稻壳作羼和料，从事渔猎经济的人类群体就利用蚌片、碎骨屑为羼和料，有的人类群体则利用云母片、滑石粉末作羼和料，而最普遍的当属利用天然砂粒作羼和料，有的则对各种可能利用的材料都作一番尝试，或根据不同需要利用某种材料，而材料的不同也必然或多或少地影响到器物的外部形态。

3．技术。人们根据需要设想出某种器物的大致轮廓，并具备了所需材料，能否把设计变成器物则取决于人们的技术水平，所以，往往受技术水平的制约，因而可以说，成型、修整和装饰的工艺做法和工艺流程如何，是当时人们的设计思想、环境资源和技术水平的集中反映和集中体现。新石器时代的人类不可能制作出青花瓷器和唐三彩，正像现代人不可能普及星际旅行一样。这不仅是技术工艺的局限性，也是历史的局限性。彩陶和慢轮制陶的出现对前仰韶时代制陶术来讲是一场革命，黑陶、灰陶和快轮制陶的出现对仰韶时代制陶术来讲也是一场革命。同时也是技术进步和历史前进的标志之一。

4. 传统。人类群体生活在一种特定的传统文化氛围之中，耳濡目染，早已对满足某种用途而出现的特定器物的形态非常熟悉，所制作的器物也自然大同小异。这是文化传统存在的基础之一，也是人类文化赖以延续的原因之一。我们之所以能够从陶器形态和纹饰的研究中区别和了解不同文化群之间的相互关系，确立某一考古学文化及其类型，进而确立某一地区考古学文化的谱系，建立考古学文化年代学的标尺，其原因就在于不同的人类群体具有不同的文化传统。

5. 审美。无论任何器物，人们在制作和使用的同时，无不或多或少、有意无意地赋予其审美的涵义。人们的审美观念和标准虽然千差万别，但偶然之中也有必然的存在，个人爱好的差异也往往受时尚的左右。一件器物的形态如何往往与制作者当时的审美情趣密切相关。而某一人类共同体的审美观念往往还受信仰和崇拜的左右，因而从这个意义上讲，器物形态的形成可能与信仰和崇拜有一定的关系。

坯体成型工艺是制作工艺的核心，因此需要详细研究成型方法。考虑到成型、修整和装饰是一个完整而连续进行的工艺流程，对一批典型器物应当研究其整个工艺流程。

贾湖遗址陶制品成型工艺的显著特征是：各期都同时采用泥片筑成法和泥条筑成法，这两种成型工艺长期共存，并行发展。甚至采用这两种工艺制作的陶器在同一个灰坑或同一座墓葬内共存，为了深入探讨形成这一特征的各种原因和背景，应当首先将两种成型工艺分别进行研究，然后比较二者的共同点和差异点。

经观察，虽然在成型工艺上有泥片筑成、泥条筑成之分，但是二者所用的制陶原料基本相同，修整方法、装饰方法大同小异，烧成方法差异不大，根据这种情况，研究原料的制备工艺、坯体的修整工艺、装饰工艺和陶器的烧成工艺时，可以不考虑成型工艺上的差别，放在一起研究。

将贾湖遗址本身的制陶工艺研究清楚之后，再与其它遗址、其它文化进行比较，就可以进一步认识贾湖遗址制陶工艺的特征及其在中国古代制陶工艺发展史上所处的地位。

二、原料的制备工艺

贾湖遗址出土的陶器，根据陶质、陶色的不同，大体可分为泥质、夹砂、夹炭、夹云母片与滑石粉末、夹蚌片与碎骨屑五大陶系，陶色以红为主，红褐色次之，其它均较少。目前未见细泥陶和较纯正的灰陶。很多泥质陶和一部分其它陶器的外表先涂一层浅红色泥浆，再涂一层深红色陶衣。制陶原料有塑性原料、瘠性原料（羼和料）、泥浆原料及陶衣原料四类。塑性原料都是未经陶洗的普通易溶粘土，泥料中含有个别天然砂粒。遗址所在地区的粘土为含有个别砂粒的红或青褐色粘土，可以作为制陶的塑性原料。瘠性原料有砂粒、滑石碎末、云母片、炭化稻壳，骨屑和蚌片。其中以砂粒为主，常用粒径约为0.5毫米的细砂，可能取自河道。滑石碎末、云母片分别用滑石、云母矿石砸成，炭化稻壳呈碎末状，应是炭化之后揉碎羼入泥料中的。骨屑是用兽骨砸成碎块状，长0.5～3毫米，从Y9旁经火烧的碎骨屑堆分析，作羼和料的碎骨屑在粉碎前可能经过火烧。蚌片也是被砸成碎片，经模拟实验，只有经过火烧的蚌壳才能砸成这样的碎片。

为了观察陶片的显微结构及包含物，我们挑选51块陶片，将其截面磨成超薄片，在显微镜下进行岩相观察，结果见表一三八A、B。观察发现，陶片中的砂粒大多比较光滑，缺乏棱角，表明它们是一种天然形成的砂粒。

在DZ－41，(H275)、DZ－42(H174E)、DZ－45(H174F)、DZ－50(H171B)、DZ－52(H102)样品中均发现有植物的炭化物，并在DZ－45样品中发现有植物种子的炭化物，利用SEM对样

表一三八(A) 陶片成分分析表

编号	原编号	出土地点	年代	陶质	陶色	光学显	粒子配列	粒径分布	主要粒径	粒子形
DZ－17	H112A	舞阳贾湖	早期	夹砂陶	表面黄中间灰	OM	有	双峰性	砂质粘土，粗砂	粒状
DZ－18	H76B	舞阳贾湖	早期	夹砂陶	黄色					
DZ－19	H82A	舞阳贾湖	早期	夹砂陶	黄色	OM	有	双峰性		粒状
DZ－20	H229D	舞阳贾湖	中期前	夹砂陶	表面黄中间黑	OM	有	双峰性	砂质粘土，中～粗砂	粒状
DZ－21	H39C	舞阳贾湖	中期	夹砂陶	颜色不均匀，黄、深褐色	OM	有	双峰性		粒状
DZ－22	H102C	舞阳贾湖	晚期	夹砂陶	黑色					
DZ－23	H54：2B	舞阳贾湖	晚期	夹砂陶	外黄内黑					
DZ－24	H55B	舞阳贾湖	晚期	夹砂陶	黄色					
DZ－25	H29D	舞阳贾湖	中期	泥质陶	表面黄中间黑	OM	有(弱)	单峰性	砂质粘土～粘土	粒状
DZ－26	H39A	舞阳贾湖	中期	泥质陶	表面黄中间灰	OM	有	单峰性	砂质粘土	粒状
DZ－27	H169	舞阳贾湖	中期	泥质陶	灰色					
DZ－28	H115A	舞阳贾湖	早期	泥质陶	表面黄中间灰					
DZ－29	H174A	舞阳贾湖	晚期	泥质陶	灰色					
DZ－30	H55A	舞阳贾湖	晚期	泥质陶	表面黄中间灰					
DZ－31	H174C	舞阳贾湖	晚期	泥质含砂陶	表面黄中间黑	OM	有	单峰性	砂质粘土	粒状
DZ－32	T113③A	舞阳贾湖	中期	夹云母陶	表面黄中间褐色	OM	有显著	广范围	砂质粘土～粗砂	粒状～叶状
DZ－33	H120	舞阳贾湖	晚期	夹云母陶	深褐色					
DZ－34	H35	舞阳贾湖	中期	夹云母陶	褐色					
DZ－35	T101③CA	舞阳贾湖	中期	夹云母陶	褐色					
DZ－36	H102A	舞阳贾湖	晚期	夹云母·滑石陶	表面深褐色中间浅褐色	OM	有	广范围		粒状～叶状
DZ－37	H174B	舞阳贾湖	晚期	夹云母·滑石陶	褐色					
DZ－38	H102B	舞阳贾湖	晚期	夹云母·滑石陶	浅褐色					
DZ－39	H55C	舞阳贾湖	晚期	夹云母·滑石陶	褐色					
DZ－40	H174D	舞阳贾湖	晚期	夹云母·滑石陶	深褐色	OM	有	广范围		粒状～叶状
DZ－41	H275	舞阳贾湖	中期	夹炭陶	外黄内黑	OM	有	双峰性	（粗粒部是植物片）	粒状
DZ－42	H174E	舞阳贾湖	晚期	夹炭陶	外黄内黑	OM	有(显著)	双峰性	（粗粒部是植物片）	粒状
DZ－43	H102D	舞阳贾湖	晚期	夹炭陶	黑色					
DZ－44	H102E	舞阳贾湖	晚期	夹炭陶	黑色					
DZ－45	H174F	舞阳贾湖	晚期	夹炭陶	外黄内黑	OM	有	双峰性		粒状
DZ－46	T113③C	舞阳贾湖	中期	夹炭陶	外黄内黑					
DZ－47	H171A	舞阳贾湖	中期	夹炭陶	黑色					
DZ－48	H170A	舞阳贾湖	中期	夹炭陶	外黄内黑					
DZ－49	H29C	舞阳贾湖	中期	夹蚌陶	外黄内黑	OM	有	双峰性	（粗粒部是贝壳片）	粒状
DZ－50	H171B	舞阳贾湖	中期	夹蚌陶	外黄内黑	OM	有(显著)	双峰性	（粗粒部是贝壳片）	粒状
DZ－51	H169	舞阳贾湖	中期	夹蚌陶	深褐色					
DZ－52	H102F	舞阳贾湖	晚期	夹蚌陶	褐色	OM	有	广范围（粒子少量）		粒状
DZ－53	H102G	舞阳贾湖	晚期	夹蚌陶	外黄内黑					
DZ－54	H174G	舞阳贾湖	晚期	夹蚌陶	褐色					
DZ－55	H55A	舞阳贾湖	晚期	夹蚌陶	褐色					
DZ－56	H229D	舞阳贾湖	中期	泥质陶	表面红中间灰					

磨圆度	动物遗体	植物遗体	硅酸体	石英	长石	斜长石	K 长石	锖石	绿镰石	电气石	角闪石	黑云母
subangular～subraunded			少	+	+	+	条纹长石	+			+	+
subrounded				+	+	+	条纹长石	+		+		+
subangular～subraunded				+	+	+	条纹长石	+			+	
subangular～subraunded				+	+	+	条纹长石	+				+
subangular				+	+				?	+	+	+
subangular～subraunded				+	+	+			?		+	
subangular		大量(炭化物、灰像)	微	+	+	+		+				+
subangular～subraunded				+								
subangular～subraunded				+								
subangular～subraunded				+					+			
subangular～subraunded		较多(炭化物)	微	+	+	+			?		+	
subangular～subraunded		较多(炭化物、灰像)										
subangular～subraunded	较多(贝壳)		微	+	+		条纹长石				+	
subangular～subraunded	较多(贝壳)			+	+	+		+			+	
subangular～subraunded	较多(贝壳)	少量(炭化物)		+	+	+						
subangular～subraunded	较多(贝壳)	较多(炭化物)		+	+							

续表一三八(A)

无色云母	滑石/白云	炭酸盐矿物	不透明矿物	花岗岩类	火山岩	砂岩	泥质岩	泥质块	变质岩	珪质岩	石英+滑石/白云	孔隙大	孔隙小
+			+	+	+				+			不规则	细长凹凸镜状
+				+	+	+	+			+		细长凹凸镜状	细长凹凸镜状
+				+	+		+	+				细长凹凸镜状	细长凹凸镜状
+				+								粒状,细长凹凸镜状	细长凹凸镜状
+								+				不规则,粒状	细长凹凸镜状(器壁直交)
+								+				不规则	细长凹凸镜状(器壁直交)
+												不规则	几乎没有,致密
	+										+	不规则,粒状	几乎没有,致密
	+	+									+	多,不规则,细长凹凸镜状	仅见细长凹凸镜状
	+		+			+		+			+	不规则,粒状	仅见细长凹凸镜状
+				+								植物片脱落孔	几乎没有致密
												不规则,粒状	细长凹凸镜状
+								+				方形贝壳片脱落孔	细长凹凸镜状
+												方形贝壳片脱落孔,细长凹凸镜状	细长凹凸镜状
+						+						方形贝壳片脱落孔,不规则,细长凹凸镜状	细长凹凸镜状
												方形贝壳片脱落孔,不规则,细长凹凸镜状	细长凹凸镜状
+								+					

品的自然断面进行观察，发现有呈网格状花纹的炭化物，其显微图像和稻谷外壳焦化后的显微图像非常相似（图版二二〇、二二一、二二二）。将稻壳碎屑作为羼和料加入到陶土中，可减少坯体的干燥收缩和烧成收缩，防止产品开裂，还可提高陶器耐骤冷骤热的性能。同时也说明当时贾湖先民的水稻耕作已有相当规模。

第49号到55号陶片中的羼合物比较特殊，呈乳白色，片状，硬度很低，一般认为是蚌壳末，故称为是夹蚌陶，岩相分析发现这些乳白色片状物的结构和蚌壳的结构相似（彩版四六），蚌壳的主要成分是碳酸钙，经过高温加热，碳酸钙变为氧化钙，氧化钙在空气中经历一段时间又转变为碳酸钙，利用显微拉曼光谱对这些陶片中的白色片状物进行分析，均未发现有碳酸钙的特征峰，为了进行比较，从其它遗址中选择了5块夹蚌陶（分别属于仰韶和龙山时期）以及同时代出土的蚌壳进行了拉曼光谱分析，发现这些陶片所含的白色片状物的结构和同时期出土的蚌壳的结构是一致的，均为方解石结构的碳酸钙。从以上分析可看出贾湖遗址的这部分夹蚌陶和其它的夹蚌陶不同。也许这些陶片中所掺的根本就不是蚌片，也许当时掺的是蚌片，但在陶器的烧制过程中，蚌片和陶土中的某些成分发生反应而生成另外一种物质。从贾湖遗址出土的夹蚌陶中取部分白色片状物进行XRD分析，发现其主要物相为纤磷钙铝石$(Ca,Sr,Pb)_2Al_7[(OH)_{16}|(PO_4)]\cdot 3H_2O$，利用带有能谱分析仪的透射电子显微镜对白色片状物进行成份分析，发现其主要成份分为Al，P，Ca，其结果和XRD的结果基本一致。从有的陶片观察，夹蚌陶中有的是以碎骨屑为羼和料，这种纤磷钙铝石是否系由碎骨屑而来也未可知。

DZ－41夹炭陶中有较多的植物片脱落孔，说明当时在陶土中除了掺有植物的炭化物外，还可能加有一些植物的枝叶，这种夹植物陶在其它新石器时代遗址中是不多见的。经对几个典型单位出土的夹炭陶片进行分析，所含化学元素见表一三九。

表一三八（B） 陶片成分分析表

原编号	年代	特征	石英	钠长石	微斜长石	云母	滑石	蒙脱石	电气石	高岭石
H115A	早期	泥质陶	+	+	+	+				
H229D	中期	泥质陶	+	+	+	+		?		
H229A	中期	泥质陶	+	+	+	+		?		
H39A	中期	泥质陶	+	+	+	+				
H169	中期	泥质陶	+	+	+	+				
H168B	中期	泥质陶	+	+	+	+				
H29D	中期	泥质陶	+	+	+				?	
H171	中期	泥质陶	+	+	+	+		?		
H170B	中期	泥质陶	+	+	+	+			+	
W37	晚期	泥质陶	+	+	+			?		
H102H	晚期	泥质陶	+	+	+	+				
H174A	晚期	泥质陶	+	+	+	+		?		
H55A	晚期	泥质陶	+	+	+	+				
H35	中期	夹云母陶	+		+	++		+		

续表一三八(B)

原编号	年　代	特　征	石英	钠长石	微斜长石	云母	滑石	蒙脱石	电气石	高岭石
T113③BA	中期	夹云母陶	+				+	+		+
H120	晚期	夹云母陶	+			+	+			+
T101③CA	中期	夹云母陶	+		+	+				
H102B	晚期	夹云母,滑石陶	+			+	+			+
H55C	晚期	夹云母,滑石陶	+			+	+			
H174B	晚期	夹云母,滑石陶	+			+	+			+
H29A	中期	夹蚌陶	+	+	+	+		+		
H171	中期	夹蚌陶	+	微+	微+	+		+		
H29C	中期	夹蚌陶	+	+	+	+		+		
H169	中期	夹蚌陶	+	+	+	+		+		
H55	晚期	夹蚌陶	+	+	+	+		+		
H102F	晚期	夹蚌陶	+	+	+	+				
H174G	晚期	夹蚌陶	+	+	+					
H76B	早期	夹砂陶	+	+	+			+		
H82A	早期	夹砂陶	+	+	+	+				
H112A	早期	夹砂陶	+	+	+	+			+	
H55B	晚期	夹砂陶	+	+	+	+				
H102C	晚期	夹砂陶	+	+	+	+				
H54B	晚期	夹砂陶	+	+	+	+				
H169	中期	夹炭陶	+	+	+					
H275	中期	夹炭陶	+	+	+	+		+		
H170A	中期	夹炭陶	+	+	+					
H171A	中期	夹炭陶	+	+	+	+				
T113③C	中期	夹炭陶	+	+	+					
T103③B	晚期	夹砂陶	+		+					
H174E	晚期	夹炭陶	+	+	+	+		+		
H102D	晚期	夹炭陶	+	+	+	+		+		
H29E	中期	夹炭含蚌陶	+	+	+	+		+		
H29B	中期	夹炭含蚌陶	+	+	+	+		+		
H29F	中期	夹炭含蚌陶	+	+		+		+		

表一三九 夹炭陶片化学元素分析

遗迹编号	部位	元素重量%							
		Mg	Al	Si	P	K	Ca	Fe	Mn
WBJT12H28	表	0	19.927	36.503	6.546	7.032	7.448	22.544	0
	里	0	25.763	35.364	8.031	6.974	9.154	14.714	0
WBJT12H35	表	0	17.298	42.972	5.125	7.598	7.038	19.970	0
	里	0	17.790	38.606		5.529	7.063	15.402	15.611
WBJT104H174	表	0	22.593	39.291	5.762	7.155	5.527	19.671	0
	里	0	20.641	32.145	8.125	5.217	8.480	20.331	5.061
WBJT113H105*	表	0	21.997	40.420	(S)6.244	6.766	9.937	14.635	0
	里	6.546	26.180	41.685	10.912	6.844	7.832	0	0
WBJT70H339	表	3.943	20.998	35.800	5.700	5.803	6.482	21.275	0
	里	5.639	24.710	34.679	9.744	4.907	7.584	12.736	0

* WBJT113H105 的表层的(S)为元素硫,含量%为 6.244。陶片中以 Si、Ae 和 Fe 的含量较多。

遗址内发现了淘洗池 H288,属二期,池内存有淘洗之后沉淀的浅灰色粘土,质地细腻,可以作为泥浆的原料。另外还有几块经长期磨砺的褐铁矿块,应是红陶衣的原料。泥浆与陶衣的原料、加工方法不同,因此颜色深浅、颗粒粗细、各层厚薄、附着力强弱也相差悬殊。

三、坯体成型及修整工艺

贾湖遗址的陶器全部为手制,大多数陶器由器身和附件两部分构成,少数陶器没有附件。器身的成型方法有泥片筑成和泥条筑成两种。初步成型的毛坯经过修整和装饰成为成坯。

(一)泥片筑成法

所谓泥片筑成法系指先将泥料按压成适当形状和大小的泥片,再用泥片筑成坯体的成型方法。有些泥片筑成之前为圆形或椭圆形,筑成之后暴露在外的部分呈现为鱼鳞状,有些泥片筑成之后呈现为菱形或不规则形。泥片筑成法有倒筑、正筑之分,盘筑、圈筑之别。此外,还有一些器物难以判断盘筑还是圈筑。具体操作方法也有差异:捏泥片时有的用右手,有的用左手,即“左撇子”操作方法;加泥片时有的从器壁内侧加上,有的从器壁外侧加上。现将泥片筑成法细分为倒筑盘筑法、倒筑圈筑法、正筑圈筑法、正筑法 4 种(表一四〇)叙述如下:

表一四〇　泥片筑成法陶器一览表

手制成型方法			捏泥片		加泥片		陶系	器形	分期	器号	推测烧成温度
			右手	左手	内侧	外侧					
泥片筑成法	倒筑	盘筑		✓	✓		夹细砂红陶	罐形壶	一	M110:1	高于1000℃
		圈筑	✓		✓		泥质红陶	双耳罐	三	M28：1	约600℃
					✓		夹细砂红陶	罐形壶	一	H383：9	
	正筑	圈筑		✓			夹炭红陶	侈口罐	二	M22：3	
				✓		✓	夹细砂红陶	双耳罐	一	H383：8	
				✓	✓		夹细砂红陶	双耳罐	一	H241：1	
			✓				泥质红陶	双耳罐	二	H319：6	
			✓		✓		泥质红陶	罐形壶	二	M487：2	
			✓		✓	✓	泥质红陶	双耳罐	三	T17③B：9	
			✓			✓	泥质红陶	双耳罐	三	H28：36	
							泥质红陶	双耳罐	三	H113：11	
							泥质红陶	双耳罐	三	H102：11	
					✓		夹砂红陶	双耳罐	一	H409：1	
							夹炭红褐陶	四鋬釜	三	H105：7	
							夹砂红陶	深腹盆	二	H208：2	
							夹砂红陶	深腹盆	二	T102③：20	
							夹砂红陶	盆形鼎	二	M88：1	
							夹砂红陶	方口盆	一	H37：4	
							夹细砂红陶	五角口盆	二	T113③C：11	
							夹砂红褐陶	五角盆	二	T16③C：3	
							夹滑石红褐陶	罐形鼎	二	H331：1	

1. 倒筑盘筑法

倒筑盘筑法的特点是：从口部开始筑泥片，当时坯体呈倒立状，泥片排列成盘旋上升状。器形有罐形壶1种。

罐形壶(M110：1)，夹细砂红陶，砂粒直径小于0.5毫米。用17块泥片筑成，都已从泥片缝隙处开裂，多数泥片呈菱形。倒筑时采用“左撇子”操作方法，坯体随同垫板按逆时针方向转动，用右手持泥片，左手捏泥片，泥片按顺时针方向排列。泥片从距制陶者自己较远一边的器壁内侧加上。筑至第10块后暂停，在第4块右侧筑第11～13块，然后在第11、12块上侧筑第14块，在第13块右侧筑第15、16块。剖面显示上述16块泥片都从器壁内侧加上，因此当时泥片都向器内倾斜。最后用第17块小泥片从器壁外侧加上，将底部的孔洞封死，这是倒筑的一种现象，经过拍打整形，呈现为小平底，但是底部的平面与口部的平面明显不平行，经测量，器底的垂直线与器身的中轴线(即器口中心与器底中心的连线)之间形成的夹角为4.5°，因此器身明显歪斜。内壁经过横向刮削，留有刮痕。肩部两侧先刻划竖向沟槽，再安装器耳，耳上滚印细绳纹，湿手抹平后细绳纹仍隐约可见。耳孔用圆棍从一面捅成。外表没有涂泥浆，直接涂红陶衣，略加磨光。烧流变形，口部、腹部都变成椭圆形，陶胎变成深红色，据此推测烧成温度高于1000℃。口径7.8～9厘米，腹径12.6～13.7厘米，底径3.7～3.8厘米，高20～20.8厘米，胎厚0.5厘米(图三五五，3)。

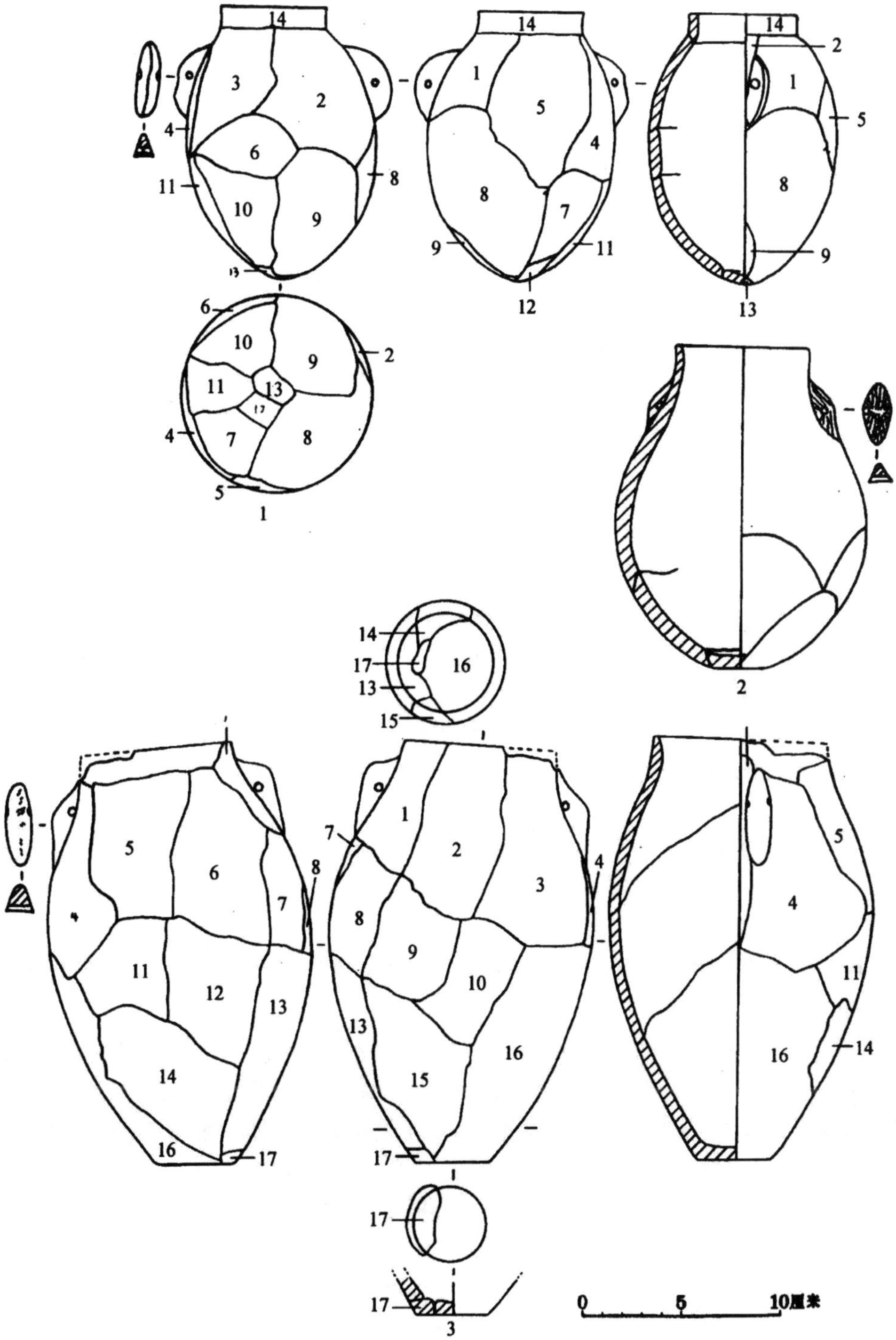

图三五五　泥片筑成法成型的陶器

1. 双耳罐(M28：1)　2. 罐形壶(H383：9)　3. 罐形壶(M110：1)

2. 倒筑圈筑法

倒筑圈筑法的特点是：从口部或肩部开始筑成，当时坯体呈倒立状，泥片排列成一圆圈，垒叠而上，每圈首尾衔接。器形有双耳罐、罐形壶 2 种。

罐形壶（H383：9），夹细砂红陶，羼大量砂粒，从器表看，砂粒约占夹砂泥料总量的 1/3，粒径约 0.5 毫米。腹中部以下从泥片缝隙处开裂，泥片呈现典型的鱼鳞状。剖面显示倒筑时泥片从器壁内侧加上。经拍打整形，成为小平底，内壁有向左斜的刮削痕迹。器耳上滚印细绳纹，绳股印痕向左斜，耳孔用圆棍捅成。外表涂深红色陶衣，有横向磨光纹理，陶衣大部分已脱落。口径 6.9～7.1 厘米，底径 2.6 厘米，高 15.8 厘米，胎厚 0.6 厘米（图三五五，2）。

双耳罐（M28：1），泥质红陶，含个别砂粒。口欠圆，器身歪斜。从肩部至底部用 13 块泥片筑成，都已从泥片缝隙处开裂，泥片有弧边，略呈鱼鳞状。倒筑时坯体随同垫板按顺时针方向转动，用左手持泥片，右手捏泥片，泥片按逆时针方向排列，大致呈水平状。泥片从器壁内侧加上。第 1～5 块筑成第 1 圈；第 6 块较小，填补第 2、3 块上方的缺口；第 7～11 块筑成第 2 圈。第 12、13 块很小，从器壁外侧加上，将底部的孔洞封死，这是倒筑的一种现象。经过拍打整形，呈现为圜底。将坯体翻转正放，置于草圈之类的器座上，用泥条圈筑成口沿（连续编号为第 14），泥条从器壁内侧加上，向器内倾斜，内壁有泥条缝隙一周。这件双耳罐的成型方法以泥片筑成为主，泥条筑成为辅，两种工艺做法出自一人之手，由此可以设想，有一些泥片筑成的陶器与泥条筑成的陶器可能是由同一制陶者制作的。外表用湿手抹平，内壁没有任何修整痕迹，泥片缝隙处呈现沟槽状。器耳歪斜，耳孔用圆棍从两面捅成。质地松软，经试验，陶胎吸水后会立即酥散，据此推测烧成温度约 600℃。口径 5.9～6.4 厘米，高 13 厘米，胎厚 0.6 厘米（图三五五，1）。

标本 H303：11，罐形壶底亦为倒筑泥片成型，小泥片封底（图版二二三，7）。

3. 正筑圈筑法

正筑圈筑法的特点是：从底部开始筑成，泥片排列成一圈圈，垒叠而上，每圈首尾衔接。器形有侈口罐、双耳罐、罐形壶 3 种。

侈口罐（M22：3），夹炭红陶，胎心灰黑色，羼碎末状炭化稻壳。用 11 块泥片筑成，从泥片缝隙处开裂。用左手捏泥片，泥片按顺时针方向排列。第一块为圆饼底，在其上侧用第 2～6 块筑成第一圈；在第 2 块上侧筑第 7 块，填补缺口；用第 8～11 块筑成第 2 圈。经拍打整形，形成方唇。内壁、外表都用湿手抹平。腹上部附加圆锥状乳钉纹 1 周 8 个。口径 8.5 厘米，底径 3.6 厘米，高 13.8 厘米，胎厚 0.8 厘米（图三五六，1）。

双耳罐（H383：8），夹细砂红陶，羼大量细砂，砂粒约占夹砂泥料总量的 1/3，粒径约 0.5 毫米。腹下部、肩部以上从泥片缝隙处开裂，泥片呈鱼鳞状。底部为一块大泥片，从外表测量直径达 10.5 厘米，这是正筑的一种现象。口部有两处由于涂在表面的泥浆层脱落，暴露出泥片痕迹；唇部的泥片之间有小缺口，因此唇面略呈波浪状起伏，这是成型之初，唇部未曾挨过垫板的证据；表明是正筑，从剖面上看，三层泥片互相叠压，下层在内侧，上层在外侧，显示出泥片是从器壁外侧加上的；俯视唇部泥片之间的叠压关系，在内侧的先加上去，在外侧的后加上去。由此得知，圈筑时坯体随同垫板按逆时针方向转动，用右手持泥片，左手捏泥片，泥片按顺时针方向排列。口部的泥片较小，其中最小的一块从内壁测量宽 3.8 厘米，高 2.3 厘米，与底部的大泥片相比，大小相差悬殊，这也是正筑成型的证据。经过拍打整形，器底变小，变成

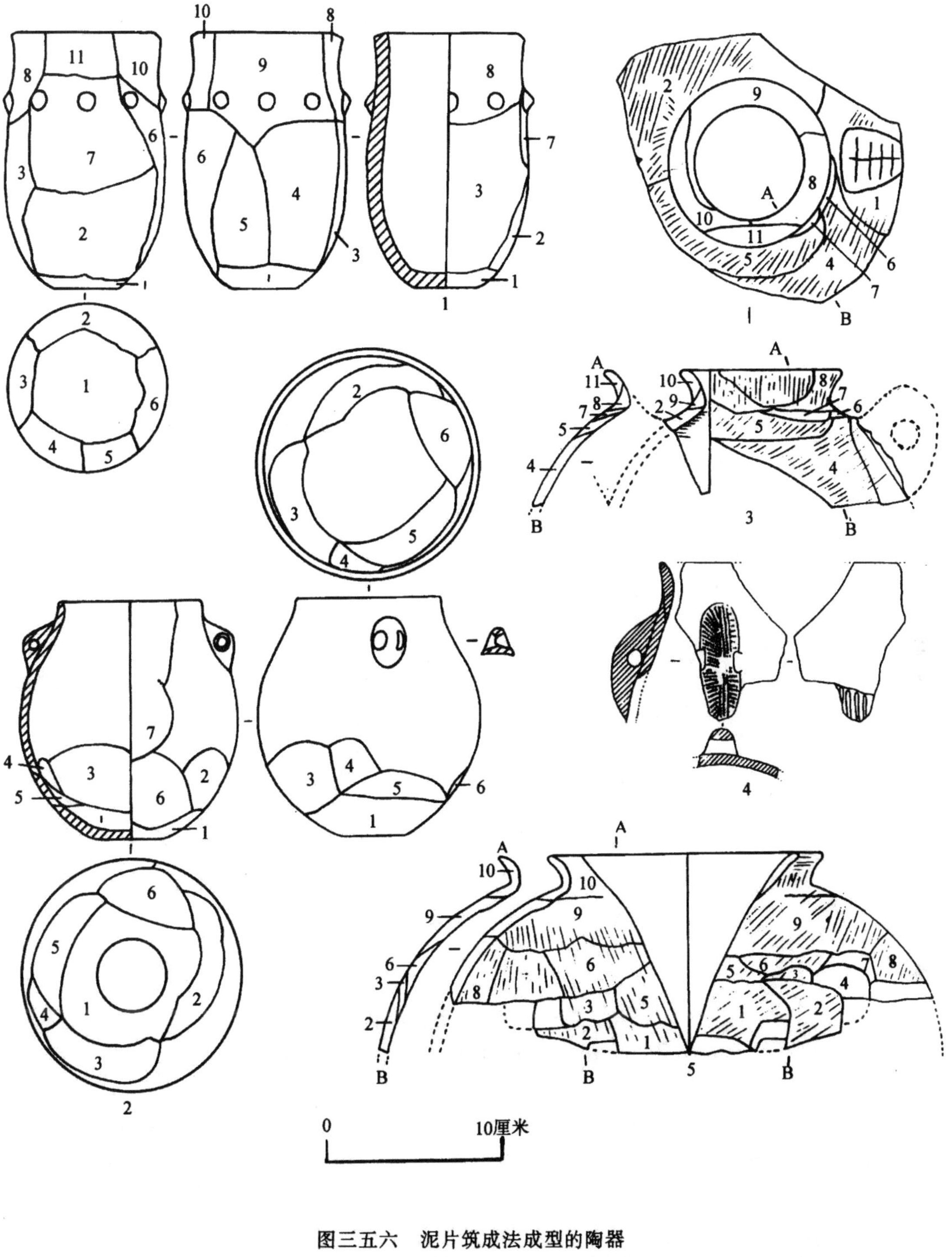

图三五六　泥片筑成法成型的陶器

1. 侈口罐(M22：3)　2. 双耳罐(M487：2)　3. 双耳罐(H28：36)　4. 双耳罐(H409：1)　5. 双耳罐(T17③B：9)

现为小平底微外凸，底与壁之间变成圆角。双耳已脱落，留有疤痕，疤痕上有两处露出竖向沟槽，是在安装器耳之前用篦状工具刮削肩部所遗留的痕迹。耳孔用圆棍从两面捅成。外表先涂一层浅红色泥浆，厚约0.5毫米，再用绕绳圆棍滚印较粗的竖绳纹、横绳纹，绳股印痕向右斜。泥浆层大部分已脱落，一部分绳纹也随之消失。外底因使用时被火烧，红颜色变为橙红色，腹部的泥浆层上存有烟炱，表明这件双耳罐是炊器。制作时拍打成小平底微外凸就是为了使用时加大下部与火的接触面，改善使用功能。口径17.4厘米，底径5.3厘米，高29.4厘米，口部胎厚1.1厘米，腹部胎厚0.5厘米（图三五七，3）。

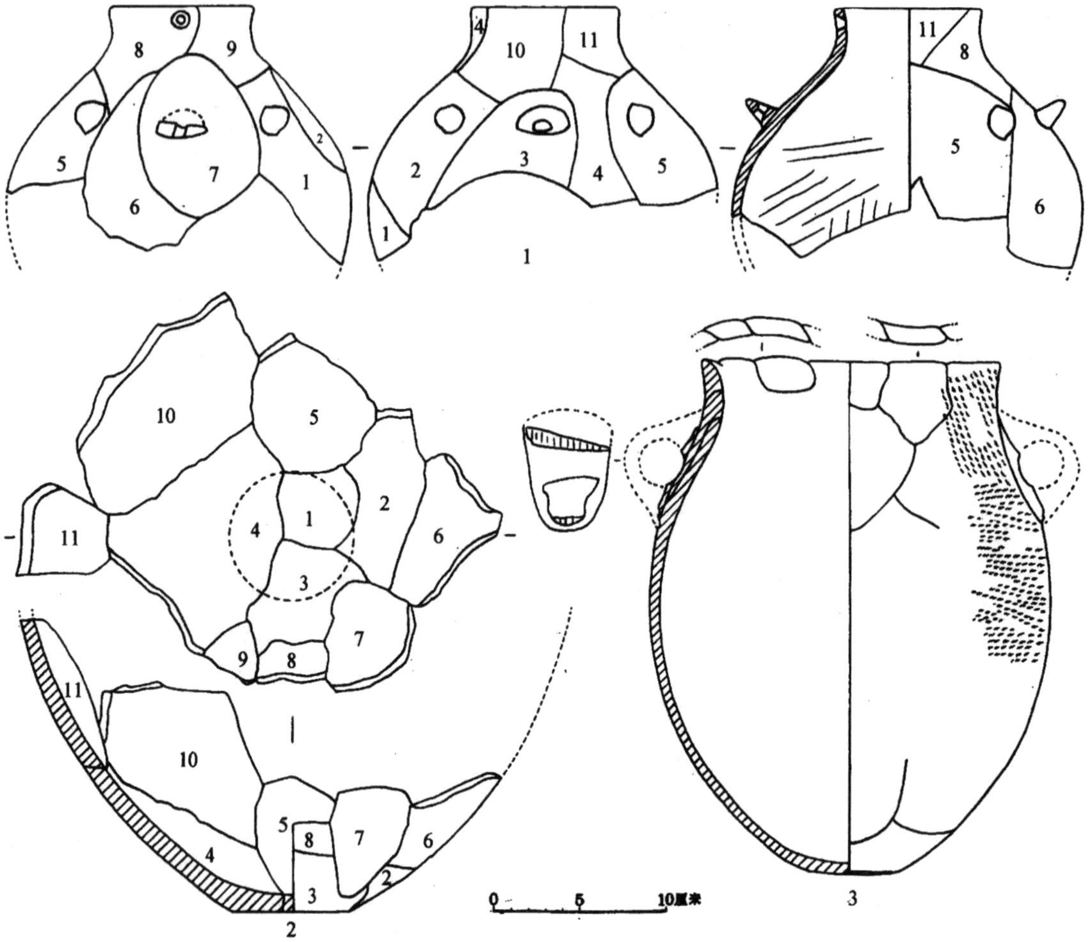

图三五七　泥片筑成法成型的陶器

1. 双耳罐(H319：6)　2. 双耳罐(H241：1)　3. 双耳罐(H383：8)

双耳罐(H241：1)，夹细砂红陶，砂粒直径约0.5毫米。仅存下半身11块不规则形泥片，从泥片缝隙处开裂。圈筑时用左手捏泥片，泥片按顺时针方向排列，第1块为器底，在其上侧用第2～5块筑成第1圈，第6～10块筑成第2圈；第11块属于第3圈。剖面显示泥片从器壁内侧加上。内壁先竖向刮削，有刮痕；后用湿手略加抹平。外表略加竖向磨光，有打磨痕迹。底径6.7厘米，残高8.4厘米，胎厚0.9厘米(图三五七，2)。

双耳罐（H319：6），泥质红陶，仅存腹部以上，用11块泥片筑成，从泥片缝隙处开裂。泥片呈鱼鳞状。圈筑时用右手捏泥片，泥片按逆时针方向排列，就现存部分来说，用第1～7块筑成腹部1圈，其中第7块是最后加上的，由于内壁修整力度较小，致密度较低，外表修整及磨光力度较大，致密度较高，在应力上存在差异，导致从内壁的接缝处开裂，呈现出泥片的原形——椭圆形；用第8～11块筑成口部1圈。内壁有斜向和竖向刮削纹理。肩部有横耳2个，耳孔用圆棍从两面钻成；还有圆锥形乳钉纹 4 个。外表先涂泥浆，再涂红陶衣、磨光。一耳残断，在耳对应处近口部从外面钻孔 1 个，以代替耳系绳之用。口径 8.8 厘米，残高 15.8 厘米，胎厚 0.7 厘米（图三五七，1）。

双耳罐(T17③B：9)，泥质红陶，含少量砂粒。仅存肩部以上的 9 块泥片，从泥片缝隙处开裂，泥片的界线分明。圈筑时用右手捏泥片，泥片按逆时针方向排列。肩下部用小泥片筑成，如第 3 块长 5.3、宽 2.8 厘米，第 6 块长 8、宽 4 厘米。就现存部分来说，第 1、2 块属于第 1 圈；第 3、4 块填补缺口（第 4 块已脱落丢失，留有疤痕）；第 5～8 块属于第 2 圈。剖面显示上述泥片都从器壁内侧加上，泥片向器内倾斜。肩上部和口沿用大泥片筑成，第 9、10 块都从器壁外侧加上，泥片向器外倾斜。泥片从器壁内侧还是外侧加上，可以随机应变、灵活掌握，这是具体操作方法尚未达到规范化程度的表现。用篦状工具在肩部内壁进行竖向刮削，在口沿外表进行横向、竖向刮削，在肩部外表，进行斜向刮削，分别留有篦划纹。内壁的篦划纹位于暗处纯属刮削痕迹，外表的篦划纹位于明处兼有装饰作用，这种篦划纹是修整与装饰尚无严格界限的一种表现。口径 15.6 厘米，残高 10.8 厘米，胎厚 0.6 厘米(图三五六，5)。

双耳罐（H28：36），泥质红陶。仅存肩部以上 9 块泥片，从泥片缝隙处开裂，泥片的界限分明。泥片大小相差悬殊，如第 1 块较大，长 11、宽 6.4 厘米；第 6 块很小，长 4.3、宽 1.8 厘米。圈筑时，用右手捏泥片，大多数泥片按逆时针方向排列，但有个别泥片（第 7 块）按顺时针方向排列，起填补缺口作用。用第 1～4 块筑成肩下部 1 圈（第 3 块已脱落丢失，留有疤痕），第 5、6 块筑成肩上部半圈，第 7 块填补缺口（已脱落丢失，留有疤痕），第 8～11 块筑成口沿 1 圈。剖面显示泥片一律从器壁外侧加上，这一点与多数器物泥片从器壁内侧加上显然不同。用篦状工具在肩上部内壁进行横向刮削，在口沿外表进行竖向刮削，在肩部外表进行斜向刮削，分别留有篦划纹，外表层局部已剥落。双耳脱落，留有圆角倒梯形疤痕，疤痕中部有 1 道竖脊，两边各有 5 条用弧刃工具横向刮削而成的凹槽，以便器耳接合牢固。口径 9 厘米，残高 8 厘米，胎厚 0.6 厘米（图三五六，3）。

罐形壶(M487：2)，泥质红陶。从底部至腹下部露出 6 块泥片，腹中部露出 1 块泥片痕迹，都从泥片缝隙处开裂，泥片呈鱼鳞状。第 1 块较大作为器底，从外表测量，直径达 9 厘米，这是正筑的一种现象，从器底内侧筑器壁。圈筑时用右手捏泥片，泥片按逆时针方向排列，第 2～6 块筑成第 1 圈。第 7 块属于第 2 圈。腹上部有竖向裂缝 1 道，与泥片缝隙有关。内壁有向左斜的刮削痕迹。耳孔用钝尖状圆棍从两面钻成。外表涂红陶衣、磨光，大部分陶衣脱落。口径 8.3 厘米，底径 3.9 厘米，高 12.8 厘米，胎厚 0.5 厘米(图三五六，2)。

4. 正筑法，盘筑或圈筑不明

一些器物虽有正筑的痕迹，但难以判断盘筑还是圈筑，器形有双耳罐、四鋬釜、深腹盆、方口盆、五角口盆、罐形鼎、盆形鼎等 7 种。

双耳罐(H409：1)，夹砂红陶。剖面上有泥片缝隙，泥片从器壁内侧加上。内壁、外表用湿手抹平。肩部用篦状工具刮成竖向沟槽，再安装器耳，器耳内壁从肩部翻印成 4 道竖向凸脊。器耳上滚印绳纹，绳股印痕向左斜。耳孔用圆棍从两面捅成。残高 8 厘米，胎厚 0.5 厘米(图三五六，4)。

双耳罐(H113：11)，泥质红陶。内壁、外表都有弧线状泥片缝隙，可知泥片的原形为圆形。口径 7.9 厘米，残高 12 厘米，胎厚 0.5 厘米。

双耳罐(H102：11)，泥质红陶。从内壁看，向左斜的破裂面为光面，是泥片的边缘，向右斜的泥片缝隙呈现波浪状，是用手指捏合上下两块相邻的泥片所致，捏泥片时大拇指在器壁内侧。外表先涂一层泥浆，再涂红陶衣，大部分泥浆和陶衣已脱落。口径 7.9 厘米，残高 9 厘米，胎厚 0.5 厘米。

盆形鼎(M88：1)，夹砂红陶。腹下部外表露出的 1 块泥片痕迹，呈椭圆形。横耳上滚印细绳纹。口径 16、高 8.3、胎厚 0.9 厘米。

罐形鼎(H331：1)，夹滑石红褐陶，滑石碎块多呈条状，长 1～4 毫米。器身有许多纵向或斜向裂缝，推测用泥片筑成。鼎足上端的榫头插入器身底部的卯眼内，内底露出榫头，略呈圆形。口径 23.5 厘米，通高 32.1 厘米，胎厚 0.8 厘米。

四鋬釜(H105：7)，夹炭红褐陶，胎心黑色。器底残缺，腹部有许多纵向裂缝，推测用泥片筑成。腹上部安装 4 个大致对称的扁柱形鋬(其中 3 个已脱落)，便于端盆；鋬之间附加 25 个扁锥状乳钉纹(8 个已脱落)，起装饰作用。外表粗糙，内壁先涂一层泥浆，再涂红陶衣、磨光，泥浆和陶衣大部分已脱落。口径 40 厘米，残高 13 厘米，胎厚 0.8 厘米。

方口盆(H37：4)，夹砂红陶。有许多纵向裂缝，推测用泥片筑成。四个角呈圆角，此处胎壁附泥加厚，并且用圆棍从上往下桶成圆孔，用来象征器耳，实际上却没有器耳，这是先民思维抽象化的反映。口径 30.6 厘米，高 7.4 厘米，胎厚 0.6 厘米。

五角口盆(T113③C：11)，夹细砂红陶，砂粒直径约 0.5 毫米。底残缺，破裂面呈斜向，推测用泥片筑成。内壁及口部外表没有涂泥浆直接涂红陶衣、略磨光，部分陶衣脱落。口径 19.2 厘米，残高 6.2 厘米，胎厚 0.5～0.8 厘米。

深腹盆(H208：2)，夹细砂红陶，砂粒直径约 0.5 毫米。从外表看，向左斜的破裂面为光面，是泥片的边缘。内壁、外表都先涂泥浆，再涂红陶衣、磨光，局部泥浆和陶衣脱落。口径 34.6 厘米，残高 10 厘米，胎厚 0.9 厘米。

深腹盆(T102③：20)，夹砂红陶。从外表看，向左斜和向右斜的破裂面均为光面，都是泥片边缘。腹上部附加圆饼纹。外表先涂泥浆，再涂红陶衣、磨光。口径 15.9 厘米，残高 7 厘米，胎厚 1.1 厘米。

标本 T5③：10，双耳罐底是在小圆饼底上正筑泥片成型(图版二二四，7)。

(二) 泥条筑成法

所谓泥条筑成法是先将泥料搓成适当粗细和长度的泥条，再用泥条筑成坯体的成型方法，可见泥条筑成法是与泥片筑成法相对而言。泥条筑成法有倒筑、正筑、倒筑与正筑兼用之分，盘筑、圈筑之别。此外，还有一些器物难以判断盘筑还是圈筑。具体操作方法也有差异：捏泥条时有的用右手，有的用左手；加泥条时，有的从器壁内侧加上，有的从器壁外侧加上。现将泥条筑成法细分为倒筑盘筑法、倒筑圈筑法、正筑盘筑法、正筑圈筑法、正筑法、倒筑与正筑兼用盘筑法 6 种(表一四一)叙述如下：

表一四一　泥条筑成法陶器一览表

手制成型方法			捏泥条		加泥条		陶系	器形	分期	器号	推测烧成温度
			右手	左手	内侧	外侧					
泥条筑成法	倒筑	盘筑	✓				泥质红陶	罐形壶	一	H234∶1	
			✓				泥质红陶	罐形壶	一	M303∶1	
			✓		✓		泥质红陶	三足钵	二	H322∶7	
		圈筑	✓		✓		泥质红陶	双耳罐	三	M208∶1	
					✓		夹砂红陶	侈口罐	二	M282∶2	
	正筑	盘筑	✓		✓		夹砂红陶	双耳罐	二	H229∶19	
			✓		✓		泥质红陶	敛口罐	三	M350∶1	
			✓		✓		泥质红陶	罐形壶	二	M411∶1	
			✓		✓		泥质红陶	圆腹壶	二	T21③∶18	
				✓	✓		泥质红陶	圈足碗	三	T34③∶8	
			✓		✓		泥质黑陶	敞口钵	三	T12③∶2	
				✓	✓		夹砂红陶	缸	二	H16∶5	
		圈筑			✓		夹滑石红陶	罐　底	三	H24∶3	
					✓		夹骨屑红褐陶	罐　底	三	H174∶19	
						✓	夹砂红陶	罐　底	三	H60∶13	
					✓		泥质红陶	罐形壶	一	H42∶4	
					✓		泥质红陶	圆腹壶	二	M325∶4	约650℃
					✓		泥质红陶	圆腹壶	二	M383∶1	
				✓			泥质红陶	圆腹壶	二	M321∶3	约650℃
					✓		泥质红陶	圆腹壶	三	H374∶3	
					✓		夹炭红陶	圆腹壶	三	H60∶10	
					✓		泥质红陶	折肩壶	二	M22∶1	
					✓		泥质红陶	折肩壶	二	H291∶21	
					✓		泥质红陶	折肩壶	二	T35③∶16	
					✓		泥质红陶	折肩壶	二	H85∶3	
					✓		泥质红陶	敛口钵	三	H273∶5	
					✓		泥质红陶	敛口钵	二	H291∶22	
			✓				泥质红陶	平底甑	三	H19∶14	
					✓		夹云母红褐陶	平底甑	三	T101③B∶38	
					✓		泥质红陶	平底甑	二	H36∶1	
	筑						夹骨屑红陶	平底甑	二	T104W1∶1	约650℃
							泥质红陶	折肩壶	二	M319∶1	
							泥质红陶	折肩壶	二	M313∶1	
							泥质红陶	折肩壶	二	M281∶2	
							泥质红陶	折肩壶	二	M385∶1	
							泥质红陶	折肩壶	二	M94∶1	
							泥质红陶	折肩壶	二	M361∶1	
							泥质红陶	折肩壶	三	M251∶1	
	倒筑与正筑兼用	盘筑		✓	✓		泥质红陶	双耳罐	三	H14∶1	约700℃
			✓			✓	夹砂红陶	罐形壶	一	H383∶13	
				✓	✓		泥质红陶	圆腹壶	三	H309∶2	
				✓		✓	泥质红陶	折肩壶	三	M46∶1	
			✓			✓	泥质红陶	折肩壶	二	M57∶1	
				✓	✓		泥质红陶	圆腹壶	二	M358∶1	约750℃
				✓	✓		泥质红陶	圆腹壶	二	H366∶1	约650℃

1. 倒筑盘筑法

倒筑盘筑法的特点是：从口部开始筑成，当时坯体呈倒立状，泥条盘旋上升。器形有罐形壶、三足钵 2 种。

罐形壶(H234∶1)，泥质红陶。外表有泥条缝隙，倒筑时，坯体随同垫板按顺时针方向转动，用左手持泥条，右手捏泥条，泥条按逆时针方向盘旋上升。然而，至近底部，坯体改为按逆时针方向转动，拍打近底部封死成为尖底，再拍成小平底，俯视内底有小凹坑和放射状褶皱。坯体转动方向的改变，表明具体操作方法可以灵活掌握尚未达到规范化程度。口径 6.3 厘米，底径 1.2 厘米，高 13.4 厘米，腹部胎厚 0.8 厘米(图三五八，3)。

罐形壶(M303∶1)，泥质红陶。外表有泥条缝隙，倒筑时用右手捏泥条，泥条按逆时针方向盘旋上升，拍打封底后再拍成小平底，内底有小凹坑。器耳上滚印细绳纹。口径 7.4 厘米，底径 1.9 厘米，高 24.3 厘米，胎厚 0.6 厘米(图三五八，1)。

三足钵(H322∶7)，泥质红陶。内壁有泥条缝隙，倒筑时用右手捏泥条，泥条按逆时针方向盘旋上升，剖面显示泥条从器壁内侧加上。外底有凹坑状卯眼，足上端作为榫头插入卯眼内。口径 21.3 厘米，残高 6.6 厘米，胎厚 0.6 厘米。

2. 倒筑圈筑法

倒筑圈筑法的特点是：从口部开始筑成，泥条一圈圈垒叠而上，每圈首尾衔接。器形有双耳罐、侈口罐 2 种。

双耳罐(M208∶1)，泥质红陶。内壁、外表都有泥条缝隙，内壁还有右手大拇指捏痕 2 周。倒筑时，坯体按顺时针方向转动，用右手捏泥条，泥条按逆时针方向延伸。剖面显示泥条从器壁内侧加上。现以示意图表示倒筑时各圈泥条的泥首与泥尾衔接状况，泥首(虚弧线)在外侧，泥尾(实弧线)在内侧互相叠压，各周衔接处形成错缝现象，错缝是防止坯体纵向开裂的措施。内壁未经修整，致密度较低，外表涂红陶衣后经过磨光，致密度较高，由于应力上的差异，每圈都从泥尾(实弧线)处开裂，外表显示错缝现象呈阶梯状。圈筑至近底部，坯体改为按逆时针方向转动，先拍打封死成为圜底，再拍成小平底微凸，内底呈现小凹坑和放射状褶皱。坯体转动方向的改变是操作方法尚未规范化的表现。耳孔用圆棍捅成。口径 8.2 厘米，底径 4.2 厘米，高 12.7 厘米，胎厚 0.5 厘米(图三五八，2)。

侈口罐(M282∶2)，夹砂红陶。腹部内壁、外表有泥条缝隙 4 周，已开裂，剖面显示倒筑时泥条从器壁内侧加上。肩部有横鋬 4 个，上有用圆棍捅成的竖孔。内壁、外表都用湿手抹平。口径 12.8 厘米，高 34.2 厘米，胎厚 0.6 厘米。

3. 正筑盘筑法

正筑盘筑法的特点是：从底部开始筑成，泥条盘旋上升。器形有双耳罐、敛口罐、罐形壶、圆腹壶、圈足碗、敞口钵、缸等 7 种。

双耳罐(H229∶19)，夹砂红陶。内壁有泥条缝隙。用右手捏泥条，泥条按逆时针方向盘旋上升。泥条从器壁内侧加上。耳孔用圆棍捅成。外表涂红陶衣、磨光。口径 6.3 厘米，底径 1.6 厘米，高 8.2 厘米，胎厚 0.6 厘米(图三五九，1)。

敛口罐(M350∶1)，泥质红陶。外表有器壁与器底之间的接缝和泥条缝隙。在圆饼底上侧筑器壁，用右手捏泥条，泥条按逆时针方向盘旋上升。泥条从器壁内侧加上。耳孔用圆棍捅成。内

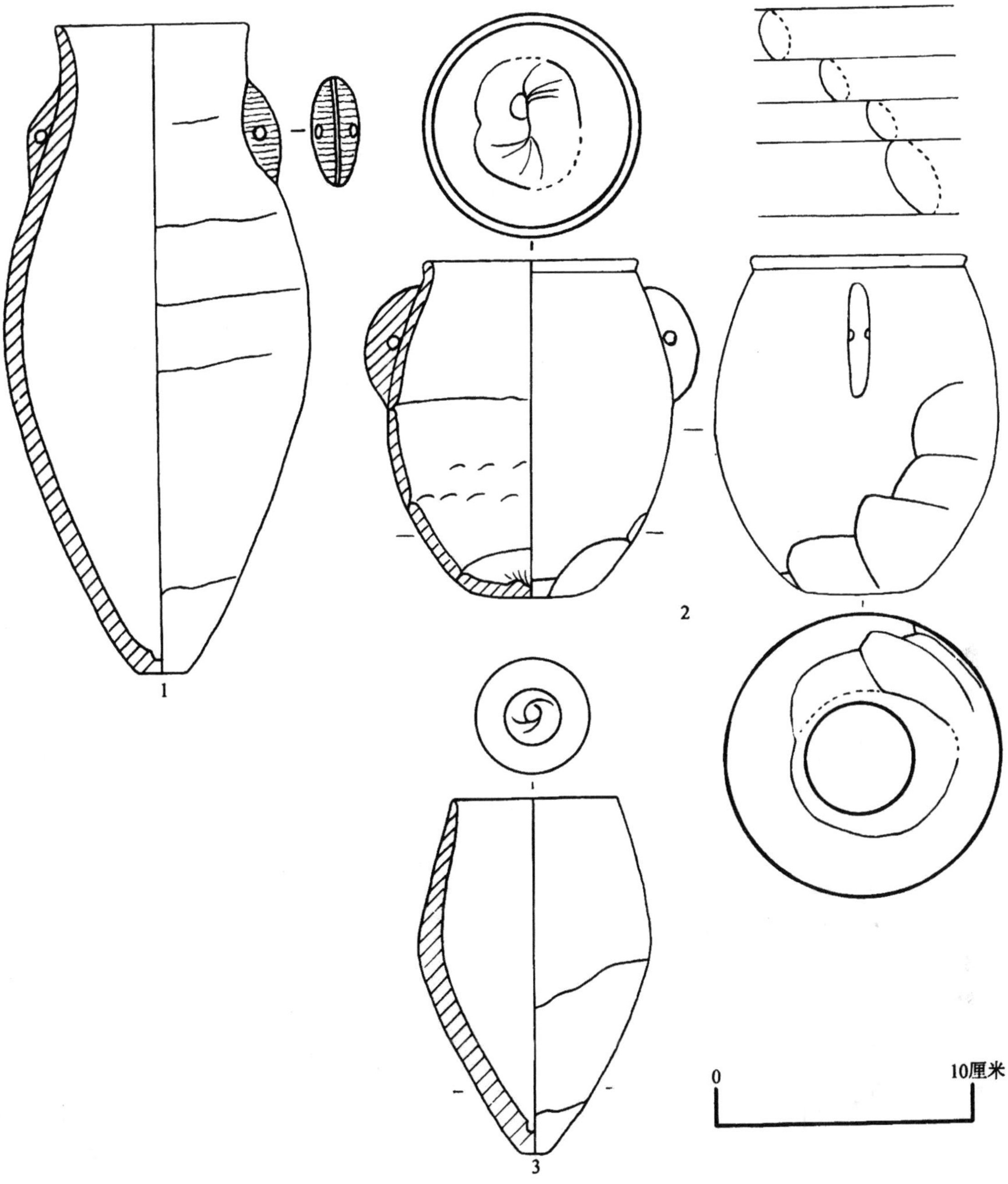

图三五八　泥条筑成法成型的陶器

1. 罐形壶(M303∶1)　2. 双耳罐(M208∶1)　3. 罐形壶(H234∶1)

壁、外表都用湿手抹平。口径7厘米，底径4.8厘米，高19厘米，胎厚0.5厘米。

罐形壶(M411∶1)，泥质红陶，含少量砂粒。内壁、外表都有泥条缝隙，用右手捏泥条，泥条按逆时针方向盘旋上升。泥条从器壁内侧加上。大的双耳为竖耳，耳孔从两面钻成。竖耳之间有两个很小的横耳。耳孔用细棍从上往下捅而未透，这种小耳只起装饰作用。内壁有向左斜的刮削痕迹。外表涂红陶衣，局部已脱落。口径8.2厘米，底径2.8厘米，高18.6厘米，胎厚0.6厘米(图三五九，2）。

圆腹壶（T21③：18），泥质红陶。颈部内壁有泥条缝隙。用右手捏泥条，泥条按逆时针方向盘旋上升。泥条从器壁内侧加上。耳孔从两面钻成。残高10厘米，胎厚0.4厘米（图三五九，3）。

圈足碗（T34③：8），泥质红陶。器身外表有泥条缝隙。用左手捏泥条，泥条按顺时针方向盘旋上升。剖面显示泥条从器壁内侧加上。圈足另外制作后与器身接合。口径18.6厘米，圈足径6.4厘米，通高10.1厘米，胎高0.6厘米。

敞口钵（T12③：2），泥质黑陶，经窑内渗碳，内壁、外表皆黑色，胎心黑灰色。底残缺。内壁、

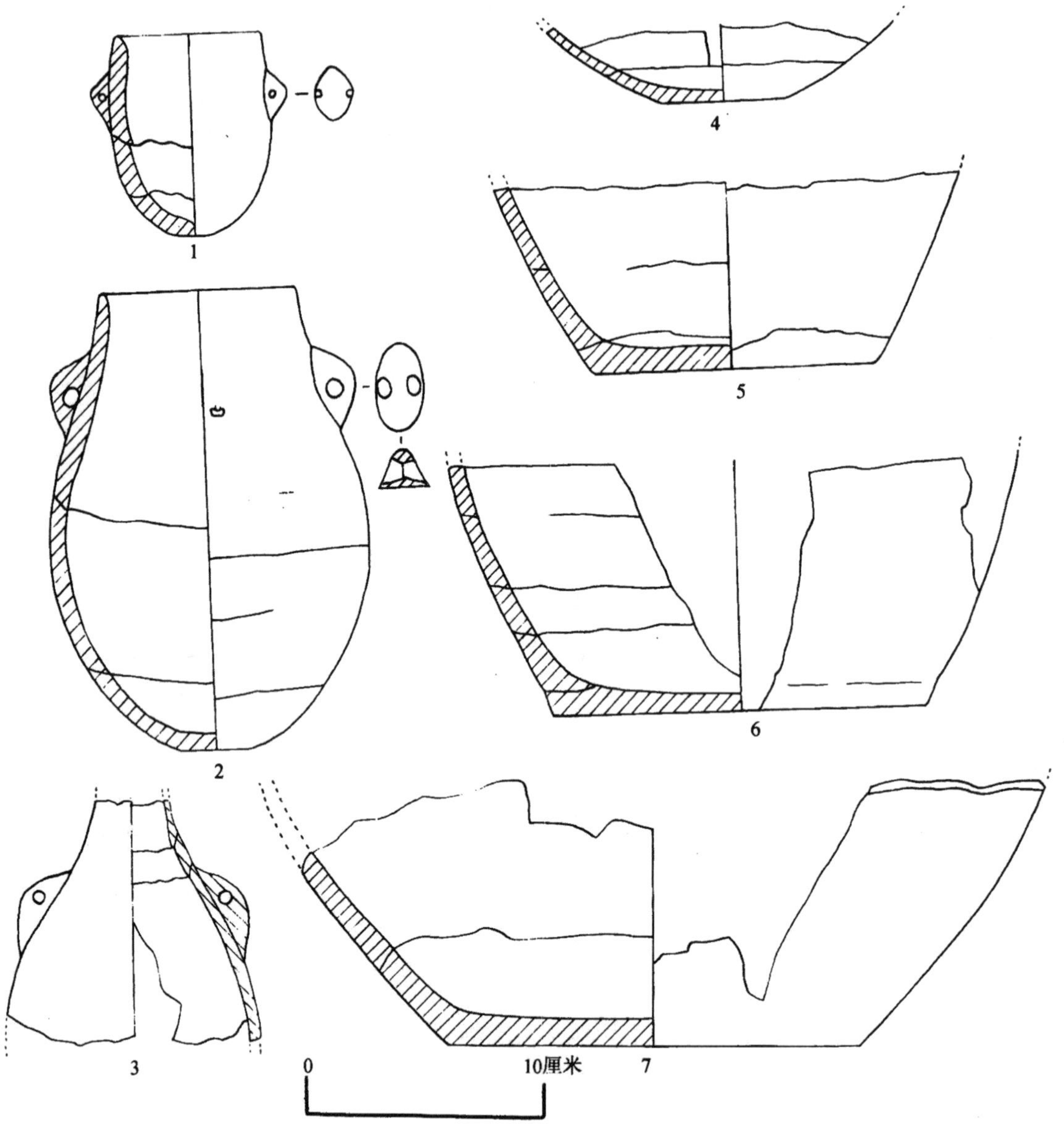

图三五九　泥条筑成法成型的陶器

1. 双耳罐（H229：19）　2. 罐形壶（M411：1）　3. 圆腹壶（T21③：18）
4. 敞口钵（H273：5）　5. 罐底（H24：3）　6. 罐底（H174：19）　7. 罐底（H60：13）

外表都有泥条缝隙。用右手捏泥条，泥条按逆时针方向盘旋上升。剖面显示泥条从器壁内侧加上。没有陶衣，但内壁、外表皆磨光。口径 20 厘米，残高 7.4 厘米，胎厚 0.3 厘米。

缸(H16：5)，夹砂红陶。仅存腹部，内壁有泥条缝隙。用左手捏泥条，泥条按顺时针方向盘旋上升。剖面显示泥条从器壁内侧加上。内壁先用篦状工具刮削，留有向右斜的篦划纹，再用窄条片状工具刮削，留有向左斜的刮痕，切断篦划纹。外表似用宽条木片刮削，留有向右斜的纹理。腹部安装横向鋬，特殊之处是上下两个鋬并列，鋬面都略下坠。两鋬之间也有向右斜的刮削纹理，表明刮削在先，安装器鋬在后。腹径 44.8 厘米，残高 29.8 厘米，胎厚 0.7 厘米。

4. 正筑圈筑法

正筑圈筑法的特点是：从底部开始筑成，泥条一圈圈垒叠而上，每圈首尾衔接。器形有罐形壶、圆腹壶、折肩壶、敛口钵、平底甑及罐底等 6 种。

罐底(H24：3)，夹滑石红陶。在圆饼底上侧筑器壁，内壁、外表都有接缝。内壁有泥条缝隙，泥条从器壁内侧加上。内壁、外表都用湿手抹平。底径 11.8 厘米，残高 7.5 厘米，胎厚 0.6 厘米(图三五九，5)。

罐底(H174：19)，夹骨屑红褐陶，骨屑呈白色碎块状，长 0.5～2 毫米。在圆饼底上侧筑器壁，内壁、外表都有接缝。内壁有泥条缝隙，泥条从器壁内侧加上。底径 15.6 厘米，残高 10.2 厘米，胎厚 0.7 厘米(图三五九，6)。

罐底(H60：13)，砂红陶。内壁有泥条缝隙，泥条向器外倾斜，表明从器壁外侧加上。内壁、外表都有横向刮削痕迹。底径 17.2 厘米，残高 10.8 厘米，胎厚 0.9 厘米(图三五九，7)。

罐形壶(H42：4)，泥质红陶。内壁有泥条缝隙，泥条从器壁内侧加上。口径 9.9 厘米，底径 4 厘米，高 9.8 厘米，胎厚 0.8 厘米。

圆腹壶(M325：4)，泥质红陶。在圆饼底外侧筑器壁，底已脱落丢失，仰视腹下部有一周及半周泥条缝隙。剖面显示泥条从器壁内侧加上。近底部经过拍打整形，因器壁收缩，内壁下端变成鼓棱状。耳孔从两面钻成。全身外表和口部内壁先涂一层浅红色泥浆打底子，再涂一层深红色陶衣作装饰，泥浆层较厚，陶衣层很薄，两层界线分明，经精密量具测量，两层共厚 0.8 毫米。大部分泥浆和红陶衣已脱落。用指甲刻划陶胎会掉粉末，据此推测，烧成温度约 650℃。口径 3.8 厘米，底径 4.3 厘米，高 18.2 厘米，胎厚 0.4 厘米(图三六〇，1)。

圆腹壶 M383：1，泥质红陶。在圆饼底上侧筑器壁，内壁、外表都有泥条缝隙，已从缝隙处开裂一周，泥条从器壁内侧加上。近底部经过拍打整形，壁与底交界处变成圆角，内壁下端变成鼓棱状。底径 5 厘米，残高 14.4 厘米，胎厚 0.3 厘米(图三六〇，8)。

圆腹壶(M323：1)，泥质红陶。口残。在圆饼底上侧筑器壁，用左手捏泥条，泥条按顺时针方向延伸，内壁留有左手大拇指窝 14 个，每个都向右斜，指窝长 0.9～1.7、宽 0.7～1.1 厘米，间距约 1.2 厘米。近底部经过拍打整形，因器壁收缩，壁与底交界处变成圆角，内壁下端变成鼓棱状，并且出现褶皱。颈部用圆棍进行滚压整形，因器壁收缩，颈部变细，内壁出现竖向褶皱。耳孔从两面钻成。外表层已全部剥落，用指甲刻划陶胎会掉粉末，推测烧成温度约 650℃。底径 4 厘米，残高 17 厘米，胎厚 0.3 厘米(图三六〇，7)。

圆腹壶(H374：3)，泥质红陶。肩部内壁有泥条缝隙，泥条从器壁内侧加上。另外圈筑颈部，颈在内侧，肩在外侧套接，颈下端外卷贴在肩内壁。耳孔从两面捅成。残高 4.6 厘米，胎厚 0.4 厘米(图三六〇，6)。

圆腹壶(H60：10)，夹炭红陶，内壁有炭末痕迹，胎心含黑色炭末。底部残缺。器身刚成型时，

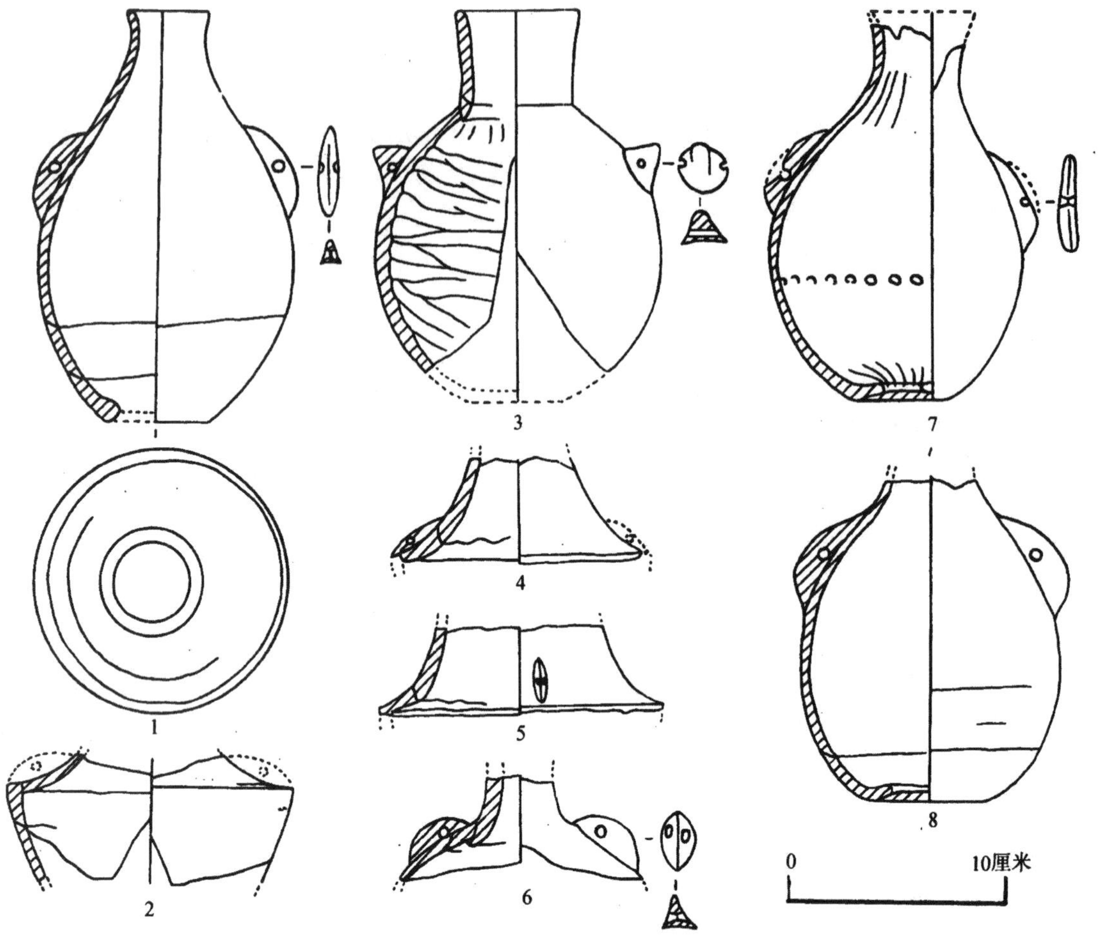

图三六〇　泥条筑成法成型的陶器

1. 圆腹壶(M325：4)　2. 折肩壶(H85：3)　3. 圆腹壶(H60：10)　4. 折肩壶(H291：21)
5. 折肩壶(T35③：16)　6. 圆腹壶(H374：3)　7. 圆腹壶(M323：1)　8. 圆腹壶(M383：1)

肩部开口较大，用湿手伸入器内抹去泥条缝隙，以便加固，内壁留有一道道向右斜的手指抹痕，剖面呈现波状。然后拍打肩部，因器壁收缩，开口变小，内壁出现纵向褶皱。另外圈筑颈部，内壁有泥条缝隙，泥条从器壁内侧加上。颈在内侧，肩在外侧套接，内壁有接缝，外表特征是：颈与肩有明显分界。器耳特殊，呈圆锥形上翘，耳孔用圆棍从一面捅成。外表先涂泥浆，再涂红陶衣、磨光。局部泥浆和陶衣脱落。口径5.6厘米，残高15.9厘米，胎厚0.6厘米(图三六〇，3)。

斜肩壶(M22：1)，泥质红陶。肩内壁有泥条缝隙一周，泥条从器壁内侧加上。肩内壁有横向刮削痕迹。腹在内侧，肩在外侧套接，外表有接缝。耳孔从两面钻成。外表涂红陶衣、磨光。口径5.5厘米，高16厘米，胎厚0.4厘米。

折肩壶(H291：21)，泥质红陶。仅存肩部，下半身已脱落。内壁有泥条缝隙，泥条从器壁内侧加上。肩下端呈现光面，痕迹显示，肩在内侧，腹在外侧套接。耳孔从两面钻成。外表涂红陶衣，局部陶衣脱落。残高4.5厘米，胎厚0.6厘米(图三六〇，4)。

折肩壶(T35③：16)，泥质红陶，含个别砂粒。仅存肩部，下半身脱落。内壁有泥条缝隙，泥条从器壁内侧加上。肩上端呈现光面，痕迹显示腹在内侧，肩在外侧套接。耳孔用圆棍捅成。外表涂红陶衣，大部分已脱落，泥条从器壁内侧加上。口径 18 厘米，残高 4.8 厘米，胎厚 0.7 厘米(图三六〇,5)。

折肩壶(H85：3)，泥质红陶仅见肩至腹上部，腹内壁有泥条缝隙，泥条从器壁内侧加上。肩在内侧，腹在外侧套接。双耳脱落。外表涂红陶衣，磨光。胎厚 0.5 厘米(图三六〇,2)。

敞口钵(H273：5)，泥质红陶。仅存下半部，在圆饼形底上有两圈泥圈。内壁、外表有泥条缝隙一周，泥条从器壁内侧加上。底径 5.4 厘米，残高 2.9 厘米，胎厚 0.4 厘米(图三五九,4)。

敛口钵(H291：22)，泥质红陶。仅存上半身，下半身从泥条缝隙处脱落，泥条从器壁内侧加上。口径 18 厘米，残高 4.8 厘米，胎厚 0.7 厘米。

平底甑(H19：14)，泥质红陶。含个别砂粒。仅存圆饼底。内底、外底都用篦状工具刮平留有篦划纹。在圆饼底上侧筑器壁，用右手捏第一圈泥条，泥条已脱落，内底留有通过泥条间接形成的凹槽 1 周，槽内有右手大拇指窝 8 个。底中部的 7 个甑孔是从外底向内捅成的。底径 9.5 厘米，胎厚 0.9 厘米，孔径 0.5～0.7 厘米。

平底甑(T101③B：38)，夹云母红褐陶。内壁有断续的泥条缝隙，泥条从器壁内侧加上。底部存有甑孔 5 个，从两面钻成。底径 7.9 厘米，残高 22 厘米，胎厚 0.5 厘米。

平底甑(H36：1)，泥质红陶。仅存下半身，上半身从泥条缝隙处脱落，剖面显示泥条从器壁内侧加上。底部存有甑孔 3 个，从外底向内捅成。底径 9.4 厘米、残高 3.4 厘米、胎厚 0.6 厘米。

5. 正筑法，盘筑或圈筑不明

一些器物上的泥条痕迹已被抹平，许多完整的或已修复的器物口部很小，不便于观察内壁的泥条痕迹，但根据同类器物可断定为正筑。器形有平底甑、折肩壶 2 种。

平底甑(W1：1)，夹骨屑红陶。内壁、外表都用湿手抹平。底部中央有圆形大甑孔 1 个，腹下部有圆形小甑孔 2 个。质地疏松，用指甲刻划会掉粉末，推测烧成温度约 650℃。底径 10.4 厘米，残高 5.4 厘米，胎厚 0.6 厘米，大孔径 2.8 厘米，小孔径 1.1 厘米。

折肩壶(M319：1)，泥质红陶。上半身、下半身分别制作。口部、底部残缺。肩内壁用弧刃工具进行刮削，有向左斜刮痕。颈外表用圆棍进行滚压整形，因器壁收缩，颈变细，内壁呈现竖向褶皱。腹在内侧，肩在外侧套接，有接缝。耳孔用圆棍捅成。外表涂红陶衣，斜向磨光。残高 14 厘米，胎厚 0.4 厘米。

标本 H290：13，壶底，内底可见泥尾(图版二二三,3)。H339：11，壶底，在小圆饼底上正筑泥条(图版二二三,6)。T101③：5，圆腹壶，正筑泥条盘筑成型，内底可见泥尾，内壁有折皱和刮痕(图版二二三,1、2)。H28：63，碗底，在圆饼底周围正筑泥条(图版二二四,3)。H257：4，罐底，在圆饼底上正筑泥条(图版二二四,4)。T18③：19，壶底，在圆饼底上正筑泥条(图版二二四,5)。H339：10，壶底，倒筑，小泥片封底，内底可见泥尾(图版二二四,6)。

折肩壶(M313：1)，泥质红陶。口部残。在圆饼底外侧筑器壁，仰视外底有接缝，底径大于圆饼直径。腹在内侧，肩在外侧套接，有接缝。底径 3.8 厘米，残高 8.4 厘米，胎厚 0.4 厘米。圆饼直径 3 厘米。

折肩壶(M281：2)，泥质红陶，在圆饼底外侧筑器壁，外底有接缝。肩在内侧，腹在外侧套接，有接缝。口径 4.4 厘米，底径 4.8 厘米，高 13 厘米，胎厚 0.4 厘米。圆饼直径 3.6 厘米。

折肩壶(M385：1)，泥质红陶。在圆饼底上侧筑器壁，近底部经过拍打整形，因器壁收缩，内壁下端呈鼓棱状。腹在内侧，肩在外侧套接，有接缝一周。口径 5.6 厘米，底径 5.9 厘米，高 14.6 厘米，胎厚 0.4 厘米。

折肩壶(M94：1),泥质红陶。在圆饼底上侧筑器壁,内壁下端呈鼓棱状。肩在内侧,腹在外侧套接,有接缝一周。口径4.6厘米,底径3.8厘米,高11.9厘米,胎厚0.4厘米。

折肩壶(M361：1),泥质红陶。在圆饼底上侧筑器壁,壁与底接缝处已开裂。肩在内侧,腹在外侧套接,有接缝。口径7.3厘米,底径4.7厘米,高16.6厘米,胎厚0.5厘米。

折肩壶(M251：1),泥质红陶。在圆饼底上侧筑器壁。经拍打整形,壁与底交界处变成圆角,内壁下端变成鼓棱状。腹在内侧,肩在外侧套接,有接缝。口径6.8厘米,底径3厘米,高11厘米,胎厚0.4厘米。

6. 倒筑与正筑兼用盘筑法

具体操作方法有2种:

(1)下半身倒筑盘筑,上半身正筑盘筑,下半身与上半身套接。器形有双耳罐、罐形壶、圆腹壶、折肩壶4种。

双耳罐(H14：1),泥质红陶,胎橙红色。口部残缺。下半身和上半身在腹上部分界。下半身内壁、外表都有泥条缝隙,倒筑时,坯体随同垫板按逆时针方向转动,用右手持泥条,左手捏泥条,泥条按顺时针方向盘旋上升。剖面显示泥条从器壁内侧加上。至近底部,坯体改为按顺时针方向转动,左手垫在内壁作依托,右手持陶拍拍打外表,以便加固器壁,内壁留有指窝若干组,其中1组4个相依,是左手食指、中指、无名指和小拇指的印痕,印痕共长4.2厘米,指窝很小,据此推测制陶者是女子。抽出左手后,继续按顺时针方向边转动坯体,边拍打近底部,使其直径逐渐缩小,最后封死成为圜底,内底出现小凹坑和放射状褶皱。拍打底部时改变坯体转动的方向,是操作方法具有灵活性的表现,对于这件器物的制作者来说,筑器壁时,用左手捏泥条比较方便,拍打整形时,用右手持陶拍比较方便。翻转正放后(推测置于草圈之类的器座上),用湿手将内壁抹平,留有竖向的手指抹痕。另外正筑上半身,用左手捏泥条,泥条按顺时针方向盘旋上升。剖面显示泥条从器壁内侧加上。内壁用湿手抹平,留有向左斜的手指抹痕。上半身在内侧,下半身在外侧套接。相接处胎较厚,达0.7厘米,内壁呈现鼓棱状。为使两部分接合牢固,用湿手伸入器内抹平,鼓棱上留有向右斜的手指抹痕。器耳略残,耳孔从两面钻成。外表先涂一层浅红色泥浆,厚约0.2毫米,再涂一层深红色陶衣。局部陶衣脱落,露出泥浆,局部陶衣和泥浆都脱落,露出橙红色陶胎。烧成温度约700℃。腹径24厘米,残高34厘米,腹部胎厚0.4厘米,底部胎厚1.2厘米(图版二二四,1)。

罐形壶(H383：13),夹砂红陶。口部残。下半身和上半身在腹上部分界。下半身内壁、外表都有泥条缝隙,倒筑时,用右手捏泥条,泥条按逆时针方向盘旋上升。剖面显示泥条从器壁外侧加上。拍打近底部封死成为尖底,再拍成小平底,内底呈现小凹坑。翻转卧放后刮削内壁,留有向左斜的刮痕。另外正筑上半身,内壁经过刮削,留有横向的刮痕,与下半身的刮痕方向不同。肩在内侧,腹在外侧套接,内壁、外表有明显接缝。外表涂红陶衣、磨光,陶衣大部分脱落。底径2.2厘米,残高24厘米,胎厚0.4厘米(图三六一,2)。

圆腹壶(H309：2),泥质红陶,含个别砂粒。下半身已从接缝处脱落。上半身正筑,颈下部内壁有泥条缝隙,用左手捏泥条,泥条按顺时针方向盘旋上升。剖面显示泥条从器壁内侧加上。肩内壁有一道道横向手指抹痕,剖面呈现波状。上半身在内侧,下半身在外侧套接。耳孔用圆棍从一面捅成。外表及口部内壁涂红陶衣,大部分已脱落。口径4.5厘米、残高9.6厘米、胎厚0.7厘米(图三六一,1)。

折肩壶(M46：1),泥质红陶。下半身倒筑,内壁有泥条缝隙,用左手捏泥条,泥条按顺时针方

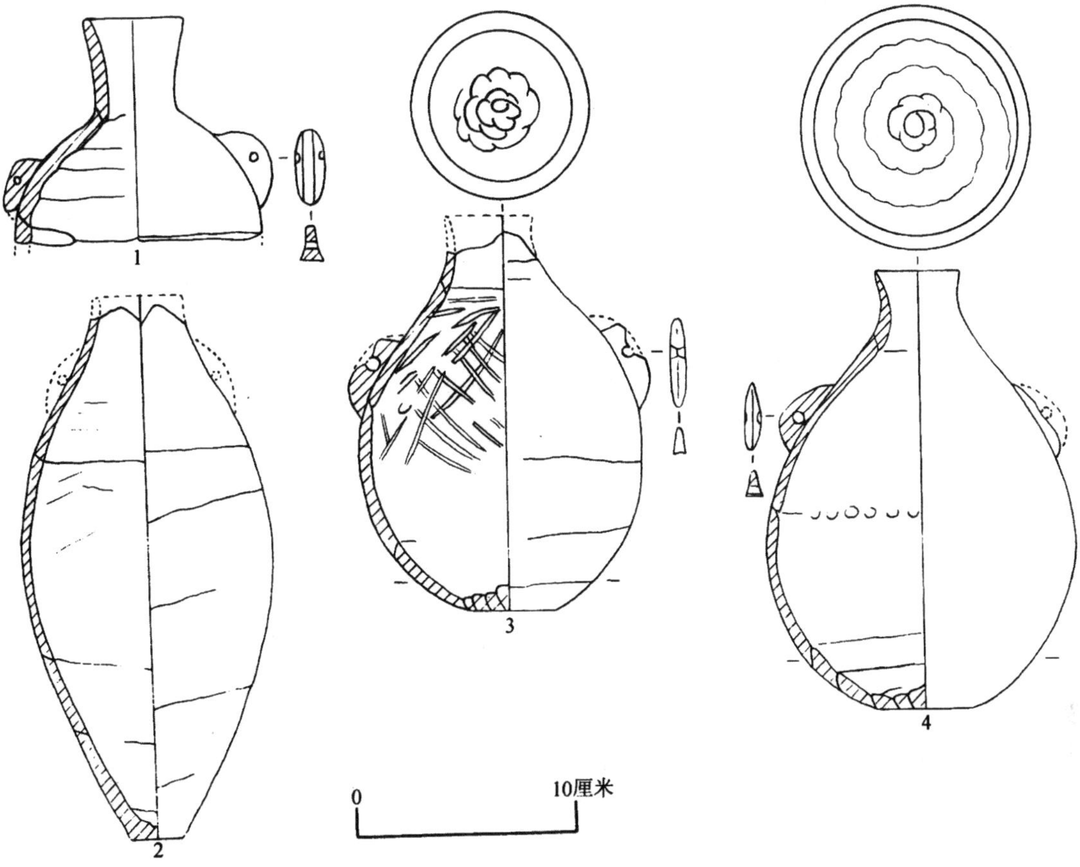

图三六一　泥条倒筑、正筑兼用法成型的陶器

1. 圆腹壶(H309：2)　2. 罐形壶(H383：13)　3. 圆腹壶(M366：1)　4. 圆腹壶(M358：1)

向盘旋上升。剖面显示泥条从器壁外侧加上。至近底部将泥尾塞入圆洞内，拍打封死成为圜底，再拍成小平底，底与壁交界处呈圆角。俯视内底有螺旋式泥条痕迹和泥尾。肩在内侧，腹在外侧套接，有接缝。口径 7.6 厘米，底径 3 厘米，高 10.6 厘米，胎厚 0.5 厘米。

折肩壶(M57：1)，泥质红陶。颈部残缺。下半身倒筑，内壁有泥条缝隙，用右手捏泥条，泥条按逆时针方向盘旋上升。剖面显示泥条从器壁外侧加上。最后将泥尾塞入圆洞内拍打封死，将圜底拍成小平底。内底有螺旋式泥条痕迹和泥尾，但螺旋的方向恰好与 M46：1 相反。肩在内侧，腹在外侧套接，有接缝。底径 2 厘米，残高 12.2 厘米，胎厚 0.4 厘米。

(2) 下半身倒筑盘筑，翻转正放后，在下半身的基础上继续盘筑上半身，下半身与上半身之间没有套接现象。器形只有圆腹壶 1 种。

圆腹壶(M358：1)，泥质红陶。内壁有泥条缝隙。下半身和上半身在腹中部分界。下半身倒筑，用左手捏泥条，泥条按顺时针方向盘旋上升。剖面显示泥条从器壁内侧加上。至近底部，将泥尾塞入圆洞内，拍打封死成为圜底，再拍成小平底。俯视内底有螺旋式泥条痕迹和凸起的泥尾。翻转正放后将边缘捏薄，继续盘筑上半身，剖面显示泥条从器壁内侧加上。在上半身与下半身交界处内壁有凹槽一段，长 1.8 厘米，另外有指窝一周，是继续捏泥条时遗留的痕迹，但没有下半身与上半身两部分套接的现象，这是在下半身基础上继续盘筑上半身的证据。耳孔用圆棍从一面捅成。外表先涂泥浆，再涂红陶衣，大部分泥浆和陶衣脱落。推测烧成温度约750℃。口径4.厘米，底径4.4厘米，高19.5厘米，胎厚0.4厘米(图三六一,4)。

圆腹壶(M366：1)，泥质红陶。口部残。内壁、外表都有泥条缝隙。下半身倒筑的方法与M358：1相同。翻转正放后，继续盘筑上半身至肩部。上半身与下半身交界处内壁呈现凹槽一周，是手捏所致，凹槽内存有右手大拇指窝1个，向左斜，却没有下半身与上半身两部分套接的现象。用弧刃工具伸入器内进行刮削，内壁留有交错状刮痕。然后在肩部基础上继续盘筑颈部。耳孔从两面钻成。外表先涂泥浆，再涂红陶衣，大部分泥浆和陶衣脱落。用指甲刻划陶胎会掉粉末，推测烧成温度约650℃。底径4.3厘米，残高16.7厘米，胎厚0.4厘米(图三六一,3)。

（三）坯体修整

从工艺流程上来看，通常是器身的修整在前，安装附件在后，但也有在装附件之后继续拍打，滚压、修整的。无论是泥片筑成法还是泥条筑成法成型的坯体，其修整方法是一致的，大体有拍打、滚压、刮削、湿手抹平4种。

1. 拍打

一般在成型过程中或整形时采用拍打方法，常用素面陶拍，因在发掘中未发现陶拍子，故推测当时人们制陶时使用的陶拍子是木质的。目前在陶器内壁未见陶垫窝，却有手指窝，如双耳罐H14：1，可能拍打外表时，往往内壁不使用陶垫作依托，有时用手作依托，这是修整工艺比较原始的一种表现。如罐形壶H234：1，将尖底拍成小平底，内底有小凹坑和褶皱。双耳罐M208：1，将圜底拍成小平底微凸，内底有小凹坑和放射状褶皱。双耳罐H14：1，拍成圜底，内底有小凹坑和放射状褶皱。圆腹壶M358：1、M366：1和折肩壶M46：1都将泥尾塞入圆洞内，拍打封死后再拍成小平底，俯视内底有螺旋式泥条痕迹和泥尾。圆腹壶M323：1，经拍打，平底与器壁交界处变成圆角，内壁下端变成鼓棱状并且出现褶皱。有少数罐，如H34：5，利用裹绳网陶拍拍印成网绳纹。侈口罐M22：3，拍打成方唇。罐形壶M110：1，拍打成小平底。双耳罐H383：8，经过拍打整形，使器底变小，成为小平底微外凸，适宜作为炊器使用，加大下部与火的接触面。

2. 滚压

利用素面圆棍进行滚压，是对细颈器物进行整形的特殊方法。如圆腹壶M323：1、折肩壶M319：1的颈部经过滚压整形，变得更细，内壁呈现竖向褶皱。

3. 刮削

刮削是常用的一种修整方法，目前在陶器上未见利用慢轮边旋转边对坯体进行刮削修整的痕迹。推测至第三期尚未出现慢轮。刮削坯体内壁和外表，可使胎壁厚薄均匀，也有消除泥片和泥条缝隙，增加平整度，提高致密度的作用。刮削所用的工具有3种：第一种是用弧刃工具刮削内壁，如圆腹壶M366：1和折肩壶M319：1。第二种是用竹、木、石、骨、陶片所制的薄片状工具刮削内壁和外表，如H16：5缸内壁，用篦状工具刮削后，再用窄条片状工具刮削，外表似用宽条木片刮削。H319：6和H222：2双耳罐用薄片工具刮削内壁。第三种是用篦状工具刮削内壁及外表，篦状工具由片状工具加工而成，有密齿，刮削后器表留有篦划纹，如双耳罐T17㊳B：9、H28：36、H387：1。双耳罐H28：55腹下部内壁和外表，H19：14平底甑内外底均有用篦状工具刮削形成的篦划纹。

4. 湿手抹平

湿手抹平是在刮削之后进行或直接在刚成型坯体上进行的一种修整方法，目前在陶器上未见利用慢轮边旋转边对坯体进行抹平所产生的细密轮旋纹。

湿手抹平的基本方法是用沾水的手将坯体表面抹一遍，由于吸水，泥料中渗出细泥浆，遮盖在小凹坑或麻点及粗颗粒之上，从而使表面显得平整，这道工序称为湿手抹平，简称抹平。模拟实验表明，湿手抹平不可一遍又一遍地进行，因为表面吸水过多，会使胎变软变形，并且将渗出来的细泥浆洗掉，反而显得粗糙。湿手抹平不会使表面产生光泽，因此不宜称为“抹光”，应将抹平与磨光区别对待。从坯体本身渗出来的泥浆，与坯体之间没有层的界线，不可分离，不同于另外涂在坯体表面的泥浆层或红陶衣层。

抹平的状况有 2 种：第一种，器表比较平整，如敛口罐 M350：1 和侈口罐 M282：2 内壁和外表都抹得较平整。罐 H34：5 肩上部的绳纹被抹平，只剩下短条状的绳结印痕；侈口罐 M22：3 内壁、外表都抹平。双耳罐 H241：1，内壁刮削之后略加抹平，使一部分刮削痕迹消失。第二种，器表产生一道道呈现凹槽状的手指抹痕，实际上并不平整，如双耳罐 H14：1，下半身内壁有竖向手指抹痕，上半身内壁有向左斜手指抹痕，套接处内壁有向右斜手指抹痕。圆腹壶 H309：2，内壁有横向手指抹痕；H60：10 内壁有斜向手指抹痕。

（四）附件制作法

泥片筑成法和泥条鋬筑成法成型的坯体，附件的制作法都基本一样，故一并介绍。贾湖陶制品的附件常见把、鋬、耳、足四大类，另外，还有个别的钮、鼻等。共同之处在于，均为坯体成型之后，坯体半干之时，在所附着之处，用尖状工具刻划成沟槽状，以加强附件在坯体上附着的牢固程度。但因附件的用途不同，部位各异，制作方法也有程序不同的差别，现分类予以介绍。有的将附件按压在器壁上后还要在附件表面用绕绳的圆棍滚压或按压，以增加附着的牢固程度。按压后有的附件上还要钻或捅出一圆孔。最后才在整个坯体表面涂泥浆，施陶衣，打磨光亮。

1. 器把

器把主要见于角把罐，均置于罐的腹上部，呈对称状，数量很多，且富于变化，是这里的典型器物之一，主要见于一期和二期前段。二期的部分折沿罐、卷沿罐、罐形鼎也有加置器把的现象。器把的形制描述见本书上篇第六章第一节，这里仅将制作方法归纳如下。

待坯体成型之后，干燥到一定程度（经观察，大多为半干时），将需装附件的部位用尖状工具刻划成多条竖向沟槽状，个别用端刃状工具戳刺使之形成粗糙不平的接触面，并且补水，同时将泥料做成需要的形状，将一端用力按在器壁上，有的因把体和器壁较干，为便于加固，在把体根部周围压一周软泥。然后用绕绳圆棍在器把表面滚压，以增加其牢固程度，有的则是用绳棍按压，使绳纹印痕不相连接呈排状。个别用有指甲掐戳使之加固的。唯 H60：10 号圆腹壶的器把较特殊，呈圆锥形上翘状，还用圆棍捅出一耳孔来，形成把状器耳。

2. 器鋬

均呈长条状，多呈对称状横置于深腹盆的上腹部，少数呈对称状四鋬，其中横置者见于侈口罐，竖置者见于釜，个别为上下重叠状四鋬，仅见于缸一种器形。

鋬的制法与器把大同小异，系在坯体器壁半干时，用篦状工具竖划成一排短沟槽，或用尖状工具横划几道较长沟槽，以增加附着面的粗糙度，同时将泥料捏成长条状，将其一边或一端用力按压在器壁上。

深腹盆上的横鋬大多用绕绳圆棍在鋬体表面和根部进行滚压，使之附着牢固，如 H13：3；也有个别用尖刃工具戳刺成密集而有规律的纹饰的，如 H112：42；除加固作用外，还兼有一定的装饰效果，如 T69⑤：3，在鋬上下各戳刺两排圆形坑窝纹（图三六二，3）。

在 B 型侈口罐上腹部多饰有舌形横鋬，对称二鋬或四鋬，大多趁鋬体尚软时在中间部位上下捅出一耳孔，如 M282：2，颈部有对称四横鋬，鋬中间用圆棍上下捅出一孔。

上下重叠的横鋬仅见于 H16：5 缸腹中部，上下两横鋬重叠，鋬上素面亦无孔。

3. 器耳

贾湖遗址器耳数量很多，形状以半月形居多，也有带形、桥形者，均呈对称状置于双耳罐和壶两种器形的颈部。以竖置为主，也有少量为横置。

器耳的安装方法与把、鋬一样，都是在器物坯体成型半干后，在安装部位用篦状或齿状工具竖划或横划出沟槽，如双耳罐 H383：8、H409：1 用篦状工具划成竖向沟槽，H28：36 用弧形工具刮成横向凹槽。使之形成粗糙不平状，将泥料制成所需形状，用力按压在附着面上，坯体偏干，附着不甚牢的，耳根周围再加软泥按压平整以增加耳体的牢固程度。A 型双耳罐和罐形壶的双耳多为桥形、圆拱形或带形，其余双耳罐、折肩壶、圆腹壶、扁腹壶等为半月形。桥形、圆拱形、带形在耳体按压牢固后大多还要用绕绳圆棍滚压或按压耳体表面，如双耳罐 H409：1、罐形壶 H383：9 等耳面均有滚压绳纹印痕，少量为素面。双耳罐 H387：1 耳面上则用篦状工具刮平，留有篦划纹（图三六二，5）。

半月形耳体太薄，有的就采用二次附着法，器耳为双层胎，先将内层按实粘牢，两侧留有指窝，再附加外层，外层有的局部脱落。但大部分半月形器耳为一次按压成型。

器耳均有穿孔，穿孔大多为系绳之用，穿孔方法大致有两种，第一种是趁耳体含水量尚高，胎尚软时，用圆棍从一面捅成，如罐形壶 M110：1、圆腹壶 H60：10。或两面捅成，如双耳罐 M28：1、H387：1 和圆腹壶 H374：3。第二种是在耳体含水量略降低，胎较硬时用钝尖工具从两面钻成，孔壁有旋转痕。如双耳罐 T6③：14 和罐形壶 T103③：45。T6③：14 系先从右侧向左侧钻，后从左侧向右侧钻，孔壁旋转纹理明显，是钻孔的证据。有的则用管状工具从两面钻成，比较罕见，如双耳罐 H29：20（图三六二，4）。

这里顺便提一下甑孔。甑的穿孔方法也有两种，第一种是趁坯体尚软时，从外底向内捅成，如平底甑 H19：14、H36：1；第二种是坯体略变硬时从两面钻成，如圜底甑 H19：46。

4. 器足

器足有三足和圈足两种

（1）三足

三足器有鼎和三足钵两种，数量相当丰富，足的装法也有两种，一是榫卯法，二是贴附法。

1）榫卯法：常见于罐形鼎和个别三足钵，有两种具体做法：

第一种是在器身底周计划装足处穿孔作为卯眼。鼎足上端捏成柱状榫头，插入卯眼内。如 H331：1，内底露出榫头。T108③：41，夹砂红陶，榫头平面呈椭圆形，剖面呈梯形，足残高 10 厘

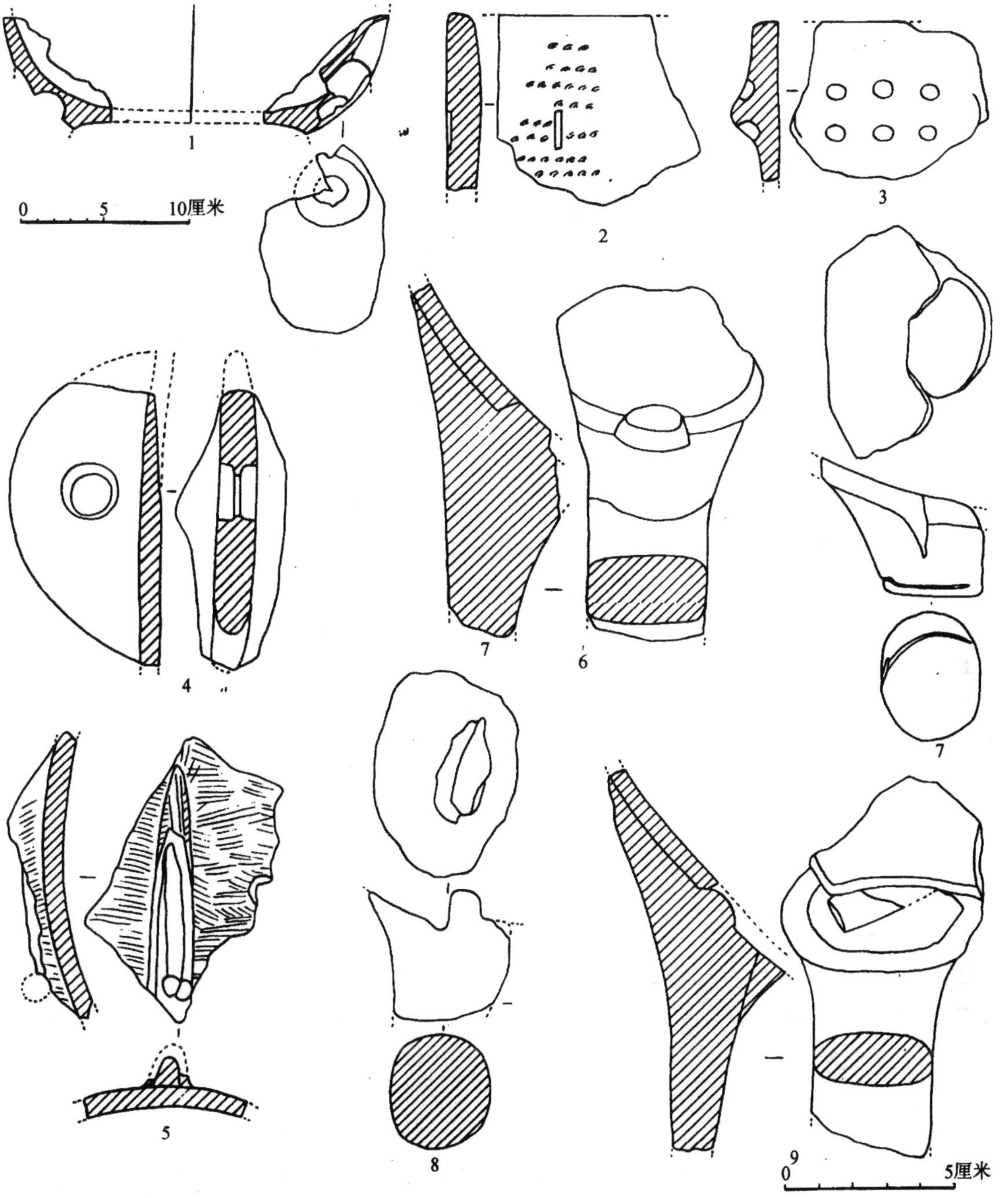

图三六二　陶器附件

1. 罐形鼎足(T14③B：3)　2. 角把罐(H231：3)　3. 深腹盆鋬(T69⑤：3)　4. 器耳(H29：20)
5. 器耳(H387：1)　6. 鼎足(T108③：41)　7. 鼎足(H32：10)　8. 鼎足(H54：8)　9. 鼎足(T119③：17)

米(图三六二,6)。H32：10,夹云母红陶,榫头平面略呈椭圆形,足下部有锯痕2道,下端磨平,是将残断的足下部锯齐磨平后继续使用,残高3.8厘米(图三六二,7;图版二二三,5)。H54：8,夹砂红陶,榫头捏成长条状,两侧有手捏痕迹,残高3.7厘米(图三六二,8;图版二二三,4)。

第二种是器身底部有凹槽状或凹坑状卯眼,鼎足上端从卯眼翻印成榫头。如T119③：17,夹砂红陶，器底用弧刃工具刮成凹槽状卯眼，鼎足上端自然地翻印成凸棱状榫头，其横断面呈半圆形，足内侧还附泥加固，残高10.4厘米（图三六二，9；图版二二三，8）。T14ⒷⒷ：3，夹细砂红陶，器身底部用手指按压成凹坑状卯眼，鼎足已脱落，底径14厘米，残高4.6厘米，胎厚0.6厘米（图三六二，1）。H322：7三足钵，足上端作为榫头插入外底的凹坑卯眼内。

2）贴附法：常见于盆形鼎和大量三足钵，方法与把、鋬、耳相同，即在坯体成型半干后，在计划装足的部位用尖状工具划成沟槽状使贴附面粗糙不平，并且补水，然后将做成的足坯上端贴附在坯体上，用力按压牢固，如盆形鼎M65：1、三足钵T103③：31均是如此。

（2）圈足

见于圈足碗、圈足罐两种器形，做法有圈足和假圈足两种。

1）圈足，是在圜底器的外底一周附加一圈泥条，干后即成为圈足，安装方法也是贴附法，在坯体半干时，在装足部位用篦状工具划出一周粗糙不平的面，补水后，再将泥圈贴附在一周糙面上。如T34③：8。

2）假圈足，是在圜底器的外底先加一周泥条使器底外部变得平整，再加一块圆形泥饼，形成假圈足，器外表和底部周边往往一并施篦划纹或磨光，表明坯体和假圈足的干燥速度应大体一致。有的假圈足一圈刻成花边状。有的假圈足在未干时放在草末、席子或绳网上，因之留下了不同的印痕。

5. 鼻

数量不多，仅见于少量敛口钵、敛口罐，共同特征是用贴附法贴在坯体上对称两个或等分三个圆形大乳钉，然后在其根部穿孔而成，敛口钵一般在口沿外侧，敛口罐一般在器腹中部偏上处。

推测这种工艺的来源，当是贾湖一期的方口盆。这种盆大多在圆形器口的等分四角部位口沿外附加一段泥条，经修整后使器口形成内圆外方形，在四角部位上下各穿一小圆孔，开始时可能用于系绳，但有许多仅具装饰意义。

6. 钮

钮的数量更少，仅见于少量卷沿罐和罐形鼎，且多为夹云母红褐陶，形状多为鸟喙状，系由角把退化而来，如卷沿罐H190：2，H104：3等。

四、装饰工艺

坯体成型之后，一般要在器表进行装饰，其目的主要有三点，一是进一步增加其强度，使其更加坚固耐用，这也应是对器表进行装饰的原初目的。二是进一步增加其致密度，提高防渗漏能力，三是使之具有装饰性，以满足人们审美的需要。为达到上述三个目的，人们创造出种种装饰方法。就贾湖的装饰工艺来讲，主要有施加纹饰、涂泥浆和陶衣、磨光三种方法，也是三种主要的装饰方法，需要指出的是，有许多器类只具有其中的一或二种，三种方法同用于一件器物上的现象并不多见。如器表饰拍印或滚印纹饰者一般不再磨光，只有少数在口沿部位仍经打磨。除有附加堆纹、乳钉纹、花边纹等局部性纹饰之外，磨光者一般多无纹饰。下面分三步进行介绍。

（一）施加纹饰

贾湖有纹饰的陶器不多，主要有绳纹、篦点纹、篦划纹、刻划纹、附加堆纹、戳刺纹、乳钉纹、花边纹、圆饼纹等。

1. 绳纹，贾湖绳纹较为常见，尤其以一期为最多。从施纹工艺上来讲，绳纹又可依施纹方式不同分为滚印、拍印两大类，其中拍印多呈网状，又可称之为绳网纹。

（1）绳纹，是用绳缠绕在圆棍上，在坯体未干时，一手持绳棍一端，一手在器表按压滚动绳棍。常见通体饰绳纹者只有角把罐以及个别双耳罐，施纹方式是腹部竖滚或斜滚，近口部和近底部横滚，底部平滚，如角把罐 H330：19，滚印横绳纹；双耳罐 H383：8，滚印竖绳纹、横绳纹。角把罐 H231：3，滚印横绳纹。绳股印痕向左斜的较多，向右斜的较少。附件上滚印绳纹者较为常见，主要见于角把罐的把、双耳罐和罐形壶的双耳和深腹盆的两横錾上，如罐形壶 M303：1、双耳罐 M125：1 和深腹盆 H84：4 等。

（2）绳网纹，绳网纹见于罐形鼎或罐上，是一种特殊的纹饰。如罐 H34：5，夹骨屑红陶，骨屑呈白色块状，长 1～3 毫米。腹部有裹绳网陶拍拍打所致的小平面和菱形绳网纹，为阴纹，有的部位互相叠压，绳粗 1 毫米，绳股印痕向左斜，在菱形的对角线位置上有短条状的绳结印痕，一律向左斜。口径 32.5 厘米，残高 13.5 厘米，胎厚 0.7 厘米。经过模拟实验，利用裹鱼网的陶拍在泥饼上拍印的网绳纹与出土陶罐上的网绳纹十分相似（图版二二四，2）。据此推测，先民是用捕鱼捉鸟的绳网裹在陶拍上，在陶器上拍印成网绳纹的。

2. 篦点纹，是用篦状工具在坯体上按压而成的，数量很少，仅见于筒形篦纹罐，如 H35：6 为横向按压与“之”字形按压并用，特征与裴李岗、磁山文化的篦点纹相同。

3. 篦划纹，是用篦状工具进行刮削时由篦齿划成的，见于划纹盆，B 型碗、筒形罐、双耳罐等。如双耳罐 H28：55，外表的篦划纹兼有装饰作用，内壁的篦划纹属于修整痕迹，修整作用与装饰作用的界限还不太清楚，这是装饰工艺原始性的表现。筒形罐 T114③B：23，口沿一周篦点纹，以下通体饰竖向篦划纹，应主要起装饰作用。划纹盆 H33：7 上的篦划纹也主要起装饰作用，大多为放射状竖划纹。

4. 刻划纹，用尖状工具在器表刻划而成，主要见于 A 型支脚。有的呈平行线状，有的呈叶脉状。

5. 乳钉纹，呈圆锥或扁锥状，附加而成，纯属装饰。如侈口罐 M22：3，腹上部附加圆锥状乳钉纹一周 8 个。双耳罐 H319：6，器耳之间附加圆锥状乳钉纹 4 个。釜 H105：7，四錾之间附加扁锥状乳钉纹一周 25 个。M396：2 盆形鼎沿下一周 11 个扁乳钉纹。

6. 圆饼纹，罕见，如深腹盆 T102③：20 的腹上部附加圆饼纹。

7. 附加堆纹，发现很少，仅见于附加堆纹盆，在器表上腹部或口沿外附加一周细泥条，再用细棍斜压成纽索状，如 H28：13。

8. 花边饰，大多见于盆形鼎口沿外缘一周，还见于个别划纹盆和侈口罐口沿。圈足罐和碗假圈足底部周边也见有同类装饰，盆形鼎和侈口罐均是用薄刃工具或细棍在方唇外缘一周斜压或竖压，使之形成纽索状花边纹，如盆形鼎 M35：18、M22：2 等。

9. 戳印纹，虽然排列有序，但是，它是用小戳子一个个戳印而成的，如筒形罐 H290：2，夹云母红褐陶，含大量云母片，闪闪发亮。外表用数个不同形状的小戳子戳印成纹饰，先在口外戳印一周，再于腹部自上而下戳印成行。近口部有一处由于没有注意间距，戳印纹呈现叠压现象，这是逐个戳印，而且是自上而下戳印的证据。口径 21.9 厘米，残高 13.6 厘米，胎厚 0.5 厘米，它的工艺与篦点纹相似，上篇将其归入篦点纹。角把罐 H231：3，夹砂红陶，外表有竖条状戳印纹 1 个，也许是作为记号(图三六二，2)。

10. 戳刺纹，较为常见，均见于 A、C 型支脚上，有的用尖状工具，有的用中空的管状工具在器表刺出纹饰来，这些器物或胎壁较厚，或为实心，戳刺的目的主要也是加固，同时兼具装饰作用。有的刺成菱形图案，应主要起装饰作用。

(二) 涂泥浆、施红陶衣

就贾湖遗址来说，陶器上的泥浆与红陶衣是两种不同的物质，但是彼此有关。泥浆是用含铁量较低的浅灰色粘土淘洗而成的，质地细腻，焙烤之后变为浅红色，比陶胎颜色浅一些。红陶衣是用红岩石加水研磨而成的，质地更加细腻，附着力更强，焙烧之后呈现深红色而且鲜艳美观，比陶胎颜色深一些。泥浆与陶衣往往先后施于同一件坯体上。涂泥浆、施陶衣的情况有 5 种：

第一种，数量最多，先涂一层泥浆打底子，再涂一层红陶衣作为装饰。如双耳罐 H319：6、H252：4、H102：11 外表先涂泥浆，后涂红陶衣。釜 H105：7 内壁先涂泥浆，后涂红陶衣。深腹盆 H208：2 内壁、外表都是先涂泥浆，后涂红陶衣。泥浆的浓度较大，因而该层较厚，可将坯体表面的麻点、粗糙不平等缺陷都覆盖起来，红陶衣浓度较小，因而该层很薄，经测量，双耳罐 H252：4 的泥浆层与红陶衣层共厚 0.5 毫米。圆腹壶 M325：4 外表和内壁近口部泥浆层和红陶衣层共厚 0.8 毫米，双耳罐 H14：1 泥浆层厚 0.2 毫米，之外再涂红陶衣层。上述先打底子后装饰效果良好。

第二种，没有涂泥浆，直接涂红陶衣作为装饰，如罐形壶 M110：1 和双耳罐 H229：19。

第三种，只涂泥浆，用泥浆取代红陶衣，作为装饰，如双耳罐 H105：3 泥质红陶外表涂抹一层相当厚的泥浆，厚约 2 毫米，局部泥浆脱落。由于没有红陶衣颜色不鲜艳，装饰效果较差。

第四种，先涂一层泥浆，再滚印绳纹，如角把罐 H330：19、双耳罐 H383：8，泥浆层起打底子作用。

第五种，先涂一层泥浆，再刮成篦划纹，如双耳罐 T17③B：9 的外表，泥浆层起打底子作用。可见泥浆适宜打底子，红陶衣适宜装饰。

(三) 磨　　光

磨光是制作工艺中的最后一道工序，是最后一次利用泥料的可塑性，在坯体将干未干时，用坚硬而光滑的工具(如骨器、河卵石等)将器表打磨光亮，产生光泽，既可提高器表的致密度，又可增添装饰效果。凡是涂红陶衣的器表都经过磨光，但磨光的程度和保存状况有所不同，有些经过认真磨光而且保存较好的陶器至今还能辨认磨光纹理的方向。如敛口钵 M387:3，夹炭红陶，内壁涂红陶衣，横向磨光；外表口部至腹上部(图上以平行线为界)涂红陶衣，也是横向磨光，磨光纹理清晰可见，腹中部以下横向刮削平整，上下两部分交界处呈阶梯状，烧成温度约 800℃。口径 29 厘米，残高 9.6 厘米，胎厚 0.6 厘米。外表的宽带状红陶衣，可能是后来大岗时期红彩平行窄带纹的前身。敞口钵 T12③：2，泥质黑陶，没有陶衣，但内壁、外表皆磨光。双耳罐 H222：2，外表有竖向磨光的纹理。双耳罐 H105：3 外表只涂泥浆，也经过磨光。

五、烧成工艺

制作的坯体阴干后经过窑烧变为陶器，烧成工艺包括烧成温度、烧成气氛和渗碳三个方面的问题。

（一）烧成温度

贾湖遗址发现9座陶窑，多为横穴升焰窑，虽然陶窑的规模不大，但是陶器都是在陶窑内焙烧的，已经越过了平地堆烧的阶段。根据陶器的硬度、吸水率和表层的保存状况（如泥浆层和陶衣层是否脱落、表层是否剥落）可以推测多数陶器的烧成温度约700～850℃。如双耳罐H14：1的烧成温度约700℃，圆腹壶M358：1的烧成温度约750℃，敛口钵M387：3的烧成温度约800℃。经利用热膨胀仪测定陶片的高温膨胀收缩率，绘制出相应的曲线，利用曲线的斜率改变和试样熔体含量增加大致成正比的原理，在曲线上找出斜率变化最大的一点作为它原来所达到的烧成温度，从所得的实验结果看，H39和H174出土的两块泥质陶片分别是960℃和920℃，H174出土的两块夹炭陶片均为900℃。因所选的陶片质量均较好，陶质较坚硬，这些测定数据应该是可信的。

有个别器物烧流变形，成为次品，如罐形壶M110：1，推测烧成温度高于1000℃。

但是，有一部分陶器的烧成温度低于700℃。如双耳罐M28：1，质地松软，经渗水试验，陶胎吸水后会立即酥散，推测烧成温度约600℃。圆腹壶M325：4、M366：1、M323：1和平底甑W1：1质地较软，用指甲刻划陶胎会掉粉末，推测烧成温度约650℃。上述低温陶器都出自墓葬，据此推测可能当时已经出现明器。作为随葬用的明器，虽然在制作工艺上与实用器同样认真，但是在烧成工艺上比较马虎。

（二）烧成气氛

经观察全部陶器采用氧化气氛烧成，大多数为颜色较纯的红陶，少数为颜色不纯的红褐陶，这是氧化不充分，陶胎内的碳素未烧尽所致。

陶器中所带的Fe^{2+}/Fe^{3+}的比值称为还原比值，从Fe^{2+}/Fe^{3+}的比值可以分析烧制的气氛。当Fe^{2+}/Fe^{3+}大于1时，为还原气氛；当Fe^{2+}/Fe^{3+}小于1时，为氧化气氛。利用穆斯堡尔谱测定了部分陶片的Fe^{2+}/Fe^{3+}的比值，实验结果表明，这些陶片的烧成气氛为氧化气氛。这与上述观察的结果是一致的。目前未见真正意义的灰陶，推测当时尚未出现还原烧成的技术。

（三）渗碳工艺

渗碳工艺已出现，但是不发达，经过渗碳的器物不多，个别属二期，大多属三期。渗碳的方法有两种：第一种是窑内渗碳，有少量泥质黑陶，如敞口钵T12③：2，内壁、外表都经过磨光，又渗入大量碳粒，显得黑亮，胎心渗入碳粒较少，呈黑灰色，第二种是窑外渗碳，将刚出窑的陶器趁热迅速进行渗碳，如敞口钵T34ⓑ：9，泥质红陶，内壁全部呈黑色，外表腹中部以上（图上绘平行线为界）为黑色，以下为红色，黑色与红色之间呈现为渐变。推测将刚出窑的敞口钵迅速扣放在渗碳材料（如干燥的生稻壳）之上，腹中部以上插入渗碳材料内，渗碳材料被红热的陶胎烧焦产生大量黑烟，钵内部充满黑烟，内壁全部变成黑色，外表插入渗碳材料内的部分由于渗碳变成黑色，暴露在空气中的部分没有渗碳保持红色。罐形鼎 T109③B：63，夹砂红陶，口径 20 厘米，残高 20.2 厘米，胎厚 0.5 厘米。器耳以上部分（图上绘平行线为界）扣放时插入渗碳材料内，内壁和外表由于渗碳都变成黑色，器耳以下部分内壁呈黑灰色，这是鼎内空间很大，黑烟浓度较小，内壁渗入碳粒较少所致，外表保持红色是暴露在空气中没有渗碳的缘故。三足钵 T103③：31，泥质红陶，口部内壁（图上绘平行线为界）和外表涂深红色陶衣，内壁和外表都磨光。刚出窑时趁热迅速往钵内放渗碳材料，口上歪扣一件器物作为“器盖”（图上绘斜线为界），结果内壁平行线以下部分由于渗碳变成黑色，平行线与斜线之间的红陶衣变成褐色，这是红色与黑色的混合色，斜线以上部分的红陶衣以及外表的红陶衣暴露在空气中没有渗碳都保持深红色。如上所述，窑外渗碳有扣放渗碳，扣“器盖”渗碳两种具体方法。

六、工艺特征分析

工艺特征的比较分析可以从以下不同角度进行。

（一）原料制备工艺的特征

1. 塑性原料。

贾湖人制作陶坯所用的塑性原料是未经淘洗的普通易熔粘土。

2. 瘠性原料

（1）夹砂陶所用羼和料为天然河沙。陶片中虽发现有个别带棱角的砂粒，推测为偶然破碎，不可能为有意识破碎天然大砂后配入陶土中作羼合料。

（2）夹蚌和夹骨屑陶中所含的白色片状物为纤磷钙铝石，可能系蚌片或碎骨屑经高温后变化而来，而非直接羼入此种矿物。

（3）夹云母片与滑石粉陶以粉碎的云母片和滑石粉为羼合料。

（4）夹炭陶以半炭化的稻壳、植物茎叶残片为羼合料，并发现有稻米碎块的炭化物。

3. 泥浆原料

贾湖二期已出现淘洗池（H288），经过淘洗的细泥浆用于涂刷坯体表面。

4. 陶衣原料

陶衣原料为褐铁矿和紫红色含铁泥质粉砂岩研磨的粉末。

（二）泥片筑成法与泥条筑成法成型陶器特征的比较

1. 器身的成型方法

二者的共同点是都属于手制范畴，尚未发现慢轮构件及慢轮修整痕迹，推测器身的成型和修整都是在没有轴的垫板上进行。成型方法有正筑、倒筑之分，盘筑、圈筑之别。捏泥片或泥条时用右手较多，用左手较少。加泥片或泥条时，从器壁内侧加上者占大多数，从外侧加上占少数。

差异点是：泥片筑成法是以泥片作为从泥料到坯体的中间环节，泥片起中介作用。器物上暴露的泥片痕迹，呈椭圆形，菱形或不规则形，泥片之间叠压成鱼鳞状。倒筑时可用小泥片封底，正筑时可用大泥片作底。具体操作方法不规范的现象时有发生，同一件器物上的泥片大小相差悬殊，如双耳罐 T17③B ：9，第 3 块泥片长 5.3 厘米，宽 2.8 厘米，第 6 块泥片长 8 厘米，宽 4 厘米；双耳罐 H28：36，第 1 块泥片长 11 厘米，宽 6.4 厘米，第 6 块泥片长 4.3 厘米，宽 1.8 厘米。由于泥片大小不一，在成型过程中有时出现缺口，要用小泥片填补缺口，如侈口罐 M22：3，用第 7 块填补缺口；双耳罐 T17③B ：9，用第 3、4 块填补缺口；双耳罐 H28：36，用第 7 块填补缺口。至于泥片高低参差不齐的现象更是常见。双耳罐 T17③B ：9，肩下部的泥片都从器壁内侧加上，然而肩上部和口沿的泥片改为从外侧加上。上述不规范现象是泥片筑成法原始性的反映。由于泥片之间缺少横向的连续性，器壁容易纵向开裂，这是泥片筑成法的显著缺点。

泥条筑成法是以泥条作为从泥料到坯体的中间环节，泥条起中介作用。器物上暴露的泥条痕迹呈带状，泥条之间叠压成阶梯状。倒筑时可将近底部拍打封死，内底呈现小凹坑、泥条痕迹、泥尾或放射状褶皱。正筑时可在圆饼底上侧或外侧筑器壁。具体操作方法规范化，同一件器物上的泥条粗细较均匀，圈筑时，有意使各周泥条首尾衔接处形成错缝现象，防止器壁纵向开裂，如双耳罐 M208：1。还由于泥条本身具有横向的连续性，器壁不易纵向开裂，这是泥条筑成法的显著优点。

值得注意的是：全部折肩壶、少数圆腹壶（如 H309：2）、双耳罐（如 H14：1）、罐形壶（如 H383：13）均系采用上半身、下半身分别制作，然后套接在一起的成型方法，不仅解决了大批折肩器物在成型上的困难，而且也便于制作形体很大、小口圜底的双耳罐，可见这是先进的成型方法。

2. 坯体的修整方法

基本相同，都采用拍打，刮削和湿手抹平的方法。一部分器物用篦状工具进行刮削，很有特色。唯一的差别是泥条筑成的圆腹壶（如 M323：1）和折肩壶（如 M319：1），利用圆棍进行滚压整形使颈部变得更细。

3. 附件的作法

基本相同，安装把鋬耳后，有的用绕绳圆棍滚压实，器耳穿孔的方法有些用圆棍捅成，有些用钝尖状工具从两面钻成。有些三足器（鼎和三足钵）安装三足采用榫卯结构。

4. 坯体的装饰方法

基本相同，常先涂一层泥浆打底子，后涂一层深红陶衣作为装饰，最后经过磨光的方法。部分器物在涂泥浆之后，滚压或拍印绳纹，或用尖状和篦状工具压划纹饰，个别器类附加堆纹、乳钉纹、或施加花边纹以及戳印纹、戳刺纹等。

通过以上比较，可以看到泥片筑成的陶器与泥条筑成的陶器有很多共同点，差异点主要表现在器身的成型方法上，泥片筑成法是一种比较原始的成型方法，泥条筑成法是一种比较先进的成型方法。

（三）各种器形成型方法的比较

1. 有些器形只采用泥片筑成法成型

如一期的双耳罐 H383：8，大口，腹微鼓，二期的双耳罐 H319：6，小口，腹凸鼓。二者均为大型厚胎器物，都采用泥片正筑圈筑法成型。

2. 有些器形近似并且属于同一期的器物既可采用泥片筑成法，又可采用泥条筑成法成型。

如一期的罐形壶 M110：1，采用泥片倒筑盘筑法成型；M303：1，采用泥条倒筑盘筑法成型。二者均为溜肩，腹微鼓，小平底。

二期的侈口罐 M22：3，采用泥片正筑圈筑法成型；侈口罐 M282：2，采用泥条倒筑圈筑法成型。二者均为侈口，深腹微鼓，唯前者为平底，后者为圜底。

二期的罐形壶 M487：2，采用泥片正筑圈筑法成型，M411：1，采用泥条正筑盘筑法成型。二者均为直口，鼓腹，小平底，唯后者腹较深。

三期的双耳罐 M28：1，采用泥片倒筑圈筑法成型，M208：1，采用泥条倒筑圈筑法成型。二者均为矮领，鼓腹，唯前者为圜底，后者将圜底拍打成小平底微凸。

三期的双耳罐 H28：36，采用泥片正筑圈筑法成型；双耳罐 H14：1，采用泥条倒筑与正筑兼用盘筑法成型。二者均为小口，鼓腹。

3. 有些器形只采用泥条筑成法成型

如全部圆腹壶和折肩壶以及三期的敞口钵 T12③：2，都采用泥条筑成法成型。这些都是薄胎器物。由于这些器物逐渐增多，泥条筑成法在整个成型工艺中的比重也逐渐增长，泥片筑成法的比重则逐渐降低，在成型工艺上逐渐发生量的变化。

通过以上比较，可以看到在贾湖遗址，从一期至三期都采用泥片筑成法和泥条筑成法，两种成型方法长期共存，并行发展。有些大型厚胎的器形只采用泥片筑成法，而有些薄胎的器形只采用泥条筑成法，二者泾渭分明，界限清楚。可见采用哪一种成型方法与器形的不同关系较大。而且发现在同一遗迹单位中出土的陶器分别用不同的成型方法制成的现象，如一期的双耳罐 H383：8，采用泥片正筑圈筑法成型，罐形壶 H383：9，采用泥片倒筑圈筑法成型；然而罐形壶 H383：13，采用泥条倒筑与正筑兼用盘筑法成型。第二期的侈口罐 M22：3，采用泥片正筑圈筑法成型；然而斜肩壶 M22：1，采用泥条正筑圈筑法成型。共存于同一遗迹单位的器物有可能是同一制陶者制作的，或同一人使用过的，却采用两种不同的成型方法，其原因就在于制陶者根据器形的不同，选择比较适宜的成型方法。

但是，总体来讲，时代愈晚，泥条筑成法所占比重愈大，泥片筑成法所占比重愈小。反之亦然。比如一期角把罐、双耳罐、罐形壶、方口盆、深腹盆、敞口钵几个器类中，只有罐形壶是泥条筑成法与泥片筑成法共存，其它几个器类则均为泥片筑成法成型。二期的各器类都是两种方法共用。到了三期，除了器形较厚大的双耳罐以外，几乎全为泥条筑成法成型。由此可见，泥条筑成法这种较为进步的成型方法是逐步取代泥片筑成法这种较为原始的成型工艺的。

（四）与大岗遗址制陶工艺的比较

舞阳县大岗遗址与贾湖遗址相距 6 公里，属于贾湖文化晚期，其相对年代和绝对年代均晚于贾湖遗址第三期。如果说贾湖遗址一期至三期在制陶工艺上的变化是一个渐变的过程的话，那么大岗遗址的制陶工艺则发生了明显变化，可以说是一个突变，表现在以下 5 个方面：

1. 成型方法的变化

大岗遗址出现慢轮装置上的构件帽式陶转盘，如 H4：4，泥质红陶，顶部残缺。泥条圈筑成型，已从泥条缝隙处开裂，剖面显示卷沿是将坯体扣放后，再用泥条圈筑的。仰视腹内壁有凹弦纹一周，凹弦纹处留有小镂孔 2 个，凹弦纹内侧，口沿外表涂深红色陶衣并磨光。推测烧成温度约 800℃。圆唇无磨损现象，口沿下侧却有一周使用磨损痕迹，可知帽式陶转盘是扣放在轮盘上使用的一个构件。口径 44.4 厘米，残高 4 厘米，胎厚 0.7 厘米，镂孔直径 0.2 厘米。慢轮有轴，可以旋转，在帽式周围盘的平顶上用泥条筑成坯体(图三六三，1)。

这是我国境内目前所发现年代最早的慢轮制陶工具。

大岗遗址只见泥条筑成的陶器，未见泥片筑成的陶器。

2. 修整方法的变化

大岗遗址出现经过慢轮修整的陶器，如盆(H4∶13)，泥质红陶。底部残缺，形制规整，厚薄均匀，口沿内壁和外表以及腹中部以上内壁都留有细密的慢轮修整纹理(简称"轮纹")。腹部外表磨光。口径 22.8 厘米，残高 10.1 厘米，胎厚 0.5 厘米(图三六三，2)。

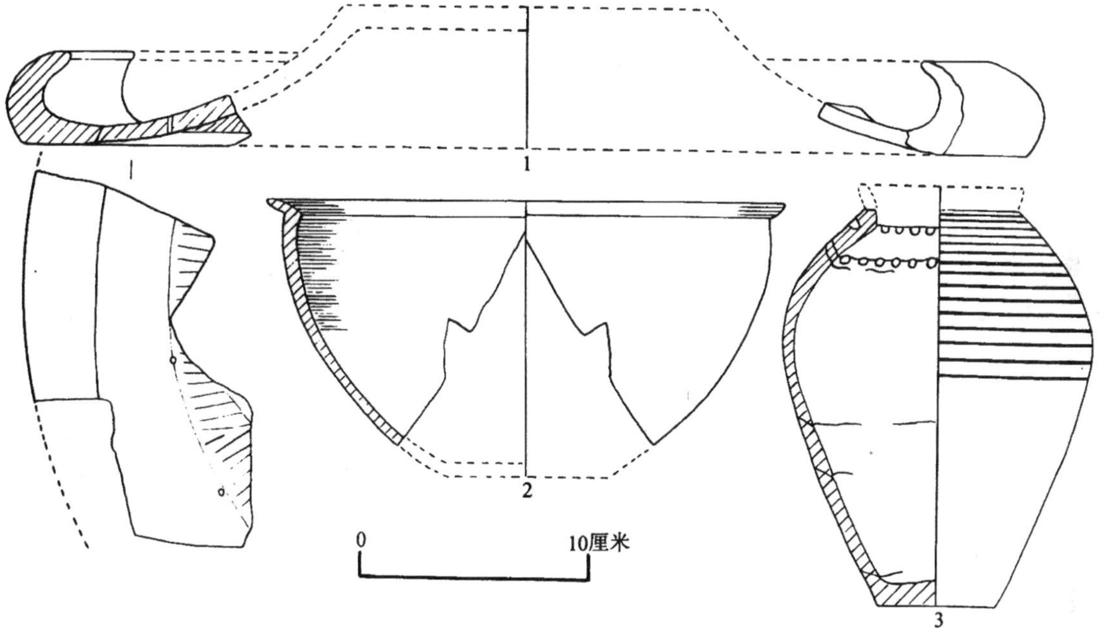

图三六三　大岗遗址泥条筑成法成型的陶器

1. 慢轮陶转盘(H4∶4)　2. 盆(H4∶13)　3. 彩陶罐(H4∶10)

这是我国境内目前所发现年代最早的慢轮修整痕迹。

3. 装饰方法的变化

装饰方法的变化主要表现在彩陶罐和篦点纹双耳罐上。

大岗遗址出现了彩陶，如罐 H4∶10，泥质红陶，含个别砂粒。口沿已从泥条缝隙处脱落。外底留有植物碎末痕迹，表明制作时在陶转盘的平顶上撒一层植物碎末，作为器底与陶转盘之间的隔离层，防止粘连，采用泥条正筑圈筑法成型，在圆饼底周外侧筑器壁。陶轮按顺时针方向转动，用左手持泥条，右手捏泥条，泥条按逆时针方向延伸。剖面显示泥条从器壁内侧加上，内壁留有泥条缝隙，尤其是肩部内壁留有指窝 2 周，指窝都向左斜，是右手大拇指的印痕。腹内壁经过横向刮削修整，留有刮痕。肩部和腹部外表未经慢轮修整，不够圆，可能这件罐的慢轮修整只限于口沿。

利用慢轮边旋转,边在腹中部以上外表绘赭红彩平行条纹15周,由于坯体不够圆,有的线条略有粗细不匀和上下起伏的现象,有的线条接笔处有交叉现象;表明尚处于"轮绘技术"的初期。外表略加磨光,彩上也略有光泽。在使用过程中口沿脱落,在肩上部企图钻成圆孔穿绳缀合,但未钻透,呈圆窝状。底径5.4厘米,残高16.6厘米,胎厚0.5厘米,圆窝直径0.5厘米,深0.5厘米(图三六三,3)。

大岗遗址陶罐上的篦点纹有压成直线状、弧线状两种,弧线状是新出现的。直线状的如双耳罐H4:6,泥质灰陶,颜色纯正。器耳的下部脱落后,露出安装器耳部位为素面,可知安装器耳在先,施加篦点纹在后。施篦点纹的方法是:将4个用竹片或木片制成的篦状工具用绳捆扎在一起,成为复合的篦状工具,在坯体半干时横向按压篦点纹。仰视腹下部的篦点纹,有两个起点,前后对称,推测先从一个起点开始往上按压,篦点纹按逆时针方向延伸,呈现螺旋式上升,各组篦点纹之间留有较大的空当。再从另一个起点开始,在空档之内往上按压。结果好似两组篦点纹并行地盘旋上升。正视外表有23组篦点纹,每组由4条虚线组成。口径7.6厘米,底径6.7厘米,高17.1厘米,胎厚0.4厘米。

4. 烧成方法的变化

大岗遗址多数陶器为红陶,采用氧化气氛烧成。但是出现了少量颜色纯正的灰陶,表明已经出现还原烧成的方法,即在烧成后期改用还原气氛,使陶胎内的铁质大部分由氧化铁(FeO_3)还原成氧化亚铁(FeO),即陶胎内的Fe^{2+}/Fe^{3+}大于1,从而使陶色由红色变为灰色。

5. 形制特征的变化

大岗遗址陶罐上的双耳和篦点纹承袭了贾湖遗址陶器的特征,仍属于贾湖文化范畴。但是器物形制特征有所变化,表现在罐的最大径由腹中部移到了肩部。

通过与大岗遗址的比较,可以看到贾湖遗址陶器的制作工艺正好处于由垫板制陶向慢轮制陶过渡、由泥片筑成法向泥条筑成法过渡的阶段。

(五)与仰韶时代制陶工艺的比较

众所周知,仰韶文化最典型的器物之一是小口尖底瓶,其坯体的成型是采用泥条筑成法分段制作,然后接合在一起,这种成型方法从何而来值得研究。贾湖遗址一至三期有一部分陶器采用泥条倒筑与正筑兼用盘筑法成型,例如一期的罐形壶H383:13,下半身倒筑盘筑,上半身正筑,然后两部分套接在一起,其成型方法及形制特征都与仰韶时代的小口尖底瓶近似,应是小口尖底瓶的前身。主要差别在于罐形壶拍打成小平底。

另外,大岗遗址已出现慢轮制陶和彩陶。

(六)与彭头山文化、城背溪文化、磁山文化的比较

长江流域的新石器时代考古学文化中,普遍存在着夹炭陶,其羼和料主要是炭化稻壳,从这一点看,二者有着工艺上的相似性,同时长江中游地区与贾湖文化大体同时的彭头山文化和城背溪文化流行泥片筑成法,华北地区的磁山文化流行泥条筑成法。中原地区的贾湖文化正好处于由泥片筑成法向泥条筑成法过渡的中间阶段,泥片筑成法与泥条筑成法并存,其原因可能有三:一

是从绝对年代上看，磁山文化晚于贾湖文化数百年之久，因之，它的泥片筑成法制陶工艺可能已经被泥条筑成法所取代。而早于磁山文化的贾湖文化正处在两种工艺的变革阶段。二是长江中游地区可能因为制陶工艺的过早成熟产生了制陶工艺上的相对滞后性，从而阻碍了成型工艺的变革，这一变革直到皂市下层文化或大溪文化早期才得以完成。三是磁山文化区是以泥条筑成法为传统制陶工艺的，而贾湖文化正好处于泥条筑成法流行地区和泥片筑成法流行地区的中间地带。我们认为以前两种原因可能性较大。

七、结　　论

通过研究和比较，可以得出以下五点认识：

1. 贾湖遗址制陶工艺的显著特征是：在泥片筑成法与泥条筑成法长期共存、并行发展的同时，泥片筑成法由一期占主导地位到三期只占次要地位，泥条筑成法由一期只有个别器物到三期变为占主导地位。因此可以认为，贾湖文化的制陶工艺恰好处于由泥片筑成法向泥条筑成法过渡的历史阶段，贾湖遗址在中国古代制陶工艺史上的重要性就在于此。

2. 贾湖遗址有若干共存于同一期甚至同遗迹单位(灰坑或墓葬)的器物采用泥片筑成法、泥条筑成法这两种不同的成型方法，其原因是：制陶者针对不同的器形选择适宜的成型方法，换句话说，成型方法的不同与器形的不同有直接关系。由于不同的器形具有不同的用途，成型方法的不同与用途的不同有间接关系。

3. 相对而言，泥片筑成法比较原始，缺点较明显；泥条筑成法比较先进，优点较明显。在贾湖文化中，由泥片筑成法向泥条筑成法过渡经历了一个漫长的量变的过程，达近千年之久。属于贾湖文化晚期的大岗遗址，泥条筑成法完全取代了泥片筑成法，并且出现了慢轮构件和彩陶，开始进入慢轮制陶的新阶段，虽然其成型方法仍属于手制范畴，但是慢轮的使用，提高了成型、修整和装饰的效率及效果，可见这是制陶工艺发展史上的一个进步。

4. 贾湖遗址的陶器，拍打外表时，未见内壁使用陶垫作依托的痕迹，有的用裹绳网陶拍进行拍打，形成绳网纹；有些用篦状工具刮削内壁和外表，形成篦划纹；有些器耳用钝尖状圆棍或管状工具从两面钻成圆孔；有些三足采用榫卯结构安装在器身底部；许多器物先涂泥浆打底子，再涂红陶衣作装饰，最后磨光。这些工艺做法具有时代特色或地区特色。

5. 贾湖遗址出土陶器的烧成气氛主要为氧化气氛，并出现了渗碳工艺。大多陶器在700℃～850℃之间，少数烧成温度较低，为600℃～650℃，部分陶片烧成温度较高，达1000℃以上。

6. 从贾湖遗址和大岗遗址的制陶工艺上可以看到贾湖文化是这一地区仰韶时代文化的源头之一，但是与仰韶时代文化之间尚有缺环。中原地区在贾湖文化之前是否存在只采用泥片筑成法的文化阶段，还有待于今后去探索。

第二节　石制品制作工艺

石制品是人类最早发明的工具门类之一，是人类智慧的结晶。在几百万年人类历史的长河中，人类迫于生存的压力，不断总结经验，改进制石工艺，增强了人类的谋生动力，反过来又促进了人类社会的发展。因此可以说，石制品制作工艺的研究，对人类童年的认识具有重要意义。由于受研究手段的局限，这里仍主要依靠对标本的观察和分析的手段，因此，只能是初步的、浮浅的。

贾湖出土石制品不仅种类繁多，各种功能的器物较为齐全，而且制作较为精致，有的精雕细琢，堪称工艺品，反映了工具的主人具有高超的制石工艺水平。

一、原料来源

据统计，经发掘出土的石制品共计1159件，进行岩性鉴定的标本545件，其它还有废料、碎屑、原料等近200公斤。经观察，大多石料具有砾石面，特别是质地较硬的石料，如砂岩类和岩浆岩类等，表明主要来自遗址附近的河床。因贾湖遗址紧临灰河故道，北距沙河仅数公里，这两条河干流较短，灰河仅55公里，沙河也只有120余公里，且落差较大，在这么短的距离内落差有近200米之多。在贾湖人生活时期，雨量充沛，河水流量很大，就连沙河上游支流昆水，在西汉末年著名的昆阳之战时曾使王莽军溺死者万余人，可见水势之盛。因之，河床中的大块砾石正是贾湖先民理想的石制品原料。

但是，河床中只能采到石质较硬的石料，而诸如片岩、页岩、板岩等石质较软的石料是无法在河床中采到的，而只能到石料的原产地去开采。因为这些石料若在河滩中流动数十上百公里，已非制作石器的理想原料，特别是片岩类，很难在长途搬运后仍保持较大个体。这些石料的产地，最近的要属遗址西北方的首山，仅有24公里，距西南方向的伏牛山余脉大约为30至40公里，贾湖人石制品的大部分原料在这些山上均可采到。但贾湖人所用的这些较远距离的石器原料是采集而来还是交换而来不得而知。由于在这些山地之中未见像贾湖这么大的同期聚落存在，因之，贾湖人直接去原料产地开采是完全有可能的。

但是，有些较为稀有的石器原料，如制作装饰品的绿松石和萤石，原料产地可能更远一些。据有关学者考证，绿松石古称甸子，中国古代的甸子主要产地有三：一是产自中亚地区，称回回甸子，二是出自甘青地区，称为河西甸子，三是出自鄂西北地区，称为襄阳甸子。后者距贾湖距离最近，但也有数百公里之遥，但考虑到绿松石是富铝矿和磷铜铁矿的次生矿，而贾湖南的舞阳山区和贾湖西的平顶山、宝丰、鲁山地区就有较为丰富的铝矿和磷铁矿资源，因之，这些绿松石也很可能产自附近山区。萤石矿在河南较为丰富，相邻70～110公里的方城、泌阳、确山均有较大的储量。因之，这些萤石应是出自周邻地区，其原料的获取方式，最大可能是交换，当然也不能排除掠夺的可能，但不管怎么说，贾湖人对资源的利用范围已达到100公里以外是完全有可能的。

二、加工程序和加工特点

经过几千年的积累，贾湖磨制石器的工艺已有了较为规范的加工程序，虽然各器类加工程序不尽相同，但大多经过选材、制坯、琢磨几个步骤，有的还要钻孔或开齿。但需据对器物的功能要求决定加工到哪一步。实际上，每一步的产品均可直接作为成器投入使用。如有的直接用自然石块，如颜料，有的直接使用制器中产生的石块、石片，有的对刃部或背部或两侧进行锤击法修理，如刮削器、砍砸器等，有的琢制成型后即投入使用，如石磨盘，但大多需进行打磨抛光，如斧、锛、凿、铲、镰、刀等。刃部开齿的仅齿石镰一种。现按步骤分别记述。

（一）选　　材

因各种器类的用途不同，所需材类也不尽相同，这也应是贾湖人根据当地的资源状况摸索几千年总结出的经验。

一般来讲，第一类工具以质量和硬度较高的岩石如砂岩类等材料为主，硬度高、质量好的材料适合作锤、钻类工具，如锤、石砧一般以闪长岩、石英岩、石英脉岩、石英砂岩和砂岩为主，而砺石则大多为砂岩及个别含粉砂片岩。第二类工具则较复杂，如片岩、板岩易于加工成薄片，适于制作较薄的工具，如石铲以片岩为主，石镰、石刀以片岩和板岩为主，闪长岩、砂岩等硬度较高，耐敲击，主要用来制作砍伐和木作工具，如，石斧以闪长岩、砂岩为主，石锛、凿以砂岩和粉砂岩为主。石磨盘、磨棒、石杵、研磨器等加工工具则需较粗糙的石料，故而大多以砂岩为主。绿松石、莹石和绢云母片岩等因其色泽鲜艳，或晶盈剔透。且石料较软，因而用来制作装饰品。燧石和水晶很少见，前者主要用作刮削器，后者主要用作钻头。褐铁矿和紫红色含铁粉砂岩主要用作颜料。

（二）制　坯

主要使用锤击法和砸击法制坯。但据民族志材料，其片岩和板岩类也有用火烧法开采毛坯的。从可观察的标本痕迹来看，以锤击法为主。

锤击法亦可称为直接打击法，即用石锤直接从石核上敲击驳片，或将河卵石作毛坯，直接修理成工具，或用驳下的石片经修理成某种工具的毛坯。火烧法即将石料加热至一定程度后，突然加水冷却，使石材层理开裂后自然脱落，成为制器的原料。从大量初级产品或阶段性产品痕迹观察，直接打击法制坯至少需经历三个阶段，第一个阶段是根据工具的用途将原料截去两端，第二个阶段是根据需要打好两侧，第三阶段在毛坯一端打出刃口，这样石器的基本形态就定型了（以上参见上篇第六章第二节）。

关于以片岩、板岩和具有层理结构的砂岩为原料的器物的制作，完全可能用高温——聚冷法先使石料分解成片状，然后再根据需要用锤击法或锯割法制成毛坯。贾湖的大量烧石可能与这种工艺有关。据民族志材料可知，独龙族在50年代还使用这种方法加工石料。“祖父从山顶砍来许多柴，烧起熊熊大火，从江边拣来极坚硬的砾石，以蓝色、绿色为最佳，黑色次之，把石头投入火中烧红。取出沾水，便有裂纹，然后放在木垫上打砸，石便依痕纹裂开成片，薄片磨制成石刀，厚片磨制成石斧”。[①] 用这种方法制器，不仅省工省时，而且易于成形，贾湖的A型、B型石铲，A型和B型石镰、石刀应大多系用这种方法所取毛坯制成。标本T102③B：17为A型石刀的毛坯，两侧锯痕较齐，两端打成斜刃状，灰色板岩，长11.6厘米，宽3.8厘米，厚1.1厘米，两面均为自然层理面。标本T103③B：44，黑色板岩，为A型石刀的毛坯，平面呈梯形，两侧有锯痕，两端有打截痕，两面均为板岩自然层理面，剖面可见三层层理面，长10.2厘米，宽5.2～6.6厘米，厚0.9厘米。标本T103③B：17，A型石刀毛坯，紫红色泥质粉砂岩，四边锯得很整齐，但两面层理不甚平整，长7.2厘米、宽4.2厘米、厚0.8～1.7厘米。标本T114③B：17为D型石刀，紫红色泥质粉砂岩，一面为自然砾石面，一面为自然层理面，并经轻度打磨。标本H341：7为Bb型石镰，含云母片岩，背部磨得较为规整，刃部残，两面则保留层理面，且呈层状脱落。在残石器中，有不少经过火烧，其中以残磨盘和残砺石为大宗，也有一些自然石块，经火烧过的石块重量变轻，结构也有所改变，粗糙易碎，其原因可能有四：一是用碎后无意弃于火中或烧火时混入火中，二是用来作支脚，三是烧火后投入水中用以煮沸食物或烧热后直接在上面烧烤食物，四是可能进一步解片之用，或其中数项兼而有之（见图版一六〇，1、2、3、4）。

---

① 宋豫秦：《磨制石器制造中的自然片岩利用》，第三届全国科技考古学术讨论会交流论文，1991年，郑州。

至于砸击法形成的石核石器如石锤、石球等，均呈多棱状，剥落的片疤呈不规则状，可见剥片并非为制器，而为石核石器制作的一个步骤而已。此类石器以石英和石英岩为主要原料。

（三）琢　　修

此一阶段成品率很高，因此很少见到废品和半成品。从个别阶段性成品看，此阶段也可分为三个步骤：第一步先将刃部琢制成型，代表性标本为毛坯的Ⅳ式，第二步对毛坯通体进行琢修，代表性标本为毛坯的第Ⅴ式。从标本保存痕迹观察，琢制的方法是利用废弃的石斧等残石器刃部或废石块的棱角部位对打、截定型的石器半成品的凸棱部位轻轻琢击，使之逐渐消失，使器体表面基本上近于平整状态。但仍通身满布琢痕。

需要指出的是，上述琢制阶段多见于锤击法成型的半成品，而以层理面较明显的片岩、板岩、页岩、砂岩等为原料的制品基本上未见琢击痕，可能因为这些石料两面均较平整，因而就免了琢制这一道工序。

除此之外，器体较细小的器类如装饰品和打制石器，也未进行琢修。装饰品往往将毛坯修整定型后直接打磨抛光，而打制石器则打截成型后，往往用最古老的锤击法修理刃口后即投入使用，这是人们从旧石器时代延续下来的传统工艺，但在此时只起辅助作用，其制成品可能仅用于某些传统的生产活动和日常生活。

值得注意的是石磨盘的琢制。这类工具往往用较硬的石英砂岩或含砾石英砂岩所制，层理面较平整，但往往上面和周边经磨修，而下面及四足完全是用石锤琢修而成的，因此可以说，一个石磨盘的制成，不仅需使用较大的特定石料，还要花费很多精力和时间，而且还需要有较高的技术工艺。

（四）打　　磨

打磨是新石器的决定性特征，是进入新石器时代的主要标志之一，这一技术的产生始自旧石器时代晚期，如山顶洞人就已出现有磨制而成的装饰品，如骨珠、鱼牙等，舞阳大岗细石器地点还发现有刃部经简单磨砺的石片，但其基本器型和使用方法还应是旧石器的，只有将这一技术广泛运用于制作生产工具，才能促使生产的发展和社会的时步，因而可以说，磨制技术的广泛运用，是人类历史上最重要的工业革命之一。

贾湖人的石器磨制技术已相当精湛，有些器形堪称艺术品。除第一类工具中的部分石锤、石砧、砺石和第二类工具中的打制石器外，几乎都经过打磨，有的可能还经过抛光处理。

磨制石器主要靠砺石，发掘出土的砺石很多，残砺石几乎处处可见，大部分上面有明显磨痕，有些已磨得非常薄，无使用价值才废弃。如砺石标本 H309：10Aa，为一暗色砂岩，一面平，一面磨成凹槽状，两侧厚 1.6 厘米，中心部位仅厚 0.5 厘米，残断后废弃，此器肯定使用了相当长的时间。

砺石的含砂粒径有粗细之分，粗的有砂岩和石英砂岩，应是磨制石器的主要工具，数量最大，如 M41：1Ac 砺石，为浅色石英砂岩，砂粒粒径为 0.04～0.15 毫米；细的有粉砂岩和含粉砂片岩，可能主要用于磨砺刃部或抛光之用，数量较少，如 H290：6Ab 砺石，为含粉砂片岩，砂粒粒径仅为 0.01～0.02 毫米。

石器大多为通体磨光，但也有一部分仅磨刃部。还有一个有趣的现象值得注意，就是花岗岩、闪长岩等石质较硬的工具，如斧、锛、凿、铲等往往通体磨光，而板岩、片岩等石质稍软的石制品如铲、镰、刀等则仅刃部经认真磨砺，而两面仅将稍凸出部位稍经打磨，低凹部位仍保留岩石的自然层理面，有的两面制作时未经打磨，而是在使用过程中磨光的。这可能与石料的硬度有关，硬度较高的石料易于琢磨加工，一般不至于中途残破，成品率相对较高，而石质较软的石料加工相对来讲易于破碎，特别是经不起连续琢击，而且岩石层理面大体近平，无需琢磨也不影响使用，这可能是造成上述现象的原因所在。

（五）钻　　孔

贾湖出土的石制品中，有钻孔的器物比例不高，主要有纺轮、石环和穿孔石饰三大类，可见穿孔技术还未广泛运用于工具的制作，虽然此时的穿孔工艺已相当娴熟。

有穿孔的石制品大多石质较软，石料以含云母片岩、莹石和绿松石为主。石环的穿孔较大，孔径4.2～5.3厘米，但从孔壁看似刮磨而成，而非旋转式钻出，因可明显看出不规则的斜横交错的细刮痕。石纺轮孔径1.3～1.5厘米，孔壁平滑而规整，但细看有竖向的条痕，推测应是在旋转钻孔后又曾进行过竖向扩孔修理。其钻孔方法，有少量的为一面钻，但大多为两面对钻。值得注意的是，绿松石饰上有几例为隧道孔，这是隧道孔穿孔工艺的最早标本。

莹石、绿松石装饰品大多有穿孔，孔径大多在0.1～0.5厘米之间，少数为0.6～0.7厘米左右，穿孔大多不甚规整，有的倾斜，有的略作椭圆形，孔大多两面对钻，有的两面对得不甚准而出现倾斜状。推测穿孔方式多为转折式，但有的穿孔相当规整，因之，也不排除旋转式的可能。

至于穿孔工具，因钻头和钻帽的存在，故可肯定有的孔系用钻所致。像纺轮、小石环可能均系钻出，但大石环的孔因太大，不可能有那么大的钻头，且孔壁上有刮削痕，因之应系钻好孔后再用较锋利或粗糙的砺石刮磨扩孔而成。孔径小于1毫米的孔因不可能有这么细小的钻头，只能直接手持细小的尖状工具折转钻出。

（六）开　　齿

仅见于齿刃石镰，因镰是一种收割工具，开齿是为了增加刃部的摩擦系数。至今南方个别地方割稻子的铁制镰刀，刃部仍作成齿状。贾湖的齿刃石镰，齿为刃部两面开，相交于刃口，齿距较大者较为规整，如标本H20：3，齿距在0.4厘米左右。而齿距小者则宽窄深浅不一，如标本M256：4，齿距0.2～0.4厘米。开齿均为用砂岩所制边角小于90°的工具开齿。有的标本因反复使用齿刃已几乎磨平，如T33③：1Aa石镰，但有的标本虽已呈长条，齿刃仍很锋利，如M356：4，显然系经过长期使用，反复磨砺刃部所致。

至于石制品制作工艺的分期，三期的变化不甚明显，但因贾湖遗址有上千年的时间跨度，社会的进步还是存在的，如较大器物的穿孔工艺和齿刃石镰的开齿工艺，都是二期以后出现的新工艺等等。

总的来讲，贾湖石制品的制作工艺，已经达到了比较成熟和完善的程度，整个新石器时代所有的主要工艺均已具备，与以后的仰韶和龙山时代相比，只是穿孔工艺尚未广泛运用于生产工具的制作。这种工艺广泛运用于生产工具，则是仰韶时代晚期和龙山时代的事情。

第三节　骨、角、牙制品制作工艺

人们对骨制品的发明和利用的历史，几乎与石制品的利用同样古老，至少到峙峪人时代打制的骨器已经产生，因之可以认为，人类的骨制品制作工艺也经历了多少万年的漫长岁月，到了贾湖人生存的时代，也日臻完善起来，并达到了相当高超的水平。

一、骨、角、牙制品的种类

上卷第六章第三节，我们着重从骨、角、牙制品的形态和功能上进行了分类记述，这里着重从其制作工艺和形态上再进行一番分析与探讨。

正像陶、石制品一样，同样一件器具，其功能可能有多种，比如同一把骨刀，可以用来割肉、切菜，也可用来刮削其它用具，必要时也可用来作武器。因此，如果从制作工艺的角度进行观察的话，就不能拘泥于器具的功能，而需就功能、形态和工艺等各方面进行系统观察。

从形态上来划分，可将骨、角、牙制品分为有尖类、有刃类、杂器类和装饰品类等。

（一）有尖类，主要用尖部来发挥其戳、刺功能的器具，包括镞、镖、矛、针、锥等。这里面既有武器和狩猎工具，也有人们的日常生活用具，其祖型可能系旧石器时代的尖状器，质料以骨为主，也有角、牙制品。

（二）有刃类，主要用刃部来发挥其切割、刮削等功能的器具，依其形态又可分为端刃类和边刃类，边刃类又可分为单边刃和双边刃。

1. 端刃类，包括凿、耜等。质料主要是兽骨，也有个别牙制品。

2. 单边刃类，包括刀、削等。有骨制品、角制品和牙制品等，其中磨刃獐牙削很有特点，刃呈弧形，数量很大。

3. 双边刃类，只有匕一种，均为骨制品，虽有双边刃和一尖部，但均不锋利，却因长期使用而光滑圆润。

（三）杂器类，其构成较为复杂，可大体分为以下几种：

1. 乐器类：主要是骨笛，另有骨管 1 件，是否系乐器不得而知。另外，大量龟甲制品因具有发声功能，也可归入此类。

2. 叉形器和契刻骨板，形状独特，可能为原始宗教用品。

3. 长条形骨板，怀疑是纺织工具，大多为骨制品，个别为牙制品。

4. 雕刻骨柄，形状亦很独特。推测应为一种护柄器具。

（四）装饰品类，主要是叉形骨饰，刻纹骨饰、骨环和牙饰几种。大多制作精致。

二、制作工艺

骨、角制品的制作工艺基本一致，牙制品则稍有不同，但也大同小异，主要经历了以下几个步骤。

(一) 选　　料

由于贾湖人所处的周围有利于渔猎和畜牧业的发展，骨料来源相当丰富，因之在制作骨器时用料的选择余地很大。一般来讲，所见到的大多骨制品原料主要是鹿科和牛科动物的肢骨，这些原料主要用来制作有尖类、双边刃、端刃类及大部分杂器类工具。单边刃类工具有鹿角、动物脊椎棘突、獐牙、野猪獠牙等。个别器具则由牛肋骨或猪肩胛骨制成。乐器类均为鸟类肢骨制成，装饰品类则根据骨料特点和功能的需要来决定骨料，如骨环一般用鸟骨截成，牙饰用珐琅质较好的野猪獠牙，叉形骨饰和刻纹骨饰则用较粗大的动物长骨制成。可见贾湖人在制作某一种器具时，已能根据其功能的需要来选择符合要求的骨料，特别是骨笛和叉形骨器的原料选择，没有长时间的观察和摸索，是不可想象的。牙削的材料尤其值得注意，人们利用獐牙向外自然弯曲的弧边经简单磨砺即可做为器具使用，而且几乎人手一个，可见相当普遍，这种工具开大汶口文化獐牙钩形器的先河。

值得一提的还有龟甲器的制作。人们把食余的完整龟背甲和腹甲穿孔缀合起来，根据需要装入石子，即可满足人们或发声、或占卜的需要。

以上分析可以看出，贾湖人制骨原料主要是就地取材，利用食余的动物骨骼来制成各种所需器具。从大量器具主要用动物长骨制成来看，人们可能平时就很注意收集这类标本做材料，一旦用时就可手到即来。有的还用骨料作随葬品，如 M227、M363、M327 等。这种现象在民族志材料中也不乏其例。据《海南岛志・民俗》记载："中部黎妇亦喜以绳系兽骨为颈饰。恒十人而八九。或云是骨为病时祭祀所用之兽，可以避邪。""所杀牛、猪之角或齿骨，必悬挂屋中，小者或系于病人颈下，永不取去。"另据调查，鄂伦春猎人在对猎获的鹿、犴腿骨敲骨吸髓后，往往从中拾几块骨料作工具，一种是用作尖锥状的"托克托文"，即犴骨制的雕刻器，一种是用小狍子角作锥子。还用这些骨料制作镞、筷子、板指、骨坠、纽扣、骨针等①。由此推知贾湖人也应是平时就已经注意收集骨料的。

(二) 破　　料

破料即根据需要把骨料切割或打斫成一定的形状作坯料，制坯方法大体有三种：

1. 锯割法，切割面往往光滑整齐，并有长条形切割线，推测砂岩类打制石片的薄边即可作此用具。除骨料外，大量凿、锥等器物的侧边均可见到此类痕迹。这种方法一般用来纵向切割较长的骨料。

2. 砍斫法，见到的标本很少，一般用来横向砍斫较坚硬的角料。砍斫时一般用较锐利的刀旋转砍斫，砍余中心部位时，用力折断或磕断即可，中间留下折拉痕。

3. 锤击法，方法同从石核上打片一样，一般见于较硬的角料，即用石锤直接从骨料上打下骨片，有些角削等可能系用此种方法打下的角片所磨成。这是一种最为古老的打片方法。

另外，在破料之前，据民族学调查材料，还有个洗刷的工序。因刚食余的动物骨骼，避免不了还有筋头、肉丝等残余其上，因此在破料前需首先将其放在水中浸泡，然后在阳光下曝晒，令其发酵，以便使残余的肌腱易于刮掉，最后用清水反复洗刷干净，去掉腐臭之味。因已经过数千年的埋

① 宋兆麟：《黎族的制骨工艺》，《中国历史博物馆馆刊》1994 年第 2 期。

藏，动物骨骼上已无肌腱残存，无从得知贾湖人制作骨制品时是否也经历了这一道工序。但从逻辑顺序上来分析，这一道工序也是不可避免的。因无标本说明，只能附于此交待一下。

（三）成　型

应该说，当人们根据制作某种器具的需要，从骨料上取下一坯料时，这件器物的基本形状已大体具备了，但这只能算是一个毛坯，要使毛坯真正定型为需要的基本形状，还需进行一道工序。这就是这里要讨论的成型工艺。

贾湖骨制品的成型工艺大体可分为四种。

1. 刮削法，在镞、镖等器物的两侧和铤部，经常见到刮削的痕迹，而磨砺过的部位则见不到这种刮削痕，由此可知，这类器具在磨砺前曾经历过刮削成型的工序。当一件毛坯截取下来之后，在一些特殊的关键部位，比如镖、镞的铤部，要想使之基本具备理想的形状，刮削的方法是最为行之有效的，也是其它方法难以取代的。

2. 切割法，也主要用于镞、镖类器具的铤部，如 Ba、Ca、D 型镖等，均有明显的切割痕，也主要是运用锯割法。骨笛等长骨所制的器具，也要首先锯掉骨关节。从跑锯的痕迹分析，这种切割的工具很薄锐。我们推测砂岩类的石片是较为理想的切割工具。

3. 打修法，即锤击修整，同旧石器的直接打击修理法相同，标本所见不多，也是一种最古老的修理方法。主要目的是使坯料减薄，因为打击修理要比磨砺快捷得多。修理方式均为单向加工，即从背面向劈裂面加工，未见从劈裂面向背面者和交互打击者，这样做可能是为了保持背面的平整，使磨出的刃口更加规整。

4. 磨砺法，其磨砺方法与下面要讨论的磨修阶段的方法一致，但仍处于毛坯成型的粗磨阶段，即把毛坯不合需要的部分进一步磨修，使之最后定型。

（四）磨　光

一件毛坯经过整修基本定型之后，就要进入最后阶段，即磨光阶段，有的器物通体磨光，有的则只局部磨光，而大部分保留骨骼自然原面，有的尚保留刮削的痕迹。当然也有不再经过磨光阶段而修整定型后直接投入使用的，如有的骨镞只见刮削，不见磨砺痕。

事实上，磨光阶段也包括磨砺和抛光两个步骤。磨砺是把已修整定型的坯料在砺石上进行砺磨加工。大多骨器均通体磨砺，但也有只磨刃口、尖部而通体只见刮削痕的。有的砺石如 Ac、Cc 两型标本上面均见有长期磨砺形成的窄沟槽，明显为磨砺骨制品所形成，应是制作骨制品的专用工具。

抛光是在磨砺之后，为增加器物表面光滑度而实施的一种后处理工艺，如叉形器表面、骨板表面等，但有些有尖类工具也有表面抛光的，如 B 型、部分 C 型鱼镖、骨匕等，器表也明显经过抛光处理。至于抛光的工具，应该有两种：一种是由粒度极细的粉砂岩所制砺石来打磨，一种是由兽皮之类的含油脂物体进行擦抹上光。有的器物表面至今光亮如初，表明当时的抛光技艺相当精湛。

(五) 穿　孔

贾湖骨器穿孔技术相当发达，许多器物如叉形骨器、骨笛、骨针、骨饰、牙饰等器物以及龟甲上许多都有穿孔，且有些孔径非常之细，如 Ae 型骨针的孔径仅有 0.07～0.1 毫米，可见钻头之细小和钻孔工艺水平之高。

穿孔大多为两面对钻，孔两面均呈喇叭状，但亦有少数标本为一面钻，孔壁稍斜，孔纵剖面呈漏斗状。个别孔还有两面挖的，这种孔不太规整，孔口也较大，应是较原始的一种穿孔工艺。

至于钻孔工具，从对骨笛穿孔残片电子显微镜观察，孔壁陡直，上有重叠的折纹，而非螺旋纹，因之应是折转式或尖状工具来回磨擦所致。

(六) 修　饰

一件器物经过以上几个步骤即已成器可投入使用，但有些器类还需进一步修饰之后方可投入使用。修饰实际上是两种目的，一是使之更为实用，如镞、镖的铤部，往往为了使箭杆绑束得更加牢固，而在铤的平面上刻上浅细而密的横、斜刻线。或如笛身为增加强度而由长纤维物体进行缠裹。二是纯为美观而修饰，如骨饰上的阴刻线条等，应是后世骨雕工艺的滥觞。

综上所述，可以认为，无论从种类上、数量上还是制作工艺上，贾湖骨制品都达到了相当高的水平，至少在当时是处于领先地位的。

第四节　原始科技

贾湖遗址丰富的发掘材料中，对当时的科学技术萌芽也有所反映。尽管是原始的，幼稚的，但对以后几千年原始科学技术发展的影响，仍是相当明显的。

一、天文知识

贾湖人在长期从事农业、狩猎、捕捞、采集等与人们的生存密切相关的活动中，通过观察和熟悉周围自然环境和季节的变化、掌握动植物生长规律，才能在不同季节从事不同的生产活动，以最大限度的获取人类生存所需的生活资料。太阳的东升西落，月亮的朔望圆缺，气候的寒暑交替，候鸟的冬去春来，都是人们首先观察并掌握的天文、气象和历法知识。直接反映贾湖人的天文学知识的仍是太阳纹符号和“日”字刻符。光芒四射的太阳纹图案，反映了贾湖人对太阳的观察与崇拜，并用艺术的形式把它记录下来。这一图案与仰韶时代的大河村文化太阳纹彩陶图案非常相似，而大河村在一件彩陶钵口沿上竟有十二个太阳纹图案[①]，应是这一知识的进一步丰富和发展。

贾湖人的稻作农业已初具规模，狩猎、捕捞仍相当发达，这些都是季节性很强的活动，要想使自己的劳动换来较好的收成，就需要按季节变化，适时安排播种和收获，什么季节猎什么兽，捕哪种鱼，也需要不同的组织形式和工具，因此可以间接的证明，当时已有了一定的自然历。

---

① 郑州市博物馆:《郑州大河村遗址发掘报告》,《考古学报》1979 年第 3 期。

在贾湖人的墓葬中，有相当多的墓为正东西方向，占31.8%的墓头向为270°，265°～275°的墓占52.7%，表明贾湖人已有定向知识，在没有定向器具的情况下，能做到这些，表明当时的定向水平是相当惊人的，而原始人定向的主要依据，便是对日月的观察。我国的许多民族都是先知道东西方向的概念，后来才逐步掌握南北方向的知识的。如景颇族称东方为“背脱”，即日出的方向，称西方为“背冈”，即日落的方向[①] 等等。

总之，上述事实表明，贾湖人已掌握了一定的天文、气象、历法和定向知识，为自己的生产与生活服务。

二、数学知识

数学是一切科学技术的基础，数学知识是从人类有了数、形的概念出现时就已初步具备了的。从贾湖发掘资料可以看出，贾湖人有着惊人的原始数学知识。

（一）数量概念

我国古代把数的发明看得很神圣，如《汉书·律历志》讲：“数者……夫推历、生律、制器、规圆矩方、权重衡平、准绳嘉量、探颐索隐、钩深致远，莫不用焉。”[②] 关于数学的起源问题，历代学者都曾试图解释。如《后汉书·律历志》是这样讲的：“天地初形，人物既著，则算数之事生矣。”历代文献如《汉书·律历志》、《世本》、《史记·索隐》、《路史》等都有“黄帝使隶首作数”的记载，但现在看来，这一传说与“苍颉造字”、“奚仲作车”、“伶伦作律”、“伯益作井”、“胡曹作衣”等，如同古希腊把文字、数学、音乐、体育的发明权统统归功于众神的使者赫耳墨斯一样，是没有多少事实依据的。事实上，即使真有隶首其人其事，也只不过是集前人之大成而已。

那么，我国古代学数概念究竟开始于何时呢？恩格斯曾经指出：“数学是数量的科学，它从数量这个概念开始。”[③] 大量考古资料表明，简单的数量的概念及其表现方式的出现，至少在旧石器时代晚器。例如山顶洞人制作的鹿角棒上所刻的弯曲或平行的浅纹道及峙峪人在许多骨片上的刻划痕迹，有的学者就认为是当时的人们进行生产和分配时的计量记录标记[④]。当然，既使如此，当时的数量概念也只能是初步的。

到了八千年前的贾湖文化时期，数量概念已发生了很大变化。贾湖骨笛，据音乐学家鉴定，认为是管乐器的祖制[⑤]。这些笛子大多数有规整的七个音孔，很有规律，经测试，七个音孔各发一音，加上七个音孔全闭发出的筒音，正好八个音，组成一完整的音阶结构。《淮南子》在探讨律之起源时曾指出：“律之初生，写凤之音，故音以八生。”此说法恰与贾湖骨笛可吹出八音相吻合。此外，在该遗址的墓葬中，还往往有成组的完整龟甲随葬，其中有一部分为八个一组，为当时已有“八”的数量概念提供了又一个有力的佐证。在我国历史上，律以八生，易有八卦，以及八方、八荒、八风等，可见“八”在我国古代历史上曾产生过巨大的影响。而“八”的数量概念，可能至少开始形成于

① 宋兆麟等：《中国原始社会史》，文物出版社，1983年。
② 汉·班固：《汉书·律历志》，中华书局，1962年。
③ 恩格斯：《自然辩证法·数学》，《马克思恩格斯选集》第三卷，人民出版社，1972年。
④ 郭道杨：《中国会计史稿》，中国财经出版社，1982年。
⑤ a.河南省文物研究所：《河南舞阳贾湖新石器时代遗址第二至六次发掘简报》，《文物》1989年第1期；b 黄翔鹏：《舞阳贾湖骨笛测音研究》同上。

贾湖文化时期。

以前，有关学者从仰韶文化彩陶和锥刺纹饰中用对称的线条和圆点组成的图案证明，仰韶时代先民已有了从一到八的数量概念①。贾湖八音笛和一组八龟的现象，把我们对“八”这一数量概念的认识向前推进了一千多年。

据民族志资料可知，数学的发展水平，往往是一个民族先进程度的标志。在现代世界上一些落后的民族中，有的只能计算一至三或五，如果计算到一定限度以外的数目时，就得用“多”或“很多”来表示。由此可见，贾湖文化的原始数学水平远在这些落后民族之上。

（二）计算水平

有了数的概念，就必然有计算，数和算历来就是密不可分的。在上述随葬龟甲内，往往有颜色和数量不等的石子。如标本 M363：8 号龟甲内装石子 12 个，其中深色石子 5 个，浅色石子 7 个。虽然我们还不敢肯定这些石子就是计算用的算筹，但至少它是可以用于计算的。关于当时的计算水平，可以从骨笛的设计制作过程中清楚的反映出来。

在上述七孔骨笛中，标本 M78：1 号的设计构思过程相当清楚。这件标本出土于贾湖遗址 M78 墓主人左股骨一侧，笛长 20.3 厘米，在骨管一侧一字排列钻七个圆形音孔，孔距 1.3～1.5 厘米，孔径 0.3 厘米。从音孔旁可看到初次的设计和两次修改设计的刻记。从刻记看，显系首先经过精确计算，将计算结果刻在笛身上。然后在第七孔的位置上钻基准孔，经试吹，以此孔音高为标准，再修改原来设计，重新刻记，第四、五、六孔为修改设计后所钻。之后似又一次调整下余三孔的位置，再次刻记，一、二、三孔为第二次修改设计后所钻。

这支骨笛的设计制作过程，至少可以反映出三个问题。首先，当时的人们对音律已有相当的了解。黄帝十二律之说，显系后儒之伪托，自不足凭，但此时已发明并掌握了六声甚至七声音阶，用计算管长的独特方法，在一个八度内得到八个不同音高的乐音，故已具备了八律是可以肯定的。而音律本身，也是数学行为的反映。因为设计构思过程，也是计算的过程。经过设计计算—制作测试反复修改设计几个阶段，最后制作出具有符合人们要求的音阶结构的乐器，如果没有较复杂的数理思维和较精确的计算，是不可能的。结合龟甲内装石子的数量，我们有理由相信，当时的人们可能已经掌握了十以内的加减运算，并已可能产生了进位制计数的思想。因为至迟在商代，人们的数量概念已逾万，十进位和以干支为代表的十二和六十进位的计数的思想就已经完善化，在这之前也应有一漫长的发展历程。再结合甲骨契刻符号与商代甲骨文字的联系分析，上述数学思想肇始于贾湖文化时期不是没有可能的。

其次，从笛子制作反映出的数学与计算水平可以看出，贾湖文化的原始数学水平与周围地区同时代文化相比，至少从目前材料来看是属于领先地位的。它决非数学的肇始阶段，在它之前应有一个相当长的发展历程。数学的起源与发展应和人类的发展进化史是同步进行的。贾湖文化已是较为发达的新石器时代文化，从贾湖遗址的物质文化与精神文化水平分析，其原始数学水平达到上述程度是完全有可能的。

---

① 宋光麟等：《中国原始社会史》，443～449 页，文物出版社，1983 年。

（三）度量衡的萌芽及对后世的影响

我国汉代以来的文献“黄钟秬黍”之说，认为音律是度量衡的最初定量标准。例如《汉书·律历志》载称“度者，分、寸、丈、尺、引也，本起黄钟之长。以子谷秬黍中者，一黍之广。度之九十分，黄钟之长。一为一分，十分为寸。十寸为尺，十尺为丈，十丈为引，而五度审矣。”“量者，仑、合、升、斗、斛也，所以量多少也。本起于黄钟之仑，用度数审其容，以子谷秬黍中者千有二百实其仑，以井水准其概。合仑为合，十合为升，十升为斗，十斗为斛，而五量嘉矣。”“仑者，黄钟律之实也。”“权者，铢、两、斤、钧、石也，所以称物平施，知轻重也。本起于黄钟之重。一仑容千二百黍，重十二铢，两之为两，二十四铢为两，十六两为斤，三十斤为钧，四钧为石。”① 此一宏论，应有所本。据现代多位学者研究，汉代确已用律制来统一度量衡制，并认为“汉代实行的‘同律度量衡’是我国‘度量衡’史上划时代的进步”②。但《汉志》明确记载，将律管作为计算单位的标准，始自汉武帝元封七年参与编修汉太初历的巴郡落下闳。律管起初只用于钟的调音。《周礼·春官·大同乐》郑注：“以律立钟之均。”《春官·典同》正义：“八音之乐器，其律度通以钟为本也。”唐兰先生经研究指出，十二律大约完成于春秋时期③。《吕氏春秋·仲夏纪》所言“昔黄帝令伶伦作律，伶伦自大夏之西，乃之阮隃（或曰昆仑）之阴，取竹于嶰谿之谷，以生空窍厚钧者，断两节间，其长三寸九分而吹之，以为黄钟之宫，吹曰‘舍少’。次制十二筒，以之阮隃之下，听凤凰之鸣，以别十二律。其雄鸣为六，雌鸣亦六，以此黄钟之宫，适合。黄钟之宫，皆可以生之，故曰黄钟之宫，律吕之本。”④ 此一宏论，流传甚广，可能亦有所本。加之汉儒附会，使这个问题越发复杂化了，二千多年以来，众说纷纭，莫衷一是。然而，从目前材料来看，至少有一点是可以肯定的，即度量衡之起源与音乐的起源有密切的联系。这从贾湖骨笛的发现再次得到证明。

所谓度量衡，就是计量的标准。如上所述，贾湖骨笛的制作工艺，充分展示了八千多年前贾湖人的原始数学水平。而原始数学行为与原始计量记录行为是密不可分的，原始计量记录行为本身就表现为一种原始数学行为，而原始数学行为原来就是为经济计量记录服务的。因此可以说，骨笛制作工艺被发现的另一重大意义在于，为研究当时的会计计量水平提供了间接证据。

恩格斯曾经指出：“和其它科学一样，数学是从人的需要产生的，是从丈量土地和测量容积、计算时间和制造器皿开始的。”⑤ 考古发掘的大量事实证明了这一点。据新郑裴李岗、密县莪沟、长葛石固、舞阳贾湖等几个主要遗址的考古发掘资料可知，中原地区前仰韶时代文化的先民早已过着定居的生活，原始聚落早已形成并已有一定的规模，大多在 2 万平方米以上，贾湖遗址达 5.5 万平方米。聚落中已有一定的布局，居住区，墓葬区已分开并有一定的规律可循。其房屋多椭圆形，窖穴多圆形。墓葬多长方形。看来在修筑前，都曾根据自己的实际需要进行测量和计算，先行设计好其形状和容积。测量手段，根据《易·系辞》“近取诸身，远取诸物”的记载推测，可能有迈步、拉绳子、立树干等。在制作工具和用具时，同样也根据自己的需要和器物的用途来设计、计算器物的形状和大小。只有经过长期认真观察与实践，不断总结经验，改进工艺，才能制造出规整对称的器物来。有些器物造型匀称美观，堪称艺术品，想必在制坯之前已有成器在胸，经设计计算后

---

① 班固：《汉书·律历志》，中华书局，1962 年。

② 孙机：《汉代黄钟律管和量制的关系》，《考古》1991 年第 5 期。

③ 唐兰：《长沙马王堆汉侯妻辛追墓出土随葬遣册考释》，《文史》第 10 辑，1980 年。

④ 《吕氏春秋·促夏纪·古乐》，陈奇猷《吕氏春秋校释》，284 页，学林出版社，1984 年。

⑤ 恩格斯：《反杜林论》，人民出版社，35 页，1971 年。

才制坯成型的。因之我们有理由认为，当时已有了完整的规矩。在氏族内分配物品时，同样要进行计算和衡量，才能形成人人均等的原始共产主义的分配方式。度量衡的最初概念，正是人们在长期生产和生活实际中逐步形成的。贾湖骨笛的制作，只有在上述前提和背景下，才能成其为可能。因之其制作工艺应是当时数学计算水平的集中反映。可以认为，原始计量行为促进了原始音乐水平的发展，而乐器的制作又促进了人们数理思维的发展，进而产生了度量衡的概念和标准，反过来又促使原始计量行为提高到一个新的水平。音乐和计量的关系，正应是这种相辅相承的关系。《通鉴》关于："黄帝命隶首作数，以率其羡要其会，而律、度、量、衡由是而成焉"的说法是有一定道理的。正如万国鼎先生所说"我们祖先并不是先懂得律，然后依照律定尺。尺大概是随着计量长度的的需要，用某种习见的实物之长，作为计量长度的单位而产生的，在试制律管之前，尺必早已存在。但是一旦依照当时的标准尺试制成律管，这一套律管的尺寸，就和当时的标准尺的长度具有形影相随的关系。"① 据本书第九章对汝州中山寨骨笛的研究证明，贾湖文化时期可能确已出现了定音律管，参照万先生观点更可表明，音乐与度量衡在发展过程中具有形影相随的关系。汉代学者在整理古代传说和前人文献资料时，只知音乐与度量衡的起源有关，但又不明其内在的联系，于是便参照当时的律制与度量衡制，并结合当时的阴阳八卦理论，提出了"黄钟秬黍"的假说，以此推测来解释音乐起源与度量衡起源的关系问题，正象当时人们对宇宙起源的解释和人类起源的解释等理论一样，我们现在恐怕谁也不会相信天地混沌如鸡子说、天圆地方说和女娲抟黄土造人说。如果上述提法不谬，也就揭开了"黄钟秬黍"之说的神秘的面纱，我们也就不必拘泥于黄钟之律的波长和律管之长以及律管的自重和到底能装多少颗哪个品种的黍粒。数千年之疑案也就迎刃而解了。

当然，笔者并不否认这样一个事实，即汉代科学家在制定汉代度量衡制时确曾参照了当时的律制，而且也很有可能做过用黄钟律管装黍粒的尝试。但这是度量衡制在进一步发展中的问题，与这里所探讨的度量衡制的起源问题无直接关系，不能混为一谈。

综上所述，笔者认为，贾湖遗址七孔骨笛和成组龟甲的发现，表明在七、八千年前的贾湖文化时期，我们的祖先至少已经掌握了"八"的数量概念，而且还有可能掌握十以内的加减运算，并可能已发明初步的进位制记数思想。贾湖骨笛的制作工艺，是当时数学水平和数理思维的集中反映。音乐与数量和度量衡的关系，是在度量衡计量过程中和乐器制作过程中数理思维的相互启发和促进的关系，律管的长度、重量和容积与度量衡标准的制订是没有直接关系的。

三、物理、化学知识

（一）原始物理学

物理学知识主要是纺轮、钻头和陶垫板的运用等。

纺轮的运用是对旋转力和拉力作用认识的结果。就目前材料而言，贾湖的陶纺轮是东亚地区最早的纺织用具。贾湖纺轮均系废陶片打制而成，有的边缘已经磨砺圆滑，也有穿孔未透或仅打制成型的半成品。这不仅表明贾湖人已有对旋转力和拉力作用的认识和利用，而且表明当时的纺织手工业已经萌芽。我们虽然没有发现当时的纺织产品，但大量绳纹，特别是宽度不足1毫米的细绳纹印痕，以及细如发丝的针孔均可说明，当时纺织手工业的存在。

---

① 万国鼎：《秦汉度量衡亩考》，《中国古代度量衡论文集》，100页，中州古籍出版社，1991年。

陶垫板是陶转盘的前身，它还没有可转动的轴，但是从陶制品的制作痕迹反映出的顺时针旋转和逆时针转的现象分析，陶垫板是可以转动的，可能是制陶者在操作时用手转动陶垫板的。一开始大概只是认为用手转动陶垫板比操作者围着陶垫板制作器坯操作方便，这也是泥条筑成法取代泥片筑成法的原因之一。一旦人们发现将陶垫板转动起来制作陶器又快又好，带轴陶转盘的出现就为期不远了。也可以说，大岗陶转盘是在贾湖陶垫板的基础上应运而生的，二者都是贾湖人对离心力长期观察和运用的结果。

贾湖人对离心力的运用还反映在其钻孔技术上。在大量的陶、石、骨、甲器上，都有钻孔现象，有两面对钻，也有一面钻，有些孔相当的圆，石环孔大达 5.3 厘米，骨针孔最细仅 0.07 厘米，玉管孔深达 4.6 厘米，而且在绿松石饰上还常见有隧道孔，表明钻孔技术相当娴熟。正因为有高超的钻孔技术，才使制作多音孔骨笛成为可能。从发现的的钻头和钻帽看，当时已有连杆钻，但钻头主要还是石制品。这种钻孔技术，或许与古人的钻木取火有一定的关系。

（二）原始化学

与原始化学有关的材料主要是制陶技术和揉皮技术。

关于贾湖的制陶技术，上面已有介绍。制陶技术是新石器时代的伟大发明之一。将塑性材料和瘠性材料混合制备成陶泥，经成型、阴干、烧制几个阶段，方能制作成器。松软的陶泥经火烧后，就成了质地坚硬、吸水性低、叩之有声、美观耐用的生活用具，红色的岩石研成粉末，调成泥浆涂于器表，经火烧之后变成鲜艳美观的陶衣，经过渗碳处理又可提高器物的防渗能力。这些都与人们长期观察制陶原料的化学变化有关。由观察、熟悉到掌握、利用，充分反映了贾湖先民的聪明才智。

陶锉一直被认为是仰韶时代文化的典型器物之一，这种表面粗糙但质地不太坚硬的器具，人们普遍认为与揉皮技术有关。而揉皮技术就是让兽皮及其附着在内侧的残肉和脂肪发生化学变化，去除这些残肉和脂肪使兽皮变软的技术。陶锉正可用来去除兽皮内侧经过化学处理的残余腐肉和脂肪。许多民族志资料可以为此提供旁证①，这一技术的出现；也是人们对兽皮的化学变化长期观察的结果。

① 宋兆麟等：《中国原始社会史》，文物出版社，1983 年。

第六章　贾湖遗址聚落形态

第一节　环境与生业

任何时期的居民点的形成，都不可避免的受其周围环境的制约，而且年代愈久，自然作用就愈强烈，作为8000年前已经形成的贾湖聚落，当然也不例外。

贾湖先民生存时期，正是全新世大暖期的前期，气候温暖湿润，雨量充沛。贾湖聚落所在地区的地貌特点，如前三章所说，处于河间泛滥平原上，微地貌特征上西有一低缓土岗，海拔68.6米，高于遗址约1～1.5米。东为大片洼地，低于遗址约1～4米。今日之贾湖为古灰河的废河道。从遗址中出土大量鹿科动物骨骼以及箭头等狩猎工具看，周围应有广阔的草原。又从遗址中随处可见的大量鱼骨、蚌类、龟鳖、扬子鳄、丹顶鹤以及菱角、水蕨、莲等水生、沼生动植物群落看，当地应有大面积水体存在，发现的颇具规模的稻作农业，也证明当时这里有较丰富的水热资源。

站在遗址向东望去，大约1公里范围内，地势比较平坦，坡度较小，落差大约在0.5米～1米之间，可能是贾湖先民的主要农耕区。这里地势较遗址稍低，又紧临东侧洼地，当时应为沼泽景观，这正是种植水稻的理想之地。公路以东，坡度陡然加大，1公里以外下降1～2米，海拔高降至65米左右，最低达63.4米。从地层剖面观察，净水沉积层亦明显加厚。当时积水可能较深，已不宜于种植业，但却是从事捕捞活动的理想之处，主要的捕捞工具是鱼镖和鱼网，捕捞对象主要是鱼类、蚌类、龟鳖类等水生动物，从现在泥河洼滞洪区面积推算，这片洼地有100多平方公里，可见贾湖先民的可捕捞范围是相当宽阔的。因之，贾湖先民从事稻作农业和捕捞业都有相当广阔的活动空间。稻作农业和狩猎业、捕捞业同为贾湖先民生业类型的主要组成部分。

遗址的低缓岗地，当时应是广阔的疏林草原，因之应是先民的狩猎、畜牧的场所，从遗址中的房子，窖穴填土中含的大量草木灰看，人们只是将秸杆和小灌木作燃料，而未见较大的炭块，也可反证遗址周围是以灌丛草原为主，不可能有大面积的森林存在。

贾湖先民的采集范围也是广阔的。从目前掌握的材料可知，贾湖聚落周围的同时期遗址中，北边的大岗、郭庄聚落明显晚于贾湖，而南边的阿岗寺、张王庄因发现遗物太少，其文化性质还很难断定。因之，贾湖人能力所及之处，均可作为其采集范围。但从发现的遗物来看，贾湖人的采集对象并不丰富，主要是菱角和栎果之类。这亦从侧面证明贾湖人水稻种植已大体可满足人们对淀粉类食品的需求。

通过对贾湖遗址中出土的石器质料的研究，可知大部分石料来源于河漫滩，如大量的砂岩类和火成岩类，均可见清晰的砾石面，有些石料还相当大，这与贾湖周围河流较多，河源只有数十公里，距离较短，落差较大，且当时雨量较充沛有关，但是有些稀有石料如绿松石、萤石、褐铁矿颜料等以及易碎的片岩、板岩、页岩等，则应来源于数十公里以外的山区，至于是交换而来，还是直接去矿点开采，尚需进一步研究。

上述分析至少可以说明三个问题：

1. 贾湖聚落周围优越的自然环境为先民提供了丰富的食物来源和生产工具制造业的原材料。

2.这种环境条件决定了贾湖先民的生业类型，即以农耕、渔猎为主的，采集为辅的广谱的生业模式。

3.聚落东侧的大面积水体在聚落的形成与发展过程中，特别是对贾湖先民的生业类型的形成起到了决定性作用。纵观北方地区新石器时代早、中期的几处重要聚落，这种滨水居的现象比较普遍。这又可分为两种类型：第一种是滨湖居，其代表一是河北徐水南庄头遗址，位于白洋淀之滨，后被湖水所淹没；二是贾湖遗址，位于遗址东侧湖沼之滨，后也被洪水所淹没。第二种是位于牛轭湖之滨，其代表一是裴李岗遗址，位于双洎河牛轭湖东侧；二是磁山遗址，位于沼河牛轭湖西侧，这两处遗址均因牛轭湖贯通或水面积消失而废弃。而正是这种临近较大面积水体的环境，才是新石器时代早、中期先民的最早栖息地，并且还是使之发展成为较大聚落的前提条件之一。

第二节　聚落布局

虽然我们已揭露了遗址的将近 1/23，但对于研究聚落布局而言，仍感到材料不足，只能根据现有材料，谈一些推测性的意见。

贾湖遗址已发现的遗迹中，大体可分为第一期和第二、三期两大阶段，其聚落布局有所变化，现分别进行分析。

（一）早期聚落

早期居址可分为五组，其中东区、中区各一组，西区三组（表一四二）。第一期墓葬可分为两群，均位于西区（为了叙述方便，将发掘区的西北区、西区、西南区一并归入西区讨论，下同）。

表一四二　第一期房址分布分组统计表

分组/位置/编号/期段		西区			东区	合计
		第一组	第二组	第三组		
		T116、T119、T120	T5～T77、T9、T11、T21、T25、T113、T114、T108、T109	T27～T36	T73～T75	
一	3		F5、F7、F17、F38	F23	F26、F34	7
	2	F19、F45	F3、F11	F20、F28		6
	1		F2			1
合计		2	7	3	2	14
附：陶窑			Y1、Y2			2

第一期几组居址中，东区一组只发现 2 座房址（F26、F34），位于遗址东南部，值得注意的是，这 2 座房址的门道均向西，且均属于第一期的第三段。属于同时期的窖穴，分布也较为零星，距房址约 20 米之外。

中区虽未发现房址，但发现有几座窖穴，其时代与东区房址大体同时。

西区第一期居址共发现房址 12 座，大体可分为三组。第一组发现 2 座，位于 T116、T119 各 1 座，一门向南，一门向西，因只有 2 座，看不出有什么规律性。同时期的还有几座窖穴。

西区第二组大体上分布于 T11、T9 以北，T109 之南，T113 以东，东西 25 米，南北 35 米范围内，因东侧的 T110、T115 均未发掘，这组居址有几座房址不得而知，已发现房址 7 座，是揭露较充分、保存较好的一组，其中 F17 是最大的 1 座，多次扩建为四间，总面积约 24 平方米。门向西，周围的 F2、F3、F5、F7、F11、F38 大体上都朝向它。从这几座房址的分布推测，这组房址总数大体在 10 座左右。

西区第三组发现房址 3 座，位于 T27、T32、T33 这 100 平方米之内，且门道朝向北、南、西三个方向，颇为费解，也许分属于周围三组也未可知。

这几组第一期居址中，东区遗迹大部分属于第一期的最后一段，中区几座窖穴也大体同时，应为同时共存的两组遗迹。西区第一组均属第一期第二段，是否与中、东区有一定联系？

西区第二组第一至三段均有，第三组也是第二、第三段均有，两者相距约 15 米，推测这两组可能是同时并列的关系。

由此看到，早期聚落至少可分五组，这五组是五个家庭呢？还是五个家族呢？结合第一期墓葬来分析，也许更有利于这个问题的解决。

第一期墓葬共发现 42 座(表一四三)，分布较为稀疏，均位于遗址西区，从其排列规律来观察，大体可分为 A、B 两群，A 群有 26 座墓，其分布范围与西区居址第二组大体相当，B 群有 16 座墓，分布范围与第三组居址大体相当，但稍大。两者相距约 6～13 米。这两群墓葬与两组居址可能分属于同时并存的两个家族，这两个家族可能组成一个氏族公社。中区、东区因发掘面积有限，第一期墓葬未能发现，还无法对它的布局进行有价值的分析。

表一四三　第一期墓葬分布组合统计表

分组 / 位置 / 墓号 / 期段		A	B	合计
		T5、T9、T21、T22、T25、T104、T105、T109、T113、T114	T4、T14～T17、T27、T28、T33、T35、T36	
一	3	243、249、294、308、111	39、40	7
	2	29、41、42、125、126、244、246、247、295、296、297、318、340、375、108、109	31、32、38、52、332、333、372、376、391、104	26
	1	107、303、374、397、341	58、66、67、110	9
合计		26	16	42

从对上述早期聚落布局的分析，至少有五个问题值得注意。

1. 居址和墓葬数量均不多，较为完整的是西区二组，发现房址仅 7 座，墓葬 26 座。

2. 从遗迹分段看，从早至晚的遗迹数量呈上升趋势。西区第二组 7 座房址中，第一段仅 1 座，属于二段的才 2 座，属于第三段的有 4 座。

3. 墓葬和居址大体杂处，两者的分离过程尚未开始，独立的公共墓地尚未形成。这亦反映出贾湖早期聚落布局的原始性。旧石器晚期的山顶洞人，居址与墓葬同处一洞穴之中，由此推测，贾湖早期聚落分布的上述特征可能来源于人类的穴居时代。

4. 居址内的房屋分布也大体集中，但显得零乱而缺乏统一规划，与仰韶时代姜寨、半坡、元君庙、大河村等聚落的规划严谨是个鲜明的对照。

5. 陶窑虽位于居址两侧，但还未与居住区完全分离，而且制陶区尚未形成，还处于分散状态。由此推测只能处于家庭制陶阶段。

（二）中晚期聚落

第二、三期居址发现房址共 31 座，可分为六组，其中中区、东区各一组，西区四组（为了叙述方便，将发掘区的西北区、西区和西南区一并归入西区讨论，下同。）。（表一四四）墓葬可分为六群，其中中、东区各一群，西区四群。（表一四五、一四六）

表一四四　第二、三期房址分布分组统计表

期	段 \ 编号 \ 位置 \ 分组	西区 一	西区 二	西区 三	西区 四	中区	东区	合计	
		T116、T119、T120	T102～T105、T108、T109	T12 ～ T15、T8、T21～T23	T19、T34～T36	T38、T39	T61～T70		
三	9	F39		F1				2	17
	8	F14	F4、F6、F8、F24	F41、F42、F43	F21、F40			10	
	7		F10、F16、F18、F27				F31	5	
二	6		F9、F12、F15			F29	F32、F35	6	14
	5	F44	F13		F25	F30		4	
	4	F22	F37				F33、F36	4	
合计		4	13	4	3	2	5	31	
附：陶窑			Y3		Y4	Y5、Y6	Y7、Y8、Y9	7	

第二、三期六组居址中，西区第一组位于 T116、T119、T120 之内，仅发现 4 座房址，其中除北侧 F22 门向北，与其它几座规律不合外，南侧 F44、F39 门向东，F14 门向东南，似与第二组遥相呼应。第二组位于 T102～T105、T108、T109 之内，虽然北、东均未到边，但已发现房址 13 座，其中除 F27 门向西北，F10、F24 门向东北外，其余 9 座均朝向西或西南，与第一组 3 座房子门向东或东南相对应，二者相距约 20～30 米。中间的 T106、T107 虽未发掘，但 T108 经发掘未见明显的房屋建筑遗迹，不过在 T108 西南部发现三个呈南北一字排列的较大的红烧土洞（T108K3～K5），很像三个铺垫红烧土的柱础坑，而其南北均不见其它遗迹，如果是属于某个房子，则主体应位于西侧的 T107 内，而且这个建筑是相当大的，正好位于东西两组房子之间，应是中心性大房子，如果这三个柱础坑仅是已被破坏了的建筑残迹，则 T106、T107 就可能相当于中心广场性质。

表一四五　第二期墓葬分布组合统计表

分组 位置 墓号 期 段		西区				中区	东区	其它	合计
		A	B	C	D				
		T101、T102、T116	T6～T10、T16、T23	T17、T27、T28、T33～T35	T105、T109	T1、T37	T71	T113	
二	6	220、233、265、266、276、277、280、287、290、291、292、293、301、304～306、313、319、321、322、324、326、327、336、337、338、345、352、359、360、363、366、388、389、402、406	22、54、55、57、59、62、69、70、72、75、80、85、94、95、100、101、112、113、118、119、120、331	34、349、370、371、373、393、410	218、219、245	13、16、17、486		234	78
	5	267、270、272、273、275、281、282、309、311、312、314、315、323、325、328、334、335、342、343、344、351、353、354、355、358、361、364、365、367、378、383～387、394、395、396、407	27、65、76～79、86～92、97、98、102、105、106、115、121、124、127、128、130、131	35、310、329、330、377	248	14、15、487		240	74
	4	380、381、382	93、122、123、132	368、369、411	224		501～504		15
合计		78	56	15	5	7	4	2	167

在西区第一、二组房址之间，有一个揭露较为充分的中、晚期墓群，我们编为A群。东西21米，南北已知至少15米以上，已发现墓葬146座，墓地内无房子，也很少有窖穴。在第二组之东南侧有另一墓群的西北部边缘。虽仅露出5座墓葬，但应为另一独立的墓群是可以肯定的，我们编为D群。它与西面的A群墓葬相距约23米，西区第二组居址正好将其隔开。

另需指出的是，A群墓葬最早的墓是始自第二期第一段，直至第三期最后一段，联绵不断；D群墓已清理的5座均属于二期。而西区居址第一组为二、三期均有，第二组居址，房址则大多属三期，与墓葬分期不甚相符。因之，这两组居址和相邻的两个墓群是否分属于两个家族还需更多的材料来证实。

表一四六　第三期墓葬分布组合统计表

期　段	墓号　位置　分组	西区			中区	其它	合计
		A	B	C			
		T101、T102、T116	T6～T10、T16、T23	T17、T27、T28、T33～T35	T1、T37	T18	
三	9	201～206、208、209、212、213、215、221、223、225、226、235、237、238、283、298、302	18～21、23～26、28、43、50、51、99、103、116、117	339、347、348、398、412、413	1、3、4、5、9、481～484		52
	8	207、210、211、214、216、222、227、230、231、232、236、239、241、242、284、285、288、289、307、316	30、49、53、56、129	350、356、399、401、403、414	2、6、12、485	37	35
	7	217、250～254、256～264、268、274、278、279、286、299、300、320、362、379、392、415	44～48、60、61、64、68、71、73、74、114、346、357	33、400、404、405、408、409	7、8、10、11		52
合计		68	36	18	17	1	140

西区居址第三组位于 T8 以西，T2 以南，T14 以北，发现 4 座房址，均属三期，其中 F1 面积近 50 平方米，是面积最大的 1 座。3 座墓的门向西或西南，西边因已到村民宅院内，无法发掘，推测应为又一组居址。在这组居址东侧，紧连 B 群墓葬，分布于 T8 以东，T7 以南、T16 以北，向东已到护村堤，无法发掘，但从 T9、T10 东部的墓葬分布密度看，已经到了边缘区。已知范围东西 9 米，南北 20 米。这处墓地分布也相当密集，中心区位于 T9，最多达六层墓，发现并清理有 92 座，从第二期第一段到三期末段连续不断。

在遗址的西南部，距第三组居址约 20 米处，T34、T35 和 T19 之间发现房址 3 座，应为另一组居址，编为第四组。这里还发现较多的大型石质生产工具。这组居址北侧，紧连 C 群墓葬。分布于 T27 以南、T35 以北，中心区在 T34，只揭露了将近一半，清理墓葬 33 座，这组居址与这一群墓葬的关系也是需要探讨的问题。

表面看来，西区第二、三期有四组居址和四群墓葬，似乎正好每群墓葬对应一组居址，实际情况远未这么简单，因为除 D 群墓葬均属二期外，A、B、C 三群墓葬中第二、三期均前后各段不间断，为完整的中、晚期墓地，而居址中房址则大多属第三期，第二期房子很少，这是否意味着二期主要居址可能稍偏东一些？

中区居址和墓群各发现一处，二者相距不足 20 米。房址发现 2 座，位于 T38、T39。墓群位于 T1、T37，也是第二、三期各段连续不间断。因揭露面积太小，无法推测这一组居址和墓葬群的范围、规模与布局。但这里发现的两座房址皆属二期，而且周围属第三期的窖穴较少，这种现象或许与西区居址第二期房屋较少有关。

东区发现第二、三期居址一组，房址 5 座，门向西 1 座，向西北 2 座，向南 2 座，4 座属于二期，1 座属三期第一段。发现墓地一角，仅清理 4 座墓，其中 3 座为迁出墓。这 4 座墓属于二期第一段。如果此墓地是以迁出为主的话，这种现象则可能与西区居址以三期为主而墓葬则二、三期连续不断有着直接关系。同时，东区居址内的瓮棺群也很值得注意。

另外，还有一种现象值得重视，就是在遗址西南角，T20、T26 发现宽达 6 米以上、深 2.2 米的濠沟，发现已有十多米长，呈南北向。另在遗址南边，T3 之南，发现有宽达 9 米，东西向的濠沟，因此处未发掘，深度不详。此二沟内填土堆积中的包含物属于第二、三期，表明此沟的形成、使用到废弃均在聚落中、晚期。目前因未再发掘，这两个濠沟是否可连接还无法得知，但如果结合同时期的湖南澧县八十档遗址的环濠和仰韶、龙山时代的普遍的环壕聚落现象，贾湖聚落出现环壕也是不奇怪的。

第二、三期共发现 7 座陶窑，其中西区发现 1 座（Y3），属于中期第一段。位于第二组居址北部。中区居址南侧发现 2 座陶窑，属于中期一、二段。东区居址区发现 3 座陶窑，位于居址北侧。

从上述分析可知，第二期同时并存的居址为西部的第一至三组，东区组和中区组。第三期并存的居址中，主要是西区的四个组，而且西区一、二组间，三、四组间从分布情况看更为紧密些，如果把同一组居址视为一个扩大家庭，而两组可能组成一个家族的话，贾湖聚落的中期可能同时存在着四个家族，即西北部家族、西南部家族、中部家族和东部家族，整个聚落构成一个氏族公社，但从墓葬材料来看，至少已发现了五处墓地，表明在贾湖中晚期聚落有五个家族同时并存，可能因发掘面积有限，另一家族的居址尚未发现。

与早期相比，我们可以看出，中晚期聚落有以下几点变化：

1. 房屋和墓葬数量大幅度增加。从墓葬数量看，如果都全部揭露的话，五个墓群均可在百座墓以上，反映出贾湖聚落的扩大和人口的增加。

2. 从房屋的分期来看，数量也是呈逐渐增加趋势的，如第二期早段 4 座，三期中段达到 9 座。只是第二期中段和三期后段房子发现很少，可能另有原因，从属于二期中段的墓葬和窖穴数量最多，文化遗存最为丰富的现象分析，二段中段是贾湖聚落的最繁荣时期，房子数量少可能是发掘面积有限所致。至于三期后段，房子、窖穴、墓葬数量的明显减少，文化遗存也不如二期丰富，可能标志着该聚落的衰落。

3. 居址与墓地的分离过程已经开始，独立的公共墓地已经形成，出现了长期连续不断的家族墓地。

4. 出现了数个扩大家庭（?）组成一个家族这种社会组织形式。从分期结果看，聚落内有两个以上甚至五个家族共存。

5. 从其房屋门向和环濠遗迹看，该聚落也是内向的，封闭式的，两组房子之间可能也有类似姜寨的中心广场一类的空地。但不象同时代的兴隆洼文化和仰韶时代聚落那样整齐划一。这种聚落形态，开仰韶时代封闭式内向型环濠聚落的先河。

6. 从分别发现 2 座和 3 座陶窑的中区、东区两组居址看，陶窑已相当集中并与居住区逐渐分离。而且每组居址都有自己的制陶作坊区。这一过程有利于制陶技术的改进和水平的提高，也为独立的制陶作坊区的产生和制陶业专门化打下了基础。

第三节　住房分类

以上我们分析了贾湖聚落的生存环境和聚落内的总体布局，并推测了它的社会组织形式。现在我们再来归纳一下房屋的特征，并对贾湖先民的生活状况进行分析。

这些房子保存均较差，辨认十分困难，特别是因当时水位较高，近底部多有出水现象，给我们了解房内布局，判断建筑和使用痕迹增加了难度。已确认的这些房址，上述问题也未完全解决。有些房址因保存较差，无任何居住痕迹，可能归入了灰坑类。

发现的 45 座房址，大体可分为半地穴式和平地起建式两大类，其中以前者为主，共 42 座，占 93%，平地起建只 3 座，且破坏较严重，占 7%。半地穴式中又分为单间和多间两种，其中单间 37 座，占 82%，多间仅有 5 座，占 11%。

住房面积一般不大，以半地穴本身的面积而言，多间房的面积最大者如 F17，约 24 平方米。这种多间的房子，一开始也是一个圆形或椭圆形的半地穴式单间房，后可能由于某种原因，才在边上又挖一类似的坑穴，形成双间房，有的多达三到四间，如 F17 分四间，均为依次扩建而成，但坑内居住面相连，从坑内堆积看，又为一次性废弃。值得注意的是，有些面积较小的单间房内，也挖出二至三个分间式的小坑来，显然是这种分间房缩小型，如 F29，为圆形半地穴式，长 2.5 米，宽 2.2 米，在与门道相对应的东部留一高约 0.1 米小坎，两侧各挖出一个深 0.1 米，面积不足 1 平方米的小圆坑。这种形式的房子可能与当时人们的居住方式和生活习惯有关，或许同一屋顶下的居民相互之间已产生并存在着某种性质的私生活的禁忌。5 座多间房中，有四间的有 2 座，三间的 1 座。两间的 2 座。上述的 F17 面积最大，分两间的 F21 面积最小，面积连门道不足 5 平方米。

单间房中，平面椭圆形的有 23 座，占 51%，其次为圆形有 6 座，占 13%，还有鞍形和不规则形各 3 座，方形和近方形各 1 座。面积最大的为 F1，长径 9.5 米，短径 5.5 米，面积约达 52 平方米，它有两个时期的居住面。在它的中间有上下两个时期的中心承重柱，南部有两个较小的柱洞，上层居住面的大小两个承重柱洞均为方形，下层的为圆形，门向西南，为台阶式，有两层台阶。灶位于中心柱的北侧。门道北侧还有一个近方形的窖穴。在它的东北侧还有三个同期的中型房子，面积约 10～15 平方米。如 F43，位于 F1 东北侧，相距约 1.0 米，圆形，台阶式门道向西，面积约 15 平方米。面积最少的为 F7，面积不足 3 平方米。

从房子的面积来划分，若把 10 平方米以下作为小型，10～20 平方米为中型，20 平方米以上为大型的话，小型房有 31 座，其中早期 7 座，中晚期 24 座；中型 10 座，其中早期 4 座，中晚期 6 座；大型仅 4 座，其中早期 3 座，中晚期仅 1 座。房子面积的计算，一般以半地穴内为主，有护围柱的则将护围柱周面积计算在内，所以面积不一定十分精确，实际室内面积可能要稍大一些。

这些房大多有柱洞或柱础坑。柱洞的位置有的在房内中间，有的在半地穴周边，有的在坑壁处周围。房中间可能与支撑屋顶有关，我们称为承重柱，房内外周边的可能是用作支撑墙体的骨架，我们称为护围柱。

承重柱一般较大，大多位于房子中间，较大的房子也有在周围的，大多经过处理。壁底用黄土、红烧土、碎陶片等铺垫并夯砸坚硬，有的用黄土铺垫高出地面，形成柱础。个别在柱洞底部有置一完整龟甲的现象。

护围柱一般稍细，大多为直洞，个别有倾斜现象。从洞的分布看，有散布于一周的，也有只分布在一边的，若复原起来，一周护围柱而无中心承重柱的，可复原为圆锥形的窝棚，有中心柱的可复原为周有直墙的尖圆顶窝棚。护围柱在一侧或一面的，可复原为一面坡式的窝棚。

这些房子的墙体，在地面以上的均全部被毁，半地穴的地下部分的周壁，一般都涂有一层 3～5 厘米厚的净泥，系用黄粘土和匀后涂抹而成，面较为平整，但也极易脱落。地面上的墙体，只在 F12 内见到倒塌的一层黄土，含少量烧土粒和炭屑，比较纯净坚硬，夹在灰色填土中间，厚约

20 厘米左右，推测可能是从东向西倒塌的东墙，该房是一浅地穴式，深仅 35 厘米。由此可知，这种房的墙体可能是由和成的净泥垛起来的。

居住面大多为黄土铺垫而成，大多较坚硬，可能经过夯砸处理，或可能为长期踩踏所致。厚 3 厘米～5 厘米不等，也有厚达 10 厘米者。有的在周围用黄土垫出一高出底部居住面的土台，有的在底部经过火烧处理，可能均与居住时防潮湿有关。

灶的形状和位置极不固定，有圆形，也有方形，有在房中间，也有在门道一侧。有的为一个凹下去的小烧土坑，也有为稍高于地面的一个烧土面。也有的房内未见烧灶痕，可能这类房的主人不在房内炊爨。与此同时，在遗址内往往见到一些独立的小烧土坑，推测可能为室外之灶。当时的气温较高，房内的空间又较小，到了炎热的夏季，人们在室外加工食品是顺理成章，不难理解的。这也应是形成贾湖文化层中夹杂的大量红烧土碎块的直接原因之一。

房子的门道，以斜坡式为主，有 19 座之多，次为台阶式，有 17 座，还有 6 座因是浅地穴式，看不出明显的门道，可能为平地直接出入，但室外的路土很难发现。3 座平地起建的房子均未见到有明显门道，只从柱洞排列或房基形状来判断门道方向，可能不一定准确。门道方向以西、南、西南为主，也有东北、西北及个别东南的。这可能有两种原因，一是当时天气较温暖，且聚落社会组织尚未定型，门向反映的可能是一种自然形态，第二种可能是与聚落社会组织有关，象半坡、姜寨氏族那样，各个房子均朝向自己家族或氏族的中心大房子，或氏族广场，方位不同，门向也各不相同。从西区第一期房子分布看，早期第一种可能性较大。但从西区第二、三期第一、二组居址的分布规律来看，中晚期第二种可能性较大。

地面起建的房子仅见三例，其中属一期的 F38 仅见一圈 7 个圆柱洞，未见任何其它迹象，从其层面分析，应属于早期。面积很小，仅有 3 平方米，可复原成一个圆锥形小窝棚，推测可能不是用来居住，而是另有用途。也许与彭头山，河姆渡文化的干阑式仓储设置类似。三期两例，形状和建筑技术各不相同。F40 为分间的长方形地面建筑，已见有四间之多，在墙角处和墙体内有呈直线排列的承重柱，柱洞修整相当讲究，见有 12 个承重柱和 7 个护围柱。在房南还有 3 个散乱的柱洞。但也未见其它生活遗迹，推测可能也是干阑式一类的房屋建筑。这种长方形分间的建筑形式，应是仰韶时代大量长达数十间排房的原始形态。它的出现是否标志着贾湖聚落晚期在社会组织形式上发生了某些变化。F39 则是在居住面的处理上花费了很大功夫，用草拌泥铺成，厚约 3 厘米～6 厘米，经过火烧呈砖红色，向下颜色渐浅，陶化程度渐低。中间和周围有四个承重柱。这种地面式的建筑并经火烧地面的现象，均应与潮湿的环境有关，是一种防潮措施，开创了仰韶时代的整塑整烧建筑技术的先河。

第四节　日常生活与人口推测

从以上分析可知，贾湖聚落布局有一定规律性，与以后的仰韶、龙山时代的聚落有相当多的相似性，那么我们就可根据现在对仰韶、龙山时代人们生活的研究成果，对贾湖先民的生活做一些推测。

从这些房子来看，面积都不大，在那些三五平方、或不足十平方的中间有灶的房子内，除了中间的灶坑外，已无太多的活动空间，推测人们不会象现在那样平躺下来睡觉，而可能是象现代有些少数民族那样，只是靠墙蹲踞而睡。这也与当时的气候环境有关。在湿热的环境之中，尽管人们通过烘烤室内地面、踩、砸居住面的方法以增加室内防潮能力，但是，在半地穴式的房子内，潮湿是不可避免的。从人骨标本中大量的退行性骨关节病变的病例可强烈的感觉到这个问题的严重性。因此，蹲踞而睡也许比平躺的方式更适合当时的气候环境条件。

至于炊爨方式，已如前述，可能冬春季节主要在室内。从 F16 灶内以及许多房子和窖穴填土中均发现大量炭化稻米的现象来看，稻米已成为当时人们主要的食物之一。到了夏秋季节，室外炊爨可能成为经常性的活动。从发现的深腹的鼎、罐类炊器可知，炖煮可能为主要的食品加工方式，甑类器物的出现，表明利用蒸汽的原理加工食物的方式也已被人们所掌握。另外，在房子内或地层中发现不少经火烧裂的残砺石或河卵石，也许是烧烤食物的用具(图版一六〇，1、2、3、4)。因此可以说，贾湖先民已具备了煮、蒸、烤、烧几种基本的食品加工工艺。为数千年具有鲜明中国特色的传统食品烹饪工艺的产生奠定了基础。

从有的房内有灶，而有的房内未见烧灶遗迹的现象看来，房子的居住功能可能有一定的区别，有灶的房子可能是一个核心家庭的住处，而无灶的小房子，房内十分简单，且不见什么生活用具。可能只供一个对偶家庭过婚姻生活之用。

严文明先生在研究姜寨聚落时曾提出过小房子住 3～4 人，中型房子住 10 多人，大型房子住 20 多人的推算公式。贾湖聚落与姜寨聚落虽文化性质与时代各不相同，但正如前述，也有许多相似之处。若也按此公式推算，31 个小型房可住 90～120 人，10 个中型房可住 100 人左右，4 个大型房可住 80 人左右，则总共可住 280 人以上。按已发掘面积占遗址总面积的 1/23，则聚落先后总人数可在 6440 人以上。从上篇第八章的分析可知，贾湖聚落从产生至废弃共延续了大约 1200 年，同时，当时人们因生活条件恶劣，寿命远较现代人为短，据此，按 20 年一代计，平均寿命按 30 岁计，聚落日常的平均人数可在 160 人以上。

再据墓葬材料，贾湖共发掘出 349 座墓，约有 460 个个体的人骨架。按发掘面积占遗址总面积 1/23 来推算，则该聚落日常活动人口有 260 人左右。在当时来讲，应是一个比较大的聚落，加上这里较为发达的精神文化和物质文化，作为一个中心聚落当是没有疑问的①。

但是事情也许比这个计算复杂得多。从贾湖的三个发展阶段来看，不仅早期延续的时间要长得多，而且早中期之间肯定有一段不小的缺环。我们从陶器发展序列上发现，一、二期之交文化面貌的剧变，如鼎的出现，大量泥质陶的出现和夹碳、夹蚌片与骨屑、夹云母片与滑石粉陶系的出现等表明，一、二期之间，该聚落可能中断过一段时间。而二、三期的衔接则较为紧密。这样算来，贾湖聚落平时的人数可能超过上述推算结果。

第五节 聚落兴衰与环境变迁

正是由于这里得天独厚的自然条件，贾湖先民在全新世之初气温回升之后，从附近的山区岩洞中走来，定居于斯。在这里生息繁衍千余年的时间里，他们创造了灿烂的文化，也发展壮大了自己。

据有关学者研究，距今约 8500 年以后，我国进入了全新世的大暖期。这对刚从最后冰期的恶劣条件下苦熬出来的人类来讲，可以说是遇到了可尽情发展的春天。从贾湖聚落的发展也可强烈的感受到这一发展的足迹。

在贾湖早期，我们只发现了 42 座墓葬，占墓葬总数的 12%。而早期可能有近 400 年的发展历程。虽然早期的房子发现量占总数的 31%，但毕竟在反映人口上不如墓葬材料直接。若依墓葬计，贾湖早期聚落的人口是相当少的，聚落的规模也不甚大。

---

① 吴汝祚：《舞阳贾湖遗址发掘的意义》，《中原文物》1991 年 2 期。

到了中期，该聚落的居民明显增多。一方面环境进一步改善，另一方面，数百年的努力，也促使了该聚落繁荣期的到来。七孔骨笛和龟甲契刻符号均发现于此期。发现房址十多座，墓葬307座，比起早期来有很大的增加。据^{14}C数据分析，中期大致经历了四百年左右，因此，所发现的房址和墓葬数量大大增加表明，中期聚落的规模有了较大程度的发展。但同时，人口的急剧增加也制约了聚落的发展。

到了晚期，发现晚期墓葬139座，而房址仅数座，可能另有原因，但也可看出晚期的人口有减少的趋势。从遗址内精神文化产品的减少、墓葬中随葬品的减少等因素看，盛极一时的贾湖聚落逐渐衰落了。

当然，聚落发展的因素是复杂的。除了人口的膨胀外，环境的变化也是主要因素之一。从贾湖周围环境调查及遗址发掘资料可知，在贾湖聚落晚期，降水量可能进一步增加，东侧的湖沼水面积向西扩展，遗址东半部已很少有晚期遗存发现，标志着聚落范围可能有所缩小。从遗址文化层上的静水沉积层的形成看，贾湖聚落可能最终毁于水灾，聚落上变成了一片汪洋。

在贾湖遗址北6公里有一个大岗遗址，该遗址较贾湖遗址要晚一期，很可能是贾湖人的后代，在该遗址的中心部位，发现了一个深6米多的水井，可明显看出有三层水位线，井底有许多汲水用的小壶。还发现有丽蚌和鳄鱼鳞板等。表明当时的环境并非干旱少雨。而该遗址周围地势均较低，其东、南、西均有故河道，可能正是由于水面积太大，出于水质或安全等因素，才迫使人们不得不取井水以供生活之需。

发展并延续千年的，辉煌一时的贾湖聚落，在水灾之中毁灭了。但它创造的灿烂的文化并没有中断，而被一代代的传了下来，对后来的原始文化，产生了许多积极而重要的影响。

第七章　原始宗教

大量资料显示，早在旧石器时代至向新石器时代的过渡时期，攫取性经济开始过渡为生产性的经济。这一伟大的社会变革必然引起人类的宗教观念和社会意识的变化。人类社会已有朦胧的万物有灵观念产生，进入新石器时代初期，由于自然现象和自然力量对原始农牧业生产影响十分重大，人们在其面前显得软弱无力而束手无策，于是，人们相信世上万物（生物或非生物）均有灵魂，并相信任何事物或现象都是由一种超自然的力量所操纵的，一种以泛灵崇拜为特征的原始宗教诞生了。与此同时，人们相信自己可以通过一定的仪式，利用超自然的力量，去诱导甚至强迫自然界按照自己的意志行事，于是，作为一种特殊的信仰和行动的巫术便产生了。可以沟通人神的巫师也应运而生了。由于他们有着超人的力量和非凡的才能，普遍受到人们的敬重，有的成为部落的领袖。有的本身就是氏族的酋长。他们是人类智慧和传统文化的继承者和传播者，因之也是当时的知识分子。在社会活动和宗教活动中，他们总结和积累了大量朴素的科学知识和文化知识，如天文与原始历法、生物学与医学、音乐舞蹈、原始文字等，这些都赖于巫师们的不断总结和提高。因此可以认为，他们在人类历史的进程中曾起到过重要作用。这一章我们着重讨论在贾湖遗址发掘中发现的与原始宗教有关的材料。

贾湖与原始宗教有关的材料主要集中在自然崇拜、巫术仪式和卜筮几个方面，而这些材料显示，当时的原始宗教已发展到了一定阶段，并在诸多方面成为中国传统文化的渊源。

第一节　原始崇拜

原始崇拜是世界各民族历史上普遍存在过的原始宗教形式之一，他以自然神为崇拜对象，所谓自然神，就是自然物，自然现象和自然力的神灵化，它既有人格，又有神性和神职。它是在自然精灵的基础上形成的，是超自然的形态之一。而自然精灵形成的基础则是万物有灵观念。自然神的本性是善良的，保护人类的，但若违犯某些禁忌，也会降祸于人。

原始崇拜作为一种文化现象，是逐渐积累而成的。而一些自然现象、动植物之所以成为人们崇拜对象，必然与人们的社会生活有着密切的关系。如对野生动植物的崇拜只能产生于以渔猎采集为主要生业形式的旧石器时代，而对日、月、雨、水、雷电等与农业生产密切相关的自然现象的崇拜，很可能是原始农业产生之后的事情。因之，从这个意义上来讲，图腾崇拜也是自然崇拜的一部分。反映在贾湖遗址材料中的主要是龟灵崇拜和太阳崇拜。

一、龟灵崇拜

龟灵崇拜在中国传统文化中有着重要的地位。这种认识在很早的时候已经形成，大量古代文献都有关于龟灵崇拜的记载。《礼记・礼运》："何谓之四灵？麟、凤、龟、龙谓之四灵……龟以为畜，故人情不失"四灵说在中国历史上颇有影响，而四灵学说是在万物有灵论的基础上发展而来的。《大戴礼记》称："介虫三百六十，龟为长。"故主冬季，进而还把四灵与四季、五行结合起来。由于河图洛书的传说，又使龟成为四灵之首，因为人们认为龟在所有的动物中，最善于通晓人意，又最长寿，在天人相通的占卜活动中，起沟通天人关系作用的占卜物，莫善于龟。

从发生学的角度来讲，龟灵崇拜应来源于先民的食龟风俗。在捕捞业占重要地位的民族中，食谱的构成是广泛的，先民以龟为食的习俗由来已久，特别是在适宜龟生存的多水地区尤其如此，而龟又有着很高的营养价值，据现代营养学研究，龟肉内含高蛋白、低脂肪，并含丰富的维生素，龟甲上有丰富的龟板胶。龟又有极高的药用价值，据明李时珍《本草纲目》载："龟肉气味甘酸、温无毒。宏景曰：作羹月霍大补，而多灵，不可轻杀。时珍曰：按《周处风土记》云，江南五月五日煮肥龟，入盐豉蒜蓼食之名曰葅龟，取阴内阳外之义也。"并指出龟肉可治热气温庳、筋骨疼痛、久咳不愈、痢及泻血乌，劳瘵失血、年久痔漏等，龟血可治打扑伤损；龟胆汁可治痘后目肿、经月不开；龟溺滴耳可治聋；滴舌下可治大人中风舌瘖，小儿惊风不语等。龟如此的神效，无怪乎先民对它情有独钟了。据凌纯声先生考证，至今台湾和太平洋诸岛的居民还有捕杀食龟之习俗①。

贾湖遗址周围的大片湖沼，应为龟科动物理想的栖息地。从贾湖遗址发掘中发现的大量龟甲碎片可知，贾湖先民也有捕食龟的习俗。这应是贾湖先民龟灵崇拜产生的基础和前提。

贾湖遗址的龟灵崇拜反映在三个方面。

（一）随葬用龟

在清理的349座墓葬中，共有23座墓随葬龟甲，占总墓数的6.6%，这23座墓中随葬的龟甲，有三种情况，一种是随葬成组的背腹甲扣合完整的龟壳，一种是随葬单个的完整龟甲，一种是随葬龟甲碎片。大多数完整龟甲和部分龟甲碎片均伴出有石子。龟甲数量及组合，埋藏状态、石子数量和加工情况这里不赘述，仅做如下说明。

1. 随葬龟甲的墓随葬品大多较为丰富。23座墓中，随葬品有21件以上的有6座，10～20件的11座，10件以下的有6座，而且这6座墓中有3座是被打破保存不完整的墓。如M55，仅存双胫骨以下，全部随葬品肯定不止此数。其中有两个随葬品最丰富的墓M282、M277均有龟甲片和石子随葬。

2. 随葬龟甲的墓中，合葬墓占一定比例，23座中有10座为合葬墓。其中一次葬与二次葬的合葬有7座，多人二次合葬有3座。

3. 23座墓中除M55据双小腿特征鉴定为女性墓，M290为一残墓，经鉴定为女性墓，但仅见一片龟甲碎片，未见其它随葬品，此片龟甲不排除为填土中埋入墓底之可能，此外还有5座为男女合葬墓，其余16座均为男性葬，或单葬，或合葬，可见龟甲主要是男性的随葬品。

4. 23座墓中，属于一期的有2座，二期有18座，三期有3座，表明用龟随葬是贾湖先民的文化传统之一，尤以第二期最为盛行。

（二）奠基用龟

仅发现一例，详见本书上卷第六章第五节，这里不赘述，仅说明如下：F17，为本遗址第一期第三段的典型单位，也是1座具有四开间、规模较大的房址。在它的南半部、两居室之间的南侧，为人工垛起来的净泥墙垛，其上在层表有一柱洞，即该房址的D11。在立柱部位的坑底生土之上，

---

① 凌纯声：《中国与海洋洲的龟祭文化》，《中央研究院民族学研究所专刊》之二十，1972年，台湾南港。

垛墙泥之下，压一完整的龟壳，出土时背、腹甲完整，背甲朝上，腹甲在下，龟头向西，与门向一致。显然在垛墙时已将此龟置于此处，因之，具有明显的奠基祭祀意义。

另外，在F3的D8底部，有一完整的鳖甲，也是背、腹甲齐全，背甲向上，腹甲在下，可能也具有祭祀意义。

（三）灰坑中所埋之龟

在H107底部西侧，置陶角把罐一个，虽破碎但可复原，东侧置完整龟壳1副，中部置鳖甲2副。此坑口径1米，深0.28米，相当规整，但显然不具有窖穴性质，或许具有祭祀的作用。而其中的龟鳖则可能为祭品了。

另外，在H92底部一残罐形鼎内和T21地层内也见有完整的鳖壳，可能也具有相同的含义。

继贾湖文化之后，墓葬中随葬龟甲现象被淮河流域大汶口文化的大墩子、刘林和花厅类型以及大汶口类型与汉水流域的仰韶时代文化下王岗类型、半坡类型所继承。

据目前材料统计，大墩子、刘林、花厅均发现有随葬龟甲的墓葬，其中邳县大墩子遗址发现中期墓葬159座，晚期墓葬141座，共有15座墓随葬龟甲16副。M44为2副，其余为1副①。大多为背，腹甲共出。墓主均为成年人，男性较多，女性很少，其中有6座均为该墓地随葬品最多或较多之墓，最多的M44有陶、石、骨器和龟甲共55件，并随葬狗一只，15座墓中，狗、龟共出的有3座。

刘林遗址发现墓葬197座，其中9座墓随葬龟甲13副，均背、腹甲共出，其中M7随葬3副，M88、M182各2副，余均为1副。随葬龟甲的墓随葬品大多很丰富，如M182有包括2副龟在内的随葬品32件，M7有包括3副龟在内的随葬品28件。同时也有2座墓为龟、狗共出②。

山东南、西部的大汶口文化墓葬中也有随葬龟甲现象，如兖州王因遗址发掘的899座大汶口文化早期墓葬中有3座各随葬龟甲1副③。大汶口遗址发掘的133座墓中，晚期墓葬中有11座随葬龟甲20副，其中M106随葬3副，M1、M4、M19、M110随葬2副，其余各墓随葬1副。随葬龟甲的墓随葬品均较多，随葬品42～76件的6座，8～24件的5座，其中M26最为丰富，有陶、石、玉、骨、角、牙器和猪头、鱼骨、龟甲76件。这个墓地值得注意的还有，不见龟狗共出现象，而是龟、猪头共同随葬，11座有龟的墓中有8座同时随葬猪头，这可能标志着观念上的差异。另外，邹县野店大汶口文化遗址发现墓葬89座，其中M88随葬龟甲1副，M84随葬龟背甲椎板四节，在平尚庄遗址发现的15座大汶口文化墓葬中有一座也随葬龟甲一副。

位于汉水流域的淅川下王岗仰韶文化一期123座墓葬中，随葬龟甲者有6座，其中3座各有2副龟甲，共9副龟甲。6座墓中有1座为中年女性，余均为中、老年男性墓，随葬品一般1～3件，个别有8件的。值得注意的也发现有1座为龟、狗共出墓⑦。

位于汉中盆地的南郑龙岗寺仰韶时代半坡类型遗址发掘有423座墓葬，其中有3座墓随葬龟甲各1副⑧。

---

① 南京博物院：《江苏邳县大墩子遗址探掘报告》，《考古学报》1964年第2期；南京博物院：《江苏邳县大墩子遗址第二次发掘》，《考古学集刊》第1集，文物出版社，1981年。

② 江苏省文物工作队：《江苏邳县刘林新石器时代遗址的第一次发掘》，《考古学报》1962年第1期；南京博物院：《江苏邳县刘林新石器时代遗址第二次发掘》，《考古学报》1965年第2期。

③④⑤⑥ 高广仁、邵望平：《中国史前时代的龟灵与犬牲》，《中国考古学研究》，文物出版社，1986年。

⑦ 河南省文物研究所等：《淅川下王岗》，文物出版社，1989年。

⑧ 陕西省考古研究所：《龙岗寺》，文物出版社，1990年。

四川巫山大溪遗址发掘的 208 座大溪文化墓葬中，有 4 座墓随葬龟甲，但据报道多为儿童随葬品，龟甲上无人工加工痕迹[①] 该墓地还有 7 座随葬整鱼。

江苏武进圩墩遗址发现 86 座马家浜文化墓葬，其中也有一座墓随葬有龟甲碎片[②]。

还有一重要发现，就是安徽含山县凌家滩大汶口文化遗址发掘的 4 座墓中有 1 墓随葬玉龟 1 副，背、腹甲均为灰白色软玉雕刻而成，中间还夹一长方形玉片，上刻方位符号，周边穿 23 个圆孔[③]。

通过对以上发现的罗列可以看出，这种以龟为随葬品的习俗是以淮河流域为中心分布的，其中以贾湖年代最早，向西在汉水流域也有较多分布，向北到黄河北岸的尚庄遗址，因尚庄也属于大汶口文化，这一分布也是不难理解的。向南仅在圩墩马家浜遗址发现一例随葬龟甲片的现象，可能主要是受大汶口文化影响所致，大溪文化遗址虽发现数例，但大多为儿童随葬品，且不见人工修整痕，该墓地还有用鱼随葬的现象，因之推测与淮河、汉水流域的用龟习俗可能有所不同。这就可勾勒出史前龟文化的分布图，即以北纬 33°为横轴，东经 118°为纵轴、西起东经 107°，东至东经 120°，北抵北纬 37°，南达北纬 32°，以淮河流域为中心，向西到汉水上游地区，向北到黄河下游北岸，向南到长江中下游沿岸这样一个“T”字形地带，而贾湖正是这一地带的中心和出发点。直到现代的台湾和太平洋群岛上的土著居民还保留有龟祭遗俗，以至被认为是属于海洋文化（凌纯声：中国与海洋洲的祭祀文化）。

至于这些随葬龟壳的用途，学术界尚无一致认识，主要有：

（1）发声说，汪宁生先生在与北美印第安人的龟甲响器对比分析后认为，大汶口等遗址发现的随葬龟甲是宗教仪式上的一种乐器或法器，并参照印第安的同类器命名为“龟甲响器”[④]。我们曾认为可能是巫或乐使用的乐器，可称之为“龟铃”[⑤]。吴钊先生也著文称之为“龟铃”[⑥]。

（2）灵物说，高广仁、邵望平先生在综合分析了大汶口等史前墓葬中随葬龟甲的现象后认为：“从内装石子或背甲涂朱来看，似非日常用品，当与医、巫有关，或具有原始宗教上其它功能，是死者生前佩带的灵物。因此可以说大汶口文化早期已出现了龟灵观念”，并认为商殷文化中的龟灵、龟卜观念渊源于此[⑦]。

（3）甲囊说，刘林遗址第二次发掘报告的执笔者认为：“龟甲六副都是背腹甲共出。均已破碎。有些背甲上穿有若干小圆孔。M182 发现的两副龟甲内均盛有小石子。龟甲的放置似无固定的位置。其用途可能系在皮带或织物上作为甲囊使用。”[⑧]。

笔者认为，以上三说均有一定道理，但似乎其用途并非单纯，可能几种功能兼而有之。从出土的大部分龟甲看，大多为背腹甲共出，内装小石子，个别有骨针、骨锥之类。从这些内装物来分析，小石子的用途无非有四种可能性，即可用于发声、占卜、计算或记事，或兼而有之。而针、锥之类，则可能与医有关。关于这些，下面还要专门讨论，这里仅需指出，这些活动可能均与巫师和巫术活动有关。而当时的巫师对龟甲似乎情有独钟，本身就说明当时的人们已经对龟赋予了神秘的文化内涵。除此之外，贾湖房址、灰坑中之龟鳖无疑具有原始宗教的性质。以上分析是否可以说明，中

---

① 四川省博物馆：《巫山大溪遗址第三次发掘》，《考古学报》1981 年 4 期。
② 常州市博物馆：《江苏常州圩墩村新石器时代遗址的调查与试掘》，《考古》1974 年第 2 期。
③ 安徽省文物考古研究所：《安徽含山凌家滩新石器时代墓地发掘简报》，《文物》1989 年第 4 期。
④ 汪宁生：《释大汶口等地出土的龟甲器》，《故宫文物月刊》（台湾）第十一卷第十二期。
⑤ 张居中：《舞阳贾湖遗址出土的龟甲和骨笛》，《华夏考古》1991 年第 2 期。
⑥ 吴钊：《贾湖龟铃骨笛与中国音乐文明之源》，《文物》1992 年第 1 期。
⑦ 高广仁、邵望平：《中国史前时代的龟灵与犬牲》，《中国考古学研究》，文物出版社，1986 年。
⑧ 南京博物院：《江苏邳县刘林新石器时代遗址第二次发掘》，《考古学报》，1965 年第 2 期。

国传统文化中具有重要地位的龟文化，在 8000 年前的贾湖文化时期，已经初步形成了。

二、太阳崇拜

太阳给人们带来光明、温暖和生命，是人类赖以生存和繁衍的最重要的自然资源之一，因之，对太阳的敬畏和崇拜，是人类与生俱来的意念之一，在世界许多史前文化中，普遍存在着太阳崇拜现象，在我国史前时代的考古发掘中，以黄河、长江流域的发现，尤其是位于黄河、长江之间的淮河流域，发现了相当丰富的与太阳崇拜有关的材料，而贾湖的材料，又是时代最早者。

贾湖与太阳崇拜有关的材料第一条是 H190：2AⅢ卷沿罐，在口沿下用直线刻划成一近圆形圆圈，周围还刻出放射性直线，虽然系烧后所刻，显得手法拙朴，且残缺近一半，但一个光芒四射的太阳图像仍十分清晰的显现在我们面前。H190 为一残半地穴式房址，编为 F18，属于贾湖文化第三期，距今年代约 8200～7800 年。第二条材料是 M335：15 号龟腹甲片上的"曰"形符号，与安阳殷墟甲骨文同类字形有诸多相似之处，这似可说明，贾湖先民的太阳崇拜传统已延续了相当长的时间，不仅具有象形的图案，而且已出现了表意的符号？

H190：2 号罐太阳图案的手法与位于淮河中游地区的安徽定远侯家寨遗址 T2④：105 圈足器底中间所刻的太阳纹图案手法完全一致，只是侯家寨的图案刻划得更圆一些而已①。另外，侯家寨 T2④：106 圈足器底中间所刻的圆圈与 T2④：105 基本一致，只是周围未划反映太阳光的放射状线条而已。侯家寨遗址虽然晚于贾湖一千多年，但在淮河流域仍是较早的遗存之一。在淮河下游地区的大墩子遗址②，继续存在刻划的太阳图像，如 M8：2 石纺轮，都以中间圆孔为圆心，周围刻出放射状刻划纹，与贾湖、侯家寨太阳纹有异曲同工之妙，特别是 M25：1 陶纺轮，活脱一个光芒四射的太阳。

另外需指出的是，大墩子太阳纹图案不仅继续用刻划纹来表示，而且还运用了彩陶手法，例如 M252：6 彩陶钵，圆形的器口边线和肩部一周十个弧三角彩陶图案，正好构成一幅光芒四射的太阳图案。同时，有学者曾经指出，流行于大墩子、大汶口、野店等遗址的八角星形彩陶图案是太阳纹图案的变体③，是很有见地的。在长葛石固等遗址还发现有六角星形彩陶图案④、南京北阴阳营彩陶器盖上有十角星形彩陶图案⑤ 也应具有同样的意义。这种八角星形图案还见于湖南安乡汤家，在 M1：1 白陶盘圈足底部中间戳印出一个八角星形图案，湖南岳阳坟山堡器盖上也戳印有八角星形图案⑥。特别是上述安徽含山凌家滩玉龟内玉片中间也刻有八角星形图案，学者们一致认为它与太阳崇拜有关。这充分表明，在距今 8000 年之后至 5000 年这 3000 年时间内，太阳崇拜这一神圣的主题，不仅运用多种手法来表现，而且已渗透到了从人们的信仰、崇拜到审美情趣以及生活的各个方面，流行区域不仅在淮河上、中、下游，而且还扩进到了长江中游到黄河中下游一带。当然，在长江下游的河姆渡文化也曾发现了双凤朝阳的刻划图案，但却把太阳周围的光

---

① 阚绪杭：《定远县侯家寨新石器时代遗址发掘简报》，《文物研究》第五辑，1989 年。

② 南京博物院：《江苏邳县大墩子遗址发掘报告》，《考古学报》1964 年第 2 期。南京博物院：《江苏邳县大墩子遗址第二次发掘》，《考古学集刊》第 1 集，文物出版社，1981 年。

③ 吴汝祚：《略论长江、黄河两流域史前时期的太阳神崇拜》，《华夏考古》1996 年第 2 期。

④ 河南省文物研究所：《长葛石固遗址发掘报告》，《华夏考古》1987 年 1 期。

⑤ 南京博物院：《北阴阳营——新石器时代及商周时期遗址发掘报告》，文物出版社，1993 年。

⑥ 牟永杭：《试论长江流域史前时期的白色陶器》，《长江中游史前文化暨第二届亚洲文明学术讨论会论文集》，岳麓书社，1996 年。

线处理成火焰形[①]，与良渚文化玉琮上的太阳崇拜图案似乎同属另一文化传统[②]，相比而言，位于黄河中游的郑州大河村文化太阳纹彩陶图案，大多处理成光芒四射状，似乎与贾湖文化太阳图案有着更多的相似性[③]。

从以上材料是否可以看出，太阳崇拜最早出现于淮河上游的贾湖文化，之后顺淮河而下，将这一文化现象传播到整个淮河流域和黄河中下游，以及长江中游地区，成为中华传统文化的组成部分之一。至于长江下游的河姆渡、马家浜——良渚文化传统，虽也有作为太阳神崇拜的图案，但与贾湖——大汶口文化传统的太阳图案相比，特征明显不同，因此是否可以认为，以淮河流域为中心，长江中游和黄河中下游地区为两翼，存在着一个至少从 8000 多年就已开始的太阳神崇拜传统，而在长江下游地区，则可能存在着另外一个太阳神崇拜传统？

三、灵魂崇拜

在“万物有灵”的观念统治人类思想的时代，严格来讲，龟灵崇拜作为动物崇拜的一部分，也是精灵崇拜的一种形式，但这里谈的是对人类本身灵魂的崇拜，它是祖先崇拜的前身，反映到考古学文化上的现象主要集中在墓葬中。

早在旧石器时代晚期，灵魂崇拜的萌芽已经出现，如山顶洞人头骨上就发现有涂朱砂的现象。进入新石器时代之后，灵魂不死的观念在人们的头脑中进一步系统化，幻想死者像生者一样过着社会生活，从而导致了氏族公共墓地的出现，对氏族发展史上某些功勋性人物的灵魂的崇拜，导致了祖先崇拜观念的产生，并成为维系氏族文化传统的纽带。

在贾湖遗址的发掘中，我们发现一期的墓葬与居址有杂处现象，这表明氏族公共墓地尚未形成。同时对死者埋葬位置不同，是否也可以表明，此时人们对灵魂不死的观念有着不同的认识。比如说，把死者埋于房前屋后，可能反映了人们认为死者死后的灵魂仍不会远去，与活着的人继续共同生活，而到二期以后，观念为之一变，氏族公共墓地的形成似乎表明，阴阳两界的观念已经出现了。

另外一种现象，就是对婴儿尸体的处理，贾湖人对夭折的婴儿也实行瓮棺葬，这与后继的仰韶时代文化是一致的，更值得注意的是，在有些瓮棺底部有圆形穿孔，如 W1：1 等，这种现象，学界一般认为是供儿童灵魂出入的孔道，以便使婴儿灵魂早日再生。也有人认为是一种惜子之情，不忍早夭小儿灵魂远离自己的亲人。不管哪种认识，均与人类的灵魂不死观念有关。

第二节　巫术仪式

严格来讲，贾湖先民生存的时代，真正的宗教还未诞生，因之也就不可能有真正意义上的宗教仪式，“虽然，在许多世纪里和许多国土上巫术与宗教相融合、相混淆，但我们仍有理由认为，这种融合并非自始即有。曾有一个时期，人们为满足他们那些超越一般动物需求的愿望而只相信巫术。首先，考虑到巫术与宗教的基本见解，我们就倾向于作出这样的判断：在人类历史上，巫术的出现要早于宗教。我们已经看到，一方面，巫术仅只是错误地应用了人类最简单、最基本的思维过

---

① 浙江省文管会：《河姆渡遗址第一次发掘报告》，《考古学报》1978 年第 1 期。
② 浙江省文物考古研究所反山考古队：《浙江余姚反山良渚文化墓地发掘简报》，《文物》1988 年 1 期。
③ 郑州市博物馆：《郑州大河村遗址发掘报告》，《考古学报》1979 年 3 期。

程，即类似联想或接触联想；另一方面，宗教却假定在大自然可见屏幕后面有一种超人的有意识的具有人格的神的存在。很明显，具有人格的神的概念，要比那种关于类似或接触概念的简单认识要复杂得多"① 但类似巫术仪式的现象已成为人们日常生活中的一部分，则是完全可能的，"民神杂糅，不可方物，夫人作享，家为巫史"(《国语·楚语》下)，也许反映了这个阶段巫术的普及，现在从以下几个方面，来探讨这一问题。

一、龟　　祭

关于龟祭的基本材料，前面已经介绍，这里仅从宗教仪式的角度再稍作阐释。

从龟的三种埋葬状态观察，埋入时都可能进行过某种相应的仪式。

如上所述，墓葬中随葬之龟大多成组，且位置不固定。若按上引汪宁生先生的手摇龟甲响器说，龟甲置于双手所及之处，或加上易腐烂的短柄之长，则是可以理解的，但像 M344 那样置于头顶之上，特别是大量且成组的置于二次葬的人骨之上，则令人费解，可能性最大的是，在举行类似二次葬的慰灵式一类的仪式上将这些龟甲成堆置入。从龟甲成组出现的现象分析，这些仪式是有一定程序的，甚或参加人数都有一定的规定。据汪宁生先生的考察，在北美印第安人保留地还存在用龟甲制成响器用于宗教仪式的现象，而且这种响器在有重要节日举行仪式性舞蹈时才能使用。这支舞蹈队伍一般有经过挑选的 15 个到 20 个男子组成，他们身装华丽服装，围着仪事房(Council House)进行舞蹈，另有 2 人坐在仪事房内唱歌，这 2 人手中即持有龟甲响器打着节拍，以此指导舞蹈者的舞步，使大家保持一致②。另据刘莉考证，北美印地安人的克里克部落(Creek)每年在广场上举行宗教仪式舞蹈时，姐妹们将小石子装入龟壳内作成摇鼓绑在腿上跳舞。在易洛魁人(Iroquois)的宗教舞蹈中，男人和女人摇着龟制手摇鼓跳舞。塞密诺人(Seminole)的腿摇鼓是由若干系在一起的小龟甲组成。易落魁人的居住地区本不产龟，这些龟甲都是从其它地区远程交换来的，可见对这种器具的重视程度③。据汪宁生考证，龟甲响器使用的另一场合是驱鬼治病的仪式，此时，头戴面具的假面会社成员边走边叫，用龟甲响器摩擦窗棂和击打门户，驱鬼逐邪，仪式之后在感谢诸神之余，还要向龟甲响器致意。

以上材料对理解贾湖墓中带石子的成组龟甲很有帮助，那些双手可及之处所置之龟甲有可能相当于印地安人的手摇龟甲响器，那些在小腿部位所出的带石子龟甲，可能与塞密诺人的腿摇鼓相似，而 M344 无头墓和二次葬墓中所置成组龟甲是否系在迁葬慰灵式上多人所持之法器，仪式之后将之一并随葬，以达到某种主观意愿？但无论做何解释，这些龟甲与某种原始宗教仪式有关，应是可以肯定的。

至于另外两种龟的埋藏方式也肯定与原始宗教仪式有关。如上所述，房址下的奠基龟应与房子的奠基仪式有关，灰坑和地层中的龟、鳖甲，也应是与某种宗教仪式相关的。

由此可见，贾湖人的龟文化已渗透到了人们日常生活的多个方面。

二、犬　　牲

以动物作牺牲，在中国有着悠久的历史传统。马、牛、羊、鸡、狗、猪等家畜家禽和鹿、鸟等野生

---

① 弗雷泽：《金枝》，第 64 页，中国民间文艺出版社，1987 年。

② 汪宁生：《释大汶口等地出土的龟甲器》，《故宫文物月刊》(台湾)第十一卷第十二期。

③ 刘莉：《陕西临潼康家龙山文化遗址 1990 年发掘动物遗存分析》，1994 年。

动物都曾在某种宗教仪式上作过人类的牺牲。其中历史最悠久者,莫过于狗了。

如上篇所述,贾湖人生活时期,葬狗之风已经形成,但此时并不将狗置于墓葬内,而是置于墓地之中或其边缘地带,这是否意味着,此时的狗还是属于氏族、家族或扩大家庭的公有财产,因而用来保护整个墓地?如果如此,则这些狗在葬入时肯定要举行相应的仪式,至于房基旁的狗,则可能属于其它某种仪式的遗迹。这种现象,在民族志中也可见到类似材料。如哈尼族认为狗是管理村寨的,所以常用狗作为保卫村寨的牺牲。同时还卜狗占卦,若认为主凶,便需由追玛(祭司),在村寨后门外再敲一条狗[1]。这种仪式所含的文化意义,可能与贾湖人葬狗有相似之处。

继贾湖犬牲现象之后,同龟灵崇拜现象一样,在淮—汉文化带普遍存在这种习俗。

首先,文化面貌和年代与贾湖最接近的仍是淅川下王岗遗址,在下王岗仰韶文化一期 123 座墓葬中,有 5 座墓中狗殉葬,其中的 M112 为龟狗同葬,M285 则有 2 条狗随葬。

在淮河下游和沿海地区,犬牲现象与龟灵现象的分布也是重合的。如邳县刘林遗址 197 座墓中有 8 座墓随葬狗,其中有 3 座墓也为龟狗同葬。大墩子遗址 342 座墓中有 9 座墓随葬 14 只狗,其中 M400 随葬 3 只,M70、110、122 随葬各 2 只,M213、313 则各随葬一狗模型,这大概是最早用狗俑随葬的现象。同时也可反证用狗作牺牲的文化传统具有多么悠久的历史和重要的地位。

而山东王因遗址则和贾湖的葬狗现象一致,即只见在地层中有意识埋狗的土坑,而未见墓葬中用狗随葬的现象,这是否可说明这是淮河流域这种文化现象在向北传播初期的遗迹?但这种现象则在山东半岛被继承下来,如胶县三里河龙山文化遗址就发现用狗来祭祀的遗迹。甚至在渤海海峡上的大口龙山文化遗址中也发现有整猪和整狗的祭祀坑。这表明犬牲现象比龟灵现象的传播范围更大一些。

位于长江下游的常州圩墩马家浜文化遗址、上海淞江广富林良渚文化遗址、长江中游的巫山大溪遗址均发现过用狗随葬的现象,这种现象一直延续到商代,在商代牺牲中,犬牲的数量仅次于人牲而居于动物牺牲之首。如安阳殷墟、河北藁城、徐州铜山丘湾等均发现大量犬祭遗迹。犬牲不仅用于对墓葬的献祭,还用于营造建筑的祭礼,郑州商城、安阳殷墟的大型建筑基址下面都发现有不少祭祀坑,特别是商代墓葬中,还流行在墓底腰坑中殉狗的作风,充分表明,在商代社会中,犬牲的用途是相当广泛的,成为商代各种祭祀仪式中的重要组成部分。

从犬牲现象的分布看,与龟灵崇拜的分布区域大致相当,也是以贾湖所在的淮河上游地区为起点,然后以淮汉文化带为中心,向南扩进到长江中下游,向北直到渤海地区岛屿遗址。虽然仍呈"T"字形,但向北的分布范围似乎更扩大一些。由此看来,犬牲这种原始宗教仪式的肇始至少在 8000 年以前,直到历史时期,成为淮汉文化带传统文化的重要因子之一。到了商代更升华为"礼制"的重要组成部分,在中国文化史中占有重要的地位。而这一传统习俗正是根植于中原和华东沿海地区 8000 多年的文化沃野之上的。

三、仪式用具

(一)柄形石饰

这种器具仅发现 1 件,出土于 M330 二次葬墓主人的肢骨堆上,出土时仅残存器首部分,颇似一残剑柄的首部,通体除破裂面外均油光发亮,显系经过长期摩娑。该墓主人为一老年女性,墓

---

① 云南民族调查组:《云南省哈尼族社会历史调查》,云南人民出版社,1964 年。

内除柄形石饰外仅随葬1陶壶和1牙削，可见殉葬品并不丰富，但二次葬后仍将此器随身迁来葬入，足见此器对墓主人是何等重要。特别是器首的弧形面上，刻有一行表意的符号，更增加了此器的神秘感。此类器具在其它考古学文化和民族志材料中也可见到。

1979年秋，天津文物工作者在宝坻县牛道口龙山文化遗址采集到1件残剑柄形石器，火成岩制成，残长12.3厘米，器身也呈竹节状凸起，器首呈椭圆形，与贾湖柄形石器极为相似，只是首部不象贾湖同类器那样宽于器身①。

上海青埔福泉山良渚文化墓葬中出土有4件玉质杖首，横剖面呈长椭圆形，与贾湖的柄形器有相似之处。另外，该遗址出土的30多件锥形器，器身雕刻出兽面纹、圆圈纹、凸棱纹等，首部有穿孔，可能需连接器柄②。这两种器物对我们分析贾湖柄形石饰很有启发。偃师二里头遗址出土的2件柄形玉饰可能也为同类器物，这些均为当时的宗教礼仪性用品。

沈阳新乐遗址出土的杖形木器，杖首浮雕成鸟形，器首呈鸟喙状，之下为鸟身和鸟翅，器体扁平，两面纹饰相同，部分镂空，出土时断为三截，且局部残缺，但可据纹饰和本质纹理推测复原，全长40厘米③。此件器物可能与贾湖柄形石饰以及良渚文化玉杖首、锥形器，二里头文化柄形玉饰，宝坻牛道口柄形石器等为同类器物。

关于此类器物的用途，目前有三种意见：

一是装饰说，如在各发掘报告中大多称为"柄形饰"等，归入装饰品一类，但人们创造和使用这种"装饰品"的主观意图是什么，其中包含了什么样的文化意蕴和人类文化行为，则很少有人论及。

二是实用说，如直接称为"杖首"、"锥形器"等，似乎是一种普通的日常用品，但当时的先民倾注如此多的精力来制成这种精美的器具，似乎决非只为日常生活之器具。

三是权力象征说，如新乐出土的杖形木器，原报告认为"很可能是权杖，直柄以上的图案可能是图腾徽帜。权杖为氏族首领统帅氏族所用。这里也可能是鸟图腾的氏族。"(同上)。

以上三种推测和阐释，都有一定道理，但对其产生和发展的历史进程及其所反映的深层意蕴尚显揭示不够。这里试就这个问题进行讨论。

在生产力水平尚较低下的新石器时代，人们的生存条件还是相当恶劣的。大量的人类学材料证明，当时人们生活到50岁以上的是相当少的。而一个人类共同体的文化传统的延续、生产经验的总结和向后代的传授，风俗习惯和宗教信仰的灌输和传承，氏族内部社会生产和生活的组织与管理，大多要靠经验丰富的老人和部族的智者，尤其是集巫、医、乐于一身的巫师，部族的酋长也大多由德高望重的老人来担任。这样，对老人的敬畏就成为古代社会的普遍习俗，因老人们行动不便，手杖就成为必要的助行工具，商代甲骨文"老"字作"𠄞"形(乙，八七一二)，象长发老人倚杖之形，表明倚杖是老人的重要特征。久而久之，具有部族首领地位的老人手中之杖，便有了一定的威力和神圣性，成为权力的象征。而巫师手中之杖在举行宗教仪式时又是他们手中的法器，因而又具有一定的神秘性。手杖的使用者们又根据其信仰、审美和使用情况而在杖首上精雕细刻出各种图案形象或符号标记，有的上面还在木杖顶端镶嵌玉、石或金属质杖首，贾湖及上述其它标本大体上就是这个历史阶段的产物。关于这一些，大量民族志材料也可证明。

据云南楚雄彝族文化研究所朱琚元先生相告，彝族的祭司(毕摩)举行宗教仪式就手拿一指

---

① 天津市历史博物馆考古队：《天津宝坻县牛道口遗址调查发掘简报》，《考古》1991年第7期。

② 上海市文物管理委员会：《上海青埔福泉山良渚文化墓地》，《文物》1986年第10期。

③ 沈阳市文物管理办公室等：《沈阳新乐遗址第二次发掘报告》，《考古学报》1985年第2期。

路手杖，以指引老者的灵魂回归祖先的发祥地。这种指路手杖有普通和简易两种，普通形较为正规，杖首用木刻而成，上刻毕摩的咒符，通体把握得很光滑。这种器物与贾湖的柄形石器十分接近。简易的仅在一杖杆顶端捆扎松针之类。

羌族巫师所用的手杖上，拴有兽王、羊角、铜片等饰物，畲族的手杖是木雕的狗头形，也都为这个地区各部族图腾的象征物。

澳大利亚土著部落阿兰达人及其与之血缘相近的部落，盛行笃信某些作为图腾表征的物体具有超自然的属性，其中最著名者就是屈林加(churinga，或译为楚林噶)或土林加(tjurunga)，这是一种椭圆形的石或木制品，有尖端或圆端，有时就是木块或未加工过的石子。往往刻有像征记号，或绘有种种几何图形和象征性图案。屈林加似与特定之图腾、图腾祖先以及图腾群体某一特定成员有着神秘关联。它被奉为该群体的圣物，置于秘处，未履行成年仪式者不得一睹。澳大利亚中部诸部落则奉"瓦宁噶"(或译为努尔通佳)为圣物，专供举行图腾崇拜仪式之用，其体硕大，或为杆状，或为十字形、菱形。它虽与图腾绝无共同处，但经用于某种与图腾有关的仪式，即与该图腾结下不解之缘，再不可用于与其它图腾物种有关的仪式①。贾湖柄形石器，或许也与"屈林加"有着某些相似之处。总之，这种器具应与当时的某种宗教仪式有着密切的关系。

据有关学者研究，各族早期的萨满大多为女性美洲印第安人也大多如此②。而贾湖出柄形石器的 M330 恰为一老年女性墓。这恐非偶然的巧合。如上述推测不谬，M330 的主人生前很可能就是一位女萨满。而这件柄形石器，很可能就是这位女巫生前在巫术仪式上作法用的道具。

(二) 叉形骨器

这类器物形状较为独特，特征很难形容，大多上有两尖，下有两面，一面呈钩状，一面呈刀状，钩尖与刀尖大多残断，但尖部大多有穿孔，有的甚至穿几次孔进行连缀，可见这个部位很易残断。出土时这些器物有的握在手中，如 M39，有的置于身旁，但大多与随葬的成堆龟甲放在一起，如 M344、M327 等皆是。从它的形状看，很难说有什么实用价值，但又大多制作精致，并经长期反复把握，因而显得油光发亮，从形状推测，叉形器在使用时上面两个叉可能需连接固定在另一物体上，不用时再取下来，而且长期插、拔，故双叉尖大多磨损较重，圆钝光滑，有些两股叉尖已磨得长短不一，由此可推测这种连接物硬度虽不太高，但也有一定硬度。如果不是长期插入连接物而形成的磨损，也是长期插磨其它物体而形成，而这种反复的插拔行为，可能与特定的仪式程序有关。下半段钩形的一面可能用于手握，刀形的一面内侧也经刮磨处理，可能也为手握方便。此刀形一面较宽，可能起护手的作用。刀形与钩形之间的连接处可能要缀流苏一类的饰物，也许还要加一些坠饰，因要受力，故易于断裂。因此，有理由推测它很可能也与宗教仪式有关，甚或就是龟祭仪式上的法器。

类似贾湖叉形骨器的器物以前在淮河流域的史前遗址也经常遇到，但大多归为装饰品。如刘林遗址 M118：1 刻花骨筒③，大汶口遗址 M10、M103、M17、M59 出土的象牙雕筒④。

民族志材料中，也有类似器物。据云南楚雄彝族文化研究所朱琚元先生相告，彝族毕摩在进行宗教仪式时，有一种法器称为"乌吐"，上有两上尖叉，尖面上有穿孔，下为圆形筒状。贾湖叉形

---

① [法]列维—斯特劳斯：《野性的思维》，商务印书馆，1987 年。

② 露丝·本尼迪克特著、王炜等译：《文化模式》，244 页，三联书店，1988 年。

③ 南京博物院：《江苏邳县刘林新石器时代遗址第二次发掘》，30 页，图二二，16，《考古学报》1965 年第 2 期。

④ 山东省文物管理处等：《大汶口》，102 页，图八六、八七，文物出版社，1974 年。

骨器可能与彝族的"乌吐"具有相似的功能。

(三)骨　　笛

大量古代文献和民族志材料证明,古人和现代少数民族在举行宗教仪式时,往往是载歌载舞的。前引龟铃的材料证明,在进行宗教仪式时,龟壳不仅是一种乐器,也是一种法器。而骨笛在宗教仪式上的作用,需进一步讨论。

据文献记载,很早的时候开始,先民们已有"以乐通神"的观念。在古人那里,音乐、舞蹈、诗歌等艺术形式都是为宗教而产生的。《易·豫卦》象辞曰:"先王以作乐崇德,殷荐之上帝,以配祖考"。《史记·孝武帝本纪》:"古者祀天地皆有乐,而神祇可得而礼"。《周礼·春官·大司乐》:"凡六乐者,一变而致羽物,及川泽之示。再变而致蠃物,及山林之示。三变而至鳞物,及丘陵之示。四变而致毛物,及坟衍之示。五变而致介物,及土示。六变而致象物,及天神。"据此可知古人存在一种以六乐与天神、地示、山神、川神及动物神灵等交流的观念。同时,通过音乐还可降神。《周礼·春官·大司乐》:"雷鼓雷鼗、孤竹之管、云和之琴瑟,云门之舞。冬日至,于地上之圜丘奏之,若乐六变,则天神皆降,可得而礼矣……灵鼓灵鼗,孙竹之管,空桑琴瑟,咸池之舞,夏日至,于泽中之方丘奏之,若乐八变,则地示皆出,可得而礼矣……路鼓路鼗,阴竹之管,龙门之琴瑟,九德之歌,九韶之舞,于宗庙之中奏之,若乐九变,则人鬼可得而礼矣。"总之,古人认为,通过音乐,歌舞,可以将居住于神灵世界的天神地示、人鬼请到人间的祭祀场所接受人们的祭祀。《说文》:"巫,祝也。女能事無形,以舞降神者也。象人两褎舞形,与工同意。"段玉裁注:"無,舞皆与巫叠韵。"以此足以说明巫舞一体,以舞娱神和降神,是中国古代巫的一大特色。

民族志这方面材料更为丰富。摩尔根在《古代社会》一书中指出:"舞蹈是美洲土著的一种敬神的仪式,也是各种宗教的庆典中的一项节目。……他们的每一个部落都有十至三十套舞蹈;每一套舞蹈都有其专门的名称、歌曲、乐器、步法、造型和服装。……这是一个普及于印第安部落的制度,并与他们的宗教信仰和崇拜神明的制度有着直接的关系。"① 可见音乐、舞蹈决不仅仅是娱情,宗教、崇拜的意义所占比重可能更大一些。至少当时人们的主观认识应是如此。

贾湖出土的骨笛可能具有同样重要的意义。在有骨笛出土的墓葬中,有的与龟甲共出,有的与叉形骨器共出,如 M341,为贾湖最早的墓葬之一,墓中不仅有 2 支骨笛随葬,还有龟壳 1 副和狗肢骨几根,M344 不仅随葬骨笛 2 支,龟壳 8 副,而且在龟壳堆上置叉形骨器 1 件。在随葬骨笛的 15 座墓中,与龟壳共出的有 9 座,与叉形骨器共出的有 5 座,骨笛、龟甲与叉形器共出的有 2 座,足见这三种器具的功能有相当大的趋同性,可能均为宗教仪式上的道具。有学者通过对 M344 无头骨的现象和各类随葬品组合的情况推测,该墓主人为一献身殉社的巫师或氏族领袖,可能有一定道理②。

第三节　龟腹石子与卜筮的起源

卜筮的起源是一个几千年来争论不休,至今仍无一致认识的问题,这里仅就贾湖出土有关材料谈一些粗浅看法。

---

① [美]摩尔根著、杨东莼等译:《古代社会》,商务印书馆,1983 年。
② 吴钊:《贾湖龟铃骨笛与中国音乐文明之源》,《文物》1991 年第 3 期。

一、龟腹石子与卜筮起源研究的关系

象世界上所有古老民族一样，占卜术在中华民族的历史进程中发挥过重要作用。而中国历史上的占卜术主要有两个最大的系统，一是灼卜，二是筮占。前者最早见于龙山时代的动物肩胛骨，到商代达到鼎盛，并有记录占卜内容和结果的甲骨文，为现代汉字的前身，因之，灼卜在中华文明史上占有重要的地位。后者在其基础上产生了八卦，对中华文明史也起到了非常重要的作用。但由于最早占卜工具和方式的随意性和不确定性，因之，其历史进程却远没有前者清楚。八卦是《周易》一书中的卦象符号，周易是一部专论筮法的卦书，因此，八卦必然与筮法这种占卜之术有密切联系。关于这一点，似乎没有什么疑问。但是，迄今为止，，关于卜筮八卦起源的讨论，几千年来，众说纷纭，莫衷一是。

按照传统的说法，八卦是伏羲氏观察天地之象和鸟兽之纹而创作的，如《易·系辞下》称："古者庖牲氏之王天下也，仰则观象于天，俯则观法于地，观鸟兽之文与天地之宜，近取诸身，远取诸物，于是始作八卦。"

近代以来，关于八卦起源的理论，有男根女阴说①，图画文字说②，龟卜兆纹说③，以及结绳说，数占说④，掷片说等。但均未得到学术界的公认。比较而言，最近几年主张八卦起源于数占的相对多了起来。

事实上，筮占和数占有密切的联系，它们都是用数字组合变化的或然性来预测吉凶的一种象数体系。这一体系象滚雪球一样，由简单到复杂，由稚拙到成熟，由"伏羲八卦"到"文王六十四卦"，最后形成了影响整个中国传统思想的"象数之学"，并对中国人思维方式的形成产生重要影响。

纵观中国占卜史，可知占卜方法有许多种，据目前所知，汉族就有骨卜、龟卜、蓍筮等，少数民族的占卜方法更是五花八门，如彝族流行羊肩胛骨卜、鸡卜、鸡蛋卜、木卜、竹卜、草杆卜；黎族流行鸡卜、石卜、泥包卜；佤族流行牛肝卜、鸡骨卜、手卜；傈僳族实行刀卜、贝壳卜、竹卜、若聪人实行草卜、鸡蛋卜；羌族有鸡蛋卜、青杆卜、羊毛绒卜；景颇族流行竹卜、阿坝藏族用羊毛绳等。这种种卜法，归纳起来可分为两大体系，也可称为两种基本方法，凡以观察问卜对象的形态的特征变化，以此来预测吉凶福祸的，可归入象卜一类，如龟兆卜、骨兆卜、鸡卜、鸡蛋卜、羊肩胛骨卜等。凡以观察数的变化，以此来预测吉凶祸福的，可归入数占一类，如竹卜、木卜、刀卜、石卜、羊毛绒卜等⑤。《史记·龟策列传》载："三王不同龟，四类各异卜，然各以定吉凶……蛮、彝、狄、羌，虽无君臣之序，亦有决疑之卜。或以金石，或以草木，国不同俗"，所记可能反映了汉代少数民族占卜的情况。

以上材料表明，问卜的材料是多种多样的，而汉族历史上的蓍草卜，可能是程式化之后的产物。同时还表明，数占和象卜是共存的。从甲骨文记载来看，商代也存在象卜与数占共存现象。从青铜器铭文奇字和周代甲骨文分析，周代同样是象卜与数占共存。这些和上述少数民族象卜与数卜共存现象是一致的。

---

① 钱玄同：《答顾颉刚先生书》，《古史辨》第一册，77页。

② 郭沫若：《周易之制作时代》，《青铜时代》，人民出版社，1954年。

③ 余永梁：《易卦爻辞的时代及其作者》，《史语所集刊》第1本；屈万里：《易卦源于龟卜考》，《史语所集刊》第27本。

④ 张政烺：《试论周初青铜器铭文中的易卦》，《考古学报》1980年第4期；汪宁生：《论八卦起源》，《考古》1976年第4期。

⑤ 宋兆麟等：《中国原始社会史》，文物出版社，1983年。

另外，据凌纯声先生研究，台湾省利用真龟壳占钱卜卦者比比皆是，传说此一遗风始自伏羲，这种占卜法绝不见用火灼的痕迹，亦不见从龟甲之裂纹判中凶的卜法，称为文王龟卜法，这种方法与我们研究贾湖龟甲颇有借鉴意义。

据湖南省博物馆吴铭生先生面告，在建国前的湖南农村，还有算命先生手拿装有石子的龟壳，不停的摇动着发出声响，走村穿巷以招览生意。

以上材料使我们有理由推测，贾湖墓葬中随葬的盛有石子的龟壳，可能与占卜有关，而且很有可能就是一种数占法。

上引少数民族的材料和贾湖材料可以推测，早期的数占法所用材料，可能什么东西都用，石子、土块、木棍、草杆、碎骨片、植物种籽等等，只要可用来数数的物体均可，只是到了后来，巫师阶层形成之后，才渐神秘化、系列化、规范化起来。贾湖人将石子置入龟中，可能是用来象征郑重和神秘，因为他们认为龟是可通人与天地鬼神的灵物。《易·系辞上》："以定天下之吉凶，成天下亹亹者，莫大乎蓍龟，是故天生神物，圣人则之。"这些看法，可能在贾湖人生活的时代，就已经形成了。中国历来把"灵龟"作为沟通神灵与人之间的媒介，通过灵龟来告知神灵的意旨，进而判断吉凶，决定行止。因此，"龟，象也；筮，数也。"(《左传》僖公十五年韩简语)是中国的传统，如果说自贾湖、大汶口直到殷商发现的"灵龟"具有原始宗教意义的话，那么这种宗教含义最有可能的是占卜。

二、数卜的前提——数字思维及对奇偶律的认识

如果"龟腹石子"是寓于龟象的数卜，那么贾湖人必须有自然数的概念，这是数卜的前提之一。探讨贾湖人的数字思维程度，是为了探讨其进行数卜的可能性。

数是一种客观存在，但对这种客观存在必须通过一定的抽象才能得到。人类对数的认识至少源于中石器时代，如马来半岛的塞芒人和澳大利亚人，只识得二、三、五等三个数字；中部的阿兰达部落只识一和二，三以上就得用组合数字表示，十以上则用很多表示。我国属于崧泽文化的江苏海安青墩遗址的骨匕上刻有"三五三三六四四六二三五三一"等13个数字符号(有人认为它是两组数字卦)，不容置疑地证明了复杂数字概念的存在。而数的存在，是数卜和筮占的基础。

从贾湖遗址的出土资料，可知贾湖人的数字概念已相当发达，龟甲上刻有一、二的数字符号，当是数字的文字表达；成组的刻痕，当是某种数的记录。二十余个骨笛上大多钻有七个规整的圆孔，M78：1号标本的音孔旁还有初次设计和两次修改设计的刻记，没有相当精确的计算水平，在骨笛上类似于现代计算的多次设计刻记是无论如何也刻不出来的。因此我们有理由认为，在龟甲中所装的石子是数过的，他们已有了个、十甚至百以上的正整数概念，并已掌握了一些正整数的运算法则。

由数字发展到数卜，并非一蹴而就，它是随着对数字性质认识的深化，在对数的奇偶性质进行概括抽象中产生的。换句话说，利用数来占卜，必须懂得数之奇偶才可能实现。《周易·系辞》说："阳卦奇，阴卦耦"，就是对数的奇偶性质和卦的阴阳性质的高度概括。对数的奇偶性质的认识是从数字到数卜的关键。

贾湖人是否已懂得了数字的奇偶律？回答这个问题，我们可以分析下列资料：

首先，在贾湖23座随葬龟甲的墓中，除开随葬一个龟甲的墓和龟甲碎片的墓以外，余下的14座都是以二、四、六、八的偶数龟甲进行随葬，M335虽然随葬了三个个体，但是是以4个碎片的形式随葬的，因此，这种呈偶数随葬的行为决非无目的的偶然所致，应是对奇偶规律的认识。再

者，随葬龟甲不是所有贾湖人的葬俗，此类墓仅占总墓数的6.6%，从分期上讲，一期的2座，二期的18座，三期的3座，这就告诉我们，那些生前常和龟甲打交道的人，才用龟甲随葬，在一个特定时期内（比如20～40年），这种人或一、或二、或三，也就是说，在长达千余年中，贾湖人忠实的保持了对这些人（可能为巫师或首领，下面详论）呈偶数的龟甲随葬习俗，试问，如果不知道奇偶数规律，怎能在近千年中保持这种用偶数龟随葬的传统？显然，贾湖人已认识了正整数的奇偶规律。

三、数卜的具体程序和形式探讨

掌握了数的奇偶律，就可以利用任何一种道具进行数卜。这在民俗学中例子很多。如基诺族在农作、建房、医病时都要占卜，方法是："由头人或祭司抓一把米在手，逐粒数，成双的吉，成单的不吉"。傈僳族的竹卜："看经过火烧的竹丝翘起的单、双数定吉凶"。"彝族的木卜是拿一根木条，卜者一边口念占卜的事件，一边在木条上刻缺口，语毕以双手分别握住木刻中央，然后数左、中、右缺口数目，以双数为吉，否则为凶。"①

如上所述，贾湖遗址龟甲壳中的石子，应是一种数卜道具，把石子置于龟腹之中，是因为龟有"知天之道"、"寿蔽天地"《史记·龟策列传》的大象，这种龟灵崇拜可使人对数卜结果深信不疑。因此，龟腹石子应是一种寓于龟象的数卜。尽管我们现在还不能确指这种数卜的具体内容和方法，但是，可根据龟腹石子的出土情况和以后的数字卦、周易筮法及民族民俗学材料，作下列三种推测：

1. 奇偶占断法

根据本文上面所列资料，龟腹石子出土时的状况有二种，一是同墓的各龟甲中都是同色石子；二是龟甲中的石子有黑白或颜色深浅之分。这说明当时的数卜方法可能不止一种，或具有简繁之分。

所谓奇偶占断法，即把装有若干石子的龟甲握于手中，反复摇动，利用晃动之力，振出若干石子，然后查验振出石子（或留于龟壳内的石子）数目，据其奇偶数目以断吉凶。若参照后世数卜以偶吉奇凶的习惯，当时很可能也是偶为吉，奇为凶。这是一种最简单的数卜法，与前述基诺族、傈僳族、彝族的数卜法在本质上是一样的，只是所用道具不同罢了。这种方法判断吉凶时，仅仅据石子数目的奇偶，而与石子的颜色无关，因此它适用于石子出土状况的第一种情况。

利用"灵龟"的沟通天、神与人的神秘功能，在龟壳中放置若干物品晃动后进行吉凶占断的占卜法，并非作者的臆测。其实例在民族学中也可以找到，如台湾流行的一种"文王龟卜法"，用铜钱三枚放于龟壳之中，摇振一番后振出，按其振出的先后次序，由下而上排于桌上，铜钱正面表阳，背面表阴，排列六次后，可得一个六爻卦，以断吉凶② 据传说这种方法始自伏羲，或许有其久远的传统，为贾湖人利用龟壳中的石子来占卜提供了佐证。

2. 奇偶排卦法

贾湖23座随葬龟甲之墓，以随葬多龟甲的为主，占了14座。假定多个龟甲都各摇一次，就会

---

① 宋兆麟等：《中国原始社会史》，文物出版社，1983年。
② 凌纯声：《中国与海洋洲的龟祭文化》，《中央研究院民族学研究所专刊》之二十，1972年，台湾南港。

得到 2、4、6、8 个奇偶，那么，他的占卜方法就不应是单纯的奇偶占断法，而应是多层次的奇偶排卦法。即把多次得到的奇偶进行某种排列后以成卦，然后根据每卦的断词（或者是卦象、卦辞）来定吉凶。四川凉山彝族地区流行的一种“雷夫孜”占法① 就属于这一类。

这种雷夫孜占法“取细竹（或草秆、木片）一束握于左手，右手随意分去一部份，看左手所余之数是奇是偶，如此进行三次，即可得出三个或奇或偶的数字，最后根据三个数字的奇偶及其先后排列，即可判数据吉凶。”此法的原则是，数只分奇偶，筮必须三次。故只有八种排列方式，即偶偶偶、奇奇奇、偶奇奇、奇偶偶、偶奇偶、偶偶奇、奇奇偶、奇偶奇。每种下都有断词。汪宁生先生认为，此法是八卦的起源。

贾湖的龟腹石子，也可以进行相类似的占筮。在从龟腹中振出一些石子后，就可得到一个或奇或偶的数字，再用其他龟甲进行相同操作，就可得到一组奇偶数字，然后对某种奇偶组合次序规定某种断词，即可进行吉凶测断。

这种利用一组奇偶关系成卦显然比单纯的奇偶判断吉凶进了一步，主要是判断的因素由一种变为了多种。雷夫孜是由三个奇偶判断的，而贾湖可能是以二、四、六、八等多种奇偶因素判断的。当然，如果供判断的因素过多，其排列组合的的方式数目就会很大，如果八龟各摇一次，以成一卦，那么可能的排列方式就有 256 种，显然，这对 8000 年以前的贾湖来讲，可能是过于复杂了。我们认为，可能正是由于太复杂的缘故，到了贾湖三期时，一墓四、六、八龟的现象完全消失，代之以一龟或二龟，一龟者每摇三次，即可得八种组合；二龟者各摇三次，即可得 64 种组合，与后世的八卦和六十四卦相合。到了继之而起的下王岗、青莲岗、大汶口文化时期，龟腹石子的葬法基本上是一墓一龟，有少部分一墓两龟，两龟以上的极少见，这说明，贾湖晚期以后，用龟腹石子的数卜似乎已有成法，已发现了奇偶的八种或六十四种组合方式规律；而贾湖早、中期的奇偶排卦法尚处于摸索阶段，较少的吉凶断词数目和较多的得卦数目具有明显的矛盾，人们还无法把握 4～8 个奇偶全排列后所带来的数百种卦的结果，因此在贾湖晚期，就放弃了两个以上的龟腹石子筮占，而只用一、二两龟的筮占，这也许就是“易以简知”的神髓吧。

3. 阴阳筮卦法

贾湖龟腹中的石子可以分为深色和白色两种，是很值得深思的一种现象。如果从墓主人身份是巫师、龟腹石子是数卜（或筮占）、在以后流行起来的数字卦、易的阴阳爻筮卦法来全面分析，深色和白色石子共放于一龟之内应具有区分“阴阳”的含义。贾湖人未必懂得抽象的阴阳概念，但对各种具体事物的两个对立方面，是有所认识的，如数的奇偶概念就是一例。

我们数数只分奇偶，是数卜的基本原则，而把奇偶再抽象为阴阳，即让“阴卦偶，阳卦奇”，则是《周易》画阴阳爻卦的基本原则，无阴阳爻画，无从谈易卦。从奇偶断卦到用 6、7、8、9 四个筮数对译出来的阴阳爻画和爻象、卦象断卦，是古代筮法的一个质的进步。

过去认为，阴阳概念大约形成于西周时期，而易卦、易象的形成则到了春秋时期。现在，贾湖龟腹中的深色和白色石子的共存，则使我们大为惊奇，因为，当用振出法把龟腹中的石子摇出后，石子在数目上不仅可以区分奇偶，而且在色泽性质上还可以区分“阴阳”，这对筮卦法来讲，不仅可以用奇偶或多个奇偶的排列来断卦，而且可以用赋予黑白石子的某种“象”（用颜色深浅来代表某种或某一类事物）来作复杂的断卦。换句话说，贾湖人用来占卜的石子，除奇偶的数卜外，还能赋予黑白石子某种阴阳之“象”，而进行“象”的占断。比如以白石子表明光明、太阳、天等，以深色

---

① 汪宁生：《八卦起源》，《考古》1976 年 4 期。

石子表示黑暗、月亮、地等。在占卜中引进"象"的类推比拟，是中国以象数为主的各种术数文化的精髓，也是自古以来的传统思维方式，如果说这种思维方式发源于中原的贾湖文化，我们是不会感到不合理的，这不仅因为贾湖龟腹中的用作占筮的黑白石子具有明显的阴阳之"象"的思维倾向，而且以后的龟象、易象的充分发展，也说明阴阳之"象"的起源和发展有一个长期的过程，贾湖黑白石子在龟腹中的存在，为讨论我国象数起源提供了非常宝贵的资料。

至于贾湖人到底赋予了黑白石子什么"象"，我们不得而知。但对其筮卦法，可作如下推测：把若干黑白石子混合放于龟腹之中，然后利用灵龟沟通天人的功能，说出祈祷祝词，摇动龟甲（多数龟甲上所见的长期把握后的光滑痕迹或许是多次摇动后的结果），振出若干石子，按次序排列位置，先数奇偶，再看黑白（阴阳），据奇偶和黑白之"象"来定吉凶。这里，我们只能推测其大致表面占筮程序，对于是一次占筮后就断卦、还是多次？奇偶与阴阳是否相统一？能否得到整齐划一的筮数，都无从得知，当然可以作出各种设计来进一步解释，望有兴于此的贤哲赐教。

总之，从种种迹象看，贾湖人已对自然数及自然数的奇偶律有所认识，奠定了进行数卜的基础；随葬龟甲的墓主人是一些特殊身份的人，很可能是当时的巫师或首领；如果再考虑到"龟，象也；筮，数也"的长期利用龟、数进行占卜的传统，那么，贾湖的"龟腹石子"最有可能的是一种进行占卜的道具。虽然我们所推测的三种数卜方法未必确切，但它作为我国最古老的一种寓于龟象的数卜遗物，是应当肯定的。

四、象、数和象数思维的源流

贾湖的寓于龟象的数卜有两个基本特征：一是把数的奇偶率导入占卜活动之中，奇偶的或然成了反映神意、占断吉凶的主要根据，这不仅是原始思维的一个明显进步，而且为以后的数字卦、周易筮法所效法，产生了深远的影响。二是把数卜寓于龟象之中，利用灵龟的"知天之道"、"查于祸福"之象，来证明数卜的结果是神意，不仅具备了后世象数思维类推比拟的基本特征，而且对以后的"灼龟求兆"等象占产生了重要影响。因此，它是我国象数之卜和象数思维的起源。

象数思维是中国传统思维方式中的一种主要思维方式。过去认为，它发端于《周易》的卦象和筮占，而在贾湖、大汶口等遗址发现的"龟腹石子"，则把龟灵之象的崇拜与数占集于一体。"象"与"数"在龟甲囊中的结合，并非一种偶然的现象，它是自贾湖文化以来直到《周易》的一种长达六千年的文化传统，一种在中原和海岱地区盛行的占卜习俗。无怪乎《左传》僖公十五年韩简说："龟，象也；筮，数也。物生而后有象，象而后有滋，滋而后有数"。这段话告诉我们，象，起于龟之生；数，起于事物之滋漫。象与数都是在原始的龟卜数占中产生的。因此，贾湖、大汶口等遗址出土的一大批反映先民龟灵崇拜和数卜的"龟腹石子"，说明了中国早在八千年就已有了龟卜数占的习俗，已有了象数思维的萌芽。

象与数的占卜，在发展中是互相影响的。从贾湖的龟腹石子来看，似应是以数卜为主，这种数卜的特征是以奇偶和石子颜色的深浅来占断结果。而把占卜用的石子放置在人工整治后的龟甲囊中，只是为了某种施巫术时的象征性需要，如利用灵龟"知天之道"的灵与象来使人相信巫师的数卜结果。龟的灵与象在这时只起到被崇拜的作用，虽与占卜有关，似乎并未用来直接象占。贾湖"龟腹石子"的数卜传统被江苏邳县刘林、大墩子、山东邹县野店、大汶口墓地等大汶口文化遗址的人们所继承[①]，在这些遗址中都发现有"龟腹石子"，另在兖州西吴寺龙山文化遗址出土有腹中有石子的龟囊。但在安徽含山凌家滩则出土了一个玉龟囊[②]。

从形制上看，玉龟的钻孔位置、数目等加工方法在贾湖和大汶口均可找到同类品，证明它和早期的龟甲占卜习俗是一脉相承的，只是用玉料代替了真龟，龟腹中原来用作数卜的石子不见了，而代之以一个刻有神秘图案的玉片。图案中心是一个八角星纹被一个圆圈紧紧套住，再外是一个大圆圈，内有八个圭形纹分别在四隅、四仲的位置上，再外是四个圭形纹在四隅的位置上；而长方形的玉片四周分别钻孔，上九个、下四个、左右分别五个。这个图案解释者众多，但它与后世的占卜用式图"酷为相似"（李零先生语），李零先生认为，可把占卜用的式盘思维起源的"有关线索上推到四千年以前"[③]。

我们认为此图案显示了以后式盘中的基本空间概念，即四方、八位的概念。在后期的式盘中，利用这种空间概念和四季、八卦、九宫、十二辰结合，即可用来占卜。那么，放置在玉龟中的这片玉片，是否是替代石子进行占卜的原始的式占工具呢？

我们认为，答案是肯定的。证据如下：

1. 玉片替代原来作为占卜用的石子至于相同位置，放在龟甲囊中，其作用也应与石子相同，是占卜的又一形式。

2. 古代的龟与式卜本就有紧密联系。《史记·龟策列传》说："（卫）平运式，定日月，分衡度，视吉凶，占龟与物色同，平谏王留神龟以为国宝，美矣。古者筮必称龟者，以其令名，所从来久矣。"筮与式，双声叠韵，故相假。汉人认为，式占时必打着"灵龟"的旗号，是一种由来已久的习俗，含山玉片作为一种原始的式占工具纳于灵龟腹内，恐怕就是这种"筮（式）必称龟"习俗的源头。

准此，玉片上的四方、八位可以代表诸多的"象"，根据后代的式盘上的相应概念，四方有四季、四时、四象、四神、四正、四仲等大象；八位则有八方、八节、八卦、四仲四维等大象。如按照陈久金先生把玉片四周钻孔解释成太一行九宫之数，即"太一下行八卦之宫，每四乃还中央"，故"孔数以四、五、九、五相配"的说法，此玉片所表示的"象"就更多。所以，我们认为，含山玉龟和龟腹玉片，从来源讲是"龟腹石子"占卜法的继续，它同样地利用了灵龟之象来进行占卜；从流变讲，它与以后的式思维和式占有很大联系。含山玉龟及其腹中玉片的发现，为我们研究由数占向象占的发展提供了线索。

到了新石器时代晚期，另一种象占形式——灼骨求兆开始出现，主要材料有：东北富河文化（约5500年前）的无钻凿骨卜；河南淅川下王岗仰韶文化三期（约5000～4500年前）的无钻凿骨卜；龙山文化和二里头文化则发现了较多的有钻无凿的骨卜。

到了商代，关于灵龟之"象"和关于象的思维大大发展，除了继续沿用骨卜的象占外，又出现了灼龟求兆的象占，而且发展出一套程式：选龟、衅龟（杀龟取甲）、钻龟、凿龟、灼兆、刻辞等等。商代的这种龟卜的出现，至少有两个来源，一是用火灼后求兆的方式源于新石器时代晚期的灼骨求兆，二是用龟占卜源于自贾湖起的在灵龟崇拜下的用龟占卜传统。如贾湖龟甲上大多有钻孔，孔数从1～6个不等。而郑州二里岗晚期的灼卜龟甲上、殷墟的背甲上（腹甲上也有孔，但很少见）、周原出土的卜甲上均有钻孔。这些钻孔和钻、凿的灼卜痕迹共存，显然非灼卜所用。因此有人认

① 高广仁、邵望平：《中国史前时代的龟灵与犬特》，《中国考古学研究》，文物出版社，1986年。

② 陈久金、张敬国：《含山出土玉片图形试考》，《文物》1989年4期。

③ 李零：《"式"与中国古代的宇宙模式》，《中国文化》1991年4期。

为是将数甲穿为一串，便于归档之用。但截止目前，还未发现一起穿成一串的例子，而且钻孔非一，此说未必可深信。我们认为，从龟腹石子的占卜及与灼卜共存的情况来看，这些人工钻孔应与占卜的某种具体操作程式有关，或许就是贾湖——大汶口文化选龟、衅龟、钻龟等古老占卜程式中的一种遗留。

商代灼骨、灼甲求兆象占卜的方法盛行，说明了象数思维的大发展，根据《周礼·春官·大卜》的说法："掌三兆之法，一曰玉兆，二曰瓦兆，三曰原兆。其经兆之体，皆百有二十；其颂皆千有二百。"即龟卜有 360 种兆象，3600 种兆辞。可见象思维发达之一般。这为以后《周易》对象数的集大成打下了基础，也为象数思维成为中国文化的核心思维方式打下了基础。

商代晚期，出现了一种数字卦，如"六六六"(《殷墟文字外编》488)、"八七六五"(《小屯南地甲骨》4352)、"七八七六七六"(《中国考古学报》5 册图版肆壹:1)、六六一六六六/六一一六一一(《包山楚简》简 201)等。对数字卦是否是易卦尚有不同意见，我们认为，数字卦由数字组成，只能反映奇偶，不能反映阴阳，且有三位、四位、六位之分，不应人为的直译作易卦的阴阳爻①。因此它不是易卦，而是一种用数字表达奇偶关系的数卜，与我们前举第二种数卜法"奇偶排卦法"本质上是相同的，应是贾湖数卜法的一种继承和发展，同时也应是易卦筮法的来源之一。

至周代，灼龟求象的占卜虽然流行，但《周易》的筮占则异军突起。它以筮数为基础，本质上是一种数占。《周易》筮占之所以能够盛行，并最终在汉以后取代以表象为主的龟卜，在于《周易》对古老的象占、象思维和数卜法的继承、革新与发展，这表现在：

1. 古老的数卜法以简单的数之奇偶来占断吉凶，而数的奇偶不能表示事物的千变万化之象，在实际操作中受到很大限制。而《周易》则把数的奇偶性质上升为爻画的阴阳性质，使根据筮数而来的阴阳爻画具有了几乎无限制的、完全开放性的表象功能，把上古流传下来的象与数完美地结合起来，形成了比较完整的象数思维系统。这是一个绝妙的革新，也是其存在、发展并取代单纯求象的龟卜的根本原因，对中国传统文化核心思维方式的聚成作出了巨大贡献。

2. 大衍筮法的发明是对上古数卜方法的巨大发展。一方面求卦时抛弃了简单的奇偶关系，而代之以复杂的运算，以得到六、七、八、九四个太阴、少阳、少阴、太阳的筮数；另一方面，把自然数也赋予了天地万物之象。使得象思维也渗透到数之中，如天地数、大衍数、生成数等都具有强烈的表象功能。因此，如果说贾湖的龟腹石子具有原始的象数思维萌芽的话，到了商代"象"思维就有了一个质的飞跃，到了《周易》爻画、卦爻辞作成时，就集上古象数思维之大成，完成了象数思维总体框架的建构。

以上论述可以得出这样一结论：中国的思想文化在很大程度上起源于原始的宗教；中国的象数思维方式则起源于自贾湖文化开始的龟灵崇拜和数卜，并在灼龟求象和筮占中得以发展，最终在周易占筮中形成了象数思维方式。

① 宋会群:《中华第一经——周易与中国文化》，河南大学出版社，1995 年。

第八章　契刻符号研究

贾湖龟甲、石器上的契刻符号在发掘简报上公布之后①，曾引起国内外学术界的重视，还发表了一些论文②，均有助于这一问题的深入研究。现将发现的龟甲、骨器、石器、陶器上的契刻符号集中公布，并谈一些粗浅的看法，以求教于关心这一发现的专家学者。

第一节　已发现的契刻符号

目前掌握的契刻符号有16例，分别刻于14件甲、骨、石、陶器上，共同特点均是刻划而成，现按质料分类记述。

(一) 龟甲刻符

龟甲上的刻划痕较多，大体可分为两类，一类刻痕较深，也较为成形，肯定是当时的人们有意契刻而成，其中蕴含有契刻者一定的涵义，属于符号类。另一类痕迹较浅，多不成形，可能系无意所致。所以未进行详细描述。

龟甲刻符有9例，分别刻在8个龟甲上，其中腹甲7例，背甲1例。

1.“”刻于M344：18下腹甲右侧(彩版四七，1、2、3)。

2.“丨丨”刻于M344：28腹甲上。

3.“日”刻于M335：15残腹甲片上(彩版四八，5)。

4.“丨”刻于M94：4腹甲上。

5.“一”刻于M233：11腹甲上。

6.“二”刻于M233：15腹甲上。

7.“八”刻于M387：4下腹甲右侧(彩版四八，4)。

8.“～”刻于M387：4下腹甲上。

9.“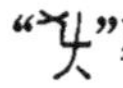”刻于M387：4背甲上。中间一划系利用龟甲的自然纹路(彩版四八，1)。

另外，M387：8腹甲上有两片脱落，一片呈“”形，另一片呈“”形，不知是否系人工有意所为。

(二) 骨器刻符

骨器刻符中，“丨”、“一”形直道很多，主要刻在骨笛上，作为制笛时设计孔位用，有一例刻于一牛肋骨上，可能具有记事的功能。这些虽均系人工有意所为，但均不在讨论刻符之列，只有2例

① 河南省文物研究所：《河南舞阳贾湖新石器时代遗址第二至六次发掘简报》，《文物》1989年，第1期。

② 唐建：《贾湖遗址新石器时代甲骨契刻符号的重大考古理论意义》，《复旦大学学报》(社会科学版)1992年第3期。

刻符比较复杂，记述如下：

10. “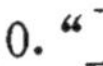”刻于 M253：4 八孔骨笛之上，刻痕较细（彩版四八，2）。

11. “”刻于 M344：3 叉形骨器上，刻符很浅，痕迹较宽，色较深，几乎未损伤骨质外部结构，骨质内部结构稍有改变，但痕迹较明显，可能刻符的工具和手法与以上刻符有所不同。

另外，在一牛肋骨上，有一“”形刻符。

（三）石器刻符

石器刻符只有 2 例，功能各不相同。

12. “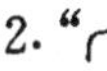”刻在 H141：1 长条形颜料块磨平的一面上，为阴刻，刻痕深且宽。因颜料应为陶工所用，故此器及符可能用作陶工的戳印（图一七〇，3；彩版四八，3）。

13. 为刻在 M330：2 柄形石器上的一组符号“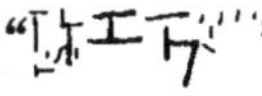”（图一七〇，5；彩版二二，1、2）。这组符号较为复杂，有些可能系在使用过程中无意碰撞、划伤留下的，但大多系有意契刻而成。

（四）陶器刻符

陶器刻符虽仅有 3 例，但其手法和功能各不相同。

14. “”戳刺在 H198：7 深腹盆外口沿部位，呈点状，系陶坯尚未完全干透时所刺，可能具有记号的作用（图一七〇，2）。

15. “”刻于 H190：2AⅢ卷沿罐的口沿下，为光芒四射的太阳状，刻于器腹上部，可能具有某种宗教意义（图一七〇，1；图版三六，3）。

16. “”刻于 T108③B：2 陶坠之端面，刻痕较深，近端处还刻有一周凹槽，因此，如果此器为一测量用的垂球，此端面中间的“十”字刻痕可作找中心点之用。同时此器也可作戳记之用（图一七〇，4）。

第二节　符号分类与内容分析

上节介绍了贾湖刻符的系统资料，本节试图对上述资料进行分类和分析。

（一）分　类

据笔者观察结果，上述 16 例刻符可分为三大类。

A 型：

此类包括龟甲刻符中的第 1、3、7、9 例，骨器刻符中的 10、11 两例，石器中的第 13 例和陶器中的第 15 例。牛肋骨刻符可能也属此类。此类符号从其形状看都具有多笔组成的组合结构，应承载着契刻者一定的意图，因之应具有原始文字的性质。

B 型：

此类包括石器中的第 12 例，陶器中的第 14 和第 16 例，其中第 12、16 为戳记类，可做戳印之用。第 14 例为直接戳刺的记号，可以表示所有权或有标记的作用，与半坡仰韶文化 B、D 类符号相似①。

C 型：

包括龟甲中的第 2、4、5、6、8 共 5 例，均为横或竖的一道或两道直刻痕，但明显为有意所为，与半坡仰韶文化的 A 类符号相似，可能具有记数的性质②。

（二）内容分析

上述三类 16 个刻划符号中，除个别“二”、“一”、“11”、“1”外，未见重复者，因之不具备文字的流通功能，还很难说它们就是文字。但它们有些形状确与 4000 多年之后的商代甲骨文有某些相似之处。我们虽不能说这些符号就是商代甲骨文的前身，但并不能排除它们具有某些相似的涵义，特别是 A 型符号。下面试析之，以期对这些符号的理解有所启发。

符号 1 一看便知，应为人的眼睛的象形，瞳孔偏下，似向下看之状。《说文》：“目部”人眼象形，重童子也。“殷墟一期甲骨文目字为“”（《后下》三四・五）。“”（《前》四・三三・六），亦有作“”（《甲编》一二三九）“”（《甲》二一五）者，金文目作“”（父癸爵），皆大同小异，所不同者，唯瞳孔位置稍有变化而已。青海乐都柳湾马厂文化墓葬中陶器上，发现有“”、“”、“”等彩绘符号，可能非眼睛的象形所演化，当另有含义③。河北藁城台西④ 和江西清江吴城商代遗址⑤ 发现的“”和“”陶文，则接近贾湖的“”，而郑州商城的“”⑥，似乎更为进步一些。由此看来，贾湖的“”应即后来的“目”。目字确系眼睛的象形演化而来，属“象形”一类。自贾湖至殷墟 4000 多年间，目字仍保存了眼睛的形象。

“日”颇似现在的“曰”字，关于“日”，罗振玉曰：“日体正圆，卜辞中诸形或为多角或为正方者，非日象如此，由刀笔能为方不能为圆故也。”叶玉森曰：“内注一小横直之符号者，乃求别于口（即丁）”。但贾湖遗址距今已有八九千年，是时恐尚无干支概念。中间横笔当另有含义。徐灏推测日中的横笔可能反映日中的黑子“横亘如带”的现象，以为牵强附会。笔者认为，太阳出没时薄云贯日的现象是很常见的。我们的祖先由于农业生产的需要而早就注意观察研究日月星辰，云雨雷电等自然现象，久而久之，就形成了一种概念，为了某种需要，又用笔把这种现象记录下来，这是完全可能的。

从现今考古材料看，我国史前时代对太阳的观察和记录，在各大文化系统、各个历史阶段均有反映。如第 15 例“”形符号就是写实的，与抽象的“日”不同。继贾湖文化之后，在仰韶时代，中原的大河村文化发现了大量的天象纹彩陶图案。对太阳的反映更为细致，如太阳有作发光状、日珥状、日晕状、日环食状等⑦。大汶口文化亦有类似的彩陶图案⑧。尤其是大汶口文化发现的“”形和“”形陶文，那山上的云和云上的太阳，十分形象。且几个部首组成一个较为复杂的字，应是文字的又一发展阶段较为进步的特征。甘青地区的马家窑文化，也发现了不少“日”形陶文符

①、② 严文明：《半坡类型陶刻划符号的分类和解释》，《考古与文物》。

③ 青海省文物管理处考古队等：《青海柳湾》，文物出版社，1984 年。

④ 季云：《藁城台西商代遗址发现的陶器文字》，《文物》1974 年第 8 期。

⑤ 江西省博物馆等：《江西清江吴城商代遗址发掘简报》，《文物》1975 年第 7 期。

⑥ 河南省博物馆：《郑州南关商代遗址的发掘》，《考古学报》1973 年第 1 期。

⑦ 郑州市博物馆：《郑州大河村遗址发掘报告》，《考古学报》1979 年第 3 期。

⑧ a. 山东省文物管理处等：《大汶口》，文物出版社，1974 年。

b. 山东省博物馆等：《邹县野店》，文物出版社，1985 年。

号[①]，其形体差异很大，有作⊙、⓪、◯等，也有作⦶、曰形，与贾湖的“日”形体相当接近。龙山时代诸文化遗存中，还未见有类似资料发表。其后的二里头文化亦有类似资料。如在河南渑池郑窑遗址一座二里头文化二期的灰坑中，曾发现一件小陶罐残片，其颈部有阴线浅刻的图案，也系云托日状[②]，与大汶口文化的“⛰”有异曲同工之妙。商代中期的藁城台西[③]也有类似日字的圆圈刻划陶文发现。直到殷墟时期，甲骨文的“日”字仍是不定型的。殷墟甲骨文的“日”字，应是继承上述诸文化而来的。

柄形石饰上的符号可分为三组，是分三次所刻，记录了三个不同内容的事情，还是一次形成，记录了一个事情的三个部分，尚不得而知，但其基本结构也是由点、横、竖、撇、捺等组成，当是可以肯定的。如果上述：“⌓”、“日”系具有一定文字性质的符号的话，这件器物上的刻符则可能是记录了一个完整的内容的一组符号。尽管我们暂时还无法释读破译，但他的重要意义，是不能低估的。

通过上述分析，我们认为，A 型符号可能具有原始文字性质，而 B、C 两型可能分别是记号类和数字类符号。

作为文字发生早期阶段的原始文字，不能按照后代文字体系形成后严格意义的文字来规范，一切事物的发生发展，都依条件、地点和时间为转移。中国古代社会的发展是不平衡的，便不能说文字的发明、使用是平衡的，总是有些局部地区先使用，后来或者延续下来，或者扩展开去，或者自生自灭，在世界上许多创造发明仅仅昙花一现，闪过一道智慧的光芒之例甚多。因此不能因为贾湖文化距今约 9000～8000 年便断定这么早不该有文字。

至于从文字的形、音、义三者来衡量，形是明确的，在当时也是有一定意义的，虽有争议不能确认，总是能代表一个事物的。在前人造字时，最早应该“近取诸身，远取诸物”，还是有明确所指的。正因为是某一事物，其名称便有语音，古今语音变化极大，同时，地域的隔离，方言的歧异，我们不能肯定 A 型 1 号读“目”音，A 型 3 号读“日”或“户”音，但可以推论它们所表现的事物是有读音的。

第三节　契刻符号结构分析

通过对贾湖契刻符号基本结构的分析，可帮助我们从另一个角度进一步认识它的特征和性质，并进而对它在汉字起源与发展史上的地位进行探讨。

1. 笔划是基本书写单位，经验性直观还不能决定是不是文字的条件，它只是一个经验的预审而已。要判断一种符号是不是具有文字性质，还要从符号历史背景，更重要的是要对符号的本身有无特有规律性和重复使用性方面进行鉴定。中国的汉字是由笔划组合的，它的笔画走势和字的架构，表现了汉字的特征。严格地说，汉字的组织结构是三个层次：

第一层次为笔划　点“丶”，横“一”，竖“丨”，撇“丿”，捺“㇏”，勾“亅”，折“㇆”……

第二层次为构件，这些构件就是字根，如匕、十、刀、乙、一、儿、厶……等。由这些字根可以合成大量的汉字。

第三层次合成字，如基、看、字、具、浅、合、加、架……等。

---

① 青海省文物管理处考古队等：《青海柳湾》，文物出版社，1984 年。

② 河南省文物研究所：《渑池县郑窑遗址发掘报告》，《华夏考古》1987 年第 2 期。

③ 河北省文物管理处台西考古队：《河北藁城台西村商代遗址发掘简报》，《文物》1979 年第 6 期。

我们从上面所列举的贾湖遗址的龟、石契刻示例看，它和殷墟甲骨文以及现行文字一样，也有三个结构层次。例如：

第一层　一、丨、丶、丿、㇆、𠃍等。

第二层　⼔、丅、三、乂等。

第三层　日、[illegible]、⼔、[illegible]等。

2. 书写特征，古代是用锐利的书写工具，把字刻划在质地坚硬的龟甲上，笔划遒劲、撇折有矩。贾湖契刻的笔势基本上与上述吻合，有的称汉字为方块字，是根据它的外形叫的，不过刻或写方块字就得按照一定的顺序下笔。贾湖契刻就具有现代汉字书写的特点，也是先横后竖，先左后右，先上后下，先里后外……如果不照这样的次序写，不但写起来困难而且也写不周正，这是汉字的特性使然。

3. 组合方式，汉字的组合方式是拼合式，笔划组字根，再构成合体字。由撇（丿）和竖（丨）组成人（亻）＋匕＝化，水字旁（氵）＋工＝江。从此可以看到汉字具有三级结构，这是方块字独具的特性。这一特性在贾湖契刻里仍然如此，譬如刻符“[illegible]”，它是由“[illegible]”和“乂”两部分组成；刻符“[illegible]”是由“𠃍”和“三”两部分合成；契刻“[illegible]”是由“丿”和“⼔”两部分合成。

以上分析可以看出，贾湖契刻符号的基本结构与汉字的基本结构是一致的。这表明贾湖契刻很可能具有原始文字性质，而且与汉字的起源有着较为密切的关系。

第四节　契刻者身份推测

原始文字的创造和使用与原始氏族的巫师有关，巫师中有的还兼为氏族酋长。宋兆麟先生在《巫与巫术》一书中说：“无论在渔猎、农耕或共同消费中，氏族公社对文字的要求并不迫切，但巫师在祭祀、占卜和巫术活动中，经常与记事发生关系，他们为了记录氏族谱系、民族的历史、天文历法等，就迫切需要有一种记事符号或文字，因此，巫教与文字结下了天然的联系，巫师在文字的发明、传播和改进等活动中，有过不可忽视的作用。”[①] 从四川省甘洛县的耳苏人的耳苏文、云南丽江纳西族的东巴文、贵州省三部县水族的水书、四川彝族的彝文等均为巫师所创制，山东大汶口文化陶尊上的文字涂有红色，可能也是巫师从事祭祀活动时使用的。

且看贾湖出土原始文字的墓主人，出“目”字龟甲的M344墓主人是一男性壮年，仰身直肢一次葬，奇异的是葬式规整、骨架上缺一头骨，仅存头骨碎片少许，随葬陶、石、骨、牙器20余件，其中有叉形骨器1件，此外，有完整龟甲8个。

出“曰”字的M335墓为一次葬与二次葬的二人合葬墓，一次葬者为仰身直肢的壮年男性，随葬各类器物20余件。出A型3号契刻龟甲的M387也有8个龟甲随葬。出石柄形器的M330为一老年妇女二次葬，另有陶壶及獐牙削各1件。

贾湖出土这种龟大多为闭壳龟，与安阳殷墟出土龟不同，龟腹甲与背甲合在一起，周边是可以封闭的。出土时这种龟甲放置于人骨架周围，内盛小石子，数量不等，颜色各异，其数量、形状和色泽，目前尚未找出规律。这种龟灵崇拜习俗，流行于一定的地域，即山东、江苏、河南、四川、陕西等海岱地区、淮河及汉水流域。时间从距今八、九千年一直沿用到距今6000年[②]，即有2000多年

---

① 宋兆麟：《巫与巫术》，四川民族出版社，1989年。

② 高广仁、邵望平：《中国史前时代的龟灵犬牲》，《中国考古学研究——夏鼐先生考古五十年纪念论文集》，文物出版社，1986年。

的时间内延续着，更不必说商周及其后的龟卜与四灵崇拜。这一地域内出产龟类动物，人们食用龟，同时也迷信龟，用龟随葬可能与原始巫术意义有关。我们可以推论，这些随葬龟的墓主人为巫师，叉形骨器可能为巫师所用的法器。详见本书下篇第七章。

现在讨论一下M344墓主无头问题，这乃是与该墓主人身份有关的问题。首先原始氏族曾流行过猎头习俗，猎取其他氏族成员的头祭祀农神，以祈求丰收，但此墓仍保留一些头骨碎片，该头并未被敌对的外族抢走，可见并不是猎头所致，最大可能为自己的氏族内部有意实行的断头葬，陈星灿先生曾对史前时代的猎头和断头葬进行过专题研究[①]。所谓断头葬，即自己的亲属死后割下头颅单独埋葬。而我们根据世界民族志的材料认为贾湖墓葬这种无头的墓葬并不普遍，所以不是通常所见的断头葬，很可能是该墓主人身份特殊，为该氏族成员所崇拜，在该人死后不久，被取下头骨作成崇拜对象。伊里安岛厄剌伯和墨累岛土著民族砍下已死长辈头颅，以腊制成面部，先人之头被认为有灵魂，能预卜吉凶，保卫家庭。苏门答腊的巴塔人，也把祖先头骨制成模型，精心地供奉起来。位于新几内亚东北部的多雷港地区居民信仰所谓"科尔瓦尔"，即祖辈的木雕躯体，上置死者头骨。美拉尼西亚地区不少地方，为敬祀列祖列宗，特地制作人形象，间有嵌以先辈颅骨者。颅骨被供奉于特定的圣所，即男性会舍。这种对颅骨的崇拜，是祖先崇拜的萌芽[②]。

M344不仅随葬品丰富有30多件，而且8个龟甲内盛石子，其中一个龟甲上有契刻的原始文字，随葬两只七孔骨笛，随葬的叉形骨器与龟壳堆在一处，决非生产生活用具，而作为巫术法器的可能性极大，可见该墓主人身份特殊，应为酋长兼巫师。他有多种才能，能上向神明表达民意，下传神旨，既掌握数学知识，历史知识，又会治病，占卜，擅长音乐舞蹈，在原始氏族社会，只有这种智者才能创造、传播并改进文字。

下面讨论一下随葬石柄形器的M330墓主人的身份问题。据云南社科院楚雄彝族文化研究所朱琚元先生相告，彝族的华摩（祭司）在做法事时手中持有一柄可以引导死者灵魂回归祖先发祥地的手杖，杖首部分用木雕刻而成，顶部亦呈椭圆形，上面因经常使用，很光滑，并刻有华摩的咒符。这种手杖确与贾湖M330出土的石柄形器有相似之处。另外，这件石柄形器与澳大利亚中部阿兰达人笃信的屈林加（churinga，也译为楚林噶）非常相似[③]。该屈林加为椭圆形石器，有尖端或圆端，或两端呈扁圆之木条，其上往往刻有象征性记号和几何形图形，这些记号或图形尽管与图腾无任何相似之处，却被视为图腾之标记。它可能代表某一祖先的身体，一代一代地庄严地授予被认为这位祖先托身的活人。它平时被奉为该群体的圣物，置于秘处，未履行成年仪式者不得一睹。它被定期取出检查和擦弄，加以磨光、上油和涂色，并冲着它们祈祷念咒。这种屈林加当遗失或毁坏时，可以补制。贾湖这件石柄形器显然已毁成残器，但该墓为五十多岁女性的二次迁葬墓，她在当时已是高寿，而且连二次葬时也要随葬石柄形器，可见她曾做为祖先的代言人、托身，其巫师的身份是可以肯定的。因此，这件石柄形器可能也是华摩手杖或屈林加一类的法器或圣物。而上面的刻符或许也是巫师咒符或图腾标记之类。

第五节　贾湖契刻在汉字起源研究中的地位

任何事物的发生、发展和消亡，都应有它相适应的历史背景，都是一定历史条件下的产物，贾

---

① 陈星灿：《史前的猎头和断头葬》，《中国社会科学院研究生院学报》1989年第6期。
② ［法］列维——斯特劳斯：《野性的思维》，商务印书馆，1987年。
③ ［苏］谢·亚·托卡列夫著，魏庆徵译：《世界各族历史上的宗教》，中国社会科学出版社，1985年。

湖原始文字的产生，也有其特定的历史背景，它应是当时社会经济和人们的智力水平发展到一定历史阶段的产物。不少学者怀疑在原始氏族社会的历史背景下产生原始文字的可能性，也是有一定道理的。不过具体的环境，还需具体地分析、考察。

上古时代，人类的绘画与石刻遍布世界各地，在法国有洞穴壁画，在北非有石刻，以及澳大利亚的岩画等；在中国有江苏省连云港的将军岩石刻，有阴山岩画，贺兰山岩画，祁连山岩画，左江岩画等。这些远古时代的绘画或石刻，有的是用自然颜色对客观事物进行素描，有的是写意，有的是把一种理念变作符号刻画在岩石、甲骨、器具或其它物体上。无论是哪种表现形式，都可表达原始先民心中的一种意愿，是他们有意识的行为，纯粹毫无目的信手乱画，仅仅为了悦己娱人的艺术一般是不存在的。其实在那远古的洪荒时代，人类为了求得一顿温饱，常常要付出极大的代价，甚至自己的生命，可能没有那种闲情逸致从事生存以外的逍遣活动。尽管岩画或石刻含蕴着人们的一种意愿，但不是所有绘画或石刻都能演变为文字，只有那些能从整体中分离出来，表达一个个基本概念的刻画，才有可能演变为文字。

贾湖契刻的出土给语言界提出一个问题，首先要确定它是不是文字，是什么性质的文字，是不是汉字的源头。西方语言学界长期以来，认为人类最早的文字是起源于尼罗河流域的古埃及图画文字。由于这个原故，从 16 世纪以来，西方的语言学家历史学家以及传教士们，纷纷著书立说论证中国的汉字，是从他们赖以骄傲的图画文字传来的。这些学者限于当时资料的匮乏及民族心态，而把音素文字说成是起源最早最先进的文字，为此有些人牵强附会地说，中国的文字是从西方传来的，就是在本世纪初殷墟甲骨文出土以后，这种论调也未完全消声匿迹。大汶口文化和仰韶文化的陶符的相继出土已证实了，汉字不是来自西方而是起源于中国本土，贾湖契刻的出土事实更加证明了这个问题。

世界上许许多多不同的文字，如汉字的人、日、工等，拉丁文字的 a，b，c，d 等，阿拉伯文的ث、ي、ل等，俄文的 д、ж、ф 等，可以分为音素文字和意理文字两大类，汉字属意理文字，余者属音素文字，这两类文字的发生与发展不尽相同。西方语言学者所说的文字起源于图画，正是音素文字发展的实际情况，古埃及文字就是来自图画。‘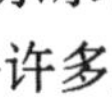’表示水，‘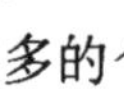’表示用脚行走的意思，“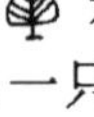”是扇子，还有‘～～～～’等。他们要表达一复杂的概念，需要许许多多的个体画组成，如：一条鱼，一只鸟，人的眼睛，半个太阳，几棵树，加上一个席地而坐的人，去表达一个复杂概念。他们的语言是多音节形态语，一只飞鸟，两棵树，一个人，加起来有表达第一人称的作用。由此看来，印欧语系的文字来自图画是完全可信的，但不能把图画作为所有文字的起源。对于图画是文字的唯一起源，有不少人提出了异议。

关于汉字的起源众说纷纭，有结绳说，有八卦说，有仓颉造字说，最有影响的还是象形说。结绳在上古时代曾帮助过人们的记事，因它变化非常有限，不能分出单个记忆体，所以它不会演化为文字。八卦的抽象性很强富有哲理，不过在汉字的发展史中尚难见到它的作用。仓颉造字的传说活龙活现，但就算有其人，汉字也不是由他开创，他充其量只可能是一个集大成者。很多人都认为中国的汉字就是起源于象形，造成这个现象是有原因的。60 年代以前，所能看到的最古老的汉字，主要的是殷墟甲骨文，后来大汶口陶符的出土（、），更加佐证汉字是象形字。自从西安半坡村陶符出土，才真正引起对象形字的反思，而动摇汉字起源于象形字这一基础的，是贾湖契刻的出土。贾湖契刻的存在就是一个无法反驳的物证，表明汉字很可能主要来源于契刻而非图画。

8000 年前的贾湖契刻与 3600 多年前的殷墟甲骨文有着惊人的相似，无论是从笔势还是笔划组合等方面鉴定，都能确定它们之间有着承上启下的关系。殷墟甲骨文是公元前 1700 年左右的业已成熟的文字，它早已脱离了原始形态，因此它必然有一个源头问题。那么，甲骨文的源头在哪儿？贾湖契刻的发现为我们解释这一问题提供了重要的启示。因为：第一，两者书写的工具相同，都是用锐利的刻写工具，把符号刻画在经过修治的龟甲或骨器上；第二，殷墟甲骨文是用来记载占卜内容的，贾湖契刻也与占卜有关；第三，很明显，贾湖契刻是一种事理符号，而甲骨文中的事理字很多，如‘凶、交、朿、[illegible]、中’等。

通过以上分析，我们可以认为，8000 年前的贾湖人创造的契刻符号，具有原始文字的性质，与商代甲骨文可能具有某种联系，而且很可能是汉字的滥觞。从贾湖人智力水平的考察来看，他们是有能力创造出适合当时社会发展的原始文字的。这一发现对汉字起源的研究具有重要意义。

第九章　骨笛研究

1986年5月初，发掘者首先在M78中清理出2支基本完整的七孔骨笛，继而在M73和M121中也各发现了1支残碎的笛子。1986年秋，又在M253、M263、M233、M270等墓中发现多支骨笛。1987年5月14日，在M282再次发现了完整的七孔骨笛。1987年度的发掘还在M344、M411等墓中发现多支骨笛。发掘结束不久，发掘者携M282∶20号骨笛到北京请音乐家鉴定。中国艺术研究院音乐研究所民族民间音乐研究室主任萧兴华首先肯定它是吹奏乐器骨笛，并请中央民族乐团的笛子演奏家宁保生用斜吹的方法进行试奏，得知了这支骨笛的大致音程关系。

贾湖骨笛分别为五孔、六孔、七孔和八孔多种形制，并能分别吹奏出四声、五声、六声和七声音阶，这无疑是在湖北曾侯乙墓编钟、编磬发现以来音乐考古的又一重大发现。所以这一消息刚一公布①②，立即受到学术界的高度重视。

贾湖骨笛，与比它晚二三千年的西安半坡陶哨（只能吹奏出一个二度音程）、河姆渡陶埙（只能吹奏出一个小三度音程）相比较。不知道要先进多少倍。贾湖骨笛的发现，对我们重新认识中国音乐发展史、对中国音乐的起源和对新石器时代音乐状况的研究提出了新的课题，并对多学科共同研究远古时期的文化现象提供了重要依据。通过对舞阳贾湖骨笛的研究，还可以使我们更多的了解中国在世界文明史中所占的地位。

根据我们目前所掌握的材料得知，贾湖骨笛是目前世界上出土的年代最早、保存最为完整、出土个数最多、现在还能用以演奏的乐器实物。

通过进一步的研究，我们已感到贾湖骨笛的研究成果将会推动中国音乐史、乐器发展史的研究，使人们对中国古代文化和音乐文明的认识提高到一个新阶段，在这个过程当中，贾湖出土的骨笛无疑起着至关重要的作用。

第一节　骨笛分期

贾湖遗址迄今共出土20余支骨笛，从这些骨笛的形制来看，显然可以分为三种类型，它与贾湖文化遗存的三个大发展阶段基本相符。骨笛的三个类型和分期为：

（一）早期，B.C.7000～6600年左右，骨笛上开有五孔、六孔，能奏出四声音阶和完备的五声音阶，其骨笛的编号为：

(1) M341∶1(五孔)(图三六四，1)。

(2) M341∶2(六孔)(图三六四，2)。

（二）中期，B.C.6600～6200年左右，骨笛上开有七孔，能奏出六声和七声音阶，其骨笛的编号为：

(3)M344∶4(七孔)。

---

① 张居中：《八千年前七孔骨笛和甲骨契刻符号在河南舞阳出土》，《中国文物报》1987年12月11日。

② 黄翔鹏：《舞阳贾湖骨笛测音研究》，《文物》1989年第1期。

(4)M344：5(七孔)。

(5)M387：13(残)。

(6)M282：20(七孔)(图三六四,3)。

(7)M282：21(七孔)(图三六五,1)。

(8)M233：3(七孔)(图三六六,1)。

(9)M233：4(七孔)。

(10)M270：2(七孔)。

(11)M270：3(七孔)。

(12)M411：14(七孔)(图三六六,2)。

(13)M121：8(七孔)。

(14)M78：1(七孔)。

(15)M78：2(七孔)(图三六六,3)。

(16)M73：6(残存四孔)(图三六七,2)。

(三) 晚期,B.C. 6200～5800 年左右,能奏出完整的七声音阶以及七声音阶以外的一些变化音,骨笛编号是:

(17)M263：14(七孔)。

(18)M253：4(八孔)(图三六五,2)。

(19)M253：9(七孔)(图三六七,1)。

(20)T18③：16(残)。

(21)T61④：1(残)。

(22)M90：4(残)

(23)M91：1(残)

通过对贾湖遗址的分析研究结果表明,贾湖文化遗存的分期与骨笛的分期结果是完全一致的。

贾湖遗址中出土的 2 支早期骨笛虽然同出于一个墓葬(即 M341),但开孔的数目、形制及其所能奏出的音阶却有很大的不同。M341：1 号骨笛管开五孔,它能发出 G^5、$^{\#}A^5$、C^6、$^{\#}D^6$、G^6、C^7 六个音,它的主音为 $^{\#}D^6$,能构成 $356\dot{1}\dot{3}\dot{6}$ 的音序,是四声音阶;而 M341：2 号骨笛管开六孔,它能发出 $^{\#}A^5$、C^6、D^6、F^6、G^6、$^{\#}A^6$、D^7 七个音,它的主音是 $^{\#}A^5$,可构成 $12356\dot{1}\dot{3}$ 的音序,是一个完整的五声音阶加上一个大三度音程,若把高音的大三度音程去掉,即成为 $12356\dot{1}$,就成了标准的五声自然音阶。通过 M341 出土的 2 支骨笛的比较,可以明显以看出两支骨笛在制作年代上有明显的时间差别,M341：1 号骨笛制作年代在前,它的形成可能早于 B.C. 7000 年之前,当时演奏的音乐以 1356 四个音占据着统治地位。M341：2 号骨笛虽然与前者同出于一个墓葬,但它制作的年代可能稍晚,它是音乐水平的发展、人们的追求和需要的结果。虽然它比前者只增加了一个按指孔和一个音,但它却使骨笛由原来的四声音阶发展到了完整的五声音阶,由此我们可以做出这样的推测,在 BC7000 年之前的音乐是以 $6\dot{1}\dot{3}\dot{6}$ 四个音构成音乐的主调,在五声音阶的骨笛出现之后,$135\dot{1}$ 和 $56\dot{1}\dot{3}$ 则构成了音乐的主调。如若四声音阶是我国最早的音乐传统,那么在五声音阶骨笛出现之后,就增加了新的四声音节的因素。我们可将 M341 出土的两支骨笛所能发出

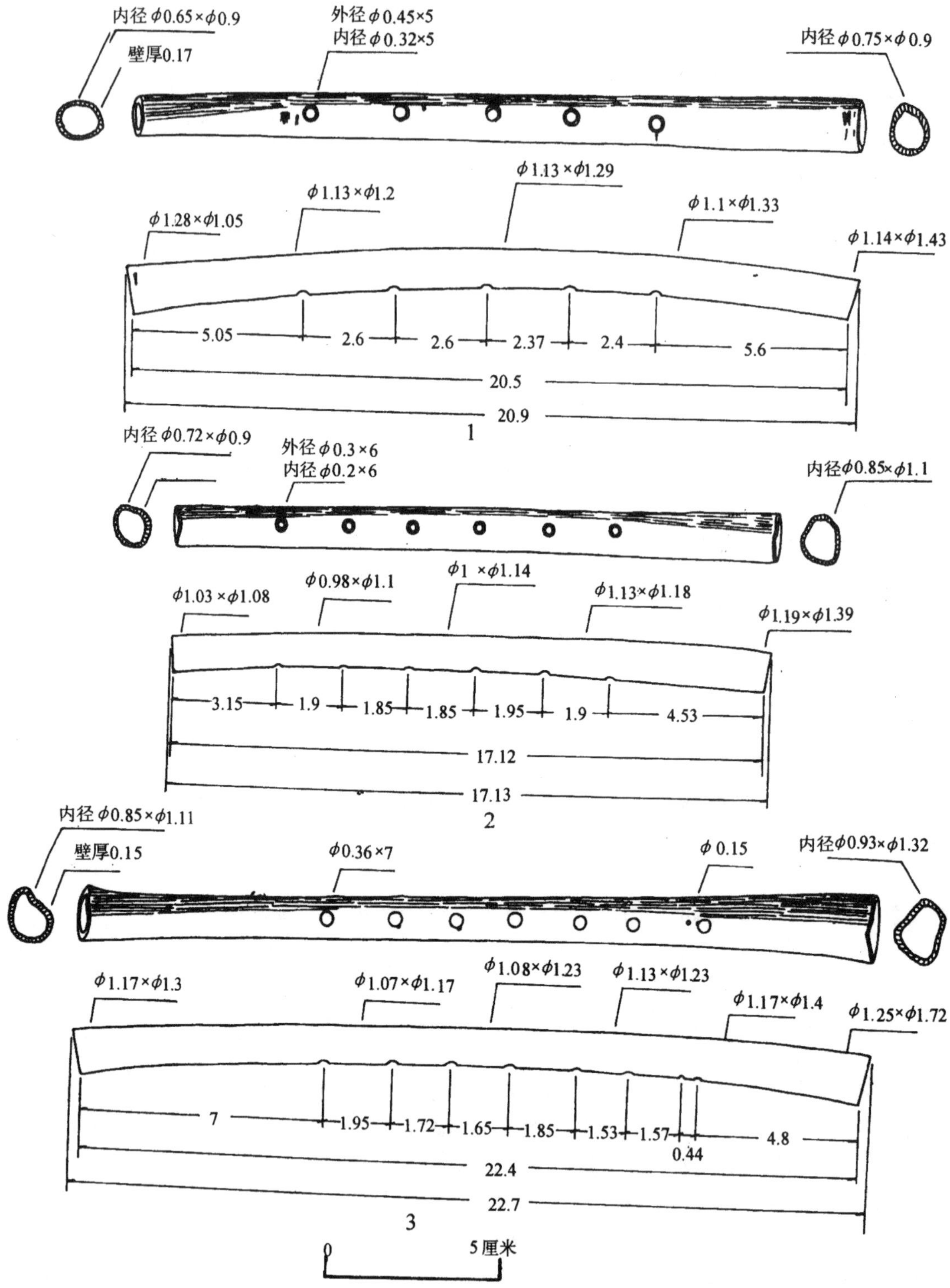

图三六四　骨笛

1. M341：1　　2. M341：2　　3. M282：20

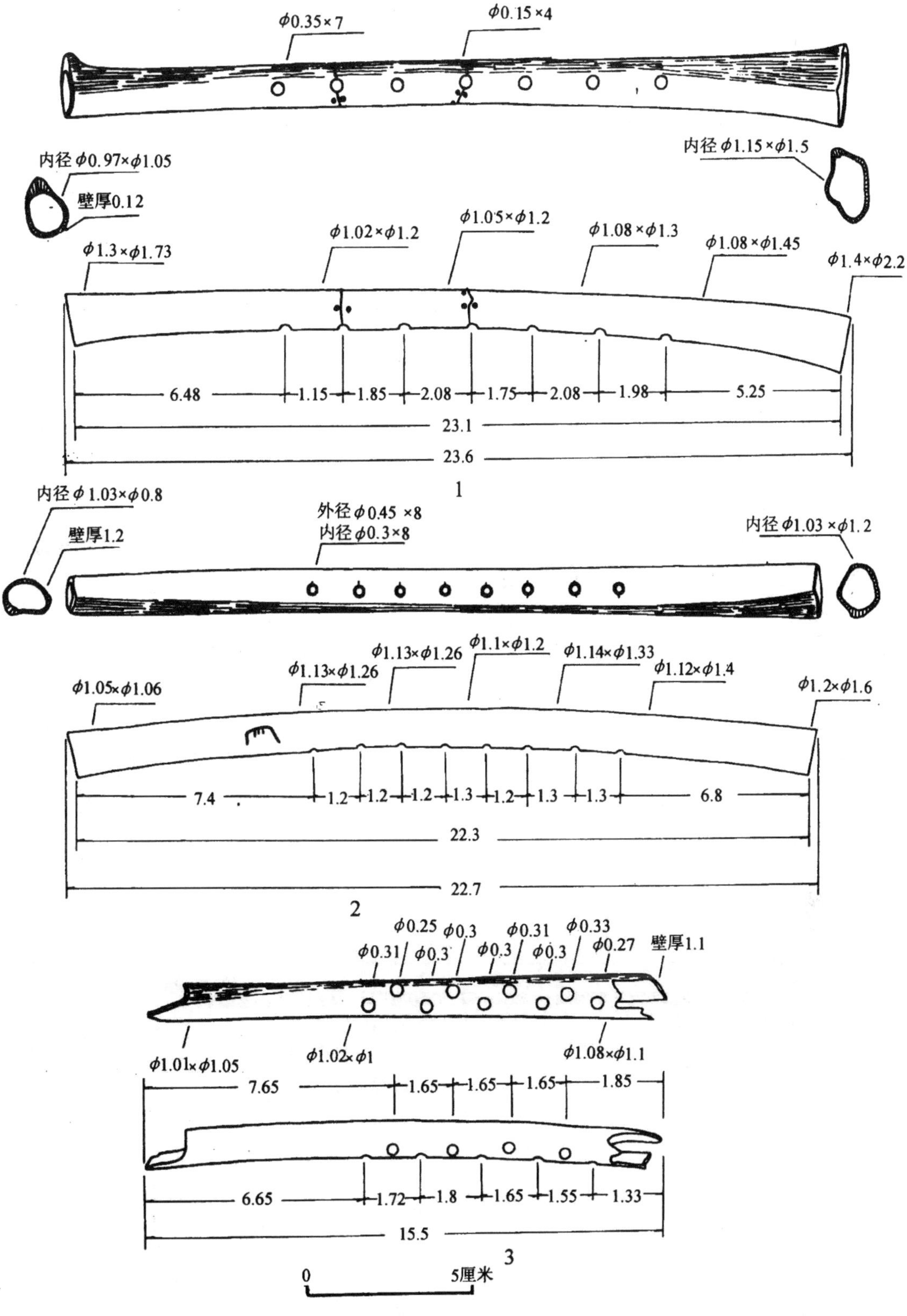

图三六五　骨笛

1. M282：21　　2. M253：4　　3. 汝州市博物馆藏0004号

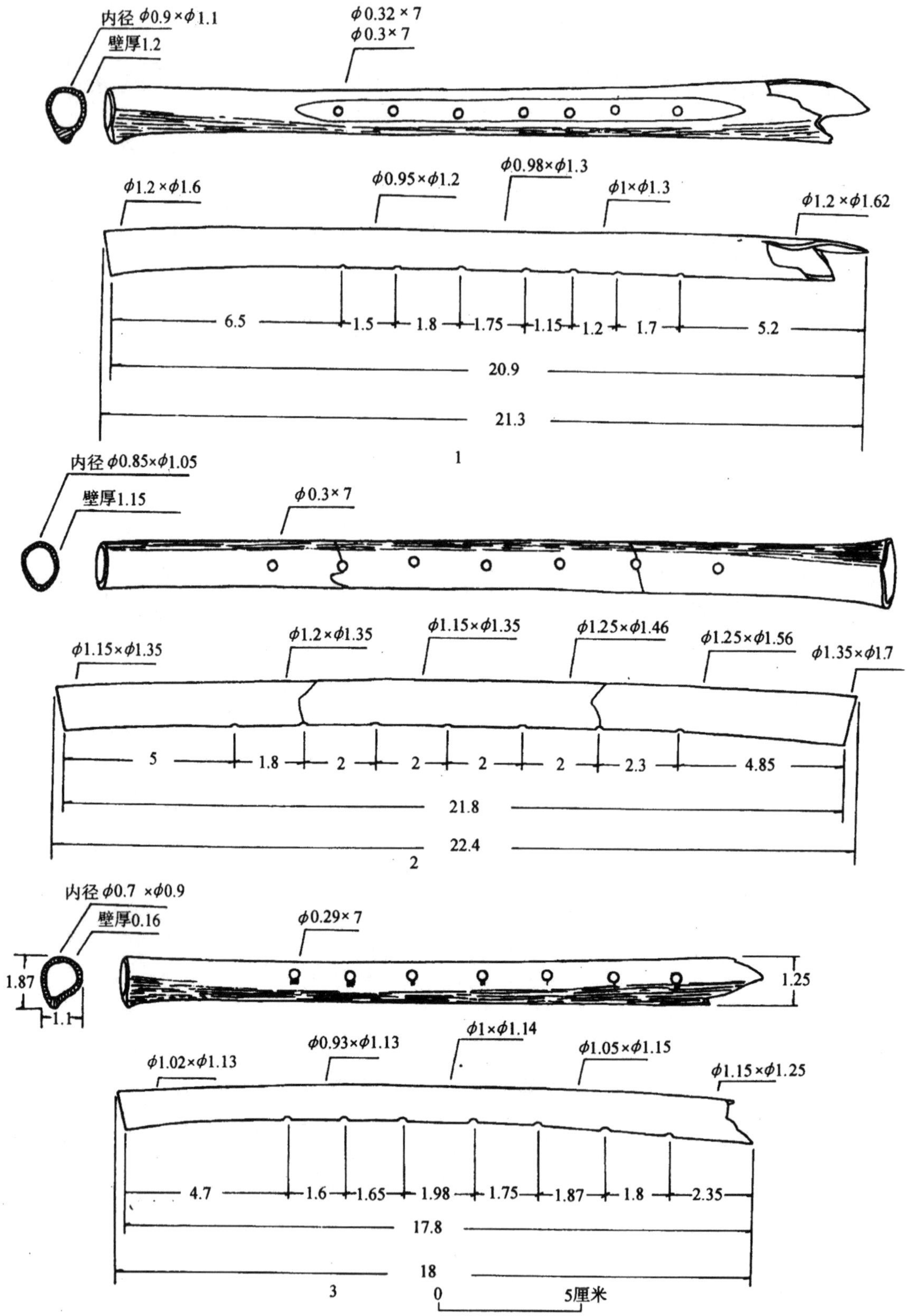

图三六六　骨笛

1. M233：3　2. M411：14　3. M78：2

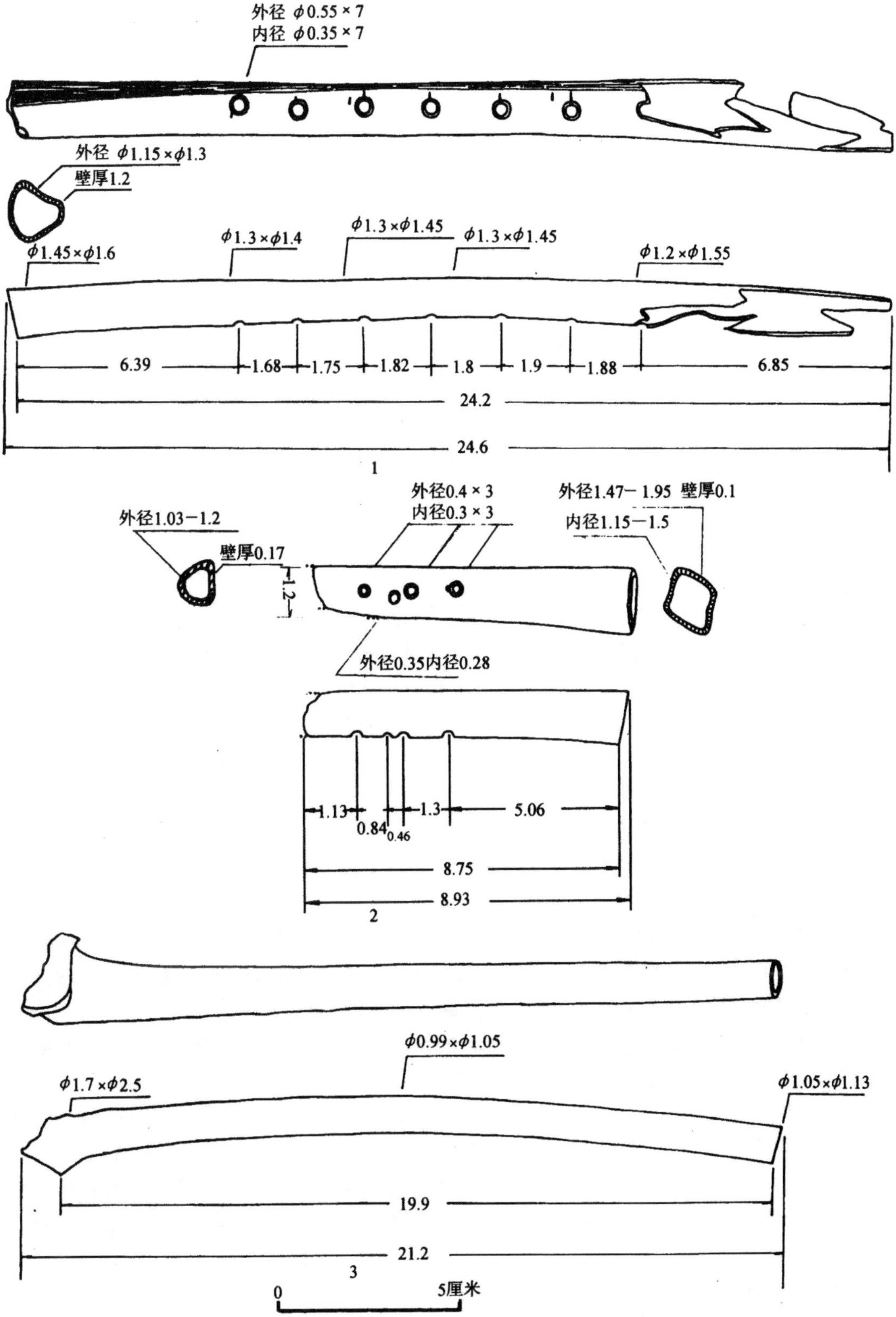

图三六七　骨笛

1. M253：9　　2. M73：6　　3. H87：2

的四声音素作如下比较：

M341：1号（五孔）	M341：2号（六孔）	
$356\dot{1}$	$356\dot{1}$	
$56\dot{1}\dot{3}$	$5\dot{6}\dot{1}\dot{3}$	（$56\dot{1}\dot{2}$）
$6\dot{1}\dot{3}\dot{6}$	$6\dot{1}\dot{2}\dot{3}$	
	1235	
	2356	

如果说 M341：1 号骨笛所发出的音是构成小调调式的基础音，那么 M341：2 号骨笛所发出的音不仅能吹奏自然小调的音乐，而且也能演奏自然大调的乐曲，而且还占据着更重要的地位。

我们目前还不知道当时人们演奏的技术水平，也难以断定当时人们是否用超吹的方法来增大音域，但仅从 2 支骨笛所发出的自然四声音序，就能看出两者继承和发展之间的关系，如若把超吹的因素也加进来，M341：2 号骨笛所能演奏出来的四声音阶就具有 M341：1 号骨笛所能演奏出四声音阶的全部功能，并在它的基础上所构成的音乐调式上有了相当大的发展，在这里不难看出，先期的五孔骨笛所发出的声音中，$6\,\dot{1}\dot{3}$ 三个音占据着统治地位，而 M341：2 号六孔骨笛所发的音中，135 三个音的作用明显地突出了，如果从今天调式的观点来看，2 支骨笛的筒音和主音的位置产生了根本性的变化，用这 2 支骨笛显然能奏出情调差异很大的乐曲，说明贾湖先民们在对音乐的追求上有了飞跃性的变化。通过 M341 出土的五孔和六孔 2 支骨笛的比较，我们不难发现，贾湖的先民们对音乐的追求是在不断发展的，这种对音乐更宽广的追求，促使了乐器的变革与发展，而这个阶段大约用了将近 400 年的时间（即从 B. C. 7000 年至 6600 年），应当说，这个时期的骨笛，在贾湖文化骨笛的类型中属初期形态。

贾湖遗址中出土的中期骨笛，在 B. C. 6600 年～6200 年期间，这个时期出土的骨笛都是管开七孔，它们不但能吹奏出完备的五声音阶，而且已经能够吹奏出六声音阶和七声音阶，这个时期的骨笛与初期比较，已进入成熟期，并发展到骨笛制作的精品时代，其中最具代表性的是在 M282 出土的 M282：20 和 M282：21 号 2 支骨笛（这 2 支骨笛的详细情况将在下文作对比论述）。它也是贾湖遗址中出土的精品，代表着贾湖音乐文化的最高水平。

贾湖晚期的骨笛，大约在 B. C. 6200 年～5800 年之间的四百年时间，这个时期的骨笛除了一部分保持了中期的七孔骨笛的形制之外，还出现了八孔骨笛，它不仅能吹奏出七声音阶，而且还出现了变化音，这种发展说明在贾湖居住的先民们，在当时物质条件还处在较原始的情况下，在精神上（具体反映在音乐文化方面）却追求着更为宽广的表现领域，有了这方面的追求愿望，使原始乐器骨笛产生了一个突发性的变化，用我们现代的话来说，它是文化现象中的超前式的发展变革，这种现象是在普遍规律上产生的特殊变革，只能在特殊的情况下，才能出现，这个特殊的变革是在具有天才的音乐家出现时才得以完成的，只是由于历史的久远，当时又未出现系统的文字，未能把他记载下来罢了。

在贾湖遗址三个时期的墓葬中，早期的 M341 号墓，中期的 M344、M282、M233、M270、M78 号墓，晚期的 M253 号墓各出土 2 支骨笛，这些出土 2 支骨笛的墓葬与其它墓葬相比，墓室的规模较大，随葬品也较多，其中以中期的 M282 号墓葬规模最大，随葬品竟有 60 件之多，而且出土的 2 支骨笛质量最精，虽然它们在制作的时间上有所差异（下文中将有专门论述），但我们由此可以推测出，这些墓主人在生前可能都有着一定的特殊地位。他们既可能是部落或氏族中的首领，也可能是部落或氏族中能沟通天地、人神的巫师，他们是骨笛的主人，是骨笛的制作者与使用者。

第二节　骨笛测音

由于贾湖骨笛具有 9000 年至 7800 年的历史，在地下的保存条件较差，因此，除 M341：1、M341：2、M282：20 号 3 支骨笛之外，其它的骨笛大多都有一定程度的损伤，为使测音工作能得以顺利进行，我们在极其困难的条件下对一些损伤较轻的骨笛进行了适当的修补。测音工作是分四次进行的，而且条件差异较大，给测音工作增加了一定的难度。

第一次测音工作是在 1987 年 11 月 3 日，萧兴华约请了音乐研究所所长黄翔鹏研究员、武汉音乐学院院长童忠良教授及徐桃英、顾伯宝工程师一行五人，携带 Stroboconn 闪光频谱测音仪来到郑州，由萧兴华、徐桃英二位吹奏，顾伯宝操作仪器，黄翔鹏和童忠良二位先生监测。这次只对 M282：20 号骨笛进行了测音。经测音后，大家慎重地认定舞阳贾湖骨笛是我国最早的乐器之一；贾湖骨笛已具备了音阶形态，并初步认定对贾湖骨笛的深入研究可能会揭开我国远古时期音乐文化发展的一些奥秘。

第二次测音是在 1992 年 6 月，萧兴华与顾伯宝第二次赴郑州，对发掘出的所有骨笛进行了认真的观察，并和张居中一道对其中 5 支M341：1、M341：2、M282：20、M282：21、M253：4 骨笛进行修复和测音，发现舞阳贾湖骨笛可以吹奏出四声、五声、六声和完整的七声音阶，根据这个测音结果，对产生不同年代的骨笛进行了综合分析与研究，发现了不同时期制作的骨笛在音阶形态上的发展与变化，初步地说明远在七、八千年之前，在东方这块土地上已奠定了中华民族音乐文明的基础，并认定河南舞阳贾湖骨笛是近半个世纪以来音乐考古的最大发现之一。

第三次测音工作是 1993 年 10 月，在北京中国历史博物馆进行的，由张居中监测和操机，萧兴华吹奏，对已调入中国历史博物馆的舞阳贾湖 M78：1 号骨笛进行测音，这支骨笛在测音前由中国历史博物馆保管部的技术人员予以修补。由于这次测音人员与仪器均不完备而且杂音较多，测音失败。

第四次测音工作是在 1994 年 5 月 25 日，在北京中国历史博物馆进行的，由崔宪监测，王铁锤演奏，韩宝强、刘一青操机并记录，对 M78：1 号骨笛进行了重新测音。

1992 年 6 月下旬，萧兴华、张居中和顾伯宝到河南省汝州市汝瓷博物馆，对该馆所藏的中山寨十孔骨笛（汝藏 0004 号）进行了测音（图三六五，3），这次测音工作由张居中监测、萧兴华吹奏、顾伯宝操机。中山寨十孔骨笛有较大的损伤，我们根据骨笛上端留下的痕迹进行了修补，可惜的是下端的伤残部分难以确定骨管长度，无法修补复原，对测音工作带来了一定的影响。中山寨与贾湖在地理位置上相距有 100 多公里，但它们同属一个汝河水系，两地骨笛使用的制作材料相同，在形制上有很多相似之处，但按指孔有两排，而且属密集型排列，看来不是演奏的乐器，而属定音器一类的骨笛，中山寨十孔骨笛与贾湖骨笛相较，形成期当在贾湖骨笛晚期之后，距今也约有 7000 多年的历史。

在测音的过程中，顾伯宝工程师根据原骨笛的大小，绘制了贾湖骨笛 1：1 的图。上述五次测音的数据为（表一四七～一五三）：

表一四七 M341：1 五孔骨笛测音记录表

M341：1 五孔骨笛			M341：1 五孔骨笛		
音孔位	↑	↓	音孔位	↑	↓
1孔	C7—20	C7—20	1孔	C7—7	C7—7
2孔	G6—20	G6+4	2孔	G6+5	G6+10
3孔	#D6+13	#D6+40	3孔	#D6+15	#D6+17
4孔	C6−10	C6+35	4孔	C6−17	C6+20
5孔	#A5—27	#A5+20	5孔	#A5—4	#A5+10
筒音	#F5+41	G5−27	筒音	G5−40	G5−5

表一四八 M341：2 六孔骨笛测音记录表

M341：2	六孔骨笛		M341：2	六孔骨笛	
音孔位	↑	↓	音孔位	↑	↓
1孔	D7+10	D7+10	1孔	D7+11	D7+1
2孔	#A6+10	#A6+10	2孔	#A6−10	#A6+5
3孔	G6+19	G6+10	3孔	G6+8	G6+8
4孔	F6+19	F6+9	4孔	F6−20	F6−13
5孔	D6+50	D6−5	5孔	D6+20	D6+5
6孔	C6+24	C6−12	6孔	C6+8	C6−10
筒音	#A5+5	#A5−67	筒音	#A5+16	#A5−33

表一四九 M282：20 七孔骨笛测音记录表

M282：20	七孔骨笛	（堵小七孔）	M282：20	七孔骨笛	（堵小七孔）
音孔位	↑	↓	音孔位	↑	↓
1孔	A6+45	#A6−19	1孔	#A6−18	#A6−18
2孔	#F6+45	G6−19	2孔	#F6+45	G6−18
3孔	E6+8	E6+48	3孔	E6+11	E6+45
4孔	D6+8	D6+40	4孔	D6+11	D6+45
5孔	C6+24	C6+40	5孔	C6+35	C6+45
6孔	B5−35	B5−11	6孔	B5−22	B5−7
7孔	A5−15	A5−11	七孔	A5−4	A5+2
筒音	#F5+46	#F5+46	筒音	#F5+50	#F5+69
M282：20	七孔骨笛	（堵小七孔）	M282：20	七孔骨笛	（堵小七孔）
音孔位	↑	↓	音孔位	↑	↓
1孔	#A6−34	#A6−18	1孔	A6−39	A6−20
2孔	G6−40	G6−18	2孔	#F6−34	#F6−34
3孔	E6+13	E6+37	3孔	E6−46	E6−34
4孔	D6+10	D6+37	4孔	D6−46	D6−34
5孔	C6+15	C6+37	5孔	C6−10	C6−50
6孔	B5−30	B5−30	6孔	B5−52	#A5+18
7孔	A5−4	A5−13	7孔	A5−31	#G5+23
筒音	G5−40	G5−40	筒音	#F5−31	#F5−10

续表一四九

M282：20	七孔骨笛	（堵小七孔）	M282：20	七孔骨笛	（开小七孔）
音孔位	↑	↓	音孔位	↑	↓
1孔	A6－30	A6－30	1孔	A6＋25	A6＋25
2孔	#F6－30	#F6－40	2孔	#F6＋4	#F6＋25
3孔	E6－30	E6－45	3孔	E6－32	E6－5
4孔	D6－30	D6－45	4孔	D6－32	D6－5
5孔	C6－30	C6－33	5孔	C6－16	C6－5
6孔	B5－82	B5－65	6孔	B5－43	B5－48
7孔	A5－60	A5－55	7孔	A5－11	A5－9
筒音	#F5－10	#F5－2	筒音	#F5＋8	#F5＋13

M282：20	七孔骨笛	（开小七孔）	M282：20	七孔骨笛	（开小七孔）
音孔位	↑	↓	音孔位	↑	↓
1孔	A6＋39	A6＋39	1孔	A6＋40	A6＋40
2孔	#F6＋39	#F6＋45	2孔	#F6＋40	#F6＋40
3孔	F6＋1	F6＋15	3孔	E6－9	E6＋6
4孔	D6＋10	D6＋17	4孔	D6－9	D6＋2
5孔	C6＋10	C6＋8	5孔	C6＋4	C6＋2
6孔	B5－33	B5－33	6孔	B5－41	B5－40
七孔	A5＋10	A5＋5	7孔	A5－1	A5＋0
筒音	#F5＋40	#F5＋35	筒音	#F5＋34	#F5＋37

表一五〇 M282：21七孔骨笛测音记录表

M282：21	七孔骨笛		M282：21	七孔骨笛	
音孔位	↑	↓	音孔位	↑	↓
1孔	#A6－33	A6＋37	1孔	A6＋15	A6＋30
2孔	#F6＋50	#F6＋33	2孔	#F6＋50	#F6＋50
3孔	E6＋15	E6＋0	3孔	E6－22	E6＋20
4孔	D6－32	D6－20	4孔	D6－48	D6－8
5孔	C6＋12	C6－20	5孔	C6－30	C6－20
6孔	#A5＋35	#A5＋15	6孔	#A5＋10	#A5＋10
7孔	A5－31	A5－55	7孔	#A5－50	#A5＋10
筒音	#F5＋5	#F5＋3	筒音	#F5＋3	#F5＋0

M282：21	七孔骨笛		M282：21	七孔骨笛	
音孔位	↑	↓	音孔位	↑	↓
1孔	#A6－45	#A6－40	1孔	A6－17	A6－8
2孔	#F6＋55	#F6＋65	2孔	#F6－17	#F6－8
3孔	E6＋8	E6＋40	3孔	E6－40	E6－15
4孔	D6－30	D6＋5	4孔	#C6＋32	D6－25
5孔	C6－10	C6＋5	5孔	C6－50	C6－15
6孔	#A5＋20	#A5＋35	6孔	#A5－3	#A5＋20
7孔	A5－45	A5－38	7孔	#G5＋30	#G5＋46
筒音	#F5＋10	#F5＋11	筒音	#F5－18	#F5－28

表一五一　M253：4　八孔骨笛测音记录表

M253：4	八孔骨笛		M253：4	八孔骨笛	
音孔位	↑	↓	音孔位	↑	↓
1孔	G6+15	G6+15	1孔	G6+15	G6+0
2孔	F6+15	F6+30	2孔	F6+20	F6+22
3孔	#D6+38	#D6+47	3孔	#D6+50	#D6+35
4孔	D6−8	D6+12	4孔	D6+15	D6−8
5孔	#C6−32	#C6−28	5孔	#C6−5	#C6−30
6孔	C6−50	C6−48	6孔	C6−26	C6−40
7孔	#A5+35	#A5+22	7孔	#A5+45	#A5+35
8孔	A5−20	A5−20	8孔	A5−10	A5+0
筒音	#F5+5	#F5+10	筒音	#F5−5	#F5+15

表一五二　M78：1　七孔骨笛测音记录表

M78：1	七孔骨笛	
音孔位	↑	↓
1孔		C7+13
2孔	#A6+10	#A6+13
3孔		G6−21
4孔		F6−36
5孔		#D6−48
6孔		#C6−40
7孔		B5−9
筒音		#G5+43

除了对上述7支骨笛进行了测音和绘图之外，还有M233：3号、M411：14号、M78：2号、M253：9号、M73：6骨笛因损坏比较严重，目前还难以修复而无法测音。还有1支H87：2号骨笛是制作骨笛的毛坯，尚未开孔（图三六七，3）。另外，M55还随葬1支未开孔的骨管，可能是专为殉葬而制的明器，也可能是1件半成品，均属贾湖骨笛中、晚期的制品。

第三节　从骨笛的自然音序看音阶的发展变化

在新石器时代，人们抗拒自然灾害的能力较差，一个部落或一个氏族的群居生活，需要一定的环境和条件。贾湖的先民们之所以能在此繁衍生息1000年之久，说明贾湖这个地区的自然环境，能为他们提供出赖以生存的动物和植物的食品资源的天然条件。

由于贾湖村靠近灰河与北汝河，并紧靠舞阳凹陷的低洼地带，在7800年前，因种种原因迫使贾湖人外迁，随之将他们创造的音乐文明象播种机一样带到舞阳周围的异乡异地（对东方的影响较大），不自觉地进行了文化传播。贾湖的先民们正是在迁徙和游动的过程中，使他们创造的精神文明与物质文明撒向他们足迹曾经到过的地方，并被不断发扬光大。贾湖的先民们因某种原因外迁，以后可能被其他的部族同化、合并及取代，但是，他们创造的音乐文明仍然通过各种方式得以继承和发展。当然，这种继承和发展不是简单的继承和发展，他们创造和使用的基础音列，在现今的音乐调式中仍然得以大量的保存，由此我们可以通过这些音调来研究贾湖先民们的初衷。

研究贾湖骨笛分期问题的重要依据是根据不同期文化出土的骨笛和它发出的自然音序所构成的音阶。从已经测音的几支骨笛来看，在不同的时期，它们的音序和所构成的音阶是随着骨笛的开孔数目而产生变化的，而骨笛开孔的数目和所产生的音阶又是根据人们对音乐的需要不断增加的。

从贾湖早期的 M341：1 号和 M341：2 号 2 支骨笛的自然音序及它们所能构成的主要音列的素材来看，2 支骨笛在制作和使用的时间上显然存在着一定的差别。M341：1 号骨笛管开五孔，M341：2 号骨笛管开六孔，它们发音的自然音序为：

M341：1 号骨笛

$1={}^{\#}D \quad 3\ 5\ 6\ \dot{1}\ \dot{3}\ \dot{6}$

M341：2 号骨笛

$1={}^{\#}A \quad 1\ 2\ 3\ 5\ 6\ \dot{1}\ \dot{3}$

应当说，M341：1 号骨笛所发出的四声音阶属于音阶的早期形态，它的形成至少有 9000 年，甚至 10000 年以上的历史，因为从对骨笛的观察，这支骨笛已经有轻度石化的迹象，这正是漫长历史作用于它的结果。

贾湖中期出土的骨笛数量最多，而形制又最统一，除残断者外，都是七孔骨笛，但由于制作骨笛的材料都是采用鹤的尺骨做原料，而尺骨的自然状态又有长短、粗细、内径形状的差异，因此不可能完全一致，所以在每支骨笛的制作上，都在寻求尽可能的一致性。原材料的差异，限制了骨笛制作的统一性，因此也就出现了优劣之分。中期出土的骨笛并不是每支都是质地优良的产品，因此大多数骨笛因材质较差，在出土时已受到严重损坏，而 M282：20 号和 M282：21 号 2 支骨笛从材质和制作上都是贾湖中期时的骨笛精品。通过对这 2 支骨笛的考查与分析，M282：21 号骨笛制作的时间在前，M282：20 号骨笛的制作时间在后，也可以说 M282：20 号骨笛是 282：21 号骨笛的改良型（下文专门论述此问题）。这 2 支中期骨笛的发音自然音序为：

M282：21（七孔）1＝D

$3\ 5\ {}^{\flat}6\,{}^{\flat}7\dot{1}\dot{2}\dot{3}\ {}^{\flat}\dot{6}$

M282：20（七孔）1＝D

$356\,{}^{\flat}7\dot{1}\dot{2}\dot{3}\dot{5}$

这两个音阶都是在不加任何演奏技术控制的自然方法吹奏出来的音的序列，如若在吹奏时用叉口的方法加以控制，它可以奏出完整的七声音阶，总的来说，中期的骨笛在演奏上已经具备了演奏完整七声音阶的能力。

贾湖晚期骨笛是否具有向更高级的文化层次过渡的性质呢？因为目前还没有掌握足够的材料加以证实，故而暂时存疑。贾湖晚期时间有 400 年左右的历史，出土骨笛的数量较少，仅有 1 支骨笛可以测音，M253：4 号八孔骨笛的自然音序为：

M253：4（八孔）1＝${}^{\#}$D

${}^{\#}2\ {}^{\#}456\ {}^{\#}67\ \dot{1}\ \ \dot{2}\ \ \dot{3}$

若将三个时期的骨笛以音阶的形式排列，我们就可很清楚地看到贾湖骨笛在三个时期的音阶变化。

早期

M341：1(五孔) 1356$\dot{1}$ (主音：$^{\#}$D6)

M341：2(六孔)12356$\dot{1}$ (主音：$^{\#}$A6)

中期

M282：21(七孔)1235^{b}6^{b}7$\dot{1}$ (主音 D6)

M282：20(七孔)12356^{b}7$\dot{1}$ (主音 D6)

晚期：

M253：4(八孔)1234567$\dot{1}$ (主音$^{\#}$A5)

123$^{\#}$4567$\dot{1}$ (主音$^{\#}$D6)

12^{b}3456^{b}7$\dot{1}$ (主音 C_6)

早期的 M341：1 号骨笛(五孔)所发出的音只能构成一个四声音阶，按骨笛的自然音序来看，356$\dot{1}$ 四个音能构成很多曲调的骨干音，有时这四个音也能构成一个完美的曲调，356$\dot{1}$ 也就成了贾湖音乐早期的特殊的、有特点的音型。现在流行在河南舞阳、叶县、驻马店地区的民歌中，还有很多以此四个音，或者是它的变体所构成的音调，如：

一人一马一杆枪

(驻马店地区)

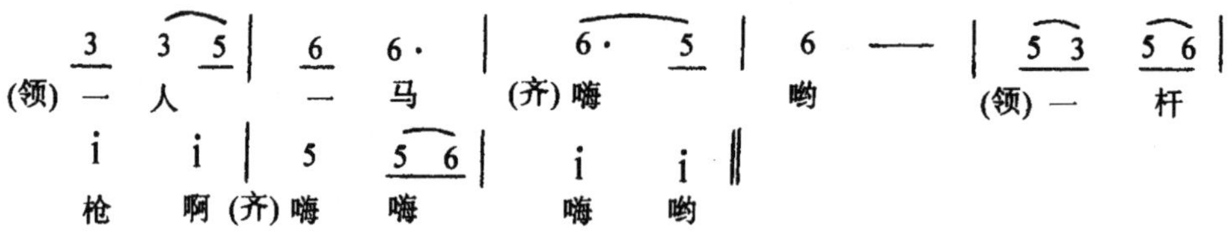

偷 枪 歌

(舞阳)

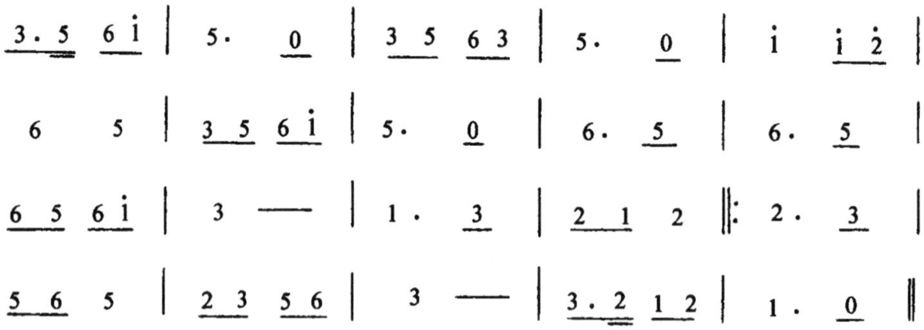

对花(灯歌)

(叶县)

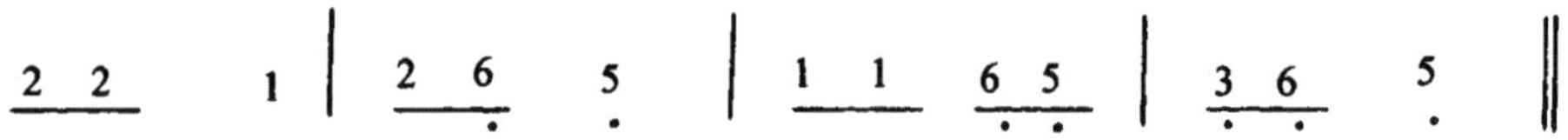

在《一人一马一杆枪》这首民歌的曲调中，只用了 3 5 6 1 四个音为材料，从自然音列来看，它是自然小调主七和弦的第二转位，若是从这首歌曲的调式上来看，它是在主三和弦第一转位的基础上，加上了一个六级音，自然音序中的三个高音 1 3 5 正是主三和弦的原位，由此可以说明，这四个音具备了自然大小调主三和弦音的基本材料，但在具体的曲调运用上确定它的不同色彩和情调。在《偷枪歌》和《对花》两首民歌中，这四个音采用了不同的音序进行组合，或上行、或下行，5613 四个音的序列也时有出现，如《偷枪歌》中第 11—12 小节就采用了这种音序。

M341：2 号骨笛管开六孔，从骨笛的音序中可吹奏出完整的五声音阶，即 1235613，从这个自然音序的排列来看，它显然是在五孔骨笛的基础上改革发展而成，它保留了 M341：1 号骨笛的 3561 四声音阶的音型，派生出了 1235 四个音组成的新的四声音型，使音乐的表述能力大大地拓宽了，这两种音型的灵活运用，便创造出了丰富多彩的音乐旋律。新的音型具有一定的新鲜感，在河南上蔡(距舞阳约 70 公里)民歌《五姊妹梳头》中就只用了 1235 这四个音：

五姊妹梳头(号子)

(上蔡县)

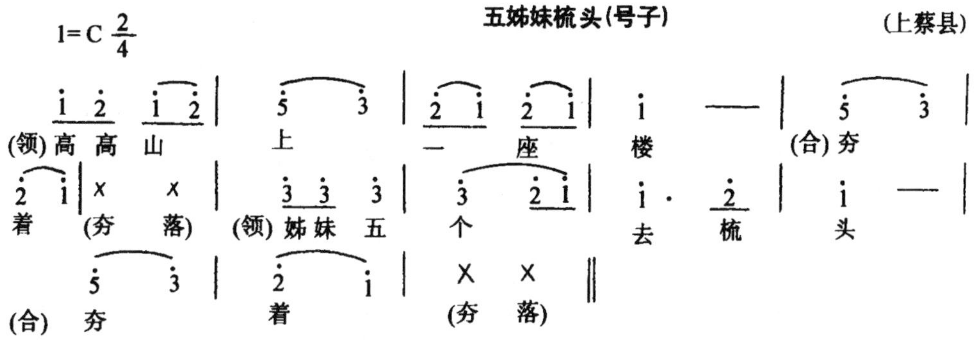

在舞阳县流行的灯歌中有两首民歌《问答》、《说家乡》的音调，是 1235 和 3561 两个四声素材交织运用的结果，它保留了两种素材的基本形态。

问 答 (灯歌)

(舞阳)

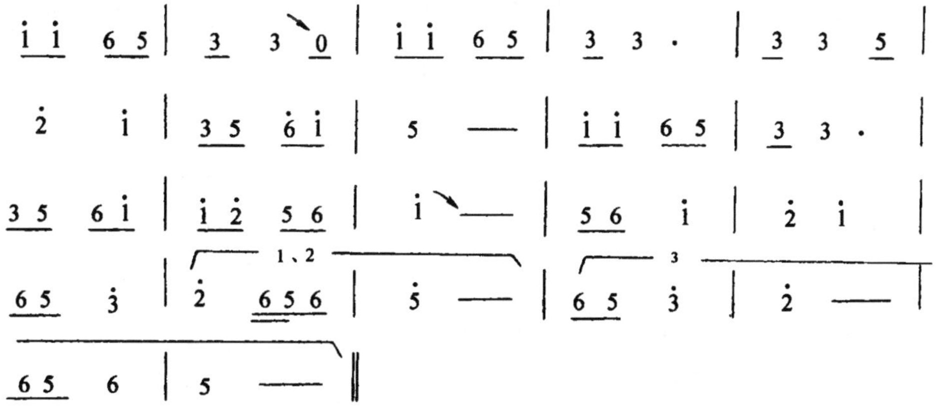

说家乡(灯歌) (舞阳舞钢区)

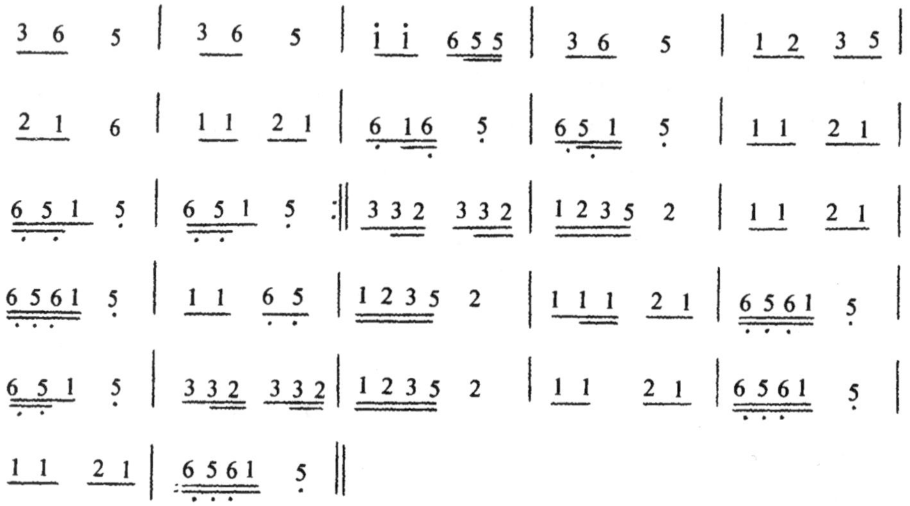

一般的来说,号子、夯歌和小调类的民歌在群众中间有着最强的生命力,它最接近生活,尤其是和劳动生活有着极为密切的关系,无论在什么情况下,人们都离不开劳动,因此伴随集体劳动的歌曲生命力最强,只要这种劳动的性质没有改变,它就有生存和延续的条件。而号子都是在集体劳动中产生的,并成为劳动中最好的伴侣,因此,它的延续性最长。在贾湖早期的两支骨笛所能奏出的自然音序,和现在还能听到的《一人一马一杆枪》、《五姊妹梳头》都属号子、夯歌一类的集体劳动歌曲,它所保存原始音调的因素和贾湖人最初的创造是一派相承的。

由于贾湖初期的骨笛早在9000年之前就制作出来了,而且能用它吹奏出来四声和五声音阶所构成的音调,这是和当时贾湖的先民们所在部落或氏族的音乐水平和审美习惯相适应的,通过对贾湖骨笛的测音,我们可以说五声音阶在中原大地上至少已经有了9000年以上的历史,而这些音阶形态一直在影响着这个地区人们的音乐欣赏习惯。1911年辛亥革命之后,人民敬仰孙中山先生,当地老百姓以自己最熟悉和最喜爱的音调唱出了对孙中山先生的敬慕之情,它的曲调是:

孙中山先生之歌 (许昌县)

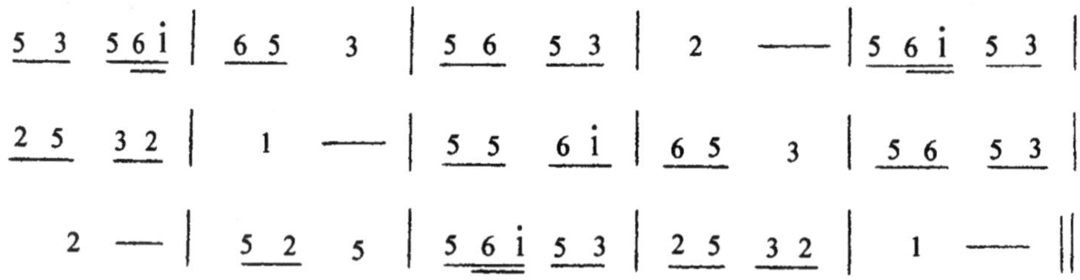

对这首民歌的曲调稍加分析就可以知道,它采用的基本素材仍然是1235和3561两种序列进行或反向进行,我们由此也可以推测出在八九千年之前的新石器时代,唱歌和乐器演奏之间存在着密切的、相互影响的关系。

贾湖遗址M341:1号骨笛和M341:2号骨笛同出自一个墓葬,但从2支骨笛的自然音序和它所构成的主要音列素材来看,两支骨笛的制作时间显然存在着时间上的差别。我们通过分析可以推测出：(1)贾湖遗址的早期墓葬距今大约有 9000 年左右的历史，更早的墓葬群并未发现。现在，其它地方发掘出的新石器时代的文化遗存还难以说明贾湖的先民们来自何处，只能通过以后的考古工作来继续进行探索。(2)从对早期出土的 2 支骨笛进行观察，它们已有轻度石化的迹象。(3)目前所定的贾湖文化的年限是根据多种因素所决定的，对骨笛制作的时间来说，9000 年至 8550 年应是它所属的文化期的年代，并不一定是这 2 支骨笛的制作年代，但至少可以说它是制作骨笛的下限时间。(4)我们说 M341 号墓出土的 2 支骨笛在制作上存着时间上差别的一个重要因素是，M341：1 号骨笛的自然音序所构成的音阶是四声音阶，而四声音阶是音阶的初期形态，它的形成很可能在贾湖文化之前，而 M341：2 号骨笛是在承袭祖制的基础上延续和发展的结果，M341：2 号骨笛虽然只增加了一个按音孔，但它却使音阶的形态发生了巨大的变化，成为完整的五声音阶，我们可以从 2 支骨笛所发生的自然音序做一比较：

M341：1　　$356\dot{1}\dot{3}\dot{6}$

M341：2　　$12356\dot{1}\dot{3}$

M341：1 号骨笛的自然音序为 11 度，M341：2 号骨笛的自然音序为 10 度，但是后者的音有所增加，而音域相应地窄了，说明它向音的密集型发展的趋势，它在五声音阶第六级 6 音的基础上同宫小调的主三分解和弦音(即 $6\dot{1}\dot{3}$)，即保留了 M341：1 号骨笛原有的因素，又使骨笛的表现领域得以大幅度的拓宽。从贾湖六孔骨笛形成的时间上和五声音阶的使用上判断，五声音阶的使用在贾湖至少也有 9000 年以上的历史，从音阶的形成到一个基本概念的确立需要相当长的时间，基本概念的确立到在乐器制作上的实际应用，则需要更长的时间。在 M341：2 号骨笛的制作上，强调 1 音的地位，说明贾湖人的音乐发展水平，在中原音乐文化的启萌时期它所具有的领先地位。而六孔骨笛和它所能演奏的五声音阶，正是贾湖早期的音乐文化基本形态。

贾湖遗址中期出土的骨笛，据^{14}C 测定，距今有 8550 年至 8150 年之间，这个时期的骨笛数量最多，形制也较为统一。其中以 M282：20 号、M282：21 号、M233：3 号、M411：14 号、M78：1 号 5 支骨笛保存较好，以 M282：20 号和 M282：21 号 2 支骨笛最为完整，尤以 M282：20 号骨笛完美无缺，是贾湖骨笛中的精品。

M282 号墓是贾湖遗址中规模最大、随葬品最多的墓葬，据统计，随葬品有 60 件，它说明墓主人在生前有着特殊的地位或在这个部落和氏族中有着特殊的贡献，因此，他的墓葬在新石器时代物质条件并不丰富的情况下，还能有这样大的规模。M282 号墓葬中出土了 2 支骨笛，M282：21 号骨笛出土时在墓主人左股骨外侧，M282：20 号骨笛出土时在墓主人左股骨内侧，这两支骨笛在贾湖全部出土的 25 支骨笛中，其骨质最精良，制作工艺水平最高，音质也最为优美。

在贾湖 M282 号墓发掘出来的 2 支骨笛中 M282：21 号骨笛断为三节。经认真观察，这支骨笛虽然断为三节，并非是入土时所损，而是在墓主人生前已经折断(可能是意外事件所致)，这支骨笛若不是墓主人的祖先所传，也是墓主人在世时的骨笛精品，虽然它已折断，但未弃之，而是经过精心修理，在两处折断处的骨笛壁上钻了 14 个小孔，用细线进行辍合继续使用。在新石器时期，在制作工具极其简陋的情况下，制作出这样的骨笛已非易事，大概它的音质和音准都是墓主人得心应手之物，也许这支骨笛曾伴随墓主人做出过惊人的大事，所以虽折而不弃，而是利用最高的技术予以钻孔辍合，它必是墓主人生前的心爱之物。

根据 M282 号墓 2 支骨笛的推断，我认为 M282：21 号骨笛的制笛时间在前，而 M282：20 号骨笛的制作时间在后，并且显然是 M282：21 号骨笛的改进型，我们之所以做出这样的推断，是基于下列理由的：

1.M282：21号骨笛是墓主人生前的心爱之物，虽断而不弃，采用了当时最为复杂的手段予以修复而继续使用。

2.在M282：20号骨笛的仿制过程中显然经过了精确的计算，在确定M282：20号骨笛的主音时，采取了极其慎重的态度，并力求使2支骨笛在音高上取得一致，M282：21号骨笛第四孔的主音音高是D6－32，而M282：20号骨笛第四孔的主音音高是D6－30，2支骨笛的绝对音高只差两音分，即现代人们确定的半音的1/50，这在当时没有任何科学仪器的情况下，能确定出两支骨笛的基本相同的主音音高，难度是极大的，它也说明古人在对声音的自然敏感度上远远超过了今人。

3.在墓主人对新笛制作的过程中，改变了两个音的高度，使骨笛的音阶产生了变化，2支骨笛的自然音序为：

M282：21号　#F5　A5　#A5　C6　D6　E6　#F6　#A6

M282：20号　#F5　A5　B5　C6　D6　E6　#F6　A6

在这两支骨笛中，M282：20号骨笛在制作时将原骨笛大部分音高都保留了下来，但根据音乐发展的需要改变了其中两个音的高度，这样就使音阶产生了变化，使它分别成为：

M282：21号　$1\ 2\ 3\ 5^{b}\ 6^{b}\ 7\ \dot{1}$

M282：20号　$1\ 2\ 3\ 5\ 6\ {}^{b}7\ \dot{1}$

M282：20号骨笛将音阶的第六级升高了半音，就使音阶产生了根本性的变化，它说明了在由贾湖初期的五声音阶发展到中期六声音阶的变化过程，进而又说明了对第六级和第七级音(其中缺少四级音)的选择过程，变革原则上来说是进步的举措，但变革若附合音乐的发展规律则会保留，不符合规律，它将不由自主的重新改正，这正是事物发展的基本规律，从中期对第六、七级音的选择上，正说明了这个道理。

4.在贾湖早期的M341号出土的2支骨笛上，没有发现在制笛的开孔过程中有计算的痕迹；在中期的M282号墓出土的2支骨笛中，M282：21号骨笛上也未发现有开孔的计算痕迹，它是根据制笛者长期的经验而进行开孔的，而M282：20号骨笛的笛身上却保留着在开孔前留下的计算痕迹，开孔前，曾用钻头在骨管上打有若干个未穿透骨管的钻点，在开孔的过程中，一方面靠长期的经验，一方面根据计算的钻点进行开孔位置的调整，其中小七孔正是在制笛过程中留下的计算孔位，由于此音略高，因此在下方又重新开了一个正式孔，而中期靠后一点时间所制的骨笛上大多都有制笛时在计算开孔位置的刻度，说明贾湖骨笛由经验型的制笛到经验加计算的制笛方法上的进步，这个计算过程，正说明了贾湖的先民们，在距今8500年前对乐器的制造及音阶的选择都有自己的要求和标准，它也说明了当时人们在音乐文化上的需求水平，是一个应引起今人高度重视的问题。

5.M282：20号骨笛是M282：21号骨笛的延续和发展型，它既具有实验性，也具有实用性，是贾湖出土骨笛的精品，也代表着贾湖音乐文化发展的中期最高水平。

贾湖中期M282墓出土的2支骨笛，在音阶上的差别是第六级音，而它们的自然音序都是从D调的三音为筒音的(即#F5)，这2支骨笛音序的自然排列方法，是早期M341：1号骨笛自然音的扩大和发展，一音之差，却使它对音乐的表述领域大大的扩展了，至今，在河南南部的民歌和小戏中，仍有很多曲调采用了这种较为原始的自然音序构成的音乐旋律，如流行在河南省南部的西调皮影唱腔中，有些唱段就保留了贾湖中期M282号墓出土骨笛的自然音序排列的状态。

《孔仙兵阻金鸡岭》这个唱段所使用的音列为 3 5 6 7 $\dot{1}$ $\dot{2}$ $\dot{3}$ $\dot{5}$ 八个音，而它的最低音“3”在乐曲中起着非常重要的作用，整个唱段的结束音也落在这个自然音序中的“3”上，可见它在唱段中所占据的位置。这种小戏中自然音列的应用，和 8000 年之前贾湖骨笛自然音序的一致性决不会是偶然的巧合，应当说它有一种天然的自然习惯的延续性，这和当地人们长期的音乐审美习惯有着千丝万缕的联系。

孔仙兵阻金鸡岭 (选自《金鸡岭》中姜子牙的唱段)

(熊自元演唱 陈家宝记谱)

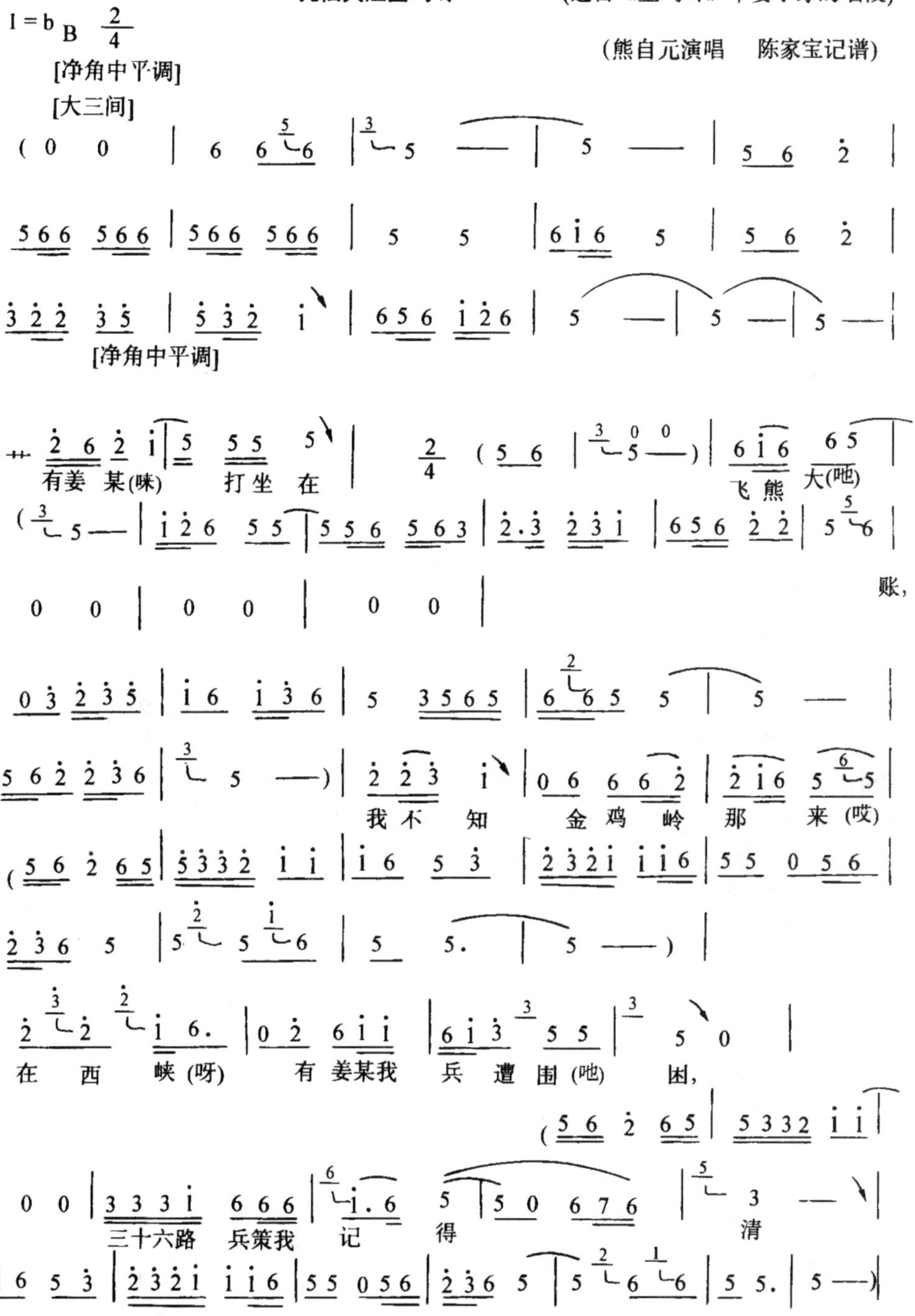

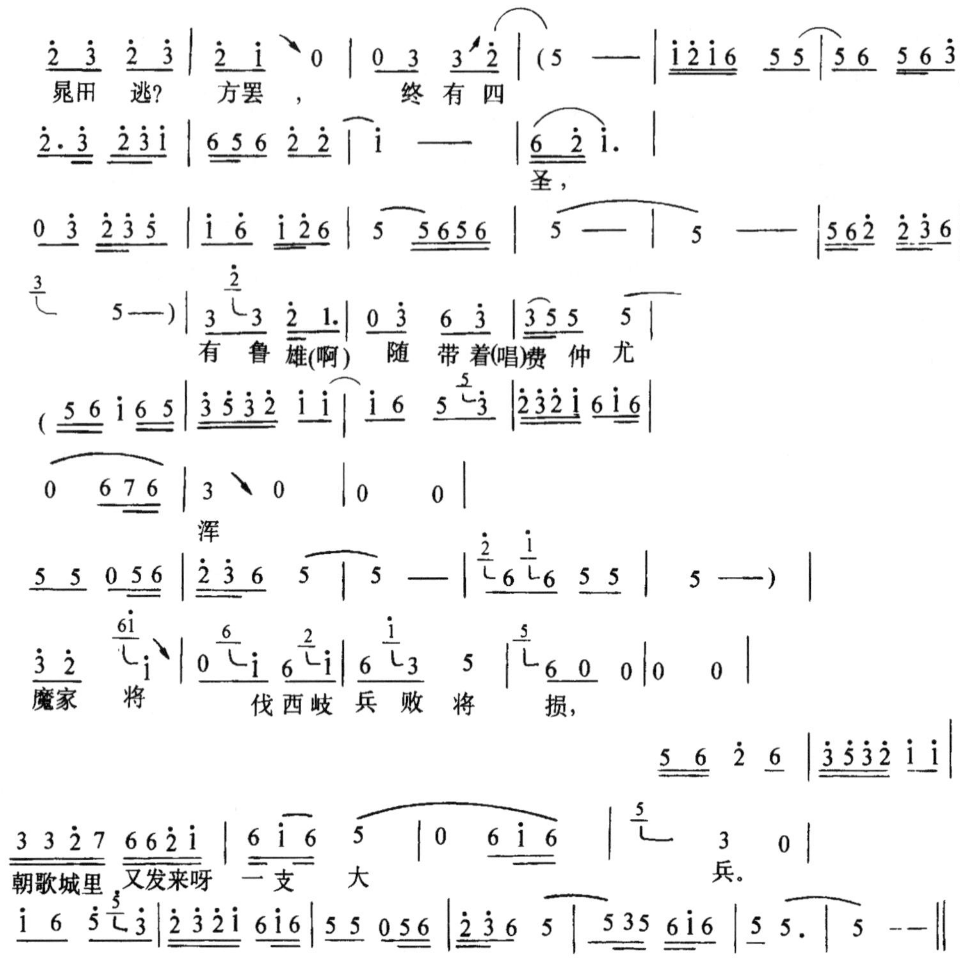

(抄自《中国戏曲音乐集成·河南卷》

贾湖遗址中的晚期墓葬，距今也有 8150 年至 7750 年，晚期墓葬中出土的 M253：4 号骨笛管开八孔，比中期的 M282 号墓出土的 2 支骨笛增加了一个孔，但在骨笛的制作和音律上却产生了不小的变化。根据测音的数据，若以#D6 为主音，它可以排列出这样的七声音阶：

#F5、A5、#A5、C6、#C6、D6、#D6、F6、G6

#2、#4 5、6b7 7123 (b3)

也即 1 2 3 #4 5 6 7 1

若以#A5 为主音，它可排列出下述音阶：

#A5、C6、D6、#D6、F6、G6、A5、#A5

1、2、3、4、5、6、7、1 （提高八度）

若以 F6 为主音，它还可排出：

F6、G6、A5、#A5、C6、D6、#D6、F6

1、2、3、4、5、6、b7、1

表一五三　骨笛测音对照表

出土地点	编号	音高 / 孔别 / 音分差	#F5	G5	#G5	A5	#A5	B5	C6	#C6	D6	#D6	E6	F6	#F6	G6	#G6	A6	#A6	B6	C7	#C7	D7	
舞阳贾湖骨笛	M341：1（五孔）	孔号		筒音			5孔		4孔			3孔				2孔					1孔			综合表一四七
		音分差		−27			+20		+35			+15				+5					−7			
	M341：2（六孔）	孔号					筒音		6孔		5孔			4孔		3孔			2孔				1孔	综合表一四八
		音分差					+5		+8		+5			+9		+10			+5				+10	
	M282：20（七孔）	孔号	筒音			7孔		6孔	5孔		4孔		3孔		2孔			1孔						综合表一四九
		音分差	−10			−60		−82	−30		−30		−30		−30			−30						
	M282：21（七孔）	孔号	筒音			7孔	6孔		5孔		4孔		3孔		2孔				1孔					综合表一五〇
		音分差	+5			−31	+35		+12		−32		+15		+50				−30					
	M78：1（七孔）	孔号			筒音			7孔		6孔		5孔		4孔		3孔			2孔		1孔			表一五二
		音分差			+43			−9		−40		−48		−36		−21			+13		+13			
	M253：4（八孔）	孔号	筒音			8孔	7孔		6孔	5孔	4孔	3孔		2孔		1孔								综合表一五一
		音分差	+5			−20	+35		−50	−32	−8	+38		+15		+15								
汝州中山寨骨笛	汝州陶筑博物馆0004（十孔）	孔号							10孔	9孔	8孔	7孔	6孔	5孔	4孔	3孔	2孔		1孔					
		音分差							−9	−15	+0	−40	−8	−40	−33	+14	+14		+14					

用不同的音作主音，并将它的八度关系进行调整，可排列出三种完整的七声音阶，除此之外，它还可以排列出多种不同调高的六声音阶和五声音阶。由于我们现在还难以知道当时贾湖的先民们的实际演奏水平，因此，也就很难把超吹方法所奏出来的音进行新音阶排列，但是至少可以说，用 M253：4 号骨笛，可以吹奏出不同调高的七声音阶，它已可以根据演奏者对音乐的需要进行转调，因为骨笛构造的本身已具备了转调的条件。

通过对贾湖晚期 M253：4 号骨笛所发声音的分析，我们不难判断出，贾湖晚期的骨笛属于发展期，也是七声音阶的普及和推广期，它所反映出的音乐文化水平，在当时具有世界性的领先地位。

乐器是音乐发展阶段的反映，也是人们表述感情的工具，它的产生是建立在音乐一定水平的基础之上的。通过贾湖骨笛的研究结果，说明贾湖的先民们在骨笛出现之前，他们的音乐文化就已经达到了相当的高度，如果说在距今 7800 年之前贾湖的音乐文化已发展到了相当的高度。那么在距今 7800 年之后，中国的音乐文化已经出现了文明的曙光。通过贾湖骨笛的研究，对我们重新认识我们的祖先和我国的音乐文明史，将会起到重要的推动作用。

第四节　关于 C6

如若认真看一下贾湖骨笛音高测音对照表（表一五三）就不难发现，贾湖文化中的骨笛虽然在制作的时间上有 1000 多年的差距，在早、中、晚各期所制出的骨笛中，不论其型制、调高、音阶形态方面的差异，在每支骨笛上都发出 C6 这样一个共同的音高，它们分别为：

早期	M341：1	C6＋35	
	M342：2	C6＋8	
中期	M282：21	C6＋12	
	M282：20	C6－30	
晚期	M253：4	C6－50	（见表一五三）
		C6－48	
		C6－26	
		C6－40	

从贾湖文化三个时期的 C6 音高对比上我们不难看出，在 1000 年间，C6 的音高虽然小有变化，但是它们的音准相当接近，与今天全世界公认的 C6 的音高相距甚微，这难道不是一个奇迹吗？

在贾湖遗址出土的、已测音的 5 支骨笛中，每支骨笛所发出的自然音序中，都有 C6 这个音，它也是唯一的一个共同音，尽管它在每支笛中的自然音序中没有占据着主音的位置，但是它具有人们对音高天然感应的重要性，而这种天然感应和当时人们敏锐的听觉能力（当然，这种敏锐的听觉能力是随着社会产生越来越多的噪音而随之下降），和人类听觉器官的构造所最易于接受的音高需要相适应的，因此在相当长的时间内，它是人所共同需要的音的高度。虽然各时期 C 的音高在倍律上有所不同（即在不同音区的位置上），但是不同时期人们对 C 音的敏感程序和需要却是相同的。比如山西万荣县荆村出土的 3 个新石器时代陶埙中，其中两孔埙所发出的音高有#C，与贾湖骨笛中 C6 的音高很接近；故宫博物院所藏的夏商时期的编磬，其中“天余”发音为 C6，与贾湖骨笛中的 C6 音高相同；河南辉县琉璃阁区殷代墓葬中出土的 2 个小陶埙，都能奏出 C6 的音高（见杨荫浏《中国古代音乐史稿》12 页、24 页、25 页）。由此可见，在新石器时代，先民们已有了共同音高的基本概念。在春秋战国时期制作的曾侯乙编钟，它的主调宫音也是C，它是人们的长期艺术实践的结果，由此说明，从新石器时代到战国5000多年时间里，人们对C6有着共同认识和肯定。从战国至今的2000多年的时间里，它的地位更加巩固，并与世界上公认的音高接轨，说明它在全人类当中有着共识。

除C音之外，在贾湖骨笛所有自然音序中出现最多的是A、#A、D、#D四个音，并都曾被作为调首主音来使用，因此也有着极其重要的地位。

第五节　关于骨笛的二度、五度、八度音程及音律

舞阳贾湖骨笛三个时期的骨笛都是由不同的音程关系构成各种不同的音阶，而这种音程的变化，说明贾湖先民们对音之间关系的追求和审美过程的变化。

根据目前已测音的5支骨笛来看，它在一根骨管上的开孔多少是贾湖骨笛音列的关键，我们现在虽然无法判断当时的演奏技术高低，但从自然音序来看，它们都超过了一个八度的音程，因此我们推测，当时的音乐，大多都是按骨笛的自然音序为基础构成的音调，在三个时期的骨笛中，它的自然音程分别有小二度，大二度、小三度、大三度和纯四度，在早期的自然音程比较宽，而晚期的音程关系比较密集，它在1000多年的变革中，由疏变密，但骨笛的整个音域却大致相同，都在一个八度加一个三度和二度之间，这样在器乐的音乐表现上是在向细微的方向发展。

在这里特别应当引起注意的是，在早期骨笛的自然音序中，M341：1号骨笛的三个高音，即#D6、G6、C7可构成大三和弦，而C6、#D6、G6三个音可构成小三和弦，它从骨笛的原始状况中，就已出现了构成大、小调主要因素的音，而在M341：2号骨笛的自然音序中，把大调主三和弦的音分布在自然音序中，并把上边的三个高音，即G6、#A6、D7，构成一个小三和弦，一支笛强调了

表一五四　M 341：1号骨笛音分对照表（五孔）

孔号	筒音	五孔	四孔	三孔	二孔	一孔
音高	G5−27	#A5+20	C6+35	#D6+15	G6+5	C7−7
音距音分	347	215	280	390	488	
较接近的音程律制	347 中立三度	204 大全音	275 纯律增二度	386 纯律大三度	498 纯四度	

G5−27 至 G6+5：1232音分（八度）

C6+35 至 G6+5：670音分（五度）

大三和弦，一支笛子强调了小三和弦，而且2支骨笛的主音（我们暂以现代的名称来称呼，因为现在难以知道当时的名称）相差四度（M341：1号主音为#D6，M341：2号主音为#A5），2支骨笛可在不同的场合，根据不同的情绪演奏不同的音乐情调。这也可能是在贾湖墓葬中存有2支骨笛

的主要原因之一。

在音乐中，音程是构成音阶的基础，因此对贾湖骨笛音程关系的分析，有着重要的意义，因为它决定着以后乐律的形成和乐器的不断改良。我们可从下列表中看出音程之间的基本关系（表一五四～一五八）：

表一五五　M 341：2号骨笛音分对照表（六孔骨笛）

孔别	筒音	六孔	五孔	四孔	三孔	二孔	一孔
音高	#A5+5	C6+8	D6+5	F6+9	G6+10	#A6+5	D7+10
音距音分		203	197	304	201	295	405
较接近的音程律制		204 大全音	200 十二平均律全音	300 十二平均律小三度	200 十二平均律全音	294 五度律小三度	408 五度律大三度

#A5+5 至 #A6+5	D6+5 至 D7+10	#A5+5 至 F6+9	G6+10 至 D7+10
1200音分（八度）	1205音分（八度）	704音分（五度）	700音分（五度）

从五个表格中我们可以看出，在贾湖骨笛的音程关系中，尤其是大二度的音程关系中，有177音分（接近171.4的七平均律的一律）、有178音分（同前）、有197音分和201音分（接近200音分的十二平均律全音）203音分和215音分（接近204音分的大全音）。在五度关系中，有670音分（接近680音分的纯律狭五度）、有680音分（纯律狭五度）、有700音分（十二平均律纯五度）、有704音分（接近702音分的纯五度）、有730音分、746音分（接近702音分的纯五度）。在八度音程中，有1132音分、1180音分、1200音分、1205音分和1230音分，它们或是十二平均律的八度，或是非常接近五度律增七度（1224音分）的音程，从上述的音程之间的音分值来看音律，可以看出，在贾湖早期的骨笛制作中，人们已经根据自己对音高的敏锐程度，将音列中的音与音的关系进行了有规律的选择和排列，我们现在虽然不知道当时人们对律是否有明确的概念，但在他们的艺术实践中，从音程的音分关系（这是后人对历史经验的总结）中，已具有纯律、五度律和十二平均律的因素，在长期的艺术实践和选择中，这三种律制在不同的时期，对中国人的音乐生活都产生着制约性的影响。尤其是早期的骨笛已确定了乐制的完备的五声体系，这说明，贾湖人在音乐的实践中，已具备了相当的文化高度。五声音阶之所以在中国音乐的历史上有长期的影响，就是因为在贾湖文化中它已有了符合人们认识的五声体系，这个体系的建立，也说明了中国的音乐文化史至少具有近一万年的时间，而在九千年之前，五度律在贾湖、甚至在中原地区已经

表一五六　M 282：21号骨笛音分对照表(七孔)

孔别	筒音	七孔	六孔	五孔	四孔	三孔	二孔	一孔
音高	#F5+5	A5−31	#A5+35	C6+12	D6−32	E6+15	#F6+50	#A6−33
音距音分		264	166	177	156	247	235	317
较接近的音程律制		275 纯律增二度	171.4 七平均律的一律	182 小全音	151 四分之三音	240 五平均律的一律	240 五平均律的一律	316 纯律小三度 318 五度律增二度

#F5+5 至 #F6+50：1245音分(八度)

#A5+35 至 #A6−33：1132音分(八度)

A5−31 至 E6+15：746音分(五度)

表一五七　M 282：20号骨笛音分对照表三(七孔)

孔别	筒音	七孔	六孔	五孔	四孔	三孔	二孔	一孔
音高	#F5−10	A5−60	B5−82	C6−30	D6−30	E6−30	#F6−30	A6−30
音距音分		250	178	152	200	200	200	200
较接近的音程音律		240 五平均律的一律	182 小全音	151 四分之三音	200 十二平均律全音	200 十二平均律全音	200 十二平均律全音	200 十二平均律全音

#F5−10 至 #F6−30：1180音分(八度)

A5−60 至 A6−30：1230音分(八度)

A5−60 至 E6−30：730音分(五度)

D6−30 至 A6−30：700音分(五度)

被使用，同时，在贾湖的音乐文化中，纯律和十二平均律的因素也时而占据着重要地位。

基于上述，我们对于我国古代音乐文化，应当更加深入地研究和探讨，应该重新认识。

表一五八　M 253：4号骨笛音分对照表五(八孔)

孔别	筒音	八孔	七孔	六孔	五孔	四孔	三孔	二孔	一孔
音高	#F5－5	A5－20	#A5＋35	C6－50	#C6－32	D6－8	#D6＋38	F6＋15	G6＋15
音距音分		285	155	115	118	124	146	177	200
较接近的音程音律		294 五度律小三度	151 四分之三音	114 五度大半音	117 中庸全音律半音	117 中庸全音律半音	143 四分之三音	171.4 七平均律的一律	200 十二平均律全音

#F5－5　至　#C6－32：673音分(五度)

C6－50　至　G6＋15：765音分(五度)

#A5＋35　至　F6＋15：680音分(五度)

第六节　骨笛制作过程的推测

任何乐器的制作，无论在材料、形制、音色、音准等方面都有它自己的规律，而这种规律的形成又是与当时的审美习惯、经济条件及制作工艺的水平分不开的，它的形成正是在不断总结制作过程中失败、成功之中得出的经验总结。在现代的竹笛制作家中，他们可以根据自己长期的制作经验，经过对材料的观察，不用任何计算工具，直接用刀子在竹管上挖孔。贾湖骨笛的制作正是在初期的摸索、计算和把握规律这样三个阶段，而目前发掘出来的舞阳贾湖早期的M341：1号和M341：2号2支骨笛，则是已经掌握骨笛制作规律的早期成果，它具体表现在贾湖早期骨笛上无制作计算痕迹，说明它是五度律的高度使用期。而贾湖中期和晚期的骨笛大多都有计算刻孔位置的痕迹，正说明它们是在五度律的基础上的向七度律和平均律过渡中的产物，在早期骨笛的音程关系中，已具备了纯律和十二平均律的因素，而中期与晚期则正是这种因素的扩大与实践，直至发展成晚期的多种七声音阶形态，这一点，也是我们在研究贾湖骨笛的音律中不可忽视的一个重要方面。

中期的骨笛，严格地说它只增加了一个孔，一个音，但它的基础还是五声音阶，这一个音的增加，却大大地丰富了音乐的表现能力，为此，我们不得不通过现在发掘出来的还能测音的这些骨笛，和在它们的管身上所遗留下来的刻痕，来推断这些骨笛的制作过程，并通过此点来研究贾湖人在追求音乐新的观念和扩大表述领域中所做的艰辛努力。

为了寻求贾湖中期骨笛制作的方法，曾将贾湖早、中、晚三个时期的骨笛的开孔，计算标志(包括预测点，刻线计算痕迹)的位置进行过如下的计算，包括它的长度及比例，从中可以研究它们开孔的关系及寻找开孔的方法及规律。(表一五九～一六五)

从七个计算表格中，我们发现贾湖骨笛的开孔是因骨管而异，它是以所需音高为基本依据

全长20.62厘米　　**表一五九　M 341：1测量计算表**　　(单位:厘米)

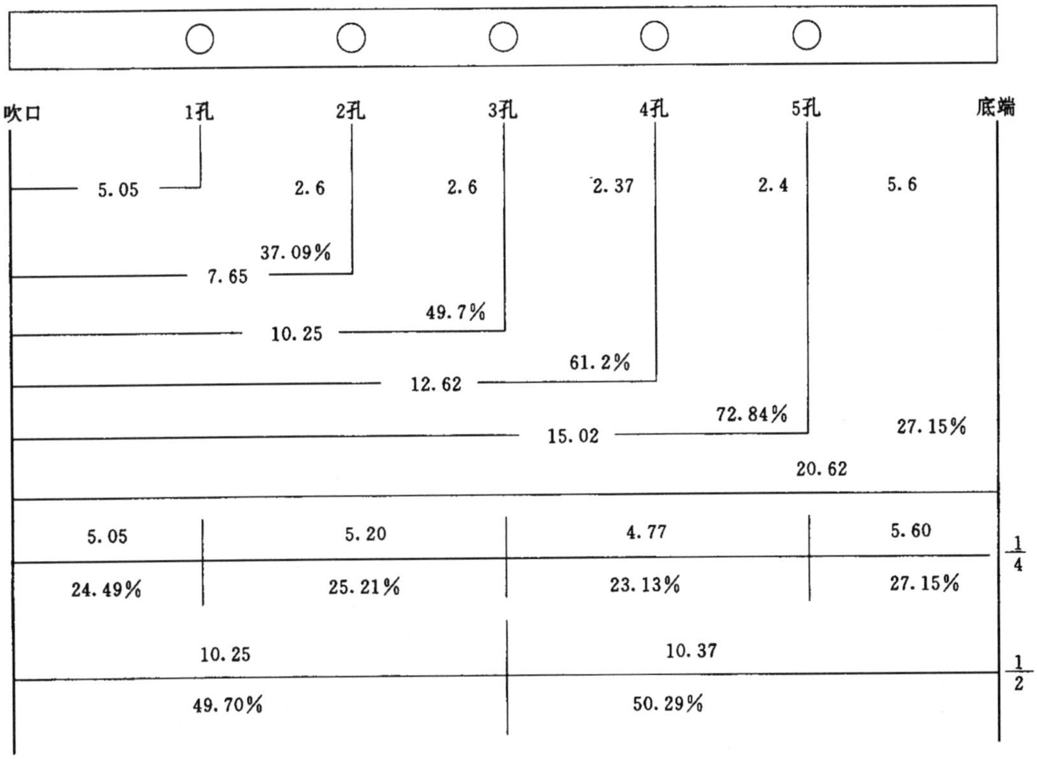

全长17.13厘米　　**表一六〇　M 341：2测量计算表**　　(单位:厘米)

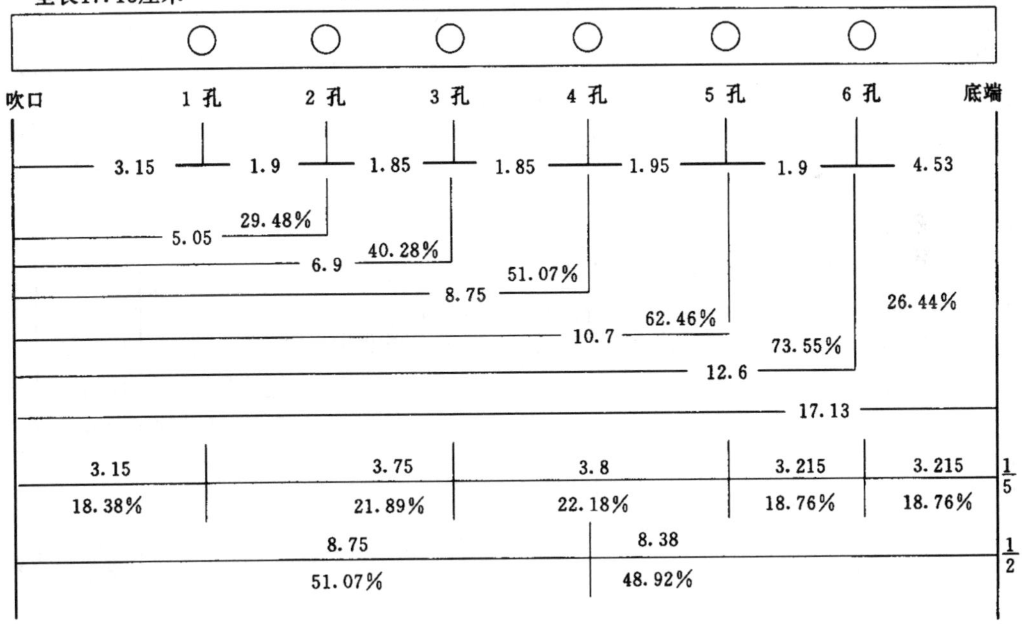

的。贾湖骨笛的制作材料是用鹤的尺骨，因为每根尺骨的长短粗细的规格都有不同，骨管的内径为异形管，这样便增加了制笛调音的难度，如若没有长期的制作经验，要在异形管上开出适合当时人们需要的音孔，并发出理想的音高是极其困难的，因此，应当说，贾湖遗址出土的骨笛并非每

全长22.51厘米　　**表一六一　M 282：20测量计算表(以预测点计算)**　　(单位:厘米)

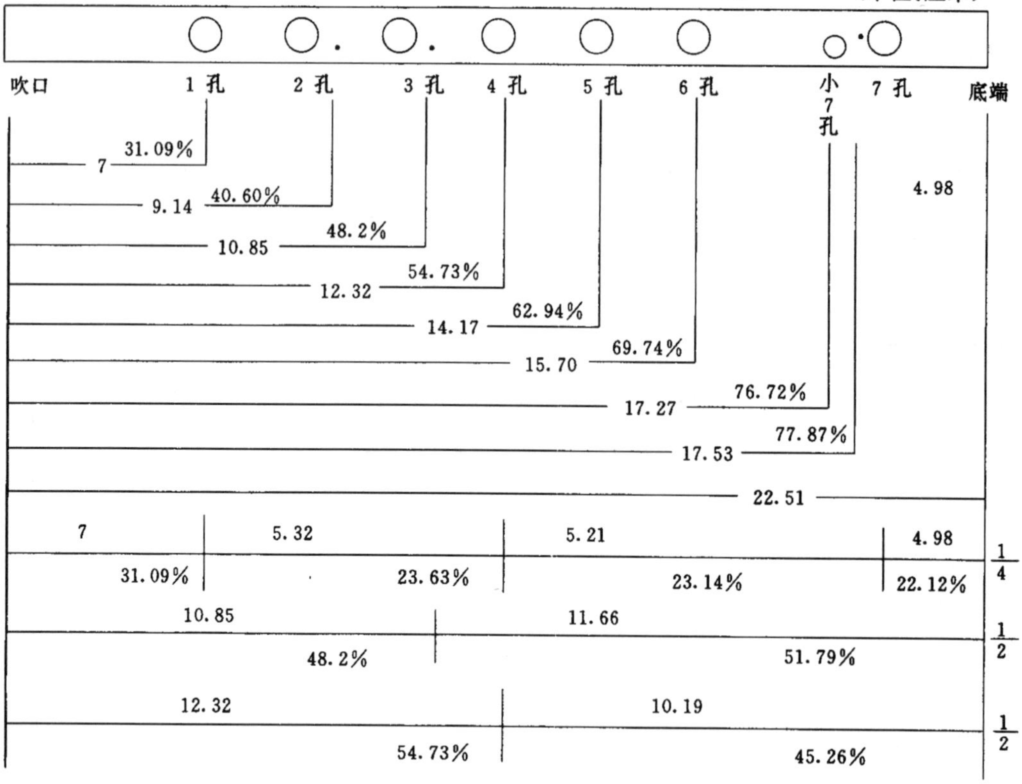

全长22.51厘米　　**表一六二　M 282：20测量计算表**　　(单位:厘米)

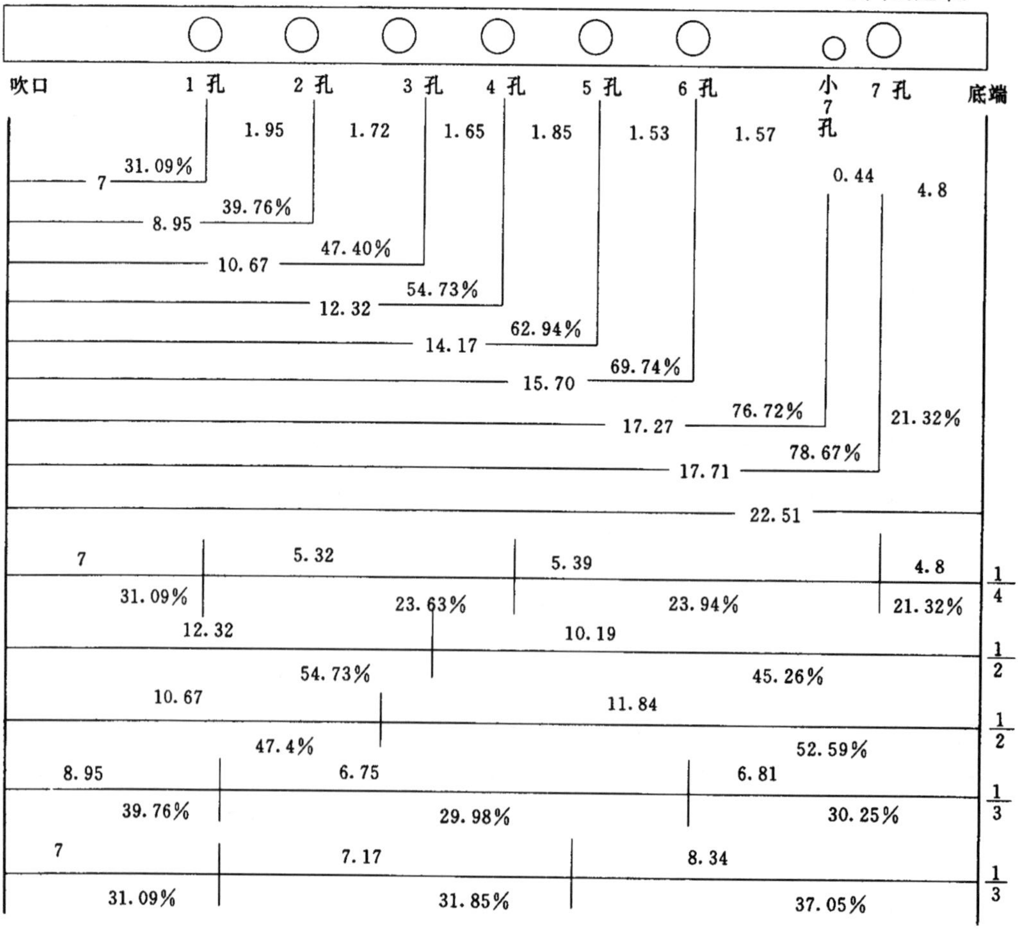

全长23.22厘米　　**表一六三　M 282：21测量计算表**　　(单位:厘米)

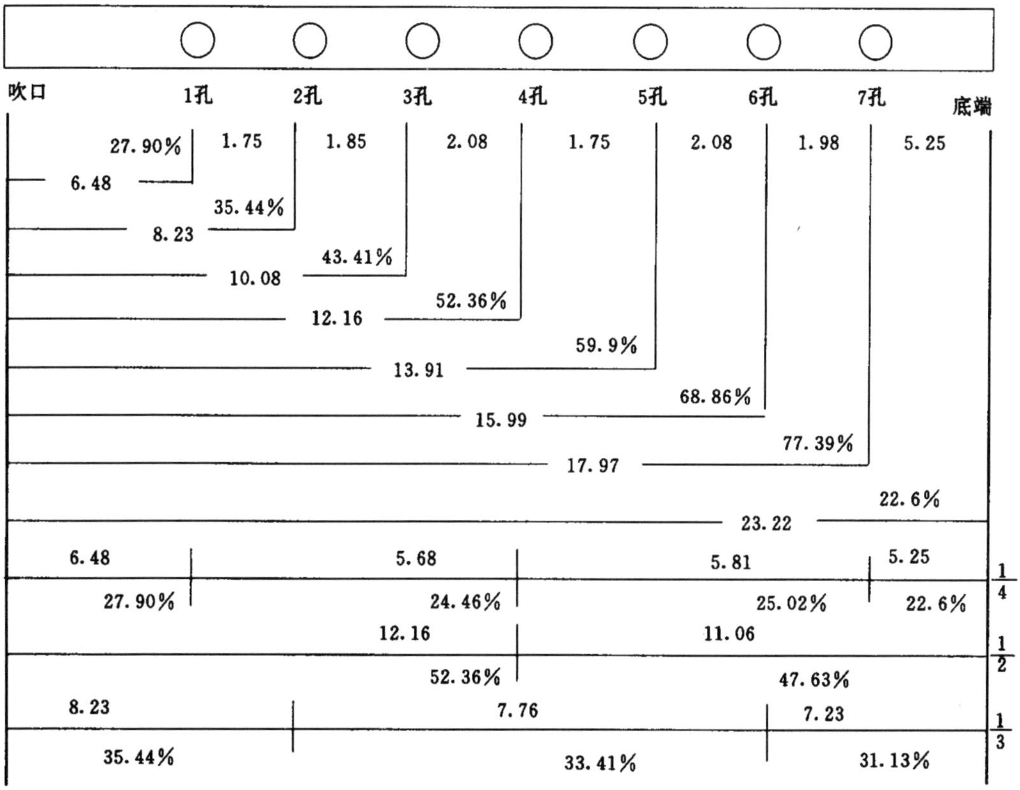

全长21.95厘米　　**表一六四　M 411：14测量计算表**　　(单位:厘米)

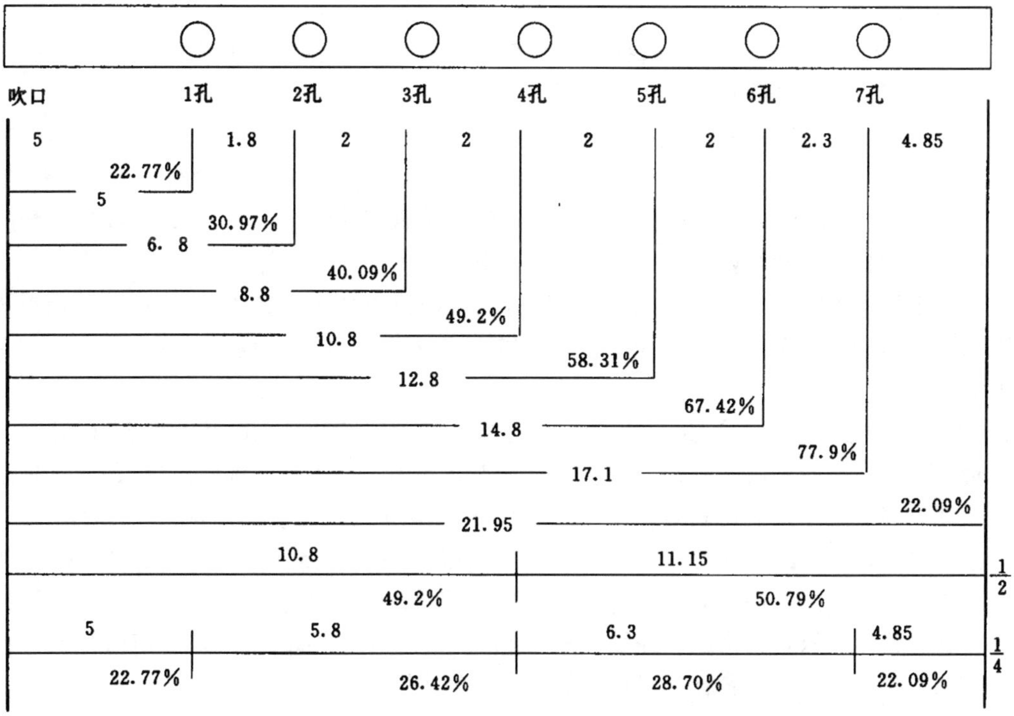

全长23厘米　　　表一六五　M 253：4测量计算表　　　(单位:厘米)

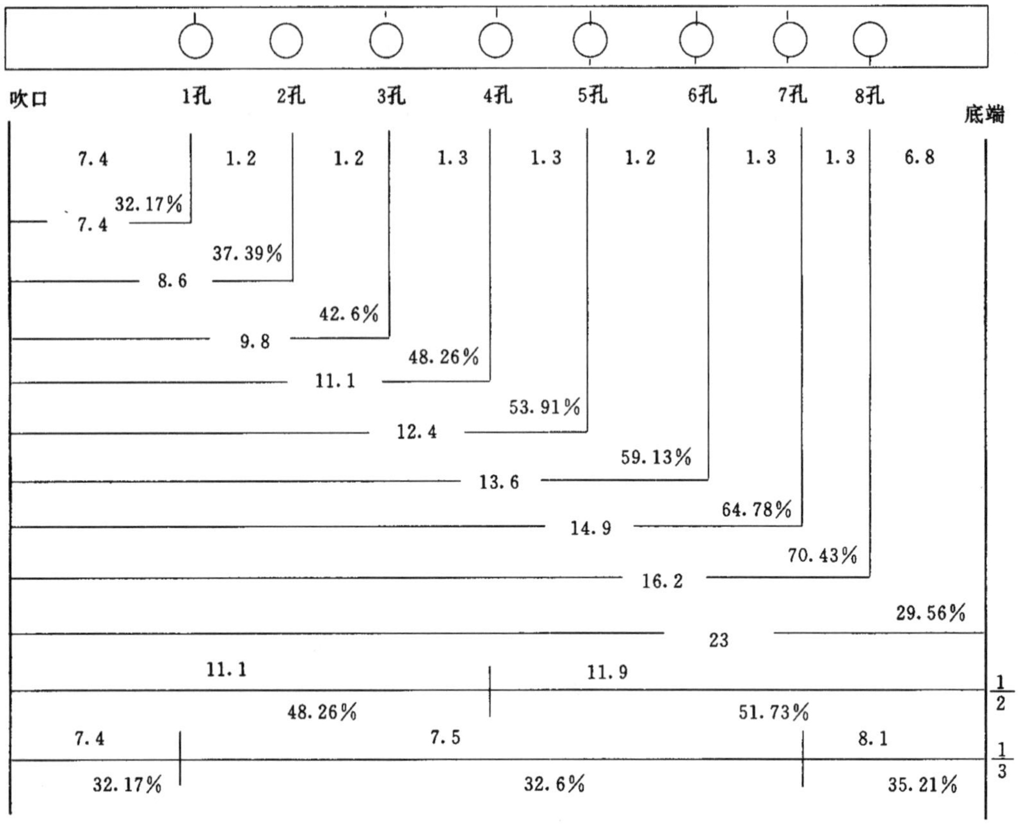

支都是精品，只有骨质较好、制作精良的骨笛，并经特殊的埋藏条件，才能给我们今天的骨笛研究提供良好的基础。

贾湖骨笛的制作基本过程是先选择鹤的尺骨，然后制坯，根据经验开出需要发出音高的音孔。详见本书上卷第六章第四节。

自 1987 年 5 月 14 日发现骨笛以来，我们对骨笛在中国音乐史上所处地位的认识逐步有所深入。但是，目前的认识仍然是初步的，因为只有从考古学、史学、数学、气象学、古动物学、工艺学、古音律学、古文字学等诸方面全面进行深入的研究，才能得出最后的结论。即使我们目前的认识是浮浅的，但我们已经感觉到：

1. 舞阳贾湖骨笛在距今 9000 年之前已经形成，并能用它演奏出完备的五声音阶、六声音阶和七声音阶，其准确度令今人叹服，说明在 9000 年之前，在中国的中原地区已初步显现了中国音乐文明的曙光。

2. 在贾湖文化延续的 1000 多年中，骨笛的音阶已有四声、五声、六声及七声多种类型，它由简到繁，说明中国音乐发展的渐进性。这些音阶形态在很多国家和地区都曾出现，并一直延续使用至今，说明它符合音乐发展的基本规律，而中国是最早认识这个规律的国家。

3. 通过对贾湖骨笛的测音初步研究，证明了在音乐普遍发展规律的基础上，在一些部落和氏族当中，他们在文化的发展方面有超前性，而这种发展的不平衡性正是事物发展的基本规律。

4. 舞阳贾湖骨笛积累长期制作经验，并与先进的制作工艺相结合，使之制作出一批骨笛精品，先进钻具的使用为骨笛的制作和对音乐的发展起到了重要作用。

5. 对贾湖骨笛的深入研究，可以使我们对中华民族古代音乐文化和文明史有新的认识。

附　录

贾湖遗址人类的体质特征及与其他地区新石器时代人和现代人的比较研究*

陈德珍

前　言

河南省文物考古研究所于1983年至1987年间在河南省舞阳县贾湖村发掘了一个新石器时代遗址，其中发现墓葬349座，共计有400多个个体的人骨。经碳十四年代测定，贾湖遗址的时代为距今约7800～9000年(树轮校正)的新石器时代早期墓葬群，贾湖人所代表的文化与周围地区文化有密切的联系。中原地区历来被认为是中华民族的主要发祥地，贾湖遗址是除下王岗遗址和石固遗址(就保存有人骨材料而言)外在中原地区河南省发现的又一处新石器时代早期文化遗存。对贾湖人的研究可进一步揭示该地区新石器时代人的体质特征。本文运用多元统计方法，把贾湖人与国内其他地区新石器时代组人和现代人作比较，以便深入地探讨他们之间的关系。

一、材料与方法

(一) 材料

贾湖遗址中所保存的人骨材料虽达400多个个体，头后骨骼材料保存的情况尚好，但头骨材料保存得不是很好，其中完整的头骨有M394和M395。M394为一个40～50岁左右的中年男性个体，M395为一个30岁左右的壮年男性个体。

作为比较材料，在本文研究中考虑到希望了解贾湖人与邻近地区，特别是与在河南省同一地区找到的新石器时代遗址人类的关系，另外，还想了解一下与国内其他大致相同时代的新石器时代遗址人类的关系，再考虑到要把这些较早期的新石器时代遗址人类与我国现代人的头骨资料加以比较，以便更进一步地了解我国人类在从新石器时代人类向现代人的演变过程中体质特征所发生的变化及其他们之间的关系。为此，选择的几组对照比较材料组有：*

(1)作为河南省同一地区较小范围内的新石器时代人类群体作比较的有：河南省长葛县石固新石器时代人类[1]，河南省淅川县下王岗新石器时代人类[2]，河南省陕县庙底沟新石器时代人类[3]。

(2)作为国内其他地区新石器时代文化人类遗址的群体而加以比较的有：山东省泰安县大汶

---

* 本文曾载于《人类学学报》1998年8月第17卷第3期，收入本书时有删节。

口新石器时代人类[4](山东省泰安县大汶口新石器时代人类与山东省曲阜县西夏侯新石器时代人类[5]的体质特征较为相似,所以取其中一个作为对比组),陕西省宝鸡市的宝鸡新石器时代人类[6](陕西省宝鸡市的宝鸡新石器时代人类与陕西省华县新石器时代人类[7]和陕西省西安半坡的新石器时代人类[8]的体质特征也较为相似,所以也取其中一个作为对比组),陕西省华阴县横阵新石器时代人类[9](横阵组虽然也在陕西省内,但在以往研究[10]中曾发现此组处于特殊位置,有待于进一步研究,故特意选出作为一对比组),另外还有福建省闽侯县昙石山新石器时代人类[11],广东省佛山县河宕新石器时代人类[12],广西桂林甑皮岩新石器时代人类[13],浙江省余姚河姆渡新石器时代人类[14]及内蒙古察右前旗庙子沟新石器时代人类[15]。

(3)作为我国现代人的群体代表加以对比的有:现代太原人[16],现代香港人[17]和现代广西壮族人[18]。

(二)方法

采用多元统计方法:系统聚类法、BIPLOT 法、判别分析法。

二、贾湖人的体质特征

(一)非测量性特征(表一)

贾湖人的中门齿和侧门齿(上、下门齿)都呈深铲形,鼻前棘稍显,梨形孔下缘呈鼻前窝形,颧骨和上颌骨下缘处的转弯呈明显转折,面部较扁平,犬齿窝不显著,颧骨缘结节发达。从以上特征来看,贾湖人具有一般蒙古人种的特点,其人种属性应归属于蒙古人种。

表一　贾湖新石器时代人头骨非测量性特征

项目		贾湖 M394	贾湖 M395
颅形		楔形	楔形
额中缝		无	无
颅顶缝	(1)前囟段	深波	骨缝基本愈合 颅顶缝形状模糊
	(2)顶段	锯齿形	
	(3)顶孔段	锯齿形	
	(4)后段	锯齿形	
颅顶形状		两面坡式	圆穹式
颅侧壁形状		垂直	垂直
翼区	左	窄 H 型	宽 H 型
	右	窄 H 型	宽 H 型
缝间骨		人字缝处有左 2 块 右 1 块 有人字点骨	无
眉弓突度		显著到特显	显著到特显
眉弓范围		等于或大于 1/2	等于或大于 1/2
眶形		长方形	正方形

续表一

项目		贾湖 M394	贾湖 M395
眶口倾斜		垂直	垂直
犬齿窝		浅	中等
鼻前棘		稍显	稍显
梨状孔下缘		鼻前窝	鼻前窝
鼻骨形状		自上向下渐增宽	自上向下渐增宽
鼻额缝和额颌缝		弧形上突	曲折上突
颧骨缘结节	左	强	强
	右	强	强
颧骨上颌骨下缘		转角明显	转角明显
腭形		U 字形	抛物线形
腭圆枕形状		嵴状	嵴状
卡氏尖		无	无
上内侧门齿	左	深铲形	深铲形
	右	深铲形	深铲形
上外侧门齿	左	深铲型	深铲形
	右	深铲形	深铲形
上智齿萌出	左	有	无
	右	有	有
枕外隆突		显著	显著
顶孔		双孔全	双孔全(左小右大)
顶孔间区		有平凹	有平凹
乳突		大	中等到大

(二) 测量性特征(表二、三)

贾湖人的体质特征主要表现在其颅指数为 82.87%，属于圆颅型；颅长高指数 I 为 80.11%，颅长高指数 Ⅱ 为 66.58%，都属于高颅型；颅宽高指数为 96.68%，属于中颅型；全面指数(M395)为 92.86%，属于狭面型；上面指数(Pr)为 53.43%，属于中上面型；眶指数 I (mf—ek)为 80.62%，眶指数 Ⅱ (d—ek)为 84.96%，都属于中眶型；鼻指数为 48.27%，属于中鼻型；腭指数为 93.25%，属于阔腭型；枕大孔指数为 91.09%，属于阔型；总面角为 86.00°，属于平颌型(下限)。

表二 贾湖新石器时代人头骨测量值 （单位：毫米，度）

马丁号	项目		贾湖（男） M394	贾湖（男） M395	平均值 X	标准差 δn－1
1	颅最大长(g—op)		181.0	181.0	181.00(2)	0.00
2	颅长(g—i)		173.0	180.0	176.50(2)	4.95
5	颅底长(enba—n)		102.0	113.0	107.50(2)	7.78
8	颅宽(eu—eu)		154.0	146.0	150.00(2)	5.66
9	额最小宽(ft—ft)		97.0	90.0	93.50(2)	4.95
10	额最大宽(co—co)		125.0	120.0	122.50(2)	3.54
11	耳点间宽(au—au)		130.0	136.0	133.00(2)	4.24
12	星点间宽(ast—ast)		117.0	108.0	112.50(2)	6.36
7	枕大孔长(enba—o)		33.0	35.0	34.00(2)	1.41
16	枕大孔宽		29.0	33.0	31.00(2)	2.83
17	颅高(ba—b)		148.0	142.0	145.00(2)	4.24
18	颅高(ba—v)		151.0	142.0	146.50(2)	6.36
21	耳上颅高		129.5	114.2	121.85(2)	10.82
20	耳门上缘到前囟点高(b)		126.5	114.5	120.50(2)	8.49
29	额骨弦(n—b)		119.5	115.0	117.25(2)	3.18
30	顶骨弦(b—1)		106.0	103.5	104.75(2)	1.77
31	枕骨弦(1—o)		114.0	98.0	106.00(2)	11.31
26	额骨弧(n—b)		136.0	130.0	133.00(2)	4.24
27	顶骨弧(b—1)		115.0	115.0	115.00(2)	0.00
28	枕骨弧(1—o)		135.0	115.0	125.00(2)	14.14
25	颅矢状弧(n—o)		388.0	356.0	372.00(2)	22.63
24	颅横弧(po—b—po)		350.0	325.0	337.50(2)	17.68
23	颅围长(g—op—g)		530.0	522.0	526.00(2)	5.66
47	全面高(n—gn)			130.0	130.00(1)	
	上面高(n—sd)		74.0	81.0	77.50(2)	4.95
48	上面高(n—pr)		70.0	77.0	73.50(2)	4.95
45	颧宽(zy—zy)		135.0	140.0	137.5(2)	3.54
55	鼻高		56.5	58.5	57.50(2)	1.41
54	鼻宽		27.5	28.0	27.75(2)	0.35
52	眶高	左	31.5	36.0	33.75(2)	3.18
		右	30.0	36.0	33.00(2)	4.24
51	眶宽(mf—ek)	左	40.0	42.0	41.00(2)	1.41
		右	41.5	42.0	41.75(2)	0.35
51a	眶宽(d—ek)	左	38.0	40.0	39.0(2)	1.41
		右	39.0	40.0	39.5(2)	0.71

续表二

马丁号	项　　目		贾湖　(男)		平均值	标准差
			M394	M395	$\overline{X}$	δn－1
60	上齿槽弓长(pr－alv)		57.5	59.0	58.25(2)	1.06
61	上齿槽弓宽(ecm－ecm)		67.8	70.0	68.90(2)	1.56
62	腭长(ol－sta)		48.0	48.5	48.25(2)	0.35
63	腭宽		43.0	47.0	45.0(2)	2.83
64	腭深		9.5	13.0	11.25(2)	2.47
50	眶间宽(mf－mf)		21.5	20.0	20.75(2)	1.06
	鼻梁至眶间宽的矢高(mf－mf)		7.0	6.5	6.75(2)	0.35
	眶间宽(d－d)		24.0	21.0	22.50(2)	2.12
	鼻梁至眶间宽的矢高(d－d)		11.0	11.0	11.00(2)	0.00
57	鼻骨最小宽		9.5	7.0	8.25(2)	1.77
	鼻骨最小高		3.5	4.0	3.75(2)	0.35
43	上部面宽(mft－mft)		109.5	107.0	108.25(2)	1.77
43(1)	两眶内宽(fmo－fmo)		99.0	97.0	98.00(2)	1.41
	鼻根点至两眶内宽矢高		16.0	16.0	16.00(2)	0.00
77	鼻颧角(fmo－n－fmo)		144.5	143.0	143.75(2)	1.06
46	中部面宽(zm－zm)		104.0	103.0	103.50(2)	0.71
	中部面宽(zm'－zm')		104.0	100.0	102.00(2)	2.83
	颧上颌高(zm－sd－zm)		34.0	34.0	34.00(2)	0.00
	颧上颌高(zm－ss－zm)		25.0	21.5	23.25(2)	2.47
	颧上颌高(zm'－sd－zm')		33.0	35.0	34.00(2)	1.41
	颧上颌高(zm'－ss－zm')		22.0	21.5	21.75(2)	0.35
	颧上颌高(zm－ss－zm)		129.0	135.5	132.25(2)	4.60
	颧上颌高(zm'－ss－zm')		134.0	133.5	133.75(2)	0.35
40	面底长(pr－enba)		100.0	105.0	102.50(2)	3.54
72	总面角(n－pr∠FH)		85.0	87.0	86.00(2)	1.41
73	鼻面角(n－ns∠FH)		88.0	91.0	89.50(2)	2.12
74	齿槽面角(ns－pr∠FH)		84.0	67.0	75.50(2)	12.02
	额侧面角(m－g∠FH)		83.0	64.0	73.50(2)	13.44
32	额侧面角(n－m∠FH)		89.0	77.0	83.00(2)	8.49
	前囟角(b－g∠FH)		53.0	43.0	48.00(2)	7.07
	额角(m－g－op)		81.5	68.0	74.75(2)	9.55
72(5)	伏格脱面三角(pr－n－ba)		68.0	64.0	66.00(2)	2.83
	(n－ba－pr)		40.0	41.0	40.5(2)	0.71
	(n－pr－ba)		72.0	75.0	73.50(2)	2.12
33	枕角(1－o∠FH)		71.0	65.0	68.00(2)	4.24
33(4)	枕骨曲角(1－i－o)		121.0	125.0	123.00(2)	2.83
	鼻骨最小宽		8.5	7.0	7.75(2)	1.06
	鼻骨最大宽		19.0		19.00(1)	
	颧骨高	左	47.0	50.0	48.75(2)	2.47
		右	46.0	49.5	47.75(2)	2.47
	颧骨宽	左	31.0	27.0	29.00(2)	2.83
		右	32.0	27.0	29.50(2)	3.54

表三 贾湖新石器时代人头骨指数值(%)

编号	项 目	贾湖(男) M394	贾湖(男) M395	平均数 X	标准差 δn－1
1	颅指数	85.08	80.66	82.87(2)	3.13
2	颅长高指数 Ⅰ	81.77	78.45	80.11(2)	2.35
3	颅长高指数 Ⅱ	69.89	63.26	66.58(2)	4.69
4	颅宽高指数	96.10	97.26	96.68(2)	0.82
5	全面指数		92.86	92.86(1)	
6	上面指数(sd)	54.81	57.86	56.34(2)	2.16
7	上面指数(pr)	51.85	55.00	53.43(2)	2.23
8	面突度指数	98.04	92.92	95.48(2)	3.62
9	框指数(mf－ek)左	78.75	85.71	82.23(2)	4.92
	右	72.29	85.71	79.00(2)	9.49
10	框指数(d－ek)左	82.89	90.00	86.45(2)	5.03
	右	76.92	90.00	83.46(2)	9.25
11	鼻指数	48.67	47.86	48.27(2)	0.57
12	鼻根指数	36.84	57.14	46.99(2)	14.35
13	上颌额指数	32.56	32.50	32.53(2)	0.04
14	前颌指数	32.69	33.01	32.85(2)	0.23
15	腭指数	89.58	96.91	93.25(2)	5.18
16	枕大孔指数	87.88	94.29	91.09(2)	4.53
17	垂直颅面指数(sd)	50.00	57.04	53.52(2)	4.98
18	垂直颅面指数(pr)	47.30	54.23	50.77(2)	4.90
19	横的颅面指数	87.66	95.89	91.78(2)	5.82
20	额骨弦弧指数	87.87	88.46	88.17(2)	0.42
21	顶骨弦弧指数	92.17	90.00	91.09(2)	1.53
22	枕骨弦弧指数	84.44	85.22	84.83(2)	0.95
23	额宽指数 9/8	62.99	61.64	62.32(2)	0.55
24	上齿槽指数	84.81	84.29	84.55(2)	0.37
25	鼻颧指数	16.16	16.49	16.33(2)	0.23

三、统计结果与比较分析

为了更深入地探讨贾湖人的体质特征，现就贾湖新石器时代组与所选的其他新石器时代组和现代人组(共 15 组)，运用多元统计分析方法[19]的系统聚类、BIPLOT 法及判别法进行统计并作比较分析。所采用的变量有颅长(g－op)、颅宽(eu－eu)、颅高(ba－b)、额最小宽(ft－ft)、颧宽(zy－zy)、上面高(n－pr)、眶高、眶宽(mf－ek)、鼻宽、鼻高(n－ns)、总面角(n－pr∠FH)等 11 个项目。

(一) 系 统 聚 类

系统聚类中，各组间的距离采用绝对距离，由样品间的距离阵得到聚类图(图一、二、三)。图一采用最远距离法，图二采用 ward 法，图三采用可变法。从三张图上可以看到聚类的结果大致相同，也就是说可分三大类群。组成第一类群的有贾湖组、下王岗组、庙底沟组、大汶口组、宝鸡组和横阵组；组成第二类群的有昙石山组和甑皮岩组；组成第三类群的有庙子沟组、现代香港人组、现代广西壮族人组和现代太原人组。不过所参与的 15 个样本中还有 3 个，即石固组、河姆渡组及河宕组与以上三大类群的距离较远，其归属有待进一步分析。但从中可看到贾湖新石器人与其同一省份的下王岗组始终是聚在一起的，因此可以说贾湖人与下王岗组人的关系最为接近。

(二) BIPLOT 法

这是一种把样品和变量处于同一空间平面位置上的方法。15 个样本间的距离以欧几里德距离来表达，从而得出 BIPLOT 图(图四)。从图四中可看到，除石固组、河姆渡组及河宕组处于图的边缘外，其他几组大致上可划分为三个大类群。划为第一类群的组有贾湖组、下王岗组、庙底沟组、大汶口组、宝鸡组和横阵组；划为第二类群的有昙石山组和甑皮岩组，但彼此间的距离较远；划为第三类群的有庙子沟组、现代香港人组、现代广西壮族人组和现代太原人组。这样的构图模式基本上与系统聚类方法所得结果一致。此图再次表示出贾湖人的体质特征与下王岗人的体质特征是较为接近的；贾湖人与黄河中游、下游地区的新石器时代人有着比其他地区的新石器时代人更为密切的关系。

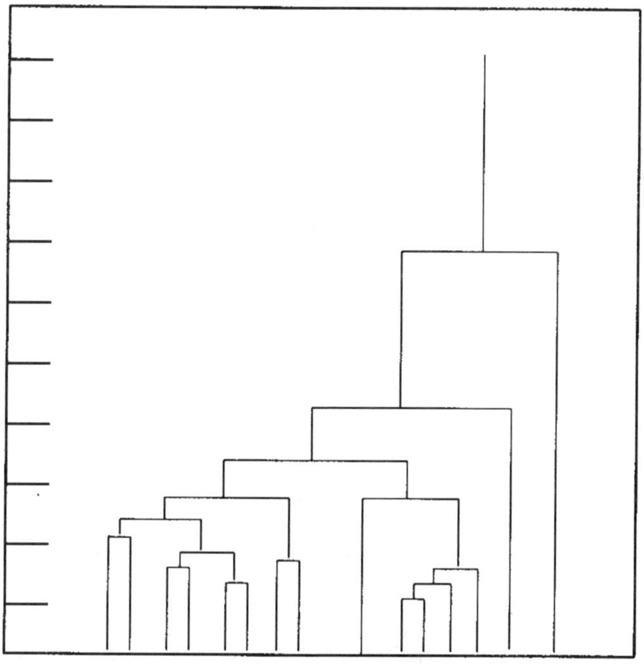

图一　贾湖新石器时代人与其他各组的聚类图(最远距离法)

1. 贾湖　2. 石固　3. 下王岗　4. 庙底沟　5. 大汶口　6. 宝鸡　7. 横阵　8. 昙石山　9. 河宕　10. 甑皮岩　11. 河姆渡　12. 庙子沟　13. 太原人　14. 香港人　15. 广西壮族人

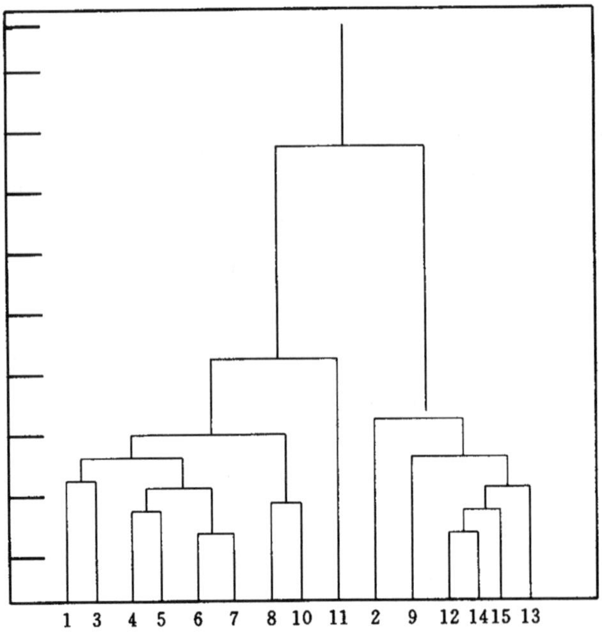

图二　贾湖新石器时代人与其他各组的聚类图(ward 法)

1. 贾湖　2. 石固　3. 下王岗　4. 庙底沟　5. 大汶口　6. 宝鸡　7. 横阵　8. 昙石山　9. 河宕　10. 甑皮岩　11. 河姆渡　12. 庙子沟　13. 太原人　14. 香港人　15. 广西壮族人

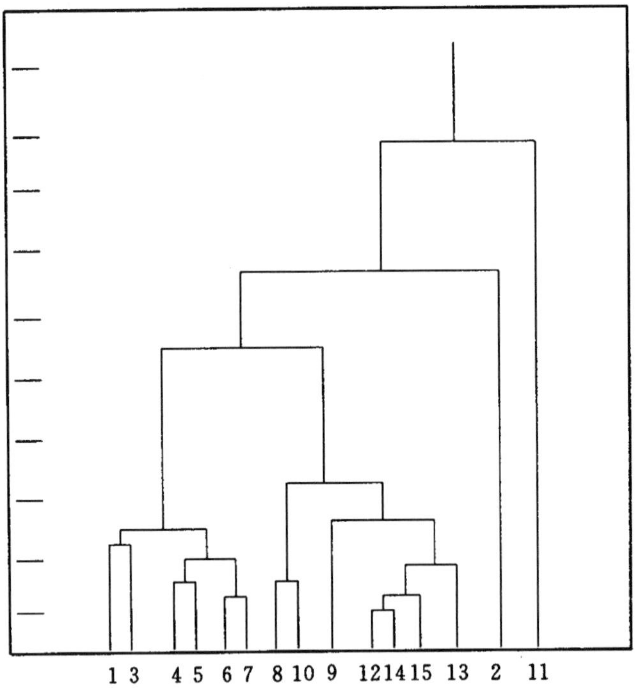

图三　贾湖新石器时代人与其他各组的聚类图(可变法)

1. 贾湖　2. 石固　3. 下王岗　4. 庙底沟　5. 大汶口　6. 宝鸡　7. 横阵　8. 昙石山　9. 河宕　10. 甑皮岩　11. 河姆渡　12. 庙子沟　13. 太原人　14. 香港人　15. 广西壮族人

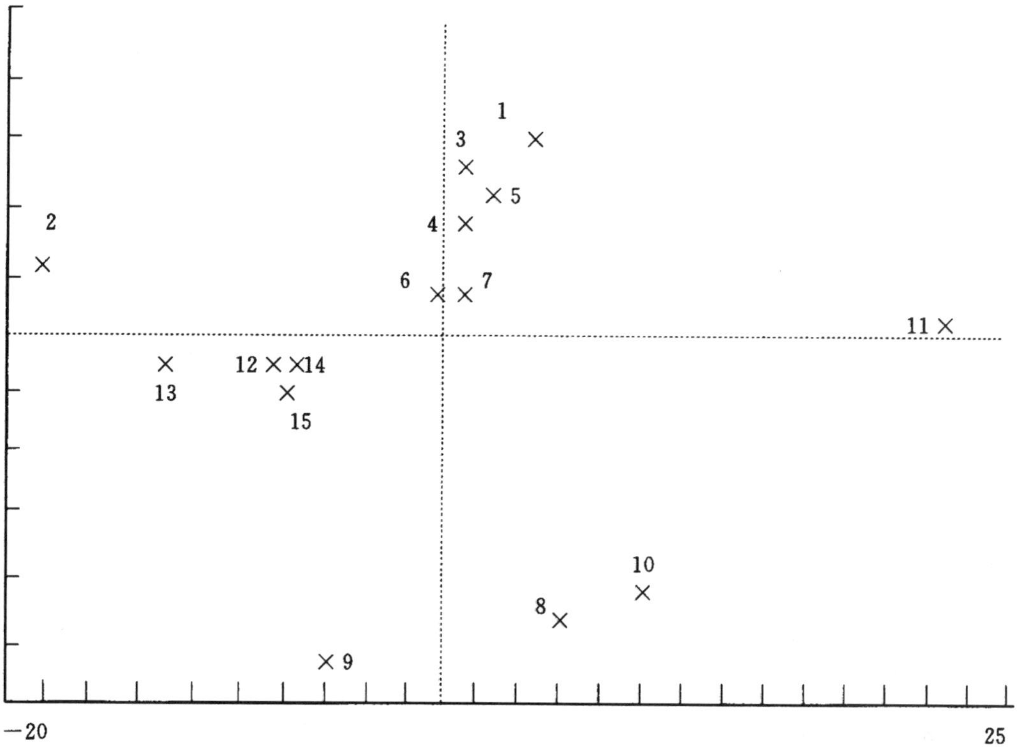

图四　贾湖新石器时代人与其他各组的 biplot 散布图

1. 贾湖　2. 石固　3. 下王岗　4. 庙底沟　5. 大汶口　6. 宝鸡　7. 横阵　8. 昙石山
9. 河宕　10. 甑皮岩　11. 河姆渡　12. 庙子沟　13. 太原人　14. 香港人　15. 广西壮族人

（三）判别分析

上面两种分析方法中有待于进一步加以分析的有石固组、河姆渡组及河宕组，因为它们在聚类图中与其他组的距离较远，因此合并得较晚，在 BIPLOT 图中也与其他组的距离较远，处于图的边缘。另外还有一个特殊的组，即庙子沟组，它属于新石器时代仰韶期文化人类，却在聚类图和 BIPLOT 图中与现代人组，特别是与现代香港人组接近，为此采用判别分析方法作进一步分析。

首先要把 12 个已知样本作初步的原始类别划分，采用三类逐步判别法，也就是根据已有知识把参与的样本先假设分为三类，然后通过计算判别，可了解按如此的初步分类，其判别的准确率能达到多少？其判别效果如何？并且可根据所得到的判别函数对有怀疑的样本作为未知样本加以判断，找出它们的类别归属。

设为第Ⅰ类别的有贾湖组、下王岗组、庙底沟组、大汶口组、宝鸡组和横阵组，作为新石器时代组的北方类群；设为第Ⅱ类别的有昙石山组、甑皮岩组和河宕组，作为新石器时代组的南方类群；设为第Ⅲ类别的有现代香港人组、现代广西壮族人组和现代太原人组，作为现代人类群。这里要说明的是，河宕人在 BIPLOT 图中处于与构成第Ⅱ类别的昙石山组、甑皮岩组和构成第Ⅲ类别各组的距离大致相等的位置，但考虑到河宕人属于新石器时代人类，因此把它与昙石山组、甑皮岩组组合在一起作为第Ⅱ类原始类别的成员是较为合理的。以上已有 12 个样本列为已知样本，作为待判样本的有石固组、河姆渡组及庙子沟组。

根据计算结果得到判别函数如下：

$$Y(1)=-14020.8-106.781\,X(1)+66.5732\,X(2)-4.4088\,X(3)+558.956\,X(8)+172.344\,X(11)$$

$$Y(2)=-12552.7-81.2336\,X(1)+48.8024\,X(2)+6.7211\,X(3)+480.584\,X(8)+149.403\,X(11)$$

$$Y(3)=-14354.8-112.606\,X(1)+69.339\,X(2)-9.3555\,X(3)+580.197\,X(8)+181.433(X)11$$

此判别函数说明只有 X(1)、X(2)、X(3)、X(8)、X(11)这几个变量在判别函数中起作用，也就是说，这三个类别之间的区别主要表现在颅长 X(1)、颅宽 X(2)、颅高 X(3)、眶宽 X(8)和总面角 X(11)这五个特征上。从判别效果(表四)来看，经检验得出，第Ⅰ类和第Ⅱ类间(新石器时代组的北方类群和新石器时代组的南方类群间)的判别效果及第Ⅱ类和第Ⅲ类间(新石器时代组的南方类群和现代人类群间)的判别效果为最好，达到 P＜0.01，也就是说在 P＜0.01 水平上达到差别显著。而第Ⅰ类和第Ⅲ类间(新石器时代组的北方类群和现代人类群间)的判别效果稍差些，不过也达到 P＜0.05。换言之，新石器时代组的北方类群和新石器时代组的南方类群间的判别效果很好，现代人类群和新石器时代组的南方类群间的判别效果也很好，而现代人类群和新石器时代组的北方类群间的判别效果就没有现代人类群和新石器时代组的南方类群间的判别效果那么好，可能是由于北方类群存在有像庙子沟那样的新石器时代组的缘故。总之，所参与的 12 个样本的最后判别分类(表五)都与原始分类类别一致，没有误判率，这也说明了当初把河宕组设在第Ⅱ类别中也是合理的。

表四　判别效果及判别分类、后验概率

判别效果			
类别	DD 值	F 值	P 值
第一类和第二类	360.719	80.1597	＜0.01
第一类和第三类	47.4541	10.5454	＜0.05
第二类和第三类	555.452	92.5754	＜0.01

表五　十二个样本的最后判别分类

NO	原始类别	判别类别	后验概率
1	1	1	1
2	1	1	1
3	1	1	1
4	1	1	1
5	1	1	1
6	1	1	1
7	2	2	1
8	2	2	1
9	2	2	1
10	3	3	1
11	3	3	1
12	3	3	1

为了把持有怀疑的石固组、河姆渡组及庙子沟组加以判别，求得其分类归属，把它们的特征值分别代入判别函数，得到的结果是石固组和庙子沟组都被判为Ⅰ类，即新石器时代组的北方类群，河姆渡组被判为Ⅱ类，即新石器时代组的南方类群。

根据以上三种多元统计方法分析可看出，贾湖新石器时代人在体质特征上属于新石器时代组的北方类别，在该类群中，它与下王岗人的体质特征是较为接近的。贾湖人在判别函数上的几个主要指标(表六)：颅长为181.0毫米，颅宽为150.0毫米，颅高为145.0毫米，眶宽为41.5毫米，总面角为86.0°。

贾湖人的颅长在所属的北方类别中是较长的，它与大汶口人的值181.11mm相当，也与三个类别的总平均值相当，但比新石器时代组的南方类别中的几个组的平均值小得多，而比现代人类别的颅长大得多，现代人的颅长有明显减少的趋势。贾湖人的颅宽不仅在新石器时代组的北方类别中是最大的，而且比新石器时代组的南方类别和现代人类别都大得多，超过三个类别的总平均值，新石器时代组的南方类别的颅宽大致与和现代人类别的相等，但两者都比新石器时代组的北方类别小得多。贾湖人的颅高在新石器时代组的北方类别中也是较高的，仅次于下王岗组，但大于该类别的平均值。现代人类别的颅高值较低，低于三个类别的总平均值。贾湖人的眶宽在新石器时代组的北方类别中是狭窄的，与下王岗组和庙底沟组的相当，比值既小于三个类别的每个平均值，也小于三个类别的总平均值。贾湖人的总面角在所属的北方类别中属中上水平，此值大于新石器时代组的北方类别的平均值，因此面部显得不突出。新石器时代组的南方类别的总面角值是最小的，比新石器时代组的北方类别和现代人类别的面部显得较为突出些。

在作贾湖新石器时代人类与其他新石器时代人类和现代人类的比较分析中，还发现些值得作进一步探讨的问题，即现代太原人和庙子沟新石器时代人的问题，现分述如下。

关于现代太原人问题。一般说，从理论上推测，由于体质上有差异，所以当把新石器时代组的人类与现代人组的人类放在一起加以聚类的话，不同时代的组将各自聚在一起，成为两大体系，每一体系内又各自分为南北两大类群，经研究，这种南北类型的差异又可追溯到我国旧石器时代晚期两个南北不同的地方类型——柳江人和山顶洞人[20]。这是到目前为止我国人类进化发展向旧石器时代晚期以来的宏观模式。但在本文中出现了现代太原人组与现代香港人组、现代广西壮族人组聚在一起的现象。这里就现代太原人组问题作些推测，可能有几种解释。一是现代人类与新石器时代人类之间的区别以及新石器时代人类内部之间的差异一般来说要大于现代南方人和北方人之间的区别，故而当现代人类与新石器时代人类被放置在一起聚类的话，会出现新石器时代人类远离现代人组，并且南、北两组分野明显，而现代人南、北两组却混在一起的现象。二是在从新石器时代人类向现代人类进化过程中，处与南北地理位置上的人类在体质上的差异随着时代的发展其差异有缩小的趋势，这与基因相互混杂有关，现今世界上各地区的人们正在越来越趋于混杂。三是可能现代太原人组的取样有些问题，也许取样时并非严格地只选取祖籍是太原地区的人，因为在现代人南迁北移频繁交往中随时可能有南方因素的渗入。作者查阅太原人材料的来源，在《太原地区现代人头骨的研究》[21]一文中写道："……收集的现代人骨骼，未附籍贯、性别和年龄的记载"。可见这个原因还是有必要考虑的。

关于新石器时代庙子沟组问题。无论在系统聚类中还是在BIPLOT图中都处于与现代香港人组、现代广西壮族人非常接近的位置，说明在某些特征上庙子沟组与它们较为接近，这也许是由于庙子沟仰韶期文化人类在参与现代人的形成中，特别在现代香港人和现代广西壮族人的形成中有一定的影响，可能庙子沟组人类在向南迁移扩散过程中基因的扩散速度较其他地区的新石器时代组的人为快。另一方面，虽然庙子沟组无论在系统聚类中还是在BIPLOT图中都处于与现代香港人组、现代广西壮族人组非常接近的位置，具有接近现代南方人的某些特点，但在判别分析中，预先被安排作为未知类别样本的庙子沟组最终仍被判别为Ⅰ类（新石器时代组的北方类群），这个结果，无论在时代上还是在地理位置上都是符合客观事实的。

表六　判别函数中三个类别的主要指标值　　（单位：毫米，度）

分类类别	体质特征指标				
	颅长 (g－op)	颅宽 (eu－eu)	颅高 (ba－b)	眶宽 (mf－ek)	总面角 (n－pr∠FH)
贾湖组	181.00	150.00	145.00	41.50	86.00
第Ⅰ类 新石器时代北方类	179.65	145.65	143.52	42.42	83.43
第Ⅱ类 新石器时代南方类	188.13	138.30	141.57	42.38	82.43
第Ⅲ类 现代人类	177.70	139.30	137.32	42.81	85.46
三类 总平均值	181.28	142.22	141.48	42.51	83.89

四、结　　论

（一）根据非测量性特征研究，贾湖新石器时代人呈现出一般蒙古人种的特点，其人种属性应属于蒙古人种。

（二）根据测量性特征研究，贾湖人的体质特征主要表现在颅长为181.0毫米，颅宽为150.0毫米，颅高为145.0毫米，眶宽为41.5毫米，总面角为86.0°。其颅指数属于圆颅型，颅长高指数Ⅰ和颅长高指数Ⅱ都属于高颅型，颅宽高指数属于中颅型，全面指数(M395)属于狭面型，上面指数(pr)属于中上面型，眶指数Ⅰ(mf－ek)和眶指数Ⅱ(d－ek)都属于中眶型，鼻指数属于中鼻型，腭指数属于阔腭型，枕大孔指数属于阔型，总面角属于平颌型（下限）。

（三）在距今大约8000～4000年左右的新石器时代，居民依他们所居住的地理位置不同在体质上有一定的差异，其差异主要表现在以南北分野的两大类群间的差异上。此外，随着时间的推移，新石器时代人类向现代人类发展，南、北两大群的新石器时代人类在体质特征上也都随之发生变化，且变化是明显的。新石器时代人与现代人的体质特征存在一定的差异，这些差异表现在根据多元统计和比较分析结果上。贾湖人和与之比较研究的其他新石器时代人类和现代人类（共15个样本，十一项体质特征指标）可划分为三大类群。

1. 新石器时代组的北方类群，包括贾湖组、石固组、下王岗组、庙底沟组、大汶口组、宝鸡组、横阵组和庙子沟组；

2. 新石器时代组的南方类群，包括昙石山组、河宕组、甑皮岩组和河姆渡组；

3. 我国现代人类群，包括现代香港人组、现代广西壮族人组和现代太原人组。

根据判别函数说明贾湖新石器时代人以其颅长、颅宽、颅高、眶宽和总面角这五个主要特征被判别为属于新石器时代组的北方类群。这个小范围之内，贾湖新石器时代人的体质特征与河南省内的下王岗新石器时代人的体质特征又较接近些。

（四）通过贾湖新石器时代人与其他新石器时代人类和现代人类的比较研究，可看到现代人类与新石器时代人类之间的区别大于现代南方人和北方人之间的区别。另外，在从新石器时代人类向现代人类进化发展的几千年过程中，处在南方、北方地理位置上的人类在体质上的差异有趋于缩小的趋势，也许是基因混杂、频繁交流的结果，故而当现代人类与新石器时代人类被放置在一起聚类的话，会出现新石器时代人类的南、北两组分野明显，而现代人南、北两组却混在一起的现象，会出现现代北方的太原人与现代南方人聚在一起的现象。此外，在从新石器时代人类向现代人类进化发展过程中，各地不同的新石器时代人类基因的扩散速度、范围和方向都不尽相同，推测庙子沟新石器时代人对现代南方人的形成过程，在溯源意义上有一定的影响，或者比起其他新石器时代组有较多的参与。

参考文献

[1] 陈德珍、吴新智，1985。河南长葛石固早期新石器时代人骨的研究。人类学学报，4：205～214，314～323。

[2] 张振标、陈德珍，1984。下王岗新石器时代居民的种族类型。史前研究，(1)：68～76。

[3] 韩康信、潘其风 99。陕县庙子沟二期文化墓葬人骨的研究。考古学报，(2)：255～270。

[4] 颜 訚，1972。大汶口新石器时代人骨的研究报告。考古学报，(1)：91～122。

[5] 颜 訚，1973。西夏侯新石器时代人骨的研究报告。考古学报，(2)：91～126。

[6] 颜 訚、刘昌芝、顾玉珉，1960。宝鸡新石器时代人骨的研究报告。古脊椎动物与古人类，2：33～43。

[7] 颜 訚，1962。华县新石器时代人骨的研究。考古学报，(2)：85～104。

[8] 颜 訚、吴新智、刘昌芝、顾玉虑，1960。西安半坡人骨的研究。考古，(9)：36～47。

[9] 考古研究所体质人类学组，1977。陕西华阴横阵的仰韶文化人骨。考古，(4)：247～250。

[10]、[20] 陈德珍，1986。中国新石器时代居民体质类型及其承继关系。人类学学报，5：114～127。

[11] 韩康信、张振标、曾凡，1976。闽侯昙石山遗址的人骨。考古学报，(1)：121～130。

[12] 韩康信、潘其风 1982。广东佛山河宕新石器时代晚期墓葬人骨。人类学学报，1：42～52。

[13] 张银运、王令红、董兴仁，1977。广西桂林甑皮岩新石器时代遗址的人类头骨。古脊椎动物与古人类，15：4～13。

[14] 韩康信、潘其风 1983。浙江余姚河姆渡新石器时代人类头骨。人类学学报，2：124～131。

[15] 朱泓，1994。内蒙古察右前旗庙子沟新石器时代颅骨的人类学特征。人类学学报，13：126～133。

[16]、[21] 王令红、孙凤喈，1988。太原地区现代人头骨的研究。人类学学报，7：206～214。

[17] 王令红，1989。香港地区现代人头骨的研究～性别和地区类型的判别分析。人类学学报，8：222～230。

[18] 朱芳武、卢为善、雷一鸣，1989。广西壮族颅骨的测量与研究。人类学学报，8：137～133。

[19] 张尧庭、方开泰，1982。“多元统计分析引论”。科学出版社。

ENGLISH SUMMARY

Wuyang County, also known as the "Wuyang Depression" in geology is located in the central Henan Province, the east slope of Funiu Mountain, and the south-western edges of the North China Plain. According to historical documents, this area was once the estate of Fan Kuai, the brother-in-law of the first emperor of Han Dynasty, Liu Bang. It later became the estate of Sima Yi, the prime minister of Caowei Dynasty of the Three Kingdoms Period. It was also the birth place of Wang Jian, the emperor of Qianshu Dynasty. Other than the above records, Wuyang has a long history and rich cultural tradition. Archaeological documentation of human activities in this area dated as early as more than 10,000 years ago. Jiahu, a Pre-Yangshao cultural site, is situated on the east side of Jiahu Village at Beiwuduxiang, 22 km north of Wuyang County Town. Its coordinates are 113° 40′E and 33° 37′ N. Its elevation is 68 m above sea level.

Jiahu site is bounded by the Nihe flooding depression to the east, the old Shahe riverbed to the west, and a small lake, that is Jiahu Lake to the south. Jiahu Lake drains into the Nihe River to the south. Nihe River joins the Shahe River, the upper reach of Huaihe River, in about 15 km east of the site. This region is the secondary drainage of the Huaihe River Basin. Its modern climate is characterized as the north temperate monsoon zone. Woodland covers only 2.2% of the land. The arboreous vegetation comprises primarily of broad leaf trees such as parasol, locust, poplar, and a small number of evergreens like cypress. The major staple and economic crops include wheat, maize, broad bean, rape, and tobacco. The soil is dominated by yellowish sandy loam and dark brown clay.

The area of the site was administered by Dongbugeng in the Zhou Dynasty and became a part of the Dingling County in the Han Dynasty. Since the Tang Dynasty, it has been under the administration of Wuyang County. Jiahu is situated in a region rich in archaeological and historical heritage. Dagang micro-lithic site, and Guozhuang Yangshao cultural site are located about 6 km to the north. Egangsi, a multi-component site extending from Yangshao to Dongbugeng of the Zhou Dynasty and Dingling County of the Han Dynasty is just 4 km to the north.

Jiahu site was first discovered by Mr. Zhu Zhi, the director of Wuyang County Museum, in 1962 when he was working in the Jiahu Village. The nature of its cultural characteristics, nevertheless was recognized only after the discovery of Peiligang Culture in the late 1970s. Its significance was gradually unfolded after several seasons of excavation since 1983.

The site-measures 275 m east-west and 260 m north-south is irregularly oval in shape. It occupies a total area of 55,000 square meters. The excavation reveals that the cultural deposit is 1.5—2.5m in thickness. The modern plow zone measures 0.3—1 m. The second level, 0.05—0.65m, is the Han cultural layer. The third and the fourth levels, 0.5—0.9m, comprise the Neolithic deposits.

Between 1983—1987, the Henan Provincial Institute of Cultural Relics and Archaeology carried out six seasons of excavation in this site, exposing, 2400 square meters of occupation floor. More than 40 house foundations, 300 storage pits, about 10 pottery kilns, 300 burials, and several thousands specimens of pottery, stone and bone remains were recovered from the excavation.

The archaeological excavation reveals that the ancient people were living a sedentary life. Its settlement had a clear plan that the habitation, cemetery and workshop areas were relatively concentrated.

The semi-subterranean house foundations were either circular or oval in shape. The peripheries of house were ringed with post holes. Some of the houses had associated hearths. The majority of houses had only one room. There were a few multi-roomed houses resulted from expansion. The preservation of houses were generally poor.

The shapes of storage pits could be summarized as round, oval, saddle-like and irregular. Their structures included cylindrical, round-bottomed, bag-like and irregular. Some pits had stair well and some had post holes around the pit openings.

In general, the preservation of pottery kilns was poor. Some of the kilns were horizontal in fire channel. Their structure included several components, such as a doom-shaped upper part, fire channels, walls, and chimmey. Most of the kilns, however, were primitive in shape with only depressed pits as remains.

The Jiahu burials could be divided into several groups. All of the graves were pit burials. Some graves had ledges. Most of the graves were oriented toward the west or south-west. The various burial treatments included single primary burial, single secondary burial, multiple primary burial, multiple secondary burial, and collective burial of multiple single and secondary interments. The postures of the interments of the single burials were mostly extended supine positions. Most of the burials had offerings of one item to several dozens goods. The offering assemblage was dominated by implements, such as subsistence tools, domestic tools, personal ornaments, and religious items. Most of the burial goods were made of pottery, bone and stone. Among them, bone objects were the most frequently seen burial goods. A small number of graves were offered with sets of turtle shells that had drilled holes, and small pebbles could often be found inside the shells. Some turtle shells showed inscribed signs. Bone flutes were yielded from a small number of graves.

The stone and bone tools recovered from Jiahu site were basically well-grounded. The most frequently found tool types comprised stone Celts, curvebladed or shouldered stone shovel, denticulate stone sickle, four-legged grinding stone, square or prismatic stone grinding rods, turquoise ornament, bone harpoon, arrowhead, needle, awl, spectula, flute and fork-shaped bone implement. In addition, a large number of animal bones were recovered from the site. Zooarchaeological study revealed that the Jiahu faunal assemblage included domesticated pig, dog, cattle, deer, fish, bi-valve and a small number of carbonized nut shells. Most striking of all was the recovery of a large quantity of rice husk and carbonized rice seeds. Thus indicating that the prehistoric subsistence of Jiahu community was dominated by rice agriculture and was heavily supplemented by various food procurement strategies such as fishing, gathering, and animal husbandry.

A large amount of pottery were recovered from Jiahu site. Sandy red or reddish brown pottery dominated the earlier pottery assemblage. Fine clay red pottery gradually increased in number during the late early phase through the middle and late phases. There was also a considerable number of pottery tempered with rice husk, shell, bone, mica fragments, and talcum. The atmosphere of the pottery varied between 600 — 1000℃. They were baked unevenly, poorly made, and their resistance to stress was low. Jiahu pottery were made by slab construction or by coiling. Most of the surfaces were burnished and red slip was common. Most frequently seen surface decoration included cord mark, incision, appendix, nipple pattern, comb dotted pattern, comb pattern, etc. The majority of the pottery shapes were flat-bottomed, nevertheless, round-bottomed, tripod, and ring-footed were common. Typical pottery shapes included basin-shaped tripod ding, jar-shaped tripod ding, cylindrical jar with horn-like knob. unrestricted jar, flare-lipped jar, two-eared jar, round belly vase, flat belly vase, tripod bowl, deep bowl, shallow bowl, ring-footed bowl, square-mouthed basin, deep basin, incised pattern basin, etc.

The excavator tripartite the Jiahu cultural deposit into early, middle and late phases. The middle and late phases were contemporaries with Peiligang,Shigu, and Egou, while the early phase of Jiahu should be earlier than the Peiligang cultural deposits ever recovered.

A comparison between the material culture of Jiahu and that of other contemporary sites indicates that Jiahu and Peiligang Culture shared a large number of cultural characteristics. On the other hand, Jiahu site did exhibit some unique properties. Thus, they should be regarded as two closely related archaeological cultures. Jiahu Culture was represented by jar with horizontal shoulder, chisel-shaped tripod ding and tripod bowl. The early Neolithic cultures distributed around and east of the Songshan Mountain, like Peiligang and Egou sites, were represented by small-mouthed round-belly vase, conical tripod ding, and tripod bowl, It is apparent that they shared some common factors and different from each other. Sites similar to the Ⅱ and Ⅲ phases of Jiahu included Wuyang Guozhuang and Luohezhaizhuang sites. They were distributed in the region east of Funiushan. Sites such as Changge Shigu and Linru Zhongsanzai were transitional in the sense that they possessed the factors of the two cultures. Since the cutural deposit of Jiahu was rich and representing some unique characteristics, we propose a new archaeological horizon, namely Jiahu Culture should be contemporary with Peiligang Culture, which was represented by Peiligang and Egou sites.

The Jiahu site yielded a total of 19 C14 dates ranging from 7400—8300a B. P. , and 7800—9000a B. P. after tree-ring calibration.

The excavation of Jiahu site yields very high artistic value for the study of Neolithic culture in the Central Plain.

First, the discovery Jiahu Phase Ⅰ culture further extends the study of the Central Plain Neolithic culture to an earlier time.

Second, the rich cultural contents and complex stratigraphic relationship provides crucial information for the continuous study of cultural types and chronology of the Pre-Yangshao period in the Central Plain region. It has been recognized that Jiahu Culture was a prehistoric culture parallel to Peiligang Culture. Its offspring migrated to regions of the same latitudes of the middle and lower reaches of Huaihe River and Hanshui River Basin. They eventually became the major source of the Qingliangang Culture and Early Xiawanggang Culture.

Third, through the study of the large quantity of animal bone remains, stone implements, and debitage, and the study of landscpae and soil, we have gained considerable understanding of the environments of the prehistoric human group living in Jiahu. They were living in a warm and wet environment dotted with well-developed lakes and marshes, rich in faunal and floral resources, providing them with abundant food source.

Fourth, through the study of the more than 300 burials and 400 human skeletal specimens, we understand that the Jiahu people belonged to the North Asian type Mongoloid. Its physical characteristics were consistent with the Xiawanggang and Miaodigou assemblages of Henan, and Dawenkou, Yedian and Xixiahou assemblages of Shandong. The height of men ranged between 170—179.9cm. Various diseases, such as arthritis were the common.

Fifth, the study of the large quantity of rice husk, carbonized rice and rice phytolith indicates that rice agriculture was very important in the daily life of Jiahu people though the rice had some characteristics of wild plant with incipient cultivation. In addition, it was likely that the Huaihe River Basin was an important component part in the beginning of rice cultivation. To be more specific, it was the origin of japonica rice. At the same time, gathering, hunting, fishing, and animal domestication were also important sources of the diet of Jaihu people. The animals procured and domesticated by the Jiahu people included deer, fish, turtle, turquoise, bi-valve shellfish, pig, dog, etc. Gathered food included oak nut and aquatic plants like waternut.

Sixth, the study of craftsmanship and technology reveals that Jiahu people used both slab construction and coiling method for pottery building. Nevertheless, there was a tendency that pottery made of coiling method increased through time. Out-kiln carbonization and the beginning of painted pottery had important implication for the development of pottery making in later time. Stone and bone tool making also bore unique characteristics. For instance, perforation technique could produce holes ad small as 0.7 mm on bone implements and most of the bone tools were delicately made. The primitive technology of Jiahu people was remarkable. Ability of quantification and calculation indicated that the primitive mathematics of Jiahu people had reached a relatively high level.

Seventh, the settlement plan of Jiahu was the earliest concentric circular planning in China. In the early phase of Jiahu, the habitation area and burial area often overlapped each other showing little planning. Yet, in the middle and late phases, it was apparent that the habitation area, burial ground, and workshops were grouped in clusters.

Eighth, shamanistic worship and shamanistic belief were common among the Jiahu people. Primitive religion was expressed through the combination of burial goods. Sets of pebbles and turtle shells were often accompanied with bone flutes and fork-shaped implements in the mortuary context. Dog burials in the cemetery revealed that ancestral worship and dog sacrifice were practiced at that time. Primitive divination could well be represented by the recovery of sets of turtle shells and the accompanying pebbles inside the shells in a small number of graves.

Ninth, the sign inscriptions yielded at Jiahu revealed that signs bearing primitive writing property appeared as early as 8000—9000 years ago. Some of the signs were similar to those of Shang oracle-bone inscription. Thus, sign inscription of Jiahu could well be the beginning of Chinese writing.

Lastly, the five-, six-, seven-, and eight-holed bone flutes had scales of five-, six and seven tunes. It is the most well-preserved and richest collection of instrumental remains of the entire world at this period. It was probably the first wind instruments of later time and had important influence on the development of Chinese musical history. It definitely has an important status on Chinese and world musical history.

后　　记

本书是一项集体研究成果，是由我所和有关单位的专家、学者、领导和同事们经过十几年的努力共同完成的。

贾湖遗址是舞阳县博物馆已故馆长朱帜先生60年代初发现的。在此后对遗址的保护和发掘过程中，朱帜馆长和舞阳县历届党委、政府、人大、政协及文物、文化工作者、北舞渡镇历届领导、贾湖村已故党支部书记贾铁牛先生、现任党支部书记贾普选先生、贾湖遗址义务保护员贾建国先生和贾湖村全体乡亲都做了大量工作，谨在此表示深深的敬意和衷心的感谢！

80年代初，我所赵世纲先生和中国社会科学院考古研究所原副所长、著名考古学家安志敏先生曾先后到贾湖遗址调查。在贾湖遗址选点发掘的决策和发掘方案的制订与修正过程中，著名考古学家、我所名誉所长安金槐先生和所长郝本性先生都曾起到过决定性作用。本发掘项目的领队裴明相先生也曾多次到工地检查、指导发掘工作。我所郭天锁、陈嘉祥、冯忠义、王胜利先生参加了1983年春的试掘工作；1984年至1987年的第二至六次发掘工作是在张居中先生的主持下进行的，参加发掘人员还有我所王良启、杨振威、王胜利先生和舞阳县博物馆的朱振甫先生。另外，郑州大学考古专业贾洲杰、宋豫秦、张国硕先生曾带1984级学生参加了1987年春的发掘工作。值得一提的是，宋豫秦先生与同学们一起发掘出土的带有契刻符号的柄形石饰，是这个季度发掘的重要收获之一。在发掘期间，我所郝本性、杨肇清、曹桂岑、赵青云、赵世纲等先生和郑州大学考古专业匡瑜先生曾先后多次到发掘现场指导工作。河南医科大学解剖教研室杜伯廉、王又林、范章宪、李世校、郭漳生、王永奎、张静等先生曾先后多次到工地鉴定出土人骨标本。特别是国家文物局原副局长、现任考古专家组长黄景略先生和当时任河南省委宣传部长的侯志英先生也曾到工地指导工作，给了我们以很大的鼓舞和支持。还有雷树威、王广才、尚中克、郎富海、贾长有、贾分良、贾留根、吴廷奇、李瑞珍、王德英、梁铁钢等先生，他们都几乎自始至终参加了贾湖遗址的发掘工作。这里的发掘之所以能取得一些成绩，与他们的努力也是分不开的。

1984年～1987年的发掘资料的整理工作是从1987年夏开始的，1996年方告结束，自始至终由张居中负责完成。我所李京华、李占扬、王胜利和郑州大学考古专业研究生刘晓东先生也做了一些工作；雷树威、王广才、李瑞珍、郎富海，特别是吴廷奇和杜成彦先生，做了大量的基础工作。在资料整理过程中，安金槐、郝本性、杨育彬、杨肇清等领导给予了大力支持和关心，在人力、物力、财力上给予保证。著名考古学家苏秉琦先生、北京大学考古系严文明、邹衡、高明、裘锡圭、宋豫秦等先生，中国科学院古脊椎动物与古人类研究所张森水先生，历史学家、古文字学家胡厚宣、张政烺、李学勤先生，中国社会科学院考古研究所安志敏、吴汝祚、韩榕、杨虎、陈星灿等先生，中国历史博物馆俞伟超、信立祥、佟伟华、李文杰、曹兵武、张广如先生，故宫博物院张忠培先生，中国科学院地质研究所周昆叔先生，郑州大学考古专业贾洲杰、匡瑜、王兵翔先生，山东省考古研究所郑笑梅先生，西北大学考古系王建新先生等也观察了贾湖出土部分资料，对资料整理或报告编写都曾提出过宝贵意见。值得一提的是，在湖南省考古研究所裴安平先生的启发下，我们发现了贾湖稻作遗存。^{14}C年代标本分析主要由北京大学考古系实验室陈铁梅、原思训等承担，国家地震局和国家文物局^{14}C实验室也测定了少量数据；古地貌调查先后有周昆叔、李容全、朱国荣、肖家仪、张振宇等。中国科学院古脊椎动物与古人类研究所黄万波、计宏祥、侯连海、叶祥奎先生，北京大学考古系吕遵谔、黄蕴平、王幼平先生和研究生周军、王社江先生，中国社会科学院考古研究所袁靖先生和华北石油局郭书元先生鉴定了出土的动物标本；中国科学院植物研究所孔昭宸、刘长江先生和北京农业大学王象坤先生鉴定了出土的植物标本；中国科学院地理研究所李文漪先生、地质研究所周昆叔先生、植物研究所孔昭宸先生先后进行了孢粉鉴定分析；孔昭宸和南京师范大学肖家仪先生、徐州师范学院陈报章先生先后进行了植物硅酸体鉴定分析；中国科学院西安黄土与第四纪研究室祝一志先生鉴定了古土壤标本；北京师范大学李容全、朱国荣先生，中国地质大学田成先生鉴定了出土的岩石标本；中国科学院古脊椎动物与古人类研究所张振标、陈德珍先生鉴定了出土的人骨标本；孔昭宸和王象坤先生鉴定了水稻标本；华中农业大学蓝盛银先生进行了稻米加工痕迹研究；中国科研大学王昌遂、左健先生，北京农业大学张文绪先生进行了陶片成分分析；李文杰先生进行了制陶工艺研究；陈铁梅先生进行了人类食谱研究；中国艺术研究院音乐研究所黄翔鹏、肖兴华先生，湖北音乐学院童忠良、蒋朗蟾、李幼平先生等鉴定了出土的骨笛标本，肖兴华、顾伯宝和徐桃英先生给骨笛测了音。本遗址的发掘工作和本书的出版获国家文物局专项经费支持。在资料整理过程中又获国家社会科学基金、国家自然科学基金、国家文物科研专题经费和香港谭耀宗先生的资助。在此一并表示衷心的感谢！

本书的体例是由本书主编张居中设计的，俞伟超、严文明、王象坤、陈星灿、王建新、曹兵武等先生也提出了许多宝贵意见。美国哈佛大学人类学系李永迪先生曾提供过不少有价值的参考资料。本书上卷第八章由北京大学考古系陈铁梅与张居中共同执笔，其余均由张居中执笔。下卷第一章第一节由河南省科学院地理研究所张振宇执笔，第二节由计宏祥、侯连海、叶祥奎、黄万波、郭书元、张居中合作完成；第三节第一部分由孔昭宸、刘长江、张居中执笔，第二部分由李文漪、周昆叔和张居中合作完成，第三部分由陈报章执笔；第四节由祝一志执笔；第五节由李容全、朱国荣、田成、张居中合作完成。第二章第一、二、四、六、七节和第三节大部分由张振标执笔，第三节一部分由范章宪、杜伯廉、郭漳生等执笔，第四节第七部分用表由范章宪等观察绘制，第四节第八、九部分由陈德珍执笔，第五节由王又林、任朝胜等执笔。第三章第一节由孔昭宸执笔，第二、四节由王象坤执笔，第三节由陈报章和张文绪执笔。第五章第一节由李文杰、张居中执笔，其中陶片成份分析部分由中国科技大学结构中心王昌遂、左健和日本帝京大学铃木稔执笔，第二节由张居中、李京华执笔。第七章由张居中和河南大学历史系宋会群合作完成。第八章由郝本性和张居中合作完成，其中第三、五节采纳了旅澳大利亚华侨王忠恕教授的部分成果。第九章由肖兴华执笔。其余章节均由张居中执笔。最后由张居中修改定稿。英文目录和英文摘要由美国哈佛大学人类学系李润权博士翻译，中国社科院考古研究所陈星灿博士、澳大利亚雷楚布大学刘莉博士及曹兵武先生作了校订。著名考古学家俞伟超先生为本书写了序言。

本书的大部分遗迹图和少部分遗物图由李文建绘制，大部分遗物图和少部分遗迹图由张小梅绘制，杨玉华绘制了兽骨图，中国艺术研究院音乐研究所顾伯宝工程师绘制了大部分骨笛图，孢粉和硅酸体插图分别由周昆叔和陈报章绘制；下卷第二章文内插图由中国科学院古脊椎动物与古人类研究所高级工程师杨明妮女士绘制；李永青、臧广兰、杨磊、朱汝生、张建华、郝飞雪、李瑞珍也绘制了少量插图。田野照片主要由张居中拍摄，器物照片主要由王蔚波拍摄，王兆文、郭民卿、祝贺也拍摄了部分照片。朱凯和杜成彦承担了大部分照片的洗放工作。墨拓由郭培育承担。郭延梅、李金梅二位女士承担了大量资料复印工作。图书资料室的同志们也提供了许多方便，兹不一一列举。

报告初稿完成以后，中国社会科学院考古研究所韩榕先生通读了全稿，提出了许多指导性意见。科学出版社张玉梅先生、胡华强先生、刘卓澄先生为本书出版做了大量工作，《华夏考古》编辑部的方燕明、胡永庆先生为本书的编辑和出版倾注了大量心血，我们谨表示衷心的感谢！

谨以此书献给所有关心、帮助和支持过贾湖遗址保护、发掘、资料整理、报告编写、编辑出版、印刷装订工作的朋友们，并告慰已经作古的我们敬爱的苏秉琦先生以及黄翔鹏、裴明相、朱帜、贾铁牛先生的在天之灵！

河南省文物考古研究所

1997 年 8 月 28 日

1.贾湖遗址全景（由东向西）

2.贾湖（由西向东）

贾湖和贾湖遗址全景

1. 遗址西部（由东向西）

2. T101～T102（由东向西）

贾湖遗址发掘现场

1. F16（由东向西）

2. F36（由北向南）

房 址

1. F33（由南向北）

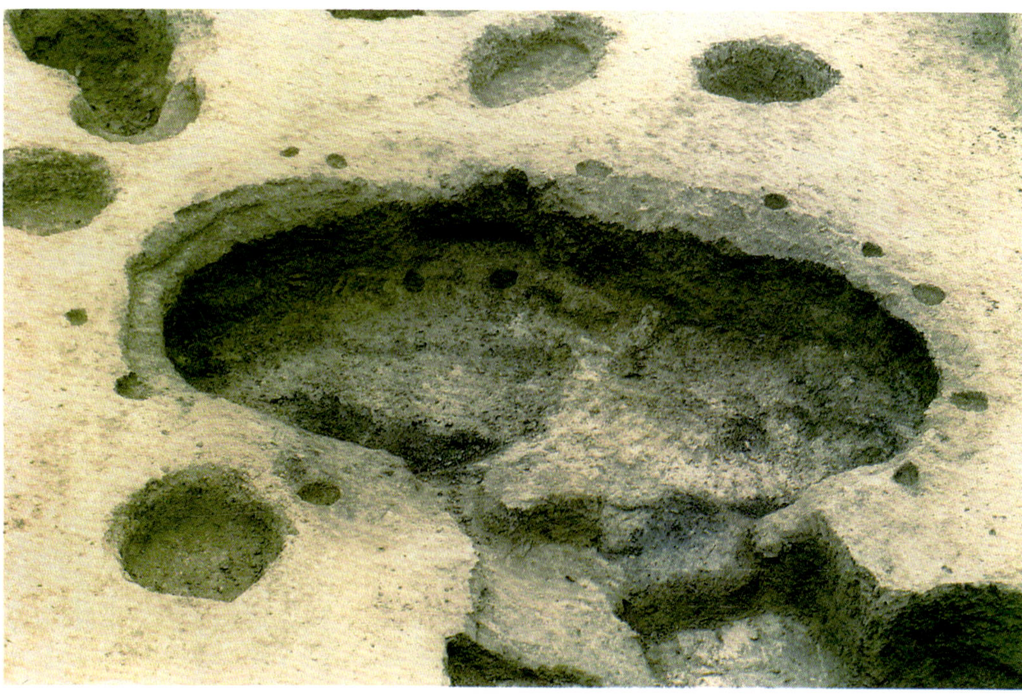

2. F5（由东向西）

房 址

1. H279（由南向北）

灰坑

2. H207（由东向西）

1 . Y8（由西向东）

2 . M249 头部

3 . M58 上部

陶窑及墓葬

1. M411

2. M371

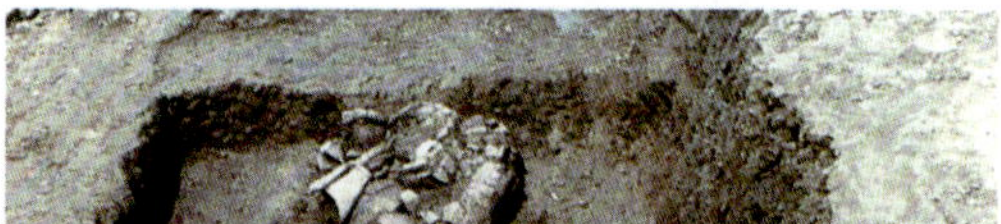

3. M344

4. M376

墓　葬

1. M327.M355

2. M330

3. M353

墓　葬

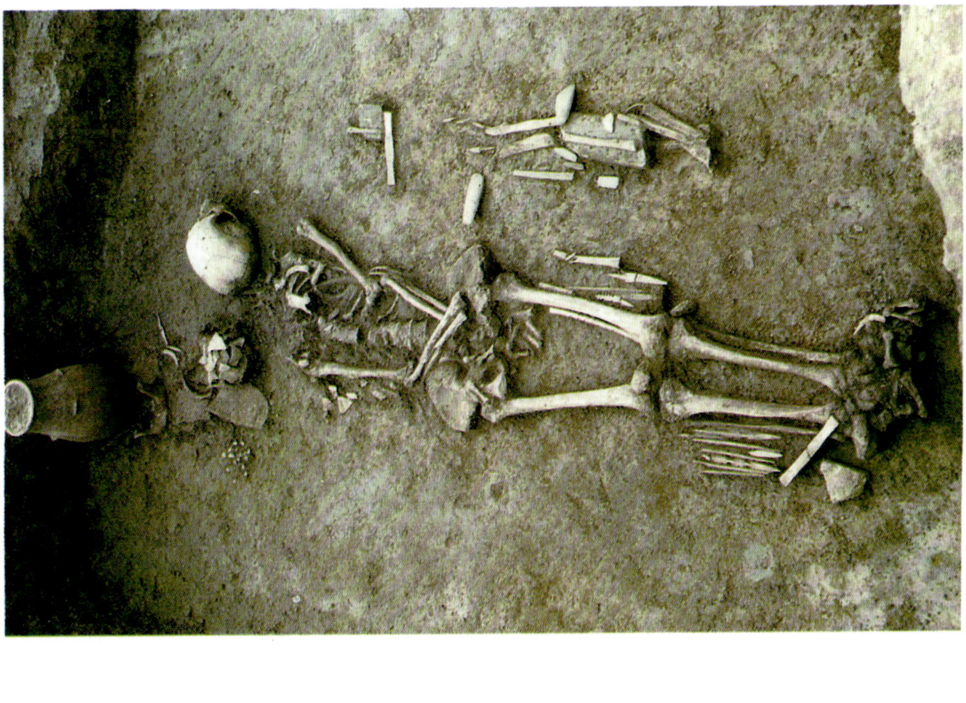

1. M282

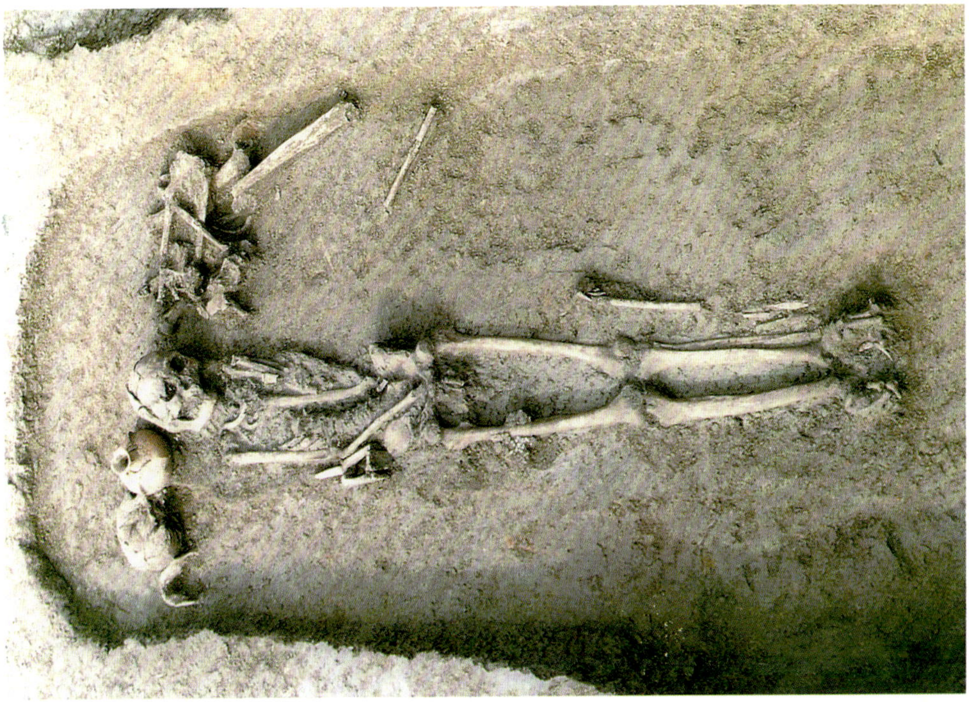

2. M253

墓葬

1. M263

2. M363乙

3. M277

1．Ba型Ⅰ式折肩壶(M282:1)　2．B型Ⅰ式侈口罐(M282:2)

3．B型Ⅰ式盆形鼎(H35:21)

4．B型Ⅳ式敛口钵(M387:3)

5．C型Ⅵ式敞口钵(H32:11)

陶壶、罐、鼎、钵

6．B型Ⅲ式盆形鼎(M22:2)　7．B型Ⅱ式侈口罐(M22:3)

1. B型釜（H105:7）

2. D型折沿罐（H124:1）　3. A型Ⅲ式卷沿罐（H190:2）

陶釜、罐

1．A型Ⅱ式双耳罐(H13:10)　2．A型Ⅱ式双耳罐(M125:1)

3．B型Ⅰ式盆形鼎(M396:2)　4．B型Ⅳ式盆形鼎(H122:2)　5．A型盆形鼎(H240:1)

陶鼎、罐

1. D型Ⅱ式(H112:11)　2. D型Ⅱ式(M411:2)　3. B型Ⅴ式(M487:2)

4. B型Ⅲ式(M376:1)　5. B型Ⅰ式(M66:1)　6. C型Ⅰ式(H383:9)

陶罐形壶

1. C型Ⅱ式圆腹壶(M252:1)　2. B型Ⅱ式扁腹壶(M482:1)　3. C型Ⅲ式圆腹壶(M253:1)

4. Ba型Ⅰ式折肩壶(M385:1)　5. A型Ⅲ式折肩壶(M335:1)　6. A型Ⅱ式折肩壶(M344:1)

陶壶

1. B型Ⅵ式敞口钵（H19:21）
2. B型Ⅴ式敞口钵（T34③B:19）
3. A型Ⅰ式深腹盆（H13:3）

4. C型Ⅱ式三足钵（T109③B:17）
5. C型Ⅲ式三足钵（H135:3）
6. C型Ⅱ式三足钵（T103③B:1）

7. C型Ⅱ式三足钵（T109③B:17）
8. C型Ⅲ式三足钵（H135:3）
9. C型Ⅲ式三足钵（T103③B:1）

陶钵、三足钵、盆

颜料、石饰

1 . Aa 型颜料(H141:1)　2 . Bb 型颜料(M327:10)　3 . Ba 型颜料(T5 ③:8)
4 . Ba 型颜料(T109 ③c:8)　5 . Ba 型颜料(H28:37)

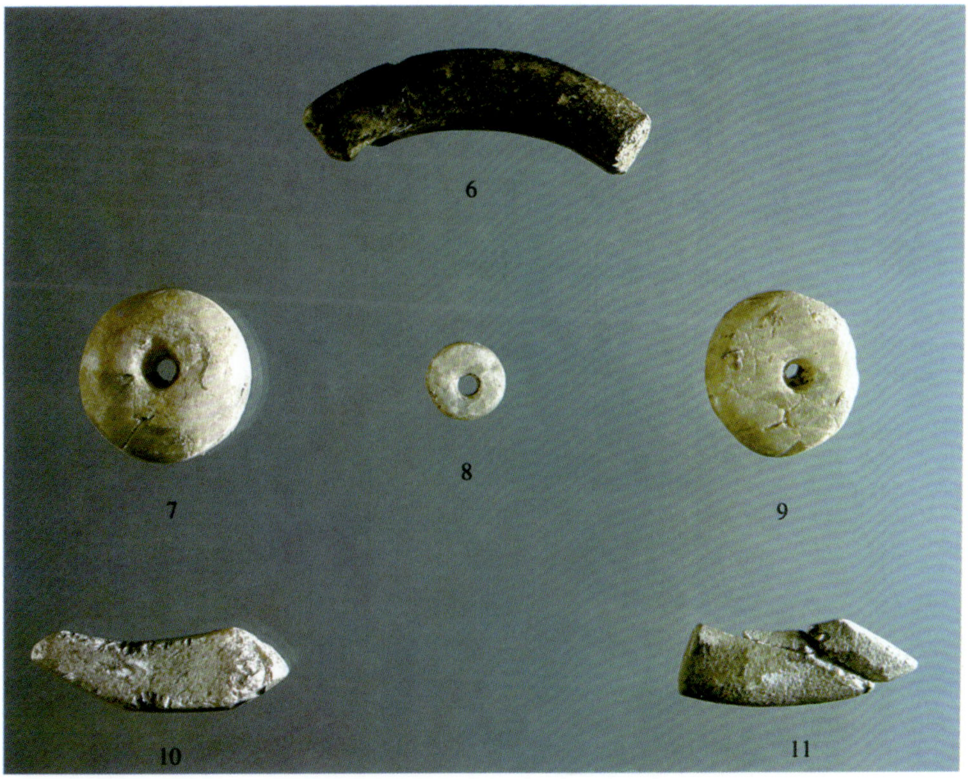

6 . 璜形饰(H216:3)　7 . Aa 型圆形穿孔饰(M249:6)　8 . Aa 型圆形穿孔饰(M58:6)
9 . Aa 型圆形穿孔饰(M249:7)　10 . 璜形饰(H69:1)　11 . 璜形饰(H19:4)

1 . Ba 型石铲(T31ⓑ:8)

2 . Ac 型石镰(T12 ③:2)　3 . Aa 型石镰(M356:4)

4 . 骨耜 (H69:5)

5 . B 型磨盘(M371:1)　6 . D 型石磨棒(M371:2)

石、骨制品

1．纺轮 (M342:8)　2．环(M119:6)

3．环(M411:14)

4．环(T23 ③:4)

石制品

石　饰

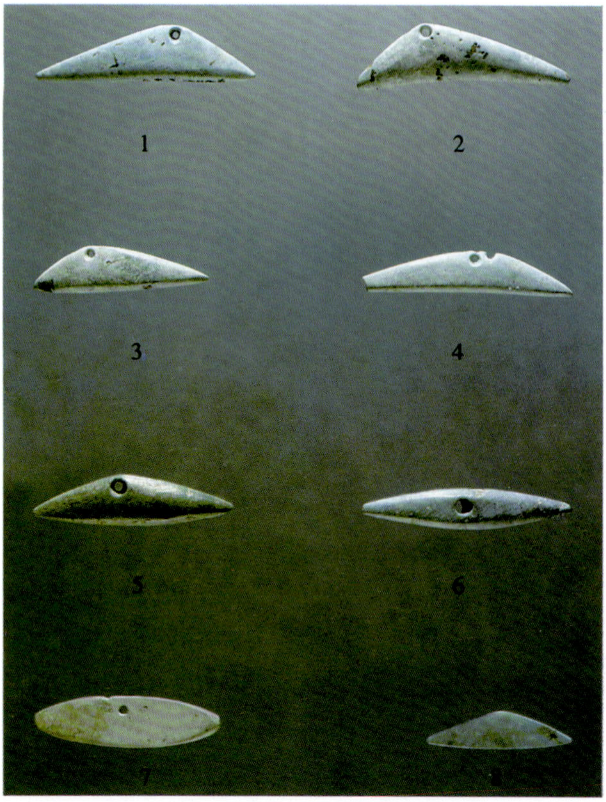

1．A 型三角形坠饰(M249:5)
2．A 型三角形坠饰(M249:4)
3．A 型三角形坠饰(M243:3)
4．A 型三角形坠饰(M243:4)
5．A 型三角形坠饰(H282:1)
6．梭形饰(M121:12)
7．梭形饰(H127:19)
8．A 型三角形坠饰(H127:5)

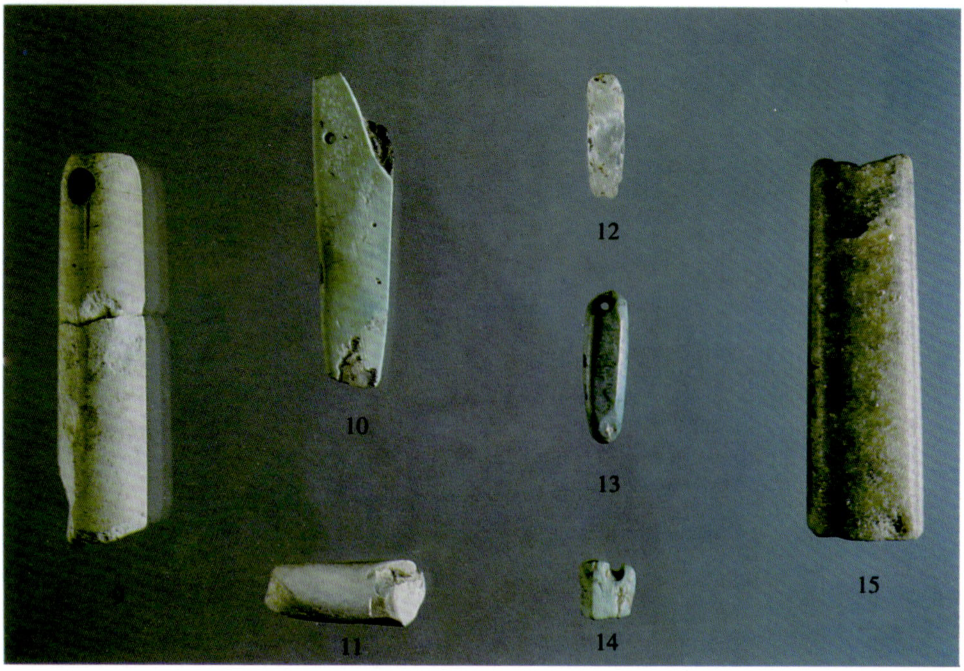

9．棒形饰(T12 ③:1)　10．方形坠饰(H127:7)　11．棒形饰(T15 ③:8)　12．棒形饰(T11 ③:13)
13．棒形饰(T12 ③:12)　14．方形坠饰(M335:18)　15．管形器(H113:4)

1．C型三角形坠饰(M58:5)　2．B型圆形穿孔饰(H273:1)　3．不规则形饰(M58:10)
4．方形坠饰(T12③:6)　5．方形坠饰(M115:5)　6．方形坠饰(M58:9)

7．方形坠饰(T22③:5)　8．B型三角形坠饰(M58:12)　9．C型三角形坠饰(H115:16)
10．D型三角形坠饰(M58:1)　11．B型三角形坠饰(M58:3)　12．方形坠饰(M58:2)

石饰

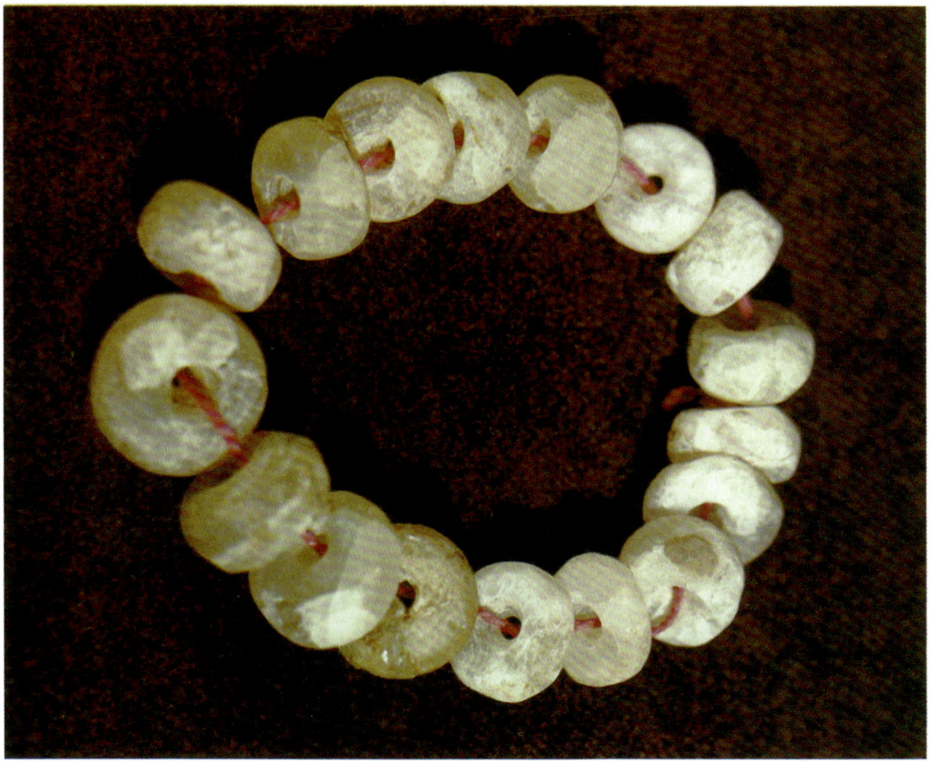

3．Aa型圆形穿孔串饰(M318:1-1～17)

石制品

1．柄形器顶面刻符(M330:2)

2．柄形器(M330:2)

1. Ad型（M58:4） 2. Ab型（M274:1） 3. Ab型（M335:17） 4. Ac型（M275:15）
5. Ad型（M386:15） 6. Ad型（M386:14） 7. Ab型（M385:4） 8. Ab型（M385:5）
9. Ac型（M396:11） 10. Ac型（M342:13） 11. Ac型（H163:1） 12. Ab型（M396:10）

圆形穿孔石饰

彩版 二四

1．M275:16　2．T4③:5　3．M275:17　4．M121:3-3　5．M121:3-1　6．M121:3-2　7．M121:3-5　8．M121:3-4　9．M121:3-6　10．M121:3-7　11．M121:3-8　12．M121:3-9　13．M121:3-10

Ac型圆形穿孔石饰

1. Eb型Ⅱ式（M335:3） 2. Eb型Ⅱ式（M344:16） 3. Ea型Ⅱ式（M402:4） 4. Eb型Ⅱ式（M344:17） 5. Eb型Ⅱ式（M395:12） 6. Eb型Ⅰ式（M395:13） 7. Eb型Ⅱ式（M395:16） 8. Eb型Ⅰ式（M402:10） 9. Eb型Ⅰ式（H95:4） 10. Eb型Ⅱ式（T26③c:10）

骨 镞

1. Gc型Ⅱ式（M277:22） 2. Gb型Ⅱ式（M393:12） 3. Gb型Ⅱ式（M386:5）
4. Gd型Ⅲ式（M111:1） 5. Gc型Ⅱ式（M275:11） 6. Gd型Ⅲ式（M282:50）
7. Gb型Ⅱ式（M386:7） 8. Gc型Ⅱ式（H37:3） 9. Gd型Ⅲ式（M275:14）

骨 镞

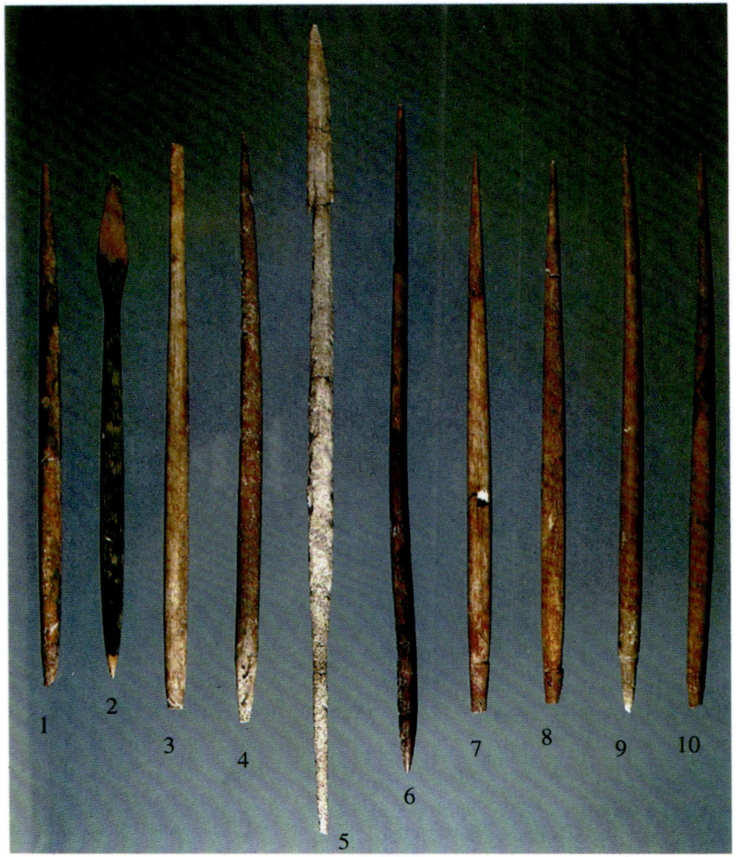

1．Bb型（M282:23） 2．D型（M41:4） 3．Ca型（M277:7）
4．Ba型（M411:9） 5．D型（M296:1） 6．Bb型（M40:7）
7．Ca型（M344:8） 8．Ba型（M344:9） 9．Bd型（M411:8）
10．Ba型（M282:49）

骨镖

11．Aa型（M224:1） 12．Aa型（M109:3）
13．Aa型（M248:3） 14．Aa型（M32:16）
15．Aa型（M32:17）

骨镖

1. Ad型（M111:5） 2. Ae型（M411:10） 3. Ab型（M282:46）
4. Ab型（M282:51） 5. Aa型（M111:3） 6. Ab型（M109:1）

7. Ad型（M395:14） 8. Ae型（M377:4） 9. Ae型（M282:52）
10. Af型（M377:5） 11. Af型（H208:1） 12. Ae型（M393: 10）

1．Ab型 板（M386:12） 2．Aa型 板（M282:12）
3．Ab型 板（M277:46） 4．Ab型 板（M277:6）
5．Aa型 板（M127:4）

骨 板

6．A型 凿（M277:5） 7．A型 凿（M327:4）
8．A型 凿（M282:13） 9．A型 凿（M282:14）
10．A型 凿（M277: 50）

骨 凿

1．Bb型（M127:9） 2．Ba 型（M278:4） 3．Ba 型（M113:15） 4．Bb 型（M78:3） 5．Bb 型（M82:3）

6．Ba 型（M270:4） 7．Ba 型（M282:15） 8．Ba 型（M282:10） 9．Ba 型（M282:11）
10．Ba 型（M130:1）

骨 板

1．B型（M282:59） 2．B型（M282:60） 3．B型（M386:11） 4．B型（M277:47）
5．C型（H75:4） 6．B型（M325:14） 7．B型（T102㉝:11）

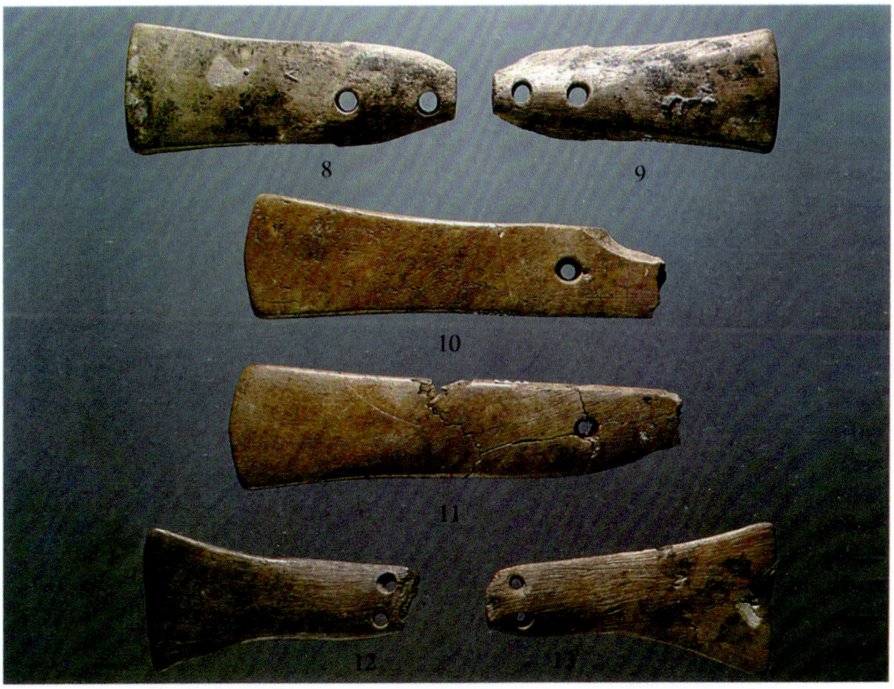

8．A型（M331:6） 9．A型（M331:5） 10．A型（M263:5）
11．A型（M263:6） 12．A型（H35:7） 13．A型（H35:8）

骨 柄

骨 匕

1 . Ab型 匕（H19:25）
2 . Aa型 匕（M281:8）
3 . Aa型 匕（M128:8）
4 . Aa型 匕（M60:3）
5 . Ac型 匕（H284:1）
6 . Aa型 匕（M335:20）
7 . Aa型 匕（M325:7）
8 . Aa型 匕（M365:3）
9 . Aa型 匕（M343:1）

10 . A型 锥（M325:10） 11 . A型 锥（M380:1） 12 . A型 锥（M336:2）
13 . A型 锥（M353:27） 14 . A型 锥（M365:2） 15 . A型 锥（M62:3）

骨 锥

骨 针

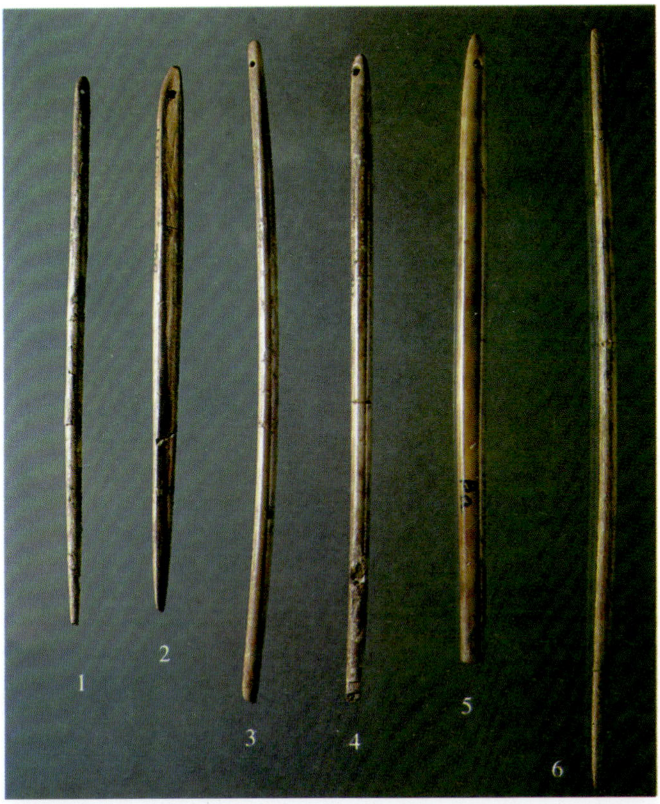

1 . Ab 型（M115:8）
2 . Ba 型（M343:4）
3 . Ab 型（M276:3）
4 . Ab 型（M351:2）
5 . Ba 型（M377:3）
6 . Bb 型（M343:3）

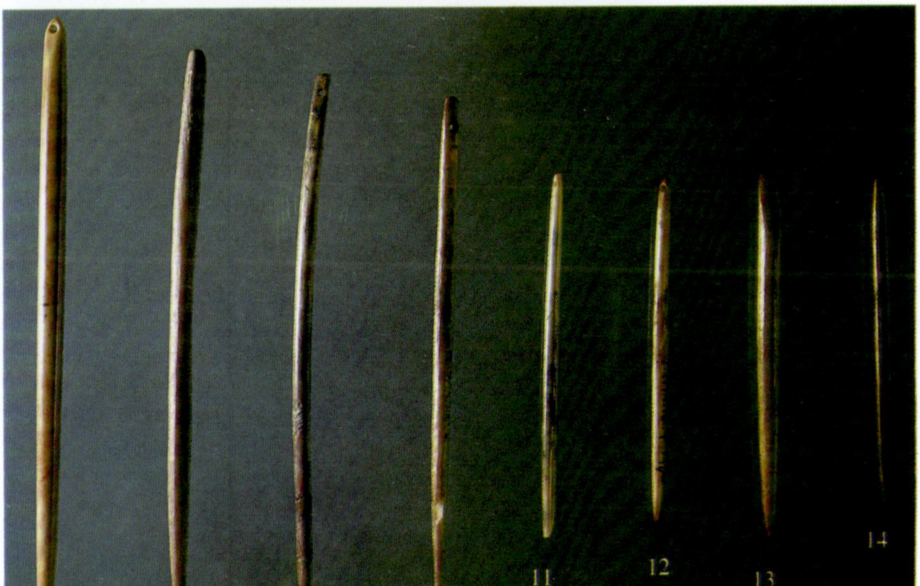

7 . Ab 型（H70:1） 8 . D 型（H112:32） 9 . Ac 型（M126:4） 10 . Ac 型（H309:5）
11 . Ad 型（M91:2） 12 . Ad 型（M38:4） 13 . D 型（H35:10） 14 . Ad 型（M335:22）

彩版 三四

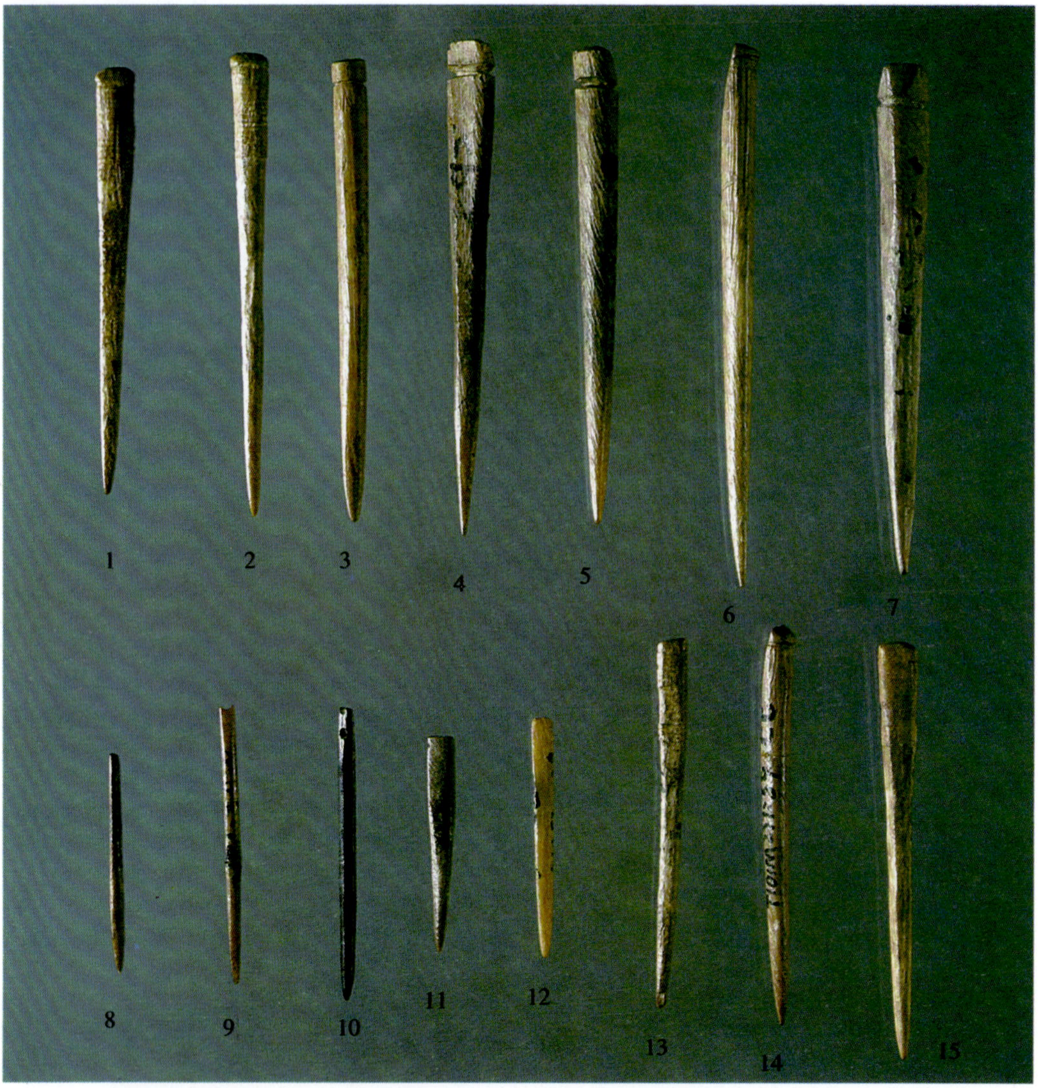

1 . Cb型（M277:37） 2 . Cb型（M277:41） 3 . Cb型（M277:36） 4 . Cb型（M353:3）
5 . Cb型（M353:8） 6 . Ca型（M277:27） 7 . Ca型（M111:6） 8 . Ae型（M58:11）
9 . Ae型（M113:13） 10 . Ae型（H112:29.） 11 . Cd型（T22③:12） 12 . Cd型（M353:35）
13 . Cc型（M277:35） 14 . Cc型（M277:39） 15 . Cb型（M277:32）

骨 针

1 . Aa型Ⅲ式（M246:2） 2 . Aa 型Ⅲ式（M253:7） 3 . Aa 型Ⅱ式（M248:2） 4 . Aa型Ⅱ式（M341:5）
5 . Aa型Ⅲ式（M277:45） 6 . Aa型Ⅲ式（H330:8） 7 . Aa型Ⅱ式（M282:31） 8 . Ba型Ⅳ式（H112:51）
9 . Aa型Ⅳ式（H28:12） 10 . Aa型Ⅰ式（M282:54） 11 . Aa型Ⅰ式（H187:6） 12 . Aa型Ⅱ式（M385:3）
13 . Ba 型Ⅰ式（M353:26） 14 . Aa 型Ⅳ式（M343:8） 15 . Aa型Ⅱ式（M335:7） 16 . Aa型Ⅲ式（M375:3）
17 . Aa型Ⅳ式（M343:9） 18 . Aa型Ⅳ式（M342:10） 19 . Aa型Ⅳ式（M344:20）

牙 削

1. 牙饰（M58:7） 2. 牙饰（H323:1） 3. 牙饰（M376:2）
4. 牙饰（M323:4） 5. 牙饰（M323:5） 6. 牙饰（M32:2）

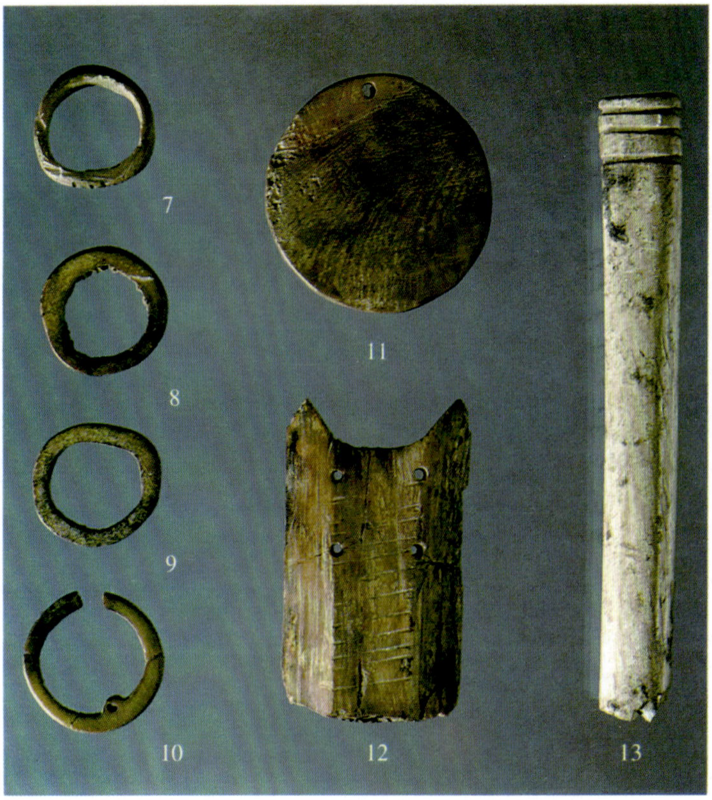

7. 骨环（M41:7）
8. 骨环（M41:12）
9. 骨环（M41:13）
10. 骨环（M41:14）
11. C 型骨饰（M342:9）
12. B 型骨饰（M396:8）
13. 管形骨器（H112:39）

1 . M395:2　　2 . M363:4

3 . M94:5　　4 . M344:3

A型叉形骨器

3. M39:2　4. M411:3

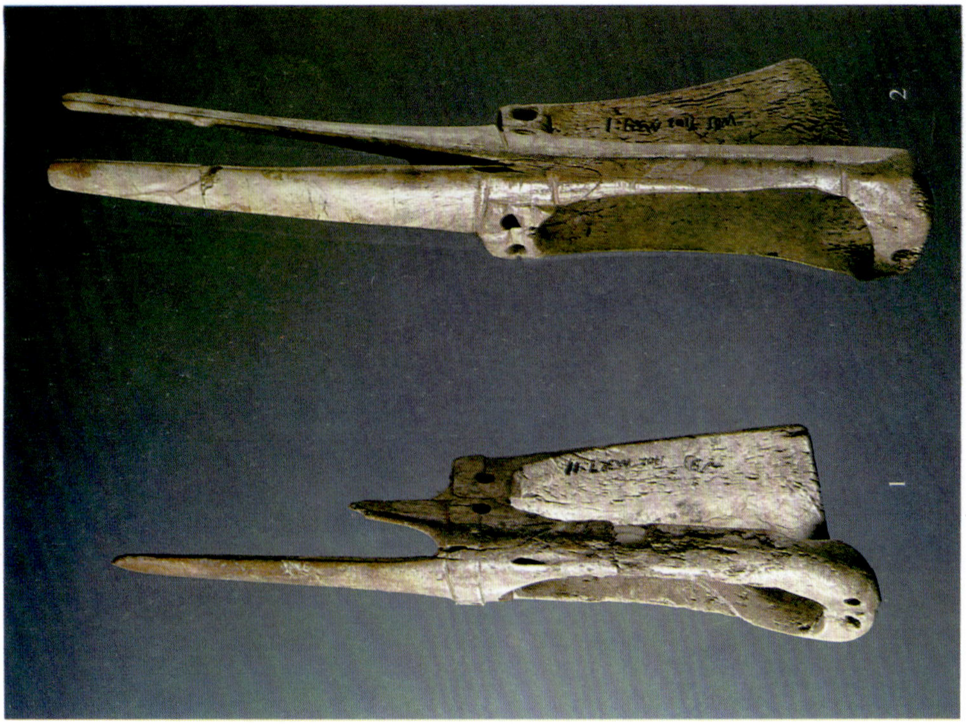

1. M327:11　2. M327:1

A型叉形骨器

1

2

1．M341:2　2．M341:1

骨笛

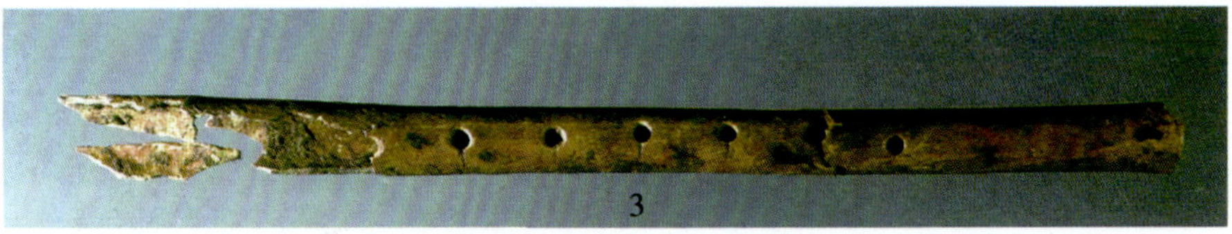

3

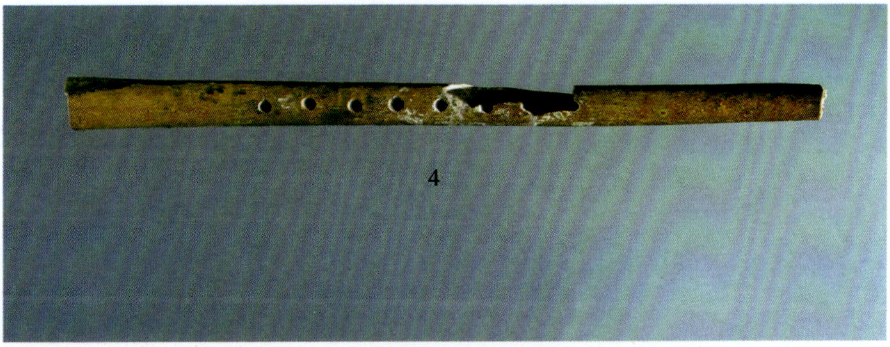

4

3．M253:9　4．M253:4

5

5．M78:1

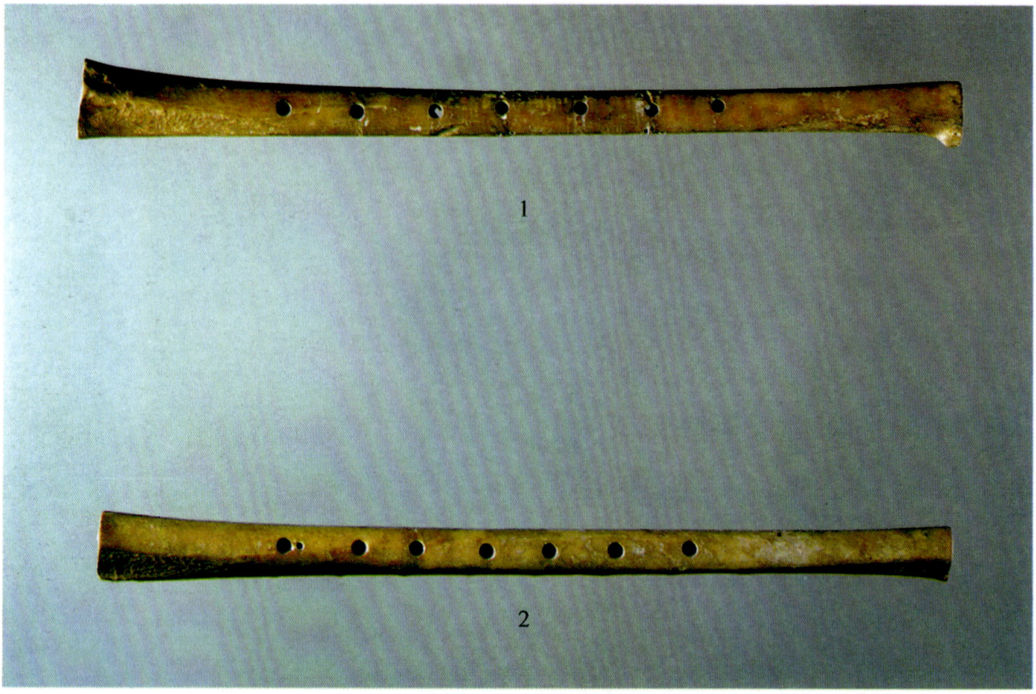

1 . M282:21　2 . M282:20

3 . M233:3　4 . M411:14　5 . M78:2

骨 笛

1. M344 内出土龟甲及石子

2. M233 内出土龟甲及石子

龟甲及内装石子

龟甲及内装石子

1. M363 内出土龟甲及石子

2. M327 内出土龟甲及石子

1 . M233:13

2 . M363:13

龟甲及内装石子

1.古土壤中部，红棕色粘粒胶膜，×105，正交偏光

2.古土壤下部，粘粒胶膜和铁质浸染斑，×50

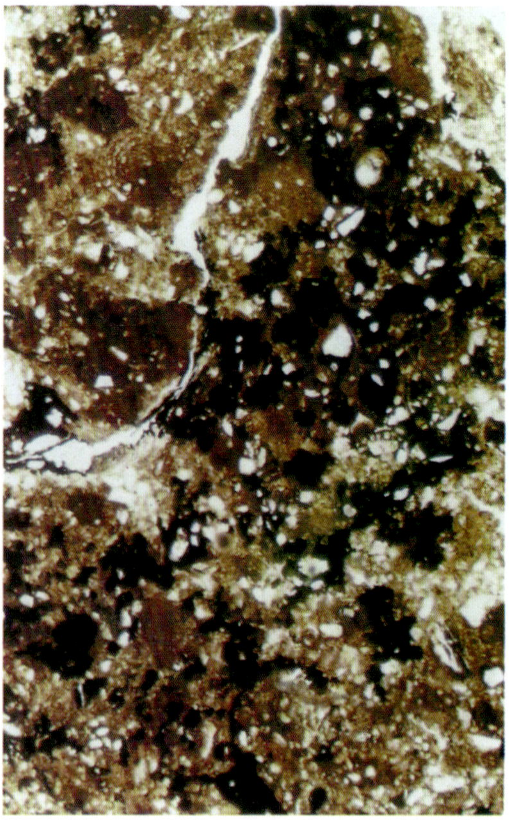

3.古土壤上部，铁锰锈斑，×50，单偏光

复原贾湖人头塑像

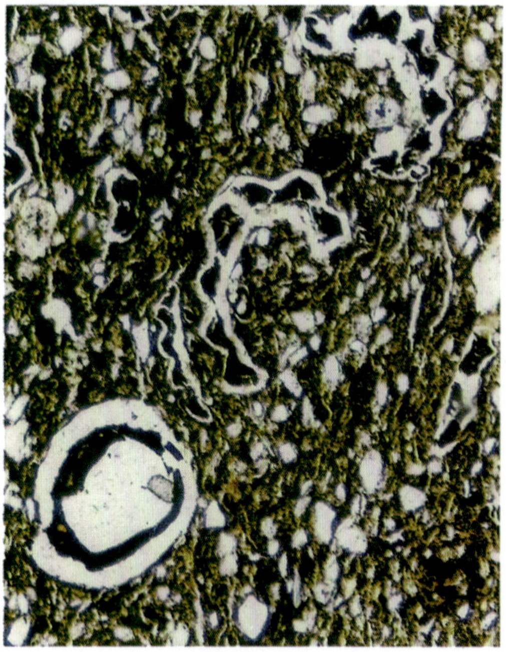

1.夹蚌陶片（×85）

2.夹蚌陶片（×85）

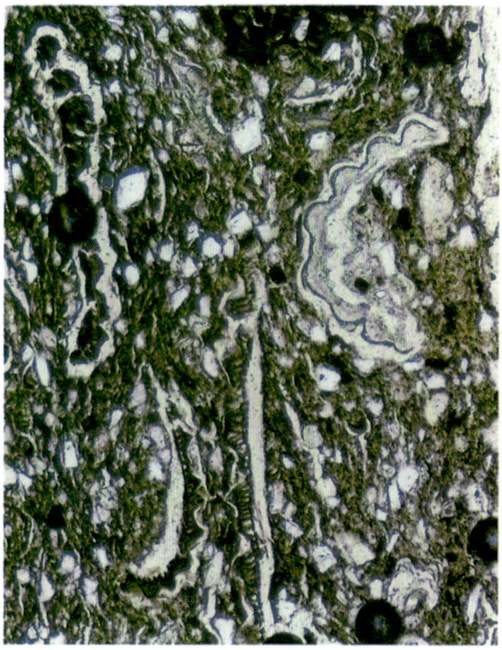

3.夹蚌陶片（×85）

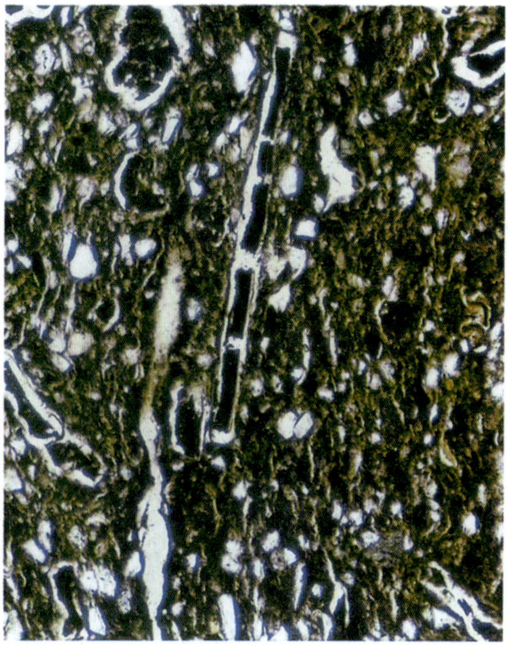

4.泥质陶片（×85）

陶片剖面岩相

1. 龟腹甲（M344:18）

2. 契刻符号（M344:18）

3. 龟甲（M344:18）

龟甲及刻符

1．龟背甲片刻符（M387:4）

2．骨笛刻符（M253:4）

3．石器刻符（H141:1）

4．龟腹甲刻符（M387:4）

5．龟腹甲片刻符（M335:15）

契刻符号

1. T5～T9（由东南向西北）

2. T23墓葬发掘情况（由西向东）

贾湖遗址发掘现场

1. T61 ~ T75（由北向南）

2. T114（由北向南）

贾湖遗址发掘现场

1. F23（由北向南）

2. F4（由北向南）

房 址

1. F31（由东向西）

2. F29（由东向西）

1. F20（由东向西）

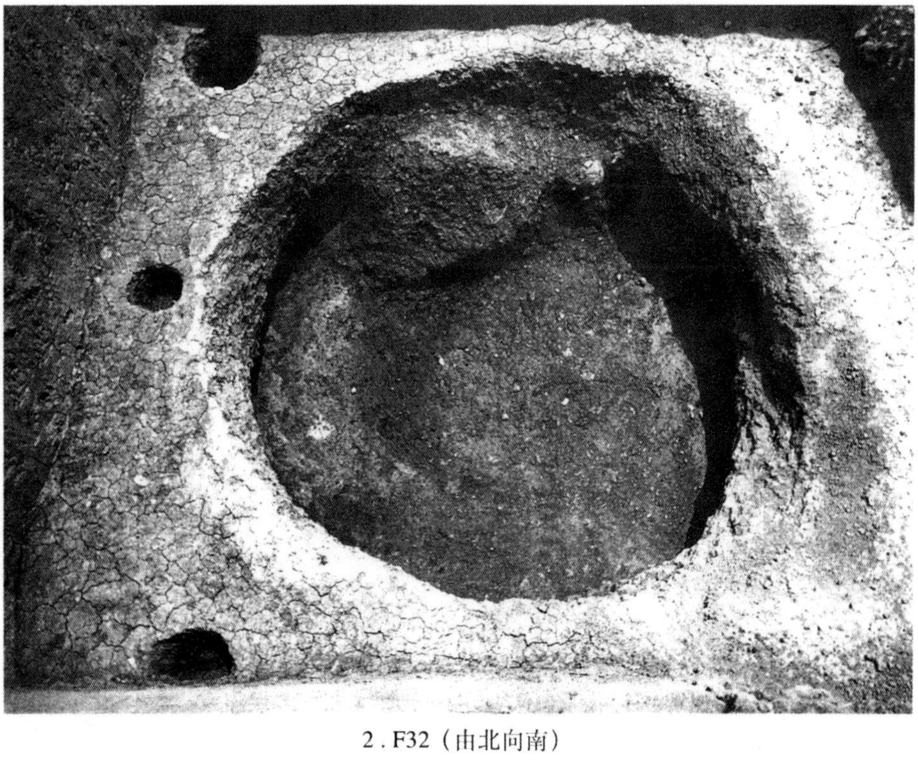

2. F32（由北向南）

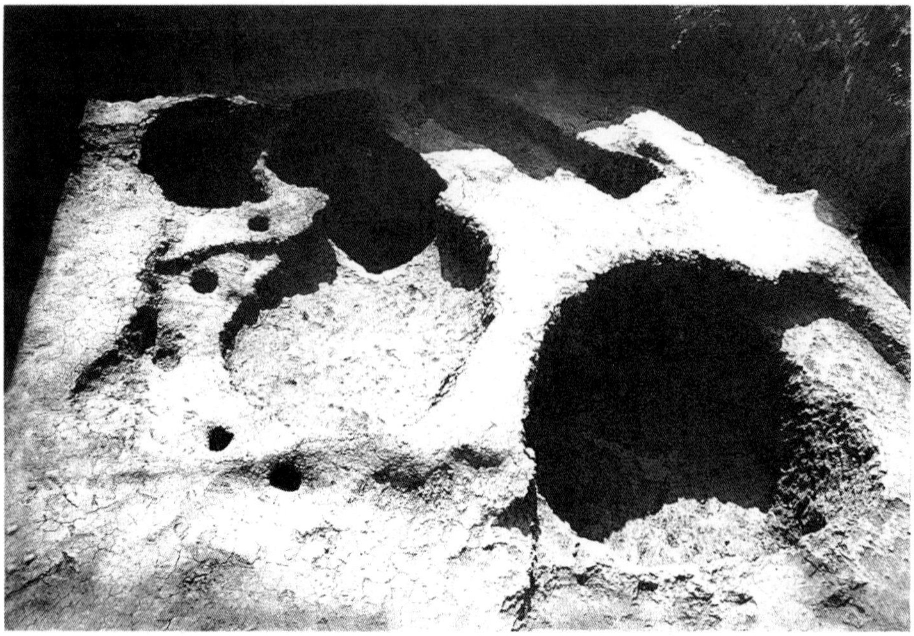

1. F25（由东向西）

2. F18（由东向西）

房址

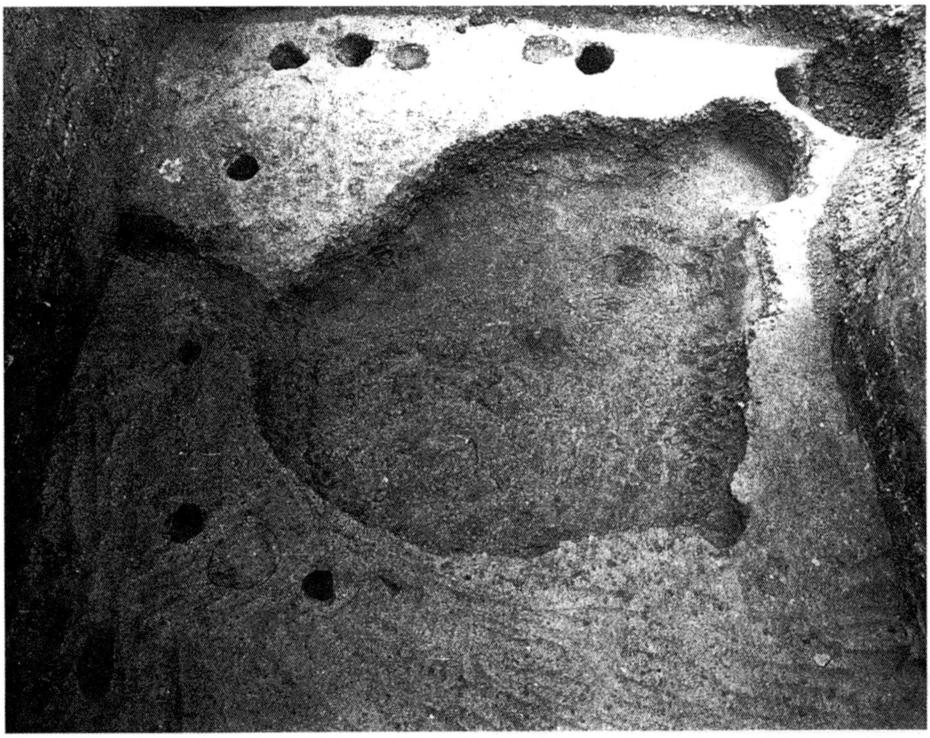

1. F33（由南向北）

房址

2. F40（由西向东）

1. F17（由西向东）

2. F35（由南向北）

房址

灰坑

1.H108

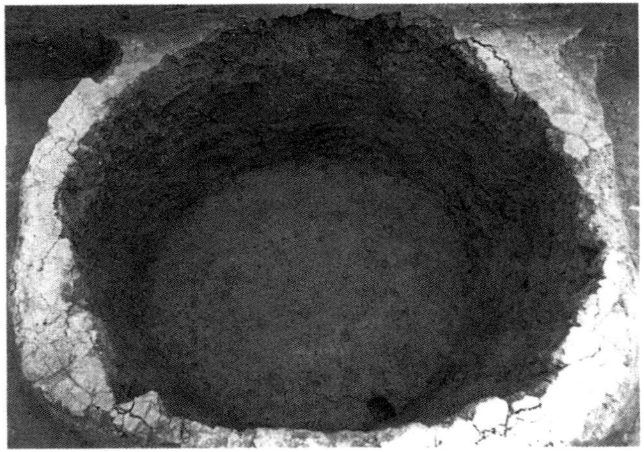

2.H288

3.H198

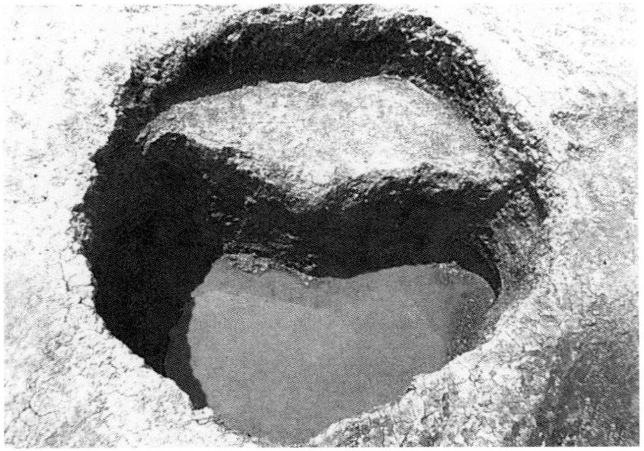

4.H189

1. H229

2. H107

3. H55

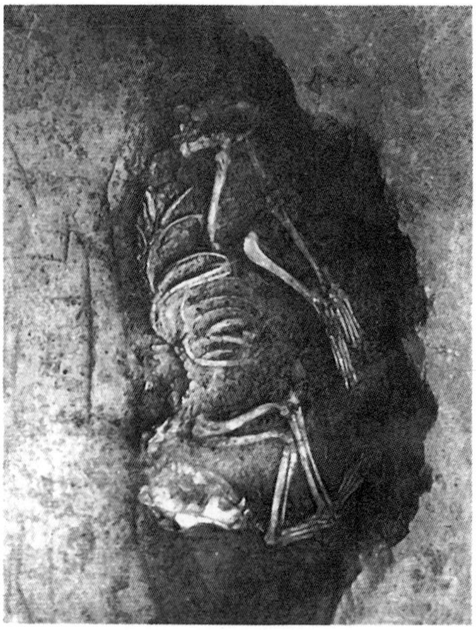

4. H139

灰坑

兽坑和动物骨骼

1. SK3

2. SK8

3. F1西南角动物骨骼堆

4. SK9

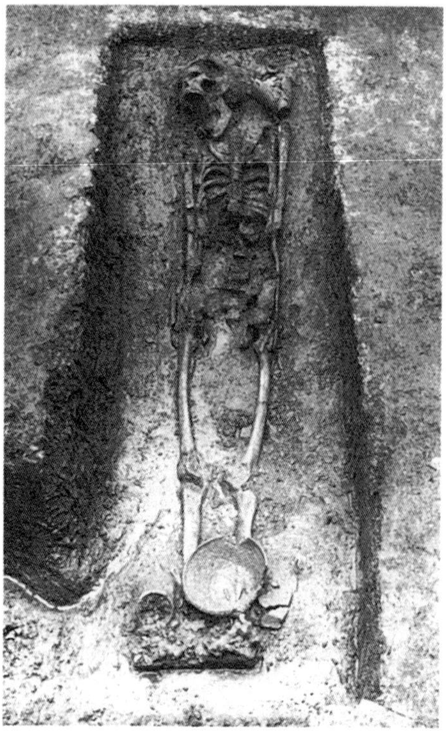

1. M22

2. M104

3. M231

4. M278

墓葬

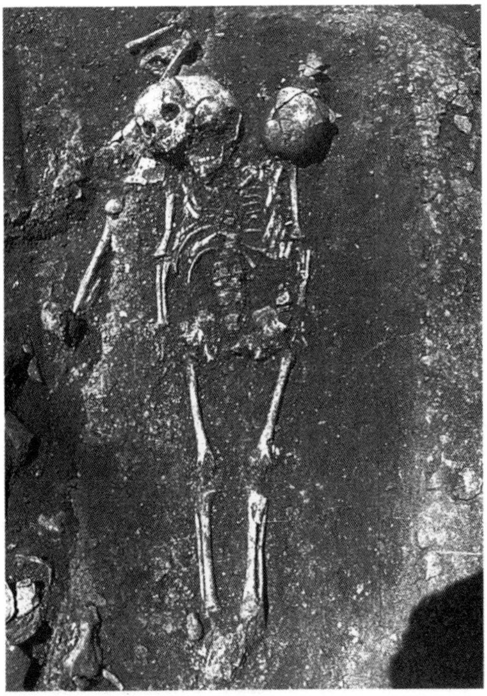

1. M305

2. M291、M292

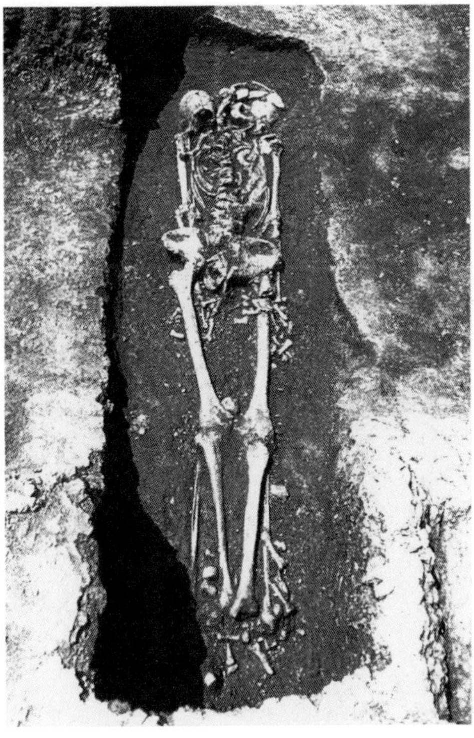

3. M297

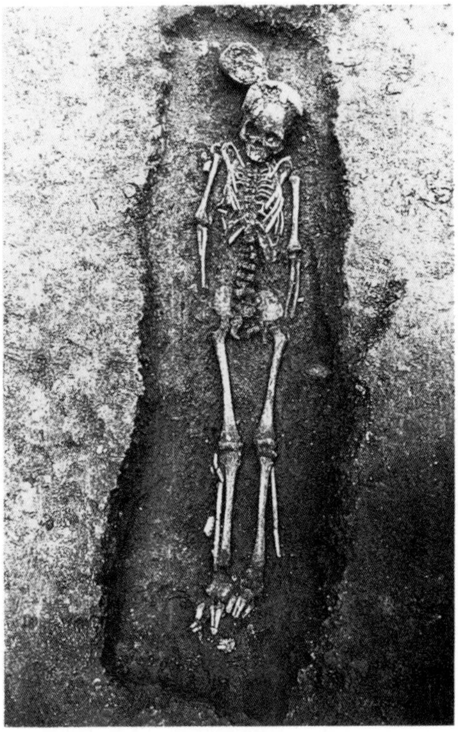

4. M356

墓葬

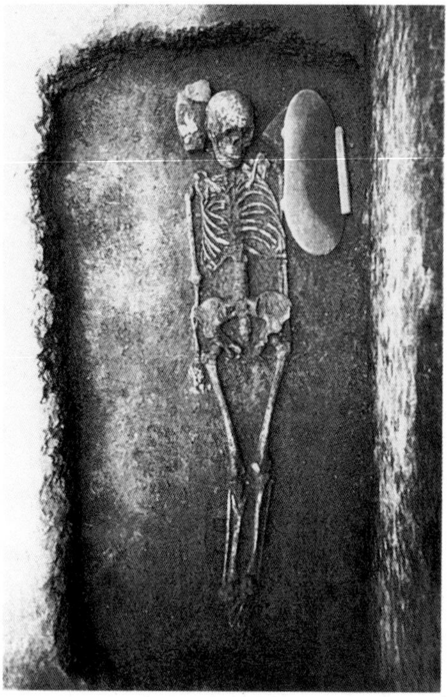

1. M371

2. M377

3. M385

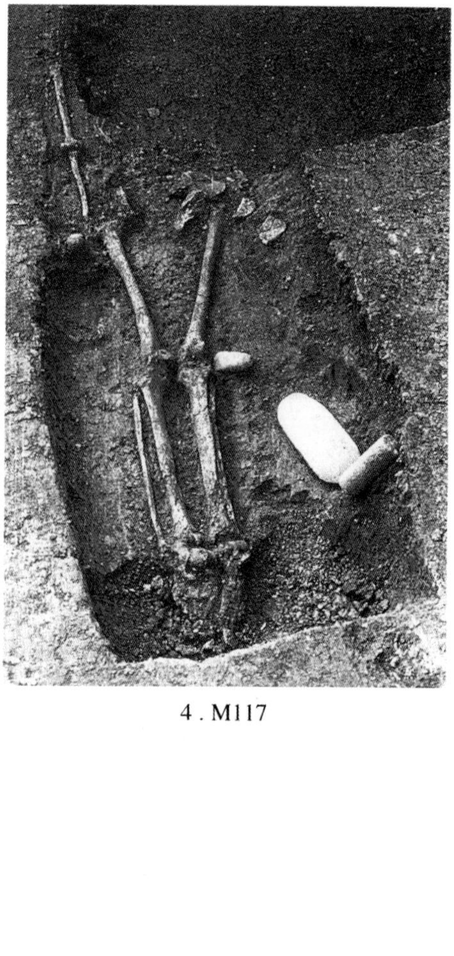

4. M117

墓葬

1. M400、M401

2. M126、M127、M128

墓葬

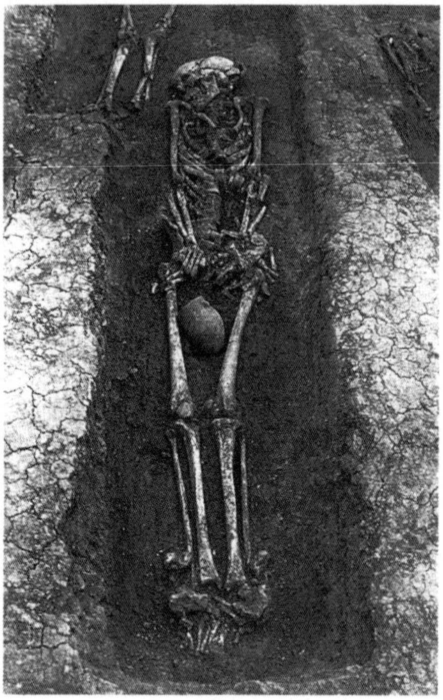

1. M66

2. M110骨镞出土位置

3. M121

4. M110

墓葬

1. M233

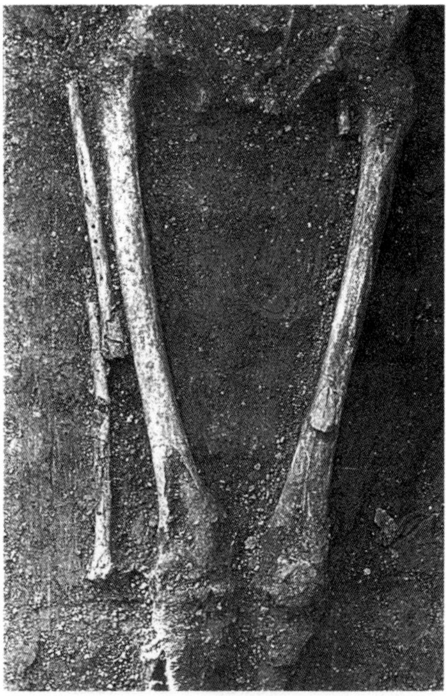

2. M233骨笛放置位置

3. M268、M279

4. M270

墓葬

墓葬

1．M487

2．M214、M220

1 . M386

2 . M39

3 . M38

4 . M108

墓葬

1. M341

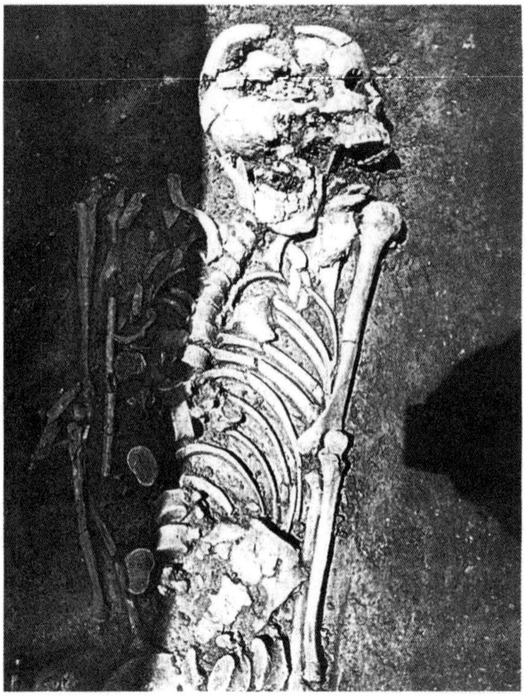

2. M341 上部

3. M486

4. M275

墓葬

墓葬

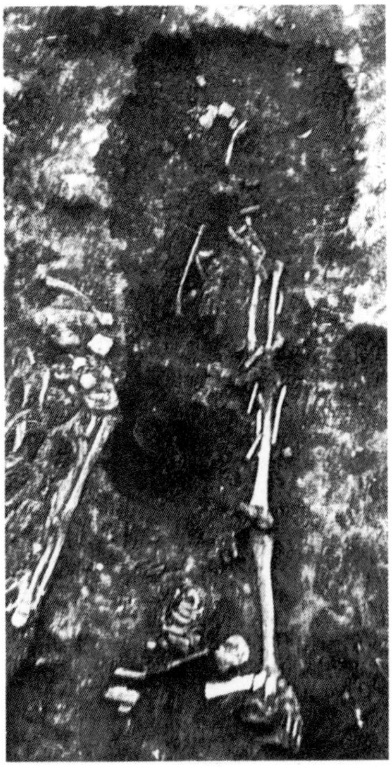

1. M78

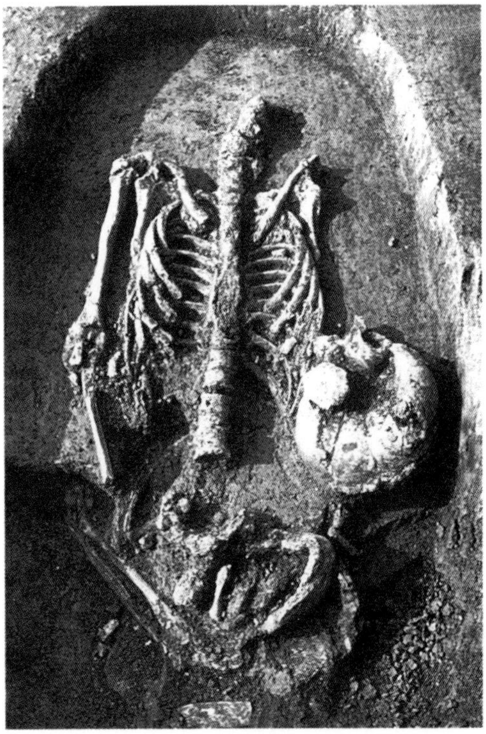

2. M105

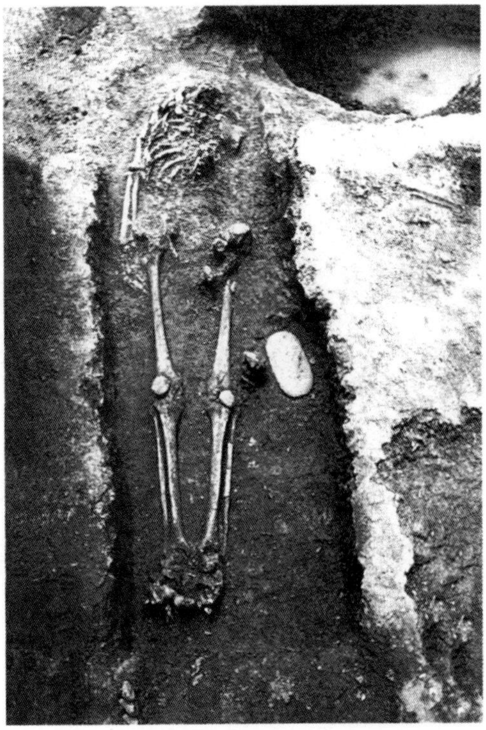

3. M399

4. M293

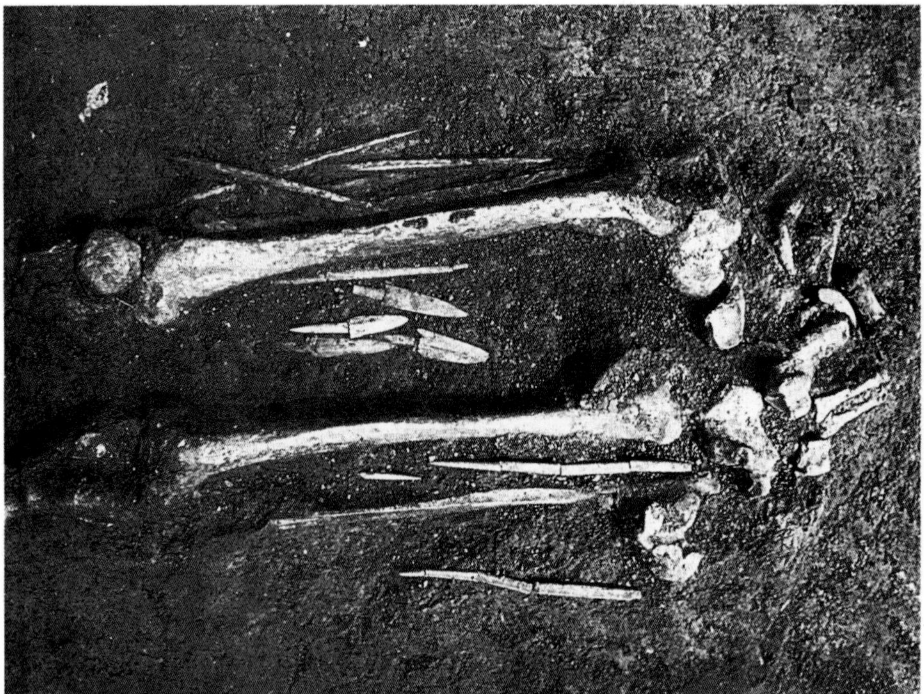

1. M344足部

2. M344上部

墓葬

1. M21、M43 ~ M48

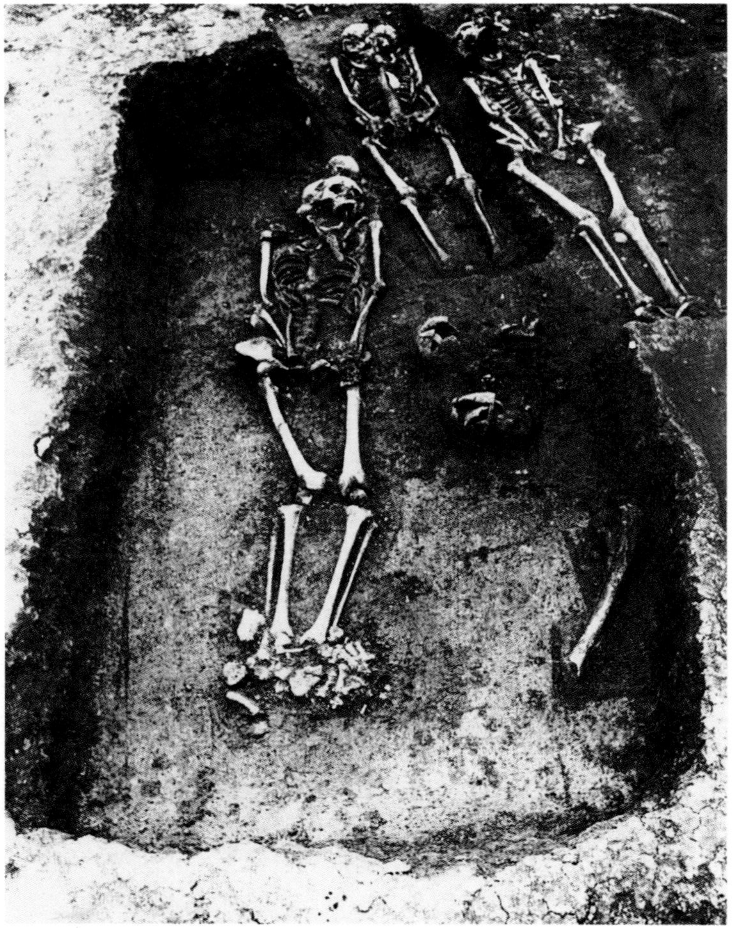

2. M336、M335、M328

墓葬

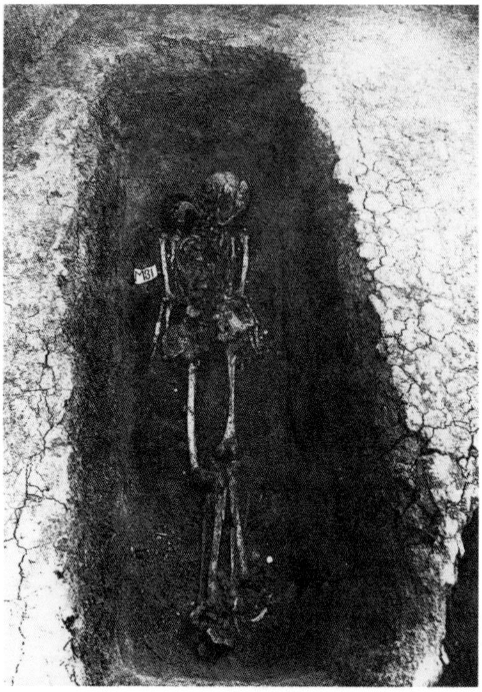

1. M31

2. M395 头部

3. M32

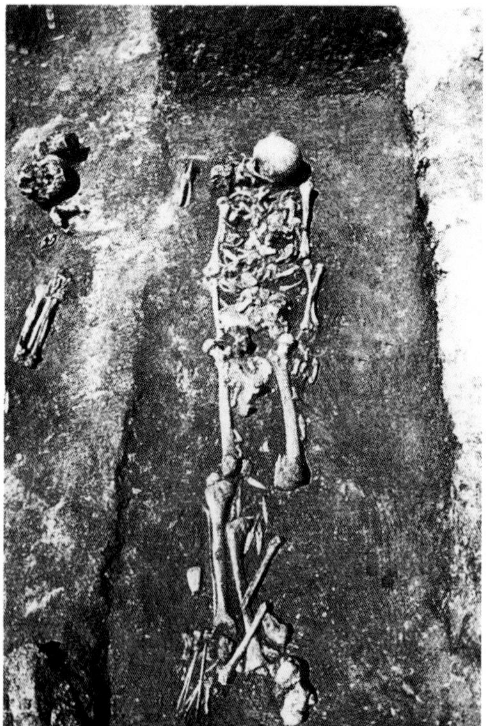

4. M395

墓葬

1.M41（左）和M42（右）

墓葬

2.M39（左）和M40（右）

1. M112、M113、M132

墓葬

2. M221、M222

3. M389

墓葬

1.M19

3.M387

2.M383

1 . M326、M325

2 . M281

3 . M35

1.M327、M355、M276、M277、M351

2.M342

3.M288

墓葬

1 . M205 ~ M209

2 . M106

3 . M109

1. M282 下肢部

2. 282 头部

墓葬

1 . M363

2 . M328、M335

3 . M335 北侧随葬鹿角（M328 下压）

1. W30

2. W21

3. W22

瓮棺葬及灰坑内鳖甲

4. H92内鳖甲

陶器纹饰

1．戳刺纹（H320:5） 2．戳刺纹（H320:7） 3．戳刺纹（H320:6）

4．席纹（H28:33） 5．席纹（H36:4）

6．网纹（H232:6） 7．拍印篮纹（H134:3）
8．网纹（T22③B:4） 9．拍印绳纹（T6③:15）

10．方格纹（H60:12）

1. A型Ⅱ式角把罐（W27:1）

2. B型Ⅱ式角把罐（H278:1）

3. B型Ⅲ式角把罐（H107:1）

4. Ⅰ式筒形篦纹罐（H35:6）

陶罐

1．A型Ⅰ式卷沿罐（W16:1）

2．A型Ⅱ式卷沿罐（H104:5）

3．A型Ⅲ式卷沿罐（H190:2）

4．A型Ⅲ式侈口罐（H133:1）

陶罐

1. B型Ⅰ式（M282:2）

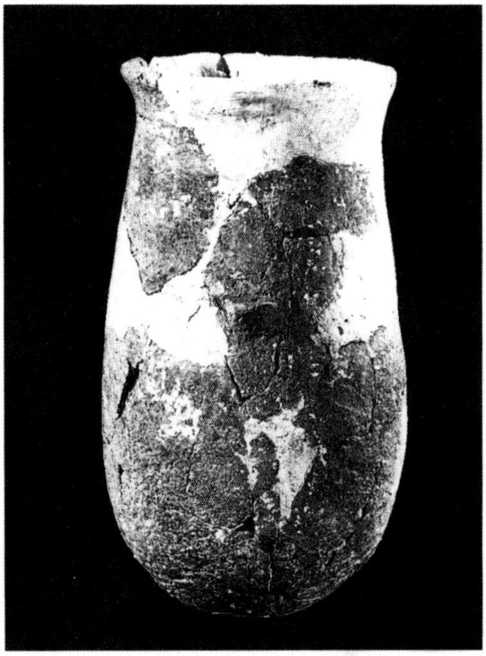

2. B型Ⅰ式（M124:1）

3. B型Ⅱ式（M363:3）

4. B型Ⅱ式（M325:6）

陶侈口罐

图版 三八

1 . B 型 Ⅱ 式侈口沿罐（M22:3）

2 . 带流圈足壶（T34⑬:2）

3 . A 型 Ⅱ 式折沿罐（H161:3）

4 . B 型 Ⅰ 式折沿罐（H218:4）

陶罐、壶

1. C型Ⅰ式（M328:2）

2. C型Ⅰ式（M383:2）

3. C型Ⅱ式（M389:2）

4. D型（H124:1）

陶折沿罐

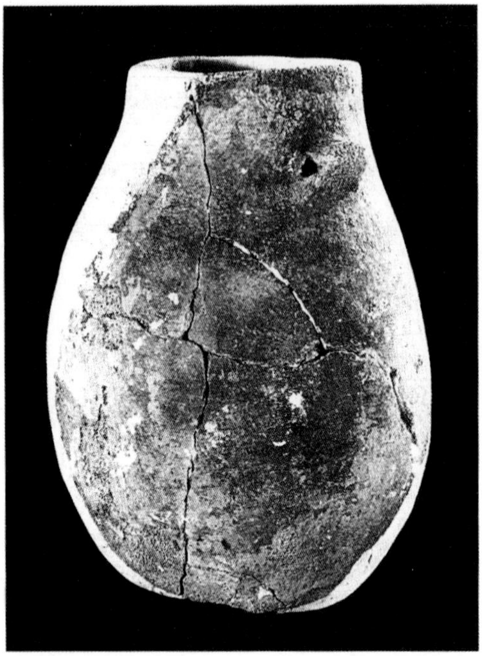

1.A型Ⅰ式（H383:7）

2.A型Ⅰ式（H383:8）

3.A型Ⅱ式（H13:10）

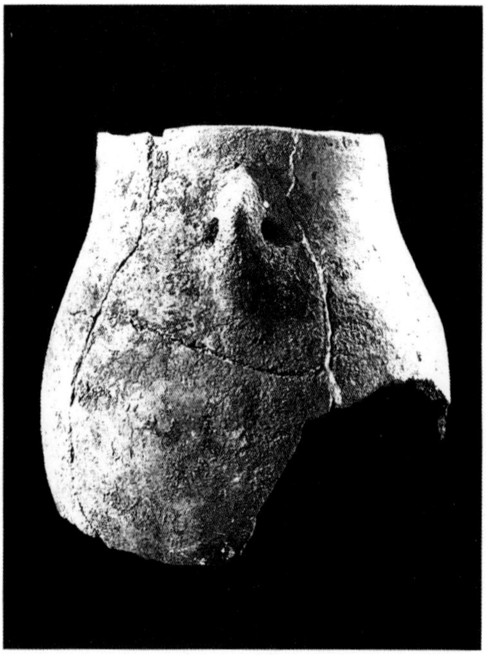

4.A型Ⅱ式（H187:31）

陶双耳罐

1 . A 型Ⅱ式（M125:1）

2 . A 型Ⅲ式（H229:4）

3 . Da 型Ⅰ式（T6③C:14）
4 . A 型Ⅳ式（T38 ②:3）

5 . B 型Ⅰ式（H210:2）

陶双耳罐

1. B型Ⅱ式（H97:2）

2. B型Ⅲ式（H222:2）

3. C型Ⅰ式（T109㉚:65）

4. C型Ⅲ式（M201:1）

陶双耳罐

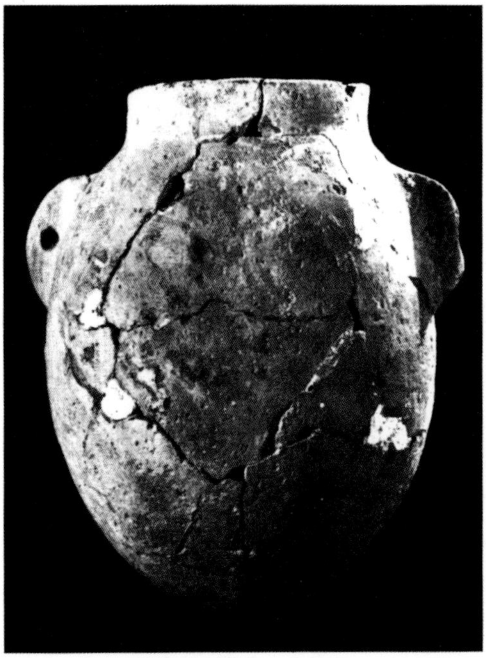

1．D型Ⅱ式（M28:1）

2．E型（H155:1）

3．G型（H319:6）

4．H型（M208:1）

陶双耳罐

图版 四四

1．高领罐（H58:2）

陶 罐

2．A型釜（H112:30）

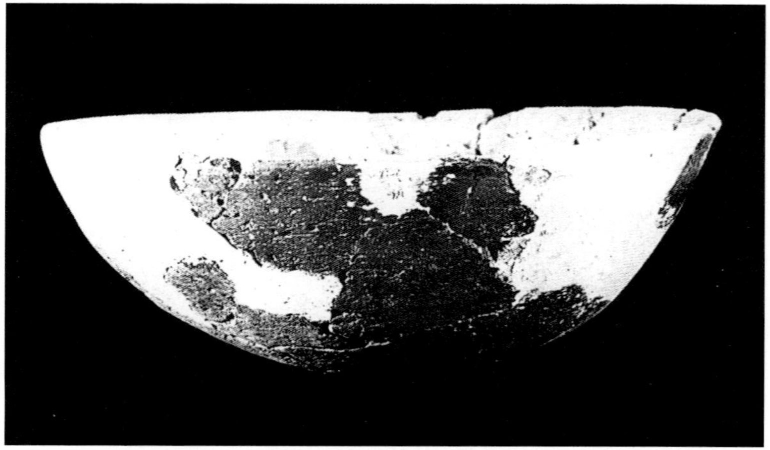

3．C型Ⅱ式釜（H38:3）

陶 釜

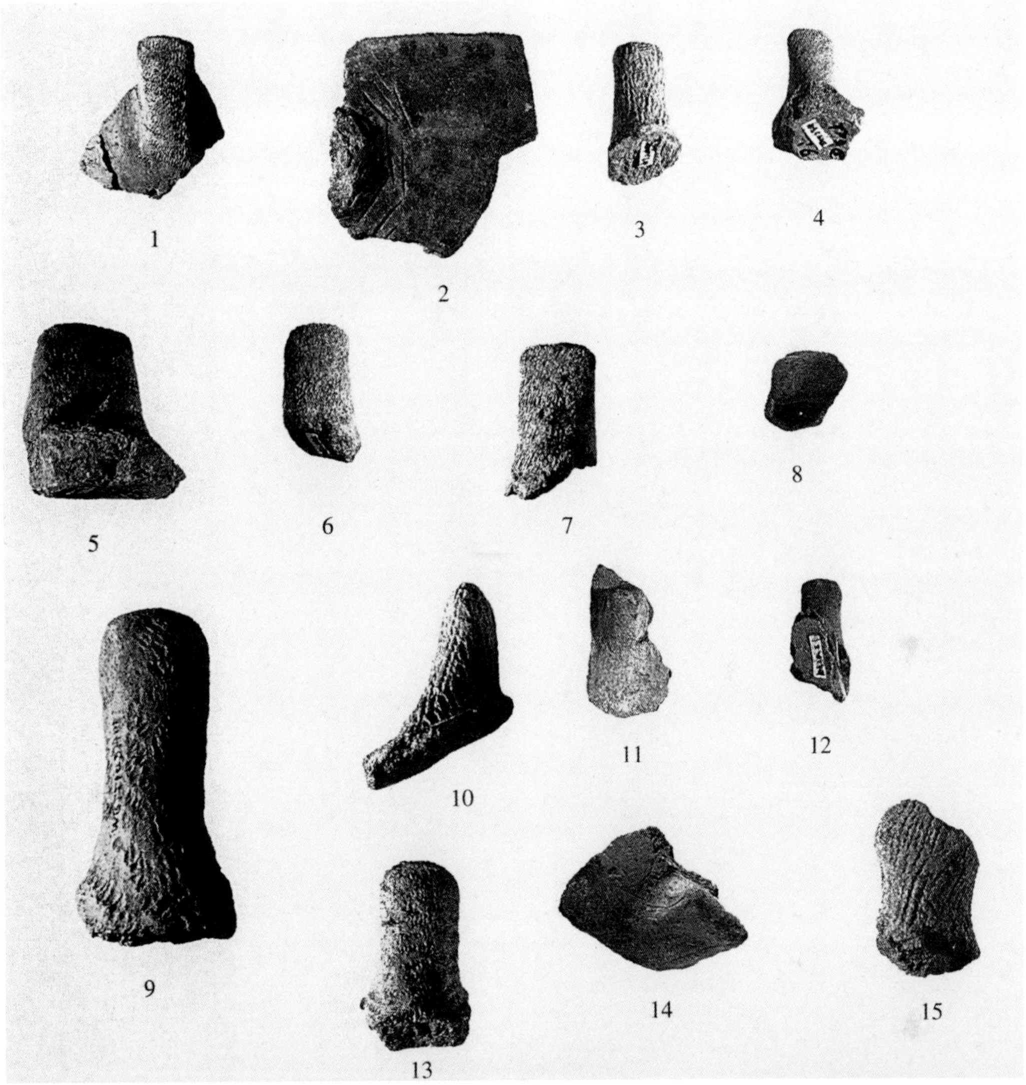

1．Aa型Ⅰ式角把（H187:35） 2．A型Ⅱ式角把罐（H37:9） 3．Aa型Ⅱ式角把（H171:3）
4．Aa型Ⅲ式角把（T73⑤:2） 5．Ab型Ⅰ式角把（H147:7） 6．Ab型Ⅱ式角把（T73④:12）
7．Ac型Ⅰ式角把（H290:11） 8．Ac型Ⅱ式角把（H303:10） 9．Ba型Ⅰ式角把（H111:2）
10．Ad型Ⅰ式角把（H111:5） 11．Ad型Ⅱ式角把（H303:2） 12．Ba型Ⅱ式角把（H250:2）
13．Ad型Ⅰ式角把（H278:3） 14．Bb型角把（H115:21） 15．Bc型角把（T27㉚:5）

陶角把

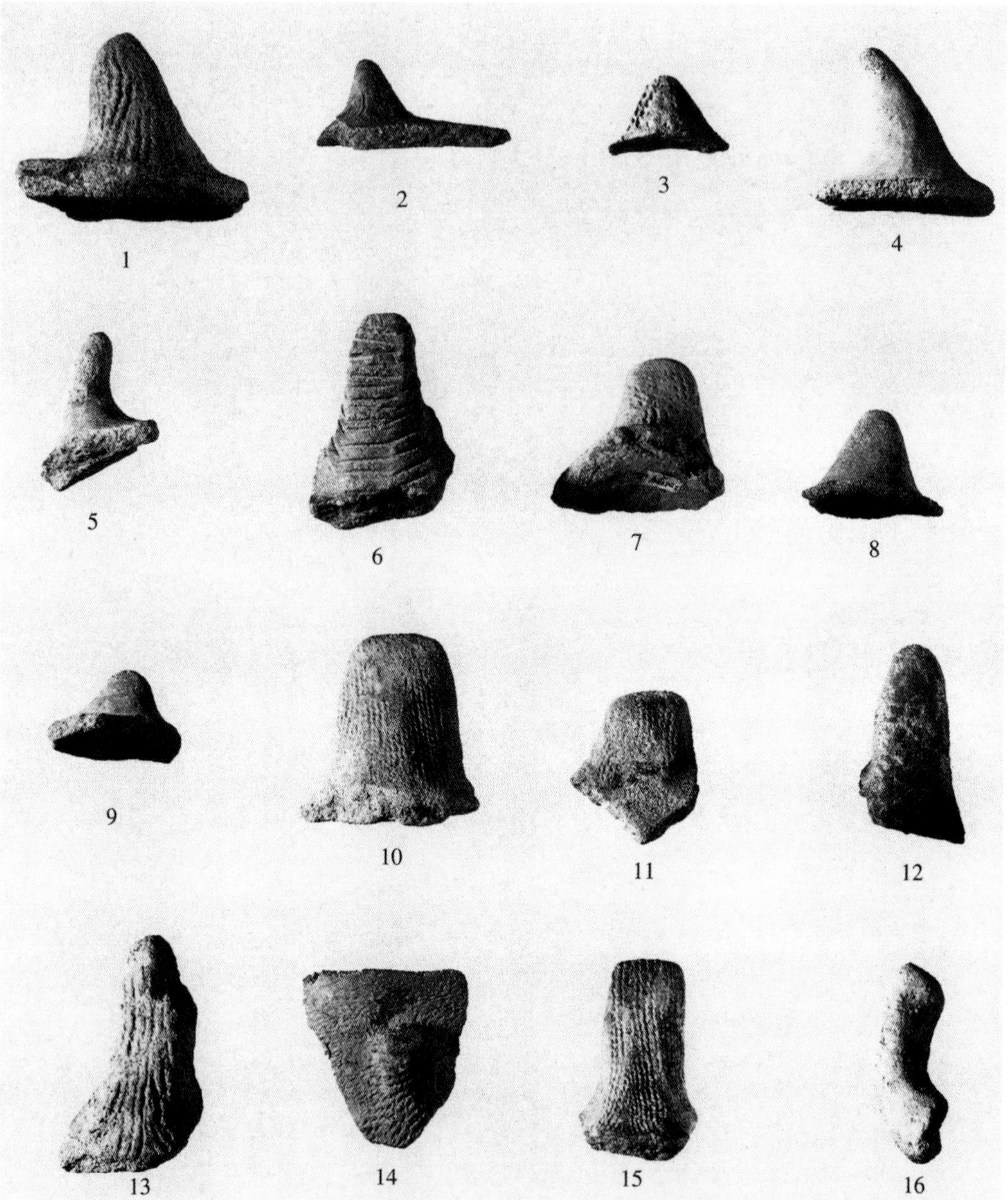

1. Ca型Ⅰ式（H320:4） 2. Ca型Ⅱ式（H383:2） 3. Ca型Ⅲ式（H279:1） 4. Cb型Ⅱ式（H307:2）
5. Cb型Ⅲ式（H199:1） 6. Da型Ⅰ式（H262:2） 7. Da型Ⅰ式（H278:2） 8. Da型Ⅱ式（H303:8）
9. Da型Ⅲ式（H315:9） 10. Db型（H242:2） 11. Db型（H304:1） 12. Ea型Ⅰ式（H304:3）
13. Ea型Ⅰ式（H245:1） 14. Ea型Ⅱ式（H187:34） 15. Eb型（T109㉚:74） 16. F型（T19㉚:2）

陶角把

1．甑底（T101③B:38）

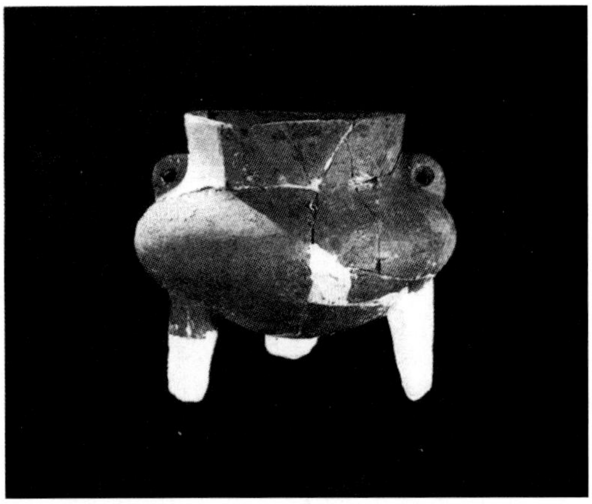

2．三足壶（H16:7）

3．A型Ⅰ式器耳（H241:2） 4．A型Ⅰ式器耳（H262:7） 5．A型Ⅱ式器耳（H37:19）
6．A型Ⅱ式器耳（H221:13） 7．A型Ⅲ式器耳（H198:11） 8．A型Ⅱ式器耳（T31③C:15）

陶甑、三足壶、器耳

1．A型Ⅳ式（H274:4） 2．A型Ⅴ式（H339:26） 3．A型Ⅵ式（H270:4） 4．A型Ⅶ式（H339:28）
5．B型Ⅰ式（H115:23） 6．A型Ⅷ式（T37②:7） 7．B型Ⅲ式（H327:9） 8．B型Ⅱ式（H13:17）
9．B型Ⅵ式（H290:14） 10．B型Ⅴ式（H339:27） 11．D型Ⅲ式（H28:68） 12．Ca型（T18③B:22）
13．Cb型（T114③B:21） 14．B型Ⅳ式（T66⑤:11） 15．E型（T15③B:9） 16．D型Ⅰ式（T34③B:15）
17．D型Ⅱ式（H28:31）

陶器耳

1. A型Ⅰ式（H198:3）

2. A型Ⅱ式（H142:1）

3. A型Ⅲ式（T109③B:63）

4. B型Ⅰ式（H70:3）

陶罐形鼎

图版 五〇

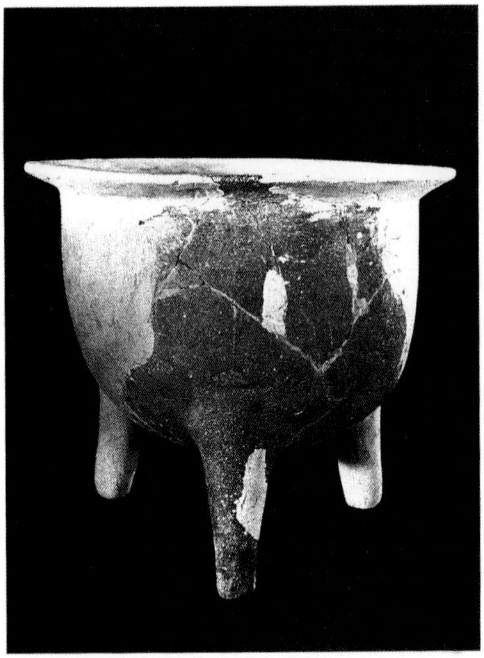

1. B型Ⅱ式（H102:3）

2. B型Ⅲ式（H104:6）

3. D型Ⅰ式（H331:1）

4. E型（H229:3）

陶罐形鼎

1.B型Ⅰ式（M65:1）

2.B型Ⅰ式（M396:2）

3.B型Ⅲ式（M22:2）

4.A型（H240:1）

陶盆形鼎

1. B型Ⅴ式盆形鼎（H267:1）

2. B型Ⅳ式盆形鼎（H122:2）

3. Ⅰ式钵形鼎（T109㉚:31）

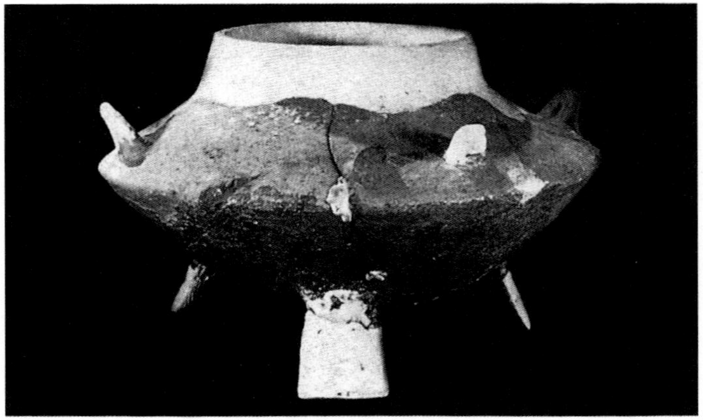

4. 釜形鼎（H64:2）

陶鼎

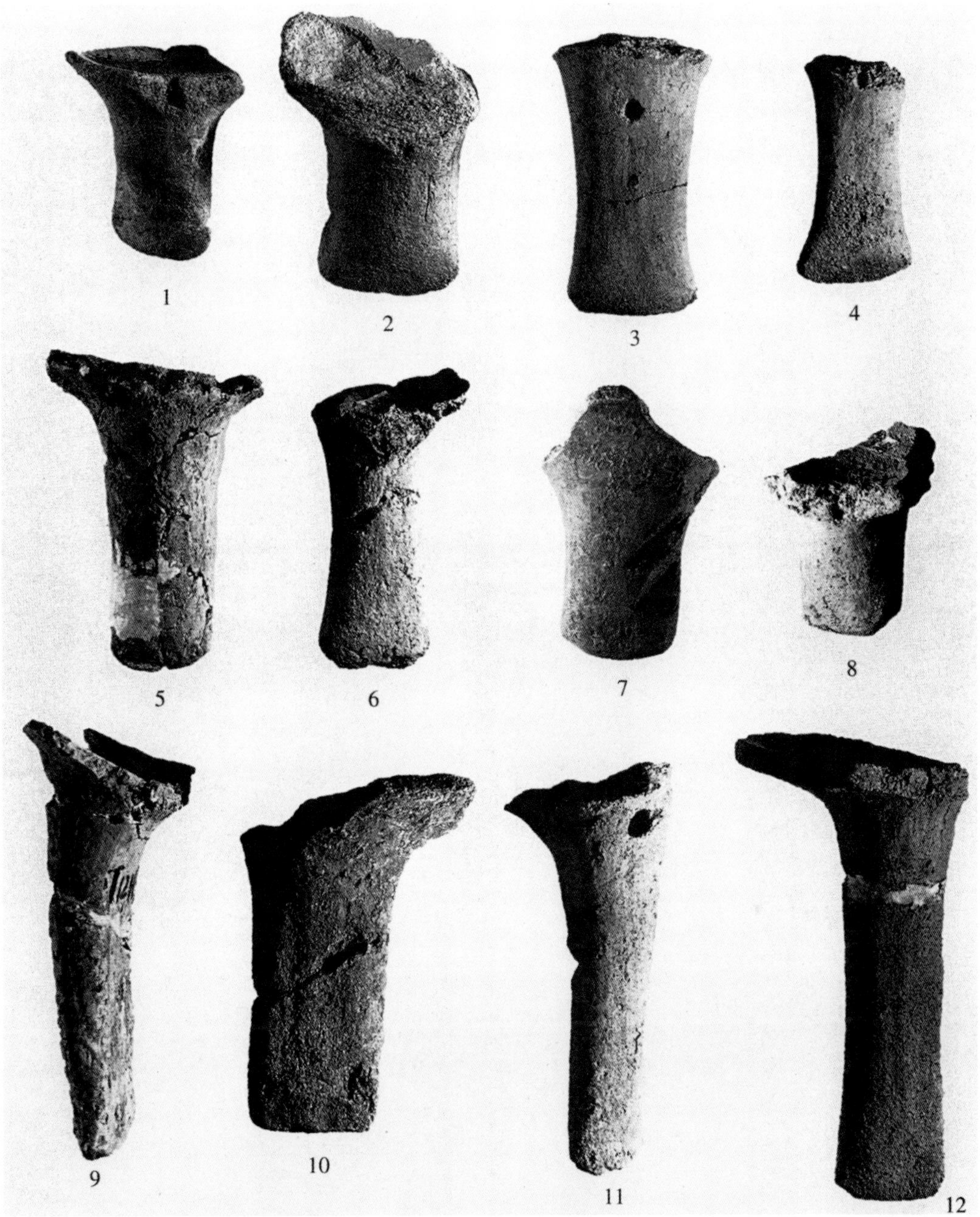

1．Aa型Ⅰ式（H382:1） 2．Aa型Ⅰ式（T26㉚:18） 3．Aa型Ⅱ式（H168:1）
4．Aa型Ⅱ式（H228:5） 5．Aa型Ⅲ式（H56:5） 6．Aa型Ⅲ式（M88:2）
7．Ab型Ⅰ式（H217:3） 8．Ab型Ⅰ式（H341:4） 9．Ab型Ⅱ式（H35:11）
10．Ab型Ⅱ式（T113㉚:18） 11．Ac型Ⅰ式（H29:4） 12．Ac型Ⅱ式（H339:23）

陶鼎足

图版 五四

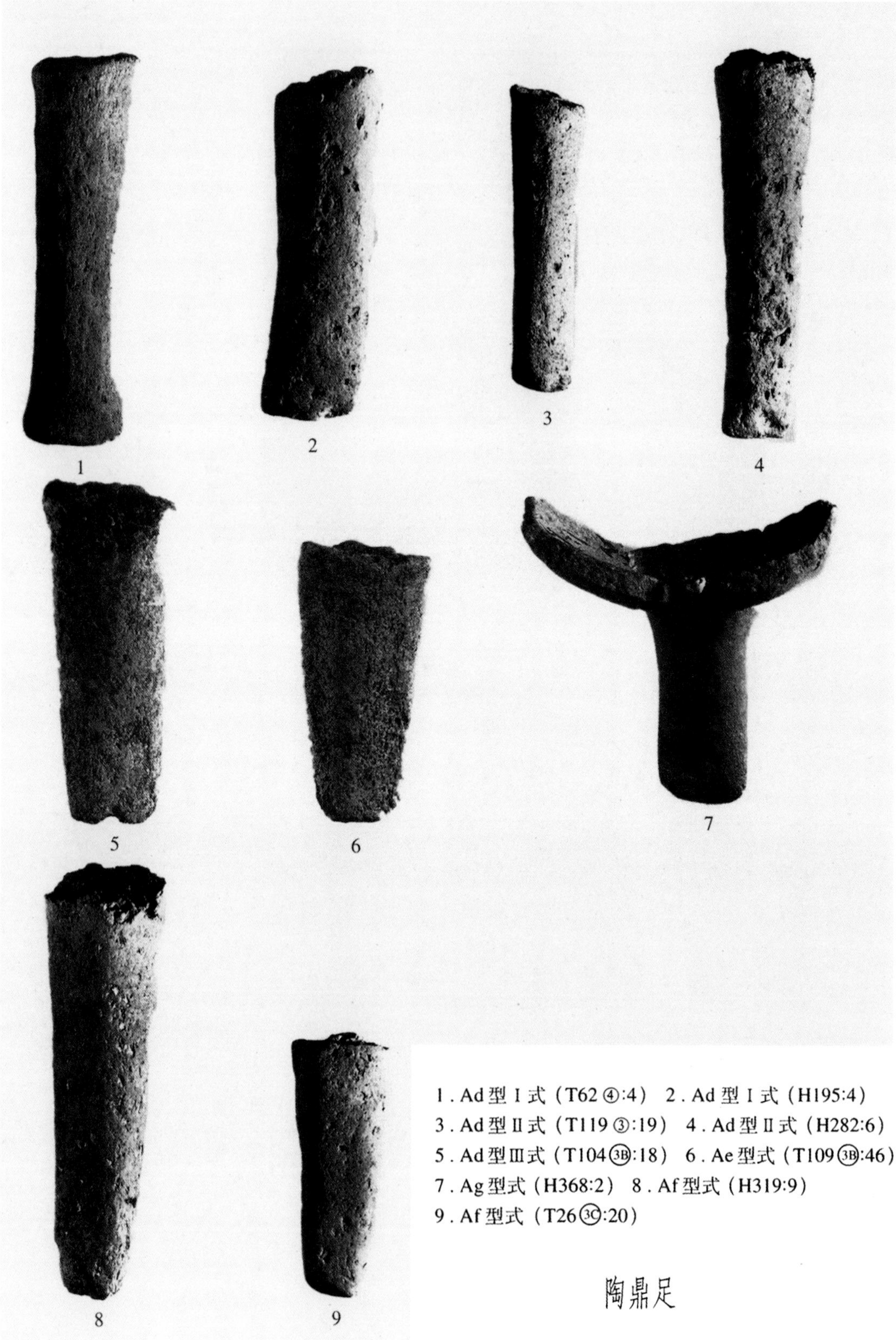

1. Ad型Ⅰ式（T62④:4） 2. Ad型Ⅰ式（H195:4）
3. Ad型Ⅱ式（T119③:19） 4. Ad型Ⅱ式（H282:6）
5. Ad型Ⅲ式（T104③B:18） 6. Ae型式（T109③B:46）
7. Ag型式（H368:2） 8. Af型式（H319:9）
9. Af型式（T26③C:20）

陶鼎足

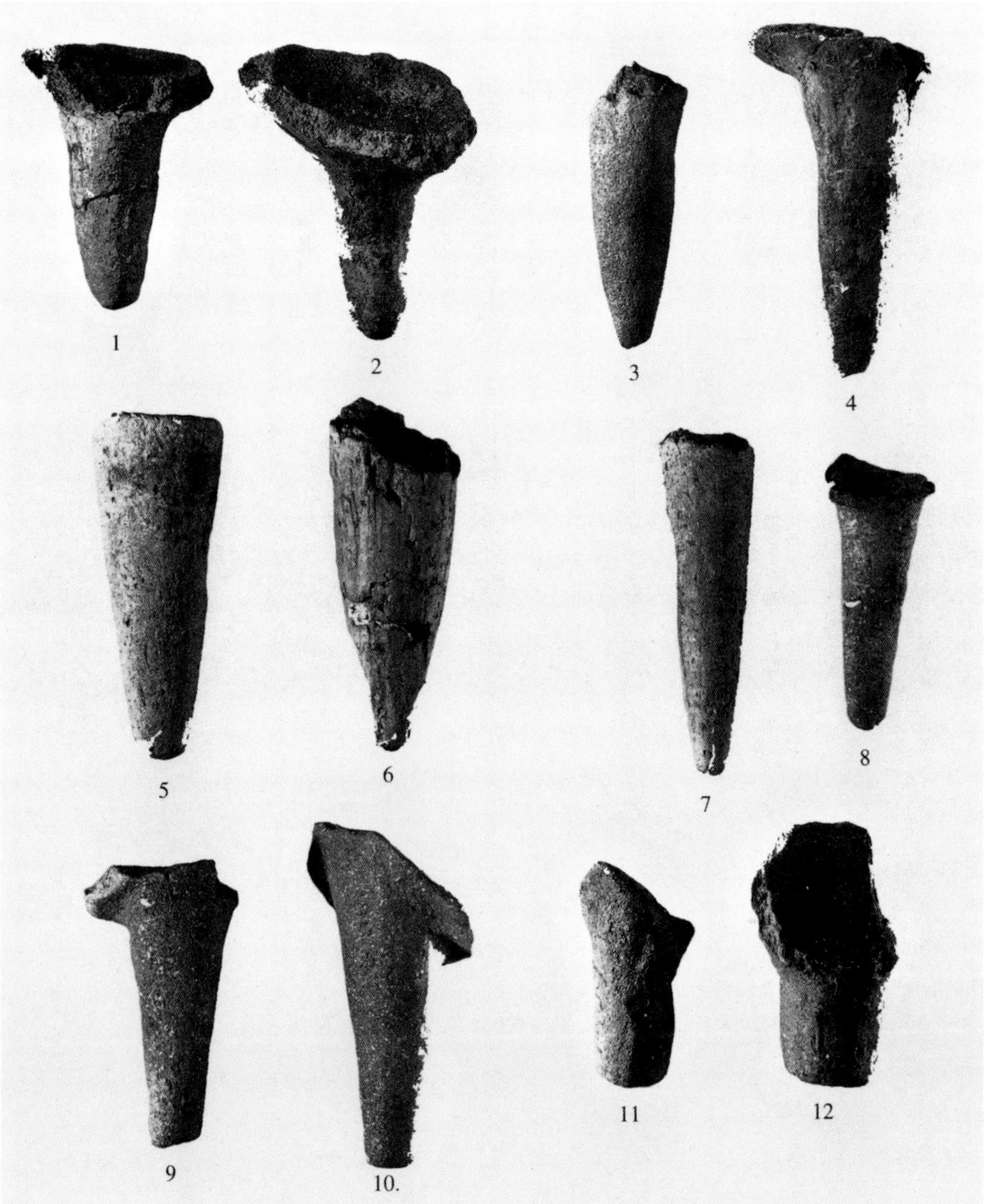

1．Ba型Ⅰ式（H342:5） 2．Ba型Ⅰ式（H29:19） 3．Ba型Ⅱ式（T69⑤:5）
4．Ba型Ⅱ式（T22③:21） 5．Ba型Ⅲ式（T109③C:48） 6．Ba型Ⅲ式（H291:15）
7．Ba型Ⅳa式（H224:2） 8．Ba型Ⅳa式（T103③C:28） 9．Ba型Ⅳb式（T109③B:55）
10．Ba型Ⅳb式（H180:2） 11．Ba型Ⅳc式（H180:3） 12．Ba型Ⅳc式（T109③B:78）

陶鼎足

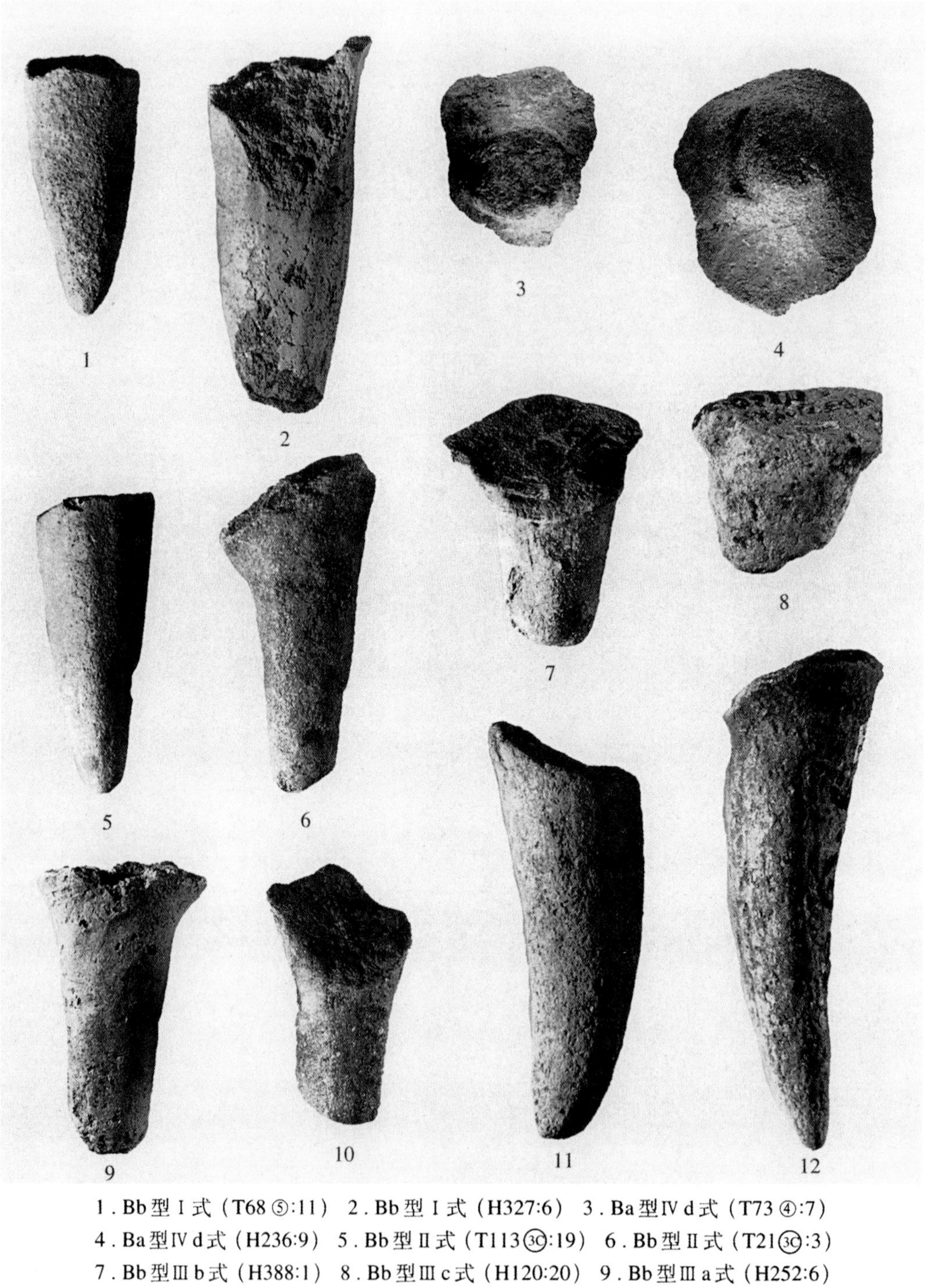

1．Bb型Ⅰ式（T68⑤:11） 2．Bb型Ⅰ式（H327:6） 3．Ba型Ⅳd式（T73④:7）
4．Ba型Ⅳd式（H236:9） 5．Bb型Ⅱ式（T113(3C):19） 6．Bb型Ⅱ式（T21(3C):3）
7．Bb型Ⅲb式（H388:1） 8．Bb型Ⅲc式（H120:20） 9．Bb型Ⅲa式（H252:6）
10．Bb型Ⅲb式（T109(3B):47） 11．Bc型（H19:39） 12．Bc型（T13③:6）

陶鼎足

1. Bd型（T31③B:12） 2. Bd型（T6③C:8） 3. Be型（H105:9） 4. Be型（T102③B:21）
5. C型Ⅱc式（H254:7） 6. C型Ⅰ式（H327:7） 7. C型Ⅱa式（T103③B:33）
8. C型Ⅰ式（T109③C:57） 9. C型Ⅱd式（H144:1） 10. C型Ⅱa式（T21③B:15）
11. C型Ⅱb式（H46:2） 12. C型Ⅱb式（H143:2）

陶鼎足

图版 五八

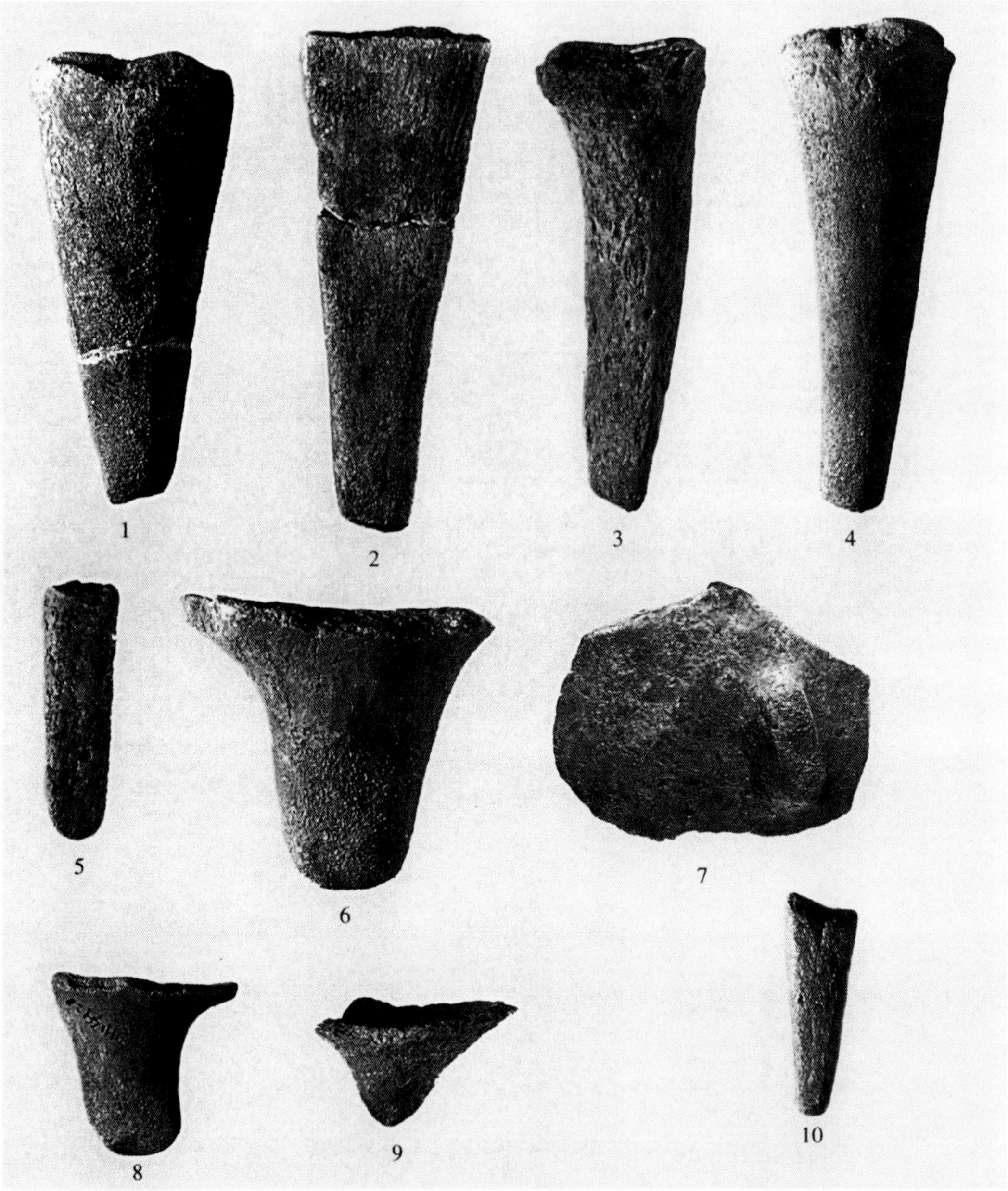

1．Da型Ⅰ式（H50:5） 2．Da型Ⅰ式（T103③C:32） 3．Da型Ⅱ式（T6③B:10）
4．Da型Ⅱ式（T33③B:3） 5．Db型（T114③C:20） 6．Ea型（H87:3） 7．Eb型（T101③C:24）
8．F型（H139:1） 9．F型（H85:2） 10．Ec型（T114③C:22）

陶鼎足

1.A型Ⅰ式（M303:1）

2.A型Ⅰ式（H84:1）

3.A型Ⅱ式（M104:1）

4.A型Ⅱ式（M108:3）

陶罐形壶

1. A 型Ⅲ式（M297:1）

2. A 型Ⅳ式（H179:3）

3. A 型Ⅳ式（M411:1）

陶罐形壶

1. B型Ⅰ式（M66:1）

2. B型Ⅰ式（M110:1）

3. B型Ⅱ式（M32:1）

4. B型Ⅱ式（M52:1）

陶罐形壶

1. B型Ⅳ式（M249:1）

2. B型Ⅲ式（M39:1）

3. B型Ⅲ式（M376:1）

4. B型Ⅲ式（M375:1）

陶罐形壶

1. B型V式（H335:6）

2. B型V式（M487:2）

3. C型Ⅰ式（H383:9）

4. C型Ⅰ式（M107:1）

陶罐形壶

1. C型Ⅱ式（M38:1）

2. C型Ⅰ式（M31:1）

3. C型Ⅲ式（M41:3）

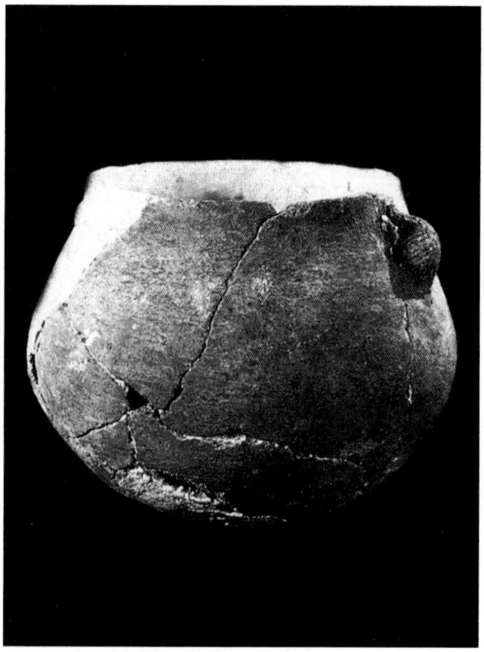

4. C型Ⅲ式（H127:1）

陶罐形壶

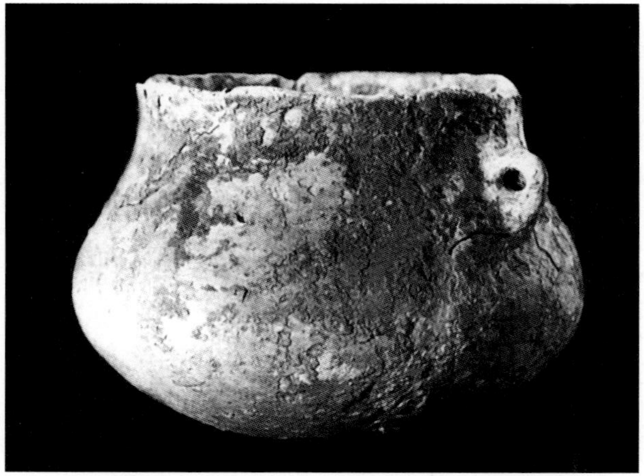

1.D型Ⅱ式（M411:2）

2.D型Ⅰ式（M294:1）

3.D型Ⅱ式（H112:12）

4.D型Ⅲ式（H16:1）

陶罐形壶

陶壶

1．D型Ⅱ式罐形壶（H112:11）

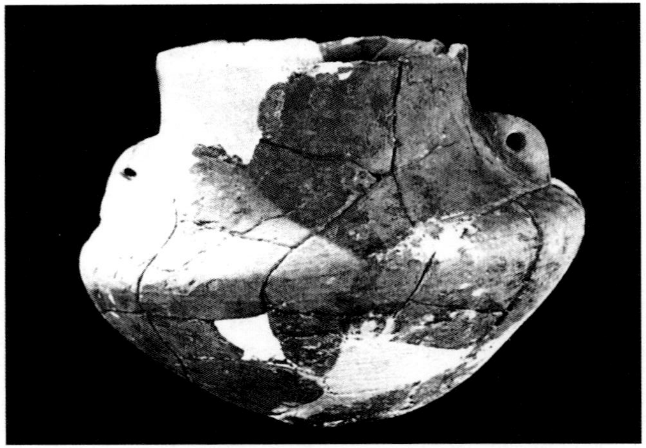

2．D型Ⅲ式罐形壶（M123:1）

3．A型Ⅰ式折肩壶（M369:1）

4．D型Ⅳ式罐形壶（M91:1）

1. A型Ⅱ式（M344:1）

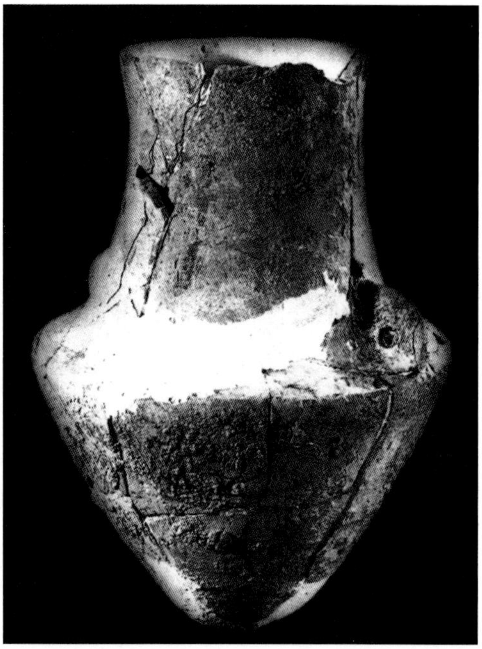

2. A型Ⅱ式（M355:2）

3. A型Ⅱ式（M344:2）

陶折肩壶

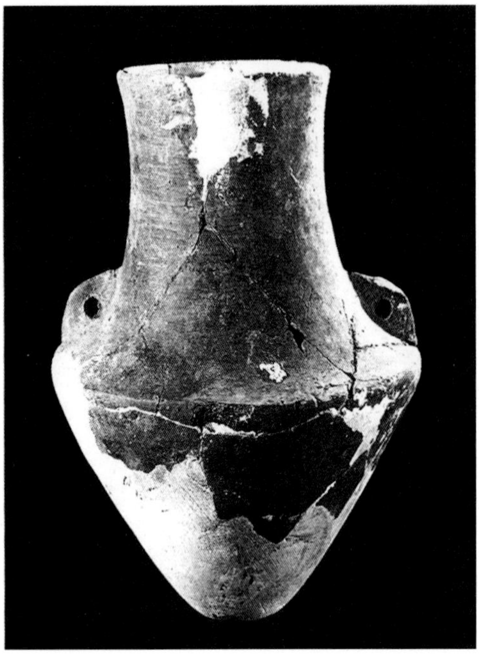

1. A型Ⅱ式（T20㉟c:1）

2. A型Ⅲ式（M355:1）

3. A型Ⅲ式（M309:1）

4. A型Ⅲ式（M335:1）

陶折肩壶

1. A型Ⅲ式（M353:30）

2. A型Ⅲ式（M352:5）

3. A型Ⅲ式（M402:1）

4. A型Ⅲ式（M334:1）

陶折肩壶

图版 七○

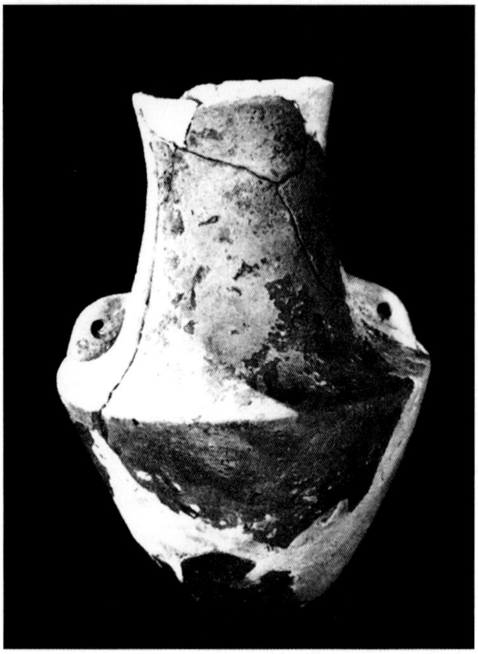

1. A型Ⅲ式（M87:1）

2. A型Ⅲ式（M361:1）

3. A型Ⅲ式（M394:3）

4. A型Ⅲ式（M336:7）

陶折肩壶

1．A型Ⅲ式（M77:1）

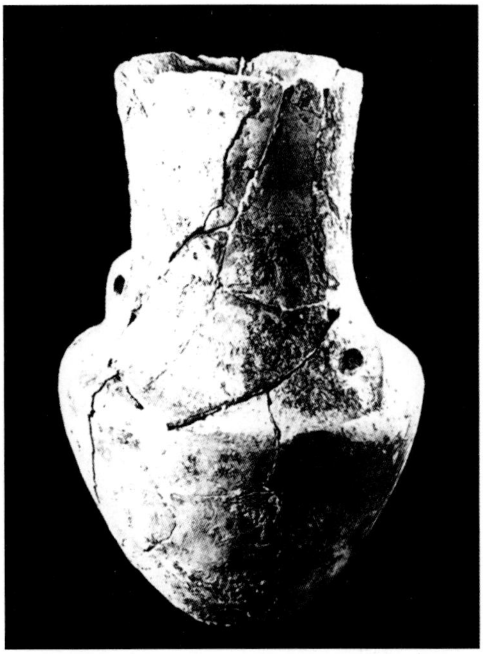

2．A型Ⅲ式（M352:4）

3．A型Ⅳ式（M112:2）

4．A型Ⅳ式（M387:1）

陶折肩壶

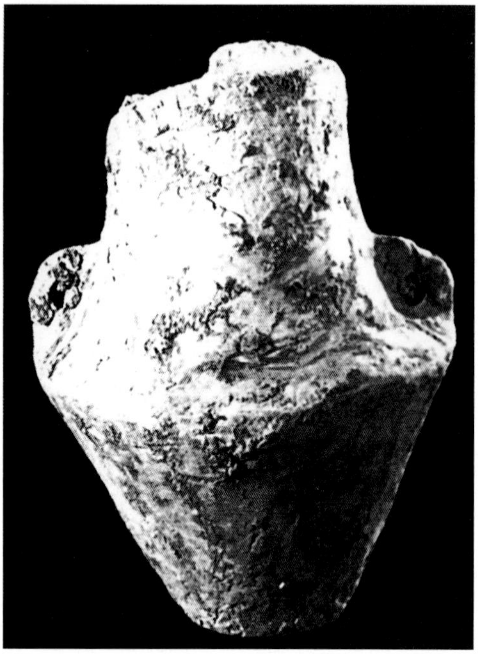

1. A型Ⅳ式（H339:13）

2. A型Ⅳ式（M277:1）

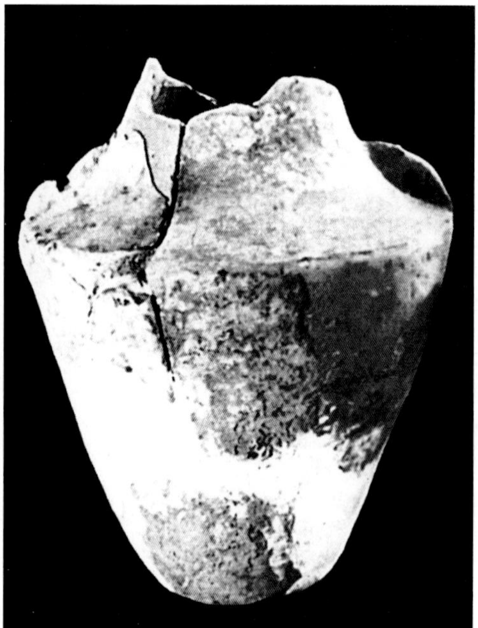

3. A型Ⅳ式（H321:4）

4. A型Ⅳ式（M44:1）

陶折肩壶

1．A型Ⅳ式（H339:15）

2．A型Ⅳ式（M363:2）

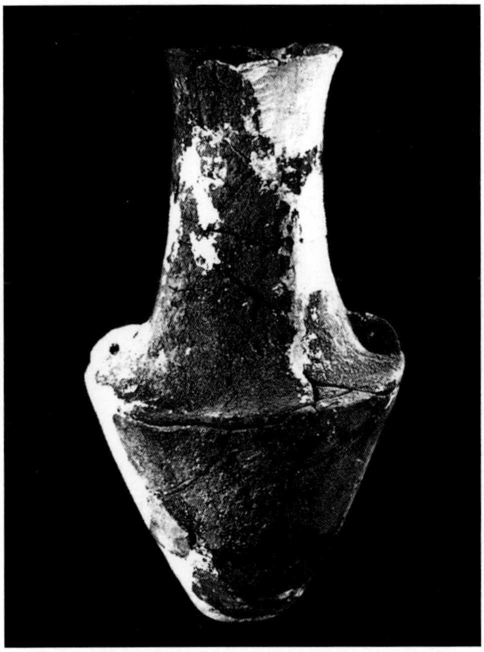

3．A型Ⅳ式（T10㉟:3）

4．Ba型Ⅰ式（M385:1）

陶折肩壶

1. Ba型Ⅰ式（H275:1）

2. Ba型Ⅰ式（M386:1）

3. Ba型Ⅰ式（M65:2）

4. Ba型Ⅰ式（M282:1）

陶折肩壶

1. Ba型Ⅱ式（M281:2）

2. Ba型Ⅱ式（M336:1）

3. Ba型Ⅱ式（M233:1）

4. Ba型Ⅱ式（M363:1）

陶折肩壶

1. Ba型Ⅲ式（M94:1）

2. Ba型Ⅲ式（M90:3）

3. Ba型Ⅲ式（M101:1）

4. Bb型Ⅰ式（M330:1）

陶折肩壶

1 . Bb 型Ⅱ式（M337:1）

2 . Bb 型Ⅱ式（M394:1）

3 . Bb 型Ⅱ式（M326:1）

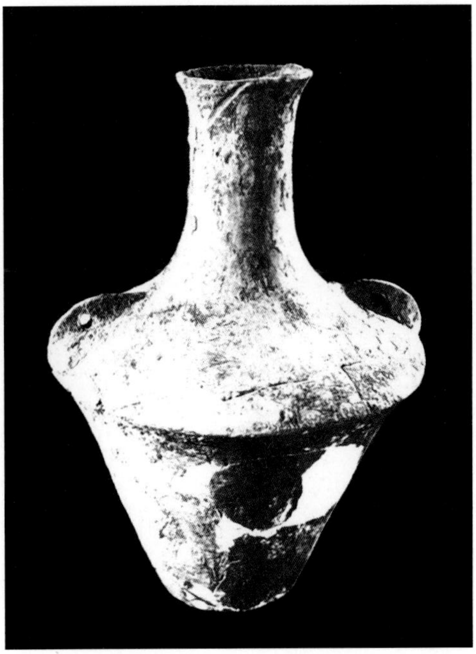

4 . Bb 型Ⅱ式（M486:1）

陶折肩壶

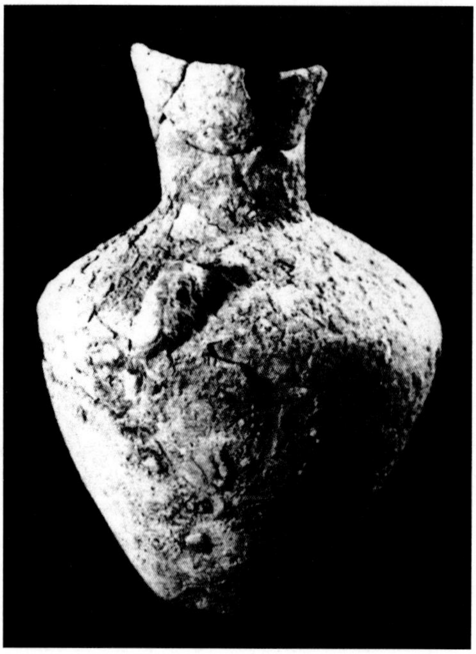

1.C型Ⅰ式（M96:1）

2.C型Ⅰ式（M291:1）

3.C型Ⅱ式（M47:1）

4.C型Ⅱ式（M254:1）

陶折肩壶

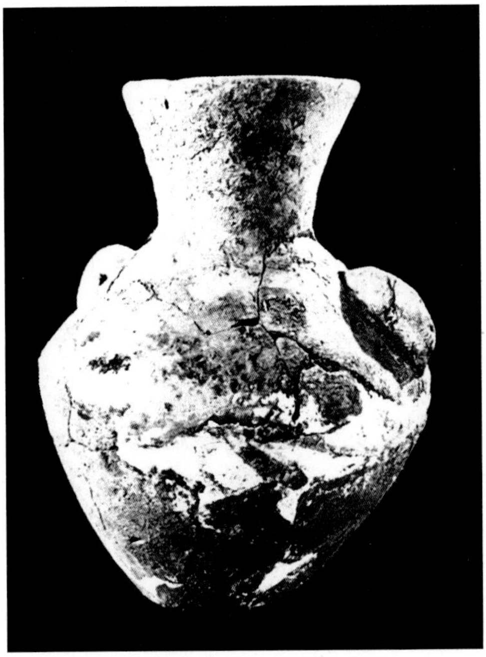

1. C型Ⅲ式（M231:1）

2. D型（M121:1）

3. D型（M388:1）

4. E型（M251:1）

陶折肩壶

1. E型折肩壶（M206:1）

2. A型Ⅰ式圆腹壶（M273:4）

3. A型Ⅰ式圆腹壶（M328:1）

4. E型折肩壶（M46:1）

陶　壶

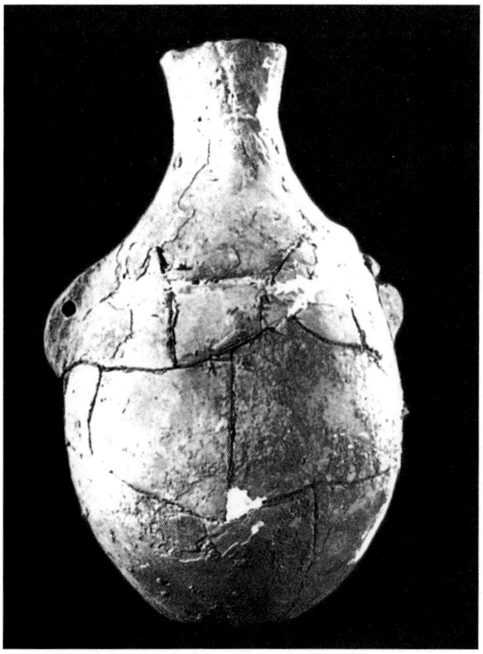

1．A型Ⅰ式（M273:1）

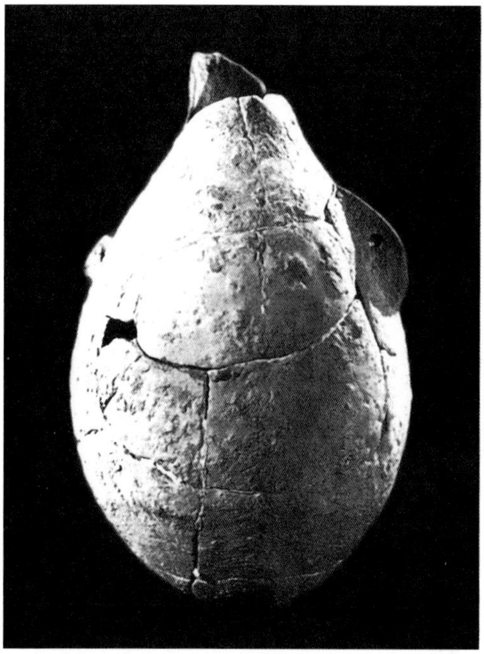

2．A型Ⅰ式（M272:1）

3．A型Ⅰ式（M35:1）

4．A型Ⅰ式（M270:1）

陶圆腹壶

1. A型Ⅰ式（M323:2）

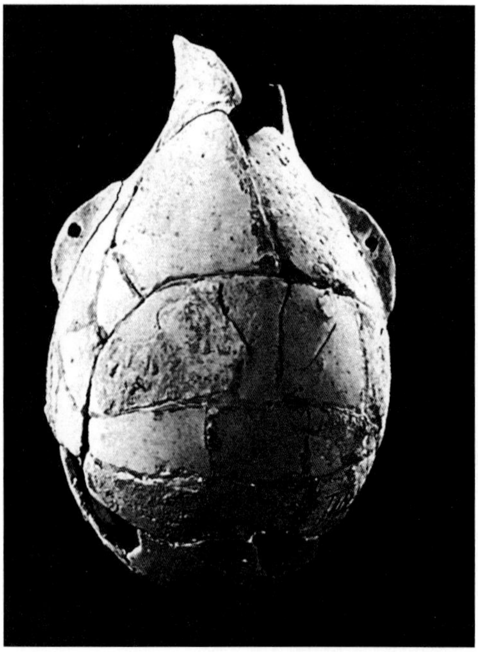

2. A型Ⅰ式（M325:4）

3. A型Ⅰ式（M487:1）

4. A型Ⅰ式（M281:1）

陶圆腹壶

1. C型Ⅲ式（T101㉚:5）

2. A型Ⅱ式（M76:1）

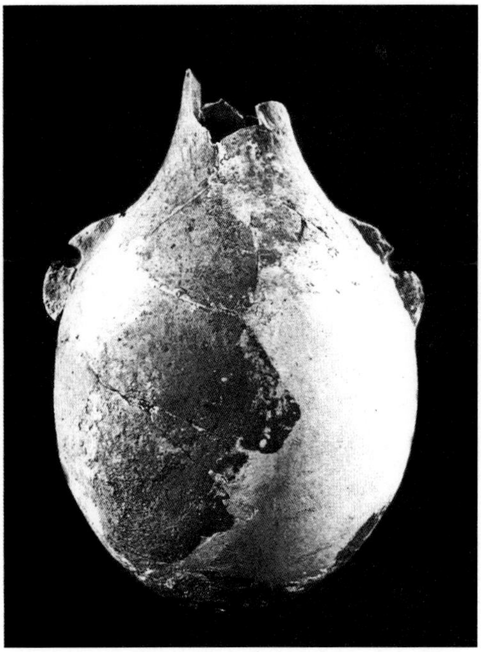

3. A型Ⅱ式（M410:1）

4. A型Ⅱ式（M106:1）

陶圆腹壶

1. A型Ⅱ式（M305:1）

2. A型Ⅱ式（M358:1）

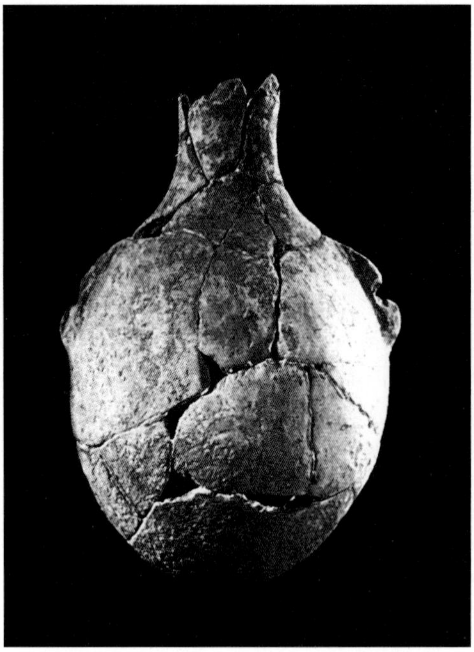

3. A型Ⅱ式（M323:1）

4. A型Ⅱ式（M366:1）

陶圆腹壶

1. A型Ⅲ式（M73:1）

2. A型Ⅲ式（M219:1）

3. A型Ⅲ式（M34:1）

陶圆腹壶

1. A型Ⅳ式（M409:1）

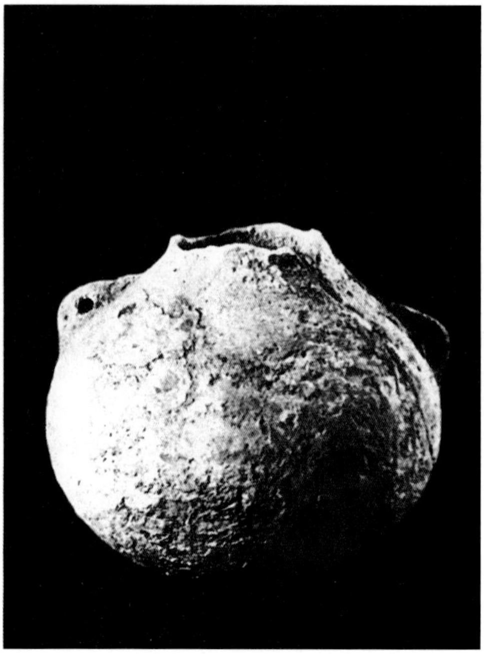

2. A型Ⅳ式（M278:1）

3. B型Ⅰ式（M267:1）

4. B型Ⅰ式（M325:1）

陶圆腹壶

1.B型Ⅰ式（M281:3）

2.B型Ⅰ式（T21㉚:1）

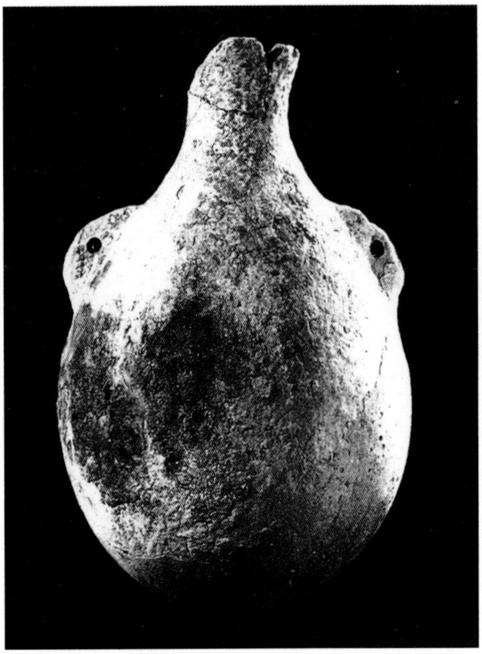

3.B型Ⅰ式（M27:1）

4.B型Ⅱ式（M220:1）

陶圆腹壶

1．B型Ⅲ式（M379:1）

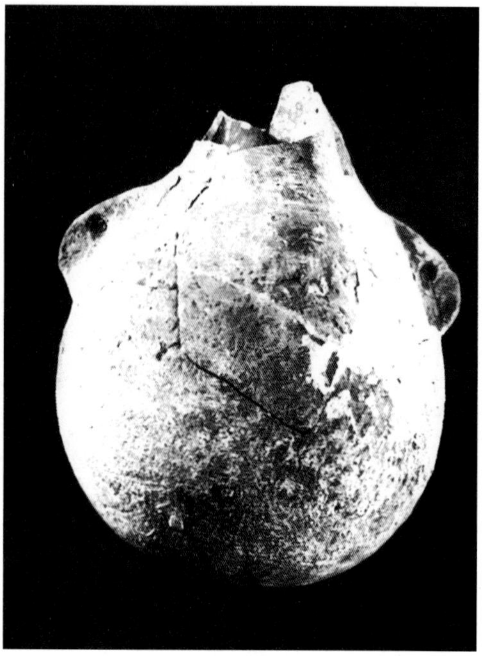

2．B型Ⅲ式（M60:1）

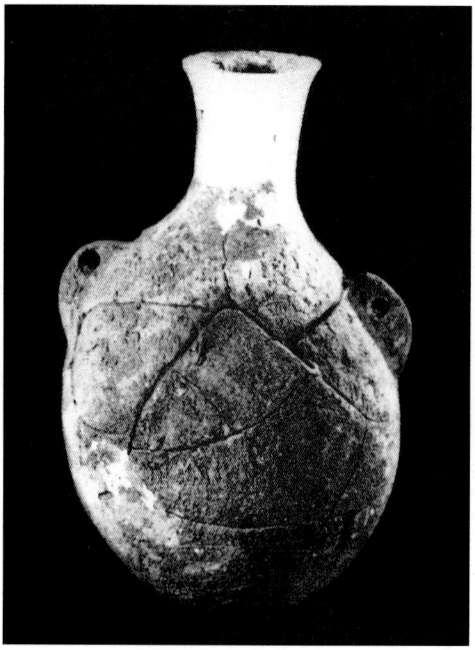

3．C型Ⅰ式（M95:1）

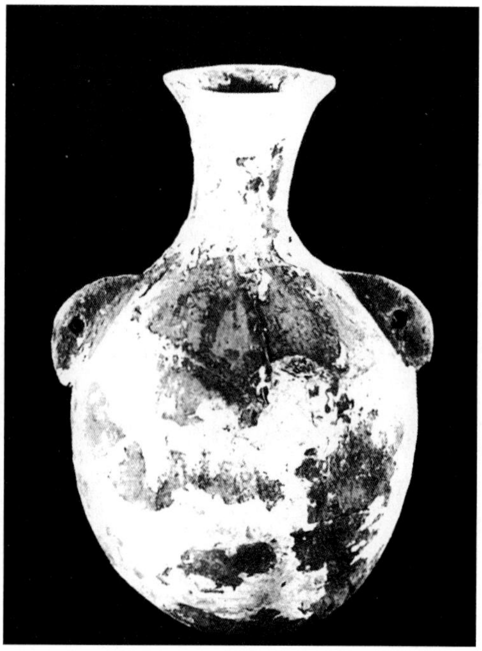

4．C型Ⅰ式（M119:1）

陶圆腹壶

1. C型Ⅱ式（M61:1）

2. C型Ⅱ式（M261:1）

3. C型Ⅱ式（M256:1）

4. C型Ⅱ式（M259:1）

陶圆腹壶

1. C型Ⅲ式（M253:1）

2. C型Ⅱ式（M252:1）

3. B型Ⅲ式（M486:2）

4. D型（M370:1）

陶圆腹壶

1．D型圆腹壶（H60:10）

2．A型Ⅰ式扁腹壶（M68:2）

3．A型Ⅰ式扁腹壶（M263:1）

4．A型Ⅰ式扁腹壶（M264:1）

陶壶

图版 九二

1.A型Ⅰ式（M299:1）

2.A型Ⅱ式（M401:1）

3.A型Ⅲ式（M203:1）

4.B型Ⅰ式（M320:2）

5.B型Ⅰ式（M268:1）

6.B型Ⅱ式（M482:1）

陶扁腹壶

1. B型Ⅱ式（M481:1）

2. B型Ⅱ式（M222:1）

3. B型Ⅱ式（M251:2）

4. B型Ⅲ式（M25:2）

5. B型Ⅲ式（M223:1）

6. B型Ⅲ式（M21:1）

陶扁腹壶

1. C型扁腹壶（M231:2）

2. C型扁腹壶（M18:1）

3. 深腹壶（M353:29）

4. 深腹壶（M377:2）

陶 壶

1. 深腹壶（M327:2）

2. Ⅱ式斜肩壶（M69:1）

3. Ⅰ式斜肩壶（M54:1）

4. 圆肩壶（M298:1）

陶　壶

1. A型Ⅰ式（H82:2）

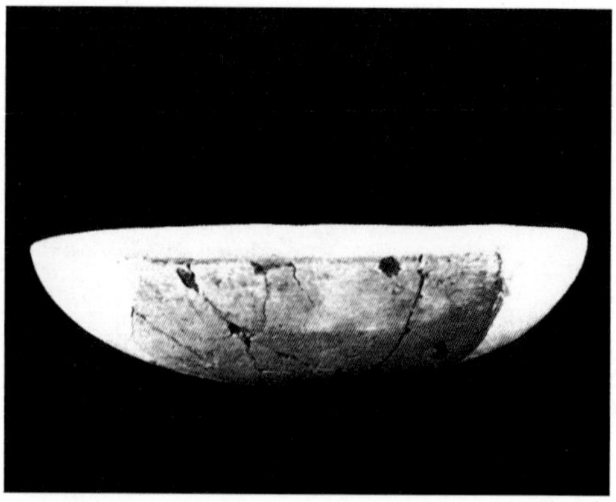

2. A型Ⅱ式（H112:2）

3. B型Ⅰ式（H77:1）

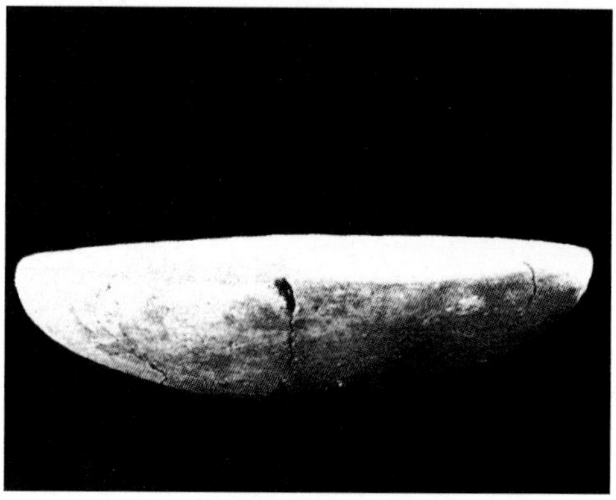

4. B型Ⅱ式（H187:3）

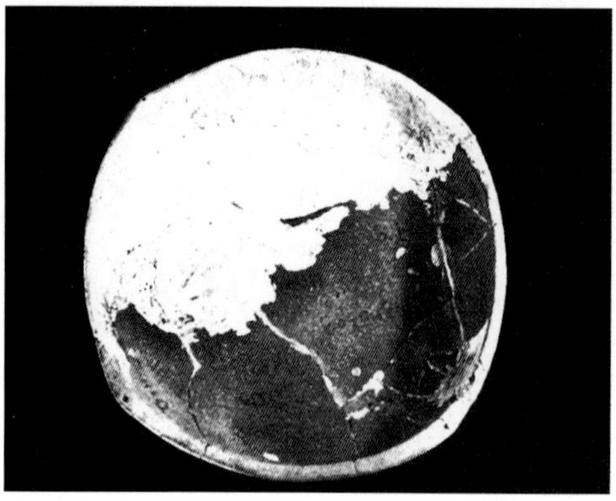

5. B型Ⅲ式（H330:3）

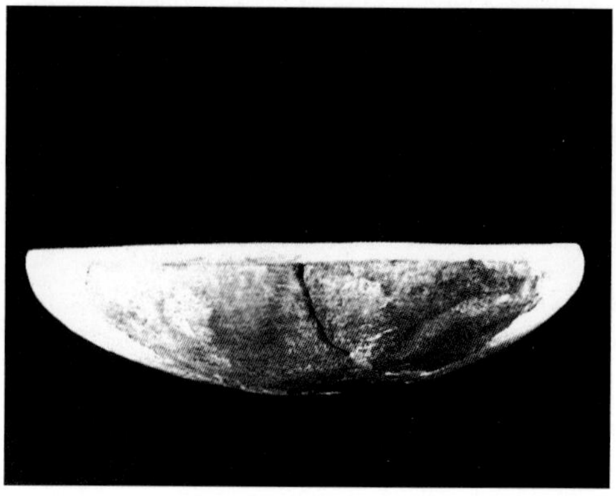

6. A型Ⅲ式（H37:4）

陶方口盆

1. A型Ⅰ式深腹盆（H13:3）

2. A型Ⅰ式深腹盆（H84:4）

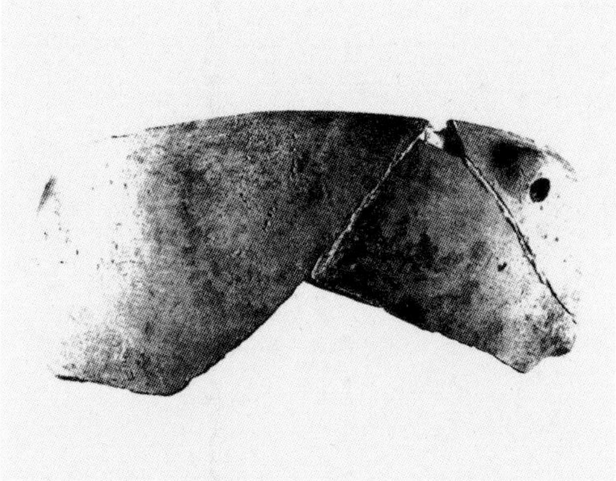

3. A型Ⅲ式深腹盆（H198:7）

4. A型Ⅲ式敛口盆（H58:3）

5. C型深腹盆（采:3）

6. A型Ⅲ式敛口盆（H32:8）

陶 盆

1. C型Ⅰ式划纹盆（T119③C:1）

2. C型Ⅱ式划纹盆（H33:7）

3. C型Ⅱ式划纹盆（H60:11）

4. C型Ⅲ式划纹盆（H113:15）

5. 三足盆（H322:15）

6. Ⅱ式附加堆纹盆（H28:13）

陶 盆

1. A型Ⅱ式深腹钵（H109:1）

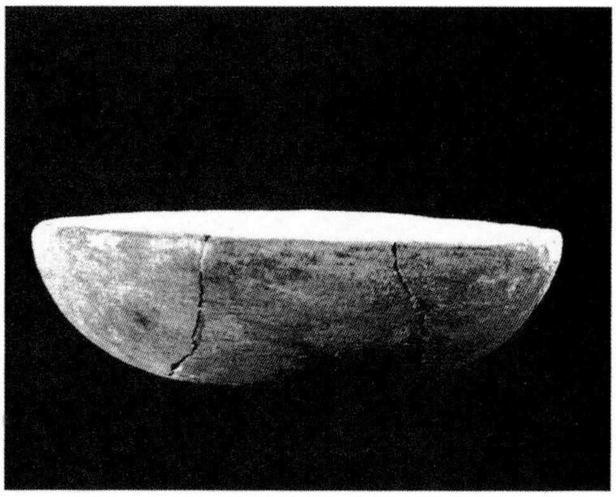

2. A型Ⅱ式敞口钵（H156:3）

3. A型Ⅱ式敞口钵（H112:33）

4. B型Ⅱ式敞口钵（T116㉚:12）

5. A型杯（M342:4）

6. A型杯（T113㉚:2）

陶钵、杯

1. B型Ⅲ式（T4③C:4）

2. B型Ⅲ式（M410:2）

3. B型Ⅲ式（H161:2）

4. B型Ⅳ式（H319:2）

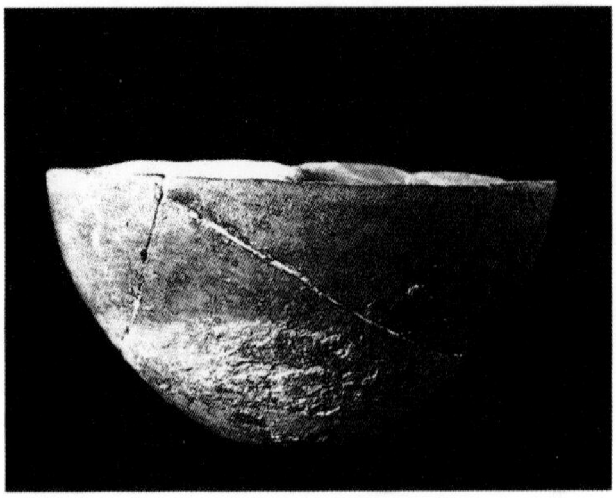

5. B型Ⅴ式（T34③B:19）

6. B型Ⅵ式（H19:21）

陶敞口钵

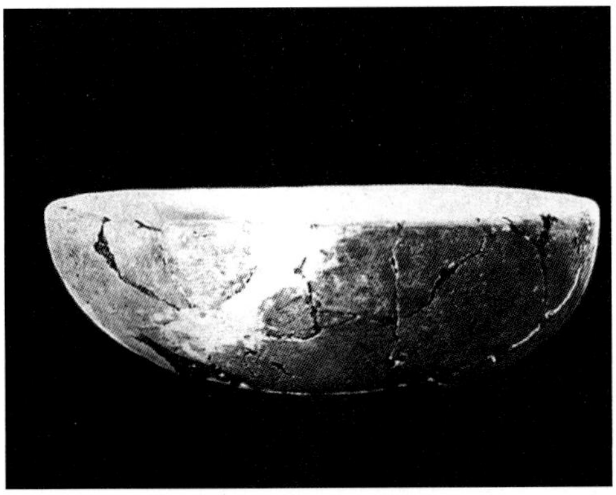

1. C型Ⅰ式（H115:18）

2. C型Ⅳ式（H189:1）

3. C型Ⅴ式（H52:2）

4. C型Ⅵ式（H95:3）

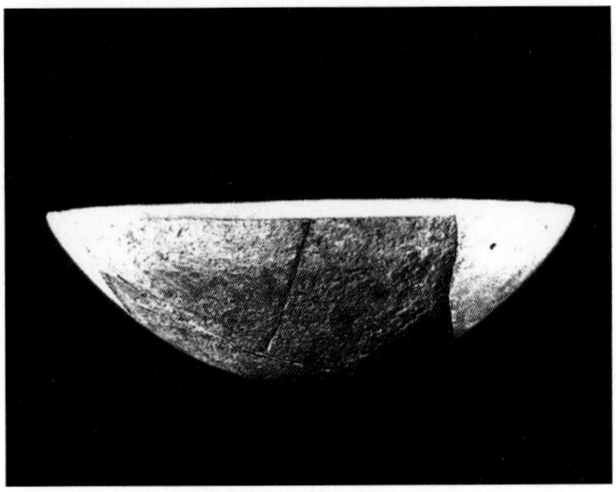

5. C型Ⅶ式（T12③B:15）

6. C型Ⅷ式（H28:16）

陶敞口钵

1. A型Ⅰ式（H218:1）

2. A型Ⅱ式（H228:7）

3. A型Ⅲ式（T120㉚:2）

4. A型Ⅳ式（H220:2）

5. A型Ⅳ式（M377:10）

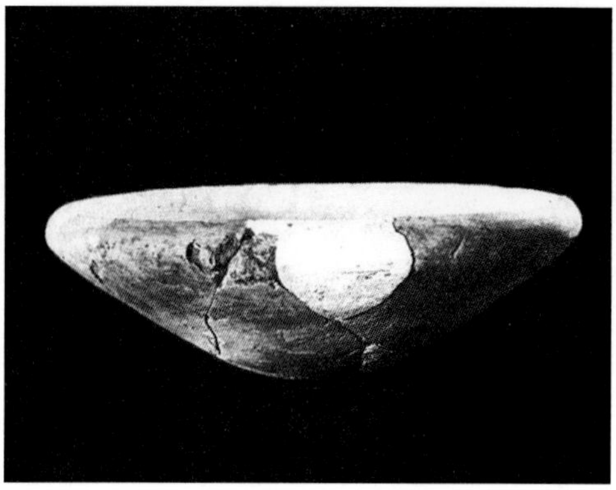

6. A型Ⅴ式（H172:2）

陶敛口钵

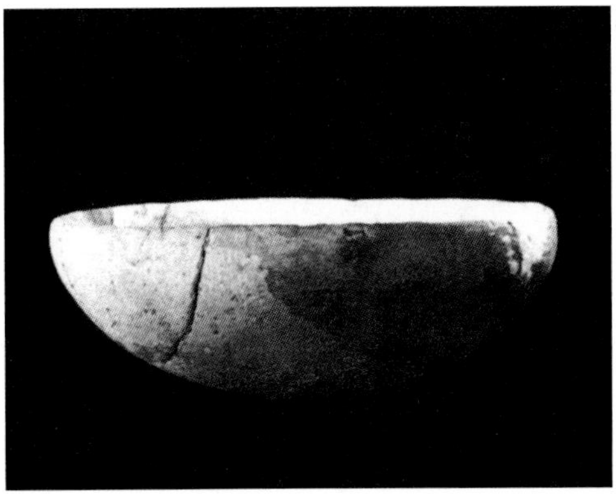

1. B型Ⅰ式（H117:1）

2. A型Ⅴ式（H341:8）

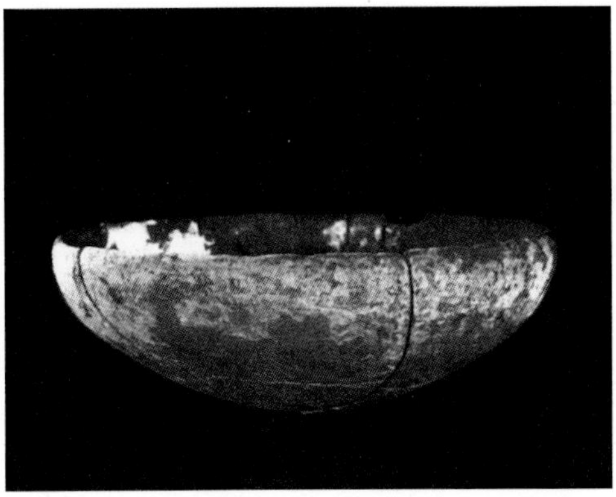

3. B型Ⅰ式（H16:2）

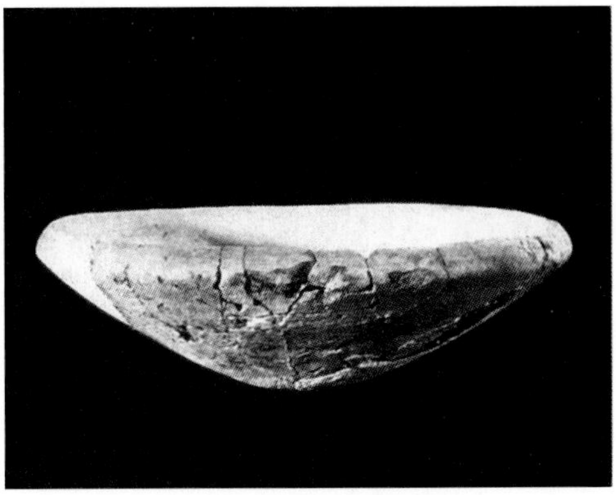

4. A型Ⅵ式（H65:2）

5. B型Ⅱ式（H180:1）

6. B型Ⅱ式（H390:1）

陶敛口钵

1. B型Ⅲ式（T104㉚:20）

2. B型Ⅲ式（M277:3）

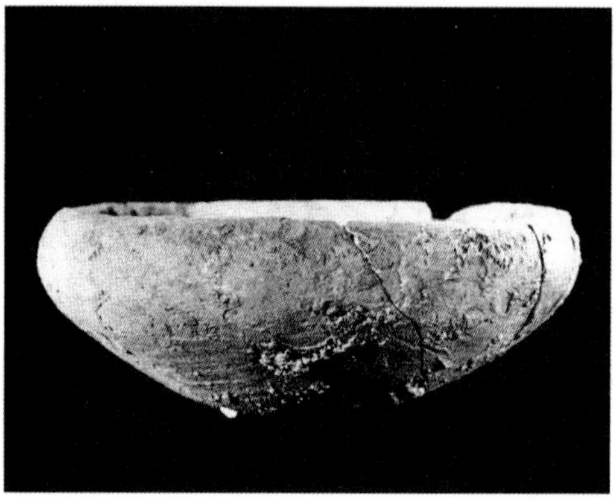

3. B型Ⅲ式（M325:3）

4. B型Ⅳ式（H91:4）

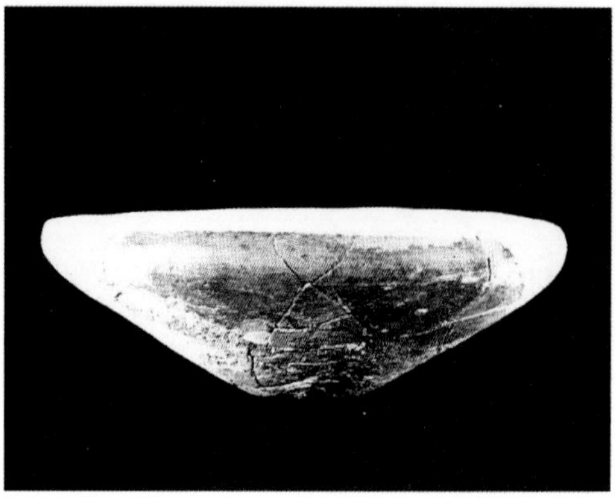

5. B型Ⅴ式（H379:1）

6. B型Ⅴ式（H238:4）

陶敛口钵

1. A型Ⅲ式（H228:1）

2. A型Ⅷ式（H55:6）

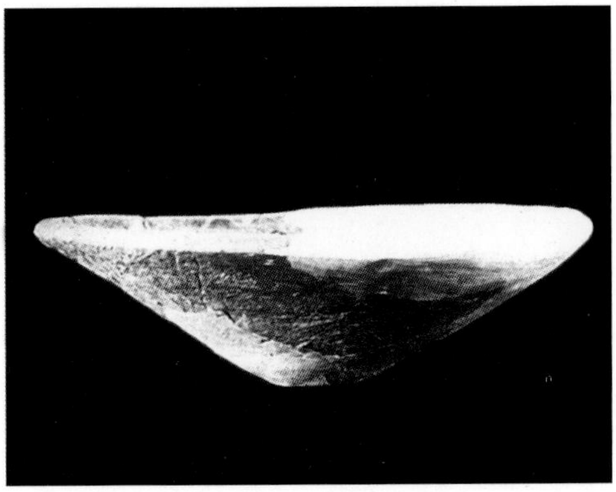

3. A型Ⅳ式（H253:2）

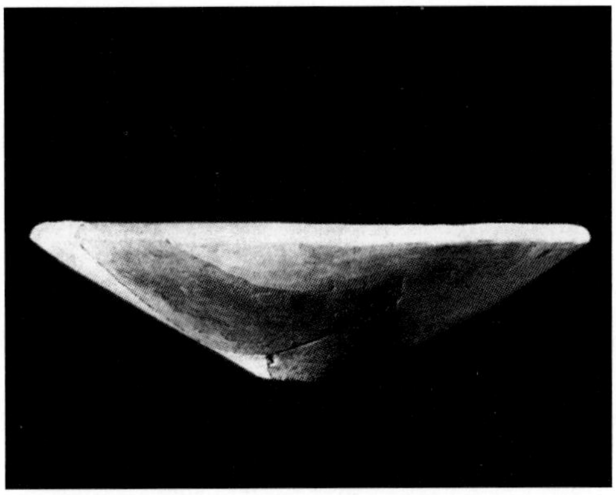

4. A型Ⅴ式（H222:1）

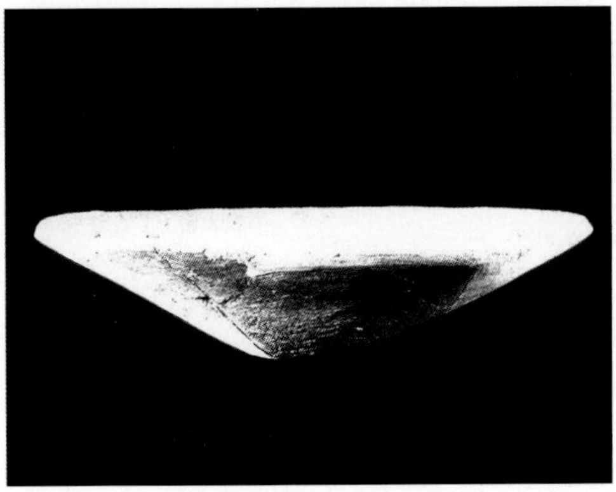

5. A型Ⅵ式（H108:8）

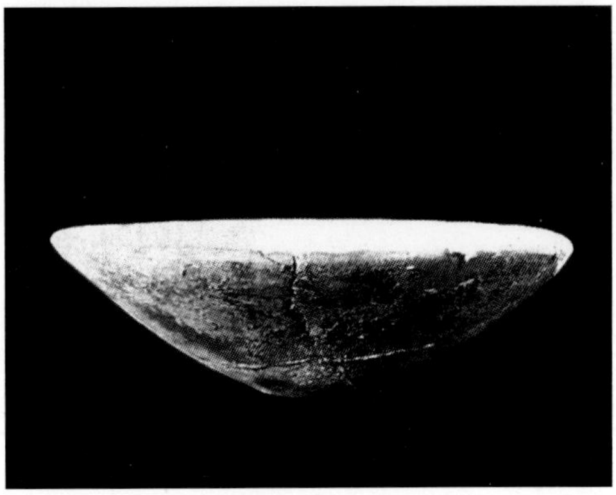

6. A型Ⅵ式（H63:1）

陶浅腹钵

1. A型Ⅵ式（M263:4）

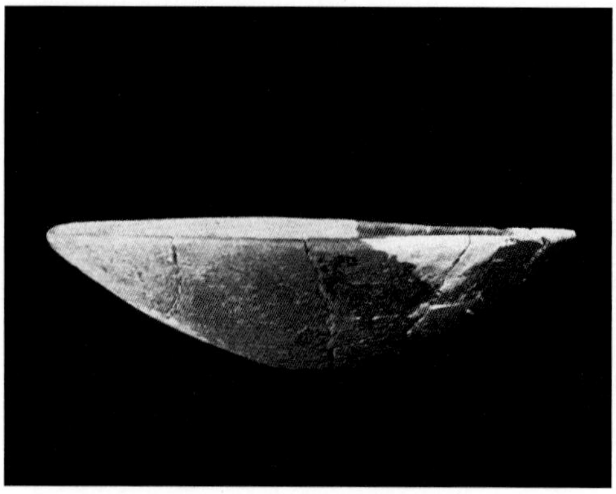

2. C型Ⅰ式（M220:2）

3. C型Ⅱ式（H102:1）

4. C型Ⅱ式（H102:9）

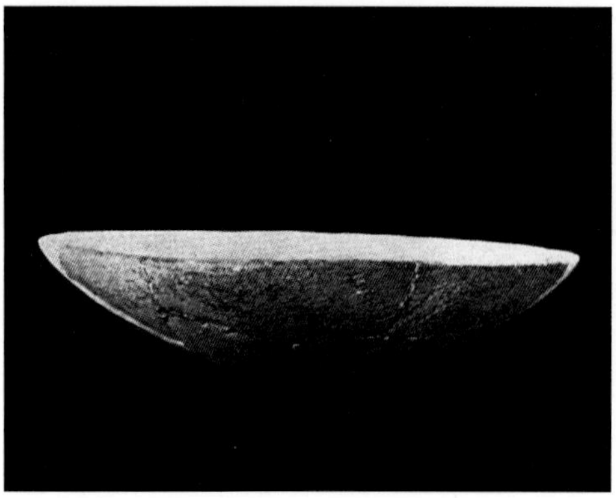

5. B型Ⅱ式（H374:2）

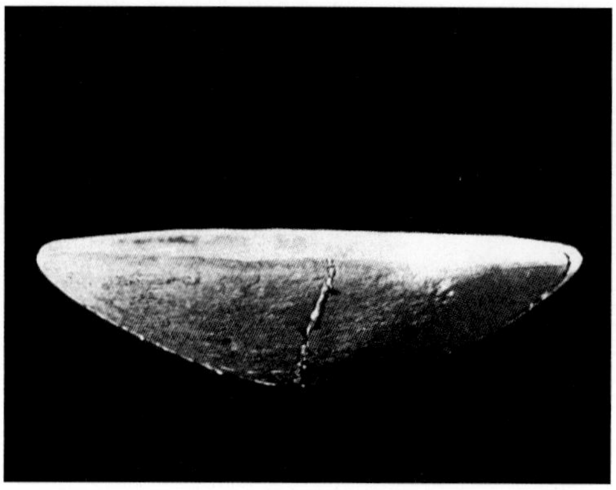

6. B型Ⅰ式（T114③B:3）

陶浅腹钵

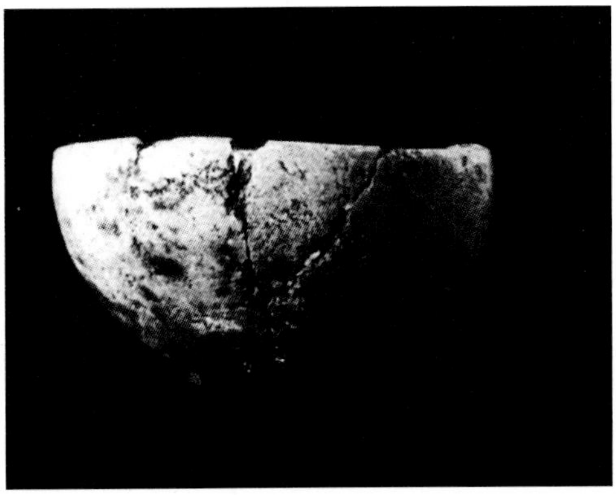

1. A型小钵（H146:1）

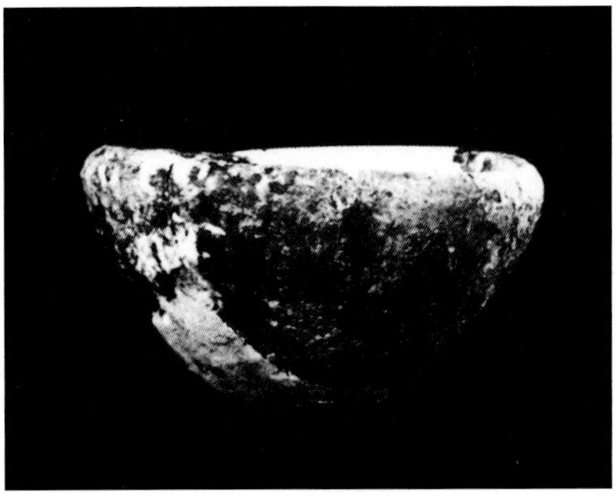

2. Ba型小钵（H35:9）

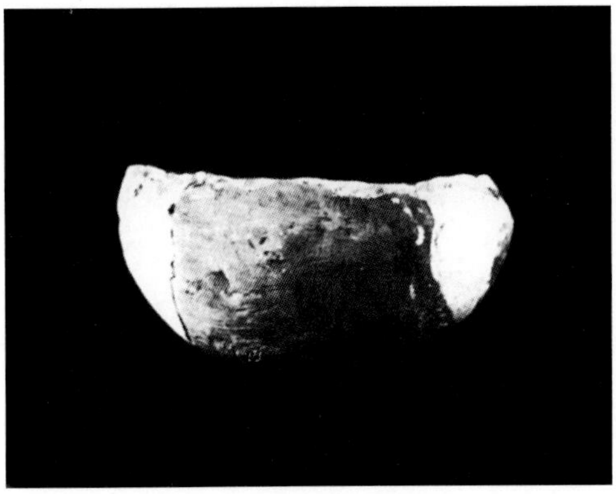

3. Bb型小钵（M342:5）

4. Bb型小钵（M342:2）

5. B型杯（H108:6）
6. D型小钵（H229:8）

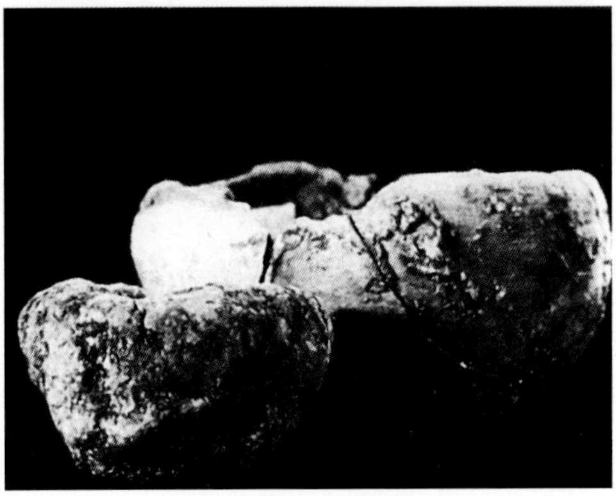

7. D型小钵（T108㉝B:22）
8. Bb型小钵（M342:11）

陶钵、杯

图版 一〇八

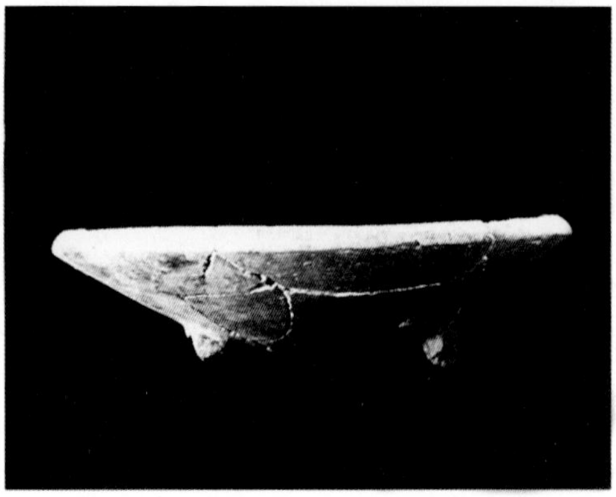

1. Aa型Ⅰ式（H322:7）

2. Aa型Ⅱ式（M387:2）

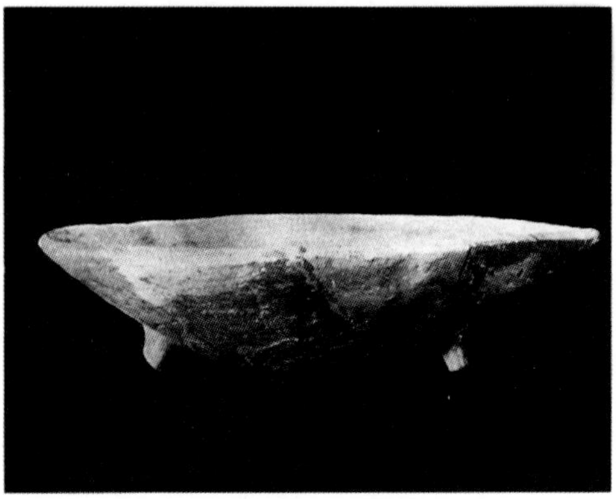

3. Aa型Ⅲ式（H195:5）

4. B型Ⅱ式（M239:1）

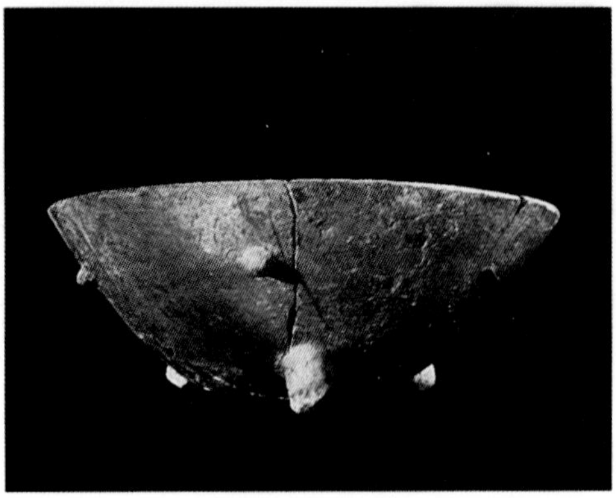

5. C型Ⅰ式（H161:1）

6. C型Ⅱ式（T109③B:17）

陶三足钵

1. C型Ⅲ式三足钵（H135:3）

2. C型Ⅲ式三足钵（T103③B:1）

3. A型Ⅰ式三足钵足（T26③C:26）

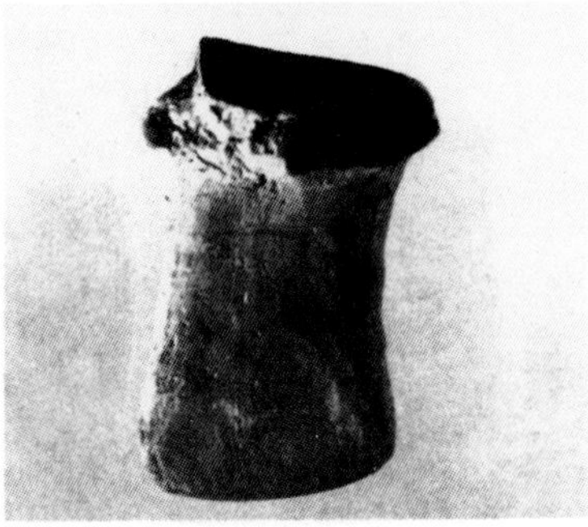

4. A型Ⅱ式三足钵足（H286:5）

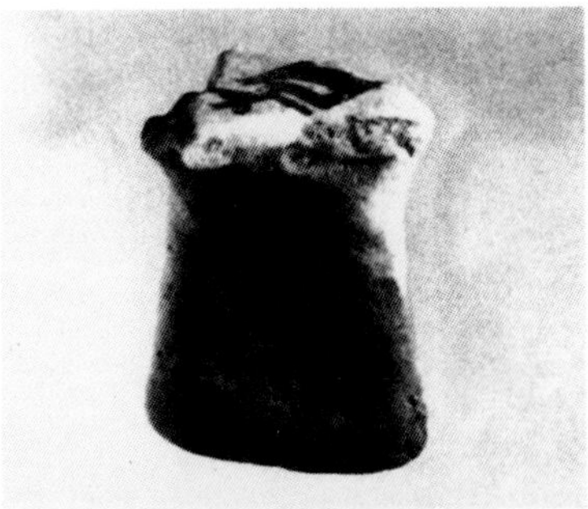

5. A型Ⅱ式三足钵足（T101③B:41）

6. A型Ⅲ式三足钵足（H319:10）

陶三足钵、三足钵足

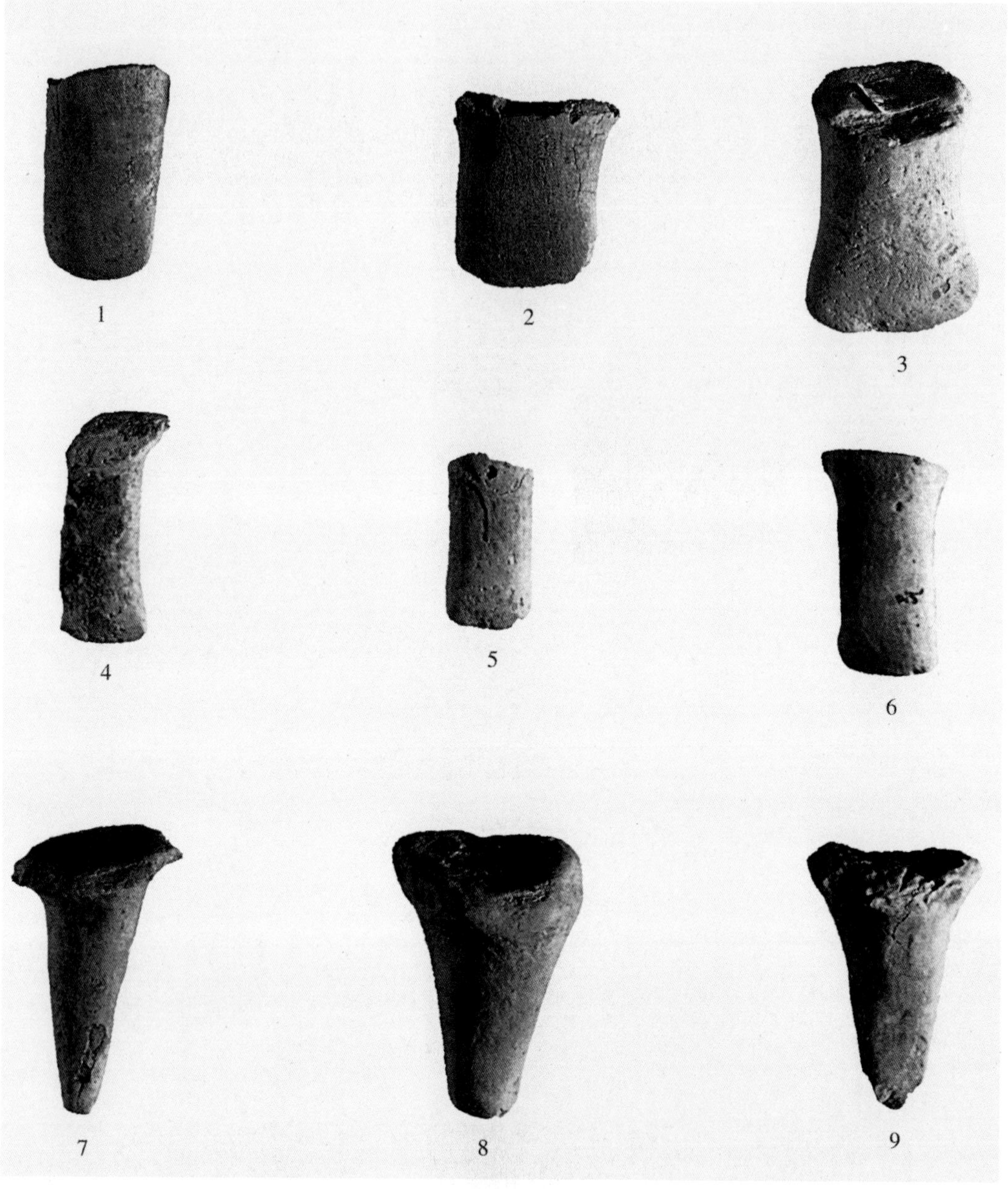

1．B型Ⅰ式（T114③C:19） 2．B型Ⅰ式（T31③C:14） 3．B型Ⅱ式（T120③B:15）
4．B型Ⅲ式（T18③B:20） 5．B型Ⅲ式（H28:65） 6．B型Ⅳ式（T108③B:46）
7．C型Ⅰ式（T7③C:9） 8．C型Ⅰ式（H176:1） 9．C型Ⅰ式（H33:16）

陶三足钵足

1. C型Ⅱ式（T9③B:6） 2. C型Ⅱ式（T4③B:14） 3. C型Ⅲ式（T103③B:47）
4. C型Ⅲ式（H54:9） 5. F型（T102③B: 37） 6. F型（T18③B:10）
7. E型（T108③B:39） 8. D型（T101③B:43） 9. E型（T108③B:51）

陶三足钵足

1. Bb 型碗底（H28:63）

2. Ba 型碗底（H232:7）

3. Ca 型碗底（H19:45）

4. 盂（T21㉝:17）

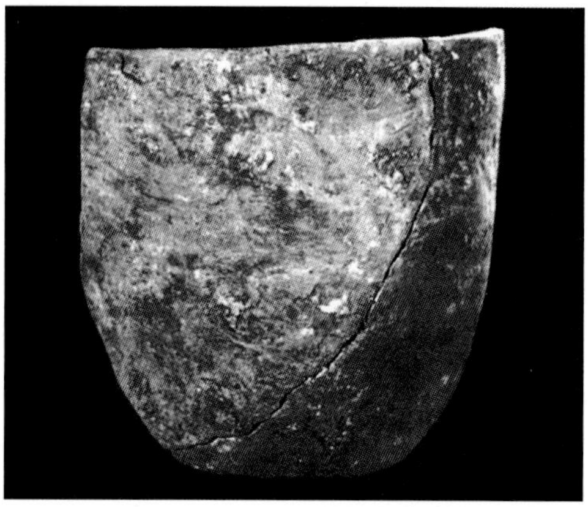

5. 盂（H229:9）

6. 盂（H203:1）

7. B 型Ⅱ式碗（T33③B:8）

陶盂、碗、碗底

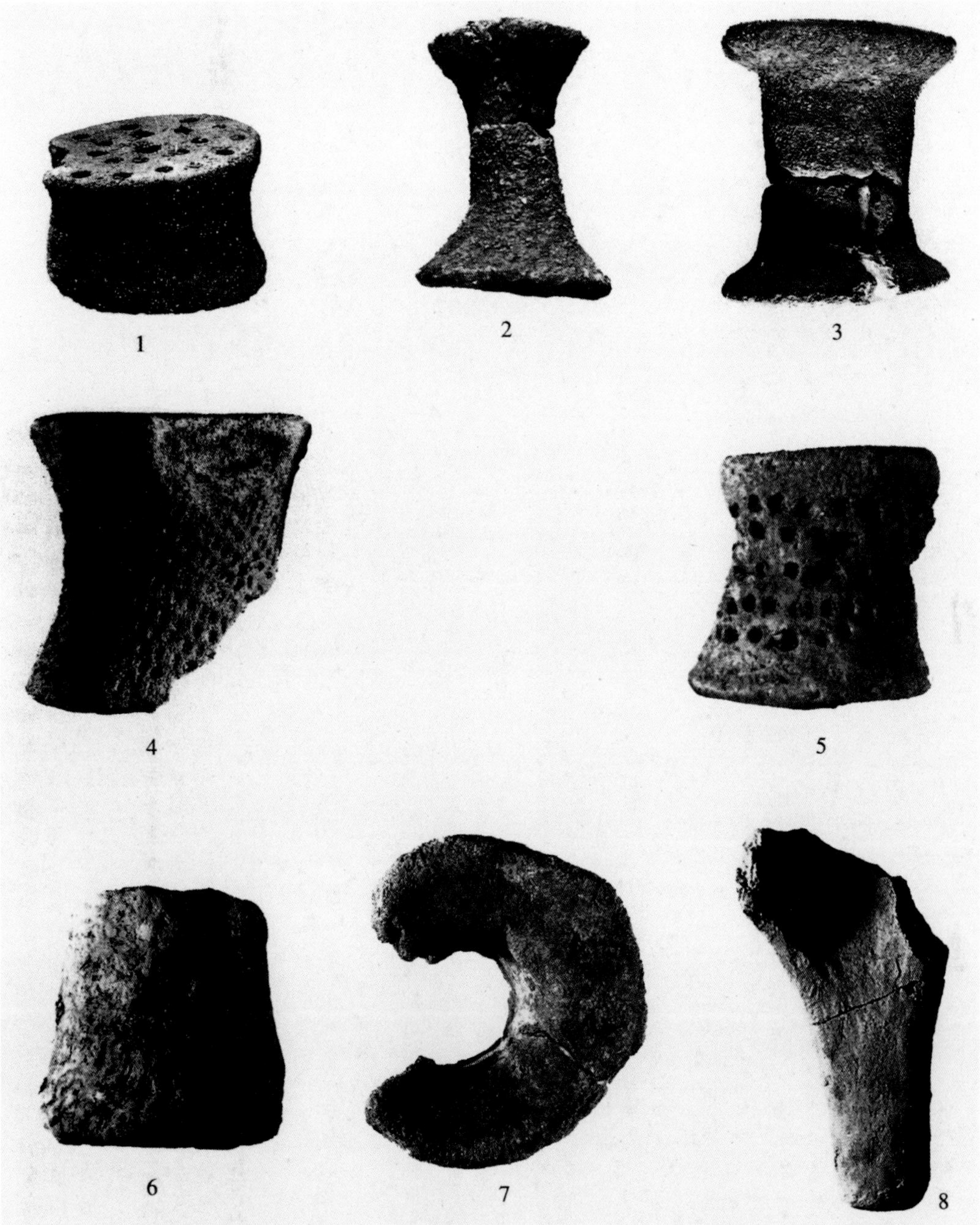

1. Cb型支脚（M235:1） 2. Cc 型支脚（T67⑤:3） 3. Cc 型支脚（H234:2）
4. Cb 型支脚（T13③B:2） 5. Cb型支脚（T102③B:10） 6. G型支脚（H187:5）
7. E型支脚（H112:17） 8. 勺(H19:19)

陶支脚、勺

1. A型Ⅰ式（T34③C:8）

2. A型Ⅱ式（T34③B:5）

3. A型Ⅲ式（H102:16）

4. A型Ⅲ式（H27:1）

5. A型Ⅱ式（T109③B:7）

6. C型Ⅱ式（H58:1）

陶碗

1. A型（H9:2）

2. B型（H172:1）

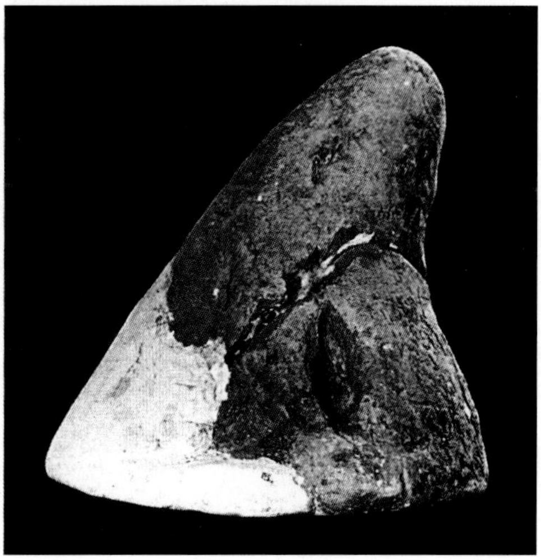

3. B型（H189:3）

陶支脚

图版 一一六

1. A型（H35:5） 2. A型（T67⑤:4） 3. A型（H221:3） 4. A型（H88:3）
5. A型（H320:2） 6. A型（H19:9） 7. A型（H112:21）

陶支脚

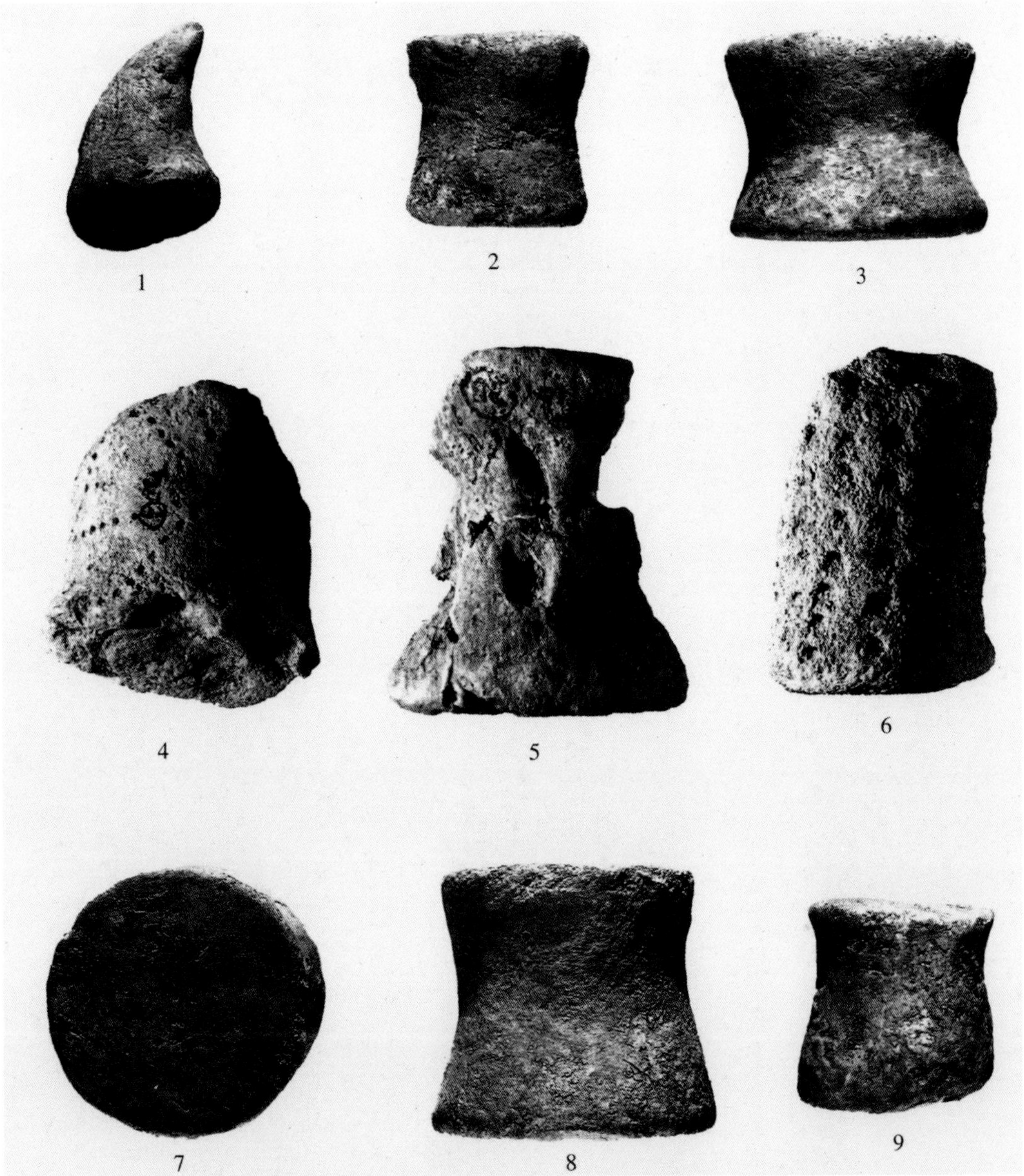

1．B 型（H222:3） 2．Ca 型（T108③B:5） 3．Ca 型（H187:4）
4．Ca 型（T20③:6） 5．Ca 型（T101③B:6） 6．Ca 型（T68④:9）
7．Ca 型（H29:5） 8．Ca 型（H156:1） 9．Ca 型（H112:19）

陶支脚

图版一一八

1．Aa型（T108③B:21） 2．Aa型（T103③B:8） 3．Aa型（T103③B:11） 4．Aa型（H393:2）
5．Aa型（H393:1） 6．Aa型（T108③B:50） 7．Aa型（T108③B:13）

8．Ba型（T68④:12） 9．Ba型（T104③B:19） 10．Ba型（M18:3） 11．Ab型（H125:4）
12．Ab型（T21③B:10） 13．Ba型（T109③C:49） 14．Ba型（T103③B:34）

陶网坠

1.纺轮（T7③B:4） 2.纺轮（T102③B:6） 3.纺轮（M353:1）
4.Ba 型网坠（T108③B:20） 5.纺轮（T108③B:35） 6.C型网坠（T22③B:3）
7.垂球（T108③B:2） 8.弹丸（T4③C:7） 9.弹丸（H55:1） 10.弹丸（T18③B:3）

陶纺轮、网坠、垂球、弹丸

1．B型（T103③B:21）　2．A型（H249:2）
3．B型（H45:1）　4．A型（H28:21）

5．A型（T32③B:1）　6．A型（H28:29）
7．A型（H28:6）

陶锉

云母块、颜料、石坯料

1. 云母块（M277:61） 2. 云母块（H33:13） 3. 云母块（H112:55）

4. Aa 型颜料（H113:6）
5. Aa 型颜料（H336:4）
6. Aa 型颜料（H282:2）
7. Ac 型颜料（T5 ③:1）
8. Ⅵ式坯料（H19:3）
9. Ⅵ式坯料（T119㉚:8）

1.纺轮半成品（M342:12） 2.纺轮半成品（T31③B:7） 3.纺轮半成品（M356:6）
4.纺轮半成品（H122:3） 5.钻帽（T34③:13）

6.Ab型颜料（H237:8）
7.Ab型颜料（T61⑤:3）
8.Ab型颜料（H330:1）
9.Ab型颜料（H329:2）

1 . Bb型刮削器（H28:47） 2 . 砸击石核（H112:47） 3 . Ab型刮削器（H285:3）
4 . 砸击石核（H309:11） 5 . B型锤击石片（T73④:4） 6 . A型锤击石刻（H34:7）
7 . 砸击石刻（H112:46） 8 . 砸击石刻（H310:1） 9 . 砸击石刻（T32③c:5）

石制品

石制品

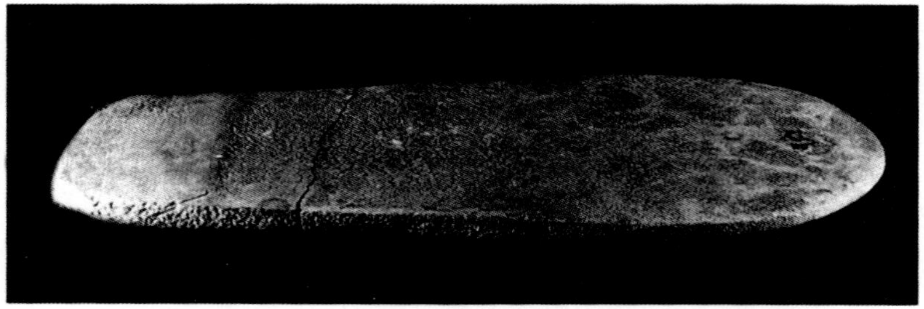

1. C型石磨盘（M119:2）

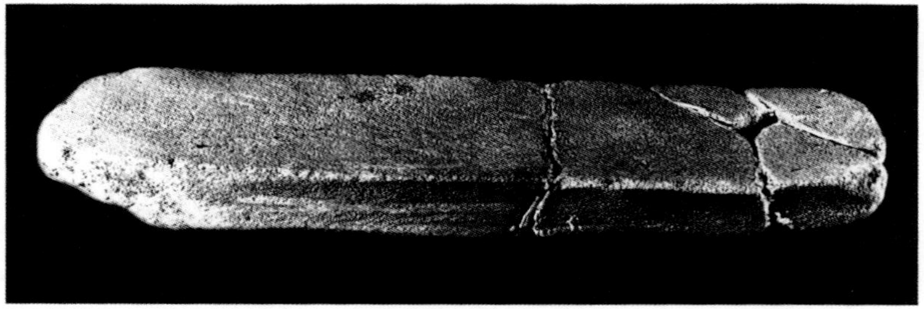

2. Ad型砺石（M275:3）

3. Ⅳ式坯料（T102㉝B:27）
4. A型Ⅰ式石磨盘腿（H166:1）
5. D型石磨盘腿（H125:2）
6. A型石砧（H55:4）

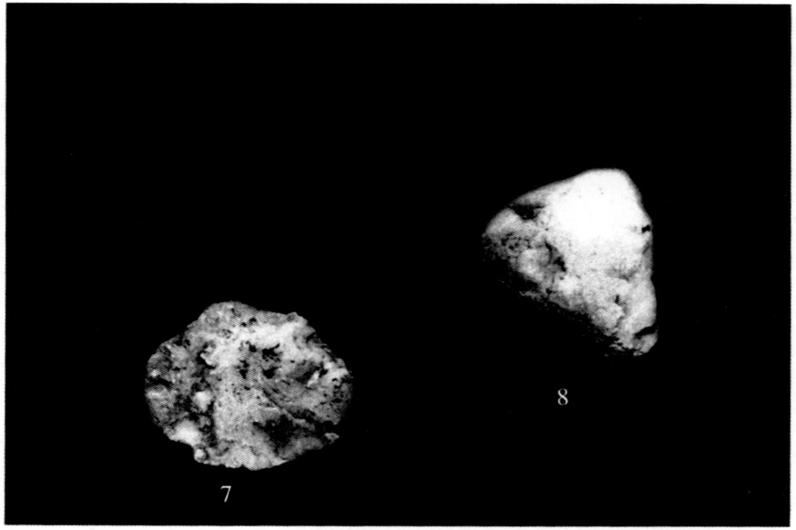

7. 砸击石片（H261:3） 8. B型锤击石核（H221:2）

1. D型（H309:3） 2. D型（H189:5） 3. A型（T73④:11）
4. A型（H35:3） 5. A型（T109③:42） 6. B型（T101㊿:19）
7. A型（T120③B:10） 8. A型（T114③:12） 9. B型（H217:5）

锤击石片

1. Ca型（T34③B:11） 2. Ca型（T34③B:12） 3. Ca型（T32K2:1）
4. D型（T15③:6） 5. Cb型（H214:1） 6. Cb型（T119③:18）
7. D型（H112:45） 8. D型（T73④:9）

锤击石片

1.C型锤击石锤（H261:7） 2.B型锤击石锤（T102③B:32） 3.A型锤击石锤（M342:7）
4.A型锤击石锤（T74④:3） 5.A型锤击石锤（T66⑤:8） 6.B型锤石锤（T108③B:15）
7.C型砧（H60:1） 8.C型砧（H81:3） 9.C型锤击石锤（H113:16）

石锤、砧

1. C型（H197:3） 2. C型（T102③C:12）
3. C型（H124:5） 4. A型（T120③C:4）

5. B型（H155:6） 6. B型（T103③B:4）
7. A型（T65④:1） 8. A型（T66④:1）

砸击石锤

1. A型琢击石锤（T116③B:1） 2. A型琢击石锤（T19③C:3） 3. A型琢击石锤（T108③:1）
4. A型琢击石锤（H32:9） 5. D型砸击石锤（H155:5） 6. B型砸击石锤（H28:38）
7. B型琢击石锤（H315:3） 8. D型砸击石锤（H16:8） 9. D型砸击石锤（H75:1）

石锤

1. E型（H322:11） 2. C型（H123:4） 3. E型（H273:2）

琢击石锤

4. C型（T120③B:12） 5. B型（H115:3）
6. C型（T109③B:11） 7. B型（H32:1）

1.C型（H20:7） 2.E型（H315:2） 3.C型（H29:2）

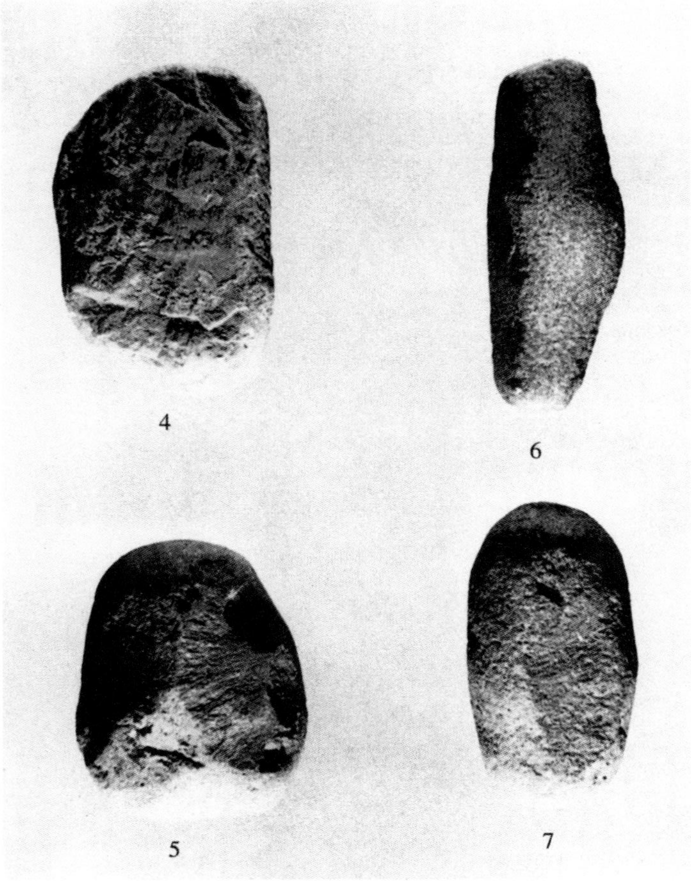

4.C型（T113③B:9） 5.B型（H120:27）
6.D型（H75:5） 7.D型（T104③B:4）

琢击石锤

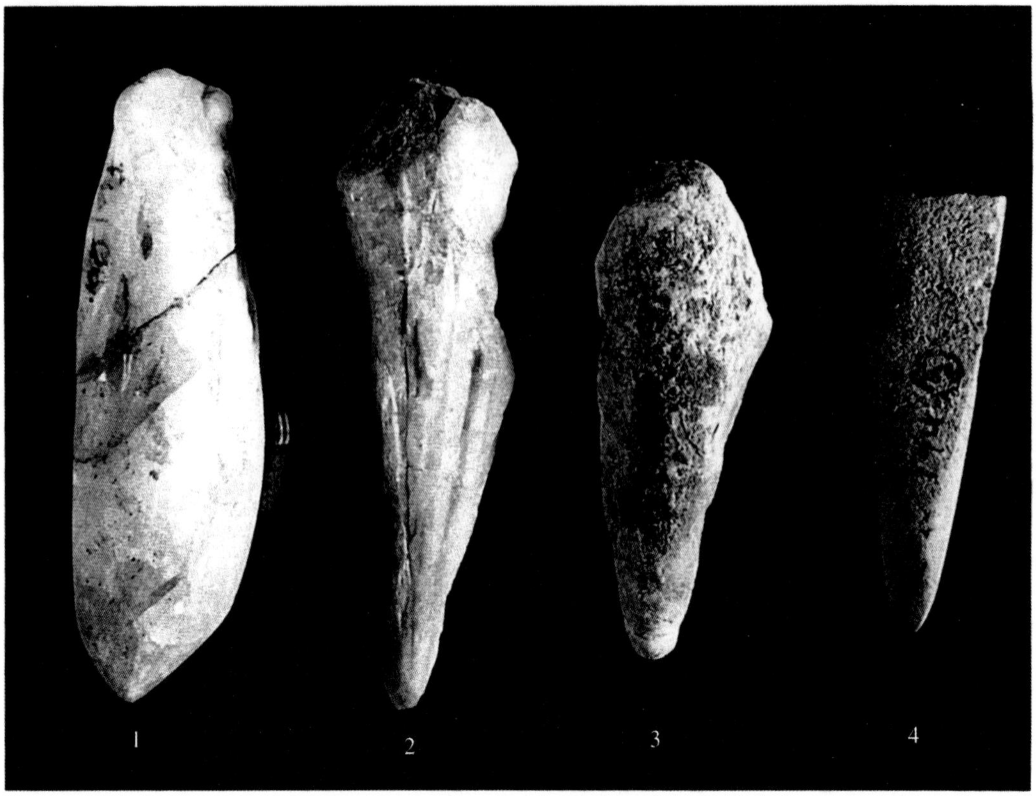

1．A型钻头（T101③:20） 2．B型钻头（H125:1）
3．A型钻头（M303:3） 4．B型钻头（T74⑤:20）

5．B型砧（H221:7） 6．B型砧（H250:4） 7．C型砧（H112:57）

石钻头、砧

1. H57:5　2. H187:27　3. T22 ③:26

4. T103 ③B:41　5. T114 ③:10　6. T109 ③:43

石砧帽

1 . Aa型（H290:8）　2 . Ab型（M282:8）

5 . Ac型（T4 ③:11）　6 . Ac型（M41:1）

3 . Aa型（H252:9）　4 . Ac型（H112:44）

7 . Ab型（M282:9）　8 . Aa型（M401:3）

砺石

1. Bb型（H120:23） 2. Bb型（M60:2）

3. Ac型（T120③B:8） 4. Ac型（H275:1） 5. Ac型（M113:3）

砺 石

图版 一三六

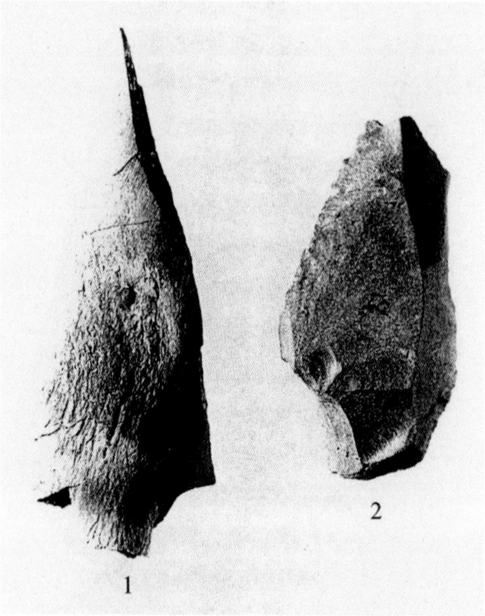

1 . 矛（H335:3）　2 . 矛（H289:13）

3 . B 型（T7 ③:5）

4 . Ba 型砺石（H122:4）　5 . Dd 型砺石（H238:6）
6 . Dc 型砺石（H139:2）　7 . D 型砧（H29:17）
8 . F 型砺石（T104③B:14）

9 . B 型球（H69:3）　10 . A 型球（M68:1）

石矛、砺石、球、砧

1．Cb型（T64④:2） 2．Cb型（H134:2） 3．Cb型（T113③B:16） 4．Cc型（T28③C:3）
5．Ca型（H291:5） 6．Ca型（T103③B:42） 7．Ca型（H152:4）

砺石

1．Db型（T102③B:23） 2．Db型（M282:53） 3．Db型（H28:45） 4．E型（T34③B:9）
5．E型（T33③B:6） 6．E型（H119:3） 7．E型（H159:8） 8．Da型（M400:2）

砺石

1. Aa型（M117:2） 2. Ab型（T31③B:6） 3. Ba型（T31③B:1）

4. Ba型（T31③B:8） 5. Ca型（T70 ④:1） 6. Cb型（H291:4）

石铲

图版一四〇

1. Cc型（T22③:7） 2. Ca型（T103③B:12） 3. Cc型（M327:9） 4. Cc型（M274:2）

5. Ba型（M413:1） 6. Bb型（M400:5） 7. Aa型（M399:1）

石铲

1. Aa型镰（T33③:1） 2. Ab型镰（T33③:4） 3. Ab型镰（H20:3） 4. Ab型镰（M414:1）
5. Aa型镰（T23③:3） 6. Ba型镰（T6③:13） 7. Ab型镰（T120③C:7） 8. Ab型镰（H57:1）
9. Ba型镰（T22③C:19） 10. Ba型镰（T35③B:1） 11. C型刀（H187:36） 12. A型刀（T27③C:6）

石镰、刀

1. Bb型镰（H341:7） 2. Bb型镰（H14:2） 3. Bb型镰（T10③:2）
4. Bb型镰（T35③B:14） 5. B型刀（T6③:12） 6. C型刀（T64④:9）
7. A型刀（T11③:6） 8. B型刀（T21③:12） 9. B型刀（H237:2）

石镰、刀

1. Aa型（T22③B:9） 2. Ab型（T116③B:2） 3. Ab型（T26③B:1）

4. Ab型（H28:48） 5. Ab型（M41:2） 6. Ab型（T17③:6）

石斧

1. Ac型（H20:1） 2. Ac型（H69:2） 3. Ac型（H91:1）

4. Ac型（H135:1） 5. Ad型（H146:5） 6. Ad型（T68⑤:8）

石斧

1. Ba型（M73:2） 2. Ba型（M400:4） 3. Ba型（M386:2）

4. Bb型（M119:3） 5. Bb型（M275:2） 6. Bb型（M282:4）

石斧

图版 一四六

1 . Bc型（T7③:3） 2 . Ba型（M119:4） 3 . Bb型（M121:6） 4 . Bc型（T73③:1）

5 . Bc型（M119:5） 6 . Bc型（M386:3） 7 . Bc型（M130:2） 8 . Bc型（M395:3）

石斧

2. Cb型（H35:2）　3. Cb型（T119③B:11）

1. Ca型（T109③B:4）

4. Cc型（M55:1）　5. Cc型（M282:5）

6. Cd型（M241:2）　7. Cd型（M22:16）

石斧

图版一四八

1.Cd型斧（M57:2）

2.D型斧（M277:31）

3.D型斧（M400:6）

4.D型斧（T114③B:7）

5.B型凿（H32:4）

6.A型凿（T104 ③:5）

石斧、凿

1. A型（T15③:5） 2. A型（H110:1）
3. A型（M356:3） 4. A型（M341:3）

石锛

5. B型（M360:3） 6. C型（T103③B:9）
7. A型（T35③B:4） 8. B型（M412:1）

1．C型磨棒（T104③:15） 2．A型磨棒（T101(3B):16）
3．B型磨棒（T28(3B):6） 4．B型磨棒（T103(3B):48）

5．A型锛（M55:2） 6．A型锛（M22:15）
7．A型锛（T18③:7） 8．A型锛（T61④:1）

石磨棒、锛

1 . C型凿（T35③B:13） 2 . C型凿（M55:6） 3 . D型凿（M73:3）
4 . D型锛（T11③:7） 5 . C型凿（T64④:14） 6 . C型凿（H35:16）
7 . E型斧（T63④:1） 8 . D型凿（M282:6） 9 . C型凿（M282:7）

石凿、锛、斧

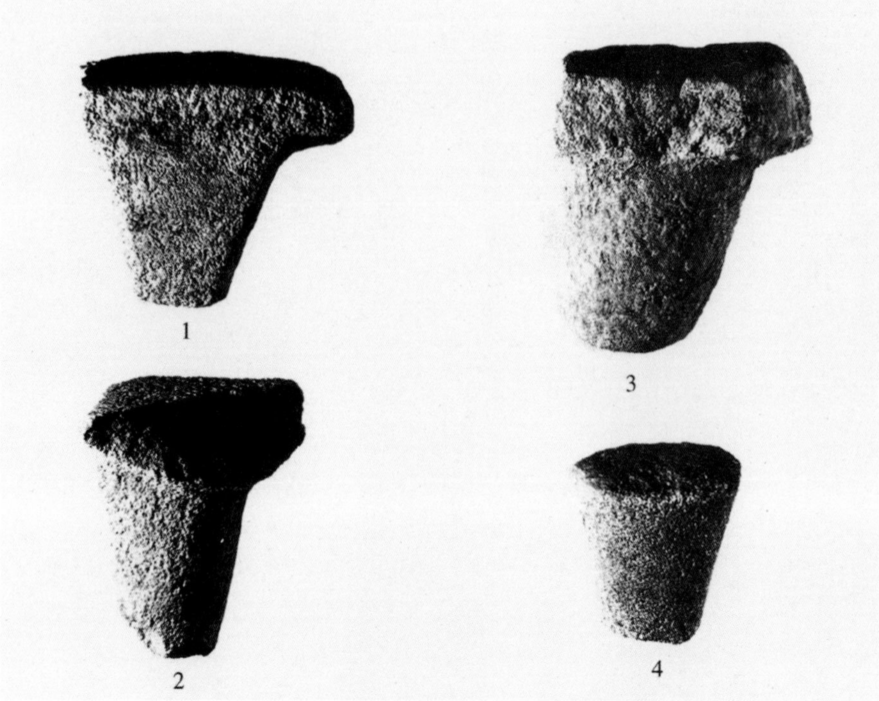

1. B型Ⅱ式（H33:6） 2. B型Ⅰ式（H28:53）
3. A型Ⅱ式（T109③B:39） 4. B型Ⅰ式（T12③:3）

5. A型Ⅲ式（T103③B:38） 6. A型Ⅱ式（T35③B:7）
7. B型Ⅲ式（T32③B:6） 8. A型Ⅱ式（T101③:1）

石磨棒

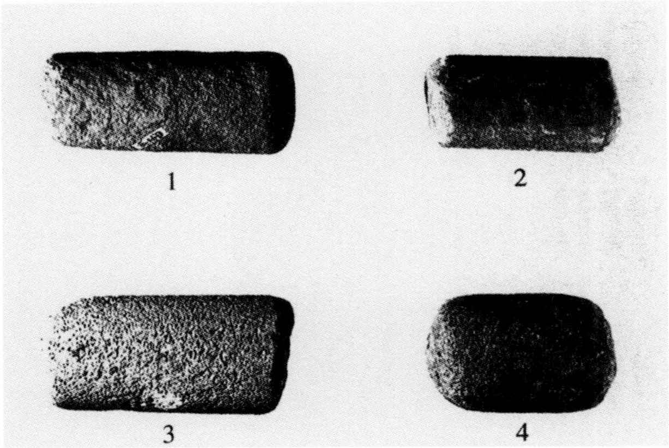

1．D型（T34③B:1） 2．D型（H152:5）
3．C型（T103③B:45） 4．D型（T61④:2）

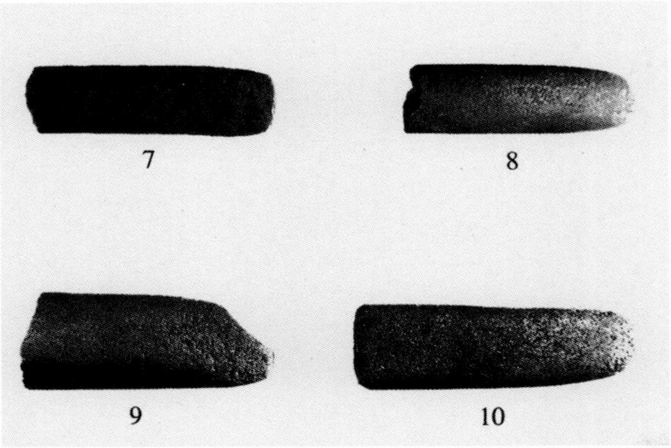

7．C型（T64④:1） 8．A型（T13③:1）
9．B型（H174:1） 10．C型（T103③B:54）

5．A型（H47:1） 6．A型（T4③:10）

11．Ea型（T16③:1） 12．B型（T68④:5）
13．Ea型（T18③:2） 14．C型（T102③:25）

1. Ea型（H28:42）　2. B型（T102③B:24）
3. Eb型（H19:29）　4. Eb型（T22③C:29）

5. C型（H152:1）　6. B型（H152:2）
7. D型（T70③:2）　8. A型（T28③:7）

石磨棒

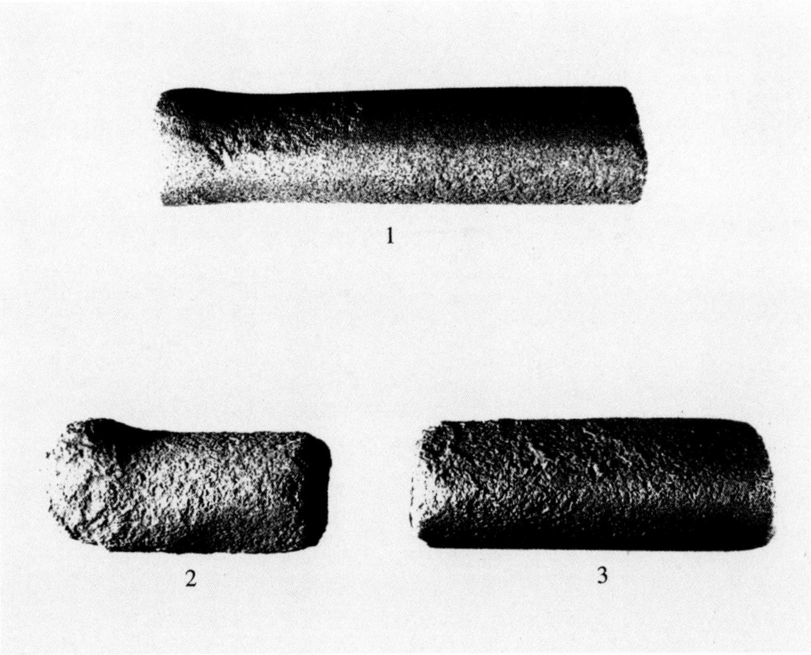

1 . Ea 型（T13 ③:7）
2 . B 型（T67 ④:2）
3 . Ea 型（M117:3）

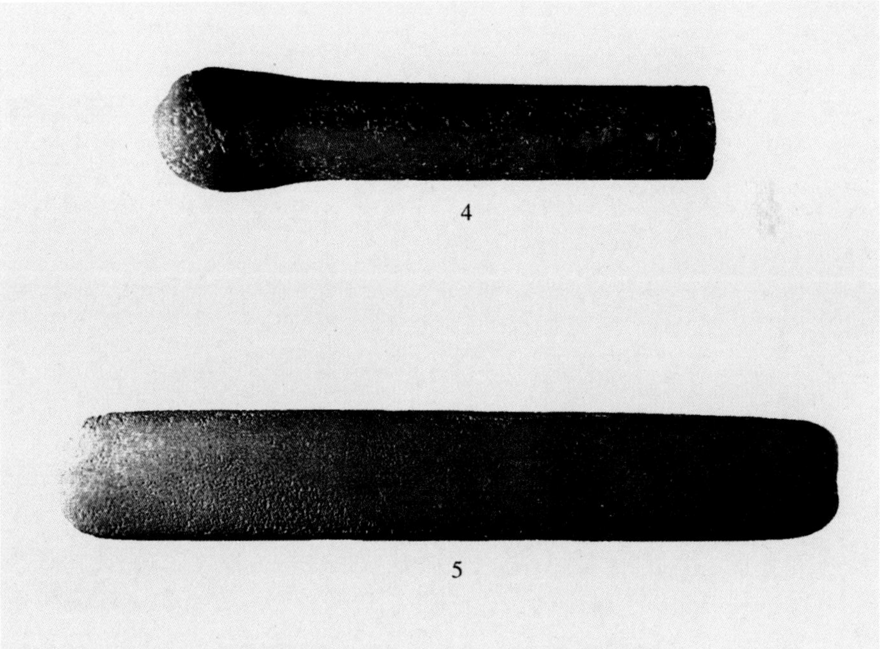

4 . Eb 型（T102 ③B:1） 5 . D 型（M371:2）

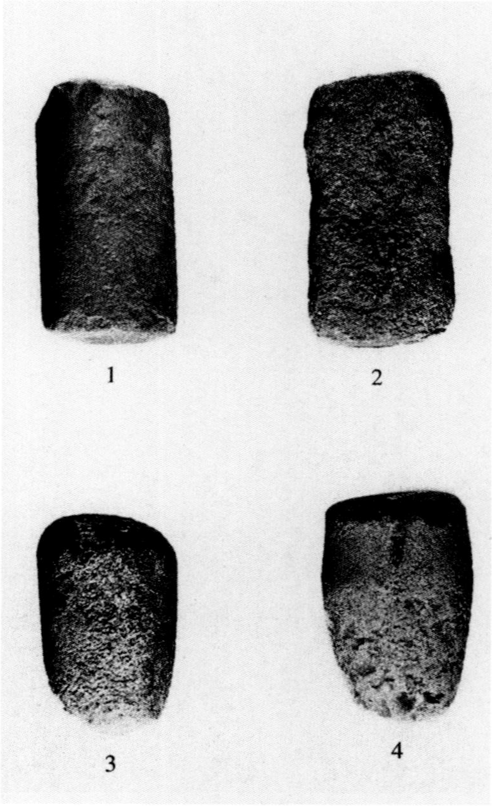

1．A型（H20:4） 2．C型（H304:8）
3．C型（T62④:2） 4．A型（T108③B:18）

5．C型（H50:4） 6．B型（T68③:3）

7．D型（H29:11） 8．B型（T35③B:10）
9．D型（H28:41） 10．E型（H333:1）

石杵

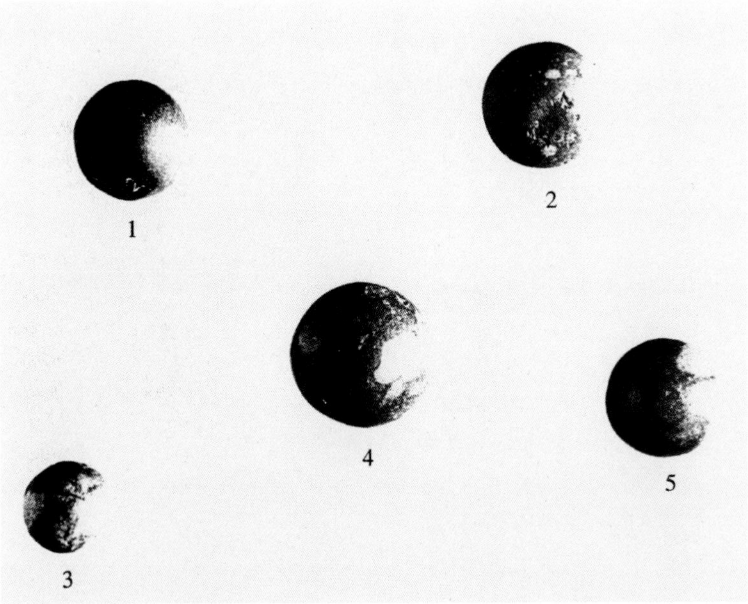

1. 弹丸（T26③B:2）
2. 弹丸（M35:5）
3. 弹丸（T32③C:2）
4. 弹丸（T28③B:1）
5. 弹丸（M373:2）

石弹丸、球

6. A型球（H284:5） 7. B型球（T103③C:23）
8. A型球（T113③B:10） 9. 弹丸（M370:6）

1. 磨刃石片（T22③:15） 2. 砍砸器（T101③B:31） 3. 砍砸器（T104③B:16）
4. Aa型刮削器（T109③C:41） 5. Ab型刮削器（H289:20） 6. Ac型刮削器（H128:1）
7. Ba型刮削器（T37②:6） 8. Ba型刮削器（T109③C:52）

石砍砸器、刮削器

1．Bb型（T75④:1） 2．Bb型（H28:71） 3．Bb型（T73④:5） 4．Da型（T15③:2）
5．Db型（H115:9） 6．Db型（M35:8） 7．Db型（T33㉚:7）

石刮削器

1.烧石（M62:5） 2.烧石（H316:3）
3.烧石（H238:7） 4.烧石（H316:2）

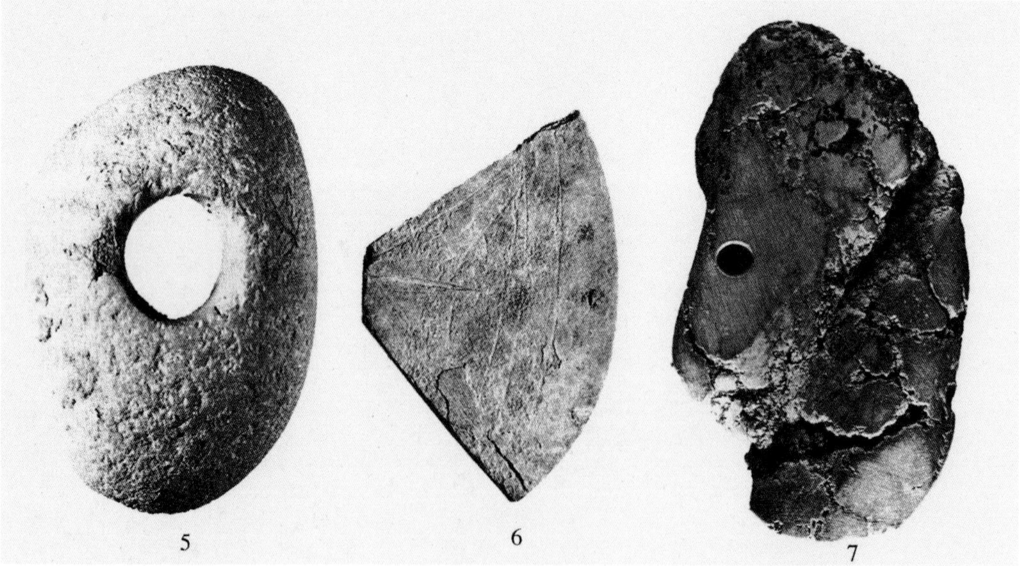

5.穿孔器（T37②:1） 6.扇形器（T113③B:6） 7.不规则形饰（M67:1）

烧石、石制品

1.骨料（M327:5） 2.骨料（H33:3）
3.骨料（M277:54）4.钩角形器（H306:1）

5.A型骨饰（M344:6）

骨料、角料、
骨角制品

6.角料（H280:1）
7.角料（H324:1）
8.角锥（H120:7）

图版一六二

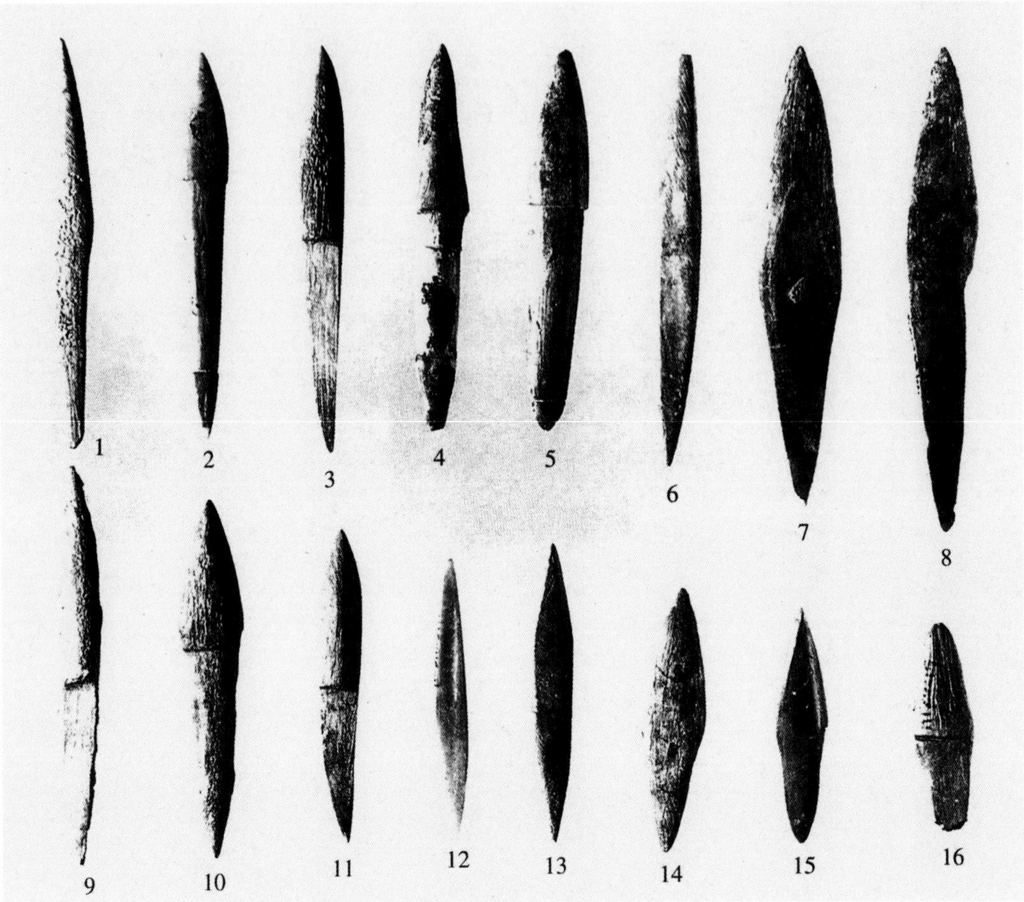

1. Ca型Ⅰ式（H328:1） 2. Cb型Ⅱ式（H189:2） 3. Ca型Ⅲ式（H36:3）
4. Cb型Ⅰ式（H102:14） 5. Cb型Ⅱ式（T119③C:10） 6. Aa型Ⅰ式（M393:4）
7. Aa型Ⅲ式（M331:3） 8. Aa型Ⅲ式（M331:4） 9. Ca型Ⅰ式（M393:8）
10. Cb型Ⅰ式（H67:1） 11. Ca型Ⅲ式（H36:12） 12. Aa型Ⅰ式（H113:27）
13. Aa型Ⅰ式（T109③B:20） 14. Aa型Ⅱ式（M411:16） 15. Aa型Ⅱ式（109③B:5）
16. Ca型Ⅱ式（H120:19）

骨镞

1. Ba型Ⅲ式（M275:6）
2. Ba型Ⅱ式（M277:13）
3. Bc型（M402:7）
4. Ba型Ⅲ式（M263:19）
5. Ba型Ⅰ式（H120:2）
6. Ba型Ⅱ式（M127:3）

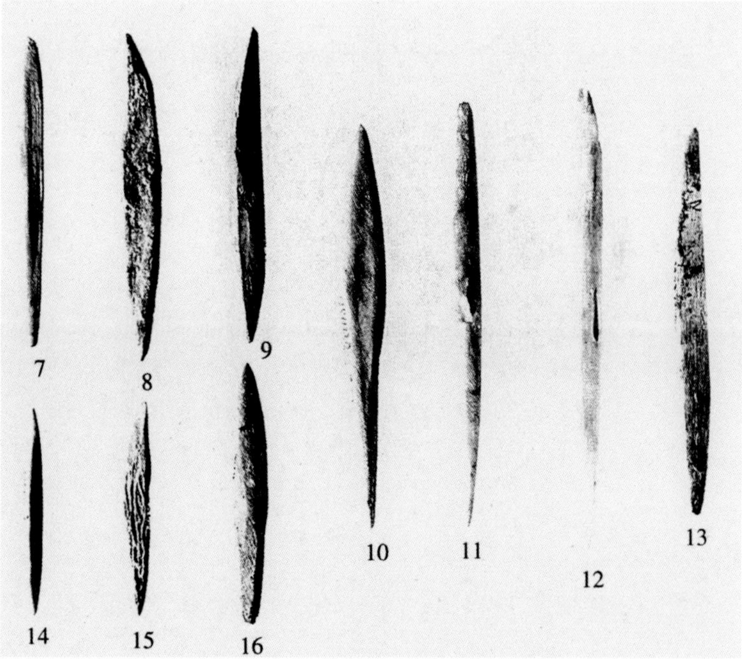

7. Ab型Ⅰ式（H202:2）
8. Ab型Ⅱ式（M122:2）
9. Ab型Ⅱ式（M282:28）
10. Ab型Ⅲ式（H238:3）
11. Ab型Ⅰ式（H127:10）
12. Ab型Ⅲ式（H231:1）
13. Ab型Ⅲ式（M331:2）
14. Ab型Ⅱ式（M341:4）
15. Ab型Ⅱ式（H195:1）
16. Ab型Ⅱ式（T120㉚:5）

骨镞

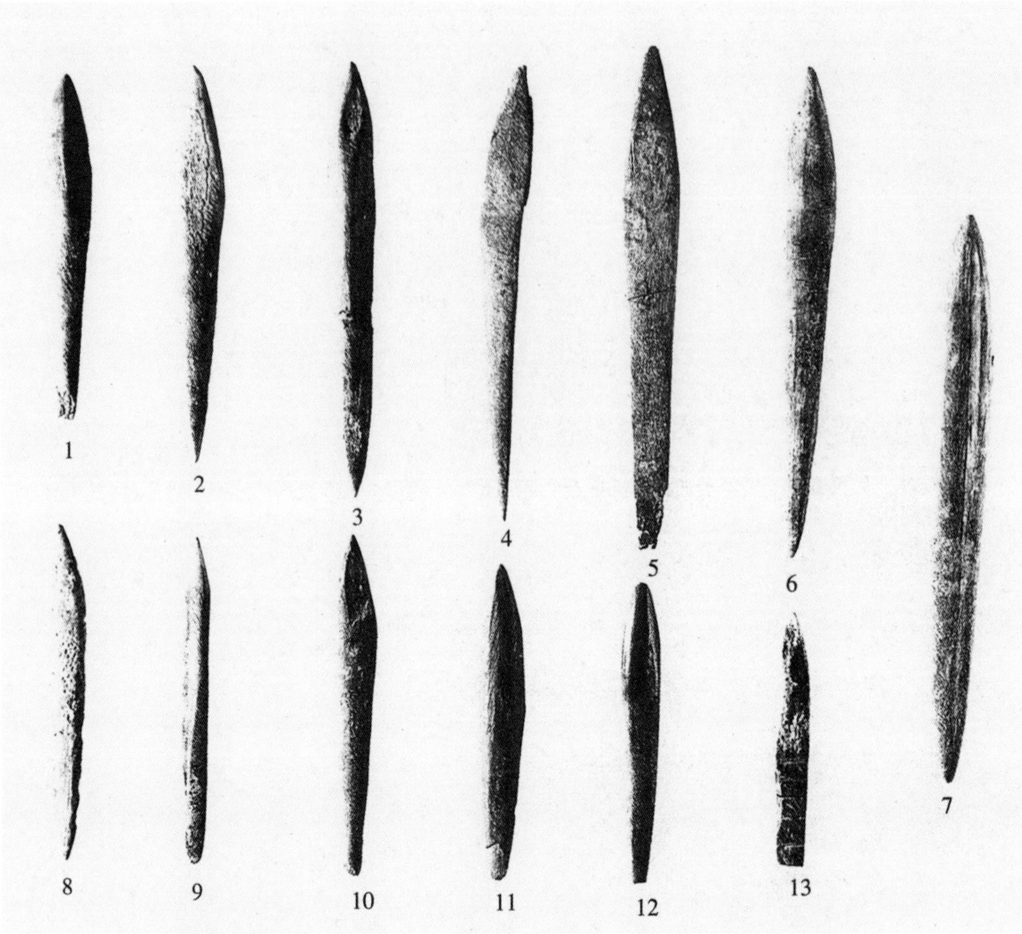

1. Ac型Ⅲ式（H21:8） 2. Ac型Ⅲ式（M402:5） 3. Ac型Ⅰ式（M388:9）
4. Ac型Ⅲ式（H113:13） 5. Ac型Ⅲ式（M277:18） 6. Ac型Ⅲ式（M388:8）
7. Ac型Ⅰ式（M388:7） 8. Ac型Ⅲ式（M393:5） 9. Ac型Ⅱ式（M275:10）
10. Ac型Ⅱ式（M233:7） 11. Ac型Ⅱ式（H194:1） 12. Ac型Ⅱ式（H335:5）
13. Ac型Ⅱ式（H286:1）

骨 镞

1. Dc型Ⅰ式（M411:12）
2. Dc型Ⅰ式（M386:17）
3. Dc型Ⅰ式（M277:9）
4. Dc型Ⅱ式（H377:8）
5. Dc型Ⅱ式（M344:13）
6. Dc型Ⅱ式（M127:6）
7. Dc型Ⅱ式（M282:24）

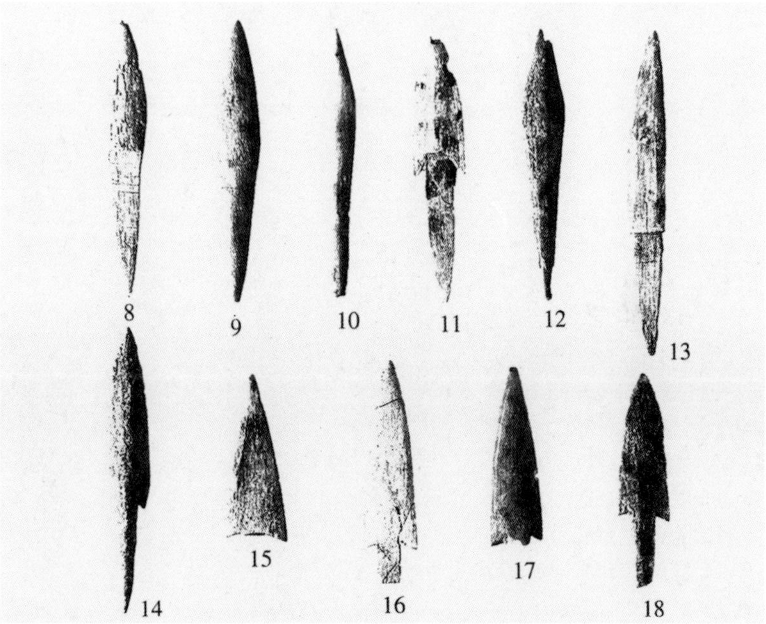

8. Da型Ⅰ式（M275:8）
9. Da型Ⅰ式（M275:7）
10. Da型Ⅰ式（M402:3）
11. Ca型Ⅱ式（M94:2）
12. Da型Ⅰ式（M396:3）
13. Da型Ⅱ式（M282:26）
14. Df型（M344:33）
15. De型（M22:8）
16. De型（M333:1）
17. De型（H204:1）
18. Hb型Ⅱ式（M87:3）

骨 镞

图版 一六六

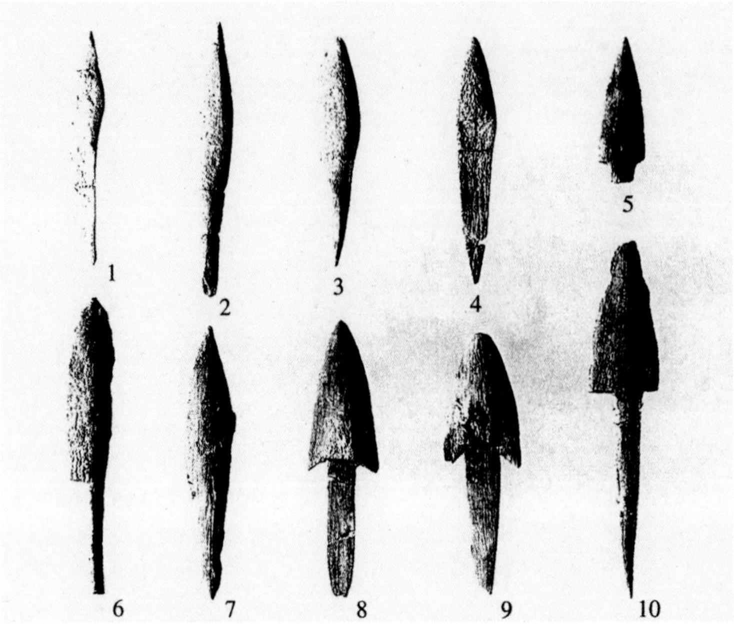

1．Db型Ⅰ式（M291:6）
2．Db型Ⅰ式（M291:4）
3．Db型Ⅰ式（M291:3）
4．Db型Ⅱ式（M98:2）
5．Dd型Ⅰ式（T108③B:11）
6．Df型（M335:5）
7．Db型Ⅰ式（M386:8）
8．Dd型Ⅱ式（M277:19）
9．Dd型Ⅱ式（M282:27）
10．Dd型Ⅰ式（M253:6）

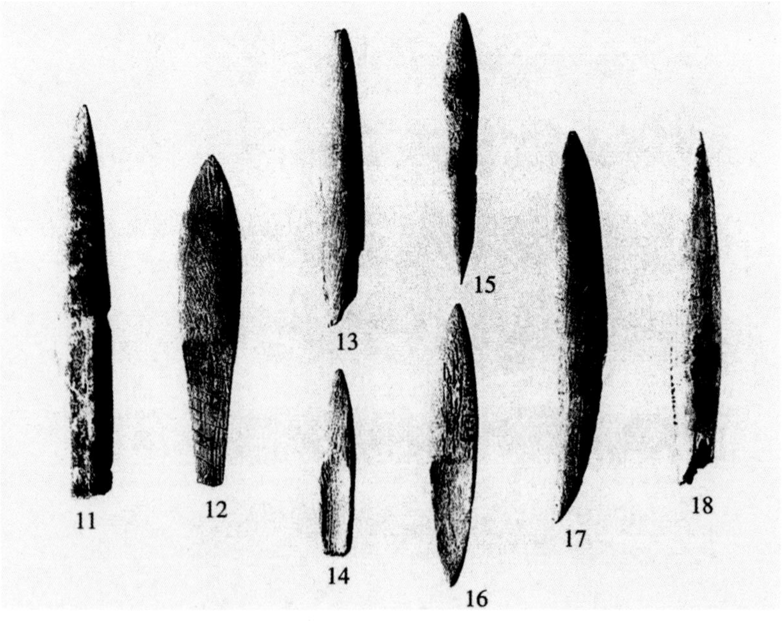

11．Fa型Ⅰ式（H124:4）
12．Fa型Ⅲ式（M395:19）
13．Fa型Ⅲ式（M282:48）
14．Fa型Ⅱ式（H255:2）
15．Fa型Ⅲ式（H177:1）
16．Fa型Ⅱ式（M277:24）
17．Fa型Ⅱ式（M277:8）
18．Fa型Ⅲ式（M314:1）

骨 镞

1. Ec型（M386:4） 2. Ea型Ⅱ式（M344:14）
3. Ea型Ⅱ式（M396:5） 4. Ea型Ⅱ式（M386:6）
5. Ea型Ⅱ式（M277:11） 6. Hb型Ⅲ式（M386:9）
7. Hd型Ⅱ式（M277:10） 8. Ea型Ⅰ式（M411:11）

骨镞

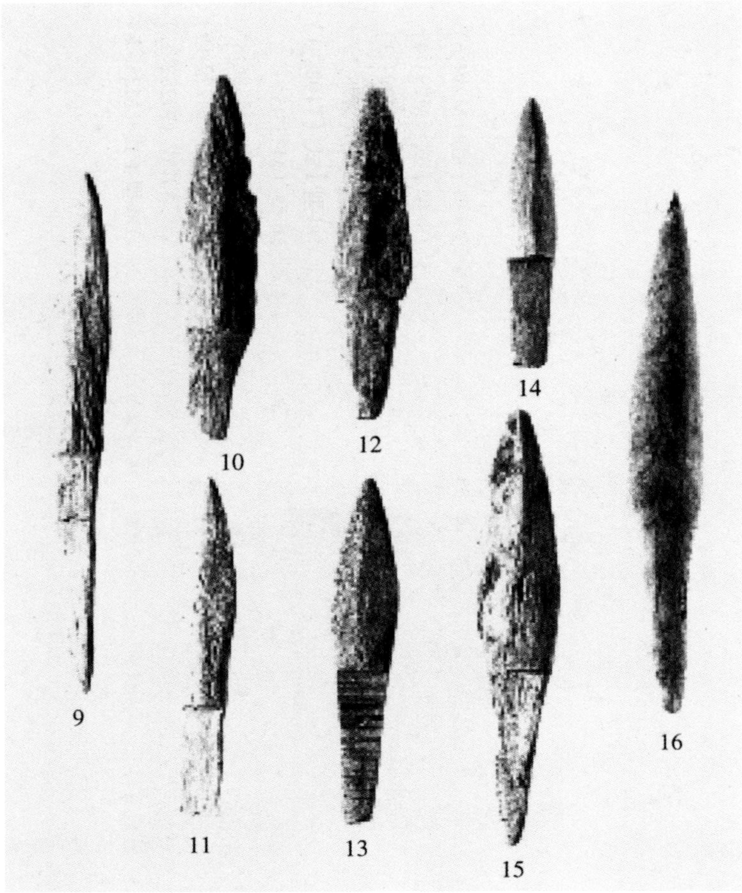

9. Ga型Ⅱ式（M277:15） 10. Ga型Ⅰ式（M277:14）
11. Ga型Ⅱ式（M393:7） 12. Gd型Ⅰ式（M87:4）
13. Ga型Ⅱ式（M388:6） 14. Ga型Ⅱ式（M35:7）
15. Ga型Ⅰ式（M253:5） 16. Fa型Ⅰ式（M377:6）

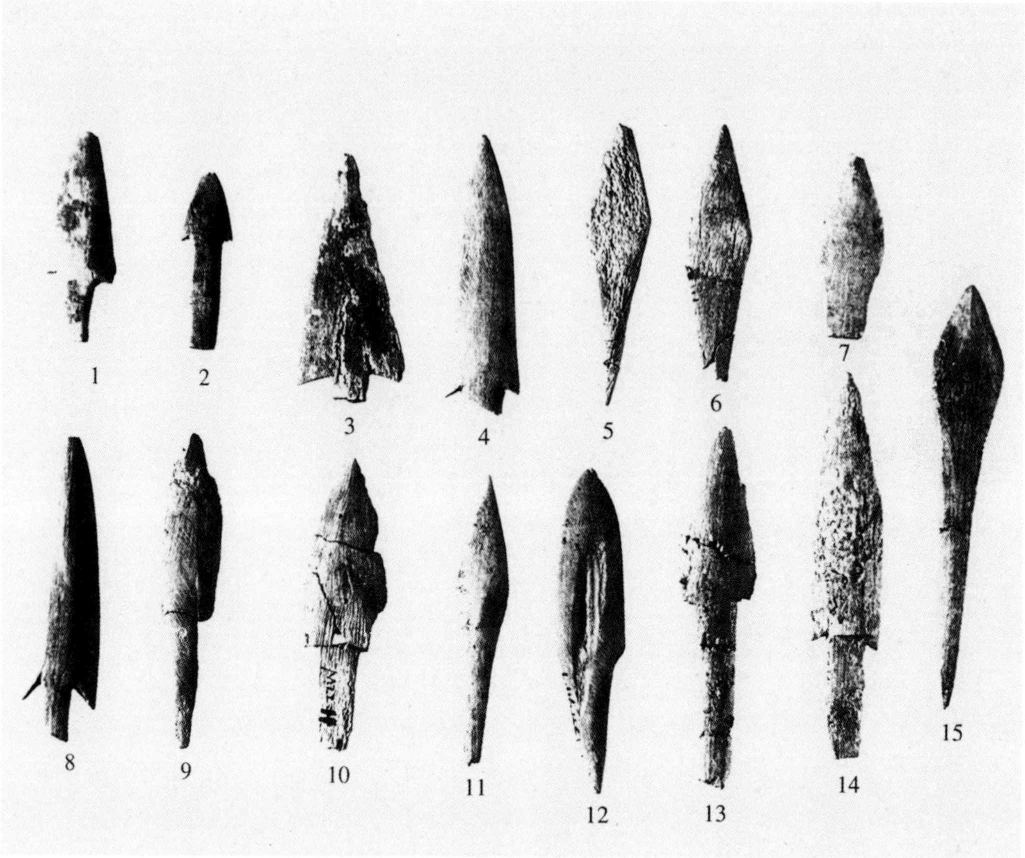

1．Fc型Ⅱ式（H171:1） 2．Fc型Ⅱ式（H221:1） 3．Fc型Ⅱ式（M22:6）
4．Fe型（M277:21） 5．Fb型Ⅱ式（M291:9） 6．Fb型Ⅱ式（M291:8）
7．Fb型Ⅰ式（T103③B:5） 8．Fe型（M111:4） 9．Fb型Ⅱ式（M335:6）
10．Fc型Ⅰ式（M22:11） 11．Fb型Ⅰ式（H120:6） 12．Fd型（M377:9）
13．Fc型Ⅰ式（M22:12） 14．Fe型（M127:7） 15．Fb型Ⅰ式（M110:3）

骨镞

1．Gd 型Ⅱ式骨镞（M277:16）
2．Gd 型Ⅱ式骨镞（M127:2）
3．Hb 型Ⅲ式骨镞（M233:6）
4．Gd 型Ⅱ式骨镞（M344:15）
5．Gd 型Ⅱ式骨镞（M393:6）
6．Gb 型Ⅰ式骨镞（M395:18）
7．Gb 型Ⅰ式骨镞（M395:11）
8．Hd 型Ⅰ式骨镞（M121:11）
9．Gb 型Ⅰ式骨镞（M275:12）
10．Gc 型Ⅰ式骨镞（M277:20）

骨镞、牙锥

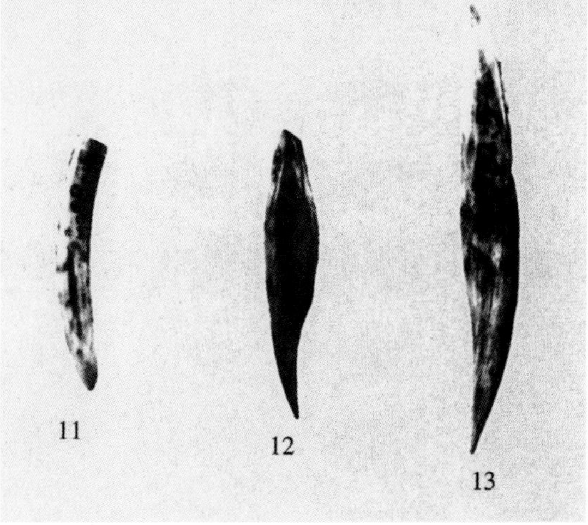

11．牙锥（H289:16）
12．牙锥（M74:1）
13．牙锥（M382:2）

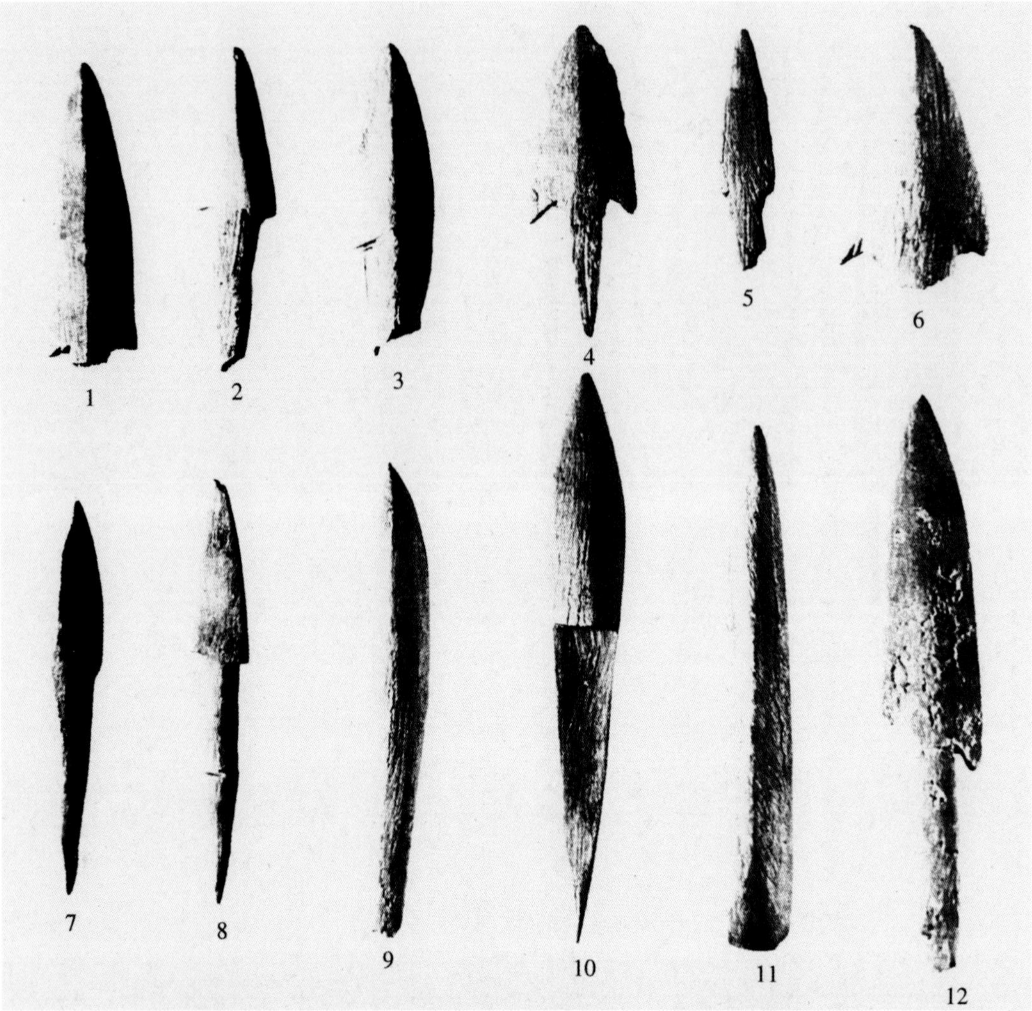

1. Hb型Ⅱ式（H338:1） 2. Hc型Ⅱ式（H228:4） 3. Hb型Ⅰ式（T119③C:9）
4. He型（M110:4） 5. Hc型Ⅱ式（T102③B:7） 6. He型（T103③C:22）
7. Hc型Ⅰ式（H339:3） 8. Hc型Ⅱ式（H60:14） 9. Ha型Ⅲ式（M264:3）
10. Ha型Ⅲ式（M377:7） 11. Ha型Ⅰ式（H187:14） 12. Hb型Ⅲ式（M277:59）

骨镞

1. Cb型（M411:17）
2. Cb型（M282:45）
3. Cb型（M282:47）
4. Bb型（M32:3）
5. Ba型（M344:7）
6. Bb型（M344:10）
7. Bd型（M40:5）
8. Bd型（M411:8）
9. Bd型（M277:52）

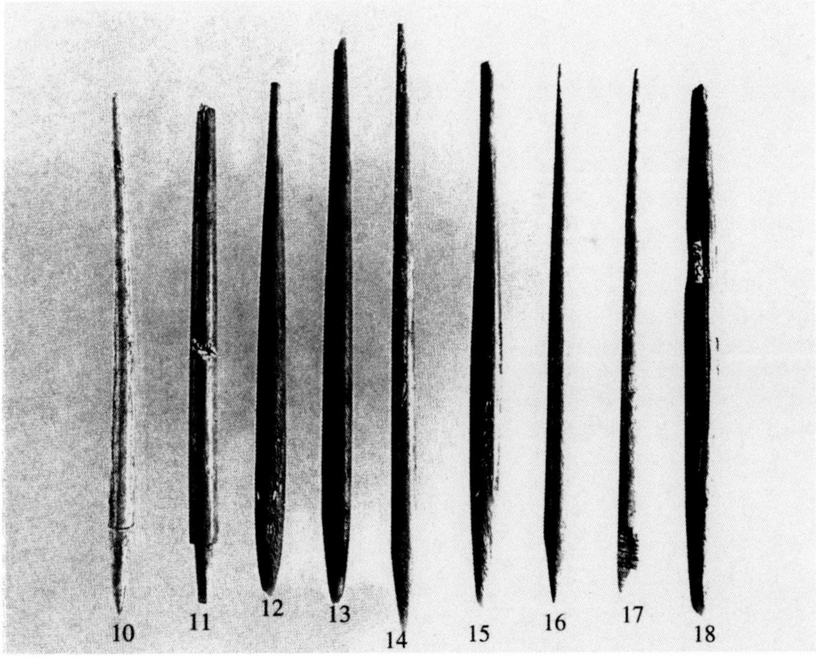

10. Bd型（M388:2）
11. Bd型（M35:3）
12. Bb型（M41:11）
13. Bb型（M41:10）
14. Bb型（M395:8）
15. Bb型（M41:9）
16. Bb型（M277:44）
17. Cb型（M395:7）
18. Cc型（H19:15）

骨镖

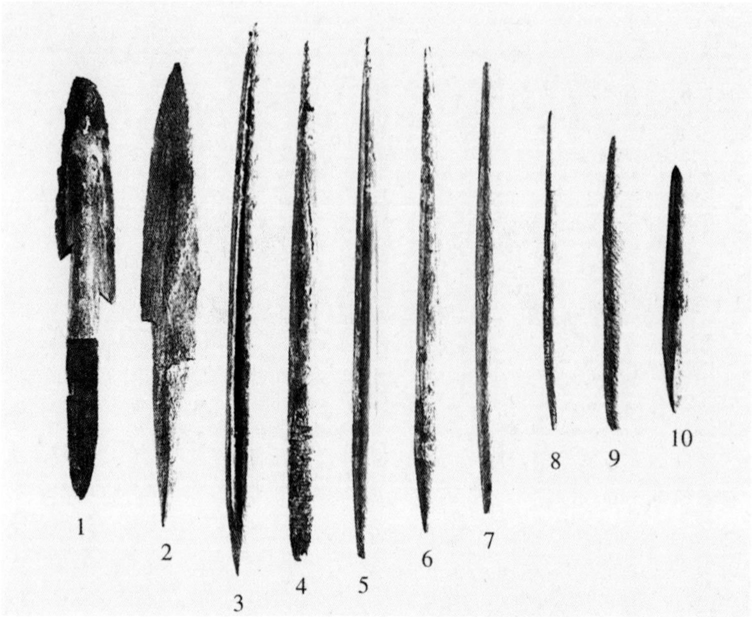

1 . E 型镖（M395:15）
2 . E 型镖（M335:2）
3 . Ca 型镖（M395:9）
4 . Cb 型镖（M73:7）
5 . Bc 型镖（M395:6）
6 . Bc 型镖（M395:5）
7 . Bc 型镖（M388:5）
8 . Bc 型镖（M388:4）
9 . Bc 型镖（M395:4）
10 . Bc 型镖（H60:4）

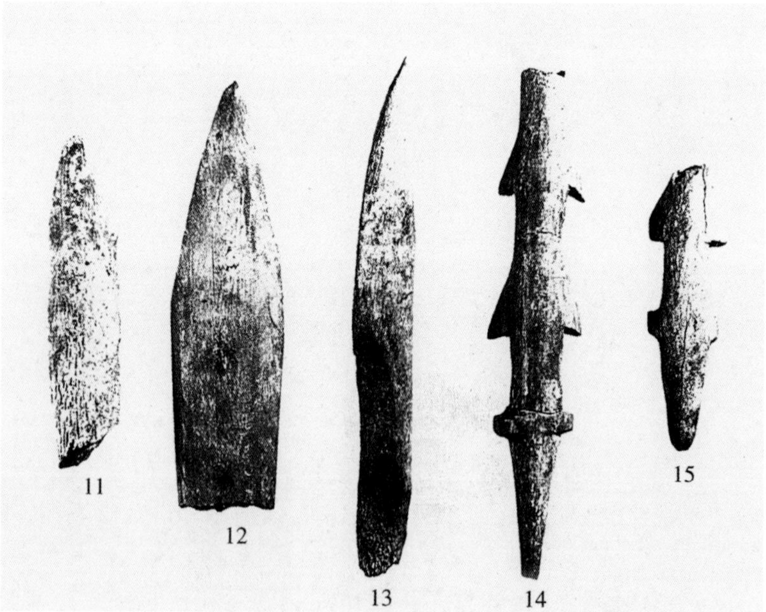

11 . B 型矛（H28:54）
12 . A 型矛（M387:15）
13 . B 型矛（T108③B:19）
14 . F 型镖（M360:1）
15 . F 型镖（H32:2）

骨镖、矛

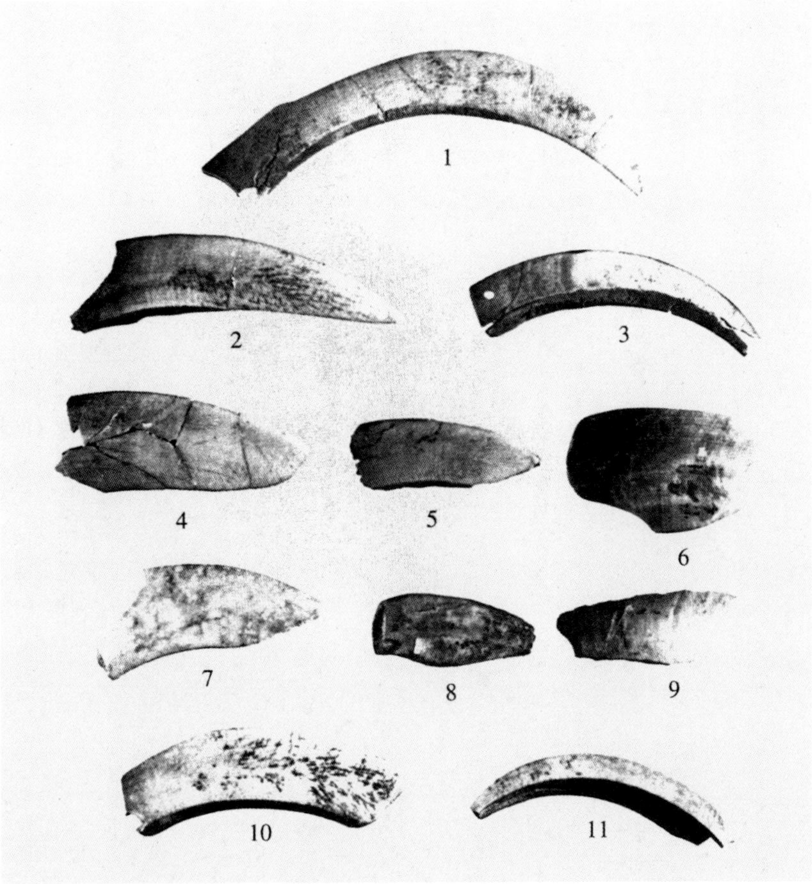

1. 牙饰（M282:41） 2. 牙饰（M282:40） 3. 牙饰（M267:2） 4. B型牙刀（M282:43）
5. B型牙刀（M344:24） 6. A型牙刀（M289:3） 7. B型牙刀（M344:23） 8. A型牙刀（H80:2）
9. B型牙刀（M344:22） 10. A型牙刀（M282:35） 11. 牙饰（M282:39）

12. Bb型骨板（H169:2）

牙刀、牙饰、骨板

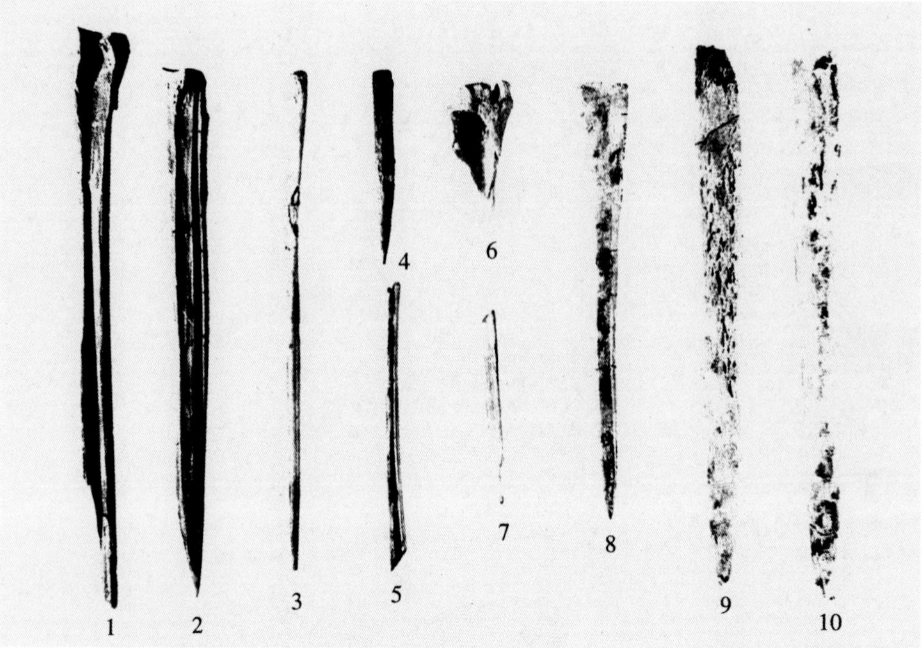

1. D型（H291:2） 2. D型（H291:16） 3. D型（M35:2） 4. E型（H330:13）
5. F型（M266:1） 6. B型（H95:6） 7. E型（H13:14） 8. B型（M86:3）
9. C型（M113:5） 10. C型（M113:6）

骨锥

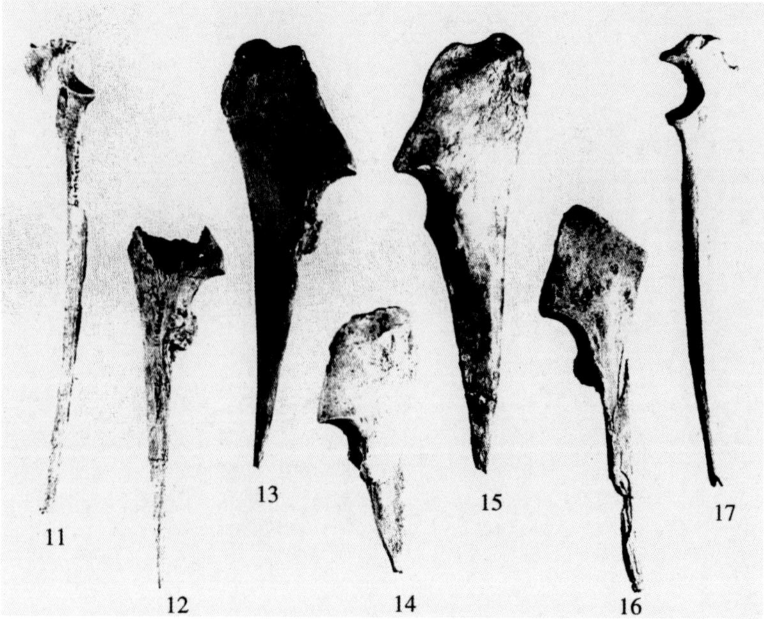

11. B型（M334:9）
12. A型（M381:1）
13. A型（M60:6）
14. A型（T108③B:32）
15. A型（M335:11）
16. A型（M60:8）
17. B型（H229:1）

1、2、3．B型刀（H28:18、H102:5、T28③B:2）

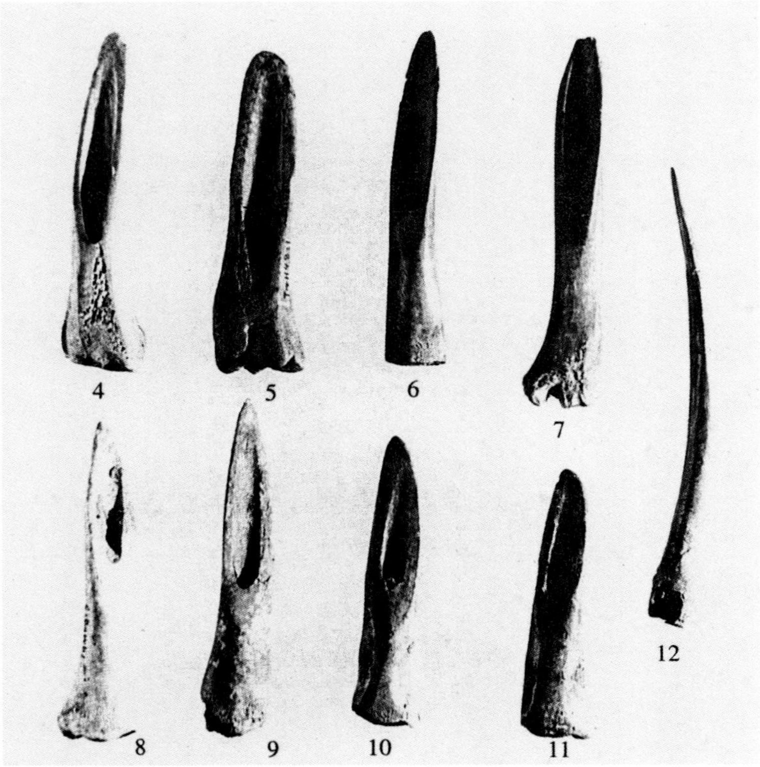

4、5．Ac型匕（M281:7、H28:1） 6、12．Ab型匕（M486:5、M60:5）
7、8、9、10、11．Aa型匕（H113:5、M68:3、M351:5、M487:4、H84:2）

骨刀、匕

7.A型刀（M282:16）
8、9、10.C型刀（H179:2、H255:3、H231:2）

骨凿、刀

1、2、3.C型凿（M282:58、M126:7、H289:11）
4、5、6.B型凿（H16:4、M400:3、H327:3）

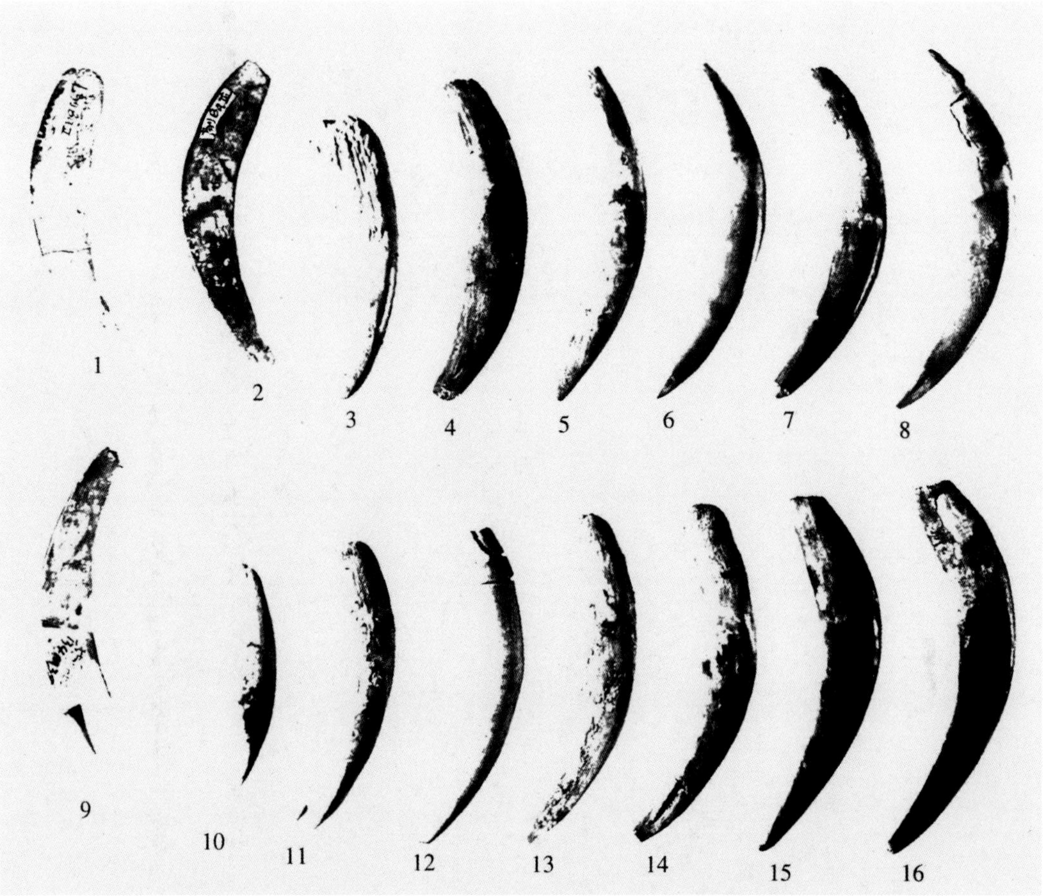

1. Ba型Ⅱ式（M107:2） 2. Ba型Ⅲ式（M314:4） 3. Ba型Ⅳ式（H237:7）
4. Ab型Ⅳ式（M344:19） 5. Bb型Ⅲ式（M249:3） 6. Ab型Ⅱ式（M263:8）
7. Ab型Ⅱ式（M395:10） 8. Ab型Ⅲ式（H112:50） 9. Bb型Ⅱ式（M393:2）
10. Ab型Ⅳ式（H113:12） 11. Ab型Ⅳ式（M275:5） 12. Ab型Ⅳ式（H159:4）
13. Bb型Ⅲ式（M38:3） 14. Ab型Ⅲ式（M42:3） 15. Ab型Ⅰ式（M39:5）
16. Ab型Ⅱ式（M243:1）

牙削

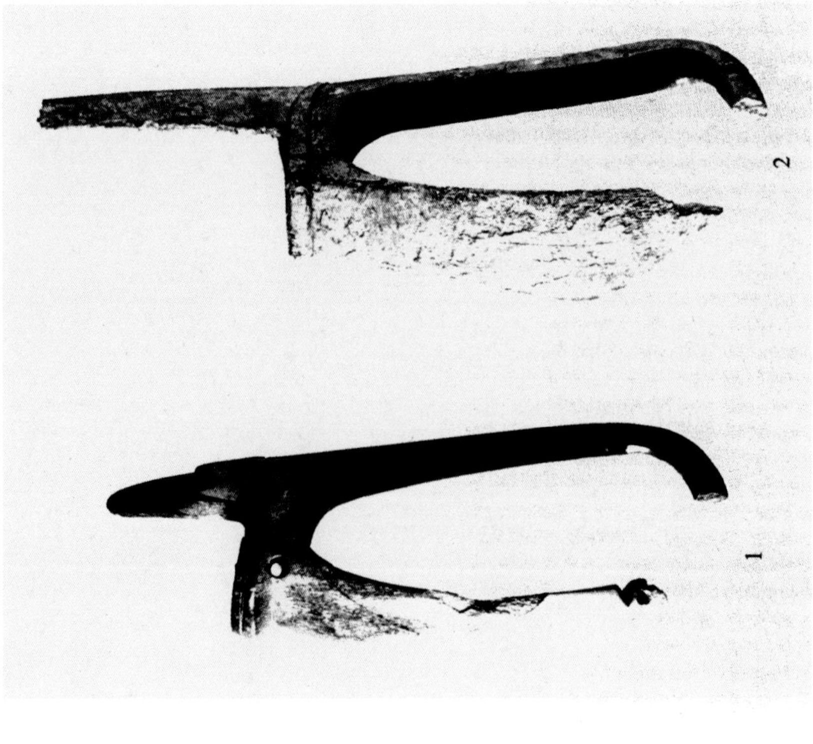

1. A型（M39:2）　2. A型（M411:3）

3. B型（M253:2）

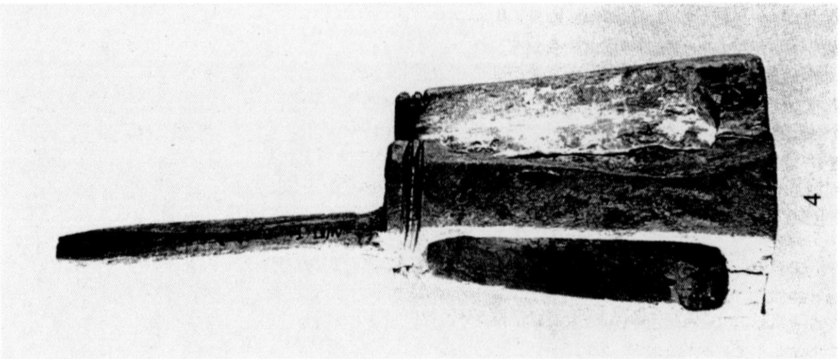

4. B型（M253:2）

叉形骨器

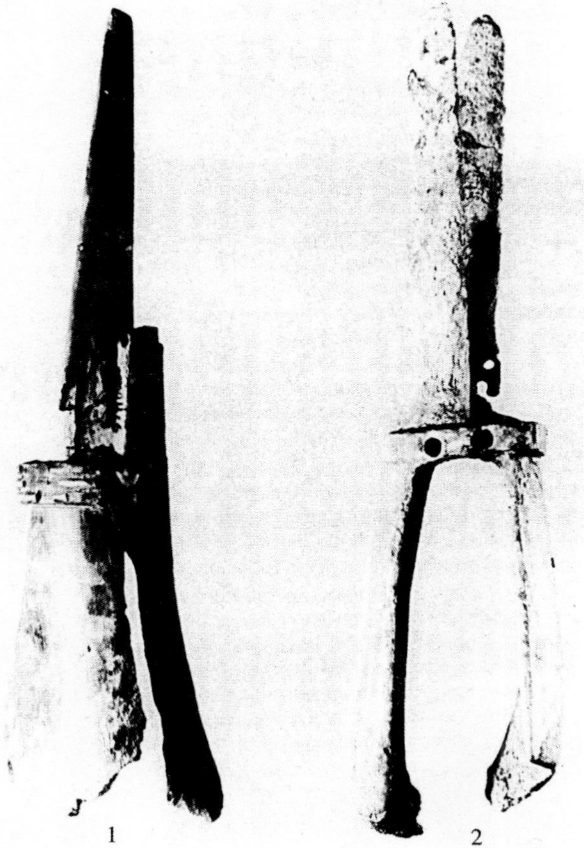

1
2

1．A型（M94:5）

2．A型（M344:3）

3
4

3．A型（M327:11）

4．A型（M327:1）

叉形骨器

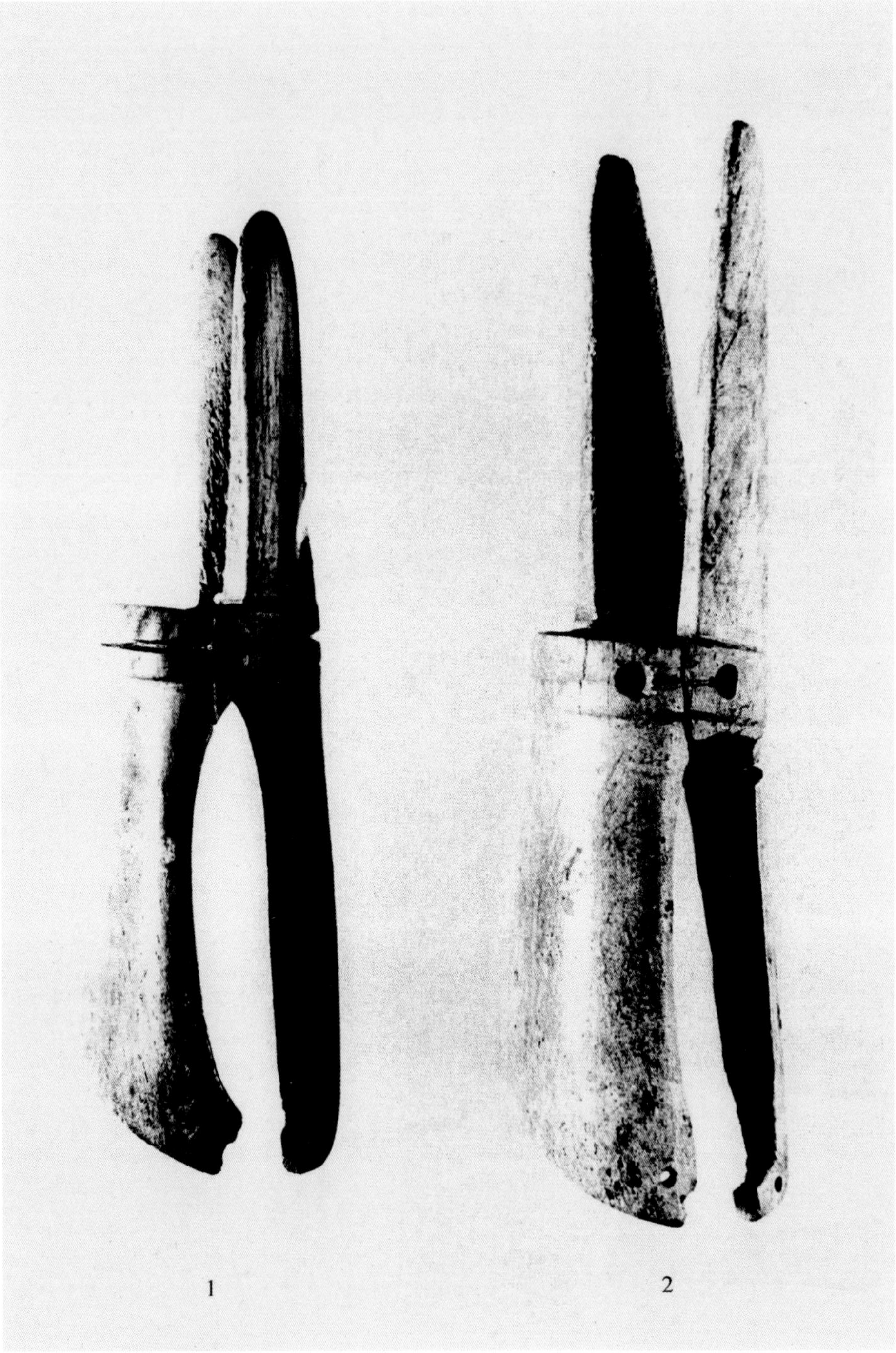

1. A型（M395:2）　　2. A型（M363:4）

叉形骨器

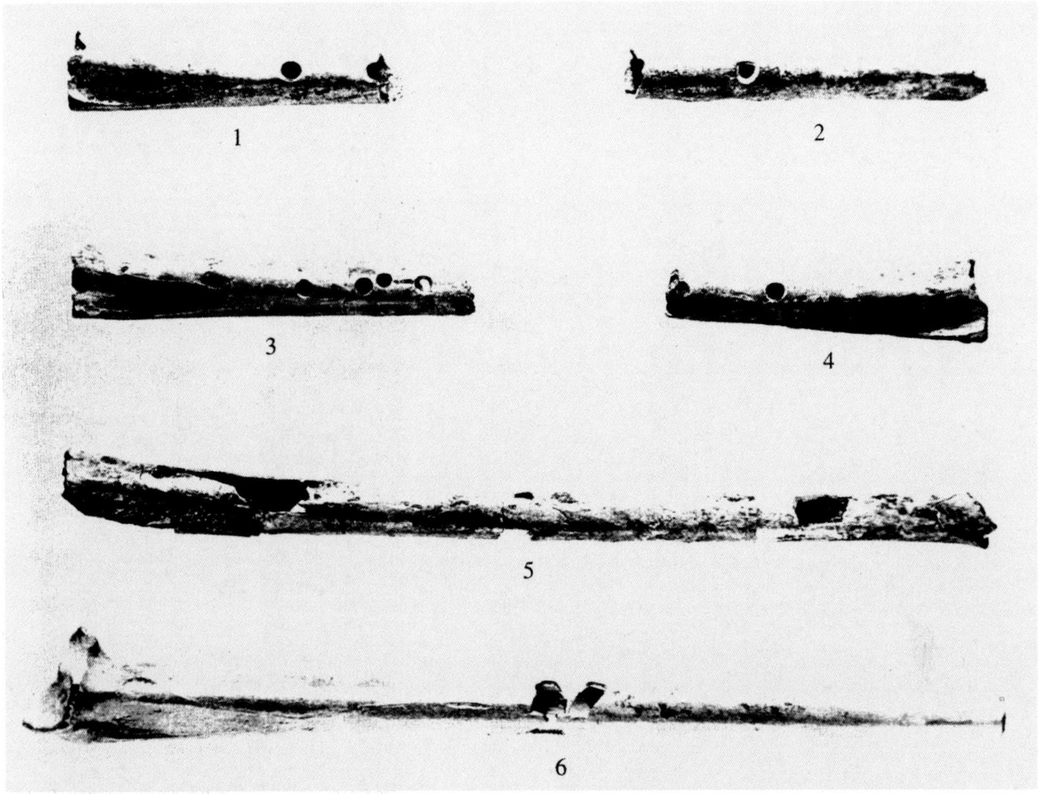

1. T18 ③:16　2. T61 ④:6　3. M73:6　4. M387:13　5. M55:7　6. H87:2

7. M344:5　8. M344:4

骨笛

图版 一八二

骨笛

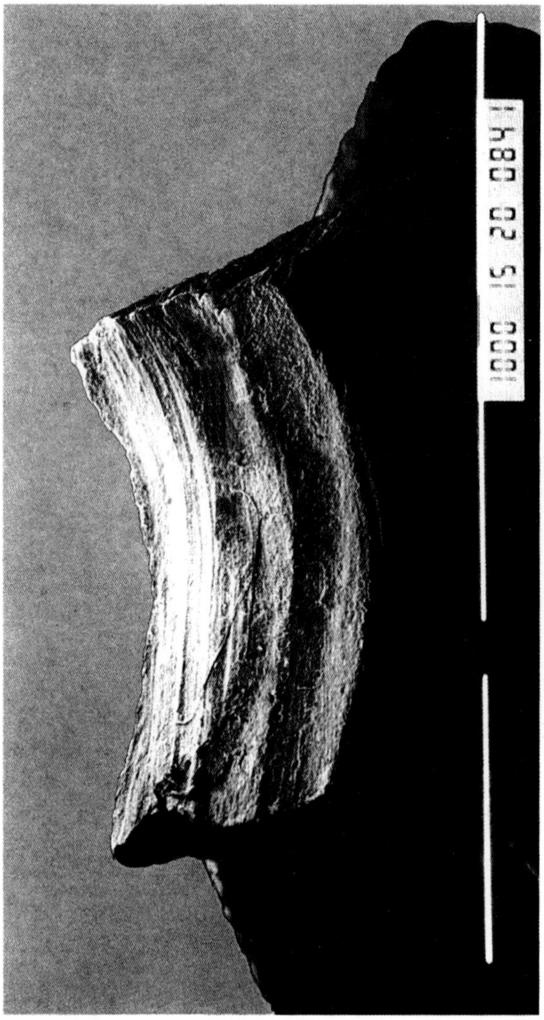

1．七孔骨笛音孔孔壁放大（M344:5）

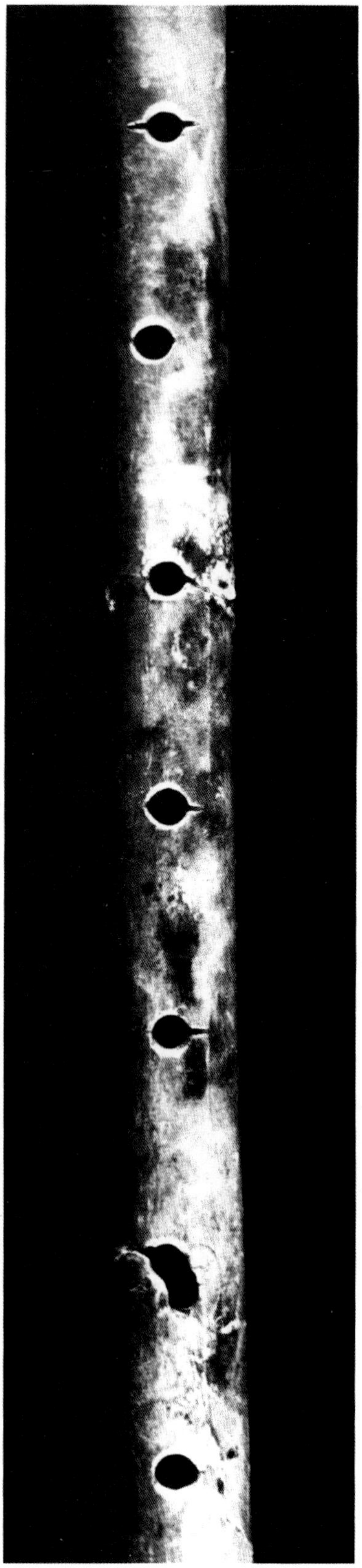

2．七孔骨笛刻记（M78:1）

1.动物粪便（H153、H179、H284、H287出土）

2.野菱角（H229出土）

动物粪便、野菱角

图版 一八四

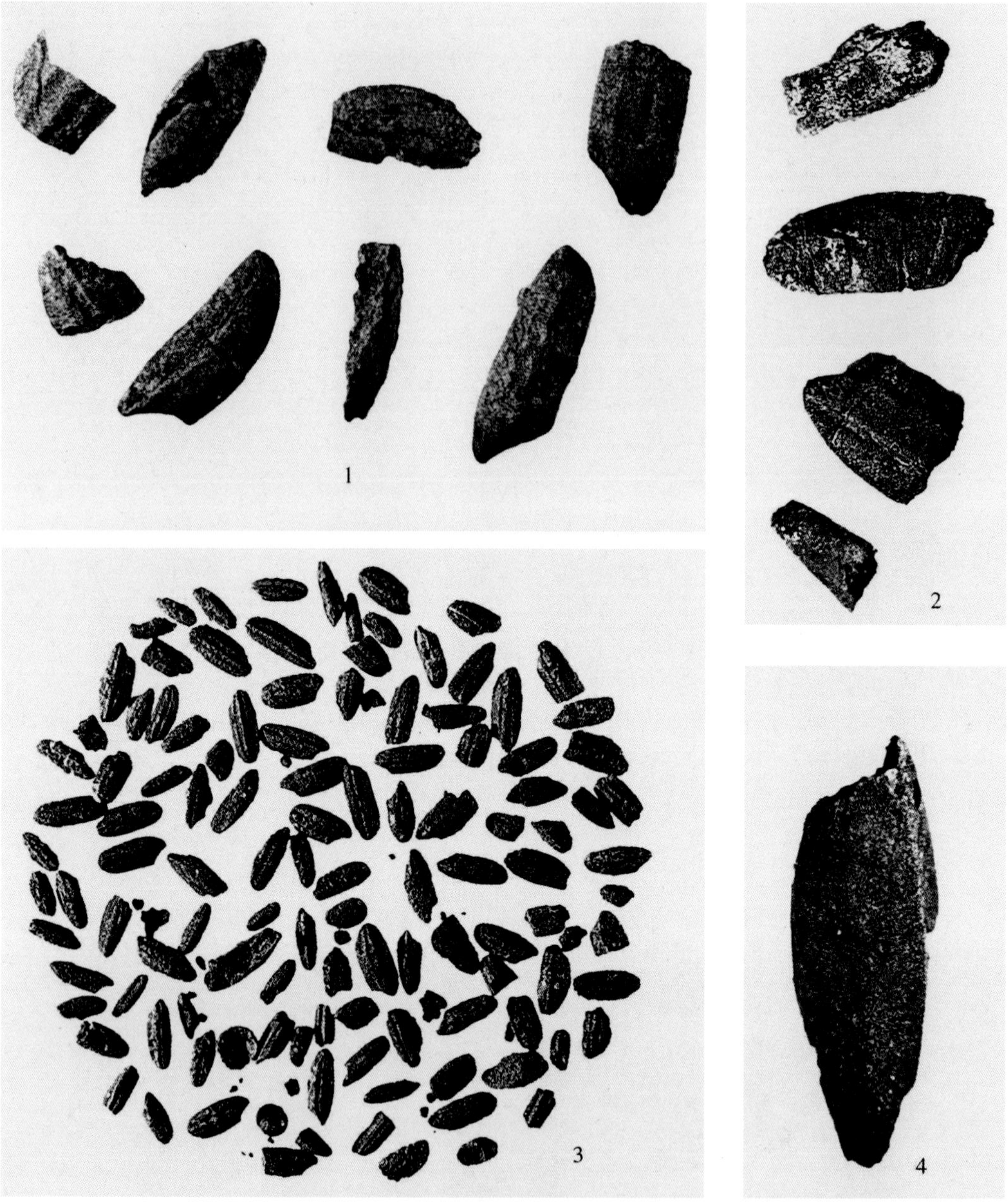

1.H82　2.H115　3.H187　4.H187

炭化稻米

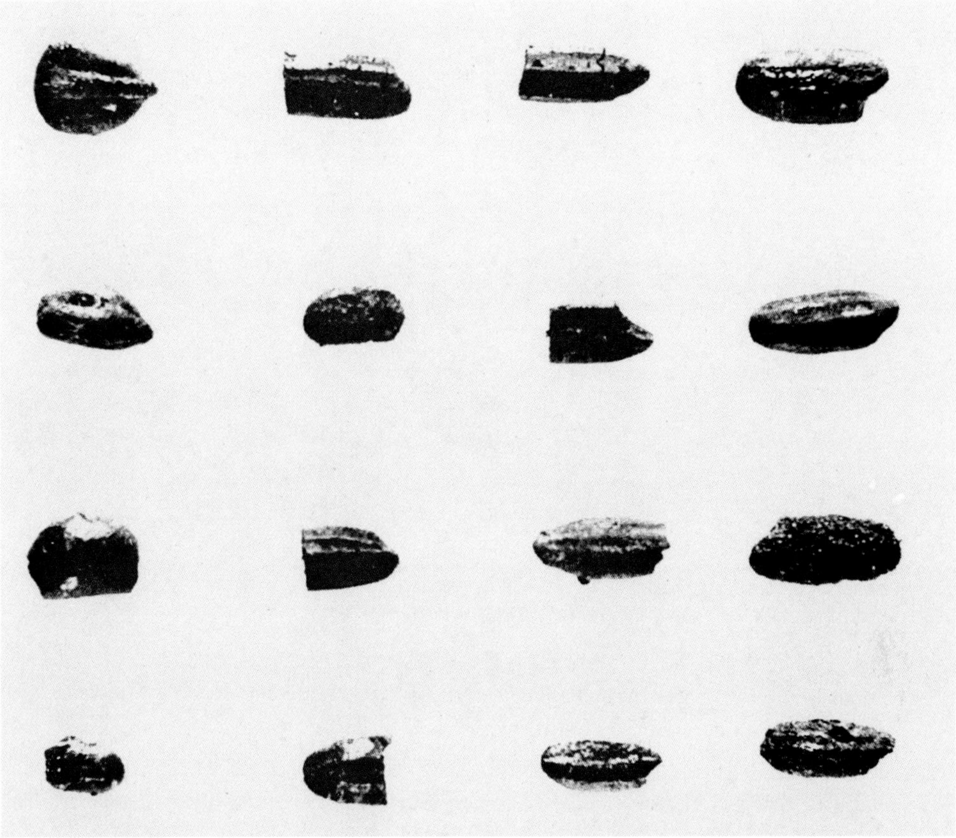

1．稻米粒及其他植物种籽（H229）

2．稻米（H229）

炭化稻米及其他植物种子

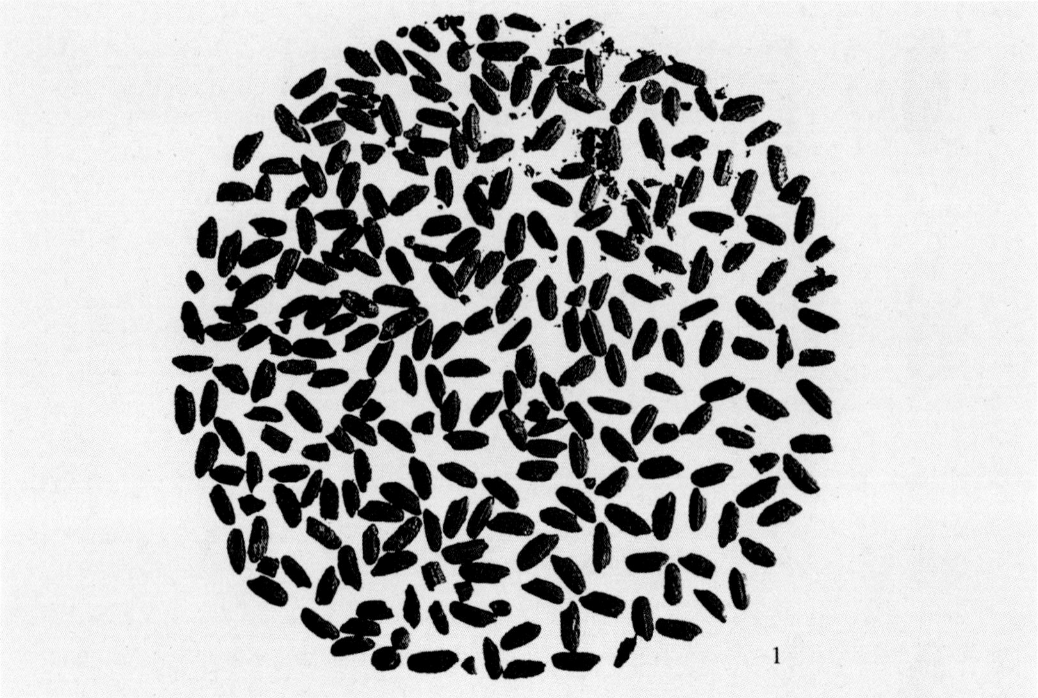

1

2

3

H174炭化稻米

1．稻米等（H112）

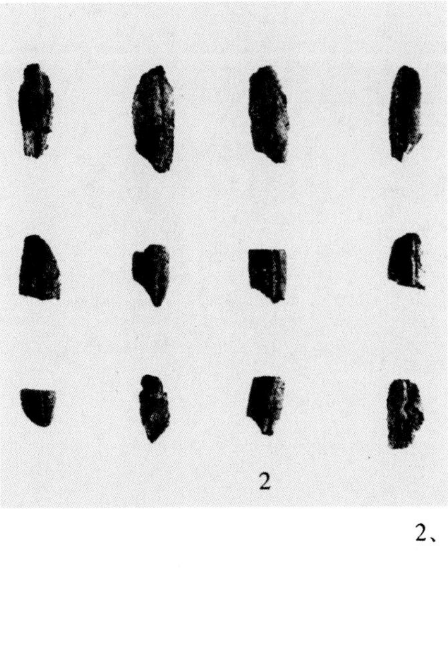

2

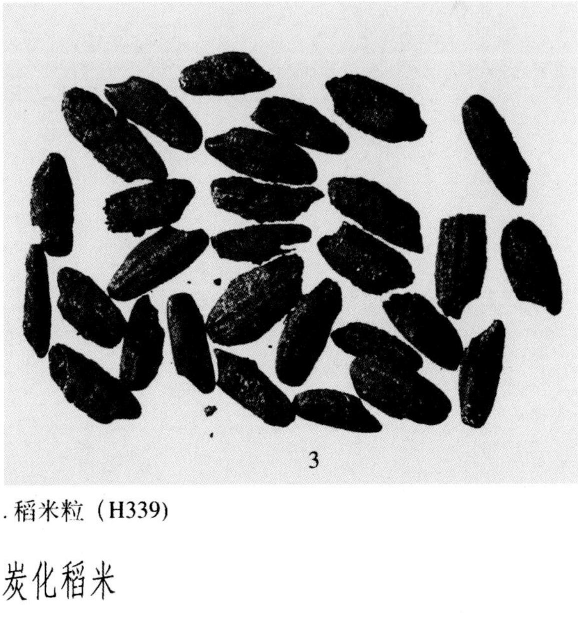

3

2、3．稻米粒（H339）

炭化稻米

1. H105　2. H168　3. H121

炭化稻米

图版一八九

炭化果核

1.
栎果（H195）

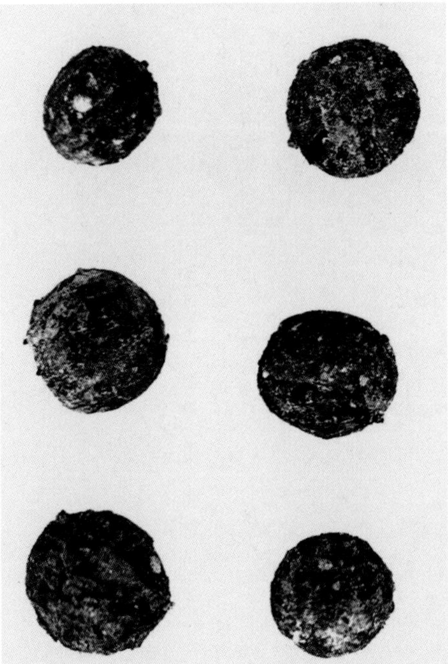

2.
栎果（H105）

3.
上、果核（H262）
中、果核（H342）
下、栎果（H82）

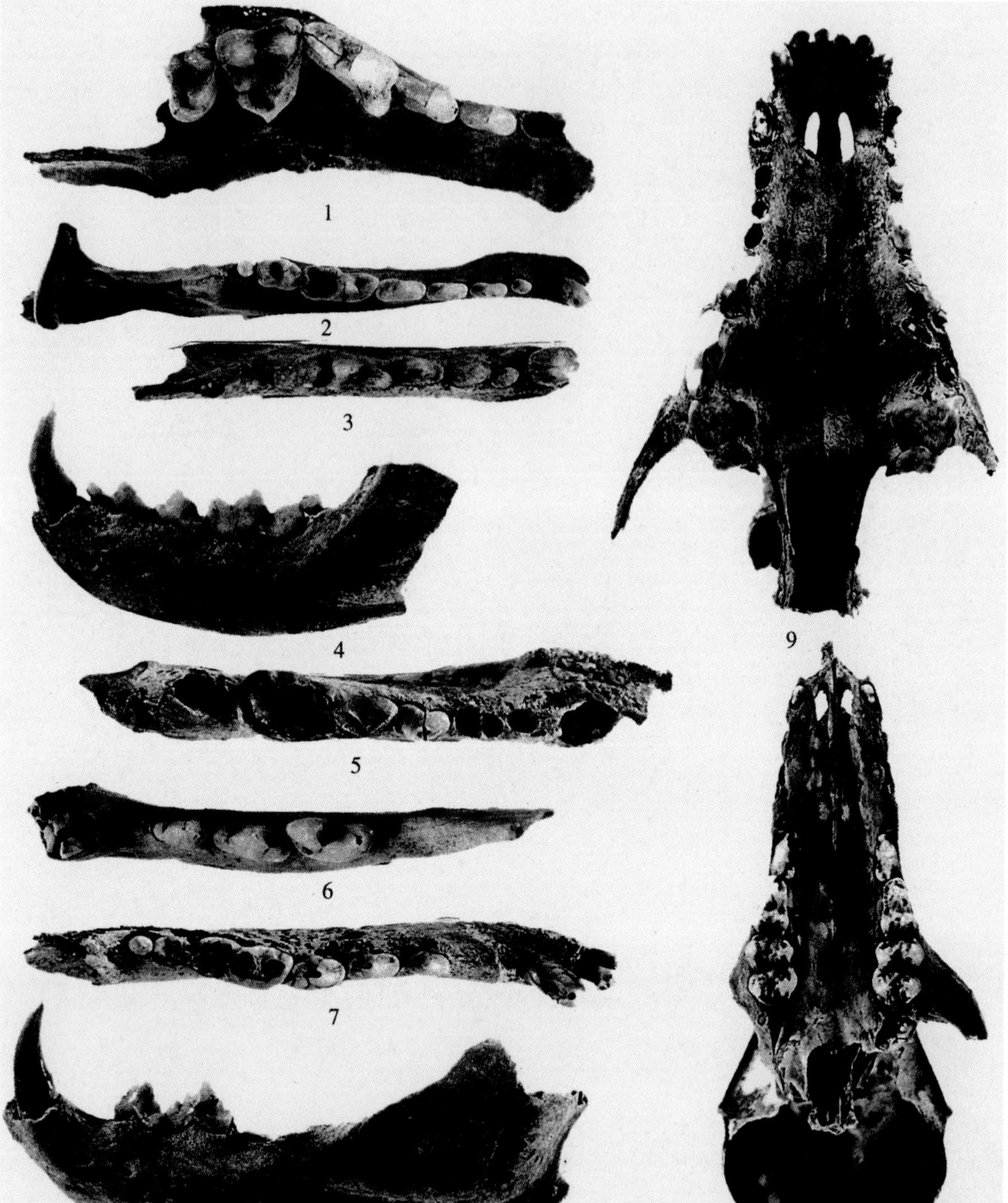

1. 貉（右上颌骨，H13:20，×1） 2. 貉（右下颌骨，H34:8，×1）
3. 紫貂（右下颌骨，H84:8，嘴视，×2） 4. 紫貂（右下颌骨，H84:8，侧视，×2）
5. 狗獾（右下颌骨，H330:25，嘴视，×2） 6. 豹猫（左下颌骨，H112:62，嘴视，×2）
7. 狗（右下颌骨，H291:27，嘴视，×2/3） 8. 豹猫（左下颌骨，T109③B:89，侧视，×2）
9. 狗（上颌骨，SK10:1，嘴视，×2/3） 10. 家猪（上颌骨，H49:2，嘴视，×2/3）

动物骨骼

1. 野兔（右下颌骨，H304:4，侧视）　2. 小鹿（H259:1，侧视）
3. 四不像鹿（左角基部一段，H172:6，侧视）　4. 家猪（右下颌骨，T61 ⑤:5，嘴视）
5. 梅花鹿（左角，H196:5，侧视）　6. 獐（上犬齿，H245:5，侧视）
7. 獐（右下颌骨，T61 ⑤:11，侧视）

鹿角和动物牙床、牙齿

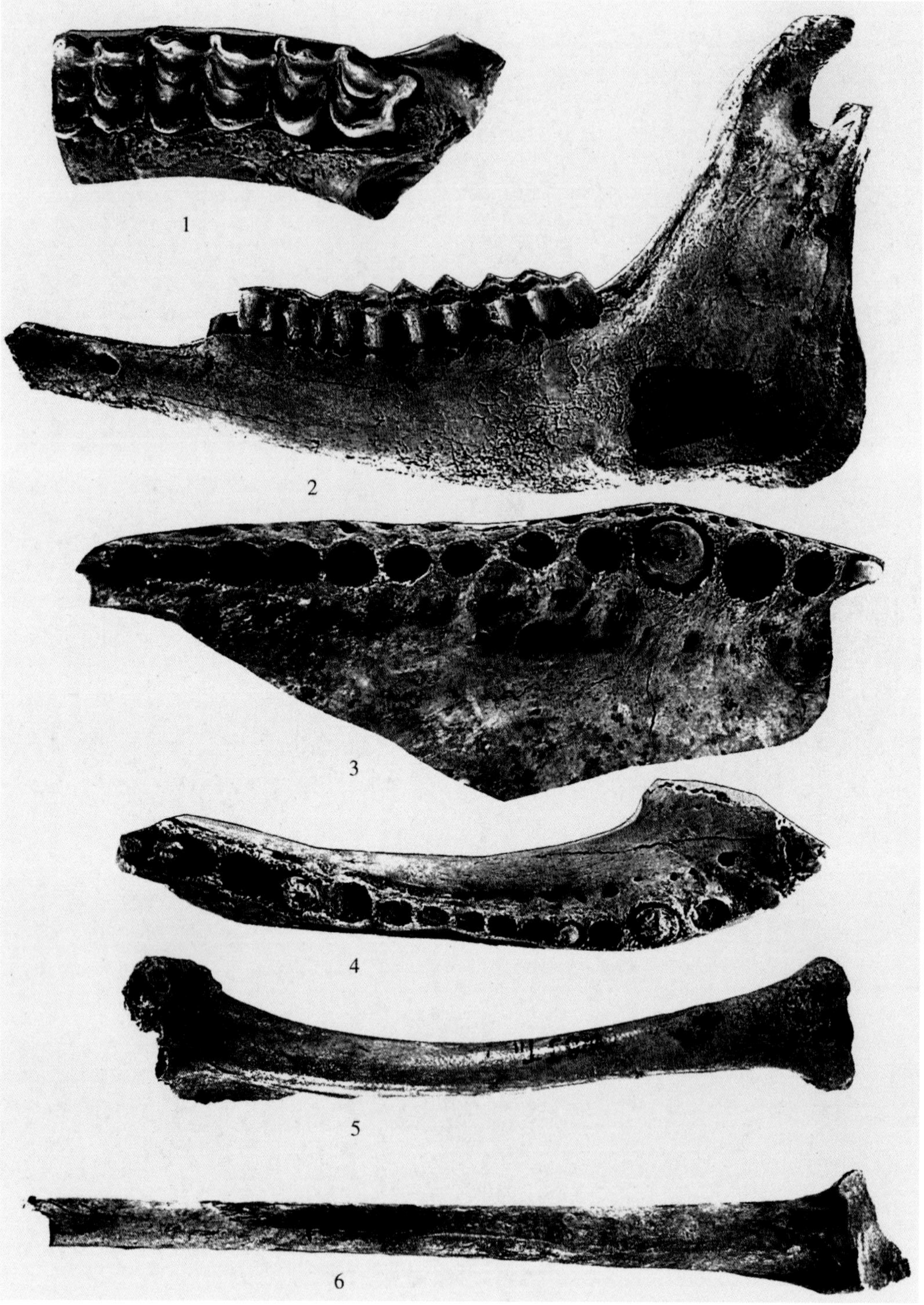

1. 羊（左上颌骨，T9 ③:8，嘴视）　2. 羊（左下颌骨，T9 ③:7，侧视）
3. 扬子鳄（右上颌骨，H187:39，嘴视）　4. 扬子鳄（右下颌骨，H187:44，嘴视）
5. 丹顶鹤（股骨，H37:22，侧视）　6. 丹顶鹤（尺骨，H291:26，侧视）

动物骨骼

1. 龟甲（M233:13）

3. 龟甲（M327:17）

2. 龟甲（M233:13）

4. 龟甲（M327:17）

5. 龟甲（M327:17）

龟甲

1. 扬子鳄牙床、牙齿、鳞板

2. 石英闪长玢岩（H332:1, 单偏光 d=2mm）

3. 石英闪长玢岩（H332:1, 单偏光 d=5mm）

扬子鳄、岩石结构

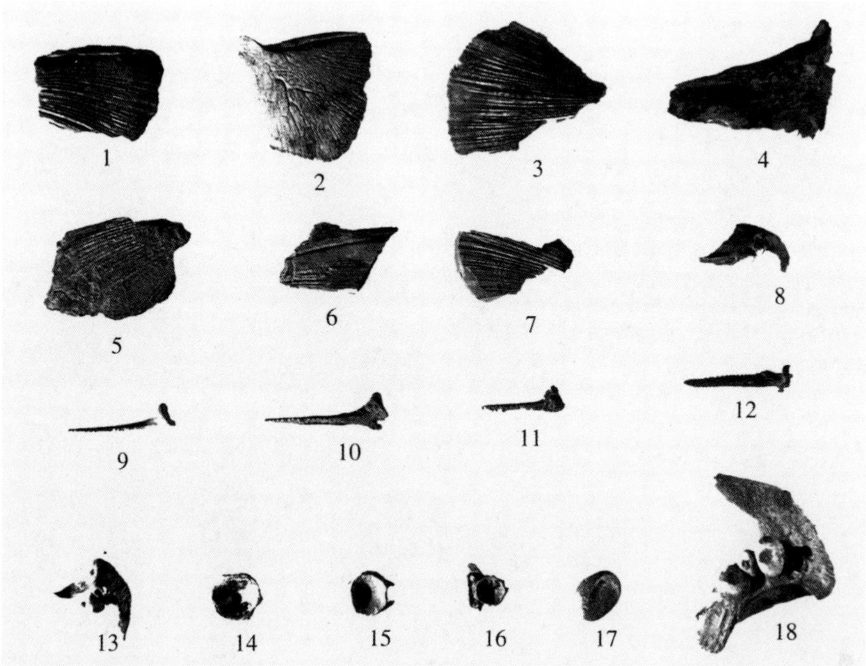

鱼骨：1、2、3、6、7.（H112） 4、5.（H262） 8.H37:20 9.H282
10.H255 11、12、15.（H187） 13.H37:4 14.T28③
16.T32K1 17.T119③c 18.H105:12

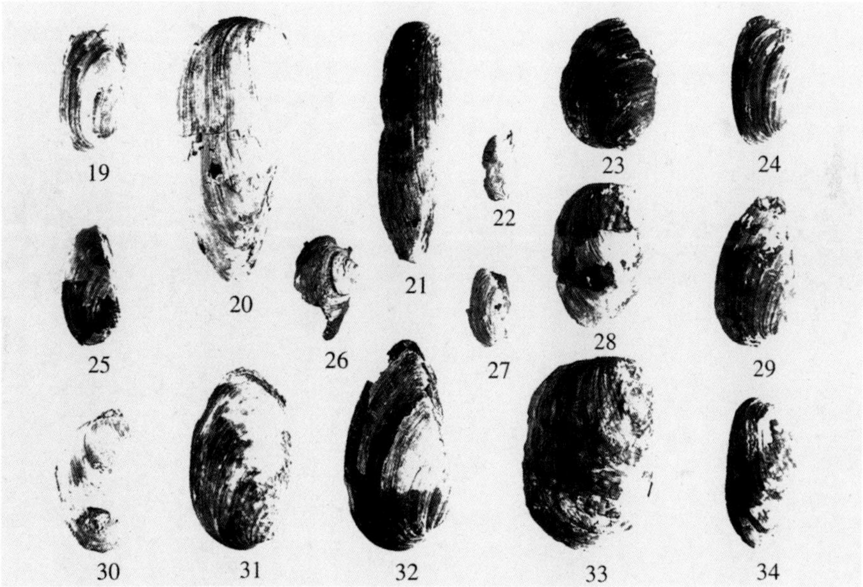

蚌壳：19–21、23–26、28–34（H115） 蚬：22、27（H187）

鱼骨和蚌壳

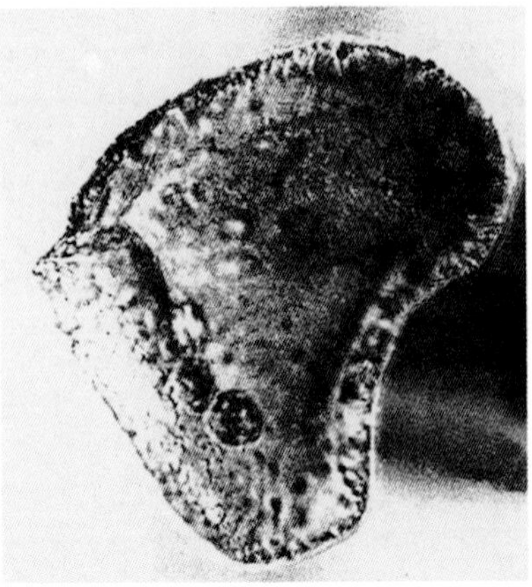

1．扇型 × 800（H174）

2．扇型 × 600（H102）

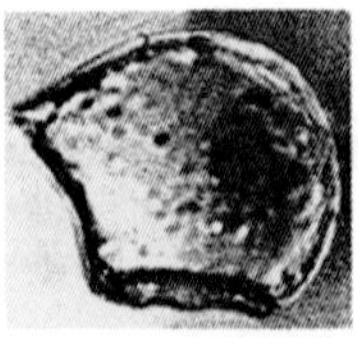

3．扇型 × 600（H229）

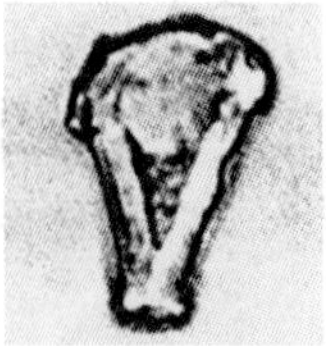

4．扇型 × 300（T34③B）

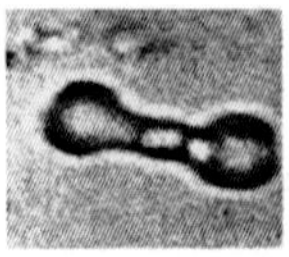

5．哑铃型 × 800（H174）

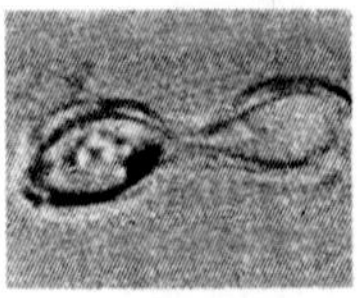

6．哑铃型（H174）

7．哑铃型（H82）

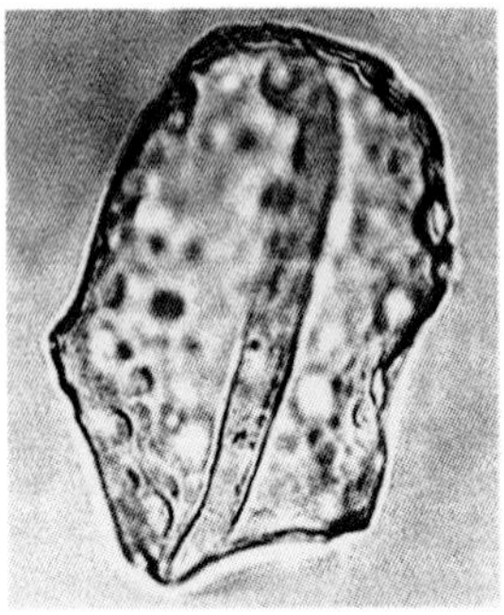

8．盾型 × 800（H229）

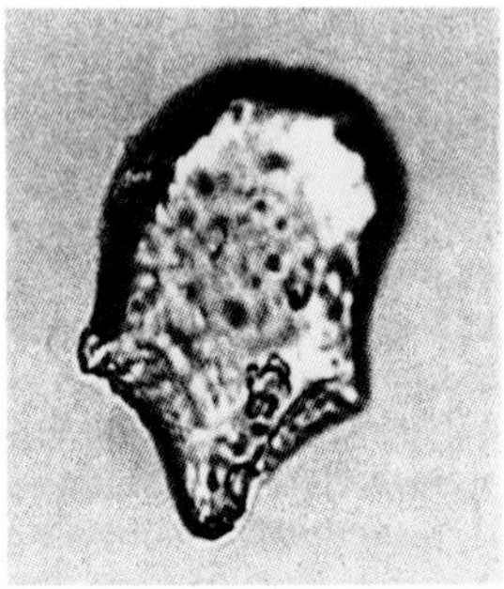

9．盾型 × 400（T34③B）

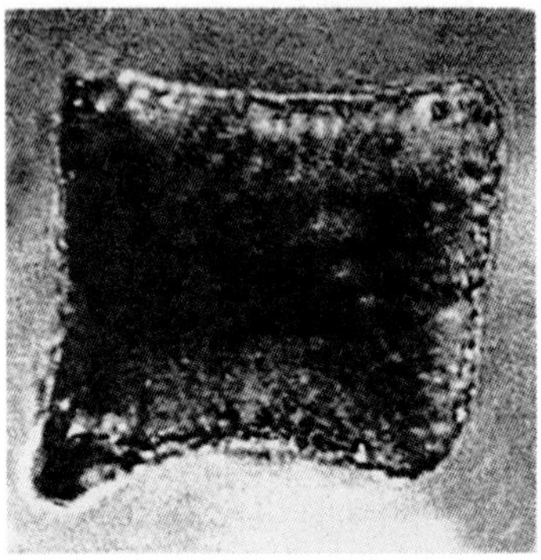

10．方型 × 400（H82）

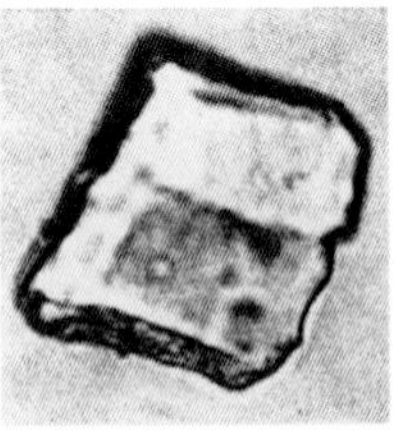

11．方型 × 500（H174）

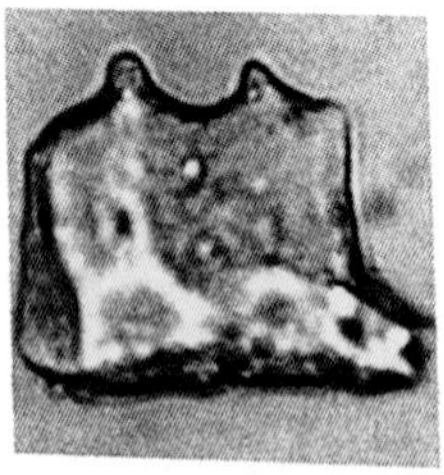

12．方型 × 500（H228）

13．方型 × 500（H102）

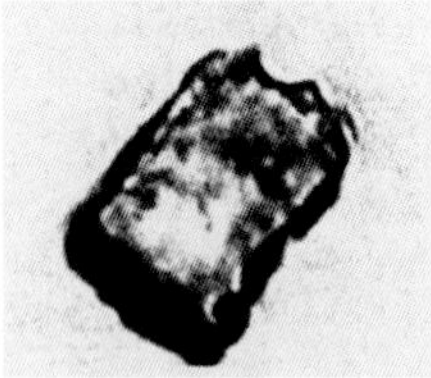

14．方型 × 300（T34③B）

15．长方型 × 600（H102）

16．长方型 × 600（H102）

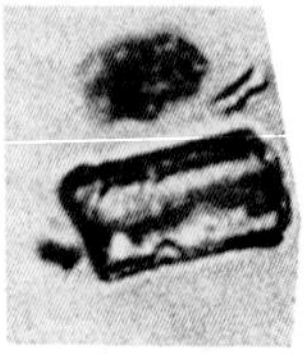

17．长方型 × 300（T34③B）

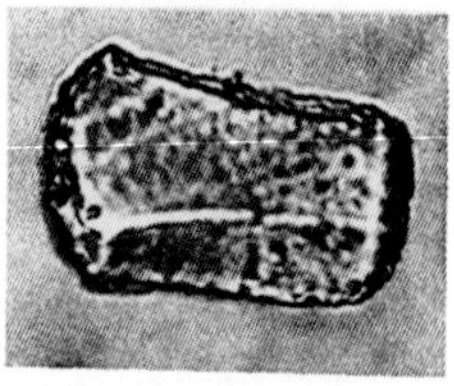

18．长方型 × 400（T104③C）

植物硅酸体

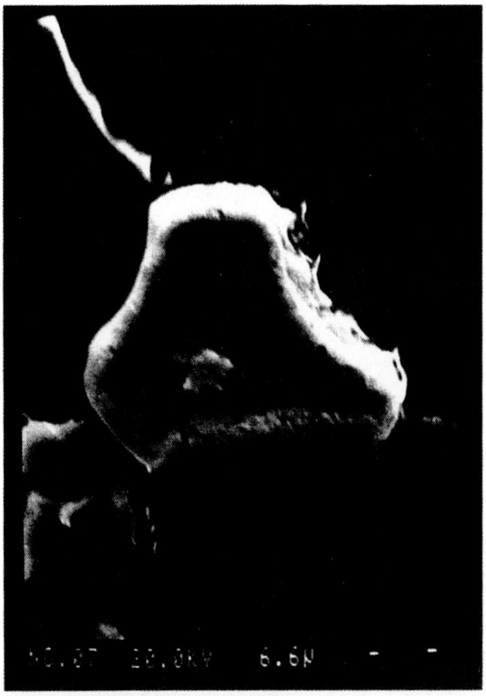

1. 扇形

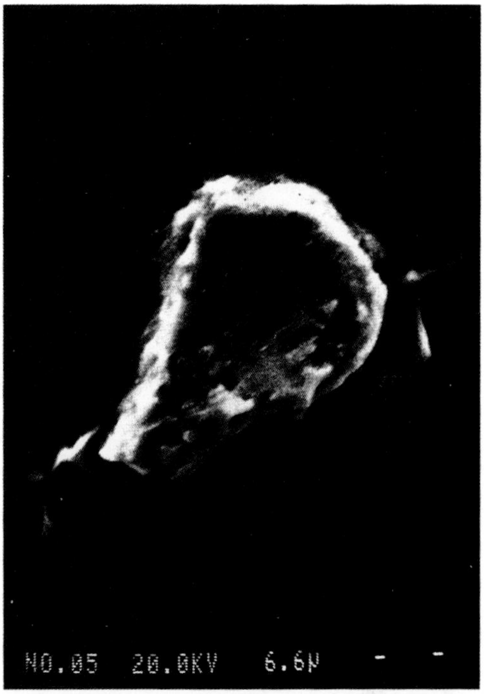

2. 扇形

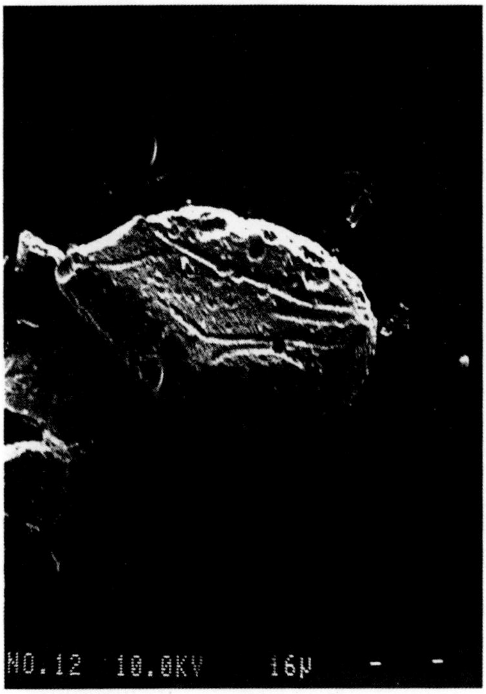

3. 盾形

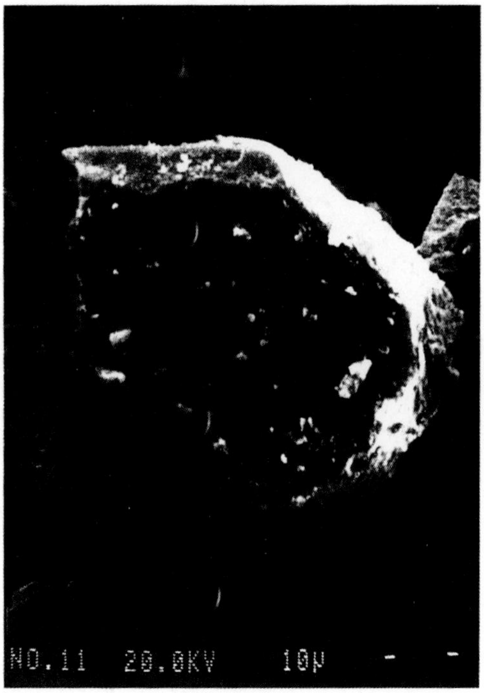

4. 盾型

植物硅酸体

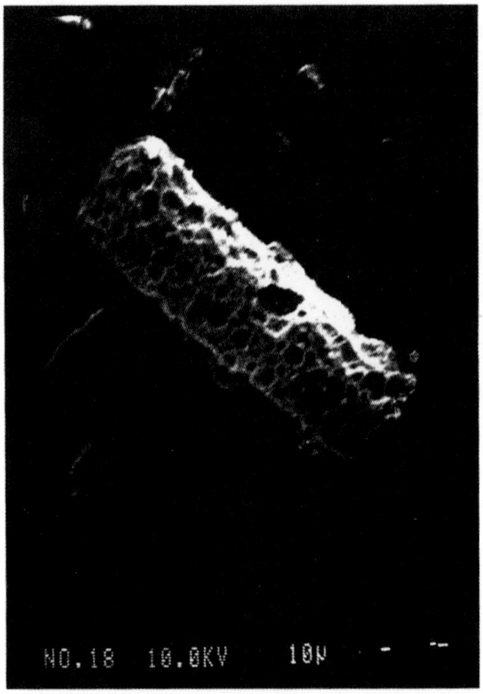

1. 小孔棒形

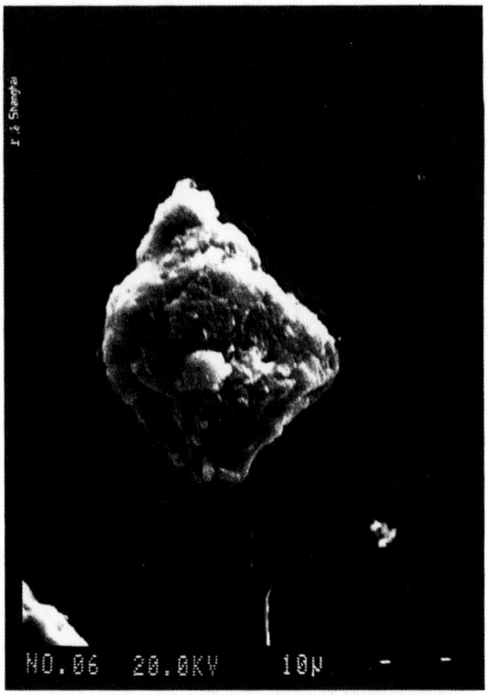

3. 球形

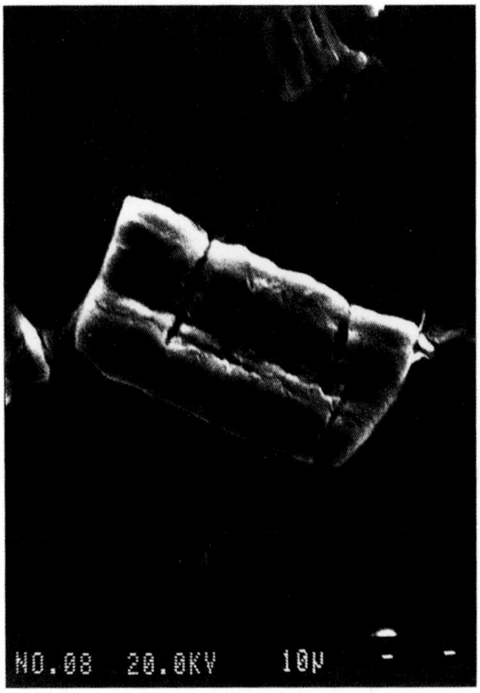

2. 长方形

4. 扇形

植物硅酸体

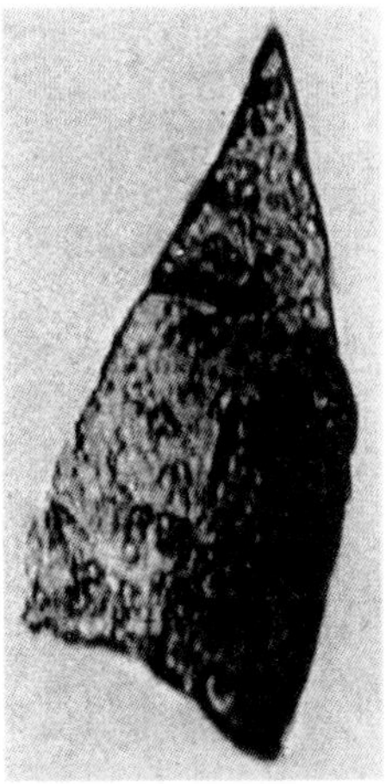

1.尖型×300（H84）

2.尖型×300（T34③B）

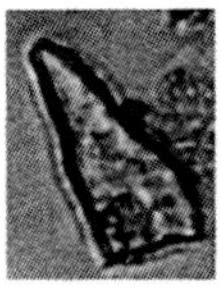

3.尖型×300（H82）

4.尖型×800（H229）

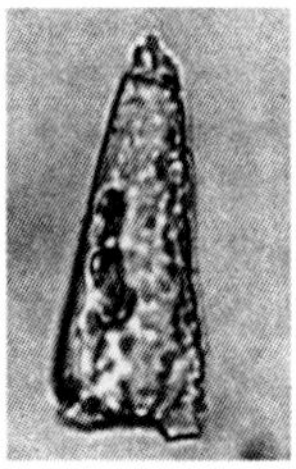

5.尖型×800（H82）

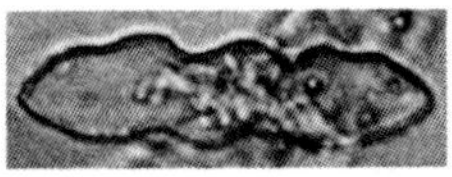

6.齿型×800（H82）

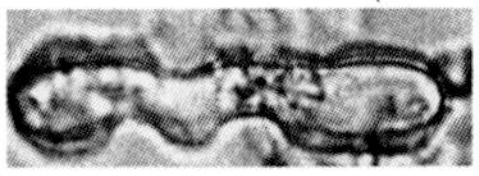

7.齿型×800（H229）

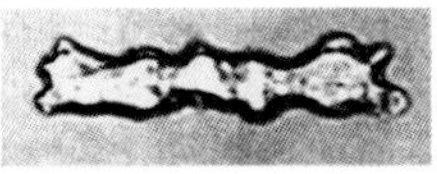

8.齿型×600（H82）

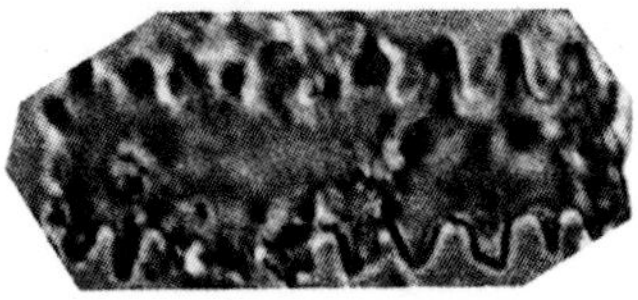

9.齿型×800（H102）

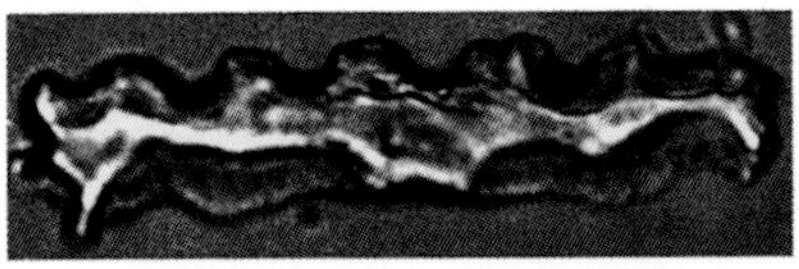

10.齿型×800（T104③C）

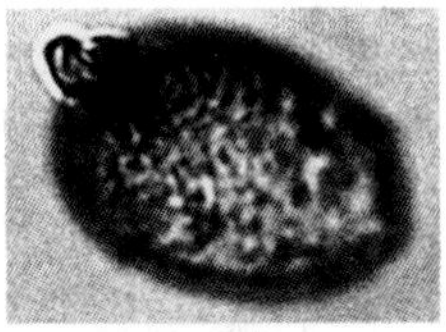

11.真菌×600（H229）

12.鞍型×800（T104③C）

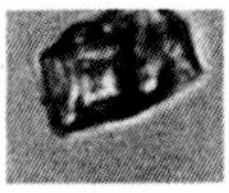

13.鞍型×800（H228）

14.帽型×600（H229）

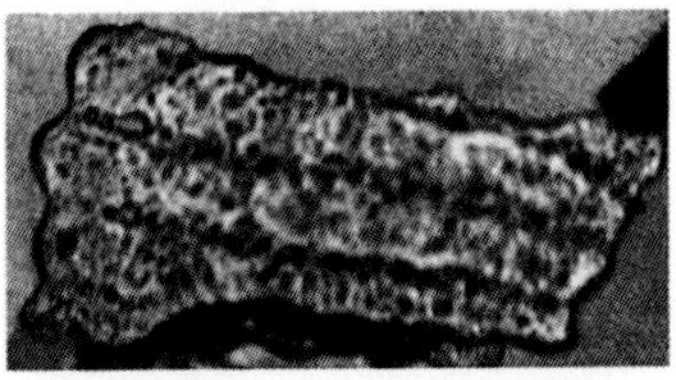

15.网纹型×400（H229）

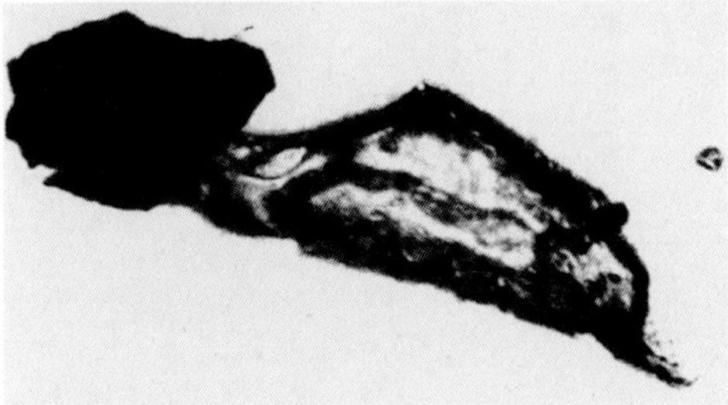

16.块型×600（H82）

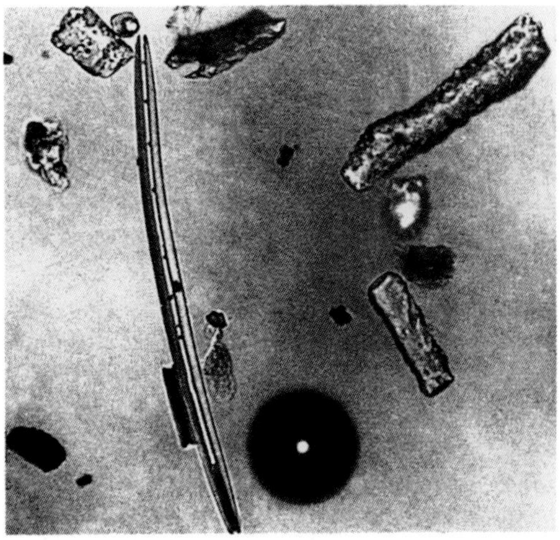

17.海绵骨针×400（T104③C）

植物硅酸体

图版 二〇〇

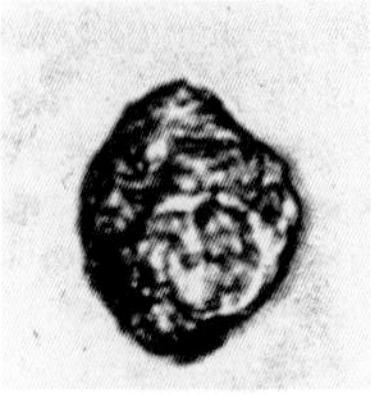

1.球型×800（H102）

2.球型×600（T34③B）

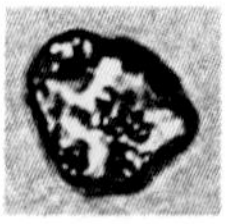

3.球型×600（H174）

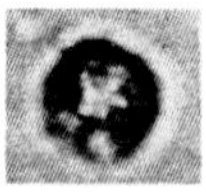

4.球型×600（H228）

5.光滑棒型×300（H174）

6.光滑棒型×300（T34③B）

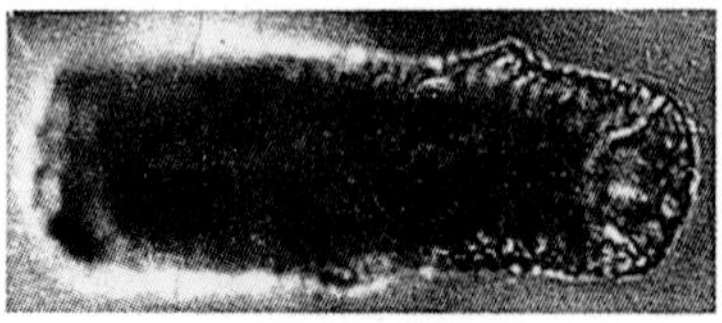

7.光滑棒型×60（T104③C）

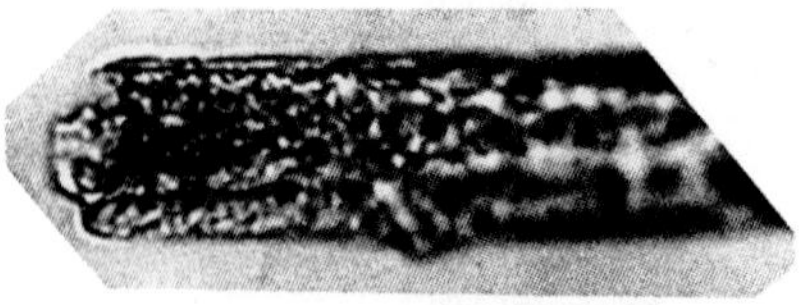

8.光滑棒型×600（H102）

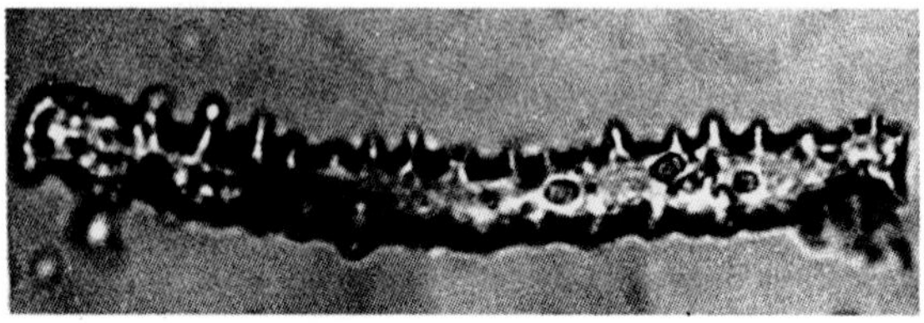

9.刺边棒型×400（H84）

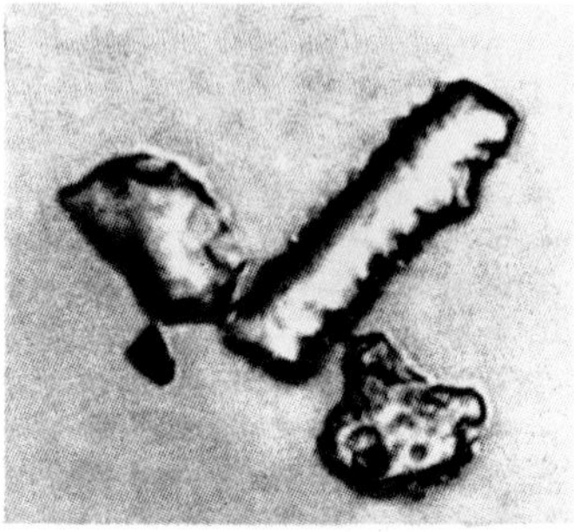

10.刺边棒型×400（T34③B）

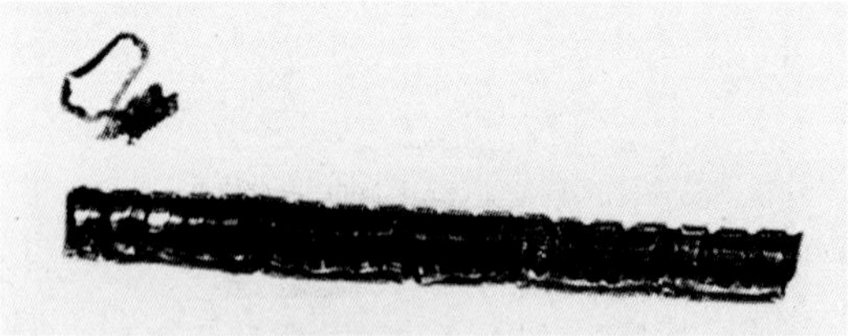

11.光滑棒型×400（T34③B）

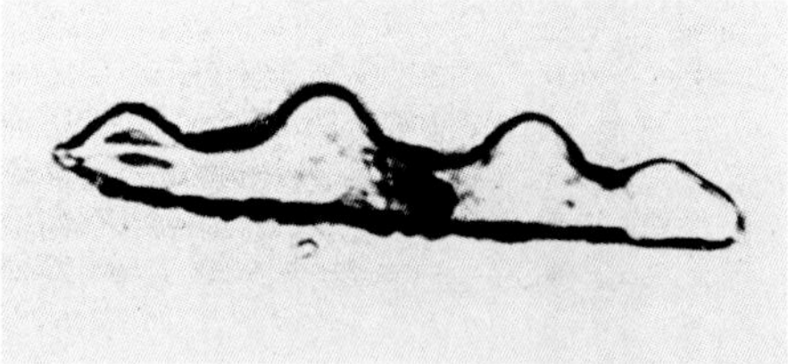

12.突起棒型×400（T34③B）

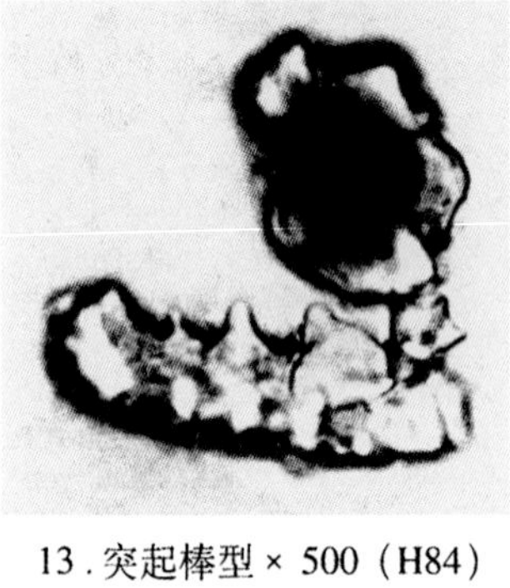

13.突起棒型×500（H84）

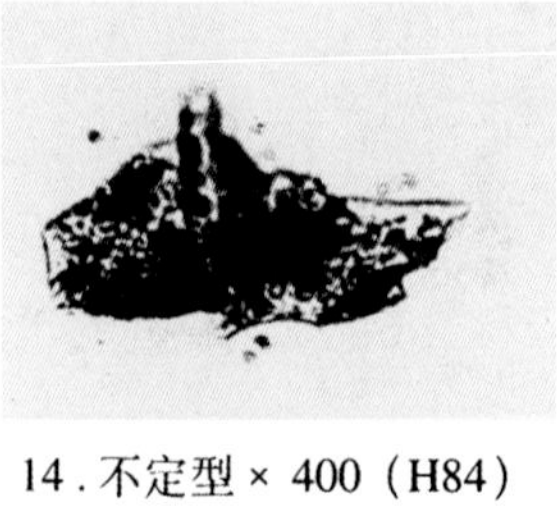

14.不定型×400（H84）

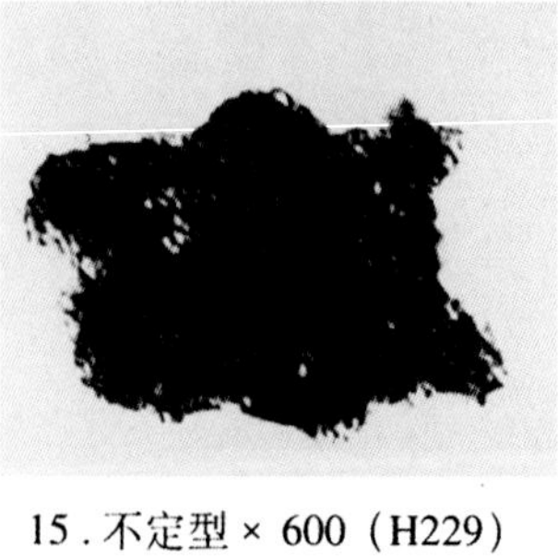

15.不定型×600（H229）

植物硅酸体

1.块型

3.块型

2.块型

4.刺边棒型

植物硅酸体

1. 辉长辉绿岩（H115:26），单偏光，d=5mm

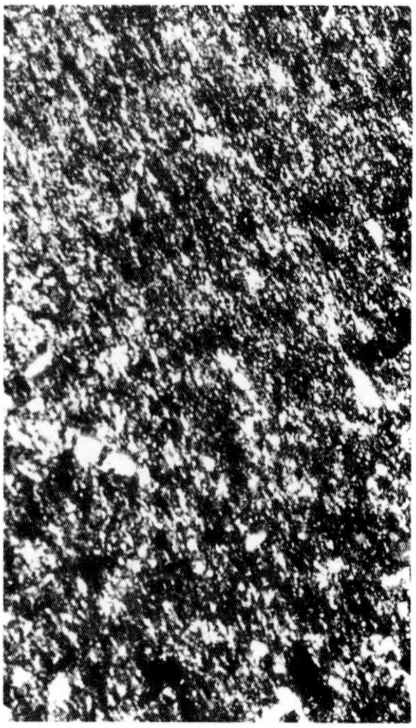

2. 高岭石粘土岩（T61④:7），正交偏光，d=2mm

3. 花岗斑岩（T22③:33），正交偏光，d=5mm

4. 角闪片岩（T103(3B):55），单偏光，d=5mm

岩石结构

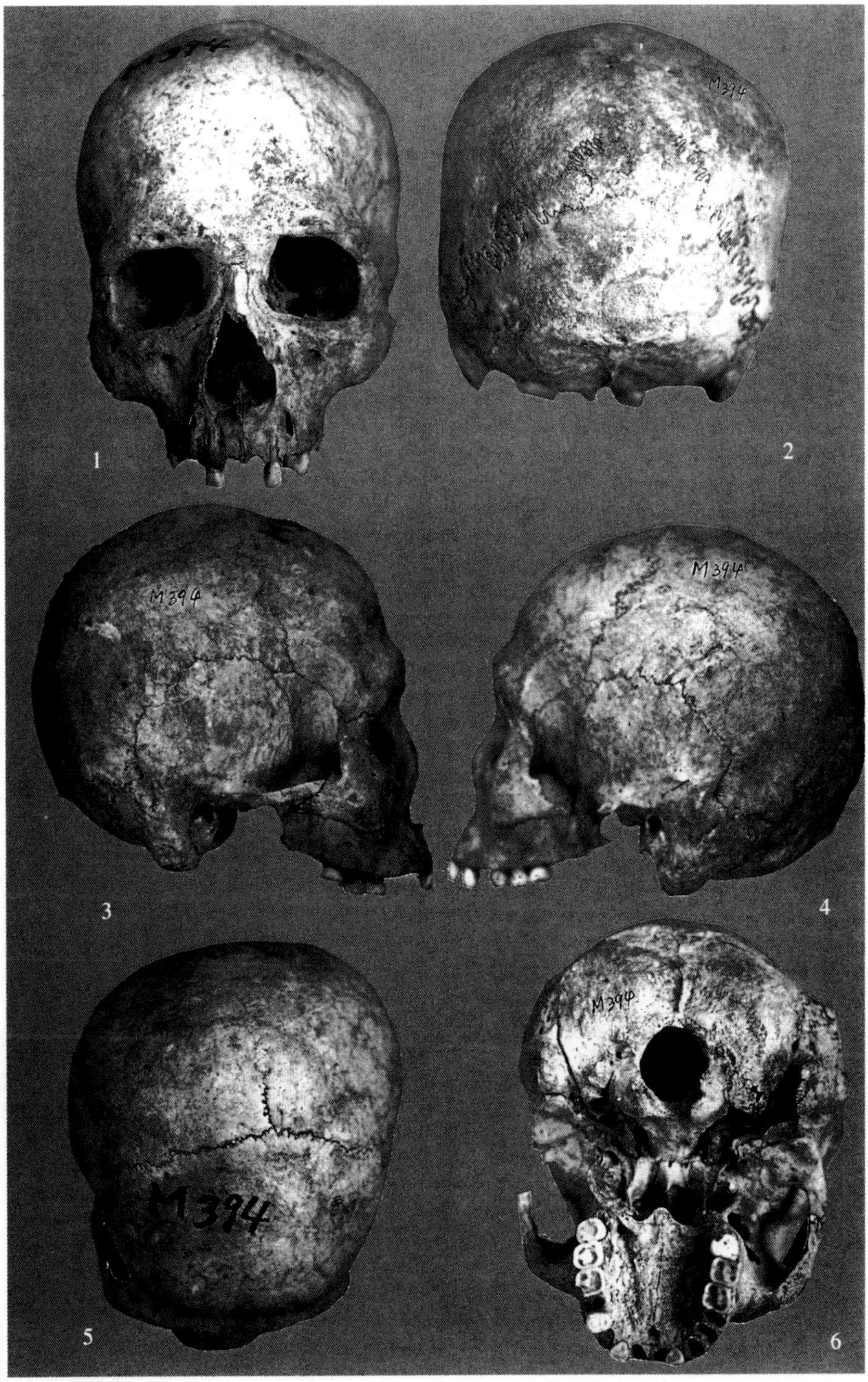

1. 正面观　2. 背面观　3. 右侧面观
4. 左侧面观　5. 顶面观　6. 底面观

M394 颅骨

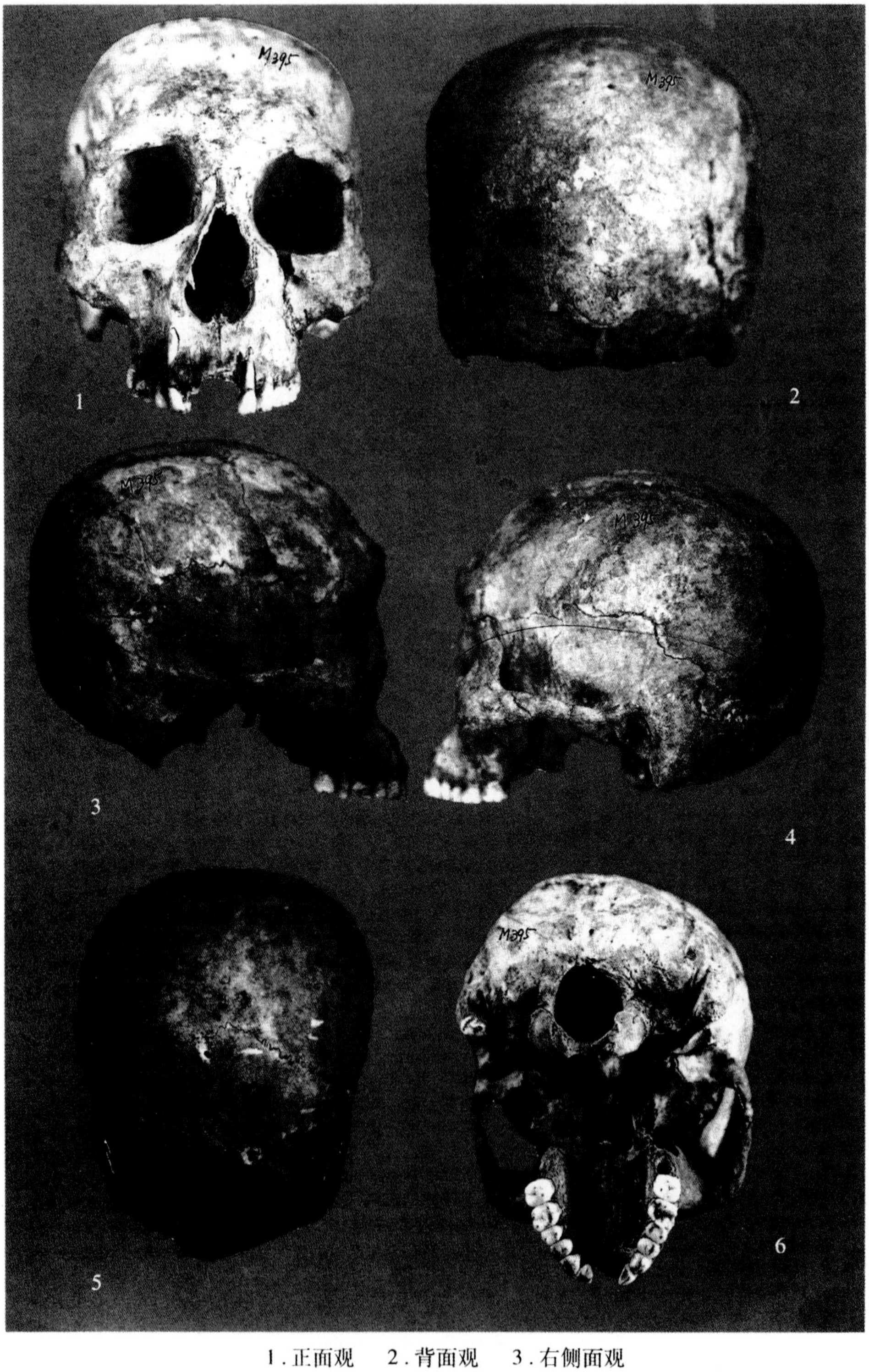

1．正面观　2．背面观　3．右侧面观
4．左侧面观　5．顶面观　6．底面观

M395 颅骨

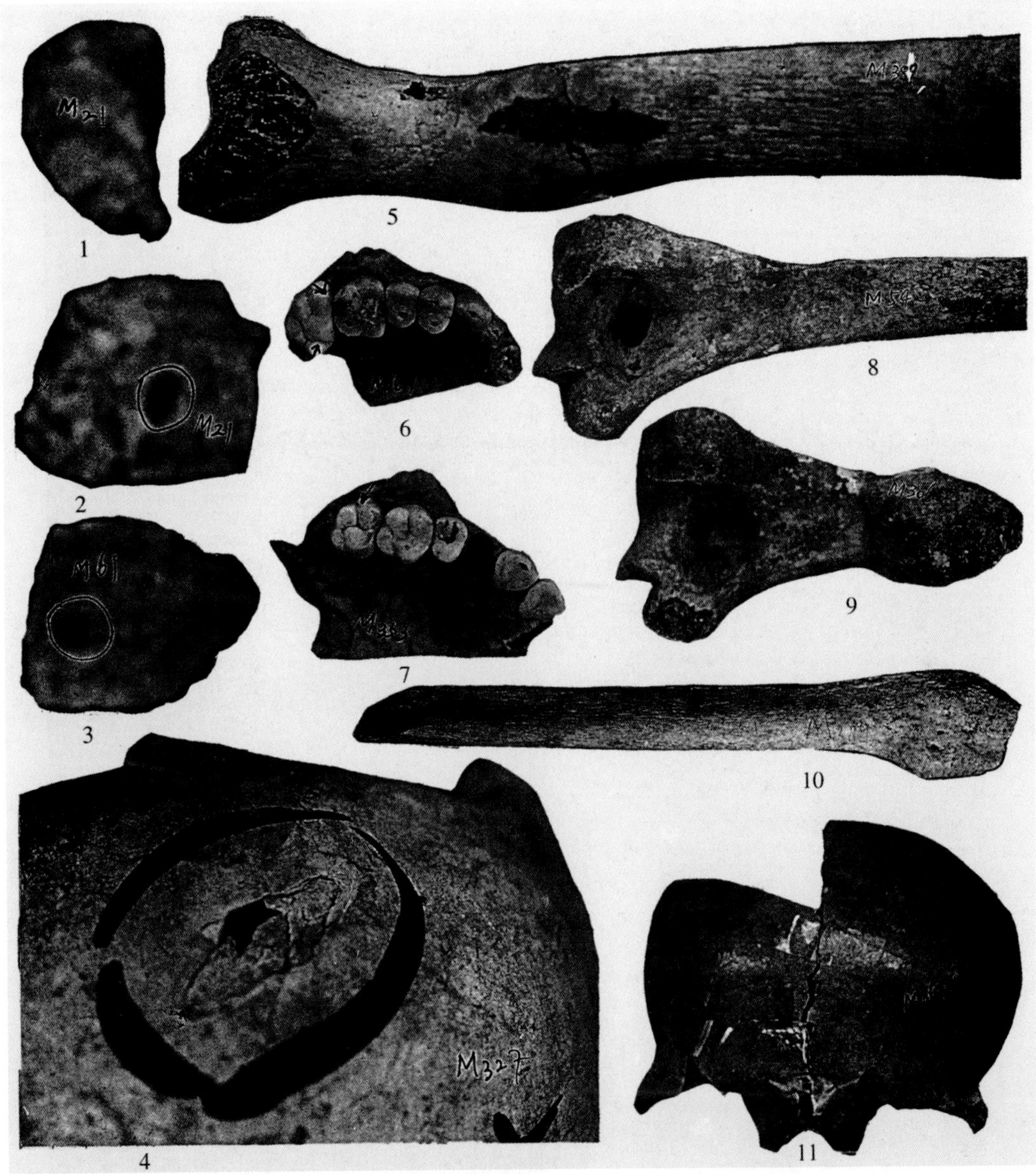

1.（M21）被砍伤的头骨片　2.（M21）穿孔的头骨片　3.（M61）穿孔的头骨片
4.（M327）被砍伤的头骨片　5.（M389）胫骨骨髓炎　6.（M61）卡氏尖及颊侧面上的鳞片状小尖
7.（M353 甲）前尖与后尖之间颊侧面上的鳞片状小尖　8.（M54）肱骨鹰嘴窝穿孔
9.（M306）肱骨下端骨折后愈合及鹰嘴窝穿孔　10.（M389）腓骨骨髓炎
11.（M267）额中缝

墓葬人骨病变骨骼

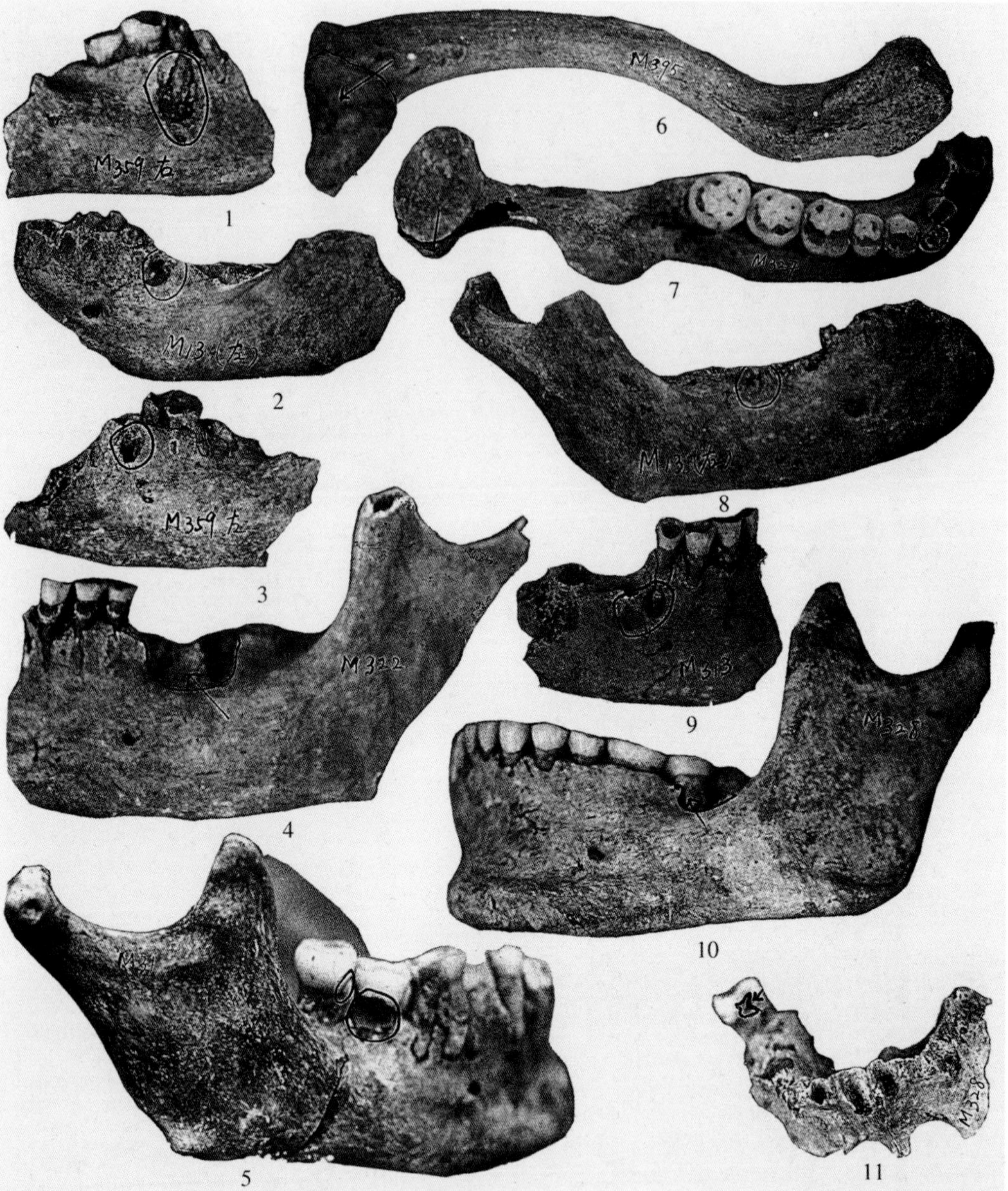

1.（M359右）齿槽脓疡　2.（M113左）齿槽脓疡　3.（M359左）齿槽脓疡　4.（M322）齿槽脓疡
5.（M31）龋齿　6.（M395）锁骨的胸骨端异常扩大　7.（M327）下颌髁突顶面变平，外侧有骨瘤
8.（M113右）齿槽脓疡　9.（M313）齿槽脓疡　10.（M328）齿槽脓疡　11.（M328）龋齿

墓葬人骨病变骨骼

1.现代水稻颖果（放大10.8倍）

2.现代水稻籽实（脱壳大半，放大12倍）

3.外稃上的纹饰（放大30倍）

4.外稃上的纹饰（放大60倍）

现代水稻

图版 二〇八

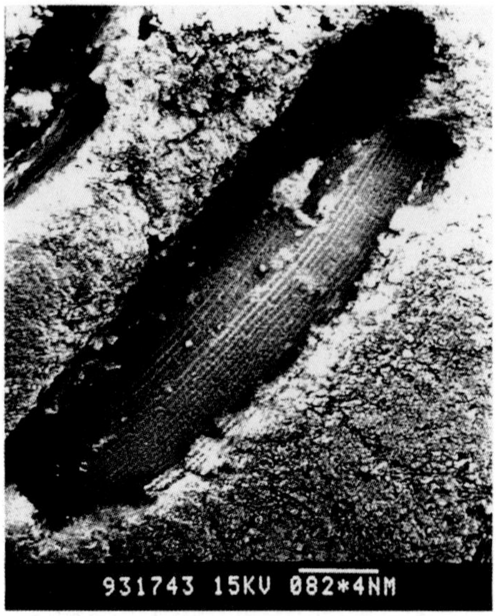

1. × 10.8

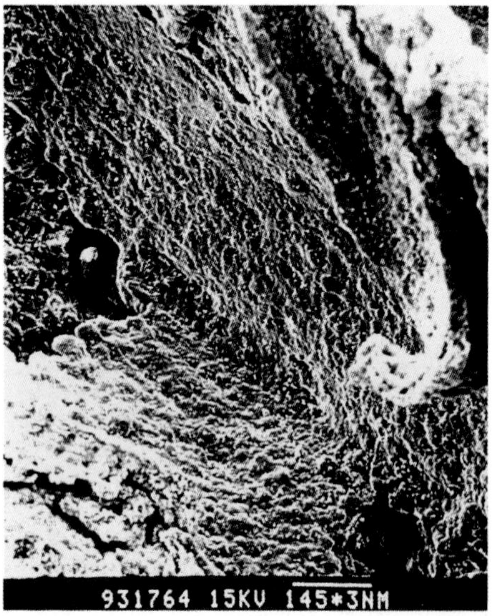

2. × 10.9

3. × 30

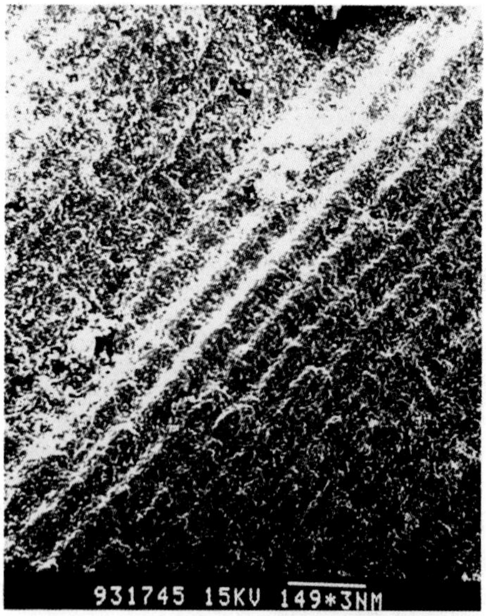

4. × 60

H82出土红烧土中

稻壳印痕扫描电镜照片

1. × 12

3. × 30

2. × 60

4. × 60

H102出土红烧土中
稻壳印痕扫描电镜照片

图版 二一〇

1．× 11.4

3．× 30

2．× 18

4．× 30

H121出土红烧土中

稻壳印痕扫描电镜照片

1 . × 13.8

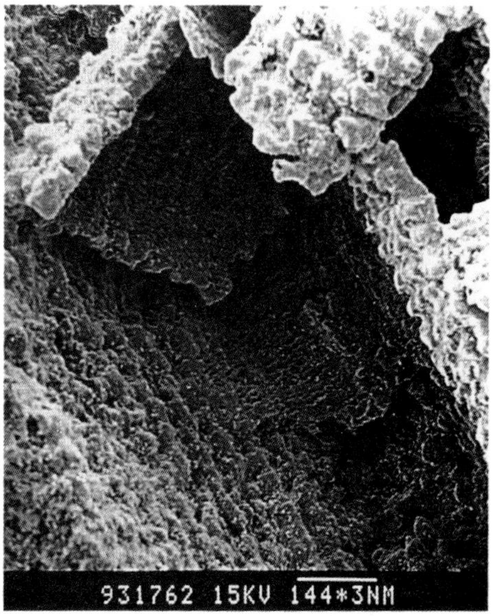

3 . × 60

2 . × 30

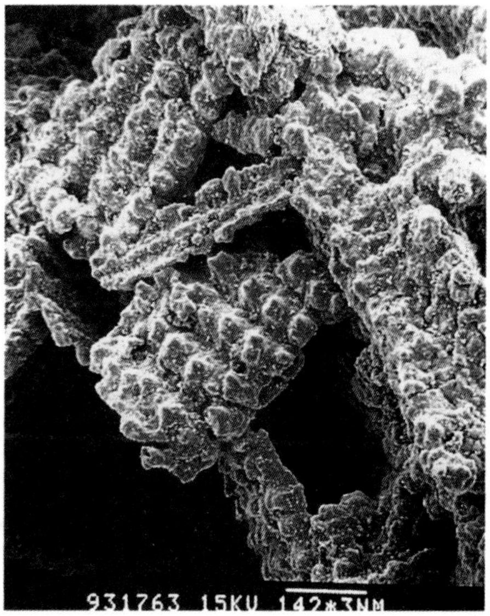

4 . × 60

H229 出土红烧土中

稻壳印痕扫描电镜照片

图版 二一二

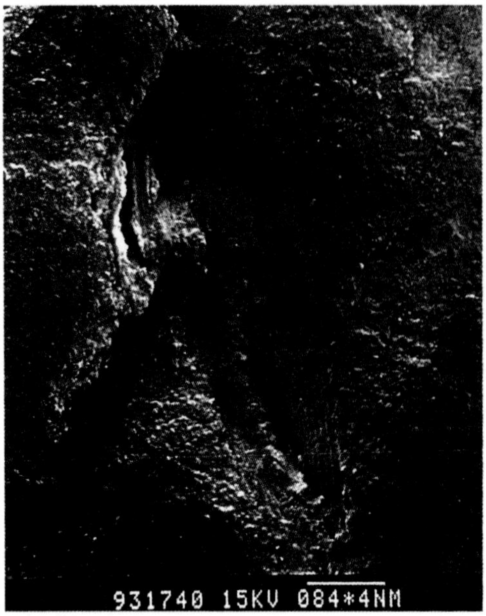

1 . × 10.8

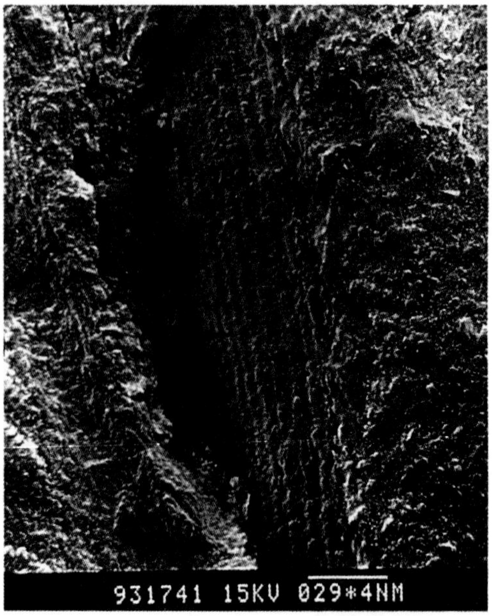

2 . × 60

3 . × 60

H174出土红烧土中

稻壳印痕扫描电镜照片

1. H82出土

2. H229出土

3. H174出土

4. H174出土

5. H174出土

6. 174出土

7. H174出土

8. H174出土

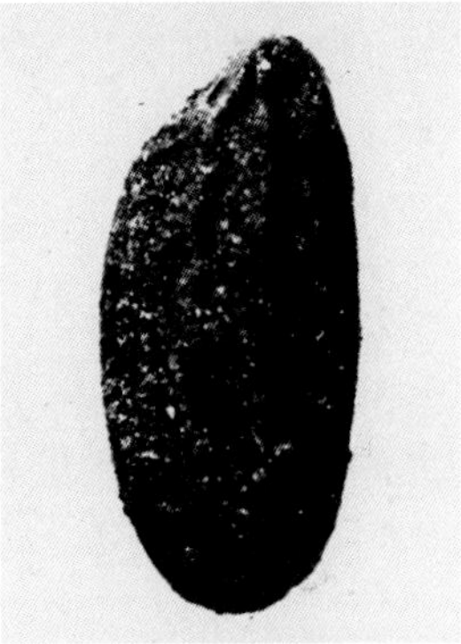

9. H174出土

炭化稻米

图版 二一四

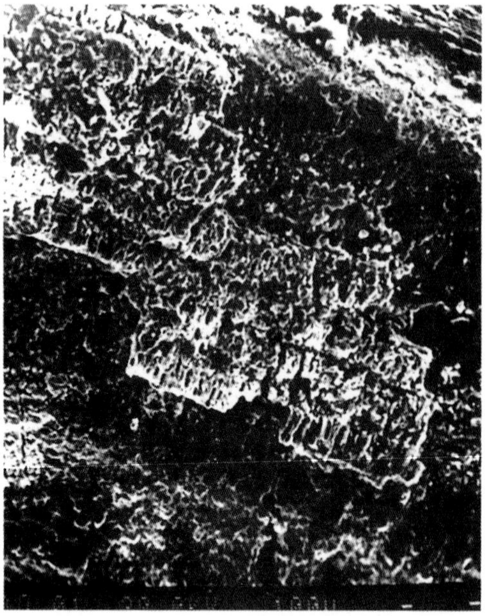

1. × 100

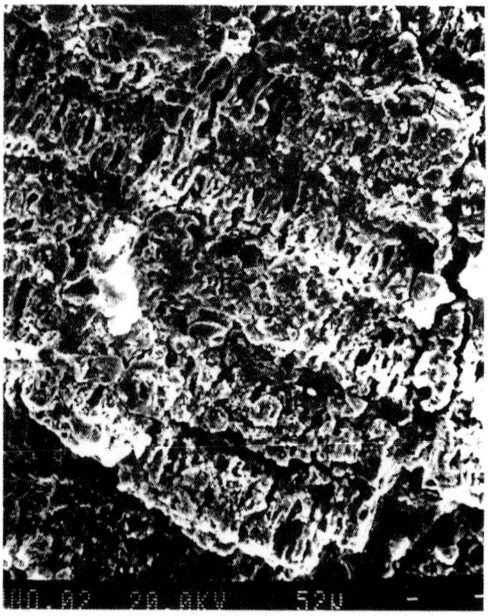

3. × 200

2. × 300

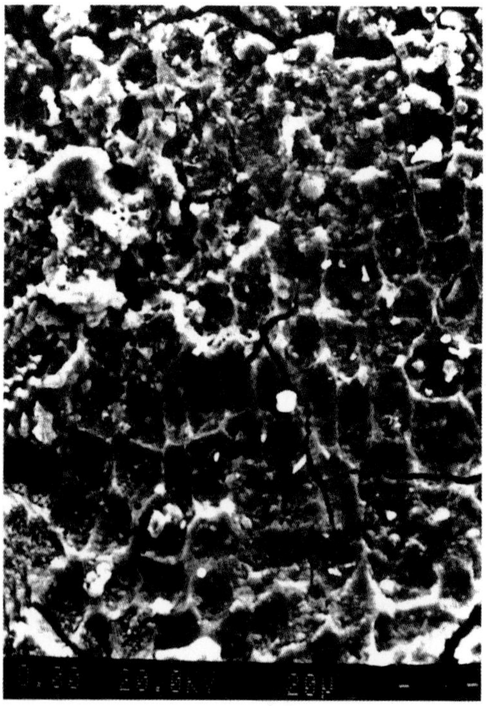

4. × 500

H174 炭化稻米表面形态扫描电镜照片

1. 偏粳

2. 偏粳

3. 左侧二粒偏籼、右侧二粒偏粳

4. 偏籼

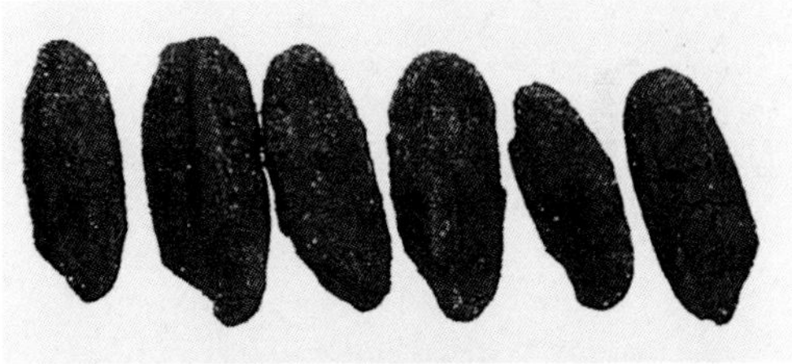

5. 偏籼

6. 偏籼

7. 偏籼

8. 偏籼

9. 偏野

H174炭化稻米

图版 二一六

H174出土炭化稻米表面、剖面形态

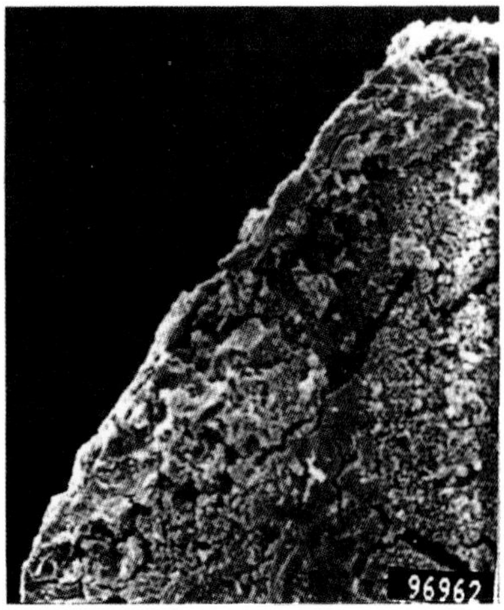

1. 米粒横剖面边缘
（无糊粉层）× 90

2. 米粒表面 × 300

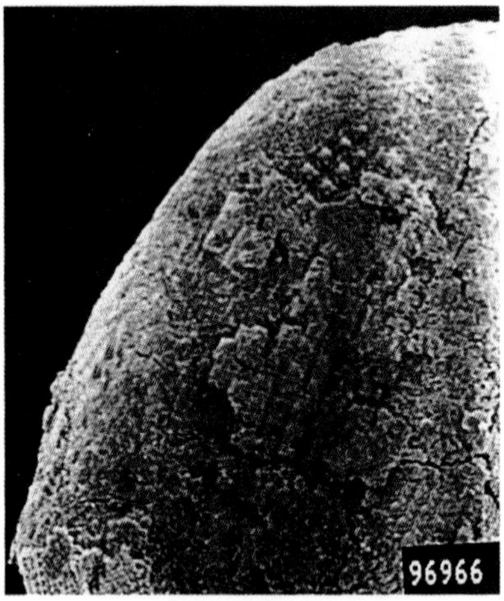

3. 米粒表面纵剖面边缘
（无糊粉层）× 60

4. 淀粉粒（晶体棱角边线消失）× 600

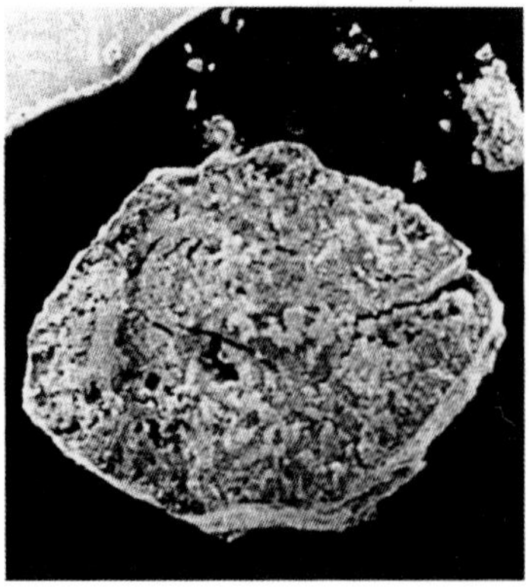

5. 米粒横剖面 × 28

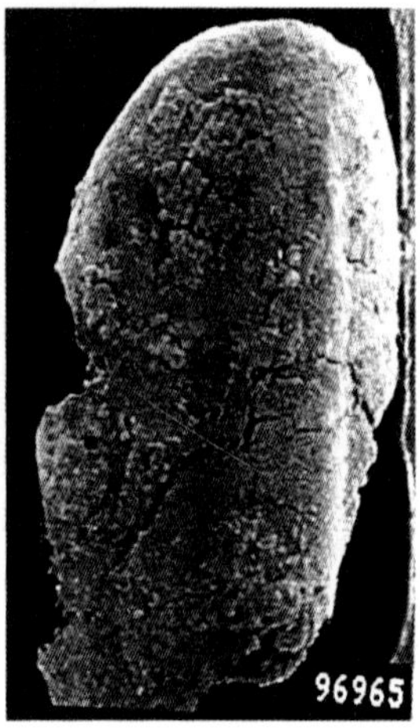

6. 米粒纵剖面 × 24

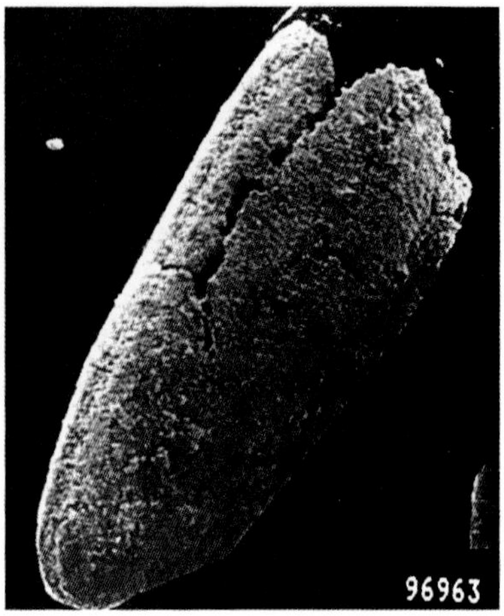

7. 米粒表面 × 24

1.米粒纵剖面 × 12

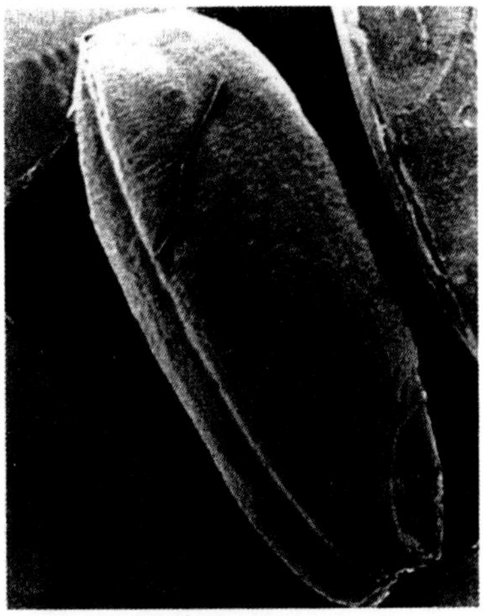

2.米粒表面 × 12

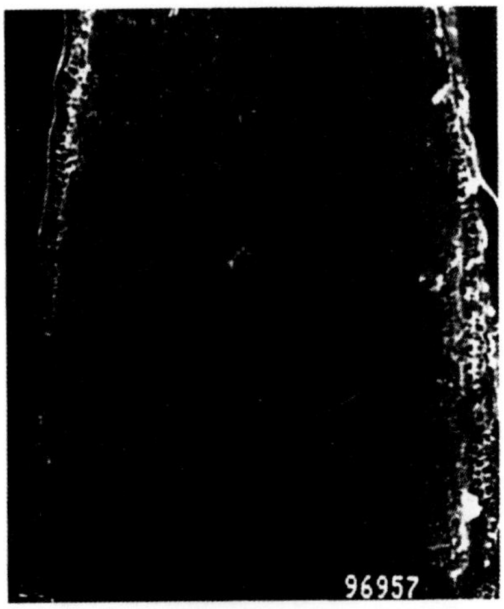

3.米粒纵剖面边缘
（可见糊粉层） × 60

4.米粒表面 × 300

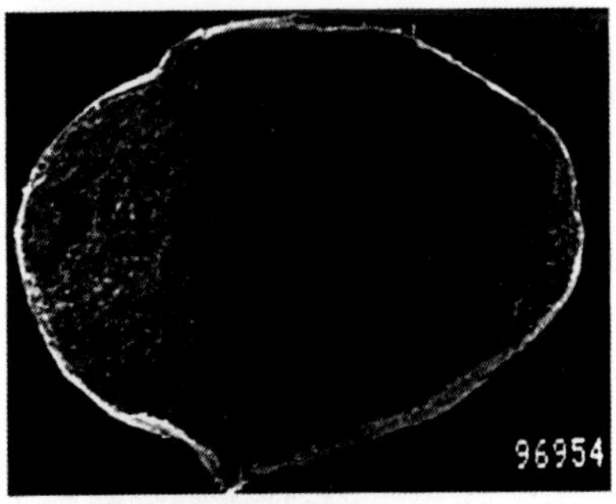

5.米粒横剖面 × 28

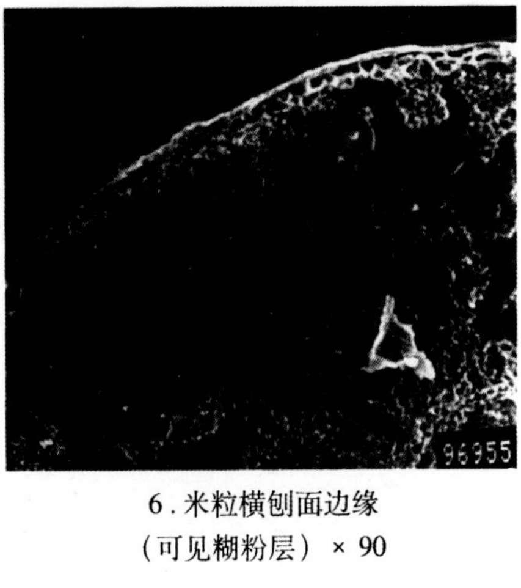

6.米粒横刨面边缘
（可见糊粉层） × 90

现代籼稻糙米表面、剖面形态

图版 二一八

现代籼稻精米表面、剖面形态

1. 米粒表面 × 300

2. 淀粉晶体形态 × 600

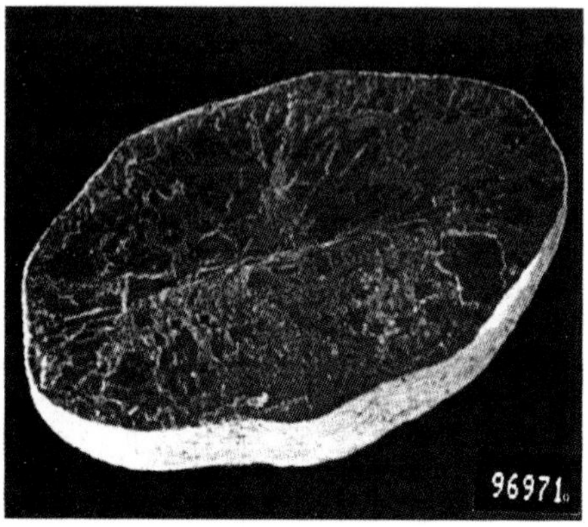

3. 米粒横剖面 × 28

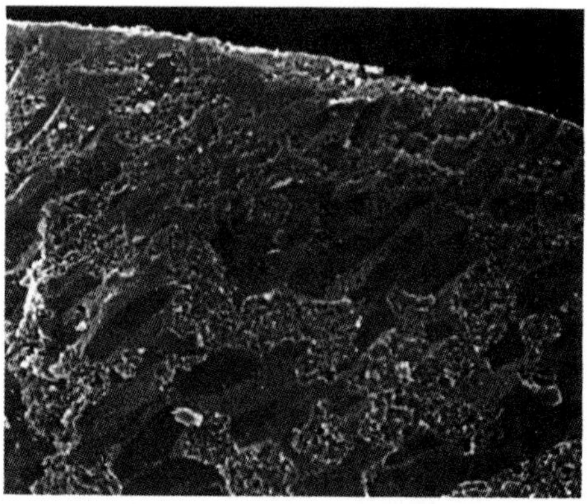

4. 米粒横剖面边缘（无糊粉层） × 90

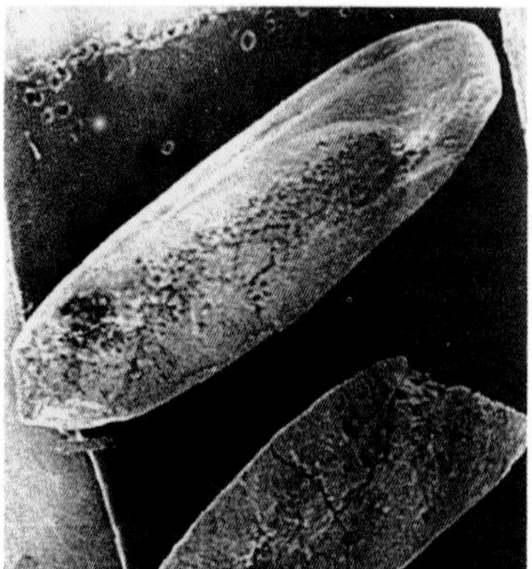

5. 米粒纵剖面 × 12

6. 米粒纵剖面边缘 × 60

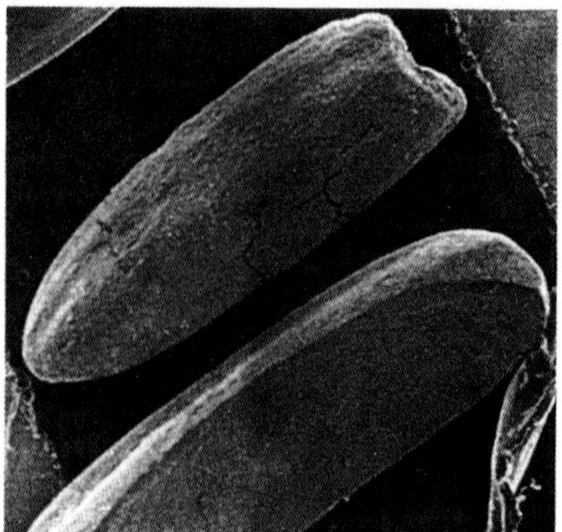

7. 米粒表面 × 12

图版 二一九

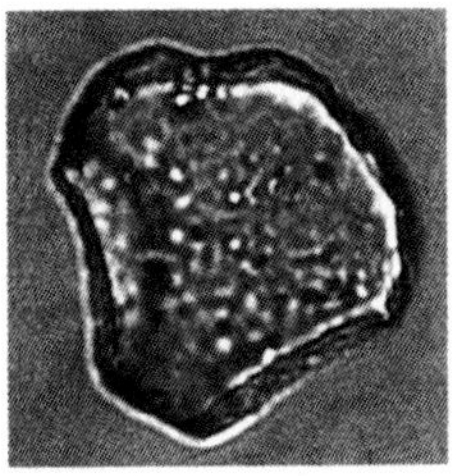

1. 扇型 × 600（H82）

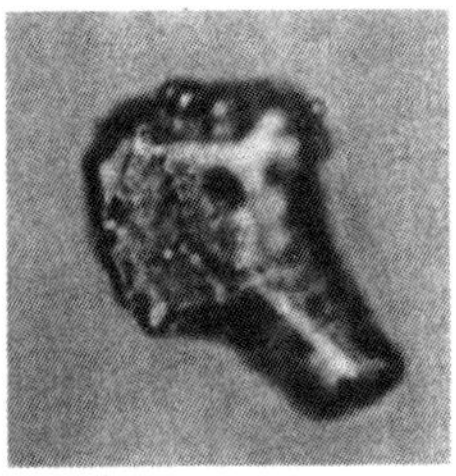

2. 扇型 × 700（H84）

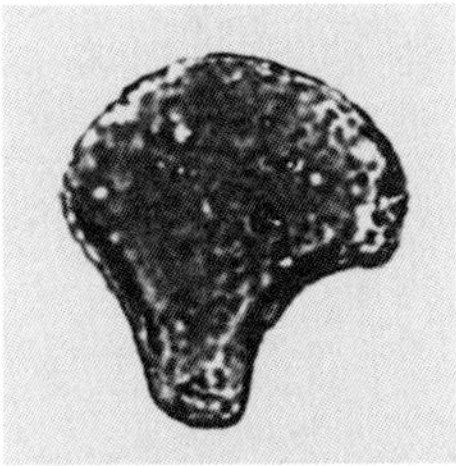

3. 扇型 × 800（H174）

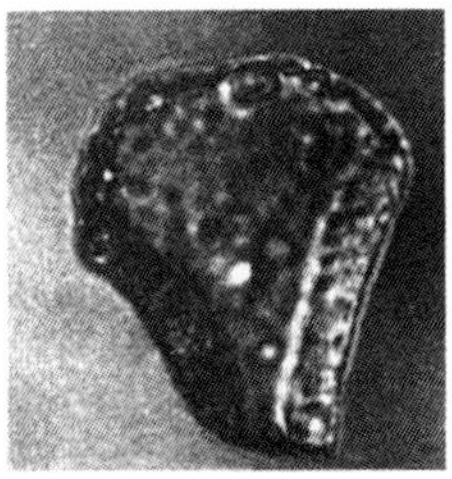

4. 扇型 × 800（H228）

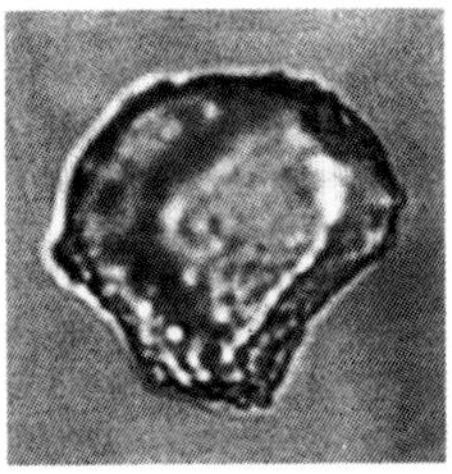

5. 扇型 × 800（H174）

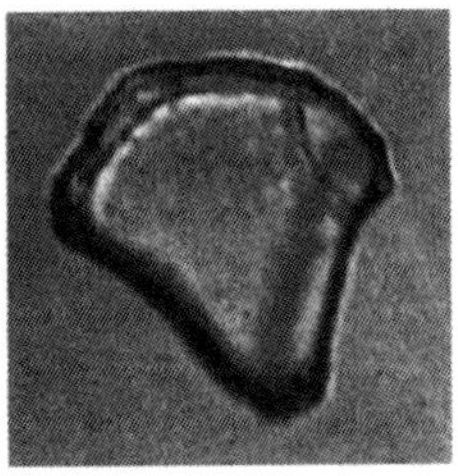

6. 扇型 × 80（H102）

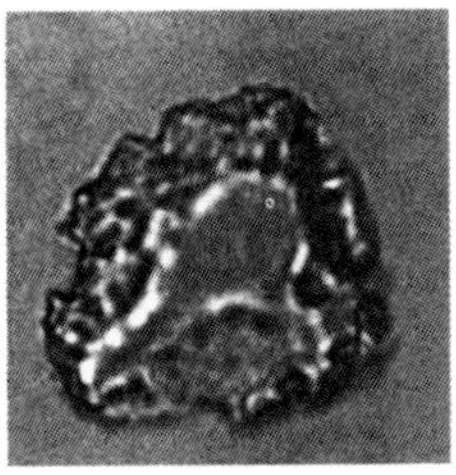

7. 扇型 × 600（H174）

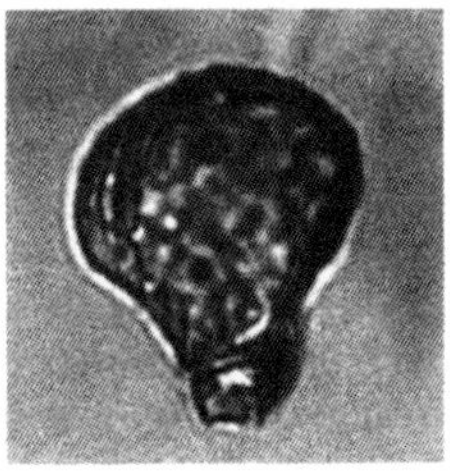

8. 扇型 × 800（H174）

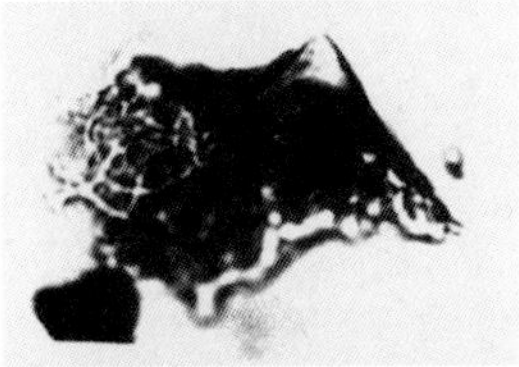

9. 双峰乳突碎片 × 800（H174）

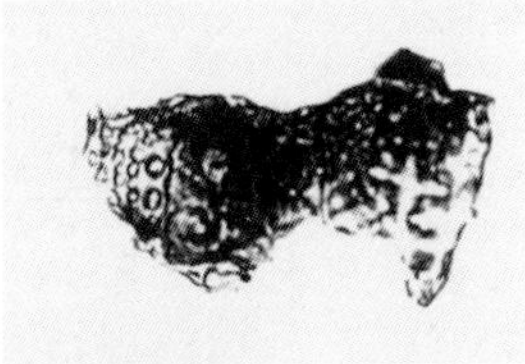

10. 双峰乳突碎片 × 800（H82）

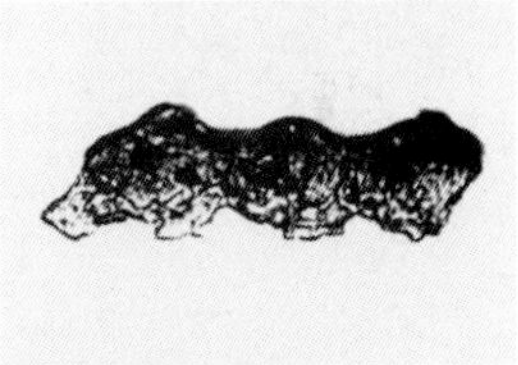

11. 双峰乳突碎片 × 800（H229）

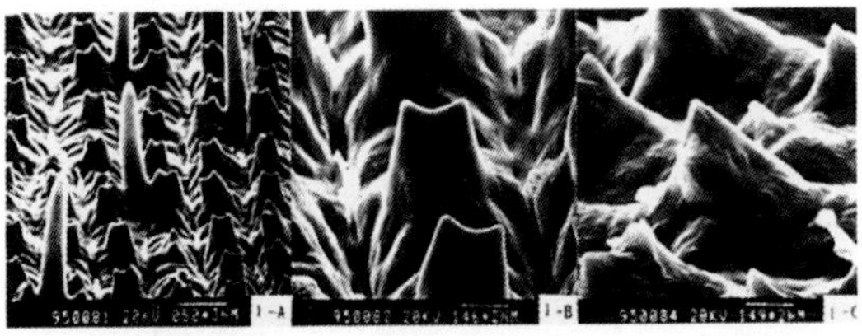

12. 现代水稻锐形（A型）双峰乳突，籼稻品种特青
左:双峰乳突群正面 × 300 中:双峰乳突单体正面 × 1000
右:双峰乳突单体侧面 × 1000

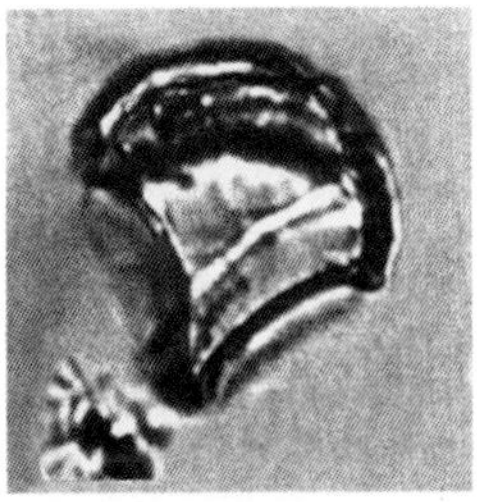

13. 扇型 × 800
（现代东乡普通野生稻）

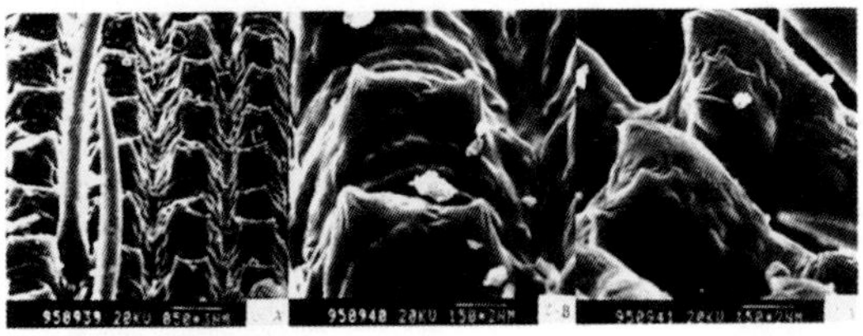

14. 现代水稻钝形（O型）双峰乳突，粳稻品种白壳稻
左:双峰乳突正面 × 300 中:双峰乳突单体正面 × 1000
右:双峰乳突单体侧面 × 1000

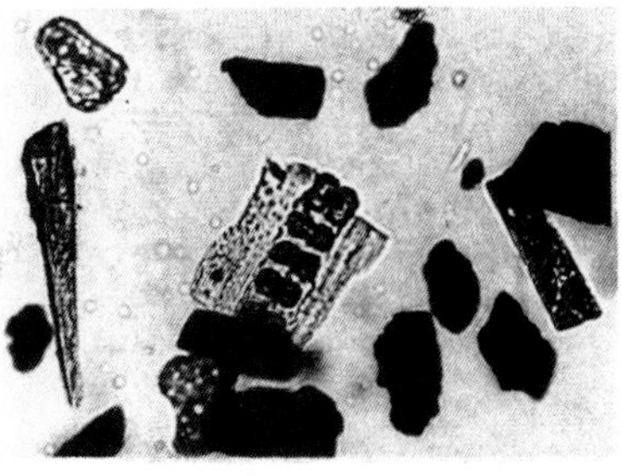

15. 哑铃型 × 200（H229）

水稻硅酸体

图版 二二〇

1. 稻壳印痕（H174）

2. 炭化稻壳（H174）

夹炭陶片剖面

1. 炭化植物（H174）

2. 炭化植物（H174）

夹炭陶片剖面

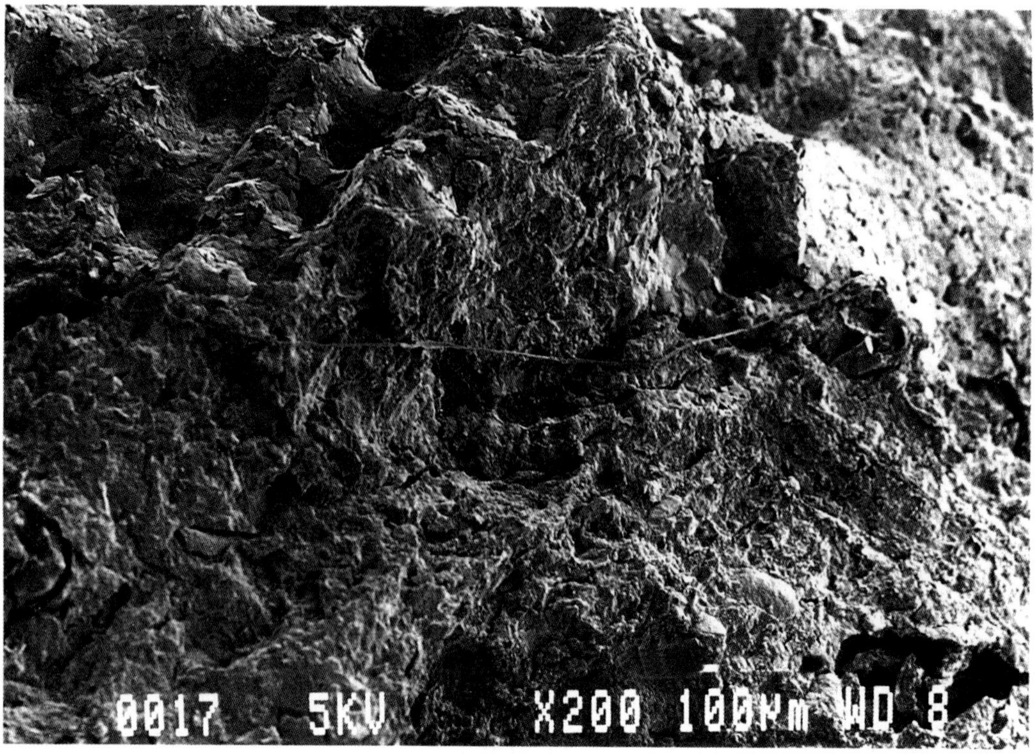

1. 稻壳印痕（H174）

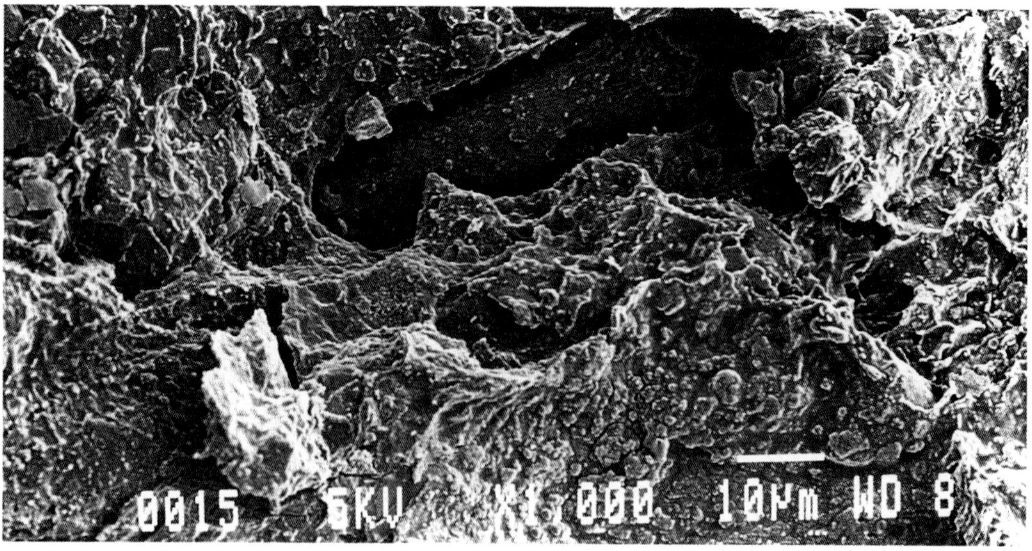

2. 植物杆茎（H102）

夹炭陶片剖面

1.圆腹壶（T101③:5） 2.圆腹壶（T101③:5） 3.壶底（H290:13） 4.鼎足（H54:8）
5.鼎足（H32:10） 6.壶底（H339:11） 7.罐形壶底（H303:11） 8.鼎足（T119③:17）

陶器制作工艺标本

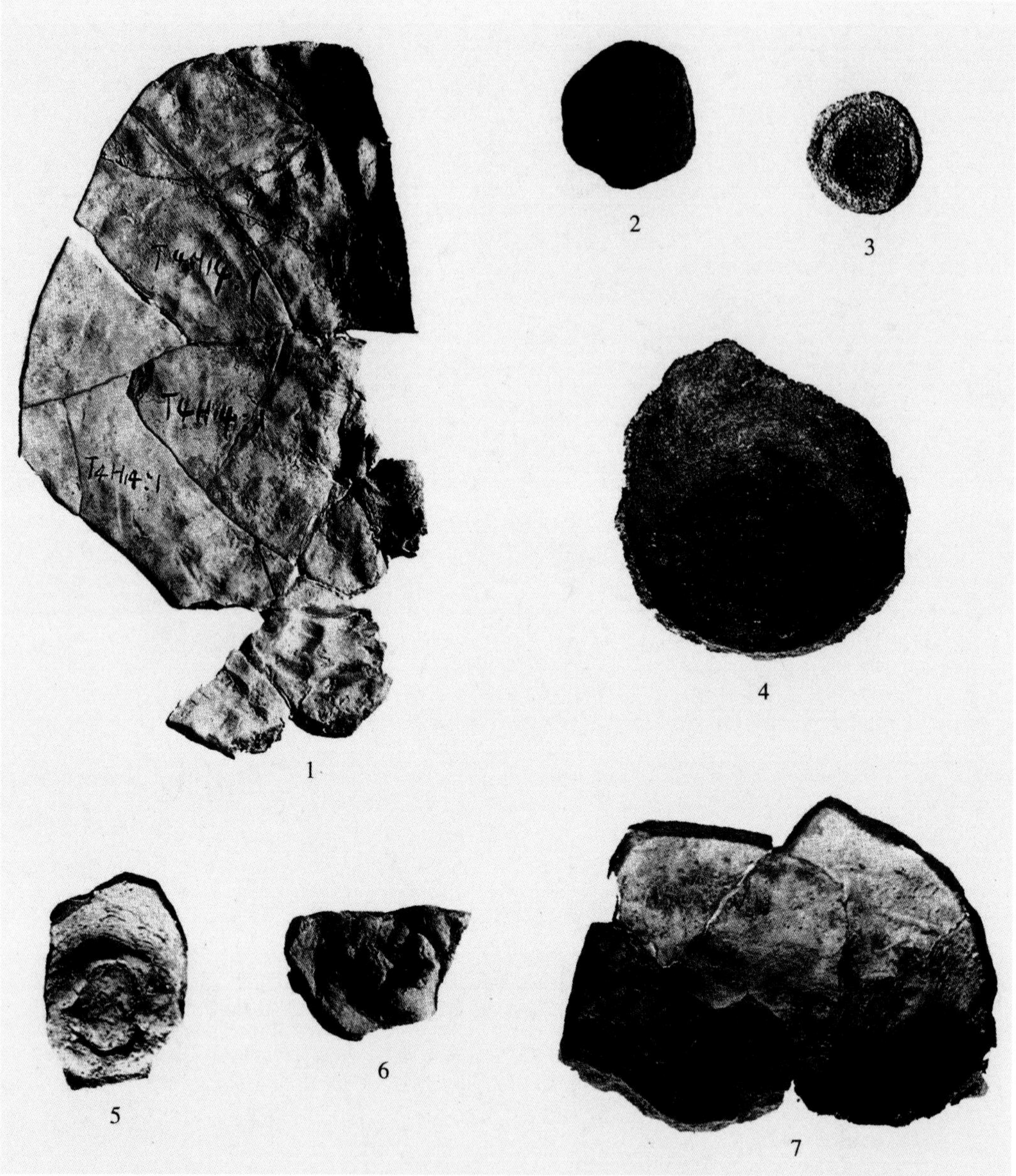

1.双耳罐（H14:1） 2.网绳纹印模（复制） 3.碗底（H28:63） 4.罐底（H257:4）
5.壶底（T18③:19） 6.壶底（H339:10） 7.双耳罐底（T5③:10）

陶器制作工艺标本

www.sciencep.com

（K-0090.01）

ISBN 978-7-03-006923-8

定价：800.00元（全二卷）